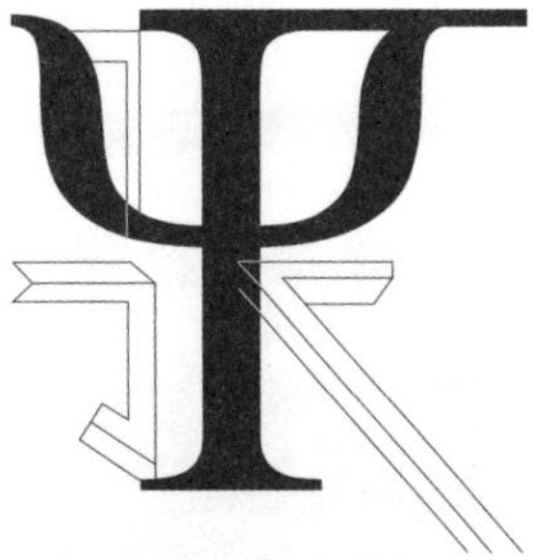

2000 年获美国名人学院新世纪学术名人奖章

张春兴

台湾师范大学教育学学士、硕士，美国俄勒冈大学心理学博士。曾任台湾师范大学教育心理学系教授、系主任，美国普渡大学、北京师范大学、南京师范大学、山东师范大学、山西大学、吉林大学客座教授。

已发表论文 165 篇。出版专著近 40 种，主要有《张氏心理学辞典》《现代心理学》《心理学概要》《心理学原理》《心理学思想的流变》《教育心理学——三化取向的理论与实践》等，主编“世纪心理学丛书”等。

曾获教育贡献六艺奖章、图书金鼎奖、心理学贡献奖、教育贡献木铎奖、新世纪学术名人奖章、心理学成就奖、心理学炬光奖、国际优秀论文奖、中国当代优秀学术成果奖等。

第2版(繁体中文版)序
心理学辞典路上一人独行十九年—— 知难不退不亦愚乎

俗语说“事非经过不知难”。根据个人四十多年从事心理学研究工作的经验,体验到撰写心理学专著比撰写心理学专题论文难,而撰写心理学辞典又比撰写心理学专著更难。盖因专题论文与专著只限于个人专业领域,辞典必须涵盖学科内超过个人所长的各分科知识。唯其如此,专著可由一人执笔撰写,而心理学辞典的编写则多是由数人主编,数十位甚至上百位各科学者分别撰写词条汇编而成。本辞典旧版与新版内所有词条,均系由个人一人执笔,前后历时十九年。在此漫长而孤独的路上,遭遇过无数困难,几次考虑放弃,终为履行对我老师的承诺,勉力以赴,而抵于成。我尝反躬自问:“知难不退不亦愚乎?”对此,我只能以“愚者千虑,必有一得”以自遣。

在台湾的心理学界,多年来对心理学辞典工作最热心的是我的老师陈雪屏教授。陈教授在北京大学任教时,即曾参与1936年《普通心理学名词》编审工作。该项工作集全国著名心理学者,历时两年,结果只收集了普通心理学中最基本的英汉对照名词2755条。此后,陈老师一心想推行心理学辞典工作,他认为心理学要想在中国生根,必得加强心理学教育,而心理学辞典则是心理学教育的基础。基于此理念,自1965年始,他设法筹措经费,在心理学会之下成立研究小组,包括当时台湾三所大学心理学教授十余人,我也忝为小组成员之一。研究工作持续两年,终因小组工作设计欠妥,致使经费告罄而草草结束,只留下2701个英汉对照名词草稿,较诸三十年前的《普通心理学名词》尤为短少。陈老师原初的构想是,先完成心理学名词之整理,然后再进行心理学辞典之编纂,孰料连初步工作亦未能达成,深感遗憾。

1967 年,台湾学术界为庆祝王云五先生八秩大寿,发起编印《云五社会科学大辞典》,共包括 12 个学科,陈老师为心理学学科召集人。负责撰稿者十余人,均为当时各大学心理学教授,我个人因出国进修未得躬与。三年后,即 1970 年,出版了由陈老师主编的大辞典第九册《心理学》卷,计收词目 427 条。事后陈老师感慨地表示,耗资新台币 125 万元(约合人民币 27 万元)仅得到如此贫乏的结果!怎奈无钱无人做不了事,有钱有人也做不了事,心理学辞典工作竟如此困难! 虽有三次失败经验,但陈老师对辞典工作的关怀,仍未稍减。某次见面时陈老师对我说,多人合作不易成事,何妨参照美国心理学家英格利希 (H. B. English)1958 年独自完成心理学辞典的先例来试试看?他这句带有鼓励和期许的话,对我形成很大的挑战。我再三考虑之后,接下了陈老师交付的重担。这是我独自撰写辞典的缘起,也是我从事此项工作虽历经艰辛而知难不退的缘由。

我决定个人独自撰写心理学辞典之后,1976 年春即辞去台湾师大教育心理学系主任职务,同年八月赴美普渡大学访问,担任客座教授一年。在此期间尽量搜集有关资料,次年七月返台后即投入这项马拉松式的知其艰难而为之的工作。当时参考资料贫乏,辞典工作进行甚为缓慢,直到 1987 年才完成 7000 词条初稿,1989 年由东华书局出版,历时十年的《张氏心理学辞典》正式问世。也许是“物以稀为贵”之故,次年即荣获优良著作与优良图书两项金鼎奖,并在 1992 年授权上海辞书出版社在大陆发行简体字版。

自 1990 年起,我多次应邀赴大陆访问讲学,得有机会看到也搜集到诸多大陆出版的心理学书籍,发现大陆心理学界合作出版的心理学辞典,其成就远胜于台湾。唯在内容方面,两岸很多新名词的翻译差别很大。迨至 1992 年我开始进行东华书局出版之《世纪心理学丛书》主编工作时,由于 22 本专著中有 17 本系由大陆学者执笔,两岸心理学名词不统一的现象,自然成了棘手的问题。几经研议之后,决定采用折中办法,把同词异译的重要名词并列在括号内以减少读者的困扰。这一经验使我意识到,《张氏心理学辞典》虽在大陆发行简体字版后流传甚广,但实际上尚有使用的困难。因此,自 1994 年上述丛书开始出版起,我就计划重新撰写这部花了十年才完成的心理学辞典。

决定重新撰写辞典之后，我开始浏览资料并决定词条收集的范围与方法。经过一年多广泛地参考阅读，最后决定以20本中外文心理学辞典与30本中外文心理学各学科新版专著为基准，采地毯式搜集词条资料方式。先将所选定辞典中所有的词条与专著末所附名词汇集，逐页影印后将词条剪开，然后按英文字母顺序将相同者分别归类并贴在一起，以重复出现次数多少为取舍标准。如是制作，50本辞典与专著所处理的词条数以十万计。这份影印、剪切、对照、粘贴、整理工作，完全由内子周慧强教授一人负责，其烦琐、呆板、枯燥无味的程度是常人无法想象的。

词条范围初步决定后，再参酌两岸各个版本的优缺点，取其所长以补旧辞典之短，在此原则下，胪列出新辞典撰写的六项原则：(1)不采用百科全书式，保持旧辞典单卷案头辞典形式，以便作为读者吸收心理学知识的工具。(2)词条网罗范围要广要新，应涵盖心理学领域内主要学科的新旧知识。(3) 即使很多名词缺乏共识性的定义，但仍须就其意涵赋予近似定义的解释，以便读者易于理解而获得整体概念。(4)对一词数解、多词同解、反义词及相关词等均附带说明，俾使读者借以获得更多相关知识。(5)凡两岸译词不一致者，采同词异译并列办法，唯在排列上以译文较为妥切者为先。(6)对词条之意涵采讲述方式撰写，不按词条原文表面字义直译；全书行文力求风格一致，体例统一，且避免前后矛盾或词不达意的不足。

新辞典的正式开笔撰写是在1996年6月，开始之初，即决定新辞典的词条全部重写，所以工作进度十分缓慢，越想求好就越发困难。此后的日子里，无分平日与假期，在书房与图书馆之外，火车上、飞机上，甚至在医院候诊室里，都随时随地不停地思索与撰写。如此日复一日，直到2000年底方始完成辞典初稿；唯初稿词目尚不足万条，距离目标尚远。继之，再采循环方式并参考新书，从头修改已写就的词条并适时增加新词条。就在这样的双重要求下，直到2005年初电脑排版结束，辞典新版工作连续九年才算完成，全书总词目达到12187条。

回顾十九年来辞典工作的心得，撰写心理学辞典的真正困难并非单纯词条数目多少与内容新旧的问题，而是如何将个别词条以及相关词条的真实意涵清晰明确地用中文表述出来，从而达到传播心理科学知识的目的。虽然心理学归属科学领域,但心理科学毕竟异于自然科学。自然科学是研究物性的科学,心理科学是研究人性的科学,人性变化的复杂度远大于物性变化,采用名词表述心理现象时,无法像自然科学般,能够达到明确性、必然性和普遍性的地步。唯其如此,心理学中有些重要名词(如智力与人格等),迄今犹无众皆共识的定义。没有定义的名词不符合读者期望,勉强赋予定义又难免会造成挂一漏万的缺失。此种情况是心理学辞典编撰工作的最大困难。除此之外,在词条撰写时所遇到的困难尚有以下三点:

1. 一词数解问题。在心理学名词中有些是一词数解的,如译文不分别列出,即不完整。以 idealism 一词为例,因名词的来源不同而有唯心论、观念论与理想主义三种解释。虽然较大的英汉辞典中多数将三种解释并列,但在此次所有搜集到的中文心理学辞典中,竟然没有一部将三种解释完整列出。由此可见,辞典工作既见树又见林的标准是很难达到的。

2. 名词间关系问题。心理科学的名词与自然科学的名词不同。自然科学的名词都是各自独立的一词一义,彼此间界限分明。心理科学的名词却非如此,很多名词之间界限不清,有时可以分用,有时又可通用,常使读者感到混淆难辨。形成此种现象的原因是,不同心理学家对名词的用法不同。以 need, drive, motivation 三词为例,三个名词之间的区分,心理学家的用法差异很大。多数学者对此三名词各有不同解释,而人本主义心理学家马斯洛则将三词视为同一意义,并以“需求”一义概括之。像此种现象难免会使读者感到困惑。

3. 名词中译问题。心理学名词基本系根据外文翻译而来。翻译是件知易行难的事,原因是很难超越原词的表面意义,按其内涵意义译为中文,而且能够做到信、达、雅的理想境界。根据此次辞典工作的经验,发现在我搜集到的中文心理学辞典中,有些中译词条是在望文生义的基础上译定的。如 brute force 一词,意指可按一定程序解决问题得到正确答案的一种方法。此方法的特点是,面对问题情境时,虽原则了解题意且知如何求解,但因方法有多种,必须分析比较所有方法然后选出最有效的一种方法,再按一定程序得到正确答案。据此含义,本词宜意译为“穷尽法”较为适宜。然而,有的心理学辞典却按字面直译为“暴力法”。又如社会心理学中两个相对的名词，door-in-the-face technique 与foot-in-the-door tech-nique，一般将两词分别译为“前面有门技术”与“一足入门技术”；此种只按字面直译的方式不能表达词条的真正含义。按词条的含义，宜分别译为“以退为进法”与“得寸进尺法”。在词条译文时，我的理想是，尽可能使用合于读者习惯的中文语词与中文语法，力求使用明确精准的文字表述词义；若能有适合的成词、成语，乃至熟词、熟语作为译词，则读者不但易于了解，且更易于记忆，甚而，如此用词更有益于心理学知识之中国化。

在漫长的辞典工作路上，始终与我甘苦与共的是内子周慧强教授，除了词条之搜集、剪贴、分类、排序等枯燥无味工作之外，她对全书文字的校阅修饰更尽了心力。至于本辞典重订版之出版，在此要特别感谢东华书局董事长卓鑫淼先生之大力支持，无论资源之供应，人力之调度，莫不全面配合，而能在反复修改中，力求尽善无瑕。排版期间编审部同仁徐万善先生、徐忆小姐、李森奕先生、沈琼英小姐及张娟如小姐通力合作，使本书在内文与外观上均能做到完美的地步。值此书成问世之际，谨向为本书尽心尽力的亲人与友人，敬致谢意。

由多人合作完成的辞典，如有缺失无须由个人负全责；而由个人独自完成的辞典，若有差错则责无旁贷。过去多年来我一直以戒惧之心面对此项艰巨工作；唯心理学辞典内容极为广泛，因个人力有未逮，致有欠妥或错误之处，在所难免。敬请海内外学者先进惠予匡正为祷。

张春兴 谨识

2006 年 2 月于台湾师范大学

第 2 版(简体中文版)序

德不孤，必有邻——动心忍性将困难与焦虑升华的智者

心理学是一门研究人性的科学，但是由于人性的不可捉摸，使得这门科学的探究有如在黑屋中寻找黑猫，又如盲人摸象，一人一义。心理学的用词有时候正如哲学家维特根斯坦(Wittgenstein)提出的语言游戏，只有在使用语言的情境脉络中，才能显现语言的意义及功能。所以，研究心理学必须先定义厘清这些用词的指涉范畴。近年来，互联网让知识查询非常便利，但是查询所显示的知识真伪难辨，因为网络知识的来源纷纭杂沓，读者有时更加难以确切获得真知，编制专业严谨的心理学辞典将是解决这个问题的良方。然而，编制心理学辞典工作知易行难，胆怯者不敢为之，力弱者不能为之！甚幸，我的恩师台湾师范大学张春兴教授，有感于学术传承工具书之迫切需要，是以孜孜矻矻 20 余年不改其志，辛苦卓绝终底于成。读《张氏心理学辞典》序，我相信他发下此愿，其志恢弘犹如屈原《离骚》之言："亦余心之所善兮，虽九死其犹未悔！"

张教授的自序以"心理学辞典路上一人独行十九年——知难不退不亦愚乎"为题，此语铿锵，掷地有声。记得我青年时期读到孙中山先生《建国方略》自序中有言："吾心信其可行，则移山填海之难，终有成功之日；吾心信其不可行，则反掌折枝之易，亦无收效之期也。心之为用大矣哉！"《山海经》中精卫填海的故事最令人敬佩，传言东海之上有一只鸟发愿填海，于是持续用嘴含着石子去往大海里填，其精神确实让人们为之感慨、赞叹。我相信他们必然都曾经有感于此远志，而义无反顾、无怨无悔。

在从师问学那段时光，我常伴恩师身旁请教，观察到他总是

专注沉思，然后发前人所未言之珠玑，其创见往往是“人人意中所有”，却“人人笔下所无”。我有时感受到恩师对于岁月“逝者如斯”的焦虑。他曾经对我讲述焦虑与消除焦虑的方法，并引用罗洛·梅（Rollo May）博士阐述焦虑的意义，探讨自由选择与面对焦虑的两个向度，恩师也相信唯有以健康的焦虑承担起自己选择的结果，完成自己选择的任务，才能真正释怀，消除焦虑。焦虑无可逃避，若是在自由选择之后逃避，或因害怕失败而畏缩只求安于现状，若是放弃自己的选择而丧失了成功的机会，又将会陷入患得患失的烦恼焦虑中。或许如此，恩师感悟人生有限，选择将美好年华奉献给编写一系列心理学风雨名山之作，以面对焦虑而承担选择，才显得更有存在的意义。这是一位伟大的心理学家的人生写照。

子曰：德不孤，必有邻。在探究心理科学的道路上，美国也有一群人合作完成了一部心理学辞典。美国心理学会（APA）与格里·范登堡（Gary R. VandenBos）博士合作，邀集来自心理学各应用领域的近 100 位杰出专家学者，费时 10 年，于 2007 年共同完成了《APA 心理学辞典》（*APA Dictionary of Psychology*），收录词条 25000 条，篇幅达 1024 页；其后又在 2015 年再版，词条增加到 26000 条。美国心理学会所拥有的丰富资源，相较于恩师仅仅以一人之意志独力奋斗，真有天壤之别！张教授仅在师母周慧强教授相助下，尽洪荒之力，如同精卫填海之勤恪惕厉，以填平心理学辞书之瀚海，自 1979 年至 1989 年，费时 10 年，终于撰写完成《张氏心理学辞典》。该书由台湾东华书局出版后，在两岸心理学界引起巨大的震动。不只如此，张教授又感初版之不足，自求精进，又于 1996 年开始增订补强，又再费时 10 年终于在 2006 年再版，此版几乎是重写，收录词条扩至 12187 条，更臻完备，此书再创中文心理学辞典的高峰。试想，美国心理学会是何等庞大的心理学专业社群，其所网罗的 100 位心理学专家学者是何等的强大阵容！犹用近 20 年时间来编撰与修订心理学辞典。而张教授凭一己之力完成，噫！非有钢铁般的意志者，孰能为之？

张教授是我就读台湾师范大学时期的博士生导师，我追随恩师从 1994 年直到 2014 年他过世，此期间我也曾参与东华书局和浙江教育出版社共同合作的“世纪心理学丛书”出版工作。这是他晚年殷殷企盼完成的伟业。这套丛书云集两岸心理学名家，涉及心理学各个专业领域，共 22 册。我知道在他的心中，《张氏心理学辞典》是贯穿此22巨册的引线。因此，他矢志将这些心理学用词加以爬梳厘清定义，以免使后学陷于语言游戏与盲人摸象的困境。善哉！非有启迪后进之温柔谆谆情怀者，孰能致之？

本辞典初版的简体中文版曾由上海辞书出版社出版发行，而第2版则委托浙江教育出版社出版发行。其间第2版的编辑工作，因诸多缘故进度延宕许多时日，幸得浙江教育出版社社长何成梁先生、总编辑周俊先生、首席编辑莫晓虹女士及责任编辑江雷先生、王凤珠女士、吴颖华女士等诸君坚定不移的协助。本诸此书的出版是心理学辞典划时代的里程碑，具有标志性的意义，乃决意排除万难，使命达成，以流传广布，嘉惠世界上华语读者对于研读心理学的殷殷期盼。

忝列师门，愧不成材，我今任教于云林科技大学，受师母周慧强教授嘱托，在《张氏心理学辞典》第2版（简体中文版）推出前夕，代余恩师张春兴教授撰序，这也是我作为其嫡传弟子无可推辞的重责。我自知不量力，亦诚惶诚恐，然而，苟非完成，我也无以感受师尊在世时所谓"健康焦虑"的意义！遥想北宋苏大学士，因缅怀欧阳文忠公之学问人格，留下一曲《醉翁操》——"思翁无岁年，翁今为飞仙，此意在人间，试听徽外三两弦！"我相信许许多多的心理学读者，都将会成为这本辞典的知音！

刘威德 谨识

2018年6月于云林科技大学

目录

凡例

一、本辞典收录词目1.2万多条，达200多万字，涵盖自哲学心理学到科学心理学领域内所有不同心理学学科的重要概念。词条内容力求明确性、理解性、知识性与应用性兼顾，以符合华人读者的需要。

二、本辞典有繁体字与简体字两种版本。为配合大陆读者需要，少数词条译文略有改变，唯心理学家姓名维持一致。

三、本辞典内容词条之编排，除单词按一般英汉辞典方式依字母为序之外，复合词的编排，不采用一般英文心理学辞典中正反两种排序的传统，而只用正序排列。如只用 law of effect，而不再另列 effect, law of，以符合华人读者的阅读习惯。

四、同一词条含有全然不同意涵者，除在原文后并列数个中译名词外，正文内另行以粗体字 1.……2.……3.……分别表示本词的不同意涵。

五、对某一词条之解释，如涉及心理学知识中多种概念时，采分条陈述方式，以（1）……（2）……（3）……表示本词所包括的不同概念。

六、名词中凡是一词数义者，均在中英文对照名词索引中分别列出。读者可按中文名词之后的页码查到该词条原文。

A

AA = achievement age **成就年龄**

AA = Alcoholics Anonymous **匿名戒酒会**

AACD = American Association for Counseling and Development **美国咨商与发展协会**

AAHP = American Association of Humanistic Psychology **美国人本心理学会**

AAMD = American Association on Mental Deficiency **美国智能不足协会**

AAUP = American Association of University Professors **美国大学教师联合会**

ABA design **ABA设计** 义同ABA实验设计(ABA experimental design)。见该条。

ABA experimental design **ABA实验设计** 以单一组或单一个体为受试者的一种实验设计,目的在观察某实验情境变化时对受试者行为所产生的影响。此种实验分三阶段进行,ABA三字母即代表三阶段的实验情境。首先,在不施予任何特殊实验处理的情况下,观测受试者在某种行为上表现的反应(如幼儿说话口吃),作为以后比较的基础,此阶段即称为情境A。第二阶段,对受试者施予某种特殊实验处理(如口吃幼儿说话正常时即给予奖励),并观测个体反应较之前改变的情形,此阶段称为情境B。第三阶段时撤销第二阶段加诸受试者的特殊实验处理,恢复到第一阶段情境A,并观测个体反应是否又恢复到原来情境A的情形。如发现个体的反应确实随ABA的设计而有所改变,即可推知B阶段的实验处理确实对个体行为产生了作用。本词也称ABA研究(ABA research),又简称ABA设计(ABA design)。

abandonment reaction **遗弃感** 1.指儿童得不到父母的爱与家人的关怀而怀有无依无靠的孤独感。2.指老年人职位权力丧失后乏人尊重的失落感。

abandonment threat **抛弃威胁** 指父母对子女管教方式不当时对子女心理上所产生的威胁感。无知幼童犯错时,有的父母常以"把你丢出去"等类似恐吓的语句给予威胁。虽父母所言只是气话,但对孩子的情绪发展会产生不良后果。

ABA research **ABA研究** 义同ABA实验设计(ABA experimental design)。见该条。

abarognosis **辨重不能,重觉丧失** 辨重指分辨不同重量的感觉。这种感觉与物体对局部的肌肉、肌腱、神经等所施的压力(压觉)有关;但最终需依赖于大脑皮质体觉区的整合功能。检查的方法是以相同形状和大小,但不同重量的物体,置于受试者手中。正常人可以分辨,如不能分辨,即为辨重不能。辨重不能是一种病态,主要系由大脑顶叶病变所致。

abasement **贬抑** 美国心理学家默瑞人格理论中的术语。意指为弥补个人缺陷(事实的或是想象的)而贬抑自己屈从别人的心理倾向。在默瑞的人格理论中,列举28种心理需求,贬抑也被视为需求之一。见需求压力论(need-press theory)。

abasia **步行失能,步瘫症** 指因动作失调而不良于行的现象。唯此种动作失调并非源于肢体或中枢神经系统病变,而是由于心理因素所引起的转化症(conversion disorder)使然。见该条。

ABC assessment **ABC评鉴** 指对某种行为评定与鉴别时所采用的一种取向,三个字母中A代表导致行为产生前因(antecedent),B代表行为(behavior),C代表个体表现行为后果(consequent)。根据个体某种行为的前因后果,才能对该种行为做出正确的评鉴。

ABC theory **ABC理论** 指美国心理学家艾利斯的理情治疗法(rational-emotive therapy)所根据的一种理论。见该条。

abdominal breath **腹式呼吸** 腹腔起伏较大的呼吸方法,又称深呼吸。腹式呼吸是气功静坐的呼吸方法,也是体育运动心理训练时常用的呼吸方式之一。腹式呼吸方法分为两种,吸气时腹部凸起,呼气时腹部凹下,称为顺式呼吸法;吸气时腹部内收凹下,呼气时腹部隆起,称为逆式呼吸法。在心理训练中,多要求受试用顺式呼吸法进行缓慢的腹式呼吸。因此法的频率低、振动小、用

A

力缓和平稳，有利于身心机能的恢复，亦可作调节心理状态强度和控制情绪过分紧张之用。

ABEPP = American Board of Examiners in Professional Psychology 美国心理学专业资格审查委员会

abient behavior 回避行为 指个体避开或排除某种刺激情境时所表现的行为。当个体面临痛苦或具有威胁性的刺激情境时，为免除痛苦或试图得到安全所表现的退缩、躲避等反应，均属回避行为。义同回避反应（abient response）。回避行为（avoidance behavior）。见该等条。见退缩行为（withdrawal behavior）。

abient response 回避反应 义同回避行为（abient behavior）。见该条。

ability 能力 **1.**指个人在其遗传与成熟的基础上，经由环境中的训练或教育而获得的知识与技能。此类能力可由行为表现出来，作为与别人比较高低的依据。像此类实际在行为上表现出的能力，也称为成就（achievement）。**2.**指个人学习某事物所具有的潜在能力。此种潜在能力，如采广义的看法，常称之为能量（capacity）或智力（intelligence）；如采狭义的看法，则称之为性向（aptitude）。见该等条。准此而论，能力一词包括成就与性向两种意义。

ability compensation 能力补偿 **1.**由于某方面能力不足（如口吃），而在其他方面特别展现出另外的能力（如学业成就）的心理补偿现象。**2.**由于某种感官机能障碍或丧失，改而加强其他感官的能力。例如，盲者听觉特别敏锐与聋者视觉特别敏锐的现象，均属能力补偿。见补偿（compensation）。

ability grouping 能力分班，能力分组 在学校教育上，根据个别差异与因材施教的原则，按能力高低将学生分为不同班级来授课，称为能力分班（组）。分班时，有的根据智力测验，有的根据学科成就测验，另外也有两者同时考虑用作根据者。能力分班时，如按能力高低分为两个层次（如前段班与后段班），称为双轨设计（two-track plan）；如分为三个层次（如前段班、中段班、后段班），则称为三轨设计（three-track plan）。能力分班后班内能力接近，故而称此类编班为同质编班（homogeneous grouping）。反之，不按能力分班者，各班内学生高低能力混合在一起的编班方式，则称之为异质编班（heterogeneous grouping）。

ability test 能力测验 指测量能力时所采用的工具。能力测验是一个概括性的名称，实际使用时，因对能力的认定与实施测验的目的不同，而有多种不同的能力测验。如将能力认定为智力，那就采用智力测验；如将能力认定为性向，那就采用性向测验；如将能力认定为学得的知识或技能，那就采用成就测验。无论采用何种形式，能力测验在性质上都应该是标准化测验（standardized test）。见该条。

ablutomania 洁癖 过分重视清洁的病态现象。患洁癖者不能自制地重复从事不必要的洗手或洗澡等活动。洁癖属于强迫性神经症（obsessive-compulsive neurosis）之一。见该条。

Abney's effect 艾比尼效应 指一种奇异的知觉现象。当一片广阔区域突然由亮光照射时，所得的知觉并非一大片全亮，而获得的经验是中央部分先亮，而后扩及四周。当亮光突然熄灭时，则觉得周围的事物比位居中央者先行消逝。此种现象系由英国物理学家艾比尼（W. W. Abney，1843～1920）所发现，故名。

abnormal behavior 变态行为，异常行为 泛指不正常的行为。变态行为主要指心理异常或情绪困扰；轻微者显现在生活上适应困难，严重者包括各种精神疾病。见变态（abnormality）及心理异常（mental disorder）。

abnormal child 异常儿童 义同特殊儿童（exceptional child）。见该条。

abnormal fixation 变态固着 指个体表现的一种持续性与习惯性的非理性行为。行为表现虽极不合理，但个体无法自我控制；每遇同样情境，即重复出现该固定的反应。按精神分析论的解释，变态固着多系由幼年心理发展不良而遗留下来的情感固着（affective fixation）所致。见该条。

abnormality 变态，变态性 凡个体身心状态异于常人者，均称为变态。在医学上，通常以身体结构与功能的统整程度来区分常态与变态。在心理学上，常态与变态无明确而绝对的界定标准。就相对程度而言，一般所用的区分方法有下列几种：(1)常态分布的标准，以数量为根据，将个体的某些特质，在常态分布中接近平均数者视为常态，居于两极端者视为变态；(2)社会规范的标准，是一种文化相对论的评判标准，从众的行为就是常态，与社会规范、道德标准、价值观念等社会所认可的行为背道而驰者则是变态；(3)生活适应的标准，不能有效适应个人所处外在物理、社会环境或内在心理需求者为变态；(4)心理病理的标准，有严重焦虑感、压抑感、罪恶感等心理疾病者视为变态；(5)心理成熟的标准，异常指成长中个体的行为表现远较同年龄者幼稚的现象（如八岁儿童分不清前后左右）。

abnormal personality 变态人格 义同人格异常（personality disorder）。见该条。

abnormal psychology 变态心理学 属心理学领域内的一个分支学科。变态心理学的研究，系以人格的发展与适应、变态行为的成因、症状的特征与分类，以及变态行为的诊断、预防、治疗等为题材。变态心理学研究的范围，主要包括情绪异常、社会异常、精神异常三方面。与临床心理学（clinical psychology）比较，变态心理学重在研究个体行为之所以变态的理论性问题。见该条。

abnormal sensation 感觉异常　由于末梢神经通路上的病变或心理障碍，患者在缺乏外界刺激的情况下，自觉身体某部位会有麻木感、痒感、冷感、热感、虫爬感、电击感、烧灼感、针刺感等现象，均称为感觉异常。感觉异常属癔症（hysteria）之一。见该条。

abortion 流产，堕胎　在妇女妊娠早期，因某种原因导致胚胎脱离子宫壁的现象，称为流产。流产按原因之不同，可区分为三种：（1）自然流产（spontaneous abortion），系因孕妇身体受伤、内分泌失调或疾病等所导致的流产；（2）人工流产（artificial abortion），系经人工方法将胚胎取出，人工流产多在孕后四个月内行之；（3）治疗性流产（therapeutic abortion），系经孕后检查确定胎儿异常而由合法医师执行的人工流产。

aboulia＝abulia 意志丧失

ABPP＝American Board of Professional Psychology 美国专业心理学委员会

abreaction 发泄，疏导　为心理分析治疗的方法之一。此法采用语言、动作、感觉甚至想象等活动，使患者的情绪放松，使其原来的心理冲突或压抑的各种不愉快的经验，宣泄出来，借以减轻其心理紧张所带来的痛苦。见宣泄（catharsis）。

abscissa 横坐标　将自变项与依变项的函数关系用坐标图表示时，在底下的横轴称为横坐标。横坐标通常以X表示之。与本词相对者为纵坐标（ordinate）。见该条。

absence 失神　指个体暂时失去意识的精神状态。在此状态下，个体对周围的刺激是视而不见或听而不闻的。失神现象多在癔症或癫痫症患者发病时发生。

absenteeism 旷职，缺席　属工业心理学领域术语。指未按规定请假而又未按时间到场工作的情形。旷职一向用作评定员工工作绩效与对职业满意度的指标之一。

absent-mindedness 心不在焉，茫然　**1.**指对面前刺激不能集中注意的习惯性倾向。**2.**指全神贯注于内心思维而疏于对周围事物觉知的一种心理状态。

absent state 失神状态　指失神（absence）时的心理状态。见该条。

absolute accommodation 绝对调适　见调适（accommodation）条第一义。

absolute discrimination 绝对辨别　义同绝对判断（absolute judgment）。见该条。

absolute error 绝对误差　指测量所得的实际分数与理论上真分数之间差异的绝对值。设真分数为T，测得分数为X，误差为E，三者的关系是：X＝T＋E；亦即E＝X－T。在此情形下，E就是绝对误差。理论上的真分数只是虚构的，不能实际获得；一般把“真分数”视为对同一对象重复多次测量所得的实际分数相加后得到的平均值。因此，将某次测得的分数减去多次测得分数的平均数，得到的绝对值即可视为绝对误差。与本词相对者为相对误差（relative error）。见该条。见真分数（true score）。

absolute grading 绝对评分制　指教师评定学生学业成绩的一种制度，亦即平常所说的“百分制”。绝对评分制是以100分为学习精熟程度的标准，对每份试卷给予一个分数。学校教育上一般规定60分为及格，意在表示学生成就在60分以下者，未能达到教学目标中应该达到的最低成就的程度。在实际使用绝对评分制时，学生成就可直接用分数来表示，也可用等第来表示。例如，优等代表90分以上，甲等代表80～89分，乙等代表70～79分，丙等代表60～69分，丁等代表60分以下。百分制的优点在于简单易懂，除此之外，如测验命题确实与教学目标配合，即可由学生在试卷上的表现，而评估他对教材的学习达到了何种精熟程度。但此制也有缺点，试题过难或过易将影响学生成就。如试题过难多数学生得分过低（无人得优、甲等），或试题过易多数学生得分过高（都考到优、甲等），就难免因试题缺乏鉴别力而失却评量的意义。在理论上，绝对评分制是以标准参照评量（criterion-referenced evaluation）为根据的。见该条。

absolute impression 绝对印象　对某事或某人进行认识或判断时，不按其所具备的客观特质，也不根据某种标准去比较，而径行对之评价的心理倾向，称为绝对印象。例如说“王先生是个好人”，即为绝对印象。见绝对判断（absolute judgment），比较判断（comparative judgment）。

absolute inversion 绝对倒置　弗洛伊德理论中的用语。谓有的同性恋者不单是对同性别者感兴趣，甚至对异性别者持有极端厌恶与排斥的态度。

absolute judgment 绝对判断　在一连串配对呈现的事项中，受试者对每对事项的判断，常是不待整对出现，而只根据每对先出现部分的印象旋即下判断。像此种不根据全部事项分析比较，而在时间上抢先判断的现象，称为绝对判断。唯按本词

A

之含义以称为预期判断（anticipation judgment）为宜。

absolute-judgment method 绝对判断法 指采用绝对印象(absolute impression)的心理原则以从事实验研究的方法。见该条及绝对判断(ab-so-lute judgment)。

absolute knowledge 绝对知识 指普遍真理所代表的知识。例如,“太阳从东方出,到西方落”,即属不可怀疑的绝对知识。

absolute limen(AL)=absolute threshold 绝对阈限

absolute measurement 绝对测量 **1.**义同绝对值,即不计正负符号的数值。**2.**指经由绝对量表所做的测量。例如身高、体重的测量即属绝对测量。绝对测量的特征是,不需与其他特定标准比较,即可直接知其意义。心理测验所做的测量,多非绝对测量, 而属相对测量（relative measure-ment)。见该条。

absolute pitch 绝对音调 **1.**指每秒振动次数为440的音调。**2.**指个人能辨识某一单独音调的能力。在辨识时无须跟其他音调比较,即能直接指出该音调名称,或径行唱出或奏出该音调。绝对一词非指“绝对正确”,而指无须跟其他音调相比的意思。此种辨音能力与训练有关。

absolute rating 绝对评定 指对某事项评定时,不根据任何标准而径行做出的评定。

absolute reflex 绝对反射 巴甫洛夫在条件反射理论中用语, 义同无条件反射（unconditional re-flex)。见该条。

absolute refractory period 绝对不应期 见不应期(refractory period)。

absolute refractory phase = absolute refracto-ry period 绝对不应期

absolute scale 绝对量表（尺） 指起始点为绝对零点且所有单位均相等的量表。平常用的米(公尺)、英尺等均属之。见绝对零点(absolute zero)。

absolute scaling 绝对量表(尺)法 根据某种工具所测量到的结果作为量表值,可以与其他量表直接比照使用的方法,称为绝对量表法。见绝对量表(absolute scale)。

absolute sensitivity 绝对敏感性 指感觉器官的敏感程度,由引起感觉反应的最低刺激强度来决定。见绝对阈限(absolute threshold)。

absolute standard 绝对标准 指以标准参照记分法为根据所定的评分标准。教师评定学生成绩时,如只看某生试卷答题表现评分,不考虑该生在全班中所居的序位,即为绝对标准评分方式。学校中常用的“百分制”即属之。见标准参照记分法(criterion-referenced grading)。与本词相对者为相对标准(relative standard)。见该条。

absolute threshold 绝对阈限 指引起感觉经验的最低刺激强度。所谓“绝对”是指受试者在自陈其感觉经验有无时,只根据该刺激所引起的感觉来判断,此外没有其他刺激可资比较。绝对阈限测定时,不能只根据受试者一次判断,而是根据多次判断中50%回答正确为测定点。在实验时先选定一种可以控制其强度变化的刺激(如声音的强度可按分贝计算),然后按受试者感觉不到的最微弱程度逐渐上升,并随时要求受试者按其感觉的有或无立刻回答。由于受身心状况时时变化的影响,受试者每次的回答未必完全相同。因此,绝对阈限的测定是以受试者多次回答为根据的。

absolute value 绝对值 指不计正负号的数值。

absolute zero 绝对零点,绝对零度 **1.**指在量尺上没有数量存在的一个点。心理测验虽然也具有量尺的意义,但心理上的绝对零点很难确定。**2.**温度上的绝对零度, 指一切分子活动停止时的温度,相当于零下273摄氏度或零下459华氏度。

absolutism 绝对论,绝对主义 **1.**属哲学上认识论之一派。认为真理是客观存在的实体,它脱离认识作用而独立存在,故真理是永恒不变的。**2.**属伦理学上道德论之一派。 认为道德起自神的本性, 由神的意志决定, 故而道德法则没有弹性,是绝对的。**3.**指个人的一种思想倾向。对事理判断绝对固守成规,不因时、因地、因人而有所变通。

absorption 专注,贯注 **1.**指专心注意于单一事物而心无旁骛的心理状态。此一解释带有正面意义(如专心读书)。**2.**指集中注意于内心的活动,而不顾周围现实的心理状态。此一解释带有负面的意义(如做白日梦时对现实世界即心不在焉)。

abstinence delirium 戒断谵妄 酗酒或吸食毒品达到药物成瘾地步时,因强迫戒断而引起的精神恍惚现象, 称为戒断谵妄。 见药物依赖(drug dependence)。

abstinence phenomenon 戒断现象,脱瘾现象 指因戒断精神药物后引起的身心适应紊乱现象。见戒断症候群(abstinence syndrome)。

abstinence syndrome 戒断症候群,戒断综合征 吸食药物成瘾恶化到生理依赖程度时, 因突然戒除而引起生理功能紊乱的现象,称为戒断症候群。戒断谵妄(abstinence delirium)即属该等症候之一。见该条。

abstract ability 抽象能力 **1.**指个体综合理解情

境中各部分之关系的能力，亦即将分立的具体事物能抽取其共同属性而形成概念的能力。**2.**指运用语言符号以表达概念的能力。与本词相对者为具体能力（concrete ability）。见该条。

abstract attitude 抽象心态 属于一种思维方式。此种思维方式的特征是，引起思维的对象不是眼前的直接经验和零碎事物，而只是针对问题全面，在心理上运作一些抽象概念去思考问题。与本词相对者是具体心态（concrete attitude）。见该条。

abstract behavior 抽象行为 指非由现实环境中刺激所引发的行为。个体在现实刺激中所表现的一切动作，诸如阅读、写字、吃饭、打球等，是具体行为。超乎现实之外的思考、领悟、欣赏等，则称为抽象行为。

abstract concept 抽象概念 指代表抽象事物的概念。如数学上的符号，像X、Y等；如价值观念上的善、恶、道、义等，均为抽象概念。与本词相对者为具体概念（concrete concept）。见该条。

abstract conceptualization 抽象概念化 指形成抽象概念的心理历程。例如，儿童学习“自由”与“义务”等抽象概念时，其间所经过的心理历程即为抽象概念化。

abstract idea 抽象观念 代表一种抽象意义而适用于同类情境的一般性观念。抽象观念是由具有共同属性的一类事物归纳而成，其所指者并非具体事物。以“悲伤”一词为例，它所指者并非某一件引起悲伤的特殊事例，而是代表所有悲伤事例的抽象概念。

abstract intelligence 抽象智力 指处理抽象概念、符号及其相互关系的能力。与本词相对者为具体智力（concrete intelligence），指解决实际问题或处理具体事物时所表现的能力（如按图索骥寻找目的物）。见该条。

abstraction 抽象，抽象化 就具有共同属性的多数事物，抽取其共同之点，综合之而形成一概括全部事物概念的历程，称为抽象或抽象化。见概念（concept）。

abstract modeling 抽象模仿 指模仿学习的三种方式之一。此种模仿是最复杂的模仿方式，由学习者综合模仿所得的经验，形成自己的心得，而后经抽象化提升为属于自己的独特行为取向。临帖习字，临摹绘画，经长期模仿后而能形成自己独特风格者，均属此类。另有两种模仿学习是直接模仿（direct modeling）与综合模仿（synthesized modeling）。见该等条，并参见模仿（modeling）。

abstract perception 抽象知觉 指不以具体知觉对象所得的知觉经验。睡梦中的一切知觉均属抽象知觉。

abstract set 抽象心向 将具体事件予以抽象化的心理倾向。例如，看到学生排队（具体事件）时立即引起“秩序”（抽象概念）的联想，即属抽象心向。

abstract thinking 抽象思维 思维的一种高级形式，也称抽象逻辑思维或逻辑思维，其特点是以抽象的概念、判断和推理作为思维的基本形式，以分析、综合、比较、抽象、概括作为思维的基本过程，从而揭露事物的本质特征和规律性联系。抽象思维既不同于以动作为支柱的动作思维，也不同于以表象为凭借的形象思维，它已摆脱了对感性材料的依赖。抽象思维一般有经验型与理论型两种类型：前者是在实践活动的基础上，以实际经验为依据形成概念，进行判断和推理；后者是以理论为依据，运用科学的概念、原理、定律、公式等进行判断和推理。

absurdity 荒谬 指个人言行既不合理也不合情的现象。

absurdity test 辨误测验 属智力测验的一种形式。在测验卷上提供语句、图画、故事等类题目，其中含有谬误或悖理之处，令受试者辨识并指认（如风向左吹，烟向右冒），而据以计分并评定其智力的高低。

abulia 意志丧失 属精神分裂症或抑郁症的症状之一，患者极度丧失行为与意志的自主性。患此症者会丧失工作的能力，遇到任何问题都不能自己决定。

abundancy motivation 超需动机 指超过基本需求而追求更多的动机。超需动机所促动的行为可分生理的与心理的两方面。在生理方面，如个体因饥饿（动机）而进食（行为）；但在进食时往往会吃下较生理所需为多的食物，从而减缓因饥饿而产生的紧张压力。此种促动个体吃下超过基本需求的食物的动机，即称为超需动机。在心理方面，凡寻求超越现况，求名、求利等一切行为活动，其背后的动机也都是超需动机。

abused child 受虐儿童 指遭受父母或监护人虐待的儿童。见被虐儿童症候群（battered-child syndrome）。

ABX paradigm ABX范式 属心理物理学测量差别阈限的一种方法。AB分别代表两种刺激强度，X代表第三种刺激，其强度恰与A或B相等，受试的任务是判断X＝A或X＝B，从而了解其差别阈限（difference threshold）。见该条。

ACA＝American Counseling Association 美国咨商协会

academic ability grouping 学科能力分班，学科能力分组 指小学或初中阶段，为符合因材施教原则，在教学上所采取的编班或分组方法。本词条含义有二：(1)按学科性向(通常按综合性向测验或普通智力测验结果)分班：将高低智力者分属不同班级，以便教学。此义与另词能力分班(ability grouping)含义相同。(2)按重要学科(通常按语文、英语、数学各科)的能力或成绩分为不同组别教学：重要学科之外的其他一般学科(如体育、音乐等)，则仍在原班上课。通常所说的学科能力分组教学，多指第二种含义。

academic achievement test 学科成就测验 属成就测验之一。通常用于学科教学之后，其目的在评量学生学习后所达到的成就水平。学科成就测验，大致分为两大类：一为标准化的学科成就测验，指经由测验学者按一定程序所编制的成就测验。此种测验可在不同学校的同年级使用，只要学科相同，即可用以比较学生的程度。另一为教师自编的学科成就测验，此种成就测验只供教师用以评量所教班级的学科成就。见成就测验(achievement test)。

academic aptitude 学术性向 指个人具备接受某种专门学科教育的潜在能力。例如，指称某生适于上大学研习数理，某生适于上专科学习机械等，即指该类学生所具学术性向。学术性向的高低，通常从两种指标去评估：一是根据学业成绩，另一是根据学术性向测验。见性向(aptitude)。

academic aptitude test 学术性向测验 属性向测验之一。用以鉴别受试者在某种学科方面所具备的潜力。见学术性向(academic aptitude)。

academic intelligence 理论智力 **1.**指钻研理论的能力，理论智力高者善于读书求知，在理论性强的学科上会有较高的成绩。**2.**义同抽象智力(abstract intelligence)。见该条。

academic learning time 课业学会时间 指学生在教师讲解之后，对教材内容自行学习达到学会所需的时间。教材过于困难或教师讲解不清时，学生自然无从学习；即使教材难易适当，教师讲解透彻，也需要给予学生适当的学习时间，他才能够真正学到预定要他学到的知识。基于此义，教师在讲课时进度不宜太快， 宜在过程中留有间歇，好让学生消化、理解、融会教师讲解的新知识。

academic overachievement 学科高成就 指学生的学科成就超过预期标准的情形。如某生智力中等而学业成绩为优秀，即属学科高成就。与本词相对者为学科低成就 (academic underachievement)。见该条。

academic overachiever 学科高成就学生 指学科成就高于预期成就标准的学生。如某生智力中等而学业表现优秀，即为学科高成就学生。与本词相对者为学科低成就学生 (academic underachiever)。见该条。

Academic Promise Test (APT) 学业前程测验 属学术性向测验之一。其功用在于按当时学生的性向以预测将来可能发展的方向。见学术性向测验(Scholastic Aptitude Test)。

academic underachievement 学科低成就 指学生的学科成就未达预期标准的情形。按预期(或预测)标准多指智力测验结果(如IQ)，学科成就则多得自学科成就测验。如以标准分数为根据，比较以上两种测验结果，其学科成就测验的标准分数，低于智力测验的标准分数，而且差距达到某种程度者(如差距大至一个标准差以上)，即表示该生属于学科低成就学生。反之，如在标准分数上，学科成就高于智力测验结果，且差距达到某程度者，即表示该生属于学科高成就学生。见学科成就测验(academic achievement test)及标准分数(standard score)。

academic underachiever 学科低成就学生 指学科成就低于预期标准的学生。如某生智力较高而学业成绩仅及中等者，即为学科低成就学生。与本词相对者为学科高成就学生(academic overachiever)。见该条。

acalculia 运算能力缺失，数盲 属失语症的症状之一。患者可能因大脑皮质顶叶部位受到伤害，失去原来的算术运算能力。运算能力缺失患者，多半同时丧失阅读和书写能力。见失语症(aphasia)。

acarophobia 惧昆虫症 属恐惧症之一。患者对虫蚁之类的小动物表现出极为反常的恐惧反应。纵使明知不致受其伤害，但仍无法自制由之引起的强迫性惶恐情绪。见恐惧症(phobia)。

acatamathesia 理解力缺失 **1.**指面临刺激情境时，不能由之获得清楚知觉经验的现象。**2.**指失去语言理解能力的现象。见失语症(aphasia)。

acataphasia 造句型失语症 属失语症的类型之一。患者丧失原有字句组合的能力。见失语症(aphasia)。

acathexis 情绪唤起不能 弗洛伊德的精神分析用语。指患者丧失原来对某些事物带有的情绪性观念，即丧失原来对事物喜爱或厌恶的习惯，而对一切事物的反应都极为冷淡。

acathisia = akathisia 静坐不能

acathizia = akathisia 静坐不能

accelerated student 跳级生 指资赋优异、超越年级顺序而跳跃升级的学生。如小学三年级可跳过四年级而直升五年级；如此可以提前毕业者即为跳级生。

acceleration 速进制，加速 **1.**指对资赋优异学生的一种教育方式，即俗称之跳级。见教育加速制（educational acceleration）。**2.**指学习历程中随练习次数增加而成绩进步的情形。按学习进步情形绘成的曲线，有正加速（positive acceleration）与负加速（negative acceleration）之别。见该等条。

acceptance 接纳，认可 **1.**广义言之，泛指对己、对人、对世事所持的一种认可而积极的态度。**2.**狭义言之，系指心理师或咨商员对案主个人，或其所持价值观念的一种接纳态度。此种态度只表示心理师对案主的尊重和了解，并非意味对其任何偏差行为均给予认可或支持。

acceptance stage 接受阶段 美国精神病学家库布勒露丝死亡论（Kübler-Ross's theory of dying）中所指死亡过程中的第五个阶段。见该条。

acceptance therapy 接纳治疗法 属心理治疗方法之一。在被接纳的情形下，心理师允许患者发泄其不愉快的情绪，从而减缓其内心痛苦，以期达到不医而愈的治疗目的。见舒泄治疗法（release therapy）。

accessibility 可提取性，可及性 认知心理学术语。指储存在长期记忆中的信息，在应用时是否容易提取的情形。可提取性高的记忆不需靠线索帮助即可立即提取，像个人的姓名、地址、电话等就是如此。见提取（retrieval）。

accessory symptom 副症状 瑞士精神病学家布莱勒的用语。意指属于精神分裂症主要症状之外连带发生的症状，诸如幻觉、错觉、记忆错乱等均属之。

accident 事故，意外事故 指原因不明且又不易事先预防而实际发生的事故，如交通车祸、工厂机器伤害等均属之。

accidental contingent reinforcement 偶然后效强化，偶然随因强化 前后两件事情的发生，本来毫无因果关系，只因后者的出现正符合个体的期待，于是“偶然”变成了“应然”，武断地把前者视为后者的原因。例如学生的座位排列本与考试成绩无关，只因坐在某一位置上考试得到高的成绩，结果就可能把该座位视为考试成功的原因。一些人之所以迷信，偶然后效强化是主要原因。

accidental crisis 意外危机 指因意外事故所形成的心理危机。如因意外的亲友亡故、身体伤害、经济破产、职位丧失等不幸事故的打击，致使当事者无法承受过大的压力，而陷入人格崩溃的边缘。意外危机又称情境性危机（situational crisis），也称不期危机（unanticipated crisis）。

accidental error 偶然误差 属测量误差之一。此种误差不明其原因，也无法控制。例如，用同一智力测验在不同时间测量同一班学生，若所得结果不同，两次测量都有偶然误差，无法肯定哪次结果具有较高的真实性。在此种情形下，采用两次测量所得的平均值，即可减少偶然误差的程度。

accidental homosexuality 偶然性同性恋 指同性恋行为的发生并非因性格所致，而是情境因素使然；是由于生活环境中缺少与异性交往机会而造成的反常性适应。像在军队中或监狱中的同性恋，多系此种类型。偶然性同性恋又称情境性同性恋（situational homosexuality）。

accidental sample 偶然样本 指社会调查时不按概率原则所取的调查对象。如站在路口每隔10个行人就取一人访问的方式即属偶然样本。见抽样（sampling）。

accidental stimulus 偶然刺激 指睡眠时引起做梦的外在刺激（如电话铃声）或内在刺激（如肠胃不适）。

accident analysis 意外事故分析 指意外事故发生后，就机械的、环境的、人为的各种因素，详加分析研究，借以研判肇事的可能原因并谋划预防措施的历程。

accident behavior 意外行为 指工作环境中所表现的危险性行为。意外行为的结果，难免伤害自己或他人。意外行为多属个人不能完全控制的行为；此种行为多半在安全设备不足、过度疲劳、动作失误等情形下发生。

accident prevention 事故预防 在意外事故及伤害发生之前，对所有可能引发的原因预做控制的一切做法，称为事故预防。事故预防的主要方法包括：(1)对经常肇事的人员进行分析研究；(2)检查工作环境修护机械设备；(3)经由员工心理辅导以减少其情绪压力；(4)加强员工在职训练以增进其知识技能；(5)举办意外事故演习以提高员工警觉性；(6)改善员工作息时间以维持其正常身心健康状态；(7)定期举行员工座谈会检讨预防工作实施绩效。

accident prone＝accident proneness 易肇事倾向

accident proneness 易肇事倾向 指某些人在性格上较一般人易于造成意外事故（如车祸）的习惯性倾向。见肇事性格（accident-prone personality）。

accident-prone personality 肇事性格 指有些人在性格上具有异于常人的特征，不是粗心大意，就是心不在焉，甚至喜欢刺激与冒险。根据调查研究，具有此类性格者，在操作机器或驾驶时，较

A

诸一般人有偏高的肇事率，故而称之为肇事性格。

accident repeater 易肇事者 指赋有肇事性格（accident-prone personality）者。见该条。

acclimation = acclimatization 气候适应，环境适应

acclimatization 气候适应，环境适应 **1.**指个体随气候变化在身心上自动调适的历程。**2.**指个体随生活环境改变在情绪或心理方面所做的适应历程。

accommodation 调适，适应 **1.**视觉器官的主要功能之一。为使视网膜上的映象清晰，眼球的晶状体经由睫状肌的伸缩作用而改变晶状体凸度，以适应视觉物体的远近距离，从而获得清晰视觉的生理作用，称为视觉调适（visual accommodation）。视觉调适时由两眼合作者，称为双眼调适（binocular accommodation）；由单一眼分别调适者，称为绝对调适（absolute accommodation）。单眼调适时即可形成看立体物体时的单眼线索（monocular cue）。见该等条。眼睛调适功能对距离知觉的作用是有限制的，一般情况下对10米范围以内的物体起作用，超过10米的距离，这种调适作用即行消失；人眼晶状体的调适功能随着年龄的增长逐渐下降，表现出眼睛在明视条件下看清物体的近点远移，10岁时约为7厘米，25岁时约为12.5厘米，45岁时约为33厘米，60岁时，近点则到达100厘米。**2.**按皮亚杰的认知发展理论，调适是个体为顺应环境要求而形成心理改变的方式之一（另一为同化）。意指个体遇到新的情境，原有认知结构不能适合环境要求时，他只能改变已有的认知结构以符合环境的要求；否则他与环境之间就无法保持平衡。见同化（assimilation）。**3.**指个体在社会生活中，为求得与别人或团体间保持和谐关系而做的自我改变。如此解释，本词义同适应（adjustment）。见该条。

accommodation reflex 调适反射 指注视远近不同物体时，眼球的晶状体经由睫状肌自动伸缩而改变其凸度，借以获得物体清晰映象的生理反射作用。见调适（accommodation）条第一义。

accomplishment age = achievement age 成就年龄

accomplishment quotient = achievement quotient 成就商数

accountability 专业责任 指专业人员应按其担任专业之性质与角色，负起应尽的义务与责任。按教师的专业性质与角色，教师应负有教育学生的义务与责任；按医师的专业性质与角色，医师应负有为病人治疗的义务与责任。专业责任通常是作为考核专业人员工作绩效的根据。

accretion learning = concomitant learning 附学习

acculturated trait 涵化特质 在某一特殊文化环境中生长的人，在行为上带有该文化下一般成员共有的特质，称为涵化特质。此种行为特质主要是经由学习而获得的。见涵化（acculturation）。

acculturation 涵化，文化适应 **1.**指生长在某社会环境中的儿童，学习符合该社会中一般适当行为特征的社会化历程。**2.**指隶属某一团体的个人，因受团体规范影响而在行为上与团体成员表现一致的认同历程。**3.**义同社会化（socialization）。见该条。

accuracy test 确度测验 属能力测验之一。此种测验重视受试者反应的精确度。施测时，受试者作答不受时间限制，可尽其所能做到与标准规定完全无误的程度。与本词相对者为速度测验（speed test）。见该条。

ACE = American Council on Education 美国高等教育委员会

acenesthesia 存在感丧失，机体觉丧失 指个体不能觉知自己身体存在的一种病态现象。

ACGPA = American Council of Guidance and Personnel Association 美国辅导与人事联合委员会

achalasia 松弛不能 指肌肉收缩后不能松弛，尤指平滑肌纤维收缩或紧张，不能弛缓的现象。最常见于内脏器官的开口处、连接处及某些管状器官的括约肌，如食道与胃连接处的贲门括约肌及直肠、膀胱括约肌等。松弛不能患者因消化及排泄困难，极易引起其他病变。

achieved role 获得角色 指由于个人条件而获得的社会角色。与本词相对者为赋予角色（ascribed role）。见该条。获得角色是可变的，而赋予角色则是持久的。

achieved status 实得地位 指由于个人的条件与努力而实际得到的社会地位。诸如社会上的名医、名教授、名画家等，他们所居地位多属实得地位。与本词相对者为赋予地位（ascribed status）。见该条。

achievement 成就，成绩 **1.**指个人或团体在行动之后能够成功地达到所欲追求的目标。**2.**指在某种领域内（如某一门学科）达到某种成功的水准（如获奖）或程度（如获得学位）。**3.**指在学业成就测验或职业成就测验上得到的分数。**4.**指学生在校的学业成绩。与本词相对者为性向（aptitude）。见该条。见成就测验（achievement test）。

achievement age （AA） 成就年龄　用年龄的数值表示个人成就水平的一种方法。某一年龄数值所代表者，是该年龄组成就水平的平均值。例如，小学四年级（九岁）儿童在常识课成就测验上的平均分数是70分，即用70分来代表九岁。如另一三年级（八岁）儿童单独做此测验时，也得到70分，如此，他的实际年龄是八岁，而其成就年龄则是九岁。这表示他的成就年龄高于其实际年龄。

achievement attribution 成就归因　在从事某种工作（如升学考试）获得成功后，个人对自己之所以获得成功所做的解释。详见成败归因（attribution of success or failure）。

achievement drive 成就驱力　义同成就动机（achievement motivation）。见该条。

achievement ethic 成就伦理　指社会上通常把成就高低视同伦理的标准，努力追求成就或已有成就的人，常被推许为同侪楷模或社会典范。国内杰出青年的选拔，就是以成就伦理的观点作为理论基础的。见职业伦理（work ethics）。

achievement motivation 成就动机　**1.**指努力追求进步以期达成所渴望目标的内在动力。**2.**指从事某种工作活动时，个人自我投入精益求精的内在倾向。**3.**指在不顺利的情境中，冲破障碍，克服困难，奋力追求目标的内在倾向。**4.**义同成就需求（need for achievement）。见该条。见动机（motivation），需求（need）。

achievement motive = achievement motivation 成就动机

achievement need = need for achievement 成就需求

achievement oriented 成就取向　指个人在从事有关成败的工作活动时（如参加考试或运动比赛），在性格上偏于乐观进取，全力以赴追求成功的心理倾向。性格上有成就取向的人，其成就动机较强。与本词相对者是失败取向（failure oriented），见该条。性格上有失败取向的人，遇到困难时较易悲观消极，为避免失败而不肯全力以赴。见成败归因（attribution of success or failure）。

achievement quotient （AQ） 成就商数　指反映学生求学期间用功程度的指标。成就商数的计算，有两种方法：**1.**用教育商数与智力商数的比值来表示学生学习的用功程度；计算方式为：

$$AQ = \frac{EQ}{IQ} \times 100$$

公式中EQ为教育商数，IQ为智力商数。

2.用教育年龄与心理年龄的比值来表示学生学习的用功程度；计算方式为：

$$AQ = \frac{EA}{MA} \times 100$$

公式中EA为教育年龄，MA为心理年龄。成就商数的值愈大，即表示学生用功程度愈高。

achievement test 成就测验　属能力测验之一。指特为测量接受过某种教育或训练者所编制的测验，目的在评定其经教育或训练后实际工作的表现。最常用者有学科成就测验与职业成就测验。用在教育上的学科成就测验，一般分为标准化成就测验与教师自编成就测验两种。成就测验之功能，除对人员甄选与安置外，在教学上可用以评鉴学习进步与诊断学习困难，据以作补救教学、调整教学目标以及改进教学方法的参考。与本词相对者为性向测验（aptitude test）。见该条。

achievement-test battery 成套成就测验　属标准化成就测验形式之一。其内容范围涉及学校的各种学科，试题取样所代表的是各学科中普遍的知识和技能。在一般情况下，成套成就测验由4～10个分测验组成，分测验中的项目在35～100个。这种测验有三个特点：（1）测量对象的年级范围较大，大多数测验可适用于中小学两个阶段。（2）根据测验内容，这种测验可分为两大类，分别为教育技能与教育知识：教育技能包括阅读、算术、拼音、语法、阅读地图或图表及使用参考资料等；教育知识则指把知识和学到的技能应用于解决新问题。（3）测验分数具有可比性，受试者的分数能进行横向或纵向比较，这是成套成就测验的主要优点。一个受试者在不同课程领域或不同教育技能方面的相对成就，能按统一的常模组来比较，或者受试者从低年级到高年级的进步，能按单一的分数量表来比较。

Achilles reflex 阿奇里斯反射　用钝物轻敲足踝时所引起的反射动作，故而又称足踝反射（ankle jerk）。足踝反射是检查下肢神经功能的一种简单方法，轻敲时，足踝有反射动作是正常现象。阿奇里斯为希腊神话中的英雄人物，相传武功高强，除足踝部之外，全身刀枪不入。本词取其名以代足踝之意。

achluophobia 惧黑暗症，惧夜晚症　属恐惧症之一。患者对黑暗的情境表现极为反常的恐惧反应。纵使明知不致受到伤害，但仍然无法自制由之引起的强迫性的惶恐情绪。见恐惧症（phobia）。

achromatic color 非彩色，无彩色　**1.**指由全白到全黑（包括不同程度的灰色）的一系列颜色。**2.**指颜色锥体上只有亮度而无色彩与饱和度的颜色向度。见颜色锥体（color solid）条及附图。

achromatism 全色盲　属色盲现象之一。此种色盲极为罕见，只占人口的0.002%～0.003%。全色盲者只能看见非彩色，而不能辨别任何颜色。患者将

A

一般人的可见光谱看成是一条明暗不同的灰色带,他们只能根据明度辨认物体。全色盲一般是先天性的,是由于视网膜缺少锥细胞所致。后天性的全色盲主要是因为视神经炎症造成锥细胞功能丧失。见色盲(color blindness)。

achromatopsia = **achromatism** 全色盲

acid 酸物 吸食致幻剂(hallucinogen)者使用的暗语。见该条。

ACL = **adjective check list** 形容词检核表

acoasma = **acousma** 幻听

acoumeter = **audiometer** 听力计

acousma 幻听,耳鸣 在没有声音刺激的情形下而能听见声音的异常现象。见幻觉(hallucination)。

acoustic agnosia 听觉失认症 患者虽能辨别声音,但丧失理解声音所代表之意义的能力(与耳聋不同)。见辨识缺陷(agnosia)。

acoustic code 声码 认知心理学术语。指以声音为基础编成便于记忆的代码。见译码(coding)。

acoustic coding 声译码 将视觉刺激转换为声代码的过程。常见于对文字材料的短期记忆过程中。如打电话时查到一个电话号码后,立即复述这一号码,查到的号码是视觉代码,通过复述,转变为声代码。此一由视觉刺激转换为声代码的过程,即为声译码。见译码(coding)。

acousticophobia 惧声音症 属恐惧症之一。患者对声音特别敏感,且对之表现极为反常的恐惧反应。纵使明知不致受到伤害,但仍然无法自制由之引起的惶恐情绪。见恐惧症(phobia)。

acquiescence 默从,默认 指易于同意别人意见的倾向。默从常在权威下产生,因此,权威下(如严师之下的学生)的默从者,在内在意识上未必完全同意权威的意见,只是不加辩解默然同意而已。见默从反应心向(acquiescent-response set)。

acquiescent response 默从反应,默认反应 见默从反应心向(acquiescent-response set)。

acquiescent-response set 默从反应心向,默认反应定势 指在接受态度问卷或人格测验时,受试者对问题的选择总是偏于选答"是"或"对"的心理倾向。为防止因此倾向而减低测验效度,故而在测验题的编排上力求改进,使不同语气的答案各居半数,而且随机安排顺序,借以避免默从反应心向的影响。

acquired alexia 后天性失读症 指失读症的原因是后天造成的;出生后曾经学习到阅读能力,后因偶然事故(如疾病或脑伤等)而丧失。与本词相对者为先天性失读症(congenital alexia)。见该条。

acquired behavior 习得行为 指经由学习或练习而建立的行为。与本词相对者为本能行为(instinctive behavior)。见该条。

acquired character 习得特征,习得性格 **1.**指由于身体长期从事某种活动或因环境影响,个体在身体上产生某些改变而形成的特征。**2.** 指由学习获得的行为或性格。

acquired characteristic = **acquired character** 习得特征,习得性格

acquired deafness 后天性聋 指出生后由于疾病或伤害造成的听觉丧失。与本词相对者为先天性聋(congenital deafness)。见该条。

acquired drive 习得驱力 经由学习或练习而形成的一种习惯性的需求压力。诸如烟酒成瘾者,在瘾发时对烟或酒需求的压力,即属明显的习得驱力。见驱力(drive)。

acquired immune deficiency syndrome(**AIDS**) 后天免疫缺乏症候群,后天免疫缺乏综合征,艾滋病 艾滋病为传染病,其传染途径主要为性接触、共用注射器及血液等。艾滋病是1981年发现的一种绝症,直到1984年才被确定病因及其严重性。艾滋病的病原体叫作人体免疫缺陷病毒(human immunodeficiency virus)。感染艾滋病者不会立即发病,其潜伏期可能长达10年以上,一旦病发,平均在一年半左右死亡。到目前为止,艾滋病尚无有效治疗措施。

acquired immunodeficiency syndrome = **acquired immune deficiency syndrome** 后天免疫缺乏症候群,后天免疫缺乏综合征,艾滋病

acquired response 习得反应 义同习得行为(acquired behavior)。见该条。

acquired trait 习得特质 泛指在后天环境中经由学习而获得的特质。与本词相对者为遗传特质(inherited trait)。见该条。

acquisition 习得,获得 **1.**经由学习而使行为发生的改变,包括知识、观念、技能以及新的习惯反应等。**2.**在学习实验过程中,因练习而使反应正确性或反应强度增加的历程(用学习曲线表示之)。**3.**在经典条件作用实验过程中,条件反应逐渐形成的历程,见经典条件作用(classical conditioning)。见学习(learning)。

acquisitive instinct 获取本能 义同占有欲(acquisitiveness)。见该条。

acquisitive mob 掠夺型暴民 属暴民(mob)的四种类型之一。见该条。

acquisitiveness 占有欲 指人类共有的一种将

财物据为己有的心理冲动或欲望。一般认为占有欲是人类维持生存的本能性行为。

acquisitive spirit = **acquisitiveness** **占有欲**

acrophobia **惧高症** 属恐惧症之一。患者对身临高处的情境表现极为反常的恐惧反应。纵使明知不致受到伤害,但仍然无法克制由之引起的惶恐情绪。见恐惧症(phobia)。

ACT = **American College Testing Program** **美国大学入学测验计划**

ACT* **ACT理论** 美国心理学家安德森(J. R. Anderson, 1947~)根据信息处理论的观点在1976年提出解释长期记忆的理论。ACT理论的基本要义是,人类的长期记忆是由陈述性记忆(declarative memory)与程序性记忆(procedural memory)两者交互作用形成的网络系统。见该条。本词ACT是adaptive control of thought的缩写,读音时应读为ACT-star。

ACTH = **adrenocorticotropic hormone** **促肾上腺皮质激素**

act-habit **行为习惯** 指因文化环境影响所养成的根深蒂固的习惯性行为。例如,在一些中国家庭中,父母对子女管教时的过分保护的做法,即属明显的行为习惯。

acting in **动作隐示** 精神分析治疗上的用语。在精神分析过程中,患者表现出坐立不安的动作;而此等动作所隐示的意义是他在抗拒压抑在内心中的欲望,以免释放出来。

acting out **宣泄,舒放** **1.**属心理分析治疗上的术语。指患者在接受分析治疗时,其压抑在潜意识层面的欲望或冲动,失去控制后浮升到意识的层面,并借着语言行动表现于外的过程。不过,患者所表现的行动是象征性的,其行动方式与当时的现实环境未必有直接的关系。例如,患者常对心理师产生强烈的情感依恋,这未必代表他对治疗者有了真的感情,而极可能是早期对父母依恋遭遇挫折、长期压抑后的象征性宣泄。**2.**指非理性的借情绪宣泄所表现的反抗社会行为。

action current **动作电流** 义同动作电位(action potential)。见该条。

action group **行动团体** 指在特殊目标下行动一致而具工作取向的团体。行动团体中的成员,在心理上既受团体的影响,也受其他成员的影响。因此,在心理辅导与心理治疗上,有时采用团体方式进行。见团体治疗(group therapy)。

action interpretation **动作示意** 在心理治疗过程中,心理师对患者的陈述不作语言解答而只以动作来表示时,称为动作示意。如心理师点头,即表示同意患者继续诉说下去。

action potential (AP) **动作电位,动电位** 指因生理活动所引起的电位改变。当肌肉收缩或由刺激引起的神经冲动传递时,都会引起动作电位。动作电位是一种沿着神经细胞膜表面传导的负电波。当神经元上没有神经冲动传导时,神经元的膜内外存有一电位差,且其电荷为外正内负,此时膜内外的电位差称为静止膜电位。当神经元受刺激时,刺激点细胞膜外的钠离子大量地冲入膜内,结果使刺激点膜内外的电荷转变为外负内正,此时即称刺激点产生了动作电位,此动作电位对刺激点的邻近部位也是一种刺激,可使动作电位(神经冲动)传送下去而到达整条神经纤维。

action quotient = **activity quotient** **活动商数**

action research **行动研究** 以实际问题为题材,以解决现实问题为目的的研究法,称为行动研究。此法使用时,在研究对象上只限于现实情境中的对象,不考虑抽样代表性的问题。在使用方法或实验处理上,不做事先严密设计,而是在研究过程中视需要随时修改。行动研究不重视理论的基础,其目的旨在实用,不建立系统理论,故所得结果不适用于推论解释其他情境下的问题。行动研究适用于学校教师针对学生学习问题改进教学和行政单位针对某种问题改进行政效率。

action schema **活动基模,活动图式** 指由一连串活动构成一种有系统的复杂活动模式。例如,六个月的婴儿能眼手调和抓到面前的物体,就表示他的动作已形成了活动基模。见基模(schema)。

action system **活动系统** **1.**当个体从事某种活动时,他生理上的神经系统、内分泌系统以及肌肉组织等联合参与,从而形成一种有系统的活动,称为活动系统。如进食的动作就是包括神经系统、腺体、肌肉等联合形成的活动系统。**2.**同时包括生理与心理两种活动在内的一种活动系统。如说话与写作等活动,就是如此。

action thinking **动作思维** 借助于动作从事思维的心理历程。动作思维的基本特点是思维与动作不可分,离开了动作就不能思维。动作思维一般是在个体发展的早期所具有的一种思维形式。动作思维的对象或内容是与当前感知到的事物有直接关系的,其解决问题的思维方式不是依据表象与概念,而是依据当前的感知觉与实际操作。儿童在掌握抽象计数概念之前,用手操弄物体进行计数活动,就属于动作思维。动作思维是在抽象逻辑思维产生之前的一种思维形式。

action zone **主动区** 如教室不排座号,上课时经常坐在前排与中间座位的学生,多倾向于专心听

A

讲，对教师提出的问题表现较多的反应；其平均成绩也较其他区域的学生为优。因之，此一区域在教学心理学上称为主动区。

activated sleep **活动性睡眠** 义同快速眼动睡眠(rapid eye movement sleep)。见该条。

activation **激活，激动** 指个体内部器官由静止状态转变为兴奋警觉状态的历程。激活通常由外在刺激所引起，而激活的发生及其作用，则有三种不同情形：(1)从生理的层面言，激活是脑干网状结构在传递神经冲动时所发生的一种特殊功能，见网状激活系统 (reticular activating system)。(2)个体情绪的产生，被视为一种生理激活作用下所产生的激动状态，而情绪激动状态的形成，也是由于网状结构的生理作用。(3)在认知活动中，激活表示概念的扩散作用。例如，提供受试者"红色"二字的概念，让他自由联想，此一概念即成为一个激活的刺激，从而激活受试者的认知结构，联想到与"红色"有关的所有事物；可能由"红色"的激活而想到路口的红灯，可能由"红色"的激活而想到红色的火，而后又想到红色的消防车。见激活扩散论(spreading activation theory)条及附图。

activation-synthesis hypothesis **激活—整合假说** 解释做梦现象的一种假设性理论。激活—整合假说的要义是，做梦是个体在睡眠时对被激活的神经活动所做的主观性组织和解释。显然，此一假说否定了弗洛伊德在《梦的解析》一书中所做的潜意识活动解释。见激活(activation)。

activation-synthesis theory **激活—整合论** 义同激活—整合假说 (activation-synthesis hypothesis)。见该条。

activation theory **激动论** 义同情绪激活论(activation theory of emotion)。见该条。

activation theory of emotion **情绪激活论** 阐述情绪状态的形成与脑干网状结构生理作用之间关系的一种理论。该理论认为，个体的不同情绪状态，乃是网状结构对大脑皮质所产生不同激活作用使然。从外周感官和内脏组织传来的神经冲动，通过传入神经纤维的旁支进入脑干的网状结构，在下丘脑被整合与扩散，使间脑的觉醒中枢兴奋，从而激活大脑皮层，产生唤起的效果。各种情绪就是由各种不同程度的唤起状态产生的。高度的唤起状态产生强烈的情绪，如愤怒和恐惧；低度的唤起状态产生温和的情绪，如愉快和舒畅。激活作用包括激活情绪，引起警戒和注意，引起行动或促进某种反应。这一学说把不同强度的情绪和不同程度的唤起状态联系起来，可以说明情绪活跃的必要条件，和情绪的不同强烈程度的根源。见网状激活系统(reticular activating system)。

active analysis **主动分析法** 义同主动分析心理治疗法(active analytic psychotherapy)。见该条。

active analytic psychotherapy **主动分析心理治疗法** 指奥地利精神分析学家斯泰柯(W. Stekel)修正弗洛伊德理论所创用的一种分析治疗法。主动分析心理治疗法的主要特点是，不强调对患者过去生活的分析，而注重目前心理冲突的化解。在分析过程中，斯泰柯主张分析师应扮演主动的角色，并采取以下做法：(1)可以打断患者的自由联想，提醒他只说重要的事；(2)遇到患者抗拒而不愿陈述时，可予以指导或批评；(3)协助患者分析梦中所见所感，并以之解析其与目前生活情境中现实困难的关系。斯泰柯认为，主动分析心理治疗法较弗洛伊德的精神分析为进步，可以缩短时间，使病人提早痊愈。见精神分析(psychoanalysis)。

active avoidance **主动回避** 指一种特殊的学习情境，在该情境中个体必须适时主动表现回避行为，以避免遭到惩罚(如白鼠在红灯亮时主动离开现场以避免电击)。见回避学习(avoidance learning)。

active castration complex **主动阉割情结** 弗洛伊德精神分析中的用语。指个体在潜意识中存有失去生殖器官的恐惧情结。与本词相对者为被动阉割情结(passive castration complex)，即个体在潜意识中存有被阉割的欲望，或相信自己的生殖器官已被阉割的情结。见阉割情结(castration complex)。

active consciousness **主动意识** 指个体在有动机、有目标活动中的意识状态，是个体有目的、有计划的自主性心理活动。主动意识持续的时间可长可短，视个体的计划大小而定。例如，下课后计划到书店买本新书，这个主动的意识活动，可能只维持几小时；但如打算明年参加高考，那就是长期维持的主动意识。与本词相对者为被动意识(passive consciousness)。见该条。

active euthanasia **主动安乐死** 见安乐死(euthanasia)。

active fantasying **主动幻想法** 指心理治疗的一种方法。鼓励患者主动说出常有的幻想，从而分析其心理问题的潜意识(unconscious)根源。见该条。

active language **主动语言** 指个人能主动使用的语言，亦即指在听、说、读、写语言四大要项之中，个人在说与写两方面所能实际表现出来的语言能力。如只就个人听与读的语言能力言，则称为被动语言(passive language)。通常的情形是，个人被动语言的能力大于其主动语言。

active memory 活动记忆，主动记忆 **1.**信息处理时心理活动仍在持续中所产生的记忆，称为活动记忆。按此义，短期记忆中的运作记忆(working memory)就是活动记忆。**2.**在学习过程中，个体刻意对学习材料加以注意从而形成的记忆，称为主动记忆。与本词第二义相对者为被动记忆(passive memory)。见该条。

active recreation 主动休闲 鼓励患者主动参与休闲活动，借以舒解情绪并建立人际关系，从而达到治疗目的的一种心理治疗方法。与本词相对者为被动休闲(passive recreation)，即规定患者参与所设置的休闲情境，期使患者的紧张情绪得以放松，从而间接达到心理治疗目的的一种治疗方法。

active therapy 主动治疗 **1.**心理治疗上的一种取向。此法强调心理师应扮演主动角色，对患者给予指导、建议、解释，以建立其与患者间的关系。**2.**在一般心理治疗或辅导咨商上，主动治疗所采立场是与非指导性咨商相对立的。因为在非指导性咨商中，咨商员是不采取主动角色的。**3.**义同指导性治疗法(directive therapy)。见该条。见非指导性治疗法(nondirective therapy)。

active touch 主动触觉 指个体主动触及物体时所得到的知觉(知觉到物体的大小、形状、冷热等)。盲人的行动主要靠主动触觉。对正常人而言，主动触觉也很重要，诸如对纸张的厚薄、衣料的材质、器皿的精细程度等判断，均须有赖主动触觉。与本词相对者为被动触觉(passive touch)。见该条。

active variable 主动变项，主动变量 指研究者可以主动操纵使之产生变化的所有变项。例如，在实验研究时对刺激呈现的时间与强度的变化，在教学研究时对教材教法的处理以及奖惩的安排等，均属主动变项。主动变项与自变项的性质不完全相同，后者含义较广。自变项中有些变项是无法主动改变的。如个体性别虽属自变项，但不属于主动变项；像此类变项，通常称为属性变项(attribute variable)。见该条。

active vocabulary 主动词汇 个人能实际使用于口语或文字上的单词数量，称为他的主动词汇。除此之外，另有被动词汇(passive vocabulary)，指个人在接受语文资料(听与读)时能够认识或了解的单词数。一般言之，个人的被动词汇大于其主动词汇。见常用词汇(everyday vocabulary)。

activism 实践主义 **1.**在政治上，指以实际行动达到预定目的的一种观念或作为。**2.**在哲学上，指思想与现实结合为一体的观念与作为。

activity analysis 活动分析 **1.**一般言之，指针对个体所从事的某种有目的活动的分析(如对某种犯罪行为)。**2.**义同工作分析(job analysis)。见该条。

activity cage 旋转笼 记录动物活动情况的一种实验工具。笼呈圆轮形，装有转轴，动物在其中的活动，经由特别设计的仪表记录下来，用以研究活动量与其他变项的关系。例如，在饥饿或性周期时间，动物的活动量将增加，即可由此活动量推知其内在驱力。

activity cycle 活动周期 指个体在生理变化上或行为活动上所呈现的周期现象。活动周期现象形成的原因，有的与新陈代谢有关(如饥而食，渴而饮)，有的与生理变化有关(如激素分泌所引起的周期性活动)，有的与自然变化有关(如日间活动，夜间休息)。

activity drive 活动驱力 将个体活动的本身视为一种内在的驱力。意指活动并无其他目的，活动的产生只是因为个体需要活动；即使一切其他需求均已满足，个体仍然需要活动。一般心理学家相信，活动驱力不是经由学习获得的，而是本能性的。

activity-group therapy 活动团体治疗法 属心理治疗方法之一。活动团体治疗法系由美国心理学家斯拉夫森(S. R. Slavson)所创，目的在经由主动参与团体活动以消除不良的态度和习惯。此法多以儿童或少年为对象，活动多采休闲娱乐方式进行，让参与者在自由轻松的气氛下，放纾感情，彼此沟通，学习认识自我，了解他人，从而获得健康成长的机会。

activity-interview group psychotherapy 活动面谈团体心理治疗法 属心理治疗方法之一。此法系由美国心理学家斯拉夫森(S. R. Slavson)所创。在性质和方法上与其所创的活动团体治疗法(activity-group therapy)类似。见该条。两者不同之处是，在活动过程中，趁参与者情绪放松之际，心理师乘机与他谈话，借以了解其问题所在，以便给予适当辅导。活动面谈团体心理治疗法，属斯拉夫森所创分析团体心理治疗(analytic group psychotherapy)之下的三种方法之一。见该条。

activity level 活动水准 指固定时间内个体活动量的多寡。活动水准可用来做心理异常的诊断；抑郁症患者的活动水准偏低，狂躁症患者的活动水准偏高。此外，观察动物行为时，也可采活动水准作为解释动物行为的参考；每当动物饥饿或性周期时，其活动水准就会升高。

activity log 活动日志 **1.**指动物实验时对动物活动观察的日志。**2.**指心理治疗时对患者反应变化所写的日志。

A

activity need **活动需求** 指个体的某些活动，并非为了满足其他目的（如求偶觅食等活动），而纯系由于个体本身的需求；当得到活动的机会时，个体即感到满足。本词义同活动驱力（activity drive）。见该条。

activity-play therapy **游戏活动治疗法** 属心理治疗方法之一。游戏活动治疗法系由索罗蒙（J. C. Solomon）1948年首创。实施时给予儿童数个洋娃娃，鼓励儿童以表演的方式，让每个娃娃表露出各自的喜、怒、哀、惧等感情。此法的目的是让儿童以投射的方式抒发其内心压抑的情绪。见投射治疗法（projection therapy）。

activity pleasure **活动乐趣** **1.**纯粹从身体活动中获得满足的一种心理现象。此种现象多表现在婴儿阶段；多半婴儿一再重复某种活动，并且在活动过程中表露出喜悦的表情。**2.**除单纯从身体活动中获致乐趣之外，儿童阶段也喜欢对事物操弄探索（如拆散玩具）得到满足。此种现象所显示的心理特征，即称为好奇（curiosity）。见该条。

activity quotient **活动商数** 指用一个商数来表示某人在文章中用字的情绪色彩。如将其文章中的动词与形容词都选出来，两者相比，得一商数，商数值愈大，即表示此人文章的情绪色彩愈低；反之，则表示情绪色彩愈高。

activity record **活动记录** 指学校教育工作上对学生参与课外活动（如参加球队、学会、学社等）所作的记录。

activity sampling **活动抽样** 为研究某种工作过程中确实需要哪些活动，因而在该工作时间观察记录所有活动，并分析时间顺序与活动顺序的密切关系。如此了解到适当的时间配上适当的活动，即可减少错误而增加效率。使用此种方法时，是以代表性的活动为样本，故称为活动抽样。

activity system **活动系统** 义同行为系统（behavior system）。见该条。

activity theory **活动论** 义同老年持续活动论（activity theory of aging）。见该条。

activity theory of aging **老年持续活动论** 从心理学和社会学观点探讨老年人应如何调理自己生活的理论之一。老年持续活动论的基本要义是，人到老年（65岁）以后，要想享受健康、安适而又愉悦的晚年生活，最基本的原则是持续参与社会活动，对社会奉献自己的经验，从而维持其自尊感和价值感。此一理论系由美国心理学家马达克斯（E. L. Maddox）1970年提出。马达克斯认为，现社会经济繁荣，医学进步，人类寿命普遍延长，65岁以上老年人一般健康良好，如果不让他们参与社会活动和担任社会角色，对社会和老年人两方面，都是重大损失。老年人持续参与社会活动，对老年人自己和社会两方面，均蒙其利。此一理论的提出，主要是反对卡明（E. Cumming）等人在1961年提出的老年减少参与论（disengagement theory of aging）。见该条。人到老年后究竟应否持续参与社会活动？这问题很难有肯定的答案。原因是这问题涉及以下问题：（1）所谓“社会活动”是指维持生活的工作，还是非经济性的社会活动（如宗教活动和社会公益性活动等）？（2）持续参与社会活动与否能否由老年人自己决定？他们是否具备不参与活动也可维持经济生活的条件？因此，老年人的个别差异是考虑此一问题的先决条件。见心理—社会老化理论（psycho-sociological theories of aging）。

activity therapy **活动治疗法** 属心理治疗方法之一。唯在性质上，活动治疗法属于辅助治疗法。此种治疗重点在于鼓励患者从事有兴趣的活动。活动方式有很多变化，必须符合当事者的兴趣，诸如读书、写作、绘画、雕塑、运动、音乐、戏剧等活动均可采用。活动治疗法的目的，在于经由活动充实自己的生活，从而提升自信自尊，达到治疗的效果。

activity wheel **旋转轮** 义同旋转笼（activity cage）。见该条。

act of attention **注意集中** 指在知觉范围内，注意力集中于知觉对象的某部分，从而获得清楚印象的历程。

actor-observer bias **当事人—旁观者偏向** 社会心理学中的术语。指对某种行为产生之原因作解释时，表现行为的当事人和旁观者往往持有不同的归因解释。当事人自己倾向于将他的行为归因于外在情境，旁观者则倾向将该一行为归因于当事人的内在性格。见基本归因误差（fundamental attribution error）。

actor-observer difference **当事人—旁观者差异** 当事人看待自己行为时，多倾向于解释受环境影响，情非得已。而旁观者则多认为，该一行为系出自当事人的本意。见当事人—旁观者偏向（actor-observer bias）。见归因论（attribution theory）。

actor-observer effect **当事人—旁观者效应** 义同当事人—旁观者偏向（actor-observer bias）。见该条。

act psychology **意动心理学** 19世纪德国心理学家布伦塔诺在1874年左右提出的一种心理学主张。意动心理学的基本要义是反对当时另一著名心理学家冯特所领导的结构主义心理学思想。针对结构主义，意动心理学特别强调三点主张：（1）心理学研究的主题不应该是意识内容，而应该是意识活动;(2)心理学研究的目的不应该是分析意识的构成元素,而应该是研究意识活动历程的整体性;(3)心理学的研究方法不宜独重实验室的实验,自我观察所得的经验更具有心理学意义。见结构主义(structuralism),布伦塔诺(Brentano, Franz)传记条。

ACT-star=ACT* ACT理论

actual conflict 显现冲突 指个体当时所显示的心理冲突。个体当时的冲突,可能是两种冲动或欲念之间的冲突,也可能是意识与潜意识之间的冲突。按精神分析的解释,显现冲突也是从内隐的根本冲突(root conflict)转化而来的。见该条。

actualization 实现,现实化 **1.**指个人的内在潜力显现于具体作为的历程(如智力最高的学生在学业上表现出最高的成绩)。**2.**指将个人的理想付诸实施而获致具体成果的历程。

actualizing tendency 实现倾向 美国人本心理学家罗杰斯人格理论中的术语。谓人类生而具有天赋的内在潜力,促使他成长发展。

actualizing therapy 实现治疗法 心理辅导或心理治疗方法之一。系由美国心理学家萧斯壮(E. Shostrom)1976年所倡议。此法强调帮助正常人健康成长,而不强调心理异常后的治疗。此法采取人本心理学上重视自我实现(self-actualization)的理念,故名。见该条。

actual leader 实际领袖 在一个团体中,某一成员的行为对团体的影响最大,甚至他有能力支配团体中的多数成员,此人在名义上虽未必具领袖的头衔(如校长、厂长等),但他是实际领袖。与本词相对者为名义领袖(nominal leader)与职位领袖(positional leader)。见该等条。

actual self 现实自我 在新弗洛伊德主义精神病学家霍妮的理论中,将自我分为三个层面,现实自我即其中之一。现实自我系指个体在此时此地身心存在的一切;除当时个体的身体状况之外,现实自我之内在也包含了个体的意识层面与潜意识层面的所有心理历程。霍妮理论中的另两个自我是真实自我(real self)与理想化自我(idealized self)。见霍妮(Horney, Karen)传记条。

acuity 敏度 义同感觉敏度(sensory acuity)。见该条。

acuity grating 敏度栅 测量视觉敏度的一种工具,使用时在白色背景上呈现数条黑线,并调整各线之间的距离,由大到小地移动,直到受试者判断为最小时(再小就看成数线合一)停止移动,据以确定受试者视觉的敏锐程度。

acupuncture 针灸术,针疗术 中国医术的特殊治疗法之一。用针插入身体某些特殊部位,以解除患者身体的或心理的痛苦。针灸术在中国医术中,已有千年以上的历史,在现在医学上主要有三种功用:(1)止痛功用;(2)麻醉功用(代替麻醉剂);(3)治疗功用。

acute anxiety 急性焦虑 指因生活遭遇遽变,个人突然陷入严重焦虑状态的情形。因此,焦虑与个人生活经验有关。如生活中之困难获得解决,急性焦虑即可随之消除。与本词相对者为慢性焦虑(chronic anxiety)。见该条。见焦虑(anxiety)。

acute confusional state 严重困惑状态 属于青年期独有的心理适应困难。根据埃里克森的心理发展理论,青年期是自我追寻的人生关键。在急剧变迁的社会中,青年人角色难定,前途未卜,在激烈竞争中成功经验少,失败经验多,使青年人面对不明朗的未来益感困惑。如困惑累积到无法化解,即陷入严重困惑状态。严重困惑时将呈现注意力不能集中、忧郁感、孤独感以及意志消沉等现象。见心理社会期发展论(psychosocial stage theory of development)。

acute situational reaction 急性情境反应 义同急性压力反应(acute stress reaction)。见该条。

acute stress disorder 急性压力失常 义同急性压力反应(acute stress reaction)。

acute stress reaction 急性压力反应 指生活中突遭变故时,个人感受极大压力,致使精神不胜负荷而陷入危机状态。急性压力反应,通常在个人经历到意外灾变(如火灾)、亲友遽逝、事业破产、婚姻破裂等事件时发生。急性压力反应的主要特征是手足无措,情绪极度紊乱,心情绝望,痛不欲生。急性压力反应也称急性情境反应(acute situational reaction)。

acute tolerance 急性耐药性 指吸食药物者只需一次或几次即产生耐药性(drug tolerance)现象。见该条。与本词相对者为慢性耐药性(chronic tolerance)。见该条。

AD=average deviation 平均差

adaptability 适应性,顺应性 个体在生活环境中,随环境的限制或变化而能作适当的反应,使自身与环境间仍保持和谐状态。此种对环境的应变能力,称为个体的适应性。

adaptation 适应 **1.** 指个体为求有利于自身的生存,在生理机能上或在心理结构上产生改变的历程。**2.**指感官接受刺激的时间延长,其敏感度减低而使绝对阈限升高的现象。视觉、味觉、嗅觉、温觉等,都有明显的适应现象。**3.**根据皮亚杰的认知发展理论,适应乃是个体因环境限制而不断改

A

变认知结构以求其内在认知与外在环境经常保持平衡的历程。按皮亚杰的理论，个体在适应时包括调适(accommodation)与同化(assimilation)两种彼此互补的历程。见该等条。**4.**指学习或工作初期，旧习惯与新要求渐进调整的历程。学习一个新的工作，开始时动作不熟练，情绪不稳定，多次练习后，一些与工作无关的错误反应逐渐减少，正确反应逐渐增加，最终全部适应工作上的要求。**5.**本词与另词适应(adjustment)稍有区别。见该条。

adaptation level (AL) 适应水准 见适应水准论(adaptation level theory)。

adaptation level theory 适应水准论 指美国心理学家海尔森(H. Helson, 1898~1977)1947年提出的一种解释感觉的理论。谓个体对某种刺激的反应，系根据他对同类刺激的经验所形成的适应水准(adaptation level，简称AL)为参考架构所做的一种相对的判断。适应水准是一种中性点，也是所有同类刺激大小加权的几何平均数。以重量判断为例，中性点的刺激给予受试者不重不轻的感觉。若刺激高于AL，则有重的感觉；相反地，若刺激低于AL，则有轻的感觉。适应水准是根据个人所要立即反应的刺激本身、刺激背景以及过去对同类刺激的经验等因素，再加上对有关的重量、大小、强度、数量的加权，所得的对数(log)平均值。如连续搬动10个10千克的箱子之后再搬动一个5千克的箱子时，就会觉得很轻，原因是前面的搬箱过程中已建立了刺激重量的适应水准。设有冰水与冷水两盆，如置手于冷水盆中，觉其冷；如先置手于冰水中片刻，待建立AL之后再置手于冷水中，则觉其温。适应水准论本来只用于解释感觉之适应，以后引申含义，也用来解释社会态度与态度改变的问题。以开车经验为例，在大都市开车拥挤惯了的人，初到小城市开车时会觉得分外顺畅轻松，然而对原住在小城市的开车者而言，也许觉得已经相当拥挤了。俗语说："富人乍穷，寸步难行"，原因就是他过惯了富日子，在生活经验上建立了自己的适应水准。

adaptation mechanism 适应机制 皮亚杰认知发展理论中的用语。指个体与环境交互作用时，将新经验经由吸收、同化、调适后纳入认知结构的历程。见适应(adaptation)条第三义。

adaptation syndrome 适应症候群 义同一般适应症候群(general adaptation syndrome)。见该条。

adaptation time 适应时间 适应现象自感官敏度随刺激出现开始，刺激持续时，感官敏度减低到某种程度后，即不再改变，此时适应历程即行停止。从适应起始到停止所经时间，即为适应时间。见适应(adaptation)条第二义。

adaptive act 适应活动 在某种刺激情境下，个体能针对环境的条件做出适当反应，从而达到满足自己需求目的时，个体所表现的行为反应，即称为适应活动。

adaptive behavior 适应行为 **1.** 指适当的行为。**2.**指有利于个体生存并且符合于环境要求的行为。见适应(adjustment)。

adaptive behavior scale 适应行为量表 指美国智能不足学会，为提供教师诊断与评量智能不足者的适应行为而编制的量表。此一量表适用于3至69岁的智能不足者或情绪困扰者。该量表分两部分，第一部分是发展量表，包含10个行为领域，用以评量个体独立自主的机能、生理发展、经济活动等行为发展程度。第二部分包含14个行为领域，用以评量个体的暴力破坏行为、退缩、过分好动等适应不良的行为。见适应行为(adaptive behavior)。

adaptive control of thought = **ACT*** ACT理论

adaptive delinquency 适应型犯罪 指某些犯罪个案并非短时间的或偶然的机会形成的(如交友不慎等)，而是在一种不良的生长环境中(如犯罪家庭)自幼学习渐渐适应而成的。

adaptive education 适性教育 指配合学生个别差异(包括能力和性格)而实施的教育。

adaptive skill 适应技巧 指日常生活中有效适应环境所需要的一些技巧，诸如适度自我控制、适度尊重别人、能容忍别人批评、能与人沟通、能学习新事物等，都是需要的适应技巧。

adaptive strategy 适应策略，因应策略 指当环境改变使个人生活遭遇困难或限制时，个人为因应环境要求，并维护个人利益所采用的一切方法。

adaptive testing 适应测量法 属于编制能力测验的一种方法。适应测量法的基本构想是，测验中的题目必须配合受试者的能力，依由易到难的顺序编排，否则将因测验的形式而影响到测验结果的效度。据此原则，一个良好的能力测验中的题目，其编排顺序应是由易而难阶梯性的，而且确定受试者一定能做对开始的题目。

adaptive training 适应训练 指根据技能训练目的和受训者的知识技能与个人特点，给予与将来正式训练内容有关的一系列情境的训练。适应训练强调个人化，依据学员的个别差异，安排训练的方法与内容。

adaptometer 适应计 测量感官在感觉适应过程中生理上的变化(如光适应时瞳孔放大或缩小)所用的工具。

ADD = attention-deficit disorder 注意力缺失症

addiction 成瘾 一般指服用药物后个体生理上或心理上强烈依赖药物的状态。药物成瘾后，非用药物不足以使生理或心理维持平衡。成瘾后对药物的需求量逐渐增加，在身心上对药物依赖性也因而加大。见药物依赖（drug dependence）。

addictive personality 成瘾性格 指酗酒或吸食毒品成瘾后，个体在性格上就会变得异于常人，一切活动都以获得酒瘾或毒瘾的满足为目的；凡有金钱所得，不考虑对家庭负责，只顾到购买瘾癖所需。具此种性格的人，多表现焦虑、紧张、易冲动等行为特征，因而生活适应困难，无法与人建立良好关系。

additive bilingualism 相加双重语言 指先学会一种语言后再学习第二种语言的情形。例如，先学会汉语后再学英语而且两种语言都能表达自如者，就是相加双重语言。与本词相对者为相减双重语言（subtractive bilingualism）。见该条。另见双重语言（bilingualism）。

additive color mixture 加色混合 两种不同颜色的光线同时照射于一点，即产生加色混合。如附图所示，如红色光与绿色光混合，结果会产生黄色色感；红色光与蓝色光混合，结果会产生紫红色色感；蓝色光与绿色光混合，结果会产生蓝绿色色感。加色混合现象，系因在两种色光刺激下，每一种色光本身的波长并未消失，而视网膜上所感受到的两种不同波长的光互相重叠所致。加色混合虽然是由于视网膜上色光重叠所引起，但真正的混色感觉并非起自视网膜。如将两眼隔离，左眼看红色光，右眼看绿色光，此时左右两眼的视网膜上虽无色光重叠，但仍然产生黄色的色觉。由此可见司职色觉的中枢神经不在视网膜，而在大脑皮质部枕叶的视觉区。与本词相对者为减色混合（subtractive color mixture）。见该条及附图。见颜色混合（color mixture）。

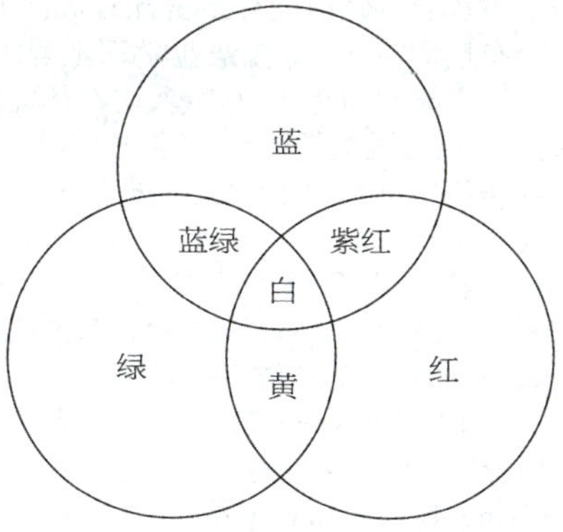

加色混合

additive mixture 相加混合 义同加色混合（additive color mixture）。见该条。

additive scale 相加量表 一个量表上的所有单位相等时，可以合计结果，称为相加量表。如普通尺子上的刻度（如100厘米为1米），即是如此。相加量表也称等距量表（interval scale）。

adequate response 适当反应 在刺激情境下，个体所表现的反应能满足其需求或动机者，称为适当反应。

adequate sample 适足样本 抽样研究时，样本的大小适足以达到研究者预期的效度时，该样本即称为适足样本。见抽样（sampling）。

adequate stimulus 适当刺激 强度足以兴奋某种感受器而引起神经冲动的刺激，称为适当刺激。与本词相对者为不适当刺激（inadequate stimulus）。见该条。

ADHD = attention-deficit hyperactivity disorder 注意力缺失多动症

adient behavior 趋近行为 指个体喜欢接近某种刺激情境时所表现的行为。与本词相对者为回避行为（abient behavior）。见该条。

adient response 趋近反应 义同趋近行为（adient behavior）。见该条。

adipsia 失饮症，渴感缺失 指一种缺乏渴的感觉或毫无饮水欲望的病症。纵然身体组织中严重缺乏水分，个体仍然不产生渴的感觉。中枢神经系统中下丘脑外侧区或围绕第三脑室前腹侧的区域受伤时，可能引起此种病症。

adjective check list（ACL） 形容词检核表 属心理测验的一种方式。测验内容全是形容词，如冷静的、幽默的、粗心的等，采是非或其他等级评定方式回答。最后归纳结果，借以描述受试者的个性。此类测验可用来测试自己，也可用来测试别人。

adjustive behavior 适应行为 指个体能由之获得满足的行为，或使个体感到愉快增加或痛苦减低的行为。

adjustment 适应 **1.**指个体为排除障碍，克服困难，以满足其需求时所表现的各种反应。**2.**个体为了与其生活的环境（社会环境外也包括自然环境）保持和谐状态所表现的各种适应性反应。在此等反应中，一方面包括改变自己以适应环境要求（如加倍努力以求达到考试要求水准），另一方面也包括改变环境以满足自己的要求（如因兴趣或能力不合而转系或转学）。**3.**除环境中的人、事、物之外，个体为满足自己的需求所表现的一切内在（如态度、观念等)改变历程。adjustment与adaptation虽含义接近，但前者比后者含有较多的主动性。adaptation重在说明个体的弹性，能改变自己以适合环境的要求，而adjustment重在强调个体能主动运用技巧以增加自己与环境的和谐关系。见适应(adaptation)。

adjustment disorder 适应失常 指个体在生活情境中，不能因情境的要求去应变，因而陷入困难的情形。适应失常可能是暂时性的，也可能是持久性的。一般心理疾病都是由于长期适应失常所致。见适应不良(maladjustment)。

adjustment inventory 适应调查表，适应量表 属人格测验的一种方式。调查表内列出很多有关情绪性的(事关喜怒哀惧的)或社会性的(事关人际关系的)问题，要求受试者用"是""否""不一定"三选一的方式回答，然后将个人选答结果与团体选答结果比较，从而分析研判个人心理适应的情形(个人反应与团体反应差距太大者可视为适应困难)。

adjustment level 适应程度，适应水平 指个体能够有效地使自己与环境间维持和谐关系的程度。见适应(adjustment)。

adjustment mechanism 适应机制 指个体应付环境要求所使用的习惯性的行为方式。见防卫机制(defense mechanism)。

adjustment of personality 人格适应 指个体心理与行为的稳定倾向和他与别人社会关系的协调状态。人格适应是社会的特殊功能之一，是要求其所属成员形成某种特殊的、稳定的行为模式，以发展其人格，改进其行为模式与社会情境相协调的程度。具有适应良好的健康人格的人，能正常地进行各种生产性和建设性的活动，积极地从事有效的学习和探究各项任务的解决，处理好家庭、学校和社会中的人际关系，赢得个人的价值与地位。与此相反，人格适应不良的人不能根据社会环境的要求改变自己，或对环境不能起相应的作用，而产生情绪上的干扰或人格的变异因素，引起对学习、工作或生活的焦虑、挫折或冲突。人格适应不良的表现特征是缺乏信心与责任感，易发生退缩反应或攻击性行为，不能控制情绪冲动等。

adjuvant therapy 辅助治疗 指心理治疗之外附加的治疗技术。例如，为求加强心理治疗效果，精神科医师另外开药让病人服用，即属辅助治疗。

Adler, Alfred (1870～1937) 阿德勒 阿德勒是奥地利精神病学家，是精神分析学派代表之一，是个体心理学创始人，也是人本心理学的先驱。

阿德勒在心理学上的贡献主要在于他个体心理学理论中的四个方面：

1.自由意志人性本质观 阿德勒和弗洛伊德思想最大区别是他的自由意志人性观，他反对弗洛伊德所持潜意识支配人性的精神决定论观点。他认为，人性不是盲目的，人的行为并非受制于本我与潜意识内盲目的欲力冲动。人性是具有相当自主倾向的；人是理性动物，人在自主意识支配下，能决定自己的未来，创造自己的生活。人类生而带来一些基本需求，此等需求所形成的欲力，不是盲目的冲动力，而是有目标的导向力；人类会在行为上遵循目标进行，从而获得需求的满足。在这一点上，阿德勒的人格理论，远较弗洛伊德为乐观。唯其如此，一般认为阿德勒的个体心理学思想是以后人本心理学的先驱。

2.自卑与卓越 在阿德勒的思想中，自卑感与追求卓越是两个重要概念。所谓自卑感(inferiority feeling)，是指面对困难情境时，由无力感与无助感所交织成的一种无法达成目标而对自己感到"我不如人"的失望心态。形成个人自卑感的因素很多，童年经验、身体缺陷、能力不足及竞争失败等，都可能导致个人自卑感的产生。自卑感会形成个人内在精神压力，心理上感到失衡与不安，从而促使个体寻求平衡，以期克服自卑感的痛苦，此种心理作用称为补偿(compensation)。因身体残障而有自卑感者，可在课业学习上寻求补偿；因缺乏社交能力而有自卑感者，可在体能活动上寻求补偿。自卑感能借适度补偿予以克服，本合于心理健康原则。唯补偿不当，则难免形成自卑情结(inferiority complex)。有自卑情结者，对自己的缺陷过分敏感，唯恐受人蔑视，因此在言行表现上格外争强好胜。此情形称为过度补偿(overcompensation)，过度补偿者虽可争得表面上的人格尊严，但内心仍难心安理得。与自卑感相对的另一概念是追求卓越。根据阿德勒的解释，追求卓越(striving for superiority)是个体与生俱来的内在动力。追求卓越未必一定是在团体中胜过别人，亦可能是在心理上力求展现自己，使自己表现得更完美，从而克服内心的自卑感。

3. 生活格调　按阿德勒的个体心理学理论，追求卓越是人类与生俱来的共同人格特质，但由于每个人使用的追求方式及追求的后果不同，因而逐渐形成了每个人各具特色的生活格调(style of life)。阿德勒认为，一般人生活格调的形成，约在四五岁。一旦形成则不易改变，对以后处理生活经验，对未来世界事物的知觉、学习、认识，以及对设定目标与达成目标的行为方式，均与其生活格调有关。

4.创造性自我　基于生活格调概念，阿德勒在他的个体心理学理论中提出创造性自我的概念。所谓创造性自我(creative self)，是按个人在自由意志下选择决定自己的命运。根据阿德勒的解释，个体虽然受遗传和环境的限制，但遗传和环境并不能决定个体一生命运。原因是人有自己创造自己的内在潜力，此种个人创造自己的潜力，是遗传与环境交互作用形成的。一旦面临困难情境需要抉择时，个人就会运用其创造自己的潜力。因此，他认为个人的遗传条件和环境中学到的经验，只可视之为构成个人人格的素材，如何将此等人格素材综合创造出自己的生活格调，则是由个人自己决定的。

阿德勒著作等身，出版之专著计有：*The neurotic constitution* (1912)；*Study of organ inferiority and its psychical compensation* (1917)；*Understanding human nature* (1927)；*Practice and theory of individual psychology* (1927)；*The science of living* (1927)；*The problem child* (1930)；*The education of children* (1930)；*What life should mean to you* (1931)；*Social interest : A change to mankind* (1939)；*The living symbol : A case study in the process of individuation* (1961)；*Problems of neurosis* (1964)等。

Adlerian **阿德勒主义**　义同阿德勒心理学(Adlerian psychology)。见该条。另见个体心理学(individual psychology)。

Adlerian psychology **阿德勒心理学**　指奥地利精神病学家阿德勒在20世纪30年代所提出的个体心理学理论，见阿德勒(Adler, Alfred)传记条。

adolescence **青年期，青少年期**　指由青春期开始到身心渐臻于成熟的发展阶段，女性约自12岁到21岁之间，男性约自13岁到22岁之间。据此，儿童期后到成年期之间的一段大约十年期间称为青年期。以上说法是对现代的青年人而言。根据发展心理学家的研究发现，与一百年以前资料比较，现代青年期提前了四至五年，从以前的17岁左右，提前到现在的12岁左右。这显示现代青年人生理成熟提早，而心理成熟反而延后了。此段时期的发展特征为第一性征(primary sex characteristics)与第二性征(secondary sex characteristics)的出现。见该等条。由于性成熟的内在驱力，青年人对异性兴趣增加，对同侪团体的认同大于对成人社会规范的遵守。此外，对未来职业、婚姻以及社会角色存有憧憬，开始寻求将来生活的方向。又因青年期延长，身心成熟的差距加大，致使青年期适应困难增多，因而形成所谓青年期危机(adolescent crisis)。见该条。

adolescent **青年，青少年**　指时值青年期(adolescence)的个体。见该条。

adolescent crisis **青年期危机**　由于青年期生理的变化，加以社会变迁与世界文化交流的冲击，现代青年人在人格成长上遭遇到异于前辈人的困难。他们在从自我追寻到自我肯定的历程中，既不能完全向传统规范学习认同，又无法了解瞬息万变的现代社会情况，对未来的方向更是感到彷徨迷失。因此，现代青年人已不像过去一样纯然是儿童到成年的过渡，他们在心态上要改造儿童期父母及社会文化塑造的自我。由于他们缺乏改造自我的能力，而且也不知如何改造，力不从心的结果，难免产生心理上的危机感。除因心理因素形成的青年期危机之外，青年期开始时，由于青春期的生理变化性冲动所导致的情绪困扰，也是形成青年期危机的主要原因。见自我统合危机(ego identity crisis)。

adolescent depression **青年期抑郁**　指青年期特有的抑郁寡欢的心理现象。个体进入青年期后，由于身心发展失衡，很多理想或幻想，在现实环境中找不到出路，因而情绪难免抑郁沮丧，所谓“寂寞的十七岁”即此之谓。

adolescent development **青少年期发展**　指自青春期(女生约在12岁左右，男生约在13岁左右)开始到青年期结束(女生约在21岁左右，男生约在22岁左右)的一段期间，个体身心两方面特征随年龄增加而改变的历程。青少年期在身体上出现第一性征与第二性征；由一个原属孩子的个体，变为能生育孩子的个体。在心理方面的发展，青少年期的最大特征是从自我追寻中谋求自我肯定。故而青少年期被视为再生期。见青年期(adolescence)，青年期危机(adolescent crisis)，自我统合危机(ego identity crisis)。

adolescent growth spurt **青少年期生长陡增**　义同青春期生长陡增(puberty growth spurt)。见该条及附图。

adolescent invulnerability **青年人无惧**　是对青年人喜好冒险活动(如飙车)的看法。持此看法者

A

认为，由于青年期精力旺盛，使青年人自信危险的活动不会伤害他们，相当于体格健壮者自信对疾病有免疫能力一样。经心理学家研究发现，此种看法并不确实；青年人从事高危险性的活动时，仍然怀有恐惧心理，他们之所以敢于冒险，主要是受同侪团体的影响不得已而为之。

adolescent psychology = psychology of adolescence 青年心理学

adoptive study 收养研究　以被收养儿童为对象，从而确定遗传和环境对儿童的行为及心理发展之影响的一种研究取向。具体做法是将儿童与其收养家庭成员的相似程度和儿童与生身父母的相似程度作比较，从而评估遗传和环境对儿童心理发展的影响。这类研究的必要条件是，被收养儿童与收养家庭没有任何血缘关系。这样，如发现儿童与收养家庭成员之间出现相似之处，即可归因于环境因素；如发现被收养儿童与其生身父母之间出现相似之处，即可归因于遗传因素。

adrenal cortex 肾上腺皮质　见肾上腺（adrenal gland）。

adrenal gland 肾上腺　属于内分泌腺之一；有左右两个，位于肾脏顶端，故名。肾上腺的外层叫作肾上腺皮质（adrenal cortex），分泌葡萄糖皮质素、矿物性皮质素及雄性激素，其功能为使体内矿物质（钠）与水分保持一定标准。肾上腺的内部称为肾上腺髓质（adrenal medulla），分泌肾上腺素（adrenaline）及正肾上腺素（noradrenaline）。交感神经兴奋时可刺激肾上腺髓质分泌激素，其功能为增高血压、加快心跳、使胃肠肌肉松弛、放大瞳孔等，因而与情绪变化有密切关系。见内分泌系统（endocrine system）及自主神经系统（autonomic nervous system）条及附图。

adrenaline 肾上腺素　由肾上腺髓质分泌的一种激素，在应急情况如愤怒、恐惧、疼痛等情绪状态下，就会大量分泌。见肾上腺（adrenal gland）。

adrenal medulla 肾上腺髓质　见肾上腺（adrenal gland）。

adrenocorticotrophic hormone = adrenocorticotropic hormone 促肾上腺皮质激素

adrenocorticotropic hormone (ACTH) 促肾上腺皮质激素　属于一种由垂体腺前叶所分泌的激素，它能作用于肾上腺皮质而促其分泌皮质素。见肾上腺（adrenal gland）。

adrenogenital syndrome 肾上腺异常症候群　指妇女之性征男性化的异常现象。此病症是由妇女之肾上腺皮质分泌过量的雄性激素所引起，可导致妇女表现出体毛增多或长出胡须等男性化特征。

adult 成人　见成年期（adulthood）。

adult development 成年发展　个体成年后，除身体随年龄增加而改变外，在心理上也继续改变；其行为、态度、价值观念等，均随成年后婚姻、职业、社会关系等经验的增多而改变。此等改变称为成年发展。

adult education 成人教育　专为成年人所设置之教育。成人教育之主旨有二：其一，为幼年失学未能接受义务教育者提供教育机会，以补足其基本知识与文化素养。其二，为一般成年人（包括已就业与退休者）设置进修式的教育，在活到老、学到老的理念之下，以期达成终身教育的理想。

adulthood 成年期，成人期　泛指个体在身心发展上臻于成熟的时期。唯成年期开始的年龄因所采标准不同而有所差异。就法律的标准而言，中国将成年定为18岁，而美国则定为21岁，在心理学上所说的成年，并无固定年龄限制，大约从21岁到65岁的一段时期，称为成年期。唯在长达40多年的成年期内，通常又将之分为壮年期（21～45岁）与中年期（45～65岁）。在这一个阶段身心两方面的发展俱已成熟，人格亦渐次定型，个体从开始适应到习惯于社会生活方式，包括婚姻生活及职业生活。此一时期也是个体一生中最长的一段时期，也是对社会最有贡献的一段时期。

adult intelligence 成年智力，成人智力　智力随年龄而发展，而增长。年龄达到某种程度，其在智力测验上的分数不再增加（甚或开始下降）时所测到的智力，即称成年智力。成年智力表示智力成长停止的年龄。在过去，一般认为智力的发展在20岁左右达到高峰，30岁以后即缓缓下降。现在一般认为，成年智力的下降与否与测量智力的方法有关，如测量方法偏重短期记忆，成年智力将显示比青年智力为低；如测量方法偏于长期记忆，成年智力不但不会降低，甚至可能上升。此外，成年智力的确定年龄有很大的个体差异。

adultomorphism 拟成人论　指根据成人行为标准解释儿童行为的一种理论。

advance organizer 前导组合　美国教育心理学家奥苏贝尔理论中的术语。意指在教导学生学习新的知识之前，教师宜先以学生已有的知识为基础，对学生做一引导式的说明，使学生易于把行将学习的新知识与已经学过的旧知识组合起来建立起前后连接的关系，借以增进新知识的学习效果。前导组合就是一种以旧知识为基础，包括了新知识简要概念在内的较高层次的概念性组织体，由之可帮助学生在原有的认知结构中组织、同化、关联已有的知识，进而准备学习新知识。奥苏贝尔以前导组合的观念，澄清并强化学习者认知结构以便于学习的理论，称为前导组合教学模型（advance organizer model of instruction）。见奥苏贝尔（Ausubel, David Paul）传记条。

advance organizer model **前导组合模型** 指美国教育心理学家奥苏贝尔（Ausubel, David Paul）所倡议的教学理论。见其传记条。

advance organizer model of instruction **前导组合教学模型** 见前导组合（advance organizer）。

advancing color **近色** 指红、橙、黄等颜色。盖此等颜色使人产生温暖感，觉得与人接近之故。见颜色感应（color reaction）。

advantage by illness **因病获益** 指患有身体的或心理的疾病者利用其病情以获取别人对他同情或优待的一种反常手段。一旦因病获益手段奏效，患者就会设法拒绝治疗，而尽可能保持自己的症状，以便继续寻求因病获益的机会。

advantage law＝law of advantage **优势法则**

adventitious deafness **偶发性聋** 指出生后由于疾病或伤害造成的听觉丧失。义同后天性聋（acquired deafness）。

adventitious reinforcement **偶然强化** 指强化物之给予与个体反应毫无关系，但事实上却对个体行为产生极大强化作用的一种奇怪现象。例如，嗜赌者在下赌注之前先祷告，结果居然大赢，祷告与赢钱本无因果关系，但赌徒却深信其为有关，原因是祷告行为获得了偶然强化效果。社会上何以有许多人仍然迷信，偶然强化是一种合理的解释。本词与另词偶然后效强化（accidental contingent reinforcement）意义接近，唯前者（本词）偏重说明现象，而后者偏重解释原因。见该条。

adversarial problem **对手问题** 属问题情境之一。对手问题情境的特征是，解决问题的人在思考时，不仅考虑到自己应该采取何种行动，而且也得考虑到对手可能采取的行动。两人对弈的情境就是如此。

advertising psychology **广告心理学** 广告心理学是应用心理学的一支。广告心理学研究的目的是，如何将产品的消息提供给社会大众，并由之引起消费者购买的意愿与行动。广告心理学根据心理学上动机、知觉、学习、社会从众等原理原则，在广告设计上特别重视四个条件：（1）引起注意；（2）符合动机；（3）容易了解；（4）便于记忆。

advertising research **广告研究** 指商业上如何运用心理学原理设计广告，借以实现产品促销的有关研究。广告研究一般集中于三个主题：（1）对某种产品选择一种最有效的广告诉求方式，借以引起广大民众注意；（2）如何在新产品的命名与包装上创造产品的新形象；（3）如何设计一种有效方法，用以比较评估各种媒体广告的效果。见广告心理学（advertising psychology）。

AE＝aftereffect **后效**

aelurophobia＝ailurophobia **惧猫症**

AEq＝age equivalent **年龄当量**

AERA＝American Educational Research Association **美国教育研究协会**

aerial perspective **空气透视** 指根据透过空气所见物体清晰程度而判断物体远近的透视原理。因空气并非全然透明（有尘埃），故而越远的物体，看起来越不清楚。空气透视是深度知觉的单眼线索之一，绘画者常采此原理。见透视（perspective）。

aerobic exercise **有氧运动** 指较为剧烈的一种全身运动。有氧运动的特征是，经由身体活动，使心跳与呼吸加速，促进体内氧气交换，及新陈代谢，从而强化全身生理功能，达到健康的目的。

aerophobia **惧空气症** 属恐惧症之一。患者对空气敏感，特别对新鲜空气与改变的气流表现出极为反常的恐惧反应。纵使明知不致受到任何伤害，但仍然无法克制由之引起的惶恐情绪。见恐惧症（phobia）。

aesthesiometer＝esthesiometer **触觉计**

aesthetic feeling **美感** 凭个人审美标准对人、事、物进行评价或鉴赏时所产生的一种肯定、满意、愉悦、爱慕等综合情感。面对自然景观时会使人产生美感，面对文学、艺术、音乐、建筑时会使人产生美感，面对人的言行状貌时，也会使人产生美感。个人美感的形成，除所见所闻人、事、物的本身美的本质外，个人的社会背景及文化素养也是重要因素。

aesthetic need **美的需求** 属美国人本心理学家马斯洛需求层次论（need hierarchy theory）中第六层需求。见该条。

aesthetics **审美学，美学** 哲学上价值论的理论之一。美学所探讨的问题包括：（1）什么是美？（2）构成美的条件是什么？见价值论（axiology）。

aetiology＝etiology **病原学**

affect **情感** 本词缺乏统一定义，在心理学上一般有两种解释：**1.**义同情绪（emotion）与感觉（feeling）。见该等条。**2.**指因人、事、物的特质所引起且为个人所体验的带有情绪性的心理状态。此种心理状态，既包括了从极快乐到极痛苦的层面（喜、怒、哀、惧、爱、恶、欲），也包括了正常人的心理反应（遇喜则喜，遇忧则忧）和异常者的心理反应（喜怒无常，哀惧无由）。见情感（affection）。

A

affectation 矫饰 指在别人面前刻意表现而显示出不自然的虚饰行为。矫饰是癔症(hysteria)的症状之一。见该条。

affect-block 情感障碍 精神分裂症症状之一,患者丧失适当情绪表达的能力。见精神分裂症(schizophrenia)。

affect conversion = conversion of affect 情感转化

affect display 情感表露,表情 指由面部或肢体的活动将感情或情绪状态表露出来。

affect fixation = affective fixation 情感固着

affect hunger 情感饥饿 指婴幼儿失却母爱或暂时与母亲隔离时所表现的母爱渴望。

affection 情感 本词缺乏统一定义。心理学一般有三种解释:**1.**义同情感(affect)。见该条。**2.**属传统哲学心理学上所指的心理三功能之一,心理三功能即认知(cognition)、情感(affection)和意志(volition)(亦即通常所说的知、情、意)。**3.**指存在于人与人之间或人与事物间的一种温厚的感情。此种感情的特征是,在心理上虽带有爱的成分,但在爱与被爱者之间则不带有任何色彩。

affectional attachment 情感性依附 指个体周岁以前对成人(多为母亲)的依附倾向。因此时的依附倾向是情感性的,故称情感性依附。见依附(attachment)。

affectional drive 情感驱力 为人类基本动机之一。一般相信情感驱力与饥渴等基本驱力一样,是与生俱来无须学习的。情感驱力所促动的外显行为,简单看来是个体接近别人,喜欢别人。而事实上他需要的是和别人作感情上的双向交流,爱别人也接受别人的爱。因此,情感驱力可说是人类社会行为的原动力。见驱力(drive)。

affective ambivalence 情感矛盾 指对同一对象(人或物)既爱之又恨之的情感矛盾心态。精神分裂症患者,多半有情感矛盾的困扰,故而有时会做出伤害其亲人的事。

affective amnesia 情感性失忆症 属失忆症之一。情感性失忆症的原因纯粹是情感的,而不具有生理因素;是由于情感上的打击而丧失了记忆力,其特点是,对过去情感性的经验无法记忆。见失忆症(amnesia)。

affective arousal theory 情感促动论 为美国心理学家麦可利兰(D. C. McClelland, 1917~1998)倡议的一种动机理论,认为动机的产生乃是由于情感状态的改变。情感状态中最明显的是痛苦与快乐,在苦与乐的情境下都将影响人的动机。

affective association 情感联想 指形成联想的两件事,在性质上具有同样的感情色彩。例如,由"忧虑"一词联想到"悲伤"的情形即属之。

affective blunting 情感迟钝 指本应引起感情反应的事物而变得冷漠的现象。情感迟钝是精神分裂症晚期的主要症状之一;患者不但对工作失却兴趣,而且对自己的亲人也漠不关心。

affective disharmony 情感失谐 精神分裂症症状之一。情感失谐的特征是,患者的情绪表现与他内心所持的态度完全脱离关系。

affective disorder 情感症,情感障碍 指因感情或情绪困扰所导致的多种心理异常的总称。情感症这类的心理异常主要包括:(1)抑郁症(depression);(2)两极型异常(bipolar disorder);(3)自杀(suicide)。见该等条。

affective domain 情意领域 属于美国教育心理学家布卢姆的教育目标分类之一。按情意领域的教育目标包括接纳、反应、价值、组织、品格形成五个层次。情意教育的目标是使学生学到适当的感情表达及态度与价值,学到与人相处时的同情与体恤的情操,从而培养其自爱、爱人、被爱的能力。见教育目标分类(taxonomy of educational objectives)及布卢姆(Bloom, Benjamin R.)传记条。

affective education 情感教育,情意教育 义同情意领域(affective domain)。见该条。

affective epilepsy 情感性癫痫 属癫痫症之一。此种癫痫的特征是,病发时除身体痉挛外,特别显示夸张性的情绪反应。见癫痫症(epilepsy)。

affective experience 情感经验 个人生活中所经历的带有强烈感情色彩的体验。情感经验中主要包括快乐与痛苦,如恋爱或失恋等所体验到的经验均属之。

affective feeble-mindedness 情感型智弱 指个体心智能力丧失是由于情绪困扰阻碍其心智活动所致。

affective fixation 情感固着 指精神分析者所谓的幼稚性的情感投注现象。个体幼稚期的情感投注,多半带有强烈的依赖性,并多系自我中心;其所爱或所憎者,只限于立即满足其需要者,只是情感的依附,谈不上是人际关系。以后人格逐渐发展,他必须学到己与人和己与事的关系,从而发展出正常的感情。如果上述自我中心式的强烈依附情感作用一直不变,成人后难免生活困难。像此种成人后滞留下来的幼稚情感作用,称为情感固着。见整体对象(whole object)。

affective fragility 情感脆弱 对平淡的刺激即引起强烈情感反应的心理现象。情感脆弱的人不易控制自己的情绪,在日常生活中的情绪状态多偏于情绪波动的两极端,不是偏于恐惧或哀伤,就是偏于兴奋或狂喜。所谓"多愁善感"的人,正是如此。

affective infantility 情感幼稚 指成人的情感停留在童年水平的情形。情感幼稚者的情绪,主要受低水平的欲望所支配,缺乏理性的自我控制。

affective learning 情感学习 指个体学会理解并妥善处理其情绪与情感,发展自己的价值评估系统,使自己更能被他人接纳,更能适应社会生活的过程。

affective logic 情感逻辑 指纯以情感为判断基础所获得的结论。例如说"我母亲疼我,爱我;我母亲是个好人"。句中"好人"是价值判断,此种判断系以感情为基础,故而称为情感逻辑。

affective paralysis 情感麻木 在极度惊恐或悲痛的强烈刺激下,情绪反应暂时被抑制而出现面无表情的现象。此种现象也称情感休克(affective shock)。

affective psychosis 情感性精神病 属精神病之一类。此类病患的共同症状是情绪极度失常,不是表现过分的激动或兴奋,就是表现极端的抑郁或忧伤。在这类精神病中,又按病情不同,分为重度抑郁症与两极型情感症;前者极端抑郁,后者兼有躁与郁两极的特征。

affective ratio 情感比率 指实施罗夏墨迹测验时,受试者对彩色卡片反应次数与对非彩色卡片反应次数的比率。按该测验常模的比值,一般人界于0.40至0.60;凡比值愈大即表示受试者的感情成分愈高。见罗夏墨迹测验(Rorschach Inkblot Test)。

affective rigidity 情感僵化 属精神分裂症症状之一。患者的表情不像常人一样随情境改变,而是面对不同情境时,也只用同一种表情。见精神分裂症(schizophrenia)。

affective separation 情感性分离 指亲子间的情感疏离现象。表面上母亲亲自抚养子女,而实际上母亲并未给予子女所需求的爱;母子间空有亲属名分,而实质上缺乏亲子感情。像此种有名无实的亲子关系,即称为掩蔽性剥夺(masked deprivation)。意思是在这样家庭中成长的孩子,其心理需求可能获得满足的机会,在不显明的情况下实质上被剥夺了。

affective shock 情感休克 义同情感麻木(affective paralysis)。见该条。

affective state 情感状态 指在不同情境之下个体所表现的喜、怒、哀、惧、爱、恶、欲等不同情绪状态。情感状态的产生,可能是有意识的,也可能是无意识的;可能是正常的,也可能是病态的。

affective suggestion 情感性暗示 在催眠过程中,如催眠师与受催眠者之间有感情关系,此种感情关系将产生暗示作用,影响催眠效果者,称为情感性暗示。见催眠暗示性(hypnotic suggestibility)。

affective tolerance 情感容忍力 **1.**指遭受情绪冲击时仍能以理性表现适应情境的能力。**2.**指遭受情感挫折后,不致有过分激动或过分颓丧的反应方式。**3.**义同自我控制(self-control)。见该条。

affective tone = feeling tone 情调

affectivity 情感性 **1.**指个体对情境易于显露感情的倾向,如有的人容易动感情,有的人却喜怒不形于色。**2.**指刺激情境中易于引起情感的特征,如色彩设计即是。

affect structure 情感结构 在一个团体中,成员之间在情感上彼此吸引或彼此排拒所形成的一种社会心理结构。

affect tolerance = affective tolerance 情感容忍力

afferent neuron 传入神经元 神经元之一类,其任务是将外在环境或体内信息(神经冲动),经由感觉感受器传至大脑或脊髓。本词亦名感觉神经元(sensory neuron)。见神经元(neuron)条及附图。

affiliate bonding 亲合联结 义同母子结(bonding)。见该条。

affiliation 亲和,合群 指个体与别人亲近的心理倾向。亲和是一种心理需求,此种需求是构成社会行为中亲情、友情、爱情等人际关系的基础,也是使人参与团体活动的内在动力。此种内在动力称为亲和动机(affiliative motivation)。见该条。

affiliation need = need for affiliation 亲和需求

affiliative drive 亲和驱力,合群驱力 **1.**属于个体自幼就有的一种与人亲近、向人依附、求人保护,以及长大后与人交往、参与团体活动的心理欲望。此等心理欲望形同一种内在驱力,它促使个体去接近人,与人亲和。亲和驱力获得满足(被人接纳),即感到安全;否则就会因孤独而痛苦紧张。**2.**义同亲和动机(affiliative motivation)。见该条。

affiliative motivation 亲和动机,合群动机 **1.**社会性动机之一。个体对社会中其他的人存有与之亲近的内在需要,如需要别人关心、需要友谊、需要爱情、需要别人的认可支持与合作等均属之。由亲和动机所促动的社会行动,最主要的有依亲、交友、家人团聚、参与社团活动等。**2.**义同美国心理学家默瑞人格理论中的亲和需求(need for affiliation)。见需求(need)。见默瑞(Murray, Henry Alexander)传记条。

A

A

affiliative motive = affiliative motivation **亲和动机**

affirmative rule **肯定法则** 属概念识别法则（concept identification rules）之一。见该条。

AFT = American Federation of Teachers **美国教师联盟**

afterbrain = hindbrain **后脑**

aftereffect（AE） **后效** **1.**刺激消失但刺激引起的感觉仍然存在的现象，故而也称后觉（aftersensation）。**2.**单以视觉而言，义同后像（afterimage）。**3.**在学习时，指正确反应获得酬偿而满足后，刺激与反应间联结强度增加的生理活动历程。第三义解释参见效果律（law of effect）。

aftereffect of motion = movement aftereffect **运动后效**

afterimage **后像，余象** 指刺激消失而感觉暂留的现象。后像按性质不同而分为两种：一为正后像（positive afterimage），其特征是刺激消失后遗留的后像与原刺激的色彩或明度相似。如看烟火时，在光觉或色觉的刺激消逝后，仍有短暂光色的视觉现象留存即属之。另一种为负后像（negative afterimage），其特征是后像的明度与原刺激相反，而色彩与原刺激互补。见该条及附图。如凝视白色的钟面和黑色的钟框，一段时间后移向旁边的墙壁凝视，则会出现黑色的钟面与白色的钟框。凝视一红色小圈半分钟后，再注视白色的墙壁，会看到一绿色小圈。刺激强度及持续时间增长时，后像出现的可能性增大，其持续时间亦较长，反之则不易出现后像。

aftersensation **后觉** 指刺激消失而感觉经验仍暂时持续的现象。后觉现象在很多感觉经验上普遍存在。在视觉上后觉的现象特别明显，是视觉刺激消失后暂时留下的影像，故而称为后像（afterimage）。见该条。

aftertest **后测** 采用前后测设计（before-after design）做实验时，在实验之后对受试者再行实施的测验，称为后测。见该条。

agape love **利他式爱情** 属两性间的一种爱情方式。利他式爱情的特点是，对所爱的对方毫无私心要求，而只愿对他（或她）付出关怀与奉献。

AGCT = Army General Classification Test **陆军普通分类测验，普通分类测验**

age **年龄** **1.**狭义言之，年龄指个体自出生到现在按年份计算的时间，亦即指个体的实足年龄。**2.**广义言之，年龄除年岁含义外，另与其他限制词联用，以表示与年龄相关的其他概念，如成就年龄、教育年龄、心理年龄等。

age-appropriate maturity **适龄成熟** 指个体身心两方面的发展与其年龄适当配合的状态，亦即个体的心理成熟度正好配合他的生理成熟度。适龄成熟代表正常发展，唯成熟二字所指者主要为心智成熟与社会成熟两方面。以心智发展为例，儿童的心理年龄与其实足年龄相等者，其智商等于100，就是适龄成熟。见智商（intelligence quotient）。

aged state **老态** 指人到老年在身心活动上所表现的迟钝状态。

age equivalent **年龄当量** 表示测验结果的一种方法。某一测验对某一年龄组施测后，全组人的分数得一平均数，于是，就有年龄与平均数两个数值。若以年龄值来表示该年龄组测验分数的平均值，即称年龄当量。例如，某一能力测验，施测于一般10岁学童后，得到的平均分数是110，此一平均数就可视为10岁组学童能力水平的代表值，10岁就是年龄当量。假如另一8岁学童单独做此测验，也得到110分，即表示他的能力相当于一般10岁的儿童，亦即他的能力高于一般儿童。如果把年龄换成年级，其所得的结果，即称年级当量（grade equivalent）、年龄与年级当量在小学阶段并没有很大差别，只是数字不同而已。见年龄常模（age norm）、年龄当量量表（age equivalent scale）、心理年龄（mental age）。

age equivalent scale **年龄当量量表** 任何测验，其测得结果不以分数表示，而以心理年龄单位（几岁几个月）表示者，称为年龄当量量表。用作表示测验结果的年龄单位，并非受试者的实际年龄，而是表示受试者的能力相当于一般人在某种年龄上具备的能力的意思。因此，此一年龄单位称为年龄当量（age equivalent）。见该条。年龄当量量表中的题目，其难度是随年龄增加而逐渐加深的。在施测时，受试者在某年龄水平的题目上完全作答正确时，该年龄水平即称为该受试者的基准年龄。换言之，基准年龄并非指受试的实际年龄，而是他在测验上表现出来的“答题年龄”，因此，也称基准心理年龄（basal mental age）。

age-grade scaling **年龄年级量表法** 指小学教科书编制时所采取的一种科学方法。教科书的内容，在难度上必须以年龄为基础构成的年级（一般是同年龄者在同年级）为根据。而所根据的标准则是同年龄、同年级的常模（norm）。见该条。

ageism **年龄主义，年龄偏见** 在美国的社会里，因过分重视年轻人而导致对老年人怀有歧视的社会现象，称为年龄主义。

age-mates **同龄游伴** 指常在一起游玩的同年龄朋友。

agenesis **发育不全** 1.指身体的局部或全部发育具有残缺现象。2.指缺乏生育能力的现象。

age norm **年龄常模** 对具有代表性样本儿童实施标准化测验之后，某一年龄组儿童所得分数的总平均数，称为该年龄的年龄常模。见常模（norm）。

age of first crime **始犯年龄** 1. 指个别犯罪者第一次犯罪的年龄。2.指某一国家或地区少年犯罪的平均开始年龄。

age of viability **存活年龄** 指早产儿出生后能够存活的年龄。根据医学统计，怀胎22～26周早产儿，存活的概率甚低；怀胎26～28周早产儿，存活的概率就有85%的可能。

age ratio **年龄比** 指第一次施测时儿童的年龄与第二次施测时年龄的比。年龄比可以用来作为一个测验最简单的预测力（亦即效度）的指标。通常测验预测力受两个因素的影响：一为年龄，年龄愈小预测力愈低；一为前后两次施测的间隔，间隔时间愈长，预测力愈低。年龄比只是从前一因素概括分析测验预测力。例如，4岁与5岁两次施测的年龄比是4/5，而9岁与10岁两次施测的年龄比是9/10。两者相比，虽时间上同样都是相隔一年，但后者的比值较大，故预测力较高。

age regression **返老还童** 指在催眠状态下，个体所复现的童年时期的行为，在诱导之下可道出童年时的记忆与经验。见催眠（hypnosis）。

age scale = **age equivalent scale** **年龄当量量表**

age score **年龄分数** 测验结果以年龄为单位来表示者，谓之年龄分数。如斯坦福—比奈智力量表（Stanford-Binet Intelligence Scale）即采用年龄分数的方式，按受试者通过的题数，计算其得分为几岁几个月。见该条。年龄分数亦即年龄当量分数。见年龄当量（age equivalent）。

ageusia **失味症** 指患者丧失味觉感受器的敏感性，无法辨别食物中酸、甜、苦、咸的特征。

ageustia = **ageusia** **失味症**

aggregated score **总分数** 指心理测验上由几个分测验合成的总分数。

aggregation theory **集合功能论** 从神经生理学的观点解释智力的一种理论，谓个体各种智力的表现，乃是大脑不同分区集合而产生的功能。

aggression **攻击** 1.以具有敌意的行动伤害别人或破坏物体的一切作为，均称为攻击。2.攻击的性质有两类：（1）敌对性攻击（hostile aggression），有固定对象，攻击的目的是使对方遭受肉体或精神上的痛苦；（2）工具性攻击（instrumental aggression），以攻击为手段，但其目的不在于侵害受攻击者，而是借攻击获得其预谋的利益。3.攻击的表现方式有两类：（1）直接攻击（direct aggression），对欲攻击的对象直接予以侵害；（2）替代性攻击（displaced aggression），以攻击其他的人或破坏物体来代替攻击原来的对象。4.对攻击行为的解释有四种理论：（1）弗洛伊德认为，攻击是人类的本能之一，他称攻击是人的死之本能的表现；（2）阿德勒认为，攻击是个人权力意志促使下力求超越别人的表现；（3）按美国心理学家达拉德（J. Dollard）、米勒（N. E. Miller）的挫折—攻击假说（frustration-aggression hypothesis）认为，攻击行为的产生，系由于个体追求目标的动机性行为受到挫折所导致的一种强烈反应；（4）班杜拉的社会学习论认为，攻击行为系因模仿别人攻击行为而来。见该等条。

aggression turned inward **内向攻击** 指精神分析论者对抑郁症病因的一种解释。谓抑郁症的成因，乃是当事人的愤恨情绪不能表达于外，得不到发泄，而转向对自己攻击的结果。见抑郁症（depression）。

aggressive character **攻击性格** 新弗洛伊德主义心理学家霍妮（Horney, Karen）人格理论中所指神经质性格之一。见其传记条。

aggressive instinct **攻击本能，侵略本能** 按精神分析创始人弗洛伊德的解释，攻击本能义同死之本能（death instinct）。见该条。

aggressive mob **攻击型暴民** 属暴民（mob）的四种类型之一。见该条。

aggressiveness **进取性，攻击性** 1.指自信心极强、力图奋发追求成功者的人格特征（本词的正面意义）。2.义同攻击（aggression）（本词的负面意义）。见该条。

aging **老化** 人到中年之后其身心功能随年龄增加而逐渐衰退的历程，称为老化。虽然年龄是老化的主要原因，但老化的速率与程度却有很大的个别差异。有的人年过六旬即老态龙钟，但有人80岁仍老当益壮。老化是无可阻挡的自然现象，唯从心理学的观点思考，保持身心健康是延缓老化现象出现的唯一良方。对如何减缓老化现象，心理学上已有很多理论，其中最重要的有两种理论，即老年减少参与论（disengagement theory of aging）与老年持续活动论（activity theory of aging）。见该等条。另见长寿学（longevity）及老化理论（theories of aging）。

agitated depression **激动性抑郁** 指患抑郁症者表现于外的一些症状。激动性抑郁的特征是，感情易受激动、焦虑、不安，主要系疑心太重不信任

A

他人所导致。见抑郁症(depression)。

agitated mania 激动性躁狂症 指躁狂症(mania)患者所表现出的紧张、不安和情绪激动等症状。见该条。

agitation 激动 焦虑症的一种精神紧张状态,表现在情绪激动及肢体活动增加,如搓手、顿足及内心的烦躁不安等。见焦虑症(anxiety disorder)。

agitographia 激动错写症 因情绪过于激动致使书写行为错乱的现象。

agitolalia = agitophasia 急躁失语症

agitophasia 急躁失语症 因情绪过于激动致使口语不能随意表达的现象。见失语症(aphasia)。

agnosia 失认症,辨识缺陷 患者虽有视听觉能力,但不能辨认视觉或听觉刺激的意义,更不能进一步形成抽象概念。失认症主要分为五类:(1)听觉失认症(auditory agnosia);(2)形状失认症(form agnosia);(3)视觉失认症(visual agnosia);(4)触觉失认症(tactile agnosia);(5)观念失认症(ideational agnosia)。见该等条。失认症也称为物盲(object blindness)。见该条。

agoraphobia 惧空旷症 属恐惧症之一。患者对空旷的处所特别敏感,且对之表现极为反常的恐惧反应。纵使个人明知不致受到任何伤害,但仍然无法克制由之引起的惶恐情绪。见恐惧症(phobia)。

agrammatism 失语法症 因大脑皮质部受到伤害而导致的语无伦次的现象。患者虽口腔发音正常,但说出的声音顺序错乱,别人听不懂他说话的意义。

agraphia 失书写症 因大脑皮质受伤而丧失原有的书写能力的现象。

agreeableness 亲和力 大五人格特质(big five personality traits)之一。见该条。

agrypnia = insomnia 失眠,失眠症

aha experience 顿悟经验,啊哈经验 面对问题情境,经思考而洞识全局,突然间获得灵感,因而突破困结找出答案的经验。顿悟经验为20世纪30年代德国完形心理学家柯勒,经对猩猩学习实验结果所提出的理论。见顿悟(insight)及柯勒(Köhler, Wolfgang)传记条。

ahedonia = anhedonia 乐感缺失

ahypnia = insomnia 失眠,失眠症

ahypnosis = insomnia 失眠,失眠症

AI = artificial intelligence 人工智能

aichmophobia 惧尖器症 属恐惧症之一。患者对尖锐的器具特别敏感,每逢见到或触及针刀之类的器具,即表现极为反常的恐惧反应。纵使明知不致受到任何伤害,但仍然无法克制由之引起的惶恐反应。见恐惧症(phobia)。

aided-recall technique 助忆术 以面谈的方式,对失忆症患者提出问题,并帮助其找到答案。如此以温习旧知的方式帮助失忆症患者恢复记忆的方法,称为助忆术。见失忆症(amnesia)。

aidoiomania = erotomania 色情狂

AIDS = acquired immune deficiency syndrome 后天免疫缺乏症候群,后天免疫缺乏综合征,艾滋病

AIDS dementia 艾滋病痴呆症 艾滋病患者末期出现的一种精神痴呆现象。艾滋病痴呆症的症状是表情冷漠、记忆力丧失、注意力涣散、丧失操作能力等。此症病因乃是由于艾滋病病毒蔓延至大脑皮质额叶导致其功能丧失所致。见艾滋病(acquired immune deficiency syndrome)。

ailurophobia 惧猫症 属恐惧症之一。患者对猫特别厌恶,且表现出极为反常的恐惧反应。纵使明知不致受到任何伤害,但仍然无法克制由之引起的惶恐情绪。见恐惧症(phobia)。

aim 目标,目的 **1.**指在动机或意志的促动下个体寻求的对象。对象就是目的物,目的物可能是人、事、物,也可能是理想。 **2.**在精神分析理论中,目的一词代表个体行为活动的结果。唯行为结果分为两类:一类是个体行为活动之后实际获得的事物(如接吻),称之为外在目的(external aim)。另一类是个体行为活动之后得到的精神满足(如由接吻而满足性的冲动),称之为内在目的(internal aim)。

aiming test 瞄准测验 属于非文字心理测验之一。瞄准测验的目的在测量受试者的手眼协调的能力。瞄准测验通常采两种方式实施:一种方式是细孔中插针,按速度计分;另一种方式是在小圈中用尖笔打点,按速度计分。第二种方式也称打点测验(dotting test)。见该条。

aim-inhibited drive 目标抑制驱力 指个体所追求之目标受阻时,藉转换目标以获得满足之内在驱力。本词为精神分析论创始人弗洛伊德的用语。意谓本我之欲力,其目标原在寻求立即的满足。但因为受到自我与超我的抑制,结果使个体寻求的目标转向,转移到甚至与无直接关系的对象,借以获得间接的满足。像此种转换目标借以获得满足的过程,称为目标抑制(aim inhibition)。而形成此种目标转向的内在驱力,称为目标抑制驱力。

aim inhibition 目标抑制 见目标抑制驱力(aim-inhibited drive)。

aim-transference 目标转移 **1.**泛指个体在追求既定生活目标受阻时,转移方向追求另一目标,从而得到满足的历程。 **2.**在心理治疗上,针对患者因

追求某一生活目标受挫而陷入适应困难时，协助他反省自己的能力条件，认识环境，另行转移可能达成的目标，从而满足自己的欲望。

air phobia＝aerophobia 惧空气症

air-pollution syndrome（APS） 空气污染症候群，空气污染综合征 是一种包括多种症状的慢性疾病。因此种疾病与空气污染有关，故名。根据研究，空气中一氧化碳成分过多是主要原因之一。空气污染症候群的症状包括头痛、疲劳、失眠、视觉困难、呼吸器敏感、烦躁、心情抑郁、记忆力减退等。

akatamathesia＝acatamathesia 理解力缺失

akataphasia＝acataphasia 造句型失语症

akathisia 静坐不能 患者情绪焦虑不安，不能静坐，只能两手分开作骑自行车状。静坐不能属焦虑性神经症之一，其病情发作可能与反复服用镇静剂有关。见焦虑性神经症（anxiety neurosis）。

akinesia 失动症 运动能力丧失，个体不能随意支配自己身体从事各种工作或运动的现象。

akinesthesia 运动感觉缺失 患者丧失部分或全部运动感觉能力。

akoasm＝acousma 幻听

akousticophobia＝acousticophobia 惧声音症

AL＝absolute limen 绝对阈限

AL＝adaptation level 适应水平

alarm call 警叫 指一般群居鸟类和哺乳动物，发现敌人时以长鸣等方式向同类报警的行为。

alarm reaction 警觉反应 义同警觉反应阶段（alarm reaction stage）。见该条。

alarm reaction stage 警觉反应阶段 指一般适应症候群（general adaptation syndrome）中第一阶段的身心反应。见该条。

albedo 反照率 谓物体表面所能反射之光与其所接受到光量的比值；通常多以小数表示之。人之所以对物体有视觉现象，就是由于物体有反照率的缘故。

albedo perception 反照知觉 指根据物体表面的反光程度，而对该物体所产生的知觉。此种知觉不因照明环境影响而改变，如一张白纸，无论在亮处或暗处，均视之为白色。反照知觉现象，乃是由于物体本身特征所引起的明度常性（brightness constancy）心理使然。见该条。

alcohol addict 酒精成瘾 义同酒精依赖（alcohol dependence）。见该条。

alcohol-amnestic disorder 酒精性遗忘症 义同科萨科夫失忆症（Korsakoff's amnesia）。见该条。

alcohol dependence 酒精依赖，酒瘾 指饮酒习惯恶化至不能自拔的地步，酒瘾发作时无法忍受，对酒形成心理上或生理上的依赖现象后，非酒不能解除痛苦，但饮酒时亦无乐趣可言。见药物依赖（drug dependence）。

alcoholic delirium 酒精性谵妄 义同震颤谵妄（delirium tremens）。见该条。

alcoholic dementia 酒精性痴呆 因长期酗酒所导致的痴呆现象。见科萨科夫症候群（Korsakoff's syndrome）。

alcoholic hallucinosis 酒精中毒性幻觉 指酗酒者因戒酒而产生的幻觉症状，主要以听幻觉为多。见幻觉（hallucination）。

alcoholic jealousy 酒精性嫉妒 指因长期酗酒而形成的非理性的、妄想性的嫉妒态度。

alcoholic pseudoparesis 酒精性假性麻痹 因长期酗酒而导致的间歇性的肌肉麻痹现象。此种假性麻痹现象，多出现在下肢；戒绝饮酒并改变饮食习惯后不难治疗。

alcoholic psychosis 酒精性精神病 一种由于过度或长期的酗酒，造成急性脑炎或脑组织慢性损伤，而导致严重心理异常的症状。患者有妄想、谵语、幻觉、记忆力损伤及判断力降低等症状。此症有两种主要的形式：震颤谵妄和科萨科夫精神病。震颤性谵妄为急性的，有明显的焦虑，在极端兴奋或失望时会有颤栗、幻觉等症状。科萨科夫精神病则属慢性精神病，其症状为毫无系统的曲解记忆、丧失记忆、胡言乱语等。见精神病（psychosis）。

Alcoholics Anonymous（AA） 匿名戒酒会 指美国民间在1935年成立的自愿参加的戒酒团体。参加会员皆匿其名，故称为匿名戒酒会。该戒酒团体的特征是，采用同侪团体治疗法（peer group therapy）的原理，在团体成员彼此自我表露与自我成长的互动关系中，达到完全戒绝酗酒恶习的目的。见该条。

alcoholic twilight-state 酒精性半昏迷状态 因长期酗酒所导致的半昏迷状态。此种状态出现时，患者的知觉失常，除错觉与幻觉之外，也伴随着焦虑情绪反应。

alcoholism 酒精中毒，酗酒 **1.**指长期酗酒所导致的一种人格异常。**2.**指饮酒已成强迫性行为，无酒即痛苦不堪，对酒精的心理与生理依赖已到不能自拔的地步。**3.**指因长期酗酒所导致生理功能失常。

alertness 警觉状态 **1.**指注意力集中的情形。**2.**指活动速度增加的情形。**3.**指相关部位脑电波频率增高的情形。

alexia 失读症 属失语症之一。患者丧失辨识文字的能力。失读症的原因，可能与脑部相关中枢神经损伤有关。见失语症（aphasia）。

A

algesia = pain sense 痛觉

algesimeter 痛觉计 测量痛觉的仪器，最常用的是刺针；用刺针刺在皮肤的某一点上，由受试者报告痛觉的有无或强弱，从而获得对痛觉的了解。

algolagnia 施虐色情狂 性交时喜欢加诸异性痛苦，或使自己痛苦，从而获取满足的变态行为。见施虐狂（sadism），受虐狂（masochism）。

algometer = algesimeter 痛觉计

algophilia 嗜虐症 1. 将痛苦加予别人或自身，以获得快乐的病态现象。**2.** 指施虐色情狂（algolagnia）者所表现的性行为变态现象。见该条。见受虐狂（masochism）。

algophobia 惧痛症 属恐惧症之一。患者对痛觉产生不合理的恐惧反应，因而对引起痛觉的刺激（如打针），表现极为反常的惶恐情绪。见恐惧症（phobia）。

algopsychalia 精神性痛 指缺乏生理因素的疼痛。患者感觉到疼痛，但找不到生理上的病因，纯系心理因素使然。

algorism = algorithm 定程法，算法

algorithm 定程法，算法 解决问题的方法之一。定程法的特点是，根据问题性质，按照一定程序逐步进行，最后一定可以得到正确答案的一种方法。数学上的四则运算及乘方开方等问题，就是典型定程法，修理电视的技工，根据电路图检查故障所在是定程法。甚至计算机程序也是定程法。定程法的优点是，只要明确了解问题的性质与目的，按图索骥依照固定程序进行，最后保证求出答案。唯定程法的使用有很大的限制，它只能用于解决有肯定答案的问题；在日常生活中，有很多问题是没有肯定答案的。唯其如此，定程法之外，乃有其他解决问题的方法。见直观推断法（heuristic），手段—目的分析（means-end analysis），倒推法（working backward）。

alienation 疏离感，疏离 社会变迁与都市工业化的影响，使人与其生活环境间失去了原有的和谐，终于形成现代人面对其生活时的疏离感。疏离感是一种复杂的心态，其中包括四种情感成分：(1)无意义感。虽身处人、事、物均熟悉的世界，但自觉一切陌生，甚少感情投入，对原本共识共守的传统习俗与社会规范，也都感到对个人生活失去了意义，失去了价值。(2)无能为力感。朝夕万变，世事无常，个人对未来不能定向，对现在不能掌握，一切感到空虚无力。(3)社会孤立感。都市人口集中，拥挤的人群中彼此漠不关心，所谓道义相尚、人情温暖，已为冷淡、孤独寂寞所取代。(4)自我分离感。个人的理想被现实所摧毁，社会竞争激烈，工作职业的报酬只能满足生存的基本需求，生活中情趣的享受，尊严的获得以及自我实现理想的追求，更是困难。

alienation coefficient = coefficient of alienation 离间系数

alien drive = irrelevant drive 无关驱力

alienist 精神病医师 指美国专门负责出席法庭为精神病患犯罪者作证的医师。

aliment 滋养 皮亚杰认知发展理论中的特别术语。隐喻儿童学习到的新知识，调适了原有的认知基模，从而促进其心智成长。

allele 等位基因，对偶基因 指位于相对染色体的对等位置上的基因。等位基因成对排列，一个来自父方，另一个来自母方；其功能为控制新个体的遗传特征。就功能的性质而言，等位基因有两种形式：一为显性基因（dominant gene），其功能较强，决定子代的主要明显特征（如性别）；另一为隐性基因（recessive gene），其功能较弱，只能决定子代的次要特征（如直发、卷发等）。见该等条。

allergy 过敏，过敏性 指对一般无害刺激而产生过度敏感反应的现象。过敏反应方式有多种，轻则紧张、晕厥，重则休克致死。过敏的原因，心理因素居多。见心身障碍（psychosomatic disorder）。

alley maze 巷道迷津 属迷津的一种形式。巷道迷津的特点是，迷津的构造有如都市的巷道，在巷道中路过时不能见及两边的东西。见迷津（maze）。

allocated time 分配时间 指教师教学时分配给学生在课堂内学习作业的时间。有些教师教学时，讲解的时间用得太多，占去了学生的学习时间，结果常是在效果上事倍功半。适度分配给学生学习时间，使学生能将教师讲解的知识得有机会温习消化，才会真正形成他们自己的知识。见课业学习时间（academic learning time）。

allocator 支配者 指社会团体中拥有权力的人。社会上的支配者，有权力给予人奖励，也有权力予人以惩罚。

allochthonous behavior 外因行为 指个体对外界刺激因应而表现的行为，意即由外在因素引起的行为。与本词相对者是内因行为（autochthonous behavior）。见该条。

allopsychic delusion 投射外界妄想 德国神经病理学家韦尔尼克（Car Wernicke, 1848～1905），将妄想分为三类：第一类为投射外界妄想，心理异常患者常对别人或外在事物产生妄想，妄想别人正在设法加害于他，妄想世界末日即将来临；第二类为自我意识妄想（autopsychic delusion），心理异常患者常对自己产生妄想，妄想自己是万能的超人；第三类为躯体妄想（somatic delusion），心理异常患者常对自己身体产生妄想，妄想自己的心脏丢了，妄想自己的脚会变成半米长等。

all-or-none law 全或无定律 指神经传导的基本特性。引起神经元兴奋的刺激强度未达某一限度时，并无神经冲动之发生，但当强度达于某种限度而能引起冲动时，冲动立即达到最大强度。此后刺激即使再加强，对已引起冲动的强度，并无影响。

all-or-none learning 全或无学习 指学习之产生是顿悟式的，而不是连续渐进的。见不连续学习论（discontinuity theory of learning）。

all-or-none principle 全或无法则 义同全或无定律（all-or-none law）。见该条。

allotriogeusia 味觉错乱 指患者对食物味觉颠倒错乱现象（苦的说是甜的，酸的说是辣的）。味觉错乱的原因多为心理因素，未必由于神经生理病变。

allotriogeustia＝allotriogeusia 味觉错乱

allotriophagy 异食癖 指一种对不平常食物的强烈食欲倾向。异食癖有时在妇女怀孕时发生；甚至有孕妇极欲食用花盆里的泥土。

Allport A-S Reaction Study 奥尔波特支配与顺从反应问卷 指奥尔波特等人编制的人格测验，该测验的设计旨在测量支配与顺从的人格特征，见支配与顺从（ascendance-submission）。

Allport, Gordon Willard（1897～1967）奥尔波特 奥尔波特是20世纪中期美国心理学家，是人本心理学的先驱，是人格特质论的建构者，也是摆脱受弗洛伊德思想影响，以正常人为基础建构人格理论的第一人。

奥尔波特1897年11月11日出生于美国印第安纳州的蒙特祖玛，自幼个性拘谨，而双亲对之爱护有加，使他在充满父母爱的家庭环境中长大，此点可能是他与精神分析学派多数心理学家生活背景不同而对人性有不同观点的原因。精神分析心理学家中如阿德勒、荣格、霍妮、埃里克森等人，生活背景与成长历程都相当坎坷。奥尔波特在正常环境中长大，他的人格理论阐释正常人心理现象，是可以理解的。奥尔波特1919年进入哈佛大学。1922年获心理学哲学博士学位后，到英、德、奥等地访问研究，专程至维也纳拜访当时声誉正隆的弗洛伊德，唯因感于精神分析过分强调潜意识决定人格的理念有违人性，奥尔波特乃决定放弃弗洛伊德以异常人心理现象为基础的人格理论，而建构他解释正常人的人格理论。奥尔波特自1924年起即任哈佛大学教职，直到1967年逝世为止，长达44年之久，在此期间曾于1939年膺选为美国心理学会主席，并于1964年荣获该会杰出科学贡献奖；1967年10月9日病逝于麻州剑桥，享年70岁。奥尔波特在心理学上的贡献主要在于以下两方面：

1.人格特质论　奥尔波特在其1937年出版的《人格：心理学的诠释》一书中，提出了他的人格特质论，将人格分为共同特质与个人特质两类，而个人特质之内又分为首要特质、中心特质及次要特质三个层面。详见奥尔波特人格特质论（Allport's personality-trait theory）。

2.动机功能独立　奥尔波特的特质论中，动机是个重要概念，他认为个体之所以在行为上表现某些特质，是因为行为背后有个发生促动作用的动机使然。不过，在解释动机时他不采用弗洛伊德潜意识动机的看法，而是从正常成人行为动机的观点，提出功能独立的概念，用以解释个体人格特质持续保持不变的原因。所谓功能独立（functional autonomy），指动机所促动的行为长期持续之后，原来动机与目的间的关系就会改变，但对形成的习惯性行为（人格特质）而言，却仍具促动作用。以个人勤奋工作赚钱谋生为例，勤奋是他的行为表现，赚钱谋生是他的动机和目的。多年之后此人可能已发财致富，但生活上可能仍勤奋如故，此时勤奋行为已成为他的人格特质，而动机也改变了原来的性质而功能独立。

奥尔波特的主要著作有：*Trait names：A psychological study*（1936）；*Personality：A psychological interpretation*（1937）；*The use of personal documents in psychological science*（1942）；*The nature of personaliy*（1950）；*The nature of prejudice*（1954）；*Becoming：Basic consideration for a psychology of personality*（1955）；*Personality and social encounter*（1960）；*Pattern and growth in personality*（1961）；*The individual and his religion*（1962）等。

A

Allport's personality-trait theory 奥尔波特人格特质论 指美国心理学家奥尔波特在1937年所倡议的人格理论。奥尔波特认为，个人人格是其成长中习惯、经验、态度等特质综合的结果。奥尔波特将人格特质分为共同特质(common trait)与个人特质(individual trait)两类，前者属同一社会文化之下人们所共同具有的人格特质，后者属每个人独有的人格特质。个人特质是构成个别差异的主要原因。奥尔波特又将个人特质分为三个层次；(1)首要特质(cardinal trait)，指代表个人整个人格的特质，首要特质并非人皆有之；(2)中心特质(central trait)，指个人在行为上表现的异于别人的个性(如拘谨保守)；(3)次要特质(secondary trait)，指个人在某些情境下表现的行为特征(如沉静的人有时也会狂欢)。

all-possible regression procedure 所有可能回归法 所有可能回归法是选取最佳回归公式的方式之一，其过程是依所有自变项可能形成的组合计算其预测依变项总变异数的百分比，再选择预测量最大，自变量组合数最少的一组为最佳回归公式的自变项。见回归分析(regression analysis)。

aloneness 孤独感 指遇事无力抉择，感到少依无靠，得不到别人支持与帮助的失落心态。

alpha activity α型兴奋 义同α 波(alpha wave)。见该条。

alpha blocking α隔断 当受试者安静放松身心时，脑波会出现α 波，如此时出现引起受试者注意的刺激（如声或光)，α 波会立即消失而变成快节奏的β波。这种现象称为α 隔断。当刺激停止后，情绪回复到放松状态，脑波又可恢复成α 波。见脑波图(electroencephalogram)。

alpha error＝Type Ⅰ error 第一类错误

alpha response α反应 在经典条件作用实验过程中，个体因对情境敏感而表现类似但实际上并非因条件作用而形成的反应(指条件反应)，称为α 反应。

alpha rhythm α律动 义同α 波 (alpha wave)。见该条。

alpha wave α波 为脑波的一种类型， 其频率约为8～12赫兹，电压为50微伏时，即每秒约8～12个波。此时虽未睡眠，但眼睛闭着，且处于松懈、不注意状态。α 波也会出现于某些阶段的睡眠中。α 波在闭眼时于枕叶最为明显或最强，于额区最弱。见脑波图(electroencephalogram)。

altered state of consciousness (ASC) 意识状态改变 指经由人为方式使意识状态产生的改变。意识状态改变可经由两类方法：(1)有益于健康的改变方法， 在这类方法中包括生理回馈(bio-feedback)、催眠(hypnosis)、静坐(meditation)等。(2)有害于健康的改变方法，在这类方法中主要是借由各种精神药物(psychoactive drug)的抑制作用、麻醉作用和兴奋作用，从而达到意识状态改变的目的。见该等条。

alter ego 另一个我，代我 指对自己无所不知的最亲密的朋友，亦即通常指最知己的人。

alter-egoism 感同身受，同病相怜 **1.**指关怀别人与同情别人的人溺己溺心态。**2.**指患者间彼此关怀、彼此同情的心态。

alternate binaural loudness-balance test 双耳交替音高平衡测验 鉴别听觉是否正常的一种方法。实施时让受试者两耳分别接受同频率但响度不同的两种声音。如果两种声音的响度差大到20分贝而受试者仍无法辨别，答称两种声音响度一样时，这表示他的两个耳朵的敏锐度不同。

alternate -choice item 选择题 指选择反应测验(alternate-response test)中所采用的题目。见该条。

alternate form 复本，更替卷 为求提高测验的信度，除编制一个主本之外，另编制内容相同、题数一样、难度相等的另一复本，以便更替使用，借以避免重复练习。复本也称比较卷(comparable form)。见信度(reliability)。

alternate-forms reliability 复本信度 属计算测验信度的方法之一。一套测验常有两种(或数种)复本。根据同一群受试者接受两种复本施测结果，求得的相关系数用以估计的信度，称为复本信度。复本测验可连续实施，也可相隔一段时间分两次实施。连续实施时求得的复本信度，称为等值系数(coefficient of equivalence)；分隔实施时求得的复本信度，称为稳定与等值系数(coefficient of stability and equivalence)。见该等条。见信度(reliability)。

alternate-response test 选择反应测验 测验中的每一题目均有两个可能的答案，受试者按个人的判断选取其一作答。一般采用是非题编成的测验，就是选择反应测验。

alternating personality 交替性人格 参见双重人格(double personality)与多重人格(multiple personality)。

alternating perspective 交替透视 系指一种特殊的图样，其中某一部分使人产生立体感。经注视后，图中构成立体感的部分会产生奇怪的交换现象，忽而觉某部分距离近，忽而又觉该部分距离远。本词又称可逆透视(reversible perspective)。见可逆图形(reversible figure)条及附图。

alternating psychosis 交替型精神病 见躁郁型精神病(manic-depressive psychosis)。

alternating vision 交替视觉 **1.**两眼交替使用所得到的单眼视觉。对距离较近的物体而言,两眼交替所得到的两个单眼视觉是不完全一样的。**2.**对某一物体注意时,常交换单独使用左眼或右眼(如射击时瞄准)。一般人左右眼的强势不同,两眼交换的目的乃是选择较强的单眼去注视,从而获得较佳的视觉效果。

alternation learning 变换学习 指将已学习到的反应变换为相反方式表现的学习过程。变换学习常用于动物实验,以白鼠在T形迷津中学习寻找食物为例,如首次实验白鼠学到左转反应,再次实验要它学习右转反应,就称为变换学习。

alternative hypothesis 对立假设 见虚无假设(null hypothesis)。

alternative-ranking method 交互等第法 指按某种属性将被测量对象排列成一个等第顺序,作为选用员工标准的一种方法。以选用技术工人为例,评定者先区分出好的与差的工人,然后再详细评定难以区分的中间水平的工人。一般的做法是,先选择最好的工人,然后选择最差的工人,最后选择次好的工人、次差的工人,这样继续选择下去,最后一个工人当然是技术恰恰处于中间程度的工人。此时将选择的过程详细记录,依技术水准的高低将工人按第1、第2、第3……这样的等第分数标记,即可将所有的工人排成一个等第顺序。由于评定等第时,交互按最好、最差的次序作选择,故而称为交互等第法。此一方法的优点在于所有的被测量对象可同时在某一行为属性特征上受到评估,可消除趋中倾向。但等第排列的顺序号之间的属性数量之差是不相等的,因此在统计分析时难以对等第数据作运算处理。

alternative reinforcement 选择性强化 为使个体长期保持学得反应所采用的不同强化方式。在选择不同强化方式时,可考虑的标准很多。例如,时距强化(interval reinforcement)与比率强化(ratio reinforcement)二者选一,就属于选择性强化。见该等条及强化程序(schedule of reinforcement)。见该条。

altitude test 难度测验 属于能力测验之一。测验中的题目按难度层次排列,受试者由易而难直到无法前进为止。根据结果即可鉴别并比较受试者能力的高低。与本词相对者为速度测验(speed test)。见该条。

altrigenderism 异性亲和 指男女两性之间自然的、健康的、非色情的相互吸引与彼此亲近的人际关系。

altruism 利他主义,利人主义 指以增进他人福利为自身行为标准的一种信念。利他主义在思想与行为上秉持两个原则:其一,视利人重于利己;其二,牺牲自己以利于他人。与本词相对者为利己主义(egoism)。见该条。见利他行为(altruistic behavior)。

altruistic aggression 利他性攻击 指为了保护别人或为了伸张正义而表现的攻击行为。例如,母性攻击(maternal aggression)即属此类。见该条。

altruistic behavior 利他行为 泛指有利于他人的行为。利他行为可以分为三个层次:(1)把人与己的利益视为同等重要,所谓"己立立人,己达达人"与"己所不欲,勿施于人"者均属之。(2)把利人置于利己之上,所谓"先天下之忧而忧,后天下之乐而乐"者属之。(3)牺牲自己以利他人,所谓"舍己为群"与"杀身成仁"者均属之。见利他主义(altruism)。

altruistic suicide 利他型自杀 属法国社会学家涂尔涂(E. Durkheim, 1858～1917)所列自杀类型之一。见自杀(suicide)。

Alzheimer's dementia 阿兹海默痴呆症 义同阿兹海默症(Alzheimer's disease)。见该条。

Alzheimer's disease 阿兹海默症 指德国神经病理学家阿兹海默(A. Alzheimer, 1864～1915)在1907年发现的一种活动性脑神经病变所引起的痴呆症,发病者的年龄多在50岁左右。据医学统计,80岁以上的老人有20%左右罹患此症,一般的病情变化是经过三个时期:第一期表现记忆力逐渐减退,知觉退化,推理能力逐渐丧失;第二期语言能力衰退,丧失以往阅读与书写能力,而且在说话时情绪激动,思路不清;第三期行动能力丧失,丧失辨认亲人面貌的能力。病发后五六年多因并发症死亡。

AM = arithmetic mean 算术平均数

AM = assumed mean 假定平均数

amacrine cell 无轴突细胞,无轴细胞 为散布于视网膜中的一种无轴突的特殊神经元,其位置在神经节细胞层和双极细胞层。无轴突细胞和水平细胞的联合作用,使感光细胞发出的信息在到达神经节细胞之前得以先行整合。

amathophobia 惧尘埃症 属恐惧症之一。患者对尘埃特别敏感,在见到或闻到尘埃时,即表现极为反常的恐惧反应。纵使明知不致受到任何伤害,但仍然无法克制由之引起的惶恐情绪。见恐惧症(phobia)。

amaurosis 黑蒙 视觉生理正常而部分或全部视觉能力丧失的现象。黑蒙多系遗传,其成因与大

A

脑皮质视觉中枢病变有关。

amaurotic idiocy **黑蒙性白痴** 属于原发性心智缺陷,多系家族遗传。表现精神衰颓,肌肉无力,毫无生活能力,如无人照顾则极易死亡。

amaxophobia **惧车辆症** 属恐惧症之一。患者对车辆特别敏感,每逢乘搭车辆甚至遇到车辆时,即表现极为反常的恐惧反应。纵使明知不致受到任何伤害,但仍无法克制由之引起的惶恐情绪。见恐惧症(phobia)。

ambidextrality **两侧俱利** 指个人在躯体活动时无左右偏好的两侧俱利倾向。有人两手都能写字,两手都能拿筷子,就是两侧俱利。见左偏性(sinistrality),右偏性(dextrality)。

ambieroticism = bisexuality **双性人**

ambiguity **暧昧** 指语句或图形表意不够明确,使人对之产生两种或多种不同解释的情形。下述的例子都属于暧昧不清的句子:"中国人很多","三个工厂工人"。投射测验(projective test)内用作测验题的图形,其特点就是暧昧性。见该条及罗夏墨迹测验(Rorschach Inkblot Test)条及附图。

ambiguity cue **暧昧线索** 指可以构成两种(或两种以上)解释情境的线索。情境可为图形,可为文句,其所具备的线索不能显示肯定意义,因此,解释的答案就因人而异。投射测验中的罗夏墨迹测验(Rorschach Inkblot Test),就是利用此种特征,借以引起受试者主观的反应。见该条。见暧昧图形(ambiguous figure)条及附图。

ambiguity tolerance **暧昧容忍力** 指个人对暧昧情境容忍的程度。在某些情形下,对一种现象会出现数种不同的解释,甚至见仁见智,彼此矛盾,形成方向不明是非难辨的情境。暧昧容忍力高的人,能接受此种情境,不因一时得不到肯定答案而感困扰。暧昧容忍力低的人,希望立即得到非黑即白的肯定答案,否则即感不安。暧昧容忍力被视为人格特质之一,容忍力高的人比较随和,容忍力低的人带有专制人格(authoritarian personality)倾向。见该条。与本词相对者为缺暧昧容忍力(intolerance of ambiguity)。见该条。

ambiguous figure **暧昧图形** 指使人不能获得确切知觉经验的不稳定图形。图形本身线条间的关系虽然固定,但观察者所得的知觉经验却是暧昧不清。暧昧不明的现象是,同一图形会使人产生多种不同知觉的可能。唯多种知觉不能并存,如确认其中之一,其他的知觉就必须予以否定,而且两种互不兼容的知觉经验是随时转换的,故而也称可逆图形(reversible figure)。附图是意大利帕度亚一座教堂的拼花地板,该教堂建于1306年,拼花地板的特点是:(1)初看是相连的三个立方体,再看三个立方体的关系并不确定,忽而觉得其中两个立方体在左,一个立方体在右,忽而又觉得其中两个在右,一个在左。(2)从图形的中心看,有时会觉得像是上下两个尖角相对的菱形,但有时也会觉得像是各尖角相对的六个菱形,如再仔细看,也可能觉得是十二个不同方向的菱形。

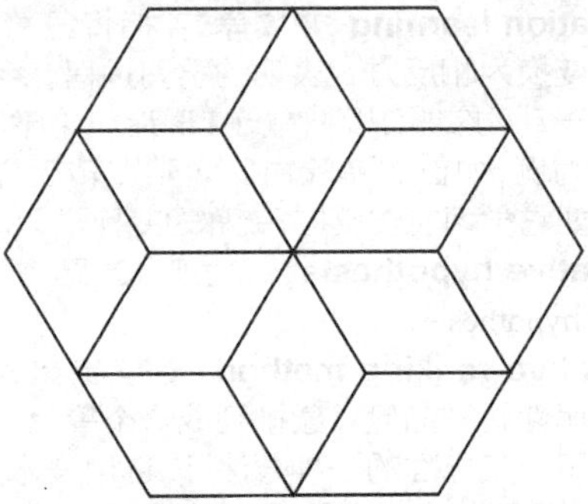

暧昧图形

ambiguous figure-ground relation **暧昧形基关系** 指形象与背景虽有明确界限但不能使人肯定两者关系的心理现象。此种现象,可由形象与背景(figure and ground)图形显现。见该条。

ambiguous stimulus **暧昧刺激** 指使人产生多种意义的刺激。此种暧昧现象的产生,可能由于刺激本身性质欠明确,也可能由于个体本身的心向(mental set)所致。见该条。另见暧昧图形(ambiguous figure)条及附图。

ambiguous tube **暧昧筒** 属错觉现象中的可逆图形之一。如附图所示,看起来像是一个横放而带有黑色环纹的圆筒,圆筒开口方向给人的知觉是左右不定的,有时觉得它开口向左,有时觉得

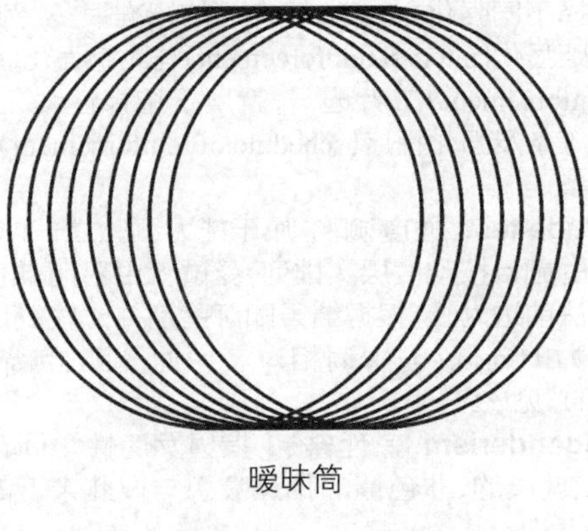

暧昧筒

它开口向右。随开口方向的不定，所以又觉得筒的内外两面也随之转换，而且在转换成内外面时，又觉得内外面的明暗度也随之改变。像此种图形透视转变不定的图形，称为暧昧图形(ambiguous figure)，也称可逆图形(reversible figure)。见该条。另见马赫书(Mach book)，奈克尔立方体(Necker cube)各条及其附图。

ambiopia 复视 两眼注视同一物体时得到两个视觉映象的变态现象。正常人的视觉，虽然两眼视物时每只眼球的视网膜上各自得一映象，但经由视神经传至大脑的视觉中枢时，两者合而为一，得到的视觉是一个映象。见双眼视象融合(binocular-fusion)。

ambisexuality = bisexuality 双性人

ambivalence 矛盾心态 **1.**对同一对象，同时存有相互矛盾的两种态度或感情。既要接受，又要拒绝；既爱之，又恨之。子女对父母的感情有时就带有此种矛盾倾向。 **2.**对同一对象的态度或感情转变不定，时而支持，时而反对；时而喜欢，时而厌恶；转来变去，不能确定。 **3.**对同一问题的两面看法。在价值判断时，所谓利与弊、得与失、情与理等无法兼顾求其两全时的困境，即属此种矛盾心态。 **4.**义同冲突(conflict)。见该条。见情感矛盾(affective ambivalence)。

ambivalence of the will 意志矛盾 属精神分裂症患者的性格特征之一。常表现意志矛盾，要求吃某种食物，给予他该种食物时，他却拒而不食。

ambivalent personality 矛盾人格 义同多重人格(multiple personality)。见该条。

ambiversion 中向性格 **1.**指在内外向人格测验上，得分居于中间的人。 **2.**在性格表现上，既不偏于外倾，也不偏于内倾的人，见内倾(introversion)与外倾(extraversion)。

ambivert 中向性格者 见中向性格(ambiversion)。

amblyopia 视弱 指非器官性的视觉迟钝现象。视弱的原因，可能由于长期酗酒，可能由于服用精神药物，也可能由于色盲等。

ambulatory psychotherapy 自助式心理治疗 属于心理治疗的一种取向，而非特指某一治疗方法。自助式心理治疗的特点是，当事人既不需住进精神病院，也不需治疗人员照顾，而是自己根据所了解的心理治疗知识，改善生活习惯，从而达到恢复健康生活的目的。

amenorrhea 无经 指女性青春期之后，直到更年期一直没有月经的反常现象。如果是从青春期之初就没有月经，称为原发性无经(primary amenorrhea)；如果青春期之后曾有月经，而后非因怀孕而月经停止，则称为续发性无经(secondary amenorrhea)。见绝经期(menopause)。

American Association for Counseling and Development (AACD) 美国咨商与发展协会 见美国咨商协会(American Counseling Association)。

American Association of Humanistic Psychology (AAHP) 美国人本心理学会 美国人本心理学会成立于1962年，其兴起乃是对行为主义心理学过分重视科学方法致使心理学窄化的抗议。人本心理学强调研究人类本身(不研究动物)问题，以促进人际关系和谐，缔造人类生活幸福为宗旨。

American Association of University Professors (AAUP) 美国大学教师联合会 美国大学教师联合会成立于1913年，为美国全国性大学教师的专业性组织。该会以提升专业伦理、争取学术自由、维护大学教师权利为宗旨。该会会址设于美国华盛顿。

American Association on Mental Deficiency (AAMD) 美国智能不足协会 美国智能不足协会成立于1876年，唯其名称曾经两度变更。在1876年成立之初，称为美国智能不足医护人员协会(Association of Medical Officers of American Institutions for Idiot and Feeble-minded Person)，至1906年改称美国智能不足者研究协会(American Association for the Study of the Feeble-minded)，到1933年方始改为现在的名称。美国智能不足协会为推行智能不足研究与教育的最强有力组织，其影响力不限于美国本土，而是扩及全世界；其所订智能不足之标准，已广为世界各国参考使用。该会会址设于美国华盛顿。见智能不足(mental retardation)。

American Board of Examiners in Professional Psychology (ABEPP) 美国心理学专业资格审查委员会 该会系美国心理学会附属机构，负责审查心理学专业人员的资格。该会会址设于美国华盛顿。

American Board of Professional Psychology (ABPP) 美国专业心理学委员会 美国心理学会为提高以心理学服务社会而开业者的素质，特于1947年成立美国专业心理学委员会，以掌握资格审查与核发合格证书等事宜。该会会址设于美国华盛顿。

American College Testing Assessment 美国大学入学测量评鉴 义同美国大学入学测验计划(American College Testing Program)。见该条。

American College Testing Program (ACT) 美

A

国大学入学测验计划 美国采用其作为大学甄选新生的测验之一。该测验包括英文、数学、自然科学、社会科学四个分测验，以四个分测验所得总分数决定录取的标准。该测验在性质上属于学业成就测验，唯在使用目的上则是根据学生高中的学业成就表现，作为大学学术性向的预估。

American Council of Guidance and Personnel Association（ACGPA） 美国辅导与人事联合委员会 见美国咨商协会（American Counseling Association）。

American Council on Education（ACE） 美国高等教育委员会 美国高等教育委员会（原词无高等字样实则性质属之），在功能上是介于联邦政府与全国各大学之间的一种咨议委员会。盖以美国联邦政府中没有统辖全国高等教育的机构，该委员会即扮演各大学与政府的中介角色，从而促动政府协助高等教育的发展。该会成立于1918年，原来名称为教育危机委员会（Emergency Council on Education），其后改为今名。该会会址设于美国华盛顿。

American Counseling Association（ACA） 美国咨商协会 美国咨商协会是美国全国性的咨商心理学学术性组织。此一学术性组织，最早兴起于教育界，而在性质上属于教育和社会运动。运动的主要目的在增进工业化社会中的教育效益、生活适应和社会福利等。正式成立一个学术组织是在1913年，当时的名称为美国全国职业辅导协会（National Vocational Guidance Association，简称NVGA），此后因时代变迁和社会需要而数度改换学会的名称：1935年改称美国辅导与人事联合委员会（American Council of Guidance and Personnel Association，简称ACGPA），1952年改称美国人事与辅导协会（American Personnel and Guidance Association，简称APGA），1983年改称美国咨商与发展协会（American Association for Counseling and Development，简称AACD），1992年改为现在的名称。美国咨商协会是一个美国全国性庞大组织，总会以下目前设有16个专业委员会，分别负责推行职业辅导、儿童教育、成年和老年人咨商、婚姻和家庭咨商、教育和政府机关人事咨商、复健咨商、咨商工作评鉴以及国际咨商交流合作等。

American Educational Research Association（AERA） 美国教育研究协会 美国教育研究协会成立于1915年，为美国全国性教学学术研究组织。该会定期出版多种教育学术性杂志，极负盛名，其中最主要者有：（1）《教育研究评论》（*Review of Educational Research*），每年出刊五期；（2）《美国教育研究季刊》（*American Educational Research Journal*），每年出刊四期。该会会址设于美国华盛顿。

American Federation of Teachers（AFT） 美国教师联盟 美国教师联盟成立于1916年，为美国全国性教师福利组织。会址设于美国华盛顿。

American Personnel and Guidance Association（APGA） 美国人事与辅导协会 见美国咨商协会（American Counseling Association）。

American Psychiatric Association（APA） 美国精神病学会 美国精神病学会成立于1844年，已有一百年以上的历史。该会会员必须具备精神科医师资格，目前已成为世界性的精神病学权威组织。该会主要功能为推动精神病学研究，提升医疗质量，并促进国际合作等。目前该会会员遍布全球，达3万余人。该会会址设于美国华盛顿。

American Psychological Association（APA） 美国心理学会 美国心理学会是美国心理学界成立最早的心理学学术组织，1892年成立时，会员只有31人，到2002年，会员已达10万多人，除国内会员外，也包括很多国际会员，是目前全世界心理学领域内组织最庞大、影响最深远的心理学术及心理专业组织。美国心理学会之成立，旨在提升心理科学之发展并加强心理学专业服务，从而促进人类的福祉。该会成立之初，心理学的研究偏重理论科学取向，后因社会需要，研究取向便呈多元化趋势，到1996年为止，该会总会之下已分化成49个专业委员会，除学术性的学会如普通心理学、人格心理学、比较心理学、实验心理学等学会之外，像艺术心理、宗教心理、妇女心理、健康心理以及同性恋心理等的问题，也分别成立了分支学会。美国心理学会的总会及分支学会定期发行的期刊30余种，为全世界心理学界提供最新的学术信息。该会会址设在美国华盛顿。

American Psychological Foundation（APF） 美国心理学基金会 美国心理学基金会成立于1953年，是美国心理学会的一个分支机构。该会成立目的，主要在筹募基金，推动心理科学研究与教学奖助计划。目前该会设有三类奖金，一类为心理学杰出研究奖，一类为心理学杰出教学奖，另一类为心理学杰出推广奖（授予大众传播有关节目或人员）。该会会址设于美国华盛顿。

American Sign Language（ASL） 美式手语 通行于北美洲的一种聋生教学的英语手语。此种手语已广泛被世界英语国家所采用。

ametropia 屈光不正，异常眼 指因眼球折光系统异常致使物像不能投射于视网膜上的现象。近视、远视、散光等眼睛缺陷，均与屈光不正有关。

amimia 表情缺失 **1.**患者缺乏用面部或肢体表达自己感情的能力。**2.**患者缺乏辨识理解别人表情的能力。

amnesia 失忆症，健忘症 指丧失记忆力，尤其在有意回想时，过去的经验不复记忆的现象。按病因区分，失忆症可分两大类：(1)心因性失忆症(psychogenic amnesia)，指记忆力的丧失是心理的原因，是个人将过去痛苦的经验予以压抑，排除于意识之外，因而不复记忆。(2)器质性失忆症(organic amnesia)，指大脑受伤或病变所引起的记忆力丧失。失忆症是一类记忆异常的总名称，因形成记忆力丧失的心理与生理原因众多，故而有很多不同的失忆症，其中主要有：情感性失忆症(affective amnesia)，近事失忆症(anterograde amnesia)，前事失忆症(retrograde amnesia)，幼年经验失忆症(infantile amnesia)，情节性失忆症(episodic amnesia)等。见该等条。

amnesic aphasia 健忘型失语症 属失语症类型之一。其特征是患者丧失认识文字与指认物品名称的能力。轻微者可能因疲劳、药物效应、年老等因素形成，严重者可能因中枢神经系统病变所致。见失语症(aphasia)。

amnestic aphasia = **amnesic aphasia** 健忘型失语症

amnestic syndrome 失忆症候群，遗忘综合征 是一种包括多种症状的失忆症。患者既不能学习新事物(无法形成短期记忆)，也不能回忆以往的经验(无法唤起长期记忆)。

amniotic fluid 羊水 指羊膜囊内含有蛋白质的液体。羊水的功用既可保护胎儿免于受伤，也可保持一定的温度以利胎儿发育。

amniotic sac 羊膜囊，羊膜 指包围在哺乳类胎儿外面的一层膜囊。羊膜囊内充满羊水，可保护胎儿免于受到振荡或摩擦的伤害。

amoral character 非道德品格 指与一般传统道德标准无关的品格。见非道德(amorality)。

amorality 非道德，超道德 **1.**不能依传统伦理标准评判的行为。**2.**不能以简单的两分法即断定其是非善恶的行为。**3.**不受世俗道德规范限制的一种超道德行为。

amorphosynthesis 形态辨认缺失，形态失认 患者失去凭触觉辨识物体形态的能力。此种病症的原因可能与大脑皮质病变有关。

amotivational syndrome 缺动机症候群 指一种人格类型，属于此种类型的人，在日常生活中缺乏活力，缺乏情趣，以冷漠的态度面对一切；事事被动，对众所认定有价值的事(如名利成就)，没有动机，放弃追求。缺动机症候群是近年来发现的现象，此现象与都市文化形成的疏离感有关。有的学者认为可能是长期吸食毒品所致；也可能是自幼生活富裕，饭来张口，衣来伸手，在人格发展上未能养成价值感、价值观与价值标准所致。

amount of reinforcement 强化量 见强化参数(parameter of reinforcement)。

amphetamine 安非他命，苯丙胺 安非他命是一种性质强烈的兴奋药物，成品为类似砂糖的结晶粉末，服用后立即产生精神振作与精力恢复的效果，尤其是在工作劳累或心情沮丧时服用，它会立即使人精神倍增充满信心。正因为安非他命具有立即效应，故而符合现今社会因工作压力过重而疲惫劳累者的需求，以致成为禁不胜禁的毒品。学生因功课压力而服用安非他命，长途汽车司机为保持清醒而服用安非他命，减肥者为减少睡眠而服用安非他命。情形虽有不同而靠它保持清醒维持体力的目的则一致。安非他命的立即兴奋效果，吸引很多人使用。唯药力过后，迅即使人陷入疲劳沮丧的低潮。为了重新提振精力，自然重复使用，数度循环之后，很快就会出现药物依赖与耐药力增加的现象。持续服用安非他命，一般呈现于身体及行动上的症状有：瞳孔扩散，食欲丧失，兴奋，口干，呼吸困难等；长期服用的后果终将导致高血压、心脏停搏、脑功能障碍。如系采用多量静脉注射者，更难免恶化成为心理疾病。见兴奋剂(stimulant)。

amplitude 幅度，振幅 **1.**在一定时间内某变量往复移动的大小或长短的量。**2.**声波的高度，即中线至波峰的垂直距离，代表声音的强度。**3.**光波的三种属性之一(余二者为波长与纯度)，可决定视觉上的明度，幅度愈大，明度也愈高。

ampulla 壶腹，壶状体 指内耳中半规管基部三处

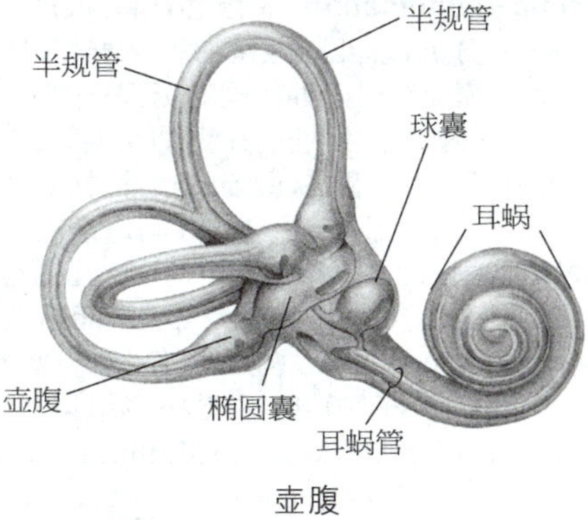

壶腹

A

膨大部分，如附图所示。壶腹与前庭中的椭圆囊相连通。半规管、壶腹及椭圆囊中皆含有淋巴液。一些有关平衡的感受器即位于壶腹内，这些感受器亦由毛细胞及支持细胞等构成，半规管中淋巴液的振动即经此感受器转变成神经冲动传到大脑皮质，产生动的平衡觉。见半规管（semicircular canal）。

amusia **五音不全** 指缺乏辨别音阶上声音高低的能力，或不能发出不同音阶的声音者。

amygdala **杏仁体，扁桃体** 指位于下丘脑附近而状如杏仁的神经组织。杏仁体的功能与个体消化、排泄、调节血压及性行为等有关，特别是个体的愤怒与攻击性行为，均由杏仁体控制。见脑（brain）条及附图。

amygdaloid body = amygdala **杏仁体**

amygdaloidectomy **扁桃体切开术** 属精神外科手术之一。对精神极度暴躁无法控制者施行外科手术，将扁桃体神经纤维切开。见精神外科学（psychosurgery）。

anaclisis **依赖性** 指依赖他人寻求感情支持的行为倾向。本词出自精神分析，原来的意思是指婴儿依赖母亲以获得基本需求满足的情形。

anaclitic choice **依赖性择配** 指成年后男子在选择配偶时，倾向于选择与其母亲（或曾依赖过的其他人）形象近似的人。本词出自精神分析，依赖性择配亦即恋母情结（Oedipus complex）的心理倾向。见该条。

anaclitic depression **依赖性抑郁** 因离开家庭失去对父母的依赖而引起的抑郁症，主要症状为退缩、焦虑、不思饮食、体重减轻、失眠等。依赖性抑郁固然在离开父母时发生，但很多儿童离开父母时未必发生如此困难的病态适应。一般相信，依赖性抑郁与婴幼儿期的教养方式有关，婴儿期缺乏母爱，使婴儿的依附需求得不到满足，影响其依赖性认同（anaclitic identification）的发展，结果导致以后的抑郁性格。见该条。见抑郁症（depression）。

anaclitic identification **依赖性认同** 根据弗洛伊德的精神分析，幼儿的性别心理发展，主要是以父母为楷模而经过两种认同的历程：一为依赖性认同，另一为防卫性认同。在婴幼儿期间，无分男女，因为都依赖母亲，从母亲的喂养、抚爱和保护得到满足，因而都喜欢母亲，并向母亲的言行举止模仿认同。只是，母亲对儿子与女儿的态度不同，女儿跟她学样，她接受且鼓励，而对儿子则否。因此，到3岁以后，只有女儿继续向母亲做依赖性认同，而儿子则转向父亲去开始他男性角色学习的防卫性认同（defensive identification）。见该条。另见认同（identification）。

anaclitic object choice **依赖对象选择** **1.**按精神分析者的解释，个体在选择某人作为感情依赖对象时，他会有意无意地选择与他母亲（或其他养育他的人）相似的人。盖因此等对象会使他获得安全与满足。**2.**义同依赖性择配（anaclitic choice）。见该条。见恋母情结（Oedipus complex）。

anaclitic therapy **依赖治疗法** 属心理治疗方法之一。依赖治疗法的特点是，心理师尽量鼓励患者向他表达情感性依赖，借以观察其在早期经验中所压抑的情结。依赖治疗法系以精神分析为理论基础，认为个体幼儿期依赖性认同（anaclitic identification）受阻者，可能以后因滞留之情绪未得纾解而导致适应困难。见该条。

anacousia = anacusia **全聋**

anacusia **全聋** 指听觉系统完全丧失功能的现象。

anaesthesia = anesthesia **感觉缺失，麻木**

anagram **字谜游戏** 一种尝试重新排列字母形成不同单字从而训练语文能力的智慧游戏。常用的字谜游戏有三种方式：（1）简单字谜，把不成单字的几个字母组合成一个单字，如将HIRAC组合成CHAIR。（2）重组字谜，将一个单字的字母重组变成另一个单字，如将SHORE重组为HORSE。（3）多解字谜，将一个多字母的单字拆散，取其中几个字母（或全部）组成多个意义不同的单字，如TEACHER一字共有七个字母，可取其中两个字母组成AT，HE等字；可取其中三个字母组成ARE，EAR，TEA，THE，HER，CAT，EAT等字；可取其中四个字母组成HERE，TEAR等字；可取其中五个字母组成TEACH，THERE，THREE等字；也可取其全部七个字母重新组成另一个单字CHEATER。

anakastia = anancastia **强迫性思考**

anal character **肛门性格** 根据弗洛伊德的理论，1岁至3岁左右的婴儿，是其人格发展的肛门期。在这段时间内，由于幼儿对粪便排泄时解除内急压力得到快感经验，因而对肛门的活动，特别感兴趣，且由之获得满足。在这段时间内，父母为了养成子女良好的卫生习惯，多对幼儿的便溺行为订立规矩，加以训练。如果父母的要求能配合幼儿自己控制的能力，则良好习惯可以因而建立。但如训练过严，要求过苛，致使幼儿情绪受到威胁，反倒不利于其人格发展，可能留下长期的不良影响，导致儿童长大后在性格上表现刚愎、吝啬、迂腐、冷酷、寡情、尖酸，甚至生活呆板等特征。因为此等性格特征乃是由于肛门期不能顺利发展所产生的一种肛门期滞留作用（anal fixation）所致，故而称为肛门性格。

anal eroticism = anal erotism **肛原性欲**

anal-erotic trait = **anal character** 肛门性格

anal erotism 肛原性欲 属性心理异常现象之一。刺激肛门可获得性的兴奋与满足。

anal fantasy 肛门幻想 幻想肛门性交或肛门受孕的异常心理现象。

anal fixation 肛门期滞留作用 见肛门性格(anal character)。

analgesia 失痛症 指患者丧失痛觉的现象。

anal impotence 肛萎 属精神分析中的术语。指有别人在场时个体即失去大便能力的情形。一般认为肛萎系因幼时卫生习惯训练过严所致。

anal intercourse 肛交,鸡奸 **1.**以肛门代替女性性器官的一种性交方式。**2.**男性同性恋者的性交方式。

anality 肛欲 指肛门为性感区之一，因而带有欲力(libido)的性质。见该条。

anal masturbation 肛门手淫 见手淫(masturbation)。

analogical inference = **analogical reasoning** 类比推理

analogical reasoning 类比推理 逻辑思维方式的一种,也称比论。以两事物间相同之点或相似之处为基础,根据其间一项关系,推论至其他类似关系。如“衣之于人,犹鞍之于马”的说法即是。

analogical thinking 类比思维 义同类比推理(analogical reasoning)。见该条。

analogue experiment 模拟实验 一种经由人工设计从而制造预期效果的实验。模拟实验有多种方式,如想了解个体意识状态改变后的行为反应,即可对个体实施催眠(hypnosis),或让个体服用少量的精神药物(psychoactive drug)。见该等条。

analogy 类比 指将某一事物与另一相似事物做比较分析,从而获得新知识的思维历程。类比是启发智慧的方法之一。相传水上飞机就是类比蜻蜓点水的动作而发明的。

analogy test 类比测验 为智力测验中常见的一种题目形式。例如,空气之于鸟,正如____之于鱼。以上题为例,受试者必须根据已知短句中两个词汇之间的关系,类推出空格内应该填写的词汇。用作类比测验的题目,除用词汇外,有时也用图片、几何图形或数字等。

anal personality = **anal character** 肛门性格

anal phase = **anal stage** 肛门期

anal-rape fantasy 鸡奸幻想 指对经由肛门发生性关系的反常幻想。

anal retentive = **anal fixation** 肛门期滞留作用

anal retentive character 肛门滞留性格 义同肛门性格(anal character)。见该条。

anal stage 肛门期,肛欲期 弗洛伊德理论所指的婴幼儿期1岁至3岁左右的一段时期。见肛门性格(anal character),性心理期发展论(psychosexual stage theory of development)。

anal triad 肛欲三癖 按弗洛伊德的理论，肛欲三癖系指性心理发展期内,肛门期发展不良滞留下的三种肛门性格。肛欲三癖分别为刚愎、吝啬、迂腐。见肛门性格(anal character)。

analysis 分析 **1.**认识事物或理解事物的基本思维过程。在从事分析的思维过程中,个体尝试将整体事物分解为数个部分,从而分析各部分的相关关系与因果关系,借以了解整个事物形成与变化的原因。**2.**指精神分析方法的简称。见精神分析(psychoanalysis)。

analysis-by-synthesis 综合分析 是一种解释知觉历程的理论。谓个体面对刺激情境时,先分析刺激的特征,然后将刺激特征予以综合而形成与其既有经验配合的知觉。

analysis of covariance (ANCOVA) 共变数分析,共变量分析,协方差分析 从事以人为对象的实验研究时,研究者明知某些因素会影响实验结果,却无法利用实验控制的方法,将这些因素排除,只得利用直线回归的统计方法,将足以影响实验结果的因素排除,重新调整变项,再进行变异数分析。这种统计方法即称为共变数分析。例如,研究者想了解“不同教学法对高年级儿童的社会科学习效果的影响”,虽然采用实验控制的方法,能使不同教学法之间的差异变大,但是由于学校的编班作业已完成,无法按研究的需要重新编班。因此,学生的智力、学习气氛以及学生以往社会科成绩等因素，都可能影响实验结果。在此情形下,要想考验学习效果是否有差异,就只能利用统计方法将上述因素排除,才能显现出实验的效果。与共变数分析有关的名词是变异数分析(analysis of variance)、共变量(covariate)、统计控制(statistical control)。见该等条。

analysis of transference 移情分析 指弗洛伊德采用的心理治疗方法之一。移情分析是指心理师对患者对别人感情关系转移现象的分析。所谓移情(transference),是指分析治疗过程中,患者将其以往对别人(父母或情人)的感情关系,以扭曲现实的形式,转移到心理师身上,使本来单纯的医师与患者关系,转变为亲子间或情人间的感情关系。移情是一种潜意识的表达,虽然在表面上患者以心理师为情感对象,但事实上并非真实的,只是以心理师为代替者而已。移情有两种情形:

一种情形是患者将他隐藏在内心中对别人的爱意，转移到心理师身上，称为正移情（positive transference）；另一种情形是患者将他隐藏在内心中的恨意，转移到心理师身上，称为负移情（negative transference）。就精神分析治疗的目的而言，移情分析是一种方法，经由对患者在移情时的行为表现，可以了解他以往人际关系及感情生活经验。患者在移情时的表现，可供心理师作为分析的根据，经分析之后可帮助患者从不真实的感情世界中解脱出来。

analysis of variance（ANOVA） 变异数分析，方差分析 采用数组受试从事比较研究时，各组结果间的差异程度，究系因实验处理不同所致，抑或来自概率上的误差，采用变异数分析即可获得解答。变异数分析是计算组间变异数和组内变异数之间的比值，以确定几组受试的平均数之间，是否存有显著差异的一种统计技术。若是两者之比值大于1，而且又落入临界区之内，即表示几组受试的平均数之间，至少有一对的差异达到显著水平。唯须进一步采取多重比较，始能确定是哪几对平均数之间确有显著差异存在。若比值未落入临界区之内，则表示实验处理所引起的变异，可能纯属巧合。在采用变异数分析时，应注意数据是否来自常态分布的总体，各因素对总离均差平方和的影响，正好能分割成几个可相加的部分，以及各组的变异数是否符合“相同”的假定。若不能满足上述三种假定，须将数据转换后才能采用变异数分析。与变异数分析有关的名词有显著水平（level of significance）、临界区（critical region）等。见该等条。

analytical ability 分析能力 属美国心理学家斯腾伯格智力三元论（triarchic theory of intelligence）中的能力之一。见该条。

analytical psychology 分析心理学 **1.**广义的解释，凡是有系统的将心理现象简化成基本元素来分析解释的理论，皆称分析心理学。**2.**狭义的解释，指瑞士心理学家荣格脱离弗洛伊德之后所自创的心理学理论。荣格分析心理学的基本要义是：（1）强调人有理性，反对弗洛伊德将欲力纯属性冲动或生之本能的看法。认为欲力可提升为文化创造的动因，可促使人性超越至象征性的层面。（2）虽承认潜意识是支配行为的内在因素，但提出另外两种对潜意识的看法：一为个人潜意识，系由个人压抑其意识经验而形成者；另一为集体潜意识，系由人类世代演化累积而形成者。两种潜意识合而支配人的行为。（3）在本我、自我、超我三者之中，强调现实性的自我才是人格结构的中心。（4）自我具有两极性的特征，一为外向性，一为内向性，由于在发展期个人与环境交互作用的结果，终而形成外向与内向不同类型的人格。本词与精神分析（psychoanalysis）不相同。见该条。另见荣格（Jung, Carl Gustav）传记条。

analytical psychotherapy 分析心理治疗法 指瑞士心理学家荣格所创用的，而有别于弗洛伊德的精神分析的另一种方法。本词也称荣格心理治疗法（Jungian psychotherapy）。见分析心理学（analytical psychology）。

analytical scale 分析量表 义同诊断测验（diagnostic test）。见该条。

analytical style 分析型 属认知风格之一。指对复杂问题的一种习惯性思考方式。属分析型的人，喜欢把问题分为多个层面去分析，从而找出解决问题的线索以求得答案。与分析型相对的是综合型（synthesizing style）。综合型的人喜欢从整体情境看问题，对细枝末节的部分则不予重视。平常对问题解决取向，有所谓微观与宏观之分，分析型的人偏于微观取向，综合型的人则偏于宏观取向。见认知风格（cognitive styles）。

analytic conceptualizing style 分析考虑型 属认知风格之一。分析考虑是指个体应付环境时，所表现的一种习惯的性格特征。属于这一类型的人，遇到问题时总是仔细研究，反复分析考虑，直到把问题弄清楚为止。分析考虑型的人，不喜欢听命行事，故适合于从事独立性的学术研究工作。与本词相对者为囫囵吞枣型（nonanalytic conceptualizing style）。见该条。另见认知风格（cognitive styles）。

analytic group psychotherapy 分析团体心理治疗 属心理治疗之一类方法。此类方法系由美国心理学家斯拉夫森（S. R. Slavson）所创。分析团体心理治疗乃是采取了传统精神分析的原理，以不同团体为对象，用于以下三种不同情境：（1）以学前儿童为对象的游戏团体心理治疗法（playgroup psychotherapy）；（2）以潜伏期（6～11岁）的儿童为对象的活动面谈团体心理治疗法（activityinterview group psychotherapy）；（3）以青年与成人为对象的面谈团体心理治疗法（interview group psychotherapy）。见该等条。

analytic introspection 分析内省 义同内省（introspection）。见该条。

analytic psychology = analytical psychology 分析心理学

anamnesis 精神病历 指记录由心理异常患者自陈的生活史，包括其身心发展、家庭背景、患病前生活情形及患病后治疗经过等。

anancasm **强迫动作** 指心理异常患者所一再重复表现的一种刻板性而又不能自主的动作。患者如此做的原因,主要是借重复活动减缓情绪焦虑的心理紧张。

anancastia **强迫性思考** 指个人不能自制的对某事重复思考的心态。

anancastic personality = compulsive personality **强迫性格,强迫人格**

anandria **男性征缺乏** 指身为男子而缺乏男性特征、男子气概、性交能力以及生殖能力的异常现象。

anankastia **强迫感** 指个体自觉有种心理压力促使自己不得不做某种活动和不得不做某种想法的心理现象。见强迫性神经症(obsessive-compulsive neurosis)。

anankastic personality = compulsive personality **强迫性格,强迫人格**

anaphia **失触觉症** 患者丧失触觉的能力。

anaphrodisia **性欲缺乏** 指缺乏性欲与缺乏性感的异常现象。

anarchic behavior **违规行为** **1.**指儿童期为表示自己独立而表现的反抗社会规范行为。**2.**指儿童为惹人注意所表现的反秩序行为。

anarthria **失声症** 因生理缺陷或因疾病所导致的发声能力丧失。

Anastasi, Anne(1908～2001) **安娜丝塔西** 安娜丝塔西是20世纪美国教育心理学家,是心理测验学家,被誉为心理学界的通才。

安娜丝塔西1908年出生于纽约市,初中时代因成绩优异获得金牌奖,但进高中后却因适应不良而退学,15岁进入伯那学院学数学,因受时任哥伦比亚大学心理学教授赫灵沃兹的影响,决心专攻心理学。大学毕业后,1927年进哥伦比亚大学读研究生,至1930年取得博士学位,当时她才只有22岁。该年夏季班,安娜丝塔西选修当时行为主义著名教授霍尔的课,又参加耶鲁大学举行的国际心理学会议,得以认识巴甫洛夫、斯皮尔曼、麦独孤等名家。1930年应聘至伯那学院任教,1939年转往皇后学院担任心理学系主任,1947年进福尔旦大学任教直至退休。在福尔旦大学任教期间,安娜丝塔西曾在1972年荣获美国心理学会杰出科学贡献奖,并膺选为该会主席;1983年荣获美国心理学会桑代克奖章;1984年荣获美国心理学基金会金质奖章。安娜丝塔西21岁即在心理学界崭露头角,唯以兴趣太广,故所从事的研究遍及心理学领域内所有问题;诸如学习、记忆、人格、情绪、智力、遗传、统计、测验、创造、两性差异、文化差异、语言发展等,她都曾深入研究并发表专题论文。因此,她在当选美国心理学会主席时,自称是心理学中的通才。安娜丝塔西的主要贡献是在心理测验。凡是主修心理学的学生,无人不知其所著之心理测验著作。

安娜丝塔西的主要著作计有:*Differential psychology*(1937);*Fields of applied psychology*(1964);*Individual difference*(1965);*Psychological testing*(1954)等。

anatomical age **解剖年龄** 指根据骨骼组织的骨化程度所判断的年龄。解剖学家通常多以腕骨的骨化程度,作为判断年龄的根据,因此亦称腕骨年龄(carpal age)。

anchoring of ego **自我安妥** 指个人在生活中趋于安妥的心态。此种安妥心态,系由个人获得人际的接纳、支持以及财物资源的增多所形成的安全感所致。

anchoring point **凭据点** 指用来作为主观判断的参照点(reference point)(如地图上的指北标志)。见该条。

ANCOVA = analysis of covariance **共变数分析,协方差分析**

androgen **雄性激素,男性素** 为男性的性激素,有多种,其中最主要者为睾固酮(testosterone)。雄性激素的成分是类固醇,它是由男性睾丸的间质细胞产生,男、女性的肾上腺皮质也可产生一部分。在青春期,雄性激素的分泌量便开始增加,其功能如下:(1)促进精子的形成;(2)促进男性生殖器官的发育;(3)促进男性第二性征的表现,如体毛增多、喉结凸起而声音变低沉、行为上表现男性化等。

androgenization **男性化作用** 指雄性激素(androgen)所促成的组织化效应。见该条。胎儿受到雄性激素的影响,才能分化产生男性生殖器官而发育为男性。

androgyne **双性性格** 指个体在身体上或性格上

A

兼具男女两性的特质；在体态、动作、兴趣、能力、态度、观念等各方面，均无法区分其性别的偏倾。

androgyneity＝androgyne 双性性格

androgynism＝androgyne 双性性格

andromania＝nymphomania 慕男狂

androphobia 惧男人症 属恐惧症之一。患者（女性）对成年男性有恐惧感，每与男性相处，即感惶恐不安。纵使明知其不合情理，但仍然无法自制。见恐惧症（phobia）。

anecdotal evidence 轶事证据 指单凭偶然观察或根据轶事法（anecdotal method）所得到的研究资料。见该条。

anecdotal method 轶事法 **1.**仅凭个人观察所得作为对问题研究资料的一种方法。轶事法不像实验法，不能对问题的有关变项加以控制，故而轶事法研究结果只能说明问题的表面现象，不能解释问题形成的原因。唯轶事法也有使用价值，轶事法可发现问题的存在而后再采用更精密的方法进一步研究。**2.**从事个案研究时，搜集个案资料的一种方法。研究者从个案的亲友、邻居、同学、同事处，寻找有关个案生活上的一些琐碎小事，作为研究个案行为的参考资料。见个案研究（case study）。

anecdotal record 轶事记录 **1.**采用轶事法收集研究数据时所做的记录。**2.**在教育上教师对学生日常学习活动（包括课内与课外）所作的记录。就教育评价的观点言，此等记录甚具教育价值。见轶事法（anecdotal method）。

anemophobia 惧风症 属恐惧症之一。患者对风特别敏感，且表现极不合理的恐惧反应。纵使明知不致受到任何伤害，但仍无法克制由之引起的惶恐情绪。见恐惧症（phobia）。

anesthesia 感觉缺失，麻木 对刺激失去敏感性，引不起反应的现象。感觉缺失的原因，可能由于药物作用，可能由于神经系统病变，也可能由于功能性（心理）的异常等。

anesthesis＝anesthesia 感觉缺失，麻木

anethopathy 道德感缺失 属于一种反社会型人格异常（antisocial-personality disorder）。见该条。道德感缺失者在行为上多表现出自我中心倾向。

angel and bat 天使与魔鬼 属视错觉的暧昧图形之一。如附图所示，当你注视图中白色部分时，所看到是多个白衣天使；当你注视黑色部分时，所看到则是多个黑色魔鬼。两种图形彼此互不兼容，若其中之一被看成是有意义的图形，另一图形则变成无意义的背景。天使与魔鬼是荷兰艺术家艾斯契尔（M. C. Escher）1971年创作的木刻图之一。见暧昧图形（ambiguous figure）条及附图。

天使与魔鬼

Angell, James Rowland（1869～1949） 安吉尔 安吉尔是美国心理学家和教育家，是20世纪之初美国功能学派的代言人，是反结构主义者之一，也是著名心理学家中未获博士学位而获荣誉博士学位最多的人。

安吉尔于1869年5月8日出身于佛蒙特州柏灵顿的一个书香世家，父亲曾先后担任佛蒙特大学和密歇根大学校长，外祖父曾任布朗大学校长。1886年安吉尔进密歇根大学，修习拉丁语和希腊古典名著，并兼修数学和科学，当时杜威正在密歇根大学任教，安吉尔的心理学兴趣就因作为杜威的学生而培养成的。1891年获哲学硕士学位后，在杜威鼓励下进了哈佛大学，师从詹姆斯学习哲学和心理学，1892年获第二个硕士学位。当时正值留学德国的热潮，安吉尔专程赴德，希望到莱比锡大学师从冯特，但事与愿违，因当年研究生满额而只好暂时去柏林大学选修艾宾浩斯和赫尔姆霍茨的课，稍后又改进哈勒大学。在哈勒大学虽完成了博士论文，但因德文程度欠佳而未获学位。当时又因生活问题未能在此久留，乃受聘返国任教于明尼苏达大学。1894年改往芝加哥大学担任助理教授，因缺少哲学博士学位，至七

年后才得升任为副教授。1904年升正教授，并兼任心理学系主任，直到1919年为止。在此期间他追随业师杜威建立了与结构主义对立的功能主义芝加哥学派。在他培养的学生中，多位后来成为心理学界著名人物，行为学派创始人华生即其中之一。安吉尔担任心理学系主任期间，曾数度担任芝加哥大学代理校长，1921年出任耶鲁大学校长，任期中，他创办了著名的人际关系研究所。安吉尔1906年曾当选为美国心理学会主席，他虽未读完博士学位，但获得的荣誉学位却有23个之多，这表示心理学界对他的肯定。安吉尔1937年退休，1949年3月4日病逝于哈马顿，享年80岁。安吉尔在心理学领域的贡献，不在于他的学术研究，而在于他以美国功能学派代言人的角色，领导美国心理学界走向了一个新的时代。他在1906年当选美国心理学会主席就职演说中指出，功能主义心理学思想并非标新立异，古希腊时代亚里士多德的哲学思想及近代达尔文和斯宾塞的进化论思想，均含有心之功能的理念。他批评结构主义只重视心之结构而忽略心之功能，是偏离了传统的心理学思想。安吉尔在他的就职演说中，首次提出功能主义的名称，并宣示了功能主义心理学的三大主张：(1)功能主义心理学主张，心理学研究的主题是心理运作历程，而非意识元素的分析。心理学研究的目的，旨在发现在不同情境下个体的心理如何运作以及心理运作所产生的效果。(2)功能主义心理学认为，心理运作历程能在个体本身需要及其所处环境之间发挥中介作用。易言之，个体的心理运作具有帮助他适应环境从而生存下去的功能。个体面对熟悉环境时，只靠习惯即可适应，但在新环境之下，则必须靠心理运作才能达到适应的目的。(3)功能主义心理学认为，心身之间的关系是不可分的。在为生存而适应环境时，个体的心理运作和身体活动是彼此调配、合而为一的。

安吉尔主要著作中属心理学的专著有：*Psychology : An introductory study of the structures and functions of human consciousness*（1904）。

anger 愤怒 一种强烈的情绪反应，即通常所说的生气。愤怒的起因是个体遭遇强烈的刺激，诸如受到攻击、威胁、羞辱等，使个体的活动受到挫折，尊严受到伤害时，均将表现愤怒反应。愤怒情绪表现时，除面部表情外，也伴随着身体上生理的变化。

anger-in 怒己 个人以自己为愤怒对象的自责现象。怒己现象多半在失去心爱的人或物的情境下发生。见自责（self-accusation）。

anger stage 愤怒阶段 美国精神病学家库布勒露思死亡论（Kübler-Ross's theory of dying）中所指死亡过程中的第二个阶段。见该条。

angle of convergence 辐合角 两眼注视一物体时，由物体与两眼间两直线所构成的夹角，称为辐合角。物体距离愈远，辐合角愈小。见双眼线索（binocular cue）。

angry aggression 愤怒性攻击 指个体的动机性行为遭受挫折时，其在激动的情绪状态下所表现的攻击行为。见攻击（aggression）。

angry-woman syndrome 悍妇症候群 属于成年女性多方面适应不良的性格异常。此类女性在行为上多表现出性情急躁，易激怒，对人苛求，对事挑剔，对婚姻不满，有酗酒及使用药物习惯，甚至有自杀倾向。

anhedonia 乐感缺失 患者无法感受到一般人所感受到的生活中的乐趣。乐感缺失是抑郁症（depression）的主要特征。见该条。

anhypnia＝**insomnia** 失眠，失眠症

anhypnosis＝**insomnia** 失眠，失眠症

anhyposis＝**insomnia** 失眠，失眠症

anima 阴性基质，内在自我 **1.**瑞士分析心理学家荣格理论中所指的原型之一，指男性中所带有的女性基本特质。男性中的阴性基质，在性质上属于个体种族的集体潜意识。与本词相对者为阳性基质（animus）。见该条。见荣格（Jung, Carl Gustav）传记条。 **2.**内在自我，指潜意识中个人对自己的态度与感情。

animal aggression 动物攻击 根据动物学家观察发现，动物的攻击行为按性质分为七类：(1)母性攻击（maternal aggression），雌性动物养育幼小期间遭到侵扰时表现的攻击行为；(2)掠夺攻击（predatory aggression），数个动物同时发现食物而相争时彼此间的攻击行为；(3)支配攻击（dominance aggression），在群体中争夺支配地位时表现的攻击行为；(4)性攻击（sexual aggression），雄性动物之间为争雌性对象时彼此间表现的攻击行为；(5)反掠夺攻击（antipredatory aggression），为防卫而表现的攻击行为；(6)恐惧性攻击（fear-induced aggression），因受威胁而生恐惧时所表现的攻击行为；(7)雄性间攻击（intermale aggression），雄性动物之间为争胜好斗所表现的攻击行为。

animal magnetism 动物磁力说 18世纪法国催眠术创始人麦斯默提倡的一种催眠治病的理论与方法。见麦斯默（Mesmer, Franz Anton）传记条。

animal phobia 惧动物症 属恐惧症之一。患者除对凶猛动物恐惧之外，对温驯动物（如狗、猫、小

A

白兔等)也甚为恐惧。见恐惧症(phobia)。

animal psychology 动物心理学 **1.**以动物行为作为研究题材的心理学,其目的有二:一则企图了解动物行为变化的原理原则,另则可资比较各种动物行为上的差异。**2.**利用动物作为心理学研究的对象,从而得到原理原则,进而推论解释人类的行为。

animatism = animism 泛灵观,泛灵论

animism 泛灵观,泛灵论 **1.**相信天地间万物皆有生命,而且相信一切有生命物体的活动皆有其目的。**2.**相信万物都有灵魂。**3.**世界万物之间都有通灵的活动,彼此间相互影响。

animus 阳性基质,憎恨 **1.**阳性基质是指瑞士分析心理学家荣格理论中所说的原型之一,意谓女性个体中所带有的男性基本特质。女性中的阳性基质,在性质上属于个体种族的集体潜意识。与本词相对者为阴性基质(anima)。见该条。见荣格(Jung, Carl Gustav)传记条。**2.**憎恨,系指对人或事物的长期厌恶与仇恨。

An Inventory of Piagetian Developmental Tasks 皮亚杰认知发展量表 是一种团体智力测验。该量表原系美国天主教大学思维及语言心理发展研究中心于1970年编制,其内容包括十八个分测验:(1)数量;(2)水平;(3)顺序;(4)重量;(5)矩阵;(6)符号;(7)透视;(8)运动;(9)体积;(10)系列;(11)转轴;(12)角度;(13)阴影;(14)分类;(15)距离;(16)类含;(17)推论;(18)概率。皮亚杰认知发展量表,经陈英豪、吴裕益二人修订为中文,称为《青少年认知测验》,并经标准化,于1981年出版。该量表适用对象为小学三年级至高三学生,记分方式采百分等级及T分数,已建立常模,在各年级组均以百分位数和T分数表示之。

ankle jerk 足踝反射 义同阿奇里斯反射(Achilles reflex)。见该条。

annihilation anxiety 毁伤焦虑 对自己可能遭受毁伤或已经遭受毁伤的焦虑心态。经常服用精神药物的人,在服药前或服药后,多半会产生毁伤焦虑。见焦虑症(anxiety disorder)。

anniversary excitement 周年激动 义同周年反应(anniversary reaction)。见该条。

anniversary hypothesis 周年假说 对心理异常病因的一种假设性解释。心理疾病患者如父(或母)已亡故而且其本人育有子女者,其第一次发病时间与其长子(女)的年龄有关,当其长子(女)的年龄恰好是其本人丧父(或母)年龄时,大致可以预测当事人就在该时间开始患病的。

anniversary reaction 周年反应 指每年到固定时间即出现强烈情绪反应的异常现象。周年反应的主要原因是,以前在该时间曾经有过痛苦经验(如丧失亲人)者,每年届时触景生情就会引起情绪不稳定。

annoyance 烦恼 指一种心烦意乱的情绪体验。烦恼中包括多种复杂情绪,从轻微的焦虑到强烈的愤怒都会出现在烦恼心情中。烦恼来源多端,有的来自外在原因,有的来自内在原因。如何处理烦恼是心理学主题之一。

annoyer 厌恶刺激 桑代克学习理论中的术语。指个体经由练习而学到适时逃避的刺激。

annulment 消散 精神分析中的术语。指个体经由幻想或白日梦等心理活动,将导致焦虑或痛苦的意象或观念,予以淡化消散的历程。消散与压抑不同,压抑(supression)是将痛苦经验排除于意识之外,但仍留存在潜意识之中。见该条。

anomalous contour 变则轮廓 义同主观轮廓(subjective contour)。见该条。

anomalous stimulus = inadequate stimulus 不适当刺激

anomaly = abnormality 变态,变态性

anomia 忘名症 属失语症之一。患者不能记忆熟悉事物的名称。见失语症(aphasia)。

anomic aphasia = nominal aphasia 忘名型失语症

anomic suicide 失范型自杀 法国社会学家涂尔淦(Emile Durkheim, 1858~1917)自杀理论中所列的一种自杀类型。谓个体在遭遇社会巨变或生活失败打击之后,在社会规范丧失与个人前途无望的困境下,难免步上自杀的绝路。见自杀(suicide)。

anomie 规范缺失感 在规范丧失情境下所产生的一种迷失感与孤独感。规范丧失的原因,可能是由于天灾、战争、社会动乱等因素(外在规范丧失),也可能是由于个人遭受重大打击后人格失却统整(内在规范丧失)。规范缺失感严重时个体会感到走投无路,甚至陷入自杀的绝境。

anomy = anomie 规范缺失感

anorexia 厌食症 对一切食物均缺乏食欲的反常现象。见神经性厌食症(anorexia nervosa)。

anorexia nervosa 神经性厌食症 是一种节食不当所引起的严重体重失常。对成年人而言,如无其他生理上的原因,单是由于患者厌恶进食而导致正常体重骤然下降25%者,即被视为神经性厌食症的症状。唯对青少年而言。根据世界卫生组织的标准,体重骤然下降15%者,即为神经性厌食症症状。神经性厌食症情况严重者,有可能因

拒食而导致正常体重下降50%以上,至此地步即有丧失生命的危险。神经性厌食症的主要症状,除体重急剧下降之外,患者对食物极度厌恶,先是忍着饥饿不吃食物,后来变成食物当前,也不感饥饿,甚至被别人劝进食物之后,他以自行引导的方式,将吃下的食物呕吐出来。至此地步患者已由厌恶食物演变为恐惧食物。因为神经性厌食症纯属心理异常现象,故而可在病情尚未十分严重时经心理治疗获得复原。神经性厌食症患者多为15~30岁的女性,她们之所以厌食拒食,主要是因过分注意身材,认同"瘦就是美"的时代风尚而流行的一种价值观念。这与古时(无分中外)"肥才是美"的观念相似,都是社会文化变迁的结果。与本词相对者为神经性贪食症(bulimia nervosa)。见该条。

anorgasmia 性高潮缺乏 指性交时无法达到性高潮的异常现象。性高潮缺乏患者为女性占多数。

anosmia 失嗅症 患者丧失辨别气味的感觉能力。

anosognosia 病觉缺失 指病人不承认自己患病且拒绝接受治疗的反常现象。病觉缺失现象不仅发生在心理异常患者中,也同样发生在身体疾病患者中。

ANOVA = analysis of variance 变异数分析,方差分析

ANS = autonomic nervous system 自主神经系统,自律神经系统

antagonistic color 颉颃色 义同补色(complementary color)。见该条。

antagonistic muscles 颉颃肌 具有相对功能效用的肌肉,如手臂内外两侧的肌肉,弯曲时内侧肌收缩,外侧肌放松,两者合之即称为颉颃肌。

antecedent 前项,前因 指在某结果形成之前或某情境出现前先行出现的事项。前项多被视为影响该一结果,导致该一情境的原因,故而经常被作为研究的主题。见条件推理(conditional reasoning)。

antecedent-consequent research 前因—后果研究 属于长期性的发展研究方法之一。此一方法的特点是,先行设置能够掌握控制的环境条件,而后观察受试者在身心发展上产生的影响。此法应用最多的是教学实验研究,先行针对学生年龄、能力、经验来设计教材与教法,而后观察测量学生在知识、技能、态度、观念等各方面的学习结果。

antedating reaction = antedating response 先期反应

antedating response 先期反应 指先于刺激而出现的反应。见预先反应(anticipatory response)条第二义。

anterograde amnesia 近事失忆症,病后失忆症 属失忆症之一。指患者所不能记忆者,只限于导致失忆症之事故发生之后的事情,在此以前的事情反而能够记忆。见失忆症(amnesia)。

anthropocentrism 人中心论 **1.**主张人类的行为是衡量万物的标准。 **2.**研究动物行为只能用以解释类似的人类行为。

anthropology 人类学 人类学是研究人的科学,其研究范围包括人本身及其所创造的文化。因此,在研究取向上,传统的人类学大体分为两支:(1)体质人类学(physical anthropology),从生物学的取向研究人类如何从人猿的共同祖先进化到现代的人,以及研究人类如何适应其生存环境而形成种族差异。(2)文化人类学(cultural anthropology),从社会学的取向研究人类的社会组织、社会结构、思想、语言、艺术、风俗习惯以至宗教信仰等。按此分类,考古学(archaeology)与民族学(ethnology)属于体质人类学范畴,而社会人类学(social anthropology)则与文化人类学同义。

anthropometry 人体测量学 源于生物学,而后应用于人类学上的一种技术性的学科。人体测量学旨在测量不同种族文化及性别的个体,在生理结构上(如体型、比例或其他特征)的差异情形,及区别各种生理特征在不同的社会团体中出现的相对频率,由之可发现各种群体在生理结构上的差异趋势。

anthropomorphism 拟人论 将人性的特征推广到用来解释宇宙万物的一种思想。在人类的神话中,不乏此种叙述。现代比较心理学的研究中对不同动物各具不同心理特征的看法,也带有拟人论的倾向。

anthropophobia 惧人症 属恐惧症之一,患者不能自禁地对陌生人或陌生团体产生恐惧感。见恐惧症(phobia)。

antianalytic procedure 抗分析处理 精神分析治疗过程中采用的一种方法。当患者倾诉其生活经验时,因受内心的困扰阻碍不能回忆往事时,心理师或让他服用一些药物以纾缓他的情绪,或调整自己的角色,使患者感到较少压力,恢复平静,从而继续进行分析。

antianxiety drug 抗焦虑剂 能够减轻焦虑的一种镇静剂。此种药物能作用于中枢神经系统,服药后略有昏昏欲睡的感觉。

anticathexis 反精神投入 按精神分析论,指阻止个体将精神投入(cathexis)于人、事、物的心理历程。见该条。

anticipation 预期 **1.**指个体为应付即将到来的刺

A

激所做的调适。**2.**指面对未来情境所形成的心理预备状态。

anticipation error 预期误差 在序列学习的实验时，受试在刺激尚未出现即提前反应所形成的误差。见预期法（anticipation method）。

anticipation judgment 预期判断 义同绝对判断（absolute judgment）。见该条。

anticipation method 预期法，提示法 采用配对联想学习或序列学习方式从事语文学习实验时，受试根据刺激字来猜测反应字的学习方法，称为预期法。实验时，先将配对之两字在记忆鼓的窗口同时出现，然后只出现刺激字（联对中之一半），令受试者答出反应字，最后再同时出现配对之两字以核对之。中英对照学习英文单词时，先出现英文字，然后回答中文意义，就是最常用的预期法。预期法也可用于系列学习，对一连串系列的文字或符号，学习到它们之间的前后顺序关系。见序列预期法（serial-anticipation method），配对联想学习（paired-associates learning）。

anticipative anxiety 预期焦虑 指事情尚未发生之前的焦虑。例如，明天考试今晚失眠即系预期焦虑所致。

anticipatory aggression 防卫性攻击 **1.**指个体（或团体）为了防御外侮，或为了保护自己的生存领域所表现的攻击性行为。**2.**义同反掠夺攻击（antipredatory aggression）。见该条。

anticipatory conditioned response 先期条件反应 在经典条件作用实验历程中，在时间上介于条件刺激与无条件刺激之间出现的反应，称为先期条件反应。例如，以电击为无条件刺激，当条件刺激出现（如灯光）而电击尚未开始之际，个体呼吸迫促或生理上发生显著的改变，即为先期条件反应。见经典条件作用（classical conditioning）。

anticipatory error = anticipation error 预期误差

anticipatory grief 预先悲伤 指悲伤事件（如家人病故）发生之前的悲伤心情。预先悲伤只会在可预期的情形下发生（如亲友长期患重病）。先有预先悲伤而后发生悲伤事件时，其事后悲伤的程度较诸突发的不期悲伤事件的悲伤程度为轻。

anticipatory guidance 先期辅导 属于辅导的一种方式。先期辅导指将要面临的事项尚未来临之前，先行实施的辅导。先期辅导的目的在使受辅者容易度过关键性的阶段，以便易于适应。先期辅导的对象有多种，诸如小学入学前的辅导、婚前辅导、退休前的辅导等均属之。见辅导（guidance）。

anticipatory imagination 预期想象 属于想象（imagination）的三种类型之一。见该条。

anticipatory response 预先反应 **1.**指个体发展未达成熟阶段而提前出现的反应。亦即早熟现象。**2.**指刺激尚未出现，个体即抢先表现的反应。如径赛中未闻枪声先行起跑。

anticonformity 反从众 反对团体规范对个人行为的限制，并表现与从众性背道而驰的行为。与本词相对者为从众（conformity）。见该条。

antidepressant = antidepressant drug 抗抑郁剂，情绪兴奋剂

antidepressant drug 抗抑郁剂，情绪兴奋剂 抗抑郁剂是用来治疗精神抑郁的药物，它可使患者的情绪兴奋。

Antigone complex 安替戈妮情结，纯爱情结 源自希腊神话中安替戈妮为爱情牺牲性命的故事，以后引申意指纯粹（不含性爱在内）为爱而自愿牺牲性命的潜在意识。

anti-intellectualism 反智主义 指只重视感情与行动，而轻视理性与知识的态度。

antimania 抗躁狂症剂 属精神药物之一。其主要效用为使用后可减缓两极性躁狂症症状。见精神药物治疗（psychoactive drug therapy）。

antipredatory aggression 反掠夺攻击 指动物为防卫而表现的攻击行为。见动物攻击（animal aggression）。

antipsychotic drug 抗精神病药物 指用以消除或减轻幻觉、妄想、思想怪异等精神分裂症症状的药物。这一类治疗药物的主要作用是使患者的神经系统产生镇静作用。

antisocial aggression 反社会攻击 凡是破坏社会秩序或是造成社会不良后果的攻击性行动，均称为反社会攻击。与本词相对者为亲社会攻击（prosocial aggression）。见该条。

antisocial behavior 反社会行为 泛指违反社会传统规范、伦理道德以及法律规定的一切行为。与本词相对者为亲社会行为（prosocial behavior）。见该条。

antisocial compulsion 反社会强迫作用 指不能自禁的心理冲动，在冲动发作时个体即表现出违反社会规范的行为。强迫偷窃（kleptomania）即属反社会强迫作用。见该条。

antisocial personality 反社会人格 义同反社会人格异常（antisocial personality disorder）。见该条。

antisocial personality disorder 反社会人格异常 属人格异常之一。属于此一类型的人，在行为上常表现极度自我中心，凭一己之冲动，求欲望之满足，不考虑行为后果是否伤害别人。具有此种性格的人，无羞耻心，无罪疚感，遭遇挫折，总

是归咎别人或社会，并以之作为其反社会的借口。此种人缺少团体意识，不重视团体利益，不遵守社会规范，不认同传统道德与价值标准，因而多表现在校反抗校规，在家反抗父母，在社会反抗秩序与法律等反社会行为。反社会人格异常虽被视为心理异常之一，但属于此一类型的人，在身体与心理上都没有病症，纯属性格使然。反社会人格，多半自幼在家庭中养成，又多半在15岁以前显现，到20岁左右最为严重。反社会人格异常的具体行为多表现在说谎、欺诈、偷窃、游荡、酗酒、吸食药物、乱性、暴力等多方面。成年后不肯专心工作，成家者不负养家糊口的责任。反社会人格异常的成因，一般认为是社会急剧变迁下家庭与学校教育功能失效所致。此外离婚率增高，破碎家庭增多也是主要原因。反社会人格异常可简称反社会人格（antisocial personality）。见人格异常（personality disorder）。

antisocial reaction 反社会反应 一种人格异常的行为反应。其特征是极度自我中心，对社会权威及道德规范采取排斥态度，不以传统社会道德与行为规范作为是非善恶判断的标准，甚至对社会权威表示敌意。见反社会人格异常（antisocial personality disorder）。

anti-temptation = resistance to temptation 抗拒诱惑

Anton-Babinski syndrome 安顿—巴宾斯基症候群 义同安顿症候群（Anton's syndrome）。见该条。

Anton's syndrome 安顿症候群 指失明者不接受现实的心理异常现象。纵使医学检验证实患者的视觉功能已全部丧失，而当事人却拒不承认事实，坚持看不见事物的原因是由于光线不足或是在夜间之故。本词又称安顿—巴宾斯基症候群（Anton Babinski syndrome）。

antonym test 反义字测验 属于一种语文能力测验。受试者根据测验上的单字，写出与之意义相反的单字（如黑—白、冷—热），从而评量其语文能力。

anxiety 焦虑 **1.**由紧张、不安、焦急、忧虑、担心、恐惧等感受交织而成的复杂情绪状态。**2.**焦虑与恐惧虽然都是个体面临不安或危险的情境时产生的反应，但两者的情境因素并不相同。恐惧多因明确的事物引起，如怕疯狗，怕台风，引起恐惧的对象是可以指认的。焦虑的原因模糊，只觉惶悚不安，但未必了解所怕者是何事何物。所谓“愁来无方”就是如此。**3.**焦虑与恐惧时，生理上的反应相似，都显示心跳加速、呼吸困难、出汗增多等现象。**4.**按性质而言，焦虑有不同类型，可分为特质性焦虑（trait anxiety）与情境性焦虑（state anxiety），前者视焦虑为人格特质之一，具持久性；后者指焦虑反应因情境而异，具暂时性。也有将焦虑分为显性焦虑（manifest anxiety）与原焦虑（primal anxiety）两类者，前者是个人意识到的情境性焦虑，后者是婴儿期缺少母爱，安全需求未获满足留下的后遗症。见该等条。

anxiety-arousing situation = anxiety-producing situation 焦虑情境

anxiety attack 焦虑症发作 指急性焦虑突然发作，主要症状为心跳加速、呼吸困难、头晕目眩、出汗，严重者呈现窒息现象。见急性焦虑（acute anxiety）。

anxiety complex 焦虑情结 精神分析中的术语。指个体人格结构中因超我对本我的管制而引起的欲望不能满足的内心不安状态。

anxiety disorder 焦虑症 焦虑症并非指单一种心理异常，而是多种与焦虑有关心理异常的总称。概括言之，焦虑症可分两大类：一类是共同显示焦虑症状者，如泛焦虑症（generalized anxiety disorder）等属之；一类是个体对其适应不良行为刻意控制时所经验到的焦虑，如强迫症（obsessivecompulsive disorder）等属之。见焦虑（anxiety）。

anxiety equivalent 焦虑代替症 精神分析中的术语。指个体以身体上的症候代替其焦虑意识。最常见的症状是头痛、出汗、呼吸迫促等。见焦虑（anxiety）。

anxiety fixation 焦虑固着 在心理发展过程中，早期对某种情境形成的焦虑反应，成长后在类似情境下仍然会有焦虑反应。此现象称焦虑固着。见焦虑（anxiety）。

anxiety hierarchy 焦虑阶层 在心理治疗上，采用系统脱敏法时所用的一种技术。目的是将引起焦虑的刺激淡化，使个体对该刺激的敏感性减低。实际使用时，将个体在各种情况或刺激下所产生的焦虑反应，按最弱到最强的顺序加以排列。其作用在于根据此一焦虑强度的序列，提出引起与焦虑相反的另一组刺激，使后者所引起的轻松反应，抑制前者所引起的焦虑反应。其过程即按焦虑阶层逐渐加强刺激强度，如此循序渐进，而将焦虑反应消除。见系统脱敏法（systematic desensitization）。见焦虑（anxiety）。

anxiety hysteria 焦虑性癔症，焦虑性歇斯底里症 属神经症之一。根据弗洛伊德的理论，患者因内在潜意识中性冲动与超我间的冲动不能化解，转化为对外界环境中事物的恐惧（如恐惧垃圾、恐

A

惧空旷空间等)。见神经症(neurosis)。

anxiety indicator 焦虑指标 个体无意中表现的不适于刺激情境的任何行为,均可视为焦虑的指标。例如,考场中学生遇到难题时抓耳挠腮的举动,即可视为内心焦虑的指标。见焦虑(anxiety)。

anxiety neurosis 焦虑性神经症 属神经症之一。其主要症状为焦虑不安,情绪紧张,是最常见的心理异常。长期焦虑的结果,难免影响生活功能,失眠、噩梦、头痛、肌肉紧张、食欲不振、心神不定、心跳气促等等现象,都是焦虑症患者常见的反应。焦虑性神经症之名源于弗洛伊德,现代精神医学上则称为焦虑状态(anxiety state)。见焦虑(anxiety)。

anxiety object 焦虑对象,焦虑物向 **1.**指引起焦虑反应的人、事、物以及抽象符号观念等。**2.**指原系由人引起的焦虑,转向其他物体,由物体引起同样的焦虑反应。例如学生怕老师惩罚,转而也怕书本,怕考试转而也怕学校的情形,称为焦虑物向。见焦虑(anxiety)。

anxiety preparedness 焦虑症先兆 指焦虑症形成前在身心反应上出现的症状。情绪敏感、心神不定、注意力涣散、肢体动作失灵等现象均可视为焦虑症先兆。见焦虑(anxiety)。

anxiety-producing situation 焦虑情境 指引起焦虑反应的情境,如考试场地、运动比赛场地等均属之。

anxiety reaction 焦虑反应 义同泛焦虑症(generalized anxiety disorder)。见该条。

anxiety-relief response 焦虑感解除反应 指个体在焦虑压力下,自行学习到的一种减缓焦虑感的适应性反应。此种反应本系经由操作条件作用的历程而学得,故而成为行为治疗法(behavior therapy)的基本原理。见该条。平常感到焦虑不安时做个深呼吸或想些开心的事,或口述(或默想)"安静""放松"等活动常会使焦虑压力稍微减低,此等活动即属焦虑感解除反应。

anxiety resolution 焦虑化解 经由心理治疗使患者隐藏在内心中潜意识的焦虑根源,释放出来,并帮助患者面对生活中的问题寻求合理解决的途径。至此地步,称为焦虑化解。

anxiety scale 焦虑量表 测量显性焦虑(manifest anxiety)所用的一种量表。显性焦虑意指在行为反应上所表现出来的焦虑症状。受试者对量表中的题目如"我害怕在大庭广众面前讲话"或"别人看我做事时我会感到紧张"等问题回答"是",就表示他有显性焦虑。见中国儿童显性焦虑量表(Chinese Children's Manifest Anxiety Scale)。

anxiety state 焦虑状态 **1.**义同焦虑性神经症(anxiety neurosis)。见该条。**2.**指焦虑反应时的身心状态,如心跳加速、呼吸迫促、手足僵硬等。见焦虑(anxiety)。

anxiety syndrome 焦虑症候群 指包括身心多方面症状的焦虑状态,在心理上感到烦恼、紧张、忧虑、恐惧等,在生理上出现心跳、头重感、出冷汗、胸口压迫感、面色苍白、眼神茫然等反应。见焦虑(anxiety)。

anxiety tolerance 焦虑容忍力,焦虑耐力 指个人在长期焦虑下仍能发挥正常生活功能而不致陷入心理异常的能力,亦即指个人对紧张情绪的承受力。

anxiolytics 抗焦虑药物 一类药物的总名称,此类药物在性质上属温和镇静剂,对焦虑症患者的紧 张情绪有舒缓作用。

AP = action potential 动作电位,动电位

APA = American Psychiatric Association 美国精神病学会

APA = American Psychological Association 美国心理学会

apandria 厌男症 指女性对男性感到厌恶的异常现象。

apareunia = impotence 性无能,阳痿

apathy 冷漠 指对人对事的一种不关心、缺乏兴趣的冷淡反应。一般认为冷漠是由于个体饱受挫折,动机无法满足而表现出的一种防卫机制。冷漠是抑郁症(depression)与精神分裂症(schizophrenia)的最明显症状。见该等条。

apathy syndrome 冷漠症候群 指遭受情绪的严重打击之后所表现的复杂的冷漠反应。冷漠症候群往往在突发性的灾难中及战败俘虏们的身上发现。原因是此等处境无法反抗,只能以无望、无助的麻木心情来维持其生命的暂时安定。

aperiodic reinforcement 不定时强化 **1.**在强化程式(schedule of reinforcement)中不按一定时距的强化方式。见该条。**2.**义同间歇强化(intermittent reinforcement)。见该条。

APF = American Psychological Foundation 美国心理学基金会

APGA = American Personnel and Guidance Association 美国人事与辅导协会

Apgar rating 阿普加评定 指采用美国医师阿普加(V. Apgar, 1909～1974)所编制的阿普加量表(Apgar Scale)对初生婴儿所做的健康状况评定。见该条。

Apgar Scale 阿普加量表 美国医师阿普加(V.

Apgar, 1909～1974)1953年为测量新生儿健康状况所设计的一种量表。该量表分五个项目，分别测量新生儿五方面的健康状况，分别是肤色、呼吸、心跳、肌肉弹性和反射。出生即测量一次，过五分钟再重测一次。每一项目是1～2分，合计10分为满分。如果新生儿的健康状况低于5分，即表示在胎儿期间发育不良，即使存活，也可能成为残障。

Apgar score **阿普加分数** 指在阿普加量表(Apgar Scale)上测得的分数。见该条。

Apgar test **阿普加测验** 义同阿普加量表(Apgar Scale)。见该条。

aphagia = anorexia **厌食症**

aphasia **失语症** 指全部或局部丧失语言理解(听与阅读)与表达(说、写、手势表情)能力的现象。失语症的成因主要是大脑司职语言的中枢部位受伤或病变。失语症有很多不同类型，最主要者有：听觉型失语症(auditory aphasia)、认字型失语症(visual aphasia)、运动型失语症(motor aphasia)、感受型失语症 (receptive aphasia)、表达型失语症(expressive aphasia)、发音型失语症(verbal aphasia)、语义型失语症(semantic aphasia)、语法型失语症(syntactic aphasia)等。见该等条。

aphasia area **失语症关连中枢** 指与失语症有关的大脑皮质部的语言区。见布罗卡失语症(Broca's aphasia)，韦尼克失语症(Wernick's aphasia)。

aphasia zone **失语症关连区** 义同失语症关连中枢(aphasia area)。见该条。

aphemia = motor aphasia **运动型失语症**

aphephobia **惧接触症** 属恐惧症之一。患者不敢与人的身体接近，每当别人接触到他的身体时，即表现出极为反常的恐惧反应。纵使明知别人不会加害他，但仍无法克制由之引起的惶恐情绪。见恐惧症(phobia)。

aphonia **失音症** 指因生理因素或心理因素所形成的发音能力丧失。

aphrasia **短句失语症** 失语症的类型之一。患者纵使能够理解个别单字，但由此等单字组成语句时，则又不能阅读也不能理解语句的意义。见失语症(aphasia)。

apiphobia **惧蜂症** 属恐惧症之一。患者对蜂类特别敏感，且对之表现极不合理的恐惧反应。纵使知道蜂虫被收在网罩之内不可能受到其伤害，但仍无法克制由之引起的惶惧情绪。见恐惧症(phobia)。

APM = Raven's Advanced Progressive Matrices **瑞文高级渐进推理测验**

apnea **窒息** 暂时呼吸停止的现象。见窒息性失眠(sleep apnea)。

apopathic behavior **造作行为** 指故意扭捏作态而不自然的行为举止。

aposematism **警戒态** 指某些动物生而具有的一些御敌的特征。如有些带毒蛾类身上显示特别鲜明的色彩，其功能即具有警戒的御敌作用。

a posteriori **后验的，归纳的** 属推理心理历程之一。后验推理的特征是，根据结果推究其原因，从而获得知识的推理历程。亦即根据观察可见的同类事象变化(结果)，综合归纳，从而获得结论的心理历程。与本词相对者为先验的(a priori)。见该条。另见归纳(induction)。

a posteriori comparisons **事后比较** 采用数组受试从事比较研究时，各组结果间的差异，究系因实验处理不同使然，抑或来自概率上的误差，采用变异数分析将可获得解答。唯使用变异数分析所得到的F值达到显著水平时，仅能显示自变项的所有水平至少有两个水平的平均数之间的差异达到显著水平。但研究者并不能确知到底有哪些相对平均数之间有显著差异存在。因此，需要对所有可能的比较进行检定，这种比较就称为事后比较。与本词相对者为事前比较(a priori comparisons)。见该条。

a posteriori concept **后验概念** 由归纳推理所推演出来的事象变化原因。根据多种事项观察结果，归纳出一个原则，据以解释同类事项发生原因时所获得的概念，即为后验概念。见归纳推理(inductive reasoning)。与本词相对者为前验概念(a priori concept)。见该条。

a posteriori knowledge **后验知识** 指经由后天经验获得的知识，与本词相对者为先验知识(a priori knowledge)。见该条。

apparatus **器材，器官** **1.**指心理实验室内供做实验之用的一切器材。**2.**指身体上的器官；唯本词用来表示身体某一器官时，多在前面加形容词，如发音器官、呼吸器官等。

apparatus test **器材测验** 属能力测验之一。器材测验的特征是，要受试者按规定使用某种机械或操作某种工具，从而得到分数，并据以评定其能力高低的测验。见作业测验(performance test)。

apparent distance hypothesis **表面差距假说** 表面差距假说是解释月亮错觉的理论之一。此一假说系由美国心理学家考夫曼(L. Kaufman)与罗克(I. Rock)二人在1989年提出，其基本要义是，当人在地面仰视天空和平视天边时，不会觉得两者同半径且距离相等，而是觉得天空是扁平的，

A

天空近，天边远（见月亮错觉条附图中的虚线）因此总觉得当空月亮比接近地面者为远。对熟知的物体在远近不同距离时，如在视网膜上构成的映象大小相同，就会根据经验判断远者较大，近者较小。根据远者较大近者较小的心理原则，自然就会判断当空的月亮较小。与本词相对者为相对体积假说（relative size hypothesis）。见该条。见月亮错觉（moon illusion）条及附图。

apparent distance theory 表面差距论 义同表面差距假说（apparent distance hypothesis）。见该条。

apparent motion 似动 属运动错觉之一。指引起知觉的刺激本身是静止的，但由之引起的知觉经验却是移动的。似动也称似动知觉（apparent motion perception），其产生方式主要有以下两种：（1）自动效应（autokinetic effect），指刺激本身虽静止，但看起来它却是在自行游动。例如，在完全消除视觉刺激的暗室内，只在墙壁上出现一个微弱的、静止的光点，注视片刻之后，就会觉得该光点在来回地移动。像此种引起移动知觉经验的刺激本身虽为静止，而观察者却觉知其在移动的心理现象，称为自动效应，也称为自动现象（autokinetic phenomenon）。（2）动景运动（stroboscopic motion），指由不连续刺激反光的断续的闪动而形成的似动知觉现象。似动知觉现象又称动景效果（stroboscopic effect），也称ϕ现象（phi phenomenon）。因断续闪动而形成似动知觉的心理原因，是后来制作活动广告、卡通、电影的主要理论根据。

apparent motion perception 似动知觉 义同似动（apparent motion）。见该条。

apparent movement＝apparent motion 似动

apparent movement phenomenon 似动现象 义同似动（apparent motion）。见该条。

apparition 视幻觉 对所视物体扭曲的病态现象。患者对所视物体产生错觉或幻觉，而且多将所视物体解释为可怕的东西。如可能将一条腰带看成是一条毒蛇，可能将一件衣服看成是一个魔鬼。视幻觉的形成与神经系统病变或长期酗酒有关。

appeal 诉求 使用语言或文字与人沟通时的一种姿态或策略。诉求使用最多的是以下两方面：（1）以引起对方对自己立场理解、同情与支持的诉求。此类诉求多用在请愿与宣传等方面。（2）以隐示某种价值性诱因以换取某种利益的诉求。此类诉求多用在商业广告方面。

appeasement behavior 降服行为 指同类动物彼此打斗结果弱者向强者所表现的顺从行为。

apperception 统觉 概括言之，统觉是一种对事物所具意义的综合理解，而此种理解乃是个体将对新事物所得知觉、认知、观念与其旧经验中已有知识相结合而形成的统合性经验。统觉一词是历来心理学家讨论的主题之一。最早提出统觉概念者是17世纪德国哲学家莱布尼兹。莱布尼兹认为统觉是知觉的最后阶段，知觉达到最后阶段时，个人对所感知的对象可以获得清楚的认识与理解。到了18世纪，德国哲学家赫尔巴特提出了统觉团（apperception mass）的解释。他认为统觉是学习新知识的基本历程，唯新知识学习时必须以既有的旧知识为基础；对新知识而言，旧知识在学习时会产生吸收作用。所谓统觉团即指旧知识而言，见赫尔巴特（Herbart, Johann Friedrich）传记条。到19世纪末期，德国心理学家冯特认为统觉是具有选择与重组的主动心理活动历程，而心理活动的结果就是意识。

apperceptive mass 统觉团 见统觉（apperception）。

appetite control 欲求控制 心理实验上控制受试者的欲求从而观察其行为变化的一种方法。此法用于动物实验时，多控制对动物给水、喂食、异性接近等；用于以人为对象的实验时，可控制酗酒或药物成瘾者的成瘾物以观察其在控制情况下所表现的行为。

appetite suppressant 食欲抑制剂 属于抑制欲求的药物。食欲抑制剂多用于减肥，服用某种药物使食欲减低，从而达到减轻体重的目的。

appetitive behavior 欲求行为 指个体因欲求而产生的行为。如饥而求食与渴而求饮的行为，都是欲求行为。

appetitive response 欲求反应 泛指个体对欲求刺激的反应，如因饥饿（欲求）而对食物（欲求刺激）的反应，即为欲求反应。

appetitive stimulus 欲求刺激 泛指能满足个体需求（动机）的一切刺激，诸如食物是满足饥饿的刺激，饮水是满足渴的刺激。欲求刺激是个体寻求的对象，控制动物学习时，都是以欲求刺激作为强化物的。

application 应用 指将研究结果应用于日常生活中解决实际问题。应用是科学研究目的（goals of scientific research）之一。见该条。

applicational transfer 实用迁移 指学生在校学得的学理及抽象的知识，能够用之于实际生活情境帮助其解决问题。见学习迁移（transfer of learning）。

application of knowledge 知识的应用 面对问题情境时，运用既有知识作为思维内容从而获得问题解决的历程。知识的应用，有时是直接的，如学会文字后可以给朋友写信。知识的应用，有时是间接的，如根据水性可沉可浮原理设计潜水设备。知识的间接应用就是学习迁移（transfer of learning）。见该条。

applied cognitive psychology 应用认知心理学 属认知心理学的一个分支学科。此一学科的研究重点是，将认知心理学的原理用于学科知识与心理治疗的研究，从而达到解决实际问题的目的。见认知心理学（cognitive psychology）。

applied experimental psychology 应用实验心理学 采用实验心理学的原理与技术，以实际问题所涉及的变项为主题，以解决实际问题为研究目的的心理学，即称为应用实验心理学。应用实验心理学未必指单一科目，可能指多个科目，采实验方法研究工厂工人的工作时段分配从而达到生产效率高而疲劳程度低的实验设计，就可视为应用实验工业心理学。针对某种病症，实施控制药量的实验，从而观察病情反应的做法，就是应用临床实验心理学。见实验心理学（experimental psychology）。

applied psychoanalysis 应用精神分析 将精神分析的理论与方法用来分析研究精神病患以外有关人类生活的实际问题。弗洛伊德之后多年来，人们在文学、艺术、宗教、民俗以及历史传记等各方面的研究，或多或少都采用了精神分析的原理。

applied psychology 应用心理学 将理论心理学上的原理与法则，应用于现实生活中，从事解决实际问题的研究借以增进人类福祉的各种心理学的总名称。具体言之，应用心理学的目的，消极方面旨在减少或化解个人与团体心理因素所造成的种种困难；积极方面在于提高或改善个人与社会各方面的工作效率或生活内容。目前应用心理学的范围已扩展至以下九个方面：（1）人事行政方面的人员甄选、训练与人事管理等；（2）工业生产方面的工作方式、工作效率、工作环境、意外事件、人与机器的关系等；（3）商业消费方面的消费行为、市场心理、广告效果等；（4）学校教育方面的儿童行为、师资训练、教材教法等；（5）辅导咨商方面的学业、生活、职业、婚姻的辅导与咨商等；（6）法律方面的法庭审讯、采证、立法程序、服刑人员的管理与再教育等；（7）医疗卫生方面的诊断、治疗、复健、心理卫生等；（8）国防军事方面的人员选择、军种分类、军事教育、宣传与心理作战、谣言心理等；（9）交通方面的交通标志设计、交通事故研究预防、交通安全设计、通信方法改良等。在整个心理学领域内，应用心理学占了三分之二。到目前为止，大学中开设的应用心理学科已不下30余种，其中主要者计有教育心理学、教学心理学、工程心理学、工业心理学、工效学、管理心理学、人事心理学、司法心理学、消费者心理学、环境心理学、广告心理学、辅导与咨商心理学、社区心理学、特殊儿童心理学、体育运动心理学、军事心理学、监狱心理学、临床心理学、心理测量学等。

applied research 应用研究 针对某种实际问题进行研究从而达到问题解决目的者，称为应用研究。应用研究的目的明确固定，除应用目的外，并不进一步作理论讨论。与本词相对者为纯学理研究（pure research）。纯学理研究的目的旨在经由研究历程与结果建立可以解释同类事象的理论，目的不在应用。在心理科学领域内，如普通心理学与学习心理学等属于纯学理研究，而教育心理学与教学心理学等则属于应用研究。

applied social psychology 应用社会心理学 社会心理学的一个分支，其特点是将社会心理学的方法与研究所发现的人际关系原理，用于解决社会团体、家庭、学校、生产组织以及政府机构中，有关人与人之间所发生的问题。

appraisal 考核 各种组织机构的人事主管对员工业绩表现所做的评价或鉴定。考核是维持员工素质的必要措施。达到考核的目的，必须遵守四个原则：（1）考核的事项是可理解的，而且是人人都做得到的（如按时上班）；（2）订立的考核标准是公平的、合理的；（3）对工作性质而言考核的项目是适切的（技术人员重技能，服务人员重态度）；（4）考核结果最好能转化成为量数以便比较。

appraisal theories of emotion 情绪鉴定理论 对喜、怒、哀、惧不同情绪之所以产生的理论解释。此类理论的要义是，情绪是由外在刺激情境所引起，因个体对刺激情境的认知与鉴定而有不同情绪。例如，在突发情境下会有惊奇情绪，在受阻情境下会有愤怒情绪，在丧失亲友情境下会有悲伤情绪。

apprehension 觉知，忧虑 **1.**经由感官对事物获得初步认识的心理历程，只到觉知的层面，尚未到理解（comprehension）的地步。 **2.**是一种忧虑不安的心态，担心未来会有什么事件将要发生。

apprehension span 觉知广度 在面对很多事物的情境下，个人一瞥之下所能辨识清楚的最大限度，称为他的觉知广度。

apprehension-span test 觉知广度测验 也称注意广度测验（attention-span test）。施测时，要受试者在短时间内观看很多不同的对象（如铅笔、肥皂、手套等）或不同的数据（如单字、数字、符号等）。受试者只有看一遍的机会，看完后说出或写出他所看到的一切。受试者正确反应的项目数量，

A

即代表他的觉知广度。

apprehensiveness 忧虑感 指面对不确定情境时所产生的轻度焦虑心态。见焦虑(anxiety)。

apprentice complex 学徒情结 指男童在行为上模仿父亲的心理倾向,男童向父亲认同而模仿父亲,正如学徒模仿其师父一样。见认同(identification)。

approach-approach conflict 双趋冲突,接近—接近冲突 属心理冲突的类型之一,是一种鱼与熊掌难以取舍的冲突心境。个体在有目的的活动中,同时有两个并存的目标,而且这两个目标对他具有同样吸引力。在这种情境下,如迫于情势所限必须作一抉择时,心理上即难免因丧失另一机会而感到困境,即称为双趋冲突。如求职者同时获得两个待遇优厚的职位,而感左右为难无法取舍的心境即是。见冲突(conflict)。

approach-avoidance conflict 趋避冲突,接近—回避冲突 属心理冲突的类型之一,是一种进退两难或逡巡犹疑的冲突心境。当个体对单一目标同时产生两种动机时,一方面好而趋之,另一方面恶而避之。此种心态即是趋避冲突。吸烟成为习惯而因身体状况限制不得不决心戒烟者,在遇到吸烟机会时,就会在心理上产生既想吸又不敢吸的趋避冲突。见冲突(conflict)。

approach behavior 趋向行为 指有动机、有方向的行为。如动物饥饿时向有食物的地方去活动,就是趋向行为。

approach gradient 趋近梯度 在个体趋向目标的活动过程中,其趋向目标的行为强度随个体与目标的距离(空间的或时间的)而变化。个体距目标愈近,其行为之趋向度愈强。如将距离与强度两变项用函数关系表示,即可用以下图形表示趋近梯度,图中另一条线为离避梯度(avoidance gradient)。见该条。

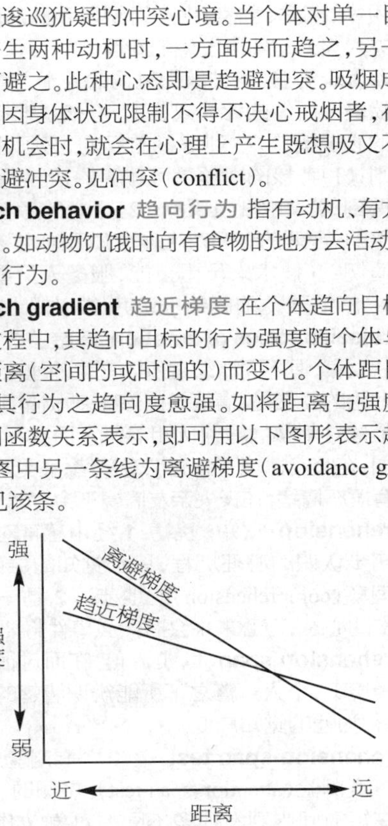

趋近梯度

approach motive 趋近动机 指个体表现趋近行为的动机。趋近动机形成的原因,可能是原始性的(如饥时近食),也可能是学得性的(如亲近某人)。与趋近动机相对者为回避动机(avoidance motive)。见该条。

approach response 趋向反应 泛指个体趋向某一目的物的任何反应。趋向反应可能是外显性的身体动作,可能是内蕴性的认知思考,也可能是内外兼有的表情反应。

approval need = **need for approval** 赞许需求,认可需求

approved school 少年感化院 收容未成年违法犯罪人员的教育性机构。

approximation-and-correction 渐进与校正 义同尝试错误学习(trial-and-error learning)。见该条。

approximation conditioning 渐进条件作用 采用操作条件作用学习的原理,以逐步渐进方式训练动物学习技能的方法。见连续渐进法(successive approximation method)。

approximation method = **approximation procedure** 渐进法,渐近法

approximation procedure 渐进法,渐近法 义同连续渐进法(successive approximation method)。见该条。

apractagnosia 空间认知缺失 由于大脑皮质部顶叶与枕叶部位病变而导致空间认知能力丧失,如既不能记忆空间的运动,也不能分析空间内各事物的关系。

apraxia 运动失调症 由于脑部运动中枢机能受损,造成无法从事连续的、有目的的动作的现象,称为运动失调症。此症患者多有肌肉麻痹或感觉受阻等症状。

a priori 先验的,演绎的 属推理心理历程之一。先验推理的特征是,根据事先知道或假设的原因推知事象变化结果,从而获得知识的推理历程。亦即根据已有的定义或假设,经由演绎推理(不靠经验),从而获得结论的心理历程。与本词相对者为后验的(a posteriori)。见该条。另见演绎(deduction)。

a priori comparisons 事前比较 采数组受试从事比较实验研究时,在实验研究之前,研究者根据理论及实证研究结果,对自变项和依变项的关系建立一些假设,确定要针对某些特定的组别进行比较,以验证理论或假设是否正确。因此,不论变异数分析的结果是否获得达到显著水平的F值,研究者都按照原定计划,对选定的平均数进行多重比较的检验,这种比较即称为事前比较。与本词相对者为事后比较(a posteriori comparisons)。见该条。

a priori concept 先验概念 由演绎推理所推演出

来的事象变化结果。根据解释同类事象的普遍性原理原则或既知定义,演绎出对特殊事象将会产生的结果时所得的概念,即为先验概念。见演绎推理(deductive reasoning)。与本词相对者为后验概念(a posteriori concept)。见该条。

a priori knowledge 先验知识 古时哲学心理学家对知识来源问题的一种解释,谓知识是先于经验的,知识不是靠经验获得的。见天赋观念(innate ideas)。

a priori scale 先验量表 指仅凭专家判断而不靠经验法则所建立的量表。例如,在社会距离量表中,一般武断的认定,亲属关系要比社团关系的社会距离近,即属先验量表。

a priorism 先验主义,先验论 解释人类知识来源的一种哲学理论。谓人类具有天赋观念,故而人类的知识得自先天的观念,不必靠后天经验。此种思想源于古代哲学心理学的观念论(idealism)。见该条。与本词相对者为经验主义(empiricism)。见该条。

a priori validity 先验效度 指仅凭个人对测验形式与试题性质的印象,即判断该测验对测量何种行为有效。采用此种方式建立的测验效度,称为先验效度。本词也称常识效度(common sense validity)或表面效度(face validity)。见逻辑效度(logical validity)。与本词相对者为经验效度(empirical validity)。见该条。

APS = air-pollution syndrome 空气污染症候群,空气污染综合征

apsychognosia 精神失认 指精神异常患者丧失认识自我人格及其所作所为的异常现象。酒精中毒的患者多表现精神失认现象,对别人对他的态度一概不知。

APT = Academic Promise Test 学业前程测验

aptitude 性向,能力倾向 指个体在学习某种事物之前,对学习该事物所具有的潜在能力。性向的含义有二:其一,指个体对多种或多方面的活动,如经训练可能达到精练程度的潜力,这是个体的普通性向或一般性向。普通性向也就是一般所指的智力。其二,指个体对某种特殊活动,如经训练可能达到精练程度的潜力,这是个体的特殊性向。特殊性向也就是一般所指的特殊才能(如音乐、美术、数学、机械能力等)。与本词相对者为成就(achievement)。见该条。

aptitude-by-treatment interaction = aptitude-treatment interaction 性向施教互动法

Aptitude Research Project Test (ARPT) 性向研究设计测验 属于一种创造性向测验,为美国测验学家吉尔福德所编制。该测验以高中学生及成人为施测对象, 其使用目的在测量创造的潜在能力。测验内容包括五类题目:(1)文字流畅,用同一字母开始写出一连串单字;(2)意见流畅,写出一故事情节;(3)联想流畅,写出同义异字;(4)表达流畅,用某单字开始写出一个句子;(5)假设推理,假设一件事情演变的后果(例如一个人长期不睡眠的后果会如何)。

aptitude test 性向测验,能力倾向测验 泛指用以测量潜在能力的测验。性向测验因施测目的不同,大致分为三大类:(1)特殊性向测验(special aptitude test),用以测量音乐、美术、机械等特殊潜能的性向测验。(2)普通性向测验(general aptitude test),用以测量语文、数理、空间知觉等多方面潜能的性向测验。一般智力测验即属普通性向测验。(3)多元性向测验(multiple aptitude test),系将数个性向测验合并使用,用以测量多方面的潜在能力。

aptitude-treatment interaction (ATI) 性向施教互动法 在教学上,教师依照学生的性向实施教学,并随时按学生学习情形调整教材教法,以期做到对学生适材适教,使每个学生都达到能学、会学、愿学的地步。性向施教互动法的构想与我国传统教育上的"因材施教"观念相似,但因强调互动,重视学生受教后的反应(回馈),故而更为积极可取。

AQ = achievement quotient 成就商数

aquaphobia 惧水症 属恐惧症之一。患者怕水,对河流、湖泊、海洋甚至游泳池的广阔水面,都会表现出极为反常的恐惧反应。纵使明知不致受到任何伤害,但仍无法克制由之引起的惶恐情绪。患惧水症者不敢游泳也不敢乘船。见恐惧症(phobia)。

aqueous humor 水状液 属眼睛构造的一部分,是位于角膜之后与晶状体之前的水状液体。水状液具有维持一定眼压的功能。见眼的构造(eye structure)条及附图。

arachneophobia 惧蜘蛛症 属恐惧症之一。患者对蜘蛛特别敏感,每见到蜘蛛即表现极为反常的恐惧反应。纵使明知不致受到任何伤害,但仍无法克制由之引起的惶恐情绪。见恐惧症(phobia)。

arachnophobia = arachneophobia 惧蜘蛛症

archaeology 考古学 专门研究古物的一门科学,考古学研究的范围包括古代生物、先民的遗物以及一切与人类文化有关的古物,旨在了解人类进化的陈迹。

archetype 原型,原始意象 **1.**指任何事物最原始的形态。 **2.**根据瑞士心理学家荣格分析心理学的理论,原型系每个人与生俱来的原始意象与观念,含摄于种族潜意识或集体潜意识之内。这些原始

意象对任何种族，在任何时间均具有深远意义，不仅是人类对世界事物观念的基础，而且也是形成人格的共同因素，可以不同的形式存在于寓言、神话、宗教及艺术中。诸如阳性基质、阴性基质、神、母亲、死亡、重生等观念都是原型。原型也称原型意象（archetype image）。见荣格（Jung, Carl Gustav）传记条。

archetype image 原型意象 **1.** 见原型（archetype）条第二义。**2.**义同潜存意象（imago）。见该条。

archival method 档案研究法 根据档案资料（包括书信、手札、传记、录音、录像等数据）从事心理学专题研究的一种方法。

archival research = archival method 档案研究法

area diagram 面积比率图 用图形表示统计数据的一种方法。使用时一般多用圆面积表示，圆面积代表100分，由两半径之间形成的扇形面积代表不同的比率。例如，全校学生数可视为一个圆面积，其中不同年级者人数可化为不同比率。

area sampling 区域抽样 指调查研究者采用的一种抽样方法。按地域上的行政划分，分为很多不同区域；如省、市、区等。假如某县共有300个村，即以村为单位，按随机抽样（机会均等）原则，抽取若干个村为代表，对村民进行调查。此法与配额抽样（quota sampling）不同，配额抽样是按人口比率，每一区域抽取百分之多少人，是以人头为抽样单位，区域抽样是以区域为抽样单位。见该条。另见随机抽样（random sampling）。

area stratified sampling 区域分层抽样 属抽样方式之一。按行政区域分为不同层级的区域（如省、市、区等），然后决定以某层级行政区域为单位进行随机抽样，并对该等区域内的居民进行调查。见随机抽样（random sampling）、区域抽样（area sampling）。

area study 区域研究 指以地区的受试为对象的研究。例如，专以都市中心商业区为范围，再以儿童道德行为作主题所从事的研究，即属之。

argot 隐语，切口，行话 原指黑社会分子彼此沟通用的隐语，俗称切口。现在已扩大含义，可以用在某种行业作为同业间的专用语。

argument 论证 在演绎式推理的三段论法中，总是根据大前提和小前提而后得到结论。其中大前提、小前提、结论三者称为三个命题，将三个命题合在一起的推理历程，即称为论证。见三段论法（syllogism）。

Aristotle（384 B.C.～322 B.C.）亚里士多德 亚里士多德是古希腊时代的大哲学家和科学家，是柏拉图嫡传弟子，是哲学心理学思想中实在论和经验主义思想的远祖，也是影响之后两千多年来心理学思想的重要人物之一。

亚里士多德公元前384年出生于希腊北部色雷斯的斯塔吉拉城，父为马其顿国王阿明塔二世的御医，故自小经常出入宫廷。公元前368年，亚里士多德16岁赴雅典旅行，进柏拉图学园，先为柏拉图的学生，后为该学园教师，直到公元前347年柏拉图逝世，共历20年之久。柏拉图死后，他到各国游历，公元前343年，应聘为马其顿太子（即亚历山大大帝）的教师，直到公元前336年返回雅典。公元前323年亚历山大逝世，雅典掀起反马其顿风潮，政治局面改变，学术自由气氛已大不如前，亚里士多德遭到“对神明不敬”的指控，而被迫离开雅典。次年病逝于欧比亚（希腊的一小岛），享年62岁。

亚里士多德著作宏富，广泛涉及哲学与科学的多方面问题，在他思想中影响以后心理学思想者有以下两点：

1.对心身关系问题的解释　对心身关系问题，亚里士多德不同意柏拉图二元论和灵魂轮回的观念。他认为灵魂与身体是合一的，是彼此相辅相成的。他相信灵魂功能必须靠身体活动来发挥。他在《论灵魂》一书中提到：“灵魂之于身体，犹砍劈之于斧斤”；灵魂功能必须靠身体的动作来表现。此种以灵魂为形式、以身体为物质的理念，也就是以后心身交感论的理论基础。他这种理念对以后心理学思想的发展有两大影响：其一，灵魂本身虽不能直接观察，但经由对身体功能的研究，仍可以间接了解灵魂的性质。其二，在上述原则下亚里士多德曾研究过有关感觉、学习、记忆、情绪、想象、推理等问题。在方法上虽非严谨的实验，但在方向上确是奠定了现代科学心理学的基础。唯其如此，才有19世纪中叶的心理物理学。

2. 对知识来源问题的解释　对人性特质的知识来源问题，亚里士多德首创实在论（realism）。他不同意柏拉图所持真知只存于观念世界的说法，而主张知识可得自现象世界的感官经验，他认为自然界的事实就是真实的，事物变化的普遍原理只能得之于对自然的观察和判断，知识的获得必得靠与环境的接触与学习。理性的功能只是组织知识经验，理性不能自行产生知识经验，因而他不同意柏拉图知识得自天赋观念之说。他认为人类的知识来自后天经验，由感官经验得到数据，再经理性处理，即得知识。由零碎经验经理性处理形成系统知识，而知识的正确与否则靠理性判断。唯其如此，亚里士多德在其所著《工具》一书中，提倡演绎推理(deductive reasoning)，是为后世三段论法(syllogism)之始。亚里士多德的实在论演变到17世纪以后，就成了经验主义。亚里士多德也不满于早期希腊哲学家们对知识来源问题的分析解释，乃自创形而上学。形而上学(metaphysics)是探讨世界万物之内容、形式、性质及变化法则的学问。他认为，要想对某一物象有所认识，必需先了解四个原因：(1)形式因，所见之物象是什么样子；有四条腿和一个桌面是桌子的标准形式。(2)质料因，所见之物象由什么构成；桌子是由木材构成的。(3)形成因，所见之物象是如何形成的；桌子是木匠制作的。(4)目的因，所成之物象目的何在；桌子是用来作为家具的。以此四个原因去认识世界，才会获得真正的知识。亚里士多德虽然是柏拉图的弟子，但两人的哲学思想迥异，两人的思想对以后两千多年来心理学思想发展的影响，也大不相同。亚里士多德有句名言："吾爱吾师，吾尤爱真理。"甚至他批评柏拉图的观念论是错误的。唯从哲学心理学发展到科学心理学的过程看，两人的思想均得持续流传，从未间断。亚里士多德著作英译本主要为：*The basic works of Aristotle* (1941)。

Aristotle's illusion 亚里士多德错觉 属于一种触觉错觉。如附图所示，将铅笔置食指与中指之间时，就会觉得是一种刺激，如将食指与中指交叉后，将铅笔夹在当中时，就会产生有两个物体存在的错觉。实验时如闭起眼睛并活动手指，错觉现象就更为明显。相传此现象为希腊哲学家亚里士多德(Aristotle, 384 B.C.～322 B.C.)所发现，故名。

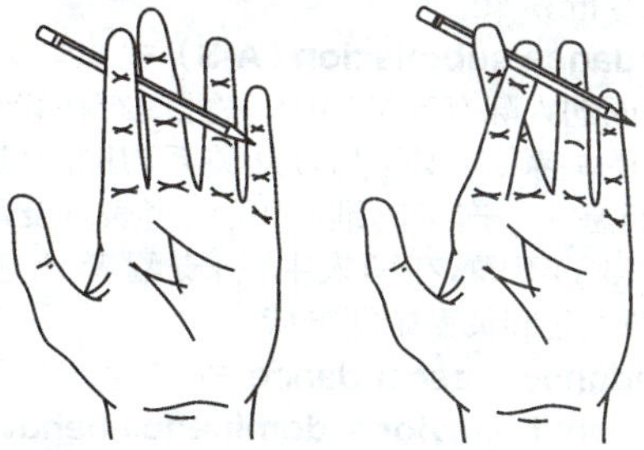

亚里士多德错觉

arithmal mania = **arithmomania** 强迫计数

arithmetic mean (AM) 算术平均数 简称平均数。将n个数值之和，以其个数n除之，所得之商，谓之算术平均数。

arithmomania 强迫计数 属强迫症之一。患者不自觉地进行计数，如一边走路一边数步，上下楼梯便数台阶，纵使自知没有计数的必要，但因潜意识的强迫倾向使自己无法克制。见强迫症(obsessive-compulsive disorder)。

armchair psychology 安乐椅心理学，空谈心理学 **1.**指仅凭常识经验即试图建立成套理论的心理学。**2.**指科学心理学家们用以贬损那些只重经验而忽略客观研究者的用语。

Army General Classification Test (AGCT) 陆军普通分类测验，普通分类测验 是一种团体智力测验。该测验原系第二次世界大战期间，美国用于兵种分类的普通能力测验。该测验内容包括三个分测验，分别是语文理解测验、算术推理测验、方块计算测验。陆军普通分类测验，经路君约、黄坚厚二人修订为中文，并经标准化，于1964年与1966年二次增订。该测验适用对象为初中一年级至高中三年级的学生，记分方式采标准分数(M＝100, SD＝20)，已建立常模，在各年级组均以标准分数表示之。

arousal 激发，唤醒 指个体警觉而准备从事反应的身心状态。激发状态时包括生理与心理两方面的改变。生理方面，包括心跳与呼吸加速、腺体分泌、脑电波形态、肌肉紧张度等多方面的改变，改变的原因主要是感官接受刺激后引起神经冲动传入中枢神经系统后所发生的作用。心理方面，包括警觉性、注意力、意识状态等多方面的改变。只有在个体觉醒状态时，他才会表现出有效的反应。基于此义，本词亦称激发状态。又因为激发状态是激发个体反应的内在力量，故而广义言之本词与驱力(drive)近似。见该条。

arousal function 激发功能 指感官接受外在刺激后生理与心理两方面进入警觉状态随时准备表现出反应的身心功能。

arousal state 激发状态，唤醒状态 义同激发(arousal)。见该条。

arousal theory 激发论，唤醒说 指环境心理学中，解释个人活动空间大小与情绪变化之关系的一种理论。当个人活动空间逐渐缩小时，个人的

A

激发状态也随之上升(警觉度加大)。如个人活动空间缩小到使之感到不便或困难时,激发状态就能演变成攻击性行为。按此理论,都市人口集中,个人活动空间受限,攻击性的暴力行为在所难免。

ARPT = Aptitude Research Project Test 性向研究设计测验

arrangement problem 排列问题 问题索解的情境之一。排列问题的特征是,提供受试者一种失却秩序的零碎物体,要他重新排列成一个有秩序的整体。拼图测验和语句重组,均属排列问题。

arrest of development 发展停滞 **1.**指因环境恶劣或疾病而导致个体身心发展不良,提早停止成长的现象。 **2.**指个体在行为上的表现,较其年龄为幼稚的现象。

arrhythmic insomnia 失律性失眠 指生活规律改变而形成的暂时失眠现象。见睡眠障碍(sleep disorder)。

arrow head illusion 箭头错觉 义同缪勒—莱尔错觉(Müller-Lyer illusion)。见该条及附图。

artifact 人为结果,人工制品 **1.**指一种人为的研究结果。研究结果非根据事实的整体,也非得自代表性的样本,而是由于研究者武断或随意处理数据所得的结果。例如,欲知一般大学生身高而做的调查研究中,如研究者只取体育系的学生为样本,刻意将一般大学生排除在调查对象之外,如此得到大学生身高较一般非大学生的青年为高的结果,即为人为结果。 **2.**指经由人工制造的非自然的一切物品而言,如塑料花即是。

artificial abortion 人工流产,堕胎 在妇女妊娠早期,经由人工的方式使胎儿提早脱离子宫的做法。人工流产多在怀孕后四个月之前行之。见流产(abortion)。

artificial average = assumed mean 假定平均数

artificial body part 人工器官 指由人工设计取代身体某部分生理功能的装置。举凡心率调整器、人工肛门、电子耳等,都属于人工器官。

artificial concept 人工概念 义同逻辑概念(logical concept)。见该条。

artificial dream 人为梦境 指由外在刺激所引导的梦。例如,当睡眠时别人在他脸上洒水滴,可能因感觉异常而做梦。唯按弗洛伊德的说法,外在刺激所引起的梦,其内容未必与刺激有直接关系。见梦境(dream content)。

artificial intelligence (AI) 人工智能 结合认知心理学的理论与研究方法,加上计算机科学的精密复杂运作,科学家们尝试设计计算机程序,从而达到计算机代替人脑作业,替人记忆数据并解答问题。此种由人工设计而后由机器作业的过程及产品,称为人工智能。人工智能并非指人使机器有了智能,而是指人支配机器使之表达出人的智能。人工智能始自1972年,系由美国心理学家西蒙(Simon, Herbert Alexander)所创造,见其传记条。

artificialism 人为主义 按发展心理学家皮亚杰的理论,在儿童智力发展到前运思期(2~7岁),在儿童的概念中,倾向于把自然现象看成是人为的结果。例如,幼儿相信花盆中的花是妈妈要它开的,天上的月亮是爷爷要它出来的。此种相信一切由人安排的心理倾向,正是幼儿自我中心的表现。见前运思期(preoperational stage)。

artificial limb 义肢 指用人工做成的假肢体,代替人体四肢中残缺的部分,用以弥补断肢者的残缺外形,而重建其社会适应能力。

artificial neurosis 人工神经症 义同实验性神经症(experimental neurosis)。见该条。

artificial selection 人为选择,人为淘汰 本词与天然淘汰(natural selection)含义相对,指经由人工的方法改良品种的历程。见该条。

art therapy 艺术治疗法 属心理治疗方法之一。利用美术的活动,或绘画,或雕塑,使患者将注意力投入工作情境,无暇胡思乱想。此外,美术治疗法尚有以下多方面的功用:(1)艺术活动可以使患者抒发情绪;(2)艺术作品完成之后可提升患者的自信心与自尊心;(3)艺术活动可以达到非语言沟通的功能;(4)参与众人的艺术活动可借以与人建立社会关系;(5) 因为艺术是感情的表达,心理师可借由患者艺术创作分析他压抑在内心的冲动。

A-S = ascendance-submission 支配与顺从

ASC = altered state of consciousness 意识状态改变

A scale A量表 一种测量暧昧容忍力(ambiguity tolerance)的量表。见该条。

ascendance 支配性 指团体中领袖人物的一种特征。具有此种特征的领袖,在行为表现上倾向独断专行。

ascendance-submission (A-S) 支配与顺从 在面对面的人际互动情境中,彼此间存在着支配与顺从的关系。唯支配与顺从关系,并非全属两极化,而是在一连续的维度下,两者表现支配与顺从程度的不同。在两人中,有支配者,也有顺从者,两人之间关系始能维持。

ascendancy = ascendance 支配性

ascendant behavior = dominance behavior 支配行为

ascending activation system 上行激活系统 指脑干内网状结构所具有的维持或改变大脑皮质兴奋状态的上行唤醒作用的神经系统,如此一系统受到伤害,个体将陷入昏迷不醒。如在睡眠中刺激该系统,即可使个体清醒。见网状结构(reticular formation)。

ascending series 递增系列 某种刺激在单维度上由小到大或由弱到强逐渐增加所形成的系列,称为递增系列。

asceticism 禁欲主义 属于一种生活信念,持此信念者认为欲达成道德生活,须先将色情、名位等世俗之欲压抑或灭绝之后方可。

Asch conformity paradigm 阿希从众范式 指在社会团体压力下,个人放弃己见,而向不以客观事实为准的众人意见认同的现象。见阿希情境(Asch situation)。

Asch situation 阿希情境 一种刻意设计的实验情境,用以考验在团体压力下个人态度的从众性。因此种实验情境为美国心理学家阿希于1951年所设计,故名。在阿希情境中,实验主持者提供一种与事实不符,但却是团体中多数人(经事先约好之同谋)同意的团体压力情境(如两线不等长而众云等长),以观察受试者(不知内情)的反应。通常的发现是,受试者个人即使对所见事实表示怀疑,但要他表示意见时,仍然受团体意见的影响,倾向于接受被扭曲的事实,而附和团体的意见。见从众性(conformity)。见阿希(Asch, Solomon)传记条。

Asch, Solomon (1907~1996) 阿希 阿希是波兰出生的美国社会心理学家,也是20世纪50年代因研究团体压力下从众现象而著名的心理学家。

阿希1907年出生于波兰的马尔索,1920年移民美国。1928年获纽约学院科学学士学位,1930年获哥伦大学哲学博士学位。此后曾在布鲁克林学院、斯瓦茨穆尔学院、罗特格尔大学、宾州大学等校任教,1967年曾荣获美国心理学会杰出科学贡献奖。阿希在心理学上的贡献,主要是在20世纪60年代行为主义盛行时期采用完形心理学观点研究社会行为。他是完形心理学创始人之一韦特海默的好友。在他1952年出版的《社会心理学》一书中,采用了很多完形心理学的理念。在阿希的社会心理实验研究中,最为人知者是他1951年所从事的团体压力下个人从众心理的研究。阿希研究发现,在团体压力之下,即使个人觉察大家公认的事件(如判断线段的长短)与事实不符,个人也倾向于放弃自己的判断,而接受团体的意见。见从众(conformity),阿希情境(Asch situation)。阿希的主要著作有:*Social psychology* (1952)。

ascribed role 赋予角色 指在某种社会制度下生而被赋予的角色(如世袭的爵位),或达到某种年龄时社会赋予的角色(如成人),或与生俱来的角色(如男女性别)。

ascribed status 赋予地位 指由于个人家族出身或父兄余荫而被赋予的社会地位。拥有赋予地位者,其能力与品德未必优于他人,其地位只是名义而已。与本词相对者为实得地位(achieved status)。见该条。

asemasia = semantic aphasia 语义型失语症

asemia = semantic aphasia 语义型失语症

as-if hypothesis 似是假设 **1.**对尚未证实事件的一种看法。**2.**在尚未确定某事物的属性之前,暂时将之归类处理的一种做法。

as-if performance 似是作为 是美国精神医学家沙利文理论中的用语。指有的人性格不定,在不同场合表演不同角色,其目的在邀人同情或避免惩罚的一种不真实的作为。

as-if personality 似是人格 美国心理学家多伊奇(H. Deutsch, 1884~1982)理论中的术语。指精神分裂症患者有时表现的一种人格特质。患者有时行为表现看来相当正常,其所作所为既能符合社会规范,也能符合别人的期望。唯仔细观察时可以发现,患者的行为表现,缺乏自然性与自主性,在与人应对时缺乏真情之流露。

ASL = American Sign Language 美式手语

asocial behavior 非社会行为,不合群行为 指不关心社会规范,不考虑道德标准的我行我素式行为。

asocial personality 非社会人格,不合群人格 本词并非指一种人格类型,而是指某些人在行为上所表现的不亲近人群的特征。见非社会行为(asocial behavior)。

asonia = tone deafness 声调聋

Asperger's syndrome 阿斯波格症候群 义同孤

A

独性精神症(autistic psychopathy)。见该条。

asphalgesia 触痛症 接触平常物感觉灼痛的反常现象。此种现象可能在催眠状态下产生。

aspiration 抱负,渴望 **1.**指个人的志向或愿望。**2.**指个人在某方面渴望自己能达到成功的目标。见抱负水平(level of aspiration)。

aspirational group 志同团体 指个人渴望或有志参与的团体。就个人与志同团体的关系而言,个人可能是该团体的成员,也可能只是认同该团体宗旨而已(不属该团体成员)。

aspirational reference group 志同参照团体 指个体认同某参照团体并渴望成为该团体成员之一时,该参照团体就是他的志同参照团体。见参照团体(reference group)。

aspiration level = level of aspiration 抱负水平

assertion-structured therapy 建立信心治疗法 属心理治疗方法之一。建立信心治疗法系由菲利浦(E. L. Phillips)所倡用,其立论乃是基于一种假设:凡是心理异常的人,对人对事或多或少有些错误的看法,如认为别人排拒他,认为自己不能胜任工作,总之,他缺乏信心。建立信心治疗法的目的,旨在帮助当事者在现实环境中学习克服困难,改变观念,建立信心,面对现实过正常生活。

assertion training (AT) 信心训练,果断训练 属行为治疗方法之一。此法之目的在帮助性格过于退缩、惯常压抑感情、不敢表达意见以及受人欺压而不敢抗议者,使其经过训练后能增加信心,敢于坦诚自然地表露自己的感情或意见。因为此法主要在增强个人的自信心和社交能力,故又称个人效能训练(personal-effectiveness training),也叫社会技能训练(social-skill training)。见行为治疗法(behavior therapy)。

assertive behavior 信心行为 是一种敢于坦诚直率表达个人感情的行为。此种行为既可维护个人的权益,又可获得别人的谅解与支持。见信心训练(assertion training)。

assertive behavior facilitation 信心养成法 义同信心训练(assertion training)。见该条。

assertiveness training = assertion training 信心训练,果断训练

assertive training = assertion training 信心训练,果断训练

assessment center 评鉴中心 指工业组织中执掌评鉴工作的单位。评鉴中心的主要业务,一方面是采用评鉴法甄选员工,另一方面是采用评鉴法评估员工的工作绩效。

assessment method 评鉴法 凡是根据某种标准对个体或团体行为实施评定从而列出高低或类别的方法,统称评鉴法。基于此义,举凡采用各种心理测验甄选人员或评定工作业绩的一切方法,均称评鉴法。

assignment psychotherapy 指定作业心理治疗法 义同指定作业治疗法(assignment therapy)。见该条。

assignment therapy 指定作业治疗法 **1.**属心理治疗之一。针对患者的需要、能力、人格特质等条件,给予不同之作业,分派到不同小组活动中,借着与人之合作交往,改善其人际关系,从而增强其适应能力。**2.**指美国心理学家莫瑞诺创用的一种心理治疗方法。经由设计的社会活动,了解团体中成员彼此间的心理距离(如自愿选择工作伙伴,即可了解彼此吸引与排斥)之后,将彼此吸引者分派在一起,由他们彼此互动交往,将有助于心理治疗之进行。见社会计量法(sociometry)。见莫瑞诺(Moreno, Jacob L.)传记条。

assimilation 同化 **1.**指个体(或团体)受社会规范的影响,在行为上向其认同,最后终于和该社会规范趋于一致的历程。**2.**按赫尔巴特的教学理论,同化系指新经验融于旧经验的历程,亦即新观念并入统觉团(apperceptive mass)的历程。见该条。**3.**指复述故事时,将故事情节部分改变以符合个人口语习惯和生活经验的历程。**4.**按皮亚杰的认知发展理论,同化系指个体以其既有的图式(schema)或认知结构为基础去吸收新经验的历程。见该条。同化与调适两者互相配合,形成个体对环境的顺应。按皮亚杰的解释,在认知发展历程中,随着儿童认知能力的增长,同化的形式也跟着产生三种改变:(1)再生同化(reproductive assimilation),指儿童对出现在面前的刺激做出重复的反应(如用手重复抓取同一物体)以有助于儿童了解物体的各种属性和特征;(2)辨认同化(recognitory assimilation),指儿童根据不同刺激间差异,学习到以不同的反应来处理,即以不同的图式吸收不同的信息(如有时将物体摇动听其声音,有时放进口中尝其味道);(3)概括同化(generalizing assimilation),指儿童根据多种刺激的相似性给予归类的反应。如儿童能按大小、颜色、形状的不同,将多块积木分类,即属概括同化。**5.**按荣格的分析心理学理论,同化系指个人选择环境中的事物以满足其需求的历程。**6.**按奥尔波特的理论,同化指谣言传播时一般将个人态度加诸谣言内容致使谣言变质的历程。**7.**义同桑代克学习理论中同化律(law of assimilation)。见该条。

assimilation-contrast theory 同化对比论 解释

态度改变的一种理论。此一理论的基本假设是:个人态度改变与否,主要系于三个因素的影响:(1)原有态度;(2)可能导致态度改变的信息(或别人的意见);(3)信息的可信度。在这三个因素交互作用之下,个人态度的改变,通常趋向于对比的方式,不是维持原态度(甚至比原来更坚持)不变,就是改变原来的态度,接纳别人的意见(即同化)。

assimilation effect 同化效应 指在知觉判断时,因受参照点的影响导致判断失实的心理现象。在重量判断实验时,如任凭受试者自行判断按比例递升(或递降)的多个重量不同的物体时(如20克、30克、45克、60克等),一般的判断结果是相当分歧,甚至极不一致的。如实验者暗示一个数字,受试者的判断将受暗示的影响,而所得结果有集中接近该数字的趋势。

assimilation law＝law of assimilation 同化律

assimilation theory of illusion 错觉同化论 解释桑德平行四边形错觉现象的一种理论。该理论的要义是,人观察物体时总是在参照架构下进行,无法排除参照架构的影响。相连两个平行四边形的对角线虽然等长,但因受到两个平行四边形大小不同的影响,所以看起来小四边形的对角线较短。见桑德平行四边形错觉(Sander parallelogram illusion)条及附图。

assimilative illusion 同化错觉 属错觉现象之一类。指此类错觉都是由于知觉的同化作用而产生。当个人面对一个复杂情境时,其所获得的知觉免不了受其经验、态度、欲望等已有的心理背景的影响。情境中刺激的客观特征,常被个人心理背景所同化,因而使其知觉失实而形成错觉。猎人可能把草丛中的一块石头看成猎物,即为同化错觉的例子。见错觉(illusion)。

assimilative learning 同化学习 以旧经验为基础吸收新经验的学习方式。见同化(assimilation),同化律(law of assimilation)。

assimilative material 同化教材 指教学用的辅助性教材。同化教材的本身,不是要教学生学习的目的,只是要学生吸收(同化)之后,能帮助他对主教材的了解。例如,教科书中的插图即属同化教材。

assimilative projection 同化投射 指幼儿的一种童稚想法,认为成人对事物的感受,和他们自己的感受是一样的。例如,幼儿喜欢玩具,就认为成人也喜欢玩具。见投射(projection)。

associated bond＝bond 联结

associated play 分享游戏 属幼儿游戏类型之一。分享游戏的特征是,数人一起玩耍,彼此分享快乐。见游戏类型(types of play)。

associate learning 副学习 指教材内容知识之外,学生从教学活动中,也学到了相关的知识和态度。见主学习(primary learning)。

association 联想,联结 **1.**两种心理现象之间建立关系的历程。关系建立之后,其中之一出现时,即将引起另一的反应。如一个单字的字形与字义两者的关系即是。 **2.**在哲学心理学时代,解释知识的来源时,认为知识的获得系经由观念的联想,而联想的形成又得自同时获得两个感觉经验。以后其中一个观念重现时,自然会联想到另一观念。例如天雨与地湿两个观念同时经验过一次之后,每遇天雨即联想到地上会湿。 **3.**近代行为主义心理学家,解释联想为学习的历程。他们认为一个原属中性(引不起个体固定反应)的刺激,经过练习后能够引起个体作特定反应时,即为学习,此类学习历程也可视为联结。用符号表示,刺激为S,反应为R, 所谓联结即指S-R之间横线的建立,这条横线的建立,也就是学习。见条件作用(conditioning)。 **4.**如不加特别限制,本词一般译为联想。联想含义较广,其中包括联结。见联想主义(associationism)。

association area 联合区 联合区是指多个神经中枢的合称。联合区与大脑两半球的各神经中枢(如体觉区、运动区、视觉区等)无直接关系。在每一半球上均有两个联合区:(1) 前联合区(frontal association area),部位是在额叶的运动区之前,其功能与思维能力有关,如该区受到伤害或病变,将影响个体解决问题时的思维能力;(2) 后联合区(posterior association area),位于体觉区附近,一直延伸到颞叶,其功能与视知觉有关,如该区受到伤害或病变,将影响个体对形状辨别的能力。见大脑皮质分区功能(specialization of function in cerebral cortex)。

association by contiguity 接近联想 如两件事之发生在时间或空间上相接近,以后再遇两事中之一事时,即很容易联想到另一件事。见接近律(law of contiguity)。

association by similarity 类似联想 由一事物的观念想到其他在性质或形式上与之类似的另一事物的观念,称为类似联想。

association center＝association area 联合区

association coefficient 关联系数 指非连续性的两个变项之间(如男生与女生)的相关系数。见相关系数(correlation coefficient)。

association cortex 联合皮质 义同联合区(association area)。见该条。

A

association experiment **联想实验** 义同联想测验(association test)。见该条。

association facilitation = associative facilitation **联想催化**

association fluency = associative fluency **联想流畅度**

Association for Transpersonal Psychology **超个人心理学会** 是心理学领域内新兴的一个学术性组织。该会成立于1971年,主旨在于研究人类心灵与潜能的极限,以及如何超越现实世界对人生的限制。见超个人心理学(transpersonal psychology)。

association group **联合团体** 属于一种社会团体,团体成员彼此间存有联合关系。

associationism **联想主义,联想论** 联想主义是哲学心理学上知识论中解释知识形成的重要理论之一。联想主义的基本要义是,人类的知识基本上乃是由于心之内的简单元素经由联想而形成的。最早提出联想论者是希腊哲学家亚里士多德。在一篇《论记忆》的论文中,亚里士多德首先提出知识是经由联想学得的,而联想的形成则遵循三大规律,即相似律、对比律与接近律(详见联想律条)。亚里士多德之后,联想主义的思想分成了哲学心理学与科学心理学的两条路线。代表联想主义哲学思想路线者是英国17至19世纪洛克、柏克莱、休谟、米尔等经验主义哲学家,而其中以洛克为主要代表人物。洛克反对理性主义者所持人类具有天赋观念的说法,大力主张一切知识来自经验,而经验形成知识乃是由于观念的联想。代表联想主义思想科学路线者是19世纪末叶德国心理学家艾宾浩斯、俄国心理学家巴甫洛夫以及20世纪初的美国心理学家桑代克,而其中以桑代克为主要代表人物。在名称上,桑代克以联结主义取代了原来的联想主义。自此之后,联想主义的意涵改变,由原来所指的观念联想,改变为刺激与反应的联结,此一重大改变,就形成了20世纪行为主义联想学习的理论基础。虽然桑代克之后,一般心理学家也常使用联想一词来解释学习,但在意涵上与哲学取向的联想主义有三点不同之处:(1)哲学取向的联想主义解释经验的形成是由于观念或感觉的联想,而科学取向的联想主义解释学习的产生乃是刺激与反应的联结;(2)哲学取向的联想主义只是对观念或感觉联想的假设性解释,而科学取向的联想主义则是采用科学分析方法探讨联想形成的历程;(3)哲学取向的联想主义在探讨联想过程时只能采用主观的内省法,而科学取向的联想主义则舍弃主观的内省改而对个体外显行为做客观的测量。以上三点是20世纪60年代以前的联想主义发展趋势。60年代以后,由于认知心理学兴起的冲击,科学取向联想主义思想又逐渐式微,早期的联想主义又渐受重视,唯联想主义的名称则较少采用。见联想律(law of association)、经验主义(empiricism)、理性主义(rationalism)、联结主义(connectionism)、联想学习(associative learning)。

association mass **联想团** 义同统觉团(apperceptive mass)。见赫尔巴特(Herbart, Johann Friedrich)传记条。

association method **联想法** 采用联想方式以研究人格的一种方法。联想法的特点是,提供不同刺激以引起不同之联想反应,从而分析反应者的人格特质。如语词联想或语句完成等均属联想法。见联想测验(association test)。

association of ideas **观念联想** 将两个分立的观念或知觉合而为一,形成一种复合观念的历程,称为观念联想。服膺经验主义思想的心理学家,在解释学习或知识获得时,都是采取由具体简单观念经联想而形成抽象复杂概念的看法,即属观念联想。例如,幼儿将"四条腿""全身有毛""喜欢吃鱼"及"在家中养的"等几个观念联想在一起,就会形成"猫"的概念。

association psychology **联想心理学** 指科学(实验)心理学发展以前哲学心理学时代的一派心理学思想。联想心理学以观念联想来解释学习、记忆、思考等复杂的心理历程,见联想主义(associationism)。

association-reaction time **联想反应时间** 在实施语词联想测验时,从刺激字出现到个体表现出反应所需的一段时间,称为联想反应时间。

association reflex **联结反射** 义同条件反应(conditioned response)。见该条。本词为条件作用研究早期的用语。

association test **联想测验** 是一种测量反应速度与广度的实验方法。联想测验法实施时,提供受试者一种刺激,让他尽快做出反应,从而评量他反应的速度以及反应的广度。联想测验有多种形式,最主要者有以下四种:(1)语词联想测验,要受试者针对某一单词经联想说出或写出另一个或多个其他单词;(2)颜色联想测验,要受试者根据某一颜色回答一系列所有颜色的名称;(3)自由联想测验,对受试者的联想反应不加任何限制;(4)控制联想测验,对受试者的联想反应加以限制,如单词联想测验时,规定受试者以刺激的反义词或同义词作答即是。

association theory of learning **联想学习论,联

结学习论 解释学习历程的理论之一。此一理论认为,学习的产生乃是由于刺激与反应之间新关系的联结,而联结的形成又受强化、练习、时近等因素的影响。见联想(association)。

association time 联想时间 在实施词语联想测验时,个体从刺激呈现到做出反应所用的时间,称为联想时间。联想时间也称联想反应时间(association-reaction time)。见该条。本词现已较少使用,已为反应时间(reaction time)所取代。见该条。

association value 联想值 指在某种语言中,某一单个词语所能引发该语言用户对其产生联想的程度。通常以由该词语所能联想到的词语的数量多寡来表示联想值。词语联想值高者,显示该词具有较广的意义,例如,“爱”的联想值就较“艾”的联想值为高,亦即表示在中文使用上“爱”比“艾”为广。在心理学研究上,联想值早期被用来测定无意义音节的意义性,当时心理学家研究学习记忆时,为了消除受试者既有经验的影响,创用无意义音节为学习材料。唯从联想的观点看,无意义音节并非完全没有意义,如受试者可能凭其联想赋予其某种意义。因此,同属无意义音节者,有的联想值高,有的联想值低。以下列四个无意义音节LOV、COL、XUW、VYI为例,前两个的联想值显然比后两个要高。见无意义音节(nonsense syllable)。

associative ability 联想能力 指表现记忆与辨别方面较为简单的基础能力。联想能力是属于一般人都具备的第一层能力(level I ability)。见该条。与本词相对者是概念能力(conceptual ability)。见该条。

associative anamnesis 联想回溯 是美国心理学家德伊奇(F. Deutsch, 1884～1964)在其有限度治疗法(sector therapy)中的用语。见该条。联想回溯是指在治疗之前,先让患者作自传式的陈述,用联想的方式回溯自己以往的生活经验,并道出困扰所在以及希望治疗者能帮助他解决何等问题。然后,治疗者即根据患者联想回溯的内容进行治疗。

associative bond 联合结,联想结 **1.**指个体对某种刺激多次反应之后,在神经系统中形成一种结,即称之为刺激反应结(S-R bond),或称联合结。此种结亦即学习结果。 **2.**指两个观念发生联想之后,两者形成一种结。联合结是一种假设性的解释,此种解释近来已少采用。

associative center 联合中枢 义同联合区(association area)。见该条。

associative chain theory 连锁论 早期行为主义心理学家用来解释技能学习与语文学习的一种理论。以技能学习为例,技能学习的特征是,把技能中所需要的动作,有组织地串连在一起,最后学到在适当的时间、适当的空间表现一连串的适当动作。到此精练地步,在有顺序的多个动作之间,产生了连锁作用,即任何两个动作之间都形成一种刺激与反应的联结,而各联结又环环相扣,形成整系列的连锁。在连锁中的每一个环节,都是刺激引起反应,唯前一环节的反应结果,立即又变成次一环节的刺激,接着又引起另一反应。如此连环式的进行,最终形成整系列的连锁功能。这种连锁反应现象,也称循环行为(circular behavior)。连锁论尚在假说阶段,有待进一步验证。用连锁论来解释语文学习时,将语文视为由一连串的声音或单词连锁起来的。学习由多个单词构成的句子时,句中的每一个词都具有两种性质,如对前一词而言是反应,对后一词而言是刺激。每两个词之间均形成一个联结学习,然后再将全句的联结学习联结成一整串的联结学习。如此就像连锁一样,只要记起第一个词,接下去的一连串词就会因联结而全部记起。

associative cortex = **association cortex** 联合皮质

associative facilitation 联想催化,联想助长 **1.**在学习历程中,旧有的联想学习有助于新联想学习之现象,称为联想催化。例如,已学到“美国建国—华盛顿”两者间关系的联结,对于另一新学习“美国首都—华盛顿”两者联结就感到容易。**2.**联想催化属于学习迁移的一种特殊形式。见联想(association)。

associative fluency 联想流畅度 指面对单一刺激(或问题)能够表现出多种不同反应或提供不同答案的程度。能表现出反应或答案愈多者,即表示联想流畅度愈高。所谓“举一反三”与“闻一知十”者,即属思维敏捷、联想流畅的人。联想流畅度一向被视为创造(creativity)的特征之一。见该条。

associative generalization 联结类化,联想类化 指经由学习建立某刺激与反应联结关系之后,可以不必再经由新学习历程而对类似情境即可表现出刺激反应联结的现象。见刺激类化(stimulus generalization)、反应类化(response generalization)。

associative illusion 联想错觉 指一类错觉现象。此类错觉的产生,是由于各部分刺激彼此联结,无法分隔以单独观察其中部分刺激的特征。由于观察者无法排除各部分刺激的相互干扰,因而产生一种强迫性联想作用,结果也就产生了错觉。庞邹错觉(Ponzo's illusion)即系一例。见该条及附图。

associative inhibition 联想抑制 指先后建立两

A

种联想而彼此间相互抑制的现象。联想抑制多半在两种情况下发生:(1)先前建立的刺激—反应中,原来的刺激又与另一新反应建立联想时,新旧两个联想之间就可能彼此形成抑制或干扰作用。例如,采用联想法学习英文时,如先学会table—桌子,而后再学习table—表格,如此就可能形成一个刺激有两种反应相互抑制的可能。(2)先建立的刺激反应中,原来的反应又与另一刺激建立联想时,新旧两个联想之间就可能彼此形成抑制或干扰作用。例如,先学会car—汽车,而后再学automobile—汽车, 如此就可形成两种刺激引起同样反应相互抑制的可能。像此种新旧联想之间彼此抑制或干扰的现象,属于学习迁移中负迁移(negative transfer)的特殊形式。见该条。

associative interference 联想干扰 见联想抑制(associative inhibition)。

associative knowledge 联想性知识 是认知发展心理学家皮亚杰理论中的术语。皮亚杰将知识分为两大类:一类是联想性知识,此类知识是经由联想学习的历程所获得,如见闪电而知将有雷声属之。另一类是运作性知识(operative knowledge),此类知识是经由对环境中事物接触、思考、操作,从而发现事物之间关系所获得的,如儿童坐跷跷板发现座位远近与平衡有关即属之。联想性知识多是被动式的,运作性知识则是主动获取的。本词也称表象性知识(figurative knowledge)。

associative law = law of association 联想律

associative learning 联结学习,联想学习 **1.**指把两种事项(如书名与作者、首都与国名等)联结在一起来学习的方式。 **2.**经由条件作用学习历程,个体学到对条件刺激表现条件反应的历程,称为联结学习。见联想论(associationism)。

associative memory 联想记忆 凭联想的方式把旧经验表现出来,谓之联想记忆。例如给某人一张他20年前小学同学的照片,要他说出该同学的名字。他必须凭照片作为刺激线索,去联想当年情境而回忆起同学的姓名。

associative play = associated play 分享游戏

associative-reaction time = association-reaction time 联想反应时间

associative shifting 联想转移 指桑代克学习理论中的一项原则,当个体学到对某组刺激反应之后,他可能将学得的反应转移到其他类似的刺激上。此种联想转移现象,亦即一般通称的类化(generalization)。见该条。

associative spread 联想扩展 **1.**指在有目的的学习活动中,学到学习目的之外更多知识的情形。 **2.**义同附学习(concomitant learning)。见该条。

associative strength 联想强度 指刺激与反应之间联结的强度。联想强度的高低即表示学得反应的强弱。在从事学习实验研究时,对联想强度的测量,通常采用两种方法:其一是反应频率法,按刺激呈现次数与该刺激引起反应次数的百分比计算。如刺激出现十次,引起的正确反应有八次,即可推估刺激反应间的联想强度,只达到80%。另一种方法是反应时间法,即以从刺激出现到反应出现的时间间隔,来推估联想的强度。如刺激出现立即引起反应,即表示学习已到熟练的程度了。

associative thinking 联想思维 **1.**思维的活动不针对现实情境,不以面对的问题为对象,只凭过去经验,由一个观念引出另一个观念,没有一定方向的思考方式,是为联想思维。像自由联想与白日梦,即属此类联想思维。 **2.**指面对问题寻求答案时考虑各方面因素的心理历程。

associative transfer 联想迁移 在某一刺激情境下学到的反应,有助于个体在另一类似刺激情境下进行学习的现象,称为联想迁移。见刺激类化(stimulus generalization)。

assortative mating = assortive mating 类聚婚配

assortive mating 类聚婚配 指婚姻构成中两性间特征的相似是重要因素之一。这现象似乎说明了"物以类聚"的原则,也可推论解释人的婚姻乃是"人以类聚"的。从多数婚配者两性间的关系看,夫妻间身心两方面特征相似的程度,比一般人之间的相似程度为高。见人际吸引(interpersonal attraction)。

assumed mean (AM) 假定平均数 指采用简捷法计算平均数时,所指定系列量数的中间(或分组量数居中一组的中点)的数值。

assumed similarity 假设相似性 指对别人行为作是非判断时的一种心理倾向,即批评别人时所指陈对方的人格特质,常是自己所具有的特质,亦即两者间具有相似性。例如,经常批评别人小气者,可能他自己正是吝啬的人。本词与投射作用(projection)近似。见该条。

assumption 假设 对未经证明事象的一种推理判断。本词含义比较广泛。另一词hypothesis与本词同义,但用法比较严谨。见该条。

assumption about human nature 人性假设 指对于人类本性的一种假设,如相信人类具有某些共同的特征。每种人性假设都代表历史上某一时期的思想与人性观。 如从前唯乐主义的人性假设,认为避苦趋乐是人性的主要倾向;现今人本主义的人性观，则确信人性含有追求自由、自我实现与发挥自我潜能的共同特征。又像孟子主性善，荀子主性恶，也都是人性假设。

assumption validity 设想效度 仅凭常识性的设想，认为某种测验方法就是有效的。见表面效度(face validity)。

assurance 信心 **1.**指个人自己坚定的态度。**2.**指给予别人的安全感受。

astasia 站立不能 属严重性运动失调症，患者无法站立，甚至不能正坐。站立不能未必由于身体疾病，有可能是因心理因素形成。见站立与步行不能(astasia-abasia)。

astasia-abasia 站立与步行不能 指身体上缺乏明显症状而事实上不能站立与步行的病态现象。此种异常现象，一向被视为癔症的症候之一。故而也称癔症性站立不能(hysterical astasia)。

astereognosis 实体感丧失 指对生活中熟悉物体的触觉感与形象感失去辨识能力的异常现象。如将一串原本熟悉的钥匙让他用手抓取，他可能无法辨识那是不是钥匙。实体感丧失现象的形成，可能与大脑皮质部病变或伤害有关。

asthenic feeling 萎靡感 个人对自己的行动感到压抑，因而产生无助、失望、悲伤、烦恼等颓废的心情，是为萎靡感。萎靡感使人无精打采，生活失却效能。

asthenic personality 虚弱性格 指意志薄弱，缺乏信心，凡事依赖别人的个性。见依赖型人格异常(dependent personality disorder)。

asthenic type 虚弱型 **1.**广义指身体虚弱、易疲劳、精神不振、生活消极的人。**2.**狭义指德国精神病学家克雷奇迈(E. Kretschmer, 1888～1964)于1925年所提人格体型论中三种类型之一。属于虚弱型的人，其身心特征是身材瘦长，手足纤细，缺乏精力，性格内向，多愁善感，带有神经质的倾向。另两类型为健壮型(athletic type)与矮胖型(pyknic type)。见体质论(constitutional theory)。

asthenophobia 虚弱恐惧症 对身体虚弱（或将来可能虚弱）感到过分恐惧的病态现象。

astral projection 星辰投射 属于一种幻想性的心理异常现象。患者相信天上的星辰会控制人类的命运，认为人类的一切健康、祸福、寿命等，无不受星辰运行的影响。一般相信紫微斗数者，在心理上即属带有星辰投射作用。

astraphobia 惧雷电症 属恐惧症之一。患者特别惧怕雷电交加的天气，每遇雷电出现即表现出极为反常的恐惧反应。纵使身处安全中不致受到任何伤害，但仍无法克制由之引起的惶恐情绪。见恐惧症(phobia)。

astrapophobia = **astraphobia** 惧雷电症

astrology 占星学 属于一种缺乏科学基础的心理玄学。占星学家相信，天上的星辰日月不但会影响人的行为，而且会影响人的命运。

asylum 收容所，精神病院 指专为收容精神病患者的处所。

asymbolia 符号失认症 属失语症之一。患者对学得的符号，包括语文、手势、音符、数学符号、化学公式等丧失辨认能力的现象。符号失认症的病因主要与大脑皮质部病变有关。见失语症(aphasia)。

asymmetrical distribution 不对称分布，非常态分布 属统计学上的术语。指在次数分布上绘成的曲线图不像钟形的常态分布的形式。不对称分布也称偏态。见常态分布(normal distribution)及偏态分布(skewness of distribution)。

asymmetry 不对称 **1.**狭义指人身体两边不对称现象，广义指人际关系不和谐。**2.**义同偏态分布(skewness of distribution)。见该条。

asymptote 渐近线 **1.**代表某变项变化的曲线，曲线升高到某种程度即不再上升而呈水平进行时的线段，称渐近线。**2.**在学习过程中，学习曲线不再因练习增加而上升时，曲线顶部水平进行的一段，也称渐近线。

asynchronous growth 异步生长 指身体各部位及不同器官生长速度不一致的现象。头与脑生长最快，在10岁以前即达到90%成熟的地步；性器官功能发展较晚，直到12岁以后才渐近成熟。

asyndesis 语无伦次 指说话时将彼此不相关联的观念堆砌在一起的语言失常现象。精神分裂症或脑损伤者多表现语无伦次。

asyndetic thinking 无序思维 指观念紊乱内容不合逻辑的思维历程。无序思维是精神分裂症的症状之一。

asynergia 共济失调 指无法运用多种肌肉活动从事复杂动作的身体障碍。

asyntacticism = **syntactic aphasia** 语法型失语症

AT = **assertion training** 信心训练，果断训练

ataraxia = **ataraxy** 宁静心境

ataraxy 宁静心境 指意识不受任何外在刺激干扰的心境臻于全宁静的状态。宁静心境的特点是，虽在意识上不受外物干扰，但个人却未丧失心智与意识的功能。

atavism 隔代遗传，返祖现象 见于祖先身上的某些遗传特征，在蛰伏了一代或数代之后，又在其后世子孙身上再度出现的现象。隔代遗传现象多出

现在动物中，较少出现在人类中。荣格人格理论中所指的集体潜意识，在性质上可视为返祖现象的解释。

ataxia **运动失调，共济失调** 因脑伤而导致不能随意支配身体活动的现象。

ataxic aphasia **共济失调型失语症** 属失语症之一。此种失语症的特征是，各部分的运动神经不能协调，以致不能发出语言中所需要的声音。见失语症(aphasia)。

atelia **发育不全** 指成年后仍然保留儿童期身心特征的异常现象。

atephobia **破产恐惧症** 属恐惧症之一。患者对自己的财物产业过分关心，纵使一切安全无虑，依然为破产威胁感到惶悚不安，以至于影响其日常生活。见恐惧症(phobia)。

athletic type **健壮型** 属德国精神病学家克雷奇迈(E. Kretschmer, 1888～1964)1925年提出的人格体型论中的三种体型之一。属健壮型的人，不但身体健壮、四肢发达，而且也被认为在人格发展上趋于正常，较少有心理异常的倾向。唯此种看法尚缺少足够证据。其他两种类型分别是虚弱型(asthenic type)与矮胖型(pyknic type)。见体质论(constitutional type theory)。

ATI＝aptitude-treatment interaction **性向施教互动法**

Atkinson-Shiffrin memory model **阿特金森—谢夫里记忆模型** 是一种记忆理论，此一理论系由阿特金森(R. C. Atkinson)与谢夫里(R. M. Shiffrin)二人于1968年提出，故名。此一理论把记忆分为短期记忆与长期记忆两类。外界的刺激信息，经由感官输入，形成短期记忆，作为暂时的储存。在短期记忆中，被视为重要数据者，即继续不断复习，然后再送之进入长期记忆中作为永久储存。见信息处理(information processing)。

atmosphere effect **气氛效应** **1.**指某种情境中的某种刺激，有时会引起某种习惯性的反应；但就对该刺激来讲，该习惯性反应却未必是适切反应。其所以然者，乃是由于气氛效应。例如，听演讲时鼓掌本属对演讲满意所作的喝彩表示，但有时对不满意的演讲，也常随其他人掌声一起鼓掌。**2.**义同情境效应(context effect)。见该条。

atmosphere effect in syllogistic reasoning **三段论法气氛效应** 三段论法为演绎推理的标准逻辑形式。美国心理学家伍德沃斯等人，在1935年实验研究发现，三段论法的陈述方式，可能会形成一种语意气氛，而此种气氛将影响受试者对推理的判断。如果大前提与小前提都是全称而肯定的，受试者就会倾向接受全称而肯定的结论。例如，如果所有X是Y(大前提全称肯定)，所有Z又是Y(小前提全称肯定)，故所有X是Z(结论肯定)。纵使此三段论法推理的结论是谬误的，但仍有半数以上的大学生认为是正确的。其所以然者，端在推理陈述时，产生气氛效应。如将上述推理换成易懂的形式，即可看出它的谬误之处：所有狗是动物(大前提)，所有猫是动物(小前提)，故所有狗是猫(结论谬误)。有些政客之所以能够在言辞上煽动群众，就是善于运用三段论法气氛效应。见三段论法(syllogism)。

atmosphere hypothesis **气氛假设** 指对于气氛效应(atmosphere effect)的一种假设性解释。见该条。

atmospheric perspective **大气透视** 深度知觉单眼线索之一。在大气中判断物体的远近时，看起来比较模糊不清者，就判断其距离较远；看起来比较清楚明确者，就判断其距离较近。见透视(perspective)。

atomic psychology＝atomistic psychology **原子心理学**

atomism **原子论** **1.**哲学上的一种学说，谓宇宙万物皆由单纯不可分的多数微点所构成。**2.**心理学上的一种学说，谓心理现象可以简化成一些基本元素(包括感觉、意象、感情等)；经由对心理元素的研究，即可推知人的行为。**3.**社会学上的一种学说，谓欲了解社会团体必先研究构成团体的个人。与本词相近者有元素论(elementarism)与还原论(reductionism)，与本词相对者为整体论(holism)。见该等条。

atomistic psychology **原子心理学** 属于心理学研究的一种理论取向，而非心理学中一个门类。凡是持因素或成分分析观点研究心理现象者，均可视为原子心理学。按此而论，在心理学的诸多学派中，20世纪之初强调心理元素的结构主义与重视刺激与反应联结的行为主义，均可视为原子心理学。

attachment **依附，依恋** **1.**指人际间在情感上甚为接近而又彼此依附从而获得满足的情形。所谓“相依为命”即此之意。**2.**在发展心理学上，指婴幼儿期接近并依赖父母，唯恐父母离开的情形。

attachment behavior **依附行为，依恋行为** 指婴幼儿(或幼小动物)依附母亲所表现的情感性依赖与亲近行为。

attachment bond **依附情结，依恋情结** 指婴儿期极端依附母亲的倾向。婴儿成长至五个月之后，多数能辨认谁是她的母亲。此后至周岁的一段时间，在感情上依附母亲的倾向特强。这段时期的母子亲情，称为依附情结。

attachment disorder 依附异常，依恋异常 指婴儿期未能得到父母充分爱抚致使婴儿情绪冷漠的异常现象。

attack 发作，进攻 **1.**指疾病突然发作的情形，如癫痫症与心脏病等多半是突然发作。**2.**指以暴力或恶言对人的攻击行为。

attending behavior 专注行为 指心理师对患者一切反应（包括语言的、动作的、表情的）专心注意极为关怀的情形。专注行为是成为一位优良心理师的必要条件。

attention 注意 对情境中的众多刺激，只选择其中之一或部分去集中反应，并从而获得知觉经验的心理活动，称为注意。当个体注意时，对选定而注意的刺激可以获得清楚的知觉，对注意之外的刺激，则可能模糊不清，因而难免会出现视而不见或听而不闻的现象。影响注意的因素极复杂，其中主要有：（1）个体的动机或需求，在有动机、有需求的情况下，会对满足需求的目的物特别注意（如饥饿时特别注意食物）；（2）刺激本身的特征，如刺激的强度（如声音、光亮等）、变化（如霓虹灯）以及独特性（如万绿丛中一点红）等，均将特别引人注意；（3）经验，原本熟悉而具有意义的事物，容易引起注意；（4）正进行中的活动，如阅读中或聚精会神解答试题时，注意力较为集中；（5）身心状况，身体健康且心无困扰时，较能集中注意。

attention aggregate 注意聚合 指团体中众人对某一件事态度一致的情形。

attentional blink 注意眨眼现象，注意瞬脱 此一现象的特征是，当一新奇刺激出现眼前时，因个体只注意该刺激，而看不到该刺激以外其他东西。此现象正如眨眼的一刹那看不见其他东西的情形是一样的。

attentional selectivity 注意选择性 在同时存在多种刺激的情境之下，个体如集中注意于其中某一刺激，就可能忽略了其他刺激的存在，例如两耳分听两个人谈话时，不能同时记下两人谈话内容的现象，就是注意选择性。

attentional width = **attention span** 注意广度

attention decrement 注意渐减 社会心理学术语，意指在一系列信息中，群众对信息的注意力随信息出现的早晚而呈递减趋势。报纸头条新闻最引人注意，即系此义。

attention-deficit disorder (ADD) 注意力缺失症 义同注意力缺失多动症（attention-deficit hyperactivity disorder）。见该条。

attention-deficit hyperactivity disorder (ADHD) 注意力缺失多动症 指一些儿童常患的身心异常症状，注意力缺失多动症的特征是，身体过度活动，注意力无法集中，容易冲动，脾气暴躁，不能安心学习。

attention disorder 注意障碍 属学习障碍（learning disability）之一，患者因生理因素影响使他无法对学习的事物集中注意。见该条。

attention field 注意野 指多个刺激中选择集中注意的部分。以注意一幅图画为例，图形部分付出的注意较多，背景部分付出的注意较少，图形即为注意野。

attention fluctuation 注意波动 指刺激情境不变而对同一物体所得知觉的清晰程度时有变化的现象。

attention-getting 引人注意 个体表现某种行为时，其目的是为了惹人注意，希望借此引起别人对他的认可、同情或重视。有些学生在教室里喜欢发出一些怪声，或做出一些怪样，目的即可能是引起教师或同学对他的注意。个体之所以表现引人注意行为，主要是由于自己感到被人拒绝或不受重视。引人注意在性质上属于不良适应行为。

attention-getting mechanism 引人注意机制 义同引人注意（attention getting）。见该条。

attention level 注意层 指刺激情境出现时个体兼能注意到刺激的广度与深度；对刺激的性质是全然了解而不是一知半解。

attention overload 注意超载 指环境中刺激过多一时无法厘清，以致暂时失去注意焦点的现象。初次进入一座大卖场，一时找不到想买的物品的情形，就是如此。

attention range = **attention span** 注意广度

attention reflex 注意反射 指瞳孔大小随注意程度而变化的现象。注意力集中时瞳孔会缩小。

attention-seeking = **attention-getting** 引人注意

attention span 注意广度 **1.**指个人瞬间注意到事物的多寡。譬如，个人一瞥之下可以看清楚五个单字，五个单字就是他的注意广度。用作注意广度实验的材料，可以是单字、数字、图形、实物等。个人在文字上的注意广度，与其阅读能力与阅读速度有关。**2.**指个体对单一事物注意时所能持久的时间。注意维持时间愈久，即表示注意广度愈大。**3.**指从某刺激（如教师开始讲课）出现到引起个体注意所需的时间。见认知广度（cognitive span），觉知广度测验（apprehension-span test）。

attention-span test 注意广度测验 义同觉知广度测验（apprehension-span test）。见该条。

attentive process 注意历程 指视线集中在目的物从而获得清楚认识的历程。

A

attenuation model 减弱模型 义同减弱论(attenuation theory)。见该条。

attenuation theory 减弱论 认知心理学术语,解释注意选择性的一种理论。此一理论的要义是,当两种刺激信息同时输入时(如两耳分听两种不同声音),受试者选择两者之一去注意,另一信息的强度减弱,但未完全消失。

attic child 阁楼儿 指被父母(或监护人)锁在阁楼内长大的儿童。意指在隔离、封闭、孤立环境下成长的儿童。

attitude 态度 **1.**指个体对人、对事、对周围的世界所持有的一种具有持久性与一致性的倾向。此种倾向可由个体的外显行为去推测,但态度的内涵却并非单指外显行为。一般认为态度包含认知(对态度对象的理解与信念)、情感(对态度对象的情绪反应)以及行为三种成分。 **2.**态度必有其对象,态度的对象可以是具体的人、事、物,也可以是抽象的观念或思想。 **3.**态度有类化倾向,对某一单独对象持正面态度者,对同类对象也倾向持正面态度。以民主态度对待其子女者,也倾向于以民主态度对待其同侪友朋。 **4.**态度的形成与文化传统、家庭环境、学校教育等因素皆有关,一般相信态度是学得的人格特质。

attitude change 态度改变 指经由劝解或说服方式,试图改变对方既有态度的历程。要想改变人的态度,一般不外三种方法:(1)增加对方的认知;(2)打动对方的感情;(3)让对方实际行动。见态度(attitude)条。态度改变时都是先定出预期改变的方向。例如,劝学生戒烟,基本上是试图改变他对抽烟一事的态度。不过,态度改变的后果,未必与预期结果相符;可能得到正向结果,也可能得到负向结果。

attitude measurement 态度测量 指采用态度量表或态度问卷对个体或团体实施测量,从而了解个体或团体对某种社会事件所持态度的方法。虽然态度的内涵包括情感、行为、认知三种成分,但态度测量的对象却只是受试者的行为反应。根据测量所得到的行为反应,进而推理分析受试者的情感与认知两种内在心理历程。见态度(attitude)及态度量表(attitude scale)。

attitude questionnaire 态度问卷 研究态度用的一种工具。一般采书面的问卷形式,内容包括多项有关某方面的看法(如地铁票应否涨价),由被调查者填答,从而分析了解被调查者的态度。

attitude scale 态度量表 指专为设计用来测量态度用的量表。态度量表一般采纸笔测验方式,问卷上编列对多个众所关心问题(如废除死刑)的陈述,让受试者各按己见表示其同意或不同意,从而转化为数据资料,并经统计分析了解公众(或团体)的态度。态度量表的编制有多种不同方式,最具代表性的有三种类型:(1)瑟斯顿量表(Thurstone scale);(2)李克特式量表(Likert-type scale);(3)格特曼量表(Guttman scale)。见该等条。

attitude survey 态度调查 研究态度的一种方法。态度调查通常以设定的多数人为对象,每次调查通常限于一个主题。态度调查可采用问卷法,也可采用访问法。参见态度问卷(attitude questionnaire)及态度量表(attitude scale)。

attitude test 态度测验 义同态度量表(attitude scale)。见该条。

attitude therapy 态度治疗法 属心理治疗方法之一。此一治疗法是将态度改变视为治疗的主要目的。实施时,态度治疗法采两种取向:(1)帮助当事人了解自己,认识环境,从而改变个体对事、对人、对己的态度;(2)帮助父母了解成长中子女的心理需求,了解父母角色对子女人格发展的重要性,从而改变父母教养子女的态度。

attitude type 态度型 指按态度上的差异区分的人格类型。按瑞士心理学家荣格的人格理论,态度型之下又将人格区分为两大类型:一为外向(extraversion),另一为内向(introversion)。见该等条。见功能型(functional type)。

attitudinal type = attitude type 态度型

attraction 吸引 由于人(或物)的某些特质(身体的或性格的),导致别人对之发生兴趣,并自愿与之接近的现象,称为吸引。具备吸引别人的条件者称为有吸引力(attractiveness)。见该条,另见人际吸引(interpersonal attraction)。

attractiveness 吸引力 指吸引别人对其注意、爱慕甚至崇敬的身心两方面特质。

attribute 属性,归因 **1.**属性系指可以辨认的各种基本性质或特征。举凡事物所具有的形状、体积、颜色、质料、个体生理特征(肤色、身材、性别、年龄等)、身份(军人、农民、工人等)、地位(校长、局长、工友等)均称为属性。明确而肯定的属性容易形成概念。属性不易改变,有时也称为特质。 **2.**属性是确定概念的基本要素之一,见概念识别(concept identification)。 **3.**在结构主义心理学中,由内省分析所得之感觉基本特征(如清晰度、广度、强度等),亦称为属性。 **4.**本词当动词用时译为归因,如将某事件之过错归之于某人即是。见归因论(attribution theory)。

attribute data 属性资料 义同属性变项(attribute

variable)。见该条。

attribute listing 属性列举法 培养创造力的一种方法。使用时,先将研究对象(人或事、物)所具有的各种特征或属性,全部列举出来。然后将研究的要素与之逐一核对,并试探各种新组合的可能性。此法的基本构想是,从已知事象的分析过程中,可以孕育创新观念。

attribute of sensation 感觉属性 结构主义心理学家铁钦纳理论中的术语。指感觉经验可经由对意识过程的内省,最终分析为性质、强度、扩延性、持续性、清晰度五种属性,称为感觉属性。

attribute-treatment interaction = aptitude-treatment interaction 性向施教互动法

attribute variable 属性变项,属性变量 指研究对象之个体本身所具有的各种特征。此等特征,有的是生理性的,如种族、性别、体型、相貌、年龄等;有的是社会性的,如职业、教育、宗教、社会经济水平等;有的是心理性的,如智力、性向、动机、兴趣等。此等特征,在心理学研究上可以作为自变项,但研究者不能像对刺激强度那样(如灯光明暗),随意予以改变或操纵处理。要改变属性变项,就只好改换研究对象(如采用不同年龄、性别者等)。凡此类随个体存在而研究者不易操纵的变项,称为属性变项。与属性变项相对应的是主动变项(active variable)。见该条。见自变项(independent variable)。

attribution 归因 **1.**泛指对事象(包括人、己、事、物等)变化原因的解释。**2.**指以外显行为为根据,解释该行为之所以构成原因的内在历程。归因解释的对象,主要是别人的行为,但有时也包括自己的行为。归因解释时,大致有三个方向:(1)将事象之原因归为外在因素(如利诱、被迫、意外等);(2)将事象之原因归为内在因素(如动机、意愿、性格等);(3)将事象之原因归为复合因素(内外两种因素的交互作用)。详见归因论(attribution theroy)。

attribution error 归因误差 义同基本归因误差(fundamental attribution error)。见该条。

attribution of causality = attribution 归因

attribution of causes of success or failure = attribution of success or failure 成败归因,胜负归因

attribution of success or failure 成败归因,胜负归因 美国心理学家韦纳(Weiner, Bernard)在20世纪80年代提出解释成败归因的理论。见其传记条。

attribution style 归因风格 一个人对事象变化原因(包括他自己的作为在内)的归因解释所表现的独特风格。根据个体的归因风格,可以了解其性格。在是非未明阶段之所以有见仁见智的争论,主要就是多人的归因风格不同所致。

attribution theory 归因论 归因论是社会心理学者研究人知觉时,解释行为(包括别人与自己的行为)发生原因的一种理论。归因论最早由美国心理学家海德(F. Heider, 1896～1988)于1958年提出,其主要内容包括下列两点:**1.**在解释人的行为原因时,一般归属两种原因:其一,将行为之发生解释为情境(或环境)因素使然,称为情境归因(situational attribution)。情境归因也称外在归因。其二,将行为之发生解释为当事人性格(或心理)的因素使然,称为性格归因(dispositional attribution)。性格归因也称为内在归因。**2.**一般人在解释别人的行为时,倾向于采性格归因,而对自己行为作解释时,则倾向采情境归因。晚近的归因论,在归因取向上,大致不出两大原则:其一是归因共变原则(covariance rule of attribution),对行为的原因与结果,看成是多因素之间彼此的共变关系,而非单纯是一因一果的关系。其二是归因折扣原则(discounting rule of attribution),对行为的解释不归之于肯定的唯一原因;对行为原因打折扣,认为除某原因之外,可能还有其他原因存在。归因论的功用,除解释行为之外,也用以预测行为。见人知觉(person perception)。归因论的理念,应用最多的是拿来解释自己或别人的成功或失败的原因。见成败归因(attribution of success or failure)。

attribution theory of emotion 情绪归因论 属解释情绪发生的一种理论。情绪归因理论系由美国心理学家沙克特(S. Schachter)1971年所倡议。意指个体的情绪经验起于两种原因:一是由于生理变化的促动,另一是由于个人对自己生理变化的认知性解释。同一生理变化,如当事者将之解释为乐,即会有快乐情绪;如当事者将之解释为苦,即会有痛苦的情绪。

attribution theory of success or failure 成败归因论 义同成败归因(attribution of success or failure)。见该条。

atypical behavior 反常行为 **1.** 泛指与一般常态行为相差甚远的行为。如此解释时,本词意涵与变态行为(abnormal behavior)相通。**2.**指个体行为不符合某团体规范或某社会标准要求者。如此解释则不含病态之义。

atypical child 反常儿童 指身心发展上显著异于常态的儿童。举凡心智不足、情绪困扰、生理残障、学习障碍等儿童,统称为反常儿童。

A

Aubert-Fleisch paradox 奥弗二氏诡觉 属于一种运动错觉现象。当个体观察运动中的物体（如火车）时，如单独注意物体本身，觉得它运行较慢，如同时注意物体的背景（如火车背后的房屋），则觉得它运行较快。见错觉（illusion）。

Aubert phenomenon 奥柏特现象 属于一种视觉错觉现象。当个体注视空间内一垂直物体（如电线杆）而其四周别无其他参照刺激（如房屋等）时，若将头部左右摇动，就会觉得该垂直物体相应地向右左反方向移动位置。

audibility 可听度 指一般人对听觉刺激的平均阈限以上的听觉，亦即一般人平均对某种声音刚好听到的程度。

audibility limit 可听限 **1.**指个人所能听到的最高至最低的声音，亦即指其听觉的绝对阈限。**2.**指个人所能听到声音的最高至最低的频率范围。人类听觉所能接受的每秒音波振动次数，约在20赫兹到 20,000赫兹之间。可听限也称可听范围（audibility range）。

audibility range 可听范围 义同可听限（audibility limit）。

audience effect 观众效应 个体行为表现因受到众人在场的影响而有所改变的现象。观众效应可能是正面的（如运动员因观众多而表现优异），也可能是负面的（如运动员因观众多精神压力大而表现失常）。观众效应的结果如系正面，则与另词社会助长（social facilitation）同义；反之，观众效应的结果如系负面，则与另词社会抑制（social inhibition）同义。见该等条。

audience inhibition 观众抑制 对旁观者效应（bystander effect）现象的一种解释。旁观者多人在场时个人不肯见义勇为伸手援助，是因为个人的助人动机受到观众在场的抑制，深恐在不知就里的情形下贸然行动会损害自己的形象。见该条。

audile＝auditory type 听觉型

audio-analgesia 强声止痛 指在强大声音震动的情形之下，痛觉的敏感度减低的现象。

audiogenic seizure 听源性发作 因强烈的听觉刺激引起癫痫症患者病情发作的现象。听源性发作也会发生在动物行为方面，动物听到强烈声音时可能产生狂奔现象。见癫痫症（epilepsy）。

audiogram 听力图 用图示的方式所表示的个人听力范围。见听觉广度（range of audibility）。

audiometer 听力计 用以测量听觉敏度的仪器。听力计的使用目的主要是检查受试者的听力有否丧失。见听觉敏度（auditory acuity）。

audio-visual aid 视听辅助教具 在课本以外，运用视听感官刺激的媒体，以增加教学效果者，均属视听辅助教具。目前学校应用最多的，有闭路电视、录音机、幻灯机、教学影片等。平常一般称之为视听教育器材。

audio-visual instruction 视听教学 指采用视听辅助教具（audio-visual aid）的教学活动。见该条。

audition 听觉 指个体对声波物理特征的收受、传导及感知的生理与心理历程。人类听觉所能接受的声波，大约在20～20,000赫兹。见听觉系统（auditory system）条及附图。

auditory acuity 听觉敏度 引起听觉反应的最低刺激强度，用以表示听觉的敏锐度。测量听觉敏度的工具为听力计（audiometer），通常以听力计测量多次，以反应之有无各占半数时，作为个体听力的基础。见该条。

auditory adaptation 听觉适应 因长期处于听觉刺激环境中致使听觉敏度逐渐减低的现象。一般正常人的听力，发声持续1分钟后，其听觉敏度就会减低15%～20%。如果听觉刺激持续的时间较短，丧失的部分听觉敏度可以恢复，但如接受刺激过久，恢复就不容易。长期在充满声响的工厂做工的工人或飞机场附近的居民，都会因长期接受强烈声音刺激而产生听觉适应现象。

auditory afterimage 听觉后像 听觉刺激消失而听觉仍然留存的现象。所谓“余音绕梁”的说法，即指听觉后像而言。

auditory agnosia 听觉辨识缺陷 义同听觉型失语症（auditory aphasia）。见该条。

auditory aphasia 听觉型失语症 指部分或全部丧失凭听觉理解语言能力的异常现象。听觉失语症的成因，可能导因于疾病、外伤，也可能是大脑左半球发育不良所致。见失语症（aphasia）。

Auditory Apperception Test 听力统觉测验 属于适用于盲者的投射测验。施测时向受试者提供一连串多种变化的声音，让他凭主观的听觉感受说出他所听到的一串声音中开始、中段、末尾各表示什么意义。见投射测验（projective test）。

auditory area 听觉区 大脑皮质颞叶部位，是司职听觉的神经中枢。见大脑半球（cerebral hemisphere）条及附图。

auditory canal 听道 指声音经耳翼传入中耳所经过的孔道。见听觉系统（auditory system）条及附图。

auditory closure 听觉接合，听觉完形 指听觉历程中的完形倾向。当个体听到一个多音节的英文单词时，虽然说话者将单词中的音节省去一部分，但个体会将省去的音节自行补足，从而获得完整单词的意义。

auditory cortex 听觉皮质 指位于大脑皮质颞叶职司听觉的听觉区(auditory area)。见大脑皮质(cerebral cortex)。

auditory cue 听觉线索 见距离线索(distance cue)。

auditory discrimination 听力辨别 指个体能正确辨别具有不同频率声音刺激之差异的能力。

auditory distance cue 听觉距离线索 见距离线索(distance cue)。

auditory distortion 听觉失真 声波进入人耳后,由于产生了并合音及主观陪音,使其对声波的感受性发生了与本来声音不尽一致的现象。

auditory fatigue 听觉疲劳 指长期接受强音刺激,致使听觉敏度降低的现象。见暴露性聋(exposure deafness)。

auditory feedback 听觉回馈 指个人听到自己说话(或唱歌)的声音,并随时调整其速度、音量、清晰度,借以增进说话效果的历程。根据实验研究,如装置一特殊设计的耳机,使自己不能立即听到自己所说的话(不能立即获得听觉回馈),结果发现在此情形下将无法继续说话。

auditory hallucination 幻听,听幻觉 现实情境中不存在某种听觉刺激,而个体却产生该种刺激的听觉经验,此种反常现象,称之为幻听。幻听是一种病态现象,多发生于妄想症、老年痴呆症患者。幻听时所听到的不只是无中生有的声音,也可能听到别人对他讲话,甚至听到有人下达命令,要他必须遵照去做某些活动。见幻觉(hallucination)。

auditory illusion 听错觉 属错觉现象之一类。听错觉指听觉经验与听觉刺激特征明显不符的现象。见错觉(illusion)。

auditory image 听觉意象 指靠听觉也能描绘出声音的形象。音乐家讨论音调与音色的特征时,彼此之间在意识上都能唤起相关的听觉意象。

auditory localization 声源定位,听觉定向 指凭听觉获得线索以判定声音的方向与距离。声源定位的线索,除声音本身的强弱之外,主要是靠单耳线索(monoaural cue)与双耳线索(binaural cue)。见该等条。

auditory masking 听觉掩蔽 见掩蔽(masking)。

auditory memory 听觉记忆 属记忆能力之一。听觉记忆是指靠听觉历程吸收信息、储存信息、使用信息的能力。学习音乐与语言主要靠听觉记忆。见记忆(memory)。

auditory memory span = **auditory span** 听觉广度

auditory nerve 听神经 第八对脑神经又称为听神经,它分为耳蜗神经及前庭神经两大支,两者都是感觉支。耳蜗神经传导听觉,前庭神经传导平衡感觉。见听觉系统(auditory system)条及附图。

auditory perception 听知觉 对由听觉器官(耳)传入之信息予以组织及理解的能力。

auditory register 听觉登录 属信息处理过程中感觉登录之一。指听觉器官(耳)接收外界声音刺激后开始第一步的信息处理。听觉登录的心理功能是将物理性的声音转化为心理性的声码,暂时保存起来;保存时间只有3秒钟左右,如不继续处理,转瞬间即行消失。见信息处理(information processing)。

auditory space 听觉空间 指个体周围所能听到声音的物理空间。在听觉空间之内,才能辨别声音的来源。见声源定位(auditory localization)。

auditory space perception 听空间知觉 义同听觉空间(auditory space)。见该条。

auditory span 听觉广度 指在只听一遍的情形下,个人所能记忆的数字位数或单字数量。唯测量听觉广度时,限于使用受试者不熟悉的材料。

auditory spectrum = **range of audibility** 听觉广度

auditory stimulus 听觉刺激 凡能引起听觉反应的一切声波刺激,均属听觉刺激。对一般正常成人而言,可能听到的声波刺激,介于20至20,000赫兹之间。见可听限(audibility limit)。

auditory system 听觉系统 指耳的生理构造与心理功能。人耳的构造主要分为三大部分:(1)外耳(external ear),司职收集声音;(2)中耳(middle ear),司职传导声音;(3)内耳(inner ear),司职转化物理性的声音刺激为生理性的神经冲动,再经听神经(auditory nerve)传至大脑而生听觉。人耳的基本构造详见附图。外耳收集声音后,经听道(auditory canal)达于耳鼓膜。耳鼓膜(eardrum membrance)位于外耳与中耳交界处,系由一骨质薄膜构成。由于音波压力之交错转变,使得耳鼓膜前后振动;于是,原来经空气传导之声波,经振动而转变为骨块之传导。骨块传导声波,主要由中耳负责,而中耳之构造,则包括锤骨(malleus)、砧骨(incus)与镫骨(stapes)三块听骨,三听骨均系因形状而得名。三块听骨互相连接,各具其声音传导功能。中耳下方的欧氏管(Eustachian tube),与咽腔相通,平时关闭,只有在咀嚼时或吞咽时打开,容许空气进入中耳,以维持鼓膜内外的平衡。内耳的构造较为复杂,其功能除传导声波之外,也兼司身体的平衡感(sense of equilibri-

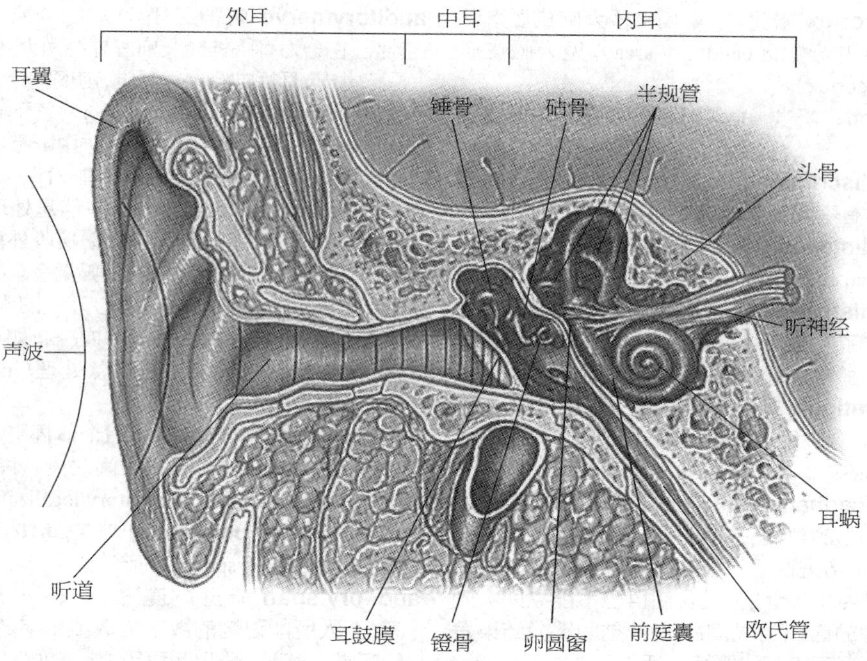

听觉系统

um),称为前庭器官(vestibular apparatus)。前庭器官包括半规管(semicircular canal)和前庭囊(vestibular sac)两部分,司职身体和头部的平衡。内耳中最重要的器官为耳蜗。耳蜗(cochlea)是一个骨质的蜗牛壳形状的管道,管道内充满液体。耳蜗之底部的膜状构造,称为基底膜(basilar membrane)。基底膜由长短不等的神经纤维所构成,在耳蜗的起始一端,其纤维较短,愈往远程,其纤维愈长。声波经中耳之听骨传入后,其波动先达于卵圆窗(oval window),卵圆窗与耳蜗相接。因此,卵圆窗之振动传入耳蜗后,借着液体的波动,并沿基底膜继续进行,从而振动膜上的柯蒂氏器内的毛状细胞(hair cell)。基底膜上的柯蒂氏器(organ of Corti)为主要听觉感受器。柯蒂氏器内的毛细胞,与通往大脑的听觉神经纤维相连,声音传至此处即能引起神经冲动,继而传入大脑皮质的听觉区而生成听觉。

auditory threshold 听觉阈限 引起听觉反应所需的最低声波刺激,亦称听觉敏度(auditory acuity)。人耳可能听到的声波频率约在20至20,000赫兹(每秒周波数)之间,而一般人最敏感的听觉范围是在1,000赫兹左右与60分贝左右。

auditory type 听觉型 指善于运用听觉以吸收数据,并善于运用听觉以表征其意象的人。凡是具有音乐性向者,均为听觉型。听觉型的人,在读书时多倾向于读出字的声音。与本词相对者为视觉型(visual type)。见该条。

Austrian school 奥地利学派 指19世纪末德国心理学家布伦塔诺在奥京维也纳大学任教期间所领导的一个心理学团体。此一学派的中心主张,强调心理学研究意识的活动,故而一般称其思想为意动心理学。此一主张恰与当时德国结构主义创始人冯特的内容心理学思想相对立。因此在近代心理学史上,一般认为布伦塔诺是19世纪末的反结构主义运动的先驱。奥地利学派思想对以后的现象学、精神分析、完形心理学等发展,都产生了先导性的影响。见布伦塔诺(Brentano, Franz)传记条。

Ausubel, David Paul (1918~2008) 奥苏贝尔 奥苏贝尔是美国教育心理学家,前导组合教学理论的创始人,提倡教育心理学应以应用科学为基础从而建立其独立体系。

奥苏贝尔在心理学的贡献主要在于教育心理学的两大方面:

1.提倡前导组合教学模型 奥苏贝尔认为,教师要想教学成功,必须同时考虑三件事:其一是确知要教学生学习的是什么知识(教材);其二是了解学生能否学习及如何学到教材中的知识(学习);其三是配合学生能力经验讲解教材,从而达到预期目标(目的)。在进行讲解教材之前,教师必须先

有一段引言，对将要讲解的新知识略加介绍，唤起学生对既有旧知识的联想，让旧知识与新知识前后组合起来，而使学生在心理上完成吸收新知识的准备。像此种由教师引言唤起学生将相关旧知识经验组合起来以为新知识学习准备的过程，奥苏贝尔称之为前导组合(advance organizer)。运用前导组合原则教学，使学生在既有旧知识基础上学习新知识，从而将新旧知识融会贯通的学习历程，就称为意义学习(meaningful learning)。见该条。

2.强调在应用科学基础上建构教育心理学的独立体系　奥苏贝尔认为，虽然教育心理学名义上成为一门学科已有多年的历史，但未建立起兼具理论与实践的独立体系。形成此一现象的原因是，以往教育心理学一向将“心理学原理原则在教育上的应用”做了学科定义。心理学属自然科学，其原理原则均系得自一般人或动物行为的研究，且本来研究时，除试图了解学习历程之外，并未带有教育的目的与社会价值。教育心理学应属应用科学，其基础为教育；教育是有目的的，而且教育上所要培养的学生良好行为，除符合学校教育目的之外，也带有社会价值。因此奥苏贝尔极力提倡教育心理学今后的发展应先在教育环境中多加研究，先奠立应用科学基础，然后再进一步建立起独立的体系。

奥苏贝尔主要著作中的专著有：*Ego development and the personality disorders* (1952); *Psychology of meaningful verbal learning* (1963); *Educational psychology*: *A cognitive view* (1968)等。

authentic evaluation 真实性评估　指一种新兴的教学评估方式。真实性评估的基本要义是，要评估教学后学生的学习结果，不应局限于评估学生的书本知识，而应在知识之外评估学生将知识用于解决实际生活问题的能力。是故真实性评估所评估者是实际作业能力，亦即学生能写出来或做出来的能力。真实性评估的观念源于建构主义教学(constructivist instruction)。见该条。

authoritarian aggression 独裁性攻击　指独裁性格者的一种行为倾向。因此种类型的人过分守成规、重权威，故而对轻视权威或不重规范的人，无法容忍，或是主张严厉惩罚，或是径行谴责。见权威人格(authoritarian personality)。

authoritarian atmosphere 独裁气氛　美国社会心理学家勒温理论中的用语。系指在独裁式领导下，团体成员间没有互动，一切活动全由团体领袖取决。像此种毫无民主的团体气氛，即称为独裁气氛。与本词相对者有民主气氛(democratic atmosphere)与放任气氛(laissez-faire atmspheore)。见该等条。

authoritarian character 权威性格　义同权威人格(authoritarian personality)。见该条。

authoritarian character structure 权威性格结构　义同权威人格(authoritarian personality)。见该条。

authoritarian conscience 权威良心　义同权威伦理(authoritarian ethic)。见该条。

authoritarian ethic 权威伦理　根据美国新弗洛伊德主义心理学家弗罗姆的理论，权威伦理系指个体因受环境约束而形成的价值观念。在权威伦理之下，不重视个人有明辨善恶的自主能力，认为制定行为规范者具有超越个人意志的权威。因此所制定的规范不以理性的知识为准则，而以对权威的畏惧依赖感为基础。例如，教育当局制定训导守则，颁令学校一体遵行，以期培养学生伦理道德与价值观念，如实施结果确能有效，即建立了权威伦理。与本词相对者为人性伦理(humanistic ethic)。见该条。

authoritarian family 专制型家庭　义同专制型父母(authoritarian parent)。见该条。

authoritarian group 独裁团体　**1.**指由独裁型领袖所领导的团体。**2.**在社会心理学的实验研究中，预先设计的控制组之一；该组的领袖以独裁的方式去领导团体成员。成员只能遵守领袖的指示，不能表达自己的意见。在该类实验设计时，通常另设民主组与放任组以作参照比较。

authoritarianism 独裁主义，专制主义　**1.**是一种政治信念。持此信念者认为，统治者应具有至高无上的权威，人民只能无条件地绝对服从。**2.**是一种态度或信念，持此态度信念者，在言行作为上崇尚独裁，好施权威。行之既久，即形成个人的权威人格(authoritarian personality)。见该条。

authoritarian leader 独裁型领袖　指凡事不经团体决议而独断独行的团体领导者。传统的政府官吏、军官、家族中的家长、商业上的老板，多属独裁型领袖。

authoritarian leadership 独裁型领导　指团体中

A

一切活动完全由领导者独裁独决的领导方式。

authoritarian parent **专制型父母** 属父母管教子女的一种行为类型。根据美国心理学家鲍姆伦德(D. Baumrind)1978年调查访问300个美国家庭所得结果，将父母管教子女的不同方式，归纳为专制型、宽容型和威信型三大类。专制型父母对子女管教的特征是，父母自定义行为规范并坚持子女无条件遵守。子女有过必惩，但不解释理由；不考虑子女的欲望与需求，对子女的教育缺少计划，亲子间缺少情感交流。此类父母的子女，其行为特征是，时常闷闷不乐，性格被动，不愿与人交往，生活缺少目标，态度消极退缩。见宽容型父母(permissive parent)与威信型父母(authoritative parent)。

authoritarian personality **权威人格，专制人格** 权威人格是一种人格类型。属于此种类型的人，在性格上极为保守，思想封闭，观念狭隘。在为人处世上表现的特征是崇尚权威，重视社会阶层职位：对上低声下气，卑躬屈膝；对下作威作福，盛气凌人；对同僚则刚愎自用，绝不容忍通融。20世纪40年代德国社会心理学家阿多诺(T. W. Adorno, 1903～1969)在美国加州大学和犹太人福利委员会资助下，从事一项社会态度的调查研究。此项研究的最初目的，原本只想了解在美国社会上是否存在反犹太人的态度。唯研究结果发现，除少数人在性格上持反犹太人态度之外，很多人具有反民主尚权威的人性特征，因此，权威人格一词即成了区分人格类型的一种观念。根据后来心理学家研究发现，典型权威人格的人，在行为上显示七种特征：(1)刚愎；(2)冲动；(3)保守；(4)武断；(5)固执；(6)呆板；(7)迂腐。显然，在尚民主重沟通的现代社会中，具有权威人格的人，在生活适应上会有较大的困难。本词也称权威性格结构(authoritarian character structure)、权威依赖性格(authority-dependent personality)、封闭人格(closed personality)。见该等条。

authoritarian submission **尚权式屈从，权威式服从** 指崇尚权力者在权力之下表现的屈从性格。有些人在上司面前卑躬屈膝，低声下气，即属尚权式屈从。尚权式屈从是具专制人格(authoritarian personality)者在某一方面(对上)的行为表现。见该条。

authoritative parent **威信型父母** 属父母管教子女的一种行为类型。根据美国心理学家鲍姆伦德(D. Baumrind)1978年调查访问300个美国家庭所得的结果，将父母管教子女的不同方式，归纳为专制型、宽容型和威信型三大类型。威信型父母对子女管教的特征是，对子女明确订定合理的规范，而且要求子女遵守；与子女沟通，交换意见，对子女的过失及时纠正，对子女的建设性行为给予鼓励。考虑子女的需求与意见；对子女的教育有计划。此类父母的子女，其行为特征是，自信心强，情绪表现能自我控制，个性活泼，同侪关系良好，能因应挫折，有好奇心，兴趣广泛，生活有目标，具学业成就取向(用功)。见专制型父母(authoritarian parent)与宽容型父母(permissive parent)。

authority **权威** **1.**指按政府或法律规定所赋予某人的权限。例如必须经由校长签字，公文方始生效，校长就具有法定的权威。 **2.**指由于个人的特殊条件构成他众所推崇的地位，也称为权威，如学术方面的权威即属之。

authority complex **权威情结** 指个体在潜意识内压抑的一些带有情感性的心结。在性质上，权威情结可能是服从性的(个人不自知地向权威服从)，也可能是反抗性的(个人不自知地向权威反抗)。

authority-dependent personality **权威依赖性格** 义同权威人格(authoritarian personality)。见该条。

authority figure **权威人物** 按精神分析的说法，凡是有权管理别人的人、最具影响力的人、有权判决是非对错的人，都是权威人物。父母、教师、心理治疗师等，都是权威人物。

autism **我向作用，自闭症** **1.**指幻想的思考方式，如完全囿于个人的欲求与想象之中，脱离现实，从不考虑与别人之间的任何关系。此种我向作用现象，与另词我向思维(autistic thinking)相通。见该条。 **2.**指幼儿期所患的自闭症。患自闭症幼儿的行为特征是：视听觉反应异常，语言表达障碍，社会行为发展迟滞，操作表情僵化，智力未必低下(其中2/3的智商在70以上)，但常被误认为心智不足。自闭症患者多为幼儿(2～3岁)，故而也称幼儿自闭症(infantile autism)。见该条。自闭症是一种罕见的心理异常，症状多半在3岁左右显现，其发生率约为万分之三至万分之五，患者的男女差异是5∶1。自闭症与遗传有关，根据研究发现同卵孪生子之间一人患病，另一人患病的概率高达90％。 **3.**指有的人性情孤独不与别人接触的异常现象。

autistic child **自闭儿童** 见自闭症(autism)。

autistic disorder **孤独症** 义同孤独性精神症(autistic psychopathy)。见该条。

autistic phase **我向期** 美国精神分析心理学家马勒(M. S. Mahler)理论中的术语。指婴儿出生几个月期间，在感觉上是自己与外物不能区分的，只按自己的生理需求对一切刺激表现出反射性的动作。因此，新生儿的自我中心倾向是正常的。

autistic psychopathy 孤独性精神症 属于一种人格异常,其特征是在思维方式上不体谅别人,在作为上仅凭一己之私追求自我满足,而不惜牺牲别人的权益。所谓同情、关怀、谅解等观念,在孤独性精神症患者的心目中是不存在的。因此症系由奥地利精神病学家阿斯波格(H. Asperger, 1906～1980)1944年所命名,故而也称阿斯波格症候群(Asperger's syndrome)。

autistic savant 自闭天才 指自闭症患者虽表面看缺乏与人沟通的能力,但实际上可能具有某些方面的专长才华。见白痴天才(idiot savant)。

autistic thinking 我向思维 指纯凭个人主观感受与需要,而不顾客观现实环境限制的思维方式。我向思维者倾向以幻想的思维方式,代替对现实问题的思维分析,由之可避免现实生活中的挫折,而得以暂时维护自我安全。因此,我向思维过多时,就难免成为不良适应的标示。见白日梦(day-dreaming)。

autistic type 我向型,主观型 **1.**指自我中心型人格,凡事以自己的利益为考虑的基础。 **2.**义同主观型(subjective type)。见该条。

autobiographical memory 自传式记忆 指关于个人自己日积月累生活经验的记忆。

autocatharsis 自我发泄 属心理治疗方法之一。自我发泄指当事人自行设法把积压在内心中(包括潜意识)的郁结抒发开来,心理上的困扰可能就不治而愈。自我发泄最常用的方法之一是写出来,例如写日记、写信、写自传等,都是自我发泄时最常用的方式。

autochthonous behavior 内因行为 指由于个体自身内在变化所产生的行为。凡是因生理变化而产生的行为,均属内因行为。例如,因渴驱力而生饮水行为,因饥饿驱力而生觅食行为,因性驱力而生求偶行为等,均属之。与本词相对者为外因行为(allochthonous behavior)。见该条。

autochthonous gestalt 自成完形 指对零散的刺激形成有组织的完形知觉经验时,其所以形成完形感的原因,并非由于刺激本身的特征,而是由于观察者自己在心理上予以主观组织解释所致。

autochthonous idea 自生观念 指非出自个人有意识、有意向的观念。自生观念多半起自潜意识,诸如幻想、白日梦、妄想以及强迫观念等,均属自生观念。

autochthonous variable 内因变项 指起因于个体自身内在的一切变项。诸如生理性动机、成熟程度以及身体健康状况等,均属内因变项。

autocompetition 自我竞争 在追求成就时,个人不断地把自己现在的成绩与过去的成绩比较,把未来预定的成就目标与现在的成绩比较,时时想突破自己、超越自己,是谓自我竞争。

autocorrelation 自身相关 义同序列相关(serial correlation)。见该条。

autocratic leadership 独裁型领导 团体领导风格之一。独裁型领导的特征是,领导者集大权于个人一身,一切决策均由其个人决定,决策之执行也以命令方式行之,团体成员只能听命行事。

autoeroticism 自淫 个体借着对自己性器官操弄或单凭与异性性交的幻想,以获得性兴奋与性满足的行为,称为自淫。手淫(masturbation)可视为自淫的一种方式。见该条。

autoerotism = autoeroticism 自淫

autogenic reinforcement 自生强化 指某种反应的强化,其原因并非来自外在环境施予的强化物,而是纯由内在因素使然。例如,运动使人健身,运动后肌肉强而有力,而且精神旺盛,身心舒畅,即属自生强化。

autogenic training 自生训练 属于身心放松训练的一种方式。自生训练系由德国神经学家舒尔茨(J. H. Schultz, 1884～1970)在1940年间所提倡使用。自生训练的基本要领是,采用调息呼吸、放松肌肉、收敛意识、静坐等方法,在自我诱导下进入一种半催眠状态,从而达到身心自动平衡的效果。

autohypnosis 自我催眠 指经由自我诱导而进入催眠状态。见催眠(hypnosis)。

autoimmunity theory of aging 老化自体免疫论 从生物学观点探讨老化原因的理论之一。老化自体免疫论的要义是,生物体的免疫系统,经由产生自体免疫的抗体,来排斥自体的组织。当外来物体进入了身体,免疫系统就产生抗体来中和这外物的作用。这种对外物入侵引起的反应,称为免疫反应。抗体对体内突变的反应则是排斥自体的免疫反应,其结果是对自体产生损害。此一理论提出以来,医学界已着手发展出一些方法,用来防止或变更老化过程。见老化理论(theories of aging)。

autoinstructional device 自动教学设备 指学生自修学习用的一切设备。如参考书与电脑等。

autokinetic effect 自动效应,游动效应 属似动(apparent motion)现象之一。见该条。

autokinetic illusion 自动错觉,游动错觉 属运动错觉之一。义同自动效应(autokinetic effect)。见似动(apparent motion)。

autokinetic phenomenon 自动现象,游动现象 属似动(apparent motion)现象之一。见该条。

A

automatic encoding **自动编码** 认知心理学的术语。指个体在日常生活中不经意的情境里对某些信息(刺激)所留下的记忆。以几天前参加过一次宴会为例,如后来被人问到宴会的地点、时间以及参与的人士,此等信息虽在宴会当时并未特别注意,但事后仍能留有记忆,之所以然者,自动编码的心理功能致之。根据心理学家的研究,属于自动编码的信息主要有三类:(1)多次出现的信息。受试者对于出现过的信息,夹在新信息之间再度出现时,甚易辨识其为已曾出现过者(如看过的照片夹在未看过的照片中,甚易指认出其为曾看过者)。(2)空间位置的信息。受试者在无意中接收到某种信息,以后他可能凭回忆说出该信息发生的地点(如在某处看过一次车祸)。(3)时间顺序的信息。受试者凭记忆所及能够说出某些事件发生时间的前后顺序(如前星期二考试与本星期一请假等)。基于此义,本词与另词偶然学习(incidental learning)意涵相似。见该条。

automaticity **自动性** 义同自动化处理(automatic processing)。见该条。

automatic process = automatic processing **自动化处理,自动化加工**

automatic processing **自动化处理,自动化加工** 认知心理学的术语。指学习达到纯熟地步后,再遇到以前学过的刺激性信息需要处理时,不需要再像初学时那样付出注意和努力,而是只需稍加留意即能自动予以处理。自动化处理的信息主要分两方面:其一是动作技能方面信息的处理。以骑自行车为例,熟练的骑者上车后无须注意手脚如何协调的问题,只需看清车前的路况,即可开始操作自如。其二是语文方面信息的处理。以阅读为例,熟练的读者阅读时无须注意语句中每个单字的字形与字义,只需对整句甚至整行一瞥,即可理解其文义。根据心理学家的研究,判断某种技能(包括动作技能和语文技能)是否臻于自动化处理地步,有三个标准:(1)自动化处理信息时不含有个人意向即并非个人刻意要技能自动化。(2)自动化处理过程中无须提升个人的意识;自动化处理时无须焦点意识(十分注意),只需边缘意识(稍加留意)即可。(3)自动化处理过程中,可以兼带从事其他心理活动,而且两者互不影响,骑在自行车上可以与并行者边走边谈话的情形,就是如此。

automatic speaking **语言失控,自动口语** **1.**说话者本人不能控制自己语言意向的病态现象,称为语言失控。语言失控现象多发生在精神病患者或老年人身上。 **2.**日常说话时,无须多加思考,即可说出流利的口语,称自动口语。像使用九九乘法表即自动口语。自动口语是正常现象。

automatic speech = automatic speaking **语言失控,自动口语**

automatic writing **自动书写,无意识书写** 指在催眠暗示情境之下,个人不自觉的书写行为。即使所写文字可以辨识,书写者本人当时并不清楚觉知。见催眠(hypnosis)。

automation **自动化** 工业生产中,机器的自动运作取代了人力操作的历程。自动化的后果,可以使生产加速,减少人力费用,降低生产成本,提高产品标准化,增多任务人休闲时间。但从社会学观点看,生产自动化将减削人在工作上的价值感,且难免导致科技性失业,造成社会问题。

automatism **无意识动作,自动症** **1.**指不经自己的意识而表现出的活动。如上台阶时脚步提高身躯前倾等动作均属之。按此意,本词义同自动化处理(automatic processing)。见该条。 **2.**个人不能自行支配的行为,如梦游、自动书写、梦呓等均属之。无意识动作如构成个人生活上的困扰,则称为自动症。

automatization **自动化** 指自动化处理(automatic processing)形成的心理历程。见该条。

automorphic perception **类我知觉** 指个人常把别人视作与自己类似的心理倾向。看到别人表现某种行为,常以自己表现类似行为的原因去解释对方为什么这样说,为什么这样做。所谓"推己及人"是此种心理好的一面。但有时忽略人与人之间有差异的事实,硬把别人看作与自己相似时,也难免造成"强人所难"的不良后果。

autonomic balance **自主性平衡** 指自主神经系统(autonomic nervous system)中交感与副交感两种神经系之间的颉颃作用。见该条。

autonomic conditioning **自主条件作用** 运用生理回馈的原理,使原本不能随己意控制的自主神经系统的活动(如心跳等),经由条件作用的学习历程,也可学习到能够以间接方法予以控制。此种方法称为自主条件作用。自主条件作用是经由操作条件作用(operant conditioning)的历程形成的。见该条。诸如瑜伽术、超觉静坐等,在基本上都是运用自主条件作用的原理。见生理回馈法(biofeedback technique)。

autonomic nerve **自主神经** 指自主神经系统(autonomic nervous system)中主控内脏器官与腺体的各种神经。见该条。

autonomic nervous system(ANS) **自主神经系统,自律神经系统** 自主神经系统是由分布于心肌、平滑肌和腺体等内脏效应器的运动神经元所构成(不包括感觉神经元),它是周围神经系统的一部分。因为它的作用不受大脑意志的控制,故名。自主神经系统的主要功能是控制心跳、平滑肌收缩和腺体分泌等以维持身体的恒定状态。自主神经系统又分为两大系统(见附图):(1)交感神经系统(sympathetic nervous system),主要生理功能为促使脉搏加快、肠胃运动变慢、瞳孔放大、膀胱舒张、黏稠性唾液的分泌增加等。此外,它能使个体在危急状况时加强应变能力。在精神压力或心理紧张时能影响交感神经系统,并引起适度的反应。在能量代谢方面,它倾向于促进能量的消耗。(2)副交感神经系统(parasympathetic nervous system),主要生理功能为促使脉搏变慢、肠胃运动加快、瞳孔缩小、膀胱收缩、水状唾液的分泌增加。在维持生理状况的恒定方面,副交感神经系统非常重要;在能量代谢方面,它倾向于促进能量的储存。

autonomic response 自主反应 指个体感受刺激影响时,由自主神经系统所支配的内脏器官及腺体所产生的反应,诸如心率变化、血管舒缩等均属之。

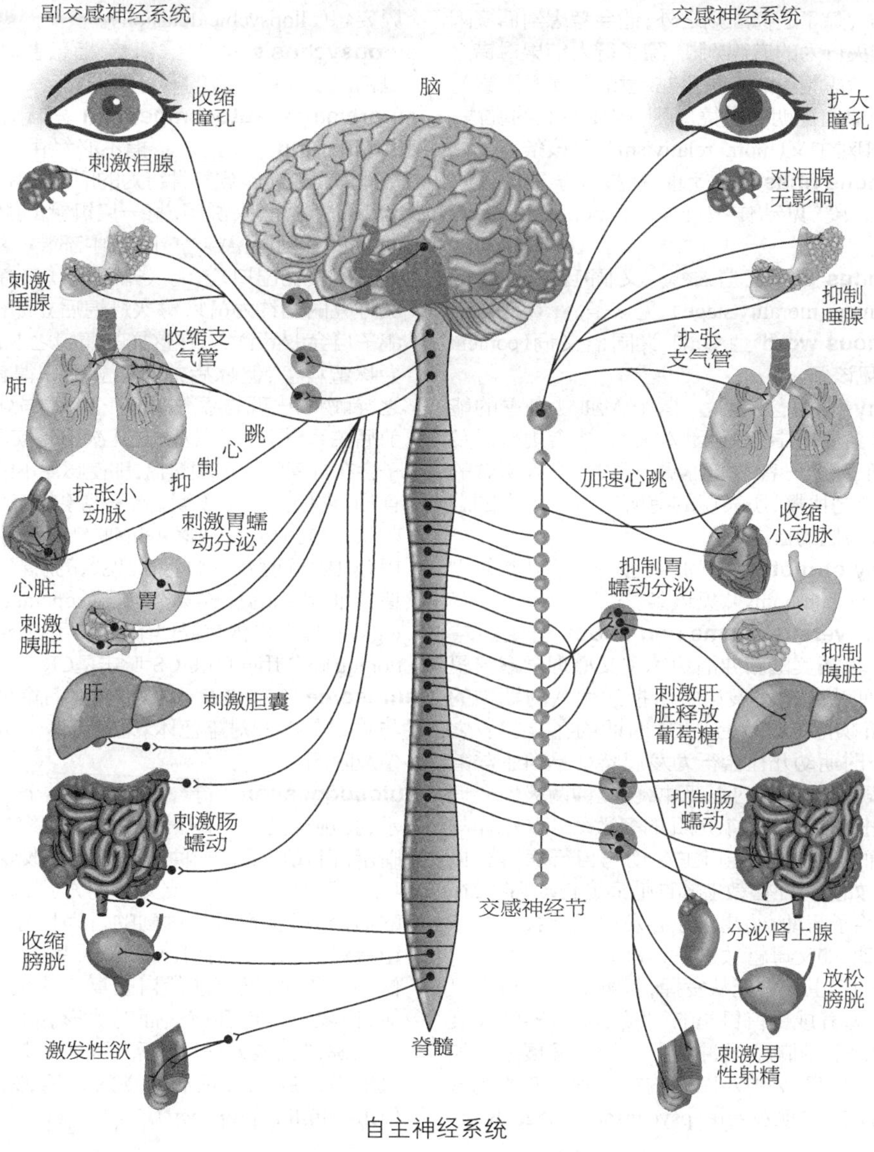

自主神经系统

autonomous complex 自主情结 瑞士精神病学家荣格理论中的术语。指任何隐藏在潜意识中的情结，经过一段时间后自行浮出意识时，称之为自主情结(意指非由精神分析师引导出来的情结)。

autonomous morality 自律道德 指自律道德期(autonomous morality stage)的道德行为特征。见该条。

autonomous morality stage 自律道德期 按瑞士心理学家皮亚杰的道德发展理论，自律道德期是儿童道德发展的第二阶段，约在八九岁以后开始。自律道德期的道德行为特征是，儿童不再像以前他律道德期那样盲目服从权威，遇到道德判断的情境时，除了道德准则之外，他会考虑到情境因素；对过失行为的道德判断，除了行为结果对错之外，他会考虑犯错的人是否"故意的"(动机因素)。因此，自律道德期的道德原则，按皮亚杰的说法，是道德相对主义(moral relativism)。见该条。

autonomous phase 自动期 指技能学习历程中的第三阶段。见动作技能学习(motorskill learning)。

autonomous stage 自律期 义同自律道德期(autonomous morality stage)。见该条。

autonomous word 独立词 义同语义词(content word)。见该条。

autonomy 自主性，独立 指个人独立自主的能力。在社会情境中，遇到团体压力、社会规范以及个人价值观念三者不能协调一致时，个人所做的独立判断与抉择，所表现的有所为有所不为的态度，即代表他的自主性。

autonomy of motive 动机独立 义同功能独立(functional autonomy)。见该条。

autonomy versus shame and doubt 自主对羞怯与怀疑 属美国新弗洛伊德主义心理学家埃里克森心理社会期发展论中所指人生八时期中的第二个时期。在年龄上，此一时期约在1至3岁之间，此一时期幼儿社会行为发展特征是自主与羞怯或怀疑两种相对的心理冲突。此种两极性心理冲突多出现在3岁以前，因此时多数幼儿在动作与语言方面已发展到能自主活动与自行表达意见的地步。如父母在管教上容许他适度自动自主，在需要时给予帮助，幼儿的社会发展上就会倾向于自主行动。如父母管教过严，或对婴儿过度保护，使婴儿的自主能力无从发挥，就难免使其对自己丧失信心，养成畏首畏尾的习惯和对人羞怯怀疑态度。此一时期的心理冲突所形成的发展危机如不能适时化解，势将对以后的社会发展有不利影响。见心理社会期发展论(psychosocial stage theory of development)。

autophilia = narcissism 自恋

autophobia 自惧症，惧孤独症 属恐惧症之一。患者不敢面对自己，每想到有关自己的一切(如容貌、能力、命运等)，或是孤独自处时，即感到莫名的恐惧。纵使自知极不合理，但仍无法克制因自己引起的惶恐情绪。见恐惧症(phobia)。

autoplasty 自我调适 精神分析心理学的术语。指经由分析治疗后，患者在内心中发展出一种改变自己的内在动力，继而在外显行为上能配合现实要求改变以往不适当的行径。

autopsychic delusion 自我意识妄想 见投射外界妄想(allopsychic delusion)。

autopsychosis 自觉精神病 指患者对其自我本身错误观念所导致的一种精神病。

autorivalry = autocompetition 自我竞争

autoshaping 自行塑造 指不必经由特别安排而个体即可自行学到某种行为的历程。自行塑造可由以下简单实验来说明。将一只饥饿的鸽子置于笼内，笼之一边上沿装一小灯，中部装一塑料盘，下沿有一食物出口。置鸽入笼后，小灯时亮时熄，每次灯亮时间约为6秒，每次灯熄后立即出现食物，鸽子自会取而食之。在这样的情境之下，鸽子有时会啄塑料盘，但啄后并不会立即获得食物。换言之，食物的出现与啄的动作无关，但与灯光明灭有前后关系。根据观察发现，几次重复实验之后，鸽子会在灯亮时啄击塑料盘，即使啄后不能立即获得食物，它仍然照啄不误。此一现象的奇异之处是，刺激(灯光)与反应(啄)间的联结并未经过强化作用(未因啄而得食物)。对此现象的解释是，自行塑造并非单纯的操作条件作用(operant conditioning)，而其中也含有经典条件作用(classical conditioning)的作用(灯光是CS，啄击是CR)。见该等条。

autosome 正染色体，常染色体 指除性染色体(X与Y)之外的22对染色体。见染色体(chromosome)条及附图。

autosuggestion 自我暗示 系一种个人内心的暗示，有别于受他人的言语、态度的影响而获得的暗示。自我暗示是一种增进健康或改变行为的技巧，借重复某些语言或文字的方式，直到所引出的信念，影响到所要达到的行为目标为止。例如重复对自己说："对自己有信心，别人才会对你有信心。"久之，极可能使自己真正产生了信心。当然，自我暗示也会有负面的情形。如某人总是对自己说："我能力差，赶不上别人。"久之，极可能真的在成就上总是落在别人之后，见自验预言(self-fulfilling prophecy)。

autotopagnosia 体觉感缺失 患者丧失辨识自己身体各部位的能力。

auxiliary ego 副我 **1.**根据美国心理学家莫瑞诺的理论,副我指个人扮演的另一人的角色,并在行为上表达另一人的需求、欲望与目的。例如,在心理剧中个人饰演自己的父亲,从他对父亲的了解去扮演父亲的性格即是。**2.**指个人有意地接受别人的意见,并用以支配自己的行为。见莫瑞诺(Moreno, Jacob L.)传记条。

auxiliary solution 副解脱 根据美国精神医学家霍妮的理论,副解脱是三种神经质解脱之一。副解脱指个人暂时地或部分地忘却引起心理冲突的现实,借以减消精神上的痛苦。一般使用的防卫机制(如合理化作用),在性质上即属副解脱。霍妮理论中的另两种解脱是主解脱(major solution)与全解脱(comprehensive solution)。见神经质解脱(neurotic solution)。

availability 可用性,有效性 **1.**指比较容易从记忆中提取出来表现于反应的旧经验。日常生活中最常用的词汇,无须思索立即可以记起的原因,就是由于该等词汇具有高度的可用性。**2.**指记忆中储存的信息,在性质上对个体生活愈有效用者,愈容易记得,也愈容易表现于外在的反应。见有效性原则(availability principle)。

availability heuristic 经验直观推断法 是问题索解时采用直观推断法的一种思维方式。靠经验直观推断思维的特征是,以个人经验中最熟知而最容易联想到的事例为基础,用以推断决策后带来正面后果可能性的一种思维取向。如果在缺乏事实性资料的情形下要你说出目前都市人的离婚率,你只能根据经验所见的离婚事例做直观推断。直观推断的离婚率与事实的离婚率愈接近时,就代表推断的结果愈正确,也表示判断决策带来的正面后果具有较高的可能性。唯就此例可知,直观推断是相当主观的,主观的判断与决策后果,自然难免发生误差。与本词相对的是常例直观推断法(representativeness heuristic)。见该条。见直观推断法(heuristic)与定程法(algorithm)。

availability principle 有效性原则 解释记忆的原则。储存在记忆中的信息,在性质上愈是对个体生活具有较大效用者,在回忆时就愈容易记得。

average deviation = **mean deviation** 平均差

average error 平均误差 根据同一标准刺激,多次判断后,将每次判断与标准刺激比较所得误差,相加后而平均之,即得平均误差。

aversion therapy = **aversive therapy** 厌恶治疗法

aversive behavior 厌恶行为 义同厌恶反应(aversive response)。见该条。

aversive conditioning 厌恶条件作用 属行为治疗法之一。采用经典条件作用的原理,消除个体某种不良习惯的方法。以戒酒为例,以酒味当条件刺激,以呕吐剂(药物)为无条件刺激,先闻酒味,而后服呕吐剂引起呕吐的痛苦反应,呕吐反应即为无条件反应。多次重复之后可能闻酒味而恶心,终于对杯中物丧失兴趣。见经典条件作用(classical conditioning)。

aversive control 厌恶控制 指采用个体所厌恶的刺激为手段借以达到控制个体不当行为的历程。见负强化(negative reinforcement)条第二义。

aversive response 厌恶反应 泛指个体对厌恶刺激(aversive stimulus)所表现的离避反应;每遇该刺激出现,个体即起而走避。见该条。与本词相对者为欲求反应(appetitive response)。见该条。

aversive stimulus 厌恶刺激 个体因自发性反应而形成一种刺激情境,如类似情境以后再度出现时,个体同类反应即将减弱甚或不再反应,此一刺激即可视为厌恶刺激。例如,有人尝试某种食物,一次经验之后,不愿再吃第二次,该食物即为厌恶刺激。与本词相对者为欲求刺激(appetitive stimulus)。见该条。

aversive therapy 厌恶治疗法 属心理治疗方法中行为治疗法之一。厌恶治疗法是采用厌恶条件作用(aversive conditioning)的学习原理,使个体戒除不良习惯(如咬指甲、吸烟、酗酒等)。见该条。

AVK method 视听动并用法 指教育聋童说话的一种方法。A代表听(audition),利用助听器使学童听到声音;V代表视(vision),利用眼睛看教师口唇动作及表情;K代表动(kinesthesis),利用触觉及动觉,并触摸教师口部及喉部活动情形。如此视、听、动三种感官并用,自可提高教学效果。

avocation 副业,嗜好 **1.**指主要职业之外从事的工作或活动。**2.**指业余喜好的事物。

avoidance-avoidance conflict 双避冲突 属心理冲突类型之一,是一种左右两难的心境。当个体发现两个目标可能同时具有威胁性,而又迫于情势,必须接受其一时,即形成双避冲突。见冲突(conflict)。

avoidance behavior 回避行为 义同回避反应(avoidance response)。见该条。

avoidance conditioning 回避条件作用 见回避学习(avoidance learning)。

avoidance gradient 离避梯度 见趋近梯度(approach gradient)。

avoidance learning 回避学习 在某种具有危险性的情境下,个体学到对警示信号迅速采适当反应,从而避免遭受打击或惩罚的学习历程,称为回避学习。如果设计的情境是,红灯出现两秒钟,随即通电流予白鼠以电击,白鼠可学到见红灯出现先行回避,借以避免电击。回避学习又称回避条件作用(avoidance conditioning),也称回避训练(avoidance training)。从条件作用学习的理论观点言,回避条件作用包括经典条件作用与操作条件作用两种历程。按上例,红灯为条件刺激,电击为无条件刺激,遭电击而恐惧为无条件反应,见红灯而恐惧为条件反应。白鼠对红灯学到条件反应(恐惧)是经由经典条件作用历程。因恐惧不安而产生另一回避反应,回避反应的结果将刺激情境改变,免于电击的痛苦。于是,因反应后果可免于电击并消除了恐惧,故而以后再遇同样情境时,同样反应出现的可能性增加,因此,后段的回避反应是操作条件作用形成的。见条件作用(conditioning)。

avoidance motive 回避动机 指个体从现实情境中退缩行为的内在驱力。见动机(motivation)。与本词相对者为趋近动机(approach motive)。见该条。

avoidance response 回避反应 个体对厌恶的或具有威胁性的刺激情境表现不去接近而且远离的反应,谓之回避反应。见回避学习(avoidance learning)。

avoidance training 回避训练 义同回避学习(avoidance learning)。见该条。

avoidant personality 回避型人格 见回避型人格异常(avoidant personality disorder)。

avoidant personality disorder 回避型人格异常 属人格异常之一。属此类型者在性格上具有强烈的自卑倾向,知觉过度敏感,有意讨好别人,但担心被人拒绝,生怕做错事受到谴责羞辱。因而凡事畏首畏尾,而内心冲突不安,终难免适应困难。回避型人格异常可简称回避型人格(avoidant personality)。

aware-need = conscious need 意识需求

awareness 觉察,意识 指意识历程中的一种意识境界。此一境界只意识到周围的世界,觉察到事物的存在,但并未集中注意或细加分析。沿街行路时,对沿途景物的知觉常是如此。见意识(consciousness)。

axial amnesia = amnestic syndrome 失忆症候群,遗忘综合征

axiodrama 伦理剧 为心理剧形式(psychodrama forms)之一。见该条。

axiology 价值论 **1.** 哲学思想中的三大理论体系之一。价值论所探讨者是以人为标准的价值衡量问题。哲学思想中的价值论,因探讨问题不同而又分为三种理论:(1)逻辑学(logic),探讨"真"的问题;(2)伦理学(ethics),探讨"善"的问题;(3)审美学(aesthetics),探讨"美"的问题。见该等条。**2.**指从哲学的观点研究价值的一种理论。诸如宗教、美学、伦理学中所谈的价值,均以哲学观点讨论。见哲学(philosophy)。

axiom 公理,不证自明原则 为世人普遍接受但无法证明也无法否定的原则。不证自明原则可视为真理。譬如说"人世间最可贵的是母爱",即属不证自明原则。

axoaxonic synapse 轴突间突触,轴间突触 指位于两个神经元轴突间的突触。此种突触的突触结位置与突触后神经元的轴突末端非常接近。轴突间突触可促成突触前抑制。

axodendritic synapse 轴树突触 指介于一个神经元轴突终端与另一个神经元树突之间的突触。轴树突触为最常见的突触形式。见神经元(neuron)条及附图。

axon 轴突 是从神经元细胞延伸出来的一根较长的分支,其功能具有传导神经冲动的生理作用。见神经元(neuron)条及附图。

axosomatic synapse 轴胞体突触,轴体突触 指介于一个神经元轴突终端与另一个神经元细胞体之间的突触。见突触传递(synaptic transmission)条及附图。

aypnia = insomnia 失眠,失眠症

B

babble 咿呀语 指婴儿出生后6个月左右，口中发出的类似语言但不具语言意义的声音。咿呀语是人类学习语言的基础，但不能视为语言的开始，盖因生而哑者在婴儿期也表现同样的反应。

babbling stage 咿呀语期 指个体出生后6个月左右，口中发出类似语言声音的时期。见咿呀语（babble）。

Babinski reflex 巴宾斯基反射 指一般健康婴儿的反射动作。在婴儿出生后至2岁之前，如用钝物轻触其足掌，拇趾会上翘，其他各趾散开呈扇形。此一现象最初由法国神经生理学家巴宾斯基（J. F. Babinski, 1857～1932）所发现，故名。到婴儿学习走路时，此种反射现象即自行消失。如成年后仍然出现上述反射现象，则属病态。巴宾斯基反射也称巴宾斯基现象（Babinski's sign）。

Babinski's sign 巴宾斯基现象 义同巴宾斯基反射（Babinski reflex）。见该条。

Babinski's syndrome 巴宾斯基症候群，巴宾斯基综合征 指纵使临床证据确凿，而罹患半身不遂病人仍坚决否认自己患病的现象。此种反常现象，被认为是患者心理上的防卫机制（defense mechanism）作祟。见该条。

Babkin reflex 巴肯反射 指新生婴儿的反射动作之一。巴肯反射的特征是，如压其手掌婴儿即张大嘴巴。

baby biography 婴儿传记 指婴儿出生后成长期间身心发展的记录。记录内容除包括身高、体重、健康等事项之外，更重要的是记录其动作、语言及生活能力的发展。婴儿传记一般由成人采日记描述法为之，是发展心理学研究方法中纵贯法（longitudinal method）的基本资料之一。见该条。

baby boom 婴儿潮 指在第二次世界大战（1939～1945）之后至1960年之间，美国人口出生率巨幅升高的现象。

babyhood = infancy 婴儿期

baby talk 婴儿语 **1.**指婴幼儿2岁以前所说的不合文法但能传达意见的语句，常以一两个单字表达完整语意。如"妈妈""狗狗"即是。**2.**指成年后语言障碍者所说的类似婴儿语的话。**3.**指成人对婴儿说话时，所用模仿婴儿的语句与语气的话。

BAC = blood alcohol concentration 血酒浓度

bacillophobia 惧细菌症 属恐惧症之一。患者对看不见的细菌极端恐惧，因而对日常接触到的衣食用品，极为担心，唯恐传染细菌导致疾病。注重卫生本无不当，但过分敏感则难免心理异常。见恐惧症（phobia）。

background 背景 **1.**属于整个图形的一部分，通常指显出具体形象者为图形，图形外衬托的部分即称为背景。在知觉心理学上，background一词与ground通用，见形象—背景（figure-ground）。**2.**指某一事件发生前已存在的史实，该等史实是影响事件发生的原因。**3.**指一个人的身世、遭遇、经验、社会关系等，如说某人背景复杂，即系此义。

background characteristics 背景特征 从事社会调查的比较分析研究时，调查对象所填的个人背景数据，称为背景特征。诸如种族、籍贯、职业、教育程度、性别、宗教信仰等，均属之。背景特征是人口调查统计的主要变项，故本词与人口统计变项（demographic variable）通用。见该条。

background music 背景音乐 指在工作场地播放的音乐。设置背景音乐是基于一种假设，假设音乐的旋律可以和缓人的情绪，减少单调感与疲劳。唯此一假设并未获得肯定的证据。茶馆、餐厅等休闲场所背景音乐自可增加情调，但如图书馆之类需要安静的场所，背景音乐就不需要。

background noise 背景噪声 指干扰信号辨识的一切刺激因素。干扰刺激可能是声波（干扰听觉信号），也可能是光波（干扰视觉信号）。

back-to-basics movement 回归基础学科运动 美国20世纪80年代的一种教育运动。此一教育运动的中心主张是，减少中学课程中的次要学科，特别加强语文、数学与基础科学三方面的教学，从而奠定学生学习高深学术的基础。

B

backward association **逆向联想** 在语文学习时，如所学材料呈序列的关系，学习者在记忆时，可根据序列中后面的语词，倒向与前面的语词联结或联想。例如，在学习时的序列为"天昏地暗"，在记忆时如只提供"地暗"两字，受试者可回答出"天昏"。与本词相对者为顺向联想（forward association）。见该条。

backward classical conditioning **逆向经典条件作用** 义同逆向条件作用（backward conditioning）。见该条。

backward conditioning **逆向条件作用** 属经典条件作用的一种实验方式。通常在条件作用实验时，条件刺激总是在无条件刺激之前或同时出现。在逆向条件作用实验时，则将条件刺激置于无条件刺激之后出现，两者在顺序上前后颠倒，故名。逆向条件作用的形成，较诸一般条件作用（条件刺激在前）的形成为困难。见经典条件作用（classical conditioning）。

backward inference **逆向推理** 解决问题的思维方式之一。义同倒推法（working backward）。见该条。

backward masking **后掩蔽，倒行掩蔽** 系知觉掩蔽现象之一。在先后出现两种刺激的情境下，因后者出现的影响形成对前者知觉困难的现象，称为后掩蔽。意指后出现的刺激，掩蔽了对前一刺激的敏感性。见掩蔽（masking）。

backward reading **反向阅读，倒读** 是一种阅读异常现象。反向阅读（指读英文）有两种，一为将句中单字的顺序颠倒，一为将单字中字母的顺序颠倒。反向阅读属阅读障碍（reading disability）之一。见该条。

backward span **反向记忆广度** 测量短期记忆的一种简单方法。反向记忆广度指反向记忆时所能记忆项目的数量，例如，3758四位数字，在受试者面前出现一次（或用口语，或用速示器）后，要他按相反的顺序口述（即8573），如回答正确，再加长为五位数字，直到不能正确回答为止。如此，受试者最后能够回答的最多位数字，就是他的反向记忆广度。反向记忆广度常被用来做智力测验的题目之一，反向记忆广度大者智力较高。一般人的反向记忆广度要比其顺向记忆广度（memory span）为小。见该条。

Bacon, Francis（1561～1626） **培根** 培根是17世纪英国哲学家、政治家、科学家。培根首创的归纳法，不仅突破了两千年的科学思想传统，奠定了以后实验科学的基础，而且开启了以后英国经验主义和实证主义心理学思想的先河。

培根1561年1月22日出身于伦敦的一个世家，父为伊丽莎白女王掌玺大臣，母为爱德华六世业师安东尼之女。培根自幼聪颖，12岁即进入剑桥大学三一学院攻读法律，但因不满剑桥学者思想陈旧，囿于亚里士多德思想抱残守缺，而自行退学。退学后他立志突破以往科学哲学传统，建构一种新的科学哲学。培根一生从事过多方面政治活动，他曾当选国会议员，受封爵士，出任英王詹姆士的咨议官，出任司法官、检察长、掌玺大臣及大法官等，但均无重大成就。培根的真正贡献在其学术思想，他坚信唯有观察实验，才能了解自然变化的真相。基于其求实求真的态度， 晚年在一次从事冰冻防腐实验（在鸡的腹腔中填入冰雪）时，不慎受风寒而罹患肺炎，1626年3月9日病逝于伦敦， 享年65岁。培根在学术上的贡献主要在以下两方面：

1. 倡归纳法奠立实验科学基础　在培根之前，探讨科学问题的哲学家，都是循亚里士多德演绎推理三段论法的思维逻辑去探求知识。培根认为，演绎推理虽可得到肯定结论，但难免会有两个缺点：其一是演绎推理根据的所谓普遍原则，未必是绝对真理。有些看似普遍原则，实为被一般人误信的假象。培根指出，社会上一般人心中有四种假象，阻碍其从事合理的思维：（1）洞穴假象，指因个人经验或感情形成的偏好；（2）种族假象，指在种族文化影响下养成的偏见；（3）市场假象，指受流行语言表意的影响，导致对真相的扭曲；（4）剧场假象，指在传统影响下对权威的盲从。其二是演绎推理所根据的普遍原则未必现成，如不现成则无从找到推理根据。因此，演绎推理的功能只能在旧知识基础上扩充一些较新的知识，不能在旧知识之外创新发明。唯其如此，培根在1620年刻意针对亚里士多德《工具》一书的逻辑思想，出版《新工具》一书，大力提倡采用归纳推理（inductive reasoning）的逻辑思维方式，以探求新知。归纳推理的实际应用，即为归纳法（inductive method），指根据对同类事象多次重复观察记录结果，分析归纳出结论，从而形成新的科学知识。培根提倡的归纳法，为以后18世纪以实验为主的自然科学奠立了基础。

2.开经验主义知识论的先河　在哲学心理学中讨论知识来源问题时，虽一般都将英国洛克视为经验主义的创始者，但事实上，洛克之前培根提倡归纳法获得知识的理念，就是经验主义的开端。培根提倡归纳推理思维时，强调不要迷信既有的理论和知识，因为既有的理论和知识都变成了语文符号或数学公式；符号公式所代表者，不是事象本身，只是虚幻的物象而已。如果求知时只热爱书本理论，那无异于把美女图像当作了爱人，是不切实际的。因此培根强调，只有舍弃理论，舍弃对权威的盲从，直接观察事象的变化，才能对世界上诸多事象获得真正的了解。培根指出，科学的终极权威是经验性观察，人类的真正知识只能在观察的经验中获得，不能从权威、理论、语文符号或数学公式中得来。不过，培根提倡的经验主义，并不主张单靠零碎经验即可汇集成知识。他所强调的经验中获取知识，是指将经验归纳后的知识。他以蜘蛛、蚂蚁、蜜蜂三种昆虫为例，蚂蚁收集储存食物，蜘蛛结网等待猎物，而蜜蜂则是博采花粉酿成蜂蜜而创制食物。培根认为，人类求知应向蜜蜂学习。

培根著作中译为英文的专著有：*Advancement of learning*（1952）；*The new organon and related writings*（1960）等。

Baconian method 培根法 义同归纳法（inductive method）。见该条。

Bacon's method = Baconian method 培根法

bad me 劣我 指个体因自觉有缺陷而形成消极性的自我观念。幼儿期所表现的行为如经常被成人否定，即可能因而种下自我贬抑或自我否定的根源。人之所以有自卑感，自幼养成劣我的观念是主要原因之一。按精神分析论的解释，劣我也是以后形成自我焦虑（ego anxiety）的主要原因。见该条。

BAL = blood alcohol level 血酒浓度

balance control 平衡控制 属于一种肢体障碍复健的治疗方法。治疗时除一般肢体复健程序外，还训练患者使用拐杖、轮椅等工具控制自己身体的平衡。

balanced bilingual 平衡型双重语言 指个人使用两种语言且达到同样流畅的程度。见双重语言（bilingualism）。

balanced placebo design 平衡安慰剂设计 义同平衡安慰剂实验设计（balanced placebo experimental design）。见该条。

balanced placebo experimental design 平衡安慰剂实验设计 属从事安慰剂控制实验时的一种特殊设计。此种实验设计的特点是，将受试者分为A、B两组，A组服用的是真能发生作用的药物（如帮助睡眠的镇静剂），B组服用的是外形相同但不会发生作用的药物（安慰剂）。然后，秘密地只让A组的一半受试者知道他们服的是真药物，只让B组的一半受试者知道他们服的是假药物。如此将两组受试者各分两种方式处理，目的在平衡的原则下观察安慰剂所产生的效应。见安慰剂控制实验（placebo control experiment）。

balanced presentation of viewpoints 不同论点的平衡呈现 是主持辩论会的基本原则，指在所辩论的主题之下，主持人给予正反两面的辩者同样的发言机会。

balanced scale 平衡量表 量表中的题目成偶数者，其中一半题目的积分恰与另一半积分的绝对值相等。例如，某量表有50个是非题，其中是与非的答案各占25题。如此可避免因不平衡而造成误差。

balance model = balance theory 平衡论，均衡论

balance theory 平衡论，均衡论 解释态度或信念的一种理论。平衡论系由美国社会心理学家海德（F. Heider, 1896～1988）1946年提出，其基本要义是，个人对人、事、物的态度或信念，经常有保持平衡的倾向，否则将因失衡而生不安之感。例如，因为觉得某人温文儒雅，所以你很欣赏他（对他的态度）。若一旦发现他举止粗暴，于是在心理上将失去平衡。为了恢复平衡，你可能解释此人之粗暴行为，只是偶然现象，不得已而为之，如此你对他的态度不变，心理上也恢复了平衡。你也可能承认此人举止粗暴正代表他的性格，如此你将改变对他的态度，不再认定他是文雅的绅士，至此心理也恢复平衡。平衡论可用来解释对人的态度，也可用来解释对事或职业的态度。人之所以敬业乐业，主要原因是因为个人的条件与职业的性质以及报酬等之间维持了心理上的平衡。见认知失调论（cognitive dissonance theory）。

Baldwin illusion 鲍德温错觉 属视错觉现象之一。如附图所示，上排两个大正方形之间的距离

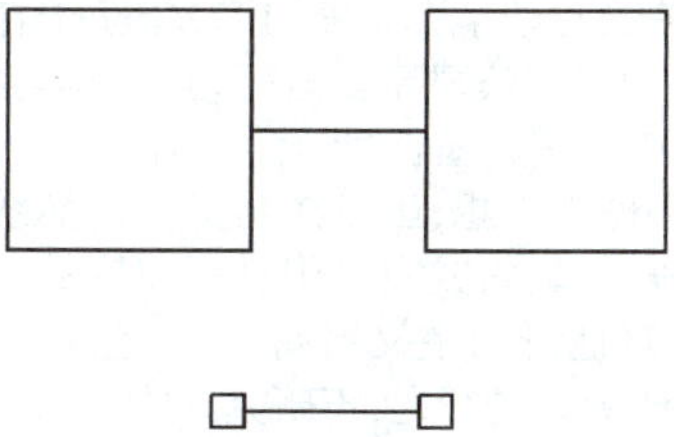

鲍德温错觉

与下排两个小正方形之间的距离完全相等，但看起来会使人觉得小正方形之间距离较远。此一错觉现象系由美国心理学家鲍德温（J. M. Baldwin, 1861～1934）所发现，故名。见错觉（illusion）。

ball-and-field test **球与场地测验** 指斯坦福—比奈智力量表中的一个试题。该试题的要义是，一个棒球落入一片深草丛中，要儿童凭想象在纸上画出一幅寻找失球的路径与方法图，确定其足可循迹找到失去的棒球。

band score **阶段分数** 指用一个阶段来表示分数的一种方式。例如，某生在数学测验上得到的分数是65分，这是他的原始分数。如以阶段分数来表示时，可以说他的数学成绩是在63至67分的阶段之间（表示65分上下各有2分误差的可能）。用阶段分数的目的是，避免因测验误差而构成对原始分数的错误解释。

Bandura, Albert（1925～） **班杜拉** 班杜拉是在加拿大出生的美国心理学家，是新行为主义的代表之一，是社会学习论的创始人，也是尝试将心理学理论用于改变人类行为颇为成功的一位心理学家。

班杜拉1925年12月4日出生于加拿大北部阿尔伯达省的一个名叫曼达拉的小镇，他进该镇中学时，学校只有20名学生和两位教师。毕业后入不列颠哥伦比亚大学修心理学，三年后转入美国爱荷华大学，1951年得硕士学位，1952年获临床心理学哲学博士学位。获博士学位后，进入斯坦福大学任讲师，1964年升任教授至退休。其间在1974年当选美国心理学会主席，1977年获卡特尔学术研究奖，1980年获国际攻击行为研究学会杰出贡献奖，同年又获美国心理学会杰出科学贡献奖。班杜拉的心理学思想，虽然在名义上仍然继承行为主义传统，但其研究取向和其所建构的心理学理论，却与其他行为主义者有三点明显不同之处：（1）他只研究人的行为，不研究动物的行为；（2）他在解释人的行为时不仅重视其外显行为，而且更重视其内在认知因素，此点与托尔曼相似，而与斯金纳相异；（3）除研究个体行为之外，他更研究个体在团体情境中的社会行为，此点是他和其他新行为主义者在思想上最大不同之处。班杜拉在心理学方面的贡献，主要在于他在20世纪60年代所提出解释学习历程的社会学习论和解释人格结构的社会认知论，兹分别简单介绍于下：

1.社会学习论　班杜拉学习理论的建构过程，既摆脱了华生经典条件作用之个体从刺激代替关系中学到反应的传统，也摆脱了斯金纳操作条件作用之个体只能在后效强化原则下学到反应的限制，他的实验研究多半是在社会情境中进行的，因此他的学习理论称为社会学习论（social learning theory）。班杜拉社会学习论的基本要义有二：（1）个体在社会环境中所学到的行为，主要是经过观察学习的历程。观察学习指个体只以旁观者身份，观察别人的行为表现，即可学到该种行为。观察学习并不只限于个体观察别人的行为表现学到该种行为，而且也可进一步从别人行为后果学到间接的经验。幼儿如看到其他幼儿因打针而恐惧啼哭，则只凭在旁观察就可能学到对打针一事的恐惧反应。此种只从观察别人的行为经验即可获得新经验的学习方式，班杜拉称之为替代学习（vicarious learning）。因此，班杜拉的社会学习论也称观察学习（observational learning）。（2）社会学习论中另一概念是模仿（modeling）。模仿是指个体在观察学习时直接仿照别人的行为来表现自己的行为。班杜拉的研究发现，儿童在观察或模仿别人行为时，只要是他喜欢的，即使观察模仿之后得不到强化（未获奖励），照样可以学到该项新行为。由此可见，班杜拉的思想有异于其他新行为主义者，他不将强化视为构成学习的必要条件。班杜拉的社会学习论，深具教育意义：此一理论对教育上素来重视“身教重于言教”以及一般认为电视暴力镜头有害儿童学习的看法，提供了理论根据。

2.交互决定论　对个人性格特质的解释，班杜拉不同意其他行为主义者（如华生和斯金纳等）所持个人性格特质决定于环境因素的看法。他认为个人在行为上所表现的性格特质，主要是在社会情境中经由自己的认知历程所学习到的。班杜拉在其1986年出版的《思想与行动的社会基础》一书中，采个人、行为、环境三变项交互作用的观点，说明个人性格特质的形成：其中个人变项包括个人对社会情境的认知和期盼等；行为变项指个人行为的表现；环境变项指社会情境。他认为这三个变项彼此间的交互关系，可用以下三角图形表示之。

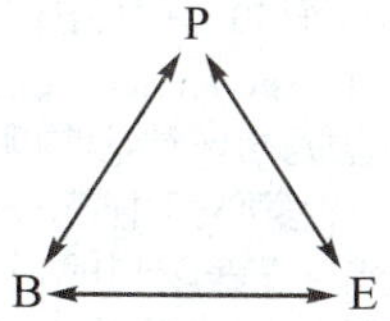

P: Person（个人）
B: Behavior（行为）
E: Environment（环境）

图形中P、B、E之间的双向箭头，表示个人、行为及环境三者间都存有交互关系。亦即：环境影响行为，行为影响环境，行为与环境二者都影响个人，而个人又影响行为与环境。因此班杜拉的人格理论称为交互决定论（reciprocal determinism），意指个人性格特质的养成是由个人、行为及环境三种因素交互作用而决定的。例如，社会上有人有偷鸡摸狗行径，也有人表现路不拾遗美德，这两种截然不同的行为，都是当事者个人在环境中表现的。如用行为主义环境决定论观点，即可采用“见财起盗心”来解释前一种行为。如改采个人认知观点，即可以用“临财毋苟得”来解释后一种行为。事实上这两种解释都不够完整。对一般行为事件，须兼顾个人心理、行为表现以及环境因素三方面，方始得到合理解释。由此可见，以班杜拉为代表的新行为主义心理学思想，发展到20世纪60年代以后，在本质上已产生重大改变。

班杜拉著作中的专书有：*Adolescent aggression*（1959）；*Social learning and personality development*（1963）；*Principles of behavior modification*（1969）；*Psychological modeling*（1971）；*Aggression: A social learning analysis*（1973）；*Social learning theory*（1977）；*Social foundations of thought and action: A cognitive theory*（1986）等。

bandwagon effect 从众效应，潮流效应 是一种社会心理现象。例如，在选举时受大众传播的影响，大家不约而同地倾向于支持某一候选人的政见；或是在服装流行时，个人不自觉地接受新潮流的影响。见从众（conformity）。

bandwagon technique 从众宣传技术 指以从众心理为依据而进行宣传的技术。从众宣传技术，是广告心理的基本原则之一，强调大家抢购，用者皆说满意，从而达到使人“欲购从速”的宣传目的。见从众（conformity）。

baragnosis 重觉缺失 手提物体时无法辨别物体重量的异常现象。重觉缺失主要因大脑皮质部分病变所致。

barbiturate 巴必妥酸盐 属精神药物之一，此种精神药物多为红色与绿色，红者俗称“红中”，绿者俗称“绿发”。巴必妥酸盐原本是用于治疗失眠症的镇静剂，后来被滥用为改变意识状态的药物。服用此类药物后，会抑制中枢神经，造成意识障碍，虽偶尔使人有愉快感，但因具有成瘾性及耐药性，服用过量会造成运动失调、晕眩、呼吸困难、低血压、循环障碍、视觉障碍、昏迷等症状，甚至致死。如突然停药会有戒断症状，如头痛、虚弱、焦虑不安、盗汗、颤抖、腹痛，甚至发烧、痉挛等症状，终昏迷致死。

bar chart = **bar diagram** 条形图

Barclay Classroom Climate Inventory（BCCI） 巴克雷班级气氛测验 是一种多重方法、多重特质的测量工具。该测验原系美国心理学家巴克雷（J. R. Barclay）所编制，其内容包括三十二个独立小量表，其中四个属于“自我能力量表”，十个属于“职业兴趣量表”，八个属于“强化事物量表”，六个属于“友伴评选量表，四个属于“教师评断量表”。巴克雷班级气氛测验，经学者吴武典修订为中文，并经标准化，在中国台湾出版。该测验适用对象为小学三年级至初中学生，分学生自评、团体评选及教师评定三部分，已建立常模，计分以百分位数表示之。

bar diagram 条形图 统计图（表）的一种设计方式。用相等宽度的条形，以不同的长度，分别表示量数（或百分比）的多寡。条形图与直方图（histogram）不同，前者各条形分立，后者各直形连接。见该条。

baresthesia 压觉 指当皮肤受到压力时所产生的感觉。

baresthesiometer 压觉计 测量压觉用的一种仪器。

bargaining 交涉，议价 指两人或两个团体之间为对某一事件达成协议前的“讨价还价”过程。影响交涉的因素很多，主要者有：(1)双方预期结果；(2)影响赢或输的因素；(3)当事者人格特征（如爱面子的人不愿放低姿态等）。

bargaining stage 愿望阶段 美国精神病学家库布勒鲁思死亡论（Kübler-Ross's theory of dying）中所指死亡过程中的第三个阶段。见该条。

bargaining theory 谈判理论 社会心理学术语。指个人间或团体间为维护各自利益如何谈判的理论。谈判是双方参与的工作过程，在此过程中有六个步骤：(1) 双方同意谈判协商的必要性；(2)协商的目的与原则取得一致；(3)对某些行动准则达成协议；(4)确定议题与日程表；(5)在解决议题的原则上达成协议；(6)在实施细则上达成协议。

bar graph = **bar diagram** 条形图

Barnum effect 巴奴姆效应 指一般人迷信星相家所说有关自己命运的言辞。虽然星相家有时对每个人所说的话千篇一律，可是听的人却往往主观地觉得，对方恰好说中了自己的问题。

B

barrier-free environment 无障碍环境 指消除一切不利于残障者行动的障碍物并增设利于其行动的环境。目前特别为盲人设置的导盲路以及特别为肢体残障者设置轮椅坡道等，均为无障碍环境所做的设计。

basal age 基准年龄 实施标准化测验时，受试者在某年龄水平的题目上完全答对，而再提高一级即生错误时，则全答对的年龄水平即为该受试的基准年龄。基准年龄未必等于受试者的实际年龄，而是他答题能力所表现出来的相对年龄。见年龄当量量表（age equivalent scale）。

basal mental age 基准心理年龄 义同基准年龄（basal age）。见该条。

base age = basal age 基准年龄

base line 基线 **1.**指数学上的横坐标（X轴）。**2.**指实验前实施前测之后，以数量表示的结果。如实验新法教学生学习跳高，实验开始前先测量每个学生所跳高度，即为基线。有了基线以后，实验成效如何始可比较判断。

baseline condition 基线条件 义同基线（base line）。见该条。

baseline observation 基线观察 **1.**从事操作条件作用实验时，在实验开始之前先观察个体某些反应自行出现的概率，用以作为评定将来经由操作条件作用后建立某种固定反应的基础。**2.**从事行为矫治时，在开始矫治之前先观察个体既有的行为反应，用以作为评定矫治效果的基础。见操作条件作用（operant conditioning），行为矫正（behavior modification）。

basement effect = floor effect 下限效应

base rate 基率 指在正常情形下个体某种反应在单位时间内出现的次数。在实验研究时，基率作为实验效果比较之用。

base-rate fallacy 基率推理谬误 指仅以特殊引人注意的少数事项作为普遍推理根据，而忽略相对多数事实真相的心理现象。以因交通意外事故导致人口死亡为例，虽然每年因车祸死亡人数在当年人口总死亡率中所占比例远比因空难事件死亡率为高，但在一般人的印象中，总以为空难事件死亡了很多人。原因是大众媒体对空难事件详尽报道，加深了一般人的记忆，因而忽略了车祸死亡事件每天都会发生的事实。

basic anxiety 基本焦虑 见基本焦虑论（basic anxiety theory）。

basic anxiety theory 基本焦虑论 新弗洛伊德主义精神病学家霍妮，在20世纪40年代提出的一种人格理论。所谓基本焦虑（basic anxiety），是指个体出生后因缺乏安全和温暖的环境影响所形成的一种恐惧感。在幼儿的脆弱心灵中，一方面因生理上的需求而极需父母的抚养以利成长，另一方面因心理上的需求而极需父母的关爱以获得安全。唯从一般家庭的育儿方式看，绝大多数父母，无法针对幼儿的身心需求设置有利其成长的理想环境。甚至有很多父母，对幼儿的行为，不是过分苛求，就是过分溺爱，使幼儿无法在充满爱意与安全的环境中成长。因此，个体自幼在生活经验中所形成的基本焦虑，是多数人无从避免的普遍现象。由此可见，霍妮所指的基本焦虑虽始自个体幼年，但与弗洛伊德所强调之以欲力为基础的本能论观点大不相同；霍妮所强调的基本焦虑，乃是起因于个体与他人间的社会关系。见霍妮（Horney, Karen）传记条。

basic conflict 基本冲突 根据新弗洛伊德主义精神病学家霍妮的理论，个体的神经质需求（neurotic need）不能满足时所产生的一种心理冲突，称为基本冲突。见该条及基本焦虑论（basic anxiety theory）。

basic data relation matrix（BDRM） 基本资料相关矩阵 研究任何心理事件，宜同时考虑五方面的数据：(1)受试者（人或动物）；(2)主刺激（预定引起反应的刺激）；(3)副刺激（影响主刺激效果的环境，如噪声）；(4)由主刺激引起的反应；(5)观察者（实验者）。研究进行时，上述五种数据各自都会产生变化（如受试者有不同的特征），故而可视为五大变项。因此分析研究结果时，研究者必须针对这五大变项纳入考虑，并将五大变项彼此间的相关程度列一个矩阵以供分析。

BASIC ID = multimodal behavior therapy 多功能行为治疗法

basic mistrust 基本疑惧，基本不信任 根据美国新弗洛伊德主义心理学家埃里克森心理社会发展论中所列的人生八阶段，基本疑惧是第一阶段（出生至周岁）基本信任未能发展成功的负面发展结果。基本疑惧的基本特征是对人恐惧怀疑，无法与人建立亲密关系。基本疑惧特质之所以形成，主要系由于未能获得父母爱抚关注所致。与本词相对者为基本信任（basic trust）。见心理社会期发展论（psychosocial stage theory of development）。

basic need 基本需求 **1.**广义言之，指个体维持生存的基本生理需求。基于此义，诸如饥饿（对食物的需求）、渴（对饮水的需求）、性（对性的需求）等，均属基本需求。**2.**狭义言之，指人本心理学家马斯洛动机理论需求层次论中所指的七层次中的前四层（生理、安全、爱与隶属、尊重）需求。按此类需求常因某些缺乏而产生（如缺水而生渴），故而又称匮乏需求（deficiency need）。唯马斯洛将此前四层基本需求合称基本需求（basic needs）。见需求层次论（need hierarchy theory）条及附图。

basic needs 基本需求 见基本需求（basic need）条第二义。

Basic Occupational Literacy Test（BOLT）基本语文及计算能力测验 是一种团体智力测验。该测验原系美国劳工部就业服务处所编制，其内容因难易度不同，分为四个层次：高级、次高级、中级和基础级。每级包括四个分测验：（1）词汇；（2）算术计算；（3）阅读理解；（4）算术推理。基本语文及计算能力测验于1986年修订为中文，并经标准化。该测验适用对象是初中毕业后即准备就业的学生。以所得原始分数在标准化样本平均数之下一个标准差作为切截分数，而以此切截分数作为衡量基准，以判断是否具有接受普通性向成套测验（GATB）的基本能力。见该条。

basic personality 基本性格，基本人格 根据美国精神分析心理学家卡丁奈尔（A．Kardiner）的理论，在同一文化社会中，由于父母养育子女的方式大致相似，使子女自幼在生活习惯、态度、价值观念等各方面所表现的行为，有类似之处。同一社会的人所表现的类似行为特征，卡丁奈尔称之为基本性格。平常说日本人如何，美国人如何，等等，语意中均指谓不同文化社会的人有不同的基本性格。

basic problem space 基本问题空间 见问题空间（problem space）。

basic research 基础研究 **1.**在心理学上，基础研究是指从个体行为变化中，研究分析其基本原理原则，以期建构系统的心理学理论。**2.**义同纯学理研究（pure research）。见该条。与本词相对者为应用研究（applied research）。见该条。

basic rest-activity cycle（BRAC）基本休息—活动周期 指睡眠时间内快速眼动睡眠（rapid eye movement sleep）与非快速眼动睡眠（nonrapid eye movement sleep）交替出现的周期性改变。见该等条。

basic rule 基本原则 指精神分析采用自由联想从事心理治疗时，要求患者做到的以下基本行为原则：患者必须摆脱一切思想上的限制，将自己内心中所记、所想、所感的一切，毫无拘束地尽量诉说出来，借以使压抑在潜意识中的冲动与冲突浮出到意识境界，以利进一步分析治疗。见自由联想（free association）。

basic skills 基本技能，基本知能 **1.**指学校中所学习的工具性学科，如阅读、语文、数学等。基本技能被视为进一步学习的基本条件。一个学生如不能具备这些基本技能，将无法进一步学习其他科目。**2.**泛指个人待人、处事、谋生所需的一切基本知识与能力。

basic trust 基本信任 根据美国新弗洛伊德主义精神分析心理学家埃里克森心理社会期发展论中所列的人生八阶段，基本信任是其中之一。人类自出生到周岁的婴儿阶段，其心理发展的主要关键，在于建立对人的基本信任。基本信任是个体最基本的社会性需求，此种需求只能在安全与关爱的环境中始能获得满足。婴儿因被爱而对人信任，是其一生人际行为的基础，故而称为基本信任。反之，如婴儿期得不到爱护与安全的照顾，他将对人产生疑惧，此种心理基础也将影响他以后的人际关系，故而称为基本疑惧（basic mistrust）。见心理社会期发展论（psychosocial stage theory of development）。

basilar membrane 基底膜 指耳蜗内分隔耳蜗管与鼓膜管的膜性构造。将耳蜗横切，可见耳蜗被两层薄膜分成上、中、下三个部分，中间的部分即耳蜗管，耳蜗管底部的膜性构造即基底膜。基底膜是由许多长短不一的纤维所构成，在耳蜗的起始端纤维较短，愈往远程纤维愈长。柯蒂氏器即位于整个基底膜上，淋巴液振动造成的压力波引起基底膜上纤维的振动，柯蒂氏器的毛细胞随着振动，神经冲动即传往大脑皮质而产生听觉。见听觉系统（auditory system）条及附图。

basophobia 惧走动症 属恐惧症之一，患者对走路或站立，表现出无理由的恐惧反应。见恐惧症（phobia）。

bathophobia 惧深症 属恐惧症之一。患者对身临深陷之处感到极不合理的恐怖。患惧深症者不敢俯视深井，不敢从高楼窗口下望。纵使不致受到任何伤害，但仍然无法克制惶恐情绪。见恐惧症（phobia）。

batrachophobia 惧蛙症 属恐惧症之一。患者对蛙类动物特别敏感，每一见及，即产生莫名的恐惧反应。纵使明知不致受到任何伤害，但仍然无法克制由之引起的惶恐情绪。见恐惧症（phobia）。

battered child 被虐儿童 指自幼遭受父母或监护收养人虐待而致身心两方面得不到正常发展的儿童。

battered child syndrome 被虐儿童症候群 指

B

自幼遭受父母或收养人虐待而显现在身心两方面的不良特征。被虐儿童症候群包括：骨折、皮肤病、营养不良、神经质、冷漠、敌视、个性懦弱等。此类儿童长大成人后也将倾向于虐待自己的子女。

battered wife 被虐妻子 指结婚后不获丈夫钟爱与尊重，而遭丈夫虐待的女性。

battery of test = **test battery** 测验组合，成套测验

battle fatigue = **combat fatigue** 战斗疲劳症

Bayley, Nancy（1899～1994） 贝莉 贝莉是20世纪美国著名发展心理学家，也是最早提倡以生命全程发展观念采用纵贯法研究儿童身心发展的心理学家。

贝莉1899年出生于俄勒冈州北部的达尔斯，1922年获华盛顿大学理学学士学位，1924年获理学硕士学位，1926年获爱荷华大学心理学哲学博士。获得博士学位后，先在怀俄明大学任教两年，1928年进加州大学伯克来分校儿童福利研究所从事教学和儿童发展研究，此后40年间，除在1954～1964年十年间兼任美国全国心理卫生所早期发展部门的负责人之外，贝莉在加州大学开始的长期纵向研究，一直未曾中断。1964年担任新设的仲斯儿童研究中心主任，直到1968年退休。除1966年荣获美国心理学学会特殊贡献奖之外，1967年获加州大学杰出贡献奖，1971年美国心理学会霍尔发展心理学杰出贡献奖，1976年加州心理学会杰出贡献奖，以及1982年美国心理学基金会金质奖章。贝莉在心理学上的贡献，主要在于她以生命全程的观点对个体身心发展所从事的长程纵贯式研究，特别是在智力发展方面，做出了以下四大贡献：(1)提出智商(IQ)并非常数的看法，她认为人类出生后的幼稚期，智力并未定型，以后在成长期中将因环境的影响而改变；(2)发现智商改变最大的年龄，是在婴幼儿阶段，儿童年龄愈大，其智商的变化愈趋稳定；(3)人类的智力发展是长期而持续的，并非一般人所说的那样到青年后期即停止发展；(4)智力因年龄增加而在内涵组成上也随之改变，亦即智力成长并非只是量的增加，而是在质的方面也跟着改变。贝莉的智力纵贯研究发现，在心理与教育上有两点重要意义：其一，说明了早期教育的重要性；其二，她所指出的智力成长中质的改变，与瑞士心理学家皮亚杰认知发展论不谋而合。

贝莉的著作主要是她发表的专题论文，在专书方面计有：*The California first year mental scales*（1933）；*Studies in the development of young children*（1940）；*The Bayley scales of infant development*（1969）；*Manual for the Bayley scales in infant development*（1969）等。

Bayley Scales 贝莉量表 义同贝莉婴儿发展量表（Bayley Scales of Infant Development）。见该条。

Bayley Scales of Infant Development 贝莉婴儿发展量表 适用于两个月至两岁半婴儿用的一种心理测验。测验内容分两部分：一为心理量表，有163个题目，专为测量婴儿认知发展（视听觉辨别与简单语言了解等）；另一为动作量表，有81个题目，专为测量婴儿肌肉活动与手眼调和等身体发展情形。此一量表系由美国心理学家贝莉（Bayley, Nancy）1969年编制，故名。见其传记条。

BBASN = **Brazelton Behavioral Assessment Scale for Neonate** 布雷泽顿新生儿行为量表

BCCI = **Barclay Classroom Climate Inventory** 巴克雷班级气氛测验

B cognition = **being cognition** 存在观

BDI = **Beck Depression Inventory** 贝克抑郁症量表

BDRM = **basic data relation matrix** 基本资料相关矩阵

beat frequency oscillator 节拍器 按一定频率发出有规律声响的仪器。节拍器的功用是测试不同节拍的反应阈限值，也可用作心理实验时的定时器。节拍器的频率范围一般大约在每分钟40～208次。

beat generation 颓废世代 指20世纪50年代末期出现在知识青年阶层的一种颓废流风。以蓄长发、穿奇装异服、吸食毒品、反传统世俗、排斥温情、强调个性以表达自我的特立独行等为其行为特征。此一流风演变到60年代，即成为一般人所说的嬉皮（hippie）。见该条。

beating fantasy 毒打幻想 **1.**按精神分析论的说法，毒打幻想是指女童幻想父亲毒打另一儿童，借以显示父亲只爱她一人的一种幻想。或指女童幻想父亲毒打自己，由之惩戒自己恋父情结中的乱伦意识。**2.**按精神分析论的说法，毒打幻想也指男童幻想父

亲毒打自己,以示潜意识中父亲只爱自己的一种幻想。或指男童幻想母亲毒打自己,由之惩戒自己对父亲同性恋的潜意识冲动。见恋母情结(Oedipus complex)与恋父情结(Electra complex)。

beauty of behavior 行为美 指躯体美之外言行举止各方面给予别人的一种综合性的动态美感。

beauty of human body 人体美 指躯体的外貌动作所构成的美感。人体美并无客观的标准,一般所指的人体美,多指容貌、体型、肌肤、动作和姿态等特征。

beauty of mind 心灵美 指性格、气质、思想、情感、态度、风度等多方面心理特征所形成的所谓"内在美"。

Beck Depression Inventory(BDI) 贝克抑郁症量表 属于检查心理异常用的心理测验。该量表系由美国精神病学家贝克(A. T. Beck, 1921～)根据长期观察抑郁症患者的显著症状所编制,内分21类症状,诸如悲观、忧伤、失意、社会退缩、食欲减退等,均包括在内。

becoming 成长 指个体在身心发展期间,经由自主性的活动而趋向成熟的改变历程。becoming一词是美国心理学家奥尔波特1955年在其人格理论中指出的概念,其含义强调个体在发展历程中的主动性,即个体为了满足其基本需求而从事的各种活动;活动后获得满足,因而促动了个体的成长。按此,本词与偏重身体成长的growth稍有不同,本词含义偏重人格成长。见基本需求(basic needs)。

bedwetting 尿床,遗尿 指夜间睡眠中小便不能控制的现象。见遗尿症(enuresis)。

before-after design 前后测设计 实验设计方法之一。在进行实验之前,对实验组与控制组给予同样测验,以确定两组在某种行为上具有相等(或相似)的基础。在实验处理之后,再对两组施以同样测验,以确定两组在该种行为上改变程度的差异,从而判断实验变项所发生的作用。见实验设计(experimental design)。

beforetest 前测 采用前后测设计(before-after design)从事实验研究时,在实验之前对受试者实施的测验,称为前测。见该条。

beginning spurt = initial spurt 始业陡增

behavior 行为 按一般接受的心理学的定义"心理学是研究行为与心理历程的科学"来看,行为是心理学中最重要的一个名词,可也是最难界定的一个名词。根据不同的论点,行为一词大致有五种不同意涵: **1.**传统行为论者(如华生与斯金纳等)将行为界定为可以观察测量的外显反应或活动;内隐性的心理结构、意识历程以及记忆、心象等,均不视为心理学研究的行为。 **2.**新行为论者(如霍尔与托尔曼等)将行为的定义放宽,除可观察测量的外显行为之外,也包括内隐性的意识历程,因而中间变项、中介历程、假设构念等概念均在考虑之内。 **3.**认知论者将行为视为心理表征的过程,对外显而可以观察测量的行为反而不太重视,研究者集中在注意、概念、信息处理、记忆、问题索解、语言获得等复杂的心理过程。 **4.**人本主义者将动机、感情、意志等也包括在行为之中。 **5.**如不加另外的限制词,行为一词在心理学上的广义用法,已包括内在的、外显的、意识的、潜意识的与情意的一切活动。

behavior adjustment 行为适应 义同适应(adjustment)。见该条。

behavioral approach 行为论取向 属现代科学心理学研究取向之一。行为论取向的基本要义有二:其一,在基本理念上仍遵循早期行为学派的传统,以行为作为心理学研究的主题,仍然像早期的行为学派一般,试图在控制的情况下观察刺激—反应之间关系的变化。其二,在"行为"一词概念上,较诸行为学派时为广泛,也较有弹性,对刺激—反应之间如何联结的问题,不再只限于华生所持经典条件作用的唯一解释。除增加了操作条件作用的理论之外,也不排斥在刺激—反应之间存有内在心理历程的解释。此一不同于早期行为学派思想的新理论取向,称之为新行为主义(neo-behaviorism)。见该条。

behavioral clinic 行为诊所 指专门采行为治疗法(behavior therapy)治疗心理异常患者的诊所。见该条。

behavioral competence 行为能力 指个体在社会行为方面的能力,例如,能对自己的行为后果负责,能控制自己的欲望而不失于冲动等,即属个人的行为能力。

behavioral consistency 行为一致性 **1.**指同一个体在行为上表现前后一致的情形。 **2.**指在工业心理学上根据员工过去或现在的工作表现预测其未来工作表现的一种方法。如预测正确,即表示该员工行为具有一致性。

behavioral contingency 行为后效 指个体行为表现后得到强化从而导致该行为重复表现的效果。见后效强化(contingent reinforcement)。

behavioral contract 行为契约 行为治疗时所采用的一种方法。行为治疗的目的是改变患者的不良习惯,使其在以后同样情境下以正常的反应取代以往不良的反应。为了达成此一目的,心理师

B

与患者就预计要改变的行为先行讨论，达成协议后，由双方订定契约，言明患者对将来自己行为改变所负的责任。行为契约多用于改变患者酗酒、吸食毒品等不良习惯。行为契约也称后效契约法（contingency contract）。

behavioral diagnosis 行为诊断 义同行为评鉴（behavioral measurement）。见该条。

behavioral ecology 行为生态学 泛指以个体行为与其环境交互关系为主题的研究。

behavioral economics 行为经济学 借用经济学的概念解释行为动机。意谓个体在某一情境中表现其行为时，总会考虑到付出与获益的问题。显然，这是一种行为目的论的看法。见成本效益分析（cost-benefit analysis）。

behavioral endocrinology 行为内分泌学 专门研究内分泌的功能对个体行为影响的学科。影响行为的内分泌腺共有六种：（1）垂体腺（pituitary gland）；（2）甲状腺（thyroid gland）；（3）副甲状腺（parathyroid gland）；（4）肾上腺（adrenal gland）；（5）胰腺（pancreas）；（6）性腺（gonad）。见内分泌系统（endocrine system）条及附图。

behavioral engineering 行为工程学 义同人体工程学（human engineering）。见该条。

behavioral environment 行为环境 指影响个体行为的外在环境。外在环境中的刺激，只有部分引起个体反应，故而行为环境与现实的物理环境并不完全相同。个体在现实环境中，有时对某些刺激是视而不见或听而不闻的。见适当刺激（adequate stimulus）。

behavioral facilitation 行为便利化 属环境心理学的用语。指在环境设计时，在一切建筑设计上考虑到使用者在行为上的方便和容易等因素。亦即环境设计的合宜性（conformance）问题。见该条。

behavioral genetics 行为遗传学，行为发生学 也称心理遗传学（psychogenetics）。行为遗传学是结合心理学与遗传学两方面的知识，对个体身心变化从事系统解释的一门新科学。一般公认，个体行为乃是遗传与环境两大因素交互作用的结果，因此，行为遗传学研究的主要目的，即在分析探讨个体的重要行为，诸如智力、情绪、知觉以及心理异常等行为与遗传的关系。

behavioral integration＝integration of behavior 行为整合

behavioral measurement 行为评鉴 以个体表现的行为为对象，从事观察、晤谈、心理测量，从而了解其生活适应状况作为进一步治疗之根据的一般性方法。行为评鉴方法的最大特征是直接评鉴个体的行为，而不采用间接推理解释的方法。行为评鉴也称行为诊断（behavioral diagnosis）。

behavioral medicince 行为医学 属于医学研究的一种新的取向。将心理学的理论与方法用在医学上，研究身心两者的关系，从而解决病理、诊断、治疗上的复杂问题。例如，生理回馈即属行为医学取向之一。行为医学的范围较传统的精神病学为广，将原来偏重心理因素的取向，扩大到同样重视身心两方面的影响。见生理回馈（biofeedback）。

behavioral model 行为模型 指从行为主义的观点对心理异常原因的一种解释。持此一观点者认为，个体之所以心理异常，主要是由于学得的不当习惯所致；而个体不当习惯之学得，则是个体受环境因素影响而经由条件作用与对人行为模仿的历程。见条件作用（conditioning）。

behavioral objective 行为目标 在教学时，以学生在某种行为上改变到何种程度为教学目标者，称为行为目标。如教导学生跳高，计划经四星期之训练后可以达到较开始时增加4厘米。增加4厘米是行为上的具体表现，以此为目标，故称行为目标。行为目标的概念，主要是由美国教育心理学家布卢姆（Bloom, Benjamin, R）在1956年所提出，见其传记条。

behavioral oscillation 行为摆动 根据美国新行为主义心理学家赫尔的学习理论，个体在学习环境中预计反应出现的可能性，称为反应潜势。在反应潜势阶段，个体的行为呈短暂的摇摆不定的状态，此种状态即称行为摆动。见反应潜势（reaction potential）。

behavioral pattern 行为组型 指由数种活动彼此配合协调组成的行为。例如骑脚踏车就是一个行为组型，因为骑车时要靠眼、手、腿、脚等多种活动适当组合而成一种整体性组合行为。

behavioral perspective 行为观点 义同行为论取向（behavioral approach）。见该条。

behavioral psychotherapy 行为心理治疗 义同行为治疗法（behavior therapy）。见该条。

behavioral revolution 行为革命 指20世纪初美国的行为主义兴起后，在心理学思想上所产生的重大改革。在行为主义思想兴起以前，古代的哲学心理学家以人类的灵魂为心理学探讨的主题，中世纪以后哲学心理学家，改而以人类的心为心理学研究的主题，到19世纪末叶科学心理学在德国兴起时，实验心理学创始人冯特在1879年开始进行心理实验时，为了便于实验操作，改以意识代替心，作为心理学研究的主题。自古代哲学心理学到19世纪末科学心理学的两千多年间，心理学家们对心理学的诠释虽不相同,但有两点是一致的:其一是研究的对象都是人;其二是研究的主题都是内在精神或心理活动。行为主义心理学思想则大不相同。行为主义心理学创始人华生在1913年提出的行为主义,特别强调两点主张:其一是主张心理学是自然科学的一支,在研究取向上必须符合自然科学原则。自然科学的首要特征是客观,为求心理学研究客观,故而只能以观察测量的外显行为作为研究的主题。其二是心理学研究的对象不应只限于人类,主张研究动物,且根据动物行为研究的结果,推论解释人的行为。行为主义此种反传统革命性的心理学思想提出时,正值科学万能思潮高涨的时代,因缘际会,居然盛行了40年之久,直到20世纪60年代才因认知心理学兴起而渐趋式微。见认知革命(cognitive revolution)。

behavioral science 行为科学 **1.**指单一种学科,凡是采用一般科学上惯用的观察、实验等方法研究人或动物行为的科学,均称为行为科学,如心理学。**2.**指一组学科而言,本词狭义指心理学、社会学、文化人类学三学科,广义指三学科以外尚包括精神病学、政治学、经济学以及教育学等。因为行为科学的研究并非只限于单一学科,故而英文science一词常用复数,应写为behavioral sciences。

behavioral sink 行为沉沦 指个体因长期生活在空间狭小过分拥挤环境中所产生的一种行为紊乱与精神崩溃现象。此一现象最早系动物心理学家卡尔霍恩(J. B. Calhoun)在1962年由动物实验所发现。动物所表现的行为沉沦现象的特征是,纵使按正常需要量供给食物和饮水,但在长期拥挤的情况下,其筑巢、交配、育幼等行为表现,也会出现紊乱的病态现象。此类研究引起社会心理学家和环境心理学家的重视,认为现在大都市人口密集,生活空间狭小,极可能是造成都市内心理异常人口比例大于乡村的主要原因。

behavioral stimulus field = behavioral environment 行为环境

behavioral theory of learning 行为学习理论 解释学习历程的理论。行为学习理论的基本要义是谓学习是个体外显行为的改变而不及于其内在心理历程。见行为主义(behaviorism)。

behavior analysis 行为分析 美国新行为主义心理学家斯金纳在其学习实验中采用的一种方法。行为分析法基于两个观念:其一,心理学研究的题材是个体行为,而个体行为的产生与变化则与环境中刺激的变化具有因果关系。因此,如系统地操纵刺激(自变项),而后观察测量行为变化(依变项),从而获得原理原则之后,即可有效地预测甚至控制个体的行为。其二,个体行为随刺激情境的改变,主要有两种类型,一是刺激(指条件刺激)在反应之前出现,经由经典条件作用而形成新的刺激与反应联结。另一是刺激(指无条件刺激)在反应之后出现,经由操作条件作用而形成新的刺激与反应联结。斯金纳的行为分析方法在学习上已广为采用,心理治疗中的行为矫正(behavior modification),就是采用了行为分析的原理。见该条。见斯金纳(Skinner, Burrhus Frederick)传记条。

behavior chain 行为连锁 经由多重反应学习历程所建立的一种习惯性或自动性的复杂行为。像写字、弹琴、走路、跑步等,都是将多重反应串连起来,像锁链一样,第一个动作结束后,立即引起第二个动作,第二个动作结束后,立即引起第三个动作。这种现象称为行为连锁。见多重反应学习(multiple-response learning),连锁化(chaining)。

behavior chaining 行为连锁化 义同连锁化(chaining)。见该条。

behavior check list 行为检核表 指用于特殊情形下观察并记录行为的表格。表格上预先列有各种行为活动,观察者用来在实际情境中逐项检核,然后整理统计,借以了解在什么时机最常出现何种行为。行为检核表的一项特别用途是,用来检核3~4岁语言发展迟滞幼儿的语言行为。

behavior-constraint theory 行为强迫论 解释在困难情境下个体为求生存而不得不改变既有行为的一种理论。行为强迫论解释个体适应困难情境时,其原来习惯性的行为不足以适应困难时,一般会出现三阶段程序性的行为反应:(1)觉察到自己的行为失控,不能以旧习惯应付环境的威胁;(2)多方尝试调适自己的行为去应付困难;(3)如尝试失败,即可能形成无助感。至此地步如不能改变自己的生活方式,以后的生存就很困难。以遇到严寒气候为例,个体首先所能做的是添衣服,补充食物,寻找御寒居处。如此等方法仍然失效,个体除了迁移居处之外,只好在无望无助的情境下忍受威胁。见习得性无助(learned helplessness)及一般适应症候群(general adaptation syndrome)。

behavior contrast 行为对比 义同克利士比效应(Crespi effect)。见该条。

behavior control 行为控制 **1.**美国新行为主义心理学家斯金纳操作条件作用理论中的用语,意指适当安排刺激情境并有计划地提供强化物,即可对个体的行为加以控制。见斯金纳箱(Skinner box)。**2.**属行为治疗法之一。在控制的情境下(控制某些因素)改变个体行为或革除不良习惯的方

B

法。见行为矫正(behavior modification)。

behavior determinant 行为定因 指影响或决定行为的因素。

behavior disorder 行为异常 **1.**泛指一般异于常人的变态行为;本词含义与心理异常相通。**2.**特指个体偏差行为或过失行为,此种用法未必涉及心理疾病,如偷窃、攻击等行为即属之。

behavior dynamics 行为动力,行为动力学 **1.**指引发行为的内在动力,即动机(motivation)。见该条。**2.**以研究行为形成原因为主题的心理学分支学科。

behavior field 行为场 在某一时间内个体与其环境互动时,凡能影响个体行为并引起反应的一切事物所构成的空间或场地,称为该个体的行为场。

behavior genetics = behavioral genetics 行为遗传学,行为发生学

behaviorism 行为主义, 行为论 20世纪20年代兴起于美国,由约翰·霍普金斯大学心理学教授华生所创始的一个心理学思想学派。行为主义心理学思想的基本要义是:(1)在研究取向上,行为主义试图借由自然科学根据物性变化表相探究物性变化真相的成功经验,研究人性。由于自然科学严守客观原则,研究资料均系得自观察实验,故而行为主义只以个体表现于外可观察的行为活动为研究主题。传统心理学上一向研究的感觉、知觉、意识、思维、意志等主题的内在心理历程,因为不能直接观察,故而完全被摒除于心理学领域之外。此一反传统思想,被称为行为革命(behavioral revolution)。(2)在理论上,华生接受达尔文进化论所说人与动物行为有相似之处的观念,多以动物为实验对象,并试图以动物行为变化法则用来解释人的行为。(3)对行为变化的解释,华生接受了苏联生理学家巴甫洛夫研究狗的消化腺时所发现的条件反射现象的理论与方法,并采用其经典条件作用原理研究人类学习,只将巴甫洛夫原来的"反射"改为"反应",用以减少"反射"的生理限制。"反应"一词指个体的行为单元;任何复杂行为都是由反应汇集而成,而个体新行为的学习或旧行为的改变,都是经由经典条件作用历程。经典条件作用的基本特征是新刺激代替旧刺激,从而引发旧刺激所引起的反应。经过条件作用,新的刺激—反应关系即可建立。因此行为主义思想也被称为刺激—反应心理学。(4)对人性特质的看法,华生的行为主义将人性视同物性,他认为个体受环境中刺激的影响而起反应,集反应而成行为,因此一切行为变化都是由环境因素决定的。基于此义,行为主义既不承认先天遗传,也不承认人具有自由意志。华生此种极端反传统的思想,不但引起当时其他学派物议,而且也导致行为主义后继者的批评,是故到20世纪30年代以后就兴起了新行为主义(neo-behaviorism)。见该条。另见经典条件作用(classical conditioning)及华生(Watson, John Broadus)传记条。

behavioristic psychology 行为心理学 义同行为主义(behaviorism)。见该条。

behavior language 行为语言 指在幼儿正式学会说话之前用身体动作或表情所表达的语言意义。幼儿行为语言的表达,主要用笑、拍手、哭、紧张等方式行之。见肢体语言(body language)。

behavior-mapping 行为区划 指设计不同的学习或工作环境,配合不同个体需要,从而达到最佳学习或最佳工作效果的历程。

behavior method 行为法 从事心理学研究时,在研究取向上凡是强调以外显行为作为分析研究对象,而不涉及内在心理历程者,均称为行为法。

behavior modification 行为矫正,行为改变术 **1.**指根据行为主义的学习原理,经由操作条件作用的历程,改变个体既有行为或矫治不良习惯的一种方法。行为矫正用在心理治疗上,称为行为治疗法。因此种治疗法主要根据条件作用学习中强化与消弱等原理,故而又称学习治疗法。**2.**近年来,行为矫治的范围扩大,不再只限于采用条件作用学习理论,而扩大采用认知心理学的理论,用以改变个体的态度、观念、思想等较为复杂的心理历程。此一改变在名称上叫作认知行为矫正(cognitive behavior modification)。见该条。

behavior pattern = behavioral pattern 行为组型

behavior problem 行为问题 指个体(多为儿童或青少年)经常表现反社会的不当行为,亦即经常表现问题行为(problem behavior)的人。见该条。

behavior psychology = behavioristic psychology 行为心理学

behavior rating 行为评定法 观察记录个体行为或团体行为时常用的一种方法。例如,要了解幼儿园幼儿的社会行为,可采用行为评定法,分别记录在一小时游戏活动中,每个儿童跟其他小朋友接近或说话的次数。行为评定法的主要作用,是将个体的行为表现,化为量数,以便分析比较。采用行为评定法时,只观察记录受评者的外显行为(他在何时何地与什么人做了些什么),不涉及对受评者内在心理历程的推理解释。

behavior record 行为记录 指在某一时间内,凭观察所见对个体行为表现所做的记录。行为记录

多用于心理治疗或心理辅导上的个案研究。教师对学习困难或情绪困扰学生进行辅导时，在辅导进行中所做的行为记录，可供教师了解该生学习生活的适应方式，作为辅导之依据。在辅导过后所做的行为记录，可供教师据以评定该生进步的情形。

behavior rigidity **行为僵化** 指个体能力缺乏适应性，不能随机应变有效适应新生活环境的情形。

behavior sampling **行为抽样** 以个体在某一时间或某种情境之下所表现的行为，作为研究的对象或样本，而不以个体为样本的抽样方式，称作行为抽样。例如，幼儿三岁以后始有合作性游戏，合作性游戏是由观察可见的行为来表现，在观察时宜抽取哪些行为作为代表？解答此一问题，乃有行为抽样的研究。欲期行为抽样适当，在实施时又分事项抽样（event sampling）与时间抽样（time sampling）两种。前者以欲观察的行为事项为标准（观察些什么活动），后者以欲观察行为表现的时间为标准（在哪些时间观察）。见该等条。

behavior science = behavioral science **行为科学**

behavior segment **行为片段** 指个体对某刺激所做的部分反应。

behavior setting **行为情境** 指具有特殊气氛的社会情境。处于该社会情境下的个体，将出现一种特殊的行为组型。见行为组型（behavioral pattern）。

behavior-shaping **行为塑造** 义同塑造（shaping）。见该条。

behavior space **行为空间** 由事、物以及人际关系等形成的一种复杂情境。处于此情境中的个体，其行为深受此情境的影响。此种情境即称为行为空间。诸如学校、家庭、餐馆等均为不同的行为空间。见生活空间（life space）。

behavior system **行为系统** 以各种不同行为活动达到同一目的时，在功能上各种活动可彼此代替者，称为行为系统。以人际间沟通为例，沟通时可包括对话、手势、表情、通信、电话、传真等多种行为活动，任取其一即可达成沟通的目的。故而沟通即为一种行为系统。

behavior therapy **行为治疗法** 运用行为主义的条件作用学习原理治疗行为异常的一种方法。此种方法，在理论上认为个体之所以行为异常，主要是在生活经验中学习到某些不当反应所致。因此，此种治疗法的构想是，让个体在同样刺激情境下重新学习，以适当的反应代替过去不适当的反应。在理论上，行为治疗的目的只求改变患者的不当行为，而不求改变患者的人格结构。在技术上，行为治疗法运用条件作用学习正强化、负强化、消弱等方法，以消除不当反应，并建立适当反应。见行为矫正（behavior modification）、系统脱敏法（systematic desensitization）、厌恶条件作用（aversive conditioning）等。

behavior type **行为类型** 按外显行为表现而区分不同人格类型者，称为行为类型。在瑞士精神病学家荣格的人格理论中，将人分为外向型与内向型两类，就是行为类型。见功能型（functional type）与荣格（Jung, Carl Gustav）传记条。

behavior unit **行为单元** 行为主义心理学的术语，指完整性行为中的最小片段；此片段行为一般称为反应（response），而此单元性反应系由单一刺激所引起。见该条。

being-beyond-the-world **超现实存在** 按存在心理学的解释，个人虽然存在于现实世界中，但他仍然负有超越现实世界限制的责任。固然，人生而为人正如树生而为树一样，其基本特征（如种族性别等）是被动决定的，但人有胜于树之处，人比树有较大的自由，人可以选择自己做什么样的人（可以乐观，也可以悲观）。换言之，构成自我的基础是受限制的，而个人是否愿意去追寻自我实现，则有充分的自由。在现实世界中，如何自由选择以超越自我的限制，从而达到个人自我期许中的自己，则完全是个人自己的权利和责任。因此，无论现实世界如何，个人仍然可以在心理上超现实存在。根据存在心理学家的分析，缺乏超现实存在理念，或自感无法追寻自我实现，是形成个人生活适应困难与愧疚感的主要原因。与本词相对者为现实中存在（being-in-the-world）。见该条。

being cognition **存在观** **1.**按存在主义的看法，个人自觉的内在一致性或统合感，称为存在观。意指在现象世界中，个人自知他的存在；自知正在做些什么，自知正在想些什么。**2.**根据美国人本心理学家马斯洛的自我实现理论，存在观是指个人对现实世界的客观看法。个人能够以客观的态度看世界，是形成自我实现者健全人格的重要条件之一。见存在主义（existentialism）。

being fond of learning **好学** 指从学习活动中培养出了学习兴趣；不需别人督促即自动自发地学习的态度。孔子曰："知之者不如好之者。""好之者"所指的就是好学的人。

being for self **为己存在** 法国存在主义哲学家萨特（Sartre, Jean Paul）理论中使用的术语。见其传记条。

being-in-itself **自在存在** 指个人在找到自我存在之后将自我从现实境界中跃升到另一个境界，化小我为大我，以惜物—爱人—敬天的精神去面对

B

人生。德国存在主义哲学家雅斯培(Jaspers, Karl)用语,见其传记条。

being-in-the-world 现实中存在,在世存在 按存在主义心理学的解释,每个人均为其所处现实世界的独特存在体。个人的成长与自我实现,均须以个人在现实世界中的经验为基础,不以别人指使为根据;而个人的经验则受三个条件的限制:(1)生物的与自然的条件(如生、老、病、死等);(2)人为的与社会的条件(如风俗、习惯、传统、法制等);(3)个人的条件(如性别、年龄、才能、经验等)。与本词相对者为超现实存在(being-beyond-the-world)。见该条。见存在主义(existentialism)。

being love 存在之爱 按美国人本心理学家马斯洛的自我实现理论,存在之爱是关心别人但不依赖别人的一种自然、纯真、无私、无妒的爱。存在之爱是促成自我实现者人格发展的重要条件之一。与本词相对者为匮乏之爱(deficiency love)。见该条。

being motivation 存在动机 义同衍生动机(meta-motivation)。见该条。

being need 存在需求 义同成长需求(growth need)。见该条。另见需求层次论(need-hierarchy theory)。

being-oneself 自我存在 指个人在生命过程中所经历的体验和选择。德国存在主义哲学家雅斯培(Jaspers, Karl)用语。见其传记条。

being-there 现实存在 指个人经由对外在世界的观察而认识到自己的存在。德国存在主义哲学家雅斯培(Jaspers, Karl)用语,见其传记条。

being value 存在价值 义同衍生需求(meta-need)。见该条。

Bekhterev, Vladimir Mikhailovich(1857～1927) 别赫捷列夫 别赫捷列夫是20世纪初苏联心理学家和神经病理学家。

别赫捷列夫1857年1月20日出生于弗雅卡河,他比巴甫洛夫年轻8岁,但他在求学历程中却比巴甫洛夫早了两年。1873年中学毕业后进入外科医学院(后改为军医学院),1878年获医学士学位,继而进圣彼得堡大学,1881年获医学博士学位。嗣后又赴欧洲游学,曾在德国莱比锡大学冯特的心理实验室参与研究工作一年。1885年返国后,他做出多项开创性工作。他在俄国建立了最早的两所心理实验室,一所在喀山,建立于1886年;另一所在圣彼得堡,建立于1895年。此外,他还在1896年创办了世界上第一份实验心理学杂志,刊名为《精神病学、神经病理学与实验心理学》。1893年他出任军医研究院精神与神经病学讲座教授,并组织成立了精神病医院,1907年他创建了心理神经研究所,他死后改名别赫捷列夫心理神经研究所,用以纪念他的贡献。别赫捷列夫的心理学思想,可简述为以下两个要点:

1.开创联结反射研究 别赫捷列夫的联结反射(association reflex)与巴甫洛夫的条件反射类似,但含义较广。巴甫洛夫的条件反射只限于对狗的腺体反射研究,而他的联结反射则包括动物和人类的动作反射,甚至包括语言反射在内。因此,别赫捷列夫所创用的反射学(reflexology),包括了较广的心理学意义。巴甫洛夫轻视心理学自称是生理学家,而别赫捷列夫则自认是心理学家。

2.对条件反射生理机制的研究 别赫捷列夫与巴甫洛夫持不同意见,前者认为动物中枢神经相关部位切割后,已形成的条件反射行为即消失,而后者则主张中枢神经相关部位切割后,消失的条件反射行为可以重建。争议的结果,巴甫洛夫的理论获得证实,别赫捷列夫的理论遭到否定。

别赫捷列夫著作中译为英文者有:*The nerve currents in brain and cord*(1893); *Fundamentals of brain functioning*(1903～1907); *The function of the nervous center*(1909); *General diagnosis of the diseases of nervous system*(1911～1915); *General principles of human reflexology*(1928)等。

belief 信念,信仰 指个体在情感与理性上所接受并支持的某种(或某些)观念。以社会上争议的安乐死一事为例,如某人能从社会、家庭、病人本身各方面的意见一起考虑,综合之后对安乐死一事得到一个接受并支持的观念,即代表他的信念。

belief system 信念系统 指由个体已经有的态度、意见、观念等组合而成的对人对事的心理倾向。此种系统性的信念,是影响或决定个体行为的重要原因。

believability = credibility 可信性,确实性

Bell-Magendie law 贝尔—马戎第定律 指神经系统中的感觉神经元与运动神经元彼此连接完

成神经传导的功能。此一定律系由苏格兰生理学家贝尔(C. Bell, 1774～1842)在1811年提出,后经法国生理学家马戎第(F. Magendie, 1783～1855)在1822年证实。故名。

bell-shaped curve 钟形曲线 义同常态分布曲线(normal distribution curve)。见该条。

belonephobia 惧针症 属恐惧症类型之一。患者对于细长而尖锐的针状物体特别敏感,每一见之即表现出极为反常的恐惧反应。纵使明知不致受到任何伤害,但仍无法克制由之引起的惶恐情绪。见恐惧症(phobia)。

belongingness 隶属感,从属性 **1.**指个体自觉被别人或被团体认可与接纳时的一种感受。**2.**指个体的态度或意见与团体规范一致时的一种感受。**3.**根据美国心理学家桑代克的理论,某一个体(人或物)在性质上与其他个体属于一类,经集合之后可成为一整体时,称为隶属。

belongingness and love need 隶属与爱的需求 属美国人本心理学家马斯洛需求层次论(need hierarchy theory)中的第三层需求。见该条。

Benary effect 本纳里效应 指因明度不同所产生的一种形象与背景对比效应。如附图所示,虽然上下两个灰色三角形大小全同,而且各与白色背景邻近的边长也完全相等,但看起来总觉得在上者较亮,在下者较暗。此一错觉现象很难解释。原因是,如果是由于明度不同所产生的灰白对比所致,为何两个三角形所引起的知觉不同?比较合理的解释是,观察者可能在心理上将上面的三角形视为黑色十字的一部分,而将下面的三角形视为黑色十字之外白色背景的一部分。

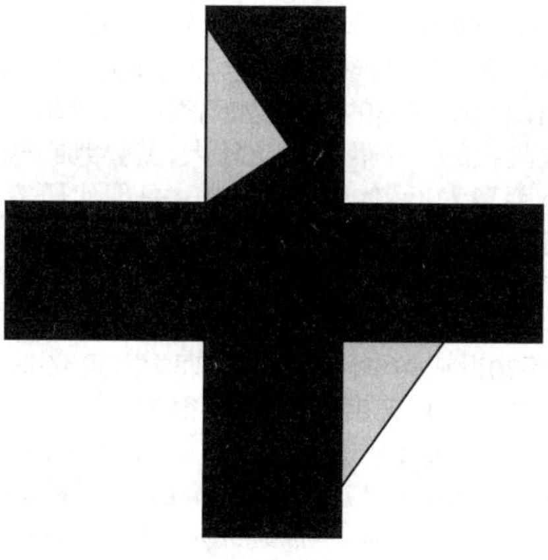

本纳里效应

Bender Gestalt Test (BGT) 班达完形测验 是一种非语文个别智力测验。该测验原为美国神经病学家班达(L . Bender, 1897～1987)于1938年所编制,其内容包括九张图片。测验实施时,每次呈现一张图片,令受试者描画在16开的白纸上。班达完形测验, 经学者柯永河修订, 并经标准化,于1982年出版。该测验适用对象为小学生,记分方式因视动、视语及听画等三种不同测验方式,而各有不同,已建立常模,在各年级组以平均数、标准差、标准分数 (M＝10, SD＝3) 和智商对照表 (M＝100, SD＝15)表示之。在性质上,班达完形测验是一种诊断测验。因该测验目的旨在根据受试者的视觉与动作反应,从而诊断其脑伤的情况。故而又称为班达视觉动作完形测验(Bender Visual-Motor Gestalt Test)。

Bender Visual-Motor Gestalt Test 班达视觉动作完形测验 系班达完形测验(Bender Gestalt Test)之全名。见该条。

benefit-cost analysis 效益成本分析 义同成本效益分析(cost-benefit analysis)。见该条。

benefit-cost ratio 效益成本比率 借用经济学上投资的概念解释行为的动机。指面对问题情境做策略取舍时,个体会考虑到决策后付出的成本与收回效益之间比率大小的问题。如以B代表效益,以C代表成本,只有在B/C＞1的情形之下,个人才会决定采取该一策略。见成本效益分析(cost-benefit analysis)。

benign insomnia 良性失眠症 见失眠(insomnia)。

Benussi ring 本纳西圆环 属完形心理学上知觉整体性的心理现象之一。如附图所示,一灰色圆环置于黑白分明的背景上时, 在黑色背景的一半,不因黑白对比而显得灰色变浅,在白色背景的一半,也不因白黑对比而显得灰色变深,而是整个圆环保持灰色的知觉一致。如果将一支铅笔置于黑白背景的分界线上时,就会发现黑白两边各自因明度对比而产生不同的知觉效应(黑色背景上的半个圆环灰色变浅,白色背景上的半个圆环灰色变深)。原因是此时灰色圆环本身失去了整体性;在黑白不同背景上的圆环各与背景产生了明度对比(brightness contrast)。见该条。本图形系由完形心理学家考夫卡1935年所设计,故而也称考夫卡本纳西圆环(Koffka Benussi ring)。

B

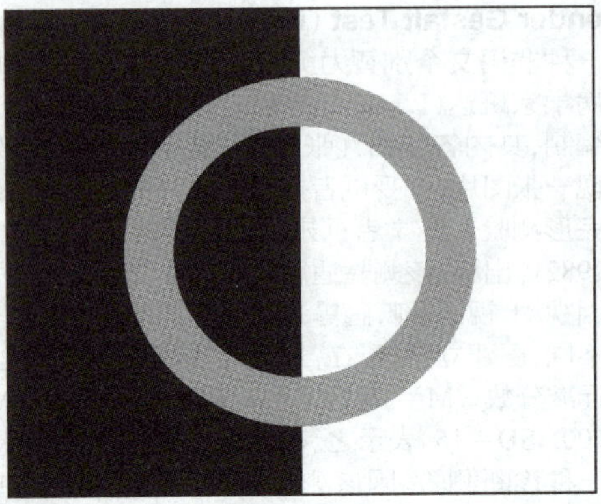

本纳西圆环

bereavement 丧亲之痛 指因亲人亡故所引起的情绪痛苦。丧亲之痛除悲伤痛苦之外,常伴随失眠、食欲不振、生活乏味,甚至感到人生无常而有一段时间意志消沉。

Berkeley, George(1685～1753) 柏克莱 柏克莱是18世纪英国经验主义哲学家,是经验主义中主观唯心论的代表,也是现代生理心理学的先驱。

柏克莱1685年3月12日出身于爱尔兰基尔肯尼市的一个绅士家庭,15岁进都柏林三一学院,20岁毕业,22岁得硕士学位后1709年被任为执行牧师,成为教会专职人员。1713年赴英格兰,1724年出任德里地区教长。曾于1728年赴美访问,返回爱尔兰后仍担任教会职务,1734～1752年间,任基尔肯尼地区主教,1753年1月14日晚因心脏停博逝世于牛津,享年68岁。柏克莱在心理学上的贡献,主要在于以下两方面:

1.对知识来源问题的解释 对人性本质中知识来源问题的解释,柏克莱提出主观知觉的看法。柏克莱虽然服膺洛克的经验主义主张,但他不同意洛克将对物理世界认识时所持的第一性质(客观存在的物质实体)与第二性质(主观存在的心灵实体)的看法。他认为,外在世界的第一和第二性质都是主观的;不仅第二性质如物体的颜色、声音、气味等认识是主观的,就是第一性质如大小、长短、数量等认识也是主观的。柏克莱认为,人无法直接经验到物理世界,人对周围世界所能知者只是知觉。心理现象不是由于物体的存在而产生,反而是由于心理现象才产生了物的存在。他以笔在手中的存在为例说:“我在书房用笔写字时之所以知道笔的存在,乃是由于我感觉到它的存在。如果我放下笔离开书房,我就无法确知笔是否仍然存在。唯一证明笔仍然存在的办法,就只有回到书房重新去感觉它。”因此,他提出他的主观唯心论(subjective idealism)名言:“存在系于感知。”

2.对深度知觉的解释 对深度知觉(depth perception),柏克莱创先提出理论性的解释。以视觉的深度知觉为例,眼球内的视网膜是平面,为什么对远处的物体会产生立体的知觉呢?根据经验可知,由近处向远处移动的物体,在视网膜上形成的映象是由大渐小的。问题是视网膜上映象由大变小的过程中,为什么会使人主观地感觉到物体由近而远地改变呢?根据柏克莱的解释,乃是由于物体由近而远移动时,两个眼球会跟着转动,看近物时两个眼球同时向内转动,看远物时两个眼球同时向外转动。眼球的转动产生了另一种感觉,此种感觉提供了个体主观判断物体远近的线索。柏克莱的理论性解释,无疑是对生理心理学一大贡献。他的解释,也就是现代研究视知觉的心理学家研究深度知觉时所说的双眼线索(binocular cue)。对于根据一只眼睛也可判断远近距离的问题,柏克莱也提出了解释。他认为单眼之所以能够判断物体远近,乃是依靠两种线索:一种线索是由于物体有重叠现象;如一座楼房在视线中遮盖另一座楼房,就会知道被遮盖的楼房距离较远。另一种线索是相对大小的比较,如视线中出现两个同类的物体(如同类的两辆车子)时,如果其中的一个看起来比较大,就会判断较大的物体距离为近。他的解释,也就是现代研究知觉心理和深度知觉时所说的单眼线索(monocular cue)。唯柏克莱当时解释深度知觉形成时,基于他经验主义的观点,认为深度知觉是后天学习的。而20世纪60年代的生理心理学家研究证明,深度知觉主要是天生的,不是习得的。

柏克莱的著作主要有:*An essay toward a new theory of vision*(1709);*A treatise concerning the principles of human knowledge*(1710);*Three dialogues between Hylas and Philonus*(1713)等。

Berne, Eric(1910～1970) 柏恩 柏恩是20世纪加拿大出生的美国心理学家,是交往分析心理治疗理论与方法的创始人，也是脱离精神分析传统而改采折中取向自立门户的心理学家。

柏恩1910年出生于加拿大的蒙特利尔，父为医师，母为作家。柏恩自幼立志继承父业而进麦吉尔大学习医，1935年获医学博士学位，此后先在耶鲁大学附设医院担任住院精神科医师，继而到纽约锡安山医院服务，并进纽约精神分析研究所随霍妮研习精神分析，成为新弗洛伊德主义成员之一。此时柏恩已经是位美国公民，第二次世界大战（1939～1945）期间应召入伍，担任美军医院精神科医师。战后到加州随另一新弗洛伊德主义者埃里克森研习精神分析，并在旧金山等地担任私人开业医师。1956年因理念不合，脱离精神分析团体另立门户，并于1961年出版其代表著作《交往分析心理治疗》，正式建立起他独立的心理治疗体系。1964年《人间游戏》一书成为全美畅销书之后，他成为家喻户晓的心理学家。1970年因心脏病逝世，享年60岁。柏恩在心理学上的贡献，主要是他在20世纪70年代独创的交往分析治疗法。所谓交往分析（transactional analysis），是以人际互动为基础的心理治疗，其目的旨在对当事人的自我心理状态分析了解后，协助其认识现实，除却幼稚冲动，学习成熟适应，从而重建自我永续的健康人生。以下两点是柏恩交往分析治疗的基本要义：

1.人性特质观　柏恩虽然早年曾走精神分析路线，但在自立门户后即摒弃了精神分析论人性特质决定论的观点。弗洛伊德强调的潜意识和童年经验重要性，二者均属决定论。持决定论观点看人性，难免对人的自我发展偏于悲观。柏恩的交往分析思想反对决定论，对人性特质采乐观看法，他认为即使童年遭遇不幸，以后仍可经由个人的自主和选择重建幸福人生。唯个人自主选择时必须学习认识环境，了解自己，而且做到既能知也能行的地步，才会使自我改变获得成功。因此柏恩心理治疗思想中除留有精神分析的痕迹外，更增加了认知、理性与行为的成分。故其思想应归属折中主义。

2.治疗方法与目的　柏恩交往分析治疗的特征是，根据他的人格理论，针对当事人的心理问题、人格特质、生活经验及其人际交往中欠妥的行为表现，进行心理分析。交往分析时按以下四步骤进行，每一步骤均带有治疗的目的：（1）结构分析，指每个人的人格结构中都存有三种功能不同的自我状态。自我状态（ego state），指与人交往时个人的态度感情等行为背后的内在心理作用。柏恩所说的三种自我状态分别是：（a）父母状态，以P（parent）表示，指以父母对待孩子的心态去对待别人，父母心态可能是权威性的，也可能是关爱性的。持有父母心态者经常用“你应该做什么！不应该做什么！”的态度对待别人。此种心态是自小跟父母学来的。（b）成人状态，用A（adult）表示，指以平等互惠、合情合理的态度待人，是人格的理性部分，也是人格成熟的表现。（c）儿童状态，用C（child）表示，指以童年时惯用的依赖、幼稚、感情冲动且带有自我中心倾向心态对待别人。柏恩认为人的心理异常多起于情绪困扰，而情绪困扰则多因人际交往时自我状态不当所致。以夫妻相处为例，如夫妻之一方采父母心态或儿童心态，就不可能使夫妻间感情达到互敬互爱互谅的境界。结构分析的目的，旨在协助当事人了解自己的心态，与人交往时能以适合于自己年龄与身份的态度对待别人，从而达到人际和谐的境地。柏恩自我状态理论虽与弗洛伊德人格结构理论中所指本我、自我、超我类似，但他不采用本我与超我的概念，只用自我来说明三者的关系。（2）交往分析，指根据上述结构分析得知当事人与人交往时惯用的自我状态，然后以图解方式向他说明一般人际交往时可能发生的关系：或是P对C关系，或是P对P关系，或是A对A关系，或是A对C关系。在诸多不同的相对关系中，使当事人理解何种人际关系才是适当的且为成熟的，进而改变其以往待人态度的不当与错误。（3）游戏分析，“游戏”一词表述人际交往时惯常使用的一些隐而不显的“谋略”。人际交往时之所以玩弄“游戏”，目的是在防卫自己，以免真诚相见而受到伤害。在某些情形之下，游戏确可收一时之效，但如经常游戏人生，则无法与人建立真挚亲密的关系。游戏分析的目的，即旨在对当事人指出人际交往时游戏策略之不当，并建议他从自我反省中去改变自己。（4）脚本分析，指任何人都有一个属于自己的生活脚本。所谓生活脚本（life script），是谓个人扮演社会角色或与人交往时的作为，经常像是按照预先写好的剧本表演一样，不自觉地受脚本内容的支配。个人的生活脚本是幼年经验

B

累积而来的。生活脚本有的是健康的，有的是不健康的，但就人际交往而言，最健康的生活脚本是“我好，你也好！”，而“我好，你不好！”或“我不好，你好！”都是有欠健康的；如果变成“我不好，你也不好！”那就难免陷入适应不良的困境。脚本分析的目的旨在协助当事人检讨反省其自幼养成之生活脚本的不当之处，予以适当修正。

柏恩著作中的专著有：*Transactional analysis in psychotherapy: A systematic individual and social psychiatry*(1961)；*Structure and dynamics of groups and organization*(1963)；*Games people play*(1964)；*Principles of group treatment*(1966)；*What do you say after you say hello*(1972)等。

Bernouli distribution 柏努里分布 义同二项分布(binomial distribution)。见该条。

best-answer test 最佳答案测验，选答测验 指采选择题之形式编成的测验。每题有数个可供选择的答案，答案没有截然对错之分，只有较佳与最佳之别。受试者如选出最佳答案A即可获得满分。此类测验又称最佳理由测验(best-reason test)。

best fit 最佳配合 义同适合度 (goodness of fit)。见该条。

best-fit line 最适合线 见回归直线(regression line)。

bestiality 兽性，兽奸 **1.**广义言之，指性格上近似野兽的人。**2.**狭义言之，指人与动物发生性关系的情形。

best-reason test 最佳理由测验 义同最佳答案测验(best-answer test)。见该条。

beta activity β型兴奋 义同β波(beta wave)。见该条。

beta error = Type Ⅱ error 第二类错误

beta rhythm β律动 义同β波(beta wave)。见该条。

beta wave β波 为脑波的一种类型，其频率约13～30赫兹，电压约5～10微伏特，它是一种振幅低、波动快的不规则脑波。β波常在清醒、警觉、注意力集中而眼睛张开时记录到，所以β波又称为忙碌波(busy wave)，因为此时大脑常从事于心智活动或接受感官传来的刺激。此种β波在额叶与顶叶最明显。见脑波图(electroencephalogram)。

betweenbrain = diencephalon 间脑

between-class ability grouping 班级间能力编班 指将同年级学生按其智力或学业成就为标准，编为两类(称前、后两段)或三类(称前、中、后三段)能力编班方式。这是一种最早也最简单的能力编班方式。此种方式是将同年级个别差异极大的一群学生，分别编为若干能力相同或相近的班级，故而也称同质编班(homogeneous grouping)。如不按能力区分而混合编班者，则称异质编班(heterogeneous grouping)。如果单从知识教学言，同质编班方式自然易于教学，但从全体学生利益看，此种能力编班难免有以下缺点：(1)教师对前后段班学生可能因差别期望而有不良影响；(2)对后段班学生产生标签效应(labeling effect)，班级的名称变成一种“坏学生”的标签，对学生心理产生不良影响；(3)教师在教学时，可能对两段班学生差别待遇，对前段班学生较为认真。与本词相对者为班级内能力分组(within-class ability grouping)。见该条。

between-class grouping = between-class ability grouping 班级间能力编班

between-groups design 组间设计 组间设计是利用随机抽样自总体中抽出所需要的受试人数，然后再以随机分派的方式分为人数相等两组，让两组受试者接受不同的实验处理的方式。例如，研究者自全校学童的母亲名册中，随机抽取一百位母亲，再随机分派为甲、乙两组，甲组接受A种亲职训练计划课程，乙组接受B种亲职训练计划课程。预计各实施二十次训练课程后，实施观察、评价比较两组受试者解决儿童行为及教育问题的能力是否有差异。这种方法就是组间设计。见抽样(sampling)。

between-groups variance 组间变异 在分组实验时，各组实验结果经变异数分析之后所得到的组间变异量数，称为组间变异。变异数分析时，只有在确定组间变异显著大于组内变异时，才能肯定各组之间存有差异。换言之，只有在组间变异与组内变异之差异达到显著水平时，始能确定组间变异是由实验者系统操纵实验变项所造成的结果。与本词相对者为组内变异(within-group variance)。见该条。

between-Ss design = between-subjects design 受试者间设计

between-subjects design 受试者间设计 义同组间设计(between-groups design)。见该条。

Bezold-Brücke phenomenon 倍作德—布鲁克现象 当照明强度增加时，红色和绿色的色调将随强光的照射转而呈现出黄色与蓝色色调的色觉。此种随照明度增加而改变色调的现象，称为倍作德—布鲁克现象。

BGT = Bender Gestalt Test 班达完形测验

bias 偏误，偏向，偏见 **1.**在实验或调查研究时，有意或无意地采用或纳入一种有利或不利于结果的因素时，称为偏误。例如，要调查改进大学联招方式的意见，如只以学生家长为对象，而忽略学生、教师以及教育行政人员，则所得结果必定难以作为决策的根据，因仅凭家长意见缺乏对此一问题的代表性。**2.**预测某种事件发生的可能性时，不按合理的逻辑推断，只凭个人意愿做选择的心理倾向，称为偏向。**3.**义同偏见（prejudice）。见该条。

biased error 偏误 见常误（constant error）。

biased sample 偏颇样本 以缺乏代表性的少数个体为对象研究所得结果去推论解释总体时，此种缺乏代表性的样本即称为偏颇样本。例如，调查台湾地区初中生近视眼的罹患率，如只以花莲县的山地初中生为调查对象，无论所得结果如何，因其样本偏颇，均不能用以解释台湾地区初中生的近视情形。

biased sampling 偏误抽样 泛指不按抽样理论（sampling theory）抽样，致使所抽样本缺乏代表性者，均称偏误抽样。见该条。

bibliokleptomania 偷书癖 属于一种强迫性行为，见到书籍时就无法自制地着手偷窃。偷书癖患者的偷书行为，既非因缺钱买书，也非为读书求知，唯一原因只是书籍当前时就会兴起难以自抑地将书据为己有的内在驱力。见强迫性行为（obsessive behavior）。

bibliomania 藏书癖 指藏书成癖的异常心理现象。患者对拥有和收藏书籍，特别是珍本或孤本书籍，有超出常情的喜好。为搜集和收藏书籍，四处奔波、废寝忘食、不惜巨资，甚至不择手段去获取所要的书籍。其目的非为谋利，也非为阅读，纯属出于心理上的喜好，是为藏书而藏书。

bibliophobia 惧书症 属恐惧症之一。患者对书本既厌恶，又恐惧，每见到书本时即感到莫名的恐怖压力。纵使明知绝不会伤害到自己，但仍然无法克制由之引起的惶恐情绪。见恐惧症（phobia）。

bibliotherapy 阅读治疗法 指利用读书活动以治疗心理疾病的方法。阅读的材料可分两类：一类是关于心理卫生、心理健康之类的书籍；此类阅读可帮助患者从了解自我中有所领悟。另一类是属于一般知识性或观念性的书；此类阅读对患者既可增加知识，拓广思路，又可充实生活，借以免除寂寞孤独之苦。

bifocal glasses 双光眼镜 为配合既远视又近视者所特别设计的一种眼镜。此种眼镜的特点是，镜片上下两部分具有不同功能，透过上部可看清楚远处，透过下部则可看清楚近处。

bigamy 重婚 指一人同时与两人具有婚姻关系的情形。

big five 大五 义同大五人格特质（big five personality traits）。见该条。

big five dimemsions of personality 人格大五维度 义同大五人格特质（big five personality traits）。见该条。

big five factors 大五因素 义同大五人格特质（big five personality traits）。见该条。

big five model 大五模型 义同大五人格特质（big five personality traits）。见该条。

big five personality traits 大五人格特质 指美国心理学家麦克雷（R. R. McCrae）与卡斯塔（P. T. Jr. Costa），在1987年采用因素分析，从众多人格特质中抽离出的五种最重要的人格特质，用以评量一般人在人格特质上的个别差异。大五人格特质代表形成人格结构的五个维度，在每个维度上均可采用测量分数表示人格特质在程度上的差异。大五人格特质分别是：（1）神经质（neuroticism），代表人格特质方面情绪稳定性的程度。在此维度上得分高者有神经质倾向，心理上缺乏安全感，自我意识强，多愁善感，易焦虑忧郁，行事较冲动，生活适应较困难。得分低者情绪较为稳定，性格沉稳，在心理冲突时能自我控制，处事待人能理性胜于感情，生活适应良好。（2）外向性（extraversion），代表个人在性格上外向的程度。在此维度上得分高者性格较外向，善言辞，好社交，乐观进取，对新环境易于适应。得分低者的性格偏于保守，拙于言辞，不主动参与社会活动，对新环境不易适应。（3）开放性（openness），代表个人态度观念开放的程度，在此维度上得分高者，态度观念较为开放，兴趣广泛，富于理想，容易接受新潮事物或进步思想。得分低者性格拘谨，尚传统、重现实，墨守成规、短于改革与创新。（4）亲和力（agreeableness），代表个人与人相处的性格特质。在此维度上得分高者，能从善如流，体谅别人，具群众魅力，予人以信赖感。得分低者性格孤僻，易激怒，怀有猜忌心。（5）审慎度（conscientiousness），代表个人行事的审慎程度。在此维度上得分高者处事审慎，认真负责，精益求精。得分低者好逸恶劳，得过且过。从社会生活适应与心理健康观点言，上述大五人格特质中，除神经质一项得分低被视为优良人格特质之外，其余四项得分高被视为优良人格特质。如将代表大五人格特质英文名词的第一字母重新排列，即可形成OCEAN（海洋）。海洋用来代表个人的人格整体，可表示此人有容乃大，气度恢宏。

bilateral transfer 对侧迁移 见交叉训练（cross education）。

B

bilingualism 双重语言 指一个人能运用两种语言而且能达到同样流畅的程度。按语言学习的过程分类，双重语言有两种类型：**1.**两种语言自幼一起学习，而后又能同时达到流畅程度者（生长于双语家庭的儿童即能如此），称为混合型双重语言（compound bilingualism）。**2.**先学会母语而后再学习外国语，最后终能达到两种语言同样流畅者（如旅居国外的侨民），称之为协同型双重语言（coordinate bilingualism）。

bimodal distribution 双峰分布 由次数分布绘成的曲线图上，出现两个高峰者，称之。见次数分布（frequency distribution）与常态分布（normal distribution）条及附图。

binary-choice 二选一 属于一种决策情境，个体必须就面对的两种可能选择其一，并表现出反应。一般考试用的是非选择题，即属二选一情境。

binaural beat 双耳节拍 义同双耳转换（binaural shift）。见该条。

binaural cue 双耳线索 接收声音刺激时，如系根据两耳协调合作，从而构成对声源之方位、远近、强弱之判断时，此种由两耳获得之刺激线索，称为双耳线索。双耳线索分三种形式：**1.**时间差：如右耳先接受声波刺激，即知声源在右方；反之亦然。**2.**强度差：声音刺激强者声源较近，弱者较远。如右耳受到刺激较强，即知声源来自右方；反之亦然。**3.**波压差：指耳中鼓膜所受压力的差别，鼓膜所受压力大者，声音强；压力小者，声音弱。如右耳鼓膜受压力较大，即知声音来自右方；反之亦然。

binaural fusion 双耳融合 指经由两耳获得的声感而融合为单一听觉经验的现象。

binaural shift 双耳转换 经由特别设计，使双耳同时分别接受频率稍有不同的两种声音。此时所听到的声音来源，仿佛忽前忽后地变换。此一现象，称为双耳转换，也称双耳节拍（binaural beat）。

Binet, Alfred（1857～1911） 比奈 比奈是法国功能主义心理学思想的代表，被誉为现代智力测验之父，是现代特殊教育研究的先驱，也是未曾专攻心理学而对心理学的发展有杰出贡献的学者。

比奈于1857年7月8日生于法国的尼斯。祖父与父亲两代均业医，母亲为画家，家道富有。1878年获巴黎圣路易斯公学法学学士，1894年获巴黎大学科学博士学位，他的博士论文研究的是昆虫神经系统。而当其修读博士时期，对催眠术与精神病学发生兴趣，直到40岁转而开始研究人的智力。40岁以后全身心投入个别差异和智力测验的研究，直到1911年10月18日在巴黎逝世，得年54岁。比奈在心理学上的贡献，主要在于以下两方面：

1. 长期研究独创测量智力方法　在心理学界一般印象中，多认为比奈的成名是由于他在1905年率先编成全世界第一个智力测验。实则在此之前，他已有多年从事心理学研究。1889年他在巴黎大学设立的第一个心理实验室，在法国心理学家心目中，认为该实验室与德国冯特在莱比锡大学的实验室具有同等地位。只是由于他未曾有机会培养众多博士生承传其衣钵，而未能名震一时，流传久远。比奈的心理学研究，始自1886年出版的《推理心理学》，继而1898年出版《精神疲劳》，1900年出版《暗示性》。其1903年出版的《智力的实验研究》一书，是比奈以他两个女儿为对象实验研究的结果。在他对智力的长期研究中，比奈认为，高尔顿和卡特尔早期所采以感觉为基础去测量智力的取向，是不适当的。他主张，要测量智力必须从测量认知能力着手，而认知能力应包括记忆、意象、注意、理解、思维、审美、情操、意志力以及空间判断等高级心理历程。从测量感觉到测量认知，是智力测验发展中的一大突破。1903年精神病学医师西蒙（T. Simon，1873～1961）计划从事一项心智不足儿童智力研究，邀请比奈参加合作，不久他二人就受到法国公共教育部之邀，共同参加一个学童智力鉴定委员会，1905年，两人即完成了有史以来第一个智力测验。

2.率先完成首个智力测验　比奈和西蒙在1905年率先完成了第一个智力测验，名为比奈—西蒙量表（Binet-Simon Scale）。该量表中共有30个题目，按难度由浅而深排列，以通过题数的多寡为鉴别智力高低的标准。后经1908年修订，增为58个题目，并按年龄分组，适用于3～13岁儿童。该量表之所以特别受到重视，主要是因编制时采取了两种创新的观念：（1）采认知取向测量高级心理历程，要求受试者对语文、数学、常识等题目实际作业，从作业结果所获的分数多寡，来判定其智力的高低；（2）创用心理年龄（mental age）代表智力的高低，就题目的难度按年龄分组，三岁儿童平均能通过的题目归在一起，是为适合于三岁组的题目，五岁组儿童平均能通过的题目归在一起，是为适合于五岁组的题目，以此类推，直到十三岁。如此设计，视各年龄儿童在量表上所通过的题数，即可代表他的心理年龄。换言之，这是一种采用心理年龄与实足年龄对比的方式以表示智力高低的观念，心理年龄高于其实足年龄者，智力较高；心理年龄低于其实足年龄者，智力较低。比奈创用的心理年龄观念，在智力测验编制原理上，一直沿用到20世纪中期以后才为离差智商(deviation IQ)所取代。见该条。

比奈著作中译为英文的专著有：*The psychology of reasoning*(1886); *The psychic life of microorganisms*(1889); *The alteration of personality*(1892); *Suggestibility*(1900); *Experimental studies of intelligence*(1903); *A method of measuring the development of intelligence of young children*(1915)等。

Binet Scale **比奈量表** 义同比奈—西蒙量表(Binet-Simon Scale)。见该条。

Binet-Simon Intelligence Test **比奈—西蒙智力测验** 义同比奈—西蒙量表(Binet-Simon Scale)。见该条。

Binet-Simon Scale **比奈—西蒙量表，比西量表** 属个别智力测验之一。该量表系由法国著名学者比奈与西蒙(T. Simon, 1873～1961)二人1905年编制，故名。该量表的题目按难度由浅而深排列，以通过题目的多寡作为鉴别智力高低的标准。1908年修订后，改采心理年龄方式记分，并以巴黎地区儿童建立了常模。至1916年，美国斯坦福大学将之修订，改名为斯坦福—比奈量表(Stanford-Binet Scale)，此后传遍全世界，成为最具权威性的智力测验。见该条。比西量表在国内早已修订为中文，普遍使用。见比奈(Binet, Alfred)传记条。

Binet Test **比奈测验** 义同比奈—西蒙量表(Binet-Simon Scale)。见该条。

binocular accommodation **双眼调适** 见调适(accommodation)条第一义。

binocular color mixture **双眼混色** 指同时对两只眼睛分别呈现两种不同颜色刺激时所产生的颜色混合现象。根据研究发现，当两种颜色相近时容易混合为一种颜色。但当两种颜色差别太大时，就不容易混合，而且会出现双眼竞争(binocular rivalry)现象。见该条。双眼混色可由实体镜(stereoscope)实验得之。

binocular convergence **双眼辐合** 指双眼看物体时产生深度知觉所依据的线索之一。当吾人两眼注视一物体时，视线必须完成一定的辐合运动。看近距离物体时，视线趋于集中，看远距离物体则趋于分散。视线的辐合运动，有助于精确地觉知物体的距离。唯此线索只在数十米距离内发生作用，观察远处物体时，两眼视线接近平行，则对估计距离并无作用。

binocular cue **双眼线索** 由两只眼睛联合运用，彼此协调获得的立体或深度知觉，称为双眼线索。双眼线索的运用，得之于两个眼球的视线左右转移分散聚合所产生的双眼辐合(binocular convergence)，以及两眼视网膜上成像的不同所产生的双眼视差(binocular disparity)配合而产生立体知觉线索。见该等条。与本词相对者为单眼线索(monocular cue)。见该条。另见视觉系统(visual system)条及附图。

binocular depth cue **双眼深度线索** 指双眼视觉所提供的深度知觉线索。双眼深度线索有两种：一为双眼辐合(binocular convergence)，另一为双眼视差(binocular disparity)。见该等条。

binocular disparity **双眼视差** 注视同一物体时，两眼的视网膜上因视线角度不同(两眼间有两厘米以上距离)，形成两个不完全相同的映象。由两个映象的差异，个体即可获得深度或立体知觉。双眼视差是构成双眼线索(binocular cue)的主要条件。见该条。本词又称网膜象差(retinal disparity)。

binocular fusion **双眼视象融合** 两眼视网膜上获得同一物体的两个映象，融合之而形成一个完整的知觉经验，谓之双眼视象融合。视物时，即使将两只眼分开(如用一张纸板直立于两眼之间)，让两眼分视视野中两个物体(如左右两眼分看两本书)，结果看到的仍然是并放的两个物体。形成此种现象的原因，乃是两眼的视神经传入大脑皮质视觉区之后自动合而为一，形成一个整体的视觉。见视觉系统(visual system)条及附图。

binocular parallax = binocular disparity **双眼视差**

binocular perception **双眼知觉** 双眼视物时，纵使两只眼睛视网膜上所得是两个不完全相同的映象，但个体所看到的却是只有一个物体出现在一个视野之内。此种现象称为双眼知觉。双眼知觉现象的形成乃是由于双眼视象融合(binocular fusion)。见该条。另见视觉系统(visual system)条及附图。

binocular perspective **双眼透视** 根据双眼线索(binocular cue)对物体远近所形成的透视，谓之。见该条。

B

binocular rivalry 双眼竞争 指两眼注视近距离两种不同刺激物时两眼视网膜上所成之象不能合而为一的现象。在正常的情形下，两只眼睛所得视觉是合一的。两眼视象合一现象，称为两眼视象融合。双眼竞争现象可在以下简单实验的情境之下产生：先在左眼的视野内出现一个蓝色物体，继而在右眼的视野内出现另一黄色物体；此时所得知觉不是蓝黄两种颜色并存，而是忽而蓝色忽而黄色的不稳定知觉现象。如采用实体镜（stereoscope）将两眼分开视物，双眼竞争现象将更为明显。见双眼视象融合（binocular fusion）。

binocular summation 双眼视象合一 义同双眼视象融合（binocular fusion）。见该条。

binocular vision 双眼视觉 两眼同时观察物体时的视觉。若观察物体是平面的，平面各点便投射在两眼视网膜的各个对称点上，个体感知到的是一个平面物体。若观察物体是立体的，或者观察前后两个物体时，在左眼和右眼视网膜上的视象不完全落在相应的部位上，两眼视象稍有差别，即形成双眼视差（binocular disparity）。见该条。

binomial distribution 二项分布 指从只含二项性总体（如男女两性构成人口总体）中多次随机抽样所形成的理论性分布曲线。如只从人口总体抽取少数人作为样本，男女两性分别被抽到的概率可能很不平衡；但如样本逐渐增加，两性被抽到的机会就会逐渐接近，最后就会使抽样结果中男女两性被抽到的概率接近常态分布（normal distribution）。见该条。

Binswanger, Ludwig（1881～1966） 宾斯万格 宾斯万格是瑞士哲学心理学家、精神病学家，也是结合现象学、存在主义哲学以及精神分析三种思想而提出存在分析心理治疗理论的心理学家。

宾斯万格1881年4月13日出生于瑞士的克罗伊茨林根镇，1907年获苏黎世大学医学博士学位后，从当时瑞士著名精神病学家布莱勒和精神分析学派重要成员之一荣格研究精神病学。并在此期间结识精神分析学派创始人弗洛伊德，且建立了长久的良好友谊关系。宾斯万格一生从事精神病治疗工作，退休后1956年荣获克雷佩林奖，是为当时瑞士精神病学界的最高荣誉。1966年2月5日病逝克罗伊茨林根，享年85岁。宾斯万格在心理学上的贡献，主要在于以下两方面：

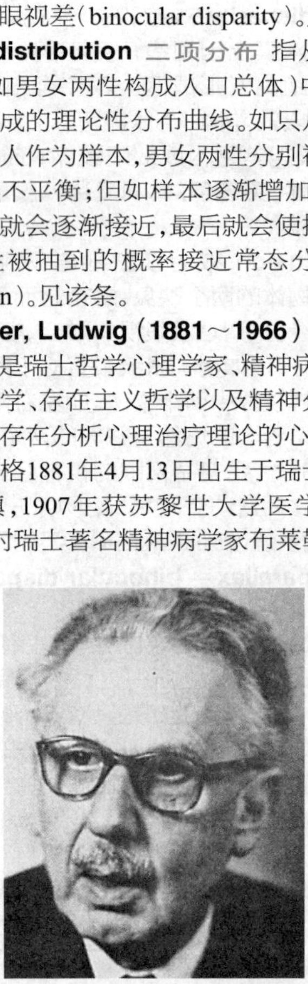

1.首创存在分析心理治疗　宾斯万格的学术背景虽接近精神分析，但真正对他的心理治疗思想影响最大的，则是胡塞尔的现象学和海德格的存在主义哲学。宾斯万格和其他存在主义哲学心理学家一样，反对决定论和唯物论，而强烈主张自由意志和唯心论。他认为，在自由意志的原则下，人有自行选择的权利，但选择之后就必须为自己的选择负责。他结合现象学研究个人心理经验和海德格的在世存在理念，创立了一种独特的治疗方法，称为存在分析。所谓存在分析（existential analysis），是指采用精神分析的理念，分析患者在此时此地的内心世界，借以了解其现实存在的特异之处，包括他内心中的焦虑、恐惧、思维方式、价值观、生活意义及社会人际关系等。人生在世每个人都有他自己内心的主观世界，根据宾斯万格的解释，在一般人的内心中所感觉到的存在的意义，不外三个方面：（1）自我中存在，指自我内心中对自己所感觉到的意义；（2）社会中存在，指与别人互动时所感觉到的意义；（3）世界中存在，指在自然环境中所感觉到的意义。如果一个人的三方面存在都有意义感，他的生活适应就是健康的，否则，他就可能生活适应困难。

2.提出世界设计的概念　所谓世界设计（world-design），是指个人如何面对他所存在的世界去建构他的人生观。一个人的世界设计，可能是开放的，也可能是封闭的；可能是积极的，也可能是消极的；可能是乐观的，也可能是悲观的。无论如何，每个人都是在他自己的世界设计中过他的生活。据宾斯万格的观察，就生活效能而言，有些人的世界设计有效，其后果足以带来快乐和成功；有些人的世界设计失效，其后果则难免带来焦虑、恐惧和痛苦。心理治疗的目的就是协助患者调整或改变他的世界设计，使他对自己、对别人、对世界的看法有所改变，从而重建他的人生观。宾斯万格同意海德格现实存在的看法，认为人必须了解他的存在只有在现实世界中才有意义，只能在现实世界中有限自由的情境中从事选择。唯宾斯万格提出了他的更积极的看法，他主张在个人的世界设计时，除了现实存在之外，也不妨尝试超世存在的设计。所谓超现实存在（being-beyond-the-world)，并非像一般说的"超脱尘世"之义，而是指在现实的基础上追求超越，改变自己的世界设计，从而改变个人对自己、对别人以及对世界的看法，提升自己更高更远的人生观。见该条。果能如此，人生在世自会有海阔天空的感觉。

宾斯万格著作中译为英文的专著有：*Sigmund Freud: Reminiscences of a friendship*(1957)；*Being-in-the-world: Selected papers of Ludwig Binswanger*(1963)等。

biochemical approach **生物化学取向** 从生物化学的观点研究心理异常成因与治疗的一种取向。以精神分裂症为例，精神分裂症的成因，可能与患者神经系统中某种化学物质缺乏或过剩有关(如影响血管收缩及神经传导功能的血清促进素)。生物化学取向研究的结果，可作为心理师对患者实施药物治疗的根据。见精神分裂症(schizophrenia)。

biocybernetics **生理神经控制学** 以个体意识状态与其生理运作功能之间关系作为研究主题的一门新兴学科。此一学科的兴起，代表对自古以来心身关系问题研究的一个新取向。个体内部的生理运作(如心跳、血压、脑波活动等)原本不受个体意识的控制，但如采用操作条件作用学习理论，使个体学到生理回馈技术，即可达到个体随意控制其内在生理活动的目的。见生理回馈(biofeedback)。

bioengineering **生物工程学** 属工程学的一支，其研究目的在于针对人体与环境的关系，设计最合宜的使用工具及工作环境，使工作人员在便利、安全、舒适的条件下，创造最佳业绩。

bioethics **生物伦理学** 指从伦理与价值的观点探讨医学、生物学、生理学以及心理学研究上的相关问题。诸如在此等学科研究上一向采用的动物实验，以及多年来对人类安乐死的争议，均属生物伦理学探讨的范围。

biofeedback **生理回馈，生物反馈** 20世纪60年代实验心理学发展出来的一种对心身关系问题研究的新方向和新的医疗技术。一般认为，自主神经系统控制下的内在生理反应，如血压的升降、心率的快慢和肠胃收缩等，是不能随意控制的。生理回馈技术的出现打破了这种传统观念。借助生理回馈仪器，将身体器官发出的微弱生物电能加以放大，转换成视觉(光点或指针的移动)、听觉(声音的强、弱或有无)信号回馈给受试者，以便能随时了解自身的机体变化状态。通过操作条件作用与后效强化手段使内脏器官反应的变化逐步趋向某一预定目标(例如血压回馈训练中，每当血压降低到一定值时，即给予奖赏)，受试者其后终能学会控制自己的内脏器官的活动。在医学上，生理回馈技术打破了传统的医疗模式，使病人成为治疗疾病的主体，治疗过程成为一种学习过程。常用的生理回馈仪器有：肌电反应仪、皮肤电阻反馈仪、心率反馈仪、脑电波反馈仪、血压反馈仪等。生理回馈技术主要应用于治疗神经精神科疾病、心身疾病、神经—肌肉功能失常、行为问题等。

biofeedback technique **生理回馈法，生物反馈法** 指运用生理回馈(biofeedback)原理治疗疾病的一种方法。见该条。

biofeedback training **生理回馈训练** 根据生理回馈(biofeedback)原理指导患者学习控制其内在器官活动，从而达到治疗效果的一种训练。见该条。

biogenic motivation **生物性动机** 义同生物性驱力(biological drive)。见该条。

biographical inventory **传记式问卷** 采用传记法(biographical method)时要求受试者所回答的问卷。见该条。

biographical method **传记法** 传记法是运用个人的背景资料，从了解其过去生活史实，再研究分析其目前身心状况，然后分析其前因后果的研究方法。个人传记资料包括年龄、性别、教育程度、工作经验、婚姻状况、身体健康状况以及兴趣专长等。传记法可用在工业心理学上甄选员工，也可在心理治疗时作为了解患者背景之用。

biological aging **生物性老化** 指个体随年龄的增长而导致自然老化的现象。生物性老化也称主因老化(primary aging)。见该条。见老化生物学理论(biological theories of aging)。

biological clock **生物时钟** 在有机体内有一种阶段性的自动调节机制，此一机制的功用有如一个时钟，可自动控制有机体在生理上或行为上呈现节律性变化，包括体温、血压、内分泌以及生活习惯上的一些活动(如睡眠与进食等)。生物时钟又称身体时钟(body clock)、生物节律(biorhythm)、体内时钟(endogenous clock)，也称时辰节律(circadian rhythm)。曾有心理学家以人为对象研究发现，在一切有关时间的线索(如时钟、窗口亮光以及温度变化等影响因素)被控制的情境下，受试者在饮食、工作及睡眠等活动上所表现的身体时钟作用，大致仍能维持，只是较实际时间稍慢而已。生物时钟现象可能与24小时之内地球运转一周所形成的气温气压变化有关。正因为人体内具有生物时钟机制，所以才会在搭乘跨洲飞机时产生飞行时差(jet lag)的问题。见该条及附图。

biological determinism **生物决定论** 心理学上

B

的一种理论。认为人和动物一样，一切心理的和行为的变化，完全决定于种族遗传因素所构成的身体及生理上的一切运作。生物决定论不重视社会文化环境因素所产生的影响。

biological drive 生物性驱力 指个体因内在生理变化所产生的行为驱力。生物性驱力的产生主要有两种因素：其一是有关个体维持生命的物质消耗到某种程度时，生物性驱力就会发生作用，诸如缺乏水分时就会有渴驱力，缺乏养分时就会有饥饿驱力。其二是有关内分泌所引起的驱力，如个体性腺发育成熟时就会有性驱力。见驱力（drive）。

biological intelligence 生理智力 对形成智力因素的一种理论性解释。谓智力表现于认知性的活动（如知觉、语言、思维等），而认知活动则决定于大脑中枢神经的生理功能。因此，智力乃是生理作用。

biological maturation theory 生物成熟论 美国发展心理学家格塞尔提倡的一种理论，认为儿童阶段的行为发展，基本上是由儿童生物性的成熟程度所决定，外在的环境只能提供生长的条件，不能促进成熟的程度。见格塞尔（Gesell, Arnold Lucius）传记条。

biological memory 生物性记忆 指人与动物一样生而具有的记忆能力。

biological perspective 生物学观点 义同心理生物学取向（psychobiological approach）。见该条。

biological psychology 生物心理学 义同生理心理学（physiological psychology）。见该条。

biological rhythm 生理节律 指个体体内周期性的生理变化。此类生理变化的周期长短不同，短的周期如24小时清醒与睡眠的节律，称为时辰节律，长期如月经排卵，可称为月节律，有些鸟类每年迁徙，可称为年节律。

biological theories of aging 老化生物学理论 解释人类老化现象的理论。一般人到中年（40～60岁）以后，身体功能逐渐老化，唯老化的速度却有很大的个别差异。有些人60岁不到即显得老态龙钟，动作缓慢，思想迟钝，工作效率大不如前；另有些人年过70岁仍然身体健壮，精力旺盛，工作效率不减当年。形成老化速度的明显差异究竟是什么原因？多年来，生物学家从不同的观点提出了多种不同的老化理论，其中最主要者有以下七种理论：（1）老化遗传论（heredity theory of aging）；（2）老化细胞论（cellular theory of aging）；（3）老化损耗论（wear-and-tear theory of aging）；（4）老化代谢废物论（metabolic waste theory of aging）；（5）老化自体免疫论（autoimmunity theory of aging）；（6）老化平衡作用失调论（homeostatic imbalance theory of aging）；（7）老化突变论（mutation theory of aging）。见该等条。与本词相对者为心理—社会老化理论（psycho-sociological theory of aging）。见该条。

biological therapy 生理治疗 属心理治疗的一类方法。生理治疗法的特点是，在一般心理治疗方法不能奏效时，改变取向从个体生理方面寻找治疗的可能。生理治疗的方法有多种：其中药物治疗（drug therapy）、电痉挛治疗法（electroconvulsive therapy）、精神外科学（psychosurgery）等为最主要者。见该等条。生理治疗又称生物医学治疗（biomedical therapy）。

biologic psychiatry 生物精神病学 指精神病学的一种研究取向。着重患者身体的、生理的、神经系统的病因研究，而在治疗上则是以药物治疗为主。

biomechanics = human engineering 人体工程学

biomedical therapy 生物医学治疗 义同生理治疗（biological therapy）。见该条。

biometric approach 生理统计取向 指根据测量个体生理特征的结果，从而推估智力高低或人格类型的研究取向。例如，测量头颅大小与感觉的敏锐度以推估智力，或根据面型特征以判定其与犯罪的关系等，均属生理统计取向。此取向为英国人类学家高尔顿所创始，唯现今研究智力测验者已放弃不用。见高尔顿（Galton, Francis）传记条。

bionics 仿生学 指模仿生物体的生存运作功能，从而改造创新人类生活工具的一门新兴科学。仿生学也是一门包括生物学、生理学、心理学、电子工程学等多科目的综合性科学，目前仿生学的研究取向分为两方面：（1）仿真人脑的功能发展出计算机及人工智能；（2）模拟飞鸟与鲸发展创新航空及潜海工程。

bionomic factor 生态因素 指影响个体身心发展的外在环境因素。如生长在海拔高处的人，其肺活量较一般平地人为大。

bionomics = ecology 生态学

biophysics 生物物理学 指采用物理学的理论与方法对个体生理结构与功能的研究。生物物理学所研究的心理学主题，主要在视觉与听觉两方面。

biopsychology 生物心理学 属现代心理学领域内的一个分支学科。其内涵系以生物学的观点，研究个体在环境适应中其生理功能上发生的变化（如神经系统、内分泌以及各种感官等）。本词也称心理生物学（psychobiology）。见该条。

biopsychosocial model 生物心理社会学模型

是一种新兴的维持健康的理论。此一理论的基本要义是，要想维护健康和预防疾病，必须从生理的、心理的以及社会的三方面因素去着想。

biorhythm **生物节律** 义同生物时钟(biological clock)。见该条。

biosocial determinism **生物社会决定论** 对决定个体行为特征根本因素的一种看法。持生物社会决定论观点者认为，个体行为的建立或改变，主要是生物因素与社会因素两方面交互作用的结果。见生物决定论(biological determinism)。

biosocial theory **生物社会论** 美国心理学家墨菲(G. Murphy, 1895～1979)的人格理论中所持的观点。生物社会论的要义是，个体人格的形成或改变，乃是由于个体本身与其社会生态环境持续不断交互作用的结果，而不像其他心理学家(如人本主义者)那样将人格视为个体自我的发展。

biotechnology **生物工艺学** 以科学方法对人与机器和工作环境关系的研究。生物工艺学所研究的心理学问题，主要在于机械工具设计和工作环境规划两方面。其目的在使人(包括身体与心理)与机器和工作环境能适度配合，在安全、便利、卫生的条件之下，从而提升工作效率。见工程心理学(engineering psychology)。

biovular twins = **fraternal twins** **异卵孪生子，二卵孪生子**

biphasic symptom **两面冲突症状** 属强迫性行为构成的心理冲突现象。例如，有人有开窗户的强迫性行为，可是窗子打开后立刻又出现关窗户的强迫性行为。于是在房间内开窗关窗动作不停，心神不定。见强迫性行为(obsessive behavior)。

bipolar affective disorder **两极型情感症** 义同躁郁型精神病(manic-depressive psychosis)。见该条。

bipolar cell **双极细胞，两极细胞** 义同双极神经元(bipolar neuron)。见该条。

bipolar cell layer **双极细胞层** 指视网膜上由双极神经元构成的一个细胞层。杆细胞和锥细胞两种细胞受光刺激所引起的神经冲动通过突触传到双极细胞层，再由双极细胞层传入神经节细胞层，神经节细胞的轴突聚合成的视神经将此神经冲动传往大脑，产生视觉。见视网膜(retina)条及附图。

bipolar depression **两极型忧郁症** 本词为躁郁型精神病(manic-depressive psychosis)的新名称。见该条。

bipolar disorder **两极型异常** 义同两极型情感症(bipolar affective disorder)。见该条。

bipolar neuron **双极神经元，两极神经元** 指细胞体具有两个突起的神经元。这两个突起分别是树突和轴突，其异于单极神经元之处在于这两个突起皆直接连于细胞体。人体眼、耳等处的感觉神经元即属这种形式。

bipolar rating scale **两极式评定量表** 属评定量表的一种类型。此类量表的特征是，每题陈述一件事，让评定者在两极之间按个人意见评定位置。两极可为"同意↔反对"，也可为"好↔坏"。两极之间可画作五分点，也可画作七分点。见评定量表(rating scale)。

bird phobia = **ornithophobia** **惧鸟症**

birth adjustment **初生儿适应** 指初生婴儿在脱离母体后15～30分钟的身体适应。婴儿的初生适应包括以下四方面：(1)温度适应，胎儿在子宫内的恒温是37.8℃，出生后则进入一个20℃～30℃平均温度的变化环境中，必须重新适应；(2)呼吸适应，胎儿依赖脐带静脉获得氧气，出生后则须靠自己的肺部呼吸，婴儿肺部突然充气，导致初生儿啼哭，即为新适应的表现；(3)营养适应，胎儿的营养得自母体血液，出生后则靠自己吸吮吞咽以摄取食物；(4)排泄适应，胎儿的排泄物由胎盘经母体排出，出生后则要靠自己的排泄器官排出。因初生婴儿的各种器官发育尚未臻于完善，故而必须经过一段时间调节，才能逐渐适应。以上所述四点是指正常婴儿的初生适应，如系早产儿，就须特别护理，否则不能自行适应。

birth control **节育** 指采用各种方法节制生育从而避免人口过剩压力的一切措施。节制生育的方法有多种，诸如服用避孕药物、结扎、人工流产等均属之。

birth injury = **birth trauma** **出生创伤，产伤**

birth order **出生别，出生次序** 指同父母所生子女的顺序，如长子、次子、幼子等。俗称排行，称老大、老二、老幺等。出生别一向为心理学家研究的兴趣之一。在心理学上最早将出生别视为影响人格发展因素的心理学家，是奥地利心理学家阿德勒。根据阿德勒的理论，出生别是影响人格发展重要因素之一，而在不同出生次序者之中，最幼的子女受到的影响最大。家庭中最幼子女的人格发展倾向两极化，不是性格依赖，就是因自卑而力求超越。阿德勒称此种现象为出生别效(birth order effect)。阿德勒的理论并未获得以后心理学家研究证实。唯一般皆认为，父母管教子女的方式确是影响人格发展的重要因素之一。见阿德勒(Adler, Alfred)传记条。

birth order effect **出生别效** 应见出生别(birth order)。

B

birth rate 出生率，生育率 **1.**出生率指年度内平均一千人口中生产而存活的婴儿的人数。与本词相对者为死亡率（mortality rate）。见该条。**2.**生育率指年度内育龄妇女平均生产婴儿的人数。

birth trauma 出生创伤，产伤 **1.**指胎儿出生时因生产困难而受到的生理伤害。产伤的影响以脑神经发展为最。**2.**指奥地利精神分析学家蓝克（O. Rank, 1884～1939）的特殊看法，谓胎儿出生时受到心理的创伤。由安适的子宫来到外面的环境时，因受到惊吓可能留下以后形成焦虑性神经症的原因。**3.**出生创伤是一种假设性的理论，其论点并未经以后心理学家证实。原因是任何人都是经由生产的难关来到人间世界的，罹患焦虑性神经症者毕竟是人口中的少数。以少数人患病的结果来倒推普遍性的原因，显然是有困难的。见焦虑性神经症（anxiety neurosis）。

biserial correlation 二列相关，双列相关 属双变项相关方法之一。此种相关法限用于下述特殊情况：两变项之一为常态的连续分数，如小学某年级的算术科分数；而另一变项只包括两种类别，如小学某年级的男生与女生，而男女生各组的智力（或其他特质）的分布均属常态。如此，分析男女生的智力与男女生的算术分数两变项之间的相关程度，即称二列相关。除以上情形之外，二列相关也可用来做是非式测验题的试题分析之用，是与非两类题目是两类别，以之与测验总分（连续分数）也构成二列相关的条件，计算公式从略。见相关（correlation）。

bisexuality 双性人 **1.**指在性格上男女不分，兼具男女两种性格者。**2.**指在性欲上受同性也受异性吸引者。**3.**指在生理上兼具两种性器官者。

bisexual libido 两性欲力 根据精神分析理论，婴幼儿对人表现强烈的感情依附时，其依附对象如不分性别时，称为两性欲力。见欲力（libido）。

BITCH Test = Black Intelligence Test of Cultural Homogeneity 文化同构型黑人智力测验

biting stage 口咬期 根据精神分析创始人弗洛伊德的性心理期发展论，8～18个月的婴儿的行为发展的特征之一是喜欢用口咬东西，故而称为口咬期。按弗洛伊德的解释，此一时期婴儿喜欢咬东西的原因，不仅是因为他有了牙齿，而主要是由于此时婴儿的心理特质使然。此一时期的婴儿一般都能独立走路，但走动时又时时受到母亲管制，于是在心理上产生既依赖母亲又讨厌母亲的矛盾态度。此一矛盾态度反映在行为上，就开始咬母亲的乳头或奶瓶的奶嘴，接下去如母亲尝试为婴儿断奶，婴儿口咬动作则转为咬指甲或咬其他东西。见性心理期发展论（psychosexual stage theory of development）。

bivariate correlation 双变项相关 指两个变项之间的相关情形。例如，一班学生40人，欲知该班数学成绩与英文成绩之间的相关程度，设数学为X变项，英文为Y变项，两变项中各包括40个分数，亦即每一学生有XY一对分数。这两组分数间的相关情形，即为双变项相关。见相关（correlation），积差相关（product-moment correlation）。双变项相关是最简单的相关，故而又称简单相关（simple correlation）。

bivariate frequency table 双变项次数表 义同两维次数表（double-frequency table）。见该条。

bizarre delusion 怪异妄想 属精神病的症状之一。患者的妄想极为怪异，他可能妄想到自己的身体分成了两半，一半在地面上，另一半已浮上了天空。

black box 黑箱 从物理学上借用的术语。使用一架封闭型的机器时，对机器的内部构造及其运作功能，无法从外观直接观察了解，故而称其为黑箱。使用机器者，只需将适当的材质输入，机器转动运作后，就会自动输出结果（如复印机）。在心理学上，借用了此一概念，将个体比作机器，个体接受刺激可视为输入，个体表现的反应，则视为输出。因此，在心理学上，黑箱一词即指复杂个体而言。见黑箱论（black box theory）。

black box theory 黑箱论 有些心理学家将个体视为一个黑箱，个体内在的一切心理活动则视为不能直接观察可见的“黑箱作业”。因此，试图解释黑箱内部的心理活动历程的理论，就是黑箱论。在现代心理学上，持黑箱论观点解释个体心理与行为者，大体上有两种不同取向。其一为行为取向。行为取向的心理学家认为，在刺激（输入）与反应（输出）之间虽然必须经过黑箱，但从纯科学心理学研究的观念言，黑箱的性质与功能并非心理学研究的主题。只需控制刺激，观察反应，即可由之获得个体行为的因果关系。其二为认知取向。认知取向的心理学家虽然也承认刺激（输入）与反应（输出）之间具有因果关系，但两者中间存在着一段相当复杂的内在认知思维历程。因此主张，心理学研究的主要目的就是要推理解释从刺激到反应之间一切可能的内在运作历程。见行为主义（behaviorism），信息处理（information processing）。

Black English 黑人英语 泛指美国境内黑人所说的非标准的英语。

Black Intelligence Test of Cultural Homogeneity（BITCH Test） 文化同质性黑人智力测验

一种同时使用于美国黑人与白人的跨文化智力测验。该智力测验的最大特征是，测验题目中兼而使用了黑人社会与白人社会中各自习惯用的俚语。

blackout 失觉 指因大脑突然失血或缺氧而形成的暂时失却知觉现象。登山者或酒精中毒者较多遇到失觉的体验。

blackout threshold 失觉阈限 环境变化达到某种程度时，个体即丧失知觉。此一变化程度的临界点即称失觉阈限。如空气中氧的含量减至某程度时，人即失去知觉。当时空气中氧的含量，即称失觉阈限。

black propaganda 暗宣传 见宣传(propaganda)。

blacktop illusion 昏君错觉 社会心理学术语。在两个团体(或国家)敌对时，其中一个团体的人总认为对方团体中最坏的人就是他们的领袖。甚至相信，对方的人在他们昏君型领袖的控制下非常痛苦。此种看法未必正确，是故称为错觉。

Blacky pictures 小黑漫画测验 是一种用于了解儿童心理的投射测验。该测验由一组描述狗家庭的漫画图片所构成。施测时让儿童按画中情境说成一个故事。从故事的内容去解析儿童的行为问题。小黑漫画测验简称小黑测验(Blacky test)。见投射测验(projective test)。

Blacky test 小黑测验 义同小黑漫画测验(Blacky pictures)。见该条。

bladder control 膀胱控制 指幼儿学习按时间地点小便习惯的历程。一般言之，幼儿在16至18个月之间，即可开始培养小便习惯。日间小便习惯的养成，一般是在两周岁左右；夜间的小便习惯则直到三岁左右始能养成。

bladder training 膀胱训练 义同膀胱控制(bladder control)。见该条。

blanket group 无规范团体 指团体中缺乏成文的或不成文之行为规范者。一般有组织的团体(如学会)，都设有规范以限制团体中成员的行为。所谓家有家法，校有校规，即指家庭与学校均属有规范的团体。所谓"乌合之众"即指无规范团体而言。

blank experiment 空白实验 在实验过程中的空当时间，对受试者提供某种刺激，以引起某种反应。此等反应并非实验者所欲研究的资料，故任何反应均不列入记录。实验者如此设计的原因，旨在排除空当时间内受试者注意力受到其他因素干扰的影响。

blank trial 空白练习 义同空白实验(blank experiment)。见该条。

blended family 混合家庭 指育有未成年子女而再婚者组成的家庭。在混合家庭中的亲子关系和同胞关系是复杂的，包括亲生子女和非亲生子女，包括同父异母或同母异父的兄弟姊妹关系。根据心理学家研究发现，混合家庭中成长的子女，在心理适应上较诸一般家庭中成长者有较多的困难。

Bleuler, Eugen (1857～1939) 布莱勒 布莱勒是瑞士精神病学家，是精神分裂症的命名者，由于他的努力才使传统医学界承认心理因素也是构成疾病的原因之一。

布莱勒于1857年4月30日出生于瑞士苏黎世，1883年获苏黎世大学医学博士学位后，1886年起任苏黎世一所精神病院医师，1898年改任苏黎世大学精神病学教授及附属医院医师。后来成为精神分析学派主要人物之一的荣格即曾于1900～1909年做过他的研究助理。布莱勒当时即鼓励荣格尝试将弗洛伊德的精神分析理论用于治疗。1908年，布莱勒出版《早发性痴呆症》一书，该书系根据647个病例，观察治疗八年之久完成的，故而被誉为精神医学的经典之作。在书中布莱勒首先创用精神分裂症这一术语。1911年再发表《精神分裂族群》一书，继续对精神分裂症从事更详细的分析。他认为精神分裂症并非由于脑神经受到伤害而导致的无可避免地退化现象。因此他认为精神分裂是可以治疗的。见精神分裂症(schizophrenia)。

布莱勒主要著作译为英文的专著有：*Affective, suggestibility, paranoia* (1912)；*Texbook of psychiatry* (1924)；*The group of schizophrenias* (1960)；*Schizophrenic disorders in the light of long-term case and family history* (1972)等。

blind alley 盲路，死巷 指除了进口另无出路的情境。常以钻牛角尖形容此种情境。迷津(maze)中不能通过的路径都叫死巷。见该条。

blind analysis 匿情分析 在分析评判一项研究或测量结果时，将研究对象或受试者的姓名及有关个人数据隐秘处理，不让分析评鉴者知悉，以免受到主观因素影响而造成评判的偏颇。考试阅卷

B

时采用密封方式,即为匿情分析。

blind spot 盲点 盲点位于视网膜的视盘上,是视网膜上最不敏感的地方。该处既无锥细胞(司日间视觉与彩色色觉),也无杆细胞(司夜间视觉与非彩色色觉),光线投射其上不能产生视觉。根据附图所示,读者即可按说明测验自己眼睛的盲点:将书页置于正前方30厘米处,左眼闭合,只用右眼注视左下方的十字,然后前后移动书页,将会发现右端之黑圆形消失。由此即可推知,在此一距离的黑圆形,它的映象正投射在视盘的盲点上。如此时将右眼注视着附图左上方的十字,且保持书页不动,将会发现附图中的缺口部分消失,看起来黑线是连续的。此一现象揭示了平常不会觉得盲点存在的原因。

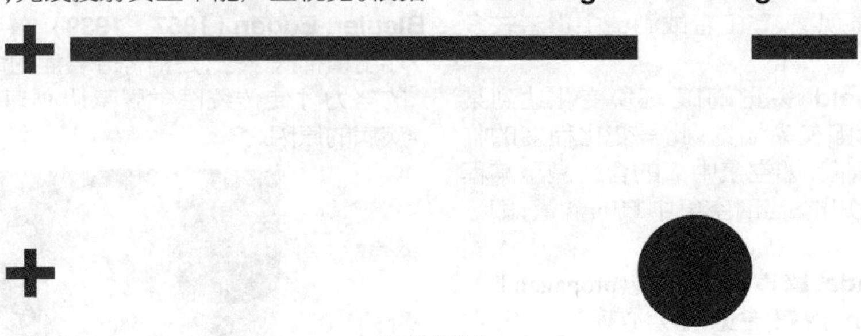

盲点测试

blink reflex 眨眼反射 指由强光、风吹等突然刺激引起的眨眼反射。眨眼反射本由外在物理性刺激所引起,但也可由另外伴随刺激(如铃声)所诱发。因此,眨眼反射常被采用来作为经典条件作用中的条件反应来从事实验研究。见条件作用(conditioning)。

Bloch's law 布洛克法则 解释视知觉的法则之一。布洛克法则的要义是,物体反射出光的强度和光刺激时间的长短,两者对视知觉的产生存有交互关系。如果光刺激较弱(在阴暗处视物),必须有较长的时间才看得清楚,如果光刺激的出现时间甚短(在十分之一秒以下),就必须有强的光刺激才能够看得清楚。本词也称邦森—罗斯科法则(Bunsen-Roscoe law)。

block design 分组实验设计,区组设计 属实验设计方法之一。按照某种标准(如智力、年龄、性别等),将受试者区分为数组,然后进行实验。如此,各组间在该种标准上系属同质,而实验后在行为上的差异始可解释系由于该实验变项使然。此种设计最初用在农业上,划地种植,分区实验,故而亦称区组设计。见实验设计(experimental design)。

block-design test 积木造型测验 属作业测验之一。测验材料是各种形状与颜色的积木。实施时,受试者须按预定之标准以积木造型,在规定时间内排组完成。此种测验的使用,有的用来测量智力,有的用来作为对脑部异常或机能性精神病患者的诊断。见作业测验(performance test)。

block diagram = histogram 直方图

blocking 思想障碍,阻滞 指思想或说话过程中,思路忽然中断的心理现象。对于一般正常人而言,思想阻碍与情绪变化有关,如在突如其来的恐惧或愤怒情绪之下,容易产生思想障碍。按精神分析论的解释,心理异常者的思想障碍,多系潜意识的影响所致。

blocking of thought = blocking 思想障碍,阻滞

block sampling 集区抽样 在总体中的个体呈分类或分区集中时,若要想从中抽取一个具有代表性的样本,就得采用集区抽样法。例如,想调查研究学生中近视而戴眼镜的人数比例,就必须考虑大、中、小各级学校的学生;每类学校按人数比例各抽取一部分学生,最后集成的样本才具有代表性。集区抽样只是一个笼统名称,较具体的陈述应该是区域抽样(area sampling)与分层抽样(stratified sampling)。见该等条。

blood alcohol concentration(BAC) 血酒浓度 指每一升血液中的酒精含量。血酒浓度可用来作为酒后驾驶的标准,超过此一标准,其手眼协调的灵活度就会降低,不宜再担任驾驶工作,故要受到交通法规的制裁。唯世界各国所订标准不一,如美国多数州订为0.10毫克,英国订为0.08毫克,瑞士订为0.20毫克。

blood alcohol level(BAL)= blood alcohol concentration 血酒浓度

blood-brain barrier 血脑屏障 围绕在脑血管周围半透明膜状物,其性质有滤过作用,阻止不利于脑功能之物质进入脑内,用以维持脑环境的平衡。

blood group = blood type 血型

blood phobia = hematophobia 惧血症

blood relationship 血缘关系 指根据遗传关系

的远近所定的血亲关系。子女得自父与母的遗传，各占二分之一，故而亲子间血缘关系最近。孙子女得自祖父母的遗传，各占四分之一，故而祖孙间血缘关系较远。

blood type 血型 根据生理学家的研究发现，因为人体红细胞内所含凝结素原(agglutinogen)的不同，而有不同的血型。一般血型分类，绝大多数的人归属于A、B、O、AB四种血型(此外极少数人属MN、E、Rh等型)。因为血型是终生不变的特征，是遗传因子决定的，于是在心理学上以体质差异作为人格理论根据的学者们，也将血型视为形成人格特质的因素，甚至以血型推测人的性格，认为A型如何、B型如何等。此等推论，缺乏事实验证。因此，在现代科学心理学上，已不承认人格差异与血型有任何关系。

Bloom, Benjamin R. (1913～1999) 布卢姆 布卢姆是20世纪美国教育心理学家，是教育目标分类的倡导者。由于布卢姆的倡导，教学上最难掌握的教学目标问题有了共识。现在全世界的中小学教师，只要受过师范教育专业训练者，几乎无人不知布卢姆所列的认知、情意及心理技能三方面的教学目标。

布卢姆生于1913年，在美国宾夕法尼亚州州立大学先后取得学士与硕士学位，后进芝加哥大学，

至1942年获教育心理学哲学博士学位。此后三十多年一直留在芝加哥大学担任教职。由于研究教育的学者深感对学校教学的观念，一向缺乏共识，教师们对其担任科目的教学目标，常是言人人殊。芝加哥大学乃于20世纪50年代成立研究小组，专门研究教学目标问题。布卢姆教授即为该小组的主持人。经过数年研究，先后在1956年与1964年出版两本教育目标分类手册。1956年出版的是认知教育方面的分类目标，其中计分知识、理解、应用、分析、综合、评鉴六个不同层次的目标。1964年出版的是情意教育方面的分类目标手册，其中计分接纳、反应、价值、组织、品格形成五个层次。此等以学生学习行为为根据的目标，不但在教学之前可供师生教学活动的引导，而且可作为教学之后评鉴之根据。由于当时学校教育特别重视知识与情意两方面的教学，所以忽略心理技能方面教学的重要性。直到1972年美国心理学家哈罗(A. J. Harrow)等人才提倡增加心理技能方面教学目标。心理技能方面的教学目标也分七个层次，分别为知觉、准备状态、引导反应、习惯化、精确作业、适应、创造。见教育目标分类(taxonomy of educational objectives)。

布卢姆的重要著作有：*Taxonomy of educational objectives, Handbook I: Cognitive domain*(1956)；*Taxonomy of educational objectives, Handbook II: Affective domain*(1964)；*Human characteristics and school learning*(1967)；*Learning for mastery*(1968)；*Developing talent in young people*(1985)等。

B love＝being love 存在之爱

blow＝cocaine 可卡因

blue blindness＝tritanopia 蓝色盲

blue-yellow blindness 蓝黄色盲 属色盲(color blindness)之一。患者不能辨识蓝色与黄色。见该条。

BMI＝body mass index 身体质量指数

B motivation B动机 义同衍生动机(metamotivation)。

B-need＝being need 存在需求

boarding character 寄生性格 美国新弗洛伊德主义心理学家弗罗姆人格理论中所指的五种性格之一。寄生性格的特征是，凡事不肯付出，只是依赖他人。见弗罗姆(Fromm, Erich)传记条。

bodily ego feeling 身体自我感 指个体从自己的身体特征所感觉到的自我。有的人自觉身体健康、容貌正常，因而身体自我感是积极的，且也比较愉快。有的人身体自我感是消极的，因而残障者难免自卑。见身体自我(body ego)。

bodily kinesthetic intelligence 体能智力 属美国心理学家加德纳智力多元论(theory of multiple intelligence)中的智力之一。见该条。

body awareness 身体意识 义同身体意象(body image)。见该条。

body buffer zone 身体缓冲区 指与陌生人见面时个人与对方之间习惯上保持的距离。如对方向前移动进入缓冲区之内，个人就会感到不安，身体就会不自觉地向后移动。根据心理学家研究，身体缓冲区过大的人，在性格上较有攻击性。

body build 体格，体态 指由个体身高、体重、肢长、肤色等特征构成的整个身体结构。

body-build index 体型指数 英国心理学家艾森

B

克根据个体身高与胸围比值所提出来的体型分类标准。体型指数的计算方法是：身高×100/6×胸围。如果某人所得的指数相当于人口常态分布中的平均数，他的体型就属于健壮型（mesomorph）；如果某人所得指数居于平均数以上一个（或一个以上）标准差的位置，他的体型就属于瘦长型（leptomorphy）；如果某人所得的指数居于平均数以下一个（或一个以上）标准差的位置，他的体型就属于肥胖型（eurymorph）。见体型论（body type theory）。

body clock 身体时钟 义同生物时钟（biological clock）。见该条。

body concept 身体概念 指个人对自己身体各方面特征的综合看法或评价。此种看法多系根据与别人比较而来，其中包括健康、美丑、优点、缺点等等。身体概念中对自己身体的评价，往往偏于主观，所指未必尽合事实。见身体意象（body image）。

body ego 身体自我 指个人自我观念中对身体自觉的部分。个人对身体的自觉，是构成其自我的核心成分之一。个人的身体特征、器官功能、体质强弱以及容貌等，都是身体自我的重要因素。

body ideal 体型理想 指在某一时代或某一社会文化中众所公认的各年龄阶段体型美的理想标准。无分中外，对女性的体型理想都是古代时以体型丰腴者为美，而现代则以体型苗条者为美。

body identity 身体统合 指个体对于自己身体的统合概念。在身体统合概念之下，个体会感到自己的身体是完整的、统合的，完全受自己的意志所支配的。

body image 身体意象 指个人对自己身体特征的一种主观性的、综合性的、评价性的概念。此概念包括个人对自己身体各方面特征的了解（如强弱等）与评价（如美丑等），也包括他所感觉到的别人对他身体状貌的看法（如赞美）。个人的身体意象正确与否是个人心理健康的标志。无论身体强弱美丑，理性地接纳事实，乐观地发挥自己的身体功能，才是心理健康之道。

body-image agnosia 身体意象失认症 指丧失对自己身体认知的异常现象。根据心理学家莱尔米特（J. Lhermitte）1942年研究发现，身体意象失认症患者的症状，通常表现在三方面：（1）疾病感失认，患者不能感知自己病痛何在；（2）躯体失认，患者丧失辨别自己身体各部位的能力；（3）左右侧失认，患者丧失辨别自己身体左右侧的能力。

body-image distortion 身体意象扭曲 指个体对自己身体意象所形成的不切实的概念。有的人觉得自己身体的某些部分彼此不相属，有的人觉得自己身体的某些部分长得太大（或太小）。个体发展到青春期，身体意象扭曲现象，尤为普遍。见身体意象（body image）。

body-image hallucination 身体意象幻觉 属幻觉现象之一。患者对自己身体产生极不实际的知觉。有时觉得身体变小或变大，有时觉得身体的某些部分交换了位置。见幻觉（hallucination）。

body language 肢体语言，体态语言 指与别人沟通意见时，以身体的活动或表情等代替语言。身体语言使用时，可能是意识的，也可能是非意识的，甚至是潜意识的。

body mass index（BMI） 身体质量指数 指采用个人身高和体重的比值代表身体发育正常的指针数字。身体质量指数的计算公式是：

$$\text{BMI}=\frac{\text{体重（千克）}}{\text{身高（米）}^2}$$

如某人身高170厘米（即1.7米），体重为65千克，他的BMI＝65/（1.7）^{2}＝65/2.89＝22.5。这表示他的身体发育是正常的。根据医学研究，一般正常人的BMI界于20至24.9之间。如BMI在25至29.9之间，就算过重；如BMI在30至39.9之间，就算肥胖；超过40，就是肥胖症。BMI适用于成年人，对于幼儿及老年人不适用。见肥胖症（obesity）。

body memory 身体记忆 指不凭意识而靠身体动作的记忆。技能练习到达纯熟的地步，就自然形成身体记忆。例如，走路时腿脚上自有记忆，大步、小步、提高、放下等一切活动均不需靠意识支配。再如弹琴、书写、拿筷子等活动，手指上也有记忆，不靠意识指挥，手指自然就会落到适当的位置。

body-mind problem 身心问题，身心关系问题 义同心身关系问题（mind-body problem）。见该条。

body narcissism 身体自恋 指过度关心自己身体并对自己性器官特别注意的现象。按精神分析论的说法，个体发展到性器期（3～6岁），身体自恋是颇为普遍的现象。青春期的男女青少年（11～13岁），一般也会出现身体自恋现象。

body schema 身体基模 指个体对自己身体特征的基本认知结构。个体靠身体基模支配身体的活动。唯身体基模的存在，个体自己未必自知。

body therapy 身体治疗 属心理治疗的一类方法。身体治疗法的目的是，借由身体的规律性活动，可以缓和情绪的紧张并减低心理压力。身体治疗方法有多种，其中呼吸练习、静坐、按摩、瑜伽术、太极拳等是最主要者。见心理治疗（psychotherapy）。

body type 体型 见体型论（body type theory）。

body type theory 体型论 在人格理论中，德国精神病学家克雷奇迈(E. Kretschmer, 1888～1964)1925年倡体型论,按体型不同而将人的性格分为三类:(1)矮胖型(pyknic type),性格随和;(2)健壮型(athletic type),善于适应;(3)虚弱型(asthenic type),多愁善感。按体型论解释,健壮型者人格适应较佳。见谢尔顿人格体质论(Sheldon's constitutional theory of personality)。

Boehm Test of Basic Concept(BTBC) 卜慕基本概念测验 是一种团体或个别性向测验。该测验原系卜慕(A. E. Boehm)所编制,其内容是以日常生活图画表示基本概念的一种学习准备测验,共计50题,包括空间概念23题,数量概念18题,时间概念4题,其他杂项5题。卜慕基本概念测验有甲、乙两种,互为复本,乙种卜慕基本概念测验经学者刘鸿香修订为中文,并经标准化,于1983年出版。该测验适用对象为一般幼儿园大班及小学一、二年级学生,已建立常模,在各年级组均以百分位数和T分数表示之。

Bogardus Social Distance Scale 波加杜斯社会距离量表 义同社会距离量表(Social Distance Scale)。见该条。

BOLT = Basic Occupational Literacy Test 基本语文及计算能力测验

bond 联结,情结 **1.**主张学习是刺激与反应形成联结的心理学家,推理解释经练习后刺激之所以引起个体固定反应,是因为在个体的神经生理上起了变化。联结就是变化的结果。**2.**指两人(如母子间)之间感情上的联结,称为情结。

bond hypothesis 联结假说 义同联结主义(connectionism)。见该条。

bonding 母子结,依附 **1.**指胎生动物出生数小时之内即在母子之间形成亲密结合的情形。因为有母子结现象,为母亲者时时保护其初生后代,初生后代也亲近母亲,如此才不致幼小离失。根据观察研究,母子结的形成,主要是由于母子双方散发的身体气味所引起的本能性反应使然。**2.**义同依附(attachment)。见该条。

bond psychology 联结心理学 见联结主义(connectionism)。

bone labyrinth 骨性迷路 为内耳构造的一部分,它又分为前庭、耳蜗及半规管三个部位。见听觉系统(auditory system)及附图。

boomerang effect 反向效应,飞镖效应 指态度改变得与预期结果相反的现象,亦即态度的反向改变。预期说服对方接纳并赞成自己的意见,但结果反而导致对方的拒绝与反对。亦称态度反向改变(negative attitude change)。

borderline intelligence 临界智力 指界于常态与智能不足两者之间的智力层次。如以智商为根据,智力商数在70至80之间者,即属临界智力。见智能不足(mental retardation)。

borderline mental retardation 临界智能不足 义同临界智力(borderline intelligence)。见该条。

borderline personality 边缘型人格,临界人格 见边缘型人格异常(borderline personality disorder)。

borderline personality disorder 边缘型人格异常 属人格异常之一。属此类型者情绪多不稳定,对生活细节,动辄愤怒,遇事常冲动,缺乏理性思维,故而常做出损人又害己的事。因此类人格异常者情绪上的问题比较严重,在病理分类上接近神经症及精神病的边缘,故名。边缘型人格异常可简称边缘型人格(borderline personality)。

borderline psychosis 边缘型精神病 **1.**指患者具有精神病倾向,但尚未达到与现实脱离的程度。见精神病(psychosis)。**2.**义同边缘型精神分裂症(borderline schizophrenia)。见该条。

borderline schizophrenia 边缘型精神分裂症 指患者虽有精神分裂症的症状,但在生活上尚未完全脱离现实的轻度精神分裂症。见精神分裂症(schizophrenia)。

boredom 厌倦,厌烦 从事缺乏动机或兴趣的活动时,心理上感到的一种不愉快的状态。厌倦的起因有二:一为客观因素,如工作过分单调、机械,容易使人厌倦。二为主观因素,如个人对工作无兴趣或自感无此需要时,也会感觉厌倦。

Boring, Edwin Garrigues(1886～1968) 波林 波林是20世纪美国心理学家、心理学史学家,也是被美国心理学界称为"心理学先生"的人。

波林于1886年10月23日出生于美国费城,1904年进康奈尔大学学工程,1908年获工程学硕士学位,并进伯利恒钢铁公司铸造厂当见习生。后来因感兴趣不合,乃转任学校自然科教师。1910年重返康奈尔大学,由于在大学时期他曾听过当时结

B

构主义建构人铁钦纳一次演讲，启发了他对心理学的兴趣，于是他重返母校，在铁钦纳指导下从事博士生的研究工作。1914年获得博士学位后，适逢第一次世界大战（1914～1918），应召入伍担任心理学主任检查官四年。战争结束后，在1919年进入克拉克大学任教，三年后又进入哈佛大学任教并从事实验心理学方面的研究工作。波林有"心理学先生"之称，他曾于1928年膺选美国心理学会主席，1965年获美国心理学会金质奖，1968年7月1日逝世，享年82岁。

波林在心理学上的贡献主要在于感觉、知觉、意识与心理学史两方面的研究。在知觉方面，他经由实验研究，对月亮错觉（平视大仰视小）提出了一种解释；认为仰视觉得月亮小的原因，乃是由于仰视时眼球转动角度所致。在感觉与意识方面，波林对很多基本术语分别提出了定义性的解释，对研究心理学的人很有帮助。波林的贡献还是以他所著的《实验心理学史》最为有名。他在书中将历来重要心理学家的事迹与时代精神二者结合起来，阐明了科学心理学发展的历史意义。

波林主要著作中的专著有：*A history of experimental psychology*（1957/1929）；*The physical dimensions of consciousness*（1933）；*Sensation and perception in the history of experimental psychology*（1942）等。

bottle-feeding **瓶乳喂养** 指采奶瓶喂养婴儿的方式。瓶乳喂养与母乳喂养（breast-feeding）相对。两者相比何者为优？见母乳与瓶乳喂养的争议（breast-feeding versus bottle-feeding controversy）。

bottleneck theory **瓶颈论** 义同注意瓶颈论（bottleneck theory of attention）。见该条。

bottleneck theory of attention **注意瓶颈论** 是英国心理学家布罗本特1954年提出的一种解释注意过程的理论。面对过多信息（刺激）无法同时注意时，个体如何在极短时间内选择重要者并予以进一步处理，一直是知觉研究的重要问题之一。注意瓶颈论的要义是，个体面对过多信息无法同时注意的情境，正如狭窄的瓶颈无法一时装入太多东西的情形一样，个体只能选择一部分来处理。布罗本特采用两耳分听方式从事实验，用以验证瓶颈论的合理性。此类实验的设计是以相对的两串数字，用两耳分听的方法，例如让受试者左耳听一串数字为7、4、1，右耳听一串数字为3、2、5。如此设计的目的是使数字的声音成对的同时进入受试者的两耳，亦即7－3、4－2、1－5三对数字的声音均各是同时听到的。受试者在两耳分听的情况下，他怎样注意并处理这两种信息？实验结果发现，如果数字成对的呈现，时间相隔半分钟，听完后要受试者报告他们听见的那些数字（顺序不拘），除少数报告错乱者之外，多数报告正确者，全都是先报告一耳收到的信息，然后再报告另一耳收到的信息。换言之，不是报告741—325，就是报325—741。此一实验结果显示瓶颈论是合理的。见两耳分听（dichotic listening）及布罗本特（Broadbent, Donald Eric）传记条。

bottom-up processing **由下而上处理，自下而上加工** 认知心理学术语。根据认知心理学中信息处理论的解释，个体经由学习历程处理信息时，有的是按由下（具体）而上（抽象）的顺序处理的。先辨别刺激的物理特征，而后再认识刺激的内涵意义。例如，辨识英文单词时，先看清个别的字母，再看到整体字形，最后了解字义，即属由下而上的处理历程。与本词相对者为自上而下处理（top-down processing）。见该条。见信息处理论（information processing theory）。

boulimia ＝ bulimia **贪食症**

bound anxiety **固定性焦虑** 系指对于可知的原因所产生的焦虑反应。当事人能够指出引起恐惧或烦恼的对象或理由。与本词相对者为游离性焦虑（free-floating anxiety）。见该条。

bounded rationality **有限合理性** 美国心理学家西蒙1956年提出的一种解释人类面对问题时的决策心理。有限合理性的基本要义是，人类的能力有限，而对千变万化的问题情境时，个人不可能具备问题索解所需的所有信息与知识。人类只能运用有限的资源对所了解的问题寻求"虽不满意但可接受"的答案。

bowel control **排便控制** 指幼儿排便习惯的养成。一般言之，幼儿在两周岁时即能控制自己在适当时间与地点排便。

bowel disorder **排便异常** 指心因性的排便异常。患者每逢感到精神压力或焦虑时，就会对排便的情况失去控制。

BRAC ＝ basic rest-activity cycle **基本休息—活动周期**

bradybasia **行动迟缓症** 患者行走时步伐小而缓慢的病态反应。常见于精神病（psychosis）患者。见该条。

bradyesthesia **感觉迟钝** 指患者对各种刺激反应均皆迟钝的病态现象。感觉迟钝的病因可能与周围神经系统病变有关。

bradyglossia ＝ bradylogia **慢语症**

bradykinesia **动作迟缓** 指患者肢体动作过度迟缓的病态现象。动作迟缓的原因，可能是由于生理方面的病变,也可能是由于心理的因素。抑郁症与精神分裂症患者,多数会有动作迟缓的症状。

bradykinesis = bradykinesia 动作迟缓

bradylexia 慢读症 属失读症之一。患者丧失原来的阅读速度,不能整句阅读,只能逐字阅读。见失读症(alexia)。

bradylogia 慢语症 因思考迟缓或因智能不足(mental retardation)而导致说话极慢的现象。见该条。

Braille tablet 布莱尔式点字板 法国盲人教育家布莱尔(L. Braille, 1809~1852)发明的专供盲人用的点字板。该点字板由排成两行的前六个阿拉伯数字所代表六个突出点构成。由数个突出点的不同组合,可使盲人凭触觉学到英文单词及数理符号等。

Braille type-writer 布莱尔式点字打字机 指根据法国盲人教育家发明的布莱尔式点字板(Braille tablet)原理所设计的盲人专用的英文打字机。见该条。

brain 脑 脑是中枢神经系统的主要部分。脑位于颅骨内,系由海绵状神经组织构成,其重量虽只有3磅左右,但其中有多达百亿以上脑细胞,发挥极为复杂的生理和心理功能。在构造上,按部位的不同分为三大部分,分别具有不同的功能(见附图)。

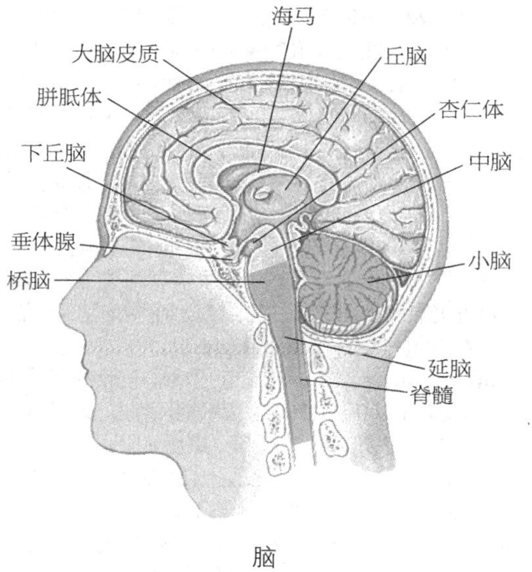

脑

1.后脑(hindbrain)。如图所示,后脑位居脑的后下部,其中包括三部分:(1)延脑(medulla),位于脊髓的上端与脊髓相连,呈细管状,大如手指。延脑的主要功能在控制呼吸、心跳、吞咽及消化。稍受伤害即危及生命。(2)桥脑(pons),位于延脑之上,是由神经纤维构成的较延脑为肥大的管状体。桥脑连接延脑与中脑,如受到伤害可能影响到睡眠失常。(3)小脑(cerebellum),位于桥脑之后,形似两个相连的皱纹半球,其功能主要在控制身体的运动与平衡。如小脑受到伤害,即丧失身体自由活动的能力。 **2.**中脑(midbrain)。中脑位于桥脑之上,恰好是整个脑的中间,故名。中脑是视觉与听觉的反射中枢,举凡瞳孔、眼球、虹彩等反射活动,均受中脑的控制。在中脑的中心有一个网状的神经组织,称为网状结构(reticular formation)。网状结构的主要功能为控制觉醒、注意、睡眠等意识状态。网状结构的作用扩及桥脑、中脑与前脑。中脑与后脑的桥脑和延脑合在一起,称为脑干(brain stem)。脑干是生命中心,医师判断是否脑死,即以脑干功能是否丧失为根据。 **3.**前脑(forebrain)。前脑是脑的最复杂部分,也是最重要的部分。前脑主要包括五部分:(1)大脑皮质(cerebral cortex),位于脑的顶层,是中枢神经系统中最重要的部分,其构造与功能详见该条。(2)边缘系统(limbic system),位于胼胝体之下包括多种神经组织的复杂神经系统。边缘系统的构造与功能尚不能十分确定,在范围上除包括部分丘脑与下丘脑之外,另外还包括海马与杏仁体等。海马(hippocampus)的功能与学习记忆有关,杏仁体(amygdala)的功能与动机情绪有关。(3)丘脑(thalamus),位于胼胝体下方,由两个卵形神经组织构成,具有转运站的功能。从脊髓传来的神经冲动,都先终止于丘脑,然后再由丘脑分别传送至大脑皮质的相关区域。如丘脑受到伤害,将使感觉扭曲,无法正确了解周围的世界。(4)下丘脑(hypothalamus),位于丘脑之下,其体积虽较丘脑为小,而功能却较丘脑为复杂。下丘脑是自主神经系统的主要控制中心,它直接与大脑皮质的各区相连,又与主控内分泌系统的垂体腺连接。下丘脑的主要功能是控制内分泌系统、维持新陈代谢、调节体温,并与饥、渴、性等生理性动机以及情绪有关。如下丘脑受到伤害,将使个体的饮食习惯与排泄功能受到影响。(5)垂体腺(pituitary gland),位于下丘脑之下,其大小如豌豆,在部位上虽属于前脑,但在功能上则属于内分泌系统中最主要的分泌腺之一。垂体腺的构造与功能,见内分泌系统(endocrine system)条及附图。此外,图中位于大脑皮质之下有一大片淡色纤维神经组织是为胼胝体。胼胝体(corpus callosum)连接大脑两半球,使两半球的神经网络得以彼此沟通。

B

Brainard Occupational Preference Inventory **布伦纳德职业兴趣量表** 是一种团体兴趣测验。该量表原系布伦纳德等人（P. P. Brainard and R. F. Brainard）所编制，其内容包括七个兴趣范围：(1)行政与商业；(2)机械；(3)自由职业；(4)艺术；(5)科学；(6)农业；(7)个人服务。此量表经学者程法泌修订为中文，并经标准化，于1969年出版。适用对象为初中二年级以上学生及成人，记分方式采喜欢程度为准，分别以5、4、3、2、1给分，已建立常模，在各年级组均以百分位数和T分数表示之。

brain atlas **脑图谱** 表示脑内各部位结构的图谱。见脑(brain)条及附图。

brain bank **脑库** 指美国哥伦比亚大学医学院为专门研究帕金森病(Parkinson's disease)而成立的研究机构。见该条。

brain death **脑死** 指脑生理功能停止的现象，确定脑死的指标，除脑干生理功能停止之外主要是脑电波停止波动。根据脑电波停止波动判定人的死亡是现代医学上的共识。以往根据呼吸或脉搏停止作为死亡标准的传统，已不采用。见脑波图(electroencephalogram)。

brain laterality **大脑偏侧性** 义同大脑半球专司化(hemispheric specialization)。见该条。

brain lesion **脑病变，脑损伤** 指大脑中某些小部位受到损伤而导致的病变。

brain localization **脑定位，脑功能定位** 指大脑皮质的不同区位，分别具有不同的功能。见大脑皮质分区功能(specialization of functions in cerebral cortex)。

brain mantle = cerebral cortex **大脑皮质，大脑皮层**

brain pathology **脑病理学** 对脑部病变或伤害的医学研究。

brain potential **脑电位** 指大脑神经细胞所产生的电能变化。脑波即根据脑电位活动所做的记录，脑电位与个体的智能没有必然关系，故本词不宜译为"脑潜力"。见脑波图(electroencephalogram)。

brain specialization **脑专化** 义同大脑皮质分区功能(specialization of functions in cerebral cortex)。见该条。

brain stem **脑干** 在人脑中，中脑与后脑两部分合称脑干。在构造上脑干像一根支柱，使得两个大脑半球得以和脊髓联系，脑干是生命中心，人体的一部分感觉、运动和反射即由脑干负责执行、控制。见脑(brain)条及附图。

brainstorming **脑力激荡法，头脑风暴** 指美国广告设计家奥斯本(A. F. Osborn)1957年创用的在团体中经由集思广益提供各种意见以解决问题的一种方法。脑力激荡法异于传统讨论法，使用时有四个原则：(1)确定问题后即鼓励团体中所有成员提出意见；(2)任何意见均作记录，无论是否切题中肯，暂时均予接纳；(3)在意见未穷尽之前，不对任何意见予以评价；(4)待所有意见齐备后再从所有意见中选择、扩充、修改而经众议公决，选出最佳的意见。后经心理学家研究发现，脑力激荡法的使用受问题性质与团体成员间的关系的限制，只有在问题较难而团体成员又彼此熟悉时，脑力激荡法方始有效。

brainstorming method = brainstorming **脑力激荡法，头脑风暴**

brainwashing **洗脑** 在威胁与压力之下对人游说，试图改变其态度与思想的一种手段。从理论上讲，洗脑系以认知失调论为根据。只有在个人认知失调时，他的态度才会改变。因此，洗脑时常从两方面入手：其一是改变人的行为(或习惯)，行为改变之后，可能会影响到他的观念。其二是改变人的观念，观念改变之后，自然就会影响到他的行为。唯从洗脑的效果看，因洗脑的实施是威胁压力下进行的，在威胁压力继续存在时，个人的态度可能有所改变，一旦威胁压力解除，效果未必能够继续维持。见认知失调论(cognitive dissonance theory)。

brain wave **脑电波，脑波** 系脑部神经的一种有节奏性及自发性的电位活动。脑部神经组织(尤其是大脑皮层)的细胞，经常在不断地活动，这种活动会产生微弱的电位。当个体处于一种情绪状态时，这种电位即发生变化，其变化的情形可经由脑电图(EEG)测出。脑电波按其振幅与频率分为多种，其中以枕叶与顶叶所导出的α波的振幅最大，频率最规则，因此α波也成为研究脑电波与个人行为关系的重要资料。心理学家可由脑电波的变化研究情绪、思维、注意、梦及条件反应等问题。见脑电图(electroencephalogram)。

brain weight **脑重** 指人脑的重量。一般成年人脑的重量在1,200至1,500克，就体积而言，人脑体积约在21岁前即达成熟程度，此后即不再扩大。脑重与智力没有关系。大象脑重达7,000克，鲸的脑重达9,000克，但智力均远逊于人类。法国文学家弗兰斯(Anatole France, 1844～1924)被认为是脑重最轻的人，他却获得1921年诺贝尔文学奖。

branching program **分支式编序** 属编序教材形式之一。在个别化教学中所使用的编序教材，按教材性质分为直线式编序与分支式编序两种。前者只重视问题的前后顺序，须能解答前一问题者，始可以进行解答次一问题；后者按教材结构分为数支，学生学习时分途进行。见编序教学（programmed instruction），个别化教学（individualized instruction）。

brand royalty **商标信用，厂牌信用** 指厂商的产品在消费者心目中所建立的信用。如名牌汽车、名牌手表、名牌衬衫等均属之。商品一旦成了“名牌”，即表示该商品的注册商标已在消费者心目中建立了信誉。

brand-use survey **厂牌使用调查** 属广告心理学的用语。某一厂牌货品推出且经广告宣传之后，抽样调查消费者实际购买该货品的人数（以百分比计算），从而分析广告的效果，此种调查称为厂牌使用调查。见广告心理学（advertising psychology）。

Brazelton Behavioral Assessment Scale for Neonate（BBASN） **布雷泽顿新生儿行为量表** 测量初生到满月婴儿行为的量表，该量表系由美国小儿科医师布雷泽顿（T. B. Brazelton）等人在1974年所编制，故名。该量表包括27个项目，主要内容归为六类：（1）习惯性，习惯于周围的声光等刺激；（2）定向性，对某些刺激的固定性反应；（3）运动成熟性，肢体活动的成熟程度；（4）变异性，觉醒、睡眠、身体状况的周期变动；（5）安静性，能适应周围刺激而不过分激动的情形；（6）社会性，对人的反应表现出基本社会能力。每项反应按9点评分，达到中间等级（4、5分）为常态。

Brazelton Scale **布雷泽顿量表** 义同布雷泽顿新生儿行为量表（Brazelton Behavioral Assessment Scale for Neonate）。见该条。

breakdown **崩溃** 义同神经崩溃（nervous breakdown）。见该条。

breakthrough **突破** **1.**指对困难问题的彻底解决。**2.**指心理治疗时患者经过一番挣扎后，态度突然改变而与治疗者非常合作的情形。

breast envy **乳房嫉妒** 根据精神分析论的说法，男性中在婴儿期因羡慕且嫉妒母亲乳房而压抑在潜意识中以致形成情结的人，长大后在心理上就会带有同性恋的倾向（男性同性恋者对同性别者有兴趣，因男性没有突出的乳房）。

breast-feeding **母乳喂养** 指采用母奶喂养婴儿的方式。母乳喂养与瓶乳喂养（bottle-feeding）相对。两者相比何者为优？见母乳与瓶乳喂养的争议（breast-feeding versus bottle-feeding controversy）。

breast-feeding versus bottle-feeding controversy **母乳与瓶乳喂养的争议** 人类自始就和其他哺乳动物一样，以母乳喂养初生的婴儿，直到一岁以上，婴儿长出牙齿能吃固体食物后，才逐渐断乳。纵然后来上层社会的妇女不亲自授乳育婴，改以乳母代替，婴儿吸收的是乳母的乳汁，在性质上仍可视为母乳。瓶乳代替母乳，只是20世纪20年代以后的事。代替的原因与妇女就业以及女权提升等因素有关。本来，瓶乳代替母乳已被视为当然之事，唯以近年来儿童管教困难，尤其青少年行为问题严重，关心社会的妇女领袖与发展心理学家们，重新又思考检讨母乳育婴的问题，于是就出现了母乳与瓶乳育婴孰优的争议。就最近心理学家们研究的结果看，母乳育婴的效果，确实优于瓶乳。婴儿不但在婴儿期间身体比较健康，而且对以后入学时的心理适应，也有较好的影响。曾有心理学家以100个出生后16～56小时的健康婴儿为对象，采用精密测量工具，分别观察测量婴儿在睡眠与清醒时的身心反应。在这100个初生婴儿中，有61个是吃母乳的，另39个是喂瓶乳。测量结果显示两点差异：其一，吃母乳的婴儿心脏律动较稳定，脉搏较低；这显示吃母乳婴儿的生理功能较佳。其二，吃母乳婴儿对外界刺激较易兴奋，较易引起反应。这显示吃母乳婴儿感觉较为敏锐，其心理功能较佳。因此，研究者指出：初生即吃母乳的婴儿，较多因刺激惊醒啼哭，是健康的标志；初生即吃瓶乳，吃完一直安静睡眠的婴儿，反而是身心发展较差的标志。不过，研究者也提出建议，母乳优于瓶乳的育婴效果，乃是根据多数婴儿测量结果所得到的大概趋势。这结果未必适用于每一家庭。如果母亲有酗酒吸烟习惯，或经常使用药物，则建议她采用瓶乳育婴为宜。母乳与瓶乳对婴儿身心发展的差别影响，其关键不只是在于乳汁本身营养的高低，而在母亲授乳期间，因母子交感互动，增加了一层人性面的接触。婴儿在母亲怀中，温暖与安适将满足婴儿的安全需求，因而有助于婴儿的社会发展。根据研究发现：婴儿出生三天即能辨别母亲声音，出生2～3个月即能跟着模仿别人的面部表情。由此可见，初生婴儿即具相当的社会认知能力。吃母乳者有助于发展此能力，也有助于建立亲子关系。

Brentano, Franz（1838～1917） **布伦塔诺** 布伦塔诺是19世纪德国哲学家和心理学家，是掀起欧洲反结构主义运动最早的一位心理学家，是意动心理学的创始人，也是20世纪功能主义心理学和完形心理学思想的先驱。

布伦塔诺1838年6月16日出生于莱茵河畔的马利恩堡，祖父为意大利商人，移民德国后成为当地望族。布伦塔诺17岁开始接受天主教神父训练，继而先后在柏林大学、慕尼黑大学和杜平根大学

B

研究哲学,1864年获杜平根大学哲学博士学位。1866～1874年间,在符兹堡担任神父职位,并在符兹堡大学任教且从事亚里士多德哲学思想研究。1874年到1894年的20年间担任维也纳大学哲学教授。其重要著作《从经验观点论心理学》即是在此阶段初期所撰写。而后由于他不遵守天主教教规和表示结婚意愿,只得脱离教会,1894年又被迫辞去维也纳大学教职,与妻子离开维也纳,移居意大利。后因意大利卷入第一次世界大战(1914～1918)而避难瑞士苏黎世。1917年3月17日在苏黎世逝世,享年79岁。布伦塔诺在心理学上的贡献,主要在于以下两方面:

1.意动心理学　布伦塔诺的心理学思想,称为意动心理学(act psychology)。所谓意动,最简单的解释就是意识活动。布伦塔诺的意动心理学思想,载于他1874年出版的《从经验观点论心理学》,这本书恰好接在同年冯特的《生理心理学原理》出版之后。这两本重要著作所持心理学论点极不相同,可以说布伦塔诺所持意动心理学的论点是针对冯特所持结构主义思想而提出。在基本立场上,布伦塔诺反对结构主义。结构主义心理学研究的主题是意识内容,研究目的在求分析意识内容的构成元素;而意动心理学则主张心理学研究的主题是意识活动,研究目的在求了解意识活动的整体性。此一差异所显示的意义是,结构主义心理学重在分析意识内容或心理内容,而意动心理学则重在研究意识历程或心理历程。从此以后在心理学研究取向上就出现了所谓"内容"和"历程"两种不同见解的争议。

2.研究经验活动的实验方法　在研究方法方面,结构主义心理学着重在实验情境下由受试者内省其意识经验,而意动心理学则是让受试者经由自我观察陈述其意识经验的活动。经验和经验活动不同,前者是内容,后者是历程。意识活动有其引起活动的客体(刺激)和活动结果(内容),例如:看一朵红花时,"看"是活动,是心理现象;"红"是内容,是"看见的东西"。结构主义所研究的只是受试所看见的"红"(内容),而意动心理学所研究的则是"看"加上"红"。换言之,意动心理学所研究的是"看的意识活动"和"看见的东西"所形成的整个心理历程。由于布伦塔诺的意动心理学思想是在维也纳大学任教时提出的,故而被称为奥地利学派(Austrian school)。布伦塔诺此种强调心理活动历程的主张,虽然在冯特当时和以后的实验心理学传统之下,未能发生太大影响,但他的思想却有相当的价值。由于布伦塔诺的意动心理学强调心理活动的整体性,所以他的思想对以后现象学、精神分析及完形心理学思想的发展均具有先导性影响。在心理学史上与现象学、精神分析及完形心理学三方面有密切关系的重要人物,像斯图姆夫、胡塞尔及弗洛伊德等人,都曾是布伦塔诺的学生。

布伦塔诺的著作中译为英文的专著有:*Inquiry into sense psychology*(1909);*Psychology from an empirical standpoint*(1974)等。

bridge to reality　通往现实的桥梁　属心理治疗的一种辅助方法。对脱离现实或逃避现实的患者,心理师可安排一些团体性的活动,让他们一起读书、看报,然后彼此对话讨论现实社会大众关注的问题。如此措施的目的是,让患者有机会接触现实,从而对现实感兴趣,进而回到现实。

brief psychotherapy = brief therapy　简短治疗

brief therapy　简短治疗　简短治疗并非一种心理治疗方法,而是指某些心理治疗的一种共同特征。简短治疗系指每次治疗时间短暂,而且集中在帮助案主解决单一问题(如恐惧症)。简短治疗又称短期治疗(short-term therapy)。

brightness　明度,亮度　**1.**颜色的三个心理属性之一。在由黑到白的向度上,愈接近全白的一端,明度愈大。见颜色属性。**2.**由光波的波幅所决定的视觉经验的强度。波幅愈大,明度也愈大。见颜色属性(color attribute)。另见颜色锥体(color solid)条及附图。

brightness adaptation　光适应,亮适应　视觉适应现象之一。光适应是在从暗处走到亮处(如离开电影院)时产生的适应现象。光适应历程中,在视觉生理上发生两种变化:(1)瞳孔缩小以减少光的进入(常把眼睛眯起来);(2)视网膜上的锥细胞与杆细胞的感光敏度减低。与本词相对者为暗适应(dark adaptation)。见该条。

brightness assimilation　明度同化　指物体明度因相邻刺激明度改变而改变的知觉现象。如附图所示,左图白线下的灰色与右图黑线下的灰色完全相同,但看来总使人觉得右图的灰色较深,对此

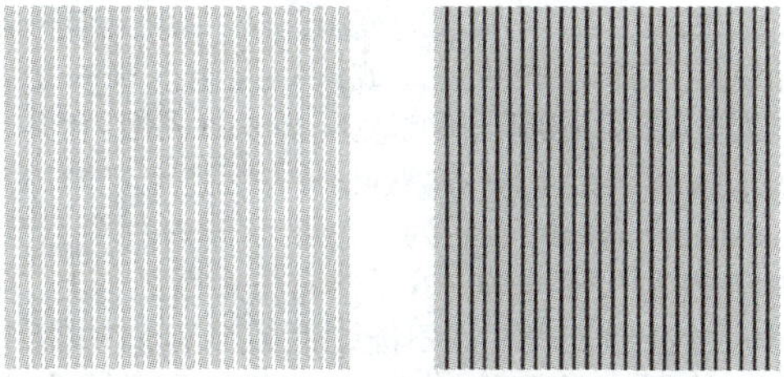

明度同化

现象的表面解释，是因为原来灰色的明度被黑白刺激同化所致。但从明度对比（brightness contrast）的原理看却是矛盾的。由此可知知觉心理现象的复杂性。见该条。

brightness constancy **明度常性** 属知觉常性现象之一。指照明环境改变而明度知觉不变的心理现象。例如，白粉笔无论置于亮光下或阴暗处看起来均为白色，木炭无论置于亮光下或阴暗处看起来均为黑色。明度常性形成的原因在于：（1）个体对于物体本身的特征熟悉；（2）物体在任何明度的环境下对光的反射率不变，因此所获得的明度知觉也就不变。见知觉常性（perceptual constancy）。

brightness contrast **明度对比** 根据知觉判断，某一刺激物的明度因受背景或临接区域的影响，和原来的明度相比较，产生了明度上的差别，这种对比的差异现象即是明度对比。例如，在白纸上放置两个灰色的剪纸圆环，其明度一致。若将其中一个置于黑纸上，则因周围的黑色而使其明度看起来比较强。原因是此时灰色圆环与其黑色背景产生了对比效果。明度对比现象可在空间上相邻刺激的情境下产生，也可在时间先后出现的两种刺激的情境下产生。见本纳西圆环（Benussi ring）条及附图。

brightness threshold **明度阈限** 刺激物的明度改变时，恰能引起吾人辨别其较未变之前（或较别处）为明亮的最小光波幅度，称为明度阈限。见阈限（threshold）。

brilliance **亮度，聪明** **1.**指在由黑到白的维度上，任何一点所代表的明暗程度。此义与明度（brightness）相通，见颜色锥体（color solid）。**2.**指智力高而有才能的人。

British Psychology Society **英国心理学会** 英国全国性心理学研究和发展的学术性组织。该会成立于1902年，下设发展心理学、教育心理学、社会心理学、医学心理学、数学和统计、职业心理学等专业委员会，及医疗心理学、教育和儿童心理学、职业心理学、犯罪和法律心理学等分会。编辑出版《英国心理学杂志》和《英国数学和统计心理学杂志》等多种心理学期刊。

Broadbent, Donald Eric（1926～1993） **布罗本特** 布罗本特是20世纪英国实验心理学家、工业与组织心理学家，也是认知心理学中信息处理心理学的先驱。

布罗本特1926年出生于英格兰伯明翰，在韦尔斯长大，就读于剑桥大学。原本志在研究自然科学，后在英国皇家空军服役期间，决定再回剑桥从事工业心理学之研究，毕业后即留任剑桥大学，任教长达25年之久。1970年改任牛津大学教授，1993年病逝于牛津，享年67岁。

布罗本特的贡献主要在应用心理学方面，而其研究主要在求改进工作上之便利。例如，现在通行世界的邮政地区编码制度，就是他首先设计的。在理论方面，布罗本特最大的贡献是20世纪60年代对信息处理的实验研究，从而为以后信息处理心理学奠立了基础。他将研究结果集结于1958年出版的《知觉与沟通》一书，被认知心理学界誉为知觉研究的里程碑。现在认知心理学上解释信息处理时常用的注意、短期记忆、长期记忆等分段处理信息的说法，就是从布罗本特开始的。个体面对众多刺激性信息进行处理时，首先要研究的是，个体如何选择注意其中的重要信息，并如何按先后次序去处理多种信息，对此问题布罗本特曾于1954年设计两耳分听方法（让受试者两耳分听两种信息），因为个体是无法同时处理两种听觉信息的。根据实验结果，布罗本特提出了两种理论：一为过滤论（filter theory），一为瓶颈论（bottleneck theory），此二理论现在仍受重视。见该等条。另见两耳分听（dichotic listening）。

布罗本特的重要著作有：*Perception and communication*（1958）；*Behavior*（1961）；*Decision and stress*（1971）；*In defense of empirical psychology*（1973）等。

broad categorizing style **粗略型** 属认知风格之

一。粗略型指个体应付环境时所表现的一种习惯性的性格特征。属粗略型的人，观察及处理事物时大而化之，做事不求细密，读书不求甚解；需要分类辨别时，只能看到大同，不能顾到小异。很多学生粗心大意，智力不低，却常因粗心而得不到好成绩者，在读书习惯上即属粗略型。与本词相对者为细密型(narrow categorizing style)。见该条。另见认知风格(cognitive styles)。

Broca, Pierre Paul (1824～1880) **布罗卡** 布罗卡是19世纪法国著名外科医生，是神经病理学家，是人类学家，也是最早发现大脑左半球语言区的生理学家。

布罗卡1824年6月28日出生于法国南部的吉伦特，1849年获巴黎大学医学博士，后进巴黎近郊一所医院服务，成为当时著名的外科医师。布罗卡一生行医，1880年6月9日病逝于巴黎，得年56岁。布罗卡在心理学上的贡献，主要是他发现了人类大脑左半球专司语言功能的神经中枢。在布罗卡发现大脑语言区之前，生理学家对人类大脑两半球的分区专司功能已大致了解，唯对大脑半球上职司语言的神经组织尚不能肯定。对语言中枢的问题，最早提出理论解释者是法国生理学家弗罗伦斯(P. Flourens, 1794～1867)。弗罗伦斯认为，人类的语言思维行为，并非由大脑半球上某一部位所管制，而是大脑的整体作用。布罗卡的新发现，推翻了弗罗伦斯的理论。1861年，布罗卡在巴黎近郊一所精神病医院担任外科医师时，遇到一个51岁精神异常病人，其主要症状为发音器官正常而不能言语，但仍可使用手势从事语意表达。布罗卡初次接受此一失语症病患时，发现他已住院21年之久。布罗卡诊断后认为该病人无可救药，但仍觉得病情特殊，具有医学研究的价值，于是接受该病患，并观察研究其病情变化。6天后该病患死亡，布罗卡征得死者家属和院方同意，将病人的大脑皮层解剖分析，发现在左半球之额叶靠近侧裂的部位，有一块大如鸡蛋的区域早已败坏，因而认定该部位败坏是造成该病人生前丧失语言能力的原因。布罗卡将此发现撰成研究报告，并在法国人类学会上发表。从此该中枢被定名为语言区(speech area)。以后为纪念布罗卡的发现，而特别定名为布罗卡区(Broca's area)。自此以后，失语症患者中凡表现出不能说话或书写，只能用手势表达情意特征的病人，均称为布罗卡失语症(Broca's aphasia)。布罗卡的发现促动了生理心理学家的研究兴趣。以后学者发现，人类的语言行为极为复杂，其中枢神经功能不只限于单一区域。1874年德国神经学家韦尼克(Carl Wernicke, 1848～1905)发现左半球颞叶上方部位也与语言功能有关。此一部位病变者，会有丧失语言理解力并出现胡言乱语现象。经后继研究证实后，该区即定名为韦尼克区(Wernicke's area)。现在一般认为，两个语言中枢的功能稍有差异：布罗卡区接近运动区，其功能是对语言发音时肌肉活动的记忆；韦尼克区接近听觉区，其功能是对声音的理解。如此解释虽属合理，但从生理心理学的观点言，仍然留下一个不易解答的问题：为什么这两个语言区都在左半球而不在右半球？见大脑皮质分区功能(specialization of functions in cerebral cortex)。

布罗卡的著作中译为英文者有：*Memoirs of anthropology*, 5 vols. (1878)。

Broca's aphasia **布罗卡失语症** 属失语症之一类。此类失语症的病因系由于大脑左半球皮质部的布罗卡区(Broca's area)病变所导致。见该条。见布罗卡(Broca, Pierre Paul)传记条。

Broca's area **布罗卡区** 指大脑左半球皮质部专司语言的神经中枢。因系由法国神经医学家布罗卡1861年研究发现故名。见布罗卡(Broca,Pierre Paul)传记条。与本词相对者为韦尼克区(Wernicke's area)。见该条。

Broca's speech area **布罗卡语言区** 义同布罗卡区(Broca's area)。见该条。

broken home **破碎家庭** 指父母不全的家庭，特别指父母离婚而单亲抚育子女的家庭。

bromidrosiphobia **惧体臭症** 属恐惧症之一。患者对人体的气味特别敏感，稍有所闻即表现出极为反常的恐惧反应。纵使明知体臭并不致伤害人，但仍无法克制由之引起的惶恐情绪。见恐惧症(phobia)。

brontophobia **惧雷症** 属恐惧症之一。患者惧怕雷声，每次闻雷色变，表现极不合理的恐惧反应。纵使明知不致受到任何伤害，但仍无法克制由之引起的惶恐情绪。见恐惧症(phobia)。

brother complex **兄弟情结** 义同凯因情结(Cain complex)。见该条。

brotherliness **兄弟情谊** 美国新精神分析心理学家弗罗姆理论中的术语。意指解决现代社会中人际疏离问题的最理想方法,莫过于建立人际间兄弟般的情谊。因为人有归根需求,疏离感的产生是归根需求无法满足的缘故。如社会上的人都彼此情同手足,每个人都感到归根落实,自然就不致再有疏离的问题。见弗罗姆(Fromm, Erich)传记条。

Brown-Holtzman Survey of Study Habits and Attitudes **布朗—霍茨曼学习习惯与态度问卷** 是一种团体人格测验。该问卷原系布朗(W. F. Brown)与霍茨曼(W. H. Holtzman)二人所编制,故名。该问卷内容乃诊断和检查受试者在读书、做作业、写笔记、撰写报告及作文、准备及参加考试、其他学习活动、与教师之间的关系等项学习活动中有关的习惯与态度。布、霍二人学习习惯与态度问卷,经学者纪文祥修订为中文,并经标准化,于1973年出版。该问卷适用对象为高中及大学学生,记分方式采正计分卡、副计分卡及辅计分卡三种。前二者之得分为原始分数,辅计分卡则在辅导学生时用之,已建立常模,在各年级组均以百分位数表示之。

Bruce effect **布鲁斯效应** 英国生物学家布鲁斯(H. M. Bruce, 1903～1974)1959年发现的一种孕鼠异常流产现象。此种现象的特点是,初怀孕老鼠遇到一个未曾与之交配的雄鼠时,就会流产。后经研究发现,导致孕鼠流产的原因是雄鼠的气味使然,因为单是雄鼠的尿液也会引起同样的效应。

Bruner, Jerome Seymour (1915～2016) **布鲁纳** 布鲁纳是20世纪美国心理学家和教育家,是认知心理学的先驱,是致力于将心理学原理实践于教育的典型代表,也是被誉为杜威之后对美国教育影响最大的人。

布鲁纳1915年10月1日出生于纽约市,父亲是从波兰移民来美的钟表商,布鲁纳16岁进杜克大学,本拟研习法律,后因选修当时著名心理学家麦独孤的课而改变初衷,从此一生研究心理学。1937年大学毕业后进入该校研究所, 翌年转入哈佛大学。入学时正值哈佛大学创设心理学系之初,由著名心理学家波林担任系主任,其研究重点是动物学习和知觉心理实验, 因此布鲁纳的研究,初时也以动物知觉为主,指导教授就是当时著名生理心理学家拉什利。1939年第二次世界大战爆发, 布鲁纳对德国纳粹的宣传方法深感兴趣,因而将志趣转向社会心理学,其博士论文就是有关纳粹宣传技术方面的研究。1941年获博士学位后应召入伍,在艾森豪威尔将军总部从事心理作战研究工作。1945年返哈佛大学任教,1947年发表一篇重要研究报告《价值与需求对知觉的影响》,指出主观心理因素影响人的知觉, 如同是一枚银币, 在贫家孩童眼中的体积, 要比富家孩童所见者为大。此一发现影响了认知心理学家对知觉心理现象的看法,不再坚持心理学所研究者只限于客观心理现象。1955年应英国牛津大学之聘担任客座教授,1956年返哈佛大学之前,曾到日内瓦造访皮亚杰,讨论儿童认知发展问题。1960年他与另一著名认知心理学家米勒联合成立哈佛大学认知研究中心,1963年荣获美国心理学会杰出科学贡献奖,1965年膺选为美国心理学会主席。1981年改任纽约市社会研究新学院教授。布鲁纳在心理学上的贡献,主要在于以下三方面:

1.表象思维发展论　对儿童认知发展的理论解释。布鲁纳在1964年提出表象思维发展论(theory of development of representational thought)。所谓表象思维(representational thought),是指将外在具体刺激转换为内在抽象表象从而形成概念的认知历程。布鲁纳根据实验研究,将儿童的认知发展按年龄分为三阶段:(1)动作表象期(enactive representative stage)。婴儿期靠身体动作认识周围世界的事物,即凭手抓口尝或身体活动为获得知识的认知历程。经由手触口尝的动作获悉冷热的感觉,经由坐椅子的动作认识椅子的存在。(2)形象表象期(iconic representative stage)。婴儿期以后的幼儿,可凭对物体知觉留在记忆中的形状或意象认识周围的世界。幼儿可以不需看到西瓜和桃子,只凭记忆中的意象即可说出西瓜大于桃子。(3)符号表象期(symbolic representative stage),指小学儿童运用语言或符号推理获得知识的认知历程。只要知道甲比乙高,乙又比丙高,他就可以推理而知甲比丙高。显然,布鲁纳的表象思维发展论与皮亚杰的认知发展阶段论颇为相似。

2.教学理论　在教育心理学方面，布鲁纳最大的贡献是他的教学理论。他的教学理论始于他1959年参与的美国教育改革。当时美国受到苏联首次发射人造卫星的冲击，由美国科学院成立研究小组，研议改革中小学自然科教材教法以提升科学教育的素质，布鲁纳即为该小组召集人。1960年由他亲自执笔撰成研究报告，著作《教育历程》出版后，受到举世重视，不久后即被译为24国文字。他的教学理论就是该书的一部分。60年代以前，一般将教育心理学界定为"教育心理学是心理学原理原则在教育上的应用"，因而普通心理学中根据动物实验的学习理论，就成为学校教师教学的理论依据。布鲁纳认为这是错误的，此等学习理论只具有解释学习历程的功能，只是描述性的。因此，布鲁纳所提出的教学理论（instructional theory）特别强调诊断性，除解释学习历程外，更具有配合教学目标及教材性质以教学生如何学习知识的功能。布鲁纳的教学理论将成功的教学定为四大原则：（1）动机原则，教学的首要条件是配合学生学习动机或引起学生的学习动机。布鲁纳相信，儿童生性好奇，教师如能善加运用，即可形成他的学习动机。（2）结构原则，教学时必须配合儿童身心发展程度去组织知识和提供知识。要想教学生学习知识，必先根据学生的能力去组织结构知识。布鲁纳有句名言"只要教材组织合宜且提供方式适当，即可以教导任何年龄的学生学会相当的知识"。（3）顺序原则，布鲁纳认为，教不同年龄的儿童，应配合他们认知发展的程度施教。认知发展只达到意象表象期的儿童，不能教他学习抽象推理的知识。是故，教小学生四则运算时，如学生没有学会加减法的运算，乘除法是不能教的。（4）强化原则，教学过后必须经由回馈让学生知道他学习的结果和他表现的对错。教学的目的不是教了学生学些什么，而是教得学生自己知道他学会了什么。只有学生知道自己学会了什么，他的学习才会得以强化，他才会觉得有成就感，愿意继续学习；只有学生自己知道他错在哪里，他才会自行改正，不再重犯错误。

3.发现学习　发现学习是布鲁纳改革学校教学的另一重要概念。所谓发现学习（discovery learning），是指教师教导学生解决问题时，不直接告诉学生解决问题的方法和答案，而是让学生自行探索、尝试或经团体讨论去发现答案。布鲁纳所提倡的发现学习，并非任何知识教学都适合采用，像单字、数字、人名、地名及九九口诀等就只能采机械式学习。他所指的是学习科学知识，如采用发现学习，可以训练学生从独立思考中发现科学原理。若学习科学只能记诵公式而不能理解其原理，则学到的知识顶多只能应付教室内的考试，既不能用之于继续求知，也不能用之于解决实际生活中的问题。布鲁纳之所以特别强调发现学习，除了提倡"教学生主动学到如何学习知识"是远比"教学生被动学到知识"更为重要的教学概念之外，他旨在消除行为主义学习理论对学校知识教学的不良影响。行为主义将学习解释为刺激—反应联结的历程，只重视学得的外显行为，不重视内在认知、思维及创造的心理活动。布鲁纳认为，美国的太空科学发展之所以落后于苏联，学校的科学知识教学方式不当是主要原因。因此他大力提倡发现学习以匡正时弊。布鲁纳在教育上的贡献大于心理学上的成就，因此他被誉为杜威之后对美国教育影响最大的人物。晚近他从教育的观点对认知心理学的发展提出批评，在其1986年出版的《现实的心智，可能的世界》一书中指出，儿童的认知发展是多面的，而认知心理学的研究取向，则是受实验法的局限只研究其中一部分主题。此一窄化趋势对认知心理学的发展颇为不利。

布鲁纳的著作丰富，已出版的专书有：*A study of thinking*（1956）；*The process of education*（1960）；*On knowing*（1962）；*The growth of mind*（1965）；*Studies in cognitive growth*（1966）；*Toward a theory of instruction*（1966）；*Process of cognitive growth*（1968）；*Poverty and childhood*（1970）；*Beyond the information given*（1973）；*The relevance of education*（1973）；*Teaching styles and pupil progress*（1976）；*Play: It's role in development and evolution*（1976）；*Child talk*（1983）；*In search of mind*（1983）；*Actual mind, possible world*（1986）；*Act of meaning*（1998）等。

brute force 穷尽法　义同穷尽定程法（brute force algorithm）。见该条。

brute force algorithm 穷尽定程法　采用定程法解决问题的一种做法。穷尽定程法的特点是，在解题过程中尝试找出所有可能的一切方法，最后从中选取最有效的一种方法。穷尽定程法的关键性要义是，在了解可用的"所有方法"之后，选出"最有效的"一种方法。本词不能按字面直译，只能按词条含义意译。此法只能用于较为简单而有肯定答案的问题，复杂而无肯定答案的问题（如下棋），则不适用。见定程法（algorithm）。

BTBC = Boehm Test of Basic Concept 卜慕基本概念测验

B-type personality = **type B personality** B型性格

Buddhist monk problem = **monk-on-the-mountain problem** 和尚登山问题

building-it-into method 纳入法 实验控制的方法之一。将可能影响实验结果的某种(或某些)因素,也当作自变项来处理,透过适当的实验设计,使其产生系统的变化,而且同时观察、测量、记录并分析行为反应与此等变项的关系。例如,在研究过度练习(自变项)对数字记忆广度(依变项)的影响时,考虑到智力和性别这两因素可能与练习、记忆广度等变项之间有交互的关系,因此采用纳入法,将智力与性别一并纳入实验设计中,当作自变项来处理。纳入法的优点是,可以在实验结果中获得较多数据,如上例,既可了解过度练习与记忆广度的关系,又可了解除过度练习因素之外,记忆广度也与智力与性别有关。见实验设计(experimental design)。

bulimia 贪食症,饥饿症 义同神经性贪食症(bulimia nervosa)。见该条。

bulimia nervosa 神经性贪食症 指进食时极为贪吃(每餐吃下食物可多达2000卡路里热量),但饭后又极端恐惧因多吃而肥胖的异常现象。显然,神经性贪食症患者有严重的心理冲突:一方面极端贪吃,借进食活动获得心理上的满足;另一方面又极端恐惧自己身体肥胖,故而再将食物呕吐出来。根据心理学家调查研究发现,在美国的大学生中患此症者约占13%,较之神经性厌食症多出三倍以上(厌食症的罹患率是3.8%),其中女性居多数,约占患者总数的87%。患者虽然仍然保持正常体重,不致因贪吃而肥胖,但因不正当的方法养成饭后呕吐习惯,所以多数患有肠胃疾病。与本词相对者为神经性厌食症(anorexia nervosa)。见该条。

bulmorexia 食后呕吐症 属患贪食症患者的异常行为。先是吃下过量的食物,继之再自行诱导将未消化的食物呕吐出来。见神经性贪食症(bulimia nervosa)。

bundle hypothesis 捆束假说 对复杂性整体知觉经验的一种解释。此种解释的要义是,将复杂的知觉经验解释为由很多简单知觉经验累积而成的。本词是主张整体论的完形心理学家对主张元素论的结构主义的批评用语。见完形心理学(Gestalt psychology)。

Bunsen-Roscoe law 邦森—罗斯科法则 义同布洛克法则(Bloch's law)。见该条。

bureaucratic leader 官僚式领袖 指在政府机关中,有些行政主管在领导其部属时,只靠他的职位权力压人,不能以其才能学识服众者,称为官僚式领袖。平常说的"打官腔",即指官僚式领袖的行为特征。

burned-out 耗竭 指环境压力超过负荷时所产生身心俱疲现象。耗竭的后果所形成的身心症状是,疲劳、失眠、失望、厌烦、食欲不振、工作效率大减、抗病能力降低等。

burning sensation 烫觉 指水温高于45℃时所产生的皮肤感觉。

busy wave 忙碌波 属脑电波类型之一。见β波(beta wave)。

buzz learning 蜂音学习 小学低年级的一种教学方式。所谓"蜂音"是比喻蜜蜂振翅时发出的声音,意指小声讨论,不干扰别人。蜂音学习时将儿童分为小组进行,每组5~6人,每次以不超过10分钟讨论一个问题,各组同时进行。

by-idea 副观念 指观念之外非当事人刻意表达的另一观念。根据德国精神医学家克雷佩林(E. Kraepelin, 1856~1926)的理论,副观念多在梦话中出现。

bystander apathy 旁观者冷漠 见旁观者效应(bystander effect)。

bystander calculus 旁观者计较 指见人急难时,旁观者是否见义勇为伸出援手,将决定于旁观者当时对牺牲与代价两方面的权衡。只有在代价大于牺牲的情形之下,才会表现助人行为。见旁观者效应(bystander effect)。

bystander effect 旁观者效应 当一陌生人遭遇急难时,如现场只有一人,此人可能见义勇为,立即救助。如现场有数人,可能彼此袖手,无人向前。像此种有旁观者在场而抑制了助人行为的现象,称为旁观者效应。根据社会心理学家观察发现,旁观者人数愈多时,众人趋前救助的倾向就愈低,原因是多人在场分散了责任心与义务感。此种心态,社会心理学家称之为旁观者冷漠(bystander apathy)。本词也称旁观者涉入(bystander involvement),又称旁观者介入效应(bystander intervention effect)。见旁观者计较(bystander calculus)、观众抑制(audience inhibition)等条。

bystander intervention 旁观者介入 义同旁观者效应(bystander effect)。见该条。

bystander intervention effect 旁观者介入效应 义同旁观者效应(bystander effect)。见该条。

bystander involvement 旁观者涉入 义同旁观者效应(bystander effect)。见该条。

C

C = control group 控制组

CA = chronological age 实足年龄

cacolalia = coprolalia 秽语症

CAD = computer-assisted design 电脑辅助设计,计算器辅助设计

cafeteria feeding 自助式喂儿法 心理学家曾研究发现,幼儿从初学自己吃食物开始,即已具备了平衡安排食物的能力。如将不同食物像自助餐一样,陈列在幼儿面前,经过尝试阶段之后,幼儿竟然会选择调配出最适当的食物。这现象并非说幼儿"懂得"营养,而只是因为他凭身体需要,吃起来觉得"舒服"。换言之,幼儿对饮食的选择,纯粹靠自然的需要即可达到营养的均衡。准此以观,现今父母的喂儿方式,不顾幼儿体质需要,过分重视营养的做法,并不适宜。

caffeine 咖啡因 存在于咖啡、茶及可可中的一种化学物质,此种化学物质对中枢神经系统有兴奋作用。见咖啡因效应(caffeine effect)。

caffeine effect 咖啡因效应 饮用咖啡、茶或可可后所引起的生理和心理两方面的效应。咖啡因属兴奋剂,饮用后刺激中枢神经,产生呼吸加速、脉搏加快、血压增高等生理效应。唯效应的大小尚须视饮用量与个人体质而定。对一般人而言,适度饮用咖啡或茶,将会减轻疲劳、振作精神,但饮用过量难免导致失眠、头痛、注意力不能集中等负面效应。见咖啡因中毒(caffeinism)。

caffeine intoxication = caffeinism 咖啡因中毒

caffeinism 咖啡因中毒 指饮用咖啡或茶过量而导致中毒现象,咖啡因中毒后的症状是神经过度敏感、焦虑、失眠等。对较为敏感的人而言,若连续饮用咖啡三杯以上或浓茶五杯以上,即可能产生中毒现象。

CAI = computer-assisted instruction 电脑辅助教学,计算器辅助教学

Cain complex 凯因情结,杀弟情结 按《圣经》上的故事,凯因系亚当与夏娃之长子,因与其弟亚伯不睦而杀害之。后来,在心理学上以此引喻,孩子们在父母面前因争宠失和而造成兄弟阋墙的感情冲突。在感情冲突时彼此敌视的潜意识,称为凯因情结。凯因情结又称兄弟情结(brother complex)。

CAL = computer-assisted learning 电脑辅助学习,计算器辅助学习

calculated value 计算值 指根据数字计算所得到的数值。

calendar age = chronological age 实足年龄

calendar calculation 日期精算 指善于推算日期的特殊能力。具有此种特殊能力的人,未必精于数学,但他却能准确地道出某年某月某日是星期几。根据心理学家研究,一般人并没有此种特殊能力,但有智能近于白痴(IQ在20以下)者,反而有的具有此种特殊能力。像此种毫无数学能力却具有日期精算能力的现象,在心理学上尚未找到合理的解释。凡此类特殊情形的人称为白痴天才(idiot savant)。见该条。

California F Scale 加州F量表 义同F量表(F scale)。见该条。

California Infant Scale 加州婴儿量表 指美国发展心理学家贝莉所编制的量表,现改名为贝莉婴儿发展量表(Bayley Scales of Infant Development)。见该条。见贝莉(Bayley, Nancy)传记条。

California Personality Inventory (CPI) 加州人格量表 属于一种人格测验,该测验系根据明尼苏达多相人格测验的部分题目改编而成。该量表包括数项分量表,分别测量自我接纳、自我控制、支配性、社会性等不同人格特质。加州人格量表与明尼苏达多相人格测验之区别是后者属精神医学诊断量表,而前者则属用于一般常人的人格测验。加州人格量表由台湾师范大学教授路君约于1969年修订为中文。

California Psychological Inventory (CPI) 加州心理测验,青少年心理测验 是一种团体人格测验。该测验原系由美国学者古夫(H. G. Gough)所编制。其内容可测量十八种人格特质:(1)支配

性；（2）上进心；（3）社交性；（4）自在性；（5）自尊性；（6）幸福感；（7）责任心；（8）社会化；（9）自制力；（10）宽容性；（11）好印象；（12）从众性；（13）遵循成就；（14）独立成就；（15）精干性；（16）心理性；（17）伸缩性；（18）女性化。加州心理测验，经学者李本华、杨国枢二人修订为中文，名为青少年心理测验，并经标准化，于1982年出版。该测验适用对象为初中以上各阶段学生及成人，记分方式采答案卡手记分，已建立常模，在各年级组均以百分等级和T分数表示之。

California Test of Mental Maturity（CTMM-Ⅱ） 加州心理成熟测验（第二种） 是一种团体智力测验。该测验系美国测验学家沙利文等人（E. T. Sullivan, W. W. Clark and E. W. Tiegs）所编制。其内容包括七个分测验：（1）空间关系测验；（2）相似测验；（3）类推测验；（4）数系测验；（5）算术推理测验；（6）语文理解测验；（7）延宕回忆测验。其中（1）至（4）为非语文部分，（5）至（7）为语文部分。七个分测验可组成四个因素：空间及逻辑推理、数目推理、语文概念及记忆。加州心理成熟测验（第二种）经学者马传镇修订为中文，并经标准化，于1971年出版。适用对象为小学四至六年级学生，记分方式采百分等级、T分数和离差智商（M＝100，SD＝16），已建立各年级组常模。

California Test of Mental Maturity（CTMM-Ⅴ） 加州心理成熟测验（第五种） 是一种团体智力测验。该测验系美国测验学家沙利文等人（E. T. Sullivan, W. W. Clark and E. W. Tiegs）所编制。其内容包括：（1）相对测验；（2）归纳测验；（3）类推测验；（4）算术推理测验；（5）数系测验；（6）语文理解测验；（7）延宕回忆测验。其中（1）（2）（3）（5）为非语文部分，（4）（6）（7）为语文部分。七个分测验可组成四个因素：逻辑推理、数目推理、语文概念、记忆。加州心理成熟测验（第五种）经台湾大学心理学系修订为中文，并经标准化，于1971年出版。该测验适用对象为初中三年级至成人，记分方式采T分数、百分等级和离差智商（M＝100，SD＝16），已建立常模，以适用阶段之T分数表示之。

California Test of Personality 加州人格测验 是一种个别或团体人格测验。该测验原系桑波等人（L. P. Thorpe; W. W. Clark and E. W. Tiegs）所编制。其基本构想认为生活适应乃个人适应与社会适应间的平衡。个人适应系以个人安全感为基础，包括自恃、个人价值意识、个人自由意识、相属的意识、退缩倾向、神经症状六项。社会适应则以社会安全感为中心，包括社会标准、社会技能、反社会倾向、家庭关系、学校关系、社团关系六项。加州人格测验在台湾有三种不同的版本：（1）路君约修订之少年人格测验，经标准化，于1969年出版。适用于初中阶段，记分方式采百分等级，已建立常模，在各年级组均以百分位数和T分数表示之。（2）徐梅熙、路君约二人修订之小学人格测验，尚无标准化之效度数据，于1978年出版。适用于小学四、五、六年级阶段，记分方式采百分等级，已建立常模，在各年级组均以百分位数表示之。（3）陈李绸、路君约二人修订之幼儿人格测验，经标准化，于1978年出版。适用于小学一、二、三年级阶段，记分方式采百分等级，已建立常模，在各年级组均以百分位数表示之。

call boy 应召牛郎 指专供女性或男同性恋者性欲满足而卖淫的男性青年。

campimetry 视野测量器 指测量视野（visual field）时所使用的仪器。见该条。

canalization 定向化，定型化 指个体在某一情境下的行为由多类型变化趋于固定形态的历程。例如，某学生由学校回家有多条通路，经分别尝试后，选定其中一条作为个人经常经由的通路。这现象称为定向化。人的嗜好、偏爱、兴趣等也多半经定向化的历程而形成，嗜烟酒者多固定某种品牌，即是定向化的例证。

cancellation test 删除测验 属于一种测量手眼协调能力，从而推估工作效率的非文字测验。测验实施时，受试者被要求在一个随机排列的字母表或数字表上，在限定时间内删去某些指定的字母或数字。在此情境下，得分高者代表他知觉敏锐，手指动作快速而准确。具有此种能力的人，在从事手眼协调的工作时，将会有较高的工作效率。

candle problem 点烛问题 问题索解实验采用的题目之一。点烛问题是美国心理学家邓克尔（K. Duncker）1945年所从事的系列实验研究之一，其目的是在验证受试者因心向作用所形成的功能固着心理，对思维运作所产生的不良影响。实验情境如附图所示：桌面上放置两支蜡烛、一盒图钉和一排火柴。受试者的任务是，如何运用既有材料将蜡烛点燃，并固定在墙壁上。实验结果发现，如果将图钉盒子打开，并将之散放在桌面上，受试者很快就会想到用图钉盒当烛座钉在墙壁上，然后黏上蜡烛。但如将图钉盒盖起来，受试者解答问题的时间就会拉长。此一结果显示的意义是，图钉装在盒内时，盒子的功能固定（只做盛图钉用），盒子打开后，盒子的功能较开放。“图钉盒是装图钉用的”是固定功能的心向；图钉盒可变通用来当作烛座是创新构想，是问题索解的关

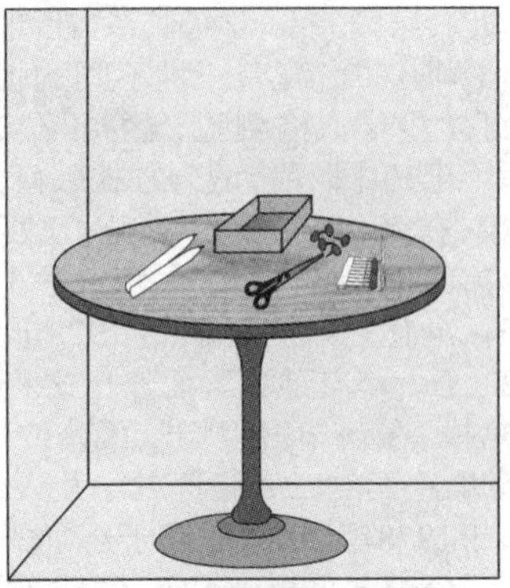
点烛问题

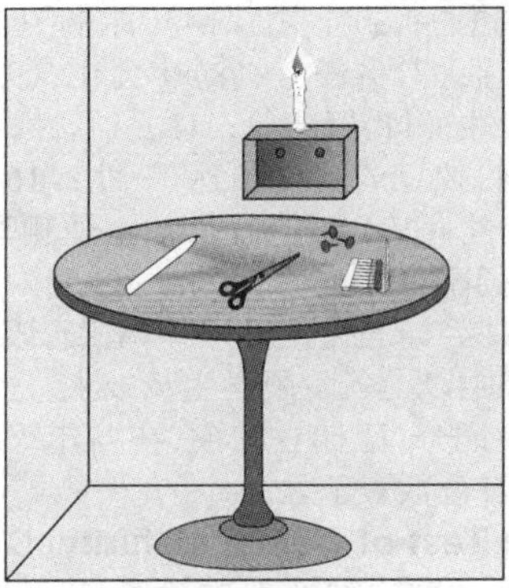
点烛问题答案

键。见功能固着(functional fixedness)。

cannabinomania＝cannabism 大麻癖

cannabis＝cannabis sativa 大麻(植物)

cannabis indica ＝ cannabis sativa 大麻(植物)

cannabism 大麻癖 指吸食大麻成瘾之后所导致的药物依赖(drug dependence)现象。见大麻(marijuana)。

cannabis sativa 大麻 植物名,亦称黄麻,属于一年生草本植物。茎为方形,叶分五片或七片,高二米余,雌雄异株。大麻之所以成为心理学名词,是因为它的叶与花干燥后可制成致幻剂(hallucinogen),此种致幻剂亦即平常所称的大麻(marijuana)。见该等条。

Cannon-Bard theory 坎农—巴德理论 义同坎农—巴德情绪论 (Cannon-Bard theory of emotion)。见该条。

Cannon-Bard theory of emotion 坎农—巴德情绪论 以神经生理为基础的一种情绪理论。此一情绪理论为美国心理学家坎农与其弟子巴德(P. Bard, 1898～1977)二人在1938年所倡议,故名。按此理论解释,情绪之发生起于知觉接受外界刺激,而后传入中枢神经内的丘脑与下丘脑,再由该二处将信息送至大脑皮质而生情绪经验,并由身体有关器官表现出情绪反应。以欢笑情绪为例,个体先见到可笑的刺激,中枢神经获得信息后引起兴奋状态,而后表现手舞足蹈的反应。与本词相对者为詹姆斯—郎格情绪论(James-Lange theory of emotion)。见该条。另见坎农(Cannon, Walter Bradford)传记条。

Cannon's theory 坎农理论 义同坎农—巴德情绪论(Cannon-Bard theory of emotion)。见该条。

Cannon, Walter Bradford (1871～1945) 坎农 坎农是20世纪美国生理心理学家,是坎农—巴德情绪论的建构者,也是最早采用X光技术研究胃肠活动,并对饥饿现象提出理论解释的人。

坎农于1871年10月19日出生于美国威斯康星州,入哈佛大学读医科,1900年获医学博士学位后即留该校任教,直至1942年退休。1945年10月1日逝世,享年74岁。坎农所研究的是生理学与内分泌学,其研究发现及理论主张,对生理心理学的发展有极大影响。在1915年出版的《痛、饥饿、恐惧、愤怒时的身体变化》一书,为生理心理学提供了非常宝贵的科学数据,并由之建立了他的情绪理论。当时已有的情绪理论为詹姆斯—郎格情绪论,该理论解释生理变化在情绪发生之前。坎农持相反的看法,认为情绪是应急性反应,由情绪而激起身体变化,借以应付外界环境。此种主张后来与其弟子巴德(P. Bard, 1898～1977)合作研究后,提出了坎农—巴德情绪论(Cannon-Bard theory of emotion)。详见该条。除研究情绪之外,坎农对胃肠消化的问题更有独到的研究。坎农最早采用X光的技术检查肠胃活动,并对饥饿的生理心理历程,提出一种理论解释:认定饥饿是由于胃中无食物时的收缩活动所引起。唯此一理论现已被推翻，因为胃切除的人仍有饥饿感。现今的生理学家被认为，饥饿乃是血糖与胰岛素两者的交互作用所形成。

坎农著作中的专著计有：*Bodily changes in pain, hunger, fear, and rage*（1915）；*The wisdom of the body*（1932）；*Autonomic neuro-effector systems*（1935）等。

canon **准则，规则** 指可用以解释同类事象变化的原理或公式。

canonical correlation **典型相关** 根据复相关的统计分析，从而确定数个预测变项与数个标准变项之间的关系时，称为典型相关法。例如，一般认为学生的学业成绩与其智力、经验、动机、兴趣四因素有关。如将一群学生的学业成绩选取语文、英语、数学三科的考试成绩为代表，另外将他们的上述四个因素也设法变成量数（使用智力测验、兴趣测验等）。这七种量数可分为两类：属于学业成绩的三个量数叫作标准变项，其他四个量数则称为预测变项。然后经由复相关的技术，求得一个复回归方程式。利用此方程式，可将每个学生前四项分数分别代入公式，而后分析看出哪一个预测变项最能预测标准变项。见标准变项（criterion variable）、预测变项（predictor variable）、复相关（multiple correlation）等条。

canonical correlation analysis **典型相关分析** 见典型相关（canonical correlation）。

capacity **能量，容量，能力** **1.**指计算机能够储存信息的总量。**2.** 在心理学上义同能力（ability）。见该条。

capacity theory **能量论** 义同注意能量论（capacity theory of attention）。见该条。

capacity theory of attention **注意能量论** 认知心理学术语。面对过多信息（刺激）无法同时注意时，认知心理学家对于个体如何在极短时间（不超过一秒钟）内选择信息并予以进一步处理所提出的理论之一。注意能量论的要义是，个体的心理能量是有限的，在面对过多信息时，只能选择自觉重要的予以处理。如果将有限的心理能量分散用于处理两个（或两个以上）信息，处理的速度和正确度势必降低。此一理论，用自动化处理现象就可以证实。熟练的汽车司机在平直路面上开车时，可以一边开车一边与人谈话（同时处理两个信息），原因是他开车当不需付出太多心力。如果前面突然出现“危险弯路”的标志，他就会立即停止谈话，专心开车。与本词相对者为注意瓶颈论（bottleneck theory of attention）。见该条。另见自动化处理（automatic processing）。

Capgras syndrome **卡普拉斯症候群，卡普拉斯综合征** 属于一种稀有精神病患者的心理现象。此种症候群的主要特征是表现出非常特殊的错觉妄想：面对自己的亲友（如自己母亲）时，坚持称对方是另一个人，如在旁有人纠正他，他会说那是骗人的。此种精神疾病系由法国精神病学家卡普拉斯（J. Capgras, 1873～1950）所发现，故名。此种现象有时会出现在妄想型精神分裂症（paranoid schizophrenia）患者身上。见该条。

C

CAPS **CAPS 读书策略** 指阅读文学著作时宜掌握的四个重点。这四个重点分别用四个英文字的字头字母代替，即人物（character）、故事主旨（aim of story）、问题（problem）及结局（solution）。

carbon dioxide therapy **二氧化碳治疗法** 精神病治疗法之一。将30%的二氧化碳与70%的氧混合，让病人吸入，使其暂时失去意识，借以抑制其反常情绪。

cardinal disposition **首要性格** 义同首要特质（cardinal trait）。见该条。

cardinal trait **首要特质，基本特质** 根据美国人格心理学家奥尔波特的人格特质理论，首要特质是代表个人性格的最基本与最重要的人格特殊征象。其所代表者是个人独有的性格特质，亦即个人与其他人最明显的不同之处。平常从性格的观点对某人作批评议论时所用的单一评语，即以其首要特质为根据。在《三国志》中的历史人物，诸葛亮就被论定为“忠”，关羽被论定为“义”，忠与义即代表俩人的首要特质。见奥尔波特（Allport, Gordon Willard）传记条。

cardiograph **心电仪** 以电波活动记录心跳速率的仪器。

card-sorting test **卡片分类测验** 属分类测验的形式之一。测验时给受试者一些绘有图画或文字的卡片，让他自由分类，然后要他说明分类原则，并对各类分别命名。主试根据分类与命名是否正确来进行评分。

career choice **生涯选择** 指对未来将从事何种职业谋生的选择。预期职业选择正确适当，通常应考虑多方面的配合，包括家庭教育、职业辅导、个人理想、个人的能力兴趣、训练机会等。

career development **生涯发展** 指经由学校教育，辅导学生为未来的生活做有计划的发展与准备。按生涯发展的主要目标是：(1)根据学生兴趣与性向拟订未来计划；(2)让学生有机会了解各种工作的价值；(3)帮助学生了解自己并认识环境从而建立未来生活目标；(4)帮助学生学习解决困难与选择决策能力；(5)帮助学生了解社会经济组

C

织与职业结构;(6)帮助学生学习为将来谋生的基本能力与一技专长;(7)帮助学生体认生活的意义并培养其志业心;(8)帮助学生培养工作之余休闲娱乐的兴趣与能力;(9)帮助学生培养顺应社会变迁的应变能力。

Career Development Inventory-School Form 生涯发展量表中学版 是一种个别或团体施测的测验。该量表原系汤普森等人(R. Thompson & D. E. Super and others)所编制,美国咨询心理学家出版公司出版。其内容分为两大部分,共包含五个量表。第一部分四个量表:生涯计划量表、生计探索量表、决策量表和工作世界的认识量表。量表组合可构成生计发展态度、生计发展认知和生计发展取向三个分数。第二部分为偏好职业的认识量表,得分可作为生计成熟的印证分数。生涯发展量表中学版,经学者林清文、林幸台二人修订为中文,并经标准化,于1985年完成。该量表适用对象为初三至高三阶段学生,记分方式采标准分数(M=100,SD=20),已建立常模,在各年级均以百分位数表示之。

career education 生涯教育 指为配合学生生涯发展(career development)所实施的教育。见该条。

Career Maturity Inventory(CMI) 生涯成熟态度问卷 是一种团体人格测验。该问卷原系克莱特斯(J. D. Crites)所编之生涯成熟问卷,其内容在测量受试者事业选择的态度。生涯成熟问卷,经国内学者夏林清、李黛蒂二人修订为中文,称为生涯成熟态度问卷,并经标准化,于1983年出版。该问卷适用对象为小学六年级以上之学生,记分方式采答案卡手计分,已建立大学生常模,以百分位数表示之。

carpal age 腕骨年龄 **1.**根据腕骨骨化程度判断的个体发展年龄。 **2.**义同解剖年龄(anatomical age)。见该条。

Carroll model of school learning 卡洛学校学习模式 义同精熟学习(mastery learning)。见该条。

carry-over effect 延续效应 义同序列效应(sequence effect)。见该条。

Cartesian dualism 笛卡尔二元论 见二元论(dualism)。见笛卡尔(Descartes, René)传记条。

Cartesianism 笛卡尔主义,笛卡尔哲学 见笛卡尔(Descartes, René)传记条。

case history method 个案史法 **1.**义同个案研究(case study)。 **2.**较个案研究的范围略小,而且集中在对个人生活史的深入研究。见个案研究法(case study method)。在性质上,个案史属于纵贯研究(longitudinal study)。见该条。

case study 个案研究,个案法 是个案研究法(case study method)的简称。见该条。

case study method 个案研究法 经由对个案的深入分析以解决有关问题的一种方法。个案所指者,可为某一人,也可为一个家庭或学校,也可为一个工厂或小区。从事个案研究者,搜集有关个案的数据,按时间顺序系统整理,并详细分析其间的相关关系或因果关系。个案研究的主要功能有二:其一,了解个案问题的症结所在而谋问题之解决。其二,以个案作为典型范例,去推论解释其他类似问题。个案研究法在教育上、医疗上、社会工作上以至于工厂生产上,已被广泛应用。在性质上,个案研究法属于纵贯研究(longitudinal study)。见该条。

case work 个案工作 指社会工作者所做的助人工作。受过专业训练的社工人员,透过社会服务的方式,对个人或个别家庭进行的咨商辅导工作,即为个案工作。

castration 阉割 经由医学手术将个体性腺(男性的睾丸或女性的卵巢)切除或用药物使个体性机能丧失的做法,称为阉割。阉割对个体性行为的影响,对动物与人而言并不相同。动物阉割后即丧失性行为能力,但人类却并非完全如此。如在青春期以前遭到阉割(像古时的太监),对以后性行为的影响甚大;但如成年后遭到阉割,则对性行为的影响较小。由此可见人类的性行为并非完全受生理因素所支配,甚至两性间的社会关系也是影响性行为的因素之一。

castration anxiety 阉割焦虑 是一种潜意识的焦虑。根据精神分析论的解释,此种焦虑乃是起于幼时的阉割情结(castration complex)。见该条。

castration complex 阉割情结 精神分析创始人弗洛伊德理论中的用语。指男孩子害怕失掉生殖器官;而女孩子则幻想以前曾经有过男性生殖器官,以后遭到阉割而留有余悸。此种情结多发生于性器期(3~6岁)。根据精神分析论的解释,阉割情结发生的原因是,因为儿童对父母中的异性产生性的爱恋,害怕被发现而割去生殖器官作为报复的手段所产生。精神分析论者视阉割情结为日后个体焦虑的起因。如果阉割情结延续至成人期,将会造成对异性的恐惧感:男性可能会性无能,女性会有性冷淡的现象。严重者甚至有性欲倒错的情形。凡当事者是对被阉割产生恐惧情绪者,称为主动阉割情结(active castration complex)。若当事者是在潜意识中存有被阉割欲望,则称为被动阉割情结(passive castration complex)。见恋母情结(Oedipus complex)。

castration fear **阉割恐惧** 义同阉割焦虑(castration anxiety)。见该条。见阉割情结(castration complex)。

castroid **类去势者** 指未经阉割（睾丸或卵巢切除)而因性器官发育不良以致不具备性行为能力的人。

CAT = Children's Apperception Test **儿童统觉测验**

catalepsy **僵直性昏厥** 指全身僵硬意识丧失的一种身心异常状态。此种状态常发生在癔症、癫痫症等患者身上。深度催眠后也会出现僵直昏厥现象。马戏团中的表现,就是催眠使人僵直的情形。身体僵直后像僵尸一样,可以悬空架高良久,当事人并不自觉。僵直性昏厥是精神分裂症(schizophrenia)的症状之一。见僵直型精神分裂症(catatonic schizophrenia)。

cataleptic immobility **僵直性失动症** 义同僵直性昏厥(catalepsy)。见该条。

catalexia **重读症** 阅读习惯失常现象，每字必得重读数遍方可记忆的现象。

catalexy **惊厥** 因受震惊或过度愤怒而致身体僵直麻木的现象。

catamenia = menstruation **月经**

cataphasia **重语症** 指个体不能自我控制地一再重复缺少意义的单词或语句的病态现象。重语症为精神分裂症(schizophrenia)症状之一。见该条。

catathymic amnesia **选择性失忆症** 属失忆症之一。患者只对某种(或某些)事物的经验丧失记忆,而对其他事物的经验记忆正常。见失忆症(amnesia)。

catatonia **肌肉紧张症** **1.**肌肉紧张僵硬不能随意活动的反常现象。**2.**属僵直型精神分裂症(catatonic schizophrenia)的主要症状。见该条。

catatonic schizophrenia **僵直型精神分裂症** 属精神分裂症之一。其主要症状是在以动作为基础的行为上显现严重的障碍。表现行动僵直痴呆,手眼不能协调。在行为上交替出现两极性活动,有时极端退缩,有时极端兴奋。退缩时可能数小时甚至整日无表情无动作,只是僵硬地停在那里,像蜡像一样,一动也不动。兴奋时会大喊大叫,动作冲动,不能自主,颇具危险性。

catatonic type **僵直型** 系僵直型精神分裂症(catatonic schizophrenia)的简称。见该条。

catch test = catch trial **捕捉实验**

catch trial **捕捉实验** **1.**测量绝对阈限时,在向受试者提供刺激之前,先提供一种空白刺激(即无刺激),从而确定受试者有无反应的做法,称为捕捉实验。见绝对阈限(absolute threshold)。**2.**在信号侦察实验时,主试者对受试者事先说明,他将随时提供一种信号(主要是听觉信号),要受试者随时注意,听到有信号时就立刻反应。事实上,主试者未必提供信号,但受试者有时却说他发觉有信号。像此种让受试"捕捉"信号的实验,称为捕捉实验。见信号检测论(signal detection theory)。

categorical attitude **归类心态** 对人或事物凭知觉归类的一种心理倾向。对具有类似特征(或属性)的人或事物,归之于一类,当作一个整体来看,并且给予一个总名称。例如,见到穿制服背书包的年轻人,即直觉地将之归类为"学生";看见印有文字而装订成册的东西,即归类为"书本"。此种归类心态,正是人类之所以发明文字、符号用以代表同类事物的原因。概念学习就是以归类心态为基础的。对事物归类后所得的概念是抽象的,故而本词义同抽象心态(abstract attitude)。

categorical behavior **归类行为** 将人、事、物等按其各自具备的属性予以归类处理的行为谓之。归类行为是人的能力之一,对具体事物的归类,才能形成抽象的概念。见归类心态(categorical attitude)。

categorical imperative **无上命令** 18世纪德国哲学家康德道德论中的术语。无上命令系指"良心至上"的道德律,世界上所有人类的行为无不受无上命令所支配。见康德(Kant, Immanuel)传记条。

categorical perception **分类知觉** 指知觉经验的类聚心理倾向。当吾人观察刺激情境时,对分立的刺激并非以个别的方式去反应,而是有意无意地将之归类处理,从而获得包括多个同类刺激的知觉经验。此等现象,在视觉、听觉以及其他知觉,都是如此。

categorical scale **分类量表** 义同名称量表(nominal scale)。见该条。

categorical syllogism **范畴式三段论法** 义同三段论法(syllogism)。见该条。

categorical variable **类别变项** 研究对象在特征上可以分门归类者,称为类别变项。例如,性别、教育程度、职业、宗教、籍贯、社经水平等,均属类别变项。在类别变项中,类别之分只有两类者(如性别),称为二分变项(dichotomous variable);类别之分包括多类者(如宗教等),称为多维变项(multidimensional variable)。

categorization **分类,类型化** **1.**面对众多刺激时,个体根据诸刺激的不同属性将之分类处理,从而形成概念的心理历程,称为分类或类型化。分类是人类的基本思维能力。**2.**美国认知心理学家布鲁纳在其1956年出版的《思维之研究》一书中指出，在思维过程中分类心理具有五方面的功能：(1)分类可使复杂的刺激情境简化，便于记忆；(2)分类是使人迅速认识周围世界的手段；(3)面对新鲜事物时，不需重新学习，即可模拟处理；(4)根据分类得到的经验，可以做出适当的行为；(5)分类有助于形成系统的知识。**3.**义同瑞士认知心理学家皮亚杰在认知发展理论中所指的分类(classification)条第二义。

category 类别，范畴 **1.**指具有共同属性的一类事物。**2.**在统计学上，指具有同构型(而不含数量)的一类事物。

category size effect 分类大小效应 指按物体或事项之大小来分类处理数据时，一般人对于由小到大分类所需时间，较之由大到小分类所需时间为短，此现象称为分类大小效应。

catharsis 宣泄，精神宣泄 **1.**指精神分析治疗时使用的一种技术。使用时，引导患者坦白说出过去压抑在心底的郁结，借以减缓其情绪紧张的痛苦。**2.**指借由身心尽量放松，无拘无束地活动或自由畅谈，使心中郁闷放散的历程。**3.**指做自己喜欢的事，借愉快的活动以冲淡心中压抑的紧张情绪的方法。见发泄(abreaction)。

catharsis hypothesis 宣泄假说 指攻击性驱力如能获得适度宣泄则将可减少攻击性行为的一种假设性理论。精神分析论创始人弗洛伊德认为，攻击是人类本能之一，而社会规范则使人类的此项本能受到限制。但受限制的攻击本能压抑在潜意识中并未消失，一旦失去控制，就会表现出攻击性行为。因此，如何使内在攻击性驱力借由被社会认可的管道释出，使之宣泄于外，从而减少攻击性行为出现，自然就成为心理学上讨论的问题。按宣泄假说的解释，如果让具有攻击性驱力者参加有规范的竞争性运动(如拳击、击剑等)或戏剧表演，使其压抑的情绪得以宣泄，将会减少社会上攻击性行为的发生。此一观点虽为教育界普遍接受，但在心理学的实验研究上，并未获得肯定的支持。

cathartic method of emotion 情绪宣泄法 指根据宣泄假说(catharsis hypothesis)所发展出来的心理治疗方法。见该条。

cathartic play 宣泄性游戏 属于儿童游戏的一种类型。宣泄游戏或多或少带有破坏性或攻击性，如儿童在游戏时借由对玩具的破坏或向对手发起攻击，以发泄其压抑的情绪。在预为妥善安排的情境下让儿童参与宣泄性游戏，在心理治疗上有积极效用。见游戏类型(types of play)，游戏分类(taxonomy of play)。

cathexis 精神投入，精神投注 指把精神投注于人、事、物的心理历程。根据精神分析论的解释，情感投注是个体欲力的释放。投注的对象有三种：(1)自我投注(ego cathexis)，把自己当作情感的对象，自恋者属之；(2)幻想投注(fantasy cathexis)，把情感投注于虚无的幻想中，白日梦者属之；(3)对象投注(object cathexis)，把情感投放在某人、某物或某些团体活动上，友谊、爱情、嗜好活动等属之。精神投注时，又分积极投注(positive cathexis)与消极投注(negative cathexis)。见该等条。

catotrophobia 惧镜子症 属恐惧症之一。患者对镜子特别敏感，尤其对已破的镜子最不能忍受。见到镜子即表现出极为反常的恐惧反应。纵使明知不致受到任何伤害，但仍无法克制由之引起的惶恐情绪。见恐惧症(phobia)。

cat phobia = **ailurophobia** 惧猫症

CAT scanner 电脑断层扫描仪 属于一种包括X光产生器、发射器、侦测器和电脑组合而成的特殊仪器，它能从人体各个不同的位置加以扫描，得到人体断层面或剖面的影像，此影像可以显示在电脑的屏幕上。目前电脑断层扫描仪主要用于肿瘤、癌症、大脑和身体内微小器官之病变、骨质疏松症等的诊断。神经、精神科医师常利用此种仪器检查导致精神异常的脑部病变原因。CAT三字母是电脑轴向断层摄影术(computerized axial tomography)的简称。

Cattell Infant Scale 卡特尔婴儿量表 指美国心理学家卡特尔编制的一种适用于婴儿的智力量表。该量表的内容，除包括采用斯坦福—比奈智力量表中部分题目之外，另外增加若干测量身心发展的题目。

Cattell, James McKeen (1860～1944) 卡特尔 卡特尔是20世纪初美国心理学家，是功能学派中属哥伦比亚学派的领导人，是全世界第一位正式脱离哲学范畴而纯属心理学的教授，是最早将心

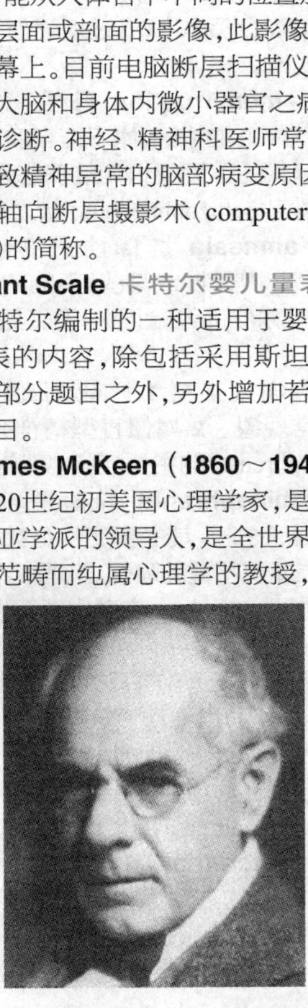

理学研究结果统计量化的心理学家，是应用心理学先驱，也是第一位因被怀疑对政府不忠而遭到大学解聘的著名心理学家。

卡特尔于1860年5月25日出身于美国宾夕法尼亚州伊其顿一个富有家庭，父亲为长老会牧师，并担任拉法叶学院院长。卡特尔16岁进拉法叶学院，学业成绩杰出，1880年毕业后赴欧洲，先到德国哥廷根大学，后转入莱比锡大学，成为冯特的学生。两年后获约翰·霍普金斯大学奖学金，1882年返国，在霍尔教授指导下修习心理学。1883年再回莱比锡大学，毛遂自荐作为冯特的助教，研究反应时间及个别差异等问题。1886年获莱比锡大学心理学哲学博士学位后回国任教，不久又赴英国剑桥大学担任讲师，此时得遇高尔顿，共同探讨个别差异研究方法问题，对他以后心理学思想影响甚深。1888年返国任宾夕法尼亚大学教授，专门研究并讲授心理学，是为全世界第一位纯属心理学的教授（此前均为哲学教授兼教心理学）。1891年转任哥伦比亚大学教授兼心理学系主任，四年后当选为美国心理学会主席。1901年当选美国国家科学院院士，是心理学界当选院士的第一人。此后在哥伦比亚大学任教26年之久，桃李满天下，著名心理学家桑代克即其弟子之一。唯以第一次世界大战爆发后卡特尔主张和平，被人误解为不忠于政府，而在1917年遭哥伦比亚大学解聘。他控告学校诽谤，后来虽获胜诉，并获得4万美元赔偿，但未再复职。离职后卡特尔组织心理公司，促进心理学之应用。1944年1月20日病逝于宾夕法尼亚州兰卡斯特，享年84岁。卡特尔在心理学上的贡献，主要在于以下两方面：

1.在功能主义基础上发展了现代应用心理学　卡特尔的功能主义心理学思想强调研究心的功能，而个体的心的功能则是表现于他对环境的适应。在此原则下，卡特尔在1890年即指出，要想使心理学成为一门科学，它必须像其他自然科学一样，先具备精密性和准确性两项特征。要想使心理学具备这两项科学特征，就必须先行发展用以测量个体的心理测验，然后根据心理测验结果，才能了解人在不同环境下心理适应的情形，从而分析了解其个别差异。在1890年卡特尔最早提出心理测验（mental test）这个名称。心理测验是应用心理学的具体成就，从时间上看，卡特尔无疑是应用心理学领航人物。美国功能主义鼎盛时期，芝加哥大学和哥伦比亚大学为功能主义思想的两大中心，分别培育了很多心理学专门人才，而后者则扮演了更重要的角色。在1889年首届国际心理学会议时，出席的美国心理学会会员中具有博士学位者共有704人，其中有155人出自卡特尔门下。相对的，出自芝加哥大学者，则只有91人。可见卡特尔对20世纪初美国心理学发展影响之大。因此在1944年卡特尔逝世时，美国心理学史学家波林致卡特尔之子吊唁函中称："我认为令尊对美国心理学的贡献不在詹姆斯之下。"意思是谓，詹姆斯是功能主义的理论家，而卡特尔则是功能主义的实践者。

2.首创心理测验研究个别差异　卡特尔用以测量个别差异的心理测验，在性质上沿用了英国高尔顿的测量方式，以感觉动作为主，测量两点阈限、重量判断的最小可觉差异、噪声出现的反应时间、字母的记忆广度等。他也曾尝试以相关概念，研究大学生的感觉能力和学业成绩的关系，结果发现两者间相关甚低。卡特尔的心理测验研究因法国比奈的智力测验问世而式微，但他开风气之先的贡献，却是被心理学界肯定的。

卡特尔的著作主要为专题论文，他出版的心理学专著只有*American men of science*（1903）。

Cattell, Raymond Bernard（1905～1998） 卡特尔　卡特尔是英国出生的美国心理学家，是人格心理学中特质论的领导者，是首先采用多变项设计，经由因素分析法处理心理测验资料，从而建立人格理论的心理学家。

卡特尔于1905年3月20日出生于英国的斯塔福德郡。1924年获伦敦大学化学学士学位，然后改读心理学，1929年获哲学博士学位。在攻读心理学期间，跟随号称因素分析之父的斯皮尔曼研究心理测量方法。1928年至1937年，卡特尔在英国从事人格方面研究，除在大学任教之外，也曾主持儿童辅导中心。1937年赴美，先后在哥伦比亚、哈佛、克拉克、杜克等大学任教职。1944年以后任教于伊利诺大学，直至退休。

卡特尔的人格理论的中心观念是特质，特质是构成人格的元素，特质是根据个体行为推估的心理结构。人格中包含很多特质，有的是人类共有

C

的，有的是个体独具的，有的是属于体质（生理）的，有的是由环境塑造的。卡特尔采用生活记录、客观测验以及问卷所得数据，经由复杂的因素分析过程研究人格特质。卡特尔理论中的最主要的特质是表面特质与潜源特质两类。见卡特尔人格因素论（Cattell's factor theory of personality）。除了人格理论与人格测验之外，卡特尔曾在1963年根据因素分析提出了一项智力理论，将智力分为两种类型：一种类型是流动智力（fluid intelligence），此类智力主要表现在个人迅速记忆、思维、推理等心智活动中。流动智力多得自先天遗传，较少受后天训练影响，此类智力发展到30岁左右达到高峰，以后将随年龄增长而下降。另一类型为固定智力（crystallized intelligence），此类智力主要在个人运用学得知识经验解决问题时表现之。固定智力多得自后天学习与训练，其发展甚少受年龄影响，如老年人思想周密，知识经验丰富，对事理判断优于年轻人者就是此种智力。

卡特尔著作中重要的专著有：*Personality: A systematic, theoretical and factual study*（1950）；*Personality and motivation*（1956）；*Personality and social psychology*（1964）；*The scientific analysis of personality*（1965）；*Abilities: Their structure, growth and action*（1971）；*Personality and mood guestionnaire*（1973）；*Personality and learning theory*（1980）；*The inheritance of personality and ability*（1982）等。

Cattell's 16 Personality Factor Questionnaire 卡特尔十六种人格因素问卷 义同十六种人格因素问卷（Sixteen Personality Factor Questionnaire）。见该条。

Cattell's factorial theory of personality = Cattell's factor theory of personality 卡特尔人格因素论

Cattell's factor theory of personality 卡特尔人格因素论 指美国心理学家卡特尔在20世纪40年代根据对人格测验结果加以因素分析，从受测者对问题的反应中，类集归纳所得两类特质而建立的人格理论。卡特尔人格理论的两类特质是表面特质（surface trait）与根源特质（source trait），前者是按人格测验结果求得的，后者是根据因素分析的结果归纳推论求得的。换言之，表面特质是直接观察可见的行为特质；根源特质是不能直接观察，只能根据行为去推测的特质。按卡特尔的理论，虽然表面特质符合一般人所指的人格特质，但那只能算是人格特质的表面，只是根源特质的表征而已。根源特质才是形成个人心理结构的真正特质。见人格特质（personality trait）。见卡特尔（Cattell, Raymond Bernard）传记条。

Cattell's trait theory 卡特尔特质论 义同卡特尔人格因素论（Cattell's factor theory of personality）。见该条。

causal association 因果联想 根据某一事件的因果关系所产生的或形成的联想。因果联想是一种双向联想，可从原因联想到结果（水温降到0℃以下即结冰），也可从结果联想到原因（腹泻是因为吃了不洁食物）。

causal attribution 因果归因 **1.**泛指从事件发生结果去探究其发生原因的心理历程。**2.**在心理学上，指个体对别人或对自己行为表现解释其原因的心理历程。见归因论（attribution theory）。

causal-comparative study 原因比较研究 事件发生后，借着过去发生过的事件，寻求其原因，与此次事件相比较，从而探究此次事件发生的原因。此种研究方法称事后回溯研究（ex post facto research），见该条。因此种方法重在从过去条件中寻找原因，故而称为原因比较研究。

causality 因果性，因果关系 指两种现象之间存在因果关系的一种解释。如某一现象的发生（果）乃是由于前面另一现象的发生（因），此时即可将两种现象之间的关系解释为因果性。基于此义，因果性亦即平常所说的因果关系。唯因果性所解释只是假设性的，并非观察实验所得到的结果。在心理学上，使用因果性解释心理现象最多的是弗洛伊德，他经常将人的行为表现（果）用潜意识（因）来解释。见果因性（causation）。

causation 将果求因，果因性 属于一种实验原则，指根据观察到的结果分析形成此结果的原因，从而确定两者间因果关系的历程。本词与另词causality意涵稍有不同，本词偏于经验上的原因，后者则偏重于抽象观念上的应用。见该条。

cause-and-effect test 因果测验 类似最佳答案测验，受试者被要求从数个描述因果关系的答案中，选出最适合于解释题干中之疑问者（是原因或是结果）。见最佳答案测验（best-answer test）。

cautious shift 谨慎偏倚 社会心理学的术语。经过团体讨论后所做出的决策，在性质上反比团体中一般成员个人的态度较为谨慎或保守时，称为谨慎偏倚。与本词相对者为冒险偏倚（risky shift）。见该条。见决策偏倚（choice shift）。见团体极化（group polarization）。

cautious-shift effect 谨慎偏倚效应 社会心理学的术语。指个人受社会团体影响，在面对后果难以预卜的情境时，在抉择时反而变得更为小心谨慎的现象。与本词相对者为冒险偏倚效应(risky-shift effect)。见该条。

cautious style 谨慎型 属认知风格之一。谨慎型指个体应付环境时所表现的一种习惯性的性格特征。属于谨慎型的人,凡事谨慎,遇到问题抉择的情境时,倾向于选择成功机会大但成功后报酬低的工作;对风险较大而报酬高的机会,不敢尝试。与本词相对者为冒险型(risk-taking style)。见该条。另见认知风格(cognitive styles)。

CAVD Test 四因素测验 指美国心理学家桑代克主编的一种智力测验。该测验系由分别测量四种能力的四个分测验所构成,故名。所谓四因素是指:(1)填句(completion, C);(2)算术(arithmetic, A);(3)词汇(vocabulary, V);(4)遵令行事(following directions, D)。

CBA = cost-benefit analysis 成本效益分析

CBE = competency-based education 能力本位教育

CBI = competency-based instruction 能力本位教学

CBM = cognitive behavior modification 认知行为矫正

CBT = competency-based training 能力本位训练

CBTE = competency-based teachers education 能力本位师范教育

CCMAS = Chinese Children's Manifest Anxiety Scale 中国儿童显性焦虑量表

cebocephaly 猴面畸形 指先天性的两眼靠近、鼻子发育不全而面似猴脸的畸形。此种先天性缺陷与遗传因子的染色体异常有关。

ceiling 上限 **1.**在某一测验中,受试者可能达到的最高分数,称为上限。**2.**在统计学上,从受试者可能达到的最高分数中减去机误,是为上限。见机误(chance error)。

ceiling age 上限年龄 在年龄量表上,受试者所完全不能解答的年龄题组,谓之上限年龄。年龄量表的题目,系依照各年龄的能力水平,由易而难依序编列,受试者由适于其能力水平而能完全答对的某题组开始作答起,逐渐推进至较高水平之各题组,一直做到完全不能作答的某题组为止。最后该题组所代表的年龄水平,即上限年龄。见年龄当量量表(age equivalent scale)。

ceiling effect 上限效应,天花板效应 **1.**一个测验的全部题目,在编制时所预订的最高分数(如所有题目都答对时得120分),是为该测验分数的上限。**2.**在施测时,受试者得分接近或达到上限(得满分)时,该测验原订之上限对受试者所产生的限制作用,称为上限效应。从理论上讲,受试者得到的满分,未必与测验原订的上限相等;因满分之内含有机误,其真分数可能比满分低,也可能比满分高。准此而论,因受试者在测验上得到满分,致使无法根据测验结果评定其确实能力的情形,称为上限效应。**3.**在研究行为改变时(如学习),受试者的表现达到预定标准(上限)不再进步时,也称为上限效应。以教初中学生跳高为例,经过无数次的练习,最后只能跳到150厘米。150厘米就是初中学生跳高的上限。因为受到150厘米高度的限制,再多的练习也不再发生效用。**4.**药物治疗时,能够产生预期效果所使用的最大药量,称为上限效应。与本词相对者为下限效应(floor effect)。见该条。

cell assembly 细胞结集 加拿大心理学家赫布细胞结集论(cell assembly theory)中的概念。见赫布(Hebb, Donald Olding)传记条。

cell assembly theory 细胞结集论 见赫布(Hebb, Donald Olding)传记条。

cell body 细胞体 见神经元(neuron)。

cellular theory of aging 老化细胞论 从生物学观点探讨老化原因的理论之一。老化细胞论的要义是,人体内有些体细胞,如脑和神经系统的细胞,在生长发育期间从来就不分裂生殖。其他的细胞虽然分裂生殖,但是有一定的次数。美国老人医学家海弗利克(L. Hayflick)1970年曾研究人工培养细胞的老化过程,他发现肺细胞在开始时倍增很快,每24小时倍增一次,随后倍增的时间就延长,到了大约倍增50次后(约6个月),细胞就不再分裂生殖而开始死亡了。其他体细胞也只倍增数次。这个事实显示老化是由于细胞取代自己的能力是有限的,是预定的;到达限定地步即老化或死亡。见老化理论(theories of aging)。

cenesthesia 一般机体觉 指个体自己意识到的身体状态。例如,自己觉得身体很舒服、很轻松,或觉得很疲累等均属之。

cenogamy 群婚制 指两个(或两个以上)男性与两个(或两个以上)女性所建立的婚姻关系。

cenophobia 惧荒野症 属恐惧症之一。患者对荒凉的原野产生极不合理的恐惧反应。纵使明知荒野中没有任何伤害人的事物,但仍然无法克制由之引起的惶恐情绪。见恐惧症(phobia)。

censorship 省察,稽查 **1.**指个人的意识对自己行为发生的约束作用。按精神分析论的解释,谓从潜意识层浮现出的欲求或冲动,意识层予以选择:有的被认可由行为表出,有的被禁止则再压回潜

C

意识。此种内在互动历程，称为省察。按此意亦即本我受到自我与超我监视管理的历程。**2.**政府对新闻事业或大众传播在内容上有所限制或约束的制度，亦称稽查，如新闻稽查。

census data **人口资料** 在从事调查研究时，有关调查对象的个人数据，诸如年龄、性别、职业、教育程度、婚姻状况、宗教信仰等，统称为人口资料。

centering **中心化** **1.**美国心理学家戈德斯坦（K. Goldstein, 1878～1965）理论中的术语。指个体与其生存环境的调适臻于完全统合的地步。**2.**瑞士发展心理学家皮亚杰认知发展论中的术语。中心化是前运思期（2～7岁）儿童认知发展的特征之一。因此时期儿童的认知思维尚未脱离自我中心倾向，所以在观察事物时仍然是以他自己的身体和行动作为中心的，如尚不能离开自己立场从客观的立场看问题。唯其如此，所以将广口矮杯中果汁倒入细高杯中时，他就认为杯中的果汁增多了。见守恒（conservation）。与本词相对者为去中心化（decentering）。见该条。

centile＝percentile **百分位数**

central body temperature **中心体温** 指身体内部的温度。平常以口温、肛温及直肠温代表中心体温。一般健康人的中心体温是37℃。

central canal **中心管，中央管** 为脊髓灰质中央的狭窄管腔，贯穿整个脊髓，管内充满脑脊液。

central conflict **中心冲突** 美国新弗洛伊德主义心理学家霍妮理论中的术语。她对人格结构的解释，不采取弗洛伊德原来本我、自我、超我的看法，改称三者为真实自我、现实自我与理想化自我。所谓中心冲突，即指理想化自我与真实自我之间的冲突而言。见霍妮（Horney, Karen）传记条。

central core **中央脑** 指脑的中央及脑在演化过程中最古老的部位。中央脑管制并调节最基本的生命活动。它包括下丘脑、绝大部分脑干、小脑及网状系统等。见脑（brain）条及附图。

central deafness **中枢性聋** 指因中枢神经病变引起的听觉丧失。由脑干至大脑皮质的听觉中枢之间，任何病变或伤害，均可导致中枢性聋。中枢性聋是器质性聋（organic deafness）之一。见该条。此种听觉丧失是无法复原的。

central disposition **中心性格** 义同中心特质（central trait）。见该条。

central fissure **中央裂，中央沟** 为大脑半球外侧面上较明显的一条脑沟。中央裂为额叶与顶叶之间的界限。其走向是从大脑半球外侧面上缘起始，向外侧裂前下方延伸。见大脑半球（cerebral hemisphere）条及附图。

centralism **中枢论** 也称中枢心理学。此派理论主张一切行为变化均系由中枢神经系统所控制，或谓大脑是一切行为的中心。与本词相对者为外周论（peripheralism）。见该条。另见神经系统（nervous system）条及附图。

centralist psychology **中枢心理学** 本词所指并非心理学的一个学科，而只是对心理研究取向的一种看法。中枢心理学乃是采取中枢论的观念，强调中枢神经系统是一切行为变化的中心。见中枢论（centralism）。

central limit theorem **中心极限定理** 中心极限定理是根据数理统计学原理，从一个常态分布的总体中，随机抽取够大的样本（N＝30或50以上）。每抽一次即得一个样本的平均数，当抽样的次数达到几千次以上时，自将获得几千个样本平均数，用这些样本平均数所形成的次数分布，就自然会非常接近常态分布的形式。换言之，只要按同样方法在同一总体中连续抽样下去，用无限次个样本平均数做成的抽样分布，一定会非常接近总体的常态分布的形式。见集中趋势（central tendency）。

central mechanism **中枢机制** 泛指中枢神经系统（central nervous system）的生理结构及其运作功能。

central nervous system (CNS) **中枢神经系统** 与周围神经系统相对的神经系统。中枢神经系统由脑和脊髓内的神经元、神经纤维及支持组织联合构成。其功能为控制意识活动及反射作用，并使信息之传入、传出得以协调而完成传导。中枢神经系统分脑（brain）与脊髓（spinal cord）两部分，见该等条，并见神经系统（nervous system）条及附图。

central pain **中枢痛** 指因中枢神经系统病变或伤害所引起的痛，及脑瘤或脊髓受伤所引起的痛，都叫中枢痛。

central sulcus＝central fissure **中央裂，中央沟**

central tendency **集中趋势** 按量数大小做成次数分布时，大部分的量数趋向中央部位的现象，称为集中趋势。代表集中趋势的量数计有三种，即平均数（mean）、中数（median）与众数（mode）。见该等条。

central tendency error **趋中误差** 在填答评定量表时，一般人在心理上避免选答量表的两极端，而倾向于选答中间的现象。如要求学生对某教师的教学满意程度做出五等级的评定：（1）极满意；（2）满意；（3）无意见；（4）不太满意；（5）极不满意。评定结果就会发现，绝少数学生评两极端，多数的选答集中在(2)与(4)之间。此种现象未必真正代表学生对教师的满意程度,故而称其为趋中误差。

central tendency measure **集中量数** 在次数分布的统计资料中,代表集中趋势的量数,称为集中量数。最常用的集中量数为平均数(mean)、中数(median)和众数(mode)。见该等条及集中趋势(central tendency)。

central trait **中心特质** 根据美国人格心理学家奥尔波特的人格理论,中心特质是代表个人性格的几方面的特征。中心特质是构成人格组织的核心部分,每个人的中心特质数目大约在五个至七个之间。例如,评论某人个性时常用的"热心的""诚恳的""勤奋的""乐观的"等形容词,其所指者即个人的中心特质。见奥尔波特人格特质论(Allport's personality-trait theory)。

central vision **中央视觉** 指视网膜中央凹一带的视觉感应。该处是视觉最敏感的地方。见视网膜(retina)条及附图。

centration **中心化** 见中心化(centering)条第二义。

centroid method **形心法** 形心法是从相关矩阵中, 把适当数目之共同因素抽取出来的方法。其过程大致如下:(1)选择各纵行之最高相关数为"共同性";(2)分析第一共同因素负荷量,再利用残余相关系数矩阵,抽取下一个共同因素负荷量,如此类推,直到残余相关系数变得很小,无法再抽取共同因素时为止。然后利用因素转轴,设法找到新的参照轴,使所有共同因素负荷量都是正的,而且零的共同因素负荷量的数目要最多。

cephalagia = cephalalgia **头痛**

cephalalgia **头痛** 指因传染性疾病(如流行性感冒)或因情绪紧张引起的头痛,而非指外在伤害引起的头痛。

cephalocaudal development **首尾发展原则** 根据动物生长时,头部发展在先、尾部发展较后的现象,推理解释人类身体动作发展的顺序。认为人类动作也是依先头部后四肢的顺序发展的。见发展顺序(developmental sequence)。

cephalocaudal direction **首到尾方向** 义同首尾发展原则(cephalocaudal development)。见该条。

cephalocaudal direction development **首尾方向发展** 义同首尾发展原则(cephalocaudal development)。见该条。

cephalocaudal growth **首到尾生长** 义同首尾发展原则(cephalocaudal development)。见该条。

cephalocaudal principle = cephalocaudal development **首尾发展原则**

cerebellum **小脑** 为后脑的一部分神经组织,它位于大脑后部枕叶的正下方,恰在脑干的后方。小脑是由左右两个皱曲半球构成,且灰质在外部、白质在内部。在功能方面,小脑和大脑皮质的运动区共同控制肌肉的运动,以调节姿势和身体平衡。见脑(brain)条及附图。

cerebral aqueduct **大脑导水管** 指连接第三脑室与第四脑室的一条狭小管子,其位置在中脑内,为脑脊液自第三脑室进入第四脑室的通道,所以大脑导水管内含有脑脊液。

cerebral blindness **中枢性盲** 指因视觉中枢伤害或病变所导致的失明。

cerebral cortex **大脑皮质,大脑皮层** 指大脑的表层,由约2厘米厚的灰质所构成。大脑皮质虽不厚,却可分为六层,每一层包括数以亿计的神经细胞,是中枢神经系统的最主要部分。大脑皮质覆盖于脑的左右两半球的顶层,每个半球的大脑皮质因部位与功能的不同分为四个脑叶(lobe):(1)额叶(frontal lobe),位在前部,是四个脑叶中最大的部分,约占大脑半球的三分之一,其功能与学习、记忆、思维等高级心理活动有关;(2)颞叶(temporal lobe),位在外侧下部,其功能与听觉、语言、情绪等心理作用有关;(3)顶叶(parietal lobe),位在后顶部的中央裂之后,其功能与控制躯体感觉有关;(4)枕叶(occipital lobe),位在后半球下部,其功能职司视觉反应。脑半球的四个叶上又分为多个区域,分别发挥视觉、听觉、肢体运动感觉等支配与控制功能。见大脑半球(cerebral hemisphere)条及附图。

cerebral deafness **大脑性聋** 义同中枢性聋(central deafness)。见该条。

cerebral dominance **大脑优势** 义同大脑半球优势(hemispheric dominance)。

cerebral hemisphere **大脑半球** 大脑是脑的最大与最主要部分。大脑由中间的一条裂沟,从前到后分为左右两个半球形状,称为大脑半球。此一裂沟称为纵裂(longitudinal fissure)。两半球之间由胼胝体相连,使两半球之间的神经传导,得以互通。两半球的外侧面,各有一条斜向的沟,称为侧裂(lateral fissure)。侧裂上方约在半球中部有一纵向的沟,称为中央裂(central fissure)(附图为大脑左半球)。大脑半球因功能的不同分为六个区域:(1)主运动区(primary motor area),位于额叶后部的中央裂之前,其功能职司全身随意肌的活动;(2)主体觉区(primary somatosensory area),位于中央裂之后的顶叶,其功能职司冷觉、热觉、痛觉等各种感觉;(3)主视觉区(primary visual area),位于

C

C

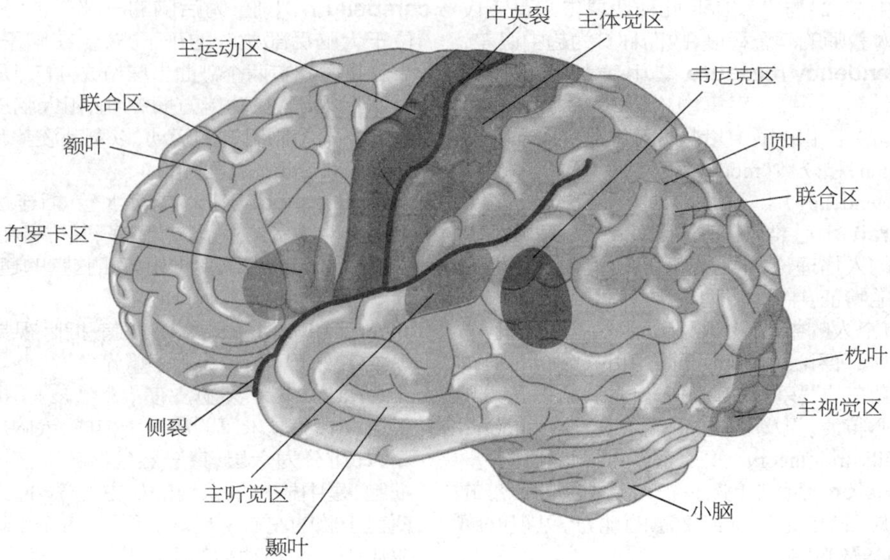

大脑半球

枕叶，其功能为职司视觉反应；（4）主听觉区（primary auditory area），位于颞叶，其功能为司职视觉反应；（5）语言区（speech area），只在左半球的颞叶，其功能司职语言行为，语言区分为布罗卡区（Broca's area）与韦尼克区（Wernicke's area）两个区；（6）联合区（association area），位于额叶与顶叶两处，其功能与思维推理等高级心理活动有关。见大脑皮质分区功能（specialization of functions in cerebral cortex）。大脑两半球外层的绉曲部分，称为大脑皮质（cerebral cortex）。大脑皮质系由密集的神经细胞所构成的复杂神经组织，是中枢神经系统中最主要的部分。大脑皮质按部位不同分为四个叶：（1）额叶（frontal lobe），位在半球前部中央裂之前，是四叶中最大的部分，约占大脑半球的三分之一，其功能与学习、记忆、思维等高级心理活动有关；（2）颞叶（temporal lobe），位在半球上侧裂下方，其功能与听觉、语言、情绪等心理作用有关；（3）顶叶（parietal lobe），位在半球后顶部的中央裂之后，其功能与控制躯体的感觉有关；（4）枕叶（occipital lobe），位在半球后下部，其功能主要为司职视觉反应。

cerebrospinal fluid（CSF） **脑脊液** 指充满脑室、大脑导水管、蜘蛛膜下腔及中心管内的清澈液体。脑脊液的成分与血浆相似，富含养分和氧，可供脑和脊髓利用，且可充当脑和脊髓内外的保护性缓冲垫。脑脊液中二氧化碳量的改变，也可以影响延脑的呼吸中枢，而帮助呼吸的控制。脑脊液是由侧脑室脉络丛微血管网内的血浆滤出而形成，再流经第三脑室、大脑导水管、第四脑室到脊髓的中心管，最后进入蜘蛛膜下腔而回到血液之中，即形成一个循环。

cerebrotonia **头脑型，瘦长型** 见谢尔顿人格体质论（Sheldon's constitutional theory of personality）。

cerebrum **大脑** 大脑是脑的构造中最大的部分，位于小脑之上，包括前脑与中脑两部分。大脑的表层为大脑皮质，由灰质构成；大脑皮质下层大部分由白质所构成。大脑中央有裂沟，由前至后将大脑分为左右两个大脑半球，此裂沟叫作纵裂（longitudinal fissure）。两个大脑半球间借胼胝体连接在一起。大脑是神经系统的最高综合中枢，许多肢体和内脏的运动、感觉以及学习、记忆、了解、判断、意识和情绪等心理功能，皆由大脑表层皮质中的不同区域分别执行或控制。见大脑半球（cerebral hemisphere）与大脑皮质分区功能（specialization of functions in cerebral cortex）。与本词相对者为小脑（cerebellum）。见脑（brain）条及附图。

CG = control group **控制组**

CGS system **CGS制** 指一般公认的测量长度的厘米（centimeter, c）、测量重量的克（gram, g）以及测量时间的秒（second, s）三种制度的合称。

chain behavior **连锁行为** 指包括一连串反应所形成的行为。在连锁行为中的每个反应，对其相连的第二个反应，在性质上都有刺激作用。例如，在背诵ABCD…Z一连串英文字母时，A是第一个反应，反应之后立即变成刺激，从而引起B的反应；B再变为刺激引起C的反应。如此继续下去，直到一连串反应完成。连锁行为的形成历程，称为连锁化（chaining）。见该条。

chained response 连锁反应 义同连锁行为（chain behavior）。见该条。

chaining 连锁化 经由学习将多重刺激与反应关系联结成一个行为连锁的历程，称连锁化。连锁化是语文与动作学习的重要过程。经连锁化之后，连续的动作会自动出现，前者引出后者，即使不经意识，也不会中断。人们走路迈步即系行为连锁现象之一。连锁化也称行为连锁化（behavior chaining）。见自动化处理（automatic processing）。

chain learning 连锁学习 指经由连锁化的过程学到知识或技能的历程。连锁学习乃是根据行为主义所主张的刺激—反应联结原理，对一连串的刺激，经由刺激—反应重复练习后，学到一连串的反应。语言的基本形式就是经由连锁学习学得的。见连锁化（chaining）。

chain problem 锁链问题 问题索解实验用题目之一。问题情景如附图所示（起始状态），有四条分别由三环连接而成的金属锁链，现在想请金工将这四条锁链改做成一个大的封闭圆环（目的状态）。工作的程序是必须切断部分锁链而后再将之焊接在一起。金工的索价是，切断一次50元，焊接一次70元。顾客口袋中只有360元，要怎样切割才足够付给金工的工资？

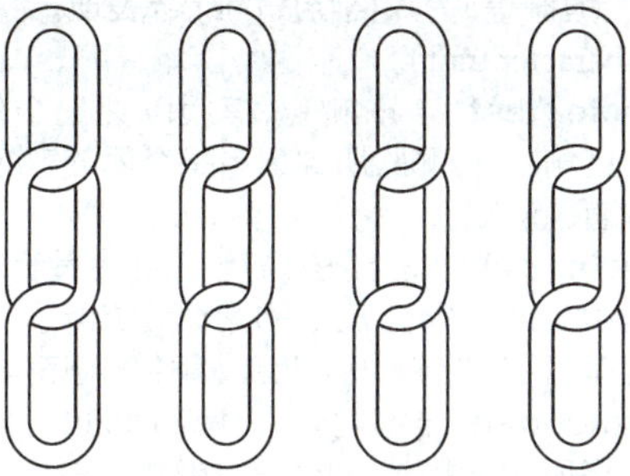

（起始状态）

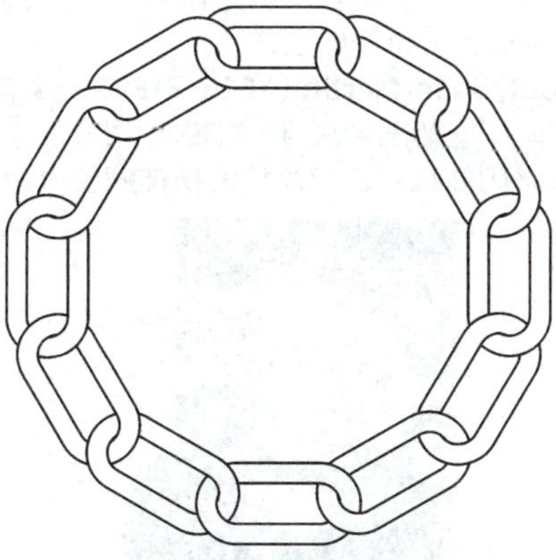

（目的状态）

锁链问题

chain reflex 连锁反射 义同连锁行为（chain behavior）。见该条。

chain reproduction 连锁复制 将一种数据（如新闻或故事）经由第一人转述给第二人，第二人听过后凭其记忆转述给第三人……以如此连锁转述方式进行时，转述多次之后，原来的数据就会变质。原来所述者是一只猫，可能到后来变成一只猫头鹰。此一现象称为连锁复制。连锁复制是一种记忆扭曲现象，根据心理学家研究，连锁复制过程中记忆的扭曲主要有三个方向：（1）简化，将原来数据中的某些细节省略；（2）强化，只选择原数据中某一部分予以强化保留；（3）同化，将原数据纳入个人意识中，然后按自己的意见向别人转述。谣言传播时与原来事实之所以不符的现象，主要就是连锁复制所致。

chance 偶然，概率 **1.**指某事件之发生是事先不能预料的，也是不能控制的。 **2.**义同概率（probability）。见该条。

chance contingency of reinforcement 随机后效强化 义同偶然后效强化（accidental contingency of reinforcement）。见该条。

chance difference 机差 指两数量之间的差异，纯系因概率而产生者。按概率原则从总体中抽取的任何两个样本，其特征未必相等，两者之间的差异，即称之为机差。机差与常误（constant error）不同。见该条。

chance error 机误 指观察测量所得分数与真分数之间的差异。此种差异的产生纯系概率性的，是无法控制的。而且，此种误差没有固定方向，有时偏大，有时偏小。见真分数（true score）。

chance-half correlation = **split-half correlation** 折半相关

chance variation 突变 指不明原因造成生物遗传特质改变的现象。根据生物学家达尔文的说法，突变是生物进化的原因之一。

change of life = **menopause** 更年期，绝经期

channel 信道，频道 **1.**指在信息传递时，从输入到输出所经过的路径。中枢神经系统即为信息传递的通道，由感受器接受刺激（输入），最后再由效应器（输出）做出反应。 **2.**不同电视台或不同电台播送信息时，为免彼此干扰而各采用不同的频

C

率，称之为频道。

channel capacity 信道容量 指信道可能通过信息的最大限度。见通道(channel)。

channel of communication = communication channel 沟通管道

character 特征，性格，品格 **1.**指据以区别人、事、物的独特之处，与另词特质(trait)及属性(attribute)之第二义同。**2.**指人的性格，与另词人格(personality)同义。**3.**指根据道德标准评价的行为或具有该行为的人，指某人"品格高尚"时，即采此义。

character analysis 性格分析 采用精神分析法对性格型防卫者的一种治疗方式。本词为美国新精神分析学家赖克(W. Reich, 1897～1957)的用语(赖克原属弗洛伊德学派，后因不赞同死之本能的观念，而脱离弗洛伊德)。性格分析与传统的精神分析不同，其分析目的不在全人格架构的改变，而在特殊事项的了解与矫治。见性格型防卫(character defense)。

character armor = character defense 性格型防卫

character defense 性格型防卫 指个体防卫行为的表现系出自其本身的性格。此种性格乃是自幼在不良环境中养成的。

character development 品格发展 指自儿童期到成年的一段期间内，个体在品格方面随年龄与学得经验的增加而逐渐改变的历程。个体的品格是其人格结构的一部分，是其符合社会规范与道德标准的行为层面。见人格(personality)及发展(development)。

character disorder 性格异常，性格障碍 指个体在日常生活上经常展现性格异于常人的现象。性格异常者在行为上的表现主要有：(1)社会适应不良(如反社会)；(2)情绪困扰；(3)举止幼稚；(4)强迫性嗜赌；(5)强迫性酗酒及吸食药物；(6)性行为异常。本词与人格异常(personality disorder)相近。见该条。

character formation 性格形成，品格培养 **1.**指个体在生活环境中，经由社会化逐渐形成其独特性格的历程。**2.**指个体从社会规范中逐渐学习到合于道德标准的良好品格的历程。

characteristics of self-actualization 自我实现者的人格特征 美国人本心理学创始人马斯洛，一向主张自我实现是人格发展的最高境界。他曾调查著名历史人物(如贝多芬、歌德、爱因斯坦、林肯等)，将他们的人格特征分析归纳为16条，称之为自我实现者的人格特征：(1)了解并认识现实，对世事持有较为实际的人生观；(2)悦纳自己、别人以及周围的世界；(3)在情绪与思想表达上较为自然；(4)有较为广阔的视野，就事论事，较少考虑个人利害；(5)能享受自己的私人生活；(6)有独立自主的性格；(7)对平凡事物不觉厌烦，对日常生活永感新鲜；(8)在生命中曾有过引起心灵震动的高峰经验；(9)爱人类并认同自己为全人类成员之一；(10)有至深的知交和亲密的家人；(11)具民主风范并有尊重别人的态度；(12)有伦理观念，能区别手段与目的，绝不为达到目的而不择手段；(13)心胸广阔，能容忍异己且有幽默感；(14)有创见，不墨守成规；(15)对世俗事物，和而不同；(16)能超脱意识框架，不以两极性的二分法处理争议性的问题。

characterology 性格学 **1.**属心理学的一支，专门研究个体的人格与性格。**2.**一种缺乏科学根据的常识，仅是按面貌、肤色、手纹、鼻型等表面身体特质以判定人的性情及命运者，亦称性格学。

character structure 品格结构 数种人格特质合而形成一副个人统整性的品格。例如说某人忠实，忠实是指他的品格，而此品格乃系由于他在行为上所表现的忠于事(如认真、努力等)、忠于人(如守信、坦诚等)等人格特质的综合表现。见品格特质(character trait)。

character test 品行测验 指用以评量个体品行的工具。唯品行测验所评量者是个体的实际行为，而非道德认知。

character training 品格训练 指经由教育辅导以培养学生合于社会规范的习惯、态度、价值理想的历程。品格训练亦即国民教育中的德育与群育。

character trait 品格特质 **1.**指从道德的观点对个体性格所做的描述，如诚实、虚伪、吝啬等，均属品格特质。一个人的品格特质是具有相当持久性的。**2.**指性格特质，如此解释义同人格特质(personality trait)。见该条。

Charcot, Jean-Martin (1825～1893) 沙可 沙可是法国病理解剖学家，是临床神经学的先驱，也是最早采用催眠术治疗癔症的精神病学家。

沙可1825年出生于巴黎，进巴黎市立大学习医，1853年获医学博士学位，1860年担任巴黎大学医学院解剖学教授，1862年出任萨尔伯屈里神经病院院长，并在该院创设了以后世界闻名的神经病学研究治疗实验室。1862年至1870年间沙可发现了脑溢血疾病，此后他对大脑功能的研究做出极大的贡献。1882年法国政府为支持沙可在医学上的贡献，特别设置沙可医学讲座以表扬他的成就。1893年病逝于巴黎，享年68岁。沙可在心理学的贡献主要是他晚年所从事的催眠术用于癔症治疗的研究。奥地利著名精神病学家也是精神分析创始人弗洛伊德曾慕名前往巴黎向沙可求教采用催眠术治疗癔症的方法。利用催眠术治病，原系由麦斯默所创始，18世纪末期被法政府禁止后，催眠术即不再流行。沙可重新采用来治疗癔症，并在法国科学院提出报告且获得认可，于是催眠术又复流行。唯沙可用催眠术治疗癔症时，仍然从神经与生理器官的基础解释癔症的原因，此一观点弗洛伊德并不同意。弗洛伊德认为癔症纯然是由心理性原因转化成的生理性疾病。因此，在以后弗洛伊德的精神分析治疗中，催眠术并未成为治疗的主要方法之一。

沙可主要著作中的英文专著有：*Clinical lectures on the diseases of the nervous system*（1879）。

charisma 魅力 指个人具有的一种人格特质。具有此一特质的人，其能力与言行能引起大众的信服，并给予热烈的拥护与爱戴。团体领导者如具有此种人格，即称为魅力型领袖。有魅力型领袖领导的团体，其团体功能易于发挥，团体目标易于达成。

charismatic authority 魅力型权威 指全凭个人独有的人格特质在团体中建立的权威。魅力型权威人物，不以权力影响别人，只凭其令人仰慕的气质折服人。

charismatic leadership 魅力型领袖 指具有魅力（charisma）人格特质的领导人物。见该条。

Charpentier illusion 沙蓬特错觉 义同大小重量错觉（size-weight illusion）。见该条。

Charpentier's law 沙蓬特定律 说明光之强度与在视网膜中央窝所形成的映象的关系。该一定律的要义是：光的强度达到绝对阈限以上时，在中央凹处所形成的映象不因光刺激强度的改变而改变。此一定律系由法国医师沙蓬特（A. Charpentier, 1852～1916）所提出，故名。如改以公式说明，即为：

$$aI=K$$

公式中，a为中央凹处形成之映象；I为光之强度；K为常数。

chart 统计图 根据统计数据所绘制的图形。

Chauvinism 沙文主义，排他主义 **1.**指狂热的爱国主义。本词源出自法国拿破仑时代的一名叫Chauvin的忠于拿破仑的士兵的故事。**2.** 强烈认同自己所属的团体，而对团体之外的人，则一律予以鄙视或排斥。例如，持男性沙文主义者，坚信男性优越，不承认女性的才能可达于与男性平等的地步。

Chauvinist stance 沙文主义态度 指持沙文主义（Chauvinism）者。见该条第二义。

checklist 检核表 一种列有许多描述行为特征的词句，用以评量人格特质的量表。表中所列多条形容词，如"热心的""和善的""勤奋的"等，填表者按合于自己（或被评者）的情形选答。

check list rating scale 检核表式评定量表 指采用检核表（checklist）的方式所编制的评定量表。见该条。

cheimaphobia 惧冷症 属恐惧症之一。患者的冷觉特别灵敏，稍觉寒冷，在心理上即产生极为反常的恐惧反应。纵使明知冷是自然现象，不致带有伤害人体的危险，但仍然无法克制因冷而引起的惶恐情绪。见恐惧症（phobia）。

chemical dependence 化学药物依赖 义同药物依赖（drug dependence）。见该条。

chemical sensation 化学感觉 指嗅觉（olfaction）与味觉（taste）。见该等条。

chemical stimulation 化学刺激 指引起味觉与嗅觉的一切化学刺激。

chemopsychiatry＝chemotherapy 化学治疗法

chemoreceptor 化学感受器 指味觉与嗅觉的感受器（receptor）。见该等条。

chemotherapy 化学治疗法，药物治疗法 采用化学药物治疗精神异常的一种方法。基本上，心理疾病是不采用药物治疗的，采用药物治疗精神异常，在精神病学界有两种不同看法。一种看法是认为精神异常患者，其病因是由于身体内生物化学作用失却平衡所致，此种患者非用药物治疗不可。持此种看法者，等于是将药物治疗视为治疗的唯一方法。另一种看法是，认为药物只是用来暂时纾解患者的痛苦，药物治疗只能作为精神治疗的一种辅助性手段，真正的治疗还是要靠传统的心理治疗方法。药物治疗时最常采用的药物是镇静剂（tranquilizer）与抗抑郁剂（antidepressant drug）。见该等条。

cherophobia 惧欢乐症 属恐惧症之一。患者极度悲观消极，对众人欢乐的情境，非但不能与人分享快乐，反而越发独感寂寞，甚至感到恐惧。见恐惧症(phobia)。

chewing method **咀嚼法** 借由口腔嚼的活动以减缓情绪紧张,从而达到心理治疗的一种方法。口嚼法可用以治疗功能性语言障碍(如口吃)。情绪紧张时嚼口香糖,即可产生咀嚼法的效果。

C

chiaroscuro **明暗对比** 指图画或照片上的明暗分配,以显示远近或立体感的视觉现象。

Chicago school **芝加哥学派** 指安吉尔等人于20世纪20到30年代,在芝加哥大学所倡议的一派心理学理论。芝加哥学派的主张,反对结构主义的观点,强调个体适应环境的功能,世称功能主义(functionalism)。见该条。另见安吉尔(Angell, James Rowland)传记条。

Chicago Test of Primary Mental Abilities **芝加哥基本心理能力测验** 义同基本心理能力测验(Primary Mental Abilities Test)。见该条。

child abuse **受虐儿童** 指儿童受到父母或监护人的非人道方式对待,导致其身心两方面不能获得正常发展者。

childbirth psychosis = **puerperal psychosis** **产后型精神病**

child-centered family **儿童中心家庭** 指以儿童身心需求为中心的家庭。儿童中心家庭也称儿童焦点家庭(child-focused family)。

child development **儿童发展** 指个体在儿童期身心两方面随年龄增长而变化的情形。研究者从发展的观点分析探讨各种行为发展与遗传及环境因素的影响等问题。研究儿童发展时,对儿童期年龄的界定虽各家意见不一,但一般同意把从出生到青春期的一段约12年的时间,称为儿童期。见儿童期(childhood)和儿童心理学(child psychology)。

child-directed speech **拟儿语** 指母亲与婴幼儿讲话时,改变语调与句法,模拟幼儿讲话方式而说的话。

child-focused family **儿童焦点家庭** 义同儿童中心家庭(child-centered family)。见该条。

child guidance clinic **儿童辅导诊所** 指以辅导儿童为专业的心理诊所。在此类诊所接受辅导者多属于有适应困难、情绪困扰、行为异常等情况的儿童。

childhood **儿童期** **1.**泛指自出生到成年之前的一段时期。这是一般说法,心理学不采此种笼统的说法。 **2.**在心理学上,对儿童期一词又有两种说法:其一是指婴儿期(出生至2岁)之后直到青春期(男生13岁左右,女生12岁左右)之前的一段期间,称为儿童期。其二是指自出生至青春期之前的一段时期,称为儿童期。现在一般儿童心理学多采第一种说法。在发展心理学上,对长约10年的儿童期,又分为几个阶段。唯划分及名称并不一致。有的心理学家将儿童期分为儿童早期(2至6岁)、儿童中期(6至9岁)和儿童晚期(9至12、14岁)三个时期;也有的心理学家将儿童期分为儿童早期(3至5岁)和儿童晚期(6至11、12岁)两个时期。

childhood amnesia **童年经验失忆症** 指一般人成年后不记得童年(多指4岁以前)经验的现象。对童年经验失忆现象的解释,早期弗洛伊德解释为被恋母(或父)情结所压抑在潜意识所致。现代认知心理学家则认为是由于4岁前儿童不能使用语义码而无法将经验储存于长期记忆所致。见恋母情结(Oedipus complex)及恋父情结(Electra complex)。

childhood land = **land of childhood** **童年里程**

childhood obesity **幼年肥胖症** 指儿童期体重超过一般标准而影响健康的病态现象。幼年肥胖症的认定,是以儿童体重超过其年龄组平均体重20%～50%者为标准。根据美国联邦政府健康中心统计署每隔三至四年调查一次的结果发现,从20世纪60年代中期到80年代中期的20余年间,美国6～11岁的儿童,其体重列为肥胖症者,较之20年前增加了54%。6岁前儿童是在学前阶段,故肥胖的原因理当是在家庭中形成。从身心健康的观点言,幼年肥胖症对以后身心健康的不利影响,较之一般中年的肥胖更为严重。同一研究者采纵贯法研究发现,7岁时身体过于肥胖的儿童之中,有40%以上的人,到了成年期的时候,其身体变得更为肥胖。

child neglect **被忽略儿童** 指父母或监护人对儿童的健康、饮食、教育等不予重视,导致其身心各方面无法获得正常发展的儿童。

child-parent fixation **亲子固着** 精神分析论者指幼儿对父亲或母亲的一种感情偏执倾向。此种偏执倾向,可能表现在深爱父亲(或母亲)一人,而仇视另一人。见恋母情结(Oedipus complex)及恋父情结(Electra complex)。

child psychology **儿童心理学** 属心理学领域内发展心理学的一个分支。儿童心理学以个体出生至青春期一段的儿童为研究对象,其目的在了解儿童期的身心成长、变化,以及与遗传环境等因素的关系。见发展心理学(developmental psychology)。

child-rearing **儿童养育** 指父母养育儿童的方式。在不同的社会文化和不同的经济阶层中,分别有不同的儿童养育方式。儿童养育方式所指的范围很大,其中主要者包括:(1)喂奶方式(母奶或瓶奶);(2)卫生训练,养成大小便的习惯;(3)亲子情感表达方式;(4)行为管教方式等。儿童养育之所以成为心理学研究的主题之一,原因是儿童自幼接受父母的养育方式与其以后身心健康与人格发展具有密切的关系。

child-rearing practice 儿童养育方式 义同儿童养育(child-rearing)。见该条。

Children's Apperception Test(CAT) 儿童统觉测验 属于投射测验之一。儿童统觉测验,系由美国心理学家贝拉克(L. Bellack, 1916～)根据适用于成人的主题统觉测验的原理,在1965年编制完成。该测验内容是由10张情境不同的动物图片组成。适用于3～10岁的儿童。见主题统觉测验(Thematic Apperception Test)。

children's culture＝kid's culture 儿童文化

Chinese Children's Manifest Anxiety Scale (CCMAS) 中国儿童显性焦虑量表 是一种团体人格测验。该量表原系美国心理学家卡斯坦奈达等人(A. Castaneda, B. R. McCandless and D. S. Palermo)所编的儿童显性焦虑量表(Children's Manifest Anxiety Scale, 简称CMAS)。其内容为测量显性焦虑及测谎之题目。儿童显性焦虑量表,经学者林碧锋、杨国枢、缪瑜、杨有维修订为中文,称为中国儿童显性焦虑量表;并经标准化,于1974年出版。该量表适用对象为小学四、五、六年级学生,尚未建立常模,但有修订受试样本之平均数与标准差可供参考。

Chinese restaurant syndrome 中国餐馆症候群 指西方人食用中国菜后,间或产生身体不适的综合症候。因中国菜内含有较多的麸胺酸钠,食后有时会引起暂时动脉扩张,而有头昏、颈酸、背痛的症状。

chionophobia 惧雪症 属恐惧症之一。患者对雪以及雪覆的银色大地产生极不合理的恐惧反应。纵使明知雪不致伤害到人,但仍然无法克制由之引起的惶恐情绪。见恐惧症(phobia)。

chi-square test χ^2检验,卡方检验 χ^2检验是比较观察次数与理论次数之间的差异的统计方法。此法特别适用于间断变项的资料(如人数、票数等资料)。例如,研究者要求参加教学研习会的100名小学教师,填答一份有关教师惩罚学生的问卷,其中一题是,教师们是否赞成设立"犯规儿童惩戒室",由专人负责惩罚。结果赞成与不赞成人数如下:

	赞成	不赞成	
男	40	12	52
女	19	29	48
总计	59	41	100

根据此2×2＝4两维度分析表的数据,研究者即可进行χ^2检验,从而了解男女老师持赞成与不赞成意见之百分比是否有显著差异(significant difference)。见该条。

choice experiment 选择实验 属于实验设计的一类。此类实验的一般程序是,在实验情境中同时出现两种或数种刺激,要受试者选择其中之一予以反应。分数计算按两种标准:一为速度,从刺激出现到反应表出所花时间;一为确度,对刺激选择正确的程度。见实验设计(experimental design)。

choice point 选择点 **1.**指在多种刺激情境下选取其中之一去反应时所根据的刺激特点。**2.**指受试者(如白鼠)在迷津中遇到歧路时选择其中一条前进的地点。

choice reaction 选择反应 义同选择实验(choice experiment)。见该条。

choice reaction time 选择反应时间,选择反应时 属复杂反应时间实验方式之一。指刺激出现时,受试者必须针对数个刺激的相对关系做出适当反应(如从红绿灯光中选一反应)所花费的时间。见反应时间(reaction time)。

choice shift 决策偏倚 指团体决策与个人决策不一致的现象。决策偏倚有两种情形:一为冒险偏倚(risky shift),一为谨慎偏倚(cautious shift)。前者是团体决策较团体成员个别决策为激进,后者是团体决策较团体成员个别决策为保守。见该等条。

Chomsky, Avram Noam(1928～) 乔姆斯基 乔姆斯基是20世纪美国语言学家,是心理语言学家,也是60年代反对行为主义思想而点燃认知革命战火的先锋。

乔姆斯基1928年出身于美国费城的一个犹太家庭,大学进宾夕法尼亚大学,主修数学、哲学及语言学。1949年获文学学士学位,1951年与1955年分别获得同校文学硕士和语言学哲学博士学位。此后即开始在麻州理工学院任教,膺选为美国科学院院士,曾于1967年获美国心理学会颁赠杰出科学贡献奖。乔姆斯基虽为语言学家，但在心理学上有两大贡献：

1.点燃认知革命战火的先锋　在1950年前后乔姆斯基攻读语言学时期，语言学和心理学两学科间并未建立密切关系。直到1953年，美国心理学家和语言学家均认为，人类语言现象与其心理现象之间的关系有研究的必要，于是连续举办心理学和语言学的科际整合性会议。会议之后，在1954年出版了《心理语言学：理论与方法的探讨》一书，是为心理语言学(psycholinguistics)的正式诞生。心理语言学诞生后，心理学家和语言学家各从其学术专业的观点，探讨人类的语言现象。斯金纳1957年出版的《语言行为》，可视为当时行为论取向心理语言学思想的代表。乔姆斯基自1959年起对斯金纳专书提出强烈批评以及其此后提出的心理语言学理论，则可视为认知论取向心理语言学思想的代表。斯金纳的心理语言学思想可简述为以下三点：(1)人类语言学习与其他行为学习相同，都是经由操作条件作用历程学到的刺激—反应联结；(2)刺激—反应联结之形成，决定于个体反应后的后效强化；(3)由多个学到的刺激—反应联结串连起来，就形成复杂的语言。乔姆斯基批评斯金纳的理论，说他试图将解释白鼠学习简单动作的原理用来解释人类复杂的语言学习，极不适当。他举例说，如果某人无意中站在一张毫无美感的画像前(操作性反应)，此时若在他身旁重复出现一种悦耳声音"好美的画像"(后效强化)，试问此人能由此操作条件作用变得对该画像由衷欣赏吗？乔姆斯基认为，斯金纳机械式语言学习理论根本无法解释复杂多变的人类语言行为。年满4岁的幼儿能说出各种类型的句子，其中有很多是他从未学过的。斯金纳的理论对此现象无法解释。但当时斯金纳的声望如日中天，乔姆斯基的抨击无异于"太岁头上动土"，终于惹来麻烦，致使他写的书遭到无人承印的困境。

2.人类语言行为天赋观　从哲学心理学的观点言，人类的语言现象是属于自古以来的知识来源问题。行为主义的语言心理学理论，采取经验主义知识得自感官经验的传统来解释；乔姆斯基的语言心理学理论，则采取了理性主义知识来自先天观念的传统。乔姆斯基将人类语言分为两个层面：一是语言能力，二为语言表达。前者指人类具有与生俱来的语言规律能力，后者指人类在其生活环境中学到的实际语言表达。乔姆斯基举世界所有语言规律均皆类似的事实，来证明他的言语天赋理论。在他1968年出版的《语言与心智》一书中指出，儿童生而具有语言获得装置(language-acquisition device)。该装置是人类的遗传机制，其作用即在学习与使用语言时，根据其不学而能的语言规律，发挥语言的创造性功能。乔姆斯基将语法结构与认知结构紧密结合的假说，有待认知心理学家进一步研究验证。

乔姆斯基著作中的专著有：*Syntactic structure*(1957)；*Current issues in linguistic theory*(1964)；*Cartesian linguistics*(1966)；*Topics in the theory of generative grammar*(1966)；*Language and the mind*(1968)；*Studies of semantics in generative grammar*(1972)；*The logical structure of linguistic theory*(1975)；*Language and responsibility*(1979)；*Rules and representations*(1980)；*Language and problems of knowledge*(1988)等。

chorea **舞蹈症** 义同杭廷顿舞蹈症(Huntington's chorea)。见该条。

choroid plexus **脉络膜** 指由富含血管的软膜和单层皮膜细胞紧密连接而成的构造，此种组织突入脑室腔内，衬贴于侧脑室之部分内侧壁，以及第三脑室和第四脑室之顶部。脉络膜不断地在分泌脑脊液，脑脊液也不断地一点一点地被吸回静脉系统中而得以经常更新。

chrematophobia **惧金钱症** 属恐惧症之一。患者对金钱的感受异于常人，非但不喜欢接触金钱，而且是望金钱而生畏，甚至其畏惧程度达到极不合理的地步。按精神分析论的解释，患金钱恐惧症者所惧怕的并非金钱本身，而是由金钱含义所引起当事人的一种潜意识的防卫作用。因金钱可能与犯罪关联，因恐惧而防卫犯罪感的压力，转移成对金钱恐惧。见恐惧症(phobia)。

chromatic adaptation **色调适应** **1.**指色调与饱和度随时间延长而渐趋减低的视觉现象。眼睛接受彩色时间过久，色调逐渐改变，最后出现灰色的感觉，即属色调适应。**2.**指注视颜色刺激稍久后对色调的绝对阈限(absolute threshold)增高的现象。见该条。

chromatic audition = colored hearing **色听，色感听觉**

chromatic color **彩色** 由色彩与饱和度两种属性所决定的颜色，称为彩色。除了白、灰、黑的系列之外，一切颜色如红、黄、蓝等均称为彩色。

chromatic contrast **彩色对比** 两种不同彩色同时并列或相继出现，在视觉上感到比单独一种彩色更鲜明的现象，是为彩色对比。见颜色对比(color contrast)。

chromatic dimming **色彩淡化** 光彩色物体接受的光反射突然减低时所感觉到的原物彩色变淡现象。

chromatic induction 色感诱导 义同诱导色(induced color)。见该条。

chromatophobia 惧彩色症 属恐惧症之一。患者对彩色特别敏感,而且毫无理由地对彩色产生强迫性的恐惧反应。纵使当事者自知彩色并不会对人构成伤害,但仍然无法克制因彩色引起的惶恐情绪。见恐惧症(phobia)。

chromophobia = chromatophobia 惧彩色症

chromosome 染色体 染色体是细胞核内载有遗传单位的物质,在显微镜下呈棒状的小体(见附图)。构成染色体的主要成分被称为脱氧核糖核酸(deoxyribonucleic acid,简称DNA)的复杂物质及蛋白质。DNA是遗传信息的保存者和传递者,构成DNA的单位称为基因,因此基因(gene)乃是携带遗传信息的最基本单位,故而称为遗传因子。人体细胞内的染色体,呈23对排列的形式。其中有22对男女相同,称为正染色体(autosome),第23对男女各异,称为性染色体(sex chromosome)。性染色体是决定性别的遗传物质,故其形状与性质,男女有所不同。女性身体细胞内的两个性染色体,体积相等,性质相同,遗传学家称之为XX。男性身体细胞内的两个性染色体,体积大小不同,性质各异,遗传学家称大者为X,称小者为Y,合而称为XY(未编号者)。受孕(fertilization)时胎儿的性别,决定于男性的性染色体。见该条。

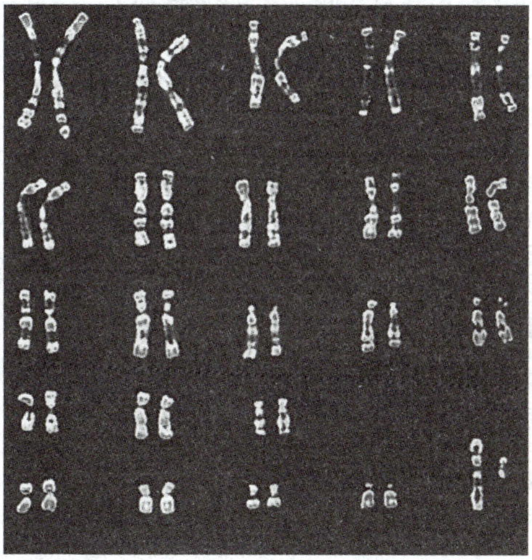

染色体

chronic anxiety 慢性焦虑 指不限于固定事故,也不限于固定时间或空间的经常性焦虑。见焦虑(anxiety)。

chronic tolerance 慢性耐药性 指吸食药物者吸食很多次之后慢慢产生的耐药性(drug tolerance)现象。见该条。与本词相对者为急性耐药性(acute tolerance)。见该条。

chronological age (CA) 实足年龄 指个体自降生之日算起的年龄。实足年龄通常按几岁几个月计算。在儿童发展与教育上,实足年龄有两种重要意义:(1)作为入学和编班的根据,小学的年级编排即系以实足年龄为根据;(2)作为评定心智能力高低的根据,个体智商(IQ)的高低,就是根据其实足年龄与其心理年龄相除而得来的。见智商(intelligence quotient),心理年龄(mental age)。

chronoscope 定时器 指一切计量时间用的钟表之类的工具。

chunk 意元,组块 美国心理学家米勒的理论中的术语, 意指短期记忆中暂时所能储存的数据单元,或意义单元。例如,电话号码中每一数字,或一句话中每一单字,均可视为意元。按一般人的短期记忆,其意元数约为7±2,亦即在5至9个意元之间。一般电话号码之所以不超过八位数字,即系由于意元数限制之故。唯意元并不限于单位数字或单字,由两个或数个数字构成的多位数目,或由两个或数个单字构成的语词或词组,也同样成为意元。见意元集组(chunking)。见神秘数字七(magical number seven)。

chunking 意元集组,形成组块 **1.**在短期记忆的短暂过程中,个体对彼此分离的刺激(如数字单字等),经由知觉组织迅速加以处理,使原本属于零散的个别意元数据,集组而成一个包括多个意元的整体意义,使之可以便于记忆。此种集小意元为大意元而便于短期记忆的现象, 称为意元集组。例如,集多位数字形成的一个电话号码,或是集多个单字构成的一个语词或词组,均为意元集组。阅读数据或听人说话之所以能够理解并迅速记忆下来,都是经由意元集组的历程。以学习university一字为例,对初学英语者而言,此一单字中的10个字母可视为10个意元。但对英语程度较高者而言,此一单字可视为一个意元。准此推论,由两个(或两个以上)单字或词组成的词组(如cognitive psychology),也可视为一个意元。由此可见,意元集组是学习语言的基本能力。 **2.**在面对问题思考时,将问题情境中的零散数据,组合在一起形成解决问题的有力线索的心理过程,也称意元集组。见意元(chunk)。

cibophobia 惧食物症 属恐惧症之一。患者对食物有厌恶感,甚至美食当前会引起莫名的恐惧反应。纵使当事者明知食物并不可怕,而且拒食将有损健康,但仍然无法克制由食物引起的惶恐情绪。见恐惧症(phobia)。

C

ciliary muscle 睫状肌 指眼球内晶状体周围的毛束状肌肉;其特性是能伸缩自如,可借以调节晶状体的曲度以便使焦距适当,将所视物体的映象正好投射在视网膜上。见眼的构造(eye structure)条及附图。

cingulate gyrus 扣带回 为大脑半球内侧表面的脑回,其位置恰在胼胝体上方的大脑纵裂两侧壁。扣带回是边缘系统的重要构造之一,培帕兹回路即经过此处。

circadian rhythm 时辰节律,昼夜节律 人类及许多动物,在生理或行为上多以24小时为一个周期,呈规律性的变化。这种现象即时辰节律。例如,人的体温在清晨四五点钟最低,下午四五点钟最高,其他如脉搏速率、血压、激素之分泌量、排尿量以及清醒与睡眠或睡意等,在一日中通常呈周期性的变化。时辰节律也称生物时钟(biological clock)。见该条。

circles illusion 圆圈错觉 属视错觉现象之一。如附图所示,注意图形片刻,就会发现有很多大小不同的圆圈出现。圆圈和圆圈之间的关系,有的同心,有的相交。然而,当你注意其中一个圆圈的周边时,它却显得忽隐忽现。此一错觉现象,颇为符合完形心理学家提出的完形组织法则(Gestalt laws of organization),即谓人对物形所得的知觉,是依据多种完形组织法则而产生的。见该条。此一图形错觉为美国心理学家马洛坤(J. L. Marroquin)1982年发现。

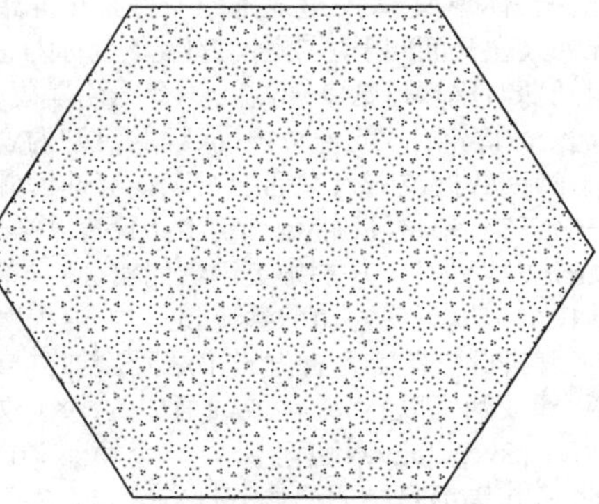

圆圈错觉

circles of knowledge 知识环学习法 属小团体合作学习的一种方法。此法的特点是,学生4~6人围成圆圈,在面对面的情境下经由讨论、互助、合作学习同一主题。此法的优点是,可使不同能力的学生均获益。

circuit of Papez = Papez's circuit 培帕兹回路

circular behavior 循环行为 个体表现某一行为之后引起别人类似行为的现象。例如,第一个人的话引得第二人发笑,第二人的回应又引得第一人发笑,即属循环行为。注意,本词与皮亚杰认知发展理论中的循环反应(circular reaction)不同。见该条。

circular reaction 循环反应 **1.**义同循环行为(circular behavior)。见该条。**2.**根据瑞士心理学家皮亚杰的认知发展理论,循环反应系指感觉运动期(0~2岁)的行为特征。皮亚杰观察发现,在感觉运动期内有连续性的三种循环反应:(1)初期循环反应(primary circular reaction),1~4个月的婴儿重复做一些对自己身体反应的动作(如吮手指或抓脚等);(2)二期循环反应(secondary circular reaction),4~8个月的婴儿重复对物体反应(如手摇或口咬玩具等);(3)三期循环反应(third circular reaction),12~18个月的婴儿对环境中的事物开始了探索性反应,显示婴儿对环境认知的开始。见该等条。

circular reasoning 循环推理 指把假设当成了结论的推理方式。例如,蚂蚁会分工合作搬运食物,这是常见的现象。如问:蚂蚁为什么会有此种行为?回答:这是蚂蚁的本能。如再问:怎么知道那是蚂蚁的本能?回答:那很简单,只要看看蚂蚁分工合作搬运食物的事实就可证明。像此种循环推理方式,在日常生活中屡见不鲜,像先有鸡还是先有蛋的争议就是如此。因为此种推理不能得到有效的结论,故而也称空泛推理(empty reasoning)。

circular response = circular reaction 循环反应

circumscribed amnesia 有限失忆症 义同局部失忆症(localized amnesia)。见该条。

circumstantial evidence 间接证据 属法律心理学用语。指审判时只靠推理解释而得的证据。此种证据未必可靠,原因是其有可能只是与案件发生巧合的数据。

circumstantiality 冗语症 属语言障碍之一,患者所表达的语言,冗长重复,词不达意,说了半天仍无法使人理解他所说的意思。

CL = comparison level 比较水平

clairaudience 超感听觉,顺风耳 心灵学中的术语,属超感知觉之一。指具有特异功能的人,不凭听觉器官(耳朵)即可听到平常听力范围以外的声音。见超感知觉(extrasensory perception)及心灵学(parapsychology)。

clairvoyance 超感视觉,千里眼 **1.**心灵学中的术语,属超感知觉现象之一。俗称千里眼,是一种不经眼睛或任何知觉历程而能识别远处事物的特殊能力。例如未启封的密封钱袋，即可判知袋内钱数；电话铃响起未拿听筒之前即知何人打来电话。**2.**不必亲身体验，单凭灵觉即知过去未来。见超觉（cryptesthesia）、超感知觉（extrasensory perception）和心灵学（parapsychology）。

clang association 同音字联想 由于字的发音相同而产生的联想现象。例如，科、柯、棵、苛、轲、颗等字，均属同音，由其中一字可联想到其他的字。

clarification 澄清 用于非指导性咨商时的一种谈话技巧。听过案主陈述自己经验之后，心理师对其所述不在态度上表示支持或反对，只改以更清楚更具体的话语，将案主的意思复述一遍，借以表示真正了解案主所说的一切。此种话语称为澄清语（clarification remark）。见非指导性咨商（nondirective counseling）。

clarification remark 澄清语 指在非指导性咨商中，心理师以简洁扼要的语言，复述案主所说的话，是谓澄清语。见澄清（clarification）。

class conception 类属概念 指代表同一类事物的概念。例如，“蔬菜”“文具”“书籍”等即为类属概念。见概念（concept）。

class-free test 免社会阶层影响测验，社会阶层通用测验 指适合于不同社会阶层的心理测验。此种测验的效度，不因社会阶层差异而有所影响。因此，也称为文化公平测验（culture-fair test）。见该条。

classical analysis 经典分析 义同经典精神分析（classical psychoanalysis）。见该条。

classical behaviorism 经典行为主义，古典行为主义 指美国心理学家华生在20世纪20～30年代所倡议的心理学理论。经典行为主义强调心理学只能对外显行为从事客观的、科学的研究，因而举凡主观的意识、感情、心象、思维等均不被视为心理学研究的题材。见行为主义（behaviorism）与华生（Watson, John Broadus）传记条。

classical concept 全然概念 概念中的属性确定，每次用属性陈述概念时，其属性必须全部列举，不可或缺，否则概念不清。例如，界定“单身汉”一概念时，其中三个属性为“成年”“男性”“未婚”，三者缺一不可。如指某人是“结婚的单身汉”，显然系不了解单身汉的意义。本词与连言概念（conjunctive concept）同义。见该条。见概念（concept）。

classical conditioning 经典条件作用，经典制约作用 指生理学家巴甫洛夫在20世纪初研究狗的消化腺唾液分泌时，无意中发现狗的唾液分泌可由与食物无关刺激所引起的现象，进而实验研究其所建构的条件反射理论。经典条件作用的基本要义是，无条件刺激（unconditioned stimulus）（食物）引起无条件反应（uncoditioned response）（唾液分泌），是自然生理现象，但条件刺激（conditioned stimulus）（铃声）与无条件刺激同时出现数次后，如单独出现前者（铃声）也会引起后者（唾液分泌）时，就是条件刺激引起了条件反应（conditioned response）。像此种条件刺激取代无条件刺激的作用引起与原来无条件反应同样反应现象，巴洛甫洛夫认为不再是自然生理现象，而是个体在刺激取代的过程中产生了心理作用的学习，亦即在刺激取代过程中，建立了一种新的刺激—反应关系。在心理学史上，巴甫洛夫的经典条件作用之所以特别受到重视，原因是稍后兴起于美国的行为主义心理学思想，采用了他的经典条件作用作为理论基础，用以解释个体行为的学习与改变。见巴甫洛夫（Pavlov, Ivan Petrovich）传记条。本词亦译经典制约作用，理由是“条件”有“制约”之意，“制约”系指一事项之成立以其他事项为先决条件之谓。

classically conditioned learning 经典条件作用学习 属学习历程之一。经典条件作用学习的特征是，个体经由经典条件作用（classical conditioning）历程学到一种新反应（即条件反应）。见该条。

classical psychoanalysis 经典精神分析，古典精神分析 指奥地利精神病学家弗洛伊德所创始的精神分析的理论与方法，或后人未加修正而完全继承的弗洛伊德的理论与方法。经典精神分析特别强调欲力、本能、潜意识及本我、自我、超我等概念。见精神分析（psychoanalysis）。与本词相对者为新精神分析（neopsychoanalysis）或新弗洛伊德主义（neo-Freudian）。见该等条。见弗洛伊德（Freud, Sigmund）传记条。

classical theory 经典理论 义同经典精神分析（classical psychoanalysis）。见该条。

classification 分类 **1.**根据某种标准将事物或人员分别处理的历程。**2.**根据瑞士发展心理学家皮亚杰的认知发展理论，分类是具体运思期（7～11岁）儿童开始具有的一种概念。7岁以后的儿童，能按事物的属性予以分类。唯具体运思期儿童的分类能力，只能根据事物的具体属性（如按物体的大小、颜色、形状等），尚不能根据自己的概念做抽象分类（如按书籍内容分类）。分类时有主类、次类之别（如家具是主类，沙发、茶几、餐桌等是次类）。主类中包含次类，但次类不能包含主类。此类心理运作称为类包含（class inclusion）。根据

C

皮亚杰的实验研究，如以前运思期（2～7岁）儿童为对象，并将10朵白花与5朵红花摆在他面前，然后问他："红花多还是白花多？"因为此问题只是按颜色将花分为两类，对学前儿童来说，都能回答正确。但如接着问他："白花多还是花多？"结果发现，学前儿童尚不能正确回答此一问题，原因是学前儿童尚缺乏分类概念中类包含的能力。

Classification of Mental Diseases（CMD） 心理疾病分类 世界卫生组织（World Health Organization, WHO）出版之《国际疾病分类》（International Classification of Diseases）一书，心理疾病分类为该书中的一部分。

classification test 分类测验 **1.**属心理测验的一种类型。受试者按其自定标准（如大小、颜色、形状等）将多种对象分为不同类别，据以鉴定其能力或其他心理特质的测验，称为分类测验。**2.**指为了某种目的（如分组教学）采取的一种人员分类方法。如根据学科成绩，实施学科能力分组教学时，学科考试就是分类测验。

classificatory scale 类别量表 义同称名量表（nominal scale）。见该条。

class inclusion 类包含 根据概念分类时，能理解到主类中包括次类的心理运作，称为类包含。见分类（classification）条第二义。

class interval 组距 在分组统计资料时，组内上下限之间的距离，称为组距。如将99分以下的所有分数分为四组，即可分为：0～24，25～49，50～74，75～99。如此，组距即为25。

class limit 组限 在分组统计资料时，每组两端的数值，称为组限。

class range＝class limit 组限

classroom climate 教室气氛 指教室内师生关系、同学关系、教室秩序等多种因素所形成的社会气氛。教室气氛和谐者利于学生学习。

classroom discipline 教室纪律 见教室管理（classroom management）。

classroom management 教室管理，班级经营 指在师生互动的教学活动中，教师对学生学习行为的一切处理方式。教室管理的目的可分消极和积极两方面。在消极方面，教室管理旨在避免学生违规行为的发生，在积极方面，旨在培养学生遵守团体规范的习惯，借此以形成良好的教学环境。

classroom test 教室测验 义同教师自编测验（teacher-made test）。见该条。

class size＝class interval 组距

class structure 阶层结构 指社会中各个阶层成员的构成与组织。不同阶层的构成多以经济、政治、文化等条件为基础。阶层结构在心理学上的意义是，个体的心理与行为均与其生长的阶层有密切的关系。

claustral complex 遁世情结，隐世情结 指一种潜意识的逃避现实的心理作用。按精神分析论的解释，出生前子宫内的安全环境及出生时的痛苦经验，对日后个体的行为，留下一种潜意识的影响。此种影响所形成的情结，称为遁世情结。此种情结所显现出来的行为特征是，个体对安全感有强烈的需求，面对稍具挑战性情境时即表现出退缩逃避倾向。

claustrophilia 幽居癖 指个人有一种被幽禁在一狭小处所，借以避免与别人接触从而感到安全的反常欲望。本词与惧幽闭症（claustrophobia）相反。见该条。

claustrophobia 惧幽闭症 属恐惧症之一。患者畏惧狭窄幽闭的处所，不敢搭乘电梯，进入房间内，无论天气如何，都必须打开窗户，否则深感气闷无法承受。纵使当事者明知不合理，但仍无法克制由此引起的惶恐情绪。见恐惧症（phobia）。

clay-modeling therapy 陶塑治疗法 属心理治疗方法之一。陶塑治疗法主要用于儿童，目的在借陶泥塑造的作业，刺激儿童心智活动，激发其好奇心，满足其成就动机，从而抒发情绪，减缓心理冲突的压力。

clearness 明晰度 指知觉所见物体之轮廓及其特征的明确程度。物体的明晰度愈大，所得之知觉也就愈清楚。

clerical-aptitude test 文书性向测验 义同文书测验（clerical test）。见该条。

clerical test 文书测验 属职业性向测验之一。文书测验内容包括文字校对、算术能力、简单会计常识等，目的在据以评选合格的文书人员。见职业性向测验（vocational aptitude test）。

Clever Hans 灵马汉斯 在20世纪初，德国出现一匹远近驰名的灵马，名叫汉斯。汉斯之所以出名，是因为它不但能做算术的加减乘除，而且也能拼字和辨别颜色。当时一般认为汉斯具有人类的智慧，能够运用抽象符号，只是不能像人类一样用口语表达意见而已。后经德国心理学家芬斯特（O. Pfungst, 1874～1932）观察后证明事实并非如此。汉斯的聪明事实上只是向它主人所做暗号的机械式反应而已。换言之，汉斯的表现并非出自它自主性的心智活动。灵马汉斯的故事在心理学上的含义是，一个人的行为可能在别人的暗示下受到很大的影响。在教育上著名的罗森塔尔效应（Rosenthal effect）就是在这种情境下产生的。

见该条。

Clever Hans effect 灵马汉斯效应 见灵马汉斯(Clever Hans)。

Clever Hans phenomenon 灵马汉斯现象 义同灵马汉斯(Clever Hans)。见该条。

client 案主,当事人 **1.**美国人本心理学家罗杰斯在20世纪50年代创用心理治疗方法时,为避免使用传统医学上“患者”一词产生不良影响,因而改用本词来代替,是故罗杰斯在1951年称他的心理治疗方法为案主中心治疗法(client-centered therapy)。见该条及罗杰斯(Rogers, Carl Ransom)传记条。**2.**泛指于咨商或心理治疗时,接受辅导或接受治疗的人。

client-centered counseling 案主中心咨商 义同案主中心治疗法(client-centered therapy)。见该条。

client-centered psychotherapy 案主中心心理治疗法 义同案主中心治疗法(client-centered therapy)。见该条。

client-centered therapy 案主中心治疗法 属心理治疗方法之一。案主中心治疗法系美国人本心理学家罗杰斯始创,唯其名称曾数度更易。最初,在1942年,罗杰斯在其所著《咨商与心理治疗》一书中,正式提出一种新的咨商理论与方法,称为非指导性咨商(nondirective counseling),至1951年改称案主中心治疗法,到了1977年又改称当事人中心治疗法(person-centered therapy)。名称虽改,而其基本理念与实施历程大致未变。其基本要义仍在秉持人本心理学的观点,重视当事人的人格尊严,把心理治疗过程,视为心理师特别为当事人设置的一种自我成长的教育机会。因此,心理师的任务,只需负责制造一种和谐温馨的气氛,使当事人感到被接纳,受支持,因而在无拘束无压力的情境下,自愿吐露心中郁结。在面谈过程中,心理师只倾听当事人陈述,不作批评,也不加指导,只是在当事人语气中断时,给予鼓励或重述其语句以支持其继续陈述下去。此一治疗法的基本假设是,确认每个人都有其自我成长与自己负责解决困难的潜能。只要设置适当机会让他发抒己见,他就会自行悟出自立自强之道,无须别人刻意给予指导。本词也称为非指导性治疗法(nondirective therapy)。见罗杰斯(Rogers, Carl Ransom)传记条。

climacophobia 惧楼梯症 属恐惧症之一。患者对楼梯或登楼梯的活动,产生不合理的恐惧反应。如迫不得已登梯上楼时,就会头昏目眩心悸不已。纵使当事者自知不合情理,但仍无法克制由之引起的惶恐情绪。见恐惧症(phobia)。

climacteric = menopause 更年期,绝经期

climacteric depression 更年期抑郁 指女性中年绝经期(不再有月经)以后引起的精神抑郁。见更年期(menopause)。

climacterium = menopause 更年期,绝经期

climate conformance 气候合宜性 属环境心理学中的术语。指环境中建筑物的设计,在温度、湿度、通风等条件上与使用人的身心需求相配合的程度。见合宜性(conformance)。

clinging behavior 黏着行为 指幼儿在一至两岁间依附母亲(或保姆),整日缠绕追随不离左右的行为。黏着行为至三岁以后将逐渐减少。

clinic 诊所,临床 本词源于希腊文,本意是“床”的意思。后来的使用已不再含有原意,而是用来表示“替病人诊断、治疗的场所”,故而一般译为诊所。唯本词用作形容词clinical时,仍采原意译为“临床”,如临床法(clinical method)与临床心理学(clinical psychology)等。事实上,采用此等用法时,其意涵与“病床”并没有直接的关系。

clinical interview 临床晤谈 心理师为了解患者心理状况最常用的方法。根据心理师与患者晤谈记录,心理师方始可以进一步对他的问题从事诊断与治疗。

clinical method 临床法 **1.**广义言之,本词指心理师对心理困扰或精神异常者施以测验、晤谈、诊断并予以治疗的各种方法。故而又译诊断法。**2.**狭义言之,本词指瑞士认知发展心理学家皮亚杰所采用的研究方法。皮亚杰的临床法与一般控制实验法不同,其主要特点是:(1)采参与观察的方式进行研究;(2)研究对象是少数人,甚至可以少到只有一个人;(3)不采用标准式测验来评量行为;(4)不限制受试的反应,从受试的自发性反应中去推理分析其心理历程。皮亚杰即以此种方法研究儿童的认知发展与认知结构。因此,本词虽用“临床”二字,但其意涵却与“病床”无关,皮亚杰只是采用了临床医师与病人谈话从而了解其病情的做法。

clinical psychologist 临床心理学家,诊疗心理学家 指实际从事心理治疗工作,或专门从事心理异常问题研究与教学的专业人员。此类人员须受专业训练并具有医院或临床的工作经验。其专业范围包括实施心理测验、心理诊断与治疗、晤谈与辅导以及有关问题的专门研究等。临床心理学家在工作上虽与精神病学家(psychiatrist)有相似之处,但这两类专业人员仍有两点不同:(1)临床心理学家受的是心理学训练,所得学位是心理学哲学博士(PhD),而精神病学家受的是医学训练,所得学位是医学博士(MD);(2)临床心理学家只

C

能从事心理诊断和心理治疗，而精神病学家则可进一步采用处方的药物治疗。

clinical psychology **临床心理学** 属应用心理学中的一个分支。临床心理学的主要特征是对适应困难、情绪困扰、行为异常者进行研究、诊断、治疗及预防工作。

clinical sociology **诊疗社会学** 属社会学的一种研究取向。诊疗社会学所研究的主题是社会文化特征与心理健康的关系。

clinical study **临床性研究，诊治性研究** 以个体或团体为对象，为了达到诊断与治疗目的所做的深入研究。诊治性研究包括观察、心理测验、精神病学检验、深入访谈以及个案研究等。

clinical teaching **临床教学，诊疗教学** 在教学历程中，除教导学生知识之外，更进一步分析了解学生心理需求、情绪困扰以及人格特质等，并给予辅导以期增进其生活适应能力的一切做法，称为临床教学。唯使用本词时，并不带有医院中“临床”的意涵。

clinical type **临床型** 指患者的身心特征在性质上可归属于临床心理学上的某类疾病。

cloaca theory **厕所论** 根据精神分析创始人弗洛伊德的理论，幼儿中有的存有一种幻想，幻想自己是母亲上厕所时随大便一起生下来的。弗洛伊德认为幼儿怀有此种幻想者，可能是以后成为双性人(bisexuality)的原因。见该条。

closed-class word **封闭词** 义同语法词(function word)。见该条。称语法词为封闭词的原因，是此类词(如冠词、连接词、介系词)相当固定，不易随社会变迁而增减变化。

closed color **近色** 指看起来距离较近的颜色，属于温感的颜色如红色与黄色即是。与本词相对者为远色(distant color)。见该条。见颜色感应(color reaction)。

closed-ended question **限定答案问题，封闭式题目** 指试题的一种形式。先有一个题目，而后列出两个或两个以上可供选择的答案。受试者只能从所列出的答案中选答。因此类试题的答案是预先确定的，故而称为限定答案问题。诸如是非题、选择题、填充题、简答题等，均属封闭式试题。此类题目也称固定答案式试题(fixed-answered question)，与本词相对者为开放式问题(open-ended question)。见该条。

closed group **限制团体** 团体治疗或团体咨商的一种实施方式。限制团体的特点是，从团体治疗开始即限定参与人数，开始后直到治疗结束期，也不吸收其他成员。与本词相对者为开放团体(open group)。见该条。

closed instinct **封闭性本能** 指个体本能性行为之不可能随环境的限制而稍有改变者。例如，鱼只有在水中呼吸的本能，离开水就无法生存。与本词相对者为变通性本能(open instinct)。见该条。见本能(instinct)。

closed-loop feedback system **闭环回馈系统** 指人体生理上自动调节的系统。闭环回馈系统是个体生存的基本生理运作。例如个体身体组织内缺乏水分到达某种程度时，相关神经组织就会将信息回馈到大脑而有口渴的感觉，因口渴而饮水，水分补充到适当程度，神经组织再将信息回馈至大脑而有停止饮水的动作。

closed personality **封闭人格** 义同权威人格(authoritarian personality)。见该条。

closed questionnaire **封闭式问卷** 指采用封闭式题目(closed-ended question)所编制的调查问卷。见该条。

closure **闭合性** 义同闭合法则(law of closure)。见该条。

clouded sensorium **迷惘感** 神智模糊不清的意识状态。陷入此种意识状态时，个体不能辨识周围的事物，也失却时间与空间观念。药物中毒与饮酒过量者多半会产生迷惘感。

clouding of consciousness **神志不清** 指暂时地或长期地知觉迷失或注意恍惚的心理现象。正常人在睡眠时也会神志不清。

cloze procedure **填充法** 属于实施纸笔测验时所采用的一种方法。填充法的特点是，将原来课本中的句子删去若干字，并在删去的地方留下空白，让学生填充。按填写正确的数量计分，从而评定学生的知识或语文能力。

clue＝cue **线索**

cluster analysis **群聚分析，聚类分析** 群聚分析是将一群人、事、物的现存结构加以分类，使数据更简约的统计方法。由于群聚分析未具备相关的抽样分布理论或显著性检验，所得结果不能进行总体推论，所以通常称它是一种描述统计方法。在进行群聚分析之前，必须先确定数据是否有群聚趋势，若没有就不需要进行群聚分析。例如，统计100本儿童文学作品中，对出现人际关系技巧的叙述句类型，进行群聚分析后，即可了解这100本儿童文学作品在叙述人际关系的类型上，有哪些群聚的趋势。表示群聚趋势高低的指标，称为群聚相关(cluster correlation)。见该条。

cluster correlation **群聚相关** 当多个变项间彼此存有高的正相关，或是某一变项与另外多个变项间存有高的正相关时，其所形成群聚化的相关现象，称为群聚相关。例如，一份试卷上有十个题目，考试后的学生分数，可能出现两种群聚相关情形：一是其中有几个题目彼此相关；另一是某一题与其他九题都有相关。因素分析（factor analysis）就是以群聚相关为基础的。见该条。

cluster marriage **群婚** 指由男女数人（通常是三至六人）构成的婚姻关系。群婚完全打破一夫一妻制的传统，而改为同时保持一夫多妻与一妻多夫的两种特征。

cluster sampling **整群抽样** 义同集体抽样（group sampling）。见该条。

Clytemnestra complex **杀夫情结** 指有外遇的妻子在潜意识中可能隐藏着一种杀死丈夫的强迫观念（obsessive idea）。见该条。杀夫情结一词始自西方古代神话，故事中心怀杀夫情结的妻子名字就叫克吕泰墨斯特拉（Clytemnestra），故名。

CMD = Classification of Mental Diseases **心理疾病分类**

CMI = Career Maturity Inventory **生涯成熟态度问卷**

CMMS = Columbia Mental Maturity Scale **哥伦比亚心理成熟量表**

CNS = central nervous system **中枢神经系统**

cocaine **可卡因，古柯碱** 属兴奋剂的药物之一。可卡因的成分为$C_{17}H_{21}NO_4$，由产于南美及西印度群岛的一种名叫古柯（coca）的叶子中提炼而成。可卡因为无色细棱柱状结晶体，略带苦味，其溶液呈中性反应，有毒性。19世纪80年代开始用于外科手术麻醉。1884年弗洛伊德曾尝试使用可卡因为吗啡中毒者解毒。实验虽然失败，但他发现可卡因具有麻醉效用。自此之后，可卡因即成为医学上麻醉药物之一。20世纪之初，可卡因并非违禁药物，美国一间著名饮料公司出产的可乐，早年的配方中即含有可卡因的成分。现在多数国家都将可卡因列为禁用药物之一。在各类精神药物中可卡因是一种较缓和的兴奋剂。吸食后能使人感觉精神振奋，体力旺盛，并充满信心。然一旦药力过后随即出现严重副作用，服用者产生视幻觉，原因是可卡因的化学作用会伤害感觉神经元的传导功能。更有甚者，服用可卡因之后，极易出现药物成瘾及药物依赖现象，在身心方面很快出现瞳孔扩散、焦躁不安、全身抖动等现象。如果孕妇服用可卡因，除其本人受害之外，更将严重伤害胎儿的发育，导致胎儿神经系统及生殖器官的发育失常。如采用共用针头注射可卡因，将有传染艾滋病的可能。见兴奋剂（stimulant）。

cocaine abuse **可卡因滥用** 指未经医师处方擅自服用可卡因而造成药物成瘾并伤害身心健康。见可卡因（cocaine）。

cocaine bug **可卡因痒** 服用可卡因之后所产生的一种奇怪症状。患者会感到像有些小虫在皮肤内爬行一样，又痒又痛。见可卡因（cocaine）。

cochlea **耳蜗** 指内耳构造的一部分，为骨骼所围成，且像蜗牛壳一样盘曲的管道。若将耳蜗的管道予以拉直而横剖之，即可见其中有两层薄膜将耳蜗的管道从头到尾分隔成三个管，由上而下依次为前庭管（scala vestibuli）、耳蜗管（cochlear duct）、鼓膜管（scala tympani）。前庭管及鼓膜管中含有外淋巴液，耳蜗管内含有内淋巴液合称为柯蒂氏器（organ of Corti）之听觉效应器。见听觉系统（auditory system）条及附图。

cochlear duct **耳蜗管** 指耳蜗内的管道之一，为内耳膜性迷路的一部分，管内充满内淋巴液，并含有柯蒂氏器，是一种听觉接受器。见听觉系统（auditory system）条及附图。

cochlear nerve **耳蜗神经** 为听神经的两大分支之一，专司听觉之传导。耳蜗神经由耳蜗管内的柯蒂氏器发出，其细胞体位于耳蜗内的螺旋神经节（spiral ganglion）。见听觉系统（auditory system）条及附图。

cocktail effect **鸡尾酒会效应** 义同鸡尾酒会现象（cocktail-party phenomenon）。见该条。

cocktail-party phenomenon **鸡尾酒会现象** **1.**指在众多刺激的情境下形成的知觉选择现象。与鸡尾酒会情境相似，在众多宾客熙熙攘攘喧哗热闹之际，个人的听觉不可能同时收受所有的刺激，他只能有选择性地倾听几个人的谈话。此种现象称为鸡尾酒会现象。**2.**在同样情境下，即使个人集中注意与少数人交谈，但如此时另外（未注意者）有人提到自己姓名或谈及有关他的私事时，他也会觉察得到，此一现象也称鸡尾酒会现象。

co-consciousness **并存意识** 美国心理学家普林斯（M. Prince, 1854～1929）人格理论中的术语。并存意识是指解离症患者的一种意识状态，指整个意识分裂为二，形成人格失却统合的现象。见离解症（dissociative disorder）。

co-conscious personality **并存意识人格** 美国心理学家普林斯（M. Prince, 1854～1929）人格理论中的术语。并存意识人格属多重人格（multiple personality）之一。见该条。

code **码，代码** 信息处理心理学术语。指根据一定法则将信息（指一切可辨识的刺激）转化为抽象符号。电脑帮助人储存知识，但电脑所储存者不是传统的文字知识，而是一些由知识转化而成的代码。见译码(coding)。

codeine **可待因** 见麻醉剂(narcotic)。

C

code test **代码测验** 属于一种符号代替测验。采用为测验题的符号，可以是文字，也可以是数字。例如，用1～10十个阿拉伯数字分别代替十个地名，然后只出示数字，要求受试者回答地名。此种测验也称符号替代测验(symbol-substitution test)。

codification＝coding **译码**

coding **译码，编码** 认知心理学的术语。经由记忆从事信息处理时，将外在信息(刺激)的本来形式，转换为另种形式纳入记忆中加以储存，等以后需要时，再从记忆中提取出来，以反方向的运作，将之转换为信息的原来形式，并与外在信息核对后，在行为上表现出反应。像此种将信息转换形式后输入(input)储存与以后使用时再经转换形式输出(output)使用的双向过程，即称为译码。在译码过程中，由信息的一种形式所转换成的另一种形式，则称为代码(code)(以码代之)。译码既然包括信息的输入和输出两种过程，为表示两种过程稍有不同起见，输入时的译码又称为编码(encoding)，输出时的译码又称为解码(decoding)。见该等条。

coefficient of alienation (k) **离间系数，不相关系数** 当以X变项预测Y变项时，根据X变项预测Y变项的估计标准误与Y变项的标准差之比，即为离间系数。离间系数愈小，即代表预测愈正确；离间系数愈大，代表预测愈不正确。其计算公式为：

$$k=\sqrt{1-r_{xy}^2}=\frac{S_y\cdot x}{S_y}$$

公式中k为离间系数；r^2_{xy}为X与Y两变项之相关系数的平方；$S_y\cdot x$为X变项预测Y变项的估计标准误，S_y为Y变项的标准差。由此公式看，如已知X变项和Y变项的相关系数，即可求得离间系数。

coefficient of concordance (W) **和谐系数** 在数字评审员评定同一组受试者的成绩时，用以表示评审者之间评分一致性的一个数值，称为和谐系数。例如，有五位评审以等级评定的方式评审十个学生的美术作品，五位评审所评等级的一致性，即可由统计上求得的和谐系数来表示。

coefficient of correlation ＝ correlation coefficient **相关系数**

coefficient of determination **决定系数** 两变项间相关系数的平方，称为决定系数。决定系数是用来解释两变项之一可由另一变项决定或预测的比率。利用X变项预测Y变项时，Y变项的总变异数等于估计误差变异数和回归变异数的和。总变异数是Y变项的实得分数围绕着平均数所形成的分散程度。估计误差变异数是Y变项的各实得分数围绕着回归直线上之预测分数所形成的分散程度。回归变异数则是各预测分数围绕着Y变项的平均数的分散程度。其中估计变异数是未能正确预测的部分，回归变异数是可正确预测的部分。若将总变异数当作100%，则回归变异数正好是相关系数的平方。因此，若r＝.90，则回归变异数占总变异数的81%，估计误差变异数占19%。若r＝.50，则回归变异数占总变异数的25%，估计误差变异数占75%。由此可知，相关系数的值愈大，预测就愈正确；相关系数的值愈小，预测就愈不正确。因此 r^2 称为决定系数。兹举一实例以说明决定系数的应用：

假设某初中生智力与数学科成绩的相关系数是r＝.60，平方之后得r^2＝.36。意谓在数学成绩的总变异量中，有36%是由智力因素所决定的。与决定系数意义相对者，为未决定系数(coefficient of nondetermination)，计算法为1－r^2。按上例，未决定系数即为1－.36＝.64。意谓在数学成绩的总变异量中，尚有64%的比例不能由智力因素所决定。见相关系数(correlation coefficient)。

coefficient of dispersion **离势系数** 指用以表示一组量数(或一个次数分配)离中趋势的一个数值。离势系数的一般计算方法是，标准差除以平均数再乘以100，其所得数值愈大，即表示离中趋势愈大。离势系数又名变异性系数(coefficient of variability)，也称为变异系数(coefficient of variation)。见该等条。

coefficient of equivalence **等值系数** 采用复本法估计测验的信度时，从两复本测得分数之间相关的高低，以估计测验的信度，称为复本信度。用以表示复本信度的相关系数，称为等值系数。见信度系数(coefficient of reliability)和复本信度(alternate-forms reliability)。

coefficient of intelligence **智力系数** 广义言之，指个人的智力测验分数与同年龄组常模之间的比值。狭义言之，义同智力商数(intelligence quotient)。见该条。

coefficient of internal consistency **内部一致性系数** 见折半信度(split-half reliability)。

coefficient of non-determination **未决定系数** 见决定系数(coefficient of determination)。

coefficient of reliability **信度系数** 指用以表示某测验信度高低的数值。信度系数通常用测得的两组分数间的相关系数来表示之，其数值愈大即表示该测验的信度愈高。唯其计算时所根据的两组分数不同，信度系数又可分为以下三种：(1)稳定系数(coefficient of stability),系以同一测验的重测法所测得的两次分数为根据;(2)等值系数(coefficient of equivalence),系以复本法所测得的两组分数为根据;(3)内部一致性系数(coefficient of internal consistency),系以折半法或库李二氏法所求得。见相关各条及信度(reliability)。

coefficient of stability 稳定系数 一种反映测验分数稳定程度的相关系数。稳定系数是用同一测验(或两个复本),对同一群受试者,前后测验两次,再根据受试者两次测验分数计算相关而得。所得之系数值高者,表示两次测验的结果相当一致,反映这一份测验分数的稳定性高。见重测信度(test-retest reliability)。

coefficient of stability and equivalence 稳定与等值系数 见复本信度(alternate-forms reliability)。

coefficient of validity = validity coefficient 效度系数

coefficient of variability 变异性系数 义同离势系数(coefficient of dispersion)。见该条。

coefficient of variation 变异系数 义同离势系数(coefficient of dispersion)。见该条。

coercive persuasion 强制说服 指在威胁的情境之下对人一再重复某种观念,并要求对方接受,以改变对方态度的过程。

cofigurative culture 共塑文化 美国文化人类学家米德(M. Mead, 1901～1978)将人类的文化分为三种类型:(1)后塑文化(postfigurative culture),指经由传承前人而塑造后人行为的传统文化。过去的社会变迁缓慢,新世代人格的成长,几乎完全在成人的行为规范下接受社会化。因此,在过去代与代之间的文化是连续的。(2)共塑文化,指个体在社会化的历程中,受同辈行为规范的影响,反而要比前辈教导的效果为大。时下所谓的青年次文化,即指共塑文化而言。若共塑文化与后塑文化失去和谐,就难免造成青年人在态度观念上违反传统,而产生所谓代沟问题。见青年文化(youth culture)与青年次文化(youth subculture)。(3)前塑文化(prefigurative culture),指因社会变迁急遽,传统的后塑文化不但失去对新生代社会化的作用,反而倒转过来,前辈人受后辈人的影响而去学习年轻人的行为规范。至此,传统文化对新生代的涵化力量,势将随社会变迁而消失。

cognition 认知,认识 **1.**指个体经由意识活动对事物认识与理解的心理历程。认知一词的含义广泛,举凡知觉、想象、辨认、推理、判断等复杂的心理活动,均属认知。 **2.**指个体知识获得的历程,见认知心理学(cognitive psychology)。 **3.**传统心理学上,曾把人的行为基础解释为三大层面,其一为认知,其二为情感(affection),其三为意动(conation),此即所谓知、情、意三元论的说法。此种论点乃18世纪官能心理学留传下来的心理官能的观念。由本词演变出来的另一新词是为后设认知(metacognition)。见该条。

cognition disorder 认知障碍 指个人的认知历程功能丧失,既不能吸收新的知识,也丧失对过去经验中人、事、物的记忆与辨识能力。

cognitive-appraisal theory 认知鉴别论 属解释情绪产生的一种理论。此种理论的要义是,情绪的产生或情绪状态(喜、怒、哀、惧等)的变化,并非全然起于客观的刺激,而是决定于个人对刺激情境的认识而表现的认知性反应。如果个人认为情境是有伤害性的,是可怕的,那就会产生恐惧情绪。反之,如个人认为情境是无害的,是美好的,那就会产生喜悦的情绪。见情绪二因论(two-factor theory of emotion)。

cognitive approach 认知论取向 属现代科学心理学研究取向之一。认知论取向是将行为主义与完形心理学的思想合而为一所形成的一种新思想。行为学派以刺激—反应的关系解释一切行为,以S代表刺激,R代表反应,S→R即成了解释一切行为的公式。刺激能引起行为,行为由刺激而决定。完形心理学则认为,行为反应虽与外在刺激有关,但刺激本身的特征,却不能决定反应的方式。在客观刺激情境下,个体凭其主观意识将刺激加以组织之后才表现出反应。因此,在S→R公式中,在刺激与反应之间有一段内在心理历程。此段历程,完形心理学家称之为组织(organization),而认知论取向者则称之为认知(cognition)。基于此义,从广义的观点言,20世纪之初兴起的完形心理学的思想就是认知论取向。唯从狭义的观点言,到20世纪60年代认知心理学兴起产生认知革命(cognitive revolution)之后,它才被视为认知论取向。认知心理学不能算是一个思想流派,既无核心人物,也无统一主张,只能算是一股顺应时代而有共识的复古思潮。此一思潮的共识是:心理学必先研究了解人如何认识世界,始能了解人的行为,而认知一词则系指感觉、注意、知觉、意识、学习、记忆、思维等内在心理历程。见认知心理学(cognitive psychology)。

cognitive-behavioral therapy = cognitive behavior therapy 认知行为治疗法

cognitive behavior modification 认知行为矫正 是一种结合认知学习与行为学习两种学习理

论，从而改变个体自己行为的一种方法。此法使用时个体面对问题，除模仿别人行为外，还以自言自语的方式修正自己的行为。如此可增加其对问题的认知，随时修正自己的行为。

cognitive behavior therapy 认知行为治疗法 义同认知行为矫正（cognitive behavior modification）。见该条。

cognitive complexity style 认知繁化型 属于认知风格之一。认知繁化型指个体应付环境时所表现的一种习惯性的性格特征。属于此一类型的人遇到问题时喜欢钻研，好奇心特强，对问题总是向纵深处去想，常把简单事象看成复杂问题，常对问题中隐示性的线索继续追究下去，会从小问题中发现大收获。这种人兴趣广泛，适合于从事创造性或学术性的研究工作。与本词相对者为认知简化型（cognitive simplicity style）。见该条。另见认知风格（cognitive styles）。

cognitive conditioning 认知条件作用 属于认知行为中的一种矫治不良习惯的技术。认知条件作用在原则上采用厌恶条件作用矫治的方式，其不同之处是增加一层认知活动。例如，要帮助受试者戒绝酗酒恶习，可建议受试者想象酒的香味与饮酒的动作和感受。就在受试者每次进入想象时即予以电击一次，使之产生“每想到饮酒即带来痛苦”的联想。如此多次重复之后，嗜酒者就可能不再“想酒”，既不“想酒”自然也就不再“饮酒”。见厌恶条件作用（aversive conditioning）。

cognitive conflict 认知冲突 指智能发展过程中原有概念（或认知结构）与现实情境不符时，在心理上产生的冲突现象。认知冲突的结果可能会导致个人原有概念的改变。此即瑞士心理学家皮亚杰在其认知发展阶段论（stage theory of cognitive development）中所指的调适（accommodation）。见该等条。

cognitive consistency 认知协调 指个体对事物的认知（想法）与其行为（做法）两者间协调一致的情形（认为酗酒有害故而滴酒不沾）。与本词相对者为认知失调（cognitive dissonance）。见该条。

cognitive contour 认知轮廓 指对某种形象所得的知觉轮廓。认知轮廓不完全决定于形象本身的特征，而主要还是决定于观察者个人主观的看法。故而也称主观轮廓（subjective contour）。见该条及附图。

cognitive defect 认知缺陷 指个体缺乏以下各种认知能力：（1）不能明确辨识周围的人或物；（2）无法从事推理与判断；（3）不能从事抽象性思维；（4）缺乏记忆能力；（5）缺乏语文能力；（6）缺乏计算能力。认知缺陷者如系脑伤或病变所致，则称为智能衰退（dementia）。见该条。

cognitive derailment 认知错乱 指思维历程不按常理及不合逻辑的情形，如从一个观念忽然转到另一个毫无关联的观念。认知错乱是精神分裂症（schizophrenia）的主要症状。见该条。

cognitive development 认知发展 **1.**广义言之，泛指人类认知行为的发展。举凡知觉、想象、辨认、理解、记忆、判断、思考等复杂行为的发展，均称为认知发展。**2.**狭义言之，认知发展乃是指智力发展。见认知发展理论（cognitive theory of development）。

cognitive developmental psychology 认知发展心理学 指专以认知发展（cognitive development）为研究主题，从而建构系统理论的一门学科。见该条。

cognitive development theory 认知发展理论 **1.**广义指解释人类认知发展历程的所有理论。**2.**狭义指瑞士心理学家皮亚杰的认知发展阶段论（stage theory of cognitive development）。见该条。

cognitive disequilibrium 认知失衡 义同失衡（disequilibrium）。见该条。

cognitive disorder 认知障碍 义同认知缺陷（cognitive defect）。见该条。

cognitive dissonance 认知失调 指数种认知之间或认知与行为之间不一致而形成的心理失衡现象。例如，本来相信投资房地产可以赚钱（是一种认知）因而购买房子（行为）。后来经友人告知买卖股票的利润较高（另一种认知）。在此情形下两种认知之间以及认知与行为之间，就会因彼此失调而形成心理上的不安。认知失调是美国心理学家费斯廷格1957年提出的一种态度改变理论认知失调论（cognitive dissonance theory）中的中心观念。见该条。详见费斯廷格（Festinger, Leon）传记条。

cognitive dissonance theory 认知失调论 是一种解释心理平衡和态度改变的理论。认知失调论是由美国社会心理学家费斯廷格在1957年所提出，详见费斯廷格（Festinger, Leon）传记条。

cognitive domain 认知领域 认知领域是美国教育心理学家布卢姆的教育目标分类之一。认知领域指的是希望教学后学生在知识学习方面达到的目标。认知领域目标包括六个层次，分别是：知识、理解、应用、分析、综合、评鉴。旨在使学生学到知识，发展智慧，以培养其主动思考用于现实生活中解决实际问题并进而具备分析批判能力。见教育目标分类（taxonomy of educational objectives）和布卢姆（Bloom, Benjamin R.）传记条。

cognitive economy 认知简约 认知心理学术语。指经信息处理过程储存在长期记忆的复杂信息,并非将所见所闻的无数信息堆积在一起,而是按信息的不同性质分门别类(如人物、动物、用具、食物等)并简化后,分别予以储存。至于说,人类何以有此能力?这问题尚无肯定答案。一般的看法是,现代认知心理学家在理论上倾向重新接受哲学心理学时代理性主义(rationalism)天赋观念(innate ideas)的解释。见该等条。

cognitive flexibility 认知变通性 在教育心理学上,认知变通性系指教师教学时必须了解并针对学生个别差异所表现的变通能力。在班级教学的情境下,学生们在能力上与性格上均各不相同,为教师者不能以一成不变的教学或管理方式对待所有的学生,必须因人而异有所变通。一般教师变通性不外三个原则:(1) 适合性, 适合每个学生;(2)客观性,没有偏见;(3)公平性,公平合理使大家信服。

cognitive growth 认知成长 义同认知发展(cognitive development)。见该条。

cognitive heuristic 认知直观推断法 义同直观推断法(heuristic)。见该条。

cognitive illusion 认知错觉 指对刺激判断时产生的错觉,如大小错觉(size illusion)。见该条。

cognitive learning 认知学习 指经由认知历程所产生的学习。在意涵上,认知学习是与联想学习(或联结学习)相对的概念。联想学习指学习是刺激与反应间的联结,而认知学习则指学习是学习情境中刺激间关系的理解。前者指因行而学到行,后者指因知而学到知。

cognitive learning style 认知学习类型 义同认知风格(cognitive styles)。见该条。

cognitive learning theory 认知学习论 解释学习历程的基本理论之一。此一理论认为,学习的产生是个体对情境的了解,是经验的重组,是已有认知结构的改变。平常所说由理解而获得知识,即指认知学习。解释学习历程的另一基本理论是为联想学习论(association theory of learning),主张学习的产生乃是刺激与反应之间的联结。见该条。

cognitive map 认知图 对动物方位学习的一种假设性的解释。美国新行为主义心理学家托尔曼将白鼠学习迷津的行为,解释为认知学习。他认为白鼠学到食物所在方位,并非只是机械式地将左转右转的活动连在一起,而是它走过之后,对迷津通路有了整体的概念,获得了一个认知图之故。此种认知图的形成,乃是白鼠认识迷津中把某些特征作为符号标志,然后辨别符号之间的关系而获得对迷津的整体认识。此一理论称为符号完形论(sign-Gestalt theory),也称作符号学习论(sign learning theory)。因为白鼠学到符号之间的前后关系,故而在第一符号出现时,它会期待下一符号出现。因此上述理论也称符号期待论(sign-expectation theory)。与本词相关者是方位学习(place learning)与潜在学习(latent learning)。见该等条。

C

cognitive marker 认知记事 对时间知觉的一种假设性解释。谓个人对时间的判断,乃是以在经过的时间中,在心理上所产生的认知活动之多寡或所记得的事件为根据的。认知活动多,就会觉得时间长,认知活动少,就会觉得时间短。

cognitive mediation 认知中介 指介于从觉知刺激开始到表现出行为反应之间的一段短暂思维过程。基于此义,可知认知中介一词亦即思维过程。

cognitive miser = **cognitive economy** 认知简约

cognitive need 认知需求 指人类的动机之一,认知需求的通俗意义就是求知欲,指个体对环境中的事物有一种追寻、认识、了解的内在动力。幼儿的好奇与探索行为,就是以认知需求为基础的。

cognitive neuropsychology 认知神经心理学 属认知心理学的一个分支学科。认知神经心理学除研究脑部受伤或病变对个体认知能力影响之外,主要研究人类认知心理与认知行为与脑神经生理之间的关系。认知神经心理学的基本取向是,采取还原论(reductionism)的观点,试图以脑神经生理运作为基础,探求人类复杂高级心理历程产生的根本原因。见该条。人类复杂高级心理历程,除包括以认知为基础的知觉、学习、记忆、理解、思维、判断等心理现象之外,也包括以情意为基础的动机、需求以及喜怒哀惧等心理现象。由此观之,认知神经心理学研究的目的,旨在比照自然科学,试图根据个体心理与行为的表象,分析探求其背后的真相。从心理学发展历史看,以生理学为基础研究心理现象的工作,早在一百年前就已经开始,唯所研究者多限于较为简单的心理历程。见大脑皮质分区功能(specialization of functions in cerebral cortex)。从理论的观点言,认知神经心理学的研究试图根据脑神经细胞变化的生理现象探求现象背后认知心理真相的目的是可取的,但就实际研究成果看,此一目的不易达成。目的不易达成的原因有二:(1)人类的复杂高级心理历程的产生,不是大脑皮质单一区域的功能,而是多个区域联合运作的结果。(2)人类复杂高级心理历程产生时,多半带有个体的主观经验

(如思维判断)。主观经验因人而异,无法根据脑神经变化的资料获得统一性的理论解释。目前研究认知神经心理学的最新方法是磁共振脑成像技术(magnetic resonance imaging)。见该条。

C

cognitive neuroscience 认知神经科学 属认知心理学新发展的一个分支学科。此一学科系采心理生物学的观点,研究脑的结构和神经系统及心理与行为的关系。见认知神经心理学(cognitive neuropsychology)。

cognitive personality theory 认知人格论 指美国心理学家凯利在20世纪50年代所提出的一种人格理论。在当时美国的心理学界,心理学家们对人格理论的建构,不是采精神分析心理学的取向,就是采行为主义心理学的取向。凯利所建构的人格理论,则是采用了认知心理学的取向。认知人格论的基本理念是,人的一切行为活动乃是决定于他对周围环境的认知,因此在决定行为活动之前,个人随时随地都在尝试对环境中发生的事件(包括人与事等)加以预测。个人对事件的预测有时是对的,但有时也是错的,无论预测的结果是对是错,最后对个人认知能力而言,总是有帮助的。就在个人对周围事件不断预测、不断理解、不断评析判断的历程中,个人逐渐形成他为人处世的独特观点或理念系统,凯利称其为个人构念(personal construct)。因为每个人的生活经验不同,个人构念自也有很大的个别差异。凯利的认知人格论,也称个人构念论(personal construct theory)。见凯利(Kelly, Georg Alexander)传记条。

cognitive perspective 认知论观点 义同认知论取向(cognitive approach)。见该条。

cognitive phase 认知期 根据美国人体工程学家费茨(P. M. Fitts)的研究,技能学习的历程分三个阶段。认知期是指其中第一阶段。见动作—技能学习(motor-skill learning)。

cognitive-physiological theory 认知生理论 义同认知生理情绪论(cognitive-physiological theory of emotion)。见该条。

cognitive-physiological theory of emotion 认知生理情绪论 解释情绪产生与变化的一种理论。按此理论,情绪的产生与变化乃是生理变化与认知活动两者交互作用的结果。先是由生理基础的感官将信息传入神经中枢,然后经大脑的认知功能并与以往经验检对后,表现出情绪反应。见坎农—巴德情绪论(Cannon-Bard theory of emotion)、詹姆斯—朗格情绪论(James-Lange theory of emotion)。本词与认知鉴别论(cognitive-appraisal theory)相似。见该条。

cognitive process 认知历程,认识过程 指知觉、学习、记忆、推理、判断等内在心理活动的历程。见认知(cognition)、认知心理学(cognitive psychology)。

cognitive psychology 认知心理学 **1.**广义言之,凡是以人或动物的认知行为为研究题材者,均称为认知心理学。心理学家对认知行为的研究,主要是在探讨三方面的问题:(1)认知行为究竟指哪些行为?对此问题一般的答案是,认知行为主要包括知觉、记忆、想象、辨识、思维、推理、判断、创造等较有组织的复杂行为。(2)认知(cognition)的活动就是"知"(knowing),个体在生活环境中究竟如何获得知识、如何储存(记忆)知识以及以后必要时如何使用知识?(3)认知是心理活动,是内在的历程,在方法上应如何去研究个体内在的"知之历程"? **2.**狭义言之,认知心理学一词系指个体接受信息、储存信息以及运用信息的信息处理(information processing)历程。见该条。解释信息处理历程的认知理论,称为信息处理模型(information processing model)。见该条。信息(information)与知识(knowledge)同义,故而也可称认知心理学为知识心理学。以信息处理为研究主题的认知心理学,自20世纪80年代以后发展迅速,已由原来的单一学科扩展为五个相关学科:(1)以研究正常人认知心理历程为主的实验认知心理学(experimental cognitive psychology);(2)以研究计算机设计、人工智能与心理语言学为主的认知科学(cognitive science);(3)以研究脑伤与认知关系为主题,从而了解脑神经生理运作与智能关系的认知神经心理学 (cognitive neuropsychology);(4)以研究认知能力与年龄关系为主题的认知发展心理学(cognitive developmental psychology);(5) 采用认知心理学的理论与方法用于实际生活情境,从而解决实际问题的应用认知心理学(applied cognitive psychology)。见该等条。

cognitive reaction time 认知反应时间 属反应时间实验方式之一。指刺激出现时,个体必须辨识刺激的性质或意义之后,始能做出适当的反应(如认字)。见复杂反应时间(complex reaction time)。

cognitive restructing 认知重建 认知治疗的基本理念。经过治疗之后,患者重建其认知结构,从而解决自己的问题。见理性—情绪治疗法(rational-emotive therapy)。

cognitive revolution 认知革命 指20世纪60年代美国的认知心理学兴起后,在心理学思想上所产生的重大改变。在认知心理学兴起之前,行为主义心理学是思想的主流。行为主义心理学的中心思想是，心理学研究的主题是个体的外显行为，因为只有外显行为才可以采用自然科学客观方法从事观察测量，因此，行为主义者强烈主张，要想使心理学成为一门独立科学，就必须放弃以往以内在精神或心理活动（主要指意识）为主题的研究传统。此外，在心理学研究对象上，行为主义主张心理学的研究不应只限于人类对象，认为心理学家应研究动物的行为，而且主张采用动物行为研究结果推论解释人类的行为。行为主义的思想，不但主导美国心理学界，而且影响全世界的心理学思想。直到20世纪60年代认知心理学兴起后，才打破了行为主义主导40年之久的心理学思想传统。认知心理学思想的基本理念有二：其一是心理学研究的主题不应只限于个体的外显行为，而更重要的是必须研究个体的内在心理历程。唯认知心理学所强调的内在心理历程，偏重于探讨知觉、意识、认知和思维判断。其二是认知心理学在研究取向上并未彻底否定行为主义提出控制刺激研究反应的主张，而是试图对刺激出现到反应发生之间的内在心理历程，从事精密的分析研究。因此，自从认知心理兴起而行为主义渐趋式微之际，心理学的定义也随之改写，由行为主义当道时的"心理学是研究行为的科学"，而转变为"心理学是研究行为和心理历程的科学"。见认知心理学（cognitive psychology）、信息处理论（information processing theory）。

cognitive schema 认知基模，认知图式 个体根据以往对事物获得的经验，在遇到类似的或相关的新事物时，他倾向于以旧经验为架构去辨认新事物。个人已有的经验架构，即称认知基模。因此本词的简单意义就是指个人的知觉经验。见认知结构（cognitive structure）。

cognitive science 认知科学 指以认知心理学的理论与方法为主的包括计算机设计、人工智能、心理语言学等学科在内的一种新兴的综合科学，见认知心理学（cognitive psychology）。

cognitive set 认知心向 见心向（mental set）第二义。

cognitive simplicity style 认知简化型 属认知风格之一。认知简化型指个体应付环境时所表现的一种习惯性的性格特征。属于此一类型的人，遇到问题时不管问题性质如何，总是按自己以往经验简化处理，如读书不求甚解，对复杂的问题不愿深入研究。认知简化型的人，对自己熟知的工作可能胜任愉快，但不适于担任复杂而又变化多的新任务。与本词相对者为认知繁化型（cognitive complexity style）。见该条。另见认知风格（cognitive styles）。

cognitive span 认知广度 指个人在阅读时，视线一次触及阅读材料所见的字数。视线触及的字数愈多，即表示认知广度愈大。认知广度的大小，与阅读速度有密切关系。故而也称阅读广度（reading span）。

cognitive strategy 认知策略 经由认知历程从事学习活动时，无论所学习的是知识技能还是人际关系，都需要个人在心理上运用他以前学得的知识经验，凭记忆去辨别、选择、思维、分析、归纳，从而获得新的知识。像此种由个人自主控制其内在心理活动历程从而获得新知识的一切方法，称为认知策略。基于此义可知，在学校认知教学时教导学生学习认知策略，是极为重要的，甚至可以说，教学生学习认知策略，更重于教其学习知识。因为只要学到了认知策略，学生就会有能力自行求取新知识。

cognitive structure 认知结构 **1.**指个人对人、对事、对物或对社会现象的基本认识，其中包括客观的事实、主观的知觉，以及两者组合而成的概念、理解、观点与判断等。换言之，个人对某一事象的认知结构，也就是他对该事象的认识或经验。**2.**义同认知基模。根据瑞士心理学家皮亚杰的认知发展理论，智能的发展乃是由于认知结构的改变。见认知基模（cognitive schema）、皮亚杰（Piaget, Jean）传记条。

cognitive styles 认知风格，认知类型 **1.**指个体在认知活动中所表现在性格上的差异。此种差异与个体的智力未必有必然关系，多半是自幼学到的一些习惯性的知觉组织、知觉分类以及应付问题情境的思维方式。有的人谨慎仔细，有的人粗心大意，有的人独立作业，有的人被动依赖。**2.**认知风格的研究，在教育上深具意义，因为教师如单凭智力上的鉴别而忽略了对学生认知习惯风格的了解，实不能真正达到针对个别差异实施因材施教的目的。故而在学校教学上，如何了解学生的认知风格，采取适当的教学策略，或帮助他矫正读书习惯，已成为教育辅导的重要课题。**3.**对认知风格的分类，心理学家已经发现有数十种之多。本辞典内列有以下两两相对的十组，共20种于后：（1）慎思型（reflective style）对冲动型（impulsive style）；（2）场独立型（field independent style）对场依赖型（field dependent style）；（3）平稳型（leveling style）对敏锐型（sharpening style）；（4）分析考虑型（analytic conceptualizing style）对囫囵吞枣型（non-analytic conceptualizing style）；（5）冒险型（risk-taking style）对谨慎型（cautious

C

style);(6)认知繁化型(cognitive complexity style)对认知简化型(cognitive simplicity style);(7)宽容型(tolerance style)对偏执型(intolerance style);(8)主动求知型(perceptive style)对被动接受型(receptive style);(9)粗略型(broad categorizing style)对细密型(narrow categorizing style);(10)统观策略型(scanning strategy style)对集中策略型(focusing strategy style)。详见该等条。

cognitive system 认知系统 由几个单项知识组合而成为个人对某种复杂事象的整体认识,称为认知系统。例如,选举是一种复杂的社会事象,其中包括候选人、选民、选票、投票、当选、落选等,都是单项但有关选举整体认识的知识。个人由了解这些单项知识,然后又将其集合组织而形成他对选举一事的认知系统。

cognitive theory 认知论 **1.**广义言之,凡是以认知历程解释行为的理论,均称认知论。认知论的基本要义是,要想了解人的心理现象,就必须研究人对其周围世界的看法或认知。**2.**狭义言之,认知论乃指学习认知论。对学习历程的解释,认知论者认为,学习的产生乃是个体对整个情境的认识、理解、领悟的结果;或是说学习乃是个体认知结构的改变。按此解释,认知论者不同意行为论的主张;行为论的主张是,学习的产生乃是由于刺激与反应之间的联结。见学习理论(theories of learning),认知结构(cognitive structure),认知历程(cognitive process)。

cognitive theory of development 认知发展理论 **1.**广义言之,凡是对人类认知行为发展历程提出的系统理论解释,均可称为认知发展理论。准此以观,认知发展理论自不限于一家之言。**2.**狭义言之,义同皮亚杰的认知发展阶段论(stage theory of cognitive development)和维果茨基的认知发展社会文化论(sociocultural theory of cognitive development)。见该等条。

cognitive theory of emotion 情绪认知论 义同沙克特—辛格情绪论(Schachter-Singer theory of emotion)。见该条。

cognitive theory of learning 学习认知论 根据认知理论的原理对学习历程的一种系统的解释。学习认知论的基本要义是,学习是一种内在的认知历程,而非像行为主义所主张的外显行为的改变历程。内在历程是指个体的心理活动,例如知觉、记忆、推理、思维、分析、判断等都包括在认知心理活动之中。

cognitive therapy 认知治疗法 属心理治疗的方法之一,同时也是心理治疗的一种理论取向。认知治疗系由美国精神病学家贝克(A. T. Beck, 1921~)所首创。在理论上,认知治疗乃是基于一种假设:个人的看法与想法(认知)决定自己的心情以及行动。个人之所以感到情绪困扰,主要是由于他对事、对人、对己的不适当看法,悲观的看法将导致悲伤的情绪与消极的行动,乐观的看法将导致快乐的情绪与积极的行动。有人说:"人生像半杯酒",想到空的部分会使人感到虚无,想到实的部分会令人感到存在。认知治疗法的构想是,帮助患者认识环境,了解自我,学习对事、对人、对己应有的想法、看法与态度,避免造成钻牛角尖的行为。与本词相近者认知行为治疗(cognitive behavior therapy)与认知行为矫治(cognitive behavior modification)。见该等条。

cognitive triad 认知三因论 从认知的观点(非情感观点)解释抑郁症病因的一种理论。认知三因论的要义是,抑郁症的病因主要是由于当事人在认知上有三方面的悲观:(1)对自己悲观;(2)对现实生活悲观;(3)对未来前景悲观。在心理治疗理论中,认知治疗法(cognitive therapy)在理论上就是以认知三因论为基础的。见该条及抑郁症(depression)。

cognitivism 认知主义 泛指有别于行为主义,不强调刺激直接可以引起反应,而重视刺激反应间之心理历程的一切心理学理论者。认知主义的基本理念是,心理学的研究,必先了解人对其周围世界如何认知,始能真正了解人的行为。见认知论(cognitive theory)。

cognizance need = cognitive need 认知需求

cohabitation 同居 指没有婚姻关系的男女两人共同居住共营生活的一种生活方式。同居者一般指男女两性,但同性恋者生活在一起时也称同居。男女同居者所组成的家庭,可能生育子女,也可能没有子女,均可称为同居家庭(cohabiting family)。

cohabiting family 同居家庭 见同居(cohabitation)。

cohesion = cohesiveness 凝聚力,内聚力

cohesiveness 凝聚力,内聚力 指一个团体对其成员的吸引力,也指团体中成员间彼此的吸引力。这两种吸引力均强时,团体的凝聚力高。凝聚力高的团体,其成员间沟通密切,其成员对团体规范的认同较强,在团体活动中也较有隶属感,对团体性工作也有较高的效率,且易达成预期目标。

cohort 同侪,同时代人 **1.**指在年龄上接近的人。**2.**指文化水平相似而又具有类似生活习惯的人。

cohort effect 同侪效应 指年龄接近而又属于同一团体的人(如大学生群),在言行思想上受彼此

的影响，将大于同社会而不同群体（如老年人之于大学生）的影响。见共塑文化（cofigurative culture）。

cohort-sequential study 同侪一连续研究 是一种将纵贯与横断两种设计合而为一，使之兼具两者优点而避免两者缺点的一种研究方法。同侪一连续研究的特征是，在研究对象选择上，同时做两方面的考虑：(1)选定一段为期不长的年龄组距，如9～12岁的四个年龄组的小学儿童，先采横断法同时取得各年龄组身心发展某方面（如身高或智力）的资料；(2)继而对各年龄组儿童分别进行纵贯研究，连续以同样方法，获得此后三年内同方面的身心发展资料。最后再将由两种方法获得的数据合在一起分析比较，即可对9～12岁的儿童在此后三年期间身心发展的情形有所了解。由于连续设计中包括了纵贯与横断两种设计的精神，故而又称为横断一纵贯法（cross-sectional longitudinal method）。

coincidence 巧合，符合 指两事件同时（或先后）发生，每一事件本各有其独立的原因，时间关联实为巧合，但常被误解为两事件之间有相互关系或因果关系。一些人迷信（如算命），其原因就是对巧合事件误解所致。

coincidental stimulus＝incidental stimulus 偶然刺激

coin test 硬币测验 属知觉判断测验。因为知觉判断受主观因素影响，根据心理学家研究发现，一般人（90%）所判断的硬币面积较之实物为小，只有穷困家庭的儿童才倾向将硬币的知觉扩大。

coitophobia 惧性交症 属恐惧症之一。患者对两性间的性交活动产生极反常的恐惧反应，即使有性欲冲动，亦不敢与异性接近。见恐惧症（phobia）。

coke＝cocaine 可卡因，古柯碱

cold＝sense of cold 冷觉

cold effect 冷效应，低温效应 指气温降低到某种程度时对人的身心活动所产生的效应。根据心理学家研究发现，气温降低到13℃以下时，不但从事剧烈运动（如径赛）的体能降低，而且细密的动作绩效也会受到影响。此外，在寒冷的季节里犯罪率也较夏季为低。

coldness 冷淡，冷感 缺乏情感反应的心理状态。见性冷感（frigidity）。

cold sensation＝sense of cold 冷觉

cold spot 冷点 皮肤或黏膜表面对冷觉刺激特别敏感的小点。只要温度低于体温，冷点就会先感觉出来。皮肤上的冷点并不限于某些部位，而是遍布全身，根据生理心理学家研究发现，皮肤上冷点的小圆点，其直径约为1毫米。

collaborative therapy 合作治疗法 属婚姻治疗的一种方式。合作治疗的特点是，分别由两位心理师对夫妻两人进行心理治疗，并将治疗情形随时彼此会商协调。见婚姻治疗（marriage therapy）。

collecting mania 收集狂 是一种强迫性的病态现象。患者喜欢收集东西，不分好坏，破铜烂铁全都收集。根据精神分析论的解释，收集狂性格的形成，可能与幼年肛门期适应不良而滞留下来的肛门性格（anal character）有关。见该条。

collective behavior 集体行为 是一种群众行为。在群众聚集情境下对同一刺激趋向共同性的反应，唯个体间未必有密切的关系。如看悲剧时观众一齐落泪，看喜剧时大家一齐欢笑，均属集体性的行为。因此，集体行为虽为大多数人行为的类似表现，但与团体行为（group behavior）不同，团体行为是比较有组织的。见该条。

collective consciousness 集体意识 义同团体精神（group mind）。见该条。

collective image 集体意象 根据瑞士精神病学家荣格的理论，集体意象系指某一种族自古留传下来的共同意象，此种意象留存在同一种族成员的潜意识中。诸如人类自古以来对太阳、对神、对火、对海都有不约而同地潜在意象。此种意象也称原始意象（primordial image）。见荣格（Jung, Carl Gustav）传记条。

collective learning curve 集体学习曲线 描绘集体学习进程一般倾向的曲线。由于一位受试的学习曲线可能受诸多偶然因素影响，波动很大，很难得到一条较平滑的曲线，且代表性小，不易找到规律性原则。集体学习曲线是根据许多受试在相同条件下学习同一材料的平均成绩绘制的曲线，因而代表性较大。

collective memory 集体记忆 义同集体潜意识（collective unconscious）。见该条。

collective mind 集体意识 **1.**义同团体精神（group mind），见该条。 **2.**指团体活动中多数成员所共同具有的心理倾向，亦即通常所谓的共识（consensus）。见该条。

collective monologue 集体独白 在众人面前大声对自己说话的一种独白形式。当儿童们在一起游戏时，各人陷入了各自的思维、情感中，每个人所说的是自己感兴趣的事情，并不顾及他人是否在听，也不顾及他人所讲。皮亚杰通过观察认为，这种独白是自我中心言语，没有交际功能，尚不属于真正的交谈。但维果茨基则认为这种语言仍然具有社会功能。

C

collective unconscious 集体潜意识 按瑞士心理学家荣格的理论，谓人类有两种潜意识，除个人潜意识之外，另有集体潜意识。集体潜意识系由种族相传而来，即同一种族的个体，有些共同的、不为个体自觉的意识。故而也称种族潜意识（racial unconscious）。见荣格（Jung, Carl Gustav）传记条。

collectomania 收藏癖 指收藏缺乏价值物品的现象，患老年痴呆症或精神分裂症者间或出现收藏癖症状。

College Qualification Test（CQT） 大学资格测验 是一种团体能力测验。该测验原系美国心理学家宾奈特等人（G. K. Bennett, M. G. Bennett, W. L. Wallace, A. G. Wesman）所编的大学资格测验，其内容包括三个分测验：（1）语文测验；（2）数学测验；（3）常识测验。大学资格测验，经学者路君约修订为中文，并经标准化，于1968年出版。该测验适用对象为高中三年级至大学一年级的学生，记分方式采百分等级，已建立常模，在各年级组均以百分位数表示之。

color 色觉 指因光波长短变化所引起眼睛视网膜反应所生的颜色感觉。色觉分为两类，一类为彩色，另一类为非彩色。

color adaptation = chromatic adaptation 色调适应

color agnosia 颜色失认症 指患者无法辨认不同颜色的异常现象。见色盲（color blindness）。

color association test 颜色联想测验 属联想测验的方法之一。见联想测验（association test）第二义。

color attribute 颜色属性 人类的颜色感觉有三个心理属性：（1）色调（hue），指物体所引起的颜色感觉，如对不同物体所感觉到的红、黄、蓝、绿等各种颜色，统称为色调。色调的产生是物理因素决定的，是由于物体所反射光的波长不同所决定的。见色环（color circle）。（2）明度（brightness），指个体对光源或物体表面明暗的感觉，明度决定于光源或物体反射光的强度，强度愈大，感觉愈明亮。此外明度也决定于物体表面对光的反射率，反射率愈高，看起来愈明亮。此一属性也决定彩色与非彩色感觉的区别。因此，明度感觉的心理属性，也是受光的物理属性所影响的。（3）饱和度（saturation），指个体对颜色纯度的感觉。颜色纯度决定于光的纯度，而光的纯度则决定于光波的成分。单一波长的光，其饱和度最高，所产生的颜色感觉较为鲜艳明亮。不同波长的光混合在一起，其饱和度较低，所产生的颜色感觉则较暗淡。可见光谱上的七种颜色，均属最饱和的颜色。某种颜色中掺入白色、灰色或黑色愈多，其所形成的颜色就愈不饱和。因此，毫无彩色感的由白到黑的系列中，饱和度全为零。除光波的纯度外，颜色的饱和度也受光强度的影响。如果其他条件相等，光强中等时，饱和度最大。

color blindness 色盲 指眼睛虽具视觉功能，但不能辨别色彩的色觉缺陷（color deficiency）。色盲分为全色盲与部分色盲两类。患全色盲（achromatism）者，视网膜上缺乏锥细胞，完全没有彩色感，视线所及全是灰色。全色盲患者不多，常见者多是部分色盲。患部分色盲（parachromatopsia）者视网膜上缺乏某些锥细胞，因而对某些颜色不能辨别。部分色盲以红绿盲者居多，把红绿都看成灰色，其他各色均可辨别。色盲多属先天遗传而来，且有隔代遗传现象。至于后天色盲则多系由于脑损伤、视神经障碍、大脑视觉中枢病变及视网膜疾病，乃至药物、污染物中毒等原因。至于患者性别，男性多于女性，男性中患色盲者约为2%，而女性中则只有0.03%。

color cell 感色细胞 指视网膜上分别对红、绿、蓝三种颜色感应的锥细胞（cone）。见颜色视觉（color vision）。

color circle 色环 指按可见光谱上各种色调波长顺序与饱和度两维度所绘的圆环。如附图所示，色环上由右边红色开始，按波长由长而短顺序是红、橙、黄、黄绿、绿、蓝绿、蓝、紫，最后又回到红，形成一个车轮形的圆环。色环的中心是灰色，从中心到圆周的半径代表饱和度（离中心愈远色调纯度愈高）。色环上八种颜色的排列，显示三种特征：（1）色环上任何一种颜色，通过圆心与对面颜色具有互为补色的作用，如红与绿及黄与蓝等均为

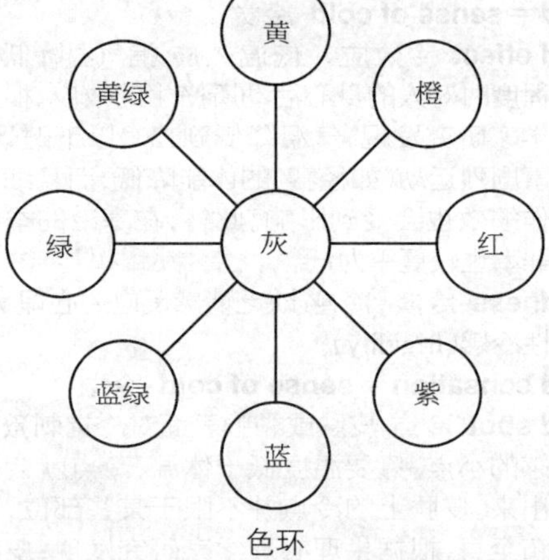

色环

互补色；(2)色环上任何相邻两种颜色混合时即得介于两者间的颜色；(3)色环上所排列的八种色调，只是人眼所能辨别的150种色调的主要部分，而人眼所能辨别的这一主要部分，则是整个光谱中350,000种可能色调的极小部分。见可见光谱(visible spectrum)、补色(complementary color)和颜色混合(color mixture)。

color conditioning 色彩调节 指运用色彩所具有的物理及心理方面的效果，设计出较舒适的环境，从而提升工作效率并减少疲劳的一切构想。称为色彩调节。

color cone = color solid 颜色锥体，色锥体

color constancy 颜色常性 属知觉常性现象之一。吾人对熟知物体的颜色知觉，并不因其所处环境不同而有所改变。如熟知木炭为黑色，无论置于阴暗或阳光下总知其为黑色。此种不因物体照明环境的改变而影响对颜色知觉的心理现象，称为颜色常性。见知觉常性(perceptual constancy)。

color contrast 颜色对比 指不同颜色并排陈列或相继出现时，所产生的一种与单一颜色不同的色觉经验。当互补的两种颜色并陈时，其对比效果更明显。例如，黄蓝二色互补，两种颜色并陈时，看起来黄者更黄，蓝者更蓝。颜色对比是色彩设计师常用来加强视感的重要原则。颜色对比时，两种颜色同时呈现者，称为同时对比(simultaneous contrast)；相继出现者，称为连续对比(successive contrast)。见彩色对比(chromatic contrast)。

color deficiency 色觉缺陷 见色盲(color blindness)。

colored audition = colored hearing 色听，色感听觉

colored hearing 色听，色感听觉 指伴随听觉而产生的一种视觉现象。一般认为，低音产生深色感，高音产生浅色感。色听现象大都是在音乐的反复刺激下闭眼时产生的，而在睁眼或单纯的声音刺激下，很少会产生色听。

color hue = hue 色调

colorimeter 色度计 测量色度的一种仪器。

color induction 色感诱导 指某一色光受到另一色光影响时，该色光显得朝向另一色光相反方向变化的现象。例如，把灰色小方块放在白色背景上，其灰色显得暗淡些；把相同的灰色小方块放在黑色背景上，则显得明亮些；如果把灰色小方块放在绿色背景上，显得带有红色；把相同的灰色小方块放在红色背景上，则显得带有绿色。由此可见色感诱导的特征是原来的颜色都向背景色的补色方向变化。

color mixer 混色仪 **1.**指一种光学仪器，能使各种不同的色光，投射在荧光幕上，使之重叠而产生混色。**2.**指色轮(color wheel)。见该条。另见颜色混合(color mixture)。

colormixing = color mixture 颜色混合，混色

color mixture 颜色混合，混色 指几种不同颜色的刺激混合后所得的色觉。混色可由两种颜色相混而得，也可由数种颜色相混而得。混色后所得的色觉，按原来颜色所占比例而定。混色的产生方式有三：(1)网膜混色(retinal mixture)，利用色轮(轮上置不同颜色)快速旋转，以造成视觉上的混色；(2)加色混合(additive color mixture)，以色光重叠投射在银幕上所显示的颜色混合现象；(3)减色混合(subtractive color mixture)，以不同色颜料或油漆相混合而产生的单色视觉，这是平常绘画所用的混色方式。见该等条。

color-mixture primaries 混色原色 指红、绿、蓝三原色。因按此三种原色不同比例混合，即可产生所有不同色调的颜色。见颜色混合(color mixture)。

color phobia = chromatophobia 惧彩色症

color preference 颜色偏好 见颜色偏好法则(law of color preference)。

color primary 色原 构成各种颜色的最基本颜色。见原色(primary color)。

color purity 颜色纯度 指某种颜色接近饱和的程度。在色环(color circle)上，愈接近中间圆周的颜色，其饱和度愈大，其纯度也愈高，其所含非彩色(灰色)的成分也愈少。见该条。

color pyramid = color solid 颜色锥体

color reaction 颜色感应 对颜色知觉的一种心理倾向。吾人对不同颜色的刺激，不仅识别其物理特性而辨认其为红为绿，且在心理上附带产生情感上的反应。一般认为红、橙、黄三色为暖色，看起来似乎与人接近，故又称为近色。另外蓝、绿等色，被称为冷色，看起来距人较远，故又称为远色。此种颜色感应心理，不单在美术上广泛运用以表达感情，就是在文字语意上也如此应用。例如，“蓝色的星期一”(blue Monday)，意指星期日过分疲劳，星期一的工作压力将更为繁重，而感到烦闷。

color saturation 颜色饱和度 指颜色的纯度，亦即指一种颜色所含单一波长或两种以上波长而言。单一波长的颜色，其饱和度大，其色彩明显。若混入其他波长时，其饱和度即减低，其色彩明显度也随之减低。颜色饱和度是颜色属性(color attribute)之一。见该条。

color shade 色影 指在颜色锥体(color solid)的

纵轴维度上只包括亮度变化的由黑到白的所有无彩色。

color-size illusion 颜色大小错觉 属视错觉现象之一。指同一颜色因面积大小改变而产生的错觉。例如，把同一种颜色的纸片，分割成宽度不一的纸条，看起来就会觉得宽度越小的纸条颜色越深，宽度越大的纸条颜色越浅。见错觉（illusion）。

color solid 颜色锥体，色锥体 根据引起色觉刺激（光）的三个物理属性（波长、强度与纯度），与光刺激所引起色觉经验的三个心理属性（色调、明度与饱和度）两者的关系所绘制成的纺锤形立体，即称为颜色锥体。如附图所示，锥体中间圆周代表色调，圆周的半径代表饱和度，纵轴代表明

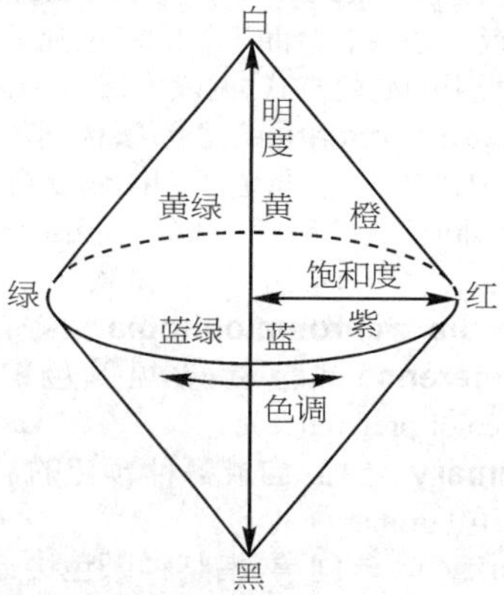

颜色锥体

度，纵轴上由黑到白的每一点，代表没有饱和度的非彩色。中部圆环上的各点，代表不同的色调，亦即可见光谱上的红、橙、黄、黄绿、绿、蓝绿、蓝、紫等各种颜色。颜色锥体之内的每一空间点，均各代表一种颜色，而每一种颜色的特征，均系由色调、明度、饱和度三个心理属性组合的结果。锥体的全部包括了所有不同颜色感觉的组合。见色调（hue）、明度（brightness）和饱和度（saturation）。

color spindle＝color solid 颜色锥体，色锥体

color theory 色觉理论 指对光之能量如何转而影响视觉器官从而产生各种色觉的理论解释。色觉理论中最主要的有两大理论：（1）扬—赫尔姆霍茨色觉论（Young-Helmholtz theory of color vision）；（2）海林色觉论（Hering theory of color vision）。见该等条。

color triangle 颜色三角 **1.**指颜色的三大属性，即：（1）色调（hue）；（2）饱和度（saturation）；（3）明度（brightness）。见该等条。**2.**指红、绿、蓝三种基本颜色。

color value 颜色值 指颜色锥体（color solid）在明度的维度上，由全黑至全白的变化程度。见该条。

color vision 颜色视觉 指肉眼对可见光谱上不同波长光线的主观映象。人眼能感受和分辨波长约在400纳米至700纳米之间的150种以上不同的色光。人眼视网膜上有三种分别含有红、绿、蓝不同感光色素的锥细胞，并分别对红色光、绿色光和蓝色光敏感，其他色觉，均由这三种视锥细胞中的感觉色素在受到刺激后，通过不同比例的混合而引起，色觉的产生并非在视网膜上，而是通过视网膜上锥细胞的感受兴奋后，把信息传至视觉中枢，经综合而形成。见可见光谱（visible spectrum）。

color weakness 色弱 指轻度色盲。色弱患者对颜色辨别能力较差，可见光谱红绿区的光波波长有较大变化时，才能区别光的色调变化，且在红光或绿光有较高亮度时，才能确认。色弱患者分两种：红色辨别能力较差者为红色弱（甲型色弱），绿色辨别能力较差者为绿色弱（乙型色弱）。色弱患者多见于男性。红色弱患者占男性人口1％，绿色弱患者占男性人口5％左右。见色盲（color blindness）。

color wheel 色轮，混色轮 一种可以快速旋转的轮盘，盘上有两种（或两种以上）大小比例不等的颜色区域（见附图）。当快速转动时，不同的颜色可以混合起来。颜色区域的大小可按比例调整，也因此而产生各种不同的混色（color mixture）。在色轮上所看到的混色称为网膜混色（retinal mixture）。见该等条。

色轮

color zone 色感区 在眼睛的视网膜上，不同区位对色彩的感应不同。一般常人的中央凹（fovea）一带能感应到所有颜色。见该条。中间区域感应到蓝、黄、灰，外缘区域则没有色感。

Columbia Mental Maturity Scale(CMMS) 哥伦比亚心理成熟量表 是一种个别智力测验。该测验系由美国学者波哲米斯特等人(B. B. Burgemeister, L. H. Blum, and I. Lorge)所编制,其内容分为八个重叠的层次,受试者只需做适合其年龄的层次,每个层次所包括题数不相等,每题包括3至5个图形,印在6寸×19寸的卡片上。该测验适用对象为3岁6个月至9岁11个月的受试者,特殊儿童与正常儿童均可,智能不足儿童可延读使用至12岁。哥伦比亚心理成熟量表在美国已建立常模,以百分等级或标准九分表示之。

coma 昏迷 指个体完全丧失意识的状态。本词限于用以描述个体受伤或疾病时昏迷状态。本词也称昏迷状态(comatose state)。

comatose＝coma 昏迷

comatose state 昏迷状态 义同昏迷(coma)。见该条。

combat exhaustion 战斗衰竭症 义同战斗疲劳症(combat fatigue)。见该条。

combat fatigue 战斗疲劳症 指战场上受枪林弹雨的惊吓而产生异常反应,在心理上显示过度焦虑,在身体上呈现体化症状。另战斗衰竭症(combat exhaustion)与战役疲劳症(operational fatigue)均为本词同义词。

combat hysteria 战斗癔症 由心理上逃避战场上死亡恐惧而转化为身体功能障碍的一种疾病。见癔症(hysteria)。

combat neurosis 战场神经症 属神经症之一。指战场上士兵因伤亡恐惧所形成的心理异常。见神经症(neurosis)。

combinational reasoning 综合推理 瑞士心理学家皮亚杰认知发展理论中的术语。根据皮亚杰的观察研究发现,儿童认知发展达到形式运思期之后,才会从事综合推理。在面对由多项因素形成的复杂问题情境时,认知发展臻于形式运思期的青少年,可以根据问题的条件提出假设,然后一方面孤立某些因素,另一方面组合另些因素,从而在系统验证中获得正确答案。例如,假设已知所以获得问题结果C者,可能与A、B两因素有关,对此问题的综合推理思维方式不外以下几种可能:(1)A或B均可各自产生C;(2)A＋B产生C;(3)C的原因既非A也非B;(4)A可能是原因但非B;(5)B可能是原因但非A。见形式运思期(formal operational stage)。

combination law＝law of combination 组合律

combined therapy 混合治疗法 属心理治疗方法之一。混合治疗法的特点是,将个别治疗与团体治疗混合运用,借以增加治疗的效果。混合治疗法主要用于联合婚姻治疗法,让数对夫妇有机会在一起交换心得,从而发挥团体治疗(group therapy)的功能。见该条。

comfortable temperature 舒适温度 指一般人感觉到最舒适的温度。唯本词所指者乃是穿着衣服时的温度。穿着衣服时的舒适温度是17℃～24℃。不过这只是对穿着衣服者从事非劳动工作而言。此外,影响舒适温度感觉者尚有通风及湿度等因素。

common factor analysis 共同因素分析 共同因素分析是斯皮尔曼所创,后来经瑟斯顿等人加以发扬的一种多变项统计方法,简称因素分析。因素分析的主要目的在从众多变项之间的相关系数中,找出比变项数量少的共同因素,以解释变项之间的共变量或代表变项的数据。故其重要过程包括:(1)估计共同性;(2)抽取共同因素;(3)转轴。见因素分析(factor analysis)。

common sense 常识 指一般人经常应用而且了解的知识。

common sense validity 常识效度 测验效度之一种。指从常识的观点判断一个测验效度高低之谓。见效度(validity),表面效度(face validity)。

common trait 共同特质 指属于同一族群,或同一社会文化下的人所共同具有的人格特质。与本词相对者为个人特质(individual trait)。本词出自奥尔波特人格特质论(Allport's personality-trait theory)。见该条。

communality 共同性 同时对几个变项进行因素分析(factor analysis)时,可获悉各变项的总变异量之中有多少是受其他有关变项影响所造成,而这些与其他变项有关的部分,即称为共同性。与本词相对者是唯一性(uniqueness)。见该等条。

communication 沟通,传播 经由语言或其他符号将一方之信息、意见、态度、知识、观念以至感情等传至对方的历程,谓之沟通,亦称传播。沟通时多半有固定对象,传播时的对象却未必固定。沟通时可为双向,也可为单向;传播时则多为单向方式。见大众传播(mass communication)。

communication channel 沟通管道 由信息的发出到信息收受之间完成信息传递的途径和媒介,称为沟通管道。沟通管道包括书信、电话、传真、口语、手势、表情等多种方式。

communication distortion 传播失实 在信息传播过程中,信息内容被传播者有意无意地改变、遗漏或曲解的现象,称为传播失实。

communication network 沟通网 在一团体中,

C

成员之间彼此沟通方式的总形态，称为沟通网。团体成员间的沟通方式是不一致的，沟通的多寡也是不相等的。有的是一人对多人沟通，有的是两人间彼此沟通；有的是单向沟通，有的是双向沟通。整个团体成员的沟通方式，可以设想成一个不规则的网络状。成员间之所以沟通方式不同，主要受各成员的地位、角色、任务、性格、能力等因素的影响。

communication skill 沟通技巧 指在与人沟通意见时所具备的语言表达能力和语言理解能力。

communication system 沟通系统 在具有严密组织的团体中，其成员间的沟通有一定的系统。如学生会组织，有主席、干事、会员等，有事分层负责，传达消息有一定的过程。像此类靠组织管道传达意见的方式，称为沟通系统。

communication theory 沟通理论 指包括物理学、机械工程学、社会学、生理学、心理学等多方面知识对信息沟通的综合性研究。简单言之，沟通理论所研究的问题包括三方面：(1) 沟通内容，主要在探讨沟通信息本身的问题；(2)沟通过程，主要在探讨沟通管道；(3)沟通功能，主要在探讨如何沟通才能发挥最大的功能。

community hot line 社区热线 义同电话咨商(telephone counseling)。见该条。

community mental-health center 社区心理健康中心 指专为推行心理卫生，从而促进社区内居民健康的机构。社区心理健康中心的组织与设备，较之精神病院为简单，但通常也具有一般心理治疗的人员与设备。社区心理健康中心的主要价值是，平常可以推行心理卫生教育，社区内的居民遇有心理适应上的问题时，随时可以请求帮助，远较去大型医院为方便。因社区心理健康的功能是多面的，故而又称综合心理健康中心(comprehensive mental-health center)。

community psychiatry 社区精神病学 20世纪70年代新兴的一门精神病学。社区精神病学是以社区内的居民为对象，研究社区内精神疾病的预防、治疗、复健以及就业安置等事项。

community psychology 社区心理学 属心理学领域中的一个新兴分支。社区心理学的内涵乃是结合了心理卫生、心理治疗、临床心理学以及社会工作等各学科的要义，目的在了解社区内民众心理适应情况，帮助适应困难者解决问题，提倡有益身心的活动，增进小区的安详和谐。

comparable form = alternate form 复本，更替卷

comparable group 比较组 从事分组比较研究时，经由同一抽样方式，从同一总体中抽取数组样本，然后按预定的实验设计，对各组实施不同的实验处理。此等样本在理论上具有同样的代表性，都可用来推论解释总体的特征。在实验之后，比较各组结果，从而检定因不同实验处理所产生的差异。见实验设计(experimental design)。

comparative ecology 比较生态学 生态学的一个分支学科。比较生态学研究的重点是比较研究各种生物习性之差异，如喜鹊在夏秋之际储藏食物以备寒冬，老马能辨识方位路途，信鸽能从数千米外传递信息，候鸟随季节迁移，蛇与蛙类冬眠等，均属比较生态学研究的主题。

comparative judgement 比较判断 基于同一维度而在相同或不同强度的刺激情境下，个体凭其感官对两个或多个刺激所作的辨别判断，称为比较判断。例如，一系列由浅灰、中灰到深灰稍有差别的颜色，任取两种让受试者予以深浅的区分，或另外提供一种灰色作标准，要受试者从系列中选出同一深度的灰色，与之比较，然后做出判断。

comparative psychiatry 比较精神病学 义同跨文化精神病学(cross-cultural psychiatry)。见该条。

comparative psychology 比较心理学 是理论心理学领域中的一个分支。比较心理学的特征在于以比较的观点研究各类动物之间行为上的异同，并探讨各类动物的演化过程及其在不同生态环境中的适应方式。

comparison level (CL) 比较水平 社会心理学术语。根据社会交换论，个人利益的考虑是以代表社会的标准体为比较根据的；只有在个人利益不低于社会标准的平均值的情形下，他才会感到心安。见社会交换论(social exchange theory)。

comparison stimulus 比较刺激 见标准刺激(standard stimulus)。

compartmentalization 区分化 属于防卫机制之一。指个人将自己的思想与行为分开来处理，从而免除由自己言行不一所导致的心理冲突。见防卫机制(defense mechanism)。

compassion 怜悯 指面对某人遭遇不幸或社会遭遇灾难时所产生的一种强烈同情感。

compatibility index 和谐指数 表示团体中成员间人际关系和谐程度的指数。和谐指数是根据社会测量(sociometry)实施结果来计算的。见该条。社会测量的实施过程是让团体成员在某种假设情境(如小学生排座位)下，按自己的意愿选择一人为同伴，选择的结果自然是有的单向选择，有的彼此互选。彼此互选者称为对偶，在团体总人数中对偶数出现愈多，即表示团体中和谐程度愈高，如此，可根据以下公式计算出和谐指数：

$$和谐指数=\frac{团体中对偶数}{团体总人数-1}$$

compelled behavior 强制行为 指个体受团体规范或社会文化传统约束而不得不表现的行为。不同的团体有不同的强制行为，不同的社会有不同的强制行为。不过，强制行为也有最根本共同之处。例如，所有民族几乎都规定身体某些部位必须遮蔽起来，遮蔽的方式虽有不同，但意义是一样的。因此，规定穿衣服就是强制行为。此外饮食有定时，大小便有定所，也是最基本的强制行为。

compensating error = **compensation error** 互补误差

compensation 补偿，补偿作用 **1.**根据弗洛伊德的精神分析论，补偿为防卫机制之一。唯就个体因此种心理作用所表现的行为而言，其行为后果远较其他防卫机制为积极，它不致使人逃避现实，而有时会助人克服困难，解决问题。补偿作用是指个人追求目的受挫或因自身缺陷而遭失败时，改以其他能够获胜的活动方式来代替，借以弥补因失败而丧失的自尊与自信。例如，身体残障不能在运动场上与人争胜的学生，可借读书成绩以弥补其不可克服的身体缺陷。心理学家阿德勒认为，补偿作用起于人的自卑情结。因克服自卑而力求超越，故而产生补偿心理。见阿德勒（Adler, Alfred）传记条。**2.**根据瑞士心理学家皮亚杰认知发展论中的解释，补偿是具体运思期（7～11岁）儿童所具有的一种推理能力。意指当物体改变形状而不改变质量时，其维度之一改变将在另一维度上获得补偿。如将广口杯中的水注入狭口杯中，原来水的横面维度缩小，但其纵面维度则升高。见守恒（conservation）。**3.**在神经生理学上，补偿指中枢神经系统受损后在功能上能够自然恢复的生理现象。

compensation error 互补误差 指观察测量所得的分数与真分数之间的差异，而此种误差的产生是概率性的，是无法控制的。从重复多次观察测量的结果去分析，实得分数与真分数之间的误差，可正可负，彼此产生互补作用，故称互补误差。见变异误差（variable error）、真分数（true score）。

compensation idea 补偿观念 根据心理学家阿德勒的解释，个人因某方面条件缺短而产生自卑感时，会改以幻想方式去超越自己，借以消减因自卑感而带来的痛苦。此种心理作用，称为补偿观念。见追求卓越（striving for superiority）。

compensation neurosis 补偿性神经症 属神经症之一。患者因某方面缺陷（如肢体残缺），因而力图在其他方面（如学业或社会地位）寻求补偿。唯以过分重视成败，患得患失的结果，反而导致心理异常。见过度补偿（overcompensation），另见神经症（neurosis）。

compensatory behavior 补偿行为 个体以平常的活动不能达到目的获得满足时，可能改以其他活动方式代替，从而获得部分的满足。此种代替性的活动，称为补偿行为。见补偿（compensation）。

compensatory education 补偿教育，补习教育 **1.**指对学前儿童中，因家境文化刺激贫乏而致心智发展迟滞者所设计的特别教育措施。**2.**指对幼年失学以致文化水平不高的成年人所提供的补习教育。

compensatory mechanism 补偿机制 义同补偿（compensation）条第一义。

compensatory movement 补偿活动 当身体活动失却平衡时所引起的反应，称为补偿活动。如登山时身体向前倾的活动即属之。因此种活动多属非意识的，故而也称补偿反射（compensatory reflex）。

compensatory reaction 补偿反应 当个体发现别人向他表露出过多或过少的亲密行为时，所采取的一种调整性的行为反应。此种反应包括一种或多种直接反应的信号，如眼神的接触、微笑、身体的接近等，当两人身体的位置极为接近时，“眉目传情”的行为就会减少。

compensatory reflex 补偿反射 义同补偿活动（compensatory movement）。见该条。

compensatory trait 补偿特质 指个体在某一方面的特质有缺陷时，另一方面的特质将特别发达，后者补偿前者，借以维持其生存功能。对后一种特质而言，即称为补偿特质。例如，盲者听力特强的现象即属之。

competence 胜任，资格，能力 **1.**指个人充分具有担任某种职务的能力。**2.**指个人的身份条件合于法定的条件，如投票权即是。

competence drive 胜任驱力 义同胜任动机（competence motivation）。见该条。

competence motivation 胜任动机 指个体力求发展自己的知识技能，俾可胜任所从事职务的内在驱力。

competency-based education（CBE） 能力本位教育 义同能力本位教学（competency-based instruction）。见该条。

competency-based instruction（CBI） 能力本位教学 属于一种以预定之行为能力作为目标的教学方法。能力本位教学的基本要义有三：（1）在教学之前的教学设计时，必先详细列出行为目标，

C

预期经由教学活动之后，希望学生在能力上如何改变，改变到什么程度(如电脑中文打字每分钟打60个字)。唯行为目标须以学生已有能力经验为基础，因而必须考虑到学生的起点行为。(2)在教学活动过程中，随时随地评鉴学生能力进步的情形，并随时与预定之行为目标核对，借以修正以后的教学进程。(3)教学后对教学效果的评鉴，以预定行为目标为标准，以学生在行为上实际表现的能力为根据，达到标准者视为教学历程结束，未达标准者继续教学活动，直至达到标准为止。现在工业上采取的技术性的资格检定，即根据能力本位的观念。见行为目标(behavioral objective)，起点行为(entry behavior)。

competency-based teachers education(CBTE) 能力本位师范教育 指将能力本位作为原则的师资培育，旨在提升师范教育实效，借以达到师范教育确能培养优良教师的目的。实施能力本位师范教育时，必须考虑三个问题：(1)客观分析并具体列出优良教师必须具备些什么能力，此等能力如何在行为上具体表现。(2) 在师范院校的教学上，如何有实效地培养出上述优良教师的能力，师范院校中的教授们能否做到先具有此等教人的能力。(3)对师范毕业生，如何评鉴其是否养成了预期的能力。以上三问题可说是实施能力本位师范教育的三个先决条件。能力本位的师范教育理念，实施起来对属于经师方面师资的培养较为容易，但对于人师素质的陶冶则仍然不易做到。见能力本位教学(competency-based instruction)。

competency-based training(CBT) 能力本位训练 按能力本位教学历程训练从业人员，使接受训练者，经过训练后确能获得所需要之能力的训练方式，如训练汽车司机，受训之后确能胜任司机职务。见能力本位教学(competency-based instruction)。

competition 竞争 两人或多人追求同一目标时所产生的各自奋力、互不兼容的现象。

competition fright 怯场 指个体在竞争激烈的情境下，心理上出现恐惧、退缩的现象。

competitive motive 竞争动机 属于社会动机之一。竞争动机的作用是，促动个体与别人竞争，在某种行为(如运动、学业等)上力争上游，以期胜过别人。见社会动机(social motive)。

competitive reward structure 竞争酬偿制 一种社会行为的酬偿方式。在此酬偿方式之下，团体中的所有成员均为获得单一的酬偿物而努力工作，但努力工作结果却只有一人得到最高报酬。与本词相对者为合作酬偿制(cooperative reward structure)。见该条。

complacence 自得 是一种个体需求获得满足的心理均衡状态。此种状态是个体对环境有效适应的结果。

complaint habit 疑病癖 个人过分关心自己的身体状况，经常抱怨腰酸、背痛、肠胃不适、四肢无力等病痛，而事实上并无生理上真正的病因。此等习惯性的反应，称为疑病癖。平常人也难免偶有类似现象，但成为习惯的反应后就可能演变成疑病症(hypochondriasis)。见该条。

complementarity 互补性 在对偶性的人际关系中(如夫妻或密友)，两人之间的相互吸引，除两人在性格上有相似之处外，有时也存在着彼此相异的性格，所谓男刚女柔的说法就是如此。像此种两人性格不同而又能相处和谐的情形，可视为互补性使然。

complementarity theory 互补论 指解释人际间之所以彼此吸引构成友爱关系的理论之一。互补论的观点是，人际间彼此吸引者乃是由于彼此性格不同。所谓刚柔相济，即此之谓。

complementary color 补色，互补色 任何两种色光经混合后呈现白色或灰色时，其中一种彩色即为另一种的补色。互为补色者，在色环(color circle)上居于彼此相对的位置。见该条。在颜料上则以能合成黑色之两色为互补色。见加色混合(additive color mixture)。

complementary instinct 互补本能 根据弗洛伊德的理论，谓人类生而具有两种本能：一为生之本能(life instinct)，另一为死之本能(death instinct)，二者互补以维持生存，故而称为互补本能。见该等条。

complete-learning method 无误学习法 是一种学习法，也是一种教学法。此法实施时有两个要点：(1)从开始练习起，每次所学到的教材内容(如文字之读音或技能之动作等)都是正确的；(2)对某一单元的学习材料，全部都能学到正确无误的地步。

complete-learning procedure = **complete-learning method** 无误学习法

completely randomized design 完全随机化设计 指参与实验的受试者都是经由随机抽样(random sampling)的过程选取的。见该条。

complete memorizing procedure 全记忆法 义同无误学习法(complete-learning method)。见该条。

completion item 填充题 指省略一个语句中某重要概念，要求学生填充起来，从而测量其记忆能力的一种测验方法。语句中省去的重要概念，可以是文字，可以是数字，也可以是符号。填充题命题时宜遵守以下原则：(1)预留空白而要求学生填充的部分，必须是简明而重要的概念；(2)避免从课本上抄录整个的句子；(3)使填充部分预留的空白有一样的长度，以避免产生暗示；(4)每一题目以保持一个填充为宜。

completion test 填充测验，完成测验 将测验题目中部分字或句删略（或删略一系列数字中的几个数字），由受试者按上下文意填充起来，从而测定其语文能力或相关知识的测验，称为填充测验。此种测验系由早期德国心理学家艾宾浩斯所创用，故而也称艾宾浩斯测验（Ebbinghaus test）。

complex 情结 指被压抑的情绪性的观念或冲动。因此等观念与冲动在性质上多与社会道德标准不符合，故而被压抑在潜意识之中。一旦浮出潜意识时，当事人多以不自觉的异常方式表现出某种行为。有的成年男性对母亲的感情过分依赖，甚至对同年龄的女性不感兴趣，就可视为恋母情结（Oedipus complex）。此种看法是精神分析学派的重要概念之一。见该条。

complex indicator 情结指标 根据瑞士精神病学家荣格的理论，在单词联想测验时，如受试者对某一单词的反应特别费力，或勉强反应而显得面红耳赤时，即显示该单词使他联想到隐藏在内心中的情结，故而称此种反应为情结指标。见情结（complex）。

complex learning 复杂学习 指联想学习（associative learning）（如只学习一个刺激与一个反应的关系）之外的一切复杂学习。学校中学习数学解题，即属典型的复杂学习。

complex reaction 复杂反应 指反应时间实验中的各类反应方式。见复杂反应时间（complex reaction time）。

complex reaction time（CRT） 复杂反应时间 在测试反应时间时，其程序较简单反应时间为复杂者称为复杂反应时间。复杂反应时间有三类：(1)辨别反应时间（discrimination reaction time），有两个（或以上）刺激交替出现，受试者只需对其中某一刺激做出反应。例如，红灯与绿灯交替出现，受试者只需对红灯做出反应。(2)认知反应时间（cognitive reaction time），某项刺激出现之后，受试者须得认出该刺激的某些特征，始能做出反应。例如，某一单字出现时，受试者必须了解该单字的意义，始能做出正确反应。(3)选择反应时间（choice reaction time），几个不同的刺激交替出现，受试者必须针对某个特殊的刺激，做出某种特殊的反应。例如，红灯和绿灯交替出现，当红灯出现时，受试者需按甲键，而当绿灯出现时，则按乙键。复杂反应时间也称之为复合反应时间（compound reaction time）。见反应时间（reaction time）、简单反应时间（simple reaction time）。

C

complex transfer 综合迁移 指长期累积的经验有助于对新事物学习的现象。事实上，除实验室内控制研究的学习迁移（transfer of learning）之外，在日常的求知活动中，多半都靠综合迁移。见该条。

compliance 依从，顺从 指个体受别人影响所表现的依从别人意愿的行为。在行为上依顺别人，其动机可能是迁就现实或逃避困难，但其内心未必出于自愿。参见信服（private acceptance）。

compliant character 依从性格 根据美国新弗洛伊德主义心理学家霍妮的人格理论，有的人在性格上过分强烈需求别人关爱，过分依赖别人感情支持。霍妮认为此种人心理不健康，在性格上带有神经质倾向。因此，她认为此种人所表现的依从行为是属神经质屈从（neurotic compliance）。见霍妮（Horney, Karen）传记条。

complication 联觉，并发症 **1.**指同时接受多种刺激时所产生的感觉联合效应。例如，吃苹果时嗅觉与味觉联合在一起而产生的感觉就是联觉效应。 **2.**指由一种疾病连带而发生另一种疾病的并发症现象。

complication experiment 分心实验，互涉实验 属于注意力分散影响反应时间的一种实验。此种实验的基本设计是，要求受试者同时注意两种刺激，分别记录其对一种刺激的反应时间，然后观察注意力分散时对反应时间的影响。此种实验结果一般发现，受试者不能同时全神贯注两种刺激，对其中之一注意较多时，对另一刺激则付出较少注意。而且较少注意刺激的反应时间延后。例如，同时收听电话和录音机两种声音刺激，若注意电话中的刺激，录音机内的声音即使同时传出，但在听觉感应上似是来得较迟。美国结构主义创始人铁钦纳，称此种同一时间只能注意一种刺激的心理现象为先入律（law of prior entry）。

componential analysis 成分分析 指语义学上对词义的分析。例如，“单身汉”一词，在语义上必须包括成年、未婚、男性三个成分，缺一不可。

componential intelligence 组合性智力 属智力三元论（triarchic theory of intelligence）中所指构成人类智力的因素之一。见该条。

component impulse 局部冲动 指由局部本能（partial instinct）所引致的冲动性行为。诸如吸吮、咬嚼、抓取等均属之。见该条。

component inference 合成推理 指以多个同一主位的推理判断。例如,孔子是中国人,孟子是中国人,荀子是中国人,故孔、孟、荀三人都是中国人。

C

component instinct = partial instinct 局部本能

component society 合成社会 指以家族为基础组合而成的社会而言。在中国的农村尚有很多此种类型的社会(如赵家庄全村都是赵家的后代)。

composite figure 组合形象 指个体意象中或梦想中的理想人物。唯此一人物并非指现实世界中的某人,而是指由多个人的特质组合而成的理想形象。组合形象又称组合人物(composite person)。

composite image = compostie figure 组合形象

composite norm 总分常模 由两种或两种以上分数合成总分后,再经统计整理而得的常模,称为总分常模。例如,有的测验包括数个分测验,分别测量不同的行为特质。每个分测验各有其分数,按分测验分数可以得到分测验的常模。合各个分测验分数可得一总分,由总分即可得到总分常模。见常模(norm)。

composite person 组合人物 指在心理上组合数人特质而成的理想人物。此一理想人物并不实际存在,只是理想中的形象。见组合形象(composite figure)。

composite score 组合分数,合成分数 指数个测验分数之总和或平均值,或指一个测验内数个分测验的分数总和或平均值;或指上述两种情况所得的各个分数经过不同的加权处理的总和。

composition of movement 动作的复合性 指身体的动作多半不是单一的活动,而是由多个神经系统和肌肉联合而成的复合性活动。以走路动作为例,其中包括视觉、大脑运动区、肢体活动等多种活动所组成。

composition scale 作文量表 指评定作文优劣的一种量表。此种量表的构想是试图以客观标准为作文评分,避免单凭主观印象给分的缺点。作文量表的设计是,将一篇作文分为切题、用字、修辞、文法等各方面的评分,然后合成总分而决定其成绩。

compound bilingual = compound bilingualism 混合型双重语言

compound bilingualism 混合型双重语言 指个人一开始学习语言时就学说两种语言。亦即自幼在家庭中就使用两种语言。见双重语言(bilingualism)。

compound reaction time 复合反应时间 义同复杂反应时间(complex reaction time)。见该条。

comprehension 理解,领会 指对复杂刺激情境(如语言文字、数学题目等),能了解其意涵或领会其原理的心理历程。

comprehension of knowledge 知识理解 广义言之,凡是对事象变化的本质有所认知者,均称知识理解。狭义言之,知识理解是指学习事物时经思维过程而将之吸收融入既有相应经验中成为个人知识的历程。

comprehension test 理解测验 **1.**评量个体对某一特殊情境(或问题)能理解到何种程度的测验。**2.**亦称阅读测验。受试者读过一篇文章(或其他语文数据)之后,接受某种预先编妥的测验,从而评量其对所读资料理解的程度。

comprehensive examination 综合考试 指包括数科目的广泛性考试。此种考试通常在研究所对应修学科告一段落的研究生行之。一般的情形是,通过综合考试后才正式进行学位论文的撰写。

comprehensive mental-health center 综合心理健康中心 义同社区心理健康中心(community mental-health center)。见该条。

comprehensive solution 全解脱 属美国新弗洛伊德主义心理学家霍妮理论中三种神经质解脱之一。全解脱指个人在现实自我与理想化自我两者之间不能协调而引致心理冲突时,个人为减低心理冲突带来的紧张与焦虑,改变信念,相信自己的现实自我,也就是放弃他想追求的理想化自我,从而彻底消除心理冲突的历程。见神经质解脱(neurotic solution)。

compromise formation 妥协作用 **1.**属精神分析论中的术语。指本能性冲动与个体有意压抑该冲动时所形成的一种适应性行为。亦即本我与自我之间冲突后演变成的一种妥协性的适应行为。**2.**属防卫机制之一。当个体面对不愉快的情境时,他采用同时含有两种性质不同的行为来反应,从而获得心理上的满足。设有甲、乙两女生,甲生对乙生素怀敌意,某日乙生着新装出现时,甲生说:"好漂亮的衣服,你怎么会选购这样的衣服?"这句话里就含有正反两种意涵。显然是甲生想借这前后不同的两句话达到她对乙生不友善的目的。见防卫机制(defense mechanism)。

compromism 折中论 属心身关系问题(mind-body problem)中的一种论观,既不偏于一元论,也不偏于二元论。见副现象论(epiphenomenalism)。

compulsion 强迫作用 **1.**指个体在心理上所感受到的一种压力,此种压力迫使个体表现出违反自己意愿的行动 **2.**指个体因心理压力所导致的不能自主与自制的行动。强迫作用的压力来源,可能是外在的(如无法抗拒的暗示),也可能是内在的主观意识(不合理的思想)。见强迫性反应(obsessive-compulsive reaction)。

compulsive behavior 强迫行为 **1.**狭义言之,指个人不能自制的身体动作,如说话时的手势与无理由的重复洗手等,均属强迫性行为。**2.**广义言之,强迫行为也包括认知历程,如不能自制地重复思考某一问题(强迫思想)即是。见强迫性反应(obsessive-compulsive reaction)。

compulsive character = compulsive personality 强迫性格,强迫人格

compulsive-conduct disorder 强迫性行为异常 义同强迫性神经症(obsessive-compulsive neurosis)。见该条。

compulsive disorder 强迫症 义同强迫性神经症(obsessive-compulsive neurosis)。见该条。

compulsive idea 强迫观念 属强迫性神经症症状之一。见强迫性神经症(obsessive-compulsive neurosis)。

compulsiveness 强迫作用 **1.**个人不能自制甚至违反自己意愿的行为倾向。见强迫性神经症(obsessive-compulsive neurosis)。 **2.**是一种人格特质,具有此种特质的人,思想行为僵化,遇事缺乏变通能力。

compulsive neurosis = obsessive-compulsive neurosis 强迫性神经症

compulsive personality 强迫人格,强迫性格 属于人格类型之一。此种性格的特征是,个人在生活习惯、态度观念以及价值标准上,表现相当固执僵化的倾向。在待人处世的作为上,不能随机应变,纵使自知不合情理,但仍坚持不变,一意孤行,在心理上似有不得不然的内在压力,故而称为强迫性格。见强迫性人格异常(compulsive personality disorder)。

compulsive personality disorder 强迫性人格异常 属人格异常之一。属此类型者,在性格上表现过分拘谨,思想行动墨守成规,一切受规范原则的限制,没有个人的主见,也缺少自由表达的感情。遇到需要随机应变的情境时,这种呆板型的人就难免适应困难。本词可简称强迫人格(compulsive personality)。

compulsive repetition 强迫重复 属于强迫行为之一。指个人毫无理由地一再重复同一活动。有人出门后总是放心不下,一再回头检查有无把门锁好的动作,就是强迫重复。

compulsive stealing = kleptomania 偷窃癖,强迫偷窃

computer anxiety 计算机焦虑 指因缺乏计算机知识所引起心理上的落伍感与恐惧感。盖因计算机的使用已日趋普遍,几乎日常生活中所接触的任何信息,都与计算机有关。完全不了解计算机作业的人,无论在求学、职业、联系上均感适应困难。面对不知计算机而又不可不知计算机的困境,因而产生焦虑感。

computer-assisted design 计算机辅助设计,电脑辅助设计 义同计算机辅助教学(computer-assisted instruction)。见该条。

computer-assisted instruction(CAI) 计算机辅助教学,电脑辅助教学 指由早期的编序教学改良成的个别教学的科学工具。计算机辅助教学的主要设计是,将课本教材改编为计算机教材。计算机教材的特征是,将课本教材分解为多个主题,每个主题再分为多个小单元,每个小单元代表一个要学生解答的问题,而问题的排列由易而难,能解答第一个问题,多半就能解答第二个问题,循序渐进直到全部做完为止。计算机教材编好后输入计算机并制成光盘,学生即可操作计算机解答问题,如答案正确,立即获得回馈予以鼓励;如解答错误即调整计算机再重新解答。计算机辅助教学的优点是,学生自行操作可提升学习兴趣,而且速度可配合个人能力。唯缺点是学生遇到困难不能立即得到教师协助,难免感到孤立。因此计算机教学并不能代替教师。

computer-assisted learning(CAL) 计算机辅助学习,电脑辅助学习 义同计算机辅助教学(computer-assisted instruction)。见该条。

computer illiteracy 电脑盲 指在一切计算机化的现代社会中,如个人完全不了解如何使用计算机或如何运用计算机信息,势将像不识字的文盲一样,难免遭遇求知的困难与求职的窘境。

computerized axial tomography 计算机轴向断层摄影术 见计算机断层扫描仪(CAT scanner)。

computer simulation 计算机模拟 计算机模拟始自美国认知心理学家西蒙1958年的设计。当时西蒙尝试将人类信息处理时的思维历程写成程序输入计算机,借计算机的运作表现出类似人脑对信息记忆、储存运用及解决问题的能力。他在计算机模拟时采用发声思维的方法,让受试面对问题时一边思维一边说出内心的想法,作为他撰写计算机程序的根据。1972年西蒙发表其研究结果,称此种借计算机运作代替人脑思维解决问题的成果为人工智能(artificial intelligence)。见西蒙(Simon, Herbert Alexander)传记条。见发声思维

(think aloud)。

Comte, Auguste(1798～1857) 孔德 孔德是19世纪法国哲学心理学家,是实证主义创始人,是现代社会学的奠基者,也是行为主义心理学的先驱。

C

孔德1798年1月19日出身于法国南部蒙特彼利的一个税务官家庭,自幼崇拜美国政治家和科学家富兰克林,他将富兰克林视如苏格拉底一样伟大。原因是当时正值法国大革命(1789～1799)结束之后,社会动荡不安,他希望有一位像富兰克林那样的科学家兼政治家的人物来挽救法国。此一生活背景可能是使他日后力倡以科学方法研究社会科学的原因。1814～1816年就读于巴黎蒙特彼利工艺学校,1816～1818年在巴黎担任数学教师,1826～1832年在巴黎设帐讲学宣传实证主义,1848年在巴黎创立实证主义协会。孔德一生命运坎坷,曾住过两次精神病院,一次是因婚姻失败试图自杀获救之后,另一次是因为他的爱人死亡所导致的精神崩溃。1857年9月5日病逝巴黎,享年59岁。孔德在学术上的贡献,主要在于以下两方面:

1.倡实证主义影响深远 孔德的哲学思想对以后心理学发展的最大影响,在于他首创的实证主义。所谓实证主义(positivism),是谓有效的知识或科学,只限于可以观察到或经验到的事实,除此之外,所有属于内省或逻辑思辨的抽象概念,既不能视为科学,也不能视为哲学。孔德的实证主义思想,深受早期英国哲学家培根的归纳推理思维逻辑和洛克的经验主义思想影响。他认为有效的知识只能来自感官经验,不能来自理性推理,因而力倡实证研究并进而否定内省法的价值。显然,实证主义是一种反西方传统思想运动;既反对形而上学,也反对宗教义理,而主张以具体事实代替抽象观念,其目的旨在以科学取代哲学。孔德指出,在人类求知历史中,对世界万物变化的解释,可分为三个阶段:(1)神话阶段,此阶段人类相信超自然神的力量,将世界万物变化解释为神的旨意;(2)形而上学阶段,此阶段人类有了哲学思想,开始了对世界存在本质与目的以及知识来源问题的思辨;(3)实证阶段,此阶段人类不再迷信和空想,采用观察分析客观世界万物变化的现象,并试图加以验证,以了解自然现象背后的真相,从而获得自然变化的法则。他指的第三阶段,也就是世人所称的科学时代。孔德的历史发展三阶段理论,被称为三阶段法则(law of three stages)。孔德的实证主义思想,不仅对19世纪欧洲自然科学发展影响至巨,19世纪末德国实验心理学的诞生,以及20世纪初美国行为主义之特别强调客观实验取向,亦是受此实证主义的影响。孔德的实证主义思想,可说是经验主义思想演变的结果。孔德实证主义的本意,只是强调科学的记述性,只记述观察到的事实变化,而孔德之后,逻辑实证主义(logical positivism)思想兴起,又将科学概念扩大,分为实证科学与理论科学两大类。至此"实证"一词已非纯属经验主义传统,而是将经验主义和理性主义合而为一了。

2. 开启现代社会学的研究 社会学(sociology)一词是孔德在1838年创用的。孔德所创始的社会学,自始即不以个体为研究对象。他相信,个人的行为主要是社会的产物,而非个人的经验或人格特质使然。因此,他认为心理学家试图以个体为对象研究其内在自我,是不可能得到结果的。孔德主张,要想了解人性,只能在社会情境中观察人与人之间的互动关系,除观察所见之外,不能加以推论解释,也不能靠当事人内省陈述。原因是这样得到的结果是无法验证的。孔德的此种主张,目的在使社会学成为一门像自然科学一样客观的科学。

孔德的著作中译为英文的专著有:*Catechism of positive religion*(1858); *Systems of positive polity, 4 vols.* (1875～1877); *The positive philosophy*, 3 *vols.*(1896)等。

conation 意动 **1.**是一种有意识的动机,即自觉内在失衡而有意去努力恢复平衡的内在动力。由意识性动机所促动的行为是有目的、有方向的。有人少年立志将来行医济世,因而连续参加大学联考三次终于考取他理想的医学系,这就表示他具有强烈的意动。如此解释,本词义同意志(will)。见该条。**2.**在传统心理学上,意动、认知(cognition)和情感(affection)三者合称为知、情、意三个心理官能。见官能心理学(faculty psychology)。

concentrative meditation 专注式静坐,集中式静思 属静坐的一种方式。专注式静坐的特点是,静坐时心无旁骛,将意识活动专注于眼前一个目的物,从而排除环境中一切外在刺激的干扰,借以达到暂时忘却自我、忘却一切烦恼、忘却外在世界的超脱境界。用来作为专注的目的物，可以用一瓶花、一炷香，也可以用墙上的一个挂钟或一幅图画。静坐时对目的物专注，并非专心注意去仔细观察分析目的物的特征，而只是以专注目的物为手段，使自己的意识不致受到周围环境中其他刺激的干扰，从而达到静坐的目的。因此，用作专注的目的物，在性质上不宜太复杂，也不能太新奇。专注目的物的功用，只是因其存在而不致使人分心而已。借由对单一目的物的专注，静坐者可以将注意力从周围纷繁喧扰的环境中收敛回来，在无所思、无所欲、无所惧的心态之下，使意识活动得以澄清，从而臻于忘我与无我的境界。见静坐(meditation)。与本词相对者是开放式静坐(open-up meditation)。见该条。

concept 概念 **1.** 指对具有相关共同属性一类事物获得的概括性的认识。例如，幼儿吃过、看过、拿过不同形状、颜色、大小的苹果之后，在他的意识中将形成一种概括此类水果属性的认识(苹果)。此一超越具体事物的认识即为概念。**2.**狭义一点讲，以单一概括性的名称或符号，代表具有共同属性的一类事物的全体时，此名称或符号所代表者即为概念。如“书”字代表所有不同种类、不同性质的书籍，故而它是一个概念。同理，数字8代表量的概念，X代表变量的概念。文字符号都是表示概念的，但有些概念未必形诸文字或符号，如幼儿不识字，照样有概念。**3.**概念的形成是学习的，简单概念学习的过程主要经由类化与辨别的交互作用，把对具体事物的经验，经抽象化而形成超越具体对象的认识。复杂概念的学习，则需经由理解或假设验证的思考历程。见概念形成(concept formation)。**4.**义同观念(idea)。见该条。

concept acquisition 概念掌握 义同概念形成(concept formation)。见该条。

concept assimilation 概念同化 指学习者运用认知结构中既有概念为基础理解新概念，使新旧概念融合，从而扩大其知识领域的心理历程。见同化(assimilation)条第二、三、四义。

concept attainment 概念获得 义同概念形成(concept formation)。见该条。

concept construction 概念结构 义同概念形成(concept formation)。见该条。

concept development 概念发展 义同概念形成(concept formation)。见该条。

concept discovery 概念辨识 义同概念识别(concept identification)。见该条。

concept-driven processing 概念引导处理 义同自上而下处理(top-down processing)。见该条。与本词相对者为数据引导处理(data-driven processing)。见该条。

concept formation 概念形成 根据学得经验，辨别事物所具属性，予以归类处理(类化)，并抽取其共同之点(抽象化)，综合归纳从而获得对同类事物概括认识(概念)的心理历程。基于此义，可知在概念形成历程中，除对事物的属性辨识之外，类化与抽象化两种心理运作是重要的。以儿童学习狗与鸡两类动物的概念为例，儿童首先学习的是辨识狗与鸡的属性(狗有四条腿和身上长毛，鸡有两条腿和两只翅膀)，而后根据对多只狗与多只鸡的观察，分别将狗与鸡的属性区分为两类(类化)，最后再超越狗与鸡的个别具体形象而分别给予这两种动物“狗”与“鸡”的抽象名称。儿童对狗与鸡的概念形成之后，每当说“狗”或“鸡”的时候，在他的意识中并未特别指出是黑狗或黄狗，也未特别指明是公鸡或母鸡。事实上，他所表达的是包括所有狗或所有鸡的概念。见概念(concept)、属性(attribute)、类化(generalization)和抽象化(abstraction)。

concept identification 概念识别 根据属性的适切性以确定概念的心理历程，称为概念识别。按此定义，属性一词尚须稍加解释。概念是对同一类事物的概括性认识。人之所以对同一类事物产生概念，是因为他能够找出属于同一类事物的共同特征，比如说“红色花”三个字，其中“花”是概念，“红色”是花的特征，亦即“红”是“花”这个概念的属性(其实“红色”二字本身也是概念，只是和花连在一起时称为属性)。由此可见属性是确定概念的基本要素。比如说“形”一个字，无法获得确切概念，只有说“方形”“圆形”时，概念才能确定。本词概念识别强调属性的适切性，意指属性必须与概念适当配合才会产生明确概念，以“狗有四条腿”与“鸟有两只翅膀”为例，其中“四条腿”与“两只翅膀”虽都是属性，但前者只能用于狗的概念，后者只能用于鸟类的概念，如果你说“鸟有四条腿”，听的人不知道你在传达一个什么概念。见属性(attribute)。

concept identification rules 概念识别法则 指从事概念识别时在心理上所遵循的四条主要逻辑法则：(1)肯定法则(affirmative rule)，是指某些属性用于界定某概念时，是适切的，用该属性来界定某概念时，概念的意涵是肯定的。(2)否定法则(negative rule)，是指某些属性是不包括在某概念范围之内的，采用此等概念来界定某概念时，是不适切的。因此，在陈述某一概念时，此等属性

C

C

是排除在外的。(3)连言法则(conjunctive rule),是指用于界定某概念所采用的属性,是同时或连续出现的,亦即数个属性同时出现时,才能肯定概念的确切意涵。根据连言法则所形成的概念,称之为连言概念(conjunctive concept)。(4)选言法则(disjunctive rule),是指用于界定概念所采用的两个属性间带有二者选一或二者兼备的情形。根据选言法则所形成的概念,称为选言概念(disjunctive concept)。详见该等条。

conception 概念,受孕 **1.**义同概念形成(concept formation)。见该条。**2.**义同受孕(fertilization)。见该条及附图。

conceptional age 受孕计年龄 指计算年龄时,不以出生日为基准,而以推估之受孕日为基准者,谓之受孕计年龄。中国人传统计算年龄均以虚岁计算,在意义上近似受孕计年龄的计算方式。

concept learning 概念学习 义同概念形成(concept formation)。见该条。

conceptual ability 概念能力 指表现在理解、思维、判断等较高层心智活动方面的能力。见第二层能力(level Ⅱ ability)。

conceptual attitude 概念态度 **1.** 指态度之对象并非具体的人、事、物,而是抽象的概念。例如,个人对社会风气的态度即属此类。**2.**义同抽象心态(abstract attitude)。见该条。

conceptual change movement 概念变动 属有效教学的条件之一。概念变动的意涵是,有效的教学不是教学生学到一些零碎的概念,而是教学生能够变化重组旧概念学到新概念。

conceptual coherence 概念连贯性 指在思维解决问题时,由数个概念彼此连贯而有助于获得答案的心理历程。

conceptual definition 概念性定义 用语文界定某种观念或事件时,只用抽象的概念做笼统陈述,不进一步做具体说明者,称为概念性定义。这是一种辞典式的定义。例如,辞典上解释"道德",谓众人应循之法理为道德, 行为之合于法理者为道德。显然,此类定义是以数个概念(如法理、行为等)来界定另一概念(道德)。此种例子,在心理学上有很多,如对"智力"的界定:智力是抽象思考的能力;智力是学习或解决问题的能力。与概念性定义相对的是操作性定义(operational definition)。见该条。

conceptual disorder 概念错乱 指思维错乱失却形成抽象概念能力的现象。

conceptualization 概念化 **1.** 把零碎的分立的数据置诸观念性的架构之中,从而获得整体概念的历程,称为概念化。看过一篇文章或听过一次演讲之后,把看到的或听到的很多资料,加以整理简化而获得中心观念的历程,即属概念化。**2.**将数个不同的概念组合用以表达一个较复杂概念的历程,也称概念化。例如,"民主"一词所代表的复杂概念,可由以下说明概念化而来:民主指团体领袖由团体成员选举与团体事务经表决议定的历程。

conceptually driven processing 概念支配处理 义同自上而下处理(top-down processing)。见该条。

conceptual replication 概念性验证 见验证性实验(replicated experiment)。

conceptual system 观念体系 指个人将自己在生活中所体验到的经验、知识、态度、信念以及待人接物中所学到的价值判断等,经组织统整而成的观念结构,称为观念体系。而个人的观念体系又是他用以观察事物、认识世界的准则。

conceptual tempo 概念动率 指个体获得概念的速度。测量概念速度的标准是指定受试者阅读或辨认图形符号等较抽象的材料,要求他尽快做出反应,其成绩按速度与准确度两个标准计算。由概念速度的高低,可以鉴别个体的认知风格。根据研究发现,属于冲动型的人概念动率高,反应虽快,但错误较多。属于沉思型的人概念动率低, 反应虽慢,但错误较少。见认知风格(cognitive styles)。

concept validity 概念效度 义同构念效度(construct validity)。见该条。

conclusion 结论 **1.**泛指经过辩论或逻辑推理得到的结论。**2.**特指三段论法(syllogism)的第三个命题。见该条。

concomitant learning 附学习,同时学习 属美国教育家克伯屈(W. H. Kilpatrick)所指的三类学习之一。见主学习(primary learning)。

concomitant variation 共变关系 **1.**指两变项间相关的情形。**2.**指两现象间具有因果关系,或两现象的变化均各与第三现象有关。例如,一班学生的数学与物理两科分数,经分析发现学生中物理得分高者,其数学成绩也较高,即表示这两科目间存有共变关系。如再测量该班学生的智力后发现,学生智力的高低也与这两科的成绩呈正相关。在这种情形下,物理与数学两组分数的变异,只能确定其彼此相关,不能肯定何者为因,何者为果。但加入第三个智力变项后,智力既同时与物理和数学成绩相关,而智力通常被界定为学习抽象事物的能力,故大致可以推论,智力就是两科目成绩高低的原因。见相关(correlation)。

concomitant variations method 共变推理法

运用两个或三个变项间的共变关系作为归纳推理的依据，此方法称为共变推理法。逻辑上的三段论法，即属共变推理的方式。见共变关系（concomitant variation），三段论法（syllogism）。

concordance **共同性** 从事孪生子控制研究时，如发现孪生子之间在身心特质（如身高、智力、性格等）上有共同之处，称为共同性。孪生子之间的共同性愈高，他们受环境的影响愈小。与本词相对者为差异性（discordance），见该条。见孪生子控制法（co-twin control method）。

concrete ability **具体能力** 义同具体智力（concrete intelligence）。见该条。

concrete attitude **具体心态** 个体在对人、事、物以至情境反应时，未加深思立即表示的态度，称为具体心态。换言之，具体心态是不借思考但凭直觉引起的态度，其中包含个人主观成分较少。与具体心态相对者为抽象心态（abstract attitude），其表现不全以现实知觉为基础，而是受个人对同类对象已有态度的影响。偏见（prejudice）即属抽象态度之一。见该等条。

concrete concept **具体概念** 指代表具体事物的概念。诸如报纸、汽车、学生、写字、看书等，其语义所表达者，均为具体概念。盖因此等概念之属性均具体可见。与本词相对者抽象概念（abstract concept）。见该条。

concrete generalization **具体论断** 指根据具体事象经归纳推理所下的论断。见论断（generalization），归纳推理（inductive reasoning）。

concrete image **具体意象** 指单凭记忆即可唤起实际接受刺激当时的感觉经验。例如，想到握笔写字时的情境，就会在记忆中体会到手中握笔的经验感受。

concrete intelligence **具体智力** 指个体解决实际问题或处理具体事物时所表现的能力。与本词相对者为抽象智力(abstract intelligence)。见该条。

concrete operation **具体运思** 指瑞士心理学家皮亚杰认知发展理论中具体运思期（concrete operational stage）（7～11岁）儿童的思考特征。见该条。与本词相对者为形式运思（formal operation）。见该条。见认知发展阶段论（stage theory of cognitive development）。

concrete operational stage **具体运思期，具体运算阶段** 指瑞士心理学家皮亚杰认知发展理论中四个分期的第三个时期。在年龄上约为7～11岁。在此时期，儿童在智能方面的重要行为发展是，能从事简单的逻辑式思考，对数量、质量等守恒（conservation）概念，均已具备。见该条。分类行为已相当周密。唯思考仍以具体事物为依据，尚难达到完全抽象思维的程度。根据皮亚杰的理论，除具体运思期之外，其他三个时期分别是感觉动作期（出生至2岁）、前运思期（2～7岁）、形式运思期（11岁以上）。见认知发展阶段论（stage theory of cognitive development）。

concrete thinking **具体思维** 指以具体事物为对象的思维历程。具体思维是儿童思维的特征，唯脑部受伤者（尤以脑额叶受伤者为然），即使成年也多只能做到具体思维。与本词相对者为抽象思维（abstract thinking）。见该条。

concretistic thinking = **concrete thinking** **具体思维**

concretization **具体化** 指对抽象概念作具体描述的历程。在教学时，为使抽象概念达到具体化的目的，最常用的方法为举例说明。例如，“守秩序”是抽象概念，教师可举“按排队顺序上车”为例，使之具体化。

concurrent therapy **同时治疗法** 属家族治疗的一种方式。同时治疗法是指在家族治疗时，同时对夫妻或其他家庭成员进行治疗。同时治疗法进行时，治疗员可由一人担任，也可采数人合作治疗法（collaborative therapy）。见该条。

concurrent validity **同时效度** 属测验效度之一。指测验分数与现有效标之间相关的程度而建立的效度。例如，新编制一个小学算术成就测验，欲建立其效度，可对具有代表性的小学生样本施测，并得到一组分数。然后收集该群学生在校算术的实际成绩，又得到一组分数。最后计算两者的相关，所得的相关系数即代表该测验的同时效度。因为在此情形下效标是和测验分数同时获得的，故称为同时效度。见效度（validity）、效标（criterion）。

conditionability **可条件化** 指经由条件作用历程对不同性格的受试者建立条件反应的可能性。本词为英国心理学家艾森克理论中的术语，根据艾森克的实验研究发现，条件反应建立的可能性与受试者性格有关，性格内向的人，条件反应不但较易形成，而且形成后也可以保留较长的时间。见条件作用（conditioning）。

conditionalism **条件主义** 指对事物解释时所持的一种观点。谓一切事物的变化都有因果的条件关系。根据已知原因的条件可以预测其结果，根据已知结果的条件可以追溯其原因。

conditional knowledge **条件性知识** 指用于解释时间、地点及原因等条件的知识。

conditional positive regard **有条件积极关注** 见无条件积极关注（unconditional positive regard）。

C

conditional probability 条件概率 指一事件在另一事件已经发生的条件下可能发生的概率。条件概率通常用A/B表示之,意谓在事件B已经发生的条件下可能发生事件A的概率。条件概率的计算公式是:

$$P(A/B)=\frac{P(A\cap B)}{P(B)}$$

公式中,P为概率;A,B为两个事件。

conditional reasoning 条件推理 指在某种条件之下进行的逻辑推理。最常用的条件推理的基本模式是"if A, then B",假如天下雨(条件),我出门就要带伞,现在天下雨,所以我决定带伞(推理而得结论)。在条件推理模式中,A称为前项(antecedent),B称为后项(consequent),条件推理的历程就是根据前项假设推到后项结论。

conditional reflex = **conditioned reflex** 条件反射

conditional response = **conditioned response** 条件反应

conditional stimulus = **conditioned stimulus** 条件刺激

conditional syllogism 条件三段论法 义同条件推理(conditional reasoning)。见该条。

conditioned avoidance response 条件回避反应 经由条件作用学到的一种避免痛苦刺激伤害的反应。在无条件刺激带有痛苦(如电击)的情况下,个体如学到在条件刺激(如电击前出现红灯)出现时所做的某种反应可以避免无条件刺激,个体即可免于无条件刺激之痛苦。个体学到的此种反应,即称为条件回避反应。见条件作用(conditioning)。

conditioned discrimination 条件性辨别 指在条件作用学习历程中个体学到辨别不同刺激而表现出不同反应的情形。见辨别(discrimination)。

conditioned emotion 条件性情绪 指经由条件作用而学习到的一种情绪反应。某一中性刺激,本来引不起个体任何激动的情绪反应。只是,在个体因另外刺激而生情绪状态时,该刺激恰好与之相伴出现,久之该刺激也可以单独引发个体激动的情绪。"触景生情"即此之谓。见条件作用(conditioning)。

conditioned emotional response 条件情绪反应 义同条件性情绪(conditioned emotion)。见该条。

conditioned escape response 条件逃脱反应 属于一种经操作条件作用历程学习到的反应。个体被置于痛苦的情境(如电击)时,因某种自发的活动而致使其脱离困境。此一反应获得了痛苦消除的后果,因而也加强了以后再遇同样情境时出现同样活动的可能性。经历几次之后,个体即学习到此种反应。此种条件作用学习历程,也称逃脱条件作用(escape conditioning)。见逃脱训练(escape training)、操作条件作用(operant conditioning)。

conditioned fear 条件性恐惧 指经由经典条件作用(classical conditioning)历程学习到的恐惧反应。见该条。

conditioned inhibition 条件抑制 在经由经典条件作用实验过程中,条件反应形成后(单独条件刺激即可引起条件反应),如因另一无关刺激的出现,影响了或抑制了已建立的条件反应时,称为条件抑制。以巴甫洛夫用狗做的唾液分泌条件反应为例,当狗对铃声产生唾液分泌的反应后,如有另一刺激灯光出现,因而抑制了铃声本已引起的唾液分泌反应,这一现象称为条件抑制。见经典条件作用(classical conditioning)。

conditioned reactive inhibition ($_sI_R$) 条件性反应抑制 美国心理学家赫尔理论中的术语。意指反应性抑制现象之所以产生,乃是由于本已引起个体反应的条件刺激,重新对个体产生了另一种条件作用,使个体学到对该刺激不再反应。见反应抑制(reactive inhibition)。

conditioned reflex 条件反射 俄国生理学家巴甫洛夫当年用狗做条件作用实验时,称狗对条件刺激引起的新反应为条件反射。以后学者多称为条件反应。见条件作用(conditioning)。

conditioned reflex of first order 一级条件反射 生理学家巴甫洛夫从事条件反射实验研究时,将条件反射分成一级、二级和多级。一级条件反射是用无条件刺激直接强化条件刺激所形成的条件反射。例如以食物强化节拍器时所形成的食物性条件反射即是。用已形成条件反射的条件刺激物(如节拍器)作为强化物,与另一无关刺激(如灯光)相结合所形成的条件反射,称二级条件反射(conditioned reflex of second order)。较低等的动物只能形成低级条件反射,高等动物才可能形成多级条件反射。人所形成的条件反射级次最高。

conditioned reflex of second order 二级条件反射 见一级条件反射(conditioned reflex of first order)。

conditioned reinforcement 条件强化 指经由条件作用学习历程,使一中性刺激变为具有强化物的特性并进而形成高层条件作用的历程。见强化(reinforcement)。条件强化也称为次级强化(secondary reinforcement)。见该条。

conditioned reinforcer 条件强化物 经由条件作用的历程,使一个中性的刺激,变成了能满足个体动机从而强化其行为的刺激。此种改变了性质的刺激,即称为条件强化物。如奖状、锦标等象征性的刺激,对学生行为具有强化作用,均可视之为条件强化物。本词与次级强化物(secondary reinforcer)同义。

conditioned response(CR) 条件反应 指单独由条件刺激引起的反应。亦即经由条件作用学习到的新反应。见条件作用(conditioning)。因条件反应是个体对条件刺激学到新反应的历程,故而也称条件反应学习(conditioned-response learning)。

conditioned-response learning 条件反应学习 见条件反应(conditioned response)。

conditioned reward 条件性奖赏 一个原本不具有酬赏效用的刺激物,经由条件作用学习的历程而使之具有奖赏的效用。此类经条件作用后的刺激物,即称条件性奖赏。诸如奖状、加分、身份称谓等均属此类奖赏。因为此类奖赏物对个体的吸引力不是本来就有的,故而又称为次奖赏(secondary reward)。准此,不需经由条件作用而本身即可满足个体动机的刺激物(如食物),称为原奖赏(primary reward)。

conditioned stimulus(CS,Sc) 条件刺激 在条件作用的实验中,原来不能引起个体某种固定反应的刺激,经与无条件刺激相伴出现多次后,也能单独引起无条件刺激所引起的反应。此一中性刺激,即称为条件刺激。因条件刺激在性质上具有代替作用,故而也称代替刺激(substitute stimulus)。见条件作用(conditioning)。

conditioned suppression 条件性抑制 指运用经典条件作用的原理,消除某种习惯性反应的一种方法。在心理治疗上,此法常用来消除某种不良习惯(如戒烟戒酒等)。见厌恶条件作用(aversive conditioning)。

conditioned taste aversion 条件性味觉厌恶 指往常喜欢吃的东西经过一场疾病之后变得见而厌之的现象。此种味觉厌恶现象,乃是由于患病期间对食物的味觉刺激产生了条件作用。见厌恶条件作用(aversive conditioning)。

conditioning 条件作用,制约作用,条件化 指联想学习的实验方法或联想学习产生的心理历程。所谓联想学习(associative learning),是指行为主义心理学家所指的刺激—反应联想学习,即原本不能引起某反应的刺激(条件刺激),与另一原本即能引起该反应的刺激(无条件刺激)相伴出现多次后,亦可引起该反应(条件反应)。条件刺激引起条件反应的历程,即为学习历程。本词译制约作用时,"制约"指"一事件成立的先决条件"。因此两种译法意涵相似。根据行为主义心理学的理论,条件作用的实验方法或学习历程,分为经典条件作用(classical conditioning)与操作条件作用(operant conditioning)两大类型。见该等条。

conditioning by successive approximations 连续渐进条件作用 义同渐进法(approximation procedure)。见该条。

conditioning therapy 条件作用治疗 泛指一切根据条件作用原理作为心理治疗的方法。见行为治疗法(behavior therapy)。

conditions of learning 学习条件 美国教育心理学家加涅教学理论中的术语。学习条件是指影响每一类教学结果的条件。学习条件有内在条件(internal condition)与外在条件(external condition)之分,前者指学生学习前所应具备的条件(如先备知识、技能、态度等),后者指教学时所设置的有助于学习的一切情境。

conduction 传导 **1.** 指神经冲动在神经系统中的传导作用。 **2.**指声波经由耳朵传入中枢而得听觉的历程。

conduction aphasia 传导性失语症 属失语症类型之一。此类失语症的命名,系基于一种假说,认为系由于职司语言的布罗卡区(Broca's area)与韦尼克区(Wernicke's area)之间的神经传导失常所致。见该等条。见失语症(aphasia)。

conduction deafness 传导性聋 见传导性听力障碍(conductive hearing impairment)。

conduction loss 传导性听力丧失 义同传导性听力障碍(conductive hearing impairment)。见该条。

conductive deafness = **conduction deafness** 传导性聋

conductive hearing impairment 传导性听力障碍 指纯属听觉器官(耳朵)的功能失常所引起的听力障碍,而非指听觉中枢的障碍,故亦称传导性障碍。此种听力障碍主要因中耳及内耳发育不全或受损伤所致。对此类患者而言,助听器有效。

conductivity 传导性 指神经元在神经系统中传导神经冲动的性能。见神经元(neuron)条及附图。

cone 锥细胞,锥体 见锥细胞(cone cell)。

cone cell 锥细胞,视锥细胞 指分布于视网膜上的一种感光神经细胞。锥细胞对光线比较不敏感,所以要在较明亮的地方才会产生视觉。在视网膜上,视锥细胞比杆细胞少,且主要聚集在中央凹处,随着远离中央凹,锥细胞逐渐减少,因此在白

C

天或光线充足时，个体只要直视物体，即可让光线直接进到中央凹而产生最清晰的视觉。锥细胞也含有对光线敏感的色素化合物，依色素化合物的不同可将锥细胞区分为三种类型，分别对蓝、绿及红色产生反应，故锥细胞亦为产生彩色视觉的神经细胞。视网膜上若缺少一种或多种锥细胞，会引起色盲，假若只是锥细胞异常而仍有部分机能者，将形成色弱。见视网膜（retina）条及附图。

confabulation 虚构，虚构症 指个人所陈述的记忆与事实不符，他只用幻想去填补他无法记忆的事情。一般人的记忆中，或多或少都有虚构成分，唯虚构成分过多（纯属虚构）时，就成为虚构症。

confederate 同谋者，助试 指社会心理学家研究团体成员间彼此影响的一种实验设计。在团体中安插一个（或数个）成员，在其他参与者毫不知情的情境下，与主试者合作，按事先设计的方式行事，从而研究该成员预定行为对其他成员的影响。此一被安插的成员称为同谋者或助试。见阿希情境（Asch situation）的实验。

confession 自白，供认 **1.**在精神病学上，患者最初对自己病情的陈述，瑞士精神病学家荣格称为自白。 **2.**在犯罪心理学上，罪犯或罪嫌承认自己犯罪的供词称为供认。

confidence interval 置信区间，可信距 若用一个根据样本求得的统计数的线段作为估计值，并推论该统计数介于线段之间的可能有多大时，此种估计即称为区间估计，而该线段即为区间估计的信赖区间。例如，研究者宣称某小学六年级各班英文成就测验成绩之平均数介于89.5至96.8的可能性有95％，其中89.5至96.8这一线段，即为95％的信赖区间。而89.5与96.8两个点，则称为置信限（confidence limit）。见区间估计（interval estimation）、置信水平（confidence level）。

confidence level 置信水平，可信度 若用一个得自样本的统计数的线段作为估计值，并推论总体的值介于线段之间的可能性有多大时，其可能性之大小即为置信水平。例如，研究者宣称，某小学高年级儿童的数学成就测验成绩之平均数，介于85至90的可能性有95％，其中95％即为此项估计的置信水平。与本词有关的名词为区间估计（interval estimation）、置信区间（confidence interval）。见该等条。

confidence limit 置信限 指置信区间（confidence interval）上下限上的两点。见该条。

confidential communication ＝ **privileged communication** 保密对话

configural conditioning 情境条件作用 在条件作用的历程中，作为条件刺激者，通常不是单一刺激，而是由多个刺激形成的刺激组型或刺激情境。例如，学生在教室受到惩罚，引起恐惧反应，如以后进入教室即使不再受惩罚也会有恐惧反应，则教室情境即成了条件刺激情境，由教室情境引起该生的条件（恐惧）反应，称为情境条件作用。见条件作用（conditioning）。

configural superiority effect 形优效应 刺激情境中，凡是看起来具有形状意义者（有意义的文字或物体），比较容易辨识，而且容易记忆。此种现象称为形优效应。

configuration 整体印象，完形 指对物体的形象与背景所得知觉的整体印象。一个图形，其物理性特质虽为多个部分的组合，唯个体由图形所得之知觉却是整体性的。如分开由各部分单独去看，看完分立的部分之后，得不到原来整体的知觉。换言之，在物体知觉上，分立的部分知觉之和并不一定构成整体知觉，亦即在知觉经验上，部分之和并不等于整体。此为完形心理学（Gestalt psychology）所强调的整体性。见该条。

configurational psychology ＝ **Gestalt psychology** 完形心理学

confirmation 确认，证实 美国心理学家托尔曼学习理论中的术语。指在有目的学习情境中，个体经过多次尝试性活动后，终于达到他所期望的目的。换言之，他原先的期望获得了证实。

confirmation bias 确信的偏颇 指一般人对事件的看法，通常倾向于确信自己的信念就是对的，而忽略客观事实或相反意见。

confirming reaction 固定反应，符合反应 **1.**固定反应是一个假设性概念，谓个体对某种刺激反应之后能获得满足时，在神经系统中将产生一种固定作用。当下次同样刺激出现时，此一作用即促使个体做出同样的反应。我们常见个体在某刺激情境中重复其固定反应的事实，如吃过某种食物获得满足后继续再吃的现象，即可视为对上述假设的验证。 **2.**在实验或测验的情境下，受试者所表现的合于研究者预定标准的反应，称为符合反应。

conflict 冲突，矛盾 **1.**指同时出现两个（或数个）彼此对立或互不兼容的冲动、动机、欲望或目标时，个体无法使之均获满足，但又不愿将其中部分放弃的心理失衡现象，称为冲突。 **2.**因动机或欲望不能并存，个体不能从而得到满足时，所形成的左右为难或进退维谷的心理困境，称为冲突。 **3.**按弗洛伊德的精神分析论，在人格结构中本我、自我、超我三者之间不能协调的现象，也称冲突。与本词同义者有心理冲突(mental conflict)、内心冲突(intrapsychic conflict)和内在冲突(inner conflict)等。**4.**除以上三种解释外,人与人之间彼此意见不合甚至动武打斗的情况,也称冲突。最后这种冲突又称人际冲突(interpersonal conflict)。见该条。

conflict hypothesis **矛盾假说** 解释运动晕眩(motion sickness)的一种理论。见该条。

conflict resolution therapy **冲突化解治疗法** 属心理治疗方法之一。此种治疗法的特征是,确认一切心理问题都是起因于心理冲突,而且多半是起因于趋避冲突。因此,冲突化解治疗法的目的,主要即在帮助患者化解趋避冲突。在实际做法上,此种治疗法把握两个原则:其一,帮助当事人加强趋前的力量,如学生怕考试,可以在试题上先减低难度,使其有成功的机会,借以增强其信心。其二,支持当事人不要逃避现实,如对学生考试后,无论成功失败,均以勉励代替惩罚的态度待之,以减少失败后被惩罚的恐惧压力,借以消除其逃避心理。如此,趋前力量加强,逃避倾向减低,趋避冲突自将获得化解。见趋避冲突(approach-avoidence conflict)。

conflict situation **冲突情境** 指个人为时势所逼致使其行为与意愿不一致时的情境。公司职员在不发加班费的情形下被迫加班,学生在惩罚威胁下被逼抄写作业,当事者心不甘情不愿、非做不可的情境,都属于冲突情境。与本词相对者为兴趣情境(interest situation)。

confluence hypothesis **群集假说** 义同群集模型(confluence model)。见该条。

confluence model **群集模型** 美国心理学家蔡琼克(R. B. Zajonc)于1976年提出的一种解释家庭环境影响儿童智力发展的理论。群集模型的基本要义是,家庭中每一儿童智力发展的水平,是家庭成员(包括父母和全部子女在内)智力水平集合的函数(家庭成员智力的平均值)。按此模型推论,家庭中儿童人数愈多,各儿童智力发展的水平将愈低。以此模型为理论基础,蔡琼克调查后得到如下的结果:(1)第一胎儿童的智商,倾向高于其弟妹的智商;(2)家庭中孩子愈多(超过三个以上),所有孩子的智商也将愈往后愈低;(3)孪生子的智商,较其他单胎儿的智商略低(父母养育较难);(4)单亲教养下的儿童,其智商较双亲教养者为低,而且,单亲教养时间愈早,对儿童智力发展愈不利;(5)独生子女的智商,较之同胞兄弟姊妹2~3人者的智商为低。根据蔡琼克的解释,独生子女智商之所以较低的原因,可能是由于缺乏展现长子女能力机会(他没有机会当弟妹的小老师)所致。

confluent education **融合教育** 属于一种课程设计的方式。将知识与情意两类课程的教学目标,在教学过程中融为一体,从而避免学习活动支离破碎的缺点,使学生同时学到知识、态度、情感、观念。

confluxion illusion = **assimilative illusion** **同化错觉**

conformance **合宜性** 属环境心理学中的用语。指环境设计时能顾到使用者生活空间与工作场地需要配合的程度。能够配合环境中人的需要而设计的建筑物,即具备了合宜性。按环境心理学的研究,合宜性分为以下四种:(1)功能合宜性(functional conformance),指建筑物能发挥其预定的功能(用作办公室者适合做办公室);(2)空间合宜性(spatial conformance),指建筑物的空间大小及方位能与使用目的相符;(3)气候合宜性(climate conformance),指建筑设计时能考虑到温度、湿度以及通风等问题;(4)感觉合宜性(sensory conformance),指建筑物设计时能考虑到与使用者视听感官配合的问题(如照明、噪声等)。以上四者中之前二项又称行为便利化(behavioral facilitation)。见该条。

conformity **从众;从众性** **1.**在社会情境中,个人行为不自觉地接受团体规范约束的内在倾向,亦即个人遵循众人意见与态度的心理倾向。**2.**指一种人格特质或个性。属于此一类型的人,容易认同别人的态度并接受别人的意见。个性随和的人即具有此种人格特质。见社会从众(social conformity)。与本词相对者为反从众(anticonformity)。见该条。

confounding **混淆** 两个(或两个以上)变项同时改变而造成某种结果时无法确定因果关系的现象,称为混淆。例如,某厂家为谋求提升生产效率,自新年度开始实施两项改革:其一,缩短工作时间,自原来的周休一日制(每周工作48小时),改为周休二日制(每周工作40小时)。其二,改善工作环境,厂房装设空气调节,并改善照明设备。实施半年后如发现生产效率较前增加5%,由于缩短工作时间和改善工作环境两个因素混淆在一起,无法肯定究竟是何者发生了作用。要想避免实验研究变项混淆的问题,必须分组实验,除设置一个控制组(维持旧制不变)之外,可增设两个实验组(其一只缩短工作时间,另一改善工作环境)。最后将两实验组的工作表现分别和控制组的表现比较,即可肯定哪一个变项是影响工作效率的原因。见配对组设计(matched-groups design)。

confounding of independent variable **自变项**

混淆 指实验设计时,如对自变项处理不当,因而影响实验效度的情形。见变项混淆(confounding of variable)。见实验设计(experimental design)。

C

confounding of subject variable 受试者变项混淆 指实验设计时,如对受试者的选择安排不当,因而影响实验效度的情形。见变项混淆(confounding of variable)。

confounding of variable 变项混淆 从事实验研究时,除了有系统地变化自变项,并观察依变项之外,必须控制其他有关变项,如此始能确定,依变项的改变乃是由于自变项改变的结果,而非其他变项所致。若对其他有关变项未加控制,以致无法确定究系何种变项影响到依变项的改变时,即称为变项混淆。例如,实验者将儿童分成甲乙两组,甲组看暴力影片,乙组看非暴力但无趣味影片,目的想了解观看影片的暴力内容(自变项)是否会影响儿童产生较多的攻击行为(依变项)。固然,暴力影片可能真的会使所有儿童模仿而学到暴力行为,但影片极端枯燥无味,造成烦闷情绪,也可能导致他们的攻击行为增加。果如是,两组儿童的攻击行为可能就没有差异。换言之,在这个实验中,节目的"趣味性"混淆了"节目的内容"。这就是自变项混淆(confounding of independent variable)的问题。可能造成混淆的自变项,大体上可分为下列三类:(1)情境变项(situational variable),如前例中,一组看暴力影片,一组看无趣影片,实验情境不同者即属之。(2)受试者变项(subject variable),如前例中,也许甲组和乙组儿童的性格本来就有很大的不同,实验结果当然也就不同。(3)程序变项(sequence related variable),若前述实验只用一组儿童,让他们第一天看一部影片,一个礼拜后再看另一部影片,则先看暴力影片或先看非暴力影片,其实验结果可能完全不同。以人为受试者从事心理实验研究时,变项混淆的问题是很难避免的。欲期避免变项混淆,因而有随机分派(random assignment)与配对组设计(matched-groups design)等方法的采用。见该等条。

confrontation 面对,对诊法 **1.**指遭遇困难时直接面对问题,或犯下错误时直接面对自己行为后果的一种态度。**2.**在采用会心团体方式进行心理治疗时,鼓励参与者坦承自己的问题与缺点并面对现实寻求解决之道。见会心团体(encounter group)。

confusion of responsibility 责任混淆 对旁观者效应的一种解释。当个人遇到众人在场或路过看见一种可怜的情境时(如一身体伤残的人跪地乞讨),后到的人如看见先到者无人给予捐助,他也就不会解囊,原因是他可能认为捐助这种人并非自己的责任。见旁观者效应(bystander effect)。

congenital alexia 先天性失读症 指失读症的成因起于先天的大脑功能失常。与本词相对者为后天性失读症(acquired alexia)。见该条。

congenital aphasia 先天性失语症 指自出生后一直未能学会说话或书写能力的现象。

congenital deafness 先天性聋 指出生即缺乏听觉能力者言。先天性聋的原因,主要是由于胎儿期间三个月左右,其中耳与内耳部位发育不全所致。与本词相对者为后天性聋(acquired deafness)。见该条。

congenital defect 先天性残障 义同先天性畸形(congenital deformity)。见该条。

congenital deformity 先天性畸形 亦称先天性残障(或缺陷)。指出生时或出生不久即发现的肢体畸形或残缺的状态。造成畸形的原因不一,或因遗传,或因胎儿期间受放射线影响,或因药物中毒等,都有可能。

congruence 和谐,真挚,坦率 **1.**指两件事彼此间谐调和顺,没有抵触的现象。**2.**指咨商员对案主宜有的态度。按案主中心治疗法创始人罗杰斯的意见,成功的咨商过程,必须具备三个要件:(1)真挚,指咨商员的态度必须表里合一,真诚一致,不隐瞒自己的情绪,不矫揉造作,使案主感到他是诚挚而有人情味的。此种态度有助于建立良好的咨商关系。(2)无条件积极关注(unconditional positive regard),对案主的陈述以及情绪表达,以关注的态度接纳他,但不须给予好坏的批评或纠正,无论案主情绪如何激动,尊重他自由表达的权利。(3)同理心(empathy),咨商员务求设身处地深切了解案主当时的心境、感情、痛苦、欲望、恐惧等,如此始能帮助并鼓励案主更充分地、自由地发抒其情绪,表露其隐藏在内心的郁结,从而认识自己问题之所在,以便自行适应环境,解决问题。见案主中心治疗法(client-centered therapy)。

congruence-of-image concept 形象一致概念 指家庭中成员间彼此在心目中的形象是一致的。例如,母亲对自己的看法(母亲的自我形象),可能与女儿对母亲的看法(女儿心目中的母亲形象)趋于一致。

congruent retinal point 聚合点 单一刺激投射在两眼视网膜上而产生单一视觉经验的两个点,谓之聚合点。与本词相对者为不聚合点(disparate retinal point)。见该条。

congruent validity 相容效度 义同效标关联效度(criterion-related validity)。见该条。

conjoint marital therapy 联合婚姻治疗法 义同联合治疗法(conjoint therapy)。见该条。

conjoint measurement 相联评价 当个体以多种心理倾向去评量包括多项特征的事物时,如因事物特征之一改变而引起心理倾向之一改变,则将会影响到整个评价结果的改变。此种现象称为相联评价。例如,某人喜欢某种品牌的汽车,自然是由于他的心理倾向(品牌名称、信誉、以往习惯等)与汽车本身特征(价钱、式样、实用等)相符。如果汽车本身特征之一(如价钱)引起心理倾向之一改变,其他所有心理倾向将随之全部改变(因嫌价钱太贵而不买,汽车的其他特征也就不重视了)。在对人的态度上相联评价也是常见的现象。

conjoint therapy 联合治疗法 属心理治疗法之一。联合治疗法的特点是,不将当事人的心理问题视为他个人的事,因而在治疗时并不纯以当事人个人为对象,而选择与当事人最有关系的另一(或二)人加入,施以联合治疗。此种治疗法多半用在婚姻治疗方面。联合治疗法的基本构想是,个人的问题并非孤立的,而且心理上的困扰多系由于人际关系缺少和谐所致。有关夫妻间或亲子间的冲突,尤其如此。因此,近年来对婚姻上的夫妻适应困难,多采用联合治疗法,故而此种治疗法也称婚姻联合治疗(marriage conjoint therapy)。又因联合治疗历程中包括治疗员与一对夫妻(共三人),故而也称三边治疗法(triadic therapy)。见该等条。

conjugate eye movement 眼球共轭运动 指两眼视物时彼此配合调适的运动。

conjugate movement = **conjugate eye movement** 眼球共轭运动

conjunctival reflex 结膜反射 指眼结膜受到刺激时引起迅速闭眼的反射性活动。

conjunctive concept 连言概念,合取概念 属概念的一种类型。凡是概念中的属性同时具备而且带有相加性质者,称为连言概念。例如:"毛笔"是一概念。此一概念的属性有三:(1)用毛做的;(2)得蘸墨汁使用;(3)写字用的工具。这三个属性必须同时具备而且必须加在一起才称为毛笔,故而称其为"连言"。与本词相对者为选言概念(disjunctive concept)。见该条。

conjunctive motivation 连续动机 美国心理学家沙利文理论中的术语。指个体为追求真正的、长期的需求满足而生的内在动力,称为连续动机。凡是长期性的行为(如求学、就业、婚姻等),其背后的内动力,均可视为连续动机。与本词相对者为选替动机(disjunctive motivation)。见该条。

conjunctive rule 连言法则 属概念识别法则(concept identification rules)之一。见该条。

conjunctivity 调和性 指个体表现的外显行为、内在动机以及行为趋向的目标三者一致的调和情形。例如,个体饥饿(动机)时,向有食物处(目标)去寻找(行为)食物,以期满足的情形,就是三者一致,而且具有调和性。人的复杂行为未必具有调和性,所谓"口是心非"的表里不一现象,就是缺少调和性。

connection 联结 **1.** 任何两种事物彼此关联的现象,无论是物理现象还是心理现象,均可称为联结。 **2.**指联结心理学上用来解释刺激与反应新关系建立而产生学习时,对神经系统中产生变化的一种假设:认为在神经系统中形成一种特别的"结",称为联结。见联结主义(connectionism)。

connectionism 联结主义,联结论 指美国心理学家桑代克20世纪初的学习理论中关于学习之产生的解释。按该理论的解释,个体向某刺激多次反应之后,在其神经系统中形成一种神经结,称为联结(bond或connection)。此一联结具有中介作用,以后同一刺激再出现时,即由此中介作用促动反应器表现出外显反应。此即行为主义主张"学习即刺激与反应之联结"的开始。因此桑代克的联结主义,特别被称为联结心理学(bond psychology)。见桑代克(Thorndike, Edward Lee)传记条。

connective inhibition 联结性抑制 学习包括多个部分(或段落)数据时,整体学习法有时较分段学习法需要较多的练习遍数,其原因可能是由于整体学习时段落之间联结困难,产生了联结性抑制。例如,甲组学生学习包括A-B-C三段的资料,采用分段学习法,练习九遍即达到各段均能记忆的地步。乙组学生学习同一资料,采用整体学习法,结果用了十二遍练习才达到从头到尾全部记忆的程度。乙组学生多用了三遍练习,原因可能是他们必须克服段与段之间的联结性抑制。

connect neuron 联结神经元 义同中间神经元(interneuron)。见该条。

connector 联结器 义同中间神经元(interneuron)。见该条。

connotation = **connotative meaning** 内涵意义,涵义

connotative meaning 内涵意义,涵义 指文字或符号中除表面意义之外,另有蕴涵隐示的情感或价值等意义。例如"温暖"一词除温度上的物理特征之外,另外具有深一层人际关系的含义。与本词相对者为外延意义(denotative meaning)。见该条。

consanguineous marriage 近亲通婚 指血缘关系相近者(如表兄妹)之间缔结的婚姻关系。

C

conscience 良心 指个人据以判断是非善恶的基本原则。历来心理学家对良心一词意涵有不同解释,古时一般将之解释为天性,现代则多将之视为后天学得者。精神分析创始人弗洛伊德则称良心为超我(superego)。见该条。

conscientiousness 审慎度 大五人格特质(big five personality traits)之一。见该条。

conscious 意识的,意识 **1.**当形容词用时译为"意识的",用以表示个体的心理状态具有以下特征:(1)对某种刺激情境产生了感觉和知觉的反应;(2)对某刺激情境做出反应时在心理上带有情绪和感情;(3)由对该刺激的知觉而形成自己的观念与意见。**2.**当名词用时译为"意识",这是精神分析论的特别用法。弗洛伊德将整个意识分为三个层次:(1)意识,指个体能自我觉察的一切;(2)前意识(preconscious),指介于意识与潜意识之间的意识状态;(3)潜意识(unconscious),指潜隐在内心深处不为个体自知的意识状态。见该等条。

conscious content 意识内容 见心理内容(mental content)。

conscious experience 意识经验 见意识(consciousness),意识历程(conscious process)。

conscious need 意识需求 **1.**指个人对自己当时处境了解的需求感,随时随地都需要知道自己是在做什么。**2.**义同需求感(felt-need)。见该条。

consciousness 意识 意识是一种觉醒的心理或精神状态,在此状态下,个体不仅对自己身体所处环境中的一切刺激,经由感觉与知觉而有所觉知,而且对自己心理上所记忆、理解、思维、忧虑以及计划或进行中的行为活动等,也有所了解。换言之,意识就是个体心身合一对内外世界有所了解并随时做出适当行为反应的复杂内在历程。按此定义,意识有三个特征:(1)意识是经由感觉与知觉对环境中刺激的了解所引起;(2)意识的主要成分是认知,个体不但知道环境中刺激所代表的意义,而且也知道自己当时在刺激情境下所想的与所做的一切;(3)意识中除认知成分外也含有情绪与动机,前者指个体对刺激情境的喜好或忧虑,后者指个体心理上有准备采取行动的内在倾向。

consciousness of kind 同类意识 个人觉察到别人的行为特征与自己相似,而将自己与别人归属为同类的心理作用,称为同类意识。因同类意识而使个体向团体认同,此为社会团体结合的心理因素之一。见认同(identification)。

conscious process 意识历程 指个体对自己身心活动觉知了解的历程。个体与环境互动时,对自己所作、所想、所感、所知的内在的、主观的了解,均为意识历程。意识历程可简称为意识或称意识经验(conscious experience)。见意识状态(conscious state)。

conscious resistance 意识抗拒 指心理治疗过程中,当事人不与心理师充分合作,由于自尊或羞耻感的障碍,不能坦率说出内心的感受或隐瞒事实,以致影响治疗效果的现象,称为意识抗拒。按弗洛伊德的解释,意识抗拒的原因,可能是当事者羞于隐私告人,可能是担心不被心理师接纳,也可能是对心理师缺乏信赖感。

conscious state 意识状态 指按清醒程度的不同,而有不同的意识状态,综合心理学各家之理论,除清醒的意识状态之外,另有以下四种状态:(1)下意识(subconscious),指个体对其内外环境中一切刺激不完全了解的一种精神状态;(2)前意识(preconscious),指个体对内外环境刺激不甚了解,如加以注意即可了解的精神状态;(3)无意识(nonconscious),指个体对内外环境刺激完全不了解的精神状态;(4)潜意识(unconscious),指潜藏在意识之下个体并不自知的精神状态。详见各该条。

consensual validation 共识效度法 **1.**指对同一事项采用多人一致的意见为基础,从而判断事实真实性的做法。例如,多位医生共认病人的情况有进步,就可据以断定该病人的健康情况确实有进步。共识效度法只采多人的共识意见,而不必从事项本身的变化去寻求验证。**2.**美国新弗洛伊德主义心理学家沙利文理论中的术语,指某种符号或观念之所以获得社会大众接受,乃是由于社会大众对之具有共同的认识。基于此义,一个人的正常社会发展,乃是将个人的认识逐渐改变为与社会大众共同认识一致。共识效度法主要用于对社会事件的看法,而不用于心理测验效度的建立。

consensual validity 共识效度 指对社会事件采用共识效度法(consensual validation)所建立的共识。见该条。

consensus 共识 指同一团体内的成员或社会大众,对同一事件所表现的一致性看法或态度。

consequent 后项,后果 指一事项变化的后果。见条件推理(conditional reasoning)。

conservation 守恒,保留 **1.**指瑞士心理学家皮亚杰从儿童概念发展研究中所发现的概念守恒现象。守恒的意思是,当物体只在形式上或量度上改变而其实质未变时,观察者对物体所得概念有保持不变的心理倾向。按皮亚杰实验观察发现，用陶泥塑成两个等大圆球，儿童看过并承认两者大小相等，然后将其中之一压成圆饼形（面积加大），此时让儿童比较两者的陶泥何者较多，结果发现，一般儿童到七岁以后的具体运思期始能确定两者仍然相等。因此种守恒能力是指儿童对物体质量的守恒概念，故而也称体积守恒（conservation of mass）。除此之外，概念守恒现象表现在很多方面，最主要者有面积守恒（conservation of area）、数量守恒（conservation of number）和容积守恒（conservation of valume）等。见该等条。**2.**义同学习后记忆的保持（retention）。见该条。见具体运思期（concrete operational stage）。

conservation of area 面积守恒 指物体形状改变后而仍然知其面积未改变的心理现象。例如，用16根火柴构成十字架状五个相连的正方形（横3竖3），让儿童看过之后改变形状，将之排为一长列相连的五个正方形，如儿童回答正方形的总面积不变，此种心理现象，称为面积守恒。儿童心理发展到具体运思期（concrete operational stage），才能具有面积守恒的能力。见该条。见守恒（conservation）。

conservation of mass 体积守恒 指物体形状改变后仍然知其体积未改变的心理现象。例如，将一块陶土当着儿童的面做成一个圆球之后，再将之压成一个圆饼，如儿童回答陶土的体积没有改变，即表示儿童已经有了体积守恒的概念。儿童心理发展到具体运思期（concrete operational stage），才能具有体积守恒的能力。见该条。

conservation of number 数量守恒 指物体放置方式改变而仍然知其数量未改变的心理现象。例如，将两组同样都是16块的立方体积木，分置桌面上让儿童计数并认定数目相等，然后将两组积木做不同方式处理，一组排为每边四块的方阵，另组排成彼此相距一厘米的长龙。如果儿童指出两组积木数目相等，即表示他已发展到了数量概念守恒的程度。儿童心理发展到具体运思期（concrete operational stage），才能具有数量守恒的能力。见该条。见守恒（conservation）。

conservation of volume 容积守恒 指物体容器改变而仍然知其容积未改变的心理现象。如用口径相等两试管盛等量的水，让幼儿观察后认为两管的水量相等，然后将其中之一倒入口径较大（或较小）的另一试管中。在管内水柱高低不等的情形下，如幼儿指出两管的水量仍然相等，即表示他已发展到容积概念守恒的程度。儿童心理发展到具体运思期（concrete operational stage），才能具有容积守恒的能力。见守恒（conservation）。

conservatism 保守主义 指主张维持现状，反对改革与创新的心态。

consideration 体恤，体谅 **1.**属团体领袖的重要品质之一。具备此一品质的领导人，能体谅部属，关心团体成员的利益，因而容易建立起互信互谅的良好人际关系。**2.**泛指人际间的友情、关怀、理解和尊重。

consolidation 凝固作用 指学得行为能保留下来的内在神经生理变化历程。凝固作用是一种假设性的解释，如短期记忆之所以变为长期记忆，可能就是经由凝固作用的历程。见凝固论（consolidation theory）。

consolidation theory 凝固论 **1.**系从生理心理学的观点解释学习与记忆的一种理论。按此理论解释，学习活动停止后，在神经生理上引起的活动仍继续进行，需要一段时间将之凝结固定而留存于神经系统之中。另一名词持续论（perseveration theory）与本词同义。**2.**对从短期记忆（short-term memory）转化为长期记忆（long-term memory）的一种假设性解释。见该等条。

consonance 和谐性 **1.**指数种音调谐调和顺的现象。**2.**指整体内各部分之间和谐的现象。**3.**指人际间彼此意见与态度一致的和谐现象。

consonant 辅音，子音 音素区分为元音（vowel）与辅音两大类，辅音与元音有三点不同：**1.**辅音的气流通过发音器官时要受到阻碍。**2.**发辅音时遇阻的部分呈紧张状态，其他部分呈松弛状态。**3.**元音发音时气流不受阻，可自成音，英文字母A，E，I，O，U都是元音。

consonant association 谐音联想 义同同音字联想（clang association）。见该条。

constancy 常性，恒常性 **1.**是一种知觉现象，即使所知觉到物体本身的特征有所改变，但所得知觉经验仍然保持不变的倾向。义同知觉常性（perceptual constancy）。见该条。**2.**指事物之较少变化的稳定状态。

constancy hypothesis 恒常假说 是一种解释感觉反应的理论。持此理论者认为，某种刺激与某种感觉反应间具有一对一的固定关系，不因刺激存在的环境（或背景）而影响到感觉反应。换言之，刺激与反应间关系固定，何种刺激必定引起何种反应。此论显然与完形论的理论不同，因为完形论者强调刺激环境的相对性，即使同一刺激，在不同环境下对个体感觉也产生不同的感应，单独一朵红花和绿叶丛中一朵红花，给人的感觉是不一样的。见完形组织法则（Gestalt laws of organization)。

constancy of internal environment 体内均衡作用 在正常状态下,个体内生理上的变化,大致保持均衡的状态。例如,体温、血糖、血压等各种变化,均保持接近一个常数。此种现象称为体内均衡作用。见平衡状态(homeostasis)。

constancy of organism 机体常性 指有机体经常保持一种均衡状态的假设性解释。有机体受到刺激时会产生兴奋激动,刺激消失之后又恢复均衡;维持均衡的内在倾向,称为机体常性。见体内均衡作用(constancy of internal environment)。

constancy of the IQ 智商常性 指同一智力测验,隔期(数月或数年)对同一(或同一组)儿童重复施测,其所得结果(以IQ计)保持不变的程度。如结果大致不变,即表示智商常性高。智商常性高,未必即表示儿童智力发展定型不变,而只说明施测后所得智商变化不大而已。任何智力测验的重测信度(test-retest reliability),均系用来检定智商常性之用。见该条。

constant 常数,恒定 **1.**指用来表示不变异的数值,如韦伯定律$\Delta I/I=K$,其中K即表示常数。**2.**在实验设计时除自变项之外保持其他变项不变的情形。见恒定法(constant method)。

constant error 常误 观察测量某事象所得分数与该事象的真分数之间,存有定向的差异现象(永远比真分数大,或永远比真分数小)时,此等误差称为常误。例如,在一横线的中点处向上做一等长之垂线,一般人目测时,总是指垂线之长大于横线。如将目测结果与两线的实际长度比较,所得误差即为常误。见横竖错觉(horizontal vertical illusion)条及附图。常误的同义词有偏误(biased error)、系统误差(systematic error)和累积误差(cumulative error)等。见该等条。

constant method 恒定法 从事心理学实验时控制无关变项的一种方法。指在整个实验期间,对所有的实验条件、实验处理与受试者保持不变。它包括实验的空间不变(在同一房间进行实验),周围环境不变(实验室内的特征、湿度、室温等),实验时间不变(固定实验时间,或上午或下午);对受试的指导语或态度保持一致,从而使实验状态保持恒定,借以获得预期实验研究结果。参见无关变项(irrelevant variable)条。

constant stimulus 恒定刺激 采用固定刺激法测量知觉阈限时,用来作为比较之标准且其强度固定不变的刺激,称为恒定刺激。见恒定刺激法(constant stimulus method)。

constant stimulus method 恒定刺激法 在知觉判断的实验中,实验者先选定一个刺激,使其强度保持不变,称为恒定刺激(constant stimulus)。然后提供同类但强度变化的多个刺激,让受试者将之逐一与恒定刺激比较,以判断其间的相同或相异。这些用来与恒定刺激相比的刺激,在强度上是变异的,故而称为变异刺激(variable stimulus)。以变异刺激与恒定刺激相比,从而判断知觉差异的方法,称为恒定刺激法。此种方法可用来测量各种感觉的阈限(threshold)。见该条。

constellation 意丛 **1.**指集合多个概念、意象、情感等心理因素所形成的一个整体的观念。**2.**精神分析论中的术语,指未经压抑而能完整表达的观念。

constitution 体质,性情 **1.**指由遗传决定而一生不变的一切身体特征。**2.**指除身体特征外也包括个人的性情。在医学上采本词的第一义,在心理学上则兼采二义。在人格理论上有所谓体型论与体质论,其立论基础即系采用本词的第二义。见体质论(constitutional theory)。

constitutional depression 体质性抑郁 对抑郁现象的一种假设性解释。在人格理论中,持体质论观点者认为,体质瘦弱者带有抑郁性格。唯此种假设迄未获得证实。见抑郁(depression)。

constitutional disorder 体质性异常 由于体质伤害或缺陷而导致行为异常者,称为体质性异常。此种解释隐含个体因素是先天形成的,故而意义不甚明确。因此常用器质性异常(organic disorder)来代替。与本词相对者为功能性障碍(functional disorder)。见该条。

constitutional theory 体质论 指以身体特质为基础所建构的人格理论。体质论在20世纪50年代以前曾一度盛行,其中最为著名者,有德国精神病学家克雷奇迈(E. Kretschmer, 1888～1964)在1925年所倡议的体型论(body type theory),与美国心理学家谢尔顿(W. H. Sheldon, 1898～1970)在20世纪50年代所倡议的谢尔顿体质论(Sheldon's constitutional theory)。见该等条。

constitutional trait 体质性特质 由个人遗传决定的特质。诸如发肤颜色、身体高矮等一生不变的生理性特质,均属身体特质。持体质论者认为个人体质与其性格间有相当关系。

constitutional type 体质类型 **1.**按身体特质上的差异作为人格鉴别的基础,从而分别人格类型者,称为体质类型。见体型论(body type theory)。**2.**指心智缺陷者的一种类型,谓此类缺陷乃是由胎儿期脑部发育不良所致。

constrained association 限制联想 属于联想测验的一种形式。限制联想的特点是,受试者必须按规定的刺激与反应之间的关系做联想。例如,主试者可规定受试者只许按刺激字的反义字联想,刺激字如为"高",受试者只能回答"低";刺激字如为"亮",受试者只能回答"暗"。限制联想又称控制联想(controlled association)。见该条。与本词相对者为自由联想(free association)。见该条。

constraint = compulsion 强迫作用

construct 构念 **1.**指合于逻辑的概念。英国心理统计学家皮尔逊最早用构念一词来代表概念,因此在一般情形下构念与概念两词视为同义词。**2.**构念一词常与假设一词相连成为假设构念(hypothetical construct)。见该条。**3.**心理测验上用以表示测验的效度之一,称为构念效度(construct validity)。见该条。

constructionism = constructivism 建构主义,建构论

constructive imagination 构念想象 义同创造想象(creative imagination)。见该条。见想象(imagination)。

constructive memory 结构性记忆 **1.** 凭记忆中既有的经验与知识,在想象的心理运作中重行组合,形成一个完整系统意念的历程,称为结构性记忆。构思作文时的心理活动,即为结构性记忆。**2.**义同思维(thinking)。见该条。

constructivism 建构主义,建构论 **1.**对知觉经验及复杂心理历程(包括记忆理解而成的知识)的一种理论性解释。建构主义的基本要义是,人类获得知觉经验的能力,既非得自先天遗传,也非得自后天经验,而是个体在适应环境时主动形成的心理结构。**2.**对人类知识学习的一种理论解释。谓儿童打从幼年起,即观察周围环境,并随时随地做出反应,从反应带来的后果,认识到环境中事物的特征(如手触冰块而知其冷),在心理上自行建构成他的知觉经验,从而形成他自己的知识。此一理论源于瑞士心理学家皮亚杰(Piaget, Jean)的认知发展理论。见其传记条。皮亚杰的建构主义思想,发展到后来,形成了教育心理学中的建构主义教学(constructivist instruction)。见该条。

constructivist approach 建构主义取向 义同建构主义教学(constructivist instruction)。见该条。

constructivist instruction 建构主义教学 一种教学理论与教学方法。建构主义教学的特点是,教学时以学生为主,引导学生主动学习,在理解意义与发现原则的过程中去建构自己的知识。建构主义教学的理论,源于瑞士心理学家皮亚杰(Piaget, Jean)的认知发展理论。见其传记条。从启发学生智能重于教学生知识的观点言,建构主义教学有其重要的理论价值,唯在实施时,此法较适用于中等智力以上的学生,对学生能力低下者并不适宜。由于建构主义教学强调学生自动求知,不重视教师教导,故而建构主义教学是属于学生中心教学(student-centered instruction)取向的教学理念。见该条。与本词相对者为直接教学(direct instruction)。见该条。

constructivist teaching = constructivist instruction 建构主义教学

constructivist theory of perception 知觉建构论 义同建构论(constructivism)。见该条。

construct validity 构念效度,构想效度 属测验效度之一。指测验内容或试题的选择是根据理论上的构想,认为某种题目在理论上就是测定某种行为或心理特质的。换言之,一个测验之有构念效度,是因它具有心理学上的理论根据。例如,多数智力测验的内容包括语文、数字、空间知觉等多方面题目。显然,那是根据智力理论中的多因论而编制的。因此,构念效度也是内容效度之一,只是内容不以课程为准而以理论内容为根据而已。因为构念效度是一种理论效度,测验内的题目必须与测定某种行为目的符合,否则不合逻辑。因此,构念效度也称逻辑效度(logical validity)。见效度(validity)。

consultant 顾问,咨询员 以某种专业者的身份提供建议或被咨询的人员。

consultant psychologist 咨询心理学者,顾问心理学者 受机关团体之聘,担任顾问职务,以其在顾问心理学方面的专长,协助解决有关于心理方面问题的专业人员,称为顾问心理学者。见咨询心理学(consultant psychology)。

consultant psychology 咨询心理学,顾问心理学 属应用心理学的一支。咨询心理学研究的目的是,运用心理学的原理与方法,协助事业机构(工商业组织及政府机关与学校等),解决有关人员的心理适应问题。从事这方面工作的人员,称为咨询心理学者(consultant psychologist)。见该条。

consultation 会诊 在临床医学上或临床心理学上,对复杂的病例诊断治疗时,事先经由两科以上医师会同研讨病情而后决定治疗方案的做法,称为会诊。

consulting psychology = consultant psychology 咨询心理学

consumer 消费者 泛指接受或使用商品或劳务以满足需求的人。因此,消费者并非单纯指购用商品者而言,举凡医院中的病患与学校中的学生

等，也都是消费者。

consumer behavior 消费者行为 指一般消费者在获得（购买）与使用（或享用）经济物质或人力服务时所表现的行为。

C

consumer education 消费者教育 指对消费者提供有关正确消费的知识，以保障其权益，从而提升其生活质量的一切措施。消费者教育包括：（1）提供有关评鉴产品与服务质量的知识与技能；（2）传授消费者抉择判断的策略；（3）提供消费市场变动的信息；（4）指导节省、储蓄以及使用金钱的方法。见消费者心理学（consumer psychology）。

consumer psychology 消费者心理学 属应用心理学的一个学科。消费者心理学研究的对象是社会大众的消费行为，目的在了解消费者的购买动机、购买行为、消费数据来源以及影响他们对金钱分配选择的社会因素等。

consuming psychology＝consumer psychology 消费者心理学

consummatory act（action） 完成活动 义同完成反应（consummatory response）。见该条。

consummatory response 完成反应 个体在做了一连串尚未达到目标的预备反应之后，渐渐适应情境，最后终于能做出达到目标的反应，这最后的反应即为完成反应。例如，白鼠在迷津中最后到达终点，吃到食物时，白鼠吃食的反应即为完成反应。按此例，食物是引起个体完成反应的刺激，故特称之为完成刺激（consummatory stimulus）。与本词相对者为预备反应（preparatory response）。见该等条。

consummatory stimulus 完成刺激 指引起个体完成反应（consummatory response）的刺激。见该条。例如，白鼠在迷津中，最后走到终点，吃到食物，该食物就是完成刺激。

contact comfort 接触安慰 指接触到柔软温暖物体时所产生的安全舒适感觉。婴儿（或其他幼小动物）在母亲怀中就会得到接触安慰的感觉。

contact desensitization 接近减敏法 属行为治疗法中的一种技术。为使患者敏感反应减低，心理师时常与之保持接近，借以淡化其情绪而增加其安全感。见系统脱敏法（systematic desensitization）。

contact hypothesis 接触假说 指消除种族偏见的一种尚待证实的假说。该假说认为，使不同种族的人有机会接触，如同校求学、同厂做工、同座搭车等，使大家增加彼此接触沟通机会，将有助于消除种族间的敌对状况。

contamination 污染 指未加控制之变项影响观察、实验或测验结果而导致研究结果失真的情形。未加控制之变项，可能是研究者事先了解研究对象的数据，也可能是研究者对研究结果的偏向预期。例如，临床心理学家计划从事一项精神分裂症与遗传关系的分析研究，如果研究者事先已获知某些患者的家庭中有人（父母或其他家属）曾患精神分裂症，此事将难免影响对研究结果的判断。同理，如考试阅卷者获知考生的姓名，将无法避免影响评分的公平性。

contemplation＝meditation 静坐，冥想

content 内容 **1.**泛指心理测验中所包括的所有题目。**2.**在弗洛伊德梦的理论中，本词义同梦境（dream content）。见该条。**3.**在吉尔福德智力结构论（structure-of-intellect theory）中，本词指思维内容。见该条及附图。

content analysis 内容分析 指社会及行为科学研究上常用的数据处理方法。此法在使用时大致分为两方面：（1）对某种既有的数据（如报纸、杂志、文书档案、录音、录像等）的内容，有系统地予以分析，加以归类以统计量数（如频率或百分比等）表示其特征，并从而分析某些事实之间的关系。分析在选举期间对候选人政见的记载与反应，从而发现两类报纸内容上的异同。（2）对测验结果或调查结果的分析。例如，测验卷收回后，经内容分析，可以发现哪些题目较难（答对百分比低），哪些题目较易，而且也可分析通过人数与年龄、性别等因素的关系。再以调查问卷为例，如调查目的在了解大学生可否参与助选问题，对收回问卷内容即可按同意与否百分比计算，并分析回答倾向与年级、性别、院系别各因素的关系。

content psychology 内容心理学 以意识内容或心理内容（如感觉、思想、情感、意志等）为研究对象的心理学，其研究方法多采内省法。结构主义心理学与现象学为内容心理学的两个主流。而行为主义心理学则彻底反对内容心理学，认为内容心理学的研究方法不够科学，因为所指心理内容是主观的，既不可观察又无法予以客观的分析。见心理内容（mental content）、内省（introspection）。

content-related validity 内容关连效度 义同内容效度（content validity）。见该条。

content subject 知识学科 指学校中以知识内容为主的学科。诸如语文、数学、物理、化学等均属之。除知识学科之外，另有技能学科（skill subject）。见该条。

content validity 内容效度 属测验效度之一，指测验试题内容与欲测知识或课程内容符合的程度。如算术能力测验，其测验中必须包括算术课

程中具有代表性的题目，否则无从根据测验分数以评定受试者的算术能力。内容效度多用在学科成就测验方面，故而又称为课程效度（curricular validity）。见效度（validity）。

content word 语义词，实词 指在语句中能够充分表示实质意义的词，诸如名词、动词、形容词等均属语义词。语义词也称概念词（notional word）或完全词（full word），又称为词汇词（vocabulary word）、独立词（autonomous word）或开放词（open-class word）等。与本词相对者为语法词（function word）。见该条。

context 情境，文理脉络 **1.**指影响个体行为变化（产生行为或改变行为）的各种刺激（包括物理的或心理的）所构成的特殊情境。例如，教室就是一个包括多种刺激的特殊情境。教室内多种刺激（包括教师、学生以及一切设备和一切活动），综合形成的气氛，对学生的行为具有很大的影响。**2.**指语文表达时字句前后关系，对其中任何单词意涵的影响。整句中各个单词的意涵，随文章组织的条理而改变，阅读时必须顾及上下文的关系，才能了解其确切的意义。

context-dependent memory 情境依赖记忆 指在什么情形之下从事学习，将来在同样情境之下就比较容易记忆。

context effect 情境效应 **1.**广义言之，指个体的任何行为，均系因情境而产生，均将随情境的变化而改变，没有情境就没有行为。见情境论（context theory）。**2.**狭义言之，指在多种刺激的情境下，即使个体集中注意其中某一刺激，旁边未加注意的刺激也仍会对他的记忆产生影响。偶然学习（incidental learning）就是在情境效应的情况下产生的。见该条。

context theory 情境论 属于一种对心理学研究的基本看法。情境论者认为，欲期研究个体的某种行为，只有在该种行为发生的情境中去实地观察研究，才能真正对个体行为变化获得了解。离开了情境而单独分析个体行为时，将无法获得心理学的有效知识。

contextual intelligence 肆应性智力 属智力三元论（triarchic theory of intelligence）中所指构成人类智力的因素之一。见该条。

contextualism = **situationalism** 情境主义

contiguity 接近，连续 指两个（或多个）事件在空间上或时间上彼此接近的情形。见接近律（law of contiguity）。

contiguity principle 接近原则 义同接近律（law of contiguity）。见该条。

contiguity theory 接近论 学习理论之一。接近论的基本要义是，只要个体反应时有一刺激同时或接近时间内出现，刺激—反应联结式的学习就会产生。换言之，刺激与反应二者在时间或空间上的接近是构成学习的唯一原因。接近论也称接近条件作用论（contiguous conditioning theory），主要系由美国心理学家格兹里在20世纪30年代所提出。见格兹里（Guthrie, Edwin Ray）传记条。

contiguity theory of learning 接近学习论 义同接近论（contiguity theory）。见该条。

contiguous conditioning theory 接近条件作用论 义同接近论（contiguity theory）。见该条。

contingency 相倚，后效 指甲事件之发生与乙事件之发生，在时间上或因果上有相倚关系者，乙事件之发生乃是由于甲事件发生。在心理学上，本词除用来说明某种情形下两个变项的相关关系（如列联相关）外，主要用来解释在操作条件作用历程中，强化作用（甲事件）之产生，将系于个体有否表现出自发性反应（乙事件）。亦即，强化物的出现与个体的自发性反应两者是相依的。引申此义，如想了解某种药剂是否有效，只有服用后才会知道。见操作条件作用（operant conditioning）、后效强化（contingent reinforcement）。

contingency coefficient 列联相关系数，列联系数 探讨两个分类的名义变项之间相关情形的统计方法。列联相关系数简称列联系数。列联系数的计算步骤是，先根据变项的类别做成列联表，求得卡方值，再将卡方值代入以下公式：

$$C=\sqrt{\frac{X^2}{N+X^2}}$$

公式中，C为列联系数；X^2为卡方值；N为总量数。

contingency contract 后效契约法 属于行为治疗法的一种技术运用。心理师与患者事先签订一种契约，详细载明患者在行为上必须进步到什么程度，才能获得某种奖赏。后效契约的用意是，让当事人自己行为的后果（是否达到契约所定的程度）来约束自己以后的行为。按后效契约法采用的是后效强化（contingent reinforcement）原理。见该条。

contingency correlation 列联相关 指以列联表（contingency table）资料为根据，先求得卡方值，而后再求出列联相关系数（contingency coefficient）的相关方法。见该等条。

contingency-detection theory 后效觉知论 指美国心理学家裴宝赛克（H. Papousek）所提出的一种理论。后效觉知论旨在解释婴儿四个月以后之所以见熟人会笑的原因。按此理论，婴儿初次发笑，纯属偶然，只是因为笑的后果带来父母各种强化作为，如爱抚、亲吻等，这些都会使婴儿快乐。多次经验之后，婴儿就学会了在适当时机发笑。

contingency model of leadership effectiveness 有效领导权变模型 义同领导权变论（contingency theory of leadership）。见该条。

contingency question 相倚问题 指一种特殊的问卷设计。相倚问题的特征是，后面的问题是否要回答，依赖于受试者如何回答前面的问题。例如，第一题有甲、乙两个答案，第二题与第三题分别是对第一题甲、乙答案的补充解释。因此，第一题选甲答案者，续答第二题，免答第三题；第一题选乙答案者，省略第二题，跳答第三题。如此设计的目的，可以获得较深层的数据，有助于对回答者的反应做进一步的解释。

contingency table 列联表 列联表是两个分类的名义变项，如性别（男、女）、意见（赞成、中立、反对）所构成的统计资料表，其交叉的细格内所列的数值，即为观察所得的样本数。例如，调查40名学生对男女同座的意见后，有4名男生、3名女生赞成，12名男生、14名女生反对，2名男生、5名女生中立，结果构成2×3＝6格的列联表如下：

		意见			
		赞成	中立	反对	
性别	男	4	2	12	18
	女	3	5	14	22
		7	7	26	40

contingency theory of leadership 领导权变论 指美国心理学家菲德勒（F. E. Fiedler, 1922～）20世纪80年代所提出的一种团体领导理论。领导权变论的基本要义是，一个领袖人物的领导绩效，不仅关系到他本人的才能，而且也关系到他对领导团体的掌控程度。菲德勒认为，一位领导者的成败，将决定于三个条件：（1）团体领导与团体成员间的人际关系是否和谐；（2）领袖本人是否具有足够的才能与指挥团体的权力；（3）在领袖领导之下所从事的团体任务属何种性质，其任务、目的与角色是否明确。

contingent reinforcement 后效强化，相倚强化 广义指个体如偶然间反应带来有效而满意的后果时，个体的该一反应就会受到强化，等以后同样情境出现时，个体将倾向于再表现同样的反应。狭义指操作条件作用实验时的一种强化方式，此种强化方式的安排是，每当个体在实验情境下对预先设定的刺激偶然间做出正确反应时，即提供强化物，从而使该反应因受到强化而趋于保留，等以后同样情境出现时，个体即倾向对该刺激表现同样的反应。几次练习之后，该刺激就会引起个体的固定的正确反应。至此地步，刺激—反应学习历程即告成立。见操作条件作用（operant conditioning）。

continuation problem 连续问题 测量问题索解能力的一种简单测验方法。例如，列出一连串数字，要求受试者按数字间关系推理填写出空白处的数字，如1，3，9，____。见问题索解（problem solving）。

continuity 连续性 义同完形组织法则中的连续法则（law of continuation）。见该条。

continuity hypothesis 连续假说 属于一种解释辨别学习与问题索解行为的假设性理论。按连续假说的解释，辨别学习与问题索解，都是个体连续性尝试错误的历程。在尝试错误中，个体在尝试愈多错误渐少的过程中逐步前进。如此，正确的反应之后因有效而使该反应强化，错误的反应因无效而使该反应消弱，最后终于达到完全反应无误的地步。显然，连续假说是采取了行为主义者联结论的观念。与本词相对者为不连续假说（discontinuity hypothesis）。见该条。

continuity theory 连续论 义同连续假说（continuity hypothesis）。见该条。

continuity theory of learning 连续学习论 义同连续假说（continuity hypothesis）。见该条。

continuous amnesia 后续失忆症 属失忆症之一。后续失忆症的特征是，从某一时间因某特殊事件之后记忆力丧失，而且持续不得恢复。后续失忆症多系由心理因素所致。见失忆症（amnesia）。

continuous group 连续团体 义同开放团体（open group）。见该条。

continuous measure 连续量数 指连续变项中的量数。连续量数的特征是，在任何相邻两数之间，均可存在第三个数值。与本词相对者为间断量数（discrete measure）。见该条。

continuous reinforcement 连续强化 属强化实施方式之一。连续强化的特点是，只要个体出现正确反应，即给予酬赏。见强化程序（schedule of reinforcement）。

continuous scale 连续量表 指测量连续变项用的量表。连续量表上的值是连续的，在任何相邻两值之间，都可以有其他数值存在。如测量时间、长度、温度的量表，在理论上均属连续量表。只是在实际使用时又将其间断为小单位而已（如时间有分、秒，长度有寸、分）。

continuous-sleep therapy 连续睡眠治疗法 属心理治疗方法之一。连续睡眠治疗法，也称延长睡眠治疗法（prolonged-sleep treatment）。详见睡眠治疗法（sleep treatment）。

continuous variable 连续变项，连续变量 对所研究的变项采用数量表示时，在任何两量数之间都可以存在其他数量者，称为连续变项。例如，身高就是连续变项。因任何两人的身高数字之间，都可能存在另外数字，甲生与乙生的身高分别是160与161厘米，丙生的身高也许介于二人之间，是160.5厘米。同理，智商、人格特质、反应时间等，都属连续变项。与本词相对者为间断变项（discrete variable）。见该条。

contour 轮廓 指对物体或图形整体性的知觉经验，轮廓越清楚，知觉越明确。轮廓知觉经验之形成，除受物体本身明暗与颜色的特征影响之外，心理因素也会产生很大的影响。因此，轮廓知觉是带有相当主观成分的。见主观轮廓（subjective contour）条及附图。

contraception 避孕 采用有计划的预防（如计算月经日期）或服用避孕药物使男性精子与女性卵子无法结合的措施，称为避孕。见节育（birth control）。

contract 契约法 义同行为契约（behavioral contract）。见该条。

contract system 协议定分法 指教师与学生以协议的方式评定学生成绩的方法。此法实施时，师生双方同意成绩达到什么样的标准始得甲等、乙等或不及格。

contrast 对比 指把两种性质不相同的刺激在空间上并列，或是在时间上连续出现，使受试者感到两者在性质上之差别更明显的现象。例如，在吃过甜食之后再吃柠檬时，会觉得柠檬更酸；又如把黑白两色同时并列，则觉得黑者益黑，白者益白。对比现象有很多种，最常经验到的有：（1）同时对比（simultaneous contrast），两种不同刺激同时出现而生的对比；（2）连续对比（successive contrast），两种不同刺激连续出现而生的对比；（3）明度对比（brightness contrast），两种不同明度刺激而生的对比；（4）颜色对比（color contrast），两种不同颜色同时呈现所生的对比。见该等条。

contrast association 对比联想 属联想之一。对比联想的特征是，观念之间呈对比关系者容易产生联想，如由黑联想到白，由大联想到小，由光明联想到黑暗等，均属对比联想。见联想律（law of association）。

contrast effect 对比效应 **1.**指因对比而产生的知觉强化现象。见对比（contrast）。**2.**义同克利士比效应（Crespi effect）。见该条。

contrast effect in interview 面谈对比效应 工业心理学的用语。当公司主管分别与数位谋职申请人面谈时，第一位面谈的结果可能会影响对第二人之评定。如果公司主管在面谈之前预先设定的标准是甲、乙、丙三等。第一人面谈结果如被评定甲等，第二人的表现即使不比第一人逊色（甚至稍优），公司主管对他评定的结果也可能是乙等，原因是，公司主管在心理上对多位申请者的成绩先怀有一种"平均为乙等"的概念。同理，公司主管如果对第一人印象不佳评他为丙等，接下去面谈的人，即使表现仍不出色，他也不会对他们连续都评为丙等。像此种对第一人面谈后的评定会影响第二人评定的现象，称为面谈对比效应。基于此义，教师批改学生作文时，应尽量避免产生此种心理效应。

contrast error 对比误差 指在面谈对比效应（contrast effect in interview）下所形成的误差。见该条。

contrast illusion 对比错觉 指两种刺激呈对比关系时所产生的错觉。例如，将一张较小的黑纸置于一大张白色之上，就会觉得黑色更黑白色更白。

contrast theory of illusion 错觉对比论 解释相对大小错觉的一种理论。该理论的要义是，两个同样大小的圆形分别被大圆或小圆包围时，形成大小对比效应，故而看起来会觉得大圆中的圆形缩小，小圆中的圆形扩大。见艾宾浩斯错觉（Ebbinghaus illusion）条及附图。

contrasuggestibility 反暗示性 指不接受别人暗示或建议的心理倾向。反暗示性多表现在三岁左右的儿童阶段和青春期。故而也称此时期为反抗期（negative stage）。见该条。

control 控制 **1.**在心理学实验研究时，实验者根据研究目的排除可能发生影响的相关变项所做的处理。见实验设计（experimental design）。**2.**指科学研究目的（goals of scientific research）之一。见该条。

control condition 控制条件 义同基线（base line）。见该条。

control experiment 控制实验 **1.**属实验研究的一种方式，旨在验证某变项在控制时所发生的效果与在自然情况下有何不同。**2.**比照前人实验研究的方法与步骤去重复前人的研究，从而验证其结果的可信度。准此二义，控制实验与实验控制（experimental control）不同，前者指实验研究的性

C

质，后者指实验研究时处理变项的方法与程序。见该条。

control group（C, CG） 控制组 实验时用来与实验组做比较的一组受试者。被选为控制组的成员，在一切条件上尽量求其与实验组相等。实验组与控制组所不同者只是多一个实验变项（experimental variable）而已。见该条。另见实验设计（experimental design）。

controlled association 控制联想 属于联想测验的一种方式。控制联想的特点是，受试者的反应受限制，不得按刺激字自由联想，而只能按主试者规定的原则去联想。实施原则与限制联想（constrained association）相同。见该条。与本词相对者为自由联想（free association）。见该条。

controlled association test 控制联想测验 属联想测验方法之一。见联想测验（association test）。

controlled attention 控制注意 指在多种刺激的情境下排除无关刺激而集中注意于目的刺激的能力。以在火车上读书为例，书本上的文字是目的刺激，车行声音及车厢中的其他人，都是书本以外的无关刺激。因控制注意是选择性的（按个体动机需求而选择），故而也称选择性注意（selective attention）。

controlled-exposure technique 控制显露技术 一种检验广告效果的技术。此一技术的特征是，在文字或图形的广告设计完成，但尚未出现在报章杂志或电视之前，先以少数受试者为对象，以速示器快速闪动的方式让受试者观看，然后让他回答是否留下深刻印象。如果他们的答案是否定的，即可据以推知广告的效果是有限的。见速示器（tachistoscope）。

controlled observation 控制观察 属观察法之一。控制观察法的特征是，对所欲观察的情境与程序经事先设计，对可能影响观察效果的因素须加以控制。例如，要观察幼儿游戏，可作如下安排：(1)设计游戏情境，如场地、幼儿人数、年龄、性别、玩具等，均可事先设计；(2)设计观察方式，为避免对儿童活动发生干扰，可采用单向透视窗的设计。控制观察因带有实验性质，故而也称实验室观察（laboratory observation）。与本词相对者为自然观察（naturalistic observation）。见该条。

controlled sampling 控制抽样 凡是不按随机原理，在抽样时加以人为控制的抽样法，均称控制抽样。例如，采用间隔抽样，只以小学二、四、六年级学童为对象，就是控制抽样。因为，一、三、五年级的学童就没有被抽到的机会了。准此而论，区域抽样与分层抽样等，在性质上均属控制抽样，见抽样（sampling）。

controlled variable 控制变项 **1.**狭义言之，控制变项亦即实验变项，又称自变项。实验者对自变项加以控制，按实验设计使之有系统的改变，然后观察依变项，从而分析其前后因果关系。 **2.**广义言之，本词除义同自变项之外，另含排除其他影响因素的意义，即对自变项以外其他有关因素也加以控制，借以排除不相干因素对实验结果的影响。实验时设控制组的目的，即在于此。见实验设计（experimental design）、实验控制（experimental control）和无关变项（irrelevant variable）。

control question 控制问题 使用测谎器时向嫌犯询问与案情无关的问题。见测谎器（lie detector）、犯罪关连问题（crime-relevant question）。

control test 控制验证 以控制实验的方式验证某一理论，或重复前人的研究以验证其结果，从而确定变项间的因果关系。此种程序称为控制验证。见控制实验（control experiment）。

convenience dream 济事梦，适宜梦 精神分析论创始人弗洛伊德理论中的术语。济事梦指帮助人解决实际问题的梦。此类梦事实上是从白天开始，当事人白天百思不解的问题留在脑际，一直延续到夜间的睡眠时，把问题带入梦中。作济事梦的人多半迟睡，迟睡原因可能因待解决问题尚未完成。心中带着问题上床，就可能作济事梦。平常说“日有所思，夜有所梦”，即属此种现象。就我们经验而言，日思夜梦的情形很多，但梦能济事的情形却很少。

convention 习俗 指为社会上多数人所认同，对个人行为深具影响力的不成文的风俗、习惯、信仰等综合而成的传统。传统的惯例或习俗虽不像法律那样具有强制性，但对同一社会的人却具有极大的约束作用。

conventionalism 因循主义 属于一种人格特质或态度个性。因循主义者在日常生活上趋于保守，不易接受新潮事物；在言行思想上，因循主义者倾向于墨守成规，崇尚传统习俗，排拒革新观念；待人处世方面难免带有专制人格（authoritarian personality）倾向。见该条。

conventionality 保守性 义同因循主义（conventionalism）。见该条。

conventional level of morality 习俗道德期，习俗道德水平 按美国心理学家柯尔伯格的道德发展理论，习俗道德期是道德认知发展的第二个时期，也是道德教育显示有效的时期。在年龄上，大约出现在小学中年级以上，而对某些人来说，可能一直延续到成年，习俗道德期就成为他道德发展的最后阶段。习俗道德期又分两个阶段:(1)乖孩子取向(good-boy-nice-girl orientation),个体顺从传统要求,附和成人意见,冀求别人赞许,表现从众行为;(2)遵守法规取向(law and order orientation),个体服从团体规范,严守公共秩序,尊重法律权威,判断是非时有法制观念。见柯尔伯格道德发展论(Kohlberg's theory of moral development)。

conventional morality = conventional level of morality 习俗道德期,习俗道德水平

convergence 辐合,聚合,妥协 **1.**指双眼注视一物时,两眼视线聚于一点的辐合作用。在产生辐合作用时,因眼球的协调转动而生的生理回馈作用,是构成立体知觉的线索之一。**2.**指个体身心特征得自父母双方遗传的聚合。**3.**指个体行为特质得自先天遗传与后天环境两方面因素影响的聚合。**4.**指来自各种感觉器官的神经冲动聚合于神经中枢的历程。**5.**指为了利益考虑勉强接受别人建议的妥协心态。

convergence eye movement 辐合眼动 深度知觉的双眼线索之一。看近处物体时,两个眼球向中间聚合,看远处物体时,两个眼球向两边分开(两眼视线接近平行)。两眼聚合分开的动作,称为辐合眼动。见双眼线索(binocular cue)。

convergence theory 聚合论 解释某一种属于个体行为特质的理论。聚合论的基本要义是,个体的任何行为特质,都是由于种族遗传与生存环境两种因素交互影响聚合而成的。

convergent question 聚敛性问题 指凭借辐合思维(convergent thinking)方式即可解答的问题。见该条。此类问题通常只有唯一的正确答案。

convergent thinking 辐合思维,聚合思维 属思维方式之一。指个体经思维解决问题时,总是依据已有的知识,循逻辑规则去寻求唯一的正确答案,而不能抛开旧经验的束缚从另外的观点看问题。在学校书本知识学习上或智力测验上所表现的能力,多属辐合思维能力。与本词相对者为发散思维(divergent thinking)。见该条。另见创造(creativity)。

convergent validity 辐合效度,会聚效度 指用来考验构念效度的一种方法。要确定一个测验的构念效度,在理论上,该测验所得分数,与另外具同样构念的测验分数之间应该有高的相关。果能如此,该测验即具有辐合效度。反之,该测验所得分数,与另外不具同样构念的测验分数之间,只应有低的相关。果能如此,该测验即具有区别效度(discriminant validity)。见该条。换言之,新编智力测验与已有的智力测验间应有高度相关(辐合效度),但与另外的体能测验(不同构念)间应有底度相关(区别效度)。见构念效度(construct validity)。

conversation maxim 会话准则 指面对面会话时为使双方意见有效沟通宜于遵守的准则。美国心理学家格里斯(H. P. Grice)建议会话时宜遵守四项准则:(1)量的准则,根据对方的要求提供信息,而且也仅仅提供对方希望得到的信息;(2)质的准则,向对方提供的信息应该是真实的,不要提供自己认为是不正确或不可靠的信息;(3)关系准则,所谈的事项必须与正在进行的会话主题有关;(4)态度准则,态度明确,避免含糊其辞或语义暧昧。

conversation rules = conversation maxim 会话准则

conversion 转化,转换 **1.**指个人态度或信仰突然改变的现象。**2.**为转化症(conversion disorder)的简称。见该条。**3.**指分数转换,从一种量表值(如米)转换为另一种量表值(如尺)的过程。

conversion disorder 转化症 属身体症状性疾患之一,也称歇斯底里症或癔症。此种心理疾病的特征是,虽有明显的身体症状,但在医学检验上并找不出器质性的原因。一般认为,转化症的成因是因个人心理上的冲突不能化解,转化成身体症状表现出来。此症的主要症状是感觉障碍,运动能力丧失,甚至转化为失聪、失明、失语的地步。本词又称转化性癔症(conversion hysteria)、转化性神经症(conversion neurosis)或转换反应(conversion reaction)等。

conversion hysteria 转化性癔症 义同转化症(conversion disorder)。见该条。

conversion neurosis 转化性神经症 义同转化症(conversion disorder)。见该条。

conversion of affect 情感转化 是精神分析论对心理疾病的一种解释。当由本我产生的冲动与自我发生冲突不能解除而受到压抑时,它会转化为另一象征的形式显现,或是显现在感官上,或是显现在肢体上,形成所谓心因性身体疾病,如头痛、手脚麻痹等。见转化症(conversion disorder),体表症(somatoform disorder)。

conversion of emotion 情绪转化 义同情感转化(conversion of affect)。见该条。

conversion of score 分数转换 将系列分数的一种形式,转换为另一种形式,只是单位名称改变,而不失去原来的系列关系时,称为分数转换。如英尺转换为米,原始分数转换为标准分数等,都是分数转换。

C

conversion reaction 转换反应 义同转化症(conversion disorder)。见该条。

converted score 转换分数 经由统计方法将测验所测到的原始分数转换而成的另一种分数,诸如标准分数、比率智商、离差智商等均为转换分数。

convulsion 痉挛 指肌肉紧张亢进之现象,发作时,肌肉常呈不自主的抽搐,患癫痫症(epilepsy)者病发时常有此现象。见该条。

convulsive therapy 痉挛治疗法 属心理治疗方法之一。实施时使用药物或电击,引起患者产生痉挛,借由身体的颤动,以减缓心理的痛苦。见休克治疗法(shock therapy)。

cool color 冷色 属于一种颜色感应现象。我们对某些颜色,会有较清冷的感觉,如蓝、绿、白等色即是。与本词相对者为暖色(warm color)。见该条。见颜色感应(color reaction)。

Coolidge effect 柯立芝效应 当雄性动物与一雌性动物交配多次而性活动已渐衰竭时,如引入一个新的发情雌性动物,其性行为立即恢复活跃的现象。这种现象称为柯立芝效应。在畜牧业中可利用这种效应多次采精。

cooperation 合作 指团体中全体成员们,为了共同利益而协力实现一个共同目标时所表现的一种社会行为。在合作情境中,团体目标与个人目标一致,而且,团体中成员的报酬,系根据工作负担做合理分配的,使成员们感觉到,个人的成功得之于团体的合作。与本词相对者为竞争(competition)。见该条。

cooperative learning 合作学习 实施学生中心教学(student-centered instruction)时,常采用的一种学习方式。见该条。实施时,将全班学生分为数个小组,每组3~5人,其中包括不同能力和不同性别的学生。在教师讲解教材要义并提出需要解答的问题之后,各组即互助合作寻求答案。合作学习的优点是,经由人际互动可使能力强的学生更具有信心,可使能力差的学生不因个人竞争失败而灰心丧志。

cooperative motive 合作动机 属社会动机之一,指团体中所有成员为追求同一目标表现合作行为的内在心理动力。合作动机无法直接观察测验,只能由合作行为表现去推知。一个球队中每个球员在比赛时表现既奋力又合作时,即可推知该球队具有强烈的赢球动机。在此情形下,赢球就是他们合作动机。与本词相对者是竞争动机(competitive motive),见该条。见社会动机(social motive)。

cooperative play 合作游戏 属幼儿游戏类型之一。合作游戏的特征是,游戏方式带有结构性,每人分担不同角色,并按预定的规则进行。见游戏类型(types of play)。

cooperative principle 合作原则 指人际间交谈时双方应恪遵的四项守则:(1)诚实;(2)简短;(3)切题;(4)合理。

cooperative reward structure 合作酬偿制 一种对社会行为的酬偿方式。此种酬偿方式的特征是,酬偿的给予不根据个人成绩,而只根据团体合作的成绩。团体中的成员必须合作,始能达成共同目标,获得酬偿。在这种情形下,个人的努力可以增加团体成功的机会,因此每个成员均尽最大努力去争取团体成绩。与本词相对者为竞争酬偿制(competitive reward structure)。见该条。

cooperative therapy 合作治疗 见会诊式治疗(multiple therapy)。

cooperative training 合作训练 职业学校或专科学校的一种教育方式。合作训练的教育特征是,学校与产业机构合作,由学校教师教导学生专科方面的学理性知识,由产业机构提供应用技术指导及实习机会。如此设计可使理论与实践并重,从而达到职业教育的理想效果。

coordinate bilingualism 协同型双重语言 指先学母语而后再学外语,最后两种语言都能流畅者。见双重语言(bilingualism)。

coordination 协调 指在复杂动作的身体各部分彼此协调从而达到动作目的的能力。如手脚协调与手眼协调等均属之。

coping 因应,肆应 指个体遭遇困难或心理挫折时,个人尝试采用不同策略克服困难或化解挫折的心理与行动历程。

coping behavior 因应行为,肆应行为 指个体在目标追求中,能面对环境限制所表现的积极性适应行为。因应行为的目的是在求减低焦虑,解决困难,而不是逃避现实。例如,开车时遇到险路绕道而行,在家读书环境不静改去图书馆,都是因应行为。基于此义,可知因应行为与防卫机制(defense mechanism)不同,前者是积极性的行为,后者是消极性的行为。见该条。因应行为也称因应机制(coping mechanism)。

coping mechanism 因应机制 义同因应行为(coping behavior)。见该条。

coping skill 因应技巧 义同因应策略(coping strategy)。见该条。

coping strategy 因应策略 指个体在遭遇困难时所采取的一些较为积极的应付手段。因应策略包括行动与思想,是有目的的意识行为,而非潜意识的防卫机制。因应策略的目的在减低焦虑并解决困难。在困难情境下,因应策略可能各不相同,学生们在考试当前而埋头苦读者,属因应策略的一种方式;另有的学生到处向同学请教或参加别人讨论者,属因应策略的另一种方式。与本词相对者为防卫策略(defensive strategy)。见该条。

coping style 因应方式 义同因应策略(coping strategy)。见该条。

coprolalia 秽语症 属于一种语言异常现象,其特征是患者不能控制自己的语言表达,经常说出一些不堪入耳的脏话。

coprophobia 惧粪便症 属恐惧症之一。患者对粪便之类的排泄物特别敏感,遇之即表现极为反常的恐惧反应。患惧粪便症者生活适应困难,家庭以外的厕所不敢使用。见恐惧症(phobia)。

coprphrasia = coprolalia 秽语症

core gender identity 最初性别认定 指婴儿后期(满周岁以后)开始认识自己的身体,并逐渐辨别自己是男生还是女生。最初性别认定只是身体上生理的辨别,并不带有任何心理作用。本词与儿童期开始的性别认同(gender identity)意义不尽相同。见该条。

core sex identity = core gender identity 最初性别认定

core temperature 核心温度 义同体内温度(deep body temperature)。见该条。

cornea 角膜 眼球正前方的外凸处,此处的眼球壁仅有一层薄而没有血管的透明组织,称为角膜,可容光线进入眼内,并具有光线的折射与聚合作用。角膜的周缘与巩膜接合,如果角膜本身的弧度不均匀,使进入的光线不能聚集在同一点,就形成散光。散光需配戴适当的眼镜加以矫正。见眼的构造(eye structure)条及附图。

cornea transplantation 角膜移植 指运用外科手术移植角膜的过程。角膜移植的目的是切除有白斑部分之角膜,植换上有人捐赠的正常角膜,因而得以恢复患者的视力。见角膜(cornea)。

Cornell technique 康乃尔技术 义同格特曼量表法(Guttman scaling)。见该条。

corporal punishment 体罚 旧教育体制下管教学生的一种措施,其目的在使学生身体受到痛苦后能够得到教训,了解是非对错而改过自新。体罚并非单纯指身体遭受拷打,像罚站、罚跪、罚跑步等也是体罚。

corpus amygdaloideum 杏仁核 位于侧脑室下角前端上方的神经组织。杏仁核包括底外侧核群、皮质内侧核群、前杏仁区和皮质杏仁区。杏仁核接受嗅束纤维,但与嗅觉关系并不密切。可能与调节内脏活动和情绪反应有关。破坏两侧杏仁核及其邻近结构,可使恐怖和愤怒反应消失,性活动增加,食欲增加。

corpus callosum 胼胝体 连接大脑两个半球的神经纤维组织,两个半球上各区域左右交叉上下倒置的功能,全靠胼胝体的连接及神经传导作用。见脑(brain)条及附图。

corpus pineal = pineal body 松果体

correctional education 矫治教育 对学习困难与行为不良者或犯罪者实施的补救教育措施。矫治教育不仅包括学业成绩和职业技能的教育,而且包括复杂社会生活所必需的社会适应能力以及有关问题解决技巧的培养。矫治教育目的是促使学习困难与行为不良者或犯罪者恢复正常,摆脱与犯罪或过失行为有密切相关的处境。矫治措施有对处境不利儿童的早期语言发展的矫治、书写方式的矫治、阅读能力缺失的矫治,对情绪纷乱儿童的需要与行为的矫治,就业的准备教育等。

correctional psychology 矫治心理学 属于应用心理学的一个学科。矫治心理学研究的目的是运用辅导、咨商、心理治疗、心理测验、犯罪心理学以及临床心理学等各方面的理论与方法,以因涉案而接受矫正者为对象,一方面矫治其偏差行为,另一方面也分析研究其心理历程,进而建立系统的理论。

correction for chance 概率校正 义同猜测校正(correction for guessing)。见该条。

correction for guessing 猜测校正 对测验得分中纯靠概率猜测而答对题目获得分数的校正措施,称为猜测校正。猜测校正多用于选择题,其常用的计算公式是:

$$S=R\frac{W}{N-1}$$

公式中,S为校正后的分数;R为答对的题数;W为答错的题数(不包括未答题数);N为试题选项数(三选一或四选一)。

correlation 相关 属统计学上的术语。相关指两个(或多个)变项间的共变关系,其中的一个变项改变时,另外的变项也随之改变。构成相关的两变项之间的关系,只能视为共变关系,不能肯定其因果关系。以两变项间的相关为例,设X与Y为两变项,如X值由小变大时Y值也由小变大,称为正相关(positive correlation);如X值由小变大而Y值由大变小,称为负相关(negative correlation);如X值与Y值的变化完全一致,称为全相关(perfect correlation);如X值与Y值两者的变化彼此无关,称为零相关(zero correlation)。用一个数值来表示相关程度,该数值即称为相关系数(correlation coefficient)。见该条。相关又因变项之间关系的不同而有很多不同的名称。单以两个变项的相关而言,有积差相关(product-moment correlation)、列联相关(contingency correlation)、φ 相关(phi correlation)、点二列相关(point-biserial correlation)、斯皮尔曼等级相关(Spearman rank correlation)等。以三个变项以上的相关而言,则有肯德尔和谐系数(Kendall coefficient of concordance)、净相关(partial correlation)和复相关(multiple correlation)等。见该等条。

correlational design 相关设计 义同相关研究(correlational research)。见该条。

correlational method 相关法 心理学研究方法之一。凡是经由相关系数的方式探求两个或两个以上变项间关系的研究,均称为相关法。在研究设计上,相关法并不操纵其中一个变项去影响另一个变项,同时也不去控制其他变项,因此又称为非实验法或非操弄法。相关法研究的结果,只能说明各变项之间有相同的(正相关)或相反的(负相关)关系,而不能解释其间的因果关系。由于此法易于设计和实施,在心理与教育研究中应用最广。研究学生智力与学业成绩之间或各学科成绩之间的相关程度,都是相关法最常用的例子。

correlational research 相关研究 指对问题中相关变项间相关程度的了解,从而达到预测目的的一种研究方法。在心理学上从事相关研究时,通常是将同一组人的两种心理特征作为研究变项,经由测量将两变项化为数值,然后按统计方法计算出相关系数,用以表达两变项的相关程度。相关研究的目的在于预测,已知两变项间相关程度时,即可根据变项之一去预测另一变项的变化。唯相关研究所得结果,除预测外不能确定两变项间的因果关系,可能两者互为因果,也可能是由于第三个变项所致。最常用于相关研究的方法是调查法与测验法。见相关(correlation)、相关系数(correlation coefficient)。

correlational study = **correlational research** 相关研究

correlation chart = **correlation table** 相关表

correlation coefficient (r) 相关系数 属统计学上的术语。相关系数是用来表示两个(或多个)变项间相关程度的一个数值。因为所有不同的相关程度,总是介于全相关与零相关之间,所以一切相关系数的值,也总是介于+1.00与−1.00之间。全相关与零相关的现象极少,因此一般求得的相关系数多为用百分数表示的小数值,而习惯上用英文中r表示之(如r=.56)。因为相关有正负之分,所以相关系数也有正值与负值之别。相关系数值大到什么程度才算具有意义(非因概率而构成),那要靠推论统计(inferential statistics)的方法加以检定。见该条。另见相关(correlation)。

correlation diagram 相关图 义同分布图(scattergram)。见该条。

correlation graph = **scattergram** 分布图

correlation matrix 相关矩阵 将多个变项中所有成对变项彼此间的相关系数,以矩阵方式表现之,称为相关矩阵。下表所示者即语文、数学、体育、智力四个变项之间两两相关系数排成的矩阵。除矩阵对角线位置表示每个变项自身相关(相关系数等于1.00)不予计算外,上右方与下左方的两个三角形部分,其对应的相关系数都是相等的。因此,在名义上称为相关矩阵,而事实上它的相关意义只需方阵的一半,右上或左下方,即足以表达之。

相关系数	语文	数学	体育	智力
语文		r=.38	r=.10	r=.68
数学	r=.38		r=.19	r=.74
体育	r=.10	r=.19		r=.23
智力	r=.68	r=.74	r=.23	

correlation ratio 相关比 义同曲线相关(curvilinear correlation)。见该条。

correlation table 相关表 义同相关矩阵(correlation matrix)。见该条。

correspondence problem 一致性问题 指运动知觉心理的一种不易解释的现象。如附图所示,实验者先向受试者呈现中间的白色方形片刻,继而使之消失。在白色方形消失的同时,接着出现左右两个图形,左边为一白色方框,右边为一白色圆形。心理学家想要研究的问题是,在此情况下受试者最容易看到的是白色方框还是白色圆形?原来中间的图形,其本身具有"方形"和"白色"两个属性,消失后,"方形"的属性由左边的白色方框取代,"白色"的属性由右边的白色圆形取代。取代后的图形与原来中间图形之间的关系,就出现了属性不再一致的问题,原来中间图形是"白色方形",所以明度和形状两者是一致的。取代的两个图形,左边的只留下了原图的形状,右边的只留下了原图的明度(形状改变)。心理学家研究发现,在此情形下,一般受试者最容易看到的是右

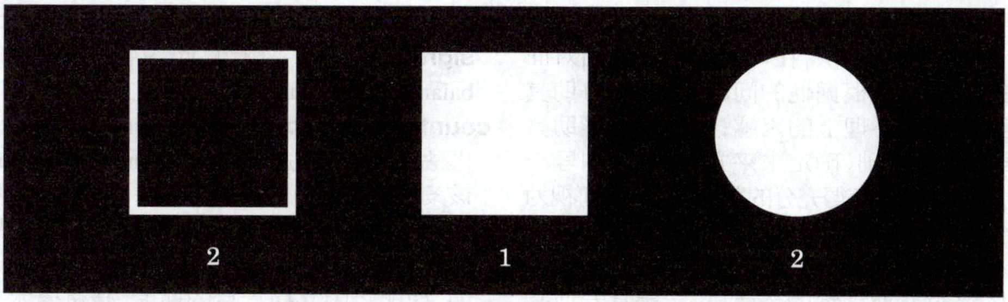

一致性问题

边白色圆形。这说明了当一个图形的明度和形状失去一致性时，明度属性是影响知觉的重要因素。

corridor illusion **走廊错觉** 属视错觉现象之一，如附图所示，走廊上有三个体形、大小相同的黑色人影，但因受知觉透视心理的影响，会使人觉得远处的人影体形较大。见错觉（illusion）。

走廊错觉

cortex **皮质，皮层** **1.**泛指器官组织的表层部分。**2.**大脑皮质（cerebral cortex）的简称。见该条。

cortical blindness = cerebral blindness **中枢性盲**

cortical deafness **皮质性聋** 大脑皮质的听觉区受到伤害而导致听觉能力丧失者，称皮质性聋。见中枢性聋（cerebral deafness）。

cosmology **宇宙论** 哲学中形而上学的两大理论之一。宇宙论所探讨的问题乃是以宇宙万物为一整体，而探究其变化的基本规律。由于对宇宙万物变化原理解释的不同，宇宙论主题之下又有原子论（atomism）、机械论（mechanism）和目的论（teleology）之分。见该等条。与本词相对者为本体论（ontology）。见该条。另见形而上学（metaphysics）。

cost-benefit analysis（CBA） **成本效益分析** 借用经济学上的概念解释决策行为的动机。当个体面对问题情境对某种策略需要做出取舍抉择时，他会考虑决策后付出的成本与将来回收效益多寡的问题，亦即利弊得失的问题。在一般情况下，只有效益大于成本时，个体才会采取行动。见效益成本比率（benefit-cost ratio）。

cost reward analysis **牺牲与报酬分析** **1.** 对旁观者效应现象的一种解释。谓当个人面对他人陷入危急状态时（如见人溺水），是否立即伸出援手，端视当事者对自己行为后可能的牺牲和得到的报酬而定。见旁观者效应（bystander effect）。**2.**义同成本效益分析（cost-benefit analysis）。见该条。

cot death **摇篮死** 义同婴儿猝死症候群（sudden infant death syndrome）。见该条。

cotherapy **合作治疗** 见会诊式治疗（multiple therapy）。

co-twin control **孪生子控制** 采用同卵孪生子为研究对象的一种实验设计。因同卵孪生子的遗传因子是相同的，所以将他们分为两组实验时，遗传因素就被控制。实验进行时只对其中一组予以实验处理（如施以特别训练），根据实验结果即可了解环境因素的影响。见孪生子控制法（co-twin control method）。

co-twin control method **孪生子控制法** 采用孪生子为研究对象，借以比较环境与遗传对个体行为发展之影响的一种方法。孪生子分两类，一类为同卵孪生子，另一类为异卵孪生子。孪生子控制多采同卵孪生子为对象，因为他们的遗传因子完全相同，故而遗传因素得以控制。同卵孪生子出生后如环境相异（如一为生父母养育，一为养父母养育）或施以不同训练，然后对照比较其行为差异，即可发现环境因素对他们行为发展的影响。见孪生子控制（co-twin control）。

counselee **受辅者** 指在辅导咨商过程中接受辅导的人。

counselee-centered counseling **受辅者中心咨商** 见案主中心治疗法（client-centered therapy）。

counseling **咨商，咨询** 咨商一词可由以下两个不同观点来界定：**1.**咨商可视为辅导的历程，持此观点者，一般将咨商界定为：咨商是一个教育的

C

或学习的历程。在此历程中，受过专业训练的咨商员，运用其专业知识，在与受辅者直接面对面的情境下，一方面根据他的问题与需要，协助其了解自己，解除心理上的困惑；另一方面能助其以自身条件为基础，确定未来方向，从而引导个人在才智和人格上获得充分的发展。**2.**咨商可视为心理治疗的历程，持此观念者，一般将咨商界定为：咨商是一个再教育或习惯矫治的历程。在此历程中，受过专业训练的咨商员，运用其专业知识，对生活适应困难或心理异常者给予适当的帮助，使之改正不良习惯，重建态度与人格，从而恢复其健康的人生。以上两种观点，事实上很难划分。因此，在多半情形下，咨商与心理治疗两词相通。例如，在一般文献中，有时称婚姻咨商(marriage counseling)，有时亦称婚姻治疗(marriage therapy)，名称虽异，实则相通；如有差异，也只是程度上稍有偏重而已。唯从事咨商工作者的立场言，不把接受咨商的人当病人看待，故而一般不称他们为患者(patient)而称他们为案主(client)。见案主中心治疗法(client-centered therapy)。咨商是个笼统概念，其进一步的发展，朝向两个方向，一是咨商有很多不同理论，一是咨商有很多不同方法。本词与心理治疗(psychotherapy)及辅导之异同，见辅导(guidance)。

counseling interview 咨商面谈 在咨商过程中，最基本的也是最重要的技术，就是咨商员与受辅者的面谈。经由面谈，不但咨商员可以了解受辅者的问题，更重要的是受辅者本人可经由面谈过程中了解自己、澄清观念、发抒感情、认识问题、领悟人生。因此，咨商面谈本身也就兼具辅导和治疗的功用。

counseling psychology 咨商心理学，咨询心理学 属应用心理学的一个分支学科。此一学科的主要内涵是研究咨商理论与技术、咨商的实施与效果以及咨商人员的教育与训练等。见咨商(counseling)。

counselling＝counseling 咨商，咨询

counselor 咨商员 受过咨商心理学专业训练后从事咨商(counseling)工作的人员，见该条。

counselor-centered therapy 咨商员中心治疗 义同指导性咨商(directive counseling)。见该条。

counteraction need 反败需求 美国心理学家默瑞人格理论中的用语。指人在失败之后心理上失去平衡，由是产生一种内在力量，促使个人去克服困境，追求成功。在日常生活中，反败为胜的事例很多，其失败后争胜行为的动机，就是反败需求。见默瑞(Murray, Henry Alexander)传记条。

counterbalanced experimental condition design 实验条件平衡设计 义同平衡法(counterbalanced procedure)。见该条。

counterbalanced presentation method 平衡安排法 义同平衡法(counterbalanced procedure)。见该条。

counterbalanced procedure 平衡法 在从事心理实验时，有些干扰实验效果的因素不易排除。例如，要比较中文横直写的速度，受试者本来的书写习惯就是一个产生影响的因素。要免除此一影响，采用甲、乙两个彼此对照组(一切条件近似或相等)，采时间精密控制的方式，让两组都有横写与直写同一资料的机会。只是在顺序上两组不同，甲组先直写后横写(或先横后直)，乙组先横写后直写(或先直后横)，然后将每组两次直写与两次横写的成绩相加，并求其平均速度(每分钟多少笔画)，从而比较其横直书写速度的差异。如此安排乃是以顺序平衡的方式达到习惯影响的平衡。亦即以平衡法消除受试者习惯与顺序先后的影响，达到预期的实验目的。因为平衡法的要旨是按平衡的原则安排实验变项，故而又称平衡安排法(counterbalanced presentation method)、实验条件平衡设计(counterbalanced experimental condition design)。

counterbalancing ＝ counterbalanced procedure 平衡法

counterconditioning 反条件作用，抵触制约法 指采用条件作用原理消除某种反应或不良习惯的历程。某种刺激已经引发某种特定反应后(如儿童害怕独处)，可以设法在该刺激出现时使个体出现另一反应(如给他新奇玩具)，造成两种反应同时出现互不兼容的情况。久之，使新的反应逐渐抑制了旧有的反应。此种对不良反应消除的方法，在心理治疗上早已用来作为减消敏感之用。见系统脱敏法(systematic desensitization)。本词义同相互抑制治疗法(reciprocal inhibition therapy)。见该等条。

counterconformity＝anticonformity 反从众

counterego 反自我 精神分析论者对人格结构的一种假设性的说法。意谓在个体的潜意识中的本我，存在着一种与意识中自我相对的反抗动力。此种内在反抗作用，即称为反自我。见自我(ego)，本我(id)。

counterformity＝anticonformity 反从众

countershock phase 反击期 指一般适应症候群

(general adaptation syndrome)中第一阶段的第二期反应。见该条。

countersuggestion 反暗示 **1.**广义言之,反暗示指异于平常的暗示。中国俗语中的"此地无银三百两"与"隔壁王二不曾偷"的说法,就是反暗示。**2.**狭义言之,反暗示是指瑞士心理学家皮亚杰研究儿童心理时所采用的一种方法。儿童在处理他面对的问题时有他自己的想法,反暗示就是对儿童提供反对他原来想法的暗示,借以引起儿童重新思考,从而提升他的认知能力。如果儿童不愿接受反暗示,他可提出反驳并为自己的想法辩护。如此,也可达到提升儿童认知能力的目的。

countertransference 反移情 见移情(transference)。

counterwill 反意向 奥地利精神分析家兰克(O. Rank, 1884～1939)理论中的术语。反意向的基本意涵是,个体在遇到内在欲望冲动或外在压力时能够对自己说"不"的能力。根据兰克的解释,反意向是健康人格的表征。见意志治疗法(will therapy)。

counter-wish dream 违愿梦 精神分析论创始人弗洛伊德理论中的术语。意指梦境中的一切恰与个人愿望相违背的梦。按弗洛伊德的解释,表面上看,此种梦与个人愿望不符合,但事实上很可能梦境中的一切正负面地表达了个人的真正愿望。例如,有某男子梦见自己患了性病而造成性无能,事实上他的愿望是性能力旺盛。

couple therapy 配偶治疗法 义同婚姻治疗(marriage therapy)。见该条。

coupon-return tech 优待券回流技术 广告心理学上的一种技术。厂商在报纸杂志刊登广告时,往往附带印上优待券,说明读者可将优待券剪下,持券购买该厂商物品享受折扣优待。在广告刊登后的一段时间,计算优待券的回流数量,即可据以评定广告的效果。

courtesan fantasy = **hetaeral fantasy** 娼妓幻想

covariance 共变量,共变数,协方差 共变量是指X变量之原始分数与平均数的差(即$X-\bar{X}$),乘以Y变量之原始分数与平均数的差(即$Y-\bar{Y}$)之和的平均数。共变量的计算公式为:$CXY=\Sigma(X-\bar{X})(Y-\bar{Y})/N$。显然,当X,Y变量之间互为独立的事件时,共变量等于0,X,而Y的相关系数也等于0。

covariance method 共变法 指按照归因共变原则(covariance rule of attribution)解释两种相关连事件发生原因的一种方法。见该条。

covariance rule of attribution 归因共变原则 属解释事故发生因果关系的一种心理原则。共变是指现象(结果)与原因两者共同变化,亦即某种现象的形成乃是由于某种原因变化的结果。例如,早晨起床开窗看天气时,忽然连打三个喷嚏,是一种对某种刺激的敏感的反应。如果这时候正好是阳台上桂花盛开,很可能就将呼吸敏感反应(一种变化)归因于桂花的刺激(另一种变化)。像此种偶然一次的经验,虽然可以做如此归因解释,但解释未必合理。如果连续多次经验,每逢桂花盛开就会引起呼吸敏感,或是听到别人也有类似的经验,归因的共变原则即可成立。与本词相对者为归因折扣原则(discounting rule of attribution)。见该条。另见归因论(attribution theory)。

covariate 共变量,共变数 当研究者操弄自变项以观察依变项的变化时,同时考虑可能另有其他因素无法控制,且对依变项的观察造成干扰,此其他因素即称为共变量。例如,在"不同教学方法对儿童学习科学概念之影响"研究中,若无法控制受试者的智力兴趣因素,对儿童的科学概念学习效果就可能造成影响,因而无法肯定解释其学习效果是否因不同教学方法所致。与本词有关的名词是共变数分析(analysis of covariance)。见该条。

covariation principle 共变原则 义同归因共变原则(covariance rule of attribution)。见该条。

cover memory = **screen memory** 遮蔽记忆

covert behavior 内隐行为 指别人不能观察得到的行为。诸如思维、感情、意识、观念等内在性心理活动,均属内隐行为。与内隐行为相对的是外显行为,指别人可以观察的行为。诸如说话、写字、动作、表情等外在活动均属之。早期的行为主义论者不以内隐行为为题材,强调只有对可以观察测量的行为作研究,才符合科学上的客观与验证的基本原则。此种极端态度业已改变,一般咸认内隐行为仍可透过主观报告式的内省(introspection)和仪器测量等加以研究。见该条。

covert conditioning 内隐条件作用 指采用条件作用原理的一种行为治疗法。内隐条件作用的特点是,不采用外在的条件刺激与无条件刺激,只训练患者凭想象、思维、感觉等内在活动去制造心境。实施时,个人先明确定出标的行为,指出自己要改变的行为是什么,预期改变到什么地步,然后再运用正强化与负强化原理以强化或消弱预期改变的行为。例如,采用内隐条件作用可以戒烟。实施时个人先想象自己抽了很多香烟,继而想象因抽烟引起头痛、恶心甚至呕吐等痛苦后果。如此反复想象的结果,可能对抽烟一事产生厌恶的感觉,以后也许就不再抽烟。

C

covert desensitization 内隐脱敏法 属行为治疗法之一。在使用内隐条件作用消除某种不良习惯(如酗酒)时,要求患者在内心里去想象与该不良习惯有关的痛苦经验(如想起饮酒过量导致呕吐时的狼狈状)。如此,即可减低对刺激的敏感(对酒味之反应淡化)。见内隐条件作用(covert conditioning)、系统脱敏法(systematic desensitization)。

covert extinction 内隐消弱法 属行为治疗法的一种技术。使用时采用条件作用学习历程中消弱的原理,指导患者自行以想象的方式去消除不良习惯。见内隐条件作用(covert conditioning)。

covert need 内隐需求 义同潜性需求(latent need)。见该条。

covert practice 内隐练习 指学习时不表现于外显行为的练习方式。所谓沉思默想即属内隐练习。

covert reinforcement 内隐强化 属行为治疗法的一种技术。采用条件作用学习中的强化作用原理时, 指导患者自行以想象的方式去因应焦虑情境。例如,在考试前夕个人除读书外多想象些考试成功后的愉快,以替代反复想象失败后的恐惧。如此"境由心造",当可减低焦虑的困扰。

covert response 内隐反应 **1.**指别人不能从表面观察到的反应。诸如思维、想象、回忆等均属内隐反应。与本词相对者为外显反应(overt response)。**2.**义同内隐行为(covert behavior)。见该条。

covert speech = implicit speech 内隐语言

CPI = California Personality Inventory 加州人格量表

CPI = California Psychological Inventory 加州心理测验,青少年心理测验

CPM = Raven's Colored Progressive Matrices 瑞文彩色渐进推理测验

cps = cycles per second 每秒周波数

CQT = College Qualification Test 大学资格测验

CR = conditioned response 条件反应

CR = critical ratio 临界比

Craik-O'Brien effect 克雷克—奥布仑效应 属视错觉现象之一,如附图所示,内部的圆面与外部的圆环是同一块灰色纸片,只因两者之间有一条内圈白外圈黑的模糊圆环相隔,使之看起来外部圆环的灰色较深,内部圆面灰色较浅(读者可设法将中间细线圆圈盖起来加以验证)。此一错觉现象系由苏格兰心理学家克雷克(K. J. W. Craik, 1914～1945)1940年发现,后经美国物理学家奥布仑(V. O'Brien, 1924～)1958年撰文发表,故名。见错觉(illusion)。

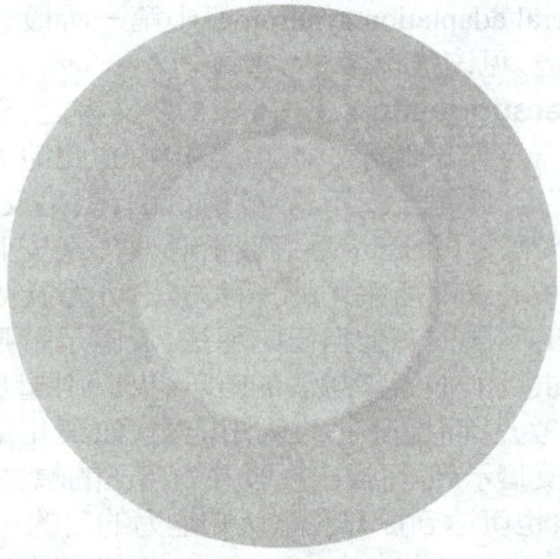

克雷克—奥布仑效应

cranial nerve 脑神经 直接由脑发出不经过脊髓而止于脑干的神经,叫作脑神经。脑神经是周围神经系统的一部分。人体的脑神经共有12对,分别源自脑的不同部位,每一条脑神经皆为成束的神经纤维,其末梢主要分布于头部的感觉器官、肌肉和腺体,但第十对则下行到胸腹腔的内脏。脑神经的功能主要是将眼、耳、口、鼻和面部皮肤等处感受器的神经冲动传达至脑,也将脑发出的命令或信息传达至效应器。12对脑神经中,第Ⅲ、Ⅶ、Ⅸ、Ⅹ对含有副交感神经系统的神经纤维。人体的12对脑神经分别是:Ⅰ.嗅神经,只有感觉性神经,止于端脑;Ⅱ.视神经,只有感觉性神经,止于间脑;Ⅲ.动眼神经,只有运动性神经,起自中脑;Ⅳ.滑车神经,只有运动性神经,起自中脑;Ⅴ.三叉神经,兼有运动和感觉神经元,其中舌、面的感觉神经止于后脑,起于延脑;Ⅵ.外展神经,只有支配眼睛的运动性神经,起自延脑;Ⅶ.颜面神经,兼有感觉与运动神经,其中味感觉神经止于延脑,支配唾液分泌和面肌运动的神经自延脑发出;Ⅷ.听神经,只有感听和平衡的感觉神经,止于延脑;Ⅸ.吞咽神经,兼有感觉与运动神经,味感觉神经止于延脑,运动神经支配吞咽运动,从延脑发出;Ⅹ.迷走神经,兼有感觉和运动神经,味感觉神经止于延脑,运动神经支配腹部内脏运动,起自延脑;Ⅺ.副神经,兼有感觉和运动神经,支配吞咽运动,起自延脑;Ⅻ.舌下神经,只有支配舌的运动神经,起自延脑。见外周神经系统(peripheral nervous system)。

craniology 头颅学 专门研究人类头颅大小、形状以及心理特征的一门科学。

craving 渴望,癖好 指个体对某种刺激存有极强烈的欲望或冲动的心理现象。

craze 疯狂 对流行时尚所表现的狂热行为。

created image 创造意象 指单凭思维想象创造的意象。创造意象所指的事物，可能是现实世界中不存在的，如文学家在小说中安排的人物及情节，多半是创造意象。

creationism 创造主义，创世论 解释世界万物来源的一种理论。持此理论者相信，世界万物都是上帝一手创造的，基督教徒们多持此理念。与本词相对者为进化论（evolutionism）。见该条。

creative ability 创造能力 **1.**属美国心理学家斯腾伯格智力三元论（triarchic theory of intelligence）中能力之一。见该条。**2.**义同创造（creativity）。见该条。

creative imagination 创意，创造想象 **1.**在疑难情境中，为求问题得以解决，个人凭想象而产生的超越经验的新观念，称为创意。**2.**指非幻想式而试图突破经验限制的导向思维历程。**3.**与创造（creativity）同义。见该条。**4.**属于想象（imagination）的三种类型之一。见该条。

creative play 创造性游戏 属于有动机有目的的游戏方式之一。创造性游戏的特征是，改造既有经验去处理新的问题，从超越的成就中获得喜悦与满足。见游戏分类（taxonomy of play）。

creative reading 创造性阅读 指在阅读时能对书本知识提出创新见解的读书方式。

creative resultant 创造性成果 义同创造性综合（creative synthesis）。见该条。

creative self 创造性自我 奥地利精神分析心理学家阿德勒理论中的术语。根据阿德勒的解释，创造性自我是个体行为的重要动力。此一内在动力能使人克服自卑，追求超越，从而使自己的生命更有意义。见阿德勒（Adler, Alfred）传记条。

creative synthesis 创造性综合 科学心理学创始人德国心理学家冯特理论中的术语。意指在创造历程中，思维所得的成果不等于多种心理元素之总和。换言之，创造成果并不能靠分离的心理元素相加而获得。本词也称为创造性成果（creative resultant）。见冯特（Wundt, Wilhelm Maximilian）传记条。

creative thinking 创造性思维 属导向思维的一种形式。在有目标或有疑难的导向思维情境中，个人能突破限制提出新的意见、发现新的方法、找到新的答案（如科学发明）或创造出崭新的产品（如文学艺术作品）的思维历程，称为创造性思维。创造性思维究竟是怎样的一个历程？历来研究此问题者多以1926年英国心理学家瓦莱斯（G. Wallas）的四阶段说为圭臬：（1）准备期（preparation），吸收前人的经验，形成自己的知识，了解问题的性质，澄清疑难的关键等，都是创造之前的必备条件；（2）孕育期（incubation），问题不能立即解决者，表面暂时搁置而实则继续思维的时期；（3）豁朗期（illumination），长期思考后突然得来灵感的阶段；（4）验证期（verification），把抽象的新观念落实在具体操作的层次，并给予验证，如发现事实与推论符合，创造历程即告终结。

creativity 创造，创造性，创造力 **1.**指在问题情境中超越既有经验，突破习惯限制，形成崭新观念的心理历程。**2.**指不受成规限制而能灵活运用经验以解决问题并带有价值的超常思维能力（价值系指实用价值、学术价值、道德价值或审美价值等而言）。以上两种解释，其相同之点是均将创造视为解决问题的心理活动；其相异之点是前者视创造为思维历程，后者视为思维能力。基于此义，在心理学上研究创造者，也从两方面去研究：其一是创造性思维的研究，旨在了解创造究竟是怎样的历程；其二是创造力的研究，旨在了解创造一事究竟包括那些能力。见创造性思维（creative thinking）、创造力测验（creativity test）。

creativity measurement 创造力测量 指根据创造力测验（creativity test）对受试者施测，根据测验结果以评定其创造力的高低。见该条。

creativity test 创造力测验 属心理测验中能力测验的一类。研究创造行为的心理学家认为，创造是一种有别于智力的能力，因此在内容上创造力测验的题目，也与智力测验不同。智力测验内容采封闭式题目（有固定答案），而创造力测验内容则采开放式题目（无固定答案）。美国心理学家吉尔福德因素分析法分析结果，创造力的组成包括四个因素：（1）流畅性（fluency），心智活动流畅，能在短时间内表达较多的观念，使用较多文字，产生较多联想等；（2）变通性（flexibility），思维方式变化多端，能举一反三，触类旁通；（3）独创性（originality），行为表现超常，对事物处理能提出超越意见，对疑难问题能提出独特见解；（4）精密性（elaboration），惯于深思熟虑，遇事精密分析，力求臻于完美的地步。以此四种特性为基础的思维方式，吉尔福德称之为发散思维（divergent thinking）。见该条。见吉尔福德（Guilford, Joy Paul）传记条。

credibility 可信性，可信度，威信 经由语言沟通试图对人说服时，所表达的主张见解能使对方信赖的程度，称为可信性。显然，可信性愈高，说服性也就愈强。

Crespi effect 克利士比效应 指诱因增加对行为强化产生的不成比例的现象。设有果园主人，雇用工读生采橘子。工读生分为甲乙两组，均按所采篮数计酬，唯两组支付方式不同（彼此不知）：甲组开始时每篮付30元，一周后增加为每篮50元，乙组从开始即付50元。结果发现，就此后两组工作绩效（单位时间内所采篮数计）而言，虽两组之报酬相等，而甲组之成绩远较乙组为优。此现象为美国心理学家克利士比（L. P. Crespi, 1916～）1942年发现，故名。本词也称对比效应（contrast effect）。见诱因（incentive）、强化对比（reinforcement contrast）。

cretinism 矮呆症，克来汀症 指由于甲状腺素缺乏所导致的身心发育失常。矮呆症的主要症状为智能极低、缺乏活力、矮小，需终身服用甲状腺素，前额短、眼睑膨大、唇舌厚、皮肤干燥、出牙迟而不规则以及耳聋等。

crf = continuous reinforcement 连续强化

crib death 摇篮死 义同婴儿猝死症候群（sudden infant death syndrome）。见该条。

cribriform plate 筛板 指筛骨中的水平部分，为骨性构造，因具有多数小孔、状如筛子而得名。筛板中的小孔贯穿到鼻腔顶盖，嗅神经自嗅觉皮膜发出后即通过这些小孔而终止于筛骨上方的嗅球。

crime intent 犯罪意向 指犯罪者明知自己的行为违犯法律而仍然犯罪的心理倾向。

crime-relevant question 犯罪关联问题 采用测谎器对嫌犯进行测谎时，所提问题中直接或间接与案情有关的问题（如是否与受害人认识或案发当天他在什么地方做什么事等），称为犯罪关联问题。测谎时向嫌犯提出的另一类问题是与案情无关的问题，称为控制问题（control question）。见该条。设计两类问题的目的，旨在观察嫌犯在回答两类不同问题时在测谎记录上所表现的差异。见测谎器（lie detector）。

criminal anthropology 犯罪人类学 指以人类学的理论与方法，在犯罪者与常人之间分析比较研究的一门科学。犯罪人类学为意大利精神医学家龙勃罗梭（C. Lombrosa, 1836～1909）在1876年所创始。按该理论的说法，人类中有生而具有犯罪特征者，即使其本人一生没有犯罪，而隔代遗传的后人，仍然有犯罪的可能。按犯罪人类学所列犯罪特征为：（1）生理异常，如头颅特长、颊骨突出、前额下陷、皮肤过红等；（2）心理异常，如感觉失常（迟钝或敏感）、淫欲过度、怠惰成性、情绪冲动等；（3）智能异常，心智薄弱缺乏学习知识与技能的能力。根据龙勃罗梭的观察，在犯罪总人口中，属先天性犯罪者约占30%～40%。此一理论在当时欧洲颇受重视，唯此后并未得到充分的证据。

criminal psychiatry 犯罪精神病学 犯罪学的一个分支学科。此一学科的研究，重在分析构成犯罪的心理因素及犯罪者的人格特质。此外，犯罪者的生长环境及其遗传关系，也是犯罪精神病学研究的主题。

criminal psychology 犯罪心理学 属心理学领域中的一个分支学科。犯罪心理学研究的目的是，探讨犯罪者的人格特质、犯罪动机、遗传关系、生活经验以及社会环境等因素与犯罪行为间的关系，从而发展矫治与预防犯罪的策略，并建立系统的学术理论。

criminal sociology 犯罪社会学 属社会学的一个分支学科。指运用社会学的理论、知识与方法，从事犯罪行为原因解释及犯罪防治工作研究的一门科学。犯罪社会学研究的主要重点有二：其一是从个体生长的社会因素去探究犯罪的原因，诸如家庭、宗教、教育、职业、经济条件、婚姻状况等均属之。其二是采取社会工作方法，试图从个体行为矫治，到改善社会环境以消灭犯罪问题，诸如加强教育与职业辅导、推行小区心理卫生、提倡正当娱乐与休闲活动等均属之。

criminal type 犯罪型 指个体在行为上具有强烈的反社会倾向，反社会行为成了其人格特质，而此种特质的成因被认为与其体质或遗传因素有关。

criminological psychology = criminal psychology 犯罪心理学

criminology 犯罪学 结合法学、社会学、心理学及精神病学的知识从事犯罪研究的一门综合科学。

crisis 危机 **1.**源于希腊文krisis，意谓个人或社会事件的转机，可能由之转入佳境，也可能由之转趋恶化。所谓“危机即转机”者，即此之谓。**2.**指病人病情转趋恶化的情形。**3.**指个人生活或社会秩序的正常状态突然中断（如个人失业或丧偶及社会动乱等）而亟须重新调整的情形。以上三种解释的共同之点是危机都是在失控的情形下发生的。

crisis in midage = midlife crisis 中年危机

crisis intervention 危机干预，危机救助 属于心理治疗的一种特殊方式，其实施特点是在个人及其家庭突然陷入危机状态时，及时施以援手救助，好让危机中的受难者得以渡过难关，然后再从长计议。必要时视情况严重程度转有关机构接受进一步治疗。危机干预的对象多半是：（1）生活适应困难而有自杀倾向者；（2）误用药物过量而陷入生命危机者；（3）患有精神疾病而突然病情恶化者。

crisis of identity = identity crisis 统合危机

crisis theory 危机论 解释人格发展的一种理论。此一理论的特点是，在人的一生发展历程中，由于生理、心理及生活环境的改变，对个体形成阶段性的压力与危机。在个体经过此等危机阶段时，如果适应良好，危机即可化为转机而继续发展；如果适应不良，危机即将成为阻碍，使个体发展迟滞。在危机论解释的各年龄阶段中，青少年时期的危机特别受到重视。见心理社会期发展论（psychosocial stage theory of development）。

crisis therapy 危机治疗法 指危机情况下由心理师或精神科医师主动施救的心理治疗措施。危机治疗法多在自杀、严重酗酒、药物中毒、家庭灾变等情况下实施。见危机（crisis）。

criterion 准则，标准，效标 **1.**供做比较、评判、裁决的标准。此种标准可为量的，可为质的，也可为原则性的。标准可作分类用（如能力分班时以学业成绩为标准），也可作取舍用（如入学考试的录取标准）。**2.**指行为目标，即教学时预期达到的标准。**3.** 指供作为编制测验时建立效度的标准，称为效标。效标在心理测验中，是指用来验证新编测验是否是一个具有效度的标准测验。见效度准则（validity criterion）。**4.**在回归分析中，是指被一个或多个变项所预测的变项。例如，测验学者用自编的团体智力测验与斯坦福—比奈智力量表求相关，若相关很高，可证明自编的团体智力测验对智力的测量相当有效。此时斯坦福—比奈智力量表就是效标。另如，根据小学六年级的数学成绩，预测初中一、二、三年级的数学学习成就，被预测的初中数学成就也称为效标。

criterion behavior 准则行为 指在某社会文化传统之下一般公认合宜的行为。准则行为常被用来作为某些行为适当与否的标准。

criterion contamination 效标污染 由于某种因素的影响，使得测验的效标不再是一个准确的效标，此种现象即称为效标污染。例如，智力测验常用来预测学生在班上课业成绩的等第，因而课业成绩就可被用作智力测验的效标。如果教师事先知道每个学生的智力测验分数，因而在评等第与其智力高低之间，产生了教师个人主观的人为因素。在这种情形下学生的课业等第就失去原来作为效标的价值。见效度准则（validity criterion）。

criterion group 效标组 某些人的行为特征已被明确认定作为评定类似行为标准之用时，即称这些人为效标组。效标一词是指供做编制测验时以之建立效度的标准。测验的目的本在测定受测者的行为特征，既然某些人的行为特征已被明确认定，自然他们的行为表现即可作为效标之用。例如，精神病患者在某些行为上表现特殊，早被认定那就是代表精神病的特征。因此，精神病患者即可称为效标组。见效度准则（validity criterion）。

criterion measure 效标量数 指用作效标的一组独立量（分）数。根据测验分数与效标量数两者求得的相关系数，称为效度系数，效度系数值的大小就代表测验效度的高低。见效度系数（validity coefficient）。

criterion-oriented validity 效标取向效度 义同效标关联效度（criterion-related validity）。见该条。

criterion-referenced evaluation 标准参照评量 学校对教学评量数据处理方式，有常模参照评量与标准参照评量之分。所谓标准参照评量，是指以事先预定的标准为依据，从学生在试卷上答对题目的多少，评定他的学业成就。由于常模参照评量的结果只能概括了解学生成就在团体中的相对位置，不能确切了解学生对其所学究竟学到什么程度。因此，除了升学考试不得不采相对的观点，在团体中寻找切点以淘汰部分学生之外，在学校教学评量上，一般都采用标准参照评量的模式。显然，标准参照评量是采用绝对标准的观点。学校考试一向实行60分为及格分数的制度，就是将考试分数当作绝对标准看待的。只要学生的分数达到60分，他就会及格，不管全班有多少学生，他的及格绝不受别人影响。60分及格的观点，自然是以100分作为学习精熟的标准。亦即以学生考试分数达到100分者，代表他的学习已完全符合教学目标的要求。学生考试能否达到100分，将决定于教师在考试时所命试题的代表性与难度，而试题的代表性与难度二者，又决定于是否符合教学目标及教学内容。如考试题目的代表性与困难程度完全符合教学目标及教学内容（是教师计划要教的而且确实已教过），标准参照评量自然是最适当的教学评量方式。因为经由此种评量方式，不仅可以评定学生之间成就的高低，而且更重要的是可由此发现学生们对其所学确实达到了什么程度。不过，标准参照评量也难免有两点不足之处：其一，学生家长接到成绩单之后，不能由此了解其子女的学业成就在团体中的相对位置。其二，标准参照评量以分数为根据的原则，只适用于知识教学的评量，不适用于情意教学的评量。见常模参照评量（norm-referenced evaluation）。

criterion-referenced grading 标准参照记分法 属于教学上的一种学生成绩记分方式。所谓标准参照，系指以教学目标预定的学习程度为评分标准，达到何种程度即得多少分数。其成绩高低是绝对性的，是个别考虑的，不是相对性的，每个学生的成绩不受班上其他学生成绩高低的影响。与本词相对者为常模参照记分法（norm-referenced grading）。见该条。

criterion-referenced scoring = criterion-referenced grading 标准参照记分法

C

criterion-referenced test 标准参照测验 标准参照测验是在施测之前即已拟定标准，施测后根据预订标准来核对测得的分数，从而判定是否达到预订标准。教师自编测验用来评定学生是否及格者，即属标准参照测验。因为教师在编制测验时，可预先拟定标准，例如50题中答对30题者为及格。根据此一解释，本词义同标准参照评量（criterion-referenced evaluation）。标准参照测验与一般标准化的心理测验不同之处是，该类测验不需建立常模，测验结果不按常模来解释个人的得分，只看个人成绩是否达到预订标准，而不考虑个人在团体中的相对地位。与本词相对者为常模参照测验（norm-referenced test）。见该条。

criterion-related validity 效标关联效度 指测验分数与外在效标之间符合或一致的程度。两者符合程度由两者之间的相关程度来决定，相关程度的高低则用相关系数的大小表示之。所谓外在效标，就是测验所计划测量的某些行为，或代表该等行为的量数。例如，学业性向测验可用学业成绩作为效标，机械性向测验可用熟练机工的作业表现为效标。因为效标关联效度是经统计分析研究测验分数与外在效标间的关系，从而建立其效度，故而又称此种建立效度的方法为经验效度（empirical validity）或统计效度（statistical validity）。效标关联效度是一个类别概称，属于此一类别者有同时效度（concurrent validity）与预测效度（predictive validity）。见该等条。

criterion score 标的分数，效标量数 **1.**指对某行为特征所要预测的分数，或是指在教学上希望学生学习后所能达到的成绩。 **2.**义同反应变项（response variable）。 **3.**义同效标量数（criterion measure）。见该等条。

criterion variable 标准变项，标准变量 **1.**指作为与其他变项相比较的变项。在测验的效度研究中，用来做效度标准的就是效标变项。 **2.**指在探讨因果关系的实验研究中，用来作为被预测，或以之作为评定自变项是否发生预期效果的标准者，称为标准变项（亦即指依变项）。见被预测变项（predicted variable）、效度准则（validity criterion）。

critical flicker 临界闪光 见临界闪光融合频率（critical flicker fusion frequency）。

critical flicker fusion frequency 临界闪光融合频率 当光刺激间歇出现时，看起来觉得光刺激呈现闪烁状态。如光刺激间歇出现的频率逐渐升高时，光刺激的闪烁速度越来越快，最后就会觉得光刺激不再闪烁，而出现连续性光刺激现象。此种现象称为闪光融合（flicker fusion）。恰好达到闪光融合时的光刺激频率，即称为临界闪光融合频率，或简称临界融合频率（critical fusion frequency）、临界闪光（critical flicker）及闪光融合点（flicker fusion point）。达到闪光融合点以上时，虽看起来光刺激是连续而稳定的，但事实上光刺激并非真正连续，只是由于光刺激每一次出现所留下的后像，将短暂的时间空隙连起来而已。临界闪光融合频率并非固定数值，除了光刺激强度、每次光刺激出现时间等因素之外，观察者也有相当大的个别差异。对一般人而言，临界闪光融合频率约为每秒30～50次闪动。见谢灵顿盘（Sherrington disk）条及附图。

critical fusion frequency 临界融合频率 义同临界闪光融合频率（critical flicker fusion frequency）。见该条。

critical fusion point 临界融合点 见临界闪光融合频率（critical flicker fusion frequency）。

critical incident technique 关键事例法 工业心理学的术语，意指搜集员工从事某项工作时表现特殊优异（或特殊低劣）的事例，然后对照其工作情境进行分析研究，找出之所以特优（或特劣）的原因，从而作为提高工作效率的参考。

critical level 决断水平 指按分数（或成绩）决定取舍或决定成败的水平。见切点分数（cutting score）。

critical period 关键期 指个体身心发展历程中，在某年龄阶段内对某种行为的形成特别重要，而个体身心状态也最适于学习该种行为时，该时期即为该种行为的关键期。关键期错过，纵然可以学习，但效果事倍功半。关键期在动物行为中较为固定，如雏鸭的印记（imprinting）现象即属之。见该条。见敏感期（sensitive period）。

critical ratio（CR） 临界比 义同标准差异（standard difference）。见该条。

critical region 临界区 在进行假设验证时，无论是单尾检验还是双尾检验，研究者事先都要预定犯第一类错误的概率α是多少，并依据自由度查出α所占的区域。若所计算的量数落入α所占的区域内，就要拒绝虚无假设，因此，α所占的区域即称为临界区。本词也称拒绝区（region of rejection）。见虚无假设（null hypothesis）。

critical score 决断分数 见决断水平（critical level）、切点分数（cutting score）。

critical thinking 批判思维 属思维的一种方式。针对某种工作或理念指出其错误之处，并试图予以纠正的心理历程。

critical value 临界值 指高于或低于显著水平(level of significance)的统计数值。见该条。

cross adaptation 交叉适应 属感觉适应的一种现象。在长期处于某一种刺激情境下产生了感觉适应之后，将会扩大对其他类似刺激的适应。交叉适应现象，在嗅觉上最易发生。如在传统菜市场内，一旦对鱼腥的气味适应之后，对整个菜市场的气味也会适应。从感官敏锐度的观点看，交叉适应是接受相关刺激的感官(上例指嗅觉器官)敏锐度降低的现象，亦即感觉阈限因适应而降低的现象。与本词相对者是交叉提升(cross-enhancement)。意指某感官一旦适应于某种刺激，而使感官对该刺激的敏锐提升后(如对虾类食物有敏感)，对其他类似刺激(如海鲜食物)也会产生敏感。亦即，代表刺激出现时感觉阈限提升。见适应(adaptation)。

cross addiction 交叉成瘾 义同交叉耐药性(cross tolerance)。见该条。

cross-conditioning 交杂条件作用 在经典条件作用历程中，除了预定的条件刺激之外，另外有些不相干的刺激，因为也与无条件刺激相伴出现，结果变成了另一条件刺激，也对个体的该一反应产生了条件作用。此种现象称为交杂条件作用。见条件作用(conditioning)。

cross-cultural approach 跨文化取向 义同跨文化研究(cross-cultural research)。见该条。

cross-cultural method 跨文化法 义同跨文化研究(cross-cultural research)。见该条。

cross-cultural psychiatry 跨文化精神病学 指对不同文化环境中的心理异常者的比较研究。本词亦称比较精神病学(comparative psychiatry)。

cross-cultural research 跨文化研究 指涉及社会文化因素对个体或团体行为影响的一类研究。跨文化研究的主要目的是：(1)检验某种理论或某种发现是否适用于多种文化。例如，以不同社会文化环境下生长的儿童为对象，采用瑞士心理学家皮亚杰的实验观察方法，检验其认知发展阶段论(stage theory of cognitive development)中四阶段说的普遍性。见该条。(2)在一些不同的文化维度上(如儿童养育传统、生活方式、家庭结构等)评价不同文化对行为的影响。例如，研究同年龄儿童的成就动机高低与社会文化的关系。这类研究一般可在现场进行，也可在实验室进行。可以是相关研究，也可以是实验研究。

cross-cultural test 跨文化测验 义同文化公平测验(culture-fair test)。见该条。

cross-culture psychology 跨文化心理学 属于理论心理学领域内的一个分支。跨文化心理学研究的目的是，以不同文化环境中的个体或团体为对象，分析比较其相似与相异之处，从而分析文化因素对人类心理与行为影响的程度。跨文化研究原本以不同文化或不同种族的人为对象，今引申其义，进而对同一文化中不同次文化(subculture)的人(如大学生)从事跨文化方式研究。见该条。

cross-culture study = **cross-cultural research** 跨文化研究

cross dressing 异性装扮 指在装扮上喜欢穿着异性服装的异常现象。见扮异性癖(transvestism)。见性别交叉行为(cross-gender behavior)。

crossed dominance 交叉优势 指右利手(right-handedness)的人左眼较为优势，或左利手(left-handedness)的人右眼优势的交叉现象。见该等条。

crossed paralysis 交叉性瘫痪 指上下肢瘫痪不在同侧，而在对侧的现象。亦即左手瘫痪者右脚也瘫痪，反之亦然。

crossed perception 交叉知觉 义同联觉(synesthesia)。见该条。

cross education 交叉训练 属于技能学习之后产生的一种训练迁移作用。技能学习时如使用右手，学成之后，改用左手练习时，较之一开始就用左手者，省却不少训练时间。这是一种对侧迁移作用。两手之间可对侧迁移，两脚之间也可对侧迁移。利用对侧迁移原则从事技能教学，称为交叉训练。本词也称交叉迁移(cross transfer)。见迁移(transfer)。

cross-enhancement 交叉提升 见交叉适应(cross adaptation)。

cross extension reflex 交叉伸展反射 新生儿本能性的反射之一。握住新生儿一条腿的膝部，使腿伸直，此时如敲打或按压这条腿的脚底，另一条腿会立即弯曲，然后又很快伸直，似乎是要推开这个刺激。一般新生儿包括早产儿，出生时即具有此种反射动作。4～5周后就会自然消失。若一个月后仍有此反射，则属异常。

cross fostering 交叉养育 是研究遗传和环境因素对行为影响的一种方法。在动物实验中，一般是将一个品种的幼仔交给另一个品种的母性养育。甚至将一个动物品种的受精卵移植到另一个品种的母体子宫中，以观察生下的动物长成后与原种母性养育成者在行为上有何差别。

C

cross-fostering experiment 交叉养育实验 义同交叉养育(cross fostering)。见该条。

cross-gender behavior 性别交叉行为 指个体行为表现与其性别相反的现象。凡是喜欢穿异性服装、留异性发型,甚至在言谈举止上异于自己性别者,均属性别交叉行为。

cross-linkage theory 交叉关联论 解释老化原因的理论之一。交叉关联论的要义是,身体内部组织的胶质分子退化是构成老化的原因。见老化理论(theories of aging)。

cross maze 十字形迷津 指用于动物实验迷津之呈十字形者,见迷津(maze)。

cross-modal association 多感觉交叉联合 指大脑两半球对传入信息彼此联合的现象。最基本的多感觉联合是听觉与视觉联合以及运动觉与视觉联合等。

cross-modality discrimination 交叉感官辨别 指交叉运用两种感官辨别同一刺激的现象。例如,凭视觉观察衣料之后再用手触摸,凭触觉予以辨别其质地之良窳。

cross-modality transfer = **cross-modal transfer** 感官交叉迁移

cross-modal perception = **intersensory perception** 多感官知觉

cross-modal transfer 感官交叉迁移 指经由一种感官学到知识,可以迁移到另一感官。亦即另一感官不需学习即可获得此一知识。生而盲者如经触觉学到文字,如后经手术复明,不需学习即可凭眼睛认识文字。

crossover design 交换设计 属于单组实验设计方式。先对受试实施预定的测验,继而对受试者施予实验处理,过一段时间即行终止。终止后再对受试者实施同一测验,最后比较前测与后测之结果,从而分析实验变项所产生的影响。交换设计可重复实施,从多次前测验与多次后测验的比较中分析实验变项的效果。见前后测设计(before-after design)。

cross-parental identification 双亲交叉认同 幼儿期男童与母亲亲密且在行为上向母亲认同,而女童对父亲亲密且在行为上向父亲认同的现象,称为双亲交叉认同。根据精神分析创始人弗洛伊德的解释,幼儿对双亲交叉认同的原因,乃是由于本能的性冲动而形成的恋母情结(Oedipus complex)(男童)与恋父情结(Electra complex)(女童)所致。见该等条。

cross-sectional longitudinal method 横断—纵贯法 义同同侪一连续研究(cohort-sequential study)。见该条。

cross-sectional method 横断法 义同横断研究(cross-sectional study)。见该条。

cross-sectional research = **cross-sectional study** 横断研究

cross-sectional study 横断研究 属发展心理学研究方法之一。横断研究是以不同年龄之个体或团体为对象,就某方面行为发展为主题,使用类似观察测量工具,在同一时间内,即可获得不同年龄组的同类数据。比较分析不同年龄组的身心发展特征,即可据以了解,身心发展随年龄增长而改变的大概情形。从发展研究的目的而言,横断法只具有使用方便的优点,并不具备从研究结果可以建立发展模式的学理价值。因为,根据横断研究所得资料,只能分析比较不同年龄组之间的差异,而不能根据差异而认为是由于发展因素所致。换言之,横断研究所得结果不能用作因果关系推论的依据。

cross tolerance 交叉耐药性 指药物成瘾后的一种生理反应现象。当服用某一药物成瘾而达到生理依赖地步,甚至出现耐药性现象后,如服用另外一种药物,也会很快形成生理依赖与耐药性。基于此义,服用安非他命成瘾者,如改用可卡因代替,很快也会对可卡因产生生理依赖及耐药性现象。见身体依赖(physical dependence)、药物成瘾(drug addiction)和耐药性(drug tolerance)。

cross transfer 交叉迁移 义同交叉训练(cross education)。见该条。

cross-validation 对照效度法 指建立测验效度的一种方法。对照效度的建立,主要是采用对照组的方式去再行测验,然后比较两次测验结果以定其效度的高低。例如,要编一套小学中年级算术成就测验时,先选一代表中年级的样本施测,并统计分析而建立其效度。此后,为求慎重起见,再以同样程序选取同年级另一代表性样本施测,并经统计分析而得另一效度。最后对照比较两次所得结果,从而确定该测验效度的高低。见效度(validity)。

crowd 群众 由具有类似兴趣或情绪的多数人形成的暂时性群体。群众与团体不同,团体有组织而且团体成员有共同目的,群众则否。像大公司购物人潮与火灾现场旁挤满的观看者,只能称为群众,而消防队则是团体。见团体(group)。

crowd behavior 群众行为 指暂时集合在一起的群众所表现的一种彼此类似的行为。群众行为表现虽然受同一事件或目标所引致,但群众内的个体之间未必有关系。因此,群众行为与团体行为

(group behavior)不同,群众行为是无组织无目标的。见该条。

crowd fear = demophobia 惧拥挤症

crowding 拥挤感,过度负荷 **1.**在人群的密度增加时,个人所感到的一种烦闷的心理状态。人或动物在过度拥挤情况下,会影响生活效能。见行为沉沦(behavioral sink)。**2.**指在有限时间或精力下从事过多工作而无法完成的情况,如一人兼任多项职务,必致精疲力竭。

crowd psychology 群众心理学 属社会心理学的一个分支。群众心理学以群众行为(crowd behavior)为研究对象,其目的在探讨群众行为的特征及其与个体行为的关系。见该条。

CRT = complex reaction time 复杂反应时间

crude score = raw score 原始分数

cryptesthesia 超觉 指不经感觉器官即可获悉知觉经验的奇灵现象。此等现象包括:(1)超感视觉(clairvoyance),不经眼睛可以看到东西;(2)超感听觉(clairaudience),不经耳朵可以听到声音;(3)心电感应(telepathy),不经任何工具(如电话)即可与不见面者沟通信息。见超感知觉(extrasensory perception)。

crystallized ability 固定能力 义同固定智力(crystallized intelligence)。见该条。

crystallized general ability 固定性普通能力 义同固定智力(crystallized intelligence)。见该条。

crystallized intelligence 固定智力 美国心理学家卡特尔1963年提出的一种智力理论。他将智力分为固定智力与流动智力两类。固定智力是指采用固定答案式智力测验所测得的智力层次。固定答案式题目所代表者是一些事实性数据的记忆、辨认和理解,而非运用思考随机应变解决的问题。按本词之含义,与具体智力(concrete intelligence)相似。见该条。固定智力的高低系于知识的多寡,故而与教育文化环境的学习机会有密切关系。在智力发展过程中,固定智力达到高峰的年龄,不像流动智力那样明显,直到中老年仍然能够维持相当水平的固定智力。与本词相对者为流动智力(fluid intelligence)。见该条与卡特尔(Cattell, Raymond Bernard)传记条。

crystallophobia 惧玻璃症 属恐惧症之一。患者对玻璃及玻璃器皿特别敏感,尤其对破碎的玻璃,更是望而生畏。纵使当事者自知玻璃本身并不伤人,但仍无法克制由之引起的惶恐情绪。见恐惧症(phobia)。

CS = conditioned stimulus 条件刺激

CSF = cerebrospinal fluid 脑脊液

CTMM-Ⅱ = California Test of Mental Maturity 加州心理成熟测验(第二种)

CTMM-Ⅴ = California Test of Mental Maturity 加州心理成熟测验(第五种)

cubic trend 三次趋向 在变项之间具有趋向关系,而此趋向的情况是先升高后降低而后再升高的现象者,称为三次趋向。与三次趋向有关的名词是趋势分析(trend analysis)、二次趋向(quadratic trend)和直线趋势(linear trend)。见该等条。

cub problem 立方体问题 测量视觉意象的一种能力测验。立方体问题的情境是,让受试者凭想象去分析一个六面的立方体,六面中有相对的两面为蓝色,另外四面均为红色。如果前后、左右、上下各切两刀后使立方体切成27个小立方体,随后再要求受试者回答,总共有几块小立方体只带有红色或蓝色的一面。

cue 线索 **1.**指引导个体行为的一种信号。此信号与行为间的关系是以前学到的。**2.**指供给个体辨别或认识环境的特征,从而表现适当反应的刺激。

cue-dependent forgetting 线索依赖性遗忘 对遗忘现象的一种理论。谓遗忘之所以产生,并非储存在长期记忆中的信息消失,而是由于以前学习时与该信息相关的线索缺乏关联所致。有时记不起放置某处的物品,回到原处现场找寻,往往就会想起。在此例中,现场可能提供了回忆的线索。见情境依赖记忆(context-dependent memory)。

cue-dependent theory 线索依赖论 义同线索依赖性遗忘(cue-dependent forgetting)。见该条。

cued recall 线索性回忆 测量回忆的一种方法。线索回忆的特点是,要求受试者回忆过去的经验时,先提供一些与他过去经验有关的线索。例如,拿一张儿童照片要大学生指认此是何人时,这是没有线索的回忆,如告诉他照片中的儿童是他小学一年级同学之一,就是线索回忆。线索回忆较之无线索回忆容易。

cue function 线索功能 指信息或刺激具有引起个体行为反应的功能。

cue reduction 线索减化 指学习达到熟练程度后,只需见到学过刺激的一部分,即可了解该刺激全部所代表的意义。例如,年满两岁的儿童只需看到猫的尾巴,他就知道有只猫在那里。

cue reversal 线索反转 指某一特定刺激经过学习而引起受试者某固定反应之后,重新让他学习,要他对原来刺激表现出与学得反应性质相反的反应。例如,路口红绿灯的间歇明灭,形成停止与通行的两种线索,如果有一天市政府改变交通规则，规定红灯通行，绿灯停止，此时的红绿灯两种信号就是线索反转。线索反转原是用来作为动物实验的一种训练技术，故而也称线索反转技术（cue reversal techniqe）。

C

cue reversal technique 线索反转技术 见线索反转（cue reversal）。

cue to distance＝distance cue 距离线索

cue to localization 声源线索 指以声音变化作为判断声音来源的线索。声源线索有两种：一为双耳线索（binaural cue），一为单耳线索（monoaural cue）。见该等条。

cul-de-sac＝blind alley 死巷

cult of personality＝personality cult 人格崇拜

cultural absolute 文化绝对性 指所有不同社会文化中的成员，都认为他们所信奉的价值标准才是最好的。

cultural absolutism 文化绝对论 认为所有不同文化下的人，在基本上仍然具有共同的价值取向。相信有神明存在就是主要现象之一。与本词相对者为文化相对论（cultural relativism）。见该条。

cultural adaptation 文化适应 指个体对社会文化环境中的限制不感觉困扰，而其行为表现不自觉地符合社会文化的要求。

cultural anthropology 文化人类学 属人类学（anthropology）的一支。见该条。

cultural assimilation 文化同化 指个人或团体经由社会化的历程，逐渐具有同社会中一般人所具有的一样的行为特征，而且在意愿上也趋于向该社会规范认同的历程。见社会化（socialization）。

cultural attitude 文化态度 态度是后天学得的，个人的态度乃是由于文化熏陶而成，是社会文化的产物。

cultural deficit hypothesis 文化匮乏假说 义同匮乏假说（deficiency hypothesis）。见该条。

cultural deprivation 文化剥夺，文化匮乏 **1.**指个体缺少社会主流文化陶冶的机会（或曰缺少教育机会）致使其不能获得充分发展的情形。形成文化剥夺的原因，可能是经济因素（如贫穷），也可能是社会因素（如种族歧视）。 **2.**指个体成长期间缺乏适当的教养，以致在人格上未能建立起符合社会文化要求的行为规范。在文化贫乏环境中生长的儿童，入学后在学业与生活上的适应，一般较正常儿童困难的情形即是。见环境剥夺（environmental deprivation）。

cultural determinism 文化决定论 解释人性特质决定因素的一种理论。文化决定论的基本要义是：（1）人性特质的形成与发展决定于其生长的文化环境；（2）文化环境中世代流传的生活习惯、语言文字、团体规范、价值观念等，经由家庭与学校教育传授给儿童，刻意塑造儿童人格而成为整体社会的一员；（3）同一社会文化环境的个人，在日常生活中虽自认其生活方式是由他自己选择，而事实上他生活中如买房子、购衣物以至选择饮食等，全都是在无形的社会文化力量支配下做的决定。文化决定论是由美国人类学家本尼迪克特（R. F. Benedict）1946年出版的《文化类型》一书中提出的。

cultural drift 文化流变 指社会文化中的行为规范与价值标准随时代演进而逐渐改变的历程。

cultural integration 文化整合 指通过社会政策、文化交流和教育设施，使各族群间原本存在的文化冲突得以化解，从而达到求同存异的历程。见文化冲突（culture conflict）。

cultural lag 文化失调 指因社会变迁所导致的生活失调现象。例如，近年来社会急剧变迁，在生活的物质层面迅速改观，各种现代化的工具已普遍使用，设若精神层面仍属陈旧，现代社会所需要的观念态度仍然贫乏，如此新旧步调不一致的现象，称为文化失调。

culturally deprived child 文化剥夺儿童 指在文化剥夺（cultural deprivation）环境中成长的儿童。见该条。

culturally disadvantaged child 文化不利儿童，文化劣势儿童 具有正常智能潜力，但因缺乏主流文化中的适当教育机会（家庭教育与学校教育），致使其智力发展迟滞的儿童，称为文化不利儿童。此类儿童的行为特征是，语文能力薄弱、缺乏学习动机、在校成绩低下，而且在社会规范遵守方面也较一般儿童为差。

cultural norm 文化规范，文化常模 指某社会文化下众所共识的行为准则，合于准则的行为被认为是适当的，不合于准则的行为则被认为失当的。文化规范有的是成文的（如法律守则等），有的是不成文的（如习俗）。

cultural parallelism 文化平行论 指在彼此不相往来各自完全独立的文化族群间，可以发现某些极为类似的生活习俗或文化类型。此一现象所显示的意义是，不同族群人类文化的发展是经过类似的历程。

cultural pluralism 文化多元论 对待少数民族态度的一种理论。文化多元论的基本要义是，居于多数民族的主流文化，应将少数民族的文化视为人类整体文化的一个层面，因而主张应尊重其存在，鼓励其发展。

cultural psychology 文化心理学 心理学领域内的一个分支学科。文化心理学的特征是,采科际整合取向,集合心理学、社会学、人类学等多方面知识,研究不同文化对个体行为与心理历程的影响。

cultural relativism 文化相对论 指对研究价值判断的一种看法。了解人对美或善的判断,应考虑其文化的背景。因为,在不同文化中,对美或善的观念是不尽相同的。因此,就心理学的观点言,在一种文化下对人研究所得的原则,势不能直接用来解释另一文化下的人的行为。与本词相对者为文化绝对论(cultural absolutism)。见该条。

cultural set 文化心向 指在某一社会文化环境中长大的人,在生活习惯、言行态度以及价值观等各方面,倾向于接受本土文化而排拒外来文化的心理倾向。

cultural transmission 文化传承 指社会文化中一般风俗习惯、宗教信仰、价值观念、社会传统以及家庭制度等代代相传的历程。

culture assimilation = **cultural assimilation** 文化同化

culture bias 文化偏颇 以某一文化或某一语文环境下的人为对象,所编制的智力测验,用于另一文化或语文环境时,所得结果将因文化差异的影响而丧失原测验的效度。此种因文化因素导致测验结果差异的现象,称为文化偏颇。持文化偏颇观点指认智力测验不公平现象者,称为文化偏颇假说(culture bias hypothesis)。

culture bias hypothesis 文化偏颇假说 见文化偏颇(culture bias)。

culture conflict 文化冲突 **1.**个人(或个体)受两种文化影响(如华侨),遇到价值判断或忠贞取舍的问题,必须在两者之间作一抉择时,其所感到的内心冲突,称为文化冲突。**2.**两种(或多种)文化背景不同的族群之间所发生的冲突,称为文化冲突。显然,前一义是内在的心理冲突,后一义是外显的行为冲突。

culture contact 文化接触 泛指人与人之间或文化与文化之间经由接触、沟通、互动等交流活动而臻于彼此同化而日趋融合的过程。

culture deprivation = **cultural deprivation** 文化剥夺,文化匮乏

culture-epoch theory 文化期说 **1.**对人类文化演进的一种假说,谓所有人类的社会都是循经渔猎、畜牧、农耕、工业等各种文化时期演进的。**2.**人类幼稚期的行为发展正代表其种族的演进历程,也是经过类似的文化时期,因而教育的设施应与儿童的发展相配合。

culture-fair intelligence test 文化公平智力测验 义同文化公平测验(culture-fair test)。见该条。

culture-fair test 文化公平测验 指测验中的题目,对所有不同社会文化的成员而言,都是适当的,所有题目的难易程度,对所有不同文化的成员而言,都是公平的。此种测验称为文化公平测验。有很多智力测验,为了避免语文题目受文化因素影响的缺点,改以图形取代文字,试图做到文化公平测验所标榜的公平原则。见免文化影响测验(culture-free test)。

culture-free test 免文化影响测验,超文化测验 在20世纪初期,研究智力测验的学者,曾试图排除学得经验影响,编制纯以图形为主的智力测验,用以研究比较不同社会文化下成长的团体。当时称此种测验为免文化影响测验。事实上,智力发展是遗传与环境交互作用的结果,要想排除文化环境因素去测验智力,在测验编制上不易做到。因此,以后学者放弃免文化影响测验的尝试,改而从事文化公平测验(culture-fair test)的编制。见该条。

culture lag = **cultural lag** 文化失调

culture-loaded fallacy 文化包袱谬误 根据一种文化传统编制的语文智力测验,用于测量其他文化的成员时所造成的不利现象,一般认为那是由于智力测验编制者囿于文化包袱所造成的谬误。唯其如此,心理学家乃有文化公平测验(culture-fair test)的编制。见该条。

culture-relevant test 文化适切测验 指考虑到不同文化下受试者心理因素所编制的心理测验。文化公平测验(culture-fair test)就是在文化适切性的考虑下编制的。见该条。

culture shock 文化冲激 指个人或团体骤然身处异国或异族文化环境时,所感到情绪紧张甚或震惊的心理现象。

culture trait 文化特质 指同一社会文化环境中成长的人在人格上显示具有共同特质的现象。

cumulating error = **cumulative error** 累积误差

cumulative curve 累积曲线 见累积次数分布(cumulative frequency distribution)。

cumulative distribution 累积分布 义同累积次数分布(cumulative frequency distribution)。见该条。

cumulative error 累积误差 义同常误(constant error)。见该条。

cumulative frequency curve 累积次数曲线 见累积次数分布(cumulative frequency distribution)。

cumulative frequency distribution 累积次数分

布 将次数分布表中各组原来的次数，由小而大依次累加所得之次数分布，称为累积次数分布。在分组的累积次数分布中，最后一组包括了全分配中所有次数。根据累积次数所绘制的曲线，称为累积次数曲线（cumulative frequency curve）。

cumulative record 累积记录 义同累积曲线（cumulative curve）。见该条。

cumulative scale 累积量表 属态度量表的一种。此种量表的特征是，量表中的题目均经过特别设计，使题目的性质有主（层次较高）与副（层次较低）之分，凡是受试者对主题表示积极（同意）反应者，对主题之下的副题也必将表示积极反应。因此，在同一性质的问题上，受测者的分数是累积的，亦即表示他的态度是一致的。格特曼量表（Guttman scale）在性质上即属累积量表。详见该条。

cumulative scaling method 累积量表法 义同格特曼量表法（Guttman scaling）。见该条。

cup-and-spoon behavior 杯匙行为 指幼儿初学饮食自理时所表现的行为。杯匙行为是幼儿学习独立生活的开始，为父母者允许他表现杯匙行为，有益于培养幼儿生活自理的基本能力。

curiosity 好奇 **1.**指个体对新鲜事物主动观察、探索、操弄的心理倾向。**2.**指个体对周围世界自动求知的心理倾向。由于好奇是幼儿行为的特征之一，故而有些心理学家认为好奇是属于一种本能性的行为。

curiosity drive 好奇驱力 指促动好奇心理与行为的内在驱力。见好奇（curiosity）、驱力（drive）。

curricular validity 课程效度 义同内容效度（content validity）。见该条。

curvature illusion 弧度错觉 视错觉现象之一。如附图所示，上下两条弧线的弧度是相同的，但看起来会使人觉得上面弧线弧度较大。见错觉（illusion）。

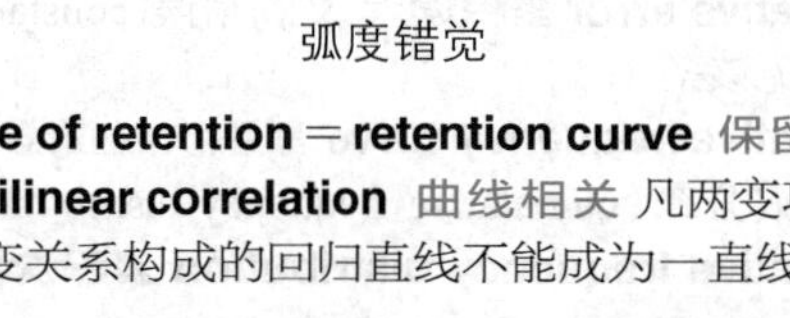

弧度错觉

curve of retention = **retention curve** 保留曲线

curvilinear correlation 曲线相关 凡两变项间的共变关系构成的回归直线不能成为一直线者，均称为曲线相关。构成曲线相关的两变项XY，各自变化时其增减的单位彼此不对等。如此将所有XY坐标点连在一起时，即呈一曲线。例如，在学习电脑打字时，如将练习次数与进步（每分钟打字数）当作两变项，并求其相关，所得的结果就会构成曲线相关。曲线相关也称相关比（correlation ratio），又称非直线相关（nonlinear correlation）与弧线相关（skew correlation）。见相关（correlation）。

curvilinear regression 曲线回归 是指非直线的回归，即依变项y对自变项x的回归方程不是一个线性方程时，即称依变项对自变项的回归为曲线回归。

curvilinear relation = **curvilinear correlation** 曲线相关

custodial mentally retardation 养护性智能不足 指智能极低，不能照顾自己，一切生活需靠别人养护者。此类智能不足者，其智商一般在25以下。见智能不足（mental retardation）。

customer psychology 顾客心理学 义同消费者心理学（consumer psychology）。见该条。

cutaneous sense 肤觉 指位于皮肤表皮之下的感受器对外界刺激所获悉的感觉经验。如触觉、压觉、温觉、冷觉、痛觉等均属之。

cut off score = **cutting score** 切点分数

cut score = **cutting score** 切点分数

cutting score 切点分数 根据某一标准，按高低排列的分数系列中决定一个切点，切点以上为成功者（如考试录取），切点以下为失败者。代表此一切点的分数，即为切点分数。学校考试定60分为及格标准时，60分就是切点分数。

CVC trigram CVC三字母音节 指由一个辅音（consonant）、一个元音（vowel）和另一个辅音（consonant）三个英文字的缩写所构成的无意义音节（nonsense syllable）。见该条。

cybernetics 控制论 美国数学家维纳（N. Winer, 1894～1964）在1947年提出的一种解释生物机能与机械运作的理论。控制论的基本要义是，一个生物或一部机器，均可视为一个自行控制的系统，生物体的活动或机器的运作，都是靠各部分之间的信息传递与整体控制来进行的。

cybernetic theory of aging 老化控制论 解释老化现象的一种理论。此一理论的基本要义是，人之所以老化，主要是因为老年人减退了对环境中刺激所带来信息的转换输入能力（即认知与记忆能力减低）。对信息转换输入能力的减退，乃是由于神经细胞及神经系统功能逐渐弱化所致。见老化理论（theories of aging）。

cycle omnibus test 循环式多类题测验 在包括多种类题目的测验中，各类题分散于全测验中，不以每类聚集出现的一种编排方式。例如，测验中包括五类题目，每类有十个题目，即可每次取二题做成五个循环。见多类题测验（omnibus test）。

cycles per seond（cps） 每秒周波数 义同赫兹（Hertz）。见该条。

cyclothymic disorder 循环性情绪症 属两极性情感症中之轻微者，主要症状为时而表现情绪狂躁，时而表现情绪抑郁。患者在生活上仍能勉强适应，只是在情绪起伏躁郁交替循环时，难免增加困难。此症又名循环情绪性人格异常（cyclothymic personality disorder）。

cyclothymic personality disorder 循环情绪性人格异常 见循环性情绪症（cyclothymic disorder）。

cyesis = pregnancy 妊娠期，怀孕期

cynicism 犬儒学派 古希腊时代的一派学者之生活方式与思想主张。此派学者刻苦行乞，生活至苦，时人以野犬诮之，故名。犬儒学派主张独善其身，纯真自然，不事检束，对礼俗、教化、文学、艺术等皆轻视与排斥。

cynophobia 惧狗症 属恐惧症之一。患者对狗类动物特别敏感，遇见狗即表现极为夸张的恐惧反应。纵使当事者明知不会受到狗的伤害，但仍无法克制由之引起的惶恐情绪。见恐惧症（phobia）。

D

DA = developmental age 发展年龄

daemonophobia = demonophobia 惧鬼症

DAF = delayed auditory feedback 延迟听觉回馈

Daltonism 道尔顿症 义同红绿色盲(red-green blindness)。见该条。因红绿色盲系由英国化学家道尔顿(J. Dalton, 1766～1844)1794年所发现,故名。见二色性色盲(dichromacy)。

dampness fear = hygrophobia 惧潮湿症

DAMT = Draw-a-Man Test 画人测验

dance psychotherapy 舞蹈心理治疗法 义同舞蹈治疗法(dance therapy)。见该条。

dance therapy 舞蹈治疗法 属心理治疗之一。舞蹈治疗法的主要功能是,经由身体的韵律活动,使患者减缓肌肉紧张,纾解情绪郁结,从而获得较佳的身体意象。此外,舞蹈可视为一种肢体语言,经由舞蹈活动可以与人沟通,借以扩大生活领域,与人建立和谐关系,从而提升个人生活适应功能。本词与运动治疗法(movement therapy)的主要区别是前者须有音乐配合。

DAP Test = Draw-a-Person Test 画人测验

dark adaptation 暗适应 属视觉适应现象之一。暗适应是在由亮处进入暗处(如初进电影院)时产生的适应现象。暗适应历程中,在生理上发生两种变化:(1)瞳孔放大以收入较多的光;(2)视网膜上锥细胞与杆细胞的感光敏度增加。完成暗适应的时间约需半小时。与本词相对者为光适应(brightness adaptation)。见该条。

darkness adaptation = dark adaptation 暗适应

darkness fear = achluophobia 惧黑暗症

Darwin, Charles Robert (1809～1882) 达尔文 达尔文是19世纪英国著名生物学家,他的进化论思想引起了科学革命,改变了人与神及人与自然的关系。一向以哲学观点解释人性的传统心理学,也受其影响而趋向科学化。

达尔文1809年2月12日出身于英格兰西部舒兹柏利一个两代业医的富有家庭。达尔文自幼厌恶读书,中小学成绩差,少年时行为放荡不羁,甚至撒谎偷窃,但爱好大自然,喜欢收藏贝壳、矿石、钱币等。及长,进爱丁堡大学习医,因志趣不合改进剑桥大学修神学。1831年毕业,经剑桥大学植物学讲师亨斯洛(J. S. Henslow)保荐,以博物学者身份,参与英皇家海军"猎犬号"周游世界。在此期间,他收集了大量的资料,计划采用培根的归纳法,将这些事实性资料整理归纳获得结论,用以普遍推论解释物种进化的原理。然在进行时遭遇困难,发现单凭收集到的资料,无法归纳出结果。直到1838年阅读英国经济学家马尔萨斯(T. R. Malthus, 1766～1834)所著《人口论》中所论及的人类生存竞争现象,由此悟出物竞天择、适者生存的原理,作为新的假设,进而改采演绎法去推论验证,然后才开始其进化论的撰述。因此一般认为,从方法论的观点言,达尔文进化论的系统理论是由归纳和演绎二法合一的归纳—演绎法所建立的。由于进化论的观念与《圣经》所载上帝创造人类的传统观念相悖,达尔文本想将其著作留待死后发表。适巧1858年他的一位马来群岛朋友,撰写与其进化论类似的文章,托他在英国发表,于是达尔文在不得已情形下于1859年出版了《物种起源》。此书出版后造成空前轰动,初版刊印了1,250册,一天之内抢购一空。达尔文1882年4月19日病逝于甘特,享年73岁。达尔文在心理

学上的贡献主要是他的进化论导引了美国功能主义心理学思想的兴起，从而开启了以美国为中心的心理学新时代。兹列举四点以说明其具体影响：

1.影响心理学研究对象的改变　在漫长的哲学心理学时代，哲学家们讨论灵魂或心灵时，总是以人为对象。17世纪笛卡尔曾提及动物行为，但他并不承认动物有心灵存在。达尔文进化论则认为高等动物系由低等动物进化而来，甚至认为人类和动物的远古祖先亦是出自同源。这无异说明了人类和动物之区别，只是进化程度不同而已。既如此，人类和动物不但都有心理与行为，而且人和动物心理与行为也应有相似之处。于是，新兴的功能主义除以人为对象外，也研究动物。以后行为主义继之，最后动物心理学演变为一独立学科。

2.影响心理学研究主题和目的的改变　结构主义研究意识，旨在分析探讨“心之内容”，功能主义受进化论“适者生存”观念影响，舍“心之内容”的分析，转而研究个体适应环境的“心之功能”。此一转变使科学心理学初期的纯基础科学取向，走向了应用科学之路。

3.影响心理学研究方法的改变　结构主义的实验法只限于实验室内使用，因功能主义要研究人和动物的适应行为，故而除实验之外，观察法、调查法、测验法均被采用，从此使心理学研究方法得以扩展与进步。

4.影响心理学研究范围的改变　结构主义只分析成年人的意识结构。功能主义受达尔文进化论个体变异观念的影响，特别重视个别差异和属种差异。因此动物心理学、儿童心理学、变态心理学等相继兴起。同时发展了用以区别个别差异的心理测验。

达尔文著作中的心理学专著有：*On the origin species by means of natural selection*（1859）；*The variation of plants and animals under domestication*（1868）；*The descent of man and selection in relation to sex*（1871）；*The expression of emotions in man and animals*（1872）等。

Darwinian reflex 达尔文反射　义同抓握反射（grasping reflex）。见该条。

Darwinism 达尔文主义　泛指认同达尔文在进化论思想中所持“物竞天择，适者生存”观念者，均称达尔文主义。见达尔文（Darwin, Charles Robert）传记条。

DAT＝Differential Aptitude Test 区分性向测验

database 数据库　指累积研究数据的处所，现今专指电脑储存的大量信息。数据库中的信息是由一系列记录或档案存起来的，每一记录或档案通常都包括若干分类标题或字段。以医院储存病例的数据库为例，每份病例均记录病人姓名、性别、年龄、门诊日期、症状、诊断、治疗及医师姓名等事项。使用时采用电脑输出的方式，即可查到所需的数据。

data-driven processing 数据引导处理　指个体面对刺激从事信息处理时，主要是受刺激的特征所引导的。见由下而上处理（bottom-up processing）。

date rape 约会暴力　男女两性约会时，不经对方同意而表现强制性的性爱要求，无论是否发生性交行为，均视为约会暴力。

date rape drug 约会暴力药物　指为了达到约会暴力（date rape）目的所使用的药物（如安眠药）。见该条。

dawn fear＝eosophobia 惧黎明症

dawn insomnia 黎明失眠　属失眠的一种类型。黎明失眠的特点是，夜间睡眠正常，只是黎明时段无法安眠。一般老年人多有此现象。见睡眠障碍（sleep disorder）。

day blindness＝hemeralopia 昼盲

day-care center 日间托育中心　属于帮助家庭照顾幼儿生活的社会福利机构。此等机构与一般托儿所或幼儿园不同之处，是收容各年龄的幼儿，自出生至六岁的幼儿，都可请托育中心照顾。

daydream＝daydreaming 白日梦

daydreaming 白日梦　指一种清醒状态沉思的幻想境界。白日梦时，个人在反复想象中去追寻现实上一些未能满足的欲望。白日梦在性质上属于我向思维，是一种纯凭个人主观感受，而不顾客观现实的思维方式，想到哪里，就是哪里，想到什么，就是什么。儿童与青少年阶段白日梦最多，这与成长期中自我意识特重有关。按白日梦多属两大类型。一类为战胜英雄式，幻想中克服障碍，战胜一切，达到目的，获得满足。此类白日梦多与现实中的挫折经验有关。另一类为战败英雄式，幻想中遭遇困难，受尽折磨，最后虽未成功，但在自己眼里却是虽败犹荣，如此也可凭幻想获得满足。根据心理学家研究发现，除非过分沉迷白日梦，以白日梦取代现实，因白日梦延误正事者之外，一般年轻人喜做白日梦者，并非心理异常，甚至有些文学家与科学家的创意是在白日梦中孕育的，因此一般认为适度白日梦是心理健康现象。见我向思维（autistic thinking）、幻想（fantasy）、自我意识（self-consciousness）。

D

day residue 日思残留 对梦的一种解释,指夜间做梦的原因及梦中所见事象均与日间生活经验有关。所谓"日有所思,夜有所梦"即属此种情形。精神分析论者称此种梦多为显性梦境的梦,其梦中所见系日间经验的残留。见梦境(dream content)。

db = decibel 分贝

dB = decibel 分贝

dead end = blind alley 盲路

deaf-blind 聋盲人 指视觉与听觉器官均发生障碍的人。

deaf-mute 聋哑人 指既不能听(聋)也不能说(哑)的人。

deafness 聋,失聪 指部分或全部听觉功能丧失。致聋的原因很多,有先天性的,也有后天性的;有器官性的,也有功能性的。

death 死亡 泛指个体生命终止的状态。对死亡的判定标准今昔不一,往昔所根据者只是呼吸停止,而现今则以科学仪器所测到的脑功能丧失为准。

death feigning 佯死 指动物假装死亡的现象。佯死是动物用以防身的一种生存方式。有些猛兽只捕食鲜活动物而不吃食已死亡者,故被猎食动物面临绝境时,可佯死以自保。佯死也有缩小目标、缓和被攻击的作用。

death instinct 死之本能 精神分析论创始人弗洛伊德1920年提出的概念,谓在人格结构的本我部分之内,具有两种本能,一为生之本能,一为死之本能,两者均受个体的潜意识所驱使。唯死之本能具破坏性,人类之攻击、虐待、残暴、杀伐以至自杀等行为,其原动力均系来自死之本能。见精神分析(psychoanalysis)、本我(id)和生之本能(life instinct)。

death phantasy 死亡幻想 属躁郁症患者常见的一种症状。患者幻想自己业已死亡,但在意识上却仍然知觉得到周围世界的存在。典型的死亡幻想是,患者自觉躺在棺材内,看到周围的人面带痛苦的表情。见躁郁型精神病(manic-depressive psychosis)。

death rate = mortality rate 死亡率

death wish 死亡意愿 精神分析论创始人弗洛伊德理论中的用语。死亡意愿的心理倾向包括两方面:其一是希望别人死亡,此种心理倾向与恋亲情结有关(有恋母情结者希望父亲死)。其二是由死之本能(death instinct)引起的原始性冲动。见该条。

debriefing 说明 指从事心理问题研究时,在研究结束之后就研究的性质和目的对受试者所做的分析说明。

decay theory 衰退论 一种解释遗忘原因的理论。持此理论观点者认为,遗忘是记忆痕迹得不到强化而逐渐减弱以至消退的结果。一切事物都有发生、发展和衰退的过程,随着时间的延续,记忆痕迹若未通过复习而巩固,就会逐步衰退。这种理论与"用进废退"的说法相符,也与人们因日久而淡忘的日常经验相符。但一般心理学家认为,衰退理论可以解释感觉记忆和短期记忆迅速而被动的消失,但不能充分说明长期记忆的遗忘原因。见记忆痕迹(memory trace)。

decay theory of forgetting 遗忘衰退论 义同衰退论(decay theory)。见该条。

decentering 去中心化 瑞士心理学家皮亚杰认知发展阶段论的术语。本词包括两种有区别但又有关联的意义:(1)特指儿童在早期认知发展阶段以自己的身体和活动为中心,趋向更为成熟的认知发展阶段的过渡。认识到环境与自己的身体和活动是分离的,客体或事件是独立存在的,它们的特性不可能为自己或自己的动作所任意改变。去中心化的认知能力,一般出现在具体运思期(7～11岁)阶段。(2)泛指在知觉或认识方面能打破框架、跳出外部物理刺激的表面影响的限制。与本词相对者为中心化(centering)。见该条。

decentration = decentering 去中心化

decibel (dB, db) 分贝 属音量单位。人耳可听范围在1至120分贝之间,而听起来最舒适的音量是在40至80分贝之间。正常谈话的声音约为60分贝,日间大街上的声音约为80分贝,摇滚乐的声音约为120分贝。如长期处于90分贝以上的环境中,对听觉会有不利影响,如长期处于120分贝以上的环境中,对听觉会有严重伤害。如音量超过140分贝以上时,即有震耳欲聋的感觉。本词缩写dB,两字母中B代表电话发明人贝尔(A. Bell, 1847～1922)所定的音量单位,d代表十分之一,合而代表十分之一贝尔,故称为分贝。

decile point 十分点 将一常态分布曲线下的面积分为十等份时,其切分点即为十分点,第一个十分点以下占10%,第二个十分点以下占20%,余类推。见常态分布曲线(normal distribution curve)。

decision = decision making 决策

decision making 决策 指在不确定情境中进行问题索解时,根据已知条件分析,从而达成最佳选择的心理历程。见问题索解(problem solving)、判断(judgment)。

decision making process 决策过程 义同决策(decision making)。见该条。

decision rule 决断法则 指用作决断根据的法则,

如判定学生成绩60分及格，90分优等即属之。

decisiveness 果断力 指善于明辨是非真伪且能当机立断及迅速而合理地处理问题的能力。

declarative knowledge 陈述性知识 指知识中之可以陈述者，亦称事实性知识（factual knowledge）。陈述性知识的特征是"知道知识所指者是什么"，例如说，"东京是日本的首都"即属陈述性知识。与陈述性知识相对者是程序性知识（procedural knowledge）。见该条。

declarative memory 陈述性记忆 指用以表达陈述性知识（declarative knowledge）时的记忆。见该条。

decoding 解码 认知心理学术语。在信息处理（information processing）过程中，译码指将记忆中储存的代码转换为可读（文字）或可听（口语）的形式用以表达意义的过程。见该条。见编码（encoding）。

decompensation 补偿失效 采用补偿（compensation）作为防卫机制但又失却效用的情形。补偿失效的后果可能导致神经症。见防卫机制（defense mechanism）。

deduction 演绎 属逻辑推理历程之一。演绎历程的特征是，从普遍原则演绎到特殊事例从而得到结论的历程。唯作为普遍原则的前提与结论之间，必得有可以推理的关系。换言之，结论必须从前提推演而得。根据前提推演而得的结论，才是合乎逻辑的（合理的）结论。与本词相对者为归纳（induction）。见该条。见三段论法（syllogism）。

deductive method 演绎法 凡是采用演绎推理的方式作为思维或解决问题方法者，皆称演绎法。演绎法的基本原则是，根据普遍性原理原则，推论到某一特殊事例，并从而得到结论。在传统教育上，知识的传授多采演绎法。像传统数学中的几何教学，先教定理然后按定理证题的方式，就是典型的演绎法。见演绎推理（deductive reasoning）、三段论法（syllogism）。与本词相对者为归纳法（inductive method）。见该条。

deductive reasoning 演绎推理 属逻辑推理的方式之一。此种推理方式，系以普遍原则（或定理定律）为前提，从而推演到特定事例并获得结论。演绎推理的标准形式，称为三段论法，其中包括大前提、小前提、结论三者。例如，国民有纳税义务（普遍原则，是大前提），李义山是国民（特定事例，是小前提），李义山应有纳税义务（结论）。见三段论法（syllogism）。与本词相对者为归纳推理（inductive reasoning）。见该条。

deductive theory 演绎性理论 根据逻辑的演绎推理法则所建构的理论。演绎性理论的特点是，先根据众所公认的普遍原则提出一个假设，然后搜集所需资料以验证所提假设能否成立。如果假设成立，即可据以作为解释同类事例的理论。与本词相对者为归纳性理论（inductive theory）。见该条。见演绎推理（deductive reasoning）。

D

deep body temperature 体内温度 指人体内的温度，体内温度也称核心温度（core temperature）。

deep reflex 深层反射 指肌肉底层的反射，如膝反射（knee-jerk reflex）即属深层反射的例子。见该条。

deep sensation 深层感觉 指皮肤之下或肌肉受到挤压时所产生的感觉。

deep sleep wave 沉睡波 义同δ波（delta wave）。见脑波图（electroencephalogram）。

deep structure 深层结构 美国心理语言学家乔姆斯基转换语法理论中的术语。乔姆斯基将语句中字面安排与其表达的语意分为表层结构（surface structure）与深层结构两类，前者指语句的字面结构，后者指字面结构背后所具的含义。如"猫吃了老鼠"与另句"老鼠被猫吃了"两句话，二者的表层结构虽不同（文字安排不同），而深层结构（语意）则完全一样。唯有些语句不能单从表层结构即可理解其含义。例如"我要坐火车去"这句话所表达的语义，就只能从深层结构去分析。说这句话的人，也许意指要去火车站坐火车，也许意指他决定乘火车去目的地。对深层结构语句含义的理解，要靠前后文的关系。

defective delinquent 缺陷型少年犯罪 指少年犯罪者中之属于心智缺陷者。此类少年之所以会有犯罪行为，可能是被别人诱骗利用，也可能是因无知而蹈法网。

defense 防卫，防御 **1.**凡是保护自身安全的行为均称为防卫。**2.**对自己的行为刻意解释，以求对方了解或谅解的行为，称为防卫。**3.**按精神分析论，个人为减轻焦虑、愧疚感、羞耻感等精神压力所表现的维护自身安全的一切作为，均称防卫。关于第三点解释，见防卫机制（defense mechanism）。

defense mechanism 防卫机制，防御机制 精神分析论创始人弗洛伊德最先使用本术语，用以解释个人应付挫折情境时，为了要减低焦虑或愧疚感所采取的一些习惯性的适应行为。个人之所以防卫，一方面旨在减轻焦虑的压力，另一方面旨在保卫自我以维持内在人格结构（本我、自我、超我）的均衡，与外在社会关系（角色、地位等）的和谐。防卫机制有很多种，一般人经常使用的有以下十种：（1）转移（displacement），在需求无法直接

D

获得满足时，转移对象以间接方式满足之；(2)升华(sublimation)，不为社会认可的动机或欲念，改以符合社会规范的行为表现之；(3)压抑(repression)，个体将可能不容于超我的意念，从意识境界压入潜意识境界中，借以避免心理冲突的发生；(4)退化(regression)，个体将自己的行为改采较幼稚的方式表现，借以暂时获得安全而消除焦虑的痛苦；(5)投射(projection)，将自己意念中不为社会认可的行为加诸别人，借以减少自己因此缺点而生的焦虑；(6)反向作用(reaction formation)，在行为上表现出恰与其内心意念相反的态度(如以最友好的态度对待他最不喜欢的人)，借以减少因意念存在而生的焦虑；(7)合理化(rationalization)，以社会认可的好理由，取代个人内心中的真理由(如旷课而辩称生病)借以减少在尴尬局面下的焦虑；(8)补偿(compensation)，个人自觉本身某方面条件不足或有缺陷时，转而力求发展其他方面的长处，从而达到维持自尊的目的；(9)理智化(intellectualization)，对引起情绪反应的情境，以理智化的方式来适应(如护士以救人的天职而敢于面对血肉模糊的伤员或濒临死亡的病人)；(10)认同(identification)，个人在潜意识中将自己视为他素所倾慕的人，表达其观点，模仿其动作，借以提升其自尊，而减低焦虑。在上述10种防卫机制中，多数是潜意识的，有些是因逃避现实，在适应上产生消极作用，但也有些则颇具积极性，是健康的适应方式(如补偿和升华)。

defense reaction 防卫反应 **1.**指个体为了维护自尊、减少焦虑，对任何可能威胁其安全的刺激所表现的各种防卫性反应。防卫反应的表达，可为语言的，可为思想的，也可为感情的，其主要作用在于逃避刺激引起的不安。防卫反应的方式很多，诸如压抑、否认、投射、认同等均属之。**2.**义同防卫机制(defense mechanism)。见该条。

defense reflex 防卫反射 指个体行为中一些非经意志支配的反射性动作。此等动作系由刺激引起，在性质上对个体安全有防护作用，诸如异物接近面部即自动眨眼，手指触及高温物体即自动缩回，均属防卫反射。

defense strategy＝defensive strategy 防卫策略

defensible space 防卫空间 指个人或群体认为属于自己所拥有并加以保卫的空间。每个人或每个家庭都有对空间的需要，其中有一部分被认作是独享的或仅能与亲友共享的领域。防卫空间有时有明显的物质界域标志(如住宅四周的草坪、围墙等)，有时则无。此防卫空间若一旦被陌生人闯入或占用，就会感到十分不安，甚至会采取必要手段以保卫之。

defensive attribution 自卫性归因 指解释自己行为的一种自我防卫机制。例如，学生考好了就说试题公平，考坏了则说试题不当。见防卫机制(defense mechanism)

defensive identification 防卫性认同，防卫性自居 根据弗洛伊德的精神分析理论，3至5岁的男童，因恋母情结的心理冲突，而有对母亲爱恋而对父亲憎恨的倾向。又因慑于父亲的威严，恐遭惩罚，结果因恐惧而防卫，故而转向父亲的男子性格模仿，终而形成对父亲表示防卫性认同。与本词相对者为依赖性认同(anaclitic identification)。见该条。见认同(identification)。

defensive-optimism strategy 乐观防卫策略 指从事一项竞争性工作(如考试)之前，因感到精神压力而在心理上采取的一种策略。乐观防卫策略的特点是，暂时忘却过去失败的经验，只想到从前成功后的喜悦，然后以乐观期待的心情面对挑战。如此即可以乐观的心理抵制可能失败的威胁。与本词相对者为悲观防卫策略(defensive-pessimism strategy)。见该条。

defensive-pessimism strategy 悲观防卫策略 指从事一项竞争性工作(如考试)之前，因感到精神压力而在心理上采取的一种策略。悲观防卫策略的特点是，面对毫无把握的挑战情境时，以保守的态度估计可能成功的机会，然后在“最坏的打算”心情下去应付困境。如此即可在心理上抵制可能失败的威胁。与本词相对者为乐观防卫策略(defensive-optimism strategy)。见该条。

defensive strategy 防卫策略 指个体在遭遇困难时所采取的一些消极性的应付手段，借以逃避现实，减低因焦虑而生的痛苦。本词含义与防卫机制(defense mechanism)相似，唯不限于何种防卫方式。例如，某生因考试当前而甚感焦虑，不唯不埋头苦读，反而借酒浇愁，试图暂时忘却考试的事，即系防卫策略的一种方式。注意本词与另词因应策略(coping strategy)不同。因应策略是因应对付引起焦虑的原因(问题)，是积极性的，防卫策略只是防卫焦虑的压力，是消极性的。见该条。

deference 顺从 义同顺从需求(need for deference)。

deference need ＝ need for deference 顺从需求

deferred imitation 延迟模仿 瑞士心理学家皮亚杰认知发展阶段论中的术语。指幼儿直接观察模仿的对象消失后所表现的模仿行为。延迟模仿行为的出现，一般在感觉动作期的后半段(1.5～2

岁）。皮亚杰的实验发现，一个16个月大的小女孩看到一同伴发怒、叫喊并顿足，在同伴离去一个小时以后才开始模仿，延迟模仿表征着前运思期即将开始。

deferred reaction 延迟反应 指刺激消失后才表现的反应。

deficiency hypothesis 匮乏假说 指解释小学初入学之学童在学习能力上存有显著个别差异现象的理论之一。按此假说的解释，儿童入学后在学科成绩上纵有优劣之分，但在能力本质上未必有高低之别。某些学童学习能力较差，可能是由于学前家庭环境中缺少文化刺激，使其在语言能力及生活习惯等各方面未能获得充分发展所致。此类学童入学初期如不能及时获得补救，很可能以后在求学历程中一直落在人后，也将无法得到成就。与本词相对者为差异假说（difference hypothesis）。见该条。

deficiency love 匮乏之爱 按心理学家马斯洛的理论，匮乏之爱是依赖性、占有性、不关心对方幸福，而只图自我满足的爱。与本词相对者为存在之爱（being love）。见该条。

deficiency motivation = deficiency motive 匮乏动机

deficiency motive 匮乏动机 义同匮乏需求（deficiency need）。见该条。

deficiency need 匮乏需求 根据心理学家马斯洛的需求层次论，人类的动机有匮乏需求与成长需求的区别。匮乏需求指个体因内在的匮乏而失却均衡时，所产生的需求。举凡有关个体生存的基本需求，如缺水分而有渴的动机与缺养分而有饥饿需求等，均属匮乏需求。成长需求则不同，它是基本需求满足之后衍生的高一层的需求。在经济发展过程中，贫苦社会的人，所追求者多属匮乏需求的满足。富裕之后，人所追求者则多属成长需求的满足。见需求层次论（need hierarchy theory）条及附图。

defined concept 定义性概念 指不能直接观察事物特征而须经定义陈述所学到的概念。如几何学的“直角”概念，是靠“两直线交叉构成90°角谓之直角”的定义学到的。

deflection 转向 一种防卫性行为，指当个体面对不愉快的刺激情境或想到一些痛苦往事时，有意将注意力改变方向的心理运作。

degeneration 退化 指因神经组织受到伤害或因严重缺乏营养或因衰老致使神经系统功能衰败的现象。

degree of freedom（df） 自由度 自由度是指任何变项中，可以自由变化其数值的数目。自由度可陈述为：在由n个数值构成的样本中，如已知各数值的平均数时，其自由度即为$n-1$。例如，（5＋□＋4）÷3＝4，已知三个数值的平均数是4，则被除数中的空项一定是3。同理，（6＋□＋5）÷3＝4中的空项一定是1。换言之，该三个数值中有一个是不能任意改变的，只有两个数值能任意改变，故其自由度是 3－1＝2。由此可知，变异数的自由度是样本数减1。

dehumanization 反人性化 指在某种社会环境下个人自由意志与人格尊严被剥夺的情形。反人性化的现象主要显现在学校教育学生、医院对待病患、业主对待员工以及监狱对待犯人等多方面。

deindividuation 个性丧失感，去个性化 指个体在团体压力或团体意识影响之下，丧失个人自我意识，失却自主导向功能的一种心理现象。个性丧失感心理形成的原因，有的学者认为是由于个人孤独、无助，因而放弃自己迁就团体，借以获得安全感。有的学者认为系受团体吸引所致，放弃自己个性顺从团体取向，将使个人从中获得满足。在个性丧失感的情形下，个人自制能力减低，对现实情境不易辨识是非善恶，容易盲从附和，不能做独立判断。青少年结伙犯罪，以及街头偶发的暴动事件，参与者的个性丧失感，可能是原因之一。

dejection 沮丧 指因遭遇严重的挫折或失败而产生的情绪低落状态。

delay conditioning = delayed conditioning 延迟条件作用

delayed auditory feedback（DAF） 延迟听觉回馈 听觉实验的一种技术，延迟听觉回馈的设计是，受试者对麦克风讲话，经由耳机传送至自己耳中，如声音传送延迟到200毫秒到达，则受试者将因听觉回馈受到干扰而无法继续讲下去。

delayed classical conditioning 延迟经典条件作用 义同延迟条件作用（delayed conditioning）。见该条。

delayed conditioned reflex 延迟条件反射 义同延迟条件反应（delayed conditioned response）。见该条。

delayed conditioned response 延迟条件反应 指在延迟条件作用情境下形成的条件反应。见延迟条件作用（delayed conditioning）。

delayed conditioning 延迟条件作用 属经典条件作用的一种特殊情形。此种条件作用的特点是，条件刺激总是在无条件刺激之前先出现，停一段时间之后再出现无条件刺激。换言之，条件与无条件两种刺激相隔一段时间出现，如此，对无条件

D

刺激出现的时间而言，是延迟的，故名。在一般情形下延迟条件作用不容易形成。如两种刺激同时（或接近同时）出现时，则称为同时条件作用（simultaneous conditioning）。见该条。

delayed instinct **迟现本能** 指个体出生后经过一段时间，其本能性行为方始出现的现象，称迟现本能。例如，关键期（critical period）中的某种特殊行为如印记（imprinting），即可视为迟现本能。见该条。

delayed reaction **延缓反应** 见延迟反应（delayed response）条第三义。

delayed reinforcement **延迟强化** 在条件作用的学习实验历程中，将强化物出现的时间延后，俟个体反应后过一段时间才给予强化，这种安排方式称为延迟强化。见强化程序（schedule of reinforcement）。延迟强化对行为控制的效果未必降低，原因是在延迟期间可能由于次级强化（secondary reinforcement）发生了连接作用。见该条。

delayed response **延迟反应** **1.**在用动物实验时，如将食物置于动物栅笼前两器皿之一，并覆盖之，使不得立即取食。如此情况下，等于将刺激掩盖，然后以不同时距放开动物，看它是否仍能正确反应，找到食物。如经过一段时间个体仍能反应正确，称为延后反应。经研究发现，动物延后反应时间的长短与种属有关。例如，猴子的延后反应就比狗类要长。这表示猴子对刺激消失后保留记忆的时间较长，因此解决问题的能力也较强。**2.**指在条件作用历程中，条件刺激单独出现时，个体学得之条件反应不立即出现的现象。延迟反应现象之存在，表示刺激与反应间的联结强度尚不足。**3.**指在反应时间的实验中，刺激出现后，受试者不作立即反应的现象。延迟时间的长短，视刺激情境的复杂程度而定，刺激情境愈复杂而需要辨别选择者，延迟时间将愈延长。见反应时间（reaction time）。

delayed reward **延迟奖赏** 在操作条件作用的学习实验历程中，给予受试者的酬赏，不在其正确反应之后立即给予，而是要拖延一段时间。此种实验设计，称为延迟奖赏。见延迟强化（delayed reinforcement）。

delayed sleep-onset insomnia **迟睡性失眠** 指失眠的一种情形。迟睡性失眠者，事实上并非通常所说的失眠症，他只是不能像一般人那样入夜就能睡眠，而是深夜甚至整夜不睡，天快亮了才开始睡眠。像这种“夜猫子”型的人，适合于夜间工作。见睡眠障碍（sleep disorders）、失眠（insomnia）。

delayed speech **言语迟滞** 指儿童开始讲话年龄迟于正常儿童的现象（如迟至三岁才会讲话）。儿童言语迟滞的原因，可能是由于心智不足、听觉器官障碍、大脑受到伤害，也可能是由于缺乏学习语言的环境。

delay of gratification **延后享乐，延迟满足** **1.**个体能够克制自己的欲望，不求其立即获得满足，宁肯牺牲眼前享受，持续忍耐，以期未来获得更大享受的心理历程，称为延后享乐。从教育的观点言，延后享乐是众所认可的良好品格，劝人先受苦后享乐的所谓“苦尽甘来”的想法，正是此意。**2.**义同挫折耐力（frustration tolerance）。见该条。

delay of reward = delayed reward **延迟奖赏**

delay therapy **延阻治疗法** 属心理治疗中行为治疗的方法之一。延阻治疗法的特征是，采用反应预防的方式，使患者的异常行为没有机会表现出来，久而久之，该行为因不能获得后效强化的机会，自将逐渐消弱，最后终于消失。延阻治疗法多用来治疗强迫性的不良习惯。以酗酒者为例，设置有酒的情境，但以延阻的方式不准他得到喝酒的机会。多次练习之后，酒对他的强迫性就会降低。见行为治疗法（behavior therapy）。

Delboeuf illusion **德勃夫错觉** 属错觉现象之一。如附图所示，左右两个同心圆，左边同心圆中内圆的半径，和右边同心圆中外圆的半径相等，但看起来会觉得左边的内圆较大。根据心理学家研究发现，如果两同心圆的半径相差悬殊（约5∶1），前述之错觉就会反射转过来，右边同心圆的外圆就会看起来显得很大，左边同心圆的内圆则显得很小（读者可自行实验）。此一错觉现象系由比利时心理物理学家德勃夫（J. R. Delboeuf, 1831～1896）1893年发现，故名。见错觉（illusion）。

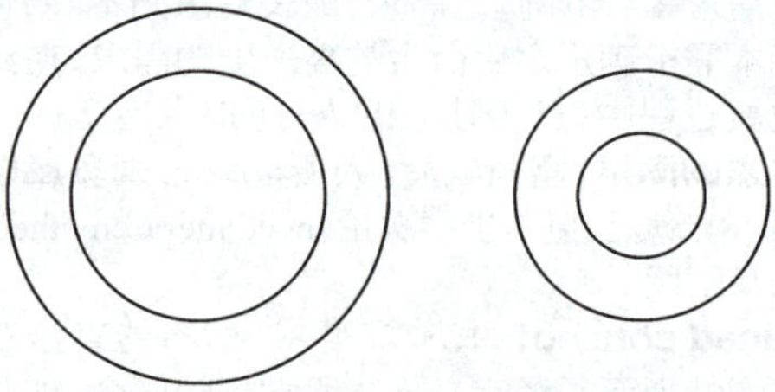

德勃夫错觉

delinquency **非行，犯罪** 广义言之，本词泛指违法犯纪的一切行为。狭义言之，本词特指未成年者的违法行为。至于未成年的标准，各国的法律规定不一，一般规定18岁以下为未成年人。见少年犯罪（juvenile delinquency）。

delinquent **犯人，罪犯** 广义言之，本词泛指违法犯纪的人。狭义言之，义同未成年的少年罪犯（juvenile delinquent）。至于未成年的标准，一般国家多定为18岁以下。见该条。

delinquent area 犯罪地区 指某地区犯罪率显著高于一般地区的特殊情形。犯罪地区多为大都市人口密集、生活较为贫穷及教育水平较低的地区。

delinquent behavior 犯罪行为，违法行为 义同非行(delinquency)。见该条。

delinquent gang 非行帮派，不良少年帮派 广义言之，本词泛指由多人组成而从事违法活动的团体。非行帮派所从事的违法活动，花样繁多，诸如贩卖毒品、走私枪械、集体偷窃、街头械斗、卖淫、贩卖人口等均属之。狭义言之，本词指未成年(一般指18岁以下)者所组成的非行帮派，即不良少年帮派。

delirious reaction 谵妄反应 义同谵妄(delirium)。见该条。

delirious state 谵妄状态 见谵妄(delirium)。

delirium 谵妄 指意识错乱的病态现象。谵妄者的表现包括妄想、错觉、幻觉、定向障碍、思想紊乱和注意力丧失等多方面。谵妄的原因有多种，有的因头部受伤，有的因食物或药物中毒，也有的因严重代谢障碍所致。

delirium tremens 震颤谵妄 因长期酗酒所导致的心理疾病之一。此病的主要症状是：(1)对时间空间失去定向；(2)有明显的幻觉现象；(3)有强烈的恐惧感；(4)有极端的暗示感受性；(5)手指、唇舌有明显的颤抖现象；(6) 此外尚有易流汗、发热、心跳、结舌、呼吸困难等生理反应现象。见酒精性精神病(alcoholic psychosis)。

Delphi method 特耳菲法 指以数据专家的判断作为基础，从而预测未来事件可能发生与否的一种方法。特耳菲为希腊太阳神庙所在地。本词含有预言之意。

Delphi technique = **Delphi method** 特耳菲法

delta wave δ波 为脑波的一种类型，其频率小于4赫兹，振幅则偏高。δ波发生在沉睡中，此时之脑波呈现高振幅且频率相当低，甚至每秒仅一至三个波，故此种睡眠属于慢波睡眠。处于δ波的睡眠状态时往往不易被唤醒，故δ波又称为沉睡波(deep sleep wave)。见脑波图(electroencephalogram)。

delusion 妄想 指个体经常持有的某些既无事实根据，又极不合理的观念。间或地妄想，人皆有之，但如经常妄想，则将成为精神疾病的症状。在精神病学上，妄想是精神分裂症(schizophrenia)的主要症状之一。见该条。妄想有多种形式，见妄想狂(paranoia)。

delusional disorder 妄想症 义同妄想(delusion)。见该条。

delusional jealousy 妄想性嫉妒 指对配偶或其他关系亲密者极不信任且心怀嫉妒的心理状态。妄想性嫉妒患者的心理特征是，他会想尽所有方法去搜寻甚至制造一些事件，借以证明他的想法是合理的。

delusional speech 妄想语 指妄想症患者所说的话。夸大妄想(delusion of grandeur)患者所说话语中多属妄想语。见该条。

delusion of being loved 钟情妄想 妄想症之一。钟情妄想患者的心理特征是，认定自己被他倾慕的异性所钟爱。即使他与对方并无交往，甚至素不相识，他仍坚信自己的想法是正确的。见妄想(delusion)。

delusion of gestation 怀孕妄想 妄想症之一。怀孕妄想的心理特征是，纵使自己毫无妊娠迹象，甚至未曾与男性发生性的关系，她仍坚信自己已经怀孕。见妄想(delusion)。

delusion of grandeur 夸大妄想 属于妄想症之一。患者妄自夸大个人的身份、地位、才能等以炫耀自己，借以引人注意，从而获得满足。见妄想(delusion)。

delusion of guilt 罪恶妄想，自罪妄想 属妄想症之一。患者的主要症状是，将自己的普通缺点视为严重的缺点，甚至认为自己的行为罪大恶极，应该受到惩罚。见妄想(delusion)。

delusion of immortality 长生妄想 妄想症之一。患者的主要症状是，认为自己一定长生不老，永远不会死亡。见妄想(delusion)。

delusion of influence 支配妄想 属妄想症之一。患者坚持一种不合理的观念，相信别人以某种不可思议的力量来支配他的行为。见妄想(delusion)。

delusion of jealousy 嫉妒妄想 义同妄想性嫉妒(delusional jealousy)。见该条。

delusion of love = **delusion of being loved** 钟情妄想

delusion of negation 否定妄想 属妄想症之一。患者坚持一种不合理的观念，否定客观事实的存在。例如，分明是他亲自领了钱而且签了字，但他却坚持是别人欺骗了他。见妄想(delusion)。

delusion of persecution 迫害妄想 属妄想症之一。患者坚持一种不合理的观念，相信别人一直在有计划地迫害自己，因而整日疑神疑鬼，吃饭时怕人下毒，走路时怕人打他黑枪，惴惴然不可终日。见妄想(delusion)。

delusion of poverty 贫穷妄想 妄想症之一。患者毫无根据地认为自己一贫如洗，纵使自己拥有

D

相当财富，他仍对自己的想法坚信不疑。见妄想（delusion）。

delusion of reference 关联妄想 属妄想症之一。患者把很多事情当作与自己相关联的一种空无想象。无中生有，对别人毫无异状的言笑都起疑心，认为别人所谈论者多与他的私事有关。甚至报纸上的新闻、小说、电影中人物的遭遇，也觉得是在影射自己。见妄想（delusion）。

delusion of transformation 变身妄想 妄想症之一。患者认为自己的身体改变得失去了人形，如有的认为自己身体变成了一只狗，有的认为自己身体变成了一只鹿。变身妄想现象出现后，患者也会在相应行为上表现异常（自认变为鹿者将会趴在地上做吃草状）。见妄想（delusion）。

demand 要求，需求 指个体内在或外在失却平衡时产生的状态。内在生理运作或心理历程失却平衡时，将会产生恢复平衡的需求。外在环境适应时如失却平衡，将会产生调适自己以适合环境或改变环境以适合自己的要求。

demand characteristics 期待特征，需要特征 **1.**指在某种情境下有某种期待的行为特征。例如，舞台表演时，期待观众欢呼鼓掌的行为表现，即为期待特征。心理实验时，实验者对受试者如事先就持有一种态度，或暗示受试者应如何作答时，也称为期待特征。**2.**指在实验情境中，因受试者了解实验者的假设，因而在主观上故意表现出他自以为合于需要的行为特征。在此情境下受试者表现的需要特征，可能是支持假设的，也可能是不支持假设的。唯其如此，心理学以人为对象的实验研究，在效应上往往无法达到自然科学同样的效度。见实验者效应（experimenter effect）、实验者偏向（experimenter bias）。

dementia 智能衰退，痴呆症 指个体在思维、推理、判断以及职业技能、社会应对等各方面表现出的衰退现象。智能衰退的原因很复杂，可能由于长期酗酒，可能由于脑部病变，也可能由于年高老化使然。

democratic atmosphere 民主气氛 指在民主型领导（democratic leadership）下所形成的团体气氛。见该条。

democratic leader 民主型领袖 指以团体意愿与团体共识为依据去领导团体的领袖人物。

democratic leadership 民主型领导 指团体领导的一种方式。民主型领导的特征是，在团体活动的决策过程中，团体成员有表示意见的权利，但决策既定后，团体成员就有共同遵守与履行的义务。团体中领袖的角色任务，则在执行并考核团体的决策。民主型领导是社会心理学家勒温（Lewin, Kurt）团体动力学（group dynamics）的要点之一。见该等条。

demographic variable 人口统计变项 指研究对象本身所具备的一些背景特征。人口变项中包括个体的性别、年龄、种族、籍贯、职业、经济状况、教育程度等资料。此等资料一般均留在人口统计中，从事社会心理调查者均将之视为自变项之一。本词又称背景特征（background characteristics）。

demography 人口学 专门研究人口变化的一门科学。早期人口学所研究的问题，主要限于人口的地域分布和出生率与死亡率随年代的变化。现在的人口学已成为一门包括多学科（包括生物学、生态学、经济学、社会学、心理学等）知识的科际整合科学。因此，现代人口学研究的范围也随之扩大，举凡生育、婚姻、教育、社会经济阶层、流行病、犯罪、生态环境、经济状况以及心理特征等，均在人口学研究的范围之内。

demonophobia 惧鬼症 属恐惧症之一。患者过分迷信，相信确有魔鬼存在，时时恐惧魔鬼的出现，惶惑终日，心神不宁。见恐惧症（phobia）。

demophobia 惧拥挤症 属恐惧症之一。患者对拥挤的人群产生莫名的恐惧感。拥挤恐惧症较多在都市中发生，患此症的人不敢搭乘公交车，不敢进入戏院市场。因该等场所的人群拥挤现象，会引起他无法克制的惶恐情绪。见恐惧症（phobia）。

dendrite 树突 指神经冲动传入神经元之细胞体，该等细胞体周围具有许多树枝状的分枝，是为树突。感觉神经元的树突末端形成接受刺激的感受器，联络神经元及运动神经元的树突末端可接受突触传来的神经传导物质，而形成神经冲动。见神经元（neuron）条及附图。

denial 否认 一种较简单而原始的防卫机制。指对自己所遭遇的挫折、不幸、痛苦和灾难从根本上予以否认。借由否认心理，可使已经发生的令人痛苦的事实变成根本不存在似的，以逃避现实所构成的威胁。见防卫机制（defense machanism）。

denial of reality 否认现实 属防卫机制之一。此种防卫机制的特点是，个体在现实生活中，否认有关其个人痛苦事实的存在。如此，即可逃避现实，不必面对生活中那些无法解决的困难与无法达成的愿望，从而减低内心的焦虑。唯否认现实只是一种潜意识作用，未必是当事人蓄意去掩盖事实，而是受潜意识的支配，使当事人不正视事实，甚至不知事实的存在。见防卫机制（defense mechanism）。

denial stage 否认阶段 美国精神病学家库布勒鲁思死亡论（Kübler-Ross's theory of dying）中所指

死亡过程的第一个阶段。见该条。

denotation = denotative meaning 外延意义

denotative meaning 外延意义 指语文的字面意义。如"厨房"一词，系指烹煮食物之处所。除此之外，别无含义。与外延意义相对的是内涵意义(connotative meaning)。见该条。

dental age 齿龄 指根据永久齿发展的程度与生长的数量以判定个体的年龄。

deoxyribonucleic acid (DNA) 脱氧核糖核酸 DNA为分子结构复杂的有机化合物，被科学家认为是所有生物(包括人类及动植物)最基本的遗传物质，故而一般称DNA为生命之源。已知的遗传因子基因，就是位于脱氧核糖核酸分子上的单位，亦即此种分子上带有遗传的密码。DNA的分子结构是由两条链状化合物结合而成，并旋转成梯状螺旋。此种分子也是染色体(chromosome)最主要的构造物质。见该条及附图。生理学家们对DNA的复杂结构已研究了很多年，直到1953年，美国的华生(J. Watson, 1928～)与法国的柯里克(F. Crick, 1916～2004)两人才研究确定了DNA的分子结构及其在遗传学研究上的价值。他们两人也因此获得了1962年诺贝尔生理学或医学奖的荣誉。

dependence = dependency 依赖性，依从性

dependency 依赖性，依从性 指个体的一种向人亲近、邀人支持、求人认可，从而获得安全感的心理倾向。个体寻求的依赖对象，可能是某一个人(如父母、教师、朋友)，也可能是由数人组成的团体(如家庭、社团等)。

dependency need 依赖需求 属人类基本需求之一。依赖需求是从依靠到的人获得满足。婴幼儿依赖父母，儿童依赖玩伴、依赖家庭，成人依赖团体等，其行为的原动力均来自依赖需求。当个体处于陌生或危急的情境时，依赖需求即随之升高。平常所谓的孤独感、寂寞感等，亦即依赖需求未能获得满足所致。人类有依赖需求，因而有亲情与友爱行为。见基本需求(basic needs)、亲和动机(affiliative motivation)。

dependent personality 依赖性人格，依赖性格 指个体显示缺乏独立自主的个性，凡事依赖别人，生活中重要事项皆企求别人为他负责。具有依赖性人格者，行为被动，缺乏自信心，事事希望有人帮助。按精神分析论的解释，此种人格的形成，与幼年口唇期发展不良有关，故而依赖性人格也被视为口唇性格(oral character)之一。见该条。依赖性格表现过度者，则视为病态，称为依赖性人格异常(dependent personality disorder)。

dependent personality disorder 依赖性人格异常 属人格异常之一。属此类型者，在性格上缺乏独立，遇事退缩依赖，是人格发展不成熟的表现。有些人离家在外求学做事无法适应，缺少父母或亲人在身边照顾，即感痛苦不堪，甚至无法独立生活，是属于依赖性异常人格。依赖性人格异常，多系由依赖性人格(dependent personality)演变恶化而来。见该条。

D

dependent variable (DV) 依变项，因变量 **1.**指由自变项的变化所导致变化的事项。在控制性实验研究中，自变项是因，依变项是果。可用数学函数的关系来表示$Y=f(X)$，根据X值求Y值，意指Y值随X值的改变而改变，所以X是自变项，Y是依变项。在心理学的研究中，依变项所指者永远是反应，故而依变项是心理学家研究的目的。**2.**指由其他变项所预测或推估的变项。例如，学习单字时多加几次练习(自变项)，即可预测将来较少遗忘(依变项)。在此一关系中，自变项具预测性质，而称为预测变项(predictor variable)；依变项是被预测的，故而称为被预测变项(predicted variable)。与本词相对者为自变项(independent variable)。见该条。

depersonalization 反个性化，人格解体 **1.**指人本心理学家批评现代社会过分重视科技发展，对人性所产生的不良影响。科技发展到完全自动化的地步，人类从科学的主人沦为机器的附庸，失去了独立自主支配环境的机会，整个社会的运作，像一座巨大的计算机，每个人像一个被处理的计算机号码。对成长中的个体而言，此种高度科技化的社会，已失去传统社会对人所产生的人文化与个性化的功能，以致造成反个性化。一般认为，反个性化是现今心理疾病之所以增多的原因之一，更是形成青少年问题的重要因素。见自我统合危机(ego identity crisis)。**2.**译为人格解体时义同人格解体症(depersonalization disorder)。见该条。

depersonalization disorder 人格解体症 属解离症之一。此症之特征是，个人遇到生活困境时，忽然丧失自我存在感，有如身在梦中，自己身体不能如意支配，感到手脚不在身上，好像自身离开了自己。有时遭到别人辱骂，不表现愤怒，反而冷漠麻木，好像被骂的不是他自己。人格解体现象的形成，多系遭遇挫折过多，长期在无助无奈的情境下，以麻木的方式适应困境，成为习惯的后果。见解离症(dissociative disorder)。

depersonalization neurosis 人格解体神经症 义同人格解体症(depersonalization disorder)。见该条。

D

depolarization 去极化 指细胞膜的电位差减少的现象。到达去极化状态时，细胞膜的膜电位为零。当神经元受到刺激后，刺激点对于钠离子的渗透性大为增加，钠离子就由刺激点大量地冲入神经细胞内，使得刺激点膜外的阳离子很快地减少，直到刺激点的膜电位变成零，此种变化即称为去极化作用，对膜电位为零的状态称为去极化状态。不过，由于钠离子继续不断流入细胞内，去极化状态很快就消失，膜电位转变为外负内正，刺激点于是产生了动作电位，神经冲动便由此传出。见动作电位（action potential）。

depressant 镇静剂，抑制剂 指具有抑制中枢神经使人镇静或减少焦虑的药物，通常在高剂量时会产生催眠的效果。这一类药物的化学构造互异，但药性却相似，都具有抗惊厥的作用，都会引起耐药力及药物依赖性。镇静剂不但可使肌肉松弛下来，且在高剂量时能造成小脑机能失常。镇静剂包括酒精、巴比妥酸盐（barbiturate）和鸦片剂（opiate）等。见精神药物（psychoactive drug）。

depression 抑郁，抑郁症，忧郁症 属于由忧愁、颓丧、消沉等多种不愉快情绪综合而成的心理状态。情绪抑郁为多数精神疾病的共同特征。按症状的差异，抑郁有轻重之分。轻微性抑郁，多数人都有此经验，诸如悲观、沉闷、生活缺乏情趣、做事无精打采等情绪低潮，正常人也会遇到，不能视为抑郁症。抑郁症患者行为异于常人，不仅在心理上陷入悲伤、绝望、自责以及思想错乱的地步，而且在生理上也出现食欲不振、头痛、心悸、两眼无神、嘴角下陷等症状。抑郁症按形成原因分为两类：(1)反应性抑郁（reactive depression），系由外在情境遽变（如家庭变故或亲人死亡等）所致。(2)内因性抑郁（endogenous depression），系因个体对痛苦经验压抑的后果。见该等条。

depression stage 抑郁阶段 美国精神病学家库布勒鲁思死亡论（Kübler-Ross's theory of dying）中所指死亡过程中的第四个阶段。见该条。

depressive anxiety 抑郁性焦虑 属精神分析论中的术语。有时候，个人唯恐在言行上表露出对别人的敌意，因而尽量掩饰自己的言行。结果在心理上产生了焦虑反应。此种焦虑称为抑郁性焦虑。有人说："抑郁是个人仇视自己。"即此之谓。

depressive neurosis 抑郁型神经症 此症系因长期抑郁，失却生活乐趣所致。此症亦称为情绪障碍（dysthymic disorder）。见抑郁（depression）。

depressive paranoia 抑郁性偏执狂 以抑郁性妄想为主的偏执狂。患此症者的主要症状是罪恶妄想、受惩罚妄想、贫穷妄想、患病妄想、虚无妄想等。偏执狂患者以被害妄想和夸大妄想为主。见妄想狂（paranoia）。

depressive personality disorder 抑郁性人格异常 亦称情绪障碍（dysthymic disorder），系因长期抑郁，缺乏生活情趣所致。见抑郁（depression）。

depressive psychosis 抑郁性精神病 因长期严重抑郁（depression）而形成的精神病（psychosis）。见该等条。

depressive stupor 抑郁性木僵 属躁郁型精神病（manic-depressive psychosis）的一种症状，见该条。抑郁性木僵的特征是，对环境中任何刺激都没有反应。

deprivation 剥夺，匮乏 **1.** 指个体所需求之对象（物或人）不能获得满足的情形。如个体饥饿（需求）时得不到食物的情形，称为匮乏。**2.**指个体所需求之对象（物或人）被撤除或隔绝的情形，称为剥夺。如实验者安排不同组的动物分别使其24小时、48小时内不能饮水，从而造成其不同强度渴的驱力。此种安排称为剥夺。在实验设计时，如采用剥夺的方式控制受试者需求的满足，从而观察其反应时，即称为剥夺实验（deprivation experiment）。

deprivation dwarfism 剥夺性侏儒 指自幼生长环境恶劣，既严重缺乏生理上的营养，又严重缺乏心理上的关爱，致使身体发育严重落后现象。特别是内分泌腺的垂体腺（pituitary gland）失常，不能分泌生长激素，结果严重影响幼儿的发育成长。见该条。

deprivation experiment 剥夺实验 见剥夺（deprivation）条第二义。

deprivation index 匮乏指标 指儿童生长环境中缺乏文化刺激的程度。匮乏指标的制定，一般包括儿童生长环境中接受成人关爱与教养的机会、学习条件的提供以及语言发展的机会等。

deprivation syndrome 母爱缺失症候群 缺乏母爱的幼儿，在行为上所表现的羞怯、退缩、抑郁等不够健康活泼的症状，称为母爱缺失症候群。

depth analysis 深层分析 指精神分析治疗时对患者心理现象所作的分析。因为精神分析的基本原则，不重视个体在意识上所陈述的表面事实，而是企图根据自由联想与梦的分析所得资料，去深一层分析潜意识中隐藏的问题。见精神分析（psychoanalysis）条第一义。

depth interview 深度访谈 **1.**在调查研究时，深度访谈是搜集研究资料的一种方法。深度访谈的特点是，在造访者与受访者面对面的方式下进行，受访者可自由表达对问题的态度与意见，无须考虑答案的对错。在消费者心理学的研究中，深度访谈是主要方法之一。**2.**在心理治疗时，深度访谈指心理师为求深入了解患者内心深处的动机而作的一种特别面谈。此种面谈与一般面谈不同，除面对面交谈外，兼采投射测验法、梦的分析以及自由联想等方法，期能深入获得更多数据。

depth of processing 处理深度，加工深度 义同处理层次（level of processing）。见该条。

depth perception 深度知觉，立体知觉 **1.**广义言之，个体判断远近的知觉，统称深度知觉。因此，深度知觉应包括视知觉与听知觉。平常所说的立体声或立体音响，就是深度听知觉。**2.**狭义言之，深度知觉单指视知觉，即对物体判断远近或辨识立体的视知觉。判断远近或立体时，多半靠双眼合作，但有时只靠单眼也可判断。用双眼时，是靠双眼线索（binocular cue）；用单眼时，是靠单眼线索（monocular cue）。见该等条。见距离知觉（distance perception）。

depth psychology 深层心理学，深蕴心理学 指心理学的一种研究取向。此种取向重在探讨个体内在的意识历程，与更深一层潜意识历程之间的关系。从事此种研究者相信，隐藏深处的潜意识历程，是形成个体心理异常的主要原因。因此，了解并适度纾缓压抑的潜意识，是心理治疗的主要方法。在心理学领域内，从事深层心理学研究者，当以精神分析（psychoanalysis）为代表。见该条。

depth therapy 深层治疗 属于心理治疗的一种取向。深层治疗乃是根据深层心理学（depth psychology）的原理，试图从患者内心深处去发掘问题，从而改变患者的人格适应。见该条。

derealization 失实感 个人在生活环境中得不到真实感，自觉现实中的一切都是虚无缥缈的。根据精神分析论，失实感是个体潜意识中逃避现实困难的一种防卫机制。失实感也是形成人格解体（depersonalization）的原因之一。见该条。

derived idea 衍生观念，派生观念 指靠后天经验获得的观念。衍生观念是17世纪法国哲学家笛卡尔（Descartes，René）思想中的概念，见其传记条。

derived measure = derived score 换算分数，导出分数

derived need 衍生需求，派生需求 指由原始需求衍化而生的需求，亦即学得需求。例如，饥饿是婴儿的原始需求，母亲喂奶使婴儿原始需求满足，久之，婴儿对母亲本人产生一种新的需求，要母亲爱抚陪伴，此即衍生需求。

derived property 衍生特性，派生特性 按完形心理学的理论，一个刺激的特性，乃是由该刺激所存在的完形（多数刺激集合构成的整体）的情境而决定。例如，单独画一个圆圈，圆圈这个刺激的特性由其本身的形状而决定。但如在一幅人像画中，在不同位置画的圆圈，就显出不同的特性，在脸面中下部的圆，带有嘴巴的特征；在胸前画的圆圈，就有扣子的特性。像此类圆圈（刺激）特性的显现，显然是因其所在完形（人像中）的情境而决定，故而称为衍生特性。

D

derived scale 转化量表 凡是经由统计学的手续转化而成的量表，都称为转化量表。

derived score 换算分数，导出分数 经由换算或转换手续，把原始分数变化为另一种分数来表示时，变化后的新分数，即称为换算分数。换算分数有用分数表示者，如成就测验分数可换算为年龄分数，也可换算为标准分数。换算分数也可用符号表示，如学业成绩可改用A、B、C、D或甲、乙、丙、丁表示者，即属此类。见标准分数（standard score）。

dermal sense = cutaneous sense 肤觉

Descartes, René（1596～1650） 笛卡尔 笛卡尔是17世纪法国哲学家、数学家，是解析几何的创始人，是理性主义哲学心理学的先驱，也是文艺复兴后最先摆脱中世纪经院哲学，重新解释人性而被誉为近代哲学之父的人。

笛卡尔1596年3月31日出身于安德尔—卢尔瓦省的一个富裕家庭，出生不久母亲即因肺结核病逝世，他也受到感染，医师认为他很难存活，幸得乳母悉心抚育才免于夭折。8岁进耶稣会所办学校，教师看他聪明好学而身体羸弱，特许他免于早起上学，以免遭受风寒，因此养成其晚起习惯。17岁赴巴黎进普瓦泰大学习法律，于1616年获法学士学位。1617年至1619年从军两年，在此期间他领悟出解析几何学原理，并开始以数学原理去思考哲学问题。退役后因不满当时巴黎的教会传统，而游走各国，直至1628年定居荷兰，长达20年之久。笛卡尔终身未娶，一生以哲学为伴。1649年

瑞典女王克里斯蒂纳邀请笛卡尔到她宫廷讲授哲学，但规定每周三天早晨五点讲课，此事打破了笛卡尔晚起的习惯。在极度寒冷的冬天，身体一向羸弱的笛卡尔无法支持，终在1650年2月11日因伤风转成肺炎而逝世于斯德哥尔摩，年仅54岁。笛卡尔之所以被誉为近代哲学之父，主要是因他是中世纪以后最早突破经院哲学思想桎梏的人。他反对经院哲学之盲目崇拜权威，将《圣经》语句尊为千古不移的真理。因此他力倡理性，主张人有判断是非的天赋能力。笛卡尔此一主张也正为其被视为17世纪理性主义代言人的主要原因。在理性主义前提下，笛卡尔的思想对以后心理学发展的影响，主要在于两方面：

1.对心身关系问题的解释　对于人性特质中的心身关系问题，笛卡尔认为人性之存在有两个实体。一个实体是物理世界，物理世界的运作是机械式的，它的一切变化受自然法则所支配，动物的生活是机械式的，动物的一切活动完全受自然法则所支配。人的身体也存在于物理世界之中，人身体的一切变化，也是机械式的，同样是受自然法则所支配。单就身体方面的功能言，人和动物没有什么区别。他举例说，例如将手触摸到烫的物体，就会表现出自动缩手的反射动作，反射动作就是机械式的。笛卡尔认为，人之所以异于动物者，乃是人性具有另一个实体，就是心灵。心灵不属于物理世界，而属于意识或观念世界，心灵实体的变化是自主的，不受自然法则支配。笛卡尔的此种心身功能分离的主张，世称二元论（dualism）。有人因病切掉一只手臂，身体虽形成残缺，但并不影响其完整的思想。笛卡尔以此例说明心身二元论的意义。笛卡尔对心身关系问题的解释，虽然在基本上持身和心分别受不同法则所支配的看法，但他的二元论并不是心和身二元分离的。他认为人的心灵和身体两者间具有交感作用或互动作用，身体感官接受外界刺激所产生的感觉，传至大脑后就变为心灵判断外在世界的信息。笛卡尔认为，心灵和身体交感作用发生于脑干上端的松果体（pineal body）的生理功能，感官得自外界的信息传至松果体之后，由松果体将信息传至大脑相关部位，然后再由神经系统支配而表现出适当活动。笛卡尔的二元论，在理念上源于柏拉图，但他进一步给予生理的解释成为更具系统的理论。他的二元论被称为心身交感论（psychophysical interactionism）。笛卡尔的此种以生理基础解释心理作用的说法，虽然与现代的生理心理学原理未尽符合，但他在三百多年前就能提出此种突破性理论，诚为现代生理心理学的先驱人物。

2.对知识来源问题的解释　对人性特质中知识来源问题，笛卡尔接受柏拉图观念论思想，而不接受亚里士多德实在论思想。笛卡尔认为，所有真理得自理性或理性思维，经由理性思维获得观念，观念即代表知识。人的理性是先天的，而经理性思维获得观念，则按其性质分为两类：一类是天赋观念（innate ideas），指靠理性思维得到的真知，诸如对神的认识以及对空间、时间、运动和几何公理的认识等，都是天赋观念。另一类是派生观念（derived idea），指靠经验获得的观念。由派生观念所得的知识，只能视为外界事物的表象，不能代表事物的真相。一座方塔，近看是方的，远看却是圆的；一根直的木棍，插入水中时却像是折断的。因此笛卡尔认为，经由感官经验所获得的知识，不是可靠的真知识。基于此义，笛卡尔主张，要想得到可靠的真知识，就必须怀疑。怀疑就是运用理性去思维判断，判断感觉经验的对错真伪，从而获得真理。笛卡尔的治学态度是怀疑一切，而唯一不怀疑者是“我在怀疑”。笛卡尔有句名言：“我思，故我在。”所谓“我思”指“我在怀疑”；“故我在”指“所以我得到真理”。

笛卡尔著作中译为英文的专著有：*Treatise on man*（1927）；*Discourse on method and meditations*（1960）；*The passions of the soul*（1961）等。

description 描述　属于科学研究目的（goals of scientific research）的五个目的之一。见该条。

descriptive psychiatry 描述精神病学　指不同于以动力心理学或深层心理学理论为基础的精神病学。描述精神病学，不采用潜意识动机构成心理疾病的看法，而只强调由观察可见的外显症状去诊断病情。见动力心理学（dynamic psychology）与深层心理学（depth psychology）。

descriptive research 描述研究，陈述研究　属于心理学研究方法的一大类别。采用描述研究，旨在从现实存在的诸多事物中，经由适当方法搜集资料，从而分析研究，借以了解实况或发现问题，并进而拟定策略以解决困难。描述性研究是一大类研究的总名称。属于此类的研究有多种，主要者有：（1）调查法（survey research），以问卷或访问的方式搜集所需的数据；（2）相关研究（correlational research），分析研究彼此关联的变项，借以了解变项间的关系；（3）发展研究（developmental research），研究事物变化与时间的关系。见该等条。

descriptive statistics 描述统计　指根据实际资料经统计、整理、归类、列表等手续而求得具体结果的统计方法。当教师或心理学家，由调查或测验获得大量所需要的资料时，并不能从每一个别资料中发现任何意义。于此，可利用计算、测量、描述和划记的方法，排列出数据的次序，计算出平均数、百分比、标准差、百分等级、标准分数、积差相关等统计数据，再将所得数据整理、摘要、归类和浓缩，就能了解其所包含的意义和所传递的信息。描述统计学的最大特点是，只根据具体资料分析统计，从而了解事实的性质，而非从抽象的总体中抽取样本，然后根据样本的数据加以统计分析。与本词相对者为推论统计（inferential statistics）。见该条。

desensitization procedure 脱敏感法 义同系统脱敏法（systematic desensitization）。见该条。

designatory scale = nominal scale 称名量表，名义量表

design of motion series 运动套路设计 指在武术、体操等运动项目中，对成套技术动作进行事先的组织编排构成连贯的运动系统。在这些套路设计中，要充分注意运动员的个别身心特征，尤其是个性特征与专项心理素质。体操、跳水等运动项目，尤其要具有适应高难度动作体系的心理应激素质套路。否则，将会因没有精心设计而使运动员难以临场充分发挥技术水准，甚而由于动作因素缺乏控制，导致成套动作紊乱。

design of pointer 指针设计 指对机器上仪表显示器的指示器件设计。指针设计要符合人的视觉特征。设计时一般要考虑以下原则：**1.**指针的形状要单纯，无任何多余装饰，指针尖角以20°左右为宜，通常认为狭长三角形指针或头部尖尾部平中间等宽的指针效果较好。**2.**指针针尖宽度应与最小刻度标记等宽，或等于一个内插单位宽度。**3.**指针应尽量贴近但不接触仪表盘面。**4.**指针颜色要与刻度线和标记颜色相同，与刻度盘颜色应有鲜明对比。**5.**指针长度应刚好与最小刻度接触但不重叠。

desire 欲望 **1.**指在匮乏感导致的内在失衡状态下所产生的渴求感。欲望多半是有目标的（如渴欲饮、饥欲食等）。**2.**指超越现实拥有而希望获得更多的心理倾向。

despair 失望 对生活感到不满意而又无可奈何的一种消极情绪状态。对未来生活目标而言，期望原本是一种驱使人实现目标的激励因素。唯个人对生活的估计与期望过高，而实现的可能性过低时，则难免产生失望感。失望的产生大多由于心理上遭受挫折或失败而发生茫然的预感，在情绪上出现忧虑焦急的不安状态，在生理上出现心悸、头昏、出冷汗、胸闷和脸色苍白等反应。

destruction method 破坏法 生理心理学研究上采用的一种方法。经诊断确定某种疾病的原因是由于神经系统中某部分神经组织功能反常时，可施行外科手术将该部神经组织破坏或切除，此种方法称为破坏法。放射线治疗即属破坏法之一。

destructive instinct 毁坏本能 义同死之本能（death instinct）。见该条。见乐苦原则（pleasure-pain principle）。

detached character 离群性格 新弗洛伊德主义精神病学家霍妮（Horney, Karen）人格理论中所指的神经质性格之一。见其传记条。

detachment 超脱，寡情，松脱 **1.**在处理有关人事问题时所表现的不涉及任何感情成分的态度与能力，称为超脱。**2.**按新弗洛伊德主义精神病学家霍妮的理论，在人际关系中，对人缺少同情与关怀，甚至处处拒人千里之外以避免情感涉入的防卫心理，是一种神经质的倾向。此种现象称为寡情。**3.**在发展心理学上，幼儿在两岁左右，因行动能力增加，对父母所表现的时实时离现象称为松脱。与松脱相对者为依附（attachment）。见该条。

detection 觉察，检测 指个体运用感觉系统有意识地了解周围环境刺激的性质，从而做出适当反应的心理历程。

detection theory 检测论 信号检测论（signal detection theory）的简称。见该条。

detection threshold 觉察阈限 义同绝对阈限（absolute threshold）。见该条。

deterioration 衰退 指个体随年龄老化而身心功能逐渐衰弱减退的现象。衰退是多方面的，其中主要者包括智能、情绪、判断力、动作技能以及神经功能等。

deterioration index 衰退指数 美国心理测验学家韦克斯勒1944年提出的概念。意指智力中某些因素（如数字广度等）随年龄老化而呈逐渐减退的现象。衰退指数的计算方法，是以智力测验某些因素测得分数与受试者实足年龄的比值为根据。此一概念与心理年龄和实足年龄的比值代表智力商数的概念相似，故而本词也称衰退商数（deterioration quotient）。

deterioration quotient（DQ） 衰退商数 义同衰退指数（deterioration index）。见该条。

determinant 决定因素 指决定某事件发生的内在或外在因素，亦即事件发生的原因。在心理学上，决定因素所指者为决定个体行为的因素，此等因素主要指：（1）机体因素（内在的）；（2）环境因素（外在的）；（3）人格因素（个人的）。

determinative coefficient = coefficient of determination 决定系数

determining condition 决定条件 指决定某一事

D

件的发生或可能发生的条件。决定条件分为充分条件和必要条件两种。如果X是Y的必要条件，则X发生时，Y会跟着发生，但并不是一定要X出现，Y才会出现。如果X是Y的充分条件，则必定要X出现，Y才会出现，而且X出现时，Y一定跟着出现。此时即可确信X是Y的决定因素。对决定人性变化的条件而言，只有必要条件（智力是事业成功的要素，但智力高者事业未必成功），而很少有充分条件。现代科学心理对人性变化一般持多因素的观点，即系此义。

determinism 决定论 解释人性特质的一种理论观点。其基本要义是，人的行为皆有其原因，任何思想行动，莫不受内外情势相互的制约与限定，如个人的遗传、境遇、教育、经验等，均为决定以后行为的原因。因此，如能清楚了解个体过去的一切，即可准确推测其未来。与决定论相对者为自由意志。人的行为究竟是受个人自由意志还是决定论所支配？这是历来心理学家争议未决的问题之一。在现代心理学上，凡是在自然科学方法前提之下研究心理现象的心理学家（包括行为主义心理学与认知心理学等），均采决定论取向。因为他们相信，只有在决定论原则之下研究人的行为，才能发现行为的前因后果，才能符合自然科学上的因果法则，才能根据行为的原因预测行为的后果。现代心理学理论中主张自由意志理念者，为存在主义（existentialism）与人本心理学（humanistic psychology）。见该等条。唯采自然科学取向研究人类心理现象的心理学家，他们所支持决定论对人类心理现象被决定的因素的解释，并不相同。有些心理学家认为，人的心理现象是由物质因素决定的（如身体生化作用、大脑功能及环境刺激等）。此种主张称为物质决定论（physical determinism）。有些心理学家认为，人的心理现象是由心理或精神因素决定的（如意识、潜意识及理性等）。此种主张称为精神决定论（psychical determinism）。在现代心理学各派理论中，行为主义心理学属于前者，认知心理学与精神分析属于后者。见该等条。

deterrent therapy 抑制治疗法 属心理治疗中行为治疗法之一。抑制治疗法的特点是，设法直接抑制患者不良习惯的发生。例如，儿童咬指甲是不良习惯，在指甲上涂上一种苦药，就是抑制治疗法。见厌恶治疗法（aversive therapy）。

detour behavior 迂回行为 **1.**指个体循间接途径以曲折回旋的策略达到目标的行为。 **2.**指个体在迂回问题（detour problem）情境下，所表现的适应性行为。见该条。

detour problem 迂回问题 指某种问题情境，其解答之道无直接可行方法，必须绕道以行，从间接途径着手，而后达到解决的目的。此类问题，即称为迂回问题。

detraction 浮觉 指对知觉之对象只觉其存在，而并未集中注意去察知其性质的心理现象。本词与分心（distraction）不同，分心指因其他刺激所引起的注意力分散，而浮觉则并无其他导致分心的刺激。见该条。

devaluation 贬损 属防卫机制之一，指个体为防卫自己而刻意夸大自己并贬损别人的心理倾向。见防卫机制（defense machanism）。

development 发展 **1.**广义言之，发展指自出生到死亡的一生期间，在个体遗传的限度内，其身心状况因年龄与学得经验的增加所产生的顺序性改变的历程。按此界说，发展一词之内含有四个要点：（1）发展包括个体身体与心理两方面的变化；（2）发展的历程包括个体的一生；（3）影响个体身心发展者有遗传、年龄、学习经验等因素；（4）个体身心发展是有顺序的，此顺序只是由幼稚到成熟的单向性，而无可逆性。 **2.**狭义言之，发展指自出生到青年期（或到成年期）的一段期间，个体在遗传的限度内，其身心状况因年龄与学得经验的增加所产生的顺序性改变的历程。此二界说只限于本词在心理学上的意义，故而与另外两名词mental development与psychological development含义相同。在以上两界说中，虽然均以出生作为研究个体发展的开始，而事实上现代心理学家多从个体生命开始（受孕）研究其发展。

developmental acceleration 发展加速现象 从婴儿期到青年期身心发展过程中某一阶段出现的加速变化现象。以身高为例，在出生后第一、二年内的增长速度比以后各阶段均为快速，然后逐渐减缓，到青少年期又迅速增长，以后又逐渐减缓，甚至停止增长。如果绘出身高的发展曲线，就可看到两种加速现象：其一是出生后的前两年；另一是在青少年期。加速现象又有两种对立的表现形式：一种是正加速，其发展趋势是先慢后快，如生殖器官的生长；另一种是负加速，其发展趋势是先快后慢，如脑的发展和身体其他某些部分的生长发展。

developmental acumen 发展顶峰 指个体身心发展所能达到的极限。身高的发展，女性平均在17岁左右达到顶峰，男性平均在19岁左右达到顶峰。智力的发展比较不易确定，一般言之，智力发展到22岁左右即可达到顶峰。

developmental age（DA） 发展年龄 表示个体发展程度的年龄，称为发展年龄。发展年龄与实足年龄未必相等，两者相等即代表个体发展正常，否则即表示发展超前或发展迟滞。发展年龄的计算，通常采年龄当量(age-equivalent)的方法，即按某种行为在某年龄组的平均数来代表。见该条。如将发展年龄作为分子，将实足年龄作为分母，然后乘以100，最后所得数值即为发展商数(developmental quotient)。见该条。

developmental aphasia 发展型失语症 属失语症类型之一。此类失语症没有明显的脑神经病变迹象，一般认为乃是由于幼儿期语言发展不良，失却语言学习机会所致。见失语症(aphasia)。

developmental arithmetic disorder 发展性算术障碍 指儿童算术能力未随年龄增长而发展的失常现象。本词强调发展性，意谓算术障碍并非由于儿童智力水平太低，而是由于学习算术时未能养成良好习惯所致。

developmental assessment 发展性评量 以儿童心理发展所达到的水平为目的的评量，称为发展性评量。发展性评量包括的事项有智力水平、学习适应、同侪关系以及发展任务(developmental task)等。见该条。

developmental counseling 发展咨商，发展咨询 属咨商实施的一种取向，此种取向不限于某一方面的问题(如婚姻咨商)，也不限于某一类对象(如中学生)，而是从心理发展的观点出发，希望帮助个体在生活历程中，由了解自我与认识环境，经克服困难学到良好适应，而达到继续发展成长，使个人与社会始终保持和谐的理想。因此，发展咨商是长期的，甚至可以说是终生的。例如，婚前如何择偶的问题需要咨商，婚后夫妻如何相处的问题需要咨商，生育子女后如何为人父母的问题需要咨商，老年退休后如何调适生活问题也需要咨商。

developmental crisis 发展危机 指个体行为发展过程中，因受阶段性改变的影响，个体行为方式不能符合环境要求所产生一种心理压力。人的一生中有多次发展危机，诸如初次入学、新婚、成家、初为父母、初次就业、届龄退休等所发生的阶段性适应困难，都可能产生发展危机。如本词用于描述青少年期，则称为成熟危机(maturational crisis)。发展危机一词系美国新弗洛伊德主义心理学家埃里克森(Erikson, Erik Homburger)1963年出版的《生命周期中的发展危机》一书中提出的。见其传记条。

developmental delay 发展迟滞 指儿童身心发展低于正常儿童发展水平的现象。发展迟滞的认定，一般系以低于同一年龄组下端三个百分点为根据。

developmental disability 发展障碍 指18岁以前因身心发育不良而形成的身心障碍。发展障碍的主要现象是心智不足、视听觉障碍和语言障碍等。

developmental disorder = **developmental disability** 发展障碍

developmental dysphasia = **developmental aphasia** 发展型失语症

developmental language disorder 发展性语言障碍 指儿童期语言行为未随年龄增长而发展的异常现象，如儿童成长到该用语言的年龄，而事实上缺乏应有的语言技能。本词强调“发展性”，意谓语言障碍之原因并非由于生理器官缺陷，而纯系由于不正常的发展使然。发展性语言障碍，通常分为两大类型：(1)表达型语言障碍(expressive dysphasia)，能听懂别人说的话，但不能说出自己要说的话；(2)接受型语言障碍(receptive dysphasia)，既不能听懂别人的话，也不能说出自己要说的话。

developmental level 发展水准，发展水平 **1.**指个体发展过程中各时期所包括的年龄。如婴儿期为出生到两岁，儿童期为2～12岁，青年期为12～21岁，成年期为21～65岁等。 **2.**指个体到达某年龄阶段在行为上成熟的程度。按此意，发展水准与发展年龄(developmental age)相当。见该条。

developmental milestone 发展里程碑 指用来标志发展程度的代表性行为，例如，独自行走(满周岁)代表身体动作发展的一个里程碑；守恒(7岁以后)代表认知发展的里程碑；生殖系统开始生产性细胞(青春期)代表性心理发展的里程碑。

developmental norm 发展常模 在个体的发展历程中，达到某年龄时所表现的共同性与代表性的行为，称为该年龄组的发展常模。常模是用来比较发展程度快慢的标准。例如一般婴儿在一周岁左右会独立行走(代表性行为)，故而独立行走即可作为一岁左右幼儿的发展常模。见发展里程碑(developmental milestone)。

developmental psychology 发展心理学 属心理学领域内的一个分支学科。此一学科的研究，旨在探讨个体一生中身心变化与年龄的关系。发展心理学的研究，基本上包括生理的、心理的、社会的、教育的四大取向，而目的在分析了解遗传、环境、成熟、学习四大因素对各种行为发展的影响。见发展(development)。由于早期发展心理学的研究以儿童期的发展为主，故而与儿童心理学同义。现在发展心理学研究的是生命全程发展，故而也称生命全程心理学(life-span psychology)。

D

见该条。

developmental quotient（DQ） 发展商数 发展年龄除以实足年龄，所得的商数，即为个体的发展商数。发展商数代表个体发展的情形，如商数等于100，即表示发展正常，大于100则表示发展超前，小于100则表示发展迟滞。见发展年龄（developmental age，DA）、实足年龄（chronological age，CA）。发展商数的正式表达方式是DQ＝DA/CA×100，用DQ表示儿童发展水平，其用意采自用IQ来表示智力。见格塞尔发展量表（Gesell Developmental Scales）。

developmental readiness 发展准备状态 义同准备状态（readiness）第二义。见该条。

developmental research 发展研究 系统观察个体在不同年龄上的行为及其变化，描述特定情境中变项间的关系，解释这些关系中的变化以及变化规律的研究，称为发展研究。实际从事发展研究时，按研究设计的差异又有三种不同方法：（1）纵贯研究（longitudinal study）；（2）横断研究（cross-sectional study）；（3）同侪—连续研究（cohort-sequential study）。见该等条。

developmental scale 发展量表 指用以衡量个体发展水平的量表。发展量表包括各种形式，最简单者如测量婴儿身长体重的工具，就是衡量婴儿的发展量表。再如心理测验上常用的心理年龄（mental age），也属发展量表。见该条。

developmental school 发展学校 指专为来自缺乏文化刺激家庭幼儿设置的学校。发展学校的教育目的是，提供受文化剥夺幼儿学习机会，使之将来正式入学之后能够适应学校要求。

developmental sequence 发展顺序 **1.**一般指个体身体发展的过程中各部位之功能出现的先后顺序。发展顺序遵循两大法则：（1）首尾发展原则（cephalocaudal development），头部发展在前，下肢发展在后；（2）先近后远发展（proximo-distal development），躯干发展在前，四肢发展在后。 **2.**指个体心理方面发展的先后顺序。解释心理方面发展顺序者有四大理论：（1）奥地利精神分析创始人弗洛伊德提出的性心理期发展论（psychosexual stage theory of development）；（2）瑞士心理学家皮亚杰提出的认知发展阶段论（stage theory of cognitive development）；（3）美国心理学家埃里克森提出的心理社会期发展论（psychosocial stage theory of development）；（4）美国柯尔伯格提出的柯尔伯格道德发展阶段论（Kohlberg's stage theory of moral development）。见该等条。

developmental stage 发展阶段 在发展心理学上，一向按个体表现的身心特征为标准，将一生分为数个阶段。因为采取的标准不同，所以分段的方式也不一致，最常采用的分段是：胎儿期、婴儿期、儿童期、青春期、成年期、老年期。此外，有的学者基于其特殊论点，在某方面行为上划分特别的阶段。例如弗洛伊德将人格发展分为口唇期、肛门期、性器期、潜伏期、两性期。见性心理期发展论（psychosexual stage theory of development）。又如皮亚杰将智能发展分为感觉运动期、前运思期、具体运思期、形式运思期。见认知发展阶段论（stage theory of cognitive development）。

developmental study ＝ developmental research 发展研究

developmental task 发展任务 在某一社会里，个体达到某一年龄时，社会期待他在行为发展上应该达到的程度，称为发展任务。因此，发展任务系指个体年龄成长到什么程度，在心理上应与之配合发展到什么水平。达到应有水平者，是为发展顺利，以后仍可顺利发展下去。未达应有水平者，是为发展障碍，以后的发展将益发困难。发展任务的观念，在教育上极为重要，如小学的基础缺乏，未能学到基本知识与能力，以后中学教育就绝难成功。某年龄阶段的发展任务，系以代表该年龄阶段的重要行为作为标准。以美国人对儿童期的发展任务为例，则是：（1）学会游戏的技能；（2）认识自己是成长中的完整个体；（3）能与同侪友伴相处；（4）能适当表现自己的性别角色；（5）能学会读、写、算的基本能力；（6）学到是非之别与基本道德观念；（7）性格渐趋独立，不完全依赖别人。

Developmental Test of Visual-Motor Integration 儿童视觉动作统整发展测验 是一种个别或团体智力测验。该测验原系美国学者毕瑞（K. E. Beery）编制的视觉动作统整发展测验，其内容包括24个几何图形，分别印在8张16开的绿色纸上，装订成册，每3个图形印在同一页纸的上端，下端的空白供受试儿童照上面的范图描绘。儿童视觉动作统整发展测验，经学者刘鸿香修订，并经标准化，于1972年出版。该测验适用年龄为2至15岁，记分方式采描绘正确与否，已建立2岁半至15岁常模，在各年龄组均以百分位数及年龄常模表示之。

developmental theories 发展理论 对个体自出生到成熟心理发展历程的理论阐释。历来心理学家对心理发展的历程，已有多种不同的理论。唯所有发展理论均未对个体心理发展的全面提出整体性的阐释。以下五种理论是现代心理学中最重要的发展理论：（1）弗洛伊德的性心理期发展论

(psychosexual stage theory of development);(2)皮亚杰的认知发展阶段论(stage theory of cognitive development);(3)柯尔伯格的柯尔伯格道德发展阶段论(Kohlberg's stage theory of moral development);(4)埃里克森的心理社会期发展论(psychosocial stage theory of development);(5)马斯洛的需求层次论(need hierarchy theory)。见该等条。

developmental zero 发展零点 指个体生命开始的原点,以原点为零,从而开始发展。此一假性说法,系指卵子与精子结合而产生受精作用开始,算作个体发展的零点。

deviance 异常 指异于常态的人或异于常态的行为。在心理学上,对"异常"一词的解释有两种取向:一种取向是将异常视为特殊,而特殊的界定则多根据统计学上常态分布的观念,把居于分布的极端者,视为异常。准此,天才与低能两类人均属异常。另一种取向是将异常视为单独发生的事件,此等事件多就个体的病态行为或反社会、反道德等行为而言。一般所谓的异常,多指后一种解释。

deviant behavior 偏差行为 指违反社会标准、价值观念或道德规范的一切行为。

deviant identity 偏差认同 指偏向对非社会或反社会规范与价值标准去模仿、内化,而使其本人与模仿的对象趋于一致的心理历程。偏差认同是不良少年帮派形成的原因之一。

deviant maturation 差别成熟 指青春期出现的早晚,对两性所形成的不同影响。就一般情形而言,女生青春期的开始时间较男性为早,相差约在一岁左右。就教育的观点看,此种性别间的团体差异,对男性较为不利。在小学教育阶段,学生中学习困难者,男生多于女生,此现象正说明对男生不利的事实。另外从个别差异的现象言,早晚成熟的现象,对男女生也产生不同的影响。按心理学家研究,男生的早熟对其人格发展有利,而女生晚熟反而比较有利其人格发展。这与社会期待有关,因为社会重视男性独立,对女性的依赖性格是比较能接受的。

deviate = deviance 异常

deviate behavior = deviant behavior 偏差行为

deviation 离差,离均差 **1.**用一统计量数表示与某一标准量数之间差异的情形时,称为离差。例如,某班平均成绩为75分(标准),李生得65分,两者所差10分即为离差(离开平均数的差数)。**2.**指有失正常的偏差现象。

deviation intelligence quotient = deviation IQ 离差智商

deviation IQ (DIQ) 离差智商 指采用一种标准分数来表示智力的高低且具有智商观念者,称为离差智商。离差智商的基本观念有三:(1)智力测验结果呈常态分布,其平均数为100,标准差为15(按比西量表)。如某生在比西量表上得分换算成标准分数后恰得115分,意谓他在同年龄团体中居于平均数以上一个标准差的位置。亦即他的智能与团体中其他人相较之下,约高于84%的人,约低于16%的人。(2)离差智商在名义上叫智商,事实上并非商数(已非原来的比率智商),只是将标准分数解释为智商而已。(3)离差智商的优点,不仅代表个人智力的高低,而且可以显示个人在团体中的位置。离差智商的概念是由美国心理学家韦克斯勒1939年提出。自此之后,离差智商观念即取代了传统的智商观念。原因是传统IQ=(MA/CA)×100的计算方式只适用于儿童,不能用于鉴别成年人智力的高低。见标准分数(standard score)及常态分布曲线(normal distribution curve)条及附图。

devil effect 魔鬼效应 义同光环效应(halo effect)。见该条。

devil's pitchfork 魔鬼叉 属视错觉现象之一。如附图所示,从图之右端看,像是两股叉的头,但如从图之左端看,则像是三股叉的尾,而且中间一股看来像是从头底部翘上来的。事实上此图是不合理的,不能成为一个具体形状的。见不可能图形(impossible figure)。

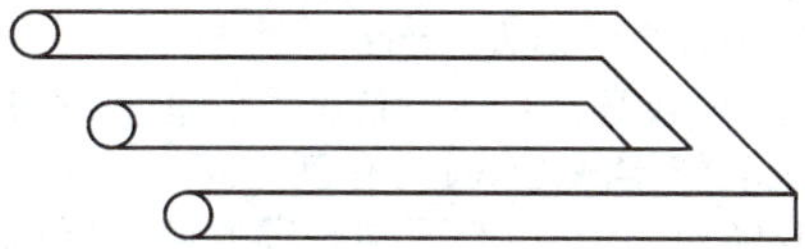

魔鬼叉

Dewey, John (1859~1952) 杜威 杜威是身跨哲学、心理学、教育学三大领域的美国杰出学者,是20世纪影响东西方文化最大的人物之一。杜威在哲学上倡导实用主义及工具主义,谓经验即生活,生活即应付环境的活动,在应付环境时,思想最为重要,故思想为应付环境之工具。在哲学研究上他主张摆脱玄虚理论问题,而以解决人生实际问题为宗旨。在教育上他倡导民本思想,强调儿童中心教育,主张从做中学。在心理学上则是美国功能学派中芝加哥学派的创始人。

杜威1859年10月20日出生于佛蒙特州的伯灵顿,中小学阶段表现并不出色,直到佛蒙特大学三年级才展露才华。毕业后曾担任中学教师3年,继而进约翰霍普金斯大学学习哲学,5年后,1884

年获博士学位，他的指导教授就是功能主义先驱霍尔。此后先后在密歇根大学和明尼苏达大学教授哲学与心理学，并于1886年出版《心理学》一书，是为美国第一本心理学教本。1894年转赴芝加哥大学任教，在任教期间与另一心理学家安吉尔合倡功能主义，使该校成为20世纪初美国功能主义的中心，世称芝加哥学派（Chicago school）。1899年膺选为美国心理学会主席，创立实验学校以实践其教育理想。1904年杜威转往哥伦比亚大学任教，直至1930年退休。在此期间曾赴世界各国讲学，足迹遍及英国、苏俄、土耳其、墨西哥、日本及中国。杜威在中国的一段时间内（1919～1920），曾任北京大学哲学教授及北京高师教育学教授，并由其中国弟子胡适陪同至各大都市演讲，对嗣后中国教育改革产生深远影响。1952年6月1日病逝于纽约市，享年93岁。杜威的贡献可简单分为心理学和教育学两大方面：

1.以反射弧概念揭开功能学派心理学思想序幕　美国功能学派之兴起，有两个标志：其一是詹姆斯1890年出版的《心理学原理》，该书标志着美国功能学派在哈佛大学诞生；另一是杜威1896年在《心理学评论》发表《心理学中的反射弧概念》一文，标志着美国功能学派中芝加哥学派的诞生。反射弧（reflex arc）是指由外界刺激引起神经冲动，经由传入神经元传至脊髓，而后再由传出神经元表现出反射活动。反射弧概念是从生理心理学观点，对刺激引起感觉而感觉引起反应的简单解释。结构主义分析意识基本元素时，视感觉为孤立元素。杜威认为，如此将反射弧分为刺激、神经活动及反应三个孤立元素来解释，是错误的。他认为，构成反射弧的三元素不是分离的，是连贯的，而且完整的反射弧并非从刺激开始。他以儿童手近火焰缩手反射为例，火焰刺激不是反射弧的开始，儿童看到火焰才是开始，而且火焰热的刺激、感觉、缩手之间不能分开来研究。杜威根据反射弧的不可分理念，批评结构主义的不合理。

2.创新教育心理学思想　在教育心理学上，杜威的主张有四大要项：（1）学校即社会，教育即生活，充实学生在校的学习生活，重于准备未来的成人生活；（2）学校课程必须符合学生的兴趣与能力，教学活动以儿童为中心，而非以教师为中心；（3）强调学生在行动中学习知识，因而主张从做中学（learning by doing）；（4）主张教育本身无固定目的，让学生自然成长才是教育的主要目的。杜威的教育思想在20世纪二三十年代曾引起大规模的进步教育（progressive education）运动，对美国现代教育发展影响至巨。见该条。

杜威著作中的专著有：*Psychology*（1886）；*The child and curriculum*（1902）；*How we think*（1910）；*Interest and effort in education*（1913）；*Democracy and education*（1916）；*Human nature and conduct*（1922）；*Experience and nature*（1925）；*The quest for certainty*（1929）；*A common fait*（1934）；*Experience and education*（1938）；*Logic: the theory of inquiry*（1938）；*Freedom and culture*（1939）；*Education today*（1940）等。

dexterity test 动作灵活测验　属技能性向测验之一。此种测验的目的，在于测验手指灵巧的程度，借以预测个体适合何种技能性职业训练。此种测验的计分，通常以速度与准确度为标准。

dextrad = **dextrality** 右偏性

dextrality 右偏性　指个人惯于使用右侧躯体活动的倾向。右偏性高者，喜欢用右手或右脚操作，如写字拿筷子喜用右手，踢球喜用右脚。一般人都是右偏性较高，故而一般工具设计（如单扶手椅）多配合右手。与本词相对者为左偏性（sinistrality）。见该条。

df = **degree of freedom** 自由度

diacetylmorphine 二乙酰吗啡　义同海洛因（heroin）。见该条。

diagnosis 诊断　根据对患者病象的观察所见和相关检验资料，分析病情确定病因，以备进一步治疗的过程。

Diagnostic and Statistical Manual of Mental Disorders（DSM） 心理疾病诊断统计手册　指美国精神病学会编制的诊断手册。该手册将心理疾病按症状分类说明，除美国之外，已成为全世界精神科医师诊断病情的主要参考资料。目前使用的版本是1991年第四次修订版，故而使用英文缩写DSM-Ⅳ代表英文全名。该手册的前三版，分别是1952年的DSM-Ⅰ、1968年的DSM-Ⅱ、1980年的DSM-Ⅲ和1987年的DSM-Ⅲ-R。

diagnostic audiometer = **audiometer** 听力计

diagnostic educational test 诊断性教育测验 义同教育诊断测验(educational diagnostic test)。见该条。

diagnostic evaluation 诊断性评量 从学校教学评量本身的功能看,有安置性评量与诊断性评量之分。所谓诊断性评量,是指对经常表现学习困难学生所做的评量。诊断性评量多半是在形成性评量之后实施,形成性评量是在教学历程中实施的评量。实施之后如果发现学生有学习困难的情形,即随时给予个别辅导,在辅导中帮助他改善读书方法或作业习惯,从而克服学习困难,并适应该班级的教学。如辅导之后学习困难情形依旧,甚至益形严重,则显然不是单纯的读书方法或作业习惯问题所致,很可能在心理上另有内在原因。在此情形下就需要对他实施诊断性评量。唯在实施诊断性评量时,除需要特别设计的诊断测验之外,尚须有赖心理学家甚至精神科医师的协助,如此始能诊断出真正的原因,而后再进一步予以化解。见形成性评量(formative evaluation)、安置性评量(placement evaluation)。

diagnostic interview 诊断面谈 指心理治疗之前诊断期间的面谈。面谈的目的,旨在了解受诊者的问题所在及有关因素,供进一步诊断与治疗的参考。

diagnostic-prescriptive teaching 诊断—处方教学 指模拟医学上先诊断后处方的一种教学方式。此种教学方式,主要用于对学习困难学生的教学。对于学生的学习困难,教师不预设立场,而是着眼于学生学习困难必有其特殊的原因的观点,先找出原因,然后进一步"对症下药"。诊断—处方教学时,一般采用的步骤是:(1)确定学生在学科学习或社会能力等某方面所表现的学习困难(如数学成绩低劣);(2)检查学生的身心状况(身体有无疾病,智力是否过低);(3)了解学生的生活和读书习惯(学校作业是否按时完成,必要时做家庭访问);(4)针对学生的条件和需要拟订教学计划,并采渐进方式进行;(5)随时检查学生进步情形。

diagnostic test 诊断测验 属于心理测验之一。此类测验的目的,旨在从受试者的反应中,分析受试者困难之所在,供进一步针对问题给予适当的辅导与治疗。诊断测验并不限于对心理疾病者使用,在教学上为了解学生的学习困难,也常用诊断测验作为学业辅导的工具。

dialectical teaching 辩证教学 属讨论式教学方式。在教学过程中让学生各自发表意见,相互批评,最后取得共识,获得结论。

dialectical thinking 辩证思维 指新皮亚杰主义心理学家所指的后形式思维方式,亦即成人的思维方式。辩证思维的特点是,在日常生活中遇到缺乏固定答案的问题(如投资),而无法按逻辑推理求解时,就必须从问题的正反两面分析,最后从数个可能的答案中,选择一个较好的或最好的答案。见新皮亚杰主义(neo-Piagetian)、后形式思维(postformal thinking)。

dialogical thinking 对话思维 属思维方式之一。对话思维的特点是,在思维过程中,不只是考虑到自己的观点,而是也同时考虑到别人的观点。

Diana complex 黛安娜情结 精神分析论中的术语。指女性因希望变为男性的幻想受到压抑而形成的情绪困扰(黛安娜为罗马神话中的处女守护神)。

diary method 日记法 属发展心理学上的一种研究方法。此法用于对婴幼儿的活动逐日观察记录,目的在了解某一阶段内,婴幼儿身心发展的情形。

diary study = **diary method** 日记法

diathesis 体质 指个体在身体本质上有某些遗传因素,或先天具有的因素。例如有些种族特别容易感染某种疾病,此种情形即系种族性先天体质使然。

dichotic listening 两耳分听 认知心理学术语,用于研究注意的一种实验方法。受试者左右耳各戴一个耳机,分别听两种不同信息,并要求他们随时回答。此类实验结果显示,在同一时间受试者只能听到一个耳朵的信息,如果两耳分听时间很短,停止后受试者可能先报告一耳的信息,然后再报告另一耳的信息,而不能报告同时收到的信息。例如,左耳让他听7—4—1三数字,右耳让他听3—2—5三个数字(每字间隔1/2秒),停止后立刻报告时,他只能先报741,后报告325(或交换),而无法报告同一时间收到的信息(不能按7—3、4—2、1—5的顺序报告)。如果两耳分听的不是间断数字,而是两个故事,受试者所听到的信息则是随时转换(忽而左耳,忽而右耳),最后报告故事的大意。转换的时机与信息性质有关,特别引人注意的信息(如有人喊自己名字)出现时,就会立刻转换。两耳分听实验由英国心理学家布罗本特(Broadbent, Donald Eric)1954年创始,见其传记条。

dichotomous variable 二分变项 指研究对象特征之类别只含两类者(如性别)。见类别变项(categorical variable)。

dichromacy 二色性色盲 指颜色视觉缺陷者只能看到红、绿、蓝三原色中两种颜色的现象。与本词相对者为三色视觉(trichromatism)(正常视觉）。见该条。

dichromasy＝dichromacy 二色性色盲

dichromatic vision 二色视觉 义同二色性色盲（dichromacy）。见该条。

dichromatism＝dichromacy 二色性色盲

dichromatopsia＝dichromacy 二色性色盲

dichromia＝dichromacy 二色性色盲

dictionary of occupational titles（DOT） 职业分类典 指按国际劳工局制定之职业分类标准所编的职业分类典。按美国出版的职业分类典，职业细类已超过两万以上。显然，所谓天下三百六十行的观念，今昔已大不相同。

didactic group psychotherapy 教诲式团体心理治疗法 义同教诲式团体治疗法（didactic group therapy）。见该条。

didactic group therapy 教诲式团体治疗法 属心理治疗方式之一。教诲式团体治疗法是一种早期传统式的指导式治疗法。实施时，将接受治疗的人集合在一起，由一位专家讲解，然后参与者提出问题，彼此讨论，最后由专家再给予解释指导。此法进行时，或可分发给接受治疗者讲义之类的教材，由专家讲解，像学校上课一样，要参与者遵照实行。

didactic teaching 教诲式教学法 属于教学方法之一。此法以教师为中心，一切教学活动，悉由教师安排，上课时只是教师讲，学生听，传统的教学多是如此。见讲解式教学（expository teaching）。

diencephalon 间脑 位于两大脑半球之间，连接大脑半球和中脑的神经组织，间脑包括丘脑、下丘脑、丘脑上部和丘脑底部。见脑（brain）条及附图。

diet 饮食，节食 **1.**本词译为饮食时，泛指一切吃食或饮用的行为活动。**2.**本词译为节食时，指对日常饮食做有计划的限制。有人为减肥而限制食用脂肪多的食物，有人因健康考虑而少吃糖分多的食物，也有人为防止肥胖而减少食量。

dietary obesity 饮食型肥胖症 指由于饮食不节制所导致之肥胖症。患饮食型肥胖症者，主要是由于嗜吃，尤其食用含过多脂肪或淀粉的食物使然。根据生理心理学家研究，人之所以嗜吃与四个因素有关：（1）肠胃敏感度较高，到时候不吃东西即饥饿难熬；（2）对食物的敏感度较高，容易看到食物和嗅到食物；（3）借吃东西消除适应精神压力的不良习惯；（4）中枢神经系统中饥饿中枢（hunger center）功能失常。见该条。

difference hypothesis 差异假说 指解释小学初入学之学童在学习能力上存有显著个别差异现象的理论之一。按此假说的解释，儿童入学后在学科成绩上纵有优劣之分，但其基本能力上未必有高低之别。成绩优劣形成的关键，不在于能力的高低，而在学生所具能力是否与学校课业所需者符合。有些儿童读书能力虽差，但生活适应能力甚强；另有些儿童读书成绩虽佳，但生活适应能力甚差。学校教育所重视者偏于读书表现的单方面能力，忽略其他方面的能力，结果对其他方面能力强而独缺读书能力的儿童十分不利。按差异假说之原理，在学校教育应五育并重，不应以单一方面比较学童的个别差异，而使每个学童均获适材发展，则教育历程中就不会有被忽落的学童。与本词相对者为匮乏假说（deficiency hypothesis）。见该条。

difference limen ＝ difference threshold 差别阈限

difference reduction 差异减化 问题索解时减化问题情境俾便找到解答线索的基本原则之一。差异减化是指对问题情境的起始状态和目的状态加以分析，力图使两者减化，使两者的差异减少到最低限度，然后针对两者的差异设法解决。见问题空间（problem space）。

difference threshold 差别阈限 指在辨别两种刺激的不同时，两刺激间强度所需的最低差异量。例如以手评定重量，对100克与101克两物体孰轻孰重的评定，因所差极微，可能无法辨别。设若将两物体重量差别逐渐加大，直到100～110克时，受试者恰能清楚辨别，两者之间所差的10克，即为差别阈限。差别阈限也称为最小可觉差（just noticeable difference, j.n.d.）。见该条。

Differential Aptitude Test（DAT） 区分性向测验 是一种团体性向测验。该测验系由美国心理学家宾奈特等人（G. K. Bennett, H. G. Seashore and A. G. Wesman）1959年所编制，其内容包括八个分测验：（1）语文阅读及词汇测验；（2）数字能力测验；（3）空间关系测验；（4）语文推理测验；（5）抽象推理测验；（6）机械推理测验；（7）文书速度及确度测验；（8）科学性向测验。后来经过多次修订，但大致仍保持原来多元性向测验（multiple aptitude test）的形式。见该条。

differential conditioning 差别条件作用 指经由条件作用自数个中性刺激中选择其一，从而建立条件反应的历程。例如，在经典条件作用历程中，灯光与铃声两者，对狗的唾液分泌而言，均属中性刺激，都可作为条件刺激。如安排灯光与铃声交替出现，唯只在灯光之后出现食物，久之将会发现，只有灯光单独出现时，可以代替食物引起唾液分泌，而铃声则否。此种现象称为差别条件作用。显然，差别条件作用是经由差别强化（differential reinforcement）作用所建立的辨别学习（discrimination learning）的缘故。见该等条。

differential diagnosis 鉴别诊断 指对相类似之行为失常而其成因不同者，仔细分析以求彻底了解原因，给予适当治疗的过程。

differential extinction 差别消弱，分化性消退 指经由差别强化的方法，在两个（或多个）反应中保留其一而使其他反应消弱的历程。例如，白鼠在T形迷津中反应可左可右，如只在右方终点放置食物（选择强化），即可强化其向右转的反应，而同时消弱了左转的反应。此后同样情境出现时，白鼠将不再做出左转的反应。如此在两种可能的反应中，选定其一使之不再出现的过程，称为差别消弱。见消弱（extinction）、差别强化（differential reinforcement）。

differential growth 差别成长 指同一个体的不同器官或不同方面，因成长速度不同而产生的差异现象。如青春期骨骼成长较快，肌肉成长较慢，即属差别成长。

differential inhibition 差别抑制，分化性抑制 本词为生理学家巴甫洛夫经典条件作用中的用语，其含义恰与另词刺激类化（stimulus generalization）相反，意指当条件刺激与条件反应建立联结后，类似而不相同的其他刺激，并不能引起个体的同类反应。换言之，某一刺激引起个体的固定反应后，就抑制了其他类似刺激也引起相同反应的可能性。见辨别学习（discrimination learning）。

differential limen = difference threshold 差别阈限

differential psychology 差异心理学 属心理学领域中的一个分支学科。此一学科的内容，重在研究个体间以至团体间，在心理特质上的差异现象，其目的在探究差异的程度与差异形成的原因。差异心理学研究的范畴甚广，除个别差异之外，也研究团体差异。而且，在个别差异研究上，除研究个别间差异之外，也研究个别内差异。就研究题材而言，差异心理学所研究者包括能力、性格、知觉、动机、情绪等各种心理特质。在对差异原因之研究上，差异心理学旨在探讨种族、遗传、文化、社会环境等因素与个体或团体行为的关系。见个别间差异（interindividual difference）、个别内差异（intraindividual difference）。

differential reinforcement 差别强化 运用强化的原理，从数种反应中选定其一，并与某一特定刺激建立联结关系的过程，称为差别强化。以白鼠走十字形迷津为例，从入口走到十字路口时，可能出现向左、向右、向前三种反应。如选定右方终点放置强化物（食物），它将很快学到“到十字路口即向右转”，而放弃原先也出现过的另两种反应。白鼠之所以在三种可能反应中固定于一的原因，显然是由于该一反应（向右转）受到差别强化作用所致。见强化（reinforcement）。

differential response 差别反应 在数种刺激同时存在的情境下，运用差别强化的原理，使个体只向其中某一特定刺激反应时，此种反应即称为差别反应。例如一篮水果，其中有橘子、苹果和桃子三种。要想教幼儿认识苹果，希望幼儿听到苹果的名称时，就会做出从篮中拿出苹果的固定反应，这时即可采用差别强化的办法，当幼儿拿到桃子或橘子时不予理会，只有拿到苹果时就立即夸奖给予鼓励。几次练习后，说到苹果，他就会做出只拿取苹果的固定反应。见差别强化（differential reinforcement）。

differential sensitivity 差别感受性 指恰能觉察出的两个同类刺激物之间最小差异量的能力。差别感受性的大小用差别阈限的大小来度量。两者成反比关系，差别阈限越小，则差别感受性越大；反之，若差别阈限越大，则差别感受性越小。见差别阈限（difference threshold）。

differential threshold = difference threshold 差别阈限

differential validity 区分效度 属测验效度之一，指区分性向测验应具有之效度。采用测验组合同时测量受试者多方面的特质，用以预估其是否合于职业上可能表现的性向差异时，即需考虑该测验组合的区分效度。测验结果确能将受试者在不同方面的特质区分出来时，该测验才算具备区分效度。见区分性向测验（Differential Aptitude Test）、测验组合（test battery）

differentiating extinction = differential extinction 差别消弱，分化性消退

differentiation of life space 生活空间分化 指个体的生活空间，随其年龄与经验等各种因素的变化而益形复杂的历程。见生活空间（life space）。

differentiation theory 区分论 美国心理学家吉布森1969年在《知觉学习与发展原理》一书中提出的一种关于儿童的知觉发展理论。此一理论的基本要义是，当儿童面对周围环境中形形色色的刺激时，他不可能对所有刺激去一一反应，他必须根据经验对众多刺激的特征加以区别和分类，从而形成自己的概念，然后再根据既得概念而构成自己的知识。按吉布森的解释，儿童们在分类处理众多刺激的过程中学到三方面的能力：(1)辨别

刺激与刺激之间相似与相异特征的能力。如橘子虽有大小，但有其相似之处；橘子与苹果虽同为水果，但两者不同。(2)发现同类刺激之间有其恒常不变之属性的能力。儿童认识了橘子，不因橘子大小或颜色稍有变化而将之误认为苹果。至此地步，即代表儿童根据知觉经验而形成了自己的概念。(3)运用既得概念发展出分类处理刺激原则的能力。如以包括三种形状(圆、方、三角)、三种颜色(红、黄、蓝)和三种体积(大、中、小)的共27块积木为刺激，让儿童按自己的意见将之分成几堆，儿童分类处理的结果，可能有三种方式：一为按颜色分类，一为按形状分类，一为按大小分类。无论按何种方式，他总是根据自己概念所形成的法则，如采取了按形状分类的原则，其他大小和颜色两种属性就不考虑在内。

D

difficulty level 难度 指表示一个测验项目艰难程度的数值。通常用正确通过该项目的百分比来表示。本词最早出现于1905年的比奈—西蒙量表中，其项目的难度就是按照通过各项目的人数多少而定的。当时采用的样本是50个一般儿童和少数智力落后儿童。见难度指数(index of difficulty)。

difficulty scale 难度量表 义同难度测验(difficulty test)。见该条。

difficulty test = **power test** 难度测验

difficulty value 难度值 指表示测验中各题目难度的一个数值。某一题目的难度值，通常用受试者通过百分比来表示。如全部受试者人数中，90%以上的人通过，这表示题目太容易。反之，如全部受试者中只有20%的人通过，这表示题目太困难。用以表示题目难度的百分比，称为难度指数(index of difficulty)。见该条。

diffuse need 无定向需求 指由需求所促动的行为缺乏方向与目标物者。像游离性焦虑(free-floating anxiety)即属无定向需求。见该条。按美国人格心理学家默瑞的理论，经常怀有无定向需求的人，其生活缺乏目标，在人格上属病态倾向。与本词相对者为定向需求(focal need)。见该条。

diffusion of responsibility 责任分散 **1.**解释旁观者效应的一种理论。众人在场时，发生一件事故(如一儿童跌倒受伤)需要有人立即救助时，每个人都迟疑不前，原因是每个人都觉得有别人在场，自己不必负担救助的责任。此种心理现象，称为责任分散。见旁观者效应(bystander effect)。**2.**解释团体极化(group polarization)现象的一种理论。见该条。

diffusion process 扩散法 消费者心理学用语。指一种新产品推出后能否被消费者接受，主要在于该产品能否符合具有影响力的核心人物的需求。如符合他们的需求，他们就会采用，并做义务宣传。他们的影响力就像投入池塘的石块引起涟漪一样，向四面扩散，一直到水池边。

digit span 数字广度 在单一练习(不重复练习)后的立即记忆，且能正确反应的最多位数目字，即代表受试者的数字广度。一般人的数字广度，约在7～9之间，其广度大小与能力有关。固定电话号码通常为七至八位数数字，对一般人而言，大致均无困难。但身份证号码数字多于八位数，很多人要立即记下来就较为困难。

digit-span test 数字广度测验 属智力测验中的一类题目。此类题目的目的是，单从复述数字的考验中，评量受试者的记忆。由主试口述(或书面呈现)数字，令受试者立即复述(或写出)。每次口述数字，皆系随机组合，而且位数逐渐增加，直到受试者不能立即正确复述为止。在此情境下，受试者所能立即记忆数字的最多位数，即代表其数字广度(digit span)。见该条。测定数字广度的测验，即称为数字广度测验。数字广度测验所测到的记忆，在性质上属短期记忆(short-term memory)。见该条。

dilemma 两难处境，两难问题 指个体所面对左右为难无法抉择的处境。所谓"两难"，是指抉择时选定任何一方面，均不能使个体获得真正的满足。常说的"左右为难"，即此之谓。

dilution therapy 淡化治疗法 属心理治疗方法之一。此一治疗法的目的，旨在淡化患者对自身缺陷的敏感意识，强调世人皆有缺点，指出患者的痛苦一般人多有同感，只是不为他人所知而已。此法的积极意义是，可借淡化作用加强患者的自信心，从而敢于面对现实解决生活中的问题。

dimension 维度，方面 **1.**狭义指物理空间中长、宽、高三个维度。**2.**广义指某一事项的连续性特征，如颜色中的明度、色调与饱和度三者，称为颜色的三个维度。维度的广义概念已在心理学上广泛采用，用以解释某种复杂行为的内涵。例如，有的智力测验中包括语文、数字、空间知觉三类题目，即表示该测验在编制时，理论上就是将智力视为包括三方面的因素。

diminishing returns 报酬递减 从经济学中借用的心理学名词。意指在工作开始之初，努力(或付出)与进步(或报酬)成正比增加，唯达到某种程度后，即使努力仍继续增加，而所得结果却较前递减。此种现象称为报酬递减。与本词意义相似者为负加速(negative acceleration)学习曲线。见该条。

diplopia 双视觉 指两眼视网膜上的映象各自分立不能融合为一的视觉现象。

dipsomania＝alcoholism 酒精中毒，酗酒

DIQ＝deviation IQ 离差智商

direct aggression 直接攻击 指个体遭遇挫折时，直接对构成挫折的来源（人或事物）所表现的攻击行为。与本词相对者为替代性攻击（displaced aggression）。见该条。

direct apprehension 直接理解 义同直接知觉（direct perception）。见该条。

direct association 直接联想 指在两件事物之间不经任何媒介的联想。如见到书包立即想到学生，即属直接联想。

direct-contact group 直接接触团体 义同面对面团体（face-to-face group）。见该条。

direct correlation 直接相关 义同正相关（positive correlation）。见该条。

direct decision therapy 指导抉择治疗法 属于心理治疗方法之一。此法的基本假设是，个体适应不良的根本原因，是他不能因时因地制宜，做出适当的抉择。错误的抉择导致困境，使自己陷入挫折。因此，欲期帮助行为失常者恢复正常适应，最有效的方法是指导他遇事能做适当抉择。此法施行时可从三方面入手：（1）先了解自己，并了解自己面对的问题；（2）回顾个人以往处理同类问题的经验，并协助他分析失败的原因；（3）针对当前问题情境，分析推理，在指导之下让当事人做出适当抉择。

directed forgetting＝intentional forgetting 意向性遗忘

directed movement 导向活动 指个体趋向某特定刺激目标时所表现的活动。见目标导向行为（goal-directed behavior）。

directedness 方向感 美国心理学家奥尔波特人格理论中的用语，意指一个心理发展成熟的人，不仅清楚了解自己的内在动机和外显行为，而且对未来的追求也有自己既定的方向。

directed response 导向反应 指个体趋向某特定刺激所表现的反应。见目标导向行为（goal-directed behavior）。

directed thinking 导向思维，定向思维 属思维方式之一。导向思维的特征是思维内容具体，而且是有目的有方向的。此种思维多系由待决的问题所引起，在问题情境中，个体知道问题的存在，而且也知道自己所要寻求的目的。其之所以受困扰而仍需思维者，在于想不出可行的方法以达到目的。考试情境下，学生了解题意而尚未想出答案的情形，即属导向思维。

direct inference 直接推理 指只用一个判断为前提推出一个结论的思维形式。例如，任何一种哺乳动物都不是用鳃呼吸的，所以，任何一种用鳃呼吸的动物都不是哺乳动物。就是一种直接推理。

direct instruction 直接教学 **1.** 指学校教学的一种方式。直接教学的特点是：（1）教师对教材内容及教学过程中的活动，事先均有详细准备，教学时一切按计划进行，将有组织有系统的知识直接教导给学生；（2）重视学科导向，主要目的在教导学生对应学的知识与技能，达到精熟的地步；（3）教学目标清楚，教学过程逐步进行，随时测试，使学生可以立即获得回馈。此法较适宜于基本知识与技能方面的教学。直接教学也称讲解式教学（expository teaching）。见该条。直接教学是指以教师为中心的教学取向。见教师中心教学（teachercentered instruction）。与本词相对者为建构主义教学（constructivist instruction）。见该条。**2.**指一种外国语教学法。以华人学英语为例，教学时不采用汉语翻译的方式，而是直接用英语来解释。此种方式开始时较为困难，但最后能学到地道的英语。

D

directional alternative hypothesis 有向对立假设 见对立假设（alternative hypothesis）。

directional confusion 方向错乱 指个体不能清楚辨别前后左右上下等方向的行为错乱现象。方向错乱可能与以下因素有关：（1）心智不足；（2）情绪困扰；（3）大脑病变或伤害。

directionality problem 方向性难题 在相关研究中，虽然两个变项之间的关系已经确定，但无法确定两者间的因果关系。例如，学生求学的动机与成绩两者间关系密切，但很难确知何者为因，何者为果。见相关研究（correlational research）。

directional test of hypothesis 有向假设验证 采用虚无假设以验证统计结果是否达到显著水平时，如对虚无假设之拒绝只偏于某一方向者，称为有向假设验证。例如，虚无假设为A＝B，只有在统计上确定A＞B时，始能推翻虚无假设，那就是有向假设验证。与本词相对者为无向假设验证（nondirectional test of hypothesis）。见该条。另见虚无假设（null hypothesis）及统计假设（statistical hypothesis）。

direction illusion 方向错觉 由于周围事物的影响致使知觉到图形线条方向与实际情况不符的错觉。方向错觉的种类很多，诸如海林错觉（Hering illusion）、冯特错觉（Wundt illusion）和波根多夫错觉（Poggendorff illusion）等，均属方向错觉。见该等条及附图。

directions test 听命行事测验 属智力测验的一

种形式。此种测验的题目是,命令受试者遵照一定的程序,去完成一件事情或工作。按此种测验的理论构想是,能听命行事而且能按规定程序完成任务,乃是人类的基本能力之一。

directive counseling 指导性咨商 属于咨商的方式之一。指导性咨商的主要特征是,在咨商过程中咨商员居于主导者的角色,比如学校教师,指导受辅者如何了解自己,如何认识环境,如何计划将来,如何学习解决目前的问题。指导性咨商重视心理测验的使用与受辅者个人资料的分析,根据测验结果与以往学业成绩,咨商员即可对受辅者做指导性建议。指导性咨商也称咨商员中心治疗(counselor-centered therapy)。与本词相对者为非指导性咨商(nondirective counseling)。见该条。指导与非指导,只是程度上的差异,严格言之,任何咨商均或多或少带有指导性质。见咨商(counseling)。

directive group psychotherapy 指导性团体心理治疗 义同指导性团体治疗(directive group therapy)。见该条。

directive group therapy 指导性团体治疗 本词在基本上与指导性心理治疗(directive psychotherapy)同义,唯改以团体为实施对象。见该条。

directive-play therapy 指导游戏治疗法 属心理治疗方法之一。指导游戏治疗法的特点是,由治疗员事先设计游戏情境,事先准备好儿童游戏需要的玩偶或玩具。游戏进行时,治疗员指导儿童玩法,并鼓励儿童尽量说出心中的话,尽量表达其心中的情绪。指导游戏治疗法的目的与游戏治疗法(play therapy)相同。见该条。

directive psychotherapy 指导性心理治疗 义同指导性治疗法(directive therapy)。见该条。

directive therapy 指导性治疗法 **1.**广义言之,凡是治疗员以专业人员身份对案主予以指导或讲解,企图以说服方式来矫正其行为者,均可视为指导性治疗法。**2.**狭义言之,本词指美国心理学家桑奈(F. C. Thorne)所倡导的一派心理治疗理论与方法。按指导性治疗法的要义,治疗人员处于指导地位,依其专业知识对案主给予生活上指导与建议。此种治疗法主要是认为非指导性治疗法过分缺乏组织,治疗员未对案主负责,案主有困难才来求助,求助而得不到帮助,反而增多其困难,加深其迷惑。从近年来心理治疗发展的方向看,指导性治疗法又渐受重视。20世纪60年代以后流行的理性情绪治疗法(rational-emotive therapy),其中即带有相当的指导成分。见该条。与本词相对者为非指导性治疗法(nondirective therapy)。见该条。

direct judgement 直接判断 判断的种类之一。直接判断是感知形式的判断,是不需要复杂思维活动参与的判断过程。可以用语言来表达,也可以用动作来表达。例如,让被试看强弱不同的光刺激,要求他口头报告光强弱的判断结果,也可要求他按照光的强弱不同,而按不同的电键来反应。

direct measurement 直接测量 测量结果不需换算即可直接表示个体身心特质者,称为直接测量。如按磅称量体重,得120磅,此数字不须换算,即代表体重。有些测验并非如此,其测量结果必须换算成另一种分数,始可表示个体特质的意义。如智力测验,受试者在测验上的分数,必须换算成标准分数或智力商数,然后才能比较解释。故而此种测量方式称为间接测量(indirect measurement)。见该条。

direct memory test 直接记忆测验 义同明示记忆测验(explicit memory test)。见该条。

direct method of teaching = direct instruction 直接教学

direct modeling 直接模仿 指模仿学习的三种方式之一。直接模仿是最简单的方式,系学习者直接仿照别人的行为活动。幼儿的动作、口语等简单行为,多系经由直接模仿的历程学得的。另两种模仿学习是综合模仿(synthesized modeling)与抽象模仿(abstract modeling)。见该等条,并见模仿(modeling)。

direct perception 直接知觉 系美国心理学家吉布森理论中的术语。指个体对环境中物体特征所获知觉,是根据该物体所在环境的现状直接获得,不需经过间接的解释过程。见直接知觉论(direct perception theory)。

direct perception theory 直接知觉论 美国心理学家吉布森1950年提出解释知觉心理现象的一种理论。吉布森认为,人类对某刺激所得的知觉经验,乃是由于刺激本身特征(如台阶的层级)直接引起的,不需经由心理运作予以组织而后再行判断。人类在长期进化过程中,由于适应环境的需要,人类和其他动物一样,逐渐形成了一种根据刺激本身特征可直接获得知觉经验的能力。换言之,知觉是先天遗传的,不是后天学习的。见吉布森(Gibson, James Jerome)传记条。

direct reinforcement 直接强化 属强化方式之一。意指个体对某刺激表现反应时,直接给予强化物,使刺激与反应间产生联结,以便该刺激重复出现时再引起同样反应。见强化(reinforcement)。

direct sampling 指定抽样 属于抽样的方式之一。

此种抽样的特征是，不以总体为抽样范围，而是特别指定从某一方向去抽样。区域抽样与分层抽样，在性质上均属指定抽样。在原则上，指定抽样所抽取的样本，对总体中的个体而言，并非机会相等。因此，指定抽样在性质上属于控制抽样（controlled sampling）。见该条。见抽样（sampling）。

direct scaling 直接量表法 属量表编制的方法之一。直接量表法的特点是，用在量表上的单位，直接得自受试者对刺激（或题目）的判断。例如，A与B两条不等长的直线，如只按受试者回答"A长于B"，就确定A长于B时，称为直接量表法。如按受试者回答："A长于B，A的长度相当于B的两倍。"然后确定A长于B时，则称为间接量表法（indirect scaling）。见该条。

direct teaching＝direct instruction 直接教学

dirt phobia＝mysophobia 惧脏症

disarranged-sentence test 乱句测验 属于测量语文能力的一种测验。此种测验采语句重组方式以测定受测者的语文能力。测验中包括多个语句，唯句中的单字顺序是紊乱的。受试者必须按照语意重组，使之成为通顺而又合乎文法的句子。

disaster syndrome 灾难症候群 指遭遇重大灾难时一般人在心理上的综合症状反应。灾难症候群主要包括三个阶段：（1）惊惶失措；（2）可接受劝慰，但纯属被动；（3）忧愁、焦虑及注意力不能集中等。

discharge of affect 情感释放，抒情 精神分析的术语。指在精神分析过程中，让当事人有情感表露的机会，让他将所压抑在潜意识中的情感，尽情释放出来。例如，人在痛苦时让他大哭一场，内心的痛苦就可感到减轻。见宣泄（catharsis）。

discharge of anxiety 焦虑释放 属精神分析的术语。意指经由日常生活活动，由工作的成果与人际关系的增进，可以间接将因潜意识中心理冲突所形成的焦虑释放出来，从而减缓情绪的压力。唯焦虑释放并未解除焦虑，故本词与焦虑解除（resolution of anxiety）不同。见该条。

discharge of feeling＝discharge of affect 情感释放，抒情

discipline 管教，纪律，学科 **1.**指在严格限制下所实施的一种赏罚严明的管教。此种管教一般由在上者（教师或家长）指导实施，如用之于个人自己，则称自律（self-discipline）。见该条。 **2.**在行政上或教育上，由在上者规定并要求在下者遵守的一些行为模式，称为纪律。 **3.**指一类专门知识，称为学科，如语文学科、社会学科等。

disconnection syndrome 分离症候群，分离综合征 一种失语症。患者虽不能理解别人的言语，但能阅读和叫出物体的名称。这是因为脑损伤的部分只涉及理解听觉信息的部分，未伤及视觉区和运动区与韦尼克区之间的联系。见失语症（aphasia）。

discontinuity hypothesis 不连续假说 **1.**属完形心理学解释知觉组织的一种观点。当个体对复杂情境获得某种知觉经验时，常是突然之间觉得看到的是什么。换言之，知觉不是逐渐形成的，而是突然获得的。 **2.**义同不连续学习论（discontinuity theory of learning）。见该条。

discontinuity theory 不连续论 义同不连续学习论（discontinuity theory of learning）。见该条。

discontinuity theory of learning 不连续学习论 解释学习如何产生的一种理论。持此理论观点者认为，学习之产生并非连续的，并非是随练习的增加而逐渐获得的（联结论者持此看法），学习乃是个体对情境中各刺激之间关系有所辨认后，因理解而突然产生的洞识。显然，非连续学习论的内涵与认知论同义。因其理论重点在"非连续"，故而又称顿悟学习（insightful learning），也称全或无学习（all-or-none learning）。见该等条。

discontinuous variable＝discrete variable 间断变项，间断变量

discordance 差异性 从事孪生子控制法研究时，如发现孪生子之间在身心特质（如身高、智力、性格等）上所显示的差异，称为差异性。根据孪生子之间差异性的表现，即可判断他们受生长环境影响的大小。与本词相对者为共同性（concordance）。见该条。见孪生子控制法（co-twin control method）。

discounting principle 折扣原则 义同归因折扣原则（discounting rule of attribution）。见该条。

discounting rule of attribution 归因折扣原则 属解释事故因果关系的一种心理原则。归因折扣是指不完全相信某一现象的形成确是由于某种原因所导致。例如，电视广告中美发女郎推销洗发精时，观众们不会完全相信女郎的解释，而对女郎所说"她的一头美发是因为一直采用该种洗发精"的说辞，给予相当的折扣。观众们自会了解，广告女郎之所以如此说法（行为）的原因，除了她爱用该洗发精之外，是她接受了经销商的金钱报酬。归因折扣原则可以用于解释复杂行为，凡是由于多种原因构成的现象（如事业成功），都倾向运用折扣原则来解释。与本词相对者为归因共变原则（covariance rule of attribution）。见该条。另见归因论（attribution theory）。

D

discovery learning **发现学习** 指在发现式教学情境下学生的学习方式。发现学习的主要特征是,学生主动参与,对学习情境与学习目标较为了解,对学习的结果或求知的答案,不依赖教师提供,是要靠学生自己去探索、辨别、假设、验证和概括等过程得出结论的学习历程。在教育心理学上,发现学习理论系由美国心理学家布鲁纳(Bruner, Jerome Seymour)在20世纪70年代提出。见其传记条。见发现式教学法(discovery method of teaching)。

discovery method of instruction = discovery method of teaching **发现式教学法**

discovery method of teaching **发现式教学法** 属于教学方法之一。在理论上,发现式教学采取了认知论所强调的归纳式思维的求知取向,在教学历程中,让学生先获得对学习目标与问题情境的了解,然后经由讨论、假设、比较、探索、试验等活动,去主动发现结果或答案,最后再按预定目标对结果予以评价。在此历程中,教师是资源供应者,是辅导员,是催化者,引导并鼓励学生发现答案,但不直接提供答案。与本词相对者为讲解式教学(expository teaching)。见该条。至于两种方法何者为优,据研究发现,各有利弊。盖因教学方法本身不能决定一切,实际使用时尚须考虑课程性质与学生能力及教师经验等多种因素。

discrete measure **间断量数** 指不连续的量数。在一组量数中,任何一个量数,只能代表一个点,不能代表一段距离者谓之。例如,家中人口,可为4人,也可为5人,但绝不可能为4.5人。间断量数又称不连续量数,也称点量数。与本词相对者为连续量数(continuous measure)。见该条。

discrete variable **间断变项,间断变量** 指某一变项的值不呈连续状态。在任何相邻两个值之间不存在其他的值。此类变项称为间断变项。诸如性别、年级、家庭人口数、职业类别等,均属间断变项。与本词相对者为连续变项(continuous variable)。见该条。

discriminability **辨别性,可辨性** 凡人、事、物所具特征足资辨别而易分类者,即称其具有辨别性。例如,男女两性能够清楚区分,乃是由于男女之间具有辨别性,除身体特征外,其心理特征也不相同(如体力与性格)。

discriminant validity **区别效度** 见辐合效度(convergent validity)、区分效度(differential validity)。

discriminating power **鉴别力** 指一个测验或测验中的任何题目,施测后确能辨别受试者心理特征的程度。

discrimination **辨别,歧视** **1.**对具有不同性质的事物予以不同方式处理的心理历程。**2.**对不同刺激予以不同反应的学习历程。见辨别学习(discrimination learning)。**3.**对人或事存有偏见而予以差别待遇的歧视情形。见种族歧视(race discrimination)。

discrimination apparatus **辨别仪器** 指动物辨别学习用的仪器。见拉什利跳台(Lashley jumping stand)。

discrimination index = index of discrimination **鉴别指数**

discrimination learning **辨别学习** **1.**指个体在多重刺激的情境下,只选择其中某一刺激去反应的学习历程。**2.**指个体在多重刺激的情境下,学习到对不同刺激给予不同反应的历程。辨别学习之所以能够建立,主要是由于差别强化(differential reinforcement)所致。在早期的实验心理学上,用动物为对象所做的实验,多半以辨别学习为主题。拉什利跳台(Lashley jumping stand)就是动物辨别学习实验用的重要实验器材之一。见该条及附图。

discrimination reaction time **辨别反应时间** 属实验心理学中反应时间实验的一种设计。此种实验设计是,两个刺激同时出现,受试者必须按刺激的性质,选一反应。选择须靠辨别,辨别反应需要时间,从刺激出现到做出辨别反应,其间所经过的时间,称为辨别反应时间。见复杂反应时间(complex reaction time)。

discriminative cue **辨别线索** 义同辨别刺激(discriminative stimulus)。见该条。

discriminative learning = discrimination learning **辨别学习**

discriminative response **辨别反应** 指个体面对两个或数个刺激时,能辨别其中差异选一反应,从而获得报酬的过程。

discriminative stimulus (S^D) **辨别刺激** 指在操作条件作用学习情境中,预期个体向之反应的刺激,称为辨别刺激。辨别刺激具有可以辨别的线索,如个体向之反应,即可获得酬赏,从而学到预期要他学到的反应。见操作条件作用(operant conditioning)。

discriminative training **辨别训练** 根据辨别学习(discrimination learning)原理所设计的训练。见该条。

discussion leader **议事领袖** 指在团体中负责提出问题并引导团体成员发表意见的中心人物。一般会议的主持人,即担任议事领袖的角色。见领袖(leader)。

discussion method **讨论法** 在教师的指导下或

由学生自行组成的对一些共同性问题进行研讨的一种学习方法。参加讨论的人数多少,可按问题的性质而定,可全班进行,也可分组进行。讨论法的进行程序为:确定讨论课题;收集有关教材和参考资料,准备发言提纲;论证与争辩;最后得出结论后,再由教师讲评。

disease of adaptation 适应性疾病 指因长期情绪紧张适应不良而形成的身体方面的疾病,如胃溃疡即其中之一。见心身障碍(psychosomatic disorder)。

disengagement theory 减少参与论 义同老年减少参与论(disengagement theory of aging)。见该条。

disengagement theory of aging 老年减少参与论 从心理学和社会学观点探讨老年人应如何调理自己生活的理论之一。老年减少参与论的基本要义是,人到老年(65岁)以后,要想享受健康、安适而又愉悦的晚年生活,最基本的原则是减少参与职业性和社会性的活动。此一理论系由美国心理学家卡明(E. Cumming)和亨利(W. Henry)1961年提出。他们认为,无论是从老年人本身需要看,或是从社会需要看,老年人均不宜再继续扮演社会重要角色和担任生产性工作。人到老年后,体力和精力逐渐衰退,要他继续参与社会活动,势必对老年不利,势必因体力和精力透支而加快其老化速度。老年人宜于从工作岗位上退下来,不再担负行政责任,不再从事定时上班的工作,自由自在地安排自己的生活,从心所欲地安享晚年。此一理论提出后,遭到很多批评。持反对意见者认为,现代医学进步,人类寿命延长,65岁以上的老年人,一般健康状况良好,如果不让他们参与社会活动,势必使他们丧失价值感,而增加疏离感。唯其如此,在老人减少参与论之后,乃有美国心理学家马达克斯(E.L. Maddox)在1970年提出了老年持续活动论(activity theory of aging)。见该条。另见心理—社会老化理论(psychosociological theories of aging)。

disequilibrium 失衡,失调 **1.**广义言之,泛指个体在身体上或情绪上失却平衡的状态。帕金森病(Parkinson's disease)即其中之一。见该条。 **2.**狭义言之,指瑞士心理学家皮亚杰认知发展理论中,个体在对环境适应时所产生的一种心理状态。按皮亚杰的解释,适应包括两种彼此互补的历程:其一为同化,个体以其既有认知结构,处理环境中所遇到的问题,这是既有知识运用的历程。其二是调适,在单靠同化不足以因应环境时,个体将改变其既有的认知结构,以配合环境条件的要求,从而形成一种适于新环境的认知结构,这是新知识吸收的历程。在上述同化与调适之间,存在着一种内在的失衡状态,遇到不能同化的情境,个体在认知上即失却平衡,因失衡而必须调适,调适之后又再恢复平衡。准此而论,失衡一词在皮亚杰的理论中有两点含义:其一,失衡亦即个体学习(求知)的内在动机;其二,失衡与平衡交互出现,由平衡而失衡,再由失衡而平衡,一直连续不断,就是个体认知发展的过程。见调适(accommodation)。

disgust 厌恶 指对人或事产生厌倦与反感情绪的心理状态。

dishabituation 去习惯化 指个体处于新环境中因受新颖刺激的影响而使旧有习惯逐渐消失的过程。换言之,去习惯化亦即新学习取代旧学习的过程。见习惯化(habituation)。

disillusioning process 醒悟历程 美国新弗洛伊德主义精神病学家霍妮心理治疗理论中的术语。在心理治疗开始阶段,心理师宜针对患者的症状让他先在醒悟过程中消除对自己的两种错觉:其一,消除他理想化自我(idealized self)的错觉,见该条。其二,消除他过分自卑的错觉。

disincentive 不利诱因 指减低个体行为动机的外在因素。不利诱因一词多用在工商心理学上解释影响员工动机的不利因素。例如,工作时间过长、工作环境不良、管理方式不善以及所得税税率太高等,均可成为工商业发展的不利诱因。本词与负诱因(negative incentive)稍有不同。见该条。

disinhibition effect 去抑制效应 属社会心理学中的术语。个体经由社会化,对于违反社会规范的行为(如攻击),本已学到如何自行抑制,如个体所处的社会生活情境中,一直是规范明确,是非标准与个人所秉持者一致,则个人对违规行为的自我抑制心理,就获得强化。这叫作抑制效应(inhibition effect)。但如社会情境中对违规行为(如攻击)的对待标准紊乱(随意攻击别人者不受罚),个体原有的自我抑制,就会随之松弛,甚至丧失。这叫作去抑制效应。现今社会上青少年犯罪问题日益严重,社会规范紊乱,使儿童与青少年的自我抑制能力不易建立,而去抑制效应反倒容易产生,可能是问题构成的主要原因。

disintegrated personality 分裂型人格 义同人格分裂(disintegration of personality)。见该条。

disintegration 解体,分裂 指个体在心理与行为上失却统整的病态现象。见精神分裂症(schizophrenia)。

disintegration of personality 人格分裂 指个体在人格上失却统整的病态现象。见精神分裂症

(schizophrenia)。

disjunctive concept 选言概念，析取概念 属于概念的一种类型。凡是概念中属性的组合可以二者选一或两者兼具的情形，均称为选言概念。例如，棒球比赛中裁判员常用的“好球”一词，其所表达者，即为选言概念。因为“好球”是根据两个标准来决定的，而在实际判决时，合用两个标准固可，采用单一标准亦可。与本词相对者为连言概念(conjunctive concept)。见概念识别法则(concept identification rule)。

D

disjunctive motivation 选替动机 指从替代物获得暂时满足的动机。选替动机只是由替代物获得暂时的满足，并非真正的满足。例如，学生求学是真正动机，为达成求学心愿而课余兼职打工赚取学费，其工作动机就是选替动机。与本词相对者为连续动机(conjunctive motivation)。见该条。

disjunctive reaction = chioce reaction 选择反应

disjunctive rule 选言法则 属概念识别法则(concept identification rules)之一。见该条。

disorder 异常，疾病，障碍 泛指一切心理异常或心理疾病。

disorder of the sleep-wake schedule 时差失眠 属睡眠异常现象之一。指搭乘远程飞机到国外旅行时，因当地时间与个人平常睡眠习惯不符引起的短暂性睡眠异常现象。见飞行时差(jet lag)条及附图。

disorganized schizophrenia 错乱型精神分裂症 属精神分裂症之一。其主要症状为思维障碍，表现为语无伦次，常自言自言，时作傻笑，感情表达极为怪异。因此症常于青春期发作，故亦称青春型精神分裂症（hebephrenic schizophrenia)。见该条。见精神分裂症(schizophrenia)。

disorientation 定向障碍 属精神病的主要症状之一。患者失去对时间、空间以及辨识熟人的能力。定向障碍有时只限于时间迷失，不能记忆当时是何年何月何日何时；有时只限于空间迷失，不知自己身在何处。此种疾病的成因，有功能性者，也有器质性者；前者由于心理因素，后者由于大脑病变。见精神病(psychosis)。

disowning projection 否认投射 义同投射作用(projection)条第一义。见该条。

disparate retinal point 不聚合点 指两眼视物时刺激投射在视网膜上的映象不能聚合，因而无法形成单一视觉经验的现象。与本词相对者为聚合点(congruent retinal point)。见该条。

dispersion 离中趋势，分散性 指一组量数经统计分析后的分散情形，或指各量数离开平均数所形成的分散情形。在统计学上通常采用全距、平均差、标准差、变异数等表示离中趋势的大小。与本词同义者为变异性(variability)，与本词相对者为集中趋势(central tendency)。见该等条。

dispersion coefficient = coefficient of dispersion 离势系数

displaced aggression 替代性攻击，转向攻击 指个体受到挫折时，因无法直接对挫折来源(人或事物)发泄其情绪，转而以另一不相干的对象为替代者，施以攻击的行为。中学生受校规处分不敢反抗，转而打破教室玻璃的动作，即属替代性攻击。替代性攻击的性质是转移攻击对象，故而也称转向攻击。与本词相对者为直接攻击(direct aggression)。见该条。

displaced-child syndrome 代替儿童症候群 指幼儿对新生弟弟或妹妹的一种综合性嫉妒反应。因为弟妹出生后使他觉得他在家中的独占地位被弟妹所取代。

displacement 移置，转移，替代 **1.**指空间知觉经验与实际情况不符的现象，即知觉经验中把事实扭曲，其所构成的心象与实物相关位置反转，形成经验与现实不符的现象。**2.**属精神分析论所列防卫机制之一，指个体将对某人或某事物的情绪反应(多属负面情绪如愤怒憎恨等)，转移对象，借以寻求发泄的历程。如对某人憎恨，因无法正面与之敌对， 转而破坏其财物以泄愤的情形即属之。在此情形下，如个体表现的是攻击性行为，即称为替代性攻击(displaced aggression)。见该条。**3.**指对人或事物的感情转移。对人或物的感情或欲望无法获得满足时，转而将感情或欲望投注其他人或其他事物的心理倾向。基于此义，本词义同移情(transference)，见该条。见防卫机制(defense mechanism)。

displacement of affect 情感移置 指个体将情感转移到不相类属的对象，借以发抒情结的心理现象。儿童被惩罚后不敢反抗，转而将怒气出在玩具身上的情形，就是如此。梦的经验中常出现风马牛不相及的事物，按精神分析论的解释，也属于情感移置。情感移置也称情感置换(transposition of affect)。

display behavior 显示性行为 指人(或动物)对其他人(或动物)有意显示某种意义而表现的行为。显示性行为可由语言或身体动作表示出来。显示性行为所表达的意义，可能是友善的，也可能是含有敌意的。

display design 显示器设计 工业心理学术语，

指对用在机器或交通工具上作为功能显示器的设计。显示器设计时为配合使用目的，一般考虑以下多种选择：(1)指针旋转型或指针移动型；(2)垂直型或水平型；(3)数字标示型或图形标示型；(4)动态型或静态型；(5)视觉型或听觉型等。

disposition 性情，脾气 指个体在某些情境下经常表现的行为倾向。此种行为倾向颇具持久性，通常评价某人性情温和，某人脾气古怪，就是根据其行为倾向所得的印象而定。

dispositional attribution 性格归因，意向归因 美国社会心理学家海德(F. Heider, 1896～1988)理论中的术语。指用以解释行为发生原因的一种心理倾向。观察者认为某人之所以表现出某种行为，是由于其性格使然。性格归因是将行为表现归因于个人因素，是内在的，所以又称个人归因(personal attribution)或内在归因(internal attribution)，也称心理归因(psychological attribution)(心理因素使然)。性格归因时所指的性格，包括个人的动机、兴趣、欲望、价值观、人格特质等。与本词相对者为情境归因(situational attribution)。见该条，并见归因论(attribution theory)。

dissected-sentence test 析句测验 义同乱句测验(disarranged-sentence test)。见该条。

dissociated learning 孤立学习 义同情境依赖学习(state-dependent learning)。见该条。

dissociation 解离，离解 指个人人格失却统整的现象。个人的思想、情感、行动三者间失去协调、各自分立，是谓解离。见解离症(dissociative disorder)。

dissociative amnesia 解离失忆症 属失忆症之一。解离失忆症纯属心理因素，患者在突然状况下忘却自己或过去的一切，唯生活习惯仍维持正常。解离失忆症多为突发性，数小时之后可能自然恢复。见失忆症(amnesia)。

dissociative disorder 解离症 指心理疾病一类型。解离症的共同特征是人格失却统整性，个人的思想、情感、行动各行其是，因而在行为上呈现紊乱现象。解离症患者表现的人格分离现象，代表患者在长期精神压力下，不能承担责任时的一种逃避方式，是一种遭遇挫折时的变态适应，借着解离的心理历程以减低其不能负责的痛苦。在解离疾患的一类心理疾病中，主要包括四种病症：(1)心因性失忆症(psychogenic amnesia)；(2)心因性神游症(psychogenic fugue)；(3)多重人格(multiple personality)；(4)人格解体症(depersonalization disorder)。见该等条。

dissociative fugue 解离性神游症 指患解离症(dissociative disorder)者神游他乡忘却自己一切的现象。见该条。

dissociative identity disorder 解离性统合障碍，分裂性认同障碍 义同多重人格(multiple personality)。见该条。

dissociative neurosis 解离性神经症 义同解离症(dissociative disorder)。

dissonance 失调现象 **1.**指同时出现两种声音所引起的不悦耳的现象，在音乐上称不谐和音。**2.**指同时存在不调和的两种认知或行动，因而导致个体心理不安的矛盾现象。见认知失调(cognitive dissonance)。

distal effect 远距效应 泛指环境中远距离刺激对个体身心所产生的影响(主要为声音与形象)。

distal response 远反应 指个体所表现的反应，其效果超过身体所接触范围者。如丢砖头打破窗子的反应，即属远反应。与本词相对者为近反应(proximal response)。见该条。

distal stimulus 远刺激 指外在环境中存在的刺激，但不与感官直接接触。例如，阳台上一盆花，此一刺激只在环境中存在，称为远刺激。又因为花存在于光亮中，经由光的反射，将光线投射到眼睛的视网膜上，网膜接受光波的刺激，光波则称为近刺激。换言之，感受器所直接接触到的刺激是近刺激(proximal stimulus)。见该条。

distal variable 远变项 泛指远刺激(distal stimulus)而言。例如，采用远处的钟声作为刺激变项时，钟声就是远变项。见变项(variable)。

distance cue 距离线索 指据以判断物体距离(凭视觉)或声源距离(凭听觉)的线索。例如，声音从侧方来时，两耳接收声音的时差，即为声源距离判断的线索。

distance perception 距离知觉 凭眼睛判断距离远近的知觉。距离知觉有三种：(1)自我中心距离知觉(egocentric distance perception)，以个体自身所在地为依据对物体远近所产生的知觉。例如，径赛选手在到达终点前判断距离终点线尚差几米的知觉，就是自我中心距离知觉。(2)相对距离知觉(relative distance perception)，指对两个物体之间距离判断时所产生的知觉。例如，远处房屋附近有一棵大树，判断房屋和大树何者较近，就是相对距离知觉。(3)深度知觉(depth perception)，面对一个有长、宽、高三维度的立体物体时，判断哪一面距离个人较近时所产生的知觉，就是深度知觉。见该等条。

distance receptor 远距感受器 指眼、耳、鼻，因此等感受器的功能，可以接受远刺激(distal stimulus)。见该条。

distance vision 远距视觉 指距离目标物20英尺(约合50厘米)以上时所得到的视觉。

distance zone 亲疏空间 指在群体中,因亲疏关系不同所形成的个人空间,人际关系愈亲近,个人空间愈小。两人之间存有亲密关系时,彼此的个人空间可缩为极小,缩小个人空间旨在减少距离以便接纳对方。按社会心理学家最常用的分类法,人际关系中,按亲疏程度的不同有四类亲疏空间:(1)属亲密关系者,彼此间保持的距离约为45厘米;(2)属朋友关系者,彼此间保持距离约为120厘米;(3)社会关系者(只是认识),彼此间保持距离约为120~360厘米;(4)一般路人,彼此间保持的距离约为360厘米以上。根据以上所列的空间距离,大致可以推断人际间的亲疏关系。见人际距离(interpersonal distance)。

distant color 远色 指在心理上感觉距离较远的颜色,蓝色、绿色、白色属于冷感的颜色均为远色。与本词相对者为近色(closed color)。见该条。见颜色感应(color reaction)。

distinction 差别,卓越 **1.**指任何两件事物之间足以辨别的特征。 **2.**指个人独具的卓越才能。

distinctive feature 明显特征 指人、事、物等所具最易使人辨别的特征。以图形而言,"三条直线构成的图形"就是三角形的明显特征。参见特征论(feature theory)。

distinctness 明确度 指知觉所觉知事物之轮廓及其特征的明确程度。无论形状、颜色、声音、气味,其明确度愈大,由之所得知觉也就愈清楚。

distortion 变相,曲解 **1.**指视觉所得不真实的映象。如通过曲度不同的透镜,物体在视网膜上的映象即成变形映象。 **2.**指辩证时为求符合个人利益而对事实所做是非颠倒的不实解释。 **3.**精神分析论解释为防卫机制之一,个人本我的冲动不为超我接受而遭到压抑后,在梦中以变相方式浮现。

distractibility 分心作用 指个体注意力不能集中,易受外来刺激干扰而分心旁顾的心理现象。

distractible speech 无伦次话语 指心理异常患者不合逻辑的语言。无伦次话语是躁狂症(mania)患者的共同症状。见该条。

distraction 分心 **1.**指受其他刺激影响,不期而然的一种注意力转移现象。 **2.**指容易导致注意力不能集中的情境。

distraction-conflict theory 分心冲突论 在社会心理学上解释社会助长现象的一种理论。按此理论解释,个人从事工作时如果有他人出现,将会形成个人注意力分心的冲突,即一方面要注意自己手边进行的工作,另一方面要注意别人的存在。在此情形之下,如果从事的工作是熟练的,分心冲突的结果将会提升工作效率(如球场上挤满支持的观众时即产生助长作用)。反之,如果从事的工作是生疏的,分心冲突的结果将会抑制工作效率。见社会助长(social facilitation)。

distractor 分心事项 指引起分心(distraction)的一切事项(包括人、事、物等)。在选择测验或是非测验中,不正确的陈述可能导致受试者误判的题目,也称分心事项。

distress-relief quotient 悲痛减轻商数 在心理治疗过程中,就患者口中所述悲伤痛苦的用语数量,除以自觉病情减轻的用语数量,所得商数称为悲痛减轻商数。此一商数可用以代表治疗进步的情形,所得商数值愈大,即表示患者悲痛感愈减轻,亦即表示治疗有进步。

distributed learning 分布学习 义同分散练习(distributed practice)。见该条。

distributed practice 分散练习 指学习历程中采用的练习方式之一。此种练习方式的特征是,把全部用于某种学习活动的总时间,分配为多个时段,只在时段中练习,在时段之间则休息。例如,在一项实验中,预计以120分钟学习一种技能,如采一气呵成方式,称之为集中练习(massed practice)。如将全部时间分为四段(每段30分钟),并在时段之间留有休息时间,则称为分散练习。就一般而论,分散练习的学习效果优于集中练习。但在实际学习时,尚须考虑学习者的能力、经验以及学习材料的性质等因素。

distributed repetition = **distributed practice** 分散练习

distribution 分布,分配 指将收集的数据(如学生考试分数)根据既定标准(如每隔5分)划分段落,再按出现次数系统处理,所呈现的结果称为分布。在心理学研究中,分布有多种形式,最常见的是常态分布(normal distribution)。见该条。

distribution curve 分布曲线 根据纵横两轴上坐标点连接而成的曲线。

distribution-free statistics 非分布性统计 义同非参数统计(nonparametric statistics)。见该条。

distribution of attention 注意力分配 指在同一时间内可将注意力分配在不同对象上而不致心神错乱的现象。汽车司机一边开车一边与人谈话的情形,就是注意力分配。

distribution of practice = **distributed practice** 分散练习

distributive justice 区别性公正 瑞士心理学家

皮亚杰道德发展理论中的术语。皮亚杰研究发现，不同年龄的儿童对是非对错或道德判断有不同的意见，年龄较小（10岁以前）儿童们认为，奖惩的实施应该是一律平等的，只要做了错事，任何人都应该受到同样的惩罚（不问动机与犯错的原因和轻重）。皮亚杰称此一年龄阶段儿童的道德观为公平期（equality stage）。公平期的道德观是普遍性的，是不考虑个别情况的，故而称为普遍性公平（immanent justice）。年龄较长（11岁以上）的儿童们则认为，奖惩的实施应该针对不同的情况给予不同的处分，如应该考虑犯错的原因、轻重和动机等因素，分别给予合理的惩罚。换言之，年龄较长的儿童们认为奖惩的实施应考虑公正，而不应只考虑公平。皮亚杰称此一年龄阶段为公正期（equity stage）。由于公正期的道德观念重视道德行为的个别差异，故而称为区别性公正。根据皮亚杰认知发展论，8～11岁是具体运思期，而11岁以上则是形式运思期。这两阶段的儿童思维方式不同，故而对奖惩的看法会有不同理念。

disturbance of association 联想障碍 思维障碍的形式之一。联想障碍主要表现在联想速度障碍（思维迟缓）和联想逻辑障碍（思维不合逻辑）等，思维障碍为精神分裂症的主要症状之一。

disturbance of consciousness 意识障碍 指患者对自己身心状态和周围环境刺激丧失明确意识的心理状态。

disuse principle = law of disuse 失用律

divergent question 发散性问题 指须靠发散思维（divergent thinking）始能解答的问题。见该条。此类问题通常不一定只有唯一的正确答案。

divergent thinking 发散思维 属思维方式之一。指个体凭思维解决问题时，可同时想到数个可能的答案，而不囿于单一答案或钻牛角尖式的探求。美国心理学家吉尔福德认为，发散思维乃是人类创造力的基础。发散思维的思维方式不是以知识或逻辑规则为基础去寻求单一正确答案的历程。与本词相对者是辐合思维（convergent thinking）。见该条。见创造力测验（creativity test）。

divertive play 娱乐性游戏 属于有动机、有目的的游戏方式之一。此种游戏的特征是，它多半是在生活感到枯燥时，为寻求解闷消遣所做的游戏。见游戏分类（taxonomy of play）。

dizygotic twins（DZ）= fraternal twins 异卵孪生子

dizygotic twins raised apart from each other（DZA） 分离养育之异卵孪生子 指异卵孪生子出生后分别由生父母及养父母分离养育者。研究者观察研究此类孪生子的心理与行为，旨在了解环境与遗传的交互影响作用。

DL = difference limen 差别阈限

D love = deficiency love 匮乏之爱

DNA = deoxyribonucleic acid 脱氧核糖核酸

D-need = deficiency need 匮乏需求

doctrine of formal discipline 形式训练论 建立在官能心理学基础上的早期练习迁移理论。官能心理学家认为，人的心由不同的官能如记忆、想象、推理等所组成，各种官能均为独立实体，分别从事不同的活动。各官能可独立地加以训练，使其功能提升。不仅如此，因心是一个由各种官能组成的整体，一种官能的改进，也会在无形中加强其他官能。依此观点，迁移是通过对组成心的各种官能的训练与提高来实现的。该理论把训练和改进心的各种官能，作为改进教学的重要目标。认为心的各种官能，可通过一种科目或题材的训练而使之整体地发展起来。因而强调形式训练的重要性，认为学习内容并不重要，因内容易遗忘，只能发生暂时的作用。只有通过某种训练发展了心的官能，才能发生长久的作用。训练心的最好材料莫过于古典语言、数学和自然科学的难题。在这样的训练中，学生学会观察、分析、比较、分类，学会想象、记忆、推理、判断，甚至于创造，他们的心的官能也因此得到了发展，在以后的学习工作中就会受益无穷。该学说始自古代哲学心理学，至今仍然具有相当的影响。见训练迁移（transfer of training）、官能心理学（faculty psychology）。

doctrine of interest 兴趣主义 指教学时必须重视学生的兴趣，认为缺乏兴趣的教学活动，不会产生学习。重视兴趣虽是教育上公认的教学原则，唯兴趣一词的确切含义，却是言人人殊，莫衷一是。将兴趣视为动机者有之，将兴趣视为态度者有之，更有人认为活动过程中伴生的快乐感即为兴趣。从教育心理学的观点言，兴趣可视为学得的动机，唯此类动机具有特殊化性质，如对某一特殊事物具有较为持久性的强烈动机时，即表示对该特殊事物发生了兴趣。见兴趣（interest）。

doctrine of specific nerve energies 特殊神经能量论 德国生理学家缪勒在19世纪30年代提出的一项解释感觉神经功能的理论。根据此一理论的解释，个体凭感觉器官所获得经验，其特殊性质并非决定于环境中的刺激，而是决定于感觉器官感受器的特殊神经结构。此一理论的普遍价值虽受到生理学界的质疑，但用于解释某些感觉时，一般认为仍有其价值。例如，痛觉产生于皮肤的痛觉感受器，听觉产生于内耳的感受器，都是明显的例子。见缪勒(Müller, Johannes Peter)传记条。

doctrine of tabula rasa 白板说,待塑说 指英国哲学心理学家洛克所倡议的教育学说。该学说强调,初生婴儿的心灵,在内容上一片空白,并无所谓先天成分的存在,其一切知识、经验、观念等,均须靠后天学习而获得。换言之,人类出生后如何成长,视后天环境如何对他塑造而定。见洛克(Locke, John)传记条。

domain-sampling 领域抽样 指编制某一心理测验时,该测验中的题目是从某一学科领域中抽取的样本。例如,如果打算编制一个小学数学能力测验,小学阶段所学过的四则运算题和小数分数等概念,就是此一测验题目的领域。从这个领域中抽取若干题目编成测验的做法,即称为领域抽样。

domal sampling 按户抽样 属区域抽样的一种特殊形式。先按街、巷决定原则,计划抽取多少户为调查对象(如决定每隔四户,抽取一户),而后再决定调查家庭中的什么人,按户抽样研究的目的重在了解与家庭有关的社会问题。见抽样(sampling)。

dominance 显性,优势,支配 **1.**指遗传上异型结合因子中,能显现于外表的基因特性。见显性基因(dominant gene)。 **2.**指身体上相对称的器官中之较占优势的一侧,如一般人右手比左手占优势,左脑比右脑占优势。 **3.**指人际间相对的强弱或主从关系,有的人倾向于支配或控制别人,有的人倾向于服膺或顺从别人。

dominance aggression 支配攻击 在群体中争夺支配地位时表现的攻击行为。见动物攻击(animal aggression)。

dominance behavior 支配行为 个人自觉比别人重要,因而在行为上支配别人,要求别人按他的意愿行事。类此行为称为支配行为。

dominance hierarchy 支配阶层,优势层序 **1.**某特殊刺激情境可能引起A、B、C三种(或多种)反应时,如呈现该刺激后,个体先表现的是B反应,即表示B在三个反应中居于优势层序(反应强度高)。 **2.**义同习惯层次(habit hierarchy)。见该条。 **3.**指团体中成员间社会地位的高低,有的居于支配地位,有的居于顺从地位。按此意,本词与支配顺序(pecking order)义通。见该条。

dominance rank = **dominance hierarchy** 支配阶层,优势层序

dominant gene 显性基因 根据遗传学,生物遗传的基本单位是基因。基因分为两种类型,一为显性基因,一为隐性基因(recessive gene)。见等位基因(allele)。

dominant trait 显性特质 指由遗传因子中显性基因(dominant gene)所决定的特质。见该条。

dominator 优势神经元 视觉神经的感觉神经元,其功能是在视网膜上发生感光作用。

door-in-the-face effect 以退为进效应 指对人有所要求时采用以退为进法(door-in-the-face technique)所产生的效应。见该条。

door-in-the-face technique 以退为进法 社会心理学术语。欲向对方有所要求时,一开始以狮子大开口的方式,使对方无法接受,然后逐渐降低姿态,并与对方讨价还价,最后所获得者虽然比原要求减少很多,但实际上仍然符合原来所预期的目的。与本词相对者为得寸进尺法(foot-in-the-door technique)。见该条。

dopamine 多巴胺 多巴胺是脑部某些神经元轴突末梢所释出的神经传导物质,它是由一种氨基酸衍生出的单胺化合物。多巴胺的分泌主要见于基底神经节。它在运动的控制与增强方面非常重要。帕金森病就是由于基底神经节中多巴胺含量不足所造成的。如果多巴胺过多,特别是在脑中的边缘系统,则会出现精神分裂症的症状。

dopamine hypothesis 多巴胺假说 多巴胺假说指出精神分裂症与神经传导物质中多巴胺的过量有关。多巴胺过量是由于精神分裂症患者制造的多巴胺太多;或由于缺少将多巴胺转变成正肾上腺素的酶,致使多巴胺堆积而造成过量。见精神分裂症(schizophrenia)。

dorsal horn 背角 见脊髓(spinal cord)。

dorsal root 背根 见脊根(spinal root)。

dorsal root ganglion 背根神经节 见脊根(spinal root)。

DOT = **dictionary of occupational titles** 职业分类典

dotting test 打点测验 属机械性向测验之一。此类测验有两种形式:(1)受试者按规定时间,用纸笔或机械尽量打出可记录的小点,从而测定其手眼调和的能力。此种测验也叫作敲击测验(tapping test)。(2)受试者在移动纸带上的小圆圈中打点,动作必须快速而准确,目的也是测定受试者的手眼调和能力。此种测验又称瞄准测验(aiming test)。见该条。见机械性向测验(mechanical aptitude test)。

double-alternation problem 双选问题 一种实验设计,提供多项问题要求受试者做出反应时,必须按照A—A—B—B的顺序。亦即对同一问题必须同样反应两次,然后进行第二个问题。

double approach-avoidance conflict **双重趋避冲突** 属于趋避冲突的复杂情境。在趋避冲突情境下,如同时具有两个目标,而且各有利弊不能抉择时,就会出现双重趋避的心理冲突。见趋避冲突(approach-avoidance conflict)。

double-approach conflict = approach-approach conflict **双趋冲突,接近—接近冲突**

double aspectism = double-aspect theory **双边论**

double-aspect theory **双边论** 解释心身关系问题的理论之一。双边论的基本要义是,心灵与身体并非两个分立的实体,而是同一实体的两个属性。两个属性的功能是统合的。接受外界刺激是身体的功能,由感觉而生知觉记忆等,则是心灵的功能。双边论是17世纪荷兰哲学心理学家斯宾诺莎(Spinoza, Baruch)提出的。见其传记条。

double-avoidance conflict = avoidance-avoidance conflict **双避冲突**

double blind **双盲法** 义同双重保密法(double-blind technique)。见该条。

double-blind crossover **双重保密交换法** 是双重保密法的一种改进。为求提高实验效度,在实验设计中多加一层控制,将实验分为前后两段,前段的实验组到后段时变为控制组,前段的控制组则变为实验组。而且,前后两段实验均采双重保密法,主持实验者与受试者,对两组的安排以及实验变项的处理,均不得而知。见双重保密法(double-blind technique)。

double-blind experiment **双重保密实验,双盲实验** 指一种特殊的实验设计,采双重保密的方式,严密控制自变项,以免受到任何人为因素的影响,以期提高实证效度,达到研究目的。所谓双重保密者,乃指主试与受试两方面均不知实验目的。见双重保密法(double-blind technique)。

double blind method = double blind technique **双重保密法,双盲法**

double-blind study **双保密研究,双盲研究** 义同双重保密实验(double blind experiment)。见该条。

double-blind technique **双重保密法,双盲法** 指一种特殊的实验设计,采用双重保密的方式,严格控制自变项与外扰变项,以期提高实证效度,达到研究的目的。双重保密法多用在药物实验的研究。实施时既对服用药物的人保密,不告知其药物的名称与服用目的,而且也对担任实验工作人保密,不告知该药物的效应与实验的目的。如此安排,旨在避免服药者与实验者了解此事之后,可能发生的不良影响。

double consciousness **双重意识** 指双重人格(double personality)者的意识状态。见该条。

double-entry table **两进分析表** 义同两维次数表(double-frequency table)。见该条。

double-frequency table **两维次数表** 指由纵横两维度所表示的资料次数分布表。此类表格的主要功用,是从两个变项的次数分布趋势中,分析两变项间的关系。如以学生的数学与英文两种成绩作为两变项,数学成绩分布视为一个维度,英文成绩分布视为另一维度,并分别在表之纵横两边列出各段分数(如0～10分,11～20分,……,91～100分),然后查阅每一学生所得英文、数学两科分数,并在适当的格子中画记(如李生数学得40分,英文得50分,即在纵横交会处的格子中画记)。最后计算每一格子中的画记次数,即成为两维次数表。此种次数分布表的名称很多,诸如:两维细目表(two-way specification table)、两进分析表(double-entry table)和两维度表(two-way table)等,均与本词同义。

double personality **双重人格,双重性格** 属解离患者表现的症状之一。双重人格患者通常有主人格(primary personality)与副人格(secondary personality)两种,前者是其原来的性格,后者是长期被压抑在潜意识中的情结所衍生的性格。正常时,主人格控制副人格,遇到特殊情境失却控制时,副人格显现,使当事者在行为表现上判若两人。见多重人格(multiple personality)、解离症(dissociative disorder)。

double sampling **双重抽样** 指采取两种标准,经过两道手续才达到抽样目的的一种方法。例如,要抽样调查某市初中生视力的健康情形,可先以分层抽样方法,从其行政区内按比例抽出总数100个班级,约3500人。然后再按这些学生的学号,以随机抽样的方式抽出1000人作为实际调查的样本。此种抽样方法,称为双重抽样。因为双重抽样是分两阶段进行的,故而也称两段抽样(two-stage sampling)。

double standard **双重标准** 指不以同一标准评判男女两性角色(或其他两种对象)的情形,适用于男性者是一种标准,适用于女性者又是一种标准。所谓标准者,系指社会规范而言。例如,中国旧社会中,适用于两性的规范就大不相同,男子可以三妻四妾,而女子则必须从一而终。

double stimulation **双刺激** 指经典条件作用(classical conditioning)。因其中包括条件与无条件两种刺激。见该条。

D

double superego 双超我 指一个人同时存在两个超我的心理状态、一个超我可能是自认他是个性独立刚强的男子,另一个超我可能是自认他是个温柔依赖、他人的男性,两者对立,互不相容。见超我(superego)。

double vision = diplopia 双视觉

double-Y condition 双Y异常 属于一种男性遗传异常。正常男性的性染色体中的两个染色体是XY,双Y异常者则是多一个Y。形成XYY的组合。根据研究发现,监狱中的犯人群体中的双Y异常者出现率较之一般常人为高,故而推论解释男性染色体多一个Y可能是构成犯罪的遗传因素之一。

Down's syndrome 唐氏症候群,唐氏综合征,唐氏症 唐氏症是一种先天性智能不足的综合症状。患者的遗传特征是染色体异常,第21对染色体有3个,其染色体总数为47个,常人的染色体是23对。在一般人口中,唐氏症的出现率约为七百分之一,但医学界发现,唐氏症的婴儿与产妇年龄有关,30岁以下产妇中,生产唐氏症婴儿的概率是千分之一;45岁以上的高龄产妇,生产唐氏症婴儿的概率,就高达四十分之一。唐氏症候群的主要症状是:智能不足,面部异于常人,眼常斜视,两眼间的鼻梁较宽,口常张开,舌大而伸出;其掌纹不呈川字形,其中一条横过手掌的掌纹像猿猴的掌纹;小指也仅有一条横纹。此一综合征系由英国医师唐(L. Down, 1828～1896)于1866年发现,故名。见智能不足(mental retardation)。

downward comparison 自甘下流 属于一种自我防卫心理倾向。此种心理倾向多表现在自己行为不当而受批评时,以此来自我防卫。例如,有些学生因违反校规被学校记一大过而遭到父母责骂时,他可能回口说:“我不是班上最坏的,我班上有人比我更坏,他们被学校记了两个大过呢!”

downward mobility 趋下流动 属社会流动的一种形式。指原居较高层级社会的个人或团体,因其本身条件不足以适应而下降进入较低层社会的过程。与本词相对者为趋上流动(upward mobility)。见该条。见社会流动(social mobility)。

DQ = deterioration quotient 衰退商数

DQ = developmental quotient 发展商数

drama therapy 戏剧治疗法 属心理治疗方法之一。戏剧治疗法为美国精神病学家莫瑞诺于1946年所首创。此法系采取舞台剧的方式,安排当事人扮演适合于他的角色。此法之目的,希望借由剧中人的自由表演(不按预定脚本,只按剧中角色自由发挥),得以抒发内心压抑的情结。此外尚可经由演剧活动以增进人际关系,从而恢复患者社会适应能力。见心理剧(psychodrama)。

dramatic play 表演游戏 以故事或童话情节为表演内容的一种游戏方式。在表演游戏时儿童扮演故事或童话中各种人物,并以故事中人物的语言、动作和表情开展活动。这类游戏是以儿童语言、动作和情感发展为基础的。一般认为,儿童中期始能从事这类游戏。随着儿童语言、动作和情绪的发展,表演的水平也不断提升。通过这类游戏,不仅可以增长知识,而且可以提高表演才能和语言表达能力。

draw-a-man behavior 画人行为 是幼儿发展期间的一种重要行为。以幼儿所绘人形的完整性与细密性,与常模相比,即可推断其心智发展的程度。

Draw-a-Man Test 画人测验 义同古德依诺—哈里斯画人测验(Goodenough-Harris Drawing Test)。见该条。

Draw-a-Person Test (DAP Test) 画人测验 义同麦库弗画人测验(Machover Draw-a-Person Test)。见该条。

dream 梦 梦是睡眠时的一种心象活动历程。做梦与个人身体机能的运作有关,其中主要现象是脑电波率的改变与眼皮快速跳动。根据这两种现象,大致可以推断睡眠者何时做梦,但仍无法了解当事人所做何梦。见梦的解析(dream interpretation)。

dream analysis 梦的分析 **1.**指精神分析治疗时所采用的一种方法,让接受治疗者以自由联想的方式,说出个人做梦的详细经验,从而加以分析。见精神分析治疗(psychoanalytic therapy)。**2.**义同梦的解析(dream interpretation)。见该条。

dream anxiety attack = nightmare 梦魇,噩梦

dream censorship 梦的管制 按弗洛伊德的理论,在梦的运作中,本我、自我及超我三者的关系是,本我是梦的源头,自我与超我是梦的管制者;因受自我与超我的管制,源自本我的梦就会变质。见梦境(dream content)、梦的解析(dream interpretation)。

dream content 梦境,梦的内容 按精神分析论,梦境具有两个层面:(1)潜性梦境(latent content),指梦的成因系由隐藏深处的潜意识动机所促成,因而梦的内容带有象征性。这些象征性的事物与活动,当事人多不了解其意义,醒后也不能记忆。(2)显性梦境(manifest content),指由潜性梦境转化而成的梦境。潜性梦境中的潜意识动机,多属本我层面的性冲动或攻击冲动,此等冲动因受自我与超我的管制,不能直接由行为表现,因而转化为可以被接纳的另一层面,是为显

性梦境。显性梦境中的人、事、物以及所有的活动，多为当事人能够记忆，而且可以醒后陈述者。由潜性梦境转化显性梦境的过程称为梦程(dream work)。基于此意，只根据当事人陈述的显性梦境，并不能真正了解其所做梦的内容。因而才有释梦的必要。精神分析论者所做的释梦工作，就是根据当事人报告的显性梦境，去推论解释其潜性梦境。见梦的解析(dream interpretation)。

dream-day＝daydreaming 白日梦

dream deprivation 梦剥夺 一种使人在睡眠时无法做梦的实验设计情境。根据脑波的研究，做梦的时间多在快速眼动阶段，如每当睡眠中的受试者眼皮快速跳动时将他唤醒，然后再让他继续入睡，他做梦的机会就被剥夺。梦剥夺实验研究的目的，旨在了解被剥夺的受试者在心理上与未被剥夺者有何不同。

dream determinant 梦之成因 对做梦现象的理论性解释，义同梦的解析(dream interpretation)。见该条。

dream ego 梦中自我 根据瑞士精神病学家荣格的理论，在本我、自我与超我三者之中，自我层面的活动是形成做梦的主要原因。此说与弗洛伊德的理论不同，见梦的解析(dream interpretation)。

dream instigator 梦之缘起 本词所指只限于将夜间做梦解释为日思残留(day residue)。见该条。

dream interpretation 梦的解析，释梦 自古以来对梦的解析，可以分为两个阶段。至19世纪之末，一直是属于不成系统理论的流传解析方式。此一阶段的解释，其要点可归纳为：(1)梦可视为生活欲念的线索；(2)梦是睡眠时心灵深处意识的浮现；(3)梦是日间生活经验的延续或复现；(4)睡眠时的内在或外在环境的刺激可引起做梦；(5)梦有普遍现象，不同的人甚至不同种族，都会做类似象征性的梦；(6)梦具有情绪抒放作用，也具有创造性。及至20世纪开始，精神分析论创始人弗洛伊德在1900年出版《梦的解析》一书，是为梦的系统理论之始。按弗洛伊德的理论，其要点可归纳为：(1)梦是失去记忆的复现，儿时不复记忆的事，可能成为梦之内涵；(2)在失去的记忆中，多数是失意或痛苦的，因不愿记忆而将之排出意识之外，并压抑在潜意识之内；(3)梦之内容不合逻辑，多带有幼稚与幻想色彩；(4)梦之起因多数与本能性的性欲冲动有关；(5)梦是在伪装形式下隐藏欲望的实现。释梦的目的就是试图把潜藏的原因弄清楚。见梦境(dream content)。

dream material＝dream content 梦境，梦的内容

dream screen 梦幕 美国心理学家勒温理论中的用语。意指做梦时像演电影一样，个人梦见的景象是从一个反射的屏幕上观察所见的。

dream-series method 连续记梦法 在一段时间内，将个人所做的梦，像日记一样记录下来，累积到50个梦之后，按梦的类型与内容详加分析，从而探讨其中的意义。此方法称为连续记梦法。

D

dream-state(D-state) 入梦状态 按心理学家的研究，个体的意识状态分为三种：(1)清醒状态，个体清楚觉知自己的行动；(2)沉睡状态，个体暂失知觉，不了解自己的身心活动；(3)入梦状态，个体处于半醒状态，只有在此一状态下才会做梦。入梦状态最明显的特征是快速眼动(rapid eye movement)。见该条。一般人的入梦状态，大约开始在入睡后的90分钟。

dream suggestion 做梦暗示 是催眠术的用语。催眠师对接受催眠者暗示，说当他进入催眠状态时就会做梦，或暗示他经催眠后将会在睡眠中做梦。做梦暗示常被用于催眠治疗(hypnotherapy)。见该条。

dream symbolism 析梦象征主义 指精神分析论者对梦所作的解析方式。持象征主义观点者，总喜欢把梦中所见事物，给予象征性的解释。例如，梦见高塔、柱子、铅笔等物体，就解释其与男性生殖器有关；梦见盒子、房门、隧道等，就解释其与女性生殖器有关。像此种泛性论的解释，在今天看来未必是适当的。

dream wish 梦愿 指隐藏在潜性梦境中的欲望。此种欲望多属本能性的冲动，因不被接受而压抑在深处的潜意识之中。见梦的解析(dream interpretation)条。

dream work 梦程 按精神分析论，梦境分两个层面：一为潜性梦境，属潜意识境界；一为显性梦境，属半意识境界。从潜性梦境转化为显性梦境后，当事人始能陈述其做梦的经验。此一转化历程，称为梦程。见梦境(dream content)。

dressing apraxia 穿衣失能症 脑神经受伤患者丧失自己穿衣能力的病态现象。穿衣失能症患者的主要症状是，只能将衣服穿在右半身，而无法穿上左半身。

drive 驱力，内驱力 **1.**如采简单的看法，本词指因生理或心理变化所产生的内在紧张状态，此种紧张状态促使个体表现有目的的行为活动，从而获得目的物以消除紧张，恢复平衡。驱力分原始驱力(primary drive)与衍生驱力(secondary drive)两种，前者源于生理，后者源于学习。见该等条。如此解释，本词义同动机(motivation)。**2.**如采深入

的探讨，本词与动机、需求两词具有连带的关系。见需求（need）。

drive arousal 驱力激发，驱力唤起 任何内在的或外在刺激足以对个体构成驱迫作用，从而促动个体表现行为者，称为驱力激发。例如，体内缺乏营养（内在变化）导致饥饿（驱力），或美食当前（外在刺激）引起食欲（驱力），两者均属驱力激发。

D

drive arousal stimulus 驱力激发刺激，驱力唤起刺激 在任何个体内在变化或外在情境所产生的刺激作用中，凡是构成激发个体产生内驱力情况者，均称为驱力激发刺激。例如，体内缺水情况会激发渴的驱力，是为内在刺激；美食当前引起食欲（饥饿驱力），是为外在刺激。见驱力（drive）。

drive conversion 驱力转向 个体驱力所促动的行为，不趋向原来的目标，改变方向趋近另一目标时，称为驱力转向。驱力转向的原因是，个体从原始驱力经学习而变为学得驱力。例如，儿童在饥饿时（驱力）寻找食物（原目标），以后学到饥饿时找金钱（新目标）。因为他学到用金钱可以购买食物。

drive descending theory = drive-reduction theory 驱力减降论

drive displacement 驱力移置 当个体在某种驱力促动的行为不能达到目标而遭到挫折时，他可能将驱力置向于另一目标，以求替代性的满足。曾有心理学家以动物实验发现，当动物的性驱力促动的行为（求偶活动）受到挫折时，其即使在饱食之后，仍然会吃下相当多的食物。

drive-inducing operation 驱力诱导作用 在实验开始前，设置一种刺激情境，观察是否可以引起个体反应。例如，若放置水可引起动物饮水的反应，即可推知动物有渴的驱力。像此类安排刺激观察反应从而推知驱力的程序，称为驱力诱导作用。

drive reduction 驱力减降 指个体体内的连续变化，从而引起驱力状态降低的历程。驱力减降也就表示个体的需求获得满足。例如，饮水可使渴驱力减降，同时也使个体体内水分的需求得到满足。见驱力状态（drive state）、驱力减降论（drive-reduction theory）。

drive-reduction hypothesis 驱力减降假说 义同驱力减降论（drive-reduction theory）。见该条。

drive-reduction theory 驱力减降论 **1.**是一假设性的个体内在历程，此一历程说明行为动机的成因，乃是由于行为后生理需求得到满足时，能使内驱力或驱力刺激的压力减降。换言之，所有动机性行为皆起于个体内在的驱力。**2.**个体表现反应时，如该反应能使需求满足或驱力减降，该反应即获得强化，从而建立与某刺激的联结关系（即联结学习）。因此，驱力减降论已成为解释刺激与反应之所以发生联结的理论基础。

drive specificity 驱力定向 见驱力刺激（drive stimulus）。

drive state 驱力状态 指假设性的个体内在状态，此一状态的变化达到某种程度时，即促使个体活动，因而产生外显性的目标寻求行为。驱力状态产生的原因，主要系由于生理变化。例如，体内水分缺乏到某种程度时，即生渴的驱力，促使个体寻求水（目标）的外显行为。基于此意，驱力状态系由个体内在失衡所引起。个体的内在失衡，有时会超越纯生理的原因，故而在今天的心理学上，有时也把驱力状态视为由心理原因所导致。

drive stimuli = drive stimulus 驱力刺激

drive stimulus (S_D) 驱力刺激 根据美国心理学家赫尔的理论，驱力刺激是指个体内在驱力发生作用时所导致之特殊的传入神经冲动。准此假设性解释，驱力刺激并非属于外在的自变项的刺激，而是居于个体内在需求状态与某外显反应之间的中间变项。该外显反应（如身体活动）的结果，可使驱力刺激所引起的内在驱力减降。经多次练习后，形成刺激与反应之间的联结、每有驱力刺激存在，即出现该种反应。驱力刺激与某种足以导致驱力减降的反应之间所构成的联结，称为驱力定向（drive specificity）。见驱力减降论（drive-reduction theory）。

dromomania = wandering-impulse 流浪冲动

dromophobia 惧过街症 属恐惧症之一。患者对车辆行人众多的大街产生极强烈的恐惧反应，尤其在迫不得已跨越大街时，其惶恐的情绪更为激烈。见恐惧症（phobia）。

dropout 退学 指学生未完成阶段内的学业而提前离开学校的情形。

drowsy wave 欲睡波 义同θ波（theta wave）。见该条。

drug abuse 药物滥用 指不经医师处方而自行使用药物的不适当作为。唯本词含义多限于药物中的兴奋剂与镇静剂的不当使用。因为此等药物的不当使用，可能会导致药物成瘾（drug addiction）。见该条。

drug addiction 药物成瘾 指长期依赖麻醉性药物而且成瘾的异常心理。药物成瘾者通常具有三个显著特征：（1）服用麻醉药物已成为强迫性行为，瘾发时非药不可，失却自我控制能力；（2）服用药量愈来愈多，否则不足以解除瘾发时的痛苦；（3）除了心理依赖之外，也产生了生理依赖，心理上强烈需要药物之外，并出现一些生理上的症状（如发抖、出汗等)。见药物依赖(drug dependence)。

drug dependence 药物依赖 长期服用药物(如镇静剂或止痛剂等),成为习惯之后,终于演变为不服用药物即感不安甚至不能忍受的地步。至此,已形成药物依赖。药物依赖,按情况轻重分为两类:一为心理依赖(psychological dependence),指在缺少药物时感到很难过; 另一为生理依赖(physiological dependence), 不服药物即起生理反应(如呼吸困难、出汗等),至此已到药物成瘾(drug addiction)的地步。见该条。

drug-dependent insomnia 药物依赖性失眠 失眠的类型之一。由于习惯性使用镇静剂或安眠药的缘故,致使不用药物即无法入睡的情形。药物依赖失眠的特征是,不但要靠药物才能入睡,而且药剂量的使用越来越大。见失眠(insomnia)、药物依赖(drug dependence)。

drug habituation 服药习惯化 指习惯上依靠精神药物解除身心困扰者的行为。服药习惯化与药物成瘾不同,服药习惯者虽有服用药物的需要,但尚未达到身心依赖与药量逐渐增加的地步。唯习惯既久就有恶化并演变为药物成瘾(drug addiction)的可能。见该条。见药物依赖(drug dependence)。

drug holiday 药物假期 采用药物作为心理治疗时,在服用药物一段时间后暂时停止使用,借以观察药物的持久效果,并从而研究药物是否有后遗性副作用。停止使用药物的一段时间,称为药物假期。见药物治疗(drug therapy)。

drug influence 药物效应 指使用药物治疗心理疾病所产生的正面或负面效应。

drug interaction 药物交互作用 指服用两种药物后对个体身心所产生的效应远大于单一药物的情形。最明显的例子是饮酒时也服用药物。在此情形下中枢神经所受到的抑制将远比单纯饮酒的后果为严重。

drug therapy 药物治疗 泛指使用药物治疗精神异常的一切方法。药物治疗通常伴随其他心理治疗方法一起使用,唯处方开药只限于曾受医学专业训练的精神科医师,一般心理治疗师或辅导员不得使用药物。

drug tolerance 耐药性,抗药性 使用药物治疗心理疾病时,由于重复多次使用同一药物,其药效随之递减,因之不得不增加药剂量以维持效果。此种现象称为抗药力。

DSM = Diagnostic and Statistical Manual of Mental Disorders 心理疾病诊断统计手册

D-state = dream-state 入梦状态

dual ambivalence 双方矛盾 指青年期亲子双方各怀矛盾的心理现象,为父母者,一方面希望子女长大独立,另一方面却又希望他们不要离开;为子女者,一方面希望自己独立自主,另一方面却又希望得到父母保护支持。

dual aspectism 双相论 指对心身关系问题(mind-body problem)所持的折中论看法。见该条。见二元论(dualism)。

dual-coding hypothesis 双码假说 指美国心理学家佩威奥(A. Paivio)为解释记忆所提出的一种理论。按此假说,个体在记忆历程中有两种代码系统;一为视觉映象码,另一为语义码。双码假说说明了具体事物之所以容易记忆的原因,是因为具体事物既容易形成视觉码,也容易形成语义码。

dual-coding theory 双码论 义同双码假说(dual-coding hypothesis)。见该条。

dual-instinct theory 双本能论 精神分析论创始人弗洛伊德理论中的用语。弗洛伊德认为人有两种本能,一为生之本能(life instinct),另一为死之本能(death instinct)。见该等条。

dualism 二元论 广义言之,凡是采用二种原理解释事物现象者,皆称二元论(如以品格与学业二元界定好学生)。在哲学上,二元论指兼采两种原理解释宇宙万物存在的理论。如自然与超自然、物质与精神、肉体与灵魂等相对存在的观念,均为二元论。在哲学心理学上历来争议的心身关系问题(mind-body problem)上,二元论指心与身或精神与肉体是两个分立的实体,两者各自受不同原理所支配。与本词相对者为一元论(monism)。见该等条。

dual-leadership therapy 双领导治疗 见会诊式治疗(multiple therapy)。

dual marking 双重评分 指对学生成绩实施两种评分的方式,先对他的作业给予一个等级分数,再对他的努力及进步程度给予另一个等级分数,最后两者相加得出学生的成绩。

dual masturbation 双人手淫 见手淫(masturbation)。

dual-memory theory = two-stage memory theory 二阶段记忆论

dual monologue 双独白 指两个儿童在对话时,各自只顾讲自己的事,而不理会对方讲话内容的一种独白式对话的情形。

dual personality = double personality 双重人格,双重性格

dual-process theory 双历程论 解释个体面对某刺激时决定其反应的心理历程。按此理论要义,刺

激是否引起反应决定于两种心理历程:其一是要不要反应,其二是如何反应。

dual psychology 二重心理学 德国心理学家屈尔佩在19世纪和20世纪之交提出的一种有关心理学研究主题的理论。盖以当时德国心理学界有两派对立的理论,一派是以冯特为主的结构主义,主张心理学研究的主题是意识的内容;另一派是由布伦塔诺为主的意动心理学,主张心理学研究的主题是意识的活动。屈尔佩所持二重心理学的观点则是二者兼顾,心理学既须研究心理内容,也须研究心理活动。见屈尔佩(Külpe, Oswald)传记条。

D

dual-sex therapy 两性治疗法 属性治疗法的一种实施方法。两性治疗法系美国性心理学家马斯托(W. Masters)与约翰逊(V. Johnson)二人所首创。治疗过程让配偶双方同时参与,甚至实际进行性活动,由治疗员指导解说,从而解决两性生活不能适应的问题。

dual-system hypothesis 双系统假说 解释双重语言的一种尚待证实的理论。此一假说的基本要义是,人类之所以能够学到两种语言,是由于人脑中具有两个司职处理与储存语言信息的系统。与本词相对者为单系统假说(single-system hypothesis)。见该条。

duck or rabbit 鸭头抑兔首 属可逆图形之一。如附图所示,既可看成嘴巴向左的鸭头,也可看成嘴巴向右的兔首,但两者不能并存。根据心理学家研究发现,对此图的知觉反应与文化背景有关,英美国家的受试者多半看成是兔首,而中东闪族的受试者则多半看成是鸭头。原因是闪族人的文字是由右向左横写的。此一图形系由美国心理学家贾斯措(J. Jastrow, 1836～1944)1900年所绘制。见可逆图形(reversible figure)条及附图。

鸭头抑兔首

duct gland 有管腺 义同外分泌腺(exocrine gland),见该条。

ductless gland 无管腺 义同内分泌腺(endocrine gland),见该条。

ductus semicircular = **semicircular canal** 半规管

dummy = **placebo** 安慰剂

Duncan's newmultiple range test 邓肯最新多重差距检定 指美国统计学家邓肯(D. B. Duncan, 1916～)所创的一种多重比较法。此方法的特点是,将多重比较的误差率加以调整,求出一个调整后的t值,再将t值乘以两个平均数的差异标准误,即各组平均数依由小而大的顺序排列后,各等级差距的最小显著差异值,若两组平均数的差异值大于两组等级差距的最小显著差异值,则达到所决定的显著水平。有关t值之获得需查邓肯最新多重差距检定的分配表,详细过程请参阅统计类书籍。

duplexity theory of vision 视觉二元论,双视觉论 解释视觉生理机制的理论。此一理论的要义是,司职视觉的有杆细胞与锥细胞两种神经元,前者司职感受光的刺激,后者司职感受颜色刺激。见眼的构造(eye structure)条及附图。

duplex retina theory = **duplexity theory of vision** 视觉二元论,双视觉论

duplex theory = **two-stage memory theory** 二阶段记忆论

duration sampling 时限抽样 指在预定的时限内观察记录个体行为的抽样方式。见行为抽样(behavior sampling)。

DV = **dependent variable** 依变项

dwarfism 侏儒症 主要症状是身材矮小。侏儒症的成因与遗传、内分泌障碍、严重营养不良以及疾病等因素有关。

dyad 基组 指仅由两人形成的社会组合。诸如父子、母女、夫妻等形成的组合,均称基组。本词亦称社会基组(social dyad)。

dyadic relationship 双向关系 指心理治疗时心理师与患者之间的人际关系。

dyadic therapy = **individual therapy** 个别治疗

dynameter 测力计 测量臂力和腿肌力的装置。

dynamic assessment environment 动态评量环境 评量学生认知能力的一种方法。动态评量环境的特征是,将认知评量视为给学生提供学习思维解决问题的动态环境,而不将学生对试题反应对错视为评量的结果。在此种构想之下,如学生反应错误,教师即引导他继续思考,并向他提供

暗示性线索，鼓励他改变方向去寻求答案，直到求得正确答案为止。

dynamic display 动态显示器 指显示的信息随时间变化而产生变化的显示器。例如温度表、压力表、速度表、高度表、雷达、电视和无线电距离信号发射器等均属之。

dynamic model 动力模型 义同动力心理学(dynamic psychology)。见该条。

dynamic psychology 动力心理学 指心理学研究的一种取向，而非指心理学的一个学科。所谓动力，广义言之，系指个体行为的内在动力，或谓产生行为的原因，亦即指驱力、需求、动机等对个体发生的促动作用。因此，凡是探讨个体行为原因的心理学，或是以驱力、需求、动机等为研究题材的心理学，都可以称为动力心理学。准此而论，心理学中的场域论、精神分析等，均属动力心理学。因为动力心理学所研究者系深藏于个体内在的行为动因，故而也称深层心理学(depth psychology)。狭义言之，指20世纪初美国心理学家伍德沃斯(Woodworth, Robert Sessions)所提倡以S-O-R模式解释行为的理论。见其传记条。

dynamic psychotherapy 动力心理治疗 属心理治疗的一种取向，而非单独指一种心理治疗方法。凡是采取深层心理学(depth psychology)理念，强调患者病因系因潜意识所导致者，均属动力心理治疗。见该条。

dynamic resignation 主动型退避 见退避(resignation)。

dyscalculia 算术障碍 指小学儿童初学算术时缺乏数的概念及基本运算能力。算术障碍属学习障碍(learning disability)之一。见该条。

dysfunctional family 失功能家庭 指不能满足子女出生后身心发展需要以致不利其健康成长的家庭。失功能家庭的成因很多，家庭遭遇变故，夫妻离婚，为父母者对子女生而不养或养而不教等，都会形成失功能家庭。

dysgnosia 智能障碍 显现在知觉、记忆、理解、推理、判断等多方面智能缺陷的情形。

dysgraphia 书写障碍 指丧失书写文字的能力，书写障碍可能与脑伤有关。见学习障碍(learning disability)条之一。

dyslalia = aphasia 失语症

dyslexia = reading disability 阅读障碍

dysmnesia = amnesia 失忆症

dysphasia = aphasia 失语症

dysphonia = aphasia 失语症

dysthymic disorder 情绪障碍 亦称抑郁性人格异常(depressive personality disorder)。此症多系生活缺乏情趣，长期沮丧忧郁所致。见抑郁(depression)。

DZ = dizygotic twins 异卵孪生子

DZA = dizygotic twins raised apart from each other 分离养育之异卵孪生子

E

E＝environment 环境

E＝experimental condition 实验情境

E＝experimenter 实验者，主试

$_{s}E_{R}$＝excitatory potential 兴奋潜势

$_{s}E_{R}$＝reaction potential 反应潜势

EA＝educational age 教育年龄

ear 耳 指人类或其他哺乳动物的听觉器官。耳在构造上包括三大部分：(1)外耳(external ear)，司职收集声音；(2)中耳(middle ear)，司职传导声音；(3)内耳(inner ear)，司职将物理性的声音刺激转化为生理性的神经冲动，经听觉神经传入大脑听觉区而产生心理性听觉反应。见听觉系统(auditory system)条及附图。

eardrum＝eardrum membrane 耳鼓膜

eardrum membrane 耳鼓膜 位于外耳与中耳交界处司职传导声音的骨质薄膜。见听觉系统(auditory system)条及附图。

early adulthood 成年早期 指20～35岁身心发展阶段。就一般正常人而言，成年早期的生活特征是：(1)人格趋向独立；(2)情绪已趋稳定；(3)工作或职业已有定向；(4)感情生活已有归宿，选定固定对象开始适应婚姻生活；(5)参与当地社会活动；(6)开始对家庭负责；(7)开始为人父母负责养育儿女。见成年中期(middle adulthood)及老年期(old age)。

early infantile autism＝infantile autism 幼儿自闭症

earned status 实得地位 社会心理学术语，指个人因在某方面的能力表现或成就而在团体中获得相应的地位。

eating compulsion 进食强迫症 义同贪食症(bulimia)。见该条。

eating disorder 饮食异常 指饮食习惯异于常人的病态现象。见神经性厌食症(anorexia nervosa)与神经性贪食症(bulimia nervosa)。

eating-fear＝phagophobia 惧食症

EBA＝elimination by aspects 逐条淘汰法

Ebbinghaus curve 艾宾浩斯曲线 在学习无意义音节时，停止练习后会出现记忆量急遽下降，然后逐渐减缓的现象。按此现象所绘成的保留曲线，称为艾宾浩斯曲线。此现象为德国心理学家艾宾浩斯(Ebbinghaus, Hermann)1885年所发现，故名。见其传记条。

Ebbinghaus curve of retention 艾宾浩斯保留曲线 义同艾宾浩斯曲线(Ebbinghaus curve)。见该条。

Ebbinghaus, Hermann (1850～1909) 艾宾浩斯 艾宾浩斯是19世纪德国心理学家，是欧洲反结构主义运动心理学家之一，是实验学习心理学的创始人，也是最早采实验方法研究人类高级心理历程的心理学家。

艾宾浩斯于1850年2月24日出身于德国波昂附近巴曼市的一个富商之家，17岁入波恩大学，修习历史与哲学，普法战争(1870～1871)期间曾从军入伍，战争结束退役后，在1873年获得波恩大学的哲学博士学位，此后遍游英法等国从事独立研究。因在伦敦一家旧书店中购得费希纳1860年出版的《心理物理学要义》一书，读后深受影响，乃决心采心理物理学的方法研究记忆，从此放弃哲学，改而从事实验心理学研究。1880年入柏林大学任讲师，1885年出版《记忆的实验研究》，是为以数据表达心理现象最早的著作。1894年，艾宾浩斯晋升为柏林大学教授，后改任波兰布勒斯

劳大学教授。在此期间他创用了完成测验，是为现代心理学上智力测验之始。1908年出版《心理学概要》，在书中他解释心理学的性质时所说的"心理学有源远流长的过去，但只有短短的历史"，已成为以后描述心理学特征的名言。艾宾浩斯1909年2月26日因肺炎病逝于哈勒，享年59岁。艾宾浩斯在心理学上的贡献，主要在于以下三方面：

1.开启高级心理历程实验研究的新纪元　在现代科学心理学历史上，一般公认冯特1879年以实验方法研究心理历程为科学心理学的开始，唯冯特主张，实验心理学只能研究基本心理历程（指意识的基本元素，即感觉），并指出高级心理历程的研究，只能采观察法，不能用实验法。在冯特之前，赫尔巴特也曾指出，心理学虽是一门科学，但只能视为经验科学，不能视为实验科学。艾宾浩斯的最大贡献就是突破了此种观点。他采用实验法研究学习、记忆及遗忘，这些都属于高级心理历程的范围。艾宾浩斯在实验研究时所采的记忆研究和遗忘测量方法，有些一直沿用到现在。

2.学习与记忆高级心理历程的实验研究　由于费希纳心理物理学研究的启示，艾宾浩斯决心从事学习记忆的实验研究。他所设计的实验研究，符合于科学研究之客观性和验证性两项标准。他创用无意义音节（nonsense syllable）作为学习材料，在两个辅音字母中间夹一个元音字母（如DAX，TUZ），虽能发音，但无意义。他如此设计的目的是使受试者在不受经验影响的情形之下从事机械式学习，每次练习十几个音节，一直练习到全部无误为止。他所采用记忆测量方法称为节省法（saving method），即练习停止后一段时间，再使用相同方法学习同样材料时视其所节省的次数，用以推估保留下来的记忆，计算公式如下：

$$\text{节省百分数}=\frac{\left(\begin{matrix}\text{初学练}\\\text{习次数}\end{matrix}\right)-\left(\begin{matrix}\text{再学练}\\\text{习次数}\end{matrix}\right)}{\text{初学练习次数}}\times 100$$

3.确认遗忘曲线的基本形式　学习后遗忘是正常现象，但正式采科学研究者则始自艾宾浩斯。他采节省法测量无意义音节学习后在不同时段的遗忘情形发现：学后20分钟只记得58%，1小时后只记得44%，24小时后所记得者只有30%。一天之后的遗忘率则趋缓慢，最后所剩大约20%可一直维持到一个月之久。艾宾浩斯将此种记忆量急剧下降而后缓慢延伸的心理现象，绘成遗忘曲线，此一曲线代表了机械式学习遗忘的典型模式。艾宾浩斯所创用节省法和他发现的典型遗忘曲线，直到现代的心理学课本中仍然采用。

艾宾浩斯的重要著作译为英文者有：*Memory: A contribution to experimental psychology*（1885）；*Principles of psychology*（1902）；*A summary of psychology*（1908）等。

Ebbinghaus illusion 艾宾浩斯错觉　属视错觉现象之一。如附图所示，两个直径相等的圆圈，当两者各自被不同大小的圆圈围绕时，被小圆圈所围的圆圈（左图）看起来显得大，被大圆圈所围者（右图）看起来显得小。此一错觉现象系由德国心理学家艾宾浩斯（H. Ebbinghaus，1850～1909）1902年发现，故名。见错觉（illusion）。本词亦称相对大小错觉（relative size illusion）和铁钦纳错觉（Titchener illusion）。

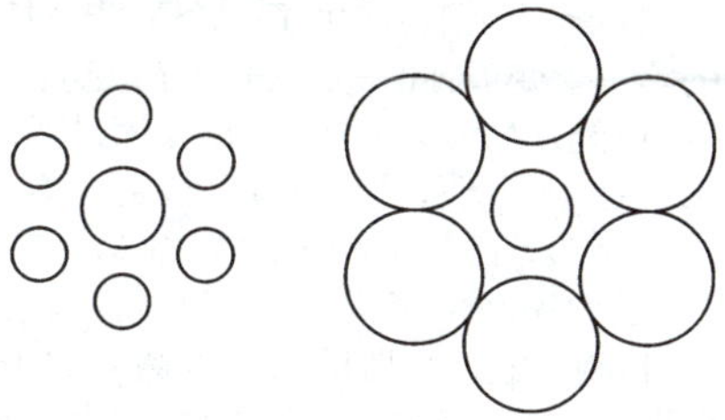

艾宾浩斯错觉

Ebbinghaus test 艾宾浩斯测验　义同完成测验（completion test）。见该条。

ECG＝electrocardiogram 心电图

echographia 模仿书写　指个人能按照文件抄写但不能了解其意义的异常现象。

echoic code 声码　见编码（encoding）。

echoic memory 余音记忆，声象记忆　指听觉刺激（声音）消失后感觉残留的短暂记忆。余音记忆可能只保持两秒钟左右。所谓"余音绕梁，三日不绝"，系余音记忆夸大的说法。见感觉记忆（sensory memory）。

echoic store 声象储存　义同余音记忆（echoic memory）。见该条。

echolalia 模仿言语，鹦鹉式语言　指不自觉地重复别人言语的一种习惯现象。模仿者只重复别人的话，未必了解其意义。此种模仿行为多半非由个体自主，故而被视为异常行为。

echolocation 回声定向　指根据物体回声而判断该物体远近和方向的能力。盲人走路靠回声定向，蝙蝠的飞行也是靠回声定向。

echomatism＝echopraxia 模仿动作

echomimia＝echopraxia 模仿动作

echopathy 模仿症　指不自觉地模仿别人说话或动作的病态现象。

echophrasia＝echolalia 模仿言语，鹦鹉式语言

echopraxia 模仿动作　**1.**指不自觉地模仿别人动

E

作的怪异现象。唯儿童对成人动作的模仿，则视为正常。**2.**义同模仿言语(echolalia)。见该条。

echo reaction 回声反应 指幼儿在初学语言时，随父母语音所做出的重复同一语音的反应。因当幼儿随声重复时并不了解父母的语义，只是随声回响而已，故名。

E/C intervening variable E/C中介变项 在从事实验研究时，通常设置实验情境(experimental condition，简称E)与控制条件(control condition，简称C)。实验结果如发现两种情境下有显著差异，把差异构成的原因归之于一个假设性概念，称之为中间变项，亦称E/C中介变项。意指在实验情境与控制条件之下，产生了一个不能直接观察测量的第三个变项，此一变项介于自变项与依变项之间，只能从依变项(反应)的变化，推知其存在。例如，在学习历程中，练习次数是自变项，正确反应是依变项，介于两者之间的第三变项是“学习”。因为先产生了学习，而后才会有正确反应出现。E/C中介变项乃是构成两情境之下个体行为出现显著差异的原因。见中介变项(intervening variable)。

E

eclectic behaviorism 折中行为主义 原则上虽采行为主义的理念解释人性，但在处理实际问题时并不固守早期行为主义的基本教条。以心理治疗为例，如今的行为治疗已不再只限于采用经典条件作用和操作条件作用的原则，而是兼采了认知治疗和精神分析治疗等其他理论的精神。见认知行为治疗法(cognitive behavior therapy)。

eclectic counseling 折中咨商 指咨商的一种理论取向，而非特指某种心理咨商方法。折中咨商在理论上采折中主义，不局限于某一固定理论或方法，视实际需要，可将不同理论调和运用于咨商历程中，如理性—情绪治疗法(rational-emotive therapy)即属之。见该条。见咨商(counseling)。

eclecticism 折中主义 指在心理学理论上或方法上的一种调和取向。解释或研究某一心理现象时，可兼采不同学派理论与不同方法取向，从而对复杂的心理与行为现象得到更完整更合理的解释。在现代心理学中以信息处理论为基础的认知心理学，在理论与方法上即采折中主义观念，兼采哲学心理学中经验主义(刺激引起反应)与理性主义(内在推理历程)两种理论，从而探讨认知的心理历程。见信息处理论(information processing theory)。

eclecticism in psychology 折中主义心理学 义同折中主义(eclecticism)。见该条。

eclectic psychotherapy 折中心理治疗 指心理治疗的一种理论取向，而非特指某种心理治疗的理论或方法。折中心理治疗取向，起于1950年左右，其特点是在实施心理治疗时，在理论上不固着采取哪一学派理论为唯一的根据，而是采取折中的态度。所谓“折中”，狭义指对弗洛伊德的精神分析理论，既不盲目地接受，也不完全反对；广义指不局限于任何单一治疗理论或方法，其选择需视实际需要而定。

eclectic therapy 折中治疗法 义同折中心理治疗(eclectic psychotherapy)。见该条。

ecmnesia 近事遗忘 属遗忘现象之一，其特点是对新近的经验易于忘记，对多年前的旧事反倒能够记忆。近事遗忘是老年人常有的现象。见失忆症(amnesia)。

ecological approach to visual perception 视知觉生态论 解释知觉经验形成的理论之一。知觉生态论是美国心理学家吉布森1950年提出的。此一知觉理论的基本要义是，人对某种刺激(物形)所得到的知觉经验，乃是由于刺激本身的特征直接引起的，不需经由心理运作予以组织。换言之，知觉是天生的，不是学习的。吉布森采用视崖的实验设计，发现三个月以下的婴儿即能表现深度知觉反应的事实，使他的理论获得部分支持。由于知觉生态论认为知觉是由刺激本身直接引起的，故而吉布森的知觉理论也称直接知觉论(direct percetion theory)。与本词相对者为知觉建构论(constructivist theory of perception)。见该条。见吉布森(Gibson, James Jerome)传记条。

ecological psychology 生态心理学 心理学领域内的一个分支学科，其特点是运用生态学观点研究个体行为与其生存环境的关系。以往心理学的研究多集中于单个个体对单个刺激的反应，后来承认社会因素对行为的重要作用，而心理学的生态研究进一步强调个体行为与其环境条件(人际的、社会的、自然的)是不可分割的，只有从个体与其生存环境关系去进行研究，才会对个体行为的意义真正获得了解。

ecological study 生态研究 义同生态心理学(ecological psychology)。见该条。

ecological validity 生态效度 从事心理学调查研究时，从具有代表性的典型环境中抽取样本，其所得结果用于回头推论解释该环境中生活的群体时，推论才是有效的。像此种情形称为生态效度。以研究农村社会民众消费习惯为例，必得先从具有代表性的典型农村社会中抽样调查，然后根据对样本分析所得结果，始能有效推论解释该社会农民的消费行为。

ecology 生态学 **1.**研究个体生长形态与其自然和社会环境间关系的一门科学，因研究对象的不同，而有植物生态学、动物生态学及人类生态学之分。**2.**指对个体在生存环境中影响其行为适应方式因素的研究。

ECT = **electroconvulsive therapy** 电痉挛治疗法

ectomorphic body type = **ectomorphy** 瘦长型，外胚层体型

ectomorphy 瘦长型，外胚层体型 见谢尔顿人格体质论（Sheldon's constitutional theory of personality）。

ED = **effective dosage** 疗效剂量，有效剂量

ED-50 = **effective dosage 50** 疗效剂量50

edge effect 边缘效应 义同序位效应（serial position effect）。见该条。

Edipus complex = **Oedipus complex** 恋母情结

EDR = **electrodermal response** 肤电反应

educability 可教育性 指个体接受教育的可能性，或指个体天赋可以学习某种事物的可能性。通常以智商达到某种程度来作为评判可教育性的标准。一般认为IQ在50以上者始具可教育性。见可教育性智能不足（educable mentally retarded）。

educable mentally retarded（EMR） 可教育性智能不足 指智能不足者之中尚可接受教育者。此类学童的IQ在50～69，勉强可以接受小学教育。如在教学上确能做到因材施教，此类学童可以学习简单的小学中年级以下的课程，可以培养其生活上最基础的读、算的能力。与本词相对者为可训练性智能不足（trainable mentally retarded）。见该条。见智能不足（mental retardation）。

educational acceleration 教育加速制 对资优儿童的教育方式之一，即平常所说的跳级。按教育心理学家研究，跳级的学生，其心理年龄须超过其实足年龄两年。资优教育的另一种方式，是教育充实制（educational enrichment），即加深课程内容以代替跳级。见该条。见资优儿童（gifted child）。

educational age（EA） 教育年龄 个人在教育成就测验上所测得的原始分数，以该测验年龄常模的分数表示之，这个分数即代表教育年龄。如某生的教育年龄为10岁，即表示其教育（学业）程度达到普通10岁儿童的教育水平。教育年龄因教育成就测验中的教育科目不同，又有语文年龄、算术年龄等之分。见教育商数（educational quotient）。

educational counseling 教育咨商 教育咨商指在学校中以学生为对象，就有关学生的学习、课业、升学等问题进行的咨商。教育咨商的目的旨在帮助学生了解自己，认识教育上的要求与限制，从暂时性的解决课业上学习的困难，到长期性的计划选择升学方向，使学生的才能，得以在适当的教育历程中，获得充分的发展。见咨商（counseling）。

educational diagnostic test 教育诊断测验 用于检查学生学习困难所在的一种测验。教育诊断测验的编制与教育成就测验不同，成就测验只要根据教学目标对内容与范围抽取一定数量的样本，而诊断测验须先对所要测量的学习能力和学生常发生的学习困难作详细的调查分析，从中挑选出具有代表性的试题，一一编入测验之内。教育诊断测验属于标准参照测验（criterion-referenced test），而成就测验则属于常模参照测验（norm-referenced test）。见该等条。见诊断测验（diagnostic test）。

educational enrichment 教育充实制 对资赋优异儿童的教育方式之一，即以加深课程内容的方式，以适应此类学生的个别差异。对资赋优异儿童的另一种教育方式为教育加速制（educational acceleration）。见该条。另见充实课程（enriched curriculum）。见资优儿童（gifted child）。

educational evaluation 教育评鉴，教育评价 见教学评量（instructional evaluation）。

educational growth 教育成长 因教育效果而影响个体行为改变，或个体在教育环境中，随教育实施时间的延续，在行为上逐渐表现出符合预期标准的现象，均称为教育成长。教育成长代表教育目标的达成。

educational guidance 教育辅导 属学校辅导工作之一，也称学业辅导。指在学校教育历程中，教师针对学生的能力、性向、兴趣、经验、需要等个别条件上的差异，安排适合学习的教学情境，帮助学生学习，培养学习态度，解决学习上的困难，使学生能够主动求知，以顺利达成教育的目标。见辅导（guidance）。

educational integration 教育融合 指学校教育在政策上采融合主义，学生所受教育，绝不因其种族、宗教、肤色、家世等条件不同，而受到任何差别待遇。所谓教育机会均等或有教无类者，即此之谓。与本词相对者为教育隔离（educational segregation）。见该条。

educationally subnormal（ESN） = **educable mentally retarded** 可教育性智能不足

educational measurement 教育测量 **1.**泛指学校中运用各种测验以鉴定学生能力或人格特质的措施。**2.**指在教学过程中与教学结束后对教学效果的评鉴工作。见教学评量（instructional evaluation)。**3.**指一般教育性测验的编制工作。

educational psychology 教育心理学 属应用心理学的一个分支。教育心理学采取了其他心理学科的理论与方法，在教育情境中，以教师与学生间交感互动的行为作研究对象，其目的是针对学校性质(幼儿园、小学、中学等)及学生心理需求设置合于学生身心发展的教育环境，协助学校改进行政与教学，以期达到合于学校教育理想的教育目的。

educational quotient (EQ) 教育商数 指用以表示学生教育成就的一种商数，其计算公式为：

$$EQ=\frac{EA}{CA}\times 100$$

公式中，EQ为教育商数；EA为教育年龄；CA为实足年龄。

educational segregation 教育隔离 指学校教育在政策上实行隔离主义，对学生入学的条件有所限制，限制只招收某类学生，而某些种族、宗教、肤色的学生不得入学，或不得接受同样的教育。与本词相对者为教育融合(educational integration)。见该条。

educational technology 教育工艺学 运用教育学、心理学、生理学、工艺学、信息处理论等有关知识和现代科学技术，研究"教育最优化"的理论、技术与实践的学科。教育工艺学研究对象是教育过程中的可操作因素，包括教育情况、教育媒体、教学方法、教育情境、师生行为以及这些因素的相互关系等。教育工艺学的研究领域包括三方面：(1)视听教育工艺，是以通信媒体理论和视听教育理论为基础，将工业技术中的硬件研究成果应用于教育领域，包括投影机、录音机、录像机、闭路电视、语言实验室等电化教学设备的应用研究。(2)行为科学教育工艺，即利用心理学中学习理论的研究成果，探讨有效的教学内容的组织和教学方法，以提高教学效率。(3)人类工程学的教育工艺，利用人类工程学的知识，设计并研制便于使用而且有效的设施、设备和教材教具，如学校建筑、教室结构、计算尺、黑板、实验仪器等。

educational test 教育测验 属心理测验之一类，其使用目的在考察教学或学习效果，在性质上与成就测验(achievement test)相同。见该条。

Educational Testing Service (ETS) 教育测验服务社 美国全国性心理与教育测验服务机构。该机构成立于1947年，其成立宗旨是为政府及教育机构提供有关测验服务，并研究发展心理测验的理论及实施技术。多年来，ETS所编制出版的测验，有很多已广泛为全世界所采用。诸如学术性向测验(SAT)、研究生入学考试(GRE)、米勒类推测验(MAT)、托福考试(TOEFL)等，均为ETS研发的重要测验。世界各地赴美留学的学生，多数需要接受此类测验。见该等条。

educational therapy 教育治疗法 属心理治疗法之一。此法实施时，有计划地对接受治疗者传授适于其程度的教育课程，借由教学活动，一方面使他生活有秩序、有方向、有目的，另一方面也可因此而改善其人际关系。

Edwards Personal Preference Schedule (EPPS) 艾德华个人兴趣量表 是一种团体人格测验。该量表原系艾德华(A. L. Edwards, 1914～1994)1953年所编制，其内容可测得十五类不同心理需求的相对强度：(1)成就性；(2)顺从性；(3)秩序性；(4)表现性；(5)自主性；(6)亲和性；(7)省察性；(8)求援性；(9)支配性；(10)谦逊性；(11)慈爱性；(12)变异性；(13)坚毅性；(14)爱恋性；(15)攻击性。艾德华个人兴趣量表，经学者黄坚厚修订为中文，并经标准化，于1967年出版；1983年重订常模，该量表适用对象为高中以上学生及成人，记分方式采手记分，已建立常模，均以百分位数及T分数表示之。

EEG＝electroencephalogram 脑波图，脑电图

effect 效果，效应 **1.**在具有因果关系的两事项之间，前者的出现(因)一定会导致后者(果)的产生，本词即指后者(果)。**2.**指一事项的存在(或变化)对另一事项所发生的影响。

effectance motive 效能动机 指克服困难有效的动机。本词为奥地利心理学家阿德勒理论中的术语，意指儿童因自卑感而在心理上产生的一种追求超越的动机。见阿德勒(Adler, Alfred)传记条。

effective dosage (ED) 疗效剂量，有效剂量 指某种药物服用后产生疗效的最低剂量。疗效剂量常因人而定，儿童的疗效剂量又与成人不同。

effective dosage 50 疗效剂量50 义同中数疗效剂量(median effective dosage)。见该条。

effective-habit strength 有效习惯强度 美国心理学家赫尔学习理论中的术语。意指经由多次强化所形成的反应强度。

effective reaction potential 有效反应潜势 美国心理学家赫尔学习理论中的术语。意指反应潜势(reaction potential)减去抑制倾向后的净值。见该条。见赫尔(Hull, Clark Leonard)传记条。

effective stimulus 有效刺激 指能够引起个体反应的刺激。单是客观存在的刺激，只能称为刺激，不能视为有效刺激。见刺激(stimulus)。

effective temperature 有效温度 综合气温、湿度和风速等因素所表示的温度。一般人平常对温度感觉,就是由气温、湿度和风速形成的。同样气温而湿度较大和风速较小时,就会感到闷热。

effector 效应器,反应器 运动神经末梢的反应器官。效应器所指者是肌肉和腺体。与本词相对者为感受器(receptor)。见该条。

effector nerve 效应神经 义同运动神经元(motor neuron)。见该条。

effector organ = **effector** 效应器,反应器

effect spread = **spread of effect** 效果扩散

effeminacy = **effemination** 女性化

effemination 女性化 指男性中在体态或心理方面显示女性特质者。平常形容男子"娘娘腔"或"脂粉气"者,即此之谓。

efferent neuron 传出神经元 义同运动神经元(motor neuron)。见该条。

effort after meaning 赋予意义 指对知觉到的事物赋予其意义的心理倾向。即使事物本身不带有任何意义,观察者在心理上仍赋予其意义。像无意义音节的记忆就是如此。

EFT = **embedded figures test** 隐图测验,嵌图测验

EG = **experimental group** 实验组

egg 卵子 指女性生理成熟之后由卵巢产生的生殖细胞。

ego 自我 **1.**系拉丁文,义同英文的I或self,代表个人对自己的一切概念。这是一般用法。 **2.**在精神分析论创始人弗洛伊德的理论中,自我代表整个人格结构中的一部分。按分析论的解释,人格结构中包括本我、自我、超我三部分,分别代表人格发展的三个层次。本我最低,代表人格最原始的本能性部分;超我最高,代表人格的理想与道德良知部分;自我居中,代表人格的现实部分。自我的主要功能是:(1)获得基本需求的满足,以维持个体的生存;(2)调节本我的原始冲动,以符合现实环境的要求;(3)管制不为超我所接受的原始性冲动,以维持三个我之间的平衡和谐。见本我(id)、超我(superego)和精神分析(psychoanalysis)。

ego-alien 自我相斥,自我疏离 属精神分析论中的术语。指个人的冲动欲望或思想,不为自己所接受的心理状态。与本词相对者为自我相容(ego-syntonia)。见该条。

ego-alter theory 自我应变论 关于人际关系的一种理论。自我应变论的要义是,个体对别人的反应,乃是基于他自觉别人对他的关系而定,他觉得别人对他友善,他就会以友善对待别人。

ego analysis 自我分析 按精神分析治疗法,自我分析可帮助患者对人格结构中的自我层面加以分析。分析个人在现实环境适应的历程中,有哪些优点和哪些缺点,目的在于帮助个人解除心理困扰,对环境能有较好的适应。自我分析是比较短期的精神分析, 重点放在患者的意识层面,而不做深层的潜意识分析。

ego anxiety 自我焦虑 指个人因内心冲突而产生的焦虑。按精神分析论,在人格结构中的本我、自我、超我三者间,自我具有调和其他两个我而维持三者和谐的功能。在三者冲突而自我不能发挥调和作用时所引起的焦虑感,即为自我焦虑。根据弗洛伊德的解释, 人的一切自我防卫 (ego defense)都是起于自我焦虑。见该条。

ego block 自我阻障 泛指有碍于自我发展和自我提升的一切因素。例如,因缺乏学习机会致使个体能力无从发展的情形即属之。

ego boundary 自我分界 奥地利精神分析学家费德恩(P. Federn, 1871～1950)理论中的术语。自我分界有两种含义:其一,指人我分界。在人际关系中,由于远近亲疏关系的程度不同,正常人总会在言行举止上掌握分寸,否则将被视为失礼或失常。其二,指个人人格结构中本我与自我之间的分界。正常人的分界较具弹性,容许某些潜意识的冲动适时放出,借以减少本我的压力。适应不良者的自我分界僵化,致使自我功能不易发挥,因而导致心理困扰。

ego-boundary loss 自我边界丧失 指精神分裂症的症状之一。患者丧失自我功能,不能清楚辨认与判断现实世界中的一切。见精神分裂症(schizophrenia)。

ego cathexis 自我投注 精神分析论的术语。指个人将本我层面内存在的本能性欲力或冲动,投注于意识的自我层面,从而获得需求满足的历程。自我投注的对象可以是人物,也可以是活动。从心理适应的观念言,自我投注是可取的。如自我投注只限于个体自己,则成为自恋(narcissism)。见该条。

egocentric distance 自我中心距离 义同自我中心距离知觉(egocentric distance perception)。见距离知觉(distance perception)。

egocentric distance perception 自我中心距离知觉 属距离知觉(distance perception)之一。见该条。

egocentricity = **egocentrism** 自我中心

egocentric response 自我中心反应 在实施联想测验或投射测验时,受试者常将自己个人的私事在答题中反应出来。此种不自觉的投射反应,称

为自我中心反应。

egocentric speech 自我中心言语 **1.**指缺乏社会意义的言语。说话时不考虑对象,即使当时有别人在场,当事人也不注意别人的反应,只是自说自话而已。这是儿童学习语言初期的正常现象。**2.**指个人说话时只顾自己需要而忽视别人存在的现象。此种现象,除儿童外成人也会发生。

egocentric thinking 自我中心思维 瑞士心理学家皮亚杰认知发展理论中的术语。儿童认知发展到前运思期(2～7岁)阶段,其思维特征倾向于以自己的观点认识事物,而不能从客观的观点看事物。见认知发展阶段论(stage theory of cognitive development)。

egocentrism 自我中心 指在行为或观念上完全以个人为主而不考虑他人的心理倾向。在幼儿期自我观念尚未成熟时,个体尚不能辨识自己与世界,自我中心为普遍现象。在成人阶段,自我中心倾向则表示个人在行为上缺乏社会知觉,只受一己需要的支配,忽略别人之存在,此种自我观念是有欠成熟的表现。

ego complex 自我情结 瑞士分析心理学创始人荣格人格理论中的术语,是指精神专注于自己的现象。

ego control = self control 自我控制

ego defense 自我防卫 **1.**指个体为保持自我和谐,免于本我与超我之间冲突的心理历程。**2.**义同防卫机制(defense mechanism)。见该条。

ego-defense mechanism 自我防卫机制 义同防卫机制(defense mechanism)。见该条。

ego development 自我发展 指儿童在发展期间,经由对环境中人与事的接触、互动,逐渐了解自己的存在,而且觉察人我不同的历程。经由自我发展,儿童始有了他的自我观念。对自我发展历程的解释,各家理论不一,其中有三家的理论是最主要的:(1)弗洛伊德的性心理期发展论(psychosexual stage theory of development);(2)皮亚杰的认知发展阶段论(stage theory of cognitive development);(3)埃里克森的心理社会期发展论(psychosocial stage theory of development)。见该等条。

ego drive 自我驱力 属于一种内发性动机。此种动机促使个体活动,以维持个体自我的内在均衡,并保护自尊以利其人格成长。见驱力(drive)。

ego-dystonia 自我相斥 **1.**指起自本我的欲念或冲动,不被自我接纳的内在不和谐状态。**2.**义同自我疏离(ego-alien)。见该条。与本词相对者为自我相容(ego-syntonia)。见该条。

ego-dystonic = ego-dystonia 自我相斥

ego-dystonic homosexuality 自我相斥型同性恋,自我矛盾型同性恋 指同性恋者个人,对自己的同性恋行为并不感到心安理得者,他们在情感与理智之间时感冲突矛盾。此一类型的同性恋者,时常感到外在社会的压力,难免心理困扰。与本词相对者为自我相容型同性恋(ego-syntonic homosexuality)。见同性恋(homosexuality)。

ego energy 自我活力 义同自我强度(ego strength)。

ego failure 自我失调 **1.** 指人格结构中自我部分未能发挥对本我的监视作用,以致表现出不能自持的冲动性行为。**2.**指自我部分不能在本我与超我间发挥调和作用,以致发生心理冲突。见自我(ego)。

ego formation 自我形成 义同自我发展(ego development)。见该条。

ego function 自我功能 精神分析论中的术语。意指个体在意识活动中所发挥的功能。诸如对现实环境的了解、解决问题的方法以及调和本我与超我之间的冲突等,均属自我功能。按弗洛伊德的解释,自我功能的发挥是以现实原则(reality principle)为基础的。见该条。

ego ideal 自我理想 指个体为自己设定的行为和价值标准,在此标准下个体希望自己成为一个什么样的人。根据弗洛伊德的解释,儿童的自我理想的形成多以父母为楷模,自我理想的形成历程为认同(identification)。见该条。

ego identity 自我统合,自我统合感 **1.**根据美国新弗洛伊德主义心理学家埃里克森的人格发展理论,本词指个体人格结构中理想自我(ideal self)、真实自我(real self)以及现实自我(actual self)三者和谐一致的统合感觉。见该等条。**2.**按埃里克森的心理社会期发展论,本词指青年期个体在人格发展上臻于成熟的状态,在心理上能自主导向,在行为上能自我肯定。自我统合是青年期人格发展的中心任务。在青年群中臻于自我统合者,就会把自己对自我现况、生理特征、社会期待、以往经验、现实环境、未来希望六个层面统而合之,形成一个完整而和谐的结构,使个人对"我是谁?我将走向何方?"的问题,不再感到迷失与彷徨。按以上二义,均认为自我统合应属人格发展中臻于社会成熟状态时的一种自主定向的感觉。见统合(identity)、统合形成(identity formation)。

ego identity crisis 自我统合危机 义同统合危机(identity crisis)。见该条。

ego instinct 自我本能 按精神分析论,凡是有助于个体自我保存的一切原始性冲动，均称为自我本能。像饥饿、呼吸、排泄、渴等原始性动机均是。自我本能又称自存动机(self-perseveration motive)。

ego integrity 自我谐和 根据美国新弗洛伊德主义心理学家埃里克森的人格发展理论，老年期(第八个阶段)的理想情况是自我谐和。自我谐和指个人能调和其人格结构中的各个层面，能使自己在内在身心需求、外在环境现实以及未来理想等各方面，均能和谐一致。如对过去一生无所悔，对未来死亡无所惧，从心所欲，安享余年。见心理社会期发展论(psychosocial stage theory of development)。

ego involvement 自我涉连，自我投入 **1.**指个人自觉某事与己有关而自愿参与其事的心理倾向。**2.**指个人向某种团体规范或观念信仰表现认同的心理倾向。**3.**见工作投入论(task-involvement theory)。

egoism 利己主义 指人格特质之一，具有此种人格特质的人，一切作为均以本身利益为前提，绝不考虑别人的利益。与本词相对者为利他主义(altruism)。见该条。

egoistic suicide 自责型自杀 法国社会学家涂尔涂(E. Durkheim, 1858～1917)1897年所列自杀类型之一。此类型自杀者应属人格脆弱，往往缺乏信心，遇有挫折即自愧自责，钻牛角尖，终走向自杀之途。见自杀(suicide)。

ego libido 自我欲力 指个体性本能冲动的对象只限于自己，不以外在世界为对象。本词含义与对象欲力(object libido)相反，而与自恋(narcissism)相通。见该等条。

egomania 自大狂 指躁狂症(mania)患者的主要症状。见该条。

ego model 自我偶像 指个人在思想言行上模仿或认同的人物。

ego morphism 自我陶醉 指个人对自己所作所为自以为是而沉迷其中忘其所以。

ego neurosis 自我神经病，自我神经官能症 按精神分析论的解释，像麻痹、歇斯底里症、失忆症等，在性质上均可视为自我神经症。因为此类疾病多系心因性障碍，主要是由于自我功能(ego function)丧失了调和作用所致。见该条。

ego psychology 自我心理学 指心理学理论上的一种观点，持此观点者特别强调人格结构中属于现实层面的自我(ego)，其功能有别于弗洛伊德强调自我支配本我的说法。奥地利心理学家阿德勒持此主张，他认为意识层面的自我支配人的行为，使人在现实环境中建立起自己的生活风格。见阿德勒(Adler, Alfred)传记条。

ego regression 自我退化 精神分析论中的术语。指人格发展中的退化现象，其原因是本我的力量限制了自我发展，亦即幼稚冲动性行为取代了成熟的行为。

ego resistance 自我抗拒 精神分析论中的术语。指在进行精神分析时，患者有时表示抗拒，不承认自己对欲念冲动予以压抑，也不愿放弃经常使用的不健康的防卫机制。自我抗拒在本质上乃在维持对潜意识中的原始冲动的压抑，故而本词又称压抑抗拒(repression resistance)。

ego seeking 自我企求 **1.**指个人企求现实的自我能符合超我的要求。**2.**指个人企求提升自己的重要性与自尊心。**3.**指个人企求能得到更多有益于自己的东西。

ego-space-time 自我时空感 美国新弗洛伊德主义心理学家埃里克森理论中的术语。义同统合(identity)。见该条。

ego state 自我状态 **1.**奥地利精神分析学家费登(P. Federn, 1871～1950)等人心理治疗理论中的术语。认为个体同时有两个自我状态，其一是由本我中分离出来的；其二存在于自我与外在现实世界之间。**2.**美国心理学家柏恩在其创始的交往分析(transactional analysis)治疗中所说的个体人格中存有的三种自我状态。见该条。

ego strength 自我强度，自我力量 指个体处于内在冲突和外在现实冲突状态时，意识中的自我能维持两者间和谐的能力。在弗洛伊德的理论中，自我强度是指自我处理本我与超我间冲突的能力。自我强度较高的人，在生活中较能忍受挫折，较能将需求的满足延缓，在情绪冲动时也较能克制自己。因此，自我强度高是心理健康的表征。

ego structure 自我结构 指个体心理特质组成的具有持久性的人格表现。

ego suffering 自我痛苦 精神分析论中的术语。指人格结构中自我的追求不为超我所容许时所感到的心理愧疚。

ego-syntonia 自我相容 精神分析论中的术语。指人格结构中自我为超我所接纳而产生彼此和谐的内在历程。与本词相对者为自我相斥(ego-dystonia)。见该条。

ego-syntonic = ego-syntonia 自我相容

ego-syntonic homosexuality 自我相容型同性恋 指同性恋者个人在心理上接受自己与同性相恋的行为，主张同性恋是自然的，是正常的，是个人自由选择的权利。凡此种类型的同性恋者，在心理上并没有像外人想象中那样的冲突或痛苦。

E

与本词相对者为自我相斥型同性恋(ego-dystonic homosexuality)。见该条。另见同性恋(homosexuality)。

ego threat 自我威胁 精神分析论中的术语。指人格结构中因本我中原始性的冲动(多与性有关),与维持现实原则的自我所要求的标准不符时,两者之间难免冲突。本我与自我冲突时,本我对自我构成的威胁,称为自我威胁。见该等条。

E

egotism 自我夸张 属于人的一种性格,此种人常自视过高,每有机会即自我吹嘘。

egotization 自我分化 精神分析论中的术语。指个体心理成长的历程,由本能性的本我,逐渐分化提升形成自我。在行为表现上,也由本能性的冲动,逐渐改变接受现实规范的约束。见该等条。

ego trip 自我提升 指个体为满足其自我感而表现的适切行为。见自我(ego)。

ego weakness 自我脆弱 指个体不能控制本能性冲动和无法忍受挫折的人格特征。自我脆弱的人,经常为心理冲突所引起的焦虑而痛苦,不得不过分使用防卫机制以逃避现实。结果难免演变成神经疾病。

E group＝experimental group 实验组

Ehrenstein's brightness illusion 艾伦斯坦明度错觉 属错觉现象之一。如附图所示,乍看像是纵横交叉的格子(黑色纵横直线部分),再看则像是斜方向交叉的街道(白色空白部分)。而且会更清楚地看出交叉形成的十字路口,好像是一个圆环的样子,而且觉得圆环部分特别明亮。此一错觉系由德国心理学家艾伦斯坦(W. Ehrenstein, 1899～1961)1941年所设计,故名。

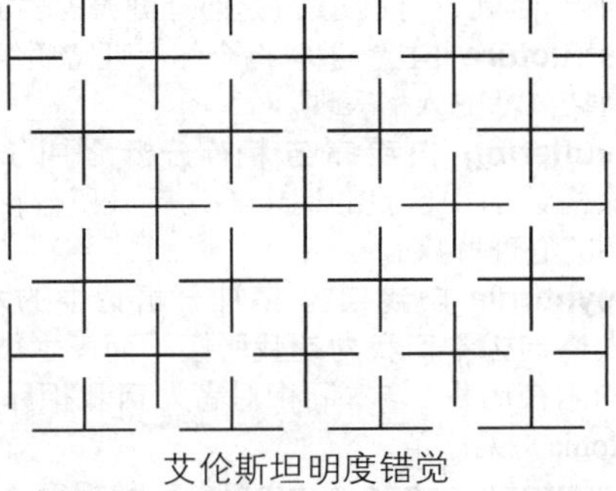

艾伦斯坦明度错觉

Ehrenstein's illusion 艾伦斯坦错觉 义同艾伦斯坦明度错觉(Ehrenstein's brightness illusion)。见该条及附图。

eidetic image＝eidetic imagery 遗觉像,全现心象

eidetic imagery 遗觉像,全现心象 指刺激消失后遗留下的清晰视觉影像。指实体刺激虽不复存在,但仿佛仍在面前一样,可以清晰地"看到"物体的形貌。遗觉像与后像不同,后像是暂时视觉残留,遗觉像却保留很久。在儿童中约有10%有此经验,在成人中有此经验者则不及千分之一。遗觉像以视觉为主,但有时也会有听觉的遗觉像。见后像(afterimage)。

eidetic type 遗觉型 指易于产生遗觉像(eidetic imagery)经验的人。见该条。

eidetiker＝eidetic type 遗觉型

eight-month anxiety 八个月焦虑 义同陌生焦虑(stranger anxiety)。见该条。

eight stages of man 人生八阶段 义同人生必经阶段(stages of man)。见该条。

eikonic memory＝iconic memory 映象记忆

Einfühlung＝empathy 移情,同理心

Einstellung＝attitude 态度

Einstellung＝set 心向

eisoptrophobia＝catotrophobia 惧镜子症

either-or situation 两可情境 指在二者之间选取其一,但不易立即决定的犹豫心境。见双趋冲突(approach-approach conflict)。

EKG＝electrocardiogram 心电图

elaboration 精密性,精心处理 **1.**指个人处理事务时仔细周到的心理特征。**2.**指创造力测验(creativity test)中所测的四因素之一。另外三个因素为流畅性(fluency)、独创性(originality)与变通性(flexibility)。见该等条。**3.**在信息处理论中,指刻意用心注意某一信息(复述联想等),使之易于输入长期记忆中储存,以备提取应用的心理历程。见信息处理论(information processing theory)。

elaborative rehearsal 精心复习 为增强短期记忆使之进入长期记忆而刻意重复练习的方法。精心复习时,个人将所要记忆的信息与已有知识联结(联想)使之具有意义。见信息处理论(information processing theory)。

elation 狂喜 指躁狂症(mania)患者病发时的一种情绪极度高涨状态。见该条。

elective mutism 拒言症 属于一种暂时性的语言失常。儿童受到强烈的情绪震撼,在数周甚至数月内拒绝说话的情形属之。

Electra complex 恋父情结 根据精神分析论创始人弗洛伊德的解释,女童在3～6岁的性器期,对父亲产生一种爱恋的心理,同时又有嫉妒母亲以期独自占有父亲的心理倾向。此种复杂的心理状态,称为恋父情结。本词出自希腊神话中女子

伊莱克特拉谋杀她母亲的故事。恋父情结虽产生在幼儿期，但也有可能延续到成年之后。与本词相对者为恋母情结（Oedipus complex）。见该条。

Electra conflict 恋父冲突 女童因恋父情结（Electra complex）所产生的心理冲突。见该条。

electric convulsive therapy = electroconvulsive therapy 电痉挛治疗法

electric shock therapy = electroshock therapy 电休克治疗法

electrocardiogram（ECG, EKG） 心电图 利用扩大的电位，记录心跳周期的曲线图形，称为心电图。心电图可用来研究心脏机能运作的情形，一般用于诊断心律干扰与兴奋的传导、缺氧现象、心肌梗死及心肌的变化等。

electroconvulsive therapy（ECT） 电痉挛治疗法 指采用电流打击使患者暂时陷入休克状态，借以缓和病情的一种物理治疗方法。因此，电痉挛治疗法也称休克治疗法（shock therapy）。电痉挛治疗法主要用于深度抑郁症。实施时，将电极置于患者头部一侧，电流强度在70～130伏特之间，每次通电时间不超过一分钟，每周治疗三次，连续实施2～3周。根据精神病学的研究报告，电痉挛治疗法确实对严重抑郁症患者具有疗效，特别是对随时有自杀可能的抑郁症病人而言，此种方法更具有及时的效果。电痉挛治疗法虽证明有效，但由于无法免除两种缺点，故而现在精神病院较少应用：第一种缺点是脑部遭受电击后难免会有影响记忆的后遗症；第二种缺点是即使在麻醉状态下实施，也仍然难免使病人因惊恐形成其他心理上的不良影响。

electrodermal response（EDR） 肤电反应 指由电流计测量到的皮肤电流反应。皮肤电流反应的变化与个体情绪有关；因情绪变化影响汗腺分泌，汗腺分泌影响皮肤表面电阻的变化。此一原理即系测谎器（lie detector）的主要理论根据。见该条。

electroencephalogram（EEG） 脑波图，脑电图 指大脑皮质中膜电位变化的记录图。大脑的神经生理反应可以引发不同的膜电位变化，若将微电极固定在头皮上，则头皮下相关大脑皮质中神经纤维，及许多突触正在发生的电流变化，即变成电极上的电流冲动，此电流冲动再经仪器放大，可以将之描绘在一张定速移动的纸带上，或呈现在仪器屏幕上。根据脑波图可推知个体的意识状态，可以推知个体是在兴奋、机警、惊愕、做梦还是深睡中。脑波图简称脑电波（brain wave），可按频率及振幅分成四种类型，即α波、β波、θ波、δ波。最典型的成年脑波图通常在17或18岁以后才建立，例如β波在刚出生时即可见，α波一般在9岁时才可见。脑波图虽具共同性及规则性，但其变化从一个区域到另一个区域，或从一个人到另一个人皆存在个别差异。脑波图的记录，最早由德国神经生理学家伯格（H. Berger）在1929年所完成。以后在脑伤、脑瘤、癫痫症等检查上，成为重要的工具。精神病学家试图使用脑波图检查精神病症，其效果如何迄今尚无定论，原因是影响脑波变化的因素太多。脑波图随意识状态的改变而有不同波型。见附图。

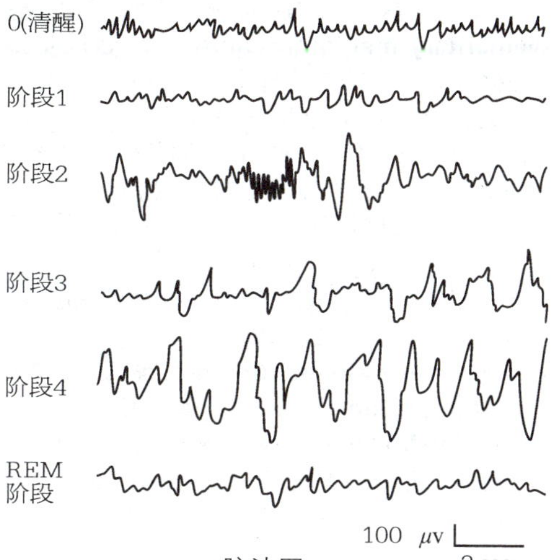

脑波图

electro-oculogram（EOG） 眼电图 将一特殊仪器的电极，接触眼周围的皮肤，当眼球转动时，仪器上即描绘出一种波状变化的记录图，即为眼电图。眼电图是用来测量阅读时前后两次注视点之间的距离，阅读时只有注视点停留期间才看到东西。

electrophobia 惧电器症 属恐惧症之一。患者对一切电化器材产生不合理的恐惧反应，即使绝对有安全控制的电器，患者亦不敢接近使用。见恐惧症（phobia）。

electroshock therapy（EST） 电休克治疗法 属心理治疗方法之一。对行为异常者在脑部施以微弱电流刺激，使其进入休克状态，借以消除其意识中的焦虑，从而纾放其压抑的潜意识。与本词相通者为电痉挛治疗法（electroconvulsive therapy）。见休克治疗法（shock therapy）。

electrotherapy 电疗 利用重复的电流刺激以治疗身体或心理疾病的方法。注意本词与另一类似词电休克治疗法（electroshock therapy）不同，盖后者旨在导使患者进入休克状态，而本词含义则否。

element 元素 意指心理元素，谓意识是由感觉、意象、情感等元素所构成，而此等元素可由个人内省获知之。见心理元素（mental element）。

elementalism＝elementarism 元素论，元素主义

elementarism 元素论，元素主义 在哲学上对事象变化解释的一种理论。持元素论观点者认为，唯有将复杂的事象还原（或化约）成最基本的构成元素，始能对其性质获得真正的了解。19世纪末结构主义所采的意识分析取向，与20世纪初行为主义的S-R心理学，在理论上均属元素论取向。与本词相似者为原子论（atomism）与还原论（reductionism），与本词相对者为整体论（holism）。见该等条。

E

elementary mental function 基本心理功能 指个体赖以生存的一些基本能力，诸如感觉、知觉、记忆、觅食、求偶、逃生、御敌以及养育幼小等，均属个体的基本能力。此等基本能力，为人类与动物所共有，多半是以种族先天遗传为基础，很少靠后天环境的学习。本词出自心理学家维果茨基（Vygotsky, Lev Semenovich）认知发展理论。见其传记条。与本词相对者为高级心理功能（higher mental function）。见该条。

elementism＝elementarism 元素论，元素主义

elevator phobia 惧电梯症 属恐惧症之一。患者对搭乘电梯产生不合理的恐惧反应。对电梯恐惧的原因，可能与惧高症（acrophobia）或惧幽闭症（claustrophobia）有关。见该等条。见恐惧症（phobia）。

elicited behavior 诱发行为 指由某特定刺激所引起的行为。亦称诱发反应（elicited response）或反应性行为（respondent behavior）。

elicited response 诱发反应 指由某特定刺激所引起的反应。亦称诱发行为（elicited behavior）或反应性行为（respondent behavior）。

elimination by aspects（EBA） 逐条淘汰法 属问题索解时形成决策的一种方法。以消费者购买新居为例，决策前先将新居的有关属性列举出来，诸如房价、交通、市场、学校、建筑结构、小区环境等，然后按照自己的需要和限制，将不适合的属性淘汰（如交通不方便与房价太高者不考虑），最后剩下的属性就可供作决策的根据。与本词相对者为多属性决策（multiple-attribute decision making）。见该条。

elimination drive 排泄驱力 指大小便排泄之前对个体产生的内在驱力。

Ellis, Albert（1913～2007） 艾利斯 艾利斯是20世纪美国心理学家，是理性情绪治疗法的创始人，也是20世纪60年代美国性解放运动的先驱。

艾利斯1913年出身于美国宾夕法尼亚州匹兹堡的一个犹太家庭，出生后不久移居纽约市，12岁父母离异，因此养成他性格独立和无神论的态度。1939年进纽约学院学商，毕业后进哥伦比亚大学改读心理学，分别于1943年与1947年获得临床心理学硕士和哲学博士学位。此后希望成为临床心理医师，但因缺乏医学背景而遭医疗机构拒绝。后来得有机会进入纽约精神分析研究所跟新弗洛伊德主义心理学家霍妮学习，才得偿所愿。唯后因心理治疗理念不合，乃脱离精神分析路线而自立门户。艾利斯是20世纪70年代美国心理治疗学界著名人物之一，1972年获美国人本心理学会人道主义奖，1974年获美国心理学会心理治疗杰出贡献奖。

艾利斯在心理学上的贡献，主要在于他创立的理性情绪治疗法。理性—情绪治疗法（rational-emotive therapy），是指心理异常起于情绪困扰，情绪困扰则起于个人未能以理性面对问题；而心理治疗目的即旨在指导患者从理性出发去改造自己。理性情绪治疗在思想上并非出自某一流派，而是采折中主义取向将分析、行为、认知及人本等各家理念融合在一起而自成一家的心理治疗思想。以下两点是他理性情绪治疗的基本要义：

1.人性观 艾利斯认为，人类虽自诩为理性动物，但事实上人生而具有很多非理性弱点。此等非理性弱点即系构成情绪困扰的主要原因。以下11项是他所列举的非理性弱点中的主要部分：（1）与人交往必须获得别人的爱戴和支持；（2）个人的自我价值只能建立在能力超群和事业成功的基础上；（3）做坏事的人必须受到严厉惩罚；（4）个人所企盼的事不能如愿以偿时即感绝望；（5）个人遭遇不幸时总是怨天尤人；（6）责任得免则免，总比勇于负责容易；（7）对潜藏而未必发生的危险总是杞人忧天；（8）个人的成功必须依赖有力人士提拔；（9）一切决定于过去，故而成败无法操之在

己;(10) 个人应为那些处境困难的人而烦恼;(11)凡事皆需有正确答案,遇到无肯定答案时即无法容忍。艾利斯认为,在日常生活中每个人或多或少都会有上列非理性弱点, 如弱点累积过多,就会产生情绪困扰终而形成心理异常。

2.治疗的目的与方法 从治疗目的与治疗方法看,艾利斯的理性情绪治疗旨在先从理性与情绪两者的关系上建构合理的理论,而后以此理论为基础进而采用指导与纠正的方法进行治疗。他所建构的理论可用ABC来表示,A代表个人生活中发生的事件,B代表个人对该事件所产生的信念,C代表因非理性信念而引起的情绪困扰后果。以某妇女婚姻失败离婚后罹患了抑郁症为例,婚姻失败导致离婚是一个事件(即A),该妇女对离婚事件的看法(即B),因所持看法引起她的情绪反应(即C)。如果她对离婚一事认定是由于她自己与她丈夫的感情处理不当所致,她就会后悔、懊恼、自责,认为原本美满的婚姻毁在自己手里。果如是,她可能因长期情绪恶劣钻牛角尖而罹患抑郁症。在实际治疗时,艾利斯主张采指导与纠正两种方法并用,其实施程序可简述为以下五点:(1)让患者自行检讨反省,目前生活中有哪些事件使他反复思虑,使他情绪不安;(2)鼓励患者自行分析验证自己的思虑中是否有不合理性或不合逻辑之处;(3)根据患者所陈事实,明确指出其中不合理处;(4)指导患者尝试以合理的思维去取代原来非理性的情绪反应;(5)建议患者以后遇有引起情绪困扰事件时改采合理的科学态度去面对问题。

艾利斯是有名的饱学之士,据说他在哥伦比亚大学求学期间,曾读过万册以上心理学专著。他一生写作论文逾500篇,出版专著逾50本。专著中最主要者有:*The American sexual tragedy*(1954);*How to live with a "neurotic"*(1957);*Sex without guilt*(1958);*A art and science of love*(1960);*Reason and emotion in psychotherapy*(1962);*Humanistic psychology* (1973);*A new guide to rational living*(1975);*Sex and liberated man*(1976);*The intelligence woman's guide to dating and marriage*(1979);*Rational emotive therapy and cognitive therapy*(1983);*Resistance: Rational emotive therapy with difficult clients*(1985);*Better, deeper, and more enduring brief approach*(1996)等。

embedded figure 隐入图形,嵌入图形 指在图形内隐藏着另一图形,如不仔细辨认,不易发现隐入图形的存在。如附图所示,左边六角形即隐藏在右边三角形之内。隐入图形有时被用作心理测验的项目。见隐图测验(embedded figure test)。

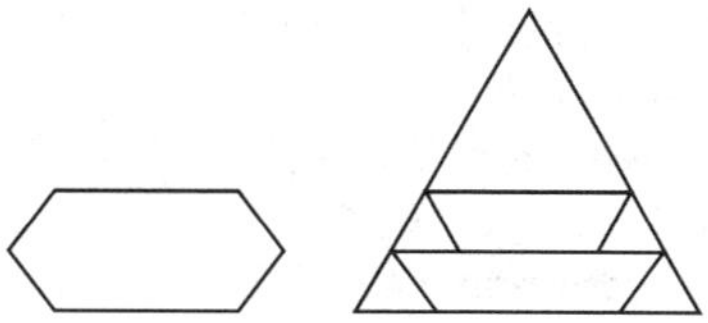

隐入图形

embedded figures test (EFT) 隐图测验,嵌图测验 用隐入图形做题目编制成的一种心理测验。隐图测验的功用,主要是用来测验受试者的场依赖性(field dependency),即借由受试者对图形的认知,从而观察其独立分析的能力。见该条。

emblem 体态语 指以身体动作来表达类似言语信息的沟通手段。在人际沟通中,人们常常使用身体动作和姿势来传递信息或强调自己的言语,如点头表示同意、拍手代表赞赏、耸肩表示无奈等,均属体态语。见肢体语言(body language)。

embrace reflex 拥抱反射 义同莫洛反射(Moro reflex)。见该条。

embryo 胚胎 **1.**指人类受精卵经细胞分裂后在初期的3～8周期间形成的组织体。8周以后即不称胚胎,而称胎儿(fetus)。 **2.**义同胚胎期(embryonic period)。见该条。

embryology 胚胎学 专门研究胎儿发展的一门科学。

embryonic period 胚胎期 指人类受精后3～8周的一段时间。此时期发展甚快,由受精后的单一个卵细胞分化成为内胚层、中胚层、外胚层。此后每一胚层再继续分化,形成各类细胞,终而构成身体的各种组织与器官。胚胎期过后即胎儿期(fetal period)的开始。见该条。

emergency dyscontrol 情急失控 指个人在紧急情况下失却情绪自我控制所表现的过度反应(overreaction)。见该条。

emergency theory of emotion 情绪应急论 解释情绪产生历程的理论之一,此一理论为美国早期生理心理学家坎农1915年所提出。谓情绪之产生,先由外界刺激引起感官的神经冲动,传入中枢后再分送大脑皮质与身体各部交感神经系统,前者产生情绪经验,后者引起身体生理变化,立即进入应急状态。换言之,因刺激引起的情绪经验与身体变化同时发生,感受到恐惧的威胁,立即可以应战或逃生。见坎农—巴德情绪论(Cannon-Bard theory of emotion)。

emetophobia 惧呕吐症 属恐惧症之一。患者不但惧怕自己呕吐,而且在见到别人呕吐时也会产生极强烈的恐惧反应。纵使当事人明知不致受到任何伤害，唯情境引起的惶恐情绪，个人无法克制。见恐惧症（phobia）。

emitted behavior **自发性行为** 义同自发性反应（emitted response）。见该条。

emitted response **自发性反应** 指非由某特定刺激所引起的反应。亦称为自发性行为（emitted behavior）或自主行为（voluntary behavior）。

Emmert's law **埃默特定律** 指瑞士心理学家埃默特（E. Emmert, 1844～1911）1881年所发现的视觉后像变化的定律。埃默特定律主要说明，视觉后像的大小，与眼睛和后像投射面之间的距离成正比例关系。如以a代表视网膜上映像的大小，A为后像的大小，D为眼睛和后像投射面之间的距离，三者间的关系即a＝A/D。

emoting ＝ emotional expression **表情，情绪表现**

emotion **情绪** 指因某种事件（刺激）引起的身心激动状态，当此状态存在时，个人不仅会有主观感受和外露表情，而且也会有身心反应伴随产生。此一情绪定义中包括了四个要点：（1）情绪由刺激所引起，引起情绪的刺激，可能是外在的（如良辰美景、灾难现场、别人作为以及阅读心得等），也可能是内在的心境所引起（如想象、回忆等）；（2）情绪状态时伴随生理反应，恐惧时心跳加速，愤怒时瞳孔放大，都是伴随情绪而生的生理反应；（3）情绪状态时伴随心理反应，个人能够觉察到自己喜、怒、哀、乐的心情，唯情绪的心理反应，纯属主观的，而非客观的（同场观球赛者对输赢的球队有不同的情绪反应）；（4）情绪兼具动机的特征，动机是促发行为的内在动力，情绪具有类似作用，如恐惧情绪时个体产生逃避退缩行为，愤怒情绪时个体产生攻击行为，都说明情绪具有动机作用。在心理学上对情绪的解释有多种不同理论，最主要者有詹姆斯—郎格情绪论（James-Lange theory of emotion）、坎农—巴德情绪论（Cannon-Bard theory of emotion）及沙克特—辛格情绪论（Schachter-Singer theory of emotion）。见该等条。

emotional acrescentism ＝ emotional deprivation **情感匮乏**

emotional adjustment **情绪适应** 指个人对情绪变化时的自我控制能力，即在情绪表达时适度运用理性，以免冲动而形成过度反应（overreaction）。见该条。

emotional age **情绪年龄** 表示个体发展水平的一种量度。实足年龄相同的人，情绪年龄未必相同，有的人情绪较为成熟，能在情绪状态时自我控制；有的人情绪较为幼稚，在情绪状态时表现失态。情绪年龄的高低与个人的生活经验有关。

emotional anesthesia **情感麻木** 指个人丧失随情境需要而适度表达喜、怒、哀、惧各种情绪能力的状态。情感麻木是一种病态现象，其形成与长期情感匮乏（emotional deprivation）有关。见该条。

emotional beggar **情绪依赖** 指在情感上过度依赖别人（主要为父母），凡事畏首畏尾不敢表达自己的情绪，观望别人的表现以为依从，是为情绪依赖。

emotional behavior **情绪性行为** 指行为之产生与变化起因于情绪因素者。影响情绪变化的生理机构，则系内分泌腺与自律神经系统。因此，情绪性行为具有生理的基础。

emotional bias **情绪性偏见** 指情绪状态下对人对事所做的有失客观的判断。

emotional blocking **情绪障碍** 指情绪状态下个人思考与记忆受阻的情形。

emotional conflict **情感冲突** 指由于两种（或多种）情感性事件所形成的矛盾不能化解，致使个人深感困扰的心理状态，如爱恨交织的情形即是。

emotional contagion **情绪感染** 指在群情激动时，个人对情况并不明了而在情绪上却深受别人的影响。

emotional dependence **情感性依赖** 指在情感上需要别人给予支持始觉安全的心态。情感性依赖的倾向，人皆有之，唯表现过度时或事事都依赖别人者，则属不成熟的表现。

emotional deprivation **情感匮乏** 指个体幼年生长环境中得不到别人给予感情的对待（如父母及家人的亲情），因而影响其情绪行为的发展，形成情感匮乏。例如，幼儿期的依赖需求不能从父母处得到满足时，长大后有可能表现出依赖性抑郁（anaclitic depression）性格。见该条。

emotional desensitization training **情绪脱敏训练** 一种心理治疗方式，让情绪过敏患者在监护下接受轻微的重复情绪过敏刺激，以引起情绪过敏反应，借助自身内部对抗力量逐渐适应，减低过敏反应强度，最后达到完全脱离敏感反应的治疗效果。见系统脱敏法（systematic desensitization）。

emotional development **情绪发展** 指自出生到成年的一段时期内，个体在情绪经验及情绪表达方式上，随年龄与学得经验的增加而逐渐改变的历程。根据心理学家观察研究，人类自初生到3岁之间，情绪的发展是逐渐分化的。初生婴儿只有恬静与激动的反应状态，3个月后始分化为苦恼与愉快两种情绪，3至6个月之间出现愤怒、厌恶、恐惧三种情绪，6至12个月间又增加得意与喜爱两种情绪。约在1岁半时，才会表现嫉妒的情绪。此后随年龄增加，而情绪经验益形复杂，终而有了喜、怒、哀、惧、爱、恶、欲等情绪。

emotional disorder 情绪异常，情绪障碍 指个体在现实情境中情绪表达方式的不适当，或是过分激动与紧张，或是过分冷淡与消沉。情绪异常属心理异常之一类，此类之中包括焦虑症（anxiety disorder）、体表症（somatoform disorder）、解离症（dissociative disorder）及情感症（affective disorder）等。见该等条。

emotional divorce 情感性离婚 指夫妻间长期感情失和，虽仍然维持夫妻名分，而事实上业已分居，婚姻关系名存实亡。

emotional experience 情绪体验 **1.**指在情绪状态时个体自己所主观感受到的喜、怒、哀、惧等不同情绪。 **2.**指演员设身处地体验他所扮演角色情绪状态的情形。

emotional expression 表情，情绪表现 指个体在情绪状态时，在生理上、心理上以及外显行为上所表现的一切变化或活动（如哭、笑、语态、身体动作等）。

emotional flatness = flattening of affect 情感冷漠

emotional flooding 情绪崩溃 指个人在万分痛苦之情绪表达时，情绪激动状态达到了完全不能自制的地步。

emotional handicap 情绪性障碍 指儿童期因情绪困扰而严重影响其心智功能，以致形成学习成绩低落的情形。

emotional illness 情绪病 义同情绪障碍（emotional disorder）。见该条。

emotional instability 情绪不稳 指个人情绪变化不定，喜怒不能按常理推断的情形。

emotional insulation 情绪性孤离 按精神分析论，情绪性孤离属防卫机制之一，指个体以冷漠的表情来应付其挫折与失意。见防卫机制（defense mechanism）。

emotional intelligence 情绪智力 指个体适当控制自己情绪及了解别人情绪所表达之意义的能力。见情绪商数（emotional quotient）。

emotionality 情绪性 **1.**指个人在情绪表达时其身心激动的程度。 **2.**指个人在性格上易于情绪激动的特征，多愁善感者即属之。

emotionally handicapped child 情绪障碍儿童 指生理功能正常智力，在中等或中等以上的学童中，因情绪性障碍（emotional handicap）而无法接受一般正常教育的儿童。见该条。

emotional maturity 情绪成熟 指情绪表达不再带有幼稚的、冲动的特征，而是在言行举止上表情达意时，均能臻于合乎社会规范的地步。

emotional overreaction 情绪过度反应 指情绪表达方式，远超过当时情境对一般人可能引起的反应。唯"过度"与否是相对的，小学生上课迟到，被老师责问时啼哭，不算过度，但大学生如表现同样行为，就是反应过度了。

emotional quotient (EQ) 情绪商数 指比照智商（IQ）而用于评定情绪成熟程度的指标。情绪智商一词始自美国心理学家戈尔曼（Daniel Goleman, 1946～）1995年出版的《情绪智力》一书。戈尔曼认为情绪智力包括五方面的能力：(1)觉知自己情绪状态的能力；(2)控制自己情绪的能力；(3)情绪低潮时自我激励的能力；(4)体谅别人情绪的能力；(5)与别人建立并维持深厚感情的能力。基于此义，如将IQ视为获取知识的能力，EQ则是待人处世的能力，两者兼具者才会成功。目前心理学家已编制自陈量表式的心理测验，用以评量情绪智力。

emotional response 情绪反应 **1.**泛指情绪状态时伴随产生的一切生理的与心理的变化。见情绪（emotion）。 **2.**义同情绪发展（emotional development）。见该条。

emotional security 情绪安全感 指个人在情绪表达时无所惧怕而充满信心的心态。

emotional stability 情绪稳定 广义言之，本词泛指人格特质之一，在易于激动的情境下，个体并不因而表现情绪过分冲动的反应。狭义言之，本词指英国心理学家艾森克提出的人格类型论（personality-type theory）中属于冷静型的人格特质。见该条及附图。

emotional state 情绪状态 指个体在情绪历程中所显现的身体变化及其自我觉知的情绪（喜怒哀惧等）的表现。

emotional storm 情绪风暴 指当事者完全失却自制而表现的极端强烈情绪。

emotional stress 情绪压力 指情绪状态时，因焦虑或恐惧等情绪所形成的心理紧张状态。

emotional support 情绪支持 指当人失败或有痛苦遭遇时，别人给予安慰鼓励所产生的精神支持作用。

emotional tension 情绪紧张 指当个体面对不能预测后果（如考试），或具有威胁性（如决赛）的情境时，所感受到的心理压力。

emotional trauma 情绪创伤 因遭受重大情绪打击或长期情绪压力所导致的情感或行为失调。任

E

何一种引起强烈不愉快情绪的经验,如令人恐惧、悲伤、焦虑、厌恶或羞耻的事物,都可能造成这种心理创伤,在患者身上表现出诸如消沉、孤僻、忧郁、失眠、健忘等症状。

emotion-focused coping 情绪取向因应 见问题取向因应(problem-focused coping)。

empathic listening 同理心倾听 当倾听对方讲话时,能设身处地以对方的立场去体会他的心情,一方面觉得"感同身受",另一方面也"理解"对方所表达意见的意义。同理心倾听是从事辅导工作的重要条件之一。

empathic understanding 移情理解,同理心理解 指能设身处地感受到并理解到对方的心情。见移情(empathy)。

empathy 移情,同理心 **1.**将个人的感情或态度投注于事物或工作的一种心理历程。例如,见到大厅中支撑房顶的圆柱时,就会觉得它负担太重责任太大。如此感受乃是将个人感情投注于物,把圆柱当作人来看待,故谓之移情。有时将个人在人际关系上失去的感情转向投注在工作上,也称移情。**2.**设身处地以对方的立场去体会对方的心境(当事人的感觉、需要、痛苦等)的心理历程,称为同理心。个人同理心的形成要靠两个条件:一为"感人之所感",一为"知人之所感";前者靠个人的生活体验,属情感成分,后者靠个人的认知能力,属理性成分。同理心是美国人本心理学家罗杰斯20世纪80年代所倡当事人中心治疗法(person-centered therapy)的三大要素之一。见该条。本词与同情(sympathy)和移情(transference)不同。见该等条。

empirical approach = empirical method 经验法,实证法

empirical knowledge 经验知识 指靠感官经验获得的知识。与本词相对者为先验知识(transcendental knowledge)。见该条。

empirical law 经验法则 指根据经验到的事实或观察到的结果归纳而得的变项之间变异关系的法则。

empirical method 经验法,实证法 采用观察或实验在实际数据中求取结果以验证假设并建立系统理论的方法。

empirical psychology 经验心理学 以经验到的事实为研究题材的心理学,称为经验心理学。经验心理学重视心理活动的事实,而不重视心之内容,故其主张异于内容心理学(content psychology)。见该条。

empirical scoring 经验评分法 指根据某一评分标准对受试者反应的评分方法。经验评分法是医学诊断时最常用的评分方法。例如,医师对病人的体温、血压、血脂肪等高低的判断,都是根据医学上已有的标准。

empirical test 验证 指经由控制实验或实地观察所获得具体数据对预定之假设给予考验或证明的历程。

empirical validity 经验效度,实证效度 属测验效度的建立方式之一。经验效度系指该测验的效度,系经由与另一客观标准实际验证之后而建立者。这一客观标准就是该测验所采用的效标。新编测验施测后得一组分数,然后使同群受试者在另一标准测验上获得另一组分数。计算其两组分数之间的相关,所得相关系数,即代表该新编测验的效度。因此,凡是根据效标建立效度的测验,无论是同时效度或是预测效度,在性质上都属于经验效度。见效标(criterion)、效标关联效度(criterion-related validity)。

empiricism 经验主义 在心理学上,经验主义一词有两种意涵:第一种意涵是近代哲学心理学上解释人性特质的三大思想流派之一;其他两大思想流派分别是理性主义(rationalism)与浪漫主义(romanticism)。见该等条。根据经验主义哲学心理学思想的解释,人类的一切知识得自感官经验,人的心只是被动地接受经验而形成知识。经验主义的基本理念始自希腊哲学家的思想,唯正式形成一个思想流派,则是在17世纪。经验主义思想之兴起有两方面的历史背景,一方面是反对同时代理性主义所持知识来自先天理性和人心具有主动求知功能的理念;另一方面是受文艺复兴后科学革命思想的影响,认为人的行为系由外在环境因素所决定。见知识来源问题(origins of knowledge)。17到18世纪经验主义思想重要代表人物为培根(Bacon, Francis)、洛克(Locke, John)、霍布斯(Hobbes, Thomas)、哈特莱(Hartley, David)等。见各家传记条。经验主义的第二种意涵是,代表一种心理学研究取向。此一研究取向强调,心理学的研究应根据经验到的实际资料归纳结果,去发现心理变化的规律。此一论点,恰与传统研究所采用的演绎法相反。因此,经验主义所采取的研究取向,一般认为是现代实验心理学的滥觞。见演绎法(deductive method)、归纳法(inductive method)和实证主义(positivism)。

emptiness fear = kenophobia 惧空症

empty-chair technique 空椅技术 完形治疗法在从事心理治疗时所采用的一种技术。让患者面对一张空椅,假设生活中与他发生冲突的人就坐在

椅上，让他面对空椅说出隐藏在内心中想说出的一切。空椅技术的目的，一方面借由患者的自由表达宣泄情绪，另一方面可借此了解他心理方面的问题。见完形治疗法（Gestalt therapy）。

empty nest 空巢 指子女长大成人，各自结婚成家，原有亲子两代的家庭呈现冷清空寂的状态。

empty nest syndrome 空巢症候群，空巢综合征 指人到中年时形成中年危机现象的原因之一。父母教养子女多年，子女长大后纷纷离家，各奔前程。为父母者由亲子感情的一时失落，所形成的孤独寂寞以及顿觉失去价值的复杂心境，终致情绪困扰，甚至丧失平时的生活功能。此种现象，称为空巢症候群。空巢症候群现象，出现在母亲的概率远较父亲为多，原因是母亲与子女间，一般存有较深的感情。人到中年时，空巢症候群是否必然产生，要视亲子感情和子女是否成才而定。亲子关系良好者，不致因亲子分离而疏远了彼此间的感情；子女成才者会带给父母希望，或可不致产生空虚感。见中年危机（midlife crisis）。

empty reasoning 空泛推理 义同循环推理（circular reasoning）。见该条。

empty word 虚词 义同语法词（function word）。见该条。

EMR = **educable mentally retarded** 可教育性智能不足

enactive mode 动作方式 义同动作表象方式（enactive representation mode）。见该条。见动作表象（enactive representation）。

enactive period 动作阶段 义同动作表象期（enactive representation stage）。见动作表象（enactive representation）。

enactive representation 动作表象，动作表征 美国心理学家布鲁纳在1964年发表的论文《认知发展过程》中，从认知发展乃是随年龄增长而产生质变的观点出发，提出儿童期认知发展乃是表象思维方式改变历程的理论。布鲁纳按儿童期表象思维方式的变化，区分为三种表象，分别出现在三个年龄阶段：第一种表象为动作表象，指婴儿阶段以身体动作为基础的认知方式，从动作活动中去了解环境认识世界。例如，经由坐的动作了解椅子，经由喝的动作了解水和杯子的存在，经手触和口尝的动作了解冷热的状态。动作表象虽然是婴幼儿认知的特征，但以后直到成年仍然是求知方式之一。动作表象是代表认知发展的一个阶段，通常也称之为动作表象期（enactive representative stage）。其他第二、三类表象思维方式分别是形象表象（iconic representation）和符号表象（symbolic representation）。见该等条。见布鲁纳（Bruner, Jerome Seymour）传记条。

enactive representation mode 动作表象方式 义同动作表象（enactive representation）。见该条。

enactive representative stage 动作表象期 见动作表象（enactive representation）。见布鲁纳（Bruner, Jerome Seymour）传记条。

encephalon = **brain** 脑

encephalopathy 脑病 泛指大脑功能丧失或脑部的一切病症。

encoding 编码 信息处理心理学的术语。信息处理是一个输入（input）与输出（output）双向译码（coding）历程。输入时的译码是将信息（刺激）的具体原形改换为抽象的代码（code）后储存在记忆中。输出的译码是将储存在记忆中的信息配合外在需要转回原信息的形式。为使输入与输出双向译码有所区别，因此前者称为编码，后者称为译码（decoding）。以学习一个单字为例，单字有字形、字声与字义三种特征，所以在信息处理时就会按编码历程将之编为形码（iconic code）、声码（echoic code）与义码（semantic code），一并储存在记忆中，等以后应用时，就会配合需要分别表现出字形、字声和字义的适当反应。详见该等条。

encoding specificity principle 编码特定原则 认知心理学术语，指学习时除固定学习的刺激之外，当时的情境因素也会影响以后的记忆。换言之，在什么地方学习的，回到原来的地方，容易唤起记忆。原因是在学习时将情境一并编码输入在记忆之中。

encounter group 会心团体 美国心理学家莫瑞诺理论中的术语。指采取团体治疗时所组成的一种小团体。会心团体的特征是，在包括少数人的小团体中，团体成员被鼓励学习自我知觉、自我负责、坦诚、开放的态度与别人相处，并主动撤除自我防卫的藩篱，尽量冲破心理障碍以抒发其压抑的情绪。会心团体的主要目的是，在团体中学习到适应人际关系的技巧，使之用于以后的其他生活情境。与其他心理治疗方法相比，会心团体强调"此时此地"的人际交感，不重视当事人以往的生活背景。莫瑞诺的会心团体理论，乃是根据社会心理学家勒温的团体动力学（group dynamics）理念。见该条。

enculturation 文化适应 指身处异种文化环境时重新改变自己的习惯、态度、语言和行为以适应环境要求的历程。见涵化（acculturation）。

end effect 末端效应 义同近因效应（recency effect）。见该条。

endless stair step 无尽台阶 属视错觉之一。如附图所示，初看时像是连续的台阶，仔细看时它不符合台阶循级而上的原理。如循图中台阶前进，最后将会发现台阶是无尽头的。本错觉图最早为英国心理学家彭罗斯(L. S. Penrose, 1898～1972)1958年所设计，故也称彭罗斯楼梯(Penrose staircase)。本错觉图是不可能图形(impossible figure)之一。见该条。

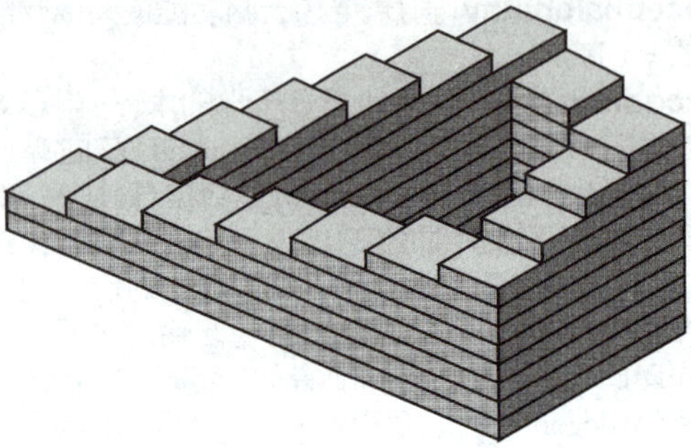

无尽台阶

endocrine gland 内分泌腺 人体内有两种分泌腺，一为外分泌腺(exocrine gland)。见该条。另一为内分泌腺，见内分泌系统(endocrine system)条及附图。

endocrine system 内分泌系统 内分泌系统是分泌化学物质的生理作用系统，此一系统由多种分泌腺所构成。内分泌腺也称无管腺(ductless gland)，不经由任何管道，即将其所分泌的化学物质，直接渗透至血液之中。内分泌腺所分泌的化学物质，称为激素(hormone)。人体内不同的内分泌腺分泌不同性质的激素，而各种不同激素又各自发挥不同的功能。在整个内分泌系统之内，以下六种是最重要的：(1)垂体腺(pituitary gland)；(2)甲状腺(thyroid gland)；(3)副甲状腺(parathyroid gland)；(4)肾上腺(adrenal gland)；(5)胰腺(pancreas)；(6)性腺(gonad)。各内分泌腺分布位置见附图，其性质与生理功能见各该条。

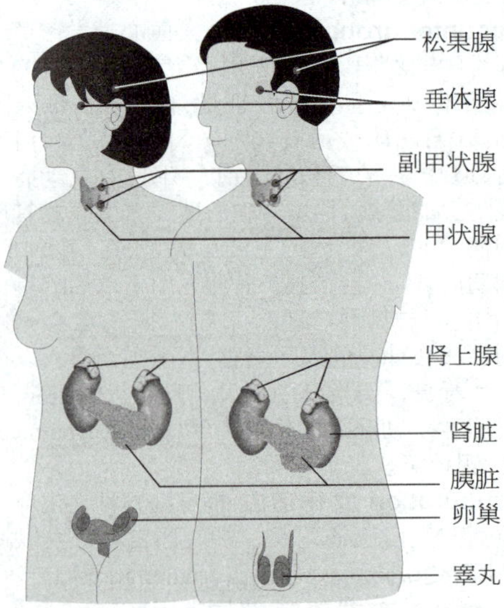

内分泌系统

endocrinology 内分泌学 指专门研究内分泌系统的构造及其在生理与心理上之功能的科学。见内分泌系统(endocrine system)条及附图。

endogamy 内婚制 指在婚姻制度或习俗上，限制只有属于同种族或同社会阶级者始可通婚的传统。与本词相对者为外婚制(exogamy)。见该条。

endogenetic factor = **endogenous factor** 内源因素

endogenic factor = **endogenous factor** 内源因素

endogenous clock 体内时钟 义同生物时钟(biological clock)。见该条。

endogenous depression 内因性抑郁 指由个体内在原因所导致的抑郁。个体对痛苦经验长期压抑，痛苦情绪无法发泄，最后可能形成抑郁症(depression)。见该条。

endogenous factor 内源因素 指个体身心特征形成的内在原因。内源因素主要包括两方面：其一为遗传因素，其二为体质因素。

endogenous obesity 体质型肥胖症 指由于体质因素(如内分泌失调或代谢作用异常)而形成的肥胖症。与本词相对者为生活型肥胖症(exogenous obesity)。见肥胖症(obesity)。

endogenous stimulation 内源刺激 指引起个体反应的刺激之来自个体内部者(如因饥饿而引起求食行为)。

endolymph 内淋巴液 指内耳中充满膜性迷路内的淋巴液，亦即填充在椭圆囊、球囊、耳蜗管及膜性半规管内的液体。见内耳(inner ear)。

endolympha = **endolymph** 内淋巴液

endomorphic body type = **endomorphy** 肥胖型，内胚层体型

endomorphy 肥胖型，内胚层体型 见谢尔顿人格体质论(Sheldon's constitutional theory of personality)。

endophasia = **implicit speech** 内隐语言

endorphins 内啡肽 人体内分泌的一种化学物质，其功能有如吗啡，身体受伤时会产生止痛作用。

endowment 禀赋 先天赋予个人的身心潜能。禀赋是遗传的，须经由良好的后天环境，个体的禀赋始有充分发展之可能。禀赋中包括了体能、智力、性向等。

end spurt 最后冲刺 指接近结束时工作特别卖力的现象。

end test＝post-test 后测

engaged time 投入时间 指在教学活动中，各阶段进行时间内，学生专注参与的时间量。例如，教师分配给学生课堂作业，时间为20分钟，学生实际进行作业为15分钟（其余5分钟为其他如分发簿本、准备文具等），则其投入时间为15分钟。

engineering psychology 工程心理学 属应用心理学的一个学科。工程心理学研究的对象是人与机器的关系，其目的一方面分析研究如何在使用机器时达到既安全又有效的地步，另一方面分析研究如何使机器与人的身体功能配合，从而改善机器设计，以期达到人与机器合一的理想境界。见工效学（ergonomics）。

engram＝memory trace 记忆痕迹

enlightenment 启蒙运动，黎明运动 欧洲中世纪（指5～15世纪）黑暗异常，各种思想言论，皆受教会禁锢。17与18世纪之交，有些学者起而打破因袭传统思想，专以开拓蒙昧、普及文化为务，其特征为反空谈、重实际、崇理性、尚自由，排斥宗教专横与国家权威。启蒙运动的思想，影响深远，单就对以后心理学思想发展而言，以英国洛克为首的经验主义（empiricism），法国笛卡尔为首的理性主义（rationalism）及卢梭为首的浪漫主义（romanticism）思想，都是在启蒙运动兴起之后产生的。见该等条。

enriched curriculum 充实课程 指超过一般课程内容额外附加的课程。充实课程通常为资赋优异儿童所设，盖因此类儿童学习能力较强，设充实课程后增多他们学习的机会，有助于使他们的禀赋获得充分发展。充实课程有两种方式：一为广度充实，以扩大学习领域，加强课程范围以外的其他科目为主；另一为深度充实，以提高教材深度，配合资优学生能力为主。见资优儿童（gifted child）。

enriched perception 繁化知觉 指对一切符号、信号、象征物以及暧昧刺激所得知觉。繁化知觉的特征是，刺激本身的特征即使是简单的（如十字架），个人由之所得的知觉经验也是复杂的，其复杂程度又常因个人的心理需求与价值取向而异。显然，繁化知觉难免有失实倾向，甚至有扭曲事实的可能。繁化知觉的形成与个人的学习经验及生活背景有关。

enrichment 充实制 对资赋优异学生的一种教育方式，以充实课程内容的方式，代替跳级。见教育充实制（educational enrichment）、充实课程（enriched curriculum）。与本词相对者为速进制（acceleration）。见该条。

enrichment program 充实计划，充实方案 指对文化匮乏的儿童所实施的学前教育计划。因为该等儿童6岁入学接受正式学校教育时基本能力（如语文能力和生活习惯）不足，如不事先予以充实补救，入学后难免遭遇无法接受教育的困难。广设幼儿园收容文化匮乏儿童，是充实计划的方法之一。

E

entire correlation＝total correlation 总相关

entomophobia＝acarophobia 恨昆虫症

entry behavior 起点行为，始业行为 指在学习某知识技能之前已有的相关经验基础。以起点行为为做基础，始能建立新的行为。与本词相对者为终点行为（terminal behavior）。见该条。见准备状态（readiness）。

enuresis 遗尿症 指小便不能自控的现象。3岁以前儿童的遗尿现象是正常的。5岁以后如持续对小便仍无法控制，即被视为遗尿症。

environment（E） 环境 从个体发展的观点看，环境系指个体生命开始之后，其生存空间中所有能对其发生影响的一切因素。此等因素可用内环境与外环境来说明：（1）内环境（internal environment），指个体体内的环境，包括细胞内环境与细胞间环境。细胞内环境包含细胞核、染色体、基因与细胞质，其中基因的组合为构成行为特征的基本要素，其组合方式受其所在环境的影响。细胞间环境指细胞周围的物质所形成的环境，不但能影响细胞的分化与特殊功能的形成，而且由于细胞组织功能的运作，能维持体内状况的一致性与稳定性。就个体的整体而言，内环境指个体内在一切生理的与心理的变化与功能。（2）外环境（external environment），指个体体外一切能影响其身心发展的因素。外环境可分为产前环境与产后环境，前者为胎儿在母体中九个多月在子宫内所处的环境，后者为个人由生到死所处的自然环境和社会环境，亦即所谓的后天环境。

environmental attribution 环境归因 义同情境归因（situational attribution）。见该条。

environmental demand 情境需要 义同需要特征（demand characteristics）。见该条。

environmental deprivation 环境剥夺 指个体生长环境中缺乏文化性与社会性刺激，因而影响到个体的人格发展的情形。见文化剥夺（cultural deprivation)。

environmental determinism 环境决定论 义同环境论(environmentalism)。见该条。

environmental education 环境教育，境教 **1.**指个体所在的环境(家庭学校等)中的一切因素(包括自然的、社会的、文化的)对个体所产生的综合性教育作用。以学校为例，校园、建筑设备、教师素质、学生成分等因素所形成的环境，对每个学生均将产生教育作用。**2.**指从教育观点对自然环境与社会环境所从事的生态学研究。

E

environmentalism 环境论，环境主义 始自哲学心理学对人性特质争议之一的天性与教养问题(nature-nurture controversy)。见该条。环境论的基本要义是，人类身心的发展与变化，主要系决定于环境因素。与本词相对者为遗传论(hereditarianism)。见该条。

environmental-learning theory 环境学习论 研究个体心理发展的一种理论取向。此一理论取向所强调的是，儿童的心理发展主要是在环境因素影响下被塑造而成的。显然，此一理论取向倾向于行为主义所持环境决定论的观点，而有别于认知心理学家所持个体经由主动选择和组织而认识环境的观点。本词也称学习模型(learning model)。

environmental-load theory 环境负荷论 指关于个体接受并处理环境中信息的一种理论。个体在同一时间内所能接受并处理环境中的信息的量是有限度的，超过限度时，有些信息即不能输入。见信息超载(information overload)。

environmental press 环境压力 美国心理学家默瑞理论中的术语。意谓个体的心理需求中有些是在环境压力下产生的。如在山林中突然见有一只熊出现，逃脱的需求就会立即产生，此时的心理压力即环境压力。

environmental psychology 环境心理学 属心理学领域内的一个新兴学科(兴起于20世纪60年代以后)。环境心理学研究的目的是，探讨行为与环境的关系。行为系指内在的与外显的一切活动，环境主要指物理环境，诸如噪声、空气污染、河川污染、温度、湿度等均属环境因素。环境心理学所研究的重点，即在分析探讨环境变化时对个体行为的影响。就目前环境心理学发展状况看，社会因素(如家庭、团体、都市、乡村等)也已包括在研究范围之内。因此，现在的环境心理学已发展成一门包括心理学、社会学、人类学以及生态学的综合科学。

environmental therapy = **milieu therapy** 环境治疗

environmental variable 环境变项 义同情境变项(situational variable)。见该条。

environment-stress theory 环境压力论 解释精神疾病成因的一种理论。持此论者认为，一切精神疾病皆由于个体对其生活环境中的压力不能承受，以至于丧失生活功能所致。

envy 妒忌 指眼见他人拥有自己所无或所爱的东西，而自己却不能如愿时的不愉快心情。例如，眼见别人比自己貌美或比自己富有时，都会产生妒忌心理。本词与另词嫉妒(jealousy)稍有不同，后者主要偏于用在两性之间对爱情方面的心理描述。

enzygotic twins = **identical twins** 同卵孪生子

EOG = **electro-oculogram** 眼电图

eonism = **transvestism** 扮异性癖

eosophobia 惧黎明症 属恐惧症之一。患者对黎明的景象产生莫名的恐惧感。黎明代表另一天的开始，也代表着有些事情等待要处理。因此，患惧黎明症者，事实上可能是对现实生活中的责任心怀恐惧。见恐惧症(phobia)。

EP = **evoked potential** 诱发电位

EPI = **Eysenck Personality Inventory** 艾森克人格调查表

epidemiology 流行病学 属现代医学的一支。流行病学除根据症状对患者施予治疗之外，另外更进一步研究患病率与社经地位、居住地区以及生活环境等因素的关系。

epigenesis 后成论 解释个体身心特征之形成的一种理论。后成论的基本要义是，个体的身心特征并非在受精时就决定的，而是在受精后胚胎期甚至在出生后逐渐形成的。精神分析论创始人弗洛伊德的性心理期发展论(psychosexual stage theory of development)和新弗洛伊德主义者埃里克森的心理社会期发展论(psychosocial stage theory of development)，在理念上均属后成论。见该等条。与本词相对者为预成论(preformationism)。见该条。

epigenetic principle 后成原则 义同后成论(epigenesis)。见该条。

epigenetic theory = **epigenesis** 后成论

epilepsia = **epilepsy** 癫痫，癫痫症

epilepsy 癫痫，癫痫症 俗称羊痫风或羊角风，是一种时发性的脑细胞功能异常所导致的精神疾病。癫痫病因复杂，其发作时所显现的身心状态又有多种类型，其中主要者有：(1)大发作癫痫(grand mal epilepsy)，身体僵直且有节奏性痉挛，肤色变为苍白，呼吸迫促，口吐白沫，自我意识丧失。(2)小发作癫痫(petit mal epilepsy)，病发时间

极短(约在10秒钟左右),只有病发时意志力丧失。小发作患者多属儿童。(3)全部性癫痫(generalized epilepsy),大脑各部位细胞功能异常所导致的癫痫症。(4)局部性癫痫(focal epilepsy),大脑局部细胞功能异常所导致的癫痫症。(5)病因不明癫痫(idiopathic epilepsy),只见症状不明其原因。(6)杰克逊癫痫(Jacksonian epilepsy),由局部扩散到全部的癫痫症。(7)心理动作性癫痫(psychomotor epilepsy),病发时表现奇异的潜意识动作。(8)情感性癫痫(affective epilepsy),病发时情绪特别激动。

epinephrine = adrenaline 肾上腺素

epinosic gain = secondary gain 再度获益

epiphenomenalism 副现象论 指心身关系问题中属折中论(compromism)的看法之一。副现象论者主张身为主心为副,心只不过是身的影子而已。举例而言,做梦固为心理活动,但梦的产生,也只是身体上神经系统运作的现象而已。见心身关系问题(mind-body problem)。

episodic amnesia 情节性失忆症 属失忆症之一,患者所不能记忆者是记忆事件中时间、地点、人物等重要情节。见失忆症(amnesia)。

episodic memory 情节记忆 指对某特殊事物或特殊情境下事物的记忆。情节记忆带有时间空间的特征,所记忆者不是普遍性概念,而是具体的事实。

epistemology 认识论,知识论 属哲学三大理论体系之一。哲学上的认识论,主要探讨人类知识来源的问题。对人类知识来源的解释,始自古代希腊哲学,唯正式成为系统理论,则是17世纪以后的理性主义(rationalism)与经验主义(empiricism)。见该等条。另见知识来源问题(origins of knowledge)。

EPPS = Edwards Personal Preference Schedule 艾德华个人兴趣量表

EPQ = Eysenck Personality Questionnaire 艾森克人格问卷

EPSP = excitatory postsynaptic potential 兴奋性突触后电位

EQ = educational quotient 教育商数

EQ = emotional quotient 情绪商数

equality of educational opportunity 教育机会均等 指学校的教育机会不应因种族、性别、宗教、地域、社会阶层等因素而有所差异。在传统的旧社会里,教育机会是不均等的,直到20世纪开始人权观念受到普遍重视后,教育机会均等的理想才逐渐得以实现。唯教育机会均等的理想实现,而且达到人人均可接受基础教育的地步之后,学校教育在实施上紧跟着又产生了新的问题,即虽然人人均可获得同等教育机会,但未必人人都能获得同样的教育效益。原因是学校采用同样的教材和教法,未必适合不同智力水平、不同身心状况、不同家庭背景的所有学生。唯其如此,近年来乃有教育效益均等(equality of educational outcomes)理念的产生。此一新理念的基本要义是,在教育机会均等的原则之下,学校教育必须进一步针对资赋优异者、身心残障者、生活适应困难者的特殊需要,均各给予适当的教育。在这样理念之下,学校的辅导和特殊教育遂应运而生。

E

equality of educational outcomes 教育效益均等 见教育机会均等(equality of educational opportunity)。

equality stage 公平期 见区别性公正(distributive justice)。

equally noticeable difference = just noticeable difference 最小可觉差

equal probability 均等概率 指在抽样时,总体内的每一个体均有相同的机会可以被抽取到的情形。如研究者要抽样调查某地区中学生近视眼罹患率,在抽取样本时,总体应包含该地区全体中学生,并根据全体中学生的学号,以随机抽样的方法取出一个样本,即符合均等概率的原则。

equifinality 等效性 在某种情境下,如个体表现乙种反应,即可达到原来甲种反应所达到的目的时,对此种可替代的行为,称其具有等效性。

equilibration 平衡,均衡 **1.**指由两种相反力量适度配合而形成的平衡状态。 **2.**在瑞士心理学家皮亚杰的认知发展理论中,指个体认知结构改变的历程。个体因适应失衡环境需要而有认知改变,改变之后与环境协调,因而又恢复平衡,由平衡到不平衡,再由不平衡到平衡的连续历程,即代表着智力发展的历程。根据皮亚杰的解释,认知结构平衡的维持主要靠同化(assimilation)和调适(accommodation)两种作用。见该等条。

equilibratory sense = sense of equilibrium 平衡觉

equilibrium 平衡,均衡 **1.**在一个系统或组织中各方面维持平衡的稳定状态。 **2.**义同平衡状态(homeostasis)。见该条。 **3.**在皮亚杰的认知发展阶段理论中,有时与另词平衡(equilibration)通用。见该条。与本词相对者为失衡(disequilibrium)。见该条。

equilibrium hypothesis 平衡假说 社会心理学术语,解释在特殊情境下人际亲近关系的一种心理调适。在一般情境之下,人际关系愈亲密时,彼此身体的距离愈接近，彼此的眼神接触也愈多。然而在特殊情境下则不能如此。例如，在拥挤的地下火车中，人与人之间常是面对面的距离只有几十厘米。在此情境下，个人在心理上就会主动调适，尽量避免与对方做眼神的接触，借以维持心理平衡。

equity stage 公正期 见区别性公正（distributive justice）。

E

equity theory 公平论 解释维持人与人之间或团体与团体之间彼此能够和平相处的一种理论。当彼此之间都感觉到付出与收益是公平时，彼此之间才不会发生冲突。与本词意义相近者为社会交换论（social exchange theory）。见该条。

equivalence belief 等值信念 美国新行为主义心理学家托尔曼学习理论中的术语。意指个体在有目的活动中（如白鼠在迷津中寻找食物），一个次目标（如十字路口一边的阴影）如有效引导达到主目标（食物箱）时，该次目标对个体目的性行为而言，就具与主目标相等的价值。基于此义，本词与次级强化（secondary reinforcement）意涵相似。所不同者，本词中的"信念"带有认知的意义。见托尔曼（Tolman, Edward Chase）传记条。

equivalence coefficient = coefficient of equivalence 等值系数

equivalent form = alternate form 复本，更替卷

equivalent-form method 复本法 指采用心理测验的复本建立其复本信度（alternate-forms reliability）的方法。见该条。

equivalent forms reliability = alternate-forms reliability 复本信度

equivalent groups 等组 指采用两个（或两个以上）组的受试者，在某一变项上（如学业成绩）的统计分配相等或相似的情形。例如，有两班学生，其数学成绩的分配如符合以下四个条件即可视为等组：(1)最高分相等；(2)最低分相等；(3)平均分相等；(4)标准差相等。

equivalent-groups procedure 等组法 属控制性实验研究时对受试者的一种分组安排。分组时尽量使两组受试者在能力与其他条件（如性别、年龄、经验等）上相等。然后按实验设计给予各组不同的处理（如不同的教学方法）。如此，各组实验结果的差异，始可归因于实验设计中的不同处理。见配对组设计（matched-groups design）。

eremiophobia = autophobia 自惧症，惧孤独症

ergonomics 工效学 指人体科学在工作中的应用。工效学以心理学、生理学、解剖学、人体测量学等学科为基础，研究如何使机器和环境系统的设计符合人的身体结构与生理和心理的特征，形成人、机器、环境、工具之间的最佳配合，使处在各种条件下的人都能有效地、安全地、健康和舒适地工作与生活。见人体工程学（human engineering）。

ergophobia 惧工作症 属恐惧症之一。患者惧怕工作，在迫不得已从事工作时，即感到无比的恐惧与痛苦。因此，患工作恐惧症者时时逃避工作，生活至为痛苦。见恐惧症（phobia）。

Erikson, Erik Homburger（1902～1994） 埃里克森 埃里克森是20世纪德国出生的美国心理学家，是新弗洛伊德主义代表之一，是发展心理学家，也是只受过中学教育而能成为世界著名心理学家的少有传奇人物。

埃里克森1902年6月15日出生于德国法兰克福，父亲为丹麦人，母亲为德国犹太人，他未出生父母即离异，母再婚，继父为德国犹太人、小儿科医生。埃里克森18岁中学毕业后，在欧洲各地漂泊一年，曾尝试学习绘画，且曾两度进入艺术学校就读，但又放弃。1927年25岁时到维也纳，应聘为弗洛伊德女儿安娜·弗洛伊德所创立之儿童精神分析实验学校教师。埃里克森在教学中研究精神分析之理论与应用，从此他正式进入精神分析学术团体，并于1933年正式获得维也纳精神分析学会会员资格。1933年德国纳粹执政后，为逃避纳粹迫害而赴美，在波士顿开设儿童精神分析诊所，并担任当地公立医院的顾问。此后，在1936年曾受耶鲁大学委托从事专题研究，1942年至加州大学任教，因不愿签署麦加锡效忠法案，于1950年辞职。自1960年起担任哈佛大学教授，直至1970年退休，1994年5月12日病逝于麻萨诸塞州哈维克，享年92岁。埃里克森在心理学上的贡献，最主要者是他的人格发展理论。以下是埃里克森人格发展理论的三点要义：

1.人格发展的基本理念　从心理学思想流变观点言，埃里克森的人格发展理论虽以弗洛伊德的

理论为基础,但二者间仍有三点不同之处:(1)弗洛伊德的理论以个体本我的性冲动(欲力)为发展动力,是生物性的看法。埃里克森的理论以个体在环境中自我成长为发展动力,是社会性的看法。(2)弗洛伊德以个体性冲动和满足方式的改变作为人格发展的分期标准,故其理论称为性心理期发展论。埃里克森以个体与社会关系的改变作为人格发展的分期,故其理论称为心理社会期发展论。(3)弗洛伊德对人格发展持早期决定论的看法,认为个体童年经验决定其一生,埃里克森则持一生持续改变的看法。现代发展心理学公认的生命全程发展研究取向,即是由埃里克森的理论开始。

2.发展危机与统合危机　在埃里克森的人格发展理论中,有两个重要概念:(1)发展危机(developmental crisis),个体出生后与社会环境互动时,一方面由于他自我成长的需求,希望从环境中获得满足;另一方面又不得不受到社会的要求与限制,使他在社会适应上产生困难。埃里克森称此种心理困难为发展危机。唯发展危机一词并不表示只有负面的意义,相反的,对个体自我成长而言,发展危机也具有转机的正面作用。因为个体受到危机感的压力时,他必须学习如何调适自我,从而符合社会对他的要求;自我调适之后,使危机得以化解,就等于个体的自我获得了进一步的发展。因此,对成长中的个体而言,发展危机是正常现象,故而又称常性危机(normative crisis)。(2)统合危机(identity crisis),指个体自我成长中因无法在环境中确定自己方向而有迷失感和焦虑感的心理压力。个体对"我是谁?""我来自何处?""我走向何方?"等问题,均无法将自己的条件、环境限制以及人际关系等因素统合在一起获得答案。统合危机的心理压力,青年期尤为显著。

3.心理社会期发展论　埃里克森的心理社会期发展论(psychosocial stage theory of development)有两点要义:其一,个体自出生到老死,一生中自我发展分八个阶段,各阶段的划分是以个体身心成长特征及其与社会环境关系的改变为标准。在生命全程中,早期发展重于后期发展,故在成年之前即占了五个阶段。其二,每一阶段的自我发展均将面临不同的发展危机,各阶段发展危机的化解,即代表自我发展顺利,前一阶段发展不顺利,将影响后一阶段之发展,中老年生活沮丧,是前半生各阶段发展危机未及时化解的后果。埃里克森心理社会期发展论的八阶段是:(1)信任对不信任(trust versus mistrust)(出生至周岁);(2)自主对羞怯与怀疑(autonomy versus shame and doubt)(1至3岁);(3)主动对愧疚(initiative versus guilt)(3至6岁);(4)勤奋对自卑(industry versus inferiority)(6至12岁);(5)统合对角色混乱(identity versus role confusion)(12岁至青年期);(6)亲密对孤独(intimacy versus isolation)(约20至30岁);(7)爱心关怀对颓废迟滞(generativity versus stagnation)(中年期);(8)完美无缺对悲观沮丧(integrity versus despair)(老年期)。见该等条。

埃里克森著作丰富,已出版之专著有:*Childhood and society*(1950); *Dimensions and society*(1950); *Young man Luther*(1958); *Psychological crisis in the life-cycle*(1963); *Insight and responsibility*(1964); *Identity: Youth and crisis*(1968); *Gandhi's truth: On the origins of militant nonviolence*(1969); *Life history and the historical moment*(1975); *Toys and reasons*(1977); *Identity and the life cycle*(1980); *Configuration in children's play*(1982); *The life cycle completed*(1982)等。

Eriksonian 埃里克森主义 义同埃里克森心理社会期发展论(psychosocial stage theory of development)。见该条。

Erikson's eight stages of man 埃里克森人生八段论 见心理社会期发展论(psychosocial stage theory of development)。

erogenous zone 性感区 指身体上某些部位,受到刺激时即产生性感。乳房、口唇、肛门、生殖器等部位,均为性感区。

Eros 爱神 本词原为希腊神话中爱神的名字,后来精神分析论创始人弗洛伊德用以表示性欲,因而引申为与生之本能(life instinct)同义。见该条。与本词相对者为死神(Thanatos)。见该条。

erotic apathy = sexual apathy 性冷漠

erotic delusion 多情妄想 属妄想狂的一种形式。患者过分自作多情,认定有很多异性对自己热情追求,甚至相信会有异性因挡不住她的诱惑而对她强暴。见妄想狂(paranoia)。

erotic instinct 性本能 属精神分析论中的术语,义同欲力(libido)与生之本能(life instinct)。见该等条。

erotic love 性爱 指纯以性满足为基础的两性或同性亲密关系。

eroticomania = erotomania 色情狂

erotic type 性爱型 属弗洛伊德所指欲力类型(libidinal type)之一。见该条。

erotogenic zone = erogenous zone 性感区

erotomania 色情狂 指人的性欲特强至于不能自制的性变态现象。

error 误差,错误 **1.**与预定之评量标准不符合的

E

情形,称为误差。**2.**测得之统计量数与真分数有差异的情形,称为误差。此类误差有两种:一为绝对误差(absolute error),另一为相对误差(relative error)。见该等条。**3.**在心理实验结果中,依变项的改变与自变项的改变不符合的情形,也称误差。见真分数(true score)。

error-choice technique 错误选择法 测量态度的一种方法。设置一种二选一的情境,事先告知受试者,两者之中任何选择都得不到所谓正确结果(故称错误选择)。在这种情境下,受试者被迫选择,而其选择并非任意勾选,而是多半经思虑后偏于二者之一。换言之,即使无所谓是非对错,受试者在态度上仍然是有所偏好的。

error of central tendency 中心趋势误差 指使用两极式评定量表时可能产生的误差。评定者多半避免各种极端的判断,而倾向于选择量表中中等程度的选项。此情形尤常发生于评定者对评定对象不甚熟悉情况。使评定者熟悉评定对象,掌握等级评定量表的使用技术,可避免这种误差。见两极式评定量表(bipolar rating scale)。

error of measurement 测量误差 由于测量工具(如心理测验)的效度不足,或施测方法有误,致使对个体某种特质所测到的分数与真分数之间有差距时,该差距即称为测量误差。如测量误差也用数量来表示,即称为误差分数(error score)。从理论上讲,测得分数、真分数与误差分数三者之间有如下的关系:测得分数=真分数-误差分数(可正可负)。本词也称观察误差(error of observation)。见真分数(true score)。

error of observation 观察误差 义同测量误差(error of measurement)。见该条。

error of refraction 折射误差 指视觉映象不能正确折射到视网膜上的现象。折射误差发生的原因,主要是由于晶状体曲度异常所致。折射误差的主要矫正法是配眼镜。见眼的构造(eye structure)条及附图。

error score 误差分数 见测量误差(error of measurement)。

error variance 误差变异 指自变项影响之外其他未加控制因素(误差)所造成的变异。例如,抽样误差(sampling error)与测量误差(error of measurement),都可能产生影响,使结果的变异数缩小或扩大。见该等条。

erythrophobia 惧红色症 属恐惧症之一。患者对红的颜色特别敏感,见到红色就会引起强烈的恐惧反应。纵使明知不致受到任何伤害,但仍然无法克制由之引起的惶恐情绪。见恐惧症(phobia)。

E scale E量表 测量种族意识的一种态度量表(attitude scale)。见该条。

escape conditioning 逃脱条件作用 义同逃脱学习(escape learning)。见该条。

escape from reality 逃避现实 **1.**属防卫机制之一,指生活中遇到挫折时习惯于以幻想代替行动的心理倾向。**2.**义同逃避机制(escape mechanism)。见该条。与本词相对者为遁入现实(flight into reality)。见该条。

escape into illness = flight into illness 装病

escape learning 逃脱学习 也称逃脱条件作用(escape conditioning),指个体在一种具有威胁的情境下,经由操作条件作用的历程学习到一种工具性行为,从而逃脱现场,获得自由。

escape mechanism 逃避机制 指个人受潜意识支配的一种逃避现实的行为倾向。个人逃避现实的原因,是因为现实中有难以克服的困难,只有逃避始能消除因现实引起的焦虑。

escape mob 逃生型暴民 见暴民(mob)。

escape training 逃脱训练 是一种实验设计。安排一种产生痛苦刺激的情境,使个体学习到逃脱行为,从而脱离该情境。逃脱训练的学习历程,称为逃脱条件作用(escape conditioning)。见该条。

escapism 逃避现实 义同逃避机制(escape mechanism)。见该条。

ESN = educationally subnormal 可教育性智能不足

ESP = extrasensory perception 超感知觉

ESP cards 超感知觉实验卡 义同吉纳纸牌(Zener cards)。见该条。

essay examination 论述式考试 评定学生学习成就的一种方式。论述式考试的特点是,给予学生少数几个题目,让他自行发挥,将学得的知识作有组织的陈述。美国心理学家惠特曼(C. O. Whitman),对论述式考试命题的类型,提出了11点建议:(1)属"什么"型的问题(包括什么人、什么地方、什么时间和什么事项等);(2)属列举型的问题;(3)属概述型的问题;(4)属描写型的问题;(5)属对比型的问题;(6)属比较型的问题;(7)属说明型的问题;(8)属讨论型的问题;(9)属发挥型的问题;(10)属总结型的问题;(11)属评价型的问题。学生回答时像按主题写作文一样,故称论述式考试。论述式考试的缺点是试题包括的知识范围小,而且评分不易;其优点则是较能反映出学生的思维和组织能力。

essay-type test 论述式测验 指考试时指定学生用文字论述方式回答的试卷。学校传统考试都是采用此种方式。后因感于论文题无法避免评分主观、缺乏教材代表性以及阅卷评分太费时间等缺点，而改用客观测验。客观测验使用多年来，一般认为它只能测量零碎知识的记忆与辨识，无法测量学生对知识的组织、运用以及观念的表达与创见。故近年来在世界各国中小学教育上，除采用客观测验外，又恢复使用部分论述题为测量学生认知学习结果的工具。如此始能真正符合认知领域中所列的知识、理解、应用、分析、综合、评价等高层次的教学目标。论述式测验可按题意的限制与否分为两类：一类为限制反应题(restricted response question)，要求学生在所限制的范围内发表自己的意见；另一类为申论题(extended response question)，给予学生较大的自由，使其按题目主旨自由发挥。

EST＝electroshock therapy 电休克治疗法

esteem need 尊重需求 美国人本心理学家马斯洛的需求层次论(need hierarchy theory)中的第四层需求。见该条。

esthesiometer 触觉计 义同两点阈测量器(two-point threshold aesthesiometer)。见该条及附图。

esthetic intelligence 审美智力 指富有审美与设计创造的能力。

esthetic need＝aesthetic need 美的需求

estimate 估计值 当研究者不知道总体的特质时，使用得自随机样本的估计数来推估总体的统计数是多少，此时估计数的大小就叫作估计值。见估计(estimation)。

estimation 估计 指根据得自随机样本的特征用以推估总体特征的统计处理过程。以了解小学三年级男生身高为例，如设定全市小学三年级男生1万人为总体，从1万人中抽取样本500人测量其身高，并计算其平均数，此一过程即为估计。所得的身高平均值，即为估计值(estimate)。见该条。

estimation of population mean 总体均数估计 见点估计(point estimation)。

estrangement＝alienation 疏离感，疏离

estric cycle＝estrous cycle 动情周期

estrogen 雌性激素 引起雌性动物发生动情周期(estrus cycle)变化的一切激素的总称。

estrous behavior 发情行为 指雌性动物动情周期(estrus cycle)内接受雄性动物性追逐的行为。见该条。

estrous cycle＝estrus cycle 动情周期

estrum＝estrus 发情期

estrus 发情期 指雌性动物生殖系统周期性变化现象。只有在发情期，才接受与雄性动物交配。发情期的频率因种属不同而异，有的每年一次，有的一年多次。

estrus cycle 动情周期 义同发情期(estrus)。见该条。

estrus synchronization 发情同步化 指同类雌性动物在同一时期出现动情周期(estrus cycle)的现象。见该条。

ethical imperative 道德诫命 指道德意识。个体在团体道德规范影响下所产生的道德意识。

ethical-risk hypothesis 道德冒险假说 指解释儿童反道德行为的一种理论。按此理论，儿童在做违犯道德的事情之前，预先衡量失败遭受惩罚的可能性，可能性愈高，反道德行为将愈少。

ethics 伦理学 哲学上价值论的理论之一。伦理学所研究者是从人伦关系中探讨人的思想品格或行为的问题，诸如伦理价值观、伦理规范、伦理标准、德性行为、权利、义务、责任等，都是伦理学研究的问题。见价值论(axiology)。

ethmoid bone 筛骨 为头颅中的一块骨片，位于大脑皮质额叶的下方。筛骨为构成眼眶、口腔上盖、鼻中隔、鼻腔外侧壁的骨骼。

ethnic group 种族群体 **1.**狭义言之，指按不同种族划分的不同团体，如黄种人、白种人、黑种人等。 **2.**广义言之，除不同种族之外也包括不同文化传统与不同宗教信仰的团体。

ethnocentrism 本族中心主义，种族优越感 将自属的种族或团体视为中心，而以本族的价值标准来评量其他团体，对本族分子给予无条件的认可、同情，对外族的人则表示敌对或轻视。

ethnography＝ethnology 人种学

ethnology 人种学，民族学 研究人类种族起源与进化的科学。见人类学(anthropology)。

ethnopsychology 民族心理学，人种心理学 属跨文化心理学之一支，主要在对不同种族人的行为做比较研究。民族心理学的比较研究，多倾向于研究未开化的民族。

ethology 习性学，生态学 研究动物在其自然生活环境中的行为特征和适应方式的科学。对动物习性的研究，当以奥地利生态学家劳伦茨的贡献为最大。见劳伦茨(Lorenz, Konrad Zacharias)传记条。

etiology 病原学 以专门研究疾病原因为目的的一种学科。

etiquette 礼节 在同一社会文化传统下人际交往时所表现的合于社会规范的行为。

ETS＝Educational Testing Service 教育测验服务社

E

eugenics 优生学 根据遗传学的原理控制种族（包括动物与人类）生育，从而达到改善种族素质的一门科学。在实际研究时，优生学又因目的的不同而分为两类：（1）积极优生学（positive eugenics），使具有优良素质的个体增加生产，亦即采优质扩展取向的研究。（2）消极优生学（negative eugenics），限制或减少具有不良素质的个体生产量，亦即采劣质消除取向的研究。

euphoria 欣快症 指与现实不符的过分满足和幸福感的异常现象。多见于吸食药物者与躁狂症（mania）患者的表现。见该条。

eurymorph 肥胖型 见体型指数（body-build index）。

Eustachian tube 欧氏管 指中耳构造之一部分，见听觉系统（auditory system）条及附图。

euthanasia 安乐死 经病人或家属同意当病情恶化到丧失意识且医药无效时（如植物人），可由他人安排协助其无痛苦死亡的措施，称为安乐死。安乐死一事，目前尚有争议。支持者认为，在上述病情下，如继续医疗，除徒增家人精神、财力负担外，对病人的生存已毫无意义。反对者则认为，安乐死涉及生命价值观、医学伦理及宗教信仰等问题。安乐死有两种实施方式：一为被动安乐死（passive euthanasia），指停止医疗让病人自然死亡；另一为主动安乐死（active euthanasia），指由医师采用必要方法（药物）结束病人的生命。由医师主动所采用的方法，称为安死术（mercy killing）。

euthenics 优境学 专门研究如何改善生活环境以增进人类幸福的科学。

evaluation 评价，评量，评鉴 **1.**泛指对某种事物的是非善恶标准赋予价值判断的历程。**2.**在某种有计划的活动（如心理治疗、学校教学、技能训练等）实施之后的结果，按照预定目标检核其绩效的历程，称为评量或评鉴。

evaluation anxiety 评价焦虑 指在参与心理实验时，受试者唯恐自己表现不为主试者满意而产生的焦虑感。

evaluation apprehension 评价忧虑 义同评价焦虑（evaluation anxiety）。见该条。

evasive behavior 遁逃行为 被猎食动物在发现敌情时，用逃跑来避开猎食者的行为。逃避能否成功的因素在于：（1）具有比敌手更快的奔跑速度；（2）奔跑中经常变换方向；（3）在逃避途中能找到可隐藏的场所。

event-related potential 事件关联电位，事件相关电位 义同诱发电位（evoked potential）。见该条。

event sampling 事项抽样 在行为抽样时，以代表所欲观察行为事项为标准所做的抽样，称为事项抽样。例如，要想观察一场篮球比赛中两队的违规行为，就必得确定违规标准（如阻挡、撞人、走步等），然后按标准去观察球员们的行为事项，最后把行为事项抽出来作为两队在违规标准下比较的样本。见行为抽样（behavior sampling）。

everyday intelligence 日常智力 指在日常生活中解决实际问题所表现的能力，此等能力包括吸收新知、应付困境以及待人处世等能力。

everyday vocabulary 常用词汇 指日常生活中经常用到的单词数量。常用词汇一词有多种意义：（1）广义言之，指一般人说话、阅读、书写三方面能使用的不同单词数量；狭义言之，指一般人阅读与书写两方面能使用的不同单词数量。心理学家研究者多属狭义的常用词汇。（2）从事常用词汇研究时，必须限定研究对象。因为儿童的常用词汇与成人的常用词汇，在质与量两方面都会有很大的差异。（3）在研究取向上，有的采主动词汇（active vocabulary）取向，研究受试者在语文表达时主动使用（能说、能认、能写）的单词数量；有的采被动词汇（passive vocabulary）取向，研究受试者所接触到的读物，从而分析读物中所使用的不同单词数量。中国心理学家对儿童常用词汇的研究，多采被动词汇取向。严格言之，儿童读物系由成人所写，其内容并不能真正代表儿童的词汇，因此，从心理学研究行为与心理历程的观念言，只有采主动词汇研究取向所得结果，才符合常用词汇的本意。基于此义，笔者曾于1970年从台北市两所公立小学三至六年级抽取200人（每年级50人，男女各半），并收集他们一学期的作文，每人5篇，共1000篇。经分析对这些作文的用词发现：（1）全部作文中，小学中高年级学童共享了195,769个词，经归类处理后，共得2209个不同的单词；（2）按年级计算，三年级的词汇数是1118个，四年级的词汇数是1375个，五年级的词汇数是1449个，六年级的词汇数是1843个；（3）各年级词汇中各单词之出现率，有很大的差异，有些词出现千次以上，有的词只出现一次；（4）各年级学童的词汇性别差异，一般认为小学女生语文能力优于男生的说法，未获证实。像此种采主动词汇取向的学童常用词汇研究，在心理学上的价值是可以了解小学儿童语文发展的概况，在教育上的价值是可作为编写小学课本及课外读物的参考。

evidential association 证据联想 指个体所联想的事项可供为解释其人格特质者。按精神分析论的看法，在自由联想时患者所联想到的潜意识观念，或在梦的分析时患者道出的梦中情境，均可视为证据联想。

eviration 去势妄想 指男性自认为自己生殖器丧失而变成女性的妄想。见妄想(delusion)。

evocative therapy 唤起治疗法 属心理治疗方法之一。唤起治疗法系由美国心理学家弗兰克(J. D. Frank)创始,实施重点不在于外在的治疗,而特别强调唤起当事人的自觉自醒的自我意识。唤起治疗法的主要目的是,辅助当事人重新认识自我,接纳自我,先从内在的自我改变,而后再向外延伸以适应社会。

evoked potential(EP) 诱发电位 当感受器接触外界刺激所引起的神经冲动传入中枢神经某一部位时(如视觉区),该区位所产生的电位变化即称为诱发电位。诱发电位是研究大脑功能定位的方法之一。

evolutionary theory = evolutionism 进化论

evolutionism 进化论,演化论 19世纪英国生物学家达尔文1859年发表的一种理论,谓现存的一切生物种属,均系由早期构造简单的生物演化而来的。物种演化的过程是遵循天然淘汰(natural selection)与适者生存(survival of the fitest)原则的。见该等条。准此而论,人类与其他灵长类动物在若干万年以前可能有同一祖先。见达尔文(Darwin, Charles Robert)传记条。与本词相对者为创世论(creationism)。见该条。

evolution theory = evolutionism 进化论

exact replication 全同性验证 见验证性实验(replicated experiment)。

examination anxiety 考试焦虑 指考试前或考试时心理上产生的焦虑不安状态。根据弗洛伊德的解释,考试焦虑未必直接与考试有关,而是儿童期因做错事被父母惩罚留下来的潜意识联想所致。

examination dream 考试梦 属于学生们常做的梦,梦见的是考试情境。

examination phobia 惧考试症 对考试情境过分恐惧以致成绩表现异常的现象。见恐惧症(phobia)。

exceptional child 特殊儿童 **1.**广义言之,本词指资赋优异与身心障碍两大类儿童。根据台湾特殊教育学会订定,所谓资赋优异系指以下三种情形之一:(1)一般能力优异;(2)学术性向优异;(3)特殊才能优异。至于身心障碍的界定,则指以下十一种情形:(1)智能不足;(2)视觉障碍;(3)听觉障碍;(4)语言障碍;(5)肢体障碍;(6)身体病弱;(7)性格异常;(8)行为异常;(9)学习障碍;(10)多重障碍;(11)其他显著障碍。**2.**狭义言之,本词所指只限于身心障碍的儿童。

exceptional-child psychology = psychology of exceptional child 特殊儿童心理学

excessive drinking = alcoholism 酒精中毒,酗酒

exchange theory 交换论 义同社会交换论(social exchange theory)。见该条。

excitation and inhibition 兴奋与抑制 义同兴奋—抑制过程(excitation-inhibitory process)。见该条。

excitation-inhibitory process 兴奋—抑制过程 指神经系统中两种相互对立的过程。兴奋过程表现为个体某种活动的发动或加强。如延脑和桥脑中控制唾液反射的中枢,在味感受器受到刺激时,就兴奋起来,引起或加强唾腺的分泌活动。抑制过程表现为个体活动的停止或减弱。如唾液反射中枢抑制过程发生时,唾液分泌就降低或停止。

excitatory conditioning 兴奋性条件作用 在经典条件作用实验过程中,条件刺激与无条件刺激之间呈正相关的变化。条件反应随条件刺激出现次数的增加而逐渐加强的现象,称为兴奋性条件作用。换言之,用于实验的条件刺激,在性质上具有兴奋性,它可以经条件作用而单独引起原来无条件刺激引起的反应。与本词相对者为抑制性条件作用(inhibitory conditioning)。见该条。见经典条件作用(classical conditioning)。

excitatory postsynaptic potential(EPSP) 兴奋性突触后电位 指一种短暂而去极化的兴奋性电位。当突触前神经元释出兴奋性突触传导物质时,突触后神经元的膜电位出现短暂的去极化现象,在此短暂的期间内,突触后神经元对其他刺激更容易引发神经冲动。这种在突触后神经元短暂出现的去极化电位称为兴奋性突触后电位。

excitatory potential($_sE_R$) 兴奋潜势 义同反应潜势(reaction potential)。见该条。

excitatory synapse 兴奋性突触 根据对突触后神经元的影响,突触可区分为兴奋性的或抑制性的两类。兴奋性突触能使突触后神经元的神经冲动传导速率加快。

excitement 兴奋,激情 是一种强烈的情绪状态,而此种强烈情绪状态多系由外在刺激所引起。

excitement-calm 兴奋到平静 见情感三维论(three-dimensional theory of feeling)。

exercise law = law of exercise 练习律

exhaustion stage 衰竭阶段 指一般适应症候群(general adaptation syndrome)中第三阶段的身心反应。见该条。

exhibitionism 暴露症 属性变态之一。患者常在异性面前暴露其性器,从而获得性的兴奋与满足。

患者多为男性，此症成因与幼时性心理发展障碍有关。至于女性喜欢着装露胸露背以吸引异性的心理，并不属于暴露症。

exhibitionistic need = **need for exhibition** 表现需求

existential analysis 存在分析 瑞士存在主义哲学家宾斯万格(Binswanger, Ludwig)的用语。见其传记条。

E

existential anxiety 存在焦虑 指生活缺少目标，无从体验生命存在意义与价值所引起的一种莫名的焦虑。存在焦虑的后果，难免造成人际疏离与自我疏离。

existential crisis 存在危机 指存在主义者对现代人的一种悲观的看法，谓现代人所面临的危机是，生活忙碌但找不到生命存在的意义与价值。见存在主义(existentialism)。

existential-humanistic therapy 存在人本治疗法 属心理治疗方法之一。存在人本治疗法，源于哲学上的存在主义与人本心理学，此一治疗法的特点是，在实施治疗时，重视当事者整个人，而非只注意其身体上的、外显行为上的或是内蕴潜意识的一些零碎问题。存在人本治疗法的原则是，尊重当事者个人的主观感受，重视其自由意志，相信其本身有能力选择，并能解决自己面对的生活问题。存在人本治疗法也称人本存在治疗法(humanistic-existential therapy)。

existentialism 存在主义 指兴起于19世纪丹麦，20世纪流行于法国，而后扩及全世界的一种哲学和心理学思想。存在主义是一种以人为本的思想，此种思想对现代心理学思想的发展影响甚深。20世纪60年代兴起的人本主义心理学，就是承袭了存在主义的哲学思想。存在主义之所以兴起与流传，有两种时代背景因素：其一是传统哲学思想流于空泛的影响，其二是工业革命后社会文化变迁，加上两次世界大战，使人类精神文明陷入匮乏之后的反省。传统哲学中对人性的探讨，无论是唯物论还是唯心论，所阐释者都是些抽象观念，对现实的人生存在问题不具实质意义，不能使人从哲学探讨中领悟到人生的意义和价值。工业革命后，社会变迁，人类在机械化、系统化、齐一化的生活架构中，失去了独立，失去了自我，失去了意义和价值。两次大战的后果，不仅使无数人丧失了生命，而且摧残了人类的精神文明。在战后的社会文明复建过程中，存在主义哲学家提出了人类自我反省的呼声。

存在主义思想家对“存在”一词的解释，论点并不一致。综合言之，各家存在主义思想离不开以下三点要义：(1)一切存在问题的探讨总是以人为出发点。所有存在主义者均关心以下的问题：我是谁？人为什么活着？人生有何意义？人生有何价值？如何实现我的人性潜力？我怎样成为一个真正的人？(2)人的功能和发展总是以自由意志为中心的，作为一个人，他必须有他的自由意志，根据个人的自由意志去选择自己的生活目标，从而追求自己的希望。只有在自由意志下达到生活目标时，个人的生命才有尊严与价值。(3)人生在世，只有直接的经验才是真实的存在。人虽然生活在自然现象的世界中，但人并非以客观观点看世界，而总是以主观观点看世界。人从主观观点看世界时，觉得世事无常，而且荒谬，最大的荒谬莫过于人到头来终会死亡。对一切人而言，死亡是平等的；人的一切成就，一切希望和梦想，终将因最后到来的死亡而归于空无。面对此一荒谬的世界，人究竟该怎样做？人应该因最后空无结果而消极退却呢，还是应该抓住现在勇往直前？这是人类存在的关键性问题。此一问题的答案系于个人在他的自由意志下如何选择和如何行动。存在主义者遵奉的信条是“能实践者才是真正的存在”。因此，他们建议个人必选择自己的目标并努力实践以达成之。存在主义哲学心理学思想，主要以祁克果(Kierkegaard, Sören Aabye)、海德格(Heidegger, Martin)及雅斯培(Jaspers, Karl)等人为代表。见各人传记条。

existential living 存在式生活 人本心理学家罗杰斯所提倡的一种生活方式。存在式生活的特征是重视现在，以无惧无惑的积极态度，面对现实生活中的一切问题，从而吸收新经验，创造未来更美好的生活。

existential philosoph 存在哲学 义同存在主义(existentialism)。见该条。

existential psychology 存在心理学 **1.**指科学心理学发展初期结构主义者(指铁钦纳)的心理学主张。存在心理学研究的题材是意识，研究方法采内省法。见结构主义(structuralism)。 **2.**指受存在主义哲学影响的现代心理学。现代心理学理论中的人本心理学，就是因存在主义的影响而兴起的。人本心理学强调心理学应研究人的意识经验、重视个人主观的现实，重视个人在自由意志下的选择。见存在主义(existentialism)。

existential psychotherapy 存在心理治疗 义同存在治疗法(existential therapy)。见该条。

existential school 存在学派 义同存在主义(existentialism)。见该条。

existential therapy 存在治疗法 属心理治疗的方

法之一。存在治疗法源于哲学上的存在主义。存在治疗法的特点是现实与主观，一方面重视当事人"此时此地"的现实处境，协助其面对现实解决问题；另一方面重视当事人的主观经验，协助其重振自由意志以解决问题。见存在人本治疗法（existential-humanistic therapy）。

exocrine gland 外分泌腺 凡是具有专有的导管以输送分泌物的腺体，称为外分泌腺。例如唾腺、汗腺、泪腺、肝脏以及胰脏中的消化腺等，皆为外分泌腺。与本词相对者为内分泌腺（endocrine gland）。见该条。

exogamy exogenous depressionexoga 外婚制 指在婚姻制度上只准不同族群或不同文化传统者之间的婚姻。与本词相对者为内婚制（endogamy）。见该条。

exogenous depression 外因性抑郁 指由外在原因导致的抑郁，亦即因生活中困境引起的抑郁。义同反应性抑郁（reactive depression）。见该条。与本词相对者为内因性抑郁（endogenous depression）。

exogenous factor 外在因素 指导致精神疾病的外在因素。诸如因酗酒、滥用药物等形成的精神疾病均属之。

exogenous obesity 外因型肥胖症，生活型肥胖症 本词与体质型肥胖症（endogenous obesity）相对，指肥胖症纯由不良生活习惯的外在因素所导致。见饮食型肥胖症（dietary obesity）。

exogenous stimulation 外源刺激 指引起个体反应的刺激来自外在环境（如声光等）。

exogenous stress 外在压力 指引起个体精神压力的外在因素。诸如身处比赛场、考场以及灾难现场时，都会令人感到精神压力。

expanding and contracting spiral 扩缩螺旋 美国功能主义心理学创始人詹姆斯早年（1890）设计的研究运动后效实验仪器之一。如附图所示，此一

扩缩螺旋

绘有螺旋纹路的圆盘，经由机械控制，可使之顺时针方向转动，也可逆时针方向转动。当受试者注视圆盘中心点时，就会发现：当圆盘顺时针方向转动时，盘上的螺旋纹看起来迅速向中心收缩；当圆盘逆时针方向转动时，盘上的螺旋纹看起来迅速向外周扩大。如果转动突然停止，就会发现圆盘好像是迅速向相反方向转动。像此种螺旋盘转动停止后而产生的反方向运动知觉现象，称为运动后效（movement aftereffect）。运动后效心理现象，乘火车时也会经验得到。如乘坐的是最后一列车厢尾端，火车停止时可以从车尾的窗口看见车底下的铁轨好像迅速向车底下收缩的样子。见瀑布错觉（waterfall illusion）条及附图。见似动（apparent motion）。

expansive delusion 夸大妄想 属妄想的一种形式。患者妄想自己的社会地位提升，权力加大，财富增多，志得意满于幻想之中。见妄想（delusion）。

expectancy 预期 根据以往经验或相关事件预料某种事件即将发生的心理。在统计学上，根据数学推算某一事件可能发生的概率。

expectancy anxiety 预期焦虑 焦虑因担心即将发生的事件会出现最坏的结局，时时刻刻等待不幸的到来所表现出的焦虑情绪。

expectancy effect 期待效应 指教师因对学生态度不同，以致影响学生智力（或学业）测验成绩的现象。期待效应可能是正面的，也可能是负面的。见毕马龙效应（Pygmalion effect）。

expectancy theory 期待论 美国心理学家托尔曼解释认知学习的一种理论，谓个体在情境中所学习到的是，对情境中某些符号（刺激）的反应倾向，因为该等符号指引导向使个体满足的后果。情境中该等符号出现，即表示使个体满足的结果将随之出现，因此个体学到对该等符号期待并向该等符号反应。吾人循街巷找地址即属此类情形，街名、巷号、商店标志等均为沿途的符号，此等符号的正确连接，即导向最后的正确地址。期待论的解释考虑到学习情境的整体，故而又称之为符号完形论（sign-Gestalt theory），也称符号学习论（sign learning theory）。

expectancy-value theory 预期价值论 属解释决策心理的一种理论。按此理论，每当个人有所抉择时（如投资或改行等），影响他抉择的主要因素是预期抉择后可能获得的价值。本词也称预期价值决策论（expectancy-value theory of decision-making）。见成本效益分析（cost-benefit analysis）。

expectancy-value theory of decision-making 预期价值决策论 义同预期价值论（expectancy-value theory)。见该条。

expected frequency 预期次数 指根据概率原理所推算事项出现的次数。例如,100位受试者填答五点量表的问卷上的题目,若受试者之间无显著差异,其预期次数应该分别是20、20、20、20、20。因预期频率多以次数表示,故又称理论次数(theoretical frequency)。

E

expected payoff 预期利益 在有输有赢的赌博情境中,在一段时间内采同一策略下注赌博时,赢钱与输钱的平均数,称为预期利益。只有在赌徒盘算多次下注后平均获利较大的条件下,他才会继续赌下去。

expected value 预期价值,预期值 **1.**预期价值是指在判断决策时考虑到决策之后带来正面后果所具价值。从理论上讲,预期价值是按数学上的概率计算的。按数学上概率计算的预期价值是客观的,合理的。然而,一般人在判断决策时因受心理因素影响,对预期价值的看法,未必一定是客观合理的。因此,对同一事件判断决策时,就会有两种预期价值:一为客观预期价值(objective expected value);另一为主观预期价值(subjective expected value)。 **2.**预期值是指自总体中重复抽样无数次之后,平均每次抽取的某项数值的大小,其值以$E(\overline{X})$表示。例如,$E(\overline{X})=\mu$表示重复抽样无限多次,样本的平均数等于总体的平均数。与本词有关的名词是不偏估计数(unbiased estimator)。见该条。

experience 经验 指个体在生活中一切习惯、知识、技能、思想、观念的累积。经验是到现在为止以前所累积下来的一切,不包括对未来所预期或想象的东西在内。

experiential field 经验场 义同现象场(phenomenal field)。见该条。

experiential group 经验团体 指在某方面具有相同生活经验的人所组成的团体。经验团体的功能是,在团体活动时成员可分享别人的经验,以解决自己的问题。在心理治疗上,像一些戒酒会和戒烟会等组织,都是经验团体。

experiential intelligence 经验性智力 属智力三元论(triarchic theory of intelligence)中所指构成人类智力的因素之一。见该条。

experiment 实验 在控制的情境之下,有系统的处理自变项,观察记录依变项的变化,从而验证预订假设的历程,称为实验。见实验控制(experimental control)、实验设计(experimental design)。

experimental ablation 实验切除术 将实验动物脑部的某一个部位切除或破坏,若因此致使实验动物的某种生理机能失去正常,借此可证明某种生理机能是由脑部的那一个部位所控制。这种研究方法称为实验切除术。

experimental cognitive psychology 实验认知心理学 属认知心理学的一个分支学科。此一学科的研究重点是,以实验的方法研究正常人认知心理历程,从而发现原理原则以建构认知心理学的理论。见认知心理学(cognitive psychology)。

experimental condition (E) 实验情境 指特别为实验组(experimental group)所设计的情境。见该条。

experimental control 实验控制 采用科学的原则,系统地控制自变项并正确观察记录依变项,从而分析探讨两类变项之间的因果关系。此种以科学原则处理实验研究的程序,称为实验控制。因为实验控制采用了科学上的基本原则,故而也称科学控制。以上所述只是实验控制的简单概念。事实上实验控制并非只限于自变项,其他所有可能影响实验结果的变项(或因素)均需控制。否则无法确定自变项与依变项之间的因果关系。例如,室内照明与工作效率有关。室内照明可以作为自变项处理,予以系统控制(按烛光计),工作效率是依变项,可以转化为分数。如此,即可系统地改变室内照明,观察记录工作效率,并求出最有效的照明度。这样虽可发现照明与工作的因果关系,但仍难肯定是否照明就是唯一的原因。因为影响工作效率者,除照明因素之外,诸如噪声、温度、工作时间等因素都可能会影响工作效率。因此,为了排除此等因素的影响,在实验设计时应一并加以控制。

experimental design 实验设计 指研究者在进行实验研究之前,对实验过程的各种细节,经过通盘的考虑后所做的一种系统规划。这些规划工作包括:(1)拟定并提出实验假设;(2)决定所要操纵的自变项和所要观察的依变项;(3)考虑控制那些外来无关的变项;(4)如何减少测量误差;(5)如何抽取样本作为受试者;(6)选择适当的统计方法处理研究数据;(7)预定实验结果的推论范围及对象等。

experimental error 实验误差 指在实验设计上未能对自变项妥善控制所造成的误差。例如,采平行两组(实验组与控制组)实验时,对两组受试者所具备的条件而言,诸如实验前的经验、两组进行的时间、两组实验的场地、两组实验的主持人等等,均有可能因彼此不同而产生实验误差。

experimental esthetics 实验审美学 采用实验心理学的技术研究艺术作品对观赏者心理影响的一门学科。审美学的实验研究,主要采用完形心理学的概念,研究分析艺术作品中形象和色彩之所以引起观赏者产生美感的原因。

experimental extinction 实验性消弱 见消弱(extinction)。

experimental group(EG) 实验组 在实验心理学的各种实验过程中,主试者通常把受试者分为实验组与控制组。实验组的受试者须接受根据自变项预定的实验处理,然后观察该组受试者对自变项变化所产生的行为反应。所得结果再与控制组比较,便可以反映出自变项对受试者的影响。

experimental hypothesis 实验假设 指研究者在从事某项实验之前所提出的而希望经实验予以验证的假设(hypothesis)。见该条。

experimental marriage 实验婚 义同试婚(trial marriage)。见该条。

experimental method 实验法 泛指在控制情境下,操纵自变项,观察依变项,从而发现两者间因果关系借以验证预订假设的一切研究方法。采用实验法从事心理现象研究时,研究者必须兼顾两大事项:一为实验设计(experimental design),另一为实验控制(experimental control)。见该等条。

experimental methodology 实验方法学 对实验假设之形成、实验设计之制定、实验步骤之安排、实验变项之处理、实验结果之整理分析以及实验报告之撰写等从事系统说明的学科,称为实验方法学。

experimental mortality 实验流失 从事较长时间的心理实验研究时,参与实验的受试者中途因故退出或死亡,致使研究结果丧失完整性的现象,称为实验流失。特别像发展心理学的纵贯设计的实验研究,实验工作往往长达数年之久,实验流失现象是无法避免的。为了避免实验流失对实验结果造成严重影响,采用较大的样本,使受试者的人数增加,是比较可行的方法。

experimental neurosis 实验性神经症,实验神经官能症 指用动物实验时,由实验情境所形成的动物异常行为。实验性神经症,主要发生在条件作用实验时辨别学习的情境中。设有圆形与椭圆形两个刺激,前者为正性,动物选择向之反应即可获得奖赏(食物);后者为负性,选择向之反应就会遭到惩罚(电击)。实验开始时,因为圆形与椭圆形线索显著,辨别不太困难,动物(多为白鼠)可以根据线索学到避罚就赏的正确选择反应。此时如将椭圆形逐渐改变,使之愈来愈像圆形,辨别线索暧昧不清,自然会造成选择错误遭到惩罚的后果。心理学者发现,在此难以辨别情境下,动物多次受到惩罚之后,反应就会异常,不是乱反应,就是不反应(类似人类的神经症)。像此种实验性神经症的形成历程,是否可以引申作为解释人类神经症的成因,自然尚有可议之处。本词亦称人工神经症(artificial neurosis)。

experimental psychology 实验心理学 是心理学的一个分支,属于心理学研究的方法学。实验心理学的主要特征是,在经过特别设计的实验室内,控制有关自变项,然后观察依变项,借以发现人或动物行为变化的因果关系,从而建构系统理论。系统理论建构之后,即可用以解释、预测及控制个体的行为。早期实验心理学之研究范围,主要限于实验室内的研究,举凡感觉、知觉、反应时间、注意、情绪、学习、思维、记忆、问题索解等各方面的问题,均属实验心理学研究的主要内容。现在的实验心理学研究范围扩大,举凡临床心理、发展心理、教育心理、社会心理、工业心理、管理心理、人格心理等各方面的问题,也都包括在实验心理学研究范围之内。

experimental realism 实验现实性 社会心理学术语。指从事社会性(有多位受试者参加)实验研究时,应注意实验情境必须与现实符合,不能使情境因过分人工化而影响研究结果。

experimental research design 实验研究设计 义同实验设计(experimental design)。见该条。

experimental treatment 实验处理 指实验者根据实验假设和实验目的,有计划地变化自变项,使之影响受试者的行为,从而形成受试者行为改变原因的一切措施。以实验研究短期记忆为例,记忆材料及其出现时间的长短是自变项。如将记忆材料固定为学习新的英文单词,单字出现时间的系统变化(如5秒、10秒、15秒),以此分析单字记忆量与时间的关系,就是实验处理。

experimental variable 实验变项 在控制实验中,实验者所操纵处理的变项,称为实验变项,又名自变项(independent variable),也称处理变项(treatment variable)。见该等条。

experimenter(E) 实验者,主试 指负责设计实验并实际主持实验的人。

experimenter bias 实验者偏向 指因实验者本人有意或无意的行为偏向,对实验效果所产生的不良影响。在实验进行时,实验者有意无意的表情、动作、语言等所传达给受试者的隐示,难免影响受试者的反应。特别在实验者对受试者怀有某种程度(好或坏)的期待时,实验者偏向的影响更大。所谓自验预言(self-fulfilling prophecy),即此之谓。见该条。另见需要特征(demand characteristics)。

experimenter effect 实验者效应 因实验者的个人行为或特征而造成实验结果失实或歪曲的现

象，称为实验者效应。实验者效应可能发生在资料的处理上，如观察的错误，记录的错误，统计、解释的错误，甚或严重到伪造数据等。此外，实验者本身的性别、身份、态度、情绪、经验，也可能会造成受试者行为表现的偏差。见需要特征(demand characteristics)。

experimenter-expectancy effect **实验者期待效应** 指从事实验研究时，实验者对受试者的反应有所期待时所产生的影响。实验者对受试者的期待，包括表情、手势以及说话语气等。在实验者期待效应影响下所做的实验，所得的结果将失去有效性。见需要特征(demand characteristics)，毕马龙效应(Pygmalion effect)。

expiatory punishment **偿责式惩罚** 指只按过失大小而不按过失原因的惩罚。瑞士心理学家皮亚杰在1948年提出的道德发展理论中使用的术语。皮亚杰将儿童的道德判断表现，分为他律期和自律期两个阶段。前者倾向以遵守成人所订行为规范为道德标准，后者倾向于以他认为合理的行为规范为道德标准。本词所指者即8岁以前道德他律期儿童对犯过后惩罚的观念。此一时期的儿童认为，对过失行为施予惩罚时，只考虑过失的轻重程度，不考虑过失的性质与动机。例如学生打破窗户玻璃是犯过，打破两块就比一块的过失严重，所以前者应受较重的惩罚。与本词相对者为对应式惩罚(reciprocal punishment)。见该条。

explanation **解释** **1.**泛指个人根据自己的知识经验对某事项所含意义的说明。**2.**属科学研究目的(goals of scientific research)中四项目的之一。见该条。

explicit behavior **外显行为** 指个体表现于外而能由别人观察可见的行为。与本词相对的是内隐行为(implicit behavior)，亦即不易为外人观察得见的行为。

explicit learning **外显学习** 指学习者在意识状态下从事的学习活动，而且也自知已经学到了某种知识。学校的教学活动，一般都是外显学习。与本词相对者为内隐学习(implicit learning)。见该条。

explicit memory test **明示记忆测验** 直接要求受试者凭记忆明确回答的记忆测验。例如，要求受试者回答："教你心理学的教授叫什么名字？"就是明示记忆测验。明示记忆测验也称直接记忆测验(direct memory test)。与本词相对者为隐示记忆测验(implicit memory test)。见该条。

exploitative character **掠夺性格** 美国新弗洛伊德主义心理学家弗罗姆人格理论中的术语。谓人的社会性格乃系由社会环境所塑造。现代社会塑造了五种不同的社会性格。掠夺性格即其中之一。掠夺性格的特征是，不肯尽义务，只想享权利，不惜使用任何手段剥削别人的利益，以达到满足自己欲望的目的。具有掠夺性格的人，其所作所为全是损人利己的事。见弗罗姆(Fromm, Erick)传记条。

exploitative orientation **掠夺取向** 义同掠夺性格(exploitative character)。见该条。

exploratory behavior **探索行为** 个体在新的情境中面临新的事物时，试图对新事物的性质获得了解或进一步控制所表现的行为，称为探索行为。探索行为通常是儿童主动学习的方式之一，包括观察、触摸、摇动、敲打、吸吮等动作。由于探索行为没有明确的动机，一般认为探索行为的本身就具有动机的性质，亦即儿童单凭探索性活动即可获得满足。因此对引起探索行为的内在动力，即名之为探索驱力(exploratory drive)。见该条。

exploratory drive **探索驱力** 个体在生活环境中表现探索行为的内在驱力。当个体处于新环境，或遇到新奇、复杂的事物时，往往表现出注视、好奇，而想要拨弄、探其究竟的行为。引发此种行为的内在驱力，即称为探索驱力。有时这种驱力又称为好奇驱力或操弄驱力(manipulative drive)。例如，儿童会把玩具拆毁，成年人从事登山、潜水、太空等冒险事业等，探索驱力实为重要原因。见探索行为(exploratory behavior)。

exploratory play **探索性游戏** 属于有动机、有目的的游戏方式之一。此种游戏的特征是，对不明确的事物或环境，以游戏的方式进行探索，从而满足好奇的动机。见游戏分类(taxonomy of play)。

exploratory study **探索性研究** 指对问题性质与研究设计尚未完全确定而先行实施的预试性研究。探索性研究的目的，一方面对问题情况进行探索，借以充分了解其性质；另一方面对使用的研究工具与进行程序做一次临时性的考验，以便作为以后正式研究时改进的依据。本词与另词预试研究(pilot study)义同。见该条。

explosive personality **爆炸性格** 指在情绪上不能自我控制，一旦遇有失意或挫折时立即大发雷霆的性格特质。

exposition attitude **表达态度** 美国心理学家默瑞理论中的术语，谓一般人在心理上都有一种要对别人表达意见和解释事理的倾向。

exposition need **表达需求** 美国心理学家默瑞理论中的术语，意指在一般人的心理上都存有表达自己意见的需求，喜欢对人报告事情，喜欢向人解释道理，从而获得满足，以提高自尊。

expositive teaching = **expository teaching** **讲**

解式教学

expository instruction = expository teaching 讲解式教学

expository teaching 讲解式教学 指美国教育心理学家奥苏贝尔1977年提倡的一种改进式的传统教学方法,讲解式教学的基本要义是:(1)在教学之前,教师须根据教学目标与教学内容做充分准备,如对打算自己要教的与希望学生要学的一切,都能成竹在胸。(2)在教学进行时,教师能根据教材,向学生提供清楚明确概念,深入浅出,循序渐进,确能使学生获得意义学习(meaningful learning)。见该条。(3)为了能使学生获得意义学习,奥苏贝尔提出前导组合(advance organizer)方法,在教学生学习新知之前,教师宜先以学生既有知识为基础,给予学生引导式的说明,使学生易于把行将学习的新知识与已有旧知识联结起来,从而了解新知识的意义。见该条与本词相对者为建构主义教学(constructivist instruction)。见该条。

ex post facto = ex post facto research 事后回溯研究

ex post facto control 事后回溯控制 指在事后回溯研究时,研究者可采用对照组以控制有关变项的办法(如将正常组与犯罪组相对而后分析其家庭),然后从有关变项的分析推理中,分析事件发生的因果关系,从而建构结论。显然,事后回溯控制,与事先实验设计中所说的控制,并非同一意义。所谓事后回溯控制者,意在从事后设计对照或比较的变项中,发现原因以解释(不是预测)结果。因此,事后回溯控制法也称原因比较研究(causal-comparative study)。见事后回溯研究(ex post facto research)。

ex post facto experimental design 事后回溯实验设计 见事后回溯研究(ex post facto research)。

ex post facto research 事后回溯研究 事件发生之后,研究者搜集有关资料,经分析、推理、求证,从而发现前因后果, 最后获得结论的研究方法,称为事后回溯研究。从方法论的观点言,在事后回溯研究中, 研究者既不能有系统地操纵自变项,也不能有计划地观察测量依变项,所以称不上是严格的科学研究。但从事实需要看,此类研究是极为重要的,凡是社会上的重要事件或偶发事件,只能靠事后回溯法研究,才有可能找出原因。以少年犯罪为例,研究者就只能对犯罪少年的家庭背景、求学经过、生活习惯、交友状况、居住环境及犯罪事实等资料去分析其犯罪的原因。此类研究也可采用分组控制的原则对假设加以验证。如假设少年犯罪多数出自破碎家庭,就可选两个相对组来验证假设,一为犯罪少年组,一为正常少年组,然后调查其家庭背景,以求证是否前者多数出自破碎家庭。如结果支持假设,即可得到肯定的结论。因此类研究颇与事先设计的实验相类似,故而称为事后回溯实验设计(ex post facto experimental design)。

exposure deafness 暴露性聋 指长期暴露在强大噪声环境下因听觉过度疲劳所导致的听觉障碍。暴露性聋可能是暂时的,也可能是永久的,端视暴露的时间长短而定。如果只是短时间暴露性聋,那只是听觉敏感度暂时降低,可视为听觉疲劳(auditory fatigue)。

expressive aphasia 表达型失语症 属失语症之一。此种失语症的特征是,患者虽然能听懂对方所说的一切,但不能发出适当的声音,无法与对方谈话。见失语症(aphasia)。

expressive dysphasia 表达性语言障碍 属发展性语言障碍之一,多出现在儿童期,其特征是能听懂别人的话,但不能表达自己要说的话。

expressive jargon 语无伦次 精神病患者的语言异常现象。患者的语言不但缺乏组织,而且使用一些怪异的语词,令人无法理解。此种现象多半出现在精神分裂症(schizophrenia)的患者。见该条。

expressive method 表达法 义同表达治疗法(expressive therapy)。见该条。

expressive mob 发泄型暴民 见暴民(mob)。

expressive therapy 表达治疗法 采用投射的原理,鼓励患者将其内心的痛苦毫无保留地表达出来,借以纾解其情绪,从而达到治疗目的的一种方法。在实际使用时,表达治疗可采用心理剧和角色扮演等方式进行。见投射(projection)。

extended family 大家庭 指包括祖孙三代(或三代以上)甚至包括叔伯旁支多数家人组成的人的群体。与本词相对者为核心家庭(nuclear family)。见该条。

Extended Merrill-Palmer Scale 增订墨利尔—帕尔麦量表 见墨利尔—帕尔麦量表(Merrill-Palmer Scale)。

extended response question 申论题 见论述式测验(essay-type test)。

extension 外延 指某概念所表达的外延意义(denotative meaning)。见该条。

extensive sampling 广面抽样 抽样时重视总体内每一层面的抽样方法。例如,编制小学算术成就测验时,小学六年所学的一切算术知识可视为试题的总体。然后从总体中抽出一些题目作为样本,此一

E

样本必须包括小学六年算术的所有重要单元，而后测验实施结果才能真正代表小学生算术成就。

external acoustic meatus 外听道 指外耳（external ear）的一部分。见该条。见听觉系统（auditory system）条及附图。

external aim 外在目的 见目的（aim）条第二义。

external attribution 外在归因 指将行为的表现归属于外在的原因。义同情境归因（situational attribution）。见该条。

external condition 外在条件 见学习条件（conditions of learning）。

external control 外控 见制控信念（locus of control）。

external criterion 外在效标 见效标（validity criterion）。

external ear 外耳 指耳朵构造的外侧部分，包括耳翼、外听道及鼓膜。耳翼有收集音波的功能。鼓膜为位于外听道内端之薄膜，呈圆锥形，凹面由外向内，它能正确地传递声波之振动。见听觉系统（auditory system）条及附图。

external environment 外环境 指个体体外一切能影响其身心变化的因素。见环境（environment）。

external inhibition 外抑制 在条件作用学习过程中，如在条件刺激之外另存有其他无关刺激（如铃声之外另有光刺激或声刺激），对预期的条件反应所产生抑制作用（即不容易产生条件反应）。与本词相对者为内抑制（internal inhibition）。见该条。

externalization 外化 **1.**在学习心理学上，指原本由内在驱力促使的心理活动，而转化为外在刺激所引起。如饥饿本由内在驱力所引起，但是食物的香味（外在刺激）也会引起饥饿。**2.**在发展心理学上，指幼儿由将自己和外在世界混为一体的认识，转化为两者分开的自我分化历程。**3.**在社会心理学上，指将引起行为的原因归属于外在情境的心理倾向。与本词相对者为内化（internalization）。见该条。

external locus of control 外控信念 见制控信念（locus of control）。

external need 外在需求 指个体对外在目的物缺乏时的心理状态。成为外在目的物的诱因，可能是物（如食物、金钱等），可能是人（如同学、亲友等），也可能是事（如工作机会等）。外在目的物之所以变为个体需求的诱因，是经由以前曾对内在需求的满足而学习来的。因此，外在需求可视为以内在需求为基础的学得性需求。社会上一般人求名求利，名与利均为外在需求。见诱因（incentive）。

external sense 外感觉 接受外在刺激反映外在世界特征的感觉，诸如视觉、听觉、嗅觉、皮肤感觉等，均属外感觉。

external validation 外在效度法 **1.**属测验效度建立的方式之一。外在效度法是将新编测验与外在的客观标准比较，从而建立的效度。用作比较的客观标准称为效标。因外在效度系以外在标准验证而得，故而在性质上属于经验效度（empirical validity）。**2.**义同外在效度（external validity）。见该条。

external validity 外在效度，外延效度 外在效度是指研究或测验结果可推论到其他受试者，或推展至其他情境的程度。如研究或测验所得结果可用以推论解释到其他类似的问题，即可认定该项研究或测验具有外在效度。换言之，外在效度高的研究或测验结果具有同类研究或测验的代表性。显然，外在效度的高低与样本选择及实验设计有密切关系。与本词相对者为内在效度（internal validity）。见该条。

exteroceptor 外感受器 指感受身体之外刺激的感觉器官。眼、耳、皮肤等均为外感受器。与本词相对者为内感受器（interoceptor）。见该条。

extinction 消弱，消退 指条件反应形成之后，个体对条件刺激反应强度逐渐减弱终而消失的现象。消弱现象一般在两种实验安排下产生：（1）在经典条件作用的实验历程中，只出现条件刺激，而停止出现无条件刺激时；（2）在操作条件作用的实验历程中，个体反应后不予以酬赏强化之后。因消弱现象在实验历程中发生，故而又名实验性消弱（experimental extinction）。消弱现象既可经由实验安排予以操纵，因此对已建立的条件反应，可以选择性地使之消失。此种过程称为实验性消弱。或是在两个已建立的条件反应中，选择保留其一，消弱其他。此种对已建立之条件反应差别处理使之消弱的方法，称为差别消弱（differential extinction）。

extinction trial 消弱练习 在条件反应形成之后，继续出现条件刺激，而不伴随无条件刺激的练习方式，称为消弱练习。消弱练习的目的是，观察在停止强化后学得的条件反应能维持多久。见消弱（extinction）。

extraindividual behavior 非意向行为 指个人在某种环境中因受当时情境影响而表现的非自主性的行为。一个素来喜欢大声讲话的人，进入教堂看见大众都在默声祷告时，他会不自觉地变得较为安静。一个素来沉静的人，进入球场看比赛，身边观众欢声雷动时，他的情绪也会不自觉地兴奋起来。

extrajection 外投射 将个人自己的性格特征或内心想法拿来解释别人行为的心理现象。见投射

(projection)。

extramarital sex 婚外性关系 指已婚者与另一异性间发生的性关系。本词亦称非婚姻性关系(non-marital sex)

extraneous variable 外扰变项,无关变项 在实验情境中,除了实验者有计划地处理自变项并观察依变项(个体反应)变化之外,在情境中可能另有其他无关外在因素,也会影响到个体反应。像受试者的兴趣、习惯、态度以及当时的情绪状况等,都可能对他的行为反应产生影响。像此等可能干扰个体反应,但在实验时却无法直接控制的外在因素,称为外扰变项。在实验设计上,通常采用随机抽样的方法选取受试者,然后再以随机分派的方式决定实验组与控制组,其目的即在借概率(机会均等)的原理来控制外扰变项。

extrapsychic conflict 外在冲突 指由于外在原因所形成的冲突,诸如人际冲突或个人与环境间的冲突等均属之。与本词相对者为内心冲突(intrapsychic conflict)。见该条。

extrapunitive reaction 责他反应 当个体遇到挫折时,若直接对造成挫折的原因或对象施予攻击,这种反应的方式即称为责他反应。

extrasensory perception(ESP) 超感知觉 指不凭感觉器官即可获得知觉经验的灵奇现象。研究超感知觉者,主要集中在以下三方面的实验:(1)心电感应(telepathy),个人的思想不经任何语文媒体即可传给别人;(2)超感视觉(clairvoyance),可以看到封闭在不透明容器内的东西;(3)预知(precognition),可以预先知道尚未发生的事情。见该等条。见心灵学(parapsychology)。

extraspectral hue 谱外色 指不属单一光波的彩色。如紫色系由光波较长的红色和光波较短的蓝色混合而成,故而称紫色为谱外色。

extraversion 外向,外倾 **1.**指喜欢参与社交活动的性格。具有外倾性格者,喜表现,善言辞,有事多与别人商量。**2.**指个体在性格上表现外向的程度。外倾的高低,通常根据专为测量内外倾的人格测验来评定。与本词相对者为内向(introversion)见该条。见心理类型(psychological type)。**3.**外向性指大五人格特质(big five personality traits)之一。见该条。

extraversion-introversion 外—内倾性格,外—内向性格 早期心理学家对人格特质的一种看法。持此看法者认为,从人格测量的观点看,多数人的性格特质分布在同一维度的两端,一端为外向,另一端为内向。现在心理学家的看法则不相同。有的认为一般人的性格不能做两极的分类,事实上多数人的性格特质居于两极之间。也有人认为,所谓外向或内向,未必能肯定一个人的性格特质。一个人性格的内向或外向,多半随情境而改变,在生疏的场所可能表现内向,但在熟人面前就可能相当外向。

extravert 外向性格者 指性格外向的人。见外向(extraversion)。

extravert type = **extravert** 外向性格者

extrinsic interest 外诱兴趣,外在兴趣 指兴趣的产生是外在的原因,个人喜欢某种事物或某种活动,乃是由于该事物或活动与自己另一兴趣有关,或是由于该事物或活动可导致另一欲求的目的。例如,以绘画为生计者,以读书为升学者,以打球为比赛者,其兴趣可能极为浓厚,但在性质上均属外诱兴趣。与本词相对者为内发兴趣(intrinsic interest)。见该条。

extrinsic motivation 外在动机,外诱动机 指影响或控制个体行为的外在因素或力量。赏与罚之所以影响个体行为,是因为两者均可引起动机,使个体产生求赏(得之可满足)与避罚(避之可满足)的行为。与本词相对者为内在动机(intrinsic motivation)。见该条。

extrinsic motive = **extrinsic motivation** 外在动机

extrinsic reward 外在奖励 指别人给予的奖励。举凡赞许、奖金、奖状、升等和荣誉等,均属外在奖励。与本词相对者为内在奖赏(intrinsic reward)。见该条。

extroversion = **extraversion** 外向,外倾

extrovert = **extravert** 外向性格者

eye 眼 人与动物的视觉器官。人类眼睛的构造与功能,见眼的构造(eye structure)条及附图。

eye contact 目光接触 属于非言语沟通(nonverbal communication)的一种人际沟通方式。见该条。

eye dominance 单眼优势 指两眼中有一只眼睛较为便利的现象。一般言之,左眼较右眼便利,如射击瞄准时一般均用左眼。单眼优势只代表两眼优势的比较,与两眼合作阅读效果没有关系。

eye-hand coordination 眼手协调 指用手取物时手眼合作的现象。婴儿的眼手协调从六个月左右开始,唯能灵活运用拇指与其他手指合作,则一般在八个月至一周岁。

eyelid conditioning 眼睑条件作用 属经典条件作用实验的一种实验方法。眼睑条件作用的特征是,采用一种原本不会引起霎眼反射的中性刺激(如声音)作为条件刺激,与另一原本即引起霎眼反应的无条件刺激(如向眼部吹风)相伴出现,数

次之后，单是声音即可引起霎眼反应（条件反应）。见条件作用（conditioning）。

eye movement theory of illusion 错觉眼动论 **1.**解释横竖错觉成因的理论。此一理论的要义是，因人的两只眼睛横排，所以横向扫描视物较易，竖向扫描较难，所以看垂线较为费力，故觉其较长。但如将原图转动90度，使垂线变横线，看起来仍然较长，故此说缺乏说服力。见横竖错觉（horizontal-vertical illusion）条及附图。**2.**解释缪勒—莱尔错觉成因的理论。此一理论的要义是，当注视缪勒—莱尔错觉图形时，受试者注视上图时的眼动方式和注视下图时不同；注视上图时视线循中间横线向内收缩，注视下图时视线循中间横线向外伸展。因此，对上图中间横线的知觉较短，对下图中间横线的知觉较长。见缪勒—莱尔错觉（Müller-Lyer illusion）条及附图。

eye preference 单眼偏好 义同单眼优势（eye dominance）。见该条。

eye span 视广度 指眼睛一瞥之间所能见到东西的总数量。本词用在阅读上，与另一词认知广度（cognitive span）同义。指视线停留书页上瞬间扫视所见到的总字母数或总字数。见视停（fixation pause）。

eye structure 眼的构造 眼睛是视觉系统的主要部分。人类的眼睛形如圆珠，故而通常称之为眼珠或眼球。眼球之构造如附图所示，在眼球正前方突出部分称为角膜（cornea），外界的光线由此进入。角膜之后呈圆环的部分，是为虹膜（iris），虹膜带有颜色，故亦称虹彩。虹膜的颜色或褐或蓝，决定于先天遗传，故而各种族未尽相同，中国人的虹膜一般均为褐色。虹膜之中央有一圆孔，称为瞳孔（pupil）。虹膜具有伸缩性，由之可使瞳孔缩小或放大，便于调节光进入眼球的量，以适应外界不同亮度的环境。虹膜之后为晶状体（lens），其功能恰如照相机的镜头，为双凸透镜。晶状体之前充满水状液（aqueous humor），水状液具有保持一定眼压的功能。晶状体的周围是睫状肌（ciliary muscle），睫状肌具有伸缩特性，由其伸缩作用可随时使晶状体的凸度改变，以调节晶状体透镜的焦距，所视物体较远时，晶状体变为扁平；所视物体较近时，晶状体则变为凸起，以便使物体映象落于视网膜之上。眼球中间的广大部分，充满玻璃状液（vitreous humor），玻璃状液为透明的胶状组织，其功能为经常维持足够的眼压，以防眼球凹陷，从而保持眼球功能正常。眼球最内一层为视网膜。视网膜的构造与功能，另见视网膜（retina）条及附图。

eye-voice span 眼音距 在朗读时，通常是眼视文字在前，口发声音在后，两者之差如以单词（或英文字母）数计算，所得结果即称为眼音距。眼音距常用来作为阅读速度的指针，眼音距愈小，阅读速度愈快。

Eysenck, Hans Jurgen（1916～1997） 艾森克 艾森克是德国出生的英国心理学家，是人格心理学家，也是精神病学家。是人格类型论的创始人，也是行为治疗法的倡导者之一。

艾森克于1916年出生于柏林，1933年希特勒当政后移居英国，19岁进伦敦大学修习心理学，在

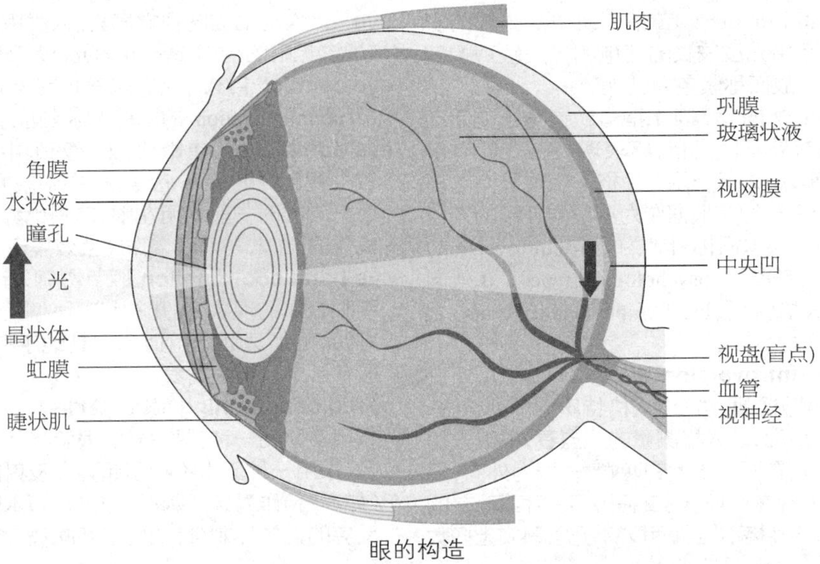

眼的构造

求学期间深受斯皮尔曼统计学及荣格人格心理学思想的影响。1940年获伦敦大学心理学哲学博士学位后，随即在莫兹利医院和伦敦大学医院精神病院工作。在第二次世界大战期间（1939～1945），

艾森克曾参与军中急救工作，协助治疗军人因受惊而罹患的心理异常疾病。战后一直在伦敦大学担任教授，并在英国大力推展临床心理学工作，培养了不少心理学专业人才。

艾森克在心理学的贡献是多方面的，他在人格心理学理论及人格测量、智力的种族差异、行为遗传学以及行为治疗法等诸多方面都有很大贡献。艾森克对人性的基本论点是，认为人是生物社会的有机体，人的行为与心理决定于生物（生理遗传等）与社会（历史文化等）两类因素的交互作用。在艾森克的众多著作中，最受心理学界重视的是他在1952年出版的《人格的科学研究》一书中提出的人格类型论（personality-type theory）。见该条。在该一理论中他将人格解释为由内向与外向两维度形成的不同类型。此外，艾森克也曾根据人的身高胸围比值的大小提出过体型指数（body-build index）理论。见该条。

艾森克著作等身，是心理学界著名的多产学者，一生出版了36本书，发表过600余篇学术论文，他主要著作中的专著有：*Dimensions of personality*（1947）；*The scientific study of personality*（1952）；*Uses and abuses of psychology*（1953）；*The psychology of politics*（1954）；*The biological basis of personality*（1967）；*The IQ argument: Race, intelligence, and education*（1971）；*The structure of human personality*（1970）；*Race, intelligence, and education*（1973）；*The inequality of man*（1973）；*Eysenck on extroversion*（1973）等。

Eysenck Personality Inventory（EPI）艾森克人格调查表 英国心理学家艾森克1963年所编制的一种人格测验。该测验内容主要包括两部分，分别测量人格结构的两个维度：一为内外向维度（introversion-extroversion dimension），另一为神经质维度（neuroticism dimension）。见人格类型论（personality-type theory）。

Eysenck Personality Questionnaire（EPQ）艾森克人格问卷 英国心理学家艾森克1975年编制的一种人格测验，该测验内容主要包括三部分，分别测量人格结构的三个维度：（1）内外向维度（introversion-extroversion dimension）；（2）神经质维度（neuroticism dimension）；（3）精神病维度（psychoticism dimension）。此一人格测验系艾森克根据1963年编制的艾森克人格调查表（Eysenck Personality Inventory）改编而成。见人格类型论（personality-type theory）。

F

F＝face value 表面值

F＝F test F 检验，F检定

f＝frequency 次数，频率

f＝function 功能，函数

fables test 寓言测验 指采用寓言作为测验试题的心理测验。寓言测验的实施方式是，让受试者解释寓言的意义，从而鉴定其智力的高低或人格的特质。用于鉴定受试者人格特质时，寓言测验被视为一种投射测验（projective test）。见该条。

face-goblet illusion 人面一高脚杯错觉 义同鲁宾图形（Rubin's figure）。见该条及附图。

face-hand test 面手测验 属于一种评估脑部是否正常的诊断测验。检查人员同时触摸患者的面部与手背，如患者不能同时两处都有感觉，即显示脑部可能有病变发生。见诊断测验（diagnostic test）。

face saving 爱面子 社会心理学中的术语。指个体为维护自我形象并提升自尊，在别人面前所做的刻意自我夸张性的表现。所谓"打肿脸充胖子"，即此之谓。

face-saving behavior 爱面子行为 义同爱面子（face saving）。见该条。

face-to-face group 面对面团体 指由少数人构成的小团体，在团体活动中各成员间均有面对面接触的机会。面对面团体中成员之间，不但可彼此了解对方的反应，而且也可根据对方的反应直接推理解释其所表达的意义。本词亦称直接接触团体（direct-contact group）。

face-to-face interview 面对面访谈 指有别于电话或其他方式的访谈。此种访谈的特点是，在面对面的情境下可以达到双向沟通的目的。面对面访谈是调查法（survey method）的一种。见该条。

face-to-face therapy 面对面治疗法 指一般心理治疗时心理师与患者在面对面情境下进行的一切方法。

face validity 表面效度 只根据测验的表面特征（包括测验内容和试题等），即判定该测验具有效度时，称为表面效度。表面效度也称常识效度（common sense validity），或称设想效度（assumption validity）。见效度（validity）。

face value（F） 表面值 指一组依序排列量数的中点数值（如1～9的中点是5）。注意本词与表面效度（face validity）不同。见该条。

face vision＝facial vision 面感视觉

facial display＝facial expression 面部表情

facial expression 面部表情 指由面部的肌肉动作所表达的情绪或意义。由一个人的面部表情，可推知其内在的喜、怒、哀、惧等情绪状态，甚至也可由之推知其对某事的意见或态度。所谓"察言观色"者，"色"主要即指面部表情。在发展心理学的研究上，一般都认为婴儿的面部表情是与生俱来的，所有不同种族的婴儿，在苦、乐、惧、怒等基本表情上，都是一样的。

facial feedback hypothesis 笑脸回馈假说 指美国心理学家莱德（J. D. Laird）1984年提出的解释情绪的一种理论。笑脸回馈假说的要义有二：其一，笑脸代表快乐情绪的表达，在此情形下，笑脸可视为情绪的结果（因心情快乐才会笑）。而笑脸回馈假说则持进一步看法，认为即使面对的情境未必可笑，当时心情也未必快乐，但如表现出笑脸时，也可能由于笑脸的回馈作用，使人在心情上变得较为快乐。经心理学家研究后，此一假说获得部分支持。基于此义，平常批评某些人堆出的笑脸是假的，说他们是"皮笑肉不笑"。从笑脸回馈假说的观点看，此种说法似乎有待修正。其二，100多年前美国心理学家詹姆斯等人提出詹姆斯—郎格情绪论（James-Lange theory of emotion），认为人非因快乐而欢笑，而是因欢笑而快乐。从笑脸回馈假说的观点看，此说似乎合理。见该条。

facial vision 面感视觉 指不靠眼睛而靠面部对气流的感觉，来辨别面前障碍物（如墙壁）的距离，从而决定其行止的能力。一般盲人即靠面感视觉，方始免于碰壁。见障碍感（obstacle sense）。

facilitation 催化，助长 **1.**指一种因某种助力而使工作表现更轻松，或工作的效率更高的现象。

2.指由于先前的神经兴奋，而使神经轴突的冲动传导更加迅速的现象。 3.指因某一反射作用，或自主反应，能增加另一反射作用强度的现象，例如用手紧握物体时，会使膝反射（knee-jerk reflex）的强度增加。见该条。

facilitor 催化员 在团体治疗时，心理师的角色不对患者的病情做正面的指导，而仅以团体领导人身份带领成员们彼此交谈，希望借由成员间彼此讨论而能使其心理上的困扰获得领悟以减少痛苦。在此情境下，心理师所扮演的就是催化员角色。见团体治疗（group therapy）。

facioplegia 颜面麻痹症 指面部肌肉麻痹的病态现象。

FACT = Flanagan Aptitude Classification Test 弗拉纳根性向分类测验

fact 事实 不同的观察者，重复而持续的观察所见到的一致性事物，称为事实。

fact judgement 事实判断 指根据客观事实所做成的判断。在解决问题时，凡目的在于求解“是什么”的问题（如是非题），皆须靠事实判断。与本词相对者是价值判断（value judgment）。见该条。

factor 因素，因子 1.泛指构成或影响某一事件变化的原因。 2.义同自变项（independent variable）。见该条。

factor analysis 因素分析 因素分析是多变项分析方法之一，唯此种分析只用在对若干个依变项的分析，不包括对自变项的分析。而且，因素分析也不分析自变项与依变项间的关系，只分析能构成依变项中各因素之间的关系。因素分析的目的，是使依变项结构中各因素数量减至最低限度，但仍不失原来的代表性。例如，计划用很多题目测量“心理能力”，研究者所拟定的题目，计划测量六类能力：（1）词汇记忆；（2）心算速度；（3）语文推理；（4）数字演算；（5）阅读理解；（6）数学解题。这六类能力间可能有共同因素，采用统计学上的相关技术，即可求出六种分数之间相关情形。分析结果很可能将原来的六类能力，化约归属于两个因素：一是语文能力，一是数学能力。用这两个因素来代表“心理能力”，仍不失原来六类题目构想之原意。见相关（correlation）。

factor-comparison method 因素类似法 工业心理学中的术语。指不同性质工作所具备的类似因素，诸如心理条件（如智力与性格）、身体条件（如健康状况）、工作技能（如专业训练）、环境条件（如地理环境与工具设备）、应负责任等，均属类似因素。无论是产业单位甄选员工，或是谋职者选择就业，均须就上述因素加以考虑比较。

factorial design 因素设计，多因子设计 属实验设计方法之一。如实验情境中考虑采用两个或两个以上自变项时，即须靠多因子的设计来处理。例如，要想比较研究不同教学法的教学效果，如果同时考虑教学法之外学生的智力也是个重要因素，那就把智力的高低也当作自变项来考虑。如此，教学法与智力就成为两个自变项。如教学法指的是启发式教学与讲述式教学两种，智力分为高、中、低三组，此时的多因素设计即成为：2（教学法）×3（智力高中低）=6（6种可能的结果）。假如研究者又考虑到学生性别的因素，也可将男女性别视为第三个自变项，纳入设计后，即成为如下的多因素设计：2（教学法）×3（智力）×2（性别）=12（12种可能的结果）。像第一种情况，只考虑教学法与智力两个因素者，称为二因素设计；第二种情况包括三个因素，称为三因素设计。见实验设计（experimental design）。

factorial experiment 多因素实验 指采用因素设计（factorial design）所从事的实验。见该条。

factorial validity 因素效度 指经由因素分析（factor analysis）方法所建立的测验效度。见该条。

factor loading 因素负荷量 在因素分析中，代表某一变项与各个变项组合而成的因素之间关系强弱的数值。见因素分析（factor analysis）。

factor theory 因素论 1.泛指以因素的观点解释心理现象的一切理论。 2.指以因素的观点解释智力结构或人格结构的理论。在智力理论方面，有斯皮尔曼的智力二因论（two-factor theory of intelligence）与吉尔福德的智力结构论（structure-of-intellect theory）。见智力理论（theories of intelligence）。在人格理论方面，有卡特尔人格因素论（Cattell's factor theory of personality）。见该条。 3.指以因素的观点解释学习历程的理论。例如，解释回避学习的理论，有回避学习二因论（two-factor theory of avoidance learning）；解释情绪的理论，有情绪二因论（two-factor theory of emotion）。见该等条。

factor theory of intelligence 智力因素论 凡利用因素分析的方法，将智力的性质及结构予以分析，而据以建构的智力理论，均可视为智力因素论。智力因素论中最重要者有：（1）斯皮尔曼的智力二因论（two-factor theory of intelligence）；（2）瑟斯顿的智力群因论（group-factor theory of intelligence）；（3）吉尔福德的智力结构论（structure-of-intellect theory）。见智力理论（theories of intelligence）。

factor theory of personality 人格因素论 1.泛指

根据人格测验结果经由因素分析找出重要因素后所建构的人格理论。**2.**指美国心理学家卡特尔1965年所建构的卡特尔人格因素论(Cattell's factor theory of personality)。见该条。

factor weight = **factor loading** 因素负荷量

factual knowledge 事实性知识 义同陈述性知识(declarative knowledge)。见该条。

faculty 官能 指人的心系由很多独立官能所组成,像注意、意志、记忆、知觉、想象、感情、推理等均属其中重要官能。此等官能代表人心的能力,其性质与肌肉活动类似,可经由练习而使心的功能加强。见官能心理学(faculty psychology)。

F

faculty psychology 官能心理学 官能心理学是心理学上古老的一派心理学思想。18世纪苏格兰哲学心理学家里德(T. Reid, 1710～1796)正式提出官能心理学的系统理论。官能心理学的基本要义是:(1)人的心灵本具有多个独立的官能,此等心理官能代表人的多方面能力。里德当时曾列出24种不同官能,诸如知觉、认知、记忆、理解、计算、推理、判断、意志等,都是人的官能。人能记忆是因为人有记忆官能,人能计算是因为人有计算官能。(2)各种官能虽是独立的,但如多加使用或加以训练,它就可以像肌肉一样因训练而强健发达,而且能发生联合作用。此一观念为教育家所利用,认为学校教材不必重视实用价值,只需重视配合训练官能的形式即可。例如,几何具有训练人思考推理的良好形式,拉丁文具有训练人的记忆的良好形式;学生只要学好具有良好形式的科目,使他们官能得到充分发展,以后学习其他有关思维推理或记忆的学科,就可触类旁通,无往不利。此即教育上的形式训练(formal discipline)学说之由来。见该条。根据形式训练的理论,以后又演变成学习迁移(transfer of learning)的观念。见该条。根据官能心理学的说法,只要心理官能受到良好训练,学习是可以无限迁移的。唯此说法为后来在20世纪初美国心理学家桑代克实验研究所否定。桑代克证明前后两种学习,只有学习材料的元素有相似之处才会产生迁移。不过,从现代心理学的思想看,官能心理学的理念并未完全消失,像人格理论中的特质理论,像智力理论中的基本能力理论及多因素理论,都可以看出官能心理学的痕迹。在现代心理学中,人格测验与智力测验的理论中所采用的特质与因素的观念,亦是官能心理学留下的余绪。

fad 时尚 指某一段时间社会上流行的一种被大众喜好的活动或生活习惯。时尚多表现在服装、饮食以及娱乐等各方面。

fading 弱化 行为主义心理学家研究学习时采用的一种实验技术。该技术的使用方法是,当个体学到对某种刺激做出固定反应后,伴随原刺激呈现另一新刺激。如个体向新刺激做出反应,随即予以强化,几次练习之后,新刺激即将取代原刺激构成另一固定反应,而原刺激与旧反应之间的联结也将随之弱化。

fading theory = **decay theory** 衰退论

FAE = **figural after effect** 形象后效

failure-accepting student 接受失败学生 指失败之后承认自己能力不如别人的学生。

failure-avoiding student 逃避失败学生 指对考试过分谨慎,只做有把握的题目,从而避免冒险的学生。

failure fear = **fear of failure** 畏惧失败

failure oriented 失败取向 指追求成功的动机薄弱,遇有困难易于退缩的心理倾向。见成就取向(achievement oriented)。

failure-to-grow syndrome 发育不良症候群,发育不良综合征 指儿童因环境不良所导致的身心发展迟滞现象。发育不良症候群的主要症状是体重不足、内分泌失调和情绪失常。导致此类症状的原因,主要是自婴儿期即缺乏良好的物质与精神环境。

failure-to-thrive syndrome = **failure-to-grow syndrome** 发育不良症候群,发育不良综合征

faith cure 信仰治疗 指因病人的坚定信仰而使其疾病提早痊愈,甚至因信仰而有不药而愈的现象。信仰治疗之所以生效,主要是心理作用,患者所信仰的对象,可能是医师,也可能是患者所谓的神明。在一般情境下,只要当事人对医师充分信任,就会产生信仰治疗的效果。自然,信仰治疗的效能主要还是限于心理方面的疾病。

faith healing = **faith cure** 信仰治疗

fallacy 谬误 指看似正确而实则错误的结论,一件事的结论可能是事实,但获得结论的推理过程却是失当的。换言之,如缺乏合理的推理基础,无论推理所得结论如何,均称为谬误。

false alarm 虚报 信号检测论(signal detection theory)中的术语。见该条。

false association 失实联想 精神分析论中的术语。指不按现实刺激情境去联想,而是受潜意识支配所表现的别人无法了解的联想。

false-belief task 误信作业 测验儿童对现实事件推理判断的一种测验作业。此种作业的设计是,先让儿童看到一个事件,然后问他是否别人也像他一样看到同样的事件。例如,让儿童看一个原本已熟悉的糖果盒子,等他打开盒子后发现里面全

是铅笔。此时如果问他:"要是别人打开另一个糖果盒子,你说那个人想要的是糖果还是铅笔?"根据心理学家测试结果发现,三岁左右的儿童,一般相信别人想要的是铅笔,而年龄较大的儿童则多半相信别人想要的是糖果。

false conditioning = **pseudo-conditioning** 假条件作用

false confession 假供 犯罪心理学术语,指审讯中被告人对其所犯罪行刻意隐瞒并给出违反事实的供词。

false-consense effect 共识误解效应 指一般人误将个人意见代表社会共识的心理倾向。此种心理倾向相当普遍。例如,个人反对公共场所吸烟,他可能夸大推论说有百分之九十的人同意他的意见。此种共识误解现象可能使个人在解释社会事件时带有偏见。形成共识误解的原因有二:其一是认知因素,个人认为他所知道的事情是重要的,重要的事情大家自然会"人同此心,心同此理"(故吸烟有害身体是大家共识的)。其二是动机因素,个人意欲借他人的意见表示他的想法才是正常的,才是代表一般人的。

false exclusion 错误排除 义同错误否定(false negative)。见该条。

false inclusion 错误录取 义同错误肯定(false positive)。见该条。

false negative 错误否定 指根据某种测量工具(心理测验或考试题目)淘汰了不该淘汰的人。因为测量工具并非十全十美,根据任何一种测量结果来区分成败取舍时,其决定之后果可能产生四种情形:(1)正确肯定(valid positive),录取者肯定比淘汰者优秀;(2)正确否定(valid negative),淘汰者确实比录取者低劣;(3)错误肯定(false positive),录取者未必较淘汰者优秀;(4)错误否定(false negative),淘汰者可能比录取者优秀。此类名词源自医学检验,后来引用解释心理问题。与以上四名词同义者有:(1)正确录取(valid inclusion);(2)正确排除(valid exclusion);(3)错误录取(false inclusion);(4)错误排除(false exclusion)。后四词的意义比较明确易懂。

false positive 错误肯定 根据某种测量工具所得分数高低以决定录取标准时,高分录取者的能力未必较淘汰者优秀的情形。与本词相对者为错误否定(false negative)。见该条。

false pregnancy 假怀孕 属于一种稀有的歇斯底里症。此症症状极为特殊,除子宫中没有胎儿之外,一切生理变化现象几与怀孕妇女相同,诸如月经停止、腹部隆起、乳房变化以及胃口改变等现象,都可能出现。显然,假怀孕系由心理因素造成。按精神分析论者解释,这现象与妇女对生育一事心怀趋避冲突有关。本词也称歇斯底里怀孕(hysterical pregnancy)。

falsificationism 反证主义 指对科学的一种哲学观点。反证主义系由英国哲学家波普尔(K. R. Popper, 1902～1994)所提出,意谓某种科学理论,即使不能证其为真,也只能对之怀疑,不能肯定其为伪。基于此义,一项科学理论之所以被接受,并不一定是该理论业经事实证明,无可置疑。有的理论不能证明它是错误时,即有可能成为被接受的科学理论。波普尔的此种观点,与较早的另一验证主义(verificationism)看法相对立。验证主义的看法是,凡是科学理论必须合乎逻辑而且禁得起验证。

F

familial deafness 家族性聋 聋者家庭的直系血亲中至少有两代连续为聋者,或同胞兄弟姊妹有两人以上为聋者,这种聋称为家族性聋。

familial retardation 家族性身心障碍 指身心障碍与家族遗传有关的现象。有些家族亲属中,智能不足或先天性残障者的出现率,远较一般人群高,这现象可能是由于遗传。近亲结婚即形成家族性身心障碍的原因之一。见该条。

familiarity 熟悉度 **1.**泛指对某刺激(人、事、物)认识了解的程度。 **2.**特指构成人际吸引(interpersonal attraction)的因素之一。见该条。

family constellation 家庭排行 指家庭中兄弟姐妹长幼排列的次序。多年来,心理学家曾尝试研究家庭排行次序与个人性格和成就的关系,但迄今未获肯定的结论。

family counseling 家庭咨商 **1.**属于咨商的方式之一。家庭咨商是一种间接咨商,指咨商员向案主的父母或家人提供咨商方面的知识与技术,让他们就便在家庭中帮助家庭中心理适应困难的成员改变其行为。对智能不足儿童的辅导,常采用家庭咨商方式。见咨商(counseling)。 **2.**义同家族治疗法(family therapy)。见该条。

famlly education 家庭教育 见亲职教育(parental education)。

Family-Life Scale 家庭生活量表 是一种团体人格测验。该量表原系由斯托特(L. H. Stott)所编制,其内容包括信任、情感、友谊等三大变项的同义语句及反面语句。家庭生活量表,经学者黄春枝修订为中文,称为亲子关系适应量表,并经标准化,于1979年出版。该量表适用对象为初一至高三学生,记分方式采用答案形式反应记分,已建立常模,记分以百分位数表示。

family method 家族法 属精神病学采用的一种方

法；从家属各代精神病罹患率的高低，推断精神疾病的遗传因素。

family psychotherapy **家族心理治疗法** 义同家族治疗法（family therapy）。见该条。

family therapy **家族治疗法** 家族治疗法是团体治疗法的一种。家族治疗法的基本假设是，人际关系适应不良者起于他与家人不能和睦相处，所以要改善人际关系，应先从其家庭着手。使用此法时，通常由一男一女两位治疗者协同进行，案主的家人宜包括父母子女在内，由治疗者引导，使家庭中的成员彼此把自己的态度、意见、积压的感情都表露出来，如此不但可解决问题，也可增进家人彼此的了解。如果行为失常者为儿童，治疗者也可经由对父母行为的观察及对其亲子关系的了解，指导并协助父母，使其获得基本的心理卫生常识，从而矫治他们子女的不良行为。

fanaticism **狂热** 对某些事物（如宗教）表现过度热情的不合理心态。

fancy = **fantasy** **幻想**

fan illusion **扇形错觉** **1.** 义同海林错觉（Hering illusion）。**2.** 义同冯特错觉（Wundt's illusion）。见该等条及附图。

fantasm **幻象** 现实中不存在而意象中清楚显现的一种心理现象。幻象可能是人形，也可能是景物。神仙鬼怪故事中所谓见到鬼狐之类的传说，即指幻象。

fantastic play **幻想游戏** 儿童的一种游戏方式。幻想游戏的特征是，儿童将他从事的游戏活动凭幻想赋予某种意义，从而表达他心中的需求。

fantastic thinking = **fantasy** **幻想**

fantasy **幻想** 广义言之，本词指非由眼前事物所引起的心理活动，白日梦的心理活动多属幻想成分。狭义言之，本词属精神分析论所列的防卫机制之一。幻想是指凭想象以满足欲望的心理活动历程。幻想的内容可为存在的事物，也可为虚构的故事，当事人可借之暂时摆脱现实，从而减少焦虑之苦。见防卫机制（defense mechanism）。幻想并非失常，幻想有时具有正面效果；偶尔幻想可使人思想超越现实，很多文学、艺术创作以至科学发明，都是起于幻想。幻想在儿童期尤属常见，儿童常凭幻想的方式从事游戏活动。

fantasy cathexis **幻想投注** 把情感投放在幻想中，从而寻求满足的心理作用。见精神投入（cathexis）。

fantasy period **幻想期** 指青春期对人生充满幻想的时期。此一时期的青少年，对未来的学业、婚姻、职业等在心理上都充满了幻想。

fap = **fixed action pattern** **固定行为模式**

far point **视远点** 指在正常状态下，两眼所能看清物体的最远距离，超过此点即看不清楚。本词亦称辐合视远点（far point of convergence）。与本词相对者为视近点（near point）。见该条。

far point of convergence **辐合视远点** 义同视远点（far point）。见该条。

farsightedness **远视** 较少见的一种轻微视觉缺陷。远视者只能看清楚远处的物体，而无法看清楚近处的物体。远视的原因是眼球不像正常视力者那样接近正圆形（附图A），而是因眼球直径过短呈纵向椭圆形（附图B），致使近处物体的视象透过晶状体之后，无法投射在视网膜之上，而是落在视网膜之后。因此，矫治远视的方法是戴凸透眼镜，使视象焦点退回到视网膜上（附图C）。与本词相对者为近视（nearsightedness）。见该条及附图。

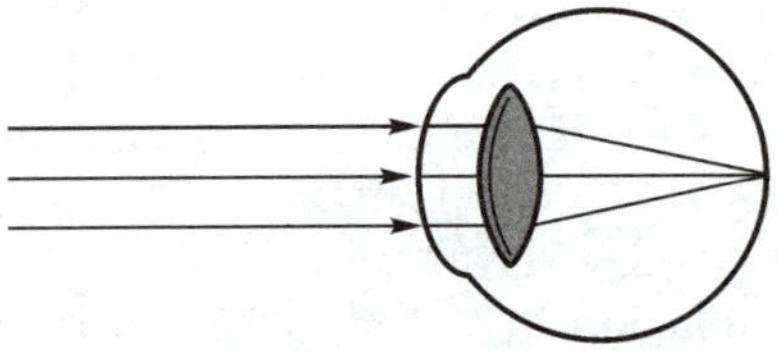

A. 正常视力

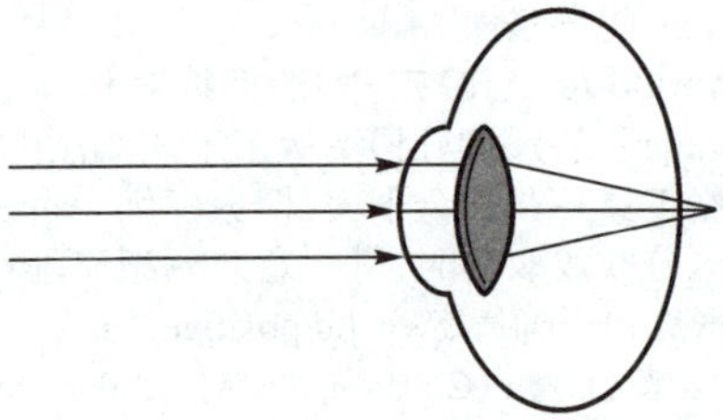

B. 远视

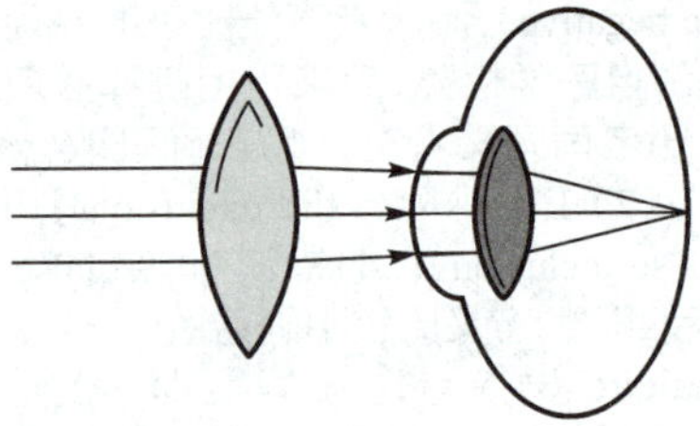

C. 远视矫治

远视

FAS = **fetal alcohol syndrome** **胎儿酒毒症候群，胎儿酒精综合征**

fascism scale **法西斯量表** 义同F量表（F scale）。见该条。

fashioning effect 角色效应 指个人受其社会角色的限制,不但影响了他日常表现的行为方式,而且影响(改变)了他的人格特质。为人师表者,必须在言行(甚至思想)上像个教师,久而久之,他不知不觉地也就变成社会一般所期待的教师类型。

fast sleep 速波睡眠 义同快速眼动睡眠(rapid eye movement sleep)。见该条。

fatalism 宿命论,命定论 属于一种人生哲学观,持宿命论者认为,人生的一切取决于自己的命运,而个人的命运则取决于神明。本词与决定论(determinism)稍有不同,后者指人的一切作为取决于前因或外因,其中不全带有"神定"的意涵。见该条。

father blues 父职沮丧 指初为人父时因缺少心理准备及育婴经验而产生的一种情绪困扰。本词也称初为人父沮丧(new-father blues)。与本词相对者为产妇沮丧(maternity blues)。见该等条。

father complex = Electra complex 恋父情结

father figure 父职人物 指非生身父亲而在心理上居于父亲地位的人。父职人物对当事人而言,具有代理父职的功能,当事人向他学习,向他认同,他对当事人的人格发展,产生与父亲同样的影响。义父与养父的角色即属父职人物。

father-fixation 父情固着 指女儿成长后仍对父亲过分感情依赖的反常现象。见恋父情结(Electra complex)。与本词相对者为母情固着(mother fixation)。见该条。

father imago = father figure 父职人物

father surrogate = father figure 父职人物

fatigue 疲劳 **1.** 连续工作一段时间后产生的工作效能降低现象。**2.**长时间工作或情绪紧张之后,个体在主观上感受到的劳累现象。**3.**长时间接受刺激之后,感官(如视觉、听觉)敏锐度降低的现象。

fatuity = feeble-mindedness 低能,心智薄弱

F-distribution F分布 当两个总体的变异数相等时,分别自两个总体重复抽取无限多次N_1、N_2两个样本,其每对变异数之比所形成的次数分布,即构成自由度为(N_1-1),(N_2-1)的F分布。F分布的用途有二:一为检验两个分布的变异数是否相等,二为检验两个以上总体的平均数是否相等。本词最先系由英国统计学家费希尔(R. A. Fisher, 1890～1962)所提出,故名。

fear 恐惧 指在主观感受的危险情境下,个体产生的一种强烈情绪反应。在恐惧反应中带有个体自觉的痛苦感受、交感神经兴奋、肌肉紧张、末梢神经收缩、手足发冷、呼吸迫促、心跳加速以及准备逃离现场的倾向。与恐惧意义相近但不相同者有两个名词:焦虑(anxiety)与恐惧症(phobia)。按三词的区别为:(1)恐惧的对象是现实的、具体的;(2)焦虑的对象是预期性的、不具体的;(3)恐惧症是对不足恐惧对象所产生的一种不合理的恐惧反应。见该等条。

fear appeal 诉诸恐惧 改变不良习惯或不当态度的一种心理技术。诉诸恐惧的特点是,提供一些因不良习惯或不当态度造成可怕后果的数据,使人看过后与自身的情形产生联想,从而"改过自新"。以酒后驾车不良习惯为例,向酒徒提供一些酒后驾车造成车毁人亡的血淋淋的画面,使驾驶人看了触目惊心,从而警觉自己行为的不当。

fear drive 恐惧驱力 指恐惧情绪所具有的驱力作用,亦即恐惧情绪具有动机作用。个体在恐惧时的逃脱行为即由恐惧驱力所促动。

fear-induced aggression 恐惧性攻击 指动物因受威胁而生恐惧时所表现的攻击行为。见动物攻击(animal aggression)。

fear of darkness 怕黑,黑暗恐惧 对身处暗处所产生的恐惧反应。一般儿童在三岁左右会有怕黑心理,此为正常现象。如成年后仍然怕黑,不敢独自在熄灯的夜晚睡眠,就成为惧黑暗症(achluophobia)。见该条。

fear of failure 畏惧失败 指参与竞争性工作时因担心自己表现不如理想而在情绪上表现的焦虑与恐惧现象。

fear of freedom 恐惧自由 美国新弗洛伊德主义心理学家弗罗姆理论中的术语。指现在人有很重的疏离感;人与人疏离,人与其本性疏离。因此,人在生活中的动机颇为矛盾,一方面寻求自由,另方面却又恐惧自由,逃避自由,甚至希望有一个强而有力的社会机构来管制自己,从而获得精神上的安全感。

fear of knowing 知的恐惧 美国人本心理学家马斯洛1968年提出的需求层次论中,对知的需求所做的补充解释。知的需求是个体基本需求满足之后才发展出来的。如果个体的基本需求得不到满足,他不但不会有知的需求,反而会表现出知的恐惧。知的恐惧包括两方面:一方面是恐惧自知,对自己的情绪、冲动、缺点、痛苦等,不敢面对现实诚实表露。另一方面是恐惧知道自己的责任。知与行二者常是连在一起的,因不知而不行,心理上就没有愧疚感,如果知道了而不实行,心理上就难免感到不安。一般人在生活中都会体验到,如果对某一件事知道而且实行,实行之后就必须承担成败的责任。如不知而不行,就不会有成败与责任的问题发生。因此,知之恐惧心理的背后,实际上

F

潜藏着另一个逃避责任的因素。见需求层次论(need hierarchy theory)。

fear of stranger 怯生 指出生后8～10个月婴儿见到生人时表现恐惧反应的正常现象。

fear of success 畏惧成功 属于一种人格倾向，在生活追求上担心工作(或学业)成功后会带来负面效果，因而在心理上对成功怀有畏惧之感。畏惧成功的概念，系由美国社会心理学家霍纳(M. S. Horner, 1939～)在1968年提出，谓畏惧成功已成为现代女性中某些人(能力强者)的人格特质之一。女性怀有畏惧成功的原因是，唯恐成就胜过男性之后，将会失去传统女性的魅力。据多位心理学家的研究结果，事实并不支持霍纳的说法。因为对成功一事的态度上，男女两性间并没有太明显的差异。新近一般心理学家对本词的看法是，畏惧成功之含义易被误解，人所畏惧者并不是成功，而是畏惧自己所预期结果不能实现，故而畏惧者实乃是成功之后的不能继续成功。换言之，人所畏惧者仍然是“失败”。如畏惧成功心理过分严重，对任何涉及成败的事务均不敢尝试，即成为畏惧失败(fear of failure)。见该条。

feature model of pattern recognition 物形辨识特征模型 义同特征论(feature theory)。见该条。

feature theory 特征论 认知心理学上解释物形辨识的理论之一。特征论的基本要义是，在短暂的感觉记忆阶段，个体之所以能够辨识出他所看到(或听到)的是什么东西，乃是因为他发现到足以代表该物体的明显特征。所谓明显特征(distinctive feature)，是指某种物体所具有的突出性和代表性的特征。例如，辨识一张椅子时，只需根据椅背、座面和椅腿三个明显特征，即可确定。与本词相关者有模板论(template theory)、结构论(structural theory)。见该等条。另见物形辨识(pattern recognition)、感觉记忆(sensory memory)。

feature theory of pattern recognition 物形辨识特征论 义同特征论(feature theory)。见该条。

Fechner, Gustav Theodor (1801～1887) 费希纳 费希纳是19世纪德国著名物理学家，是心理物理学的创始人之一，也是补充修正韦伯定律而使之成为费希纳定律的人。

费希纳1801年4月19日出生于德国东南部一个乡村，父亲是当地的牧师。费希纳5岁丧父，由母亲及兄长抚养长大。费希纳是心理物理学创始人韦伯的表弟，他1817年进莱比锡大学修习医学，时值韦伯开始在该校任教。1822年获医学博士学位，年仅21岁。此后10年间兴趣转向物理学，1824年获聘为莱比锡大学物理学教授。在讲授物理学之

余，兴趣又转向感觉研究，并开始采用心理物理学方法研究色觉与后像的新领域，研究结果发表后颇受重视。他在研究后像时，由于长时间戴有色眼镜观察太阳而罹患严重眼疾，之后未能痊愈。此外因过度工作而身心俱疲，导致精神崩溃，不得已休假三年。病愈后，其兴趣又由心理物理学转向哲学心理学，开始研究心身关系问题。他同意19世纪荷兰理性主义哲学家斯宾诺莎的心身合一双边论，相信身体和心理是一体之两面，而计划进一步采用科学方法加以证明。因此他再度进行心理物理学研究，企图用实验方法确定物理刺激变化和感觉变化之间的关系。其研究结果载于1860年出版的《心理物理学要义》，该书被誉为心理学脱离哲学而成为一门科学的里程碑。1884年之后，由于眼疾不能从事科学实验，又改而研究哲学。1887年11月18日病逝于莱比锡，享年86岁。费希纳在心理学上的贡献，主要在于以下两方面：

1.费希纳定律 费希纳采用物理学方法研究感觉心理，从而探讨哲学心理学上争议未决的心身关系问题。他认为心理现象是可以用物理学方法测量的，而且心身关系也可用数量来表示。于是他补充修正了韦伯所发现的解释最小可觉差的韦伯定律，而使之成为费希纳定律(Fechner's law)。见该条。

2.心理物理学实验方法 费希纳在从事心理物理学实验研究时创用的方法，现在仍被采用者有以下三种：(1)极限法(method of limits)，指先设定一个标准刺激(不变)，然后变化另一比较刺激的强度；先和标准刺激相等，再使之改变为较强，然后较弱。在此情况下，让受试凭感觉判断较强→相等→较弱三刺激强度之间的界限。(2)恒定刺激法(constant stimulus method)，指同时向受试者呈现两种刺激，其中之一保持恒定不变，另一刺激随时改变。在此情况下，要求受试者凭感觉判断变动刺激的强度，何时与恒定刺激相等，何时较强或较弱。(3)调整法(method of adjustment),指先设定一标准刺激,然后让受试者自行调整另一比较刺激,等受试者自认比较刺激和标准刺激相等时,即行停止调整,最后主试核查调整结果,从而观察受试者的调整有无误差。

费希纳的著作中译为英文的专著有:*Elements of psychophysics*(1860)。

Fechner's law 费希纳定律 解释感觉现象的一种基本法则。费希纳定律系由德国心理物理学家费希纳修改韦伯定律而来,故而也被称为韦伯—费希纳定律(Weber-Fechner law)。费希纳定律的公式如下:

$$S = K \log R$$

公式中,S为感觉到的刺激强度;R为实际刺激强度;K为常数;log为对数。

费希纳定律的基本要义是:在绝对阈限之上时,对物理刺激感觉到的主观强度与刺激本身强度的改变呈对数关系。亦即,刺激强度如按几何级数增加(即1,2,4,8…),而引起的感觉强度却只能按算数级数增加(即1,2,3,4…)。此二者间的对数关系,正如上列公式所示。费希纳定律可用来解释日常生活的感觉经验。以光刺激引起的感觉为例,由100支烛光灯泡换成200支烛光时,虽使人感觉到较前明亮,但却感觉不出较前的亮度增加了一倍。费希纳研究发现,除视觉外,听觉、味觉、嗅觉等感觉与刺激变化的关系,均可用以上公式来解释。

Fechner's Paradox 费希纳诡觉 指一种奇异的视觉现象。该现象的特征是,双眼视物片刻后,如改用单眼注视同一物体,就会觉得该物体变得较为明亮。此一现象为德国心理物理学家费希纳所发现,故名。

feeble-mindedness 低能,心智薄弱 见智能不足(mental retardation)。

feedback 回馈,反馈 原为工程学上的概念,现在用来解释心理现象。**1.**在工程学上,当机器运作中有某种信号显示出当时机器运作的情形时,此种信息即称为回馈。以开汽车为例,计速器显示的行车速度,对司机而言就是回馈。**2.**在感觉心理方面,因外在刺激引起感觉神经元冲动成为信息传入大脑后,大脑的运动区会针对刺激的性质,支配躯体做出适当的反应。此一过程,称为回馈。**3.**在社会心理学上,凡是对别人行为表现所做出的响应,均成为回馈。两人相遇时,如一人点头微笑,另一人随之也点头微笑。在此种情形下,对第一人而言,第二人的微笑就是回馈。像此种回馈,有时也称社会回馈(social feedback)。**4.**在学习心理学上,学习者对某刺激反应之后,如立即得到反应是否正确的信息,将有助于对其下次反应的修正。此种对学习结果获知的情形,对学习者而言,也是回馈。此种情形一般又称学习的回馈(feedback of learning)。由于回馈一词所表示的概念中带有"往返"的意思,故而有些心理学家有时称之为回馈圈(feedback circuit)或回馈环(feedback loop)。

feedback circuit 回馈圈 见回馈(feedback)。

feedback evaluation 回馈性评量 义同形成性评量(formative evaluation)。见该条。

feedback loop 回馈环 见回馈(feedback)。

feedback of learning 学习的回馈 见回馈(feedback)条第四义。

feeding center 进食中枢 指前脑下丘脑的边缘部位,因该部位控制内分泌系统,维持代谢作用正常,饥饿感觉由该部控制,故名。

feeding system 控食系统 义同进食中枢(feeding center)。见该条。

feeling 感觉,情感 **1.**本词译为感觉时,其意涵有二:其一指个体对周围事物的存在与变化的觉知,如感觉到天气变凉了。其二是指对社会事象的体察,如在谈话中感觉到对方的态度含有善意。**2.**本词译为情感时,指个人对自己情绪状态的体验,如在悲伤情绪状态时个人自己会觉得心情沮丧。

feeling of competence 胜任感 **1.**指经历过一件挑战性工作(如比赛)之后获得成功时,个人觉得并非侥幸,而自认那是他自己能力的表现。**2.**指面临一项挑战性工作之前,个人自信能胜任愉快,获得成功。

feeling of familiarity 熟悉感 指对某种情境不能凭记忆确认,而只觉似曾相识的现象。

feeling of inadequency 不适当感 指抑郁不乐的心理状态,个人对生活中的一切感到无力、无助、无奈,因而无精打采,蹉跎终日。

feeling of inferiority = **inferiority feeling** 自卑感

feeling of justice 正义感 也称是非感或善恶感。正义感是一种主持公道、伸张正义、爱憎分明的高尚道德情操。

feeling of shame 羞愧感 当人意识到自己或自己所属团体的作为违反道德行为准则时,产生的自我谴责的心理。

feeling of unreality 空虚感,不实际感 指生活中缺少目标,无法从日常活动中获得充实感与价值感的心理状态。空虚感偶尔有之,不谓失常;如经常有此感觉,则为病态。见反个性化(depersonalization)。

feeling theory of three dimension = three-dimensional theory of feeling **情感三维论**

feeling tone **情调** 指对人、事、物或情境接触时所意识到的情感性经验。从愉快到不愉快一连串的情感改变,均称为情调。

feeling type **感情型** 瑞士心理学家荣格的人格理论中所指的功能型人格类型之一。属于感情型的人,常以感情为基础去衡量一切:引起快乐者即善,引起痛苦者为恶。见功能型(functional type)。

felt-need **需求感** **1.** 指个体明确了解自己的需求与处境,而试图调适自己去寻求满足需求的心理历程。在教育与辅导上一向重视学生的需求感,在需求感中适时施教,可获事半功倍之效。**2.**广义言之,需求感义同动机(motivation)。见该条。

femaleness **女性** 指在生理上完全具备女性生殖器官的个体(在性格上不一定具备女性化的特征)。见女性化(feminization)。

female psychology **女性心理学** 属心理学领域中的一个新兴学科。女性心理学的兴起,一方面是由于女性心理上的特殊需求及问题;另一方面更重要的是文化变迁,女性的社会角色及地位改变,使女性发展的机会增多,但也遭遇较前更多的挑战与困难。女性心理学研究的目的是,从对现代女性成长历程的研究中,探讨女性在教育准备、职业选择、两性关系、婚姻取向以及家庭角色等各方面的问题,以期建立系统的心理科学理论。

femininity **女性气质** 指个体的性格或行为上所显示的女性倾向,而在生理上未必真正是女性。所谓"女人气"即此之谓。本词与女性(femaleness)不同。见该条。

femininity complex **女性情结** 精神分析论的用语,谓幼男童渴望变成像母亲一样,在潜意识中希望自己也有女性生殖器官和乳房。注意本词与恋母情结(Oedipus complex)不同。见该条。

feminization **女性化** 指个体在性格上变得像成年的女性。意指:(1)少女的成长历程;(2)男性带有女子性格的倾向。

fertility rate **生育率** 在人口总数中用来表示人口增加的指数。生育率的表示方式,一般按1000个生育年龄(约在15~49岁之间)妇女与所生育子女数之间的比值。见出生率(birth rate)条第二义。

fertilization **受孕,受精** 指个体生命开始的过程。如附图所示,受孕过程是来自父亲睾丸中的精子,与来自母亲卵巢中的卵子相结合,构成一个受精卵(zygote)。受精卵虽然只是一个细胞,但却是一个新生命体的开始。附图中的上图表示父母体细胞内各有23对染色体,中图表示父母体细胞内的生殖细胞经减数分裂而将染色体减为一半(23个)。等精子与卵子结合成为一个受精卵时,精子与卵子中各自原有的23个染色体一并带来,合起来又构成23对染色体。见有丝分裂(mitosis)与染色体(chromosome)条及附图。

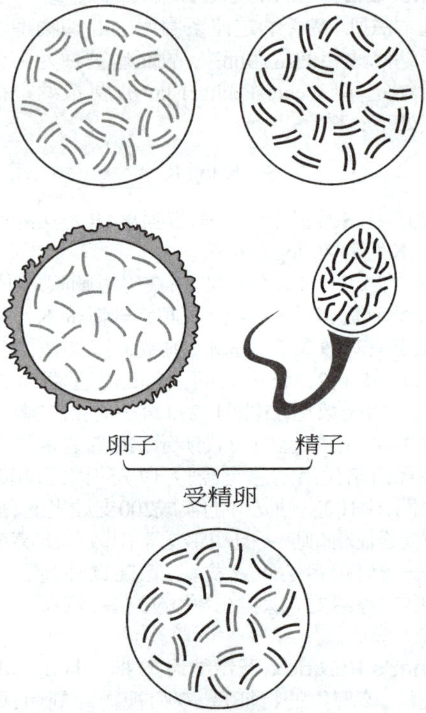

受孕过程

Festinger, Leon(1919~1989) **费斯廷格** 费斯廷格是20世纪美国心理学家,是继勒温之后将完形心理学原理用于社会心理学研究的学者,也是解释态度改变的认知失调论的建构者。

费斯廷格1919年5月8日出生于纽约市，父亲是刺绣工厂的厂主，1939年于纽约市立学院毕业后，进爱荷华州立大学，在当时著名社会心理学家勒温指导之下从事心理学研究。1940年获硕士学位，1942年获哲学博士学位之后，应聘为爱荷华大学副研究员，1943年出任罗切斯特大学飞机驾驶员甄选训练中心统计专员，1945年进麻省理工学院，参与勒温在该校所设立的团体动力学研究中心的研究工作。此后历任密歇根大学、明尼苏达大学、斯坦福大学及纽约美国社会研究院新学院教授，1955～1989年荣任美国科学院院士，1959年获美国心理学会颁赠杰出科学贡献奖，1989年病逝于纽约，享年70岁。费斯廷格在心理学上的贡献，主要在于社会心理学领域内两方面研究的成就：

1.社会比较论　费斯廷格在1954年的一篇以《论社会比较》为题的论文中指出，团体中的个人总是具有将别人与自己比较，以确定自我价值的心理倾向，乃是人性的基本特征之一。基于此一社会心理特质，费斯廷格提出社会比较论（social-comparison theory）。社会比较论的基本要义是：在缺乏客观标准以评定自己时（如身高、体重等为有客观标准评定自己），个人倾向将自己与和自己不同的人相比较，从而确定自己的价值；有时会与条件胜于自己的人相比较，有时又会与条件低于自己的人相比较，至于如何选择，则视社会情境而定。有人与别人比财富，有人与别人比能力，也有人与别人比容貌。无论所比者为何，总不外从与别人比较中寻找自我价值。

2.认知失调论　在1957年出版的《认知失调论》一书中，费斯廷格提出解释态度改变的认知失调论。认知失调论（cognitive dissonance theory）的基本要义是：当个人面对某种新的问题情境需要表示自己的态度时，在心理上可能会出现新认知（新的理解）与既有认知（旧的信念）之间彼此冲突不和谐的状况。此种新旧认知不和谐的心理状态，费斯廷格称之为认知失调（cognitive dissonancc）。在认知失调心理状态之下，个人会感到紧张与不安，为消除紧张不安，个人在心理上倾向于采用两种方式之一来自行调适：其一是对新认知予以否认，如此即可维持既有认知，不作任何改变，从而达到心理平衡的目的。其二是寻求更多有关新认知的信息，使新认知的可信度增高，借以取代旧认知，从而达到心理平衡的目的。基于此义，可知费斯廷格的认知失调论，在性质上是解释内在动机的一种主要理论，动机是促发个体行为的内在动力。因此，在社会心理学上认知失调论是用来解释态度改变的最重要理论。

费斯廷格著作中的专著有：*When prophecy fails*（1956）；*A theory of cognitive dissonance*（1957）；*Deterrents and reinforcement: The psychology of insufficient reward*（1962）；*Conflict, decision, and dissonance*（1964）；*Retrospection on social psychology*（1980）等。

fetal alcohol effect **胎儿酒毒效应** 义同胎儿酒毒症候群（fetal alcohol syndrome）。见该条。

fetal alcohol syndrome（FAS） **胎儿酒毒症候群，胎儿酒精综合征** 指母亲在怀孕期间，因长期酗酒影响胎儿发育，以致产后婴儿大脑功能失常的复杂症状。胎儿酒毒症候群的主要症状是：（1）头小，大脑体积小，心智能力不足；（2）两眼间距离大，上唇薄，鼻梁低；（3）动作迟缓，缺乏机警反应能力。

F

fetal period **胎儿期** 指从受孕后约第九周开始一直到出生的一段时间。在此段时间，胎儿在子宫中充满羊水的羊膜内，羊膜是囊状封闭物，胎儿靠脐带与胎盘连接。胎盘（placenta）具有两种重要功能：其一是将母体血液中的营养输送给胎儿，以维持生命；其二是将胎儿的排泄物输送至母体。母亲的血管并不直接与胎儿连接，母亲与胎儿之间的生命关系的维持，完全靠胎盘。胎盘与胎儿之间的连接则是靠脐带。脐带（umbilical cord）有三条血管：一条负责将母体血液中的氧气与营养经

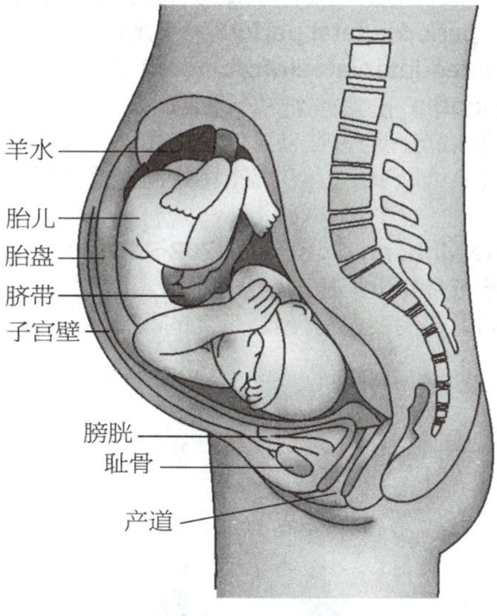

胎儿在子宫中的位置

胎盘输送给胎儿，另两条负责将胎儿的血液与排泄物经胎盘输送回母体。三个月以后的胎儿，在子

宫内迅速成长，此时孕妇开始会感受到胎儿在活动。胎儿期的最后三个月，身体发育已渐趋成熟；七个月会有反射动作，如此时出生，即具有呼吸与吸吮的能力。绝大多数的胎儿，到八个月后出生均能存活。上页图所示，即胎儿后期出生前在子宫中的位置。

fetal stage = **fetal period** 胎儿期

fetation = **pregnancy** 妊娠期，怀孕期

fetishism 恋物症 属性变态之一。患者所爱恋之对象不是异性，而是属于异性所用的物品，如内衣裤、鞋袜、头发之类。患者从此等物品，即可获得性的兴奋与满足。恋物症患者以男性居多数，其形成与幼时性心理发展障碍有关。见性变态（paraphilia）。

F

fetus 胎儿 指胎儿期（fetal period）在子宫中的新个体。见该条。

fetus at risk 胎儿风险 指夫妻罹患严重身心疾病而妻子怀孕时，胎儿出生后有可能罹患同样疾病的危险性。根据研究统计，一般正常夫妻生育子女罹患身心疾病的比率，不到3%；而夫妻中有一人罹患严重身心疾病者，所生子女罹患类似疾病的比例，高达50%。

fetus movement 胎动 指胎儿在母体内的自发运动或蠕动。正常胎动一般每小时不少于3次，12小时内约在30次以上。每个胎儿都有自己的胎动规律。若胎盘功能良好，营养和氧气充足，胎儿发育正常，一般在母亲妊娠18～20周时，就可感到胎动。

fetus period = **fetal period** 胎儿期

FI = **fixed-interval reinforcement** 固定时距强化

fibriphobia 惧发烧症 属恐惧症之一。患者对自己身体过分担心，唯恐身体发烧生病，故而稍有发烧现象，即表现过度的恐惧反应。见恐惧症（phobia）。

Fichte, Johann Gottlieb（1762～1814）费希特 费希特是18世纪德国哲学家，是当时德国古典哲学的重要代表人物，也是著名的教育家。

费希特1762年5月19日出生于德国拉梅诺，出身低微，而勤奋向学，先后进耶拿大学和莱比锡大学研究神学和哲学。1794～1799年期间，任教于耶拿大学；1805～1808年期间，任教于厄尔兰根大学；1809～1812年期间，任教于柏林大学，1810年当选柏林大学校长；1814年1月27日逝世，时年52岁。费希特的思想可简单概述为三方面：第一，不承认心理学是一门科学。他认为，心理学属于哲学，是归纳的，不是演绎的。第二，断言知识的形式和知识的实质都来自意识主体。他将一切知识和一切实在的共同根源叫作"自我"。而自我并非有限经验的自我，而是绝对无限的自我。他将自我作为纯粹精神活动的三个活动：（1）面向自己，反思自己，从而设定自己，使自己具有实在性；（2）创造自我对立面的"非我"，使"自我"与"非我"形成矛盾对立；（3）限制自我的双方，使两者矛盾得以统一。费希特称此种自我的统一为"合"，亦即"正、反、合"的说法，而因"正"与"反"而产生"合"的过程，即是意识作用。第三，强调道德教育和爱国教育。费希特因有感于1806年普法战争败于拿破仑，毅然以民族大义告示全国，发表著名的《告德意志国民书》，而使士大夫觉醒，终于由民族意识的激发，使德国上下一心，将法人驱逐出境。

费希特著作中译为英文的专著有：*The characteristics of the present age*（1844）；*The way toward the blessed life*（1844）；*The vocation of the scholar*（1847）；*The science of rights*（1869）；*The science of ethics as based on the science of knowledge*（1897）等。

fictional finalism 虚构目的论 奥地利精神病学家阿德勒个体心理学中的术语。阿德勒采用德国哲学家韦辛格（H. Vaihinger, 1852～1933）所著《伲若哲学》的理念，强调每个人都会凭其想象虚构一个人生目的。此一虚构的目的设定之后，个人的行为即在其引导之下努力以赴，以期达成之。

fiducial limit = **confidence limit** 置信限

Fiedler's contingency model 菲德勒权变模型 义同领导权变论（contingency theory of leadership）。见该条。

field dependency 场依赖性 指在认知风格上属于场依赖型（field dependent style）者的性格特征。见该条。

field dependent style 场依赖型 属认知风格之一。属于场依赖型的人，判断环境（场地）中某种刺激特征时，倾向于依赖该刺激周围其他参照资料作为根据，而较少根据自己的认知做出独立判断。以判断路边电灯杆是否完全垂直为例，属场依

赖型的人，在判断时倾向于寻找路灯杆周围的其他线索（如房屋的墙角）作为参照之用。与本词相对者为场独立型（field independent style）。见认知风格（cognitive styles）。

field independency 场独立性 指在认知风格上属于场独立型（field independent style）者的性格特征。见该条。

field independent style 场独立型 属认知风格之一。场独立型是指个体应付环境时所表现的一种习惯性的性格特征。场独立本来只是实验心理学家研究知觉现象时的用语。在荧光幕上显示一宽广空间当中立一木棒，棒之垂直与否让受试者自行调整，调整到他自认为完全垂直为止。实验者发现，如木棒之周围场地中无其他刺激，不同受试者的判断，无显著个别差异。若将场地中加入其他刺激，如斜置的方框背景，则不同的受试者就会受到不同的影响。有的受试者因受场地刺激的干扰而扭曲自己的判断，这种人称为场依赖型（field dependent style）；有的人判断木棒是否垂直时，完全凭自己对木棒的知觉，而不受木棒周围场地中其他刺激的干扰，这种人称为场独立型。以后这两个名词的含义被延伸扩大，用以解释个体在认知活动中所表现在性格上的差异。此即近年来心理学家们所从事的认知风格（cognitive styles）的比较研究。见该条。在教育心理学上，近年来很多学者研究场独立与场依赖两种类型学生的读书习惯与学业成绩的关系。甚至在职业辅导上也注意到这两种类型学生职业选择的问题。

field investigation 实地调查 指从实验室、图书馆、医院之外的场所去收集所需资料的研究过程。此种调查偏重于事件发生或事实资料取得地点的实际情况，而不强调一成不变的研究方法。见实地研究（field study）。

field observation 实地观察 在不加控制的自然情景中，对事件、个体或群体活动所做的观察，称之为实地观察。参见自然观察（naturalistic observation）。

field of attention 注意域 **1.**指个体凭感官对环境事物所注意到的范围。在此范围内，个体对不同刺激（人、事、物等）给予不同的反应。**2.**义同意识域（field of consciousness）。见该条。

field of awareness 觉知域 义同意识域（field of consciousness）。见该条。

field of consciousness 意识域 指个体在与环境互动时所能知觉到的范围。在此范围中，个体按不同刺激给予不同反应。例如，听到有人问话能按话回答，看到红灯出现即行刹车等候，都是在意识域之内按刺激性质做出适当反应的情形。

field of regard 能视域 在头不动而眼睛可以转动的情形下，视力所及或可能看到的空间。能视域与视野（visual field）不同，视野在实验时眼睛是不许转动的。见该条。

field of vision = visual field 视野

field psychology 场心理学 指以德裔美籍心理学家勒温的场域论（field theory）为基础的一门理论心理学。见该条。

field research = field study 实地研究

field structure 场结构 按场域论的解释，场结构是指个人生活空间内各部分的交互关系；最主要的是个人与其环境的关系。见生活空间（life space）。

field study 实地研究 实地研究是一种在实际生活情境下进行的研究法。实地研究时，所费的时间较长，研究者在日常生活的情境中观察受试者的行为。在正式实地研究之前，研究者须借不同的资料搜集方法，就观察的对象、情境、欲观察的行为、观察的过程及评量的方法作一详细的计划与安排。此法的主要特征是具有弹性，观察进行中随时可以修正问题的定义，以获得更丰富的数据。此法优点在于能对所研究的问题，得到直接而完整的数据；但如对行为的取样或观察方法有偏差时，也会导致结论不正确。

field study method 实地研究法，现场研究法 **1.**是对研究对象的生活活动直接观察研究，而不假手第二手资料的研究方法。**2.**是走出实验室，在现实生活环境中直接对研究对象进行研究的方法。社会心理学、教育心理学、发展心理学等多采此种研究法。见实地研究（field study）。

field theory 场域论，场论 指美籍德裔社会心理学家勒温采取完形心理学的观点所倡议的人格理论。按场域论的基本观念，人所表现的一切行为，乃是在某一时间与某一空间内个人与环境两方面因素交互作用的结果。个人因素包括遗传、能力、性格、动机、情绪、健康状况等，环境因素包括社会的与自然的一切条件。场域论的概念，可用以下公式表示之：

$$B=f(PE)$$

公式中，B为行为；P为个人；E为环境；f为函数。此一公式的含义是，人的一切心理与行为是其本身与环境的函数，人的心理与行为是随其本身与环境条件的变化而变化的。PE所形成的一切变化，称为生活空间（life space）。见该条。另见勒温（Lewin, Kurt）传记条。

figural aftereffect（FAE） 形象后效 属于一种知

F

觉后效现象。形象后效有两种类型：一种是注视形象数分钟后，形象知觉将会扭曲，觉得形象样子改变了；另一种是注视甲形象之后，转向注视乙形象时，会影响乙形象的知觉经验失实。例如，当注视一条曲线数分钟，会觉得曲线的弯曲度减小，不像第一眼所见时的弯曲程度。此为第一种形象后效。又如，先注视一条曲线一段时间后，立即转向注视另一条直线时，会觉得直线变得弯曲，而弯曲的方向与第一条曲线相反。此为第二种形象后效。

F

figural cohesion **形象聚合** 指构成形象的各部分有聚合在一起成为整体形象的知觉现象。例如，看过三角形之后，再看三个点，在心理上就会有把三个点聚合成一个三角形的倾向。

figural synthesis **形象组合** 美国心理学家尼塞认知心理学理论中的术语。意谓个体形象知觉的形成不完全决定于形象本身的特征，而决定于个人在心理上对该形象组合后所赋予它的意义。例如，将很多小点排成一个不连续的圆环，看起来就不会觉得是一些分散的小点，而会觉得是一个由小点组合而成的圆环。

figurative knowledge **表象性知识** 指表征事象的知识，如文字、数字、图形、时间、地点等偏重事实记忆的知识，均属表象性知识。表象性知识是瑞士心理学家皮亚杰所指两类知识之一，另一类是运作性知识（operative knowledge）。见该条。本词也称联想性知识（associative knowledge）。

figure **形象，人物** **1.**指知觉场地中所见到的轮廓清楚成为具体形状的部分。见形象与背景（figure-ground）条及附图。 **2.**指特定人物扮演社会角色时所具备的人格特质，如父亲形象、母亲形象、教师形象等。

figure and background = **figure-ground** **形象与背景**

figure and ground = **figure-ground** **形象与背景**

figure-drawing test **绘图测验** 义同画人测验（Draw-a-Man Test）。见该条。

figure-ground **形象与背景** 本词亦称形象一背景关系（figure-ground relationship），指每当看到环境中有物体存在时，就会觉得该物体与其背景之间具有彼此依存的关系；物体多为周围边缘明确的具体形象，其背景是形象的衬托，其周围边缘未必明确固定。有形象一定有背景，有背景才显示出形象，这是形象与背景的基本知觉现象。唯形象与背景两者间的依存关系，却有两种情形。一种情形是两者的关系意义明确稳定，如：山坡上有座寺庙，寺庙是形象，山坡是背景；墙壁上有一挂钟，挂钟是形象，墙壁是背景。在此等情形下，观察者都不会产生何者为形象与何者为背景的混淆。另一种情形是形象与背景两者间意义不明确稳定，形象部分有时看起来像是背景，背景部分看起来像是形象，甚至两者翻来转去很不确定。此种现象乃是由于观察者对知觉组织与解释不同所形成。本辞典内所列鲁宾图形（Rubin's figure）、暧昧图形（ambiguous figure）、可逆图形（reversible figure）、天使与魔鬼（angel and bat）等条，均属形象与背景关系不稳定的例子。见该等条及附图。

figure-ground discrimination **形象—背景辨别** 见形象—背景知觉（figure-ground perception）。

figure-ground distortion **形象—背景扭曲** 义同形象—背景错觉（figure-ground illusion）。见该条。

figure-ground illusion **形象—背景错觉** 指形象与背景两者间关系和意义不明确而导致错觉的心理现象。见形象与背景（figure-ground）。

figure-ground organization **形象—背景组织** 义同形象—背景知觉（figure-ground perception）。

figure-ground perception **形象—背景知觉** 知觉经验中最常见的现象。凡是看到物体存在时，一定也同时看到物体存在的背景。桌面上放一本书，看到的书是形象，桌面就是背景；墙上挂一幅人像画，画是形象，墙是背景，画中的人像是形象，人像的周围是背景。形象与背景的关系是形象与背景分离，形象觉得突出在前，有明确轮廓，背景觉得平淡退后，轮廓不明确。形象—背景知觉以视知觉为主，但在其他知觉方面，也会有同样现象。山林中虽有风声的噪声（背景），但也会辨别到悦耳的鸟鸣声（形象）。像此种从背景中找出形象的能力，称为形象—背景辨别（figure-ground discrimination）。一般认为，人类的形象—背景辨别能力是生而具有的，不是后天学习的。见鲁宾图形（Rubin's figure）条及附图。

figure-ground relationship **形象—背景关系** 见形象与背景（figure-ground）。

figure-ground reversal **形象—背景转换** 一种形象与背景关系不够明确而形成的错觉现象。见可逆图形（reversible figure）条及附图。

figure-ground segregation **形象—背景分离** 见形象—背景知觉（figure-ground perception）。

filial psychotherapy **亲子心理治疗法** 属心理治疗方法之一。此治疗法原则上采游戏治疗法的方式进行。唯实施之前先训练父母，使他们了解心理治疗的原则与方法，然后在家跟子女一同游戏，在轻松的活动中得以了解子女的问题，从而增进亲子关系。

filled space illusion 填满空洞错觉 错觉现象之一。同样大的两个空间，一个填满东西，另一个空无一物，会使人看起来觉得前者较大。如附图所示，AB＝BC，但因AB间填满了东西，所以看起来AB＞BC。因此，餐厅内高朋满座时，看起来较空无一人时为大。见错觉(illusion)。

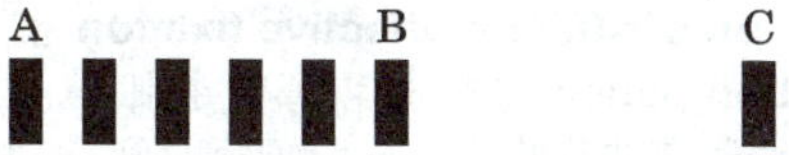

填满空洞错觉

fill-in-the-blank item＝**completion item** 填充题

filter hypothesis 过滤假说 义同过滤论(filter theory)。见该条。

filter model 过滤模型 义同过滤论(filter theory)。见该条。

filter theory 过滤论 英国心理学家布罗本特1958年提出的一种解释注意的理论。此理论的要点是，人的注意活动由一个具有选择性的过滤系统承担。当外在各种刺激作用于感觉器官时，个体的感觉通道对感觉信息的处理容量是有限的，所以要滤掉或堵住一些被认为是无关的信息，只接受某些有关的信息，并作进一步处理。信息过滤决定于接收到的信息总量是否超过该一感觉通道的处理能力限度。感觉输入通道与刺激频率、强度或空间位置等特性有关；强烈的、新颖的刺激，较易通过相应的过滤器。见布罗本特(Broadbent, Donald Eric)传记条。

filth fear＝**mysophobia** 惧脏症

final ability 终业能力 指经学习或训练后表现的实际能力。与本词相对者为始业能力(initial ability)。见该条。另见终点行为(terminal behavior)。

finalism 目的论 **1.**义同哲学上的目的论(teleology)。见该条。**2.**瑞士心理学家皮亚杰对儿童心理特征的一种理论解释。认为前运思期(2～7岁)的儿童，一般都将所有物体运动看成是有目的或具有某种功能的。他们可能认为，月亮在天空升得高是为了让人看见，云彩从天边飘过来则是为了使天空显得更为美丽。

finger agnosia＝**tactile agnosia** 触觉失认症

finger dexterity 手指灵巧度 指手指能运用自如，能从事精密操作的能力。诸如打字、绣花、雕刻、绘画、外科手术、精细零件的组装等，均需靠手指灵巧能力。因此，在职业性向测验中常有手指灵巧度的检查项目。见手指灵巧测验(finger dexterity test)。

finger dexterity test 手指灵巧测验 属非文字能力测验之一，其使用目的在测定手指灵巧的程度。测验方式有多种，例如将多枚细针迅速插入小孔中，以速度判断成绩，即代表手指灵巧的程度。见手指灵巧度(finger dexterity)。

finger painting test 指画测验 属投射测验之一。让受试者用手指随意作画，据以分析其个性的一种心理测验方式。见投射技术(projective technique)。

finger-to-nose test 指鼻测验 检查大脑是否受伤或病变的一种简单方法。指鼻测验实施的方法是，让受试者紧闭双眼，一臂向前伸直，然后用手指迅速触摸自己的鼻子。如果受试者动作过分缓慢或触摸的部位不准确，就需要进一步接受检查，以确定脑神经是否正常。

finite population 有限总体 指数目有限的研究对象的集合体。例如，某校学生人数是2050人，如将其视为研究对象，即为有限总体。再如图书馆中藏书254,890册，也是有限总体。与本词相对者是无限总体(infinite population)。见该条。

first aid 第一时间救助 指对病患的抢先救助。一般医院的急诊室，就是承担第一时间救助的工作。

first impression 第一印象 指对不熟悉的人或事物初次接触时所留下的印象。一般言之，第一印象格外深刻，而且对以后的印象有影响作用。所谓“先入为主”，正是表示第一印象的影响。

first language 第一语言 义同母语(native language)。见该条。

first negative phase 第一反抗期 指幼儿2～3岁学会走路而且能用语言表达意见之后，常对父母说“不要”的一段时期。与本词相关者是第二反抗期(second negative phase)。见该条。

first-order conditioning 一级条件作用 义同经典条件作用(classical conditioning)。见该条。

first-order reinforcement 一级强化 指一级强化物(first-order reinforcer)对个体反应所产生的强化作用。见该条。

first-order reinforcer 一级强化物 指本身(不需学习)特征即对某种习得的反应或行为具有维持或强化作用的刺激物。在经典条件作用中，一级强化物指无条件刺激物。在操作条件作用中，通常指能满足个体的基本需求的刺激物，如食物、水等均属之。通过实施一级强化物以强化或维持某种行为的过程，称一级强化(first-order reinforcement)。

first-signal system 第一信号系统 生理学家巴甫洛夫条件反射学说中的术语。指作为条件刺激而直接作用于机体的现实事物和它们引起的暂时联系系统。第一信号系统为人和动物所共有。

巴甫洛夫认为,大脑皮层的基本活动是信号活动,即条件反射。例如,经典条件作用中的铃声是食物的信号,就是第一信号。与这种信号相联的条件反应系统,就是第一信号系统。与本词相对者为第二信号系统(second-signal system)。见该条。

Fisher's test 费希尔检验 用于检验相关系数是否达到显著水平的统计技术。

Fisher's Z-transformation 费希尔Z转换 义同Z转换(Z-transformation)。见该条。

fissure 脑裂 指大脑皮质上的裂沟。见大脑半球(cerebral hemisphere)条及附图。

fissure of Rolando = Rolandic fissure 罗兰蒂克沟

five-day hospital 五日医院 指病人每周只住院五天,周末回家与家人生活的一种精神疗养制度。此种制度为配合每周工作五天的社会所设计。此种制度的构想是,患者周末回家,一方面使之不与社会脱节,另一方面使其生活有变化,有阶段性的希望,以免被家人或自己视为无希望的病人。

five robust factors 大五要素 义同大五人格特质(big five personality traits)。见该条。

five robust factors of personality 大五人格要素 义同大五人格特质(big five personality traits)。见该条。

five-to-seven shift 五至七岁转变期 根据发展心理学家的研究,儿童在五至七岁之间,几乎在身心各方面均产生显著的改变。除身体方面四肢协调能力显著改变外,在语言表达、推理思维、情绪稳定等各方面,都有显著的转变。按瑞士心理学家皮亚杰的认知发展理论,五至七岁正是前运思期(2～7岁)的后段,正是智力发展的转变时期。五至七岁的明显改变,显示教育的需要,良好的教育措施将配合儿童的身心特征,使之获得充分的发展。因此,世界各国的正规教育大多定为六岁入学。

fixation 固着,滞留,注视 **1.**指个体学得的行为不能随情境需要而表现出应有的变通性与适应性,此种类似僵化的现象可能显示在学习、记忆、动作、态度以及性格等各方面的行为,称为固着。见变态固着(abnormal fixation)与焦虑固着(anxiety fixation)。**2.**指个体学得行为不能随年龄的增长而改变为渐趋成熟的现象,如有的人成年后仍表现某些幼稚行为者,即属固着或滞留现象。**3.**单眼或双眼视线集中物体上从而获取视觉经验的历程,称为注视。**4.**本词系情感固着(affective fixation)的简称,见该条。

fixation frequency 视停次数 指阅读时视线停留在书页上的次数。如书页上每一行的字数不变,视停次数愈多,即表示认知广度愈小,阅读速度也就愈慢。见视停(fixation pause)。

fixation hysteria 固着歇斯底里 指由心理因素转化为身体疾病而只限于固定部位者(如只是右手麻痹)。见歇斯底里(hysteria)。

fixation line = line of fixation 注视线

fixation of affect = affective fixation 情感固着

fixation pause 视停,注视停留 指眼球停止转动,视线落在注视物上的一段短暂时间。根据研究发现,只有在视线停留时才看到东西,在眼球转动中是视而不清或视而不见的。阅读时,视停时所能见到的单字数,称为认知广度(cognitive span)或视广度(eye span)。见该等条。

fixation phase 定位期 **1.**指动作技能学习(motor skill learning)历程中的第二阶段。见该条。**2.**指眼球暂时不动而视线投落在物体上的时间。阅读时只有在这段短暂时间内,眼睛才能看见东西。见视停(fixation pause)。

fixation point 注视点,固着点 **1.**指视物时目光集中的焦点。**2.**指在心理上有情感固着(affective fixation)倾向者情感投注的对象(人或物)。见该条。

fixation time 注视时间 指阅读时视线停留在书页上的时间。见视停(fixation pause)。注视时间愈短,阅读速度愈快。

fixed action pattern (fap) 固定行为模式 习性学上的术语。意谓动物的一些行为表现,通常是对某种特殊刺激所表现的刻板反应(固定行为)。属于某一物种的动物,成长到成熟的程度时,只要遇到某种特殊刺激,他的某些本能性行为就会因该刺激的出现而自动释放出来。诸如鸟类的筑巢、求爱、交配、育幼等一连串的行为,在同一种鸟类中的表现是一样的,因此称之为固定行为模式。见习性学(ethology)。

fixed alternative 强迫选择 指采用强迫选择法(forced-choice technique)时对受试者的要求。见该条。

fixed alternative question = fixed-answered question 固定答案式试题

fixed-answered question 固定答案式试题 属于问题(或试题)的一种形式。此类问题的答案是预先订定,非对即错。固定答案式试题的目的旨在测定受试者某方面的能力或知识。所谓客观测验,均采用固定答案式试题;或为是非题,或为选择题,只有一个正确答案。此种题目记分客观,使用方便,但不容易测量出学生的思维推理能力。

fixed behavioral pattern = fixed action pattern 固定行为模式

fixed-class society 阶层固定社会 类似封建制度的社会，在此类社会中的个人，从出生后即被其自身条件所固定；社会阶层僵化不变，低层社会的人，永远无法进入较高阶层。

fixed effect 固定效果 见固定因素（fixed factor）。

fixed-effect fallacy 固定效果谬误 指根据固定因素从事实验所得结果，用于推论普遍现象时所犯的谬误。以研究小学生二年级认识词汇为例，如研究对象确定某城市住宅区五所小学二年级学童1500人为总体，然后抽取样本十分之一（150人）从事实际研究。即使采取最科学的随机抽样方法选取受试，将来所得结果，除用以推论解释该住宅区五所小学全体二年级学童的词汇能力之外，也不能用以普遍推论解释其他地区（包括其他城市和乡村）同年级儿童的语文能力。如果研究者试图将其研究结果用于普遍推论解释，他就犯了固定效果谬误。见固定因素（fixed factor）。

fixed effect model 固定效果模式 指实验结果只想比较每一自变项之特定类目或类别间的差异及与其他变项之特定类目或类别间交互作用效果，而不想依此推论到同一自变项未包含在内的其他类目或类别的实验设计。例如，研究者想知道教师的认知风格在不同教学方法情境中，对儿童学习数学的效果有何不同，其中教师和学生的认知风格，均指场依赖型和场独立型，而不同的教学方法，则指启发式和讲演式。当实验结束时，研究者仅就两种类型间的交互作用效果及类型间的差异进行说明，而未推论到其他认知风格，或第三种教学方法。像此种实验研究模式，即称为固定效果模式。与本词相对者是随机效果模式（random effect mdoel）、混合效果模式（mixed effect model）。见该等条。

fixed factor 固定因素 指用作实验的自变项是从有固定数量的总体中取得者。例如，要实验研究电灯泡的照明效果，市面上只有五种品牌，以五种厂牌灯泡的特征为自变项时，即称之为固定因素。由此种实验得到的结果，称之为固定效果（fixed effect）。又此种实验模式，称为固定效果模式（fixed effect model）。与本词相对者为随机因素（random factor）。见该等条。

fixed idea 僵化观念 义同强迫观念（obsessive idea）。见该条。

fixed-interval reinforcement（FI） 固定时距强化 属强化程序之一。在操作条件作用实验时，按固定时间距离实施强化者，谓之固定时距强化。如果采用每分钟为固定时距，自第一次出现正确反应而给予强化物之后，在一分钟之内其他正确反应均不予强化，直到满1分钟出现正确反应时，再做第二次强化。在实际生活中按月或按周发薪的办法，就是固定时距式强化。见强化程序（schedule of reinforcement）。

fixedness 固着现象 见功能固着（functional fixedness）。

fixed ratio = fixed-ratio reinforcement 固定比率强化

fixed-ratio reinforcement（FR） 固定比率强化 属强化程序之一。在操作条件作用实验时，按固定比率实施强化者，谓之固定比率强化。固定比率由实验者视情形而定。例如，受试者每连续出现三次正确反应时，第三次反应后给予强化物，这称为三分之一固定比率强化。又如每连续五次正确反应后施予一次强化者，则称为五分之一固定比率强化。与本词相对者为变动比率强化（variable-ratio reinforcement）。见该条。

fixed-role therapy 设定角色治疗法 美国心理学家凯利，在20世纪50年代以其认知人格理论为基础所设计的一种心理治疗法。设定角色疗法的基本假设是，人之所以心理异常，基本上是由于他对人对事认知偏差所形成的不当个人构念所致。因此，心理治疗时应设法从改变当事人的个人构念做起。以夫妻感情问题导致妻子心理异常者为例，可鼓励妻子为自己设定一个她理想中妻子的角色，然后从理性认知的观点分析评判夫妻间应该如何相处，才能获得幸福的婚姻生活。此种心理治疗法的目的，主要是借由对设定角色的认知，改变当事人对自身问题的看法，从而使他形成一个更适当的个人构念。见个人构念（personal construct）。

fixed schedule 固定时间制 指婴儿喂奶的一种方式。此种喂奶方式的特点是喂奶依固定时间（如每四小时喂一次）。与本词相对者为自我需求制（self-demand schedule）。见该条。

fixed solution problem 固定解法问题 指按照固定解题的方法逐步进行，即可得到答案的问题。教科书中所列的练习题即属此类。见定程法（algorithm）。

Flanagan Aptitude Classification Test（FACT） 弗拉纳根性向分类测验 是一种团体性向测验。该测验原系美国心理学家弗拉纳根（J. C. Flanagan）编制，故名。该测验内容包括十四个分测验：（1）检验测验；（2）代号测验；（3）记忆测验；（4）精确性测验；（5）装配测验；（6）坐标测验；（7）协调能力测验；（8）判断和理解力测验；（9）算术能力测验；（10）图样仿绘能力测验；（11）组成测验；

(12)表格阅读测验;(13)机械测验;(14)表达能力测验。弗拉纳根性向分类测验,经学者孙敬婉修订为中文,并经标准化,于1967年出版。该测验适用对象为初高中学生及社会青年,记分方式采答案卡手记分,已建立常模,在各年龄组均以标准九分数表示之。

flashbulb memory 闪光灯记忆 指对过去生活中重要事件留下的极为清晰的记忆,对过去事件发生的地点、时间、人物等,都好像历历在目。此种记忆多半是在强烈的情绪下产生的。

F

flat affect = **flattening of affect** 情感冷漠

flatness of affect = **flattening of affect** 情感冷漠

flattened affect = **flattening of affect** 情感冷漠

flattening of affect 情感冷漠 指在足以引人情感激动的情境下,个体却表现无动于衷的冷漠现象。情感冷漠是精神分裂症(schizophrenia)患者主要症状之一。见该条。

Flavell, John H. (**1928～**) 弗拉维尔 弗拉维尔是20世纪美国心理学家,是发展心理学家,也是以首创后设认知理论而闻名的心理学家。

弗拉维尔1928年出生于美国马萨诸塞州洛克兰市,虽父亲为土木工程师,但因当时受经济大恐慌影响,弗拉维尔高中毕业后无力升学,从军两年至21岁才进西北大学。1951年毕业后获克拉克大学奖学金攻读博士学位,主修临床心理学,1954年获心理学哲学博士学位后,应科罗拉多退伍军人医院之聘担任临床心理医师。1955年改任罗切斯特大学教授,1965年转任明尼苏达大学教授,1976年起担任斯坦福大学心理学系教授,1984年荣获美国心理学会杰出科学贡献奖。弗拉维尔在罗切斯特大学期间,因负责一项儿童社会行为研究计划而参考皮亚杰的认知发展理论,受其思想影响而转向认知发展研究。唯其研究取向与皮亚杰不同:皮亚杰的研究旨在了解儿童发展过程中认知能力随年龄增长而改变的情形,而他的研究则是从信息处理论的观点,研究儿童面对新知识情境时,如何经思维运作从而学到新知识的心理历程。他的研究始自1970年对儿童记忆的实验。他以学前和学龄两组儿童为受试,要他们注视面前放置的一堆物品(如文具、餐具等不同类的物品),等他们自认已看清楚之后,将物品移开,要他们凭记忆说出每件物品的名称。结果发现,学龄儿童多数记忆正确,而学前儿童则多数记不清楚。从信息处理论的观点看,这是属于短期记忆的问题。短期记忆的信息处理是不能观察的内在心理历程,弗拉维尔实验发现,学龄儿童记忆能力优于学前儿童的现象虽明确,但现象背后的真相却不易了解。为求合理解释短期记忆的认知历程,弗拉维尔1981年提出了他的后设认知理论。所谓后设认知(metacognition),是指个体在凭短期记忆处理信息时,对他自己认知的认知及监控自己认知活动的内在心理历程。换言之,后设认知是个人面对知识情境时,自己知道"自己所知道的",而且知道他该怎样处理问题的心理历程。弗拉维尔以后设认知理念解释其实验结果,他认为学前儿童记忆之所以看清楚而记不清楚,是由于学前儿童尚缺乏后设认知能力。弗拉维尔进一步解释,个体之所以能有后设认知能力,必须具备两种彼此相倚的先备条件:(1)后设认知知识(metacognitive knowledge),指储存于长期记忆中的陈述性知识和程序性知识;(2)后设认知经验(metacognitive experience),指以往从事类似学习活动中得到的成败经验。将后设认知知识和后设认知经验交互配合运用,从而形成学习新知识的能力,即为认知策略(cognitive strategy)。认知策略是有效学习的主要条件。弗拉维尔的后设认知理论,不但受到认知心理学界重视,且在教育心理学上特别具有意义。因为除教学生学得知识之外,更要进一步让学生学到认知策略,用以自行求取新知,才是学校教育的目的。

弗拉维尔著作中的专著有:*The developmental psychology of Jean Piaget*(1963); *The development of role-taking and communication skill in children*(1968); *Studies in child development: Essays in honour of Jean Piaget*(1969); *Handbook of child psychology: Cognitive development*(1983); *Cognitive psychology*(3rd. ed.)(1993)等。

flexibility 变通性,可塑性 **1.**指个体随机应变的行为特质。**2.**指个体行为的可变性或可教育性。如此解释即为可塑性。**3.**指创造力测验中的四因素之一,另三因素为流畅性(fluency)、独创性(originality)与精密性(elaboration)。见创造力测验(creativity test)。

flexible work hours 弹性工作时间 指允许员工自定工作时间表的一种制度。只要每周工作总时数不变，每天上下班时间由员工配合各自的生活需要决定。此种制度的优点是，既顾到业主的生产效率，也顾到员工的生活需求。

flexitime = flexible work hours 弹性工作时间

flicker fusion 闪光融合 见临界闪光融合频率(critical flicker fusion frequency)。

flicker fusion frequency 闪光融合频率 见临界闪光融合频率(critical flicker fusion frequency)。

flicker fusion point 闪光融合点 见临界闪光融合频率(critical flicker fusion frequency)。

flight from reality 逃避现实 **1.** 指遭遇困境时不面对现实，而凭想象中的心理满足以取代真实满足的一种适应方式。逃避现实最常用的方式是幻想和白日梦。 **2.**指以异常行为的方式去应付现实生活中的困难，借以减轻现实的压力。

flight into disease = flight into illness 装病

flight into fantasy 遁入幻想 属于防卫性反应。指生活中遭遇挫折时，不采取积极态度去面对现实，改而从现实中退却，并以幻想方式虚构成功，借以求得暂时的满足。见幻想(fantasy)。

flight into health 假装病愈 指心理疾病患者在某一时机突然表现出不医而愈的现象。按精神分析论的解释，此种不医而愈现象并非真实的，而是故意伪装的，是当事人为避免接受进一步检查所做的防卫措施。本词也称症状转轻(transference remission)。与本词相对者为装病 (flight into illness)。见该条。

flight into illness 装病 指个人稍感身体不适即过分夸张其病痛的心理倾向。按精神分析论的解释，此种现象乃是当事人以生病为由，借以逃避现实压力，从而减少内心焦虑的一种自我防卫方式。与本词相对者为假装病愈(flight into health)。见该条。

flight into reality 遁入现实 属于防卫性反应之一。指生活中遭遇挫折时反而加倍努力工作，借忙碌以减缓精神方面的压力。与本词相对者为逃避现实(flight from reality)。见该条。

flight of colors 色觉流变 指注视暗色背景的明亮颜色或色光时，所产生的一种连续性的色觉后像变化现象。例如，注视稍暗而均匀的背景上一个色点，过一段时间就会觉得该色点与背景颜色的差别越来越小；不但色点的饱和度逐渐降低，同时其色调与开始时的感觉相比，也会发生不同程度的改变。假如刚开始时看到的是橙色，慢慢地就变为黄色了。根据研究发现，除红、黄、绿、蓝四种色调外，其他的颜色都会有这种注视中的色觉变化：亮的变暗，暗的变亮，色光的色调、明度和饱和度都会发生变动。此时，如果眼睛移开片刻，原来的颜色又会重新恢复。这种色觉现象主要是由视神经暂时性疲劳所引起。

flight of ideas 思想紊乱，语无伦次 指说话时前后观念迅速转变所表现的语无伦次现象。语无伦次是精神分裂症(schizophrenia)的主要症状之一。见该条。

F

floating-finger illusion 浮指错觉 属视错觉现象之一。如附图所示，将两手食指水平相对置于眼前约10厘米处，先使两手指彼此接触，然后向水平方向分离，等分离距离到1厘米以上时，就会发现有一段手指留在中间，在空中飘浮游动，而且浮游手指的长度，也随两手离开距离大小而变化不定(注意用两眼注视)。此一错觉现象系由美国心理学家沙普(W. L. Sharp, 1890～1975)在1928年所发现。见错觉(illusion)。

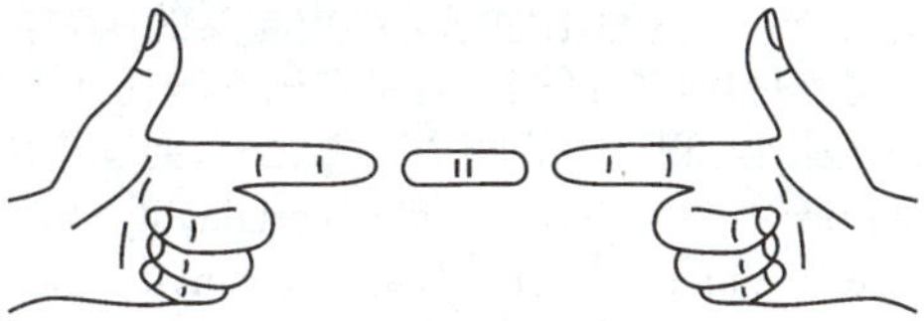

浮指错觉

flogging the dead horse 鞭死马策略 属于一种宣传策略，是指在用作宣传的文字与语言中，尽量不使用煽动的口吻，借以制造平常的气氛，使群众容易接受，从而达到宣传的目的。

flooding 泛滥法 义同泛滥治疗法(flooding therapy)。见该条。

flooding therapy 泛滥治疗法 属行为治疗的一种方法。泛滥治疗法是根据经典条件作用的消弱原理，消除患恐惧症者面对刺激情境时所表现的恐惧反应。本来引起恐惧反应的刺激并无伤害性，只因该刺激可能与另一具有伤害性刺激同时出现，使之变为条件刺激，使个体对之表现恐惧的条件反应。实施泛滥治疗法时，将此种条件刺激多次地、连续地出现，使之成"泛滥"的状态(因其本身不具伤害性)，久之，个体对之不再敏感，原来的恐惧自会消失。见经典条件作用(classical conditioning)、消弱(extinction)。本词也称冲激心理治疗法(implosive psychotherapy)。

floor effect 下限效应 指由于测验下限的影响，致使对部分受试者失却鉴别力的情形。下限指的是测验题目的最低难度。如测验题目中最低难度者仍有相当多受试不能通过时,该测验结果即失却对全部受试者的鉴别力。一般能力测验之所以不适用于智能不足儿童的原因,就是由于下限效应。与本词相对者为上限效应(ceiling effect)。见该条。

flow chart 流程图 指在进行一项研究之前所预先设定的一种图解式的程序。流程图的主要功用是,将工作活动与每种活动的起讫时间详列配合,实施时按流程作业,循序而进,达到预计目的。

F

fluctuation of attention 注意起伏 对某种感觉对象注意时所产生的周期性强弱起伏现象。对某一事物注意稍久后,因注意所得感觉敏度不能保持固定不变,而呈现强弱不定的起伏状态。例如,在耳边出现微弱声音时,时而听见、时而听不见的情形就是如此。对注意起伏现象的解释,有的认为与感觉适应有关,有的则认为是生理变化所致。

fluency 流畅,流畅性 **1.**指思维敏捷或用词联想快速的能力。用词流畅可用单词联想或字母联字的方式加以测量。如随意指定字母W,让受试者在三分钟之内写出他记忆中W起头的所有英文单词,写得愈多,即表示受试者语文流畅性愈高。**2.**指创造力测验中的四个因素之一。另三个因素为变通性(flexibility)、独创性(originality)与精密性(elaboration)。见创造力测验(creativity test)。

fluent aphasia 空洞型失语症 属失语症之一。此种失语症的特点是,患者虽能发出流利的字音,但所说的或是不成语句,或是言不及义,使对方听来不知所云。见失语症(aphasia)、韦尼克失语症(Wernicke's aphasia)。

fluid ability 流动能力 义同流动智力(fluid intelligence)。见该条。

fluid intelligence 流动智力 美国心理学家卡特尔智力理论中的术语。指采用不定答案式智力测验所测得的智力层次。不定答案式题目所代表者是一些新奇变异的情境,受试者必须随机应变,运用思考去解决问题。按本词含义与抽象智力(abstract intelligence)相似。见该条。流动智力的高低主要系与神经生理功能发展状况有关,因此与先天遗传因素关系较大,较少受教育与文化环境的影响。在智力发展的过程中,流动智力达到高峰的年龄在30岁左右,高峰过后就会随年龄的增长而降低。与本词相对者为固定智力(crystallized intelligence)。见该条。

focal attention 焦点注意 系对引起注意对象的高度注意集中的心理状态。在焦点注意时所得的知觉,在范围上较一般注意为小,但所得到的意识经验则比较清晰。焦点注意是注意层(attention level)中的最高层次。见该条。

focal-conflict theory 中心冲突论 为美国心理学家弗兰西(T. French)在1952年倡议的一种人格理论。谓成年人在人格上的心理冲突,虽然在表面上系由当时生活境遇不顺所引起,而事实上此等冲突之根源乃是由于幼年时的心理发展不顺。见根本冲突(root conflict)。

focal consciousness 焦点意识 指焦点注意(focal attention)时的意识状态。见该条,并见意识历程(conscious process)。

focal epilepsy 局部性癫痫 属癫痫症(epilepsy)之一。见该条。

focal need 定向需求 指由需求所促动的行为具有一定方向与一定标的物者。渴之于水与饥之于食的关系中,渴与饥两种需求均为定向需求。与本词相对者为无定向需求(diffuse need)。见该条。

focal psychotherapy 重点心理治疗 义同重点治疗(focal therapy)。见该条。

focal therapy 重点治疗 指心理治疗时采用的一种治疗取向。重点治疗的取向是,选定接受治疗者的诸多困扰中的单一问题,先求获得解决,然后再进一步解决其他问题。

focusing strategy style 集中策略型 属认知风格之一。集中策略型指个体应付环境时所表现的一种习惯性的性格特征。属于此一类型的人,遇到问题时往往集中注意于与问题直接有关的因素,而对与问题间接有关的或表面看来无关(实则有关)的因素,则不加注意。通常说"头痛医头,脚痛医脚"的庸医,所采者即为集中策略。学期末大考当前,学生之中只顾搜集"考古题"以应考者,也属集中策略型。与本词相对者为统观策略型(scanning strategy style)。见该条。另见认知风格(cognitive styles)。

foetus = fetus 胎儿

folk mind 民族精神 义同团体精神(group mind)。见该条。

folk psychiatry 民俗精神病学,民族精神病学 指采用某种特殊文化或特殊民族所惯用的传统诊断治疗方法从事行为异常的医学研究。就现代进步的医药科学观点言,民俗精神病学所采用的诊断和治疗方法,可能不够科学,但就治疗的功效看,仍然有它的价值。

folk psychology 民俗心理学,民族心理学 属心理学领域内的一个分支学科,其研究对象为:(1)比较原始民族中的个体与团体行为;(2)对某一民族或某一特定文化团体中的个体与团体的行为特征(包括生活习惯、宗教信仰等),从事深入的研

究，从而建构系统理论

folkway 社会习俗 指某一社会文化中所流行的传统生活方式与行为规范。

following behavior 跟随行为 指某些属种的动物（如鸡、鸭等），出生后在极短时间内即跟随在母亲身后行走的现象。见印记（imprinting）。

follow-up counseling 追踪咨商 属咨商的一种方式，是咨商后咨商员主动与受辅者保持联络，让受辅者在需要时随时回来予以协助，借以检查受辅者进步的情形。见咨商（counseling）。

follow-up study 追踪研究 阶段性实验研究结束后，为求了解实验变项是否具有长期效果，在结束后不同的时段内再定期考核或重复实验，借以确定实验效度的方法，称为追踪研究。

food fear＝cibophobia 惧食物症

food preference 偏食 指进食时偏爱某种食物而排拒其他食物的习惯性行为。偏食行为多出现在儿童阶段。对偏食行为解释，传统上认为是由于个体生理需要，但晚近则认为是学得的习惯使然。以儿童喜欢吃糖为例，过多的糖分并非儿童生理所必需，只是因为甜味的刺激使他们养成了习惯。

food reflex 食物反射 当食物进入口中时，引起的唾液分泌称为食物反射。食物反射是一种无条件反射。个体通过食物与外界建立联系，是维持个体生命的最基本反射之一。以食物反射为基础使之与无关刺激（如盛食物的器皿）相结合所形成的条件反射，称为食物条件反射。见条件反射（conditioned reflex）。

food self-selection 饮食自律 指解释动物与人类原始饮食习惯的一种理论。谓动物与婴儿均能自动表现一种饮食习惯：选择适于自身需要且有利自身健康的食物，不贪食，也不偏食，自动调节，适可而止。有些人之所以摄取食物过多以致肥胖，复因肥胖而必须节食，主要是由于学得的不良习惯，丧失了原有饮食自律的本能所致。

food therapy 食物治疗 属心理治疗方法之一。采用食物治疗时，并非以食物治疗心理疾病，而是以食物作为强化物，在治疗对象需要食物时用以控制其行为改变。例如，欲期纠正儿童饭前不洗手的习惯，就可训练儿童在吃饭之前先行洗手。如此，食物可对洗手行为产生强化作用。食物治疗法在性质上属行为治疗法（behavior therapy）。见该条。

foot candle 英尺烛光 照明的英制单位，在一平方英尺的物体表面上均匀分布着一流明的光量所产生的照明度，称为一英尺烛光。

footedness 偏足性 指举足上阶梯时或用脚踢物时（如踢足球），偏好使用右脚或左脚的现象。绝大多数的人偏好使用右脚。见偏手性（handedness）。

foot-in-the-door effect 得寸进尺效应 指对人有所求时采用得寸进尺法（foot-in-the-door technique）所产生的效应。见该条。

foot-in-the-door technique 得寸进尺法 属社会心理学中的术语。向人有所要求时，唯恐遭对方拒绝，于是刻意放低姿态，将要求降低，待对方允诺后，再将要求升高，借以达到预期目的。向人借钱时，有人善用此法。与本词相对者为以退为进法（door-in-the-face technique）。见该条。

F

forced-choice item 强迫选择题，必选题 采用强迫选择法（forced-choice technique）时用的试题。见该条。

forced-choice questionnaire 强迫选择问卷 见强迫选择法（forced-choice technique）。

forced-choice rating scale 强迫选择评定量表 指采强迫选择法（forced-choice technique）的原则所编制的评定量表（rating scale）。见该条。

forced-choice technique 强迫选择法，必选法 指在实验或测验时，要求受试者反应的一种方式。强迫选择法实施时，通常是每题之后有两个（或多个）相对的答案，受试者必须选一作答，即使全不同意，也必得勉强选定一个，否则即不予记分。一般常用的是非式问卷，即采用必选法编制。

forced-choice test 强迫选择测验 指采强迫选择法（forced-choice technique）所编制的测验。见该条。

forced treatment 强迫治疗 心理治疗实施时未经患者同意而强行治疗的方式，称强迫治疗。电休克治疗法（electroshock therapy）即强迫治疗法之一。见该条。

forebrain 前脑 属脑的最上层部分，也是人脑中最复杂的神经中枢。前脑又分大脑皮质（cerebral cortex）、丘脑（thalamus）、边缘系统（limbic system）、下丘脑（hypothalamus）、垂体腺（pituitary gland）五部分。见脑（brain）条及附图。

foreconscious＝preconscious 前意识

fore exercise 预习 指在实验或测验之前预先所做的练习。预习的目的在于使受试者明了实验或测验情境，以免届时发生错误。

foreign hull 生活圈外缘 美籍德裔心理学家勒温场域论中的术语，意指生活空间的外缘部分。此部分代表个人目前生活中尚未接触到的外在环境，如生活圈稍一扩大，受到影响的就是这个新环境。见生活空间（life space）。

forensic graphology 司法笔迹学 对法律事件涉

案人员笔迹(如信件及支票签字等)的科学验证,据以判定法律责任的一种学科。

forensic hypnosis 司法催眠 指运用催眠术的原理与技术,使见证人在催眠的状态下唤起以前的回忆,借以搜集法律证据的一种方法。司法催眠技术的应用,是近年来司法心理学正在研究的一种尝试,效果如何尚待进一步研究。见催眠(hypnosis)。

F

forensic medicine 司法医学 医学中的一门专门学科,其研究目的重在如何运用医学上的专门知识,协助解决有关法律上的问题。

forensic psychiatry 司法精神病学 属精神病学的一个专门学科。司法精神病学的研究目的,着重在如何运用精神医学的知识,协助法律上遇到的精神病患者犯罪的问题时,鉴定犯罪者应负的法律责任。

forensic psychology 司法心理学 属心理学中的一个专门学科。司法心理学研究的目的,重在运用心理学的理论与方法,探讨有关法律历程中的行为问题。诸如违法事实与违法行为认定的可信度,与见证人言词的效度与信度等,均属法律心理学研究的范围。本词与司法精神病学(forensic psychiatry)有别。见该条。

fore period 预备期 广义言之,本词泛指任何实验的预备阶段。狭义言之,本词指反应时间实验时准备信号与实验用刺激呈现之间的间隔时间。见反应时间(reaction time)。

forgetting 遗忘 对学得的经验失去重现的能力,称为遗忘。遗忘的形式很多,诸如对往事不能回忆,对原本熟悉的刺激情境不复辨识,对学过的动作技能不能再度表现等,均谓之遗忘。遗忘只是现象,对形成遗忘原因的理论性解释,心理学家看法颇不一致。按行为主义的解释,遗忘是因为强化停止后原先建立的刺激与反应之间的联结减弱。精神分析论者则将遗忘解释为个体内在的压抑所致。完形心理学家将遗忘解释为受记忆结构重组的影响。认知心理学者则以编码、输入、储存、提取以及短期记忆和长期记忆等概念来解释遗忘。

forgetting curve 遗忘曲线 采用统计方法表示停止练习后遗忘率随时间变化(时间愈久遗忘愈多)而变化的曲线图。见保持曲线(retention curve)。

form agnosia 形状失认症 指患者虽有视觉能力,但不能辨识形状所代表之意义的病态现象。见失认症(agnosia)。

formal culture 形式教育 重视形式上的训练而不重视实用知识的教育方式。见形式训练(formal discipline)。

formal discipline 形式训练 是一种教育主张,此种主张系依据官能心理学的原理,认为人的心能是可以单独加以训练的。只需经过心能训练,人就可以发挥他的能力,学习任何事物。因此在教育上选择教材时,不重视教材的实用性,只重视教材的训练价值,而其训练价值又决定于教材本身所具有的形式。例如,拉丁文虽非实用文字,但因其具有训练记忆心能的良好形式,故而旧时代在教育上把学拉丁文看得比学实用的英文更为重要。按形式训练说,拉丁文学好了,就会发挥训练迁移作用,使英文学习变得更为容易。形式训练说盛行于18世纪。见官能心理学(faculty psychology)、训练迁移(transfer of training)。

formal exercise 形式练习 **1.**谓教学上只做形式上的练习,不重视学生兴趣、理解等学习效果的教学方式。**2.**指教育上采取形式训练说教导学生学习的一种方式。见形式训练(formal discipline)。

formal leader 形式领袖 指团体中居于领袖的形式地位,但未必发生实质领导作用的领袖人物。

formal operation 形式运思,形式运算 根据瑞士心理学家皮亚杰的认知发展阶段论,本词指形式运思期(formal operational stage)儿童的思维特征。见该条。与本词相对者为具体运思(concrete operation)。见该条。

formal operational level = **formal operational stage** 形式运思期,形式运算阶段

formal operational period = **formal operational stage** 形式运思期,形式运算阶段

formal operational stage 形式运思期,形式运算阶段 指瑞士心理学家皮亚杰认知发展阶段论中四个分期的最后一个时期。在年龄上约为11岁以上一直到青年或成年期。在此时期的认知行为发展的特征是,能运用形式逻辑的推理方式去思考问题,能有系统地对问题提出假设,然后寻找数据去验证假设。个体的智能发展到形式运思期所列的标准,等于是心智发展已经成熟。除形式运思期之外,皮亚杰理论中的另三个时期分别是感觉运动期(出生至两岁)、前运思期(2～7岁)、具体运思期(7～11岁)。见后形式思维(postformal thinking)。

formal operatory stage = **formal operational stage** 形式运思期,形式运算阶段

formal operatory thought 形式运作思维 指儿童认知发展达到形式运思期(formal operational stage)时,心智方面所表现的合于逻辑的思维方式。见该条。

formal organization 正式组织 指按预订规章所成立的社会组织。准此，一切机关、学校、公司、会社、球队等，均为正式组织。与本词相对者为非正式组织（informal organization）。见该条。

formative evaluation 形成性评量 就学校实施教学评量的时机而言，有形成性评量与总结性评量之分。所谓形成性评量，是指用于教学历程中途的评量，在性质上相当于现在中小学的段考。形成性评量的目的，对教师而言，是借此获得教学历程中连续性的回馈，随时知道学生们学习的成败情形，据以作为随时修正自己教学策略的参考。同理，形成性评量对学生的学习，也产生回馈作用，由评量结果获知自己学习后的表现是完满还是欠缺，从而肯定或修正自己以后的学习方式。因此，在教学历程中，形成性评量是不可少的。根据预订的教学目标，然后核对形成性评量的结果，教师才能针对全班或个别学生的学习成败情形，分别给予学业辅导。形成性评量时所采用的方法，可使用由教师自编的文字形式的测验，由学生回答后分析结果；也可凭教师平常观察记录或与学生晤谈，以了解其学习进步的情形。见总结性评量（summative evaluation）。

formative measurement 形成性测量 义同形成性评量（formative evaluation）。见该条。

formative test 形成性测验 义同形成性评量（formative evaluation）。见该条。

formboard test 形板测验 属于非文字测验之一。形板测验由一厚板及各种形状图块构成。厚板上有各种形状的凹陷，每一凹陷内嵌一活动的图块。施测时先将所有图块取下，让幼儿按形状符合者，将图块嵌入，从而测定其知觉辨识能力。见非文字测验（nonverbal test）。

form constancy 形状常性 属知觉常性现象之一。指吾人对熟知物体的形状知觉，不因其所处环境或位置的不同而有改变的心理现象。如从不同角度看一扇门时，门的形状虽随其角度变化而形成多种不等边的四边形，但知觉经验中总保持门是长方形的印象。此种物体形状改变而知觉经验不变的现象，称为形状常性。见知觉常性（perceptual constancy）。

form-function distinction 形效差异 义同形效关系（form-function relation）。见该条。

form-function relation 形效关系 指某种行为的表现形式与其效用的关系。有时候，行为表现与其效用间两者一致，如问：Are you a student?形式上与语义上均属问句，问答之双方都不致误会。有时候行为表现与其效用间两者不一致，如问：Can you close the door？形式上似是考验对方的能力，但在实际效用上却是请求对方随手关门。本词也称形效差异（form-function distinction）。

form word 形式词 义同语法词（function word）。见该条。

fornication 通奸 指不具婚姻关系者之间违反社会道德规范的性行为。

fortuitous error 偶然误差 指观察测量所得的分数与真分数之间的差异。此种误差的产生是概率性的，是无法控制的。见变异误差（variable error）、真分数（true score）。

forward association 顺向联想 在序列学习时，先学过的项目与以后所学项目（一个或数个）之间的联想，称为顺向联想。例如，看过一序列的人名之后，由第一名依序向后联想，就是顺向联想。根据实验研究，顺向联想较之逆向联想（backward association）容易。见该条。见序列学习（serial learning）。

forward conditioning 顺向条件作用 指经典条件作用（classical conditioning）之类。见该条。因在经典条件作用中，条件刺激在前，无条件刺激在后，两者的前后关系是顺向的，故名。与本词相对者为逆向条件作用（backward conditioning）。见该条。

forward masking 前掩蔽 见掩蔽（masking）。

forward selection procedure 顺向选择法 顺向选择法是选取最佳回归公式的方法之一，其过程是选择与依变项相关程度最高的自变项，构成一个回归方程式。再以每个未被选择的自变项和被选取的自变项同时预测依变项，找出对依变项的总变异数之帮助程度达到显著水平者，将该自变项纳入回归方程式之中，反之将该自变项淘汰。依此步骤反复计算，直到没有任何一个自变项可加入回归方程式为止，即得到最佳回归公式。

foster-child fantasy 养子女幻想 指个人对自己身份的错觉或幻想，认为自己并非父母亲生，是小时候被父母收养来的。凡是得不到父母充分关爱的儿童，多半都存有此种幻想。

foster children 养子女 指收养的子女。名义上是子女，而事实上不是自己所亲生。

foster home 寄养家庭 指受社会福利机构委托，暂时或长久收留教养被遗弃或心理异常与心智缺陷儿童的家庭。

foster parents 养父母 指非生身的父母，对个人只有名义上的亲子关系，而无血缘关系。

four card problem 四卡问题 演绎推理的一种实验情境。实验时采用四张卡片，正反两面分别写着E,K,4,7(如下图),并告诉受试者说:“写有字母者,背面一定是数字;写有数字者,背面一定是字母”。然后要求受试者凭思维推理,从四张卡片中翻阅哪几张,就可验证以下条件式的陈述是否为真:

如果卡片的正面字母是元音,
则该卡片的背面一定是偶数。

E	K	4	7

此推理问题的正确答案是E和7,然而一般大学生却绝大多数想不到同时翻阅这两张卡片。结果只有4%受试者的答案是正确的。E和7两张卡片之所以为正确答案,其理由是:(1)翻阅E来验证,E是元音,如果陈述为真,E的背面就一定是偶数(即4)。翻阅结果如果发现不是偶数,即可判定陈述不真。(2)翻阅7来验证,7是奇数,如果陈述为真,7的背面就一定不是元音。除了翻阅E、7两张卡片的正确答案之外,其他翻阅方式均不足以用来验证该陈述是否为真的问题。四卡问题系由英国心理学家华森 (P.C. Wason, 1924～)1966年所设计,故而也称华森四卡问题(Wason four card problem)。

four-day work week 每周工作四日制 指每周工作四天、每天工作十小时,用以取代每周工作五天、每天工作八小时的传统。此构想的目的是,工作时数不变,但可减少往返所花时间,并可增加个人休闲时间。

fourfold point correlation 四分点相关 义同ϕ相关(phi correlation)。见该条。

fourfold table 四格表 指由纵横各两栏构成的共有四个格子的图表。例如,纵的两栏代表男生和女生两种性别,横的两栏代表数学和英文两种成绩。如此就构成男生数学、男生英文、女生数学、女生英文四组成绩。

four R's 4R,四艺 新兴人本心理学家所倡议的以人文社会为基础的教育理念。所谓4R是指四个英文字的缩写:(1)责任心(responsibility),教育儿童认识人己责任的分际,并学习了解自己应负责任的能力;(2)诚敬心(respectfulness),培养儿童尊重别人的礼貌与关怀社会的态度;(3)通达力(resourcefulness),养成儿童观念开放,思想灵活,善于处事待人的能力;(4)感应性(responsiveness),培养儿童具有感人之所感的同情心,与设身处地为别人着想的同理心。4R与3R(three R's)相较,后者重视读(reading)、写(writing)、算(arithmetic),是原来西方传统上以学习知识为基础的教育理念。见该条。

four stages of creative thought 创造思维四阶段 见创造性思维(creative thinking)。

four-way agenda of teaching 教学四要 指美国教育心理学家斯普林萨尔(N. Sprinthall)1990年提出的一种教学理论。教学四要的基本要义是,成功的教室教学决定于四件必要事项:第一,要有优良的教师,而优良教师的条件是具有三方面的专业素养:(1)任教专科素养,任教语文科者,必须熟谙语文,任教数学科者,必须熟谙数学,才能对担任学科教学胜任愉快;(2)教育专业素养,要了解国家教育政策,要了解学校教育目的,要了解学校的行政组织,要了解有关教育法规,要了解教材教法;(3)专业精神素养,要有学不厌教不倦的师道精神,要有善为人师的爱心、耐心与恒心。第二,要有合理的教材,教材之合理系于三个条件:(1)包括学生应该学习的重要知识;(2)教材之编制合于学生的学习心理;(3)教材的难度配合学生的智力水平及个别差异。第三,要有适当的教法,教学方法之适当系于四个条件:(1)要合于学科的教学目标;(2)要能在教学历程中使学生对知识学习或技能学习均可在心理上产生知、行、情、意的改变;(3)要能善用师生互动与回馈原则;(4)要能善用赏罚原则维持教室秩序。第四,要了解学生心理,对学生心理的了解应包括四个方面:(1)了解学生的身心健康状况;(2)了解学生的能力、性向、兴趣和学习动机;(3)了解学生的人际关系和家庭背景;(4)了解学生以往的学习成败经验。教学四要不是各自孤立的,而是交互作用的。教师如能灵活运用,就可达到预期的教学效果。

fovea 中央凹 在视网膜中央的位置有一小凹陷,叫作中央凹。此处为视网膜上在光线良好时视觉及色彩感觉最敏锐的地方。因中央凹处密集充满大量锥细胞,而无杆细胞,锥细胞是负责明亮视觉及颜色视觉的感受器。在明亮的环境中对一物体凝视时,眼球便自然会运转到适当位置,使所形成的像恰能投落在中央凹。除了人和猿猴之外,其他哺乳动物多数无中央凹存在,但在视网膜上总有视觉特别敏锐的区域,只是界限不很明确而已。见眼的构造(eye structure)条及附图。

fovea centralis = **fovea** 中央凹

FR = **fixed-ratio reinforcement** 固定比率强化

frame of reference 参照架构,参照标准 **1.**对某种意见、态度或信仰从事判断时,采用某种标准作为个人判断依据者,此标准即为参照架构,或参照标准。**2.**知觉场内作为对知觉对象判断的参照物或背景。

Frankl, Victor(1905～1997) 弗兰克 弗兰克是德

国出生的美国心理学家和精神病学家，是出自精神分析学派而跨入存在主义而后又贡献于人本心理学的人物，因他亲历纳粹死亡集中营浩劫后，独创精神病学中新的理论体系而被誉为意义治疗学之父。

弗兰克1905年出身于维也纳的一个犹太家庭，1930年获维也纳大学医学博士学位。在1928年至1938年间，曾在维也纳创设青年辅导中心，帮助青年人解决心理适应问题。弗兰克虽曾在弗洛伊德门下研习精神分析，但因受海德格等人思想影响，兴趣转向存在主义。在1938年初，他采用存在主义的观点创立了意义治疗法。第二次世界大战（1939～1945）期间，纳粹对犹太人迫害日甚，1942年弗兰克及其家人全被关入集中营，不久他的父母、兄弟及子女，悉数遭到杀害，因弗兰克是医生，被认为留之有用，幸免于死。1945年大战结束，弗兰克得知全家罹难之后，曾痛不欲生，幸赖其人生哲学的信仰使他勇敢地又活了50多年。第二次大战后，弗兰克再回维也纳大学研究哲学，1949年获哲学博士学位，此后兼作医师与教授，除在维也纳大学任教之外，还兼赴美国哈佛大学、斯坦福大学讲学，一生中曾获世界各地一百多所大学荣誉博士学位。弗兰克从他前半生极度痛苦的经验中领悟出来的积极乐观的人生哲学，使他后半生能活得健康快乐。80岁时仍能攀登阿尔卑斯山，并到世界各地演讲，推广他的意义治疗学。1997年9月2日病逝于维也纳，享年92岁。弗兰克在心理学上的贡献，主要在于靠亲身体验所创始的意义治疗法。意义治疗法（logotherapy）旨在协助患者从生活中领悟自己生命的意义，借以改变其人生观，进而面对现实，积极乐观地活下去，并追求生命的意义。以下介绍弗兰克意义治疗的三点要义：

1.生活目的在求精神需求之满足　弗兰克在1955年出版的《医师与灵魂》一书中，指出人类生活目的在于三个层次需求的满足：（1）生理需求，诸如饥思食、渴思饮与延续生命而求偶等均属之，生理需求的满足将使人类获得生存并延续种族；（2）心理需求，诸如求安全、求保障、求团体接纳等均属之，心理需求的满足能使人感到快乐；（3）精神需求，诸如精神的寄托、宗教的信仰以及人生理想的追求等均属之，精神需求的满足能使人感到幸福，从而体验到人生的意义和价值。显然，弗兰克的思想与人本主义心理学思想创始人马斯洛解释人格发展的需求层次论颇为相似。

2.心理治疗旨在助人领悟生命意义　弗兰克思想中所指的人类生活需求的三层目的，其中前两层需求的满足，属于现实生活目的，而居于第三层的精神需求，则属于超现实的生活目的。生活中现实目的的满足，多半受环境限制不易做到，能做到完全操之在己的地步者，只有在心理上循个人自由意志去追求精神的满足。根据弗兰克的说法，心理异常者所感到的痛苦，完全是精神上的，而精神痛苦的主要原因，则是由于个人在生活目的上不能摆脱现实需求无法满足的压力导致。自古以来求名、求利、求长生不老者比比皆是，但到头来达到目的而快乐幸福者能有几人！因此，弗兰克强调协助心理异常患者认识超现实生活目的的重要性，使之进而领悟人生的价值与意义，作为治疗的目的。精神需求的满足，使人有价值感，有价值感才能体验到生命的意义。

3.精神需求与价值感　弗兰克强调人生意义不在于现实生活需求的满足，而在于超现实生活精神需求的满足，此种精神需求的满足，则系于精神需求获得的三种价值感：（1）创造性价值，此种价值感，可在求新求变精益求精的日常生活与工作过程中体验得到；（2）经验性价值，此种价值感，可由日常生活中对美的欣赏与爱的授受中体验得到；（3）态度性价值，此种价值感，可在对人世间悲欢离合一切无常变化所形成的人生态度（即人生观）中体验得到。意义治疗的目的，就是要协助患者从调整自己生活中获得以上三种价值感。只要患者觉得自己的生活有价值，他就会领悟到人生的意义。因此，意义治疗法的实施特别强调两点：其一是自由，让患者领悟人生意义后自由选择自己的生活方式；其二是责任，让患者了解到对自己的选择应该负起实践的责任。

弗兰克著有专著达27本之多，其中有的被译为20多种文字，影响之大，可想而知，他出版的专著中译为英文者有：*The doctor and the soul: From psychotherapy to logotherapy*（1955）；*From death-camp to existentialism*（1959）；*Man's search for meaning: An introduction to logotherapy*（1962）；

F

Psychotherapy and existentialism(1967); *The unheard cry for meaning*(1968); *The will to meaning: Foundations and applications of logotherapy*(1969); *The unconcious God: Psychotherapy and theology*(1978)等。

Fraser's spiral illusion **弗雷泽螺旋错觉** 属错觉现象之一。如附图所示,看起来像是螺旋状的花纹,事实上图形的基础是由多个同心圆所组成的。读者可选定任何圆弧上一点开始,循圆周转圈,即可证明是否再回到原来的起始点。此错觉图形系英国心理学家弗雷泽(J. Fraser, 1863～1936)于1908年所发现的错觉图形之一,故名。见拧绳错觉(twisted cord illusion)条及附图。另见错觉(illusion)。

弗雷泽螺旋错觉

fraternal polyandry **兄弟型一妻多夫制** 属一妻多夫制的一种类型,其特点是妻子的多个丈夫必须是兄弟。

fraternal twins **异卵孪生子,二卵孪生子** 在受精作用时,卵巢内的两个成熟卵子分别与两个精子结合,而后受精的卵子再各自进行细胞分裂而发育成的两个新个体,称为异卵孪生子。异卵孪生的遗传,因决定于不同卵子与不同精子的染色体与基因的组合,所以遗传因素并不相同,其相似程度与其他同胞兄弟姊妹间无异。

F ratio **F比率** F比率是指在变异数分析中,组间的均方(离均差平方和÷自由度)和组内的均方之比值。与本词有关的名词是F分布(F distribution)、F检定(F test)和变异数分析(analysis of variance)等。见该等条。

free-answer question **自由发挥题** 指答案不受限制的试题。见开放式问题(open-ended question)。

free association **自由联想** **1.**无目的的联想,如幻想和白日梦时的思维活动,即属自由联想。**2.**弗洛伊德创始的心理治疗中最基本的方法。自由联想进行时,让患者放松心情躺在躺椅上,以完全自由的方式说出所有联想到的事。无论是合理的还是不合理的、快乐的或痛苦的、道德的或非道德的,凡是想到的就毫不隐瞒地说出来。分析师即根据患者所作联想的内容进行分析。自由联想的主要目的是,让压抑在潜意识中的冲动与痛苦记忆,有机会释放出来,借以发抒情绪并供做进一步分析之根据。因此,自由联想活动的本身,即具有初步治疗的功能。见精神分析(psychoanalysis)条第二义。

free association test **自由联想测验** 属联想测验(association test)方法之一。见该条。

freedom **自由** **1.**指个人的一种"有所作为"的感觉。感到自己能支配自己的时间,能支配自己的金钱,在处理事物时能完全按照自己的想法去做,能随心所欲不受外在的支配或控制。**2.**指个人的一种"免于困苦"的感觉。感到没有精神负担,感到没有身体病苦,是一种所谓"一身轻"的感觉。以上两种意义只限于对自由一词在心理学上的解释(不含政治意义)。

free-floating anxiety **游离性焦虑** 指缺乏恐惧对象的一种长期焦虑。个人经常焦虑不安,却不能具体指出引起不安的对象是什么。见焦虑(anxiety)。

Freemish crate **弗里米希板条箱** 属不可能图形之一。如下图所示,乍看像是一个由木板条钉成的箱框架,细看则是不合理的构造。见不可能图形(impossible figure)条及附图。

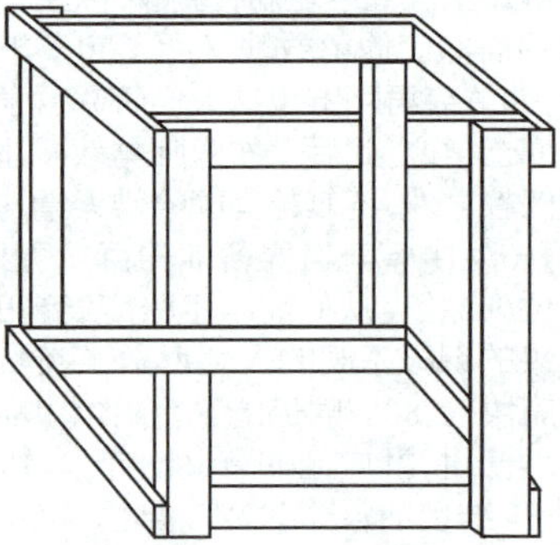

弗里米希板条箱

free nerve-ending **自由神经末梢** 指传入神经元的细枝,位置在皮肤下,主司痛觉与温觉的传递。

free operant **自由操作** 在操作条件作用的实验情境下,个体的反应不是由于某特定刺激引起的,而是自发性的。此种自发性的反应活动,称为自由操作。

free recall 自由回忆 测量记忆的一种方法。让受试者按提示的刺激(符号或文字),将所记忆的有关答案,不加限制地全部回答。例如,让小学生把学过属于土部的单字,不按顺序尽量写出来,即为自由回忆。自由回忆与自由联想(free association)不同。见该条。

free recall test 自由回忆测验 属联想测验之一,受试者可就试题自由作答。见联想测验(association test)条的第三义。

free responding 自由反应 义同自由操作(free operant)。见该条。

free-response item 自由反应题 指不限制答案而让受试者就其所知自由回答的题目。自由反应题的形式有多种,诸如填充题、简答题以及论文式的题目等均属之。

free-response test 自由反应式测验 指以简答式或论文式为题目的考试。因为此类题目是允许学生自由反应的。

free running 自行运转 按物种共同特征呈周期性自动运转现象。根据心理学家观察发现,即使将有时间变化的信号(如日光、时钟等)消除,人的睡眠时间大致仍维持原来的标准不变。一般认为人与动物在每天24小时内的活动之所以周期性自行运转,是因为在个体身体中有一种时辰节律(circadian rhythm)生理功能。见该条。

free running rhythm 自行运转节律 义同自行运转(free running)。见该条。

free territory 自由领域 义同公领域(public territory)。见该条。

free will 自由意志 哲学上解释人性特质的一种观念,认为人的行为是个人根据自己的自由意志所决定的,而非受制于个人以外的其他因素。基于此义,人的一切作为全都是基于他个人自己的需要、智慧和希望所做的选择。在现代心理学上,凡是将心理学视为科学的心理学家(如行为主义与认知心理学等),均不承认人有自由意志(原因是自由意志违反科学上的因果法则),现代心理学理论中主张自由意志者为存在主义(existentialism)与人本心理学(humanistic psychology)。见该等条。人性特质上究竟有无自由意志和自由选择能力?这是自古以来哲学上争议未决的问题。唯其如此,乃有与本词相对的决定论(determinism)的看法。见该条。

free will versus determinism 自由意志对决定论 始自古代哲学心理学,现代科学心理学,解释人性特质时在理论上的争议之一。持自由意志(free will)论点者认为,人的一切作为均系由其自由意志所支配;持决定论(determinism)论点者则认为,人的所有行动系决定于个人之外的其他因素。见该等条。

freezing behavior 冷冻行为 指个体突然受到惊恐时表现的失神性行为。冷冻行为的特征是,木然呆立,不反抗,也不逃避。

Fregoli's phenomenon 弗雷格里现象 义同反向相识错觉(illusion of negative doubles)。见相识错觉(illusion of doubles)。

French kiss 法式接吻 指法国人热情的接吻方式。法国式接吻的特征在于,除口唇外舌头也彼此接触。

frequency 频率,次数 **1.**在周期波动中每秒的周波数,称为频率,如声波与电波等均属之。**2.**在分组处理数据时各组所包括的个体数量,称为次数。见次数分布(frequency distribution)。

frequency curve 次数曲线 义同次数分布曲线(frequency distribution curve)。见该条。

frequency distribution 次数分布 将原始数据或原始分数,按高低排列,并经分组划记,最后做成分数归类统计表。由表中各组出现的次数多寡,即可对整体数据所显示的性质获得概括的了解。如此以统计方法处理数据的程序,称为次数分布。例如,初中一年级学生500人,经学期统一考试,英语成绩最低者15分,最高者84分。如按每5分一组,全部学生可分为14组。然后按15~19分者有几人经划记归于第一组,20~24分者有几人经划记归于第二组,余类推,最后将全体学生的分数,经划计归于14组内,即成次数分布表(frequency table)。次数分布的数据,如用曲线表示,即成为次数分布曲线(frequency distribution curve);如采用垂直的长方形表示,即为次数分布直方图(frequency histogram);如采用多边图形表示,即为次数分布多边图(frequency polygon)。见该等条。

frequency distribution curve 次数分布曲线 按次数分布表的数据,用统计曲线表示全部量数的分布情形,称为次数分布曲线。见次数分布(frequency distribution)、常态分布(normal distribution)。

frequency graph 次数分布图 指用图形表示次数分布情形的图形。最常用者有三种:(1)次数分布曲线;(2)次数分布多边图;(3)次数分布直方图。见次数分布(frequency distribution)。

frequency histogram 次数分布直方图 指用图形表示次数分布的方式之一。每一组次数的总和,用一直方形表示,直方形愈高,即表示该组的次数愈多。见次数分布(frequency distribution)。

frequency law＝law of frequency 频因律

frequency polygon 次数分布多边图 是用图形表示次数分布的方式之一。将各组量数的中点值，联结而成的一个多边形，即成次数分布多边图。见次数分布(frequency distribution)。

frequency table 次数分布表 按次数分布的系统方法，将所有量数经分组划记归类而成的统计表，称为次数分布表。见次数分布(frequency distribution)。

F

frequency theory 频率论 指解释听觉现象的一种理论。按频率论的解释，耳蜗的作用和麦克风类似，而听觉神经对声音的传递，其原理与电话相似。根据此原理，音调的高低系由传往听觉神经的神经冲动来决定，音波的频率愈高，音调也就愈高。人类听觉对音调高低辨别范围，约在20至20,000赫兹(每秒周波数)之间。音调在4,000赫兹以下时，听觉神经只需靠声音本身频率的高低，即可决定音调的高低；500赫兹的声音，即形成听神经每秒500次的反应。由于神经元每秒只能有1,000个冲动，因此听觉神经在处理1,000至4,000赫兹的声音时，就必须靠神经传递的排发法则(volley principle)来解释。排发法则的解释是，神经纤维分成数组，各组以轮班方式来发生神经冲动。不同的组分别对声波压力产生冲动，各组同步齐发产生对高频声波辨别的功能。因此，本词又称排发论(volley theory)，也称电话论(telephone theory)。

frequency theory of hearing 听觉频率论 义同频率论(frequency theory)。见该条。

Freud, Anna(1895～1982) 安娜·弗洛伊德 安娜·弗洛伊德是20世纪奥地利精神病学家，是精神分析学派创始人弗洛伊德的幺女，也是家庭六个孩子中唯一继承父业的人，是弗洛伊德精神分析理论的实践者，是新弗洛伊德主义的代表人之一，也是少有的未接受正规学校教育而成名的杰出女性心理学家。

安娜·弗洛伊德1895年12月3日出生于奥地利维也纳，自幼不受父亲重视，她自己曾在与朋友信函中称当时如有避孕药，她是不会来到这个世界的。但事有巧合，安娜的出生正是她父亲出版《精神分析原义》的那一年(1895)。安娜并未让父亲失望，她自幼对学术有兴趣，自行研习精神分析。14岁即出席旁听弗洛伊德主持的精神分析讨论会。22岁曾因连夜噩梦而陷入情绪困扰，经由父亲连续分析治疗达四年之久。1924年首次在学会提出研究报告《击败幻想与白日梦》，引起精神分析学界重视。该报告内容是她对白日梦患者的个案研究，事实上文中所指的患者就是她自己。1923～1938年，在维也纳私人开业，从事精神分析治疗工作。1939～1945年，在维也纳创办一所私立小学，将原来限用于病人的精神分析理念，扩展用在教育上以研究儿童。著名心理学家埃里克森，当时即在该校任教，并跟随安娜从事儿童精神分析研究工作。1938年纳粹统治奥地利之初，安娜曾一度被德军逮捕，获释后随父避难伦敦，一方面照顾久病的父亲(其父自1923罹患口腔癌，至1939年逝世)，另一方面继续在伦敦从事儿童精神治疗工作。第二次世界大战(1939～1945)期间，她在伦敦创办无家难童收容所。安娜·弗洛伊德无正式学历，学术成就全靠自修，1950年美国克拉克大学颁赠她荣誉博士学位，1972年获奥地利维也纳大学荣誉医学博士学位。她终身未婚，1982年10月8日在伦敦逝世，享年87岁。一般认为，安娜·弗洛伊德在心理学上最大的贡献是她对父亲的牺牲奉献，在弗洛伊德罹患重病的16年间，除照顾父亲病体之外，并在她的协助之下使弗洛伊德晚年的著作得以出版。至于她本人的成就，主要在于以下两方面：

1.儿童精神分析 弗洛伊德的精神分析主要以成年人为对象，虽然他的人格理论提到儿童的心理发展，但他实际上并没有对儿童进行精神分析的经验。安娜·弗洛伊德1927年出版的《儿童精神分析技术导论》一书，就是她对儿童实施精神分析的实践经验之谈。由于儿童的语言能力有限，无法采用自由联想或梦的分析，因此她创用了游戏观察和家庭访问观察方式进行。在1938年随父迁居伦敦后不久，即在居家附近设立儿童精神分析诊所，一方面对儿童实施精神分析治疗，另一方面训练精神分析人员，一时闻名遐迩。她1946年出版的《儿童精神分析治疗》一书，即在该诊所作的研究记录。此书后来出版续集，直到她逝世前(1981年)，总共出版了8卷，对儿童精神分析具有极大价值。

2.防卫机制的诠释　在弗洛伊德的精神分析理论中，虽早在1894年出版的《防卫性神经病》一书中即提出防卫机制一词，但以后多年未曾再度使用。安娜·弗洛伊德在1936年出版的《自我与防卫机制》一书中，才将她父亲的理念加以诠释。所谓防卫机制（defense mechanism），是指个体习惯性的一种潜意识的反应方式，其目的是防止自我因挫折冲突引起焦虑的压力。防卫机制有很多种，一般人经常使用的有以下十种：（1）转移（displacement），需求无法直接获得满足时，转移对象以间接方式满足之；（2）升华（sublimation），不为社会认可的动机或欲念，改以符合社会规范的行为表现之；（3）压抑（repression），个体将可能不容于超我的意念，从意识境界压入潜意识境界中，以避免心理冲突的发生；（4）退化（regression），个体将自己的行为改采较幼稚的方式表现，借以暂时获得安全而消除焦虑的痛苦；（5）投射（projection），将自己意念中不为社会认可的行为加诸别人，借以减少自己因此缺点而生的焦虑；（6）反向作用（reaction formation），在行为上的表现恰与其内心隐藏的意念相反，借以减少因意念存在而生的焦虑；（7）合理化（rationalization），以社会认可的好理由，取代个人内心中的真理由，借以减少在尴尬局面下的焦虑；（8）补偿（compensation），个人自觉本身某方面条件不足或有缺陷时，转而力求发展其他方面的长处，从而达到维持个人自尊的目的；（9）理智化（intellectualization），对引起情绪反应的情境，以理智化的方式来适应；（10）认同（identification），个人在潜意识中将自己视为所倾慕者的分身，表达其观点，模仿其动作，借以提升自己的自尊，而减低焦虑。在上述十种防卫机制中，多数是潜意识的，但有些则否（如补偿），有些是因逃避现实，在适应上产生消极作用，但也有些颇具积极性，是健康的适应方式（如补偿和升华）。

安娜·弗洛伊德著作中的专著有：*Introduction to the technique of child analysis*（1927）；*Psychoanalysis for teachers and parents*（1931）；*The ego and mechanisms of defense*（1937）；*Young children in the wartime*（1942）；*War and children*（1943）；*The psychoanalytic treatment of children*（1946）；*The writings of Anna Freud, 8 vols.*（1981）等。

Freudian **弗洛伊德主义** 义同奥地利精神病学家弗洛伊德所创立的精神分析（psychoanalysis）理论。见该条。

Freudian approach **弗洛伊德取向** 义同弗洛伊德主义（Freudian）。见该条。

Freudianism = Freudian **弗洛伊德主义**

Freudian slip **弗洛伊德失语** 指用口语或书写表达情意时所产生的不自觉的失语现象。按弗洛伊德的解释，此种失语并非只是偶然的失误，而是代表个人潜意识的欲望或冲动形成的后果。另词表意失误（parapraxis）与本词同义。

Freudian theory of personality **弗洛伊德人格理论** 见精神分析（psychoanalysis）条第二义。

Freudism = Freudian **弗洛伊德主义**

Freud, Sigmund（1856～1939） **弗洛伊德** 弗洛伊德是20世纪奥地利心理学家和精神病学家，是精神分析学派的创始人，也是有史以来对人类文化影响最大的人物之一。

弗洛伊德1856年5月6日出身于莫拉维亚（现属捷克）弗莱堡特的一个犹太家庭，父亲是羊毛商人，母亲是父亲的第三任妻子，他是同母所生6兄弟姐妹中之长兄。自小对父亲的感情是既怕又爱，对母亲则是感情亲密。此种亲子关系可能是他后来提出恋母情结理论的原因。4岁时因父亲经商全家移居维也纳，弗洛伊德先在家中由母亲教导读书，后考入大学预科，再进入维也纳大学修读医学。在大学求学期间，弗洛伊德曾做过布伦塔诺的学生。1881年获医学博士学位后，本拟进大学从事神经医学研究，但因受犹太背景限制未能如愿。1882～1886年担任维也纳医院医师，1886～1938年私人开业，在此52年漫长时间内，弗洛伊德开创了精神分析学派，成为举世闻名的精神病学家。弗洛伊德的成名，主要是他1900年出版《梦的解析》一书。阿德勒和荣格二人，都是因为读到该书后，分别在1902年和1907年参与了弗洛伊德精神分析的阵营。1909年弗洛伊德和荣格应美国克拉克大学校长霍尔之邀，赴美参加该校20年校庆，发表系列演讲，接受荣誉学位，并与美国心理学界名人詹姆斯、铁钦纳、卡特尔等人会晤。此事标志了精神分析心理学思想获得国际承认。弗洛伊德刻意重视荣格，将他视为继承者，故在1911年支持荣格担任国际精神分析学会主席。

F

F

弗洛伊德之所以重视荣格，除因学术地位外，更因荣格不是犹太人，由他担任领导人将可避免当时欧洲反犹太情绪。可惜事与愿违，三人的关系终因理念不合而分裂：阿德勒和荣格分别于1911年与1914年离去。至此，精神分析学派也随之结束。阿德勒与荣格离开后各立门户，分别建立了个体心理学和分析心理学，唯弗洛伊德的盛名却未受到影响。未料在弗洛伊德1923年学术声望达到高峰时，医师诊断他患了口腔癌，此后16年间曾开刀33次，口腔内肌肉多被切除。长期接受放射线治疗，生活至为痛苦，但他仍继续为病人诊疗和著述。1933年德国纳粹执政后迫害犹太人，弗洛伊德的著作被搜集于柏林一广场中焚毁。1934年左右，多数犹太学者避难国外，弗洛伊德坚持不离开维也纳。1938年德军占领奥地利，女儿安娜被捕，弗洛伊德不得已同意离开，全家移居伦敦。1939年9月23日，弗洛伊德因口腔癌病逝于伦敦，享年83岁。弗洛伊德自幼才华出众，8岁能读莎士比亚的著作；精通拉丁、希腊、英、法、德、意、西七种语言，文学素养精深，曾多次获诺贝尔文学奖提名，并曾荣获1930年歌德文学奖。居留伦敦期间英国皇家医学会破格聘他为外籍会员。弗洛伊德在心理学史上的地位是无与伦比的。曾有美国心理学家搜集在心理学史书籍中引注次数最多的人物1040人，然后按引注次数排名次，结果发现排名第一者即弗洛伊德，而第二、三名分别是亚里士多德和冯特。从历代心理学家的知名度来看，其他名人只限于心理学领域之内，而弗洛伊德的大名则是超出了心理学，举凡文学、史学、哲学、艺术、宗教、法学、医学、社会学等领域，几乎无人不知弗洛伊德。弗洛伊德对心理学的贡献，主要在于以下四方面：

1.精神决定论　弗洛伊德的人性本质观，在性质上属决定论。不过，他的决定论既不像经验主义者所主张人性决定于后天经验，也不像理性主义者所主张人性决定于先天理性，而是认为人的行为决定于个体不自觉知的潜意识和童年经验。弗洛伊德认为，支配人的潜意识有两种来源：一是来自本能性冲动，他称此等本能性冲动为欲力（libido）。欲力以性为基础，其中除包括生之本能（life instinct）外，也包括死之本能（death instinct）。另一来源是压抑（repression），意识中不能由行为表现于外者，被压抑在潜意识境界中。

2.人格结构　弗洛伊德将人的心视为由三个我形成的一种互动性结构：（1）本我（id），指人格结构的底层，是由潜意识支配的部分。由本我所支配的行为多表现在性的满足或攻击破坏，故而支配本我者是唯乐原则（pleasure principle）。（2）自我（ego），指人格结构的中层部分，是以现实环境为取向的较为理性部分。经由自我活动可使本我的需求获得合理的满足，故而支配自我者是现实原则（reality principle）。（3）超我（superego），指人格结构中上层部分，对本我的冲动具有约束作用，由超我的约束可使人的行为合于社会道德规范。本我、自我、超我三者互动良好者人格正常，三者间长期冲突，是形成心理异常的主因。

3.人格发展　弗洛伊德以身体不同部位获得性冲动的满足为标准，将人格发展分为五个时期，是故其人格发展理论称为性心理期发展论（psychosexual stage theory of development）：（1）口唇期（oral stage），自出生至两岁阶段，婴儿本能性的性需求主要靠口腔部位的活动获得满足；（2）肛门期（anal stage），2～3岁幼儿本能性的性需求靠从大小便排泄活动获得满足；（3）性器期（phallic stage），3～7岁儿童的本能性的性需求满足集中在性器官部位，此一时期的男童，会产生恋母情结（Oedipus complex）；（4）潜伏期（latency stage），7岁至青春期的儿童本能性的性冲动隐而不显，兴趣改从团体活动中获得满足；（5）两性期（genital stage），青春期后性器官成熟，性的需求从两性关系中获得满足。弗洛伊德此种以性为中心的说法，被称为泛性论（pansexualism）。

4.心理治疗　弗洛伊德的精神分析用于心理治疗时所采用的方法主要是：（1）自由联想（free association），鼓励患者毫无拘束地道出内心的一切，以了解患者压抑在潜意识的冲动与痛苦记忆；（2）梦的解析（dream interpretation），解析患者梦境的潜在意义，从而分析心理异常的成因；（3）移情（transference），分析患者在接受治疗时对心理医师的情感性反应，从而了解患者在感情方面的问题。

弗洛伊德著作等身，其中译为英文的专著有：*The neuropsychosis of defense*（1894）；*On the origins of psychoanalysis*（1895）；*The interpretation of dreams*（1900）；*The psychopathology of everyday life*（1901）；*Three essays on the theory of sexuality*（1905）；*Jokes and their relation to the unconscious*（1905）；*Totem and taboo*（1913）；*Thoughts for the times on war and death*（1915）；*Beyond the pleasure principle*（1920）；*A general introduction to psychoanalysis*（1920）；*Group psychology and the analysis of the ego*（1921）；*The ego and the id*（1923）；*The nature of an illusion*（1927）；*Civilization and its discontents*（1930）；*The complete indtroductory lec-*

tures on psychoanalysis(1933); *The Moses and monotheism*(1939)等。

fright 惊骇 对突发事件所表现的强烈情绪反应。

frigidity 性冷感 **1.**指缺乏性欲的反常现象。**2.**指与异性性交时毫无乐趣的身心反应状态。**3.**指与异性性交时无法达到高潮的现象。性冷感一般指女性而言,用于男性的同义词是性无能(impotence)。

fringe of consciousness＝marginal consciousness 边意识

Fröebel, Friedrick(1782～1852) 福禄贝尔 福禄贝尔是19世纪德国著名儿童教育心理学家,是人本教育思想的先驱,也是最早设立幼儿园并提出幼儿教育系统理论的人。

福禄贝尔1782年4月21日出身于德国上韦斯巴赫一个路德教派牧师的家庭,9个月丧母,父亲再娶,他是家中第五个孩子,在缺乏母爱的家庭环境之下,福禄贝尔的童年生活是痛苦的。后来,得舅父帮助才上了中学,中学毕业后在林务官处做学徒,其后又得林业主人资助进入大学;先后就学于耶拿大学、哥廷根大学和柏林大学,但终因学费不足,无法完成学业,故而未曾得到任何学位。在1806年福禄贝尔24岁时,曾担任过一个家庭中三个孩子的家庭教师。由于三个孩子未能得到父母爱心关怀和适当教养,因而性格极不驯良。此情况使福禄贝尔深切领悟到家庭教育的重要性。此后,因仰慕瑞士教育家裴斯泰洛齐的教育思想和贡献,曾先后两次专程到瑞士拜访,并在裴斯泰洛齐创办的学校中担任过教职。回到德国后,1837年在布兰肯堡创立一所幼儿学校,取德文kindergarten为名。1840年正式定名为幼儿园,是为现代学前教育之始。不料在1851年政治人士将福禄贝尔的教育思想误解,认为其与反政府的社会主义学派有关,因而教育当局下令封闭了他创立的幼儿园。福禄贝尔遭此横逆,悲愤欲绝,终在次年,1852年6月21日病逝于布伦兹克,享年70岁。福禄贝尔未曾提出系统的心理学理论,但他是18世纪法国卢梭浪漫主义哲学心理学思想的实践者,他将卢梭思想中之"全人""人性本善"及"自由意志"等理念,实践于实际学校教育中。从教育心理学的观点言,福禄贝尔的贡献,主要在于他对儿童教育提出了超越传统的理念。在传统教育上,一向将儿童视为具体而微的成人,对儿童的教育总离不开按成人标准对儿童实施文化塑造的观念。福禄贝尔的超越思想是从儿童本性特质去着想,强调教育的功能是促进儿童本性特质的发展。在此理论基础上,福禄贝尔的教育心理学思想可简述为以下六点:(1)相信人性本善,人类的罪恶行为,不是人性本质的展现,而是错误教育的结果;(2)家庭是学校教育的基础,父母的爱是其子女人格发展的动力;(3)重视自由与创造的教学活动,自由与创造是人类的天性,前者使人选择向善,后者使人得到智慧;(4)重视团体游戏的社会化教育功能,儿童在游戏中既可以学到与人合作,也可以学到遵守道德规范;(5)重视儿童感觉与知觉发展,福禄贝尔为幼儿设计了很多不同颜色、不同形状及不同大小的玩具,用以发展儿童的感觉与知觉,他认为感觉与知觉不仅可凭以认识环境,而且更可由此而发展儿童的美感;(6)重视生活教育,福禄贝尔设计了很多戏剧性的游戏活动,让儿童表演鞋匠、木匠、铁匠、农夫等,旨在使儿童在团体活动中认识成人生活的意义。20世纪初美国教育家杜威"教育即生活"的思想,可能就是受了福禄贝尔的影响。福禄贝尔的上述六点观念,在一百多年后的今天看来,仍然是合于时宜的。唯其如此,现今世界各地很多幼儿园以福禄贝尔之名名之。

福禄贝尔的著作中译为英文的专著有:*Education of man*(1826); *Mother play*; *Education by development*(1832); *Pedagogies of the kindergarten*(1840)等。

Fromm, Erich(1900～1980) 弗罗姆 弗罗姆是20世纪德国出生的美国心理学家和精神病学家,是新弗洛伊德主义代表之一,是人本心理学的先

驱，也是一位从社会哲学的观点探讨人性的理论心理学家。

弗罗姆于1900年3月23日出身于德国法兰克福的一个犹太家庭，双亲性格怪异，父亲喜怒无常，母亲患间歇性抑郁症。童年生活的痛苦经验，是激发他以后研习哲学、社会学、心理学以探讨人性的主要原因。弗罗姆曾入海德堡、法兰克福及慕尼黑三所大学就读，1922年获海德堡大学哲学博士学位，此后曾在柏林的精神分析研究所研究。在研究所期间，曾与另一新弗洛伊德主义者霍妮共事。1934年赴美，在纽约开设私人诊所，从事心理治疗工作，并先后在哥伦比亚、耶鲁、密歇根等大学任教，而后又至墨西哥国立大学任教，并在该校创设精神病学系。1965年退休，1974年迁居瑞士，1980年3月18日病逝于瑞士提西诺，享年80岁。弗罗姆的心理学思想，可说是综合了弗洛伊德的精神分析和存在主义的观点而形成他的社会文化人性观。他反对弗洛伊德人性决定于性冲动和个人潜意识的内在动力。他强调人的性格是社会文化的产物，认为社会文化影响人，但人性并非完全被动地为社会文化所塑造，人性中也有他自己。唯在个人自我塑造过程中，因受社会文化影响，难免发生生活适应的问题。基于此义，以下述三点介绍弗罗姆的思想：

1.五种需求　个人在社会文化环境中，因生存适应，而在心理上形成五方面的需求：(1)相属需求(need for relatedness)，指个体具有爱人与被爱的需求，希望认识别人、了解别人、关怀别人，并愿与别人交往担负责任；(2)超越需求(need for transcendence)，指个人希望在作为上超越物质条件的限制，在精神上表现出创造性的人格特质；(3)落实需求(need for rootedness)，指个人希望与他人、与社会以及与大自然亲密结合，从而获得安身立命的需求；(4)统合需求(need for identity)，指个人力求自己人格统整，希望在世界上活出意义来的心理需求；(5)定向需求(need for a frame of orientation)，指个人具有努力寻求生活方向从而得到心安理得的心理需求。

2.五种性格　弗罗姆认为，由于个体需求与社会条件的交互影响，而形成五种不同性格：(1)依赖性格(receptive character)，凡事依赖别人，不能独立判断，对自己的行为不能负责；(2)掠夺性格(exploitative character)，不肯尽义务，只愿享权利，甚至不惜以不当手段剥夺别人利益以求自我满足；(3)囤积性格(hoarding character)，凡事不肯付出，只求在报酬中维持心理安全；(4)市场性格(marketing character)，将与人相处视同商品交易，只求利益，不讲情义；(5)生产性格(productive character)，爱工作、尚合作，凡事尽心尽力，以求个人潜力充分发挥。只有生产性格才是创造性自我实现和爱人爱己的健康性格。

3.心理治疗取向　弗罗姆以他的人性理论为基础，根据患者的心理需求和性格类型，给予不同的治疗。旨在使患者领悟到他需求的适切性，再进而协助其改变自己的性格。

弗罗姆出版之专著多达20余种，有些被译为多种文字，畅销全世界，其中最主要者有：*Escape from freedom*(1941)；*Man for himself*(1947)；*Psychoanalysis and religion*(1950)；*The sane society*(1950)；*The forgotten language*(1951)；*The art of loving*(1956)；*Beyond the chains of illusion*(1962)；*The heart of man*(1964)；*The present human condition*(1964)；*The revolution of hope*(1968)；*The crisis of psychoanalysis*(1970)；*The anatomy of human destructiveness*(1973)；*To have or to be*(1976)；*Greatness and limitations of Freud's thought*(1980)等。

frontal association area 前联合区　指大脑半球最前端的部位，亦即额叶的前端部位。此部位的功能尚未尽数了解，唯一般生理心理学家认为该区功能与学习、记忆、思维、推理等高级心理活动有关，并与其他中枢发生联合作用，故名。见联合区(association area)。

frontal lobe 额叶　在中央裂之前、外侧裂之上的部分称为额叶。额叶是四个脑叶中最大者，约占大脑半球的三分之一。额叶的功能与学习、记忆、思维、推理等高级心理活动有关。见大脑半球(cerebral hemisphere)条及附图。

frontal-lobe syndrome 额叶症候群，额叶综合征　是一种因脑前叶病变导致的心身综合征。此种疾病的主要症状是，表情冷漠，动作定向能力丧失，时有冲动性行为而不能自制。病情的严重性因病变的范围大小而有不同。

frontal lobotomy 额叶切除术　见精神外科治疗(psychosurgery therapy)。

Frosting Developmental Test of Visual Perception 傅若斯蒂视知觉发展测验　是一种个别或团体的智力测验。该测验原系由美国学者傅若斯蒂(M. Frosting)所编制，其内容包括五个分测验：(1)手眼协调；(2)形象背景知觉；(3)形状知觉稳定性；(4)位置知觉；(5)空间关系知觉。傅若斯蒂视知觉发展测验，经学者刘鸿香修订为中文，并经标准化，于1980年出版。该测验适用对象为4～7岁儿童或严重视知觉缺陷及智能不足者，记分方式按不同分测验个别计分，已建立常模，在各年龄组以百分位数及T分数表示，另建有视知觉年龄常模。

frustration 挫折 **1.**指对个体动机性行为（有目的活动）造成阻障或干扰的外在或内在的情境。外在情境中对个体动机性行为发生阻障作用者，可能是人，可能是事物，也可能是自然环境；内在情境对个体动机性行为发生阻障作用者，可能是他的能力、经验等本身的条件。**2.**指个体在挫折情境中，因追求的目标无法达成所产生的情绪性困惑、愤怒、焦虑等心理状态。

frustration-aggression hypothesis 挫折—攻击假说 对个体攻击性行为的一种假设性解释。此一假说系由美国心理学家达拉德（J. Dollard）与米勒（N. E. Miller）等人1939年所提出，谓个体遭受挫折后，其目的不能达成，其动机不能满足，必然将引起个体对挫折来源进行攻击。只是，攻击的方式可能是外显的，也可能是隐含的。与本词相对者为挫折—倒退假说（frustration-regression hypothesis）。见该条。

frustration-regression hypothesis 挫折—倒退假说 对个体倒退行为的一种假设性解释，或是对某种防卫机制之一的退化作用的理论性解释。指个体遭受挫折后，追求目标之动机丧失，同样情境再出现时，即改以较幼稚之依赖行为应付困境。与本词相对者为挫折—攻击假说（frustration-aggression hypothesis）。见该条。

frustration response 挫折反应 指个体遭遇挫折时所表现的反应，挫折反应多表现为两种方式，一种是攻击，另一种是退缩。

frustration tolerance 挫折忍受力，挫折耐力 **1.**指个人在挫折情境下能够承受精神打击而不致灰心丧气的坚忍不拔能力。**2.**当需求的目标尚未达到时，能砥砺自己以继续努力的方式取代立即享乐的忍耐力。按本词第二义与延后享乐（delay of gratification）相同。见该条。

F scale F量表 属态度量表之一，F量表是特别设计来测量受试者对权威主义态度的量表。此量表采用F字母为名称的原因是，最早设计时系以测量对法西斯主义（Fascism）态度为目的。后来意义改变，凡是编制用来测量对反民主信念的量表，均可称为F量表。

F statistic F统计 义同F比率（F ratio）。见该条。

F test（F） F检验，F检定 F检验是解决自两个总体抽取样本所形成的两个样本变异数之比，从而检验是否达到显著差异的统计方法。F检验也用于变异数分析中，是检验实验处理效果和实验误差之比的统计方法。此一检验方法系由英国统计学家费希尔（R. A. Fisher, 1890～1962）所创用，故名。

fugue 神游症 属失忆症中的一种特殊症例。患者忘却以往生活经验，多离家出走，流落他乡，在新环境中可能形成另一个自我，从事与过去完全不同的职业生活。神游症的成因多起于生活上受到重大打击，导致心理逃避，结果促使身体也逃离了现实。神游症患者可能因另一心理遽变而恢复记忆，唯恢复后对神游的一段生活，则又完全忘记。见失忆症（amnesia）。

full scale IQ 全量表智商 根据整个智力测验中所有题目作答结果计算而得的智商，谓之全量表智商。见韦克斯勒儿童智力量表（Wechsler Intelligence Scale for Children）。

full word 完全词 义同语义词（content word）。见该条。

fully functioning person 全功能个人 美国人本心理学家罗杰斯人格理论中的术语。根据罗杰斯的说法，每个人都有他与生俱来的善良性格特征，如不加外力限制，让他自己去发展，他的善良性格就会全部展现出来。正如一棵大树的幼苗一样，不须刻意修剪，只要土壤、阳光、雨露充足和生长空间广阔，它就自然会长成一棵健康的大树。自然发展成长的一棵大树，可称之为全功能的树；自然发展成长的人，则称为全功能的个人。全功能的个人究竟是什么样子？罗杰斯认为：全功能个人倾向于在生活中努力展现自己的长处，他相信自己的感受，也会感受到别人的需求和权利，但不因社会标准的约束而扭曲了自己的感情和行动。全功能个人不是圣徒，他也会因过失而感遗憾，但遗憾不会怨天尤人，他觉得该为者应为，不该为者即不应为；有所为与有所不为之间，取决于个人的价值观。因此，全功能个人经常是心安理得的，经常是快乐的。

fumble-and-success 探索与成功 义同尝试错误学习（trial-and-error learning）。见该条。

function 功能，函数 **1.**泛指身体器官的运作，个人能吃、能睡、能工作，就说他身体功能良好。**2.**个人生活的适应以及社会角色的扮演等所发挥的适当程度。譬如说，教师教出的学生品学兼优，就可以说该教师在角色上发挥了良师的功能。**3.**表示两变项之间的函数关系。例如，其他条件不变时，练习次数愈多，学后记忆的量也愈多。练习次数是自变项，记忆表现是依变项，二者间的关系即构成函数关系（functional relation）。见该条。

functional aphasia 功能性失语症 泛指因心理因素所导致的失语症（aphasia）。见该条。

F

functional aphonia **功能性失音症** 指非由生理缺陷而纯系心理原因所导致的失音症(aphonia)。见该条。

functional asymmetry **功能性偏利** 指在视知觉或听知觉上两眼或两耳功能不完全对称的现象。根据实验研究发现,在收听语言数据或口语声音方面,一般人右耳的功能优于左耳;但对声音的高低辨别与环境中物的声音,左耳的功能优于右耳。在视知觉方面,对语文数据的辨认时,右眼功能优于左眼;但对面孔、图形或深度知觉时,左眼的功能则优于右眼。此种视听偏利现象,可在日常生活中得到验证。例如,一般人收听电话多用右耳,做工时吊垂直或判水平的线索,则多用左眼。因为此等偏利现象并非起于生理因素,而是心理因素使然,故而称之为功能性,而非机能性。

functional asymmetry of brain **脑功能不对称** 人类大脑分为左右两半球,但在功能上两半球并非完全对称。大脑功能对语言、文字、计算、时间等信息的处理,主要由左半球进行;对图形、音乐、方位等信息的处理,主要由右半球进行。见脑专化(brain specialization)。

functional attitude theory **功能性态度理论** 对社会态度心理基础的理论性解释。持此理论观点者认为,人的态度表现是功能性的,即旨在借态度表现达到适应情境(如与人保持良好关系)或防卫自己(如不屈服于别人)的目的。

functional autonomy **功能独立** 美国心理学家奥尔波特动机理论中的术语。谓原来纯属生物性动机所促动的行为成为习惯之后,行为动机将逐渐变质,它会独立于原来生物性需求满足之外,独立成为一种内在力量,支配个体的行为。例如,个体做工赚钱(行为)可以满足解决生存的问题(生物性需求满足),因而养成追求金钱的习惯。等以后成了富翁,虽生活上不再需要自己追求金钱去满足生理上的需求,但可能仍然爱好金钱。再如,个体的性行为基本上是生物性动机所促使,但如性行为成了生活中的习惯之后,个体到了老年,即使生物性的动机力量(性冲动)已失,性行为仍然继续。此时性行为的动机,已不再是生物性的动机,而变成为社会性或心理性的动机了。本词也称为动机功能独立(functional autonomy of motivation)、功能独立原则(functional autonomy principle),又称动机独立(autonomy of motive)。见奥尔波特(Allport, Gordon Willard)传记条。

functional autonomy of motivation **动机功能独立** 义同功能独立(functional autonomy)。见该条。

functional autonomy principle **功能独立原则** 义同功能独立(functional autonomy)。见该条。

functional availability **功能变通** 个人在问题情境中,能够灵活运用情境中的工具、材料、线索等达到解决问题的目的时,称为功能变通。功能变通是解决问题时突破困境的重要条件,特别是对于既有工具的变通使用(如以老虎钳当钉锤使用),常会表现出超人一等的成绩。

functional blindness **功能性盲** 指非由生理上的病变或伤害所导致的视觉障碍。功能性盲系由心理因素造成。见心因性盲(psychogenic blindness)、歇斯底里盲(hysterical blindness)。

functional conformance **功能合宜性** 属环境心理学的用语。指建筑物的设计,在使用上是否符合欲期的功能。见合宜性(conformance)。

functional deafness **功能性聋** 指非因生理上的病变或伤害所造成的听觉丧失。功能性聋是一种心因性听觉异常,其成因与转化(conversion)有关。见该条。另见转化症(conversion disorder)。

functional defect **功能性缺陷** 指由于心理因素所导致的心理缺陷。此类缺陷可能表现在生活能力上,也可能表现在动作技能上。其主要特征是只有症状,而找不到生理上的病因。本词也称为功能性障碍(functional disorder)。

functional definition **功用性定义** 指单从应用的观点给事物所下的定义。如对狗的定义:狗是会看门的动物;如对笔的定义:笔是写字用的工具。

functional disorder **功能性障碍** 指一切因心理因素形成的行为异常或心理疾病。此类疾病的主要特征是,虽有显著症状,但缺乏生理上的病因。功能性疾病也称心因性异常(psychogenic disorder)。

functional distance **功能性距离** 环境心理学术语,指两个住家之间的距离。

functional dyspareunia **功能性性交疼痛症** 指因心理因素导致性交时感到疼痛的反常现象。

functional embeddedness = **functional fixedness** **功能固着**

functional factor **功能因素** 义同心理因素(psychological factor)。见该条。

functional fixedness **功能固着** 指个人在解决问题时所表现的思维僵化现象。对问题情境不能多方面考虑,对工具使用缺乏变通能力,如认定老虎钳只能作拔钉之用,而不能临机应变改变作为钉锤之用。功能固着是认知心理学家多年来研究的主题之一。此类主题研究的目的,旨在探讨功能固着心理形成的原因和对问题索解时思维效果的影响。见点烛问题(candle problem)、瓶量水问题(water jar problem)和两绳问题(two-string problem)等条及附图。

functional fixity = **functional fixedness** 功能固着

functional hypothesis 功能假说 指解释儿童用熟词过度引申解释生词现象的假设性理论。持此假说者认为,儿童之所以过度引申(如误将有限公司读为有眼公司),是因为儿童认知经验不足,不能辨别生词与熟词的字形差异所致。

functional intellectual level = **functional intelligence level** 功能性智力水平

functional intelligence level 功能性智力水平 与经由智力测验所测得的智力相对的一个概念。功能性智力水平,代表个体在日常生活中,习惯上处理事务与解决困难时所表现的智力高低,并不等同于智力测验所测到IQ的高低。有的学者认为,就智力一词的本义而论,个体的功能性智力,可能比测得智力更具代表性。只是功能性智力不易观察量化而已。

functionalism 功能主义,机能主义 功能主义是19世纪末20世纪初兴起于美国的一个心理学思想学派,也是第一个被视为真正代表美国心理学思想的学派。从时代背景看,功能主义心理学思想的产生受三种因素影响:(1)受达尔文进化论中适者生存观念的影响;(2)受当时美国崇尚实用主义的影响;(3)不满于由德国传入的结构主义将"心之结构"当作心理学研究的主题,而强调心理学应该研究"心之功能"。在具体主张上,功能主义心理学的思想要义是:(1)反对把心理学的研究对象定为狭隘的、脱离生活实际的经验,主张心理学应研究心理活动,如记忆、知觉、感情、想象、判断、意志等;(2)反对把心理学的研究方法限于内省法,主张除内省法之外也包括观察、测验、调查等其他研究方法;(3)反对把意识分析为感觉和感情等元素,主张意识是一个连续的整体,并强调意识的适应功能和协调作用以及对有机体未来活动的潜在影响;(4)反对把心理学视为一门纯科学,只研究限于正常人的一般心理规律,主张把心理学的研究范围扩及动物心理、儿童心理、教育心理、差异心理、变态心理等领域,并强调心理学的实用性。功能主义心理学思想,虽发展到20世纪20年代,因行为主义的兴起而逐渐式微,但功能主义的思想对心理学研究领域的扩大(特别是在应用心理学方面)以及研究方法的创新两方面,均有很大的贡献。

functional knowledge 功能性知识 **1.**指实际生活中所能支配应用的知识。**2.**义同程序性知识(procedural knowledge)。见该条。

functional leadership 功能性领导 指在团体中能领导大家发挥团体功能,从而达成团体目标的一种领导方式。

functional moneme = **function word** 语法词,虚词

functional pain 功能性痛 指缺乏生理原因的痛觉,纯属心理作用的痛。

functional personality type 功能人格类型 义同功能型(functional type)。见该条。

functional pleasure 功能性乐趣 指从事某种活动时,活动历程非但不致使人产生烦恼或焦虑,反而令人感到快乐。儿童的游戏多是如此,所以孩子们一再重复同样的游戏,也乐此不疲。

functional psychology 功能心理学,机能心理学 义同功能主义(functionalism)的心理学思想。见该条。

functional psychosis 功能性精神病 指精神病中只有精神疾病症状而找不到器质上的病因的一类。像人格分裂、妄想狂、躁郁病等,均属功能性精神病。

functional reasoning 功能性推理 属一种演绎推理方式。此种推理的特征是,以部分已有的知识为根据,可以推演出一个有效的结论,从而获得一种新知识。例如,我们虽不知道俄罗斯是否出产香蕉,但我们从香蕉生长的生态环境(气候、温度、湿度等条件)与俄罗斯所在地的地理位置等数据,即可肯定推理俄罗斯不产香蕉。

functional relation 函数关系 指两个变项之间存在的因果关系,自变项的变化导致依变项随之变化,如用函数式表示之即为:

$$y=f(x)$$

公式中,x为自变项;y为依变项;f为函数。

functional skill 功能性技巧 指由个人特殊性向中发展出来的特殊技巧。此种技巧多半是学得的,诸如机械设计、绘画、写作等均属之。

functional stimulus 功能性刺激 指能引起个体反应的刺激,在表面上看来虽是中性的,不具有任何意义,但对个体而言,可能具有某种意义,因而使他表现出某种反应。例如LOV三字母,表面看是一个无意义音节,但对英文熟悉的人,可能将之看成是LOVE少了字母E。见刺激如代码(stimulus as coded)。

functional type 功能型 按瑞士心理学家荣格的人格理论,人格特征主要表现在个体的态度与功能两方面。因而在人格上有态度型(attitude type)

与功能型两大类型。态度是指个体对自己、对世界的看法及行动取向，在态度型之下，人格又分为两类：(1)内向性格者(introvert)；(2)外向性格者(extravert)。所谓功能是指个体应付内在与外在世界的心理功能。按荣格的解释，在功能型之下，人格有四种类型：(1)思维型(thinking type)；(2)感情型(feeling type)；(3)感觉型(sensational type)；(4)直觉型(intuitive type)。前二者合称为理性型(rational type)，后二者合称为非理性型(irrational type)。如再将态度型与功能型综合在一起考虑，人格就可分为八种类型：(1)内向思维型；(2)外向思维型；(3)内向感情型；(4)外向感情型；(5)内向感觉型；(6)外向感觉型；(7)内向直觉型；(8)外向直觉型。

F

functional vaginismus 功能性阴道痉挛 指因心理因素导致性交时阴道痉挛妨碍交媾的不正常现象。

function type = **functional type** 功能型

function word 语法词，虚词 指在句子中本身只有语法作用而不具独立意义的词。例如介系词、连接词、冠词等，都属语法词。其本身除表达文法意义外，不像名词动词等具有独立意义。语法词也称虚词(empty word)、形式词(form word)、文法词(grammatical word)、结构词(structure word)、关系词(relational word)、封闭词(closed-class word)等，与本词相对者为语义词(content word)。见该条。

fundamental attribution error 基本归因误差 对行为发生原因解释时，如观察者过分重视行为者的内在因素，而忽略影响该行为表现的情境因素时所形成的失实判断，称为基本归因误差。亦即观察者只采取性格归因而忽略情境归因时所形成的错误解释。例如，某生从乡下赶到城中参加大学联考，考前一夜失眠(行为)，对此事件的解释，如肯定说是该生素来情绪紧张(内在的性格因素)，而不考虑改变睡眠环境(外在的情境因素)，可能造成错误判断。电视广告即善于运用此种归因心理，请身体健美的运动明星，推荐并表演饮用某种饮料，使人误认为该运动员真的喜欢该种饮料，该种饮料真的使运动员身材健美。

fundamental color 基本色 义同原色(primary color)。见该条。

fundamentalism 基督教基本教义 指基督教徒绝对相信《圣经》上所记圣母处女怀孕而生耶稣的故事。

fundamental needs = **basic needs** 基本需求

fundamental research = **basic research** 基础研究

fundamental tone 基音 日常听到声音均为复音，在复音中，频率最低，振幅最小者称为基音。基音亦即由一条琴弦振动时产生的音波。所有乐器产生乐音，都是由基音及其倍数频率之谐音所构成。

funnel sequence 制卷程序 义同制卷技术(funnel technique)。见该条。

funnel technique 制卷技术 指编制调查问卷的技术，包括卷头说明、基本数据、题目编排方式等技术问题。

future shock 未来的冲击 指现代人对于未来所感到的迷失与焦虑。而其迷失与焦虑心态，则是由于社会急剧变迁与科技迅速发展所形成的冲击所致。未来的冲击系由美国社会学家涂弗勒(A. Toffler)在20世纪90年代提出的概念。

G

G = general factor 普通因素

g = general factor 普通因素

GA = Gamblers Anonymous 匿名戒赌会

GAD = generalized anxiety disorder 泛焦虑症

Gagné, Robert Mills（1916～2002） 加涅 加涅是20世纪美国心理学家和教育心理学家，是教育测验与评量学家，也是将心理学中的学习原理转化而应用于学校实际教学最有贡献的人之一。

加涅1916年8月21日出生于马萨诸塞州的北安多弗，1937年获耶鲁大学文学学士学位，1940年获布朗大学实验心理学哲学博士学位。毕业时正值第二次世界大战（1939～1945）期间，加涅应召入伍，担任美国空军心理作战官。退役后，1958～1962年间担任普林斯顿大学心理学教授，并从事学校知识科目及技能科目教学之实验研究。1966～1969年任加州大学伯克利分校教育心理学教授，1969年以后改任佛罗里达州立大学教育研究教授。1972年获美国教育研究协会杰出教育研究奖，1974年获桑代克教育心理学奖章。1982年获美国心理学会应用心理学史密斯纪念奖章。加涅在心理学上的研究，不囿于某一流派思想，而采折中主义取向，将行为主义、完形心理学及认知心理学三方面的学习理论予以统整，并配合学校教学实际需要，于1974年出版《教学设计要领》。在书中他提出三项教学设计要领，建议教师根据此等要领设计教学，则可提升教学效果，达成预订教学目标。以下是三项设计的要义：

1.设定教学目标　教学目标（instructional objective）是教师教学之前根据教材性质和学生条件（年级、能力、经验等）所预订的目标，而目标之制订，是希望经过教学活动之后，学生在知识、技能及身心等各方面可能产生改变。加涅在教学理论中所指的教学目标是概括性的，原则上可用于任何学科的教学。他将教学目标分为五方面：（1）发展心智技能，心智技能（intellectual skill）指学生学到在学习情境中如何运用符号去获取知识的能力。学生需要学会的符号，主要分为语文与数学两类，二者交互运用可作为学习一切知识的基础。（2）学习认知策略，认知策略（cognitive strategy）指个人学习时在心理上运用他以前学得的知识经验，凭记忆去辨别、选择、思维、分析、归纳，从而获得新知识的一切方法。（3）获得语文知识，语文知识（verbal information）指借由口语或文字所表达的知识。在学校中的教学，一向是以语文知识为主的，师生间知识的传授靠语文，学生必须获得相当的语文知识，才能继续成功地接受教育。（4）学到动作技能，动作技能（motor skill）是指学得的一种能力，此种能力由肌肉活动时所显示的迅速、准确、平衡、稳定、持久等特征所表现。（5）培养良好态度，态度（attitude）指个体对人、对己、对事在心理上所存有的认知和感情倾向。态度是学得的，良好的态度包括求学认真、自爱自尊及友善合群等。

2.分析学习层次　加涅认为学生在校学习的知识，在性质上包括不同学习层次。学习层次（learning hierarchy）是指从学生学习能力发展的观点，说明学习行为是由简而繁，由基层到高层逐渐建立起来的层次结构，每一层次是低一层次的延伸，是高一层次的基础。加涅将学习分为八个层次：（1）信号学习（signal learning），指经由经典条件作用学到的一些简单反应；（2）刺激反应学习（stimulus-response learning），指经由操作条件作用学到的一些条件反应，此类学习将是动作学习与语文学习的基础;(3)连锁化(chaining),指将数个刺激反应联结成较为复杂行为的历程;(4)语文联结(verbal association),指将多个单字联结成语句表达完整意义的历程;(5)多重辨别(multiple discrimination),指对相异的刺激能够辨别,对不同刺激表现出不同的反应;(6)概念学习(concept learning),指对不同事物能够根据自己的标准予以分类处理,并给予各类别以不同名称;(7)原则学习(rule learning),指能够理解由数个概念构成的原则;(8)问题索解(problem solving),指能灵活运用概念与原则解决问题的历程。八个学习层次中的前四个主要是在幼儿期自行学得的,后四个则与学校教学有密切关系。教师教学时应了解学生在学习层次上的个别差异。

3.掌握教学历程　教学是教师教学生学的互动历程。根据教学目标进行教学,学生的知识、技能、态度等学习,都产生在教学历程之中。传统教学的缺点是教学之后才检查学生成绩,此种做法只能评定学生成绩高低,对教学的改进无大帮助,因教学后师生互动的机会已经过去,无从了解学生学习当时的心理反应。针对此一缺点,加涅提出掌握教学历程八阶段的建议:(1)提示教学目标引起学生学习动机;(2)引导学生注意,使之理解所学教材的意义;(3)确认学生业已学到相当程度;(4)提供练习机会使学生将所学知识输入长期记忆;(5)以问答方式检查学生能否将记忆中的知识检索应用;(6)设计新的问题情境考验学生的学习迁移能力;(7)课后根据教学目标作综合检查;(8) 最后以反馈方式让学生知道自己的成绩并予以鼓励, 借以对其学习产生强化作用。在加涅以前的教育心理学,多半是将心理学上根据动物实验所得学习原理直接用于学校教学,结果证明是不切实际的。加涅的教学理论纠正了此一缺点,他的教学理论是根据教学目标及学生如何学、教师如何教三者的交互关系而建构的。因此一般公认加涅的教学理论使教育心理学的发展向前迈进了一大步。

加涅著作中的专著计有:*Psychological principles in system development*(1963); *The conditions of learning*(1965); *Learning and individual difference*(1967); *Essentials of learning for instruction*(1974); *Principles of instructional design*(1974); *Cognitive psychology of school learning*(1985)等。

Gagné's hierarchy of learning 加涅学习层次　见加涅(Gagné, Robert Mills)传记条。

Gagné's instructional objectives 加涅教学目标　见加涅(Gagné, Robert Mills)传记条。

Gagné's learning outcome 加涅学习成果　义同加涅教学目标(Gagné's instructional objectives)。见该条。

Gagné's theory of instruction 加涅教学理论　见加涅(Gagné, Robert Mills)传记条。

gain by illness = advantage by illness 因病获益

gain from illness = advantage by illness 因病获益

gain-loss effect 得失效应　义同人际吸引得失论(gain-loss theory of attraction)。见该条。

gain-loss hypothesis 得失假说　**1.**义同公平论(equity theory)。见该条。**2.**义同人际吸引得失论(gain-loss theory of attraction)。见该条。

gain-loss model 得失模型　义同人际吸引得失论(gain-loss theory of attraction)。见该条。

gain-loss theory of attraction 人际吸引得失论　解释人际关系冷暖变化的一种理论。此一理论的要义是,当你对喜欢的人表示好感时,他会变得比以前更喜欢你;当你对喜欢的人表示冷淡时,他会变得对你更加冷淡。

galeophobia = ailurophobia 惧猫症

Gallup poll = Gallup's public opinion poll 盖洛普民意测验

Gallup's public opinion poll 盖洛普民意测验　指美国统计学家盖洛普(G. H. Gallup, 1900~1984)1936年创始的一种民意测验。该民意测验以问卷或访问方式进行,测验项目包括年龄、性别、教育程度、职业、经济收入、宗教信仰等六项。每逢社会重大事件(如总统大选),盖洛普民意测验都会举行,多年来已成为全世界较具权威的民意测验。

Galton bar 高尔顿棒　指19世纪末英国心理学家高尔顿所发明的一种带有刻度的棒状仪器,高尔顿棒的用途是,用来测量受试者对距离不同物体远近的判断,从而找出最小可觉差(just-noticeable difference)。见该条。

Galton, Francis(1822~1911) 高尔顿　高尔顿是英国心理学家和遗传学家,是差异心理学之父,是资赋优异研究者的先驱,也是心理测量学上生理计量法的创始人。

高尔顿出身英国贵族,于1822年2月16日生于伯明翰的拉杰斯,父亲为银行家,母亲和达尔文父亲是同父异母的兄妹,所以他是达尔文的表弟。高尔顿是家庭九个子女中的小儿子,自幼聪慧绝伦,2岁半能读书写字,5岁能读一般英文书,7岁能欣赏莎士比亚名著。稍长,进入寄宿学校就读,行为

突然变坏，常与同学打斗，频遭学校惩戒。16岁被父母送至伯明翰医学院学医，实习期满后，改进剑桥大学，1843年得学士学位后又在剑桥大学继续研习医学，旋因父亲逝世而辍学，从此未再继续求学。高尔顿家庭富有，父亲逝世后继承巨额遗产，不需靠工作谋生，也未从事过任何职业。他曾到埃及、中东旅行，返国后，多与友人从事骑马、射击、乘热气球等娱乐活动。后来接受一位研究骨相学的友人的建议，参加皇家地理学会去非洲旅行。在两年旅非期间，高尔顿完成了一份非洲地图，因此获得该学会金质奖章的荣誉，时年32岁。1853年高尔顿出版第一本著作《南非探险记》，因而被政府任命为军中地理教师。1855年，他出版《旅行的艺术》，描述如何在非洲与野兽相处的故事。1856年，他当选为皇家地理学会主席。他表兄达尔文1859年出版的名著《物种起源》，引起高尔顿研究人类遗传的兴趣。1884年创设人类测量实验室，1901年与其弟子皮尔逊创办《生物统计学杂志》，1904年捐赠基金在伦敦创办优生学实验室，1911年卒于伦敦东南的萨里郡，享年89岁。高尔顿对以后心理学的影响，大致可归纳为以下两方面：

1.开启差异心理学研究之门　高尔顿是采用科学方法研究个别差异的第一人。他从遗传学的观点调查亲属家系孪生子以及不同种族的血缘关系，以研究遗传因素与身心特征的关系。为了证明天才与遗传的关系，他曾研究英国高智力的显要人物上千人的资料，并以英国皇家学会会员为对象，问卷调查200人。是为心理学史上使用问卷调查之始。其研究结果分别于1869年和1874年载于《遗传的天才》和《英国科学家》两书中，是为采用科学方法正式研究天性与教养问题最早的文献。根据研究结果，高尔顿的结论是智力的高低决定于遗传。因此他主张政府应采取选择配偶方式以推行优生政策。

2.心理学研究量化的开始　高尔顿曾于1884年在伦敦南肯斯顿博物馆创设实验室，设计仪器从事感觉敏度测量，希望由此等心理物理的测量发现智力的高低。他认为智力高者感觉敏锐，因此他测量受试者的视力、听力、颜色辨识、重量判断等，试图借由感觉敏度推估智力的高低。高尔顿以感觉敏度为指标决定智力高低的方法，到20世纪初即不再采用，而且现代心理学家也不同意高尔顿所持智力决定于遗传的观点。然此项研究仍属有开创性的贡献。此外，在心理学上以数量代表心理特质之差异者，也始自高尔顿。现在心理统计学上最常用的相关（correlation）和回归（regression）等观念，均出自高尔顿。唯正式提出而广为心理学界所知悉者，则为其弟子皮尔逊。皮尔逊将高尔顿的观念用数学表示，就成为统计学上的皮尔逊积差相关（Pearson product-moment correlation）。见该条。

高尔顿主要著作中与心理学有关的专著有：*Narrative of an explorer in South Africa*（1853）；*Hereditary genius: An inquiry into its laws and consequences*（1869）；*English men of science: Their nature and nurture*（1874）；*Inquires into human faculty and its development*（1883）；*Natural inheritance*（1889）；*Memories of my life*（1908）等。

Galton's law 高尔顿定律 指19世纪末英国心理学家高尔顿发现的人类遗传法则。高尔顿定律的基本要义是，就多数人的平均遗传成分而言，个人的身心特质（如IQ或身高）具有向总人口同样特质回归的倾向（即比较接近总人口的平均数）。

Galton tube＝Galton whistle 高尔顿笛

Galton whistle 高尔顿笛 指19世纪末，英国心理学家高尔顿发明的一种仪器，能发出高频率的乐音，借以测定人类听觉的最高阈限（threshold）。见该条。

galvanic skin response ＝ electrodermal response 肤电反应

Gamblers Anonymous（GA） 匿名戒赌会 系嗜赌受害而又不能自拔者，模仿匿名戒酒会（Alcoholics Anonymous）的性质所成立的一种自愿性的民间组织。见该条。匿名戒赌会会员皆匿其姓名，故名。该会的特征是，采取同侪团体治疗法（peer group therapy）的方式进行，让会员们交换因赌受害的经验，也分享各自戒赌的心得。见该条。

gambler's fallacy 赌徒谬误 指一种不合逻辑的推理方式。因一般赌徒常采用此种方式推理，故名。例如，以用一颗骰子当赌具为例，六点向上的概率本为六分之一。假如连掷四次的结果全是六点向上，当赌徒在第五次下注时，如果不相信再

G

出现六点向上的机会的可能，他就犯了赌徒谬误。理由是，根据概率原则，第五次六点向上的概率仍然是六分之一。

gamete 配子，生殖细胞 配子是指成熟的生殖细胞，它们可以进行受精作用。成熟的精子或卵子均是配子。

game theory 博弈论 指以博弈情境做比喻，面临抉择时如何考虑赢得多输得少的心理历程。在复杂的人际关系中，个人的每一行动都像下棋一样，在举棋之间必须将彼方与己方之可能得失同时考虑。而考虑后决策的基本原则有二：(1)赢面最多原则；(2)输面最少原则。博弈论的原理可以推广应用在许多方面，凡是人与人或团体与团体打交道的情境，当事者在决策时，都离不开博弈论原理。

G

gamophobia 惧婚姻症 属恐惧症之一。指当事人已届或超过适婚年龄，而且条件优越，甚至在感情上已有异性对象，但就是迟迟不肯结婚的心态。此种人可能对婚姻一事，怀有莫名的恐惧。婚姻恐惧症的成因复杂，其原因之一可能是父母婚姻不幸福的影响。见恐惧症(phobia)。

gang 帮派，帮 指基于共同兴趣或利害关系自行结合的团体。帮内成员信守他们自定的帮规或行为规范，此种帮规未必与社会一致，因此帮派的群体行为有时(不完全是)是反社会性的。

ganglion cell layer 神经节细胞层 指视网膜中最靠近玻璃状液的神经细胞层，此细胞层由神经节细胞构成，许多神经节细胞的轴突更聚合成视神经，自盲点出眼球而将神经冲动传往脑部。神经节细胞是一种典型的神经元，具有大型的细胞体和细胞核。见视网膜(retina)条及附图。

Gardner, Howard Earl(1943～) 加德纳 加德纳是20世纪70年代以后成名的美国心理学家，是认知心理学家、发展心理学家、教育心理学家、神经心理学家，也是对传统智力理论提出创新观念的心理学家之一。

加德纳1943年出生于美国宾夕法尼亚州的斯克兰顿，自幼喜爱音乐，1965年获哈佛大学学士学位后，曾为中学音乐教师。1971年获哈佛大学心理学哲学博士学位，此后先后任教于波士顿大学、印第安纳大学、哥伦比亚大学、斯坦福大学等。加德纳因学术成就杰出，曾荣获1984年美国心理学基金会最佳著作奖，1987年获美国心理学会詹姆斯学术成就奖，1994年获哥伦比亚大学杰出教育服务奖，1995年获宾夕法尼亚州杰出人文贡献奖。加德纳在心理学上的贡献，主要是他超越传统智力理论，大力倡导智力多元论。加德纳认为，传统上以语文能力、数理能力和空间知觉能力三者为主合成的智商观念，不能代表人类的真正智力。因此，他主张改而从人类脑神经组织、儿童发展以及实际生活中各行各业杰出人才的表现中去思考人类智力的组成。在他所提出的智力多维论中，除了传统智力测验中所重视的语文、数理、空间知觉三种智力之外，他主张应该加上音乐、体能、社交、自知和自然五种智力。见智力多元论(theory of multiple intelligence)。

加德纳著作丰富，单是1975年至1995年之间，已出版专著20余本，专题论文400余篇。他已出版专著中之最主要者有：*The shattered mind*(1975)；*Art, mind, and brain: A cognitive approach to creativity*(1982)；*Frames of mind: The theory of multiple intelligence*(1983)；*The mind's new science: A history of the cognitive revolution*(1985)；*The unschooled mind: How children think and how school should teach*(1991)；*Multiple intelligence: The theory into practice*(1993)；*Creative mind: An anatomy of creativity seen through the life of Freud and Einstein*(1993)；*Leading minds: An anatomy of leadership*(1995)等。

Gardner's multiple intelligence 加德纳多智力理论 义同智力多元论(theory of multiple intelligence)。见该条。

GAS = general adaptation syndrome 一般适应症候群，一般适应综合征

GASCC = General Anxiety Scale for Chinese Children 中国儿童一般焦虑测验

GATB = General Aptitude Test Battery 普通性向成套测验

gate-control theory 闸门控制论 解释痛觉的一种理论。根据此理论的解释，在脊髓与脑之间有一个闸门，该闸门可开可闭，开时痛觉神经冲动传入大脑而有痛觉，闭时则无。中医针灸之所以止痛，可能是针灸活动的影响使闸门关闭。

gate-control theory of pain 痛觉闸门控制论 义同闸门控制论(gate-control theory)。见该条。

gatophobia = ailurophobia 惧猫症

Gaussian curve 高斯曲线 义同常态分布曲线(normal distribution curve)。因常态分布曲线系由德国数学家高斯(K. F. Gauss,1777～1855)最早绘制,故名。

Gauss's curve = Gaussian curve 高斯曲线

Gauss's distribution 高斯分布 义同常态分布(normal distribution)。见该条。

gay 男性同性恋 同性恋(homosexuality)的别称。见该条。

Geist Picture Interest Inventory(GPII) 盖斯特图画兴趣量表(女用) 是一种团体人格测验,该量表原系盖斯特(H. Geist)所编制,其内容包括十二项兴趣范围:(1)说服;(2)文书;(3)机械;(4)音乐;(5)科学;(6)户外;(7)文学;(8)计算;(9)艺术;(10)社会服务;(11)戏剧;(12)个人服务。另附有动机问卷,其内容包括七个动机范围:(1)不晓得;(2)家庭;(3)名声;(4)财务;(5)本质与人格;(6)环境;(7)过去经验。盖斯特图画兴趣量表,经学者卢钦铭修订为中文,并经标准化,于1974年出版。该量表适用对象为初中一年级至高中一年级学生,记分方式采T分数,已建立常模,在各年级组均以T分数表示之。

Geist Picture Interest Inventory(GPII) 盖斯特图画兴趣量表(男用) 是一种团体人格测验。该量表原系盖斯特(H. Geist)氏所编制,其内容可测得十一项兴趣范围:(1)说服;(2)文书;(3)机械;(4)音乐;(5)科学;(6)户外;(7)文学;(8)计算;(9)艺术;(10)社会服务;(11)戏剧。另编制有动机问卷,可测得七个动机范围:(1)不晓得;(2)家庭;(3)名声;(4)财务;(5)本质与人格;(6)环境;(7)过去经验。盖斯特图画兴趣量表,经学者路君约修订为中文,并经标准化,于1979年出版。该量表适用对象为初中一年级至高中一年级学生,记分方式采T分数,已建立常模,在各年级组均以T分数表示之。

gender consistency 性别一致性 指个体2至7岁间性别心理发展的第三阶段。此阶段的儿童,认定自己的性别永远不再改变,而且自愿接纳自己的性别,并在行为上表现出像个男生或女生。见性别恒定(gender constancy)。

gender constancy 性别恒定 指个体在2至7岁之间,在自我观念发展上,了解到自己的性别是固定的,不会随时间或空间的不同有所改变。达到性别恒定的程度,自2至7岁间要经过两个阶段:(1)性别认同(gender identity),个体开始了解自己是男生还是女生,同时也会知道别人是男性还是女性。(2)性别一致性(gender consistency),个体认识到性别不能随自己意愿改变,因而他接受自己的性别,甘心愿意做男生或女生。一般儿童在小学入学时,在人格发展上都能达到性别恒定的阶段。在个体发展中,性别恒定是儿童中期健康人格的标志,为父母者应加注意。

gender identity 性别认同 指个体在2至7岁间性别心理发展的第一阶段。此一阶段的幼儿已了解并接纳自己是男生或是女生。见性别恒定性(gender constancy)。

gender identity disorder 性别认同障碍 属性心理异常之一。此类疾患的主要特征是,个人性行为的表现与其性别不符:生理上分明是男性(或女性),而其本人却自认为是女性(或男性)。见变性症(transsexualism)条。

gender role 性别角色 出现在男性或女性身上的一些相关的行为和态度,而此等行为和态度为社会公众所接受者,即为男性或女性具备适当性别角色。换言之,社会上一般认为某人的行为和态度符合大家所期待的标准时,就显示此人具备男性或女性角色。

gene 基因 基因是个体遗传的基本物质,也是位于染色体之DNA上的功能单位。它带有细胞内合成蛋白质时所需的信息,这些蛋白质包括构造性蛋白质及功能性蛋白质。功能性蛋白质是指酶及一部分成分为蛋白质的激素等。生物个体的发生、生理机能维持以及性别特征的显现等,皆遵照基因上遗传密码之指令。见染色体(chromosome)条及附图。

genealogy 家系学 指以一个家族的历史为研究对象的科学。

gene pair 基因配对 指来自父方的一个基因与来自母方的一个基因结合而形成一项遗传特质的过程。

general ability 普通能力 **1.**指个人处理一般事务或学习一般知识的能力。**2.**指用智力测验(intelligence test)所测到的能力。见该条。

general ability test 普通能力测验 义同智力测验(intelligence test)。见该条。

general achievement test 普通成就测验,一般成就测验 指内容包括多方面问题用以测量受试者一般学得能力的成就测验,也称综合成就测验。成就测验内容只限于单一科目者,称为单科成就测验。

general adaptation syndrome(GAS) 一般适

应症候群，一般适应综合征 加拿大生理心理学家赛尔耶(H. Selye, 1907～1982)在1950年研究发现，人在重大压力下，身心适应一般会出现三个阶段性的变化。第一阶段为警觉反应阶段(alarm reaction stage)，此阶段又分为两期，先是由于情绪的震惊，导致生理上体温与血压下降，肌肉松弛，称为震撼期(shock phase)；继而肾上腺的分泌增加，生理功能加强，是为反击期(countershock phase)。第二阶段为抗拒阶段(resistance stage)，生理功能恢复，体温血压渐趋正常，唯心理上难免采取防卫方式去适应，借以减少精神压力。第三阶段为衰竭阶段(exhaustion stage)，如第二阶段适应失效，遗留下的精神压力无法排除时，先是第一阶段症候再度出现，继而心身衰竭，终至陷入崩溃状态。本词有时简称适应症候群(adaptation syndrome)。

G

General Anxiety Scale for Chinese Children (GASCC) 中国儿童一般焦虑测验 是一种团体人格测验。该测验原系赛罗森(S. B. Sarason)等人所编的儿童一般焦虑量表(General Anxiety Scale for Children，简称GASC)，其内容为测量一般焦虑及测谎之题目。儿童一般焦虑量表，经学者林碧峰、杨国枢、缪瑜、杨有维等人修订为中文，称为中国儿童一般焦虑测验，并经标准化，于1974年出版。该测验适用对象为小学四、五、六年级学生，记分方式见原测验修订报告，未建立常模，但有修订受试样本之平均数与标准差可供参考。

general aptitude 普通性向 **1.**指个体所具有的各方面的潜在能力，其中包括语文理解、数学推理、空间关系、联想记忆等。**2.**指智力而言，平常智力测验所测得的结果，即代表个人的普通性向。见性向(aptitude)。

general aptitude test 普通性向测验 属心理测验类别之一，其功能在测定受试者的普通性向，借以了解其一般能力。因此，也称普通能力测验。一般常用的智力测验，在性质上即属普通能力测验，故而被视为普通性向测验。见性向(aptitude)。

General Aptitude Test Battery (GATB) 普通性向成套测验 是一种个别及团体的性向测验。该测验原系美国劳工部就业服务处所编制，其内容包括十二个分测验：(1)校对测验；(2)计算测验；(3)空间关系测验；(4)词汇测验；(5)工具辨认测验；(6)算术推理测验；(7)图形配对测验；(8)画记测验；(9)移置测验；(10)转动测验；(11)组合测验；(12)拆开测验。十二个分测验可测量九种性向。普通性向成套测验于1983年出版中文版。该测验适用对象为初中三年级以上学生或社会青年，记分方式采标准分数(M＝100, SD＝20)，已建立适用阶段常模，均以标准分数表示之。

general attention 一般注意 属注意的层次之一，指个体对其所感觉到的事物，能够获得相当清楚的感觉经验。见注意面(attention level)。

general attitude type 一般态度型 义同态度型(attitude type)。见该条。

general concept 一般概念 义同概念(concept)。见该条。

general factor (g, G) 普通因素 **1.**经由因素分析从多种测验中抽离出来的共同因素。**2.**所有智力测验编制者公认应测量的心理因素。**3.**在英国心理学家斯皮尔曼的二因论中，普通因素代表个人的一般能力，是一切心智活动的主体。见智力二因论(two-factor theory of intelligence)。与本词相对者为特殊因素(specific factor)。见该条。

general intelligence 普通智力 义同智力。传统上采用智力商数(IQ)所表示的智力，均属普通智力。"普通"二字系与特殊性向相对，单独使用时并无特别意义。见性向(aptitude)。

generalization 论断，类化，泛化 **1.**指经由归纳的历程，从多次类似经验中获得对事象的认识后所下的概括性判断，或结论性判断。如果论断所陈述者是普遍的现象，其含义是较为抽象的，如"人为万物之灵"的说法，称为抽象论断，因为并未具体指出是什么人。如果论断所陈述者是根据多个具体事象归纳推理的结论，其含义是较为具体的，如"得甲上成绩者是最好的学生"的说法，称为具体论断。**2.**指将已有的概念或已学得的行为反应，转移到新的事物或新的情境中，不需经由重新学习即可对之产生认识或反应。此种历程称为类化或泛化。见刺激类化(stimulus generalization)、反应类化(response generalization)。

generalization gradient ＝ gradient of generalization 类化递变

generalized amnesia 泛失忆症 见心因性失忆症(psychogenic amnesia)。

generalized anxiety disorder (GAD) 泛焦虑症 泛焦虑症是一种持久性的游离性焦虑症，患者虽感焦虑不安，但对引起焦虑的原因不明，只是恐惧紧张，似乎随时将有祸事发生。泛焦虑症的主要症候是头痛、肌肉紧张、发抖、盗汗、心悸、呼吸困难等。泛焦虑并非器质性疾病，纯系心因性失常。见游离性焦虑(free-floating anxiety)。

generalized epilepsy 全部性癫痫 属癫痫症(epilepsy)之一。见该条。

generalized-goal tension **类化目标扩大** 指动物学习到向某目标反应后，经由刺激类化作用扩大目标范围去做较广泛的反应。例如，先学到寻食某种食物，而后学到扩大至一般食物，即属类化目标扩大的情形。见刺激类化（stimulus generalization）。

generalized other **类化的他人** 指在个人的自我观念中融合着其他人的存在，也融合着团体的标准与价值观念。类化的他人也就是社会化的过程，开始时由一两人（多为父母），以后类化到由多数人组成的团体。在开始时影响个体最大的一两人，则称为重要他人（significant other）。见该条。

generalized reinforcer **类化强化物** 指一种可以对多种反应都发生强化作用的强化物。对人类而言，金钱就是类化强化物（金钱万能）；对动物而言，食物就是类化强化物。

generalizing assimilation **概识同化，概括同化** 根据瑞士心理学家皮亚杰的认知发展论，儿童经由同化的历程吸收新经验时，他必先概括地了解事物之间的相似性，然后将之分类处理，纳入（同化）他既有的基模或认知结构之内。此种认知过程，称为概识同化。与本词相对者为辨认同化（recognitory assimilation）。见同化（assimilation）条第三义。

general motivation to learn **普遍型学习动机** 美国心理学家布罗菲（J. E. Brophy）1987年提出的一项解释学生学习动机理论中的一种学习动机。布罗菲将学生的学习动机归为两类：第一类为全面认真学习的学生，其学习行为背后的学习动机，称为普遍型学习动机。第二类是只对某几种学科认真学习的学生，其学习行为背后的学习动机，则称为偏重型学习动机（specific motivation to learn）。从教育心理学的观点言，第一类学生在心理上所具有的普遍型学习动机，未必是当时该班任课教师在短时间内教导出来的，而是可能在他以往求学史上，一向都是如此。为教师者都会注意到，有些学生小学六年一直都是班上品学兼优的好学生。这一类学生对求知读书的动机、兴趣、习惯、态度甚至意志与价值观等心理因素，都连成一致性的系统，业已形成了他的一种独特性格。即使遇到不认真负责教学的教师，他也仍然认真学习。见学习动机（motivation to learn）。

General Problem Solver（GPS） **通用解题程序** 指采用计算机对一般性问题进行解答的方法。

general psychology **普通心理学** 心理科学领域中的一门最基础学科。普通心理学所研究者是行为和心理变化的基本原理原则与基本研究方法；其范围主要包括以下八大主题：（1）心理的生理基础；（2）感觉、知觉和意识；（3）学习、记忆和思维；（4）身心发展；（5）个别差异；（6）动机与情绪；（7）社会心理；（8）心理异常和心理治疗。

general sensory area **一般感觉区** 义同主体觉区（primary somatosensory area）。见该条。

general test **普通测验** 指心理测验中的一种类别，此种分类是按测验的功能来划分的，用于对一般情形了解者（如智力测验），称普通测验。而用于对特殊问题了解者（如投射测验），称为诊断测验（diagnostic test）。见该条。

general transfer **普遍迁移** 指学过的知识或技能，可有助于学习其他方面的知识或技能，甚至可用以解决生活中的问题。与本词相对者为特定迁移（specific transfer）。见该条。

generation gap **代沟，代间差距** 指代与代之间（通常指亲子、师生所代表的成年与青少年两代）在行为、态度、观念上所表现的差距。此种代间差距，主要系因社会变迁两代所经历的社会化不同所致。

generativity versus stagnation **爱心关怀对颓废迟滞** 属美国心理学家埃里克森的心理社会期发展论（psychosocial stage theory of development）中第七个阶段（中年期）的发展危机。见该条。

genetic counseling **遗传咨商** 属咨商心理学中的一种专门研究与服务。遗传咨商的目的是，对为父母（包括未来的父母）者提供有关人类遗传的知识，从而达到优生保健的家庭与社会理想。见咨商（counseling）。

genetic epistemology **发生认识论** 指1966年瑞士心理学家皮亚杰对历来心理学家争议的知识来源问题提出的新理论。皮亚杰发生认识论的基本要义是：（1）人类的知识是个体自幼对环境事物经由组织与适应的历程逐渐发展而来的；（2）在认知发展的历程中，单是遗传或单是成熟因素均不能构成知识，遗传只赋予个体本能性建构，只有两者交互作用才能使个体主动地运用该建构去建构知识；（3）个体之所以主动建构知识，乃是由于生存需要，在复杂、矛盾而又多变的环境中，个体将其适应环境并克服困难所得的经验，逐渐组织发展，继续建构而形成新的知识。唯其如此，皮亚杰的思想被视为建构主义（constructivism）。基于此义，可知皮亚杰的发生认识论乃是综合了哲学心理学上理性主义（rationalism）与经验主义（empiricism）两种认识论思想。见该等条。另见认知发展阶段论（stage theory of cognitive development）。

G

genetic equilibrium 遗传平衡 指按世界人口总数计，人体内DNA的基因数量大致保持平衡状态。见基因（gene）。

genetic guidance 遗传辅导 义同遗传咨商（genetic counseling）。见该条。

geneticism 遗传论 对人类某些行为的基本看法。相信遗传论者认为，人的某些行为是由遗传决定的，凡是遗传决定的行为，都是不学而能的，不因环境影响而改变。弗洛伊德的以性为基础的人格发展论，就是以遗传论为基础的。另外所谓本能（instinct），也是基于遗传论的观念。见性心理期发展论（psychosexual stage theory of development）。

G

genetic memory 遗传记忆 解释对某些特殊事物学得经验演化为遗传因子留存在记忆中的一种假说。例如，个体对毒蛇的恐惧反应以及出生不久即认识母亲的行为，均为不需重新学习的遗传记忆现象。

genetic method 发生法 **1.**指对事象变化采取追溯根源及发生经过的取向去研究探索的方法。按此意，本词义同历史法（historical method）。见该条。**2.**指探求遗传因子对个体生理结构及心理功能所产生影响的研究方法。

genetic obesity 遗传型肥胖症 指由遗传因素所导致的肥胖症。遗传型肥胖症患者的主要特征是他们的身体上生来就有较多的脂肪细胞。此类肥胖症很难经由节食来减肥。见肥胖症（obesity）。

genetic psychology 发生心理学 **1.**属心理学领域中的一个分支学科。发生心理学因内容的偏重又分两支：研究个体身心发展者，称为个体发生史；研究种族身体与行为发展者，称为种族发生史。发生心理学所研究的主题是个体（或种族）一生中各阶段行为变化的历程。**2.**义同发展心理学（developmental psychology）。见该条。

genetics 遗传学 属生物学的一支，其研究主旨在探讨生物代与代之间遗传特质传递的过程。早期的遗传学研究范围偏于生物特质的代间传递，晚近遗传学的研究则试图探讨遗传与行为的关系。见行为遗传学（behavioral genetics）。

genetic storage＝genetic memory 遗传记忆

Genevan school＝Geneva school 日内瓦学派

Geneva school 日内瓦学派 指瑞士心理学家皮亚杰于20世纪30～70年代在瑞士日内瓦大学所领导的一派心理学思想。见皮亚杰（Piaget, Jean）传记条。

genital anomaly＝sex anomaly 性器官异常

genital character 两性期性格 根据精神分析的说法，成年后在性心理上仍保留着两性期的特征。两性期是性心理发展的最后一个时期，亦即性生理成熟的青春期。本词的意涵指成年后表现两性关系上的性格，是青春期保留下来的。见两性期（genital stage）、性心理期发展论（psychosexual stage theory of development）。

genital level＝genital stage 两性期，生殖期

genital period＝genital stage 两性期，生殖期

genital phase＝genital stage 两性期，生殖期

genital stage 两性期，生殖期 根据弗洛伊德的精神分析，两性期是个体性心理发展的第五个时期，也是男女两性身心特征显露出来的时期。个体经过一段潜伏期后，约在12岁左右开始一直延伸到成年。此时期性器官开始成熟，出现青春期，继而次性征出现。此时在身体上两性的差异益趋明显，潜伏期所沉下去的对性器官的兴趣会再度加强，除了对身体变化特别关心和自我意识强烈之外，改变以前各期注意自己身体性器官的心理倾向，特别对异性感兴趣，开始与异性交往，甚至发生性关系。因为在性心理发展上此时期的特征是由个体自己身体的兴趣转变到异性，故而称为两性期。见性心理期发展论（psychosexual stage theory of development）。

genital zones 性感区，性带 指身体上最容易引起性感的部位（如口、唇、乳房等）。

genius 天才 指天生能力就超群的人。至于超群能力所指者，可能是智力（如IQ在140以上者），可能是创造力（如科学家、文学家、艺术家等），也可能是领导能力（如社会领袖、企业家、政治家、军事家等）。唯天才一词所指者，多半是某方面能力（如音乐天才）。

genomotive 原生性动机，隐性动机 动机之产生与存在，属于隐而不显且不为个体自身所能觉知者，称为原生性动机。见表征性动机（phenomotive）。

genophobia 惧性事症 属恐惧症之一。患者对一切有关性的刺激，都会产生极不合理的恐惧反应。除性器官之外，其他有关性的图形、小说、故事甚至带有性色彩的象征物，也会引起无端的恐惧。见恐惧症（phobia）。

genotype 遗传型，原型 指个体经由遗传而来的特质，此类特质常被用来作为个体归属或分类之根据。如黄种人、白种人等分类法，即根据遗传特质。与本词相对者为现象型（phenotype）。见该条。

geometrical illusion 几何错觉 属错觉现象之一类。在由线条组合而成的几何图形中，因线与线之间彼此的影响，形成观察者知觉经验与事实不

符的现象，称为几何错觉。几何错觉的例子有很多，像海林错觉（Hering illusion）、冯特错觉（Wundt's illusion）及缪勒—莱尔错觉（Müller-Lyer illusion）等都是典型例子。见该等条及附图。

geometric mean（GM） 几何平均数 如一数列呈连续倍增现象时，其连续N次的连乘积的方根，即为几何平均数。几何平均数常用在经济上以计算物价指数。计算公式为：

$$GM=\sqrt[N]{X_1 \cdot X_2 \cdot X_3 \cdots X_N}$$

公式中，GM为几何平均数；X_0为数列基本数；X_1为X_0的倍数；X_2为X_1的倍数；X_N为X_{N-1}的倍数。

如某人四年来的所得是，第一年为10万元，第二年为20万元（是第一年的两倍），第三年为80万元（是第二年的四倍），第四年仍为80万元（是第三年的一倍），平均增加了多少倍?按上列公式：

$$GM=\sqrt[3]{2\times4\times1}=2$$

geometric series 几何序数 指序数中呈几何级数增加者，如1，2，4，8，16…。

gephyrophobia 惧桥症 属恐惧症之一。患者对桥梁特别敏感，不敢从桥上经过，如迫不得已通过桥梁时，即表现极不合理的恐惧反应。纵使明知不致受到任何伤害，但仍无法克制因桥引起的惶恐情绪。见恐惧症（phobia）。

geriatric psychology 老年心理学 属心理学领域内的新兴学科之一。老年心理学是一种科际整合性的行为科学，集合了医师、社会学家与心理学家等多方面专长，研究老年人因年龄增长而产生的心理变化，因生活方式改变（如退休后）而引起的适应问题，以及因健康状态改变而引起的精神失常等。

geriatrics 老人病学 专门以老年病患为对象从事诊断、治疗、看护的一门现代医学。

geriopsychology = geriatric psychology 老年心理学

geriopsychosis = senile psychosis 老年性精神病

germinal period 胚种期 指卵子受精后的前两周，亦即胚胎期（embryonic period）。见该条。

germinal stage = germinal period 胚种期

gerontology 老人学 研究老年期的生理及心理各方面特征、行为变化规律及如何增进老人身心健康的学科。老人学是集合生理学、心理学、社会学、经济学等多方面知识的综合科学。它所要研究的主题，包括：（1）老人学的基本理论；（2）人衰老的生理基础及老人的生理障碍；（3）老人的各种心理过程和个性特征及老人的精神障碍；（4）老人的婚姻和性生活问题；（5）老人如何适应退休后的生活；（6）老人与家庭成员的关系；（7）老人与社会发展的关系；（8）老人的生死观问题等。

Gesell, Arnold Lucius（1880～1961） 格塞尔 格塞尔是美国心理学家和儿童心理学家，他在儿童心理研究上所创用的方法，也为以后儿童生理发展研究奠立了基础。

格塞尔于1880年6月21日出生于威斯康星密西西比河畔的一个名叫阿拉马的小镇。1903年获威斯康星大学哲学学士学位，1906年获克拉克大学心理学哲学博士学位。在克拉克求学期间深受该校校长霍尔早年研究儿童心理发展的影响，他以后毕生致力于儿童心理的研究。格塞尔取得克拉克大学博士学位后，曾先后在威斯康星州立师范学校和洛杉矶州立师范学校教授心理学。当他研究儿童心理发展之初，他发觉到要了解儿童的心理发展，必先了解儿童的生理发展。于是在1911年决定再进耶鲁大学研究医学，并于1915年获该校医学博士学位。此后一直留在该校任教，并创立儿童发展诊所。1948年退休，1950年耶鲁大学设立格塞尔儿童发展研究所以表彰他的贡献。1961年5月29日格塞尔病逝，享年81岁。

格塞尔在心理学上的贡献主要在儿童心理学的研究方法和儿童生理发展的研究上。他首先采用电影录像的技术，将婴幼儿的活动记录下来，然后详细分析身体活动变化与年龄变化的关系，从而建立了儿童生理发展的常模。格塞尔最著名的一项研究是采用孪生子控制法研究婴儿爬台阶的活动。同样是46周的同卵孪生女婴，一个刻意加以训练，一个任其平常活动，结果发现刻意加以训练者，并未显示爬台阶能力有何不同。基于此结果，格塞尔强调，婴幼儿阶段的发展，成熟的因素大于学习的因素。因而提出生物成熟论（biological maturation theory），说明儿童期行为发展是生物性的成熟程度决定的，外在环境只能提供生长的条件，不能决定发展成熟的程度。此外，用于儿童行为研究的单向视幕(one-way screen)，也是格塞尔发明的。单向观察窗的原理是将玻璃加工，使之只能从单面透视，然后装置在儿童观察室与儿童活动室之间，观察者可单向观察记录儿童活动，不致使儿童发觉有人观察而影响其活动。格塞尔根据观察研究写成的《从初生到五岁》《五至十岁的儿童》等书，对美国社会家庭育儿方法产生了极大影响。

格塞尔著作丰富，其中专著有：*The mental growth of the preschool child*(1925)；*Infancy and human growth*(1928)；*The first five years of life*(1940)；*The child from five to ten* (1946)；*Infant and child in the culture today*(1942)等。

Gesell Developmental Scales 格塞尔发展量表 美国发展心理学家格塞尔，1940年所编制的用以评定儿童身心发展水平的量表。格塞尔的发展量表包括肌肉动作、环境适应、语言表达以及社会应对四方面，为当时评量儿童身心发展最具权威的量表之一。该量表采用电影录像的方法，从婴儿满月开始，每隔一段时间将婴幼儿的活动作一次记录，一直记录到3周岁为止。经过对平常婴幼儿活动记录分析整理之后，求出每一年龄阶段平常婴幼儿的代表性的行为活动，作为代表该年龄的分数，亦即年龄当量。然后再将各年龄组的年龄当量与某一婴幼儿的实足年龄相比，即可求出该婴幼儿的发展商数。实际计算公式是：

$$DQ=\frac{DA}{CA}\times 100$$

公式中，DQ为发展商数；DA为发展年龄；CA为实足年龄。

Gesell Developmental Schedules = Gesell Developmental Scales 格塞尔发展量表

Gestalt 完形，格式塔 指完整的形象或完整的结构。完形所指者，可为物理的结构，可为心理的认识，也可为抽象的符号或象征。本词为德文，起首字母要大写，现在已演变成为英文用字，起首字母可小写。见完形心理学(Gestalt psychology)。

Gestalt approach 完形取向 指研究知觉现象时所采取的一种取向。完形研究取向的特点是，对知觉心理的解释，必须遵守完形心理学的基本原则，即整体不等于部分之和。

Gestalt completion test 完形填充测验 属于一种非文字的图形测验。测验中包括一连串不完整的图形，各图所缺部分不同。受试者按个人心中的完整形象，将各图中所缺少部分予以补足。

Gestalt factor 完形因素 指在知觉上有助于形成整体感的条件或因素。例如，一个有缺口的圆圈，虽有缺口，但在心理上总将之视为一个完整的圆。这在知觉心理上叫闭合法则(law of closure)。像此种缺口圆形，即称为完形因素。见完形组织法则(Gestalt laws of organization)。

Gestaltism 完形论，完形主义 属心理学的一种理论，该理论是以完形心理学(Gestalt psychology)的原理原则为立论基础的。见该条。

Gestalt laws of organization 完形组织法则 指对本无组织的客观刺激情境，因受个体主观经验的影响，致使所得知觉带有强烈的组织倾向。组织完形法则是完形心理学创始人韦特海默1923年提出，主要包括四项心理法则：(1)接近法则(law of proximity)，指分散性刺激的位置彼此接近时，在心理上倾向于将之组合在一起，形成有意义的知觉经验。如附图(A)所示的30个分散的黑圆点，由于其中有些彼此接近，观察者将不自觉地将之看成是有规则的五横行。(2)相似法则(law of similarity)，指各刺激的特征彼此类似者，在心理上倾向于不自觉地将之组合在一起，形成有意义的知觉经验。如附图(B)所示，30个黑圆点和圆圈，彼此间的距离关系虽与图A相同，但看起来由原来的五横行黑圆点，变成三列黑圆点和三列圆圈。(3)连续法则(law of continuation)，指刺激与刺激之间具有空间上连续关系者，在心理上倾向于不自觉地将其看成连续的关系。如附图(C)所示，两个圆弧与一条直线相交，一般人倾向于将之看成是一

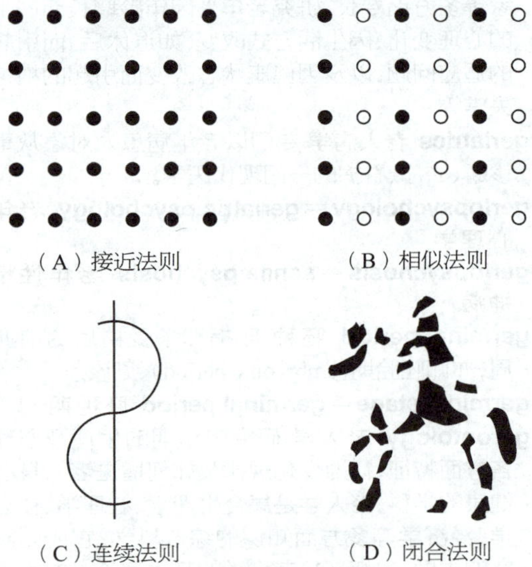

完形组织法则

条曲线和一条直线相交，而不将之看成是两个半圆。(4)闭合法则(law of closure)，指刺激间显示具有闭合成有形象意义者，在心理上倾向于不自觉地将之组合在一起，形成有意义的知觉经验。如附图(D)所示，乍看之下只是一些不规则的墨渍，但一般人都会毫无困难地将之看成是骑马的骑士。

Gestalt laws of perceptual organization 知觉组织完形法则 义同完形组织法则(Gestalt laws of organization)。见该条。

Gestalt psychology 完形心理学，格式塔心理学 属20世纪初五大心理学派之一。完形心理学在1912年兴起于德国，其心理学思想的基本要义是：(1)主张整体论，反对元素论，因而既反对结构主义将意识分析为基本感觉元素的做法，也反对行为主义视刺激—反应为行为基本单元的理念。(2)完形心理学家的基本信条是"整体不等于部分之和"。以音乐为例，多种乐器合成的乐曲，听起来有整体旋律，而任何一种乐器单独演奏时，与合奏时给人的知觉是不同的。(3)对心理现象的研究，以知觉为主，唯强调知觉并非零碎感觉之和，知觉是有组织的经验，而知觉组织是有相当规律的。知觉之外，完形心理学也研究思维与创造等高级心理历程。(4)对学习心理的研究，强调学习是在个体对环境事物整体理解和认知之后产生的。因而反对当时桑代克提出的尝试错误学习理论。完形心理学的此种主张，为以后认知心理学的发展奠立了基础。完形心理学的主要代表人物为韦特海默(Wertheimer, Max)、考夫卡(Koffka, Kurt)和柯勒(Köhler, Wolfgang)等。见各人传记条。

Gestalt psychotherapy 完形心理治疗法 义同完形治疗法(Gestalt therapy)。见该条。

Gestalt school 完形学派 指20世纪初兴起于德国，以韦特海默、柯勒和考夫卡等人心理学思想为中心的心理学研究团体。见完形心理学(Gestalt psychology)。

Gestalt therapy 完形治疗法 属心理治疗法之一。此法系由美国心理学家帕尔斯在20世纪50年代所倡用，是将完形心理学的原理用于治疗心理异常的一种方法，故名。按完形心理学的看法，心理异常或心理疾病的成因，主要是因为在他的生活经验中，各相关要素失去和谐与统整，丧失生活意义而衍生了焦虑。完形治疗法的主要目的，就是要帮助患者恢复心理的统整与平衡。在实际运用上，此法重在帮助患者认识自我，扩大自我的世界，了解自己的生活方式，了解自己的欲望与追求的目标，并接受在希望追寻中自己应负的责任。见帕尔斯(Perls, Fredrick)传记条。

gestation 妊娠，孕育 **1.**指精细胞与卵细胞结合而成受精卵后经输卵管进入子宫的阶段。**2.**泛指从受孕到生产的怀孕阶段。**3.**引申上意，指科学发明或文学、艺术创意的思想孕育阶段。见受孕(fertilization)条及附图。

gestation period 妊娠期 指从受孕起到出生胎儿在母亲子宫中生存的一段期间。妊娠期的长短，人与动物不同，鼩鼱的妊娠期只有20天，犀牛的妊娠期长达550天，大象的妊娠期为660天。

gesture 手势，作势 **1.**狭义谓以手的动作与别人做意见上的沟通。**2.**广义谓以身体之一部分的动作与别人做意见上的沟通。按第二义，本词也包括面部表情与口语表意在内。

G factor G因素 义同普通因素(general factor)第三义。见该条。见斯皮尔曼(Spearman, Charles Edward)传记条。

GH = growth hormone 生长激素

GHDT = Goodenough-Harris Drawing Test 古德依诺—哈里斯画人测验

gibberish aphasia = jargon aphasia 乱语型失语症

Gibson, James Jerome (1904～1979) 吉布森 吉布森是20世纪美国心理学家，是从行为主义转向完形心理学思想的实验心理学家，也是夫妻搭档合作研究知觉心理而最有贡献的人。

吉布森1904年1月27日出生于俄亥俄州的麦克奈尔斯威尔，先进西北大学，一年后转普林斯顿大学，并获该校心理学哲学博士学位。他的博士论文就是采完形心理学观点，对于形状知觉的研究，也是他对完形心理学接触之始。1928年赴史密斯大学任教，任教期间得识完形心理学家考夫卡，受其影响而开始专注于知觉心理的实验研究。第二次世界大战(1939～1945)期间，吉布森应召在美国空军服役，担任空军航空心理项目计划的执行人。由于当时飞机降落仍是目测判断，吉布森

G

研究发现飞机降落的成功或失败，与驾驶员视知觉能力具有密切关系。因此，在此期间他规定以运动知觉能力作为甄选飞行员的必要条件。战后先回史密斯学院任教，1949年转任康乃尔大学教授兼心理学系主任，1961年荣获美国心理学会杰出科学贡献奖，并膺选为美国科学院院士。1972年退休后担任康乃尔大学名誉教授，1979年11月11日病逝于纽约州伊色佳，享年75岁。吉布森对心理学的贡献，主要在于以下两方面：

1.直接知觉论　吉布森在史密斯学院任教期间，于1950年出版《视知觉世界》一书，书中他提出了创新性的知觉理论。在吉布森之前的传统知觉理论，一向主张知觉是由刺激引起感觉后转化而成的，是间接的，故而称为间接知觉论（indirect perception theory）。吉布森反对此种看法，他认为人类对某刺激所得的知觉经验，乃是由于刺激本身特征（如台阶的层级）直接引起的，不需经由心理运作予以组织而后再行判断。吉布森认为，在长期进化过程中，因适应环境需要，人类和其他动物一样，逐渐形成了一种根据刺激本身特征即可直接获得知识经验的能力。换言之，知觉是先天遗传的，不是后天学习的。吉布森与其妻子合作视崖（visual cliff）实验，从中观察婴儿的深度知觉，发现三个月以下的婴儿即能表现具有深度知觉。此一事实使他的理论得到支持。由于吉布森主张知觉乃是由刺激直接引起，故其理论称为直接知觉论（direct perception theory）。吉布森的直接知觉论，说明了感觉与知觉是两个连接而不可分的心理历程。吉布森的知觉理论显示了两点意义：其一是他摆脱结构主义和行为主义所持感觉与知觉两段分离的看法；其二是他采取了完形学派所持知觉是整体经验的理念。

2.视知觉生态论　根据吉布森1960年以婴儿为对象所做的视崖实验，以及其他学者的验证研究，一般支持吉布森直接知觉论的观点。对不具深度知觉经验的婴儿，何以在面临悬崖边缘时，有立即停止不前之现象，吉布森在他1979年出版的《视知觉生态论》一书中，从进化论的观点提出了理论性的解释。他认为人类是两脚着地的动物，行动时头部离地较远，一旦跌倒，头部受伤较重。为了适应两脚着地的需要，长期以来，人类的视知觉系统中进化出一种对三维空间的适应能力。此种知觉能力是不需要学习的。吉布森的这一理论称为视知觉生态论（ecological approach to visual perception）。

吉布森出版之专著有：*The perception of the visual world*（1950）；*The senses considered as perceptual systems*（1966）；*The ecological approach to visual perception*（1979）等。

gifted child 资优儿童 **1.**指智力超过一般同年龄儿童水平，即在整个同年龄人口中智力居最高2%至3%的儿童。**2.**指在普通能力（智力）、特殊学科性向、创造能力、领导能力、艺术表演能力、心理动作能力等六种能力上，有一种或多种能力之表现，居于同年龄群最高之2%～3%的儿童。**3.**一般而言，资赋优异系指下列三种情形之一者：（1）一般能力优异；（2）学术性向优异；（3）特殊才能优异。见常态分布曲线（normal distribution curve）条及附图。

giftedness 资赋优异 义同资优儿童（gifted child）。见该条。

gigantism 巨人症 在成年之前因垂体腺（pituitary gland）功能过度亢进所形成的体形过大症（身高多超过200厘米）。见该条。

gland 腺体 指人体内的分泌器官。腺体分为两大系统：一为外分泌腺（exocrine gland），泪腺与汗腺等均属之；另一为内分泌腺（endocrine gland），甲状腺、脑下腺等均属之。在心理学上所研究者主要是内分泌腺。见内分泌系统（endocrine system）条及附图。

glandular theory 腺体论 强调内分泌功能与个体行为间之关系的一种理论。该理论认为，内分泌的变化是支配行为变化的一种重要原因，特别是情绪性行为，内分泌的作用更是决定性因素。见内分泌系统（endocrine system）条及附图。

Glasser, William（1925～2013） 葛拉瑟 葛拉瑟是20世纪70年代的美国心理学家，是现实治疗的创始人，也是一生倡导从教育观点进行咨商与辅导工作最积极的人。

葛拉瑟于1925年出生于俄亥俄州的克里夫兰市。进大学专修医科，1953年得医学博士学位后赴加利福尼亚州，在洛杉矶市创设现实治疗讲习所。至1965年出版《现实治疗法：精神医学的新取向》一书,从此现实治疗法被承认是独具特色的心理治疗理论与方法之一。葛拉瑟对人性的基本看法是,人类有两类最基本的需求,一是爱人与被爱的需求,另一是自我价值与被人接纳的需求。现实治疗法(reality therapy)的基本取向就是,协助当事人认识自己的生活现实,确实了解自己所追求的生活目的与实际活动。在治疗进行中,葛拉瑟强调教导当事人运用合宜的手段去达到目的,从而获得需求的满足。见该条。

葛拉瑟出版之重要著作有:*Mental health or mental illness*(1961); *Reality therapy: A new approach to psychiatry*(1965); *Schools without failure*(1969); *The identity society*(1972); *Positive addiction*(1976); *Both win management*(1980); *Station of mind*(1981)等。

global aphasia 全失语症 属失语症之一。此种失语症的特征是,包括多种失语症的症状,既无接受语言的能力,也无表达语言的能力。全失语症的成因主要是大脑皮质语言区(speech area)功能丧失所致。见该条。见失语症(aphasia)。

global before local 整体先于部分 属学习复杂事物或解决复杂问题的一种思维策略。此种策略的特征是,先观察问题情境的全貌,了解问题的已知条件与求解目的,然后再回头来逐步寻求答案。所谓"大处着眼小处着手"正是此义。

globus hystericus 球感癔病 属转化症之一。患者对自己身体有错觉或幻觉反应,自己觉得有一球状物塞在咽喉处。见转化症(conversion disorder)。

glossolalia 荒诞语 指过度迷信者或精神错乱者常说的荒诞不经的语言。

glove anesthesia 手套型感觉丧失症 属转化症之一。患者手部感觉丧失,呈麻木状态,唯手腕部以上一切正常。此症并无神经生理上的原因,属功能性失常,纯由心理障碍所致。见转化症(conversion disorder)。

glucagon 升胰岛素 是胰腺(pancreas)分泌的主要激素之一。见该条。

glucostatic hypothesis 葡萄糖恒定假说 指解释饥饿感(饥饿动机)产生原因的一种有待验证的理论。按此假说,当体内葡萄糖的含量降低到某种程度而失却恒定状态时,即会有某种特殊功能的感觉神经元将信息传入中枢,因而产生饥饿感。

glucostatic theory 葡萄糖恒定论 义同葡萄糖恒定假说(glucostatic hypothesis)。见该条。

GM = geometric mean 几何平均数

goal 目标 **1.**指个体在动机性的活动中所寻求的最后结果。目标有远期的,如大学四年修读学位;也有近期的,如查到一个生字用以读通一段文章。 **2.**指个体在活动中其反应所趋向的特定地点或物体。该地点或物体称为诱因。如白鼠在迷津中行走时,放置食物的地点是它寻求的目标,地点与食物皆为诱因。 **3.**指个体在一连串反应之最后,使动机终于获得满足的完成反应。如迷津中白鼠转来转去,最后到达终点,吃到食物。吃到食物的反应,称为完成反应,此完成反应对个体寻求的活动而言,就是目标。

goal behavior 目标行为 义同目标导向行为(goal-directed behavior)。见该条。

goal-directed behavior 目标导向行为 指对个体观察可见的趋向某特定目标所表现的行为。对目标导向行为的解释,一说是由于内在动机的驱使,一说是由于外在刺激的吸引。实则,在一般情形下是由于内外两种因素交互作用所致。

goal gradient 目标梯度 在从事较长时间工作的情形下,一般人都是愈接近完成工作目标时,工作效率愈好(工作速度快而错误较少),此种现象称目标梯度。

goal knowledge state 目的知识状态 义同目的状态(goal state)。

goal-limited adjustment therapy 有限目标适应治疗法 义同有限度治疗法(sector therapy)。见该条。

goal object 目的物 **1.**义同目标(goal)。见该条。 **2.**指一连串活动的最后目标。

goal orientation 目标定向 **1.**指个体的一切活动都朝向预期的最后结果去进行。 **2.**在有路可循的情形下,只要循序进行即可达到目标。此种情境称为目标定向。在迷津实验中,只要白鼠进入迷津,无论它选走的是哪条通路,迷津中的所有通路(不是盲路)总是目标定向的。

goal-orientation conflict 目标定向冲突 义同双趋冲突(approach-approach conflict)。见该条。

goal-oriented teaching 目标定向教学 指教学之前即预订教学目标,而后循序渐进逐步实施的教学活动。目标定向教学,一般包括六个步骤:(1)确定教学目标;(2)预定达成目标的方法;(3)阐明其他辅助方法;(4)实施教学;(5)成绩评量;(6)结果评价。

goal response 目的性反应 **1.**义同目标导向行为(goal-directed behavior)。见该条。 **2.**指在操作条件作用(operant conditioning)学习历程中,获得酬赏的反应。见该条。

goal-seeking behavior 目标寻求行为 义同目

标导向行为(goal-directed behavior)。见该条。

goal situation **目标情境** 义同目标(goal)。见该条。

goals of scientific research **科学研究目的** 指一般科学研究的共同目的。从事科学研究时,都是将研究目的分为终极目的与分层目的两大类。终极目的指根据事象变化的表相探求表象背后的真相。分层目的是在终极目的之下分为五个层次:(1)描述(description),对所要研究问题的表象予以翔实陈述或记录,作为进一步研究的基础;(2)解释(explanation),根据研究资料分析发现各因素间的相关关系或因果关系,借以解释问题表相背后的真相;(3)预测(prediction),根据形成问题因素间的相关关系或因果关系的了解,预测将来在同类情境下问题重复发生的可能性;(4)控制(control),根据描述、解释与预测所掌握到的问题性质,对造成问题的因素加以控制,而使同类问题不再发生;(5)应用(application),将研究结果或研究方法扩大应用于其他方面,或用以解决生活中的实际问题。任何一门科学,如果在研究目的上完全臻于描述、解释、预测、控制、应用的地步,也就等于达到了终极目的。如将此五个分级目的间的关系建构成有组织的语言文字,那就形成该门科学的系统理论。

goal state **目的状态** 指问题解决达到目的后的状态(即答案)。见问题空间(problem space)。

goal stimulus **目标刺激** 指目标导向行为(goal-directed behavior)情境中,引起个体行为反应的刺激。见该条。

goblet figure **高脚杯图形** 义同鲁宾图形(Rubin's figure)。见该条及附图。

Goddard, Henry Herbert(1866～1957) **戈达德** 戈达德是20世纪初美国心理学家和临床心理学家,是由功能主义延伸到应用心理学思想的代表之一,是特殊儿童心理学研究的先驱,也是以心理学专家身份,主张智能遗传决定论对美国移民政策造成不利影响的人物。

戈达德1866年8月14日出生于缅因州威索布鲁,取得宾州海威尔学院的学士和硕士学位之后,担任中学教师和校长数年。1896年30岁时再进克拉克大学,在当时身兼该校校长和心理学教授的霍尔的指导之下,1899年获得心理哲学博士学位。毕业后在宾夕法尼亚州一所师范学院任教七年后,1906年在新泽西州创办芬尼兰心智不足儿童训练学校。自任校长长达12年之久,智能不足(mental retardation)是现代的用语,当时戈达德称之为低能(feeble-mindedness)。戈达德认为,心智不足的原因主要是遗传因素,因为他观察发现心智不足学童家族中多半也出现其他心智不足的人。第一次世界大战(1914～1918)期间,戈达德协助军方发展了数种心理测验,用以作为军职分类之用。战后进俄亥俄州立大学担任心理学教授,直至1938年退休。戈达德1957年6月18日病逝于加州圣大巴巴拉,享年91岁。戈达德的思想在心理学上的影响有以下两方面:

1.首创心智不足学校 戈达德在心理学上的贡献主要是他对心智不足者的遗传研究。在担任芬尼兰心智不足训练学校校长初期,他首先将法国比奈1905年编制的比奈—西蒙智力量表译为英文,用以鉴别心智不足儿童弱智的程度,是为该智力测验引进美国之始。戈达德后来采用美国斯坦福大学教授推孟修订的斯坦福—比奈智力量表作为评量心智不足的工具,他将智商50～70的成年人列为愚鲁(moron)。他认为此类愚鲁者可以接受训练从事简单的机械操作工作。

2.倡智能遗传决定论 在研究心智不足儿童时,戈达德因受英国高尔顿1869年所著《遗传的天才》一书的影响,采用家系追踪的方法,研究其所办训练学校中心智不足儿童的家族史。1912年其研究结果以虚构方式出版《凯利卡克家族》一书。他在该书中指出,在心智不足者的家族历史中所查到的480人,其中有143人是心智不足的,只有46人是正常的。戈达德认为,心智不足的原因完全由先天遗传所决定,后天教育不会发生什么作用。他的主张对当时美国的移民政策产生了很大的影响。在20世纪之初,数以百万的欧洲居民移来美国,因为新移民语言表达和生活适应的困难,于是引人怀疑,是否这些人因遗传关系智力低于常人。为了人口素质的考虑,1912年美国政府移民局特别邀请戈达德对移民者实施智力测验,发现其中约有40%～50%属于心智不足者。移民局采取戈达德的建议,根据智力测验结果,筛选智力偏低者遣返欧洲。结果是,单是在1913～1914一年之间,遭到遣返的欧洲移民在比例上从35%提升到

57%，致使美国在廉价劳力市场蒙受巨大损失。戈达德以心理学专家身份影响政府做出如此违反科学的政策，诚为心理学史上的一大不幸。戈达德晚年自己承认他对政府的建议是一项错误。从现代心理学的观点看，戈达德的研究和他的智力遗传论主张，只能说具有开创性的历史意义，但在学术上缺乏价值，理由是他完全忽略了影响智力发展的环境因素。

戈达德著作中的专著有：*The Kallikar family: A study in the heredity of feeble-mindedness*（1912）；*Feeble-mindedness; Its cause and consequence*（1914）；*School training of defective children*（1915）；*Human efficiency and levels of intelligence*（1920）；*School training of gifted children*（1928）等。

Goethe, Johann Wolfgang von（1749～1832）

歌德 歌德是18世纪末19世纪初德国伟大诗人、文学家、戏剧作家，是浪漫主义哲学心理学的代表人物之一，是精神分析思想的先导者，是知觉心理学与完形心理学的先驱，也是被德国人视为与贝多芬和康德齐名，同为德国精神象征的偶像人物。

歌德于1749年8月28日出身于德国莱茵河畔法兰克福市一个富贵之家，父亲曾担任帝国枢密顾问，母亲是法兰克福市长的女儿。歌德自幼受良好教育，7岁开始接受拉丁语、法语、意大利语、英语、希伯来语训练，并同时学习音乐、绘画、剑术、马术等多方面才艺，少年时已显露出超凡的才华。1765年歌德16岁时，进莱比锡大学读法律，并兼习艺术与文学。1768年因病返乡疗养，1770年病愈后改进史特拉斯堡大学，继续研读法律。1771年毕业，次年五月参加帝国大法院法律见习事务时，先在乡间小镇威兹拉尔逗留三个月，在此期间爱上了朋友的女儿夏绿蒂。当时夏绿蒂已与格斯耐订婚，此事使歌德在精神上陷入矛盾与痛苦。由于他深爱夏绿蒂，不愿使她受到感情伤害，故而就在夏绿蒂与其未婚夫宣布婚期之际，歌德与夏绿蒂最后一次约会后，即满怀失望悄然离去。回到法兰克福后歌德一直郁郁不乐，此时突然传来他在威兹拉尔认识的朋友耶路莎隆失恋自杀的消息。耶路莎隆自杀用的手枪，竟然是从夏绿蒂新婚丈夫手中借来的。这些人生悲欢离合的事件，冲击了歌德的感情，也激发了他的灵感，于是一气呵成写就举世闻名的《少年维特的烦恼》。该书出版于1774年，是歌德失恋之后两年，当时他年仅25岁。《少年维特的烦恼》除了文学价值之外，在人性描述中显现了多层心理学的含义。1775年歌德赴魏玛，次年被任命为枢密评议员。此后歌德曾从事多方面的研究并出版多种著作，而其中最著名的自然是他花58年之久（1773年起稿，1831年完成）写成的不朽名著《浮士德》诗剧。《浮士德》出版后的第二年，1832年3月22日，歌德病逝魏玛，享年83岁。综观歌德一生，少年成名，老年杰出，诚为历史上罕见的真正自我实现的人物。

歌德在文学上的伟大成就，是人所共知的，但歌德思想对以后的影响，并不限于文学。他25岁的名著《少年维特的烦恼》一书出版后不久，便激起德国文学史上著名的反传统运动，而形成了18世纪末期的所谓狂飙期（storm-and-stress period）。狂飙运动代表浪漫主义在文学上的表现，强调在文艺上只有自由抒发情感，才能激发人的生命力。因此一般认为，歌德的浪漫主义思想，是导致狂飙运动的主要原因。文学史上狂飙期强调自由抒发情感的概念，后来就被20世纪初美国心理学家霍尔借用来标志青年期人格发展的特征。基于此义，以下略述歌德思想对以后心理学发展的两方面影响：

1.浪漫主义人性特质观对心理学的影响 对人性特质的解释，歌德服膺浪漫主义强调的自由意志，反对带有决定论倾向的理性主义与经验主义。歌德的浪漫主义思想，可从以下两方面略加说明：（1）歌德认为人生问题永远是两极相对的，生与死、爱与恨、善与恶、恐惧与安宁、光明与黑暗等，都是现实人生。处在此等两极相对的人生现实中，每个人都会有压迫感与无奈感。歌德认为，追求人生目的时，必先接受两极相对的现实，不能逃避现实。即使面对的现实是黑暗的，个人也应相信黑暗的背面就是光明。只有如此，人生的黑暗面才会成为个人成长的助力。歌德举他幼年生活经验为例，他小时患有惧高症，处在高处就会感到焦虑不安。为了克服此一缺点，他决定常常练习攀登高塔，其后终能化解恐惧而领略到登高眺望的乐趣。（2）基于对人生意义的解释，歌德思想中充分表现出自由意志是决定人生方向的力量。此点可由他两大名著中看出。23岁失恋的痛苦，使歌德的人生陷入谷底。他深爱夏绿蒂，认为夏绿蒂是世上最完美的女子；他觉得夏绿蒂最可爱之处是她深深地爱她的未婚夫。因此歌德认为，不能因为自己的爱而伤害夏绿蒂，更不能因失恋而将自己陷于爱与恨两极相对的困境。为了解脱失恋的痛苦，歌德本诸他的人生哲学，在文学创作中找到了出路：将自己失恋的痛苦与因失恋而自杀的好友的悲情，两者融合而构成一部感人的小说。歌德此种化悲痛为创造的心理转折，影响到了以后精神分析心理学思想的发展。精神分析中冲突、焦虑、防卫机制、升华等概念，都可以在歌德思想中找到根源。在另一名著《浮士德》中，歌德也采用同样的笔法，描述老博士浮士德与魔鬼斗争，后来终获光明的历程。这些都说明歌德的中心思想：自由意志是决定人生方向的力量。

2.科学思想对现代心理学的影响　虽然浪漫主义者一般都反对科学，但歌德则不。歌德认为，可采用科学方法研究心理学，但在对心理现象解释时不能将心理学视同自然科学。歌德做过很多有关知觉的研究，并在1810年出版《颜色理论》，详述他观察知觉现象的结果。他反对牛顿“所有色光混合成为白色光”的说法，在今天看来虽不合理，但他所发现的后像、对比效应、色盲、颜色错觉等，都相当正确，而且都成为现代知觉心理学的主题。他认为，颜色本身并非客观存在，颜色只在人的视觉中存在的看法是合理的。他举例说，如面对亮光闭起眼睛，然后一手在面前来回摆动，就会觉得时而有红光，时而有绿光。事实上根本没有红绿光。因此歌德认为，研究知觉必须考虑人的整体知觉经验，不能只考虑感觉的零碎事实。显然歌德的此种思想，正是后来现象学与完形心理学研究的滥觞。

歌德一生著作丰富，其著作中译为英文者有：*The sorrows of young Werther*（1774）；*Theory of color*（1840）；*Faust: A tragedy*（1912）等。

golden section 黄金分割，黄金律　指将一条直线（或面积）分为两段（或两部分）时，最合心理原理的切点（或切线）位置。设将直线分为X与Y两段，黄金分割的原则是：X与Y两段的比，相当于Y与全长的比（面积同）。以矩形为例，按黄金分割原则，就是：短边与长边之比，等于长边与长短两边和之比。按美学的标准，黄金分割的结果最具美感。在实际使用上，简单的方法是按照2、3、5、8、13、21…等数列，依序得出2:3，3:5，5:8，8:13，13:21…等比值，即可得到黄金分割的近似值。

gonad 性腺　属内分泌腺之一。性腺的位置与功能因性别差异而有所不同。男性的性腺为睾丸，女性的性腺为卵巢。睾丸（testis）的主要功能有二，其一是产生生殖细胞精子，其二是分泌雄性激素。雄性激素（androgen）的功能是使个体雄性化，使个体在青春期开始后在身体上显示出第一性征与第二性征。卵巢（ovary）的主要功能有二，其一是产生生殖细胞卵子，其二是分泌雌性激素。雌性激素（estrogen）的功能是使个体雌性化，使个体在青春期开始后在身体上显示出第一性征与第二性征。性腺的分泌是受垂体腺控制的。男女两性的性腺所分泌的激素并非完全不同，男性睾丸也分泌少量的雌激素，女性卵巢也分泌少量的雄性激素。此外，两性的性腺在功能上有一明显差异，即：女性性腺分泌具有周期性，而男性的性腺则无周期。见内分泌系统（endocrine system）条及附图。

gonadal hormone 性激素　系指由性腺分泌的雄性激素（androgen）与雌性激素（estrogen）。见该等条。

good-boy-nice-girl orientation 乖孩子取向，寻求认可取向　按美国心理学家柯尔伯格的道德发展理论，儿童的道德认知发展到第三阶段（约在小学中年级以后），一般倾向遵循道德规范，在行为上寻求成人对自己的认可赞许，表现乖顺的孩子，就是好孩子。见柯尔伯格道德发展阶段论（Kohlberg's stage theory of moral development）。

good-boy-nice-girl stage 乖孩子期　义同乖孩子取向（good-boy-nice-girl orientation）。见该条。

Goodenough Draw-a-Man Test 古德依诺画人测验　见古德依诺—哈里斯画人测验（Goodenough-Harris Drawing Test）。

Goodenough-Harris Drawing Test（GHDT） 古德依诺—哈里斯画人测验　是一种个别或团体的智力测验。该测验系美国学者古德依诺（F. L. Goodenough）1926年所编的古德依诺画人测验（Goodenough Draw-a-Man Test），后与哈里斯（D. B. Harris）合作，于1936年修订后改为今名。该测验内容为画男人、女人及自己三幅图的画人测验。该画人测验的初版，于1933年由中国学者萧孝嵘引进使用，至1939年再度修订，后来经陆莉修订，并经标准化，于1982年出版。该测验适用年龄为3～10岁。记分方式采标准分数及百分等级记分法，已建立常模，在各年龄组均以百分位数及标准分数（M＝100, SD＝15）表示之。

Goodenough test ＝ Goodenough Draw-a-Man Test 古德依诺画人测验

good figure ＝ good shape 良好图形

good Gestalt ＝ good shape 良好图形

good-me **良我** 指幼儿在自我概念形成初期，由别人（多为母亲）对他的行为表示满意、赞许而体验到的自我感觉。由于母亲常说他是好孩子，他也就觉得他是好孩子。良我是积极性的自我观念，是以后心理健康的基础。与本词相对者为劣我（bad me）。

goodness of fit **适合度** 指由实地研究所得数据与理论标准符合的程度。例如，投掷一枚骰子落地，在理论上六点向上的概率是六分之一。如实地投掷一百次，然后与六点向上概率比较，即可得其适合度。见适合度检验（goodness of fit test）。

goodness of fit test **适合度检验** 对某一事件出现的次数，与在概率理论上出现次数之间差异是否达到显著水平的一种检验。最常用的适合度检验是卡方检验（chi-square test）。见该条。

good shape **良好图形** 指可由之获得清楚知觉经验的图形。此种图形的特征是轮廓清楚，形象与背景的关系明确。

gossip **流言** 由口头传播无法证实的似是而非的传言。流言之所以易于传播，因为它具有四个特征：（1）新奇性，内容新奇，容易引起兴趣；（2）失实性，传播者在传播过程中，有意无意地将某些信息进行改造，使流言越传越失真，甚至面目全非，不必负责；（3）迷惑性，容易蒙蔽一些不明真相的人；（4）广泛性，所传播内容多属人人都有兴趣的事，因而流言传播的范围广、速度快。在正常的信息渠道受阻、信息量过少或信息不清时，以及社会发生剧烈变动或出现天灾人祸时， 流言较多。人们普遍关心的社会问题容易出现流言。此外，新奇事物、新闻人物和被一般人厌恶的人或事件，也容易形成流言。流言与谣言不同，谣言是有人恶意编造的，流言只是以讹传讹。流言有时并非毫无根据，它在一定程度上，满足人们的心理需要和补充正当信息渠道的不足。但流言往往产生混淆是非、毁人名誉或引起社会不安的消极后果。

GPA＝grade-point average **计点平均成绩**

GPII＝Geist Picture Interest Inventory **盖斯特图画兴趣量表（女用）**

GPII＝Geist Picture Interest Inventory **盖斯特图画兴趣量表（男用）**

GPS＝General Problem Solver **通用解题程序**

gradation method **等级法** 将属于序列性的数据区分为同距等级的方法。

grade **等第，年级** **1.**为表示学生作业的成就所订定的单一数字、字母或词语。常用者多为五等第制，如甲、乙、丙、丁、戊，A、B、C、D、E或优、良、中、可、劣等均属之。**2.**指中小学阶段的年级。

grade equivalent **年级当量** 见年龄当量（age equivalent）。

grade-equivalent score **年级当量分数** 指将学童在学业成就测验上实得分数，换算成相当年级的分数。年级当量分数是基于年龄当量（age equivalent）的概念计算的。见该条。

grade norm **年级常模** 指作为同一年级学业成就比较的标准。通常年级常模的标准，是按分数高低排列后，抽取介于第40（P_{40}）至第59（P_{59}）个百分位数之间的一段为根据的。亦即选取学生成绩全距中间的五分之一，作为比较的标准。此外也可采用全校（或全市）同年级学生成绩的平均数、中数或众数作为年级常模。

grade-point average（GPA） **计点平均成绩** 指美国一般中学与大学计算学业成绩的一种制度。一般的标准是采A、B、C、D四等，相当于中国学校的甲、乙、丙、丁四个等级。采用GPA时，各等级所代表的点数是A＝4，B＝3，C＝2，D＝1。如某生学期中修四门课，得两个A与两个B，该生的平均成绩是3.5。这个分数就是该生的GPA。

grade scale **年级量表** 指根据年级常模所编制的标准化学科成就测验。年级量表的目的，可以从测验结果中看出某一学生成绩在同年级中居于什么地位。见年级当量（grade equivalent），年级常模（grade norm）。

grade score **年级分数** 测验结果以年级为单位来表示者，谓之年级分数。年级分数系由成就测验中的年级量表决定。如某生就读小学五年级，经年级量表测验后，他所得的分数，可能是六年级（表示他成绩优异），也可能是四年级（表示他成绩低劣）。见年级当量（grade equivalent）和年龄分数（age score）。

grade-skipping **跳级** 对资赋优异学生的教育方式之一，即允许以较少的年限完成规定的学程（如四年读完小学）。见教育加速制（educational acceleration）。

gradient **梯变** 指某变项呈阶梯式渐变的现象。如数学教学时，教材内容由易到难的安排，即属阶梯式的改变。

gradient of generalization **类化递变** 指类化程度随新刺激（或新反应）与原引起反应的刺激（或已学得之反应）间相似程度而渐变的现象。类化递变所表现的特征是，新旧两刺激（或反应）的相似度愈高，类似的程度也愈高。见类化（generalization）、刺激类化（stimulus generalization）、反应类化（response generalization）。

gradient of reinforcement **强化递变** 在实施固

定时距式或固定比率式的强化程序时，个体的反应随强化物出现时间而变化。即愈接近强化物来临时，其反应愈强。将此反应强度变化用曲线表示时，即可看出强化递变的情形。见强化程序(schedule of reinforcement)。

gradient of response generalization 反应类化递变 指反应类化程度随新反应与已学得反应间相似程度而渐变的现象。新旧两种反应，在性质上愈是相似时，类化的程度也就愈高。亦即原来引起旧反应的刺激，就愈容易引起新的反应。见反应类化(response generalization)。

G

gradient of stimulus generalization 刺激类化递变 指刺激类化程度随新刺激与原引起反应旧刺激之间相似程度而渐变的现象。新旧两种刺激间，在性质上愈是相似，其类化程度也就愈高。亦即新刺激就愈能引起类似旧刺激的反应。见类化递变(gradient of generalization)。

gradient of texture 纹路梯度，结构级差 美国心理学家吉布森知觉理论中的术语。指单眼视物而能判断物体远近(深度知觉)的一种视觉线索。如果单凭一单眼看海边上一大片卵形石块时，在视网膜上所形成的映象是一个平面。根据此平面映象判断卵石的远近，就要靠远近卵石之间所形成的纹路(卵石之间的缝隙)，所成映象的粗细与清晰程度而定。纹路粗而清晰者较近，纹路细而模糊者较远(见附图)。

纹路梯度

grading on the curve 常态分布曲线记分法 义同常模参照记分法(norm-referenced grading)。见该条。

Graduate Record Examination (GRE) 研究生入学考试 指美国各大学研究所用以甄选学生的一种文字测验。举凡中国大学毕业生计划申请赴美进入美国大学研究所深造者，多须参加GRE测验。GRE开始于1936年，最初只限于少数大学，现在一般大学也普遍采用。GRE的内容包括四个分测验：前三个分测验旨在测量学生的一般学术性向，分别包括语文、数学和逻辑分析三方面的题目，第四个分测验则旨在测量学生所申请专攻学科的知识。GRE的记分方式采单一标准分数制，平均数为500，标准差为100。一般大学的入学许可标准，多要求在500分以上。

grammatical word 文法词 义同语法词(function word)。见该条。

grandeur delusion = delusion of grandeur 夸大妄想

grandfather complex 祖父情结 精神分析中的术语，意指幼儿潜意识中隐藏着一种欲望，渴望变成他父亲的父亲，以便有权管他父亲。见恋母情结(Oedipus complex)。

grandiose idea = delusion of grandeur 夸大妄想

grand mal epilepsy 大发作癫痫 癫痫症(epilepsy)之一。见该条。

grand mean 总平均数 **1.**指各组(班)平均数之平均数。**2.**指不同学科平均数之平均数。一般学校对学生的总成绩，多采第二义的方式计算。

graphic individuality 书法性格 **1.**指根据个人书写时所表现的风格去分析其性格特征的一种方法。**2.**指由书法上所表现的独特风格去鉴定出自何人手笔的一种方法。

graphic method 图标法 指采用图形来展示研究数据中各变项间关系的方法，如曲线图。

graphic rating scale 图标评定量表 指采用图标方式评定心理特征的方法。此法最常用者是将一横线分为五(或七)段，每段之下注有文字，表示该等级的意义。由最高到最低排列，评定实施时，可采他人评定（由别人评定），也可采自我评定(自己评自己)。见评定量表(rating scale)。

graphology 字相学，笔迹学 **1.**对某人以其笔迹为根据分析研究其性格的专门学科。**2.**在法律上鉴别文件的签字是否伪造的一种专门学科。字相学的基本假设是，个人的笔迹具有独特性，可代表其人格特征。

graphophobia 惧书写症 属恐惧症之一。患者对写字非但不感觉兴趣，甚至遇到非书写不可的情况时，表现出极为反常的恐惧反应。见恐惧症(phobia)。

grasping reflex 抓握反射 指婴儿出生不久即出现的一种手部的反射动作。如以物置其掌心,婴儿会紧握不放。此种反射动作在出生至6个月之间最为明显,6个月之后即渐消失。据观察发现,出生24周的婴儿中,有20%以上能靠紧握住的东西吊起他的身体。构成此种奇异现象的原因,一般认为与大脑的主运动区发展尚未发育成熟有关。

grasp reflex = grasping reflex 抓握反射

gratification 满足感,偿愿 **1.**指欲望获得满足的愉快状态。**2.**指个体觉知追求目的达成时的心理感受。**3.**指动物因完成反应(吃到食物或与异性交尾)所导致的一种内在驱力减降状态。**4.**义同满足(satisfaction)。见该条。

gratification of instinct = satisfaction of instinct 本能满足

gray market 灰色药店 指名义合法而实际出售违禁药品的药房。

gray matter 灰质 中枢神经系统的脑和脊髓在构造上皆可分为白质和灰质两部分。灰质的颜色呈灰色,它主要是由神经元的细胞体所构成。大脑皮质即为灰质;脊髓的灰质在中央,横切面观呈H形。

GRE = Graduate Record Examination 研究生入学考试

great-man theory 伟人论 解释领袖人物之所以产生的一种理论。谓领袖人物是天生的,其禀赋超常,所谓英雄创造时势,就是伟人论的观点。与伟人论相对者为时代论(times theory)或时代精神论(Zeitgeist theory),谓领袖人物是环境造成的。所谓时势造英雄,即系此义。见该条。本词也称历史伟人论(great-man theory of history),又称领袖伟人论(great-man theory of leadership)。见该等条。

great-man theory of history 历史伟人论 义同伟人论(great-man theory)。见该条。

great-man theory of leadership 领袖伟人论 义同伟人论(great-man theory)。见该条。

Greek love 希腊式恋爱 指男性同性恋。盖以古希腊时代男性同性恋颇为流行,故名。见同性恋(homosexuality)。

gregariousness 群居性,群性 指个体群居或主动参与群体活动并由之获得满足的行为倾向。

grief 悲伤 指丧失心爱的东西或亲人后的一种强烈情绪状态。此悲伤是正常现象,与抑郁症(depression)不同。见该条。

Griselda complex 恋女情结 为父亲者因自身存有恋母情结,因而将幼时恋母的情感转移到女儿身上,不愿女儿离开自己。此种潜意识的心理,称为恋女情结。见恋母情结(Oedipus complex)。

grooming 修饰,理毛行为 **1.**指某些动物时常整饬身体的行为。有些动物的修饰行为表现在彼此之间(如猴子),有些动物则是单独修饰自己的身体(如猫)。**2.**泛指个体(包括人)整修装饰自己,使更整洁悦目的行为。

grooming behavior 修饰行为 义同修饰(grooming)。见该条。

gross correlation = total correlation 总相关

gross motor activity 大肌肉活动 **1.**指全身或局部大肌肉的活动。**2.**扩及身体全部的一切活动,如运动场上的活动项目均属之。

gross motor movement = gross motor activity 大肌肉活动

gross score = raw score 原始分数

ground 背景,基础 **1.**构成形象知觉的部分线索,虽然背景和形象都在同一平面上,但总是觉得形象在前,背景在后。如果形象和背景的关系不够确定,那就会形成形象与背景交互出现的心理现象。见鲁宾图形(Rubin's figure)。**2.**指作为言论或行动根据的理论或社会状况。

ground theory 背景论 美国心理学家吉布森于1979年提出的一种知觉理论。背景论的基本要义是,个体对物体远近距离的判断,总是根据该物体周围的背景作为线索。该物体周围的线索愈具体明确(如看见一人站在街边的邮筒之前),对该物体距离远近的判断也就愈正确。

group 团体,群体,类组 **1.**指两个以上个体彼此间有互动关系的组合。如此解释,团体一词实与社会团体同义。按社会团体,一般具有四个特征:(1)团体内各成员间彼此觉知其存在,由于成员间的交感互动而生隶属感与依赖心;(2)团体虽集个体而成,但团体本身仍为实在体,其既有的团体规范不因某个体之去留而存废;(3)团体的维护赖于团体规范与成员们的共同利益与兴趣;(4)团体是一种组织,组织有其追求的目标,团体之维系有赖于团体目标与个人目标一致。**2.**按物之特征分类,分类后之各组即称为类组。

group acceptance 团体接纳 指团体中的多数成员对某一成员(或新成员)的角色或身份表示认可与支持的情形。

group-analytic psychotherapy 团体分析治疗法 精神病学家福克斯(S. H. Foulkes)心理治疗理论中的术语。团体分析治疗的基本特征是,治疗时不以个人为对象,而以团体为对象;借团体中的人际互动,使患者彼此之间相互影响,以消除患者孤独自囿情形下所积压的痛苦。此种治疗也称治疗性团体分析(therapeutic group analysis)。

group atmosphere 团体气氛 指在面对面团体的情境中,团体成员各表现其感情与态度,此团体成员间的感情与态度形成团体气氛。团体气氛和谐与否对团体成员们有很大的影响。

group behavior 团体行为,团队行为 **1.**指团体中成员受团体影响或受团体支配的行为。**2.**指团体中多数成员追求团体目标所表现的行为。**3.**把一个团体的活动视为整体来看,也称团体行为。

group belongingness 团体隶属感 团体中的成员在心理上意识到自己属于团体一分子的感受。具有团体隶属感的团体成员,在态度上愿意接受团体规范,愿意支持团体领袖的领导,也愿意与其他成员和谐相处。

group boundary 团体规范 指约束团体内成员的行为准则。

group-centered leader 团体中心领袖 指团体中领袖人物能了解团体成员的心理需求,而且能以团体利益为行动取向者。见领袖(leader)。

group climate = **group atmosphere** 团体气氛

group cohesion 团体凝聚力 义同社会凝聚力(social cohesion)。见该条。

group consciousness 团体意识 **1.**指团体中的个人处理自己的事务时,也考虑到团体中其他人或整个团体利害的心理状态。**2.**指个体意识到自己是团体中的一分子,深感个人的需要、困难甚至苦乐等都是和隶属的团体密不可分的。本词亦称社会意识(social consciousness)。

group contagion 团体感染 团体中部分成员的情绪很快地传染到其他乃至全部成员的现象,称为团体感染。

group counseling 团体咨商 属于咨商的一种方式。团体咨商实施时,由一位咨商员同时对数位(六人以内为宜)咨商对象进行的咨商。团体咨商的主要构想是,借由团体成员的互动、互知、互信可以增进咨商的效果。见咨商(counseling)。本词与团体辅导(group guidance)意涵相似,但两者之间有三点差异:(1)团体辅导重在平常教学,团体咨商偏于临时适应困难的学生;(2)对改变学生的态度而言,团体辅导的效果是教育性的,是间接的,团体咨商的效果是治疗性的,是直接的;(3)团体辅导通常以学生的原属班级为基础,团体咨商则是另外组合的小团体。

group data 分类资料 将原始资料按设定的标准进行分类整理后得到的资料。对资料加以分类的原因是:(1)为了便于进行描述统计和推论统计之用;(2)为了使涉及个体秘密的数据不至于公开;(3)为了计算、记录、储存的便利;(4)由于测量仪器的局限或数据处理的困难,以致精确的测量艰难甚至为不可能者,而将原本即使是连续的变项也改以间断的分组数据形式出现。

group decision 团体决策 指经由团体中多数成员同意后所作的决策。团体决策可经由团体讨论而达成团体共识或协议,也可经投票方式来裁决。团体决策代表团体中多数成员集思广益的结果。从理论上讲,团体决策应该优于个人决策,但在社会心理学中的研究发现,事实未必尽然。理由见集体思维(groupthink)、团体极化(group polarization)。

group difference 团体差异 **1.**指将团体当作整体来看,两个或多个团体间,在某方面所显示的质的或量的差异。例如,一般认为都市儿童的智力比乡村儿童高。此看法隐含两种意义:一是城市儿童中高智力者较多,一是城市儿童平均智力较高。因此,团体差异是整体而言,团体间差异之外实含有团体内的差异。只有在团体间差异确实大于团体内差异时,才能肯定确有团体差异。**2.**团体差异所指的团体,必须是按某种标准来区分的,随便两组人不能构成心理学研究的团体。不同性别、不同职业、不同宗教、不同种族、不同年龄的人,分别各成团体,即使他们之间并无团体意识,但在行为上有共同之处,仍可以研究团体差异。因此,本词中的团体二字,与团体(group)一词的意涵不尽相同。见该条。**3.**在心理学上,习惯将团体差异列为个别差异(individual difference)主题之下。见该条。

group dimension 团体特征 指团体本身所具有的特征,按其特征可以了解某些团体之间有何不同。例如,团体气氛、团体中的凝聚力等,均属团体特征。

group dynamics 团体动力,团体动力学 **1.**译为团体动力时,指某社会团体形成的原因及其团体功能维系的方式。团体中的成员是彼此交感互动的,团体动力即指团体内互动的历程。例如,社会团体中有利益团体与兴趣团体之分,此类团体的形成与维持,显然就是靠团体成员间彼此的共同的利益与共同的兴趣。**2.**译为团体动力学时,指属社会心理学的一个分支学科。团体动力学研究的对象是团体,旨在分析探讨团体成员间人际关系、领袖与领导方式、团体中成员间的凝聚力、团体决策历程、社会气氛以及大团体中各小团体的形成、功能和彼此间的互动关系等问题。团体动力学始自德裔美籍心理学家勒温(Lewin, Kurt)。

见其传记条。

grouped frequency distribution 分组次数分布 指采用分组统计方式所做成的次数分布(frequency distribution)。见该条。

grouped measures 分组量数 指在次数分布上落于某组距之内的量数。

group effect 团体效率 指由数人组成团体后从事某种工作活动时所产生的效率。按一般的看法,总认为团体效率大于个人效率。一件工作由两人合作一天的成绩,大于该工作由个人独做两天的成绩。俗语所谓"三个臭皮匠,胜过诸葛亮"的说法,即指团体的正面效率。根据心理学家的研究,团体效率未必一定是正面的,有时由数人合作一件事,其效率反而不如在同时间内数人分别独做成绩的总和。所谓"一个和尚挑水吃,两个和尚抬水吃,三个和尚没水吃",即指团体效率的负面意义。关于团体效率的进一步解释,见社会惰化(social loafing)、脑力激荡法(brainstorming)。

group error = grouping error 分组误差

group experience 团体经验 **1.**泛指参与团体活动所获得的一切经验。**2.**特指在团体咨商中,经由与别人互动所得的有利于个体自我成长的一切经验。见团体咨商(group counseling)。

group experiment 团体实验 指以团体为对象所做的实验。如以班级中全体学生为对象所做的教学实验,即为团体实验。

group-factor theory of intelligence 智力群因论 美国心理学家瑟斯顿1938年提出的一种解释智力构成因素的理论。群因论的基本要义是,人类的智力是由以下七种基本能力组合而成的:(1)语文意义(verbal meaning, V);(2)言语流畅(word fluency, W);(3)算术能力(numerical ability, N);(4)空间关系(spatial relation, S);(5)联想记忆(associative memory, M);(6)知觉速度(perceptual speed, P);(7)一般推理(general reasoning, R)。瑟斯顿在1941年出版的《基本心理能力测验》(Primary Mental Abilities Test),就是以群因论为基础的。见瑟斯顿(Thurstone, Louis Leon)传记条。

group feeling 团体感 指个人愿意参与团体活动,愿意与团体中成员接近交往,关心团体利益,并以成为团体一分子为荣的心理倾向。

group goal 团体目标 指由团体设计,并经团体认可接受的目标。理想的团体目标是,团体目标中带有各成员的个人目标;实现了团体目标,也附带地实现了个人目标。如此,团体中的成员才会协同一致为实现团体目标而努力。

group guidance 团体辅导 指由一位辅导员同时对多位受辅者实施的辅导(guidance)。见该条。团体辅导与团体咨商(group counseling)稍有不同。见该条。

group hysteria = mass hysteria 集体歇斯底里,集体癔症

group identification 团体认同 **1.**指个人自觉属于团体中一分子的隶属感,而且在心理上分享团体荣誉,分担团体责任,并在个人行为上实践团体的规范。**2.**指个体自觉其所持态度与价值观,与其所认同团体在心理上趋于一致的倾向。注意第一义指个体属团体之一分子,第二义指个体未必是团体成员之一。

G

group identity = group identification 团体认同

grouping 分组,分班 **1.**指统计上按量数大小顺序分组处理数据的历程。**2.**指教育上按学生年龄、性别、能力等之差异分别编组为不同班级或组别以进行教学。

grouping error 分组误差 在分组处理数据以解释次数分布的统计结果时,常假设每组的量数都是常态分布的,因而采各组中点代表该组的特征。事实上,从抽样误差的观点看,如此分组统计的结果,难免会因各组内分数分布未必同样均匀而形成误差。像此种由分组处理数据所产生的误差,称为分组误差。

group inhibition of helping 救助行为的团体抑制 义同旁观者效应(bystander effect)。见该条。

group integration 团体整合 **1.**指经由团体讨论,集思广益,使团体成员在认知上达于共识整合的历程。**2.**指经由彼此互动、沟通、调适、理解,使全体成员对团体规范与团体目标认同的历程。

group intelligence test 团体智力测验 属团体测验之一。指以团体(多数人)为对象同时实施的智力测验。此种测验的优点是可以节省时间。团体智力测验一般都属纸笔式智力测验。与本词相对者为个别智力测验(individual intelligence test)。见该条。

group interval 组距 指在统计上分组处理数据时,各组上限与下限之间的距离。如0~9为第一组,10~19为第二组,依此类推,其组距即为10。

group interview 团体访谈 指同时受访者不止一人的访谈。受访者之间可能有关系(如来自同一团体),也可能没有关系。团体访谈的目的是,让受访者当时可以听到其他人相同或不同意见。团体访谈的内容,一般采半结构式的问卷,即:问题可事先拟定,而答案留给受访者去自由反应。

group marriage 群婚 由男女数人(通常是3~6人)构成的婚姻关系。群婚同时具有一夫多妻制与一

妻多夫制的两种特征。群婚制的构想是:(1)可避免一夫一妻制的性生活单调;(2)可解决外遇的问题;(3)可避免因离婚造成子女孤苦无依的情况。据调查发现,此种乌托邦式的群婚关系,只有在巴西和澳大利亚的少数民族中存在。其他地区虽也有尝试,但很少能维持一年以上。

group mind 团体精神 法国社会心理学家雷朋(G. Le Bon, 1841～1931)理论中的术语,指在某团体内所存在的一种超乎个体的团体意识。在此团体意识下,团体中的所有的个体都不约而同地表现出同一类型的行为。如将本词做广义解释,蚂蚁和蜜蜂的行为也可视为受团体精神所支配。本词亦称民族精神(folk mind)。

group morale 团体士气 指团体中的成员对团体目标追求时所表现的共同意愿。其共同意愿愈强,表示团体士气愈高。

group norm 团体规范 **1.**指代表某团体的行为标准,此行为标准,通常为团体中多数成员所认同、接受、履行,并用以作为对他人行为之是非善恶判断的依据。 **2.**义同社会规范(social norm)。见该条。

group of images 意象群 在文艺作品中,作家常运用一系列相互关联的意象,组成一个序列或一个集群,这种成群的意象,称为"意象群"。意象群中一般有一两个具有主导作用的意象,称为"主导意象"。此主导意象往往可以为欣赏者提供把握作品主题的线索。

group polarization 团体极化 针对同一问题,经由思维而做成决策时,个人在团体中所支持的团体决策态度,有时会有比他自己个人单独决策时的态度更偏向极端化的倾向。此种团体决策偏于极端化的倾向,称为团体极化。团体极化倾向并非一定偏向哪一端,而是随团体中多数成员的态度而定。根据心理学家研究的结果发现,如团体中多数成员的态度趋于保守时,则个人受团体影响所做的个人决策,往往要比他自己单独决策时更显得保守,此种现象称为谨慎偏倚(cautious shift)。如团体中多数成员的态度趋于激进时,则个人受团体影响所做的个人决策,也往往要比他自己单独决策时更显得激进,此种现象称为冒险偏倚(risky shift)。

group pressure 团体压力 指团体中的个人在心理上受到的团体规范及行为标准的压力。例如,班级中同学都努力读书,个人感到压力而不得不读书。又如同侪团体中大家流行什么服装,个人感到压力也不得不跟随大家一起赶流行。

group problem-solving 团体问题索解 指由数人合作解决问题的历程。在问题索解时,合作的效果究竟能否胜于独立完成,这要看问题的性质。如问题属于定程性者,按一定程序即可获得答案,合作优于独立完成;如问题属于非定程性者,没有单一的固定答案,合作就未必优于独立完成。见脑力激荡法(brainstorming)。

group process 团体历程 **1.**指经由团体活动以达成预定目标的历程。 **2.**指经由团体合作解决问题的历程。 **3.**义同团体动力(group dynamics)条第一义。见该条。

group psychodrama 团体心理剧 义同心理剧(psychodrama)。见该条。

group psychotherapy 团体心理治疗 义同团体治疗(group therapy)。见该条。

group-relations theory 团体关系论 美国心理学家奥尔波特人格理论中的术语。指个人的行为除受其本身特质影响之外,其所属社会团体(如家庭与学校等)可能对他产生更大的影响。个人行为中凡涉及社会心理方面者,诸如态度、偏见、道德以及价值观念等,无一不是经由团体历程形成的。

group risk-taking 团体冒险 指在勇于冒险的决策时,团体决策有较个人更激进的倾向。在传统上一般相信团体决策更保守或更妥协,但实验研究发现并非如此。见团体极化(group polarization)。

group role 团体角色 指个人在所属团体中所担任或扮演的角色。个人在生活中经常是身属多个团体,故而也经常是一身兼扮多种角色。职业妇女在家庭中扮演母亲或妻子的角色,在公司任职时就得扮演职员或主管的角色。

group sampling 集体抽样 抽样时不以个体为单位,而以团体或集体为单位者,称为集体抽样。在教育研究上,经常以班级为单位,每年级抽多少班,或每校抽多少班,都是集体抽样。集体抽样与分层抽样的第一阶段类似,第一阶段都是集体抽样。唯第二阶段不同,分层抽样的第二阶段是在每层中只取一部分个体做研究对象,而集体抽样则研究集体中全部个体。集体抽样也称整群抽样(cluster sampling)。见分层抽样(stratified sampling)。

group solidarity 团体凝聚力 义同社会凝聚力(social cohesion)。见该条。

group star 团体明星 指团体中被多数成员所喜欢的明星人物。采用社会测量(sociometry)研究团体的社会结构时,最受团体成员支持的人,即为团体明星。见该条。

group stress 团体压力 指在团体活动中个人所感受到的精神压力。团体压力一般在两种情境下产生：（1）在个人参加比赛性的活动时（如上台表演或参加考试），因团体中多人在场而感到情绪紧张。（2）在团体参加比赛性活动时（如球队比赛），除担心个人表现不佳之外，更顾及团体荣誉，因而增加精神压力。

group structure 团体结构 指团体中各成员间、各分立的小团体间（大团体中仍有小团体）以及成员与团体领袖间，在角色、权利、义务等各方面所形成的人际关系。

group superego 团体超我 指现代青年人在其人格结构中的超我部分，已不再像他们的前辈那样由传统文化所塑造，而是受同侪团体影响所形成。

group test 团体测验 指以团体为实施对象的测验。此种测验可在同一时间内由一人主试，受测者可为数人或数十人。团体测验的优点是，在时间上较为经济，因而在教育上多所采用。若测验中只能用于个人者，则称为个别测验（individual test）。见该条。

group therapy 团体治疗 属心理治疗的一种方式。团体治疗的特征是，同一时间内对数个治疗对象进行治疗。之所以采用团体治疗，其目的并非只是为了时间上能经济些，而主要在于利用由数人形成的社会情境，帮助接受治疗者从认识别人与了解自己的过程中学到解决有关生活问题的能力。

groupthink 集体思维 在团体决策过程中，如果团体成员同构型太高，在讨论问题形成决策时，成员们难免有一种为了取悦上意避免争议而表现出一种意见一致的现象。此种现象称为集体思维。经集体思维所形成的团体决策，其后果可能还不如个人决策。

group thinking＝groupthink 集体思维

growing pain 生长疼 指青春期前因身体生长快速而产生的一种生理性疼痛。见生长陡增（growth spurt）。

growth 生长，成长 **1.**指个体身体方面随年龄增加而改变的历程。**2.**指个体心理功能随年龄增加而益发拓展提升的历程。**3.**义同发展（development）。见该条。

growth center 成长中心 指以团体辅导的方式协助个体成长，从而使人性潜力得以充分发展的专业机构。此种机构是近年来人性潜力运动（human-potential movement）的新产物。见该条。成长中心的主要构想有二：（1）在一般情形下，个体的活动因受环境的限制，其人性潜力只能发挥出一部分，部分潜力自不能应付生活中的需要，此即个体在现实中之所以适应困难的原因。（2）设置自由和谐的环境，使个体在团体互动中认识自己，了解自己的优点与缺点，从而学习到自我成长的能力与信心，以后回到现实生活时，也将会继续自我成长。在成长中心内最常采用的方法，有会心团体（encounter group）、学习团体（training group）以及沟通分析（transactional analysis）。见该等条。

growth curve 生长曲线 指代表个体或团体生理上各种器官随年龄增长而变化的曲线。此种曲线图的绘制，通常是以时间单位（多以月龄、年龄计）为横轴，以个体某一器官在某段时间内生长增加的量为纵轴。如下图所示，代表人类重要器官的生长曲线。从图中曲线可以看出，各器官的生长速度颇不一致。

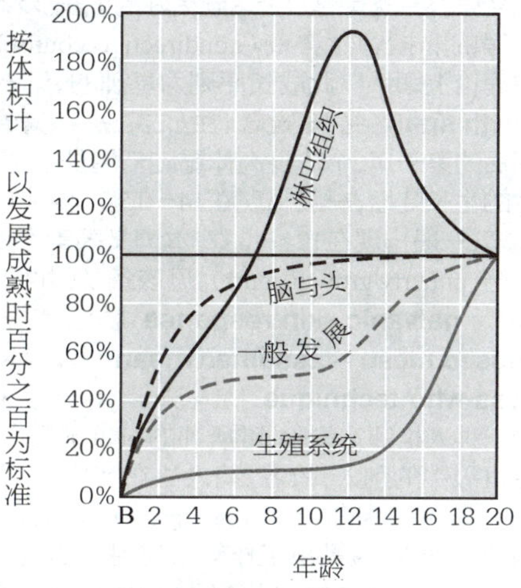

生长曲线

growth group 成长团体 属团体治疗的一种方式，目的在经由团体成员的互动交感，以减低患者的焦虑与内心冲突。

growth hormone（GH） 生长激素 指由垂体前叶分泌的具有促进生长效益的激素。人的生长激素是由188个氨基酸组成的蛋白质激素。生长激素对身体的生长和糖、脂肪的代谢都有很大的影响。幼年时如缺乏生长激素，可能罹患侏儒症，生长激素分泌过多，则可能造成巨人症。如果成年人生长激素分泌过多，将刺激肢端骨、面骨和内脏增生，引起肢端肥大症和内脏肥大症。生长激素可促进蛋白质合作，增强钠、钾、钙、磷等重要元素的摄取和利用。同时，通过抑制糖的消耗，加速脂肪分解，使能量来源由糖代谢转向脂肪代谢，有利于身体的生长和恢复作用。见垂体腺（pituitary gland）。

growth motivation 成长动机 美国人本心理学家马斯洛动机理论中的术语。成长动机指较高层次的有关自我实现的数种需求合而形成的动机，或谓个体为了达成自我实现而产生的内在心理需求。与本词相对者为匮乏动机（deficiency motive）。成长动机是在匮乏动机满足之后衍生而来的。见需求层次论（need hierarchy theory）。

growth need 成长需求 指美国人本心理学家马斯洛的需求层次论（need hierarchy theory）中所指的高层次需求。见该条。义同成长动机（growth motivation）。见该条。

G

growth principle 成长原则 美国人本心理学家罗杰斯理论中的术语，谓个体内存在有两种自我成长的力量，一为创造力，一为统合力。只要外在环境许可，对个体的行动没有阻力或压力，个体自然就会凭内在既有的力量达到良好的成长。罗杰斯所倡导的非指导性咨商（nondirective counseling），在理论上即系以此成长原则为基础的。见该条。

growth spurt 生长陡增，生长突进 指青春期开始后的第一年，个体身高体重陡然增加的现象。男生的生长陡增，一般出现在14～15岁；女生的生长陡增，一般出现在12～13岁。本词义同青春期生长陡增（puberty growth spurt）。见该条及附图。

GSR＝galvanic skin response 肤电反应

guessed mean＝assumed mean 假定平均数

guess-who technique 猜人法 指用于学校情境的一种人格评定测验。唯所评的对象不是自己，而是班级中的别人，故名。猜人法在实施时，通常是在一张评定卷的一边列出一些描述人格特质（如最热心助人、最勤奋工作等），在另一边列出班上学生的名字。让学生们按人格特质选定最适当的人，即为猜人法。

guess-who test 猜人测验 义同猜人法（guess-who technique）。见该条。

guidance 辅导 辅导是一种教育历程，在辅导历程中，受过专业训练的辅导人员，运用其专业知能，协助受辅者了解自己，认识世界，根据其自身条件（如能力、兴趣、经验、需求等），建立其有益于个人与社会的生活目标，并使之在教育选择、生涯规划及人际关系等各方面的发展上，能充分展现其性向，从而获得最佳的生活适应。依此定义，辅导包括以下四个特征：（1）辅导是连续不断的历程，人的一生中任何阶段均需辅导；（2）辅导是合作与民主式的协助，根据受辅者的需求而辅导，非为强迫式的指导；（3）辅导重视个别差异，旨在配合个人条件，做出最适当的选择，并辅其自主，导其自立；（4）辅导的目标是个人与社会兼顾的，是使个体在发展中既利于己，也利于人。辅导的范围甚广，主要包括四大方面：（1）教育辅导，帮助学生解决学业上的困难和选择适合其能力性向的学校升学；（2）生涯辅导，帮助个人认识自己和了解环境要求，从而规划出适合于自己的前程，为将来职业生活做准备；（3）生活辅导，在学校辅导学生适应学校生活，在社会辅导心理适应困难者化解其心理上的问题；（4）儿童辅导，协助家长改善儿童生活环境以利其发展并解决其心理上的问题。辅导实施的方法很多。见有关各条。辅导一词与咨商（counseling）和心理治疗（psychotherapy）有关。三者同为助人的专业，唯实施目的稍有不同：辅导重在帮助一般人面对生活时做出最有价值的选择；咨商重在帮助暂时生活适应困难的人，了解自己进而改变自己，以适应生活；心理治疗重在帮助长期心理冲突且人际关系不良的人，重新建立自己的人格。见该等条。

guided discovery 引导发现法 指在实施发现式教学法（discovery method of teaching）时，为使学生易于发现问题的含义，教师在适当时机给予学生引导性的暗示。见该条。

guide dog 导盲犬 指经过特殊训练专供带领盲人行路用的狗。导盲犬一般都是采用身材中型的狗担任（身材娇小的宠物狗不适用）。出生后三个月检查合格者，年满一岁开始训练，训练一年后约有90%的狗可通过测试标准担任导盲犬任务。

Guilford, Joy Paul（1897～1987） 吉尔福德 吉尔福德是20世纪美国心理学家，是智力结构论的创始人，也是首先在逻辑上将创造力在智力结构中提出定位解释的心理学家。

吉尔福德于1897年出生于内布拉斯加州的马奎特，1922年与1924年先后获得内布拉斯加大学的学士与硕士学位，此后进康奈尔大学师从结构主义创始人铁钦纳学习，1927年获博士学位。1927～1928年担任堪萨斯大学副教授，1928～

1940年改任内布拉斯加大学心理学教授,1940年以后任南加州大学教授,并曾一度担任该校性向研究项目的主持人,1949年当选为美国心理学会主席,1964年获美国心理学会卓越科学贡献奖,1969年退休为荣誉教授,1974年获教育测验服务与心理测量贡献奖,1976年获桑代克纪念奖,1983年获美国心理学基金会金质奖章,1987年逝世,享年90岁。吉尔福德在心理学上的贡献,主要是他在20世纪60至70年代经由因素分析所建构的智力结构论,他将智力视为复杂思维能力的表现。在整个思维活动中,按思维性质的不同分为思维内容、思维运作以及思维产物三个不同维度,而每个维度又包括多种不同的心理活动。吉尔福德将此三维度视为一个立方体,立方体结构包括了120个不同的智力因素,后来又扩充到180个智力因素。在思维运作这个维度上,吉尔福德又提出辐合思维与发散思维的概念,发散思维代表一个人思路广阔和见解独创的心智能力,此种能力也就是平常所说的创造力。见智力结构论(structure-of-intellect theory)条及附图。

吉尔福德著作中的专著有:*Psychometric methods*(1936); *Fundamental statistics in psychology and education*(1942); *Personality*(1959); *The nature of human intelligence*(1967); *The analysis of intelligence*(1971); *Way beyond the IQ: Guide to improve intelligence and creativity*(1977)等。

Guilford's cube 吉尔福德立方体 义同智力结构论(structure-of-intellect theory)。见该条及附图。

Guilford's structure of intelligence theory 吉尔福德智力结构论 义同智力结构论(structure-of-intellect theory)。见该条。

Guilford's three-dimensional structure model of intelligence 吉尔福德智力三维结构模型 义同智力结构论(structure-of-intellect theory)。见该条。

Guilford-Zimmerman Temperament Survey (GZTS) 吉晋二氏气质调查表 是一种团体人格测验。该测验系由美国心理学家吉尔福德(J. P. Guilford)与晋莫曼(S. Zimmerman)二人1956年所编。该调查表包括十个因素:(1)一般活动;(2)抑制;(3)优势;(4)社会性;(5)情绪稳定;(6)客观性;(7)友善;(8)深思性;(9)个人关系;(10)男性表现。吉晋二氏气质测验,经学者张肖松、路君约二人修订为中文,尚无标准化及信度、效度数据。该测验适用对象为高中及以上学生,记分方式采答案卡手记分,已建立高中及大学的常模。

guilt 内疚,愧疚感 **1.**指个人自觉违犯道德标准时的一种情绪状态。内疚的产生并非起自对外在惩罚的恐惧,而只是起自自己内心不安。平常说做错了事受到良心的惩罚,就是内疚。 **2.**按精神分析论的解释,愧疚感乃是自我欲望受制于超我,两相冲突而使个体自尊降低的结果。内疚与羞耻不同,羞耻指个人自觉做了违犯道德标准的事而被别人发觉后的心理状态。见羞耻(shame)。

guilt feeling = **guilt** 愧疚感

guinea pig 天竺鼠 指原产在南美洲的鼠类动物。天竺鼠之所以成为心理学上的名词,是因为在实验心理学上常用它作为研究对象的缘故。

G

Guthrie, Edwin Ray (1886～1959) 格兹里 格兹里是20世纪美国心理学家,是新行为主义代表之一,也是一次练习学习理论的建构者。

格兹里1886年1月9日出生于美国内布拉斯加州的林肯市,父亲是钢琴店的店主,母亲是学校教师。他是家中长子,自幼爱好读书,八年级即能阅读达尔文的名著《物种起源》和《人与动物的情绪表达》。1903年进内布拉斯加大学,主修数学与哲学,1907年毕业,1910年获哲学硕士学位,改进宾夕法尼亚大学,1912年获哲学博士学位。此后担任中学数学教师一年,1914年应聘担任华盛顿大学哲学系讲师,1919年改任心理学系教授。第二次世界大战(1939～1945)期间应召入伍,1941～1942年间曾担任美军作战部总参谋部海外部顾问和战争情报局海外局首席心理学家。1943年返华盛顿大学任教授并兼任研究生学院院长。1945年当选美国心理学会主席。1956年退休时,华盛顿大学将一座建筑以格兹里之名名之,用以表彰他在心理学上的贡献。退休后于1958年获美国心理学基金会金质奖章。1959年4月23日病逝于华盛顿州西雅图,享年73岁。格兹里心理学思想虽一般将之列为行为主义,但他的主张有异于其他行为主义者,其不同之处主要在于以下两点:

1.创一次练习理论 在心理学理论中,自从哲学上联想主义所指的观念联想改变为行为主义的刺激—反应联结以来，学习理论出现了三个争议性问题：(1)刺激与反应间的接近是否构成刺激—反应联结的必要条件？(2)重复练习是否为加强刺激—反应联结的必要条件？(3)在刺激情境下个体反应后的强化是否为必要条件？此三问题之所以重要，是因在此期间行为主义心理学家根据其实验研究所建构的学习理论，对此三问题的答案各不相同。华生认为三条件均属重要；桑代克的效果律和练习律说明(2)、(3)两项为必要；斯金纳的操作条件作用中的后效强化说明第(3)项特别重要；托尔曼的目的行为主义说明三者均非学习之必要条件。而格兹里则独重(1)项，他认为，刺激与反应时间接近是构成学习的必要条件，且是唯一条件。他在1935年出版的《学习心理学》一书中提出理论，谓某一刺激与某一反应只需在时间上相伴出现过一次，同样刺激情境再出现时，即可引起同样反应，而且一次联结即可达到充分的联结强度。换言之，格兹里认为除接近原则之外，练习和强化均非构成学习的必要条件。格兹里的学习理论称为一次尝试学习(one-trial learning)。当然，在实际学习情境中，无论语文或技能学习，单一练习即可学会的现象并不存在。对于此问题，格兹里提出异于其他行为主义者的解释。一般行为主义者都将反应视为构成行为的单元，个体在刺激情境中学到的是反应。格兹里则是将构成行为的单元区分为活动(movement)和行动(act)两个层次。活动是构成行为的最小单元(如单一肌肉活动)，行动是由很多小活动组合而成的较大单元(如跳高过竿)。他所说的一次学习，系指个体所学到的活动，而非指行动。学到一个活动只需一次练习即可，学到一个行动则需多次练习。

2.对强化作用的解释　格兹里的一次练习学习理论，只承认刺激与反应间时间接近是构成学习的必要条件，而否定练习和强化两个条件的必要性。然而，在实际动物学习实验过程中，如不提供强化物(食物)，动物是不会学到某一特定反应的。格兹里对此问题的解释是，强化物所发生的强化作用，并非强化学到的行为，而只是在动物学到行为的当时有助于将学到的行为保留下来。以在T形迷津的白鼠为例，如白鼠到丁字路口向右转到终点得到食物，食物的作用并非强化白鼠向右转的行为，而只是将白鼠右转的行为保留下来而不致被其他刺激干扰而已。

格兹里著作中出版的专著有：*The psychology of learning*(1935)；*The psychology of human conflict*(1938)；*Cats in a puzzle box*(1946)；*Even the rat was white*(1976)等。

Guttman scale　格特曼量表　指美国心理学家(后入以色列籍)格特曼(Louis H. Guttman, 1916～1987)1944年所设计的态度量表。格特曼量表的主要特征是，采同性质的有关态度的题目，按由高(或强)到低(或弱)的单维度排列。如此，受试者如对其中一题作肯定回答时，此题以下各题必然也都是肯定回答；但对此题位置以上的题目，则须作否定回答。例如有以下三个按次序排列的题目：(1)同意公交车票价调高30%；(2)同意公交车票价调高20%；(3)同意公交车票价调高10%。如选答第一题为“是”，其他两题也必须答“是”。但如先选第二题回答“是”，第三题仍须答“是”，第一题就不能答“是”。像这样采用单向度的编制问卷的方法，目的在使测到的态度具有一致性。此种方法称为格特曼量表法(Guttman scaling)。

Guttman scaling　格特曼量表法　见格特曼量表(Guttman scale)。

gymnophobia　惧裸体症　属恐惧症之一。患者对自己的身体过分敏感，不敢暴露自己的肌肤。遇到医生要检查身体或在学校上游泳课时，就会表现出极为强烈的恐惧反应。见恐惧症(phobia)。

gynephobia＝gynophobia　惧女人症

gynophobia　惧女人症　属恐惧症之一。患者怕见成年女性，因而逃避与女人接近，如无可逃避时即表现出不能克制的恐惧反应。见恐惧症(phobia)。

GZTS ＝ Guilford-Zimmerman Temperament Survey　吉晋二氏气质调查表

H

H = habit strength 习惯强度

H = harmonic mean 调和平均数，倒数平均数

H = heritability 遗传性

$_SH_R$ = habit strength 习惯强度

Haab's pupillary reflex 哈布瞳孔反射 **1.**泛指瞳孔随光的强弱自动缩小或放大以调节光度进入眼球的现象。**2.**特指在暗室内注视一亮点时，两眼瞳孔同时自动缩小的现象。见眼的构造(eye structure)条及附图。

Haab's reflex 哈布反射 义同哈布瞳孔反射(Haab's pupillary reflex)。见该条。

habit 习惯 **1.**一种习得性反应，此种反应较为简单，在类似情境下，以近于自动的形式出现。唯习惯性反应不以动作为限，在语言思想方面也有习惯性反应(如口头语)。**2.**指经由长期练习所形成的自动性的行为。技能学习到纯熟阶段，动作已成习惯(如书写)。**3.**指习得性动机，如抽烟、喝酒以至药物使用，到了成瘾地步，均成习惯。此等习惯对个体行为具有动机作用。**4.**指某些动物的独特生活习惯，如蝙蝠倒吊睡眠就是它的独特习惯。唯此类习惯的形成与前述各条不同，不是短时间学习的，故而宜称之为习性。

habitat 栖息地 指能够适合于动物(或人类)居住的地方。

habit deterioration 习惯退化 指个体心理发展的病态现象。习惯退化的症候是，个体表现出较其年龄为小的行为。例如，5岁儿童本已养成了卫生习惯，上了小学反而退化到自己不能适当处理大小便的问题。

habit disorder 习惯性障碍 美国行为主义心理学家对行为异常形成原因的解释。他们认为个体的一切行为异常，全都是由于学习到的不良习惯累积而成的障碍。

habit family hierarchy 习惯丛序，习惯群层次 美国行为主义心理学家赫尔理论中的术语。个体与其生活中某一目标之间的通路有多条时，各条通路之间的选择，在习惯上有先后次序之分。个体对某种工作已学会数种做法时，各种做法之间的选择，在习惯上也有先后次序之别。以上两种现象，均称为习惯丛序。在习惯丛序的影响之下，除非习惯上最偏好的第一条路不通，否则不选第二条路；如第二条也行不通，他才选第三条路。

habit formation 习惯形成 **1.**根据行为主义心理学的解释，习惯形成义同学习(learning)，指学习就是习惯形成的历程。**2.**在教育(家庭教育和学校教育)上，指训练儿童养成良好习惯的历程。用于第二义时，本词义同习惯训练(habit training)。

habit hierarchy 习惯层次 指由简单反应渐次组合而成复杂习惯组型的情形。例如，先学写英文字母，而后联字母成单词，再后联单词成句子。写一个句子是习惯组型，从写字母到写句子的连串习惯，就是习惯层次。本词与习惯丛序(habit family hierarchy)稍异，本词意指由简而繁习惯建立的顺序，而习惯丛序则指个体在多个可能习惯中偏好选择的顺序。见该条。

habit interference 习惯干扰 两种(或两种以上)习得反应同时出现，彼此冲突，结果形成各自的反应强度均遭抑制，或其中一被保留一被抑制的现象，称为习惯干扰。如具有两种语言习惯者，情急时不能自由表达的情形即属之。

habit pattern 习惯组型 指由数个简单习惯所组合而成的较复杂习惯。以英文打字为例，认识键盘是一种习惯，各手指的位置是一种习惯，认识英文稿件又是一种习惯。将多种习惯组合在一起，经过训练，使打字员学到适当时间与适当空间配合适当动作(习惯)，最后学到的打字技术，即为习惯组型。严格言之，平常所指称的习惯多属习惯组型。见习惯(habit)。

habit reversal 习惯消除 指将已有的不良习惯逐渐减少以至于完全消除的学习历程。例如，欲戒绝吸烟饮酒习惯，均可经由习惯消除历程。在心理治疗上，最常用的习惯消除方法是厌恶条件作用(aversive conditioning)。见该条。与本词相对者为习惯形成(habit formation)。见该条。

habit set 习惯定向 指在某种刺激情境下个体习惯于某种固定反应的现象。在日常生活中，如多

次采同样方法解决类似问题获得满意效果，就会使他形成习惯定向。习惯定向后对解决问题有正负两种效应：正的效应是节省精力和时间；负的效应是不肯尝试另外更有效的方法（墨守成规），以致遭遇新问题时不能随机应变。见功能固着（functional fixedness）。

habit strength（$_{S}H_{R}$, H） 习惯强度 美国行为主义心理学家赫尔学习理论中的术语。指刺激与反应之间联结的强度，亦即学习的程度。根据赫尔的解释，习惯强度的大小决定于四个因素：（1）连续实施强化的次数。强化次数愈多，习惯强度愈大。（2）每次给予强化物（如食物）的多寡。每次给予强化物较多时，其习惯强度也较强。（3）从刺激出现到反应表出的时间长短。时间愈短表示习惯强度愈大。（4）从反应表出到强化物呈现时间的长短。时间愈短将使习惯强度增加得愈快。

H

habit training 习惯训练 见习惯形成（habit formation）第二义。

habituation 习惯化 **1.**在某种情境下，因重复练习，使某种反应定型，而其他无关反应逐渐消失的历程，称为习惯化。**2.**对某种刺激情境逐渐适应的历程，也称习惯化。“入芝兰之室久而不闻其香”的情形即属之。见适应（adaptation）。**3.**长期服用某种药物（包括烟、酒、镇静剂、麻醉剂等）后所产生的一种药物依赖（drug dependence）现象。见该条。

habituation method 习惯化法 属研究婴儿感觉与知觉的方法之一。在婴儿面前出现一种刺激（属视觉的或听觉的均可），并一直持续，使婴儿对之习惯化，不再特别注意。此时增加另一刺激，并观察记录婴儿的反应。如婴儿对新加的刺激反应明显，即显示婴儿确已具备了辨别不同刺激的能力。见单刺激法（single-stimulus method）、偏好法（preference method）。

habituation technique = **habituation method** 习惯化法

HACS = **hyperactive child syndrome** 过动儿症候群

haemaphobia 惧血症 属恐惧症之一。患者对血液刺激特别敏感，见到一点血液即极度紧张不安，甚至晕厥。见恐惧症（phobia）。

haematophobia = **haemaphobia** 惧血症

hair cell 毛状细胞 在内耳基膜的柯蒂氏器内，有毛状细胞，是接受音波而引起听觉的感受器。见听觉系统（auditory system）条及附图。

hair-pulling 抓头发癖 指个人不自觉地抓拉自己头发的反常现象。抓头发癖属强迫性行为，此种行为多见于女性儿童。在心理学上对抓头发癖行为解释不一。按精神分析论的说法，抓头发癖可能是手淫的代替性动作，也可能是一种变相的攻击性行为。见强迫行为（obsessive behavior）。

half-show 半截剧 属于儿童游戏心理治疗的一种特别设计。半截剧的特点是，向儿童提供一出玩偶剧，演到中途高潮时突然停止，让儿童凭想象说出之后的结局。在性质上，半截剧是一种投射测验（projective test）。见该条。

halfway house 中途之家 **1.**监狱中受刑人，服刑期间如行为表现良好，符合法定条件，经有关机关核准予以假释者，在回家之前得先行暂时居住于特设之辅导机构，该辅导机构即称为中途之家。中途之家的辅导工作，旨在使受刑人在失去自由到重获自由之中途，在对未来新生活的适应先完成准备。**2.**长期住院病人，在出院后继续接受辅导，俾能逐渐康复，进而自助自立。从事此种出院后辅导的机构，也称中途之家。

Hall, Granville Stanley（1844～1924） 霍尔 霍尔是20世纪美国心理学家和教育家，是美国第一位心理学哲学博士，是美国心理学会的创立者，是发展心理学的创始人，是将精神分析引介到美国的第一人，也是冯特的第一位美国弟子。

霍尔于1844年2月1日出生于美国马萨诸塞州的农村，自幼心怀大志，1863年先入威廉学院，1868年入德国波昂大学。留德三年期间，霍尔学的是哲学和神学。回国后，1871～1875年在俄亥俄州安提阿学院担任教职，因读到冯特的著作而对心理学发生兴趣。1876年应哈佛大学之聘担任讲师，并师从詹姆斯研习心理学，1878年毕业，成为美国教育史上第一位心理学哲学博士。此后再度赴德，进莱比锡大学作为冯特的弟子，1880年返国，1884年进约翰·霍布金斯大学任教，并设置美国境内第一座心理实验室。霍尔在此段任教期间，培养了很多心理学人才，其中功能学派领袖杜威和卡特尔都是他的学生。1887年创办《美国心理学期刊》,是为美国心理学界有学术性期刊之始。1889年克拉克大学建校,霍尔被聘为首任校长。在建校之初他遍访欧洲各著名大学,取各校之长而为克拉克大学奠立良好基础。霍尔担任行政工作不忘推展心理学术,1892年领导创立美国心理学会,并膺选为首届主席。1909年邀请精神分析学派两位大师弗洛伊德与荣格到克拉克大学讲学,将精神分析的理论引介到美国。霍尔担任校长期间,仍担任心理学教授,他在任职35年间,培养了81位心理学博士。著名心理测验学家推孟,就是他的学生之一。1920年退休,1924年4月24日病逝于马萨诸塞州渥斯特,享年80岁。霍尔去世后,美国心理学会调查会员120人, 评定他在世界心理学家中的地位,结果显示,其中有99人将霍尔列为世界十大著名人物之内。霍尔在心理学上的贡献,主要在于以下两点:

1.开创发展心理学研究　虽然霍尔在莱比锡大学接受的是冯特的实验心理学训练,而且回国后也在约翰·霍布金斯大学设立了心理实验室,但他的真正兴趣却是发展心理学研究。他认为,就心理学以研究人性为目的观点言,实验心理学所能研究的问题太狭隘。因此,他采取达尔文进化论和当时美国新兴的功能主义所倡"适应"和"实用"的观点,强调发展心理学的重要性。1893年,霍尔在芝加哥世界博览会的一场演讲指出:"过去我们都到欧洲去研习心理学,从现在起我们应建立属于美国的心理学。美国心理学的特色就是儿童心理发展的研究。"霍尔提倡儿童心理发展研究的目的,并非将发展心理学作为纯基本科学的研究,而是为了配合教育的需要。霍尔的发展心理学研究,摆脱实验法,改采观察法和调查法搜集资料,而且研究范围包括儿童、青年、老年,奠定了今日发展心理学以生命全程发展(life-span development)为研究取向的基础。

2. 采用复演论观点解释人类身心发展　根据达尔文进化论理念,霍尔在其1904年出版的《青年期》一书中,提出了他的复演论(recapitulation theory)。他认为生前胚胎期像蝌蚪形状,代表人类最初在水中生存的时期;婴儿期的爬行动作代表人类进化的猿猴时期;青年期情绪不稳定代表人类进化的混乱期,霍尔采18世纪文学运动的狂飙期(storm-and-stress period)之义,用来说明青年期的特征; 成年后身心成熟代表人类进化的文明期。霍尔认为青年期之情绪不稳是必然现象,故而他主张应特别重视青年教育。

霍尔著作中的专著有:*Adolescence : It's psychology and relations to physiology anthropology, sociology, sex, crime, religion, and education* (1904); *Content of children's minds*(1883); *Jesus, the Christ in the light of psychology*(1917); *Senescence : The last half of life*(1922); *Life and confessions of a psychologist* (1923)等。

hallucination 幻觉 是一种缺乏外在客观刺激的情境下所产生的知觉经验。亦即以纯主观想象的知觉经验,代替了客观事实的知觉经验。幻觉经验无中生有,是一种知觉反常现象,精神病患者多有幻觉。幻觉主要有听幻觉与视幻觉两种。幻觉与错觉(illusion)和妄想(delusion)不同。见该等条。

hallucinatory image 幻象 把幻觉中的物体看成真实的物体。见幻觉(hallucination)。

hallucinogen 致幻剂 属精神药物之一类。服用致幻剂之后,会使人产生幻觉,使人感觉到内在世界与外在世界都产生奇异的改变,平常所见的颜色与平常所听的声音,都突然变得大不相同,好像置身于另一奇异世界之中。目前社会上的非法致幻药物中使用较多的是迷幻药(lysergic acid diethylamide)与大麻(marijuana)。见该等条。

hallucinogenic drug = hallucinogen 致幻剂

hallucinosis 幻觉症 经常产生幻觉的病态现象。药物中毒或酗酒者,最常患幻觉症。见幻觉(hallucination)。

halo effect 成见效应, 光环效应 单凭某人一方面显著特征为根据,即以偏概全地当作他的全部特征, 结果造成过高或过低评估的失真现象,称为成见效应。教师评定学生操行成绩时,不以学生言行举止为根据,只凭学生某学科成绩的印象而定其德育的等级,即属成见效应。

hamartophobia 惧过失症 属恐惧症之一。患者过分担心自己会做错事,以致整日战战兢兢心神不宁。见恐惧症(phobia)。

hand controls 手控制器 指特为腿脚失灵患者设计的机器或工具。例如,特别为小儿麻痹患者所设计的只用手操作的汽车即属之。

handedness 偏手性 指做工时习惯用右手或左手的偏好情形。一般人掷物、写字、吃东西等活动多用右手,称为右偏性(dextrality)。在全世界人口中, 90%以上的人具右偏性现象。在心理学上对右偏性现象有多种不同解释:(1)最为一般共识的解释是,右偏性与大脑左半球优势有关。因为大脑两半球的功能是左右交叉的,所以左半球优势即形成右半身偏利。见大脑半球专司化(hemispheric specialization)。(2)自古以来母亲喂婴儿吃奶时,多是将婴儿置于左臂中,以便腾出右手从事其他更重要的活动。如此,因右手活动加多而强化它的功能。

handicap 残障 指因身心缺陷而无法处理自己日常生活者。

handicapped children 残障儿童 指身心发展有明显缺陷的儿童。

hand maze 手指迷津 属迷津之一种。此种迷津之设计,受试者不靠视觉,仅凭手指触觉辨别方位以找到迷津出口。见迷津(maze)。

hand-to-mouth reaction 手口反应 指婴儿期手口动作的连锁反应。婴儿期常见的现象是,只要是手抓到任何东西,都立刻放进口里。根据瑞士心理学家皮亚杰的认知发展理论,婴儿如此反应是借以认识周围的环境,故而称人类认知发展的第一个阶段为感觉运动期(sensorimotor stage)。见该条。

hand-washing obsession 强迫洗手癖 属强迫行为之一,指不合理而又不能自制的洗手行为。按精神分析的说法,强迫洗手癖是一种象征动作,该动作的形成可能是当事人在潜意识中长期积压罪疚感的结果。见强迫性反应(obsessive-compulsive reaction)。

handwriting analysis 书写分析 义同字相学(graphology)。见该条。

haphagesia 虚痛症 指未曾与任何伤害性刺激接触而个体感觉疼痛难耐的反常现象,称为虚痛症。亦即纯由心理作用引起的疼痛。

haphazard sampling 不当抽样 指不按抽样原则所做的抽样研究,致使所得结果缺乏代表性谓之不当抽样。见抽样(sampling)。

haphephobia = **aphephobia** 惧接触症

happiness 快乐 指满足、安宁、舒适的心理状态。

happy-puppet syndrome 乐偶症候群 一种先天性的心理疾病。乐偶症候群的行为特征是,经常伸出舌头,面带笑容像玩偶一样,有此症状者均智力极低且不会讲话。

haptephobia = **aphephobia** 惧接触症

haptic perception = **touch perception** 触知觉

haptics 肤觉学 专门研究皮肤感觉的一门学科。诸如热觉、冷觉、触觉、压觉、痛觉、痒觉等,均属肤觉学研究的范畴。

hard color 强色 指黄色与红色,这两种颜色最易引人注意,常用来作为警示的颜色。

hard data 硬性资料 指心理学研究时经客观手续获得的较为具体的资料。例如,以照相机、录音机、录像机以及各种测量仪器所获得数据均属之。与本词相对者为软性资料(soft data)。见该条。

hard of hearing 重听 指听觉能力部分丧失,对微弱的声音无法听到,对高强度的声音尚能听到的现象。重听者往往借助听器可以改善。

hard psychology 刚性心理学 指在心理学领域内采用严格实验控制研究取向的心理学科,在研究题材性质上接近自然科学的心理学科。诸如学习心理学、认知心理学、感觉心理学、生理心理学等学科,均可视为刚性心理学。刚性心理学所研究的资料多系经由科学工具与客观方法获得。与本词相对者为柔性心理学(soft psychology)。见该条。

hard-to-get effect 不易得效应 社会心理学中的术语。谓一般人在从事社会性选择时(如选婚姻对象),在心理上总是倾向选择比较不容易得到的对象;很容易得到的东西,他反而不去追求。原因是,不容易得到的东西更具吸引力。唯经心理学家研究发现,如将男性追求女性的对象分为容易追求、不易追求和极难追求三种类型,结果发现第二种类型的女性对男性最具吸引力。

hardware 硬件 **1.**泛指一切建筑设备。**2.**特指计算机的机件部分。

Harlow, Harry Frederick(1905～1981) 哈洛 哈洛是美国心理学家,也是最早提出学会学习理论的心理学家。哈洛于1905年10月31日出生于爱荷华州的费尔福德。1927年获斯坦福大学学士学位,1930年获同校博士学位,此后除在军中担任过短暂职务外,哈洛的教学与研究生涯一直在威斯康星大学度过。1956年获美国心理学基金会华伦奖章,1960年获美国心理学会杰出科学贡献奖。1981年12月6日逝世,享年76岁。

哈洛在心理学的贡献主要在于他在威斯康星大学设置灵长类动物实验室对猴子学习行为与社会行为的研究。学习行为研究方面,哈洛采用辨别学习设计,在猴子面前放置两个不同的倒置容器(如杯子),其中之一内有食物,另一则是空的。当猴子以尝试错误的方式翻开正确的容器取得食物后，第二次试验将改变容器的形状（或大小、颜色以及两容器放置的位置等）。第二次试验猴子再以尝试错误方式表现出正确反应之后，即变换刺激情境进行第三次试验。如此变换情境让猴子辨别选择翻开容器获取食物，经过大量的试验练习（原实验中有百次以上的练习）之后，哈洛发现了一种现象：在多次练习的前半段，猴子解决问题的速度是缓慢的。可是达到某种程度之后，当它再遇到新问题时，正确反应的出现率就非常快速。似乎是以前累积的经验帮助提高了它对新问题的解决能力，此种现象哈洛称之为学会学习（learning to learn），亦即个体从同类学习经验中学会如何学习或如何做出选择性反应。在猴子社会行为研究方面，哈洛将初生的婴猴分离喂养，使它们自幼即不能与母猴或其他猴子见面，只在孤独婴猴生活环境中放置假的母猴跟它做伴。实验结果发现，在孤立情境中长大的猴子，在社会行为上有很大的缺陷，既缺乏与同类合群的能力，也缺乏与异性交配的能力。此一结果显示的意义是社会行为必须在社会环境中学习。

哈洛主要著作中的专著有：*Learning to learn*（1949）；*Motivation as a factor in the acquisition of new responses*（1953）；*Biological and biochemical basis of behavior*（1958）等。

harm avoidance ＝ harm avoidance need 避险需求

harm avoidance need 避险需求 美国心理学家默瑞理论中的术语。根据默瑞的解释，人类有避险需求，此需求具有动机作用，促使个体表现脱离危险的行为，以避免受到伤害。见需求（need）。

harmonic mean（HM, H） 调和平均数，倒数平均数 调和平均数是各量数倒数之算术平均数的倒数。调和平均数主要用于计算平均速度。以花三小时登山为例，第一小时走20千米，第二小时走了10千米，第三小时走了5千米。平均每小时的速度是：

$$HM-\frac{1}{\frac{1}{N}\left(\frac{1}{X_1}+\frac{1}{X_2}+\frac{1}{X_3}\right)}$$

$$=\frac{1}{\frac{1}{3}\left(\frac{1}{20}+\frac{1}{10}+\frac{1}{5}\right)}$$

$$=8\frac{4}{7}\text{（千米/小时）}$$

公式中，HM为调和平均数；N为总次数；X为不同时速。

harpaxophobia 惧强盗症 属恐惧症之一。患者对强盗过分恐惧，平常生活整日提心吊胆，唯恐遭到强盗侵袭。见恐惧症（phobia）。

harp theory 竖琴论 义同部位论（place theory）。见该条。

harp theory of hearing 听觉竖琴论 义同部位论（place theory）。见该条。

Hartley, David（1705～1757） 哈特莱 哈特莱是18世纪英国经验主义哲学心理学家，是英国联想主义心理学系统理论的建构者，是生理心理学的先驱，也是首先采用生理学观点解释心理联想的哲学心理学家。

哈特莱1705年8月30日出身于英国东南部约克郡哈里法克斯的一个牧师家庭，少年时本拟继承父业从事牧师职务，但因对英国传统教会不满，进牛津大学后改变志趣学习医学。1729年获牛津大学硕士学位，后未再继续研习医学，既未获得医学博士学位，也未经实习获得合格医师证书，但他后来却成为伦敦的名医。在学医与行医期间，受洛克和当时英国经验主义哲学心理学家思想的影响，对哲学心理学发生兴趣，分别在1746年和1749年出版《观念的联想》和《对人的观察》两书，因而建立了他在哲学心理学的地位。哈特莱1757年8月28日病逝于索美塞得郡，享年52岁。哈特莱在哲学心理学上的贡献，主要在于以下两方面：

1.对心身关系问题的解释　哈特莱受牛顿运动理论的影响，他把牛顿在物理学上的振动理论，用于解释神经的传导作用。他认为神经是实心的传导体，不是空心导管。当外在刺激引起神经冲动时，神经就会振动，此种振动沿着神经脉络向大脑传导，继而引起脑神经的振动，从而产生观念。不过，因外在刺激引起脑神经的振动而生观念的历程中，振动与观念两者之间并非全然是因果关系。因为脑神经振动一经引起之后，并不随外在刺激的消失而停止，而是自行继续振动。哈特莱举例说，注视烛光片刻然后闭起眼睛，仍然觉得烛光在眼前耀动。此种刺激消失而感觉持续的现象，即现代心理学上所指的后像。在哈特莱看来，生理现象并非心理现象的物质基础，生理现象只是心理现象的对应物。观念和感觉的区别，并非在于前者的振动小于后者的振动，而在于引起观念的振动最初是由神经振动引起的，引起反射后永远存于脑中。哈特莱此种生理作用影响心理作用，但心理作用产生后却又与生理作用无必然关系的看法，一般认为他这种思想是承继了莱布尼兹的心身平行论。

2.对知识来源问题的解释　哈特莱服膺洛克的经验主义思想，原则上接受洛克知识来自经验的观点，但在解释经验来源时，哈特莱提出了不同的见解。他不同意洛克的反省说法，认为感官接受外界刺激而生感觉，因感觉而生观念，而感觉和观念之间关系的建立，则是由于联想。联想的基本形式有二：一为同时联想，另一为相继联想。这两种联想的基本法则只有一个，那就是接近律。对联想的构成，哈特莱也采用振动的观念来解释。当同时或相继的两种刺激引起振动产生的两种感觉在脑中相遇时，两者之间即形成联结，之后原来的两刺激之一再次引起神经振动时，另一种相应的神经振动也将随之产生。对联想用于解释心理现象时，哈特莱并不限于只用来解释观念联想。他认为，观念与动作之间甚至动作与动作之间的联结作用，也是遵循联想法则的。

哈特莱著作中的专著有：*Association of ideas*（1746）；*Observation on man, his frame, his duty and his expectation*（1749）等。

hashish = marijuana 大麻（药物）

hate = hatred 憎恨

hatred 憎恨　对某人或某团体怀有的一种仇视和敌对的复杂情绪体验。憎恨心理一般具有两点特征：（1）意欲对所憎恨的对象加以伤害，使之陷入痛苦；（2）见到对方遭遇不幸时，就会感到快乐。

Hawthorne effect 霍桑效应　指心理因素影响工作效率的现象。在20世纪30年代，美国西方电器公司设在芝加哥的霍桑厂，曾从事过一项由心理学家主持的实验。实验目的旨在了解工作场地的照明设备对生产效率的影响。实验分实验与控制两组，以工作场地照明设备的改善与否作为自变项，以单位时间内的生产效率作为依变项。按实验设计，实验组的照明设备明显改善，控制组则维持原状。研究者的假设是，实验组的生产效率将因照明设备的改善而高于控制组。由于两组工人了解实验目的，实验结果显示，两组的生产效率都有增加，控制组不因照明条件欠佳而有不良影响。像此种不能控制的心理因素所产生的影响反而大于能控制的自变项所产生影响的现象，在心理学上称为霍桑效应。霍桑效应所显示的含义是，在产业机构中要想提升生产效率，只求革新生产设备，所得结果未必一定是正面的，只有设法使员工对工作环境满意，从而提升工作士气，才会产生正面效果。

H cell = horizontal cell 水平细胞

HD = Huntington disease 杭廷顿症

Head Start Program 启智方案　指1965年美国国会通过的改善贫困儿童学前教育环境的方案。启智计划的目的，旨在改善贫困家庭中2～5岁幼儿的教育文化环境，使之在入学前的心智发展，不致因文化刺激贫乏而较平常儿童落后，从而减少其6岁入学学习时的困难。该计划的实施方式很多，最主要的方式是小学教师到家庭访问，指导家长育儿方法并带领2～5岁幼儿游戏，从游戏活动中学到基本生活能力和基本语言能力。

Head Start Project = Head Start Program 启智方案

head teacher 科主任，系主任　指教师中兼负有关本科教学行政职务者。

heal 痊愈　指身体或心理疾病经过治疗后健康恢复的身心状况。

health psychology 健康心理学　**1.**属心理学领域内的一种新兴学科。健康心理学主要研究如何经由教育的历程，使人养成良好习惯，学习为人处世之道及适应环境技能，从而维护身心健康，享受幸福美满生活。**2.**义同心理卫生（mental hygiene）。见该条。

healthy anxiety 健康的焦虑　美国人本心理学家梅依1950年在《焦虑的意义》一文中所提出对焦虑情绪的诠释。梅依认为，焦虑虽然使人烦恼或痛苦，但也并非完全是负面意义。如果在面临挑战性生活情境时（如考试或比赛前夕）当事人以乐观积极的态度面对现实，全力以赴去应付困境，并心甘情愿对自己选择的后果负起责任。即使结果未必尽如人意，但至少克服了焦虑的威胁，化危机为转机。因此，梅依建议如能将焦虑的情绪理性化，将情绪变为动机，焦虑就是健康的。与本词相对者为神经质焦虑（neurotic anxiety）。见该条。

hearing = audition 听觉

hearing impaired 听觉障碍　指听觉部分丧失但未达全聋的地步。

hearing lose criterion 听力丧失标准　测量听力是否正常的标准。通常以18～25岁正常健康人的听力作为基准。低于这种听力基准即为听力丧失。由于听力检查存在一定的误差和波动，所以临床上一般采用低于基准听力15±5分贝的听力丧失作为听力丧失标准。听力低于这一数值的人数不超过人群总数的3%。

hearing theories 听觉理论 指对人类听觉属性系统性解释的理论。听觉理论中包括两大要点：(1)试图解释的主要听觉属性为音调之高低与声音之强弱。前者以赫兹(表每秒周波数)计算，人类听力所能感受到的频率，大约介于20～20,000赫兹之间；后者以分贝计算，人类耳朵所能接受的音强大约介于15～160分贝之间。(2)对音调知觉现象所做的系统理论解释。听觉理论有多种，其中最主要的是部位论(place theory)与频率论(frequency theory)。见该等条。

heat = estrous cycle 动情周期

Hebb, Donald Olding (1904～1985) 赫布 赫布是20世纪加拿大生理心理学家，也是细胞集合论的创始者。

赫布于1904年出生于新斯科夏省的赤斯特。进达尔豪西大学修习英文，1925年获学士学位。在校期间对弗洛伊德的精神分析萌生兴趣，于是进麦吉尔大学改学心理学，并于1932年获硕士学位。1934年再进芝加哥大学，师从拉什利教授，研究生理心理学，翌年随师到哈佛大学，1936年获博士学位，留校担任讲师并做助研工作。1937年回加拿大担任蒙特利尔神经研究所研究人员。1939～1942年转奎恩斯大学任讲师、副教授，1942～1947年应聘为耶鲁大学叶克斯灵长类生物学实验室研究人员。1948年起任麦吉尔大学心理学教授，1952年当选为加拿大心理学会主席，1959年当选为美国心理学会主席，曾获得8个荣誉博士学位，1958年获华伦金质奖章，1961年获美国心理学会杰出科学贡献奖。1975年退休后受聘为麦吉尔大学荣誉教授，1985年病逝，享年81岁。赫布在心理学上的贡献主要是在生理心理方面，他在麦吉尔大学任教期间，根据脑神经病变患者的行为表现提出的细胞结集论(cell assembly theory)，受到了生理心理学界的重视。有些患者的脑神经组织虽因病变而部分切除，但切除后患者的智力表现和日常生活并未受到明显的影响。针对此现象，赫布经实验研究，提出了脑神经细胞集合的解释。他认为决定个体记忆与智力者是脑神经细胞的集合，而脑细胞的集合乃是由于神经细胞重复接受刺激而产生的冲动集合在一起，储存在中枢神经中所发生的作用。换言之，个体智力的保持，不只是机能性的神经组织，而是功能性的习得经验。

赫布主要著作中的专著有：*Organization of behavior*(1947)；*Texbook of psychology*(3rd ed.)(1972)；*Essay on mind*(1980)等。

hebephrenic schizophrenia 青春型精神分裂症 见错乱型精神分裂症(disorganized schizophrenia)。

hedonic tone 快乐情调 指在苦与乐的心理维度上，个人主观感受到的快乐程度。

hedonism 享乐主义 **1.**一种心理学说，指人的基本动机是避苦求乐的，所以人的一切行为活动都在追求快乐。**2.**一种道德理论，指人生目的乃在追求快乐，理想的道德境界即在能使人减少痛苦，获得快乐。

hedonophobia 惧享乐症 属恐惧症之一。患者对生活中享乐一事观念特殊，视享乐为罪恶，每遇享乐机会，或见人享乐时，即感到极不自然，甚至感到恐惧。见恐惧症(phobia)。

heel-to-knee test 踵到膝测验 是一种简单的运动失调症检查方法。此法实施时，要求受试者提起一只脚，并将脚跟放在另一条腿的膝盖上用力摩擦，如受试者能完全做到，就表示正常，如做不到就必须进一步检查是否患了运动失调(ataxia)。

Hegel, Georg Friedrich (1770～1831) 黑格尔 黑格尔是19世纪初期的德国哲学家，是康德之后著名的理性主义哲学心理学代表之一，是现象学的先驱，也是思维逻辑上辩证法的倡导者。

黑格尔1770年8月27日出生于德国南部的斯徒嘉。黑格尔自幼随母习拉丁文，1786年16岁，进杜

宾根大学主修希腊与罗马哲学和神学。1793年获哲学博士学位后,曾担任贵族家庭教师,1797～1800年在法兰克福大学任教,1801～1806年改任耶拿大学教授,1816～1818年任海德堡大学教授,自1818年起担任柏林大学教授,两年后继费希特之后担任学术地位崇高的柏林大学哲学讲座教授。此后十余年间,黑格尔在欧洲哲学界的声望一直居于高峰,1831年11月14日因霍乱病逝世于柏林,享年61岁。黑格尔思想对以后心理学的影响,主要在于以下三方面:

1.采现象学观点解释人类心灵的发展　黑格尔在他1807年所出版的《精神现象学》中指出,人类心灵的发展要经过六个阶段,即意识、自我意识、理性、精神、宗教信仰而最后达到绝对知识。只有绝对知识才是真知识,只有真知识才是真理。黑格尔的这种意识发展阶段的看法,正是一百多年后瑞士心理学家皮亚杰认知发展阶段论的起源。

2.采观念论理念解释知识的来源　黑格尔认为宇宙是一个多元互动而不可分的实体。他称此一实体代表绝对观念,只有了解整体性的绝对观念,才能了解真理。因此,他强调知识不能从零碎经验中获得,除非这些零碎经验与整体有关,否则绝不可能只靠积少成多即构成知识。他这种"部分之和不等于整体"的说法,正是后来完形心理学思想的渊源。此外,黑格尔特别重视整体的理念,也反映在个人与团体问题上。英国经验主义哲学家洛克主张个人重于团体,政府为人民而存在。黑格尔持相反主张,强调团体重于个人,主张人民为政府而存在;国家是在神的旨意下产生的,只有在国家概念之下,人民才有存在价值。

3.提倡辩证法解释人类知识文化的演进　在1816年所出版的《逻辑学》一书中,黑格尔提出了系统演绎逻辑推理方法,称为辩证法(dialectics)。他认为,无论是个人智慧的发展或整个人类历史的演进,都是经过辩证的历程,最后才会臻于绝对观念的境界。黑格尔读希腊史时发现,某一哲学家提出一种学说之后,随即会有其他哲学家提出相反意见,彼此辩论不休之际,就会有第三位哲学家提出综合两家意见的折中论点。例如,古代哲学家对宇宙的看法,有的认为宇宙万物是变动不居的,有的认为宇宙万物是永恒不变的。到了柏拉图时代,他就认为宇宙万物中,有些会改变,有些不改变。黑格尔称这前后三种学说,构成正、反、合的推理逻辑:第一种学说为"正"命题,第二种学说是"反"命题,第三种学说则为"合"命题。经过正、反、合的辩证,所得的结论才会接近绝对观念,也才会接近真理。不过,只经过一度正、反、合的辩证,未必就获得真理,所以应该继续辩证。继续辩证时,针对前次辩证得到的"合",找出矛盾予以否定,然后再形成另一个正、反、合的辩证历程。他认为人类的智慧甚至人类整个历史,都是在辩证历程中逐渐演进的。黑格尔的哲学心理学思想对现代心理学的发展有深远影响。达尔文的进化论与黑格尔的辩证历程演进说法有关,皮亚杰的认知发展阶段论一般则认为是出自黑格尔的人类心灵发展观。

黑格尔著作中译为英文的专著有:*The phenomenology of mind*(1910); *The philosophy of right*(1942)等。

Heidegger, Martin(1889～1976) **海德格**　海德格是德国哲学心理学家,是20世纪存在主义哲学的代言人,被认为是第二次大战后对欧洲大陆新世纪文化影响最大的哲学家,也是从存在哲学到存在心理学之间的桥梁人物。

海德格于1889年9月26日出生于德国西南部巴登邦的梅士奇希,17岁时因读到布伦塔诺的著作,开始对哲学和心理学产生兴趣,进弗莱堡大学读神学与哲学,1914年得博士学位。求学期间曾为当时德国著名哲学家胡塞尔的学生。毕业后先在弗莱堡大学担任胡塞尔的助教,直到1922年才转任马尔堡大学教授。此后七年间海德格综合古典存在哲学和现代胡塞尔的现象学思想创造了他的存在现象学思想,于1927年出版《存在与时间》一书,被视为现代存在主义的重要著作。1929年回到弗莱堡大学,接任胡塞尔退休后的哲学讲座教授。1933年,海德格任弗莱堡大学校长。1959年退休,1976年5月26日逝世于梅士奇希,享年87岁。海德格思想对现代心理学影响最大者为1927年所出版《存在与时间》一书,以下两点系该书内存在主义哲学要义:

1.对传统哲学的批判　传统哲学思想中虽然也探讨存在的问题,但所探讨者都是超乎一般人生问题之上的抽象问题:唯物论者主张终极的存在是物质，唯心论者主张终极的存在是精神。然而物质和精神所指者都不能解答“什么是人的存在”，更不能说明“什么是个人的存在”的问题。原始时代人与自然和谐，人与人亲近，人的存在是比较真实的。现代社会，人与自然斗争，人与人疏离，人的存在反而变得不自然和不真实。海德格认为，哲学家有责任为现代人指出一条人生哲学之路，帮助现代人在现实世界中找到人生存在的价值。

2.在世存在观　在海德格的德文原著中，他创用了一个新名词“dasein”，一般均译为在世存在（being-in-the-world）。在世存在的意思是人诞生到这个现实世界所带来的一切，以及其在生活中所经验到的一切。在世存在概念，特别强调人与世界之间的交互关系。此种交互关系代表的意义是：没有世界人就不能存在，没有人世界也就不能存在，只因有人存在，世界才有意义。人降生到这个世界，是被外力“抛进来”的，不是自己要来的，是命定的，不是个人自主的；个人的性别、体貌、身世等，都是命定的。在这个命定的架构中，个人要想在生命中寻求存在的意义和价值，就必须面对现实，接受现实；只有在现实中去自由选择，而且自由选择之后，还要自行负责去追求自我实现。现实人生中有顺境也有逆境，有生之愉悦也有死之恐惧，这些都是无可避免的。只有坦然面对现实及时努力，才会找到安身立命之所，也才会活出意义来。海德格认为，如果个人不能适时运用自由选择并负责寻求存在的意义，事过之后他会感到懊恼愧疚。然而，个人在从事自由选择时，又因为选择后就得自行负责而感到焦虑。焦虑会使人痛苦，因此，在世存在的人生是处在进则光明退则阴暗的历程之中。海德格认为，只有既能自由选择，又能对自己的选择负责者，才是真实而健康的人生。海德格的在世存在思想对其后以人本心理思想为基础的心理治疗的发展，产生了很大的启发作用。

海德格著作丰富，他著作中译为英文的专著有：*Being and time*（1927）；*The basic problems of phenomenology*（1928）；*Kant and the problem of metaphysics*（1962）；*The essence of reasons*（1969）；*What is metaphysics*（1949）；*An introduction to metaphysics*（1959）；*What is called thinking?*（1968）；*Identity and differences*（1960）；*Philosophy of art and beauty*（1964）；*On the way of language*（1971）；*What is a thing?*（1967）等。

height cue　高度线索　属深度知觉单眼线索之一，指视野中物体的位置接近视野下缘者，即判断其距离较近；接近视野上缘者，即判断其距离较远。见单眼线索（monocular cue）。

height phobia ＝ acrophobia　惧高症

heliophobia　惧日光症　属恐惧症之一。患者惧怕日光，特别是在强烈日光照射下，患者即产生恐惧反应。见恐惧症（phobia）。

Hellenic love　希腊式爱情　义同同性恋（homosexuality）。见该条。

Helmholtz, Hermann von（1821～1894）　赫尔姆霍茨　赫尔姆霍茨是19世纪德国著名物理学家与生理学家，是被后人誉为达尔文之后最伟大的科学家。事实上他在科学上的贡献，并不限于物理学和生理学，他对人类色觉、听觉以及神经生理学的研究，均为以后实验心理学与生理心理学奠定了基础。赫尔姆霍茨是色觉理论建构人之一，是听觉部位论的创始者，也是首先发明以科学方法测量神经传导速度的生理学家。

赫尔姆霍茨1821年8月31日出生于德国柏林附近的波茨坦市，其父任军医学校教师。赫尔姆霍茨1842年获医学博士学位后，继承父业，担任军医工作长达七年。21岁即发表论文，首倡神经细胞个别分离而其间靠神经纤维连接之说，引起柏林学术界重视。26岁在柏林物理学会上，宣读能量不灭之论文，被誉为重要文献之一。1849年起，赫尔姆霍茨先后在柯尼斯堡大学、波恩大学和海德堡大学担任生理学教授，1856～1866年十年间完成的《生理学手册》一书，被誉为经典之作。1870年50岁时，任柏林大学教授，在职长达23年之久。1893年代表德国政府赴美参加在芝加哥举行的世界博览会，归程中不慎在船上跌跤骨折，返国后终未能复原，次年9月8日逝世于勃兰登堡，享年73岁。赫尔姆霍茨在现代心理学上的贡献，主要在于以下三方面：

1.首创反应时间法测量神经传导速度　在赫尔姆霍茨研究之前，一般生理学家皆认为，神经传导速度和光速相近，是无法测量的。1850年，赫尔姆霍茨创用反应时间法，达到了测量神经传导速度的目的。反应时间（reaction time）指从刺激开始到反应出现的短暂时间。赫尔姆霍茨先用青蛙做实验，测量青蛙身体不同部位的肌肉，从受到刺激起到肌肉收缩所需时间的不同，从而推测神经传导速度的快慢。他测到的结果是，神经传导速度约为每秒30米左右。后来他再以人为受试从事实验，方法是刺激足趾与膝盖等不同部位，并记录其反应时间的差异。所得结果显示，人体感觉神经传导速度约为每秒50～100米。

2.首创听觉共鸣理论　赫尔姆霍茨在1863年提出听觉现象的理论解释，称为共鸣论（resonance theory）。他认为，听觉器官为内耳基底膜上的毛细胞，毛细胞的排列呈一端窄一端宽的形式。窄端之纤维短，与高音共鸣；宽端之纤维长，与低音共鸣。由不同之共鸣激起不同的神经冲动，传入大脑而生听觉。

3.在色觉理论上的卓越贡献　最早提出的色觉理论，是英国物理学家扬（T. Young, 1773～1829）在1802年提出的三色理论。该理论的基本要义是，视觉神经系统中有三种不同的感受器，分别感受红、绿、蓝三种不同波长的光。当时扬的理论只能算是一种假说，后经赫尔姆霍茨在1857年实验证明，此说成立。从此以后正式成为解释色觉的权威理论，是为扬—赫尔姆霍茨三色论（Young-Helmholtz trichromatic theory）。见该条。

除听觉理论与色觉理论之外，赫尔姆霍茨在感觉心理与知觉心理的研究上也有卓越的贡献。他认为感觉和知觉不同，分别代表两种不同层次的心理作用。感觉只限于当前由外在刺激引起的以生理为基础的直接心理作用，其间不带有复杂经验的心理历程。知觉则是感觉再加上经验之后对外在事物认识与解释的心理历程。在日常生活中，对外在事物反应时，只有统合性的知觉，而无单独性的感觉。单独的感觉只有在控制的实验室中才能得到。后来完形心理学对知觉的解释，以及现在普通心理学将感觉与知觉二者合并讨论的新趋势，都是受了一百多年前赫尔姆霍茨所提出的理论的影响。

赫尔姆霍茨重要著作中译为英文的专著有：*Handbook of physiological optics*（3 *vols.*）（1856～1866）；*The mechanisms of the ossicles of the ear*（1869）；*On the sensations of tone as a physiological basis for the theory of music*（1870）；*Treatise on physiological optics*（1925）等。

Helmholtz illusion 赫尔姆霍茨错觉　属视错觉现象之一。如附图所示，形式不一大小不同的黑白方块，虽然是由曲度不同的弧线间隔而成，但在适当距离内（约6厘米）单眼注视时，就会觉得黑白方块变得大小接近，由弧线变为直线，而且由平面变成球面。此一错觉图形系由19世纪德国生理心理学家赫尔姆霍茨（H. V. Helmholtz, 1821～1894）所发现，故名。见错觉（illusion）。

赫尔姆霍茨错觉

Helmholtz squares illusion 赫尔姆霍茨方形错觉　属视错觉现象之一。如附图所示，有黑白两个大小相同的正方形，分别放在白色与黑色两种背景之上，看起来会使人觉得白色的正方形面积较大。此一错觉现象系由德国生理心理学家赫尔姆霍茨（H. V. Helmholtz, 1821～1894）所发现，故名。见错觉（illusion）。

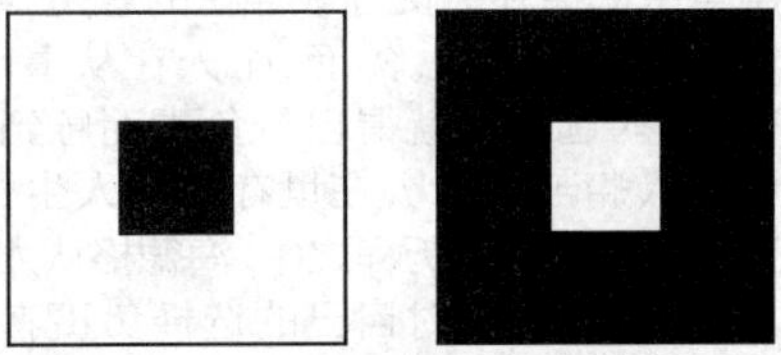

赫尔姆霍茨方形错觉

helping behavior 助人行为　在别人有急难或需要的情况之下，个人出于自愿施与援手，且不附带任何回报条件，此种行为称为助人行为。助人行为与利他主义（altruism）稍有不同，后者含有助人之外附带牺牲自我，成全他人的意义。见该条。

helplessness 无助，无助感　义同习得性无助（learned helplessness）。见该条。

hematophobia 惧血症　属恐惧症之一。患者对血液甚至血色特别敏感，见之即起恐惧反应。见恐惧症（phobia）。

hemeralopia 昼盲　属于一种视觉反常现象，在微弱光线下视觉正常，但在正常或特别明亮的情境下反而视觉失常。昼盲的主要特征是丧失色感。见色盲(color blindness)。

hemianopia = **hemianopsia** 偏盲

hemianopsia 偏盲 指每个眼睛只能看到视野中的一半。偏盲系大脑皮质视觉区病变所致。

hemiopia = **hemianopsia** 偏盲

hemiplegia 半身不遂，偏瘫 属麻痹疾患之一，患者常有半边身体或半边脸失控现象，半身不遂多为中风的结果。见麻痹(paralysis)。

hemisphere = **cerebral hemisphere** 大脑半球

hemispherical dominance = **hemispheric dominance** 大脑半球优势

hemispheric dominance 大脑半球优势 **1.**对身体活动而言，大脑两半球对身体活动的控制作用有两大特征：其一为控制作用是交叉运作的，左半球控制右半身的活动，右半球控制左半身的活动。其二为个体在操作时表现的偏手性，与脑半球优势有密切关系。右偏性者(惯用右手操作者)，其左半球居优势；左偏性者(惯用左手操作者)，其右半球居优势。见偏手性(handedness)。**2.**对心理活动而言，本词义同大脑半球专司化(hemispheric specialization)。见该条。

hemispheric lateralization 大脑半球侧化 义同大脑半球专司化(hemispheric specialization)。见该条。

hemispheric specialization 大脑半球专司化 大脑两半球虽形似对称，但解剖学早已发现左半球大于右半球，而且左半球有较多较长的神经纤维连结在各区之间，右半球的神经纤维较短。自从1861年法国医师布罗卡发现语言区在左半球之后，一般公认人类的语言理解及表达能力系由左半球所控制。由于两半球对身体活动的控制是左右交叉的，基于一般人右手右脚较为便利的现象，故而推知左半球的功能较占优势。对两半球专司化的研究，心理学家发现很多两半球功能差异的现象，主要者有：(1)左半球除主控语言能力外，在逻辑思维、数字运算及抽象推理方面均优于右半球；(2)用速示器测试两半球视觉功能时发现，受试对右视野(信息传入左半球)出现文字时，反应较快，但在左视野(信息传入右半球)出现图形或人像面孔时，反应较快；(3)用脑波测验时发现，左半球对语言刺激反应有较高的脑波频率，右半球对图形刺激反应有较高的脑波频率。以上现象并非肯定两半球各自独立行事，只能显示两半球在功能上有偏化现象。事实上两半球是交互作用、相辅相成的。

hemophobia = **hematophobia** 惧血症

Henning's tetrahedron 亨宁四面体 指德国心理学家亨宁(H. Henning, 1885～1946)1927年提出的一种味觉图解说明。该图解说明是用一个四面锥体代表人类甜、酸、苦、咸四种味觉的关系。本词亦称味觉四面体(taste tetrahedron)。见味觉(taste)条。

Herbartianism 赫尔巴特主义 **1.**指19世纪中叶德国心理学家赫尔巴特的教育心理学思想。此教育心理学思想的要义是，要教学生学习任何新的知识或观念时，必须顾到新知识观念和已有的知识观念是否有关，只有以旧知识观念为基础时，才能学习新知识观念。赫尔巴特称既有的观念为统觉团(apperceptive mass)，见该条。**2.**重视道德教育，强调自由、完美、善意、权利、义务为教育基础。**3.**提倡五段教学法，主张教学时应循准备、提示、比较、概括、应用的五段程序进行。见赫尔巴特(Herbart, Johann Friedrich)传记条。

Herbartian psychology 赫尔巴特心理学 义同赫尔巴特主义(Herbartianism)。见该条。

Herbart, Johann Friedrich (1776～1841) 赫尔巴特 赫尔巴特是19世纪初德国哲学家和教育家，是理性主义哲学代表之一，被公认为现代教育心理学的创始者。

赫尔巴特于1776年5月4日出身于德国北部奥尔登堡的一个书香世家，由于婴儿时期的一次意外伤害，导致幼年身心变得非常脆弱。因此一直留在家中由母亲悉心教养，至12岁才离家上学。其祖父曾为当地文科中学校长，父亲是法律界名人。赫尔巴特聪慧过人，幼年时读书过目不忘，听过牧师的证道词之后，可以一字不差地复述出来。16岁即崇拜康德，18岁中学毕业后入耶拿大学，师从当时德国著名哲学家费希特学习哲学（费希特是康德的学生）。三年后大学毕业即赴瑞士担任私家教师三年，并得识瑞士教育家裴斯泰洛齐，因受其影响，自此矢志一生从事教育事业。1798年进哥廷根大学，取得博士学位后留校担任讲师。

1809年应柯尼斯堡大学之聘，继承康德逝世后虚悬数年的哲学讲座教授，长达24年之久。在此期间除讲学之外并创办一所实验学校，以实践他的教育理想。1833年又回哥廷根大学任哲学教授，直到1841年8月4日中风逝世于哥廷根，享年65岁。赫尔巴特的思想在心理学与教育学两方面有以下三点贡献：

1.首倡心理学为一门科学　在心理学方面，赫尔巴特首倡心理学是一门科学，他于1816年出版的《心理学教科书》，被视为有史以来最早的一本以心理学为名的图书。他认为，心理学不属于正统哲学，而是一门独立的科学。不过，他不将心理学视为一门实验科学，而视之为经验科学。根据赫尔巴特的说法，经验科学与实验科学是不一样的，前者以主观经验为基础，后者以客观事实为根据。而且他认为，在心理学研究的范围之内，不应包括生理学。但是他主张心理现象可用数量表达，所以他将心理学视为数量的（或量化的）科学。在心理学史上，直到赫尔巴特逝世后30多年，心理学才正式被视为实验科学。

2.对知识来源问题的解释　赫尔巴特认为人的一切心理活动全都是观念的活动。观念是心的构成基本单位，由观念的交互作用而形成意识（与经验主义所倡观念联想不同）。意识是个人的觉知状态，是心之内容。意识中包括多个彼此相关的观念。一个新观念进入意识时，必先经过意识阈（limen of consciousness）；经过意识阈之后再进入众多观念的组合体，成为其中一部分，赫尔巴特称此种观念组合体为统觉团。统觉是指对新观念的理解，统觉团（apperceptive mass）的意思是指由很多已理解的观念所组成的综合性意识，亦即个人当时的经验与知识。赫尔巴特提出的统觉团理念，在教育上的意义是，要教学生新观念或新知识时，必须考虑学生已有的经验（即统觉团）。从心理学思想的流变看，赫尔巴特的理论，显然是受到前人莱布尼兹思想中单子论理念的影响。

3.对教育心理学的贡献　在教育上，赫尔巴特的思想对以后教育心理学的发展具有多方面的贡献，其中主要者有二：其一是重视道德教育，而道德教育则以自由、完美、善意、权利、义务五者为基础。其二是强调教学的功能旨在培养儿童健康的心灵，而心灵功能的发挥系于三个方面，即认知、情感及意志。在教育方法上，赫尔巴特与其弟子合倡准备、提示、比较、综合及应用五段教学法。赫尔巴特的教学思想对美国建国初期的教育发展产生了极大的影响。也因此，赫尔巴特被后世誉为现代教育心理学的创始人。

赫尔巴特著作中译为英文的专著有：*A textbook of psychology: An attempt to found the science of psychology on experience, metaphysics and mathematics*（1834）。

herd instinct　群居本能　指蚂蚁与蜜蜂等动物生来就具有的群居行为之原始性动机。见本能（instinct）。

here-and-now approach　此时此地取向　指心理治疗的一种取向，此取向的特点是，只重视患者此时此地所表现的问题，不重视其过去的生活经验。在心理治疗的各种方法中，会心团体（encounter group）即采此取向。见该条。

hereditarianism　遗传论　始自古代哲学心理学对人性特质争议之一的天性与教养问题中偏向于天性一边的一种主张。遗传论的基本要义是，人类的重要身体特征（如发肤、身高甚至寿命等）与重要心理特征（如智力、性格等），主要是由遗传因素决定的。与本词相对者为环境论（environmentalism）。见该条。

hereditary factor　遗传因素　**1.**狭义指遗传因子对个体的决定作用。**2.**广义言之则与另词遗传素质（hereditary predisposition）同义。见该条。**3.**义同基因（gene）。见该条。

hereditary predisposition　遗传素质　指个体某种特质的遗传性因素。按本词含义多指心理疾病的特质而言。例如，精神分裂症即有其遗传因素，唯遗传素质不一定发病，发病与否主要还是依环境条件而定。

heredity　遗传　泛指生物之亲代与子代间在身心特征上相似性的传递过程。遗传的研究主要探讨以下三方面的问题：（1）上下两代之间遗传因子传递的生物学法则；（2）新生个体出生后，除受遗传因素决定的基本特征之外，以后的生长环境究竟发生多大的影响作用；（3）对个体一生的生长发展变化而言，遗传与环境两大因素究竟产生如何的交互作用与如何的影响。

heredity-environment controversy　遗传—环境争议　义同天性与教养问题（nature-nurture controversy）。见该条。

heredity theory of aging　老化遗传论　从生物学的观点解释老化原因的理论之一。老化遗传论的基本要义是，人类寿命的年限基本上是由遗传因素决定的。遗传决定寿命的长短是自然法则，此法则适用于人类，也适用于其他生物。大象的寿命平均为60岁，河马平均为50岁，灵长类动物平均为30岁。从表面现象看，现今发展中国家人类的平均寿命虽较之100年前增长了将近一倍，但增长的原因不是遗传因素的改变，而是环境因素使然。从遗传的观点看待老化，是谓遗传既然决定了人的寿命，所以老化现象是无可避免的。此种看法是指整个人类寿命长短而言，实际上遗传因素决定个人寿命的长短，其中还有相当大的个别差异。唯从遗传的观点看，有一个基本法则是可以成立的，即父母的寿命较长者，子女的寿命一般也较长。

Hering afterimage **海林后像** 指德国心理学家海林所发现的正后像。海林后像的特征是，短暂的刺激消失后，该刺激所引起的感觉仍然能够暂时保留。因所留后像的明度色彩等与原刺激相同，故而也称正后像（positive afterimage）。见后像（afterimage）。

Hering, Ewald（1834～1918） **海林** 海林是19世纪德国生理学家和生理心理学家，也是在视觉理论方面具有巨大贡献的科学家之一。

海林1834年8月5日出生于德国东部萨克森附近的一个小镇，19岁进莱比锡大学习医，成为当时著名心理学家韦伯和费希纳的弟子。1862年获医学博士学位后留莱比锡大学任教，在此期间得识实验心理学创始人冯特。1870年起改任布拉格大学教授，1895年再回莱比锡大学任教。1918年1月26日病逝于莱比锡，享年84岁。海林在心理学上的贡献，主要在于以下三方面：

1.对视知觉研究的贡献　在19世纪60年代，海林致力于视觉的空间知觉研究，并提出了视觉先天论的观点，认为：人类深度知觉的判断能力是与生俱来的。海林的说法与赫尔姆霍茨的观点不同。赫尔姆霍茨采经验主义的看法，认为人类的深度知觉是学习的。海林的论点不仅符合德国理性主义哲学心理学的传统，也为以后的完形心理学知觉理论奠立了基础。

2.对色觉理论的贡献　到19世纪70年代，海林的研究又转向色觉理论方面，提出了著名的色觉相对论（opponent theory of color vision）。该理论的要义是眼球的视网膜上有三组功能不同的锥细胞：第一组司职感受明度，对黑白二色敏感；第二组对红绿二色敏感；第三组对黄蓝二色敏感。每一组锥细胞所能感受到的两种色光刺激，在光波长度上各不相同（如红光为700毫米，绿光为500毫米），所以各组锥细胞在感受到色光刺激时，即产生两种颜色的互补作用。此种颜色互补的视觉现象，可由以下简单实验予以证明。如凝视墙壁上红色圆环半分钟后，转向凝视旁边白色墙壁时，就会看到墙壁上出现一绿色圆环。如凝视白色钟面和黑色钟框半分钟后，视线移向旁边的墙壁，就会看到墙壁上有黑色的钟面与白色的钟框。此种现象称为负后像（negtive afterimage）。负后像现象形成的原因，乃是由于成对的锥细胞互补作用中所产生的相对历程使然。因此，海林的色觉论也称色觉相对历程论（opponent-process theory of color vision）。又因海林的色觉理论中，主张锥细胞能感受红、绿、黄、蓝四种颜色，故又称色觉四色论（tetrachromatic theory of color vision）。海林的色觉理论对色盲现象，也提出了理论性的解释。海林认为不能辨识红色的人，对蓝色和黄色的辨识都没有困难。患色盲的人，多半都是同时对两种颜色无法辨识，不是红—绿盲，就是蓝—黄盲。此现象的成因，也可从色觉相对历程论得到解释。

3.对温觉研究的贡献　除对空间知觉与色觉研究之外，海林也从事过温觉的研究。在海林研究温觉之前，他的老师韦伯认为，皮肤由温到热（或由温到冷）感觉变化，仍是由于皮肤所感受基本温度的上升或下降而产生的。海林却认为，皮肤的温觉，并非单纯决定于外在环境绝对温度的上升或下降，而是决定于皮肤所接受的相对温度的变化。海林指出，如果将一只手放在热水中，而将另一只手放在冷水中，稍后将两手同时放入温水中时，对比之下，原先放进冷水中的手，将会觉得温暖，而原先放进热水中的手，将会觉得寒冷。同是温水而所以产生不同温觉，乃是由于两手在同时放入温水之前皮肤已经适应了特定的温度所致。

海林的著作中译为英文的专著有：*Outlines of a theory of the light sense*（1964）。

Hering grays **海林灰色** 指黑白维度按深浅的分类。德国生理学家海林，曾将从纯白到纯黑的纸按灰色的程度分为50个等级。后人称他的灰色等级为海林灰色。

Hering-Hermann illusion **海林—赫尔曼错觉** 义同赫尔曼方格（Hermann grid）。见该条及附图。

Hering illusion **海林错觉** 属视错觉现象之一。如附图所示，两平行线为通过一点的多条相交直线所截时，看起来失去了原来平行线的特征。此错觉图形系由德国生理学家海林（E. Hering, 1834～1918）1861年所发现，故名。因海林错觉图形有如扇面，故而本词也称扇形错觉（fan illusion）。见错觉（illusion）。

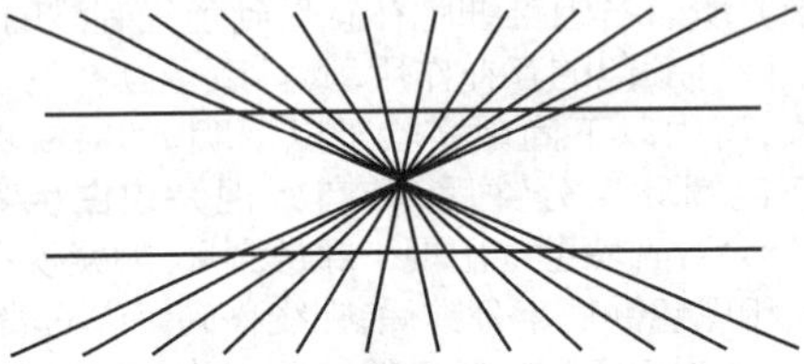

海林错觉

H

Hering's color vision theory ＝ Hering theory of color vision 海林色觉论

Hering theory of color vision 海林色觉论 是解释色觉与后像现象的一种理论。由于扬赫二氏色觉论不能解释后像现象，德国心理学家海林在1870年提出一种新的理论。他认为色觉不能单纯用混色的原理解释，应进一步采用补色的原理来解释。因此他推理假设在视觉神经中有三种锥细胞：一是感受从黑到白明度的，二是感受红与绿颜色的，三是感受蓝与黄颜色的。每种锥细胞接受颜色刺激时，即产生两种相对的互补历程。如凝视红色圆环半分钟后，转向凝视旁边白色墙壁时，会看到墙上出现一绿色圆环。如凝视白色钟面和黑色钟框半分钟后，视线移向旁边的墙壁，会看到黑色的钟面与白色的钟框。此现象称为后像。后像的产生乃是由于成对锥细胞互补作用中所产生的相对历程。因此，海林色觉论也称色觉相对历程论（opponent-process theory of color vision），又称色觉相对论（opponent theory of color vision），或称相对色觉论（opponent color theory）。

heritability (H) 遗传性 义同遗传率（heritability ratio）。见该条。

heritability coeficient 遗传系数 指根据智力测验与遗传因素之间的相关程度。

heritability ratio (HR) 遗传率 指在某一生活环境下，特定生物群中因遗传差异所影响的某种特质中，遗传因素所占的比例。遗传率的计算公式如下：

$$H=\frac{V_G}{V_T}$$

公式中，H为遗传率；V_G为遗传变异；V_T为总变异（遗传变异与环境变异之和）。

Hermann grid 赫尔曼方格 属视错觉现象之一。如附图所示，它是由纵六个横八个黑色正方形排成的长方形。注视此一图形片刻后，会产生两种知觉现象：其一是看起来像是黑色背景上的白色方格；其二是在白色方格交叉处显示出灰色的阴影。此错觉现象系由德国生理学家赫尔曼（L. Hermann, 1838～1914）在1870年设计一本新书封面时偶然发现的，故名。

赫尔曼方格

Hermann grid illusion 赫尔曼方格错觉 义同赫尔曼方格（Hermann grid）。见该条。

hermaphrodite 阴阳人 指同一个体具有男女两种生殖器官的性别畸形。

heroin 海洛因 鸦片剂中提炼出来的一种麻醉性药物，目前世界各国均将之列为禁用药物之一。海洛因可吞服、注射，也可混在香烟中吸食。服用后数分钟会有飘飘然欣快之感，稍后则感到身体僵硬、意识模糊、丧失胃口并丧失性欲，终而陷入极度困倦状态。海洛因具成瘾性，即使服用时间甚短，也很快就会出现生理依赖现象。海洛因服用后的耐药力特强，有几次服用经验后，即必须增加药量，否则无法产生预期药效。长期服用海洛因可导致死亡，原因是海洛因的药效能抑制神经系统中的呼吸中枢，而发生窒息作用。由于染上服用海洛因的恶习后戒绝困难，如长期服用，药费可观，若来源不继，难免导致服用者犯罪。见麻醉剂（narcotic）。

hero worship 英雄崇拜 指个人在心理上对某偶像人物的倾慕敬佩与认同的倾向。按精神分析论的解释，英雄崇拜乃是对父亲权威象征的转移。

Hertz (Hz) 赫兹 声波频率单位，代表每秒周波数。Hz现为国际通用频率单位名称，已取代早年之cps（cycles per second）。本词为德国物理学家赫兹（H. R. Hertz, 1857～1894）1887年所创用，故名。

Herzberg's two-factor theory 赫兹伯格二因论 指20世纪70年代美国工业心理学家赫兹伯格（F. B. Herzberg）对工作满足感所提出的一项理论。按该理论要义，是谓从业人员对工作的满足与否，主要系于两类因素：一为积极因素，此类因素在性质上是偏于主观心理方面的，诸如工作有成就感、获上司支持、有升迁机会等属之。另一为消极因素，此类因素在性质上是偏于客观环境方面的，诸如服务机构的行政策略、管理方式、工作环境等。根据实地调查研究发现，积极因素具备时，使人对工作感到满足，而积极因素缺乏时，也不致使人不满足。但消极因素具备时，只能使人不再不满足，却不能使人感到满足，而消极因素缺乏时，则将使人感到不满足。换言之，工作使人感到满足的最重要的原因是积极因素。

Hess, Walter Rudolf（1881～1973） 赫斯 赫斯是瑞士生理学家，是最早创用电流刺激研究大脑各部位功能与行为关系的生理心理学家，也是荣获1949年诺贝尔生理学奖的人。

赫斯1881年3月17日出生于瑞士弗劳菲德，1906年获苏黎世大学医学博士学位后，先行从事开业医师，1913～1917年担任苏黎世大学生理学讲师，1917～1951年担任该校生理学教授并兼任生理学研究所主任。在此期间荣获1949年诺贝尔生理学奖，1951年退休后成为苏黎世大学的荣誉教授，1973年8月12日病逝于洛卡诺，享年92岁。赫斯在生理心理学上的卓越贡献，主要是他在20世纪30年代所从事的电流刺激前脑部位的丘脑与下丘脑，从而探究此二部位功能和行为的关系。在1942年，赫斯以猫为研究对象，用电流刺激其丘脑的部位和下丘脑部位时，发现在不同强度电流的刺激情形下，猫的情绪状态跟着发生变化：电流强度低时，猫会睡眠；电流强度高时，猫会惊慌，甚至表现出攻击行为。如此将电极植于动物大脑内研究是一项空前创举，也因此而使赫斯获得了诺贝尔奖的荣誉。

赫斯著作中译为英文的专著有：*The functional organization of the diencephalon*（1954）；*Hypothalamas and thalamus*（1956）；*Psychophysiology*（1962）；*The biology of the mind*（1964）等。

hetaeric fantasy 娼妓幻想 指女性幻想自己扮演娼妓角色以吸引男性的心态。

heterodox 异端 指不为一般传统所接纳的信念或持有此种信念的人。社会上对持有异端信念者评价不一：在宗教界与政界，一般反对异端；而在科学界与文艺界，则倾向视异端为创造力高的人。

heterogeneity 异质性 指个体与个体之间在有关变项上差异的程度。例如，男女合校的学生，如依照性别为变项来分，男女生之间的异质性就大；但如根据学业成绩为变项来分，学生们之间的异质性就小。与本词相对者为同质性（homogeneity）。见该条。

heterogeneous grouping 异质编班（组） 属于编班教学的一种方式。异质编班的特点是，不考虑学生能力上的个别差异（包括智力与学业成绩），将不同能力的学生混合编组在同一班级上课。与本词相对者为同质编班（homogeneous grouping）。见该条。

heteronomous morality 他律道德 指他律期（heteronomous stage）的道德行为特征。见该条。与本词相对者为自律道德（autonomous morality）。见该条。

heteronomous morality stage 他律道德期 瑞士心理学家皮亚杰道德发展理论所指的第一阶段。见他律期（heteronomous stage）。

heteronomous stage 他律期 在瑞士心理学家皮亚杰道德发展理论中，他律期是儿童道德发展的第一阶段，约在5～8岁之间。他律期的道德行为特征是，服从成人权威，对成人（多为父母）的规定深信不疑，是非对错只看行为后果，不问行为动机；只要打破杯子，不问有意无意，同是一样过失。皮亚杰称他律期的道德行为是道德现实主义（moral realism）。与本词相对者为自律期（autonomous stage）。见该条。

heteronomous superego 他律性超我 指管制自我与本我的超我，并非由个体人格发展自然形成，而是在受他人支配的情形之下所发生的超我作用。凡是具有专制人格（authoritarian personality）倾向的人，即具他律性超我。见该条。

heterophemy 心口不一 指一个人所说的或所写的与其内心所想不一致的现象。所谓"口是心非"，即此之谓。

heterosexual anxiety 异性焦虑 指个人在两性关系上所产生的一种情绪不安现象。

heterosexuality 异性恋，异性期 **1.**指个体受异性吸引，与异性接近可获得情感的满足。**2.**指异性间的性行为可使两性的动机获得满足。**3.**指个体发展中的一个阶段（青春期），此一阶段对异性的吸引特别敏感。与本词相对者为同性恋（homo-

H

sexuality)。见该条。

heterosociality 异性社交 指男女两性之间的社交关系。

heterosome 性染色体 指染色体中决定胎儿性别的X与Y染色体。与本词相对者为正染色体(autosome)。见染色体(chromosome)条及附图。

heterostereotype 异己刻板印象 指某一族群或团体中的成员,对其他族群或团体成员,在态度上所持的刻板印象(stereotype)。见该条。

heterosuggestion 他人暗示 指暗示来自他人,受别人行动或观念的诱导,不自觉地接受其行动或观念的指引。见暗示(suggestion)。与本词相对者为自我暗示(autosuggestion)。见该条。

H

heuristic 直观推断法,启发法,探索法 指问题索解时不按一定程序,只凭个人经验,对复杂问题情境径行直观(或直觉)推断以求取答案的一种方法。按此定义,可知直观推断法具有以下两个特征:(1)此方法多半在缺乏定程法可用的问题情境之下采用;(2)采用此方法解决问题时,无一定程序可循,故而其结果也不能保证得到正确答案。答案既不能保证,何以要用此种方法?针对此问题可做以下的解释:在日常生活中有些问题根本没有定程法可以采用。以下棋为例,下棋虽有输赢的标准,但对如何下法才会赢棋的问题,却没有一定的准则。此外,在极为复杂的问题情境中,即使有定程法可用,但因时限紧迫不容许按部就班循序进行时,直观推断法就不失为应急的解题方法。在实际使用时,直观推断法分为两种,一为经验直观推断法(availability heuristic),另一为常例直观推断法(representativeness heuristic)。见该等条。与本词相对者为定程法(algorithm)。见该条。在学校教学时,本词一般译为启发法,意谓不直接告诉学生问题的答案,让学生凭自己的经验去探索问题,谋求解决,借以启发学生独立思维能力。

heuristic method = **heuristic** 直观推断法,启发法,探索法

heuristic mode of teaching = **discovery method of teaching** 发现式教学法,启发式教学法

heuristics = **heuristic** 直观推断法,启发法,探索法

HFT = **Hidden Figure Test** 藏图测验

hidden-clue test 隐藏线索测验 属于隐图测验(embedded figures test)之一种,见该条。本词与藏图测验稍有不同,使用隐藏线索测验时,可告知受试者图中的基本线索,要他按此线索说明图形的完整意义。如附图所示,要求儿童回答此图中共有几种不同的动物。

隐藏线索测验

hidden-cue situation 隐示情境 属于一种问题情境。隐示情境的特征是,可能解决问题的线索,隐而不显,学习者必先自行发现该线索,才能将问题解决。例如,解几何题时,若表面看似条件不足而需加一辅助线时,即属隐示情境。与本词相对者为明示情境(open-cue situation)。见该条。

hidden figure = **embedded figure** 隐入图形

Hidden Figure Test (HFT) 藏图测验 是一种团体人格测验。该测验原系美国心理学家麦锡柯(S. Messick)所编制,其内容包括两部分,各有16题,每一题中均是一幅复杂图形,使受试在复杂图形中找出五个暗藏的简单图形。藏图测验,经学者吴静吉修订为中文,并经标准化,于1974年出版。该测验适用对象为12岁及以上的青少年或成人,记分方式采答对题数减去四分之一的答错题数,尚未建立常模。

hidden observer 隐蔽观察者 美国心理学家希尔加德解释催眠现象时于1977年提出的概念。指在潜意识中隐藏着一个对个人行为的隐蔽观察者。平常个人所作所为的一切,隐蔽观察者全都记录下来,纵使意识中毫无所知,此类记录也保留在潜意识之中。隐蔽观察者是否真的存在?经心理学家研究发现,在催眠状态下,被催眠者能记起早年的经验,而且陈述历历,如在眼前。此类经验在当事者清醒后即不复记忆。此类研究显示的意义是,在催眠状态下隐蔽观察者即可现身报告一切。见希尔加德(Hilgard, Ernest Ropiequet)传记条。

hierarchical experimental design 层次实验设计 指按不同层次进行的一种实验设计。如研究者计划采实验教学的方式,比较讲述法与讨论法对小学六年级儿童公民道德之认识有何不同效果,即可采用如下之层次实验设计:先从全市小学中以随机抽样方式抽取四所小学,然后再按随机分派方式,决定其中两所小学(分别名之为甲与乙)

实施讲述法（分别以X_1与X_2表示之），另两所小学（分别名之为丙与丁）则实施讨论法（分别以Y_1与Y_2表示之）。其实验设计如下表：

教学法	实验学校			
	甲	乙	丙	丁
讲述法	X_1	X_2		
讨论法			Y_1	Y_2

实验之后如发现甲、乙两校与丙、丁两校学童间对公民道德之认识确有显著差异，即表示讲述法与讨论法已产生了不同效果。像此种阶层设计，因其实验变项是被隔离在不同情境中分别处理，故而也称分隔实验设计（nested design）。

hierarchical network model 层次网络模型 在认知心理学上，柯林斯（A. M. Collins）与奎连（M. R. Quillian）二人在1969年提出的一种解释记忆组织结构的理论。层次网络模型的基本要义是，人类对语义信息的记忆，是以网络的形式按类别层次的高低，储存在大脑之中。如附图所示，"动物"一词是一个概念，在这个概念之内，又按动物的不同类别分为几个层次。如将动物的概念简化，分为鸟和鱼两类来看，在鸟和鱼两类中又各自包括低一层次的动物。如将鸟和鱼两类动物代表的概念再各自简化，分别以金丝雀和鸵鸟代表鸟类，以鲨鱼和鲑鱼代表鱼类，这四种动物又各自具备不同的属性特征。在记忆时，如需要记忆的语词是金丝雀，按层次网络模型的解释，个体就会在记忆网络中做两个方向的联想（箭头所示）：一个方向是金丝雀的属性（能飞，会唱歌，黄色），这是网络的最底层；另一个方向是向鸟类（高一层）和动物（最高层）去联想。

hierarchy 层次 指将同类之人、事、物以及抽象概念各按一定标准所排成的顺序。例如，第一名、第二名、第三名（指人），极机密、机密、普通（指事），大、中、小（指物），都是层次。

hierarchy of motives 动机层次 见需求层次论（need hierarchy theory）。

hierarchy of needs theory = **need hierarchy theory** 需求层次论

hierophobia 惧宗教症 属恐惧症之一。患者对某种宗教仪式、教徒服装或教义象征等刺激，表现出不能克制的恐惧反应。见恐惧症（phobia）。

high blood pressure = **hypertension** 高血压

higher mental function 高级心理功能 指人类异于动物所独有的高级心理功能。高级心理功能指人类的复杂心理活动所发挥的功能，诸如语言、思维、推理、解决问题以及工具的制作与使用等，均属人类的高级心理功能。人类的高级心理活动不全是遗传的特质，而主要是后天社会文化培育的结果。本词是心理学家维果茨基（Vygotsky, Lev Semenovich）认知发展理论中提出的概念。见其传记条。

higher mental process 高级心理历程 泛指思维、想象、推理、判断等复杂的心理活动历程。

higher-order conditioning 高级条件作用 属于经典条件作用衍生出来的一种新的条件作用。即原来经典条件作用中的条件刺激，在条件作用形成后，改而作为无条件刺激之用，使之与另一无条件刺激相伴出现，从而形成另一种经典条件作用，称为高级条件作用。见经典条件作用（classical conditioning）。

higher state of consciousness 高意识境界 指超个人心理学（transpersonal psychology）所追求的意识境界。见该条。

highest correlation 最高相关法 指在进行因素分析时，从相关系数矩阵中选取各纵行中最高的

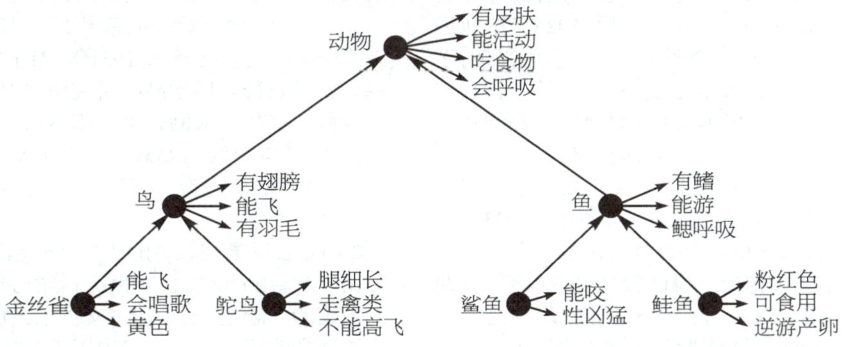

层次网络模型

H

相关系数，来估计其共同性的方法。与本词有关的名词是共同因素分析(common factor analysis)、共同性(communality)。见该等条。

high-grade defective 轻度心智缺陷 **1.**指智商为50～70的人。**2.**义同可教育性智能不足(educable mentally retarded)。见该条。

high-risk study 高危险研究 指专以身心异常者为对象所进行的研究。高危险研究的目的，不在探求一般的心理与行为法则，而是在分析了解心身异常的先天遗传或后天环境的原因。

high-road transfer 高路迁移 指习得的抽象原理必须加以思维运作始能付诸实践的过程。例如，在大学修习心理与教育的学生，在校均须修读统计学。学到的统计学原理，如何应用于研究与教学，尚须再加运作练习，始能对统计方法的使用得心应手。与本词相对者为平路迁移(low-road transfer)。见该条。

H

highway hypnosis 高速公路催眠 指经常在高速公路行车的驾驶人员中，有些人易于肇事，原因是他们在单调的行程中，容易进入自我催眠(auto-hypnosis)状态之故。见该条。

Hik's law 希克法则 指反应时间与引起反应的刺激的性质之间的心理法则。希克法则的基本要义是，在反应时间实验时，刺激愈复杂，则反应时间愈久，而且错误愈多。此一法则系由英国心理学家希克(W. E. Hik, 1912～1974)1952年提出，故名。见反应时间(reaction time)。

Hilgard, Ernest Ropiequet (1904～2001) 希尔加德 希尔加德是20世纪美国心理学家和实验心理学家，是心理学史学家，是美国心理学界著名的通儒型学者，也是对催眠问题从事科学研究且具有重大贡献的人。

希尔加德1904年出身于美国伊利诺伊州贝勒维尔的一个医师家庭，自幼即有志继承父业，14岁因父亲在法国从事医务工作意外死亡，遂改变初衷进伊利诺大学专修化学工程。1924年毕业后曾参与青年会活动，对咨商辅导工作发生兴趣，于是在1926年进耶鲁大学专攻心理学，并于1930年获哲学博士学位。1929年因协助学校筹办国际心理学会在耶鲁大学举行年会，而得有机会认识巴甫洛夫、皮亚杰、柯勒、勒温、麦独孤及桑代克等世界著名心理学家。获得学位后，1930～1933年任耶鲁大学讲师，1933年应斯坦福大学著名心理测验学教授推孟之邀赴该校任教，此后在该校从助教授、副教授、教授一直晋升到心理系主任及研究院院长。1969年退休后任荣誉教授，1940年获美国心理学会实验心理学华伦奖章和韦巴十字

奖章，1944年当选社会问题心理研究学会主席，1949年当选美国心理学会主席，1969年获美国心理学会杰出科学贡献奖，1972年当选美国实验心理学会主席，1973年当选国际催眠学会主席，1978年获美国教育基金会金质奖章，1980年获国际催眠学会富兰克林金质奖章，1981年当选美国心理学会心理学史专业委员会主席，1984年获美国科学院科学贡献奖，1993年获美国心理学会科学催眠研究杰出贡献奖章。希尔加德虽一生多半处于心理学思想纷争时代，但他的思想却不囿于某一流派，而是像他在自传中所说的："我所做的一切都是我自己认为重要的事。"希尔加德在心理学上的贡献可简述为以下三方面：

1.大力推广心理科学教育 希尔加德早年从事实验心理学方面研究，他在耶鲁大学的博士论文，就是采用经典条件作用原理研究眼睑条件反应为主题，而且以后也曾在动机心理和发展心理等各类主题上深入研究。而他对心理学的最大贡献是以通儒型心理学家的角色，大力推广心理科学教育。因此一般公认希尔加德对心理学的贡献是全面的，他在后半生中对专题研究方面也有极大贡献。最为心理学界称道的是他在1948年出版的《学习理论》与1953年出版的《心理学通论》两本书。这两本书自出版以来广为各大学采用，后者有中、日、法、德、意大利、葡萄牙、西班牙及希伯来等十多种文字之译本。1951年，希尔加德在斯坦福大学设立行为科学高级研究所，提供世界各国行为科学家在追求世界永久和平目的下，研究人类的心理与行为。1955年又设立人类发展研究室，除从事专题研究外，还培育了无数心理学专门人才。

2.建立心理学与教育的桥梁 心理学能否直接应用于教育的问题，自19世纪科学心理学开始即为争议的问题之一。功能主义创始人詹姆斯反对将心理学的原理原则直接应用于学校教学，他认为心理学是科学，教学是艺术，艺术创作带有情

意成分，不能套用呆板的科学法则。他的弟子桑代克后来建立的科学教育心理学，却未遵守他老师的建言，直接将动物实验所得到的学习法则用于解释学校的教学。是故直到20世纪60年代，“心理学原理原则在教育上的应用”一直是众所公认的教育心理学定义。希尔加德反对此种看法，他认为心理学属纯理论科学，学校教学是应用科学，要想使纯理论科学达到应用的目的，必先建立两者间的桥梁。他在1964年发表的《学习理论与教育实践关系之展望》一文，即代表这一主张。他在该文中指出，要想使理论心理学的学习理论转化成应用心理学的教学理论，必须经过六个步骤，而各步骤间存有桥梁关系：(1)从实验室内以动物为受试的纯学习心理研究，进而探求动物学习的基本法则；(2)从在实验室内以人为受试的纯学习心理研究，进而探求实验以外学习的基本法则；(3)从实验室内以学龄儿童为受试的纯学习心理研究，进而探求一般儿童学习知识的基本法则；(4)从特别设计的教室情境中，以学生为受试的学习心理研究，进而探求在学校实际教学历程中的基本学习法则；(5)将第四步骤所得经验，尝试推广到一般教室中应用，从而探求一般性教与学的基本法则；(6)综合学习理论的纯理论与实际应用两层面所得的经验，继续在学校教室中验证改进，从而建构适用各科教学的教学理论。

3.对催眠的科学研究　在心理学上对催眠现象尚无定论的时代，希尔加德在20世纪70年代从事了两方面的独到研究：其一是他在1965年编成类似心理测验的《斯坦福催眠感受性量表》，用以鉴定受试者催眠感受性的高低。催眠感受性(hypnotic susceptibility)指受试在心理与行为上自愿接受催眠师暗示的程度。如受试自愿按照催眠师暗示去做，即表示他的暗示感受性高。经过对500多个大学生施测后发现，具有明显催眠感受性者约占25%，能进入深度催眠状态者约占10%，另有10%的人根本无法被催眠，其他的人则催眠感受性不明显。由此可见催眠术并非对所有人皆为有效。其二是提出意识离解理论解释催眠现象。希尔加德认为，催眠后受试之所以接受催眠师的指示，乃是由于受试进入催眠状态后意识离解所致。他以催眠后失去痛觉的实验来证明他的理论。实验时让进入催眠状态的受试左手插入充满冰块的水中，暗示他不会感到刺痛，同时让受试将右手置于电键之上，告诉他如觉左手刺痛时即将电键按下。催眠师暗示受试左手不会感到刺痛后，如此时问他左手的感觉，他会回答不痛，但却在同时发现受试右手已将电键按下，这表示事实上他感到刺痛。希尔加德认为，这现象表示受试回答时失去自主意识，但右手的按键动作则表示尚有自主意识。他推理解释在受试暂时失却痛觉现象的背后，有个隐蔽观察者(hidden observer)在受试进入催眠状态失去自主意识时，仍然发挥意识作用。催眠后受试一方面失去自主意识，另方面又有隐蔽观察者，可见他的意识状态是暂时离解的。

希尔加德出版的专著有：*Conditioning and learning*(1940)；*Theories of learning*(1948)；*Introduction to psychology* (1953)；*Theories of learning and instruction* (1964)；*Hypnotic susceptibility* (1965)；*The experience of hypnosis*(1968)；*Hypnosis in the relief of pain* (1975)；*Divided consciousness：Multiple controls in human thought and action* (1977)；*Amer-ican psychology in historical perspective*(1978)；*Psychology in America: A historical survey*(1987)等。

hindbrain 后脑　后脑位居脑的后下部，其中包括三部分：(1)延脑(medulla)，位在脊髓的上端与脊髓相连，呈细管状，大如手指，其主要功能在控制呼吸与心跳，稍受伤害即危及生命；(2)桥脑(pons)，位于延脑之上，是由神经纤维构成的较延脑为肥大的管状体，桥脑连接延脑与中脑，如受到伤害可能影响到睡眠；(3)小脑(cerebellum)，位于桥脑之后，形似两个相连的皱纹半球，其功能主要是控制身体的运动与平衡，如小脑受到伤害，即丧失身体自由活动的能力。见脑(brain)条及附图。

hindsight bias 事后见解偏差　指某一事件发生之后一般人经常说：“我早就知道这件事迟早是会发生的。”像此种事后聪明的心理现象，称为事后见解偏差。俗语说“事后诸葛亮”，即此之谓。

hippie 嬉皮　指20世纪60年代兴起于美国的青年次文化之下的一些青年人。他们反对政府当时参加越战，继而演变成反传统与反文明的活动。他们不修边幅，生活散漫，两性关系随便，甚至滥用药物，曾一度造成家庭与社会紊乱。到70年代以后，嬉皮之风才逐渐消失。见青年次文化(youth subculture)。

hippie movement 嬉皮运动　见嬉皮(hippie)。

hippocampal formation 海马结构　义同海马(hippocampus)。见该条。

hippocampus 海马　属前脑边缘系统的一部分，其功能与记忆有关，见脑(brain)条及附图。

hippy = hippie 嬉皮

histogram 直方图　属于一种次数分布的图示法。图中横坐标代表自变项(如各组分数)，纵坐标代表依变项(如各组分数下出现的人数或次数)，以

H

横轴上组距为底边，以各组次数为高度，绘成彼此相连的直立方形，即为直方图。根据直方图各直方的高低，即可看出次数分布的情形。与直方图相似者为条形图(bar diagram)，条形图也是以直立长方条形代表次数，唯二者稍有区别。条形图之各条形之间有间隔，各长条是各自分立的。见次数分布(frequency distribution)。

histology 组织学 专门研究有机体生理组织的一门科学。

historical method 历史法 凡是根据个人生活史的资料进行心理辅导或心理治疗的方法，均可视为历史法。

historical research 历史性研究 属于心理学研究方法的一大类别。采取历史性研究时，旨在从过去生活资料中，分析研究人类行为演变的过程，借以增加对现代人行为的了解，并进而提供线索以便于对未来变化的预测。

histrionic personality 剧化型人格 见剧化型人格异常(histrionic personality disorder)。

histrionic personality disorder 剧化型人格异常 属人格异常之一。凡此类型者行为表现戏剧化，情绪变化无常，时而兴奋，时而愤怒，为一点小事即大发脾气。剧化型人格异常者以女性较多。剧化型人格异常简称剧化型人格(histrionic personality)。见该条。

HIV = human immunodeficiency virus 人体免疫缺陷病毒

HM = harmonic mean 调和平均数，倒数平均数

hoarding character 囤积性格 美国新弗洛伊德主义心理学家弗罗姆理论中的术语。根据弗罗姆的理论，人的社会性格乃系由社会环境所塑成。现代社会塑造了五种不同的社会性格，囤积性格即其中之一。囤积性格的特征是，将安全感建立在拥有的财产物质上，个人对服务人群或贡献社会的事看得很轻，确信财产才是最可靠的。囤积性格的人在作为上难免为富不仁。见弗罗姆(Fromm, Erich)传记条。

hoarding orientation 囤积取向 义同囤积性格(hoarding character)。见该条。

Hobbes, Thomas (1588～1679) 霍布斯 霍布斯是17世纪英国哲学心理学家，是唯物论经验主义的先驱，他提出心脑一体的思想，正是近代科学心理学中生理心理学研究的先导者。

霍布斯1588年4月5日出身于英国西部布里斯托的一个宗教家庭，其父为牧师，但因理念与教会不和，而悄然离开教会与家庭。霍布斯是早产儿，自幼身体羸弱，幸得长兄悉心抚养得以长大成人。因此，一般认为霍布斯后来的反教会思想，可能与其父亲的遭遇有关。霍布斯14岁进入牛津大学，1608年20岁获学士学位，而后受聘担任一贵族的家庭教师，并兼导游一职。1610～1637年间曾多次到法国、意大利、德国等地游历。在游历期间得以结识法国哲学家笛卡尔、意大利科学家伽利略(Galilei Galileo, 1564～1642)及英国哲学家培根等多位著名学者。霍布斯也曾做过培根的秘书，他对培根的思想推崇备至。由于霍布斯的经验主义带有强烈唯物论倾向，不承认上帝主宰一切，故而受到教会的迫害。1679年12月4日病逝于德文郡哈迪克，享年91岁。霍布斯自幼体弱多病，老年反而健康长寿，75岁时尚能从事网球运动，91岁逝世时被英国医学界视为奇迹。霍布斯的哲学心理学思想对以后心理学的影响主要有以下三点：

1.对心身关系问题的解释　霍布斯受意大利天文学家伽利略的天体运行论，及英国生理学家哈尔维(W. Harvey, 1578～1657)血液循环论的影响，认为人类的一切心灵活动只不过是由外在世界所引起的神经运动；所谓“思想”也只不过是脑内神经运动的副产品而已。因此，霍布斯反对身体之外另有心灵存在的说法，当然也否定世界上有神的存在。在宗教意识甚强的17世纪，霍布斯的反宗教思想，自然为他带来了遭受教会迫害的后果。霍布斯的哲学思想，反对心身平行论，也反对心身交感论。基于此义，可知霍布斯的思想属于心身一元论中的唯物论。

2.对知识来源问题的解释　霍布斯反对笛卡尔等人所持心灵中存在先天观念的说法。他认为一切心灵活动都是以往感官经验的遗留。诸如记忆想象等，只不过是以前的感官活动消失之后，留下来的经验。至于知识获得的历程，霍布斯认为知识得自联想。唯联想的形成是机械式的，只要是两种感觉在时间或空间上彼此接近，就会形成感觉联想。感觉联想形成观念后储存在记忆中就成为知识。霍布斯对做梦现象的解释，也采用他机械唯物论的看法。他认为，清醒时外界刺激引起的心像在睡眠中浮现于脑，就形成梦境。所以梦是机械的反应，没有任何神秘性。

3. 对人性善恶问题的解释　对人性善恶的问题，霍布斯持性恶论的看法。他认为人性是自私的，如单从生理条件与天赋才能的层面看，每个人都应受到平等看待，但在人类欲求的满足上，却往往不能给予平等的对待。如果两人追求同一目标而无法同获满足时，他们就会变成敌人，彼此攻击，结果不是一方失利，就是两败俱伤。基于此义，霍布斯认为自古以来人类的一切战争，在基本上都是由于欲望不能满足而演变成的后果。因此，他提倡社会控制的理念。所谓社会控制(social control)，是指赋予社会团体或组织一种权力，使团体中的个人在欲望上受些限制，借以消除人际间的冲突，从而保障个人应有的权益免受别人的侵害。此种构想演变的后果，即产生了现代社会心理学上以互惠为基础的社会交换论(social-exchange theory)。

霍布斯的哲学心理学著作主要有：*Human nature* (1650)；*Leviathan or the mater, form and power of a commonwealth, ecclesiastical and civil* (1651)等。

Hodges-Lehman test　霍奇斯—莱曼检验　义同非参数统计(nonparametric statistics)。见该条。

hodophobia　惧旅行症　属恐惧症之一。患者对出外旅行一事过分担心，遇有必要非旅行不可时，旅途中一直提心吊胆不得安宁。见恐惧症(phobia)。

Höffding step　哈夫定进阶　采完形心理学观点对观念联想之所以形成的理论性解释。哈夫定进阶的要义是，两个观念之间的联想并非直接形成的，两者之间另有一个进阶发生连接作用。例如，当你看到桌子时，固然你会联想到椅子，但事实上桌子的形象并不能直接引出椅子，而是桌子的刺激先在记忆中找到桌子的记忆痕迹，然后再由该记忆痕迹引出椅子的记忆。在此历程中，桌子的记忆痕迹对联想的形成发生了进阶作用。哈夫定进阶理论是由丹麦心理学家哈夫定(H.Höffding, 1843～1931)所提出，故名。见记忆痕迹(memory trace)。

holiday syndrome　假日症候群　指每逢假日离开工作时即感生活无趣，心情沮丧甚至精神痛苦的复杂心理异常现象。假日症候群是一种都市型的心理疾病，主要是社会疏离，无法获得人际温暖与感情支持所致。根据调查发现，每逢假日意外伤害、犯罪案件以及自杀的比率，远较平日为多，其原因可能与假日症候群有密切关系。见星期天神经症(Sunday neurosis)。

holism　整体论，整体主义　**1.** 对复杂现象了解的一种主张。持整体论者认为，要了解复杂现象，必须从整体去看。如试图将之分析为部分去研究，势必失去整体意义。完形心理学持此主张，完形心理学家所持的信条"部分之和不等于全体"，即系此义。**2.** 对人性特质解释的一种主张。持整体论者认为，对人类行为的解释，必须从整个人去看，不能仅凭片面行为或单一反应，作为普遍推论的根据。人本心理学持此主张。与本词相对者为原子论(atomism)和元素论(elementarism)。见该等条。

holistic-dynamic psychology　整体动力心理学　属于心理学研究的一种理论取向，而非心理学领域中的一个学科。整体动力心理学系以美国人本心理学家马斯洛的理论为基础，认为人性本善，善性为人性整体的内动力，顺乎人性自然发展，将来就会自我实现。社会现象中有些人的行为恶劣，实乃不良环境伤害了个体自发性的整体内动力而导致的不良发展使然。

holistic education　整体教育　人本心理学家新近提出的一种重视整体脑力发展的教育主张。由于生理学家早已认定人大脑左半球居于优势，而且绝大多数人右偏利，因此在以往传统教育上一向重视左脑发展。事实上左右两半球是相辅相成的。故而在教育上应同样重视。见大脑半球专司化(hemispheric specialization)。

holistic medicine　整体医学　是一种医疗的理论，其特点在于对任何疾病均持整体的观点，认为在诊断和治疗时必须顾到病人的身体和心理两大方面形成的整体。

holistic psychology　整体心理学　义同整体动力心理学(holistic-dynamic psychology)。见该条。

Hollingworth, Leta Stertter (1886～1939)　霍林沃思　霍林沃思是20世纪美国心理学家，是以研究女性心理著名的心理学家，是特殊儿童心理学研究的先驱，是女性中当选美国心理学会主席的第一人，也是20世纪初期美国女权运动领袖之一。

霍林沃思1886年5月25日出生于美国内布拉斯加州的尼尔查庄，16岁进内布拉斯加大学，1906年毕业后担任中学教师，1908年结婚，结婚后即被学校解职，理由是婚后妇女不得就业。当时社会一般相信，婚后妇女就业会伤害丈夫事业和子女养育。在不得已情形下，霍林沃思随丈夫赴纽约，进哥伦比亚大学深造，1916年获心理学哲学博士学位，她的指导教授即为当时著名心理学家桑代克。此后受聘担任哥伦比亚大学师范学院教职，直至退休。在哥伦比亚大学任教期间，她曾在1927年当选美国心理学会主席，是为女性心理学家中担任此重要工作的第一人。1939年11月27日逝世，享年53岁。霍林沃思在心理学上的贡献，主要在于两大方面：

1.开创女性心理学研究　霍林沃思开创女性心理的研究。她在1920年前后连续发表13篇研究论文，系统地驳斥传统观念上对女性的偏见与歧视。她对女性心理的研究，主要是针对以往传统上对女性三方面的偏见进行科学的反证：(1)一般认为女性的生理与心理功能，平均逊于男性，而且在女性人口中个别差异现象也较男性为小，因此女性不必享有与男性同样多元化教育的机会；(2)由于女性在成年后都有生理性周期现象，因此一般相信，女性工作人员因受生理周期影响，在工作效率上普遍低于男性；(3)一般认为，孕育儿女是女性的天职，女性结婚、生育子女、主持家庭，才会使女性满足，女性中抛头露面参与社会活动或在外就业者，多数是心理不健康的，是心理异常的。针对此等传统的偏见，霍林沃思分别列举研究结果，予以驳斥。

2.对特殊儿童心理的研究　霍林沃思在特殊儿童心理研究方面，也做出创始性的贡献。在她所发表的75篇论文中，有45篇涉及资赋优异儿童的问题。她在这方面研究的主要发现是：儿童心理适应困难者之中，智力低落不是主要原因；资赋优异儿童同样会有情绪困扰，而且青少年阶段，无分智力高低，情绪困扰是心理适应困难的主要原因。

除在心理学上的成就之外，霍林沃思在女权运动方面也有很大的贡献。一般认为美国直到20世纪20年代开始以前，女性尚无投票的权利，经由霍林沃思奋力争取，女性终于在1920年获得投票权。霍林沃思的一生深受性别歧视之苦：求学期间女生不得申请奖学金；结婚后不得继续担任教职；尽管她在心理学研究上成就卓越，但到1939年逝世为止，一直未能获得心理学界任何荣誉头衔。

霍林沃思著作丰富，已出版的专著有：*Functional periodicity*（1914）；*The psychology of subnormal children*（1920）；*Special talents and defects：Their significance for education*（1923）；*Gifted children*（1926）；*The psychology of adolescent*（1928）；*Public address*（1940）；*Children above 180 IQ*（1942）等。

hollow squares illusion 空方错觉　属视错觉现象之一。如附图所示，三排空心方格，因受交错排列的影响，看起来使人觉得原图失去了正方形的特征。本词与闵斯特伯格错觉（Münsterberg illusion）相似。见该条及附图。

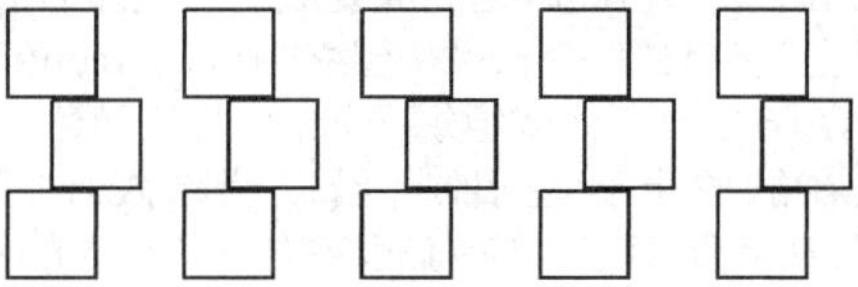

空方错觉

holophrastic speech 单词语　指婴儿期语言发展之初的单字期所说的话。在这段时期，婴儿常用一个单词来表示一个整句的语意。

holophrastic stage 单词期　指婴儿最初只用单一个词以表示其整个语意的时期。单词期一般出现在周岁左右。

homeostasis 平衡状态　美国生理心理学家坎农在1926年提出的解释个体体内自动调节以维持平衡的生理状态。凡是健康的个体，其体温与血液浓度等都会自动保持平衡。每当平衡状态改变时，个体内部就会自动做出反应，从而使之恢复平衡。饥思食和渴思饮等反应，都是平衡状态所产生的自动调节作用。本词原意只用来解释生理的平衡状态，后来心理学家引申其义，也用来解释心理方面的平衡。见平衡模型（homeostatic model）。

homeostatic imbalance theory of aging 老化平衡作用失调论　从生物学的观点解释老化原因的理论之一。平衡作用失调论的基本要义是，人到老年时因身体平衡作用逐渐失灵，不能随环境的变化而保持平衡。老年人在天气骤变时，不能保持体温衡定，而且也降低了维持体内血糖平衡的能力。尤其在老年精神遭遇到突然的压力时，情绪的平衡更难维持。此即老年丧偶者加速老化病死的主要原因。见老化理论（theories of aging）。

homeostatic model 平衡模型　在社会心理学上解释大众心理的一种理论。按平衡模型的解释，社会上所有人都有一种共同的心理需求，需求生活环境、人际关系、心理刺激三方面保持平衡。三者之一(或一种以上)失却平衡时(如居住环境不好),即将造成心理不安。本词也称平衡原则(homeostatic principle)。

homeostatic principle 平衡原则 义同平衡模型(homeostatic model)。见该条。

home sampling = domal sampling 按户抽样

home visit 家庭访视 家庭访视是个案研究常用的一种方法。研究者亲至案主的家庭,访问家庭中有关人员,并观察家庭中经济状况、文化背景、社会环境,从而搜集资料以期对案主情况有详细的了解。见个案研究(case study)。

homichlophobia 惧雾症 属恐惧症之一。患者对雾敏感,每遇雾天即产生莫名的恐惧情绪。见恐惧症(phobia)。

homicidal behavior 嗜杀行为 指性格凶残狠毒毫无同情心者怀有的杀人企图或实际杀人的犯罪行为。按美国的人口调查数据显示,嗜杀行为者年龄多在18~43岁之间,在性别上男女人数之比是5∶1。嗜杀行为主要是反社会性格使然,未必患有严重精神疾病。

homing 回巢 义同回巢行为(homing behavior)。见该条。

homing behavior 回巢行为 指某些动物虽离开栖息地甚远,但仍能自行返回原居地的特殊行为。根据实验研究发现,居于英格兰西海岸附近曼岛的一种海鸥,经带到3050海里(约合5649千米)之外的北美去放生,13天之后仍能回到原居地。因为海鸥系置于箱笼中被运走,它无法观察记忆沿途线索, 所以对此种特殊能力很难解释。大凡随季节迁徙的动物(如鸿雁)都具有此种回巢行为。

homoerotism = homosexuality 同性恋

homogeneity 同质性 指同类事物的相似或相同的程度。在分类处理事物时,分类的标准即按同质型,如按年龄编班、按身高编队等都是。

homogeneity assumption 同质假设 指对人类行为变化基本原理原则的一种假设,即:人类所有不同类别的行为,无论是外显行为,或是内隐行为,其变化都遵循同样的原则。见互动假设(interaction assumption)、学习假设(learning assumption)。

homogeneity of variance 变异数同质性,方差同质性 从事参数统计检验(如T检验和F检验)时,在理论上乃是基于一种假设,即按随机抽样原则从总体中所抽取的样本,在分布上的变异情形和总体分布上的变异情形是相似的(即大致上都呈常态分布状态)。在此假设之下,从同一总体中抽取的两个(或两个以上)样本,其变异情形也是彼此相似的,在实验设计时所定的虚无假设(null hypothesis),其含义与本词相同。见该条。

homogeneity test 同构型检验 根据随机抽样原则从同一总体中抽取的两个(或两个以上)样本,在次数分布的变异上是否彼此相同的检验,称为同构型检验。此处所指的"同质"有两点含义:其一是样本与总体同质(都是常态分布的),其二是两个样本同质。在实验设计时所提的虚无假设(null hypothesis),就是以同构型的概念为基础的。见该条。在实际做统计检验时,一般采用F检验(F test)的方法。见该条。

H

homogeneous grouping 同质编班(组) 属于编班教学的一种方式。指将能力(智力或学业成绩)相等或相近者编在同班上课。一般初中高年级实施的能力分班或学科能力分组教学,即属同质编班(组)。与本词相对者为异质编班(组)(heterogeneous grouping)。见该条。

homophobia 惧同性恋症 属恐惧症之一。患者只限男性,指男性不敢与男性接近,惧怕与对方发生同性恋的关系。按本词含义,系指男人对男人的恐惧症。见恐惧症(phobia)。

homoscedasticity 等分散性 指利用X变项预测Y变项时,由于实得分数可能不全等于预测分数,且众多实得分数可能形成常态分布,故以估计标准误来表示实得分数所形成的常态分布分散情形。而且,不论X变项之得分改变为多少,也不管预测值跟着改变多少,均以同一大小的估计标准误来估计预测可能产生的误差,这种特性称为等分散性。例如,以智商预测数学成绩的估计标准误是4.50,甲、乙、丙三人的预测分数是78、85、90,实得分数是85、90、85,则甲的实得分数高于预测分数1.56个估计标准误,乙的实得分数高于预测分数1.11个估计标准误,丙的分数低于预测分数1.11个估计标准误。用来表示等分散性的量数是估计标准误(standard error of estimate)。详见该条。

homosexuality 同性恋 以同性别者为对象,从而获得性的兴奋与满足者称同性恋。同性恋形成的原因很复杂,除少数带有遗传因素外,多为幼时性别角色认同发展不良所遗留的后果。同性恋有多种类型:(1)如按其成因来分,有偶然性同性恋(accidental homosexuality)、误导性同性恋(iatrogenic homosexuality)、情境性同性恋(situational homosexuality)等;(2)如按同性恋者本身的心态来分,有自我矛盾型同性恋 (ego-dystonic homosexuality)、自我相容型同性恋(ego-syntonic homosexuality);(3)如按同性恋者表现的性行为来分,有潜隐型同性恋(latent homosexuality)、外显型同性恋(overt homosexuality)、假同性恋(masked homosexuality)。见该等条。

homosexual marriage **同性婚** 指同性别者结成的婚姻。同性婚是同性恋者所追求的同性间合法化的目的。目前只有少数国家视同性婚为合法,多数国家仍未视同性婚为合法的婚姻关系。见同性恋(homosexuality)。

homozygote **同型接合子** 指由两个相同等位基因(allele)的配子结合发育而成的个体。见该条。

honey-moon **蜜月** 欧美习俗,新婚后一个月内称为蜜月。因在此期间夫妻每日照例饮用蜜糖水或蜂蜜酒,故名。

H

honor system **荣誉制,信任制** **1.**指学校中对学生的一种教育方式。鼓励学生自治,在行为上自律自主,考试时无人监考也无人作弊。 **2.**指监狱中对受刑人的一种教育方式。对狱中表现良好的受刑人,赋予较多自由,对某些事(如劳役)可自行处理,不加监视。

hopelessness **绝望** 指个人完全无法掌控目前与未来生活情境(包括身体的、精神的以及社会的各方面)时所产生的一种复杂情绪状态。根据心理学家研究,患抑郁症的病人中有75%的人对自己复原感到绝望。绝望情绪在青少年阶段所占的比例,远比成年阶段为高。青少年阶段之所以自杀率较高,其原因与绝望情绪有关。见抑郁症(depression)。

horizontal cell **水平细胞** 为散布于视网膜中的一种司职色觉无轴突的特殊神经元,存在于杆细胞与锥细胞间,使这些感光细胞间形成联系,具有整合各种刺激的功能。由神经节细胞层传到脑的信息并不仅是感光细胞活动的简单复本,信息到达神经节细胞之前已经过一些整合,这些整合是由水平细胞和无轴突细胞互相作用的结果。

horizontal communication **横向沟通,水平沟通** 社会心理学上的术语。指团体组织中同阶层成员之间的意见沟通。传统的团体组织,一向偏重垂直沟通(vertical communication),信息传递时多以命令或指示的方式由上而下行之。见该条。

horizontal group **水平团体** 指团体中的成员来自同一社会阶层者。如出租车同业工会等即属水平团体。与本词相对者为垂直团体(vertical group)。见该条。

horizontal growth **水平成长** 指在同一水平上,个体智能的扩展与动作技能的增加。所谓"同一水平",系指在同一难度的范围之内。例如,同是小学四年级的学童,有的只学会书本知识,有的在书本知识之外也学到一般生活所需的技能,前者水平成长窄化,后者水平成长扩展。加强水平成长是资赋优异教育的方式之一。与本词相对者为垂直成长(vertical growth)。

horizontal inventory **水平式量表** 属于一种评鉴个体发展状态的量表。量表中所列用以代表个体行为特质的题目,只限于发展历程中的横向单一层面者,称为水平式量表。例如,单以6岁儿童的身心发展状态为根据,可以编制成一个水平式量表(包括一般6岁儿童都具备的生活常识),从而鉴别个别儿童,以视其是否达到6岁儿童就学准备的一般水平。与本词相对者为垂直式量表(vertical inventory)。见该条。

horizontal mobility **水平流动** 义同水平社会流动(horizontal social mobility)。见该条。

horizontal sampling **水平抽样** 属抽样方法之一。水平抽样的特点是,作为抽样的总体,只限于一个层次,如只限于从同一经济水平、同一社会阶层或同一年级学生的群体中,抽取一个(或数个)样本,作为研究对象。与本词相对者是垂直抽样(vertical sampling)。

horizontal social distance **水平社会距离** 见社会距离(social distance)。

horizontal social mobility **水平社会流动** 指社会流动的一种现象。社会上人口流动时,多限于同一行业或同一社会阶层内作横向的流动。与本词相对者为垂直社会流动(vertical social mobility)。见该条。

horizontal transfer = lateral transfer **水平迁移**

horizontal-vertical illusion **横竖错觉** 属视错觉之一种。如下页附图(A)所示,横竖两等长直线,竖线垂直立于横线中点时, 看起来竖线较长。如将图形改变,使两线段长度看起来相等,如附图(B)所示,则横线必须加长约25%。横竖错觉现象虽至为明显,但原因很难解释。美国心理学家波林,曾在20世纪30年代提出错觉眼动论(eye movement theory of illusion),认为人类的两只眼睛视物时,水平扫描较易,垂直扫描较难,扫描难者就会看起来较远。见该条。横竖错觉系由德国心理学家冯特1858年所发现。见错觉(illusion)。

hormic psychology **策动心理学,目的心理学** 美国心理学家麦独孤在20世纪20年代所提出的一种心理学理论。策动心理学的基本论点是,认为个体的一切行为均在于奋力达到一定的目的,而策动和维持个体行为的原动力,则是与生俱来的本能。因此,策动心理学也称目的心理学。策动心

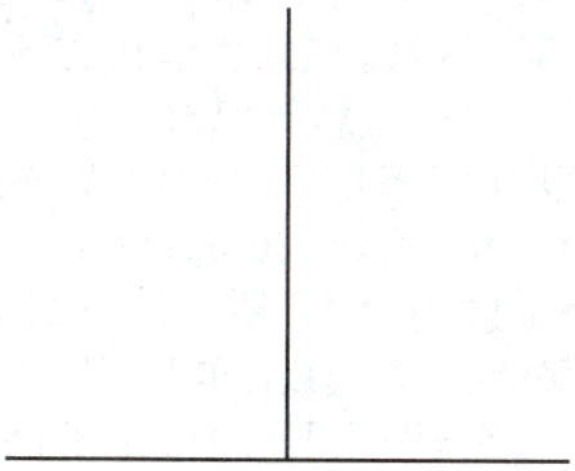

横竖错觉(A)

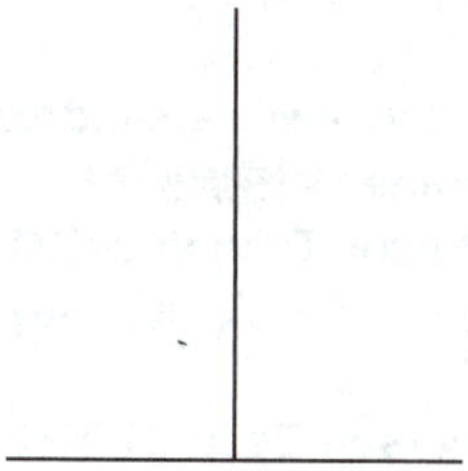

横竖错觉(B)

理学的兴起，与当时美国的行为主义思潮有关。策动心理学特别强调三点主张：(1)强调行为不是机械反射。一方面反行为主义以S-R公式来解释一切行为的理念，另一方面主张个体的行为具有自发性、目的性、坚持性等特征。(2)强调不能将行为解释为由感官刺激引起反射的纯机械式的过程，而主张行为是个体有目的地与环境交互作用的结果表现。(3)强调本能是策动行为的原动力，而本能则是长期进化过程中自然选择所演变成的遗传倾向。麦独孤的策动心理学思想，对以后社会心理学的研究产生了启蒙作用，唯其所强调的本能是行为原动力的抽象理念，因不合于强调科学验证的时代精神，而对以后心理学的发展未能发生多大影响。见麦独孤(McDougall, William)传记条。

hormic theory **策动论，目的论** 义同策动心理学(hormic psychology)。见该条。

hormone **激素，荷尔蒙** 指由内分泌系统中多种内分泌腺所分泌的多种化学物质。见内分泌系统(endocrine system)条及附图。

Horner's law **霍纳定律** 指瑞士眼科医生霍纳(J. F. Horner, 1831～1886)所发现的色盲遗传法则，故名。根据霍纳定律，最常见的红绿色盲，都是由祖先中的男性遗传给子孙中的男性。在遗传过程中虽由女性为介体，但女性却不受影响。

Horney, Karen (1885～1952) **霍妮** 霍妮是20世纪德国出生的美国心理学家和精神病学家，是修正弗洛伊德思想而成新弗洛伊德主义的主要代表，是社会心理学的先驱，也是现代心理学早期杰出女性心理学家之一。

霍妮于1885年9月16日出生于德国汉堡，父为船长，性格抑郁，母亲随和，唯因当时重男轻女使其童年生活不快乐。童年经验可能是她以后提出基本焦虑论的原因。在父亲反对而母亲鼓励的情形下，1906年进柏林大学医学院，1913年获医学博士学位后进柏林精神分析研究所，随弗洛伊德嫡传弟子亚伯拉罕(K. Abraham, 1877～1925)研究正统精神分析。在柏林大学期间结婚，婚后夫妻感情不睦，1927年离婚，此后曾一度与精神分析研究所另一位精神分析心理学家弗罗姆相恋。1932年应邀赴美访问，担任芝加哥精神分析研究所副所长。因不满于弗洛伊德的某些主张，乃于1941年倡立精神分析改进会，并在纽约创立美国精神分析研究所。1952年12月4日病逝于纽约市，享年67岁。霍妮是新弗洛伊德主义最具代表性的人物，她原则上虽接受弗洛伊德潜意识观念，但对弗洛伊德思想中欲力、恋母情结及幼年经验决定一生的理念，则持反对态度。霍妮在心理学上的贡献主要在于她的三种理论：

1.基本焦虑理论　基本焦虑(basic anxiety)是指个体自出生后，因受环境中缺乏安全和温暖之影响所形成的无助感和恐惧感。绝大多数的父母，无法针对幼儿的身心需求，设置有利其成长的理想环境；甚至有很多父母，对幼儿行为不是过分苛求，就是过分放纵，致使幼儿无法在充满爱意与安全的环境中成长。由此可见，霍妮所指的基本焦虑虽始自个体幼年，但与弗洛伊德所强调的以欲力为基础的本能论极不相同：她所指的基本焦虑，乃是起因于个体与他人的社会关系。

2.神经质性格　神经质性格(neurotic character)，是一种对己无信心、对人多怀疑、对环境充满忧虑与不安的异常性格。霍妮认为，神经质性格的形成，乃是起因于在长期基本焦虑的心理压力下，个体为自身防卫而发展出一些非理性的神经质需求（neurotic need）。她将所发现十种神经质需求，按性质分为三类，每类代表一种性格：(1)依从性格（compliant character），指个体缺乏独立，强烈需求别人的关爱，依赖别人情感支持的性格。具有此种性格的人，在表面上是亲近人，而在潜意识中却是借依从来消除焦虑感。(2)攻击性格（aggressive character），指个体对人持敌对攻击态度，借以攻为守策略来取得别人的重视。(3)离群性格（detached character），指个体不与人亲近的性格，表面上是独善其身，而潜意识中却是对人际感情敏感，借离群以保安全。

3. 自我理论　对自我的解释，霍妮不采用弗洛伊德本我、自我及超我三层次的人格结构观，而是将自我视为个人生活经验中所形成的自我意象（selfimage）。个人的自我意象代表他对自己的看法。她认为，由于每个人生活经验不同而有三种不同的自我意象：(1)现实自我（actual self），指个人某时某地身心特征的总和，代表个人的实际面貌；(2)真实自我（real self），指个人可能成长发展达到的地步，代表个人人格发展的内在潜力；(3)理想化自我（idealized self），指个人脱离现实而凭空虚构的自我意象，代表个人试图以否认的方式化解其内心的冲突与焦虑。理想化自我表现的方式是设想自己具备胜于他人十全十美的条件。霍妮认为理想化自我是一种心理异常现象，也属于神经质人格。具有此种人格的人，为了维护理想化自我避免与真实自我冲突，他会采用一些解脱的方法。霍妮称之为神经质解脱（neurotic solution）。见该条。对此种心理异常者治疗时，最重要的是帮助他重新评估自己，认识自己，从而放弃理想化自我，改而在现实自我的基础上去发展其真实自我。

霍妮著作中的专著有：*The neurotic personality of our time*（1937）；*New ways in psychoanalysis*（1939）；*Self analysis*（1942）；*Our inner conflicts*（1945）；*Neurosis and human growth*（1950）；*Feminine psychology*（1967）等。

horopter 视野单象区　在两眼所见的视野内，物象所在位置的各点，均为刺激，而多种刺激投射入两眼视网膜上的对应区，即形成单一物象的感觉。视网膜上的对应区即为视野单象区。见视觉系统（visual system）条及附图。

hostile aggression 敌对性攻击　指个体表现的攻击行为，其目的乃是以对方为敌，因而力求伤害对方。凡属“仇人见面，分外眼红”的攻击行为，都是敌对性攻击。与本词相对者为工具性攻击（instrumental aggression）。见该条。

hostility 敌意，敌对　指个体对人或对团体的一种持久性的情绪状态。在此情绪状态下，个体存有加害对方的欲念。敌意与愤怒（anger）有别，后者情绪较强烈，而且多属偶发性质。见该条。

hot illusion ＝ **thermal illusion** 热错觉

hourly wage 按时计酬　是一种依据工作时数计酬的固定薪资制度。在工作不易以件数计算、工作质量比件数更为重要，或分工不精细、无固定时间限制，且一人可兼作数种工作情况下，常常采用按时计酬的办法。此制的缺点是，不易将工作绩效与报酬紧密联系，致使生产成本难以做到精确估计的地步。

housebound housewife's syndrome ＝ **housewife's syndrome** 主妇症候群

House-Tree-Person Technique（HTP） 房—树—人技术　义同房—树—人测验（House-Tree-Person Test）。见该条。

House-Tree-Person Test （HTP） 房—树—人测验　属于投射测验之一。为美国心理学家巴克（J. N. Buck）1948年所设计。该测验在性质上属非文字的作业测验，受试者绘一图形，其中包括一栋房屋、一棵树和一个人。绘图之外也包括回答问题，要受试者说明图形中的意义。此测验之目的，乃是希望借由受试者感情的投射，从而了解其家庭中的人际关系。见投射测验（projective test）。

housewife's neurosis 主妇型神经症　义同主妇症候群（housewife's syndrome）。见该条。

housewife's syndrome 主妇症候群　指现代家庭主妇因忙于家事及养育儿女，身心疲惫之余，既感于生活单调，又困于才能无从发挥，因而由心理上的挫折而转化为多种综合性的身心适应不良症。主妇症候群主要包括性冷感、易疲倦、头痛、腰酸背痛等现象。此等现象尤以中年以后居住都市的主妇为然。主妇症候群又称主妇型神经症（housewife's neurosis）。

HP ＝ **human potential** 人性潜力

HR ＝ **heritability ratio** 遗传率

HTP ＝ **House-Tree-Person Technique** 房—树—人技术

HTP ＝ **House-Tree-Person Test** 房—树—人测验

hue 色调　颜色感觉的三个属性之一。色调是光谱上各种不同波长的可见光波在视觉上的特征。如700纳米左右的光波看起来是红色，620纳米左右的光波看起来是橙色，580纳米左右的光波看起来是黄色，510纳米左右的光波看起来是绿色，470纳米左右的光波看起来是蓝色，420纳米左右的光波看起来是紫色。见颜色属性(color attribute)与可见光谱(visible spectrum)。

Hull, Clark Leonard(1884～1952) 赫尔 赫尔是20世纪美国心理学家,是新行为主义代表之一,也是试图建立统摄性单一理论用以解释所有行为的心理学家。

赫尔1884年5月24日出生于美国纽约州的阿克隆,童年体弱多病,视力不佳,且家境贫寒,多次辍学,因而延后了正规教育,16岁才正式入学,17岁即通过考试担任小学教师。24岁因病致左腿瘫痪,终生依赖其自行设计的铁拐行走。1910年插班进入密歇根大学二年级,毕业后再入威斯康星大学,1918年获心理学哲学博士学位,时年已34岁。在此期间,赫尔最先修读矿冶工程,后来改而专攻心理学,获博士学位后,即留在威斯康星大学任教。1929年起,改任耶鲁大学人类关系研究所教授,任教23年间,培养了不少心理学人才。在1935～1936年,赫尔当选为美国心理学会主席,1936年当选美国科学院院士,1945年获美国实验心理学会华伦奖章,1952年5月10日病逝于康涅狄格州纽哈芬,享年68岁。赫尔是美国新行为主义中的理论家,他的心理学思想在20世纪40～50年代曾一度备受推崇。以下两点是他思想的要义:

1.机械论人性观　在行为主义思想体系中,赫尔是决定论者,也是机械论者,他将人性变化看成一架复杂机器,认为心理学是一门客观科学,心理学家的任务就是经过实验研究,分析了解找出支配个体行为的法则。在研究取向上,他反对内省法,反对将意识视为心理研究的主题。他在心理学上最主要的贡献是对动物学习心理的研究。他与华生一样将动物学习行为视为刺激—反应的联结,唯对行为的解释,赫尔并不直接采取华生刺激—反应心理学的理论。他采取伍德沃斯的S-O-R和托尔曼的中介变量理念解释人与动物行为。不过,他不主张个体行为的目的性,他也不承认个体行为中有任何认知作用。他把个体行为视为机器运作一般,完全是被动的。

2.首创假设—演绎学习理论　自从哲学心理学上联想主义的观念联想改变为行为主义的刺激—反应联结以来,在学习理论上因对刺激反应间之关系的看法不同而产生三点争议:(1)刺激—反应间时间的接近是否为构成刺激—反应联结的必要条件?(2)重复练习是否为加强刺激—反应联结的必要条件?(3)在刺激情境下个体反应后强化是否为必要条件?赫尔采取当时流行的逻辑实证主义理念,采假设—演绎法(hypothetico-deductive method)(假设中介变项的内在作用是决定行为的重要因素),从事无数次动物学习实验,试图找出上述学习理论所产生争议。根据实验结果所得之结论是,在刺激—反应学习历程中,刺激反应间时间接近、重复练习及反应后的强化,三个因素均属重要。

赫尔著作中的重要专著有:*Evolution of concepts*(1920);*Influence of tobacco smoking on mental and motor efficiency*(1924);*Hypnosis and suggestibility*(1933);*Principles of behavior*(1943);*Essentials of behavior*(1951);*A behavior system*(1952)等。

human embryos in the laboratory 试管婴儿　指在实验试管中受精的婴儿。由妻子之卵巢取出成熟卵子与丈夫之精子,在试管中受精,受精卵发育两天后,再植回妻子之子宫,使受精卵在其中正常发育为胎儿。试管婴儿最早由英国剑桥大学教授爱德华(R. Edwards)于1966年开始实验,其后由妇产科医师史戴普托(P. Steptie)于1978年成功产下世界上第一个试管婴儿。

human engineering 人体工程学,人类工程学　**1.**结合生理学、心理学、工业工程学等理论与方法,在生产工具(机器)与工作环境的设计与运用上,考虑到感觉、学习、舒适、疲劳等因素,借以达到省时、省力、安全而又提高生产效率的多重目的。此综合性的工程研究,称为人体工程学。**2.**采用行为主义控制个体行为变化(操作条件作用)的原理,在生产历程中,以类似工程师管理机器的方式来管理人的行为。故本词也称行为工程学(behavioral engineering)。第二种解释已少采用。见工程心理学(engineering psychology)、工效学(ergonomics)。

human factors 人因　指工业生产历程中有关人的因素。人因亦即心理因素,诸如知觉、注意、学习、动机、疲劳、判断等,均为重要的人因。见人体工程学(human engineering)。

human factors engineering 人因工程学　义同

H

人体工程学(human engineering)条第一义。见该条。

human factors psychology **人因心理学** 心理学领域内属于应用心理学的一支。人因心理学研究的目的,旨在探讨人与工作条件和居家环境之间的关系,从而改良工具设计和居住环境,借由直接适合人的身心需求,达到间接提高生产效率的目的。见工效学(ergonomics)。

human growth movement **人性成长运动** 义同人性潜力运动(human-potential movement)。见该条。

human immunodeficiency virus (HIV) **人体免疫缺陷病毒** 见后天免疫缺乏症候群(acquired immune deficiency syndrome)。

H

humanism **人文主义** 指14世纪起于意大利而后传遍欧洲的一种以复兴古代文明精神的思想运动。人文主义思想的基本要义是,重视人性的尊严和价值,重视人的自由意志和人对于自然界的优越性,重视人对真善美的追求,扬弃偏狭的宗教哲学和教会教条,主张直接从古希腊古罗马的古典文物中去探讨真理。因此,人文主义思想运动,事实上也就是早期的文艺复兴运动。人文主义思想运动对以后欧洲文化发展发生了重大的影响。16世纪的宗教改革和17世纪的启蒙运动,都是在人文主义思想影响下发生的。本词与人本主义心理学(humanistic psychology)的意涵不尽相同:人本心理学的思想虽源于人文主义,但研究目的则较为狭窄。国内有些心理学者将人本主义心理学译为人文主义心理学,有欠允当。见该条。

humanistic approach **人本论取向** 本词所指是现代心理学领域中继行为论取向与分析论取向之后的第三大研究取向。人本论取向兴起于20世纪70年代,从历史渊源看,人本论取向所探讨的是自古以来的自由意志与决定论问题,反对行为主义根据动物研究结果解释人的行为,也反对精神分析根据病患的观察结果推论解释正常人。人本论取向主张以正常人生活中的需求、欲望、感情、意志、价值等为心理学研究的主题,故而被称为人本心理学。正因为人本论取向的兴起在精神分析与行为两大学派之后,故而称为心理学的第三势力(third force)。见该条。

humanistic conscience **人性良心** 义同人性伦理(humanistic ethic)。见该条。

humanistic ethic **人性伦理** 根据美国新弗洛伊德主义心理学家弗罗姆的理论,人性伦理系指在民主气氛下养成的个人的价值标准。具有人性伦理观念的人,其行为取向是主动的、自发的,而非在权威指示下奉命行事。与本词相对者为权威伦理(authoritarian ethic)。见该条。

humanistic-existential therapy **人本存在治疗法** 义同存在人本治疗法(existential-humanistic therapy)。见该条。

humanistic model **人本论模型** 指从人本心理学的观点对精神异常原因的一种解释。持此观点者认为,个体之所以精神异常,主要是由于动机受挫,生活不如意,无从获得自我实现(selfactualization)所致。见该条。

humanistic perspective **人本论观点** 义同人本论取向(humanistic approach)。见该条。

humanistic psychology **人本心理学,人本主义心理学** 指心理学理论中,除精神分析与行为主义之外的一派新兴理论。因此人本心理学家自称为心理学的第三势力。人本主义心理学兴起于20世纪60年代,在理论取向上,一方面反对以病患研究为基础的精神分析,另一方面反对以动物与幼儿简单行为研究为基础的行为主义。人本主义心理学家主张以正常人为研究对象,研究人的经验、价值、欲念、情感、生命意义等重要问题。人本主义心理学研究的目的旨在帮助个人健康发展、自我实现进而造福社会。人本主义心理学的思想渊源和哲学基础是西方人道主义、人文主义、浪漫主义传统和20世纪初期的存在主义思潮。人本主义心理学所秉持的基本理念是:(1)以意识经验为出发点,坚持人的整体性与不可分割性,强调在尊重人的自由意志原则下,主张促进其全人格的发展;(2)从意识经验出发,论证人的价值体系,认为人的本性是善的,人有高于一般动物的心理潜能,而心理潜能高于生理潜能;(3)认为人的需求有层次性结构,高层需求(社会需求)的出现有赖低层需求(生理需要)之先行满足,而高层需求较诸低层需求有更高的价值;(4)认为创造潜能的发挥,是人的最高需求,是人生追求的最高目的,达此目的者即为自我实现;(5)认为人的潜能和社会环境的关系,是内因与外因的关系,潜能是内在因素,是价值的基础,环境则是外在限制因素,也是促进潜能发展的条件,只有环境良好,才会帮助人实现其自身的潜能。人本主义心理学思想的代表人物主要是马斯洛(Maslow, Abraham Harold)、罗杰斯(Rogers, Carl Ranson)、梅依(May, Rollo)及弗兰克(Frankl, Victor)等。见各人之传记条。另见需求层次论(need hierarchy theory)条及附图。

humanistic theory **人本论** **1.**广义言之,本词泛指一切强调人性尊严与重视个人自由及个人价值的理论。 **2.**狭义言之,本词义同人本心理学

(humanistic psychology)。见该条。

humanistic therapy 人本治疗 指心理治疗的一派理论取向，而非单指某一特殊治疗方法。广义言之，本词所指包括存在心理治疗(existential psychotherapy)、完形治疗法(Gestalt therapy)、理性—情绪治疗法(rational-emotive therapy)以及案主中心治疗法(client-centered therapy)等。见该等条。狭义言之则指案主中心治疗法。

humanitarianism 人道主义，博爱主义 指14世纪后文艺复兴时期兴起于欧洲的一种重视人性的思想。人道主义的基本要义是：(1)在宗教上不主张基督神化说，而主张基督凡人论；(2)在文学上排斥教会干预，而主张思想自由；(3)在伦理上主张博爱、破除阶级与种族隔阂，故而人道主义也称博爱主义。人道主义思想后来扩大到人类之外爱护动物运动，是为人道主义思想的推广。

human-motivation theory 人性动机论 义同人本心理学家马斯洛的需求层次论(need-hierarchy theory)。见该条及附图。

human nature 人性 对人性一词，一般认同如下的解释：人性指人类所具有的本性，而本性则是天生的，故而人的本性也称天性。心理学的研究，虽旨在探究人性变化的真相，但从心理学以人的心理与行为作为研究的主题来看，只有在人类的胎儿期与婴儿期的活动，才能用来代表人类的天性。稍长进入了人类的社会文化世界，人类的天性就逐渐改变。从孔子“性相近，习相远”的观点看，一般人所表现的心理与行为，并不代表他的天性。因此，心理学以现实社会上的人为对象进行研究时，所研究探讨的不是人的天性，而是天性与习性的融合，而习性则是社会文化对人所产生的影响。

human potential (HP) 人性潜力 1.指人类在天赋上尚未发展出来的潜力。**2.**义同人性潜力运动(human-potential movement)。见该条。

human-potential growth center 人性潜力成长中心 义同成长中心(growth center)。见该条。

human-potential movement 人性潜力运动 指辅导与咨商心理学近年来对人类行为的一种看法，或对心理治疗的一种主张。持人性潜力主张者认为，在人所表现的行为中，只能显露出人性潜力的一小部分，大部分的潜力因缺乏有利的环境而潜伏未发。因此，一般主张，在心理治疗时应采取较积极的作法，从开发人性潜能的观点，帮助个人潜在的优良禀赋表露出来。如此不但可解除其心理困扰，达到治疗的目的，更可进而促进其自我实现，提升生命的意义。在心理辅导与治疗上，根据人性潜能理念业已发展出很多方法，诸如心理剧、会心团体、完形治疗法以及超觉静坐、瑜伽等，都是试图使人性潜力充分开发的方法。协助个体人性潜力发展的场所则称为成长中心(growth center)。见该条。本词也称人性成长运动(human growth movement)。

Hume, David (1711～1776) 休谟 休谟是18世纪英国哲学心理学家，是经验主义哲学心理学代表之一。在经验主义哲学家之中，休谟是联想主义的支持者，也是怀疑主义的代表人物之一。

休谟1711年5月7日出身于苏格兰爱丁堡的一个没落的贵族家庭，1723年12岁进爱丁堡大学修习法律和哲学，但未毕业。1747年成为军法官，1765年起先后担任过英国驻巴黎大使馆秘书、代理大使和副国务大臣等重要职务。在法国期间得识著名哲学家卢梭。休谟的主要著作是《人性论》(1739)、《人性理解研究》(1748)以及《道德原理》(1751)。休谟的哲学著作虽深受哲学界重视，唯因其宗教观念与传统相悖，致使其一生未能获得大学教职。1776年8月25日病逝于爱丁堡，享年65岁。在哲学心理学思想上，休谟属经验主义，在时间上虽然是洛克和柏克莱的继承者，但他的经验主义思想却有其独到之处。休谟在哲学心理学上的贡献，主要在于以下两方面：

1.对知识来源问题的解释　休谟和其他英国经验主义哲学家思想相似，同样主张一切知识得自感官经验。不过，休谟所指的经验纯粹是主观的，个人的主观经验未必与客观世界相符合。客观世界究竟是什么样子，人不得而知，也无法确知。知识得自感官经验，经验指什么？根据休谟的解释，经验也就是知觉。休谟将经验分为两个层次：(1)印象(impression)，指活跃的、强烈的、生动的知觉。印象有很多形式，诸如感觉中所看见的、听到的、感受到的，以及爱好的、憎恨的等，都是属于经验中知觉层次的心理作用。(2)观念(idea)，指由印象转化而成的印象摹本，必须先有印象，而后才会有观念。因此观念较印象为薄弱，故而由观念构成的知识也未必真实。以想象中长翅膀的天马为例，谁都没有见过天马，但人却会有天马的观念。原因是人见过马，也见过长翅膀的动物，将马和翅膀联结在一起，就形成了天马这个观念。基于此义，休谟认为，知觉中的印象是较为真实可靠的知识。

2.对知识获得历程的解释　休谟与其他经验主义哲学家相似，认为知识得自观念联想。休谟认为知识代表复杂的观念，而复杂观念则是经由联想历程而形成的。对观念联想形成的解释，休谟提出三项法则：(1)相似律(law of similarity)，两事物彼此相似者，容易形成联想；(2)接近律(law of contiguity)，两事物在时间或空间上接近者，容易形成联想；(3)因果律(law of causation)，两事物之间有因果关系者，容易形成联想。后来休谟又修正他的看法，认为联想法则只有相似律和接近律；因果律所形成的联想，未必代表因果关系。很可能是因两事物接近而使人误认为是因果关系。

在休谟的著作中与心理学有关的有：*A treatise of human nature*(1739～1740)；*An enquiry concerning human understanding*（1748）；*An enquiry concerning the principles of morals*（1751）等。

humor 幽默，体液 **1.**幽默指一种含蓄而充满机智的辞令表达。幽默行为常在尴尬的情境下表现，能化解困境，能博听者会心一笑，是一种高级的谈话艺术。 **2.**指人体内半流动的液体。眼球内的玻璃状液(vitreous humor)即体液之一。见该条。

humour＝humor 幽默，体液

Humphrey's law 汉弗瑞法则 解释自动化处理的一种心理法则。经过无数次练习对某种工作达到完全自动化程度之后，如果刻意去注意，反而对工作效果产生不良影响。此法则为英国心理学家汉弗瑞(G. H. Humphrey 1889～1966)1951年提出，故名。见自动化处理(automatic processing)。

hunger 饥饿 **1.**从生理学的观点言，饥饿是个体内部当养分消耗到某种程度时所产生的一种生理失衡状态。在饥饿状态下，个体就会产生饥饿驱力(hunger drive)，从而驱动个体表现出觅食的行为。见该条。 **2.**在实验心理学上以饥饿为自变项时，一般采操作性定义的方式，将饥饿界定为"超过个体习惯上进食时间而产生的内部生理状态"。(此定义多用于动物实验，旨在控制动物行为的动机。) **3.**从广义的观点言，饥饿一词不限于生理的原因，说明个体社会性需求(如婴儿需求母爱)时，也常用饥饿的意涵表示之。见饥饿中枢(hunger center)。

hunger center 饥饿中枢 指中枢神经系统中职司控制进食和产生饥饿感的神经组织。究竟何种神经组织主控个体的饥饿感，是生理心理学研究的主要问题之一。

hunger drive 饥饿驱力 指个体因超过进食时间导致内在生理运作失衡而形成的激发状态。在此激发状态之下，个体一方面在生理上感受到饥饿，另一方面在行为上表现出觅食的行为。因此，本词的完整意涵应该是"因饥饿而产生觅食行为的内在驱力"。饥饿驱力存在时，个体本身是感觉得到的。为什么会有饥饿感？生理心理学家曾先后提出两种不同的解释，在20世纪50年代以前，流行血糖水平的说法。此种说法认为，在下丘脑部位有一个司职调节体内血液中葡萄糖水平的神经细胞组织。血糖水平降低时即产生"饿感"而需要进食；血糖水平升高时，即产生"饱感"而停止进食。晚近的说法认为血糖水平降低并非构成饥饿感的唯一原因：缺乏内分泌系统胰腺分泌的胰岛素才是主要原因。胰岛素的功能是帮助体细胞吸收葡萄糖并转化身体所需的热能。胰岛素分泌不足时血液中的葡萄糖就不能被吸收利用，而随尿液排出体外，这是糖尿病的主要症状。糖尿病患者时常感觉饥饿，血糖水平高反而感到饥饿，可见单是血糖水平降低并非饥饿的主因。由此可见，"饿感"的产生是葡萄糖与胰岛素二者交互作用的结果：每当胰岛素的化学作用将葡萄糖转化为热能以促进新陈代谢时，葡萄糖被利用而需要补充，因而形成饥饿感。

hunger pain 饥饿痛 义同饥饿感(hunger pang)。见该条。

hunger pang 饥饿感 指饥饿时所产生的一种所谓饥肠辘辘的不愉快感觉。早期心理学家解释为胃壁收缩引起饿感，但后来发现胃切除者仍有饥饿感。晚近的理论则倾向于接受因胰岛素分泌不足的解释。见饥饿驱力(hunger drive)。本词又称饥饿痛(hunger pain)。

Huntington disease（HD） 杭廷顿症 义同杭廷顿舞蹈症(Huntington's chorea)。见该条。

Huntington's chorea 杭廷顿舞蹈症 属于一种遗传性的动作失常疾病。患者最明显的症状是不能自己控制的肢体抽动，脸部表情痛苦，歪嘴吐舌，语言缓慢发音不清，记忆力丧失，注意无法集中。患病年龄多在40岁以后，病发后15年左右死亡。病因系起于脑部神经组织病变。杭廷顿舞蹈症系由美国神经病学家杭廷顿(G. Huntington, 1850～1916)1872年发现，故名。

Husserl, Edmund（1859～1938） 胡塞尔 胡塞

尔是20世纪初德国哲学家，是现象学的创始人，也是完形心理学的先驱。

胡塞尔1859年4月8日出身于奥匈帝国摩拉维亚（现属捷克）的一个犹太家庭。1876年在奥尔缪兹德国公学毕业后，进莱比锡大学，曾修读过当时著名心理学教授冯特的课。不久转维也纳大学修习数学，1881年获数学哲学博士学位。在维也纳大学期间，思想上深受当时该校教授布伦塔诺意动心理学思想的影响，因而在学术研究取向上由数学转向了心理学。1886年布伦塔诺推荐胡塞尔到哈雷大学参与他弟子斯图姆夫的研究，此后数年间，胡塞尔在思想上孕育了他的现象学思想。1900～1916年，胡塞尔担任哥平根大学教授，1916年起荣任弗莱堡大学哲学讲座教授，直到1929年退休。退休后继承他哲学讲座的人，就是存在主义哲学心理学家海德格。1938年4月26日胡塞尔病逝于贝登符兹堡，享年79岁。胡塞尔对心理学的贡献，主要在于以下两方面：

1.首创现象学研究　现象学（phenomenology）一词的简单解释是心理现象的科学研究；而心理现象则指个人面对某一事件所获得的立即经验，包括感觉、感情、意象、意识等。至于现象研究所采用的科学方法，则主要指内省（当事人自己的陈述）。胡塞尔的现象学，旨在采用科学方法将传统哲学建构成一门哲学科学。他虽主张采内省法研究意识，但他并不同意当时冯特研究意识时用内省法去分析意识构成元素的做法。胡塞尔所采取的是布伦塔诺意动心理学的取向，从而研究意义经验。胡塞尔的现象学，强调心理学研究的意识，是个人面对事件时产生的立即经验。人的意识不是抽象概念，也非记忆中的旧经验。他所指的意识，是指对某事件（人、事、物）所产生的意识。胡塞尔特别强调个人的立即的、主观的经验。此种立即的和主观的经验，也就是直觉（intuition）；直觉是不需靠意识判断即可获得的知识。因此他主张心理学家研究受试者心理现象时，应遵守“观察先于分析”的原则，即先观察了解受试者所表现的心理现象是什么，不要在尚未了解对方心理现象之前，即试图给予分析和解释，因如此做法势必无法真正了解对方的心理现象。换言之，现象不是客观的事实，不能根据片面经验给予以偏概全的解释。例如在深山中见到一株从未见过的花（直接经验），不能靠植物分类的知识了解它的性质，只有一看再看，不断地研究，才会真正了解这株花的本质。胡塞尔的现象学对以后心理学的诸多发现，具有极大的启发作用。20世纪初期的存在主义、完形心理学以及人本主义心理学，在理论上都受到了胡塞尔现象学的影响。

2.将心理学定位为中间科学　胡塞尔将人类的知识分为两大类：一类是人类对外在世界所累积的经验，这类知识就是自然科学；另一类是人类对自己思考和研究所累积的经验，这类知识就是哲学。胡塞尔称自然科学知识是人类“外在导向”经验，称哲学知识为“内在导向”经验。如此分类法旨在为心理学定位。他将心理学定位为“中间科学”，意指心理学是一门研究人类内在导向经验（哲学）与外在导向经验（自然科学）之间的科学。

胡塞尔著作中译为英文的专著有：*Ideas: General introduction to pure phenomenology*（1931）；*Phenomenological psychology*（1962）；*Cartesian meditation: An introduction to phenomenology*（1964）等。

hybrid 混血儿 指父母为不同种族者所生的子女。

hydrocephalus 脑积水 由于各种原因引起的脑脊液循环阻塞，导致脑脊液压力增高，使婴儿尚未闭合的颅骨缝扩张，头颅变大，同时也压迫脑组织，影响其发育的病态现象。脑积水的主要症状为头大、智力低下及神经系统功能异常。

hydrophobia 惧水症 属恐惧症之一。患者对水敏感，尤其对水多的地方，感到莫名的恐惧。纵使明知水不会自动伤人，但仍无法克制由之引起的惶恐情绪。见恐惧症（phobia）。

hyelophobia＝crystallophobia 惧玻璃症

hygrophobia 惧潮湿症 属恐惧症之一。患者对潮湿的状态特别敏感，每遇潮湿情况，非但感到不适，甚至感到无法克制的恐惧。见恐惧症（phobia）。

hylophobia 惧森林症 属恐惧症之一。患者对森林有异于常人的感受，进入森林地带时会使他产生极端的恐惧反应。纵使明知不会受到伤害，但仍无法克制由之引起的惶恐情绪。见恐惧症（phobia）。

hypengyophobia 惧责任症 属恐惧症之一。患者对负责任一事的态度特殊，遇事尽量逃避责任，如无法逃避必须担负责任时，则感到极大的

H

恐惧。患此症者态度消极，生活悲观，做事畏首畏尾，毫无成就。见恐惧症（phobia）。

hyperactive child syndrome（HACS） **过动儿症候群，过动儿综合征** 义同活动过度（hyperactivity）。见该条。

hyperactivity **活动过度** 属于情绪困扰儿童的一种症状。活动过度者显著症状是，身体不停地活动，注意力不能集中，睡眠时不能安稳，视觉能力较差，学业成绩低落。活动过度儿童的成因，一般认为除情绪因素之外，有的是由于脑伤所致。与本词相对者为活动过少（hypoactivity）。见该条。

hyperesthesia **感觉过敏** 指对于声、光、冷、热等刺激，特别是触觉刺激极度敏感的异常现象。感觉过敏是癔症（hysteria）的主要症状之一。见该条。

H

hyperkinetic syndrome **活动过度症候群** 义同活动过度（hyperactivity）。见该条。

hypermnesia **超常记忆** **1.**指智能虽低但有特殊偏才型的人，此种人有时对记忆人名、地名、时间等事实性数据表现得丝毫不差，具惊人记忆力。见白痴天才（idiot savant）。**2.**指躁郁型精神病患者，在狂躁时期有时表现出异于常人的记忆力。以上两种超常记忆现象，在心理学上尚未找到合理的解释。

hyperopia＝farsightedness **远视**

hyperorexia＝bulimia **贪食症**

hyperphagia **过度摄食** 指因新陈代谢失常（如糖尿病患者），或病变而导致进食中枢（feeding center）功能失常后所产生的过度摄食现象。见该条。

hypersomnia **睡眠过度，昏睡症** 指实际睡眠时间远超过常态的异常现象。

hypertension **高血压** 指人体血压的异常状态，健康人的血压经常维持120/70之间（分子数字为收缩压，分母数字为舒张压，按毫米汞柱计算），罹患高血压者则是经常超过140/90。高血压患者常有头晕、头痛及肌肉紧张等症状，与本词相对者为低血压（hypotension）。见该条。

hypnoanalysis **催眠分析** **1.**指精神分析创始人弗洛伊德早年使用催眠术从事精神分析的历程。见精神分析（psychoanalysis）。**2.**指现今仍流行的催眠治疗法（hypnotherapy）。见该条。

hypnodrama **催眠剧** 为心理剧形式（psychodrama forms）之一。见该条。

hypnopedia＝sleep learning **睡眠学习**

hypnophobia **惧睡眠症** 属恐惧症之一。患者对睡眠有恐惧感，非但不能像一般人那样从睡眠中获得休息，得到乐趣，反倒望床铺生畏，视睡眠为苦差事。此种变态心理会影响当事人的生活功能。见恐惧症（phobia）。

hypnosis **催眠** 个体接受催眠诱导，集中意识于某点，由之进入昏睡的精神状态，称为催眠。此种由催而眠的状态，在表面上类似睡眠，事实上当时的生理与心理变化，与一般睡眠并不相同。在催眠状态下个体行为的主要特征是：（1）易受暗示，听从催眠师的指挥；（2）身体失却自主，先是呈现松懈，继而变为僵直；（3）产生幻觉，看见根本不存在的东西（正幻觉），或是将存在的东西看成不存在（负幻觉）；（4）醒后遗忘，催眠过后，个体对催眠状态下所作所为一切全部忘记；（5）生理变化异常，脑波变化、血液循环及血糖成分，既与清醒时不同，也与一般睡眠有异。目前心理学的知识，只能承认催眠的现象和催眠的方法，对催眠原理的解释，尚缺共识性的系统理论。催眠已用于心理治疗，见催眠术（hypnotism）、催眠治疗法（hypnotherapy）。

hypnotherapy **催眠治疗法** 指采用催眠术为辅助技术借以达成心理治疗效果的一种治疗法。单是使用催眠术，并不能达到治疗的目的。采用催眠作辅助治疗的基本条件是，患者必须接受暗示，被催眠进入昏睡状态。借由催眠后的暗示，可以解除患者的痛苦，甚至戒除不良习惯。例如，催眠师对催眠状态下的患者说："我数到五时，你会醒来，醒来后你就不再头痛了！"据发现，此种方法对心因性头痛患者十分有效。催眠治疗范围很广，目前已被使用于减缓疼痛、减缓焦虑及戒除不良习惯等。见催眠（hypnosis）。

hypnotic induction **催眠诱导** 催眠师运用暗示并伴以其他动作，诱导受试者在意识上进入催眠状态的过程，称为催眠诱导。暗示（suggestion）是催眠诱导之必要条件，其含义指催眠师用语言告诉受试者，说他的意识已经改变了（如：你开始要睡了。你的眼睛已经合起来了，全身放松，快要入睡了）。在实施时，催眠师除对受试者语言暗示外，并经常使用辅助动作（如在受试者眼前摇摆一物件）。催眠诱导方式虽未必相同，但大体上不外遵循以下顺序：（1）暗示受试者眼睛疲劳，无法张开；（2）暗示受试者感官逐渐迟钝，将不会感到刺痛（在催眠状态下将失却痛觉，拔牙免用麻醉，即根据催眠原理）；（3）暗示受试者忘却一切，只记得催眠师所讲的话和要他做的事；（4）暗示受试者将经验到负幻觉现象（如告以桌上的台灯不见了）；（5）暗示受试者催眠过后，醒来时将忘却催眠中的一切经验；（6）暗示受试者醒来后做某些活动（如打开所有窗子）。此外，催眠效果另与两个条件有关：其一，催眠须在安静的环境下进行；其二，受试者须对催眠师有信心、有安全感，两人之间有良好的关系。

hypnotic responsiveness **催眠反应性** 义同催眠感受性(hypnotic susceptibility)。见该条。

hypnotic rigidity **催眠僵直** 指在催眠状态下，受试者接受催眠师的暗示，呈肌肉变得僵直的现象。见催眠(hypnosis)。

hypnotic set **催眠心向** 指个体易于接受暗示进入催眠状态的心理倾向。

hypnotic suggestibility **催眠暗示性** 义同催眠感受性(hypnotic susceptibility)。见该条。

hypnotic susceptibility **催眠感受性** 指受试者在心理与行为上自愿接受催眠师暗示的程度。如受试者自愿按照催眠师的暗示去动作，即表示他的催眠感受性高；反之则低。根据心理学家研究发现，催眠感受性与个人的性格有关，有三种人最容易接受催眠暗示：(1)平常喜欢沉思幻想的人；(2)在生活中善于心向专注而不易因外在刺激而分心的人；(3)希望从催眠中获得新鲜意识经验的人。一般来说，具有催眠感受性的人约占25%。因催眠感受性的高低系根据接受暗示的程度而定，故而也称催眠暗示性(hypnotic suggestibility)。

hypnotic trance **催眠恍惚状态** 指经催眠进入似梦似幻的不自主易受暗示的恍惚状态。见催眠(hypnosis)。

hypnotism **催眠术** 指由催眠师在其设计的特殊情境下，运用暗示(suggestion)与催眠诱导(hypnotic induction)，使受试者的意识进入似睡眠状态的过程。见该等条。催眠术最早由奥地利维也纳医师麦斯默所首倡。1779年，麦斯默的《动物磁力之发现》出版，他尝试运用人体的磁场效应，诱导病患的意识进入恍惚的精神状态，从而消除身体上的症状。到18世纪80年代，动物磁场之说被渲染夸大，以至在巴黎的上流社会大为流行。最后惊动了法王路易十六，于1784年下令成立委员会调查此事。当时被聘担任该调查委员会主席者，是美国著名科学家富兰克林(B. Franklin, 1706～1790)。调查结果指出动物磁力说有违科学原理，因而宣布在医疗上禁止使用。麦斯默的动物磁力说受到挫折，但其由人为方法改变意识状态的构想，却一直不曾消失。在1842年，英国医师布莱德(J. Braid, 1795～1860)运用动物磁力说原理，诱导病人进入精神不集中、神志不清、近似睡眠状态，然后予以治疗。唯布莱德不再采用原来麦斯默使用的名称，改采希腊神话中睡神Hypnos之名，称为hypnosis。见麦斯默(Mesmer, Franz Anton)传记条。

hypnotizability **催眠可能性** 义同催眠感受性(hypnotic susceptibility)。见该条。

hypoactivity **活动过少** 指个体动作缓慢或呆滞状态。活动过少的原因，一则可能是肢体发育不良，属生理因素；另一则可能是情绪抑郁，属心理因素。与本词相对者为活动过度(hyperactivity)。见该条。

hypoboulia＝hypobulia **意志消沉**

hypobulia **意志消沉** 指个体意志力降低，遇事缺乏主动性且丧失决断能力的病态现象。意志消沉是精神分裂症(schizophrenia)患者的常见症状之一。见该条。

hypochondria＝hypochondriasis **疑病症**

hypochondriacal delusion **疑病妄想** 属妄想症之一。患者认为自己患了诸如癌症等不治之症，或认为自己身体某部分有变形或畸形，或患了某种怪病。疑病妄想可见于精神分裂症(schizophrenia)。见该条。见妄想(delusion)。

hypochondriasis **疑病症** 属身体症状性疾病之一。患者过分关心自己的身体状况，稍有不适，即疑神疑鬼，怀疑自己患了严重疾病，惶悚终日，庸人自扰，因而影响生活功能。疑病症的形成，可能与幼年生活过分受到父母的呵护有关。

hyposophobia＝acrophobia **惧高症**

hypotension **低血压** 指经常低于一般人血压的状态，低血压标准是，收缩压为100毫米汞柱，舒张压为60毫米汞柱以下。一般体质瘦弱者多患先天性低血压。低血压并非疾病，除平常体力较差之外，低血压者在寿命上反比一般人为长。与本词相对者为高血压(hypertension)。见该条。

hypothalamus **下丘脑，下视丘** 为前脑的主要构造之一。是由许多神经核和散布的细胞所构成，它负责维持生命的基本系统如饥饿、口渴和体温调节等，同时也控制内分泌系统和自律神经系统。综括其功能可分为七大项：(1)为高级的自律中枢，位于下丘脑神经核内的神经元所发出的轴突，连接到脑干及脊髓中的交感神经中枢、副交感神经中枢，使其成为自律活动的高级调节器；(2)为大脑皮质与低级自律中枢间或大脑皮质与脊髓体神经间神经冲动的主要转递站，低级自律中枢是指位于脑干及脊髓中的自律中枢，许多由大脑皮质不同中枢下行的神经皆终止于下丘脑；(3)抗利尿激素与催产素是由下视丘的上视核、脑室壁核和灰白结节所制造，再经由脑垂腺后叶分泌出去；(4)分泌下丘脑激素经垂体腺门脉系统送到脑垂腺前叶，以控制许多激素的分泌；(5)下丘脑参加唤醒之机构，故对于维持清醒状态很重要，下丘脑失调也可能导致嗜眠现象；(6)下丘脑

H

可调节食欲及食量；(7)下丘脑对于身体正常体温的调节非常重要，因其神经纤维和控制血管舒缩、流汗的自律中枢以及控制骨骼肌肉颤抖的中枢皆有接触。当下丘脑受伤或不正常时，常导致体温明显上升。见脑(brain)条及附图。

hypothesis 假设，假说 **1.**在从事科学研究时，研究者对待决问题的性质，或是根据已有理论，或是根据个人认识，研究者先提出的一种暂时的或尝试性的答案，称为假设。假设之经过验证后肯定为真者，即成为理论。将来实际研究结果未必与事前所提假设相符，但在事前准备与实际研究过程中，假设具有导向作用。假设陈述方式，最主要者有三种：(1)条件式，假设两变项间有条件关系，如A条件成立，则B条件也会成立(if A, then B)，是典型的假设方式；(2)差异式，假设两变项间有差异关系，可假设A≠B，也可假设A＝B；(3)函数式，假设两个变项间有函数关系，y＝f(x)，依变项y是自变项x的函数，或曰y的变化将随x的变化而变化。 **2.**在科学上，对事象变化提出合于逻辑推理而尚待实际验证的理论，称为假设。

H

hypothesis testing 假设验证 义同假设验证策略(hypothesis testing approach)。见该条。

hypothesis testing approach 假设验证策略 属于认知学习的一种策略。学习者根据情境中的既有线索，先形成一种假设，然后进一步采取行动去加以验证。如行动结果支持原先假设，学习历程结束，也等于问题获得解决；如行动结果不支持原先假设，即须修正原先的假设，然后再行验证。以手持ABC三把钥匙开一把锁为例，首先假设用A，如A开不开，再假设用B，如再开不开，则不须再行假设即可肯定C一定能开启该锁。见假设(hypothesis)。

hypothetical construct 假设构念 对某种问题的推理性解释。纵然在解释时只凭假设，尚缺事实证据，但在尚未发现更合理的解释之前，假设性构念即可当作理论来应用。在科学发展过程中，任何定理定律的前身，都经过假设性构念阶段。在电子显微镜发明之前，生理学家相信遗传因子(基因)在染色体中的生理作用，即属典型的假设性构念。英国解剖学家哈尔维(W. Harvey, 1578～1657)的血液循环论，在未经证实之前也是先提出了假设构念。见假说(hypothesis)

hypothetical population 假设总体 在进行抽样研究时，作为抽样基础的总体，称为假设总体。例如，要想研究都市小学二年级儿童的常用词汇，在进行研究之前，必先设定代表都市小学二年级儿童者是哪个都市和哪些小学二年级的儿童。如果设定的是某都市东、西、南三区的三所小学中的所有二年级儿童，即可以该三所小学所有二年级儿童为总体，然后根据抽样原理，从中抽出一个具有代表性的样本(如500人)。在此情形下，该三所小学的全体二年级儿童，就是假设总体。基于此义，可知"总体"一词是相对性的。"总体"可大可小，端视研究目的而定。见抽样(sampling)。

hypothetico-deductive method 假设—演绎法 指以"假设的演绎"为核心的科学理论建构方法。采用假设演绎法时，在形式上必须从一套表述方式清晰的公设出发，对一些重要的术语给予具体明确的或操作性定义，用最严格的逻辑演绎出有关具体现象的一系列互相连结的定理和推论。在基本上，假设演绎法是一种"自身逐渐修正"的方法。即公设应由为验证最初假设有效与否而设计的实验结果来证实。如实验结果发现与最初定的公设不符，即须加以修正，并重新进行，直至最后所得结果符合公设为止。英国物理学家牛顿(Newton, 1642～1727)的古典力学理论的建构过程，就是典型的假设演绎法。在心理学上，美国心理学家赫尔的学习理论，也是采假设演绎法所建构的。见赫尔(Hull, Clark Leonard)传记条。

hypothetico-deductive reasoning 假设演绎推理 假设演绎推理是逻辑思维的基本形式之一。此种推理思维的特点是，先对所面对的问题情境提出一系列的假设，然后根据假设进行验证，从而得到答案。根据瑞士心理学家皮亚杰观察研究发现，儿童的认知发展达到形式运思期(11岁以上)之后，才会从事假设演绎推理。皮亚杰曾以摆动吊锤做实验，要求受试者解答在吊绳长短、吊锤重量、推动力量三种变化中，何者是影响锤摆速度的因素。实验结果发现，只有认知发展达到形式运思期水平者，才会按照类似以下假设演绎推理方式寻求答案：先假设影响摆速的因素为锤重，然后保持另二因素不变而只变化锤的重量以验证之。也可先假设绳长为影响因素，然后保持另二因素不变只变化绳长以验证之(正确答案)。如此系统进行，终可得到正确答案。见形式运思期(formal operational stage)。

hypothetico-deductive system 假设—演绎系统 义同假设—演绎法(hypothetico-deductive method)。见该条。

hysteria 歇斯底里，癔症 原希腊文指子宫，在古希腊时代，迷信未婚女性因子宫在体内游走而生此病。中国医学古称癔病，指发病原因与病人之心意有关。歇斯底里的主要症状分两类：(1)运动系统障碍，包括震颤、抽搐、挛缩、行走困难、麻痹以及半身不遂等；（2）感觉系统障碍，包括幻觉、梦游、皮肤麻木或敏感以及视听障碍等。对歇斯底里病因的解释，直到19世纪末期，才摆脱以往迷信的看法，认定是由心理因素转化而成的身体疾病。因而又称为转化症（conversion disorder）。见该条。

hysterical amblyopia 歇斯底里视弱 由心理疾病转化而成的视觉功能减弱的异常现象。

hysterical astasia 癔症性站立不能 见站立与步行不能（astasia-abasia）。

hysterical blindness 歇斯底里盲 义同心因性盲（psychogenic blindness）。见该条。

hysterical character 歇斯底里性格 指情绪极不稳定者而言，具有此种性格的人，其情绪极易激动，喜怒哀乐过度反应，倾向于自我中心，但对人却表现过分依赖，毫无独立性格可言。

hysterical neurosis 歇斯底里型神经症 义同转化症（conversion disorder）。见该条。

hysterical pregnancy 歇斯底里怀孕 义同假怀孕（false pregnancy）。见该条。

Hz＝Hertz 赫兹

I

I_R = **reactive inhibition** 反应抑制

$_SI_R$ = **conditioned reactive inhibition** 条件性反应抑制

IA = intelligence age 智力年龄

IARQ = Intellectual Achievement Responsibility Questionnaire 智能成就责任问卷

iatrogenic disorder 误诊致病 指医师诊疗时,或是由于对病情解释错误,或是由于对病人表示不当暗示或态度,或是由于诊断错误及处方不妥,结果使患者病情反而加重的情形。换言之,本来只是轻微的适应不良,经过医生的不当诊治后,反而变成了较重的心理或生理疾病。所谓"庸医杀人"正是此种情形。

iatrogenic homosexuality 误导性同性恋 指由于心理师的错误解释或不当暗示,致使受诊者相信自己具有同性恋的倾向,而形成同性恋者。见误诊致病(iatrogenic disorder)及同性恋(homosexuality)。

iatrogenic illness = iatrogenic disorder 误诊致病

iatrogenic neurosis 误诊性神经症 见误诊致病(iatrogenic disorder)。

ICD = International Classification of Diseases 国际疾病分类

iceblock theory 冰块论 美国社会心理学家勒温理论中的概念。指个体参与团体活动时,因受团体成员间交感互动的影响而使原有不当行为改善,重新建立适当行为的历程。当个体接受敏感训练参加训练团体时,因受别人的影响,先将原来不当的态度和行为逐渐"融化",然后再从团体中学到适当的态度和行为,并逐渐"冻结"起来而成为他的新习惯方式。像此种先融化而后再冻结的行为改变理论,即称为冰块论。见敏感训练(sensitivity training)。

ichthyophobia 惧鱼症 属恐惧症之一。患者对鱼类特别敏感,每一见及即产生极不合理的恐惧反应。因此,患惧鱼症的人非但不敢养鱼,甚至不敢吃鱼。纵使明知不致受到任何伤害,但仍然无法克制由之引起的惶恐反应。见恐惧症(phobia)。

iconic = iconic memory 映象记忆,视觉记忆

iconic code 形码 见编码(encoding)。

iconic memory 映象记忆,视觉记忆 指视觉刺激消失后感觉上暂时留存的记忆。映象记忆在性质上属感觉记忆(sensory memory),持续时间约在半秒左右。见该条。

iconic mode = iconic representation 形象表象,形象表征

iconic representation 形象表象,形象表征 美国心理学家布鲁纳的认知发展理论中的术语。指儿童认知发展乃是表象思维方式随年龄而改变的历程。布鲁纳按儿童表象思维方式的变化分为三种表象,分别出现在三个年龄阶段,形象表象即为第二阶段。此阶段幼儿运用感官对事物所得的形象,借以了解周围的世界,从而获取知识。本词亦称该期为形象表象期 (iconic representation stage)。另一、三两种表象分别为动作表象(enactive representation)与符号表象(symbolicrepresentation)。见该等条。见布鲁纳(Bruner, Jerome Seymour)传记条。

iconic representative stage 形象表象期 参见形象表象(iconic representation)。

iconic store 映象储存,视觉储存 义同映象记忆(iconic memory)。见该条。

ictal emotion 突发情绪 指情绪突然爆发而转眼又自行消失的反常现象。

id 本我,原我 指精神分析创始人弗洛伊德所指人格结构的最基层部分。他将个体的整个"我"分为三部分或三个层面,分别称为本我、自我和超我。本我属最基层的部分,其中蕴储着人性中最原始、最接近兽性的一些本能性的潜意识冲动。此等冲动不受个体意识的支配,也不受外在社会规范的约束,冲动一旦发生则立即要求即刻满足。因此本我的活动完全是受唯乐原则 (pleasure principle) 所支配的。见该条。另见精神分析(psychoanalysis)。

id anxiety 本我焦虑 按精神分析论的解释,本我焦虑指来自本我(id)的本能性冲动不能获得满足

时,所产生的焦虑。见该条。

idea 观念,意见 **1.**指由感官获得知觉经验后所形成的认知作用。**2.**指对某事件的看法。

ideal 理想 指个人所追求的一种自认完美而有价值的目标(指人或事)。在一般情形下,此种目标是不易达成的。

idealism 唯心论,观念论,理想主义 **1.**本词译为唯心论时,指哲学上本体论(ontology)的两大理论之一。见该条。唯心论的基本要义是,心为人性唯一的终极实体,身体活动的行为表现,均由心之实体所创造;身体活动只是心之功能的显现而已。与本词相对者为唯物论(materialism)。见该条。**2.**本词译为观念论时,指哲学上知识论(epistemology)的两大理论之一。见该条。观念论的基本要义是,世界万物本身并非独立存在,人之所以觉得物体存在,只是表象,万物所存在者乃是在于人的观念。因此观念论主张知识来自观念,观念是天赋的,以观念为基础,演绎推理而形成一切知识。与本词相对者为实在论(realism)。见该条。**3.**本词译为理想主义时,指个人按其主观价值设定目标,从而追求以期实现的一种生活态度。理想主义者的人生观,倾向于视精神重于物质,视未来重于现在。至于理想主义所设定的目标,可能有多种形式:可能是学业,可能是事业,也可能是爱情与婚姻。与本词相对者为现实主义(realism)。见该条。

idealization 理想化 **1.**根据精神分析论,理想化是防卫机制之一。使用理想化作为防卫机制时,个体将引起矛盾心理的对象(如对某人既爱之又恨之)分裂为两个概念:其一是坏到极点,另一是好到十全十美。**2.**晚近的用法,指个体借着把别人的能力或品德推崇至理想而完美的地步,从而维护个人的安全并提升自尊感。例如,幼儿们常说"我爸爸的力气最大""我妈妈最漂亮",都是借着把别人理想化,借以增加本人的自尊与安全。理想化有时是意识的,有时是潜意识的。见防卫机制(defense mechanism)。

idealized image 理想化形象 **1.**指个体对自己所期冀的不切实际的形象。根据弗洛伊德的精神分析理论,个体是以理想化形象来对抗自我理想(ego ideal)管制的。见该条。**2.**根据德裔美籍精神病学家霍妮的解释,理想化形象是一种潜意识的神经质倾向,此倾向发展的结果,终将形成不健康的理想化自我(idealized self)。见该条。

idealized self 理想化自我 **1.**指个人为自己许下的愿望,愿自己成为什么样的人,愿自己能做出什么样的事,亦即个人所设想的人生目标。如此解释,本词义同理想自我(ideal self),其含义表示个人的心理是健康的。见该条。**2.**根据德裔美籍精神病学家霍妮的理论,将自我分为三个层次,理想化自我是其中之一。理想化自我是个体凭空设想的十全十美的终极目标,是不可能实现的一种纯属理想的自我意象。按霍妮的解释,个体之所以在心理上形成理想化自我,主要是因为在现实中追求自我实现失败,因而画饼充饥,借以表示其应为但不能为的自欺心理。因此,理想化自我是心理不健康的倾向。此种理想化自我形成的过程,称为自我理想化(self-idealization)。如此解释,本词与理想自我(ideal self)不同。见该条。霍妮理论中的另两个自我是真实自我(real self)与现实自我(actual self)。见该等条。见霍妮(Horney, Karen)传记条。

idealized-self image 理想化自我意象 义同理想化自我(idealized self)。见该条。

ideal masochism 想象被虐狂 精神分析论创始人弗洛伊德理论中的术语。意指个人想象受到别人虐待,借以减轻内心冲突并获得满足的一种反常心理倾向。受虐幻想(masochistic fantasy),即属想象被虐狂症状之一。见该条。

ideal self 理想自我 指个人为自己设下的人生目标,希望自己能成为什么样的人,希望自己能做出什么样的事。注意本词与美国精神病学家霍妮理论中所指的理想化自我(idealized self)不同。见该条第二义。

Ideal-Self Q Sort 理想自我Q分类 使用Q分类的方式进行自我评定测验时,用以表示受试者自评的"理想自我"和"真实自我"之间差异的程度,称为理想自我Q分类。见Q分类(Q-sort)。

idea of influence = **delusion of influence** 支配妄想

idea of reference 关联观念 怀疑周围发生的事情与自己有关。例如,宿舍里丢了东西,看到有人窃窃私语就认为他们在怀疑自己。本词亦称关系观念。本词与关联妄想(delusion of reference)稍有不同,关联观念只是怀疑,关联妄想则是相信他所妄想者是事实。见该条。

ideational agnosia 观念失认症 患者面对以前曾学过的文字符号时,不能解释该文字符号所代表的观念。见失认症(agnosia)。

ideational apraxia 观念失用症 指丧失惯常连续性复杂动作的症状。例如,以往有吸烟习惯的人,患病后即使能划火柴,也无法点燃香烟。此种动作失常与脑额叶或脑顶叶病变有关。

ideational learning 观念学习 指理解式学习,个

I

体所学习到的是统整性的观念，而非零碎片段的知识。与本词相对者为机械式学习（rote learning）。见该条。

ideational shield 观念性掩蔽 是一种自我防卫性行为，为防止受到指责或惩罚，预先找出理由来解释，借以减低内心的焦虑。债务人不期而遇债权人时，不等对方开口，先行说出拖延理由，此情况即属之。

idee fixe＝compulsive idea 强迫观念

identical-direction law＝law of identical direction 同向法则

identical elements theory 同元素论 美国心理学家桑代克在20世纪20年代提出的一种学习迁移理论。主张旧学习之所以能对新学习有迁移效果，主要是由于新旧两种学习间具有共同的元素。两者相同元素愈多，则迁移的分量也愈大；反之，若两者相同元素甚少，则迁移也少；若两者间没有相同元素，就不会产生迁移。见形式训练（formal discipline）。

I

identical retinal point 视网膜对应点 两眼看远处物体时，物体投射在两视网膜的映象是相同的。原因是当两眼看远处物体时，两眼视线接近平行，不会形成双眼视差（binocular disparity）。见该条。

identical twins 同卵孪生子 指由一个受精卵分裂为二之后，各自发育而成的两个个体。同卵孪生子的遗传相等，而且两者必定性别相同。见孪生子（twins）。

identifiability principle 辨识原则 学习原则之一。在学习情境中，凡是学习材料的特征或要点易于辨识者，都比较容易学习。

identification 认同，自居作用，识别 **1.**指个体意识地或潜意识地将自己的特征向别人看齐或将自己的特征归属于团体的特征的心理历程。在社会心理学上，视认同为个体行为社会化的历程。在社会情境中，个体向其他个人（如父母）或团体（如教会）的行为方式、态度观念、价值标准等，经由模仿、内化而趋于一致的心理历程，称为认同。按此义，认同是指个体经社会学习或社会化之后，在心理上所产生的一种主观的归属感或归属意识。显然，此种认同的基本特征是，在有客体对象情形之下所从事的主观吸取，故而在个体的社会活动中，因模仿对象的不同，而使个体的认同随成长而变化（如由父母而教师而专业团体等）。因此，同一个体可能有多方面不同的认同。 **2.**根据弗洛伊德的精神分析论，在他列出的多种防卫机制中，认同也是其中之一。将认同作为防卫机制解释时，其心理历程是以潜意识为主的。个体在现实生活中，如遭受挫折不能获得成功的满足时，即模仿比拟其他成功人物的思想言行，或比拟幻想中的偶像或强者，借以在心理上分享其成就或威严，从而消减因挫折而生焦虑的痛苦。按弗洛伊德的解释，认同开始于幼儿期恋母情结（Oedipus complex）转化为双亲交叉认同（cross-parental identification）。见该等条。另见防卫机制（defense mechanism）。 **3.**在认知心理学上，本词译为识别，意指辨识事物的某些特征，从而获得概念以作为分类的标准。见概念识别（concept identification）。

identification figure 认同人物 **1.**指幼儿在社会化过程中，对影响他并引导他向之认同的楷模人物。在一般情形下，父母或养育他的人就是幼儿的认同人物。 **2.**凡是能作为个人认同对象的人，均称认同人物。此类认同人物，未必都在眼前；个人心目中的偶像，可能是世界伟人，也可能是历史上的圣贤豪杰。

identification test 辨识测验 属于文字测验的一种方式。测验内容包括一些大同小异的词句或图形，让受试者辨别其异同，从而鉴别受试者辨识能力的高低。

identification transference 认同性移情 心理学家斯拉夫森（S. R. Slavson, 1890～1981）团体治疗理论中的术语。意指参与团体治疗的患者，对团体中其他成员在心理上产生移情（transference），并自愿效法他们，向他们的行为表现去学习。见该条。

identity 认同，统合，同一性 **1.**本词译为认同时，指个体认为某一事件或某种思想与自己的思想或观念相同，因而在态度或行动上表示支持的心理倾向。唯本词使用时多与另词结合构成不同的认同，如团体认同（group identity）、种族认同（racial identity）等均属之。见该等条。 **2.**本词译为统合时，指个体人格发展臻于成熟的状态。人格发展达到成熟状态者，个人的很多心理层面，就会彼此和谐，而产生心安理得的统合状态。个人的很多心理层面，指个人的身体状况、心理需求、生活条件、人际关系、工作环境以及理想、现实等，统而合之而形成一种完美心境。基于此义，统合一词是相对的概念，不是绝对的，人生逆境多于顺境，很难达到称心满意完全统合的地步。对青年人而言，统合更为困难。因本词涉及人格发展，故而在使用时常与其他概念联结，诸如自我统合（ego identity）、个人统合（personal identity）等均属之。见该等条。本词是美国心理学家埃里克森人格发展理论的重要概念。见统合危机（identity crisis）。 **3.**本词译为同一性时，其意涵有二：其一是与前述统合概念相同，表示个体心理状态的一致性；其二是义同皮亚杰认知发展理论中的守恒(conservation)。见该条。

identity achieved = identity achievement 定向型统合

identity achievement 定向型统合 美国心理学家马西亚(J. E. Marcia)理论中的术语。定向型统合是青年期四种不同统合类型之一。指青年期经由统合形成(identity formation)阶段的自我追寻挣扎之后，在面对现实环境及未来选择时，自觉已有确定方向的心理成熟状态。换言之，属于此类型的人，在人格统合历程中已经达到了成熟的地步。见该条。此类青年在性格上属自主定向型，未来的发展也较为顺利成功。

identity confusion = identity diffusion 迷失型统合

identity conservation 同一性守恒 义同守恒(conservation)。见该条。

identity crisis 统合危机 美国新弗洛伊德心理学家埃里克森之心理社会期发展论(psychosocial stage theory of development)中的术语。统合危机指青年期统合形成(identity formation)阶段，个体在自我追寻中因不易获致自我肯定而感到的焦虑心态。见该等条。

identity development 统合发展 美国新弗洛伊德主义心理学家埃里克森之心理社会期发展论(psychosocial stage theory of development)中的术语。青年期从自我追寻到自我肯定的一切人格发展特征，称为统合发展。统合发展的主要任务乃是统合形成(identity formation)。见该等条。

identity diffusion 迷失型统合 美国心理学家马西亚(J. E. Marcia)理论中的术语。迷失型统合是青年期四种不同统合类型之一。迷失型统合指青年期经由统合形成(identity formation)阶段的自我追寻挣扎之后，自觉面对现实及未来方向时，益感彷徨迷失不知所措的心理状态。见该条。属此类型迷失方向的青年，未来的发展仍有困难。

identity disorder 统合障碍 青年期晚期(20岁左右)因人格发展不顺利而产生的不确定感和迷失感所导致的心理适应困难。青年期的十年期间，其主要任务本来是从自我追寻达到自我肯定的历程，如果到青年期晚期个人在学业专长、职业取向、婚姻选择、宗教信仰以及价值判断等各方面，都没有确定感，就会感到迷失。因迷失而彷徨忧虑，最后难免造成心理适应困难。

identity foreclosure 早闭型统合 美国心理学家马西亚(J. E. Marcia)理论中的术语。早闭型统合是青年期四种统合类型之一。指青年期未曾经过统合形成(identity formation)的自我追寻挣扎阶段，自觉面对现实及未来一切，悉由长辈决定的心理依赖状态。见该条。此类青年属他主定向型，由别人做主将他人格发展的潜力提前封闭了。在以往子承父业的安定社会中，他主定向型的人生活或能适应，但在现今社会急遽变迁的环境中，就难免发展困难。

identity formation 统合形成 美国新弗洛伊德主义心理学家埃里克森心理社会期发展论中的术语。青年期(十二三岁至廿二三岁十年间)的心理特征是介于统合(identity)与角色混乱(role confusion)两极之间不同程度的发展。统合代表一种人格发展成熟的状态，也可以说是健康成熟的状态。角色混乱代表一种发展迟滞或行为偏差的不健康不成熟状态。从青春期开始到青年期结束的十年期间，个体在发展上逐渐成长到自我统合状态的历程，即称为统合形成。不过，并非所有个体在此阶段都能在心理上发展到自我统合的地步。美国心理学家马西亚(J. E. Marcia)根据埃里克森的理论实际调查研究发现，青年期的统合形成历程，正是个体从自我追寻到自我肯定的重要阶段。在此阶段中，按个体人格发展的成熟程度，有四种不同程度的统合状态(identity status)。这四种不同的统合状态，也可视为青年期的四种类型：(1)定向型统合(identity achievement)，是从自我追寻达到自我定向的成功者；(2)未定型统合(identity moratorium)，是在自我追寻中尚未完全定向者；(3)迷失型统合(identity diffusion)，是在自我追寻中陷入迷失境界者；(4)早闭型统合(identity foreclosure)，是未经自我追寻而被成人塑定角色者。见该等条。见心理社会期发展论(psychosocial stage theory of development)。

identity level of concept attainment 概念守恒阶段 瑞士心理学家皮亚杰认知发展理论中的术语。指儿童的概念发展已经达到守恒(conservation)的阶段。见该条。

identity moratorium 未定型统合 美国心理学家马西亚(J. E. Marcia)的理论，未定型统合是青年期四种不同的统合类型之一。指青年期经由统合形成(identity formation)阶段的自我追寻挣扎之后，自觉面对现实及未来方向选择时，仍然感觉到不能完全肯定的心理状态。见该条。此类青年是现今社会青年群中的代表，他们多数仍在自我探索的路上寻求，其未来发展有良好的预期。

identity need = need for identity 独立需求，统合

需求

identity status 统合状态 美国新弗洛伊德主义心理学家埃里克森之心理社会期发展论中的术语。统合状态指青年期经由统合形成阶段的自我追寻挣扎之后，个体在人格发展上达到的成熟状态。美国心理学家马西亚(J. E. Marcia)根据埃里克森的理论实际调查研究发现，青年群中有四种不同的统合状态：(1)定向型统合(identity achievement)；(2)未定型统合(identity moratorium)；(3)迷失型统合(identity diffusion)；(4)早闭型统合(identity foreclosure)。见统合形成(identity formation)。

identity theory of mind 心灵统一论 哲学心理学术语。指个人的意识和大脑的生理作用和谐一致的状态。

identity versus role confusion 统合对角色混乱 美国新弗洛伊德主义心理学家埃里克森之心理社会期发展论(psychosocial stage theory of development)中的第五个阶段(12岁以上青年期)。见该条。

I

ideogram＝ideograph 表意文字

ideograph 表意文字 指字形本身特征即直接表达其意涵的文字。汉字即表意文字。

ideology 意识形态，观念形态 社会心理学术语，指由态度、观念、信仰等混合在一起所形成的个人或团体思想体系。

ideomotor apraxia＝ideational apraxia 观念失用症

idiocy＝idiot 低能，白痴

idiographic＝idiographic approach 特殊规律取向，特殊规律研究法

idiographic approach 特殊规律取向，特殊规律研究法 指仅以单一个体为对象的心理学研究取向。此种研究取向的目的，旨在了解个体的心理特质，而不是建构系统理论推论团体心理特质。与本词相对者为一般规律研究法(nomothetic approach)。

idiographic psychology 特殊规律心理学 指采用特殊规律研究法(idiographic approach)进行研究的心理学。见该条。

idiopathic epilepsy 病因不明癫痫 属癫痫症(epilepsy)之一类。见该条。

idiot 低能，白痴 指智力极低完全不能照顾自己的人。在现代的特殊教育上，白痴一词已不使用，改称深度智能不足(profound mental retardation)；其智商一般低于20。见该条。见智能不足(mental retardation)。

idiot savant 白痴天才 指普通智力(多指智商)极低，社会能力甚差，生活不能自理，但在某一方面却能表现超乎常人的人。白痴天才所表现的才能多在超常记忆力、超常体能、超感知觉等方面。例如，有的白痴天才能轻易说出几年后的某月某日是星期几，也有的不懂音乐而能用钢琴弹奏曲调。在心理障碍者人口中，白痴天才的出现率约为0.06%；而在自闭症患者群中，其出现率多达10%(男女之比为6∶1)。故而本词也称自闭天才(autistic savant)。

IED＝individualized educational plan 个别化教育计划

I-E scale＝Internal-external scale 内外控量表

IG＝integrity group 互助团体

ikonic memory＝iconic memory 映象记忆，视觉记忆

ikonic representation＝iconic representation 形象表象，形象表征

ill-defined problem 无明确界定问题 指性质和条件不确定的问题情境。所谓"无明确界定"，是指对构成问题的条件、问题求解的目的以及达到目的的手段和步骤等，都不能使人获得明确的概念。无明确界定的问题在科学研究上是不能当作问题来研究的。与本词相对者为明确界定问题(well-defined problem)。见该条。

Illinois Test of Psycholinguistic Abilities 伊利诺心理语言能力测验 是一种个别心理语言测验。该测验系美国学者麦卡锡等人(S. Kirk, J. McCarthy, & W. Kirk)所编制，其内容包括十二个分测验，测量两种主要沟通频道上的能力：视觉—动作与听觉—语言。十二个分测验是：(1)听觉接纳；(2)视觉接纳；(3)听—说联合；(4)视—动联想；(5)语言表达；(6)动作表达；(7)文法闭锁；(8)视觉闭锁；(9)听觉闭锁；(10)声音补充；(11)听觉系列记忆；(12)视觉序列记忆。伊利诺心理语言能力测验在美国已建立常模。该测验适用对象一般为2.5～10岁儿童，但为诊断的目的，11～12岁可教育性的智能不足儿童仍可适用，记分方式采心理语言年龄和量表分数表示之。

illiteracy 文盲 泛指缺乏阅读和书写能力的人。唯此种人之所以缺乏阅读和书写能力，多半由于自幼被剥夺了受教育机会，未必起因于身心障碍。

ill-structured problem 结构不良问题 属问题的一类型式。结构不良问题的特征是，问题的意义不明确，且缺乏方法和程序。与本词相对者为结构良好问题(well-structured problem)。见该条。

illumination 照明，启发，豁朗期 **1.**照明是指投射在某物体表面上光的明度。**2.**启发是指由于观

念澄清而得到思想贯通的心理历程。**3.**豁朗期是指英国心理学家瓦莱斯(G. Wallas)所提创造性思维历程中的第三阶段。见创造性思维(creative thinking)。

illumination ergonomics 照明工效学 属工效学的一个分支。照明工效学以人类视觉研究为基础,着重研究照明与工作效率之间的相互关系;其目的是寻求建立最佳的照明环境,提高工作效率,减少意外事故,并增加人的舒适感。照明工效学研究的主要内容包括各种照明环境的评价、照明水平、照明分布对工作效绩和人的视觉功能的影响等。见工效学(ergonomics)。

illusion 错觉 指错误的或扭曲事实的知觉经验,亦即所得知觉经验与知觉对象特征不一致的心理现象。错觉并非心理异常,错觉是正常现象。严格言之,任何知觉都带有或多或少的错觉在内。因之眼睛异于照相机,耳朵异于录音机,知觉是心理历程,不是物理科学可以测定的。在日常生活中,错觉现象随时可见:筷子插在水中看起来弯曲,接近地平线与当头的圆月看来大小不同,坐在火车上觉得路边的树木向后急速移动,这些都是常见的错觉。错觉有视错觉、听错觉、味错觉、运动错觉等很多种形式,单是本辞典所列有关视错觉者就有60余条。错觉现象虽甚为明显,但在心理学上迄今无众皆共识的理论解释。见错觉理论(theories of illusion)。

illusion des sosies = **illusion of doubles** 相识错觉

illusion of doubles 相识错觉 指在社会场合中认错人的错觉现象。相识错觉按错误情况分为两种:一种是将亲友错认成陌路,这叫反向相识错觉(illusion of negative doubles)。又称弗雷格里现象(Fregoli's phenomenon)。另一种是将陌路错认成亲友,这叫正向相识错觉(illusion of positive doubles)。以上两种相识错觉,系由法国精神科医生卡普拉斯(J. M. Capgras, 1873~1950)1923年首次发现,故又称为卡普拉斯症候群(Capgras syndrome)。见该条。

illusion of movement = **movement illusion** 运动错觉

illusion of negative doubles 反向相识错觉 见相识错觉(illusion of doubles)。

illusion of positive doubles 正向相识错觉 见相识错觉(illusion of doubles)。

illusory contour 错觉轮廓 义同主观轮廓(subjective contour)。见该条及附图。

illusory movement = **apparent motion** 似动

image 映象,意象,形象 **1.**指物体的光刺激投射到视网膜上所形成的象称映象。**2.**指记忆中以往感觉经验的重现(如想到苹果就记起苹果的样子)。**3.**指对人、团体或政府机构的一种带有价值性的判断(或观感)。平常说"个人形象""政府形象"即指此意。本词使用时多与其他字连接,如心象(mental image)、身体意象(body image)等均是。

imageless thought 无意象思维 指思维过程中不含有意象或感觉经验的成分,亦即思维时不需意象帮助,意象并非构成思维的必要条件。思维时究竟有无意象参与其活动的问题(如提到苹果时有没有苹果的意象在意识中出现),在心理学上曾引起过很大的争议。在19世纪与20世纪之交,符兹堡学派与结构主义持相反的意见:前者认为思维不以意象为基础,后者认为思维时意象参与其活动。两派的争论持续了十多年。现代心理学上根据实验结果显示,思维时意象是存在的。

imagery 意象 见意象(image)条第二义。

imagery code 意象码 指记忆中储存的物体意象。经由视觉学习认识苹果之后,苹果的具体形状就转化(换码)为意象,储存在记忆之中。

imagery therapy 想象治疗法 属心理治疗方法之一。想象治疗法的特点是,指导接受治疗者运用想象力以缓和身心的紧张,从而减低心理的压力。实际使用时,自我催眠(autohypnosis)与静坐(meditation)就是常用的想象治疗法。见该等条。

imaginary audience 假想观众 青年期的自我中心倾向。青年期自我意识特别强,经常觉得他周围的人随时随地都在观察他的一举一动。正因为青年人存有假想观众心理,所以时常喜欢表现某些惹人注意的行为。

imaginary companion 假想玩伴 幼儿在2~5岁间,独自玩耍时常凭想象制造一个与其同玩的玩伴。幼儿通常给假想的玩伴起个名字,可能将之视作人类,也可能将之视为动物;边玩边与假想玩伴谈话,有时对它友善,有时对它凶狠,幼儿自己做了错事,也会把过失推诿于它。根据儿童心理学家研究,假想玩伴有益于幼儿心智与情绪发展。对单独一个幼儿的家庭,幼儿更需要假想玩伴。据研究发现,假想玩伴代表幼儿的想象力与创造力,幼儿愈聪明者,假想玩伴的现象愈多出现。假想玩伴也称隐形玩伴(invisible playmate)。

imaginary playmate = **imaginary companion** 假想玩伴

imagination 想象 指将记忆中的经验与意象予以整理组合从而产生新意象的心理历程。想象的历程极为复杂,按其功能可分为三种类型:(1)预期想象(anticipatory imagination),想象未来可能发生的事情,或是想象如何达成预期的目的;(2)再生想象(reproductive imagination),将以往经验加以整理组织使之重现在记忆之中,因为再生想象只限于记忆活动,故而也称记忆想象(memory imagination);(3)创造想象(creative imagination),在意识中重组以往经验,并试图超越以往经验以产生新的构想。因创造想象是对旧问题的新构想,故而也称构念想象(constructive imagination)。

imaginative play 想象游戏 指儿童在假想的情境中按照自己的意愿扮演各种角色,体验各种角色的思想情感的游戏活动。想象游戏约在一岁半以后出现。通常是先有单独的想象性游戏,如给布娃娃吃饭、穿衣等。3岁左右开始出现合作的想象游戏,与玩伴合作分别扮演想象中的不同角色。想象游戏的高峰期大约在6岁。此时儿童的想象力很丰富,能协调、迅速地从一种角色转换成另一种角色,从一种情境转移到另一种情境。儿童入学后,这类游戏逐渐减少。想象游戏在儿童社会能力发展中起着重要作用。

I

imago 潜存意象 弗洛伊德精神分析中的术语。指幼年时留存下来的对别人的潜意识印象。别人主要指父母,幼儿把父母当作爱和认同的对象,因而父母的形象深刻地留存在幼儿的意象中。本词也称原型意象(archetype image)。见原型(archetype)。

imbecile = imbecility 痴愚

imbecility 痴愚 指智商在20～50的人。在特殊教育上,本词已不复使用,已为中度智能不足(moderate mental retardation)和重度智能不足(severe mental retardation)两词取而代之。见该等条。

imitation 模仿 指个体有意地或无意地仿效别人行为而表现于自己行为的一种学习历程。儿童的行为多系向别人模仿而来,模仿的对象主要是父母,但以后逐渐扩大范围向团体中的玩伴、电视中的人物去模仿。模仿的行为包括语言、动作、态度、社会角色等多方面。从教育的观点言,儿童可能经由模仿学到良好行为,但也可能经由模仿学到不良行为。因此,教育上一向注重环境陶冶和以身作则的观念。在心理学的学习理论中,提倡观察学习(observational learing)的美国心理学家班杜拉,在他的理论中使用modeling取代imitation的概念,其用意在于认为前者的意涵较广。见该条。

imitative learning 模仿学习 属学习方式之一。经由对别人行为的观察、模仿而获得同样行为的学习历程,称为模仿学习。模仿学习只能限于可观察的简单行为,如行为复杂又不能见其全部者,模仿之外尚须解说、示范始能习得。例如,魔术表演就无法模仿,原因是不能观察到表演者行为的全部。本词与观察学习(observational learning)及模仿(modeling)近似。见该等条。

immanent justice 普遍性公平 见区别性公正(distributive justice)。

immature personality 幼稚人格 指在人格发展上未能达到成熟程度的人格类型。幼稚人格的标准是相对的,所谓幼稚与否端视是否达到同年龄一般应有行为而定。按发展心理学家的看法,幼稚人格主要表现以下四个特征:(1)情绪不稳定;(2)过分依赖别人;(3)攻击性强,不能自我控制,动辄与人冲突;(4)常表现出较同年龄者为幼稚的行为(如尿床)。

immediacy behavior 亲近行为 人际间相互吸引的一种行为表现。在人际沟通中,人们常表现出亲近行为,以表明喜爱程度。如目光接触、身体接触、拥抱、挽手步行等是夫妻、爱人、父母与子女之间常见的亲近行为。

immediate association 实时联想,直接联想 **1.**刺激出现后在极短时间内即表现出联想反应的情形,称为实时联想或立即联想。例如,在单词联想实验时,出现刺激词"黑",受试者不加思索立即回答"白",就是实时联想。**2.**即时联想中刺激与反应的关系,并非全是直接的,有时两者间可能加入另一反应。如上例,若"黑"词出现时受试者先想到"白",由"白"又想到"纸",然后回答"纸"。像此种中间加入一中介词的联想方式,则称为中介联想(mediate association)。见该条。

immediate experience 直接经验,立即经验 指经由感官获得的直觉的、不加分析推理的经验。例如,开车看到路口红灯时,不加思索立即煞车反应即是。在心理实验室中,一般要求受试者所做的反应,都是立即经验。与本词相对者为间接经验(mediate experience)。见该条。

immediate knowledge 直接知识 指不需具备任何先备知识,也不需别人讲解传授,只凭个人在实际活动中靠直接经验而获得的知识。直接知识多不是从书本中所学习到者。见立即经验(immediate experience)。

immediate memory 瞬时记忆 **1.**指对眼前刚发生过的事情的记忆,凡是刚看过的、听过的、做过的事要立即记忆时,均属瞬时记忆。 **2.**义同感觉记忆(sensory memory)。见该条。

immune system 免疫系统 身体内具有免于感染的复杂生理系统,称为免疫系统。免疫功能的发挥,主要靠白细胞,而白细胞则系体内骨髓与胸腺所制造。

impairment **损伤** 指因疾病或外伤导致个体身心功能丧失的情形。

implicit behavior **内隐行为** 指不为别人观察所见的行为。心理学上研究内隐行为的方法有二:(1)由当事人自陈或内省,说或写出他所想的(不为人所知的)行为。(2)用精密仪器测量记录从而推测分析当事人内隐的心理活动,例如测谎器与脑波仪的功用即在于此。与本词相对者为外显行为(overt behavior)。见该条。

implicit learning **内隐学习** 指在复杂事物学习历程中隐然地学到了另外一种知识。例如,儿童学习语言之始,虽不曾重视语调、语意、语法等基本语言法则,但在他成长到某种程度后,他自然会学到这些法则。像此种语言法则的学习历程,称为内隐学习。基于此义,可见内隐学习不是学习者有意学习的,而且也不清楚自己如何学到了知识。与本词相对者为外显学习(explicit learning)。见该条。

implicit memory test **隐示记忆测验** 不直接要求受试者凭记忆正确回答其所记忆的测验。例如,透过速示器先让受试者以极短的时间(不超过十分之一秒),看过CONSIDERATION一字,然后要他在两字母间的空格处填写出来,如:

1.C__N__D__R__TION

2.C__SI__R__TI__N

3.CO__S__E__A__ON

如填充结果花的时间较少,即可测知受试者对速示器上的单字产生了记忆。本词亦称间接记忆测验(indirect memory test)。与本词相对者为明示记忆测验(explicit memory test)。见该条。

implicit response **内隐反应** 义同内隐行为(implicit behavior)。见该条。

implicit speech **内隐语言** 指未发出声音来的语言,是个人心中的语言。内隐语言的功用不在与别人沟通,而在跟自己沟通。在默读时就是以内隐语言的方式重复别人(著作)的语言,默想时也是以内隐语言的方式跟自己沟通。作文时落笔之前腹稿的形成,就是靠内隐语言。

implosion therapy = implosive therapy **冲击治疗法**

implosive psychotherapy **冲击心理治疗法** 义同冲击治疗法(implosive therapy)。见该条。

implosive therapy **冲击治疗法** 属心理治疗法中行为治疗法之一。冲击治疗法多用于治疗焦虑症或恐惧症。冲击治疗法的特点是,在控制的情境之下诱导接受治疗者在心理上产生焦虑,然后再运用消弱的原理减低焦虑。属于情境性焦虑(如每遇考试即焦虑不安)者,让他尽量想象引起他焦虑的情境以及当时自己的恐惧心情。如此做法,开始时接受治疗者可能不敢想象,因为想到某种情境,焦虑的痛苦就会产生。冲击治疗法的假设是,像这种因想象而产生的焦虑没有危险,因为焦虑并不会带来事实性的后果(想象中的考试不致有考试失败的后果),不致发生后效强化作用。相反的,因为焦虑之后得不到后效强化,焦虑就会逐渐地消弱。见消弱(extinction)、泛滥治疗法(flooding therapy)。

impossible figure **不可能图形** 指看似图形而事实上无法得到完整知觉的图形。不可能图形是视错觉的一类。以下图为例,看起来好像是由三个三角形合成的立体图形,但仔细看来又无法确定其成为完整图形的逻辑关系,故而称为不可能图形。不可能图形有多种形式,本辞典所列无尽台阶(endlessstairstep)、彭罗斯三角形(Penrosetriangle)及魔鬼叉(devil's pitchfork)等均属之。见该等条及附图。

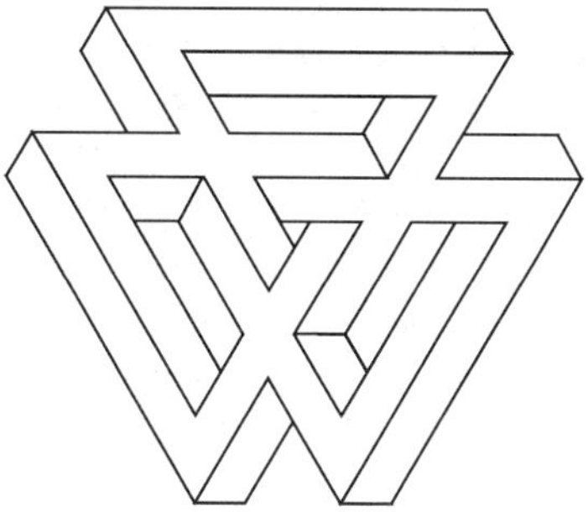

不可能图形

impotence **阳痿,性无能** 指男女性交时男性生殖器缺乏勃起能力的异常现象。性无能按原因不同分为两类:(1)主因性阳痿(primary impotence),指男性生理异常,根本缺乏性交能力;(2)次因性阳痿(secondary impotence),指男性生理正常,唯因心理因素不能从事正常的性交活动。次因性阳痿也称心因性阳痿(psychogenic impotence)。

impoverished perception **简约化知觉** 指在情境刺激极为单纯的状态下所得的知觉。如在隔绝一切声音的实验室中只出现单一声音,当时所得听知觉即为简约化知觉。

impression formation **印象形成** 指在社会情境中对初次见面的人在心理上留下的印象。印象形成是个人主观地集合多种从对方举止行动各方面得到的线索所做的评断性认识。在社会心理学上,研究印象形成时多以第一印象(first impres-sion)

为主题。见该条。

impression management 印象整饬 在社交场合中，个人有意无意地修饰自己服饰、言辞、动作、表情等，力求给对方留下良好印象的过程，称为印象整饬。印象整饬可视为一种社交技能，也可视为社交的手段。

impression method 印象法 属研究方法之一。此种方法以受试者对刺激所陈述的印象为根据，从而了解受试者对刺激的意见或态度。故名。

imprinting 印记，铭记 生态学术语。指个体出生后不久的一种本能性的特殊学习方式。印记式的学习通常是在极短的时间内完成，而且习得的行为持久存在，不易消失。奥地利动物生态学家劳伦茨以雏鸭做实验，发现刚孵出的雏鸭，对初次见到能活动的对象（母鸭、人、玩具等），很快就学到与之亲近，就像雏鸭跟随母鸭一样的关系。据研究发现，动物中狗、羊、天竺鼠等都有印记行为。印记式的学习只出现在个体出生后的某一段时期，此一时期称为关键期（critical period）。见该条。见劳伦茨（Lorenz, Konrad Zacharias）传记条。

impulse 冲动 **1.**指个体对刺激情况不甚了解时所表现的立即反应。**2.**按精神分析，由本我所促发的本能性行为，称为冲动。**3.**指假设性的内在状态，此种状态形成一种驱力，可能（但不一定）促使个体表现出行为。**4.**在生理心理学上，义同神经冲动（nerve impulse）。见该条。

impulse-control disorder 冲动—控制障碍 指在某些刺激情境下个体无法控制自己的冲动，致使行为结果伤害了自己的情形。病态嗜赌（pathological gambling）的患者，多半都是冲动—控制障碍。见该条。

impulsive cognitive style 冲动认知型 义同冲动型（impulsive style）。见该条。

impulsiveness = **impulsivity** 冲动性

impulsive obsession 冲动欲 指个体不能自我克制的行为倾向。义同强迫性反应（obsessivecompulsive reaction）。见该条。

impulsive style 冲动型 属认知风格之一。冲动型指个体应付环境时所表现的一种习惯性的性格特征。属于冲动型的人，遇到问题时倾向于未了解情况即迅速反应，欲速不达，难免多所误失。应付考试时，试卷到手未了解全局而抓到题目就做的学生，就属于冲动型。与本词相对者为慎思型（reflective style）。见该条。根据教育心理学家研究发现，冲动型的学生反应虽快，但在学业成绩上一般逊于慎思型。见认知风格（cognitive styles）。

impulsivity 冲动性，冲动状态 指个体处理问题时易于冲动者。见冲动型（impulsive style）。

inaccessible memory 难搜寻记忆 记忆中储存的信息虽没有遗忘，但在使用时一时无法提取（以后可能又想起来）的现象，称为难搜寻记忆。

inadequate character = **inadequate personality** 不当性格

inadequate personality 不当性格 指缺乏生活中应有的乐观、积极、进取等性格。不当性格的特征是，在身心状况上并无任何疾病，只是对生活中的一切（对人、事、物）缺乏追求动机，不肯尽心尽力，到头来一事无成，蹉跎终生。

inadequate stimulus 不适当刺激 在某一刺激所引起的反应与刺激的性质不符合时，该刺激即为不适当刺激。例如，用手指轻压（刺激）眼球旁边时，就会觉得所视之物改变了形状（反应），轻压的动作即为不适当刺激。与本词相对者为适当刺激（adequate stimulus）。见该条。

inanition 虚弱 指因营养不良所导致的身体虚弱状态。

inappropriate affect 不当情感 指情感的表达与情境极不适当的情形。如丧礼上闻哀乐而发笑即属不当的情感表达。

in-basket test 实务测试 指商业管理上甄选员工的测试方式之一。给予应征者某些实际业务（如信件或打字稿等），要他限时完成，从而评定其工作能力。

inborn behavior 天生行为 义同本能行为（instinctive behavior）。见该条。

incendiarism = **incendiary mania** 纵火狂

incendiary mania 纵火狂 无法自我控制冲动的变态行为。纵火狂的心理特征是：（1）无法控制自己纵火的冲动，并喜欢看见大火燃烧的刺激；（2）纵火行为背后未必有预谋动机，可能是由内在紧张压力迫使他不能不然。

incentive 诱因 指引起个体行为动机的外在刺激（或情境）。诱因可按性质分为两类：凡个体趋向或接近某种刺激而获得满足者，该刺激称为正诱因（positive incentive），如食物、玩具等。凡个体逃离或躲避某种刺激而能获得满足者，该刺激则称为负诱因（negative incentive），如电击、鞭笞等。见动机（motivation）。

incentive motivation 诱因动机 外在的情境或人、事、物等能引起个体行为反应时，就行为反应的动机而言，是外因诱发的，不是个体内生的，故而称为诱因动机。所谓“见财起盗心”，该窃盗行为的动机，就是诱因动机。见诱因（incentive）。

incentive system 激励制度 属工业心理学术语。

指在工业管理上,为求激励员工士气所采用的一些措施,诸如休假、医疗保险、子女教育补助费等均属之。

incentive theory **诱因论** 解释个体动机的一种理论。指动机之所以产生,除个体内在的生理或心理的需求之外,外在环境中的诱因也是重要因素。见诱因(incentive)与动机(motivation)。

incest **乱伦** 指近亲之间(特别指亲子或同胞)的性交行为。在世界各地文化中,乱伦均被视为禁忌的行为。

incest barrier **乱伦阻障** 精神分析中的术语。指存在于传统文化中乱伦禁忌观念,对幼儿欲力发展所产生的阻障作用。幼儿时期的恋亲倾向,在本质上是乱伦的,因乱伦禁忌观念的存在,直接阻止了亲子间乱伦行为的发生,间接促使子女向家庭以外去追求异性关系。因此,乱伦阻障对个体性行为发展具有正面作用。见欲力(libido)、恋母情结(Oedipus complex)、乱伦禁忌(incest taboo)。

incest dream **乱伦梦** 指在梦境中与近亲中之异性发生性关系的情形。唯梦中人的性关系,可能是具体性的(有明确对象),也可能是象征性的(无明确对象)。

incest fantasy **乱伦幻想** 按精神分析的说法,幼儿常有乱伦幻想或做乱伦梦,在幻想或梦境中与父母中之异性者发生性关系。

incest taboo **乱伦禁忌** 各种不同的社会文化中,近亲间的乱伦行为均被禁止,只是对"近亲"的限制不同而已(一般均视亲子间或同胞间的性关系为乱伦)。禁止乱伦行为,或载于法律条文,或流传于风俗习惯,统称乱伦禁忌。乱伦禁忌不只是社会文化的因素,就遗传学的观点言,近亲交配生下的子女难免会有较多的缺陷。见乱伦(incest)。

incestuous desire **乱伦欲** 指近亲之间存在违反伦常的欲念。乱伦欲促使的行为,就是乱伦行为。乱伦行为可能发生在兄妹或姐弟之间,甚至也可能发生在母子或父女之间,根据精神分析论的解释,乱伦欲的心理系起于恋母情结(Oedipus complex)。见该条。

incidental error **偶然误差** 义同机误(chance error)。见该条。

incidental learning **偶然学习** 个体本身没有学习动机(无需求也无意愿),也没有人在旁教导的状况下,只是在偶然的或无意的活动中,学到某种经验,称为偶然学习。偶然学习在日常生活中是常见的事。无意中遇到的路人(刺激),纵使彼此间未发生任何交往,以后再相遇时,可能觉得似曾相识(反应)。为什么没有动机仍然产生学习?可参见接近律(law of contiguity)的第二种解释。潜在学习(latent learning)即属偶然学习之一。见该条。另见主学习(primary learning)。

incidental stimulus **偶然刺激** 指主刺激之外随带一起出现的另一种刺激。在经典条件作用学习实验中,按实验者所设计并能操纵处理者,只有两种刺激,即条件刺激与无条件刺激。设若在条件刺激(如铃声)出现之同时,偶然出现另一刺激(如灯光),多次练习之后,此刺激也将产生条件刺激的作用,能够代替无条件刺激而引起个体类似的条件反应。在这种情形之下,灯光就是偶然刺激。

incident sampling **事件取样** 指对个体行为观察研究时,不采用时间取样方式,而只就事件发生当时所进行的行为取样。以观察儿童团体活动时攻击性行为为例,在观察时间内不记录儿童的一般性活动,只在儿童之间发生攻击性行为时,才观察记录他们的行为活动。见时间抽样(time sampling)。

inclusive classroom **包含性教室** 指教室内除一般学生之外,也包括了少数几个特殊的学生。此种教室的存在,乃是受了特殊教育上回归主流(mainstreaming)观念的影响。见该条。

incompatible response **不兼容反应** 指个体无法同时表现出的两种反应。例如,某一刺激引起个体焦虑紧张之同时,就无法表现出轻松愉快之反应。

incomplete-picture test **缺图测验** 义同图形完成测验(picture completion test)。见该条。

incomplete sentence test **填充测验,填句测验** 属投射测验之一。此种测验内容包括多个不完整的句子。如:我希望__________。遇到挫折时我会__________。受试者自由填答,从填答中分析比较受试者内心中隐含的问题。见语句完成测验(sentence-completion test)。

incontinence **失禁** 指因身体基本功能丧失不能控制自己大小便的症状。失禁的病因多系由脊髓受伤或大脑皮质运动区病变所导致。

incorrect comparision theory of illusion **错觉不当比较论** 解释缪勒—莱尔错觉心理现象的一种理论。不当比较论的要义是,当受试者比较两图中间横线是否等长时,他误将横线两端附加的斜线也当作了比较的线索(因为无法将斜线从视觉中排除),结果因为横线两端斜线方向的不同,而影响了知觉判断。曾有心理学家改变缪勒—莱尔错觉图形的设计,将中间横线两端的斜线改用不同颜色,结果发现错觉的程度即大为减少。见缪

I

勒—莱尔错觉(Müller-Lyer illusion)条及附图。

incremental theory **增进论** 美国教育心理学家德克(C. S. Dwek)1986年提出的一种教育理论。增进论的基本要义是，适当设计教学情境，增加学生成就经验，提升其自信心，从而加强其学习动机。等学生学习动机加强之后，他就会对学习加倍努力，努力的结果，自然也增加了一般学习能力。

incubation **孕育期** **1.** 指一事象发生前的表面平静而内在持续变化的阶段。**2.**指创造性思维(creative thinking)历程中的第二阶段。见该条。

incurvation reflex **弯曲反射** 新生儿先天具有的反射能力之一。用手托住新生儿胸腹部，轻轻上举，然后在其背部沿脊柱向下轻划，或用手掐腰部一侧的皮肤，即可引起他躯体向刺激方向侧弯曲，同侧的膝关节会伸直。所有的新生儿出生后都会出现此反射性动作，三个月后将自动消失。若弯曲反射继续存在，则可能有脊髓性的脑损害。

I

incus **砧骨** 中耳的三块听骨之一，见听觉系统(auditory system)条及附图。

indefinite tenure **无限任期保障** 属职业保障的一种形式。个人在同一专业机构，任职达若干年以上而且成绩优良者，即可获得永久任职的权利。合于无限任期保障规定者，在未届退休年龄之前，任职机构之单方不得无故予以停职。见教师任期保障(teacher tenure)。

independence **独立，独立性** **1.**指两个变项之间彼此互不相涉的关系。设有X与Y两变项(如身高与智力)，X的变化与Y的变化互不相涉时，即称两者各自独立。**2.**指个体的性格或人格特质。个体在态度与意见表达或从事价值判断时，其不轻易受别人影响者，称为个性独立或人格独立。

independent event **独立事件** 指两件(或多件)事情的产生彼此间毫无关联者。如同时掷出两颗骰子，二者同时六点向上的机会彼此毫无关系(各为六分之一)。见独立样本(independent sample)。

independent judgement **独立判断** 指个人对是非对错判断时不受别人意见影响的心理历程。

independent living **独立生活** **1.**泛指人到成年后能成家立业不依赖父母，不须靠政府救济的生活。**2.**指心理治疗的主要目的，希望治疗之后，患者能恢复正常过独立生活。

independent probability **独立概率** 指总体内的任一个体被抽取为样本时，并不会影响其他个体被抽取为样本之机会。见独立样本(independent sample)。

independent sample **独立样本** 研究者自一个总体中随机抽出两个样本接受实验处理，或自两个总体中各抽出一个样本接受实验处理，此两种取样，每种中的两个样本都是彼此独立的，故称之为独立样本。例如，研究者自某小学六年级400人之中，按随机抽样原则抽出100人，然后再按随机分派原则将之分为实验组与控制组，每组各为50人。如此，两组各自均属独立样本，彼此间无互涉关系。

independent variable (IV) **自变项，自变量** 指在实验控制的情境下，实验者有系统地操纵处理的变项，称为自变项。经由对自变项有系统的改变，可以看出对依变项的影响。故自变项又称为实验变项。就因果关系来说，自变项是因，依变项是果；就预测关系来说，自变项是预测的根据，依变项是预测的行为。在数学的函数方程式中，$y=f(x)$，由x值的变化而定出相对的y值。在此一函数式中，x是自变项，y是依变项。在实际研究上，自变项可能是个体自身的条件(如年龄、智力)，也可能是外在环境的刺激(如学习材料、光线的强度)，也可能是用来预测其他行为的行为(如以高中的学科成绩来预测大学联考的成绩，前者即为自变项)。本词也称处理变项(treatment variable)。与本词相对者为依变项(dependent variable)。见该条，并见变项(variable)。

indeterminism **非决定论** 解释人性或行为的一种理论观点。持此观点者认为，人有自由意志，人能自由选择其命运；人有智慧预测自己行为后果，故而有能力决定自己应如何作为。本词一般译为非决定论，在含义上有欠信达，按其原意应是"人定论"或"自定论"。与本词相对者为决定论(determinism)。见该条。

index **指数，指针，索引** **1.**用一个量数表示某一事象变化的程度，如物价指数。**2.**在心理测验与统计学上，指数一词系指用单一数值表示由多个变项运算的结果。指数值的大小即表示多个变项互动作用的强弱。见难度指数(index of difficulty)。**3.**表示数据分类的记号(文字或数字)，称为索引。按索引可以查到所需要的数据。

index number **指数** 义同指数(index)条第一义。见该条。

index of body build = **body-build index** **体型指数**

index of difficulty **难度指数** 采用百分数以表示测验题目难易的程度时，该百分数即称难度指数。难度指数的计算公式如下：

$$\text{Diff}=\frac{R}{N}\times 100$$

公式中，Diff为难度指数；R为高分组（上27%）与低分组（下27%）之中答对该题人数之和；N为高分组与低分组人数之总和。难度指数如接近50%，即表示题目难易适中。

index of discrimination 鉴别指数 采用一个百分数，用以表示测验题目是否具有鉴别力时，该百分数即称鉴别指数。鉴别指数的计算公式如下：

$$D=P_H-P_L$$

公式中，D为鉴别指数；P_H为高分组（上27%）答对该题者的百分比；P_L为低分组（下27%）答对该题者的百分比。鉴别指数是在测验的内部一致性分析时，用来表示单个试题反应与整个测验总分的一致性。鉴别指数愈大，即表示该测验的内部一致性愈高。

index of reliability 信度指数 用一统计数作为估计值，以估计实得测验分数与理论上真分数之间相关程度时，该统计数即称信度指数。信度指数通常以该测验的信度系数（coefficient of reliability）的平方根表示之。见该条。

index of variability 变异指数 指用来代表一组量数变异程度的数值。在统计学上，标准差（stand-ard deviation）就是最常用的变异指数。见该条。

index variable 指标变项 在心理学研究上被用做指标的变项。例如，在发展心理学研究上，年龄就是指标变项，因为根据年龄即可推知儿童的某些行为（如周岁婴儿一般已会独自站立）。

indicant = indicator 指标

indicator 指标 用一件事代表另一件事的状态或变化时，前者即称为后者的指标。用做指针者可以是数字、符号、文字、颜色等。如脉搏跳动过速代表身体失常，智力商数（IQ）代表智力高低。

indifference 漠不关心 对自身或外在事物毫不在意的冷漠心态。

indifference point 无差别点 在一种连续的态度量表上，从最喜欢（或最同意）到最不喜欢（或最不同意）的五个（或七个）分点上，居于当中的一点，称为无差别点。在无差别点上，通常采用“无所谓”或“无意见”等标示之。无差别点所指者，实际上是连续量表的一个段带，故而也称无差别带（indifference zone）。

indifference stimulus = neutral stimulus 中性刺激

indifference zone 无差别带 义同无差别点（in-difference point）。见该条。

indigenous psychology 本土心理学 属心理学研究的一种取向，而非心理学领域中的一个学科。单从本词字面意义讲，本土心理学是以生长在本地区的人为对象，其研究旨在了解本地区人的行为方式及心理现象，从而发现心理法则，用以推论解释本地区一般人的行为与心理。唯在实际进行研究时，对“本土”的意涵必须予以界定。原因是“本土”或“本地”并不是构成个体行为或心理特质的主要因素。本土心理学应赋予“本土文化”的含义。因为社会文化环境才是影响人性特质的重要因素，同地区内，不同种族、不同宗教、不同行业的人在心理与行为上并不完全相同。

indirect correlation 间接相关 义同负相关（negative correlation）。见该条。

indirect inference 间接推理 指根据两个或两个以上的命题为基础，从而推出一个结论的推理思维方式。演绎推理的三段论法（syllogism），就是典型的间接推理。见该条。

I

indirect measurment 间接测量 在测量工具上所显示的数量，经过转换手续之后才能了解其意义者，称为间接测量。测量三角形的边与高而计算其面积的例子，即为间接测量。同理，心理测验测量智力亦属间接测量。与本词相关者为直接测量（direct measurement）。见该条。

indirect memory test 间接记忆测验 义同隐示记忆测验（implicit memory test）。见该条。

indirect perception theory 间接知觉论 义同知觉建构论（constructivist theory of perception）。见该条。

indirect scaling 间接量表法 属感觉量表编制的方法之一。间接量表法的特点是，用在量表上的单位，并非直接得之于受试者对刺激（或试题）本身的判断，而是根据受试者多数人对刺激排列的顺序去间接获得。例如，有A与B两种高低不等的声音，让受试者多人判断时，如有50%的人指出A高于B，不管是否真的A高于B，在量表上就可确定A高于B。与本词相对者为直接量表法（direct scaling）。见该条。

indirect teaching 间接教学 教学心理学家弗兰德斯（N. A. Flanders）教学理论中的术语，指教师与学生互动的教学方式。上课时教师不直接将全部知识教授给学生，不直接告诉学生问题的固定答案，而是引导学生主动探求知识，鼓励学生自行解决问题以求取答案。与本词相对者为直接教学（direct teaching）。见该条。根据研究发现，如教师安排得宜，间接教学的效果较直接教学为优。

indirect vision 间接视觉 指视网膜上中央凹之外区域所获得视觉。见眼的结构（eye structure）条及附图。

indissociation 浑然期 瑞士心理学家皮亚杰认

知发展理论中的术语。指婴儿期的知觉是浑然的，他们对环境中的物体区别不清楚，甚至将自己的身体和周围物体也区别不清楚。

individual difference 个别差异 个体在成长过程中，因受遗传与环境因素不同的影响，使不同个体之间在身心特征上各不相同的现象，称为个别差异。个别差异的了解与鉴别，一向在教育上施教与社会上选才两方面均极受重视。是故因材施教与适才适用，向来就是教育理想与实际的基本原则。个别差异的研究，主要集中在两方面：一为生理方面的差异，另一为心理方面的差异。心理方面的差异又包括两方面：一为能力或性向方面的差异，另一为人格或动机方面的差异。在每一方面的差异，在性质上又可分两类：一为个别间差异（interindividual difference），另一为个别内差异（intraindividual difference）。见该等条。

I

individual education 个性教育，个别化教学 **1.**指人本心理学家所倡议的教育理想。个性教育的主张是：（1）儿童原本喜欢学习，只要教材设计适当，能使儿童感到有兴趣，有意义，不须强迫他自然就会学习；（2）儿童原本喜欢从事群体活动，而且在活动中也能自立规范，自行遵守，学校中刻意增加人为的限制，反倒会造成儿童适应不良；（3）在学校教育上，不宜过分重视读、写、算所谓3R（three R's）式的知识性教学，而应重视4R（four R's）式的社会行为的培养。见该等条。 **2.**义同个别化教学（individualized instruction）。见该条。

individual identity 个人统合，个人统合感 义同自我统合（ego identity）。见该条。

individual intelligence test 个别智力测验 属智力测验的一类形式。个别智力测验的特点是，每次施测对象只限于一人。最常用的斯坦福—比奈智力量表，即为个别智力测验。与本词相对者为团体智力测验（group intelligence test）。见该条。

individualism 个人主义 **1.**指个人在态度或行为上所表现的特立独行的特征。持个人主义者，不重视别人意见，不遵从团体规范。个人主义一词含有积极与消极两种意义：积极言之，意指超越群伦；消极言之，意谓不合作、不关心别人。 **2.**在教育上，主张教育应以发展个人特性，培养个人兴趣与独立人格为主旨者，称为个人主义。与社会主义之教育主张相对。 **3.**在伦理学上，主张以个人之幸福快乐为道德标准者，称为个人主义。 **4.**属于一种社会哲学思想，主张政府对人民宜少加管制，尽量容许个人自动自发去处理自己的事务。

individuality 个性 义同人格（personality）。参见该条。

individualization 个别化 **1.**指个人经由发展、成长、社会化之后终于成为一个独具特征的个体的历程。 **2.**指教学上针对学生个别差异与个别需要而实施因材施教的历程。按此义，本词与个别化教学（individualized instruction）相通。本词与个体化（individuation）稍有不同。见该条。

individualized educational plan（IED） 个别化教育计划 义同凯勒计划（Keller plan）。见该条。

individualized instruction 个别化教学 与一般班级教学相对的一种教学设计。个别化教学的基本要义是，为适应学生的个别差异，在教学时根据每个学生的能力与经验，采取因材施教的策略，从而达到教育效益均等（equality of educational outcomes）的理想。见该条。个别化教学实施的方式很多，除教学活动中教师随时给予学生个别指导之外，编序教学（programmed instruction）与电脑辅助教学（computer-assisted instruction），在性质上均属个别化教学。见该等条。

individual psychology 个体心理学 指奥地利精神病学家阿德勒1911年脱离弗洛伊德的精神分析学派后所建构的一种心理学理论。个体心理学的基本要义是：（1）强调个体的人格乃是一个不可分的整体，而统一的人格整体趋向追求卓越的目标，从而达到自我实现的目的。（2）认为人对卓越的追求起源于个人的自卑感，而人的自卑感则源于幼年时的无助，特别与身体的缺陷有关。自卑感驱使人致力于某项目标，期望得到补偿。（3）指出由于每个人追求卓越的方式及追求的后果不同，因而逐渐形成每个人不同的生活格调。生活格调在儿童4～5岁时已开始形成，以后终生难改。（4）认为心理异常的主要原因，乃是由于个体为求摆脱自卑感追求卓越时使用补偿方式不当所致。（5）指出生次序对儿童人格形成的影响。家庭中最大、中间和最小的孩子，有着不同的社会经验，因而形成不同的性格。见阿德勒（Adler, Alfred）传记条。

individual psychotherapy 个别心理治疗 义同个别治疗（individual therapy）。见该条。

individual symbol 个别性象征 按精神分析论的解释，个人所表现的象征性行为（如强迫性洗手动作），其所代表者只限于当事人个别经验被压抑后的象征性显现。与本词相对者是普遍性象征（universal symbol）。见该条。

individual test 个别测验 指由受过专业训练的主试人员与一位受试者，在面对面的情形下所做的测验。此类测验的优点是，主试者能对受试者的行为反应及作答方式，有较多的观察机会。缺点是时间不经济，不能在短时间内收回大量数据，且主持测验者必须有较高的训练及素养，否则将影响测验的效度。与本词相对者为团体测验（group test）。见该条。

individual therapy 个别治疗 严格言之，个别治疗并非一种方法，而是一类心理治疗的方式。与个别治疗相对者，即团体治疗（group therapy）。见该条。个别治疗的主要特征是，治疗时只以一个人为对象，由治疗员与案主在面对面的情境下进行。在个别治疗过程当中，治疗员可采用各种不同的治疗方法。

individual trait 个人特质 指只属于个人独有的人格特质（personality trait）。见该条。与本词相对者为共同特质（common trait）。见该条。本词出自美国心理学家奥尔波特人格特质论（Allport's personality-trait theory）。见该条第一义。

individual unconscious = personal unconscious 个人潜意识

individuation 个体化 **1.**指整体中某一部分逐渐分化而趋于独立的历程。在社会团体中，个体化是团体中的某个个体，在其所处地位与所扮演的角色上，表现出特立独行的行为。**2.**根据瑞士心理学家荣格的人格理论，在身心发展历程中，个体化是指个体自觉在意志上能独立自主，在行为上不必同于别人的心理状态。本词与个别化（individualization）稍有不同。见该条。

indoctrination 教条，灌输 **1.**指将预先设计的理论或观念要求对方全部接受的历程。**2.**指在团体训练时，将某种政治意识或道德规范，要求团体成员学习并须遵守的历程。

induced abortion = artificial abortion 人工流产，堕胎

induced aggression 诱导性攻击 在实验情境下，施予动物以无可逃避的压力（如电击），以激起它愤怒的情绪，然后出现另一动物，此时愤怒的动物向新来动物的攻击，即称为诱导性攻击。此种攻击行为在性质上属于替代性攻击（displaced aggression）。见该条。

induced association 诱导联想 指按预定的刺激所做的联想，亦即单词联想测验的第一个单词。

induced color 诱导色 某一彩色因受环境中其他彩色的影响而产生的色彩感改变现象，称为诱导色。绿叶丛中有一朵红花时，红花看起来特别鲜艳，就是诱导色的例子。诱导色现象之产生，乃是由于颜色对比（color contrast）所致。见该条。

induced hallucination 诱导幻觉 指由于别人行为的诱导所产生的幻觉。例如，在催眠情境下由催眠师暗示所产生的幻觉，即属诱导幻觉。见幻觉（hallucination）。

induced motion 诱动 静止不动的刺激因受另一移动刺激的影响，看起来像是在移动的现象，称为诱动。例如，在暗室中向墙壁上投射两种光刺激，一为静止的光点，另一为在光点周围移动的方框形，此时静止的光点看似移动，而移动的方形，反倒看似静止。再如浮云遮月时，浮云移动而月亮静止，但看起来却正是相反。诱动是一种错觉现象，故而亦称诱动错觉（induced-motion illusion）。

induced-motion illusion 诱动错觉 指在诱动（induced motion）情境下所产生的错觉。见该条。

induced motion perception 诱动知觉 在诱动（induced motion）下所产生的知觉。见该条。

I

inducing area 诱导区 指主观轮廓图形中实际存在的部分。图形中实际存在部分虽不完整，但它对观察者在心理上产生诱导作用，诱导人将它看成是完整的。见主观轮廓（subjective contour）条及附图。

inducing lines 诱导线 义同诱导区（inducing area），两者的区别只在于一为图形的一部分，另一为线条的一部分而已。见该条。

induction 归纳，感应，诱导 **1.**属于一种逻辑推理或思考历程。根据同类事物中个别事例的特征，推理而得普遍原则的思维方式，称为归纳。与本词相对者为演绎（deduction）。见该条。**2.**指人与人之间或物与物之间彼此影响的历程。此种历程称为感应。例如，同情、怜恤、感动等情绪反应，都是对别人的感应。**3.**在生理心理学上，某区域的神经兴奋系由邻近区域神经兴奋所引起时，此种历程即称为诱导。

inductive fallacy 归纳谬误 思维推理时，只根据少数个别事例即做出普遍性结论时所产生的逻辑错误，称为归纳谬误。归纳谬误是以偏概全的谬误。如已知麻雀会飞，麻雀是鸟，燕子会飞，燕子也是鸟；若只根据麻雀和燕子的例子，归纳推理得出结论：凡是会飞的动物都是鸟，那就犯了归纳谬误。原因是归纳的结论缺乏概括性，如蝙蝠虽会飞但不属于鸟类。

inductive inference = inductive reasoning 归纳推理

inductive learning 归纳学习 指根据个别事例推论到普遍性结论的学习历程。如普遍性结论是由学生自己经过辨别、假设、检验和概括等过程而得出，则是发现过程，此种学习又属发现学习（discovery learning）。见该条。

inductive method 归纳法 凡是采用归纳推理方式思维或解决问题的方法，皆称归纳法。归纳法的基本原则是，根据同类事象中个别事例的特征，推理而得解释同类事象全部的普遍原则。使用推理统计从总体中抽取样本，从样本特征而推理解释总体的做法，就是归纳法。与本词相对者为演绎法（deductive method）。见该条。

inductive reasoning 归纳推理 归纳推理是由个别事例归结为普遍原则的一种思维推理方式。归纳推理的主要特征有四：（1）推理的根据为多个具体事例；（2）多个事例彼此类似，类似之点即为推理之主要根据，故又称为类推论证；（3）类推论证所得之结果，只能视为“逻辑的可能”，而未必是肯定结论；（4）在类推论证中，每一个命题所包含的名词都相同。例如，等边三角形的三角之和等于180°（可将三个角剪下来排在一条直线上证明），直角三角形的三角之和等于180°，不等边三角形的三角之和等于180°，即可推理为：在同一平面内三角形三角之和等于180°。归纳式推理的方法在科学上非常重要，几乎所有科学上的定律和原理原则，都是经过归纳推理的历程发展出来的。与本词相对者为演绎推理（deductive reasoning）。见该条。

I

inductive statistics 归纳统计 义同推论统计（inferential statistics）。见该条。

inductive teaching model 归纳教学法 指以培养学生归纳推理能力为主的教学方法，除记忆事实性知识之外，并要求学生自行归纳出原理原则。见归纳推理（inductive reasoning）。

inductive theory 归纳性理论 指根据逻辑上的归纳推理法则所建构的理论。归纳性理论的特征是，以对同类事例多次观察所得结论为根据建构成理论，用以解释同类事例中的个别事例。与本词相对者为演绎性理论（deductive theory）。见该条。见归纳推理（inductive reasoning）。

indulgence 放任，恣纵 指父母对子女管教的一种不当态度。任凭子女为所欲为，不加约束，放任溺爱的结果，子女学不到应有的能力与观念，最后反而阻碍其人格的发展。

industrial/organizational psychology（I/O） 工业组织心理学 工业组织心理学是由工业心理学演变而来的新名称。早期的工业心理学，重在研究人与工作的关系以及人与机器的关系；现在的工业组织心理学，除了原来工业心理学研究的范围之外，更扩大研究人与人的关系以及人与生产组织的关系。目前工业组织心理学研究范围极广，除研究员工甄选、训练、任用、考核以及团体气氛、工作士气、工作效率等问题之外，诸如人体工学、经济心理、消费心理、广告心理、市场心理等各方面的问题，都在研究范围之内。近年来有一新的趋势，即以较短的名称组织心理学（organizational psychology）取代本词全名。盖以研究的问题未必与工业有关之故。例如，政府机构与学校中有关工作人员的行为问题，可视为组织心理学研究的对象，但并不含有工业的意义。见工业心理学（industrial psychology）。

industrial psychiatry 工业精神病学 精神病学的一个分支学科。工业精神病学研究的范围主要是：（1）研究人格因素与工作性质的关系；（2）早期发现员工中的精神疾患；（3）促进患重度精神病的员工康复；（4）合理安置、调配患精神疾患的员工；（5）发生事故、旷工和赔偿时，判定有无精神疾患的因素和估计其程度；（6）训练员工正确处理在生产过程中的适应能力。

industrial psychology 工业心理学 属应用心理学中的一个学科。工业心理学的目的，乃是运用心理学的理论与方法，研究工业从业人员的行为，从而获得有关工作心理的原理原则（如人为何要工作？在何种情境下最努力工作？），借以解决问题，进而提升生产效率。工业心理学的发展大致分两个阶段：早期偏重在个别差异的研究以及人与工作的配合问题；晚近又增加社会心理的研究，重视工作人员的态度、士气以及组织气氛等。因此，近年来新的名称工业组织心理学（industrial / organizational psychology）已逐渐取代了工业心理学旧名称。见该条。

industry versus inferiority 勤奋对自卑 是为美国新弗洛伊德主义心理学家埃里克森之心理社会期发展论（psychosocial stage theory of development）中的第四个时期（6～11岁）。见该条。

ineffective stimulus 无效刺激 指不能引起个体反应的刺激。

infancy 婴儿期 根据发展心理学上的分期，自出生到会说话的一段时间，称为婴儿期。按此义，婴儿期短者仅指自出生到满周岁；长者则指自出生至两岁（甚至到三岁）的一段时期。婴儿期是人一生中改变最大的时期，举凡身体动作技能、各种感官、语言能力、情绪表达以及和人的亲密关系等，都是在婴儿期发展而成的。

infant 婴儿 指婴儿期（infancy）的个体。见该条。

infantile amnesia 幼年经验失忆症 属失忆症之一。此种失忆症的特征是，个体长大后不能记忆幼儿时期（3～5岁）的经验。根据精神分析论者的解释，幼年经验失忆症的原因是，由于幼年生活痛苦，个人对痛苦经验予以压抑不愿记忆所致。按现今认知心理学的解释，幼年经验失忆现象，不能视为疾病，而是经验中记忆储存与表象的问题。幼儿经验的储存未经语言符号的编码过程，仅凭感觉动作表象所储存的记忆，到成年后不能转换为符号表象，纵然留存在记忆里，也不能以语言表达出来。本词亦称童年经验失忆症（childhood amnesia）。见失忆症（amnesia）。

infantile autism 幼儿自闭症 义同自闭症（autism）。见该条。

infantile-birth theories 幼儿降生理论 指幼儿阶段对自己如何降生问题的幼稚式的解释。在一般家庭中，成人对婴儿降生一事的真相，通常不对幼儿详细解释。幼儿因好奇而询问时，也得不到正确答案，最后东拼西凑形成了一些毫无事实根据的无稽之谈。例如，很多幼儿相信他是从母亲肚脐里生出来的。

infantile personality＝immature personality 幼稚人格

infantile sexuality 婴儿性欲 精神分析创始人弗洛伊德的人格发展理论，几乎将性视为发展的基本动力。在他的性心理期发展论（psychosexual stage theory of development）中，属于婴儿期的口唇期（0～2岁）与肛门期（2～3岁）的行为活动，都解释为与性有关。见该条。唯弗洛伊德的泛性论看法，晚近心理学者多不认同。

infantilism 幼稚病 **1.**指成年后在行为上经常表现如幼儿相似的情形，这种人可能在心理发展上一直未达成熟程度。**2.**指在某种行为方面特别表现出的退化现象，如本已养成卫生习惯的儿童，行为退化像婴儿一样又再尿床。

infantilization 幼稚化 指父母养育幼儿时因过分保护和溺爱，致使幼儿无法养成独立性格的状况。

infant mortality 婴儿死亡率 指出生一年内婴儿死亡者在1000人中所占的比率。

infant psychology 婴儿心理学 探讨婴儿期（1～3岁）内婴儿各种行为发展的心理学。举凡动作发展、语言发展、社会行为发展、情绪及智力的发展等，均属婴儿心理学的研究范围。

infant socialization 婴儿社会化 婴儿自出生到会说话（约至一岁半）的一段时间内，在行为上受到成人的约束、限制，逐渐形成合于成人社会的习惯，此一历程称为婴儿社会化。例如，定时起居与定时饮食就是成人社会生活习惯之一。婴儿初生时本不具此等习惯，教他养成此等习惯，就是婴儿社会化。

infant-stimulation program 婴儿刺激方案 指美国联邦政府为唐氏症候群患者推行的一种医疗方案，该方案的要义是，指导罹患唐氏症儿童的父母尽量改进家庭环境以对婴儿提供多种刺激，包括图画、玩具、声音、数字等，俾能刺激婴儿感官的发展。推行结果发现有正面功效。见唐氏症候群（Down's syndrome）。

infatuation 迷恋 指男女之间单凭一面之缘，迷于对方表面条件（如相貌）而陷入彼此相恋的情形。

infavoidance need 避败需求 美国心理学家莫瑞理论中的术语，意谓逃避失败是人的心理需求之一。在面临可能导致失败的挑战性工作时，个人倾向于逃避，能逃避即感到满足。按本词原意，避免被人羞辱亦包括在避败需求之内。

inference 推理，推论 **1.**属逻辑上的术语，指不根据直接观察的事实，而是以已有的判断为依据去从事另一新的判断。**2.**在认知心理学上，指个人在思维时根据已有经验去从事新的推论解释的心理历程。

inference statistics＝inferential statistics 推论统计，推理统计

inferential statistics 推论统计，推理统计 推论统计是利用不受主观因素操纵的随机抽样原则，从想要了解的总体中抽取一部分样本，再根据样本的数据推测总体的性质，并陈述可能因样本的代表性及数据处理过程或其他因素造成的误差等统计方法。推论统计的主要范围包括估计（estimation）和假设验证（hypothesis testing）两部分。估计又分点估计（point estimation）和区间估计（interval estimation）两种。假设验证又分科学假设（scientific hypothesis）和统计假设（statistical hypothesis）两类。见该等条。与本词相对者为描述统计（descriptive statistics）。见该条。

inferiority complex 自卑情结 奥地利精神病学家阿德勒个体心理学理论中的术语。按阿德勒的解释，自卑情结系由自卑感转变而成。个体自幼依赖成人，生活无法自立自助，在成人权威下自然会有自卑的感觉。以后在生活历程中在对人对事的应付上，或因自己身体缺陷，或因自己能力不足，失败机会多于成功可能的威胁，更加重了个人的自卑感。个人在自卑心理作用之下，有的处理适当，可将自卑转变为奋发上进的内在动力，就是健康的表现。有的处理失当，因自卑而逃避现实，终而在不知不觉中，养成不敢面对现实的习惯。像此种因自卑感（意识的）而转变形成的内在潜意识心理倾向，称为自卑情结。由自卑感转变为自卑情结之后，就会阻碍个体人格的正常发展。见阿德勒（Adler, Alfred）传记条。

inferiority feeling 自卑感 奥地利精神病学家阿德勒个体心理学理论中的术语。自卑感指个人对自己的消极态度，对自己所具备的条件及所作所为的表现感到不满，对自我的存在价值感到缺乏重要性，对环境生活的应付缺乏安全感，对自己想做的事不敢肯定。按阿德勒的理论，自卑感是人类的普遍现象，而且也是正常现象。自卑感起于依赖成人抚育的婴儿期，在成人的保护与管理之下，在婴儿的心目中，成人是伟大的、万能的，自己是渺小的、无助的。以后渐长，一方面对自己身体的不满意，另一方面对需要满足的追求力不从心，更加重了儿童的自卑感。阿德勒认为，自卑感对个体人格的发展仍有其积极面，因自卑而求补偿，而淬砺奋发力求超越者，自卑感反而成为成功者的内动力。唯自卑感心理过重时，难免在两种情况下不利于人格发展：其一是不当的过度补偿（overcompensation），会使人得不偿失；其二是因自卑感而转移成自卑情结（inferiority complex）时，会使人脱离现实，造成生活适应困难。见该等条。见阿德勒（Adler, Alfred）传记条。

I

infertility 不育，不孕 指个体成熟后不能生育的情形。两性结婚多年不能生育者，如果原因在于女性不能怀孕（约占60%），称为主因性不孕（primary infertility）；如果原因在于男性不能生育（约占40%），则称为次因性不孕（secondary infertility）。见该等条。

infinite population 无限总体 无限总体是指总体的人数或事件的数量大到研究者无法计算者。总体大到如此程度时，其平均数、变异数也都是未知数。例如，同一年内所生产的西瓜总数量，可看作是一个无限总体。所有西瓜的平均重量是未知数，其间轻重的变异情形也是未知数。在此情形之下，只能作抽样研究，从样本的特征以推论解释总体的特征。与本词相对者为有限总体（finite population）。见该条。

inflection point 转折点 指常态分布曲线顶峰两边曲线走势转折之处，转折点之上曲线走势陡峭，转折点以下曲线走势平缓。转折点的位置居于平均数上下各一个标准差之处，两个转折点之间包括整体的68.26%。在大学教育上曾有人建议，理想的大学生人数，应以同年龄人口常态分布曲线的上转折点为考虑。亦即在大学生同龄人口中，选取能力居于平均数高一个标准差以上（约占16%）者进入大学，大学教育才会发挥理想的英才教育功能。见常态分布曲线（normal distribution curve）。

informal organization 非正式组织 指成员间没有共守的规范，不受预订章程的限制，即使众人间具有类似的行为，此类似行为也是自发性的，而非组织性的。准此，同一车上的乘客或同场电影的观众群，均为非正式组织。与本词相对者为正式组织（formal organization）。见该条。

informal test 非正式测验 指未按正式程序编制的测验。此种测验缺乏常模，也未经过信度、效度的检验。不过，非正式测验仍可用作评量的工具，教师自编的测验卷在性质上即属非正式测验。

information 信息 认知心理学（cognitive psychology）中的术语，义同一般所指的知识。见该条。

information feedback 信息回馈 指个体的行为表现之后所获得的响应。例如，电话手机按键后屏幕出现“接拨中”，即表示你的按键获得正向回馈。在学习心理学上，本词与结果知悉（knowledge of result）同义。见该条。

information overload 信息超载 指环境中刺激太多，超过个体感官负荷量，致使接受及处理信息能力减低的现象。置身闹市时就会有此感受。

information processing (IP) 信息处理，信息加工 认知心理学上的术语。指对知识获得学习、记忆、储存、使用的心理历程的理论解释。信息处理的要义是：（1）指学习为信息处理过程，在此过程中，个体对外在刺激经由感官记忆、注意、短期记忆等内在活动而形成永久储存的长期记忆；（2）信息处理时，在内在心理运作上要经过输入、编码、储存、提取、译码、输出等心理历程。

information processing model 信息处理模型 对信息处理（information processing）过程的一种理论解释。见该条。

information processing theory 信息处理论 义同信息处理模型（information processing model）。见该条。

information technology (IT) 信息技术学 指专门研究如何采用计算机或电子系统储存、传递及运用信息的技术科学。

informed consent 征得同意 心理学家以人为受试者从事心理实验研究时，为避免违犯学术伦理原则，应事先将实验性质告诉受试者（如受试者将会受到轻微电击），并获得受试者的同意。

in-group 内团体 在一个团体中，团体的成员均有强烈的隶属感，而且成员与成员之间在情感上、行为上均紧密地团结在一起，对团体以外的人则有拒斥的倾向，这种团体称为内团体。内团体有时也称我团体（we-group）。与本词相对者为外团体（out-group）。见该条。

inherited releasing mechanism 遗传释放机制

使其在自我反省中对自己的作为有所领悟，而后继续自我成长，趋向健康之路。在领悟治疗这一大类之下，精神分析与人本主义心理学两大理论取向所发展出来的几种心理治疗方法，均属之。

insomnia 失眠，失眠症 指睡眠习惯障碍经常不能入睡的现象。失眠有多种不同形式：有的是就寝时久久不能入睡；有的是睡后极易醒来，醒后就很难再入睡；也有的是天不亮提前醒来不能再行入睡。根据心理学家研究，在一般成年人中，男性中失眠者约占 6%，女性中失眠者约占 14%。失眠原因很多，与身体状况、心情以及日常生活方式等都有关系。失眠一词只是一个笼统的概念。有些人可能对失眠概念认识不清而庸人自扰。因为睡眠与失眠是相对的而非绝对的两件事。一个人在一天 24 小时之内究竟需要睡眠几小时？这问题并没有肯定的答案。就成年人而言，有些人夜睡六小时已足，但也有些人非睡八小时不可。一夜睡几小时既然没有客观标准，个人就无须根据别人的睡眠时间来主观核对自己的睡眠习惯。在心理学上有一个名词，称为良性失眠症（benign insomnia），意指失眠只是当事人的感觉，事实上他睡眠的时间已足，只是认为多睡对身体有益，而在额外的时间内又无法入睡，因而自认失眠。由此可见睡眠足够与否是质量的问题，而非躺在床上时数的问题。失眠现象有很多不同类型，其中主要者有以下三类：（1）情境性失眠（situational insomnia），一种暂时性的失眠，其成因系由生活情境改变而造成暂时适应困难使然。不过，如生活情境中的困难一直存在，不能解除，暂时性失眠也可能恶化为长期失眠。形成情境性失眠的因素很多，诸如亲友病故、失学、失业、破产、失恋、离婚等生活上遭遇困境，形成个人心理危机时，自然会影响夜晚的睡眠。有时情境改变并不严重，比如改变睡眠环境（如初次住进学校宿舍），也会产生暂时性失眠。像此种因情境改变而形成的失眠，一般在情境中的危机消除或逐渐适应之后，就会自行恢复正常睡眠。（2）失律性失眠（arrhythmic insomnia），指因生活规律改变而形成的暂时失眠。如跨洲飞行的旅客，常会因飞行时差而形成睡眠困难，即属失律性失眠。有些人因工作上的需要，有时白天工作，又需夜间加班（如赶拍影片的影艺人员等），也难免因生活失去规律而形成失律性失眠。（3）窒息性失眠（sleep apnea），指因呼吸困难造成睡眠障碍的现象。呼吸困难的原因，可能是因气管障碍，也可能因大脑主管呼吸的神经中枢功能失常所致。患窒息性失眠者，夜间经常多次因呼吸困难醒来，醒后就无法再行入睡。患窒息性失眠者，白天常感精神不振，身心俱疲。此种睡眠失常，多为老年人。对窒息性失眠患者，切忌服用安眠药物；服用安眠药物后非但无效，反而可能因药物对中枢神经的抑制作用导致窒息的情况更加严重。见睡眠障碍（sleep disorder）。

insomnium dream 浅层梦 按梦的形成原因来区分，如梦之成因与当事人身心状况有关，或是因身体受某种刺激而做的梦，称为浅层梦。与本词相对者为深层梦（somnium dream）。见该条。

inspiration 灵感 **1.** 指不靠重复练习或逻辑推理而突然对问题有所领悟的心理现象。**2.**指创造性观念产生的心理历程。

instigation therapy 鼓舞治疗法 在行为治疗的过程中，心理师列出楷模性行为标准，让接受治疗者了解哪些行为是正常的，而且是人人可以做得到的，然后鼓舞他以此作为目标，努力改变自己，并时时按进步情形予以奖励。此种治疗称为鼓舞治疗法。

instinct 本能 **1.**指同一类族个体所表现的类似的不学而能的复杂行为。如老鼠打洞与青蛙两栖等，均属不学而能的本能性复杂行为（简单如呼吸、排泄等均不在考虑之内）。**2.**指同一类族个体共同具有的行为倾向。如有的动物单独生活，有的动物群居合作等均属之，如强其改变，它仍然表现本来的倾向。**3.** 指同一类族个体在某种情境下不约而同地会出现某种行为的现象。如候鸟随季节迁徙，雏鸭的印记作用等均属之。**4.**指同一类族个体在其种族遗传上所存有的一种类似的行为内动力，亦即同类个体所具有的原始性动机（或驱力）。综上所述，本能一词含有两点要义：其一，指同类个体在外显行为上，或内在动机中所具有的共同特征。其二，指同类个体的行为或动机特征是与生俱来的，不是后天习得的。

instinctive behavior 本能行为 义同本能（instinct）。见该条。

instinct theory 本能论 美国心理学家麦独孤在其所倡策动心理学中提出的一种理论。此理论的中心主张是，认为本能是策动个体行为和维持行为的内在动力。1908 年麦独孤列举十二种本能，1932 年修改为十八种本能，他将本能视为三类行为倾向：（1）受纳倾向，指个体生而具有注意某种刺激的倾向；（2）运动倾向，指个体生而具有朝向某一目的物活动的倾向；（3）情绪倾向，指个体生而具有为生存而奋斗与为恐惧而逃避的倾向。麦独孤认为虽然本能是遗传的，但学习与经验的影响也能使它产生相当的变化。见麦独孤（Mc Dougall, Willian）传记条。

instinctual anxiety 本能性焦虑 本词为精神分析创始人弗洛伊德理论中的术语，指普遍而原因不明的焦虑。与本词相对者为真实焦虑（true anxiety）。见该条。

instinctual drive 本能性驱力 **1.**义同原始驱力（primary drive）。见该条。**2.**义同本能（instinct）。见该条。

institutional behavior 制式行为 指受制于机关团体规范或习俗所表现的行为。例如，做邮差者皆着绿色制服，他们的穿衣行为就是制式行为。制式行为不属于个人的人格特征。

instructional analysis 教学分析 指在教学目标下，对达成目标的过程中学生学习所需先备知识与技能的分析。以小学生学习乘除法为例，教师在教学之前必先了解儿童是否已具备加减运算的能力。

I

instructional assessment = **instructional evaluation** 教学评量

instructional design 教学设计 学校的教学都是教师有预定目标地帮助学生学习的活动。所谓教学设计，是在教学之前对教学历程中的一切，预为筹划，从而安排教学情境，以期达成教学目标的系统性设计。

instructional evaluation 教学评量 教学评量是指有系统地收集有关学生学习行为的资料，加以分析处理之后，再根据预定之教学目标给予价值判断的历程。在收集学生数据时，可以根据实施测验（包括考试）的结果，也可以根据教师平时观察所得。评量判断则可以根据测量得来的数据（如某生得 80 分），也可以根据观察得来的质量描述（如某生人际关系表现良好）。总之，教学评量是教学后根据教学目标对学生学习结果所做的综合评价历程。准此而论，教学评量的概念之内包括了测验与测量，但在教学评量的价值判断时，并不只限于由测验与测量所得的资料，而加入了平日观察之所得。从教学效果的观点言，教学评量对教师与学生分别具有重要功能：对教师言，可借以作为教学成败检讨的指标；对学生言，可据以了解自己学习的情形。教学评量因实施时机、数据处理方式、实施目的以及评量功能的不同而有多种不同形式。按评量的时机而言，有形成性评量（formative evaluation）与总结性评量（summative evaluation）之分；按评量数据处理方式而言，有常模参照评量（norm-referenced evaluation）与标准参照评量（criterion-referenced evaluation）之分；按评量实施的目的而言，有最佳表现评量（maximum performance evaluation）与典型表现评量（typical performance evaluation）之分；按评量本身的功能而言，有安置性评量（placement evaluation）与诊断性评量（diagnostic evaluation）之分。见该等条。

instructional media 教学媒体 指教学用的一切视听教育器材。

instructional objective 教学目标 指教师教学前根据教材性质和学生条件（年级、能力、经验等）所预定的目标，希望经过教学活动之后，学生们在知识、技能、态度等各方面均能产生预期的改变。美国教育心理学家加涅建议，教师在教学之前应将教学目标定在五个方面：（1）发展心智技能；（2）学习认知策略；（3）学到语文知识；（4）学到动作技能；（5）学到适当态度。详见加涅（Gagné, Robert Mills）传记条。

instructional psychology 教学心理学 属应用心理学的一个分支学科。教学心理学的基本要义是，根据教学理论、学生心理及学科性质等，研究如何运用教学策略，从而达到预订的教学目标。

instructional strategy 教学策略 指教师教学时有计划地引导学生学习，从而达到教学目标所实行的一切方法。唯教学策略一词之含义，并非狭义地指用于某种科目的教学方法，而是广义地指一般教学上所考虑采用的教学取向。美国教育心理学家加涅对有效的教学策略提出具有先后顺序的八点建议：（1）引起学生注意；（2）提示教学目标；（3）唤起学生旧有经验；（4）提示教材内容；（5）指导学生学习；（6）适时给予学生回馈；（7）评量学习结果；（8）加强记忆和学习迁移。见加涅（Gagné, Robert Mills）传记条。

instructional theory 教学理论 **1.**指系统解释教学历程的理论。在实际从事不同学科教学研究中，有很多不同的理论，用以解释不同性质的教学历程。本词所指乃教学理论的共同特征。无论从事何种教学活动，在理论上必须包括以下六大要项：（1）学生要学的是什么，是知识技能，还是态度观念（教学目标）；（2）在教学之前宜先了解学生是否已具备了学习新课程的条件（先备知识）；（3）采用何种方法进行教学活动，从而达成教学目标（教学方法）；（4）采用何种方法引起学生兴趣，在教师引导下主动学习（学习动机）；（5）如何维持教室秩序，从而形成良好的教学环境（教室管理）；（6）怎样才能肯定学生行为确因教学活动而改变（教学评鉴）。**2.**指美国心理学家布鲁纳（Bruner, Jerome Seymour）在 20 世纪 70 年代提出的教学理论。见其传记条。

instrumental act 工具性行动 义同工具性行为

(instrumental behavior)。见该条。

instrumental aggression 工具性攻击 指个体表现的攻击性行为，目的不在伤害对方，而只是以攻击为手段，从而达到另外的目的。拳击比赛时胜利者志在获得奖金，不在伤害对方，拳击手的攻击行为就是工具性攻击。与本词相对者为敌对性攻击(hostile aggression)。见该条。

instrumental behavior 工具性行为 指有动机、有目的的行为。在性质上，此种行为纯属达到目的(获得报酬或避免惩罚)的手段或工具，故名。

instrumental conditioning 工具条件作用 属条件作用学习历程的一种形式，指只有在受试者做出适当反应时才给予强化的实验程序。以迷津中的白鼠为例，只有在白鼠走的方向正确时，才会得到食物。本词与操作条件作用相似，都是运用后效强化(contingent reinforcement)原则使个体学到某特定反应。唯两者稍有不同的是，操作条件作用是个体自由活动结果获得强化而建立的刺激反应关系，而工具条件作用则是专指在设定的条件下做出工具性反应时才会建立刺激反应新关系。见操作条件作用(operant conditioning)。

instrumental dependence 工具性依赖 指个体在行为上表现依赖别人，其目的是在从别人处获得他所需要的利益。换言之，依赖行为是个体达到目的的一种手段。

instrumental error 工具误差 指由于测量工具或实验仪器本身效度或精密度不足所造成的误差。

instrumentalism 工具主义 **1.**美国心理学家杜威实用主义哲学中的一种理念。认为理论必须与实践相结合；问题的探讨须基于两个原则：其一为科学上的应用价值，其二为能禁得起现实情境的考验。**2.**在社会心理学上，指利用他人以谋取自己利益的心理。

instrumental learning 工具性学习 义同工具条件作用(instrumental conditioning)。

instrumental-relative orientation 相对功利取向 柯尔伯格道德发展阶段论(Kohlberg's stage theory of moral development)中第二期第二阶段道德判断的特征。见该条。

instrumental response 工具性反应 义同工具性行为(instrumental behavior)。见该条。

insufficient justification effect 理由不足效应 属于一种对本身行为归因的不合常理现象。曾有心理学家设计如下的实验：以大学生为对象，分为实验组与控制组，同样让受试者单独在房间内从事极为单调的工作(如计算书页上的字数)而分别付给不同报酬：实验甲组付1元，实验乙组付20元，控制组无报酬。在实验过程中，每一受试者做完工作并获得报酬后，必须告诉第二个接替者："工作很有意思"(各组要求一样)。实验过后，再询问各组受试者："工作是不是真有意思？"结果发现，只有实验甲组的回答是肯定的，其他两组推翻原来他告诉接替者的话，表示该工作没意思。工作报酬悬殊反而形成相反的自我归因解释，表面看来不太合理。像此种从外在原因(报酬太少)不足以解释态度改变(将没有意思的工作说成有意思)的现象，称为理由不足效应。与本词相对者为过度合理化效应(overjustification effect)。见该条。

insula 脑岛 在神经生理学上是指一种脑叶，称为脑岛。成熟的脑，脑岛是埋在外侧裂深部。脑岛在胚胎时期的大脑半球表层是可见的，发育成熟时脑岛被卷陷而进入深部，形成脑岛。故成熟的脑，大脑皮层外观上看不到脑岛。

insulin 胰岛素 胰岛素是由胰腺分泌的激素，它的主要功能为降低血液中的葡萄糖浓度。胰岛素的主要功能是：(1)增进血液中的葡萄糖、氨基酸、脂肪酸等通过细胞膜进入细胞内的速率；(2)促进肝糖、蛋白质的合成及脂肪组织中脂肪的储存，故胰岛素是能促进同化作用的激素；(3)加速细胞内葡萄糖的分解以产生能量，此举有使葡萄糖进入细胞内而降低血糖浓度的功效，故胰岛素也是可以促进异化作用的激素。当胰岛素分泌不足时，会引起代谢作用障碍，血糖升高，大量糖从尿中排出，称为糖尿病。

insulin-coma therapy 胰岛素昏迷治疗法 美国精神病学家萨克尔(M. Sakel, 1900～1957)1933年创用的一种治疗精神分裂症的方法。此种治疗方法的主要特征是，为患者注射胰岛素，使之产生低血糖而陷入昏迷状态。1950年以后此法逐渐较少采用，而为抗精神病药物和电击治疗法所取代。

insulin-coma treatment = insulin-coma therapy 胰岛素昏迷治疗法

insulin-shock therapy 胰岛素休克治疗法 义同胰岛素昏迷治疗法(insulin-coma therapy)。见该条。

integration 整合，统合 **1.**将部分组合成整体的历程。整合的层次较联结、协调或组织为高，整合后的各部分虽然仍可辨识，但已失去了原来的面目。**2.**在神经学上，整合意指将数个神经冲动在神经中枢组合起来，以产生协调一致的活动。**3.**有机体的各种功能组合成一个和谐的整体，发挥整体的功能。**4.**由不同的人格特质组合成为稳定、和谐的人格结构的历程，称为统合。

integration of behavior 行为整合 指经由练习将两种(或数种)行为结合在一起成为一个较大的行为单元的历程。例如,学习语文时,由单字而后组词,由组词而后成句,即为行为整合。

integrative attitude 整合态度 指将知觉场地内的事物看成一个整体的心理倾向。

integrative learning 整合性学习 指同时经由多种感官通道的学习活动。例如阅读或书写的学习,均为须同时经由视觉、听觉、动作等各种感官配合的活动。

integrative reconciliation 综合贯通 美国心理学家奥苏贝尔教学理论中,为改进教材组织所倡议的两大原则之一。见渐进分化(progressive differentiation)。

I

integrity 完美 **1.**指人格统整的境界,臻于完美境界者,其言行一致,且带有诚笃、正直以及令人信赖的特征。**2.**美国新弗洛伊德主义心理学家埃里克森之心理社会期发展论(psychosoical stage theory of development)中,指老年期人格发展完美境界。见该条。本词类似孔子所说的人生七十达到"从心所欲不逾矩"的境界。

integrity group (IG) 互助团体 是一种小区性心理卫生运动的团体。互助团体在20世纪60年代始自美国,以后扩展到世界各地。互助团体的基本构想是,让心理适应困难者参与小区内团体性的社会活动,从与人交往与社会学习中,重新认识自己,肯定自己。一般心理失常者都倾向离群索居,生活孤独,只要能挣脱孤独,参与团体活动,自然就会收到团体治疗(group therapy)的功效。见该条。

integrity versus despair 完美无缺对悲观沮丧 美国新弗洛伊德主义心理学家埃里克森之心理社会期发展论(psychosoical stage theory of development)中的第八个阶段。见该条。

intellect 智能 泛指心的认知功能;包括认识、辨别、思维、推理、判断等能力。

Intellectual Achievement Responsibility Questionnaire (IARQ) 智能成就责任问卷 是一种团体问卷,该问卷系由美国心理学家柯兰道等人(V. C. Crandall, W. Katkovsky and V. J. Crandall)所编制。其内容包括34个强迫性选择题,每个题目皆假设一种与智能活动或学业活动有关的情境,然后列举两个不同的陈述,其中一个陈述表示内控,另一个陈述表示外控。智能成就责任问卷,经学者吴武典修订为中文,称为学生生活经验问卷,并经标准化,于1975年完成。该问卷适用对象为小学三年级至高中三年级学生,记分方式采正内控(I+)与负内控(I−)之和为总分(I),已建立常模,在各年级组均以平均数、标准差表示之。

intellectual deterioration 智能衰退 指丧失思维能力的衰退现象。

intellectual factors of individual difference 智力因素个别差异 指对学生学习成绩个别差异现象的一般解释,认为学生的智力是影响其学业成绩的主要原因。根据教育心理学家多年研究的结果,一般认为影响学生学业成绩者,智力并非唯一因素。如果采用统计学上相关的概念来说明,小学生中智力与学业成绩的相关较高(约在0.50左右),中学以上的大学生中,智力与学业成绩之间的相关则甚低。但大学生在学业成绩上仍然显示出相当大的个别差异。为解释此种现象,于是乃有非智力因素个别差异(nonintellectual factors of individual difference)的研究。见该条。

intellectual inadequacy = mental retardation 心智不足

intellectualism 主知主义,理智主义 **1.**哲学上的一种思想。持主知主义观点者强调,知识为纯粹理性之产物,而且将感情和意志二者也视为理性作用。**2.**义同理性主义(rationalism)。

intellectualization 理智作用,理智化 一种为降低焦虑维护自尊所使用的防卫机制。个人纯以理智的态度去适应带有情感的情境,借以避免涉及情感之后的焦虑与痛苦。例如,医生与护士们常以理智作用去面对每日充满病痛与死亡的工作环境。见防卫机制(defense mechanism)。

intellectual skill 心智技能 指学生学到如何在学习情境中运用已有经验与知识去求取新知识的能力。

intellectual subnormality = mental subnormality 智能低下

intelligence 智力 对智力一词,心理学界尚无统一共识的定义。综合各家观点,本辞典将之界定为:智力是综合性的能力,此种综合性能力是在个体对其生活环境适应时,由其运用经验、学习与支配知识以及适应困境时,从事抽象思维以解决问题的行为活动中表现之。此定义将智力视为包括四方面的综合性能力:(1)活用经验的能力;(2)学习知识与支配知识的能力;(3)适应环境的能力;(4)解决问题时抽象思维的能力。除此之外并特别说明这四种能力均系由外显行为活动表现之,理由是四种能力均属内在心理历程,只有在心理历程经行为活动显现于外时,才可据以评定智力的高低。见智力理论(theories of intelligence)。

intelligence age (IA) 智力年龄 义同心理年龄(mental age)。见该条。

intelligence level 智力水平 **1.**指根据智力测验结果或凭主观推估以判断某人智力的高低。智力水平是相对的,指个人在团体中与别人相比所居的位置。智力水平通常用智力商数(IQ)表示之。**2.**义同智力(intelligence)。见该条。

intelligence measurement 智力测量 指运用科学工具(一般指智力测验)测量个体或团体的行为表现,从而分析鉴别其智力高低的过程。

intelligence quotient (IQ) 智力商数,智商 显示个人智力相对高低的指标智商,为个人心理年龄与其实足年龄的比值,又称比率智商。其计算公式如下:

$$IQ = \frac{MA}{CA} \times 100$$

公式中,IQ为智力商数;MA为心理年龄;CA为实足年龄。

intelligence scale 智力量表 义同智力测验(intelligence test)。见该条。

intelligence test 智力测验 指一类用以衡鉴个体智力高低的标准化测量工具。法国心理学家比奈与西蒙二人,于1905年首先编成第一个智力测验,称为比奈—西蒙智力量表。后经数度修订,美国心理学家推孟修订的斯坦福—比奈智力量表最为完善。20世纪30年代以后,智力测验的编制趋向于多元分析形式的发展,此类性质的测验,以美国心理学家韦克斯勒所编的韦克斯勒儿童智力量表(1949)、韦克斯勒成人智力量表(1955)、韦克斯勒学前智力量表(1963)等最为著名。见该等条。

intelligence theories = theories of intelligence 智力理论

intelligibility 可理解性 指所传达的意见、知识、理论等能够被人理解的程度。

intension 内涵 指某一概念所具有的内涵意义(connotative meaning)。见该条。注意本词与意向(intention)不同。与本词相对者为外延(extension)。见该条。

intensity 强度 从物理学上借用的名词,用以表示当某一刺激作用于感官时,个体在主观上所感受到的程度。

intensive sampling 重点抽样 抽样时重视总体内少数重点的抽样方法,称为重点抽样。学校测验中常用的论文式试题,就属于重点抽样(知识总体的重点)。

intention 意向 指个体有意识、有目的甚至有计划地趋向他所追求之目标的内在历程。本词与动机稍有差异,本词特别强调意识的成分,意指"意识之所向"的意思。唯本词含义中所指意识,有时也包括潜意识在内。见意向性遗忘(intentional forgetting)。

intentional accident 意向性意外事故,故意性事故 指意外事故的发生(如车祸)是由于人为因素,是当事者有意造成意外事故。本词所谓"意向"并非全是意识的,也可能是指潜意识的。换言之,意向性意外事故的发生,也可能是由于当事人的潜意识动机(unconscious motivation)。见该条。

intentional behavior 意向行为 瑞士心理学家皮亚杰认知发展理论的术语。指婴儿在8至12个月之间出现的目标导向行为(goal directed behavior)。见该条。

I

intentional forgetting 意向性遗忘 指因压抑而产生的遗忘,亦即个人对不愉快或痛苦经验不愿回想,常将之压抑在潜意识内,因而造成遗忘。因此,本词意向二字所指者并非意识,而是潜意识。见动机性遗忘(motivated forgetting)。

intentional state 意向心态 指有明确意向的心理状态。诸如信念、计划、目的、憧憬等词语所描述者,均为意向心态。

interaction 互动,交互作用 **1.**指人际间的交感互动关系。例如,甲、乙两人谈话,甲的问话是引起乙回答的刺激,而乙的反应又将是引起甲再进一步问话的刺激。**2.**指统计学上,两个(或两个以上)自变项对一个依变项所产生的交互影响。例如,工作难度与焦虑程度(心情紧张)可视为两个自变项,而工作成绩则是依变项。工作难度与焦虑程度二者即对工作成绩构成交互作用。从事容易工作时,工作成绩将随焦虑程度的增加而提升;从事困难工作时,工作成绩则将随焦虑程度的增加而下降。本词也称统计交互作用(statistical interaction)。

interaction assumption 互动假设 指对人类行为变化基本原理原则的一种假设,谓人类所有不同类别的行为,包括生理的、心理的、外在的、内在的各类行为,彼此之间是交互影响的。个体某时某地所表现的行为,实乃各类行为互动的结果。见同质假设(homogeneity assumption)、学习假设(learning assumption)。

interactionism 互动论,交互作用论 **1.**义同二元论中心身交感论(psychophysical interactionism)的主张,谓人的一切行为均系身与心两方面因素交互作用的结果。**2.**指个体一切行为均系其自身与环境交互作用的结果。

interaction variance 交互变异数 指由两个或两个以上变项交互作用所形成的变异量。见变异数分析(analysis of variance)。

interactive activation model 交互激活模型 认知心理学中解释词优效应现象的一种理论。交互激活模型的要义是,在词优效应实验时,受试者之所以对熟知单词的字母容易辨识,乃是由于他此时在长期记忆内已储存了字母和单词两种知识(既认识字母,又认识单词),当熟知的单词出现时,单词和字母两种刺激产生交互激活作用,有助于受试者对形象形成辨识。其他两种情形下(无意义字母组合或单一字母),因只能唤起受试者长期记忆中字母的记忆,不能像单词那样发生交互激活作用。见词优效应(word superiority effect)。

I

interactive dualism 交互二元论 指二元论(dualism)中强调身与心二元素交互作用的一派主张。见该条。见心身关系问题(mind-body problem)。

interaural intensity difference 两耳音量差 对声源判断的线索之一。当两只耳朵感受到声音的强度不同时,即可判断声音来自声强的一边。与本词相对者为两耳音时差(interaural time difference)。见该条。

interaural time difference 两耳音时差 对声源判断的线索之一。当两只耳朵感受到声音的时间不同时,即可判断声音来自先听到的一边。与本词相对者为两耳音量差(interaural intensity difference)。见该条。

intercept 截距 以X变项预测Y变项时,需画一条最适合线,通过各个点附近,使各个点到直线与纵轴平行的距离之平方和变得最小,而这条线与纵轴的交点到原点之间的距离,即称为截距。与截距有关的名词是斜率(slope),见该条。见直线回归(linear regression)。

intercorrelation 交互相关 指各变项之间彼此的相关情形。设有四个变项,其中任何一变项与其他三变项都有相关存在时,即称为交互相关。

interest 兴趣 兴趣一词虽广为应用,唯缺乏明确之定义。一般所谓兴趣,大致系指以下概念: **1.**指个体对事物的正面态度。**2.**指个体对事物所引起的注意心向。**3.**指个体在从事某种活动时所体验到的愉快感受。**4.**指在动机性行为活动中逐渐接近目标时的心情。**5.**指个体所追求的目标达成之后的满足。兴趣虽可视同动机,但两者稍有区别,动机所促动的行为未必一定有对象(或目的物),而兴趣则一定有之。因此,可以说兴趣是动机的专注。因动机而有行为,行为之后获得满足时,个体即对使之满足的目的物产生兴趣。以后同样情境再出现时,该目的物之所以能引起个体反应的内在动力,可视之为动机,也可视之为兴趣。

interest blank = **interest inventory** 兴趣量表

interest factor 兴趣因素 指影响职业或学业成败的重要因素。以学生求学为例,一般认为影响学业成败的因素有二:一为能力因素,包括智力与经验;一为兴趣因素。能力因素的影响力较大,但很难改变个人的能力以提升其成绩。兴趣因素的影响力虽较小,然兴趣却是可以培养的。

interest group 兴趣团体,利益团体 **1.**指由有共同兴趣的人所结合成的团体,诸如摄影学会、合唱团、登山协会等,均属兴趣团体。**2.**指追求共同利益的人所组成的团体,诸如商会、农会、股份公司等均属利益团体。

interest inventory 兴趣量表 指测量兴趣的一种工具。兴趣量表一般由选择式的问题所构成,由被试者自由选答,从结果中评定其兴趣的大概方向。目前兴趣量表多在两方面发展:一为职业兴趣量表,一为学科兴趣量表。

interest questionary 兴趣问卷 义同兴趣量表(interest inventory)。见该条。

interest scale = **interest inventory** 兴趣量表

interest schedule=**interest inventory** 兴趣量表

interest situation 兴趣情境 美国心理学家勒温理论中的术语。意指个体受情境吸引而在情境中不断地向单一目标去寻求时,该情境即为兴趣情境。与本词相对者为冲突情境(conflict situation)。见该条。

interest span 兴趣广度 指个人兴趣所涉及范围广泛的程度。

interest test 兴趣测验 义同兴趣量表(interest inventory)。见该条。

interference 干扰 **1.**指两种光波(或声波)交会时,因其波长互异,彼此影响而降低效果的现象。**2.** 指学习或记忆时新旧经验交互抑制的现象。见遗忘干扰论(interference theory of forgetting)。**3.**指不同的兴趣、动机、活动、知觉历程、观念等互不兼容而产生冲突的现象。**4.**指个体正在进行某种活动时,别人施予他的某种困难或阻挠。

interference effect 干扰效应 义同干扰(interference)。见该条。

interference theory 干扰论 义同遗忘干扰论(interference theory of forgetting)。见该条。

interference theory of forgetting 遗忘干扰论 一种以记忆中所储存数据彼此干扰的观点来解释遗忘的理论。主张刺激反应联结论的心理学家认为，遗忘并非经验的消逝，只是所储存的数据不易取用所致。造成储存数据不能取用的原因，可能是新学的经验干扰了旧经验的回忆（倒摄抑制），也可能是旧经验干扰了新学经验的回忆（顺摄抑制）。此种论点，即称为遗忘干扰论。见倒摄抑制（retroactive inhibition）、顺摄抑制（proactive inhibition）。

intergeneration mobility **代间流动** 属纵向社会流动现象之一，指前后两代间的流动。传统社会中子承父业的继承制度不再，就是典型的代间流动。见社会流动（social mobility）。

intergroup-contact hypothesis **团体间接触假说** 指化解团体间彼此敌对态度的一种理论。谓增加两个团体成员的社会性接触，以增加彼此了解，将有助于两团体间关系的改善。

interhemispheric transfer **大脑两半球间迁移** 指个体学习到的经验，在大脑两半脑间有自动迁移的功能。右手学到动作技能后，如右手受伤无法使用时，左手不需重新学习即可取代右手活动。在此种情形下，左手的熟练程度可能稍逊于右手，其原因乃系左手缺乏练习之故。

interindividual difference **个别间差异** 指不同个体之间的差异。平常说"针对个别差异，因材施教"者，所指即为个别间差异。个别间差异表现在很多方面，除最明显的性别、年龄、能力、性向、兴趣等之外，诸如家庭背景、生活经验、人格特质以至健康状况、身体容貌等，均显示个别间的差异。与本词相对者为个别内差异（intraindividual difference）。见该条。

interjudge reliability **评分者间信度** 指数个评分员，同时评量受试者作品时标准一致性程度。评分者间信度对论文式试卷的评分极为重要。评分者间信度的高低，通常以积差相关（product-moment correlation）、斯皮尔曼等级相关（Spearman rankcorrelation）、肯德尔和谐系数（Kendall coefficient of concordance）来表示。见该等条。

intermale aggression **雄性间攻击** 指某些动物中的雄性者为争取地盘或占有异性而表现的彼此攻击行为。见动物攻击（animal aggression）。

intermarriage **异群通婚，近亲结婚** **1.**指不同群体（包括不同宗教、不同社会阶层和不同种族等）间的通婚。**2.**指血缘关系相近者（如表兄妹）之间的婚姻关系。

intermediate needs **中间需求** 美国人本心理学家马斯洛动机理论中的术语。根据马斯洛动机理论，所指在五层需求之中，基本需求之上的安全需求、爱与隶属需求以及尊重需求三种需求，即为中间需求。见需求层次论（need hierarchy theory）。

intermediate state **中间状态** 见问题空间（problem space）。

intermission **间歇期** 指精神病患者病发之后变得较为正常的一段时期。

intermittent insomnia **间歇失眠** 属于失眠的一类现象。间歇失眠的特征是，入睡初期正常，唯睡后不久即自动醒来，久久不能入睡。间歇失眠是一般中老年人或患高血压的人，常有的困扰。见失眠（insomnia）。

intermittent processing **间断处理** 义同依序处理（serial processing）。见该条。

intermittent reinforcement **间歇强化** 义同部分强化（partial reinforcement）。见该条。

internal aim **内在目的** 见目的（aim）条第二义。

I

internal attribution **内在归因** 指将行为的表现归之于内在的原因。义同性格归因（dispositional attribution）。见该条。

internal boundary **内分界** 见自我分界（ego boundary）条第二义。

internal condition **内在条件** 见学习条件（conditions of learning）。

internal conflict **内在冲突** 义同内心冲突（intrapsychic conflict）。见该条。

internal consistency **内部一致性** 指测验中的每个题目，在功用上与整个测验的功用是一致的情形。如果整个测验中每个题目与整个测验一致，即可推论该测验可用以测量某方面的心理特质。因此，对一个测验作内部一致性分析，也就是对该测验作鉴别分析。测验内部一致性的分析，常采用库李二氏信度（Kuder-Richardson reliability）。见该条。

internal environment **内环境** 指身体内部一切生理和心理变化所形成的综合性状态。见环境（environment）。

internal-external scale (I-E scale) **内外控量表** 属于一种自陈式的人格测验。内外控量表的功用在测量个人自觉其行为自主（内控）或他主（外控）的程度。见制控信念（locus of control）。

internal inhibition **内抑制** 指在条件作用过程中所形成的抑制。条件作用学习之后的消弱（extinction），即系由内抑制所导致。见该条。与本词相对者为外抑制（external inhibition）。见该条。

internalization **内化** 在人格发展过程中，综合别人的意见、外在的标准和价值观念，最后形成自己价值体系的内在心理历程，称为内化。人格发展的过程，都是先外化而后内化的。学前儿童判断是非时常用"妈妈说的"作根据，小学儿童则多以"老师说的"作根据，这都是外化阶段。等个体成长之后，他会说"我认为那是对的"，那就代表他的人格发展已臻于内化阶段。在精神分析的理论中，内化指个体从自我提升到超我的历程。本词与社会化（socialization）稍有不同。社会化是指个体接受社会规范和价值观，但接受后未必形成自己的信念。与本词相对者为外化（externalization）。见该条。

internal locus of control 内控信念 见制控信念（locus of control）。

internal milieu = internal environment 内环境

internal secretion gland = endocrine gland 内分泌腺

internal validity 内在效度 指实验研究结果能符合实验研究目的的程度。以从事一项噪声影响阅读速度的实验为例，如实验结果发现，室内噪声增大到某种程度时，确实影响到阅读速度，即表示该实验具有内在效度。一项实验研究内在效度的高低在于有效的实验控制（experimental control）和实验处理（experimental treatment）。见该等条。与本词相对者为外在效度（external validity）。见该条。

I

International Classification of Diseases（ICD） 国际疾病分类 指世界卫生组织（World Health Organization，简称 WHO）所出版的疾病分类。心理疾病是其中的一部分。

interneuron 中间神经元 指介于感觉神经元与运动神经元之间而存于脊髓中的神经元。见神经元（neuron）条及附图。

interoceptor 内感受器 指接受身体内部刺激的感觉器官，如内脏与血管等均属之。与本词相对者为外感受器（exteroceptor）。见该条。

interpersonal accommodation 人际关系调适 指人与人之间在给与取的分际上所做的调适。所谓"给"（或施）与"取"（或受）含义甚广，可以指物质，也可以指感情。给与取的分际因人而异，有人重取轻给，有人给取并重。世上有人秉持"施比受更有福"之哲学观者，就可能是给重于取的另一种心情。因此，人际关系调适的关键，端在当事者个人的心理需求与人生态度而定。

interpersonal attraction 人际吸引 指人与人之间彼此互有好感进而建立友爱感情的心理历程。构成人际吸引，一般认为系于以下四个因素：（1）接近性（proximity），指生活上接触机会多，日久生情；（2）相似性（similarity），指彼此间在个人条件上有相似之处，同乡、同学、同行、同好等因素，均可联系人际感情；（3）熟悉度（familiarity），指彼此了解、彼此相知的程度；（4）相貌（physical appearance），指身体容貌对人的吸引力。

interpersonal concordance 人际和谐 **1.**指人与人之间在态度、意见、价值观上没有冲突的和谐关系。 **2.**指儿童道德发展期，达到乖孩子取向（good-boy-nice-girl orientation）时期的人际关系。见该条。

interpersonal conflict 人际冲突 指人与人之间因意见不合或感情不睦而起争执的情形。与本词相对者为个人内在冲突（intrapersonal conflict）。见内心冲突（intrapsychic conflict）。

interpersonal distance 人际距离 指人与人之间，在彼此接触时所保持的距离。因为人际亲疏关系不同，人际的距离自然也不相等。按美国人类学家霍尔（E. Hall）的观察发现，在面对面谈话时（指美国人），两人之间的距离，可按不同关系，由亲而疏分为四种不同大小的区域：（1）亲近区（intimate zone），容许对方与自己极为接近，在距离上从身体接触到 0.5 米左右，容许进入亲密区者，只限于亲情与爱情等关系的人；（2）私交区（personal distance zone），有交情的朋友之间，按交情深浅不同，大约在距离上彼此保持 0.5～1.25 米；（3）社交区（social distance zone），在一般社交应酬场所，人际距离为 1.25～3.5 米；（4）公众区（public distance zone），在一般公众场所，彼此表示沟通时，人际间大约保持 3.5～7.5 米。

interpersonal intelligence 社交智力 属美国心理学家加德纳之智力多元论（theory of multiple intelligence）的智力之一。见该条。

interpersonal psychotherapy 人际关系心理治疗法 义同人际关系治疗法（interpersonal therapy）。见该条。

interpersonal relations 人际关系 指人与人之间的交互关系。人际关系的和谐与否系于个人处事待人的态度与能力。

interpersonal skill 社交技巧 指与人交往时所需要的技巧或能力。社交技巧所偏重者是与人相处的意见沟通、思想交换、协力合作、公平竞争以及辨识情理、区分责任义务等待人处世的能力。

interpersonal theory 人际关系论 解释人格发展与心理异常的一种理论取向。持此理论者强调，正常人格发展或心理异常的决定性因素，不在于个人的体质或生理，而在于他的社会环境和人际关系。倡此理论者为美国新弗洛伊德主义心理学家沙利文（Sullivan, Harry Stack）。见其传记条。

interpersonal therapy 人际关系治疗法 属心理

治疗方法之一。此种治疗方法着重在协助患者从改善人际关系中，去了解进而解决其个人的心理问题。人际关系治疗法为美国精神病学家莫瑞诺所倡用，主要用于婚姻治疗（marriage therapy）方面。见该条。

interpersonal trust 人际信任 指对别人或对团体的承诺所作的一种假设性的预判。个人或团体的言行一致者，其所言之一切始能获得别人的信任。因此，人际信任是根据以往经验的客观预测，不包括诸如对人性本质正负面的评断，也不考虑私人的道德问题，只顾及客观的可靠性。例如，一个政治家应允当选后削减税率，某人答应为朋友保密，房东答应出租时所有家具一并出租，对于诸如此类许诺的信任，即是人际信任。

interposition 重叠 深度知觉判断时单眼线索之一。距离远近不同的物体形成重叠现象时，如一座楼房在视线上挡住了另一座楼房的一部分时（即两座楼房在视线上重叠），即可判断能看到全部的楼房较近，只看到部分的楼房较远。见单眼线索（monocular cue）。

interpretation 解析，释义 **1.**泛指对行为表象的解释。**2.**特指在精神分析治疗时所采用的一种方法。见精神分析（psychoanalysis）。

interpretation of dream = **dream interpretation** 梦的解析

interpretive therapy 解说性治疗 指心理治疗时一般惯用的进行程序，而非指某一种特殊的治疗方法。解说性治疗在一般治疗中或多或少都会采用，如心理师以专家的身份，对患者解说问题所在，并建议如何改变生活方式以消除问题。

interquartile range 四分位数间距 指在次数分布中居于中间50%量数的分散情形。四分位数间距的大小，通常用百分位数表示。介于26～75个百分位数的距离，即为四分位数间距。见百分位数（percentile）。

interrater agreement 评审间一致性 义同评分者信度（scorer reliability）。见该条。

interrater reliability 评审间信度 义同评分者信度（scorer reliability）。见该条。

interrelationship study = **correlational research** 相关研究

interresponse time（IRT） 反应间距 指在操作条件作用实验时个体两次正确反应之间的时间长短。反应间距可作为操作条件作用学习的指标，两次反应间时距愈短，学习到的反应强度（response strength）愈高。见该条。见操作条件作用（operant conditioning）。

interrole conflict 角色间冲突 见角色冲突（role conflict）条第一义。

intersensory perception 多感官知觉 指同时经由数种感官所获得的知觉。例如，从与人对话时所得到的人知觉，就是一种多感知觉。因为与人对话时，既须听其言词，又须观其神色，至少是眼耳并用的。

intersexualism = **hermaphrodite** 阴阳人

intersexuality = **hermaphrodite** 阴阳人

interstimulus interval（ISI） 刺激间距 在实验设计时，如安排两个刺激在时间上间断出现，从前一刺激消失到后一刺激开始所经过的时间，称为刺激间距。在经典条件作用（classical conditioning）实验中，无条件刺激与条件刺激之间的间隔，就是刺激间距。见该条。

I

intersubjective testability 众言可证性 指纵属纯主观经验，在科学上缺乏事实性证据，但如多数人都肯定有过同类经验，该经验仍可视为科学资料而被接受。在日常生活中，梦就是最好的例子。虽然没有科学方法可以直接观察梦的存在，但因为众人都说有过做梦的经验，所以在科学上也就不否定梦的存在。

intertrial interval（ITI） 练习间距 指两次练习之间的时间距离。在从事学习实验时，前后两次练习之间时间的长短变化，常被视为影响学后记忆的因素之一。

interval estimation 区间估计 代表总体性质的量数是参数，描述样本性质的量数是统计数。当研究者不知道参数的值是多少的时候，若用一个统计数的线段作为估计数，并推论参数的值可能在这个线段之间的概率有多大时，这种估计就称为区间估计。例如，大学生的平均体重（总体平均数）在55千克和70千克之间的概率有95%，95%是指对大学生的平均体重落在56.82千克和65.78千克之间的估计可信赖的概率，称为置信水准，而55～70千克这一线段就是95%信赖区间，55和70两个点就叫作95%的置信限。与本词相对者为点估计（point estimation）。见该条。

interval of uncertainty 不确定间距 指心理物理学实验时，上阈限与下阈限之间的距离。见阈限（threshold）。

interval reinforcement 时距强化 操作条件作用学习实验时的强化程序之一。时距强化的特点是，强化实施时不以个体的反应为准，而是按时间来分配。时距强化又可分为两种：一种是固定时距强化（fixed-interval reinforcement），另一种是变动时距强化（variable-interval reinforcement）。

见该等条。见强化程序(schedule of reinforcement)。

interval sampling 等距抽样，间隔抽样 当总体为已知数而且成为一定量时，每隔一定数量抽取一个个体所组成的样本，称为等距抽样。设大学学生有18,000人，计划抽取十分之一为样本，调查他们每月生活开支情形。按等距抽样法，即可按学院、系科、年级的顺序，搜集全部在校生的学号名册。然后任从某一系科某一年级某一学生开始，以后每隔十人抽取一人，一直抽到最初开始时的该系科该年级该学生为止。如此抽出1,800人，在院、系、年级等因素分配上，大致具有相当的代表性。因为此种抽样法是经过系统安排的，故而也称系统抽样(systematic sampling)。

interval scale 等距量表 属测量量表之一类。此类量表的功用是，将测量对象或数据，按某种区分特征的标准求得精确的分数，而各分数之间的单位完全相等。例如，甲、乙、丙三学生，在学科成就测验上分别得到85分、80分与75分。此等分数不但显示甲、乙、丙三人名次的高低，而且可由此看出，甲、乙之间与乙、丙之间的差距相等，相差都是5分。因此，在性质上此种学科成就测验，就是等距量表。见测量量表(measurement scale)。

interval variable 等距变项 系指变项中的每个单位均相等，如等距量表(interval sacle)即是。见该条。

intervening variable (IV) 中介变项，中介变量 中介变项是指介于刺激与反应两变项之间，因外在刺激而引起的内在变化历程。中介变项既不属于可以事先处理的自变项，也不属于观察可见的依变项，而是一种属于个体本身的变项。行为主义后期有的心理学家采用S-O-R代替早期S-R的概念，中间O代表organism，其用意即在说明中介变项所发生的作用。唯中介变项不能直接观察测量，只能根据刺激的情境与反应的方式去推理解释。在心理学上，动机、习惯、学习、态度、观念等，在性质上均属中介变项。

intervention 干预，处置 **1.**广义言之，凡是对正进行中的事件予以处置，以免事态继续恶化者，均称为干预。准此而言，医生及时开刀切除病人身上的肿瘤，以免病情恶化，可以视为干预；学校及时让学生转学，以隔离该生与不良帮派的关系，也可视为干预。 **2.**狭义言之，指心理师为免于患者不适应行为继续恶化，直接采取某种方法，予以治疗，亦属干预。按以上广狭二义，本词带有"参与处置"之意。

intervention technique 干预技术 指干预(intervention)时所采用的方法。见该条。

interview 面谈，访谈，访问 指面对面地直接与受试者会谈。面谈的目的，或是在预定的访问主题之下搜集研究数据，或是由之了解对方生活背景，以便进一步予以辅导或治疗。

interview contrast effect = **contrast effect in interview** 面谈对比效应

interviewee 受访者 指访谈过程中接受访问的被访人。

interviewer 访谈者 指主导访谈的人员。

interviewer bias 访员偏差 指访问研究时因访员本身因素造成访谈资料效度降低的情形。在访谈过程中，访员的知识、态度、语言能力以及有关人格特质，不但影响到受访者的反应，而且影响到访谈记录的内容与质量。

interviewer effect 访员效应 指访问研究时因访员本身因素造成受访者反应不良的情形。访员效应的成因很多，举凡访员的知识、态度、语言能力、性别等因素，均将影响受访者的反应。

interview group psychotherapy 面谈团体心理治疗法 属心理治疗方法之一。此一治疗法系由美国心理学家斯拉夫森(S. R. Slavson)所创用。此法以青年与成年人为对象，按对象的问题性质与智力水平编成小组，以团体会谈的方式，鼓励参与者充分表露情绪，说出内心的问题，从彼此了解中学习新的态度和观念。面谈团体心理治疗法属斯拉夫森创用的分析团体心理治疗(analytic group psychotherapy)之下的三种方法之一。见该条。

interview survey 访问调查 调查研究法中的一类，指对于所欲搜集的资料，由访问者亲身携带问卷或调查表，与被访问者面对面交谈的一种研究方法。依照访问的性质，分为结构式访谈(structured interview)与非结构式访谈(unstructured interview)。前者系依照预先拟定的访问表格，逐项进行访问；而后者不依照任何访问表格与预定的访问程序，访问的情境较为开放，且具有很高的弹性与自由。见该等条。

interview therapy 面谈治疗 泛指经由面谈方式进行心理治疗的历程，而并非特指某一种心理治疗方法。在一般心理治疗时，都经由面谈，唯有经过面谈，才能决定如何进一步诊断与治疗。

intimacy disorder 亲密感失常 属心理异常现象之一。此类失常者无法与人建立亲密的感情关系，苦乐不能与人分享，对人既不合作，也不信任。

intimacy versus isolation 亲密对孤独 美国新弗洛主义心理学家埃里克森之心理社会期发展论(psychosocial stage theory of development)中的第

六个时期(20～30 岁)。见该条。

intimate distance 亲近距离 见人际距离(interpersonal distance)条第一义。

intimate zone 亲近区 属美国人类学家霍尔(E. Hall)所列四种人际距离(interpersonal distance)之一。见该条。

intolerance of ambiguity 缺暧昧容忍力 指不愿接受暧昧情境的一种人格特质。缺暧昧容忍力的人,遇到情境不够明确或答案不能肯定的问题时,他往往缺乏耐心去自行探求究竟,而多表现出退缩逃避的行为。与人争辩时,只能固执自己所肯定了解的知识,不能宽容别人所持的不同意见。具有此种性格者,遇到暧昧情境而退却时,有倾向于向权威(他所信服的)依赖的趋势。因此,缺暧昧容忍力被视为专制人格(authoritarian personality)的特质之一,见该条。见暧昧容忍力(ambiguity tolerance)。

intolerance style 偏执型 属认知风格之一。偏执型指个体应对环境时所表现的一种习惯上的性格特征。属于偏执型的人,在认知活动中不容易接受新知识和新观念,对性质暧昧的问题或自己经验不易连接的新知识,都不愿去接触。偏执型的人性格保守,不愿与人沟通,更不易接受别人的不同意见。与本词相对者为宽容型(tolerance style)。见该条。另见认知风格(cognitive styles)。

intraconscious personality 意识内人格 属多重人格者的心理特征之一。指多重人格者人格结构中之一种人格,能意识到他自己另外一种人格的存在。见多重人格(multiple personality)。

intraindividual difference 个别内差异 指同一个体在数种心理特质上的差异。例如,某生经性向测验后发现,与常模比较,他三方面性向的差异分别是:算术能力甲等,语文能力乙等,空间推理能力丙等。三种性向分居甲、乙、丙三等,即表示该生的内在差异相当明显。与本词相对者为个别间差异(interindividual difference)。见该条。

intrapersonal conflict 个人内在冲突 义同内心冲突(intrapsychic conflict)。见该条。

intrapersonal intelligence 自知智力 属美国心理学家加德纳之智力多元论(theory of multiple intelligence)中的智力之一。见该条。

intrapsychic conflict 内心冲突 指个人内心中的欲望、信念、需求等彼此矛盾所形成的心理冲突状态。

intrarole conflict 角色内冲突 见角色冲突(role conflict)条第二义。

intraversion = **introversion** 内向,内倾

intrinsic interest 内在兴趣,内发兴趣 指兴趣的产生纯系发自内在,个人喜欢某种事物或某种活动,只是由于该事物或该活动使他满足,除此之外别无原因。例如,幼儿喜欢绘画,只因色彩美感使他满足,别无其他意义。与本词相对者为外诱兴趣(extrinsic interest)。见该条。

intrinsic motivation 内在动机,内发动机 指个体在活动过程中即感到满足,而此种满足又转而形成加强个体继续该种活动的内在动力。喜欢运动者,运动本身即使他感到满足,促使他继续运动的内在力量,即属内在动机。内在动机是内发的,不是外诱的。与本词相对者为外在动机(extrinsic motivation)。见该条。

intrinsic motive = **intrinsic motivation** 内在动机,内发动机

intrinsic reward 内在奖赏 **1.**指个体从事某种活动时,该种活动历程的本身,使他乐此不疲,就像活动能获得奖赏一样,使他获得心理上的满足。儿童游戏时,为游戏而游戏,不需外在的鼓励与奖赏;成人读书时,为读书而读书,不需外在奖赏来控制,其所以然者,都是由于内在奖赏。**2.**义同内在动机(intrinsic motivation)。见该条。

intrinsic validity 内在效度,实质效度 属测验效度之一。此种效度指测验题目本身即具有达成测验目的的功能。例如,计划要编的算术成就测验,测验中所包括的题目,在性质上都属于加、减、乘、除、分数、小数之类的题目。由此等题目编成的测验,即具有内在效度,因为算术能力本来也就是由四则的演算所表现的。见内容效度(content validity)。

introjected value 内摄价值 美国人本心理学家罗杰斯人格理论中的术语,指个人的某种价值观,不是靠直接经验学到的,而是靠观察别人之待人接物有所启发而间接学到的。所谓"见贤思齐",即属此义。

introjection 内摄,投入作用 **1.**广义言之,指个人将外在客观世界的事象,吸收内化成为他内在主观意识的历程。**2.**狭义言之,按精神分析的解释,父母的态度与价值观念,影响其子女,子女采纳吸收并内化而形成其超我的历程,也称为内摄。**3.**个人将其本身性格特征投注于无生命的物体,并将之视为有生命的个体的历程,称为投入作用。见泛灵观(animism)。

intropunitiveness = **self-accusation** 自责

intropunitive response 自责反应 指遭遇挫折无法达成愿望时,将过失归咎于自己的心理历程。

introspection 内省 内省系指个体将自己的意识

I

经验陈述出来，为心理学家用来研究内在心理历程的传统方法之一，亦称“自我观察”。内省是 20 世纪初结构主义心理学家用来研究意识的主要方法，他们训练受试者以意识的元素或属性来报告意识所呈现的内容，据以分析意识的内涵。精神分析学家则以暗示和内省，进行精神治疗。

introspectionism 内省主义 义同结构主义（structuralism）。见该条。

introspective method 内省法 采用内省（introspection）作为研究意识的方法。见该条。

introspective psychology 内省心理学 属心理学研究的一种理论或方法取向，而非心理学领域中的一个独立学科。内省心理学始自德国心理学家冯特 19 世纪末的实验心理学研究。根据受试者所做的内省搜集研究资料，为其主要方法。内省心理学也称内省主义（introspectionism）。

I

introversion 内向，内倾 **1.**指不善于社交活动的性格。具有内向性格者，在社会行为方面多表现沉默寡言，遇有问题喜欢自己思考，不愿与别人共商。**2.**指个体在性格上表现内向的程度。内向性的高低，通常根据专为测量内外向的人格测验来评定。与本词相对者为外向（extraversion）。见该条。**3.**在人格理论上，瑞士精神病学家荣格将内向性格视为正常人人格类型的一类，而英国心理学家艾森克则将之归于焦虑、抑郁以及强迫性反应等心理异常的类型。见功能型（functional type）、人格类型论（personality type theory）。

introversion-extroversion 内外向 瑞士精神病学家荣格人格理论中，按个体的自我取向将不同的人格类型置于内外向的维度上加以区别的一种概念。典型外向者，主要表现出擅言谈、长社交、喜聚会、易激动等性格；典型内向者，主要表现出寡言语、爱独处、喜沉静、好反省等性格。事实上，在一般人群中属于两极性典型的人居于少数，多数人都是在两极之间所构成的维度上，表现不同程度的内外向性格。

introversion-extroversion dimension 内外向维度 属艾森克之人格类型论（personality type theory）中人格两大维度之一。见该条。

introvert 内向性格者 指性格内向的人。见人格类型论（personality type theory）、内向（introversion）。

introvert type = **introvert** 内向性格者

intrusion error 侵扰误差 以序列数据从事记忆实验时，如记忆中出现原序列中本来没有的反应，以致造成记忆错误，或是将原本的序列颠倒所造成记忆错误，均称为侵扰误差。因为此种误差系序列之外侵入性的反应干扰所致，故而也称侵扰反应（intrusion response）。

intrusion response 侵扰反应 义同侵扰误差（intrusion error）。见该条。

intuition 直觉，直观 直觉可解释为一种能力，也可解释为一种知识：**1.**在心理学上，指直觉是一种不须经过思考或反省的推理历程，即可对事物或现象的性质作立即而直接判断的能力。在哲学上，指直觉为不透过经验而能认识真理的能力。**2.**直觉是一种本能的知识或感觉的知识，这种知识的获得，无须经过推理的历程，也无须透过其他媒体的传递。

intuitional instruction 直观教学 指强调对事物直接观察而不借抽象解释的教学方法。直观教学时学生学到的知识是直接而立即的经验，此种直接而立即的经验不需意识判断即可形成知识。

intuition type = **intuitive type** 直觉型

intuitive knowledge 直观知识 指不靠感觉经验只凭对事物的直觉而获得的知识。

intuitive thinking 直觉思维 指 5 岁左右儿童的思维特征。直觉思维的特点是，只凭直觉看问题的表象，不做分析推理的深度考虑。

intuitive type 直觉型 属瑞士精神病学家荣格人格理论中所指的功能型（function type）人格之一。见该条。直觉型的人只凭直觉的经验即决定自己的行动，不考虑行为后果，对事情的判断缺乏理性。

inventory 量表，测量表 泛指一般测量心理现象或行为表现的工具。凡是按照某种程序（如标准化），将诸多问题编汇而成的量表、测验、问卷等，对个体施测，从而达到心理特质量化目的的一切工具，均符合本词之含义。唯本词通常与另一形容词联结，以表示各种不同性质的量表或测验。

inverse correlation 逆相关 义同负相关（negative correlation）。见该条。

inverse relationship 相反关系 义同负相关（negative correlation）。见该条。

inversion 逆转 **1.**义同可逆性（reversibility）。见该条。**2.**义同性逆转（sexual inversion）。见该条。

inversion of affect 情感逆转 指情感两极化的现象，从情感的一个极端，忽而转向另一极端。从“爱得要命”到“恨之入骨”，其间变化并无可以解释的理由。

inverted Oedipus = **inverted Oedipus complex** 转换型恋亲情结

inverted Oedipus complex 转换型恋亲情结 属精神分析的用语。意指男童潜意识中爱恋父亲，而视母亲为对手的心理历程；或指女童潜意识中爱恋母亲，而视父亲为对手的心理历程。按此类情形与恋母情结(Oedipus complex)之原意不同,亲子间爱恋关系转换,故名。见该条。

inverted-U curve 倒U字形曲线 指耶基思—杜德森定律(Yerkes-Dodson law)下形成的曲线。见该条。

inverted-U distribution 倒U字形分布 义同倒U字形曲线。见耶基思—杜德森定律(Yerkes-Dodson law)。

invisible playmate 隐形游伴 义同假想玩伴(imaginary companion)。见该条。

involutional depression = **climacteric depression** 更年期抑郁

involutional melancholia = **climacteric depression** 更年期抑郁

I/O = **industrial/organizational psychology** 工业组织心理学

I/O = **input/output** 输入/输出

iophobia 惧毒物症 属恐惧症之一。患者对毒物特别敏感,对很多东西都怀疑有毒,且怀疑有人对其施毒。为逃避毒害,生活陷于恐惧之中。见恐惧症(phobia)。

Iowa Stuttering Scale 爱阿华口吃量表 属于一种检定口吃严重程度的量表。该量表系根据 39个不同程度口吃者说话录音编制而成。

Iowa Test of Basic Skill 爱阿华基本技能测验 属于成就测验之一。该测验包括阅读、词汇、算术、生活基本技能等不同题目。适用年龄为小学三年级至初中三年级。

IP = **information processing** 信息处理,信息加工

ipsative approach 自比性研究 指分析比较个体自身各个心理特质以求其相关的研究。见自比量表(ipsative scale)。

ipsative questionnaire 自比问卷 义同自比量表(ipsative scale)。见该条。

ipsative scale 自比量表 自比量表或称自比测验(ipsative test),又称自比问卷(ipsative questionnaire)。自比量表与一般测验不同,其所得结果不与常模比较,不与团体中别人比较,而是在其本人多种反应(或能力)间,或现在行为与过去行为间作相对性的比较。就能力测验的观点看,自比量表所测定者不是个人能力的高低,而是比较个人在各方面能力上何者较高、何者较低。

ipsative score 自比分数 指受试者在自比量表上所得的分数。自比分数与一般测验上的所得的常模分数不同, 后者用来跟常模或其他人相比(如按百分等级定成绩高低),而前者是用来跟自己相比(与以前成绩或其他科目成绩)。见自比量表(ipsative scale)。

ipsative test 自比测验 义同自比量表(ipsative scale)。见该条。

IQ = **intelligence quotient** 智商

iris 虹膜 眼球角膜之后呈圆环状而带有彩色的部分。见眼的构造(eye structure)条及附图。

iris reflex 虹膜反射 义同瞳孔反射(pupillaryreflex)。见该条。

IRM = **innate releasing mechanism** 先天释放机制

irradiation illusion 明度错觉 属视错觉现象之一。如附图所示,图中七个黑色圆形之中,任何两者之间的距离均与黑圆的直径相等,但看起来会令人觉得白色的距离大于黑圆的直径。根据此心理现象可知,同样大的物体白色者显得较大(体形偏胖者不宜着浅色衣服)。见错觉(illusion)。

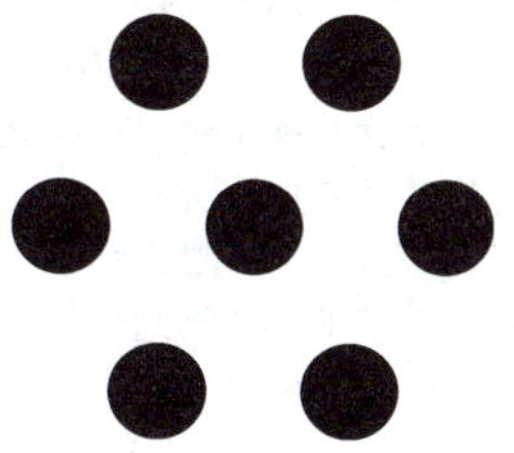

明度错觉

irrational type 非理性型 属瑞士精神病学家荣格人格理论中所指的感觉型与直觉型两类人格特征。非理性型的人,行事多凭感觉与直觉,较少依靠理性与感情。详见功能型(functional type)。

irreality level 非现实层面 美国社会心理学家勒温理论中的术语。意指个人生活空间(life space)中属于幻想、欲望、偏见等不实际的部分。见该条。

irrelevant drive 无关驱力 个体同时存在两种内驱力时,因驱力所促动的行为活动后果,如只能满足其中之一,另一驱力即称为无关驱力。如个体饥渴交迫(两种驱力并存),但活动的结果如只是找到食物,渴的驱力(对找食物的行为而言)是为无关驱力。

irrelevant variable 无关变项 在实验情境中,凡是对依变项不发生影响的因素,均称为无关变项。换言之,无关变项系指不影响受试者反应的变项。例如,在设计有关听知觉的实验时,实验室内一切光线或色彩的变化即属无关变项。

IRT = **interresponse time** 反应间距

ISI = **interstimulus interval** 刺激间距

island of Reil = insula 脑岛

isolation 孤立，孤离 **1.**孤立指个体缺乏人际关系及社会支持的心理状态。**2.**按精神分析，孤离属防卫机制之一。个人将以往痛苦经验置诸内心深处，予以隔离，借以避免想到时会引起焦虑。**3.**义同瑞士精神病学家荣格理论中所指的心理孤离(psychic isolation)。见该条。

isolation amentia 隔离性痴愚 指个体自幼在隔离环境中长大，缺乏学习机会所形成的后天性痴愚。

isolation effect 孤立效应 在系列学习的情境下，如在多个刺激组成的系列性学习材料中，将其中某一个刺激孤立出来，或使该刺激强度加大，或使其颜色突出，或使其声音特别，均将产生特殊效应，使学习者易学易记。此种现象，称为孤立效应。广告的设计多采取孤立效应的原理引人注意。孤立效应的概念系由德国心理学家冯雷斯托夫（von Restorff, 1906～1962)1933 年提出。故本词亦称冯雷斯托夫效应(von Restorff effect)。

isolation experiment 孤立实验 动物实验的方法之一。孤立实验的目的是，观察在孤立环境(与其他动物隔绝)中长大的动物，其行为表现是否受环境孤立的影响。心理学家以白鼠为实验对象发现，在孤立环境中长大的白鼠，其大脑发育落后：有的部位脑细胞减少 10%，有的部位脑细胞减少 50%。

IT = information technology 信息技术学

item 题目，试题，项目 为测验或实验中独立的单元，用以引起个体的行为反应。项目可为问题(口头的或文字的)或工作等不同的性质和形式。

item analysis 题目分析，项目分析 任何测验均由多个题目或项目构成。因此测验之信度与效度的分析研究，自应从每一测验题目开始。题目分析时，通常要考虑以下数方面的问题：(1)题目的难度如何?(2)题目的鉴别力如何?(3)各题之间是否具有一致性?(4)各题目是否均各具有效度与信度?对以上各方面的分析工作，均称为题目分析。见难度指数(index of difficulty)、鉴别指数(index of discrimination)和内部一致性(internal consistency)。

item difficulty 试题难度 按受试者之中尝试回答而又回答正确者的百分比计算，百分比愈高，试题难度愈低，亦即表示试题容易。试题难度通常以试题难度指数(item difficulty index)表示之。见该条。

item difficulty index 试题难度指数 指用以表示测验中试题难度的一个数字(百分数)。试题难度指数的求法，最常用者为下列计算公式：

$$P=\frac{R}{N}\times 100\%$$

公式中，P为难度指数；R为该题答对的人数；N为受试者总人数。

item discrimination index 试题鉴别指数 义同鉴别指数(index of discrimination)。见该条。

item pool 题库 指将格式相似、功能雷同的题目大量汇集，储存备用。题库中的每一个题目均附有难度、鉴别力等说明，在编制测验或量表时，即可由题库中按测验或量表的使用目的，选择难度适当的题目来使用。题库建立的一般程序为：(1)拟定题目；(2)审查题目；(3)题目预试；(4)题目分析；(5)建档入库；(6)题目选取；(7)编制测验。

item reliability 题目信度 指同一测验中所有题目在性质上是一致的。以智力测验为例，一个智力测验中所有题目，在性质上都应该是测量智力的。见信度(reliability)。

item scaling 量表试题定位 指按照测验内每一试题的相对难度(经难度分析)，将试题编列在适当位置的过程。

item selection 试题选取 指选定某一题目作为编制测验内容一部分的过程。试题选取过程中，通常要经过题目分析(item analysis)。见该条。

item validity 试题效度，项目效度 指测验中每一题目所测量者正是该测验所预定要测量的心理特质。如智力测验预定要测量的是人的智力，测验中包括的题目确能测量智力时，该等题目就具有试题效度。每一试题各具有效度，整个测验才有效度。见效度(validity)。

item weighting 试题加权 指按照测验中各试题的性质、难度，决定答对者给予多少分数的程序。例如，选择题每题答对者给一分，简答题每题答对者给五分。两种试题之所以给分不同，乃是由于试题难度不同的缘故。

ITI = intertrial interval 练习间距

itinerant teacher 巡回教师 指接受过专业训练的教师，不定期地到各校与教师交流教学心得，并做示范教学，借以提升教育质量。此种教师称为巡回教师。

IV = independent variable 自变项，自变量

IV = intervening variable 中介变项，中介变量

J

Jacksonian epilepsy **杰克逊癫痫** 属癫痫症之一。此种癫痫的特征是，先从局部痉挛开始（如口角、手指、脚趾等），以后逐渐恶化，扩展至全身。亦即由局部癫痫演变为全身癫痫，最后丧失意识。此种癫痫系由英国神经学家杰克逊（J. H. Jackson, 1835～1911）首先发现，故名。见癫痫症（epilepsy）。

Jackson's law **杰克逊法则** 解释因脑部病变而影响心智功能的原则。该法则的要义是：愈是新近习得的经验，或者愈是复杂的经验，其遗忘的速率就愈快。

Jackson's principle = **Jackson's law** **杰克逊法则**

Jamesian **詹姆斯主义** 指19世纪末美国心理学家詹姆斯（James, William）的功能主义及实用主义心理学思想。见其传记条。

James-Lange theory **詹姆斯—郎格理论** 义同詹姆斯—郎格情绪论（James-Lange theory of emotion）。见该条。

James-Lange theory of emotion **詹姆斯—郎格情绪论** 指科学心理学发展初期解释情绪现象的一种理论。该理论系由美国心理学家詹姆斯（W. James）1884年提出，稍后丹麦生理学家郎格（C. G. Lange）1885年也提出类似观点，同样是解释情绪变化的系统理论，故以二氏之名名之。按该理论的基本要义是：情绪经验起于以下连续发生的三个因素：(1)先有影响个体的刺激情境；(2)因刺激而引起生理的或身体的反应；(3)因身体的生理变化而导致情绪经验。例如，幼儿手指受伤流血（刺激），引起哭泣（反应），继而感到痛苦而表现出痛苦的表情（情绪）。根据此情绪理论的解释，幼儿痛苦的情绪不是使他受伤的刺激，而是由于哭泣所致。此种解释与一般常识观点不同，一般人多认为因痛苦才会哭泣。见坎农—巴德情绪论（Cannon-Bard theory of emotion）。

James, William (1842～1910) **詹姆斯** 詹姆斯是19世纪末美国第一位本土哲学家和心理学家，是教育学家，是实用主义的倡导者，也是美国功能主义学派创始人之一。

詹姆斯于1842年1月11日出生于纽约市，家庭富有，自幼就被父母安排到瑞士、法国、德国、英国接受最好的教育，因此他有极为丰富的童年生活经历。19岁进哈佛大学学习化学，继而修习生理学，最后改学医学，1869年获医学博士学位。完成学业之后，却因受当时流行于德国决定论哲学思想的影响，一度悲观消极，并罹患了抑郁症。詹姆斯一度相信，人生一切是命定的，在命定思想之下生命缺乏意义。直到后来因读到一篇有关自由意志的文章，才使他领悟出“人生一切操之在己”的意义，从而走向积极人生。他的实用主义哲学思想就是此时孕育而来的。1872年詹姆斯进哈佛大学担任生理学讲师，首先开设生理与心理关联的课程，以后即转向研究心理学与哲学。詹姆斯曾在1875年设置小型心理实验室，较之德国心理学家冯特1879年设立的实验室犹早四年，可能是有史以来最早的心理实验室。唯以该实验室的设置只用于配合教学，不曾从事过严谨的心理学理论研究，因而未能引起世人重视。詹姆斯曾两度（1894年与1904年）被选为美国心理学会主席，1910年8月26日病逝于新罕布什尔州邱库鲁瓦，享年68岁。詹姆斯在心理学上的贡献，主要在于以下五方面：

1.建构了现代科学心理学的完整体系 詹姆斯1890年出版的《心理学原理》，不仅被视为心理学的经典之作，而且被公认为美国功能学派兴起的里程碑。书中所列主题包括感觉、知觉、大脑功能、习惯、意识、自我、注意、记忆、思维、情绪十章，大致奠定了此后多年心理学研究的范畴。在该书中詹姆斯对心理学的研究提出两种观点：(1)反对结构主义意识元素分析的研究。詹姆斯认为，心理学研究的目的不在发现构成意识的基本元素，而在研究个体意识在适应其环境时所发挥的功能，故而他的思想被称为功能主义（functionalism）。(2)首倡意识流理论，他认为意识不是静止的，而是因人因时因事而连续不断地流动的，他称此种心理现象为意识流（stream of consciousness）。如将流动的意识切段分析，势必扭曲意识的本义。

2.首倡情绪理论　詹姆斯与当时丹麦生理学家郎格（C. G. Lange, 1834～1900）合倡詹姆斯—郎格情绪论（James-Lange theory of emotion），解释情绪经验乃起于个体对刺激之反应，是最早的情绪理论。见该条。

J

3.主张心理学研究方法多元化　他不反对结构主义的内省法，但他认为内省法不足以真正了解个体适应环境的行为。因此他主张心理学的研究应配合需要，兼采观察法、实验法、比较法、调查法等。同时他主张研究对象不应限于常态成人，而应扩大范围，兼及儿童、心理异常者以及动物行为的研究。

4.提倡实用主义　詹姆斯功能主义心理学思想的中心主张，是他1907年出版的《实用主义》一书中所宣示的实用主义（pragmatism）。他认为，世间无绝对真理，真理决定于实际效用，而且真理常随时代环境变迁而改变；适合于时代环境而有效用者，才是真理。詹姆斯实用主义思想，对美国人的思想及以后应用心理学的发展产生了重大影响。

5.对心理学能否直接应用于教育的看法　詹姆斯反对将心理学的原理原则直接应用于学校教学。在其1899年出版的《与教师谈心理学》一书中，即明确指称：心理学是科学，教学是艺术，无论科学如何万能，科学本身仍不可能直接创造出艺术作品。詹姆斯此一看法，指出了此后教育心理学发展的正确方向。

詹姆斯的重要著作有：*Principles of psychology*（1890）；*Talks to teachers on psychology, and to students on some of life ideals*（1899）；*Varieties of religious experience*（1902）；*Pragmatism*（1907）；*The meaning of truth*（1909）等。

Janet, Pierre（1859～1947）让内　让内是法国精神病学家和心理学家，也是对癔症研究做出最大贡献的学者。

让内于1859年5月30日出生于巴黎，1889年获巴黎大学哲学博士学位，1893年再获同校医学博士学位。嗣后进巴黎萨尔伯屈精神病院工作，成为当时该院院长，也是当时著名精神医学家沙可的助手。让内继承沙可的事业，对癔症从事系统研究。除从事临床治疗研究外，也在巴黎大学教授心理学，1892年出版《癔症的主要症候》，被精神病学界评为研究癔症的权威著作，1901年出版《癔症患者的心理状态》，该书对以后精神医学的研究贡献甚大。1902年获法兰西学院院士荣衔，1906年曾赴美国哈佛大学讲学，1937年膺选为第二届国际心理学名誉主席，1947年2月24日卒于巴黎，享年88岁。让内在心理学的贡献主要在于以下两方面：

1.让内虽然继承了沙可的事业，但他不同意沙可对癔症成因起于生理失调的看法。他认为癔症乃是由于心理原因所致，此看法与弗洛伊德十分接近。

2.让内将心理异常的原因解释为精神活力（psychic energy）的减退，他认为正常人的健康人格结构中，始终保持一定的精神活力水平，故而能使他在遇到问题时将自己的观念与情绪统合在一起以应付困境。心理异常者则相反，他们的精神活力不足，无法使他集中心力以应付困难，癔症患者意识狭窄、观念僵化、记忆减退等现象，都是由于精神活力减退所致。

让内主要著作中译为英文的专著有：*The major symptoms of hysteria*（1892）；*The mental state of hystericals*（1901）；*Principle of psychotherapy*（1924）等。

jargon aphasia 乱语型失语症　属失语症之一。此种失语症的特征是，患者虽能发出字音，但语无伦次，满口胡言乱语，就像梦呓一般，听起来不知所云。见失语症（aphasia）。

Jaspers, Karl（1883～1969）雅斯培　雅斯培是20世纪德国哲学心理学家，是精神病学家，也是现代存在主义哲学主要代表之一。

雅斯培1883年2月23日出生于德国南部奥丁堡，父亲是律师，他是家庭中三个孩子中的长兄。因自幼体弱多病，青少年时期罹患支气管扩张症，一生未能痊愈。1901年进海德堡大学主修法学，次年转慕尼黑大学继续修读，终因对法律缺乏兴趣，而转学柏林大学和哥廷根大学主修医学。最后于1909年在海德堡大学获得医学博士学位，并通过考试取得精神科医师资格，次年开始在海德堡大学担任精神病学助理研究员。当时德国的精神病科被视为传统医学的分支，仍旧根据生理学和解剖学的理论和方法实施诊断治疗，尚无对精神病的病理研究。雅斯培尝试采用现象学的理念，直接研究患者的意识经验，试图建立单独属于精神病的病理学。1911年将他的临床经验及病理解释撰成《普通精神病理学》一书，引起德国医学界重视，从此使雅斯培从医学领域跨进了哲学范畴。1913年进入海德堡大学哲学系，1916年升为助理教授，1921年升为正教授，此后十年间，雅斯培已成为德国著名哲学家。在其1931年出版的《现代人》一书中，他提出了他的存在主义哲学。1933年纳粹执政后，迫害犹太人，雅斯培由于妻子是犹太人的关系，首先被剥夺大学行政职务，继而禁止他出版书籍，最后1938年被解除教职。1942年朋友们想协助他避走瑞士，德国政府开出的条件是扣留下他的妻子。雅斯培拒绝接受，准备和妻子一起自杀。所幸联军击败纳粹（1945），他才重获自由。战后1948年雅斯培赴瑞士，担任巴塞尔大学教授，1969年2月26日病逝于巴塞尔，享年86岁。雅斯培的存在主义思想，主要载于他1932年出版的《哲学》（三册）之中，其基本要义强调，每个人都有他的存在价值，而个人的存在价值则系于自我三个层次的存在：

1. 现实存在　现实存在（being-there）指个人经由对外在客观世界的观察而认识到自己的存在（如确知自己的性别、身世和身心特征等）。

2. 自我存在　自我存在（being-oneself）指个人在生命存在过程中所经历过的人生体验和选择。在此层次中，个人自己会意识到自己的愿望、冲突、痛苦以及不可避免的死亡。面对这些问题，个人必须有所选择：选择积极地活下去，或是消极地放弃一切。根据雅斯培的主张，选择积极活下去的人，才会真正体验到自我存在。

3. 自在存在　自在存在（being-in-itself）指个人在找到自我存在之后，将自我从现实的境界跃升到另一个境界。将自我的意涵扩大，化小我为大我，尽量与外在世界接触，与他人交往，从事宗教或社会公益活动，以惜物、爱人、敬天的精神去面对人生，就会体验到人生的真正意义。雅斯培的存在主义思想对以后人本心理学和心理治疗的发展，产生了很大的影响。如果将他的存在主义思想转换成更通俗的话来说，那就是：认识自我、肯定自我和实现自我。

雅斯培著作等身，出版专著多达30余种，其中译为英文者有：*Man in the modern age*（1933）；*The question of German guilt*（1947）；*The origin and goal of history*（1955）；*Reason and existence*（1955）；*The future of mankind*（1961）；*The great philosophers, 2 vols.*（1962, 1966）；*General psychopathology*（1965）；*Philosophical faith and revelation*（1967）；*Philosophy, 3 vols*（1969）；*Philosophy of existence*（1971）等。

Jastrow's illusion **贾斯措错觉** 属视错觉现象之一。如附图所示，上下两个扇形，虽然在形状和面积上完全相等，但看起来总觉得上面的扇形较小，原因是两扇形接近之两边长短不同而形成对比所致。此错觉图形系由美国心理学家贾斯措（J. Jastrow, 1836～1944）1891年所发现，故名。见错觉（illusion）。

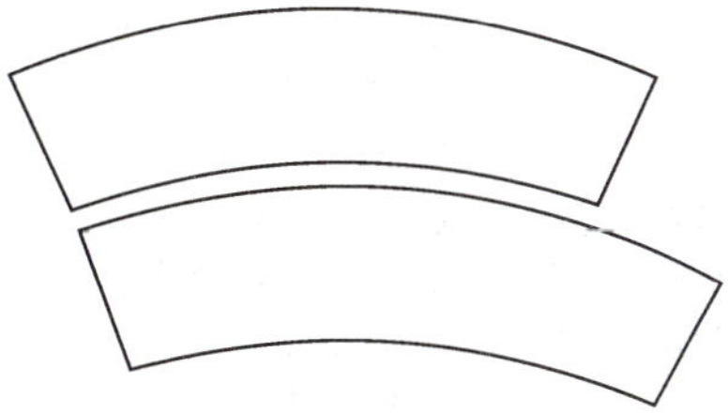

贾斯措错觉

J-coefficient＝job-coefficient **职业系数**

J curve **J形曲线** 义同J形分布曲线（J-shaped distribution curve）。见该条。

JDI＝job description index **工作描述指标**

J distribution **J形分布** 义同J形分布曲线（J-shaped distribution curve)。见该条。

jealous delusion 嫉妒妄想 义同妄想性嫉妒(delusional jealousy)。见该条。

jealousy 嫉妒 指对人的一种复杂的憎恶情绪状态,此种情绪产生于两种情境:其一是在三人的感情关系上,甲喜欢乙而冷落丙,于是丙对乙心生嫉妒;其二是在二人比较的情境下,甲胜乙败,或甲的容貌比乙出色,则乙对甲心生嫉妒。基本上来说,嫉妒心理是由于个人自尊受损而产生焦虑所致。

jet lag 飞行时差 指搭乘超音速飞机时,因飞行速度与地球运转方向所产生时间上的差异,干扰了平常作息习惯而形成的暂时身心失调现象。飞行时差的主要现象是身心疲倦、食欲不振、睡眠暂时失常等。飞行时差的困扰程度,因飞行方向而异。逆地球运转方向飞行时,飞行时差小,较易适应;顺地球运转方向飞行时,飞行时差大,较难适应。对一般人而言,停止飞行三五天之后,飞行时差的困扰就会自动消失。

jet-lag phenomenon 飞行时差现象 见飞行时差(jet lag)条。

jigsaw puzzle method 拼板解题法 是一种团体合作解决困难的方法。遇有困难问题,团体内每一分子各自分担部分责任,分工而合作,在共同目标下达到解决困难的目的。因此类合作解题与合作拼凑木块构图者类似,故名。

jnd = just noticeable difference 最小可觉差

jnnd = just-not-noticeable difference 最小无觉差

job analysis 工作分析 指为了解对某项工作性质所做的分析。工作分析通常包括:(1)该项工作需要何种知识;(2)该项工作需要何种技能;(3)该项工作需要使用何种工具和设备;(4)该项工作需要何种人际关系(是单独完成抑或与人合作);(5)该项工作之成绩如何评定;(6)该项工作适合于何等人去做。工作分析主要用在工业或职业上作为教学、雇工及工作分类等方面。

job bank 工作库,职业库 指职业辅导机构搜集并储存大量就业机会与有关数据,供求职者查询,可就工作库中各种工作机会的数据中,选择适合于个人条件的工作,并申请辅导就业。

job classification 工作分类 指根据各种工作的性质、所需专长训练及应具备的人格特质等项目所作的分类工作。

job-coefficient 职业系数 职业性向测验结果(分数),与实际在该职业上的工作成绩(分数),两者间求得的相关系数,称为职业系数。见相关系数(correlation coefficient)。

job-component method 工作成分法 指按工作性质而分类评定薪酬的一种方法。工作成分相似之职业,需要条件相似的人去做,因而在待遇上也应相似,才能符合同工同酬的原则。

job description 工作描述,职业描述 **1.**指对某项工作所作的分析性叙述,其中包括该项工作之任务、责任、所需知识、使用材料与工具、处理程序、待遇、升迁机会、人事及物理环境等。 **2.**义同工作分析(job analysis)。见该条。唯工作分析偏重分析的过程,本词则意指根据分析结果所作的描述。 **3.**义同行业描述(trade description)。见该条。

job description index (JDI) 工作描述指标 指用以评定员工对工作满意度的指标。工作描述指标包括五个因素:(1)工作性质;(2)工作待遇;(3)劳资关系;(4)同工关系;(5)升迁机会。

job enlargement 职务扩增,工作扩增 指借由扩大职务或工作范围,增加工作时身心活动的变化,以减少工作的单调感,从而提升动机与兴趣的一种方法。此法是针对机械生产过程中,因分工过细的缺点而提出的一种补救方法。本词与另词工作充实(job enrichment)不同。见该条。

job enrichment 工作充实,职务充实 指借由充实工作或职务内涵,以加强工作动机,从而提升工作满意度的一种方法。工作充实的方式,主要是加重工作的挑战性,使工作者感到"英雄有用武之地"。如此,工作之后就有成就感。本词与另词职务扩增(job enlargement)不同。见该条。

job evaluation 工作评价,职业评价 根据某项工作的性质或特征而评定工资待遇的过程,称为工作评价。工作评价时,通常将有关该工作之特征分列,然后在每一特征上确定所占分数,最后集各特征分数而定工资高低。作为工作评价的特征,亦即构成该工作的条件,诸如经验、教育程度、产品(成绩)、责任、工作负担、危险性……均属之。

job market 就业市场 指求职者可能寻求到工作的地方。

job mobility 就业流动性 指从业人员因转换工作而离职的比率。

job placement 就业安置,工作安置 **1.**指学校的就业辅导。当学生毕业时,就其所学协助并安排其就业,以达成学以致用的教育目的。 **2.**指行政机关或生产机构的人事安排。对新进人员的工作安置,能就其意愿、专长、经验等条件,做适当安排,以达成适才适用的理想。

job requirement = job specialization 工作必备

条件

job sample 工作样本 指从整个工作历程中所取出的一部分具有代表性的工作活动。工作样本多用于实习教学之中，让学生有机会从事该部分工作，从而观察其是否适合于担任该类工作。

job satisfaction 工作满意度 指个人或多数员工对其所任工作感到满意的程度。工作满意度的高低，主要是根据员工的态度来评定。工作满意与否与很多因素有关，诸如薪水高低、加薪方式、工作时间、工作地点、工作性质、升迁机会、人际关系、管理方式等均属之。

job security 工作保障，职业安全感 **1.**指对工作者的保障措施，诸如以法律规定业主不得无故辞退员工，或明订按年资加薪与计算退休金等，均属之。**2.**指由于工作保障措施使人有安全的感觉。

job specialization 职业专精化，工作必备条件 **1.**由于工业发达与科技进步的影响，各类职业所需人员的知识技能日趋专精化、深入化。唯专精化的结果，也使从业人员的知识经验狭窄化，终而形成隔行如隔山的现象。**2.**指从事某专门工作须具备的条件，诸如年龄、学历、经验等均属之。

job status 职业声望 指一般人心目中对各种职业在社会地位上的评价，有些职业在社会上的声望高（如医师、工程师、大学教授、政府官员等），有些职业社会声望低（如裁缝师、理发师、水电工人等）。职业声望的高低因社会文化不同而异，唯影响职业声望高低的条件，不外乎：（1）专业知识与技能，所需专业知识与技能愈多者，其声望亦愈高；（2）薪酬所得，薪酬愈高者，其声望亦愈高；（3）支配权力，权力愈大者，其声望亦愈高。以上三个条件，如分别使用，未必获多数人同意，但如三者合并考虑以评定职业声望时，大致可以得到大众的共识。

Jocasta complex 恋子情结 本词与恋母情结相对应。按希腊神话，Jocasta为Oedipus的亲生母，因命运拨弄，母亲嫁给了儿子，后来发现实情而自杀身亡。精神分析论引喻以表示母亲过分爱儿子甚至对儿子有性欲意念的反常心理。见恋母情结（Oedipus complex）。

John Henry effect 约翰亨利效应 采用配对组设计从事实验研究时，一般都是在实验组之外设置一个条件相当的控制组，其目的是使该控制组的活动保持与平常一样，不接触实验变项，以便实验结束后与实验组相比较，从而确定实验变项是否真正产生了预期的效果。基于此义，要想使控制组真正成为"被控制"的一组，只有对实验设计一事完全保密（不使控制组成员知晓）才行。事实上多半做不到这一点。因为控制组的成员如果知道实验目的，他们在行为表现上就可能不像平常的作为，甚至也和实验组一样去改变自己，以求最后比较时不致落于实验组之后。此种现象称为约翰亨利效应。本词之所以如此命名，是采用了传说中19世纪的一位能力超强铁路工人的名字。该名工人工作勤奋努力，无论工作环境如何恶劣，均不影响他的工作成绩。工业心理学中著名的霍桑效应（Hawthorne effect），其性质与本词相近。见该条。

joint frequency distribution 联合次数分布 指根据两个（或两个以上）变项所作的次数分布。最简单的联合次数分布是二变项次数分布。例如，同时考虑身高与体重两变项时所作的次数分布，即属联合次数分布。此种次数分布，在统计方法上通常用两维次数表（double-frequency table）展现之。见该条。

J

joint probability 联合概率 指两件（或数件）事同时出现的可能性。如同时丢下两颗骰子，同时出现六点向上的概率是1/36。唯事件之间的关系，有的各自独立，有的互相依存。如A与B两事件属独立者，其联合概率即各别概率的乘积（如上例），其公式为：$P(A \cap B)=P(A)P(B)$。如A与B两事件为相互依存者，其联合概率为其中一事件的概率乘以另一事件的条件概率（conditional probability），其公式为：$P(A \cap B)=P(A)P(B/A)$。见该条。

joking relationship 戏谑关系 指友朋间毫无隔膜的知交关系。此类朋友相处时，彼此间揶揄、嘲弄、挖苦，均不以为忤。所谓"打不开骂不散的朋友"，即指朋友间存有戏谑关系。

Jonah complex 约那情结 美国人本心理学家马斯洛理论中的术语。指个人在发现自己才能时可能因之感到快乐，但也可能因之感到恐惧。感到快乐的原因是自己的才能将有助于自我实现，感到恐惧的原因是才能将使自己的责任加重。加重了责任将会使自己的未来增加未知数，因而不肯努力，致使自己失去成长的机会。马斯洛称此种矛盾心理现象为约那情结。马斯洛认为，在美国社会里很多才智出众的妇女不敢表露自己，在事业上不愿与男性争雄，原因就是在以男性为主的社会中女性唯恐遭社会拒绝而避不出头。见畏惧成功（fear of success）。

Jost's law 约斯特定律 德国心理学家约斯特（A. Jost, 1874～1920）1897年提出解释新旧记忆的两项法则：（1）如新旧两种记忆在学习时达到同等强度，过一段相同的时间后，新记忆所遗忘者要比旧记忆为多。(2)同样强度的新旧两种记忆,经过一段相同时间后都会产生遗忘。遗忘后如分别再行复习,自然都会恢复记忆,唯就再行复习的次数来计算,如复习次数相等时,对旧记忆的效益大于新记忆。以上两点说明的是,要想在旧记忆之后学习新事物,必须付出更多的练习始能长期保持记忆。

J-shaped distribution curve J形分布曲线 指形如英文大写字母J形的次数分布曲线。J形分布曲线的特征是,在次数分布曲线的左端次数很少,次数分布曲线的右端次数则快速上升。因而绘成的曲线呈现英文字母J的形状。

Judd, Charles Hubbard(1873～1946) 贾德 贾德是20世纪初期美国心理学家,是美国功能学派应用心理学代表之一,是现代教育心理学的先驱,也是出自冯特门下而另立门户的心理学家之一。

贾德1873年2月23日出身于美国教会派驻印度的传教士家庭,出生地为印度的柏瑞利。贾德幼年在印度接受教育,回国后进卫斯瑞安大学,1894年毕业后,赴德国进莱比锡大学,师从冯特研究实验心理学,1896年获心理学哲学博士学位,是冯特指导下从事心理学研究的第一代美国心理学家之一。贾德对冯特的教学和研究极表推崇,回国后,于1897年将其《生理学原理》译为英文。1896～1898年应聘担任卫斯瑞安大学教授,1898～1901年任教于辛辛那提大学,1902～1909年应聘担任耶鲁大学教授,并于1907年担任该校心理实验室主任。两年后应芝加哥大学之聘,除担任教授外,历任该校心理学系主任、教育学系主任、教育学院院长等职务,直到1938年退休为止。在此期间,曾于1909年被选为美国心理学会主席,1911年和1915年两度被选为全国大学教师协会主席。1946年7月18日在加州圣巴巴拉逝世,享年73岁。贾德在心理学上的贡献,主要在于以下两方面:

1.是应用心理学的先驱 虽然贾德在德国时研究的是实验心理学,但他回国后并未持续继承乃师冯特衣钵从事意识分析研究。他在耶鲁大学担任心理实验室主任期间,虽曾从事视知觉、动作反应和学习等实验研究,但到芝加哥大学之后,兴趣便转向应用心理学研究,此后20多年一直从事教育心理学方面的著述和推行中小学教学实务的改革。

2.首倡教育心理学为达成教育目的的科学 在20世纪20至40年代,美国教育心理学思想分为两大学派,分别以哥伦比亚大学的桑代克和芝加哥大学的贾德为中心。桑代克的思想采行为主义科学心理学取向,主张根据动物学习实验得到的学习法则(如效果律和练习律等)可直接用来推论解释学校中学生的知识学习。贾德的思想则采功能主义创始人詹姆斯所倡"心理学是科学,教学是艺术"的看法,主张教育心理学的研究,应在学校情境中探讨教师教学生学的心理法则,借以改进教学,从而达成学校教育的目的。由于当时正值行为主义鼎盛时期,心理学科学化以及以动物行为为心理学研究对象的思想势力太大,纵使学校教育界支持贾德的理论,然桑代克的教育心理学科学化的主张,仍旧主导教育心理学的思想。此点与行为主义兴起后功能主义式微的情形类似。唯其如此,"教育心理学是普通心理学原理原则在教育上的应用"这一多年来一般认定的教育心理学的定义并未动摇。平心而论,对以发扬人性与改变人性为本质的教育心理学而言,贾德的思想未受到应有的重视,是不应该的。此一历史发展的偏差,也影响了教育心理学本身应有的发展。

贾德著作丰富,曾出版之专著有:*Genetic psychology for teachers*(1903);*Psychology: General introduction*(1907);*Psychology of high school subjects*(1915);*Introduction to the scientific study of education*(1918);*Silent reading*(1923);*Psychological analysis of the fundamentals of arithmetics*(1926);*Psychology of social institutions*(1926);*Psychology of secondary education*(1927);*Education as cultivation of the higher mental processes*(1936);*Educational psychology*(1939)等。

judgment 判断 **1.**对两件(或多件)事项陈述其间关系的历程。**2.**根据个人价值标准对他人所作所为给予批评的历程。**3.**根据价值标准或是非标准对人、事、物所做出的善、恶或对、错等选择的心理历程。**4.**在心理实验时,受试者对不同刺激选择反应的心理历程。**5.**在心理测验或考试时,受试者针对问题而选定答案的心理历程。

judgment sampling 判断抽样 属抽样方法之

一。指单凭研究者的经验判断，从总体中抽取部分个体为样本作为研究对象。判断抽样多用于问卷编制之预查或测验编制之预测等。从理论上讲，判断抽样时可能产生的误差，较之随机抽样(random sampling)时的误差要大。见该条。

jumping stand 跳台 义同拉什利跳台(Lashley jumping stand)。见该条。

Jung association test 荣格联想测验 是一种单词联想测验。因此种测验系由瑞士心理学家荣格所设计，故名。荣格联想测验的功用是，从受试者的反应用词中，分析当事人的情绪。

Jung, Carl Gustav（1875～1961） 荣格 荣格是20世纪瑞士心理学家和精神病学家，是精神分析学派的代表之一，也是分析心理学创始人。

荣格1875年7月26日出身于瑞士北部著名莱茵瀑布附近开斯威尔的一个宗教家庭，父母感情不睦使他自幼养成对人缺少信心的性格。荣格性格内向，常常幻想，好做白日梦，致使其童年生活完全脱离现实。荣格的心理困扰是在他进大学时自己化解的。他准备进大学前，因无法决定自己求学方向，他开始分析自己曾做过的梦。他曾梦见自己挖掘史前动物化石，他自己解析认为，这隐示他应研究科学。他小时候曾梦见自己在一个大洞穴中，他自己解析认为这隐示他应研究人格。进巴塞尔大学后，本拟专攻考古学，但因该校无此科系，而改修医学。1900年获巴塞尔大学医学博士学位之后，又进苏黎世大学，投身在当时著名精神病学家布莱勒门下，担任其助理，研究精神分裂症。在此期间，也曾到巴黎跟另一著名精神病学家沙可研究癔症与多重人格。1905年荣格返巴塞尔大学任讲师，数年后辞职，开业行医之外并从事写作。荣格与弗洛伊德相结识，是在读到弗洛伊德的《梦的解析》之后。1906年两人开始交往，次年两人在维也纳晤面时，连续讨论精神分析理念长达13小时之久，自此两人建立了父子般亲密关系。1909年两人同时应美国克拉克大学校长霍尔之邀赴美讲学，1911年在弗洛伊德支持之下，荣格当选为国际精神分析学会主席，被认为是弗洛伊德的继承人。但在1914年两人因理念不合而决裂，决裂后荣格辞去国际精神分析学会主席职务，并脱离该学会。此后曾一度陷入情绪低潮，连续有三年时间不能专心写作。待其康复后，曾专程去非洲旅行，研究原始民族的文化。1932年应聘为苏黎世的联合科技大学教授。1942年因身体健康不佳而退休。退休后瑞士巴塞尔大学为荣格特别设立医学心理学讲座，但他又因健康缘故，就任不到一年而终止。此后继续写作，1961年6月6日逝世于苏黎世，享年86岁。荣格与弗洛伊德分裂后，建立了自己的心理学思想体系，称为分析心理学(analytical psychology)。荣格之所以反对弗洛伊德思想，主要认为弗洛伊德过分强调：(1)本我与超我的冲突；(2)欲力为人格动力本源；(3)潜意识的支配力；(4)童年经验决定人的一生。荣格分析心理学思想中的要义，可简述为以下四点：

1.强调自我的独立功能 荣格的人格理论中所指的自我，与弗洛伊德的自我(ego)近似，但其功能不同。他认为自我不是从原始性本我分化出来的，也不是夹在本我与超我之间只发生中介作用。自我有其独立性、连续性与统合性，此三种特性，是个体自幼在生活经验中逐渐发展形成的。自我之内虽也有意识与潜意识之分，但两者并非彼此冲突，而是互相调和。一个自我发展正常的人，也就是人格健康的人。

2.对潜意识的不同解释 荣格认为，在个体的自我结构中包括两种潜意识：其一为个人潜意识(personal unconscious)，包括个人生活中从意识境界被压抑下去的所有记忆、冲动、欲望及模糊的知觉等。个人潜意识存在于潜意识的浅层，随时有浮出意识层面的可能。其二为集体潜意识(collective unconscious)，指存在于潜意识的深层，既不为个人所自知，也不属于个人所独有，是人类在种族演化中长期留传下来的一种普遍存在的原始意象。荣格称此等原始意象为原型(archetype)。原型代代相传，成为人类累积的经验，此等种族性的经验，留存在同族人的潜意识中，成为每一个体人格结构的基础。面对类似情境时，大家都会不自觉地以类似方法去反应。世界上不同民族文化中都有神话、寓言、梦的解析及艺术作品等，这些东西在基本上都表达人类对神、对大自然(如山、水、火等)、对动物、对英雄人物、对生命及对死亡等多方面反应时所表现出来的原型。根据荣格的解释，人类的原型是多种多样的，其中有四种最为突出：(1)阴性基质(anima)，指人类具有“双性”倾向，男性中带有女性特质，是为阴性基质。(2)阳性基质(animus)，女性带有男性特质，是为阳性基质。男女各带异性特质的现象，是由长期以来男女共同生活彼此影响所致。(3)人性面具(persona)，指人性的表面修饰。人有文化习俗，在社会文化中参与活动的人，必须学到在行为举止和修饰装扮上做到符合自己社会角色的要求。(4)暗影(shadow)，指人性的阴暗面，或指人性的兽性面。暗影原型是人类原始性格的遗留，常表现在违反社会规范或犯罪行为。唯原始性格对人性的影响，未必全是负面的。如暗影发挥适当，也可使人产生创造力。

3.对人格结构的解释 荣格将人格结构视为由很多两极相对的内动力所形成。诸如意识与潜意识相对，升华与压抑相对，理性与非理性相对，个性内向与个性外向相对。既有相对，自然就会产生紧张、不安定和不平衡的情形。此即荣格人格结构的内在动力观念。人格结构内相对力量系来自欲力，欲力促动的结果，自然会使个体人格结构中有时失衡。因此，一般人在性格上总是或多或少有些偏向的。在很多两两相对的人格倾向中，荣格特别重视内向与外向两极相对的性格倾向。内向(introversion)是指个体的欲力所促动的生命力，使他在性格上表现沉静、含蓄、内敛，较多关心自己的修持，较少注意外在的事物。内向性格者，不喜欢社交，对知识性、思考性的工作较有兴趣。外向(extroversion)是指个体的欲力所促动的生命力，使他在性格上表现活泼、好动、好表现、善言辞，关心周围的一切。外向性格者喜欢参与社会活动。

4.对人格发展的解释 荣格不采取弗洛伊德的人格发展观念，既不采取分期的看法，也不采取幼年决定一生的观点。荣格认为，人格发展是连续化、统合化及个别化的成长历程。在成长发展历程中，最重要的是将两极相对的内在动力，逐渐趋于调和，并偏向较成熟的一方：潜意识的成分渐减，意识的成分渐增；压抑的情形渐减，升华的情形渐增；非理性的成分渐减，理性的成分渐增；外向的成分渐减，内向的成分渐增。个体发展由内外两极相对达到两极融合的地步，即表示他的人格发展臻于成熟。

荣格著作等身，其所作之英文专著有：*Symbols and transformations of libido*(1912)；*The psychology of unconscious* (1912)；*Psychological types*(1921)；*Contribution to analytic psychology* (1928)；*Modern man in search of a soul* (1933)；*The archetypes on the collective unconscious* (1936)；*The integration of the personality* (1940)；*The practice of psychotherapy*(1954)；*Memories, dreams, reflections*(1961)；*Man and his symbols* (1964)；*Psychology and the east* (1978)等。

Jungian analysis 荣格分析法 指按瑞士精神病学家荣格所倡分析心理学(analytical psychology)的概念所作的心理分析，故名。见该条第二义。

Jungian psychology 荣格心理学 义同分析心理学(analytical psychology)。见该条。

Jungian psychotherapy 荣格心理治疗法 义同分析心理治疗法(analytical psychotherapy)。见该条。

justification of effort 作为有理 指个人对自己所作所为的合理化解释。例如，妻子花费超值价钱买一件名牌衣服时，唯恐丈夫说她浪费，她找出理由向丈夫所做的解释即属之。见自我知觉论(self-perception theory)。

just noticeable difference(jnd) 最小可觉差 见差别阈限(difference threshold)。

just-not-noticeable difference (jnnd) 最小无觉差 如将两刺激间的差距逐渐缩小，一直缩小到对两者间的差异恰好无法辨别时，该差距称为最小无觉差。与本词相对者为最小可觉差(just-noticeable difference)。见该条。

just-world hypothesis 公正世界假说，世事公平假说 属于解释人类行为的世俗性看法。所谓“善恶到头终有报，只争来早与来迟”的说法，就是公平世界假说的看法。本词也称公正世象(just-world phenomenon)。

just-world phenomenon 公正世象 义同公正世界假说(just-world hypothesis)。见该条。

juvenile court 少年法庭 指专为处理未成年人犯罪事件的法庭。

juvenile delinquency 少年犯罪 指未成年者违反刑事法令，应受处罚的行为与有犯罪之虞的行为。少年犯罪是一个法律名词，与之类似名词尚有少年非行与少年过失行为等。至于少年一词的意涵，各国法令规定不一，日本为20岁以下，美国为18岁以下，泰国为14岁以下。

juvenile delinquent 少年罪犯 指未成年(12岁至18岁)而违反刑事法令并经少年法庭判受处罚的人。见少年犯罪(juvenile delinquency)。

juvenile gang 少年帮会 指由少年(18岁以下)所组成的一种反社会性的团体。由于少年时期友伴需求特强，喜结伙同游，故而容易三五成群结盟组帮。少年帮会少至三五人，多至数十人，一般在六至十五人之间。少年入帮动机多为好奇、求刺激、求互助及寻求保护等。入帮时常有仪式、宣誓、明定帮规等活动。帮内同伙间以讲义气、不出卖兄弟、有福同享、有祸同当等为口号，因而易为部分少年所接受。唯一旦加入组织，即受团体控制，不得不盲目听从团体驱使，做出偷窃、勒索、斗殴、欺骗、强暴等犯罪行为。

juvenile hall 少年之家 少年之家系美国处理少年犯的机构之一。少年之家主要收容三类少年或儿童：(1)需要保护的儿童或少年（包括失依、失教、迷途以及精神异常者）；(2)需要暂时监护的儿童或少年（包括逃学与逃家者）；(3)等候少年法庭开庭审判，或宣判后准备送往感化学校的儿童或少年。

juvenile period 少年期 一般指人12岁到18岁的这段时间。

juvenile prison 少年监狱，少年管护所 指专门为未满18岁因犯罪判刑者所特别设置的监狱。设置少年监狱时，与成年人监狱分开，其目的在考虑到少年心智发展尚未成熟，性格变化尚具有可塑性，使之与成年犯人隔离。在消极方面可免其受到成年犯罪行为的污染；在积极方面可便于设计教化环境，对受刑之少年实施教育，以备将来出狱后重返社会时具有生活能力。

juvenilism 稚气 幼稚、不成熟的思想态度。常用来指称成年后仍带有少年气质的人。

K

k＝coefficient of alienation 离间系数，不相关系数

K-ABC ＝ Kaufman Assessment Battery for Children 考夫曼儿童智力测验

kainophobia 惧改变症 属恐惧症之一，患者对环境中事物的改变极难适应，遇到必须改变情境（如改变职业或迁居）时，不但应付困难，而且会引起无法克制的恐惧情绪。在变迁快速的社会中，患改变恐惧症者难免生活痛苦。见恐惧症（phobia）。

kainotophobia＝kainophobia 惧改变症

kakorrha phobia 惧失败症 属恐惧症之一。患者对失败一事特别在意，失败不仅使他难过，失败也会引起他极端的恐惧。为逃避失败，因而不敢追求成就，结果是永远得不到克服困难终获成功的乐趣。见恐惧症（phobia）。

Kanizsa figure 坎尼萨图形 义同坎尼萨三角形（Kanizsa triangle）。见该条及附图。

Kanizsa triangle 坎尼萨三角形 完形心理学家用以说明知觉整体倾向的图形之一。如附图所示，

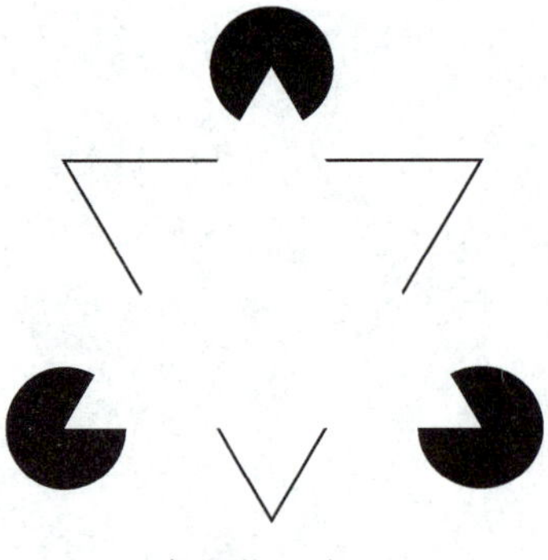

坎尼萨三角形

虽然在线条实体上是一个不完整的图形，但看起来却明确显示出一个白色三角形覆盖在三个黑色圆形和另一个三角形之上。从客观上言，图中的白色三角形虽不存在，但看的人在主观上总觉得它不但存在，而且看起来特别明亮。此视错觉现象，系由意大利心理学家坎尼萨（G. Kanizsa, 1913～1993）于1971年发现，故名。此现象也称主观轮廓（subjective contour）。见该条。

Kanner's disease 坎纳症 义同幼儿自闭症（infantile autism）。见该条。

Kanner's syndrome 坎纳症候群 义同幼儿自闭症（infantile autism）。见该条。

Kant, Immanuel（1724～1804） 康德 康德是18世纪德国著名哲学家，一般认为他是文艺复兴之后对现代哲学影响最大的理性主义哲学家。

康德于1724年4月22日出身于东普鲁士哥尼斯堡的一个小手工业者家庭，1740年进哥尼斯堡大学，历15年始获博士学位。此后曾任家庭教师，31岁取得哥尼斯堡大学编制外讲师，薪资靠学生学费支付，直到1797年才升任教授。1781年出版其名著《纯理性批判》，于是声名大噪；学生争相选课，学者竞相拜访，甚至连在餐馆用餐时，也成为人们注意的焦点和谈论的话题，因而逼得他只好一再更换餐馆。康德一生生活严谨，饮食起居习惯异常刻板，每天下午三点半定时散步，风雨无阻，他的邻居只要看到康德散步就知道什么时刻。康德终身未婚，专心学术，一生未曾离开过哥尼斯堡。1804年2月12日病逝于此，享年80岁。死后康德的墓碑上刻的是："星空在我之上，道德律在我身旁。"代表康德哲学思想者是其三大名著：《纯理性批判》（1781）、《实践理性批判》（1788）及《判断力批判》（1790）。其思想中与心理学有关者是其三大名著中的四点要义：

1.对心身关系问题的解释　对心身关系问题，康德持心灵支配身体的看法；而对心灵如何吸收知识的问题，康德则持统觉的看法。他解释统觉是指心灵的组织功能，当个人面对外界物理现象时，他的心灵能够主动地将事物加以整理组织变为知觉经验。在整理组织的过程中，心灵本身就能对外界物理现象加以吸收、同化、理解，此一过程即为统觉。显然，康德的此种思想，对现代瑞士认知发展心理学家皮亚杰的发生知识论具有先导性影响。

2.对知识来源问题的解释　康德在他的《纯理性批判》一书中，提出先验主义理念。所谓先验主义（a priorism），是指人的心灵中本就具有先天观念，此等先天观念本身即具有获取知识的能力，因此他主张知识的来源是先验的（先于经验）。康德反对稍早经验主义所持知识完全得自感官经验的说法。他将人类知识分为两大类：一类是经验知识（empirical knowledge），此类知识得自感官经验；另一类是先验知识（transcendental knowledge），此类知识得自先天观念。他认为由感官经验所得知识并非真正知识，经验知识只能具有刺激心灵运作的功能，故而真正的知识乃是由先天观念获得的。康德又指出，心灵并非被动的，心灵更不是由感觉经验构成的。心灵是主动的实体。心灵将感觉经验主动组合成知觉，继而又将知觉组合成知识，然后再由知识组合成思想。基于此义，康德不同意经验主义哲学所持的观念联想说法。

3.对心理功能的解释　受到了中世纪官能心理学所持心由多种官能组成说法的影响，康德提出知、情、意三面的心理结构观。在其《纯理性批判》一书中，康德分析了知识问题，重点在解释心的认知能力；在其《判断力批判》一书中，主要探讨美感问题，重点在解释心的情感作用；在《实践理性批判》一书中，主要探讨道德问题，重点在解释心的意志。康德此种知、情、意三分法，对以后教育上同时并重认知（cognition）、情感（affection）及意动（conation）培养的传统，产生了深远的影响。

4.道德教育观　对道德的培养，康德同样持先验主义的看法。他认为人生而具有道德意识，人类的道德意识源于与生俱来的良心，良心支配人的力量是绝对的。他称此种良心至上的道德律为无上命令（categorical imperative）。

康德著作中译为英文的专著有：*The critique of practical reason*（1788）；*The critique of judgment*（1790）；*The critique of pure reason*（1929）；*Anthroponomy*（1974）等。

kappa effect K效应　属于一种时空错觉现象。K效应可用以下的实验设计产生。先在暗室的墙上设定A、B、C三个点，使A与B的距离小于B与C的距离。然后用等速的闪光分别连续投射在A、B、C三点上。此时就会发现A与B之间的闪光间隔较短，而B与C的闪光间隔较长。显然，这是空间因素影响了时间知觉，故而本词也称时空错觉（space-time illusion）。与本词相对者为T效应（tau effect）。见该等条。

katasexuality ＝ necrophilia 恋尸狂

Kaufman Assessment Battery for Children（K-ABC） 考夫曼儿童智力测验　是一种个别智力测验。该测验原系美国心理学家考夫曼等人（A. S. Kaufman and N. L. Kaufman）所编制，其内容包括四个分量表：系列思考量表、平行思考量表、智力量表（前两个量表之和）及成就量表。四个分量表总共有16个分测验：（1）图形辨识；（2）人物辨识；（3）完形测验；（4）图形组合；（5）图形类推；（6）位置记忆；（7）照片系列；（8）动作模仿；（9）数字背诵；（10）系列记忆；（11）语汇表达；（12）人地辨识；（13）数字运用；（14）物件猜谜；（15）阅读与发音；（16）阅读与理解。考夫曼儿童智力测验，经学者卢钦铭、黄坚厚等人修订为中文，并建立常模。该测验适用年龄为二岁半到十二岁半，适用于学校及临床情境。

keeler polygraph ＝ lie detector 测谎器

K effect ＝ Kappa effect K效应

Keller plan 凯勒计划　指美国心理学家凯勒（F. Keller）在1899年所倡议的个别化教学计划。凯勒计划的要义是：（1）教学活动以学生的个别差异为基础，教材的设计及教学后的成绩考核，均须配合学生的能力与需要。能学始能教，学好才考试。（2）教材的进度采用小单元制，前面的单元学到精熟程度后，才继续进行次一单元，如此始能达到所有学生人人受益的地步。（3）针对学生个别差异，因材施教，同一课程花在每一学生身上的时间不等，其差异因学生需要而定。（4）不以外控惩罚的方式来管制学生学习，而以学生学习达成预定目标后的自我满足作为内在奖励。（5）教师在班级中的地位，不是主宰式的教诲者，而是引导学生个别发展的辅导者。本词义同个人化教学制（personalized system of instruction）。见该条。

Kelley's attribution model 凯利归因模型　义同凯利归因论（Kelley's theory of attribution）。见该条。

Kelley's covariation theory of attribution 凯利

K

共变归因论 义同凯利归因论（Kelley's theory of attribution）。见该条。

Kelley's cube 凯利立方体 义同凯利归因论（Kelley's theory of attribution）。见该条。

Kelley's model of causal attribution 凯利归因模型 义同凯利归因论（Kelley's theory of attribution）。见该条。

Kelley's, theory of attribution 凯利归因论 社会心理学上解释社会行为原因的一种理论。凯利归因论的基本要义是，要了解某人某种行为的原因，必须从三个层面多次观察他的行为表现，才能对他的行为做合理的解释：(1)共同性，指他的行为是否跟别人一样；(2)特殊性，指他的行为是否只有在特殊情境下才会表现；(3)一致性，他的行为是否在同样情境下一再重复出现。以上三个层面分别可用从低到高的维度来看，三个层面的两个维度就成一个2×2×2＝8的立方体。此一立方体等于包括了8种不同的行为原因。如观察某人行为结果是，共同性低，特殊性低，一致性高，就可大致确定观察所见者即代表他的行为。凯利归因论系由美国心理学家凯利(H. H. Kelley, 1921～2003)1967年提出，故名。见归因论(attribution theory)。

Kelly, George Alexander（1905～1967） 凯利 凯利是20世纪美国心理学家，是人格心理学理论中个人构念理论的创始者，也是一位未曾接受临床心理学训练而在心理治疗上自成一家的学者。

凯利1905年4月28日出身于美国堪萨斯州珀思附近农村的一个宗教家庭，1926年获帕克学院物理学和数学学士，毕业后放弃原本家人希望其专攻工程的计划，改而进堪萨斯大学修读教育社会学，1928年获硕士学位。1929年以访问学者身份赴苏格兰爱丁堡大学研究一年，1930年返美入爱荷华州立大学主修心理学，1931年获哲学博士学位后，应堪萨斯福特赫斯州立学院之聘担任教职。当时正值美国经济大萧条时期，很多人因生活艰难陷入情绪困扰。凯利极愿帮助这些人解决心理问题，但因未曾接受临床心理学训练，感到力不从心。在此情况下，凯利从实际观察开始，力求从情绪困扰者的心理特征中寻求解决之道。结果，其缺点竟然变成优点：缺乏临床心理学训练，就没有传统心理治疗派系思想的限制，不囿于传统治疗的理论和方法，反而有助其人格理论的创新。因此，他从学校开始，在此后数年间组织训练了全州巡回心理治疗队，对教师提供咨商服务，帮助教师处理学生行为问题。第二次世界大战(1939～1945)期间，凯利入伍在美海军担任临床心理专业人员，大战结束后，先在马里兰大学任教，次年改任俄亥俄州立大学教授，此后20年间，他在俄亥俄大学领导了众所称道的临床心理专业人员训练计划。1965年应布兰迪斯大学之邀担任该校心理学讲座教授，1967年4月6日病逝于马萨诸塞州瓦尔珊，享年62岁。凯利的心理学思想及其在心理学上的贡献，主要在于他将人本心理学家所强调的自我认识、自由选择及自行负责的理念综合而建构的人格理论，凯利的人格理论，有以下两点要义：

1. 主张人格决定于个人认知　在凯利之前，人格理论的建构不是采精神分析取向(强调潜意识动机)，就是采行为主义取向(强调环境影响)，凯利的人格理论则是特别强调个人的行为表现乃至整个人格的形成，都是决定于他对周围环境(包括人、事、物等)的认知和评价后所建立的观念。根据多年临床研究经验，凯利发现，只要能够使心理异常者本人对他自身问题的看法有所改变，就会使他的病情减轻。同时他也发现，凡是到心理诊所诉说学生心理问题的教师，所诉说者都和教师自己的观点有关。因此凯利认为，无论是心理正常或异常的人，他的行为构成的先决条件，都是在于他们对环境中人、事、物的认识、期望、评价、思维的结果，而非决定于他的动机或需求。

2. 首创个人构念理论　凯利将个人在其生活中经由对环境中人、事、物的认识、期望、评价、思维所形成的观念称为个人构念(personal construct)，每个人的生活经验不同，个人构念自然也因人而异，因此个人构念就代表他的人格特征。以父母体罚孩子为例，对父母而言，体罚可矫正偏差行为，有益孩子成长；对孩子而言，父母的体罚只好无奈地接受；对社会工作者而言，父母体罚孩子是对儿童虐待。这现象说明了不同的人有不同的个人构念。凯利根据他的个人构念理论，发展了一种心理治疗方法，称为设定角色治疗。所谓设定角色治疗法(fixed-role therapy),是指心理师为情绪困扰者设定一个异于他目前自觉的角色,然后协助他去扮演。如此做法的目的是,希望情绪困扰者在角色扮演时改变他过去不健康的观点。在心理治疗过程中,心理师只从旁协助,给予支持,不对情绪困扰者的行为施以矫正,只希望让他自己在认知改变中自行治疗。此观念和人本心理学家罗杰斯的非指导性咨商(nondirective counseling)思想相似。见该等条。

凯利的著作主要有:*The psychology of personal constructs; A theory of personality, 2 vols.*(1955)。

Kendall coefficient of concordance 肯德尔和谐系数 肯德尔和谐系数是计算评分员人数在三人以上时,为验证其评审观点是否一致的统计方法。例如,有八位儿童美术专家以1~20的等级次序,评定20幅儿童图画,即可采用肯德尔和谐系数的统计,了解八位美术专家评审的观点一致性如何,以探讨儿童图画的评审结果,是否因不同的美术专家而有所差异。肯德尔和谐系数系由英国统计学家肯德尔(M. G. Kendall, 1907~1983)在1948年提出,故名。

Kendall correlation coefficient 肯德尔相关系数 义同肯德尔和谐系数(Kendall coefficient of concordance)。见该条。

kenophobia 惧空旷症 属恐惧症之一。患者对空旷的地方感到恐惧,纵使明知绝无可怕的事情发生,但仍无法克制由之引起的惶恐情绪。见恐惧症(phobia)。

key word method 关键词法 关键词法原本是一种运用心象联想的方式以便于记忆人名的方法,后来扩大用于学习外国语言。例如,有人为你介绍一位阎先生,为了便于记忆,你会立即联想到"阎王";另有人为你介绍钱小姐,你可能联想到"钞票"。你所联想到的"阎王"或"钞票"都可形成心象,有了心象就便于记忆。像此种借形成心象以强化所要记忆数据的文字,称为关键词。关键词法现在已被引申用来学习外语。例如:俄文zdanie是建筑物的意思,其发音与英文dawn(黎明)近似。dawn字可以引起心象联想,建筑物的玻璃窗反射出黎明的晨曦。如此,英文dawn字就是关键词,因为它可以用来帮助对俄文zdanie字的学习。

kid's culture 儿童文化 儿童本身虽无独立文化,但就儿童期整个行为特征观之,他们在语言习惯、游戏规则、人际交往等各方面,仍然有其异于成人文化之处,故而称其为儿童文化。

Kierkegaard, Sören Aabye (1813~1855) 祁克果 祁克果是19世纪丹麦宗教哲学心理学家,是诗人,是现代存在主义哲学的创始人,也是现代人本心理学的先驱。

祁克果1813年5月5日出身于丹麦首都哥本哈根一个富裕的牧师家庭,由于自己是父亲与家中女佣所私生的孩子,身世异于常人,而且又是驼背,自认是个孤独的"例外",因而自幼养成忧郁悲观的性格。但忧郁悲观并未使祁克果颓废堕落,反而激励他在痛苦现实中寻求心灵上的出路。1830年进哥本哈根大学学神学,毕业后虽考取神学学位,但因不认同丹麦路德教会的教义而从未担任过神职。1841年到德国柏林大学研究当时盛行的黑格尔哲学。后来感到黑格尔哲学重观念尚理想的传统,与自己的理念不合,于是放弃传统哲学思想的探索,改而探求现实世界的人生哲学,终于使他领悟出影响世人的存在主义(existentialism)。祁克果的贡献在于他在短暂生命中留给后人丰富的著作。1855年11月11日逝世时,年仅42岁。祁克果是存在主义哲学的创始者,以下简单说明存在主义产生的时代背景及祁克果存在主义思想的要义。

1.存在主义的时代背景 存在主义之所以兴起与流传,均认为有两种时代背景因素:其一是传统哲学思想流于空泛的影响;其二是工业革命后社会文化变迁,使人类精神文明陷入匮乏后的反省。传统哲学中对人性的探讨,无论是唯物论或唯心论,所阐释者都是些抽象观念,对现实的人生存在问题缺乏实质意义,不能使人从哲学探讨中领悟到人生的意义和价值。18世纪工业革命后,社会快速变迁,人类在机械化、系统化、齐一化的生活架构中,失去了独立,失去了自我,失去了意义和价值。祁克果的存在主义思想,无异于代表了当时社会中人类自我反省的呼声。祁克果之后,20世纪初的两次世界大战,欧洲的精神文明遭受严重摧残。在传统文明不再而新价值体系

K

未立的社会动荡时期,加速了存在主义思想的流传和发展。

2.祁克果的存在主义 祁克果的存在主义,旨在从哲学观中探讨现实的人生问题。存在指此时、此地、此人的存在,是有血有肉的个人存在。个人存在中有喜怒哀惧,经由喜怒哀惧才能体验到真正人生。祁克果的存在主义有两大要义:其一是“存在先于本质”的理念。意指人的生存是被动的,是命定的(连个人是男是女都不能由自己决定),然而,人可以利用自己命定的存在,去选择或改造自己的特质。人在选择改造自己的特质时,人有选择的自由(选择自己想要做的人,选择自己想要做的事),但选择之后,人要负起其所选择之后的责任。其二是祁克果将存在分为三级:第一级是感性存在,是从维持生命到享乐方面的存在;第二级是理性存在,是运用理性使自己对别人尽到伦理责任,合于社会道德的存在;第三级是宗教性存在,是对神的自觉与崇敬,从而使精神有所寄托的存在。

K

祁克果著作丰富,其出版之专著译为英文者有:*Either/or: A fragment of life* (1843); *Fear and trembling and repetition* (1843); *The concept of dread*, 2 vols. (1844); *Stages on life's way* (1845); *Concluding unscientific postscript to the philosophi-cal fragment* (1846); *Edifying discourses in divers spirits* (1947); *Work of love* (1948); *Christian discourses* (1948); *The sickness unto death* (1949); *The training in Christianity* (1950)等。

kinephantom 影动错觉 属错觉现象之一, 此种错觉多在轮子转动时的影子中产生。如风车或电扇的影子,看起来像是循转轮的反方向转动,故名。见运动后效(movement aftereffect)条及附图。

kinesiotherapy 运动治疗 指借由身体运动,以消除身心紧张,从而达到心理治疗目的的多种方法的总称。举凡体操、慢跑、放松训练、韵律活动乃至太极拳等,均具运动治疗的效用。运动治疗除对身心有益之外,参加团体性运动者,尚可由之获得社会关系改善的可能。

kinesmeter 动觉计 测量运动感觉的一种仪器。

kinesthesis 动觉 属感觉器官之一,司职将身体活动时所产生的信息传入大脑,使个体有所觉知。动觉系由肌觉、腱觉、关节觉以及平衡觉四者组合而成。

kinesthetic aftereffect 动觉后效 属后效现象之一。在排除视觉的条件下,受试者用手沿着一条弯曲的边缘连续触摸多次以后,改为沿直线边缘触摸时,受试者就会仍然感到是弯曲的,但是弯曲的方向正好与原来曲线弯曲的方向相反。这种由于先行的动觉刺激模式(沿弯曲的边缘触摸)的持续作用,而引起的对后继动觉刺激模式(沿直线的边缘触摸)的奇异知觉(感到是向相反方向弯曲的曲线),称为动觉后效。见后效(aftereffect)。

kinesthetic method 动觉法 属语文学习或矫正错误的一种方法。对发音困难或书写姿势不正确的学生,从口腔肌肉动作或手臂运动所产生的运动感觉开始教起的一种方法。

kinesthetics = **kinesthesis** 动觉

kinesthetic sense = **kinesthesis** 动觉

kin group 亲属团体 指由血缘关系(亲子或同胞兄弟姊妹)或婚姻关系(夫妻)所组成的团体,通常称家人或家族。

kinship 亲族 **1.**狭义指出自同一血统的两人或两人以上的关系人。**2.**广义而言,亲族也包括非属同一血统的婚姻与收养者之间的关系。

Kleine-Levin syndrome 克莱—列文症候群,克莱—列文综合征 英国精神病学家克莱(W. Kleine, 1925～)与美国精神病学家列文(M. Levin, 1902～)二人发现类似嗜睡症的新病例。多数患者是在感染感冒病毒后首次发病。病症特征有三,分别是周期性嗜睡、暴食、精神异常或情绪障碍。这类患者睡觉时间异于常人,平均一睡就是20个小时。克莱—列文症候群病因至今未明,医学界初步分析认为是下丘脑下垂体腺分泌激素功能异常所致,也怀疑可能与遗传基因有关。此病好发于年轻男性,半数患者成年后会自动痊愈。

kleptomania 偷窃癖,强迫偷窃 属强迫症之一。患者有偷窃习惯,但偷窃行动并非出自本意,亦非迫于生活需要,只是一种不能自制的强迫性行为。见强迫症(obsessive-compulsive disorder)。

Klinefelter's syndrome 柯林夫特症候群,柯林夫特综合征 是一种稀有的男性性染色体变态综合症状。正常人的性染色体,男性为XY,女性为XX。患此症候群的男性,其性染色体为XXY,其中多了一个X。患者虽具男性生殖器官,但缺少生殖能力,且其身心异常,智能迟滞。

knee-jerk reflex 膝反射 以钝物轻击膝盖下腱部时,会出现不能自控的反射动作,称为膝反射。医生常检查膝反射,借以了解神经系统的功能。

knowing how 行其所宜 指个体所知者是知行合一的知识。义同程序性知识(procedural knowledge)。见该条。

knowing that 知其所然 指个体所知者只是事实性知识。义同陈述性知识(declarative knowl edge)。见该条。

knowledge 知识 **1.**指经由直接或间接学习而获得经验的总体。**2.**指个人记忆中储存信息的总和。

knowledge of result 结果知悉 **1.**在学习过程中，个体反应之后立即获知其反应结果（是对或错），称为结果知悉。按学习原理，结果知悉是增进学习效果的因素之一。编序教学与电脑辅助教学，均系根据反应结果知悉的原理而设计。**2.**在考试过后，教师让学生知道自己的成绩，亦属结果知悉。学生们根据知悉之学习结果，一方面可得检查改正之效，另一方面也由获知进步情形而维持学习动机。**3.**义同信息回馈（information feedback）。见该条。

Koffka Benussi ring 考夫卡本纳西圆环 义同本纳西圆环（Benussi ring）。见该条及附图。

Koffka, Kurt（1886～1941） 考夫卡 考夫卡是20世纪德国出生的美国心理学家，是完形学派的创始人之一，也是最早将完形心理学原理用于解释儿童身心发展的心理学家。

考夫卡1886年3月18日出生于德国柏林，1903年进爱丁堡大学，一年后转学柏林大学，1909年在斯图姆夫指导之下完成心理学哲学博士学位后，任教于法兰克福大学。1910年与柯勒同时参与完形学派创始人韦特海默的研究，从此三人即成为完形学派的共同奠基者。1911年考夫卡受聘于吉森大学担任教职。在第一次世界大战（1914～1918）期间应召入伍，参与军中精神病医院因脑伤导致失语症患者的研究工作。1924年考夫卡赴美，先后担任康奈尔大学和威斯康星大学客座教授，1927年受聘为史密斯学院教授。1933年德国纳粹执政后，考夫卡厌恶希特勒的极权统治，因而放弃吉森大学教职，移居美国，一直留在史密斯学院任教。考夫卡在史密斯学院任教期间与美国心理学家吉布森为友，吉布森的知觉心理学思想中之所以带有完形心理学取向，就是此时受到考夫卡的影响。考夫卡1941年11月22日病逝于马萨诸塞州诺坦普顿，享年55岁。在完形心理学三位创始人之中，一般都认为韦特海默是完形心理学派思想的创始者，柯勒是完形学派心理学理论的代表，而考夫卡则是完形心理学思想的代言人，也是完形心理学思想的推广者。基于此义，考夫卡在心理学上的贡献，主要在于以下三方面：

1.完形心理学思想传播者　在尚未赴美国康奈尔大学讲学之前，考夫卡为了让美国心理学界认识完形心理学，特别于1922年在美国《心理学报》发表《知觉：完形心理学理论简介》一文，强调知觉不是感觉的组合，而是整体经验。考夫卡之所以特别强调知觉心理的完形倾向，是因他反对当时结构学派心理学家铁钦纳对知觉的分析研究，企图找出最基本心理单元的做法。虽然他在文章中强调完形心理学并非只研究知觉，而是更进一步采完形理念研究整个心理学，可惜的是考夫卡的文章并未达到让美国人真正了解完形心理学的目的。当时的美国心理学界一直认为，完形学派所研究的心理学只限于知觉。这一点正是完形心理学未能在美国得到充分发展的原因之一。此误解直到完形学派创始人韦特海默去世后，在1945年其所著《创造性思维》一书出版之后，方得以澄清。

2.儿童发展心理学的先驱　考夫卡最成功的著作是他在1921年出版的《心之成长：儿童心理学导论》。该书1924年刊印英文版之后，法文、西班牙文、俄文、中文、日文等翻译版本相继问世，对之后发展心理学的发展，产生了积极作用。该书是考夫卡根据完形心理学观点撰写的。在书中他特别指出儿童心理学发展的两大完形心理学法则：其一是儿童的身体动作发展先后顺序遵循由整体到特殊法则，先从全身性粗略活动开始，而后再发展到局部性精细动作；其二是儿童的认知活动遵循由概括到精细法则，先从对事物的概括认识开始，而后再学到内容的细节。

3.对天性与教养问题的看法　考夫卡反对行为主义创始人华生所持环境决定论，他提出先天遗传与后天环境交互作用的主张。后来瑞士发展心理学家皮亚杰的认知发展心理学思想，可能就是受了考夫卡的影响。

除以上三点外，考夫卡在1935年出版的《完形心理学原理》一书，既系统地介绍知觉组织法则，又说明完形心理学原理在社会心理学、学习心理学及人格心理学等各方面的应用，是完形心理学思想最系统的著作。

考夫卡的著作中用英文撰写的专著主要有：*The growth of mind: An introduction of child psychology*（1924）；*The principles of Gestalt psychology*

K

(1935)等。

Kohlberg, Lawrence（1927～1987）柯尔伯格 柯尔伯格是20世纪美国心理学家，是道德发展阶段论的建构者，也是被誉为皮亚杰之外，对道德发展研究贡献最大的心理学家。

柯尔伯格1927年出身于纽约市一个富商家庭，高中毕业后不顾家庭反对自愿当一名商船机务士，从事协助第二次世界大战后欧洲犹太人通过英国海防偷渡到以色列的工作。柯尔伯格此种作为，自认是出于青年期反抗权威的道德自主心态。他这段生活经验为他日后研究道德发展奠定了基础。1948年他以优异的成绩进入芝加哥大学，两年后就获得文学学士学位。修读博士学位时本拟专攻临床心理学，但因受皮亚杰认知发展理论的影响，改而研究道德认知发展。由于他的论文题目搜集数据比较困难，所以一直到1958年才完成论文获得心理学哲学博士学位，创下九年读完博士的纪录。完成博士学位之后，1953年担任芝加哥大学副研究员，1955年任职于波士顿儿童医护中心，1959年应耶鲁大学之聘担任心理学副教授兼高级行为科学研究中心研究员，1961年出任芝加哥大学心理学教授，1968年改任哈佛大学教育研究学院教授。柯尔伯格的学术生涯和皮亚杰颇为相似，终其一生专注于研究道德认知发展问题。因此他被誉为皮亚杰之外对道德发展研究贡献最大的人。1987年柯尔伯格病逝于波士顿，享年60岁。柯尔伯格一生奉献于道德认知发展研究，他研究的目的、方法和理论可简述为以下两点：

1.首创道德认知发展两难问题研究方法　在发展心理学领域内最早采科学方法研究儿童道德认知发展者，始自皮亚杰。皮亚杰的道德发展研究是他认知发展研究的一部分，在方法上仍采用临床法跟儿童对谈，其目的在求了解儿童对行为对错的道德判断与认知发展的关系。柯尔伯格的道德发展研究，虽沿用皮亚杰的方法，但目的却不像皮亚杰那样旨在了解儿童对行为对错的道德判断，而是借由道德两难的问题情境，希望了解儿童做出行为对错道德判断后如何说明其判断的理由。柯尔伯格当时采用的道德两难（moral dilemma）问题情境（见该条），是要儿童们对下述“丈夫偷药救妻”的故事做出判断并陈述自己判断的理由。该故事的要义为：欧洲某地一妇人海太太罹患严重癌症，医师诊断只有一种新制镭锭药物可治。海先生奔赴药店时，店主将成本仅200美元的药物，提高为2000美元。海先生为妻子治病已用尽所有积蓄，向亲友借贷只能凑得1000美元。他恳求店主允许其先付此数取药回去救他妻子一命，余款保证稍后补足。店主拒绝并称卖药目的只求赚钱，不考虑其他问题。海太太性命危在旦夕，海先生走投无路，就在当天夜间撬开药店窗户偷得药物，救了妻子一命。在这则故事之后，柯尔伯格要受试者回答：“你认为海先生偷药救妻的行为对不对？如说他对，为什么？如说他错，为什么？”

2. 建构道德发展三期六段论　自1958年起，柯尔伯格即采用道德两难问题为方法调查10岁、13岁及16岁三组受试72人。他们智商相近，全是男生，多半出自中上阶层家庭。经过将受试对道德两难问题的反应分析之后，柯尔伯格在1963年首次提出他的道德发展理论。此理论的要义是将自儿童至青少年的道德发展，按其道德推理思维的不同，分为三个时期六个阶段，即为著名的柯尔伯格道德发展阶段论（Kohlberg's stage theory of moral development）。详见该条。

柯尔伯格的主要专著有：*Stages in development of moral thought and action*（1969）; *The philosophy of moral development : Essays on moral development, vol. I*（1981）; *The meaning and measurement of moral development*（1981）; *The psychology of moral development*（1984）; *Ethical stages: Moral development throught the life cycle*（1985）; *Child psychology and childhood education*（1985）; *Research in moral development*（1986）等。

Kohlberg's stage theory of moral development 柯尔伯格道德发展阶段论 美国心理学家柯尔伯格采用道德两难问题经过实证研究，发现道德的推理判断，一般经过三个时期，每一时期又分两阶段，合之称为三期六段论。第一时期称为前习俗道德期（preconventional level of morality）（10岁以下），此时的道德心理特征是，只考虑自己需求满足，不考虑是否符合社会习俗。此时期之内，又按道德发展水平的高低分为两个阶段：第一阶段的行为特征是避罚服从取向(punishment-obedience orientation),对行为对错的判断,不从行为本身着眼,而从行为带来的后果着眼:后果带来奖励者,就是对的行为;后果带来惩罚者,就是错的行为。偷窃是要受到惩罚的,故而认为海先生偷药行为是错的,应该受到惩罚。第二阶段的行为特征是相对功利取向(instrumental-relative orientation),对行为对错的判断持利益交换的观点,帮助别人是为了希望别人帮助自己,故而认为海先生偷药行为是对的,因为他挽救了妻子一命,也消除了自己的痛苦。第二期为习俗道德期(conventional level of morality)(10～20岁),道德发展达到此时期,一般都是遵从世俗或社会规范,从事道德推理判断。此时期内又按道德水平的高低分为两个阶段:第三阶段的行为特征是乖孩子取向(good-boy-nice-girl orientation),对行为对错的判断,多以符合家庭社会期待的"乖孩子"为标准,故而认为海先生的偷药行为是对的,因为救了妻子一命,是个好丈夫。第四阶段的行为特征是遵守法规取向(law-and-order orientation),道德发展达到此阶段者,开始认同社会规范,对学校校规和社会法律,自觉有遵守的义务与责任,故而认为海先生的偷窃行为是错的,应受法律制裁。第三期为后习俗道德期(postconventional level of morality)(20岁以上),后习俗道德期,是指个人面对攸关道德的情境时,可本着自己良心及个人的价值观从事是非善恶的判断,而未必受传统习俗限制。此时期内又按道德水平的高低分为两个阶段:第五阶段的行为特征是社会法制取向(social-contract-legalistic orientation),对行为的对错判断时,多以合于社会大众权益所订定的法规为基础,个人行为符合公定法规者为对,违犯公定法规者为错,故而认为海先生的偷药行为应是对的行为,因为店主私自涨价,违犯公平交易的原则。第六阶段的行为特征是普遍伦理取向(universal ethical principle orientation),普遍伦理取向的道德观,是个人根据他的人生观与价值观,建立了他对道德事件判断时强调真理和正义的一致性与普遍性的信念。道德发展达到此阶段者,认为海先生偷药行为是对的,因为人类的生命价值至高无上,海先生的作为不但救了他妻子的性命,也等于维护了人类的生命权。柯尔伯格道德发展理论颇具权威性,唯因研究对象全为男生,以之推论解释女生道德心理未必适用,是为其美中不足之处。见柯尔伯格(Kohlberg, Lawrence)传记条。

Kohlberg's theory of moral development 柯尔伯格道德发展论 义同柯尔伯格道德发展阶段论(Kohlberg's stage theory of moral development)。见该条。

Köhler, Wolfgang(1887～1967) 柯勒 柯勒是20世纪德国出生的美国心理学家,是完形心理学派创始人之一,也是认知心理学的先驱。

柯勒1887年1月21日出生于爱沙尼亚,在德国北部长大,先后在杜平根、波昂和柏林大学求学,1909年获柏林大学心理学哲学博士学位,指导教授即斯图姆夫。毕业后进法兰克福大学,与考夫卡同事,在1910年与韦特海默不期而遇并承诺做他研究似动现象实验的受试,从此三人合作继续研究,终而建立了完形心理学派。1913～1920年,柯勒担任当时普鲁士科学院在南非坦那瑞菲岛上一座研究站主任,原计划短时居留,后因第一次世界大战(1914～1918)而延误了返国时间。在此期间他根据对黑猩猩的实验研究结果,撰写成《人猿心智》一书,于1917年出版,是完形心理学的代表性著作。1920年返国,次年进入哥廷根大学继承缪勒的教授职位,继而在1922年到柏林接任斯图姆夫的教授职位。自此柯勒建立了他的心理学学术地位,也标志了完形心理学思想被正式承认。在柏林大学任教期间,曾两次到美国访问,1925～1926年任克拉克大学客座教授,1934～1935年在哈佛大学讲学,1935年改任芝加哥大学客座教授。此时德国正值纳粹党执政,柯勒在讲学结束后因厌恶德国纳粹政权,当即决定留在美国担任史瓦兹摩学院教授。1958年退休,1956年获美国心理学会颁赠杰出科学贡献奖,1959年当选该学会主席,1967年获美国心理学会金质奖章。1967年6月11日病逝于新罕布什尔州莫菲德,享年80岁。柯勒对心理学的贡献,主要在于学习心理学的两项实验:

1.首创顿悟学习实验研究　在20世纪初,桑代克的尝试错误学习和华生的经典条件作用是公认最权威的学习理论。柯勒在南非坦那瑞岛上的黑猩猩学习实验研究结果发现，黑猩猩在目的受阻的情境中学习解决问题时，并不像桑代克所解释的要经过尝试与错误的过程。柯勒为研究黑猩猩的学习，设计了很多不同的实验，其中最著名的是“换竿问题”。他将饥饿的猩猩关在笼中，笼外远处放置香蕉，并在笼与香蕉之间放置数条长短不同的竹竿，而使猩猩最易也最先取到的竹竿，其长度不能用来钩到香蕉。这时猩猩必学习解决的问题是：如何将短竹竿换取一条长竹竿，以钩到香蕉。结果发现：黑猩猩面对问题情境时，动作并不紊乱，在几次尝试用短竹竿钩取香蕉失败后，突然显露出领悟的样子，终于用短竿换取长竿而解决了问题。柯勒称此种学习现象为顿悟学习(insightful learning)。他认为顿悟学习不必靠重复练习，只要个体理解整个情境中各刺激之间的关系，顿悟就会自然发生。

2.从完形心理学观点提出转换论　根据行为主义刺激—反应心理学原理，个体在刺激情境中学到的反应是机械式的；同样刺激再出现时，个体即对之表现出同样反应。1918年柯勒的小鸡啄米实验，否定了此种学习理论。他的实验设计是，先将小鸡置于中灰和浅灰两张纸上，纸上放米。如小鸡啄食中灰纸上的米，就让它继续啄食；如它啄食浅灰纸上的米，就把它赶走。如此设计旨在让小鸡学到“中灰色”(刺激)和“啄食”(反应)之间的关系。多次练习之后，小鸡确实能学会只到中灰纸上啄米的反应。此时柯勒将刺激情境改变，将两张纸改为深灰和中灰。按行为主义刺激—反应心理学推理，小鸡应和以前一样啄食中灰纸上的米才是，柯勒发现事实并非如此，此时小鸡改为啄食深灰纸上的米。柯勒认为，此时小鸡是向整个刺激情境相对关系的转换而反应，而非向单一刺激特征作反应。柯勒的此种解释称为转换论(transposition theory)，转换论是完形心理学的重要理论之一。

柯勒的重要著作中的英文专著有：*The mentality of apes* (1925)；*Gestalt psychology* (1929)；*The place of value in a world of facts* (1938)；*Dynamics in psychology* (1940)；*The task of Gestalt psychology* (1969)等。

Kohs block design test 科斯积木构图测验　一种简单的非文字智力测验，使用时，受试者将不同颜色的立方体积木，按几何图案排组，据以评定其智力的高低。

kopophobia 惧疲劳症　属恐惧症之一。患者对疲劳的感觉异于常人，一般人疲劳时获得休息即感满足，患此症者则对疲劳一事感到恐惧。由于恐惧疲劳，进而逃避工作，逃避运动，故而患疲劳恐惧症者的生活缺乏生机与乐趣。见恐惧症(phobia)。

Korsakoff's amnesia 科萨科夫失忆症　义同科萨科夫症候群(Korsakoff's syndrome)。见该条。

Korsakoff's psychosis 科萨科夫精神病　也称酒精性遗忘症(alcohol amnestic disorder)。见酒精性精神病(alcoholic psychosis)。

Korsakoff's syndrome 科萨科夫症候群，科萨科夫综合征　指由于长期酗酒或严重营养不良所导致的复杂型失忆症。患者不但丧失对往事的记忆，而且无法学习新的知识。见失忆症(amnesia)。

KPR = Kuder Preference Record 库德职业兴趣量表

KPR-V = Kuder Preference Record-Vocational Scale 库德职业兴趣量表

K-R coefficient of equivalence 库李二氏等值系数　义同库李二氏信度(Kuder-Richardson reliability)。见该条。

Kretschmer's personality theory 克雷奇迈个性论　见体型论(body type theory)。

Kretschmer typology 克雷奇迈类型学　见体型论(body type theory)。

K-R formula = Kuder-Richardson formula 库李二氏公式

Kruskal-Wallis one-way analysis of variance by ranks 科瓦二氏单因子等级变异数分析　科瓦二氏单因子等级变异数分析是非参数统计法的一种。利用次序变项数据进行变异数分析，可考验若干个独立样本是否来自同一总体或平均数相等的若干个总体。其计算程序是把所有样本的分数按照大小次序排成等级，然后查看每一组样本所得等级是什么，若各组无显著差异，则在各组人数相等的时候，所得等级总和，理论上应该相等。见非参数统计(nonparametric statistics)。

Kübler-Ross's theory of dying 库布勒露丝死亡论　美国精神病学家库布勒露丝(E. Kübler-Ross)1970～1980年经观察研究濒死病患后所提出的死亡理论。库布勒露丝观察发现，多数人罹患重病而面对死亡时，在心理上表现五个阶段的不同反应：(1)否认阶段(denial stage)，经医师检查诊断后发现患有绝症的病人，多数不接受医学检验的事实，因而他不是要求再做进一步检查，就是要求改换医院就诊。在此阶段，医师和家人最好接受他的要求，表示尽一切可能替他治疗。(2)愤怒阶段(anger stage)，重病患者如经多次检查诊断病情确定无法改变后，多数会表现愤怒情绪,抱怨:“老天爷不公平!为什么这种不幸偏偏会发生在我的身上!”在此阶段,医师和家人应以同理心的态度对待他,尽量少提病情的事,以缓和他的情绪。(3)愿望阶段(bargaining stage),当病人愤怒过后心情平静时,多数人会想到在来日无多的日子里,做一点有益于人的事,从而使自己觉得生命的价值。因此,有的病人愿意捐出财产,有的病人同意捐出身体器官,此外,病人的遗嘱也多是在此阶段写成。在此阶段,医师和家人最好除对病人安慰鼓励之外,也表尊重他的心愿。(4)抑郁阶段(depression stage),当重病患者了解到自己的病已到无药可救,而且已拖延了很久时,多数病人会因患病以来家人的精神负担和医药费的支出毫无结果而感到沮丧和抑郁。至此阶段,病人多数不再坚持继续治疗,无可奈何地放弃改换医生的要求。在此阶段,医师和家人最好陪伴他并安慰他,尽量避免跟他辩论有关病情的问题。(5)接受阶段(acceptance stage),当医生对病人的家属及病人本身表示已无能为力时,久病的病人多数接受“自古人生谁无死”的现实,甚至告诉他的家属如何办理后事。此时他不再做任何要求,只希望在安静的气氛下和他最亲近的人在一起,此时家人应尽量陪伴他,让他安心地离去。库布勒露丝死亡论中所说的死亡过程五个阶段,自然是指慢性疾病死亡者而言,急性疾病(如心脏病)死亡者不在此限。

Kuder Occupational Interest Survey 库德职业兴趣问卷 指1966年美国心理学家库德(G. F. Kuder, 1903～2000)编制的职业兴趣问卷。该问卷包括504种职业活动,每三种编为一组,共计168组。使用时受测者按个人兴趣选答。

Kuder Preference Record = Kuder Preference Record-Vocational Scale 库德职业兴趣量表

Kuder Preference Record-Vocational Scale (KPR-V) 库德职业兴趣量表 是一种团体兴趣测验。该量表原系美国心理学家库德(G. F. Kuder, 1903～2000)1960年所编制,其内容包括十项兴趣范围:户外活动、机械、计算、科学、说服、艺术、文学、音乐、社会服务及文书兴趣。该量表适用对象为初中三年级以上学生及成人,记分方式采百分等级,已建立常模,在各年级组均以百分位数表示之。

Kuder-Richardson formula 库李二氏公式 义同库李二氏信度(Kuder-Richardson reliability)。见该条。

Kuder-Richardson method 库李二氏法 义同库李二氏信度(Kuder-Richardson reliability)。见该条。

Kuder-Richardson reliability 库李二氏信度 属计算测验信度的方法之一。采用此法估计信度,只需实施一次,且不必计算折半相关,主要依据受试者对所有题目的反应,分析题目间的一致性,以确定测验中的题目是否测量相同特质。库李二氏信度法系由美国心理学家库德(G. F. Kuder, 1903～2000)与李查逊(M. W. Richardson, 1896～1965)1937年联合发表,故名。库李二氏信度的计算方法,最常用的是以下公式:

$$r=\frac{n}{n-1}\left(1-\frac{\sum pq}{S^2}\right)$$

公式中,r为所要求的测验信度系数;n为该测验的题目总数;p为答对某题人数比率;q=1−p;$\sum pq$为全部题目答对与答错百分比之乘积总和;S^2为测验总分的总变异量。

Kuhnian 库恩主义 指美国科学哲学家库恩(Kuhn, Thomas Samuel)在其所著《科学结构之革命》一书中所指出的规范科学与范式等科学思想。见其传记条。

Kuhn, Thomas Samuel (1922～1996) 库恩 库恩是美国科学哲学家,也是当代科学哲学中历史社会学派的主要代表人物。

库恩于1922年7月18日出生于俄亥俄州的辛辛那提,1943年毕业于哈佛大学物理学系,1949年获该校物理学博士学位,1952年开始讲授科学史课程,1958～1959年任职斯坦福大学行为科学高级研究中心,1960～1970年担任普林斯顿大学教授,1979年起担任麻省理工学院教授。库恩对心理学的影响,主要在于1962年出版的《科学革命的结构》一书。在该书中库恩指出,科学的发展乃是由于周期性科学思想的演变;而科学思想演变的动力,除科学方法之进步外,主要是由于人类世界观的改变。科学思想发展到某种程度时,就会形成一种众所共识的世界观,进而对科学上研究的主题、方法等亦采取相似的取向，库恩称此种科学思想为范式(paradigm)。范式形成后对同领域的科学家具有规范作用，大家均遵从范式去思考问题、研究问题并建构理论。根据库恩的说法，范式并非一成不变，而是随时代的演进与人类世界观的改变而变化。公元2世纪托勒密首创地心说，直至16世纪哥白尼提出日心说，代表人类世界观的一次革命性改变；1684年牛顿提出的万有引力论，其范式效用长达两百多年；爱因斯坦1905年的相对论修正了牛顿的理论，成为新范式，代表人类世界观的再次革命性改变。库恩称随时代演变而出现范式更替的科学为规范科学(normal science)。心理学自19世纪脱离哲学而独立后，虽然心理学家们自许心理学是一门科学，但如从科学范式观点看，与其他自然科学(如物理学、化学等)相比之下，即可发现心理学的科学发展成熟程度，仍然大为落后。20世纪初学派对立的局面消失后，心理学在研究对象、研究目的、研究方法以及理论建构等各方面，仍然分歧很大。如以库恩的标准来检视心理学的发展历程，显然是不合于常规科学的。因此库恩认为现代心理学尚不能称为科学，只能称为“前科学”或“前范式科学”。至于心理学的未来能否成为合于范式的科学，端视其以后发展与研究取向而定。

库恩的主要著作有：*The Copernican revolution* (1957); *The structure of scientific revolution* (1962); *Sources for the history of quantum physics* (1967)。

Kulmann-Finch Scholastic Aptitude Tests 库费二氏学业性向测验 是一种团体学业性向测验。该测验系由库曼(F. Kulmann)和费池(F. H. Finch)二人所编，其内容包括五个分测验，分别是：两个图形测验、三个语文测验(内含一数学测验)。库费学业性向测验经学者黄国彦和张再明二人修订为中文，并经标准化，于1981年出版。该测验适用对象为初中学生，记分方式采百分等级，已建立初中一、二年级常模，在各年级组均以百分位数表示之。

Külpe, Oswald (1862～1915) 屈尔佩 屈尔佩是19世纪末20世纪初德国心理学家，是符兹堡学派的创始者，是出自结构学派而又反对结构主义思想的心理学家，也是完形心理学思想的先驱。

屈尔佩于1862年8月3日出生于拉脱维亚，自幼兴趣广泛，音乐、历史、哲学、心理学均为其所爱。1881年19岁进莱比锡大学学历史，因仰慕当时著名心理学家冯特之名而改修心理学。由于钟情于历史的研究，在莱比锡大学一年之后，转学进入柏林大学继续修读历史，但不久又回到莱比锡大

学再跟冯特学习。1887年获该校哲学博士学位后，担任莱比锡大学讲师，并在冯特的心理实验室任研究助理达八年之久，在此时期得识结构学派领导人铁钦纳，并与之结为好友。屈尔佩在担任冯特助理的八年中，曾撰写《心理学纲要》(1893)一书献给他的老师。据说冯特实验心理学所采用的内省概念，就是屈尔佩任助理时所设计的。1894～1909年屈尔佩担任符兹堡大学哲学讲座教授，1909～1913年转任波昂大学教授，1913～1915年转任慕尼黑大学教授。屈尔佩酷爱学术，终身未婚，曾对他的学生说：“科学就是我的爱人。”1915年12月30日病逝于慕尼黑，年仅53岁。屈尔佩在心理学上的贡献，主要在于以下三方面：

1.首倡无意象思维理论 屈尔佩虽是冯特的学生，但在心理学思想上却和冯特不尽相同。在他1894年担任符兹堡大学教授之后不久，在心理学研究取向上，除承袭冯特以实验法研究意识结构之外，也采取了当时和冯特思想相左的布伦塔诺意动心理学的概念，从事思维历程的研究。艾宾浩斯已采用实验方法研究记忆，使他相信，复杂的意识历程应该是可以作为主题在实验室研究的。从此，他开始反对乃师冯特只重意识内容的实验研究取向。经过研究之后，屈尔佩提出了无意象思维的理论。屈尔佩与其服膺者的无意象思维研究小团体，被称为符兹堡学派(Würzburg shcool)。所谓无意象思维(imageless thought)，是指思维之产生并不需要意象或感觉内容的帮助。例如，想到苹果时未必一定在心理上出现苹果的意象(结构主义者则认为一定出现苹果的意象)。屈尔佩无意象思维的典型实验是重量判断，让受试判断两个物体何者较重，并说出他在判断时自己内心的活动。实验结果发现，受试者的陈述，并不像结构主义所说的那样有什么意象或感觉包括在判断之中。

2.首创心向现象研究 除无意象思维理论外，符

兹堡学派也首先从事心向现象研究。所谓心向（mental set），是指面对刺激或问题时个人不自觉的心理倾向。符兹堡学派心理学家发现，在实验情境下实验者可诱导受试在心理上表现心向现象。以不同颜色单字卡片分类实验为例，如只要求受试者按卡片颜色排列，事后测问时，他们就不会记得卡片上的单字；如只要求受试者按单字字母顺序排列，事后测问时，他们就不会记得卡片的颜色。符兹堡学派心向的实验研究，对以后认知心理学的发展具有先导性影响。此结果说明，心向影响了受试者的反应。

3.建构二重心理学理论　基于无意象思维的研究发现，屈尔佩提出了异于结构主义所持感觉内容分析的看法。他认为，思维历程事实上是一个无法分析的模糊意识状态，其中包括了动机、心向甚至潜意识的多种心理活动历程。他称此种心理活动为功能。又因为他的心理学思想既采取了结构主义心理学思想中“内容”的观念，也采取了布伦塔诺意动心理学思想中“历程”的理念，故而他的主张被称为二重心理学（dual psychology）。在心理学研究方法方面，屈尔佩主张实验法不仅可用于研究简单的心理历程（如联想），也可用于研究复杂的心理历程（如思维）。屈尔佩的思想对以后完形心理学的发展影响甚大，完形心理学创始人韦特海默就是他的学生。

屈尔佩的著作中译为英文的专著有：*Outline of psychology*（1895）；*Realization*（1915）等。

Külpe school **屈尔佩学派**　义同符兹堡学派（Würzburg school）。见该条。

Kundt's rule **孔特原则**　指视觉判断误差现象。孔特原则所指的是：（1）两条相等直线，其中之一划分为两段后，看起来就会觉得较长。（2）用单眼判断一横线中点时，其位置偏于鼻梁的一边（左眼判断偏左，右眼判断偏右）。此现象系由德国物理学家孔特（A. Kundt, 1839～1894）所发现，故名。

kurtosis **峰度，峰态**　指次数分布曲线所显示的特征，用以说明即使多个分配的集中量数相同，而仍然有峰度上的差异。峰度大致分为三类：（1）高狭峰度（leptokurtosis），中间特别突出两边下垂；（2）常态峰度（mesokurtosis），呈钟形的常态；（3）低阔峰度（platykurtosis），峰度低曲线向两边延伸。在心理学上最常提到的是第二种，即常态分布曲线（normal distribution curve）。见该等条及附图。

Kwalwasser-Dykema Music Tests **K-D音乐性向测验**　是一种个别或团体性向测验。该测验系美国学者柯瓦渥赛（J. Kwalwasser）和戴克马（P. W. Dykema）二人编制，其内容包括十个分测验：（1）音调记忆；（2）音色辨别；（3）强度辨别；（4）音调动向；（5）时间辨别；（6）节奏辨别；（7）音高辨别；（8）曲调欣赏；（9）音调认识；（10）节奏认识。K-D音乐性向测验在日本适用年龄为5～20岁，在美国则为小学以上至成人，记分方式采答对题数计分。

K

L

L = limen 阈限

lab. = laboratory 实验室

labeling 标签 根据某种标准将人、事、物划分为几种不同类别，并分别赋予其不同的名称，是谓标签（如衣服有大、中、小号）。标签一词在心理学上的意义是，对人加以卷标后，可能因卷标所显示的意义而对人产生不同的心理效应。如被标为甲等和丙等两个学生，标签对他们就会产生不同的心理效应。见标签论（labeling theory）。

labeling effect 标签效应 见标签论（labeling theory）。

labeling theory 标签论 标签论是解释心理异常构成原因的一种理论。此理论是从社会环境因素影响个体行为的观点，认为人的行为之所以变得不正常，主要是由于别人说他不正常所致。大家都"说"如何如何，无异于给当事者加上一个标签，结果当事者的行为，果然就像大家所说的那样去改变，使"众说"产生了标签作用。例如，老师说李生是"坏学生"（标签），同学也说李生是"坏学生"，久之，李生有可能真的变为"名副其实"的坏学生。标签论已被用来解释少年犯罪与各种变态行为的心理成因，也被用来说明学校教学的不当措施，将会对学生人格发展产生不良影响。诸如"放牛班"与"益智班"等名称，就难免对学生心理上产生标签作用。传统精神病学上，一向根据疾病分类标准加诸求诊者某种疾病名称（如焦虑症、抑郁症、神经症等）的做法，就可能使求诊者产生不利的心理效应。标签论与自验预言（self-fulfilling prophecy）理论有关。见该条。

labeling theory of crime 犯罪标签论 解释犯罪原因的一种理论。此理论的要义是，过失行为人皆难免。如犯过之后被人加以标签，指其为"坏人"，将会影响他的自尊甚至因而自暴自弃。如以过失重大而触法服刑，刑期届满之后重返社会时，社会对他的标签将更显加重。如此恶性循环，终于造成犯罪者一犯再犯的严重问题。见标签论（labeling theory）。

la belle indifference 漠不关心 指罹患癔症（hysteria）者对自己的症状丝毫不在意的现象。见该条。

laboratory（lab.） 实验室 指专为从事实验研究的处所。见实验法（experimental method）。

laboratory observation 实验室观察 义同控制观察（controlled observation）。见该条。

laboratory training 实验室训练 指采用学习团体的方式，训练参与者，借团体动力（group dynamics）的功能，使参与者学习到与人相处的能力。见该条。见学习团体（training group）。

labyrinthine sense = sense of equilibrium 平衡感

lactogenic hormone 泌乳激素 由垂体腺分泌的一种激素，女性生产后即开始分泌，以刺激乳腺分泌乳汁，俾供哺喂婴儿。见垂体腺（pituitary gland）。

lacunar amnesia = episodic amnesia 情节性失忆症

LAD = language-acquisition device 语言获得装置

laissez faire 放任 **1.**狭义指团体中领袖与成员间的关系，为领袖者不管制成员的行为，不干预成员的活动，甚至成员有需要时，领袖也不予辅助。**2.**广义指政府与人民的关系，政府对人民的政治性与经济性的活动，给予充分自由，极少加以干涉。

laissez-faire atmosphere 放任气氛 指在放任型领导（laissez-faire leadership）下，团体领袖对团体成员行为采毫不干涉而形成的社会气氛。见该条。与本词相对者为独裁气氛（authoritarian atmosphere）。见该条。

laissez-faire family 放任型家庭 指父母对子女行为不加任何管束而任凭子女为所欲为的家庭。

laissez-faire group 放任团体 指成员行为散漫缺乏强有力领导人物的团体。见放任型领导（laissez-faire leadership）。

laissez-faire leader 放任型领袖 指采放任型领导（laissez-faire leadership）风格的团体领导人物。见该条。

laissez-faire leadership 放任型领导 美国社会心理学家勒温理论中的术语。勒温等人在1939年曾以团体领袖领导风格对团体成员心理影响为题进行研究。当时，勒温将团体领袖按其领导风格分为三种类型：(1)独裁型领导(authoritarian leadership)，团体的活动由领袖个人决定，团体成员听命行事，他们对团体工作目标无从了解，因而对工作也不愿尽心尽力；(2)民主型领导(democratic leadership)，团体活动目标由团体成员会商决定，然后分工合作，大家均能竭尽心力；(3)放任型领导，团体领袖只对团体成员交付工作，以后即对一切不闻不问，任凭团员各行其是。勒温等人研究结果发现，三种领导风格中，放任型领导效果最差，民主型领导效果最好。勒温的研究发现，以后多被应用于工业心理学和管理心理学的研究。

laissez-faire parent 放任型父母 指放任型家庭(laissez-faire family)中的父母对子女的管教方式。见该条。

lalophobia 惧说话症 属恐惧症之一。患者虽无语言上的生理障碍，但总是不敢开口讲话。见恐惧症(phobia)。

Landau reflex 蓝道反射 指出生后3～12月婴儿的正常反射动作。将婴儿的身体以面向下姿势用手平托起来，婴儿就会头部、腿部上扬，背部弯曲。此反射动作，称为蓝道反射。如果此时期的婴儿没有蓝道反射，就表示神经系统可能有障碍。

land of childhood 童年里程 瑞士分析心理学家荣格理论中的术语。意指儿童期的意识特征，介于集体潜意识(collective unconscious)与自己的意识之间的一段幼稚思想时期，称为童年里程。见该条。

language-acquisition device (LAD) 语言获得装置 美国语言学家乔姆斯基理论中的术语。认为人类的认知结构中，存有一种与生俱来的语言法则，称为语言获得装置。有了此种吸收语言的装置，儿童发育到某种程度时，只需有限的语言数据，即可以充分利用，自行变通，说出各种最基本的语句。此种看法，等于把心智中的语言获得装置，视同生理上其他器官如眼、耳、口、鼻的功能一样，不需经过训练，即能发挥其基本功能。因此，乔姆斯基的语言学理论，也称为语言天赋论(innate theory of language)。语言获得装置也称为语言认知结构(language-responsible cognitive structure)。见乔姆斯基(Chomsky, Avram Noam)传记条。

language-acquisition system (LAS) 语言获得系统 义同语言获得装置(language-acquisition device)。见该条。

language-behavior 语言行为 指经由口说、笔写以及任何动作手势或声音及形象符号等传达意见的一切行为。就人类的社会行为而言，其多数行为属语言行为。

language centers 语言中枢 指大脑皮质部司职语言的神经中枢。到目前为止，生理学家已发现大脑左半球的语言中枢有两个：一为布罗卡区(Broca's area)，另一为韦尼克区(Wernicke's area)。见该等条。

language disability 语言缺陷 泛指儿童缺乏语言能力的情形。儿童语言缺陷，通常指其语言表达与语言吸收两方面语言行为的缺陷。前者指达到某种年龄时仍然不能像正常儿童那样用语言表达意见，后者指达到某种年龄时仍然不像正常儿童那样听懂别人的语言。

language immersion 语言教学浸入法 学习外语的一种方法。语言教学浸入法的特点是，将学生带入某种外语环境中，让他与母语完全隔离，在此环境中自然会学到该种外语。

language localization 语言区位化 指人类大脑皮质部的某些部位具有专司语言的功能。有的部位专司口语，有的部位专司书写，甚至有的部位专司语音语调方面的表达。见语言中枢(language centers)。

language-responsible cognitive structure (L-RCS) 语言认知结构 义同语言获得装置(language-acquisition device)。见该条。

language test = verbal test 文字测验

lapsus calami = slip of the pen 笔误

lapsus linguae = slip of the tongue 口误

large-numbers law = law of large numbers 大数法则

LAS = language-acquisition system 语言获得系统

Lashley jumping stand 拉什利跳台 动物实验辨别学习使用的一种仪器，此仪器系由美国心理学家拉什利在1930年设计，故名。如附图所示，将饥饿的白鼠置于跳台上，跳台前方绘有黑白二色圆形的两张卡片，代表"对"与"错"两种线索。如白鼠向"对"的卡片跳去，卡片立即掉落，白鼠即可获得食物；如白鼠向"错"的卡片跳去，卡片不动，白鼠即掉落在网袋中。连续实验结果发现，白鼠很快就会学到根据圆形颜色去辨别选择它的反应。拉什利跳台设计所根据的学习原理是行为主义所主张的操作条件作用(operant conditioning)。

见该条。见辨别学习(discrimination learning)。

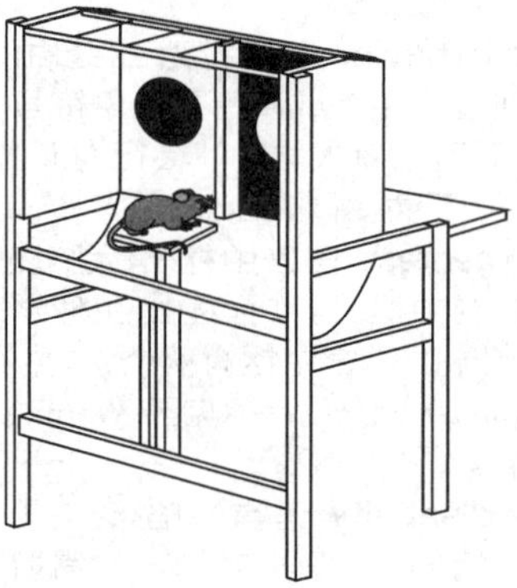

拉什利跳台

Lashley, Karl Spencer（1890～1958）拉什利 拉什利是20世纪美国心理学家，是行为学派的服膺者，是生理心理学的先驱，也是最早尝试从大脑区域化的观点，探究学习神经生理基础，而被誉为神经心理学之父的人。

拉什利1890年6月7日出生于美国西弗吉尼亚州戴维斯，大学教育先进入西弗吉尼亚大学主修英文和拉丁文，后来受到一位神经学教授的影响而将兴趣转向生物学。1914年获约翰·霍普金斯大学遗传学博士学位。在修读博士学位期间，他以心理学为辅修，并曾为当时行为学派创始人华生的学生和研究助理。此后他们师生二人一直维持良好关系。在连续4年之间，两人联名发表的心理学专题研究论文多达14篇。1917～1926年的9年期间，拉什利任教于明尼苏达大学。在此期间，斯坦福大学心理学系主任，也是当时著名智力测验心理学家推孟，曾向学校推荐拉什利到该校任教。唯当该校校长访问明尼苏达大学期间正拟聘请拉什利之际，从一位年轻教授口中得知他不修边幅，衣衫褴褛，长发披肩，戴钳形眼镜等行径，因而返校后否定了推孟的推荐。1926～1935年，拉什利担任芝加哥大学教授，在此期间他开始大脑生理心理功能的研究，其著作《大脑机制与智能》于1929年出版。1935～1952年任哈佛大学教授，并在1942～1955年，兼任耶克斯灵长类生物实验室主任。1955年退休，1958年8月7日在法国度假期间意外病逝于普瓦泰，享年68岁。

拉什利在心理学上的贡献，主要在于生理心理学方面的研究，特别是以下两项最为著名：

1.探索大脑神秘黑盒子　拉什利在约翰·霍普金斯大学追随华生从事心理学研究时，华生曾经指称“大脑是一个无法研究的神秘黑盒子”。此话引起拉什利的兴趣，他决心根据当时已发现的大脑功能分区化的理论，进而探究条件反射学习的神经生理机制。他想研究的问题是，当动物经由经典条件作用学到某种特定的条件反应后，动物脑神经系统中的各部位究竟产生了什么变化，是否真的留下所谓的记忆痕迹(memory trace)。见该条。经过无数次动物实验后，拉什利并未发现动物习得的行为与大脑特殊部位有何密切的关系。

2.首创大脑分区功能研究　拉什利的《大脑机制与智能》在1929年出版，该书系统地阐述了大脑功能的两大法则：第一为整体活动法则(principle of mass action)，指在个体从事学习时，大脑皮质的各部位是一起参与活动的，而不是某一特别区域发生作用。拉什利曾训练猫脱逃迷笼学习，习得逃脱行为后，将此猫的大脑皮质某些部分切除，再放回迷笼中实验时，发现它已丧失习得的逃脱行为。若此时再加以训练，它则将会再度学到逃脱行为。由此可见，动物的学习不靠大脑的分区作用，而是大脑整体的联合作用。第二为等势法则(principle of equipotentiality)，指在学习时，大脑皮质的每一部位是同样重要的，同样的对个体学习发生作用。大脑皮质某些部位切除后，其他部位照样可以发挥各该部位原有的作用。如将白鼠的视觉区破坏，它虽失去辨别形状的能力，但仍能辨别光线的强弱，从而达到学习的目的。拉什利研究所得的结论是：记忆痕迹并非存在于大脑皮质的某一特定部位，而是存在于大脑皮质所有发生功能的部位，而且各部位对保留习得活动而言，其作用是等势的。

拉什利著作中属心理学的专著有：*Brain mechanisms and intelligence*(1929)。

latch-key children 钥匙儿 指父母均在外工作，子女上学时将钥匙系挂项间，放学回家自行开锁进门者，是为钥匙儿。本词代表意涵是谓父母对幼年子女的教育与照顾未能尽到应尽的责任。

latency 潜伏，潜在 **1.**指刺激出现到个体表现出反应前的短暂静止状态。反应所指者，可为个体的感官与神经系统的反应，也可为肌肉或腺体的活动。**2.** 指刺激开始出现到个体开始反应之间所经过的时间。如此解释，则本词义同反应潜伏期（response latency）。见该条。**3.**义同潜伏期（latency period）。见该条。**4.**指遗传因子未在个体生理特征上显现出来的情形。

latency of reply = **latency of response** 反应潜伏期

latency of response 反应潜伏期 指从刺激出现到反应表现出之前经过的时间。反应潜伏期的长短代表学习程度的强弱，反应潜伏期愈短，学习的程度愈强。

latency period 潜伏期 按精神分析，一般儿童在7岁至青春期（十二三岁）之间的一段时间内，表现对异性兴趣减低趋势，称之为潜伏期。见性心理期发展论（psychosexual stage theory of development）。

latency stage = **latency period** 潜伏期

latent content 潜性梦境，潜性内容 **1.**指精神分析论所谓两种梦境之一。见梦境（dream content）。**2.**个人在意见表达时，有意或无意地不明白表示出来的部分，称为潜性内容。

latent content of dream = **latent content** 潜性梦境

latent dream 潜性梦 义同潜性梦境（latent content）。见该条及梦境（dream content）。

latent dream content = **latent content** 潜性梦境

latent homosexuality 潜隐型同性恋 指个体表面上维持两性间的性爱关系，而内在却潜隐着同性恋倾向的人。此种人在意识上是异性恋者，但在潜意识中却是同性恋者。与本词相对者为外显型同性恋（overt homosexuality）。见该条。见同性恋（homosexuality）。

latent learning 潜在学习 指未表现在外显行为上的学习。潜在学习通常是在个体缺乏动机与刺激的情境下产生的。在动物实验中发现，当白鼠饱食后（无饥饿动机）置于迷津中任其游走，而目的箱中亦不放置食物（无刺激）。在此情境下白鼠是否也能学到从入口到目的箱的正确路径？如答案肯定，那就是产生了潜在学习。此类潜在学习，可以采两组对照的方式作控制实验，即另设一控制组，不让它在饱食时有机会进入迷津。然后让潜在学习组与控制组同时在饥饿时（均有动机）开始迷津寻食学习。如结果发现两组成绩差异悬殊，潜在学习组优于控制组，即可证明该组在前次无目的练习中，确已产生了潜在学习。心理学家的研究，业已证实此事。按此研究推论，在我们日常生活中随处都可发生潜在学习。见偶然学习（incidental learning）。

latent need 潜性需求 指不能从个体外显行为推知的需求，如幻想、做梦等，虽属于个体的行为，但无法从该等行为直接推知其动机，亦无从确定其需求。与本词相对者为显性需求（manifest need）。见该条。

latent process 潜在历程 指婴儿期某些行为，如知觉、意识、思维等心理活动，均已开始，唯以人格尚未发展到自我表达的地步，故而不能以具体行为或抽象的语言表现。像此种不能直接观察可见的发展历程，称为潜在历程。

latent trait 潜在特质 指遗传特质之未在个体本身显现，但仍有可能遗传给下一代的特质。

latent variable 潜在变项 义同中介变项（intervening variable）。见该条。

lateral dominance 偏侧优势 义同大脑半球专司化（hemispheric specialization）。见该条。

lateral fissure 侧裂，外侧裂 为大脑半球外侧凸面上较明显的一种脑沟。外侧裂是额叶与颞叶之间的界限，顶叶与颞叶间也有一段是以外侧裂为界。见大脑半球（cerebral hemisphere）条及附图。

lateral hypothalamus（LH） 外侧下丘脑 指前脑下丘脑的外侧部位。此区含有调节食物摄取的进食中枢（feeding center），它能接受刺激产生饥饿感觉而引起进食行为。当实验动物的外侧下丘脑受电流刺激时，可引起此动物开始进食，若此区遭破坏则动物停止进食。

laterality 偏侧化 义同大脑半球专司化（hemispheric specialization）。见该条。

lateralization = **hemispheric lateralization** 大脑半球侧化

lateral masking 边掩蔽 见掩蔽（masking）。

lateral sulcus 外侧沟 义同外侧裂（lateral fissure）。见该条。

lateral thinking 水平思维 解决问题时的一种思维方式。针对问题的性质从多方面的角度去寻求可能的答案，而不集中于某一焦点去寻求唯一答案。水平思维多在直观推断法（heuristic）时使用，而不在定程法（algorithm）时使用。见该等条。

lateral transfer 水平迁移 属学习迁移的一种形式。水平迁移是指个人将已学到的经验，推广应用到其他类似且难度雷同的新情境去。儿童在课本中学到的单词，用来阅读课外读物，就是水平迁移。水平迁移与类化(generalization)现象同义。见该条。与本词相对者为垂直迁移(vertical transfer)。见该条。见学习迁移(transfer of learning)。

later-shift of work 延后轮班制 见轮班制(shift of work)。

Latin square 拉丁方 系拉丁方设计(Latin square design)之简称。见该条。

Latin square design 拉丁方设计 属实验设计方法之一。在对不同受试者采用不同练习方法进行实验时,欲期了解何种受试者最适用何种方法的问题时,即可采用拉丁方设计。此种设计的基本原则是,使每组受试者都有机会接受各种方法,但以不同顺序安排,借以避免造成顺序先后的影响。设有受试者三人,使用三种方法练习,如附表所示,方格中的A、B、C,即表示每一受试者依序使用每种方法练习的结果。此种设计也称平衡法(counterbalanced procedure)。见该条。

方法 / 受试	1	2	3
1	A	B	C
2	B	C	A
3	C	A	B

Latin square experiment 拉丁方实验 指采用拉丁方设计(Latin square design)原则所从事的实验。见该条。

lattice contrast 窗棂对比 因明度对比所产生的一种错觉现象。如附图所示,若注视图形的中心数秒钟后,就会感觉到黑色窗棂交叉处隐约有些灰色的影子。与本词相对者为赫尔曼方格(Hermann grid)。见该条及附图。另见明度对比(brightness contrast)。

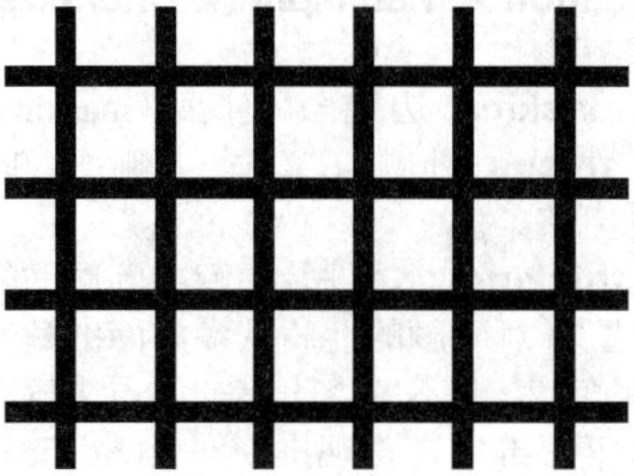

窗棂对比

law and order orientation 遵守法规取向 美国心理学家柯尔伯格道德发展理论中的术语。遵守法规取向是该理论所指的习俗道德期中的第四阶段的道德心理特征。遵守法规取向是一种相信法律权威,重视社会秩序的心理取向。道德发展达到此种水平的人,在心理上认同社会规范,遵守社会纪律,是他律道德的最高境界。见柯尔伯格道德发展阶段论(Kohlberg's stage theory of moral development)。

law of advantage 优势法则 在某种刺激情境下,个体能够做出两种或多种反应时,如果反应不能同时表现(左右脚虽均可踢球,但不能两脚并用,只能二者选一),个体将选择表现自觉最有把握的反应。如反应有效,以后同样情境下该反应即取得优势,继续反应。

law of all-or-none = all-or-none law 全或无定律

law of assimilation 同化律 美国心理学家桑代克的学习定律之一。指个体在某种刺激情境下习得的反应,再遇到类似刺激情境时,即倾向于重复该项反应。

law of association 联想律 指古代哲学心理学家对观念联想的形成所提出的原则性理论解释。联想律是最早由希腊哲学家亚里士多德提出的。以后经历代哲学心理学家修正补充,归纳成为以下八条定律: **1.**接近律(law of contiguity),谓两事件之发生在时间上(如闪电与雷声)或空间上(如眉与眼)彼此接近者,容易形成联想。 **2.**重复律(law of repetition),谓两事件相伴重复多次出现者(如牛与车),容易形成联想。 **3.**相似律(law of similarity),谓两事件在形式上或性质上彼此相似者(如刀与剑),容易形成联想。 **4.**并存律(law of co-existence),谓两事件并存者(如茶壶旁有茶杯),两者间容易形成联想。 **5.**明显律(law of vivid ness),谓两事件之间能给人特别明显知觉者(如红花与绿叶),容易形成联想。 **6.**对比律(law of contrast),谓两事件之间呈对比关系者(如黑与白),容易形成联想。 **7.**因果律(law of causation),谓两事件之间具有因果关系者(如阴天与下雨),容易形成联想。 **8.**连续律(law of succession),谓事件之间呈连续关系者(如四季),容易形成联想。以上各条虽均称之为"律",但从科学上定理定律的观点言,这些"律"均未经过严格的实验验证。唯从经验的观点言,此等联想律仍然具有相当效度。

law of attraction 吸引法则 社会心理学上解释人际吸引的心理法则。在人际交往时,之所以被某人吸引,是由于在过去交往经验中他曾对自己表示过善意回馈的缘故。但此法则未必适用于解释第一次见面就被吸引的情境。见人际吸引

(interpersonal attraction)。

law of average 平均律 按概率原则对同一事象重复观察多次之平均结果，与事象之真值比较时，其偏于一边(大于真值)之误差，将等于其偏于另一边(小于真值)之误差。随机抽样即按此原理，由无数次随机抽样所得样本平均数为统计量数所形成的次数分布，称为抽样分布。抽样分布在理论上呈常态分布形式，其平均数两边分散情形所代表的误差，从概率上讲，各占百分之五十。

law of belongingness 相属律 为美国心理学家桑代克所创的学习原则之一。如学习者觉知到两件事(或任何两种刺激)，在某一(或某些)特征上可归属在一起时(如同为绿色封面的两本书)，在学习时就很容易将两者联结在一起。

law of causality 因果律，因果法则 谓自然现象先后相续，凡有因必有果，有果必有因；同样之因，必有同样之果。因果律乃归纳推理(inductive reasoning)之基础。见该条。

law of causation 因果律 属联想律(law of association)之一。见该条。

law of closure 闭合法则 属完形组织法则(Gestalt laws of organization)之一。见该条。

law of coexistence 并存律 属联想律(law of association)之一。见该条。

law of cohesion 结合律，附着律 **1.**属学习原则之一。多个活动如在同时或相继发生，以后类似情境出现时，该等活动即倾向于结合成一个大的整体性活动，或是形成具有连续性的复杂活动。具有串系性或连锁性的多重联结学习，就是循此学习原则所形成。见接近律(law of contiguity)。**2.**属完形心理学知觉组织的法则之一。属于整个完形的各个部分，彼此之间具有结合在一起的倾向。见闭合法则(law of closure)。

law of color mixture 颜色混合律 指不同波长的光在视觉系统中的混合规律。颜色混合律主要包括：**1.**互补色律(law of complementary colors)，若两颜色以适当比例相混合产生白色或灰色，那这两种颜色互为补色。**2.**中间色律(law of inter mediary colors)，两个非补色的颜色相混合后，便产生一个新的混合色或中间色。**3.**代替色律(law of substitution color)，不管颜色的原来成分如何，只要产生相同的视觉效果，均可互相代替。如A颜色＋B颜色＝C颜色，而B颜色＝X颜色＋Y颜色，那么A颜色＋(X颜色＋Y颜色)同样可以得到C颜色。颜色混合律只适用于光的混合，而不适宜于颜料的混合。

law of color preference 颜色偏爱法则 指一般成人与儿童偏爱各种颜色的顺序。根据调查研究发现，一般成人在颜色偏爱上排列的顺序是：蓝、红、绿、紫、橙、黄。婴儿最喜欢黄色，到儿童期转而较爱蓝色与红色。经心理学家重复验证，上述法则具普遍性，例外是美国印第安人与菲律宾人，他们最喜欢的是红色。

law of combination 组合律 指两种(或两种以上)刺激同时出现引起一种反应的现象。

law of common fate 同运法则 属完形心理学上知觉组织法则之一。同运法则的要义是，在众多运动的物体中，向同一方向运动者，观察者倾向于将之看成为类似的物体。以双向车道上众多行进的汽车为例，观察者倾向于觉得同方向行驶的汽车之间具有较大的相似度。

law of comparative judgment 比较判断法则 属解释知觉判断的心理法则之一。当个人对两种刺激的特征(如不同颜色、不同体积、不同距离等)从事辨别，并对其特征做比较判断时，个人比较判断的心理差距，可由间接方法予以确定之。即根据同样情境下，重复比较判断后求得的相对次数来决定。例如，比较判断两球队的强弱时，按此法则，搜集多位体育专家对两队实力的判断，然后统计他们评定各队强或弱的次数，即可做成间接性比较判断。

law of complementary colors 互补色律 见颜色混合律(law of color mixture)。

law of conservation of effect 效果保存律 义同使用律(law of use)。见该条。

law of contiguity 接近律 属联想律(law of association)之一。见该条。

law of continuation 连续法则 属完形组织法则(Gestalt laws of organization)之一。见该条。

law of contradiction 矛盾律 属逻辑思维法则之一。谓既对某事加以肯定，则不能同时再否定之；或对某事既否定之，则不能同时再加以肯定。

law of contrast 对比律 属联想律(law of association)之一。见该条。

law of convexity 凸出法则 属完形心理学家所提出的知觉组织法则之一。指面积边缘有凸出特征者，倾向于将之看成图形，而不将之看成背景。看地图时，沿海的凸出部分倾向将之看成陆地的一部分，即符合此心理原则。

law of criminal saturation 犯罪饱和法则 指解释人类犯罪现象的一种理论。按此理论，人类犯罪行为之形成，乃是社会演变达到某种饱和地步时所出现的必然结果。导致社会演变者有三大因素：(1)人本身的因素，包括种族、性别、年龄、生理特征、心理特征、教育程度、就业情形等;(2)自然因素,包括气候、地理环境、季节、出产及食物等;(3)社会因素,包括人口密度、移民比例、社会制度、风俗习惯、经济制度等。以上三大因素交互影响,达到某种饱和地步时(如人口过剩、粮食不足、经济制度不当等因素交互影响),就自然会产生相当数量的犯罪。

law of difference 差异律 义同对比律(law of contrast)。见联想律(law of association)。

law of diminishing returns 效果递减法则 指在学习历程中,每次练习所生效果,达到某种程度之后,将呈随练习次数增加而所得效果逐渐递减的现象。

law of disuse 失用律 联想学习论者所发现的一种学习原则。谓在某一刺激与某一反应建立联结关系之后,如不继续练习(不让个体使用已学到的反应),则其所形成的联结即将逐渐地减弱。此意正与"用进废退"之说符合。失用律为美国心理学家桑代克学习理论中的术语。见练习律(law of exercise)。

L

law of effect 效果律 为美国心理学家桑代克所发现的学习原则之一。效果律的要义是:(1)个体反应后,如能获得满意的效果,其反应将被强化,以后同样情境出现时,个体将重复该反应,此即表示学习已经产生;(2)如个体反应后带来的是痛苦的效果,其反应则不被强化,以后同样情境出现时,个体将不作重复反应,学习即不能产生。除效果律之外,桑代克的学习律尚有练习律(law of exercise)与准备律(law of readiness)等。见该等条。

law of equality 均等律 属完形心理学上的知觉组织原则之一。构成整体知觉时,知觉对象(如物体)之各部分同等重要。

law of equipotentiality = **principle of equipotentiality** 等势法则

law of excluded middle 除中律,不容间位律 属逻辑思维法则之一,谓对同一思维之对象,在肯定与否定之间,必取其一,不容有第三种可能存在。例如,既肯定某物为生物,而否定其为非生物,就不能再认为其具有第三种特征。

law of exercise 练习律 为美国心理学家桑代克所发现的学习原则之一。练习律的基本要义是:在其他条件相等的情况下,个体在某一活动的表现上,将因练习次数的增加而更容易,更顺畅,错误更少,而且学后不易遗忘。练习律另有两个副律:一为使用律(law of use),一为失用律(law of disuse)。见该等条。见效果律(law of effect)、准备律(law of readiness)。

law of extinction 消弱律 生理心理学家巴甫洛夫的经典条件作用理论中的术语。指条件刺激引起条件反应后,如随后不再出现无条件刺激(不予以强化),则条件反应将逐渐消弱。见消弱(extinction)。

law of facilitation 助长法则 加一刺激因而加强另一刺激所引起的反应,但所加刺激本身与该反应无关。例如,轻击膝盖韧带部位时,可引起膝跳动的反射动作,叫作膝反射。如在轻击膝盖同时将手握紧(加另外一刺激),反射的动作将会加大。此种现象产生的原理则为助长法则。

law of filial regression 后裔回归法则 属遗传法则之一。父母所生子女,其身心特征有不同于父母而偏向全人口中间点(平均数)的趋势。例如,父母身高均超过常人者,其子女成年后的身高却趋近于一般常人身高;父母的智力均高于常人者,其子女的智力也趋向中等。像此等子女身心特征的个别差异趋向全人口平均数回归的现象,称为后裔回归法则。对此法则的解释,以往学者多认为是父母双方遗传使然,新近学者则认为除遗传外,环境因素可能产生更大的影响(因子女在中等人为多数的环境中长大)。

law of fixation 定化原则 在经由练习而加强记忆的过程中,超过恰能记忆的界点之后再增加适度的过度学习(overlearning),习得经验始能定化,才会长期保留不致遗忘。此原则称为定化原则。见该条。

law of forgetting 遗忘律 解释遗忘现象的普遍法则。如以曲线代表学习后的遗忘,遗忘的速度和时间之间呈现数学上对数的关系,即学习结束后初期遗忘速度极快,以后逐渐变慢。

law of frequency 频因律 属解释刺激反应间构成联结的原则之一。频因律的要义是,个体习得的反应,其进步程度因练习次数的多寡而定。练习的次数愈多,学习愈进步。唯此原则在实际使用时颇受限制,如所学事务缺乏意义性,只是盲目练习,练习未必进步。本词也称重复律(law of repetition),又称使用律(law of use)。

law of good shape 良形法则 **1.**指合于完形心理学上知觉组织法则的图形(如接近法则、相似法则等)。**2.**指在知觉上能获得轮廓清楚与意义完整的图形。

law of great numbers = **law of large numbers** 大数法则

law of identical direction 同向法则 指左右两眼在视物时虽取自不同角度,但在视网膜上形成的映象及大脑皮质视觉区获得的知觉，却永远是方向一致的。

law of intermediary colors 中间色律 颜色混合律之一。谓任何两种非补色混合后一定产生一种新的混合色或介于两者之间的中间色。例如，红色＋黄色＝橙色；绿色＋红色的结果，将按两色的不同配比产生橙、黄或黄绿等不同颜色。混合后的新彩色，在光谱中的位置处于参加混合的两个颜色的中间，则新彩色称为原来两色的中间色，中间色调决定于原来混合颜色的强度比例。

law of large numbers 大数法则 在抽样理论中，有一个基本假设，即样本的平均数可以将之视为总体平均数的估计值。估计值难免会有误差，欲期误差减少，最好的办法就是将抽取的样本加大，样本愈大，估计值与真值之间的误差将愈小。此原则即称为大数法则。见抽样理论（sampling theory）。

law of least action 最少活动法则 义同最省力法则（law of least effort）。见该条。

law of least effort 最省力法则 **1**.解释动物行为的原则之一。动物在寻求目的物时，其所选择的路径总是最省力的，亦即，动物会选择最快捷的方式以达其目的。 **2**.解释人类语言演变的原则之一，凡属最常用之字词，多为最易学习之字词；凡属易学易写之字词，又多为字母较少（拼音文字）或笔画较少（中文）之字词。遇有字词太长或笔画太繁者，学习者即倾向于使用缩写或简写来代替，如以USA代替United States of America。

law of logarithmic function 对数定律 义同费希纳定律（Fechner's law）。见该条。

law of mass action = principle of mass action 整体活动法则

law of part activity 部分活动法则 义同线索减约原则（principle of reduced cues）。见该条。

law of population 人口法则 英国经济学家马尔萨斯（T. R. Malthus, 1766～1834）1798年在《人口论》一书中提出的概念。人口法则的基本要义是：（1）人口之增加必受生活资源之限制；（2）人口如不受限制，必将随生活资源之增加而增加；（3）人口优势之增加将受穷困与罪恶之抑制，而促使实际人口之数量与生活资源保持平衡。

law of Prägnanz 普拉格南茨法则，简明法则 完形心理学的知觉组织法则之一。此法则的要义是，在面对众多知觉刺激时，最能引起明确知觉经验者，是其中意义最明确、形象最简单而又最稳定的刺激。如附图所示，整个图形本可包括两个较小的三角形和大小不等的两个不等边四边形，但一般人总是将之简化看成两个部分重叠的三角形。此法则不但可以应用于视觉，也可以应用于听觉。

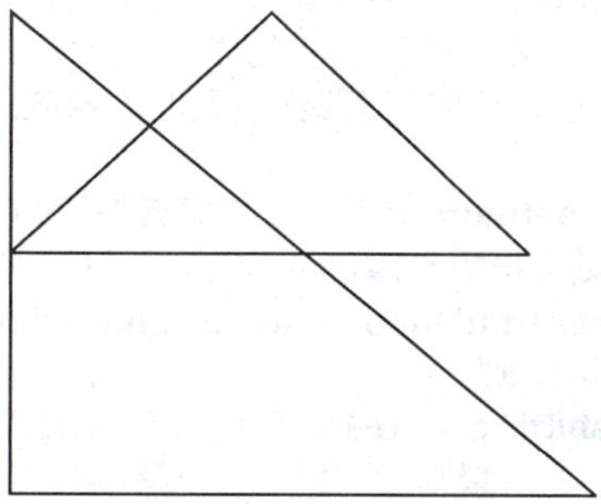

普拉格南茨法则

law of precision 精确律 属完形心理学家解释知觉的法则之一。精确律的要义是，物体形状之愈能具有轮廓明确、印象稳定、简明、规律、对称等特征者，愈能使人获得完整的知觉经验。见知觉组织（perceptual organization）。

law of primacy 首因律 解释序列学习的原则之一。在序列学习活动中（如按顺序记忆名单），开始时最先的活动较易习得，而且在学过之后也比较不易遗忘。见首因效应（primary effect）。

law of prior entry 先入律 指解释注意与知觉关系的普遍性原则。有两个刺激同时出现，如门铃声与电话铃声同时响起，若当事者正期待有电话打进来，就会觉得电话铃声的出现先于门铃声。反之，如当事者期待有人回家，就会觉得门铃声先于电话铃声。听觉如此，视觉亦然。此种现象称为先入律。盖因被注意的刺激较先进入感官而获得较早的记忆。先入律为20世纪初结构主义创始人铁钦纳所提出的解释注意的法则。见互涉实验（complication experiment）。

law of progression 渐进律 属解释感觉现象的基本法则之一。刺激变化引起感觉变化，唯两者变化方式不同，刺激强度呈几何级数增加时，感觉强度却呈算术级数增加。见费希纳定律（Fechner's law）。

law of proximity 接近法则 属完形组织法则（Gestalt laws of organization）之一。见该条。

law of readiness 准备律 为美国心理学家桑代克探讨研究所发现的学习原则之一。准备律的要义是：（1）当个体对某种反应有所准备时，如听其反应，则感满足，且倾向于以后继续该项反应；（2）当个体对某种反应有所准备时，如不得反应，则感痛苦；（3）当个体对某种反应无所准备时，如

L

强其反应，则感痛苦。见效果律（law of effect）、练习律（law of exercise）。

law of recency **近因律** 解释序列学习的原则之一。近因律的要义是，在序列性的学习活动中（如按顺序记忆名单），最后的学习活动较易习得，而且学过之后较不易遗忘。见近因效应（recency effect）。

law of repetition **重复律** 义同频因律（law of frequency）与使用律（law of use）。见该等条。

law of resemblance = **law of similarity** **相似律，相似法则**

law of shifting **转移律** 指联结学习论者所倡议的一种学习原则。个体的某一反应与某一刺激间，经由练习而建立联结之后，该反应也可能与另一刺激间，经由练习而建立另一联结。在此种同一反应与两种不同刺激联结结果的情形下，如不对个体加以限制，个体的反应将倾向新刺激情境。亦即新刺激将取代旧刺激引起该项反应。

law of similarity **相似律，相似法则** **1.**属联想律（law of association）之一。见该条。**2.**属完形组织法则（Gestalt laws of organization）之一。见该条。

L

law of substitution color **代替色律** 见颜色混合律（law of color mixture）。

law of succession **连续律** 属联想律（law of association）之一。见该条。

law of supply and demand **供求法则** 原为经济学术语，现扩大用来解释一般社会现象。谓货品与人才之价格，均受供求法则之支配。供不应求时，其价格上升；供过于求时，其价格下降。

law of three stages **三阶段法则** 指人类求知的历史发展经过了三个阶段：（1）神话阶段；（2）形而上学阶段；（3）实证阶段。三阶段法则说法始自19世纪法国哲学心理学家孔德（Comte, Auguste）。见其传记条。

law of use **使用律** 指联结学习论者所发现的一种学习原则。按使用律，在其他条件相等的情况下，个体的某种习得反应因继续使用（练习）而加强，而保留；反之，如不继续使用（不练习），则减弱，则遗忘。此意正与“用进废退”之说相符合。见练习律（law of exercise）。

law of vividness **明显律** 属联想律（law of association）之一。见该条。

LD = **learning disability** **学习障碍**

LD = **lethal dosage** **致死剂量**

LD-50 = **lethal dosage 50** **致死剂量50**

L-data **L资料** 美国心理学家卡特尔人格心理学中的术语。指根据个人日常生活记录所获得的数据。

leader **领袖** **1.**指在社会团体内，个人能影响、支配甚至控制团体成员行为者，即为该团体的领袖。因此，领袖必因团体而生，无团体即无领袖。团体成员可少至三五人，多至千百人。**2.**领袖有三种不同类型：（1）威望领袖（status leader），其人格为群众所推崇爱戴者；（2）职位领袖（positional leader），仅凭其法定职权管理群众者；（3）专家领袖（specialist leader），以专门知识与技能获得团体成员信服者。

leaderless-group therapy **无领导团体治疗** 属心理治疗方法中团体治疗的一种方式。此种治疗方式，一般用于两种情境：一为暂时性的，只是治疗员暂时离开领导地位，让接受治疗者继续自行讨论；另一为长期性的，治疗员自始至终均不居于领导者地位，每次团体集会都以自由讨论方式进行。

leadership **领导，领袖才能** **1.**在团体中引领、指导或管理多数人态度或行动的历程，称为领导。按此义，领导者的作为是为众所默许或认可的。**2.**指团体中之个人，如能在某一情境下（如工作或解除偶发困难），表现出众皆认同的行为，并以之达成预期目标者，也称为领导。**3.**指团体中之个人具有超越的人格特质及才能，足以表率群伦者，称其具有领袖才能。

leadership behavior **领导行为** 团体中领袖在领导别人时所表现的行为，称为领导行为。领袖领导行为的优劣可从两方面来看，其一是能否达成团体活动的预定目标，其二是能否维系团体中成员间的人际和谐关系。一个优秀的领袖，在他的领导行为上，必须同时要表现这两方面的才能。

leadership theory **领导理论** 探讨何种团体领袖最能发挥领导效能的理论。到目前为止，在心理学上尚未建立为众人一致接受的领导理论。心理学一向从三个取向探讨领导理论的问题：（1）领袖人物的人格特质取向，在此取向下一般认为，领袖个人的智力、性向、兴趣、自信心以及果断力，是构成有效领导的重要条件；（2）领袖人物的行为取向，在此取向下一般认为，领袖个人在领导活动时所表现的待人亲切、协调人际纠纷、专业技能以及善于管理监督等行为表现，是构成有效领导的重要条件；（3）工作情境取向，在此取向下一般认为，领导效能不能单独取决于领导者个人的条件，而必须将工作情境和领袖个人条件合并考虑，始能分析出领导效能的问题。在心理学的研究上，在20世纪30年代倾向于采第一种取向，到了40年代以后又倾向采第二种取向，到了20世纪70年代以后则倾向于采第三种取向。在第三种取向下最具代表性的领导理论，是为美国社会心理学家菲德勒（F. E. Fiedler, 1922～）在20世纪80年代提出的领导权变论（contingency theory of leadership）。见该条。

leader's position 领导者地位 指领导人在该一组织结构中所占的角色地位。同一组织结构中不同层次领导人的领导地位也不相同。一般说来，领导地位与权力、责任相关联，有什么样的领导地位，则具有相应的权力与责任。

leading eye 主眼 指两眼视物时，个人自觉最得力的一只眼睛。一般人瞄准时多用左眼，可见左眼即为一般人的主眼。

leading hemisphere = major hemisphere 大脑主半球

learned behavior = acquired behavior 习得行为

learned helplessness 习得性无助，习得性自弃 美国心理学家塞利格曼（M. E. P. Seligman, 1942～）等人在1968年提出的一种概念。此概念的广义解释，指个人经痛苦折磨而养成的一种绝望心态，纵使脱离苦难的机会摆在眼前，个人也鼓不足勇气去尝试解除困难。习得性无助的狭义解释，指动物可以经由操作条件作用历程学习到见信号而逃脱之后，但如训练时惩罚的打击太重太久，使它久久没有脱逃的机会，其后，纵使停止打击，任令它逃脱，它反而不肯逃脱。久系牢狱的犯人，有机会也不逃狱，甚至对减刑的机会也不积极争取，即属类似情形。准此理论，在日常生活中（如求学），屡屡失败，长期挫折后心灰意冷，对任何机会均持绝望的态度，即可视为习得性无助。

learned reinforcement 习得性强化 义同次强化（secondary reinforcement）。见该条。

learner-centered instruction 学习者中心教学 义同学生中心教学（student-centered instruction）。见该条。

learn how to learn = learning to learn 学会学习

learning 学习，学问 **1.**指个体经由练习或经验获得知识或行为持久改变的历程。按此定义，包含三点要义：（1）经由练习或经验后的行为改变才是学习，不经由练习或经验的行为改变（如成熟），不能视为学习；（2）使行为持久改变的历程才是学习，短暂的行为改变（如疲劳或药物效应），不能视为学习；（3）经由练习或经验，个体可能学到知识和行为，也可能只学到行为或知识二者之一。**2.**指个体具有的知识与见解，按此义，本词亦解作学问。

learning ability 学习能力 **1.**泛指个体学习新事物所表现的能力。平常儿童学习事物较其同年龄儿童为快速者，即被认为具有较高的学习能力。**2.**义同智力（intelligence）。早期心理学家中，有人将智力一词，直接界定为智力就是学习能力。见该条。

learning assumption 学习假设 指对人类行为变化基本原理原则的一种假设。谓人类所有不同类别的行为，其获得与改变均系遵从学习原则（指条件作用）而来。见同质假设（homogeneity assumption）、互动假设（interaction assumption）。

learning by doing 从做中学 美国教育家杜威在20世纪20年代所提出的一种教育主张，强调儿童兴趣与经验的重要性，主张从生活活动中学习知识，反对传统的教条式教学。

learning curve 学习曲线 在学习历程中，学习成绩常随练习次数的增多而变化，此种变化通常称为学习进步。若将学习进步的情形，按照数学的原理，以横坐标代表练习次数，纵坐标代表学习成绩，即可绘成连续性的曲线，此种曲线即称为学习曲线。唯此种曲线所表示者，只是练习过程中测到的实际表现，未必完全代表个体确已获得的学习（学习是隐而不显的内在历程）。因此，学习曲线所代表者应为实作曲线（performance curve）。见该条。学习曲线的形势，因受学习材料及个体本身条件等因素的影响，有多种变化，归纳之计有以下四大类型：（1）正加速（positive acceleration）变化；（2）负加速（negative acceleration）变化；（3）零加速（zero acceleration）变化；（4）S形加速（S-shaped acceleration）变化。见该等条。

learning dilemma 学习困境 指以前习得之旧经验不能有效用以解决新问题的困境。个体习得某种行为，在某种情境下一直行之有效，若情境有所改变，因而个体动机受挫，不能再如以往般轻易达到目的，因此称为学习困境。

learning disability（LD） 学习障碍 指小学教育阶段，有些学童所表现的学习异常现象。学习障碍的主要特征是，学童在学习上有明显的困难，但困难原因不能归之于感觉障碍、智能不足、情绪困扰等因素。按学习障碍的成因，一般认为有三种可能：（1）轻微脑伤；（2）身体体质生化作用失调（如严重缺乏某种维生素）；（3）环境因素。学习障碍与智能不足（mental retardation）不同。见该条。学习障碍主要表现在阅读障碍（reading disability）、书写障碍（dysgraphia）与算术障碍（dyscalculia）三方面。见该等条。

learning disorder = learning disability 学习障碍

L

learning handicaped = **learning disability** 学习障碍

learning hierarchy 学习阶层 美国心理学家加涅教学理论中的术语。学习阶层是指从学生学习能力发展的观点，说明学习行为是由简而繁、由基层到高层逐渐建立起来的；每一阶层是低一阶层的延伸，是高一阶层的基础。经过分析研究后，加涅将学习分为八个阶层：(1)信号学习(signal learning)，指经由经典条件作用学到的一些条件反应，信号学习所学到的虽是最简单的行为，但却是以后复杂行为学习的基础；(2)刺激反应学习(stimulus-response learning)，指经由操作条件作用学到的一些条件反应，此类学习将是动作学习与语文学习的基础；(3)连锁化(chaining)，指将数个刺激—反应的联结，串连成较为复杂行为的历程；(4)语文联结(verbal association)，指将多个单词联结在一起形成完整意义的历程；(5)多重辨别(multiple discrimination)，指对多个大同小异的刺激能够辨别，并能针对每个刺激的特征，表现出不同的反应；(6)概念学习(concept learning)，指对不同事物能够根据自己的标准予以分类处理，并能给予各类别以不同名称；(7)原则学习(rule learning)，指能够理解由数个概念构成的原则；(8)问题索解(problem solving)，指能经由思维将学到的概念与原则，灵活运用从而解决问题。以上八个学习阶层，前四个主要是在幼儿期自行习得的，后四个则与学校的教学有着密切的关系。

L

learning model 学习模型 义同环境学习论(environmental-learning theory)。见该条。

learning motivation = **motivation to learn** 学习动机

learning plateau 学习高原 义同高原(plateau)。见该条。

learning potential assessment device (LPAD) 学习潜能测量法 在美任教的以色列心理学家符尔斯坦(R. Feuerstein)1979年所创用的一种智力测验新方法。学习潜能测量法的特点是，排除传统智力只能测量既有静态认知能力的缺点，进而测量在认知学习过程中动态的认知能力。在理论上，符尔斯坦采取了苏联心理学家维果茨基"最近发展区"的理念，试图在儿童实际发展水平与可能发展水平间差距之处，设计测量情境，从而测量受试者动态潜在能力。学习潜能测量法在内容上包括15个部分，分别测量数学、语文、推理及图形等各方面能力。在施测目的与程序上，学习潜能测量法之异于传统智力测验者，有以下两点：(1)传统智力测验施测目的，旨在鉴定受试者智能的高低，此高低是受试者智力发展的结果；学习潜能测量法则是试图在设计的测验情景之下，测量受试者智力运作的过程，而不只是智力发展的结果。(2)在施测过程中主试与受试关系的不同，传统智力测验的主试，只负责对测验作答的说明；而学习潜能测量法则是主试与受试对话，必要时可对受试进行指导提示，借以启发其智能潜力。见最近发展区(zone of proximal development)。

learning process 学习历程 指学习产生的心理过程。见联想学习(associative learning)与认知学习(cognitive learning)。

learning psychology = **psychology of learning** 学习心理学

learning set 学习心向，学习定势 指个体在学习时对某种刺激显示特别敏感的注意倾向。学习心向代表个体对刺激特征在知觉上或认知上的预备状态，甚至在刺激尚未出现前即已准备如何反应。学习心向是个体经由学习而累积的习惯性倾向。此习惯性倾向，有时用于对简单刺激的反应，有时也用于对复杂问题的求解。对学习新事物而言，学习心向具有积极与消极两种效用。如果学习的新事物与经验符合，学习心向有助于学习(只需使用习惯性方法即可)。如果学习的新事物有所变化，单靠习惯性经验不能得到答案时，学习心向反而会产生不利影响。墨守成规不能应付变局者就是由于学习心向的消极效应所致。见功能固着(functional fixedness)。本词亦称学会学习(learning to learn)。见该条。

learning style 学习类型 **1.**指个体在学习活动中所表现的习惯性的不同类型。例如，有人习惯早晨读书，有人习惯晚上读书；有人长于视觉记忆，有人长于听觉记忆。**2.**义同认知风格(cognitive styles)。见该条。

learning theory = **theories of learning** 学习理论

learning to learn 学会学习 指重复学习类似材料时，学习者会逐渐以较短时间即学到同样的程度。此现象，可用学会学习来解释。按此义，学会学习可视为学习心向(learning set)。见该条。

learning without awareness 无意中学习 义同内隐学习(implicit learning)。见该条。

least effort principle = **law of least effort** 最省力法则

least-noticeable difference = **just-noticeable difference** 最小可觉差

least restrictive environment (LRE) 最少限制

环境 指小学教学的常态编班(不限制条件)。

least-square method = method of least square 最小平方法

least-square principle 最小平方法则 义同最小平方法(method of least square)。见该条。

leaving the field 逃避现实 于挫折情境或为现实问题陷入心理冲突时,个人不肯面对现实,以逃避方式应付困难,或转化成病态现象借以减少痛苦(心因性疾病的形式)。类此现象,称为逃避现实。

Lee-Boot effect 李—布特效应 指环境条件引起的一种雌性动物的生理反应。如将一群(4~5只)雌性白鼠长期养在笼中,它们会出现终止发情期与分泌孕酮的假怀孕现象。如此时放入一只雄鼠,雌鼠的假怀孕现象即行终止,并重新出现周期性发情,而且趋于同步化。此现象系由德国生物学家李(S. van der Lee)与布特(J. M. Boot)于1955年发现,故名。

left-handedness 左利手 指单手操作时惯用左手的现象。义同左偏性(sinistrality)。见该条。

left hemisphere 大脑左半球 人的大脑分左右两半,称为大脑左半球与大脑右半球。外观上,两半球两侧对称,但功能上则各有所司。大脑左半球负责控制身体的右边,尤其是控制右手表现精细的动作。此外,语言的讲与写、数字、科学技术及理论等均与大脑左半球密切相关。一般又称大脑左半球为大脑主半球(major hemisphere)。

legal authority 法定权威 为了维护社会秩序并发挥社会功能,依法设立管理人民的一切制度,其对人民所具影响力,称为法定权威。法官依法判决的作为,即属法定权威。

legal psychiatry = forensic psychiatry 法律精神病学

legal psychology = forensic psychology 司法心理学

Leibniz, Gottfried Wilhelm (1646~1716) 莱布尼兹 莱布尼兹是17世纪德国哲学家,是理性主义哲学心理学代表者之一,是单子论的创始人,是对数表的发明者,也是与牛顿同时发明微分学的数学家。

莱布尼兹1646年7月1日生于德国莱比锡,其父为莱比锡大学哲学教授。莱布尼兹自幼聪颖异常,8岁通拉丁文,12岁通希腊文,此后遍读拉丁文经典,及当代培根、笛卡尔、伽利略等人的著作。15岁入莱比锡大学,20岁申请攻读法学博士学位,因年龄不足,改进瑞士阿特杜夫大学,6个月之内完成了博士学位,年仅20岁。毕业后,该校拟聘其为哲学教授,但他未接受。此后到纽伦堡

一年,再赴德国西部,担任马因兹城侯爵的秘书。自1672年起赴法、英各国游历,旅途中结识了许多名人。1673年游英国,曾向英国皇家学会出示他发明的计算器,获得该学会肯定,特别破例接受他为非英国籍的会员。1676年发明微分学,同年游荷兰,曾专程至海牙探望久病中德国哲学家斯宾诺莎。后来游巴黎时又发明对数表,在数学上有极大贡献。1716年11月14日病逝德国汉诺威,享年70岁。莱布尼兹在世时并未成名,他的哲学思想是在他去世后才受到重视的。莱布尼兹的哲学心理学思想,可从以下三方面做简要说明:

1.首创单子论 单子论(monadism)一词含三点要义:(1)宇宙万物基本元素是单子(monad),单子是不可分的最基本单位,单子虽带有物质特征,但它并不同于物理上的原子。单子是精神性的实体,宇宙万物的基本元素是单子,人类的身体与心灵的基本元素也是单子。(2)单子是各自独立的,是彼此间不相沟通的,彼此间虽无沟通,但在运作时非但不紊乱,而且遵循一定的法则,支配单子之间的法则是神创造的。(3)单子具有精神特质,它能使人产生不同层次或不同状态的意识。以雨滴引起人听到雨声的意识为例,只有一个雨滴落在窗外地面时,引不起对雨声的意识,原因是一个雨滴只代表一个单子作用,一个单子的精神作用不能达到感觉的阈限,故而不会产生雨滴意识;如果由无数雨滴合成阵雨,就会使人产生清楚的下雨意识。莱布尼兹称此产生清楚意识时的感觉为统觉。莱布尼兹这种由单子变化而产生意识状态的说法,对以后心理物理学的阈限研究以及冯特的意识研究而言,具有先导作用。

2.对心身关系问题的解释 对精神或身体何者具有支配作用的问题,莱布尼兹虽原则上同意笛卡尔二元论的观念,但却不同意笛卡尔心身交感论的看法。因此他主张心身平行论(psychophysical parallelism),谓心灵的单子和身体的单子各自运作,虽彼此间互不干扰,但两者间永远保持和谐。

L

此种心身和谐是由神预先创造安排的，故称之为预定和谐（pre-established harmony）。莱布尼兹单子论中意识层次的说法，对以后精神分析心理学思想具有先导性影响。

3.知识来源问题的解释　莱布尼兹反对洛克的经验主义，他不同意经验主义者所主张的知识来自经验的说法。他认为并非先由感官获得经验，然后再经联想而形成观念；他认为在感官吸收经验之前已经先有观念，观念是天赋的，不是习得的。经验的唯一作用是对观念具有引发作用，经验引起人的注意，但将经验组织成为知识，则完全是观念的作用。

莱布尼兹著作中译为英文的专著有：*Monadology*（1898）；*Philosophical writings*（1934）；*New essays on the human understanding*（1949）；*Theodicy*（1952）等。

length illusion **长度错觉** 在某些条件下，两条等长的直线看起来其中一条比另一条长。例如，横竖错觉（horizontal-vertical illusion）与庞邹错觉（Ponzo illusion）等均是。见该等条及附图。

L

leniency effect **从宽效应，仁慈效应** 社会心理学家研究人知觉时发现，一般人对别人的评价，如按从最坏到最好的七点量表为根据，最后所得总结果，总是在中点（四点）以上。换言之，一般人总是认为别人好的方面比坏的方面多。此社会心理倾向，称为从宽效应。人为什么会有此种从宽效应？社会心理学家们的解释是，由于一般人生活条件好而形成乐观态度使然。此尚未获得验证的假说，称为乐观原则（pollyanna principle）。由从宽效应现象看，一般对人的评价可能稍有误差，像此种误差称为从宽误差（leniency error）。

leniency error **从宽误差** 见从宽效应（leniency effect）。

lens **晶状体** 眼球的一部分，位在虹膜之后，其功能恰似照相机的镜头，为双凸透镜，可伸缩调整以使物体映象落于视网膜之上。见眼的构造（eye structure）条及附图。

leptokurtic distribution **高狭峰分布** 指次数分布曲线中，呈对称但比常态分布的峰度高而狭者。见峰度（kurtosis）。

leptokurtosis **高狭峰度** 属次数分布曲线的一类形式。见峰度（kurtosis）。

leptomorphy **瘦长型** 见体型指数（body-build index）。

lesbianism **女性同性恋** 女性之间彼此爱恋从而获得性满足者称之。见同性恋（homosexuality）。

less-leads-to-more effect **少胜于多效应** 社会心理学术语，指以报酬请托别人帮忙时，较少的报酬可能发生较佳效果的现象。以候选人请托拉票为例，如候选人只带点小礼物请托，受托者投票给他的可能性较高；如候选人带重礼或金钱去请托，受托者投票给他的可能性反而较低。原因是受托者视前种情形为人情，视后种情形为贿赂。

lethal dosage（LD） **致死剂量** 指某种药物的剂量达到可使服用后致死的程度。

lethal dosage 50（LD-50） **致死剂量50** 义同中数致死剂量（median lethal dosage）。见该条。

level I ability **第一层能力** 有的心理学家从教育社会学的观点，将儿童的学习能力分为两个层次：第一层能力为联想能力（associative ability），通常由对事物的记忆与辨别来表示之。此第一层能力属基础能力，各社会阶层的儿童均皆具备。第二层能力（level Ⅱ ability）为概念能力（conceptual ability），通常由对事物的理解、思维、判断来表示之。此第二层能力与社会阶层有关，中产阶级以上的儿童较多具备之。准此推论，学童在校求学多靠第二层能力，因而从教育社会学的观点言，学校教育对低社会阶层的儿童来说，是较为困难的。

level Ⅱ ability **第二层能力** 属儿童能力的两个层次之一，指处理概念性或抽象性事务的能力。见第一层能力（level Ⅰ ability）。

leveling **平抑化，平稳型** **1.**属于一种知觉现象。对物体所得知觉经验，与物体本身比较有失真之处，其改变倾向是较原物形象更对称、更有规律、更简单。亦即在心理上将物体的突出的或不规则的特征予以消除。此种知觉现象称为平抑化。**2.**属于一种记忆现象。将所记事实中的枝节或曲折部分修平，把事实扭转使之变得更简要、更合理、更近人情。谣言传播或复述生活经验时，常有此种心理现象。与本词相对者为尖锐化（sharpening）。见该条。**3.**义同平稳型（leveling style）。见该条。

leveling effect **趋平效应** 对同一变项做两次观察测量时，第二次所得结果在次数分布上，其分散度较第一次所得结果为小，亦即第二次次数分布中的标准差较第一次所得者为小。此现象称为趋平效应，意即个别间的差异，有趋于拉平的倾向。趋平效应的产生，可能因第二次练习使极端量数减少所致。

leveling style **平稳型** 属认知风格之一。平稳型指个体适应环境时所表现的一种习惯性的性格特征。属于平稳型的人，遇到任何特殊问题时，均以平常惯用的方式予以处理，注意到问题的共同性，难免忽略问题的特殊性。平稳型的人善于守成，但不善于创新。与本词相对者为敏锐型(sharpening style)。见该条。另见认知风格(cognitive styles)。

level of achievement **成就水平** 指个人在标准化的成就测验上所表现程度的高低。

level of anticipation = level of aspiration **抱负水准,志向水平**

level of aspiration **抱负水准,志向水平** 指个人从事某种实际工作之前,估计自己所能达到的成就目标。这个自定的目标,代表个人对自己的一种愿望,与将来参与工作之后所得的实际成就未必相符。一般认为,个人的抱负水平与其成就动机及生活经验有密切的关系。

level of awareness **觉知层次** 义同意识状态(conscious state)。见该条。

level of processing **处理层次,加工水平** 指信息处理过程中对信息处理的深度或精密度。根据信息处理论的解释,人在学习记忆某种信息(刺激)时,是经由编码输入的方式将信息由浅入深的分层处理,而后将之储存在记忆中以备日后提取应用。以指物命名的方式教幼儿学习记忆杯子实物为例,幼儿看见杯子时在视觉上先留下视觉映象,这是将杯子这个刺激(即信息)做第一次编码处理,即将杯子的具体实物转换为形码,并将之收录在感觉记忆之中。如此时幼儿听到杯子的名称,他就会将杯子一词和杯子实物的形象合在一起做第二次编码处理,即将杯子的物形转换为声码,并将之输入短期记忆之中,等候进一步处理。根据幼儿的经验,杯子是盛水用的,杯子之为物,有它的特殊意义。因此他又将杯子声码转换为义码,并将之输入长期记忆之中以备以后使用。如此解释,幼儿看见杯子时在视觉上将之编为形码,是第一次信息处理;听到杯子命名而将之编为声码,是第二次信息处理;记得声码后再将之编为义码,是第三次信息处理。某一信息的三次处理,代表三种层次,也代表由简略的记忆到精密的记忆。基于此义,凡是属于语文的学习和记忆,均须经过上述三个由浅入深的层次来处理,此理论解释,称为处理层次论(level-of-processing theory)。

level-of-processing model **处理层次模型** 义同处理层次论(level-of-processing theory)。

level-of-processing theory **处理层次论** 见处理层次(levle of processing)。

level of significance **显著水平,显著性水平** 研究者为验证其假设,根据推理统计原理所设定之否定虚无假设的水准,称为显著水准。显著水准以概率表示,通常写为$P<0.05$或$P<0.01$。例如,以A、B分别代表成年男女平均身高,并假设A=B。验证此假设时,可按随机抽样原则每次从男女两总体中抽取50人,各得平均身高数值而比较之。若在一百次抽样中,只有四次出现A=B的情形,而所设定的显著水准是$P<0.05$,则原假设A=B即被否定。因两者间之差异程度已达到显著水准,原假设遭到否定,就等于接受A>B的事实。显著水准的高低,视问题性质由研究者自定。见虚无假设(null hypothesis)。

Lewinian **勒温主义** 指社会心理学家勒温的场域论(field theory)及团体动力学(group dynamics)等理念。见该等条。

Lewin, Kurt (1890～1947) **勒温** 勒温是20世纪德国出生的美国心理学家,是社会心理学的先驱,也是首先将完形心理学原理用于研究动机、人格及团体社会历程的心理学家。

勒温于1890年9月9日出身于普鲁士莫基诺(今属波兰)的一个犹太家庭,幼年在农村长大,1905年全家迁往柏林,1908年入福莱堡大学,后转慕尼黑大学,再进柏林大学,于1910年开始攻读心理学哲学博士学位,成为斯图姆夫的及门弟子。1914年获得心理学哲学博士学位,此时适逢第一次世界大战(1914～1918)爆发,勒温进德国陆军服役四年,官至陆军中尉,曾因奋战受伤而获颁铁十字勋章。战后进柏林大学任心理学讲师,至1927年升助教授。在此期间,得识完形心理学家韦特海默、考夫卡及柯勒。1932年赴美任斯坦福大学客座教授,因躲避纳粹执政后对犹太人的迫害,从此留在美国,历经康奈尔大学、爱荷华大学,最后于1944年进麻省理工学院任教,并担任由他创办的团体动力学研究中心主任。1947年2月12日因心脏病突发逝世于马萨诸塞州纽顿维尔,享年57岁。勒温虽与三位完形心理学创始人同一时代,而且关系密切,但他的心理学思想却与他们三人不同。勒温所研究者不是知觉、思维和问题索解等问题,而是将完形心理学的理念扩大到社会情境，从而研究人与环境及人与人之间关系的问题。唯其如此，勒温的心理学思想也被视为社会心理学。勒温在心理学上的贡献，主要在于以下两方面：

1. 建构场域理论　历来心理学家在解释行为时，有的将行为决定于外在原因（如行为主义），有的将行为决定于内在原因（如本能论）。勒温采完形心理学观点，将个体行为变化视为在某一时间与空间内，受内外两种因素交互作用的结果。勒温称个人在某时间所处的空间为场域，"场域"一词借用自物理学上力场的概念，其基本要义是：在同一场域内的各部分元素彼此影响，当某部分元素变动，其他部分的元素都会受到影响。此即勒温的场域论（field theory）。勒温用场域论来解释人的心理与行为，并用以下公式表示个人行为与其环境的交互关系：

$$B=f(P\,E)$$

公式中，B为行为；P为个人；E为环境；f为函数。

此公式的意涵是，个人的一切行为（包括心理活动），是随其本身与所处环境条件的变化而改变的。基于场域论的理念，勒温进一步将影响个人某时某地行为的所有因素总和称为生活空间（life space）。他将生活空间内的因素，视为个人觉知的心理事件，只有个人能觉知的心理事件才构成他生活空间的要素。由于勒温借用几何学上拓扑学的概念来解释个人生活空间内各部分之间的关系，所以他的场域理论又称为拓扑心理学（topological psychology）。他将个人的生活空间视为一个椭圆形，椭圆内个人的周围分为很多区域，分别代表生活空间内各种心理事件。他对每一区域内心理事件的性质用引拒值（valence）称之，并冠以数学上正或负的符号，意指心理事件之合于个人需求者带有正引拒值，而不合于个人需求者则带有负引拒值。个人某时某地所表现的行为，有时向正引拒值的事件趋近，有时向负引拒值的事件逃避。决定个人趋近或逃避行为者，将视个人需求而定。像此种生活空间内心理事件因个人需求不同而使之带有方向性的吸引力或排拒力的现象，即称为向量（vector）。

2. 建构团体动力学理论　勒温1944年在麻省理工学院创办团体动力研究中心，他将完形心理学原理扩大从事团体社会行为的研究。他指出，任何一个团体都会具有完形的特征；团体是一个整体，团体中每个成员之间，都会有彼此交互影响作用，团体中每一成员都具有交互依存的动力，此即勒温提倡的团体动力学（group dynamics）的基本理念。勒温的团体动力学研究，对以后咨商和辅导心理学的发展，发挥了促动性的影响。此外，勒温也根据团体动力学的理念，进一步从事团体领袖领导风格类型与团体作业绩效关系的研究。他以类似童子军团体作业的方式进行研究，将受试分为条件大致相似的三种类型，分别为：独裁型领导（authoritarian leadership）、民主型领导（democratic leadership）及放任型领导（laissez-faire leadership）。研究结果发现：在民主型领导之下，团体成员间感情和睦相处融洽，而且工作绩效最高；在独裁型领导之下，团体中成员之间有攻击性行为产生；在放任型领导之下，团体工作绩效最差。勒温此项研究，对以后教育心理学和工业组织心理学的发展，都产生了积极性影响。

勒温的主要专著有：*A dynamic theory of personality*（1935）；*Principles of topological psychology*（1936）；*Contributions to psychological theory*（1938）；*Resolving social conflicts*（1948）；*Field theory in social science*（1951）等。

lexical memory 词汇记忆　指个人所能记忆的单词。词汇记忆以单词为限，不包括由单词组成的语句在内。表示语句记忆者是语义记忆（semantic memory）。见该条。

lexicology 词义学，词汇学　指专门研究词之含义与词与词联结成复合词后之含义的学科。

lexicon 词汇　**1.**概括指某种语言的总词汇（如词典）。**2.**指个人所能使用的所有词汇。

LH＝lateral hypothalamus 外侧下丘脑

LH＝luteinizing hormone 黄体激素

libidinal development 欲力发展　精神分析创始人弗洛伊德人格发展理论中的概念。认为从口唇期（0～2岁）经过肛门期（2～3岁）到性器期（3～7岁）三个阶段的人格发展，因三阶段基本动力是性本能欲力所促使。见性心理期发展论（psychosexual stage theory of development）。

libidinal object 欲力对象　按精神分析的解释，个体所钟爱的人或物，多半是引发与发抒个体欲力的对象，故而均可视为欲力对象。此为弗洛伊德所持的泛性论观点。晚近学者认为个体欲力对象的人或物，可能只代表个体的喜爱，未必含有性冲动与性满足的意义。见欲力（libido）。

libidinal phases 欲力期　义同性心理期发展论（psychosexual stage theory of development）中所指的各时期。见该条。

libidinal transference 欲力转移　指精神分析治疗时患者对分析师产生的移情（transference）。见该条。

libidinal type 欲力类型 根据精神分析创始人弗洛伊德的理论，按个体欲力表达方式的不同分类，可区分为三种不同的人格类型：(1)性爱型(erotic type)，属于此类型的人，欲力发展尚停留在本我阶段，在心理需求上以对别人追求性爱(爱人与被爱)为主，此类型者如适应不良，可能形成歇斯底里症；(2)自恋型(narcissistic type)，属于此类型的人，欲力发展达到自我阶段，在心理需求上以获得自我满足为主(较少关怀别人)，此类型者如适应不良，可能形成反社会人格；(3)强迫型(obsessional type)，属于此类型的人，欲力发展达到超我阶段，在心理需求上重克欲，尚自制，此类型者如适应不良，可能形成强迫性神经官能症。见欲力(libido)。

libido 欲力，力比多 弗洛伊德精神分析中的用语。本词狭义指生自本我而具有本能性的性冲动内在动力，广义指人类寻求性爱与享乐满足一切活动背后深处的生命力。分析心理学创始人荣格将弗洛伊德广义的概念扩大，认为欲力不仅只是人类性爱与享乐活动的基本生命力，也是人类在生物性、社会性、文化性以及创造性等多方面活动的内在生命力。

libido analog 欲力取代 按精神分析的解释，个体的欲力对象(libidinal object)转变为象征性的事物以取代性对象时，称为欲力取代。见该条及欲力(libido)。

libido fixation 欲力固着 义同情感固着(affective fixation)。见该条。

lie detector 测谎器 用来测量受讯者陈述供词时所言之真伪的一种仪器。此种仪器系根据个体在情绪纷扰时，因自主神经作用引起生理变化的原理所设计。一般测谎器包括三种装置，在审讯时可以同时记录受讯者的呼吸量、汗腺分泌及心跳速度三种生理变化。根据对使用者的调查研究，有经验的审讯人员，凭测谎器的数据，可以较为准确地判断受讯者是否撒谎。附图显示了受讯者回答问题时三条曲线的改变，即可据以推测受讯者有说谎可能。不过测谎器的使用仍有若干限制：(1)引起生理变化的原因不只是说谎，而且善于说谎的人在说谎时不一定会显示明显的生理变化；(2)凭生理变化的记录只能推断受讯者反应不实，但不能据以推知其用谎言所掩盖的事实；(3)对智能甚低或心理异常者，测谎器的记录缺少意义。

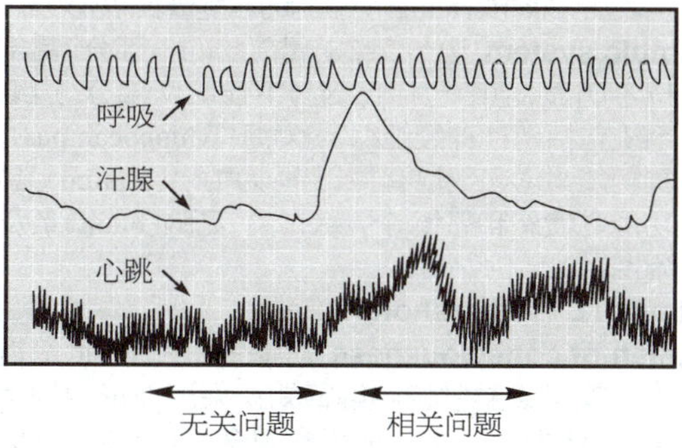

测谎器测试记录

life age 生命年龄 义同实足年龄(chronological age)。见该条。

life cycle 生活周期，生命周期 指个体自出生到老死一生中所产生的阶段性变化。此等变化代代重演，故口生活周期，或称生命周期。

life goal 生活目标 **1.**泛指个人在日常生活中所欲获得的东西，或所欲达到的成就。 **2.**在奥地利精神病学家阿德勒的理论中，谓个体因克服自卑感而形成的补偿心理：从生活目标的达成借以显示自己是超越的。见自卑感(inferiority feeling)。

life instinct 生之本能 根据弗洛伊德的精神分析理论，在人格结构的本我部分内具有两种本能，一为生之本能，一为死之本能，两者均受个体的潜意识所驱使。生之本能亦称欲力，对个体生存具积极性。人类为寻求性、爱、求生、种族延续等行为活动，其原动力均系来自生之本能。见精神分析(psychoanalysis)、本我(id)和死之本能(death instinct)等条。

life lie 生活谎言 奥地利精神病学家阿德勒理论中的术语。指个体由于自卑，经常采合理化的防卫机制以表明自己遇事退缩的原因。这种人常说的一句话是："这件事我不能做。我做了一定会失败！"见合理化(rationalization)。

life script 生活脚本 为美国心理学家交往分析理论创始人柏恩理论中的术语。谓个体自出生起，由父母教养与环境影响所形成的幼年经验，就等于是写定了个体一生命运的脚本。以后个体所做的一切表现，及其与人交往所扮演的一切角色，都是按其生活脚本逐步进行的。见交往分析(transactional analysis)。

life space 生活空间 是美国社会心理学家勒温所倡场域论中的重要概念。生活空间指个体在任何时间内的心理世界，此心理世界乃是由个体自身与其周围环境所构成的，一个时时刻刻影响其生活的整体。因此，个体生活空间内，不仅包括外在环境中影响他的一切，也包括了个体内在的一切身心变化。勒温的生活空间概念，指出了个体任何时刻的行为表现，均是由于个体与其环境交互

L

作用的结果。见场域论(field theory)。

life span 寿命 指个体自生命开始(指受孕)到死亡为止的一生全部的时间。

life-span development 生命全程发展 指发展心理学研究的趋势。在20世纪40年代以前,发展心理学的研究主要以儿童与青少年阶段为主,此后逐渐向后延伸。到20世纪60年代的发展心理学,已公认应将自出生到老死的生命全程,作为研究的对象。晚近再向前延伸,将出生前的胎儿时期也包括在生命全程发展研究之内。在生命全程发展的诸多理论中,美国心理学家埃里克森之心理社会期发展论(psychosocial stage theory of development)是最具权威的代表。见该条。

life-span psychology 生命全程心理学 见发展心理学(developmental psychology)。

life stress 生活压力 指个体在生活方式改变或遭遇生活变故时,在精神上所承受的压力。诸如升学竞争、改变行业或失业、失财、婚变、亲人亡故等事故,都会造成生活压力。

life style 生活方式,生活格调 **1.**狭义言之,指奥地利精神病学家阿德勒个体心理学中的一个重要概念,意指个人在其环境中所表现的独特生活方式。个体生活活动主要在于消除自卑感而追求优越感,最终的目的是提高个人的价值,为个人带来安全感。为了达到这个目的,各人采用的手段不同,因而形成了不同的生活方式。生活方式大多形成于5岁之前,以后集合生活经验,渐渐塑造成自己所独有的特质,也形成了个别人格的独特性。**2.**广义言之,泛指个体在生活追求中所表现的行为特征。此种行为特征,包括了个体的动机、欲望、处事待人的态度以及应付困境解决问题的能力等。

L

lifetime personality 终生性格 指一生不变的人格特质。所谓"盖棺论定",被人所评论的人格即其终生性格。

light adaptation = **brightness adaptation** 光适应,亮适应

lightness = **brightness** 明度,亮度

lightness contrast = **brightness contrast** 明度对比

light reflex 光反射 指眼睛瞳孔对光线强弱的反射活动。投入瞳孔的光线减弱时,瞳孔会自动扩大;投入的光线增强时,瞳孔会自动缩小。光反射也称瞳孔反射(pupillary reflex)。见该条。

like ability effect 喜爱效应 指主导信息传播者的形象对接受传播大众的影响。大众对主播印象良好时,其传播的信息易于被接受。

likelihood ratio 或然比,似然比 指信号觉察实验时,在信号和噪声混合出现的情况下,信号出现而受试者觉察得到,与信号未出现而受试者也自认为有信号,两者概率的比值,称为或然比。详见信号检测论(signal detection theory)。

Likert method of summated ratings 李克特相加评定法 义同李克特量表法(Likert scaling)。见该条。

Likert procedure = **Likert scaling** 李克特量表法

Likert scale 李克特量表 属态度量表之一。此种态度量表系由美国社会学家李克特(R. A. Likert, 1903～1981)于1932年所首创,故名。李克特量表通常采五点(或三点)评定法,分别以5、4、3、2、1的计点给予以下选答:极同意、同意、无意见、不同意、极不同意。结果以积分高低来表示态度的强弱。见李克特量表法(Likert scaling)。

Likert scaling 李克特量表法 属态度量表编制方法之一。此法系由美国社会学家李克特(R. A. Likert, 1903～1981)于1932年所创用,故名。采用李克特量表法编制态度量表时的步骤如下:(1)根据研究主题(对哪方面的态度),搜集有关资料,编成问题;(2)答题方式采五点(或三点)评定法,(a)极同意,(b)同意,(c)无意见,(d)不同意,(e)极不同意,分别以5、4、3、2、1给分;(3)从量表的施测对象中,抽取一个具有代表性的样本试测,从而获得一组分数;(4)根据试测所得的分数,再进一步对每一题目做项目分析,从而决定每个题目的辨别力。最后删去辨别力较低的题目,由所余辨别力较高的题目(以不少于20题为宜),编成态度量表。与本词相对者为瑟斯顿量表法(Thurstone scaling)。见该条。

Likert-type attitude scale 李克特式态度量表 义同李克特量表(Likert scale)。见该条。

Likert-type scale 李克特式量表 指采用李克特量表法(Likert scaling)所编制的态度量表。见该条。

limbic system 边缘系统 属前脑的一部分,其部位不明显,范围包括丘脑与下丘脑两部分。边缘系统包括两种神经组织、一为海马(hippocampus),其功能与学习记忆有关;另一为中隔(septum),其功能与愤怒和恐惧等情绪有关。见脑(brain)条及附图。

limen (**L**) = **threshold** 阈限

limen of consciousness 意识阈 德国19世纪哲学心理学家赫尔巴特解释知识来源理论中的术语。他认为意识中包括很多观念,一个新观念进入意识时,必经过意识阈;经过意识阈之后,进入

众多观念的组合体。他称此组合体为统觉团(apperceptive mass)。见该条。

liminal sensitivity (LS) 最低感受度 指个体感官的敏感度,亦即某刺激恰能引起感觉的最低强度。低于此强度,即无感觉产生。以人类的听觉为例,声刺激的最低感受度一般为20赫兹。引起最低感受的刺激,称为感受刺激(liminal stimulus)。见该条。见最小可觉差(just-noticeable difference)。

liminal stimulus 感受刺激,阈限刺激 指恰好能引起感觉的刺激。见最低感受度(liminal sensitivity)。

limited-capacity retrieval 限量提取 指短期记忆中储存的记忆是有限的,因此受试者从短期记忆中可能提取出来表现于反应者,也是有限的。根据美国心理学家米勒1956年的研究证实,人类的短期记忆容量,仅只能够储存7±2个意元。见短期记忆(short-term memory)。

limits method = method of limits 极限法

linear correlation 直线相关,线性相关 凡是两变项之间的共变关系构成的回归线成为一直线者,均称为直线相关。全相关就是最标准的直线相关。构成直线相关的两个变项X与Y,各自变化时其增(减)的单位,彼此对等,例如X=1,Y=1;X=2,Y=2…; 如此, 将所有(X、Y)的坐标点连在一起时,即成为一条直线。见相关(correlation)。

linear perspective 直线透视 指平面上各种视觉的刺激,能够使人产生深度或立体知觉经验的一种单眼线索。平面视觉刺激所显示的各种物体特征,面积愈小,线条愈短,彼此距离愈近时,投射在视网膜上的映象对应地显示出距离眼睛较远的立体知觉;反之则较近。此种视知觉组织的效果,即称为直线透视。如附图所示循铁路直线看去,近处的两条铁轨间距离远,远处的两条铁轨间距离近,就是直线透视效果。

直线透视

linear program 直线式编序 美国心理学家斯金纳20世纪60年代所倡编序教学理论中的术语。直线式编序是一种适用于编序教学的教材改编方式。此种教材的特征是:(1)根据教材内容分析为多个单元,每一单元再分析出具有代表性概念;(2)将各单元的代表性概念转化为问题形式,以便教学时让学生回答;(3)问题的编排按其简繁程度,由浅入深;(4)学生学习时以解答问题为主;答对了第一个问题,才能接着进行第二个问题,如此有如循台阶登高一般,在一条直线上前进,故而称为直线式编序。与本词相对者为分枝式编序(branching program)。见该条。另见编序教学(programmed instruction)。

linear regression 直线回归,线性回归 当自变项X与依变项Y的函数关系呈一直线形式者,称为直线回归。在心理学研究上,直线回归可以作为预测之用。根据X变项预测Y变项,预测时可用以下直线回归方程式(linear regression equation):

$$Y=bX+C$$

公式中,b为斜率;C为截距。

linear regression equation 直线回归方程式 见直线回归(linear regression)。

linear transformation 直线转换 直线转换是将一组分数乘以相同的标准差,加上相同的平均数,转换成另一组分数,而未改变分数之间相互关系的过程。例如,普通分类测验的平均数是100,标准差是20,如有六个学生在普通分类测验上分别得到的分数是:100、110、120、130、140、150,转换成为平均数为50、10的T分数时,则分别是:50、55、60、65、70、75。如此,六个分数虽由大变小,但各分数之间的关系仍然不变。与本词相对者为非直线转换(non-linear transformation)。见该条。

linear trend 直线趋势 直线趋势是指随着实验次数(练习次数)增加,受试者所表现的预期行为也逐渐增加的趋势。例如,第一次练习作文得60分,第二次得65分,第三次得72分,第四次得75分,第五次得84分,第六次得88分,第七次得90分,即呈直线上升的趋势。

line of fixation 注视线 指从眼睛对注视物体的注视点到视网膜上中央凹之间所连成的一条直线。

line of least resistance 最少阻力路线 指个人在追求目标时,经常是选取最容易、阻力最少的途径。本词与最省力法则(law of least effort)同义,唯本词含义偏重社会情境。

linguistic approach 语言教读法 指以口语为基

础教儿童认字阅读的一种方法。此法系基于一种假设,儿童先学到字音、字义,而学阅读时再认识字形就比较容易。儿童学习本国语文的顺序,一般都是口语先于文字。先学会口语后,以后再学文字时,只要所学文字不出口语范围之外,儿童学习认字就不会感到困难。

linguistic determinism **语言决定论** 见语言相对论(linguistic relativity)。

linguistic intelligence **语文智力** 属美国心理学家加德纳之智力多元论(theory of multiple intelligence)中的智力之一。见该条。

linguistic relativism = **linguistic relativity** **语言相对论**

linguistic relativity **语言相对论** 语言相对论是美国语言学家沃尔夫(B. L. Whorf, 1897～1943)所提出解释人类语言类型影响思想特征的理论。语言相对论的基本要义是,人类对周围世界的了解,都是先通过语言学到概念,继而以概念为基础,对事物获得知觉经验,从而形成思维以及世界观。人类有很多种不同的语言,相对的不同语言的人就有不同的知觉、思维与世界观。基于此事实可知,语言是形成人类复杂心理差异的决定性因素。沃尔夫提出语言相对论之后,很多心理学家试图从跨文化研究中验证此理论。曾有研究发现,一般国家和地区对雪的认识只有一种名称,因纽特人的语言中,却有12种不同的雪的名称。因此因纽特人对他们生存世界的看法与其他地区的人不同。另有研究发现,中国学生数学能力一般优于英语国家的学生,原因是两种语言中序数的概念不同。英语中序数的排列是one, two, three ... ten, eleven, twelve ... twenty, twenty one ...;而汉语中序数的排列则是完全按阿拉伯数字的概念来排序的。如将汉语序数的排列换成英语来表示,就是one, two, three ... ten, ten one, ten two, ten three ... two tens, two tens one ...。显然,英汉两种语言中序数的不同在于10以上或20以上序数表达方式的差异。汉语中说11时是10+1的意思,说21时是20+1的意思,每次进位总离不开10的概念。英语中说11时用的eleven,说21时用的twenty one,都是用另一个单词来表示,脱离了以10为基础的进位概念。

linguistic relativity hypothesis **语言相对假说** 义同语言相对论(linguistic relativity)。见该条。

linguistics **语言学** 研究语言的起源、演变及其结构的科学。

linguistic universal **语言普遍性** 指全世界所有不同种族都有语言,而且在不同语言结构中,其基本成分是相似的。

linked character **关联特征** 指亲子间或同胞间具有的类似特征。一般认为,关联特征系由于遗传因子所形成。

linonophobia **惧绳索症** 属恐惧症之一。患者对绳索之类的刺激特别敏感,每一见及即生恐惧。纵使明知不致受到伤害,但仍然无法克制由之引起的惶恐情绪。见恐惧症(phobia)。

lip eroticism = **lip erotism** **唇欲**

lip erotism **唇欲** **1.**经由口唇活动而获得性欲的满足,如接吻。**2.**指口唇活动中有的带有寻求性满足的倾向,只是寻求对象常因学习而改变,如抽烟。**3.**义同口欲(oral erotism)。

lipreading **唇读** 教聋人学习说话的一种方法。此方法的原则是教导聋人观察别人说话时的口唇动作,从而学习说话时的口唇活动。

listening with the third ear **第三只耳朵** 指咨商员应具有较常人更敏锐的察言观色能力,除了耐心聆听受辅者倾诉的一切之外,更能体会出当事者内心的感受。所谓同理心(empathy)者,即指"第三只耳朵"。见该条。

loading **负荷量** **1.**义同加权(weight)。**2.**义同因素负荷量(factor loading)。见该等条。

lobe **脑叶** 指大脑皮质(cerebral cortex)两半球上的四个区域。见该条。

localization of function **分区定位功能** 人类大脑的两半球在功能上的运作,大致是左半球管制右半身,右半球管制左半身。又每一半球的纵面,在功能上则是上层管制下肢,中层管制躯干,下层管制头部。在每一半球上,又各自区分为数个神经中枢,每一中枢各有其固定区位,分别发挥不同的功能。只是在区域的分布上两半球并不完全相同:两个语言中枢都在左半球;其他分区功能,则是两个半球完全相同。准此推论,人类大脑的左半球比右半球更为重要。见大脑皮质分区功能(specialization of functions in cerebral cortex)条及附图。

localized amnesia **局部失忆症** 属失忆症之一。指个体记忆力的丧失只限于某些孤立的经验。也称有限失忆症(circumscribed amnesia)。见失忆症(amnesia)。

local norm **地区常模** 属测验常模之一。在测验标准化时,标准化样本只取自某一地区(如某城市或某学校),从而建立其常模者,谓之地区常模。见常模(norm)、标准化样本(standardization sample)。

location constancy **位置常性** 属知觉常性之

一。对于一个位置固定不变的物体，观察者的身体位置无论作何种程度的变化，仍旧能够判断出该物体的正确位置，这种知觉倾向即称为位置常性。见知觉常性（perceptual constancy）。

Locke, John（1632～1704） 洛克 洛克是17世纪英国哲学家、政治家、教育家，是哲学心理学中经验主义知识论系统理论的建构者，也是联想主义的先驱之一。

洛克1632年8月29日出身于英格兰的萨莫斯特的一个律师家庭，父亲是清教徒。洛克15岁入西敏寺公学，21岁入牛津大学习医科，1656年得学士学位，1658年得硕士学位。洛克终身未娶，与当时英国贵族为友，1665年结识了辉格党领袖莎夫兹伯利，并担任其家庭教师、医师和秘书，也参与了辉格党的政治活动。称洛克为政治家，是因为他在1689年出版的《政府论》，被政治家誉为反对君主专制而主张君主立宪制度的经典之作。洛克认为，君主专制是“在一个人的意志支配下让全国人民忍受痛苦”的制度。因此他主张“人民不应为政府而存在，而政府应为人民而存在”。洛克此种论点，不仅奠立了以后英国民主政治的基础，而且对18世纪的美国独立与法国大革命也深具影响。洛克晚年退出政治专事著述，1704年10月28日病逝于艾塞克斯，享年72岁。

洛克的心理学思想，主要载于他1690年出版的《人类悟性》一书之中。该书是哲学史上第一部系统的经验主义的巨著。因此，虽然在洛克之前早有哲学家（如培根和霍布斯等）提出过经验主义的理念，但一般公认洛克才是经验主义系统理论的建构者。从心理学与教育学的观点言，洛克的贡献主要在于他的《人类悟性》和《教育思想》（1693）两本书。在《人类悟性》一书中，他对人性特质中知识来源问题提出了解释；在《教育思想》一书中，他也提出了对教育的主张。以下四点可代表洛克的思想。

1.对知识来源问题的解释 洛克强调一切知识来自经验。洛克认为人类生来在心灵中一无所有，像未经涂抹的白板（tabula rasa），以后在生活中靠经验的累积而逐渐构成观念，观念即心之内容。因此，他反对理性主义哲学家所说的天赋观念。洛克指出，理性主义哲学家把数学公理、逻辑规律、道德原则以及上帝存在等都视为天赋观念的说法，并不符合人性特质。他认为这些观念全是来自后天经验。洛克举例说，在幼儿思想中就没有数学公理和逻辑观念；世界上有无数不同宗教的信仰者，在他们心中各有他们自己信奉的神，又怎能说全人类会有同一的上帝观念。经验的获得要通过感官产生感觉，洛克将感觉与知觉区分为两个不同的历程：感觉是物理现象引起的生理历程，而知觉和复杂的心理活动则是由感觉而引起的心灵运作。

2.提出人类如何认识世界的解释 人类如何认识周围的世界？对此问题洛克提出了第一与第二特质的看法：第一特质（primary quality）是指物体本身所固有的性质，如大小、长短、形状、动静及数量等均属之；第二特质（secondary quality）是指人凭感官知道物体存在后所赋予它的性质，如颜色、声音、气味等均属之。第二特质虽附着于第一特质，但并非由物体本身所显现，而只是观察者所获得的感觉。因此，洛克提出两类实体的看法：一类为物质实体，属于物质的实体存在于物理世界之中；另一类为心灵实体，属于心灵的实体存在于心灵之中，成为心灵的元素，而此等元素乃是由对物体所得知觉所构成。

3.对知识获得历程问题的看法 对知识获得历程，洛克提出了两类心灵运作的看法：第一类心灵运作是观念联想，观念联想（association of ideas）是将两种来自经验的观念联结在一起形成知识的历程。观念联想形成后，其中一个观念出现时，即可联想到另一观念。至于联想的法则，他认为联想法则有二：其一是逻辑关系，如两事件之间具有接近关系或因果关系者均属之；其二是偶然关系，指两事件之发生虽互不相干，但也可能使人在感觉上将之联在一起。很多人对事件之间毫无因果关系的现象产生迷信，其原因即偶然联想所致。第二类心灵运作是反省，反省（reflection）一词指由心灵运作唤起并结合以前的感觉，从而形成知觉、理解、思维、推理等复杂的心理历程。此种复杂心理历程，亦即知识获得的历程。洛克的知识获得缘自反省的理念，对以后冯特的内省法产生了先导性影响。

4.对天性与教养问题的看法 洛克的思想是轻天性而重教养的。因此洛克特别强调教育对于人

L

的重要性。在其《教育思想》一书中，洛克提出了他对学校教育的三大主张。第一是健康教育是学校的首要任务。洛克有句名言："健康的心灵寓于健康的身体。(A sound mind in a sound body.)"洛克的此种主张，成了以后学校重视体育的张本。第二是高尚品格的培养是教师的责任。在德育方面，洛克主张为教师者应注意培养学生自我控制(self-control)精神，克己是与人相处时所持的一种合理态度。洛克所主张的克己，与孔子所说的"克己复礼"的意思颇为相似，都是提倡道德实践的。第三是知识教学兼重读、写、算三种能力的培养。由于洛克强调知识来自感官经验，所以他特别强调学校教育应改进教材教法，以便学生学到读、写、算三种知识和能力。由此可见，在洛克的教育主张中，已含有现代教育上所谓德、智、体、美并重的思想。

洛克著作中与心理学和教育学有关者有：*An essay concerning human understanding* (1690); *Two treatises* (1690); *Some thoughts concerning education* (1693)等。

L

locus of control **制控信念** 美国心理学家罗特1954年提出解释人格特质的一种概念。制控信念是指个人日常生活中对自己与周围世界关系的态度。有的人相信凡事操之在己，将成功归因于自己努力，把失败归因于自己疏忽。这是自愿承担责任的态度，罗特称之为内控信念(internal locus of control)，意谓个人命运由自己掌握。另有的人相信凡事操之在人，将成功归因于幸运，把失败归因于别人影响。这是不愿承担责任的态度，罗特称之为外控信念(external locus of control)，意谓个人命运受外在因素所控制。根据研究发现，同等智力的学生中，内控型学生的学业成绩，一般优于外控型的学生。将内控与外控两个概念合在一起，称为制控信念。制控信念在含义上与归因论(attribution theory)稍有不同，制控信念指个人对己身与世事关系的看法，而归因论则指个人与己有关事件发生后对原因的解释。见该条。见罗特(Rotter, Julian)传记条。

logarithmic mean **对数平均数** 义同几何平均数(geometric mean)。见该条。

logic **逻辑学，理则学** 属哲学思想中价值论范畴内三种学理之一。逻辑学是研究合理思维之学，亦称明学或论理学。逻辑推理时，最常用的推理方式有两种：一为演绎推理(deductive reasoning)，另一为归纳推理(inductive reasoning)。见该等条。

logical concept **逻辑概念** 指根据逻辑法则形成的概念。在数学与科学上所采用的定义，全都是逻辑概念。以三角形与正方形两概念为例，由三条直线相接而构成内角之和为180°的图形，即为三角形；由四条等长直线相接而构成的四边形中各角均为90°的图形，即为正方形。由逻辑法则形成的概念，其意涵明确而肯定，不易产生误解。由于逻辑概念所根据逻辑法则是人为的，故而逻辑概念也称人工概念(artificial concept)。

logical learning **逻辑式学习** 指个体经理解到所学事物中的逻辑关系，进而学到有关原理原则的学习历程。例如：由A>B，B>C，即可推知A>C，就是逻辑式学习。

logical-mathematical intelligence **数理智力** 指数学运算与逻辑推理能力。属美国心理学家加德纳之智力多元论(theory of multiple intelligence)中的智力之一。见该条。

logical validity **逻辑效度** 属测验效度之一。意指测验的内容与结构是有理论根据的，是合于逻辑的。见构念效度(construct validity)。

logotherapy **意义治疗法** 属心理治疗方法之一。意义治疗法系美国存在主义的精神病学家弗兰克在20世纪50年代所创始。意义治疗法的理论基础，乃是建立在弗兰克本人从存在心理学的观念对人性的看法。按弗兰克的解释，人性之异于禽兽者有三：(1)统合。人是由生理、心理、精神三方面需求满足的交互作用统合成的整体，生理需求的满足使人生存，心理需求的满足使人快乐，精神需求的满足使人有价值感。因此，理想的人生乃是精神力量之下对生理与心理层面的统合。(2)自由。人在遗传与自然环境之下，得不到自行决定是否存在的自由，但人有决定如何存在的自由，亦即人有选择的自由。(3)责任。人既有选择自由，选择之后就应该对自己的行为负责。基于此人性观点，弗兰克在使用意义治疗法助人恢复心理健康时，肯定地认为，人所追求者既非如弗洛伊德所指的唯乐意志，也不像阿德勒所说的求权意志，而是每个人都追求意义意志(will to meaning)，人生意义建立在精神层面的价值感的获得。因此，意义治疗法在实施时力求帮助当事人寻求三种价值：(1)创造性价值，可由努力工作的成就感中获得；(2)经验性价值，可由对美丑事物的接触以及爱与被爱的生活体验中获得；(3)态度性价值，可由成功与失败的苦乐经验及困境抉择中学习获得。见弗兰克(Frankl, Victor)传记条。

loneliness **孤独** 指缺少亲密社会关系的不愉快情绪。

loneliness fear = autophobia **惧孤独症**

longevity 长寿学 对人类寿命极限及如何延长寿命的科学研究。长寿学的观念系由德国医师格鲁曼(G. J. Gruman)1966年最先提出。格鲁曼认为，人类的寿命可经由营养、保健、医疗的改进而延长到100岁以上。此后经生命科学家多方面研究，对人类寿命延长的问题，大致获得以下的几点看法：(1)多数哺乳类动物的寿命是其生长期的5～7倍，人的生长期是以最后一颗牙齿长出来的时间来计算，约在20～25岁。据此估算人的自然寿命应该是100～175岁。(2)哺乳类动物的最高寿命为其性成熟时的8～10倍，人在12～14岁左右性成熟。据此推算，人的最高寿命应为96～140岁。(3)人体自然寿命相当于细胞分裂次数与分裂周期的乘积。人体的细胞自胚胎开始分裂，平均每次分裂周期约为2.4年，可分裂50次以上。由此推论，人类的自然寿命应该在120岁以上。以上推算是根据一般人可能延长的寿命而言，事实上人类的寿命长短与遗传和生活环境有关。就遗传因素而言，经调查发现，长寿者的子女多半长寿。在环境方面，影响寿命长短的因素又有多种，其中最主要者为：(1)地理环境，如巴基斯坦、厄瓜多尔、高加索地区，以及我国的新疆及广西等地山区的居民较多长寿；(2)健康，身体素来少疾病者较长寿；(3)生活条件，生活富裕者较长寿；(4)生活习惯，无不良习惯者较长寿。生活在现今社会的老年人，要想健康长寿，宜遵守以下原则去调理自己的生活：(1)热能量供给要足够，但勿过多；(2)蛋白质供给要充分；(3)少吃脂肪，并以摄取植物油为主；(4)维生素供给要充分，多吃新鲜蔬果；(5)菜肴宜清淡，少吃过甜、过咸的食物；(6)注意烹调加工，使食物容易消化；(7)勿饮烈酒；(8)少喝过浓咖啡和浓茶；(9)主食要多样化，避免单调；(10)副食要多样化，营养要均衡。

long-hot-summer effect 长夏效应 解释人在酷热的夏天，情绪烦躁容易产生攻击或暴力行为的一种假说。

longitudinal design 纵贯设计 义同纵贯法(longitudinal method)。见该条。

longitudinal fissure 纵裂，纵沟 指将大脑分为两半球的一条纵向裂沟。见大脑半球(cerebral hemisphere)条及附图。

longitudinal method 纵贯法，纵向法 属发展心理学研究方法之一。纵贯法的特点是，以单一个体或同一组个体(如同年级儿童)为研究对象，就某方面的行为，自幼小到长大的岁月中，持续观察测量，从而探究其年龄增长(自变项)与身心变化(依变项)两者之间的关系。从研究目的而言，纵贯法是最适当的研究方法。因为从同一(或同组)个体的身心发展中，观察其前后变化，分析其成长历程，始能发现其前因后果的关系。因此，在理论上纵贯法是最适合于发展研究的方法。纵贯研究有其理论上的优点与价值，但实际使用时仍有以下的缺点与限制：(1)时间太长，研究对象难免流失；(2)测量工具的标准难确定，用于测量儿童的工具，如以后重复用来测量成人，所得结果就很难比较；(3)因社会的变迁，使影响个体身心发展的环境因素改变，根据一项长程纵贯研究结果，不易作为模式去推论解释当时社会的一般现象。与本词相对者为横断法(cross-sectional method)。见该条。

longitudinal research 纵贯研究，纵向研究 义同纵贯法(longitudinal method)。见该条。

longitudinal study 纵贯研究，纵向研究 义同纵贯法(longitudinal method)。见该条。

longitudinal sulcus = longitudinal fissure 纵裂，纵沟

long-term memory (LTM) 长期记忆，长时记忆 根据现代认知心理学上信息处理论的解释，人类的记忆有长期与短期之分；先有短期记忆，而后才有长期记忆。短期记忆按秒数计算，走马看花，随看随忘。长期记忆是趁短期记忆未消失前继续练习(如笔记备忘)得来。初次听到朋友的电话号码时，如不复述几遍或抄录下来，事后很难记忆；经重复多遍或抄下后重查多次，就可变为长期记忆。长期记忆是以分、时、日、月、年计算的，学校中所学知识，为长期记忆。长期记忆又分为两类：一类为陈述性记忆(declarative memory)，另一类为程序性记忆(procedural memory)。见该等条。见信息处理(information processing)。

long-term store (LTS) 长期储存 义同长期记忆(long-term memory)。见该条。

looking-glass self 镜中自我 美国心理学家库利(C. H. Cooley)理论中的术语，指从别人眼中反照出的自我形象。俗语说："别人是反照自己的一面镜子。"即此之谓。见社会自我(social self)。

look-say method 看一读法 义同全字法(whole-word method)。见该条。

loosening of association 联想散漫，联想解体 指在思维过程中所表现的思路紊乱、语无伦次的现象。联想散漫的主要特征是，话语中所用的概念彼此间没有关系。

Lorenz, Konrad Zacharias (1903～1989) 劳伦茨 劳伦茨是20世纪奥地利比较心理学家，是动物习性学的创始人，也是1973年生物医学诺贝

尔奖得主。

劳伦茨1903年生于奥地利维也纳，其父为维也纳大学医学教授，且为国际知名整形外科医师，长兄继承父业，故而劳伦茨自幼即在家庭期望下准备学医。然而在9岁随家人到乡间避暑期间，劳伦茨爱上了田野生活，从此一直喜欢研究动物行为。但在家庭坚持下，他便进维也纳大学习医，1928年获医学博士学位后因对医疗工作缺乏兴趣，再回维也纳大学研究动物学，并于1932年获动物学哲学博士学位。1937年担任维也纳大学解剖学和动物心理学教职，1940年担任德国哥尼斯堡大学比较心理学讲座。第二次世界大战（1939～1945）期间，劳伦茨应召入伍担任军医，1944年被俘虏，此后四年在俘虏营中担任医师。1948年获释后返维也纳大学任教，1950年改任马克斯普朗克行为生理研究所教授，而后又兼任该所主任。1973年获生物医学诺贝尔奖，1973年退休，1989年病逝于奥地利顿堡，享年86岁。劳伦茨在心理学上的贡献，主要在于以下三方面：

1.开创动物习性学研究　习性学（ethology）是20世纪40年代由劳伦茨所创始的一门科学，旨在研究动物在其生长的自然环境中表现的习性，从而了解其自出生到长大行为变化的特征，并分析探讨遗传与环境两大因素对动物行为发展的交互影响。劳伦茨反对行为主义者在刻意设计的实验控制情境下研究动物行为的结果，据以推论解释人类行为的研究取向。他认为此种研究取向是错误的，既不能真正了解动物行为，更无法根据研究结果推论解释人类行为。劳伦茨研究动物行为时坚持的原则是：要想了解动物，就到动物生活的世界去直接观察研究它们。

2.提出印记与关键理论　根据对动物观察所见，劳伦茨在1937年所著《鸟类世界的伙伴》一书中，首次报告他所发现的雏鸭印记现象。所谓印记（imprinting），是指某些动物在初生婴幼期间，对环境刺激所表现的一种原始而快速的学习方式。劳伦茨发现，刚孵出的雏鸭对最早注意到的环境中会移动的客体，随即表现出跟随依附的行为；如在它面前出现的是母鸭，雏鸭会跟随，如出现的是母鸡或人甚至是移动的玩偶，它也会跟随。从表面看，动物此种原始性特殊反应与其生存本能有关，但就雏鸭也跟随其他客体的现象看，显然不是动物的种族遗传，而是后天学习。劳伦茨进一步发现，动物的印记现象有三点特征：（1）印记只在出生后某段时间内发生，刚孵出的雏鸭、雏鸡等禽类的印记现象，只能在一天之内发生，超过30小时印记将不会发生。同理，小狗出生后如在一个半月之内不与人接近，以后将无法与人建立亲密关系。劳伦茨称可能产生印记的有效期间为关键期（critical period）。（2）印记一旦形成，即长期不变。（3）印记虽属学习，但此种学习并不需要像行为主义所说的强化作用。

3.提出先天释放机制理论　先天释放机制（innate releasing mechanism），指动物具有某些先天性或本能性的潜在反应能力，平时蓄存，一旦遇到适当刺激情境，就会自动释放出来。劳伦茨观察发现，雄性刺鱼遇到雌性刺鱼产卵期将有腹部膨胀现象时，就会在它旁边进行锯齿形舞动，而平时则不会出现类此反应。劳伦茨所发现的动物行为关键期和先天释放机制，在儿童教育与儿童发展研究上，深具启发性价值。

劳伦茨出版的专著中译为英文者有：*King Solomon's ring*（1952）；*Man meets dog*（1954）；*On aggression*（1963）；*The evolution and modification of behavior*（1965）；*Studies in animal and human behavior*（1970～1971）；*Civilized man's eight deadly sins*（1973）；*Behind the mirror：A search for a natural history of human knowledge*（1977）；*The foundations of ethology*（1981）；*The waning of humaneness*（1987）等。

lose-shift strategy 输则变策略　见赢守输变策略（win-stay lose-shift strategy）。

loss of affect＝apathy 冷漠

loss of personal identity 个人统合感丧失　指个人无法将过去经验、现在处境以及未来方向统合在一起，找出心理出路的迷失心态。

lost-letter technique 丢信技术，丢信法　研究助人行为的一种技术。将一些信件（写好地址并贴足邮票）故意失落在行人常到的地方（如街边、巷口、公共汽车站等），用以考验社会上究竟有多少人捡到信后会投进邮筒。由收到信件的数量，即可推估社会上究竟有多少人会表现助人行为。见助人行为（helping behavior）。

loudness 音强，响度 义同音强知觉(loudness perception)。见该条。

loudness perception 音强知觉，响度知觉 指对声音强度的主观判断。声音强度决定于声波振幅的大小，振幅愈大声音愈强。表示音强的单位称为分贝，人耳所接受的音强，在16～160分贝。平常说话的音强，大约为60分贝，音强高于90分贝时，即感到刺耳。直升机的音强约为120分贝。长期处于90～110分贝的环境中，对听觉有不良影响；长期处于120～140分贝的环境中，对听觉将有严重伤害。

love 爱，爱情 指个体对人、事、物在主观上存有的深厚感情。爱的感情作用，较之喜好、欣赏更深一层。平常所说的爱多指人际之间的感情，这其间有亲子之爱、师生之爱、同胞之爱。通常爱存在于男女两性之间且带有性的色彩时，即称为爱情。由于爱的性质纯属个人的主观经验，故而在一向强调客观验证的科学心理学上，一直未把爱的心理现象当作心理学研究的主题。但从心理因素影响人生活的观点言，爱与爱情无疑是今后心理学家应该重视和研究的重要主题。

love and belongingness 爱与隶属需求 美国人本心理学家马斯洛需求层次论中的术语。根据马斯洛的动机理论，爱与隶属需求是人类基本需求之一，此需求一般在生理需求和安全需求得到适度满足之后产生。爱与隶属需求包括被别人接纳、爱护、关注、欣赏、鼓励和支持等需求。只有此种需求获得适度满足之后，个体才能有更高层的需求，进而追求自我实现。见需求层次论(need hierar-chy theory)条及附图。

low-balling = low-ball strategy 低球策略

low-balling technique = low-ball strategy 低球策略

low-ball strategy 低球策略 商业心理学上的术语。指在买卖双方讨价还价过程中，卖方先将姿势降低向买方提出一个能使买方愿意接受的价格，等买方感到满意而决定购买时，卖方突然以某种借口为由而提高价格。商人采用的此种做法等于采用棒球赛时故意投低球的策略，故名。以购买汽车为例，买卖双方经过一阵讨价还价之后，卖方表示愿意以薄利多销的原则将车价降低为40万元，并建议买方不妨到别家车行参考比较。如果此时买方对车子的条件和价格都感到满意并表示决定购买时，店主回室内拿取单据以备收受买方订金时，突然表示经理不同意他对买方所做的价格承诺，要求买方必须再加5000元才能成交。在此种情形之下，买方在心理上就会陷入趋避冲突的困境：放弃心爱的车子不买，感到可惜；接受卖方加价的要求，又不情愿。在此情境下，如买方的经济情况许可，多半会同意加价买下这部车子。与本词相对者为退求其次法(reject-then-retreat technique)。见该条。

lower absolute threshold 下绝对阈限 见绝对阈限(absolute threshold)。

low-road transfer 平路迁移 指熟练的机师不需刻意留心即可轻易迁移到其他工作情境的现象。例如，熟练的汽车司机换车驾驶时，不需重新学习，稍加运作即可上路。与本词相对者为高路迁移(high-road transfer)。见该条。

LPAD = learning potential assessment device 学习潜能测量法

LRCS = language-responsible cognitive structure 语言认知结构

LRE = least restrictive environment 最少限制环境

LS = liminal sensitivity 最低感受度

LSD = lysergic acid diethylamide 迷幻药，麦角酸二乙酰胺

LTM = long-term memory 长期记忆

LTS = long-term store 长期储存

ludotherapy = play therapy 游戏治疗法

lurking variable 隐匿变项 义同中介变项(intervening variable)。见该条。

lust murder 奸杀 属于一种犯罪形式。奸杀犯罪的特征是，犯者具有虐待狂的性格，常表现出对异性强奸之后再将之杀害的行为。见施虐狂(sadism)。

luteinizing hormone (LH) 黄体激素 为垂体腺前叶所分泌的一种促生殖腺激素。在女性，其功能在于：(1)与促滤泡成熟激素共同刺激滤泡分泌动情素；(2)促使滤泡继续生长以至成熟；(3)刺激成熟的滤泡使其排卵；(4)促使排卵后的滤泡发育为黄体，黄体并分泌黄体激素及动情素。在男性，其功能在于促进睾丸内各细精管间的细胞分泌雄性激素。

lying 说谎 与人沟通意见或接受侦询时，个人明知所言所行违反事实或属假造，但仍言之凿凿。说谎的主要原因是当事人为了维护自尊、逃避惩罚或以之为手段达到其他目的。

lysergic acid amide = lysergic acid diethylamide 迷幻药，麦角酸二乙酰胺

lysergic acid diethylamide (LSD) 迷幻药，麦角酸二乙酰胺 属精神药物中致幻剂药物之一。迷幻药原为一种治疗精神病的药物，最初是由瑞

士制药厂在1943年无意中发现的。迷幻药是无色、无味、无嗅的药物，服用方法有多种：可以吞服，可用鼻吸，也可与香烟混合吸食。服用后半小时即会发生效用，而其产生的身心影响，却能维持10～12小时之久。迷幻药奇特之处是使人意识境界扩大，使人感觉像是飘浮在空中；视觉与听觉串联，好像看见声音的颜色，听见颜色的声音；周围环境中人像与物像都扭曲变形，有如从哈哈镜里看世界一般。迷幻药的药效使人的意识与现实脱节，因而丧失了时间感与空间感，好像进入了神秘的幻境。在一阵兴奋快感之后，随即转入另一意识境界，感到极度悲伤、恐惧、恶心、呕吐、全身肌肉疼痛，严重到无法忍受时，可能会跳楼自杀。服用迷幻药之后，和其他精神药物一样，很快就会出现药物成瘾、药物依赖及耐药力增加等现象。见精神药物（psychoactive drug）、致幻剂（hallucinogen）。

M

M = mean 平均数

M = memory 记忆

MA = mental age 心理年龄，智力年龄

MAA = minimum audible angle 最小听角差

Mach bands 马赫带　在同时明度对比情境下产生的一种错觉现象。马赫观察到的现象是，当一张白纸上不同位置接受三种不同强度的光照射时，如白纸的左边接受弱光照射，右边接受强光照射，中间则接受由弱变强的光照射，在这种情境下，按物理学原理推断，看起来应该是左边最暗，右边最亮，中间则是由暗到亮的递增变化。但事实不然，如附图所示，当时所看到的却是在左边与中间交会处出现一条黑暗的地带，在中间与右边交会处出现一条明亮的地带。此种错觉现象是因同时明度对比（simultaneous lightness contrast）效应所致。见该条。此错觉现象是由奥地利物理学家马赫（E. Mach, 1838～1916）1868年所发现的，故名。参见错觉（illusion）。

马赫带

Mach book 马赫书　属视错觉现象之一。如附图所示，初看时像是一本打开而面向自己的书，再看时却又像打开而背向自己的书。如只用一只眼睛注视，此错觉现象尤为显著。此错觉图形系由奥地利物理学家马赫（E. Mach, 1838～1916）1866年所发现的，故名。见错觉（illusion）。

Mach card 马赫卡　义同马赫书（Mach book）。见该条及附图。

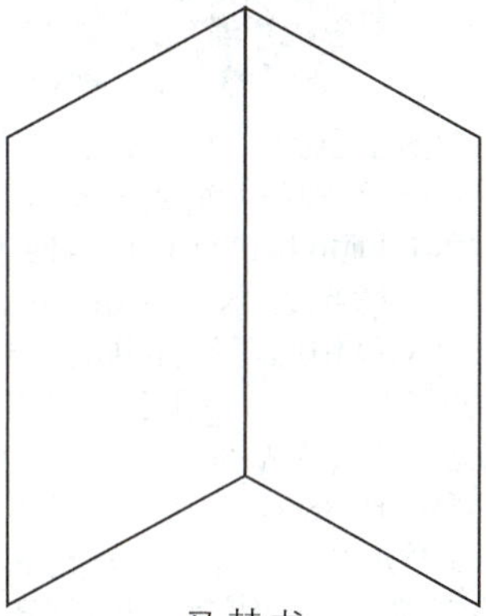

马赫书

Mach, Ernst（1838～1916） 马赫　马赫是19世纪奥地利物理学家、哲学心理学家，也是知觉心理学的先驱。

马赫1838年2月18日出生于奥地利的摩拉维亚，幼年在家接受教育，14岁入中学，17岁进维也纳大学修习数学和物理学，1860年获该校物理学博士学位后，留校任教。1864～1867年担任格拉茨大学数学教授，1867～1895年担任布拉格大学物理学教授，1895年起担任维也纳大学物理学教授，并兼任该校为他特别设置的科学哲学讲座。在此期间，虽一直担任数学和物理学教授，但其兴趣已扩及心理学。1910年退休，1916年2月19日病逝于德国巴伐利亚，享年78岁。

马赫是著名物理学家，他在机械学、热学、光学和声学等方面的研究都很有贡献。马赫的思想之所以受到心理学家重视，主要是他所提出的实证主义新观点和他在知觉心理研究方面的贡献。马赫的思想中影响到心理学者，有以下三点：

1.提倡实证主义思想　哲学心理学中的实证主义始自19世纪中期的法国哲学家孔德。孔德主张有效的知识或科学只限于可以观察到或可凭感官经验到的事实，否定知识来自理性推理的说法，因而力倡客观的实证研究，否定带有主观性内省法的价值。马赫的主张则稍有不同，他认为感觉是一切科学知识的基础，人对物理世界所知

之一切，只是他凭感官所得感觉。一切科学研究均须通过观察，而观察所得到的基本数据就是感觉。此点虽与孔德的思想相似，但他主张研究感觉时内省法是适当的。显然，马赫的主张是采用心理现象来解释物理现象。因此，一般认为马赫的思想拉近了物理学和心理学之间的距离。

2.开知觉心理研究先河　马赫的知觉心理研究成就，主要载于1886年出版的《感觉之分析》一书。他的知觉研究包括视空间知觉、时间知觉和身体旋转知觉。在解释空间和时间知觉时，他不采用只对简单感觉经验的元素分析方式，而强调采用感觉经验的整体取向去了解。因此，马赫提出了“空间形”和“时间形”的理念。“形”代表“轮廓”或“整体”。他认为，“空间形”和“时间形”的本身是完全独立的：不因“空间形”或“时间形”所附属性质的不同而有所改变。他举例说，人对三角形所得知觉是三条直线构成的封闭图形，就是“空间形”；三角形可大可小，可用不同的颜色或质料表达，但三角形本质的“空间形”却始终未变。再如一首曲子虽可用不同乐器演奏，但其音质构成的“时间形”仍未改变。马赫所持的“形”的理念，对20世纪初完形心理学的发展产生了先导性影响。

3.明度对比的研究　在知觉研究方面，马赫在1868年经实验发现在明度对比情境下产生的一种错觉现象。见马赫带(Mach bands)。

马赫著作译为英文的专著有：*The analysis of experience* (1902); *The science of mechanics* (1907); *The analysis of sensations* (1914)等。

Machiavellianism 马基雅维利主义，权谋主义　指意大利16世纪政治家马基雅维利(N. Machiavelli, 1469～1527)1532年所提倡的一种政治哲学。权谋主义哲学的要义是，在处理有关人的事务时，不妨将人当作物体或工具看待，只要达到目的，不必考虑手段是否适当的问题。

Mach illusion 马赫错觉　义同马赫书(Mach book)。见该条。

machine intelligence 机器智慧　义同人工智能(artificial intelligence)。见该条。

machine translation 机器翻译　指计算机翻译，计算机代替人工将一种语文翻译成另一种语文。

Machover Draw-a-Person Test 麦库弗画人测验　属人格测验中的投射测验之一。此测验为美国心理学家麦库弗(K. Machover)于1949年所创用，故名。两岁以上直到成人，均可使用。受试者除按自己意思画一人形之外，并要他以所画人形说一个故事。测验的目的是借此了解受试者内心隐藏的问题。此种推断乃基于一种假设，受试者所画的人及所说的故事中，隐含着他自己的身体形象，以及他自己关心的问题。换言之，受试者在接受测验时，会无意地把自己投射在画与故事中。见投射法(projective technique)。

macrocephaly 巨头畸形，大头症　属于一种身心双重异常的现象。患者脑部异常，头的体积与重量均大于常人甚多。头盖骨呈方形，多在胎儿期即已形成。患大头症者通常表现出智能不足(mental retardation)的特征。见该条。

macrocosm 大宇宙，大世界　**1.**指宇宙中人类社会和自然界万物之全体。**2.**指人类社会的全体。与本词相对者为小宇宙(microcosm)，指个人的身心整体。见该条。

macroglossia 巨舌畸形　指舌头生来特别肥大，以致影响口语发音困难的畸形。

macromania 夸大狂　属人格异常现象之一。患者对自己的一切过分夸大，所言完全不符合现实。见夸大妄想(delusion of grandeur)。

macropsia 视物显大症　属于一种病态的错觉现象。患者由于视网膜的病变或眼球的调适作用失常，对物体所得视觉经验，有显著的失实扩大现象。

macula lutea 黄斑　指视网膜中央部分的中央凹(fovea)。见眼的构造(eye structure)条及附图。

MAF＝minimum audible field 最小可听场

magazine 饮食盒　指操作条件作用学习实验时，用于盛装食物或饮水的盒子。动物表现正确反应时，作为强化物的食物(或水)即置于盒中。

magazine training 饮食盒训练　指在操作条件作用学习实验时，实验者先设法让动物发觉饮食盒的存在，以便进一步作为盛装强化物之用。见饮食盒(magazine)。

magical number seven 神秘数字七　指短期记忆容量受到七个项目左右的限制。短期记忆是指对初学习材料20秒之内的记忆保留，短期记忆的实验，一般是让受试者对学习材料只看过(或听过)一遍之后立即回忆。学习材料练习一遍之后在20秒时限之内的记忆量有限。美国心理学家米勒在1956年实验研究证实,一般人的短期记忆容量,在五个与九个项目之间平均约为七个项目。米勒当时发表的研究报告题目即为"神秘数字七加减二",此即本词名称的由来。所谓"七个项目",是指七个彼此不相干或无逻辑关系的事项,如七位数电话号码、七个单字、七个人名等均属之。准此原则推论,世界各国通用的电话号码,一般为五至九个数字,九个数字就是人类短期记忆的上限,多于九个项目时,就需要多练习几遍才能记忆下来。见意元集组(chunking)。

magical number seven plus or minus two **神秘数字七加减二** 义同神秘数字七(magical number seven)。见该条。

magical thinking **奇幻思维** 指相信某一事件的发生是由于个体事先思维所致。换言之,相信思维是事件发生的原因。奇幻思维本是儿童的心理特征,但也会在成人行为中见到。一般对梦的解释,有所谓"日有所思,夜有所梦",就是奇幻思维。此外,很多迷信也属同一现象。俗语说"心想事成",就是相信奇幻思维,据研究发现,患精神分裂症的人有较多的奇幻思维。

magic number seven = **magical number seven** **神秘数字七**

magic phase = **magic stage** **奇幻期**

magic stage **奇幻期** 指1~4岁的幼儿期,在此时期,幼儿们以一种奇幻的眼光看世界,自以为他就是世界的中心,他想世界怎么样,世界就会怎么样。此种奇幻的幼儿思想,也称思想万能(omnipotence of thought)。见该条。

magnetic resonance imaging (MRI) **磁共振成像,磁共振脑成像技术** 运用计算机强化人体内或大脑中的磁场,使之显影在计算机屏幕上,形成一种立体的影像,从而分析观察人体内组织以确定疾病原因的科学技术,称为磁共振成像。磁共振成像技术用于脑神经的研究时,即称为磁共振脑成像技术。磁共振脑成像技术除用于检查疾病之外,也是现代认知神经心理学(cognitive neuropsychology)研究大脑功能的重要工具。见该条。

magnitude constancy = **size constancy** **大小常性**

maieusiophobia **惧分娩症** 属恐惧症之一。患者对分娩一事过分恐惧。对女性而言,分娩的痛苦在所难免,但一般反应是,痛苦中仍带有喜悦心情。患惧分娩症者则过分夸大了生产历程的恐怖。见恐惧症(phobia)。

main effect **主效果** 指实验研究时单一自变项对单一依变项所形成的效果。主效果代表两个变项的因果关系。

mainstreaming **回归主流** 20世纪70年代以来,美国教育界对特殊儿童施教方式的一种新观念与新做法。持此观念者主张,特殊儿童(一般指心智不足或肢体残障者)应与一般儿童同班上课,接受同样的教育,然后给予特殊的个别辅导。如此可使他们在教育主流中,学习克服困难,在与正常人相处的环境中,使其人格获得正常而健康的发展。回归主流是对多年来特殊教育实施偏差的一种矫正。因为以往推行特殊教育者,多将特殊儿童隔离施教,以特殊化的方式实施特殊教育。特殊化施教结果,难免对特殊儿童产生标签效应(labeling effect),在教育上未蒙其利,反受其害。见该条。

maintaining stimulus **维持刺激** 指对个体具有诱导性的刺激,只要该刺激存在,个体即持续反应,一直到最后的完成反应为止。例如,机器故障时出现某种不正常的声音(维持刺激),机械员以之作为检查修理的根据,只要该声音存在,机械员就继续检查修理(反应)。见完成反应(consummatory response)。

maintenance functions **维持功能** 指个体的一切生理运作及行为活动都具有使个体心身维持均衡的功能。

maintenance rehearsal **保持练习** 输入短期记忆中的信息,为了避免迅速遗忘所做的练习。

major depressive disorder **重度抑郁症** 属情感性精神病之一。此病主要症状是情感失常,过度抑郁、自卑、绝望、有罪疚感,对任何工作与活动均无兴趣,缺食欲,体重减轻,终日呆坐不语,脱离现实世界,有自杀倾向。至此程度,需人看管照顾,并应住院治疗。

major epilepsy = **grand mal epilepsy** **癫痫大发作**

major hemisphere **大脑主半球** 指大脑左半球(left hemisphere)。见该条。左半球主控右半身的活动,而且司职语言的神经中枢主要也在左半球,故而称为大脑主半球。

major premise **大前提** 指演绎推理的命题之一。见三段论法(syllogism)。

major solution **主解脱** 美国新弗洛伊德主义精神病学家霍妮理论中所指的三种神经质解脱之一。主解脱指个人为维护理想化自我而否认现实,或以退缩的方式逃避现实,借以消减心理冲突引

M

起的痛苦。见神经质解脱(neurotic solution)。

Make-a-Picture-Story (MAPS) 按图说故事 属投射测验之一。该测验包括67个剪好的人物、神像、动物等图形。受试者可自由选组其中图片,然后编织一个故事。本测验的假设是,受试者将自己内心中隐藏的困扰与冲突,投射到故事中去。根据故事的含义,即可以解析受试者的问题。见投射测验(projective test)。

Make-a-Picture-Story Test (MAPS Test) 按图说故事测验 义同按图说故事(Make-a-Picture Story)。见该条。

make-believe play 虚构游戏 指儿童游戏的一种方式。儿童在游戏活动中,常是凭想象虚构情境,且相当认真地去从事活动。例如,女孩子办家家酒,男孩子假装骑马打仗,都属于虚构游戏。瑞士心理学家皮亚杰称儿童虚构游戏为象征性游戏(symbolic play)。见该条。

maladaptation 不良适应 **1.**指生物中其本身有缺陷而不合于环境要求以致生长困难的情形。 **2.**指个体身体上或心理上显示出异于常人的变态症候。本词与另词适应不良(maladjustment)意义相似,但稍有不同:本词偏重生物性的适应困难,而适应不良则偏重社会文化性的适应困难。见该条。

M

maladjustment 适应不良 指个人不能与其生活环境保持和谐关系的困难状态。本词所指生活环境,主要限于社会文化环境。个人适应不良的原因,主要是不能在既有的社会规范与价值标准之下获得满足。本词与另词不良适应(maladaptation)意义相似,但稍有不同,后者偏重于解释生物性的适应。见该条。

maldevelopment 发育不良 指个体由于先天不足(如遗传因素)或后天失调(如营养不良或疾病等),致使其身体功能未获充分发育的状态。

male climacteric = male menopause 男性更年期

male climacterium = male menopause 男性更年期

male homosexual prostitution 男同性恋娼妓 指男性娼妓中专以男性同性恋为卖淫对象者。

male menopause 男性更年期 指男性中年期间出现类似中年妇女的更年期。男性更年期约较女性晚出现十年(约在50岁至65岁之间),主要由于内分泌的改变,一时不能适应此期的生理变化而引起身心两方面有些失常的反应。诸如夜间小便频次增多、工作易感疲劳、性欲减降、心情消极等,都是男性更年期的特征。男性更年期不是必然现象。见更年期(menopause)。

male mouse effect 雄鼠效应 义同魏顿效应(Whitten effect)。见该条。

maleness 男性 指个体在生理上具有完整的男性特征,即具有完整的男性生殖系统。本词与另词男性气质(masculinity)不同。见该条。

malingering 装病 指为了达到某种目的(如逃避刑责)而自称罹患身体或精神疾病者谓之。

malleus 锤骨 属中耳内听骨之一,司职传导声音。见听觉系统(auditory system)条及附图。

malnutrition 营养不良 指因长期饮食中缺乏碳水化合物、脂肪、蛋白质、维生素及矿物质等物质,而导致身体衰弱的现象,身体营养不良影响心理功能,对成长中的儿童尤为重要。

malpractice 误诊 指医师对病人病情的错误诊断和治疗。误诊包括医术和医德两方面的问题。

Malthusian theory 马尔萨斯人口论 英国经济学家马尔萨斯(T. R. Malthus, 1766～1834)的人口理论。该理论的要义是,世界人口呈几何级数增加,而粮食生产则只呈算术级数增加,长此以往,必因人口过剩、食粮不足而穷迫自灭。防止之道,唯有靠节育与增产双管齐下。

MAMA = minimum audible movement angle 最小可听动角差

managerial psychology 管理心理学 属于应用心理学领域内工业与组织心理学的一个分支。管理心理学所研究的是人员的管理,借对人的个别差异研究,及人际关系与团体效能的探讨,进而达到促进组织发展,提升生产效率的目的。见工效学(ergonomics)。

MANCOVA = multivariate analysis of covariance 多变项共变量分析

mania 躁狂症 属情感型精神病之一。主要症状是病发时情绪过度兴奋、好动、活力充沛,遇事过度自信、自夸、好说话,动辄干涉别人、支配别人,易怒,稍受阻碍,即对人对物攻击破坏,有时又手舞足蹈、口出秽言,与平时判若两人。见两极型情感症(bipolar affective disorder)。

manic-depressive illness 躁郁症 义同躁郁型精神病(manic-depressive psychosis)。见该条。

manic-depressive psychosis 躁郁型精神病 为一种严重的情感型精神病。患者的主要症状是情绪极端失常,有时极端的激动或兴奋,有时极端的忧伤或抑郁。激动或兴奋时,思想充满幻想与妄想,富攻击性,行动不能自持,需人看管;在忧伤或抑郁时,自卑、绝望,自觉生命缺少价值,有罪疚感,有自杀倾向,对身外一切事物丧失兴趣,拒绝与人谈话,拒绝饮食等。至此程度即需人看管。躁郁型精神病又称两极型情感症(bipolar affective disorder)。见该条。

manic love 狂热式爱情 属青少年男女间常见的一种爱情方式。狂热式爱情的主要特征是,男女双方整个情绪都陷入性爱活动之中;对所爱异性之外的一切变得漠不关心,注意力完全集中在异性伴侣身上;如单一方行为上稍有异样,即会引起另一方极度情绪紧张,甚至表现出极不理性的行为。

manifest anxiety 显性焦虑 指表现于外且为个人所自觉的焦虑。按照精神分析论的解释,显性焦虑是个体内在深处心理冲突被压抑的外显症状。见焦虑量表(anxiety scale)。

manifest content 显性梦境,显性内容 **1.**按精神分析论,梦之内容分两类,一为显性梦境,另一为潜性梦境(latent content)。显性梦境是当事人醒后可以记忆、陈述的故事,潜性梦境是一些象征性的事物或活动。见梦境(dream content)、梦的解析(dream interpretation)。**2.**指个人有意识地表达其动机、欲望、冲动时,其所表达行为的内容,称为显性内容。

manifest content of dream = **manifest content** 显性梦境

manifest dream 显性梦 见显性梦境(manifest content)。

manifest dream content = **manifest content** 显性梦境

manifest goal 明确目标 指在工作或计划实施之前所列的目标。工作或计划实施之后的考核或评鉴,即是以明确目标为根据的。

manifest need 显性需求 指从个体外显行为即可推知的需求,例如见动物饮水,即可推知其有渴的生理需求。与本词相对者为潜性需求(latent need)。见该条。

manipulated variable 操纵变项,操纵变量 指实验时实验者所操纵处理的变项。以噪声对阅读速度的影响实验为例,除对受试者提供阅读材料之外,实验者所操纵的噪声强度变化,就是操纵变项。

manipulation 操纵,操弄 **1.**指个体为了达到预期目的而对环境中人、事物所作的处理或控制。**2.**义同操纵行为(manipulative behavior)。见该条。

manipulative behavior 操纵行为 指为了利用或控制别人而刻意表现的行为,诸如谄媚、哭泣、威胁、利诱等,均属操纵行为。

manipulative drive 操弄驱力 属于一种原始性的动机,此种动机所促动的外显行为是操弄物体,特别是新奇的物体。人和动物都有操弄驱力,儿童的操弄驱力尤强。按新行为主义的解释,操弄驱力的满足,不需靠其他刺激物,只需获得操弄的机会足矣。儿童操弄玩具,百玩不厌,就因为玩具能满足其操弄驱力。

manipulatory drive = **manipulative drive** 操弄驱力

man-machine system 人机合一系统 指工业心理学中,人因工程学所致力发展的一种人与机器和谐一致的工作系统。人机合一的构想,一方面配合人体功能去设计机器,另一方面配合机器性能去学习操作,两者合一造成最佳的工作条件,以期在最省力、最安全、最不易疲劳的工作环境之下,达到提高工作效率的目的。

manner 姿态,风度 指个人在言行举止上表现的具体动作和教养气质。

mannerism 怪异 指言行举止表现大不同于正常人者。言行怪异者,在他的怪异行为背后,可能隐藏着某种心理障碍,需要心理医师诊断治疗。

Mann-Whithey U test (**M-W U test**) 曼惠二氏U检验 曼惠二氏U检验适用于检验两个独立样本的次序变量间是否有显著差异。此种检验法不需假定样本来自常态分布的总体,也不需要使用等距量表或比率量表获得资料。因此它最适合用来代替t检验(t-test)。见该条。

MANOVA = **multivariate analysis of variance** 多变项变异数分析

mantra 咒语 指练超觉静坐者使用的一种特殊语句。咒语必须拜师取得,且严格保密。咒语多为不具明确意义的一串声音,静坐时重复默诵;其功用在于排除外在刺激干扰,使心境平静,将意识带入更深层的境界。见超觉静坐(transcendental meditation)。

manual dexterity 腕手灵巧度 指腕手操作活动时的灵巧程度。腕与手之灵巧度是学习精密手工技艺的基本性向之一。

manual dexterity test 腕手灵巧测验 属特殊性向测验之一。此种测验的特点是,让受试者从事精巧的活动(如在小洞中插针),从而测量其腕手灵巧程度。

manual dominance 手偏利 指个体用手操作时,其中一只手(多为右手)胜于另只手的偏利现象。

manualism = **manual method** 手语法

manual method 手语法 指以手语代替口语,教导聋童学习语言的一种方法。

MAPS = **Make-a-Picture-Story** 按图说故事

MAPS Test = **Make-a-Picture-Story Test** 按图

说故事测验

marathon group 马拉松团体 类似会心团体(encounter group)。见该条。马拉松团体的主要特征是时间延长,实施时团体集会的时间总长在6小时至48小时之间。

marginal attention 边缘注意 在众多刺激中较少注意到的事物,经由边缘注意所得到的知觉是模糊的、不明确的。

marginal consciousness 边意识 指对注意焦点以外之事物所产生的意识。

marginal contrast 边际对比 属于一种同时对比现象。当两种颜色同时并列而构成颜色相对比知觉时,处在两种颜色相连接之处,其对比感最为强烈,是为边际对比。边际对比原理常被用于服装设计。见同时对比(simultaneous contrast)。

marginal frequency 边栏次数 指统计表之边栏所列之次数。该次数代表横向各栏或纵向各栏次数的合计。最后纵横两个边栏次数各自相加,和数相等,列于表之右下角,即为总次数。该总次数又称为边栏总次数(marginal total)。

marginal group 边缘团体 在同构型较高的社会中,属于异质的少数人,称为边缘团体。

M

marginal individual = marginal man 边缘人

marginal intelligence 边缘智力 指居于常态下限边缘的智力层次,也就是居于临界智力(borderline intelligence)之上层者(IQ在80左右),称为边缘智力。见该条。

marginal man 边缘人,边际人 指生活在两种不同社会文化之间的人。边缘人在价值取向与行为标准上常遭遇两难困境。从某一行业新转入另一行业,从一个国家新移民至另一个国家,其身份都属边缘人。边缘人的主要心理特征是社会疏离。

marginal number 边栏数 义同边栏次数(marginal frequency)。

marginal person = marginal man 边缘人

marginal total 边栏总次数 见边栏次数(marginal frequency)。

margin illusion 边缘错觉 属视错觉现象之一。面对书页的文字时,一般人总是将知觉注意到文字部分即书页的主体,因而高估了文字部分在书页上所占的面积,低估了文字部分之外四周空白边缘所占的面积。此种现象,称为边缘错觉。一般印刷良好的书籍,页边空白面积约占全页的25%~30%。

marihuana = marijuana 大麻

marijuana 大麻 属于精神药物的致幻剂。大麻是由一种学名为印度大麻的叶与花烘干制成的一种致幻剂,形状很像烟卷,可以像香烟一样吸食,也可口嚼食,故而通常称为大麻烟。大麻自古即用来治疗头痛与溃疡。直到20世纪30年代才被世界各国列为禁药。大麻的药效与酒精相似,服用后产生两阶段截然不同的效应。先是使人产生飘飘然的陶醉感,继而陷入昏睡状态。吸用大麻之后,除产生快感之外,意识状态也随之改变,对周围世界中的事物会产生幻觉;对一切刺激变得极为敏感,对声音、颜色、气味等,都改变了原来的感受;丧失空间感与时间感;丧失对空间距离判断的能力,故而服用大麻后驾驶可能会导致严重的交通问题。在心理学研究上早就发现,吸食大麻之后,对学习与记忆产生两种不利影响:(1)影响短期记忆,说话时上下句无法相连,丧失短期记忆中的运作记忆功能;(2)影响学习效率,无法将短期记忆经由复习后转入长期记忆。因此,学生读书时如希望借由大麻的刺激提振精神增加读书效果,其后果绝对是适得其反。吸食大麻之后,和其他精神药物一样,很快就会出现药物成瘾、药物依赖及耐药力增加等现象。见精神药物(psychoactive drug)、致幻剂(hallucinogen)。

marital adjustment 婚姻适应 指结婚夫妻双方为建立良好婚姻关系所做的适应。以下六点是婚姻适应的原则:(1)夫妻分享生活经验、兴趣与价值观;(2)夫妻相互尊重对方个人的需求与目标,并忍让对方的性格和脾气;(3)夫妻间保持开放的沟通管道,并能彼此坦然表露自己的感情;(4)夫妻各自认清自己的角色和责任;(5)夫妻双方合作共同协议解决困难,并分工合作处理家事和养育子女的责任;(6)夫妻双方彼此为对方设想,共同保持性生活的满足。

marital conflict 婚姻冲突 指夫妻间明显的或不明显的冲突。夫妻间冲突的形式与严重性虽各不相同,但根据心理学家调查研究,构成夫妻冲突者不外以下因素:(1)性生活不和谐;(2)对子女教养态度不一致;(3)个性相差悬殊;(4)缺乏经济基础;(5)宗教信仰不同;(6)价值观念差异;(7)个人兴趣相异。以上七大因素的顺序是按其重要性排列的。

marital therapy = marriage therapy 婚姻治疗

marketing character 市场性格 美国新弗洛伊德主义心理学家弗罗姆理论中的术语。指人的社会性格乃系由社会环境所塑成。现代社会塑造了五种不同类型的社会性格,市场性格即其中之一。市场性格的特征是,与人相处视同市场交易,将人视为商品,对人的评价完全根据投资效益,付出的代价必须获得利益。此种人金钱至上,从来不讲感情与道义。见弗罗姆(Fromm, Erich)传记条。

marketing orientation 市场取向 义同市场性格(marketing character)。见该条。

marketing personality = marketing character 市场性格

market research 市场研究 指采用心理学与统计方法对消费者购买行为之研究。市场研究主要包括:(1)消费者习惯研究;(2)市场分析研究;(3)销售分析研究;(4)同行竞争研究;(5)广告效果研究;(6)产品改良研究等。市场研究目的旨在了解市场供需,以便拓展市场,从而获得更多利益。

marriage conjoint therapy 婚姻联合治疗 义同联合治疗法(conjoint therapy)。见该条。

marriage counselling 婚姻咨商 指对有关婚姻问题所做的咨商。在婚姻咨商范围内,大致包括三类问题:(1)婚前咨商,对准备结婚但对婚姻观念及婚姻责任尚不清楚者所做的咨商;(2)离婚咨商,对已决定离婚或已离婚者在情绪调适上所做的咨商;(3)婚姻关系咨商,对婚姻关系存在但夫妻感情或性生活有待调适者所做的咨商。本词与婚姻辅导(marriage guidance)稍有不同,婚姻辅导重点不在协助当事人解决婚姻的现实问题,而在提供一般人有关婚姻的知识,利于其创造美满的婚姻生活。见该条。

marriage fear = gamophobia 惧婚姻症

marriage guidance 婚姻辅导 指对准备结婚或已婚者所做的辅导工作。婚姻辅导的内容广泛,主要包括有关性健康的知识、夫妻相处之道、家庭经济设计、为人父母角色以及对子女教养方法等。婚姻辅导与婚姻咨商(marriage counseling)稍有不同,婚姻咨商偏重于协助当事人解决婚姻上遭遇的问题。见该条。

marriage therapy 婚姻治疗 属心理治疗方法之一。婚姻治疗的对象不是个人,而是婚姻当事人夫妻之间的关系。易言之,婚姻治疗的目的是在协助夫妻两人改善他们之间的关系。夫妻间关系不和谐的原因,可能是意见不合,可能是财产纠纷,也可能是性生活不能调适。婚姻治疗的重点即在借会谈咨商,使夫妻改进沟通方式,从而恢复夫妻间的和谐关系。

masculine identity 男性认同 指身为男性者欣然接纳自己是男性的事实,并在行为上认同社会上一般男性所秉持的态度与价值。

masculinism = masculinization 男性化

masculinity 男性气质 泛指男性共有的或应有的性格特质。男性气质并非绝对与生理上的性别有关,有的女子可能表现出不亚于男子的男性气质。因此,本词与另词男性(maleness)不同。见该条。

masculinity-femininity scale (MF scale) 男女气质量表 指用以鉴别男女两性气质倾向的量表。此种量表的使用对象不考虑性别的问题,只是将男女两性放在同一量尺上,观察个人在气质上所表现的心理倾向。

masculinization 男性化 **1.**指个体(无分男女)在体质或性格上变得像成年男性的倾向。**2.**指女性带男性倾向者。见男子气(virilism)。

masked affection 掩饰性情感 指对人示好关心甚至表达爱意,而事实上是掩饰其恨意的心理历程。这是精神分析论的解释,唯所掩饰的反面情感,却是潜意识的,当事者并不自知。见反向作用(reaction formation)。

masked deprivation 掩蔽性剥夺 指亲子间空有名分关系而缺乏情感实质的现象。义同情感性分离(affective separation)。见该条。

masked homosexuality 假同性恋 属于同性恋的一种类型。指在外表上是同性间发生性交行为的关系,但在实质上,当事者在心理上仍然是在追求与异性性交活动得到的满足。见同性恋(homosexuality)。

masking 掩蔽 指当个体注意某一目标刺激时,因另一刺激出现,致使对目标刺激无法获得清楚知觉的历程。掩蔽主要发生在视觉与听觉两方面。显然,掩蔽乃是因为另一掩蔽刺激的出现所造成。由于第二刺激出现的时间或空间不同,而又有多种掩蔽:(1)前掩蔽(forward masking),指掩蔽刺激出现在目标刺激之前所造成的掩蔽;(2)后掩蔽(backward masking),指掩蔽刺激出现在目标刺激之后所造成的掩蔽;(3)同时掩蔽(simultaneous masking),指掩蔽刺激与目标刺激同时出现所造成的掩蔽;(4)边掩蔽(lateral masking),指视觉的目标刺激旁边出现掩蔽刺激时所造成的掩蔽。掩蔽现象不限于视知觉,其他知觉也会产生。

masking theory 掩蔽论 泛指解释一切因额外刺激出现(如噪声)而影响个体心理功能(如考试成绩)的理论,均称为掩蔽论。见掩蔽(masking)。

Maslow, Abraham Harold (1908～1970) 马斯洛 马斯洛是20世纪美国心理学家,是心理学第三势力的领导者,也是被誉为人本心理学之父的心理学家。

马斯洛1908年4月1日出生于纽约市布鲁克林区,父母都是犹太人,他是家中长子,父亲酗酒,母亲极迷信,而且性格冷漠残酷,马斯洛小时曾带两只小猫回家,被母亲当面活活打死。马斯洛

童年生活痛苦,从未得到过母亲的关爱。母亲去世时,他拒绝参加葬礼,可见其母子关系之恶劣。青少年时期他曾因体弱貌丑(鼻子太大)而极度自卑,借锻炼身体冀求得到补偿。进入大学后读到阿德勒著作中“自卑与超越”的概念,得到启示,从此改变了他的一生。及长,先进纽约市立学院,继而进康奈尔大学。在修习当时结构学派领导人铁钦纳的心理学科目时,感到枯燥无味,乃决心转学到威斯康星大学。不久即师从当时行为主义代表之一赫尔研究动物学习行为。1934年获心理学哲学博士学位,其指导教授是动物心理学家哈洛,博士论文是关于动物社会行为的研究,毕业后曾到哥伦比亚大学担任行为主义先驱桑代克的研究助理。由此可见马斯洛虽反对行为主义,但接受的却是行为主义教育。直到1937年进纽约市布鲁克林学院担任副教授时,他在思想上才放弃行为主义,改而走向人本主义。1951年马斯洛应马萨诸塞州新成立的布兰德斯大学之聘担任教授,1954年他首次提出人本心理学的概念。但因当时行为主义思想正盛,而未受重视,连他的文章都无法在心理学刊物上发表。直到1961年联合志同道合者创办《人本心理学期刊》,第二年正式成立美国人本心理学会。至此人本心理学思想才获得一席之地,他也在1967年当选为美国心理学会主席。1970年6月8日,病逝于马萨诸塞州瓦尔珊,享年62岁。1970年8月国际人本心理学会成立,并在荷兰首都阿姆斯特丹举行首届国际人本心理学会议;1971年美国心理学会通过设置人本心理学专业委员会,这两件事标志了人本心理学思想获得美国及国际心理学界的正式承认。遗憾的是,马斯洛未能亲眼看到他多年为此而尽瘁所获致的成果。

马斯洛的主张虽未完全取代行为主义,但他所强调的心理学应研究人性整体的思想,对心理学的发展产生了深远影响。具体言之,马斯洛心理学思想的最大贡献,主要在于以下两方面:

1.对人性的基本看法 对人性的看法,马斯洛的心理学思想显示了以下的论点:对心身关系问题的解释,马斯洛持心身合一的观点,此观点显示在他的需求层次论上,从生理需求到心理需求的发展是采连续观。对天性与教养问题的解释,马斯洛持人性本善的观点,他认为人类的天赋善根是其一生发展的内在潜力。对知识来源问题的解释,马斯洛持综合观点,他认为理性主义所讲的先天理性、经验主义所讲的后天经验及现象论所指的直觉,都是知识的来源,而直觉则是一切知识的基础。对自由意志对决定论问题的解释,马斯洛虽持决定论的看法,但他所指的决定论既非物质决定论也非精神决定论,而是指个人的行为决定于他自己,决定于他自己的需求和自由意志。此点正显示马斯洛思想的人本特征。

2.倡需求层次论解释人格发展 马斯洛的人本心理学思想,主要载于他1970年出版的《动机与人格》一书。唯他所指“动机”一词,并非如一般所持“动机是促发行为的内在力量”的说法;他所说的动机,是指人性特质中的善根。动机像一棵大树的种子,在长成大树之前,种子之内已蕴藏了将来长成一棵大树的一切内在潜力。人类的动机也就是个人出生后一生成长发展的内在潜力。因此,马斯洛的动机理论亦即其人格发展理论。马斯洛在该书中,将动机视为由多种不同性质的需求所组成,故而称为需求层次论(need hierarchy theory)。见该条及附图。

马斯洛的主要专著有:*Principle of abnormal psychology* (1941); *Motivation and personality, 2nd ed.* (1970); *Psychology of science: A reconnaissance* (1956); *New knowledge in human values* (1956); *Toward a psychology of being* (1960); *Religious, values, and peak experience* (1964); *The father reaches of human nature* (1971)等。

Maslow's model of motivation **马斯洛动机模型** 义同需求层次论(need hierarchy theory)。见该条及附图。

Maslow's motivational hierarchy **马斯洛动机层次** 义同需求层次论(need hierarchy theory)。见该条及附图。

Maslow's need hierarchy theory **马斯洛需求层次论** 义同需求层次论(need hierarchy theory)。见该条及附图。

Maslow's thoery of human motivation **马斯洛人类动机论** 义同需求层次论(need hierarchy theory)。见该条及附图。

masochism **受虐狂** 1.属性变态的一种类型。受虐狂的特征是，被他人虐待时会得到快感。**2.**从别人或本人对自己的虐待中得到快乐，因而产生寻求别人虐待自己或自己虐待自己的反常心理倾向。根据精神分析论的解释，受虐狂是一种转向攻击，当向外攻击的意念引起罪疚感时，就转而向内攻击自己。

masochistic character 受虐性格 属于一种变态性格。具有此种性格的人，极端自卑自责，经常怀有罪疚感。受到别人欺凌侮辱时，非但不表现出愤怒或反抗，反而甘愿逆来顺受，甚至受到虐待后反使罪疚感的压力减低。

masochistic fantasy 受虐幻想 指接受虐待的一种幻想，此种幻想多表现在性变态的人，幻想在与他人发生性关系时被对方严苛对待，从而获得性的满足。

masochistic personality＝masochistic character 受虐性格

mass 群众 社会心理学中的术语，指缺乏社会组织而个体间彼此没有联系的一群人。社会心理学家之所以对群众产生兴趣，主要是因为某种社会事件发生时，社会大众仍然在心理上显示出某种“不约而同”的倾向。物资缺乏时引起大众抢购的现象，就是明显的例子，见群众行为(mass behavior)。本词与另词暴民(mob)不同，暴民是指具有共同高昂情绪而表现反抗社会的一群人。暴民未必有组织，但在高昂情绪下一旦出现共同目标(如财物或治安警察等)时，暴民的行为就难免演变成暴动。

mass-action principle 整体活动原则 义同整体活动法则(principle of mass action)。见该条。

mass-action theory 整体活动论 义同整体活动法则(principle of mass action)。见该条。

mass behavior 群众行为 属于一种集体性的行为。群体中各个体所表现的行为方式雷同，行为的目标相似，但个体之间未必互通信息，在群体之背后也未必有人指挥操纵。像流行的事物如服装与发型等每有改变时，都有很多人不约而同地赶时髦，就是明显的例子。本词又称群众感染(mass contagion)。

mass communication 大众传播 指以社会大众为对象所作的传播性措施。大众传播一般包括报纸、杂志、电视、电台、网络等传播工作在内。

mass contagion 群众感染 义同群众行为(mass behavior)。见该条。

massed practice 集中练习 指学习历程中采用的练习方式之一。集中练习的特点是将学习活动一次完成，中间不间断休息。不过，这只是原则，与分散练习(distributed practice)比较而言，中间的分隔时段较少而已。见该条。

mass hysteria 集体歇斯底里，集体癔症 指一群人或整个团体因受到某种暗示(如迷信神祇)，全体陷入歇斯底里的状态。见歇斯底里(hysteria)。

mass media＝mass media of communication 大众传播媒体

mass media of communication 大众传播媒体 泛指以大众为对象的传播媒介物，诸如电视、网络、广播、报纸、杂志等均属之。

mass movement 群众运动 指群众自发性的集体行为。此种行为具有共同目标，但事前多无计划性组织，也未必受任何人指挥控制。例如，在经济不稳定的社会中，常出现物资抢购或银行挤兑的风潮，即属群众运动。

mass polarization 大众极化 指社会大众注意力集中一件事(如选举期间某种宣传)，而忽略其他信息的社会心理现象。

mass psychology 群众心理学 属心理学领域内的一个分支学科。群众心理学研究的对象是缺乏组织的群众。群众的组合虽无统一性的目标与共识性的规范，但受情境因素的影响，仍然表现出类似的行动与情绪。群众心理学研究的目的，主要在于了解在无组织的群众情境下，个体行为的变化，从而发现解释群众行为的原理、原则。

mass-specific development 整体到特殊发展 见发展顺序(developmental sequence)。

master gland 主腺 指垂体腺(pituitary gland)，以其具有多功能的特征而得名。见该条。

mastery 精通 指对某项工作的表现已臻于预定水平的最高境界。

mastery instinct 争胜本能 指人类(动物亦然)生而具有的争胜动机(mastery motive)。见该条。

mastery learning 精熟学习，掌握学习 美国心理学家布卢姆(B. S. Bloom)1968年提倡的一种针对个别差异因材施教的教学方法。按精熟学习的基本构想，如教师以同样时间教全班学生，势必有些学生因时间不足而无法达到预定的教学目标。因此，欲期使每个学生都能达到学业精熟的程度，只有在学习时间上给予学习能力不同的学生以个别考虑，即按各个学生所需学习时间施教，以期全班(或大多数)学生在学业上均能达到必要的程度能学会教材的80%。果能如此，能力较低的学生，才会因较多时间学习而跟上其他优秀学生；而且在教学进程上，才不致因前面单元未学会而阻碍以后新单元的学习。精熟学习教学法的理念虽好，但在大班教学而且有时间进度限制时，在实际使用上不无困难。与本词含义相似者为凯勒计划（Keller plan）。见该条。

mastery learning model 精熟学习模型 义同精熟学习（mastery learning）。见该条。

mastery motive 求精动机，争胜动机 属于成就动机范围，指个人对所做的事自愿全力以赴、精益求精，务期臻于完美无缺并胜于他人的境地。见成就动机（achievement motivation）。

mastery score 精熟分数 指学生学习成绩达到预计精熟程度的分数。精熟分数是根据标准参照记分法（criterion-referenced grading）评定的。见该条。

mastery test 精熟测验 泛指用以测量学生所学教材精熟程度的任何测验。

masturbation 手淫，自慰 指操弄自己的生殖器官而获致性满足的活动。这是狭义的说法。广义的手淫并不限于生殖器官，如对肛门、乳头等施以刺激并伴以性幻想者，也称手淫。以往将手淫视为不健康的恶劣行为，现今一般较为接受。广义的手淫有多种变异形式：有肛门手淫（anal masturbation），刺激肛门以求性的满足；有交互手淫（mutual masturbation），指两人或多人交互手淫，交互手淫中只限于两人者，又称双人手淫（dual masturbation）；只凭想象而不包括身体其他活动而获致性欲满足者，称意淫（psycholagny）；刺激身体其他部位，如挖鼻孔、掏耳朵、咬指甲等活动，伴以性幻想从而获得满足者，称为象征性自慰（symbolic masturbation）。

M

MAT = Miller Analogies Test 米勒类推测验

matched groups 配对组 指配对组设计（matched-groups design）时，按对等原则所编成的各组。见该条。

matched-groups design 配对组设计 属于实验控制的一种方法。采用多组（最常用者是分实验与控制两组）实验时，为期各组受试者在基本条件上彼此相等所采用的相对分配编组法，称为配对组设计。例如，以初中二年级学生为对象，编为实验与控制两组，实施新法教学实验，两组学生的分配考虑到：人数相等、性别分配相等、学习能力（智力）相等、学习经验（学科成绩）相等，如此编成的相对两组，称为配对组（matched groups）。如此编组的方式，则称为配对组设计。当然，配对组之间，并非一切条件绝对相等，只能视为接近相等。配对组设计又称配对组法（matched-groups procedure），也称等组法（equivalent-groups procedure）。如果对两组受试个别成对地考虑，使之在一对一的关系上彼此对等者，则称为配对法（matched-pairs procedure）。

matched-groups method 配对组法 义同配对组设计（matched-groups design）。见该条。

matched-groups procedure 配对组法 义同配对组设计（matched-groups design）。见该条。

matched-pairs procedure 配对法 见配对组设计（matched-groups design）。

matched sample 对等样本 指条件相同或相似的两个或多个相对的样本。例如，采配对组设计（matched-groups design）时，所编各组均为对等样本。见该条。

matching 对等法 义同配对组设计（matched-groups design）。见该条。

matching hypothesis 匹配假说 社会心理学上的术语。指两性之间彼此吸引的主要因素是两人在容貌或性格上有相似之处。根据心理学家研究发现，青年人在恋爱阶段所追求的对象，多半在容貌上有彼此相似之处；但两性间因恋爱而结婚者，在容貌上则未必相似。由此可见，匹配假说只能解释两性间的彼此吸引，而不能解释两性婚姻的构成和维持。换言之，影响婚姻之构成和维持者，可能除容貌之外更有其他因素（如性格、能力、兴趣、态度等）。

matching method 对等法 义同配对组设计（matched-groups design）。见该条。

matching test 对照测验 属能力测验的一种形式。对照测验的特点是，试卷之一边列出一系列的命题，在另一边列出多种答案，受试者的任务是对照各命题和各答案的意义，将其中相关者配在一起，例如，在试卷一边列出10个国家的名字，在另一边列出8个国家首都的名字，受试者被要求将国名和其首都各用一条线连在一起。对照测验的一般原则是，命题项目的数量要比答案项目数量稍多，借以避免受试者用猜测方式填答。

materialism 唯物论，唯物主义 **1.**在哲学上，唯物论是本体论的两大理论之一。唯物论的基本要义是，认为宇宙万物尽可由物质以说明之，人只有通过具体的物质，才能了解宇宙万物的存在；不承认物质之外其他东西之存在。基于此义，唯物论者相信，人的一切所谓心理活动（如感觉、知觉、思维、情绪等），均可以大脑所产生的物质活动来解释。在哲学心理学的心身关系问题（mind-body problem）争议上，唯物论者认为身体是唯一存在的实体，所谓心的精神作用，实为脑的生理功能，故主张心身一体；而支配心身两方面活动者，则同为属于物质的生理作用。见该条。另见本体论（ontology）。**2.**在社会学上，唯物主义指个人（或社会大众)在生活态度上过分重视物质占有或生活享受,而轻视精神生活的心理倾向或价值观。与本词相对者为唯心论(idealism)。见该条。

maternal aggression **母性攻击** 指雌性动物养育幼小期间遭到侵扰时所表现的攻击行为。见动物攻击(animal aggression)。

maternal behavior **母性行为** 指雌性个体照顾幼小者的行为。就一般动物而言,母性行为中诸如哺乳、舐拭幼小者身体、保护幼小性命安全等均是。在同一种属之内母性行为常表现同一形式,而各种属之间则有若干的差异。就人类的母性行为而言,常因地区文化的不同而有所差异,不像动物一般表现出同一行为模式。

maternal deprivation **母爱剥夺** 指个体自幼缺少母爱因而影响其人格发展的情况。个体自幼丧母或因父母离异,子女随父单亲教养者,在人格发展上都受母爱剥夺的影响。

maternal-deprivation syndrome **母爱剥夺症候群,母爱剥夺综合征** 指个体因幼时缺失了母爱而导致的身体发育不良、心智迟滞、情绪困扰以及社会能力低劣等综合性症状。根据心理学家研究发现,幼小动物(如猴子等)的母爱剥夺症状,较之人类更为明显。原因可能是因幼小动物丧失母亲后得不到代替母职者予以照顾。

maternal drive **母性驱力** 指雌性个体在生育幼小前后的一段特殊时间内,所表现出的一种强烈的原始动机。受母性驱力的作用,雌性个体在同一属性中表现出同一的行为模式。以胎生动物而言,哺乳、舐拭幼小身体、保护幼小安全等行为均属之。动物的母性驱力较偏向于生物性,是一种不需学习的生物性动机,故而称为母性本能(maternal instinct)。根据心理学家研究发现,动物(如母鼠)的母性驱力表现时,其强烈程度较之饥、渴、性等驱力尤有过之。而对人类而言,母性驱力所表现出的育儿行为,因地区文化的不同而有所差异,一般都认为此种驱力是社会性的,受社会学习的影响。

maternal instinct **母性本能** 见母性驱力(maternal drive)。

maternity blues **产妇沮丧** 指少数女性生产后初为人母时,产生精神抑郁的现象。

matriarchal family **母权家庭** 见母权社会(matriarchal society)。

matriarchal society **母权社会** 指先民时代为母亲者非但是家庭的主人,而且也是社会的主导者。如母权社会只限于家庭组织者,称为母权家庭(matriarchal family)。如将母权社会视为一种社会制度者,即称为母权制(matriarchy)。与本词相对者为父权社会(patriarchal society)。在父权社会中,为父亲者非但是家庭的主人,也是社会的主导者。如将父权社会视为一种社会制度,即称为父权制(patriarchy)。人类学家一般认为母权社会先于父权社会,理由是人类幼稚期无论男女均赖母亲养育。也有学者认为父权社会先于母权社会,理由是在体力上男性优于女性。

matriarchy **母权制** 见母权社会(matriarchal society)。

matriculation dream = **examination dream** **考试梦**

maturation **成熟,成熟历程** 指个体身心随年龄自然生长发展的历程,其含义是指个体在趋向成熟状态的过程中,身心两方面所产生的变化的程度。在身体方面,个体的神经系统、肌肉组织、腺体分泌等生理功能,均随年龄而增长变化,是为生理成熟。在心理方面,个体的智力、情绪、语言、社会能力等,也随年龄而增长变化,是为心理或人格成熟。个体的成熟程度受先天遗传与后天环境两大因素的影响。注意本词与另词maturity同名而异义,后者所指是为个体生长发展是否已达到成年(或成人)状态而言。见该条。

·M

maturational crisis **成熟危机** 义同发展危机(developmental crisis)。见该条。

maturational lag **成熟迟滞** 指神经系统的某些区域发育迟缓或不平衡的现象。成熟迟滞是造成学习能力缺失的原因之一。在一般情况下,神经系统的成熟是一个完整的过程,其各个组成部分的发育是平衡而协调的。但有些儿童,其发育可能出现不平衡现象,若某些部分发展得较为缓慢,则引起相应的学习障碍。如阅读困难儿童大抵系因大脑中的知觉辨别区域发育落后于其他认知系统,而导致阅读困难。

maturational readiness **成熟准备状态** 指儿童的身心成熟程度已完成某种学习的准备。婴儿满周岁后,其肌肉骨骼的发育程度已完成学习站立移步的准备。幼儿6周岁时,其语言能力和基本生活技能,已完成接受学校教育的准备。成熟准备状态是构成有效学习的必要条件。未达成熟准备状态的学习,将难免产生"揠苗助长"的不利效应。

maturation hypothesis **成熟假说** 对个体某种行为只有在成熟达到某一程度时才会出现的一种理论解释。个体某些行为虽纯属遗传,但也需个体生理成熟达到某种程度时才会显现。性行为就是如此。

maturity **成熟,成熟期** 指个体的身体或心理发展臻于成熟的状态。唯本词所指成熟状态，属一般所指的成人标准，是完成的意思，是具有充分功能的意思。平常用本词来表意时，多在前面再加限制词语，如性成熟（sexual maturity）、心智成熟（mentalmaturity）、情绪成熟（emotionalmaturity）、社会成熟（social maturity）等。见该等条。按以上解释，可见本词所指者包括个体生理的成熟与心理的成熟两方面。生理方面的成熟，其标准较易确定（如以性器官功能为基础），而心理方面的成熟则因社会文化的差异而有所不同。注意本词与另词maturation名同而义异。见该条。

Maudsley Personality Inventory **莫兹利人格调查表** 英国心理学家艾森克1956年编制的一种人格测验。该测验主要测量艾森克人格理论中的内外向及神经质（情绪稳定度）两个维度，到1964年修正为艾森克人格调查表（Eysenck Personality Inventory）。见该条。由于艾森克当时任职于伦敦市附近的莫兹利医院，故名。

maximal age **起始年龄** 指标准化心理测验所规定施测的开始年龄。例如，某一智力测验规定的施测年龄是6～12岁，6岁就是起始年龄。因6岁以下的儿童不会解答该测验中的题目。

M

maximal sensation **上限感觉** 指感觉敏度的最高限度，达于此限度时，即使再增加刺激之强度，也不会再使敏度增加。见下限感觉（minimal sensation）。见绝对阈限（absolute threshold）。

maximum gain rule **赢最多原则** 见博弈论（game theory）。

maximum performance evaluation **最佳表现评量** 从学校教学评量实施目的观点言，有最佳表现评量与典型表现评量之分。所谓最佳表现评量，是指以测量学生最佳表现为目的的评量。凡是以能力的高低作为评量基础者，均属最佳表现评量。学校教学后的考试与升学考试，在性质上均属最佳表现评量。此种评量之所以称为“最佳表现”者，是因为在此种以能力为基础的评量情境之下，受试者皆怀有强烈的求胜动机，对面对的问题全力以赴，以期在结果上做出最佳的表现。在一般情形下，学生参加竞争性的考试都会如此。因此，学生们在学科成就测验上得到的分数，均可视为他们的最佳表现。教师对学生成就高低的评定，自然也是根据他的最佳表现。见典型表现评量（typical performance evaluation）。

maximum performance test **最佳表现测验** **1.**实施最佳表现评量（maximum performance evaluation）时所用的测验，即称为最佳表现测验。见该条。**2.**凡是不限时间的能力测验，在性质上均属最佳表现测验。盖此类测验的目的即在测量受试者的最高能力。见难度测验（power test）。

May, Rollo（1909～1994） **梅依** 梅依是20世纪美国心理学家，是以存在主义哲学思想为基础建立人本主义心理学的奠基者，也是提倡存在心理治疗的代表之一。

梅依1909年出生于美国俄亥俄州的埃达，自幼父母感情不睦，因而童年生活不快乐，这可能是他日后研究咨商心理学的原因之一。年轻时醉心文学艺术，1930年获奥伯林学院文学学士学位。毕业后随一群艺术家赴波兰从事画作，并遍游欧洲。1934年返美，在密歇根州立大学担任学生咨商员，后改进纽约联合神学院，研究当时正流行的存在主义哲学，旨在探讨人生存在的意义和价值，1938年毕业，获神学学士学位，此后担任纽约市立学院学生咨商员，并研习精神分析。1946年开业从事心理治疗工作，并在哥伦比亚大学进修，1949年获临床心理学博士学位。此后，担任纽约社会新学院研究员，并以访问教授名义分赴哈佛、耶鲁、普林斯顿等大学讲课，且继续写作。1994年病逝，享年85岁。

在心理学史上，梅依是介于存在主义和人本心理学之间的桥梁人物。在他1958年出版的《存在：精神病学与心理学的新面向》一书中，首次将德国哲学家海德格的存在主义思想介绍到美国，从此一方面建立了他的存在心理治疗体系，另一方面为以后人本心理学的发展奠立了基础。梅依在心理学上的贡献，主要在于以下两方面：

1.强调自由意志的人性特质　对人性特质的看法，梅依与其他人本心理学家一样，强调自由意志，反对决定论。梅依认为，每个人生而具有长成一个人的先天潜能，每个人都会全力以赴地将其天赋潜能表露出来，以期臻于自我实现。不过，人和其他生物不同，其他生物是靠自然条件成长的，人却是靠自己的选择才能成其为人。一粒橡树种子内蕴藏了将来长成一棵大橡树的潜能，一旦落地生根，只要生长环境适当，它就自然会长成一棵橡树。人的成长却非如此，人之所以成为一个什么样的人，不是靠自然条件，而是靠他自己的选择。唯其如此，在人的世界中即使环境相似，而各人的成长却仍有很大的个别差异。梅依认为，人性虽如此，但在现实中个人的选择却未必如意。因此人的生长历程是焦虑的、痛苦的，存在心理治疗（existential psychotherapy）的目的，旨在协助当事人了解自己，重新选择。见该条。

2.对自由与焦虑的解释　在梅依的心理学思想中，自由与焦虑是两个核心概念。他认为在现实中个人根据自己的条件做自由选择，个人的潜力才会获得充分发展；亦即谓自由选择是个体自我实现的先决条件。此理念与人本主义心理学主要领导人马斯洛和罗杰斯的思想是一致的。在心理治疗方面，梅依将自由和焦虑连在一起解释。他认为自由是人性的重要特质，唯个人在现实生活中自由选择时，选择的后果往往非但未必使人心安，反而使人感到焦虑。原因是选择之后将带来不确定后果，可能成功，也可能失败，因此面对选择情境时，个人就可能在心理上产生既想求成又想避败的困境。选择既由自己决定，选择的结果，亦必由个人承担，因而产生心理压力。由此观之，在现实人生中，焦虑是无可避免的。如何面对焦虑是人生必须学习的课题。梅依将因自由选择带来的焦虑分为两种，一是健康的焦虑，另一是神经质焦虑。所谓健康的焦虑（healthy anxiety），是指个人在现实生活中有所选择（如升学、就业、转业、婚姻、投资等）时，如能以积极乐观的态度面对选择不确定后果带来的焦虑，并心甘情愿地承担起自己选择后的责任，即使选择结果未必尽如人意，但至少克服了焦虑的威胁，使危机化为转机。所谓神经质焦虑（neurotic anxiety），是指个人在现实生活面临选择情境时，因过分恐惧选择后会带来失败的结果而犹豫不决，不是冀求别人支持，就是畏惧退缩或但求安于现状，不敢遽下决定。一旦因放弃选择而丧失成功机会，却又陷入悔恨交加，备感痛苦的状态。如此，焦虑不但未能解除，而且愈积愈深，最后难免因无法承担过重的心理压力而导致精神疾病。梅依认为，心理治疗的目的正是帮助那些因患得患失而不敢选择以致陷入神经质焦虑的人，使他领悟到自由选择和勇于负责两者间的必然关系，以期其能面对现实人生去实现自己。

梅依著作丰富，已出版之专著有：*The art of counseling*（1939）；*The spring of creative living*（1940）；*The meaning of anxiety*（1950）；*Man's search for himself*（1953）；*Existence: A new dimension in psychiatry and psychology*（1958）；*Symbolism in religion and literature*（1960）；*Existential psychology*（1961）；*Psychology and human dilemma*（1967）；*Love and Will*（1969）；*Power and innocence*（1972）；*Paulus: Reminiscences of a friendship*（1973）；*The courage to create*（1975）；*Sex and fan-tasy*（1980）；*Freedom and destiny*（1981）；*The discovery of being*（1981）；*My quest for beauty*（1985）等。

maze 迷津，迷宫　**1.**指用动物为受试者做心理实验时，用以观察动物方位学习的实验工具。迷津有很多种，较常用者为木制的间隔盘，其中有若干死路也有若干通往食物箱（或出口）的通路。通路不止一条，有快捷方式也有迂路。实验时将饥饿的动物（如白鼠）放进入口，然后观察记录其如何逐渐舍弃死路与迂路，最后选择快捷方式迅速到达终点取得食物。如附图所示，即为美国心理学家托尔曼在20世纪40年代设计用来测验白鼠认知能力的迷津之一。根据托尔曼实验发现，在白鼠有了走遍三条通路的经验之后，如三条通路全部开放，它会选择最短的通路1；如将通路1的A处阻塞，它会选较短的通路2；如将通路1的B处阻塞，它会选择最长的通路3。由此观之，白鼠在迷津中行走，不是无目的的，而是靠对迷津全貌的认知来选择的。**2.**迷津也可以以人为受试者做心理实验，除在地面隔间制造类似动物实验用的迷津外，也可用手持工具方式循金属盘上的纹路去找寻出路。见铁笔迷津（stylus maze）。

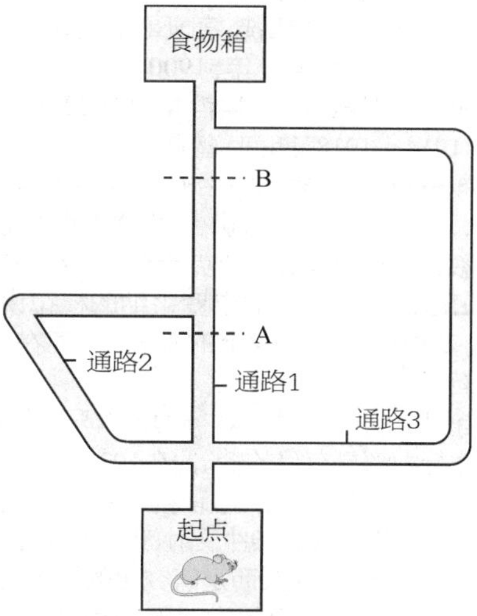

迷津

M

maze learning 迷津学习 属于动作、知觉、方位关系等综合学习的历程。个体置身于一种错综复杂的迷路情境中，经由尝试错误及认知的方式，逐渐学到避免死路选择通路，然后再逐渐分辨出哪是迂路，哪是快捷方式，最后总能学到自进口到出口完全无误的地步。见迷津（maze）条及附图。

McDougall, William（1871～1938）麦独孤 麦独孤是20世纪初在英国出生的美国心理学家，是社会心理学先驱，是策动心理学创始人，也是主张本能论的心理学家。

麦独孤于1871年6月22日出生于英格兰的兰克夏，15岁进曼彻斯特大学学生理学，四年后得奖学金入剑桥大学专攻医学，1897年在伦敦圣托马斯医院实习，实习期满获医学博士学位，时年26岁。在此期间他因读到哈佛大学教授詹姆斯所著《心理学原理》，而对心理学感兴趣；且对詹姆斯崇拜有加，自诩为詹姆斯的私淑弟子。1898年得有机会随剑桥大学探险队前往澳洲与新几内亚研究人类学。回国后赴德国哥廷根大学师从缪勒学习实验心理学一年。1900年任伦敦大学讲师，1904年改任剑桥大学哲学讲师，第一次世界大战（1914～1918）期间，曾任军医少校，担任军人精神病治疗工作。退役后返剑桥因未能升任为教授，乃于1920年应哈佛大学詹姆斯之邀出任该校教授，1928年改任杜克大学教授，1938年11月28日因癌症病逝于北卡罗来纳的杜拉谟，享年67岁。麦独孤在心理学上的贡献，主要在于以下两方面：

1.首创目的心理学　对行为的解释，麦独孤认为个体行为都是有目的的。他在1923年出版的《心理学纲要》一书中指出，心理学研究的行为，既不是巴甫洛夫所研究的条件反射，也不是华生所研究的由刺激引起的反应，而是研究目的性的行为。因此一般称麦独孤的思想为目的心理学（purposive psychology）。麦独孤强调个体行为是自发性的、有目的的活动，而非被动由外在刺激所引起，如目的性活动受阻，个体将改换行为方式以达到目的。后来麦独孤将他的目的心理学改称为策动心理学（hormic psychology）。

2.提倡本能论　华生的行为主义思想不承认本能之说，他认为个体的本能性行为也是在环境适应中学习来的。麦独孤反对华生的看法，他认为本能是促发个体目的性行为的内在动力。此种与生俱来的内在动力，人类与动物均皆有之。根据麦独孤的本能论（instinct theory），人与动物本能性行为表现时，其中包括三种成分：其一为知觉成分，指个体对某些特定刺激给予特别注意的先天倾向（如认识食物）；其二为行动成分，指个体的目的导向行为活动，在达到目的从而获得满足之前，行动不会停止（如觅食、求偶）；其三为情绪成分，指伴随行动而产生的情绪反应（如觅食得食而快乐）。麦独孤的本能理论，最早载于他1908年所出版的《社会心理学导论》中，所以一般公认他是社会心理学的先驱。

麦独孤著作等身，一生出版专著24种，论文160余篇，专著中最主要者有：*Physiological psychology*（1905）；*An introduction to social psychology*（1908）；*Body and mind*（1911）；*Psychology：The study of behavior*（1912）；*Outline of psychology*（1923）；*Outline of animal psychology*（1926）；*Psycho-analysis and social psychology*（1935）等。

MD = mean deviation 平均差

Md = median 中数

Md D = median deviation 中数差

Mdn = median 中数

mean（M） 平均数 义同算术平均数（arithmetic mean）。见该条。

mean deviation（MD） 平均差 属变异量数之一。以集中量数中的平均数为标准，将全部量数中每一量数值与此标准相比较，所得之差之绝对值的算术平均数，称为平均差。平均差的计算公式为：

$$MD=\frac{\sum|X-M|}{N}$$

公式中，MD为平均差；X为每一量数；M为平均数；N为总量数之和。

mean dosage 均数剂量 义同中数致死剂量（median lethal dosage）。见该条。

mean error = mean deviation 平均差

meaning 意义 指传达信息时，信息接受者所能理解的该信息中真正的含意。信息是否具有意义，宜从三方面来界定：（1）指说话或写作的人本身想要表达的意图：他到底想说什么，或他究竟要告诉读者什么;(2)指众所公认的符号表征所传达的信息,如街口红灯代表停止,绿灯代表通行;(3)指收受信息的人所意识到信息的表征:他了解对方说的话是什么意思,他懂得文章作者所表达的是什么思想观念。由以上三点看,意义是相对的,不是绝对的;同是一个故事,对小学生与大学生而言,可能有着不同的意义。

meaningful learning 意义学习 美国教育心理学家奥苏贝尔为改进传统讲解式教学在1977年提出的一种学习理论。意义学习的基本要义是,要想提升讲解式教学的效果,必须使学生完全了解教师所讲解的内容,而且觉得有意义。要想达到此目的,教师必须遵守两项原则:(1)讲解前必须对教材内容熟悉,对自己要教与学生要学的一切,均有充分的准备。(2)上课解释时,要配合学生的个别差异深入浅出,循序渐进,并善于运用前导组合(advance organizer)方法,在教学生学习新知识之前,教师先以学生已有知识为基础,给予学生引导式的说明,使学生易于把行将学习的新知识与已有的知识连结起来,从而了解新知识的意义。见讲解式教学(expository teaching)。

meaningfulness 意义性 指符号或文字所能表达意义的程度。就一个单词而言,其意义程度的高低,可由该单词引起联想的多寡(联想值)决定之。以"学生"与"学究"两词为例,如果以小学中年级为受试者要他做词意联想,"学生"一词引起的联想(如学校、上课、教室、考试、书包等)将远较"学究"一词引起的联想要多,这表示对小学中年级学生而言,学习"学生"一词比"学究"具有较高的意义。见联想值(association value)。

mean lethal dosage 均数致死剂量 义同中数致死剂量(median lethal dosage)。见该条。

means-end analysis 手段—目的分析 运用直观推断法解决问题时所采用的一种具体方法。手段—目的分析的特点是,针对求解目的与问题已知条件与限制之间的差距,进行分析,找出可供缩小差距的手段,从而达到最后目的。基于此义,可知采用手段—目的分析法所解决的问题,都是较为复杂而无法采定程法进行解决的问题。采用手段—目的分析法,一般都是在问题的起始状态(问题情境)与目的状态(最后答案)之间设定几个可以达成的次目标。达成第一次目标之后,接着进行第二个次目标;达成第二个次目标之后,接着进行第三个次目标。如此逐步进行,等到所有次目标连续达成时,问题索解的最后目的即告达成。在手段—目的分析过程中,设定的次目标可视为有助于达成最后目的的手段,此手段即称为次目标分析(subgoal analysis)。见直观推断法(heuristic)。

mean-square(MS) 均方 义同变异数(variance)。见该条。

mean-square deviation 均方差 义同变异数(variance)。见该条。

measure 测量,量数,统计数 **1.**译作测量时,指对个体(或团体)某种特质实施测量的历程(当动词用)。**2.**译作量数时,指测量所得的结果,此种结果通常均以数值或分数表示之(当名词用)。**3.**译作统计数时,义同统计数(statistic)。见该条。

measured intelligence 测得智力 指根据某种智力测验所测量出来的智力。通常采用一个数值(如IQ)以表示测得智力。本词的含义是,智力本系抽象概念,对某人测得的智力,只能视为代表他智力高低的估计数值,但未必真正就等同于他的智力。

measurement 测量 在心理学上,测量是指根据某种量表,用数字描述个体某种心理特征的历程。量表通常即指测验,个体的特征则指其对测验中各个题目所表现的反应。如实施智力测验时,个体在规定时限内答题(反应),从测得分数换算为数字(如IQ 110),以表示个体智力(特征)的高低。

measurement of authoritarianism 权威主义测量,独裁主义测量 指20世纪40年代德国社会心理学家阿多诺(T. W. Adorno, 1903～1969)研究反犹太人态度时所编制的各种量表。其中包括四个分量表:(1)A-S量表(A-S scale),目的在测量反犹太人态度;(2)E量表(E scale),目的在测量种族优越感;(3)P-E-C量表(P-E-C scale),目的在测量政经保守主义态度;(4)F量表(F scale),目的在测量法西斯主义态度。

measurement psychology 测量心理学 义同心理测量学(psychometrics)。见该条。

measurement scale 测量量表 指测量个体行为特征时所用的量表。因为测量的对象和目的不同,所以测量量表也有不同的性质。在心理与教育研究中,常用的测量量表有四大类:(1)名称量表(nominal scale);(2)序级量表(ordinal scale);(3)等距量表(interval scale);(4)比率量表(ratio scale)。见该等条。

measure of central tendency 集中量数 指在次数分布表中,较多次数趋于中间位置而形成的集中趋势。代表此集中趋势的量数,就称为集中量数。最常用的集中量数共有五种:(1)算术平均数(arithmetic mean);(2)中数(median);(3)众数(mode);(4)几何平均数(geometric mean);(5)调和平均数(harmonic mean)。见该等条。

measure of dispersion 分散量数 义同变异量数(measure of variation)。见该条。

measure of variability = measure of variation 变异量数，差异量数

measure of variation 变异量数，差异量数 用以表示一组量数，或次数分布中各量数间的差异或分散情形的量数，称为变异量数。变异量数与集中量数(measure of central tendency)相对，前者表示次数分布的分散程度，后者表示次数分布的集中趋势。常用的变异量数有四种：(1)全距(range)；(2)四分位差(quartile deviation)；(3)平均差(mean deviation)；(4)标准差(standard deviation)。见该等条。

mechanical ability 机械能力 泛指个体的机械性向与实际操作机械工具的能力。通常把机械能力视为与智力不同的能力，前者侧重动作技能，后者侧重抽象推理。事实上两者只是程度上的差别而已，机械能力中仍含有相当成分的智力。见机械智力(mechanical intelligence)。

mechanical aptitude 机械性向 指个体未经训练即显示具有操弄机械的潜在能力。机械性向属特殊性向之一。见性向(aptitude)、机械性向测验(mechanical aptitude test)。

mechanical aptitude test 机械性向测验 指用以测量机械性向的心理测验。机械性向测验的目的是测量受试者学习或使用机械的潜力。此类测验在内容上一般包括机械常识、机械推理、空间关系、机械操作以及手眼协调等各方面的能力。附图所示即机械性向测验中试题之一。题意是：如左上小轮向箭头方向转动时，右边大轮吊动的重物是上升还是下降？

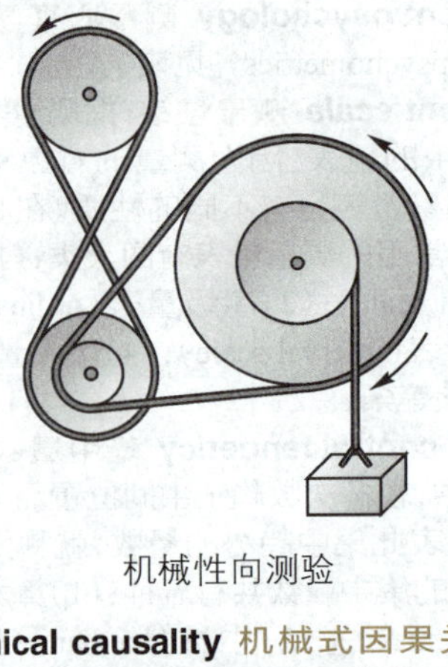

机械性向测验

mechanical causality 机械式因果关系 **1.**指事件发生的前因后果，纯属自然变化。**2.**瑞士心理学家皮亚杰认知发展理论中的概念，指儿童概念发展中的一个阶段。到此阶段儿童才会了解，一个物体的移动有其物理的原因。例如，用甲球碰撞乙球，看到乙球滚动时，他会知道甲球的撞击力是形成乙球滚动的原因。

mechanical intelligence 机械智力 指在机械能力中所包括个人对机械原理的了解与抽象推理等各方面的综合能力。见机械能力(mechanical ability)。

mechanical learning = rote learning 机械式学习

mechanical-man concept 机械人观念 义同机械论(mechanism)第一义。见该条。

mechanism 机械论，机制 **1.**本词译为机械论时，指在哲学上采因果相互为用之机械关系解释宇宙万物变化的一种理论，认为宇宙间一切事象变化，全是由因果法则决定的。在心理学上借用此义解释人的行为，谓人类的一切活动逃不出因果关系的机械法则。因此，在机械论者观念中，所谓自由意志、动机、目的、理想、价值等概念是不存在的。在现代心理学思想中，行为主义采条件作用原则解释行为的改变，在性质上即属机械论。与本词相对者为目的论(teleology)。见该条。**2.**本词译为机制时，指精神分析心理学家的特别用法，指个体在应付困难情境时所养成的一种防卫性的习惯性反应。基于此义，本词义同防卫机制(defense mechanism)。见该条。

mechanistic approach 机械观 义同机械论(mechanism)。见该条。

mechanistic theory = mechanism 机械论

MED = median effective dosage 中数疗效剂量

Medea complex 报复情结 为妻子者如不能获得丈夫的钟爱，在潜意识中希望亲生孩子死去，借此对丈夫施行报复的心理，称为报复情结。Medea为希腊神话中一女子的名字，因丈夫移情别爱，愤而杀死她自己与丈夫所生的孩子。

median (Mdn) 中数 属统计量数之一。在统计数据中，将一系列量数(如学生成绩)按由小到大顺序排列，在序位上居于中间者，即为中数。如量数总和为偶数时，居于中间两数之平均数为中数。

median class = median group 中数组

median deviation (Md D) 中数差 属变异量数之一。以集中量数中的中数为标准，将全部量数中每一数值与中数相比较，所得差之绝对值的算术平均数，称为中数差。见变异量数(measure of variation)。

median effective dosage (MED) 中数疗效剂量 某种药物的剂量能使50%的患者服用后确实有效时,称为中数疗效剂量。

median error = median deviation(Md D) 中数差

median gray 中灰 指介于深灰与浅灰两色之间的颜色。

median group 中数组 在一个次数分布中,包括中数在内的一组,称为中数组。

median interval 中数组距 指次数分布中包括中数组的组距。

median lethal dosage 中数致死剂量 指一种药物的剂量,服用后其药力能使50%的服用者致死的程度。中数致死剂量的研究都是先以动物实验结果为根据。本词亦称均数剂量(mean dosage)。

mediate association 中介联想 指联想时在刺激与反应间插入另一中介物的情形。例如,以"钥匙"一词为刺激,要受试者去联想,他首先联想到的可能是"锁"字,而后由"锁"字可能再联想"门"字。如此,钥匙与门之间的联想,即称为中介联想。义同实时联想(immediate association)第二义。中介联想可视为是一类学习,故而也称为中介学习(mediational learning)。

mediated generalization 中介类化,间接类化 属于刺激类化的一种特殊形式。指一种新刺激,在外形上与条件作用学习历程中的条件刺激截然不同,但是在未经新条件作用学习的情境下,竟然会引起刺激类化的现象。例如,先学习"ill—病"两字的联结,而后遇到sick时,虽字形字音与原刺激字ill不同但字义相同,学习起来则极为容易。显然,那是由于两字同义发生了中介作用所致。像此种不以刺激外形而靠刺激语义为中介而产生的类化现象,无疑是建立了一种新的条件作用学习。因此,在学习心理学中称之为语义条件作用(semantic conditioning)。像此种中介类化现象,在性质上属于学习迁移,故又称之为语义类化(semantic generalization)。

mediated learning experience (MLE) 间接学习经验 按教师教学时不直接教导学生某方面的固定知识,而是带领学生实际到某种教育性环境中让学生借由仔细观看自己领会累积经验而学到的知识。

mediate experience 中介经验,间接经验 指须经中介作用始能获得的经验。换言之,不能凭直觉而须经分析推理始可获得的经验。例如,读专门知识性文章后获致的心得,即属中介经验。与本词相对者为立即经验 (immediate experience)。见该条。

mediating variable = intervening variable 中介变项,中介变量

mediation 中介,中介作用 指外在刺激引起外显反应两者之间的一种假设变化。见中介说(mediation theory)、中介历程(mediation process)。

mediational learning 中介学习 义同中介联想(mediate association)。见该条。

mediation process 中介历程 **1.**义同中介(mediation)。见中介说(mediation theory)。 **2.**指从思维到判断所经过的心理运作历程。思维之开端多由外在刺激(问题)引起。由刺激的呈现到思维后的判断(反应),其间须经一段分析、推理、比较、评价等内在心理运作的历程。此种隐而不显的心理运作,称为中介历程。

mediation theory 中介说 指解释刺激与反应联结学习的一种理论。中介说的要义是,在S-R的模式中,个体的反应之所以表现,并非由外在刺激直接引致,而是有一种中介物(mediator)发生了联结作用。至于中介物到底指什么,各家的意见不一:有的认为是神经生理作用,有的认为是习惯倾向,有的认为是动机作用,也有的认为是由于个体的认知作用。在学习心理学中,主张S-O-R模式的学者,中间O代表organism(有机体,个体),指个体内在的变化与活动,亦即为中介物。

mediator 中介物 见中介说(mediation theory)。

mediator variable = intervening variable 中介变项,中介变量

medical psychology 医学心理学 心理学领域内应用心理学的一个分支学科。医学心理学的研究目的是将心理学的理论和方法用于对疾病的研究,包括疾病的心理因素、诊断治疗的心理效果以及疾病预防和心理复健等。医学心理学是英国的名称,在美国一般称精神病学(psychiatry)。医学心理学研究的范围较临床心理学(clinical psychology)为广,后者的研究范围主要限于心理疾病患者的心理与行为。

medical psychotherapy 医药心理治疗 属心理治疗方法之一类。医药心理治疗的特征是使用药物治疗心理疾病。

medical rehabilitation 医疗复健 指采用医药治疗的方式为生理上受到伤害或患有疾病者进行治疗,除治疗其病伤之外,更对其身体功能的复健提供进一步的服务,借以重新建立病后的身体功能。见复健(rehabilitation)。

meditation 静坐,冥想 指在身心完全放松的情形之下,个人将注意力从周围纷扰的环境中收敛

回来，在目无所视、耳无所闻、心无所思、体无所感的意识状态之下，使意识活动臻于忘我与无我的境界。静坐已成为近年来心理治疗的一种方法。静坐有许多种，最流行者为超觉静坐（transcendental meditation）。见该条。

medulla 延脑 属后脑（hindbrain）之一部分。延脑的主要功能为控制呼吸、吞咽、消化、心跳等。见脑（brain）条及附图。

megalocephaly = macrocephaly 巨头畸形，大头症

megalomania = macromania 夸大狂

megalopsia = macropsia 视物显大症

Meier Art Judgement Test 迈耶美术判断测验 是一种团体性向测验，该测验系由美国心理学家迈耶（N.C. Meier）1929年所编制。于1940年重新修订，其内容包括一百个测验项目，每一个项目包括两幅黑白图画，一幅是各国名画的复制版，另一幅则根据原画加以局部修改，对于原画所根据的美学原则有所改变。受试者的任务是，在两幅画中选出符合美学原则而艺术价值较高的一幅。梅耶美术判断测验经学者邱维城1970年修订为中文，适用对象为小学三年级学生至成人，记分方式采百分等级，已建立常模。

M

meiosis 减数分裂 指成熟后生殖细胞（精子和卵子）的分裂过程。成熟后的精子和卵子，会自动分裂，使分裂后的子细胞只具有原来一半的染色体，由原来的23对，减少为23条。当精子和卵子结合（受孕）成为受精卵后，受精卵中的染色体又恢复了原数，再变成23对。见受孕（fertilization）条及附图。见有丝分裂（mitosis）。

melissophobia = apiphobia 惧蜂症

melting pot society 熔炉社会 社会心理学术语，指各种不同种族文化长期融合一起，最后被主流文化同化后的社会状态。

membership group 成员团体 团体中的成员均各感到自己是团体一分子者，该团体即为成员团体。成员团体中的成员有隶属感，有休戚相关感，因而大家较易为团体目标努力。与本词相对者为参照团体（reference group）。见该条。

membranous labyrinth 膜性迷路 属内耳（inner ear）构造的一部分。见该条。

memory (M) 记忆 **1.**指引起个体反应的刺激、事件、形象、意见等消失之后，个体仍能保留原反应的心理功能。 **2.**指对内在的心理结构或大脑生理功能中假设的一种储存信息的系统。 **3.**指个体在环境中，为适应生存需要而对某些信息予以收录、储存以便随时使用的处理历程。第三种解释，是对本词较新的看法，除以上三种解释外，另有解释为记忆指以往经验的再度显现，或谓记忆是学习结果的表征者。本词只是对记忆的概括解释，在心理学上应用时，本词与另外形容词联结形成很多复合词，用以说明各种记忆，诸如感觉记忆（sensory memory）、短期记忆（short-term memory）、长期记忆（long-term memory）、视觉记忆（iconic memory）、听觉记忆（auditory memory）、动作记忆（movement memory）、语文记忆（verbal memory）等均属之。见诸条及信息处理论（information processing theory）。

memory afterimage 记忆后像 为一种知觉的经验，当现实的刺激消失后，在短暂的时间内因刺激而引起的感觉经验仍留在记忆之中。例如战士在战场上射击停止后，仍然听到射击的命令在耳际回荡。本词现已为另一词感觉记忆（sensory memory）所取代。

memory color 记忆色 色觉心理现象之一。当受试者对一种有颜色的物体，能说出该颜色名称，且能记忆该类物体的典型颜色时，将会影响他对所面对个别同类物体颜色的判断。换言之，他对所面对之物体颜色的陈述，未必和该物体的实际颜色完全符合。例如，成熟橘子的典型颜色是橙黄色，受试者即使面对一个尚未十分成熟的橘子，也仍然倾向于指称其颜色为橙黄色。

memory curve 记忆曲线 指表示记忆效果的坐标曲线。见保持曲线（retention curve）。

memory disorder 记忆障碍 泛指不能经心理活动唤回学习经验的现象。唯记忆障碍与一般遗忘有别，遗忘是正常的心理现象，而且所遗忘者多半不致影响生活功能。记忆障碍的情形则比较严重，本辞典所列多种失忆症（amnesia），即属记忆障碍。见该条。

memory drum 记忆鼓 能够序列地呈现记忆材料的实验仪器。所要学习或记忆的材料能在一个小窗口内，借电动控制使数据间隔的出现。通常在联对学习和序列学习实验时使用。在联对学习时，先将联对的两字在窗口同时出现，然后只出现刺激字，令受试者答出反应字，最后再同时出现两字以核对之。在序列学习中，字表上各字在意义上不一定有连带关系，逐一在窗口呈现，受试者则依序将这些单字记忆起来。

memory illusion 记忆错觉 属错觉现象之一。唯此种错觉并非对外在环境中的刺激作成错误解释，而是无中生有，或是把别人的经验当成自己的记忆，或是单凭想象（幻想）而确认他所记忆的就是事实。此种错觉带有病态倾向。见妄想（delusion）。

memory image 忆象 记忆中现场感觉的重现。纵使引起感觉的刺激早已消失，只凭记忆似又将当时情境唤回眼前。忆象不限于某一种感觉经验，视觉、听觉、味觉、嗅觉、触觉等，均有忆象。所谓"音容宛在"，即表示对逝者的声音与姿容仍留有清楚的忆象。

memory imagination 记忆想象 义同再生想象(reproductive imagination)。见该条。见想象(imagination)。

memory retention 记忆保存 义同保持(retention)。见该条。

memory span 记忆广度 指个人对彼此间本无关系的事物仅一次呈现后立即记忆的数量。按此解释，测量记忆广度时必须符合两个条件：其一是用作记忆的材料是彼此间没有关系的，如随意组合的阿拉伯数字；其二是只呈现一次(或听或视)，然后立即回忆。

memory trace 记忆痕迹 从神经生理学的观点对较持久性记忆的一种假说性的解释。按此假说，学习后之所以记忆，乃是因为学习时多次练习在生理上有关部位留下了痕迹。这是一种比喻的说法，事实上记忆痕迹无法证实。从现代认知心理学的观点看，本词与编码(encoding)的含义相似。见该条。

memory transfer 记忆移植 指将某一个体的脑细胞移植于另一个体的大脑中，使后者不需学习即可获有前者的记忆。此类实验研究迄今只限于动物实验阶段。

menarche 初潮期 指女性月经的开始，亦即青春期的开始。根据研究发现，现在女性月经开始年龄，较之一百年前大约提前四至五年。在19世纪50年代，欧洲女性的初潮期，平均年龄是17岁左右，20世纪初初潮期的平均年龄约为15岁。目前一般女性月经开始年龄约在11岁至13岁之间。见青春期(puberty)。月经初潮提早的现象与营养改良、医学发达以及社会开放等因素有关。

mendacity = **pathological lying** 说谎癖

menopausal depression 更年期抑郁 指更年期(男性约在55岁至65岁之间，女性约在45岁至55岁之间)情绪上常有的忧郁沮丧现象。更年期抑郁者，女性占多数。见中年危机(midlife crisis)。

menopause 更年期，绝经期 **1.**广义言之，本词指中年期因生理变化(如内分泌改变)引起的身心两方面的改变。男女两性的更年期出现早晚不同，男性大约较女性延迟10年，女性约在45岁至55岁之间，男性约在55岁至65岁之间。**2.**狭义言之，本词指中年女性月经停止，生育能力不再的时期。

menses = **menstruation** 月经

menstrual age 月经年龄 指从母亲怀孕前最后一次月经开始之日计算的胎儿年龄。

menstrual cycle 月经周期 指性器官成熟后之女性(约在12.5岁左右开始)每隔28天左右的月经(menstruation)期。见该条。

menstruation 月经 指生殖器官成熟女性的周期性生理变化。大约每隔28天，一个或数个已成熟的卵排出，并混有多量黏液血液，谓之月经，亦名月事、月信、天癸、经水等。据调查研究，现今女性月经开始时间，较之一百年前大约提早了四至五年，一般在十二岁左右。至45岁至55岁之间，月经即行停止，是为更年期。女性在怀孕与授乳期间，月经也会停止。

mental aberration 心智错乱 指遇事不按常规推理，而且过分情绪化的思维历程。心智错乱者常有幻觉。

mental ability 心理能力，心智能力 **1.**广义言之，指个体表现在求学做事等各方面的聪明才智。**2.**狭义言之，本词义同智力(intelligence)，或更具体一点说，指智力测验(intelligence test)所测到的能力(如IQ)。见该等条。

mental accommodation 心理调适 指个体为求达到某种目的，在思想或行动上做自我调整，借以保持其自身与环境之间和谐关系的历程。调适有主动与被动之别，前者出于个人主动意愿，后者系被动接受环境限制。

mental age (MA) 心理年龄，智力年龄 指依儿童智力发展之程度所定的年龄。某一儿童的心理年龄，未必与其实际年龄相等，可能较其实际年龄大(较一般同年龄的智力高)，也可能较其实际年龄低(较一般同年龄的智力低)。采心理年龄以表示儿童智力水平者，始自20世纪之初法国心理学家比奈所编的智力测验。该测验的记分方式是，儿童在测验上通过的题目，按年龄(月数)计算；先确定某岁之一般儿童应通过若干题，每题相当若干年龄(按月计)，然后再按受测儿童实际通过的题数，计算其智力年龄。见智商(intelligence quotient)、年龄当量(age equivalent)。

mental analysis 心理分析 **1.** 义同精神分析(psychoanalysis)。见该条。**2.**面对问题情境时，在采取实际行动解决问题之前，按问题所涉及的有关因素，分析斟酌其应行与可行的心理活动，也称心理分析。例如，下棋时在举棋之前对彼此双方情势的分析思考，即属心理分析。

mental apparatus = **psychic apparatus** 精神

结构

mental asthenia 心力衰弱 指个人对心智活动(如读书)显示少心无力的疲惫状态。

mental asymmetry 心理不对称 属于一种心理异常现象。患者总觉得自己的身体两边是不对称的,不是觉得左臂比右臂长,就是觉得右脚比左脚大。

mental ataxia 心情反常 指情绪表达和内心思想或外在情境失却一致性的病态现象。例如,骤闻亲友病亡噩耗时,却捧腹大笑,即属此种现象。

mental blindness 心昧 指个人明知故犯,不接受现实,不面对现实的心态。本词与另词心盲(mind blindness)不同,后者指的是视而不见的情形。

mental blind spot = **blind spot** 盲点

mental chemistry 心理化学 对心理活动的一种理论观点。持心理化学观者认为,人类的一切心理活动,类似化学变化,由不同分子经合成作用,即可形成新的复杂心理历程。心理化学理论始自19世纪英国哲学心理学家米尔(Mill, John Stuart)。见其传记条。

mental conflict 心理冲突 泛指两种动机间、两种反应间或意识与潜意识之间的不和谐状态。义同冲突(conflict)。见该条。

M

mental content 心理内容 心理内容也称意识内容,是科学心理学发展初期结构主义者研究的重点。所谓心理内容,当时是指个人凭内省觉察到的意识;而意识之内容又分感觉、思想、感情、意志等。见内容心理学(content psychology)、结构心理学(structural psychology)。

mental deficiency 心智缺陷 义同智能不足(mental retardation)。见该条。

mental deterioration 心智衰退 指个体在智力、思维、判断以至肢体活动等功能上逐渐衰退的现象。心智衰退的原因,可能是由于老化,也可能是由于病变。

mental development 心理发展 **1.**广义指个体自出生到终老一生中一切心理功能(包括情感的、认知的、动作的)随年龄增长而改变的历程。 **2.**狭义指个体自出生到成年认知行为随年龄增长而改变的历程。见发展(development)。

mental discipline 心能训练 见形式训练(formal discipline)。

mental disease 心理疾病,精神疾病 由心理原因或生理原因所造成严重的心理失常。心理疾病主要的特征是无法有效地适应生活环境。近年来,心理疾病一词已逐渐被心理异常(mental disorder)所取代。盖以疾病二字较多用于生理障碍,用于心理方面往往产生混淆或误会。

mental disorder 心理异常,精神障碍 泛指由于心理的、社会的、生理的或药物等原因所造成的无法有效适应生活的异常现象。本词含义甚广,按美国精神病学会(American Psychiatric Association)的分类,将心理异常分为两百多种,美国心理学家布岑(R. R. Bootzin)等人在其1993年所著《变态心理学》中提出分为三大类的看法:(1)情绪异常(emotional disorder);(2)社会异常(social disorder);(3)精神异常(psychotic disorder),每类之下又分数类。见该等条。

mental element 心理元素 指早期结构主义所谓的意识基本元素。见结构心理学(structural psychology)。

mental energy = **psychic energy** 精神活力

mental faculty 心理官能 即官能心理学(faculty psychology)所指的人心中基本要素。诸如智力、判断、意志等均为分立的心理官能。见该条。

mental fog = **clouding of consciousness** 神志不清

mental function 心理功能 泛指一切认知性的心理活动历程。诸如感觉、知觉、思维、推理等心理活动,均属心理功能。

mental growth 心理成长 指随年龄增长而心理功能改变的历程。本词通常用来表示智力成长。

mental growth curve 心理成长曲线 指代表个体或团体在心理方面成长的曲线图。在心理学上应用最多的是智力成长曲线。智力成长曲线主要是以年龄为横坐标,以智商为纵坐标而绘制的。

mental handicap 心理缺陷 泛指轻度或中度智能不足(mental retardation)的现象。见该条。

mental healing = **faith cure** 信仰治疗

mental health 心理健康 一种生活适应良好的状态。大体而言,一个心理健康的人,多能符合下列条件:(1)情绪较稳定,无长期焦虑,少心理冲突;(2)乐于工作,能在工作中表现出自己的能力;(3)能与他人建立和谐的关系,而且乐于和他人交往;(4)对自己有适当的了解,并且有自我悦纳的态度;(5)对生活的环境有适切的认识,能切实有效地面对问题,解决问题,而不逃避。

mental hygiene 心理卫生 泛指运用心理学上的知识,经由教育性的措施,保持并增进个人心理健康的一切措施。心理卫生的中心工作,一方面培养个人适应环境的能力,另一方面设法改善个人与社会环境间的关系,减少造成心理疾病的诱因。本词是旧名词,现在已为心理健康(mental health)所取代。见该条。

mental illness = **mental disease** 心理疾病，精神疾病

mental image 心象，意象 **1.**意识中形成的一个图像，该图像可代表某个人，也可代表某种事物。**2.**义同意象(image)。见该条。

mental impairment test 心理伤害测验 指用以测定个体在心智方面遭受伤害的程度，进而作为诊断与治疗之根据的心理测验。心理伤害指的是脑部受伤、心理异常、心智衰退等。班达完形测验(Bender Gestalt Test)，在性质上即属心理伤害测验。见该条。

mentalism 心理主义，心灵主义 指对人类行为的一种基本看法。心理主义者认为，人的行为绝不能纯以生理性的机械活动来解释。要了解人的行为，必须考虑人的认知、意志、自主、选择、价值等精神层面。与本词相对者为机械论(mechanism)。见该条。

mentality 心态，心能 **1.**指个体在某种情境下的心智活动。**2.**指个体或团体在意识上的心理特征。**3.**指个体的心智能力。

mental level 心理水平 **1.**在心理测验上，指称个人心智能力的高低，通常以个人的心理年龄(MA)表示之。同年龄者有不同的心理年龄，称之为心理水平。**2.**在瑞士心理学家荣格的理论中，本词指意识、个人潜意识、集体潜意识等各心理水平。见分析心理学(analytical psychology)。

mentally gifted 资赋优异者 义同资优儿童(gifted child)。见该条。

mentally handicapped 心理缺陷者 泛指被列为轻度或中度智能不足(mental retardation)的人。见该条。

mentally retarded person's right = **rights of the mentally retarded** 心智不足者权利

mentally subnormal 心智低常 泛指心智能力在正常水平以下者。亦即低于通常学校教育所需要的水平者。见智能不足(mental retardation)。

mental map 心理图 义同认知图(cognitive map)。见该条。

mental masochism 心理被虐狂 义同想象被虐狂(ideal masochism)。见该条。

mental masturbation = **psycholagny** 意淫

mental maturity 心智成熟 指个体的智力发展与行为表现臻于一般成人水平的地步。见成熟期(maturity)。

mental measurement = **psychological measurement** 心理测量

mental mechanism 心理机制，心理作用 义同机制(mechanism)条第二义。见该条。

mental process 心理历程 **1.**泛指心理上所进行的一切活动。例如，阅读时从看到书页上字句开始，经神经生理的传导，与记忆中的经验参照核对，而了解其意义，最后选择适当渠道(口说或笔写)表现出反应。这一连串的信息处理过程，就是典型的心理历程。**2.**指个体从感受到外在刺激，表现出外显反应之间的一段内在活动历程。**3.**义同信息处理(information processing)。见该条。

mental representation 心理表征，心理表象 **1.**指将一种事物转换为一种较为抽象的概念或符号用以代表原来事物的心理历程。详见表征(representation)。**2.**属认知心理学上的术语，指信息处理(information processing)历程中的一个重要步骤。见该条。

mental retardation (MR) 智能不足 **1.**泛指心智能力低于常人者。按美国智能不足协会的界定：智能不足系指个体在发展时期，普通智力功能显著低于平均数以下，并兼有适应行为缺陷的现象。在特殊教育上，有很多名词与智能不足一词相近，如心智薄弱、心智缺陷、智能障碍、智能低下等，均属描述智能不足的名词。**2.**泛指智商(IQ)低于70以下的人。**3.**智能不足之分类有不同的标准。按美国智能不足协会用的标准，智能不足分为五类：(1)轻度智能不足(mild mental retardation)(IQ在50～69)；(2)中度智能不足(moderate mental retardation)(IQ在35～49)；(3)重度智能不足(severe mental retardation)(IQ在20～34)；(4)深度智能不足(profound mental retardation)(IQ在20以下)；(5)不确定型智能不足(unspecified mental retardation)(无法靠智力测验确定者)。见该等条。按可教育的程度来分类，智能不足分为两类：(1)可教育性智能不足(educable mentally retarded)(IQ在50～69)；(2)可训练性智能不足(trainable mentally retarded)(IQ在30～49)。详见各该等条。

mental rotation 心理旋转 单凭心理运作(不靠实际操作)，将所知觉之对象予以旋转，从而获得正确知觉经验的心理历程，称为心理旋转。例如，(见附图)判断图中每组之左右两图是否相同时，即需靠心理旋转：将每组中一图旋转到与另一图相同角度上，然后与之相比，以观其是否全同。读者如用心尝试即可发现，A组两图和B组两图都是一样的，所不同者只是放置的方向不同而已。C组的两图则彼此相异，无法靠心理旋转证明两图相同。心理旋转是美国心理学家谢帕德(R. N. Shepard)1971年从事的一种心理实验研究时，根

据实验研究结果发现的，如附图中所示，每组两图形的方向角度愈大，受试者在心理旋转时用的时间愈久。

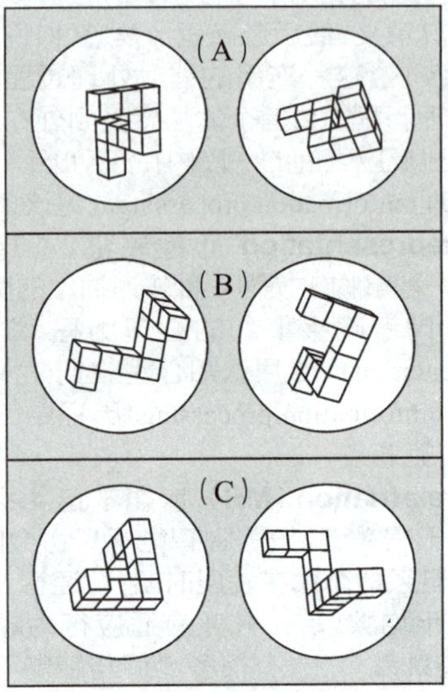

心理旋转

M

mental scale 心理量表 泛指鉴别个体心理功能之用的测量工具。

mental set 心向 **1.**指刺激尚未出现时，个体在心理上所具有的一种准备反应或适应的倾向。此种心理倾向，系长期学习而得到的经验累积，可缩短个人的思维历程。**2.**指个体在某种情境下习惯性的反应倾向。**3.**义同定势(set)条第一义。见该条。

mental status 心理状态 属精神病学上的用语。指经过心理状态检查之后所得到的有关结果。心理状态包括患者的身体健康状况、面部表情、动作灵活度、社会兴趣、情绪状态、感觉敏锐度、记忆能力等各方面的数据。

mental status examination 心理状态检查 指精神病科在对病人诊断治疗之前，为期了解患者心理状态(mental status)所做的检查。见该条。

mental structure 心理结构 指有组织而持久的人格结构。弗洛伊德在其人格理论中所指的本我、自我与超我及三者之间的关系，即属人格结构，也称心理结构。

mental subnormality 智能低下 见智能不足(mental retardation)。

mental synthesis 心理合成 义同心理化学(mental chemistry)。见该条。

mental test 心理测验 **1.**凡是测量心理功能的一切测验，均称心理测验，见测验(test)条第一义。**2.**义同智力测验(intelligence test)。见该条。

mental testing = psychological measurement 心理测量

mercy killing 安死术 指医生用以帮助病人安乐死(euthanasia)的方法。见该条。

merit ranking 优良等级法 义同等级法(rank order method)。见该条。

Merrill-Palmer Preschool Performance Test 墨利尔—帕尔麦学前作业测验 见墨利尔—帕尔麦量表(Merrill-Palmer Scal)。

Merrill-Palmer Scale 墨利尔—帕尔麦量表 指在美国常用的两种学前智力测验；一种是墨利尔—帕尔麦心理测验量表(Merrill-Palmer Scale of Mental Test)，于1931年所编制，适用于一岁半至六岁的学前儿童；另一种是增订墨利尔—帕尔麦量表(Extended Merrill-Palmer Scale)，是1978年所增编，适用于三至六岁的学前儿童。因为两种量表只能用于学前儿童，故而也称墨利尔—帕尔麦学前作业测验(Merrill-Palmer Preschool Performance Test)。

Merrill-Palmer Scale of Mental Test 墨利尔—帕尔麦心理测验量表 见墨利尔—帕尔麦量表(Merrill-Palmer Scale)。

Mesmer, Franz Anton(1734～1815) 麦斯默 麦斯默是18世纪奥地利精神科医师，虽然他接受的是科学医学教育，可他在世时却被视为荒诞不经的人物。唯他所创始的催眠术，却在200多年之后成为现代科学心理学领域内的重要主题之一。

麦斯默1734年5月23日出生于德国西南部的巴顿，1766年获维也纳大学医学博士学位。他根据当时英国科学家牛顿的力学原理，相信天空行星的磁力会影响人体的功能。他认为既然日月(以月为主)之磁力，能影响地球上潮汐变化，想必行星的磁力也能够影响人体的功能(人体内也会像潮汐一样有规律地变化)。他相信有些人之所以精神错乱，乃是由于体内磁力紊乱所致。1766年他用动物磁力说(animal magnetism)说明此种影响人体的超自然力量。因此他尝试制造一种情境，诱导病患进入意识恍惚状态，然后用磁铁棒在病患前后摆动，用以导正病患体内紊乱的磁力，使他的血液和神经活动恢复正常。麦斯默的动物磁力说居然使很多病患神奇地痊愈，因而他在维也纳声名大噪，结果引起当地医学界不满，1778年他被医学会开除了会籍。同年他移居巴黎，仍采动物磁力法为病患治疗，因卓有成效，远近驰名，巴黎高层社会中患有精神异常者争相登门求治。此现象不但引起巴黎医学界和科学界抨击，而且惊动了法王路易十六，法国政府终在1784年下令成立委员会调查此事，当时美国驻法大使，也是著名科学家富兰克林（B. Franklin, 1706～1790）被推为该委员会主席。调查结果认定麦斯默的动物磁力说有违科学原理，因而宣告禁止。从此麦斯默被迫离开巴黎赴瑞士行医，退休后去德国，1815年4月5日病逝于巴顿，享年81岁。

麦斯默在心理学上的贡献，主要在于他200多年前在极大压力下，以先知者的角色创始被人视为荒谬的动物磁力说治疗精神疾病。麦斯默死后，他所采用的以诱导法改变意识状态从而达到治疗目的的构想，一直没有消失。1842年英国医师布莱德（J. Braid, 1795～1860）修正了麦斯默的动物磁力说，不同意麦斯默所称行星影响人体的说法，但同意在医师诱导下可以改变病患意识状态进而进行治疗。他改以希腊神话中睡神Hypnos之名名之，即为现在通称的催眠（hypnosis）或催眠术（hypnotism）。因此心理学界公认麦斯默是现代催眠术之父。

麦斯默在200多年前发明的催眠术，直到他死后100多年才被精神病学界承认具有科学价值。法国著名精神病学家沙可，首先正式采用催眠术治疗癔症，且成效卓著，弗洛伊德曾专程到巴黎向他学习。1882年沙可向法国科学院提出医疗研究报告，是为催眠术正式被承认为现代精神医学治疗方法之始。从此催眠术不仅成为世界精神医学界治疗方法之一，也成为心理科学中一个学术研究的主题。美国心理学会于1945年以后，在总会之下特别设立了催眠心理学专业委员会，1958年国际催眠学会成立，专门从事催眠心理现象的学理及催眠术应用的研究。

麦斯默的著作译为英文者有：*Memoir*（1979）；*Mesmerism: A translation of the original medical and scientific writings of F. A. Mesmer*（1948）等。

Mesmerism **麦斯默催眠术** 义同催眠术（hypnotism）。盖因催眠术系由18世纪80年代奥地利医生麦斯默（Mesmer, Franz Anton）首先创用。故名。见其传记条。

mesokurtic distribution = normal distribution **常态分布，常态分配**

mesokurtosis **常态峰度** 属次数分布曲线的一类形式。见峰度（kurtosis）。

mesomorph **健壮型** 见体型指数（body-build index）。

mesomorphic body type **健壮型** 见体型指数（body-build index）。

mesomorphy **健壮型，中胚层体型** 见谢尔顿体质论（Sheldon's constitutional theory）。

meta- **在后** 希腊文常用的前缀之一，意指beyond, after, behind, alternate等。前缀加于很多英文字前，形成复合词之后，原词义即随之改变，改变后的英文词义，总离不开“之后”或“之上”等意思。中文译为“元”“后设”。见以下各条。

meta-analysis **后设分析，综合分析，元分析** 对同一问题实施多项研究将研究结果作进一步综合分析，从而得出对该问题性质与变化的共同趋势，称为后设分析。由于后设分析是以多项研究结果的共同发现作为根据，故而后设分析所得的结论具有较大的说服力。

metabolic waste theory of aging **老化代谢废物论** 从生物学的观点解释老化原因的理论之一。老化代谢废物论的基本要义是，因体内细胞新陈代谢产生的废物累积，影响到体内组织的正常功能，代谢废物累积后，形成一种纤维状的蛋白质胶状物，存在于各种器官、肌腱、皮下、血管之中，致使此等器官功能受到影响，久而久之，使整个身体功能退化，终而加速老化。基于此义，经常运动促进体内代谢作用，是延缓老化的有效途径。见老化理论（theories of aging）。

metabolism **新陈代谢** 生物学名词。生物体内不停消耗体内之物质，因消耗而生废物，必须摄取新物质以补充之。如此废物与新物质之交换历程，称为新陈代谢。在社会心理学引申此义，对新人取代旧人也称新陈代谢。

metacognition **后设认知，元认知** 面对某种信息或数据予以处理时，如在认知上超过“知其然”的程度，进而达到“知其所以然”的地步时，即称为后设认知。准此，后设认知一词与认知之区别，主要在于“知”的程度：认知的程度较浅，后设认知的程度较深。后设认知是指个人对其所认知的认知，换言之，后设认知是指个人对自己的认知历程能够掌握、控制、选择、支配、监督、评鉴的高一层的认知，或指个人驾驭既有知识的一种高一层认知。个人在掌控自己的认知活动时，后设认知不仅表示个人已知的一面，也表示个人不知的另一面。所谓"知之为知之，不知为不知，是知也"。最后的"知"就是后设认知。后设认知是由认知衍生来的，之所以称为"后设"者，其原因在此。根据研究后设认知最著名的美国心理学家弗拉维尔的理论，后设认知历程中必须具备两种彼此相倚的先备条件：一为后设认知知识（metacognitive knowledge），一为后设认知经验（metacognitive experience）。见弗拉维尔（Flavell，John H.）传记条。

metacognitive experience 后设认知经验 指个人从认知性活动之中所获得的理性的与情意的综合性经验。后设认知经验是超越零碎知识经验之上的高层经验，是"知其所以然"的经验。俗语说："不经一事，不长一智。"前句"经一事"是认知经验，后句"长一智"就是后设认知经验。见后设认知（metacognition）。

metacognitive knowledge 后设认知知识 指个人对自己既有知识能够在不同时机予以选择、组织、支配的高一层知识。换言之，后设认知知识是驾驭知识的知识。查词典时，一词常有数种意义不同的解释，如何针对使用目的选择其中一个最恰当的解释，那就要靠个人的后设认知知识。见后设认知（metacognition）。

M

metacognitive strategy 后设认知策略 在问题索解的情境中，从已有的多种认知策略中选择比较，然后决定采用其中最适当者，从而达到目的的心智运作历程，称为后设认知策略。准此义，本词与认知策略（cognitive strategy）之区别，主要在于前者在心智运作上较后者高出一层。以弈棋为例，只考虑某一步棋如何落子，是为认知策略；但如就全局观察，权衡轻重得失，然后从多种可能策略中选取其一，即为后设认知策略。因此，后设认知策略乃是"策略运用的策略"。

metacomponents of intelligence 智力后设成分 指智力中属后设认知的成分，亦即超过"知其然"而臻于"知其所以然"的能力。见智力三元论（triarchic theory of intelligence）。

metalanguage 后设语言，元语言 指用来解释另外一种语言的语言。设有甲、乙两种语言，用甲语言讨论或说明乙语言时，乙语言称为对象语言（object language），甲语言称为后设语言。例如，中日两国签订一份贸易协议，协议书的内容不用中文与日文，而用英文，英文就是后设语言。再如，采用间接法教英文（用中文解释英文）时，英文是对象语言，中文就是后设语言。

metamemory 后设记忆 指个人能运用记忆策略所做的记忆。后设记忆与一般机械式记忆不同，机械式记忆只能记忆事实，而后设记忆则是个人能解释并采用较佳方法以加强自己的记忆。

metamotivation 衍生动机 **1.**广义言之，泛指基本（生理性）动机之外一切习得性的动机。见动机（motivation）。**2.**狭义言之，指美国心理学家马斯洛需求层次论（need hierarchy theory）中所说的高层次需求。见该条。衍生动机有数个同义词，存在动机（being motivation）、B动机（B motivation）、成长动机（growth motivation）等均是。见该等条。**3.**义同衍生需求（metaneed）。见该条。

metanalysis＝meta-analysis 后设分析，综合分析，元分析

metaneed 衍生需求 指美国心理学家马斯洛需求层次论（need hierarchy theory）中所说的高层次需求。见该条及附图。

metaphor 隐喻 一种修辞手法，用某一名称或语词去描述人物或事物的比喻手法。例如说"愤怒的大海"就是隐喻的说法。

metaphysics 形而上学，玄学 属哲学上三大理论体系之一，形而上学所探讨者是世界万物的内容、形式、性质及变化法则等问题。形而上学源于希腊哲学家亚里士多德的哲学思想。简言之，本词指所研究的对象，不是属于有形的与具体的物理变化，而是属于无形的与抽象的精神活动。换言之，形而上学也就是超物理学。按西方传统的解释，形而上学只狭义地限于解释神学，但现代一般采广义用法，凡是讨论抽象原理者，皆可谓之形而上学。至于中文"形上"一词，原与"形下"相对，均出自《易经·系辞上》："形而上者谓之道，形而下者谓之器。"以现在心理学的理论来看，研究超现实的心灵学（parapsychology），在性质上即属形而上学的范围。见该条。

metapsychics ＝ parapsychology 心灵学，心理玄学

metapsychology 超心理学，心理玄学 指超乎科学心理学研究取向的心理学，亦即不纯以行为事实与科学原则为基础的心理学。准此而论，超心理学所研究者是人类行为的纯精神层面或哲学层面。例如，心身关系的问题（mind-body problem）的探讨，即属超心理学研究的主题之一。广义言之，奥地利精神病学家弗洛伊德所创建的精神分析理论，在性质上也属超心理学。本词有时与心灵学（parapsychology）通用。见该条。

metatheory 后设理论 泛指以科学理论为主题，而做进一步探讨的理论。例如反证主义（falsificationism）所探讨者就是后设理论。

method of adjustment 调整法 义同均误法

(method of average error)。见该条。

method of approximation = approximation procedure 渐进法，渐近法

method of assessment 评鉴法 利用一种(或数种)标准化的刺激情境，引发所欲研究的个体反应，予以系统观察记录，从而分析研究各变项间之关系的方法，称为评鉴法。用作标准化刺激情境的设计很多，其中最常用者为心理测验。

method of average error 均误法 测定绝对阈限的一种方法，此法使用时，由主试呈现一个标准刺激，要求受试者自行调整一个比较刺激，使之与标准刺激相等。受试者最后所调整的比较刺激，实际上与标准刺激之间仍有误差。将受试者多次调整后的误差相加，然后求其平均数，即为平均误差，根据受试者的平均误差，即可测定受试者的绝对阈限(absolute threshold)。见该条。

method of balanced effect 平衡效果法 义同平衡法(counter balanced procedure)。见该条。

method of constant stimulus = constant stimulus method 恒定刺激法

method of correlation = correlational method 相关法

method of co-twin control = co-twin control method 孪生子控制法

method of cumulative scale 累积量表法 系指格特曼量表(Guttman scale)所采用的方法。见该条。

method of equation 均等法 义同均误法(method of average error)。见该条。

method of just noticeable difference 恰辨法，最小觉差法 义同极限法(method of limits)。见该条。

method of least difference 最小差异法 义同极限法(method of limits)。见该条。

method of least square 最小平方法 根据直线回归方程式Y＝bX＋c，从X变项要预测Y变项时，在各点之间画一条直线，并求各点到直线间与纵轴平行的距离之平方和，再以平方和最小的直线来当作根据X预测Y的最适合线，这种方法即是最小平方法。与本词有关的名词是斜率(slope)、直线回归(linear regression)。见该等条。

method of limits 极限法 辨别两个刺激强度差异的一种心理物理学的方法。此种实验的设计是，主试者呈现一个强度固定的刺激，称为标准刺激；另外控制一些强度不同的刺激，称为变异刺激。实验进行时，主试者控制变异刺激，由较小的或较大的刺激值开始，由小而大，或由大而小，按一定的间隔呈现，让受试者比较标准刺激和变异刺激之间差异的情形。用这种方法可以测出绝对阈限和差异阈限。极限法又称为恰辨法(method of just noticeable difference)，也称升降法(up-and-down method)。见阈限(threshold)。

method of limits for measuring discrimination 刺激差异评定极限法 义同极限法 (method of limits)。见该条。

method of loci 轨迹法 指运用心理想象的方式以加强记忆的一种方法。记忆语文数据时，可以想象数据就在面前；凭想象可以“看见”几何图形中点与线的关系，从而分析以求出答案。记忆空间方位时更是如此，可以凭想象在街道上寻找要达到的目的地，如想起十字路口一家商店旁边巷子进去不远处就是朋友的住所。

method of memorizing key-word 关键词记忆法 义同关键词法(key word method)。见该条。

method of minimum change 最小变化法 义同极限法(method of limits)。见该条。

method of offset 抵销法 义同平衡法(counter-balanced procedure)。见该条。

method of reproduction 重现法 测量记忆的方法之一。重现法的特征是，要求受试者将学过的材料重新表现出来(如默写)。

method of saving = saving method 节省法

method of self-report 自陈法 属心理学研究中最常用的方法之一。自陈法是研究者根据受试者自己陈述的事实作为研究资料。

method of semantic differential = semantic differential technique 语义差别法

method of successive approximation = successive approximation method 连续渐进法

method of successive reproduction 连续复忆法 检查长期记忆的一种方法。连续复忆法的特点是，在对某种材料学习后，在不相等的时段内(如三小时、两天、一周等)，连续要求受试者回忆，从而确定长期记忆是否已经建立。

method of summated rating 总加评定法 指采用李克特量表法(Likert scaling)从事态度测量时所采用的记分方式。见该条。

method of triads 三中选一法 属于一种实验设计，指对受试者同时提供三种刺激，限定他从其中选择一个作答。

method of weighting 加权法 义同加权(weighting)。见该条。

methodology 方法论 广义言之，泛指探讨如何

M

经由研究过程获得正确知识的学问。狭义言之，指不同学科各自按其研究对象和研究目的所采用的研究方法。心理学虽已被公认为一门科学，但就其研究对象和研究目的而言，心理科学与自然科学所采方法不尽相同。自然科学研究的对象是物，其研究目的旨在探求物性变化的自然规律。心理科学研究对象是人，其研究目的旨在探求人性变化的心理规律。自然科学的研究方法主要采观察法和实验法，而心理科学的研究除采用观察法和实验法之外，针对人性的自主性，另有调查法、访问法、测验法等多种方法。见科学方法(scientific method)。

metric method **计量法** 泛指经由测验并以数字表示个体心理特质的方法。对受试者实施智力测验，然后将测验结果以智商(IQ)数字表示出来，就是最常用的计量法。

M factor = associative memory **联想记忆因素**

M-F index **M-F指数** 代表个体男性化与女性化程度的一个数值。M-F指数是一种构想，构想能建立一种标准来评判某某人在人格结构中具有多少男性或女性性格，并采用一个数值来表示评判结果。

M

MF scale = masculinity-femininity scale **男女气质量表**

MFT = multiple family therapy **会诊式家族治疗**

Michigan Picture Test **密歇根图画测验** 属人格测验中的一种投射测验。该测验采看图说故事的方式，适用于7～16岁的受试者，其内容包括15张图片，其中一张空白，其他均与儿童和青少年的生活情境有关。测验目的在于从受试者反应中推知其人格适应问题。见投射测验(projective test)。

microcosm **小宇宙，小世界** 指一个人的身心整体。与本词相对者为大宇宙(macrocosm)。见该条。

microdiagnosis **细密诊断法** 属临床心理学上新近受到重视的一种诊断方式。以往临床心理学者们多将标准化测验结果视为诊断病情的根据，而现在的做法是，只把标准化测验分数用做诊断起点的参考，除此之外，对案主的生活史及有关资料必须进一步研究了解之后，才能做成较肯定的诊断。

microelectrode **微电极** 指一种非常纤细微小的电极。它是以玻璃或金属制成，尖端极细，电极内充满电解质溶液。微电极可被插入单一的神经细胞或神经纤维内，可用来记录个别神经元的电性活动，连于示波器时则可显示神经元的电位差。

microphobia **惧小物症** 属恐惧症之一。患者对微小的东西产生不合理的恐惧。见恐惧症(phobia)。

microtraining **精密训练法** 自1960年以来，美国斯坦福大学参照高尔夫球技的训练原理，设计了一套训练咨商员的办法，称为精密训练法。此种训练法分为三个阶段：(1)训练期，包括讲解、示范、数据阅读以及理论观念理解等知识的学习；(2)实习期，包括仿真练习、角色扮演以及录像检讨等咨商技术的演练；(3)回馈期，检讨训练与实习两期成果，并研议改进方案。

midbrain **中脑** 中脑是脑的一部分，位于桥脑之上，恰好是整个脑的中间，故名。中脑是视觉与听觉的反射中枢，举凡瞳孔、眼球、虹彩等反射活动，均受中脑的控制。在中脑的中心有一个网状的神经组织，称为网状结构。网状结构的主要功能为控制觉醒、注意、睡眠等意识状态。网状结构的作用扩及桥脑、中脑与大脑。中脑与后脑两部分合在一起，称为脑干。见脑(brain)条及附图。

middle adulthood **成年中期** 一般指40～60岁的一段年龄为成年中期。见中年危机(midlife crisis)。

middle ear **中耳** 中耳是一个包括三块听小骨的空腔，此空腔与外听道以鼓膜相隔，与内耳相接处亦有卵圆窗与圆窗两处薄膜。由外耳传来的声波使鼓膜振动，经中耳的锤骨、砧骨、镫骨及卵圆窗传入内耳而产生听觉。中耳之下方以欧氏管与咽腔相通，欧氏管与咽腔相通处平时关闭，但在咀嚼或吞咽食物时便会打开，容空气进入中耳，以平衡鼓膜内外两侧的气压。见听觉系统(auditory system)条及附图。

middle insomnia **中间失眠** 属于睡眠异常现象之一。中间失眠的主要特征是，开始睡眠时颇为正常，唯中间醒过一次(如被声音吵醒或夜起如厕)之后就无法再行入睡。见失眠症(insomnia)、睡眠障碍(sleep disorder)。

middle-point illusion **中点错觉** 属视错觉现象之一。如附图所示，等腰三角形中的黑点，其位置虽然居于底边垂线的中点，但看起来总觉得从此点到底边的距离，大于其到顶点的距离。显然，此错觉现象的产生与黑点上下的空间有关：在较小空间中判断两物之间关系时，会觉得两者间距离较近。根据此现象推理，在狭窄巷道中判断距离时会发生错误。见错觉(illusion)。

midinterval = median interval **中数组距**

midlife crisis **中年危机** 指人到中年期在心理上产生的危机感。中年危机多发生在45～65岁，据其原因可能与以下三个因素有关：(1)更年期使

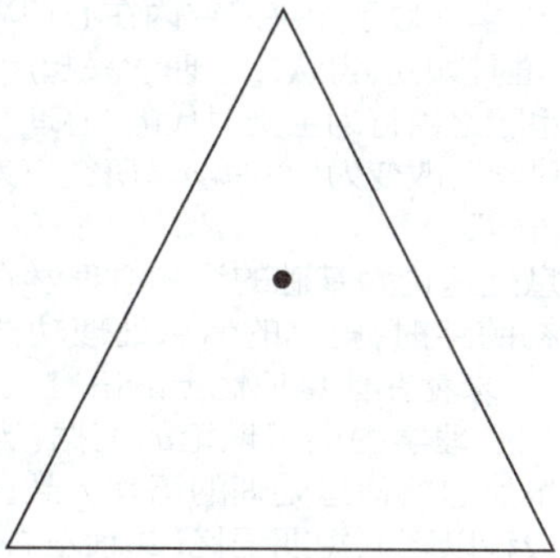

中点错觉

然，更年期的出现，女性约在45～55岁之间，男性约在55～65岁，此段期间的身心变化影响情绪；(2)空巢症候群的影响，子女成年后纷纷离家独立，形成中年父母的寂寞空虚感；(3)事业不理想，二三十年的奋斗未达自我实现境界，再加上后进的威胁，后浪推前浪，难免产生无力感与失落感。中年危机是都市工业化社会中的新问题。晚近心理学家研究，中年危机并非中年人的普遍现象。只要工作顺遂，生活调适得宜，即可避免中年危机。见空巢症候群(empty nest syndrome)。

midparent **父母均数** 指子女的某些身心特征，通常可采用父母两人的平均数作为预测的根据。例如，子女们成年后的身高(或体重)，大致与父母两人的平均身高(或体重)相近。

midrange value **中距值** 在由最大到最小依序排列的系列量数中，居于两极端二量数的平均值，称为中距值。根据中距值大致可以看出该系列量数的集中趋势(central tendency)。见该条。

midscore = median **中数**

Mignon delusion **贵胄妄想** 精神分裂症的症状之一。患者相信自己是显贵人家的后裔，因而否定自己的生身父母，甚至试图去寻找自己想象中的父母。见妄想(delusion)。

migraine personality **偏头痛人格** 指偏头痛患者常表现的一类人格类型。偏头痛人格的特征是，在待人处世上带有完美主义倾向，有强烈的企图心，稍遇挫折即感到极度失望，具有此种人格的人，情绪经常处于紧张状态，因而常常有偏头痛症状。

migration behavior **迁徙行为** 指某些动物本能性的迁徙行为。迁徙行为多见于鸟类和鱼类，鸟类的迁徙行为是季节性的，春天迁往北方，秋天迁到南方，鲑鱼的迁徙行为在一生中却只有一次。动物迁徙常是远达数千千米之外，而且多半往返都在相似甚至相同的地方。动物之所以具备此种神奇的本能，根据科学家们研究发现，除了它们的生理结构特殊之外，气温、日光和它们从周围环境中化学物质得到的线索，都是帮助它辨识方向的因素。

mild mental retardation **轻度智能不足** 属智能不足的一种类型。轻度智能不足者的智商(IQ)约在50～69，在智能不足者总人口中，约占80%。属于此类智能不足之儿童，可以接受基础教育，学习基本知识技能，故而又称为可教育性智能不足(educable mentally retarded)。见该条。

milieu **环境** 广义言之，本词义同environment；唯在心理学上多用于指谓社会环境(如家庭环境)。

milieu therapy **环境治疗** 从改善环境入手以治疗心理疾病或生活适应困难者的方法，称为环境治疗。严格言之，环境治疗并非一种特定的心理治疗方法，而是配合多种治疗方法的必要条件。例如，建议父母改善家庭环境，改变其教养子女的方式，对适应不良的儿童来说，就是环境治疗法。

military psychology **军事心理学** 属应用心理学领域中的一个学科。军事心理学研究的目的是，运用心理学上的理论与方法，搜集有关军事的资料，进而解决军事环境中关于人的行为方面的问题。军事心理学研究主题很多，其主要者有军事人员的甄选与训练，军事情报的分析，军事宣传与谣言的分析，军心士气与心理健康的维护，以及运用人体工学的原理设计武器等。

Miller Analogies Test (MAT) **米勒类推测验** 是美国各大学研究所用来甄选学生的一种学术能力测验。米勒类推测验中包括选自各科知识，编成类推式的题目100个，在编排上由易而难，故而在性质上属于难度测验。该测验有五种复本，可交替使用。美国大学研究生入学，多半须经过两种测验，一般先经过研究生入学考试(Graduate Record Examination)，然后再经过米勒类推测验。该测验系由美国心理学家米勒(W. S. Miller)1926年编制，故名。

Miller, George Armitage (1920～2012) **米勒** 米勒是20世纪美国心理学家，是以信息处理为基础的认知心理学的先驱，也是因研究短期记忆提出“神秘数字七加减二”理论而闻名的心理学家。

米勒1920年出生于西弗吉尼亚州的查尔斯顿，1937年进华盛顿大学，次年转学进阿拉巴马大学，主修语言学，1940年获文学学士学位，次年获理学硕士学位。由于在校期间曾经参加过心理学

M

的讨论会，对心理学感兴趣，是故毕业后应母校之聘担任普通心理学讲师，每周任课16小时，重复教授同一科目16次之多。就这样使得未曾专修心理学的米勒，在"教学相长"的情境下进入心理学领域。1942年到哈佛大学进修，且加入该校心理声学实验室，从事有关军用雷达电话系统方面的研究，1946年即以心理声学研究为题，获得心理学博士学位。1948年应哈佛大学之聘担任助理教授，讲授语言沟通方面课程，1950年为研究语言沟通的数理理论，曾专程赴普林斯顿大学高级行为科学研究所做访问学者一年，次年再进麻省理工学院林肯实验室研究。1955年晋升为哈佛大学副教授，三年后升为正教授。1958年任该校高级行为科学研究中心研究员，1960年与另一著名认知心理学家布鲁纳联合成立哈佛大学认知研究中心。1963年获美国心理学会杰出科学贡献奖，1963年任牛津大学研究教授，1969年当选美国心理学会主席，1971年当选美国哲学会主席，1971年获实验心理学会华伦奖章，1976年获美国语言听力学会杰出服务奖，1982年获纽约科学院行为科学奖章。

在20世纪40～50年代米勒开拓自己的学术生涯时，正值行为主义鼎盛时期，举凡心理学学术机构、专业团体、研究资源及出版机会等，全部为行为主义所垄断，如有不遵循行为主义路线研究心理学者，势将无从找到职业。米勒本也认同行为主义的科学取向，但在他根据研究资料出版《语言与行为》(1951)一书之后，认为行为主义只重视外显行为的研究取向，不足以了解人类语言的复杂性。因而1960年与另一认知心理学家布鲁纳，联合成立哈佛大学认知研究中心，该中心的命名即带有向行为主义挑战的意味。唯米勒在解释成立该中心的目的时，并不同意一般人将他们的心理学思想解释为认知革命。他认为认知心理学的兴起并非完全创新，只能说是旧思想的复苏，使心理学恢复了原来研究内在心理活动的本来面貌。唯其如此，自认知心理学兴起后，心理学的定义也随之由行为主义时代的"心理学是研究行为的科学"，改变为"心理学是研究行为与心理历程的科学"。

以信息处理论为基础的认知心理学在20世纪60年代初萌芽时，电脑的信息处理功能是影响因素之一。米勒在信息记忆上的研究成就，对新兴的认知心理学提供了理论的证据。当时的心理学家虽然已将信息处理的历程大致区分为感官记忆(2秒以下)、短期记忆(20秒左右)及长期记忆，但对短期记忆的性质及其重要性，则是在米勒1956年发表研究报告"神秘数字七加减二"之后才被确定的。米勒的研究有两点要义：(1)在不重复的情形下(如看电视字幕)，在20秒的短期记忆内，一般人平均只能记下7个项目(如7位数字、7个人名)，故从电话簿上查到电话号码后，待要拨号时往往会不复记忆。(2)短期记忆的量虽不能增加，但此7个事项的性质则可经由心理运作使之扩大。如将从台北打给北京朋友的电话写成002861063258759十五位数字的形式，因远超过七的限制，所以很难只读一遍就能记忆。但如加以运作将之改为五个单元：002-86-10-6325-8759，这5个单元分别代表不同的意义。因五在七的限制之内，所以容易记忆，米勒称此种意义单元为意元(chunk)。学习英文时由字母而单词，由单词而短句，由短句而长句，都是将零碎信息经心理运作变成多个意元之后记下来的。自米勒的研究之后，短期记忆才在现代认知心理学中成为特别受到重视的主题。见意元集组(chunking)。

米勒已出版的专著有：*Language and communication*（1951）；*Plans and the structure of behavior*（1960）；*Psychology : The science of mental life*（1962）；*The psychology of communication*（1969）；*Language and perception*（1976）等。

millisecond（msec） 千分之一秒 测量物形辨识(pattern recognition)时所使用的时间计算单位。见该条。

Mill, John Stuart（1806～1873） 米尔 米尔是19世纪英国哲学心理学家，是心理化学理论的创始人，是被公认有史以来智商最高者之一，也是未曾接受正规学校教育全由父亲教导和自学而成名的学者。

米尔1806年5月20日出生于英国伦敦，自幼聪慧过人，在父亲教导下，3岁开始学习希腊文，8岁能阅读柏拉图的希腊文著作，8岁即开始学习拉丁文并负责教导妹妹读书，11岁他父亲撰写《英属印度史》时，他就担任校对工作，12岁时能阅读亚里士多德的名著《工具论》。米尔童年的杰出表现，被当时誉为智力最高的神童。米尔14岁离英赴法，跟从父执辈学习，17岁随父亲到东印度公司任职；1858年离职，1865年被选为英国议会下议院议员，1868年竞选连任失败，即退出政坛，专心著述。米尔的私人感情生活不美满，25岁时爱上了一位比他小两岁且已育有两个子女的有夫之妇。两人的柏拉图式恋爱维持了20多年，直到45岁时对方离婚后才得以团圆。可惜好景不长，妻子一直体弱多病，结婚7年后逝世。米尔孤寂地度过晚年，1873年5月8日在法国阿维尼翁逝世，享年67岁。米尔在哲学心理学思想上的贡献，主要在于以下两方面：

1.对知识来源问题的解释　米尔虽然大体上继承了英国经验主义前人的思想，但对经由联想形成知识的历程，却提出了超过前人的主张。自17世纪初经验主义兴起于英国后，历经霍布斯、洛克、柏克莱、休谟等人，他们对知识来源问题的解释，虽然在立场上有的唯物，有的唯心，但基本上都是采取知识来自感官经验的论点，而且他们都将感官接受刺激后经由感官、知觉、联想的心理活动，解释为构成复杂知识的历程。显然，经验主义者的此种解释有两大特点：其一，将观念联想看成是被动的心理活动；其二，将经由观念联想构成的知识视为“积少成多”的历程。米尔经验主义的最大特点是，他反对视观念联想为被动的看法，而提出了他独到的心理化学论。

2.首创心理化学理论　在英国经验主义者之中，米尔反对前人所持观念联想只是印象或观念积少成多的传统理念。他采用了自然科学中物理变化与化学变化的观念，在1843年出版的《逻辑体系》一书中，提出了心理化学理论。其所谓心理化学(mental chemistry)理论的要义是，将人的心理运作比作物质的化学变化，而并不是采用化学原理来解释人的心理活动。米尔认为，简单观念形成复杂观念时，各观念之间的关系，不像物理变化那样，它既不是混合的，也不是组合的，而是融合的；其间融合的过程就像化学变化一样，由原来混合物质变化成一种与以前截然不同的新物质。米尔举出氢气和氧气两种物质化合后变成另一种新物质的水为例，用以说明心理化学的意义。他也举出七色光混合而形成白色光的例子，用以说明由知觉获得的知识不是零碎观念的累积。此种思想对以后思维创造的心理学研究产生了先导作用。冯特思想中的综合性创造的理念即可能源于米尔的心理化学理论。尤其是对以后完形心理学的发展具有很大的启迪作用。完形心理学的中心思想“整体不等于部分之和”的理念，正是受了米尔心理化学理论的影响。

米尔著作等身，其著作中与心理学有关的专著有：*Autobiography*（1873）；*An examination of Sir William Hamilton's philosophy*（1865）；*On liberty*（1859）；*A system of logic ratiocinative and inductive*（1843）；*The subjection of women*（1869）等。

mimetic play 模拟性游戏 属于有动机有目的的游戏方式之一。仿真性游戏具模仿性、结构性、象征性，其目的多不在游戏活动本身，而是经由游戏获得能力。见游戏分类(taxonomy of play)。

mimetic response 模仿反应 指个体跟随另一个体行为表现的历程。

mind 心，心理，精神 在心理学上，本词尚无统一定义，一般使用本词时，不外表达以下各种意涵：**1.**指个体一切精神活动的整体。**2.**指个体一切心理活动的历程，心理学研究的目的，即旨在了解此历程。**3.**心与另一词脑(brain)同义。**4.**心与另一词智力(intelligence)同义。**5.**指个体从意识到潜意识一切经验的总体。**6.**指个体的道德行为。

mind blindness 心盲 义同视觉失认症(visual agnosia)。见该条。本词与另词心昧(mental blindness)不同。心盲是视而不见，心昧是明知故犯，不接受现实，不面对现实的心态。

mind-body controversy = **mind-body problem** 心身关系问题，心身问题

mind-body dualism 心身二元论 义同二元论(dualism)。见该条。

mind-body interactionism 心身交感论 是哲学心理学中关于心与身相互关系的二元论观点。认为心与身是两个不同的实体，二者完全是分开的

M

和有区别的;但两者对人的行为是相互作用、彼此影响和互为因果的,即心能影响身,身能影响心。17世纪法国哲学家笛卡尔是持此观点的早期代表。他明确主张身和心可以互相影响,而且认为心身交感的作用是通过脑内的松果体实现的。见心身关系问题(mind-body problem)。

mind-body issue = **mind-body problem** 心身关系问题,心身问题

mind-body problem 心身关系问题,心身问题 心身关系问题是始自古代哲学心理学以至现代科学心理学一直争议不休的人性特质问题之一。心身关系之所以成为问题,主要是因为人的行为由身体活动来表现,而由身体活动表现行为时,支配行为表现的原因,究竟是身体本身的功能,还是身体之外另有一种心或精神作用,就成为争议的问题。综观古代哲学心理学家对心身关系问题争议的论点,可归纳为一元论与二元论两派理论。所谓一元论(monism),指人的心与身或精神与身体是不可分的单一实体,心身二者之间没有因果关系,二者全系由单一原理所支配。唯因对单一原理解释的不同,而又有两派理论:(1)唯物论(materialism),谓身体就是唯一存在的实体,身体之外不承认另有精神作用之存在。从现代科学心理学的观点言,唯物论者无异于将心的精神作用视同脑的生理功能,脑是身体的一部分,是物质实体,故而主张心即是物。(2)唯心论(idealism),谓心或精神为人性唯一的终极实体,身体活动的一切行为表现,均由心之实体所创造,身体活动只是心理功能的显现而已。唯物论与唯心论是心身关系问题的两种极端主张,如两种极端主张中任何一种主张成立,心身关系问题即不复存在。唯其如此,乃有二元论主张。所谓二元论(dualism),指人的心与身或精神与身体是两个分立的实体,心理与身体的活动各自受不同原理所支配。唯以对心与身两个实体间关系解释不同,而有两种理论:(1)心身交感论(psychophysical interactionism),谓心与身交互影响,心理影响身体,身体也影响心理,唯前者的影响大于后者;(2)心身平行论(psychophysical parallelism),谓人在表现行为时,其内在的心理活动与外显身体活动是同时产生的,而且各自独立运作,彼此互不影响。自古以来心理学上争议最大的问题,除本词之外另有天性与教养问题(nature-nurture controversy)、知识来源问题(origins of knowledge)及自由意志对决定论(free will versus determinism)。见该等条。

M

mind-brain problem 心脑关系问题 义同心身关系问题(mind-body problem)(脑属生理结构,故视为身之一部分)。见该条。

mind control 心控术 指经由心理上的运作,对自主神经系统支配的器官(如内脏)予以控制的方法。生理回馈法(biofeedback technique)与瑜伽(yoga)的演练者,借心理以控制身体即为其目的之一。见该等条。

mindlessness 不经心 指个体对自己的活动不加注意的现象。

mind reading 测心术 属心灵学中研究的主题之一。测心术类似心电感应,信者认为能测知人的心理活动。从科学心理学的观点看,测知人的心理问题或有可能,但所"测"者并非人的"心",而是根据人的外显行为的线索做假设性的推论解释,诸如当事者的面部表情、说话态度、无意间溜出的口语等,都是重要线索。凡是能使人信服的江湖术士,都善于运用此类线索。见心灵学(parapsychology)。

miniature system 小型理论 指只限于用以解释一种心理事实,而不能用以解释一般现象的理论。例如,解释人类语言学习的理论,是普遍性的理论,是大型理论,如只用以解释学童先学注音符号有助于学习汉字的理论,就是小型理论。建构小型理论,是近来心理学发展的一种新趋势。

minimal audible field = **minimum audible field** 最小可听场

minimal-changes method 最小变化法 采用固定刺激法做实验时,将变异刺激的变化,以最小改变的程度进行者,称为最小变化法。最小变化法可由小变大,也可由大变小。见恒定刺激法(constant stimulus method)、最小可觉差(just-noticeable difference)。

minimal changes procedure = **minimal changes method** 最小变化法

minimal cue 最小线索 指用测量工具所能测到恰能引起个体反应的最小刺激。唯最小线索未必为当事人所能清楚地觉知。

minimal sensation 下限感觉 义同绝对阈限(absolute threshold)。见该条。

minimax principle 最小最大原则 义同最小最大策略(minimax strategy)。见该条。

minimax strategy 最小最大策略 采用直观推断法解决问题时(包括投资等缺乏定程原则可循的问题)所运用的一种策略,此策略的基本原则是,尽量使失败的可能性减低,而使成功的可能性扩大。见直观推断法(heuristic)、博弈论(game theory)。

minimum audible angle(MAA) 最小听角差 听觉实验的方法之一。此方法实施的程序是，在有隔音设置的实验室中向受试者先提供一种声音刺激，等受试者确定声音来源方位后，稍微换一下角度（如向左方转移10°），再提供第二个声音刺激。然后，两刺激之间的角度差异逐渐缩小（由10°缩小为5°、4°……）直到受试者不能辨别为止。如此，即可测量到受试者的最小听角差。根据心理学家的研究结果，人类的最小听角差非常敏锐，唯最小听角差的大小和声源方向有关。当两个声源来自正前方而且彼此间呈水平关系时，一般人的最小听角差可小到接近1°；当两个声源来自侧方而且彼此间呈垂直关系时，一般人的最小听角差约在4°左右。

minimum audible field (MAF) 最小可听场 指在头顶上空中间置放一声源，然后向左右两耳方向移动，使之保持恰能听到的程度。如此，由两耳到头顶所形成的弧形场，称为最小可听场。

minimum audible movement angle (MAMA) 最小可听动角差 义同最小听角差（minimum audible angle）。见该条。

minimum audible pressure 最小听觉压 指引起耳鼓震动而生听觉的最小声波压力。

minimum-change therapy 最小改变治疗 属于心理治疗的一种目的或决策，而非指某一特定的治疗技术或方法。因为，有的治疗法目的是想彻底改变患者的人格结构，最小改变治疗法则不采此种策略，而采分层目标进行，帮助患者先从适应困难的身边小事着手，从一个一个最有把握的小习惯改变做起。如此，最小改变有了成绩，奠立信心基础，以后进一步治疗才会有更大的效果。

minimum competency testing 最低能力测验 指小学阶段对一般学童实施的最基本学习能力的学业测验。此类测验的目的是检查教学后一般学童有否学习到基本学科（如数学和语文）的最低限度的能力。

minimum lethal dosage 最少致死剂量 义同致死剂量（lethal dosage）。见该条。

minimum loss rule 输最少原则 见博弈论（game theory）。

Minnesota Counseling Inventory 明尼苏达咨商量表 是一种团体人格测验。该测验原系雷顿等人（W. L. Layton & R. F. berdie）所编制，其内容包括七种分数：（1）家庭关系分数；（2）社会关系分数；（3）情绪稳定性分数；（4）顺从性分数；（5）现实适应分数；（6）情态分数；（7）领导能力分数。明尼苏达咨商量表曾有三度文中修订。第一次为杨中芳、孙清美二人修订为中文；第二次为路君约修订，称为青年人格测验，尚无标准化之信度资料，于1968年出版；第三次为路君约、吴锦松二人修订，称为青年咨商量表，经标准化，于1972年出版。青年人格测验与青年咨商量表内容相同，适用对象为初三至高三学生，但记分不同，前者记分着重在优良反应，以高分代表良好倾向，后者反之，以高分代表不良倾向，已建立常模，前者以T分数表示之，后者以百分位数和T分数表示之。

Minnesota Multiphasic Personality Inventory (MMPI) 明尼苏达多相人格测验 是一种团体人格测验。该测验原系海撒韦等人（S. R. Hathaway & J. C. Mckinley）1942年所编制，其内容包括550个题目，分属26类：（1）一般健康；（2）一般神经学；（3）脑神经；（4）动作和协调；（5）感受性；（6）血管、动作、营养、语言及内分泌；（7）心肺系统；（8）胃肠系统；（9）生殖泌尿系统；（10）习惯；（11）家庭与婚姻；（12）职业；（13）教育；（14）性的态度；（15）宗教态度；（16）政治态度；（17）社会态度；（18）抑郁；（19）狂躁；（20）固定观念和强迫行为；（21）妄想、幻觉、错觉、基准观念；（22）恐怖；（23）虐待狂与被虐待狂；（24）士气与团队精神；（25）有关男女两性；（26）有关受试者试图将个人放在虚幻的一种有利的位置。明尼苏达多相人格测验，经学者路君约修订为中文，并经标准化，于1967年出版。该测验适用对象为16岁以上人员，记分方式采T分数，已建立成人男性T分数常模。

Minnesota Spatial Relation Tests 明尼苏达空间关系测验 是一种个别智力测验。该测验系由美国明尼苏达大学职业辅导研究所编制。其内容为以A、B、C、D四块木板，每块木板上各挖出56个形状不同、大小不等的空洞，另有许多小木块，它们的形状和大小，与板上的空洞相互对应。测验进行与计分方式有两种：一种是以受试者把那些木块一一嵌入适当空洞中，所需的时间为测验成绩；一种是计算受试者完成每块木板时的错误次数，A、B、C、D四板分别记录。该测验适用对象为6岁以上儿童。在美国已建立全国性与特定团体的地区性常模。

minor hemisphere 大脑次半球 指大脑右半球（right hemisphere）。见该条。

minority group 少数团体，弱势团体 在一个国家或大社会里，有部分人的权益受到不公平待遇时，这部分人被称为少数团体。按此义，本词与少数民族之义相通。本词所指“少数”实际上并非纯按人口数量计算，如女性人数占社会人口之半，但在习惯上仍称女性为少数团体。基于此义，少数团体实乃“弱势团体”之义。

minor premise 小前提 指演绎式推理的命题之一。见三段论法(syllogism)。

minute memory = short-term memory 短期记忆

mirror drawing 镜画 指面对镜中的反射图样来照样绘图的过程。实验心理学中典型的镜画测验设计是，用一个双线勾勒的星状图形放在镜前，受试者只能看着镜中图形(不得看纸上的图形)，以笔沿着双线间的路径在纸上画线，且不得越出线外(如附图)。镜画实验的目的是在反方向动作中，破除旧习惯建立新习惯的情境下，观察手眼协调作业的能力及进步情形。镜画实验结果，可用以说明尝试错误学习的意义。像镜画这样动作技能学习，表面看似简单，但做来并不容易，原因是此类学习不能靠理解，必须在尝试错误过程中逐渐改进。见尝试错误学习(trial-and-error learning)。

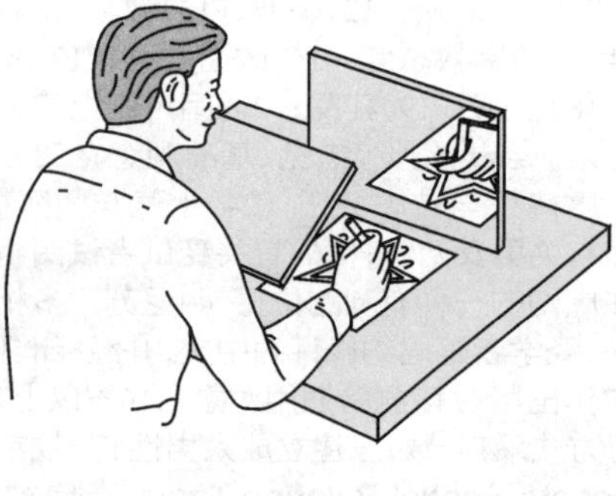

镜画

mirror drawing test 镜画测验 是一种动作技能测验。此种测验采镜画的方式进行，其目的在测定受试者手眼协调的能力。见镜画(mirror drawing)条及附图。

mirror perception 镜中知觉，反像知觉 是一种视觉反常现象。物体在视网膜上所得映象，与物体的特征不符。在读到一个英文单词时，不但字母顺序颠倒，而且每一字母也左右反转。患有反像知觉的人将有严重的阅读障碍。

mirror self = looking-glass self 镜中自我

mirror tracing = mirror drawing 镜画

mirror writing 镜写，反字书写 **1.**指书写时就像镜中反射出的字体一样的左右反转、上下倒置的情形。**2.**学童中有非属习得而呈反字书写现象者，将产生严重阅读障碍。此类学童之反字书写可能与视象颠倒症(strephosymbolia)有关。见该条。

misapplied constancy theory of illusion 错觉常性误用论 解释物体大小或线条长短错觉的理论之一。“常性”二字是指知觉常性，知觉常性的心理现象是，个体的知觉经验不因知觉对象所处环境不同而有所改变(如斜看一排楼房窗口时，远处窗口虽在网膜上形成的映象较小，但在知觉上仍判断远近窗口大小相等)。采用此心理原则，当受试者判断庞邹错觉(Ponzo illusion)两条横线是否等长时，他可能将知觉常性原则反过来推理，远近两条横线在视网膜上的映象相等，而在画面上因受透视的影响，位居上面的横线看来显得较远；远处的东西与近处的东西等长，在知觉判断上自然就会觉得远处的较长。见该条及附图。常性误用论的“远者大近者小”的心理作用，也可用来解释月亮错觉(moon illusion)。见该条及附图。见知觉常性(perceptual constancy)。

misocainia = misoneism 厌新症

misogyny 恨女性 指对女性极度厌恶的心理倾向，具有此种怪异性格者可能男女都有，多半是幼年痛苦经验的后遗症。

misoneism 厌新症 指极度保守而无法忍受革新的异常性格。

mitosis 有丝分裂 指个体的体细胞因成长而分化的历程。自受孕后新生命开始，个体的体细胞随个体生长而快速生长分化。在生长分化过程中，体细胞产生有丝分裂，每一细胞核分裂为二，然后再各自加倍复制染色体，保持新生细胞中仍然是23对染色体的形式。唯体细胞内的性细胞，其分化过程不同，男性睾丸中与女性卵巢中的生殖细胞(即精子与卵子)，在性生理成熟后的细胞分化时，却产生减数分裂(meiosis)，减数分裂后的染色体，由原来的23对减半而成为23个。等到因受孕而精子与卵子结合为一个受精卵时，各自带来的23个染色体再合并在一起，成为23对染色体。见受孕(fertilization)条及附图。

mitral cell 僧帽细胞 见嗅球(olfactory bulb)。

mixed deafness 混合性聋 指由两种以上原因造成的听觉能力丧失的情形。

mixed design 混合设计 指在同一实验中兼采两种设计的情形。例如，在一个实验中，原则上采实验组与控制组的组间设计进行，而单独又在实验组安排不同受试者接受不同处理的受试者间设计(between-subjects design)。见该条。

mixed effect model 混合效果模式 在二因子实验设计中，同时运用固定效果模式和随机效果模式的设计，称为混合效果模式。例如，研究者采用自编的三套辅导课程，以小学高年级学生为实验对象，试图了解何种课程对儿童的社会认知发展较为有益。乃自甲、乙、丙三所小学中以随机取样方式，各抽三班学生进行实验。由于研究者并不想用三套辅导课程推论用于所有的辅导课程，只希望利用实验结果推论用于六年级儿童。故第一个因子"辅导课程"是用固定效果模式，第二个因子"六年级儿童"则使用随机效果模式。见固定效果模式（fixed effect model）、随机效果模式（random effect model）。

mixed-motive task **混合动机工作** 指对单一工作怀有两种彼此冲突动机的情形。见趋避冲突（approach-avoidance conflict）、双趋冲突（approach-approach conflict）和双避冲突（avoidance-avoidance conflict）。

mixed sampling **混合抽样** 指同时采用两种（或两种以上）方法的抽样方式。见双重抽样（double sampling）。

mixed transcortical aphasia **混合型失语症** 属失语症之一，此种失语症的特征是，大脑皮质的额叶、顶叶、枕叶三者的边缘区域发生病变，因而影响语言中枢的功能。患混合型失语症者通常完全丧失语言能力。见失语症（aphasia）。

mixoscopia **窥视症** 指偷看别人从而使自己获得满足的异常现象（如窥视别人洗澡）。

MLE = mediated learning experience **间接学习经验**

MMPI = Minnesota Multiphasic Personality Inventory **明尼苏达多相人格测验**

mneme = memory trace **记忆痕迹**

mnemonic device = mnemonics **记忆术**

mnemonics **记忆术** 指采用某种特殊方式以增强记忆的技术。记忆术有上千年的历史，有些江湖术士常在台上表演能记得数十生人姓名的惊人技术。从现代科学心理学的观点看，记忆术的基本原则是灵活运用联结学习。本辞典所列的字钩法（pegword system）与轨迹法（method of loci），均为记忆术常用的方法。见该等条。

mnemonic strategy = mnemonics **记忆术**

mnemonic trace = memory trace **记忆痕迹**

mnemotechnics = mnemonics **记忆术**

Mo = mode **众数**

mob **暴民** 暴民是无组织群众在高昂情绪下出现共同目的时，演变成的一群具有破坏性行为的群众。根据美国社会心理学家布朗（R. Brown）1954年提出的理论，按其行为表现，暴民分为四种类型：（1）攻击型暴民（aggressive mob），大家不约而同地对阻碍他们的人或物进行攻击；（2）逃生型暴民（escape mob），在危急情况下（如戏院失火）大家逃生时，往往演变成流血暴动；（3）掠夺型暴民（acquisitive mob），在物资供不应求情况下（如抢购粮食或抢购戏票），往往因你争我夺而演变成暴动；（4）发泄型暴民（expressive mob），因对某事件感到不满而发泄情绪所演变成的暴动，运动场上观众认为裁判不公时所造成的暴动事件，即属发泄型暴民所为。

mobility **流动** 义同社会流动（social mobility）。见该条。

mob psychology **暴民心理学** 属社会心理学的一个分支学科。暴民心理学研究的目的，旨在了解暴民（mob）心理。见该条。

modal interval **众数组距** 指次数分布中包括众数（mode）的一组的组距。见该条。

modality = sense modality **感觉类型，感觉通道**

modal model of memory **记忆典型模型** 指解释人类记忆现象最典型的理论。亦即现代认知心理学上信息处理论（information processing theory）中所指的感觉记忆、短期记忆与长期记忆三段理论。见该条。

mode（Mo） **众数，感觉类型** **1.**在一数列中出现次数最多的一个数值，称为众数。如采用次数分布时，次数最多一组之中点值，即称为众数。**2.**义同感觉类型（sense modality）。见该条。

model **楷模，模型** **1.**本词译为楷模时，指供做比照或模仿的典型或模范。按社会学习论，个体向他所认同的楷模去模仿，是其行为改变的主要原因。**2.**本词译为模型时，指对某种心理现象构成因素的系统陈述。此种陈述可视为原则或理论。如分期记忆模型（separate-store model），即指对记忆历程分为感觉记忆、短期记忆、长期记忆三阶段的理论。见信息处理（information processing）。

modeling **模仿** 模仿也称观察学习（observational learning），指个体观察并仿照别人的行为去表现，从而学习到该种行为。个体模仿的对象，称为楷模（model）。模仿未必完全按照楷模的行为去做，经模仿而学到行为的历程可分为三种：（1）直接模仿（direct modeling），指个体完全按照楷模的行为去表现，是一种最简单的模仿；（2）综合模仿（synthesized modeling），指个体综合数次观察（可能是对同一楷模，也可能对不同楷模）而形成自己的行为；（3）抽象模仿（abstract modeling），指个体对楷模观察后所学到者并非具体的行动，而是抽象的原则或精神。

modeling approach **模仿法** 解释痛觉的理论和减缓痛觉的方法。痛觉是生理作用，也是心理作用，痛觉可经由观察、学习、模仿而产生负面效果(加重痛觉)，痛觉也可经由观察、学习、模仿而产生正面效果(减缓痛觉)。如儿童看到成人打针时谈笑自若，他就会学到打针并不可怕，从而减缓他自己打针时的痛觉。

modelling = modeling **模仿**

moderate mental retardation **中度智能不足** 属智能不足的一种类型。中度智能不足者，其智商(IQ)约在35～49，在智能不足者总人口中，约占12%。属于此类智能不足之儿童，无法接受正规教育，只能接受最简单生活训练，故也称可训练性智能不足(trainable mentally retarded)。见该条。见智能不足(mental retardation)。

moderator variable **涉连变项** 指某一变项的变化涉连到其他两个(或多个)变项间的关系者，称为涉连变项。设有A、B、C三个变项，如果A与B之间的相关大小因C而定，其中C即为涉连变项。准此推论，在教学时教师可以发现学业成绩与智力有关，而其相关高低又与学生动机有关，故动机即为涉连变项。

modified replication **修改性验证** 见验证性实验(replicated experiment)。

M

modular psychology **组合心理学** 对心理学研究取向的一种科学观点。持组合心理学观点者认为，心理学的研究，应该像自然科学那样采分化而又组合的取向。心理和行为的不同层面，可以视为各自独立的主题，各层面深入研究之后，组合在一起即可了解人的整个心理。与本词相对者为一元心理学(unitary psychology)。见该条。

molar approach **整体取向** 指心理学研究上在理论建构或方法运用时所采的一种取向。整体取向乃是指针对个体整个人的心身活动为研究的对象，在心理学理论中，人本心理学家解释人格和认知心理学家解释学习时，都是采用整体取向。与本词相对者为部分取向(molecular approach)。见该条。

molar behavior **整体行为** 指个体在某种刺激情境下所表现的由多个反应所组合成的整体性行为。此种行为系由很多小动作构成，如游泳、写字、打球等整体性的活动，均属之。反之，在某种刺激情境下所表现的单一反应而形成的行为，则称为局部行为(molecular behavior)。见该条。

molarism = holism **整体论，整体主义**

molecular approach **部分取向** 指心理学研究上在理论建构或方法运用时所实行的一种取向。部分取向乃是针对个体所表现的一部分身心活动为研究对象。在心理学理论中，行为主义心理学采用条件作用来解释人类学习，就是采用了部分取向。与本词相对者为整体取向(molar approach)。见该条。

molecular behavior **局部行为** 指某种刺激情境下所引起的单一反应。例如，吃饭时拿筷子的手指动作即局部行为。如将吃饭时的多种动作合在一起看，则称为整体行为(molar behavior)。见该条。

molecularism **分子论** 义同原子论(atomism)。见该条。

Molyneux's question **莫里纽克斯问题** 指17世纪英国哲学心理学家莫里纽克斯(W. Molyneux, 1656～1698)1688年向当时英国著名经验主义哲学心理学家洛克所提出的一个问题。该问题的要义是，如果一个生而失明者成年后突然恢复视觉，他能否不凭触觉就能辨别圆球与方块？因为洛克主张人类的知识得自感觉经验，所以他的回答是复明的盲人不能辨别。莫里纽克斯问题看似单纯，事实上是自古以来身心关系问题之一，迄今在科学心理学上并未完全解决。因为对知觉问题的先天与后天之争，至今仍然存在。见间接知觉论(indirect perception theory)、直接知觉论(direct perception theory)。

momentary personality **暂时性人格** 美国心理学家默瑞理论中的术语。意指个人只是在某种情境之下所表现的人格特质，时过境迁之后，该等特质即不复出现，是为暂时性人格。见人格(personality)。

monad **单子** 见单子论(monadism)。

monadism **单子论** 解释心身关系问题的哲学心理学理论之一。谓世界万物系由不可分的精神单子所构成，单子论始自17世纪德国哲学心理学家莱布尼兹(Leibniz, Gottfried Wilhelm)。见其传记条。

monism **一元论** 凡是采用单一原理解释事象者，皆称一元论。在哲学本体论(ontology)上，只采唯心论或唯物论观点解释事物存在者，即为一元论。见该条。在哲学心理学的心身关系问题(mind-body problem)争议上，一元论指人的心与身或精神与身体是不可分的单一实体。见该条。与本词相对者为二元论(dualism)。见该条。

monk-on-the-mountain problem **和尚登山问题** 属问题索解时考验变通能力的难题之一。设有和尚一人登山修炼，山路崎岖，从山脚到山顶寺庙要花整天时间，和尚早晨8时出发下午4时到达。一周之后他循原路下山，下山的起讫时间与上山时完全相同。求解的问题是：凭想象画一山路图，说明什么地点恰好是和尚上山和下山途中同一时间抵达之处。由于路程与时速未知，故而此题无法按数理原则求得答案，但如变通思维方式，改为两位和尚，在同一时间从两地出发，两人交会之处自然就是上山和下山途中同一时间抵达之处。此种变通思维方式，称为同题异述(problem isomorph)。见该条。

monoaural cue 单耳线索 只靠单一只耳朵即可获知远近听音信息时，称为单耳线索。由一只耳朵所得的线索，虽不能充分有效判断声源之方位，但却能有效地判断声源的远近。平常我们判断声音远近时，多根据声音的强弱：强则近，弱则远。尤其对熟悉的声音(如教堂的钟声)，根据其强弱而判断其远近时，将更为准确。与本词相对者为双耳线索(binaural cue)。见该条。

monochorionic twins = identical twins 同卵孪生子

monochromasy = achromatism 全色盲

monochromatism = achromatism 全色盲

monocular cue 单眼线索 指单靠一只眼睛即可得到物体远近或是否立体的知觉线索。构成单眼线索的条件很多，主要有以下八种：(1)大小线索(size cue)，指以物体在视网膜上的映象为线索所形成的深度知觉。在目视同类物体时，视网膜映象愈大者，即判断该物体的位置愈近，同样的两个茶杯，看起来较小者，即知其距离较远。(2)直线透视(linear perspective)，指视野中物体之形象具有并行线特征者(如铁轨或街道)，看起来两并行线渐趋接近的一端，就知道那是远的一端。艺术家作画时常运用透视原理，借以显示画内景物的远近。(3)结构级差(texture gradient)，指视野中物体具有层级结构特征(如台阶或山坡)者，层级纹路较明显和层级间距离较稀疏者，看起来距离较近。(4)大气透视(atmospheric perspective)，指同一大气中目视不同物体的距离以比较其远近时，所见到的物体轮廓愈清晰者，即判断其距离愈近。(5)重叠(interposition)，指视野中两种(或多种)物体有一部分重叠时，对因重叠而不能见其全貌的物体，即判断其距离较远。艺术家作画时常运用重叠原理，借以显出山峦重叠的远近效果。(6)高度线索(height cue)，指视野中物体的位置接近视野之下沿者，即判断其距离较近，较近视野之上沿者，即判断其距离较远。艺术家作画时都是采用此原理，将远的景物画在画纸的上沿(如月亮)。(7)运动视差(motion parallax)，指因视野中物体移动或观察者自身移动而产生视觉差异(坐火车时窗外景物近者后退远者前进)从而判断物体远近的单眼线索。(8)调适(accommodation)，指眼球晶状体周围的睫状肌在注视远近不同物体时，因调节晶状体凸度以便在网膜上形成清楚映象，从而获得深度知觉的生理与心理历程。见该等条。

monocular depth cue 单眼深度线索 义同单眼线索(monocular cue)。见该条。

monogamy 一夫一妻制 指一种婚姻制度，只限于异性者两人结婚。与本词相对者为复婚制(polygamy)。见该条。

monophobia = autophobia 自惧症，惧孤独症

monoplegia 单肢麻痹 属麻痹疾患之一，患者常有单一条腿、单一手臂或单一手指麻痹现象。见麻痹(paralysis)。

monovular twins = identical twins 同卵孪生子

monozygotic twins (MZ twins) = identical twins 同卵孪生子

Montessori, Maria (1870～1952) 蒙台梭利 蒙台梭利是20世纪初意大利著名的幼儿教育家，是意大利女性中获得博士学位并成为合格医师的第一人，也是现代特殊教育运动的先驱。

蒙台梭利1870年8月31日出生于意大利中部的安科那，1894年获得罗马大学医学博士学位后，担任罗马大学附属精神病院助理医师，是当时全意大利女性中获得博士学位的第一人，也是全世界早期从医的女性之一。在担任医师期间，蒙台梭利将治疗患病儿童的兴趣扩大至研究心智不足和心理异常儿童。当时，居住在罗马贫民区的儿童，有些不但被父母放弃教养，还被学校拒绝于校园之外。一些被家庭和学校遗弃的儿童长大后，先是变成犯罪少年，继而变成犯罪的成人。蒙台梭利认为，青少年和成人的不当行为现象，主要是他们幼年丧失适当教育机会所致。因此，她放弃了传统医师对病人的治疗工作，改而从事幼儿教育事业，并研究儿童的身心发展，借以作为教育实践的依据。于是，在罗马首创一所特殊学校，称为"儿童之家"，收容3～7岁儿童，是为全世界

最早的特殊教育机构；当时蒙台梭利年仅27岁。蒙台梭利的“儿童之家”设置之初，一般人认为此类学校只具有消极的隔离作用，不会产生积极的教育价值。后来事实证明，蒙台梭利的构想是成功的。自她的特殊学校设立后，罗马贫民区的青少年犯罪率显示逐年降低趋势。因此，自1917年起，她接受英国、西班牙、荷兰、印度等国的邀请，分赴各地讲学，并举办幼儿园教师训练班，推广她的教育理念。此后，她的幼儿教育思想扩及全世界。1952年5月6日蒙台梭利病逝于尼德兰，享年82岁。她逝世后仍然盛名不衰，至今世界各地仍有很多教育机构（如幼儿园）或教学方法以蒙台梭利之名名之。蒙台梭利在心理学上的贡献，主要在于她教育思想中的三点主张：

1.建立成人与儿童的良好关系是教育成功的关键　成人对儿童施教，只有在师生间关系良好的情况之下，儿童才会顺从教师的引导去自动自发地学习。蒙台梭利强调，教室是教师为儿童准备的生活环境，学校是儿童成长的家。

2.以自由为教育手段，以自立为教育目的　在教学活动中，蒙台梭利强调让儿童自由活动，教师只需提供多样变化的学习环境，让儿童自由选择，在自由活动中一方面学习读、写、算的知识，一方面学到生活习惯。因此，蒙台梭利主张，让学生自由只是教育手段，而培养学生自立才是教育目的。为达到自立的教育目的，蒙台梭利强调，在6岁以前培养儿童养成生活自律的好习惯（如自己洗脸、穿衣、收拾玩具、保持周围环境整洁等）。

3.教育须与儿童身心发展程度相配合　教学时除配合儿童能力施教外，也应设法启发儿童的好奇心，从而促进他们的智力发展。从这一点看，蒙台梭利的发展心理学思想较之皮亚杰的思想更具教育意义（皮亚杰未主张经由教育方法促进儿童智力发展），而与心理学家维果茨基的思想较为接近。

蒙台梭利著作中译为英文的专著有：*The absorbent mind*（1949）；*Dr. Montessori's own handbook*（1964）；*The Montessori method*（1964）；*Education for human development : Understanding Montessori*（1976）等。

M

Montessori method 蒙台梭利教育法　指始自20世纪初在美国流行（扩展至世界各地）的幼儿教育方法。此种教育方法的特点是，重视儿童自由活动，强调顺应儿童知觉发展及培养基础习惯，从而推行自动教育。盖因此种教育方法系由意大利教育心理学家蒙台梭利（Montessori, Maria）所首倡，故名。见其传记条。

monthly period = **menstruation** 月经

mood 心情，心境　**1.**指较为平淡的情绪状态。**2.**指在某种刺激情境下个体准备反应的内在状态。

mood congruency 心情一致性　义同心情依赖（mood-state dependency）。见该条。

mood disorder 心情异常　义同情感症（affective disorder）。见该条。

mood-state dependency 心情依赖　影响记忆的一种心理现象。在愉快心情下学习的事物，以后在愉快心情下容易记忆。

Mooney Problem Check List 孟奈行为困扰调查表　是一种团体人格测验。该测验原系美国心理学家孟奈（R. L. Mooney）所编制，其内容包括六个量表：（1）成人调查表；（2）大专调查表；（3）高中调查表；（4）初中调查表；（5）乡村青年调查表；（6）护士学校调查表。其中大专、高中、初中三份调查表，已有中文修订本，均称为修订孟奈行为困扰调查表。胡秉正、何福田二人修订之调查表适用于初中学生，可调查七类问题：（1）健康与身体之发展；（2）学校生活；（3）家庭与家属；（4）金钱、工作与前途；（5）异性关系；（6）人际关系；（7）自我关怀。胡秉正、周幸二人修订之调查表适用于高中学生，可调查十一类问题：（1）健康与身体发展；（2）经济、生活状况与职业；（3）社交和娱乐活动；（4）求爱、性和结婚；（5）社会—心理关系；（6）个人—心理关系；（7）道德与宗教；（8）家庭与家属；（9）前途—职业和教育；（10）对学校课程之适应；（11）课程与教学。胡秉正修订之调查表适用于专科及大学学生，可调查十类问题：（1）健康与身体发展；（2）经济、生活状况和职业；（3）社交和娱乐活动；（4）对他人的关系；（5）对个人的态度；（6）求爱、性和婚姻；（7）家庭和家属；（8）对大学课程的适应；（9）前途：就业与升学；（10）课程和教学。三份调查表均已出版，记分方式采选答各类困扰之题数，已在各类困扰问题列有百分位数、平均数、标准差、百分比供参考之用。

moon illusion 月亮错觉　属视错觉现象之一。月亮错觉现象，如附图所示，虽然平视接近地面的圆月和仰视当空的圆月面积相等，而且在视网膜上形成的映象也大小相同，但一般人总是觉得接近地面时月亮较大。心理学家早就发现，一般人判断接近地面的圆月较之当空时的面积要大出30%～50%。月亮错觉的现象虽至为明显，但对于形成错觉的原因，一直没有众皆共识的理论。现代心理学上解释月亮错觉的理论有许多种，其中最主要者是：（1）表面差距假说（apparent distance hypothesis);(2)相对体积假说(relative size hypothesis);(3)错觉常性误用论(misapplied constancy theory of illusion)。见该等条。见错觉(illusion)。

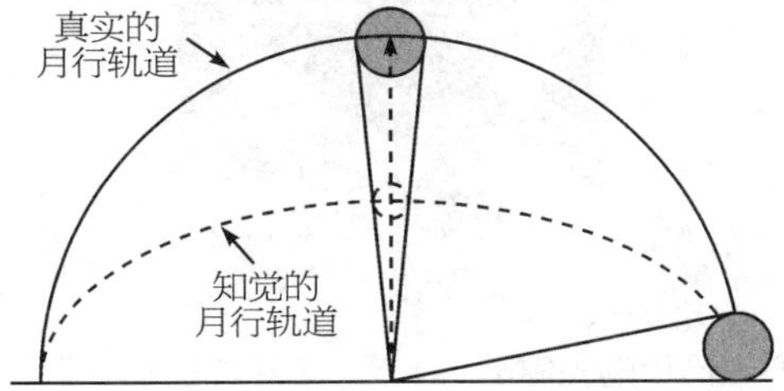

月亮错觉

moon-phase studies 月象研究 指心理学家对月亮形状变化与犯罪关系的研究。此类研究多集中在月圆时刻与人类犯罪行为变化的观察。根据文献记载,有两项事实似乎显示月象与犯罪行为有关:其一是每逢月圆之夜监狱中的犯人较多表示情绪不安;其二是月圆前后自杀率有增高趋势。

moral anxiety 道德焦虑 精神分析论中的术语。意指个体因恐自己行为违犯道德标准,因而预先在心理上存有的恐惧情绪。亦即因超我约束而生的焦虑。本词与神经质焦虑(neurotic anxiety)不同,后者乃由本我的冲动受到压抑而产生。见该条。

moral behavior 道德行为 指合于道德准则的行为。亦即指合情、合理、合法的行为。见道德(morality)。

moral belief 道德信念 指个人自认他的行为必须符合道德准则(moral code)一事所持的信念。见该条。

moral code 道德准则,道德规范 指在某一社会文化环境中为众所认可并接纳的行为准则。道德准则的建立,要靠社会大众或团体成员同感共识,而同感共识的基础是,让大众意识到合情、合理与合法的意义。

moral conduct = **moral behavior** 道德行为

moral development 道德发展 指在社会化过程中,个体随年龄的增加,逐渐学到是非判断标准及按该标准表现行为的历程。道德发展是社会化的结果,道德发展社会化的一般过程是,先由他律(外化)而后自律(内化)。在心理学上有关道德发展的理论,最主要的是柯尔伯格道德发展阶段论(Kohlberg's stage theory of moral development)。见该条。

moral dilemma 道德两难 指面对道德判断情境时感到左右为难无法抉择的心态。所谓"两难",是指无论怎样抉择,总是无法两全其美;合于一方面的道德,难免失去另一方面的道德。所谓忠孝难以两全的处境,即此之谓。道德两难在现代心理学的意义,主要是指美国心理学家柯尔伯格在20世纪70年代研究儿童道德发展时,所设计的一种让儿童根据自己道德准则从事道德判断的两难性问题。柯尔伯格采用的道德两难问题之一是丈夫偷药抢救妻子绝症的故事。从道德准则的一面看,偷药是违反道德的行为;可是从道德准则的另一面看,救人一命却是合于道德的行为。同一种行为不能两全其美,故而成为两难。见柯尔伯格道德发展阶段论(Kohlberg's stage theory of moral development)。

morale 士气 指为完成共同任务显示出的精神、态度与情绪。如谓士气低迷、士气大振。

moral freedom 道德自由 指个体在某种情境下表现行为时,是否合于社会公认的道德,乃是以其自由意志为基础的。唯道德自由的实践,并不是绝对的而是相对的,只有在个体对自己选择也自愿负责的前提下,道德自由才有价值。

moral independence 道德独立 根据瑞士心理学家皮亚杰的道德发展理论,道德独立是自律道德期(小学中年级)的行为特征。所谓道德独立,并非指不遵守道德,而是指个人开始作道德的判断与选择时,不再像小时候道德他律期那样一味地、无条件地遵守道德准则。皮亚杰称道德独立时期的心理倾向为道德相对主义(moral relativism)。见该条。见自律道德期(autonomous morality stage)。

moral independence stage 道德独立期 义同自律道德期(autonomous morality stage)。见该条。

morality 道德 指合于社会规范的行为准则。此种行为准则为社会大众共信共守,并用以判断行为的是非与善恶。唯道德是相对的概念,不同的社会文化有不同的道德准则。甚至在同一社会文化之下心智发展成熟程度不同者(如儿童),其道德观念也会有所不同。

morality of constraint 非自主道德观 瑞士心理学家皮亚杰道德发展理论的术语。意指10岁以前儿童对是非善恶判断时,一般毫无疑问地采取父母(或教师)的观点。见他律道德期(heteronomous morality stage)。

moral judgement 道德判断 指对于是非善恶作正确判断的能力和倾向。个人在道德情境中,依据众所公认的道德准则,参照个人其过去所形成的理念及行为经验,在分析因果关系、批判是非善恶、估量利弊得失与抉择行动方案的过程中,所作

M

道德思考的方式，即是道德判断。基于此义，道德判断并非完全以衡量行为的道德准则为根据，行为的动机与后果也是影响道德判断的根据。见道德准则（moral code）。

moral masochism **伦理被虐狂** 精神分析论创始人弗洛伊德理论中的术语。意指个人在潜意识中有一种接受在上位者权威人物对己施予惩罚的欲望。按弗洛伊德的解释，此种被惩罚的欲望，起于幼时恋亲情结（Oedipus complex）的滞留作用。见该条。

moral obligation **道德责任** 根据社会公认的道德标准，个人应该担负的责任（如为子女者应奉养老年父母）。见道德自由（moral freedom）。

moral realism **道德现实主义** 根据瑞士心理学家皮亚杰道德发展理论，儿童道德发展第一阶段的他律道德期，在道德判断心理倾向上，属于道德现实主义。谓儿童对行为是非善恶判断，只考虑行为后果的现实，不考虑行为的动机，只要听话就是好孩子，只要打破了杯子（不管是意外或故意）就应该受惩罚。与本词相对者是道德相对主义（moral relativism）。见该条。

moral realism stage **道德现实期** 指遵循道德现实主义（moral realism）以判断道德行为的阶段。见该条。

moral relativism **道德相对主义** 根据瑞士心理学家皮亚杰的道德发展论，儿童的道德发展达到自律道德期以后，他就不再盲目服从权威，对道德行为的判断，不再采取他律道德期的道德现实主义原则去衡量是非对错，不再只凭行为过失结果（如打破窗户玻璃）就判断该受惩罚，而进一步也考虑到行为的动机（打破玻璃是否故意的）。道德相对主义是比较成熟的道德心理，也较为符合道德的本意。与本词相对者是道德现实主义（moral realism）。见该条。

moral relativism stage **道德相对期** 指遵循道德相对主义（moral relativism）以判断道德行为的阶段。见该条。

morbid dependency **病态依赖** 美国精神病学家霍妮理论中的术语。指重度神经质的人，在自我独立性丧失之后，对别人或事物所表现的极度依赖倾向。

morbid obesity **病态肥胖症** 因心理异常而过度贪食以致使体重超过标准50%以上的人。见肥胖症（obesity）。

Moreno,Jacob L.（1890～1974） **莫瑞诺** 莫瑞诺是罗马尼亚出生的美国精神病学家，是社会测量法的创始人，是心理剧的原始设计者，也是团体

心理治疗的先驱。

莫瑞诺1890年出生于罗马尼亚，1917年获维也纳大学医学博士学位后在维也纳行医，30年代初期移居美国。莫瑞诺在美国定居之后，除继续行医从事精神病治疗之外，他在社会心理学和心理治疗方面做出了三方面的贡献：（1）在1934年首创社会测量（sociometry），采用计量的方式，研究分析团体心理结构，从而了解团体成员间彼此吸引或彼此排拒的情形。社会测量法的设计为研究团体心理提供了具体可行的研究技术。见该条。（2）在1946年首先设计心理剧（psychodrama），为心理治疗提供了一种新的方法。心理剧的构想，源自1921年莫瑞诺在维也纳创立的“自然剧场”。自然剧场是一种超传统的实验剧场，其特征在于参与角色扮演者不预先准备台词，只就其角色性质自由发挥。莫瑞诺发现，心理剧具有心理治疗功能，经由角色扮演，不仅可使患者发舒情绪，而且也由之增进人际关系的了解。（3）在心理剧之后，莫瑞诺又进而提倡团体治疗，打破了传统弗洛伊德式的个别精神分析治疗传统。最具代表性的团体治疗法，即莫瑞诺所倡用的会心团体（encounter group）。见该条。

莫瑞诺的主要著作有：*The theatre of spontaneity*（1924）；*Who shall survive?*（1934）；*Psychodramatic treatment of performance neurosis*（1946）；*The first book on psychotherapy*（1957）等。

mores **习俗** 指社会或团体（如某行业）社会大众所接纳而实践的行为趋向或习惯。习俗多来自传统，是形成道德准则的主要依据。

Morita therapy **森田治疗法** 日本精神病学家森田正马（Shoma Morita）在20世纪初提倡的一种轻度心理异常的治疗方法。森田治疗法的基本要义是：（1）在治疗之初，先让患者彻底卧床休息，在此阶段只允许患者睡眠和忍受痛苦；（2）要求患者参与一项既困难又枯燥的工作，让他体验到生活的本质就是艰苦无奈的；（3）训练患者学习接受现

实，不要怨天尤人，不要过分关心自己的症状，认定自己仍有生活能力；(4)此种方法适用于焦虑症、恐惧症、神经症等心因性疾病，但不适用于身因性疾病。显然，森田治疗法成效的关键，在于能否使患者自我意识改变。见领悟治疗(insight therapy)。

morning sickness 早晨病 指妇女怀孕后第一个月最常见的一种身体不适现象。早晨病的特征是早晨起床时头晕呕吐。一般孕妇怀孕两个月后恢复正常，但也有的一直持续到生产之后。

moron 愚鲁 指智商介于50～70的人。见智能不足(mental retardation)。

Moro reflex 莫洛反射 新生儿的一种反射动作。奥地利小儿科医师莫洛(E. Moro, 1874～1951)在1918年首先提出说明，故名。莫洛反射的特征是，当新生儿受到突如其来的刺激(如身体突然失去支持或突然听到大声等)，他就会出现头向后仰、双臂前伸继而在胸前合抱的反射动作。此种反射动作是新生儿健康的表现。一般正常婴儿在满周岁前即不再表现莫洛反射动作。本词也称莫洛反应(Moro response)、惊悸反射(startle reflex)和拥抱反射(embrace reflex)。

Moro response 莫洛反应 义同莫洛反射(Moro reflex)。见该条。

morphine 吗啡 见麻醉剂(narcotic)。

morphology 形态学，语形学 在生物学上译为形态学，指对某种生物形态和结构的科学研究。在语言学上译为语形学，指对语形和语义的科学研究。

mortal environment 致死环境 指导致生物死亡的环境条件。单以人类而言，人类虽有适应环境的能力，但如生存环境过分恶劣时，仍然无法适应，而导致死亡。如体温降至29℃或升高到45℃时，人的生命即无法支持。其他如缺氧或有毒气的环境，也会使人死亡。

mortality rate 死亡率 指年度内平均每千人口中死亡人数所占的比例。与本词相对者为出生率(birth rate)。见该条。

mos＝mores 习俗

mosaic hypothesis 马赛克假说 指将复杂的整体经验，解释为多种零碎经验累积而成的东西。见捆束假设(bundle hypothesis)。

mother complex＝Oedipus complex 恋母情结，恋亲情结

mother figure 母职人物 指非生身母亲而在职分上居于母亲地位的人。母职人物对当事人而言，具有代理母亲的功能，当事人向她学习，向她认同，对当事人的人格发展具有像母亲那样的影响。义母、养母或保姆的角色，如扮演适当即为母职人物。

mother fixation 母情固着 义同恋母情结(Oedipus complex)。见该条。

mothering 母爱 指母亲或母职人物对婴幼儿所给予的养育、抚爱、关怀和保护的行为。婴幼儿时期获得充分母爱者，其身心发展才会健康。

mother instinct 母性本能 指成熟雌性个体爱护幼小(未必限于己出)的行为倾向。按此种行为倾向不学而能，故一向视为本能。人类的母性本能不如动物明显。

mother substitute＝mother figure 母职人物

mother surrogate＝mother figure 母职人物

motion aftereffect＝movement aftereffect 运动后效

motion afterimage＝movement aftereffect 运动后效

motion illusion＝movement illusion 运动错觉

motion parallax 运动视差 指因视野中物体移动或观察者自身移动而产生视觉差异，从而判断物体远近的单眼线索。运动视差在两种情况下发生：(1)观察者自身不动而目视物体在视野中横向移动时，感觉到移动快的物体，即判断其距离较近；感觉到移动慢的物体，即判断其距离较远。低空掠过的飞机感觉速度较快，故判断其距离较近；高空中的飞机感觉到速度较慢，故而判断其距离较远(飞机快慢的感觉乃是因视网膜上映象横向移动而产生，与飞机的真正速度无关)。(2)物体不动而观察者移动时，因身体移动(如坐在火车上)而看到不同物体时，将知觉到远处物体与自身同方向移动，近处物体与自身反方向移动。根据此线索，即可判断物体的远近。见运动透视(movement perspective)。

motion perception 运动知觉 指个体对环境中物体位置的移动所产生的一种视知觉。运动知觉是心理现象，运动知觉心理现象的产生，并不完全以视网膜上的映象为根据。视野中物体移动时，如观察者的眼睛与头部随之一起转动，此时视网膜上的映象虽是静止的，但由于头部的转动向大脑提供了线索，故而仍然知道物体在移动。

motion perspective＝movement perspective 运动透视

motion sickness 运动晕眩 指在身体运动时所感受到的头晕目眩，甚至呕吐等不舒适现象。有的人晕船，有的人晕飞机，有的人晕车。运动晕眩现象不易解释，新近有一种理论称为矛盾假说(conflict hypothesis)，该假说认为运动晕眩乃是由

于个人从身体上与心理上所得到的两种信息彼此矛盾使然。身体上所得到的运动信息来自耳内的半规管,而心理上的运动信息,则是来自个人的期待。例如,当你坐在连续多次转弯的汽车上,从身体上的动觉与平衡觉得到的信息,你的身体正在随车身运动而运动。可是你从车内的静止资料(如座位、车窗、地板等)所得的信息,可能使你在心理上仍然觉得是静止的。如此,身、心两方面信息矛盾,终而形成晕车现象。如果这时候你转头注意窗外,使你在心理上也接受车身左右转动的事实,晕眩现象就会稍减。

motion study = **time-and-motion study** 时动研究

motivated error 动机性错误 指某些行为产生错误,不是偶然的,而是“有意的”,换言之,是有动机的。不过,此类错误的动机未必为当事人所自知,不是意识的,是潜意识的。诸如不自知的笔误、口误以及各种防卫机制的使用等,按精神分析论创始人弗洛伊德的说法,均可视为动机性错误。见潜意识动机(unconscious motivation)。

motivated forgetting 动机性遗忘 按精神分析论创始人弗洛伊德的解释,遗忘之所以会发生,是因为当事人有意地压抑过去不愉快的经验所致。换言之,遗忘行为之背后隐藏了一个不愿记忆的动机,因此称之为动机性遗忘。

M

motivation 动机 动机与行为是两个相对的概念:行为是个体外显的活动,动机是促使个体活动的内在历程。因此,一般对动机一词的界说是:动机是指引起个体活动,维持已引起的活动,并促使该活动朝向某一目标进行的内在历程。就刺激与反应两者间的关系看,动机是介于两者之间的中介变项,是根据刺激或反应去推测的内在历程。推测未必准确,同样刺激未必引起同样反应(有食物未必一定吃),原因是动机作用不同;同样动机未必表现同样行为(饥饿未必吃同样食物);同样行为也未必出自同样动机(看同样一本书而动机不同)。显然,属于内在历程的动机是极其复杂的,心理学家研究动机时,大致有两个取向:其一是生理取向,主要研究以生理作用为基础的动机(如饥、渴、性等),称为原始动机(primary motivation)。其二是心理(或社会)取向,主要研究以心理作用为基础或学习得来的动机(如求人关爱与追求成就等),称为衍生动机(secondary motivation)。以上解释只是说明动机与行为的关系,事实上动机的概念尚与驱力和需求两词关系十分密切。见需求(need)。见动机理论(theories of motivation)。

motivational factor 动机因素 凡是能够激发个体活动、维持个体活动、促使个体向某目标活动的一切内在因素,均可视为动机因素。换言之,凡是构成个体行为活动的因素,都是动机因素。唯动机因素未必为个体所自知,可能是意识的,可能是潜意识的,可能是心理性的,也可能是生理性的。

motivational hierarchy theory 动机层次论 义同需求层次论(need hierarchy theory)。见该条及附图。

motivation research 动机研究 **1.**广义言之,以动机为主题所做的任何研究。**2.**狭义言之,指对消费者心理的研究。消费者愿意购买何种品牌的汽车,喜欢何种食物,在服装上如何追赶流行,其消费行为的背后,一定有动机因素。动机研究的目的,即在于了解消费的动机因素,进而生产适合消费者需求的产品,并配合设计广告以资促销。

motivation to avoid failure 避败动机 见成就动机(achievement motivation)。

motivation to learn 学习动机 指引起学生学习活动,维持学习活动,并导使该学习活动趋向教师所设定目标的内在心理历程。显然,此定义是将学习动机置于达成学校教学目标的原则之下提出的。因为,只有如此界定,才能将学生的学习与教师的教学连在一起;只有在教师教学生学的师生交感互动中,学生遵循教师的引导,努力学习,从而达成教师预先设定的教学目标时,才能将学生的学习成就,归因于他们的学习动机。尤有进者,只有在教学目标之下谈学习动机,才有可能让教师在教学生学习知识之外,同时也使培养其学习动机的理想得以实现。

motive 动机 狭义言之,本词与motivation含义稍有不同,后者泛指动机的抽象概念,指一切行为活动的内在历程,而本词则指个体在某一情境下行为的动机,或具体指个体趋向某目标活动时的动机。按狭义的解释,本词偏重指意识性的动机。广义言之,不但两种写法通用,而且与需求(need)、驱力(drive)等词可交替使用。见该等条。

motor aphasia 运动型失语症 属失语症之一。此种失语症的主要特征是丧失正确发音的能力。此种失语症系因大脑左半球布罗卡区功能丧失所致。见布罗卡失语症(Broca's aphasia)。

motor area 运动区 义同主运动区(primary motor area)。见该条。

motor code 动作码 认知心理学术语。指信息处理时译码的形式之一。凡是经由肢体活动所学到的系统动作(如驾驶、弹琴、打字、舞蹈、写字等),都是在长期记忆中储存动作码。对某种系统动作练习到自动化处理(automatic processing)时(如骑自行车),就会出现动作码自动支配肢体活动的现象。见译码(coding)。

motor coordination 动作协调 指手眼彼此协调迅速完成作业的能力,凡是使用工具的作业都需要动作协调。

motor cortex 运动皮质 义同运动区(motor area)。见主运动区(primary motor area)。

motor development 动作发展 指个体出生后,随年龄增长在身体肌肉活动及手眼协调等动作技能的发展历程。根据发展心理学家的研究,个体出生后在幼稚期间的动作发展,大致遵循以下程序:眼睛控制、笑、头部控制、躯干控制、起坐、大便控制、小便控制、臂手协调、腿脚协调、手指技巧。见动作发展指标(motor milestones)。

motor learning = motor skill learning 动作技能学习

motor memory = movement memory 动作记忆

motor milestones 动作发展指标 指个体自出生到两岁的一段婴儿期,一般动作的发展指标。此指标可视为一般婴儿动作发展的常模:(1) 俯卧举头动作,第三个月;(2)自撑头部转动,第四个月;(3)外力支持会坐,第五个月;(4)自力支撑会坐,第六个月;(5)用手取物并靠外力支撑会站,第八个月;(6)爬行并拉手会站,第十个月;(7)独立举步,第十二个月;(8)会丢球、扶手上下楼梯,第十六个月;(9)会跑、不扶手上下楼梯,第二十四个月。注意各阶段数只是平均数,所谓六个月会坐是指一般婴儿平均六个月会坐,实际上会有相当大的个体差异。

motor neuron 运动神经元 将神经冲动由脑或脊髓传到肌肉或腺体的神经元,叫作运动神经元。见神经元(neuron)条及附图。

motor-reaction type 动作反应型 见反应类型(reaction type)。

motor representation 动作表征 认知心理学术语。指信息处理时将肢体动作(如写字、弹琴、骑自行车等)转换为动作码(motor code)以便记忆储存的历程。见该条。

motor set 动作心向 指个体准备表现动作的心理倾向。田径场上起跑前等候鸣枪时的身心状态,即为动作心向。

motor skill 动作技能 由身体动作所表现的技能。动作技能的基本要件是,配合适当的时间出现适当的动作;所谓手眼协调动作熟练,即表示高超的动作技能。动作技能包括身体运动的技巧(如运动、舞蹈等)以及各种工具的使用(如写字、驾驶等)。

motor skill learning 动作技能学习 学习某种技能(如写字、开车、弹琴等)时,经由练习,使手眼以及各种感觉协调一致,最后达到精熟地步所经过的历程,叫动作技能学习。动作技能学习分三个阶段:(1)认知期(cognitive phase),认识所学技能的性质,如工具使用,必先了解工具的性能;(2)定位期(fixation phase),技能中所需的动作,定时定位操作以求准确无误;(3)自动期(autonomous phase),定位后经多次练习,动作成为习惯,不加思考即自动在适当时间与适当空间内出现适当动作(如弹琴),至此地步,动作技能学习即告完成。

movement aftereffect 运动后效 指观察运动物体所产生的错觉现象。例如,注视电扇转动时会觉得扇叶转动方向不定,有时顺时针方向,有时逆时针方向。运动后效是常见的现象,但不易解释。见扩缩螺旋(expanding and contracting spiral)条及附图。

movement illusion 运动错觉 属视错觉现象之一。运动错觉在两种情况下产生: **1.**所观察的物体实际上是静止的,但在知觉上却是移动的。此种运动错觉又有两种:其一是似动(apparent motion);另一为诱动(induced motion)。见该等条。 **2.**个体自身是静止的,但在知觉上却觉得观察者自己在移动。火车未出站而邻车开动时,却觉得自己所乘坐火车在移动,即属此种错觉。见错觉(illusion)。

movement memory 动作记忆 指凭记忆重复表现出以前学习过的动作。凡属动作技能性的工作,操作时都靠动作记忆(如弹琴、写字、驾驶等)。唯动作记忆在表现时未必经由个人的意识。原因是经久练习之后,动作已自动化或习惯化了。

movement parallax 运动视差 义同相对运动(relative movement)。见该条。

movement perspective 运动透视 是一种视觉错觉现象。此错觉的特征是,同时看到远近两种物体在同一方向运动时,近者觉其运动快,远者觉其运动慢。例如,有一只近处的鸟和一架远处的喷射机同方向飞行时,即使鸟飞的速度远较飞机为慢,但总感觉鸟飞得反而比飞机快。

movement sense = kinesthesis 动觉

movement therapy 运动治疗法 属心理治疗方法之一。运动治疗法的目的是,一方面借由身体的活动,使人宣泄情绪,强健体魄,以建立当事者的身体意象;另一方面期其可以借由参加团体性运动促进当事者的人际关系。运动治疗法可采不

M

同方式进行，采用较为普及的是韵律活动。见舞蹈治疗法(dance therapy)。

moving window technique 动窗法 测量知觉的一种实验方法。受试者被要求注视墙壁上的一个窗口，窗口出现移动中一连串的刺激(图形或文字)，受试者只能看到一连串刺激正在移动中的一部分，不能看到全部，看过后要他凭记忆报告出一连串刺激的全部。电视屏幕旁边常出现的动字广告，就是采用动窗法原理设计的。

MR = mental retardation 智能不足

MRI MSMRI = magnetic resonance imaging 磁共振成像，磁共振脑成像技术

MS = mean square 均方

msec = millisecond 千分之一秒

Müller, Georg Elias (1850～1934) 缪勒 缪勒是19世纪末20世纪初德国生理学家，是心理物理学家，也是因研究视觉和记忆闻名的生理心理学家。

缪勒1850年6月20日出生于距离莱比锡不远的格雷玛，在进大学之前即爱好文学，曾遍读名诗人歌德的著作。先后进过莱比锡、柏林及哥廷根三所大学，最后在1873年获哥廷根大学哲学博士学位。缪勒以注意为主题的博士论文，是最早采用实验研究完成的。在莱比锡大学期间，缪勒得识以研究心理物理学著名的费希纳，受其影响而决定了他实验心理学研究的方向。1876～1879年间任哥廷根大学讲师，1880年任查尔诺维采大学教授，1881年起担任哥廷根大学教授达40年，直到1921年退休。1934年12月23日病逝于哥廷根，享年84岁。缪勒在心理学上的贡献，主要在于他的实验心理学。19世纪后期，在德国虽一般认为心理学应属科学，但真正从事心理学实验研究者并不多，除冯特和艾宾浩斯之外，就是缪勒。缪勒在实验心理学研究上的贡献，主要在于以下三方面：

1.在学习记忆研究上的贡献　缪勒在记忆研究上的贡献，主要是他继承了艾宾浩斯反对冯特所持“实验心理学只能研究基本心理历程”的理念，

改进了艾宾浩斯的学习记忆研究方法，并提出更合于心理原则的理论解释。他设计了一种仪器，可以精密控制学习记忆材料(刺激)的出现时间，并精确计算受试记忆反应的速度。如此设计的目的，是希望在控制的实验情境下分析研究刺激反应联想的强度。其所设计的实验仪器称记忆鼓，记忆鼓(memory drum)是一种能够序列地呈现记忆材料的箱型装置仪器。所要记忆或要学习的材料能在一个小窗口借电动的控制而间隔地出现，通常在联对学习和序列学习实验中使用。在联对学习时，先将联对的两字(前者为刺激字，后者为反应字)在窗口同时出现，然后只出现刺激字，令受试答出反应字，最后再同时出现两字以核对之。根据实验结果，缪勒指出，艾宾浩斯采用无意义音节研究记忆的方法太机械：只要求受试对无意义音节从事机械式记忆，所得结果不足以解释学习和记忆的事实。他认为学习和记忆不是被动的，艾宾浩斯的研究忽略了受试者心理运作的主动性。

2.首创遗忘干扰论　对学习后的遗忘现象，缪勒根据实验研究结果提出遗忘干扰论。遗忘干扰论(interference theory of forgetting)的基本要义是，遗忘现象并非单纯因学习后时间延长记忆衰退所致，而多半是由于该学习活动之后又学习了新事物，以后回忆时，新学习对旧学习发生了干扰作用使然。缪勒称此种新学习干扰旧学习记忆的心理干扰作用为倒摄抑制(retroactive inhibition)。至今，倒摄抑制依然是解释遗忘现象的主要理论之一。唯后来心理学家补充了缪勒的理论，均认为除新学习会影响旧学习的记忆之外，旧学习也会干扰新学习的记忆。于是现在的记忆干扰论中，除倒摄抑制之外，增加了顺摄抑制(proactive inhibition)，使缪勒的遗忘干扰理论更加完备。

3.对色觉理论提出补充解释　在19世纪70年代，德国生理心理学家海林提出的色觉理论，称为色觉相对历程论。按海林的理论，当黑—白、蓝—黄、红—绿各组相对两种色光刺激强度相等时，结果所产生的色觉是无色感。缪勒补充解释，事实上此种情形下所产生的感觉不应是无色感，而应该产生灰色感，原因是大脑皮质的灰质发生作用所致。

缪勒的著作中译为英文的专著有：*Toward a foundation of psychophysics* (1878)；*Outline of psychology* (1924)等。

Müller, Johannes Peter (1801～1858) 缪勒 缪勒是19世纪德国著名生理学家，是生理心理学的创始人，也是被后世誉为实验生理学之父的学者。

缪勒1801年7月14日出生于德国西部的科布伦茨，1819年入波昂大学习医，1822年获生理学博士学位，1824～1833年任教于波昂大学，1833年荣任柏林大学为他特设的解剖学与生理学讲座，成为当时生理学的权威学者。后来著名的生理学家赫尔姆霍茨就是这一时期缪勒的学生。缪勒在此两所大学任教期间，每隔7周发表一篇研究论文，如此研究成绩，一直维持30年之久。1858年4月28日病逝于柏林，享年57岁。缪勒的贡献，主要在于生理学和心理学两方面：

1.建构脊髓反射理论　在生理学方面，缪勒的研究最早受到重视的是，他经由实验研究提出的反射理论。在他之前，苏格兰解剖学家贝尔(C. Bell, 1774～1842)在1811年提出感觉神经元与运动神经元功能不同的理论。稍后，法国生理学家马戎第(F. Magendie, 1783～1855)在1822年也提出了类似的理论。两人的理论合在一起，即成为生理学上的贝尔—马戎第定律(Bell-Magendie law)。贝尔—马戎第定律的基本要义是，司职传导神经冲动的神经元，按其不同性质分为两种：一种是感觉神经元，感觉神经元的功能是司职将感官接受外界刺激时所引起的神经冲动，传至中枢神经系统中的脊髓背根，脊髓背根就是中枢神经中首先接受感觉神经传来神经冲动的神经组织。另一种神经元是运动神经元，运动神经元的功能司职肌肉或腺体的活动反应，控制运动神经元的神经组织是脊髓腹根。缪勒以青蛙为对象实验研究的结果，证实了贝尔理论的正确性，并进而发现反射过程中有三段神经活动：先是感觉器官接收刺激引起的神经冲动传到脊髓背根，继之脊髓神经发生连结作用，最后由脊髓腹根神经传出冲动至肌肉或腺体表现出反射活动。

2.首创特殊神经能量论　缪勒在生理学上的另一贡献是，他在1838年出版的《人体生理学手册》一书中，提出了特殊神经能量论(doctrine of specific nerve energies)。特殊神经能量论的基本要义是：由刺激引起的感觉经验，乃是决定于刺激所引起的神经活动，而非决定于刺激本身的特征。换言之，感觉经验主要是脑的作用，而非单纯刺激作用。根据缪勒的研究，特殊神经能量具有三种特征：一是每一感官均有其相对的刺激；二是同一刺激作用于不同感官时，将引起不同的感觉经验；三是不同刺激作用于同一感官时，可引起同一感觉经验。缪勒的特殊神经能量论，为德国理性主义者提供了科学理论依据。中枢神经的活动并非单纯被动地接受外界刺激而产生反应，而是主动地对传来的信息加以组织后做出解释。换言之，心是主动的，而心的主动性并非得自学习经验，而是得自先天本性。缪勒的生理学研究，之所以被认为具有心理学的贡献，主要是因为他在解释生理作用时经常涉及心的作用。而且，缪勒的研究对以后的生理心理学影响甚大，后来赫尔姆霍茨和海林的色觉理论，都是受了缪勒的影响。

缪勒的著作中译为英文的专著有：*Handbook of human physiology*(1833～1840)；*Elements of physiology*(1842)；*The physiology of sense, voice and muscular motion, with the mental faculties*(1848)等。

Müller-Lyer illusion **缪勒—莱尔错觉** 属视错觉现象之一。如附图所示，两条横线等长，唯以两端所附斜线方向不同，看起来下边的横线较长(一般人肉眼估计长出25%)。此图形错觉系由德国精神病学家缪勒—莱尔(F. C. Müller-Lyer, 1857～1916)1889年发现，故名。对此错觉心理现象虽至为明显，但对错觉的原因却不易解释。目前比较合理的解释是错觉不当比较论(incorrect comparison theory of illusion)。见该条。本词也称箭头错觉(arrowhead illusion)。见错觉(illusion)。

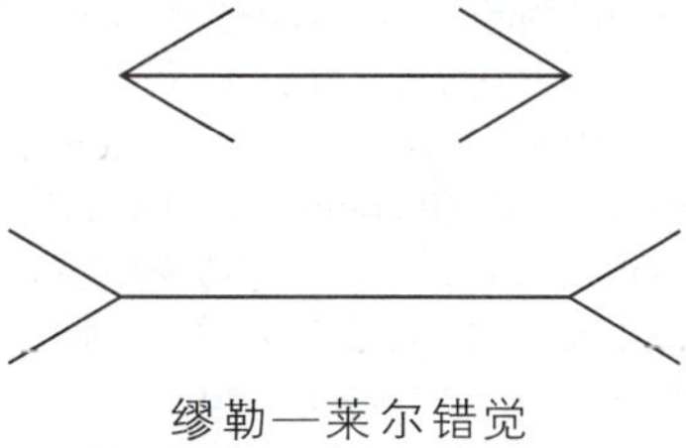

缪勒—莱尔错觉

multi-attribute decision making = **multiple-attribute decision making** **多属性决策**

multidetermined behavior **多因行为** 指对行为的一种看法。持多因行为看法者认为，个体任何时间所表现的任何一种行为，都是由个体以往经验、现在身心状态及环境刺激情境等多种因素交互作用的结果。因此，多因行为论者反对“单是某种刺激即决定行为”的看法。

multidimensional variable **多维变项,多维变量** 指在名义上是单一变项,而实质上是由数个维度组合而成的变项。例如,智力与创造力一向被当作两个变项来看,而事实上智力与创造力两者本身之内,都是分别包括数种不同能力的。

Multi-Level Edition of the Lorge-Thorndike Intelligence Tests **罗桑多层次智力测验** 是一种团体智力测验。该测验原系美国学者罗奇(I. Lorge)与桑代克(R. L. Thorndike)等人所编制,其内容包括第一、二两种复本,每种均有三个分测验:(1)图形分类;(2)数系;(3)图形类推。每个分测验各有A、B、C、D、E、F、G、H八个层次,每个分测验开始之前有指导语说明,并标注每个层次开始和停止的地方,答案纸上亦印上层次名称和各分测验之起讫题号。罗桑多层次智力测验之非语文测验,经学者黄国彦、钟思嘉、傅粹馨等人修订为中文,称为罗桑二氏非言语智力测验,并经标准化,于1977年出版。该测验适用对象为小学三年级至大学一年级阶段的学生,记分方式采百分等级及T分数,在各年级组均已建立百分位数和T分数常模。

multi-media instruction **多媒体教学** 指在教学过程中兼采多种方法或工具,借以提高学生学习兴趣,加深学习印象,从而促进学习效果的一切措施。目前教学时除教科书及讲义之外,诸如透明片、幻灯片、录音带、影片、电脑等器材的配合应用,就是多媒体教学。

multimodal behavior therapy(BASIC ID) **多功能行为治疗法** 属心理治疗中行为治疗法的一种改进措施。多功能行为治疗法系由拉扎鲁斯(L. Lazarus)1981年所创始,目的在于加强行为治疗的多方面功能。所谓多功能者,乃是指治疗后七方面的进步情形而言:(1)行为(behavior);(2)情感(affect);(3)感觉(sensation);(4)意象(imagery);(5)认知(cognition);(6)人际关系(interpersonal relations);(7)药物效应(drug influence)。取七个英文字的字头,合而缩写为BASIC ID,即代表该治疗法的多项功能。

multiple aptitude test **多元性向测验** **1.**属能力测验一类。唯此类测验所测量者并非个体某一方面的能力,而是鉴别个体多方面的能力。此类测验的结果,不像一般智力测验那样用单一总分表示个人能力,而是用数个分数表示个人在多方面的能力。由多元性向测验的结果,不但可以鉴别个人能力的高低,而且也可以分析比较个人能力的偏向以及在各方面能力的长短。见区分性向测验(Differential Aptitude Test)。**2.**现在已出版的有胡秉正根据赛哲尔(D. Segel)与罗斯肯(E. Raskin)二氏所修订的中文多元性向测验。该测验包括九个分测验:(1)字义测验;(2)段落大意测验;(3)语文测验;(4)文书测验;(5)数字理解测验;(6)算术计算测验;(7)应用科学和机械测验;(8)空间关系测验(平面);(9)空间关系测验(立体)。该修订之多元性向测验业经标准化,于1969年出版,适用对象为初中一年级至大学一年级学生,记分方式采百分等级,已建立初中一至三年级常模,均以百分位数表示之。

multiple-association learning **多重联结学习** 义同多重反应学习(multiple-response learning)。见该条。

multiple-attribute decision making **多属性决策** 指从多种因素考虑所作成的决策。从现代人复杂的生活现实看,对许多问题的决策都是多属性的。以在都市内购置住宅为例,消费者必须考虑新购住宅的多种属性,诸如:房价、地点、空间、交通、学校、市场、小区环境等。消费者在列出所有属性条件之后,就会根据属性的重要性予以加权(如视交通最重要,即定为3分;如房价次要,则定为1分)。最后综合加权分数作为决策根据。见逐条淘汰法(elimination by aspects)。

multiple-base-line design **多基线设计** 指实验设计时先测定数种基线的办法。如采用不同的教学方法分组练习铅球掷远,开始练习之前,先测定受试者三种能力:一为握力,二为举重,三为铅球掷远。三种能力用分数所表示的成绩,即可视为每个人的三条基线。有了基线,以后训练成效如何,始可鉴定。像此种实验前测定数种基线的设计,称为多基线设计。见实验设计(experimental design)。

multiple birth **多胞胎** 指产妇一次怀孕生产双胞胎以上者。多胞胎子女之间的关系,有两种可能情形:一种是同卵孪生子(identical twins),另一种则是异卵孪生子(fraternal twins)。见该等条。

multiple-choice experiment **多项选择实验** 属于一种实验设计。在实验之同时(或相继)出现数种刺激,受试者必须迅速决定选择其中之一去反应。数种刺激所引起的反应中,只有一个是正确的。此种实验的目的在研究了解受试者如何学到迅速而正确的反应。见复杂反应时间(complex reaction time)。

multiple-choice item **多项选择题** 指针对一个问题,要求学生从数个可能答案中选择一项作答的试题形式。多项选择题在客观测验中应用最多,也是最能测量出学生学习结果的试题形式之一。

选择题包括两个部分：其一为题干，题干就是要求学生回答的问题；其二是选项，选项通常包括四项或五项，其中只有一项是正确的（或最好的）答案。选择题命题时宜遵守以下原则：（1）题干要语意清楚，而且只能指陈单一问题；（2）选项的陈述方式大致相似；（3）选项中正确答案的位置是随机安排的；（4）避免在题干与选项中使用相同的文字；（5）避免在正确答案的选项中使用书本上的语句；（6）使各选项语句大致保持相似的长度；（7）避免在错误选项中使用绝对语气的字眼（如永远没有等）；（8）在文法结构上使题干与选项保持大致一致；（9）避免各错误选项做同样的陈述。

multiple-choice method 多项选择法 泛指多项选择实验（multiple-choice experiment）与多选项测验（multiple-choice test）所采用的方法。见该等条。

multiple-choice test 多选项测验 指测验编制的一种方式。多选项测验的特征是，每一个试题均包括两部分，一为题干（问题说明），另一为数个（通常为四个）可能的答案。答案中只有一个是对的，受试者只能从答案中选一作答，按预定标准计分。多选项测验只是一种测验编制方式，此种编制方式可用于编制各类性质的测验。

multiple correlation（R）复相关，多元相关 指某一依变项与数个自变项之间的共变关系。例如，让一班初中生在规定的时间内学习20个新的英文单词，学生们在成绩（依变项）上的差异，可能与练习次数（自变项之一）、智力（自变项之二）以及经验（自变项之三）三者之间都有关系。用以表示复相关程度的数值，称为复相关系数（multiple correlation coefficient），在统计学上通常用R表示之。

multiple correlation coefficient（R）复相关系数，多元相关系数 见复相关（multiple correlation）。

multiple counseling 复式咨商 **1.**指在咨商过程中，由两位（或多位）咨商员，同时对两位（或多位）受辅者进行的咨商。**2.**义同团体咨商（group counseling）。见该条。

multiple cutoff 多切点 指甄选人员时所采用的一种多标准录取原则。以大学招生为例，除了各学科总分必须达到录取标准（切点一）之外，理工学院又特别规定数学和英文两科成绩必须分别达到多少分始能录取（切点二和切点三）。在此情形下，理工学院的考生必须符合三切点分数的规定始能录取。见切点分数（cutting score）。

multiple discrimination 多重辨别 指对多个大同小异刺激的辨别，并针对每个刺激的特征，表现出不同的反应。见学习阶层（learning hierarchy）。

multiple family therapy（MFT）会诊式家族治疗 指家族治疗时有两位或两位以上心理师参与治疗的历程。见家族治疗法（family therapy）。

multiple illusion 多重错觉 属视错觉现象之一。多重错觉的特征是，在某种构成错觉的情境中，会使人产生一种以上的错觉。如附图所示，房内近方转角处垂直线中间的粗线部分，与右远方转角处垂直线的长度是相等的，但看起来远处的一条长出很多。此错觉现象内，实际上包括两种错觉：其一为缪勒—莱尔错觉（Müller-Lyer illusion）（线条两端产生的箭头效应）；其二为庞邹错觉（Ponzo illusion）（将此图横过来看）。见该等条。此外，两个大花盆因远近不同所产生的透视效应，也加强了错觉效果。见错觉（illusion）。

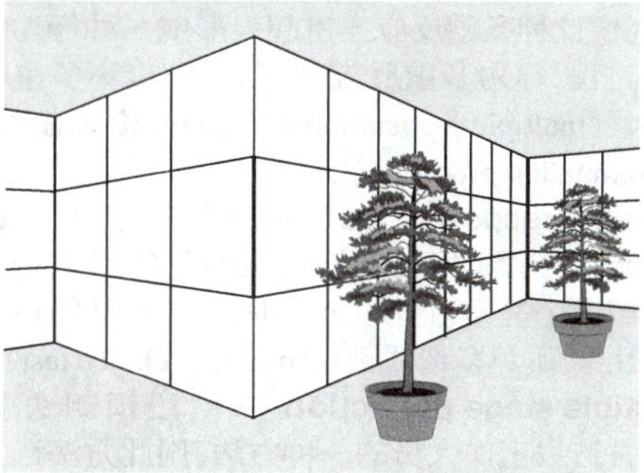

多重错觉

multiple personality 多重人格 属解离症之一。患者人格表现特异，在不同情境下表现不同性格：在某种情境下表现中规中矩、不苟言笑，在另一情境下可能会变得轻狂浪漫、放荡不羁。如此判若两人，俨然有两重或多重人格，在不同情境交替出现。多重人格的病理分析，均认为系因在精神痛苦无法以理性方式解除时，个人采用角色变化方式来应付困难的一种变态适应。多重人格与精神分裂症（schizophrenia）不同，前者指个体在性格上失却统合性，后者指个体情感与思想两方面的错乱。见该条。事实上，一般人或多或少均带有多重人格倾向，在不同情境中扮演不同角色时，其行为表现自然也不相同。多重人格之成为病态与否，其关键在于当事人能否自由控制自己的行为表现而定。见解离症（dissociative disorder）。

multiple regression 多元回归 根据复相关的统计分析，从而确定数个预测变项与某一标准变项之间的关系时，称为多元回归。例如，一般认为学生的智力、动机、兴趣、经验四因素与学业成绩有正相关。研究者即可设法使从一群学生的四个因素转化为量数(使用智力测验等),并与他们的学业成绩计算复相关。如此,智力、动机、兴趣、经验四因素,即称为预测变项,学业成绩则称为标准变项。根据所得复相关,即可得到一个多元回归方程式。利用多元回归方程式,可将每个学生的四个预测变项分数代入,即可预测到各个学生的学业成绩。见复相关(multiple correlation)。

multiple regression analysis **多元回归分析** 指采用统计分析的方法,分析数个自变项对依变项的影响。见多元回归(multiple regression)。

multiple-response learning **多重反应学习** 在同时具有多种刺激的情境中,个体可能因不同刺激而表现各种不同反应。经过适当练习之后,某些刺激与某些反应之间不但各自联结,而联结之后又能形成一个整体的、连贯的、有秩序的行为组型。像此种多重反应连贯起来形成一种行为组型的过程,称为多重反应学习。本词也称多重联结学习(multiple-association learning)。见渐进法(approximation procedure)。

M

multiple-response test **复选测验** 类似多选项测验,唯选答时不是数个答案中选取其一,而是两个或三个答案组合才算正确。如此设计的目的是防止猜测。见多选项测验(multiple-choice test)。

multiple stage prediction **多阶段预测法** 指预测并选拔工作人员的一种方法。用此方法选拔工作人员时,并不将所有预测测验分数组合起来,而是将选拔工作分为若干个阶段,每一次以一种工具来预测。一般先求出每一种测验的预测效度,找出与效标之间有最高相关的测验,然后决定通过此项测验的分数标准。凡是低于选拔标准分数的受测者都予以淘汰,然后找出与效标之间有次高相关关系的测验,决定其最低标准分数,再淘汰一部分低于此分数的受测者。如此继续下去,直到所有测验都依次利用完毕为止。采用此方法选拔工作人员,必须是在所有测验上的得分至少等于最低录用分数的人,才能通过选拔测验程序,予以录用。此方法一般只用三四个阶段,已足够满足预测选拔工作的需要。

multiple therapy **会诊式治疗** 属于一种心理治疗的取向或程序,而非一种具体的治疗方法。会诊式治疗的特征是,治疗进行时至少有两位心理师参与。如两位心理师的任务不予划分,即称为合作治疗(cotherapy,或cooperative therapy),也称双领导治疗(dual-leadership therapy)。如在治疗时两位心理师角色不同,即称为角色分担治疗法(role-divided therapy),也称三角治疗(three-cornered therapy)。见心理治疗(psychotherapy)。

multipolar neuron **多极神经元** 指细胞体具有一根轴突及多数树突的神经元。在中枢神经系统内的神经元大部分均属于多极神经元。见双极神经元(bipolar neuron)条及附图。

multistage theories **多阶段理论** 泛指以多个阶段或时期的变化来解释心理历程的理论。在心理学上最典型的多阶段理论是:(1)弗洛伊德的性心理期发展论,将人格发展分为口腔期、肛门期、性器期、潜伏期等不同时期;(2)皮亚杰的认知期发展论,将认知发展分为感觉运动期、前运思期、具体运思期、形式运思期等不同时期;(3)柯尔伯格的道德发展阶段论,将道德发展分为前习俗道德期、习俗道德期、后习俗道德期等不同时期;(4)认知心理学的信息处理论中,将记忆过程分为感官记忆、短期记忆、长期记忆等不同阶段。

multi-store memory model **多阶段储存记忆模型** 义同三阶段储存记忆模型(three-store memory model)。见该条。

multivariate analysis **多变项分析** 多变项分析是处理两个以上依变项之间差异程度的统计方法。例如,研究者对一组生活适应困扰的儿童实施游戏治疗,对另一组生活适应困扰的儿童实施阅读治疗,在两组均接受二十次治疗之后,实施人格测验、行为困扰量表、自我概念量表,以检定比较两种治疗的效果。研究者认为三种测验之间并非独立无关,故以多变项分析的方法,同时考验游戏治疗组和阅读治疗组在三项测验上是否有显著的差异,以探讨两种处置对生活适应困扰的儿童是否各有不同的效果。

multivariate analysis of variance(MANOVA) **多变项变异数分析** 多变项变异数分析是考验K个总体在两个依变项以上的平均数之间是否有显著差异的统计方法。例如,要想比较研究资赋优异学生与一般学生在焦虑测验、自我概念测验及成就动机测验三方面反应上的差异,资赋优异与一般学生即为两个作为研究对象的总体,分别从资赋优异及一般学生中抽样并实施该三种测验。三种测验的结果,即本词所指的多变项;采用统计分析比较这三个依变项之间是否存有显著差异的方法,即称为多变项变异数分析。

multivariate multiple regression analysis **多变项复回归分析** 多变项复回归分析是以一个以上的自变项预测一个以上的依变项的回归分析法。例如,以韦克斯勒儿童智力量表与陶伦斯创造力测验两种测验结果,预测资赋优异儿童的独立研究能力和科学推理能力。如此，自变项有两个、依变项有两个，即可采用多变项复回归分析方法。

multivariate statistics **多变项统计** 义同多变项分析（multivariate analysis）。见该条。

Münsterberg figure **闵斯特伯格图形** 义同闵斯特伯格错觉（Münsterberg illusion）。见该条。

Münsterberg, Hugo（1863～1916） **闵斯特伯格** 闵斯特伯格是德国出生的美国心理学家，是功能学派中应用心理学的先驱，也是美国心理学界因政治事件引起争议的人物之一。

闵斯特伯格1863年6月1日出生，父为犹太木材商人，母为艺术家，有兄弟姊妹四人，童年生活快乐，但不幸的是，20岁以前父母双亡而家境骤变。1882年毕业于但泽大学预科后，继而就学于瑞士日内瓦大学和莱比锡大学。1885年，在莱比锡大学冯特教授指导下获得心理学博士学位，次年又在海德堡大学获医学博士学位。嗣后，自1887年任弗莱堡大学讲师，并自行出资开设了一间心理实验室，从事时间知觉、注意、学习、记忆等方面的研究。1888年将其研究报告结集成《意志的活动》一书，被美国哈佛大学功能主义领导人詹姆斯视为杰作。1889年在美国举办的首届国际心理学会上，两人初次会面，并建立友谊。他在弗莱堡大学教学研究成绩卓著，1892年被该校选为杰出教授，时年仅29岁。1892年应詹姆斯之邀，到哈佛担任客座教授三年（1892～1895），此后又返弗莱堡任教两年，之后再回哈佛大学，除任教授课外，也接掌由詹姆斯创设的心理实验室，成为詹姆斯功能学派继承人。唯其兴趣已转向应用心理学的研究。在1897～1916的19年间，闵斯特伯格是美国最著名的心理学家之一，1898年当选美国心理学会主席，1903年被《美国科学家》期刊评选为仅次于詹姆斯的名人，1908年当选美国哲学会主席。第一次世界大战（1914～1918）爆发的第二年，美国轮船露西坦尼亚号被德军击沉，造成200多人死亡，闵斯特伯格因平时态度亲德（他一直保有德国国籍并主张美德亲善避免战争），被怀疑为间谍而遭到抨击，使他从此陷入孤立困境。1916年12月16日在德拉克利克学院的讲堂上，闵斯特伯格因心脏病突发去世，年仅53岁。逝世时美国心理学界没有一篇悼念他的文章，去世后第二年，美国对德宣战。

在20世纪初科学心理学发展初期，闵斯特伯格的贡献是多方面的，除在心理学、心理治疗、教育心理学以及感觉心理学都有专文发表外，其研究更广及以下四方面：

1.司法心理学 早在19世纪90年代，闵斯特伯格即从事血压变化与供述诚实关系的研究，并在1908年提出测谎器的概念，是为司法心理学先驱之一。

2.工业心理学 1910年，闵斯特伯格提出根据工作成绩确定职业性向的概念，他在1913年出版的《心理学和工业效率》一书中，对人员甄选、职业伦理、工作绩效的心理因素以及广告心理等各方面均有所探讨，是为现代工业心理学的开拓者。

3.电影心理学 1916年闵斯特伯格出版的《电影：心理学的研究》一书，被公认为其在美国心理学界的创新贡献。

4.社会心理学 闵斯特伯格在其1916年出版的文集《明天》（包括讨论会谈话、报章杂志发表之评论文章）一书中，预测英、美、德三国试图合组的世界政府与和平联盟终将失败，预言政府禁酒将会导致比酗酒更严重的社会问题，并揭发民间神秘主义者的伪装。

此外，从美国功能学派创始目的在使心理学理念符合生活应用的观点看，闵斯特伯格无疑是功能学派的最大功臣，只可惜他的贡献被忽略。闵斯特伯格曾与其他心理学家尝试将心理学用于日常生活，并曾参与设计1893年在芝加哥举办的世界博览会。

闵斯特伯格的主要专著有：*Activity of will*（1888）；*Principles of education*（1905）；*On the witness stand*（1909）；*Psychotherapy*（1909）；*Psychology and teacher*（1909）；*Vocation and learning*（1912）；*Psychology and industrial efficiency*（1913）；*The photoplay：A psychological study*（1916）；*To-mor-row*（1916）等。

Münsterberg illusion **闵斯特伯格错觉** 属于视错觉现象之一。如附图所示，虽然各排黑白相间的长方形是平行排列的，但看起来总觉得都不是长方形，而且相连的黑白长方形也不在一条水平线上（白色的长方形更为明显）。此错觉图形系由

M

德裔美国心理学家闵斯特伯格（H. Münsterberg, 1863～1916）1897年所制作，故名。本词亦称为墙壁错觉（wall illusion）。见错觉（illusion）。

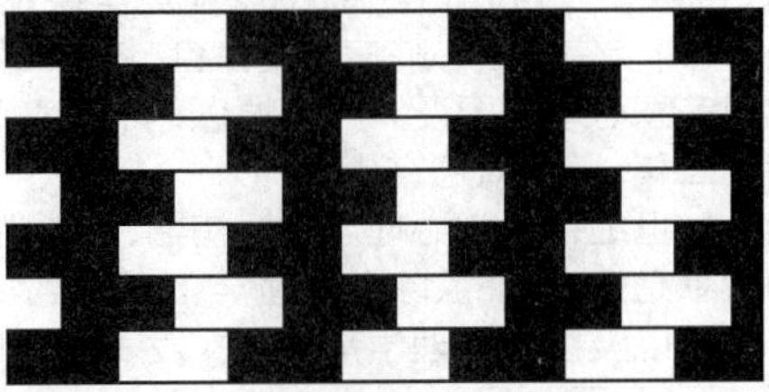

闵斯特伯格错觉

Murray, Henry Alexander（1893～1988）默瑞 默瑞是20世纪美国心理学家，是人格心理学家，是主题统觉测验创作人，也是未受心理学专业训练而成名的心理学家。

默瑞1893年出身于美国纽约市一个富裕家庭，1915年在哈佛大学获得文学学士后进哥伦比亚大学习医，1919年获医学博士学位，嗣后再进英国剑桥大学专攻生物化学，并于1927年获哲学博士学位。回国后进哈佛大学任教，此后兴趣转向并非他所专长的心理学。因而专程赴瑞士访问荣格，从此研究精神分析的理论与方法。唯到正式进入心理学界之后，他并未全盘接受精神分析思想，而是采折中主义取向建构了他自己的人格理论与测量人格的方法。他虽非正统心理学出身，但他的贡献却颇为心理学界所肯定。1961年获美国心理学会杰出科学贡献奖，1967年获人格评鉴学会杰出贡献奖，1969年获美国心理学基金会金质奖章。默瑞于哈佛大学任教直至退休，1988年逝世，享年95岁。默瑞在心理学上的贡献，主要在于以下两方面：

1. 首创人格需求压力论　默瑞是人格心理学家，他的思想虽受精神分析的影响，但他所建构的人格理论却与弗洛伊德不同。弗洛伊德的人格理论系以观察诊断精神病患者的经验为基础，默瑞的人格理论则是以对正常人实施心理测验所得结果为根据；弗洛伊德的人格理论主要建立于个体人格发展与人格结构基础上，默瑞的人格理论则是将人格的概念从个体本身扩大至环境与社会的关系。弗洛伊德的人格理论总离不开潜意识理念，默瑞的人格理论则是兼采了行为、完形及认知等理念。默瑞反对采片面行为的方式来解释人格，他认为人格是无数的内在与外在因素综合而形成的整体。他用人格学一词来说明他人格理论的独特性，人格学（personology）乃是对人格的心理学研究，而非只是描述个体的人格。默瑞人格学的中心概念是人格表现在个体需求与环境刺激间的复杂关系。他曾以50名大学生为对象，研究他们的心理需求，结果发现他们的不同需求有28种之多。默瑞认为个体需求的产生有内在与外在因素。需求存在时即对个体构成一种压力，因压力而促使个体在环境中寻求满足而表现出行为。例如，个人在贫困时产生的经济安全需求，将使人在心理上出现要求满足需求的压力，为了减缓压力，即促使他表现出某种行为（如努力工作，求人资助，甚至欺骗偷窃）。默瑞将因某种需求产生压力之后又引起行为的过程，称为主题（thema）。主题可视为复杂行为的单元，个体的人格即由无数主题构成。唯其如此，默瑞的人格理论被称为需求压力论（need-press theory）。

2. 创用主题统觉测验　默瑞基于以需求压力论中所指主题为人格基本单元的理念，于1936年设计了一种人格测验，称为主题统觉测验（Thematic Apperception Test，简称TAT）。见该条及附图。主题统觉测验包括30张含义不明确的图片，加一张空白卡片。施测时，按受试者年龄性别选取部分图片，要他凭自己主观意识，叙述一个故事，故事内容不予限制，但须说明：图中显示什么情境，该情境因何产生，未来将有何种演变及个人的感想。主题统觉测验在性质上是一种投射测验（projective test）。投射测验的设计，目的是借受试者的自由陈述，将其内心需求与欲望等无意中投注于所陈述的故事之中。默瑞创作的主题统觉测验在人格测验上是一大贡献。

默瑞的主要专著有：*Exploration in personality: A clinical and experimental study of fifty men of college age*（1938）；*Thematic Apperception Test*（1943）；*Assessment of men*（1948）；*Personality in nature, society and culture*（1953）等。

musical intelligence 音乐智力 属美国心理学家加德纳之智力多元论（theory of multiple intelligence）中的智力之一。见该条。

music therapy 音乐治疗法 属心理治疗方法之一。音乐治疗的目的，一方面借音乐陶冶性情，纾解郁结的情绪；另一方面也可借音乐的学习表现个人的才能，以提升其自我价值。

musophobia 惧鼠症 属恐惧症之一。患者对鼠类动物特别敏感，每一见及即生恐惧。纵使明知不致受到任何伤害，但仍无法克制由之引起的惶恐情绪。见恐惧症(phobia)。

mutation theory of aging 老化突变论 从生物学的观点解释老化过程中体细胞发生突变是加速老化的原因之一。细胞突变率随年龄而增加。辐射是突变的一个原因，它损伤细胞的遗传物质和缩短器官寿命。细胞的功能是由每个细胞中的遗传物质DNA所控制的。当DNA发生突变，往后细胞经过分裂生殖后也起变化，以至于有更多的突变了的细胞在器官中。多数的细胞突变是有害的，突变了的细胞功能减低。器官中如有这些突变的细胞，它的效力就降低且功能老化。见老化理论(theories of aging)。

mutism 缄默症 指有语言能力但不表现语言反应的病态现象。缄默症多见于精神分裂症(schizophrenia)患者。见该条。

mutual lateral masking 相互边掩蔽 见掩蔽(masking)。

mutually exclusive event 互斥事件 指两种(或多种)事件都有可能出现的情境下(如硬币的两面或骰子的六面)，如其中的一种事件发生，其他事件就确定不会发生(硬币的一面向上，另一面就确定不会向上)。

mutually independent event 相互独立事件 义同互斥事件(mutually exclusive event)。见该条。

mutual masturbation 交互手淫 见手淫(masturbation)。

M-W U test = Mann-Whithey U test 曼惠二氏U检验

myelinization 髓鞘化 指在神经元轴突外面形成髓鞘的过程。个体出生后神经元的数目已不再增加，但神经组织的发育仍持续进行，原来裸露的神经纤维逐渐被髓鞘的保护壳所包裹，脑或脊髓中的髓鞘由一种特殊的神经胶细胞所组成，周围神经系统中的髓鞘则由神经膜细胞所构成。髓鞘化的结果使神经纤维中神经冲动的传导不受干扰，且传导速度加快。

myelin sheath 髓鞘 包围在神经纤维外面而具有绝缘作用的构造。见神经元(neuron)条及附图。

myopia = nearsightedness 近视

mysophobia 惧脏症 属恐惧症之一。患者对不清洁的东西特别敏感，遇见肮脏情境或垃圾等物，即感到不安与恐惧。有洁癖的人即有此心理倾向。见恐惧症(phobia)。

mysticism 神秘主义 哲学心理学的一种信念，认为知识来自灵感，真理得自静观。主张舍弃通常的感觉经验和思维作用，而以心观心的方式，使自己进入绝对境界，与大自然合而为一。

mysticotranscendent therapy 玄秘超觉治疗法 属于宗教性的一类心理治疗方法。此类方法不重视现实问题的直接解决，而强调从超现实的心灵境界中去领悟人生。

mythological psychology 神话心理学 古代人对世界起源、自然现象及人类社会生活等问题，凭其想象与幻想，创造了很多天堂、地狱、神仙、鬼怪的神话故事和传说。神话代代相传，形成人类文化的一部分，也对人类的行为产生了很大的影响。如将神话故事与人类行为联系起来当作主题来研究，就成了神话心理学。在现代科学心理学的理论中，有相当多的概念来自古代神话，诸如恋母情结(Oedipus complex)及毕马龙效应(Pygmalion effect)等都是明显的例子。见该等条。

MZA 孪生子分离养育 本词系为monozygotic twins reared apart from each other的缩写，意指出生后分别在不同家庭中养育的同卵孪生子(identical twins)。见该条。

MZT 孪生子同家养育 本词系为monozygotic twins reared together in the same home的缩写，意指出生后在同一家庭中养育的同卵孪生子(identical twins)。见该条。

MZ twins = monozygotic twins 同卵孪生子

N

N = number 人数,次数

n-Ach = need for achievement 成就需求

n-Aff = need for affiliation 亲和需求

nail biting 咬指甲癖 指喜欢咬指甲的强迫性习惯。此种习惯,从儿童期到青年期相当普遍,青年期以后多半自动消失。如成年后仍留存咬指甲的习惯,则可视为神经症症状的不良适应行为。根据精神分析论的说法,咬指甲的习惯是由于口唇期的口欲驱力未能适当发展,因而形成的口欲滞留(oral fixation)所致。见该条。见口唇期(oral stage)。

naive egotistic orientation 天真自我中心取向 根据美国心理学家柯尔伯格的道德发展理论,9岁以下儿童的道德判断带有自我中心取向。见前习俗道德期(preconventional level of morality)。

naive psychology 朴素心理学 指通常一般人对行为的常识性解释,亦即缺乏学理的心理学。如某生素来成绩低劣,一般人都会说,那是因为该生不够聪明或不肯用功的关系。如某生素来成绩优良而一次考试失败,一般人就会说,该生表现失常。像此种只按事实表象即作出的常识性的解释,即称为朴素心理学。朴素心理学一词乃是与科学心理学相对的说法。事实上,在整个心理学的领域内,并没有朴素心理学这个学科。

naive realism 朴素实在论 属于一种简单的哲学信念,认为世界真相就是像一般人所看到的那个样子,没有所谓现象与本质不同的问题。见实在论(realism)。

naive subject 真受试 在有同谋者(confederate)参加的实验情境中,与同谋者相对的受试,称为真受试。见该条。

Nancy school 南锡学派 南锡为法国东北部的一个城市。在1882年,一些精神科医生在伯恩海姆(H. Bernheim, 1837~1919)领导下,用暗示与催眠的方法治疗精神疾病之外,也对正常人催眠,使其改变意识状态,这受到当时医学界的重视,且有众多医学家到南锡观摩学习。自此以后,世人称之为南锡学派。精神分析学派的创始人弗洛伊德亦曾在南锡跟伯恩海姆学习催眠术(hypnotism)。见该条。

nanism = dwarfism 侏儒症

nanometer (nm) 毫微米 等于十亿分之一米,为电磁波波长的单位。见可见光谱(visible spectrum)。

narcism = narcissism 自恋

narcissism 自恋 本词源于希腊神话。一美少年名纳西塞斯(Narcissus),因爱恋自己水中的影子,终致憔悴而死,死后化为水仙花,后人以其名代表自恋。根据精神分析解释,自恋因心理发展的阶段不同又可分两类:一类是原型自恋(primary narcissism),指婴儿期喜欢自己的身体,以自己身体作为欲力的对象,从而获得满足的现象。另一类是次型自恋(secondary narcissism),指儿童期以后,个体将自己原已外投的欲力收回,由爱恋别人转而爱恋自己,从而陶醉于自我幻象之中。见欲力(libido)。

narcissistic character 自恋性格 是指一种性格类型。属于此种性格类型的人,待人处世时过于重视自己。

narcissistic equilibrium 自我均衡 按精神分析的解释,指人格结构中自我与超我之间的和谐状态。

narcissistic injury 自恋伤害 义同自恋伤痕(narcissistic scar)。见该条。

narcissistic libido 自恋欲力 义同自我欲力(ego libido)。见该条。

narcissistic neurosis 自恋型神经症 属神经症之一。患者过分关心自己,无法形成与别人的亲密关系。本词现很少用,已为自恋型人格异常(narcissistic personality disorder)所取代。见该条。

narcissistic object choice 自恋对象选择 属一种人格特征。此种人之表现为不是过分爱恋自己,就是只选择和自己极为相似的人才肯对之投注自己的感情。

narcissistic personality disorder 自恋型人格异常 属人格异常之一。属此类型者倾向以自我为中心,好自我夸张,喜欢炫耀个人才能、成就、权势、财富以引人注意;不重视别人、不关心别人,对别人之批评则表现出不当的情绪反应,因

而人际关系适应困难。

narcissistic scar 自恋伤痕 指个人过分重视自我形象，而又不能由之获得满足的一种心理障碍。根据弗洛伊德精神分析的解释，自恋伤痕系由长期失败、乏人关爱或身体缺陷所导致。

narcissistic type 自恋型 属弗洛伊德所指的欲力类型（libidinal type）之一。见该条。

narcolepsy 猝发性睡眠症 属于一种睡眠异常现象。个人正在清醒活动时，突然失去意识，陷入暂时性的睡眠状态，称为猝发性睡眠症。猝发性睡眠症通常是在说话或行动时突然发生。此种睡眠症对于驾驶人员，是极为危险的。根据心理学家研究，猝发性睡眠症患者，在1万人中约有2～10人。对此奇怪的心理异常，到目前为止尚无适当治疗方法。见睡眠障碍（sleep disorder）。

narcotherapy 麻醉治疗法 属心理疾病的药物治疗方法之一。心理疾病之严重者，病发时具有危险性，服用麻醉性药物，既可减少其痛苦，也可避免危险事故发生。见药物治疗（drug therapy）。

narcotic 麻醉剂 属精神药物之一，麻醉剂主要是由罂粟花未成熟果实内的汁液提炼而成，其中含有多种化学物质，而主要为吗啡（morphine）和可待因（codeine）。在医师处方中，可待因可作为止痛剂、止咳剂或镇静之用，少量使用尚无太大副作用。吗啡及其衍生品海洛因，服用后则有极大副作用。由吗啡转制成的海洛因是另一种麻醉药物，海洛因（heroin）一向被列为违法的药用药物。海洛因可吞服、注射，也可混在香烟中吸食。服用后数分钟会有飘飘然欣快之感，稍后则感到身体僵硬、意识模糊、丧失胃口和性欲，终而陷入极度困倦状态。海洛因极易成瘾，即使服用时间甚短，也很快就会出现生理依赖现象。海洛因服用后的耐药力特别强，有几次服用经验后，即必须增加剂量，否则无法产生预期药效。长期服用海洛因可导致死亡，原因是海洛因的药效能抑制神经系统中的呼吸中枢，以致发生窒息现象。由于染上服用海洛因的恶习后戒绝困难，如长期药费来源难以为继，难免导致服用者犯罪。见精神药物（psychoactive drug）。

narrow categorizing style 细密型 属认知风格之一。细密型指个体应付环境时所表现的一种习惯性的个性特征。属细密型的人，观察及处理事物时，面面俱到，在分类辨别工作上，能注意到极细微的差异之处。有些学生作业，除内容正确之外，在形式上也注意到整齐美观，整篇周记无一字涂改，连标点符号都点在适当位置。此类学生就属于细密型。与本词相对者为粗略型（broad categorizing style）。见该条。另见认知风格（cognitive styles）。

NAS = National Academy of Science 美国科学院

National Academy of Science（NAS） 美国科学院 美国科学院是美国第16任总统林肯（Abraham Lincoln, 1809～1865）任内经国会通过，在1863年设立。该会宗旨为促进国家科学发展，谋求人类福祉。美国科学院对美国的科学发展，有极大的贡献，除其本身功能外，并与其他基金会合作，对科学家的研究给予奖励。该院院址设于首都华盛顿。

national character 国民性，民族性 指代表一般国民的常见性格，而且此等性格具有独特性，并异于其他国家之国民性。通常所谓德国人冷静或法国人热情等说法，就是指国民性而言。

National Education Association（NEA） 美国教育协会 美国教育协会成立于1857年，原名为全国教师联合会（National Teachers Association），1906年改为现今的名称。该会主要宗旨在提升教育伦理，保障教育者的权利，提高教育素质并推动全国教育发展。该会会员多达三百万人，在教育思潮与教育政策走向上，多年来一直扮演促动者的角色，对美国教育的发展具有相当的贡献。该会会址设于首都华盛顿。

national norm 全国常模 属测验常模之一，其建立过程系以代表全国某阶层人口（如全国小学中年级儿童）的样本为基础而建立。具有全国常模的测验，可以通用全国，国内任何地区的同类对象均可使用。施测后均可与全国常模比较，从而了解该地区受测者的相对水平。与全国常模相对的有地区常模（local norm）。见该条。见常模（norm）。

National Society for the Study of Education（NSSE） 美国全国教育研究会 美国全国教育研究会成立于1895年，系因纪念德国19世纪教育心理学家赫尔巴特而设立，为美国全国性教育问题研究组织。该会的主要工作是，每年选定一个或数个教育问题，从事理论的或实证的研究，而后将研究结果出版为年鉴发行，为教育学术的主要文献之一。该会会址设于芝加哥。

National Vocational Guidance Association（NVGA） 美国全国职业辅导学会 见美国咨商协会（American Counseling Association）。

native behavior 先天性行为 指个体自出生之日起未学而能的行为。如婴儿出生后啼哭与吃奶等行为即属之。

native language 母语，本族语 自出生起在本族群中学到的语言。

native trait 天赋特质 指个体经遗传带来的身心特质。举凡种族性特征，如肤色、发色、体态等，均属天赋特质。又智力与特殊性向中的遗传部分，亦属天赋特质。

nativism 天赋论，先天论 **1.**泛指主张遗传重于环境的一切理论。**2.**指解释知觉能力的一种理论。天赋论者认为，个体对空间知觉与时间知觉的能力，都是与生俱来的，不是后天学习的。刚出生的小羊不会坠落悬崖，刚脱离卵壳的小鸟不会离巢坠地，都是因为它们与生俱来知觉能力。**3.**指解释人类智力的一种理论。天赋论者强调，智力的高低是遗传的，所谓龙生龙、凤生凤的观念，即属天赋论。**4.**指解释人类语言学习的一种理论。持语言天赋论者认为，在人类认知结构中，具有一种与生俱来的语言获得装置（languageacquisition device）。见该条。

nativism-empiricism controversy 先天论与经验论争议 义同天性与教养问题（nature-nurture controversy）。见该条。

nativistic theory = **nativism** 天赋论，先天论

natural category 自然类别 指根据物种自然特征所做的分类。例如，颜色与大小等均为自然特征。

N

natural childbirth 自然生产，自然分娩 指胎儿降生时不采用剖腹方式和任何药物帮助，完全靠产妇的身体活动使胎儿安全降生的一种方法。

natural concept 自然概念 指只根据经验而不根据逻辑法则所形成的概念。例如，儿童学习“椅子”和“家具”两个概念时，都不是根据逻辑法则习得的，儿童们并不是根据椅子或家具的定义学到这两概念，而是靠他自己在知觉中辨识到椅子和家具的属性而自行习得。椅子的属性比较容易识别，所以儿童容易学到椅子的概念；家具的属性不易识别，对儿童来说，概念形成就较为困难。见概念识别（concept identification）。

natural experiment 自然实验法 指一种在实际生活情境中进行，对自变项不给予任何操弄或控制的实验方法。此法优点在于研究结果具有较高的外在效度，能推论到实验以外的情境；其缺点是无法预知自变项所发生的作用，不能预先作周详的实验设计（experimental design）。见该条。

natural homosexual period = **nature homosexual period** 自然同性恋期

naturalism 自然主义 **1.**指哲学上的一种理论。持自然主义者，将人的精神现象也视为自然变化的一部分，而且试图以自然科学中物理学、化学、生物学上的客观标准去观察解释精神现象。**2.**指教育上（教育哲学）的一种理论，18世纪法国哲学家卢梭在教育上所倡议的顺性发展，20世纪30年代美国教育家杜威所强调的儿童中心，均属教育理论上的自然主义。**3.**在哲学心理学上，本词义同浪漫主义（romanticism）。见该条。

naturalistic observation 自然观察 属观察法之一。自然观察的特征是，对所欲观察的对象及其所在情境，事先不做任何设计，对可能影响个体的因素也不事先设法排除，在现场中遇到什么，就观察记录什么。例如，要观察球赛时球员的行为，就只能采用自然观察。因自然观察时对情境不加限制，故而也称非控制观察（uncontrolled observation）。

naturalistic-observation method 自然观察法 义同自然观察（naturalistic observation）。见该条。

naturalist intelligence 自然智力 属美国心理学家加德纳之智力多元论（theory of multiple intelligence）中的智力之一。见该条。

natural knowledge 自然知识 指未经刻意教导而在日常生活中自行习得的知识。诸如吃饭、穿衣、说话等均属之。与本词相对者为专门知识（technical knowledge）。见该条。

natural law 自然律，自然法则 针对事物自然变化的先后顺序或因果关系之重复呈现，以数学公式或文字陈述之，即成自然律。遵循自然律，由原因即可推知结果。自然律是自然科学所探究的主要目的之一。

natural monism 科学一元论 指对科学研究的一种主张。持科学一元论者认为，所有科学均可归属于物理学与化学原理原则之下，予以分析研究。因此，心理学也不能例外，心理学应经由生理学的通路，归属于物理与化学的原则下进行研究。科学心理学发展之初，像结构主义所采取的元素论与行为主义的S-R心理学，均属科学一元论的取向。见还原论（reductionism）。

natural punishment 自然惩罚 指个体行为带来的恶果对个体所产生的惩罚作用。所谓从痛苦经验得到教训，意即自然惩罚具有正面教育效用。世人相信“恶有恶报”的说法，也就是相信自然惩罚是建立道德行为的良好途径。

natural selection 自然选择，天然淘汰 指物种进化的自然现象。19世纪英国生物学家达尔文所倡进化论，解释一切生物进化，均遵循“物竞天择，适者生存”的原则，意即天然淘汰。

nature homosexual period 自然同性恋期 指在青春期之前的潜伏期的同性恋倾向。此时期约

相当于小学中高年级，一般常见的现象是同性别者往来极为亲密，此现象尤以女生为然。这种同性恋倾向是自然现象，故名自然同性恋期。

nature-nurture controversy 天性与教养问题 指遗传与环境两大因素在个体行为发展上孰轻孰重的争议。此争议相沿数千年而不休，原因是任何单面的理由都不足以解释个别差异的事实。而且，遗传与环境两因素分别对个体发展的影响，因所指个体行为特征而异：属于以生理为基础的行为，受遗传因素的影响较大；属于以心理为基础的行为，受环境因素的影响较大。

nature-nurture issue = nature-nurture controversy 天性与教养问题

nature-nurture problem = nature-nurture controversy 天性与教养问题

nature versus nurture debate = nature-nurture controversy 天性与教养问题

nc = need for cognition 认知需求

NEA = National Education Association 美国教育协会

near-death experience 濒死经验 指经历濒临死亡或死而复活者所陈述的经验。濒临死亡经验谈自古流传很多，言人人殊，见诸心理学文献正式记载者，可归纳为以下三项陈述：(1)当事人多数说死亡的过程并不痛苦，反而有平和快乐感觉；(2)有些陈述自己感觉到灵魂出壳，并看见己身的躯体；(3)多数报告者觉得行进一条黑暗隧道，并看见远处有盏明灯。更有文献记载有过濒死经验的人，复活后人生态度改变，变得更积极乐观，更珍惜生命。

near point 视近点 指物体向面前移动时，距离两眼最接近而又能看清楚的空间位置。越过视近点，物体接近鼻梁时，反而看不清楚。本词也称辐合视近点(near point of convergence)。与本词相对者为视远点(far point)。见该条。

near point of convergence 辐合视近点 义同视近点(near point)。见该条。

nearsightedness 近视 常见的一种轻微视觉缺陷。近视者只能看清楚近处(约90厘米之内)的物体，看不清楚远处的物体。原因是近视者的眼球直径过长，呈椭圆形(多因持久注视近物使眼球不得放松而失去弹性所致)，不能像正常视力者那样，将远处物体的映象，经过晶状体的折射投射到视网膜上(附图A)，而只能投射到视网膜之前(附图B)。因此，矫治近视的方法，可戴凹透眼镜，使映象经调适而投射到视网膜上(附图C)。与本词相对者为远视(farsightedness)。见该条及附图。

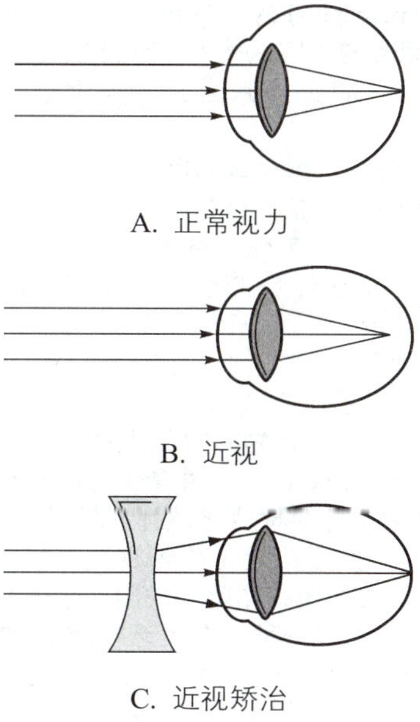

近视

Necker cube 奈克尔立方体 属于一种知觉假设的心理现象。如附图所示，该图虽为平面图，但具有立体知觉效果。如果将之视为平面图，则所得知觉是稳定的。如果将之视为透明立体图，则所得知觉就不稳定。原因是个人可以提出不同假设，而且按假设进行验证时，各自获得不同的结果。如让数人注视附图，每人所看到的立体图形将各不相同。方体中1与2代表方体两个相对的犄角。读者如注意此图数秒钟之后，就会发现有时角1的距离近，角2的距离远，也有时角1与角2的远近恰好相反。这现象说明知觉经验中带有个人的主动且主观的认知成分，而非纯属被动地接受信息。奈克尔立方体为瑞士矿物学家奈克尔(L. A. Necker, 1786～1861)1832年所设计，故名。见知

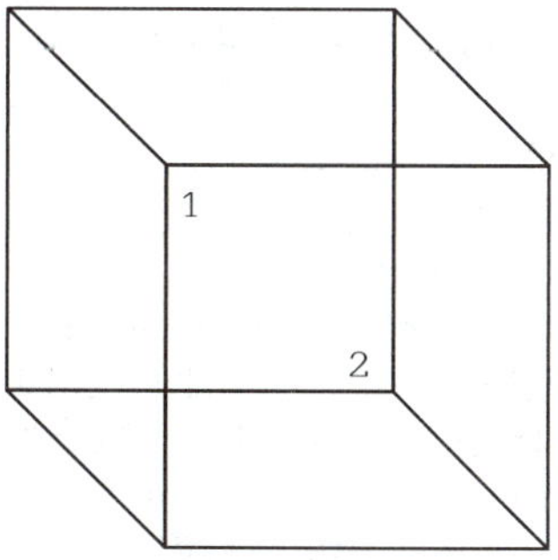

奈克尔立方体

N

觉假设(perceptual hypothesis)。

necrophilia 恋尸狂 属性心理变态之一。患者性欲的满足不向活人去追求,而以死者的尸体为对象。

necrophilism = **necrophilia** 恋尸狂

necropsy 验尸 指人死亡后法医的检验工作,确认其死亡并说明其死亡原因。

need 需求,需要 在心理学上,需求、驱力、动机三词有连带关系,而三词都被视为促动个体行为的内在动力。究竟三词之间以及三词与行为之间具有何种关系?心理学家有四种不同解释:(1)视需求为促动个体行为的内在动力。需求分为原始需求(primary need)与衍生需求(secondary need)两种,前者源于生理变化,后者源于社会学习。见该等条。如此看法是将需求视同动机。(2)视需求与动机二者连续作用形成促动个体行为的内在动力。需求是一种内在匮乏状态,因匮乏状态形成个体内在紧张压力,因排除压力而产生动机。如此看法是将需求视为动机的原因,而动机则为促动行为的内在动力。(3)视需求、驱力、动机三者连续作用形成行为的内在动力。先是因需求产生内在匮乏状态,然后因匮乏状态而产生驱力。驱力分为原始驱力(primary drive)与衍生驱力(secondary drive)两种,前者源于生理变化,后者源于学习,继而因驱力形成动机,从而促动个体的行为活动。见该等条。如此看法是将需求视为动机的原因,其本身并非动机。(4)视需求、驱力、动机三者为同一意义,而以需求一词概括之。在诸多动机理论中,美国人本心理学家马斯洛的需求层次论(need hierarchy theory)与人格心理学家默瑞的需求压力论(need-press theory)均作如是观。见该等条。

N

need arousal 需求激发 指在广告或政治宣传时用以引发宣传对象心理需求的一切方法。以药物广告为例,广告词句中总离不开治病、健身、延寿、养颜等字眼,因为这些都是一般人心理上的需求。

need cathexis 需求投注 指个体将需求投注于某一对象上从而获得满足的历程。个体在需求时所投注的对象,有时具有间接性的替代作用。例如,具有强烈成就需求者,可能投注于读书,也可能投注于工作或事业。见投注(cathexis)。

need-complementarity hypothesis 需求互补假说 指解释婚姻构成与两性间关系维持的一种理论。一般美满婚姻之构成,多数是根据相似论解释为夫妻间情投意合。另外也有些美满婚姻,夫妻双方个性悬殊,但能彼此取长补短,成为"对立吸引"的佳偶。解释此种婚姻的理论之一,是为需求互补假说。按此假说,个性刚者正需求柔性的对象,个性柔者正需求刚性的对象,刚柔相济,反而格外吸引。

need-drive-incentive hypothesis 需求—驱力—诱因假说 指解释动机作用的一种假说。按此假说:(1)因个体生理变化,形成一个因匮乏而需求的内在紧张状态(如体内缺乏水分);(2)因内在的需求而产生驱力(如因需要补充水分而生渴驱力);(3)因驱力而促使个体向能够满足需求并减缓驱力的诱因(目的物,如水)去活动;(4)因个体的活动而获得目的物(如喝到水),结果动机满足,活动停止。见需求(need)、诱因(incentive)。

need-drive-incentive model 需求—驱力—诱因模型 义同需求—驱力—诱因假说(need-drive-incentive hypothesis)。见该条。

need-drive theory 需求—驱力论 解释行为动机的一种理论。持此理论者认为,行为的产生乃是由于生理的或学习的需求促动内在驱力使然。见需求(need)。

need for abasement 谦卑需求 根据美国人格心理学家默瑞的理论,谦卑需求是其所列28种需求之一。谦卑需求所促动的行为是,做错事自愿负责,并感到内疚,肯接纳别人批评,对人谦虚,对功利之事少与人争,甘心承受委屈。见需求(need)。

need for achievement (n-Ach) 成就需求,成就需要 指个体面对具有竞争性的情境时,在心理上存有追求成功从而达到理想目的的意愿,换言之,亦即成就动机。在心理学上,最早对成就动机从事系统研究并做出贡献的心理学家,是20世纪30年代的美国心理学家麦可利兰(D. C. McClelland, 1917～1998)。麦可利兰将成就动机视为一种持久性的人格特质。在人格上显示成就需求高的人,在面对难易不同的工作或任务时,喜欢选择较难者去接受挑战;而且在选定之后即全力以赴,力求达到理想的目标。此种人格特质与学习有关,儿童阶段的家庭教育是养成此种人格特质的主要原因。到20世纪60年代,美国心理学家阿特金森(J. W. Atkinson)对成就需求提出相对心理倾向的解释,认为追求成就行为的背后,并非只是成就需求的内在动力,而是另外存在着一种畏惧失败(fear of failure)反方向的内在动力。见该条。这两种内在动力相对抵消的结果,形成个人的成就动机。准此而论,在凭观察发现某人在外显行为上是否努力工作以推理解释其成就动机强弱时,必须考虑到他内在心理上相对方向的两种动力。换言之,在追求成就行为的背后,同时存在着方向相反的两种动机:其一为追求成功的动机，其二为逃避失败的动机。只有在前者的力量大于后者时，个人才会表现出追求目标的外显行为。从日常生活的经验看，将成就动机解释为“求成与避败”的看法，显然是符合事实的。

need for affection 情感需求 义同情感驱力（affectional drive）。见该条。

need for affiliation（n-Aff） 亲和需求 根据美国人格心理学家默瑞的理论，亲和需求是其所列28种需求之一。亲和需求所促动的外显行为有：自愿与别人亲近、喜欢参与社交活动、爱交友、善合作、尚感情、重视人际关系。

need for a frame of orientation 定向需求 属美国新弗洛伊德主义心理学家弗罗姆理论中所指人类五大需求之一。定向需求指个人努力寻求可能自我实现的方向，从而在安定的通路上去达成自己的理想。见弗罗姆（Fromm, Erich）传记条。

need for aggression 攻击需求 根据美国人格心理学家默瑞的理论，攻击需求为其所列28种需求之一。攻击需求所促动的外显行为是，喜欢阅读报纸上的暴力新闻，好与人争，善辩论，对人对事喜欢吹毛求疵。

need for approval 赞许需求，认可需求 指个人在团体中企盼其所作一切表现，获得众人认可、赞许、支持，从而肯定自己的心理。

need for autonomy 自主需求 根据美国人格心理学家默瑞的理论，自主需求是其所列28种需求之一。自主需求所促动的外显行为是，喜欢特立独行，不愿接受约束，凡事希望自己做主，不喜欢遵守传统习俗。

need for change 革新需求 根据美国人格心理学家默瑞的理论，革新需求是其所列28种需求之一。革新需求所促动的外显行为是，对生活时时求新求变，喜欢新奇事物，对未成定数之局面敢于尝试，爱旅游，常常改变工作环境。

need for cognition（nc） 认知需求 **1.**属于人格特质之一，有认知需求的人，喜欢对新事物钻研求知。**2.** 美国人本心理学家马斯洛需求层次论（need hierarchy theory）所列的需求之一。见该条及附图。

need for deference 顺从需求 根据美国人格心理学家默瑞的理论，顺从需求是其所列28种需求之一。顺从需求所促动的外显行为是，倾向于顺从别人意愿，颂扬别人成就，接受别人建议，听命别人领导。

need for endurance 持久需求 根据美国人格心理学家默瑞的理论，持久需求是其所列28种需求之一。持久需求所促动的外显行为是，工作时有始有终，读书专心，任事尽力，不半途而废。

need for exhibition 表现需求 根据美国人格心理学家默瑞的理论，表现需求是其所列28种需求之一。表现需求所促动的外显行为是，喜欢在众人面前表现，喜欢发表意见，爱好新鲜事物。

need for heterosexuality 异性需求 根据美国人格心理学家默瑞的理论，异性需求是其所列28种需求之一。异性需求所促动的外显行为是，对异性深感兴趣，喜与异性交往，且易与异性建立亲密的感情关系。

need for identity 独立需求，统合需求 属美国新弗洛伊德主义心理学家弗罗姆理论中所指人类五大需求之一。独立需求指个人刻意要突出自己的独特个性，并希望在世界上活出意义来。见弗罗姆（Fromm, Erich）传记条。见统合（identity）。

need for intimacy（n-Int）= need for affiliation（n-Aff） 亲和需求

need for intraception 省察需求 根据美国人格心理学家默瑞的理论，省察需求是其所列28种需求之一。省察需求所促动的外显行为是，随时反省自己，观察别人，喜欢分析别人的行为，能设身处地为别人着想，能循絜矩之道，审己度人。

need for nurturance 扶助需求 根据美国人格心理学家默瑞的理论，扶助需求是其所列28种需求之一。扶助需求所促动的外显行为是，主动帮助困难中的亲友，对陷入不幸者自愿给予援手，与人有争议时会宽恕对方，对人时存怜悯同情之心。

need for order 秩序需求 根据美国人格心理学家默瑞的理论，秩序需求是其所列28种需求之一。秩序需求所促动的外显行为是，倾向生活有秩序，做事按部就班，遵规范，守纪律。

need for positive regard 积极关注需求 根据美国人本心理学家罗杰斯的理论，被爱与被尊重是人的共同需求。这两种需求都是靠别人的积极关注始能获得满足，故而称为积极关注需求。见无条件积极关注（unconditional positive regard）。

need for punishment 惩罚需求 指意识的或潜意识的希望别人对自己施予某种惩罚，借以减轻其罪疚感，从而获得心理上的满足。按此解释，在班上喜欢捣乱惹人注意的学童，可能就隐含着惩罚需求的心理。

need for relatedness 相属需求 属美国新弗洛伊德主义心理学家弗罗姆理论中所指人类五大需求之一。相属需求指个人具有爱人与被爱的需求；希望认识别人、了解别人、关心别人，愿对别人负责也希望得到别人的尊重。见弗罗姆（Fromm, Erich）传记条。

need for rootedness 落实需求 属美国新弗洛

伊德主义心理学家弗罗姆理论中所指人类五大需求之一。落实需求指个人希望与人亲和，与社会环境及自然世界保持接触，从而获致安身立命的需求。见弗罗姆（Fromm, Erich）传记条。

need for self-actualization = self-actualization need **自我实现需求**

need for succorance **援助需求** 根据美国人格心理学家默瑞的理论，援助需求是其所列28种需求之一。援助需求所促动的外显行为是，希望获取别人的帮助与支持，寂寞时需要人同情，失意时需要人安慰，失败时需要人援助。

need for transcendence **超越需求** 属美国新弗洛伊德主义心理学家弗罗姆理论中所指人类五大需求之一。超越需求指个人期望在作为上超越物质条件的限制，在精神上能表现出具有创造性的人格品质。见弗罗姆（Fromm, Erich）传记条。

need for understanding **理解需求** 根据美国人格心理学家默瑞的理论，理解需求是其所列28种需求之一。理解需求所促动的外显行为是，凡事好问，对新奇事物极表兴趣，喜对问题分析探究，爱好钻研抽象性或理论性的知识。

need gratification **需求之满足** **1.**指个体获得其所缺乏的东西后的心理满足状态。**2.**指个体在有动机的活动中达到目的时的满足状态。**3.**指个体获得其所寻求的诱因（incentive）之后，因而使其内在紧张消减的历程。见该条。

N

need hierarchy **需求层次** 美国心理学家马斯洛之需求层次论（need hierarchy theory）中所指多种需求层次。见该条及附图。

need hierarchy theory **需求层次论** 指美国人本心理学家马斯洛在20世纪70年代所提出的动机理论。马斯洛将人类的动机视为由多种需求形成的层次性的系统；系统中各层次需求分别具有促动与该层次有关行为活动的内在动力，而由低而高各层次形成的整个系统，则代表个体人格成长发展的内在动力。因此在现代心理学上，马斯洛以需求层次来解释人类动机的理论，也被视为是解释人格发展的重要理论。马斯洛在1970年出版的《动机与人格》一书中将人类的需求分为七个层次（见附图）：（1）生理需求（physiological need），指维持生存及延续种族的基本需求；（2）安全需求（safety need），指受到保护与免于遭受威胁从而获得安全的需求；（3）隶属与爱的需求（belongingness and love need），指被人接纳、爱护、关注、鼓励及支持等需求；（4）自尊需求（self-esteem need），指获取并维护个人自尊心的一切需求；（5）知的需求（need to know），指对己对人及对事物变化有所理解的需求；（6）美的需求（aesthetic need），指对美好事物欣赏并希望周遭事物有秩序、有结构、顺自然、循真理等心理需求；（7）自我实现需求（self-actualization need），指在精神上臻于真善美合一人生境界的需求，亦即达到个人所有需求或理想全部实现的目的。根据马斯洛的解释，各种需求层次之间存在有以下的关系：（1）各层需求之间不但有高低之分，而且有前后顺序之别；只有低一层需求获得满足之后，高一层的需求才会产生；（2）七层需求分为两类：较低的前四层称之为基本需求（basic needs），较高的后三层称之为成长需求（growth needs）或衍生需求（meta needs）。基本需求有一共同性质，为均系由于生理上或心理上有某些匮乏而产生，故而又称匮乏需求（deficiency needs）。成长需求是基本需求满足之后，对有益于自我成长的精神生活之充实的需求。对现今社会一般人而言，马斯洛的需求层次论，只能解释部分心理健康的人，不能解释全部人。因为有些人即使物质生活满足，他们也未必就会追求精神生活的充实。见约那情结（Jonah complex）。

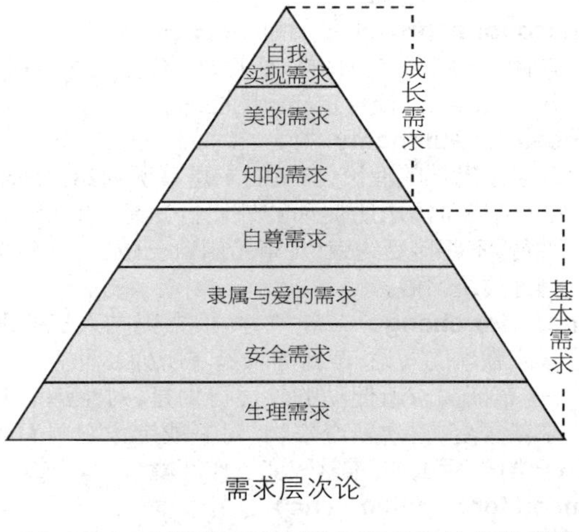

需求层次论

need pattern **需求组型** 指个人多种彼此关联的需求所组合而成的心理状态。例如，出身贫困家庭的子弟，其需求组型将异于出身富裕家庭的子弟：前者可能较多涉及物质生活满足的需求，后者则较多涉及精神生活满足的需求。

need-press theory **需求压力论** 指美国人格心理学家默瑞在20世纪40年代解释需求之所以产生的一种理论。按此理论，个体的需求系由于生理的或心理的压力所导致：见食物而有吃的需求，是因为有饥饿的压力；在学业或工作上追求成就，是因为社会情境中有竞争的压力。见默瑞

(Murray, Henry Alexander)传记条。

need state **需求状态** 指个体内在需求或外在需求未能获得满足时的身心紧张状态。见需求(need)。

need tension **需求性紧张** 指个体因需求(need)不能满足所引起的身体或心理的紧张。见该条。

need to know **知的需求** 指美国人本心理学家马斯洛之需求层次论(need hierarchy theory)中的第五层需求。见该条。

negation **否定,拒绝** 指对某种意见或建议予以否定或拒绝。

negative acceleration **负加速** 指学习曲线的一种变化形式。见正加速(positive acceleration)。

negative adaptation **负适应** **1.**在某种刺激长期存在的情境下,个体身心敏感度降低的现象,称为负适应。**2.**某种刺激重复出现多次,其所引起反应之强度则有逐渐减弱的趋势,称为负适应。“居芝兰之室久而不闻其香”的现象,即为负适应。见适应(adaptation)。与本词相对者为正适应(positive adaptation)。见该条。

negative afterimage **负后像** 负后像是后像现象之一,其特征是后像的明度与原刺激相反,而后像的颜色则与原刺激互补。例如,注视墙上白色钟面与黑色钟框的挂钟一分钟以上,然后将视线移到旁边墙壁上,将会出现一个黑色钟面与白色钟框的后像。再如,用红纸剪个圆圈,持在手中注视一分钟后,将视线转往白色的墙上时,将会出现一个绿色的后像(红与绿二色互补)。在一般情形下,视觉刺激的强度愈高与注视时间愈久时,后像出现的可能性也就愈高;反之,后像不易形成。如附图所示,是由黑白二色构成的一个八卦图形,在亮光下定睛注视左边太极八卦图的中心部位,一分钟后速将目光移至右边空白正中的小十字上,此时将会发现一个和原图颜色互补的负后像。

negative attention-seeking **消极性引人注意** 指引人注意行为中带有不良适应性质者。例如,初中学生成绩不如人而故意以抽烟惹事向校规挑战者,即属消极性引人注意。与本词相对者为积极性引人注意(positive attention-seeking)。见该条。

negative attitude **消极态度** 指在咨商进行时受辅者对咨商员的不合作态度。与本词相对者为积极态度(positive attitude)。见该条。

negative attitude change **态度反向改变** 指个体态度改变的方向与所预期效果相反的情形。与本词相对者为态度正向改变(positive attitude change)。见态度改变(attitude change)。

negative cathexis **消极投注** 属于精神投入(cathexis)的一种方式。见该条。消极投注是指当事者对情感投注的对象(人、事、物等),表现出排斥与厌恶的态度。与本词相对者为积极投注(positive cathexis)。见该条。

negative contrast **负对比** 义同强化负对比(negative contrast of reinforcement)。见强化对比(reinforcement contrast)。

negative contrast of reinforcement **强化负对比** 见强化对比(reinforcement contrast)。

negative correlation **负相关** 指两变项的共变关系属于不一致情形者。设X与Y两变项,X由小变大,Y则由大变小,是为负相关;若X由大变小,而Y却由小变大,也是负相关。负相关系数的值,介于0～－1。在运动场上比赛时,凡是以时间为成绩计算标准者,均采负相关的概念;同是1000米跑道,跑完全程用的时间愈短,其成绩愈高。负相关也称间接相关(indirect correlation),又称逆相关(inverse correlation)。见相关(correlation)、相关系数(correlation coefficient)。

negative diagnosis **不当诊断** 义同废纸篓诊断(wastebasket diagnosis)。见该条。

negative error **负误差** 属空间误差(space error)

负后像

之一。见该条。

negative eugenics 消极优生学 见优生学(eugenics)。

negative hallucination 负幻觉 现实中确有某刺激物存在,但个体却不承认它的存在(感觉器官正常)。此种视而不见或听而不闻的反常现象,称为负幻觉。见幻觉(hallucination)。

negative identity 反向认同,消极统合 **1.**指青少年人格发展的一种偏差倾向。家庭、学校在教育上经常设置一些供青少年学习认同的楷模(如偶像人物与道德规范等),但某些青少年却舍此而向反社会方向学习认同(如以反社会帮派领袖为偶像)。反向认同是造成少年帮派与少年犯罪的主要原因。**2.**义同迷失型统合(identity diffusion)。见该条。

negative incentive 负诱因 一种外在刺激(人、事、物或情境),而足以能威胁个体使之回避者,称为负诱因。如受过电击的白鼠,重遇电击的场所就会逃避,该场所对白鼠而言,即为负诱因。见诱因(incentive)。

negative instance 否定例证 见肯定例证(positive instance)。

negative law of effect 负效果律 美国心理学家桑代克学习理论中的术语。指个体在尝试错误学习情境中,如反应后非但得不到酬赏,反而带来痛苦,以后再遇到类似情境时,个体即学到不反应。与本词相对者为效果律(law of effect)。见该条。

N

negative-negative conflict = **avoidance-avoidance conflict** 双避冲突

negative Oedipus complex = **inverted Oedipus complex** 转换型恋亲情结

negative phase = **negative stage** 反抗期

negative practice 反练习 指为矫正某种不良习惯或错误动作而做的练习。在从事反练习时,个人不断提醒自己,他此时所做的事是错误的。

negative punishment 负效惩罚 当惩罚性刺激在违规行为未停止前先行停止,则以后同样情境下违规行为重现的可能性反而更见增加。这表示惩罚产生了负效果,故称负效惩罚。与本词相对者为正效惩罚(positive punishment)。见该条。

negative recency effect 时近负效应 在猜测或预测某事件发生的可能性时,在此之前刚发生过的事件常被猜测者排除的心理现象,称为时近负效应。这是一种赌徒谬误心理。一颗骰子连掷三次都是六点向上时,对第四次结果的预估就不相信再是六点向上;同理,如连续掷六次六点都没有向上过,对第七次下注时即倾向预估六点会向上。与本词相对者为时近正效应(positive recency effect)。见该条。见赌徒谬误(gambler's fallacy)。

negative reference group 负参照团体 指参照团体之对个人态度观念产生反面影响者。个人不但不向该参照团体认同,反而以该团体的规范作为警惕的因素。与本词相对者为正参照团体(positive reference group)。见该条。

negative reinforcement 负强化,负强化作用 **1.**任何一种刺激(包括人、事、物、情境),恰在个体表现出某种痛苦反应之当时或反应之后消失,但对该反应却产生强化作用者,称为负强化。在负强化过程中,随个体反应而消失的(引起痛苦的)刺激,称为负强化物(negative reinforcer)。见该条。例如,对关在笼中之白鼠施以电击,如痛苦挣扎中的白鼠偶然以前趾触及开关,使电击之痛苦刺激消失,于是,白鼠前趾触及电开关之反应将因而强化。在此例中,电击是负强化物,如此安排以强化白鼠某特定反应的历程,称为负强化。与本词相对者为正强化(positive reinforcement)。见该条。注意两名词之差异虽以正负来区别,然所指者均系对个体反应产生强化作用。 **2.**负强化一词常与惩罚相混。负强化与惩罚比较,两者相异之处是,前者是借以强化适切行为使之重复出现,而后者则是借以阻止不适当行为的再度发生。假如惩罚之前先说明是非,让受惩罚者了解改过向善的方向与做法,而后惩罚才有积极的意义;只要向善行为出现(反应),惩罚(引起痛苦的刺激)即行停止。这样的惩罚才具有负强化的作用。

negative reinforcer 负强化物 **1.**任何一种刺激(包括人、事、物、情境),当个体表现出某种反应之后(或同时)消失,而且对该反应产生了强化作用者,称为负强化物。负强化物都是使个体厌恶或痛苦的刺激,它的消失使个体感到痛苦减除。此处所谓"强化作用",系指以后同样情境再出现时,个体再出现该反应的概率将增加。与本词相对者为正强化物(positive reinforcer),见该条。注意两名词之差异虽以正负来区分,然所指者均系对个体反应产生强化作用。 **2.** 本词虽与惩罚(punishment)有关,但并不完全同义。见负强化(negative reinforcement)条第二义。

negative response 消极反应 指个体的反应不朝向刺激,而表现离开刺激方向的退缩反应。

negative retroaction = **retroactive inhibition** 倒摄抑制

negative reward 负奖赏 凡是导致个体厌恶或痛苦的刺激情境,或是某种刺激的出现会导致个体已有之反应强度减弱时,该等刺激即称为负奖赏。注意本词与另一词负强化(negative reinforcement)不同。见该条。

negative rule 否定法则 属概念识别法则(concept identification rules)之一。见该条。

negative skewness 负偏态 指次数分布曲线之峰顶偏于右方,而平均数小于中数与众数的情形。见偏态分布(skewness of distribution)。

negative stage 反抗期 指青春期开始前的一段时期。此时期因生理变化导致身心失衡,在情绪上表现不稳定,在态度上表现孤独、冷漠,常幻想,喜做白日梦,对人疏离,对团体规范或家庭学校的要求,表现出抗拒的倾向。唯反抗期未必是普遍现象。见狂飙期(storm-and-stress period)。

negative-state-relief hypothesis 消极心境解脱假说 对消极心境者助人行为的一种理论性解释。谓心境消极者之所以帮助别人,乃是借助人后得到的回馈(如感谢)冲淡自己的消极心境。

negative suggestion 消极暗示 借用语言或目光手势给予对方不要表现某种动作的暗示,称为消极暗示。

negative time error 负时间误差 见时间误差(time error)。

negative transfer 负迁移 见学习迁移(transfer of learning)。

negative transference负移情 见移情(transference)条第二义。

negative valence 负引拒值,负诱发力 凡刺激中对个体具有排拒特征而引起个体逃避行为者,即表示该刺激或目的物具有负引拒值。见引拒值(valence)。

negativism 抗拒,违拗症 **1.**抗拒指对别人的意见或劝告采取不合作态度。抗拒态度一般分为两类:一类是消极抵抗(passive negativism),对别人的意见或劝告一概以不理不睬的态度应付之。另一类是积极抗拒(positive negativism),在行为上表现出恰与该建议或劝告相反的行为。儿童在2～4岁多半会出现抗拒反应,这表示他尝试寻求独立。**2.**违拗症属精神分裂症的症状之一,患者表现出拒绝治疗的态度。

Neisser, Ulric(1928～2012) 尼塞 尼塞是20世纪在德国出生的美国心理学家,也是因其开创性著作而被誉为认知心理学之父的心理学家。

尼塞1928年出生于德国北部的基尔,3岁随父母移民美国,初进哈佛大学时主修物理学,后因受当时该校年轻教授米勒影响,改学心理学。1950年毕业后,改进斯瓦兹姆尔学院,师从完形心理学创始人之一柯勒教授研究,取得硕士学位

后,再回哈佛大学,1956年取得心理学博士学位。此后曾在布兰底斯、康奈尔、亚特兰大、乔治亚、宾西法尼云及艾姆利等大学任教。尼塞自始即志在研究认知心理学,但待其进入心理学界之后,却感到行为主义无所不在的压力:主修心理学的学生毫无选择地学习刺激—反应心理学的原则,心理学研究者不得不整天埋首在实验室与白鼠为伍。尼塞回忆当时行为主义者之疯狂,原因是当时心理学界的一切资源全被他们所垄断,研习心理学的人没有选择的机会。因此他为自己的情况感到庆幸,因为他刚离开学校即在布兰底斯大学心理系主任马斯洛领导下担任教职。虽然马斯洛的思想并未影响尼塞转入人本心理学,但其跳脱行为主义传统而另创人本心理学的精神,却给予尼塞很大的启示与鼓励。尼塞在心理学上的贡献,主要在于以下两方面:

1.适当时间出版了适当的专著 以信息处理论为基础的认知心理学思想兴起以后,虽然原则上众皆同意的行为主义所持机械而被动式的学习理论,不足以解释人类主动获取知识的内在复杂心理历程,然而直到20世纪60年代中期,心理学界对人类如何主动吸收知识一事,仍然缺少完整而又有系统的专著。尼塞在1967年出版的《认知心理学》,正好就承担了这份历史任务。因此有人推崇尼塞,说他是“在最适当的时间做了一件最适当的事”。尼塞的书之所以受到特别重视,原因有二:其一是他为此新兴学科命名,在他的书出版之前,认知、认知学习及认知主义等名词虽早已有之,但认知心理学一词,却是从尼塞的专著出版之后才开始的。尼塞被人称为认知心理学之父,原因在此。其二是他在其专著中对认知心理学这个学科所下的定义,一直为大家所认同并采用。该定义是:认知心理学是对感官接受刺激(信息)而输入后,如何经由转换、减约化及精致化等心理运作,从而获得知识、储存知识及使用知识等内在历程的科学研究。尼塞所下的定义为现代

N

认知心理学家所广泛采用，故而有人称他的书不啻为认知心理学界的“圣经”。

2.提出对认知研究脱离现实的批评　尼塞是现代认知心理学的催生者，可是在他为此新兴学科命名之后，认知心理学的发展却使这位元老人物感到失望。于是，尼塞在其1976年出版的《认知与现实》一书中，对认知心理学研究愈来愈狭窄化的趋势，提出了批评。他认为认知心理学思想兴起之初，之所以反对行为主义，主要是因为行为主义学习理论不能解释人类知识来源问题。然认知心理学兴起后不久，却将研究取向局限在实验室内只从事一些与实际生活无关的琐碎心理现象之研究。尼塞提出警告称，如认知心理学的发展不能面对现实，承担人类有效获取知识问题的研究，将难免陷入行为主义的覆辙。

尼塞的主要专著有：*Cognitive psychology*（1967）；*Cognition and reality*（1976）；*Memory observed：Remembering in nature context*（1982）；*The school achievement of minority children*（1986）；*Remembering reconsidered：Ecological and intellectual factors in categorization*（1988）；*The perceived self：Ecological and interpersonal sources of self-knowledge*（1993）；*The remembering self：Constructional accuracy in the self-narrative*（1994）等。

N

neo-analysis **新分析论** 义同新弗洛伊德主义（neo-Freudian）。见该条。

neoassociationism **新联想主义** 指异于行为主义所持的刺激反应联想的观念，而主张个体行为乃是内在心理活动或抽象观念之间联想的结果。显然，新联想主义是认知心理学的看法。唯此种看法并非新创，17世纪流行于英国的联想主义（associationism）早就提出观念联想之说。见该条。

neo-behaviorism **新行为主义** 指20世纪30年代由原来华生创始的行为主义演变出来的一派修正行为主义心理学思想。新行为主义不像华生行为主义那样，并非由一人为中心的系统心理学思想，而各家心理学思想的主张，也不一致。概括言之，新行为主义心理学家的主张有三点特征：（1）除了沿用华生行为主义的经典条件作用解释行为是刺激—反应联结的历程之外，增加了操作条件作用；（2）接纳认知心理学家对其只重视外显行为而无从了解个体内在历程的批评，增加了中介变项的观念，用以解释刺激—反应之间联结时所产生的内在作用；（3）受社会心理学思想的影响，扩大机械而被动式的条件作用学习历程的观念，采用观察学习观念，解释在社会情境之下，个体也可能主动地从事社会学习。新行为主义的主要代表人物有托尔曼（Tolman, Edward Chase）、赫尔（Hull, Clark Leonard）、斯金纳（Skinner, Burrhus Frederick）、班杜拉（Bandura, Albert）及罗特（Rotter, Julian）等。见各家传记条。

neo-cortex **新皮质** 指大脑皮质新演化的部分，包括额叶、顶叶、枕叶及颞叶。见大脑皮质（cerebral cortex）。

neo-Freudian **新弗洛伊德主义** 指20世纪30年代以后，由德国移居美国的多位心理学家所提倡的心理学思想。新弗洛伊德主义并非全然排斥弗洛伊德的思想，也非单一心理学思想体系，而是因同时受到其他心理学派思想冲击与时代潮流的影响，在对人性解释及心理治疗理论与方法等各方面，将弗洛伊德原来的精神分析做了相当的修正与改变。概括言之，新弗洛伊德主义心理学思想有以下两个特点：（1）在基本上新弗洛伊德主义接受弗洛伊德思想中行为决定于心理动力（内在动机）的观念，并同意采精神分析取向治疗精神疾病；（2）在对人性解释与心理治疗运作上，新弗洛伊德主义者多不同意弗洛伊德所强调的本能论、泛性论以及童年经验决定一生的理念，而认为个体因受社会文化及人际关系的影响，故而认为童年后的人格仍会因各种因素而改变。新弗洛伊德主义自20世纪30年代以来，在人格理论、心理治疗及发展心理学等方面发生了相当大的影响力，但弗洛伊德的正统精神分析思想并未因而式微，直到20世纪结束时，弗洛伊德的大名仍然被誉为20世纪影响人类文化100位名人之首。后浪未将前浪推倒，这是心理学史上仅有的现象。新弗洛伊德主义的代表人物主要有霍妮（Horney, Karen）、沙利文（Sullivan, Harry Stack）、弗罗姆（Fromm, Erich）及埃里克森（Erikson, Erik Homburger）等。见各家传记条。

neo-Freudism＝neo-Freudian **新弗洛伊德主义**

neo-Geneva school **新日内瓦学派** 义同新皮亚杰主义（neo-Piagetian）。见该条。

neonatal abstinence syndrome **新生儿禁戒症候群** 指孕妇服用禁药海洛因者，产后婴儿的综合症状。新生儿禁戒症候群的主要症状是：激动、大声啼哭、战栗、贪食、身体过重，此种婴儿与日后成为过动儿症候群（hyperactive child syndrome）有密切关系。见该条。

neonatal period **新生儿期** 指从出生到满一个月的婴儿期。

neonate **新生儿** 指从出生到满一个月的婴儿。

Neonate Behavioral Assessment Scale **新生儿行为量表** 义同布雷泽顿新生儿行为量表

(Brazelton Behavioral Assessment Scale for Neonate)。见该条。

neonatus＝neonate 新生儿

neophobia 惧新奇症 属恐惧症之一。患者对新奇的事务或食物感到恐惧，非但不愿接受，而且感到遭受威胁。患新奇恐惧症的人只能在传统保守中生活，变迁社会中新潮的冲击将会增加他的痛苦。见恐惧症(phobia)。

neo-Piagetian 新皮亚杰主义 指20世纪90年代以后，在美国兴起的，以皮亚杰的认知发展阶段论为基础，经重新验证后提出修正的认知发展心理学主张。新皮亚杰主义并非单一理论体系，而且各家意见也不尽相同，唯其相似之处是他们采较严谨的方法，选较具代表性的样本，重新验证皮亚杰的研究。总括他们的意见，大致可归纳为以下两点：(1)他们认为皮亚杰的认知发展理论，低估了儿童的思维能力，而高估了青少年的思维能力。他们观察发现，出生满6个月婴儿即具有物体永存概念(皮亚杰则认为要到8个月之后)，而有些11岁以上青少年甚至成年人，在思维能力上犹未达到形式运思期的程度。(2)他们认为从生命全程发展的观点看，皮亚杰的四阶段理论，不能涵盖人类认知发展的全部历程。他们研究发现，成年人在日常生活中遇到缺乏固定答案的问题时(如求职、择婚、投资等)，其思维过程并非经过形式逻辑的历程去寻求唯一的正确答案，而是改采辩证思维(dialectical thinking)的历程，从问题的正反两面去分析，权衡利害得失之后，选出较好的答案。因此他们主张，在形式运思期之后增加第五个阶段，并以后形式思维(postformal thinking)作为第五阶段成年人思维的特征。见该等条。

neo-Piagetian school 新皮亚杰学派 义同新皮亚杰主义(neo-Piagetian)。见该条。

neo-Piagetian theory 新皮亚杰理论 义同新皮亚杰主义(neo-Piagetian)。见该条。

neopsychoanalysis 新精神分析 义同新弗洛伊德主义(neo-Freudian)。见该条。

neopsychoanalytic school 新精神分析学派 义同新弗洛伊德主义(neo-Freudian)。见该条。

nerve cell 神经细胞 义同神经元(neuron)。见该条及附图。

nerve-energy doctrine 神经能量论 义同特殊神经能量论(doctrine of specific nerve energies)。见该条。

nerve fiber 神经纤维 见神经元(neuron)。

nerve impulse 神经冲动 由外界刺激引起而沿神经系统传导的电位活动。见神经元(neuron)条及附图。

nerve pathway 神经通路 指经神经系统传导神经冲动的通路。

nervous anorexia＝anorexia nervosa 神经性厌食症

nervous breakdown 精神崩溃 指突然遭受精神打击而形成的严重精神失常状态。

nervous hunger 神经性饥饿 指纯属心理性的饥饿现象，纵使生理上毫无需要，个体却一直想吃东西。对此现象的解释，精神分析论者认为是口唇期(oral stage)发展不顺利的滞留结果。见该条。

nervousness 神经质 泛指紧张不安的情绪状态。

nervous system 神经系统 神经系统是由无数神经细胞形成的神经组织的总名称，在整个神经系统内，因部位与功能的不同又分两大系统(见附图)，一为中枢神经系统(central nervous system)，另一为周围神经系统(peripheral nervous system)。前者分脑(brain)与脊髓(spinal cord)两部分(中间的灰白色部分)，后者分自主神经系统(autonomic nervous system)(中间深色粗线部分)与躯体神经系统(somatic nervous system)(四周浅色细线部分)两部分。见该等条。

nested design 分隔实验设计 见层次实验设计(hierarchical experimental design)。

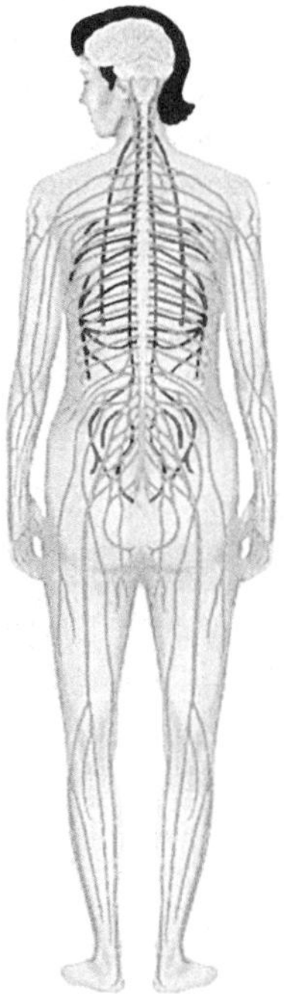

神经系统

net correlation = **partial correlation** 净相关，偏相关

network model 网络模型 见层次网络模型(hierarchical network model)。

network therapy 网络治疗法 心理治疗方法之一。网络治疗法的特征是，治疗对象除患者本人外，也包括他的家属亲人以及他的同事等，目的在使他获得社会支持。

neural arc 神经弧 见反射弧(reflex arc)。

neural pathway = **nerve pathway** 神经通路

neurasthenia 神经衰弱 泛指身心虚弱的现象。神经衰弱的主要症状为身心疲惫、注意力不能集中、记忆力减退、头昏目眩、全身酸软、四肢无力、消化不良、睡眠障碍、心跳、气促、怕冷、畏光等。此症的形成与身体的劳累并无直接关系，主要系由于长期精神压力下产生的忧郁所致。

neurobiological approach 神经生理取向 指心理学研究的取向之一。此研究取向，是借由生理学上的知识、理论与方法，研究神经系统(特别是脑功能)与行为的关系。

neurocognitive psychology 神经认知心理学 由认知心理学衍生出来的一个新兴学科。神经认知心理学研究的目的，旨在探讨大脑神经结构与认知功能的关系。见认知神经心理学(cognitive neuropsychology)。

neuroglia 神经胶 神经胶是中枢神经系统中填充在繁多神经元或神经纤维间的一种组织，系由四种神经胶细胞及细胞间质所组成，常被视为中枢神经系统中的结缔组织。神经胶细胞因种类之不同，分别具有支持神经元、维持各部脑组织形状、协助神经元自血液中摄取或转送养分、吞噬侵入的细菌或异物、形成神经纤维之髓鞘等功能。人体自出生后，神经胶细胞的数目不断增加，这也是脑组织重量增加的原因之一。

neurohormone 神经激素 指由神经细胞分泌的激素。如下丘脑的一些神经细胞，分泌抗利尿激素和一些能控制垂体腺内各种促激素的生成和释放的激素。

neurolinguistics 神经语言学 是一门新兴的研究语言的学科。神经语言学的目的在探究人类语言行为与脑神经功能的关系。

neurological correlation 神经学相关 对个体心理与行为的假设性解释，谓个体的任何心理运作或行为活动，在生理上均有其相对应的神经活动。

neuron 神经元 神经元亦称神经细胞(nerve cell)，是构成神经组织的基本单位。神经元主要构造包括细胞体(cell body)、树突与轴突三部分(见附图)。树突(dendrite)是从细胞体周围发出来的许多分支，多而短，呈树枝状。轴突(axon)是从细胞体延伸出来的一根较长的分支。从细胞体发出来的这两种分支，通常称为神经纤维(nerve fiber)。细胞体与轴突两者的功能是与其他邻近神经元合作，发挥接受并传导神经冲动的生理作用。神经冲动(nerve impulse)是指由外界刺激引起而沿神经系统传导的电位活动。一切信息的传导，均赖神经冲动的电位活动得以达成。轴突的周围包以髓鞘。髓鞘(myelin sheath)像电线的外皮，具有绝缘作用，以防止神经冲动向周围扩散消失。轴突的末端有分支状的小突起称为终纽(terminal button)。终纽的功能是与邻近其他神经元相接触，将神经冲动迅速传至另一神经元。神经元的神经纤维长短不一，其长短视与邻近其他神经元的距离而

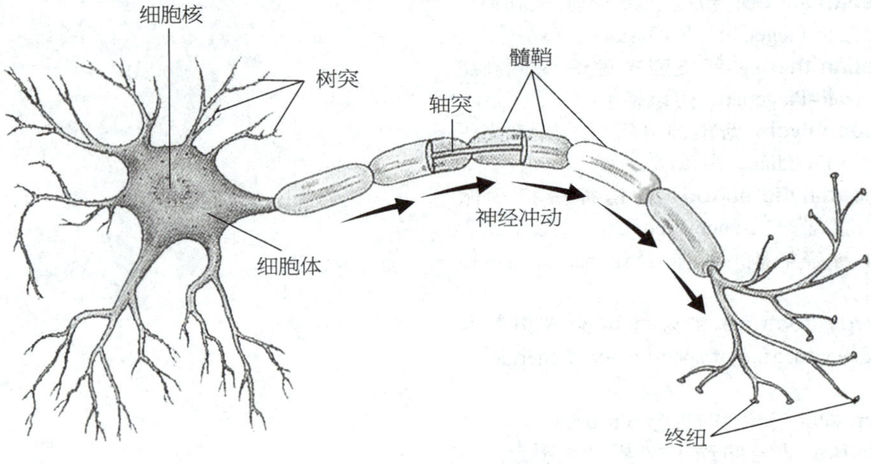

神经元

N

定。脑中的神经元密集，故其神经纤维甚短（短至几千分之一厘米）；下肢部位的神经元稀疏，其纤维之长度可能超过30厘米以上。神经元按性质不同而分为三类：（1）感觉神经元（sensory neuron），其功能是将感受器受到刺激后所引起的神经冲动，传入中枢神经系统。感受器（receptor）指各种感觉器官（包括视觉、听觉、温觉、体觉等）接受刺激的神经细胞。（2）运动神经元（motor neuron），其功能是将中枢神经系统发出的神经冲动传出至效应器。效应器（effector）是运动神经细胞，其功能是激动而产生反应活动，此反应活动借由肌肉收缩与腺体分泌而表现之。（3）中间神经元（interneuron），是介于感觉神经元与运动神经元之间的神经细胞，其功能是在传导神经冲动。中间神经元只存在于脑与脊髓中，又称联结神经元（connect neuron）。见突触传递（synaptic transmission）条及附图。

neuropsychology 神经心理学 属科学心理学的门类之一。神经心理学是以神经生理学的理论与方法为基础，其研究目的旨在了解神经系统与行为变化的关系。概括言之，神经心理学义同生理心理学（physiological psychology），唯后者出现较早且含义较广。见该条。

neurosis 神经症，神经官能症 **1.**指比较轻微的心理疾病，其症状为焦虑、忧郁、情绪紧张、经常惶悚不安。此等心理困扰现象，显示个人生活适应上已有了相当的困难。神经症患者并不似精神病患者那样幻想脱离现实，他们仍在现实中与困难周旋，他们仍能保持正常工作，与人交往，只是情绪困扰较常人为多而已。神经症有很多类型，见以下相关各条。**2.**本词虽称神经症，但事实上并没有生理上神经系统的病因。神经症纯属心理疾病，故而也称精神性神经症（psychoneurosis）。

neurotic anxiety 神经质焦虑 根据精神分析，焦虑分为两类：一类是实因性焦虑（objective anxiety），是由外在现实环境中危险的事物所引起。此类焦虑是有对象的，在性质上它与恐惧相似。另一类是神经质焦虑，是由于个体内在的本我与自我或超我的冲突所引起。第一类焦虑，个人能觉察原因；第二类焦虑因系潜意识作用所致，个人只觉有困扰，而不明其原委。见潜意识冲突（unconscious conflict）。

neurotic character 神经质性格 **1.**广义言之，本词指行为具有神经症倾向的人。**2.**狭义言之，本词在奥地利精神病学家阿德勒理论中指过分掩饰自卑感，而在行为上表现极度不安的人。见神经症（neurosis）。

neurotic compliance 神经质屈从 见依从性格（compliant character）。

neurotic defense 神经质防卫 根据精神分析，一切防卫机制在性质上均可大致分为两大类：一类是带有较为积极效用者，如升华与补偿等均属之；一类是带有消极效用，甚至因而导致益发不良适应者，如压抑与退化等均属之。神经质防卫所指者，即后一类带有消极效用的防卫机制。见防卫机制（defense mechanism）。

neurotic disorder ＝ neurosis 神经症，神经官能症

neurotic fiction 神经质想象 奥地利精神病学家阿德勒理论中的术语。神经质想象的特点是，个人将根本不可能追求的事当作了自己生活的目标。因想象与现实距离太远，永远没有成功的机会，结果是生活中只有失望，没有希望。

neuroticism 神经质 **1.**义同神经症（neurosis）。见该条。**2.**属大五人格特质（big five personality traits）之一。见该条。

neuroticism dimension 神经质维度 属艾森克人格类型论（personality-type theory）中的人格两大维度之一。见该条及附图。

neurotic need 神经质需求 美国新弗洛伊德主义精神病学家霍妮理论中的术语。霍妮在她的基本焦虑论中，列出了10种神经质需求。该等需求都是神经症患者为免于基本焦虑的痛苦而表现的不良适应。在所列的10种神经质需求中，情感的需求是其中最主要的。此种需求多表现在人际关系上，有的过分勉强别人接受自己的感情，有的过分苛求别人对自己施予感情。见基本焦虑论（basic anxiety theory）。

neurotic paradox 神经症矛盾，神经性怪异 指强迫症患者经常表现的一些无法自制的怪异行为。以强迫洗手为例，当事人虽在意识上自知是坏习惯，深以为苦，但就是无法控制自己，只要有机会就一洗再洗，甚至洗到皮破血流的地步。见强迫症（obsessive-compulsive disorder）。

neurotic personality 神经质人格 美国新弗洛伊德主义精神病学家霍妮人格理论中的术语。神经质人格指的是一种对己无信心、对人多怀疑、对环境充满忧虑不安的反常性格。按霍妮的解释，神经质性格的形成，乃是因基本焦虑持久存在不能化解所致。具有神经质人格的人，在与人互动时可能表现出三种不同的行为倾向：（1）依赖倾向，个性缺乏独立，强烈需求别人关爱，依赖别人的情感支持，在意识上是与人亲近，而在潜意识上却是自私自利；（2）攻击倾向，不信任人，对人心怀

敌意，强行压抑自己对别人的需求，而代之以对人之欺凌或虐待；(3)疏离倾向，对人心怀疑虑，避免与人接近，以保自身安全。见基本焦虑论（basic anxiety theory）。

neurotic resignation **神经型退避** 见退避（resignation）。

neurotic solution **神经质解脱** 根据美国新弗洛伊德主义精神病学家霍妮的理论，神经质解脱是指个人试图将心理冲突的痛苦排除于意识之外的一种逃避性解脱。神经质解脱事实上并不能真正解决心理冲突的问题，只能借由逃避现实以减消因冲突引致的紧张焦虑。按霍妮的看法，神经质解脱有三种：(1)主解脱（major solution）；(2)全解脱（comprehensive solution）；(3)副解脱（auxiliary solution）。见该等条。

neurotoxin **神经中毒** 指药物效应破坏神经细胞的情形。

neurotransmitter **神经传导素** 指一种神经元轴突末梢所分泌的化学物质。当神经冲动传导到轴突末梢时，终纽即释放出化学物质至突触中，并穿越突触而到达突触后神经元细胞膜或效应器，以引发突触后神经元的神经冲动或效应器的反应。具有这种功能的化学物质称为神经传导物质。例如交感神经元末梢分泌的正肾上腺素、副交感神经元末梢分泌的乙酰胆碱，或有些神经元末梢分泌的多巴胺等。

N

neurovegetative system **植物性神经系统** 自主神经系统（autonomic nervous system）的旧名称。见该条。

neutral color **中性颜色** 指在由黑到白维度上的一切颜色。

neutral stimulus **中性刺激** 在条件作用的实验中，选为条件刺激的刺激，称为中性刺激。其所以称为“中性”者，是因为在条件作用形成之前，该刺激不会引起条件反应。换言之，只是对条件反应而言，该刺激是中性的。在经典条件作用实验中，铃声就是中性刺激，因为铃声在形成条件作用之前不会引起唾液分泌。

new-behaviorism = **neo-behaviorism** **新行为主义**

newborn = **neonate** **新生儿**

new-father blues **初为人父沮丧** 义同父职沮丧（father blues）。见该条。

newness fear = **neophobia** **惧新奇症**

N factor = **number factor** **数字运算因素**

nicotine **尼古丁** 指香烟中含有的危害神经的化学物质。

nictophobia = **achluophobia** **惧黑暗症，惧夜晚症**

Nietzsche, Friedrich Wilhelm（1844～1900）**尼采** 尼采是19世纪德国哲学心理学家，是浪漫主义哲学心理学思想代表之一，也是现代人本主义心理学的先驱。

尼采1844年10月15日出身于德国萨克森省卢岭附近的一个牧师家庭，父亲早逝，由母亲抚育成人。由于母亲过分沉溺于宗教，以致影响尼采后来形成反宗教性格。10岁进诺姆堡文法学校，14岁获奖学金进普夫达中学，20岁进波昂大学，次年改进莱比锡大学，1869年获莱比锡大学古典哲学博士学位。尚未读完博士，即担任瑞士巴塞尔大学古典哲学讲座教授，时年仅24岁。1869～1879年，尼采一直在巴塞尔大学任教，后因健康关系放弃教职移居瑞士和意大利山区休养。尼采的重要著作大多是此山居期间完成的。1900年8月25日病逝于德国韦玛，享年56岁。尼采的哲学心理学思想对以后心理学思想发展的影响，主要为以下两方面：

1.反传统哲学思想　尼采的哲学理念中充满了反传统倾向：他反对传统道德，反对宗教教义，反对17世纪以来哲学思想主流的经验主义和理性主义。他认为，经验主义和理性主义所解释者都只是人性的片面（主要解释知识来源），不是人性的整体。人性的整体是生命，是生存，不是什么先天理性等。尼采认为，要想看到真正的人，就必得拉下理性的假面具；而且要真正认识人，不能只看他的意识层面，更重要的是要看他的潜意识或无意识层面。基于此义，可以看出尼采的哲学心理学思想，与法国卢梭的浪漫主义思想接近，同样都是以全人为讨论主题。

2.强调人性的特质在权力意志　尼采认为人性的性质并不是理性的。人性的性质是求生本能，由本能所促动行为的动机，就是权力意志。所谓权力意志（will to power），是指人类具有本能性的求生求胜的内在驱力，此种驱力可视为欲望，也可视为意志。由此种驱力所展现出来的行为，虽有时带有理性，但基本上是本能性的冲动。虽然一般公认，20世纪初精神分析创始人弗洛伊德是首创本我、自我、超我人格结构理念的人，但考其渊源，弗洛伊德的此种理念，显然与尼采的思想有关。尼采在1886年出版的《善恶的彼岸》和1887年出版的《道德的系谱》两书中，即阐释了如下的理念："如果外在环境许可，任凭个人的权力意志自由表达，他的人性特质和天赋潜能就会得以充分发挥。当一个人的个性充分发展到达顶峰而且超越群伦时，就成为理想的超人。"在1895年出版的《反基督》一书中，尼采曾经指出："在我看来，人性的特质就是构成意志本能的成长。如人性本能获得成长，则人性特质才得以显现；如本能成长受阻，人性即遭埋没。"基于此理念，尼采提出两点主张：(1)在教育上宜尽量鼓励儿童自由表达他本能性的驱力，即使是攻击破坏性的本能性冲动，也不应予以抑制；抑制的后果，必将伤害儿童权力意志的发展。(2)在社会上应相信达尔文进化论生存竞争优胜劣败的法则，极力鼓吹德国人应做世界强者。两次世界大战前德国的优越感，可能与尼采的超人思想有关。此外，尼采的思想对阿德勒的自卑与超越，对人本主义心理学思想中所强调的自我实现，都产生了先导性的影响。

尼采著作丰富，出版专著中译为英文者有：*Beyond good and evil* (1886); *On the genealogy of morals* (1887); *The antichrist* (1931); *The birth of tragedy and the genealogy of morals* (1956)等。

night blindness = nyctalopia **夜盲**

night-eating syndrome **夜食症候群** 指患有失眠症者养成夜食习惯，结果又因多食而导致肥胖症的不良适应现象。患夜食症者在整个人口中，女性多于男性。

night hospital **夜间医院** 指只在夜间收容精神病患的医院。夜间医院的设施只适合于轻度精神病患，其目的在使患者不会与社会隔离。

nightmare **梦魇，噩梦** 指充满恐惧事物的梦境。梦魇惊醒后，常是满身冷汗，而且久久不能入眠。对梦魇的解释，尚无定论，有的心理学家认为是生活中恐怖经验的残留，而弗洛伊德则将之解释为睡眠时潜意识中性冲动或攻击冲动的浮现。

night phobia = achluophobia **惧黑暗症**

night terror **夜惊** 指被噩梦惊醒余悸犹存的情形。儿童期较多夜惊。

night vision **夜视觉** 义同暗视觉（scotopic vision）。见该条。

nihilism = delusion of negation **否定妄想**

nihilist delusion **虚无妄想** 属妄想之一。患者感觉自己已不存在，或感觉自己身体的一部分已经消失。甚至觉得他周围的世界（如他的家人朋友）都不存在。见妄想（delusion）。

nine-connected circles **九连环** 中国式益智玩具之一。如附图所示，九个相连的金属圆环，由一金属剑柄贯穿，求解的目的是逐环卸下，最后使九环全部与剑柄脱离。解答时左手执剑柄，右手操作。解答程序颇为烦琐，要经过341步才达到目的。相传九连环系三国时诸葛亮，因常年出征在外，特为爱妻黄夫人排解寂寞而设计的。九连环已为世界数学家公认是极具创意的科学设计。据传莫斯科大学举办的数学比赛大会中，就曾以九连环为题。经过数学家多年研究，总结出解答九连环的公式为：当环数n是偶数时，需要$(2^{n+1}-2)/3$次移动才达到目的；当环数n是奇数时，需要$(2^{n+1}-1)/3$次移动才达到目的。按此公式计算，n=9时，移动次数是341。

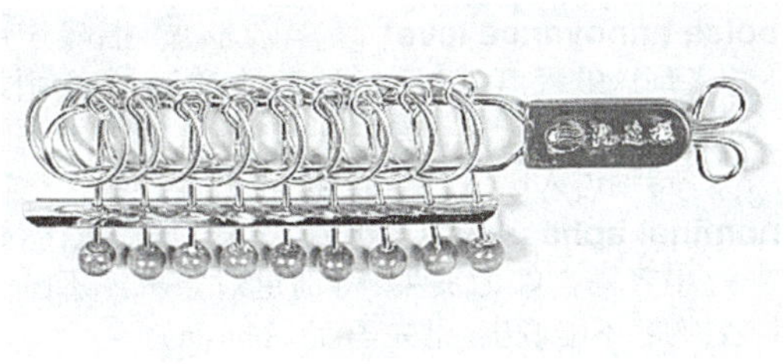

九连环

nine dot problem **九点连线问题** 问题索解实验用的题目之一。如附图所示，有九个点排成的一个方阵。受试者的任务是，从左上角第一点开始起，画一条四折直线，贯串所有九个点。唯条件的限制有二：其一，笔不离纸；其二，直线只准四折。此一问题能否解决的关键，端在受试者能否在知觉上突破九个点所围成的正方形架构。

问题

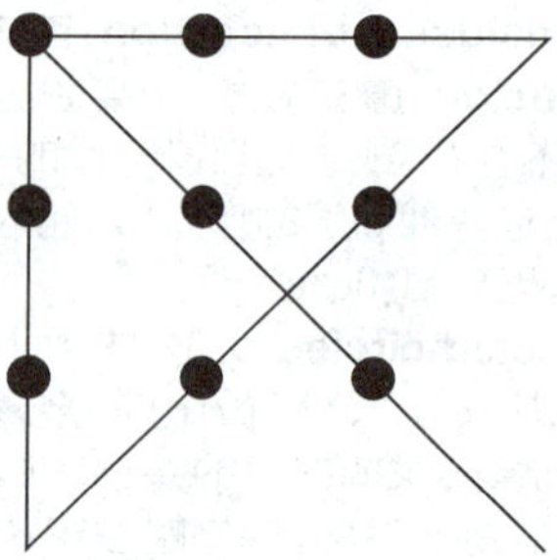

答案
九点连线问题

n-Int = **need for intimacy** 亲和需求

nm = **nanometer** 毫微米

noctambulation = **somnambulism** 梦游

noctiphobia = **achluophobia** 惧黑暗症

nocturnal emission 梦遗 指男性睡眠时的遗精现象。梦遗多半发生在梦中，故名。

noise 噪声 **1.**指无韵律不悦耳的声音。**2.**指带有干扰性且影响人不能专心工作的声音。

noise annoyance level 噪声烦恼度 指噪声引起人烦恼的程度。一般言之，噪声愈强，愈会引人烦恼。唯噪声烦恼带有主观选择性，例如电钻的声音特别讨人厌恶。见噪声（noise）。

N

nominal aphasia 忘名型失语症 属失语症之一。患者语言能力丧失，特别是对原本熟悉的人名、物名不能说出。见失语症（aphasia）。

nominal leader 名义领袖 指社会团体中挂名的领袖。名义领袖徒具虚名，在实质上团体成员的行为并不受其领导。

nominal realism 名称现实主义 瑞士心理学家皮亚杰认知发展理论中的术语。谓幼儿对物之名称，只采现实的和具体的方式，而不采成人们惯用的概念性名词的方式。例如，幼儿对狗的认识，只就面前的一只狗去认识它，而不将之视为狗类代表。换言之，幼儿尚缺"狗"的抽象概念。

nominal scale 名称量表 属测量量表之一类。此类量表形式简单，只需将研究对象或数据，按某种区分特征的标准分类，然后分别给予一个名称，即可完成测量工作。名称量表只有类别与数字，而无据以比较高低的分数，是量表中最简单的一种。名称量表也称类别量表（classificatory scale）。见测量量表（measurement scale）。

nominal variable 名称变项 指赋予人、事、物等以名称或编号，并以之作为研究变项者，称为名称变项。例如，球员们每人赋予一个背号，不同教派的教徒各属于不同的宗教名称，教学实验时有各种名称的教学法等，均属名称变项。见名称量表（nominal scale）。

nominating technique 提名法 义同社会测量（sociometry）。见该条。

nomological validity 法则效度 属构念效度（construct validity）之一。指测验之效度系根据某种心理法则或学理，逐渐验证而建立的。见该条。

nomothetic = **nomothetic approach** 一般规律研究取向，一般规律研究法

nomothetic approach 一般规律研究取向，一般规律研究法 指心理学研究时所采的一种取向，此种研究取向的特点是，即使研究对象是以少数个体为样本，但研究目的仍旨在探求一般规律。

nonanalytic conceptualizing style 囫囵吞枣型 属认知风格之一。囫囵吞枣型指个体应付环境时所表现的一种习惯性的性格特征。属于这一类型的人，遇到问题时只顾到表面的现象，对问题的性质不作深入分析研究。读书不求甚解，囫囵吞枣而已。这种人善于听命行事，成规即使再不合理，仍然甘心墨守。与本词相对者为分析考虑型（analytic conceptualizing style）。见该条。另见认知风格（cognitive styles）。

nonconscious 无意识 属意识不同状态之一。指个体对环境中的事物无所知，无所感，称为无意识状态。例如，个体对身体内部变化（如心跳），就是无意识的。本词可为形容词，也可为名词。本词与潜意识（unconscious）不同。见该条。见意识状态（conscious state）。

noncontingent reinforcement 非后效强化，非随因强化 指某种行为被强化，并无前在原因，纵使当事者归因于以前的原因，那也只是巧合而已。例如，有人伤风头痛，吃了神棍给他的香灰后居然痊愈。吃香灰（前因）与痊愈（后果）两者间并无因果关系，可能只是身体自然复原的一种巧合，但很可能被当事人视为是香灰确能治病，因而强化了以后有病就求助神棍的行为。巧合强化只是心理作用，是不合于学习心理学中强化原则的。然而对迷信者的行为，确有很大的支配作用。见偶然强化（adventitious reinforcement）。

noncontinuity theory = **discontinuity theory** 不连续论

non-Darwinian evolution 非达尔文式演化 指生物演化过程中的突变现象。

nondeclarative memory 非陈述性记忆 **1.**指非意识的或不能陈述的记忆。例如，当某种刺激出现时，并不自觉对之喜爱抑或厌恶，但却不知不觉地学到而留下的记忆。另如有些动作在某情境下自

动表现，也不知道是如何学习的(如手势)。**2.**义同程序性记忆(procedural memory)。见该条。

nondeterminism = indeterminism **非决定论**

nondirectional alternative hypothesis **无向对立假设** 见对立假设(alternative hypothesis)。

nondirectional test of hypothesis **无向假设验证** 采用虚无假设以验证统计结果是否达到显著水平时，如对虚无假设之拒绝不偏于任何一方向者，称为无向假设验证。例如，虚无假设A=B，无论验证结果是A>B或A<B，均可否定原来的假设。与本词相对者为有向假设验证(directional test of hypothesis)。另见虚无假设(null hypothesis)、统计假设(statistical hypothesis)。

nondirective approach **非指导取向** 指美国人本心理学家罗杰斯所倡导的非指导性咨商(nondirective counseling)所采的取向。见该条。

nondirective counseling **非指导性咨商** 指美国人本心理学家罗杰斯在1942年所创始的心理治疗方法。非指导性咨商乃是基于一种假设：每个人原本具有解决自己困难的能力，其之所以遭遇困难而不能自助者，主要是由于情绪所困，陷入当局者迷的情境所致。因此，案主如能在咨商人员的角色协助下，澄清观念，认识自己问题关键所在，他自会解决一切困难。罗杰斯当时特别强调“非指导”的原因，主要是不满意传统的精神分析治疗法中所采用的指导方式。唯自1951年以后，罗杰斯将非指导性咨商的名称改变，称之为案主中心治疗法(client-centered therapy)，到1974年又改称当事人中心治疗法(person-centered therapy)。因此，本词是个旧名称，在一般新的书籍文献中已不多见，现在普遍采用的是1951年以后的两个新名称。见该等条。与本词相对者为指导性咨商(directive counseling)。见该条。指导与非指导，只是程度上的差异，严格言之，任何咨商或多或少带有指导的性质。见咨商(counseling)。

nondirective group psychotherapy **非指导性团体心理治疗法** 义同非指导性团体治疗法(nondirective group therapy)。见该条。

nondirective group therapy **非指导性团体治疗法** 属心理治疗方法之一。此方法的特点是，将美国人本心理学家罗杰斯所倡的案主中心治疗法(client-centered therapy)的原理与方法，用于团体治疗的情境中，让团体成员们自行互动，从而达到自我教育，自行解决问题的目的。见该条。

nondirective interview **无导向访谈** 指访问时不限于只询问事先准备好的问题。在回答问题时，也尊重受访者的意见，让他随意提问。

nondirective play therapy **非指导性游戏治疗法** 属游戏治疗法(play therapy)方式之一。唯所偏重者在于不给予儿童任何指导，让他在游戏中自行发抒情绪，自行解决问题。见该条。

nondirective psychoanalysis **非指导精神分析** 指精神病学家保罗(I. H. Paul)所倡导使用的一种新式的精神分析治疗方式。这一新治疗方式的特点是：原则上遵循弗洛伊德的精神分析的传统，但在实施时则采用人本心理学家罗杰斯所倡导的案主中心治疗(client-centered therapy)的过程，让受辅者在毫无拘束的情境之下，尽量抒发自己的情绪。见该条。

nondirective psychotherapy **非指导性心理治疗法** 义同案主中心治疗法(client-centered therapy)。见该条。

nondirective therapy **非指导性治疗法** **1.** 广义言之，泛指心理治疗过程中，心理师只处于接纳与支持者的地位，而不以专家指导者的身份去矫治或纠正案主的错误的一切方法。**2.**狭义言之，义同非指导性咨商(nondirective counseling)。见该条。

nonexperimental approach **非实验取向** 义同非实验法(nonexperimental method)。见该条。

nonexperimental method **非实验法** 指不以实验室严密控制(系统操纵自变项)的方式搜集研究数据的一切方法。准此，举凡自然观察法、测验法以及问卷调查法等，均属非实验法。

nonfluent aphasia **迟滞型失语症** 属失语症之一。此种失语症的特点是说话迟滞，用口语表意极为困难。按此种失语症与布罗卡区(Broca's area)功能丧失有关，故而也称布罗卡失语症(Broca's aphasia)。见该等条。见失语症(aphasia)。

nonintellectual factors of individual difference **非智力因素个别差异** 指属于智力因素(以智力测验为标准)之外，而与学校教育效果有关的其他因素。换言之，即使是与智力因素关系最密切的学业成就，足以影响学生学业成就者，除了学生的智力因素之外，另外还有些属于非智力的其他因素。一般心理学家们公认，如采用学生的智商当作预测其学业成就的指标，预测效度只能达到0.50左右；用学生智商作为指标预测其未来职业成就，其预测效度只能达到0.20左右。因此，要想在教育上真正达成因材施教的理想，就必须考虑影响学校教育效果的非智力因素。非智力因素所指者，主要是属于个人性别、性格、动机、兴趣、经验、认知风格(cognitive styles)等方面的因素。见该条。与本词相对者为智力因素个别差异(intellectual factors of individual difference)。见该条。

nonlanguage test = nonverbal test 非文字测验

nonlegitimate authority 非法定权力 指非经由合法程序取得的权力。例如警察对嫌犯施刑或教师对学生体罚等，均属非法定权力。

nonlinear correlation 非直线相关 义同曲线相关（curvilinear correlation）。见该条。

nonlinear regression 非直线回归 指当X变项和它所要预测的Y变项之间并非直线关系的情形。亦即：X变项的数值增加，其所预测的Y变项的数值可能增加，也可能减少或不变的情形。与本词相对者为直线回归（linear regression）。见该条。

nonlinear transformation 非直线转换 非直线转换是把一组并非常态分布的原始分数，转换成常态分布的过程。原始分数的分布若是正偏态（分数较多集中在低分），经过转换后，原始分数的较低部分，分数间的间隔会拉长。若原始分数的分布是负偏态（分数较多集中在高分），经过转换后，原始分数较高的部分，分数间的间隔会拉长。换言之，经过非直线转换之后，也改变了分数间的相互关系。与本词相对者为直线转换（linear transformation）。见该条。

nonmanipulated variable 非操纵变项 指自变项中不能由研究者随意操纵改变者。例如，性别、年龄、社经水平等自变项，均属非操纵变项。研究者只能变换受试（如采用各种年龄的受试），不能改变同一受试的特征。

N

nonmarital sex 非婚姻性关系 义同婚外性关系（extramarital sex）。见该条。

nonorganic deafness 非器质性聋 义同心因性聋（psychogenic deafness）。见该条。

nonparametric statistical test 非参数统计检验 非参数统计检验是无须特别考虑样本所来自的总体须符合哪些条件，不须考虑总体分布是否常态的问题，只需直接根据样本资料作显著性检验的统计方法。此种方法特别适用于名称变项（nominal variable）、序级变项（ordinal variable）及小样本的资料。见该等条。然而，因非参数统计有时不能善用数据，难免有无法处理交互作用（interaction）的缺点。见该条。

nonparametric statistics 非参数统计 指不受总体分布假设所限制的一种统计分析方法。亦即不采取样本推估总体的统计方法。非参数统计法特别适用于名称变项（nominal variable）、序级变项（ordinal variable）和小样本的资料。见该等条。与本词相对者为参数统计（parametric statistics）。见该条。

nonparticipant observation 非参与观察 属观察研究的一种方式。指研究者不参与被观察者的活动，纯以旁观者的身份，观察研究对象的活动，从而获取研究资料。参观学校的教学活动，即属非参与观察。此种观察方式，难免干扰被观察者的行为而影响资料的真实性，因此乃有单向视幕（one-way screen）的设计。见该条。

nonprobability sampling 非概率抽样 指不按随机抽样原则的抽样方法。诸如配额抽样、立意抽样、判断抽样等，均属非概率抽样。见抽样理论（sampling theory）。

nonrandom error 非随机误差 属测量误差的一种，主要是指系统误差。此种误差主要由于测量工具、仪器和测量条件所引起，使测量结果有系统地偏向一方（偏高或偏低）。例如，如果将适用小学高年级的智力测验误用于测量中年级学生，则所测得结果势必显示小学中年级儿童智力普遍偏低。像此类误差即为非随机误差。

nonrapid eye movement sleep（NREM sleep） 非快速眼动睡眠 指睡眠中眼皮不跳动的时期。据研究发现，这段睡眠期间内极少做梦。见快速眼动（rapid eye movement）。

nonreductionism 非还原论 在心理学思想上反对还原论（reductionism）的一种主张。见该条。

non-REM sleep = nonrapid eye movement sleep 非快速眼动睡眠

non-replacement sampling = sampling without replacement 不回置抽样

nonsense syllable 无意义音节 在语文的学习实验中，研究者经常使用几个字母拼成的无意义之音节，作为受试者学习的材料，例如NOP，VIK等均属之。使用无意义音节作为学习材料的目的，旨在消除文字的经验，希望在一种全新的经验中观察学习进步的情形。采用无意义音节作为记忆与学习问题的实验材料，最早始自德国心理学家艾宾浩斯（Ebbinghaus, Hermann）在1879年的实验设计。见其传记条。

non-significant heterogeneity 无显著差异 义同变异数同构型（homogeneity of variance）。见该条。

nonspecific response 非特定反应 指非由某特定刺激所引起的反应。凡是自发性反应均属非特定反应。

nonspecific transfer 非特定迁移 见特定迁移（specific transfer）。

nonstandardized test 非标准化测验 指未经过标准化程序所编制的测验。非标准化测验一般缺少常模，而且也未建立效度和信度。教师自编的学科测验，即属此类测验。见标准化测验（standardized test）。

nonverbal behavior 非言语行为 指个人在表达意见时不使用口语或文字的一切动作或行为，如手势即是。见非言语沟通（nonverbal communication）。

nonverbal communication 非言语沟通 指意见沟通时不采用语文为中介工具者。如手势、面部表情以及所谓察言观色、眉目传情等均属非语文式沟通。

nonverbal intelligence 非言语智力 指由非文字测验所测定的智力。本词含义并非指“非言语智力”是另一种智力，而是指在文字测验无法使用时（如对幼儿或不识字者），根据非文字测验结果推断的智力高低。

nonverbal intelligence test 非文字智力测验 属智力测验的一种形式。非文字智力测验的特征是，测验题目不用文字陈述，测验的作答也不用文字。非文字智力测验中的题目多属图形、工具、模型之类可以操作的具体实物，所以此类测验也称作业测验（performance test）。

nonverbal test 非文字测验 属心理测验的一类形式。测验题不以文字形式表达，受试者不用文字作答者，称为非文字测验。非文字测验的说明，由主试者口头叙述，测验中的题目多属图形、实物、工具、模型之类的辨认或操作。故而也称作业测验（performance test）。

nonverbal therapy 非言语治疗 属心理治疗的一类方法。此类治疗法的共同特征是，治疗时不采用传统的对谈方式，而是改以动作技能或身体活动来替代语言表达，借以达到疏解情绪郁结，恢复心身健康的目的。属于此类的治疗方法有很多种，诸如艺术治疗法、生理回馈法、瑜伽术以及太极拳等，都属非言语治疗的范畴。

non-zero-sum game 非零和游戏 见非零和论（non-zero-sum theory）。

non-zero-sum theory 非零和论 指在对抗竞争时，其后果未必是零或和的结局。见零和论（zero-sum theory）。

noradrenaline 正肾上腺素，新肾上腺素 正肾上腺素是一种神经传导物质，主要由脑部或交感神经系统之节后神经元轴突末梢所分泌。其功能为多方面的：可刺激小动脉造成管壁的肌肉收缩，因而使血压升高；在心理方面，正肾上腺素可维持精神的清醒状态，并且职司快速眼动睡眠之控制。正肾上腺素是由一种氨基酸经化学变化转变而成的单胺化合物，其化学构造和肾上腺素（adrenaline）非常相近。见该条。

norepinephrine = **noradrenaline** 正肾上腺素，新肾上腺素

norm 常模，规范 **1.**在统计学上，常模指用以代表一个团体量数的数字，该数字常被用来作为与个别量数比较的根据。准此，在次数分布上，所有的集中数量如平均数、中数、众数等，均可视为常模。**2.**在心理测验上，常模是标准化测验的必备条件之一。常模在测验上的概念，狭义言之，标准化样本的平均数即为该测验的常模。广义言之，根据该测验所得的次数样本分布中，除平均数外，平均数上下的标准差，也在常模的范围之内。**3.**在社会心理学上，本词与社会规范（social norm）同义，指在某一社会或某一团体中，一般人用做评判行为或价值观念的标准。见次数分布（frequency distribution）、标准化测验（standardized test）。

normal age 正常年龄 **1.**指一般儿童入学的年龄，如6周岁即为入学的正常年龄。**2.**指小学某年级的平均年龄，如10岁就是小学四年级的正常年龄。

normal autism 常态我向思维 指幼儿2至3岁期间自我中心倾向的思维方式。见我向期（autistic phase）。

normal behavior 常态行为 泛指符合社会标准的行为。参见变态（abnormality）。

normal curve 常态曲线 义同常态分布曲线（normal distribution curve）。见该条及附图。

normal curve method 常态曲线法 指按常态分布原理评定学生成绩的一种方法。如学生人数众多而且在成绩表现上呈现常态分布趋势时，即可按不同比率评定学生的等级。较常采用的常态曲线法是将全部学生成绩分为五级：得A者占7%，得B者占24%，得C者占38%，得D者占24%，得F（不及格）者占7%。见常态分布（normal distribution）。

normal development 正常发展 指个体身心两方面发展程度恰与其年龄增长适当配合的情形。例如，6个月左右婴儿会起坐，18个月左右的幼儿会说话，13岁左右进入青春期，均属正常发展。

normal distribution 常态分布，正态分布 常态分布是一种理论上的概率分布。常态分布的范围包括从无限小到无限大的连续性所有量数。真正的常态分布是无法观察的，只能从设定的总体中连续多次随机抽样，并分析统计多次抽样结果而做成次数分布曲线图，始可看出常态分布的大概情形。以设定全国10岁儿童测得的智商IQ当总体

为例，如每次随机抽样1000人为样本，连续抽100次，每次分析统计样本儿童智力的次数分布。最后再将这100次统计结果做成一个次数分配时，即可看出此一次数分布将呈现出三个特征：（1）儿童IQ高低分布的情形，大致成为一个常态形式，即IQ极高者与IQ极低者均占少数，多数IQ分数集中在总人数IQ平均数的左右；（2）从100个样本构成的儿童IQ分数的次数分布整体来看，平均数以下的人数（智力低于平均数者），与平均数以上的人数，大致相等；（3）如将IQ分数从低到高排列当作X轴，将每个IQ点出现的次数当作Y轴，就可以绘成一条像钟形的曲线，此曲线即为常态分布曲线（normal distribution curve）。见该条及附图。

normal distribution curve **常态分布曲线，正态分布曲线** 指根据随机抽样原则，从设定总体中多次抽样，然后根据测量个体某种特征所得分数，按照由小到大顺序做成次数分布，最后绘制成的钟形曲线，即为常态分布曲线。由于绘制的常态分布曲线所根据的只是有限的样本数据，不是总体的全部数据，所以只能算是概约性和代表性的常态分布曲线。附图所示者，是以人类智力IQ的分布为设定总体所绘制的一条理论性的常态分布曲线。由此常态分布曲线，可以看出五点特征：（1）整条曲线像一个两边对称的钟形，曲线两端并不与底线相交，而是无限地延伸，左边延伸到无限小，右边延伸到无限大。因此，真正的常态分布曲线是不存在的。（2）曲线底下第一条横线用标准差来表示智力的高低，中点为平均数，标准差为0，平均数上下分别有正负三个标准差。（3）曲线底下另条横线与上面横线相对应，用离差智商来表示智力的高低，0个标准差代表IQ 100，1个正标准差代表IQ 115，余类推。（4）曲线之下的总面积视为100%，在智力分布中，智力居于平均数上下两个标准差之间的人数占68.26%，亦即IQ在85～115之间的人数占68.26%。同理，人群中IQ居于130以上者只占2.27%。现在一般将IQ 130以上儿童视为资赋优异者，就是根据此常态分布曲线的理念。（5）由于曲线下的面积与IQ的高低是相互对应的，所以只要知道儿童的IQ分数，即可推算出他在群体中的相对位置。例如，某儿童IQ是115（平均数以上一个标准差），即可推知他的智力高于群体中84.13%的人。见离差智商（deviation IQ）。常态分布曲线最早由德国数学家高斯（C. F. Gauss, 1777～1855）所绘制，故而又称高斯曲线（Gaussian curve）。

N

normal frequency curve **常态次数曲线** 义同常态分布曲线（normal distribution curve）。见该条。

normality **正常，常态** 指不具异常现象的心理健康状态。心理健康者在心理上有以下六点共同特征：（1）了解自己并肯定自己；（2）掌握自己思想与行为；（3）具自我价值感与自尊心；（4）能与人建立亲密关系；（5）有独立谋生意愿与能力；（6）理想追求不脱离现实。

normal population **常态总体** 指作为研究对象的总体在某种特征上表现常态分布趋势者。以全国年满6岁入学的儿童为总体为例，其身高、体重、智力等特征，均将呈现常态分布的趋势。在理论上讲，总体呈常态分布者，从总体中按随机原则抽取的样本，其次数分布也大致是常态分布的。

normal probability **常态概率** 指常态分布曲线（normal distribution curve）下的面积是按百分比分配的。

normal probability curve **常态概率曲线** 义同常态分布曲线（normal distribution curve）。见该条及附图。

normal science **规范科学** 美国科学哲学家库恩

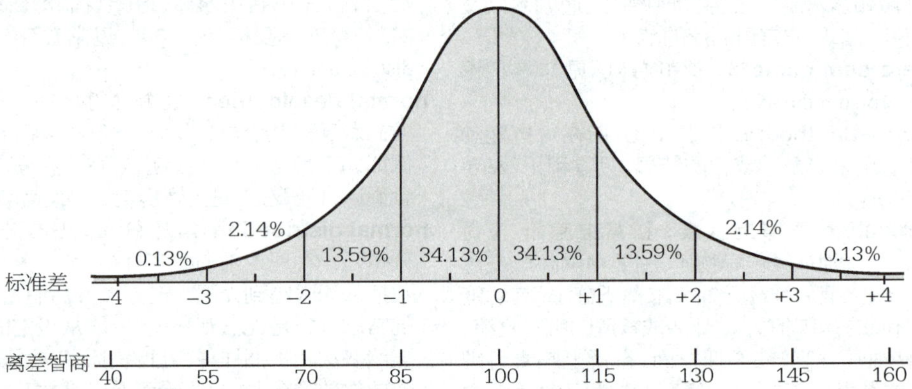

常态分布曲线

1962年提出的观念。指科学思想发展到某一时期，科学家们对某种思想形成共识后而在理论与方法上也趋于一致的科学(如物理学、化学、生物学等)。见库恩(Kuhn, Thomas Samuel)传记条。

normative crisis 常性危机 义同发展危机(developmental crisis)。见该条。

normative influence 规范影响 指社会上众所认可的行为规范，对个人行为的影响。亦即社会规范对个人行为的约束力。

normative-reeducative strategy 常规再教育策略 指社会失序时用以解决问题并导正社会秩序的一种策略。这一策略的理论依据是，人的态度与其价值观念以及行为方式是可以经由再教育的历程改变的。与本词相对者为权力强制策略(power-coercive strategy)。见该条。

normative science 规范科学 指根据传统共识专门研究人类正当(或正确)行为的科学。规范科学通常系指逻辑学、伦理学及审美学而言。逻辑学为思维推理之规范，伦理学为社会行为之规范，审美学为感情生活之规范：三者均为规范人之行为者，故称三者为规范科学。但亦有将伦理学称为规范科学者。

normative score 常模分数 在一般测验实施后，受试者得到的分数有两种意义：其一是实得分数的高低；其二是与别人相比，在常模上他所居处的位置。因此，按第二种意义，测得分数又称常模分数。在教育上最常用的百分等级(percentile rank)，就是常模分数。见该条。

norm group 常态组 指包括无身体疾病、无心理异常、无智能障碍的一群人合成的一个组群。选择常态组的目的是用来与其他非常态的人进行身心各方面反应的比较。

normless suicide = **anomic suicide** 失范型自杀

norm line 常模线 根据连续不同年龄组或年级的资料(如身高、体重、学业成绩或某方面测验结果)，取其各年级的平均值为依变项作为Y值，以连续的年龄为自变项作为X值，如此绘成的曲线，即为常模线。由常模线可以看出个体身心某方面特征随年龄(或年级)而变化的情形。

norm-referenced evaluation 常模参照评量 从学校对教学评量数据处理方式而言，有常模参照评量与标准参照评量之分。所谓常模参照评量，是指以同年级或其他条件相若的一群学生在经测量所得分数为根据，取其平均数为常模，并且以此常模为参照点，从而比较分析学生学习成绩之优劣。由此可见，常模参照评量对学生学习成就的解释，是采用了相对的观点，学生在试卷上得到分数的高低，只能看他在团体中与常模比较后所显示的相对位置，不能凭测得分数的本身而评定其成绩的高低。以全班数学测试结果为例，如王生所得分数为80分，按常模参照评量的解释，不能确定王生的数学成绩属于甲等。因为，评定王生成绩的等第时，要看全班学生分数的分布情形。如全班平均分数是65分，而王生的成绩又居于全班的前10%，王生的成绩自然可列入甲等。但如全班平均分数是78分，而王生的成绩只能居于全班的前40%，王生的成绩就只能列入乙等。因此，在常模参照评量的原则之下，学生学业成就的等级标准是不能事先预定的，只能在考试之后看全班学生考试得分的分布情形而定。国内中小学教学上按考试得分排列名次的做法，不能视为常模参照评量。唯在升学考试决定录取标准时，则是采用了常模参照评量的相对分数观念。常模参照评量的缺点是，只能确定学生之间名次的高低，而不能了解学生学习困难之所在。为补救此缺点，乃有标准参照评量(criterion-referenced evaluation)。见该条。

norm-referenced grading 常模参照记分法 属于教学上的一种学生成绩记分方式。所谓常模参照，系指以参与考试全体学生的成绩分配作为整体考虑，先订定一个模式，而后将全班学生成绩按高低排列，然后再以预定模式决定学生等级。例如，教师可预先订定如下的模式：全班的最前15%为甲上，其次的25%为甲，再次的40%为乙，以下的15%为丙，最低的5%为丁。并规定丙等学生可补考，丁等学生为不及格。如此，学生的成绩评定并非按其实际分数为根据，而是按全班学生成绩分配的相对高低为标准，不管学生的实得分数有多少，最后5%的学生永远是不及格的。此种记分方式，显然以常态分布的概念为理论基础；用之于个别差异大的大班级尚可，用之于个别差异不大的小型班级，则有困难。与本词相对者为标准参照记分法(criterion-referenced grading)。见该条。

norm-referenced score 常模参照分数 指采用常模参照记分法(norm-referenced grading)时学生实得的分数。见该条。因为常模参照记分法是以等级来区别成绩高低，而等级的高低则以全班学生分数的分配为基础。

norm-referenced scoring = **norm-referenced grading** 常模参照记分法

norm-referenced test (NRT) 常模参照测验 常模参照测验并非指测定何种行为特质的测验，而是一种对测验结果解释的方式。凡是采用此方式来解释者，均称为常模参照测验。采用常模参照测验解释测验结果时，主要是根据个人在团体中相对的位置。例如，某生在数学测验上得66分，经与百分位数常模对照，如发现该生得到的百分等级是80，80这个数字表示该生胜过其他80%的学生。此类测验适于区分学生成绩水平之用，但缺少学习困难诊断的效用。为补救此缺点，乃有标准参照测验（criterion-referenced test）。见该条。

norm-referenced testing 常模参照测验法 参见常模参照测验（norm-referenced test）。

norm table 常模表 指对照解释测验所得原始分数的分数表。因为只有原始分数，并不能确切了解受测者在团体中的相对地位，必须经过换算手续才会知道。常模表内所列者即各种原始分数换算而成的常模分数，两者对照，一查便知。

nosophobia 患病恐惧症 属恐惧症之一。患者对疾病过分敏感，时时担心自己会罹患疾病，因而处处设防，在日常生活的细枝末节上过分注意。结果使自己惶悚终日，心神永远不得安宁。见恐惧症（phobia）。

nostalgia 怀乡症 指离开家庭后对新环境适应困难，时时思念家乡以致影响生活功能的心理现象。

notional word 概念词 义同语义词（content word）。见该条。

N

NREM sleep = nonrapid eye movement sleep 非快速眼动睡眠

NRT = norm-referenced test 常模参照测验

NSSE = National Society for the Study of Education 美国全国教育研究会

nuclear complex 核心情结 指个体自幼在人格结构中留存下来的内在心理冲突。精神分析论者有时称为根本冲突（root conflict）、核心问题（nuclear problem）或核心冲突（nuclear conflict）。弗洛伊德理论中的恋母情结与阿德勒理论中的自卑情结，都是指个体人格结构中的核心情结而言。

nuclear conflict 核心冲突 **1.**根据弗洛伊德的理论，本词指个体自幼形成人格结构中的核心情结（nuclear complex）。见该条。 **2.**根据美国心理学家埃里克森的心理社会期发展论，本词义同发展危机（developmental crisis）。见该条。

nuclear family 核心家庭 指只包括父母与未成年子女的家庭，即俗称之小家庭。

nuclear problem 核心问题 指个体自幼形成人格结构中的核心情结（nuclear complex）。见该条。

nuclear schizophrenia 核心型精神分裂症 义同进行性精神分裂症（process schizophrenia）。见该条。

nude-group therapy 裸程团体治疗法 属心理治疗方法之一。此种治疗法，在原则上采学习团体的方式进行，唯参与者均裸裎相见。此种治疗法的目的是，对缺乏健全身体意象者，或是对异性身体怀有错误观念者，让他有机会在自然的、不带有性色彩的人际交往的情境中去学习适应。换言之，本治疗法试图以揭开人体神秘外衣的做法，减少对身体的过度敏感，从而培养个人的适应能力。见训练团体（training group）。

nuisance variable = extraneous variable 外扰变项，无关变项

null form 虚假型 指研究假设的一种类型。虚无假设（null hypothesis）即属此类型。见该条。

null hypothesis 虚无假设，无差异假设 指按事实推论相反方向所陈述的假设。例如，成年人平均身高男性高于女性，这是按事实推论陈述的假设。如按虚无假设的陈述方式，则可陈述为：成年人平均身高男女间没有差异（或零差异）。立下虚无假设，然后进行实际研究，搜集具有代表性一般男女多人身高资料，再经统计检验方法，证实男女平均身高不相等，而且男性高于女性，从而推翻虚无假设，获得符合事实的结论。因为虚无假设都是采用统计检验的方式做反面证明，故而它是统计假设（statistical hypothesis）之一。见该条。与本词相对者为对立假设（alternative hypothesis）。见该条。

null result 无效结果 指实验研究之后没有发现任何有意义的结果。

number（N） 人数，次数 指在抽样研究时样本内所包括的个体数，或在统计分配时所处理的分组量数或总量数。

number blindness 数盲 属失语症（aphasia）之一。患者丧失数字计算的能力。见该条。

number-completion test 填数测验 属于一种简单的智力测验。此种测验的题目为填充数字系列中缺少的部分。例如，2,4,6,8,____,12，就是一种数系；2,4,8,16,____,64，也是一种数系。受试者的工作是按数系中前后关系推理，将空处缺少的数字填写出来。

numerical span 数字广度 指仅看过或听过一次的数字数据，看过或听过后所能立即记忆的数字位数。见认知广度（cognitive span）。

numerical value 数值 义同绝对值（absolute value）。见该条。

nurture 教养 狭义言之，指家庭或学校的教育性设施，对个人身心发展所产生的综合影响。广义

言之，指后天环境中影响个体身心发展的所有因素之总和。

NVGA = National Vocational Guidance Association 美国全国职业辅导学会

nyctalopia 夜盲 指在夜间或暗处不能视物的视觉障碍。

nyctophobia = achluophobia 惧黑暗症，惧夜晚症

nymphomania 慕男狂，女性色情狂 指女子性欲特强的性变态现象。与本词相对者为性冷感（frigidity）。见该条。

O

O = organism 有机体，个体

OBE = out-of-body experience 体外经验

obedience 服从 按别人意见或命令行事，或按照规则行事，均称为服从。本词与另词依从(compliance)相似，但语气稍有不同：依从一词含有较多自愿与忍让的成分，是柔性的服从；而本词则偏在对规章律法不得不服从者。

obesity 肥胖，肥胖症 指体重超过标准而影响健康的现象。在一般医学检查上，个人体重超过应有体重20%以上者算是肥胖，超过30%以上者即可视为肥胖症。如身高为170厘米之男性的理想体重为65千克左右，若接近或超过85千克时，即可视为肥胖症。单就男性而言，体重超过20%者的死亡率，较之体重正常者超出25%，可见肥胖是祸根，不是福气。见身体质量指数(body mass index)。对肥胖成因的解释，有很多理论，其中有两种理论已被大众认同：**1.**遗传因素：持此论点解释肥胖症的学者，根据两种证据：(1)亲子间的血缘关系，体重正常父母所生子女，成年后肥胖者有10%；父母中一人肥胖时，其子女成年后肥胖者有40%；父母两人皆肥胖时，其子女成年后肥胖者有70%。(2)与遗传有关的脂肪细胞的数量与体积，正常人体内的脂肪细胞数约在三千万到四千万之间，肥胖症患者脂肪细胞一般超过此数的25%～33%，除肥胖症患者脂肪细胞较多之外，脂肪细胞的体积也较正常人为大。脂肪细胞体积大，细胞内包括更多卡路里，体内卡路里积多，自然肥胖。**2.**心理因素：肥胖的心理因素分为两方面：(1)个人生活习惯，喜欢美食且不节制而又缺乏运动者容易肥胖。(2)借吃食物消除烦恼的后果，此种现象也出现在育儿方面，婴儿啼哭时母亲不管婴儿是否饥饿，常是拿奶瓶向婴儿口中一塞了事。此种做法，不但使婴儿吃下过多营养，而且婴儿可能由之学到痛苦时用吃食物来解除。肥胖症只是笼统的名称，事实上按成因不同而有多种肥胖症，按医学的类别有：饮食型肥胖症(dietary obesity)、体质型肥胖症(endogenous obesity)、生活型肥胖症(exogenousobesity)、遗传型肥胖症(geneticobesity)、病态肥胖症(morbid obesity)，以及卵巢型肥胖症(ovarian obesity)等。见该等条。

object assembly test 物体聚合测验 属非文字智力测验之一。受试者按自己构想，把零乱的物体聚合在一起，构成一个有意义的整体，并按预订标准定分以评其智力的高低。

object assimilation 客体同化 指对客观存在物体之知觉改变的现象。同一客观物体(如茶杯)，经长久观察之后，其形状与功用常随观察者的心境而改变，看起来不再像最初看到的形状。像此种客体未变而主观改变的事例，在日常生活中在所多见。对此心理现象的解释，瑞士心理学家荣格认为系因个人心理需求所致，而完形心理学家则认为属于相似原则：同类事物内大同小异的特征中，经过多次观察之后，小异部分逐渐消失，大同部分仍然保留，最后趋于以一种典型而概括地代表了全体。见同化(assimilation)。

object blindness 物盲 属于一种视觉的心理异常现象，指即使个人看到面前物体的存在，但不能辨识物体的性质。所谓"视而不见""见而不识"的情形，即属物盲现象。

object cathexis 对象投注 根据精神分析论的解释，对象投注是个体情感投注的方式之一。个体将带有性色彩的欲力，投注于不带有性色彩的对象上，从而获得满足。其所投注的对象，可能是人，也可能是事物。见精神投注(cathexis)。

object choice 对象选择 按精神分析论，对象选择指个体本能性的欲力向外投注时所做的选择。见对象投注(object cathexis)。

object concept 物体概念 义同物体永存(object permanence)。见该条。

object constancy 物体常性 属知觉常性现象之一。指我们对熟知物体的知觉，不因其所处环境的不同而有所改变。例如，一个常用的茶杯无论被置于远处、近处、明亮处、阴暗处，所得知觉大致相同；其形状、颜色、大小、重量等特征，在知觉上大致保持原形。见知觉常性(perceptual constancy)。

object fantasy play **物体幻想游戏** 儿童将物体当作玩具时,常将物体作为幻想的对象,把物体当作人或动物,并与之谈话、游戏。这是幼儿期心理发展的正常现象。

objective anxiety **实因性焦虑** 指个体的焦虑反应是由现实情境中实在原因所引起。原因可为已发生的事故(如亲人亡故),也可为行将发生的事故(如考试前夕)。与本词相对者为神经质焦虑(neurotic anxiety)。见该条。

objective examination **客观考试** 义同客观测验(objective test)。

objective expected value **客观预期价值** 见预期值(expected value)。

objective judgement **客观判断** **1.**指单凭客观事实对是非对错所做的判断。**2.**义同客观道德判断(objective moral judgement)。见该条。

objective moral judgement **客观道德判断** 瑞士发展心理学家皮亚杰在1948年出版的《儿童道德发展》一书中,提出的儿童道德判断特征之一。皮亚杰观察发现,七八岁以前年龄的儿童,对行为对错作判断时,完全以客观存在的行为规范与行为后果为根据。符合行为规范者,就是对的;违犯行为规范者,就是错的。而且对错误行为的看法,也纯以错误行为后果的轻重为根据予以判断,不考虑当事人的动机因素。例如,打破三个杯子和打破一个杯子相比,不考虑任何理由,不考虑他们是有意或无意,前者的过失一定较后者为重。与本词相对者为主观道德判断(subjective moral judgement)。见该条。

objective orientation **客观取向** 义同客观道德判断(objective moral judgement)。见该条。

objective personality test **客观人格测验** 泛指经过标准化程序编制的人格测验。本词所指"客观",仅限于测验的编制与测验结果的记分两方面。与本词相对者为投射测验(projective test)。见该条。见标准化(standardization)。

objective psychology **客观心理学** 属心理学研究题材的一种观点。持此观点者强调,心理学的研究只能限于直接观察测量到的客观数据;而且在对个体行为进行解释时,客观心理学家反对采用内省法。因内省法系属受试者主观的陈述,有违客观原则。在当代心理学流派中,早期的行为主义即被视为客观心理学。与本词相对者为主观心理学(subjective psychology)。见该条。

objective psychotherapy **客观心理治疗法** 属心理治疗方法之一。客观心理治疗法系由卡普曼(B. Karpman)所首创,其特点是以书写取代面谈,借以增加沟通的客观性,从而减少因主观情绪表达不当,而破坏治疗者与患者之间关系的情况。客观心理治疗法,多用于住院治疗的中度精神疾病患者,实施时让病人书写自传、写阅读报告、写梦中所见、写生活感受,心理师根据病人书写的内容,给予书面解释。见心理治疗(psychotherapy)。

objective scoring **客观评分** 按照预订客观标准评定测验结果的办法,称客观评分。所谓客观标准,系指固定答案、公式、原则等。如此,同一试卷由不同人员评判时,可得同样的分数;给分不会因人而异,故曰客观。考试或测验中常用的是非题与选择题,即客观评分方式。与本词相对者为主观评分(subjective scoring)。见该条。

objective self-awareness **客观自我省察** 指个人对自己客观反省的心理历程;反省自己的优点和缺点,反省自己现实我和理想我之间的差距。

objective set **客观心向** 指客观事实影响主观经验的心理倾向。例如,在知觉实验时,如连续出现正方形、三角形、圆形三种图形多次之后,偶尔将圆形改换为椭圆,受试者可能忽视事实,仍然反应为圆形。像此种受主观经验影响而忽视现实中客观事实的判断,称为客观心向。然而,从新经验中忽略事实的现象看,事实上是一种主观心向。

objective test **客观测验** 从测验的评分方式来看,有主观测验与客观测验之分。前者评分无预订客观标准,任凭阅卷者主观判断,如作文的评分即属此类;后者评分按预订客观标准,阅卷者不得表示主观意见,凡是采用是非或选择等方式作答的测验均属此类。

O

objective type **客观型** 属人格类型之一。个体在观察或评判周围的人、事、物时,倾向于以客观事实为根据者,称为客观型;反之,其论点倾向于根据个人好恶而给予主观价值判断者,称为主观型(subjective type)。见该条。

objectivism **客观主义,客体主义** 哲学上的一种主张,强调真理与价值的客观性。以道德为例,客观主义者认为,道德真理是客观而普遍存在的。像是"使别人痛苦换取自己快乐的人",在任何时代任何社会里,都公认是不道德的。与本词相对者为主观主义(subjectivism)。见该条。

objectivity **客观性** 指科学家处理研究数据或解释研究结果时,所根据者完全是客观的事实,而不依据个人的好恶或成见。客观性是科学研究的重要条件之一,此外尚有验证性(verification)与系统性(systematization)。见该等条。

object language **对象语言** 指后设语言(metalanguage)所解释的语言。见该条。

object libido 对象欲力 按精神分析论的解释，个体本能中的性冲动（欲力）是有对象的。其对象可能是人，也可能是物。欲力生自本我，欲力外放而有对象后，个体与现实环境接触后，而发展且提升为自我。见本我（id）、自我（ego）和自我欲力（ego libido）。

object love 对象爱 按精神分析论，对象爱指个体对自身之外的人、事、物所投注的爱。见对象欲力（object libido）。

object of instinct 本能对象 个体出生后不经学习，即能对其周围环境中的人、物、情境所表现的固定式反应，称为本能性行为。凡引起个体本能性行为的人、物、情境，即为本能对象。例如，刚孵出的雏鸭即能听从母鸭声音而随之行走，母鸭就是雏鸭的本能对象。

object perception 物知觉 泛指经由感官对环境中属于物体刺激所得的知觉。举凡对物之形状、大小、远近、颜色等特征有所辨识者，都靠物知觉。与本词相对者是人知觉（person perception）。见该条。

object permanence 物体永存 属于一种由知觉而形成的概念。此种概念形成后，即使物体从眼前消失，个体仍然知其存在。物体永存概念不限于视觉，听觉、味觉、触觉等均有之。根据皮亚杰的认知发展理论，物体永存概念是在感觉运动期（初生到两周岁）的婴儿期发展出来的。8个月之前尚不具备此种概念。如将在8～12个月大婴儿面前的玩具遮盖起来，他会推开遮盖物去寻找，这表示他已知道物体仍然是存在的。

O

observational learning 观察学习 美国新行为主义心理学家班杜拉提出的社会学习论中一种学习方式。当事人不直接参与学习活动，只凭对参与学习活动者的行为加以观察，结果也会学习到类似的行为。这是一种社会性的间接学习，或称代替学习。观察学习在教育上特别具有意义，一向强调教师以身作则、言传身教的重要，其中即含有让学生产生观察学习的心理学原理。本词又称模仿（modeling）。见该条。见社会学习（social learning）。

observational method 观察法 属心理学研究的基本方法之一。由研究者直接观察记录个体或群体的活动，从而分析与有关因素之关系的一种方法，称为观察法。在性质上，观察法大致分为控制观察与自然观察两类。前者多用于实验室内，如透过单向视幕观察儿童游戏即属之；后者用于自然情境，如在球场边观察球员们争球的表现即属之。观察法的优点是操作便利，而缺点是只能发现两个（或多个）变项间有连带关系，但无从确定变项间的因果关系。见控制观察（controlled observation）、自然观察（naturalistic observation）。

observational study 观察研究 义同观察法（observational method）。见该条。

observation learning = **observational learning** 观察学习

observation trial 观察练习 在实验正式开始之前，主试者只呈现刺激让受试观察，而不让受试者做出任何反应的练习阶段，称为观察练习。

observer bias 观察员偏差 在从事观察研究时，由于观察人员自身的好恶，以偏向的期待心理面对要观察的情境，因而影响观察结果的正确性。此种情形，称为观察员偏差。

observer drift 观察者失察 指从事观察研究时，观察者本人在稍不留意的情况下造成观察结果失实的现象。

obsessional behavior = **obsessive behavior** 强迫行为

obsessional character 强迫性格 义同强迫性人格（obsessive-compulsive personality）。见该条。

obsessional neurosis = **obsessive-compulsive disorder** 强迫症，强迫性障碍

obsessional type 强迫型 见欲力类型（libidinal type）。

obsessive behavior 强迫行为 指具强迫性人格（obsessive-compulsive personality）或患强迫症（obsessive-compulsive disorder）患者所表现的非自主性行为。见该等条。

obsessive-compulsive disorder（OCD） 强迫症，强迫性障碍 属思想行为表现缺乏自主意识的异常现象。强迫症患者最常带有两种症状：一为强迫观念，患者受某些无法控制的观念所困扰，一些自知不合理且非出于自愿的观念，常盘踞在自己的意识中，无法排除，甚感痛苦。有些人杞人忧天，时常想到疾病的可怕，越想越怕，不愿想却又无法不想，就是强迫观念作祟。另一为强迫行为，有很多不需要也不合理的动作，如口头语等非出自个人自主的行为，时常出现，当事人无法自制。也有些人强迫洗手、强迫偷窃乃至强迫纵火，虽自知不合理或违法，但无法自制，均属强迫行为。

obsessive-compulsive neurosis 强迫性神经症 义同强迫症（obsessive-compulsive disorder）。见该条。

obsessive-compulsive personality 强迫性人格 指个体在性格上经常表现强迫性反应的人。在精神病学上，强迫性人格被视作强迫性人格异

常。所谓强迫性反应，系指强迫观念与强迫行为而言，二者交互作用，使个体在性格上表现固执、怪异，致使社会关系格格不入。按精神分析论的解释，此种性格与肛门期的不良发展有关。有洁癖者不停地洗手，即属强迫行为之一。见强迫症（obsessive-compulsive disorder）。

obsessive-compulsive personality disorder 强迫性人格异常 义同强迫性人格（obsessive-compulsive personality）。见该条。

obsessive-compulsive reaction 强迫性反应 指个体本人不能自制的行为反应。强迫性反应包括强迫观念与强迫行为两种方式。前者重复思考某些观念，虽无必要，但无法停止；后者重复出现某些不能自制的动作。按精神分析论的解释，强迫性反应与焦虑有关。见强迫症（obsessive-compulsive disorder）。

obsessive-compulsive syndrome 强迫症候群，强迫综合征 义同强迫症（obsessive-compulsive disorder）。见该条。

obsessive idea 强迫观念 强迫症的症状之一，患者不能自制的重复思维现象。即使个体自知毫无必要，甚至极不合理，但仍然盘旋心头挥之不去。见强迫症（obsessive-compulsive disorder）。

obsessive thought 强迫思想 义同强迫观念（obsessive idea）。见该条。

obstacle perception 障碍知觉 指盲人不凭视觉即能躲避迎面的障碍物的知觉能力。义同障碍感（obstacle sense）。见该条。

obstacle sense 障碍感 指盲人不靠视觉即可避免迎面障碍物的知觉能力。盲人的障碍感，主要得自两种线索：其一是回声，由其敏锐的听觉以辨别脚步或手杖引发的障碍物折返的回声；其二是面感视觉（facial vision），由面部对气流的感觉以辨别迎面的障碍物。见该条。

obstruction box 障碍箱 采用障碍法（obstruction method）从事动物实验研究时的实验设计。见该条。

obstruction method 障碍法 在动物实验研究时，为了比较研究个体动机的强度，常在个体与目的物或诱因之间，设置某种障碍，由个体通过障碍时忍受挫折的程度及继续通过的次数，从而分析推断个体追求目的物或诱因的动机强度。例如，曾有动物心理学家以食物、异性、幼鼠三者分别作为诱因，以母鼠为受试者，在母鼠与诱因间设电击为障碍物，观察比较母鼠的饥饿、性以及母性三种不同动机的强弱。结果发现母性驱力（maternal drive）最强，因母鼠为了接近幼鼠，在单位时间内忍痛通过电击的次数最多。见该条。

obtained mean 实得平均数 指按实际统计资料实际计算得到的平均数。按此义，算术平均数即为实得平均数。

obtained score 实得分数 指受试者在测验卷上答对题数所得的实际分数。因为此种分数未经换算，故而又称原始分数（raw score）。见该条。

occasional inversion 偶然倒错 义同情境性同性恋（situational homosexuality）。见该条。

occipital lobe 枕叶 为大脑皮质上的四个脑叶之一，位于顶叶之后的部分，枕叶在功能上主司视觉反应，含有视觉区。见大脑皮质（cerebral cortex）条及附图。

occultism 神秘主义 属于一种不以客观事实为根据的信仰。持有此种信仰的人，相信宇宙间有一种超乎自然的力量。此种力量不仅支配宇宙间物质的变化，而且也支配人类的命运。神秘主义影响到心理学，诸如超感知觉与心电感应等所谓的心灵学（parapsychology），均与神秘主义有关。见该条。

occupational adjustment 职业适应 在职业生活中，个人与其所任工作之间适应的状况，称为职业适应。由此界说观之，职业适应包括职业要求、工作环境、薪资待遇以及个人能力、性向、兴趣、期待等多方面因素。如此等因素之间和谐多于冲突，即表示职业适应良好。

occupational analysis 职业分析 在组织心理学上，为了达到人适于事与事适于人的目的，乃有职业分析的研究。职业分析通常包括四个层面：（1）某种工作需要些什么能力，此等能力应如何获得；（2）某种工作的起薪报酬多少，以后加薪的情形如何；（3）某种工作获得机会多少，以后晋升的制度如何；（4）某种工作的物质环境与社会环境如何。职业分析结果，既可供生产机构甄选员工，也可作为对求职者的辅导之用。

occupational counseling = vocational counseling 职业咨商

occupational disease 职业病 指与某些职业或行业有关的疾病。职业病的研究始于16世纪的欧洲，当时医学界发现矿工们因坑道内空气不良而患有相似的疾病。至18世纪工业革命后，职业病的种类得到确认，如炼铜工人易患阴囊癌，制帽工人易患汞中毒，纺织工人易患肺癌等。20世纪制造业革命，唯采用很多带有毒性的原料，致使职业病更为复杂。根据医学研究，接触苯胺的工人易患膀胱癌，接触铬化物与石棉、砷、铁的工人易患肺癌，制造含镭夜光表盘的工人易生骨瘤，经常处理煤炭石油及接触紫外线的工人易患皮肤癌及白血病等。此外,职业压力(occupational stress)所导致的心理疾病,也属职业病。见该条。

occupational family **职业类组** 指性质相近的职业,即通常所说的某种行业。属于同一类组的职业,其所需能力颇为近似。

occupational group **职业团体** 从事同类职业的人所组成的团体,如工会。

occupational hierarchy **职业阶层** **1.**按职业所需能力的不同,将各类职业排为层次,称为职业阶层。**2.**按职业的社会地位的高低,将各类职业排为层次,称为职业阶层。

occupational norm **职业常模** 某种职业活动中,具有代表性工作表现,或是多数人工作成绩的平均值,称为该种职业的常模。以计算机输入中文数据为例,如果一般熟练员工每分钟输入60个字,60个字即可视之为此职业的常模。职业常模可用来作为工作标准,以考核员工的勤惰情形。见常模(norm)。

occupational psychiatry **职业精神病学** 属精神病学的一个分支学科,其研究目的主要是:(1)工作人员在工作环境中的情绪问题;(2)工作人员中表现心理异常者的诊断、治疗以及预防等问题;(3)对工作人员中带有肇事性格(accident-prone personality)者的辅导问题,见该条;(4)对退休员工中情绪不稳定者的辅导问题。

O

occupational stress **职业压力** 在工商业社会中,因职业竞争激烈,成败感的精神负担及工作量的超载,对人产生了极重的职业压力。长期承受压力的结果,难免形成各种职业病。近年来高血压、心脏病、呼吸器官疾病、关节炎、头痛、癌症等病患增加,一般认为与职业压力有关。

occupational therapy **职业治疗法** 辅导生活适应困难者从事有意义的职业活动,从而提升个人的价值感、自信心,并在工作活动中与人互动交往,借以建立个人的社会人际关系。此种生活辅导方式,称为职业治疗法。显然,职业治疗法的主要功能,是经由职业活动,使人的生活变得有目标、有方向,工作所得结果使人感到有成就、有价值。

OCD = **obsessive-compulsive disorder** **强迫症,强迫性障碍**

OCEAN **海洋** 指健康人格所具有的开放、正直、外向、随和以及沉稳五大人格特征。见大五人格特质(big five personality traits)。

oceanic feeling **万能感** 义同思想万能(omnipotence of thought)。见该条。

ochlophobia = **demophobia** **惧拥挤症**

octave illusion **音阶错觉** 属错觉心理现象之一。此错觉心理现象可在实验室中形成。实验时,可采两耳分听方式,先让受试者用一个耳朵听到一个固定音阶的声音,然后再让他用另一个耳朵听到降低(或升高)一个音阶的声音。此时若要受试者报告时,他将会觉得两个相差一个音阶的声音,在两耳间转来转去,而且只有一耳能听到高的声音,另一耳则只能听到低的声音。

ocular dominance = **eye dominance** **单眼优势**

OD = **organizational development** **组织发展**

O.D. = **overdose** **药量过度**

odd-even reliability **奇偶信度** 指采用奇偶法(odd-even technique)考验所建立的信度。见该条。见信度(reliability)。

odd-even technique **奇偶法** 指对测验信度考验时采用的一种方法。对所编测验,如采用折半相关的方法考验信度,须将试题分为两半,然后运用斯皮尔曼—布朗预测公式求取相关系数。试题折半的方式有多种,如按题号的奇数与偶数为标准,即称为奇偶法(将编号奇数与偶数的题目分为两半)。用奇偶法考验出来的测验信度,即称为奇偶信度(odd-even reliability)。见折半信度(split-half reliability)。

oddity method **独特法** 测量儿童概念的一种方法。对受试者提供多种属性不全相同的物体,令其指出其中最独特而又与所有其他不同类属者。如受试者指认合理,即表示他具有清楚的概念。此法使用时,可用语文方式,也可用非语文方式。以非语文方式为例,提供儿童五张图片,分别画有马、牛、鸭、鸡、猴五种动物,要他指出何者独特,不与其他相类。如所指为猴,即可推知他已具有其他四种动物同属一类(家畜)而猴类属独特的概念。

Oedipal complex = **Oedipus complex** **恋母情结**

Oedipal conflict = **Oedipus conflict** **恋亲冲突**

Oedipal phase = **Oedipal stage** **恋母期**

Oedipal situation **恋母情况** 义同恋母情结(Oedipus complex)。见该条。

Oedipal stage **恋母期** 指恋母情结(Oedipus complex)出现的时期(约为3～6岁)。见该条。

Oedipus complex **恋母情结,恋亲情结** 为奥地利精神病学家弗洛伊德精神分析论中的术语。广义言之,本词指个人对父母中之异性者(子对母或女对父)性欲需求压抑的内在历程。此种心理压抑多发生在3～6岁的性器期。在这段时间,男童特别依恋母亲,女童特别依恋父亲,不仅是由于安全与感情需求的满足，而且带有性冲动的倾向。幼童此种性冲动倾向，由于得不到父母的鼓励，因而将之加以压抑，一直留存于潜意识中，故称为恋亲情结。狭义言之，本词仅指男童依恋母亲的情形，故一般译为恋母情结。盖Oedipus为希腊神话中底比斯王子的名字，王子自幼与父母分离，其后在无意中弑其父、妻其母，演变为乱伦的悲剧。弗洛伊德采神话中王子之名以表征母子间的情结。另一词恋父情结（Electra complex）与本词相对，指女童依恋父亲的心理压抑。唯平常一般用法，本词代表恋亲情结之意，即同时含有子恋母与女恋父的双重意义。见恋亲冲突（Oedipus conflict）。

Oedipus conflict 恋亲冲突 按精神分析论，指幼儿在恋亲情结时期，一方面在性冲动上依恋双亲中的异性者（子对母或女对父），另一方面他又学习到必须放弃此种冲动，在行为上向双亲中的同性者（子对父或女对母）去认同。此种矛盾现象，即称为恋亲冲突。恋亲冲突是个体发展中的正常现象。经过这一冲突阶段，男童放弃向母亲依恋，在性格上转向父亲认同；女童放弃向父亲依恋，在性格上转向母亲认同。至此，性别分化始得顺利进行。

oestrus = **estrus cycle** 动情周期

off-the-job training 停职训练 使工作人员暂时离开工作职位，到培训机构或学术机构接受进一步的专门训练，以期能够担任更重要的职位。此制度称为停职训练。停职期间可留职留薪，也可留职停薪。与本词相对者为在职训练（on-the-job training）。见该条。

ogive curve 递加曲线 义同累积曲线（cumulative curve）。见累积次数分布（cumulative frequency distribution）。

old age 老年期 指65岁以上的人。

old-age counseling 老人咨商 指专为老年人设计的一种咨商工作。近年来社会急遽变迁，使老年人在生活适应上难免遭遇以下四种困难：(1)因身体老化影响情绪；(2)因强迫退休影响个人自我价值；(3)知识暴增使老年人自感落伍；(4)家庭结构改变造成老年人老无所终之处境。老人咨商的目的即在帮助老年人一方面学习生活适应，另一方面协助改善生活情况。

old woman/young girl figure 老妇/少女图形 义同少妇或老妪图形（young lady or old woman picture）。见该条及附图。

olfaction 嗅觉 人体鼻腔上部的嗅黏膜受到化学物质的刺激后产生的感觉。当空气通过鼻腔时，空气中的气味分子便刺激嗅黏膜中的嗅细胞，其神经冲动由嗅神经传到大脑而产生嗅觉。一般动物的嗅觉较人类为灵敏，可借以寻觅食物或寻找配偶、逃避敌人等，人类的嗅觉远不如其他许多脊椎动物。嗅觉很容易发生适应的现象，也就是一般所谓的嗅觉疲劳。

olfactophobia 气味恐惧症 属恐惧症之一。患者嗅觉特别敏感，对某些气味不但厌恶，甚至恐惧，每一遇及，即感心神不宁。见恐惧症（phobia）。

olfactory bulb 嗅球 在大脑皮质额叶的下面，筛骨的上面有一对自脑部突出的附属物，状如棒球的球棒，其末端膨大而较圆的部分即为嗅球，连于脑部的较细长部分称为嗅径（olfactory tract）。嗅神经中的轴突终止于嗅球内，并和嗅球内的第二嗅神经元形成突触，第二嗅神经元又称为僧帽细胞（mitral cell），因其形状而得名。僧帽细胞的树突和细胞体皆位于嗅球内，其轴突即构成嗅径，嗅径中的神经纤维可将神经冲动向内传，最后终止于大脑皮质的主要嗅觉区。

olfactory mucosa 嗅黏膜 嗅觉皮膜的表面覆盖黏膜，故嗅觉皮膜又称为嗅黏膜。嗅黏膜中的支持细胞为黏液的分泌细胞。嗅黏膜中的嗅细胞为双极神经元，其树突端转化为嗅觉感受器，多数嗅细胞的轴突则联合成嗅神经。

olfactory nerve 嗅神经 见嗅黏膜（olfactory mucosa）。

olfactory sensation = **olfaction** 嗅觉

olfactory threshold 嗅觉阈限 嗅觉阈限包括嗅觉绝对阈限和嗅觉差别阈限。嗅觉绝对阈限指刚能引起嗅觉的最小刺激量。它是评定人类嗅觉敏度的指标，以能够引起嗅觉的有气味物质的最小浓度来表示。人类的嗅觉虽不如动物敏锐，但空气中稍有异味时，一般人都能觉察。以人造麝香为例，在1升空气中只要有0.000, 04毫克的人造麝香，一般人就可闻出它的气味。嗅觉差别阈限指刚能引起差别嗅觉的两个同类刺激之间的最小差别量。

olfactory tract 嗅径 见嗅球（olfatory bulb）。

ombrophobia 暴风雨恐惧症 属恐惧症之一。患者对暴风雨的自然现象缺乏忍受力，每遇暴风雨即感心神不安，甚至表现毫无理由的恐惧情绪。见恐惧症（phobia）。

omnibus test 多类题测验，多组间差异检验 **1.**指测验编制的一种形式，题本包括多类题目，而每类题目皆分散于全测验中，不以类聚方式出现。类题分散编排的方法又分两种：(1)循环式多类题测验（cycle omnibus test），如有四类题目，先各取其一编为A_1,B_1,C_1,D_1;再各取其一编为A_2,B_2,C_2,D_2;以此类推。(2)螺旋式多类题测验(spiral omnibus test),按题目难度由易到难排列之。**2.**本词译为多组间差异检验时,义同F检验(F test)。见该条。

omnipotence of thought 思想万能 精神分析论创始人弗洛伊德理论中的术语,谓个人以为单凭思想即可使愿望实现。对成年人而言,此种想法自然是不切实际的幻想,但对两三岁的幼儿而言,却是正常现象。由于幼儿之需求常可立即获得满足,养成了随意支配别人的习惯与思想。因此,他可能认为想要什么就会得到什么。成人后如仍然留存此种思想,即属心理不健康的表现。见奇幻期(magic stage)。

one-egg twins = identical twins 同卵孪生子

one-group before-after design 单组前后测设计 实验设计方法之一。此种设计的特点是,只选一组人为受试者,在实验开始之前对受试者某方面心理特征(如态度)加以测量,是为前测。前测之后对受试者予以自变项的实验处理(如态度改变训练),然后再以前测的同样工具对受试者施测,是为后测。最后比较前后两次测量结果,如发现两者之间有显著差异,即可据以解释为实验变项(态度改变训练)使然。单组前后测设计的优点是使用简单,但缺点是对受试者因时间变化而产生的自行改变因素,未能加以控制(也许是在实验期间其他人的影响使他态度改变了)。唯其如此,在从事此类实验设计时,通常都是增加一个控制组。见前后测设计(before-after disign)。

one-group pretest-posttest design = one-group before-after design 单组前后测设计

oneirology 梦学 专门解释梦的一门学问。见梦的解析(dream interpretation)。

one-parent family 单亲家庭 指父母离异或其中一人亡故,而由父亲或母亲一人负责养育子女的家庭。在一般情形下,单亲家庭的儿童,因缺乏父职或母职人物作为认同对象,在人格发展上会有较多的困难。但若学校教师与家庭合作良好,会有助于解决此方面的困难。

one-sac twins = identical twins 同卵孪生子

one-sided argument 单面论证 属沟通意见时提供数据的一种方式。如所提数据只限于己方立场者,称为单面论证。见单面沟通(one-sided communication)。与本词相对者为双面论证(two-sided argument)。见该条。

one-sided communication 单面沟通 属沟通意见时提供数据的一种方式。沟通者欲期凭其所提数据或证据,以说服对方或听(观)众时,如所提数据仅限于有利的一面,不从利弊两面讨论者,称为单面沟通;反之,如提供两面数据,即为双面沟通。一般电视广播,为求节省时间,常采单面沟通方式。根据心理学家研究,只有在下列情况下,单面沟通方始有说服效果:(1)沟通者具有权威;(2)听(观)众背景单纯且持异议者少;(3)只求立即效果。否则,在一般情形下,双面沟通(two-sided communication)的效果较佳。见该条。

one-tailed probability 单尾概率 义同单尾检验(one-tailed test)。见该条。

one-tailed test 单尾检验 在推理统计上,用以检验统计稳定性或统计显著性的一种方法。从事单尾检验乃是基于一种假设,假设A与B两种统计值的变异情形,只有A>B(或只有A<B)的一种可能时(指假设,实际情况未必如此),即可采用单尾检验。例如,成年男女两性的身高(或体重),如各以统计数值表示,即可假设男高于女,而采单尾检验来判断假设能否成立。但如研究男女智力的高低,所得结果就难以肯定,可能男高于女,可能女高于男,也可能两性间无差异。在此种情形下,自不能采用只有A>B式的单尾假设,而必须同时采用A>B或A<B式的双尾假设。考验两类假设时,就必得采用双尾检验(two-tailed test)。见该条。

one-trial learning 一次尝试学习 **1.**美国心理学家格兹里1942年提出的一种解释学习产生的理论,其基本要义是,在个体反应之当时,只要适时出现另一种刺激,该反应即与该刺激产生联结。当下次同样情境出现时,该刺激即可引起个体该种反应。此种刺激与反应的联结学习,只需一次尝试,故名之一次尝试学习。对一次尝试学习现象,心理学家采时近律来解释,认为刺激与反应同时出现,是构成二者联结的原因。**2.**在个体反应之后,只要获得一次满意的酬赏,当下次同样情境出现时,该刺激即引起个体该种反应。像此种得过一次强化即使刺激反应产生联结的现象,也称一次尝试学习。对此现象,心理学家采效果律来解释,认为个体学到反应,乃是初次反应后即获得满意效果所致。

one-trial learning theory 一次尝试学习论 指解释一次尝试学习(one-trial learning)现象的理论。见该条。

one-way analysis of variance 单向变异数分析,单向方差分析 属于一种统计检验方法,从同一总体中抽出三个(或三个以上)样本作为实验对象时,要想了解检验三个样本平均数概率上的差异，就采用单向变异数分析。如果样本只有两个，即采用t检验（t-test）。见该条。

one-way logic 单向逻辑 瑞士心理学家皮亚杰认知发展理论中的概念。前运思期（2～7岁）的儿童，对事象的认识和解释，只能采单项逻辑的方式去推理，不能按事象的顺序倒转来思维。如果按大、中、小的顺序呈现A、B、C三块积木，此时的儿童能够指出A比B大，B又比C大，但不能倒转过来说，B比A小，C又比B小。见可逆性（reversibility）。

one-way mirror 单向观察窗 义同单向视幕（one-way screen）。见该条。

one-way screen 单向视幕 是一种观察实验用的特殊设计。观察者可经由单向视幕观察记录受试者的活动。单向视幕的特点是，只有单方向透视，受试者看不到观察者。如此当可避免因观察者出现而影响到受试者心境与行为。单向视幕是观察儿童行为常用的设备。

onlooker play 旁观游戏 属幼儿游戏类型之一。旁观游戏的特征是，只看别人游戏，并不参与活动。见游戏类型（types of play）。

only child 独生子 **1.**狭义言之，指核心家庭中父母所养育的唯一的孩子。独生子在家庭中，其人际关系只限于成人，没有年龄相近的兄弟姊妹。**2.**广义言之，家中有兄弟姊妹，但其中有一个与别人在年龄上相差7岁以上者，或有同胞而无与其同性别者（全家唯一男孩或唯一女孩），也可视为独生子。独生子的生长环境比较特殊，唯是否影响其人格特质，在心理学上尚无定论。

on-the-job training 在职训练 指为在职人员所举办的进修训练，旨在使在职人员有机会获得新的知识和技能，从而提升工作质量。与本词相对者为停职训练（off-the-job training）。见该条。

ontogeny 个体发生史 指发生心理学家对个体一生行为发展变化的研究。见发生心理学（genetic psychology）。

ontology 本体论 哲学上探讨世界万物终极本质的基本理论之一。本体论所探讨者主要是万物存在的抽象意义。唯物论与唯心论两种主张，即代表本体论的两大体系。唯物论者主张世界的根本存在是物质，唯心者主张世界根本的存在是精神。本体论在心理学上的含义是对心身关系问题（mind-body problem）的理论解释。见该条。

onychophagia = nail biting 咬指甲癖

onychophagy = nail biting 咬指甲癖

op art 欧普艺术 20世纪60年代兴起于欧美的一种抽象绘画艺术。欧普艺术的特征是，采取心理学上错觉与幻觉原理从事画作。见主观颜色（subjective color）条及附图。

open classroom 开放教室 **1.**指同一教室内可以有不同年龄、不同学科和不同程度的学生。早期的单一教室学校，在性质上都属于开放教室。**2.**指在上课时间学生们可以自由活动，自由学习。开放教室的教学方式有以下几个特点：（1）学生自己主导学习，教师只扮演备询的角色；（2）不采用固定课本式教材，鼓励学生自动自发，从多样性的教材中去探索寻找自己喜欢的知识；（3）采个别化教学活动，教学无统一进度，每个学生可按自己能力决定其进度；（4）采混合编班教学模式，采大班级教学方式，让不同年级、不同能力的学生集中在一起学习；（5）教师合作协同教学，同一教室内有数位教师，分别担任学生们的辅导工作。

open-class society 阶层开放社会 指社会阶层不固定，无所谓贵族平民之分的社会。在社会阶层流动时，社会中的个人，不因种族或出身而有限制，或上或下，机会均等，全凭能力争取到适合于自己的位置。与阶层开放社会相对者是阶层固定社会（fixed-class society）。见该条。

open-class word 开放词 义同语义词（content word）。见该条。称语义词为开放词的原因是，此类词（名词、动词、形容词）并不固定，很容易随社会变迁而增加。

open-cue situation 明示情境 在问题情境中，有助于解决问题的所有关键线索，完全存在于现场的情境中，个体所要做的，只需发现在既有线索中，哪些可用，并善加利用，即可解决问题。例如，换装天花板上的灯泡，缺少梯子虽成为问题，屋内如有桌椅，善加利用，照样可以达到目的。与本词相对者为隐示情境（hidden-cue situation）。见该条。

open education 开放教育 对学校教育方式的一种主张。持开放教育论调者认为，传统教育上齐一社会化与统一教材的班级教学方式，既不能配合社会生活的需要，也不能配合学童的身心发展，于是主张将僵化了的学校制度予以开放。综合多家学说，开放教育的主张可归纳为以下六点：（1）将教师教学生学的方式，改变为学生自学、教师辅导的方式；（2）以学生的能力、性向、兴趣为基础，实施个别化教学；（3）采取多元化教学法，不限于传统的讲解、阅读、背诵、考试等既有方法；（4）采用弹性年级制与弹性编班制，使学生的升级、换班、转学等少受限制；（5）学习生活化，使学生的书本知识与社会经验产生联结；（6）重视情意教育，使学生在和谐的人际关系中快乐健康的成长。狭义言之，本词义同开放教室（open classroom）。见该条。

open-ended question **开放式问题，无预定答案问题** 属于试题（或题目）的一种形式。此种题目的答案不预先订定，没有对错的绝对标准，只有较佳与最佳之分。采用开放式问题的目的是为受试者留有余地，让他自由回答，从而测定他对某一问题之理解、态度、观念以及在知识上的广度与深度。此类问题的形式不一，大如申论题，小如自由联想（如小学生用一个字组词）等均属之。此类题目也称自由发挥题（free-answer question）。与本词相对者为限定答案问题（closed-ended question）。见该条。

open group **开放团体** 指不限制团体成员条件的团体。某一团体，任何人都可以申请参加，即称为开放团体。

opening up meditation = open-up meditation **开放式静坐**

open instinct **变通性本能** 指个体本能之随环境限制稍做弹性改变者。变通性本能一词，其含义与本能原义稍有不符。唯有些学者则认为仍属本能范围。据观察发现，某种鸟类采用某种材料筑巢，是其本能，如控制其材料来源，该种鸟类就会就地取材，改用新材料筑巢，其表现的筑巢行为，仍然视为本能。为了与一般本能之义稍有区别，特称之为变通性本能。见本能（instinct）。

open marriage **开放婚姻** 指在夫妻协议下突破传统婚姻约束的一种婚姻生活方式。开放婚姻的特征是，基本上维持一夫一妻的形式，但为了改进传统婚姻对配偶独占而形成生活封闭的缺点，因而将夫妻间的关系开放。开放婚姻包括两种情形：一种情形是只开放夫妻两人的生活方式，婚后仍保持夫妻两人自己的兴趣与社会关系，不因结婚而丧失自己。第二种情形是开放性关系，只要两人同意，夫妻各自与第三者仍可发生性爱关系。

open-mindedness **坦率，思想开放** 指开放的心胸与宽容的态度，能接受新的知识观念，能容忍别人不同的甚至反对的意见。

openness **开放性** 大五人格特质（big five personality traits）之一。见该条。

open question = open-ended question **开放式问题，无预定答案问题**

open study **开放研究** 从事一种药物实验或一种治疗方法实验时，为求慎重起见，在正式进行实验之前先以少数受试者为对象所做的预备性研究，称为开放研究。此种研究之所以称为"开放"，主要是研究设计完全公开，不保守秘密；不但主持研究者了解研究的目的和程序，而且参与实验的受试者也了解研究的目的和程序。与本词相对者为双保密研究（double-blind study）（主持实验者和受试者对研究目的均无所知）。见该条。

open teaching **开放式教学** 属教学方法之一。此教学方法的特征是，不强调事先预定教学结构，而重视学生自由，让学生按自己的兴趣去选择学习活动。教师的角色是参与者，而非指导者，只有在必要时给予学生辅导。此法较适用于情意方面的教学，与此教学法相对者，为直接教学（direct instruction）。见该条。

open-up meditation **开放式静坐** 属静坐方式之一。开放式静坐的特点是，静坐时心中不预作任何期待，完全以一种纯然空无的心态，去迎接任何进入心灵的新经验。因此，开放式静坐的基本方法是：开始静坐时，绝不将生活中任何烦心的现实问题带入其中，而是先决定不做任何事，不想任何问题，不寻求任何答案，不企求任何目的；只需完全放松自己的肉体和心灵，不加任何控制，让它自行运作，自由流变；使自己的意识像飞鸟掠过天空，像波浪涌起海面一样的自然；随遇而安，只需保持感受，不加任何控制。如此，身心各方面即可获得静息。见静坐（meditation）。与本词相对者是专注式静坐（concentrative meditation）。见该条。

operant **操作** 义同操作性行为（operant behavior）。见该条。

operant aggression **操作性攻击** **1.**经由操作条件作用的学习历程学到的攻击性行为。亦即经由后效强化作用学到的攻击性行为。 **2.**指借攻击为手段达成另一目的的攻击行为。见操作条件作用（operant conditioning）。

operant behavior **操作性行为** 指个体操作其环境中事物的行为。操作性行为的特征是，构成行为的反应是自发的，无法确定反应的出现是由何种刺激所引起。唯一能肯定的是，个体的行为反应一定与环境有关，而且该行为的后果也可能会对环境产生影响。在斯金纳箱内的白鼠的压杆动作是操作性行为，但在压杆获得食物之前，其首次压杆的反应，并非因杆的刺激所引起。同理，两岁幼儿看见一个盒子就会用手打开查看，开盒子的动作也是操作性行为。

operant conditioning **操作条件作用** 操作条件作用是一种解释学习历程的理论，此学习理论系由20世纪30年代美国心理学家斯金纳根据动物学习实验所建构的。操作条件作用是指个体在环境适应中主动向某刺激反应时，如反应后带来有效的后果，个体即将学到以后对该刺激继续反应。如此界定斯金纳的操作条件作用学习，从形式上看，与桑代克的效果律极为相似，但斯金纳的操作条件作用学习理论,不采用桑代克效果律中原有的“目的”或“满足”等概念。在斯金纳看来,此等概念涉及个体主观的内在活动,不符合科学心理学所持的客观研究取向。操作条件作用是斯金纳针对巴甫洛夫经典条件作用的不足而创建的。与经典条件作用相比,斯金纳的操作条件作用具有一项明显特征。经典条件作用是刺激替代性的学习历程,在此历程中,个体的无条件反应是被动的,是由无条件刺激引起的,而且以后经条件刺激替代而表现的条件反应,也是被动性的。故而斯金纳称经典条件作用为反应性条件作用(respondent conditioning)。斯金纳提出的操作条件作用历程中,个体学到的反应并非被动地为某特定刺激所引起,而是在个体主动操作其环境时,因主动向某刺激反应并带来有效后果,从而强化了个体以后再向该刺激做出同样反应。斯金纳称此机制为后效强化(contingent reinforcement)。斯金纳从事动物实验,并从而建立其操作条件作用学习理论的仪器,称为斯金纳箱(Skinner box)。见该条及附图。

operant learning 操作性学习 指经由操作条件作用历程所产生的学习。个体在某一情境中,先出现一种自发性反应,反应后如获得满足的效果,该反应因而受到强化,此后该情境再出现时,即倾向出现同样反应。见操作条件作用(operant conditioning)。

operant level 操作基准 指在操作条件作用实验之前,个体在未控制情境下自动出现操作行为的频数。以白鼠在斯金纳箱内压杆行为为例,在操作条件作用实验之前,白鼠在自由活动中,偶然出现压杆活动的频数,即为操作基准。先有操作基准,然后才能经操作条件作用使之成为对某一刺激固定的反应。见操作条件作用(operant conditioning)。

operant reserve 操作保持 在操作条件作用学习实验时,强化物停止后,个体继续表现反应的次数,称为操作保持。

operant response 操作反应 义同操作性行为(operant behavior)。见该条。

operant therapy 操作治疗法 指运用操作条件作用学习的原理所设计的一种行为治疗法。此法实施时,一方面使个体的异常反应得不到强化的机会而逐渐消弱,另一方面对个体自发性的正常反应给予适时强化而得以保留。如此,新的正常反应将可取代旧的异常行为。见行为治疗法(behavior therapy)。

operation 运思,运算,运作 瑞士心理学家皮亚杰认知发展理论中的重要概念。指运用心理活动去处理具体事物或抽象概念间逻辑关系的思维历程。玩具置于高处使4岁儿童无法用手直接取到时,他会搬个凳子爬上去拿取,这表示儿童已理解凳子和玩具之间空间的逻辑关系。以抽象概念间逻辑关系为例,如已知A－B＝C,即可推理知道B＝A－C。根据皮亚杰的理论,运思是儿童智力发展的主要心理因素。见认知发展阶段论(stage theory of cognitive development)。

operational definition 操作性定义 指运用可以掌握或操作的概念所陈述的定义。操作性定义可弥补概念性定义的不足,当概念性定义不能清楚表达其所要界定的真义时,可假操作性定义补其不足。操作性定义是,借实验研究进行过程与结果来予以界定。例如,按概念性定义把“智力”界定为“抽象思维的能力”时,可能使人无法具体掌握智力究竟是何所指,则可以将智力界定为“比奈—西蒙智力量表所测得的分数”。测验是具体的操作而此分数是具体操作的结果,用以代表抽象的智力。故称为操作性定义。见概念性定义(conceptual definition)。

operational fatigue 战役疲劳症 义同战斗疲劳症(combat fatigue)。见该条。

operationalism 操作主义 指对科学研究的一种主张。持此主张者强调,一切科学上理论性的术语,必须给予操作性定义,使抽象观念落实到可以观察测量的地步,如此在实验研究上才有意义。按操作主义论者的看法,诸如“恋母情结”和“高峰经验”等术语,都是不合科学的。在心理学领域中,行为主义强调操作主义,其他精神分析论与人本论并不支持。见操作性定义(operational definition)。

operational knowledge = **operative knowledge** 运作性知识

operational stage 运思期 形式运思期(formal operational stage)的简称。见该条。

operational thinking 运作思维 瑞士心理学家皮亚杰认知发展理论中的术语。指儿童自具体运思期(7岁左右)开始,即可以对具体事物从事概念性思维;到形式运思期(11岁开始),即可对抽象事物从事概念性的逻辑思维。见认知发展阶段论(stage theory of cognitive development)。

operationism = **operationalism** 操作主义

operative knowledge 运作性知识 根据瑞士心理学家皮亚杰的认知发展理论,儿童学到的知识,按其习得知识的历程可分为两大类:一类是表象性知识(figurative knowledge),主要是靠记忆学到的一些代表事象的名称、日期、事实等零碎知识。因为此种知识多靠联想的历程而习得，故而也称联想性知识（associative knowledge）。另一类即运作性知识，主要是经由儿童在生活情境中主动思维运作学到的整体性知识。学校教育中一向被人批评的缺点，就是过分重视表象性知识，学童们的学习活动主要限于记忆和背诵零碎知识。按皮亚杰的说法，只有让儿童多学习运作性知识，才有可能促使其智力发展。

operatory thought **运作思维** 根据瑞士心理学家皮亚杰的认知发展理论，运作思维是具体运思期（7～11岁）和形式运思期（11岁以后）儿童思维的特征。见认知发展阶段论（stage theory of cognitive development）。

ophidiophobia **惧蛇症** 属恐惧症之一。患者对蛇类产生过度的惧恐反应。纵使当事者自知不合情理，但仍无法克制由之引起的惶恐情绪。见恐惧症（phobia）。

opiate **鸦片剂** 由罂粟花未成熟果实的汁液提炼而成的麻醉性药物。鸦片剂包括多种药物，最主要者有吗啡（morphine）、可待因（codeine）和海洛因（heroin）等。见该等条。

opinion **意见** 意见是一种态度或信念的表达。意见表达多半都有其对象，对象范围很广，举凡人的行为、社会现象以至学术思想等，都可能成为意见表达的对象。同一问题引起的意见未必一致；而意见之所以分歧的原因，乃问题本身尚未十分明确或尚未获得肯定答案所致。

O

opinionaire = questionnaire **问卷**

opinion leader **意见领袖** 在某一团体或社会中，有人在某方面具有较多的知识，或对某一问题持有超乎常人的见解时，此人的意见将影响团体的思维，故称之为意见领袖。意见领袖在团体中常发挥二段传播（two-step flow of communication）的功能。见该条。

opinion poll **意见调查** 义同民意调查（public-opinion poll）。见该条。

Oppel-Kundt illusion **奥珀尔—库特错觉** 义同填满空间错觉（filled-space illusion）。见该条及附图。

opponent color theory **相对色觉论** 义同海林色觉论（Hering theory of color vision）。见该条。

opponent-process theory of color vision **色觉相对历程论** 指解释色觉与后像现象的一种理论。见海林色觉论（Hering theory of color vision）。

opponent theory of color vision **色觉相对论** 义同海林色觉论（Hering theory of color vision）。见该条。

opportunity class **机会班** 属于学校内的暂时性的特别班级。此种班级不严格限制年龄或年级，也不严格限制只收哪一类学生。机会班设置目的是，暂时收容部分学生（如转学生），给予个别化教学，俟其适应学校生活后，再按其程度编入适当班级。

opposites test **相对词测验** 属于测量词汇能力的一种测验。实施时，提供受试者某一刺激词（如高），要求他回答与之相对的另一词（如低）。

oppressed group **被压制团体** 义同少数团体（minority group）。见该条。

optic agnosia = visual agnosia **视觉辨识缺陷**

optical illusion **视错觉** 泛指视觉刺激引起的视知觉扭曲现象。诸如横竖错觉（horizontal vertical illusion）、缪勒—莱尔错觉（Müller-Lyer illusion）等均属视错觉。见该等条。

optical image **视象** 指物体在视网膜上形成的映象。见网膜象（retinal image）条及附图。

optic chiasma **视交叉** 位于前脑丘脑之下的神经组织，是两眼视网膜传入大脑神经通路的交会点。见视觉系统（visual system）条及附图。

optic disc = optic disk **视盘**

optic disk **视盘** 视网膜中央凹附近接近视神经处的神经组织。视盘对光线最不敏感，光线投射其上并不产生视觉经验。故而视盘也称盲点（blind spot）。见该条。见眼的构造（eye structure）条及附图。

optic nerve **视神经** 光线刺激视网膜引起神经冲动后，经神经节细胞汇集成信息，继而传入脑部的神经，即为视神经。见视网膜（retina）条及附图。

optic papilla = optic disk **视盘**

optic tract **视神经径** 视神经径是指两眼视网膜的神经冲动经视交叉会合后传入神经通路，而后再由神经通路传入大脑视觉区的路径。见视觉系统（visual system）条及附图。

optimal-arousal-level theory **适度兴奋论** 属解释动机的一种理论。按适度兴奋论的说法，个体自身有保持适度兴奋的倾向，缺则寻求增高，过则寻求减低，寻求的内在力量就是动机。所谓静极思动与动极思静，就说明个体是在寻求适度。例如饥饿到某种程度，即动而寻求食物；食物满足到某程度，即停止继续进食。动物求食是行为，停止进食也是行为，其行为的背后均有动机。动机的功能即在维持均衡。

optimal functioning **最佳功能** 最佳功能是心理卫生的新观念。此观念系由美国女心理学家雅荷达(M. Jahoda)在1958年所提倡。后经人本心理学派的支持与推广,目前已获普遍认同,众皆同意最佳功能是维护心理健康最正确而带有积极意义的观念。此前的心理卫生工作偏向消极,只求免于心理疾病,追求的目标只限于使人保持平常。最佳功能的观念,是要超越平常,让人知道每人都有超越平常的优异潜力。只要个人尽力追求,他就会超越现况,达到他本身的最佳境界。达此境界者,人本心理学家称之为自我实现。达到自我实现境界的人,在人格特质上能自知、自信、自尊,因而心灵和谐,精神快乐。臻此境界后,心理健康不求自来。

optimal period 最佳期 义同关键期(critical period)。见该条。

optimism 乐观主义,乐观 属于一种从光明面看世界的积极人生态度,也是一种颇为持久的人格特质。持乐观态度者,对一切世事的变化,多从乐观的一面去看;对未来的期待,多从美好的结果去想。即使现实生活陷入痛苦,也会相信痛苦之后,就会出现快乐的明天。与本词相对者为悲观主义(pessimism)。见该条。

option test = selective answer test 选答测验

oral agressive character 口唇攻击性格 弗洛伊德人格发展理论中的术语。指口唇期发展不顺利而滞留下来的性格。口唇攻击性格的特征是:有野心,好嫉妒,爱攻击别人。见口唇性格(oral character)及性心理期发展论(psychosexual stage theory of development)。

oral anxiety 口唇性焦虑 根据弗洛伊德的精神分析理论,口唇性焦虑是一种长期压抑的焦虑。此种焦虑归因于婴儿阶段因口唇期发展不顺利而滞留下来的性格问题。见口唇性格(oral character)。

oral character 口唇性格,口欲性格 弗洛伊德精神分析理论中的术语,指个人性格中反映出来的婴儿阶段口唇期滞留下来的性格。根据精神分析理论,口唇性格与口唇期发展是否顺利有关。如口唇期婴儿在吸吮、吞咽等口唇活动中获得满足,长大后将会有正面的口唇性格,如乐观开朗等性格即属之;反之,如口唇期发展受阻,婴儿无法由口唇活动获得满足,长大后将会滞留下不良影响,诸如依赖、退缩、猜忌、苛求等均属负面口唇性格。甚至在行为上表现咬指甲、吸烟、酗酒、贪吃等有关口唇的变态活动,都与口唇性格有关。见口唇期(oral stage)。

oral dependence 口唇性依赖 是一种幼稚性的退化现象。指个体遇到挫折时,不能独立自主去解决问题,转而向成人(特别是父母)寻求依赖。根据精神分析论的解释,这是因为幼年婴儿阶段口唇期发展不良所致。口唇期口欲活动未能获得满足而遗留下来的不良影响:个体一遇挫折,即有返回母亲怀抱,含着母亲乳头寻求安全的倾向。此种潜意识的倾向,促使个人产生对成人依赖的心理。见口唇期(oral stage)。

oral drive 口欲驱力 属人类的基本动机之一。此种动机驱使个体从事口唇部位的活动,从而获得口欲的满足。口欲驱力在婴幼儿期表现明显。按精神分析论,如口唇期发展受阻,婴儿不能由吸吮、吞咽等口腔活动获得满足,长大后将滞留下不良影响。成人中有的过分贪吃,口腹之欲特强,未必是由于身体需要,实乃因口欲驱力使然。见口唇性格(oral character)。

oral eroticism = oral erotism 口欲

oral erotism 口欲 指个体由口部活动,因口唇及口腔内部黏膜得到刺激而感满足的倾向。按精神分析论,此种倾向与婴儿口唇期发展有关。见口唇期(oral stage)、口欲驱力(oral drive)。

oral fixation 口欲滞留 见口唇期(oral stage)。

oral gratification = oral erotism 口欲

oral incorporation 口欲并合 根据弗洛伊德精神分析论,婴幼儿之所以喜欢把东西放进口中,是因为他要把周围的东西与自己合并,成为自我的一部分。婴儿此种口欲并合倾向,起自出生后吸吮到母亲的乳头。婴儿经由吸吮乳头获得满足,乳头长在母亲身上,因而婴儿有“将母亲放在口中”的倾向。稍长,婴儿的口欲并合倾向扩展到其他物体。

oralism = oral method 口唇法

oral libido stage 口欲力期 义同口唇期(oral stage)。见该条。

oral method 口唇法 对聋哑学童语言教学时所采用的一种方法。此法重视让学童注意发音时的口唇活动。

oral optimism 口欲性乐观 根据精神分析论,口欲性乐观是口唇性格之一。意谓此种乐观性格之形成,乃系婴儿阶段口欲期口欲驱力能够获得满足所致。换言之,长大后性格乐观,乃是幼年心理发展良好的结果。见口唇期(oral stage)、口欲驱力(oral drive)。与本词相对者为口欲性悲观(oral pessimism)。见该条。

oral orientation 口唇取向 指婴儿期借口唇活动以满足其多种需求的行为倾向。婴儿的口唇活动,不但可由之获得口欲的满足,而且也由之获得对周围环境中事物的了解。

oral personality = oral character 口唇性格,口

欲性格

oral pessimism 口欲性悲观 根据精神分析论，口欲性悲观是口欲性格之一。意谓个体的悲观性格之形成，乃系婴儿阶段口唇期口欲驱力未能获得满足所致。换言之，长大后的悲观性格，乃是幼年心理发展不良的结果，见口唇期(oral stage)、口欲驱力(oral drive)。与本词相对者为口欲性乐观(oral optimism)。见该条。

oral phase＝oral stage 口唇期

oral receptive character 口欲滞留性格 义同口欲性格(oral character)。见该条。

oral sadism 口欲施虐 指个人潜意识不自觉地咬人或咬坏东西的心理倾向。按精神分析论的解释，此现象与婴儿阶段口唇期发展不良有关。见口唇期(oral stage)、口欲驱力(oral drive)。

oral-sadistic cathexis 口欲施虐投注 根据精神分析论，口欲施虐投注指个体将潜意识中本能性的欲力冲动，集中投注在口欲施虐的活动上，从咬人或咬坏东西的攻击性行为中获得满足。

oral stage 口唇期，口欲期 按弗洛伊德的性心理期发展理论，个体自出生至周岁的一段时间为口唇期。口唇期是个体性心理发展中最原始的阶段，其原始性的欲力集中在口唇部，靠吸吮、咀嚼、吞咽等口腔活动获得快感与满足。如此时期的口腔活动受到过分的限制，使口唇期不能顺利发展，可能对以后人格发展有不利影响。此种不利影响又称口欲滞留(oral fixation)。长大后的口欲性格(oral character)、口欲施虐(oral sadism)和口唇性依赖(oral dependence)等不良习惯，都是口欲滞留的后果。见该等条。见性心理期发展论(psychosexual stage theory of development)。

O

oral test 口试，口头测验 **1.**指根据受试者对问题的口头回答来评定其成绩的方法。**2.**指采用口头反应的心理测验。

Orbison figure 奥尔比逊图形 义同奥尔比逊错觉(Orbison illusion)。见该条。

Orbison illusion 奥尔比逊错觉 属视错觉现象之一。如附图所示，以放射线图形为背景的方形与圆形，看起来均失去了正方和正圆的特征。此错觉图形系由美国心理学家奥尔比逊 (W. D. Orbison, 1912～1952)1939年所设计，故名。

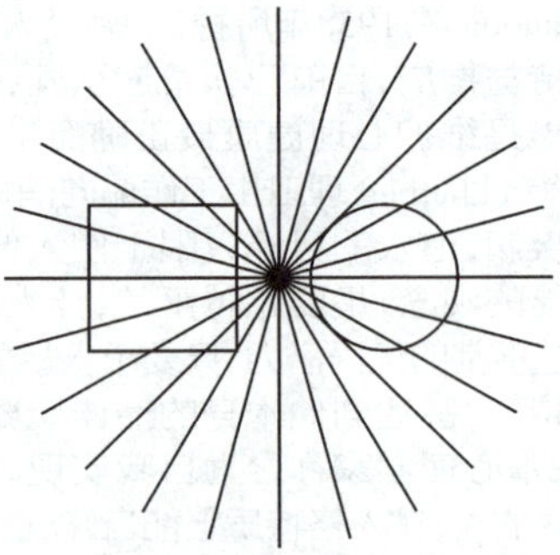

奥尔比逊错觉

order effect＝sequence effect 序列效应

order of merit＝merit ranking 优劣等级法

ordinal position 序位 指可以采用数字表示位阶的事项。如出生别(birth order)所指长子、次子，三子的说法，即为序位。

ordinal scale 序级量表，顺序量表 指根据某种标准将事物排列成等级的量表。序级量表的特点是，只有等级之别，而等级之间并没有相等的单位。如笼统地将人品分为上、中、下三个等级的看法，就是采用序级量表的概念。

ordinal variable 序级变项 指可按序级量表(ordinal scale)测量的变项。见该条。

ordinate 纵坐标 将自变项与依变项的函数关系用坐标图表示时，在左手的纵轴称为纵坐标。纵坐标通常用Y表示。与本词相对者为横坐标(abscissa)。见该条。

Orestes complex 弑母情结 源自希腊神话中Orestes杀死母亲的故事，精神分析论引喻，指在儿子潜意识中压抑着一种杀害母亲的欲念，称为弑母情结。按精神分析论的解释，此种情结的形成，系因恋母情结(Oedipus complex)不得纾解所致。见该条。

organic amnesia 器质性失忆症 泛指因生理机能失常而致记忆能力丧失的情形。见失忆症(amnesia)。

organic anxiety 器质性焦虑 指个体由于身体疾病或因某种生理器官缺陷所引起的焦虑。见焦虑(anxiety)。

organic deafness 器质性聋 指因听觉器官或大脑听觉区病变或伤害所造成的听觉丧失。此种聋症是无法复原的。

organic delusional syndrome 器质性妄想症候群，器质性妄想综合征 指由于生理的原因所导致的妄想综合征。此类妄想症多半是服用精神药物(如安非他命和迷幻药等)所产生的效应。见精神药物(psychoactive drug)。

organic disorder 器质性异常 泛指由于老化、身体疾病、残障或伤害转化而成的心理异常或精神疾病。

organic factor 机体因素 义同机体变项(organic variable)。见该条。

organic memory 机体觉记忆 指个体内部器官所产生的记忆。诸如饥、渴、痛等均属机体觉记忆。

organic mental disorder 器质性心理异常 义同器质性异常（organic disorder）。见该条。

organic psychosis 器质性精神病 指精神病的成因是器质性或机体性的，而非心理性的。此所谓器质性，系指脑部器官伤害或病变而导致患病。

organic repression 器质性压抑 由于脑部受伤而丧失记忆力情形，称器质性压抑。此种记忆丧失，与心理因素无直接关系。

organic variable 机体变项 义同中介变项（intervening variable）。见该条。

organ inferiority 机体性自卑 指由于身体因素（身体相貌等）影响所形成的自卑心理。

organism（O） 有机体，机体，个体 凡是具有生命，而且自身能够有系统地维持其生理与心理功能的个体，均称为有机体。有机体通常系指人与动物。在实际使用时，有机体一词多用个体代替。个体系指一个一个的人，或指一个一个的动物。

organismic age 机体年龄 以年龄当量记分，测量儿童各种生长年龄的平均结果，称为机体年龄。机体年龄中包括心理年龄、阅读年龄、齿龄以及社会年龄等。机体年龄的功用可作为评定儿童发展状况之用。见年龄当量（age equivalent）。

organismic psychology 机体心理学 指对心理学研究取向的一种观点。持此观点者强调，心理学的研究应以个体的整个人为对象，或以个体的整个人格为题材。因此，机体心理学家反对原子论或身心二元论的看法。他们主张整体论（holism），强调个人和人格的整体性。

organismic variable 机体内在变项 义同中介变项（intervening variable）。见该条。

organization 组织 **1.**指包括多数个体组成的团体，在团体中每一个体虽仍具独立功能，但功能之发挥则受团体既有的结构所支配，集合结构下所有个体的功能，以达成属于团体的既定目标。基于此义，一切组织均须具备两个条件：一为组织结构，一为组织目的。准此，举凡学校、工厂、商店、教会、医院等机构，均属组织。**2.**在瑞士心理学家皮亚杰的认知发展理论中，组织乃指个体在与环境互动过程中系统选择重组其认知结构的能力。见认知发展阶段论（stage theory of cognitive development）。 **3.**在完形心理学上，组织指凭知觉将环境中分散的物体组合编织成一个完形的心理历程。见完形组织法则（Gestalt laws of organization）。

organizational climate 组织气候 **1.**指一个组织内所有成员对本组织所具特征的知觉。组织气候纯属主观感受，所感受者未必与客观事实一致。在工业心理学或组织心理学中，组织气候系指员工对工作情境的主观感受，从而反映出来的是工作满意度。**2.** 指一个组织内由心理因素构成的整体特征。此等心理因素为：（1）组织结构；（2）分层责任；（3）奖惩规则；（4）人际关系；（5）组织目标。显然，第一种解释是主观取向，第二种解释带有客观标准。

organizational development（OD） 组织发展 团体组织为求业务发展及工作效率提升，采用行为科学的理论与方法以甄选人员、改进工作环境，从而达到人适于事与事适于人的理想，其所经过的过程，称为组织发展。

organizational psychology 组织心理学 属应用心理学的一个分支门类。组织心理学的主要目的在研究组织中成员的行为，从了解问题到解决困难，并协助组织来甄选、训练、安置、考核工作人员，以期做到人适于事的理想，从而达到提升士气、增高效率的目的。见工业心理学（industrial psychology）。

organization of perception = perceptual organization 知觉组织

organized play 组织性游戏 指按预定规则进行的一切游戏。

organ of Corti 柯蒂氏器 是内耳基底膜上的听觉感受器。柯蒂氏器的毛状神经细胞，与通往大脑的听觉神经纤维相连，声音传至柯蒂氏器即引起神经冲动，继而传入大脑听觉中枢。

O

orientation 定向，方向 指个体自知其身心状态的动向，自知其当时身处的时间与空间，自知其当时所言、所思、所行的一切身心状况。

orientational training 职前训练，定向训练 职前训练一般包括两个方面：**1.**一般性的职前训练，主要目的在于向新进员工介绍本组织的一般情况，以增进其对本机构的了解和信心。 **2.**专业性的职前训练，主要目的在使新进员工掌握处理业务的原则、技术、程序和方法，以期增强其能力而胜任本职工作。

orientation disorder = disorientation 定向障碍

orienting reflex 定向反射 义同定向反应（orienting response）。见该条。

orienting response 定向反应 泛指个体向某特定刺激所表现的反应。

original data 原始资料 指实验、测验或调查结果尚未经过统计、分析整理的资料。

originality 独创性 **1.**指超俗或超常的表现，艺术与文学的独具风格，科学研究的突破与发明，独创性是最主要的条件。**2.**指创造力测验中的四因素之一，另三因素为流畅性（fluency）、变通性（flexibility）与精密性（elaboration）。见创造力测验（creativity test）。

original learning 初学习 对第一次接触到新材料的学习活动。亦即缺少同类经验作为基础的学习活动。

original score＝raw score 原始分数

origins of knowledge 知识来源问题 知识来源问题是源自古代哲学心理学中的认识论。认识论（epistemology）所探讨者是人类如何获得有关自身与宇宙间的知识的问题。在认识论中对知识来源问题的探讨，自古就有不同理论。到17世纪近代哲学心理学时期，有理性主义与经验主义两派哲学心理学思想，对以后心理学思想的发展产生了重大影响。理性主义（rationalism）哲学心理学思想，以17世纪法国笛卡尔为代表，对知识来源问题的解释有三点要义：（1）知识之获得代表真理的追求，真理得自理性，人的理性是神赐予的天赋观念（innate idea）；（2）理性存在于人心之内，而使心具有主动求知功能，知识是由心主动吸取的，故而反对经验主义知识得自感官经验之说；（3）在知识吸取过程中，感官只有接受外界信息的作用，只凭感官则不可能获得真正的知识。经验主义（empiricism）哲学心理学思想，以17世纪英国洛克为代表，对知识来源问题的解释也有三点要义：（1）人类知识之获得乃经验之累积，而经验得自感官；（2）人类初生时其心犹如一张白纸，纸上原本一无所有，故而反对理性主义者天赋观念之说；（3）由感官获得的经验汇集于脑而成知识，故而在知识获得过程，心的作用是被动的。理性主义与经验主义不同的认识论思想，对现代科学心理学中有关学习、记忆、思维等问题的研究影响甚深。

ornithophobia 惧鸟症 属恐惧症之一。患者对鸟类动物不但厌恶，而且恐惧。纵使明知不致受到任何伤害，但仍然无法克制由之引起的惶恐情绪。见恐惧症（phobia）。

orthodox analysis 正统分析 义同经典分析（classical analysis）。见该条。

orthodox psychoanalysis 正统精神分析 义同经典精神分析（classical psychoanalysis）。见该条。

orthodox sleep 惯常睡眠期 指睡眠中不做梦的时间，亦即睡眠中非快速眼动睡眠（nonrapid eye movement sleep）。见该条。

osmophobia＝olfactophobia 气味恐惧症

osmoreceptor 渗透压感受器 指位于下丘脑的一种感受体细胞。当人体处于失水状态时，渗透压感受器能侦测到血浆中的低水浓度或渗透压上升，其引起的神经冲动并促使垂体腺释出抗利尿激素，肾脏在此种激素的作用下就加强水分的再吸收，减少尿的排出量，水分因此被保留在体内，使身体免于失水。

ossicle 听小骨 指中耳内的三块小骨的总称，由外向内依次为钟骨（malleus）、砧骨（incus）和镫骨（stapes）。锤骨的柄端附着于鼓膜内侧面；砧骨一端附着在锤骨，另一端连于镫骨；镫骨则附着于卵圆窗。声波所引起的鼓膜振动即经由三块听小骨传到内耳，以引起听觉。见听觉系统（auditory system）条及附图。

OTC drug＝over-the-counter drugs 非法药物

OT-data OT 资料 美国心理学家卡特尔所倡人格理论的术语。O代表objective，T代表test。本词意指根据客观测验（objective test）所获得的资料。见该条。

other-directed 他人导向型 义同外在导向型（out-directed）。见内在导向型（inner-directed）。

Otis-Lennon Mental Ability Test 奥蒂斯—莱农心理能力测验 是一种团体性向测验。该测验乃是由20世纪30年代中期所出版的《奥蒂斯快速记分心理能力测验》（Otis Quick-Scoring Mental Ability Test）发展而来，于1968年出版；其内容包括六个水平，适用范围从幼儿园至高中三年级。此心理能力测验，经学者陈英豪、吴裕益修订为中文，并经标准化，于1985年完成。该修订测验适用对象为小学四至六年级学生，已建立百分等级、T分数及离差智商。

Otis Quick-Scoring Mental Ability Test 奥蒂斯快速记分心理能力测验 是一种团体智力测验。该测验原为美国学者奥蒂斯（D. S. Otis）所编制，包括三种不同程度的试卷：甲种属高一至大一适用，乙种属小学五年级至初中适用，丙种属幼儿园至小学四年级适用。测验之内容包括：语文、数学和图形三类题目。奥蒂斯智力测验之乙种，经学者邱维城、黄由义修订为中文，并经标准化，于1969年、1977年二次增订后出版。该测验适用对象为初中学生，记分方式采离差智商（M＝100，SD＝15），已建立常模，在各年级组均以离差智商表示之。

otolith 耳石 为嵌入听斑之胶质膜中的一种碳酸钙颗粒。借耳石之重力作用或惯性作用，使胶质膜牵动毛细胞之细毛而产生神经冲动，经听神经传入大脑皮质，以感知头部的位置、动作或身体的加速、减速。见听觉系统(auditory system)条及附图。

Ouchi illusion **沃奇错觉** 属视错觉现象之一。如附图所示,图面是由很多横向交错排列的黑白相间的长方形所组成。在图形中央放置一个圆形,圆形上是纵向交错排列的黑白相间长方形。如将整个图形在眼前左右移动,就会觉得中间图形仿若圆球一样来回转动。此错觉现象系由日本板画艺术家沃奇(Hajeme Ouchi)于1972年所发现,故名。见错觉(illusion)。

沃奇错觉

outcome-based education **效益本位教育** 义同能力本位教学(competency-based instruction)。见该条。

out-directed **外在导向型** 见内在导向型(inner-directed)。

outer-directed behavior **外导行为** **1.**指个体行为的产生与变化,系受外在环境因素所决定。外在因素系指诱因、强化物、奖励、惩罚等。由外在因素决定的行为,亦即通常说的诱发的或被动的行为。**2.**指个体所持的一种信念,个人自认所作所为并非出于自主自愿,实系外在力量支配的结果。对于第二义的解释,详见外控(external control)、制控信念(locus of control)。

outer ear=**external ear** **外耳** 见听觉系统(auditory system)条及附图。

out-group **外团体** **1.**指不包括当事人在内的团体。**2.**指团体内某些与团体不合的人。外团体也称他人团体(they-group)。与本词相对者为内团体(in-group)。见该条。

outlet **纾解** 指紧张情绪或饥渴驱力得以化解后的心理状态。

out-of-body experience (OBE) **体外经验** 指不经身体上任何感觉器官即可获得知觉经验的心理现象。按此义,本词义同超感知觉(extrasensory perception)。见该条。

output **输出** **1.**指单位时间内所完成的工作成果。**2.**指个体对某刺激所做的反应。**3.**在信息处理(information processing)时,指在需要时将从长期记忆中检索出来的信息,经适当反应表现于外的过程。见该条。

outside-in process **外铄历程** 维果茨基之认知社会文化发展论(sociocultural theory of cognitive development)中的概念。见该条。

outside-inside processing **由外而内处理** 义同由下而上处理(bottom-up processing)。见该条。

ova **卵子** (复数)见卵子(单数)(ovum)。

oval window **卵圆窗** 中耳与内耳间的骨壁上有两个窗口,卵圆窗在上,圆窗在下。卵圆窗恰好对着耳蜗之前庭管,且覆着一层薄膜,听小骨中镫骨的一端即附于此薄膜。声波的振动可引起卵圆窗薄膜的振动,耳蜗内的淋巴液相对地也发生振动或波动,故而造成听觉。见听觉系统(auditory system)条及附图。

O variable=**organic variable** **机体变项**

ovarian obesity **卵巢型肥胖症** 指由于卵巢内雌激素分泌失衡所导致的肥胖症。因此,患此类肥胖症者均为女性。见肥胖症(obesity)。

ovariectomy **卵巢切除** 指因疾病或避孕而将卵巢切除的情形。

ovariotomy=**ovariectomy** **卵巢切除**

ovary **卵巢** 女性生殖系统的器官之一。卵巢有两个,分别位于子宫两侧,卵巢的功能有二:其一为生产卵子,其二是分泌雌激素。见性腺(gonad)。

O

overachievement **高成就** 指实际成就表现超过性向测验所预期者。如某生在性向测验上的表现,只能预测他是乙等学生,可是他以后的学业成绩却考到甲等。像此类学生的表现,即属高成就。在中小学阶段,高成就的学生多半出身于中产之家,且女生多于男生。高成就现象形成的原因,一般解释是受非智力因素动机因素的影响。其实,动机因素之外,性向测验的预测效度,也是值得研究的因素之一。与本词相对者为低成就(underachievement),见该条。

overachiever **高成就者** 指在学业成绩上表现出高成就(overachievement)的学生。见该条。

overanxious disorder **过度焦虑症** 指中小学生在学业及社会团体压力下因过分焦虑而导致的精神异常。罹患过度焦虑症的学童多半会有身心障碍(psychosomatic disorder)问题。见该条。

overcompensation **过度补偿** 个人有某种缺陷时,为了克服缺陷,付出过分的努力,其后果未必能如愿以偿的现象,称为过度补偿。过度补偿的概念,出自奥地利精神病学家阿德勒,他认为怀有自卑情结的人,常在生活活动中表现出过度补偿倾向。例如身材矮小者过分从事体育活动,希望借运动改变自己的体型,即属过度补偿。过度补偿的后果有二:一是由之克服缺陷,将原来的缺点转变为优点,像口吃的人变成演说家。另一是缺陷非但未能克服,反而矫枉过正,像因过分操练造成运动伤害者即是。

overcrowding 过度拥挤 指单位面积内人口(或动物)过多的现象,在现代人口集中的大都市中,人口拥挤是普遍现象。过度拥挤的环境,使人情绪紧张。心理学家实验发现,动物在过度拥挤环境下会产生行为沉沦(behavioral sink)现象。见该条。

overdose (O.D.) 药量过度 指使用药物超过法令规定或超过身体承受的限度,因而导致副作用过大的不利现象。

overextension 过度延伸 幼儿初学语言时,将学得的特定而具体的概念,广泛用于其他对象时所形成的不当现象,称为过度延伸。例如,幼儿初次见到狗时也学到狗字的读音,之后见到其他动物,也以狗来称呼之。像此种将有限度的概念无限延伸的现象,也称过度类化(overgeneralization)。

overgeneralization 过度类化 见过度延伸(overextension)。

overjustification effect 过度合理化效应 社会心理学术语。在对行为原因解释时,倾向于过分重视外在看似合理因素而忽略内在因素的归因心理。曾有心理学家以儿童为对象,分实验与控制两组从事绘画活动。实验者事先告诉实验组儿童,只要他们用心绘画,每次绘完后均可获得一份奖品;控制组则事先不做任何说明。如此设计旨在验证如下之假设:两组儿童在绘画行为上如显示实验组的意愿强于控制组,那是由于外在因素(奖励)所致(这是合理的解释)。几天之后,让两组儿童在一种自由情境中绘画,不加限制,也不予任何奖励。结果发现,原来实验组儿童专心用在绘画上的时间,只及于原控制组之半。这说明内在因素的影响大于外在因素。如坚持说奖励是影响儿童绘画行为主要因素,显然不符合事实。与本词相对者为理由不足效应(insufficient justification effect)。见该条。

overlearning 过度学习 指学习达到全会之后再增加的练习量。例如,读一首诗,读四遍恰能朗朗上口,一字不误,是为全学会,亦即表示四遍练习达到100%的学习。问题是,如只到100%的学习即停止练习,事后极易遗忘。为了避免遗忘,如再加读两遍,就称为50%的过度学习,如加读四遍,就是100%的过度学习。而此"过度"二字并不十分恰当,从加强记忆的观点言,所增多的练习并非过度,仅只超过刚刚能够记忆的最低限度而已。

overload 过度负荷 是从信息科学衍生出来的概念。指个体收受的信息,超过他所能吸收的程度。如将此概念引申,泛指个人工作过度忙碌,因而产生压力,使人不胜负担者,也称过度负荷。

overprotection 过度保护 指为父母者养育子女时,给予子女过多的、不必要的照料与呵护。常见家庭教育中,父母对子女娇惯、纵容、姑息、溺爱等教养方式,都属于过度保护的范围。在这样环境下生活的孩子,丧失自我成长的机会,反而使其人格的独立发展受到伤害。

overreaction 过度反应 指情绪表达方式超过适当程度时的行为表现。至于"适度"的标准,则视社会习俗与公认之行为规范而定。女性职员因受上司口头指责而流泪者,可视为适度;而表现在男性时,则可能被视为过度反应。

overt behavior 外显行为 指别人可以观察测量记录到的活动。诸如说话、写字、走路、打球等活动,均属外显行为。见内隐行为(covert behavior)。

over-the-counter drugs 非法药物 指未经医师处方,或未经药政机关登记许可即私自贩卖使用的药物。

overt homosexuality 外显型同性恋 指在行为表现上具有明显同性恋倾向者,亦即实际表现同性恋活动者。与本词相对者为潜隐型同性恋(latent homosexuality)。见该条。见同性恋(homosexuality)。

overt need 外显需求 义同显性需求 (manifest need)。见该条。

overt response 外显反应 义同外显行为(overt behavior)。见该条。

ovulation 排卵 指女性月经(menstruation)期间将成熟的卵子自卵巢排出的过程。见该条。

ovum 卵子(单数),卵细胞 成熟女性卵巢(ovary)内产生的生殖细胞。见该条。另见性腺(gonad)。

own-control design 自控设计 采用药物治疗心理疾病时医师与病患协议的一种实验设计。自控设计的特点是,由医师告知病患,他所采用的药物是否确具成效,关键在于病人能否完全自我控制:消极方面控制自己按时服药,积极方面控制自己以前的不当生活习惯(如酗酒或使用精神药物)。如病患同意,即可在医师监督下进行实验。因自控设计乃是采用单一受试者为对象,而且分实验前(告知)、实验中(实行)和实验后(检讨)三个阶段进行,故而在性质上与ABA实验设计(ABA experimental design)相同。见该条。

P

P＝probability 概率，概率，或然率

PA＝paired associates 配对联想

paidophilia＝pedophilia 恋童癖

pain 痛，痛觉，痛苦 **1.**指生理上受到伤害时，所产生的一种不愉快的感觉。此种疼痛也称生理性痛（physical pain），又称痛觉（pain sense）。**2.**指与快乐相反的一种心理感受，此种感受系由威胁性的精神压力所造成的痛苦，故而又称为精神性痛（psychic pain），俗称痛苦。见该条。

pain adaptation 痛觉适应 指引起痛觉刺激的时间延长致使痛觉阈限（pain threshold）逐渐升高的现象。见该条。皮肤对冷热刺激引起的痛觉适应最为明显。

pain disorder 痛觉异常 指并无外在刺激却有痛觉的异常现象。此种痛觉异常纯系心理因素使然，故而也称心因性痛症（psychogenic pain disorder）。见该条。

pain drive 痛驱力 属生理性动机之一。当刺激的强度达到某种程度使个体产生痛觉时，个体的内在即产生一种内驱力量，促使个体避开引起痛觉的刺激。此一内在力量即称为痛驱力。

pain endurance 痛耐力 指个体在疼痛刺激情境下持久忍受的能力。痛耐力被视为人格特质之一。痛耐力的测量方法是，使受试者在自愿的情形下接受一种疼痛刺激的实验。如将手插入冷水中继续增加冰块降低温度，受试者自觉疼痛无法忍受的地步时，可将手抽出。主试者按当时冰水的温度，及支持时间的长短，即可鉴别受试者的痛耐力。

pain phobia＝algophobia 惧痛症

pain-pleasure principle 苦—乐原则 根据弗洛伊德的精神分析论，人性底层的本我之内，同时存在性质不同的两种本能性冲动，一种是死之本能，由死之本能所促动的行为是否定自己，破坏自己，伤害自己，使自己痛苦。单从此一方面看，人的某些行为是受唯苦原则（pain principle）支配的。另一种是生之本能，由生之本能所促动的行为是寻求口腹之欲及性的立即满足，使自己快乐。单从此一方面看，人的行为是受唯乐原则（pleasure principle）支配的。在个体生活中，支配其行为的两种原则事实上是同时存在的。故而称为苦—乐原则。见生之本能（life instinct）、死之本能（death instinct）。

pain principle 唯苦原则 见苦—乐原则（pain-pleasure principle）。

pain sense 痛觉 是皮肤或内部器官受到物理或化学刺激伤害时所产生的一种感觉。对痛觉的解释，见闸门控制论（gate-control theory）。

pain spot 痛觉点 分布于皮肤下自主神经末梢的小点，它是痛觉的感受器。

pain threshold 痛觉阈限 指引起痛觉的最低刺激强度。痛觉阈限与身体部位有关，一般人的手部、口唇和舌部的阈限值较低，背部、臀部和下肢部阈限值较高。痛觉阈限有性别差异，男性的阈限值较女性为高。痛觉阈限虽以生理上的神经传导为基础，但个体实际感到的痛觉，却有很大的心理因素，诸如注意、情绪、暗示等都会影响痛觉阈限值的变化。

pain tolerance＝pain endurance 痛耐力

paired associates（PA） 配对联想 配对联想学习（paired-associates learning）的简称。见该条。

paired-associates learning（PAL） 配对联想学习 指研究学习与记忆的实验方法之一。实施时将要学习的材料配对编列，学习材料包括文字、数字、图形等，凡是能够成对者，均可采用配对联想法学习。例如，小学生初学的拼音与汉字，就是配对联想学习，初中开始学英文，中英对照的单词学习，也是配对联想学习。在习惯上，配对联想的两个单词（如hand—手），前者称刺激字，后者称反应字。原因是在配对联想学习后，只出现前一字，受试者即可反应出后一字。事实上，只出现后一字，受试者也可凭记忆回答前一字。因此，经由配对联想学习到的配对联结，是双向的；相联结的两事件，彼此都可被视为刺激或反应。本词也称正确联对法（right associates procedure）。

paired-associates method 配对联想法 测量记忆的一种方法。此方法主要用于配对联想学习

(paired-associates learning)实验以后的记忆。见该条。

paired comparison method 配对比较法 属量表法之一。此法适用于基于好恶的价值判断,将多种刺激两两配对比较,从偏好的次数比率中,定出各刺激的等级或计算其量表值。设某社团选举社长,有候选人A、B、C、D四人,可采用配对比较法计算四人在社员心目中的等级。如其中某社员配对比较结果是:A—B⁺,A⁺—C,A⁺—D,B⁺—C,B⁺—D,C—D⁺(A—B⁺表示A与B相对比较时,他愿意选B为社长),根据偏好的次数比率排列,即得:B(3/3),A(2/3),D(1/3),C(0/3)。此结果显示,对该社团而言,社员们对B的印象最好,对C的印象最差。如将全体社员配对比较的结果加以统计,即可得到四位候选人的评定等级。见量表法(scaling)。

paired comparisons = paired comparison method 配对比较法

paired-groups design = matched-groups design 配对组设计

PAL = paired-associates learning 配对联想学习

palilalia 语言重复症 属语言习惯反常现象。患者说话颠三倒四、翻来覆去,对所说过的话,总是毫无意义地重复。

palilexia 阅读重复症 属语言习惯反常现象,患者在阅读时毫无必要地一再重复。

P

palilogia 强迫重语症 不自主地重复说同样语句的异常现象。

palingraphia = mirror writing 镜写,反字书写

palinlexia = backward reading 反向阅读,倒读

palmar reflex 掌反射 义同掌反应(palmar response)。见该条。

palmar response 掌反应 婴儿出生不久,置物于其手掌中,即可引起抓取反应的现象,称为掌反应。见抓握反射(grasping reflex)。

palmistry 手相学 指按个人的手掌纹路及掌型,判断其个性或命运的非科学的理论与方法。手相学者甚至自称,按手掌特征,即可断知当事人的过去,并能预卜其未来。此等论断虽在科学心理学上缺乏证据,但一直在民间甚为流行。

palpitation 心悸 指心情紧张、焦虑或剧烈运动时快速心跳的现象。

pancreas 胰腺 胰腺为内分泌腺之一,胰腺位于胃与十二指肠之间的肠系膜上,可分泌多种激素,而其中最重要者是胰岛素与升胰岛素,二者对体内糖类、蛋白质及脂肪的代谢有重要作用。胰岛素(insulin)是合成代谢性的,它可以增加葡萄糖、脂肪酸及氨基酸的储量。升胰岛素(glucagon)是分解代谢性的,可释出储存的葡萄糖、脂肪酸及氨基酸至血液中。因此,这两种激素在功能上是互补的。如胰岛素分泌过多,将会导致血糖过低现象。血糖过低会令人产生昏睡、痉挛甚至休克的现象。若胰岛素分泌不足时,将会导致糖尿病。糖尿病主要是由于胰岛素不足使血液中的糖分不能被吸收而随尿液排出体外所致。如升胰岛素分泌过多,将使糖尿病患者病情加重;如升胰岛素分泌不足,将会导致血糖过低的现象。见内分泌系统(endocrine system)条及附图。

panel design 小样本连续设计 义同小样本连续研究(panel study)。

panel discussion 小组讨论 指由数人组成的小组对某一问题深入讨论的活动。

panel method 小样本连续法 义同小样本连续研究(panel study)。

panel study 小样本连续研究 指以同一群少数个体为对象,连续多次追踪研究,借以了解个体行为改变与时间的关系。采用小样本连续研究时,每次研究所分析的变量都是相同的。见纵贯法(longitudinal method)。

panic disorder 恐慌症 属于一种严重的焦虑症,常在某些情境下突然发作,发作时的症状是心悸、胸痛、出汗、颤抖、头晕等。痛发时间一般在数分钟之内。

panophobia 泛恐惧症 指不限于某种对象的恐惧症。患者情绪中充满恐惧感,但无从说明所恐惧者为何。见恐惧症(phobia)。

pansexualism 泛性论 指心理学上的一种观点或主张。持此观点者,在解释人类行为时,总是把性视为一切行为的动机。换言之,把性欲或性冲动解释为个体行为发生的主要原因。因为精神分析论创始人弗洛伊德的理论中,特别强调性对个体人格发展的重要性,并提出欲力的观念,故以后批评精神分析论的人,即指弗洛伊德的理论为泛性论。见欲力(libido)、性心理期发展论(psychosexual stage theory of development)。

pantophobia = panophobia 泛恐惧症

pantry-check technique 厨房调查法 属消费心理学上的一种检验广告效果的方法。当厂家在某种食物新产品的广告推出之后,直接抽样调查家庭中的厨房,调查一般家庭中是否实际采购了该种食品,从而确定广告的效果。

paper-and-crayon behavior 画纸蜡笔行为 指幼儿期喜欢绘画的行为。按幼儿所绘图画内容,可以评定其心理发展的程度。

paper-pencil test 纸笔测验 属心理测验的一种形式。此种测验的试题印成文字，受测者按题意在答案纸上用笔写作答。纸笔测验也称文字测验（verbal test）。一般智力测验、性向测验以及各种学科的成就测验等，多半采用纸笔测验的形式。

Papez's circuit 培帕兹回路 为边缘系统中的神经传导回路。此反射性回路为美国生理学家培帕兹（J. W. Papez, 1883～1958）1937年所发现，故名。此一回路包括下述构造的连接：海马→穹窿→乳头体→视丘→内囊→扣带回→海马。培帕兹回路和情绪的控制与表达密切相关，近年来也发现此回路之病变与某些记忆障碍有关。

parabiotic twins 连体孪生子 指孪生子出生时身体相连者。见暹罗连体孪生子（Siamese twins）。

parachromatopsia 部分色盲 属色盲（color blindness）之一类。见该条。

parachromopsia = **parachromatopsia** 部分色盲

parachute reflex 降落伞反射 婴儿出生后6至9个月期间出现的一种反射动作，用手掌托住婴儿胸腹部，使其离开床面而悬空。如此时突然将婴儿向前向下运动，婴儿将会出现双手手臂立即伸展，手指呈扇形散开，与降落伞阻止下降速度的情形相似。婴儿此种反射动作是健康正常的表现，如满周岁尚无此种反射，就有可能罹患瘫痪症。

paradigm 范式，设计 **1.**供做同类事物的模式。**2.**基于某种观念所提出的设计，如实验设计、工作进度设计等。**3.**义同科学范式（scientific paradigm）。见该条。

paradox 悖理，诡异 指从表面看是不合理的现象，但事实上却是真实的诡异论断或物理现象。见诡热觉（paradoxical heat）条及附图。

paradoxical cold 诡冷觉 在热刺激的情况下产生冷感觉的矛盾现象。根据实验发现，将物体温度调在45℃（或稍高），然后刺激皮肤上的冷点时，即会产生冷觉。以淋浴为例，调整水温时，用手去试时可能觉得是凉的，但全身接受水的冲洗时，反而觉得水温是热的。在这种情形下，手所感到的冷觉就是诡冷觉。诡冷觉产生的原因是，当时龙头的水冲到的是手上的冷点（cold spot）。见该条。与本词相对者为诡温觉（paradoxical warmth）。见该条。

paradoxical coolth = **paradoxical cold** 诡冷觉

paradoxical heat 诡热觉 指温度感觉与温度刺激不相符合的奇异现象。如附图所示，若将两条冷、热水管绞在一起，用手握住水管，然后同时开始放水，此时就会觉得水管不是温的（理应是温的），而是烫手的。诡热觉现象产生的原因是，皮肤下接受温度刺激者，有分别司职辨别冷热的两种感受器，一为冷点（cold spot），一为温点（warm spot），冷热两种感受器分别将冷与热的信息传至大脑的体觉区而产生冷觉或热觉。但如皮肤同一部位同时接受冷、热两种刺激时，只能将较强的一种信息（热觉）传入大脑而产生热觉。见该等条。

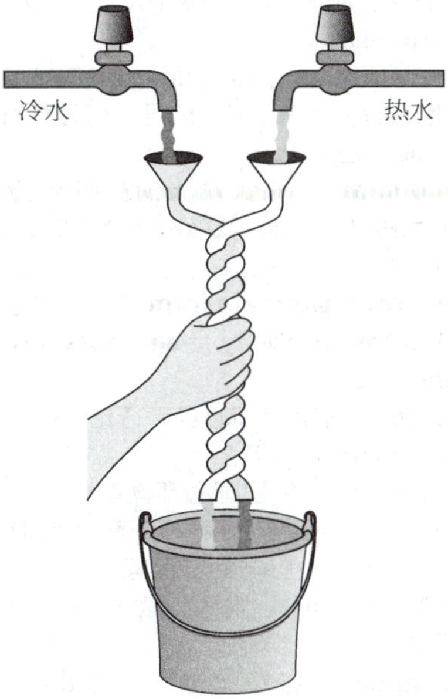

诡热觉

paradoxical intention 矛盾意向法 指意义治疗法创始人弗兰克使用的一种心理治疗技术。当个人处于沮丧或恐怖的心境时，尽量鼓励自己去面对可怕的事，以面对现实甚至迎接现实的态度去抵制因畏惧而生的逃避意向。如此，个人所面对情境将会变得不再可怕。见意义治疗法（logotherapy）。

paradoxical sensation 诡感觉 见诡冷觉（paradoxical cold）、诡温觉（paradoxical warmth）和诡热觉（paradoxical heat）。

paradoxical sleep 似睡眠 义同快速眼动睡眠（rapid eye movement sleep）。见该条。

paradoxical warmth 诡温觉 是一种矛盾的温觉，事实上是冰凉的物体，但却引起温暖的感觉。根据实验发现，当刺激的温度调在低于30℃时（低于体温），即会产生诡温觉现象。诡温觉产生的原因，是因为当时刺激物刺激到温点（warm spot）的缘故。见该条。与本词相对者为诡冷觉（paradoxical cold）。见该条。

paralexia 错读症 指阅读时视觉与意识极不一致的现象。视觉所经之处，意识跟不上视线的扫描，不能从文字中获得意义，因而造成文句语意颠倒不清的现象。

parallax 视差 指物体不动而在视觉上产生移动的错觉现象。当注视同一方向而远近不同的两个物体时，如将身体左右摇动，就会感到两个物体呈相对方向移动，距离近的物体向身体摇动的反方向移动，距离远的物体则反之。见运动视差（motion parallax）。

parallel distributed processing（PDP） 平行分配处理，平行分配加工 义同平行处理（parallel processing）。见该条。

parallel dream 平行梦 瑞士精神病学家荣格理论中的术语。指夜间的梦境带有个人的意识与态度，与日间生活经验有关。

parallel form = alternate form 复本，更替卷

parallel forms reliability = alternate-forms reliability 复本信度

parallelism 平行论 义同心身平行论（psychophysical parallelism）。见该条。

parallel law 平行律 德国心理物理学家费希纳发现的感觉原则。谓当强度不同的两个刺激同时出现时，由于感觉适应与疲劳因素的影响，刺激的绝对强度将逐渐消失。唯两刺激之间的强度比率，仍然维持。

parallel model 平行模型 义同平行处理（parallel processing）。见该条。

P

parallelogram illusion 平行四边形错觉 义同桑德平行四边形错觉（Sander parallelogram illusion）。见该条及附图。

parallelogram problem 平行四边形问题 此问题为完形心理学创始人韦特海默用来说明创造性思维（productive thinking）时的例题。如附图所示，为一平行四边形。想要求其面积，但无法按照长方形的解法得到答案，必须从整个图形去考虑。设法过一顶点作底边之垂线为辅助线，然后以长×高得到长方形面积，即可得到该平行四边形面积。

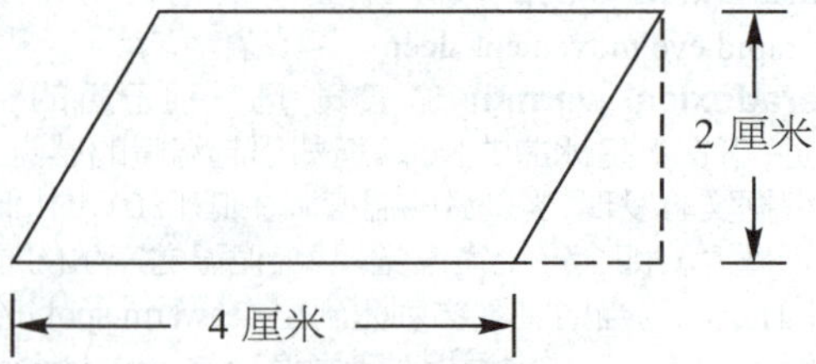

平行四边形问题

parallel play 并行游戏 属幼儿游戏类型之一。多个幼儿一起游戏时，各玩各的，彼此漠不关心的现象称为并行游戏。见游戏类型（types of play）。

parallel processing 平行处理，平行加工 认知心理学上解释信息处理方式的一种理论。指个体经由认知历程处理信息（从输入到输出）时，在同一时间内可以处理不同类型的信息。以阅读为例，书页上的文字具有多种信息，字形、字义、字音、文法等，阅读者必须在同一时间分别予以处理。见信息处理（information processing）。与本词相对者为依序处理（serial processing）。见该条。

parallel processing model 平行处理模型 义同平行处理（parallel processing）。见该条。

paralogia = paralogical thinking 谬误思维

paralogical thinking 谬误思维 指不合逻辑的荒谬思维。谬误思维多半属于两类形式：一类是完全不合逻辑的思维。另一类谬误思维是曲解事实。例如，在餐厅用餐时看到另一餐桌上有两人密谈，他就认为他们肯定是密商如何加害自己。谬误思维是一种心理异常现象。见妄想狂（paranoia）。

paralysis 麻痹，瘫痪 **1.**狭义言之，指个体的部分或全部动作机能丧失的现象。**2.**广义言之，除指个体动作机能丧失外，也包括部分或全部感觉器官机能丧失的现象。麻痹的形式很多，最主要者有单肢麻痹（monoplegia）、下肢麻痹（paraplegia）和半身不遂（hemiplegia）等。见该等条。

paralysis agitans 震颤麻痹 义同帕金森病（Parkinson's disease）。见该条。

parameter 参数 指反映总体性质的数值。因总体多为假设性对象，只能由样本的统计数来推估之。因此，统计数与描述总体性质的参数，两者是相对应的：前者描述样本的性质，后者描述总体的性质。唯在习惯上使用符号不同。统计数常用英文字母表示，如用M、SD（或S）和r分别表示平均数、标准差和相关系数；参数则常用希腊字母表示，如用μ，σ和ρ分别表示平均数、标准误和相关系数。

parameter estimation experiment 参数估计实验 义同参数研究法（parametric study）。参见该条。

parameter of reinforcement 强化参数，强化变数 指在操作条件作用实验过程中，强化变化中有关变项之间彼此的关系与交互影响。强化参数主要包括三方面：（1）强化量（amount of reinforcement）的变化；（2）延迟强化（delayed reinforcement）的变化；（3）强化程序（schedule of reinforcement）的变化。见该等条。

parametric statistical test 参数统计检验 根据样本统计数(M、SD、r等)对其相对应的总体参数(μ、σ、ρ等)的假设检验。参数检验的有效性是以其内在的假定为前提的,即大多以样本所属的总体呈常态分布且变异数相等为前提。参数检验适用于等距变项和比率变项的资料。z检验、t检验、F检验都是参数检验。

parametric statistics 参数统计 根据样本数据分析统计从而推估总体性质的统计方法。参数统计实施的要项有三:(1)总体中的个体特征(如儿童智力)是常态分布的;(2)从总体中抽取的样本是各自独立的;(3)如果总体有两个(或两个以上)时(如乡村儿童和城市儿童),各总体内的变异数应大致相同。与本词相对者为非参数统计(nonparametric statistics)。见该条。

parametric study 参数研究法 一种在实地研究法中常用的实验方法。在此法中不设控制组,仅将实验组分成三个或三个以上的小组,根据各小组反应所得的结果,解释自变项与依变项的关系。例如,实验者欲研究在拥挤的街道上,团体行为对赶路过客行为的影响,借以了解团体的大小是否为决定因素。将受试者分为2、3、4、5、10等五个不同人数的小组,令其在人行道上驻足仰视,然后观察这些不同人数的团体,是否在吸引路人同样驻足仰视的行为上有所差异。结果显示,小组人数愈多,对路人影响愈大。由于自变项(团体的大小)的数值在三组以上,且未设控制组,这种实验法即可称为参数研究法。使用参数研究法与一般实验法一样,旨在发现自变项与依变项之间的函数关系。

paramimia 表情障碍 属运动失调症之一。患者无法随意支配自己的身体, 因此在做动作和表情时,常与内在意向脱节,即所表之情不能达意。见运动失调症(apraxia)。

paramnesia 错误记忆 指所记忆之事实与事实本身混淆的现象。属假记忆(pseudomemory)现象之一。见该条。

paranoia 妄想狂,偏执狂 属于一种以妄想(delusion)为主要症状的精神病。见该条。妄想症患者,虽然在感觉器官上没有障碍,但在知觉经验上与常人不同;对事件的因果关系,不按常理判断,妄加推理,自以为是,在别人看来荒谬之极,而其本人则深信不疑。妄想的形式很多,其中主要者有:(1)迫害妄想(delusion of persecution);(2)夸大妄想(delusion of grandeur);(3)支配妄想(delusion of influence);(4)否定妄想(delusion of negation);(5)关联妄想(delusion of reference);(6)嫉妒妄想(delusion of jealousy);(7)多情妄想(erotic delusion)等。见该等条。

paranoid anxiety 妄想性焦虑 精神分析论中的术语,意指个体焦虑之所以产生,是由于过分疑心别人预谋加害于他的妄想(delusion)所致。见该条。

paranoid character 妄想性格 义同妄想型人格异常(paranoid personality disorder)。见该条。

paranoid disorder = **paranoia** 妄想狂

paranoid personality 妄想型人格 义同妄想型人格异常(paranoid personality disorder)。见该条。

paranoid personality disorder 妄想型人格异常,偏执型人格障碍 属人格异常之一。属此类型者对人不信任、疑心太重、嫉妒,凡有错误皆归罪于别人,处处防卫,无法与人建立良好的感情关系。妄想型人格异常简称妄想型人格(paranoid personality)。

paranoid schizophrenia 妄想型精神分裂症 属精神分裂症之一。其主要症状为思想荒诞,思想内容脱离现实,纯凭幻觉与错觉而构成妄想。妄想的方式主要有两类:一为迫害妄想(delusion of persecution),另一为夸大妄想(delusion of grandeur)。迫害妄想是指患者认定别人正在有计划地对他进行阴谋伤害,因而疑神疑鬼,凡是见人私语即起疑心,表现惶悚不安。夸大妄想则是患者妄自夸大个人的地位、身份、才能等以炫耀自己,期待引起别人的重视。此症患者多为中年以上者,发病缓慢,是多年累积的结果。见妄想狂(paranoia)。

paranoid type 妄想型 见妄想型精神分裂症(paranoid schizophrenia)。

paranormal cognition 异常性认知 义同超感知觉(extrasensory perception)。见该条。

paranosic gain = **primary gain** 初次获益

paraphilia 性变态,性异常 **1.**属性心理异常之一类疾患。此类疾患之主要症状是,不采取一般与异性接近或从性器交媾获得性欲满足的方式,而改以其他方式获得性的满足。性变态的表现方式很多,其中最主要者有以下几种:(1)恋物症(fetishism);(2)扮异性癖(transvestism);(3)恋兽症(zoophilia);(4)恋童癖(pedophilia);(5)暴露症(exhibitionism);(6)窥视症(voyeurism);(7)性虐待狂(sexual sadism)。见该等条。 **2.**义同性变态(sexual deviation)。见该条。见性心理异常(psychosexual disorder)。

paraplegia 下肢麻痹 属麻痹的症状之一。患者下肢自由活动功能丧失,甚至大小便失控。见麻痹(paralysis)。

P

parapraxis 表意失误 义同弗洛伊德失语(Freudian slip)。见该条。

parapsychology 心灵学,心理玄学 指科学心理学主流之外的另一种类似心理学的研究。心灵学异于主流心理学的主要特征是,其所研究的心理现象,并不遵循自然科学法则。心灵学不像科学心理学那样重视客观与验证,它所研究者多属主观而经验性的奇幻现象。心灵学研究的范围很广,其中最主要者有两大主题:一个主题是超感知觉(extrasensory perception)。在此主题之下,通常又分心电感应(telepathy)、超感视觉(clairvoyance)和预知(precognition)。另一个主题是对心灵致动(psychokinesis)灵奇现象的研究,指不用任何工具,就可支配物体移动。见该等条。详见莱茵(Rhine, Joseph Banks)传记条。

parasuicide 变相自杀 指个人蓄意采用不当方法伤害自己的身心,虽未导致死亡,但却严重伤害自身健康的一切作为。

parasympathetic division 副交感神经部 义同副交感系统(parasympathetic system)。见该条。

parasympathetic nervous system 副交感神经系统 属自主神经系统(autonomic nervous system)之一。见该条及附图。

parasympathetic system 副交感系统 义同副交感神经系统(parasympathetic nervous system)。见自主神经系统(autonomic nervous system)条及附图。

P

parathymia 情感倒错 一种情感障碍。指人的认知过程和情感活动之间丧失协调而产生的颠倒现象。此种人的情感反应与相应的外界刺激的性质及内心体验不相符合。如遇到悲哀事件,却非常高兴愉快;相反,碰到高兴事件,却痛苦悲伤。

parathyroid gland 副甲状腺 属人体内分泌系统中的内分泌腺之一。副甲状腺位于甲状腺之旁,分为四个,两个在甲状腺的上方,两个在甲状腺的下方。副甲状腺分泌的激素,称为副甲状腺素(parathyroid hormone),其功能为调节血液中钙与磷的浓度,以维持神经系统与肌肉的正常兴奋性。因此,副甲状腺是个体维持生命的重要组织。副甲状腺分泌过多时,将使血液中钙含量增加,磷含量减少,因而易于导致骨折或变形,甚至造成肾结石疾病。副甲状腺分泌不足时,将会使血液中钙含量减少,磷含量增多,因而易于导致神经与肌肉的兴奋性增高,甚至引起痉挛;严重时可能因喉部肌肉痉挛而窒息死亡。见内分泌系统(endocrine system)条及附图。

parathyroid hormone 副甲状腺素 见副甲状腺(parathyroid gland)。

parental behavior 亲职行为 指为人父母者在教养子女时所表现的角色行为。亲职行为的表现方式常因文化不同而有所差异,唯其中有些基本的行为特征(如养育、保护等),大致是一样的。

parental education 亲职教育 指为父母者为了学习如何教养子女而受的教育。亲职教育是从家庭教育演变而来的新观念,是因社会变迁家庭教育功能改变之后,为求父母角色扮演成功所需要的教育。今日社会中的家庭,其子女均需接受学校教育,绝大多数不再子承父业,而需在家庭以外学习技能为将来自谋生活出路。因此,为帮助子女求学,以准备将来发展,为父母者需要学习新的观念与知识,有了适当的亲职教育,而后才有成功的家庭教育。目前亲职教育是以社会教育的方式推行之。亲职教育范围甚广,其中主要者包括四方面:(1)生育规划;(2)婴幼儿养育保健知识;(3)儿童及青少年身心发展知识;(4)如何与学校教育配合辅导子女就学等。

parental fixation 亲情固着 属变态固着(abnormal fixation)现象之一,指为子女者在感情上过分依赖父母而缺乏性格独立的现象。见该条。

parent image 父母形象 **1.**指子女心目中或记忆中父母的言行特征。**2.**指亲生父母之外,代理父母职责扮演父母角色的人之言行特征。

parietal lobe 顶叶 为大脑皮质的四个脑叶之一,位于额叶之后、颞叶之上,即中央裂之后与外侧裂后段之上所围成的部分。顶叶的主要功能是控制躯体的感觉,又可区分为体知觉区、知觉性语言中枢、视觉性语言中枢等。见大脑皮质(cerebral cortex)条及附图。

parietooccipital sulcus 顶枕沟 为分隔顶叶与枕叶之脑裂,位于大脑半球靠近大脑纵裂的内侧表面上。见大脑皮质(cerebral cortex)条及附图。

Paris school 巴黎学派 18世纪末到20世纪初兴起于法国巴黎的一个精神病学研究团体。巴黎学派系由精神病科医师皮内尔(P. Pinel, 1745～1826)所创立。当时在巴黎医学界,一般认为精神病患者是魔鬼缠身,必须锁在铁笼内予以惩罚。当时担任巴黎萨里伯屈精神病院院长的皮内尔医师,提出革命性的构想,力主取消对病患不人道的对待,像对其他病人一样,给予关怀和治疗。至1862年,担任该精神病院院长的沙可大力支持皮内尔的构想, 继续为改善精神病治疗条件而努力,并在该院创设精神病学研究治疗实验室,开始尝试使用催眠术治疗癔症。见沙可(Charcot, Jean-Martin)传记条。

Parkinsonism＝Parkinson's disease 帕金森病

Parkinson's disease（PD） 帕金森病 一种渐进退化性神经系统疾病。帕金森病的主要症状是认知能力减退，语言表达困难，动作失调，肢体麻痹，行动拙笨且带有颤动的瘫痪现象。发病期间多在晚年，病因主要是基底神经节内多巴胺代谢机能障碍引起。此一疾病最早由英国医师帕金森（J. Parkinson, 1755～1824）1817年所发现并提出病理解释，故名。

parsimony 吝啬 指对个人财物或知识过分爱惜而从不与人分享的态度。

part correlation 部分相关 设已知A、B、C三个变项之间有共变关系，唯A与D、E之间也有共变关系，如将A与D和E间的相关剔除，只留下A与B和C的相关，称为部分相关。注意部分相关与净相关（partial correlation）不同，部分相关指某一变项与其他数变项之间的相关，而净相关则指剔除其他可能产生影响变项之后剩下两个变项之间的相关。见该条。见相关（correlation）。

parthenogenesis 单性生殖 指雌性未经与雄性交配受精即生育下一代的现象。有些植物是单性生殖的。

partial amnesia＝localized amnesia 局部失忆症

partial blind 部分保密法 指实验研究时，如无法实施双重保密法（double-blind technique）时，所采用的一种权宜办法。见该条。如实验时只是不让实验者知悉受试者的分组标准，借以减低实验者效应（experimenter effect）的做法，就是部分保密法。见该条。

partial correlation（$r_{AC\cdot B}$） 净相关，偏相关 指剔除其他可能产生影响的变项之后剩下两个变项之间的相关。设有A、B、C三个变项，经统计处理后发现，在相关程度上r_{AB}，r_{AC}以及r_{BC}三者都是正相关。研究者怀疑，A与C的正相关，可能是由于B与A和C均有正相关所致。假如B保持恒定，将B与其他两变项的相关部分剔除，只求A与C的相关，此种做法得到的相关结果，就称为净相关。表示净相关高低的数值，则称为净相关系数（partial correlation coefficient）。以下是净相关系数的计算公式：

$$r_{AC\cdot B}=\frac{r_{AC}-r_{AB}\times r_{BC}}{\sqrt{(1-r^2_{AB})(1-r^2_{BC})}}$$

公式中，$r_{AC\cdot B}$代表剔除B与两变项部分相关后的AC之间的净相关系数。求净相关时，如剔除的只是一个变项，称为一次净相关；如剔除的是两个变项，称为二次净相关；如剔除的是三个变项，称作高次净相关。本词与部分相关（part correlation）不同。见该条。

partial correlation coefficient 净相关系数 见净相关（partial correlation）。

partial epilepsy＝focal epilepsy 局部性癫痫

partial-factors experimental design 部分因素实验设计 义同拉丁方实验（Latin square experiment）。见该条。

partial instinct 局部本能 根据精神分析论的解释，欲力乃个体的生之本能。在个体的幼稚期，其欲力的表现多集中口唇、肛门等与性有关联的部位，因此，个体在口唇期、肛门期与性器期所表现的原始性的行为倾向，分别称为局部本能。

partialling out 剔除 在多变项间互有相关时，研究者希望将其间共同相关的因素剔除，从而只分析研究有关变项间净相关的方法，称为剔除。见净相关（partial correlation）。

partial love 局部爱 按精神分析论的解释，局部爱是对别人身体上某部分的爱；所爱的不是对方的整个人，而是他身体的某一部分。如婴儿喜爱母亲的乳头的情形，也称局部爱。

partial regression coefficient 净回归系数，偏回归系数 指排除其他变量影响之后，一个变项对另一个变项的回归系数。在多元回归分析中，如自变项与几个依变项之间互有影响。要研究一个依变项与另外单独一个自变项之间的回归关系时，就必须将其他自变项的影响作用排除掉。例如，小学生的年级与智力（两个变项）和词汇多寡都有相关关系，如只想研究智力与词汇的相关，就须采统计方法排除年级的影响，只对智力与词汇进行分析。通过统计分析得到的回归系数，即称为净回归系数。

P

partial reinforcement 部分强化 指条件作用学习过程中，只给予个体部分强化物以加强个体正确反应的各种方式。在操作条件作用的过程中，部分强化的实施方式并非在每一次正确反应之后均给予个体强化物，而是只选在部分正确反应之后才给予强化物。此种强化方式，也称间歇强化（intermittent reinforcement）。在经典条件作用过程中，部分强化系指不规律地出现无条件刺激。例如，如实施75％的部分强化方式，无条件刺激的出现率可安排为平均每四次练习中出现三次。

partial-reinforcement effect（PRE） 部分强化效应 在条件作用学习的实验过程中，就强化实施的方式而言，一般发现，采部分强化或间歇强化时，反而要比连续强化更为有效。所谓"更为有效"者，乃是指部分强化方式之下所建立的学习(指刺激反应间的联结),在以后强化停止时,学得的反应反而不易消弱(extinction)。见该条。此种由部分强化所产生的正向效应,称为部分强化效应。

partial-report method **部分报告法** 指研究视觉映象记忆时采用的一种受试者对短暂视觉刺激的反应方式。部分报告法是由美国心理学家斯珀林(G. Sperling)1960年所创用。以下是斯珀林实验研究的大概情形:

实验材料为随机选取的12个英文字母,按随机分派原则,将之列为三排,每排4个字母,成为一个如下的方阵形式:

M B F Q……高声音
Z R E P……中声音
K D V G……低声音

实验进行时使用速示器以50毫秒的短暂时间,让受试者看一遍之后要求他们报告看到的所有字母。结果发现,采用全部报告法(whole-report method)时,受试者所报告的平均成绩约在4至5个字母之间,但他们却自称看到了12个字母。换言之,受试者的视觉所见是12个字母,而事后凭记忆所能报告出来的却不及半数。斯珀林对此种视觉记忆现象提出一种假设,认为那是由于视觉记忆保持时间极短,如果要求受试者将所看到的字母全部报告出来,因受时间的限制,报告到4至5个字母时,其他字母来不及报告即遗忘。基于此假设,斯珀林改变实验设计,不再采取全部报告法,而改以部分报告方式进行。部分报告法是指每次看过12个字母之后,只要求受试者报告其中一行的4个字母,各行的选择仍采随机指定方式,而指定的信号则是在看过12个字母之后加一声音;高声音时报告第一行,中声音时报告第二行,低声音时报告第三行。结果发现,每一行报告的平均正确率是3.3个字母,三行合计则为9.9个字母。换言之,受试者同样是在50毫秒时间内看过12个字母,分行报告后合起来计算所记忆的量就超过了总字母数的四分之三。部分报告法之所以增加了记忆量,原因是受试者能在尚未遗忘的短时间内将一行4个字母报告完毕。因此,斯珀林的假设获得了支持。见映象记忆(iconic memory)。

partial-report procedure = **partial-report method** **部分报告法**

partial-report technique = **partial-report method** **部分报告法**

participant observation **参与观察** 观察法的一种形式。从事观察研究时,观察者参与被观察者的活动,在被观察者不知不觉中,得到较为自然的数据。见观察法(observational method)。

participation leadership **参与式领导** 属民主式领导方式之一。参与式领导的特点是,让成员参与团体的决策与管理。成员参与的方式多种多样,如参与订定团体目标,共商达成目标的措施,参与决策、解决问题,参与改革、管理以及评价效果等。这种领导方式能增强成员的隶属感,易于把成员们的个人目标与团体目标结合起来。参与式领导下的团体,凝聚力较强,人际关系较融洽,成员们对工作的满意程度也较高。

participative management **参与管理** 工业组织心理学上的术语。指非属管理阶层的员工们,也被允许选派代表,参与管理决策,借以加强上下沟通,从而减少误会,激励士气,提高生产效率。见工业组织心理学(industrial/organizational psychology)。

particular complex **特殊情结** 按精神分析论的解释,指因特殊事故(如痛苦经验)所形成的情结。见情结(complex)。

particularism **特殊论** 社会学与社会心理学上解释个人与团体关系的一种理论。持特殊论观点者认为,解释个人行为时,只需考虑个人社会角色的特殊性及该行为产生的特殊情境,不需考虑团体的行为标准。与本词相对者为普遍论(universalism)。见该条。

part instinct = **partial instinct** **局部本能**

part learning = **part method of learning** **部分学习法**

part method of learning **部分学习法** 见整体学习法(whole method of learning)。

part-object **局部对象** 按精神分析论的解释,局部对象指个体所喜爱者,不是以整个的人为对象,而是他身体上的一部分,如对方的眼睛、头发或身材等单独部分,都可能成为局部对象。见局部爱(partial love)。局部对象是婴儿期的心理倾向,如成年后对人的感情仍然只限于局部对象,那就显示其性心理发展不够成熟,精神分析论者称之为情感固着(affective fixation)。见该条。人际成熟的感情关系,是以彼此的整个人为对象的。与本词相对者为整体对象(whole object)。见该条。

part practice **部分练习** 义同部分学习法(part method of learning)。见整体学习法(whole method of learning)。

parturiphobia = **maieusiophobia** **惧分娩症**

passing stranger effect **陌路效应** 指个人的隐私在熟人面前保密,但对陌生人反而有时自愿泄露的心理倾向。把个人的隐私告诉陌生人，一方面可能是为了炫耀自己，另一方面可能认为对方知之无妨，因为彼此陌路，以后不可能再度见面，对方也无从对他人宣扬。本词也称同车陌路效应(stranger on a train effect)。

passive aggression **消极攻击** 指有意识或无意识地通过消极不合作的方式所表达出来的攻击性行为。举凡阳奉阴违、消极怠工、做事不认真、不信守诺言等均属之。

passive-aggressive personality **被动性攻击型人格** 属此类型人格者，在行为上虽具攻击性，但攻击的原因多系受别人影响。因此，属此类型的人格异常者，心理上充满矛盾，既要跟随别人去表现攻击行为，却又自我谴责，感到愧疚。

passive-aggressive personality disorder **消极攻击型人格异常** 属人格异常之一，属此类型者，对别人常怀敌意，有攻击倾向，但并不在行为上直接表现出来，而以消极抵抗、不合作主义、推脱敷衍的方式，达成其攻击对方的目的。

passive avoidance training **被动回避训练** 义同惩罚(punishment)条第三义。见该条。

passive castration complex **被动阉割情结** 指当事者在潜意识中存有被阉割欲望者。与本词相对者为主动阉割情结(active castration complex)。见该条。见阉割情结(castration complex)。

passive consciousness **被动意识** 指个体的意识状态是由于环境中刺激引起者。个体经由感官收受到环境中刺激传来的信息，由感觉、知觉而生意识。被动意识有多种境界，从清醒到梦境的不同意识状态，均可视为被动意识。与本词相对者为主动意识(active consciousness)。见该条。

passive euthanasia **被动安乐死** 见安乐死(euthanasia)。

passive instinct **被动本能** 按精神分析论的解释，死之本能具有攻击与破坏的倾向，攻击破坏时，有的是主动的(攻击破坏别人或自己)，有的是被动的(自愿接受别人的攻击破坏)，像受虐狂(masochism)就是自愿接受被动攻击的例子。

passive introversion **被动内向性格** 指个体性格内向是由于被动因素所形成，亦即由于个体本身缺乏主动参与社会活动能力所致。

passive language **被动语言** 指个人能被动使用的语言，亦即指在听、说、读、写语言四大要项中，个人只有听与读的语言能力。与本词相对者为主动语言(active language)。见该条。

passive learning **被动学习** 指缺乏动机或意向的学习。义同偶然学习(incidental learning)。见该条。

passive memory **被动记忆** **1.**指学习过程中个体未曾刻意对学习材料加以注意而留下来的记忆。**2.**指长期记忆。盖长期记忆中所储存的信息，在不使用时个体是不觉其存在的(如多年不见的朋友的名字)，只有在需要时才检索出来使用。与本词相对者为主动记忆(active memory)。见该条。

passive negativism **消极抵抗** 指对别人的意见或劝告以不理不睬的态度应付之。见抗拒(negativism)。

passive recreation **被动休闲** 见主动休闲(active recreation)。

passive sleep theory **被动睡眠理论** 解释睡眠原因的一种理论观点，其要义是，认为睡眠是一种被动产生的现象。此理论又分别有两种看法：一是早期的看法，认为睡眠是由于疲劳或外在刺激的减少引起的；另一种是现代的观点，认为睡眠是由于控制觉醒的神经中枢活动减弱而引起的。

passive therapy **消极治疗** 泛指心理治疗的一种取向，而非指某种具体的心理治疗方法。凡是不采取积极的手段去指导或矫治案主行为者，均称为消极治疗。在诸多治疗方法中，非指导性治疗法(nondirective therapy)就是消极治疗法的例子。见该条。

passive touch **被动触觉** 指物体触及身体表面皮肤时皮肤所获得的知觉。身体各部位的皮肤，对物体引起触觉的敏锐度有很大的差异，指尖和颜面部位的敏锐度高，臀部和背部的敏锐度低。与本词相对者为主动触觉(active touch)。见该条。见两点阈(two-point threshold)。

passive vocabulary **被动词汇** 指个人能被动使用语言中的语词，亦即能听懂或认识的语词。被动词汇的含义如只限于解释认字的多寡时，也称为认识词汇。与本词相对者为主动词汇(active vocabulary)。见该条。

passivism **消极主义** **1.**指易受别人支配，缺少主动性格的人。**2.**指在两性关系上始终处于被动的态度。

PASS model of intellectual functioning **PASS智力功能模型** 义同PASS智力模型(PASS model of intelligence)。见该条。

PASS model of intelligence **PASS智力模型** 指美国心理学家达斯(J. P. Das)根据信息处理论的观点在1996年提出的一种解释智力功能的理论。此理论的要义是，当个体面对问题进行思维活动时，在心理运作上会出现连续性的认知活动：首先是注意(attention)到问题之存在与性质，继而进行

P

同时处理(simultaneous processing)与连续处理(successive processing)。唯在注意及处理时,个体的心智活动受到一种高层的计划(planning)所监控。用简化的方式来表示上述智力活动历程,即为PASS(四个英文词的第一个字母)。以学生解答几何试题为例,他首先在计划下注意到试题的形式,继之即对每一题目的已知条件及求解目的做同时扫描性的处理,最后采取行动,依序做连续性处理。此外,使用工具解决问题时,也是如此。

PASS theory of intelligence **PASS智力论** 义同PASS智力模型(PASS model of intelligence)。见该条。

patellar reflex = knee-jerk reflex **膝反射**

path analysis **路径分析,因径分析** 是多个变项之间因果关系的分析方法。路径分析的主要目的是,在具有前后次序关系的几个变项之中,分析较先发生的变项经由何种途径影响后面的变项。在分析之前,研究者必须根据理论与文献,提出各变项之间的相关关系或因果关系,并以路径图表示之。例如,根据文献探讨结果,发现①父亲教育程度、②母亲教育程度、③儿童早期智商、④儿童所受教育、⑤儿童晚期智商五个变项间的关系如附图所示:

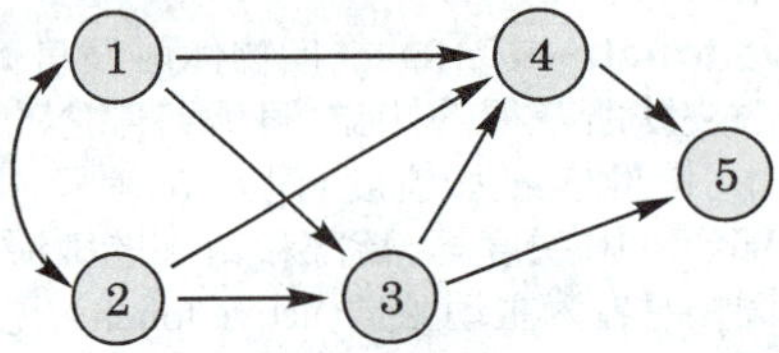

路径分析

图中曲线双向箭头表示相关关系,直线单向箭头表示因果关系。研究者需要进一步考验上述模式是否能符合所搜集到的资料,若能够符合,则上述模式即可成立。但应避免遽下因果的结论,而仅能说明该研究呈现假设的因果关系。

pathological gambling **病态嗜赌** 指沉溺于赌博,不能自拔,参与赌博已成为强迫性行为,以致演变到影响职业甚至伤害到家庭生活的地步。

pathological lying **说谎癖** 指经常性而且带有强迫性的说谎行为。本词所指说谎行为属病态现象,因为在不需要说谎的时候, 当事者仍然说谎。据研究发现,说谎癖者多属酗酒过度,或是脑部曾患疾病的人。

pathology **病理学** 对生理或心理疾病之病因与病象的科学研究。

pathophobia = nosophobia **患病恐惧症**

patient **病人,患者** **1.**在医学上,本词含义有二:(1)指经由诊断而确定患有某种疾病或因身体遭受伤害而接受治疗的人,称为病人或患者。(2)虽身心方面无明显疾病而住院接受医事检查的人,也称为病人或患者。综合以上两点可知,凡是在医院或诊所留有病例者,无论有病无病,医务人员统称他们为病人或病患。 **2.**在心理学上,原本已接受医学的观念,泛将接受心理治疗的人,一概称之为病人或患者。唯晚近的一些心理学家认为,心理治疗对象与传统医药治疗对象并不相同。采用传统医药治疗时,对皮肤外伤者和罹患肺炎者同样视为病人,虽无不可,但对强迫住院的精神分裂症患者和因在校人际关系适应困难而需心理辅导的学生两种人来说,如将他们同样看成是病人,就值得商榷。原因是在一般人的观念中,“心理疾病”带有负面意涵,如轻微心理困难者被辅导员或心理师随意列为心理疾病的一类,难免产生不良的标签效应。见标签论(labeling theory)。唯其如此,晚近一些心理学家主张,对较为轻微心理适应困难的人,改以案主(client)一词取代本词传统的名称。见该条。

patriarchal family **父权家庭,父系家庭** 指家庭嗣系的绵延以父方为主体。在父权家庭中,父为宗族代表,为一家之主,掌管全家财产等一切大权。家庭其他成员均处于附属地位。子女从父姓,男性儿童较有优越地位。父死传子,以长子为先,无子则传于宗族中其他男子。

patriarchal society **父权社会** 见母权社会(matriarchal society)。

patriarchy **父权制** 见母权社会(matriarchal society)。

patternalism **规范主义** 对儿童(甚至成人)的行为,采取过分保护或控制的做法,称为规范主义。实施规范主义的目的是使个体遵守规范, 便于管理。传统教育的措施多半如此。

pattern analysis **题型分析** 指编制测验题目的一种方法。用统计分析的方法,把一个测验中测量同一特质的题目找出来,将之归于不同类型,用以表示该类型题目是测量同一特质的。不过,题型分析时以受试者填写的答案为根据,因为受试的回答是显示其心理特质的。

pattern discrimination = pattern recognition **物形辨识**

pattern perception **物形知觉** 指对刺激情境所获得的完形的概念。刺激情境本身可能是紊乱的,无组织的,但个体可能在心理上予以组织形成他主观认为有意义的形状。见完形组织法则(Gestalt laws of organization)、物形辨识(pattern recognition)。

pattern recognition **物形辨识** 认知心理学术语。指在信息处理过程中感觉记忆阶段(只有1/4秒左右)个体能对环境中的物体有所辨识,从而认识该物体是什么东西(包括人、物、文字、符号等)。学前儿童面对数种水果时,他能立刻指出那是橘子,那是苹果;面对客厅内多种家具时,他能立刻指出那是椅子,那是沙发,那是茶几,那是餐桌。儿童的此种能力,就是物形辨识。为什么人会在极短时间内即能表现出物形辨识行为?在认知心理学上有三种理论解释此问题:(1)模板论(template theory);(2)特征论(feature theory);(3)结构论(structural theory)。见该等条。另见感觉记忆(sensory memory)。

Pavlovian conditioning **巴甫洛夫条件作用** 义同经典条件作用(classical conditioning)。见该条。

Pavlovianism **巴甫洛夫主义** 属现代心理学的一种思想。此种思想的特点是,将一切行为的改变均视为条件反射(conditioned reflex),强调人的大脑只具生理功能。见该条。

Pavlov, Ivan Petrovich (1849～1936) **巴甫洛夫** 巴甫洛夫是生理学家和生理心理学家,是条件反射理论的建构者,是1904年生理学诺贝尔奖的得主,也是传统心理学领域之外对心理学发展影响最大的人物之一。

巴甫洛夫1849年9月26日出身于莫斯科附近的一个牧师家庭,是父母11个子女中的长子,自幼就养成负责的个性。7岁时他因头部受伤不能入学,在家由父亲教导读书。1860年,他先入神学院,准备将来做传教士,此期间在思想上受到当时著名生理学家谢切诺夫(I. M. Sechenov, 1829～1905)于1863年出版的《脑的反射》一书影响,乃放弃神学,改进圣彼得堡大学修习动物生理学。巴甫洛夫的主要兴趣在研究动物消化,1875年毕业后,再进军医学院习医,1883年获博士学位,因无志从医,故而未曾参加实习,专事生理学研究。1884～1886年,巴甫洛夫赴德国莱比锡大学研究生理学。回国后在圣彼得堡大学担任研究助理,1887年获聘为该校教授。1890年应聘为圣彼得堡大学军医学教授,在此期间因其在消化腺方面研究的杰出贡献,成为1904年诺贝尔奖得主。1924年退休后,改任苏联科学院特别为其设立之巴甫洛夫生理研究所主任,直至1936年2月27日病逝于列宁格勒,享年87岁。

巴甫洛夫在学术上的贡献,主要在于心脏的神经功能、消化腺的生理机制(获诺贝尔奖)及条件反射三方面的研究。至于对以后心理学发展影响最大的,则在于以下两方面:

1.条件反射研究　条件反射是巴甫洛夫研究狗的消化腺分泌时意外发现的。用开刀手术在狗的腮部唾腺位置连接一导管,引出唾液,并用精密仪器记录唾液分泌的滴数。实验时给狗食物,并随时观察其唾液分泌情形。在此实验过程中,巴甫洛夫意外地发现,除食物之外,在食物出现之前的其他刺激(如送食物者的脚步声),也会引起狗的唾液分泌。巴甫洛夫根据谢切诺夫《脑的反射》中的理论,在1901年将狗对食物之外的无关刺激引起的唾液分泌现象,称为条件反射。条件反射(conditioned reflex),指在某种条件下,非属食物的中性刺激也与食物刺激同样引起脑神经反射的现象。从1901年起,巴甫洛夫专心从事条件反射实验研究,直到1936年逝世为止,长达35年之久。

2.建构经典条件作用学习理论　巴甫洛夫发现条件反射现象之后,他原本有意称条件反射现象为精神反射(psychic reflex),后来改称为条件反应。他以后的实验研究,继续采用与食物无关的各种刺激(如灯光、铃声、节拍声等),实验观察狗的唾液分泌,并分别定出四个名称:(1)引起唾液分泌的刺激(指食物)称为无条件刺激(unconditioned stimulus, UCS);(2)食物引起的唾液分泌称为无条件反应(unconditioned response, UCR);(3)非属食物的刺激称为条件刺激(conditioned stimulus, CS);(4)非食物刺激引起的反应称为条件反应(conditioned response, CR)。见该等条。条件刺激与条件反应之间新关系建立的历程,巴甫洛夫解释为这是从生理到心理的学习历程。巴甫洛夫的研究和理论,在心理学上称为经典条件作用(classical conditioning)。经典条件作用的学习原理,提供了以后美国行为主义刺激—反应心理学思想的理论基础。

巴甫洛夫的著作中与心理学有关的英文专著有:*The work of the digestive glands* (1902); *Con-*

P

ditioned reflex（1927）；*Lectures on conditionedreflexes*（1928）；*Conditioned reflexes and psychiatry*（1941）等。

PD = Parkinson's disease 帕金森病

PDG = prisoner's dilemma game 囚犯两难博戏

PDP = parallel distributed processing 平行分配处理，平行分配加工

peakedness = kurtosis 峰度，峰态

peak experience 高峰经验，高峰体验 美国人本主义心理学家马斯洛在1962年提出，个体成长需求获得满足时，在精神上体验到的一种完美、幸福的欣喜感受，是为高峰经验。高峰经验是努力后的成功，困思后的创作，信仰后的领悟，以及在爱与被爱的真情表露中获得的心灵震动。亦即，在自我追寻中臻于自我实现的地步时，高峰经验就会产生。高峰经验不仅使人有快乐感，更使人有幸福感与价值感。在高峰经验时，个体最能展露个性，最能率真自然，最能自由自在，无疑是觉察到了宇宙本质，浑然处于天人合一的统整的真善美境界。见需求层次论（need-hierarchy theory）。

Pearson chi-square test 皮尔逊卡方检验 义同卡方检验（chi-square test）。见该条。

Pearsonian correlation 皮尔逊相关 见积差相关（product-moment correlation）。

Pearson, Karl（1857～1936） 皮尔逊 皮尔逊是英国统计学家，他将数理统计学原理应用于生物学、社会科学及遗传学的研究，间接促进了科学心理学的发展。

P

皮尔逊1857年3月27日出生于伦敦，在大学时代兴趣广泛，进剑桥大学学习数学、物理、哲学、宗教和法律，成为当时剑桥大学最杰出的学生，1879年毕业后并取得律师资格。皮尔逊所信奉的人生哲学是"因为我们无知，所以我们努力"。他从剑桥大学毕业后，进伦敦大学担任应用数学教授，后因读到当时英国著名科学家高尔顿1889年出版的《天才的遗传》一书，深受影响，从而成为高尔顿的忠实弟子，并与之合作，将他的数理统计理念应用于高尔顿在个别差异、遗传以及优生学等各方面的研究。1901年与高尔顿等人联合创办《生物统计学杂志》，专门发表有关生物学及心理学的研究结果。1904年出任由高尔顿捐款在伦敦大学创办的遗传学实验室主任，成为高尔顿的继承人，并首次担任在伦敦大学设置的优生学讲座教授。1898年荣获英国皇家学会达尔文奖章，1936年4月27日病逝伦敦，享年79岁。皮尔逊在统

计学上的贡献是空前的，他所创制的很多统计方法，促使行为与社会科学在20世纪初得到长足发展。现在统计学上的一些基本概念，几乎全是源自皮尔逊；举凡次数分布（frequency distribution）、偏态（skewness）、峰度（kurtosis）、标准差（standard deviation）、卡方检验（chi-square test）、列联相关（contingency correlation）、积差相关系数（product-moment correlation coefficient）、二列相关（biserial correlation）、复相关（multiple correlation）、四分相关（tetrachoric correlation）以及非直线相关（non-linear correlation）等，均由皮尔逊所创始。见该等条。

皮尔逊的主要专著有：*The grammar of science*（1892）；*The life, letters, and labours of Francis Galton*（1914～1930）；*Karl Pears：An appreciation of some aspects of his life and work*（1938）等。

Pearson product-moment correlation 皮尔逊积差相关 义同积差相关（product-moment correlation）。见该条。

peccatiphobia 犯罪恐惧症 属恐惧症之一。患者对犯罪行为特别关心，而且时时提防自己的行为会涉及犯罪，因而在日常生活中畏首畏尾，生怕做错了事，结果是愈小心愈恐惧。见恐惧症（phobia）。

pecking order 支配顺序 指团体中成员间支配与顺从的层次。此种层次，由高到低形成一定的顺序。在人的社会中，按长幼、辈分或官阶等，形成各种由上而下的顺序。在动物社会中，也有它们的支配顺序。支配顺序本由动物心理学家研究鸡群活动而发现，鸡群中彼此啄击的顺序是一定的。后来推及其他动物研究，现在也用来解释人的社会行为。唯在社会心理学家说明同一意义时，多采另一名词支配阶层（dominance hierarchy）来代替。见该条第三义。

peck order = pecking order 支配顺序

P-E-C scale P-E-C量表 见权威主义测量（measurement of authoritarianism）条第三义。

pedagogical psychology = **educational psychology** 教育心理学

pedolalia = **baby talk** 婴儿语

pedophilia 恋童癖 属性变态之一。患者以儿童为性追求对象的性反常心理现象。此类患者人格发展不成熟，缺乏与成人异性的社交能力。以儿童为性满足对象是一种退化现象。见性变态（paraphilia）。

pedophobia 洋娃娃恐惧症 属恐惧症之一。患者对玩偶洋娃娃感受反常，非但不像一般人那样喜爱，反而望之生畏，甚至表现极不正常的恐惧反应。纵使明知不会受到任何伤害，但仍然无法克制由之引起的惶恐情绪。见恐惧症（phobia）。

peek-a-boo 藏猫猫，躲猫猫游戏 婴儿一岁左右时喜欢和成人或较年长儿童进行的一种传统游戏。年长者忽隐忽现，或以手蒙面，或隐匿于物后，或隐于婴儿身后，随即以声音为信号出现在婴儿面前，婴儿对此常以微笑甚至大笑，并挥手蹈足等兴奋动作来反应。

peer group 同辈团体，同侪团体 属于由年龄、身份、社会地位等方面相接近的人所组织的一种雏形社会团体。同辈团体中成员间关系亲密，成员们认同团体中的行为标准，有隶属感，且持有类似的价值观念。同辈团体一般指儿童或青少年们自由组合的友朋团体。儿童期的同辈团体，一般开始在5至7岁之间，因为心理发展达到此一年龄阶段的儿童，原来的自我中心倾向已逐渐减低。

peer group pressure 同辈团体压力 指同辈团体中的成员在心理上受到的同辈团体行为规范的压力。属于某一同辈团体中的成员，如果在行为上的表现和其他多数成员不同，就可能受到其他成员的排斥。因此，在同辈团体压力下，多数成员都倾向对团体行为规范认同。根据心理学家研究发现，儿童中期以后，同辈团体对团体中成员的压力逐年增加，至青春期达到高峰。此时期的青少年在生活习惯表现上，无不力求和同辈中其他人一致。有些不良习惯（如吸烟）正是在同辈团体压力下养成的。

peer group therapy 同侪团体治疗法 属于团体心理治疗方法之一。此种治疗法的特征是，将患有同样心理问题者，按其意愿（不能强迫）组成一个团体。团体成员间彼此坦诚相处，互相倾诉个人的生活经验及心中困扰的问题。因为各个成员的痛苦感受不同，有的因自我调适而进步，有的因自我封闭而益发严重。经由同侪间彼此自我表露的结果，可能使成员们学习到自我成长的能力，而且也可领悟到“比上不足，比下有余”的道理。同侪团体治疗法导源于1935年美国的匿名戒酒会（Alcoholics Anonymous）。见该条。另见团体治疗（group therapy）。

peer rating 同侪评定法 按某种预定标准（如评定量表），由同辈团体成员评定某人或团体成员间彼此互评，借以了解各成员人格特质的一种方法，称为同侪评定法。

pegboard test 钉板测验 属于一种非文字测验，使用目的在测量受试者的手眼协调能力。施测时受试者的任务是，将很多小钉子迅速插入木板上的小洞中，按速度与准确度计算成绩。

peg-word system 字钩法 属记忆术之一。用字钩法增强记忆的做法是，个人先建立一套自己熟用的“记忆挂钩”，例如，个人可以建立五个顺序性挂钩，1—兔子，2—老鼠，3—鞋子，4—扫帚，5—洋葱，也就是编了号的五个挂钩。假定有一天晚会上遇到五个陌生人，就将五个人的名字依序挂在钩上：张先生→兔子，李小姐→老鼠，王经理→鞋子，赵太太→扫帚，李主任→洋葱。显然，这是一种联结记忆法，使用这些看来奇怪的名词做挂钩，目的在于帮助记忆。见记忆术（mnemonics）。

pencil-and-paper test = **paper-pencil test** 纸笔测验

peniaphobia 贫困恐惧症 属恐惧症之一。患者对贫困的感受特别在意，时时为生活贫困问题担心，终日恐惧贫困之来临，而不肯面对现实去克服困境。见恐惧症（phobia）。

penis envy 阳具妒羡 **1.** 精神分析论创始人弗洛伊德对女性心理的一种假设性解释。谓女性自觉是“不完整的男人”，因为她们没有阳具。因此，女性对男人生有阳具一事，既羡慕，又嫉妒，故而在潜意识中幻想自己也有阳具。此种假设迄今未得证实，且受到诸多批评。现已无人再同意此种观念。**2.**指未成年男孩子对成人阳具的妒羡心理。

Penrose staircase 彭罗斯楼梯 义同无尽台阶（endless stair step）。见该条及附图。

Penrose triangle 彭罗斯三角形 属不可能图形之一。如附图所示，乍看之下它像是一个立体的三角形，但仔细看之却找不出立体三角形的线索。故而称此类图形为不可能图形（impossible figure）。见该条。此不可能图形系由英国心理学家彭罗斯（L. S. Penrose, 1898～1972）1934年所设计，故名。

P

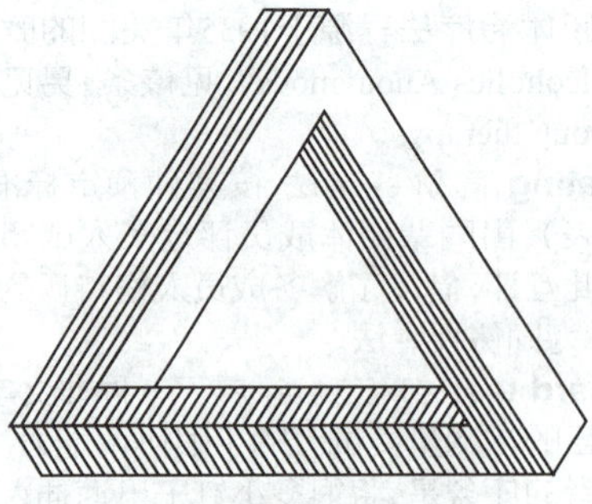

彭罗斯三角形

percentage grading system 百分评分制 对学生成绩的评分，以0～100分作为评分标准者，称为百分评分制。中国学校多采用这一制度。

percentile 百分位数 指居于某一百分等级（percentile rank）的实际分数。见该条。

percentile norm 百分位数常模 将个人在某一测验上实得分数，换算成百分等级，从而评定他在团体所居的位置，借以了解有百分之多少的人居他之后。易言之，用百分位数为标准以评定个人成绩者，称为百分位数常模。见百分等级（percentile rank）。

percentile rank（PR） 百分等级 用个人在团体中所占等级位置来表示其接受测验结果的一种方法。例如，李生在同年级数学成就测验上得到75分，换算成百分等级后，得到的百分等级是80，意指李生在该年级团体中与其他所有人比较时，他在100人中胜过其他80%的人。因此，百分等级是相对的，是根据团体表现求出来的个人成绩。百分等级与百分位数有关，百分等级代表等第，百分位数代表分数，即指在某一百分等级上的人所得的实际分数。如上例李生的百分等级是80，而他在测验上实得的分数是75分，75分就是他的百分位数（percentile）。

percentile score = percentile 百分位数

perception 知觉 指个体根据感觉器官对环境中刺激所收集到的信息产生感觉后，经脑的统合作用，将感觉传来的信息加以选择、组织并做出主观解释的历程。知觉的产生不仅靠感官的生理基础，还是一种心理作用。由上述定义看，感觉与知觉之间存在如下的关系：（1）感觉是形成知觉的基础，先产生立即而简单的感觉经验，而后形成较为复杂的知觉经验，单从行为反应看，两者间的差异不易区别；（2）感觉是以单一感官（如眼睛）生理作用为基础所产生的简单心理作用，而知觉则是大脑统合运作后所发生的复杂心理功能。由此可见，个体所知觉到的世界，未必与现实世界的特征完全符合，唯其如此，所以在很多情境之下会产生错觉（illusion）。见该条。另见感觉（sensation）。

perception distortion 知觉扭曲 指凭感官对环境中刺激所得知觉与刺激本身特征不一致的现象。造成知觉扭曲的原因主要有三方面：（1）个体本身内在原因，诸如情绪紧张、过度疲劳、药物效应以及精神症状等均属之。（2）个体与刺激之间的传送媒介所致，例如一根筷子插进水里就会变形。（3）刺激本身的特征不够明确所致，很多错觉（illusion）现象都是如此。见该条。

perception of time = time perception 时间知觉

perception set = perceptual set 知觉心向

perception time 知觉时间 从刺激出现到知觉产生之间所需的一段时间，称为知觉时间。

perceptive style 主动求知型 属认知风格之一。主动求知型指个体应付环境时所表现的一种习惯性的性格特征。属于此类型的人，喜欢注意、观察、理解环境中的事物，经与已有认知结构核对之后，形成自己的概念性知识。主动求知型的人，随时随地吸收知识。好学不倦的人通常属此种类型。与本词相对者为被动接受型（receptive style）。见该条。另见认知风格（cognitive styles）。

perceptual aftereffect 知觉后效 指面对知觉刺激良久所产生的知觉扭曲现象。见形象后效（figural aftereffect）。

perceptual confusion 知觉混淆 在感觉记忆阶段，根据感觉所得信息不能产生明确知觉经验者，称为知觉混淆。在知觉混淆情形下，就不能产生物形辨识。例如，在极短时间内（1/4秒左右）向受试者呈现相似的两个单字，例如：钓—钧，钉—针，要他们辨别两字的意义，可能因前者相似度高不易辨别，容易产生知觉混淆。

perceptual constancy 知觉常性 指知觉经验不因知觉对象所处环境不同而有所改变的恒常现象。知觉常性现象以视觉最为明显，从不同角度、不同距离、不同照明等物理环境下，看熟知的物体时，虽然该物体的物理特征（大小、形状、颜色等）受环境的影响而改变，但人对该物体所得的知觉经验，却保持其固有特征而不随之改变。例如，从不同角度看一扇门时，门的形状将变成多种不等边的四边形，但知觉经验中总保持门是长方形的印象。此种面对知觉对象所在环境变化而所得知觉经验不变的现象，称为知觉常性。知觉常性的心理现象，虽然是个体根据感觉信息所做的判断，但判断时并不经过意识分析，而是

P

直觉地无意识判断。知觉常性在各种知觉经验中都会发现，最常见的视觉常性有物体常性(object constancy)、形状常性(shape constancy)、大小常性(size constancy)、颜色常性(color constancy)、明度常性(brightness constancy)等。见该等条。

perceptual defect = **perceptual deficit** 知觉缺陷

perceptual defense 知觉防卫，知觉防御 面对引起焦虑或不愉快刺激的情境时，个体在知觉上所表现的选择或扭曲事实的现象，称为知觉防卫。例如，用速示器以极短的时间闪示不同性质的单字时，据研究发现，凡是引起快感的字，如爱、笑、明等字，比较容易辨识；凡是引起不愉快的字，如杀、死、罪等字，在辨识时较易出错。尤其在极为相似的情境下，当事人常因知觉防卫心理影响而曲解事实。如将stink看成stick或将anal看成canal的情形即属之。知觉防卫现象的产生，不是意识的，而是潜意识的。

perceptual deficit 知觉缺陷 指靠感官所得的知觉经验不能给予适当解释的现象。知觉缺陷者多显示在认人、认字和辨识事物等方面有困难。

perceptual distortion = **perception distortion** 知觉扭曲

perceptual field 知觉场 指在某时某地，个人所觉知之现实环境。

perceptual hypothesis 知觉假设 指个人所得的知觉经验，并非只是靠感觉器官被动地接受信息，而是主动地对信息予以解释。因此，认知心理学家认为，知觉解释是一种假设验证的历程，个人假设所看到的是什么，他将进一步去验证它究竟是什么。此种说法可从奈克尔立方体(Necker cube)图形所得的知觉经验得到支持。见该条及附图。

perceptual illusion 知觉错觉 义同错觉(illusion)。见该条。

perceptualization 知觉化 指综合数种感觉资料形成一种统整性与心理性的知觉历程。

perceptual learning 知觉学习 指个体从知觉刺激学习到知觉经验的历程。同一组物理性的刺激(如由各种颜色绘成的含意不明确的图画)，不同生活背景的人，可能由之获得不同的知觉经验，其原因乃是由于每个人具有不同的知觉学习经验。

perceptual-motor learning 知觉动作学习 指靠身体动作与感官知觉多方协调获得技能的学习历程。像写字、绘画、驾驶、弹琴和工具使用等，都是经由知觉动作学习的历程习得的。知觉动作学习的主要特征是较少使用语文。

perceptual organization 知觉组织 将缺乏意义的零碎感觉信息，经过选择与统合的心理运作而形成知觉经验的历程，称为知觉组织。知觉组织多半是在不自觉、无意识的情形下产生的，由感觉变成知觉经验之后就不会再行改变。如附图所示，初次看到的人在感觉上都会觉得那是白纸上一些毫无意义的黑色斑点，但如注视几分钟后，可能会突然发现那是一只狗低头向大树下走去。

知觉组织

至此，由零碎感觉信息所形成的整体知觉经验就不会有所改变。此一知觉组织心理现象说明了感觉与知觉的不同：感觉是大脑对外在刺激的客观反映，而知觉则是个体对感觉信息组织后的主观解释。此外，此现象也符合完形心理学家所强调的“部分之和不等于整体”的原则。见完形组织法则(Gestalt laws of organization)。

perceptual restructuring 知觉重组 指新旧知觉经验融合而对刺激情境作出主观解释的历程。

perceptual schema 知觉基模 义同基模(schema)。见该条。

perceptual sensitization 知觉敏感 指对极微弱刺激即能产生知觉的现象。平常所说的警觉，即属知觉敏感现象之一。

perceptual set 知觉心向 在某些情境下，易于产生某种知觉的心理状态，亦即知觉产生的准备状态。在对情境中的细节尚未完全理解之前，个人即根据自己既有的经验准备好知觉反应。在山林中的猎人，稍有风吹草动的刺激出现，立即准备举枪射击的情形，就是知觉心向。知觉心向如果成为对人的知觉时，难免形成偏见。

perceptual span 知觉广度 义同注意广度(attention span)。见该条。

perceptual structure 知觉结构 指对一组复杂刺激经由感官所获得的整体性的认知性心理组织。对音乐(声音刺激)与图画(形与色的刺激)所得

P

知觉，都是结构性的。见完形组织法则（Gestalt laws of organization）及知觉组织（perceptual organization）条及附图。

perceptual transformation 知觉改变 由于情境中刺激与刺激间关系的了解，或是经过别人对知觉情境的解释，或是由于个体自己的领悟，使知觉经验产生改变的现象，均称为知觉改变。知觉改变是解决问题的关键之一。例如，几何习题中的点、线、面之间的关系，从不能解答到能够解答的过程，主要是由于知觉改变，也就是对点、线、面之间的关系获得新的知觉经验。

perceptual unity 知觉统合 指个体由所觉知的刺激对象获得统合知觉经验的心理历程。刺激本身的存在，可能是彼此分立的，其之间并无任何关系。但对观察者而言，则将之统合为一整体。视知觉是如此（如红花与绿叶），听知觉也是如此（如各种声音组合成的音乐）。见知觉组织（perceptual organization）条及附图。

perceptual vigilance 警觉 指个体对微弱刺激所产生的知觉现象，也可以说是知觉敏感现象。警觉与个人生活经验有关，侦探人员对刺激线索的敏感度，就较一般人为高。

perennial dream 旧梦重温 指成年后重新做到与童年时期相同的梦。

perfect correlation 全相关 指两变项的共变关系完全一致的情形。设X与Y两个变项，其中每一X值的变化与相对Y值的变化完全一致；X＝1，Y＝1；X＝2，Y＝2，…。全相关时其相关系数不是＋1，就是－1。与本词相对者为零相关（zero correlation）。见该条。见相关（correlation）、相关系数（correlation coefficient）。

perfectionism 完美主义，至善论 指在工作表现上对己或对人所要求的一种态度。持完美主义者对任何事都要求达到毫无缺点的地步，因而可能只按理想的工作标准苛求，而不按现实情境考虑，难免存在未能留有弹性或余地的缺点。

perfect negative correlation 完全负相关 指相关系数（correlation coefficient）等于或接近－1的情形。见该条。

perfect positive correlation 完全正相关 指相关系数（correlation coefficient）等于或接近＋1的情形。见该条。

perfect scale 完全量表 指在格式上完全符合格特曼量表（Guttman scale）编制方法的态度量表。见该条。

performance 作业，表现 **1.**指个体实际做出的工作成绩。**2.**指动物实验中所观察到动物的活动（如操作条件作用实验中白鼠压杆反应）。**3.**指学习情境中个体所表现的正确反应。个体的表现并不等于学习，因表现是外显行为，学习是内在的历程。**4.**指能力测验时受试者所得的分数。测得的分数并不等于受试者的能力。智商不等于智力，即属此义。

P

performance anxiety 作业焦虑 **1.**广义言之，指因担心作业失败而产生的焦虑。如考试引起的焦虑即是。**2.**狭义言之，指性无能者在与他人发生性行为时产生的焦虑。见焦虑（anxiety）。

performance assessment ＝ **authentic evaluation** 真实性评估

performance-based assessment 实做本位评鉴 教学评鉴的一种形式。实做本位评鉴的特点是，教学的目的本来是教学生能在生活情境中实际动手作业，教学之后即根据原订教学目标对学生习得的行为进行评鉴，从而鉴核学生有否达成原订目标。职业学校的教学多采此种评鉴方式。见真实性评估（authentic evaluation）。

performance curve 实作曲线 指在学习时根据个体实际表现的正确反应所绘制的曲线。实作曲线通常系根据练习次数（自变项）与进步情形（依变项，按正确反应计）两者间的函数关系所绘成。亦即平常所说的学习曲线（learning curve）。见该条。

performance IQ（PIQ） 作业智商 指智力测验时，单独按有关实际作业类题（非语文类题）所得分数计算而得的智商。见韦克斯勒儿童智力量表（Wechsler Intelligence Scale for Children）。

performance method 作业法 指根据指定的作业成绩评定能力高低的方法。见比奈（Binet, Alfred）传记条。

performance objective 作业目标 指教学设计者或教师，在教学之前预估学生在教学后学得知识技能的具体表现。同时，在订定作业目标时，附带订出学习水平的标准，指明达到什么标准才算是及格。

performance test 作业测验，操作测验 属心理测验的一种形式。作业测验与纸笔测验不同，它是用非语文的材料，如形板、方块设计、迷津、图画补缺、图案设计、数形交替等动手操作的题目，测量个体某些方面的心理特质。作业测验对不谙文字或语言障碍者特别适用。著名的智力测验，如韦克斯勒儿童智力量表（Wechsler Intelligence Scale for Children）中，就特别编制作业类题，并分别计算作业智商（performance IQ）。见该等条。

perilymph 外淋巴液，外淋巴 指内耳中介于膜性迷路与骨性迷路骨壁之间的淋巴液。见内耳(inner ear)。

perinatal 初生儿 指刚刚脱离母体呱呱落地的婴儿。

periodicity theory＝frequency theory 频率论

periodic reinforcement 定时强化 属部分强化的方式之一。在操作条件作用学习过程中,强化物的出现不采连续的方式,不管个体如何反应,按预定的时间,每隔几分(或几秒)钟,即给予强化物一次的方式,即称定时强化。见强化程序(schedule of reinforcement)。

period of decline 衰退期 指老化过程中最后一个阶段。人的生命从不成熟到成熟,其后进入生命全盛期,然后开始老化,即表现出一系列生理、心理功能和形态学方面的退化性变化。衰退期是这一老化过程的最后一个阶段,其表现为身材矮缩、步履蹒跚、发白且稀、皱纹密布、骨质疏松、肌肉弱化、关节僵硬、反应减缓、牙齿脱落、视力听力减弱、感觉迟钝、记忆减退、思维呆滞、应变能力薄弱等。见老化(aging)。

peripheral adjustment 边缘适应 指不经由中枢神经系统,而只是周围神经对身体外界所作的适应。

peripheralism 外周论 指主张周围神经系统、腺体、肌肉活动等在心理与行为变化上占重要地位的一种理论。主张外周论者以美国行为主义创始人华生为代表。华生认为包括思维在内的身心活动,主要是整个外周神经系统支配躯体的功能,而非由于中枢神经系统的支配作用。基于此义,华生认为思维只不过是无声的语言,只是喉头口腔隐而未现的肌肉活动,而情绪则是腺体的分泌作用。与本词相对者为中枢论(centralism)。见该条。

peripheral nervous system (PNS) 周围神经系统 指整个神经系统中,除了脑和脊髓之外的神经系统。周围神经系统包括躯体神经系统(somatic nervous system)与自主神经系统(autonomic nervous system)两部分。见该等条。见神经系统(nervous system)条及附图。

Perky effect 帕基效应 指心象与知觉之间的混淆现象。帕基效应可经由以下实验产生:让受试者面对空白银幕去想象银幕上有一苹果形象,然后将一个微弱的苹果图形,经由幻灯投射在银幕上。这时候,受试者多半不能辨识,甚至不知道银幕上出现的是实验者投射的图像,而认为那就是他想象的苹果图形。

Perls, Frederick (Fritz)(1893～1970) 帕尔斯 帕尔斯是德国出生的美国心理学家和心理治疗学家,也是完形治疗法的创始人。

帕尔斯1893年出生于柏林,先进弗莱堡大学,后来在柏林大学获医学博士学位。1926年,进入士兵脑伤研究所从事心理治疗工作。在此期间,帕尔斯有机会与当时著名精神分析和完形心理学方面的学者接触,从而在心理治疗理论上形成了完形治疗法的理念。纳粹执政后,帕尔斯离开德国,1933年到荷兰,1946年去美国,在纽约设置完形治疗研究所,正式展开完形治疗工作。

帕尔斯在心理学上的贡献主要是他在心理治疗上开创了完形治疗法(Gestalt therapy)。在基本理念上,完形治疗法的思想出自精神分析对心理异常病因的解释,但在治疗方法和治疗目的上,完形治疗却是采取人本主义心理学的精神。帕尔斯接受精神分析的两个概念:其一是心理异常乃是由于以往内心冲突无法化解的结果;其二是治疗目的在于协助患者认识自己的内心冲突并使之释出而得化解。唯在心理治疗实践方面,帕尔斯不重视患者的过去经验,不采用精神分析的传统方法,而是在"此时此地"原则下,让患者自己觉察反省,自行选择,并主动对自己的行为负责。其目的在使患者面对自己的问题,在自由发抒的情境下体验自己内在的感受,然后把冲突化解,使分离的自己统合起来,进而能够自己控制自己的行为,且自愿对自己的行为负责,最终使自己臻于成熟。

帕尔斯主要专著有:*Gestalt therapy verbatim* (1969); *Ego, hunger, and aggression* (1947); *In and out the garbage pail* (1968); *Gestalt therapy* (1951)等。

permanent memory＝long-term memory 长期记忆,长时记忆

permanent tenure 永久任期保障 属职业保障的一种形式。个人在同一专业任职达若干年以上者,即可获得永久任职的权利。见教师任期保障(teacher tenure)。

P

permissiveness **宽容性** 指与专制主义(authoritarianism)相对的一种态度。见该条。宽容性通常指父母对子女的管教态度,意指容许子女们在行为上有相当的自由。见宽容型父母(permissive parent)。

permissive parent **宽容型父母** 属父母管教子女的态度类型之一。根据美国发展心理学家鲍姆伦德(D. Baumrind)1978年的分类,父母对子女的管教,因态度的差异而有三种不同的类型:(1)宽容型父母;(2)专制型父母(authoritarian parent);(3)威信型父母(authoritative parent)。见该等条。宽容型父母的态度是,容许子女们在行为上有相当的自由,不但容许他们自行安排其作息时间、金钱使用及交友活动等属于己身的生活事务,而且也容许他们参与讨论家庭中的事务。

persecutive anxiety = **persecutory anxiety** **虐待焦虑**

persecutory anxiety **虐待焦虑** **1.**指个体唯恐遭受别人虐待而产生的焦虑。 **2.**义同妄想性焦虑(paranoid anxiety)。见焦虑(anxiety)。

perseveration set **固着心向** 指个体对情境的反应不随情境改变而调适的心态固着倾向,亦即个体行为的僵化现象。带固着心向者遇到问题情境时,即使可以找到更简便的方法,他也仍然墨守成规地去面对问题。见心向(set)。

perseveration theory **持续论** 见凝固论(consolidation theory)。

perseverative error **持续性错误** 指个体在某种情境下一再发生同样的错误反应行为,且已成为习惯。凡是同样情境出现时,即不能自制地出现同样错误。

perseverative functional autonomy **持续性功能独立** 美国心理学家奥尔波特动机理论中的术语。意指动机功能独立(functional autonomy)的极端形势。见该条。

persistent error **持续误差** 义同常误(constant error)。见该条。

persona **人物,人格,人性面具** **1.**系拉丁文,原为剧中人带的面具,意谓在戏剧中扮演某种角色的人物。 **2.**瑞士心理学家荣格引申此义,用人性面具一词说明人类的原型。见其传记条。**3.**在社会上现实生活中扮演各种角色的人,亦即人格。

personal attribution **个人归因** 义同性格归因(dispositional attribution)。见该条。

personal causation theory **个人作为论** 美国心理学家戴查姆斯(R. DeCharms)1984年提出的一项解释动机的理论。个人作为论的基本要义是,个人之所以自愿从事某项工作,主要是自认在能力上必可以有所作为,而使工作的结果将因其作为而产生预期的改变。个人对自己作为的评估要靠经验,成功多而失败少的经验,有助于个人对面对的工作做有所作为的判断。多次失败而无成功经验者,将会在面对挑战情境时产生无能为力之感。

personal construct **个人构念** 美国人格心理学家凯利(Kelly, George Alexander)人格理论中的中心概念。个人构念的基本要义是,个人对环境中人、事、物的认识以及期望、思维、评价等心理历程构成了整体人格特征。见其传记条。

personal construct theory **个人构念论** 指美国心理学家凯利(Kelly, George Alexander)人格理论中的中心理念。见其传记条。

personal disjunction **个人离差** 指个人之理想与个人预期其理想实现之可能性之间的差距。注意本词含义非指理想与现实之间的离差,而指理想与预期之间的离差。

personal disposition **个人禀赋** 美国心理学家奥尔波特人格理论中的术语。义同人格特质(personality trait)。见该条。

personal distance zone **私交区** 属人类学家霍尔(E. Hall)所列四种人际距离(interpersonal distance)之一。见该条。

personal-document analysis **私人文件分析法** 义同私人文件法(personal-document method)。见该条。

personal-document method **私人文件法** 指利用当事人的私人文件(如日记、自传、书信、笔记、文章等)以研究其人格特质的方法。私人文件法是个案研究(case study)的方法之一。见该条。

personal-effectiveness training **个人效能训练** 见信心训练(assertion training)。

personal equation **人差方程** **1.**狭义言之,指反应时间(reaction time)实验时两人在反应上所表现的差异。见该条。 **2.**广义言之,泛指因个别差异而形成的不同行为表现。

personal fable **个人神话** 指青年期对自己行为解释时带有自我中心倾向的思维特征。个人神话的基本要义是,青年人相信唯有自己的经验才是真实的,如别人对他有不同看法,他则认为“你们不了解我”。以高中三年级女生爱上年纪大她一倍的离婚男性为例,如母亲以其年幼尚不了解人生为由,劝她先专心读书升学,等上大学后再谈恋爱与结婚不迟,她可能认为母亲不了解现今的年轻人,也不了解她,而坚信他们之间的爱情是真实的，是纯洁高尚的。青年期的此种心理，往往是他们心理发展尚未十分成熟，仍带有幻想性的社会认知的表现。青年期的此种幻想性的个人神话常出现在他们的日记中。与本词相关者为假想观众（imaginary audience）。见该条。

personal-growth group 个人成长团体 义同会心团体（encounter group）。见该条。

personal identity 个人统合，个人认同 **1.**指个人存在的一致感。昨日的我、今日的我、明日的我，时间上虽有变化，但个人仍能大致保持一致，在个性或人格上显示相当的持续性。 **2.**指个人行为表现的统合性。时间空间虽有改变，环境的要求虽有改变，但个人大致上仍保持自己的个性。个人统合是人格发展历程中人格成熟的标志。 **3.**义同自我统合（ego identity）。见该条。

personal image 个人意象 根据瑞士心理学家荣格的个体心理学理论，本词是与集体意象（collective image）相对的概念。见该条。个人意象是经由个人生活经验而形成的潜意识。见个人潜意识（personal unconscious）。

personal investment theory 个人专注论 美国心理学家梅尔（M. Maehr）1984年提出的一项解释学习动机的理论。个人专注论的基本要义是，个人面对某项工作时的动机强弱是相对的。如有些学生对数学缺乏学习动机，是因为他未将心思专注于数学，很可能他专注的是文学或艺术。大学生的读书多半如此。梅尔研究发现，个人的专注可从以下五方面预测之：（1）选择方向；（2）持久性；（3）连续性；（4）活动量；（5）事后成就。五方面中的后四者均与学习动机的强弱具有正相关的关系。

personalism 人格主义 对心理学研究取向的一种主张。持人格主义者认为，个体人格是心理学研究的中心课题。义同人格主义心理学（personalistic psychology）。见该条。

personalistic psychology 人格主义心理学 一种以人格为中心主题的心理学思想。人格主义心理学思想系由德国哲学心理学家斯普兰格（W. Spranger, 1882～1963）在20世纪20年代提出，美国心理学家奥尔波特承其余绪而发扬光大。人格主义心理学的要义是：（1）个体的人格是心理学研究的核心主题；（2）每个人的人格都是独特的；（3）要想了解个体自我适应及其对生活环境的适应，必须研究个体的人格特质以及特质的组织。见斯普兰格人格类型（Spranger's personality type）。

personality 人格，性格，个性 **1.**指个体在生活历程中对人、对事、对己以及对整体环境适应时，所显示的独特个性。此一独特个性，系由个体在其遗传、环境、成熟、学习等因素交互作用下，表现于需求、动机、兴趣、能力、性向、态度、气质、价值、自我观念、生活习惯以及行动等身心多方面的特质。由多种特质而形成的人格组织，在个体的心理与行为表现上，具有相当的统整性、持久性、复杂性与独特性。 **2.**本词有时与品格（character）通用，唯品格一词之意涵较偏于以道德标准所评定的人格。人格是心理学上最复杂的主题之一，学者对人格的解释历来极不一致。见人格理论（theories of personality）。

personality assessment 人格评量 指采用各种方法测量个体性格借以评定其人格特质。人格评量可采用多种方式，观察法、自陈量表法、投射法、情境法等都是常用的方法。

personality continuity 人格持续性 指人格特质持续不变的现象。人格测验的基本假设就是所测的人格特质具有持久不变的倾向。事实上人格特质会随年龄境遇而有所改变，但在一般情形下（人格异常者例外），改变得相当缓慢。俗语云"江山易改，本性难移"，即指人格特质是不易改变的。人格持续性也称特质持续性（trait continuity）。

personality cult 人格崇拜 指某一团体中的成员对其具有魅力的团体领袖在心理上的钦佩与敬仰的感情。

personality development 人格发展 指个体自婴儿到成年的一段期间内，其在个性上的表现，随年龄与习得经验的增加而逐渐改变的历程。个体人格所指者，主要表现在情绪、兴趣、气质、态度、性别角色、社会角色、生活目标及价值取向、对自己及对世界的看法、对生活中挫折的适应方式等方面。见发展（development）。

personality disorder 人格异常，人格障碍 指心理异常者中属于情感性或焦虑性成分较低的一类患者。人格异常者的共同特征是性格怪异，思想奇特，言行举止不循常规，因而对工作环境与人际关系均极难适应。人格异常有很多不同类型，其中最主要者有：（1）反社会型人格异常（antisocial personality disorder）；（2）依赖型人格异常（dependent personality disorder）；（3）强迫型人格异常（compulsive personality disorder）；（4）剧化型人格异常（histrionic personality disorder）；（5）精神分裂型人格异常（schizoid personality disorder）；（6）自恋型人格异常（narcissistic personality disorder）等。见该等条。

personality dynamics 人格动力学 不以个体外显行为作对象，而以其行为的内在动力或动因为题材去研究人格的取向者，称为人格动力学。人格动力学所重视者，是个体的动机、需求、情绪等内在因素与其外显行为之间的关系。

personality integration 人格整合 指个人在生活适应上，能够使自己人格结构中各方面的特质彼此和谐一致，形成一个动态的整体，称为人格整合。人格整合的人，其心理冲突较少，生活中纵有困难，也能善于适应。

personality inventory 人格测量表 指用作测量人格特质的问卷。人格测量表中的题目多采选择式（数项陈述中选一适合自己情形者）或问答式（对某一陈述答是、否或不一定），让受试者自由作答。故而也称自陈量表（self-report inventory）或自我量表（self-inventory）。见该等条。见人格特质（personality trait）。

personality motivation 性格性动机 见情境性动机（situational motivation）。

personality profile 人格剖析图 人格测验中包括测量数种人格特质时，为了易于显示受试者各种特质的多寡，并便于跟常模比较，可用图示的方式，将各特质的分数用分析图表示出来。此类图示即称为人格剖析图。

personality psychology = psychology of personality 人格心理学

personality reorganization 人格重组 指经由心理治疗或生活中的重大变故，导致个体人格结构显著改变的过程。所谓"洗心革面，重新做人"者，即此之谓。人格重组时最可能产生改变者，多半是个人追寻的目标与价值观。

P

personality sphere 人格总体 美国心理学家卡特尔人格理论中的术语。指研究人格问题时宜考虑到的所有有关代表人格的一切行为特质，亦即在人格测验编制时，宜考虑到所有可能测量的行为特质。卡特尔采用因素分析法，从4,500个有关人格特质的形容词中，先分析出200个同义词，最后归纳为35类，称为表面特质（surface trait），以之代表所欲测量的人格总体。见该条。

personality structure 人格结构 指个体在其遗传与环境的交互作用下，经由成熟与学习的发展历程，逐渐建立起来的包括多种特质的统合性人格整体。在心理学上，解释人格结构者有多种理论，其中最主要者为弗洛伊德思想中本我、自我、超我的理论。见精神分析（psychoanalysis）条第二义。

personality test 人格测验 为求了解个体间性格上的差异，从测量个体的人格特质至归属其人格类型，其间所采用的一切测量工具，都可称为人格测验。人格测验有多种形式，最常用者有自陈量表（self-report inventory）与投射测验（projective test）两大类。见该等条。

personality theories = theories of personality 人格理论

personality trait 人格特质 **1.**指观察（或测量）某个体行为表现，而后综合所见举出足以代表其持久而少变化的个性特征。如此解释乃是以个体外显行为作为基础，为人格特质所下的事实性定义。**2.**指从理论的观点假设推理，在个体外显行为背后形成个体独具之人格结构的特征。如此解释乃是超越个体外显行为，对人格特质所下的理论性定义。见奥尔波特人格特质论（Allport's personality-trait theory），卡特尔人格因素论（Cattell's factor theory of personality）。

personality-trait theory 人格特质论 指奥尔波特人格特质论（Allport's personality-trait theory）与卡特尔人格因素论（Cattell's factor theory of personality）。见该等条。

personality type 人格类型 指按某种标准，将具有相似人格特质的人归类，归类后即以该类最具代表性的特质命名之，本辞典中所列的斯普兰格人格类型（Spranger's personality type）、谢尔顿人格体质论（Sheldon's constitutional theory of personality）以及艾森克的人格类型论（personality type theory）等，都是以人格类型为立论基础的。

personality-type theory 人格类型论 人格类型论是英国心理学家艾森克根据他1975年编制的艾森克人格问卷实施结果，经因素分析所建构的一种人格理论。根据多数人所表现的人格特质，艾森克用三个维度来解释所有不同的人格类型：（1）神经质维度（neuroticism dimension），代表人格特质中情绪的稳定性；（2）内外向维度（introversion-extroversion dimension），代表人格特质中内向或外向的个性；（3）精神病维度（psychoticism dimension），代表人格特质精神病倾向的程度。艾森克认为，前两个维度是构成不同人格类型的基础，由这两个维度中人格特质的交互作用，而形成第三维度不同程度的精神病倾向。因此，艾森克将两维度绘成一个平面图。此平面图包括四个象限，一般人的人格特质都可包括在四个象限（共32种特质）之内。人与人之间性格上的差异，只是在四个象限中所居位置不同而已。如附图所示，居于第一象限（右上）者，在性格上属于个性较外向而情绪较不稳定的急躁型人格；居于第二象限（左上）者属于个性较内向而情绪较不稳定的抑郁型人格；居于第三象限（左下）者属于个性较内向而情绪较稳定的冷静型人格；居于第四象限（右下）者属于个性较外向而情绪较稳定的乐观型人格。

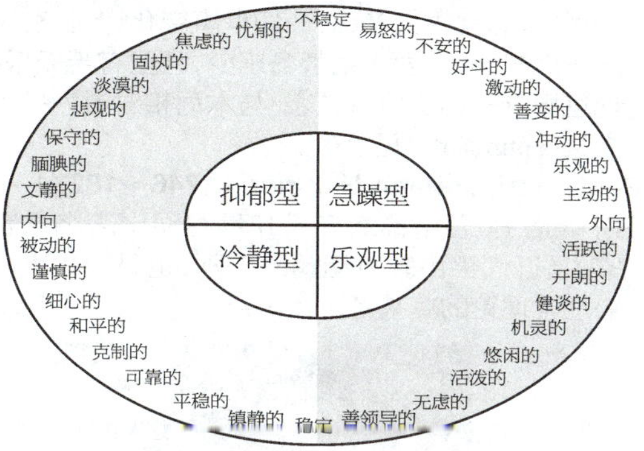

人格类型论

personalized power motive 个人化权力动机 见权力动机（power motivation）。

personalized system of instruction（PSI） 个人化教学制 指以学生个人具备的学习条件（能力经验等）为依据所设计的一种教学制度。见凯勒计划（Keller plan）。

Personal Orientation Inventory 个人定向量表 是一种团体人格测验。该量表原系美国学者萧斯纯（E. L. Shostrom）所编制，其内容包括两个主要量表和十个辅助量表。主要量表是：（1）时间比率；（2）支持比率。辅助量表是：（1）自我实现价值；（2）存在性；（3）感觉反应；（4）自发性；（5）自我尊重；（6）自我接受；（7）性善；（8）超统性；（9）攻击的接纳；（10）亲密交往。个人取向量表，经学者林家兴、吴静吉二人修订为中文，并经标准化，于1982年出版。该量表适用对象为心理年龄14岁以上者，已建立大学生及小学教师暂用常模。

personal space 个人空间 指个人当时所意识到的属于自己的空间。在个人空间之内，个人感到可自由处理自己的事，如有外人侵入，即感到不安。个人空间的大小并非绝对，因情境而有所不同，如在火车上对号的座位是个人空间，在教室内所使用的桌椅是个人空间，在旅馆的房间内也是个人空间。

personal trait ＝ individual trait 个人特质

personal unconscious 个人潜意识 按瑞士心理学家荣格的理论，潜意识分为两类：一为集体潜意识（collective unconscious），一为个人潜意识。集体潜意识是由人类代代相传演化而成，个人潜意识则系由个人生活中所压抑的意识经验而形成。见荣格（Jung, Carl Gustav）传记条。

person-centered approach 当事人中心取向 指美国人本心理学家罗杰斯所倡导的当事人中心治疗法（person-centered therapy）理论体系。见该条。

person-centered therapy 当事人中心治疗法 当事人中心治疗法为美国人本心理学家罗杰斯所倡导，唯其名称有三次改变。最初，罗杰斯在1942年出版的《咨商与心理治疗》一书中，正式提出他革命性的心理治疗思想，称为非指导性咨商（nondirective counseling）。1951年改称为案主中心治疗法（client-centered therapy）。1974年又改称当事人中心治疗法。名称虽数度更易，但其基本理念未变。根据罗杰斯的解释，改换名称的目的，旨在强调重视受辅者的人性尊严，不将受辅者的心理障碍视为疾病，确认受辅者具有自我成长与自我实现的潜力。只要给予适当辅导与启发，他就会自行克服困难，恢复正常。基于此义，罗杰斯改变将接受心理治疗者为“患者”或“病人”的传统，而改用中性的名词，称他们为“案主”（client）或“当事人”。见罗杰斯（Rogers, Carl Ransom）传记条。

personnel psychology 人事心理学 属应用心理学的一支。人事心理学所研究的题材，主要是关于生产机构或团体组织中的人与事的问题，其中包括人员甄选、培训、任职、晋升、绩效评估以及激励士气等。除此之外，人事心理学家也协助组织成员中生活适应困难者，给予适当的辅导或咨商。

personology 个人学，人格学 指美国人格心理学家默瑞在20世纪40年代所倡议的理念，试图用以取代人格心理学的含义。个人学所研究之处与人格心理学雷同，都是研究人格特质、人格类型、个别差异以及生活适应等问题，唯在观念上偏重人格的整体性以及个人在环境中的生活功能。

person perception 人知觉，对人知觉 指个体对别人的看法，或指人与人之间彼此的看法。人知觉是社会心理学研究的基本问题之一，诸如对人印象的形成、态度、偏见、嫉妒以及对别人行为表现的归因解释等，均属人知觉研究的范围。与本词相对者为物知觉（object perception）。见该条。

person-situation controversy 个人—情境争议 人格心理学上的一项理论性争议。个人—情境争议的关键是，如果以个人表现于外的行为代表他的人格，那么，他的行为究竟是由他个人的内在因素决定的，还是受外在情境因素影响的？如果个人的行为是由其内在因素决定的，他的行为就具有恒常性。个人的行为具有恒常性，就可以根据其现在行为预测其将来的行为（人格测验即以此为假设基础)。如果个人的行为随外在情境而改变,就无法根据其现在行为表现预测其将来的行为。此学理性争议迄今未有定论。

person-situation debate=**person-situation controversy** 个人—情境争议

perspective 透视,观点 **1.**指眼睛视网膜虽为平面,但却能根据外界刺激线索而判断物体是否为立体或距离远近的能力,称为透视。**2.**指在平面上绘制物体的图形时,经由适当设计,使各物体在相对位置上,呈比例地变化以符合视觉上透视的原理,从而使平面图显出立体感。**3.**对某事或某问题的看法。从某一观点看事态全局,从而获得整体性的认识,称为观点或见解。

perspective illusion 透视错觉 大气透视条件变化引起视觉目标能见度的改变,使飞行员对空中目标的距离和离地表高度的判断发生的错觉。如在大气透视条件差、视觉目标能见度低时,人对距离或高度的知觉往往偏大;反之,当大气透视条件极好,目标能见度特别高时,人对距离或高度的知觉往往偏小。在地面上,一般人也会因大气透视差及目标能见度低而产生透视错觉,只是不如飞行员那么严重。

persuasion 说服 提供信息或有意诱导试图改变他人态度、信念或价值观的历程,称为说服。

persuasion therapy 说服治疗法,劝说治疗法 属心理治疗方法之一。说服治疗法与非指导性治疗法不同。说服治疗法是基于人格重组与再教育的理念,认为非指导性治疗法不合实际。因案主有困难时,自己未必能够将自己的困难说得清楚。他寻求治疗,就是希望得到帮助,如一定要他自己把问题说出,很可能使他在接受治疗之前,先使他的心理压力加重。因此,本方法主张,治疗时给予案主建议,指出他的错误,经由劝说诱导,帮助他由了解自己到认识环境,最后改变自己的生活方式以克服困难,重建适应能力。见心理治疗(psychotherapy)。

persuasive argument hypothesis 说服理由假说 对团体决策时产生团体极化(group polarization)现象的一种理论解释。见该条。

persuasive communication 说服性沟通 指沟通之目的在于说服对方,希望借由意见沟通而改变对方的态度。说服性沟通之成效,系于两方面的因素:(1)外在因素,包括所提供信息的可信度或权威性,与提供信息的方式(只提供正面信息抑或提供正反两面信息),以及提供信息的媒介(面对面或是经由媒体传播);(2)内在因素,包括对方既有的态度(本来是反对的还是无意见的)和接受沟通的能力等。

pessimism 悲观主义,悲观 属于一种从阴暗面看世界的消极人生态度,也是一种持久性的人格特质。持悲观主义者,对一切世事变化,多从悲观的一面去看,认为人生苦多乐少,甚至有苦无乐,现世界的一切不值得留恋。与本词相对者为乐观主义(optimism)。见该条。

Pestalozzi, Johann Heinrich (1746~1827) 裴斯泰洛齐 裴斯泰洛齐是18世纪瑞士著名教育家,是近代平民教育运动的先驱,也是现代教育心理学理论的奠基者。

裴斯泰洛齐1746年1月12日出生于瑞士苏黎世,父亲为外科医师,5岁时丧父,由母亲抚养成人。裴斯泰洛齐原本厌恶当时的拉丁学校,但后来进卡罗林学院求学时则变得甚为喜爱。在求学期间,他曾尝试神学、法律、政治等学科研究,但后来兴趣转向农业和教育。裴斯泰洛齐兴趣的改变,主要受法国卢梭《爱弥儿》和《社会契约论》两书影响。1769年,裴斯泰洛齐曾创办模范农场,试图改进农村社会,从而改善农民的生活。1774年失败后,着手创办孤儿院,收容6岁以上的贫苦儿童,他将教育和生活结合起来,教育儿童一面学习工作,一面学习知识和道德。由于经费困难,1780年孤儿院停办,改而从事教育著述。他的著名教育小说《林哈德和葛笃德》,就是在此时期写成的。该书描写贤妻良母葛笃德教子有方的故事,出版后甚获好评(此书有中译本)。1798年,应瑞士政府之邀,裴斯泰洛齐赴施坦兹主持孤儿院,继而在布拉格多夫进行教育实验,后来又在伊书尔东创办包括师资训练的学校。在1800~1825年的25年间,裴斯泰洛齐的实验教育工作,使他的教育思想和教育实践融合为一,此举为以后全世界的基础教育开创了新的纪元。裴斯泰洛齐创办的伊书尔东学校名满欧洲,当时德、法、英、意等国都有学生来此学习。德国著名教育家赫尔巴特和福禄贝尔等人,均曾到该校访问。后来的著名教育家和心理学家如意大利的蒙台梭利、美国的杜威、瑞士的皮亚杰等人，在思想上无不深受裴斯泰洛齐思想的影响。1825年，伊书尔东学校因经营不善而停办，裴斯泰洛齐离开后，于1827年2月17日病逝于布拉格，享年81岁。

裴斯泰洛齐在心理学上的贡献，主要在于他将全人格发展的心理学理念实践于基础教育之中。以下七点是他全人教育思想的要义：(1)人性中含有原始性(兽性)、社会性与道德性三个层面，教育的主要功能，即在于克制人的原始性而发扬其道德性；(2)强调以爱为教育的中心，视学校如家庭，视教师如父母，视学生如子女；(3)在教学上强调使学生的头(心智)、心(情意)、手(行动)三方面均衡发展；(4)重视儿童个性发展，视教师如园丁，视学生如花木，既重视学生的个别差异与自然发展，也主张教师除爱护学生之外，亦须培养其道德规范；(5)重视学生的个别差异，且强调教师在评判学生个别差异时，除年龄的个别差异之外，更须注意其能力的个别差异；(6)教学时应配合学生身心发展水平，教材提供应注意到由简而繁和由具体到抽象的原则，使学生能在已有的知识基础上学到新的知识；(7)首创直观教学(intuitional instruction)，教学生直接对事物观察，而不采抽象解释的教学方式。直观教学下学生学到的知识是直接而立即的经验，此种经验，无须意识判断即可成为知识。裴斯泰洛齐的思想源于法国卢梭自然主义的教育思想，经过他的实践，对以后初等教育和教育心理学两方面的发展均具有极大的影响。其全人格发展的教育观对20世纪60年代人本心理学思想的发展，产生了先导性的影响。

裴斯泰洛齐的著作中译为英文者计有：*The evening hours of a hermit* (1780)；*Lienhard and Gertrude* (1781)；*How Gertrude teach her children* (1801)；*Letters on early education* (1827)等。

petit mal epilepsy 小发作癫痫 属癫痫症(epilepsy)之一。见该条。

P factor = perceptual speed (factor) 知觉速度因素 见基本心理能力(primary mental abilities)。

PFS = Picture-Frustration Study 逆境图画测验

PGR = psychogalvanic response 心理肤电反应

Phaedra complex 恋子情结 指母亲对儿子在潜意识中压抑的性爱倾向。

phagophobia 惧食症 属恐惧症之一。患者对食物的感受特殊，见到食物时，即使饥肠辘辘，仍然不敢食用，甚至想到吃东西就会恐惧。见恐惧症(phobia)。

phallic character 性器期性格 指个体成年后仍然滞留着幼儿期(3～6岁)的幼稚行为。根据弗洛伊德性心理期发展论，幼儿这段时期称为性器期。因个体对自己的性器官特别感兴趣是本时期的特征，故成年后仍滞留此等幼稚行为者，称为性器期性格。性器期性格的主要性格表现是好浮夸，爱虚荣，过分自信。如系女性，则往往在性格上带有敌视男性的倾向。见性心理期发展论(psychosexual stage theory of development)。

phallic level = phallic stage 性器期

phallic love 性器爱 指个体性器期特别对自己的性器官好奇、操弄从而获得满足的心理倾向。见性器期(phallic stage)。

phallic phase = phallic stage 性器期

phallic stage 性器期 按弗洛伊德的性心理期发展论，性器期是个体性心理发展的第三个时期(在口唇期与肛门期之后)，年龄上约在3至6岁之间。性器期的特征是个体对自己的性器官特别感兴趣，出现类似手淫的活动，并能从该等活动中获得满足。按弗洛伊德的说法，儿童们的恋亲情结随性器期之开始而产生。见性心理期发展论(psychosexual stage theory of development)。

phantasm = fantasm 幻象

phantasy = fantasy 幻想

pharmacophobia 惧药物症 属恐惧症之一。患者对药物特别敏感，见到药物或不得已服用药物时，即表现为不能克制的恐惧反应。见恐惧症(phobia)。

phasmophobia = demonophobia 惧鬼症

phengophobia = heliophobia 惧日光症

phenomenal field 现象场，现象域 在任何时间与空间内，个人所能感觉到或经验到的一切(包括自己在内)现象，称为个人的现象场。故而本词也称经验场(experiential field)。现象场一词特别强调：现象场中所存在的事物，只限于个人所感受到者；个人周围环境中有些客观存在的事物，如个人感受不到时，都不属于其现象场的一部分。因此，现象场不等于物理环境；物理环境中确实存在的刺激可能不存在于个人的现象场之内；现象场内存在的经验也可能不存在于物理环境之内。个人的内在思想感情等心理活动，即使在别人看来并不客观存在，但仍然属于个人现象场的一部分。

phenomenalism 现象论 **1.**属于哲学上的一派理

论。现象论有两种含义：(1)谓人类的一切知识，只限于存在的可见现象；世界或物体自身之真相，终不得而知。这是客观现象论的看法；(2)谓人之所知者皆为物之现象，而否定物体自身之存在；亦即所谓存在只是一种意识经验，决无离乎意识之事物。这是主观现象论的看法。在心理学上多采主观现象论的观点。 **2.**瑞士心理学家皮亚杰认知发展理论中的术语，谓两事件在时间上接连发生时，前者必定是后者的原因。如此解释，本词义同现象思维(phenomenistic thought)。见该条。

phenomenal motion 现象动 指主观知觉上物体在移动而事实上物体却是静止的现象。见似动(apparent motion)、运动后效(movement aftereffect)。

phenomenal pattern 现象图形 指个体对某种图形的主观认识。该图形的客观特征虽然是固定不变的，但观察者所经验到的现象却是变化不居的。基于此义，所有暧昧图形(ambiguous figure)都属于现象图形。见该条。

phenomenal self 现象自我 **1.**指个体在此时间与空间内所体验到的自我。当时个体所有知觉、思想、想象及感受等心理活动，都在他的现象自我之内。现象自我的一切心理活动未必与当时的物理环境有直接关系。 **2.**指个体本人直接知觉到的自我，而非靠心理测验之类工具推测而得的自我。

phenomenistic causality 现象因果性 属于一种幼稚的、不合逻辑的思维推理，个体仅凭主观经验到的现象，解释事件发生的因果关系。如幼儿对夜间没有太阳的现象，可能将之解释为，因为太阳怕黑躲起来了。见现象思维(phenomenistic thought)。

phenomenistic thought 现象思维 瑞士心理学家皮亚杰认知发展理论中的术语。幼儿对环境中的事件变化进行推理解释时，多从他所看见的表面现象去思维。如幼儿看见火车，他会说："火车跑得很快，因为火车很大。"

phenomenological field = phenomenal field 现象场，现象域

phenomenological psychology 现象心理学 属心理学领域中的一种研究取向。现象心理学乃是采取现象论的观点，研究个体对环境事物的主观经验；强调当事者自己对一切事物变化的主观感受与主观经验，不重视由别人观察研究所得外显行为结果的解释。准此而论，人本心理学以及当事人中心治疗法等，都是以现象心理学为理论基础的。见现象论(phenomenalism)。

phenomenology 现象学 指20世纪初德国哲学心理学家胡塞尔提出的一种研究知识的理论。胡塞尔现象学在心理学上的基本要义是，他强调心理学研究的意识，是个人面对事件时产生的立即经验。人的意识不是抽象概念，也非记忆中的旧经验。他所指的意识，是指人对某事件(人、事、物)所产生的意识。胡塞尔特别强调个人立即的、主观的经验。此种立即的和主观的经验，就是直觉或直观。直觉是不需靠意识判断即可获得的知识。因此他主张心理学家研究受试者心理现象时，应遵守"观察先于分析"的原则，即先观察了解受试者所表现的心理现象是什么，不要在尚未了解对方心理现象之前，即试图给予分析和解释，因如此做法势必无法真正了解对方的心理现象。换言之，现象不是客观的事实，不能根据片面经验给予以偏概全的解释。

phenomenon 现象 指宇宙间事物变化迹象中为我们所能认知者。准此而论，现象与事象之本体相对立，本体是客观的，现象是主观的。见胡塞尔(Husserl, Edmund)传记条。

phenomotive 表征性动机 动机之产生与存在，属于明显而觉知者，称为表征性动机。举凡生活中意识性活动背后的动机，均属表征性动机。与本词意义相反的是原生性动机(genomotive)，那是一种个体不能自觉的内在需求。唯两种动机有连带关系，表征性动机多是由原生性动机衍生而来的。

phenotype 现象型 指个体身体上或行为上所显现出来的明显特征。此类特征的形成，可能是遗传的原因，可能是环境的原因，也有可能是遗传与环境两种因素交互作用而形成。与本词相对者为遗传型(genotype)。见该条。

phi coefficient ϕ准系数 属于相关系数的计算方法之一。此种相关，适于两个变项均属二分变项的情形下使用。例如，研究者想了解退学的14名学生(男生10人，女生4人)中，成绩及格与否和学生性别的关系。这问题构成二分变项：及格与不及格是二分的，男生与女生也是二分的。如用A、B、C、D分别代表男女生及格与不及格人数，即可得到以下2×2列联表中的数据：

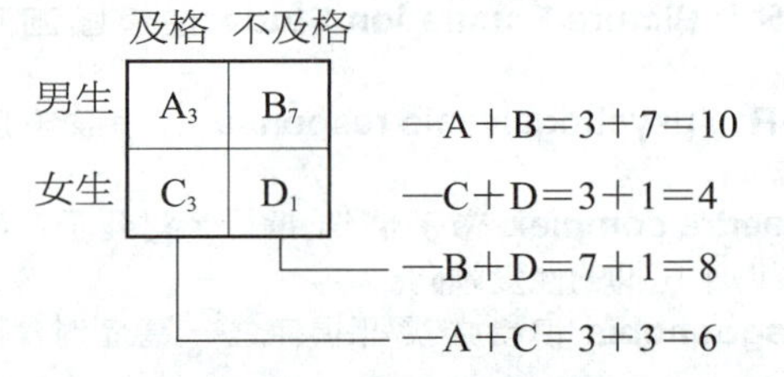

P

$$\phi=\frac{BC-AD}{\sqrt{(A+B)(C+D)(A+C)(B+D)}}$$
$$=\frac{7\times3-3\times1}{\sqrt{10\times4\times6\times8}}=0.411$$

phi correlation ϕ相关 ϕ相关适合用在两个变项都是二分变项，或是将连续变项视为二分变项的情况。例如，研究者想知道学生的成绩（分通过和重修两类）与学习兴趣（分有兴趣和没兴趣两类）之间有无相关存在，即可使用ϕ相关来处理。表示ϕ相关程度的相关系数，称为ϕ系数（phi coefficient）。见该条。

philosophical psychology 哲学心理学 属心理学领域内的一个分支。哲学心理学是采用哲学的观点，研究人类行为上的一些较为根本的问题。身体与精神的关系、意识的性质、人生价值、生存之意义以及科学之极限等问题，均属哲学心理学研究的范围。

philosophical psychotherapy 哲学心理治疗 哲学心理治疗是心理治疗的一种取向，而非一种心理治疗方法。哲学心理治疗取向的基本构想是，心理障碍既非生理疾病，心理障碍的突破就不能靠外在治疗，只能靠当事人自己内心的变化，而变化的方向则在于重建个人的态度、信念、价值观和人生观，这些都可视为个人的人生哲学。换言之，面对生活困境时，只有彻底改变自己的人生观，才会使自己从迷惘中找到方向，才会使自己的痛苦转化为快乐。在心理治疗的众多理论中，凡是以现象论哲学观点为基础者，均可视为哲学心理治疗。在这方面有罗杰斯的当事人中心治疗法（person-centered therapy）和弗兰克的意义治疗法（logotherapy）。见该等条。

philosophy 哲学 哲学一词并无确切定义，最通俗的定义可陈述为"对真理的探讨"。基于此义，可知哲学是人类一切学问的根源。西方哲学起源于公元前五百多年的希腊，此后两千多年间，哲学范畴内因探讨问题的不同已分化为三大理论系统：**1.**形而上学（metaphysics），探讨世界万物从而了解其内容、性质及法则的哲学理论。在形而上学主题之下，又有本体论（ontology）与宇宙论（cosmology）之分。本体论主题之下又有唯心论（idealism）与唯物论（materialism）之分；宇宙论主题之下又有原子论（atomism）、机械论（mechanism）与目的论（teleology）之别。**2.**认识论（epistemology），探讨人类知识来源问题。在认识论主题之下，又有经验主义（empiricism）与理性主义（rationalism）之分；前者主张知识来自后天经验，后者主张知识来自先天理性。**3.**价值论（axiology），探讨人性中有关价值问题。在价值论主题之下，又有审美学（aesthetics）、伦理学（ethics）及逻辑学（logic）之分。见该等条。

phi motion ϕ运动 义同ϕ现象（phi phenomenon）。见该条。

phi phenomenon ϕ现象，似动现象 属运动错觉之一。当两个相邻近的物体在时间上前后连续出现时，即使原物体位置保持不动，但看起来像是单一物体在移动。以电灯泡为例，如相邻两灯泡每隔150毫秒一明一灭交替进行，就会觉得是单一灯泡来回移动。如连续一排灯泡相继一明一灭交替向单方向进行，就会觉得是单一灯光循此方向移动。夜市霓虹灯闪动广告，就是采用似动现象的原理。此一物体未动而产生移动视觉的原因，是由视网膜上映象移位所致。见似动（apparent motion）。

phobia 恐惧症，病态恐惧 属神经症之一。恐惧症的特征是，对某些事物或情境表现莫名的恐惧，纵使当事者明知不会受到伤害，但仍无法自制其恐惧的情绪。恐惧症是对刺激情境的过渡性反应，而且此种反应有极大的强迫性。因此，恐惧症属心理变态现象，故而亦称恐惧神经症（phobic neurosis）。对恐惧症病因的解释，各家理论不一。精神分析论者持两种论点：其一，视恐惧症为象征性的代替或转移作用，当事人所恐惧者实非面对的刺激，而只是借该刺激为象征物，以代替另一种恐惧的对象。其二，视恐惧症为防卫机制，当事人借恐惧反应以压抑其潜意识的冲动，恐惧黑暗者可能是借之防卫自己黑暗中表现出犯罪的冲动。行为主义者则采用学习历程中的条件作用来解释，原属不可怕的刺激变为可怕，是因其变成了条件刺激之故。恐惧症种类极多，有属于场所者，如惧高症、惧空旷症等；有属于人物者，如惧生人症、惧女人症等；有属于动物者，如惧猫症、惧虫症等；有属于状态者，如惧热症、惧红症等。单就本辞典所列，恐惧症就有一百五十余种。见神经症（neurosis）。

phobic anxiety 恐惧性焦虑 精神分析论创始人弗洛伊德理论中的术语。本词所指是焦虑症之一种，其特点是此种焦虑乃是由物体或情境所引起；物体或情境本身虽不可能为害，但当事人却对之恐惧而感到焦虑。与本词相对者为游离性焦虑（free-floating anxiety）。见该条。见焦虑（anxiety）。

phobic character 恐惧性格 指经常心怀恐惧的性格，具有此种性格者，经常忐忑不安，凡事不敢以真面目对人，总是使用防卫机制（defense mechanism）

P

应付一切。

phobic disorder = **phobia** 恐惧症

phobic neurosis 恐惧神经症 义同恐惧症(phobia)。见该条。

phobic reaction 恐惧反应 义同恐惧症(phobia)。见该条。

phobophobia 惧恐惧症 属恐惧症中的一种特殊类型,患者所恐惧者非特定对象,而是对自己的恐惧习惯感到恐惧。因恐惧而生恐惧,恐惧的结果更加重了恐惧的程度,庸人自扰,莫此为甚。见恐惧症(phobia)。

phonophobia 惧声音症 属恐惧症之一。患者对声音特别敏感,稍有声音即感心神不安,甚至恐惧。严重者连自己说话的声音都不能忍受。见恐惧症(phobia)。

photophobia 惧光症 属恐惧症之一。患者畏惧光亮,身处光亮的地方,即感惶悚不安,极想逃避。见恐惧症(phobia)。

photopic adaptation = **brightness adaptation** 光适应,亮适应

photopic vision 明视觉 指视网膜上杆细胞所发生的视觉作用。见视网膜(retina)条及附图。

photopigment 感光色素 指视网膜上锥细胞与杆细胞内的一种化学物质。

photoreceptor 光感受器 对光产生反应的感受细胞的统称。主要指视网膜上的杆细胞和锥细胞。见视网膜(retina)条及附图。

photoreceptor cell 感光细胞 指视网膜上职司感光的锥细胞(cone cell)与杆细胞(rod cell)。见该等条。

photoreceptor layer 感光体层 指视网膜中靠近眼球后壁的一层神经组织。感光体层有杆细胞(rod cell)及锥细胞(cone cell)两种感光细胞,分别司职光与色两种刺激的感应。见视网膜(retina)条及附图。

phrenology 颅相学 是一种按头颅特征推知个人性格的相术。颅相学系由19世纪初叶德国解剖学家高尔(F. J. Gall, 1758～1828)所创,其理论主张乃基于以下假设:(1)身心二者的交互作用,是构成个人性格的基础;(2)心理功能生于脑,脑之不同部位产生不同的心理功能;(3)心理功能包括机智、自尊、谨慎、良心等很多种;(4)人的个别差异系因各种心理功能发展强弱不同所致;(5)任何一种心理功能如特别发达,其相当之颅骨部位亦将表现出特别的形相。因此,根据颅骨的整个生长形相,即可推知个人性格。唯现代科学心理学上已不承认颅相学的理论价值。

phylogenesis = **phylogeny** 种族发生史

phylogeny 种族发生史 指发生心理学(genetic psychology)家对某种族个体行为发展变化的研究。见该条。

physical anthropology 体质人类学 属人类学(anthropology)的一支。见该条。

physical appearance 相貌 **1.**泛指个人的五官四肢合成的外貌。**2.**特指构成人际吸引(interpersonal attraction)的因素之一。见该条。

physical dependence 身体依赖 义同生理依赖(physiological dependence)。见该条。

physical determinism 物质决定论 属决定论(determinism)理论中两种相对理论之一。见该条。物质决定论的基本要义是,人的行为与动植物的生长变化相似,都是受外在(环境)与内在(生理)两类物质因素决定的。

physical pain 生理性痛 指生理上受到伤害时由末梢神经所感受到的一种不愉快感觉。见痛(pain)。与本词相对者为精神性痛(psychic pain)。见该条。

physical rehabilitation 身体复健 指运用医疗方式为身体伤残者治疗,借以解除患者痛苦并重新学习生活适应的历程。例如,因车祸锯断一腿者,必须先获医学治疗保全性命,而后再学习使用义肢走路适应生活。此一系列的过程称为身体复健。身体复健也称医疗复健(medical rehabilitation)。见该条。见复健(rehabilitation)。

physiodrama 身体剧 指以身体健康为主题的心理剧形式(psychodrama forms)之一。见该条。

physiognomic perception 情感知觉 完形心理学中的术语。谓知觉经验虽来自物理刺激的特征,但其中多半带有情感成分。听到音乐演奏时,绝非只是听到不同声音的混合,而是从音乐的旋律激起情感的变化。

physiognomy 面相学 指按人体面相推断其性格与行事的一类研究。面相学的基本理论认为身与心相关,身为心之表,故而可按人之面貌、体态、姿势、发色等外显特征推断人的性格。面相学之流行,中外皆然,所谓"天庭""地阁""六府""三才"等,都是根据身体特征推断性格的标准。现代科学心理学中关于人格特质的研究,已不再采用面相学的说法。

physiological age 生理年龄 指以个体的生理成熟状态来推算的年龄。生理成熟状态包括腺体、肌肉、神经系统等部分。生理年龄并非按出生日期计算,是按照生理发展水平估计的,因此与实足年龄未必一致。

physiological dependence 生理依赖 属药物成

瘾后所产生的药物依赖(drug dependence)现象之一。见该条。

physiological limit 生理极限 指身体活动效果所达到的最大限度。达到极限以后,再多的练习也不发生作用。例如,某运动员跳高,最高纪录两米,跳到两米之后,再多的练习也无法突破此项纪录时,两米即可视为他的生理极限。唯生理极限尚属一种假设,未必真正代表"极限"。如果改变练习方法,或提高士气,也许会突破极限。与本词相对者为心理极限(psychological limit)。见该条。

physiological motive 生理性动机 由于生理需求而产生的动机,统称生理性动机。诸如饥、渴、性等动机,均属生理性动机。见生理性需求(physiological need)。

physiological need 生理性需求 **1.**指个体内部维持生理功能的物质要素(如水分与食物)消耗到某种程度时所构成的缺乏状态。**2.** 指由于生长成熟导致生理变化(如性激素)对个体产生的内在压力。**3.**义同生理性动机(physiological motive)。**4.**指美国人本心理学家马斯洛之需求层次论(need hierarchy theory)中最基层的需求。见该条。

physiological psychology 生理心理学 属理论心理学一个分支。生理心理学主要研究个体的生理历程与其行为的关系。在研究题材上,以生理学的知识与方法,研究并解释各种感官与神经系统以及各种腺体的功能与心理和行为的关系,其目的旨在从还原论(reductionism)的观点,探求个体行为最基本的原因。见该条。在研究方法上,生理心理学多采实验法进行研究。

physiological theory of emotion 情绪生理论 指从个体生理变化的观点解释情绪的理论。早期的詹姆斯—郎格情绪论(James-Lange theory of emotion)与坎农—巴德情绪论(Cannon-Bard theory of emotion),在性质上均属生理情绪论。见该等条。

physiological zero 生理零点 温度变化到某一状态时,皮肤对之不产生温度的感觉,既感觉不到热,也感觉不到冷,此时的温度,称为生理零点。生理零点因身体部位不同而异,一般情形下,在室内时脸部与手部的生理零点,约为33℃。

physionomy = physiognomy 面相学

physique 体格 指个体全身组织及外貌,其高矮胖瘦以及各明显特征形成的整个身体,称为体格。

physique type theory = body type theory 体型论

PI = proactive inhibition 顺摄抑制,前摄抑制

PI = proactive interference 顺向干扰

PI = programmed instruction 编序教学

Piagetian 皮亚杰主义 义同日内瓦学派(Geneva school)。见该条。

Piagetian school 皮亚杰学派 义同日内瓦学派(Geneva school)。见该条。

Piagetian theory of cognitive development 皮亚杰认知发展论 义同认知发展阶段论(stage theory of cognitive development)。见该条。

Piaget, Jean (1896~1980) 皮亚杰 皮亚杰是20世纪瑞士著名心理学家,是认知心理学的先驱,是发生认识论的创始人,也是认知发展阶段论的建构者,被誉为弗洛伊德之后20世纪百年中贡献最大的心理学家。

皮亚杰1896年8月9日出生于瑞士北部的纽夏泰尔,父为中古文学史专家,母为虔诚基督徒。皮亚杰自幼聪颖绝伦,从儿童期开始即喜爱观察鸟、鱼、昆虫的活动及收集化石与贝壳。11岁即根据对白头麻雀的生活观察撰成报告,在当地一家科学杂志发表。稍后又毛遂自荐到当地自然历史博物馆利用课余时间协助整理贝壳。馆长是研究软体动物的专家,皮亚杰受其影响也对此研究发生了兴趣。皮亚杰进大学前即在当地动物学杂志连续发表软体动物研究论文达25篇之多。日内瓦博物馆拟聘他为软体动物标本部主任,但因他系中学在校生而作罢。中学毕业后,皮亚杰进纽夏泰尔大学,18岁毕业,22岁以软体动物研究为课题获生物学哲学博士学位。

青少年时期的皮亚杰,学术兴趣集中在软体动物研究,获得博士学位后对未来研究方向曾一度感到彷徨迷失。后经建议后做了两方面改变:一方面扩大学术领域,除生物科学外广泛涉猎哲学、宗教、社会学、心理学;另一方面扩大生活领域,走出家乡面向广大世界。从此皮亚杰找到了自己的方向:从哲学的宏观取向提出问题,采科学的微观取向寻求答案。以此大方向为指针,将自己的兴

趣从纯生物学的研究，转向探讨对人性特质的知识来源问题。唯他在探讨此一问题时，舍弃以往哲学家思辨的老路，试图从生物学的观念就儿童如何对环境中事物认知的问题寻求科学答案。此一转变决定了他一生的学术生涯，在以后60多年的长期研究中，他始终以儿童认知心理发展为主题。方向确定后，1918年他先到苏黎世，一方面在大学听课，另一方面在著名精神病学家布莱勒的诊所实习，并研读弗洛伊德和荣格等人的著作。翌年赴巴黎，除在巴黎大学进修外，还在1920年结识曾与比奈合编智力测验的西蒙（T. Simon, 1873～1961），得有机会在比奈心理实验中心工作了一段时间。这段时间内皮亚杰对儿童认知心理有了深刻的认识。他发现根据成人思维逻辑编制的比奈—西蒙智力量表不适于用来研究儿童的认知能力。因为这类测验题目采是非对错的标准，订定年龄常模；对同一试题作答时，年幼儿童答对者较少，年长儿童答对者较多；对同一年龄组施测时，答对题较多的儿童智力较高，答对题较少的儿童智力较低。皮亚杰分析测验结果发现，年幼儿童对题目的错答有雷同之处。因此他特别对不按标准答案作答儿童感兴趣，他想探讨的问题是：为什么儿童不按标准答案作答？是因为他们不能辨别对错，还是他们对问题另有自己的想法？对此等问题一再探索研究后，皮亚杰创始了独特的研究方法，并进而建构了自成一家的解释人类知识来源问题的新理论。

皮亚杰1921年返国后，任职于日内瓦卢梭研究所；1925～1929年任纽夏泰尔大学教授；1929～1971年任日内瓦大学教授，并在1940～1970年担任该校实验心理学讲座；1952～1963年任巴黎大学教授；1955～1980年间任日内瓦国际发生知识论中心主任。皮亚杰的思想影响欧洲心理学界60余年，史称日内瓦学派（Geneva school）。皮亚杰的认知发展研究始自20世纪20年代，到30年代已在欧洲成名，直到1936年获哈佛大学荣誉博士学位后，其思想始为美国所接受。却因时值行为主义鼎盛时期，其理论并未获美国心理学界普遍重视。20世纪60年代认知心理学兴起后，他的著作才在全世界广为流传。皮亚杰荣获36所大学颁赠荣誉博士，1969年获得美国心理学会颁赠科学杰出贡献奖，是为欧洲学者得此殊荣的第一人。1980年9月16日病逝于日内瓦，享年84岁。皮亚杰在心理学上的贡献，主要在于以下四方面：

1.首创发生认识论 皮亚杰费60余年心力所探讨的是历来争议未决的人类知识来源问题。对此问题的探讨，在17至18世纪有两派理论：其一为主张知识得自先天观念的理性主义，其二为主张知识来自感官经验的经验主义。皮亚杰的思想则是超越此二理论争议而改从生物适应环境的观点，提出个体发展中经由其自身需要与环境特征的交互作用历程逐渐得到知识发展，是故他的理论称为发生认识论（genetic epistemology）。

2.采基模观念解释认知结构 所谓认知结构（cognitive structure），是指个体对事物由知觉而形成的概念，皮亚杰称之基模（schema）。个体靠基模去认识和辨别事物，从而对该事物获得认知。基模之发挥认知功能，要经由适应，而适应时则须经由两个彼此互补的心理历程：其一为同化（assimilation），遇到熟悉事物时，个体即可直接运用其既有的基模将之纳入认知结构之中；其二为调适（accommodation），遇到新事物时，个体根据环境要求调适其基模，借以吸收新知识。基模由简而繁逐渐改变，其改变代表个体智力发展。因此，智力的发展不是知识量的增多，而是质的改变。

3.创用临床研究法 由于受到在巴黎比奈心理实验中心经验的启示，皮亚杰相信，儿童的思维方式与成人不同，标准测验法或定程序的实验法均不适于研究儿童心理之用，因而他创用了临床法。所谓临床法（clinical method），是指实验者与儿童受试以作业和面谈的方式，让儿童自由操作并自由解说他的做法和想法。“临床”一词只用以表示医师和病人面对面讨论问题的形式，并不表示“医师为病人看病”之意。

4.建构认知发展阶段论 皮亚杰认为，在儿童与环境交互作用历程中，随年龄的增长在认知结构上将循四个时期而产生质的改变，是为著名的认知发展阶段论（stage theory of cognitive development）。四阶段分别是：第一阶段为感觉运动期（sensorimotor stage），初生至2岁婴儿对周围环境事物，主要靠感觉与动作获得认知；第二阶段为前运思期（preoperational stage），2至7岁儿童开始运用语言进行思维，但仍缺乏逻辑推理能力；第三阶段为具体运思期（concrete operational stage），7至11岁儿童的思维粗具逻辑推理形式，但只限于具体事物；第四阶段为形式运思期（formal operational stage），11岁以上至成年，已具备抽象逻辑思维能力。皮亚杰的发生知识论是从生物科学的观点建构的，他认为儿童的认知发展不仅代表他知识经验的增加，也代表他智力的提升。而在认知发展过程中，儿童不断地修正他适应环境的经验，从而建构起属于他自己的知识。因而皮亚杰重视儿童自身成长的经验，而不重视影响儿童智力发展的社会文化与教育因素。皮亚杰强调的儿童自身吸收知识建构知识的观点，被称为建构主义(constructivism)。皮亚杰的建构主义思想对其后学校教学思想产生了很大的影响。见建构主义教学(constructivist instruction)。

皮亚杰著作等身，其中译为英文的重要专著有：*The language and thought of the child*（1926）；*Judgment and reasoning in the child*（1928）；*The child's conception of the world*（1928）；*The child's conception of physical causality*（1930）；*The moral judgment of the child*（1932）；*The psychology of intelligence*（1940）；*The child's conception of number*（1952）；*The origins of intelligence*（1952）；*The constrcution of reality in the child*（1954）；*The child's conception of movement and speed*（1970）；*Genetic epistemology*（1970）；*Science of education and the psychology of the child*（1970）；*Psychology and epistemology*（1971）；*The principles of genetic epistemology*（1972）；*To understand is to invent*（1973）；*The child and reality*（1973）；*The grasp of consciousness*（1976）；*The development of thought*（1977）；*Success and understanding*（1978）等。

piano theory of hearing **听觉钢琴论** 义同部位论(place theory)。见该条。

pica **异食症** 患者经常吞吃一般人不食用的非营养性物质，如泥土、砂石、塑料、纸片、野草、树皮、昆虫、鸟粪等。虽明知有害无益，但无法自制，即使因此而引起损伤、感染、中毒或其他疾病，仍乐此不疲。异食症是一种少见的心理异常，通常发生于童年期或妇女妊娠期。

picture-arrangement test **拼图测验** 属于一种非文字测验。实施时，要求受试者按图片的性质依序排列，或排成一完整构图，或排成一系列故事，借以了解其心理历程。拼图测验可用于智力测验，也可用于人格测验。

picture completion test **图形完成测验** 属心理测验中题目的一种形式。图形中某些部分缺少(如人形中缺一只手或牛形中缺一只角)，受试者的工作就是将所有缺少部分确切地指出并给予补足。

Picture-Frustration Study (PFS) **逆境图画测验** 逆境图画测验是一种以图形为内容的投射测验。该测验系由美国心理学家罗森韦格(S. Rosenzweig)1945年所编制，故又称罗森韦格逆境图画测验(Rosenzweig's Picture-Frustration Study)。该测验包括24张图画，每一图画表示一种遭遇挫折的情境。实施时，受试者以按图说故事的方式，表示出如果他是当事人，他将如何处理该挫折情境。例如，步行人被开车者溅了一身泥水，司机表示抱歉，步行人将如何反应？按该测验的设计，像这一问题，受试者可能有三种不同类型的反应：(1)抗议：我要到警察局告你；(2)自责：是我自己不小心；(3)不在意：那是一个小意外。逆境图画测验分儿童(4～13岁)与成人两种。成人测验经学者黄坚厚修订为中文，名为“罗氏图画逆境反应测验”，适用于14岁以上的受试者。计分方法采百分比，已建立大学生常模。见投射测验(projective test)。

picture-interpretation test **释图测验** 属于测验的一类形式；以图形为试题，从受试者对图形的主观解说，推测其人格特质或能力的高低。释图测验实施时，可采用测验之全部，也可采用测验中部分试题；释图测验可用作人格测验，也可用作智力测验。

pie chart **饼形图** 统计数据表达的一种方式。饼形图的特征是，以一个圆面积代表100%，以圆心为定点将圆面积分为大小不同的扇形，分别代表不同类别数据的数量。

Pigmalion effect = **Pygmalion effect** **毕马龙效应**

pilot research = **pilot study** **预试研究，试点研究**

pilot study **预试研究，试点研究** 指在正式研究开始之前，研究者为求慎重而先进行的小规模研究。预试研究的目的，一方面事先考验一下使用的工具，另一方面也预先演练一次实施研究的程序，从而减少将来正式研究的误差，提升研究的效度。本词亦称探索性研究(exploratory study)和预备研究(preliminary study)。见该等条。

pineal body **松果体** 属丘脑的一部分，因形如松果而得名，呈淡红色，重约0.2克，是内分泌腺之一。在个体幼年时，松果体对生殖系统有抑制作用。在哲学心理学时代，法国哲学家笛卡尔在他的身心二元论中，认为人类灵魂与肉体的交感处就在松果体。现代科学心理学不支持此理论。本词亦称松果腺(pineal gland)。见内分泌系统(endocrine system)条及附图。

pineal gland **松果腺** 义同松果体(pineal body)。见该条。

PIQ = **performance IQ** **作业智商**

pitch **音调，音高** 指音觉的高低。对音调高低的感觉，主要取决于声音频率的大小。频率按每秒振动次数计算，用赫兹表示，频率愈大，音调愈高。唯人耳的功能，只能感受有限度的音调，界于20赫兹至20,000赫兹之间的频率方可听到。

pituitary gland **垂体腺，脑下垂体** 垂体腺位于下丘脑之下，大小如豌豆，是人体内最重要的内分泌腺。垂体腺所分泌的激素有十种以上，其中最主要者有以下五种：(1) 生长激素 (growth hormone)，其功能为促进身体发育。唯此种激素分泌过多时，可能导致巨人症(gigantism)。反之，如分泌不足时，则可能导致侏儒症(dwarfism)。(2)性激素(sex hormone)，其功能在男性为刺激睾丸内精子的成熟，在女性为刺激卵巢内卵细胞的成熟。(3)泌乳激素(lactogenic hormone)，其功能为促进女性乳房之发育，刺激乳腺分泌与母性行为。(4)促甲状腺激素(thyroid-stimulating hormone)，其功能为刺激甲状腺的分泌与成长。(5) 促肾上腺皮质激素(adrenocorticotropic hormone)，其功能为刺激肾上腺皮质之分泌与成长。见内分泌系统(endocrine system)条及附图。另垂体腺的部位见脑(brain)条及附图。

PK = psychokinesis 心灵致动

PL = probability learning 概率学习

placebo 安慰剂 在以药物治疗心理疾患时，有时医师开给病人的药物，实际上并非治疗药剂(如维生素片)，只是让病人相信，他已经在接受治疗。此种并非药物的"假药"，称为安慰剂，或称为宽心药。根据心理学家研究发现，对某些心理疾病患者而言，安慰剂确实会对他们的病情产生心理效应(如假安眠药能帮失眠者入睡)。安慰剂在另一方面的使用，是在从事药物实验时，对控制组的处理方式。见安慰剂控制实验(placebo control experiment)、双重保密实验(double-blind experiment)。

P

placebo control 安慰剂控制 义同安慰剂控制实验(placebo control experiment)。见该条。

placebo control experiment 安慰剂控制实验 以配对组设计从事药效实验时，为了避免受试者的安慰剂效应所采用的一种控制实验方法，称为安慰剂控制实验。例如，研究者想试验一种新制抗失眠症药物(镇静剂)的效果，分实验与控制两组(都是失眠症患者)进行。如果只给实验组用药，很可能在药效之外也产生安慰剂效应，使实验组感到服药自然会有效，因而形成自我催眠的效果。为了避免这一缺点，于是对控制组也给予外观相同而实非药物(如维生素片)的安慰剂，让该组有同样的机会接受安慰剂的心理影响。最后比较两组服药后的睡眠情形，即可确定新制药物是否真正有效。见安慰剂效应(placebo effect)条。

placebo effect 安慰剂效应 指药物对病人所产生的纯心理作用。有时医师开给病人的药物，实际上并非治疗药物(如维生素片)，但如病人相信那是有效的药物，结果服用后也可能产生效果。安慰剂只能产生心理作用，故而对心理疾病之外的生理疾病，其效果较小。见安慰剂(placebo)、双重保密实验(double-blind experiment)等条。

place learning 方位学习，位置学习 指白鼠在迷津中学到食物箱所在方位的能力。学习心理学上有两种理论解释：其一，解释为方位学习，即白鼠走过迷津中各条通路之后，对整个迷津产生了全盘性的认知，确切了解食物箱在迷津中某一方位。此理论为美国新行为主义心理学家托尔曼在1948年所提出，并解释为白鼠学到了迷津的认知图(cognitive map)。见该条。其二，解释为反应学习(response learning)，谓白鼠在迷津中学到的是一连串的反应，而此种连串性反应是在操作条件作用原理之下经连锁化(chaining)的历程学到的。以上两种理论在20世纪40年代曾经争议不休，但在今天看来，两种理论都可成立，关键在于学习的目的物是否明确。如目的物的所在地明确肯定，认知图学习的看法是正确解释；如目的物所在地不十分明确，则宜于采用反应学习的解释。

placement 安置 **1.**属辅导工作的项目之一。在学校教育辅导上，将学生编入适当的班级，称为安置。**2.**在职业辅导或人事训练上，将有专长的人分派在适当工作岗位上，也称安置。

placement evaluation 安置性评量 从学校教学评量本身的功能看，有安置性评量与诊断性评量之分。所谓安置性评量，是指在教学之前为了解学生对学习新知识应具备之基本条件的评量。教师在教学生学习某新科目(或某新单元)之前，对学生的学习能力必然会持有以下两个疑问：其一，学生们是否具备学习该新科目所需要的基本知识或技能？以教学生学习代数为例，在教学之前，教师一定会关心学生们是否已经具备了加减乘除四则运算的数学能力。其二，在新科目的教学目标中，有哪些知识与能力是学生们已经熟知的？若教师能了解此两点，就可在以后教学时不再重复，将节省下来的时间移用于教材中较困难的部分。以教初中三年级英语为例，课文中有关单词的发音以及句子的简单构造，学生们早已学过，教师自不必再像一年级那样从头教起。问题是，学生们过去的学习是否已达到精熟的地步，足可以作为新知识学习的基础？安置性评量的实施，就是为了确定学生是否具备新知识的行为基础所做的评量。经过安置性评量之后，如发现学生对新学习所具备的基础条件充足，就将他们安置在程度高的班级中，开始教学新知识。反之，如发现某些学生对新学习所具备的基础条件不足，就将他们安置在程度相当的班级中，先实施补救教学，借以提升其基础条件，而后再教其学习新知识。见诊断性评量（diagnostic evaluation）。

placement test 安置测验 属于一种性向或成就测验。安置测验主要有两大用途：（1）学校多用来测验学生学术性向或学业程度，作为编班教学的依据。例如大学招收转学生所用的测验，即属程度测验。（2）产业组织机构用来甄选员工并按其所长安置于适当工作岗位。

placenta 胎盘 见胎儿期（fetal period）条及附图。

place theory 部位论 指解释听觉现象的一种理论。听觉部位论，系由19世纪中叶德国著名生理和物理学家赫尔姆霍茨首创。该理论乃是采用听觉器共鸣的原理来解释听觉，故而又称共鸣论（resonance theory），也称听觉钢琴论（piano theory of hearing）或竖琴论（harp theory）。部位论的基本要义是，司职听觉的器官，主要为内耳基底膜上长短不一的毛细胞。基底膜之一端较窄，其上之毛细胞纤维较短；另一端较宽，其上之纤维较长，专司接受音波的柯蒂氏器即位于整个基底膜上。当声音引起鼓膜振动时，中耳之小听骨随着内外振动，压力波使得基底膜产生上下方向的波动。此时基底膜上的毛细胞随之振动。唯以不同区位的纤维长短有别，其所接受声音高低频率不同。基底膜上纤维短的一端，由高频率声音引起振动，造成高音的感觉；另端纤维长的区位，由低频率声音引起振动，造成低音的感觉。

place theory of hearing 听觉部位论 义同部位论（place theory）。见该条。

plain-folks technique 平民手法 指一种自我宣传的手法。平民手法的基本要义是，向群众宣称他自己无权无势；他出身平民，了解平民，所以他具有为平民服务的条件和能力。

planned parenthood ＝ voluntary parenthood 自愿亲职

plasticity 可塑性 **1.**指个体行为可以经由学习而改变的程度。**2.**义同可教育性（educability）。

plasticity of libido 欲力改向 指个体本能性的欲力冲动不能直接发泄得到满足时，改以其他间接途径表出，借以获得满足的心理历程。见欲力转变（vicissitudes of libido）。

plateau 高原 指在学习曲线上显示的一段有练习而不进步的水平线现象。学习随练习而进步，唯过一阶段之后，学习曲线之上升坡度消失，继续练习时，出现一段水平前进；稍后又再上升，显示再度进步。形成此段有练习无进步的现象，可能有两种原因：（1）受学习者暂时动机的影响。个体动机降低时，影响到学习成绩。（2）学习方法或练习习惯改变的影响。处在新旧习惯交替阶段，可能影响成绩停滞不前，体育方面的学习常是如此。高原现象只是显示在学习曲线上的一部分事实，事实背后的学习真相，尚难十分确知。见学习曲线（learning curve）。

plateau of learning 学习高原 义同高原（plateau）。见该条。

plateau period 高原期 指出现高原（plateau）的时期。见该条。

plateau phase 高原期 指出现高原（plateau）的时期。见该条。

plateau phenomenon 高原现象 义同高原（plateau）。见该条。

Plato（427～347 B.C.） 柏拉图 柏拉图是古希腊时期的大哲学家、政治家、教育家，是近代大学形态最早的设计者，是哲学心理学思想中观念论和理性主义思想的远祖，也是其后两千多年来对心理学思想发展影响最大的人物之一。

柏拉图于公元前427年出身于雅典的一个贵族家庭，自21岁至28岁的8年时间，他跟随当时著名哲学家苏格拉底学习治学方法。公元前399年，苏格拉底被加以“亵渎神明”和“煽动青年”的罪名，被迫饮鸩自尽。之后，柏拉图有感于当时政治缺乏哲学思想导向，乃愤而放弃从政之初衷，周游列国以充实自己。直到公元前387年返国后，在雅典创立了一所学园（Academy）设帐讲学，讲授哲学与科学，长达40年之久。后世将柏拉图创立的学园视为近代大学的最原始雏形。柏拉图是古希腊时代集哲学大成的人物，除在政治哲学方面的《理想国》一书流传后世之外，他在哲学思想方面的宇宙论、人性论、知识论、伦理学、宗教观等思想与著作，影响也都是空前的。柏拉图的哲学思想中蕴含了很多心理学的理念，虽然从现代科学心理学的观点而言，他的理念未必全然合理，但他的思想对以后两千多年心理学的发展产生了巨大的影响，其中最重要的有以下两点：

1. 对心身关系问题的解释　对心身关系问题，柏拉图首先提出二元并存的理念，认为人性中有两个世界：一个是身体所居处的现实世界，另一个是在灵魂中存有的理性世界。身体感官所接触到的世界并不是真实的世界，而灵魂中的世界才是真实的，亦即前者只是影子，而后者才是真正存在的。对灵魂的性质，柏拉图提出两种解释：其一，他认为灵魂是永远存在的。其二，他认为灵魂中存有理性、感情、欲望三部分。灵魂中的理性部分是永存的，其作用发挥在脑；感情和欲望两部分不是永存的，其作用发挥在心与腹部。灵魂中理性、感情及欲望三者是以理性为中心的。

2. 对知识来源问题的解释　对知识来源问题，柏拉图也以他心身关系问题中所持灵魂永存的理念来解释。基本上，柏拉图认为人类的知识不是靠经验学习的，而是由灵魂将既有知识回忆来的。他将灵魂中既有知识回忆出来的历程称为复忆（reminiscence）。至于"知识怎样存在于灵魂"的问题，柏拉图有两种解释：其一，因为灵魂不死，而且轮回转世，所以人在前世早已学到了很多知识。其二，人生而具有先天观念，先天观念（innate ideas）就是普遍性知识。人出生后为什么不知道自己灵魂中存有知识？柏拉图认为那是由于受到人的肉体干扰所致。因此，在知识论上柏拉图对知识来源问题的主张，是为观念论之始。柏拉图观念论（idealism）的基本要义是，他将世界分为可见的现实世界与可知的观念世界。现实世界中的一切现象都不是真实的，认识此等现象不等于真知。观念世界是指现实世界中一切事物抽象后的观念，也是表面现象背后的普遍原理。因此观念世界才是真实的，如代表三角形知识者并非三角图形，而是三角形的普遍观念。

柏拉图的思想对以后两千多年心理学思想的发展，产生了极大的影响。近代哲学思想中服膺理性主义的哲学心理学家，几乎无一不受柏拉图思想的影响。现代精神分析学派创始人弗洛伊德将人格结构分为本我、自我、超我的说法，有人认为可能就是源自柏拉图灵魂三层次的理念。

柏拉图著作英译本主要为：*The dialogues of Plato*（1953）。

Platonic love 柏拉图式爱情　指两性间只有精神上的爱恋而不发生肉体关系的爱情。

platoon-volley theory = volley theory 排发论

platoon-volley theory of hearing 听觉排发论　义同排发论（volley theory）。见该条。

platykurtic distribution 低阔峰分布　指次数分布曲线中，呈对称状但峰度较低的极度分散的形式。见峰度（kurtosis）。

platykurtosis 低阔峰度　属次数分布曲线的一类形式。见峰度（kurtosis）。

play 游戏　指个体所从事的自发性活动，此类活动多半没有明显的目的，只是因活动本身带来的乐趣，促使个体继续从事该种活动。对儿童成长而言，游戏是一种基本需求，其重要性和饮食睡眠相等。从游戏活动中，儿童获得健康的身心发展和人际关系。儿童的游戏有很多不同方式，见游戏类型（types of play）。

play-group psychotherapy 游戏团体心理治疗法　属心理治疗方法之一。此治疗法系由斯拉夫森（S. R. Slavson）于1943年所创用。此法以学前儿童为对象，实施时提供儿童各类型的游戏活动，激发儿童的记忆与幻想，并随机询问儿童有关问题，借以了解儿童内在的心理冲突。游戏团体心理治疗法是斯拉夫森创用的分析团体心理治疗（analytic group psychotherapy）之下的三种方法之一。见该条。

play projection 游戏投射　义同投射游戏（projective play）。见该条。

play therapy 游戏治疗法　属心理治疗方法之一。游戏治疗法的功用是，借游戏为手段，帮助儿童舒缓情绪困扰，使其人格得以正常发展。对适应困难的儿童而言，采用游戏治疗是想达到三个目的：(1)治疗人员可借游戏为中介与儿童沟通，让儿童在不知不觉中显露出他的问题；(2)经由游戏活动，可以让儿童表露真情、满足欲望，借以发泄其不愉快的情绪；(3)游戏活动中，可采用角色扮演的方式，让儿童体会相对角色（如父母）与自己的关系，借以改善其人际关系。以上三点中，(1)属于诊断，(2)和(3)均属于治疗。

pleasantness-unpleasantness 愉快到厌恶　德国心理学家冯特情感三维论（three-dimensional theory of feeling）中所列情感三维度之一。见该条。

pleasure ego 享乐我　弗洛伊德的精神分析论中的术语，义同本我（id）。因本我的功能是循享乐原则的，故名。

pleasure-pain principle 乐—苦原则　义同苦—乐原则（pain-pleasure principle）。见该条。

pleasure principle 唯乐原则　见苦—乐原则（pain-pleasure principle）。

pleasure-unpleasure principle = pleasure-pain principle 乐—苦原则

pluralism 多元论　**1.**属于哲学上的宇宙论。多元

P

论者主张宇宙本体系由多种独立自存之实体集合而成。例如，解释人性的身心二元论，即属多元论。**2.**对任何事象（包括人的行为）进行研究时，对事象的形成持多因素观点者，统称为多元论。如对智力的构成，一般均持多元论的看法。与本词相对者为一元论（monism）。见该条。见心身关系问题（mind-body problem）。

pluralistic ignorance 人众致误现象 指在人数众多的情境下，个人对紧急情况的判断，因受在场人数众多的影响致使其警觉与思维降低的现象。根据一项以大学男生为对象的实验，将学生们编组在会客室等候六分钟，然后分组谈话。各组人数不等，少则一人，多则三人。在等候的六分钟时间内，实验者设计从邻室的窗口内冒出浓烟，并从一单向窗口观察受试者反应。实验结果发现：在一人等候的情境下，见浓烟而去报警者有75%；在三人等候的情境下，见浓烟而报警者只有12%。询以原因，其回答都是说，因别人的行动（不去报警）影响了自己的判断与行为。换言之，团体中成员间彼此的行动，将误导每一成员的独立判断与行动。有时团体中一窝蜂地行为也是如此，个人往往跟从别人行动而行动，未必是出于自己的独立判断。见旁观者效应（bystander effect）。

plural marriage = polygamy 复婚制

plus-minus conflict 正负冲突 义同趋避冲突（approach-avoidance conflict）。见该条。

plus-one principle 加一原则 指将美国心理学家柯尔伯格道德发展理论应用于教育上的一项原则。柯尔伯格将道德发展分为三个时期六个阶段。在实际学校或家庭道德教育应用时，柯尔伯格建议提升一个阶段作为目标，从而培养儿童的道德行为。例如，有某儿童的道德发展已达到第二期第三阶段的寻求认可取向，即可提升一个阶段，以第四阶段的遵守法规取向作为目标去培养儿童的道德行为。见柯尔伯格道德发展阶段论（Kohlberg's stage theory of moral development）。

plus-plus conflict 正正冲突 义同双趋冲突（approach-approach conflict）。见该条。

PM = primary memory 初期记忆

PMA = primary mental abilities 基本心理能力

PMAT = Primary Mental Abilities Test 基本心理能力测验

PMT = Porteus Maze Test 波蒂厄斯迷津测验

PNS = peripheral nervous system 外周神经系统

poetry therapy 诗文治疗 诗文治疗并不是一种单独的心理治疗的理论或方法，而只是在心理治疗时采用的一种工具或手段。因为，将心情投入诗文时可以使人暂时摆脱现实，而且借由诗文的韵律与意境，可以发抒个人感情的郁结。诗文治疗时，可以吟诗，也可以写诗；可以以个人为治疗对象，也可以以团体治疗方式进行之。

Poggendorff illusion 波根多夫错觉 属视错觉现象之一。如附图所示，两长方形背后的斜线，原是一条直线的三段，但因被两长方形遮盖后看似不在一条直线上。此错觉现象系由德国物理学家波根多夫（J. C. Poggendorff, 1796～1877）1860年发现，故名。见错觉（illusion）。

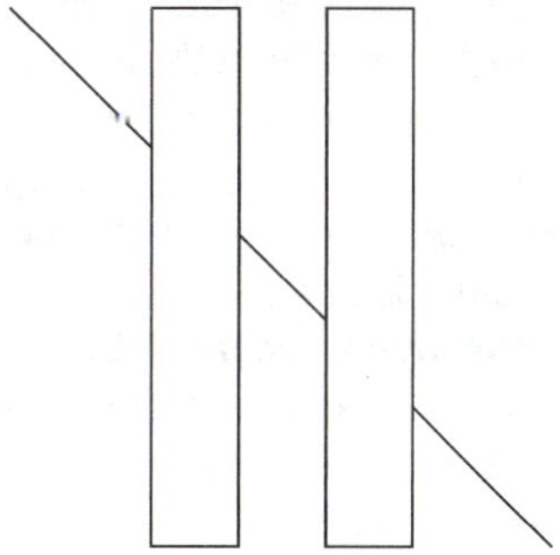

波根多夫错觉

poinephobia 惧惩罚症 属恐惧症之一。患者对惩罚一事特别担心，生怕自己因过失而受到惩罚。见恐惧症（phobia）。

point-biserial correlation 点二列相关 属双变项相关方法之一。此种相关法限用于下述情况：两变项之一为连续变项，另一变项为二分变项。例如下列情形即符合此一原则：初中二年级300人，男女生各占一半，现在想分析了解数学成绩与性别的关系。数学成绩是连续变项，学生性别则是纯二分变项。点二列相关法也可用来做是非式测验题的试题分析之用。盖因是题与非题是纯二分变项，测验总分数则为连续变项，故亦合于上述原则。代表点二列相关程度的数值，称为点二列相关系数（point-biserial correlation coefficient）。按前例此一相关系数的计算公式如下：

$$r_{pq}=\frac{\overline{X}_p-\overline{X}_q}{S}\sqrt{pq}$$

公式中，r_{pq}为点二列相关系数；$\overline{X}_p$为男生数学平均成绩；$\overline{X}_q$为女生数学平均成绩；p为男生人数百分比；q为女生人数百分比；S为男女生全体数学成绩的标准差。

point-biserial correlation coefficient 点二列相关系数 见点二列相关（point-biserial correlation）。

P

point estimation 点估计 根据代表性样本性质的某一统计数，从而推论总体相应参数时，因为所采样本的统计数都是代表某一点上的数值，故而称为点估计。以样本数据求得的平均数、中数、标准差等为根据，去推论估计总体分配中的集中趋势或分散情形时，都是点估计。根据样本数据去推估总体的另一种方法叫区间估计（interval estimation）。见该条。

point measure 点量数 在一组量数中，每一个量数只代表一个点，故名。例如，有三个班学生，分别是甲班32人，乙班33人，丙班34人。三个量数是间断的，绝不可能在相邻两数之间出现32.5人的情形。因此，点量数也称间断量数（discrete measure）。见该条。

point of regard 注视点 指视线集中注视之点。注视点所得视觉最为清晰。与本词相对者为能视域（field of regard）。见该条。

point of subjective equality（PSE） 主观等点 以某一刺激为标准，在另一连续强度变化的同类刺激中，令受试者凭主观选定与标准刺激相同之一点，此点即为主观等点。

point scale 点量表，积点量表 属心理测验结果的一种记分方式。采用点量表计分者，即按受试者答对题数直接积点计算，不须换算成心理年龄的数值来表示。换言之，答对题数所得的总分，即可用来直接表示受试者的能力。

polar continuum 偏极连续 指事象变化在同一维度上呈相反方向连续者。例如，在人的性格上有内向型与外向型之分，在人际关系上有支配与顺从之别，都是研究者持偏极连续的看法。

P

polarization 极化 **1.**在生理学上，指细胞膜的内侧与外侧之间存在电荷差异的现象或状态。例如神经元在未受刺激时，细胞膜的外侧附有较多正的矿物质离子而带正电，内侧附有较多负的矿物质离子而带负电，此时之膜电位称为静止膜电位，又称此时之细胞膜处于极化状态。**2.**在心理学上的意义则是：（1）指在偏极连续的维度上，个体行为趋于某一极端的倾向。例如，有人在性格上过于内向者即是。（2）在一团体中，团体成员们的意见趋于一致地支持（或反对）某一人时，此种情形也称极化。见偏极连续（polar continuum）。

pollyanna mechanism = sweet-lemon mechanism 甜柠檬机制，甜柠檬作用

pollyanna principle 乐观原则 指社会心理学家解释从宽效应（leniency effect）时所持的一种看法。见该条。

polyandry 一妻多夫制 属于一种婚姻制度，在此制度之下，一个妻子可以同时有数个丈夫。与本词相对者为一夫多妻制（polygyny）。见该条。

polychoric correlation 多分格相关 属于一种两变项各为连续量数而且均呈常态分布者之间的相关。“多分格”系指与四分相关的“四分格”的相对说法。如按相关表的内容看，多分格相关即表示表上纵横两栏交叉的格子有很多（四分相关只有2×2＝4个）。由所有格子中的次数分布，大致可以看出两变项间的共变趋势。见四分相关（tetrachoric correlation）。

polygamy 复婚制 属于一种婚姻制度，在此制度之下，可以一夫多妻，也可以一妻多夫。

polygraph 多功能记录器 同一时间内可以记录个体多种身心变化的仪器。此种多功能仪器，一般可用来记录个体的血压、脉搏、呼吸、皮肤电阻反应等生理与心理交互作用的变化。侦察犯罪案件用的测谎器（lie detector）即属此类仪器。见该条。

polygyny 一夫多妻制 属于一种婚姻制度，在此制度之下，一个丈夫可同时有数个妻子。与本词相对者为一妻多夫制（polyandry）。见该条。

polyphagia = bulimia 贪食症，饥饿症

ponophobia = ergophobia 惧工作症

pons 桥脑 指位于延脑之上由神经组织构成的较延脑肥大的管状体。桥脑连接延脑与中脑，如受伤害可能影响睡眠正常。见脑（brain）条及附图。

Ponzo illusion 庞邹错觉 属视错觉现象之一。如附图所示，等长的两条平行线，因受两边对向斜线的影响，看起来上面的一条线比较长。此一图形错觉系由意大利心理学家庞邹（M. Ponzo, 1882～1960）于1913年发现，故名。庞邹错觉又称铁路错觉（railway illusion）。见错觉（illusion）。

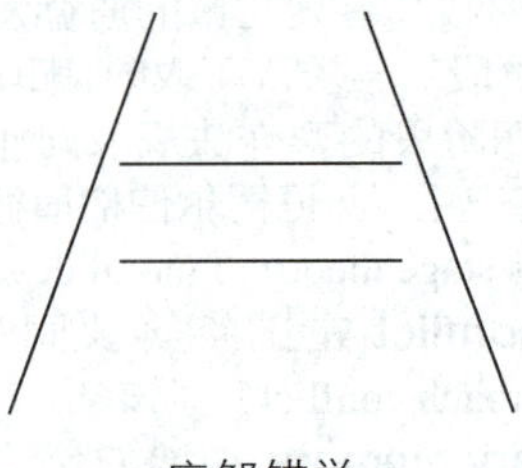

庞邹错觉

popular response 常现反应 指某一刺激出现时，一般人对之最常表现的反应。常现反应也就是最多与最普遍的反应。常现反应可用单词联想测验来研究。从某些单词（刺激）引起的联想词来分析，就可以看出哪些词是最常使用的。

population 人口，总体，母全体，母群 **1.**指某地区在某时间的人口总数。**2.**在统计学上，指与样

本相对应的总体(样本是从总体中抽取的)。总体中的个体数量,有时确知,有时不易确知。例如,从某小学全部学童中抽取500人为样本进行某项研究时,总体中的个体数量是确知的。但如从大街上随意抽取100位过路行人为样本,进行意见调查时,样本所代表的总体则不易确知。心理学的研究,常是采取部分个体的特质为对象,从而获得原理原则,其最后目的却是用来推论解释总体的同类特质。总体可由人组成,也可由物(如图书馆内的藏书总册数)或事(如一年内犯罪案件总数)组成,凡是能计数而又可从中抽取部分样本为研究对象者,均称总体。

population mean 总体平均数 义同真平均数(true mean)。见该条。

population parameter 总体参数 指与样本统计数相对应而代表总体性质的数值。样本系由总体抽取而来,如样本抽取方法适当,样本即具有总体的代表性。因此,根据样本数据求得的统计数,如平均数、中数、众数、标准差等数值,一方面是用来描述样本性质的统计数,另一方面也是推估总体性质的不偏估计数。换言之,总体在理论上也呈次数分布,在分布中自然也有平均数、中数、众数、标准差等相当于样本统计数的数值。不过,在总体中不叫统计数,而叫总体参数或简称参数。改用符号表示时,样本统计数习惯上用英文字母表示,总体参数则用希腊字母表示之。见参数(parameter)。

pop-up memory 突发性记忆 指遗忘后不期而然地突然记起来的现象。在急切需要的情形下,极力思索而无法忆起的事件,放弃思索之后,却在无意中突然想起该事件。与本词相对者为舌尖现象(tip-of-the-tongue phenomenon)。见该条。

poriomania 荡游症 指生活毫无目标, 事事无兴趣、无动机的游荡现象。

Porteus Maze 波蒂厄斯迷津 见波蒂厄斯迷津测验(Porteus Maze Test)。

Porteus Maze Test (PMT) 波蒂厄斯迷津测验 属于非文字智力测验之一。该测验是以纸上图形迷津方式,测验三岁以上儿童的智力。波蒂厄斯迷津测验系由澳洲心理学家波蒂厄斯(S.D.Porteus, 1883～1972)1914年所设计,故名。

positional leader 职位领袖 指团体中形式上的领袖,如行政机关的单位主管,教室内的教师,均属此类领袖。与职位领袖相对者为威望领袖(status leader),职位领袖是形式上的领袖,威望领袖是心理上的领袖。唯优秀的职位领袖也可做到兼具威望领袖的地步。见形式领袖(formal leader)。

position factor 方位因素 指刺激出现的位置,对个体反应所构成的影响因素。在动物实验时,有些动物在方向选择上有习惯性偏好(人也是如此)。因此在安排刺激时,必须设法控制方位,以免影响实验结果。见方位习惯(position habit)。

position habit 方位习惯 在动物实验中,实验者发现,在按方位选择辨别的学习情境中,动物有倾向偏于某一方向的习惯(在十字迷津中有的习惯右转,有的习惯左转)。此种习惯称为方位习惯。

position preference 方位偏好 义同方位习惯(position habit)。见该条。

positive acceleration 正加速 指学习曲线的一种变化形式。练习开始时进步很慢,学习曲线呈低坡度前进,以后继续练习,进步加速,学习曲线急遽上扬。此种现象,称为学习曲线正加速,或简称正加速。正加速现象与学习者经验和学习材料有关。学习者缺乏经验而所学习事物又相当复杂时,容易出现正加速现象。反之,如学习者已具有某种程度的经验,练习时就会出现负加速(negative acceleration)现象。负加速是指开始进步很快,以后进步缓慢的一种学习曲线。见学习曲线(learning curve)。

positive adaptation 正适应 指刺激强度降低,或长期缺乏刺激时,感官敏感度随之增加的现象。在寂静深夜稍有动静即易觉察,即属正适应情形。与本词相对者为负适应(negative adaptation)。见适应(adaptation)。

positive afterimage 正后像 见后像(afterimage)。

positive attention-seeking 积极性引人注意 美国心理学家西尔斯(R. R. Sears)理论中的术语。引人注意的行为,可按其性质分为两种类型:一为积极性的,一为消极性的。例如,小学生抢先举手发问,或自告奋勇代表全班参加比赛,都是积极性的引人注意行为。消极性引人注意行为,多少都带有不良适应性质,诸如无故喧哗、故意惹人生气、故意闹别扭等均属之。见消极性引人注意(negative attention-seeking)和引人注意(attention-getting)。

positive attitude 积极态度 指咨商进行时受辅者对咨商员的合作态度。与本词相对者为消极态度(negative attitude)。见该条。

positive attitude change 态度正向改变 指个体态度改变方向与预期效果一致的情形。

positive cathexis 积极投注 属于精神投入(cathexis)的一种方式。见该条。指当事者对情感投注的对象(人、事、物等),表现出接近、关心、喜爱等积极的态度。与本词相对者为消极投注(neg-

P

ative cathexis)。见该条。

positive contrast 正对比 义同强化正对比(positive contrast of reinforcement)。见强化对比(reinforcement contrast)。

positive contrast of reinforcement 强化正对比 见强化对比(reinforcement contrast)。

positive correlation 正相关 指两变项的共变关系属于一致情形者。设X与Y两变项,X由小变大,Y也由小变大,或是X由大变小,Y也由大变小,都是正相关。正相关系数的值,介于0至+1之间。见相关(correlation),相关系数(correlation coefficient)。

positive error 正误差 见空间误差(space error)。

positive eugenics 积极优生学 见优生学(eugenics)。

positive hallucination 正幻觉 指在催眠状态下受试者所称看到某种东西,事实上这东西并不存在。与本词相对者为负幻觉(negative hallucination)。见该条。

positive incentive 正诱因 一种外在刺激(人、事、物或情境),其能够吸引个体使之趋近并从而获得动机满足者,称为正诱因。如食物之于饥饿的动物言,就是正诱因。见诱因(incentive)。

positive instance 肯定例证 举例陈述概念时,所举例证有助于概念形成者,称为肯定例证。以"哺乳动物"一概念为例,如举狗、猫、狮子、老虎为例说明时,就是肯定例证。理由是所举例证均包括哺乳动物类的两个共同本质特征(胎生和哺乳)。反之,如举鲸和蝙蝠为例说明"鱼"和"鸟"的概念时,就是否定例证(negative instance),理由是所举例证未包括"鱼"和"鸟"两个概念的本质特征,而采用了不属于此二概念的本质特征(认为在水中游的动物都是鱼,在天空飞的动物都是鸟)。

positive-negative conflict = approach-avoidance conflict 趋避冲突,接近—回避冲突

positive negativism 积极抗拒 指对别人的意见或劝告非但不予接受,反而在态度行为上表现出相反的倾向。见抗拒(negativism)。

positive-positive conflict = approach-approach conflict 双趋冲突,接近—接近冲突

positive punishment 正效惩罚 当惩罚性刺激施于违规行为之后,确能使个体以后违规行为重现的可能性降低者,即表示惩罚有正向效果,故称正效惩罚。与本词相对者为负效惩罚(negative punishment)。见该条。

positive recency effect 时近正效应 猜测或预测某事件发生的可能性时,在此事之前刚发生过的事件,常被猜测者用来作为依据而预测该事件会再发生的心理现象,称为时近正效应。例如掷骰子连掷三次的结果,皆是六点向上,第四次掷出之前让人去猜测,如所猜者仍是六点向上,即属时近正效应。与本词相对者为时近负效应(negative recency effect)。见该条。

positive reference group 正参照团体 义同参照团体(reference group)。见该条。另与本词相对者为负参照团体(negative reference group)。见该条。

positive regard 积极关注 指在咨商情境中,咨商员对案主的一种温和、友善、诚恳、真挚、关心、接纳等积极态度。按罗杰斯的非指导性咨商理论,咨商员对案主的积极关注,是促进案主人格改变的重要因素。

positive reinforcement 正强化 任何一种刺激(包括人、事、物、情境),当其出现在个体反应之后(或同时),且对该反应产生强化作用时,此种安排或训练过程,称为正强化。此处所谓"强化",系指以后同样情境再出现时,个体再出现该反应的概率将增加。在正强化过程中,对个体反应产生强化作用的刺激,称为正强化物(positive reinforcer)。见该条。与本词相对者为负强化(negative reinforcement)。见该条。

positive reinforcer 正强化物 **1.**任何一种刺激(包括人、事、物、情境),当其出现在个体某反应之后(或同时),而且对该反应产生了强化作用者,皆为正强化物。此处所谓"强化",系指以后同样情境再出现时,个体再出现该反应的概率将增加。与本词相对者为负强化物(negative reinforcer)。见该条。**2.**义同奖赏(reward)。

positive skewness 正偏态 指次数分布曲线之峰顶偏于左方,而平均数大于中数与众数的情形。与本词相对者为负偏态(negative skewness)。见偏态分布(skewness of distribution)。

positive time error 正时间误差 见时间误差(time error)。

positive transfer 正迁移 属学习(或训练)迁移的一种形式。先后有两种学习活动,前一学习所学得的习惯或经验,有助于后一学习活动者(或节省时间,或减少练习遍数),称为正迁移。学过数学后有助于学习物理的情形,即为正迁移。与本词相对者为负迁移(negative transfer)。见该条。另见学习迁移(transfer of learning)。

positive transference 正移情 见移情(transference)。

positive valence 正引拒值 指刺激或目的物对

个体具有吸引作用而引起个体追求者,即表示该刺激或目的物具有正引拒值。见引拒值(valence)。

positivism 实证主义,实证论 对科学知识认定标准的一种理论。实证主义的基本要义是:(1)实证主义思想源于哲学心理学上的经验主义与唯物主义;(2)实证主义主张,只有对事象直接观察、测量且能验证的知识,才是真正的科学知识。因此,实证主义既否定一切形而上学的抽象观念,也否定以内省作为心理学研究方法的价值。准此而论,20世纪初行为主义创始人华生所采心理学研究取向,即属典型的实证主义。实证主义思想始自19世纪中叶法国哲学家及社会学家孔德(Comte, Auguste)。见其传记条。

possessive instinct 占有本能 按心理分析论的解释,人类生而具有占有本能,有一种内在的驱力去占有并支配他心爱的东西。此种占有本能,最早表现在口部吸吮及吞咽动作上。见口唇期(oral stage)。

possessiveness 占有性 **1.**指将原属别人的东西据为己有的心理倾向。**2.**指父母对子女,或夫妻之一方对对方,因过分溺爱或过分关心所表现的一种态度。此种态度所给予对方的感受是被支配、被控制。

postconventional level 后习俗期 义同后习俗道德期(postconventional level of morality)。见该条。

postconventional level of morality 后习俗道德期 根据美国心理学家柯尔伯格的道德发展阶段论,后习俗道德期是道德认知发展的第三个时期,也是道德发展臻于成熟的时期。在年龄上,后习俗道德期要在青年期末期人格成熟之后。但事实上很多成年人仍不能发展到此阶段。后习俗道德期又分两个阶段:(1)社会法制取向(social-contract legalistic orientation),有责任心与义务感,尊重法制,而且相信法律是为公益但却是人自己制定的。(2)普遍伦理取向(universal ethical principle orientation),相信道德的普遍价值,认识人类的尊严,价值判断凭自己的良知,有所为有所不为。见柯尔伯格道德发展阶段论(Kohlberg's stage theory of moral development)。

postconventional morality = **postconventional level of morality** 后习俗道德期

posterior association area 后联合区 属大脑皮质联合区(association area)的一部分。见该条。

posteriori test = **post hoc test** 事后检验

postfigurative culture 后塑文化 美国文化人类学家米德(M. Mead)理论中所指的人类文化三类型之一。后塑文化是指前辈人(父母、教师等)的生活习惯影响其后辈人的现象。见共塑文化(cofigurative culture)。

postformal operational stage 后形式运思期 指新皮亚杰主义(neo-Piagetian)所主张的认知发展历程中第四阶段形式运思期以后的第五个时期。见该条。

postformal thinking 后形式思维 指新皮亚杰主义所指的认知发展第四阶段以后第五个阶段青年与成年人的思维方式。后形式思维的特征是,成年人在生活中遇到缺少正确答案而无法按逻辑思维解决的问题时,他们会从问题正面与反面去加以分析,然后找出一个较好的答案。因此本词也称为辩证思维(dialectical thinking)。见新皮亚杰主义(neo-Piagetian)。

post-Freudian 后弗洛伊德主义 **1.** 广义指弗洛伊德之后原则上继承他的思想而部分有所修正的心理学思想。**2.** 狭义指新弗洛伊德主义(neo-Freudian)。见该条。

post hoc comparison 事后比较 设某实验研究是一种多因子设计,有两个以上的分组接受不同的自变项处理,实验之后,经统计分析发现F值达到显著水平, 这表示各组之间存在显著差异。为确定究竟是那些组之间差异显著所做的进一步比较,称为事后比较。见事后检验(post hoc test)。

post hoc fallacy 事后归因谬误 指研究者对事后回溯研究结果解释的谬误。因为,从事事后回溯研究时,并不能随心所欲安排自变项,因而难以观察依变项的变化是否受自变项的影响,确定两变项之间的因果关系。事后回溯研究,只是在事件发生之后选定两个变项,分析两者之间的关系。固然在分析时也以自变项与依变项名之,但分析之后在分析推论时,却不宜遽下定论确认自变项就是因,依变项就是果。如果根据事后回溯研究结果轻易下此判断,就是犯了事后归因之谬误。事后归因之所以成为谬误的原因,主要是在选定两变项时并未控制其他有关变项之故。见事后回溯研究(ex post facto research)。

post hoc test 事后检验 **1.**指研究者在资料分析之后才决定进行的统计显著性检验(test of statistical significance)。见该条。 **2.**指采用变异数分析(analysis of variance)时,当F值达到显著水平时,再从多组平均数中选出一对或数对所进行的差异程度检验。见该条。

posthypnotic amnesia 催眠后失忆 指被催眠者清醒后,不能记忆催眠状态下他所表现的一切行为(所说的话或所做的事)。

posthypnotic suggestion **催眠后暗示** 指对处于催眠状态下的受试者，给予暗示，要他清醒后做些什么样的活动。受试者醒来后多照做无误（如将房门打开或将窗户关上），但并不自知究竟是为了何故。在催眠中的此过程，称为催眠暗示。

post-lunch dip **午餐后效率降低** 见餐后效率降低（post-prandial dip）。

postnatal environment **出生后环境** 泛指个体出生后的外在环境。见环境（environment）。

postpartum blues **产后沮丧** 义同产妇沮丧（maternity blues）。见该条。

postpartum psychosis = puerperal psychosis **产后型精神病**

postponement of gratification = delay of gratification **延迟享乐，延迟满足**

post-prandial dip **餐后效率降低** 指用餐后心理功能稍降以致工作效率下降的现象。因为心理学家的研究多采用午餐后时间，故而一般称为午餐后效率降低（post-lunch dip）。

postpuberal phase = postpuberal stage **青春后期**

postpuberal stage **青春后期** 指青春期开始后，经身体生理变化，一直到青年期结束时身体完全成熟为止的一段时间（约为14～20岁）。见青春期（puberty）。

postremity principle **最后关键原则** 美国心理学家格斯里学习理论的一个重要概念。谓个体在学习活动时，他所从事的一连串的反应中，到停止前的最后一个反应，是最重要的，亦即谓最后的反应正是个体学到的反应。此现象称为最后关键原则。据此原则推论，如教师罚学生抄写生字100遍，假如该生愈写愈不愉快，而且最后在不愉快的心情下写了错字，结果该生学到的可能就是那个错字。

postsynaptic neuron **突触后神经元** 两个神经元间以突触相联系，其中较晚发生神经冲动或位于突触后面的神经元称为突触后神经元。

postsynaptic potential **突触后电位** 指突触后神经元的膜电位变化。当突触后神经元受到突触传导物质的刺激时，即引起膜电位的变化。突触后电位有两种：（1）兴奋性突触后电位，此种短暂去极化的膜电位使突触后神经元对其他刺激的反应升高，而更易引发神经冲动；（2）抑制性突触后电位，此种短暂去极化的膜电位使突触后神经元对其他刺激的反应降低，而更难以引发神经冲动。见神经元（neuron）条及附图。

post-test **后测** 指实验、训练或单元教学结束之后对受试者所实施的测验。后测的目的是要检验实验、训练或单元教学的效果。与本词相对者为前测（pretest）。见该条。

post-traumatic amnesia **创伤后失忆症** 属失忆症之一。指个体因受到伤害之后丧失了受伤前的一切记忆，而所指伤害不仅限于身体上的伤害，精神上的伤害也可能导致失忆。见失忆症（amnesia）。

postulate **公设** 指未加证明也可为众所接受的命题。公设与公理（axiom）不同，公理是不证自明的，例如，等量各加等量其值仍相等，就是公理。公设与假设（hypothesis）不同，假设是需要经由事实来验证的。例如，男女生之间在智力上没有差别，就是假设。公设是未经验证也为大家接受，但并不是绝对的公理。例如，像“两平行线不相交”的说法，就是公设。在条件作用学习历程中，强化物出现愈晚，个体的反应强度也就愈弱。这样的说法就是公设。

postulational method **公设法** 义同假设—演绎法（hypothetico-deductive method）。见该条。

postural set **姿势定向** 指个体在表现某一特殊反应时所出现的一种不自觉的习惯性姿势。例如，在有所争议时，一般人对同意的事不自觉地点头，对不同意的事不自觉地摇头，点头与摇头的动作，就是姿势定向。

potamophobia **惧河流症** 属恐惧症之一。患者对河流特别敏感，每逢接近河流或通过桥梁时，即产生恐惧的情绪反应。见恐惧症（phobia）。

potential difference **电位差，电压** 在物理学上，两点间电位高低的差异称为电位差。电位差通常以伏特（V）作单位。

potentiality **潜能，潜力** 指个人未来可能发展的潜在能力。潜能与实际能力不同，它不是指个人习得的知识经验或对某些作业熟谙的程度，而是指将来有机会学习或接受训练时可能达到的程度。

potential vocabulary **潜在词汇** 指个人在聆听与阅读时认识并了解词义的词数总量。潜在词汇的意思是，个人的词汇不能用于口说与笔写，平常潜而不显，只有在阅读时才有表现的机会。因此，潜在词汇也称认识词汇（recognition vocabulary）。

power assertion **权威式管教** 指父母或师长以威严姿态，采用赏罚方式控制子女或学生行为的管教方式。

power-coercive strategy **权力强制策略** 属解决社会问题或推动社会改革的策略之一。此种策略的特征是，政府或职业团体（如工会）以强制手段达到解决社会问题的目的。

power drive 权力欲 义同权力意志(will to power)。见该条。

power field 力场 美国心理学家勒温场域论中的术语。指在个体生活空间内他所能掌握的范围,在此范围内个体能对其中的人、事、物产生影响。见场域论(field theory)。

powerlessness 无力感 指被情势所逼时个人无能为力的心理状态。逼人的情势可能是不可抗拒的政治压迫,可能是无法改变的社会制度,也可能是不能突破的个人条件(如性别、年龄、能力等)限制。

power motivation 权力动机 社会心理学术语,指个人热心参与社会事务,积极争取社会机会行为背后的内在动力。根据社会心理学家分析研究,权力动机分为两类:(1)个人化权力动机(personalized power motive),指热心参与社会事务者,其动机是为了满足个人争胜或为了私人利益。(2)社会化权力动机(socialized power motive),指热心参与社会事务者,其动机是为了服务社会,帮助别人。见动机(motivation)。

power of a statistical test 统计检验力 统计检验力是指正确拒绝虚无假设的概率。例如,依总体的真正性质来看,机械能力和数学能力有相关存在,研究者若接受机械能力和数学能力无相关存在的假设(即虚无假设),则可能犯第二类错误(Type Ⅱ error)。见该条。假设犯第二类错误的概率是β, $1-\beta$即为统计检验力。见虚无假设(null hypothesis)。

power of a test = **power of a statistical test** 统计检验力

power test 难度测验 指心理测验的一种。若根据施测时间有无限制为标准来区分测验类别时,可区分为速度测验与难度测验两大类。实施难度测验时,在时间上不作严格限制,唯在题目难度上逐渐增加,愈往后排列的题目其难度愈高;最后有些题目,即使给予充分时间,受试者也无法求出答案。难度测验的目的是,在不受时间限制的情境下,测定受试者所能达到的最高能力。与本词相对者为速度测验(speed test)。见该条。

PQ4R method 六段读书法 指一种包括以下六段活动的读书方法:(1)浏览(preview, P),先大体了解书的性质;(2)问题(question, Q),从预读中发现问题;(3)阅读(read, R),正式开始阅读;(4)回顾(reflect, R),边读边回顾书中的内容;(5)回忆(recite, R),时时回忆读过的要点;(6)温习(review, R),读完后再对读过的材料加以温习。

PQRST 五段读书法 指一种包括以下五段活动的读书法:(1)预作浏览(preview,P);(2)提出问题(question,Q);(3)进行阅读(reading,R);(4)自行复述(self-recitation,S);(5)效果测验(testing,T)。

PR = **percentile rank** 百分等级

practical ability 实践能力 属美国心理学家斯腾伯格智力三元论(triarchic theory of intelligence)中的能力之一。见该条。

practical intelligence 实用智力 在实际生活情境中,在适当时间与适当空间内,个人在行为上的适当能力表现。所谓适当能力表现,包括解决问题的能力与应付困境的能力等。实用智力一词与抽象智力(abstract intelligence)相对。见该条。

practical knowledge 实用性知识 义同程序性知识(procedural knowledge)。见该条。

practical psychology 实用心理学 义同应用心理学(applied psychology)。见该条。

practice effect 练习效果,练习效应 **1.**因重复练习而使个体行为产生了显著改变,是为练习效果。**2.**指因事先练习对实验和测验所产生的效应。在实验开始之前,如受试者先对自变项有过练习,则实验结果所得依变项变化,就无法肯定乃是由于自变项变化所引起的。同理,如在实施智力测验前先使受测者练习一次,则测得结果也将失却正确性。

practice limit 练习极限 因练习而进步的最高极限,称为练习极限。达到练习极限后,增多的练习不再发生作用。练习极限与生理极限(physiological limit)有关,也与心理极限(psychological limit)有关。见该等条。

practice theory of play 游戏实习论 指对儿童期游戏的教育价值所作的理论性解释。此理论系由德国生物学家格罗斯(K. Groos)在19世纪末提出。格罗斯从进化论的观点,认为儿童游戏并非无目的活动,而是为以后成人生活的一种准备。换言之,儿童期的游戏活动,是将来担任成人角色的实习。

pragmatics 语用学 研究语言符号与语言符号的使用之间的关系的一种理论。语用学不强调语言形式,而强调不同语言形式的功能、与说话者的语言情境以及不同情境下对语言的理解。有些人在市场上用一种方式谈话,而在会议上则用另一种方式交谈,与成人谈话是一种语气,与幼儿谈话又是一种语气。

pragmatism 实用主义 指哲学上的一种主张,认为能够实践的思想才有意义,能够获得实际效果的行动才有价值。实用主义最早由英国教育家斯宾塞在19世纪50年代提出,后经美国功能学派心理学创始人詹姆斯1907年出版的《实用主义》一书发扬,复经杜威等人大力推广,乃成为20世纪初美国文化的主流思想。根据实用主义说法,世间无绝对真理,真理决定于实际效用,真理常随时代环境而变动,适合于时代环境而有效用者,即是真理。

praise 赞美 指对别人的行事指出优点并给予夸奖。

PRE＝partial-reinforcement effect 部分强化效应

preadolescence 青年前期 指青年期开始前的一段时期。更具体一点说,指青春期开始前的一段时期(约为10～13岁)。义同青春前期(prepuberal stage)。见该条。

preattentive process 前注意历程 认知心理学术语。在感觉记忆阶段,面对众多视觉刺激时(如一张大幅图画),个体通常是不自觉地同时扫描到视野内的全部刺激,而后再转移注意到焦点刺激。注意到焦点刺激时,就会对所注视的对象产生物形辨识。在此感觉历程中,前段称为前注意历程,后段称为注意历程(attentive process)。见物形辨识(pattern recognition)。

precausal thinking 前因思维 瑞士心理学家皮亚杰认知发展理论中的术语。指8岁以前儿童对自然现象变化的思维特征。此时期儿童看到下雨、刮风或云彩移动时,他们会认为那是有原因的,是因为雨要下来、风要吹、云彩要走的缘故。

precentral area 前中心区 义同运动区(motor area)。见该条。

precocious child 早熟儿童 指因内分泌系统功能失常而导致身心发展超前的儿童。早熟儿童的身心发展一般较同年龄儿童提前1～2年,但以后的表现未必优于一般儿童。

precocious puberty 早熟青春期 由于垂体腺功能反常,使性腺发育过早,未达一般青春期年龄,个体的第一性征与第二性征提前发育成熟的异常现象。此种异常现象,女性可能出现在8岁,男性可能出现在10岁。见垂体腺(pituitary gland)。

precocity 早熟 指儿童期身心发展速度显著超过一般儿童的现象。

precognition 预知 属心灵学上超感知觉研究的主题之一。指有人能在事件发生之前即预知其即将发生乃至知其结果,亦即预言家所做的“未卜先知”。唯此种预知与逻辑推理不同,后者是根据已有知识去推理的。见超感知觉(extrasensory perception)。

precollege counseling 大学前咨商 属教育性咨商之一。义同大学前辅导(precollege guidance)。见该条。

precollege guidance 大学前辅导 属教育辅导之一。指对高中生准备接受大学教育者所实施的辅导。因为大学教育采分科专攻取向,高中所学为一般学科,故而如何在高中阶段按学生能力、性向、兴趣、意愿等协助其准备接受大学教育,自然成为大学前的主要辅导工作。

preconcept 前概念 瑞士心理学家皮亚杰认知发展理论中的术语。前概念指前运思期(preoperational stage)(2～7岁)儿童的思维方式。前概念思维方式的特征是:此时期儿童对事物认识尚不能抽象化,只能根据事物的具体特征形成概念。见该条。

preconception 先入之见 在事实尚未呈现之前,即发表自己的意见,甚至未谙事实真相即遽下结论的武断行为,都称为先入之见。

preconditioning 前条件作用 义同感觉条件作用(sensory conditioning)。见该条。

preconscious 前意识 属不同意识状态之一。本词有两种不同的解释:第一种解释来自精神分析论,指前意识是介于意识与潜意识之间的一种意识层面。潜意识层面下所压抑的一些欲望或冲动,在浮现到意识层面之前,先经过前意识。前意识的另一种解释来自认知心理学,指储存在长期记忆中的信息,此等信息虽早已储存在长期记忆之中,但在平常不使用时个人对之并无意识,只有在必要情形下检索使用时,才会有意识产生。例如,在我们长期记忆中,储存着数以千计的文字符号信息,在平常不使用时,我们并感觉不到此等信息之存在,只有在提取使用时,才会出现在意识之中。见意识状态(conscious state)。

preconscious thinking 前意识思维 奥地利心理学家费尼切尔(O. Fenichel, 1899～1946)理论中的术语。指不合逻辑的一种幻想式思维。此种不成熟的思维方式,常见于儿童和罹患精神分裂症的人。

preconventional level of morality 前习俗道德期 美国心理学家柯尔伯格道德发展阶段论中所指的第一个时期(9岁以下)。此一时期又分两个阶段:(1)避罚服从取向(punishment-obedience orientation),儿童缺乏是非善恶观念,只从表面看行为后果的好坏,盲目服从权威,旨在逃避惩罚。(2)相对功利取向(instrumental-relative orientation),对行为好坏的判断,只按行为的结果看,认为受罚的行为就是坏的为求取得报偿而遵守规范。见柯尔伯格道德发展阶段论(Kohlberg's stage theory of moral development)。

preconventional morality = **preconventional level of morality** 前习俗道德期

predatory aggression 掠夺攻击 指数个动物同时发现食物而相争时,彼此间的攻击行为。见动物攻击(animal aggression)。

predicted variable 被预测变项 指因果关系的研究中,属于果的变项,亦即指依变项。因为依变项的变化情形常用来作为评判自变项是否生效的标准,故而又称为标准变项(criterion variable)。见依变项(dependent variable)。

prediction 预测 **1.**广义指事件未发生之前所做的判断。**2.**狭义指科学研究目的(goals of scientific research)的分级目的之一。见该条。

predictive validity 预测效度 属测验效度之一。此种效度是以测验分数与实施测验后过一段时间之后,以实际行为表现做效标,由两者的相关系数所决定的效度。预测效度与同时效度相对,两者均属效标关联效度。唯测验分数与效标间在时间上不同,同时效度是同时求得的,预测效度则有时间先后。例如,要想检定某职业性向测验的效度,可先将该测验实施于一群对该职业的求职者,然后等他们被雇用且工作一段时间之后,再测验他们的工作表现,然后计算两次测验分数之间的相关。该相关系数的高低即代表所编测验的预测效度。见效标关联效度(criterion-related validity)。

predictor variable 预测变项 指用以预测依变项如何变化的变项,亦即在因果关系的研究中,属于因的自变项(independent variable)。见该条。

predisposition 禀赋,性情 **1.**指个体先天性的素质,此种素质是构成后天人格特质发展的基础。此先天素质也包括体质在内,有些人由于先天体质的关系,特别容易呈现某种人格特质,或特别容易罹患某种疾病。**2.**义同性情(disposition)。见该条。

pre-established harmony 预定和谐 17世纪德国哲学心理学家莱布尼兹(Leibniz, Gottfried Wilhelm)心身平行论中的概念。见其传记条。

preference method 偏好法 属研究婴儿(或动物)感觉与知觉的方法之一。在婴儿面前同时出现两种刺激(属视觉的或听觉的均可),并观察记录婴儿的反应。若婴儿对其中之一反应较强(如注意时间较久),即显示婴儿对不同刺激已有辨别能力。唯须注意两刺激出现的方位与远近必须相同,因为婴儿可能有偏左或偏右的习惯。见单刺激法(singlestimulus method),习惯化法(habituation method)。

preference procedure = **preference method** 偏好法

preference test 偏好测验 **1.**泛指受试者可自由选择答案的测验。**2.**义同库德职业兴趣量表(Kuder Preference Record-Vocational Scale)。见该条。

prefigurative culture 前塑文化 美国文化人类学家米德(M. Mead)所称人类文化三类型之一。前塑文化是指后辈人的生活习惯影响前辈人的现象。亦即为父母或祖父母者,因适应社会的快速变迁,在知识、态度与观念上向其子女或孙子女学习的现象。见共塑文化(cofigurative culture)。

preformationism 预成论 解释人类身心发展的一种理论。持预成论观点者认为,个体出生后的一切身心特质,在出生之前生命开始(指受孕)之初即已形成。个体出生后的一切发展变化,只不过是出生前预先形成的特质逐渐展现而已。与本词相对者为后成论(epigenesis)。见该条。

preformation theory = **preformationism** 预成论

preformism = **preformationism** 预成论

prefrontal lobotomy 额叶前部切除术 指将大脑皮质额叶前部局部切除的外科手术。切除目的在于减轻严重的焦虑或长期的剧痛。

pregenital phase = **pregenital stage** 前性器期

pregenital stage 前性器期 根据弗洛伊德的性心理期发展论(psychosexual stage theory of development),前性器期系指性器期以前的口唇期和肛门期。见该条。

pregnancy 妊娠期,怀孕期 指从受孕到胎儿出生约280天的一段时间。见胎儿期(fetal period)条及附图。

prejudice 偏见 **1.**指不以客观事实为根据所建立的对人、对事或对团体的态度。在带有偏见的态度上,包含认知的成分较少,情感的成分较多。因受情感因素影响,偏见的表现可能是正面的(偏爱),也可能是负面的(偏恶),唯在平常使用时,本词含有较多的负面意义。见态度(attitude)。**2.**指评判人或事时所持的一种偏颇信念,无论事实真相如何,评判者总是认定那是坏的。

preliminary study 预备研究 意同预试研究(pilot study)。见该条。

prelogical thinking 前逻辑思维 指儿童期思维的特征,思维虽经由认知,但在推理程序上并不合乎逻辑。

Premack principle 普雷马克原则 指利用个体偏好的、较强的反应以促动另一兴趣较淡而强度较弱的反应的学习原则。例如，幼儿园儿童有的不喜欢参与团体游戏(较弱的反应)，经发现该幼儿喜欢唱歌(较强的反应)，就可采用普雷马克原则，让该幼儿参加他喜欢的唱歌为主的团体活动。久之，即使该团体活动中不再唱歌，他也会继续参与团体活动。此原则系由心理学家普雷马克(D. Premack)1965年提出，故名。

premarital counseling **婚前咨商** 属于婚姻辅导方式之一。婚前咨商以准备结婚的男女为对象，内容包括性生理功能、性卫生常识、夫妻性生活调适、避孕方法以及生育计划等。

premature = premature infant **早产儿**

premature ejaculation **早泄症** 指男性对女性过于敏感，性交时未达高潮即提前射精。

premature infant **早产儿** 指从怀孕起在250天之内提前出生的婴儿。早产儿的体重一般在2500克以下。

premenstrual disorder **月经前异常** 指女性月经前一周，因体内内分泌腺体失衡所导致的精神紧张、情绪不安的异常现象。

premise **前提** 在演绎推理时，用来作为推理根据的命题，从而获得结论者，称为前提。在三段论法中，有两种前提；一为大前提(major premise)，一为小前提(minor premise)。就以下推理即可看出前提的性质：凡是英雄就不是懦夫(大前提)；有些士兵是懦夫(小前提)；故有些士兵不是英雄(结论)。见三段论法(syllogism)。

preoperational stage **前运思期，前运算阶段** 瑞士心理学家皮亚杰认知发展理论中的第二个时期，在年龄上约为2至7岁。此一时期，儿童在智能方面的重要行为发展是：开始运用语言和简单文字去代表具体的事物，能分类处理事物，但仍不能顾到事物所具有的全部属性(常按物体的单一特征分类)，仍然缺乏守恒概念，在思维方式上不合逻辑，且带有自我中心取向。见认知发展阶段论(stage theory of cognitive development)。

preoperational thinking **前运思思维** 指前运思期(preoperational stage)儿童的思想方式。见该条。

preoperatory stage = preoperational stage **前运思期，前运算阶段**

preparation **准备，准备期** **1.**指从事一连串复杂活动之前的预备状态。此种状态，可能是客观条件的有无，也可能是心理活动的层次。 **2.**指创造性思维的第一阶段。见创造性思维(creative thinking)。

preparatory response **预备反应** 在个体追寻目标的一切活动中，凡是不能直接达到目标从而获得满足的一切反应，均称为预备反应。从表面上看，预备反应不能达成目标，是无效的。但事实上必须先有预备反应，而后才会出现有效的完成反应。如白鼠走迷津，在找到食物之前走向盲路或歧路的反应，均为预备反应。见完成反应(consummatory response)。

preparatory set **预备心向** **1.**指在刺激尚未出现前，个体准备反应的心理状态。 **2.**指个体对某类刺激经常表现的反应方式。

prepared childbirth method **有备生产法** 指导孕妇使之在生产前具备有关生理的和心理的知识，以期减缓其生产时身体痛苦和心理恐惧。

PREP program **PREP计划** 本词是PREP补救教学计划(PREP remedial program)的简称。该补救教学计划则是以美国教育心理学家达斯(J. P. Das)1996年提出的PASS智力模型(PASS model of intelligence)为理论基础的。见该条。PREP补救教学的目的，旨在帮助认知学习不良的学生，通过测验鉴定，针对他的缺点，教他如何集中注意，如何同时处理信息及连续处理信息，从而学到认知策略(cognitive strategy)。见该条。

PREP remedial program **PREP补救教学计划** 见 PREP计划(PREP program)。

prepuberal phase = prepuberal stage **青春前期**

prepuberal stage **青春前期** 为由儿童末期到青春期的一个阶段，约在青春期的前一两年。此时期的主要特征是第二性征已经开始发展，但生殖功能尚未完全成熟。此时期在年龄上女性约为9～11岁，男性约为10～13岁。见青春期(puberty)。

prepubertal stage = prepuberal stage **青春前期**

prepuberty = prepuberal stage **青春前期**

prepubescent stage = prepuberal stage **青春前期**

presbyopia = farsightedness **远视**

preschool **学前** 指在接受正式学校教育之前的发展阶段。通常指6岁以下尚未进入小学的儿童阶段。

preschool child **学前儿童** 指6岁前尚未入学接受正规教育的儿童。

preschool education **学前教育** 指尚未正式入学之前所接受的托儿所及幼儿园的教育。

pressure **压力，压觉** **1.**在强制性的情境下从事某种活动时(被动的或是自愿的)，个体身心所产生的一种复杂而又紧张的感受，称为压力，或称

P

精神压力。**2.**义同压觉(pressure sensation)。

pressure point 压觉点 指皮肤上某些部位对压觉比较敏感的小点。据生理心理学家研究,全身约有70万个压觉点。其分布情形不同,舌尖与指尖最密集,背部与臀部最稀疏。

pressure sensation 压觉 指皮肤表面与某种物体接触或承受某种压力时所获得的感觉经验。压觉的产生,系由于皮肤接受压力时,因皮肤表面变形所生刺激,从而引起神经末梢作用所致。压觉也称触觉(sense of touch)。

pressure spot = pressure point 压觉点

prestige 威望,声望 个人在团体中或社会上受团体成员或社会民众尊重,且其为人行事也对团体或社会产生相当影响时,即表示此人具有威望或声望。个人威望的建立要靠很多因素,诸如职位、角色、成就、才能以及人格特质等均有重要关系。

prestige motive 声望动机 属社会动机之一,指个体在团体中寻求别人尊重从而建立个人声望的一种内在动力。

pretest 预测,前测 **1.**指在正式实验之前,先让受试者熟悉实验程序而实施的一种测试,称为预测。**2.**指学习实验时,在正式练习之前先对受试者所做的测验,旨在确定学习前对所学事物的基线,作为练习后比较进步的标准。如此用法时,称为前测。**3.**采用等组法实验时,为了在实验前确定两组(或数组)条件相等所做的测验,称为前测。

primacy effect = primary effect 首因效应,初因效应

primal anxiety 原焦虑 精神分析论中的术语。新生婴儿脱离母体后,其未经发育成熟之神经系统,对环境之骤然变化无法立即适应,因而导致婴儿焦虑反应。此种初生时的焦虑,称为原焦虑。按精神分析论的解释,原焦虑是个体以后其他焦虑的根源。注意本词与主焦虑(primary anxiety)不同。见该条。见焦虑(anxiety)。

primal fantasy 原始幻想 精神分析论中的术语。指儿童对于一些与性有关事项的幻想,诸如对自己是怎样生下来的、母亲是怎样怀孕的以及阉割恐惧等所引起的幻想,均属原始幻想。儿童的原始幻想最多出现在他的白日梦和夜梦之中。本词亦称潜意识幻想(unconscious fantasy)。

primal narcissism = primary narcissism 原型自恋

primal process = primary process 原始历程

primal repression 原压抑 属弗洛伊德所指压抑(repression)的三种类型之一。见该条。

primal trauma 原始创伤 精神分析论中的术语,指个体幼年时期的痛苦经验。除出生创伤之外,尚包括父母死亡或其他家庭变故所形成的痛苦经验。

primary abilities 基本能力 义同基本心理能力(primary mental abilities)。见该条。

primary aging 主因老化 指个体的老化现象主要系因年龄使然。年迈体衰是生物界的自然现象,故而也称为生物性老化(biological aging)。与本词相对者为次因老化(secondary aging)。见该条。

primary amenorrhea 原发性无经 见无经(amenorrhea)。

primary amentia = primary mental deficiency 先天性心智不足

primary anxiety 主焦虑 按精神分析论的解释,在个体人格发展过程中,由于自我分离感(无法自我肯定)所导致的情绪不安,称为主焦虑。主焦虑与原焦虑(primal anxiety)有别,盖后者起因于降生时脱离子宫顿时失却安全而震撼所致。见该条。见焦虑(anxiety)。

primary attention 初注意 指当事人不需用心的注意。强烈刺激所引起不自觉的注意就是初注意。与本词相对者为再注意(secondary attention)。见该条。

primary auditory area 主听觉区 主听觉区简称听觉区(auditory area),位于大脑皮质的颞叶上面、靠近外侧裂的部分。此区直接接受来自听觉系统的信息,并负责解释声音的基本特性。见大脑皮质(cerebral cortex)条及附图。

primary auditory cortex 主听觉皮质 义同主听觉区(primary auditory area)。见该条。

primary circular reaction 初期循环反应 瑞士心理学家皮亚杰认知发展阶段论中的术语。初期循环反应是指1至4个月期间婴儿所表现的重复性反应现象。在此期间,如婴儿无意中出现一种动作(如手指放进嘴里),而且因而带来快感,他将不停地重复出现该一动作。唯初期循环反应中的动作,只带给婴儿愉快,不含有主动的目的。见循环反应(circular reaction)。

primary color 原色,基色 最基本的颜色,称为原色。由各原色按不同比例调和,即可产生各种颜色。原色究竟指哪几种,理论尚未一致。有的学者倡四色论,指红、黄、绿、蓝四色为原色;有的学者主三色论,指红、绿、蓝三色为原色。艺术家实际调色用的颜料,则是红、蓝、黄三种颜色。原色又称色原(color primary)或主色(principal color),也称基本色(fundamental color)。

P

primary correlation 主相关 指相关的关系乃是由两个变项直接构成，不受第三个变项的影响。与本词相对者为次相关(secondary correlation)。见该条。

primary data 原始资料 **1.**指研究者所搜集到而尚未分析处理的数据。**2.**指属于研究者保有的第一手资料。

primary defense system 原始防卫系统 动物利用自身的形态或生活方式进行防卫的系统，包括：伪装、警戒色、拟态、隐居、冬眠以及其他有利于生存的防卫方式。

primary drive 原始驱力 指个体种族遗传所决定的驱力。原始驱力具有普通性的特征，如饥饿、渴、性、母性等，均属原始驱力。解释本能性行为时，其行为背后的原因，即可视为原始驱力。

primary effect 首因效应，初因效应 学习一连串的材料(如排列名次的榜单)之后，如采自由回忆的方式测其记忆时，排列在最前的项目较之排在中间的项目容易记忆。这种现象称为首因效应。与本词相对者为近因效应(recency effect)。见该条。见首因律(law of primacy)。

primary emotion 原始情绪 指不经学习即能表达的情绪，喜、怒、哀、惧等情绪均属之。

primary environment 主环境 指影响个体生长生活的重要环境。诸如家庭、学校、任职机构等，在性质上均属主环境。与本词相对者为次环境(secondary environment)。见该条。

primary feeble-mindedness = primary mental deficiency 先天性心智不足

primary function 主作用 指某刺激出现时直接引起的感觉作用(如声刺激引起听觉)。与本词相对者为次作用(secondary function)。见该条。

primary gain 初次获益 指心理疾病初期，当事人因疾病出现反倒减轻了以前过度焦虑的压力。这属于因病获益(advantage by illness)的情形之一。见该条。如患者继续长期以病态的适应方式以减缓心理冲突与焦虑的压力，就成了因病获益的另一种情形，称为再度获益(secondary gain)。

primary group 首属团体，主团体 **1.**指个体出生后最初隶属的社会团体，亦即家庭。**2.**指对个体影响最大的社会团体，团体中的成员具有同样的价值观念，追求同一目标，信守同样的行为规范，而且成员间的关系甚为密切。与本词相对者为次团体(secondary group)。见该条。

primary identification 主认同 按精神分析论的解释，幼儿最初对父母的认同，称为主认同。幼儿的主认同多以父母亲中与自己同性别者为对象。与本词相对者为次认同(secondary identification)。见该条。见认同(identification)。

primary impotence 主因性阳痿 见阳痿(impotence)。

primary infertility 主因性不孕 指妻子缺乏生育能力因而不能怀孕者谓之。与本词相对者为次因性不孕(secondary infertility)，指不孕原因在于丈夫。见不孕(infertility)。

primary integration 初次整合 精神分析论的术语。指幼儿首次发觉到自己身体的独立存在，由此认识到自己的身体是和环境中其他事物各自分开的。按精神分析论的解释，初次整合之后，个体有了"我"的意识。与本词相对者为二次整合(secondary integration)。见该条。

primary learning 主学习 美国教育家克伯屈(W. H. Kilpatrick)从教学设计的观点，将教学活动中学生可能建立的学习行为分为三个层次：(1)主学习，指规定学生对教材本身的学习。主学习是最基本的学习层次，学生们如学到对教材本身知识的理解与应用，即表示教学已达到主学习的目标。(2)副学习(associate learning)，指在教材内容知识之外，学生们从教学活动中，另外学习到相关的知识与技能。(3)附学习(concomitant learning)，指除主、副两层学习之外，学生们从教学活动中，或由教材内涵的领悟，或因教师教学方式的启发，学到了超乎书本知识之上的观念、价值以及态度、情操等高层次的人格品质。显然，教学效果之优劣，在于是否能在同一教学历程中达成三种学习目标。准此推论，教学后能达成主学习目标者，只能称为经师；善于教学设计，能促使学生在教学活动中，除主学习目标之外，也能达成副学习与附学习目标者，才能称得上是经师而又兼人师的良师。

primary memory (PM) 初期记忆 义同短期记忆(short-term memory)。见该条。

primary memory image 初记忆象 义同遗觉象(eidetic imagery)。见该条。

primary mental abilities (PMA) 基本心理能力 **1.**美国心理测量学家瑟斯顿1938年所提出智力结构理论中的术语。瑟斯顿用因素分析法求得人类的智力是由七种基本心理能力组合而成。这七种基本心理能力为：(1)语文理解(verbal comprehension, V)；(2)语词流畅(word fluency, W)；(3)数字运算(number, N)；(4)空间关系(space, S)；(5)联想记忆(associative memory, M)；(6)知觉速度(perceptual speed, P)；(7)一般推理(general reasoning, R)。瑟斯顿1941年根据这七种基本心理能力所编成的智力测验，定名为基本心理能力测验（Primary Mental Abilities Test）。**2.**广义言之，基本心理能力是一种假设，不同学者有不同的看法。在智力构成的理论上，有所谓二因论、三因论、多因论等主张。见智力理论（theories of intelligence）。

Primary Mental Abilities Test（PMAT） 基本心理能力测验 见基本心理能力（primary mental abilities）。

primary mental deficiency 先天性心智不足 指因遗传因素所形成的心智不足。此类心智不足与后天疾病或伤害的因素无关。见智能不足（mental retardation）。

primary motivation 原始动机 指因生理需要而产生的行为动机。原始动机是不必经过学习的，如饥饿、渴、性等均属之。与本词相对者为衍生动机（secondary motivation）。见该条。

primary motor area 主运动区 简称运动区（motor area），是管制身体活动的神经中枢，其部位在额叶后部的中央裂之前；身体所有随意肌的运动，均受此神经中枢的管制。由主运动区发出的神经冲动，呈左右交叉上下倒置的方式进行，即上层管制下肢，中层管制躯干，下层管制头部。如左半球运动区某一部分受到伤害或病变，个体右半身的相关部位即丧失随意运动的能力。见大脑皮质分区功能（specialization of functions in cerebral cortex）条及附图。

primary motor cortex 主运动皮质 义同主运动区（primary motor area）。见该条。

primary narcissism 原型自恋 指婴儿阶段喜欢自己的身体，以自己身体为欲力的对象，从而获得满足的现象。见自恋（narcissism）。

primary need 原始需求 指因个体内在生理变化形成的匮乏状态所产生的需求（如饥求食，渴求饮）。义同基本需求（basic need）。见该条。

primary object 主要对象 按精神分析论的解释，主要对象系指最早能使新生婴儿感到满足的对象。母亲或母亲的乳头就是使婴儿满足的主要对象。

primary object-love 主要对象爱 指婴儿对主要对象（primary object）所表现的带有情感的亲近。见该条。

primary personality 主人格 指患双重或多重人格者本来的人格。见双重人格（double personality）。

primary prevention 早期预防 指对精神疾病预防的措施之一。早期预防是在病象不明显时开始的，其目的在预防精神分裂症的发生。与本词相对者为二期预防（secondary prevention）。见该条。

primary process 原始历程 按精神分析论的解释，人格结构中属于本我层面的内在本能性活动，称为原始历程。本我层面的活动是潜意识的，其需求渴望立即满足，是受乐—苦原则（pleasure-pain principle）支配的。见该条。在本我之上是自我层面，自我层面的活动，称次级历程（secondary process）。见该条。

primary process thinking 第一历程思维 指个人幼稚浅薄不理性的思维方式。与本词相对者是第二历程思维（secondary process thinking）。见该条。

primary quality 第一特质 哲学心理学时代人对物理世界认识的一种理论性解释。根据17世纪英国经验主义哲学家洛克的解释，人对物理世界的认识，有第一特质与第二特质之分。第一特质是指物体本身所具有的特质，诸如物体的大小、长短、形状、数量等均属之。第二特质（secondary quality）是指人凭感官知悉物体存在后所赋予它的特质，诸如颜色、声音、气味等均属之。见该条。

primary-recency effect 首因—近因效应 指记忆一系列数据（如名单）时，居于最先出现与最后出现序位者易于记忆的现象。见首因效应（primary effect）、近因效应（recency effect）。

primary reinforcement 一级强化 在条件作用学习历程中，最初采用的强化物，对个体所学新反应产生的强化作用，称为一级强化。具体言之，在经典条件作用学习中，一级强化物系指无条件刺激，而安排无条件刺激与条件刺激同时（或稍后）相伴出现，从而加强条件反应建立的历程，称为一级强化。同理，在操作条件作用历程中，安排强化物使之在个体反应之后出现的历程，也称一级强化。与本词相对者为次级强化（secondary reinforcement）。见该条。

primary reinforcer 一级强化物 义同强化刺激（reinforcing stimulus）。一级强化物是指，对个体的需求而言，该刺激不经学习即可直接使个体满足，如食物之于饥饿，水之于渴，均为一级强化物。准此而论，经典条件作用历程中的无条件刺激，即为一级强化物。与本词相对者为次级强化物（secondary reinforcer）。见该条。

primary relationship 基础关系 指人际间最真挚、持久且纯以感情为基础的长期关系。基础关系的建立要靠人性面的真实接触，彼此间情感交融，互信互赖，情深义重，终生不渝。基础关系多建立在亲子间、同胞兄弟姊妹间、师生间或朋友间。幼年能否在父母教养之下由被爱而学到爱人与自尊自重的性格，一般认为是能否与人建立基础关系的关键。基础关系中彼此相对的人是无可取代的，因而彼此间互生影响。基础关系之外，有衍生关系（secondary relationship），衍生关系是学习到的社会人际关系。见该条。

primary repression 初压抑 属弗洛伊德所指压抑（repression）的三种类型之一。见该条。

primary reward 原奖赏 指刺激物本身即可满足个体动机（如食物），而不需学习即可具有奖赏效用者。见条件性奖赏（conditioned reward）。与本词相对者为次奖赏（secondary reward）。见该条。

primary sex characteristics 第一性征，主性征 指作为区别男女性别生殖器官的特征，亦称性器官。男性生殖器官包括睾丸、输精管、射精管、精囊、前列腺及阴茎等部分，其中睾丸属内分泌系统的性腺。女性生殖器官包括卵巢、输卵管、子宫、阴道、阴蒂及阴唇等部分，其中卵巢属内分泌系统的性腺。第一性征的生理结构是先天遗传决定的，生殖器官在胚胎期第5～8周逐渐分化形成。婴儿出生时即按其生殖器官分辨性别。婴儿出生后的儿童期，生殖器官只做排尿之用，直到青春期性生理成熟，才开始发挥生殖功能。与本词相关者为第二性征（secondary sex characteristics）。见该条。

primary somatosensory area 主体觉区 简称体觉区（somatosensory area），其部位在中央裂之后的顶叶，是管制身体各个部分各种感觉的神经中枢。举凡冷觉、热觉、触觉、痛觉等，均受此中枢所管制。此中枢管制身体感觉的方式，与主运动区的功能一样，也是左右交叉上下倒置的。如左半球的体觉区某一部分受到伤害或病变，该区所管制的右半身的相关部位即丧失体觉的能力。见大脑半球（cerebral hemisphere）条及附图。

primary somatosensory cortex 主体觉皮质 义同主体觉区（primary somatosensory area）。见该条。

primary territory 主领域 指个体以之为生存基地的领域，如动物的窝巢与人类的家等均属之。与本词相对者为次领域（secondary territory）。见该条。见领域（territoriality）。

primary visual area 主视觉区 简称视觉区（visual area），是管制视觉的神经中枢。视觉区位于大脑两个半球的枕叶，其功能为交叉管制左右两只眼睛。两视觉区与两眼之间的管制关系，与运动区和体觉区的功能不同；不是左右交叉，而是左右两半球的视觉区，同时负责管制左右两只眼睛。这是视觉系统的特点。见视觉系统（visual system）条及附图。

primary visual cortex 主视觉皮质 义同主视觉区（primary visual area）。见该条。

primitivization 退化 指个体行为日益幼稚化的倾向。

primordial image 原始意象 义同集体意象（collective image）。见该条。

principal color 主色 义同原色（primary color）。见该条。

principle learning = rule learning 原则学习

principle of assimilation 同化原则 **1.**美国心理学家桑代克学习律的从属原则之一。指当两个情境有足够的相似性时，动物将在前一种情境中习得的反应应用于新情境。**2.**义同刺激类化（stimulus generalization）。见该条。

principle of belongingness 相属原则 **1.**在同时出现多种刺激情境下，如果在知觉上觉得此等刺激彼此间似有相属关系（实则没有）而使人将多种刺激看成一个有意义的整体时（如天上的银河），此种心理作用称为相属原则。**2.**美国心理学家桑代克学习理论中的术语。谓事物之属于同类或彼此相关者，易于学习。

principle of causality = law of causality 因果法则

principle of cephalocaudal development 首尾发展原则 义同首尾发展原则（cephalocaudal development）。见发展顺序（developmental sequence）。

principle of continuation = law of continuation 连续法则

principle of contrast 对比原则 **1.**每当观察到或回想到人、事、物的某一方面的特质时，就会联想到另一与该特质有关但性质相反的特质。例如，看到白就想到黑，看到胖子就想到瘦子，此种心理倾向称为对比原则。**2.**义同对比律（law of contrast）。见该条。

principle of covariation 共变原则 义同归因共变原则（covariance rule of attribution）。见该条。

principle of disuse 不用原则 义同失用律（law of disuse）。见该条。

principle of effect 效果原则 义同效果律（law of effect）。见该条。

principle of equipotentiality 等势法则 美国行为主义心理学家拉什利1929年所提出大脑分区功能的法则之一。等势法则指在学习时，大脑皮质的每一部位是一样重要的，对个体学习发生同样的作用。大脑皮质某些部位被切除后，其他部位照样可以发挥该部位原有的作用。如将白鼠的视觉区破坏，它虽失去辨别形状的能力，但仍能辨别光线的强弱，达到学习的目的。拉什利研究所得的结论是：记忆痕迹并非存在于大脑皮质的

P

某一特定部位，而是存在于大脑皮质所有发生功能的部位，而且各部位对保留习得活动而言，其作用是等势的。拉什利提出的另一法则是整体活动法则（principle of mass action）。见该条。

principle of exercise **练习法则** 义同练习律（law of exercise）。见该条。

principle of intimacy **互倚原则** 属完形心理学中知觉组织原则之一。按此原则解释，在含有数个部分集合而成的完形（如一幅画）中，各部分之间的关系（如形象与背景）既不是相加而成，也没有主副之分，而是互倚的，少去某一部分，另一某部分的特征也就无从显现了。

principle of mass action **整体活动法则** 美国行为主义心理学家拉什利1929年提出的大脑分区功能法则之一，整体活动法则指在个体从事学习时，大脑皮质的各部位是一起参与活动的，而不是某一特别区域发生作用。拉什利曾训练猫逃脱迷笼学习，习得逃脱行为后，将猫大脑皮质的某些部分切除，再放回迷笼中实验时，发现猫已丧失习得的行为。如果此时再加以训练，猫就会再度学到逃脱行为。由此可见，动物的学习不靠大脑的分区作用，而是靠大脑整体的联合作用。拉什利提出的另一法则是等势法则（principle of equipotentiality）。见该条。

principle of opposite control **对侧控制原则** 见大脑半球（cerebral hemisphere）。

principle of organization **组织原则** 义同完形组织法则（Gestalt laws of organization）。见该条。

principle of Prägnanz **普拉格南茨原则** 义同普拉格南茨法则（law of Prägnanz）。见该条及附图。

principle of primacy **首因原则** 义同首因律（law of primacy）。见该条。

principle of proximity **接近原则** 义同接近法则（law of proximity）。见完形组织法则（Gestalt laws of organization）条及附图。

principle of recency **近因原则** 义同近因律（law of recency）。见该条。

principle of reduced cues **线索减约原则** 属完形知觉组织法则之一。当个体对多个刺激组合的情境学习到固定反应（如辨认一幅图画）之后，以后只需靠原刺激情境中的部分刺激为线索，即可引起个体的与原刺激同样的反应。此现象称为线索减约原则。线索减约原则可用来解释很多学习活动。以练习弹钢琴为例，在练习初期，学习者必须全神贯注顾到所有线索。等熟练之后，很多动作即可自动化，只需注意琴谱即可。线索减约原则也称部分活动法则（law of part activity）。

principle of similarity **相似原则** 义同相似法则（law of similarity）。见该条。

principle of sufficient reason **充分合理原则** 指在充分数据与充分理由的条件下，始能获得结论的科学基本原则。因为，在数据充分时才能从复杂事象的演变中，分析探讨其原因、历程与结果。本词也称普遍合理原则（principle of universal rationality）。

principle of universal rationality **普遍合理原则** 义同充分合理原则（principle of sufficient reason）。见该条。

prior-entry law = law of prior entry **先入律**

priori probability **先验概率** 若随机事件的概率是按有关的数学原理推算而得，无须通过试验来估算，则称之为先验概率。如一道只有一个正确答案的四选一选择题，考生对该题一无所知，全凭猜测作答，按数学原理推算，考生答对的概率是25%，此即先验概率。

prisoner's dilemma **囚犯两难困境** 义同囚犯两难博戏（prisoner's dilemma game）。见该条。

prisoner's dilemma game（PDG） **囚犯两难博戏** 指比照在押共犯的认罪反应时，考虑到另一人供词对己利害影响的矛盾心态所设计的一种心理实验情境。设有甲、乙二人参与实验，每人均有两种（A与B）选择情境。选择后两人可获得的报酬是利害互涉的，其互涉的四种情境如附表：

		甲 A	甲 B
乙	A	①甲乙两人都选A时：甲赢100元，乙赢100元	②甲选B而乙选A时：甲输100元，乙赢200元
	B	③甲选A而乙选B时：甲赢200元，乙输100元	④甲乙两人都选B时：甲输100元，乙输100元

表中A、B两种选择所构成的四种情境中，从长期互利的观点看，甲、乙两人都应该选①。但根据以大学生为对象的实验结果发现，在此两难情境下，当事者多数不考虑互利后果，而只考虑利己损人的一面，结果是甲喜欢选③情境，乙喜欢选②情境。

prison psychology **监狱心理学** 属应用心理学的一个学科。监狱心理学研究的对象，是关在监狱中失去自由的受刑人。其主要研究目的有三：(1)观察分析受刑人进入监狱后的身心反应；(2)辅导受刑人适应监狱生活;(3)运用咨商与心理治疗的理论与方法,帮助受刑人重整人格结构,以预防刑满出狱后重蹈犯罪覆辙。

private acceptance 信服 指个体受他人影响而心悦诚服地接受其思想观念的心理现象。信服心理并非出于强迫,而是完全出于自愿。与本词相对者为依从(compliance)。见该条。

private attitude 私下态度 指个人在私下对某人某事所秉持的态度。私下态度与公开态度未必一致。人在社会上扮演不同的角色,一位教育部门的官员在公开场合极端反对体罚学生(公开态度),可能在家庭中他仍然主张体罚子女(私下态度)。见公开态度(public attitude)。

privileged communication 保密对话 指双方谈话内容不得对外公开。在法律上有明文规定,秘密作证者所说的话不得对外公开。即使在辅导与咨商时,基于专业伦理,对涉及当事人私生活方面的谈话,也应予以保密。

proactive inhibition(PI) 顺摄抑制,前摄抑制 指旧经验干扰对新经验回忆的现象。顺摄抑制即是构成遗忘的原因之一。设A与B代表两种不同学习材料,如以实验法证之,其过程如下:

实验组:学习A→学习B→回忆B
控制组:休　息→学习B→回忆B

实验结果如发现实验组的回忆量低于控制组,则顺摄抑制(A材料干扰了B材料的回忆)的存在得到支持。日常生活中,顺摄抑制的例子很多,如时序已进入次年,而书写日期时,往往仍误写去年的年份。不过旧经验未必完全不利于新学习。参见学习迁移(transfer of learning)。与本词相对者为倒摄抑制(retroactive inhibition)。

proactive interference(PI) 顺向干扰 义同顺摄抑制(proactive inhibition)。见该条。

proactive transfer 顺向迁移 指先前的学习影响以后学习效果的现象。顺向迁移有正负两种情形:其一是前学习对后学习有促进作用,如学会了英文有助于学法文的情形即属之。其二是前学习对后学习有抑制作用,如先学风琴再学钢琴(指法不同)的情形即属之。

probabilistic concept 或然概念 如概念中的属性不能完全确定,用来概述事物时,出现或然与不然的情形,称为或然概念。例如,用"会飞的动物"来界定鸟类时,其所陈述者即为或然概念。因为鸟类中有些并不会飞,鸵鸟与企鹅即是。因此,如说"鸵鸟是不会飞的鸟",仍然是正确的概念。见概念(concept)。

P

probability(P) 概率,概率,或然率 指随机事件发生的可能性大小的程度。如某事件绝对不会发生,其概率就等于0(如日出于西方);如某事件一定会发生,其概率就等于1,亦即100%(如凡人皆有死)。除此两极端事例之外,事件发生的概率都是在0%~100%之间,而且通常采取样本和总体相对的概念,用以下公式表示之:

$$P(A)=\frac{\#(A)}{\#(S)}$$

公式中,P(A)为事件A发生的概率;#(A)为事件A发生时包括的个体数;#(S)为包括事件A在内的总体数。

probability curve 概率曲线 义同常态分布曲线(normal distribution curve)。见该条。

probability distribution 概率分布 按概率原则做成的次数分布。在概率分布中,所有次数之和等于N,所有概率之和等于1。

probability learning(PL) 概率学习 指在符合概率原则的情境下,个体如何学到预测事件发生或不发生的历程。例如,一枚硬币丢出后,正面向上的概率是50%;一颗骰子丢下去,不同点数向上的概率各为六分之一。概率学习可以复杂化,解决数学上的排列与组合问题,就是依靠概率学习。见概率(probability)。

probability of response = **response probability** 反应概率

probability sampling 概率抽样 指按概率原理抽取样本的方法,亦即所谓随机抽样(random sampling)。见该条。

problem 问题,难题 指不能凭个人既有经验获得答案的刺激情境。problem与question不同,后者有时可用"是或否"的方式回答,前者必须靠个人将经验重组,思维运作,始能解出答案。

problem behavior 问题行为 按个体行为的性质,凡带有反社会性或破坏性者称为问题行为,因此等行为不利于别人。此外,行为中带有不良适应性质者,亦属问题行为,因此等行为不利于自己。本词与行为问题(behavior problem)不同。见该条。

problem box 问题箱 指经特别设计用以测验个体解决问题能力的仪器。问题箱多用于动物学习实验,使用目的旨在观察动物学到开箱取食,或开箱躲避痛苦刺激的历程。一般按开箱所用的时间作为计算成绩的标准。见迷箱(puzzle box)条及附图。

problem child 问题儿童 指行为异于一般正常

儿童甚至相去甚远的儿童。换言之，问题儿童是指在行为上构成问题的儿童。所谓行为问题主要指人格适应困难，既不喜欢自己，也不喜欢别人，更不喜欢他应该做的事。

problem-focused coping 问题取向因应 指个体因应挫折情境的方式之一。采问题取向因应方式者，因挫折而焦虑不安时先冷静思考，找出生活中问题之所在，然后集中精力去解决问题。显然，此种因应方式是健康的。与本词相对者是情绪取向因应（emotion-focused coping），遇到挫折时以激动（如哭泣）或愤怒（如攻击）的情绪因应环境，结果非但问题不易解决，反而加深自己的痛苦。显然，此种因应方式是不健康的。

problem isomorph 同题异述 是一种问题索解时的变通思维方式。同题异述的意思是，在不改变问题原意的条件之下，改用另一种陈述方式，将会使问题变得容易。以和尚登山问题（monk-on-the-montain problem）为例，按原题的说法很难求得答案，如改用两位和尚同时相向上下山的陈述方式，就变得相当容易。见该条。

problem of across the river 父子渡河问题 属问题索解实验用问题之一。求解的问题情境是，父子三人要乘小船渡河，小船的载重量只有100千克，而父亲体重是80千克，长子体重是54千克，次子体重是45千克。用什么方法才能父子三人全部渡过。此一问题的难处是父亲不能与儿子同船，唯一的办法是：（1）兄弟两人先渡过，然后留下一人，另一人渡回；（2）父亲一人渡过，留在对岸，让儿子一人渡回；（3）最后两兄弟一起度过。

problem solving 问题索解，问题解决 指在不能仅凭既有经验直接处理当前事物以达目的的情境下，经由思维运作得以了解问题性质并找到解决途径，从而达到目的的心理历程。准此定义，可知问题索解乃是起于有目的而缺乏手段或方法的问题情境。如果没有目的，问题情境自然不会发生，唯问题情境千变万化，因而在问题索解时也没有普遍有效的唯一方法。在千变万化的问题中，大致可按问题情境分为两大类：一类是属于有固定答案的问题，只要用对了方法，就可得到答案。见定程法（algorithm）。另一类是属于没有固定答案的问题；对此类问题索解的目的，不是寻求唯一正确答案，而是在多个可能答案中选择较好的答案。见直观推断法（heuristic）。

problem-solving behavior 问题索解行为 指在问题情境下个体经由思维运作和行为活动将问题解决，从而达到目的的行为活动。在问题索解历程中，个体在心理和行为上究竟会产生些什么样的活动？此一问题在心理学上并没有确切的答案。美国心理学家杜威在其1910年出版的《思维术》一书中，采用逻辑分析的方法，将解决问题的历程分为五个步骤：（1）遭遇疑难；（2）分析情境，认知问题关键之所在；（3）假设可能的解决方法；（4）由假设推理并搜集资料获得结果；（5）进一步观察实证所得结果是否正确。德国心理学家邓克尔（K. Dunker）在1945年根据实验研究发现，解决问题时个人主要集中在两方面的心理活动：（1）分析要达到的目的是什么；（2）分析情境的限制是什么。按晚近认知心理学家的解释，解决问题时的心理活动，乃是认知策略（cognitive strategy）与后设认知策略（metacognitive strategy）综合运用的过程。见该等条。

problem-solving cycle 问题索解历程 指有效问题索解所经过的步骤：（1）发现问题；（2）界定问题性质；（3）提出解题策略；（4）搜集所需资料；（5）分析可用资源；（6）运用既定策略求得结果；（7）对结果的分析评价。

problem-solving process = **problem-solving cycle** 问题索解历程

problem space 问题空间 美国心理学家纽厄尔（A. Newell）和西蒙（H. A. Simon）1972年提出的一种问题索解的理论。指面对问题情境寻求答案时，有如迷路者寻求出路一样，个体自身当时所在的空间内可能有多条通路，他所要解决的问题是从多条通路中选取其中之一，从而达到目的。思考的问题是，先设定一条可能的出路，分析该通路起点的特征，分析可资运用的条件，称为起始状态（initial state）。选定起点并了解起始状态之后，继而分析从起点到终点所经过的路程，并预测终点的情况，称为目的状态（goal state）。问题索解的目的就是针对问题的起始状态和目的状态的特征，然后设法将两者接连起来。见问题索解（problem solving）。

procedural knowledge 程序性知识 认知心理学家将知识分为两大类：（1）陈述性知识（declarative knowledge），指记忆性的知识，只是对知识“知其然”的知识。见该条。（2）程序性知识，指转换性或运作性的知识。程序性知识不是纯靠记忆的，不只是“知其然”的，而是进一步“行其宜”的，亦即手脑并用做出成果的知识。例如，小学四年级能背九九表，那是陈述性知识，小学生能在算术应用题中运用九九表演算问题，求得结果，就是程序性知识。程序性知识也称功能性知识（functional knowledge），又称实用性知识（practical knowledge）。韩非子有云：“非知之难，处知之难，知易行难。”他所说的“处知”，即指程序性知识而言，亦即“行其宜”的知识。由此可见程序性知识是层次较高也较难的知识。

procedural memory **程序性记忆** 指用以表达程序性知识(procedural knowledge)时的记忆。见该条。

process error **过程误差** 指研究过程中，由于测量、记分、统计、分析等手续所产生的误差。

process-product research **历程—结果研究** 属于提升教师效能的一种研究方法。所谓历程—结果研究，是指突破20世纪70年代以前大样本相关研究的缺点，特别设计以用于直接观察教室内教学活动，并记录教师在教学历程中的行为表现，而后再与其所教学生的成就求取相关，从而评定教师效能的一种方法。显然，此种研究方法的特点是，根据历程去分析结果，这与20世纪70年代以前，只根据预设的条件变项去预估结果变项的相关研究，大不相同。自从历程—结果研究方法采用以来，教育心理学家们根据很多教室观察研究的结果，均认为教师的教学质量(教师效能)是影响学生学习成就的决定性因素之一。

process psychosis **进行性精神病** 义同进行性精神分裂症(process schizophrenia)。见该条。

process schizophrenia **进行性精神分裂症** 指由体质因素形成的精神分裂症。此类精神分裂症属慢性的长期疾病，治疗很困难，最后终将恶化为痴呆症。与本词相对者为反应性精神分裂症(reactive schizophrenia)。见该条。

P

prodigy **天才** 指具有特殊才能的人。本词通常用于资优儿童(gifted child)中数学、音乐或艺术等方面表现特优的儿童。

productive character **生产性格，创造性格** 根据美国新弗洛伊德主义心理学家弗罗姆的理论，人的社会性格乃系由社会环境所塑造而成。现代社会塑造了五种不同类型的社会性格。生产性格是其中之一。生产性格的特征是，爱工作，喜创作，好奉献，善合作，爱人如己，是最能实现自我的一种健康人格。见弗罗姆(Fromm, Erick)传记条。

productive orientation **生产取向** 义同生产性格(productive character)。见该条。

productive thinking **创造性思维** 根据完形心理学的理论，创造性思维是指洞识情境全局的整体性与超常性思维方式。例如德国数学家高斯(C. F. Gauss, 1777～1855)，在6岁时即表现出超常的创造思维能力。教师给全班学生的题目是：1＋2＋3＋4＋5＋6＋7＋8＋9＋10＝?一般学生均用传统累加方式计算，唯独高斯采用了以下新方法：1＋10＝11，2＋9＝11，3＋8＝11，4＋7＝11，5＋6＝11，然后将五个11加起来，得到总和55。像高斯所采用的超乎其他学童们惯用的思考方式，即称为创造性思维，而其他学童们所采用的传统思考方式，则称为再生性思维(reproductive thinking)。此种再生性思考方式只是将以前习得的知识在需要时再拿来应用而已。创造性思维是完形心理学创始人韦特海默理论中的术语。见平行四边形问题(parallelogram problem)。

product-moment correlation **积差相关** 属双变项相关方法之一。对两个变项均使用等距或等比量尺所得的连续分数，欲分析两者相关情形时，积差相关是最常用的统计方法。积差相关法系由英国统计学家皮尔逊所创始，故而也称皮尔逊相关(Pearsonian correlation)。根据积差相关法求得的相关系数，称为积差相关系数(product-moment correlation coefficient)。例如，一班学生，设其数学成绩为X变项，英文成绩为Y变项(均为等距量尺分数，100分为满分)。积差相关的计算公式为：

$$r_{xy}=\frac{\frac{\sum(X-\bar{X})(Y-\bar{Y})}{N}}{S_xS_y}$$

公式中，r_{xy}为两科成绩的相关系数；X为每一学生的数学成绩；Y为每一学生的英文成绩；$\bar{X}$为全班数学成绩的平均分数；$\bar{Y}$为全班英文成绩的平均分数；N为学生人数；S_x为全班数学成绩分数的标准差；S_y为全班英文成绩分数的标准差。

product-moment correlation coefficient (r_{xy}) **积差相关系数** 见积差相关(product-moment correlation)。

professional-aptitude test **专业性向测验** 在接受专业训练之前所实施的一种性向测验。专业性向测验的目的是甄选具有专业性向的人接受专业训练，从而达到因材施教的目的。基于此义，专业性向测验所测量者不是受试者某方面的事业成就，而是尚未从事该事业者的性向(aptitude)。见该条。

professional code **专业守则，专业信条** 指专业团体中成员们共同遵守的成文的或不成文的行事准则。专业守则对团体成员的行为有指导与规范作用，但未必有强制作用。

professionalization **专业化** 指从事某种专业者具备所必需的条件和取得专业资格的历程。很多国家将医师、律师、工程师、会计师、教师等视为专业，此等专业在资格取得时必须具备：(1)一定年限的专业教育训练；(2)专业训练课程之外须经业务实习;(3)接受专业检定取得合法证照。而且实际从事该专业后应遵守所属专业团体所制订的专业规范。

profile = profile chart 侧面图，剖析图

profile analysis 侧面图分析 根据个人在侧面图上所显示多方面的特质，分别与团体常模比较，从而了解个人在团体中所居的相对位置(较一般人为优或较劣)。此工作称为侧面图分析。

profile chart 侧面图，剖析图 显示各种测验结果的统计图表。通常一个总测验都包含几个分测验，以测量个人各种不同的能力。统计多个分测验结果所得的分数，即可绘制于侧面图上。侧面图中长短的直线或起伏的折线，显示出个体之间的个别差异，也可看出个体本人在各种能力上的差异。

profound mental retardation 深度智能不足 按可教育性为分类标准，深度智能不足指智商低于20者。在整个人口中，深度智能不足者约占1%。通常说白痴者，即指此类智能不足者而言。见智能不足(mental retardation)。

progesterone 孕激素 女性卵巢所分泌的一种激素。孕激素能刺激子宫内膜继续增厚，促进子宫内膜腺体及血管的发育，以利怀孕的进行。此外，孕激素还可促进乳腺分泌细胞的发育。

prognosis 预后 指对某种疾病日后可能的变化以及复原的可能性的预测。

programmed instruction (PI) 编序教学，程序教学 指根据操作条件作用学习原理所设计的一种循序渐进的教学方法。编序教学的基本构想是，将教材内容详加分析，使之成为前后连续的小单元，由简而繁、由浅而深地顺序排列。就像登阶梯一样，只要第一阶层通过，即可以之为基础，晋升到第二阶层学习;只要第二阶层通过，即可再以第一、二两阶层习得经验为基础，晋升到第三阶层的学习。如此层层而上，最后即可达到预定的教学目标。在理论上，编序教学是根据操作条件作用(operant conditioning)的原理;在方法上，编序教学采取了连续渐进法(successive approximation method)。见该等条。由于编序教学的进度是由个别学生自行决定的，故而称此种学习为自定步调学习(self-spaced learning)。

programmed learning 编序学习 指在编序教学(programmed instruction)设计下所从事的学习活动。见该条。

progressive amnesia 蔓延性失忆症 见失忆症(amnesia)。

progressive differentiation 渐进分化 指美国教育心理学家奥苏贝尔教学理论中，为改进教材组织所倡议的两大原则之一。按奥苏贝尔的主张，教材组织必须与学生心智发展中的认知结构相配合。配合学生认知结构发展程度去组织教材时，应遵守两个原则:(1)渐进分化，指在教材编制顺序上，属于一般性或普遍性的概念在前，属于特殊性或个别性的概念在后，由简入繁，易于学习;(2)综合贯通(integrative reconciliation)，欲期学生学习的新经验，必须以其已有之旧经验为基础，新旧经验统整综合之后，自然容易学习。见前导组合(advance organizer)。

progressive education 进步教育 指20世纪30年代的美国教育界，受当时心理学家杜威实用主义与民主思想影响所实施的一种教育。进步教育所强调的是，重视儿童兴趣，针对个别差异因材施教，重视生活教育，让儿童从做中学(learning by doing)。见该条。

projection 投射 **1.**属精神分析论中所列防卫机制之一。此种防卫方式是指，个人不自觉地把自己的过失或不为社会认可的欲念加诸他人，借以减轻内心焦虑的心理历程。此种投射心理也称否认投射(disowning projection)。见防卫机制(defense mechanism)。**2.**指儿童期的一种童稚想法;认为成人对事物的感觉和他们自己是一样的。此种投射心理又称同化投射(assimilative projection)。**3.**在某种环境下(如投射测验时)，个体按自己的心情、动机或欲望，去觉知与解释情境。如杜甫诗中"感时花溅泪，恨别鸟惊心"，就是在观察景物时，投射了自己的感情。按以上三种解释，第一种投射可能是潜意识的，第二、三两种投射未必属潜意识，而且也不是防卫性的。

projection area = sensory area 感觉区，感觉中枢

projection therapy 投射治疗法 属心理治疗法之一。投射治疗多用于儿童，在形式上与游戏治疗法相似，让儿童自由选择玩具与玩法，让儿童借由对玩具的操弄把玩，抒发其情绪，表达其幻想，将内心的情结投射出来。

projective device = projective technique 投射法，投射技术

projective doll play 投射性玩偶游戏 **1.**指美国发展心理学家西尔斯(R. R. Sears)创用的一种研究儿童心理的方法。提供儿童一组玩偶材料，包括不同年龄的人物与情境(如房屋家具等)，让儿童自行编造一个故事。此种游戏的目的是，儿童在故事中可能投射了自己的心理需求和困扰问题。**2.**泛指儿童操弄玩偶时，一般都将自己投射在游戏情境之中的心理倾向。

projective play 投射游戏 指游戏治疗时所采用的一种游戏方式。设计一种游戏情境，让儿童自由操弄玩偶或玩过家家之类的游戏。投射游戏的目的有二：(1)儿童可将潜意识中的情绪与欲望投射到游戏情境中，以发抒其压抑的情结（如不能攻击人但能攻击玩具）；(2)治疗人员可通过对儿童游戏行为的观察，了解其心理问题，从而决定治疗的方式。

projective technique 投射法，投射技术 指研究个体内在心理历程的一种方法。投射法的基本特点是，采用一种较为暧昧的刺激情境，让个体在不受限制的情形之下，自由反应。对个体在暧昧情境下的自由反应，心理学家持有假设性的看法，认为可视为个体内在心理深处活动的表征。此等内在的心理活动（动机、欲望、感情、态度等），不能靠外在的具体刺激引发出个体反应，只有以暧昧的情境为线索，在不知不觉中投射出来。实施投射法时，有时安排一种游戏情境或谈话情境，但多数采用投射测验（projective test）的方式进行。见该条。见投射游戏（projective play）。

projective test 投射测验 属人格测验之一。此类测验系依据投射作用的原理设计而成，故名。投射测验虽有多种，唯其基本特征均由若干暧昧不明的刺激（如图片）所组成。在此等暧昧情境下，个体可自由反应，借以投射出他隐藏在内心的动机、欲望与情感。投射测验中最著名而且应用最多的是罗夏墨迹测验（Rorschach Inkblot Test）与主题统觉测验（Thematic Apperception Test）。见该等条及附图。

P

projectivity 投射倾向 指个体将其潜意识中压抑的情感、欲望、需求等，投射于某种外显活动的心理倾向。见投射（projection）。

prolactin 催乳激素 为垂体腺前叶所分泌的一种激素，它能促进乳房发育，刺激乳腺分泌乳汁。

prolonged-sleep treatment 延长睡眠治疗法 义同连续睡眠治疗法（continuous-sleep therapy）。见该条。

proofreader's illusion 校对员错觉 属错觉现象之一。意指对读过的或熟悉的数据，阅读时会产生比读新的数据更多的错误。当作者校对自己的书稿时，此种现象尤为显著。原因是校对时应注意细节（如错漏字及标点符号等），读熟悉的数据时难免因事先知道数据内容而忽略了细节上的错误。

propaganda 宣传 以个人的或团体的行动或其他方式（如文字、图画等）表达自己的意见，其目的在刻意地影响别人或团体的态度，此种做法，称为宣传。凡宣传之目的清楚揭示者，称为明宣传（white propaganda），如灭鼠周、防火周、礼貌运动等宣传均属之。若宣传之目的隐而不显者，称为暗宣传（black propaganda），如含有寓意的电影、电视广播中娱乐节目的插播等，均属之。

property variable = **attribute variable** 属性变项，属性变量

proportional sampling 比例抽样 按总体组成的比例抽取具有代表性样本的方法，称为比例抽样。在实际抽样作业中，分层抽样（stratified sampling）就是比例抽样。见该条。

proposition 命题 指一个肯定或否定陈述某事件的语句，该语句必须是含有主语与宾语的完整语句。见三段论法（syllogism）。

propositional coding theory 命题编码 论认知心理学对长期记忆中语文信息储存的理论解释。此理论认为，在长期记忆中的信息是以抽象命题的形式储存的。对于语文材料的记忆，不是保留听到或看到的每一个字或词，而是保留整个语句所表达的意义。同理，对于画面的记忆也不是保留视觉所见的详细情节，而是保留对画面的富有意义的解释。

propositional reasoning 命题推理 瑞士心理学家皮亚杰认知发展理论中的术语。皮亚杰观察研究发现，个体的认知发展达到形式运思期（11岁以上）之后，才会进行命题推理。认知发展臻于形式运思期的青少年，在推理思维时，不必一定以现实的或具体的资料做依据，只凭一个说明或一个命题，即可进行推理。例如，用这样一个问题分别问小学生和中学生："要是你当学校校长，你怎样管理逃学的学生？"小学生也许会回答："我不是校长，我不知道。"中学生就可能按他的想法说出一番道理。命题推理思维的特点是超越现实的一种思维方式，此种思维方式对青少年的心理成长而言是很重要的。因为青少年喜欢从幻想中计划未来，合理的思维才是形成其合理计划的基础。见认知发展阶段论（stage theory of cognitive development）。

proprioceptive stimulus 本体感受刺激 指刺激起于个体自身而又可以感觉到者。例如，身体活动时肌肉的张力或关节的压力等，都是本体感受刺激。本体感受刺激同样引起反应，工作时的连续性动作技能多半是此类刺激与反应的连锁作用。

proprium 统我 美国心理学家奥尔波特人格理论中的术语。统我指个人自己感受到而且了解的自我一致性与统合性，亦即个人所意识到的包括其

身心一切特征的自我。奥尔波特的统我观念与弗洛伊德的理论不同,他认为自我来自意识,而非潜意识。

prosocial aggression 亲社会攻击 指为了维护社会秩序对反社会者所表现的攻击性行为。如警察打击强盗即属之。

prosocial behavior 亲社会行为 广义言之,亲社会行为泛指能够对社会产生积极影响力的行为;狭义言之,亲社会行为是一种能够增进他人利益的行为。诸如合作、助人、奉献等均属亲社会行为。

prosopagnosia 面孔失认症 指一种视觉的辨识能力缺乏症,患者对常见的熟悉面孔都无法辨认是何人。已知此症是由于大脑皮质之枕叶和顶叶的某些部位受伤所致。

protanopia 红色盲 红色盲是一种遗传性的色觉异常症。这是由于视网膜上锥细胞缺失所引起的。患者对长波光的感觉能力较差,常常无法区分红、橙、黄、绿各种颜色。见色盲(color blindness)。

prototype 原型 **1.**指演化的过程中,个体或其器官的最原始形式。 **2.**瑞士心理学家荣格的分析心理学理论中的术语。在荣格的理论中,原型指集体潜意识中的各种原始意象。 **3.** 指一类事物中最具典型的例证。原型是一类事物的共有特征,以鸟类为例,麻雀和鸽子较之鸡和企鹅更接近鸟类的原型。原型是形成概念的主要因素之一。

proximal response 近反应 指刺激引起的肌肉或腺体的立即反应,亦即个体的反应中其效果仅限于个体自身所能接触范围者。与本词相对者为远反应(distal response)。见该条。

proximal stimulus 近刺激 指直接接受到感受器的刺激。例如,看见一只狗站在门口,狗的本身是远刺激,经由光线的反射,狗的映象投射到视网膜上时,视网膜感受到的刺激,称为近刺激。与本词相对者为远刺激(distal stimulus)。见该条。

proximal zone 邻近区 义同最近发展区(zone of proximal development)。见该条。

proximity 接近性 **1.**属人际吸引(interpersonal attraction)的因素之一。见该条。 **2.**义同完形组织法则(Gestalt laws of organization)中的接近法则(law of proximity)。见该等条。

proximo-distal development 先近后远发展 见发展顺序(developmental sequence)。

proximo-distal direction development 由近到远方向发展 义同先近后远发展(proximo-distal development)。见发展顺序(developmental sequence)。

proximo-distal growth 先近后远生长 义同先近后远发展(proximo-distal development)。见发展顺序(developmental sequence)。

PSE = point of subjective equality 主观等点

pseudoconditioning 假条件作用 属经典条件作用历程中的一种异常现象。条件作用形成的基本原则是:条件刺激与无条件刺激相伴出现,多次练习之后前者即可取代后者而引发个体对后者的特定反应。假条件作用的情形不合于此原则,是单只重复出现无条件刺激多次,过后,单独出现条件刺激时,立即引起条件反应。此种未经条件作用练习(指两刺激相伴出现)即可形成的条件反应现象,称为假条件作用。对此种异常现象的解释不一。比较简单的看法是,个体在对无条件刺激多次反应之后,形成了一种随时预备反应的动机状态。此时任何刺激出现,均有可能引起与无条件刺激同样的反应。如此解释是把个体反应视为对刺激敏感所致。故本词又称反射敏感(reflex sensitization),也称感觉前置条件作用(sensory preconditioning)。

pseudocyesis = false pregnancy 假怀孕

pseudodementia 假性痴呆 指个体在动机极低或极端冷漠的情况下,所表现的行为。此种情况下,个体对环境的反应,看似痴呆,实则与智力无关,是另外因素(如极端惊恐或极度痛苦时)所致,故称假性痴呆。

pseudofeeblemindedness=pseudoretardation 假性智能不足

pseudogiftedness 假资优 指表面看似优异而实则不符合资优条件的儿童。资赋优异系指三种情形之一者:(1)一般能力优异;(2)学术性向优异;(3)特殊才能优异。所谓"优异",主要系指"天赋优异"而言,不是后天教育的结果。假资优的情形可能就是教育的结果。例如,让儿童练习智力测验,就可能造成他一般能力较高的假象。

pseudohomosexuality 假同性恋 指对性别选择没有偏好的人,同性与异性对象都不会对他产生吸引力,只因此种人对异性冷淡,故很容易被误认为是同性恋者。假同性恋者最容易变成情境性同性恋(situational homosexuality)。见该条。

pseudoidentification 假认同 指接受别人意见的原因,并非真的赞同该意见,而是迫于形势不敢表示反对之故。因此,假认同可能是一种防卫机制(defense mechanism)。见该条。

pseudomemory 假记忆 对从未经历过的事物的记忆。假记忆有两种现象:一种是事实混淆,误把张三记成李四,事实上,并不认识张三其人。此种假记忆是常见的现象，并非病态。另一种是无中生有，所陈述的记忆事实完全是虚构的。此种记忆是异常现象，称为虚无记忆(pseudomnesia)。

pseudomnesia **虚无记忆** 属假记忆现象之一。是无中生有的记忆。见假记忆(pseudomemory)。

pseudophone **假声器** 是一种传音的特殊设计，能使原本传入左(或右)耳的声音，改向传入右(或左)耳。假声器使用目的在于研究声源定向(sound localization)之用处。见该条。

pseudopsychology **赝心理学，假心理学** 泛指非以科学方法为基础的心理学。诸如手相学、骨相学等，均属赝心理学，因其所论均不合科学推论原则。唯本词与心灵学(parapsychology)不同，后者专以超自然法则的灵奇现象为题材。见该条。

pseudoretardation **假性智能不足** **1.**与先天遗传无关，只是由于后天环境因素，个体生长历程中缺乏文化刺激，在行为表现上显示能力低下的儿童，称为假性智能不足。**2.**由于个体情绪困扰或身体疾病，在初次接受智力测验时表现的成绩偏低，也可能被误认为智能不足。此类仅凭一次测验结果而判定的智能不足儿童，也称假性低能。见智能不足(mental retardation)。

pseudoscience **伪科学** 指不根据客观事实，不采用科学方法，仅凭道听途说即建构成的科学理论。

pseudoscope **幻视镜，假视器** 是一种制造视觉假象的仪器。通过幻视镜看物体，左眼看到的原本是右眼应该得到的影像，右眼看到的原本是左眼应该得到的影像，两眼视觉作用交叉，使视觉经验中的距离关系错乱，结果会出现把空洞看成实体、把实体看成空洞等奇怪现象。

P

PSI＝personalized system of instruction **个人化教学制**

psi **心理学，心灵学** **1.**本词为希腊文第23个字母Ψ，义同psychology。**2.**本词用作英文时，义同parapsychology。

psi phenomena **心灵现象** 指心灵学(parapsychology)所研究的心理现象。见该条。

psi process **超觉历程** 属心灵学研究的心理现象。指个体具有超觉的能力，能够不凭感觉器官就可收受信息，甚至不凭身体动作也可支配物体。见超感知觉(extrasensory perception)、心灵致动(psychokinesis)。

psychalgia＝psychic pain **精神性痛**

psychedelic drug＝hallucinogen **致幻剂**

psychiatric disorder＝mental disorder **心理异常，精神障碍**

psychiatric illness＝mental disease **心理疾病，精神疾病**

psychiatric social worker **精神科社会工作者** 受过专业训练的社会工作人员，服务于医院中的精神病科，其工作性质在于配合精神科医师，辅导心理失常者解决个人及家庭方面的问题，以重新适应，恢复其健康生活。

psychiatrist **精神病学家** 指受过精神病学专业训练而实际从事心理治疗的医学工作人员。本词与临床心理学家(clinical psychologist)的工作类似，但有不同之处。见该条。

psychiatry **精神病学** 属医学的一个分支。精神病学的特征是以精神病患为对象，从事病象、病因研究并进行诊断、治疗及预防的工作。精神病学源于弗洛伊德。精神病学虽将精神病患者视为病人，却将患者的病因归之于精神因素，而不归之于生理因素。因此，在心理学上，特别是在心理治疗学上，一般都将精神病学也包括在心理学领域之内。与本词接近的是临床心理学，临床心理学虽同样以心理疾病患者为对象，但两者在基本取向上和专业训练上并不相同。精神病学采医学取向，精神病科医师一般须具有医学博士(MD)的专业素养。临床心理学采心理学取向，临床心理师一般须具备心理学博士的专业素养。见临床心理学(clinical psychology)。

psychical determinism **精神决定论** **1.**广义言之，本词指人的一切精神作用或心理现象，像自然现象一样，同样受因果法则所决定，所谓自由意志的说法是不存在的。**2.**狭义言之，本词指精神分析论所强调的心理现象决定于潜意识的理念。见自由意志对决定论(free will versus determinism)。

psychic apparatus **精神结构** 弗洛伊德理论中的用语。弗洛伊德对精神结构有两次不同的解释。第一次是在1900年，他将精神结构分为潜意识、前意识、意识三个层面。第二次解释是在1923年，他将心之结构分为本我、自我、超我三个层面。其中本我层面是潜意识的，其他两层面代表前意识与意识。弗洛伊德的第二次解释，确立了精神分析论中人格结构的理论基础。故而也被人称为结构模型(structural model)或结构取向(structural approach)。

psychic blindness＝psychogenic blindness **心因性盲**

psychic deafness **心因性聋** 见功能性聋(functional deafness)。

psychic determinism＝psychical determinism

精神决定论

psychic distance = **psychological distance** 心理距离

psychic energy 精神活力 按精神分析论创始者弗洛伊德的解释,精神活力是一切心理历程背后的促动力,而此促动力乃源于本我的欲力(libido)。见该条。

psychic helplessness 精神无助状态 精神分析论创始人弗洛伊德理论中的术语。指婴儿出生后由于生态环境突然改变而体验到的焦虑状态。弗洛伊德认为,婴儿初生时的无助经验,是他以后一生中所有焦虑经验的原型。

psychic impotence 心因性无能,心因性阳痿 **1.**指个人因心理因素而不能有效地处理其生活中的事务。**2.**义同次因性阳痿(secondary impotence)。见阳痿(impotence)。

psychic isolation 心理孤离 瑞士心理学家荣格理论中的术语。意指个体逃避现实的一种防卫机制,指个体为了避免集体潜意识可能会浮出意识层面,因而与别人保持距离。

psychic masturbation = **psycholagny** 意淫 见手淫(masturbation)。

psychic pain 精神性痛 指非由物理性或生理性刺激引起的痛。见痛(pain)。与本词相对者为生理性痛(physical pain)。见该条。

psychic profile = **psychogram** 心理图析

psychic reflex 精神反射 生理学家巴甫洛夫理论中用语,义同条件反射(conditioned reflex)。见该条。

psychic research 心灵研究 指不按自然科学原则对心理现象所做的研究。亦即心灵学(parapsychology)范围的研究。见该条。

psychics = **parapsychology** 心灵学

psychic secretion 精神性分泌 生理学家巴甫洛夫,从事狗的唾腺研究实验时的用语。按唾腺分泌由于食物引起时,称为生理性分泌;改以铃声即可引起同样分泌时,则称为精神性分泌。事实上,精神性分泌也就是条件反射(conditioned reflex)。见经典条件作用(classical conditioning)。

psychic trauma 精神创伤 遭受严重精神打击,或经历痛苦体验,使个体人格受到伤害,历久不能复原,甚至因而形成病态。此种经验,即称为精神创伤。

psychism = **parapsychology** 心灵学

psychoacoustics 心理声学 是结合生理科学与心理科学两方面的知识,专门研究声音与听觉的一门学科。

psychoactive drug 精神药物 指服用后能改变精神状态的药物,亦即能改变意识状态与情绪状态的药物。精神药物虽有暂时改变意识状态、纾缓焦虑的效果,但会严重伤害服用者的身心,故而通常称之为毒品,各国均立法严格取缔之。最常用的精神药物可分为四大类:(1)镇静剂(depressant);(2)麻醉剂(narcotic);(3)兴奋剂(stimulant);(4)致幻剂(hallucinogen)。见该等条。

psychoactive drug therapy 精神药物治疗 是指借助影响精神状态之药物以减缓患者痛苦,从而达到治疗效果的一种方法。目前在这方面使用最多的药物有四大类:(1)抗焦虑剂(antianxiety drug)。这类药物的主要效果是服用后帮助患者减轻紧张、不安、恐惧的不当情绪。(2)抗抑郁剂(antidepressant drug)。这类药物的主要效果是服用后会刺激大脑的神经传导素(neurotransmitter),改变患者的低落情绪状态,对生活感到鼓舞与乐趣。(3)抗狂躁症剂(antimania drug)。这类药物的主要效果是服用后可减缓两极性躁郁症的症状。(4)抗精神病药物(antipsychotic drug)。这一类药物的主要效果是服用后减缓精神分裂症的重要症状。在心理治疗中,精神药物治疗只能暂时缓和患者精神痛苦,不能视为主要的治疗方法。因为精神药物长期服用之后难免造成药物依赖的不良后果。

psychoactive substance = **psychoactive drug** 精神药物

psychoanalysis 精神分析,心理分析 精神分析是20世纪初由奥地利精神病学家弗洛伊德创始的,解释人性的心理学思想及治疗心理疾病的理论与方法,也是现代科学心理学重要学派之一。基于此基本认识,精神分析一词有三种含义:**1.**动力心理学思想:从历来心理学思想所争议的人性特质问题看,精神分析所持的是精神决定论观点,认为人的行为决定于本能、幼年经验以及因个人对本能及幼年经验压抑而形成个人不自觉的内在动力(动机)。弗洛伊德用了很多传统心理学上罕见的术语,解释他的理念,诸如潜意识、欲力、生之本能、死之本能、压抑、焦虑、防卫机制等均属之。因此,一般将精神分析称为动力心理学(dynamic psychology)。见该条。**2.**人格心理学思想:在现代心理学领域内,弗洛伊德的思想是人格心理学中最深入、完整的理论体系。弗洛伊德的人格理论主要包括两方面:(1)在人格结构方面,他采用本我、自我、超我说明人格的结构及三个我之间的动力关系;(2)在人格发展方面,他采取了性为人性基础的观念,将人格发展分为口唇期、肛门期、潜伏期、性器期及两性期五个阶段,并用恋母情结、阉割恐惧、阳具羡妒等传统心理学上罕见的术语来解释人格发展历程。因此,一般称弗洛伊德的人格理论为性心理期发展论(psychosexual stage theory of development)。见该条。**3.**心理治疗方法:在心理治疗方面,弗洛伊德创用了四种方法:(1)自由联想(free association);(2)梦的解析(dream analysis);(3)移情分析(analysis of trans ference);(4)解析(interpretation)。见该等条。精神分析治疗的目的是,希望借由上述四种心理分析历程,彻底改变患者的人格结构。以上所述主要是弗洛伊德的精神分析思想。弗洛伊德之后,后继者对其精神分析的理论与方法都有所修正,称之为新弗洛伊德主义(neo-Freudian)。见该条。

psychoanalytic approach **精神分析取向** 精神分析取向是由早期以弗洛伊德为主的精神分析思想演变而来的新理论取向。精神分析取向一词的基本要义是,在对人性解释和心理治疗的基本理念上,仍遵循早期弗洛伊德思想中所强调潜意识与采用分析方法治疗心理疾病的理念,而在另一些方面,将原来弗洛伊德理论中所强调的生物性需求和性心理需求是决定人格发展重要因素的理念加以修正,且在对人性和精神病因进行解释时,增添了社会因素的考虑。由精神分析学派思想修正而来的精神分析取向,自20世纪30年代以来, 在美国获得了快速而深具影响的发展。此一继承精神分析学派的新理论取向,一般称之为新弗洛伊德主义(neo-Freudian)。不过,精神分析取向只是在时间上继承精神学派的思想,唯在新精神分析理论取向兴起之后,并未完全取代弗洛伊德思想的影响。

psychoanalytic psychiatry **精神分析精神病学** 属精神病学的一个分支学科,其特点是采用精神分析(psychoanalysis)的理论与方法诊断治疗患精神病的人。见该条第三义。

psychoanalytic psychology **精神分析心理学** 泛指采用精神分析(psychoanalysis)的理论与方法研究心理现象的心理学研究。见该条第一、二义。

psychoanalytic psychotherapy **精神分析心理治疗** 泛指以弗洛伊德精神分析的理论方法为基础的心理治疗方法。见精神分析(psychoanalysis)条第三义。

psychoanalytic theory of personality **人格精神分析论** 指采精神分析取向所建构的人格理论。按此义,人格精神分析论并非指单一理论,而是包括弗洛伊德本人的正统精神分析(orthodox psychoanalysis)、阿德勒的个体心理学(individual psychology)、荣格的分析心理学(analytic psychology)以及后来的新弗洛伊德主义(neo-Freudian)。见该等条。

psychoanalytic therapy **精神分析治疗** 义同精神分析心理治疗(psychoanalytic psychotherapy)。见精神分析(psychoanalysis)条第三义。

psychoasthenics **低能学** 指专门从事对智能不足(mental retardation)心理特征研究的一门学科。见该条。

psychobiological approach **心理生物学取向** 本词所指者为20世纪80年代,继行为论取向、分析论取向、人本论取向及认知论取向之后新兴的第五取向。从哲学心理学的观点看,心理生物学取向所探讨的是自古以来争论不决的心身关系问题。在这一理论基础上,心理生物学取向主要研究以下三大主题:(1)研究神经系统与脑的组织与功能,从而了解人类认知、动机、情绪等心理历程与生理运作的关系;(2)研究内分泌系统的组织与功能,从而了解各种腺体与心理及行为变化的关系;(3)研究人类遗传的生理机制,从而了解个体的心理与行为特征与遗传的关系。

psychobiology **心理生物学** 从生物学的观点研究心理现象的一门心理学科。强调有机体在神经系统、内分泌腺、感受器等基础上,各种心理历程在适应环境的过程中,所显示出的功能性价值。心理生物学一词,为美国心理学家迈耶(A. Meyer)1915年所首创,以其临床病理学之研究心得发展而成,进而将此学科之理论用作探讨人格及治疗心理病患之工具。见生物心理学(biopsychology)。

psychochemistry **心理化学** 指采用化学的理论与方法,专门研究某些化学物质与个体行为间特殊关系的一门学科。例如,对同一化学性刺激(食物、药物、气味等)的反应,会有很大的个别差异;形成差异的原因与个体的遗传特质与身体的代谢作用等,都有密切的关系。

psychochemistry intelligence **心理化学智力** 指从生物化学的层面,分析研究药物、食物营养以及内分泌等因素对个体智力发展与学习的影响。

psychodance **心理舞** 为心理剧形式(psychodrama forms)之一。见该条。

psychodiagnosis **心理诊断** 以生活适应困难而造成心理异常者为对象,针对其人格特质、问题性质以及生活经验等资料,进行分析研究,以期发现造成心理异常的潜在原因,有助于进一步治疗之用者,称为心理诊断。

psychodrama **心理剧** 以演剧的方式达到心理诊断与心理治疗目的的一种方法。此种方法系由美国心理学家莫瑞诺在20世纪50年代首创，其基本构想是借由演剧或舞蹈活动达到两个目的：（1）经由在剧情中扮演角色，使案主摆脱自我防卫的限制，借剧中人感情的表达，将平日压抑在内心的郁结宣泄出来；（2）心理剧的安排只有角色分配，而无预定脚本，案主可按饰演的角色自由发挥，如案主的亲子关系有冲突，他既可饰演父母，也可饰演子女。借由案主在剧情中的表达，心理师可得到诊断与治疗的数据。因心理剧都是由小团体的方式进行的，故而也称团体心理剧（group psychodrama）。

psychodrama forms **心理剧形式** 指美国心理学家莫瑞诺将其所创心理剧治疗法发展成的六种心理剧形式：（1）社会剧（sociodrama），以人际关系为心理剧的主题；（2）身体剧（physiodrama），以身体健康为心理剧的主题；（3）伦理剧（axiodrama），以伦理道德和价值观为心理剧的主题；（4）催眠剧（hypnodrama），以催眠诱导进入催眠状态为心理剧的主题；（5）心理音乐（psychomusic），以小团体音乐活动为心理剧的主题；（6）心理舞（psychodance），以小团体舞蹈活动为心理剧的主题。见心理剧（psychodrama）。

psychodrama therapy **心理剧治疗法** 义同心理剧（psychodrama）。见该条。

psychodynamics **心理动力学** **1.**指研究个体行为发生之原因的心理学，亦即从动机、欲望、情绪以及防卫机制等内在历程来解释心理和行为的心理学。**2.**指精神分析论一向所主张的对个体内在潜意识历程的研究。见精神分析（psychoanalysis）条第一义。**3.**义同深层心理学（depth psychology）。见该条。

psychoendocrinology **精神内分泌学** 指专门研究内分泌与个体行为关系的一门学科。按内分泌腺所分泌的激素与个体行为之间存有交互的关系，分泌的激素可以影响行为，行为也可以影响激素的分泌。精神内分泌学研究的目的，一方面研究上述两者的交互关系，另一方面根据研究所得从事心理诊断与心理治疗以促进个体的身心健康。见内分泌系统（endocrine system）条及附图。

psychogalvanic reflex = **psychogalvanic response** **心理肤电反应**

psychogalvanic response（PGR） **心理肤电反应** 指心理因素影响到皮肤上电流反应变化的现象。见肤电反应（electrodermal response）。

psychogalvanometer **心理肤电反应计** 是一种测量皮肤表面电流反应的仪器。此种仪器具有高度敏感性，皮肤上由汗腺分泌增减而导致电阻轻微变化的情形，可用此仪器测出。心理肤电反应计可做测谎之用。见肤电反应（electrodermal response），测谎器（lie detector）条及附图。

psychogenesis **心因性** 指构成个体身心变化的心理原因（非生理原因）。

psychogenetics **心理遗传学** 指专门研究个体心理特质（如智力、人格、心理病症等）的遗传因素的一门科学。心理遗传学不涉及生理特质的遗传因素。本词也称行为遗传学（behavioral genetics）。见该条。

psychogenic amnesia **心因性失忆症** 属解离症之一。患者记忆力丧失，但在医学检验上找不出器质性原因。此种失忆症多系由突发精神打击所导致。心因性失忆症有三种类型：（1）选择性失忆症（selective amnesia），经过精神打击后只对某事件丧失记忆；（2）泛失忆症（generalized amnesia），经过精神打击后对所有往事均失去了记忆；（3）后续失忆症（continuous amnesia），经过精神打击，对受打击以后的经验丧失记忆。见解离症（dissociative disorder）、失忆症（amnesia）。

psychogenic blindness **心因性盲** 指视觉障碍起于心理的原因，而非起于生理的原因。心因性盲者的视觉生理正常，其视觉能力丧失，乃系由于心理上的冲突所引起的转化症（conversion disorder）。见该条。

psychogenic deafness **心因性聋** 指因心理性因素造成的听觉障碍。心因性聋的特征是，听觉确有障碍，但在医学检查上并不能发现生理上的原因。心理性聋属转化症（conversion disorder）之一。见该条。

psychogenic disorder **心因性异常，心因性障碍** 指因心理因素形成的行为失常或疾病。此类疾病的主要特征是，有显著症状而缺乏生理上的病因。心因性异常也称功能性障碍（functional disorder）。

psychogenic factor = **psychological factor** **心理因素**

psychogenic fainting **心因性昏厥** 属转化症之一，因心理上的长期困扰不能消除，结果转化为时而意识丧失的昏厥现象。见转化症（conversion disorder）。

psychogenic fugue **心因性神游症** 属解离症之一。患者忽然迷走他乡，完全忘却过去的一切，连自己的姓名、住址都不复记忆，甚至在性格上表现与以往判若两人。此种神游现象，可能是因不能承受精神压力的痛苦，借逃避现实忘却痛苦的一种病态适应方式。见离解症（dissociative disorder）、神游症（fugue）。

psychogenic impotence **心因性阳痿** 指性无能的原因系由心理因素所导致者，如羞耻、恐惧等心理因素均属之。见阳痿（impotence）。

psychogenic motive **心因性动机** 美国心理学家默瑞理论中的术语。意指一切非由生理因素所引起的动机。本词也称心因性需求（psychogenic need）。

psychogenic need **心因性需求** 义同心因性动机（psychogenic motive）。见该条。

psychogenic pain disorder **心因性痛症** 属体表症之一。患者自诉身体上有疼痛感觉，但在医学检验上找不出原因的现象。心因性痛症是由于心理因素形成的身体症状。患心因性痛症者，行为上常有以下特征：（1）痛症常与心理困扰同时发生；（2）病发时如能获得别人关注，病情即可减轻；（3）常以疼痛为借口逃避现实生活中遭遇的困难。见体表症（somatoform disorder）。

psychogenic trauma＝psychic trauma **精神创伤**

psychogenic vomiting **心因性呕吐** 由心理因素引起的呕吐现象。心因性呕吐者以女性为多数。按精神分析论的解释，此种呕吐是一种象征性表现，与潜意识中压抑着憎恨的人物有关。

psychogram **心理图析** 指用图示的方式来分析心理变化。例如，将个人（或团体）在心理测验上各方面（语文、数字、空间概念等）的分数，用图形表示出来，从而分析比较，以评定个人（或团体）在各方面的长处与缺点。见侧面图（profile chart）。

psychography **心理描述法** 指史学家撰写某人的传记时，采用精神分析论的理论与观点，来描述当事人的性格。见心理历史学（psychohistory）。

psychohistory **心理历史学** 指采用心理学或精神分析的观点，分析历史人物或历史事件的一门心理学科。心理历史学研究的目的，旨在探讨历史事件的发生和演变，以及历史人物之作为的心理原因。

psychokinesis（PK） **心灵致动** **1.**属心灵学中的一种灵异现象。指不用任何工具，单凭心理作用，就可支配远处物体移动。表演者最常用的方法是，在骰子转动时可以支配骰子出现某种点数。类似心理致动现象，尚无法在实验心理学上证实。**2.**指精神病患者不能自主的身体活动。见心灵学（parapsychology）。

psycholagny **意淫** 不与他人接触，纯凭想象中的性活动去获得性满足的行为，称为意淫。

psycholepsy **精神崩溃** 指心境突然变为极度抑郁与沮丧的情形。在此情形之下，个体突然丧失平日应付生活的警觉与能力。

psycholinguistics **心理语言学** 指从心理学的观点，研究人类语言行为的一门科学。心理语言学一词，源起于1953年夏季美国印第安大学举办的一次科际学术会议。该项会议系由语言学家与心理学家共同参与。次年出版《心理语言学》一书，是为心理语言学的正式诞生。心理语言学研究的范围主要包括：（1）人类语言的获得与发展；（2）双重语言；（3）语法学；（4）阅读与书写；（5）语言与思维。见乔姆斯基（Chomsky, Avram Noam）传记条。

psychological aging **心理性老化** 指个人在心理上主观感觉自己老化的现象。心理性老化与个人的实际年龄并无绝对关系，有些人不到60岁即自觉衰老，但也有些人年逾70仍然生气勃勃。

psychological attribution **心理归因** 义同性格归因（dispositional attribution）。见该条。

psychological autopsy **心理验尸法** 指采用心理学的理论与方法，对自杀者的遗物（如日记、信函等）与有关人员（亲友、同事、同学、邻居等）访问所得资料进行分析，以期能对自杀原因获得充分了解的一种方法。

psychological contract **心理契约** 指人与人之间或人与工作之间存在的一种不成文的契约关系。此种不成文的心理契约，可以对人产生约束作用，可以使人在做人做事方面向某一标准去看齐。如生产机构为了鼓舞士气，多采取升迁、加薪、奖金、分红等制度，使工作人员认识到工作表现与获得利益的关系，借以产生心理契约作用。

psychological counseling **心理咨商** 义同咨商（counseling）。见该条。

psychological deficiency＝mental deficiency **心智缺陷**

psychological dependence **心理依赖** 属药物成瘾后所产生的药物依赖（drug dependence）现象之一。见该条。

psychological development＝mental development **心理发展**

psychological distance **心理距离** **1.**在知觉心理学上，指个人对所知觉物体之远近的距离。心理距离与实际上的物理距离并不相等。**2.**在社会心理学上，指个人在主观感受上对另一人（或团体）亲近或接纳的程度。此为正面的说法，也可从反面意义言，个人在经验中感受到与另一人（或团体)难以相处(格格不入)的程度,也称心理距离。见社会距离(social distance)。**3.**指心理治疗时心理师与患者之间的人际关系。无论采用何种治疗方法,心理师均必须保持理性,与患者在感情上维持相当的距离。

psychological education **心理教育** 为培养学生某种品格,或增进学生心理适应能力而实施的教育方法。心理教育,顾名思义是以心理学的原则去改变学生的行为。诸如改进学生读书习惯、培养学生求知兴趣、提高学生读书动机等,都属于心理教育范围。唯本词与教育心理学(educational psychology)不同。见该条。

psychological encapsulation **心理逃避** 美国心理学家勒温理论中的术语,意指遭遇困难或陷入痛苦感受的情境时,个人常采逃避方式不正视情境,借以减少刺激引起的痛苦。例如,遇车祸伤亡场面,路人掩面而过,即属心理逃避。

psychological environment **心理环境** 个人生活中透过知觉所认知的是外在环境。心理环境则是个人所体验与所意识到的环境,而不是客观的物理环境。同一物理环境中的人们,很可能每个人的心理环境各不相同。

psychological examination **心理检查** 是与身体检查相对的名词。指采用心理诊断的有关工具(如观察、面谈、心理测验等),试图对当事人的心理功能、生活情况、适应情形以及面临的问题等有所了解,以期做进一步治疗的准备。

psychological fact **心理事实** 指个人对某问题或某事件的了解、意见、期望、态度、信念、行动等心理表现。

psychological factor **心理因素** 泛指影响个体行为的机体因素(organic factor)以外的一切功能因素(functional factor)。见该等条。诸如动机、情绪、认知、态度、兴趣、能力等,均属心理因素。

psychological field **心理场** 根据美国心理学家勒温的场域理论,心理场是指个体在某一时间所觉知到的环境,亦即个体活动当时的生活空间(life space)。见该条。

psychological freedom **心理自由** 指在心理上不受任何限制而可自由思维和自由选择的感觉。

psychological genetics **心理遗传学** 指采用遗传学的原理原则,研究遗传因素对个体身心发展及行为变化之影响的一门学科。

psychological health = mental health **心理健康**

psychological limit **心理极限** 指心理活动效果所能达到的极限。达到极限后,再多的练习也不会产生效果。例如,在单位时间内要记忆的事物(如记电话号码),在开始练习时,所能记忆的量,随练习次数的增加而增加。但达到某一限度后,虽仍继续练习,但记忆的数量将不再增加。最后达到的数量,即可视为心理极限。唯心理极限尚属一种假设,未必真正代表极限。如果改变练习方法,或提高士气,也可能会突破限度。与本词相对者为生理极限(physiological limit)。见该条。

psychological maturity **心理成熟** 指个体发展历程中生理以外的心理层面所达到的成熟程度。按心理成熟包括三方面:(1)心智成熟,智力发展到顶峰,面对问题时能作合理思维;(2)情绪成熟,感情冲动减少,较能自我控制;(3)社会成熟,能独立自主而且能与人和睦相处。一般人达到心理成熟地步要到青年后期,约在25岁之后。

psychological measurement **心理测量** 指采用科学方法与科学工具,将个体行为质的表现转化为用数量来表达的历程。基于此意,心理测量含义甚广,举凡生活适应、心理健康、人际关系、学业成绩、能力性向、态度观念等层面,均属心理测量范围。针对不同的层面,在测量工具上乃有不同的测量方法(如自陈量表、投射技术等)与不同的心理测验(如智力测验、人格测验等)。

psychological motive **心理性动机** 指一切非以生理变化所形成之需要为基础的动机。心理性动机包括两个层次:一个层次包括较为原始的三个驱力,即好奇驱力、探索驱力与操弄驱力。属于这个层次的心理性动机,虽已超过了生理基础的限制,但仍较具原始性,是后天在社会环境中学习的。另一层次包括人类特有的成就动机与亲和动机。属于这个层次的动机,完全是经学习获得的,而且都与别人有关,具有社会意义。

psychological need **心理需求** **1.**一般言之,凡是生理需求(维持个体生命者)以外的一切需求,均称之为心理需求。唯生理与心理两种需求,不易清楚划分。例如饥、渴、性等,在性质上虽属生理需求,然对人类而言,均带有相当的心理成分。**2.**按美国人本心理学家马斯洛的需求层次论(need hierarchy theory),本词包括生理需求及其他各种需求。见该条。

psychological numbing **心理性麻痹** 指反应迟滞和表情冷漠的异常现象。心理性麻痹多系由突发性灾难的震撼所导致。

psychological rapport **心理契合** 义同契合(rapport)。见该条。

psychological reactance **心理抗拒** 指个人在自由选择受限制时的反抗心态。如果有茶、咖啡、果汁三种饮料任凭选用时，王先生可能因素爱咖啡而选咖啡。但如主人事先宣布，王先生请只选咖啡，茶与果汁留给其他客人饮用。此时王先生可能会有“偏不想选咖啡”的心态。在此情形下王先生在心理上所抗拒者并非咖啡，而是被主人限制了他不可以不选咖啡的自由。心理抗拒只是一种不悦的心态，未必表现于外显行为。此理论，可用来解释“失去的东西反而觉得可贵”的心理。见抗拒论（reactance theory）。

psychological rehabilitation 心理复健 **1.** 指对身体伤残、疾病或心理异常者予以心理治疗与心理辅导，以协助其面对现实，有效地适应生活。**2.**专指对心理疾病患者予以适当治疗与辅导，从而协助其自力更生的历程。

psychological scale 心理量表 凡是用来测量心理现象的量表，统称心理量表。诸如智力测验、人格测验以及态度测验等，均属心理量表。

psychological science 心理科学 心理科学是与自然科学相对的概念。从历史背景看，自然科学发展较早，在16世纪的欧洲，自然科学的发展已有了相当的成就，但直到19世纪末叶，心理学才开始脱离哲学思辨的传统，采用自然科学客观验证的方法研究心理现象。唯从研究对象与研究目的看，心理科学不同于自然科学。自然科学的研究对象是物，物性即其本性；自然科学的研究目的，旨在探讨物性变化的自然法则，从而建构系统理论。心理科学的研究对象是人，人性非其本性，人性是本性与习性的融合；心理科学的研究目的，旨在探讨在社会文化影响下人性变化的心理法则，从而建构系统理论。基于此义可知，自从百多年前科学心理学兴起以来，试图采用自然科学方法研究人性的取向并未成功。

P

psychological selection 心理选拔 指运用心理学的知识与方法选拔人才的历程。人有不同的性格与不同的才能，各类职业需要的能力专长也不相同。因此，如何选择最适当的人来做最适当的工作，自然是一种最合理的要求。心理选拔就是要协助用人机构达到此目的。现在科学心理学领域内已发展的各种职业性向测验，就是心理选拔的工具。例如，对飞行人员的选拔就与一般职业不同，飞行人员除身心健康及专业知识技能之外，更应在心理上具备情绪稳定、反应灵敏以及随机应变等能力。

psychological sociology 心理社会学 属社会学的一支，其特征是采用心理学的工具与原理原则研究团体生活或组织行为。本词与社会心理学不同，社会心理学虽然也研究团体行为，但其重点仍以团体中个体之间的交互关系为主。

psychological space 心理空间 义同生活空间（life space）。见该条。

psychological statistics 心理统计学 属应用统计学的一个分支。心理统计学的目的是，运用统计学的原理与方法处理心理学研究时所得到的有关心理与行为的资料。而心理统计学所处理的心理数据，则主要得自测验和实验的结果。见心理测量学（psychometrics）。

psychological structure = **mental structure** 心理结构

psychological test 心理测验 用于测量个体的心理特质从而分析个别差异的工具。心理测验因使用的目的不同，而有很多形式。测量智力者为智力测验（intelligence test），测量性格者为人格测验（personality test），测量成就者为成就测验（achievement test）。见各该条。

psychological time 心理时间 指不靠任何工具（如钟表），纯以主观感觉而判断的时间长短。心理时间的准确度与生活经验有关。见时辰节律（circadian rhythm）。

psychological type 心理类型 指根据某方面心理特征进行类别解释的心理学研究。见人格类型（personality type）、认知风格（cognitive styles）。

psychological warfare 心理战 在双方对峙的情况下，凡是长我方士气、灭敌方威风的一切做法，都叫心理战。心理战的主要方法是做宣传。

psychological weaning 心理性断奶 指在人际关系上个体逐渐摆脱对别人的依赖而趋向独立的历程。基于此义，本词含义有二：**1.**指儿童期过后青少年逐渐摆脱对父母的依赖，表现出独立自主的倾向。**2.**指在心理治疗过程中，患者对心理师感情依附的倾向逐渐减少，最后终于能达到独立自主的地步。

psychological zero 心理零度 指温度刺激强度恰使皮肤不产生冷热感觉的状态。身体皮肤大部分的心理零度是32℃左右，在此温度的环境中，不感到冷，也不感到热。人体耳部的心理零度较低，在27℃左右；腋下心理零度较高，在33℃左右。

psychologism 心理学化，心理学主义 **1.**主张凡是与人有关的一切科学，均须遵循心理科学的原理原则，如此始能获得合理的解释。**2.**主张凡属规范性的科学，诸如伦理学、教育学、逻辑学、审美学等，均须采心理实验的方法，进行验证研究，然后方可成为严谨的科学。

psychologist's fallacy 心理学者谬误 指心理学者最易犯的错误是，将自己的心态投射出来解释别人的心态,他自己认为如何如何,他就用来解释别人如何如何。换言之,有些心理学者不按客观事实,只凭主观意识就大胆对人的行为,妄加解释。

psychology **心理学** 本词虽是心理学领域内使用最广且最重要的名词,但自一百多年前科学心理学诞生以来, 尚无明确统一的定义。20世纪中叶以来,较被心理学界接受的定义是:“心理学是研究行为与心理历程的科学。”对此定义的意涵,可做以下六点解释: **1.**心理学研究的对象虽然也包括动物,但仍是以人类为主体。 **2.**人类的心理与行为含义甚广,现代心理学对人类心理与行为各类问题的研究,已是无远弗届,既包括客观理性的层面,也包括主观感情的层面,在研究范围上实际已扩及整个人性。1879年德国心理学家冯特开创科学心理学之初,原本试图将心理学建构成一门独立实验科学,向物理科学与生物科学看齐,成为自然科学的一支。唯从心理学多年来的发展看,心理科学所研究人性,显然与自然科学所研究物性有所不同。因此本辞典主张将心理学定义为心理学是研究人性的科学,此定义与自然科学是研究物性的科学相对应,用以彰显心理科学的特征。 **3.**从心理学的观点言,“人性”一词有三点含义:(1)人性指个体心身内外特质之全部,心理学研究外显行为只是起点,其真正目的则旨在了解整个人性。(2)人性不同于本性,人性是本性与习性的融合,人性是先天遗传与后天环境交互作用塑成的。(3)人性不同于物性,物性的同构性大于异质性,物性同类者其外显表象雷同,且其外在表象变化与其内在真相变化相对应。因此,对物性变化进行解释时,只需循自然法则找出因果关系,即可了解其变化的真相。人性的异质性大于同构性,人性既是“人心不同各如其面”,又是“知人知面不知心”,且个别差异外尚有团体差异。因此对人性进行解释时, 除考虑差异因素之外,更须兼顾客观理性、主观感情、自由意志等多方面内在心理历程。 **4.** 现代心理学的发展呈一本多支的形势,心理学一本之上的八大分支,形成基础心理学研究的八大主题;(1)行为与心理的生物基础;(2)感觉、知觉与意识;(3)学习、记忆与思维;(4)生命全程的身心发展;(5)动机与情绪;(6)智力与人格;(7)社会心理;(8)心理异常与心理治疗。以此八大主题为基础,心理学已分化为上百学科,这些学科因性质不同又分为理论心理学与应用心理学两大类。 **5.** 心理学之所以被称为科学,主要是因为心理学的研究采用了自然科学的方法。唯因心理学研究人性与自然科学研究物性不同,故而除采用自然科学常用的观察法与实验法之外, 心理学也采用了社会科学常用的个案法、测验法及调查法。 **6.**科学研究的共同目的是,根据事物变化的表象探求表象背后的真相,从而建构解释同类事物变化的统一性理论。 就此而言,由于人性变化极为复杂,其行为表象背后的真相不易了解,故心理学理论分歧不像自然科学理论那样具有绝对性和普遍性。心理学理论分歧现象, 自百多年前科学心理学诞生以来一直存在。在现代科学心理学领域内最主要的有五大理论取向:(1) 行为论取向 (behavioral approach);(2) 精神分析取向 (psychoanalytic approach);(3)人本论取向(humanistic approach);(4)认知论取向(cognitive approach);(5)心理生物学取向(psychobiological approach)。见该等条。

psychology of adolescence **青年心理学** 属发展心理学的一个分支学科,其研究目的旨在探讨青年期个体的身心变化及心理特征,作为学校教育及青年辅导的根据,从而达到帮助青年人健康成长的目的。在生命全程发展过程中,青年期的身心发展有异于其他时期。见青年期(adolescence)。此外,由于社会变迁,子承父业与师徒相传的社会传统不再,加之教育普及且延长,使青年人的生活与社会现实脱节,在需求与满足不能平衡的情形下,难免形成青年心理的问题,因而青少年问题(如性行为失常、暴力冲突、药物滥用及犯罪等)随社会经济繁荣而日增。因此,青年心理学除对一般正常青年心理现象进行研究之外,也研究青年的心理适应问题。

psychology of aged = **geriatric psychology** **老年心理学**

psychology of aging = **geriatric psychology** **老年心理学**

psychology of exceptional child **特殊儿童心理学** 属应用心理学中的一个分支学科。特殊儿童心理学研究的目的,主要是对特殊儿童(exceptional child)的身心特征进行了解,并研究设计适宜于该类儿童生长发展的教育环境。见该条。

psychology of learning **学习心理学** 理论心理学的一个分支学科。学习心理学的研究目的,旨在探讨人类或动物的学习是经由怎样的历程,从而建构学习理论。见学习(learning)、学习历程(learning process)和学习理论(theories of learning)。

psychology of personality **人格心理学** 属理论心理学的一个分支。人格心理学研究的主要内容是:(1)人格理论;(2)人格的发展;(3)人格适应;(4) 人格改变;(5) 人格的个别差异与人格测量

P

等。见人格(personality)、人格理论(theories of personality)。

psychology of religion = **religious psychology** **宗教心理学**

psychology of teacher **教师心理学** 属教育心理学的一个分支学科。教师是一种专业,而教师专业所具备的条件与其他专业相比有两点不同:其一,教师须具有专业素养,而专业素养中又包括三方面:(1)学科专业素养,指对担任的教学科目(如语文、数学、音乐等)必须学有专长;(2)教育专业素养,指对教育政策、教育目的、学生心理特质的了解及各科教材教法等,必须学有专长;(3)专业精神素养,指教师角色应具备的人格特质,诸如爱心、耐心及学而不厌、教而不倦的精神均属之。教师心理学即旨在研究如何选拔优秀人才并给予适当培育,使之成为具有专业素养的良师。

psychology of teaching = **instructional psychology** **教学心理学**

psychometric approach **心理计量取向** 指以心理测量的方法(以心理测验为工具)分析智力构成的因素,从而建立智力理论的取向。与本词相对者为生理统计取向(biometric approach)。见该条。

psychometric function **心理测量函数** 指采用数学上的函数式表示心理学研究上自变项与依变项之间变化的结果。例如,在其他条件(如智力、年龄、经验等)相等的情形下,学习成绩是练习次数的函数。亦即,学习成绩的变化随练习次数的变化而变化。设以Y代表学习成绩,以X代表练习次数,其函数式即为:$Y=f(X)$。

psychometric intelligence **心理测量性智力** 指传统智力测验所测量到的智力。IQ所代表的就是测量上的智力。

psychometrics **心理测量学,心理计量学** **1.**指专门研究心理测验的理论与方法的一门学科。**2.**指在心理学上运用统计学的理论与方法,从事研究设计以及分析处理研究数据的一门专门学科。

psychometry = **psychometrics** **心理测量学,心理计量学**

psychomimic syndrome **拟精神病症候群** 指因有关系人患有精神病或死亡而导致的假性精神病。假性精神病患者的特征是只有病象,而病因除前述之关系人中有人患病或死亡外,没有其他原因,而且病情发作多呈间歇性,每逢其关系人病情严重时或已死亡关系人的有关纪念日时,他的精神病就会发作。

psychomotor ability **心理动作能力** 指受个体意识支配所表现的精密动作能力。此种能力主要表现在各种感官与动作的适当配合, 在适当的时间、适当的空间配合上适当动作者,即表示有高度的心理动作能力。使用工具时能手眼协调(如射击),即基本动作能力之一。心理动作能力是学习精密技术的基本条件。

psychomotor domain **心理技能领域** 属美国教育心理学家布卢姆所列教育目标分类之一。心理技能领域教学目标包括知觉、准备状态、引导反应、习惯化、精确作业、适应、创造七个层次,旨在培养学生善于用手操作,从手眼协调进而达到手脑并用的能力。见教育目标分类(taxonomy of educational objectives)、布卢姆(Bloom, Benjamin)传记条。

psychomotor epilepsy **心理动作性癫痫** 属癫痫症(epilepsy)之一。见该条。

psychomotor retardation **心理动作迟钝** 指心智活动与身体动作两方面都显著迟钝的现象。

psychomotor test **心理动作测验** 指用以测量心理动作能力(psychomotor ability)的测验。见该条。

psychomusic **心理音乐** 属心理剧形式(psychodrama forms)之一。见该条。

psychoneuroendocrinology **心理神经内分泌学** 属精神病学范畴内的一种新发展的专门学科。此学科,除专门研究内分泌的神经生理基础之外,还研究两者与心理因素的关系,以期提供理论与方法以解决精神病的问题。

psychoneurosis **精神性神经症** 义同神经症(neurosis)。见该条。

psychopath **精神病患** 泛指患有心理疾病或人格异常的人。

psychopathic personality **心理病态人格** 属于人格异常之一,此类异常者的主要特征是反社会倾向:缺乏感情,缺乏责任心,缺乏道德感,一切行为表现只求满足个人需求,从不考虑别人的存在,对自己的过失行为不会感到愧疚和焦虑。所谓"良心",对他们来说,是毫无意义的。

psychopathology **精神病理学** 专门研究心理疾病形成原因与病情变化的一门学科。精神病理学,顾名思义偏重病理研究,与以治疗为主的精神病学(psychiatry)稍有不同。见该条。

psychopathy **精神病态** **1.** 泛指因病因不明而未分类的精神疾病。**2.**义同心理异常(mental disorder)。

psychopharmacology **心理药理学** 专门研究精神药物或毒物(如食物中毒)对个体心理功能影响的一门科学。见精神药物(psychoactive drug)。

psychophylaxis **精神病预防** 义同心理卫生(mental hygiene)。见该条。

psychophysical function **心理物理函数** 义同心理测量函数(psychometric function)。见该条。

psychophysical interactionism **心身交感论** 解释心身关系问题的哲学心理学理论之一,谓心身交互影响,心理影响身体,身体影响心理。心身交感论为17世纪法国哲学家笛卡尔(Descartes, Réne)所首倡。见其传记条。

psychophysical measurement **心理物理测量** 指将心理学研究的心理现象予以量化的方法。在听觉、视觉、温觉、压觉等实验研究中,均将个体的反应做量化的处理,即以数据表示心理现象。像阈限就是心理物理测量的具体例子。唯心理物理测量只限于以物理变化(声、光、热等)引起的心理反应,至于智力测验与人格测验,其所得结果虽然也是量化的(如IQ),但不能称为心理物理测量,而只能称为心理测量(psychological measurement)。见该条。

psychophysical method **心理物理法** 指运用数学方法和测量技术,研究物理现象和相应的心理现象之间的数量关系的方法。感觉阈限测量时所用的均误法(method of average error)和极限法(limits method),都是心理物理法。见该等条。

psychophysical parallelism **心身平行论** 指哲学上的一种主张,既不偏重唯心论,也不偏重唯物论,主张心物各自独立,平行存在。如改用现代心理学的说法,那就是:任何一个心理事件的发生,都会有一个相应的生理事件(神经系统运作)发生,但两者间并无因果关系。心身平行论始自17世纪德国哲学心理学家莱布尼兹(Leibniz, Gottfried Wilhelm)。见其传记条。另见二元论(dualism)。

psychophysical scale **心理物理量表** 采用量表的方法,找出心理变化(依变项)和物理刺激变化(自变项)之间函数关系时所编制的量表。

psychophysics **心理物理学** 是专门研究刺激的物理属性(如物之重量与光之强度等)与感觉反应之间关系的一门学科。心理物理学的研究,试图借物理学的原理与实验工具仪器,对心理现象予以量化并从事精密的比较分析。心理物理学兴起于19世纪中叶,其研究方法及理论开启了19世纪末科学心理学研究的先河。心理物理学家多为当时德国著名的物理学家与生理学家,其中最著名的有赫尔姆霍茨(Helmholtz, Hermann von)、韦伯(Weber, Ernst Heinrich)及费希纳(Fechner, Gustav Theodor)等人。见各人传记条。

psycho-physiological disorder **心身症** 属体表症之一。患者自称有病,但在医学检查上,其身体并无异常现象。心身症也称心身疾病,两者都是旧名称;新名称为体化症(somatization disorder)。见该条。见体表症(somatoform disorder)。

psychophysiology＝physiological psychology **生理心理学**

psychoses(复数)＝psychosis(单数) **精神病**

psychosexual development **性心理发展** **1.**泛指个体自幼稚到成熟之间性心理的发展过程。**2.**义同弗洛伊德的性心理期发展论(psychosexual stage theory of development)中所指的性心理发展。见该条。

psychosexual disorder **性心理异常** 指一类与性行为有关的心理异常。此类心理异常的特征是,虽然在性行为上表现异常,但在身体上并无生理缺陷。性心理异常者主要表现以下三类症状:(1)性别认同障碍(gender identity disorder);(2)性变态(paraphilia);(3)性心理功能异常(psychosexual dysfunction)。见该等条。

psychosexual dysfunction **性心理功能异常** 属性心理异常之一类。此类异常的主要症状是,虽然性器官一切正常,但在性交时却无法完成一般性交的程序反应,不像正常人那样经过性冲动期、性前刺激期、性高潮期、性松弛期。此种性行为失常,纯属心理因素造成,故称性心理功能异常。性心理功能异常最常表现出两种现象:其一为抑制性欲,缺乏性冲动或性交时无法达到高潮。抑制性欲如系女性,则称为性冷感。其二为早泄症,指男性对女性过于敏感,性交时未达高潮即提前射精。

psychosexual hermaphroditism ＝ bisexual libido **两性欲力**

psychosexual stage theory of development **性心理期发展论** 指精神分析创始人弗洛伊德思想理论中以性为基础的人格发展理论。弗洛伊德将人格发展限于自出生到成年的一段时间并将之分为五个时期:(1)口唇期(或口欲期)(oral stage, 0～1岁),此时期婴儿本能性的需求主要是靠口唇的活动得到满足,除吃奶时的口唇活动之外,也靠口唇活动以探索周围的世界,从而得到乐趣。(2)肛门期(anal stage, 1～3岁),此时期的发展特征是,幼儿从大小便排泄时所产生的快感得到满足。(3)性器期(phallic stage, 3～6岁),此时期的发展特征是,儿童的兴趣集中在他的性器官，从玩弄自己的性器部位获得原始性冲动的满足。此时期儿童常有性的幻想，将父母中之异性者当作自己性爱的对象，因此可能出现男童以父亲为竞争对手而爱恋母亲的恋母情结（Oedipus complex）。（4）潜伏期（latency stage, 6岁至青春期），此时期的儿童开始接受学校教育，生活空间扩大，由自己的身体和对父母的感情，扩大到周遭的事物，故而从原始的欲力来看，呈现出潜伏状态。此时期的男女儿童情感较前疏远，团体活动多呈男女分离趋势。（5）两性期（genital stage, 青春期延长到成年），由于性器官的成熟，前一期潜伏着的性兴趣重新活跃起来，将儿童期性需求满足的对象由父母转向同年龄的异性，开始异性交往，有了婚姻家庭的意识。至此人格发展即臻于成熟。

psychosis 精神病 指严重的心理异常。患者人格失常，呈现思维、情感、知觉等严重障碍，行动多与现实生活脱节，且有明显妄想、幻觉等症状。精神病患者多需住院治疗，且需人看管，因其丧失自主意识，难免伤人害己。本词亦称精神异常（psychotic disorder）。

psychosocial development 心理社会发展 **1.**广义言之，本词义同社会发展（social development）。见该条。**2.**狭义言之，本词义同美国新弗洛伊德主义心理学家埃里克森的心理社会期发展论（psychosocial stage theory of development）中所列的各期发展。见该条。

P

psychosocial stage theory of development 心理社会期发展论 美国新弗洛伊德主义心理学家埃里克森在20世纪60年代提出的人格发展理论。埃里克森从生命全程发展的观点，将人格发展分为八个阶段：（1）信任对不信任（trust versus mistrust）。出生至周岁的婴儿，经由自身需求的满足与否而产生对人信任与否的发展危机，如婴儿受到安全抚育和爱护照顾，他就会对人信任，如缺乏安全或受到虐待，他对别人的信任感即无从产生。（2）自立对羞怯与怀疑（autonomy versus shame and doubt）。1～3岁的幼儿，尝试独立自主活动去探索环境，如此时父母对他鼓励协助，即有助于独立自主之人格发展，如成人对他阻止或惩罚，则将变得羞怯多疑。（3）主动对愧疚（initiative versus guilt）。3～6岁幼儿的发展危机，是在自动自发与怀疑退缩两者之间发展他的人格特质。如幼儿的自动自发活动（如好问）得到成人鼓励，他将继续自动自发；如幼儿的自动自发行为受到威胁或嘲笑，则将变得羞愧退缩。（4）勤奋对自卑（industry versus inferiority）。6～12岁小学教育阶段的儿童，其人格发展的危机，是在对事勤奋努力或遇事逃避而心生自卑之间。如儿童在团体活动中遭遇失败，成人给予安慰鼓励，使之不致灰心丧志，失却自我价值，以后仍将勤奋努力。否则如对他施以惩罚羞辱，则将使他养成自卑性格。（5）统合对角色混乱（identity versus role confusion）。12岁至青年期是个体从自我追寻到自我定向的关键时期，如此时期在求学和与人相处中学到认识自己、了解别人，能配合自己能力、性向确定自己未来方向，他的人格发展将可臻于自我统合境界，否则将陷入自我角色迷失。（6）亲密对孤独（intimacy versus isolation）。约20～30岁阶段的自我发展危机，在于友爱亲密对孤独疏离。如此时期与人建立良好的友情和爱情关系，甚至成家立业，在自我发展上自会感到满足，否则如不能和人建立亲密关系，就难免感到孤独无依。（7）爱心关怀对颓废迟滞（generativity versus stagnation）。中年期的自我发展危机在于家庭与事业的成败，如家庭美满事业成功，就会表现爱心关怀，但如家庭事业均无成就，则难免颓废迟滞，感觉生命缺少意义。（8）完美无缺对悲观沮丧（integrity versus despair）。老年期的自我发展危机在于一生经验的累积，如回首前尘，自认为心安理得，即可随心所欲，安享余年，如若悔恨旧事，则难免晚景凄凉。见发展危机（developmental crisis）。

psycho-sociological theories of aging 心理—社会老化理论 人到老年（65岁以上）后，如何调理自己的生活，方能度过健康、安适而又愉悦的晚年？对这一问题，心理学家和社会学家提出了心理—社会老化理论，用以解释如何减缓老化的问题。在心理—社会老化理论主题之下，又有三种不同的理论：（1）老年减少参与论（disengagement theory of aging）；（2）老年持续活动论（activity theory of aging）；（3）老年社会交换论（soical exchange theory of aging）。见该等条。

psychosomatic disease = psycho-physiological disorder 心身症

psychosomatic disorder 心身障碍 指因心理因素所造成的身体疾病。一般像气喘、高血压、胃溃疡、皮肤过敏、偏头痛等，多系心理因素所造成。

psychosomatic medicine 心身医学 **1.**狭义言之，指以体化症（somatization disorder）患者为对象给予诊断并治疗的医学。见该条。**2.**广义言之，泛指对一切心理异常患者在诊断与治疗时，均考虑其病情变化的身心两方面因素。特别是在治疗目的上，一方面要治疗当事人所患的“病”（身体治疗），另一方面更要治疗患了病的“人”（心理治疗）。

psychosurgery **精神外科学** 指采用大脑外科手术以治疗精神病的方法。有的精神病起因于脑部病变(如脑瘤),必须靠外科医师施行手术始能治疗。本词是精神外科治疗(psychosurgery therapy)的简称。见该条。

psychosurgery therapy **精神外科治疗** 是采用外科手术的方式,将脑部神经组织切除一部分,从而达到治疗心理疾病的目的。精神外科系由葡萄牙神经病学家蒙尼兹(E. Moniz, 1874~1955)1935年所首创。当时蒙尼兹采用的方法称为额叶切除术(frontal lobotomy),将大脑额叶与其他部位相连接的神经切断,从而减低精神分裂症与抑郁症的病情。因此种手术为医学界空前创举,蒙尼兹因此获得1949年诺贝尔医学奖。额叶切除术的理论根据是,额叶的主要功能是增强其他神经中枢输入信息后的情绪反应,切断中间连接后,就可以缓和患者的情绪。因此当时曾有"救心不妨伤脑"的说法。唯以后临床证明此种手术后果不理想,故目前已少采用。本词简称神经外科学(psychosurgery)。

psychotechnology **心理科技学** 指将心理学的原理和方法用于解决实际生活问题的学科。亦即应用心理学(applied psychology)。见该条。

psychotherapy **心理治疗** 指受过训练的专业人员,运用心理学上人性可以改变的原理,针对不同程度心理适应困难或不同程度心理异常者施予协助,使其因协助而能自行改变与自我成长,从而恢复健康生活的历程。与心理治疗一词相近但意涵有区别的另有两个名词,一为辅导(guidance),另一为咨商(counseling)。辅导的对象多数是一般人,少数是有轻微心理困扰的人,其功能是教育性的,其目的在助人成长,可谓辅其自主,导其自立。咨商介于辅导与心理治疗之间,接近辅导时,其对象当然是一般人与心理适应困难的人;而接近心理治疗时,则是以心理异常的人为对象。因此,咨商有时被视为与心理治疗同义。

psychotherapy group **心理治疗团体** 见限制团体(closed group)。

psychotic depression **精神病型抑郁** 属于严重型的抑郁症,患者除精神沮丧之外,还带有一切精神病的症状,完全与现实世界脱离,丧失一切生活的能力。见抑郁(depression)。

psychotic disorder **精神异常** 义同精神病(psychosis)。见该条。

psychoticism dimension **精神病维度** 属艾森克的人格类型论(personality-type theory)中人格第三维度。见该条。

psychotropic drug = psychoactive drug **精神药物**

pteronophobia **惧羽毛症** 属恐惧症之一。患者对羽毛特别敏感,每一见及即生恐惧。纵使明知不致受到任何伤害,但仍然无法克制由之引起的惶恐情绪。见恐惧症(phobia)。

puberal growth stage **青春生长期** 指青春期前后二至四年间,身体发育特别快速的一段时期。青春生长期内,青春期开始后的第一年,身高增加最多,一年之内可能陡然增加八厘米甚至十厘米。形成所谓生长陡增现象。男女生的生长陡增稍异,女生稍早,约在12岁;男生稍晚,约在14岁。见青春期生长陡增(puberty growth spurt)条及附图。

puberism = puberty **青春期**

pubertal spurt **青春期陡增** 义同青春期生长陡增(puberty growth spurt)。见该条。

pubertas praecox = precocious puberty **早熟青春期**

puberty **青春期** 指个体性器官发育成熟与第二性征(secondary sex characteristics)显现的一段时期。见该条。青春期的年龄受遗传与环境两种因素的影响。近数十年来,因医学进步,疾病减少,营养改善,加之社会文化刺激的影响,青春期普遍提前出现。目前国内青春期的年龄,女生约在11~13岁,而男生约在12~14岁。在生命全程发展历程中,青春期是一个特别重要的阶段。经过这一阶段,由一个原本是孩子的个体,转变为能够生育孩子的个体。青春期不仅生理改变明显,而且心理方面也有重要改变,诸如格外注意自己的身体与特别重视与异性的关系等,都是青春期的心理特征。

puberty growth spurt **青春期生长陡增** 青春期身高和体重生长速率加快的现象。人一生中有两个时期身体生长迅速,身体各部分比例发生显著变化。一个是出生后的半年至一年时间内,另一个就是青春期。青春期的生长陡增现象始于性成熟的前一两年,终止于性成熟后的半年到一年,约持续三年。通常女生的性成熟年龄,较男生约早一至两年。身高出现最高增长值的年龄比体重亦早一年左右。(见附图)每个儿童都会在青春期出现身高、体重、力量的急速增长,但开始的年龄有个别差异。

puberty rite **成年礼** 某些社会中,按传统习俗为刚成年者举行仪式,传授其成人生活方式,学习扮演成人角色,赋予其成人责任。此种传统目前只有少数部落社会仍保持。

pubescence **前青春期** 指青春期出现前约两年

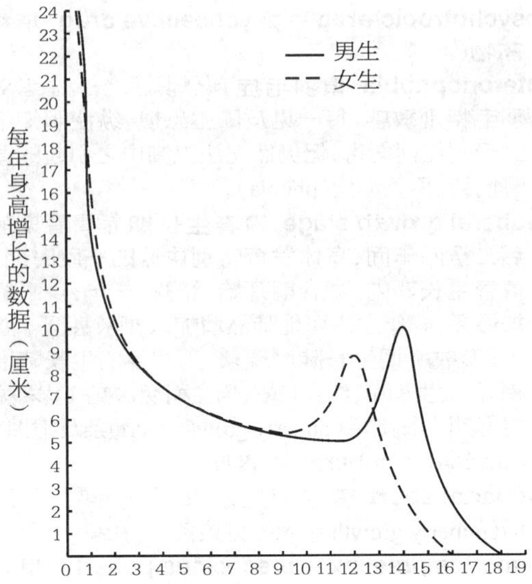

青春期生长陡增

的时期。个体在前青春期，生殖器官虽尚未发展成熟，但第二性征（secondary sex characteristics）却开始出现。见该条。见青春期（puberty）。

public attitude 公开态度 指个人在公开场合对某人某事所表示的态度。公开态度与私下态度未必一致。人在社会上扮演不同角色，为官者在会议桌上是一种态度（公开态度），回家与妻子家人私下谈论同一问题时，可能改持另一种态度（私下态度）。见私下态度（private attitude）。

P

public distance zone 公众区 属人类学家霍尔（E. Hall）所列四种人际距离（interpersonal distance）之一。见该条。

public mind 民心 指一般民众对涉及他们切身权益的共同看法和期望。

public opinion 舆论，民意 指社会上多数人对某一众所关心问题的态度与评价。如台北市民对公共汽车票涨价问题，多数支持按成本做合理调整，即属一种舆论反应。

public-opinion poll 民意调查 对社会大众所关心的问题，采用问卷或访问的方式，进行调查、综合，从而了解民意所向，供决策者参考，此种工作称为民意调查。民意调查通常是就某一（或某些）地区的居民中抽取的样本为对象的，因此，民意调查结果的可靠性与样本的代表性有密切关系。此外，如采问卷或访问调查，问卷中文字意涵的明确性，以及访员的经验与技巧，也都是影响调查结果的重要因素。

public-opinion survey ＝**public-opinion poll** 民意调查

public relation 公共关系 **1.**指社会大众对某机关团体或个人在态度或评价上所显示的彼此间的社会关系。社会大众的态度倾向支持，而且评价较佳者，即表示该机关团体或个人的公共关系良好。反之，则表示公共关系不良或缺乏公共关系。**2.**某机关团体或个人，为了推行业务，需要社会大众的了解与支持，特别设有专人负责，从事对外宣传，增加社会对其所欲推行业务的认识。此类宣传工作的进行，也称公共关系。

public territory 公领域 指不属于个体所占有或控制的领域，如巷道、公园、海滩等都是。见领域（territoriality）。

puerperal psychosis 产后型精神病 有的妇女在生产之后到子宫恢复正常的一段时间内，情绪上极不适应，出现类似精神分裂症或躁郁症的症状反应。这一现象称为产后型精神病。

pulse rate 脉搏率 指脉搏每分钟搏动的次数。正常人的脉搏率与心跳频率一致。安静时，成人每分钟脉搏平均为70～75次，儿童稍快。脉搏率反映血液循环系统与机体的功能状态，故脉搏是中医诊查疾病的一个重要线索。在情绪心理学研究中，脉搏率的变化常被用作情绪波动的一项生理指标。

punishment 惩罚 **1.**当个体行为不合规定时所招致的身体的或精神的痛苦，称为惩罚。加诸个体痛苦者，多系别人；但有时也来自个体自己。**2.**在实验时，对受试者（人或动物）错误反应所加的痛苦刺激（如对动物电击），称为惩罚。**3.**对违反法律者所实施的限制自由或剥夺权利等措施，称为惩罚。因惩罚的目的之一是，要受惩罚者学到以后不再表现该不当行为，故而本词也称为被动回避训练（passive avoidance training）。从教育的观点看，对犯错学生实施惩罚只是消极的做法，让学生从惩罚中得到教训而不再犯错才是积极的。本词与操作条件作用学习理论中的负强化（negative reinforcement）不同，见该条。

punishment by reciprocity ＝ **reciprocal punishment** 对应式惩罚

punishment fantasy 惩罚幻想 指在想象中受到惩罚的心理现象，或是一种对惩罚的欲望。儿童期常有此幻想。

punishment-obedience orientation 避罚服从取向 根据美国心理学家柯尔伯格道德发展理论，避罚服从取向是前习俗道德期（preconventional level of morality）第一阶段儿童道德认知的特征。见该条。

punishment of reciprocity = **reciprocal punishment** 对应式惩罚

punishment training 惩罚训练 以惩罚为手段达到训练目的的一种学习方式。惩罚训练实施时，通常采用负强化作用的原理，使个体在活动中学到一种适当行为，从而避免受到惩罚。见回避学习(avoidance learning)。

pupil 瞳孔，学童 **1.**位于眼球内的角膜和晶状体之间，由虹膜围成的一个圆孔。瞳孔的大小自行变化，其作用是调节射入眼内的光量。当外界光线暗时，瞳孔自动扩大，以增加入眼光量，有助于对物体的分辨。外界光线强时，瞳孔自动缩小，减少入眼光量，以保护视网膜，同时也可以减少球面象差和色象差，使视网膜上的物象更清晰。见眼的构造(eye structure)条及附图。**2.**指就读小学的学童。

pupillary reflex 瞳孔反射 指眼球的瞳孔随光线强弱自动调节其大小的生理作用。瞳孔反射是本能性的生理作用，是初生婴儿的反射性活动之一。见瞳孔(pupil)。

pupil need 学童需求 指接受教育的学童，在当前生活上与未来人格发展上的需求。欲期学童的人格获得充分的发展，在三方面的需求必得使之获得满足：(1)心智发展的需求，良好的文化环境，供给儿童学习机会，使其潜在禀赋获得充分发展；(2)社会发展的需求，良好的人际关系，使儿童在爱与被爱的环境中，在人格上获得健全的发展；(3)身体发展的需求，有足够的食物营养与活动空间，培养儿童有健康的身体。以上三种需求的满足，不仅对儿童期重要，对以后一生的发展同样重要。

puppet therapy 玩偶治疗法 属心理治疗方法之一。此法与游戏治疗法(play therapy)类似，只是限于以玩偶为对象，希望借由观察患者对玩偶的态度，从而了解其心理问题。见该条。

pure hue 纯色调 指由单一光波所获得的颜色感觉。现实环境中并无纯色调存在，只有激光是纯色调。

pure research 纯学理研究 指研究目的旨在发现事象原理原则，从而建构科学理论，而不是用以解决实际问题的研究。例如，经典条件作用的实验研究，即可视为心理学上的纯学理研究。纯学理研究也称基础研究(basic research)。基础研究与应用研究两者并无截然划分的界限，只是程度上的偏重而已。与本词相对者为应用研究(applied research)。见该条。

Purkinje afterimage 浦肯耶后像 义同负后像(negative afterimage)。见该条及附图。因负后像的心理现象为19世纪捷克生理学家浦肯耶(J. E. Purkinje,1787～1869)1823所年发现，故名。

Purkinje image = **Purkinje afterimage** 浦肯耶后像

purpose 目的 **1.**指个体预设的行动终点。**2.**指根据个体持续朝向某固定目标趋近的外显行为活动所推测的个体内在心理历程。见目的论(purposivism)。

purposive accident = **intentional accident** 意向性意外事故

purposive behaviorism 目的行为主义 指美国心理学家托尔曼的理论取向。在心理学立场上，托尔曼不属于传统的行为主义，而属于新行为主义。虽然他同意学习是刺激反应的联结，但不同意机械性联结的看法。他认为个体在刺激情境中的活动是有目的的，个体最后学到对某刺激的固定反应，乃是因为该刺激符合个体的目的。基于此义，托尔曼对白鼠在迷津中之所以学到对食物箱位置的正确反应，解释为那是由于白鼠对迷津情境产生了认知。见认知图(cognitive map)。

purposive psychology 目的心理学 属心理学上的一种观点，而非心理学的一个学科。持此观点者认为，个体行为是有目的的。个体在刺激情境中所表现的反应，绝非只是因刺激引起的机械式反射，也非只是生理性的活动，而是为追求目的物所表现的活动。在心理学家的理论中，英国心理学家麦独孤所提倡的策动心理学(hormic psychology)，和美国心理学家托尔曼所秉持的目的行为主义(purposive behaviorism)，在理论取向上都属于目的心理学。见该等条。

purposive sampling 立意抽样 立意抽样又称计划抽样，系按研究者自己的意愿，事先决定标准，由总体中抽取部分典型的个体，作为研究的对象。所谓“典型”，系指中等(指形状、程度或质量)而言，盖中等者较具代表性。因为立意抽样的结果，样本的变异性较小，不能像随机抽样那样可以作为对总体推论的根据。

purposivism 目的论 是心理学上的一种观点。持此种观点者认为，个体对刺激情境的反应，是有目的的。换言之，行为目的是决定行为的因素，个体行为不是因刺激所引起的机械式反应。在心理学家中持目的论观点解释心理现象者有两位代表人物：一为提倡策动心理学(hormic psychology)的英国心理学家麦独孤，另一为提倡目的行为主义(purposive behaviorism)的美国心理学家托尔曼。见该等条。

pursuitmeter **追踪器** 指测量手眼协调作业的一种仪器。此种仪器包括两种装置：一为标靶与操纵器，一为成绩记录表。使用时标靶可定速转动，受试者操纵追踪器，试图与标靶上某定点接触。定点接触后通电即自动记录分数，个人在规定时间内得分的高低，即代表手眼协调的程度。手眼协调是技能学习的重要性向之一。因此，追踪器也可作为性向测验之用，故而也称为追踪测验(pursuit test)。见该条。

pursuit reaction **追踪反应** **1.**使用追踪器时所表现的手眼协调反应。见追踪器(pursuitmeter)。**2.**对摇摆物追踪瞄准或抓取时的手眼协调反应。

pursuit test **追踪测验** 属于作业测验之一。此种测验系利用追踪器(pursuitmeter)为工具，借以测量受试者手眼协调的能力。见该条。

puzzle box **迷箱** 指美国心理学家桑代克早年研究动物学习所设计的一种实验工具。如附图所示，饥饿的猫关在迷笼内，笼外放置食物，笼门的开关由一杠杆的机关控制，只要猫在活动中碰到开关，笼门就会自动开启，从而得到食物。桑代克发现，从猫初进迷笼的紊乱反应到最后学到开笼门

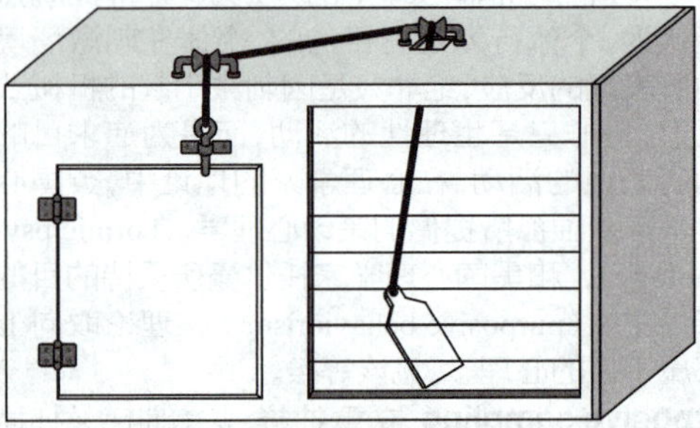

迷箱

取食的正确反应，是经过尝试与错误的历程，即正确反应随练习次数的增加而增加，错误反应随练习次数的增加而减少，最后终于学到一进笼内即刻表现出正确反应。桑代克称此过程为尝试错误学习(trial-and-error learning)。桑代克也发现，影响动物尝试错误学习的主要法则有二：一为反应之后带来正面效果(取得食物)，二为重复实验的练习次数，他分别称此二法则为效果律(law of effect)与练习律(law of exercise)。见该等条。

p-value = probability **概率，或然率**

Pygmalion effect **毕马龙效应，皮格马利翁效应** 指个人的行为有时会随别人期望他改变而改变的倾向，别人期望他如何，他果然就变得如何。毕马龙一词，本是英国著名剧作家萧伯纳(G. B. Shaw, 1856～1950)所写剧名之一。故事出自古希腊神话。大意是说毕马龙热爱自己手刻的美女雕像，而后好梦成真，雕像变成活人，做了他的妻子。此故事的寓意如引申解释个人自己的行为时，那就是：自己期望如何，就可能变得如何。在这种情形下就称为自验预言(self-fulfilling prophecy)。见该条。

Pygmalionism **毕马龙主义，皮格马利翁主义** 义同毕马龙效应(Pygmalion effect)。见该条。

pyknic type **矮胖型** 见体型论(body type theory)。

pyramid of color = color solid **颜色锥体**

pyromania **纵火狂** 属于一种强迫性神经症，患者无法自制，时时有纵火燃烧物体的冲动。纵火狂患者的心理特征是，纵火行为完全出于冲动，未必带有其他动机，也未必是对人的报复。

pyrophobia **惧火症** 属恐惧症之一。患者对火特别敏感，不敢接近火，不敢划火柴，不敢开煤气炉，对火焰的熊熊燃烧形象感到恐惧。见恐惧症(phobia)。

Q

Q＝quartile deviation 四分位差，四分差

Q correlation Q相关 指两人在心理测验分数上的相关，亦即采用Q技术研究两人的人格特质相似程度时，所求得的相关。见Q技术（Q technique）。

Q data Q资料，问卷资料 指从问卷调查（questionnaire survey）收回问卷中统计整理出来的数据，问卷数据显示出调查研究的结果。见该条。

Q method＝questionnaire method 问卷法

Q-sort Q分类，Q分类测验 属于一种自我评定测验的实施方式。Q分类系由美国心理学家斯蒂芬森（W. Stephenson）1953年所创始。Q分类的特点有二：其一是先建立Q分类数据，一般采用60张至90张载有描述人格特质的卡片（如友善的、勤奋的、忧郁的等）。其二是让受试者（或最了解他的人）根据卡片中所述最符合受试者个性的程度，按等级（从最符合到最不符合）分为事先定有分数的九类，然后依照受试者分类的结果进行分析，借以了解其人格倾向。Q分类可以在不同时间或不同情境下多次实施，从前后施测结果的相关，观察受试者人格特质的稳定性。此种使用Q分类法研究个体行为改变的方法，称为Q技术（Q technique）。见该条。

Q sorting＝Q-sort Q分类，Q分类测验

Q-sort technique Q分类技术 义同Q技术（Q technique）。见该条。

Q technique Q技术 是一种以受试者本人作为变项的研究方法。Q技术使用的情境是：（1）让同一受试者在不同时间接受Q分类测验，然后分析比较两次施测的分数，或求取两次分数间的相关，从而分析个体人格特质（如态度）改变的情形；（2）让不同受试者在同一时间接受Q分类测验，然后分析比较两人所得分数，或求取两人分数间的相关，从而了解两人在某些人格特质上相似的程度。见Q分类测验（Q-sort）。

quadrangular therapy 四边治疗法 属于婚姻治疗方式之一。四边治疗法的特征是，治疗时除当事者夫妻二人在场之外，丈夫和妻子各自求诊的两位心理师也在场。如此形成的四人小团体所进行的婚姻治疗，即称为四边治疗法。

quadratic trend 二次趋向 变项之间具有趋向关系时，如趋向的情况是先降低而后升高，或先升高而后降低者，即称为二次趋向。与二次趋向有关的名词是趋向分析（trend analysis）、三次趋向（cubic trend）、直线趋势（linear trend）等。见该等条。

quadriplegia 四肢瘫痪 指由于意外伤害（如车祸）使脑部运动中枢受伤而造成的上下肢失去运动能力的现象。此类病患，除手足瘫痪之外，多半大小便失控，而且丧失性行为的能力。

quadruplets 四胞胎 见孪生子（twins）。

qualitative difference 质的差异 指心理特质的个别差异只显示在性质的或类别的不同，而不代表其间数量的高低。音乐资优与语文资优两类学童之间的差异即属之。与本词相对者为量的差异（quantitative difference）。见该条。

qualitative identity conservation 质同守恒 瑞士心理学家皮亚杰认知发展阶段论中的术语。指认知发展达到具体运思期（7～11岁）的儿童，在认知能力上能够了解，某一物体的表面特征改变时，该物体的本质仍然维持不变。例如，将一张红色纸片当儿童的面置于深绿色玻璃之下，虽然看起来呈现黑色，一般7岁以上儿童相信那张纸的颜色仍然是红的。与本词相对者为量同守恒（quantitative equivalence conservation）。见该条。另见守恒（conservation）。

qualitative judgment 质量判断 指价值判断以质量高低为标准的判断。与本词相对者为数量判断（quantitative judgment）。见该条。见价值判断（value judgment）。

qualitative psychology 定性心理学 义同心理学的定性研究（qualitative research in psychology）。见该条。

qualitative research 定性研究，质的研究 义同心理学的定性研究（qualitative research in psychology）。见该条。

qualitative research in psychology 心理学的

定性研究 指心理学的一种研究取向，而非指特定的某种研究方法。心理学的定性研究的特点是，研究者在搜集有关心理现象的资料时，不刻意重视数据（如团体测验结果的平均数与标准差等），而特别重视数据所显示的内在意义。理由是数据（或数量，如IQ＝120）只能代表个体对刺激反应的表象，不能代表个体对刺激反应时真正的心理历程。心理学家为了达到根据表象探求真相的科学目的，乃在心理学的定量研究之外，进一步设计了心理学的定性研究。在实际从事研究时，心理学的定性研究的方法有多种，最常用的观察法、访谈、个案研究等方法均属之。从科学研究的目的看，心理学的定性研究旨在提高研究效度，但因方法的弹性较大，故而难免影响信度。在心理学史上，采用定性研究最成功者，瑞士认知发展心理学家皮亚杰的临床法（clinical method）即为著名的例子。见该条第二义。与本词相对者为心理学的定量研究（quantitative research in psychology）。见该条。

quality of life 生活质量 是科学心理学领域内人本心理学研究的取向。人本心理学创始人马斯洛1970年出版的《动机与人格》一书中，提出需求层次论，将人类的需求分为七个层次。在七个层次中，马斯洛将较低的四种需求视为基本需求，将较高的三种需求视为成长需求。成长需求亦即提升生活质量的需求。过去人类生活困难的时代，生活的目的以生存为主，谈不到生活质量。现代经济发展，社会繁荣，物质性的基本需求易于得到满足，但精神生活则有待提升。因此，如何在物质生活之上追求精神生活，从而改进生活质量，就是现代心理学所研究的问题。见需求层次论（need hierarchy theory）条及附图。

quality scale 质量量表，质级量表 指按质量区别等级的量表。等级之差别不以数量多寡为标准，而纯以品级或价值高低为根据。平常评定事物所用的优、中、劣三等级，即属最简单的质级量表。

quantal hypothesis 定量假说 义同定量论（quantum theory）。见该条。

quantitative conservation ＝conservation of number 数量守恒

quantitative difference 量的差异 指心理特质的个别差异只显示在数量的多寡，而不代表性质的不同，同班学生学业成绩的比较即属之。与本词相对者为质的差异（qualitative difference）。见该条。

quantitative equivalence conservation 量同守恒 瑞士心理学家皮亚杰认知发展阶段论中的术语。指认知发展达到具体运思期（7～11岁）的儿童，在认知能力上能够了解相同属性的两个相等物体，其中之一改变形状时，两物体的量仍然不变。例如，有两个等大的陶泥圆球，将其中之一压为圆饼后，一般7岁以上的儿童能够指出两者陶泥量仍然相等。与本词相对者为质同守恒（qualitative identity conservation）。见该条。另见守恒（conservation）。

quantitative judgment 数量判断 指价值判断时以数量多寡为标准的判断。与本词相对者为质量判断（qualitative judgment）。见该条。见价值判断（value judgment）。

quantitative psychology 定量心理学 义同心理学的定量研究（quantitative research in psychology）。见该条。

quantitative research 定量研究，量的研究 义同心理学的定量研究（quantitative research in psychology）。见该条。

quantitative research in psychology 心理学的定量研究 指心理学的一种研究取向，而非特定的某种研究方法。心理学定量研究的特点是，尽管研究的对象是心理现象中属于质的问题（如人的智力），心理学家总是试图将之予以量化，采用具体的量数（如某生IQ＝120）表示个别差异的程度。心理学家之所以将心理特质予以量化处理，旨在使研究结果具体化、精密化，以便个体之间容易比较。从科学研究的目的看，心理学的定量研究旨在提高研究信度，但因心理科学研究人性与自然科学研究的物性不同，个体反应的外在表相未必代表其内在心理历程的真相，故而研究结果未必具有高的研究效度。传统科学心理学研究，一向采定量研究，诸如实验法、测验法、调查法等都是定量研究。与本词相对者为心理学的定性研究（qualitative research in psychology）。见该条。

quantum theory 定量论 生理心理学术语。谓引起神经冲动的刺激强度变化，并非是渐增的，而是受全或无定律（all-or-none law）支配的。见该条。

quartile 四分位数，四分点 设有N个分数，如按数值大小顺序排列，然后再分为四等分，每个分点上的分数，即为四分位数。见四分位差（quartile deviation）。

quartile deviation（Q） 四分位差，四分差 属变异量数之一。将全体量数按大小顺序排列后，居于第三个四分位数（Q_3）与第一个四分位数（Q_1）之差的一半，即为四分位差。见四分位数（quartile）。四分位差Q的计算法为：

Q

$$Q=\frac{Q_3-Q_1}{2}$$

quasi-experimental design 准实验设计 凡是不完全按实验设计(experimental design)规定所做的实验设计,均称为准实验设计。见该条。见准实验法(quasi-experimental method)。

quasi-experimental method 准实验法 从事实验研究时,凡是在方法上不严格遵守实验原则操纵控制自变项,而只能决定如何测量依变项的一切实验,均称为准实验法。例如,在学校教育上采用原有班级为实验对象,然后以不同教学方法作为实验变项,对其他可能影响学习的因素不加控制,即属准实验法。与本词相对者为真实验法(true experimental method)。见该条。

quasi-experimental research 准实验研究 义同准实验法(quasi-experimental method)。见该条。

quasi measurement 准测量,拟似测量 指不按测量原则而径将数值赋予个体某种特质的做法,称为准测量。例如,按评定法将研究对象分等而给予分数的办法,就是准测量。

quasi need 准需求 美国心理学家勒温理论中的术语。指个体在目标导向行为表现时的内在紧张状态。此种内在紧张状态的形成,是由个体有目的追求外在目标所引起,而非由内在生理上某种物质缺乏所形成的需要所促动,故而称为准需求。基于此义,准需求并非生理需求,只是心理需求。唯准需求对行为而言,具有同样的动机作用。

questionary = questionnaire 问卷

questioning age 好问年龄 指3至6岁期间,因这一时期儿童特别好问,故名。儿童之所以好问,可能是由于以下四种原因(动机):(1)借发问与人接近;(2)借发问惹人注意;(3)借发问练习说话;(4)借发问满足好奇心。

questionnaire 问卷 属于研究者用来搜集资料的一种工具。问卷内容通常包括多个问题,唯其目的不在测量填答者的能力,而是希望了解填答者对问题的意见、兴趣或态度。问卷不像能力测验,问卷中的题目没有标准答案;问题虽然可以指客观事实,但答案可允许个人表示主观的意见。因此,问卷的结果虽然也可化为分数,但分数的意义只表示类别或方向,不代表同一向度上成绩的高低。问卷可个别实施,可团体实施,也可经邮寄方式让受调查者自由填答后寄回。

questionnaire method 问卷法 采用问卷为研究工具搜集研究资料的一种方法。义同问卷调查(questionnaire survey)。见该条。另见问卷(questionnaire)。

questionnaire survey 问卷调查 研究方法之一。受调查者填答文字式的问卷,研究者分析受调查者对问卷中所列问题的反应,从而了解受调查者的意见或态度。

question stage 好问期 义同好问年龄(questioning age)。见该条。

quickening 初觉胎动 指孕妇第一次感觉到胎儿活动。初觉胎动大约在怀孕后18至20周之间。

quota control 配额控制 采用配额抽样法以控制样本内个体类别比例,借以提高样本代表性的方法,称为配额控制。见配额抽样(quota sampling)。

quota sampling 配额抽样 当研究者已知总体中个体有类别的区分,希望从中抽取一个具有代表性的样本作为研究对象时,研究者可对总体中各类群给予定额的分配,使之各占样本的一定比例。例如,从事社会抽样调查时,预计在样本中,农、工、商、公、教等各类对象各占多少名额的做法,即属配额抽样。

R

R = multiple correlation 复相关，多元相关

R = multiple correlation coefficient 复相关系数，多元相关系数

R = response 反应

R_p = response probability 反应概率

r = correlation coefficient 相关系数

$r_{AC \cdot B}$ = partial correlation 净相关，偏相关

r_t = tetrachoric correlation coefficient 四分相关系数

r_{xy} = product-moment correlation coefficient 积差相关系数

race 种族，竞赛 **1.**指遗传血统之不同而有不同种族，如黄种人、白种人、黑种人等均属之。**2.**指各种运动技术竞赛，如赛跑、赛车、赛马等均属之。

race difference 种族差异 指不同种族之间因遗传因素所形成的身心特质方面的差异。种族差异表现最明显的是身体特征方面，如体型肤色，但这些差异不是心理学所研究的主题。心理学上所研究的种族差异，只限于心理特质方面，主要包括智力、性向、人格及生活习惯等方面的差异。这些差异的研究结果，在解释上必须考虑两方面的问题：（1）种族的心理差异的原因是遗传因素还是环境因素；（2）采用同一测量工具判定不同种族文化之下个体心理特质的差异，从方法论的观点言，不无问题。基于此义，只有采用免文化影响测验（culture-free test）的测量工具，种族差异的研究才有意义。见该条。

race discrimination 种族歧视 指因个人种族不同而受到政治性、社会性、教育性等不平等的待遇。歧视与偏见（prejudice）稍异，前者偏在行为，后者偏在态度。见该条。

race prejudice 种族偏见 指以不同种族为基础的偏见。种族偏见是一种对人的态度，唯此种态度不依其本人的品质为标准去批评，而依其种族归属作为判断依据。见偏见（prejudice）。

racial identity 种族认同 指个人对其所属种族肤色及文化特征在态度上表示认同、支持并乐于接受的心态。

racialism = racism 种族主义

racial memory 种族记忆 瑞士心理学家荣格理论中的术语。种族记忆是集体潜意识（collective unconscious）的一部分。见该条。

racial prejudice = race prejudice 种族偏见

racial unconscious 种族潜意识 义同集体潜意识（collective unconscious）。见该条。

racism 种族主义 **1.**属于一种刻板性的态度，而在态度中包括歧视与偏见，总以为自属的种族优于其他种族。**2.**指在政治上或社会上的一种主张，认为对政治、经济、教育、职业等机会的分配，应按个人种族归属来考虑。显然，就个人尊严与人权平等的观念而言，种族主义是不合理的。

radial-arm maze 放射形迷津 动物实验用的一种迷津设计。此种迷津的特点是，出发点在正中，四周有放射形通路，其中只有一条通路导向放有食物的目的地。放射形迷津的通路一般为6条或7条。

radical acceleration model 速进模式 属速进或跳级的一种教育形式。速进模式是专为具有数学天才学生所设计的教学模式。实施时，一般是缩短数学教程，让数学天才学生13～15岁可进大学，18岁可大学毕业。

radical behaviorism 激进行为主义 指20世纪中叶美国行为主义思想主流中某些心理学家的急进主张。持激进行为主义论点者以斯金纳为代表，其中心主张是，心理学的研究应彻底自然科学化，只研究可以观察测量的外显行为，否定内在心理历程的价值。见行为主义（behaviorism）。

radicalism 激进主义 指对政治社会改进的一种观点。持激进主义观点者，不重视传统，反对墨守成规或循序渐进的作风，而主张急速且彻底地改革。

radical therapy 彻底治疗论 属于心理治疗理论中的一种新观念，而非指心理治疗的技术或方法。彻底治疗论的基本观点是，个体的心理异常只是一种现象，传统治疗理论将此现象归因于个体对环境适应不良所致。其实，社会环境才是形成个体不良适应的真正原因。如贫穷社会中精神

分裂症患者较多，即为明显例证。因此彻底治疗论主张改造社会，建立较佳的社会环境，减少环境中使人适应困难的因素，从而达到彻底治疗的理想。本来，辅导或心理治疗的取向就有两个途径：一是帮助个体改变自己以适应环境，一是改变环境以利于个体去适应，彻底治疗论特别重视后者。此种主张对今天的学校教育中的辅导工作来说，虽实行不易，但颇有积极意义。见心理治疗(psychotherapy)。

railway illusion 铁路错觉 义同庞邹错觉(Ponzo illusion)。见该条及附图。

random activity 随机活动 指个体无明显目的的活动。

random allocation = random assignment 随机分派

random assignment 随机分派 指分组实验时将受试者分派到各组的一种方法。随机分派的特点是，完全按照概率(机会均等)原则(如抽签决定)，决定每个受试者分派到哪一组。各组编定之后，何者为实验组，何者为控制组，也按随机原则处理之。随机分派的优点是，可由此达到等组实验的理想。

random effect 随机效果 见随机因素(random factor)。

random effect model 随机效果模式 指实验目的在推论自变项与总体之间是否有差异的实验设计。例如，研究者想知道写作能力测验的评分者之间的信度，是否会受评分者本人对文章的偏好和受试者的写作风格的影响，在设计上，即可从文章偏好者的总体中随机抽出三种偏好的评分者，再从测验试卷中选出三种不同的写作风格试卷各20份，然后请所有评分者去评分。根据三种偏好评分者对20份试卷评分结果，研究者进一步统计分析，文章偏好及写作风格间的交互作用是否达显著水平，从而确定评分者之间的信度，是否会受评分者文章偏好的影响。与本词相对者为固定效果模式(fixed effect model)、混合效果模式(mixed effect model)。见该等条。

random error 随机误差 义同机误(chance error)。见该条。

random event 随机事件 指遵循概率原则发生的事件。以投掷一粒骰子为例，如将六点向上视为一个事件，此一事件发生的概率是六分之一。

random factor 随机因素 指用做实验的自变项是从不固定数量的总体中抽样取得者。例如，以全体小学生的智商为自变项时，因小学生的人数太多，无法使用全部小学生为对象做研究，只好以随机抽样方式从中抽出部分学生为样本，参与实验，并测其智商以作为自变项之用。如此，即视受试者的智商为随机因素。由此种方式所得到的结果，称为随机效果(random effect)。又此种实验模式，称为随机效果模式(random effect model)。与本词相对者为固定因素(fixed factor)。见该条。

random group 随机组 指按随机抽样方式得来的一组人或一组事物。义同随机样本(random sample)。见该条。

random-group design 随机分组设计 指以随机抽样原则从总体抽取两个(或数个)样本为受试，然后再按随机分派(random assignment)原则决定将受试者分到实验组或控制组而后进行实验的方法。见该条。

randomization 随机法，概率化 指在实验控制时，控制外扰变项的一种方法。此法是采用数学上概率的原理，将参与实验的受试者以随机分派的方式，编入实验组或控制组。其步骤是，先将受试者按抽签或照乱数表来决定分派成两组，再以随机的方式(如丢硬币)决定哪一组为实验组，哪一组为控制组。理论上言，采用随机法来分组，两组相等的机会较其他实验控制方法为高。

randomization test 随机化检验 属非参数统计检验方法。随机化检验一般用于配对组设计的实验，旨在验证虚无假设(null hypothesis)能否成立。

random movement = random activity 随机活动

random number 随机数 指从乱数表(random number table)中选得的数值。见该条。

random number table 乱数表，随机号码表 指采用概率原理编成的号码表。编制时将0至9的十个数字重复以随机方式抽出，就像摇奖方式一样，编成连续的号码，每个数字之间毫无规律可言。使用时赋予每位受试者以数码作为代号，然后编入各组，如此即可达到随机分派(random assignment)的要求。见该条。

random observation 随机观察 指非属事前设计的观察。随机观察是对情境不加控制的观察，结果不能预期，见到什么，就观察记录什么。

random reinforcement 随机强化 指强化的实施只是随机安排，而不考虑个体是否表现正确反应的情形。见无关强化(uncorrelated reinforcement)。

random sample 随机样本 根据数学上概率的原理，经过随机抽样(random sampling)的方式所抽取的样本，即为随机样本。见该条。

random sampling 随机抽样 从总体中抽取一个样本作为研究对象时，总体内所有个体被抽到的机会相等,而且被抽到与否彼此独立无涉,任何个体不因其他个体抽到与否而丧失(或增加)机会。此种符合数学上概率的抽样方法,称为随机抽样。如总体为已知数量,最常用的编号抽签决定代表性样本的办法,就是最简单的随机抽样。

random selection **随机选择** 义同随机抽样(random sampling)。

random variation **随机变异** 义同机误(chance error)。见该条。

range **全距,两极差** 属变异量数之一。指全部量数中最大数与最小数之差。如初中三年级学生800人,英语统一考试结果最高95分,最低20分,全距即为75,这表示初三学生英文能力参差不齐,个体之间有相当大的差异。见变异量数(measure of variation)。

range of attention = **attention span** **注意广度**

range of audibility **听觉广度** 指一般人可能听到声音的最大限度。人类所能听到声音的最大限度约在20赫兹至20,000赫兹之间,而听得最清楚的范围是在1000至4000赫兹之间(赫兹为每秒周波数)。

range of hearing = **range of audibility** **听觉广度**

rank-difference correlation **级差相关** 义同等级相关(rank-order correlation)。见该条。

ranked distribution **等第分布** 按照数值大小排成等第后所做成的次数分布,称为等第分布。

Rankian therapy **兰克治疗法** 义同意志治疗法(will therapy)。见该条。

rank order **等第,等级** 指将可以量计的事物由大而小或由小而大依次排列而成的顺序。排等第时,各等第之间的距离未必一定相等。

rank-order correlation **等级相关** 属双变项相关方法之一。如两个变项的分数均按等级排列时,即须采等级相关法分析两者间的相关情形。例如,有甲、乙两位教师评审A、B、C、D四个学生的美术作品,评审标准按等第排列,如附表:

等级相关计算法

作品	评定等级		等级差	级差平方
	教师甲	教师乙	d	d^2
A	3	4	−1	1
B	1	2	−1	1
C	4	3	+1	1
D	2	1	+1	1
N=4				$\Sigma d^2=4$

如此,每一学生的作品就有一个成对等级,两等级间可能相等,也可能有差距,用d表示。差距愈小,表示两位评审的标准愈趋一致,亦即相关程度愈高。等级相关的计算式公式为:

$$\rho=1-\frac{6\Sigma d^2}{N(N^2-1)}$$
$$=1-\frac{6\times4}{4(16-1)}$$
$$=0.60$$

公式中,ρ为等级相关系数;N为总人数。

等级相关计算方法系由英国心理学家斯皮尔曼所创始,故而也称斯皮尔曼等级相关(Spearman rank-order correlation)。

rank-order correlation coefficient **等级相关系数** 见等级相关(rank-order correlation)。

rank-order method **等级法** 指以个体某方面特质(或量数的大小)为标准,将之排列顺序的方法。如按名次排列的榜单即是。等级法也称优良等级法(merit ranking)。

rapid-change theory **急遽变迁论** 解释现今老年人社会地位丧失原因的理论。认为从前社会变迁缓慢,老年人社会地位高而且持久不变;现在社会急遽变迁,老人地位无法保持。

rapid eye movement (REM) **快速眼动** 见快速眼动睡眠(rapid eye movement sleep)。

rapid eye movement sleep (REM sleep) **快速眼动睡眠** 指睡眠中的一个阶段。此一阶段的特征可由脑波仪测量出来。此阶段的特征是眼球快速跳动。如此时受试者被叫醒,多半会报告正在做梦。见脑波图(electroencephalogram)。

rapid reading = **speed reading** **速读**

rapid-smoking treatment **猛吸戒烟法** 指采用厌恶条件作用(aversive conditioning)原理戒绝吸烟习惯的一种方法。见该条。此法主要特征是让吸烟成瘾者快速吸烟,以吸烟过量造成的痛苦感取代以往吸烟的快乐,借以消除吸烟习惯。

rapport **契合,融洽** 系两人或两人以上之间融洽而毫无拘束的一种关系。这种关系使主试者与受试者、心理师与被辅导者、老师与学生、催眠者与被催眠者之间,存在着双方彼此信赖、彼此尊重的气氛。

RAS = **reticular activating system** **网状激活系统**

RAT = **Remote Associate Test** **远距联想测验**

ratee **受评者** 指采用评定法(rating)时接受评定的人。见该条。

rate law **速度定律** 义同全或无定律(all-or-none

R

law)。见该条。

rate of information transfer 信息传递率 指每秒钟之内可传递的信息数量。信息传递率的计算公式是：

$$T=\frac{H}{RT}$$

公式中，T为信息传递率；H为所传递的信息量；RT为信息传递所需时间(秒)。

rater error 评审员误差 指不同评审员，采用同一评定量表，评审同一受试者时，在分数上所显示的不一致现象。同一试卷由不同阅卷人所评分数不等，即为评审员误差。评审员误差的产生，主要起于评审员的主观因素，其年龄、性别、兴趣、态度、经验、社会地位、宗教信仰等因素，都难免对其评分标准产生影响。

rater reliability＝scorer reliability 评分者信度

rate score 速度分数 指在速度测验上表现的分数，即按单位时间内做对题目数计算所得的分数。见速度测验(speed test)。

rate test＝speed test 速度测验

rating 评定，评定法 指按某种标准对事、对物或对人所做的评定。评定时可按等级，也可按类别。评定法多在缺乏客观测量工具时采用，而所评者多属质量方面的特征。如评定对象不是别人而是自己时，即为自我评定(self-rating)。见该条。

rating scale 评定量表 指用以评定等级的工具。评定量表在性质上属于序级量表(ordinal scale)。按评定结果可以看出被评者在某种特质上的等级。见该条。评定量表的类型可以分为下列几种：两极式评定量表(bipolar rating scale)，检核表式评定量表(check list rating scale)，强迫选择评定量表(forced-choice rating scale)，图示评定量表(graphic rating scale)等。见该等条。

ratio intelligence quotient＝ratio IQ 比率智商

ratio IQ 比率智商 义同智商 (intelligence quotient)。见该条。

rational approach 推理研究法 对于所欲研究的事物，并非经由具体资料的搜集、整理、分析等程序，而是纯以推理或思辨的方式获得结论者，此种研究法即称为推理研究法。与本词相对者为实证法(empirical method)。见该条。

rational authority 理性权威 指全凭学术成就或某方面专长能力所建立的权威。所谓"知识即权力"的说法，即此之谓。

rational-economic man 理性—经济人 对人类本性的一种看法。意指人性基本上是理性的，唯其理性范围多倾向于注重本身利益，其在经济生活或物质方面的表现犹然。

rational-emotive-behavior therapy (REBT) 理性—情绪—行为治疗法 本词为理性—情绪治疗法(rational-emotive therapy)的新名称。见该条。

rational-emotive therapy (RET) 理性—情绪治疗法，理情治疗法 属心理治疗方法之一。理性—情绪治疗法系由美国心理学家艾利斯1961年所首创，其基本理念乃是基于一种假设：人的一切情绪困扰或行为异常，其主要原因是受情绪作用所蒙蔽。个人在知觉与态度上不能对事态认识清楚，不能以理性的方式处理问题。遇到不顺心的事件时，个人多半是凭其主观感受去解释，不以客观理性就事论事的态度去面对问题，等机会错过之后，又悔恨不已。如此几度重复之后，养成了习惯，个人就会越发做出很多不利于自己的事。理性—情绪治疗法的基本构想是，以指导的方式让当事人意识到自己非理性的想法，对其行为予以解析，使其情绪性反应得以理性化，以后再面对生活问题时，即可以理性思维代替情绪性反应，从而避免陷入情绪的痛苦。1993年，本词改为理性—情绪—行为治疗法(rational-emotive-behavior therapy)。详见艾利斯(Ellis, Albert)传记条。

rationalism 理性主义，唯理论 理性主义是近代哲学心理学上解释人性的三大思想流派之一：其他两派思想分别是经验主义(empiricism)与浪漫主义(romanticism)。见该等条。理性主义一词来自理性(reason)。自古以来就有很多哲学家相信，真理得自理性，人的理性是神赋予的先天本质。理性存于人心之内，使心具有主动功能。理性助人合理思维，从而明了真理，获得知识。理性主义的基本理念始自希腊哲学家的思想，其正式成为一个思想流派，则是从17世纪初期开始的。理性主义哲学心理学思想兴起到现在已三百多年，在此漫长时间内，由于心理学研究采实证主义，趋于科学化的缘故，传统的理性主义思想曾一度被经验主义思想所抑制。但到20世纪60年代认知心理学兴起以来，理性主义的思想才再度受到重视。见该等条。见知识来源问题(origins of knowledge)。

rationality 合理性 指对事件的解释是合理的，是为大众接受的。

rationalization 合理化，文饰作用 属精神分析论所列的防卫机制之一。此种防卫机制是指个人对自己的行为后果加以文过饰非性的解释，以社会认可的好理由来代替真理由，借以掩饰自己真正的动机。所谓酸葡萄作用、甜柠檬作用等，即属此类心理。见防卫机制(defense mechanism)。

rational learning **理解学习** 指经由对学习材料的理解而学习的历程。学习者能认识学习活动的意义,经由对学习材料中所陈述各项事实的理解而获得知识。

rational-legal authority **合理法定权威** 义同法定权威(legal authority)。见该条。

rational problem solving **理性问题索解** 指经由合理的、系统的逻辑思维推理历程解决问题的方式。现代认知心理学家持此观点。

rational psychology **理性心理学** 属心理学的一种理论取向。理性心理学不同意以科学实验的方法研究人的心理现象,而主张对人类行为只能采取理论的或哲学的解释。见理性主义(rationalism)。

rational psychotherapy **理性心理治疗法** 义同理性—情绪治疗法(rational-emotive therapy)。见该条。

rational type **理性型** 属瑞士心理学家荣格人格理论中所指的思维型与感情型两类人格特征。理性型的人,行事偏重思考与感情。详见功能型(functional type)。

rational validity **合理效度** 属测验效度之一。意指测验内题目的选择与结构,是有理论根据的,是合理的。义同构念效度(construct validity)与逻辑效度(logical validity)。见该等条。

ratio reinforcement **比率强化** 属操作条件作用学习实验时的强化程序之一。比率强化的特点是,强化实施按正确反应的比率施予强化物。比率强化又分两种:一种是固定比率强化(fixed-ratio reinforcement),另一种是变动比率强化(variable-ratio reinforcement)。见该等条。

R

ratio scale **比率量表** 属测验量表之一。比率量表是采取比率的观念来表示量数间关系的量表。例如,有现款800元,分给A、B二人,每人得400元。A把钱分给C、D二人,每人得200元。C又把钱分给E、F二人,每人得100元。如此,原来的总钱数是A的两倍,是C的四倍,是E的八倍。反之,A得总钱数的二分之一,C得总钱数的四分之一,E得总钱数的八分之一。像此种用比率表示测量结果的方法,称为比率量表。比率量表的特征是,在具有绝对零点的情形之下才可使用。因此,在学业成绩上不能使用。例如,甲生考80分,乙生考40分,绝不能说甲生成绩是乙生的两倍。主要原因是学业成绩的起点不能肯定为零。比率量表可以相加,也可以相除。见绝对零点(absolute zero)。

ratio schedule **比率程序** 义同比率强化(ratio reinforcement)。见该条。

ratio variable **比率变量** 一种变量,除了具有等距变项(interval variable)的特性之外,尚可指出某比率与某比率相等,故称之为比率变数。此等变量的最重要条件是有绝对零点,亦即其数量须代表从自然原点开始起算的一段距离。例如身高是比率变量,因为0厘米即是绝对零点。比率变量是可以按比率计算的:如父亲的身高是170厘米,儿子的身高是85厘米,就可以说儿子的身高是父亲的二分之一。而温度就不是比率变量,因为0℃并非绝对零点,在0℃之下尚有−1℃、−2℃……

Raven's Advanced Progressive Matrices(APM) **瑞文高级渐进推理测验** 属瑞文渐进推理测验(Raven's Progressive Matrices)的三种形式之一。见该条。

Raven's Colored Progressive Matrices (CP-M) **瑞文彩色渐进推理测验** 属瑞文渐进推理测验(Raven's Progressive Matrices)的三种形式之一。见该条。

Raven's Progressive Matrices **瑞文渐进推理测验** 英国心理学家瑞文(J. C. Raven, 1902～1970)所编制的非文字智力测验。该测验有三种形式:(1)瑞文标准渐进推理测验(Raven's Standard Progressive Matrices),1938年出版,适用于6岁以上的儿童至一般成人。(2)瑞文彩色渐进推理测验(Raven's Colored Progressive Matrices),1947年出版,适用于年龄较低的儿童与智力较低的成人。(3)瑞文高级渐进推理测验(Raven's Advanced Progressive Matrices),1947年出版,适用于智力较高的儿童与成人。瑞文渐进推理测验的最大特点

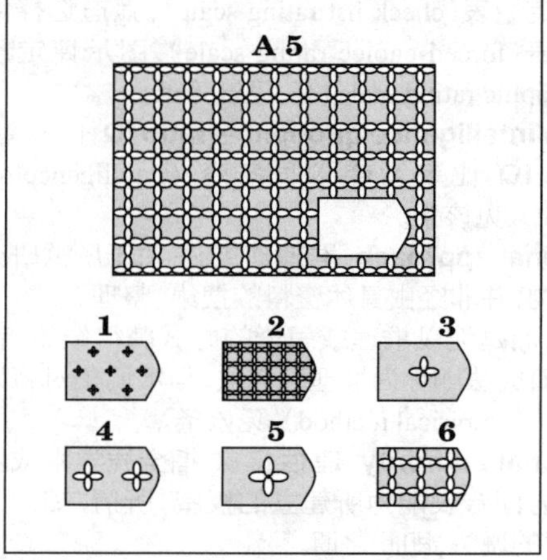

瑞文渐进推理测验试题

是，整套测验的题目全都是图形，受试者作答也不用文字。瑞文编制非文字智力测验的目的，旨在避免文化影响原则下，测量不同地区或不同种族的人智力。附图所示为该测验的试题之一（作答方式是从下面六个图形中选出一个填在缺口处）。

Raven's Standard Progressive Matrices（SPM） 瑞文标准渐进推理测验 属瑞文渐进推理测验（Raven's Progressive Matrices）的三种形式之一。见该条。

raw data 原始数据 指未经统计整理的数据，如测验分数尚未经换算手续的原始分数即是。

raw score 原始分数 指受试者在某测验上答对的题数，或答对与答错的题数之差值。在心理测验上，原始分数需进一步转换成其他分数（如标准分数），始能成为有意义的数据。

R class＝response class 雷同反应

RdA＝reading age 阅读年龄

RdQ＝reading quotient 阅读商数

reactance theory 抗拒论 指对个体选择行为受限制时出现反抗心态的理论性解释。抗拒论有两个要点：（1）在有选择余地的情境下，如个人所喜爱的对象受到别人限制不能如愿选择时，该对象对当事者的吸引力将更为增强。这是一种对限制者的反抗心态。例如，黑白两件毛衣本来同样喜爱，如因财力（或规定）限制只能选购一件时，另一件的吸引力将随而增强。（2）当个人在压力下被强制对某一特定对象做选择时（即使是他本来喜爱的），个人倾向于不接受该特定对象，而改选另一对象的心态。平常父母关心孩子健康，强制他吃某种食物，孩子故意不听而改吃另种食物，即属此种现象。见心理抗拒（psychological reactance）。

reaction-evocation potentiality＝reaction potential 反应潜势

reaction formation 反向作用 属精神分析论所列防卫机制之一。个人有些隐藏在潜意识中的欲念或冲动不愿显露，除了压抑之外，更在行为上采取与欲念相反的方向来表示之。例如，心底对某人憎恨，因碍于身份或道德观念，报复之心不便显露，反而改采超乎寻常的友善态度对待之。此种内外趋向相反的现象，称为反向作用。见防卫机制（defense mechanism）。

reaction latency＝response latency 反应潜伏期

reaction potential （$_SE_R$） 反应潜势 美国心理学家赫尔学习理论中的术语。意指某一刺激能否引起个体反应，或某一刺激引起个体反应趋势的强度，将决定于个体当时的内在驱力和习惯强度两种因素乘积的大小。赫尔用以下的等式表示此一概念：$_SE_R = D \times {_SH_R}$。其中$_SE_R$代表反应潜势，D代表驱力（如对动物进行食物剥夺即可增强其饥饿驱力），$_SH_R$代表习惯强度（对同一刺激反应后强化次数愈多，其习惯强度愈大）。如果驱力或习惯强度二者中有一为零，个体就不会反应。赫尔用此概念来预测个体在某一刺激情境之下是否表现反应。由此概念看，决定个体是否反应者不在于刺激的特征，而是在于个体本身的动机和习惯。

reaction range 遗传限 指由遗传因素决定的个体身心发展可能达到的上限和下限。以个体的智力发展为例，个体智力的高低，基本上是由父母的遗传决定的。唯由遗传决定的个体智力，在智力测验上并不能正确地测出，原因是个体表现在智力测验上的分数（如IQ），并非遗传单一因素所决定的智力，而是遗传和环境两因素交互作用下发展出来的智力。如有同卵孪生子二人，一人测得的智力是IQ＝120，另一人测得智力是IQ＝115，两人遗传相同而智商相差5个分点的原因，乃是生长环境不尽相同使然。基于此义，可知遗传决定智力高低者，不是一个定点，而是一个可能伸缩的界限。智力测验所测到的智力高低，其变化就在此一界限之内。良好的生长环境可使个体智力的发展接近上限，恶劣的生长环境，则可使个体智力的发展接近下限。每个人的遗传限并不相等，遗传因素所决定的智力愈高，其遗传限愈大（受环境影响愈大），遗传因素所决定的智力愈低，其遗传限愈小（环境再好也无法将智力低下者变为正常人）。

reaction tendency＝reaction potential 反应潜势

reaction time（RT） 反应时间，反应时 指从刺激呈现到受试者表现出反应的一段时间。受试者接受刺激后，必先经过一个潜伏的历程；在此历程中先由感觉器官接收信息，然后由神经传导至大脑中枢产生感觉与知觉，再由中枢发出指令到肌肉，因肌肉收缩而引起可以观察到的反应。这一历程所需要的时间，随刺激反应复杂的程度而定。在实验设计中，反应时间的实验分为两类：（1）简单反应时间（simple reaction time）；（2）复杂反应时间（complex reaction time）。见该等条。

reaction time method 反应时间法 义同反应时间（reaction time）。见该条。

reaction time of action 动作反应时间 义同简单反应时间（simple reaction time）。见该条。

reaction to loss **失落反应** 精神分析论对抑郁症的一种解释。谓抑郁症(depression)的形成乃是个体生活中失落经验累积的结果。见该条。

reaction type **反应类型** **1.**在反应时间的实验中,若受试者能遵照实验者的指示,将反应的注意力用在肌肉的动作方面,这类的受试者即属于动作反应型(motor-reaction type)。若受试者能遵照实验者的指示特别留意捕捉刺激本身的出现,则此类受试者属于感觉反应型(sensory-reaction type)。一般而言,属动作反应型的人所需反应时间较短,但错误较多。**2.**指心理疾病的一种综合症状,通常多根据其中最主要症状描述之,而称为某种反应类型,例如,妄想反应类型、躁郁反应类型等都是。

reactive attachment disorder **反应性依附障碍** 指婴幼儿对人情感冷淡的反常现象。一般正常婴幼儿喜欢跟人接近,母亲对他稍有疏远,就会表现焦虑不安。本词所指的现象正好相反,不但对陌生人冷淡,就是最亲近的家人也不表现情感性反应。反应性依附障碍多出现在5岁以前,其成因可能与父母教养方式不当有关。

reactive depression **反应性抑郁** 指现实生活中因不顺遂的事故所引起的精神沮丧。举凡生活中遇到的生离、死别、病痛、失意等情境,都会导致不同程度的抑郁。本词与外因性抑郁(exogenous depression)同义,见抑郁(depression)。

reactive disorder **反应性疾病** 泛指由环境因素(过重的精神压力或意外伤害)所造成的心理疾病,如反应性抑郁(reactive depression)与反应性精神病(reactive psychosis)等均属之。见该等条。

reactive inhibition (I_R) **反应抑制** 美国心理学家赫尔学习理论中的术语。意指个体对某刺激重复多次反应之后,即使连续给予强化,其反应强度也将因多次反应而趋于降低。像此种因反应次数增多而致使反应强度减弱的现象,称为反应抑制。在性质上,反应抑制与疲劳相似。如呈反应抑制现象时即停止练习,稍后再行练习时抑制就会消失。

reactive need **反应性需求** 指由外在环境中的人、事、物等诱因所引起的需求。此类需求多由学习获得,一切嗜好的内在动力,在性质上均属反应性需求,如嗜酒者闻到酒香就会产生饮酒需求。

reactive psychosis **反应性精神病** 指精神病的成因系由强大的环境压力(如失恋、破产、家庭变故等)所导致者。见精神病(psychosis)。

reactive schizophrenia **反应性精神分裂症** 指由环境因素(如过重的生活压力)造成的精神分裂症。此类精神分裂症治愈后可恢复正常。与本词相对者为进行性精神分裂症(process schizophrenia)。见该条。

reactive type **反应型** 属于一种人格类型。反应型的人,其行为表现多非出于自主意志,而只是被动受别人影响所做反应。

readability **可读性,易读性** **1.**泛指书本或文章容易阅读或容易理解的程度。影响可读性的因素包括语词的熟悉度、句子的长短和语法的复杂性等。**2.**指学校教科书经学生阅读后学生平均考试成绩的高低,如同年级学生都达到及格以上,即表示课本的可读性高。

readiness **准备状态** **1.**指个体在某一特定行动开始之前,其身心两方面已完成准备反应的警觉状态。如运动员起跑前各就各位听候鸣枪的身心状态。**2.**指个体身心发展臻于可学习某事物的程度。如此解释,义同阅读准备状态(reading readiness)。见该条。

readiness test **准备测验** 属标准化教育测验的类型之一。通常在小学生入学时使用,其目的在于衡量受试者是否具有入学所必备的条件。在内容方面,准备测验与小学低年级的智力测验有许多相似之处,但该测验着重测量阅读、计数、书写等相关能力,测验内容一般包括视觉与听觉鉴别、运动控制、听力理解、语汇、数量概念以及基本生活常识等。

reading age (RdA) **阅读年龄** **1.**指儿童在心智发展上所达到的适于阅读的年龄。一般儿童到6岁左右,即发展到阅读年龄,故而世界各国均以6岁为入学年龄。见阅读准备状态(reading readiness)。**2.**指儿童在标准化阅读测验上所得到的年龄分数(age score)。见该条。阅读年龄是相对的概念,"年龄"二字所指者与实际年龄不一定相同,如某8岁学童的阅读能力相当于一般10岁学童的常模(平均分数),就表示该学童具有10岁的阅读年龄。

reading aloud **朗读** 指阅读时发出声音的方式。朗读是眼、耳、口、脑协同运作的历程,朗读是儿童学习语文的必经阶段。从朗读入手可培养儿童阅读时发音正确、集中注意,而且可以借助声音增加阅读的兴趣。训练儿童朗读宜掌握三个原则:(1)正确,读音正确,断句正确;(2)熟练,语句流畅,抑扬顿挫;(3)表情,配合文意,适当表情。

reading disability **阅读障碍** 指在阅读能力上显著落后的现象。评断阅读障碍的一般原则是,阅读能力低于其年级常模两个年级以上者,视为阅读障碍。例如,一个五年级学生,其阅读能力只能达到一般三年级的程度,即被认为是阅读障碍的学生。见年级常模(grade norm)。

reading-disabled child **阅读障碍儿童** 指阅读能力低下而经评定列为阅读障碍(reading disability)的儿童。见该条。

reading disorder=reading disability **阅读障碍**

reading quotient (RdQ) **阅读商数** 是一种表示阅读能力的指数。某一儿童的阅读年龄被实际年龄除之,即得其阅读商数,计算公式如下:

$$RdQ=\frac{RdA}{CA}\times 100$$

公式中,RdQ为阅读商数;RdA为阅读年龄;CA为实足年龄。

reading readiness **阅读准备状态** 指幼儿在年龄上已准备好接受正式阅读教学的状态。一般幼儿到什么年龄就能达到阅读预备状态?这个问题很难肯定回答。原因是所谓准备状态涉及很多因素,诸如智力发展、知觉经验、情绪、动机等,均与阅读活动有关。一般幼儿到四五岁可以学习阅读,但也有的两三岁就开始学习阅读。因此,阅读准备状态必须个别考虑,并无通用性年龄指标。

reading span **阅读广度** 指阅读时眼睛一瞥所能见及的字数。以读英文为例,一般成年人的阅读广度为三个英文单词。

real anxiety **事实性焦虑** 义同实因性焦虑(objective anxiety)。见该条。

realism **实在论,现实主义** **1.**本词译为实在论时,指哲学上知识论的两大理论之一。实在论的基本要义是,认为世界万物是独立存在的,人所认识的物体,无论是物体本身(如月亮),或是物体所显示的性质(如月亮的圆形与光亮),都是存在的。因此,人对月亮所得的知识,就是月亮实体精确的摹写。与本词相对者为观念论(idealism)。见该条。基于此义,实在论与近代哲学上的经验主义(empiricism)同义。见该条。另见知识论(epistemology)。 **2.**本词译为现实主义时,指个人迁就现实条件,随时调整自己从而达到目的的一种生活态度。现实主义者的人生观,倾向于视物质重于精神,视现在重于将来。与本词相对者为理想主义(idealism)。见该条。

realistic-conflict theory **现实冲突论** 解释偏见的一种理论。现实冲突论的基本要义是,在缺乏资源的现实情境下数个团体竞争时,团体之间态度上的偏见是不可避免的。

reality anxiety = real anxiety **事实性焦虑**

reality ego **现实我** 精神分析论创始人弗洛伊德理论中的术语。现实我指意识层面的自我,用以区别潜意识层面的本我(id)及自我之上的超我(superego)。见该等条。

reality monitoring **现实监控** 指个体能够清楚地鉴别自己记忆中实际经验(真实的)与单凭想象两者间差异的能力。精神病患者的主要特征之一,就是丧失了现实监控能力。

reality orientation **现实取向** 属于心理治疗的一种基本取向。采现实取向的治疗目的是,协助案主认识现实,面对现实,恢复自己的信心,重新鼓起勇气去解决自己的现实问题。见现实治疗法(reality therapy)。

reality principle **现实原则** 根据弗洛伊德的精神分析论,现实原则是人格结构中自我部分所遵从的原则。自我介于本我与超我之间,其主要功能为按现实条件的限制,一方面在现实中获得需求的满足,另一方面不违背现实的约束,保持与环境和谐。与本词相对者为唯乐原则(pleasure principle)。见该条。见自我(ego)。

reality testing **现实验证** **1.**泛指个体将其内在需求、理想甚至幻想试图在外在世界中寻求满足或实现的历程。 **2.**指个体实际运用其感官、动作、思维、知识、经验等,以实际行动去影响或改变环境以期满足其需求的历程。按此义,对儿童而言,现实验证亦即认知发展与社会化的历程;对心理适应而言,缺乏现实验证而倾向逃避现实的人,即有心理异常的可能。

reality therapy **现实治疗法** 属心理治疗方法之一。现实治疗法由美国精神科医师葛拉瑟1965年所倡议。此一治疗法的特点是,以当事人现在的行为表现为治疗对象,集中注意协助当事人培养自己面对现实的态度与解决困难的能力,并学习了解,只有自己负起应负的责任,才能获得需求的满足。在性质上,现实治疗法属指导性治疗法,在治疗过程中,心理师扮演着主导的角色。见葛拉瑟(Glasser, William)传记条。

real motion perception **真动知觉** 指外在环境中物体的实际运动所引起的运动知觉。唯外在环境中物体运动的速度与知觉到的速度,并不是相对应的,原因是与物体的距离有关。如天空远处的一架超音速飞机,看起来会觉得比近处一只同方向飞行的麻雀要慢得多。与本词相对者为似动(apparent motion)。见该条。

real self **真实自我** 美国新弗洛伊德主义心理学家霍妮理论中的术语。霍妮将自我分为三个层面,真实自我即其中之一。真实自我指个体潜在禀赋,个体的一切能力、性向、人格、成就等,均系由真实自我发展而来。真实自我是个体各种自我发展的源头，如个体自幼生长的环境良好，真实自我得以充分发展，而使现实自我与真实自我接近时，即可臻于自我实现（self-actualization）的境界。见该条。霍妮理论中的另两个自我是现实自我（actual self）与理想化自我（idealized self）。见该等条。

rearrangement test 重组测验 属心理测验之一。此种测验实施时，受试者的工作是将紊乱的东西予以重组，使之恢复原来形式或成为另一合理的形式。拼图测验与语句重组等均属重组测验。

reason 理性，理由 **1.**本词译为理性时有两种不同意涵：(1)在哲学上理性一词指天赋的良知；良知指不待学习而知之能力。古代哲学心理学时代的理性主义（rationalism）思想即持此义。见该条。(2)在现代心理学上，理性一词指逻辑推理，是合理（reasonable）的意思，指合理判断，不带有感情成分。采此义时，其意涵是与另词感性相对的。感性（sensuality）指个人对事理反应时所表现的感情及情绪作用，理性与感性的相对概念，可采用学校两类科目为例来说明。平常说数理科是理性科目、艺文科是感性科目，如此区分的理由是前者培养学生的思维能力，后者培养学生美的感情。**2.**本词译为理由时，意指某人对某种事件的主观解释；主观解释可能是合理的，也可能是未尽合理的。见合理化（rationalization）。

reasoning 推理 指按逻辑规范推理思维的历程，亦即在解决问题时经由合理思维获得答案的历程。最主要的推理思维形式有三种：(1)演绎推理（deductive reasoning）；(2)归纳推理（inductive reasoning）；(3)模拟推理（analogical reasoning）。见该等条。

R

reasoning test 推理测验 指按照推理（reasoning）思维形式编制的智力测验。见该条。

reassociation 再联想 指采用催眠方法使遗忘的经验恢复记忆的历程。

reattribution therapy 归因治疗法 属认知治疗的一种技术运用。归因治疗法的特点是，协助患者面对自己的痛苦，重新思考自己的生活经验，对心理上形成的困难和痛苦，尝试从另一个新的观点做出合理的解释或找出原因。见认知治疗法（cognitive therapy）。

rebelliousness 叛逆性 **1.**泛指反抗社会权威的心理倾向。**2.**特指青少年在成长中，为求自我独立对父母或师长所表现的反抗心态。

rebirth fantasy 再生幻想 精神分析创始人弗洛伊德理论中的用语。指个体具有再生一次的潜意识欲望。再生幻想常在梦中显现，如梦到自己从水中浮出，可能就是再生幻想的一种象征。对再生幻想梦境的含义，有不同的解释：有谓隐示重回子宫欲望者，有谓隐含对母亲乱伦欲望者，有谓逃避死亡威胁者。

REBT = rational-emotive-behavior therapy 理性—情绪—行为治疗法

recall 回忆 指将过去经验唤回意识中的心理历程。

recall method 回忆法 在学习过后的一段时间，以受试者能够正确回忆所学材料的百分比，来推测记忆保留或遗忘程度的方法，称为回忆法。

recapitulation theory 复演论 属解释个体发展的一种理论。按复演论的解释，人类自幼稚到成熟的成长历程，恰好代表人类自原始到现代整个进化阶段之重演。复演论为20世纪初美国发展心理学家霍尔（Hall, Granville Stanley）所倡导。见其传记条。

receding color 远色 指看起来距离较远的颜色（如蓝色与绿色）。见颜色感应（color reaction）。

recency effect 近因效应 **1.**在记忆的实验中，当呈现包含若干项目而具有前后顺序特征时，受试者往往对最后出现的项目记忆深刻，而且事后的回忆也最容易。此种倾向即称为近因效应。例如，学期结束前的事项较之学期中途的事项容易记得，即属近因效应。**2.**在对印象形成或态度改变的研究中发现，最后所呈现的资料，比先前所呈现的数据更能影响印象的形成或态度的改变。此种倾向也称为近因效应。与本词相对者为首因效应（primary effect）。见该条。

recency law = law of recency 近因律

reception learning 接受学习 指在讲解式教学法之下学生们的学习方式。因为，在讲解式教学过程中，一切由教师讲解，学生只需聆听承受，即可学到知识，故名。与本词相对者为发现学习（discovery learning）。见该条。

receptive aphasia 感受型失语症 属失语症之一。此种失语症的特征是，患者丧失部分感觉能力，不能凭视觉、听觉、触觉等感觉器官了解环境，因而无法适当地表达语言反应。此种失语症与韦尼克区的功能失常有关，故而也称韦尼克失语症（Wernicke's aphasia）。见该条。见失语症（aphasia）。

receptive character 依赖性格 根据美国心理学家弗罗姆的理论，人的社会性格乃系由社会环境所塑造。现代社会塑造了五种不同类型的社会性格，依赖性格即其中之一。依赖性格的特征是，凡事依赖别人，生活靠别人供给，行动听别人支配，性格懦弱，缺乏独立自主能力。其他四种社会性格，见弗罗姆(Fromm, Erich)传记条。

receptive dysphasia 接受型语言障碍 属发展性语言障碍之一。多出现在儿童期，其特征是既不能听懂别人的话，更不能表达自己所要说的话。

receptive-expressive aphasia 接受—表达型失语症 义同全失语症(global aphasia)。见该条。

receptive field 感受域 指人体对环境变化或各种刺激所能感受的范围。以视觉系统为例，视野大小决定于神经系统中哪些神经元能接受刺激而引起反应；对于光的波长也有限制，人的视觉系统仅能对可见光的刺激产生视觉。视野与可见光范围就是视觉的感受域。见视野(visual field)条及附图。

receptive language 接受语言 指个体凭听觉与视觉所了解的口语、文字、手势等符号所代表的意义。义同被动语言(passive language)。见该条。

receptive orientation 依赖取向 义同依赖性格(receptive character)。见该条。

receptive style 被动接受型 属认知风格之一。被动接受型指个体应付环境时所表现的一种习惯性的性格特征。属于这一类型的人，在认知活动中对环境中的信息，是被动地接受，而非主动地吸收。被动接受型的人，即使也学到一些知识，但他所拥有的只是数据的堆积，而非概念性的知识。这种人只能学一知一，不能触类旁通。与本词相对者为主动求知型(perceptive style)。见该条。另见认知风格(cognitive styles)。

receptor 感受器 指感觉器官的外端部分，其功能是将刺激的物理能转化为神经能，从而达成神经传导作用。例如，视网膜上锥细胞与杆细胞、内耳的科蒂氏器、舌上的味蕾等，分别是视觉、听觉和味觉的感受器。

receptor cell 感受器细胞 指由神经元转化而成的细胞型感受器。这类感受器细胞能接受光、振动等物理刺激或对香气的分子有反应。

recessive 隐性 指隐性基因(recessive gene)的特性。见显性基因(dominant gene)。

recessive gene 隐性基因 见显性基因(dominant gene)。

recessive trait 隐性特质 指在遗传过程中由隐性基因所支配的遗传特质。见显性基因(dominant gene)。

reciprocal altruism 互利主义 是一种利他主义(altruism)的修正。见该条。互利主义为社会学家特里弗斯(R. Trivers)1971年提出。互利主义的基本观念是利人也利己。例如，捐血善举就是基于互利主义。己所欲者施于人，正是互利主义者的信念。

reciprocal assimilation 交互同化 瑞士心理学家皮亚杰认知发展理论中的术语。交互同化是指儿童将既有的两个基模各自改变以适应彼此需要，最后达到彼此同化的历程。例如，视觉基模(视觉已有之经验)与动觉基模(动觉已有之经验)两者交互配合，彼此同化，最后就会达到手眼调和的地步。

reciprocal determinism 交互决定论 美国新行为主义心理学家班杜拉人格理论中的术语。交互决定论的基本要义是，个人某时某地的人格表现，主要决定于个人、环境及其行为三种因素的交互作用。

reciprocal inhibition 相互抑制 在同一刺激情境下可能引起两种反应时，如因其中一种反应的出现抑制了另外一种反应的出现，即称为交互抑制。

reciprocal inhibition therapy 相互抑制治疗法 属心理治疗方法之一。相互抑制治疗法的特征是，采用相互抑制(reciprocal inhibition)的原理，使患者在某种刺激情境下重新学习一种适当的反应，从而抑制以前学到的不适当反应出现的可能。见该条。

reciprocal punishment 对应式惩罚 瑞士心理学家皮亚杰在1948年提出的儿童们同意的惩罚方式之一。对儿童过失行为施予惩罚时，除考虑过失本身轻重程度之外，还须考虑过失的性质，考虑当事者的处境与动机，然后给予合情合理的惩罚。由于此种方式的惩罚一方面考虑到过失的事实，另一方面也考虑到犯过者本人能够理解惩罚的意义，故而称为对应式惩罚。皮亚杰研究发现，8岁以上的儿童多数同意此种惩罚方式。例如，此一年龄儿童虐待他养的宠物小白兔，不予喂食，可以罚他先喂饱小白兔以后才准他吃饭，让他自己体验饥饿的痛苦。与本词相对者为偿责式惩罚(expiatory punishment)。见该条。

reciprocal role 相对角色 社会角色的界定只限于相对关系时，称为相对角色。例如，只有在夫妻关系的相对情境之下，男方(或女方)才有机会扮演丈夫(或妻子)的角色。同理，父母与子女、教师与学生等，也都是相对角色。

reciprocal teaching 互动教学法 是一种增强学生阅读理解的教学方法。互动教学法的基本要义是，由教师先示范四种阅读策略，然后教学生去实践应用，最后师生一起讨论实施后的效果。四种阅读策略依序是：(1)摘要，将阅读的资料摘要说明；(2)提问，对资料中的要点提出问题；(3)厘清，将数据中困难部分解释清楚；(4)预测，预测下一阶段资料的内容。此方法强调师生互动，故名。

reciprocity 相互性 **1.**瑞士心理学家皮亚杰认知发展理论中的术语，指具体运思期(7～11岁)的儿童，能够根据A＝B推理知道B＝A。A与B的相等关系是互反的。**2.** 本词义同互惠规范(reciprocity norm)。见该条。

reciprocity norm 互惠规范 社会心理学的术语。属社会上一般大众所公认的行为规范之一：受人恩惠者，应感恩图报，即使不能报恩，也绝不可做出恩将仇报的事。

recitation method 背诵法 学习时保持学后记忆的一种方法。背诵法的特点是，学习时花较多的时间去口诵或默读数据，以期达到不看数据只凭记忆即能复述无误的地步。

recognition 认识，再认 **1.**以往学习过或经验过的事物或情境再出现时，不需重新学习即能辨识的历程，称为认识。**2.**测量记忆的方法之一，义同再认法(recognition method)。见该条。

recognition memory 再认记忆 指经由再认法所测到的记忆。就同一学习材料而言，再认记忆要比回忆较为容易。考试时，是非题与选择题所测者是再认记忆，填充题所测者是回忆，显然前者较为容易。见再认法(recognition method)。

recognition method 再认法 测量学后记忆的方法之一。再认法是在学习者对所学不能回忆(用回忆法测量)时使用的。使用再认法时，除提供受试以前学过材料之外，添加一些以前未学过的材料(如生字)，让受试者自行辨认出哪些是他以前学过的，亦即哪些是他认识的。考试时，试卷上的选择题与配合题在性质上均属再认法。

R

recognition procedure＝**recognition method** 再认法

recognition span 再认广度 义同认知广度(cognitive span)与阅读广度(reading span)。见该等条。就词义而言，三词中以认知广度最为适宜。

recognition test 辨识测验 凡是采用再认法测量记忆以区分能力高低的测验，均称为辨识测验。辨识测验的特点是将问题与答案都置于测验题之内，受试者的任务是按其所知去认识辨别，指出哪些是以前学过的。测验题中的选择题、是非题、配合题等，均属辨识测验的方法。见再认法(recognition method)。

recognition threshold 再认阈限 指能引起受试者再认某一单词或具体事物的最低刺激强度。再认阈限不同于感觉阈限，它属于知觉阈限。感觉阈限以使受试者感觉到刺激存在(或消失)为限，而知觉阈限者则不但要求受试者确定刺激是否存在，而且还要求他确认刺激的内容与意义。

recognition vocabulary 认识词汇 指个人在阅读时能够认识单词的总数量。一般人的认识词汇大于其能写出来的词汇。因此，认识词汇属于个人的被动词汇(passive vocabulary)。见该条。见主动词汇(active vocabulary)。

recognitory assimilation 辨认同化 瑞士心理学家皮亚杰认知发展理论中的术语。儿童经由同化历程吸收新经验时，会辨认物体之间的相异性，然后按照他所需要的选择吸收，纳入(同化)他既有基模或认知结构之内的历程，称为辨认同化。与本词相对者为概识同化(generalizing assimilation)。见该条。另见同化(assimilation)。

reconditioning 再度条件作用 指重新采用条件作用学习的方法加强已消弱了的条件反应的历程。再度条件作用的方法有两种：一是再使无条件刺激与条件刺激相伴出现(经典条件作用时)；二是对操作性反应施予强化(操作条件作用时)。注意本词与反条件作用(counterconditioning)不同。见该条。

reconstruction dream 回转梦 睡眠时本来没有做梦，由于外在刺激引起短暂清醒，继而再睡时即做了个包括该刺激在内的梦。像此种由外在刺激引起的梦，称为回转梦。“回转”的意思是，本来行将清醒，却又回转进入了梦乡。常用闹钟者可能有此经验，早晨闹钟响的声音，有时成了梦境的一部分。回转梦有时会被误解，认为是先做了梦而后才出现刺激。有人说：“梦见邻居失火，惊醒后果然是邻居失火了。”就是这类的例子。

reconstruction method 重建法 属研究记忆的方法之一。重建法的特点是，先向受试者提供一种实验材料(如用多块积木组合成的一种图案)，继而将之打乱，然后要求受试者凭其记忆将原先看到的组合重新建构起来。

reconstructive memory 改造性记忆 指学得的经验不以原来形式在记忆中出现的情形。从学习材料(刺激)与记忆表现(反应)两者间的关系看，记忆有两种形式：一为还原性记忆，一为改造性记忆。前者所记内容与学习材料相同，所谓“学一知一”即属此类记忆；后者视回忆时情境需要不同，而将记忆中的材料随机重组改造，所谓“举一反三”即属此类记忆。显然，还原性记忆的质量较低，机械式背诵即属此类记忆。人类的高层心智活动，诸如问题索解、思维推理、创造发明等，所需要者均属改造性记忆。见还原性记忆(reproductive memory)。

reconstructive psychotherapy 重建心理治疗 属心理治疗的一种理论取向,而在实施时则不限于某一特定的治疗方法。重建心理治疗的目的是,希望经由对当事人心理深处的分析,揭露其问题,增进其自知,启发其领悟,从而引导其面对现实,重新建立健全人格。在诸多心理治疗方法中,精神分析治疗(psychoanalytic therapy)与荣格心理治疗法(Jungian psychotherapy),在性质上均属重建心理治疗法。见该等条。

recovery ratio 康复率 指在一年内经过心理治疗者中康复人数占就诊者总人数的比例。

recovery wish 复原欲 指精神疾病患者接受治疗时在心理上渴望经治疗后迅速复原的程度。心理治疗的成效如何,患者的复原欲是重要因素之一。复原欲强者,容易接受治疗,治疗后也易收功效。有些患者缺乏自尊自信而又意志薄弱,其复原欲较低,因而治疗困难。更有患者因治疗期间受到优待,贪恋此因病获益(advantage by illness)的心理,其复原欲也较低。见该条。

recreational therapy 休闲治疗法 属心理治疗方法之一。利用休闲活动,包括户外活动、文艺创作、音乐欣赏、莳花养鱼、参加慈善事业等不属于职业性的活动,一方面培养职业工作之外的兴趣,另一方面多与社会接触以扩大生活天地。如此,可借由休闲活动中获得的满足,以冲淡心理异常的情绪困扰。

recruitment 增补作用 指增加刺激强度以促动神经细胞兴奋的历程。对重听者讲话时提高音量使其能听到的做法,就是增补作用的例子。

rectangular distribution 矩形分布 指统计资料中各组次数相等(或相近)的次数分布情形。因此种情形下绘成的分布曲线不像钟形,而像矩形,故名。见无变异分布(uniform distribution)。

rectilinear correlation = linear correlation 直线相关,线性相关

rectilinear distribution 直线分布 义同无变异分布(uniform distribution)。见该条。

red blindness 红色盲 属部分色盲之一。红色盲患者不能感受光谱上较长的光波,故而对红色辨识困难。见色盲(color blindness)。

red-green blindness 红绿色盲 属部分色盲之一,也是最常见的一种色盲。红绿色盲患者对红绿二色不能辨别,有时将红绿二色看成黄色,也有时将之看成蓝色或灰色。红绿色盲患者,男性多于女性,前者约占总人口的7%到8%,后者约占0.4%。原因是红绿色盲与性染色体有关(男性比女性少一个X染色体,而控制红绿色盲的基因位于X染色体上,且为隐形基因)。见色盲(color blindness)。

redintegration 重整作用 **1.**指将分散的数据重新组合成为有意义之整体的历程。**2.**义同重整记忆(redintegrative memory)。见该条。

redintegrative memory 重整记忆 指根据记忆中的片段数据为线索,重新去追溯以前某次完整经验的心理历程。例如,只根据小学毕业时的一张照片,可追溯到小学求学生活中的一些有趣的事情。

red-sighted 红视 **1.**指对光谱上长波光(即红色光)特别敏感的视觉现象。**2.**指注视物体时觉得该物体好像染了红色的视觉现象。

reduced cue 简化线索 **1.**刺激反应联结式的学习中,经过多次练习之后,只需呈现原刺激的一部分,即可引起同样的反应。文字学习就是如此,开始时一笔一画地写出来才能认识,到后来写成行书草书字体也能认识。**2.**技能学习时,练习初期必须顾到多方面线索,而且常感顾此失彼,等到练至得心应手的地步之后,只需注意少部分线索,即可应付自如。像驾车、弹奏乐器等练习,无一不是如此。

reduced score 简约分数 指将一组考试分数中每一分数减去一个常数后所得分数。简约之后的分数中,个别分数之间的关系不变。

reducible margin 可减限度 指某反应时间与不可减少的最小值之差。刺激强度大时,反应时间较短,在此种情形之下,可减少的限度较小;刺激强度小时,反应时间较长,在此种情形之下,可减少的限度较大。

R

reduction division = meiosis 减数分裂

reductionism 还原论,化约主义 试图将复杂现象经分析简化,由最基本元素的性质去了解整体现象变化的理念,称为还原论或化约主义。自然科学中的物理化学的分子、原子、核子等分析研究及生理学的神经细胞功能的研究,都是采取了还原论取向。自19世纪末科学心理学兴起以来,还原论的取向至为明显,结构主义的意识分析、行为主义的刺激反应分析、生理心理学的神经传导作用研究等,都是试图从最基本元素的性质去了解整体行为与心理现象。采还原论取向研究心理与行为虽合于自然科学原则,但是否能够达到由元素分析而了解人性整体的目的,却引起诸多争议。因此,在心理学上有非还原论的主张。所谓非还原论(nonreductionism),指反对还原论的一种心理学研究取向。持非还原论理念的心理学家，他们反对还原论所主张的元素论(elementarism)，而主张整体论(holism)。见该等条。完形心理学所持的整体不等于部分之和的主张，及人本主义心理学所持的心理学应以人性整体为研究主题的主张，在思想上都是反对还原论的。

reduction screen 减光屏 属于一种视觉实验工具。减光屏的主要设计是，用一块大的屏幕挡在眼前，在屏幕的当中只留一个(或两个)小洞。如此设计旨在使受试者无法看到视野中的全部物体，只能从小洞中见到视野中物体的一部分，从而研究由减光屏得到知觉的特征(如减光到什么程度即对物体失去立体知觉)。

reductive interpretation 还原解释 瑞士心理学家荣格理论中的术语。指在精神分析时，当事者的一点小动作，可能隐示了潜意识中压抑的问题。

redundancy in language 语言冗余，赘词，赘句 指语句中多余的字、词，甚至语言表达时，多余的句子。这些对于信息的传递不但无益，甚至有害，往往造成语意不明的结果。例如"今天是小梅的10岁生日，她是10年前的今天出生的"这句话的后半句就是多余的，因为前半句已完整而充分地表达了要传达的信息。

re-education 再教育 **1.**指对丧失某方面能力者再施加教育，从而再行建立其生活适应能力。例如右手受伤后训练他使用左手写字，就是再教育。**2.**指对适应不良者或因犯罪判刑的人，施以感化教育，让他学到正当道德观念、正常生活习惯与谋生能力，使其重返社会后易于适应。

re-enactment 重演 指个人将以往痛苦经验或压抑的感情，重新释放出来的历程。释放的方式一般采用心理剧，让当事人重演以前自己的角色；重演的目的是借以发泄压抑的情绪。见宣泄(catharsis)、疏导(abreaction)。

R

reference group 参照团体，参照组 指个人在感情上一向亲和，在理性上一向认同的团体。如此，个人虽然在事实上未必是该团体的成员，但在心理上却深受该团体的影响，个人常采用该团体的团体规范与价值标准，作为自己态度与信念参照的基础。对个人而言，他的参照团体未必只限于一个。参照团体对各个人产生的作用也未必相同。如本词所指者是正面作用，故而也称正参照团体(positive reference group)。有时参照团体对个人产生反面作用，此种参照团体则称为负参照团体(negative reference group)。见该等条。与本词相对者为成员团体(membership group)。见该条。

reference-group theory 参照团体论 采用参照团体的概念对个人行为的理论解释，指任何人的态度、偏见以至价值观念，都不是孤立形成的，而是受其参照团体的影响逐渐建立的。见参照团体(reference group)。

reference memory 参照记忆 义同语义记忆(semantic memory)。见该条。

reference personality 参照人格 指某人所具人格特质可供别人作为楷模者。在教育上常举古圣先贤风范作为学生的参照人格。世称孔子为万世师表，"学而不厌，诲人不倦"的精神，就是孔子留给后世作为人师者的参照人格。

reference point 参照点 **1.**作为判断依据的定点；以此定点作为标准而判定取舍。**2.**义同凭据点(anchoring point)。见该条。

reflection 反省 指对于旧经验的重新思考。

reflection of feeling 同情响应 指非指导性咨商过程中咨商员常使用的一种技巧。每当案主陈述其有关情绪问题表情激动时，咨商员除接纳之外，只需重复案主所陈要点，借以表示同情；对案主所言不加批评，让他继续陈述下去，直到他自己将观念澄清。

reflective style 慎思型 属认知风格之一。慎思型指个体应付环境时所表现的一种习惯性的性格特征。属于慎思型的人，遇到问题时倾向于先思考后行动，表面动作缓慢，但因处事有条不紊，失误的机会反而减少。应付考试时，试卷到手后先浏览全卷以观题目难易，然后决定作答的前后顺序的学生，就属于慎思型。与本词相对者是冲动型(impulsive style)。见该条。根据教育心理学家研究发现，慎思型的学生在学业成绩上，一般优于冲动型。另见认知风格(cognitive styles)。

reflex 反射 **1.**指不经练习即能对某刺激表现简单反应的现象。此种行为反应为同一物种所共有，且不受任何动机因素影响。例如，遇强光而闭眼睛，就是一种反射现象。**2.**一种简单的机械式行为，不受意志所影响。**3.**不经深思熟虑便径自盲动的行为。见反射弧(reflex arc)。

reflex arc 反射弧 属于一种假设性最简化的神经传导过程。反射弧的假设过程是：由外界刺激引起的神经冲动经传入神经元传至脊髓，而后再由传出神经元表出反射活动。只由两个神经元完成的神经传递过程，称为反射弧。反射弧是一种假设，事实上任何简单动作都需动员两个以上的神经元。

reflex circuit 反射环 义同反射弧(reflex arc)。见该条。

reflex color 反射色 指物体表面因光波受阻而反射出来的颜色。

reflex facilitation 反射助长作用 某种刺激本不引起某种反射，但如与另一引起反射的刺激同时出现而能提升反射强度时，该刺激即发生了反射助长作用。例如，轻敲膝盖下腱部引起膝反射时，如此时手中紧握一物体，将使膝反射强度增加。

reflexive activity stage 反射性活动期 瑞士发展心理学家皮亚杰认知发展阶段论中的术语，指出生一个月期间的婴儿，是靠反射性活动来了解周围的环境。

reflex latency 反射潜伏期 指从激发性刺激出现到反射动作显现所经过的一段时间。

reflexology 反射学 指20世纪初期流行于西方的一种心理学思想。持反射学观点者认为，个体的一切心理历程均为反射的组合。此种心理历程机械论观点，后来演变成美国行为主义的条件作用(conditioning)思想。见该条。

reflex sensitization 反射敏感 义同假条件作用(pseudoconditioning)。见该条。

reflex smile 反射性笑 指婴儿前期由身体内外刺激所引起的笑。婴儿此时的笑只是反射性的，不带有任何社会意义。

reflex time 反射时间 义同反射潜伏期(reflex latency)。见该条。

refractory period 不应期 不应期是指神经元对任何刺激均不起反应的短暂时间。不应期可分为两种：(1)绝对不应期(absolute refractory period)，当神经元在产生动作电位的几毫秒内，任何强烈的刺激均无法使该神经元再产生另一个动作电位；(2)相对不应期(relative refractory period)，在绝对不应期后的几毫秒内，该神经元只会对很强烈的刺激起反应，不对微弱刺激起反应。

refractory phase＝refractory period 不应期

region of rejection 拒绝区 义同临界区(critical region)。见该条。

regression 倒退，退化，回归 **1.**属精神分析论所列防卫机制之一。指个人遭遇挫折时以较幼稚的行为应付现实困境，借以惹人注意或博人同情以减低自己的焦虑。见防卫机制(defense mechanism)。**2.**指老年人身心功能衰退的现象，如学习新事物记忆力衰退即属之。**3.**在统计学上称回归。见回归系数(regression coefficient)。

regression analysis 回归分析 根据一种分数预测另一种分数的统计技术，称为回归分析。例如，采用回归方程(regression equation)即可根据学生的高中成绩预测其大学成绩。见该条。

regression coefficient 回归系数 回归系数是以X变项预测Y变项时的斜率(slope)。见该条。回归系数的计算公式是：

$$b_{Y\cdot X}=\frac{C_{XY}}{S^2_X}$$

公式中，$b_{Y\cdot X}$代表以X变项预测Y变项的斜率；C_{XY}是X变项和Y变项的共变数；S^2_X是X变项的变异数。

regression equation 回归方程 用两变项的函数关系来代表其相关关系的数学方程式。设自变项为X，依变项为Y，其直线回归方程式则是：

$$Y=aX+b$$

公式中，a为斜率，b为截距。

regression line 回归直线 回归直线是通过被预测变项和预测变项所形成的散布图上的一条直线。此直线和图上各点之间的距离都是最近的，故又称为最适合线(best-fit line)。回归直线的作用是在预测时代表各样本点的位置。

rehabilitation 复健 指综合心理学、社会学、医学的理论与方法，对生理上或心理上有伤残或缺陷的人，给予必要的医疗、辅导与咨商，借以发挥其潜力，恢复其信心，重新参与社会活动，变为积极而有贡献的社会成员。此种综合运作历程称为复健，也称伤残复健。在实际进行时，复健可分为三种方式：(1)生理复健或医疗复健，采用医药治疗方式解除病人身体上的痛苦，并帮助其病后重建身体机能；(2)心理复健，采用心理辅导与咨商方式，协助案主面对现实生活，重新适应社会；(3)职业复健，采用职业训练方式，使案主具有一技之长，借以增强其独立生活能力，并期其从工作成就与社会贡献中重新建立自我价值与信心。

rehabilitation counseling 复健咨商 属咨商工作之一。复健咨商的特征是，专为生理上或心理上有伤残或缺陷者所设计的一种咨商。一般的复健咨商都是与案主所接受的医疗复健配合，目的在帮助案主身心两方面均恢复健康。见复健(rehabilitation)，咨商(counseling)。

rehearsal 复习，复述 **1.**指对学过的材料重复练习以免遗忘的心理活动。**2.**指在短期记忆阶段对所记忆的信息加以复述，以便输入长期记忆的心理活动。见信息处理(information processing)。

reinforcement 强化，强化作用 **1.**广义言之，在学习情境中的任何刺激或事件，凡是足以影响个体对将学习之反应出现概率增加或降低者，均称为强化。**2.**狭义言之，在条件作用学习历程中，适当安排条件刺激与无条件刺激出现时间，从而提升条件反应出现概率的措施，称为强化。基于此义，在经典条件作用实验中，当条件刺激开始取代无条件刺激引起条件反应时，即刻提供无条件刺激的安排，即称为强化。在操作条件作用学习历程中，个体的操作性反应出现后，随即给予奖赏，有助于以后同样情境下重复出现同样反应的措施，也称为强化。**3.**经由强化措施而使个体学到新行为的过程，称为强化作用。强化是条件作用学习的重要概念。与本词有关的名词多至数十个，其中最重要者有强化物（reinforcer）、正强化（positive reinforcement）、负强化（negative reinforcement）、一级强化（primary reinforcement）、次级强化（secondary reinforcement）、后效强化（contingentreinforcement）等。见该等条。

reinforcement contrast **强化对比** 指改变强化物的量以控制个体行为表现时所产生的一种对比现象。设采用两实验组A与B，控制组C，三组受试者都是暑期到果园打工的大学生。工作报酬都是按篮计酬，唯每篮报酬的金额及变动方式各组不同，而且各组间彼此不知。实验组A的报酬是开始时每篮30元，三星期后园主因水果销路好自动提高为每篮50元。实验组B的报酬开始时是50元，三星期后园主因水果生意不好降低为30元。控制组C，从开始一直到实验结束都是每篮30元。此类实验的结果，一般发现：（1）A、B、C三组中，前三周的工作成绩以B组为最优，这表示强化物的数量多确实有效。（2）三周后B组的工作成绩随报酬降低而降低，降低的程度反较控制组C组表现为低。这现象称为强化负对比（negative contrast of reinforcement）。（3）三周后A组的工作表现随报酬的提高而提升，提升的程度较控制组C组的成绩为高。这现象称为强化正对比（positive contrast of reinforcement）。此类结果说明了强化对比的含义是，若试图以报酬的多寡来控制工作者的工作成绩时，报酬量只能渐增，不能降低。

reinforcement gradient = gradient of reinforcement **强化递变**

reinforcer **强化物** **1.**任何刺激（包括人、事、物、情境），凡是能使个体反应产生强化作用者，均称为增强物。**2.**义同强化刺激（reinforcing stimulus）。见该条。

reinforcing stimulus（RS） **强化刺激** **1.**指经典条件作用实验中的无条件刺激。**2.**指操作条件作用实验中个体反应后获得的酬赏。**3.**义同强化物（reinforcer）。见该条。

reject-then-retreat technique **退求其次法** 指有求于人时的一种讨价还价的策略。以向人借钱为例，如开口借的数目是10,000元，而对方表示为难时，立即改口只借5000元，正是此种策略的运用。与本词相对者为低球策略（low-ball strategy）。见该条。

relational concept **关系概念** 属概念的一种类型。指凡概念中之各属性具有特殊关系者称之。概念中含有时间或空间属性者，多为关系概念。例如说“台中市是在丰原之南、彰化之北”，其中“之南”与“之北”所表示的概念，即为关系概念。见概念（concept）。

relational learning **关系学习** 指从复杂的刺激情境中学到刺激间彼此之关系的学习历程。

relational word **关系词** 属于语法词（function word）之一类。见该条。

relationship psychotherapy **关系心理治疗** 指从事任何心理治疗时均应遵守的基本原则，而非指某一种心理治疗方法。本词含义是指，任何有效的心理治疗，其先决条件均是心理师与患者之间先建立一种和谐的彼此信任的人际关系。

relationship theory **关系论** 是解释学习迁移现象的理论之一。关系论强调，只有前后两种学习具有同类关系结构者，而学习者又能学得其中关系时，才会产生迁移。见转换论（transposition theory）、学习迁移（transfer of learning）。

relationship therapy **关系治疗** 义同关系心理治疗（relationship psychotherapy）。见该条。

relative deprivation **相对剥夺** 指在相对或比较的基础上个人对自己生活现状的缺失感。所谓“相对”或“比较”，是指个人现状与自己的期望之间的关系而言。如个人期望年终奖金是加发两个月薪水，结果得到的却是加发一个半月薪水，在此情形下，个人在心理上就会产生相对剥夺感。与本词相对者为相对满足（relative gratification），谓现状比自己期望为好的心理状态。按前例，如个人期望年终奖金是加发一个月薪水，结果得到的却是加发一个半月薪水，在此情形下，个人在心理上就会产生相对满足感。就上述两种情形看，虽然实际上得到的报酬相等，而心理上却有两种不同的感受，其差别在于事前期望不同所致。

relative discrimination **相对辨别** 指受试者对同时呈现的刺激物的辨别。在相对辨别中由于受试者可以对同时呈现的刺激物进行直接比较，因而所能辨别的刺激物数目要比绝对辨别（absolute discrimination）时为多。见该条。

relative distance **相对距离** 深度知觉或距离知

觉判断时的一种线索。如果有两个目标，已知其中之一较近，另一目标即可推知其距离较远。见距离知觉（distance perception）。

relative distance perception **相对距离知觉** 属距离知觉（distance perception）之一。见该条。

relative error **相对误差** 绝对误差除以真分数所得的商数，即代表相对误差。见绝对误差（absolute error），真分数（true score）。

relative grading **相对评分制** 指教师评定学生学业成绩的一种制度。相对评分制是根据统计学上常态分布的原理，将学生分数的高低，按比例分配为几个等级。以平常惯用的五个等级为例，五个等级所占的百分比分别是：甲上占7%；甲等占24%；乙等占38%；丙等占24%；丁等（不及格）占7%。此一评分制度的优点是，可由每个学生所得等第看出他在班上的相对位置（得甲等的学生，其成就优于其他69%的人）。但相对评分制仍有不少缺点：第一，班上学生的分数未必呈常态分布，硬性规定学生中只有7%得优等，且必须有7%不及格，显然很不合理。第二，因个人成就受等级名额的限制，难免使学生受到过分竞争的压力。唯其如此，相对评分制目前已少使用。在理论上，相对评分制是以常模参照评量（norm-referenced evaluation）为根据的。见该条。见常态分布（normal distribution）。

relative gratification **相对满足** 见相对剥夺（relative deprivation）。

relative measurement **相对测量** 测量结果必须与某种标准比较之后，始能了解其意义者，称为相对测量。心理测验结果多属相对测量，例如智商（IQ）即是。与本词相对者为绝对测量（absolute measurement）。见该条。

relative movement **相对运动** 属于一种相对的视觉位移现象。当观察者的头或身体移动而周围环境固定时，较近的物体仿佛向相反方向移动，而远处的物体又仿佛随人向相同方向移动。坐在开动的火车上，觉得窗外近处的物体很快地向后移动，而远处的山峦则在缓慢地向前移动的现象，也是相对运动，这是由于不同远近的物体在视角变化上的差异而产生的深度知觉。本词亦称运动视差（movement parallax）。

relative refractory period **相对不应期** 见不应期（refractory period）。

relative size hypothesis **相对体积假说** 相对体积假说是解释月亮错觉的理论之一。此假说系由美国心理学家利斯特里（F. Restle）于1970年提出。其基本要义是，人所见到物体体积的大小，并不完全以视网膜上映象为根据，而是同时参照物体周围空间的大小及空间中其他物体而后做出的知觉判断。月亮接近地面时，其周围空间小，而且空间中其他物体都比月亮小，相对地显得月亮特别大（形成对比）。月亮当空时，因为周围空间大，相对地就显得月亮体积较小。与本词相对者为表面差距假说（apparent distance hypothesis）。见该条。见月亮错觉（moon illusion）条及附图。

relative size illusion **相对大小错觉** 义同艾宾浩斯错觉（Ebbinghaus illusion）。见该条及附图。

relative standard **相对标准** 指以常模参照记分法为根据所制定的评分标准。教师评定学生成绩时，如先考虑全班学生成绩大概分布情形，并预定各等级人数比例，如全班最前的7%为甲上，其次的24%为甲，再次的38%为乙，以下的24%为丙，最低的7%为丁。然后按学生成绩高低，依次排定等级。如此，某生成绩的高低，显然依全班同学相对成绩的高低而定，故而称为相对标准。见常模参照记分法（norm-referenced grading）。与本词相对者为绝对标准（absolute standard）。见该条。

relativism **相对论** **1.**属哲学上认识论之一派理论。谓吾人所认识者，得视为实在，得视为真理。唯实在或真理，并非独立自存或绝对不变者，而是在合于主观条件的规定时，才能视之为实在或真理。**2.**属伦理学上道德论之一派，谓道德法则并非一成不变，而大都随时代演变与社会变迁而有所改变。**3.**属美学上的一种主张，谓美是兼具主观与客观两因素，因主观条件不同，美之判断自异。**4.**本词与数学及物理学上爱因斯坦（A. Einstein，1879～1955）提出的相对论意义相近，但原词不同，后者原词为relativity，但有时两词也混用。与本词相对者为绝对论（absolutism）。见该条。

R

relativity **相对论** **1.**指数学与物理学上的相对论。相对论为著名物理学家爱因斯坦（A. Einstein，1879～1955）1905年所建构。就力与运动而言，相对论的看法是，没有绝对时间与空间的限制。**2.**本词与哲学上认识论与伦理学上道德论中的相对论（relativism）意义相近，但不全同。见该条。

relaxation therapy **放松治疗法** 属心理治疗方法之一。此法之基本构想是，借身体肌肉的放松与情绪状态的平静，以缓和身心两方面的紧张，使个体保持精力旺盛与生活效率，从而排除心理疾病。实施时有多种方式，诸如按摩、瑜伽术、超觉静坐等均属之。

relaxation training **放松训练** 指训练焦虑症患者学习放松身心从而达到放松治疗（relaxation therapy）的目的。见该条。

relearning 再学习 **1.**指对已遗忘的材料重新学习。**2.**指测量学后记忆的一种方法。见节省法(saving method)。

releaser 释放物 义同释放刺激(releasing stimulus)。见该条。

release therapy 舒泄治疗法 属心理治疗法之一。在被认可的情形下,让患者发泄他的愤怒或怨恨情绪,或供给他机会,让他发泄一下破坏性的冲动。此法使用原则是治疗员必须在场,而且事先经心理师同意。因此,舒泄治疗法也称接纳治疗法(acceptance therapy)。见宣泄(catharsis)。

releasing stimulus 释放刺激 指某种简单而能引起动物的物种特异行为反应的刺激。其作用是把该行为从阻滞状态中释放出来,即激活了行为的释放机制,从而表现出来。雌性动物身体气味就是引起雄性动物追逐行为的释放刺激。本词亦称符号刺激(sign stimulus)。

reliability 信度 **1.**泛指一个人在品格上让人信任的程度。**2.**信度是测验必备条件之一,显示测验可靠的程度。测验信度表现于两方面:(1)信度是测验结果的一致性,指相同受试在不同时间受测结果的一致性或稳定性,一致性愈高,即表示信度也愈高。(2)信度是测验结果所能反映出接近真量数的程度,由之而知结果的精确性,测验结果愈精确,误差愈少,即表示信度愈高。测验信度的高低,通常由相关系数表示之。由于相关系数求法的不同,而有多种信度。其中最常应用者有重测信度(test-retest reliability)、折半信度(split-half reliability)、复本信度(alternate-forms reliability)等。见该等条。

reliability coefficient = coefficient of reliability 信度系数

reliability index = index of reliability 信度指数

religious instinct 宗教本能 对人类宗教行为的一种假设性解释。该假设认为,古今中外所有民族几乎都信仰宗教,其所崇拜之神明纵有不同,但信仰的行为方式几乎一致。根据此普遍现象推论,似可解释为,人类有一种与生俱来的宗教本能。

religious mania 宗教狂 指教徒对所信宗教之投入达到狂热地步。

religious need 宗教需求 属人类基本心理需求之一。宗教需求的概念,乃是根据人类行为表现的推论解释。该理论认为,古今中外所有人类均信仰宗教,其所崇拜之神明虽不尽相同,而信仰的行为则颇为相似。

religious psychology 宗教心理学 属心理学的学科之一。宗教心理学偏重研究人的精神生活,研究人类信仰宗教的原因、信仰的行为方式以及教徒在态度、观念、价值判断等方面之特征。

religious therapy 宗教治疗法 属心理学治疗方法之一。宗教治疗属于一种精神支持性的心理治疗方法,借由教友的接纳、支持,使个人在心理上获得安全感,借由祷告、忏悔,使个人罪疚感消减,从而获得心理安宁。

REM = rapid eye movement 快速眼动

remedial instruction = remedial teaching 补救教学

remedial reading 矫正阅读 指对阅读障碍或阅读习惯不良学童所实施的一种特殊矫正式教学。见阅读障碍(reading disability)。

remedial teaching 补救教学 指通过诊断确定学生具有学习困难后所采取的特殊的教学措施。补救教学内容包括对问题性质的说明,有成效的教学技术以及为促进学习进步而采用的评定性观察或测验等。

remembering 记忆 记忆是将以往获得的经验在意识中重新显现的历程。意识中旧经验的重现,可能表现在语文上,可能表现在动作上,也可能表现在不为外人所见的意念中。无论以何种方式表现,记忆必含有意识,而非意识的行为活动(如说梦话)不被视为记忆。

reminiscence 复忆 **1.**指学习后本已淡忘不复记忆的经验,在未经温习的情境下又在记忆中重现的现象。对复忆现象的解释,一般持抑制在潜意识之后而又得有机会复现的看法。复忆现象多在个人休闲放松时段内产生。**2.**指古希腊时代哲学心理学家对于知识来源的解释。当时认为人类的知识不是靠经验学来的,而是从灵魂中既有的知识复忆而来的。

remission 病情减轻 指心理疾病未经治疗而其症状部分或全部消失的现象。症状消失可能是暂时的,也可能是持久的。如属持久,即称为自发性病情减轻(spontaneous remission)。此种减轻,可能是由于个体自身在生活上调适得宜所致。

remote amnesia 远事失忆症 属遗忘症之一。远事失忆症的症状是,对事件的记忆是有选择性的,对新近的事件能够记得,但对较久以前的事件却失去记忆。见失忆症(amnesia)。

Remote Associate Test (RAT) 远距联想测验 美国心理学家梅德尼克(S. A. Mednick)1962年根据吉尔福德智力结构论发散思维的流畅性和变通性两个特征,编制了语文式思维创造能力测验。远距联想测验的基本构想是,创造思维能力强的人，由某一事件引起的联想远较一般人广阔。其看见“笔”未必只联想到“纸”，看见“红花”未必只联想到“绿叶”，他可能对一个语词，很快就联想到很多很远很奇怪的概念。

remote association 远距联想 在序列学习时，以序列中某一项目为根据，顺向（或逆向）对相隔较远的项目所做的联想，称为远距联想。例如，宣读一个包括十人的排名榜，以第一名为根据，对第六名、第八名或第十名的联想记忆，均称远距联想，而对第二名则为近距联想。远距联想较之近距联想困难，原因是序位效应（serial-position effect）所致。见该条。

remote backward association 远距逆向联想 在序列学习时，以居于序位后端的项目为根据向前所做的远距联想，称为远距逆向联想。例如，依序看一个包括十人的排行榜（每次只看一人名）名单，看完后以第十名为根据向前面的第二名联想，即为远距逆向联想。反之，如以第二名为根据向后面第八名联想，则称为远距顺向联想（remote forward association）。

remote conditioning 远距条件作用 在条件作用实验时，将条件刺激呈现后，过一段时间再呈现无条件刺激；或是在无条件刺激呈现之后，过一段时间再呈现条件刺激。在两种刺激出现相距时间拉长的情境下形成的条件反应，称为远距条件作用。在性质上讲，痕迹条件作用（trace conditioning）即属远距条件作用。见该条。

remote forward association 远距顺向联想 见远距逆向联想（remote backward association）。

remote memory 久远记忆 指对很久以前旧经验的记忆。老年人回忆童年往事，其所回忆者即久远记忆。

REMS＝**rapid eye movement sleep** 快速眼动睡眠

REM sleep ＝ **rapid eye movement sleep** 快速眼动睡眠

renin 肾活素 是一种能促使血管紧张素原转变成血管紧张素的蛋白质。当肾脏受到交感神经的刺激或肾脏内的血流量减少时，肾脏内的某些细胞即产生肾活素。从产生及输送的观点而言，肾活素可视为一种激素；就作用方式而言，肾活素又可视为一种蛋白质分解酶。

renunciation 弃绝 **1.**指教徒宗教信仰达于某种程度，而舍弃一切俗世利欲的虔诚心态。**2.**指精神分析论者所谓自我或超我阻止本我冲动性欲望的心理历程。

reorganization theory 重组论 解释学习历程的一种理论。重组论强调学习是新旧经验重组的历程，个体学习新事物时，并非像行为主义所说的单靠刺激反应联结，就可构成新的学习。持重组论的学者，多采完形心理学的观点，认为部分之和并不等于全体，新经验必须与旧经验融合重组，然后才能产生新的学习。重组论本是一种旧的理论，晚近认知论者所强调的认知结构重组的观念，是重组论的引申解释。

repeated measure 重复测量 为避免受试者属性变项（如性别、年龄、教育程度等）影响实验结果的一种实验设计。重复测量设计的特点是，使同样的一组受试者，每人均重复接受几种实验处理，并在受实验处理之后测量反应变项。这种实验设计的目的是，避免受试属性变项对实验结果可能造成的影响。唯受试者所接受的重复处理顺序应各不相同（随机安排），否则将因顺序的效应产生不良影响。

repeated-measures design 重复测量设计 义同重复测量（repeated measure）。见该条。

repeated-measures reliability ＝ **test-retest reliability** 重测信度，再测信度

repetition-compulsion 强迫性重复 指个人无法自制地一再重复某种动作，或一再重述某些口语的现象。按精神分析论的解释，强迫性重复是当事者的一种潜意识的表现。在他的潜意识中被压抑的痛苦经验，试图经由不停地重复活动获得痛苦的减轻。

replacement sampling ＝ **sampling with replacement** 回置抽样

replacement therapy 替代治疗法 属心理治疗方法之一。替代治疗法的特点是，设计一种情境，让心理疾病患者从事一些建设性或创造性的活动，从而替代患者习惯性的不良反应。久而久之，以正常反应替代了异常反应。替代治疗法在实际使用时可以不同方式进行，诸如工作、读书、绘画、游戏、运动等，凡是有益身心的活动，都可用作替代治疗中的替代活动之用。准此而论，工作治疗法、艺术治疗法、游戏治疗法等，在性质上都可视为替代治疗法。

replicated experiment 验证性实验 指以前人（或自己曾经）做过的实验为根据去重复进行实验，借以验证原实验结果的效度。验证性实验可按其与原实验设计相似程度的差异分为三类：（1）全同性验证（exact replication），新做实验在设计上与原实验完全相同；（2）修改性验证（modified replication），新实验在设计上略有改变，或程序稍有变动，或实验变项略有增减；（3）概念性验证

(conceptual replication),在新实验设计上只采用原实验的基本概念,在实验对象以及变项处理上均有所改变。

replication 重复 义同验证性实验(replicated experiment)。见该条。

replication therapy 重演治疗法 属于行为治疗法中的一种治疗技术。实施重演治疗时,心理师设法鼓励患者,尽量让他不加掩饰地重复表现出困扰自己的行为方式,然后采用选择强化或消弱的技术,以达到矫治的目的。见行为矫正(behavior modification)。

repolarization 再极化 当动作电位由细胞膜上的一点传到另一点时,原来之点即恢复为静止膜电位,这种变化称为再极化。神经元细胞膜在产生再极化之前,动作电位约可持续1毫秒。

representation 表象,表征 指以抽象的内在心象或概念代表外在具体事物的心理运作历程。表象一词是认知心理学的重要概念,人之所以能够将外在具体刺激信息(包括人、事、物)转化为抽象观念,留下记忆,储存为知识,而且又能针对外在刺激情境需要,再表现出适当反应,其间经过的历程,都是表象作用。表象作用是多方面的,认知心理学信息处理理论中所指的将刺激信息转换为形码、声码、义码等解释,都是采用了表象的观念。表象是不能观察的内在心理历程,但在日常经验中,人们经常使用。当你向人陈述一个电影故事时,你不能将影片重新播放给人看,你只能凭记忆将留下的心象加以运作处理向人说明。基于此义,在人的行为中,凡是以象征性的符号(如语言、文字、图形等)代替具体事物者,都是以表象为基础的。

R

representational skill 表象技巧 瑞士心理学家皮亚杰认知发展阶段论中的术语。意指儿童认知发展到某种程度时,能够运用抽象的表象作用,以语言、文字等,将现实世界转化为抽象概念以表达之。

representational thought 表象思维 指个体将具体外在刺激转化为内在抽象表象从而形成概念的认知历程。

representative measure 代表量数 义同代表分数(representative score)。见该条。

representativeness 代表性 指样本与总体两者间相似的程度。样本与总体的相似性愈高,表示自总体所抽取的样本愈具代表性,此系科学抽样研究方法中的基本原则。除此之外,采用某一实验设计所得的实验结果,若能推论到其他受试者或其他情境时,亦可称此一实验结果具代表性。

representativeness heuristic 常例直观推断法,代表性直观推断法 是问题索解时采用直观推断的一种思维方式。常例直观推断思维的特征是,根据已知某类事件中最具代表性的例子,用以推断同类事项中某一事件发生的可能性。在问题情境不能确定时,此种方法经常使用,但推断结果却未必保证一定能得到正确答案。例如,有四个孩子的家庭,一般人总以为男女各半的概率远比四个孩子同性别的概率为高。事实上两种情形出现的概率是相同的。一般人之所以误判,原因是男女各半的情况是最常见的例子。虽然常例直观推断法有缺点,但在定程法不能使用的情形下,常例直观推断法不失为一种解决问题的方法,而且此法之使用有时是有效的。见直观推断法(heuristic)。与本词相对者为经验直观推断法(availability heuristic)。见该条。另见定程法(algorithm)。

representative sample 代表性样本 从总体中抽出之样本,若此样本的特征与总体十分类似,则此样本即可代表总体。此种样本即称为代表性样本。代表性样本是抽样研究的基本要件,如何从总体中抽取代表性样本的问题,见抽样理论(sampling theory)。

representative score 代表分数 采用单一分数即可代表一组分数的大概情形时,该单一分数即可视为代表分数。通常用一组分数的平均数作为代表分数。代表分数又称为代表量数(representative measure),也称代表值(representative value)。

representative value 代表值 义同代表分数(representative score)。见该条。

repressed complex 压抑情结 指多种情绪性的困扰被压抑在内心深处不得纾解的困结。按精神分析论者的解释,压抑情结是形成一切心理异常的主要原因。

repression 压抑 **1.**压抑是精神分析论中最常用的概念之一,也是弗洛伊德所指多种防卫机制(defense mechanism)中最主要的一种。见该条。压抑指个体在心理上对自己的一些欲念、冲动或痛苦经验与记忆等予以压制,使之进入潜意识层面,不让它浮现到意识层面,以免引起焦虑、忧惧、愧疚等情绪压力。按精神分析论,压抑是自我与超我对本我管制的历程,在此历程中又有三种不同压抑:(1)原压抑(primal repression),自我阻止本我的冲动进入意识层面,是最原始的一种压抑;(2)初压抑(primary repression),将可能引起焦虑的心理活动,从意识层面中排除,使之回到潜意识层面;(3)次压抑(secondary repression),在个体行为中有部分是从潜意识中浮现出来的,个体随时提醒自己，因而乃有防卫机制的产生。本词与抑制(suppression)不同。见该条。**2.**除以上精神分析的解释外，在社会学或社会心理学上，社会主流团体对弱势团体的权利所加的限制，也称压抑。

repression-resistance **压抑抗拒** 义同自我抗拒(ego resistance)。见该条。

reprimand **申诫** 对犯有轻微过失者予以口头或文字告诫，以勉励其自行悔悟不致再犯。

reproduction method **复现法，再生法** 是测量学后记忆的方法之一。使用复现法测量记忆时，对受试者提供以前学过的材料作为刺激，让他照原来所学到的反应一成不变地表现出来。

reproduction procedure = reproduction method **复现法，再生法**

reproductive assimilation **再生同化** 瑞士心理学家皮亚杰认知发展论中的术语。儿童经由同化历程吸收新经验时，他有时对同一刺激物或类似的环境做同样的重复性反应，从而逐渐将获得的经验纳入(同化)他既有的基模或认知结构之内。例如，幼儿用手抓取物体时，看来每次都用同样方式，事实上他每次所得的触觉不同，每次了解一点该物体的特征，并纳入(同化)他既有的基模之内。多次重复反应之后，他就会全然了解到该物体的所有特征。像这样由少而多、由简而繁的同化历程，称为再生同化。

reproductive facilitation **记忆促进作用** 在从学习到记忆的过程中，有时在学习之后到记忆之前的空档时间插入另一活动(如运动)，反倒有助于学习结果的记忆。像此种中介性无关活动有助于学后记忆的现象，称为记忆促进作用。为什么中介性无关活动会发生记忆促进作用？最简单的解释是，另一活动使原来学习活动所累积的疲劳冲淡。例如，停下来喝一杯茶，倒茶与喝茶的活动就可能使头脑获得暂时休息，从而产生记忆促进作用。按学习理论解释，则是因中介活动减少了顺摄抑制(proactive inhibition)作用。见该条。

reproductive imagination **再生想象** 属想象(imagination)的三种类型之一。见该条。

reproductive inhibition **复现抑制** 义同复现干扰(reproductive interference)。见该条。

reproductive interference **复现干扰** **1.**属于一种记忆干扰；学习甲事物到回忆甲事物之间，因插入学习乙事物，结果因对乙事物的学习而干扰了对甲事物的记忆。这种现象称为复现干扰。**2.**义同倒摄抑制(retroactive inhibition)。见该条。

reproductive memory **还原性记忆** 指记忆时将原来学得经验的形式，一成不变地表现出来。机械式的记忆多属还原性记忆，所谓学一知一的现象，即此之谓。与本词相对者为改造性记忆(reconstructive memory)。见该条。

reproductive thinking **再生性思维** 指在解决问题时，只限于套用旧有经验的思维方式。一般学生只会套用公式解答问题的思维方式，即属再生思维。与本词相对者为创造性思维(productive thinking)。见该条。

REP Test = Rep Test **角色构念测验**

Rep Test **角色构念测验** 指美国人格心理学家凯利1955年以其人格理论为基础所设计的一种人格测量方法。该测验的全名是Role Construct Repertory Test，Rep Test为其简称。在性质上，该测验是一种诊断工具，目的在了解个人在观察世界与认识环境(特别是社会环境)时所惯用的各种个人构念(personal construct)。见该条。

research **研究** 指采用科学方法，对尚未充分了解的问题，进行系统性的探索，从而获得解答并增添人类知识的活动。

research design **研究设计** 指研究者在从事其专题研究之前，对将来实际进行研究时所做的详细计划。一项良好的研究设计应包括：(1)确定所欲研究的主题与研究对象；(2)对主题背景进行陈述并提出研究假设；(3)主题中打算要观察测量哪些变项，采用何种测量工具，如何实施测量；(4)除打算观察测验之变项外，另外有哪些相关变项需要控制，如何加以控制；(5)所得研究资料如何统计分析等。

research hypothesis **研究假设** 指进行实际研究之前，根据研究者个人的经验及前人对同类问题研究的发现，针对计划要研究问题的性质所做的假设性解释。在研究前之所以先提出研究假设的目的是为实际研究确定一个可行的方向，然后循方向搜集研究资料，希望能达到研究目的。按问题的不同性质，有三种常用的假设陈述方式：(1)条件式假设，假设A、B两个变项之间具有条件关系，如果A成立，则B也会成立，此即“如果……发生，那么就会有……结果”的说法。例如，两条路其中有一条可能较远，那么走远路就得花较长时间。根据此假设，采同样速度循两路各走一趟，即可验证假设是否正确。(2)差异式假设，假设A、B两个变项之间存在有差异或无差异的关系，可假设A＞B，可假设A＜B，也可假设A＝B。前两种假设的验证方式简单，只需搜集实际数据加以比较即可。若是采第三种假设，则是采取反证的方式，推翻与经验不符的假设，而接受另一对立假设的方法。例如，根据一般人的经验，成人身高男性高于女性。如采A＝B方式提出假设，A与B分别代表男女平均身高。经调查分析，如发现女性平均身高低于男性，即表示A＝B假设不能成立，于是即接受另一对立假设A＞B。因原设男女两性身高相等是不合于经验事实的，故而此种假设称为虚无假设（null hypothesis）。见该条。（3）函数式假设，假设两个变项之间存有因果关系，以X代表因，Y代表果，其函数式假设即为Y＝f（X）。亦即：Y随X的变化而变化。例如，以100个英文单词为学习记忆的材料，学习后记得的单词数量（Y）将随学习时练习的次数（X）增加而增加。根据此假设，即可一方面控制练习次数，另一方面在每次练习后测量记得的单词数量，据以验证假设。

residual schizophrenia **残余型精神分裂症** 属精神分裂症之一。在病情上较错乱型、僵直型与妄想型等为轻。患者曾经病发一次以上，但目前并无明显精神病症状者，即属残余型。此症的特征是感情障碍，思想紊乱，缺乏社会兴趣，举止怪异，行动不能自如。见精神分裂症（schizophrenia）。

residual type **残余型** 义同残余型精神分裂症（residual schizophrenia）。见该条。

resignation **退避** 美国新弗洛伊德主义心理学家霍妮理论中的术语。退避指对生活情境的一种冷漠消极态度，不积极参与社会活动，不面对现实解决问题，甚而从现实中退却，借以避免现实的压力。霍妮将退避行为按心理作用之不同分为两种类型：其一为主动型退避（dynamic resignation），指个人有意地、有计划地退避，其退避乃是经过权衡利害之后的抉择，等于是以退为进的策略。其二为神经型退避（neurotic resignation），指退避乃是心理冲突的表征，在趋避冲突的心态下，为免于现实情境的焦虑感而产生退避行为。

R

resistance **抗拒** **1.**指不接受别人意见或团体压力的人格特质。**2.**在精神分析论中，抗拒指患者不接受分析师的解释，不肯将压抑在潜意识中的痛苦浮出意识层面的心理倾向。

resistance stage **抗拒阶段** 指一般适应症候群（general adaptation syndrome）中的第二阶段。见该条。

resistance to extinction **抗拒消弱** 在条件作用学习实验过程中，当条件反应形成后，如一直单独出现条件刺激（不伴随无条件刺激），且能继续引起同样反应者，这表示刺激反应间之联结已相当强固，也表示没有出现消弱现象。像此种学得反应持续出现的情形，称为抗拒消弱。抗拒消弱通常被用做测定条件作用强度的标准之一。见条件作用（conditioning）。

resistance to stress **抗拒压力** 指一般适应症候群（general adaptation syndrome）中第二阶段的身心反应。见该条。

resistance to temptation **抗拒诱惑** 指个人面临权位或利益诱惑情境时，不为所动，而仍一本初衷，坚持自己信念的人格特质。抗拒诱惑一向被视为优良品格之一，社会上对官员的评价，常以能否抗拒诱惑作为基本条件之一。

resocialization **再社会化** 指精神疾病患者出院重返社会后的生活适应历程。

resolution of anxiety **焦虑解除** 属精神分析论中的术语。意指经由精神分析治疗之后，可将当事人深藏在潜意识中的心理冲突原因浮出至意识境界，然后面对现实解决问题，从而将焦虑解除。本词与焦虑释放（discharge of anxiety）不同。见该条。

resonance theory **共鸣论** 义同部位论（place theory）。见该条。

resonance theory of hearing **听觉共鸣论** 义同部位论（place theory）。见该条。

resourcefulness **通达力** 指人本心理学家所主张4R（four R's）教育之一。见该条。

resource room **资源教室** 指在学校教学时，为弥补一般教室设备的不足而特别设置的教室。在资源教室内，配合各相关学科的教学，设置很多有关的参考资料，并有受过专门训练的教师，随时给予学生指导说明，借以增加学生的课外知识。资源教室异于一般教室者，后者供各班级学生专用，前者供全校师生共享。

resource teacher **资源教师** **1.**在学校中，以心理专家身份，协助一般教师解决学生学习障碍或其他有关学生行为问题的专业教师，称为资源教师。**2.**在资源教室（resource room）内负责指导学生学习的教师，也称资源教师。见该条。

respectfulness **诚敬心** 指人本主义心理学家所主张4R（four 4R's）教育之一。见该条。

respondent behavior **引发性行为，反应性行为，应答行为** **1.** 译为引发性行为或反应性行为时，指美国新行为主义心理学家斯金纳在操作条件作用理论中的术语。他指经典条件作用历程中个体的反应是引发性的，是由外在刺激引起的，而操作条件作用历程中个体的反应是自发性的。见操作条件作用（operant conditioning）。**2.**译为应答行为时，指在受试者接受访问或问卷调查时，针对问题回答时的行为。

respondent conditioning **反应性条件作用** 指经

典条件作用。见引发性行为(respondent behavior)。

respondent response **反应性反应** 义同反应性行为(respondent behavior)。见该条。

response (R) **反应** **1.**指在某种刺激出现时个体所表现的任何肢体活动。**2.**指在某种刺激出现时影响到个体肌肉或腺体的活动。**3.**指受试者对试题、问卷、诘问等所做的一切回答。**4.**指某一外在刺激引起的内在心理反应(如思维想象)。**5.**指由内在的心理历程所引起的另一种心理历程(如简单回忆引起更多回忆)。**6.**义同行为(behavior)。在心理学研究上,反应是刺激的相对词,在变项性质上,除了少数例外,反应一般被视为依变项。因此,了解个体反应的产生与变化,正是心理学研究的主要目的。见反应变项(response variable)。

response acquiescence **反应默许** 义同默从反应心向(acquiescent-response set)。见该条。

response adequacy **反应适切性** **1.** 指个体所表现的反应能够满足其动机的程度。换言之,个体反应适切与否,端视其能否满足其动机而定。如迷津中的白鼠所表现的对食物箱的反应,即适切反应。**2.**指合于预定标准的反应,如受试者在四选一的试卷上选对了,就表示该反应是适切的反应。

response amplitude **反应幅度** 指从某一维度上对个体反应所做的量的评定。例如,在巴甫洛夫式的经典条件作用实验中,狗闻铃声时唾液分泌的滴数,就可视为反应幅度。反应幅度常用数据来使反应量化。如将反应幅度说得抽象一点,那就与另一名词反应量(response magnitude)同义。

response attitude **反应心态** **1.**在反应时间实验时,指在刺激出现之瞬间,受试者立即反应的心态。唯本词所指者,系受试者的心态倾向于自己即将发生的活动,而非倾向于即将来临的刺激。见刺激心态(stimulus attitude)。**2.**义同反应心向(response set)。见该条。

response bias **反应偏向** 指受试者回答是非题时,纵使测验编者有意安排是与非两种答案数目相等(或相近),但受试者作答时有较多选"是"的倾向。显然,这是一种心理偏向。解释此种反应偏向现象,有两种看法:一种看法是默从反应心向(acquiescent-response set)作用。见该条。另一种看法是试题在文字语意上对受试者产生了暗示作用。

response-by-analogy principle **模拟反应原则** 属于一种反应类化原则,指当个体处于生疏情境时,倾向于先以其熟悉的或以前应付类似情境所学得的经验去反应。见反应类化(response generalization)。

response class(R class) **雷同反应** 指个体行为中包括多种反应,而此等反应具有类似的功能。

response competition **反应竞争** 指单一刺激同时引起两种反应,结果导致彼此干扰而影响记忆的情形。例如,汉字中的多音字"和"字有五种读音,如单独出现时,就可能发生反应竞争现象。

response cost **反应代价** 在操作条件作用学习历程中,因个体反应稍有误差而导致强化物不能获得时,称为反应代价。意谓平白付出反应,未能获得酬赏。例如,在斯金纳箱内先训练白鼠在灯亮时压杆就能得到食物。然后,灯光不再发亮,使白鼠失去线索,即使再有压杆反应,也得不到食物。此时白鼠的压杆反应,即为反应代价。可以预知的是,反应代价多次之后,个体即将减少(甚至不再)反应。

response-cost contingency **反应代价后效** 指运用反应代价(response cost)的实验技术以消除个体已学得的反应。见该条。

response-dependent learning **反应依赖学习** 指操作条件作用式学习。因为在操作条件作用历程中,条件反应的建立完全依赖反应后带来的后果。见后效强化(contingent reinforcement)。与本词相对者为反应独立学习(response-independent learning)。见该条。

response differentiation **反应分化** 指采用渐进条件作用(approximation conditioning)的原理,使个体从连续的反应中逐渐学习到精密准确反应,从而达到目的的历程。见该条。

response discrimination **反应辨别** 义同辨别学习(discrimination learning)条第一义。见该条。

response dispersion **反应错乱** 指当个体目标导向性行为遭遇挫折,致使其动机不能得到满足时,随之出现某些紊乱的、无目的的行为。所谓"手足无措"即属反应错乱的表现。

response generalization **反应类化,反应泛化** 指个体学习到对某刺激情境做固定反应之后,以后在必要时,他将在相同情境之下以类似的新反应代替原来固定的反应。例如,初学练习时学到的是用右手反应,以后在必要时,左手虽未曾练习,也可做出与右手类似的反应。

response hierarchy **反应层次** 义同习惯层次(habit hierarchy)。见该条。

response-independent learning **反应独立学习** 指经典条件作用的学习历程。因为在经典条件作用历程中,条件反应的建立,是条件刺激与无条件刺激的代替,而不是受制于反应之后的强化刺激。换言之，经典条件作用学到的反应并非在后效强化(contingent reinforcement)的限制之下建立的。见该条。与本词相对者为反应依赖学习(response-dependent learning)。见该条。

response intensity＝**response strength** 反应强度

response latency 反应潜伏期 指从刺激出现到反应呈现所经过的短暂时间。

response learning 反应学习 属于一种学习的形式。个体必须学会在刺激情境下做出某些特定的动作或反应，才能达成预定的目标。例如，白鼠在迷津中学到的第一个十字路口向左转，在第二个十字路口向右转，都是反应学习。

response magnitude 反应量 见反应幅度(response amplitude)。

response measurement 反应测量 指对个体反应赋予数字以表示其等级、类别、强度的方法。学生在试卷上的反应给予分数，受试者在实验室的反应，也同样按预立标准评分。凡是对个体反应施以评分的做法，均属反应测量。

response-oriented psychology 反应取向心理学 泛指以个体反应变项为研究题材的心理学。准此以观，诸如刺激—反应心理学、行为心理学、行动心理学等，均属反应取向心理学。

response-oriented system 行为取向体系 义同反应取向理论(response-oriented theory)。见该条。

response-oriented theory 反应取向理论 泛指以个体反应变项为研究题材，并从而建立系统理论的心理学。行为主义的理论就是典型的反应取向理论。

response pattern 反应组型 当同类性质的多个反应组合起来表现一个整体功能时，称为反应组型。在心理学上，行为一词的含义较反应广泛，行为即可视为反应组型。反应组型不限于外显反应，也包括内隐反应，诸如回忆、思维、想象等均属之。

response prevention 反应预防 指设法预防不使个体有机会表现某种反应的历程。反应预防的做法用在心理治疗上，称为延阻治疗法(delay therapy)。见该条。

response probability (R_p) 反应概率 指可能反应次数中个体实际反应的相对次数。可能反应次数指引起反应刺激呈现的次数，实际反应次数指个体在刺激呈现时实际反应的次数。如刺激呈现10次，而只引起5次反应，反应概率就是50%。反应概率是测定反应强度的指标之一。本词与反应率(response rate)不同。见该条。

response rate 反应率 指单位时间内出现反应的次数。反应率常用于操作条件作用实验中，作为测量操作条件反应强度或学习进步的标准。以斯金纳箱内白鼠压杆反应为例，白鼠在箱中的单位时间内压杆次数愈多，即表示学习愈进步。本词与反应概率(response probability)不同。见该条。

response set 反应心向，反应定势 **1.**指在反应时间实验(或其他类似情境)中，受试者随时准备反应的心理状态。在反应心向的状态下，刺激一旦出现，受试者就立即反应，往往反应速度快，但错误也较多。 **2.** 指在选答是非题时的一种心理倾向。例如，前面三题连续都是"是"的答案，第四题会引起考生的怀疑，即使正确答案仍为"是"，但他总有选"非"的倾向。见心向(set)。

response strength 反应强度 **1.**指用数量表示出来的反应量或反应强度。 **2.**指在条件反应形成之后，该反应抗拒消弱的持久性。即条件反应后不出现无条件刺激时，条件反应所能维持的长短。见抗拒消弱(resistance to extinction)。反应强度的测量，平常多以反应潜伏期(response latency)、反应概率(response probability)与反应率(response rate)等为标准。见该等条。 **3.**义同反应量(response magnitude)。见该条。

response system 反应系统 指由感官、神经系统、肌肉、腺体等各种反应器所构成，从对刺激的感应，到反应的表现的整个系统。

response threshold 反应阈限 指刺激强度恰能引发某种反应的临界状态。达到该状态时即有反应，否则就不发生反应。

response time＝**reaction time** 反应时间

response variable 反应变项，反应变量 在心理学研究中，凡是属于依变项者，全属反应变项。换言之，心理学上的任何研究，其目的均在观察了解反应变项，或谓反应变项乃是心理学家研究的题材。从因果关系的观点看，反应变项是结果，形成该结果的原因有二，一是刺激变项，一是机体变项。见变项(variable)。

response word 反应词 在语词联想测验时，受试者根据刺激词(stimulus word)所回答的语词，称为反应词。见该条。

responsibility 责任，责任心 **1.**广义言之，指个人对自己所作所为的后果应有的担当。 **2.**狭义言之，指人本心理学家所倡4R(four R's)教育之一。见该条。

responsibility fear 责任恐惧 指个人逃避责任，不敢对自己的作为负责任的心理倾向。遇到非负责任不可时，即感到手足无措，惴惴不安。责任恐

R

惧严重者成为病态，称为惧责任症（hypengyophobia）。见该条。

responsiveness 感应性 指人本心理学所主张的4R（four R's）教育之一。见该条。

restatement 重述 指进行咨商时咨商员重述案主所陈述的一切。重述时可以将案主所说的话一字不改地重述一遍，也可以取其要义做概括的重述。重述的目的一方面让案主觉得他所说的一切已为咨商员完全了解，另一方面借重述的过程，让案主由主观立场转换为客观立场去观察反省自己当时的心理状态。因此，重述在性质上具有心理治疗作用。

resting membrane potential 静止膜电位 当神经元静止而没有神经冲动传导时，该神经元或神经纤维的膜内、膜外间存有一个电位差，此电位差称为静止膜电位。在静止膜电位时，细胞膜的外侧带正电，内侧带负电，这是由于细胞膜内外的正负离子浓度不同所造成的。静止膜电位时，膜内与膜外之正常电位差约为－70毫伏。当神经元发生神经冲动时，静止膜电位即转变成动作电位，可测得约为＋30毫伏。

resting potential 静电位 义同静止膜电位（resting membrane potential）。见该条。

Restorff effect 雷斯托夫效应 指在众多刺激的情境下，对刺激中最具特征者容易记忆。例如，人群中容貌特殊者或衣着突出者，都会引起人的注意。因为此效应系由德国心理学家冯·雷斯托夫（H. von Restorff）1933年发现，故名。

restricted response question 限制反应题 指在针对试题作答时，受试者不能超出试题范围随便作答。举凡选择题、是非题、配合题等，在性质上均属限制反应题。见论文式考试（essay examination）。

RET = **rational-emotive therapy** 理性—情绪治疗法，理情治疗法

retardation 迟钝 指除动作外心理反应也远较一般人迟缓愚鲁的现象。迟钝为智能不足（mental retardation）者的共同特征。见该条。

retarded depression 迟钝性抑郁 指以身体动作迟钝为主要症状的抑郁症。患迟钝性抑郁症者，行动迟缓，表情冷淡，精神沮丧。见抑郁（depression）。

retention 保持 指学习活动过后的记忆，经过一段时间，在未经重复练习情形下，个体仍能表现其学得行为的现象。至于学习后保持的多寡与长短，则与记忆测量方式有关。

retention curve 保持曲线 指根据在停止练习后的不同时间所测量的保持量绘制的曲线。保持曲线虽有时也称为遗忘曲线（forgetting curve），但意义不尽相同。按曲线本身所表示者只是在停止练习后不同时间所测到的记忆量。需要根据记忆量去推估，才能知道遗忘了多少。例如，学习20个英文单词，经练习10遍达到100％完全反应无误程度后停止练习。经过24小时之后测量时，能记得10个单词，这表示保持着50％，遗忘了50％。经过48小时之后再测量时，如只记得5个单词，这表示保持着25％，遗忘了75％。因此如将保持曲线视为遗忘曲线时，应按词义作不同解释。与本词相对者为学习曲线（learning curve）。见该条。

retest 复测 指同一测验初测后过一段时间重新再测一次的措施。复测的目的有二：其一是建立重测信度（test-retest reliability）。见该条。其二是用于实验之后的检验，借以与实验前初测相比较，从而确定实验的效果。

retest consistency 复测一致性 义同重测信度（test-retest reliability）。见该条。

reticular activating system（RAS） 网状激活系统 网状激活系统是由位于脑干内网状结构中的许多神经组织所构成的，它是大脑的激活中枢。来自脊髓或周边特殊感觉传导路径的神经冲动，都可经由网状激活系统中的中枢传递到丘脑，再从丘脑传到大脑皮质。如果没有网状激活系统的作用以造成大脑皮质的持续兴奋，个体即无法感觉到意识，而且在睡眠时也无法唤醒。目前生理学家普遍认为：（1）网状激活系统对大脑具有唤醒作用，并且可维持意识及清醒；（2）巴比妥酸盐等药物可压抑网状激活系统而导致睡眠，安非他命等药物可以刺激网状激活系统，使大脑皮质产生兴奋而强化唤醒作用。

reticular formation（RF） 网状结构 指中脑中心部位的神经组织，其功能主要为控制觉醒、注意、睡眠等意识状态。网状结构的作用扩及桥脑、中脑与大脑。见脑（brain）条及附图。

reticular system 网状系统 指很多神经元错综复杂集合而成的神经网。这些神经网形成白质与灰质交织的网状结构，网状结构存在于整个中枢神经系统内部而合称为网状系统。在功能方面，网状系统控制觉醒、注意力之集中、意识状态及各种不同程度的睡眠。见网状激活系统（reticular activiting system）。

retina 视网膜，网膜 指眼球后壁司职视觉感受光刺激的最复杂神经组织。由视网膜靠近眼球后壁向眼球中心方向，有多达10层的神经细胞组织，其中最主要的三层分别是：（1）感光体层

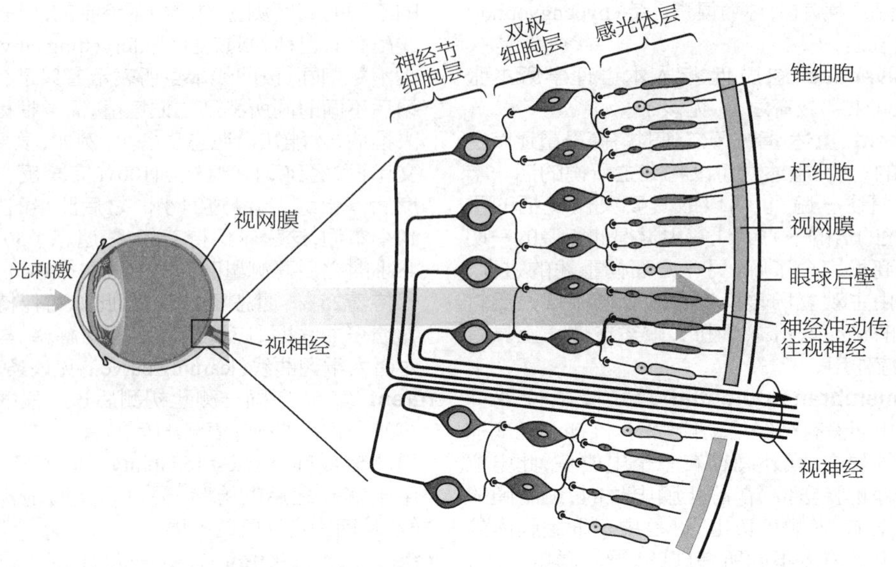

视网膜横切面

(photoreceptor layer),包括杆细胞(rod cell)与锥细胞(cone cell)两种细胞,分别司职对颜色刺激与光刺激的感应;(2)双极细胞层(bipolar cell layer);(3)神经节细胞层(ganglion cell layer),分别发挥感光及神经冲动传导功能。见该等条。由附图可以看出,视网膜所发挥的视觉感受作用是,接受光刺激产生神经冲动后,其神经传导方向是先反向再正向的。图中左边是眼球的略图,右边是视网膜上中央凹以下部分的放大;中间灰色部分代表外界刺激的折光,光刺激引起视网膜上的神经冲动汇集后,经视神经传入大脑视觉区而产生视觉。见眼的构造(eye structure)及视觉系统(visual system)条及附图。

retinal disparity 网膜象差 见双眼视差(binocular disparity)。

retinal illuminance 网膜照度 指光作用于视网膜单位面积上的光量。人眼视网膜上的照度,取决于外界光刺激和瞳孔大小。

retinal image 网膜象 指外界刺激的折光经瞳孔投射视网膜上所形成的象。网膜象是倒立的,有网膜象始有视觉。见眼(eye)条及附图。

retinal mixture 网膜混色 指不同色光在视网膜上所自动形成的混色现象。见混色(color mixture)。

retinal rivalry 网象竞争 义同双眼竞争(binocular rivalry)。见该条。

retinal size 网象大小 指外在实物投射在视网膜上所形成映象的大小。网象的大小是单眼视觉的距离判断线索之一。对熟悉的物体而言,网象愈小,即可由之推知该物体距离愈远。

retinal zone 网膜区 义同色感区(color zone)。见该条。

retirement 退休 **1.**指任职达一定年限时,按规定离开职位的一种作为。此种退休与年龄没有必然关系。 **2.**达到某一年龄时即按规定离职的作为。此种退休,年龄是基本条件。

retirement counseling 退休咨商 以行将退休或业已退休人员为对象的咨商。退休咨商旨在协助退休人员适应退休生活,以免因退休的冲击,使其在精神上陷入失落感。退休咨商的主题包括多方面,其中最主要者有:(1)如何保持社会参与以免使自己孤立;(2)如何计划休闲活动以保持身心健康;(3)如何培养多方面兴趣以充实退休生活;(4)如何调理饮食习惯以保持身体活力;(5)如何设计从事利己利人的工作以发挥自我价值;(6)如何安排与亲友儿孙的家庭活动以维持亲情关系。在平均寿命延长的现代社会,很多人退休后尚可活几十年,退休咨商已成为现代社会的必要措施。

retreat from reality = **flight from reality** 逃避现实

retrieval 检索,提取 在信息处理(information processing)过程中,检索是从长期记忆中提取信息以便应用的过程。见该条。

retrieval cue 检索指引,检索线索 指从记忆中检索信息时所根据的外在指引,亦即引起记忆的外在刺激。

retrieval-induced forgetting 检索不当遗忘 记忆中储存的信息虽然存在，但如检索时思维方向不对，仍然出现遗忘现象。

retroactive amnesia 倒摄遗忘 指经过一次不愉快的经验之后，临时丧失了以前的记忆。这是一种倒摄抑制（retroactive inhibition）现象，故名。见该条。

retroactive association 反向联想 指序列学习中，在序列中某一项目，与其相邻之前一项目能建立联想者，称为反向联想。倒背数字就是反向联想的实例。

retroactive facilitation 倒摄助长 在前后两次联想学习中，新学习对旧学习的记忆有加强作用的现象，称为倒摄助长。例如，先由联想学到table——桌子，后来又由联想学到table——图表。这是刺激反应两次联想学习。如果后一联想加强了前一联想，那就是倒摄助长。反之，如后一联想有碍于前一联想，则称为倒摄抑制（retroactive inhibition）。见该条。

retroactive inhibition（RI） 倒摄抑制 一种造成遗忘现象的心理历程，即新的学习经验干扰了对旧经验的回忆。新旧两种学习内容与性质极为相近时，倒摄抑制现象尤其显著。在实验上要了解倒摄抑制的程度，可作如下的安排：

控制组：学习A→休　息→回忆A
实验组：学习A→学习B→回忆A

比较控制组与实验组在回忆材料A时的成绩，如发现实验组回忆材料A的成绩比控制组差，即显示已产生了倒摄抑制。与本词相对者为顺摄抑制（proactive inhibition）。见该条。

retroactive interference（RI） 倒向干扰 义同倒摄抑制（retroactive inhibition）。见该条。

retrograde amnesia 前事失忆症 属失忆症之一。此种失忆症的特点是，患者经过一次严重情绪打击后，对以前的经验不能记忆，只能记得发病以后的事。发病前的经验不能记忆的原因，并非记忆中旧经验消失，而是患者失去了提取旧经验的能力。见失忆症（amnesia）。

retrospective method 回溯法 属研究个体行为发展的方法之一。采用回溯法研究行为发展时，乃是以回溯的方式搜集个体过去的生活史料（如出生情况、病历记录、学校记录、家庭关系等），从而分析它与目前行为的关系。此法在教育辅导、心理问题诊断等各方面应用极广。常用的个案研究法（case study method），事实上就是采用回溯法从事个体以往行为发展的研究。见该条。

retrospective research 回溯研究 义同回溯法（retrospective method）。见该条。

retrospective study 回溯研究 义同回溯法（retrospective method）。见该条。

return sweep 回扫 指阅读时读完一行文字或一整句之后再回头重新扫一遍的阅读习惯。回扫习惯有碍于阅读速度的提升，回扫的原因是由于读者单凭阅读一遍无法完全理解文字的内容。回扫习惯的形成，除语文能力不足之外，阅读时注意力不够集中，也是原因之一。

re-uptake 再吸收 指神经元轴突末梢的终纽将释出的神经传导物质分子吸回的过程。借再吸收以中止神经传导物质对突触后神经元上接感受器的作用。

reversal design 颠倒设计 义同交换设计（cross-overdesign）。见该条。

reversal error 颠倒错误 指阅读或书写时所发生的字母或拼音顺序的错误，例如，将was看成（或写成）saw，就是颠倒错误。此种现象在记忆电话号码时最易发生。生活中经常接到错拨的电话，其原因就是起于颠倒错误。

reversal formation = reaction formation 反向作用

reversal learning 反学习 属于一种学习实验技术。以白鼠在T形迷津中的方位学习为例，第一阶段训练其右转（食物置于迷津右臂），达到完全熟练程度之后，再训练其放弃右转改向左转（食物置于左臂）。如此在同一情境下放弃已学得反应而改学习另一反应的方法，称为反学习。本词亦称线索反转技术（cue reversal technique）。虽然反学习的研究主要是以动物学习为主，但在教育上也颇具意义。要想消除儿童已有的不良习惯，最可行的方法是教他在原来表现不良习惯情境中，学习到良好习惯来代替。在此情况下，对旧习惯而言就是反学习。

reverse-causality problem 因果倒置问题 两个变项显示高度相关时，如将其中一个可能是结果的变项解释成原因变项，就会形成因果倒置的问题。例如，一般认为看电视过多（变项之一）的学生学习成绩低落（变项之二）。但看电视过多是否即是学习成绩低落的原因呢？这问题不能肯定。原因很有可能就是由于他在校成绩低，读书没有兴趣，而借看电视以逃避在家做功课。

reverse tolerance 逆耐药性 指与耐药性相反的现象。有些人体质特殊，对药物反应敏感，用较少的剂量即可产生与大剂量相同的效果。换言之，此等人不会因多次服用药物而使剂量增加。见耐药性（drug tolerance）。

reversibility 可逆性 瑞士心理学家皮亚杰认知发展理论中的术语。当儿童发展至具体运思期（7～11岁），能够凭想象的方式指出物质的可逆性。例如，将一瓶牛奶倒在杯中之后，他会知道（不须行动），若再从杯子倒回瓶中时，牛奶的量不会改变。了解物质的可逆性，是儿童的一种认知能力，此种能力是构成守恒（conservation）概念的基础。见该条。

reversible figure 可逆图形 属视错觉现象之一。可逆图形的特征是，图形的轮廓虽看起来是明确的，但图形所显示的意涵却是不能肯定的。如附图所示，乍看之下像是6个立方体的组合，但如再看时就会觉得整图是由7个立方体所组成的。这显示此图可做两可的解释，而两可的原因是它具有可逆性。读者仔细观察当可发现，构成此图可逆性的关键是立方体的暗面：如将暗面视为立方体的上面，就会觉得它是6个，但如将暗面视为立方体的底面，就会觉得它是7个（如看不出来可将图形倒过来看）。在构成错觉的图形中，可逆图形是一大类，诸如暧昧筒（ambiguous tube）、奈克尔立方体（Necker cube）以及鲁宾图形（Rubin's figure）等，都是可逆图形。见该等条及附图。可逆图形也称暧昧图形（ambiguous figure）。见该条及附图。见错觉（illusion）。

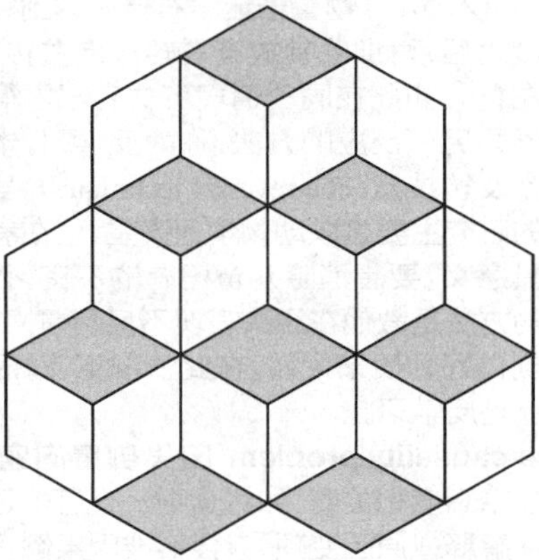

可逆图形

reversible figure-ground relationship 可逆性形象—背景关系 指形象与背景（figure and ground）图形的可逆性特征。见该条。

reversible perspective 可逆透视 义同交替透视（alternating perspective）。见该条。

revolving door model 旋转门模式 对资优儿童实施充实课程模式的一种改进措施。旋转门模式是由美国教育心理学家伦佐利（J. S. Renzulli）等人1981年提出的，其基本要义是：（1）传统教育上一直将资优儿童界定为同年龄儿童人口中居于最高2%～3%的儿童，而且都为他们设置特殊班级。旋转门模式主张将此界限扩大为最高20%～25%的儿童。（2）将资优的鉴定标准多元化，除学科优异之外，也包括创造力和学习动机等多方面。（3）对列入资优的儿童不设置特殊班，只采用资源教室的办法充实儿童知识。（4）在实际教学时，对列入资优的儿童不加限制，他们可以随时加入或退出，故而称之为旋转门模式。见资优儿童（gifted child）。

revolving door model for gifted children 资优儿童旋转门模式 义同旋转门模式（revolving door model）。见该条。

reward 奖赏 任何能够使个体行为反应之后感到满足并能强化其反应之刺激物、情境或言语等均谓之奖赏。奖赏可视为过程，也可视为刺激物，其间之关系相当于强化（reinforcement）与强化物（reinforcer）。见该等条。

reward training 奖赏训练 学习过程中以奖赏为手段，从而改变个体行为以达到训练目的者，均称为奖赏训练。准此而论，凡是以正强化物所设计的操作条件作用（operant conditioning）实验，均属奖赏训练。见该条。

RF＝reticular formation 网状结构

Rhine cards 莱茵卡 义同超感知觉实验卡（ESP cards）。见该条。

Rhine, Joseph Banks（1895～1980）莱茵 莱茵是20世纪美国心理学家，也是打破物质决定论的实验心理学传统而首创心灵学的心理学家。

莱茵1895年9月29日出身于美国宾夕法尼亚州滑铁卢的一个经营农庄的家庭。1925年获芝加哥大学植物学博士学位，但毕业后放弃植物学专

R

业，改而尝试将江湖术士宣称不凭视听感官或语言媒介，即可与人沟通的说法，放在大学心理实验室进行验证研究。莱茵1925～1926年任教于西维琴尼亚大学，1926～1927年任哈佛大学教职，1927年以后一直在杜克大学担任心理学教授。在杜克大学期间，他创用心灵学一词标志他所研究的心理现象，并在该校创设心灵学实验室从事验证性的科学研究。此外，在1937～1980年间创办人性研究基金会与心灵学期刊，宣扬心灵学的理念，直到从杜克大学退休为止。莱茵专研心灵学，五十年如一日，1980年2月20日病逝于北卡罗来纳州希尔斯布堡，享年85岁。

莱茵在心理学上的贡献，主要在于他突破实验心理学以感官为基础研究知觉的传统，而创始了心灵学研究。所谓心灵学(parapsychology)，是指对人类不靠感官，单凭精神或心灵活动即能获得对外界事物的知觉，从而有效支配其行为的研究。莱茵的心灵学研究，主要包括两大方面的四个主题：

1.超感知觉　超感知觉(extrasensory perception)，指不凭感觉器官(如眼、耳等)即可获得知觉经验的灵异现象。莱茵的超感知觉研究，包括以实验方法进行研究的三个主题：一是心电感应(telepathy)，指两人之间不经由任何沟通渠道即能彼此传达信息的过程。例如，在两人互不见面的情况下，其中一人用心注视一张绘有图形的卡片，另一人静坐等待即可获知卡片上是何图形。根据莱茵的解释，他们之间产生了心电感应。二是超感视觉(clairvoyance)，是一种不靠眼睛即可看到物体的特异功能。例如，未启封的钱袋，可知袋中钱数，未翻开的扑克牌，可知牌面图形。三是预知(precognition)，指事件尚未发生即可预知的超人能力，如电话铃响起时，未拿起话筒即预知对方是何人。

2.心灵致动　心灵致动(psychokinesis)，一种不用身体接触，不使用任何工具，单凭心理作用即可使物体移动的特异功能。实验时运用精神力量支配转动的骰子，使之出现所指定的点数，或只凭手势即可翻开书本中所需要的页码。

莱茵的心灵学被实验心理学者批评为违反自然科学法则。唯莱茵辩解称，人的精神作用像电磁波一样，会产生超媒介的传导作用，在其研究时所发生的超概率现象(如支配骰子4点向上的概率大于1/6)，即为有力证明。多年来心理学家所从事的催眠术和心灵学方面的研究，在性质上既不属于传统科学心理学研究范围，也不属于任何思想流派所探讨的问题。但就人性整体层面看，两者都是人类的重要心理现象。然而，迄今心理学界对此等心理现象尚且只知其然而未知其所以然的情形，足可显示人类心理现象的高度复杂性。英国大文豪莎士比亚(W. Shakespeare, 1564～1616)有句名言：“天地间的事物远比哲学家和科学家所知者为多 。”如将这话换成心理学语言，则可以说：“人类的心理现象远比心理学家所知者为多 。”

莱茵的主要著作有：*Extra-sensory perception* (1934); *New frontiers of the mind* (1937); *Extra-sensory perception after 60 years* (1940); *The research of the mind* (1947); *New world of the mind* (1953); *Parapsychology* (1957); *Parapsychology today*(1968); *Progress in parapsychology*(1971)等。

rho (ρ) **等级相关系数** ρ为希腊文第17个字母，rho为该字母的读音。见等级相关(rank-order correlation)。

rhodopsin 视紫，视紫红质 视紫是视网膜杆细胞内所含的一种红色物质，也是一种对光线非常敏感的色素化合物，即使是微暗的光线也会使视紫分解，也会引发神经冲动，使得眼睛在微弱的光线下产生视觉。

rhypophobia＝mysophobia 惧脏症

rhythm sensation 节奏感 指个体对节奏性刺激物的自动性反应。个体在感受到节奏性刺激物时，倾向于用动觉做出节拍性的伴随活动。例如，在听到单调的节奏性声音刺激时，便倾向以肢体的运动或用言语去计数，把声音组成两拍或更多拍的节拍组合，并拍出节奏来。最容易形成节奏感的刺激是每秒0.6～8次的节奏。

RI＝retroactive inhibition 倒摄抑制

RI＝retroactive interference 倒向干扰

right associates procedure 正确联对法 义同配对联想(paired associates)。见该条。

right-handedness 右利手 指单手操作时惯用右手的现象。与本词相对者为左利手(left-handedness)。见该条。

right hemisphere 大脑右半球 指右边的大脑半球。大脑右半球负责控制身体的左侧及左手脚的动作。此外，对音乐及艺术的了解、空间及模型的理解、洞察力、想象力，以及体察一些非语言性的声音，如节奏、咳嗽、哭泣和笑声，甚至对视觉、触觉、味觉及嗅觉等产生精神想象以比较彼此之间的关系等，皆与大脑右半球有密切相关。一般又称大脑右半球为大脑次半球(minor hemisphere)。见大脑左半球(left hemisphere)条及附图。

righting reflex 翻正反射 当个体(包括人与动物)

的身体失去平衡时，身体会不自觉地自动恢复原状以保持身体的平衡，此种不学而能的动作，称为翻正反射。上山时身体向前倾，下山时身体向后仰的现象，就是翻正反射。

righting response 翻正反应 义同翻正反射（righting reflex）。见该条。

rights of the mentally retarded 心智不足者权利 系指1971年联合国心智不足者宣言（United Nations Declaration on the Rights of Mentally Retarded Persons）中所宣示的心智不足者应享有的权利。宣言中所指的权利，主要包括接受医疗权、教育权、工作权、经济安全权以及与家人共同生活权等。

right to privacy 隐私权 本词在心理学上的意涵是，有关参与心理学研究受试者的隐私不得向外人公开。

rigid schedule＝fixed schedule 固定时间制

ripple effect 涟漪效应 美国教育心理学家柯宁（J. S.Kounin）在1970年提出的一种教师惩罚学生时可能发生的反面效应。如教师在施行责罚时，不但在情绪上表示愤怒，而且在言辞上对该生的人格加以批评（如：你这个学生不是好东西），如此不仅对纠正该生错误的行为未必有效，反而会引起其他学生对他的同情，甚至因此对教师的做法产生反感，称为涟漪效应。设若受责罚者是被班上部分学生视为自己小团体中的领袖人物，则教师此番责罚所产生的涟漪效应可能更为严重。这也可能就是导致一些行为顽劣学生不接受教师管教的心理因素之一。

risk-taking 冒险 指在成败后果不能确定的情境下，个人选择不舍弃反而进取的决定。因为所从事的工作后果不确定，所以称为冒险抉择。一般认为冒险是一种性格，唯根据心理学家研究发现，冒险行为受以下三类因素影响：（1）工作本身与情境因素，个人是否冒险与其工作经验、技巧以及情境的危险程度等因素有关；（2）个人因素，性别、能力、动机、家庭出身等因素均与冒险行为有关；（3）社会团体因素，受团体成员互动影响，个人冒险行为有提升倾向，尤其在集体行动时，由于责任分散心理的影响，个人随群众情绪的激动，常会做出平常自己不敢做的事情。此种现象，在社会心理学上称为冒险偏倚效应（risky-shift effect）。义同冒险型（risk-taking style）。见该条。

risk-taking style 冒险型 属认知风格之一，指个体应付环境时所表现的习惯性的性格特征。属于冒险型的人，遇到具有挑战性的问题时喜欢冒险，对成功机会少但成功后报酬高的事情，敢于尝试；对风险大但利润高的事业，敢于投资。与本词相对者为谨慎型（cautious style）。见该条。见认知风格（cognitive styles）。

risky decision making 冒险决策 指面对不确定问题情境和不确定决策后果时所做的决策。见冒险（risk-taking）。

risky shift 冒险偏倚 经过团体讨论后所做出的抉择，如在性质上较诸团体中一般成员个人的态度更为激进时，称为冒险偏倚。与本词相对者为谨慎偏倚（cautious shift）。见该条。见决策偏倚（choice shift）。

risky-shift effect 冒险偏倚效应 指个人受团体抉择的影响，在面对后果难以确定的情境时，个人在决策上倾向于选择更为冒险的行为倾向。见决策偏倚（choice shift）。与本词相对者为谨慎偏倚效应（cautious-shift effect）。见该条。

ritual behavior 仪式行为 指在同一传统习俗之下所表现的一种社会行为。不同种族或不同宗教信仰的人常有不同的仪式行为。

rivalry 竞争 在数人参与同一工作或数人追寻同一目标时，每个人都希望能胜于别人的现象。本词与另一词competition相似，但不全同。见该条。

RMS＝root-mean square 均方根

rod 视杆 义同杆细胞（rod cell）。见该条。

rod and frame apparatus 棒框仪 见棒框测验（rod and frame test）。

rod and frame test 棒框测验 测量场地独立性的一种实验设计。棒框测验的设计是，在暗室中的墙上出现一倾斜而光亮的方框，方框内有一可独立于框面自由转动的亮棒，受试者的任务是把偏斜的亮棒调整到他认为垂直的方位。方框随时转动，受试者必须随时在不同角度的方框中做出亮棒的垂直判断。棒框测验的目的，旨在了解受试者在判断亮棒时是否受周围方框角度的影响。如果受方框角度影响而不能只根据亮棒本身垂直度判断者，表示该受试者的场独立性较低。用于棒框测验的设计，称为棒框仪（rod and frame apparatus）。见场独立性（field independency）。

rod cell 杆细胞，杆体细胞 指一种形如杆状而对光线非常敏感的感光神经细胞，它分布于中央凹四周的整个视网膜上。杆细胞对光刺激极敏感，它是眼睛在昏暗光线下看视物体的主要神经元。光的刺激使杆细胞内发生化学反应，引起杆细胞产生神经冲动，神经冲动传入大脑视觉区而产生视觉。唯由杆细胞所获得的视觉，只有黑白而无色彩。由于中央凹无杆细胞，所以人们在晚上或较昏暗处看东西时，以侧视方式才能让光线进到含杆细胞较多的周边视网膜，也才能获得较佳的视觉效果。当移动中的物体，其映象落在周边视网膜上时，也由于杆细胞的作用，使人容易察觉到。见视网膜(retina)条及附图。

rod vision 视杆视觉 指在较暗的照明情境下，靠杆细胞所获得的视觉经验。视杆视觉只有黑白而无色彩。详见杆细胞(rod cell)。

Rogerian 罗杰斯主义 指美国心理学家罗杰斯所提倡的人本论和非指导性心理治疗法。见罗杰斯(Rogers, Carl Ransom)传记条。

Rogers, Carl Ransom(1902～1987) 罗杰斯 罗杰斯是20世纪美国心理学家，是人本心理学创始人之一，也是突破以往心理师指导患者的心理治疗传统而首创非指导性治疗的一代宗师。

罗杰斯1902年1月8日出生于美国伊利诺伊州芝加哥附近的橡树园，他在六个孩子中排行第四，父亲是工程师，父母为虔诚基督徒，对子女管教严格。罗杰斯自幼性格孤僻，12岁时举家迁往乡间，因而对农业感兴趣，读了很多有关农业科学方面的书籍。1919年进威斯康星大学读农科，二年级改变志趣修读神学和历史，三年级时被选为由12个美国学生所组成代表团团员，赴北京参加国际基督教联盟大会，6个月后返回学校。

1924年毕业后赴纽约，先进联合神学院，后又转学进哥伦比亚大学主修心理学，1928年获硕士学位，1931年获临床心理学博士学位。而后到罗契斯特担任小区辅导诊疗工作，1940年进俄亥俄州立大学任教，1942年出版《咨商与心理治疗》一书，提出著名的非指导性治疗法。1945年进芝加哥大学任教，并实际承担该校心理咨商中心工作，1951年正式创用案主中心治疗法。1957年，因与马斯洛等人推动的人本心理学理念未能获得该校心理学家的理解和支持，而离开芝加哥大学，改任威斯康星大学教授。直到1964年退休后，又转赴加州参加西部行为研究所，并与友人创立人道研究中心，从事地方社会福利推广工作。罗杰斯曾获得多项荣誉学位，在心理咨商与心理治疗方面地位崇高，一般认为其声誉仅次于弗洛伊德，是心理治疗界有史以来的第二人。他在心理学界也有崇高地位，曾当选1946～1947年的美国心理学会主席，1956年荣获美国心理学会杰出科学贡献奖。他在受奖时含着眼泪说："直到今天，我才真正觉得我是美国心理学大家庭中的一个成员。"由此可知，第三势力的人本心理学创立之艰难。1987年2月4日，罗杰斯病逝于加州，享年85岁。

罗杰斯与马斯洛同为人本心理学的创始人，两人在心理学上贡献不同，马斯洛偏重人本理论的倡导，罗杰斯则偏重将人本理念用于心理治疗的实践。以下介绍罗杰斯思想中的两方面贡献。

1.建构人格自我论 在1961年出版的《论人格成长》一书中，罗杰斯提出了自我为人格核心的人格理论，是为著名的自我论(self theory)。罗杰斯的自我论，在理论上采用了完形心理学家所持的现象场概念。所谓现象场(phenomenal field)，是指个人在意识中所经验到的此时此地的环境。现象场是个人凭其主观所知觉到的心理世界，而非客观的物理世界；在某时某地的客观物理世界虽只有一个，但置身其中的不同个人，则各有其不同现象场。唯个人的现象场并非一成不变，而是随生活经验逐渐改变与扩大，在改变与扩大的过程中即产生了个人的自我。自我(self)，是指个人在其现象场对"我是谁?"问题的回答。包括个人对自己相貌、能力、生活目标、人际关系、成败经验等各方面的看法与评价。因此罗杰斯认为，要想了解一个人的性格，唯一的途径是将当事人对他自己的看法作为研究他的中心议题。

2.首创当事人中心治疗法 在心理治疗方面，罗杰斯自成一派，他不同意传统精神分析治疗时把精神困扰者当病人看待。罗杰斯以人本主义为理论基础的心理治疗，创始于20世纪40年代，此后30多年间，治疗的名称曾数度改变。最初，在1942年他称之为非指导性治疗法(nondirective therapy)，意在强调人各具备自我调整以恢复心理健康的能力，因而主张放弃往昔以心理师指导患者的心理治疗传统；到1951年改称为案主中心治疗法(client-centered therapy)；到1977年又改称为当事人中心治疗法(person-centered therapy)。名称虽数度更改，但在基本理念与治疗实施的程序上仍维持非指导性治疗的精神。当事人中心治疗的基本要义是，心理治疗时以接受治疗的当事人为中心，重视他的人格尊严，将心理治疗过程视为心理医师与当事人之间设置的一种自我成长的教育机会。在实施心理治疗时，罗杰斯特别强调，要想使个人中心治疗有效，心理师在态度上必须具备三个条件：一是真挚(congruence)，心理师必须以真诚的态度对待当事人，使当事人感到他言谈恳切，表情自然，从而创造良好的治疗情境；二是同理心(empathy)，心理师聆听当事人陈述后，在言行上必须表现既同情又谅解的亲善态度，使他觉得自己的问题受到重视；三是无条件积极关注(unconditional positive regard)，对当事人所陈述的一切，除善意地接纳并表示关注态度之外，不做任何批评，使他可以无拘无束地向心理师倾诉。

罗杰斯主要的专著有：*The clinical treatment of the problem child*（1939）；*Counseling and psychotherapy*（1942）；*Client-centered therapy*（1951）；*On becoming a person*（1961）；*Person to person*（1967）；*Freedom to learn*：*A view of what eduaction might be*（1969）；*Carl Rogers on encounter group*（1970）；*On becoming partners*：*Marrige and its alternatives*（1972）；*Carl Rogers on personal power*（1977）；*A way of being*（1980）等。

Rolandic fissure 罗兰蒂克沟 义同中央裂(central fissure)。因为中央裂系由意大利解剖学家罗兰蒂克(L. Rolandic, 1773～1831)所发现，故名。见该条。

Rolando's fissure 罗兰杜沟 义同罗兰蒂克沟(Rolandic fissure)。见该条。

role 角色 在社会心理学上，角色一词含有两种意义：**1.**指个人在社会团体中被赋予的身份及该身份应发挥的功能。在此意涵之下，角色带有类属的性质，每人都具有一定的角色，做主管的、做属员的、做父母的、做子女的、做教师的、做学生的，都是角色。每种角色各有其权利、义务和责任，唯每人角色不限于一个，常是多重角色兼顾的(如学生又是子女)。**2.**指个人角色所具有的行为组型。社会上对每种角色，均赋予某些期待性的行为特征，诸如为人父者应该做什么，为人母者应该做什么，为人师者应该做什么。在社会期待之下，个人在教育与社会化的历程中，逐渐学到合于自己身份的角色。以上两点彼此影响，唯二者间稍有差异，前者指个人与团体的相对关系，后者指社会期待下个人应学到的角色行为(role behavior)。见该条。

R

role appropriateness 角色适合性 指个人在现实生活中所扮演的角色应符合社会规范的要求。人们能否做到角色适合，取决于三个因素：(1)角色的清晰度，个人对自己所承担的角色职责有明确的了解，有准确的角色知觉；(2)角色期待，个人对社会或他人对自己承担之角色所应该表现之特定行为的期待或要求有所了解；(3)角色技能，个人具备完成角色任务的智能、经验和能力。

role behavior 角色行为 指符合角色期待的行为。如担任法官角色者，社会期待他公正廉明，故而“公正廉明”就是法官的角色行为。见角色期待(role expectancy)。

role category 角色类别 在社会团体中按角色功能而区分身份者，称为角色类别。例如，在团体中德才兼具而能影响别人言行者，他扮演着团体领袖角色。又如，有人能在团体中化解人际冲突，他扮演的是仲裁人的角色。

role conflict 角色冲突 指个人在生活中角色扮演上所遭遇到的顾此失彼的心理困境。角色冲突的情境有二：(1)角色间冲突(interrole conflict)，指一人身兼两(或多)个角色而造成顾此失彼无法两全的情形(如已婚之职业妇女)；(2)角色内冲突(intrarole conflict)，指担任同一角色但无法同时满足两(或多)方面需要时所引起的心理困境。如身为两个(或数个)孩子的母亲，自知无法使每个孩子皆感满足时的心情，即属角色内冲突。见角色(role)。

role confusion 角色混乱 根据美国心理学家埃里克森的理论，青年期心理发展的主要困难是角色混乱。在摆脱儿童期一向认同别人的习惯之后，其自我统合尚未形成，在迷失中不能定向，因而在“我是谁?”的困惑中，感到角色混乱，情形严重者难免产生统合危机(identity crisis)。见该条。见心理社会期发展论(psychosocial stage theory of development)。

role consistency 角色一致性 指个人自己所扮演的角色正好与社会及他人对其角色期望相符合。角色一致性有助于个人顺利扮演自己的角色，并有助于产生与角色期望相适宜的角色行为，从而达到角色适合性(role appropriateness)。见该条。

Role Construct Repertory Test＝Rep Test 角色构念测验

role diffusion＝role confusion 角色混乱

role discontinuity 角色中断 指个人的主要身份骤然转移或失落所形成的角色不连续情形。唯此处所指者只是主要角色。例如，任期届满离职，或届龄退休，都可能形成角色中断。

role distortion 角色扭曲 指个人所表现的角色行为不符合角色期待(role expectancy)的现象。见该条。

role-divided therapy **角色分担治疗法** 义同会诊式治疗(multiple therapy)。见该条。

role-enactment theory **角色扮演论** 解释催眠的一种理论。角色扮演论的要义是,个体之所以被催眠,并非像一般所指进入另一意识境界,而是在催眠师暗示下不自主地扮演了另一种角色。见催眠(hypnosis)。

role expectancy **角色期待** 指社会一般人在态度上对某一角色所寄予的期待。社会期待的基础是众所公认的社会规范;符合社会规范的角色行为,就等于符合角色期待。对不同行业或不同职位的人,社会对之有不同的角色期待。例如,"公正廉明"是社会一般人对法官的角色期待,"货真价实"和"童叟无欺"是社会一般人对商人的角色期待。

role expectation = **role expectancy** **角色期待**

role model **角色楷模** 指各行各业中足以供人学习效法的楷模人物。在个体社会化的历程中,有角色楷模的身教言教,而后才能学到符合社会期待的社会角色。对成长中的儿童而言,父母与教师是他们学习的主要角色楷模。在教育上一向重视"以身作则"者,其目的即在强调父母和教师对儿童行为的角色楷模作用。

role norm **角色规范** 指团体中每一角色均应遵守的行为准则。角色规范是在长期的社会生活中形成,而后在社会实践活动中表现出来的。个人接受角色规范的过程,就是实现社会化的过程。

role perception **角色知觉** 指个体在社会情境中对角色概念的整体理解。角色知觉主要包括三方面的认知:对自我角色的认知,对他人角色的认知,对角色期待的认知。

role-playing **角色扮演** **1.**指个人依照他自己的角色来行事,如为教师者,传道、授业、解惑,便是在扮演他自己的角色。 **2.**指模仿别人的角色来行事,例如,妻子不在,丈夫父代母职,照顾小孩,也是一种角色扮演。 **3.**美国心理学家莫瑞诺1959年将角色扮演用于心理治疗,即透过心理剧的方式,让患者模仿另一个与他有重要关系的人的角色,从而使当事人自己或咨商员获得更多体验或观察的机会, 同时亦可让当事人发泄其情绪。见心理剧(psychodrama)。

role-playing therapy **角色扮演治疗法** 心理治疗方法之一。指采用角色扮演的方式让患者体验自己的角色或相对的别人角色,从而领悟自己的心理困扰,以达到心理治疗的目的。见角色扮演(role playing)条第三义。

role rehearsal **角色预习** 指儿童在游戏中扮演成人角色以学习成人生活的情形。例如,儿童玩过家家的游戏,就是角色预习。

role reversal **角色颠倒** 在社会团体中, 两人间存有交互关系而在角色上又呈相对关系者,如双方角色互换,就构成角色颠倒。例如,主管支配而属员服从时,两人间角色正常,如改变为属员支配而主管服从,就形成角色颠倒。

role set **角色组合** 社会学家莫顿(R. K. Merton)理论中用角色组合一词代替团体(group),理由是任何具有社会功能的团体(如学校、工会、政府机关等),均非任由一群人聚集即可组成,而是由很多扮演不同角色的人组合而成。以学校为例,校长、行政人员、教师和学生四类人分别扮演相对的四种角色,从而发挥学校这个团体的整体功能。

role specialization **角色分化** **1.**广义言之,角色分化指社会多元化与行业分工化致使角色分类愈来愈细的现象。例如,传统的大学只设校长主持校务,校长是一校之长的角色。现在有的大学分设数位副校长,校长的角色就随之分化。 **2.**狭义言之,角色分化是消费心理学上的专用名词,指现社会中负责家庭消费决策者,丈夫与妻子之间有四种不同的分化情形:(1)夫为主妻为副型;(2)妻为主夫为副型;(3)夫妻各自独立型;(4)夫妻会同议决型。根据消费心理学家在美国社会中的调查研究发现,夫妻各自独立型的家庭,在酒类与服装类方面占较多消费额;夫妻会同议决型的家庭,在旅游与置产(如买房子)方面占较多消费额。

role taking **角色承担** 指儿童对社会角色的理解、采纳与自愿承担的认知发展历程。角色承担是儿童道德判断力发展的必要条件。个体处于不同道德判断发展阶段,对解决人与人之间和不同观点之间的冲突的决断方式就不同,角色承担发展阶段说明人对社会关系性质的理解也有不同阶段。道德判断解决人们彼此间应当如何想和如何做的问题,角色承担则解决人们彼此间实际上怎样想和怎样做的问题。美国心理学家塞尔曼(R. L Selman)提出儿童角色承担发展的五个阶段是:(1)自我中心观点(约3~6岁);(2)社会知识的角色承担(约6~8岁);(3)自我反省的角色承担(约8~10岁);(4)相互的角色承担(约10~12岁);(5)社会习俗的角色承担(约12~15岁)。

role therapy **角色治疗法** 义同设定角色治疗法(fixed-role therapy)。见该条。

role zone **角色范围** 指个体在其扮演角色的基础上应享的权利、应尽的义务和应负的责任。由于角色分化的关系，个人的角色范围并不是单一的。例如，一位职业妇女，在任职机构的员工角色与她回家后的为人妻和为人母的角色，其角色范围上就各不相同。

romanticism 浪漫主义 浪漫主义是近代哲学心理学上解释人性特质的三大思想流派之一。哲学心理学史上的浪漫主义一词，虽与18世纪兴起的文学艺术表达的浪漫主义用字相同，但意涵相异。文学艺术史上的浪漫主义是指作者对文学艺术表达所持的一种崇自由、尚主观及重感情的态度。哲学心理学史上的浪漫主义，则是指18世纪初在经验主义和理性主义之后兴起于欧洲的第三派哲学心理学思想。在此历史背景之下，浪漫主义对人性的解释，既反对理性主义所持真理得自理性的理念，也反对经验主义所持知识得自感官经验的主张。浪漫主义者认为，单独强调理性会将人性窄化，单独强调经验会将人看成无情的机械，两者都犯了人性决定论的错误。浪漫主义者认为，要想真正了解人性，必须从完整的个人着眼。人有感情，人有自由意志，人的所作所为，既非单凭外在环境得到的经验所决定，也非单靠内在抽象的理性力量所决定，而是由个人的动机、感情和意志所决定。与经验主义和理性主义比较，浪漫主义人数较少，而且在19世纪后期心理学趋向科学化发展以来，浪漫主义思想受到抑制。惟从传统科学心理学之外的观点看，浪漫主义的哲学心理学思想仍然影响深远。20世纪初的现象学和存在主义思想，以及20世纪60年代的人本主义心理学思想，都是在浪漫主义思想影响之下兴起的。浪漫主义哲学心理学思想主要以18世纪法国卢梭（Rousseau, Jean Jacques）、19世纪德国尼采（Nietzsche, Friedrich Wilhelm）及歌德（Goethe, Johann Wolfgan von）等人的思想为代表。见各家传记条。

romantic love 浪漫式爱情 指将爱情理想化，强调感情至上，重视形体美感，并追求肉体与心灵融为一体的境界的人生态度。

Romeo and Juliet effect 罗密欧与朱丽叶效应 指青少年阶段男女恋爱时，如父母企图阻止他们交往，结果反而促使他们感情加深的现象。

root conflict 根本冲突 按精神分析论，根本冲突系指婴幼儿期遗留下的未化解的冲突。根据弗洛伊德的解释，如儿女长大成人后不愿继承父母的职业（反抗心理），可能是由于自幼滞留的恋母情结（Oedipus complex）未得化解所致。如此，恋母情结就是根本冲突。见该条。根据阿德勒的解释，根本冲突是个人自卑感的根源。

R

rooting reflex 求食反射 指新生儿所表现的一种本能性反射。当出生不久的婴儿口唇接触到物体时（如乳头）所表现的吸吮动作，称为求食反射。

root-mean square（RMS） 均方根 义同标准差（standard deviation）。见该条。

Rorschach, Hermann（1884～1922） 罗夏 罗夏是20世纪瑞士精神病学家，是人格心理学家，也是罗夏墨迹测验的创始者。

罗夏1884年11月8日出生于瑞士苏黎世，后进苏黎世大学接受医学教育，1912年在当时著名精神医学家布莱勒教授的指导下完成有关幻觉研究的论文，获得医学博士学位。此后在苏联精神病院短暂任职，返国后先后在瑞士四所精神病院从事精神病治疗工作，并曾在1919年担任瑞士精神分析学会副主席。1922年4月2日病逝，时年仅38岁。在心理学思想上，罗夏受精神分析学派早期重要人物弗洛伊德和荣格的影响；在心理测验理念上，则受法国比奈的影响。弗洛伊德和荣格二人都采用自由联想的方法从事精神疾病的治疗，比奈在1896年即曾建议将不成定型的墨渍用来作为测试病人想象之用。罗夏综合了前人的构想，将墨渍图形发展成为一种投射测验，一方面用来作为精神病患诊断的工具，另一方面扩大使用范围，用于测试一般人的人格测验。罗夏从1911年开始根据大量不同类型（有些是精神病患者，有些是正常人）的受试者对各种形状墨渍所做的反应，分析归类，最后选定10张图形对称但内容不同者编为一套诊断测验。于1921年以德文本出版以后，即成为广被采用的罗夏墨迹测验（Rorschach Inkblot Test）。见该条及附图。

罗夏重要著作中译为英文的专著有：*Psychodiagnostics: A diagnostic test based on perception*（1942）。

Rorschach Inkblot Test 罗夏墨迹测验 属投射测验之一。罗夏墨迹测验系由不同形状的十张墨迹图所构成，由其原设计人瑞士精神医学家罗夏在1921年编成，故名。其制作方法是，将墨汁滴于纸片中央，然后将纸对折猛压，使墨汁四溢，形成不规则但对称的各种图形（见附图）。十张图形中五张为黑色，两张加了红色，三张为彩色。使用时让受试者凭主观知觉回答，而后主试者按其回答分析其可能投射出来的心理意义。对受试者回答的分析主要包括三方面：（1）定位分析（受试者回答看到的是哪些部分）；（2）定性分析（受试者回答看到的是什么）；（3）内容分析（受试者回答时对图形内容的解释）。罗夏墨迹测验主要用于精神病的诊断。见投射测验（projective test）。

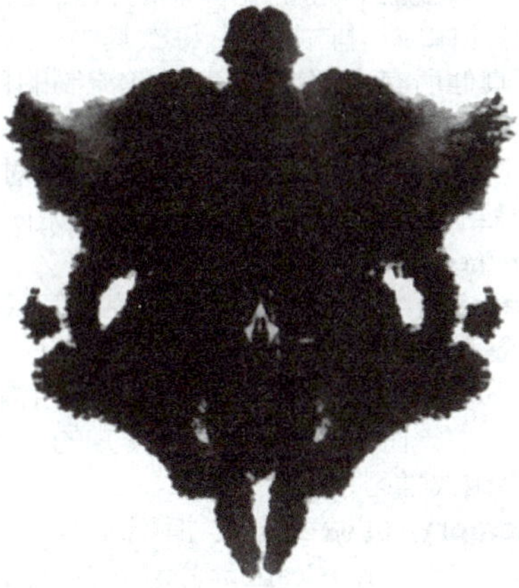

罗夏墨迹测验

Rorschach test 罗夏测验 义同罗夏墨迹测验（Rorschach Inkblot Test）。见该条。

Rosenthal effect 罗森塔尔效应 义同自验预言（self-fulfilling prophecy）。见该条。

Rosenthal, Robert（1933～） 罗森塔尔 罗森塔尔是德国出生的美国心理学家，是教育社会心理学家，也是因采用实验方法研究"教师的期待会影响学童智力发展"而引起教育界重视的心理学家。

罗森塔尔1933年出生于德国基森，1953年获加州大学洛杉矶分校学士学位，1956年获同校哲学博士学位，1957～1962年间，任教于北达科塔大学，1967年起任哈佛大学社会心理学教授，1967年获美国心理学会卡特尔基金奖，1979年获马萨诸塞州心理学会杰出贡献奖，同年又获得曼尼括巴大学韦纳奖。罗森塔尔在心理学上的贡献，主要在于他对自验预言（self-fulfilling prophecy）的

实验研究。自验预言的要义是，个人对自己（或别人对他）预期可能发生的事，常会在自己行为结果中应验。如期望自己会成功的人，将来倾向于成功；预期自己会失败的人，将倾向于失败。罗森塔尔参照毕马龙效应（Pygmalion effect）的概念提出假设：教师教学时，教师的期望也会影响到学生的成绩。如教师期望学生聪明，学生就可能因教师期望而获得智力的良好发展；如教师期望学生愚笨，学生就可能因教师期望而使其智力萎缩。根据此假设，罗森塔尔在1966年以小学生为对象进行实验研究，将1～6年级学生分为A、B两组（智力大致相等），对A组的教师告以他教的学生资质优异，对B组的教师告以他教的学生资质平庸。如此，形成两组教师对学生在心理上有不同的期望。实验一年半以后发现，A组学生智商平均增加12个分点，而B组学生的智商则平均增加8个分点。这一结果显示，教师的期望影响了学生的智力发展。进一步根据年级分析时发现，教师的期望对一年级学童影响最大，A组一年级学童平均智商增加了27个分点，而B组则平均增加了12个分点。罗森塔尔的实验研究结果公布后，曾引起美国教育界极大震撼。

罗森塔尔的主要著作有：*Experimenter effects in behavioral research*（1966）；*Pygmalion in the classroom:Teacher expectation and pupil's intelligence development*（1968）；*The volunteer subject*（1975）；*Sensitivity to nonverbal communication: The PONs Test*（1979）；*Meta-analytic procedures for social research*（1984）等。

Rosenthal sensitization effect 罗森塔尔敏感效应 义同自验预言（self-fulfilling prophecy）。见该条。

Rosenzweig's P-F Study = Rosenzweig's Picture-Frustration Study 罗森韦格逆境图画测验

R

Rosenzweig's Picture-Frustration Study **罗森韦格逆境图画测验** 义同逆境图画测验（Picture-Frustration Study）。见该条。

Ross Test of Higher Cognitive Processes **罗斯高层次认知能力测验** 是一种团体智力测验。该测验原系美国心理学家J. D.罗斯与C. M.罗斯（J. D. Ross & C. M. Ross）二人合力编制完成。该测验之理论依据以教育心理学家布卢姆认知性教育目标分类中的分析、综合、评鉴等认知能力为基础，其内容包括八个分测验：（1）类推测验；（2）抽象关系测验；（3）推理测验；（4）填补测验；（5）排列顺序测验；（6）猜答测验；（7）资料分析测验；（8）特质分析测验。罗斯高层次认知能力测验，经学者林幸台、张玉成二人修订为中文，并经标准化，于1983年出版。该测验适用对象为小学四至六年级学生，记分方式采按答对题数计分，尚未建立常模。

rotary-induced motion **旋转诱动** 属视错觉现象之一。如附图所示，上图是两个同心圆轮，如将外轮顺时针方向转动（如实线箭头所示），就会觉得

旋转诱动

内轮向反方向转动（如虚线箭头所示）。下图是六个部分重叠螺旋状的轮子围绕在一个状似齿轮的圆盘上，如将此图在面前1英尺（约合0.3米）处左右摆动，就会觉得外轮和内轮呈反向旋转。此种诱动错觉现象，在日常生活中经常可以见到。如注视定速转动的电扇数秒钟，就会觉得转动的扇叶和外边的护罩呈反方向转动。见错觉（illusion）。

rotary-pursuit procedure **旋转追踪法** 见追踪器（pursuitmeter）、追踪反应（pursuit reaction）。

rotation perception **旋转知觉** 当个体的身体所在位置因旋转而使方向发生改变时，由于耳蜗半规管中液体的惯性作用，刺激到感受器而产生知觉时，就会觉知自己在旋转。

rotation system **轮流制** 指团体心理治疗时所采用的一种轮流式措施。轮流制的特点是，将接受治疗的团体成员排成顺序，每次其中一人接受治疗，而其他所有人都在场旁观。轮流制的目的是，让患者有机会聆听同病相怜者的痛苦；由别人的陈述和心理师的治疗，每一患者可能对自己的问题得到不同程度的领悟和启示。见团体治疗（group therapy）。

rote learning **机械式学习** 指不靠理解只靠重复练习或强记即产生行为改变的学习历程。条件作用学习即属机械式学习。小学生初学生字，按字形发音，按笔画书写，纯属行而不知的学习方式，均为机械式学习。

rote memory **机械式记忆** 指不靠理解的记忆。经机械式学习（rote learning）而后的记忆，即为机械式记忆。见该条。

rote recall **机械式回忆** 指将原来学习后储存在记忆中的信息，完全按原来的形式一字不改的回忆历程。像对学过的物理学和化学的公式与分子式的记忆，在性质上均属机械式回忆。

Rotter,Julian（1916～2014） **罗特** 罗特是20世纪美国心理学家，是人格心理学家，是新行为主义代表人物之一，是心理治疗学家，也是在人格理论上首倡制控信念理论的心理学家。

罗特1916年出身于美国纽约市布鲁克林区的一个犹太家庭。由于幼年饱受种族歧视的痛苦经验，在中学时代因阅读弗洛伊德和阿德勒等人的精神分析治疗方面的书籍，遂立志将来从事临床心理学研究，希望以后济世助人。1941年获印第安纳大学临床心理学博士学位，此后在康涅狄格州医院担任心理医师。第二次世界大战期间，曾以心理学专家身份在美军服役。退役后应聘为俄亥俄州立大学教授，1963年改任康涅狄格大学教授直至退休，1988年荣获美国心理学会杰出科学

贡献奖。

罗特虽被视为新行为主义者代表人物之一，但他的主张与同属新行为主义的斯金纳的思想有两点显著不同之处：其一是他反对斯金纳将人看成是被操作的机器，他认为人对自己的行为具有相当的认知和自主成分。其二是他反对斯金纳只将个人当作研究对象，他认为人的行为多半是从社会情境中学习的经验，如将个人孤立起来进行研究，就不能真正了解他行为表现的真相。此外，罗特的实验研究只以人为受试，不研究动物行为。罗特在心理学上的贡献，主要在以下两方面：

1. 确认影响个体行为的认知因素　罗特根据实验研究发现，个体在面对某种情境决定如何表现其行为时，有四项认知因素影响他的决定：(1)个体在行为表现之前，总是在心理上对自己的行为后果可能带来的报酬，存有主观的期盼。而罗特所指“报酬”与斯金纳所说的“强化物”在意涵上是相同的。(2)个体对自己行为后果获得某种报酬的可能性，总是预先评估，而在行为进行时也会随时调整其行为，从而达到获得预期报酬的目的。(3)报酬的价值不是绝对的，而是相对的，在不同情境下所获报酬也具有不同价值。(4)人们的心理需求有很大的个别差异，因而极可能对同样的报酬赋予不同的价值判断。

2. 个体行为的变化受社会因素的影响　除认知因素影响个体行为之外，罗特的研究发现，个体对自己行为后果获得报酬的原因，在其本人主观解释上有一种心理倾向。他称此种主观心理倾向为制控信念(locus of control)，意思是指个人对自己的行为和行为后所得报酬间之关系所持的一种信念。制控信念代表个人的性格，此种性格是个人在社会环境和自己生活经验中学习来的。罗特将制控信念分为两大类型(两种性格)，一类称内控信念(internal locus of control)，属于此一类型者，相信个人行为后果能否获得报酬一事，责任归属自己(成败操之在己)。这种人多半会从成败经验中学到教训。另一类称外控信念(external locus of control)，属于此一类型者，相信个人行为后果能否获得报酬一事，责任归属外在原因(怨天尤人)。这种人多半不会从成败经验中学到教训。罗特的制控信念理论，已成现代心理学上人格理论之一，而且他的理论已发展出了对应的人格测验。

罗特的主要专著有：*Social learning and clini-cal psychology* (1954)；*Personality : Theory re-search and application* (1975)；*The development and application of social learning theory* (1982)等。

Rotter's Internal External Control Scale **罗特内外制控量表** 是一种团体人格测验。该量表原系美国心理学家罗特所编制，其内容包括两种不同的陈述，一为内控，一为外控，为强迫选择的问卷。罗特内外制控量表，经内学者洪有义修订为中文，并经标准化，于1974年出版。该量表适用对象为高中以上学生及成人，记分方式采外制方向计分，已建立常模，以平均数和标准差表示之。见制控信念(locus of control)。

rounding error **舍入误差** 进行测量时因使量数简化(避免多位小数)而舍入尾数(如四舍五入)所形成的些微误差，称为舍入误差。

round window **圆窗** 内耳中耳蜗的一个开口，位于卵圆窗之下，上面附有一层薄膜，当卵圆窗振动造成蜗管内淋巴液的压力发生变化时，圆窗上的薄膜即不断向内和向外膨胀，对蜗管内的液体波动的方向做出反应。见听觉系统(auditory system)条及附图。

Rousseau, Jean-Jacques (1712～1778) **卢梭** R
卢梭是18世纪法国政治家和文学家，是浪漫主义哲学家，是自然主义教育思想的创始者，也是现代发展心理学的先驱。

卢梭于1712年6月28日出生于瑞士日内瓦，父亲为钟表制造商，出生后母亲即去世，未几其父亦离家出走，而由舅父母抚养成人。卢梭未曾受过正规教育，他的学术思想是由他自学而来的。卢梭的成名是在中年以后。1750年法国第戎学院悬赏征文，题为《科学和美术能否增进人类道德》，卢梭以否定的论点投稿，结果获得头奖。1753年该学院第二次征文，题为“人类不平等之原因”，卢梭再以违反自然为导致不平等原因的论点投稿，结果极受重视。1762年卢梭出版《社会契约论》与《爱弥儿》两大名著，前者论政治，后者论教育。此二书之出版，对以后政治和教育两方面，产生

了划时代的影响。《社会契约论》的问世，不仅激发了1789年的法国大革命，而且影响到全世界的民主思想运动。《爱弥儿》的问世，则形成此后影响全世界的自然主义教育思想。1778年7月2日，卢梭病逝于法国，享年66岁。卢梭在哲学心理学上的贡献，主要在于以下两方面：

1. 浪漫主义哲学心理学思想　对人性特质的解释，卢梭认为要研究人性，必须从个人的独特性和完整个性着眼，不能只是片面地去探讨人的理性或经验。以全人为研究对象时，卢梭主张了解人的感情重于分析人的理性，因而强调本能重于经验、艺术创作重于科学思维、内心的启发重于外来的影响。卢梭主张人性本善，人之恶行非出自本性，而系社会腐败使然。因而他反对理性主义与经验主义的人性观。卢梭认为这两派思想不但对人性的解释窄化了，而且因其决定论倾向，限制了人性的自由发展。卢梭的尚自然崇自由的思想，被称为浪漫主义（romanticism）。卢梭的浪漫主义思想代表欧洲18世纪哲学心理学思想的第三流派，此哲学心理学思想流派影响极大，不仅奠定了以后存在主义心理学的基础，而且开启了20世纪中叶人本心理学思想的先河。

2.自然主义教育思想　卢梭《爱弥儿》一书集中反映了他的自然主义（naturalism）教育思想。他在该书开宗明义指出："无论何物，在造物者手中原本为善，一入人手，则悉变为恶。"因而强烈反对传统的形式教育，而主张"返归自然"和"顺其自然"，以"消极教育"替代"积极教育"。显然，这是一种反传统的教育思想。因此《爱弥儿》一经问世，迅即对当时法国的社会造成极大的冲击，教会认为它是邪说逆道，搜集焚毁，国会下令逮捕卢梭。卢梭在《爱弥儿》一书中所提倡"顺其自然"的教育，主张学校教育的实施，宜遵守以下自然原则：（1）自然已赋予儿童一切力量，教育必须让儿童充分运用他的自然活力去自由发展；（2）只有在儿童自己能力不足以适应环境时，成人才予以辅助；（3）辅助儿童成长时，以有益于儿童身心发展者为限；（4）教师必须留心研究儿童，了解他的需要和困难。全书共分五卷，前四卷陈述男性的教育，假托于爱弥儿，后一卷陈述女性教育，假托于苏菲亚。他以小说的形式陈述了发展心理学的理念。卢梭将男性教育分为四个时期：（1）婴儿期（0～2岁），重视儿童身体发展和自由活动；（2）儿童期（2～12岁），重视儿童的感官发展，并尽量使他们与自然接触；（3）青年前期（12～15岁），重视儿童劳作活动，使他们学到手脑并用探索研究环境中的事物；（4）青年期（15～20岁），卢梭称此时期为"第二次诞生"，因为此时期的青少年开始进入社会学习成人生活，宜接受正式教育，包括知识、道德以及宗教生活的学习。在第五卷陈述女性教育，主张女子应以顺从、迎合以及取悦男性为天职。卢梭虽未摆脱传统男尊女卑的观念，唯单就男性教育的观念看，在他的教育思想中，已孕育了现代发展心理学的理念。

卢梭的著作中已译为英文者有：*Discourse on the origin and foundations of inequality among men*（1755）；*Social contract*（1762）；*Emile*（1762）等。

R-R conditioning **前后反应条件作用** 指经由条件作用建立起来的前后两个反应的连锁历程。在此历程中，每一反应都是"承先启后"的：它是前一反应带出的后果，它又带出后一反应。诸如说话（连续发音）、走路（一步接一步）、写字（连续笔顺）等，都是经由前后反应条件作用形成的复杂技能。

R-R interval = interresponse time（IRT） **反应间距**

R-R law **R-R 法则** 属心理基本法则之一。R-R法则所指者是反应与反应之间关系的法则。R-R法则所指的反应之间的关系，不是因果关系，而是相关关系。以运动员的表现为例，跳高成绩优异（反应之一）的运动选手，多半短跑的成绩也优异（反应之二）。在运用R-R法则时，虽然可以根据运动员的跳高成绩预测其短跑成绩，但却不能将两者解释为前因后果的关系：跳得高并非跑得快的原因。在心理学研究上凡是采用相关法（correlational method），都是遵循R-R法则。见该条。

RS = reinforcing stimulus **强化刺激**

RT = reaction time **反应时间，反应时**

rubber-band hypothesis **橡皮筋假说** 解释智力发展受遗传环境交互影响的一种假设性理论。此一假说系由美国心理学家斯特恩（C. Stern）1956年提出的。其基本要义是，出生后遗传因素所决

R

定的智力，像是一根橡皮筋，环境对智力发展的影响，就像是对橡皮筋的使用，在适当限度内可使橡皮筋拉长，良好的教育环境可像橡皮筋拉长作用般地发展智力。

Rubin's figure **鲁宾图形** 属视错觉现象之一。鲁宾图形是典型的暧昧图形之一。如附图所示。图形内容虽轮廓清楚，黑白分明，但形象与背景的关系不能确定。乍看之下像一只高脚杯（中间白色部分），再看却又像两张相对的面孔（周围黑色部分），此一奇异图形系由丹麦现象学家鲁宾（E. J. Rubin, 1886～1951）在1915年为研究知觉现象所设计，故名。鲁宾指出，当你注视如附图时，你会不自觉地产生三种不同的知觉经验：（1）当你觉得那一部分是形象时，它的边缘就会显得特别清楚，它的意义也就越发明确，其他背景部分则相对地减弱了这些特征；（2）当你将其中一部分看成形象时，就觉得它向前突出，其他背景部分则觉得后退；（3）当你将其中一部分看成形象时，就会对它印象深刻，而且容易在记忆中产生联想（它像什么），其他背景部分则因印象不深而容易遗忘。本词亦称高脚杯图形（goblet figure）。由于此图具有形象背景逆转的特征，故而也被称为可逆图形（reversible figure）。因为可逆图形是一种错觉现象，故而本词也称形象—背景错觉（figure-ground illusion）。见暧昧图形（ambiguous figure）条及附图。

鲁宾图形

Rubin's goblet **鲁宾高脚杯** 义同鲁宾图形（Rubin's figure）。见该条及附图。

Rubin's goblet-profile figure **鲁宾高脚杯—侧面图** 义同鲁宾图形（Rubin's figure）。见该条及附图。

rule learning **原则学习** 原则是数个概念有关系有意义的组合，组合后用语言陈述出来，就成为可以学习的原则。例如，“两并行线与一直线相交，其对角相等”是一个原则，其中“并行线”“直线”“相交”“对角”“相等”等均属概念。因此，在学习顺序上，应该先学概念，后学原则。

rule of closure = law of closure **闭合法则**

rule of continuity = law of continuation **连续法则**

rule of proximity = law of proximity **接近法则**

rule of similarity = law of similarity **相似法则**

rule of the game **游戏规则** 指儿童们在游戏时所遵守的规则。不同年龄的儿童，对游戏规则的态度不同。瑞士心理学家皮亚杰观察研究发现，年幼儿童初学游戏规则时，他们认为规则是绝对要遵守的，即使他们有时候也会违反规则，受到惩罚，但他们并不对规则中的规定表示怀疑。等年龄渐长，心智发展接近形式运思期（约自11岁开始）时，儿童们对游戏规则的态度开始改变，不再把游戏规则视为不可改变的绝对信条，而认为只要大家同意就可以改变。根据皮亚杰的解释，接近青春期时儿童们对游戏规则态度改变的现象，代表他们此时的认知发展接近成熟阶段。

rule of thumb **经验法则** 指采用直观推断法（heuristic）解决问题时，凭经验来推理思维时所依据的心理法则。见该条。

rumor **谣言** 指未经证实的传言。谣言之产生与传播，多与社会不安定有关，在人心浮动而又焦虑的情况下，最易产生谣言。根据心理学家研究发现，传播中的谣言在两方面逐渐产生变化：一是愈传愈简化，渐渐漏去细节，只剩下概要；另一是愈传愈突出，把引人兴趣或骇人听闻的地方特别夸大。

rumor-intensity formula **谣言强度公式** 美国心理学家奥尔波特为解释谣言变化的有关因素，特创立了以下公式，称为谣言强度公式：

$$R=ia$$

公式中，R为谣言；i为重要性；a为暧昧不明。

此一公式的意义是，谣言的强度随谣言内容的重要性（众人关心程度）与暧昧不明程度（无法证实）两因素的乘积而定。如等号之后两者之一为零，就不会产生谣言了。

runway **跑道** 指迷津中供受试者（多为动物）行走的通路。见迷津（maze）条及附图。

rupophobia = mysophobia **惧脏症**

R variable =response variable **反应变项，反应变量**

S

S = specific factor 特殊因素

S = standard deviation 标准差

S = stimulus 刺激

S = subject 受试者，被试

S^D = discriminative stimulus 辨别刺激

S^D = drive stimulus 驱力刺激

SAC = stimulus as coded 刺激如代码

saccade 眼跳 见目光跳动(saccadic eye movement)。

saccadic eye movement 目光跳动，眼球跳动 指目光扫描时视线从一个视点迅速跳向另一视点的过程。在目光跳动时视觉敏感度减低，只有目光落在视点上的瞬间，才能看清楚东西。在阅读时视线在书页上扫描的过程，不像流水一样平顺前进，而是跳动式地进行。目光跳动时看不清文字，只有目光落在书页上时，才能看得清楚。根据心理学家研究，英语国家的一般大学生的阅读能力，每次目光跳动落在书页上的时间，平均约为250毫秒，而每次目光跳动所能看清楚的英文单词，约为0.5到1.5个。可以想见的是，目光跳动时在书页上停留的时间久暂和停留时看清楚的单词数目，与阅读材料易读性的高低有密切的关系：材料的易读性愈高，目光跳动的速度愈快，停留时间愈短，停留时看清楚的单词数自然也愈多。对语文能力较差者而言，当他阅读较难的材料时，目光跳动不但较慢，而且不停地在书页往返来回跳动。在此情形之下，阅读速度自然就会很慢。

saccadic movement = saccadic eye movement 目光跳动，眼球跳动

SAD = seasonal affective disorder 季节性情感症

sadism 性施虐狂，施虐狂 **1.**属性变态之一。指性交时喜欢加诸对方痛苦，借以获取自己性欲满足的反常现象。见性变态(paraphilia)。**2.**指一种残忍的性格，有此种性格者，对人或动物怀有敌意，不时表现强迫性侵犯行为，使对方感到痛苦。

sadistic personality 性施虐狂性格 指具有性施虐狂(sadism)性格特征的人。见该条。

sado-masochism 施虐—受虐狂 指兼具虐待别人与自愿接受别人虐待两种心理倾向的人。见性施虐狂(sadism)、受虐狂(masochism)。

sado-masochistic = sado-masochism 施虐—受虐狂

safety analysis 安全分析 工业心理学用语。指对一件工作的每一步骤的危险或潜在危险进行分析，以消除或防范此等危险的发生。进行安全分析时，首先应给工作下明确的定义，使工人和管理人员都了解工作的性质与范围；然后将工作分解成若干个步骤，鉴定每一步骤可能发生的意外和危险；最后确定相应的安全措施。

safety motive 安全动机 **1.**泛指个体为求安全避免危险行为的动机。 **2.**美国心理学家霍妮理论中的术语。意指具有神经质性格者，对环境中带有威胁性的情境过分敏感，尽量逃避，因而对带有竞争性的活动表现退缩，从而避免失败的痛苦。 **3.**义同安全需求(safety need)。见该条。

safety need 安全需求 指美国人本心理学家马斯洛需求层次论(need hierarchy theory)中所指的第二层需求。见该条。

safety psychology 安全心理学 应用心理学领域中的一个分支。安全心理学的研究主要包括三方面：(1)与安全有关的心理因素研究，此一方面主要包括性别、年龄、性格、能力、习惯、经验、专业训练以及对安全的态度等因素的研究；(2)与安全有关的环境因素研究，此一方面包括季节、气候、噪声、作息制度、管理方式、工作环境以及机械设备等因素的研究；(3)与安全有关的预防设施研究，此一方面包括工作的物理环境和社会环境改善、交通网络合理设计、安全标准设计、厨房浴室安全设计、防火安全设计等因素的研究。

sagittal fissure = longitudinal fissure 纵裂，纵沟

sales psychology 经销心理学 属应用心理学领域内的一门新兴学科。营销心理学研究的目的是，运用心理学上的原理原则，并综合市场心理、消费

者需求、广告心理等各方面的知识，提供消费者最新信息与产品服务，从而提升销售业绩。

Salpetriere school 萨里伯屈学派 义同巴黎学派(Paris school)。见该条。

same-difference experiment 异同实验 心理实验方法之一。异同实验的特征是，在受试者面前呈现成对的刺激，受试者根据自己的标准判断两刺激相同和相异之处。例如，让三岁儿童指出均为红色而形状稍异的两块积木(如一为正方形，另一为长方形)，要他回答相同的是什么，不相同的是什么，即属异同实验。

sample 样本 样本一词是和总体相对的概念，样本是总体的一部分。心理学的研究，采用了自然科学研究的取向，根据对部分事象研究获得的原理原则，用以推论解释同类事象的总体。从总体中抽取的部分个体，就叫样本。例如，某地区小学学童约20万人，要想了解此地区学童在校午餐的情形，从中抽取2000人(百分之一)做调查研究，所得结果大致可以作为总体20万人的代表。这2000人如何抽取才真正具有代表性，显然是应该考虑的问题。因此，在统计学上乃有抽样(sampling)方法与抽样理论(sampling theory)的研究。见该等条。

sample bias 样本偏差 义同抽样偏差(sampling bias)。见该条。

sample distribution 样本分布 指以单一样本数据为根据所做的次数或概率分布。注意本词与抽样分布(sampling distribution)不同。见该条。

sample estimate 样本估计数 根据样本的统计数，用来推估总体的特征时，该统计数即称为样本估计数。最常用来作为样本估计数者是平均数和标准偏差。见统计数(statistic)。

sample group = **sample** 样本

sample interview 样本访问 指在访问时以样本中的个别受试者为对象进行的访问。

sample mean 样本平均数 指根据样本数据统计所得的平均数。例如，就某市小学三年级抽取50个班级学童，测量其身高体重，统计分析所得平均身高与体重，就是样本平均数。样本平均数也称实得平均数(obtained mean)。

sample size 样本大小 指样本中所含个体数量(或项目数)的多少。在心理学上以人为对象抽样从事实验研究时，通常视30人以上者为大样本，30人以下者为小样本；以人为对象从事调查研究时，样本应在100人以上。样本的大小与其代表性(代表总体的特性)有密切关系，样本愈大，其代表性愈高。

sample space 样本空间 指与样本(sample)相对的总体(population)，因为样本都是从总体内抽取的，总体愈大，样本空间也愈大。见该等条。

sample statistic 样本统计数 义同统计数(statistic)。见该条。

sample survey 样本调查 指根据样本所做的调查。样本调查的目的，除根据所得数据分析了解样本的事实之外，还希望由之推论解释样本所代表之总体的各项有关事实。

sampling 抽样 从总体中抽取一部分个体作为研究对象的程序或方式，称为抽样。抽样的目的是为了经济，抽样的原则是要有代表性。因此，抽样一事成为研究者必须考虑的问题。最常用的抽样方式是随机抽样(random sampling)。见该条。

sampling accuracy 抽样正确性 指所抽样本免于误差的程度，误差愈小，抽样正确性愈高。见抽样理论(sampling theory)。

sampling bias 抽样偏差 指在抽样设计时所产生的偏差。抽样偏差会丧失样本应有的代表性。例如，欲以抽样调查方式研究大学生每月用在伙食上的费用，如样本仅限于大学女生，其所得结果显然不能代表全部大学生。注意，本词与抽样误差(sampling error)不同。见该条。

sampling distribution 抽样分布 指根据无限个样本统计数为单位所做成的理论性次数分布。该等统计数所描述的样本，其中包括的个体数量相等，而且是以同样的程序，从同一总体中抽取而来。例如，某地区小学生总人数约10万人，有10万个IQ数值，这代表全部小学生的智力。这些IQ数值可视为一个总体。现在要抽样研究，每次抽取100人，得100个IQ数值，然后计算其平均数。如此以同样方法，每次都抽100人，连续抽取100次或300次，其所得的平均数是不会完全相等的。不相等的原因是抽样误差所致。如果将所有求得的不相等的平均数视为个别的量数，然后做成次数分布，即称为抽样分布。当然，这只是理论上的设想，事实上并没有人从同一总体中连续抽样300次去做次数分布。在实际使用时，抽样分布是利用推理统计的方法，根据单一样本推算出的分布模式。显然，除平均数之外，其他统计数如中数、标准偏差、相关系数等，均可做成抽样分布。

sampling error 抽样误差 指所抽样本不能真正具有代表性而产生的误差。从总体中抽取的样本，除非样本大到与总体相等，否则，由部分个体构成的误差是无法完全避免的。随机抽样所得的样本，仍然有抽样误差，唯从长期来看，随机抽样时误差较少。注意，本词与抽样偏差(sampling bias)不同。见该条。

sampling fraction 抽样比率 指样本内包含的个体总数占总体总数的比率。如总体为一万人，样本为一百人，其抽样比率即为百分之一。

sampling frame 抽样架构 抽样之前，先界定的总体范围及抽样单位，称为抽样架构。

sampling interval 抽样间隔 在系统抽样时，每隔固定间隔抽取一个单位的方式，称为抽样间隔。见间隔抽样（interval sampling）。

sampling method 抽样方法 指探讨如何从总体中抽取具有代表性样本的方法，或探讨在何种情形下宜采何种抽样方法。抽样方法大致分为两类：一类为随机抽样（random sampling），一类为立意抽样（purposive sampling），前者根据概率原理，后者只按研究目的选择性抽样。随机抽样又分简单随机抽样、等距抽样、分层随机抽样、丛集抽样等。立意抽样又分配额抽样、判断抽样等。见抽样理论（sampling theory）。

sampling population 抽样总体 指与样本相对的总体，从总体内抽取部分个体为样本作为研究的对象。抽样总体可能由多数人组成（如市民、学生等），也可能由多数同类事物组成（如中文常用词）。凡是可以计数的总体而又可从中抽样研究者，均可作为抽样总体。

sampling reliability 抽样信度 指从同一总体所抽不同样本之间的一致性。抽样分布中的标准误（standard error）即可视作抽样信度的指标，标准误愈小，即表示抽样信度愈高。见该条。抽样信度也称抽样稳定性（sampling stability）。

sampling stability 抽样稳定性 从同一总体中，以同样方法连续抽取数个样本，如所得结果大致相同，即表示所采抽样方法具有稳定性。本词亦称抽样信度（sampling reliability）。

S

sampling survey method 抽样调查法 从事调查研究时，不以总体为对象，而只从总体中抽取部分个体（样本）为对象的调查方法，称为抽样调查法。抽样调查法的目的，除根据调查所得数据分析了解样本的行为特征之外，还据以推论总体中所有个体的同类行为特征。因此，实施抽样调查时，研究者必须考虑适当的抽样方法。见抽样（sampling）、抽样方法（sampling method）。

sampling theory 抽样理论 根据样本性质推论解释总体性质时，如何从总体中抽取最具有代表性的样本？回答此问题的一切考虑，即为抽样理论。显然，抽样理论主要包括两大主题：其一，样本如何抽取，这属抽样方法的问题。一般而言，抽样方法有两类，一为随机抽样（random sampling），一为立意抽样（purposive sampling）。见该等条。其二，样本大小的问题。一般而言，实验研究时样本至少要30人，调查研究时样本至少要100人。见抽样方法（sampling method），抽样分布（sampling distribution）。

sampling unit 抽样单位 指构成总体的基本单位或元素。抽样就是从总体中抽取一部分此等基本单位，而后组成样本。例如，某小学全体学童3258人，可视为一个总体，其中每一学童即为其基本单位。抽样研究时，被抽到的每名学童，就是抽样单位。抽样单位未必一定指人，有时指一个家庭，有时指一个班级，有时指一本书，有时指一支笔，端视研究目的与对象而定。

sampling validity 抽样效度 **1.**从测验题目是否具有充分代表性的角度，检验该测验所具有的内容效度者，称为抽样效度。如编制学科成就测验，测验题目能够确实包括该科目主要的内容要点时，即表示该测验具有抽样效度。具有了抽样效度，而后自可建立起内容效度。见效度（validity）。**2.**从事抽样调查时，所抽样本具有总体特征之代表性者，是为具有抽样效度。

sampling variability 抽样变异性 从同一总体中，以同样方法连续抽取数个样本时，如所得结果彼此相异，即表示所抽到的样本之间存有变异性。与本词相对者为抽样稳定性（sampling stability）。见该条。

sampling variance 抽样变异数 指抽样分布中标准误（standard error）的平方。见该条。见抽样分布（sampling distribution）。

sampling without replacement 不回置抽样 见回置抽样（sampling with replacement）。

sampling with replacement 回置抽样 属于抽样的一种原则。在连续几次抽样的情形下，将第一个样本抽出之后，在抽第二个样本之前，第一个样本又置回到总体去。如此，每次抽样时，总体中的每一个体，始终保持同样被抽到的概率。这叫作回置抽样。如每次抽出之样本不做回置处理，则称为不回置抽样（sampling without replacement）。

Sander illusion 桑德错觉 义同桑德平行四边形错觉（Sander parallelogram illusion）。见该条。

Sander parallelogram 桑德平行四边形 义同桑德平行四边形错觉（Sander parallelogram illusion）。见该条及附图。

Sander parallelogram illusion 桑德平行四边形错觉 属视错觉现象之一。如附图所示，相连的两个平行四边形中，AB是大平行四边形的对角线，AC是小平行四边形的对角线，虽然在长度上AB＝AC，但看起来总觉得AB＞AC。此一错觉图形系由德国心理学家桑德(F. Sander, 1889～1967)1926年发现，故名。见错觉(illusion)。

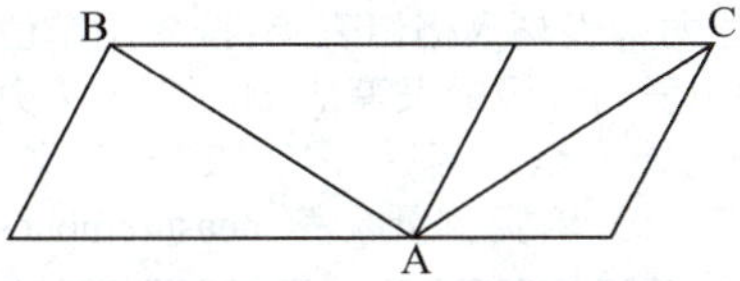

桑德平行四边形错觉

Sapir-Whorf hypothesis **萨皮尔—沃尔夫假说** 义同沃尔夫假说(Whorf's hypothesis)。盖因沃尔夫语言相对论的基本理念，系出自他的老师萨皮尔(S. Sapir, 1884～1939)，故名。见该条。

sapphism＝lesbianism **女性同性恋**

Sartre, Jean Paul (1905～1980) **萨特** 萨特是20世纪法国哲学家，是存在主义的代表之一，也是荣获1964年诺贝尔文学奖而拒不接受的文学家。

萨特1905年6月21日出身于法国巴黎的一个海军家庭，两岁丧父，母亲改嫁，由外祖父抚养长大。萨特幼年生活困苦，17岁离家过独立生活。1924年入巴黎高等师范学校读哲学，毕业后1929年取得中学哲学教师资格后任高级中学教师。1933年起，赴德游学，先跟随胡塞尔研习现象学，后跟随海德格研习存在主义。第二次世界大战(1939～1945)期间，萨特曾被德国纳粹关入集中营，次年逃出后，先是参加左派知识分子抗争活动，继而以文艺作者身份参加世界和平运动。除在哲学思想上提倡存在主义之外，萨特也是著名的文学家。1964年，萨特获诺贝尔文学奖，但他拒绝领奖。1980年4月15日，萨特因肺病逝于巴黎，享年75岁。出殡时虽法国官方未予重视，但到场送殡的平民多达2.5万人，是法国文学家雨果(Victor Hugo, 1802～1885)之后平民身份者的最大的葬礼。

萨特对心理学的影响，主要是他的存在主义。他的存在主义思想主要载于1943年出版的《存在与虚无》一书。萨特存在主义的要义有以下三点：(1)强调人的问题是哲学的核心。萨特认为，以往的哲学，无论是唯心论还是唯物论，均未将“人”视为存在的本质。他主张抛弃此种虚无哲学，用存在主义哲学取而代之。(2)他提出存在先于本质的看法。指人有绝对的和无限制的自由，可以决定自己的本质和生命的价值。人的自由是他定的，是命定的，是人被丢到尘世来，是一无所有的；人生在世享受自由，选择自己的出路，才能显示出自己的存在和自己的本质。(3)存在表现于一个两面体。存在的一面是自在存在(being-in-itself)，指事物的客观存在；存在的另一面是为己存在(being for self)，指人自己的主观意识。萨特认为，人在主观支配下为了追求为己存在，不安于现实，尽量为自己未来设计，结果是毁灭了自在存在，所以人性是荒谬的。

萨特著作等身，他专著中被译为英文的有：*The flies* (1946); *In camera* (1946); *The reprieve* (1947); *Existentialism and humanism* (1948); *Lucifer and the lord* (1953); *Nausea* (1949); *Troubled sleep* (1950); *No exit* (1946); *Memories of a dutiful daughter* (1959); *Loser wins* (1960); *Sketch for a theory of emotion* (1962); *The prime of life* (1962); *Saint Genet, actor and martyr* (1963); *The problem of method* (1963); *The Psychology of imagination* (1950); *Being and nothingness* (1956); *Existentialism and human emotion* (1957); *The emotion: Outline of a theory* (1960); *The family idiot: Gustave Flaubert* (1981)等。

SAT＝Scholastic Aptitude Test **学术性向测验**

satanophobia＝demonophobia **惧鬼症**

satiation **餍足** **1.**指个体的需求或欲望充分获得满足后，对原来所需求对象不再产生需求感的心理状态(如个体饱食后之对食物然)。**2.**经过长时间与某刺激接触后，个体对该刺激敏感度逐渐减低，甚至减低到不再向之反应的地步时，称为餍足。个体餍足时的身心状态，称为餍足状态(satiety)。餍足状态也称餍足效应(satiation effect)。

satiation effect **餍足效应** 见餍足(satiation)。

satiety **餍足状态** 见餍足(satiation)。

satiety center **餍足中枢** 见饥饿中枢(hunger center)。

satiety sensor **餍足感觉器** 指位于人体消化或口渴系统的一种检测构造，它能辨认出所需的养分或液体已经摄取，并且正在运输途中，因而使得进食或饮用的动作中止。

S

satisfaction **满足** 1.指个体动机(生理的或心理的)促动下的行为在达到所希望实现的结果时产生的一种内在状态。2.指个体欲望实现时的一种心理感受。

satisfaction of instinct **本能满足** 按精神分析论,本能满足指人格结构中本我层面需求的满足,诸如饥、渴、性、攻击以及排泄等本能性的内驱力所获得的满足,均属本能满足。

saturation **饱和度** 1.属颜色属性之一。色觉的饱和度决定于色光的纯度,如色彩中只包括单一波长的光,其饱和度大,色彩明显;如有其他波长的光混入时,其饱和度即减低,色彩的明显度也减低。见颜色属性(color attribute)与颜色锥体(color solid)条及附图。2.在因素分析时,一个测验中的每一因素与全测验相关的程度,也称饱和度。

satyriasis=**erotomania** **色情狂**

savant **偏才** 义同白痴天才(idiot savant)。见该条。

saving method **节省法** 指测量学后记忆的方法之一。节省法多半在学后不易用回忆法测量时,采用再学习法(重新再学习以前材料并学到同样地步),从再学习时较初学习所节省的练习次数,推估学后所保留下来的记忆。其计算公式为:

$$\text{节省分数(百分数)}=\frac{(\text{初学练习次数})-(\text{再学练习次数})}{\text{初学练习次数}}\times 100$$

saving procedure=**saving method** **节省法**

S-B=**Stanford-Binet Intelligence Scale** **斯坦福—比奈智力量表,斯比量表**

Sc=**conditioned stimulus** **条件刺激**

scaffolding **鹰架,脚手架** 本词原义指建筑工程进行中,为便于施工人员爬高作业所搭建之架构。心理学家维果茨基引申此义,用于父母或教师如能在儿童能力所及之上限适时给予协助,将会使儿童能力突破上限升高一级。亦即可使儿童的认知发展,从实际发展区提升到最近发展区(zone of proximal development)。见该条。

scala tympani **鼓膜管** 属耳蜗(cochlea)内的管道之一。见该条。

scala vestibuli **前庭管** 属耳蜗(cochlea)内管道之一。见该条。

scale **量表** 量表是测量事物用的准尺。量表是一个具有单位和参照点的连续体,将被测量事物置于连续体的适当位置,从而观察离开参照点多少单位的计数,便得到一个测量值,此一连续体就称为量表。量表有多种,其中主要者有名称量表(nominal scale)、序级量表(ordinal scale)、等距量表(interval scale)、比率量表(ratio sacle)等。见该等条。一般而言,量表都是由一套测验题目所构成的,亦即通常所指的测验。量表按使用目标来分,有智力量表与人格量表等;按采用单位来分,有年龄量表与年级量表等;按测量对象来分,有儿童量表与成人量表等;按内容来分,有文字量表与非文字量表等。见测量量表(measurement scale)。

scales of measurement=**measurement scale** **测量量表**

scale value **量表值** 按照预定原则,将数字分派于量表中各分点上以求量化结果时,其所分派在某分点上的数字,即为量表值。

scaling **量表编制,量表法** 1.指编制一个量表(或测验)所经过的整个历程。2.指编制量表时,对题目选择、题序编排与记分方式等之安排,以及测量结果处理时,使受试者的主观反应转化为客观数据的整个历程。见格特曼量表(Guttman scale)。

scalogram analysis **累积分析** 义同格特曼量表法(Guttman scaling)。见该条。

scanning **扫描** 本词在心理学上的意义是,指面对某种情境时,个体在做出反应之前对情境所做的概括性审视。阅读前对文字数据的快速浏览活动,在性质上就是扫描。查字典时目光在书页上迅速寻找欲查之单字的活动,也是扫描。

scanning strategy style **统观策略型** 属认知风格之一。统观策略型指个体应付环境时所表现的一种习惯性的性格特征。属于此类型的人,遇到问题时惯于采统观策略来处理:先统观全局,权衡利弊得失,然后采取行动。下棋比赛时善弈者多属此种类型。学生应考,接到试卷后先浏览一遍,然后决定先从会的题目做起的人,也属统观策略型。与本词相对者为集中策略型(focusing strategy style)。见该条。另见认知风格(cognitive styles)。

scapegoat **代罪羔羊** 按古希伯来人习俗,在耶稣受难日,驱羊入山任其饥寒至死以代人受罪,称为代罪羔羊。后人将之引喻,指无辜遭受伤害的人。本词在心理学上的意义是,当个体遭受挫折而不能对挫折来源发泄其情绪时,常会转向对无辜的他人做出攻击;无辜而遭受转向攻击者,就成了代罪羔羊。因此,本词在性质上属于防卫机制(defense mechanism)。见该条。

scapegoating **诿过** 指犯错者将罪过加诸别人的身上,使别人成为代罪羔羊(scapegoat),从而减轻自己愧疚感的心理历程。见该条。

scatter analysis **离散分析** 一个测验中包括数个分测验时,分析研究各个分测验之间关系的历程,称为离散分析。

scatter diagram=**scattergram** **分布图,散点图**

S

scattergram 分布图，散点图 研究两个变项X、Y的共变关系时，由多个X与Y的坐标值所形成的相关形势，称为分布图。分布图有各种形势，随X、Y两变项之间相关程度而定。各坐标值接近且呈直线形式者，其相关度较高；各坐标值分散呈椭圆形式者，其相关度较低。呈直线而又从左下角向右上角分布者，为正相关；呈直线而又从左上角向右下角分布者，为负相关。见相关（correlation）。

scatter plot＝scattergram 分布图，散点图

Schachter-Singer theory of emotion 沙克特—辛格情绪论 美国心理学家沙克特（S. Schachter）和辛格（J.E. Singer）二人1962年提出的情绪理论。此情绪理论的基本要义是，情绪包括生理变化与认知两方面的因素。个人在情绪状态时，虽然自己会对情绪的原因有所解释（他恐惧是因为什么），但在解释时并不完全将情绪的产生归因于生理变化（不一定说因心悸而恐惧）。他们认为个人解释自己的情绪经验时，主要是参考引起情绪反应外在情境中事件的性质。因此，在看到某人表现某种情绪反应时，除非你了解他当时置身的情境，否则就不会真正了解他情绪中所含的意义。基于此义，在丧礼中哭泣的人，固然可以推测他是由于心中哀伤；但在女儿出嫁时看见母亲哭泣，就多会猜想她可能是“喜极而泣”。由于沙克特—辛格情绪论将情绪的产生归于生理变化与个人认知两方面的因素，故而该情绪理论又称情绪二因论（two-factor theory of emotion），也称情绪认知论（cognitive theory of emotion），或简称沙克特情绪论（Schachter's theory of emotion）。

Schachter's theory of emotion 沙克特情绪论 义同沙克特—辛格情绪论（Schachter-Singer theory of emotion）。见该条。

schedule of reinforcement 强化程序，强化方式 强化程序为操作条件作用学习实验的重要概念。强化之实施有很多不同变化，本词即为强化的变化之一。强化程序有很多不同方式，有按连续强化（continuous reinforcement）与间歇强化（intermittent reinforcement）分类者，也有按时距强化（interval reinforcement）与比率强化（ratio reinforcement）分类者。见相关各条。

schedule of self-demand＝self-demand schedule 自我需求制

schema 基模，图式 瑞士心理学家皮亚杰认知发展理论中的术语。指个体用以认识周围世界的基本模式。此模式系由个体在遗传的基础上学得的各种经验、意识、概念等所整合而构成的一个与外在现实世界相对应的抽象的框架，储存在记忆之中。当个体遇到外界刺激情境时，他就使用此框架去核对、了解、认识环境。基模一词是皮亚杰理论中的基本观念之一，是个体适应环境的基本能力。基模的形成始自婴儿期。见感觉运动阶段（sensorimotor stage）。基模是音译，其含义相当于认知结构（cognitive structure）。见该条。

schemas＝schemata 基模

schemata 基模 是schema一字的复数。见该条。

scheme 方案 **1.**指在未行动之前预先设定的计划。**2.**义同基模（schema）。见该条。

schizoid personality 精神分裂型人格 见精神分裂型人格异常（schizoid personality disorder）。

schizoid personality disorder 精神分裂型人格异常 属人格异常之一。此类型患者对人冷淡、寡情、刻薄、孤僻、自大，对别人不关心，对公益无兴趣，故而俗称孤独性格。精神分裂型人格异常简称精神分裂型人格（schizoid personality）。

schizophrenia 精神分裂症 精神分裂症是一类精神病的总名称，因其具有精神分裂的共同症状，故名。所谓精神分裂是指患者表现情绪紊乱、知觉脱离现实、思想错乱、动作怪异、自我感丧失等症状。精神分裂症有多种不同类型，其中主要者为：（1）错乱型精神分裂症（disorganized schizophrenia）；（2）僵直型精神分裂症（catatonic schizophrenia）；（3）妄想型精神分裂症（paranoid schizophrenia）；（4）残余型精神分裂症（residual schizophrenia）；（5）未分类型精神分裂症（undifferentiated schizophrenia）。见该等条。

schizophrenic reaction 精神分裂反应 义同精神分裂症（schizophrenia）。见该条。

scholastic acceleration 学业加速制 义同教育加速制（educational acceleration）。见该条。

scholastic aptitude＝academic aptitude 学术性向

Scholastic Aptitude Test（SAT） 学术性向测验 指美国全国通用的大学入学前学术性向测验。该测验最早由普林斯顿大学心理学家布雷姆（C. Brigham）在1926年编制。1948年以后，改由教育测验服务社（Educational Testing Service，ETS）负责修订，多年来已成为美国甄选学生及预测大学成就的主要工具。目前在美国已有90％的大学采用该测验甄选学生，每年均有数以百万计的高中生接受该测验。该测验包括语文和数学两类题目。每类题目最高分为800分。采标准分数记分，其平均数为500，标准偏差为100。

scholasticism 经院哲学，烦琐哲学 欧洲中世纪（6～15世纪）之哲学主流。盖因当时哲学即神学，

教士集会于经院，以研究教理为业，世人以经院学者称之。教士们所从事的哲学研究，主要以见证基督教义为目的，故世称经院哲学。

school adjustment **学校适应** 指学生在校求学生活的适应。学生在校是否适应良好，主要按以下三个标准来评定：(1)学业方面的成就能达到适于自己能力的水平；(2)行为方面能遵守学校既定的规范；(3) 社会关系与情绪人格方面，能友爱合群，与同侪相处良好。

school of psychoanalysis **精神分析学派** 指20世纪初在欧洲以弗洛伊德的思想为中心所形成的一个学术团体。因当时此学派的活动以奥地利首都维也纳为中心，故而也称维也纳学派(Vienna school)。

school phobia **学校恐惧症，惧学校症** 属恐惧症之一。患者多为在校之中小学学生。学校恐惧症的特征是，在校适应困难。当学校情境为无可逃避的状况下，对学校中的一切产生极不合理的恐惧反应。根据研究发现，患学校恐惧症的学生，通常在行为上多会表现以下四类特征：(1)课业学习困难，而且常常缺课；(2)情绪紧张，易于激动，被逼迫上学时经常诉称身体不适或病痛；(3)此类学生多不愿与家长沟通，以致家长多不了解其在校求学情形；(4)除对学校恐惧之外，此类学生未必表现反社会或攻击性行为。见恐惧症(phobia)。

school psychologist **学校心理学者** 指受过心理学专业训练后，在学校从事教育工作的心理学者。传统的学校心理学者，其工作限于对学生课业困难的诊断辅导与行为问题的矫治。现今学校心理学者的任务改变，除消极处理学生问题之外，更积极参与学校教育计划，从事课程设计、规划课外活动、协助教师教学等。

S

school psychology **学校心理学** 属应用心理学门类之一。学校心理学主要以在校中小学学生为研究对象，目的在了解学生身心状态、分析探讨学生们在教育环境中成长与适应情形，从而协助教师改进教学，以达成学校的教育目的。见学校心理学者(school psychologist)。

school readiness **入学准备度** 指儿童6岁入学时其身心发展状态能够配合学校教育的程度。根据美国全国性调查研究发现，每年6岁入学的儿童中，有20%以上尚未达到适于接受正规教育的成熟程度。此类儿童的特征是，语言表达能力不足，缺乏基本手眼调和的动作技能，缺乏团体生活的社会经验。此等特征的综合影响，导致儿童初入学即落在同年龄团体之后，构成以后学校适应困难的原因。为求消除此一基本教育问题，目前各国均大力推行学前教育与亲职教育(parental education)，借以提升儿童入学的准备度。见该条。

school readiness test **入学准备度测验** 在小学入学前对儿童实施的一种心理测验。因此类测验的目的在测试儿童进入小学接受正式教育的准备程度，故而称为入学准备度测验。小学入学通常是以儿童的年龄为根据(年满6岁)，但同样是6岁的儿童，在心理发展的成熟程度上未必相等。有些儿童在语言能力、动作技能、社会能力、情绪自制等方面的发展，可能比较落后。此等儿童一旦进入学校接受正式教育时，可能适应困难。入学准备测验的目的，就是针对此等入学准备不足的儿童，特别另加辅导，期其能避免入学后学习困难。

schools of psychology **心理学派** 指由某一个(或少数几个) 著名心理学家的思想为中心所形成的学术性团体。学派的功能，在积极方面，学派成员们大力鼓吹他们的主张，使其学术思想得以流传；在消极方面，他们强烈排斥其他学派的主张，使心理学的思想形成分歧现象。一般所说的心理学派，是指20世纪初现代科学心理发展初期对心理学研究目的、主题、方法理论等持对立理念的数个学术团体。其中最主要而且对以后心理学发展影响最大者为：(1)兴起于德国的结构学派及其结构主义(structuralism)思想；(2)兴起于美国的功能学派及其功能主义(functionalism)思想；(3)兴起于美国的行为学派及其行为主义(behaviorism)思想；(4)兴起于德国的完形学派及其完形心理学(Gestalt psychology)思想；(5)兴起于奥地利的维也纳学派及其精神分析(psychoanalysis)思想。见该等条。虽然在此之前的古代哲学心理学时代已有不少学派，在此之后的现代心理学思想中也有多种不同的主张，但均不包括在本词范围之内。

Schröeder illusion **施罗德错觉** 属视错觉现象之一。如附图所示，初看像是楼梯，但对之注视数秒钟之后，就会发现有两种透视感：有时看似正放的楼梯，有时看似倒挂的楼梯。此错觉图形系由德国心理学家施罗德 (E. H. Schröeder, 1810～1859)1858年发现，故名。由于引起错觉的图形像楼梯，故而也称楼梯错觉(staircase illusion)。见错觉(illusion)。

Schröeader's staircase **施罗德楼梯** 义同施罗德错觉(Schröeder illusion)。见该条。

Schumann square **舒曼正方形** 属视错觉现象之一。如附图所示，上面A与B两个正方形全同，将A转动45度后，变成下面的A与B两个正方形，

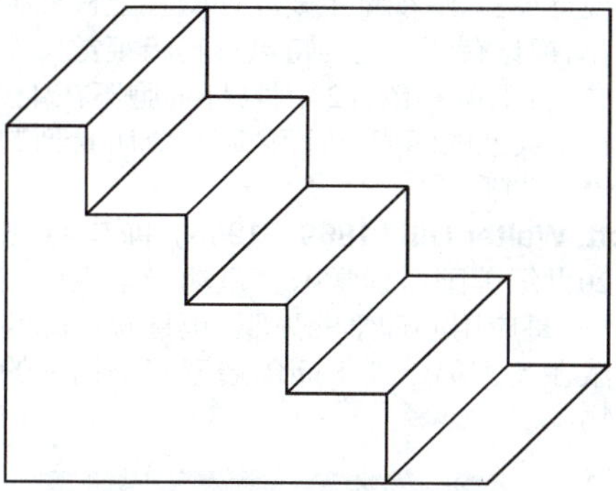

施罗德错觉

看起来似乎觉得A比B面积较大。本词亦称正方形错觉(square illusion)。见错觉(illusion)。

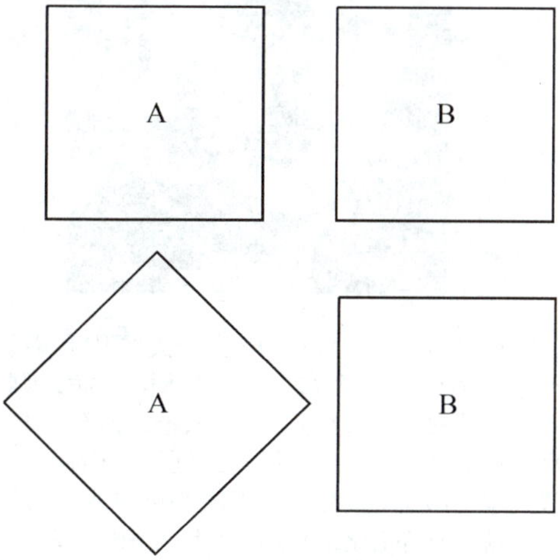

舒曼正方形

scientific approach **科学取向** 义同科学态度(scientific attitude)。见该条。

scientific attitude **科学态度** 指在评判事理时,个人所秉持纯以客观事实为根据的不偏不倚的态度。与本词相对者为偏见(prejudice)。见该条。

scientific control **科学控制** 见实验控制(experimental control)。

scientific hypothesis **科学假设** 研究者根据研究问题或研究目的进行文献探讨,审慎地整理前人所做的研究结果之后,对自己要研究的问题提出合理的暂时性解释,称为科学假设。见假设(hypothesis)。

scientific illiteracy **科学文盲** **1.**广义言之,指缺乏科学知识或缺乏科学态度的人,在科学昌盛时代,仿若不识字的文盲。**2.**狭义言之,义同电脑文盲(computer illiteracy)。见该条。

scientific management **科学管理** **1.**狭义言之,指运用科学的、系统的方法改进生产方式,改进生产工具,改进工作程序,以期达到最省钱、最省力、最安全地步的一切措施。**2.**广义言之,除对财与物方面采用科学方法管理之外,也对参与工作的员工予以科学管理,期能借心理学的理论与方法,分析员工心理需求、工作动机,从而改善工作环境,激励员工士气,使工作者敬业、乐业以达成提高生产绩效的目的。

scientific method **科学方法** 指科学家在研究事物或解决问题时,所采用的客观的、系统的、精密的整套方法。在实际使用时,科学方法包括四个步骤:(1)根据问题性质提出假设;(2)根据假设确定研究目的与程序;(3)根据研究目的与程序搜集数据;(4)运用统计方法分析资料;(5)根据发现之事实验证假设,并进而推演出结论。

scientific paradigm **科学范式** 指美国科学哲学家库恩在1962年出版的《科学革命之结构》一书中,所提出的衡量一门科学发展是否臻于成熟程度的标准。一门科学,如在研究对象、研究目的、研究方法以及理论解释等各方面不再分歧而趋于统合一致时,即表示该门科学的发展程度,业已臻于成熟的地步。自然科学中的化学和物理学等,其统合性的科学范式,均早已建立。见库恩(Kuhn, Thomas Samuel)传记条。

scientific psychology **科学心理学** 指有别于哲学取向的心理学。科学心理学的特征是,不再采用哲学心理学时代的主观思辨取向,而改采类似自然科学的客观验证取向的科学方法,研究心理现象。见科学方法(scientific method)。

scientific revolution **科学革命** 美国科学哲学家库恩在1962年出版的《科学革命之结构》一书中所提出的概念。指在科学思想演进过程中,旧的范式不再符合人类世界观时,就会因新世界观出现而形成新的范式。如此新范式取代旧范式的过程,即为科学革命。见范式(paradigm)。

scientism **科学主义** 强调科学至上的一种思想。持科学主义观点者主张:(1)科学是获得正确知识的唯一方法;(2)任何问题皆必须凭借科学方法才能够获得答案。

SCII = Strong-Campbell Interest Inventory **斯特朗—坎贝尔职业兴趣量表**

scopophilia **窃视症** 属性心理异常之一。指私下窥视别人裸体或性爱活动,从而获得性欲满足的异常行为。

scopophobia **惧被注意症** 属恐惧症之一。患者对别人的行动特别敏感，尤其担心别人注意到自己。当其发觉受别人注意时，即感到极度不安与恐惧。见恐惧症（phobia）。

score **分数** **1.**指个体行为反应经量化之后的数值。个体行为包括学得的反应，对测验题的反应，对人、事、物的态度，以及对价值的判断等。此等反应如按预先订立的标准予以评定量计的数值，即称为分数。**2.**指根据个体多种反应所得分数的总和，如学业成绩就是以分数表示之。

scorer reliability **评分者信度** 属检验测验信度的方法之一。采用不同评分员评阅同一份测验卷时，估计评分的一致性，称为评分者信度。如测验采用客观题目，计分不受评分者主观影响时，评分者信度自不成问题。如测验评分受到评分者主观判断影响时，则必须考虑信度的问题，诸如投射测验、创造力测验以及作文等之评分，均属之。评分者信度的估计法，是从测验中抽取一些样本，分别由两组评分者对每一试卷给予评分，然后根据两组的分数求取相关，所得相关系数即为评分者信度。见信度（reliability）。

scoring **评分** 指根据受试者在测验或试题所做的反应，按预定标准给予分数的历程。评分时因所根据标准的不同，一般分为两种：（1）客观评分（objective scoring），指根据客观标准的评分，所有测验题（是非题或选择题）的评分，都是客观评分；（2）主观评分（subjective scoring），指根据评分者主观意念的评分，所有议论性题目的评分，都是主观评分。

scoring formula **计分方式** 指测验实施后计算实得分数的方式。最常用的计分方式是：在一般情形下，答对的题数即代表实得分数。如采用的是选择题，为防止猜测得分，可采以下的计分方式：

$$实得分数=答对题数-\left(\frac{答错题数}{K-1}\right)$$

公式中，K代表选项，如选择题是四选一，则K=4。

scotoma = **blind spot** **盲点**

scotomization **盲视化** 是一种视而不见的视觉异常现象。此种异常现象的症状是，遇到可能引起焦虑的情境时，个体即视而不见，正如刺激的映象投射到视网膜盲点上的情形一样。盲视化不是生理现象，而是生活经验中养成的防卫机制（defense mechanism）。见该条。

scotophobia = **achluophobia** **惧黑暗症，惧夜晚症**

scotopic adaptation = **dark adaptation** **暗适应**

scotopic vision **暗视觉** 指在昏暗情境下所得到的视觉经验。暗视觉主要靠视网膜上杆细胞的功能。暗视觉有两个主要特点：（1）暗视觉只能看到黑白，看不见彩色；（2）因为杆细胞不在中央凹，只在中央凹的四周，故而凭暗视觉所看到的物体不十分清晰。

Scott, Walter Dill（1869～1955） **斯科特** 斯科特是20世纪美国心理学家，是功能学派代表人物之一，是应用心理学的先驱，也是脱离冯特结构学派在美国另辟天下而创造了四个第一的传奇人物。

斯科特1869年5月1日出生于美国伊利诺伊州诺姆镇附近的一个农庄，父亲体弱多病，因此斯科特12岁即代父劳动。有一天，他犁地到田尾，让两匹马休息片刻，举头看到远处伊利诺伊州立师范大学的校舍建筑，遂立下决心读书求学。从此，斯科特每次下田都随身带书本，到田尾马匹休息时，他就利用短暂的休息时间读书。他更省吃俭用，积蓄勉强够支付学费，19岁进入他所向往的师范大学。两年后申请到西北大学奖学金，入学后又兼任家庭教师以维持生活。他因在杂志上读到有关德国莱比锡大学冯特研究心理学的消息，乃决定申请奖学金，1898年去了德国莱比锡大学。两年后，在冯特指导下，他获得心理学博士学位，旋即应西北大学之聘，返国担任心理学与教育学讲师。虽然在莱比锡大学接受的是实验心理学训练，可是从返美后第一份工作起，他就脱离了冯特的理论心理学路线，开辟了一个新的心理学领域，即应用心理学。斯科特1919年膺选为美国心理学会主席，1920年出任西北大学校长，1929年膺选美国教育委员会主席，1939年退休，1955年9月23日病逝于伊利诺伊州艾凡斯顿，享年86岁。斯科特在心理学上的贡献，主要在于以下两方面：

S

1.创造了心理学界的四个第一　斯科特对应用心理学的研究，是从1902年起正式开始的。当时先从广告心理研究起，一年之后（1903）出版《广告的理论与实际》一书，是为第一本广告心理学专著。以后扩大应用心理学的范围，从事员工甄选与企业管理的研究。1905年晋升为西北大学正教授，1909年改任同校商学院广告心理学教授，1916年改任卡内基科技大学教授并兼任营销研究所主任，是为心理学史上第一位拥有应用心理学家名义的心理学家。第一次世界大战（1914～1918）期间，斯科特在军中服务，协助办理军职人员甄选分类工作。大战结束后，美国政府颁予其杰出服务奖章，是为平民身份获得政府殊誉者第一人。1919年，斯科特成立了"斯科特创意公司"，也是第一家现代企业顾问公司。

2.奠定现代应用心理学基础　斯科特一生从事应用心理学的人才培育和实务工作，为以后的广告心理学、管理心理学、人事心理学、营销心理学等奠定了基础。虽然他的贡献不像理论心理学家那样建构了纯学术性的理论，但他的研究和著作却都是无前例可循而极具开创性的。例如，他当年设计的职工人员甄选量表，迄今仍然是研究人事心理学的重要参考工具。

斯科特著作中有关应用心理学的有：*Theory of advertising*（1903）；*Psychology of public speaking*（1907）；*Influencing men in business*（1911）；*The psychology of agreement and suggestion*（1911）；*Aids in selection salesmen*（1916）；*Psychology of advertising in theory and practice*（1921）；*Science and common sense in working with men*（1921）；*Per-sonal management*（1941）等。

screening test 筛选测验　指根据预定标准概略选取研究对象的简短测验。例如，欲采用中等智力以上小学生为研究对象，先利用较为简单的团体智力测验，从大样本（如全校学生）中概略选出IQ在100左右的学生为备用对象。然后再用比较精密的个别智力测验，从备选者中确定少数人实际参与研究。筛选测验的功能，可使研究工作经济，节省人力物力。

screen memory 遮蔽记忆　精神分析论中的术语。指个体将童年时一件无关紧要的事件，与另一重要的情绪经验发生联系而在记忆中保存下来，因而抵制了对足以激起创伤性情绪体验的重大事件的回忆，从而将创伤性体验及与之相关的欲望冲动压抑在潜意识中。弗洛伊德认为，设法使患者透过遮蔽记忆，发现导致创伤体验的重大事件，揭示潜在的欲望冲动，可产生明显的治疗效果。

scribbling stage 涂鸦期　指儿童绘画发展的最初阶段（约2～4岁）。此时儿童的绘画缺乏目的和意向，不能有效控制自己的动作，画出的只是一些粗拙、杂乱、不成形的线条。此时期儿童的绘画，其目的不在于画出一定的形象，而只是喜欢能画出各种各样线条。他们感到高兴的只是运动感觉的兴奋，和对纸上出现不同线条的视觉兴趣。

script 脚本　社会心理学术语。指在某特殊社会情境中发生某事件的顺序性特征。脚本包括时间、地点、人物及其活动等事项的说明。以进餐馆用餐为例，餐馆有地点，进餐有时间，参与者有顾客、侍者、厨师、收费员等人物，侍者领位、顾客入座点菜、厨师做菜、侍者上菜、顾客吃菜、吃完付账、收银员收钱等活动，是人物的活动。如将上述餐馆用餐的地点、时间、人物及其活动等所有特征按顺序陈述，即成为脚本。脚本一词常用于影视剧本中，意指演员角色扮演所根据的文本。

Scripture block 斯克里普丘积木　属暧昧图形之一。如附图所示，A与B是完全相同的两个图形，唯B图是A图的倒置。A图看起来像是三块积木，而B图则看起来像是五块积木。读者可将B图倒转过来以验证之。此图形系由英国心理学家斯克里普丘（E. W. Scripture, 1864～1945）1895年所设计，故名。见暧昧图形（ambiguous figure）及错觉（illusion）。

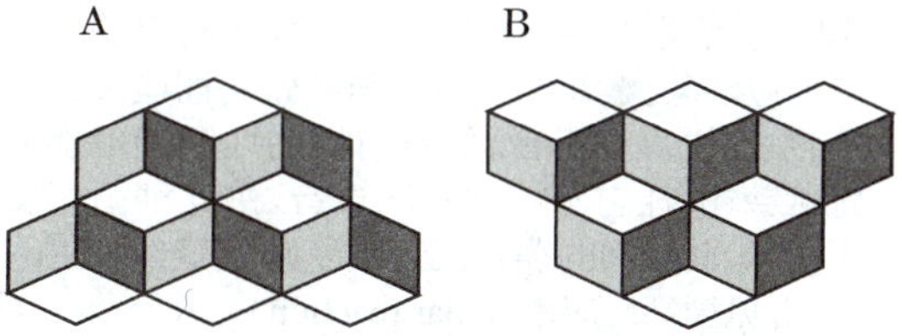

斯克里普丘积木

SCT＝sentence completion test 语句完成测验

S-curve S曲线　义同S形加速（S-shaped acceleration）。见该条。

SD＝social desirability 社会愿望，社会期许

SD＝standard deviation 标准偏差

SDT＝signal detection theory 信号检测论

SE＝standard error 标准误

search for identity 统合寻求　指青年期在统合形成（identity formation）阶段，个体对"我是谁？"与"我将走向何方？"等问题寻求答案的自我探索历程。见该条。见统合（identity）。

seasonal affective disorder（SAD） 季节性情感

症 指有些抑郁症患者多在冬季发作。见情感症（affective disorder）。

season-of-birth effect 出生季节效应 解释精神分裂症病因的一种理论。此理论系以医学统计为根据，发现在罹患精神分裂症人口中，冬季出生者占较多比例。

seclusion need 隐私需求 美国心理学家默瑞理论中的术语。指个体在心理上有时有希望孤独自处不受别人干扰的心理需求。

seclusiveness 孤独性 指参与社会活动与人交往之外，一般人也会有希望孤独自处不愿别人干扰的心理倾向。

secondary advantage = secondary gain 再度获益

secondary aging 次因老化 指个体的老化现象并非由年龄使然。年龄是老化的主因，年龄未到而呈老化现象者，多系疾病或伤害使然。"未老先衰"者，即系次因老化使然。与本词相对者为主因老化（primary aging）。见该条。

secondary amenorrhea 续发性无经 见无经（amenorrhea）

secondary attention 再注意 指当事人对外在刺激主动而且用心的注意，阅读时对文字内容的注意即属之。与本词相对者为初注意（primary attention）。见该条。

secondary circular reaction 二期循环反应，二级循环反应 瑞士心理学家皮亚杰认知发展理论中的用语。指4～8个月婴儿所表现的有目的的重复反应现象。婴儿如无意中用手碰到摇篮边的铃铛，发出悦耳的声音，他将有目的地继续用手去碰触铃铛，让它不停地发出声音。由此种循环反应显示，此期间的婴儿已开始了解到事件发生的原因。见循环反应（circular reaction）。

S

secondary color 次颜色 指由加色混合（additive color mixture）所产生的颜色。见该条。

secondary conditioning 次级条件作用 指条件作用效果的扩大现象与衍化历程。一般所指的条件作用是指条件刺激经与无条件刺激相伴出现多次，前者即可单独引起后者所引起的条件反应。在这样的历程中，所谓无条件刺激是指不经学习即能直接引起个体特定反应者而言，诸如食物（引起个体趋近反应）、电击（引起个体逃脱反应）等均属之。就常识与学理两方面观察，个体行为经条件作用历程而改变的范围绝不止于此。尤以对人类复杂抽象行为而言，如此简单的条件作用，自然不足以给予充分的解释。因此，次级条件作用的研究乃成为学习心理学的重要课题。次级条件作用的主要特征是，当某一条件刺激能固定引起条件反应后，在实验设计时即可将之分别视为无条件刺激与无条件反应，并安排另一条件刺激与之伴随，从而建立另一较高层次的条件作用。如此由具体到抽象的学习方式，在人类学习中是常见的，如食物→金钱→支票→存折等连串关系，即经次级条件作用历程学到的。实则条件作用之扩大不限于二级，在人的复杂行为中，到处存在着更高级的条件作用。

secondary correlation 次相关 指两个变项间的相关乃是由于第三个变项居间发生作用的情形。例如，小学生所认识的单词数量与其身高之间有正相关的趋势。其实这两者的相关乃是第三个变项年龄（或年级）变项使然。因为在小学阶段，年龄或年级与认识单词数量是有正相关的，而学童的年级与其身高两者之间，也具有正相关的关系。与本词相对者为主相关（primary correlation）。见该条。另见相关（correlation）。

secondary delusion 继发性妄想 指继发于其他心理障碍的妄想。例如，抑郁症患者往往自我评价过低，夸大以往的缺点或错误，怀疑自身健康状况不佳，因而经常发生罪恶、疑病、贫穷、虚无等妄想。

secondary disposition 次要性格 义同次要特质（secondary trait）。见该条。

secondary drive 衍生驱力 义同习得驱力（acquired drive）。见该条。与本词相对者为原始驱力（primary drive）。见该条。

secondary environment 次环境 指影响个体生活较少的暂时性的环境。例如，搭乘的火车、暂住的旅馆等，在性质上均属次环境。与本词相对者为主环境（primary environment）。见该条。

secondary function 次作用 指某刺激消失后间接引起的感觉（如后像）。与本词相对者为主作用（primary function）。见该条。

secondary gain 再度获益 指心理疾病患者长期采用病态适应的方式逃避现实，结果因病而减缓了心理冲突与焦虑的压力。这属于因病获益（gain by illness）的情形之一。见该条。与本词相对者为初次获益（primary gain）。见因病获益（advantage by illness）。

secondary group 次团体 团体中成员的关系，未必是面对面的，成员们对团体的责任也只是有限的。此类团体对团体成员而言，称为次团体。例如，学校的家长会、社会上各种职业公会、学会以及各种社会组织等，因其成员们只对其所属团体分担极少的责任与义务，即使成员们认同团体目标，在性质上也均视为次团体。与本词相对者为主团体(primary group)。见该条。

secondary identification **次认同** 指儿童随年龄增长，逐渐扩大其行为模仿的对象，由原先只对父母的认同，逐渐转移到对他有影响力的其他人(如教师、同学等)去认同的现象谓之。与本词相对者为主认同(primary identification)。见该条。见认同(identification)。

secondary impotence **次因性阳痿** 见阳痿(impotence)。

secondary incentive **次诱因** 指学得的诱因，一个原属中性的刺激，本不引起个体某种固定反应，经与另外诱因刺激发生联结关系后，该中性刺激也连带具有另一诱因刺激的性质，其本身即变为引起个体该反应的诱因。诸如金钱、奖状、成绩高分、社会地位等，均属次诱因。见次级强化物(secondary reinforcer)。

secondary inferiority feeling **再次自卑感** 指个人自立自强的努力再度失败后，重陷自我冲突的心理状态。先是由于本身某方面缺陷而有自卑倾向，后经在其他方面努力补偿，得以建立自尊。但若好景不长，又连续遭遇挫折，将再度陷入自卑困境而成为失败主义者。

secondary infertility **次因性不孕** 指丈夫缺乏生育能力因而不能使妻子怀孕的情形。与本词相对者为主因性不孕(primary infertility，指原因在于妻子)。见不孕(infertility)。

secondary integration **二次整合** 指儿童5至6岁期间，其人格发展所产生的改变。按精神分析论的解释，这时候的儿童，能够将分离的自我加以整合，开始认识自己的性别角色，在性心理发展上渐具成人的雏形。与本词相对者为初次整合(primary integration)。见该条。

secondary masochism **继发性受虐狂** 精神分析论中的术语。指受虐狂患者在现实生活中得不到受虐机会而无法获得动机满足时，转而将施虐者角色转为自己，从而形成虐待自己的病态现象。

secondary memory(SM) **二期记忆** 义同长期记忆(long-term memory)。见该条。

secondary mental deficiency **后天心智缺陷** 指出生后在发展期间因疾病或伤害所造成的心智缺陷。此类心智缺陷与先天遗传因素无关。见心智缺陷(mental deficiency)。

secondary motivation **衍生动机** 指学得的动机。此类动机与个体的基本需求无关，不像饥饿、渴、性一样，不是本能性或原始性的。诸如成就动机、亲和动机与权力动机等，均属衍生动机。与本词相对者为原始动机(primary motivation)。

secondary narcissism **次型自恋** 按精神分析论，个体将原本外向投注的欲力，改变方向投向自己，称为次型自恋。幼儿本以父母中之异性为欲力投注对象，如遭遇困难，即将欲力改向而投注于自己。按此解释，次型自恋实乃早期人格发展不顺利所致。与本词相对者为原型自恋(primary narcissism)。见该条。

secondary need **衍生需求** 指在生理需求之外学得的心理需求。与本词相对者为原始需求(primary need)。见该条。

secondary personality **副人格** 指患双重或多重人格者所潜抑的人格。见双重人格(double personality)。

secondary prevention **二期预防** 指对精神分裂症的预防措施之一。二期预防是在病发后开始实施的，旨在防止病情继续恶化。与本词相对者为早期预防(primary prevention)。见该条。

secondary process **次级历程** 按精神分析论，人格结构中属于自我层面的内在活动，称为次级历程。自我层面的活动是意识性的，是受现实原则所支配的，介于本我与超我之间，具有调和与缓冲作用。居于次级历程之下的本我活动，则称为原始历程(primary process)。见该条。

secondary process thinking **第二历程思维** 指个人学得的比较合理的思维方式。与本词相对者是第一历程思维(primary process thinking)。见该条。

secondary quality **第二特质** 见第一特质(primary quality)。

secondary reinforcement **次级强化，次强化** 指由次级强化物对个体反应所产生的强化作用。次强化作用之所以发生，乃是由于次强化物(中性刺激)与原强化物相伴出现，经由条件作用学习的历程，使次强化物具有了原强化物的功用，对个体反应产生了与原强化物同样的作用。在我们日常生活中，次强化作用到处可见，诸如金钱、奖状、考试分数、社会地位以至代表身份的一切符号标志等，对一般追求名利者而言，都会有相当的次强化作用。与本词相对者为一级强化(primary reinforcement)。见该条。见强化(reinforcement)、次级强化物(secondary reinforcer)。

secondary reinforcer **次级强化物，次强化物** 任何刺激经由学习之后能对个体反应产生强化作用者，均可称为次级强化物。对个体需求而言，次级强化物原本是中性刺激，其本身不能直接满足个体需求。该中性刺激如跟一级强化物(强化刺激)相伴出现,使两者在性质上分别形成条件作用学习中的条件刺激与无条件刺激。多次练习之后,该中性刺激即可取代强化刺激,引起强化刺激所引起的反应。至此,该次级强化物即可取代原强化物,对个体反应产生强化作用。对人的日常生活而言,次级强化物很多。如金钱(原为中性刺激)与食物(强化刺激)联结之后,金钱就变成了次级强化物。因为次级强化物的形成是经由条件作用学习历程,故而又称其为条件强化物(conditioned reinforcer)。

secondary relationship 衍生关系 指人际因情境需要(如商业来往)或角色互动(如职务隶属)而建立的社会关系。衍生关系中情感成分较少,伦理的或角色的成分较多,甚至其中包含了功利的色彩。因此,衍生关系受情境因素影响,时间也较短暂,彼此相对的人是可以取代的。如机关换了主管,原来上司与下属之间的业务关系也不再维持。从人际关系的心理需求看,衍生关系只是表面的,是工具性的。与本词相对者为基础关系(primary relationship)。见该条。

secondary repression 次压抑 指个体内在的意识层面强力抑止潜意识层面活动的心理作用。次压抑是弗洛伊德所指压抑(repression)的三种类型之一。见该条。

secondary reward 次奖赏 见条件性奖赏(conditioned reward)。

secondary sex characteristics 第二性征,次性征 在第一性征影响之下,青春前期显现于个体身体形态变化的性别特征。男性的第二性征包括喉结突起,音调低沉,胡须、阴毛及腋毛出现,肌肉、骨骼变坚实,身高增加快速等。女性的第二性征包括音调高尖,乳房隆起,臀部变大,皮下脂肪增多,阴毛、腋毛出现,身高增加快速,女性体态出现等。第二性征的出现是由于性激素刺激引起,男性的性激素是睾丸分泌的雄性激素,女性的性激素则是卵巢分泌的雌性激素。第二性征的显现系受第一性征(primary sex characteristics)的影响。见该条。见青春前期(prepuberal stage)。

secondary territory 次领域 指个体在生活活动中暂时性占有的领域,如在火车上对号入座的座位即是。与本词相对者为主领域(primary territory)。见该条。见领域(territoriality)。

secondary trait 次要特质 美国心理学家奥尔波特人格理论中的术语。次要特质是代表个人在某些情境下表现的暂时性的性格。例如,即使某人平常性格外向,在大庭广众之下能言善道,但在情况不明的生疏情境下,也许暂时变得沉默寡言。因此,次要特质不足以代表个人的整体人格。见奥尔波特人格特质论(Allport's personality-trait theory)。

second childhood 第二儿童期 指老年人在行为表现上有时显得十分幼稚的现象。俗语说"八十老翁赛顽童",即此之谓。

second nature 第二天性 **1.**指习惯性行为,即在某种情境下经常自动出现的行为。语言与动作即属习惯性行为。俗语说"习惯是第二天性",即此之谓。**2.**按精神分析论,第二天性是指超我而言,因超我乃是经由学习历程而建立的(本我为第一天性)。

second negative phase 第二反抗期 指青年期开始(青春期)时,青少年一方面因生理变化影响使情绪不稳,另一方面因心理上寻求自我肯定,希望独立自主,故而在态度表现上常出现与父母意见不一致的情形。此种现象称为第二反抗期。见第一反抗期(first negative phase)。

second-order conditioning =**secondary conditioning** 次级条件作用

second-order language 二层语言 义同后设语言(metalanguage)。见该条。

second-signal system 第二信号系统 指人类所使用的抽象性语言符号系统。抽象性语言符号的特征是:都是替代性的,都是用来替代具体事物的。语言符号之所以具有替代性,乃是因为其是经由条件作用的学习历程。在条件作用历程中,语言符号原属中性的条件刺激,本来引不起个体的固定反应,经过条件作用之后,语言符号始具有其所代表具体事物的特征,能引起个体固定反应。至此,即可将语言符号视为无条件刺激,进而形成二级条件作用,从而学习更抽象的东西(如由汉语而学汉字,再由汉字而学外文的情形即是)。因此,语言符号称为二级信号系统。见条件作用(conditioning)、次级条件作用(secondary conditioning)。

sector therapy 有限度治疗法 属心理治疗方法之一。有限度治疗法系心理学家德伊奇(F. Deutsch)所倡用。这一治疗法的特别之处是,不像精神分析治疗那样试图改造患者的整体人格结构,而是使患者从联想回溯中自陈的经验与自己感到的困难中去认识以往的错误,并进一步学习新的与正确的思想与行为。像此种只以患者联想回溯的问题作为治疗范围的方法,也称为有限目标适应治疗法(goal-limited adjustment therapy)。

security 安全 **1.**指保证获得需求满足的情境,与在该情境之下个体的心理状态。**2.**指个体在环境中的一种复杂态度,其中包括对己有信心,对事有把握，对人信赖。在此等心态下就会产生安全感，也因此而有乐观的态度。

security operation **安全运作** 美国新弗洛伊德主义心理学家沙利文理论中的术语。指个体身处不安全情境时在行为上所做的一些防卫性的表现。诸如对人傲慢、厌烦、愤怒等，多半都是用来防卫因不安全引起的焦虑，从而维护自尊的安全运作。然过分的安全运作是心理异常的表现，其结果也常导致人际关系疏离。

sedative **镇静剂** 指能抑制中枢神经系统的一类药物。镇静剂的主要成分为巴必妥酸盐（barbiturate）。见该条。

seeing eye dog＝guide dog **导盲犬**

segmentalized personality **分割化人格** 指都市社会中一人扮演数种角色，不能兼顾时所导致的角色间冲突的情形。例如，婚后职业妇女在为人妻、为人母之外再身负专业性职务时，就难免有一身被分割为三片而不能整合的感受。

segmented play **分节游戏** 指将整个游戏活动分为数节进行的情形（如先唱歌而后跳舞）。分节游戏多为幼儿园教学活动时采用。

seizure **急发作** 指疾病突然发作的现象。急发作的共同症状是心跳、气急、头昏、目眩以及痉挛等。

selected group **限制团体，选择组** **1.**指成员资格受限制的团体。如同学会、同乡会、同业公会等，均属限制团体，不具资格者不得参加。**2.**从事分组研究时，只选择类似或相同特征的人（或物）作为研究对象者，称为选择组。

selection index **选择指数** 指根据数学公式计算出来用以鉴别某种测验或测验题目所具鉴别力的数值。见难度指数（index of difficulty）、鉴别指数（index of discrimination）。

selection method **选择法** **1.**义同再认法（recognition method），是测量记忆的方法之一。见该条。**2.**指在数个刺激中，要受试者选出与标准刺激相同者的实验方法。

selection ratio **录取率** 指根据预定标准（考试或测验），从全部参赛者之中筛选的人数比率。例如，某大学心理学系报考人数为500人，结果录取60人，其录取率就是12%。

selection test＝selective answer test **选答测验**

selective amnesia **选择性失忆症** 属心因性失忆症（psychogenic amnesia）之一。见该条。

selective answer test **选答测验** 指由选择题编成的测验。每题之后有数个可供选择的答案，其中只有一个是对的。一般测验式试卷中采用的选择题（如四选一）或是非题（二选一），都属于选答测验。

selective attention **选择性注意** 指在众多刺激的情境中，个体只从中选择某些刺激去注意而忽略其他刺激的心理现象。如坐车经过大街时只注意到少数店家的招牌，就是选择性注意。事实上，凡是注意都带有选择性。见注意（attention）。

selective breeding **选择繁殖** 采控制交配的方式豢养动物的措施。选择繁殖的目的，旨在借控制交配以改良品种。

selective inattention **选择性不注意** 意同知觉防卫（perceptual defense）。见该条。

selective learning **选择学习** 在较为复杂的刺激情境中，个体对不同刺激表现不同的反应，或对同一刺激表现不同的反应。个体在不同反应中，只有反应后得到强化者，才因后效强化作用而保留；未获强化的反应，将逐渐减弱而消失。像此种在多种反应中选择强化保留部分反应的学习历程，称为选择学习。凡属尝试错误学习（trial-and-error learning）性的学习，均为选择学习。见该条。见后效强化（contingent reinforcement）。

selective response **选择反应** **1.**指在众多刺激的情境下，个体单独向某一刺激做出反应的现象。**2.**义同差别反应（differential response）。见该条。

selectivity **选择性** 属知觉心理现象之一。知觉具选择性，眼睛与照相机不同，对视野内的刺激有选择性，对所注意的刺激，知觉清楚；对不注意的刺激，可能视而不见。同理，听觉也有选择性。

selectivity of attention **注意的选择性** 义同选择性注意（selective attention）。见该条。

self **自我，我** 指个体所意识到自身存在的实体，其中包括躯体的与心理的各种特征，以及因而产生的各种活动和心理历程。这是对本词的一般解释，在心理学上，自我一词并没有统一性定义。弗洛伊德视自我为包括意识与潜意识在内的人格结构的整体，本我、自我、超我三者都包括在此结构之中。荣格视自我为个体成熟时的人格整体。阿德勒视自我就是个体的生活格调。罗杰斯视自我为个体在现实世界中对“我是谁”问题的主观知觉经验的总体。自我一词是人格心理学、社会心理学以及发展心理学中最重要的概念，在相关的心理学书籍中有上千条包括自我在内的复合词。其重要者见下列各条。

self-abasement **自我贬抑** 指放弃个人立场极度屈从别人，而在心理上又不能心安理得坦然接受，以至于充满自卑感的现象。自我贬抑主要是屡遭失败后，失去信心而对自己缺点夸大，对自己正确形象扭曲的结果。

self-absorption **自我专注** 指个体专注于自己而忽略外在环境事物变化的心理状态。

self-acceptance **自我接纳** 指个体对自身以及自身所具特征所持的一种积极态度。个体对自己的一切,包括身体、能力、性格等各方面条件,都能确认其正面价值,而且欣然接纳,不因自身优点而骄傲,不因某种缺点而自卑。一般认为,自我接纳是心理健康的基础。

self-accusation **自讼,自责** 指个人自己批评自己过失的内省心理历程。在古代教育上,自讼被视为个人的修养。孔子曰:“吾未见能见其过而自讼者也。”因而孔子教他的学生“过则勿惮改”。但在现代精神病学上,则认为过分自责是形成抑郁症(depression)的原因之一。见该条。

self-actualization **自我实现** **1.**指个体成长中能使其自身具备潜在条件(包括能力与人格等各种特质)充分发展的历程。**2.**指个体成长中身心各方面潜力获得充分发展的境界或结果。亦即个体的真实自我得以在现实自我基础上获得充分显现者。**3.**自我实现是美国人本心理学家马斯洛(Maslow, Abraham Harold)思想的中心。见其传记条。

self-actualization need **自我实现需求** 属美国人本心理学家马斯洛之需求层次论(need hierarchy theory)中的最高层需求。见该条及附图。

self-administration test **自施测验** 指受试者按测验指导语自行实施的测验。此种测验的目的,主要在帮助受试者了解自己,测验结果并不做竞争成败或选取淘汰之用。

self-alienation **自我疏离** **1.**指个体所经验到的一种自我虚无感,感到自我的存在不是真实的,而且与人缺少亲密关系。**2.**指个体经验到自身与生活分离,经常存有无力、无助、无奈等复杂的感受。

S

self-analysis **自我分析** 指个人根据精神分析的原理对自己动机、欲望、情感以及行为的反省与分析,从而了解自己,认识自己。

self-appraisal **自我评估** 指个人对自己优点与缺点的评估。见自我概念(self-concept)。

self-assertion **自恃** 指个人对自己评估很高,也因而往往在团体活动中低估别人的态度。

self-assessment = **self-appraisal** **自我评估**

self-attitude **自我态度** 指个人基于对自己评价后所产生的自我接纳或自我拒绝的态度。

self-attribution **自我归因** **1.**指个人本身对自己行为表现的解释。自我归因解释时,有如对别人行为的归因解释一样,同时受到外在情境因素与内在性格因素的影响。**2.**指个人本身对自己行为成败的解释。根据美国心理学家韦纳的理论,个人经验到成功与失败时,归结其原因主要包括四个因素:(1)个人能力;(2)事前努力;(3)工作难度;(4)一时运气。见归因论(attribution theory)、成败归因(attribution of success or failure)。

self-attribution theory of emotion **情绪自我归因论** 指沙克特—辛格情绪论(Schachter-Singer theory of emotion)中当事人对自己情绪发生原因的解释。见该条。

self-awareness **自我觉察,自知** 指个人对自己的所作所为、内心欲望以及个人优缺点都能了解的情形。

self-comprehension **自我理解** 义同自我觉察(self-awareness)。见该条。

self-concept **自我概念,自我观念** 指个人对自己多方面知觉的总和。其中包括个人对自己性格、能力、兴趣、欲望的了解,个人与别人、环境的关系,个人对处理事物的经验,以及对生活目标的认识与评价等。自我概念是个人根据与别人相处和个人自己以往生活经验而获得的对自己的看法。其内容包括两方面:一方面是个人对自己的描述(自己是什么样子的人),另一方面是个人对自己的评价(自己的优点和缺点)。个人对自己的看法未必客观真实,只是他自己认为他就是如此。正因为个人自我观念所表达者未必与事实符合,所以自我概念一直是心理学研究的重要问题之一。

self-concept test **自我观念测验** 属于心理测验中的人格测验之一。自我观念测验的目的在于测量受试者对自己身体、能力、欲望、目标、态度、价值等各方面的看法。自我观念测验通常有三种形式:(1)形容词检核表(adjective check list);(2)人格测量表(personality inventory);(3)Q技术(Q technique)。见该等条。

self-confidence **自信** 指个人对自己的信任;对自己所知者与所能者具有的信心;对自己所做的事或所下的判断不存有疑虑。

self-consciousness **自我意识** **1.**泛指个体对自己的了解,即自知(self-awareness)。见该条。**2.**指个体对自己的身体状貌、能力行为等过分注意,是一种对自身所作所为经常引起自己过分敏感的心理状态。青少年期因身心变化加剧,又特别看重同侪关系(尤其两性间),多数存有此类自我意识。**3.**指个体了解自己当时的心理活动情形;即清楚地意识到自己在想些什么。**4.**指个体觉知到此时此地自身存在的心理历程,亦即意识清醒的意思。

self-consistency 自我一致性 指个人所表现的言论、行为，与其个性、动机、目的等完全相符的情形。所谓“言行一致”，即表示自我一致性，而“口是心非”者则否。

self-control 自我控制，自制 指个体能抑制自己的情绪冲动，或克制获得暂时满足的欲望，进而寻求更远大目标的心理历程。

self-control ability 自制力 指个人控制和调节自己思想感情举止行为的能力。自制力强的人善于控制自己的感情，调节支配自己的行动，保持充沛精力去克服困难，摆脱逆境，争取成功；能够忍受身心的疲劳、疾病和创伤，有较强的忍耐力；能够抗拒诱因吸引，自觉地遵守纪律，执行预订计划，达成理想。

self-correlation 自相关 **1.**指同一测验前后两次施测结果的相关。见重测信度（test-retest reliability）。**2.**指测验复本间的相关。见复本信度（alternate-forms reliability）。

self-criticism 自我批评 **1.**指个人行为未能达到社会期待或自己设定预期标准时所作的自我检讨。**2.**指个人根据现实要求对自身条件（优缺点）进行确认的能力。

self-debasement = **self-abasement** 自我贬抑

self-deception 自欺 指个人所持的一种不切实际的自我观念，如不承认自己的缺点，不接受错误经验的教训等皆为自欺行为。见合理化（rationalization）。

self-defeating behavior 自败行为 个人目标之所以不能达到的原因，主要是由于自己行为错误，其错误行为即为自败行为。例如，学生为求高分而考试作弊结果导致被处罚，此作弊即为自败行为。

self-defeating personality disorder 自败型人格异常 属人格异常之一。此类型人格异常的特征是，他的生活失败完全是他自己性格异常所导致的结果。

self-demand feeding 自需饲养 **1.**义同自我需求制（self-demand schedule）。**2.**饲养动物时不按时喂食，而任凭它依需要自行取食。

self-demand schedule 自我需求制 指婴儿喂奶的一种方式。此种方式是不按固定时间，而依婴儿需要为准，只要他表示饥饿就随时喂奶。与本词相对者为固定时间制（fixed schedule）。见该条。

self-denial 自我抑制，克欲 指个人有意克制获得满足的欲念或主动忘却获得满足的经验。主张自我抑制者认为，抑制自己而不追求眼前物质欲望满足的目的，旨在追求更高境界的精神生活。以克欲作为修身养性者，称为禁欲主义（asceticism）。见该条。

self-determination 自我抉择 指个体在目标追求时，不受别人的支配，只凭自己的信念与自由意志所决定的行为活动。自我抉择也称自我导向（self-direction）。

self-development 自我发展 指个体身心成长之历程完全符合其本身所具之禀赋。此词含义与自我实现（self-actualization）条的前二义相通。见该词。

self-direction 自我导向 指个体自行决定的行为取向。自我导向也称自我抉择（self-determination）。

self-discipline 自律 **1.**指个体主动对自己行为的约束。在达成目标的行为活动中，克制自己的冲动，约束自己的欲念，在不违反社会规范的原则下追求动机的满足。**2.** 义同自我控制（self-control）。见该条。

self-disclosure 自我表露 指个体在自愿的情形下，将纯属个人的、重要的、真实的内心世界所隐藏的一切，向别人吐露的行为。在人际活动中，想要彼此了解建立亲密关系，自我表露是一个重要历程。

self-display 自炫 指在别人面前故意展示自己优点的心理倾向。

self-dynamism 自我动力 **1.**泛指促发个体行为的内在的生理性和社会性的动机。**2.**美国新弗洛伊德主义心理学家沙利文（Sullivan, Harry Stack）人格理论中的术语。见其传记条。

self-efficacy 自我效能 指个人对自己处事能力、工作表现、挫折容忍等人格特质的综合评价，亦即个人自认在某些特定情境中能够有效地表现出适当行为的一种信念。见自我效能论（self-efficacy theory）。

self-efficacy theory 自我效能论 美国心理学家班杜拉1982年提出的一种对动机的理论解释。自我效能论的基本要义是，当面对一项挑战性工作时（如竞争性考试），个人是否主动地全力以赴，将决定于他对自己自我效能的评估。所谓自我效能（self-efficacy），系指个人根据自己以往经验，对某一特定工作或事务，经过多次成败的历练后，确认自己对处理该项工作具有高度效能。因此，当个人面对一项挑战性工作时，影响其是否接受挑战与接受后是否全力以赴（动机）的因素有两个：一为工作性质了解程度，二为根据经验对自己实力的评估，亦即对自我效能的评估。根据班杜拉研究发现，个人的正确自我评估，得自以下四方面的经验：（1）直接经验，指得自以往实际从事同类工作的成败经验;(2)间接经验,指借由观察学习间接学得别人的经验;(3)书本知识或别人的意见,指经由阅读或跟别人交往获得的经验;(4)身心状况,指参与工作之前个人对自己身心状况的评估。

self-esteem **自尊,自重** 指个体以自我意象和自己与人交往的经验为基础,对自己所作评价高低的程度。单是esteem一词,其含义只带有正面价值,与self连在一起成为一个复合词时,在价值维度上则带有高低的含义。自尊心高的人,对自己有价值感,有重要感,因而接纳自己,喜欢自己。

self-esteem need **自尊需求** 指美国人本心理学家马斯洛之需求层次论(need hierarchy theory)中的第四层需求。见该条及附图。

self-evaluation **自我评价** 指个体对自己性格、能力等各方面的评价。本词亦称自我评定(self-rating)。

self-examination **自省** 指个人对自己所作所为的检讨和反省。自省常被视为是个人心理成熟的标志。孔子的学生曾子有名言曰:“吾日三省吾身:为人谋而不忠乎?与朋友交而不信乎?传不习乎?”这就是最典型的自省。

self-expression **自我展现** **1.**指能使个体才能、信念、态度有机会展现并由之获致满足的活动。**2.**指有助于个体身心发展的活动。在现代心理治疗上,一般将自我展现视为治疗的正面价值。

self-extinction **自我消失** 美国新弗洛伊德主义心理学家霍妮理论中的术语。自我消失是一种心理异常现象,个体对自身缺乏存在感,感觉不到实在的经验,缺乏自主意向,其所作所为似乎只是由别人所引起的一些反射性的活动。

self-fulfilling prediction = self-fulfilling prophecy **自验预言**

self-fulfilling prophecy **自验预言,自证预言** 在有目的的情境中,个人对自己(或别人对自己)所预期者,常在自己以后行为结果中应验。此现象的含义是,事先预期些什么,事后将得到些什么,自己所作所为的后果将会验证自己的预言。在医学上早有发现,病人预期自己病情(或医师告知)好转者,经治疗后较易恢复。在教育上也经证实,如学生自认(或经教师评定)为愚笨者,其学业成绩将益趋低落。原因是自我预期将直接影响其动机,间接影响其努力,结果自然不会有好的成绩。教师的预期也会对学生产生自验预言效应,原因是教师对学生的态度,难免受其预期而有差异。而教师对学生的差别态度,将影响学生的自尊自信,结果形成学生的自验预言。像此种因别人预期而产生的后效影响称为毕马龙效应(Pygmalion effect)。见该条。自验预言经美国心理学家罗森塔尔1966年在小学教学上予以验证,故而也称罗森塔尔效应(Rosenthal effect)。见罗森塔尔(Rosenthal, Robert)传记条。

self-gratification **自我满足** 指个体达到自己设定的追求目标时在心理上所获得的满足感。

self-handicapping **自我阻碍** 在竞争的情境下,个人非但不力求胜算,反而设法使自己成绩降低,从而达到拿意外原因作为导致自己失败借口的目的。此种反常心理现象,称为自我阻碍。美国社会心理学家伯格拉斯(S. Berglas)等人,曾在1978年根据实验研究,提出了此一理论。该实验以大学生为受试者,先让他们做一种包括20个题目的推理测验。因测验题目简单,每位受试都可以得到很好的成绩。接着实验者将受试分为A、B两组,准备实施第二次测验。在第二次测验前主试者给予两组不同的说明:告诉A组第二次测验内容和第一次类似,题目都不困难;告诉B组第二次测验和第一次不同,题目非常困难。对两组说明之后,主试者向两组受试提供两种药物,让他们选择一种吃下。一种属于兴奋剂,吃了会提升人的作业成绩;另一种属于抑制剂,吃了会降低人的作业成绩。并说明两种药物的效应只是短暂的,对人身心毫无伤害。事实上两种药物是一样的,完全没有任何药效(只是一些维生素之类的药片)。实验结果发现,面对容易题目的A组受试者,因为有成功的信心,多数选第一种药物,希望下次测验会有更好成绩。B组受试者,除女生外,多数男生选第二种药物,希望下次测验的成绩降低。B组受试者如此选择的原因,显然是想拿药物的效果来作为测验后成绩低下的借口。

self-help group **自助团体** 是一种新兴的心理治疗方式,也可以说是一种新的心理卫生运动。传统的心理治疗,接受治疗者都是被动地、个别地接受心理师的治疗。自助团体的构想是,让心理适应困难者按性质组成团体,彼此了解,彼此互助,从而学习应对生活困境的能力。

self-hypnosis = autohypnosis **自我催眠**

self ideal = ego ideal **自我理想**

self-idealization **自我理想化** 根据美国心理学家霍妮的理论,自我理想化是指理想化自我(idealized self)形成的过程。见该条。

self-identification **自我认同** 是一种个体爱慕别人的心态。而此种爱慕别人的原因,乃是由于对方具有与自己相似的人格特质。常言“惺惺相惜”即此之谓。见认同(identification)。

self-identity **自我统合,自我同一性** **1.**义同本体

感(sense of identity)。见该条。**2.**义同个人统合(personal identity)。见该条。

self-image **自我意象** **1.**指个体心理上所描绘的自己的形象。描绘的内容包括自己的容貌、才能、价值、目标、社会角色和潜在能力等。自我意象是个体成长中与环境与别人互动作用中逐渐建立起来的。自我意象和现实的自己未必相同。如果自我意象较现实自我为佳,个体就会感到自尊;如果自我意象不如现实自我,个体就会感到自卑。**2.**新弗洛伊德主义心理学家霍妮(Horney, Karen)在其人格理论中所指由现实自我、真实自我及理想化自我三者不同组合所形成的自我意象。见其传记条。

self-indulgence **自我恣纵** 指恣意享乐,不考虑个人的未来,也不顾忌对别人不良影响的作风。

self-instructional training **自励训练** 对生活适应困难者实施咨商的一种方法。自励训练的特征是,鼓励案主建立自己的信心,要求自己以积极而不畏缩的态度去面对自以为困难的环境。例如,对不善于社交而且在众人面前常感觉羞怯的人,鼓励他设法训练自己,先参与一般性社会活动(不必扮演任何角色),而后逐渐由被动变为主动(参与讨论)。并告诉自己,以平常心与人交往,不患得患失,自然减少心理压力。

self-inventory **自我量表** 属于测量人格特质的量表之一。自我量表中所列题目,均属描述人格特质(如悲观、乐观、内向、外向等),填答者按其中适合于自己人格特质者选答。与本词相近者为自陈量表(self-report inventory),唯后者所用题目是描述各种行为,而非只限于人格特质。见该条。

self-love = narcissism **自恋**

self-managed reinforcement **自理强化** 指个人依据强化原理安排自己生活,使自己先表现一点成就,然后给予自己一点报酬,借以保持生活效率的一种自律做法。例如,学生晚上自修课,先规定自己一小时内做完多少习题就休息一下;每次周考只要有进步就看场电影酬劳自己一下。引申本词含义,凡是对长期目标分段列为可能达成之短期目标,然后逐步前进,最后臻于成功者,都是自理强化的做法。

self-marking test **自我评分测验** 属于心理测验施测时的一种特殊设计。受试者选定答案后,即可自行记分,不需别人阅卷。例如,在答案纸下附一复写纸,只要选答做有记号,即可在复写纸上相对位置显出对或错来。然后按复写纸上答对题数计算,即可求得总分。

self-monitoring **自我检控** 社会心理学中的术语。自我检控指个人在社会情境中表达自己的态度时,倾向于约束自己的行为,尽量使自己的言语或行动符合别人的期望,从而使别人对自己留下较好的印象。基于此义,自我检控是一种从众心理, 喜欢特立独行的人是不会十分注意自我检控的。

self-observation **自我观察,内省** **1.**泛指个体对自己行为的观察。**2.** 义同内省(introspection)。见该条。

self-perception **自我知觉** 指个体对自己的觉知,如觉知到自己在此时此地的身心状态。也可以说是指个体的主体自我对客体自我观察所得认知。见自我(self)。

self-perception theory **自我知觉论** 美国社会心理学家贝姆(D. J. Bem)1972年提出的一种态度改变的理论。根据自我知觉论,个体的态度与信念如何,多半取决于个体本身对自己行为的觉知。人对某一工作的态度如何,多半取决于其从事该项工作时对自己行为的看法。例如,有位本无信心而初次参加运动的选手接连几项获得奖牌,他就会觉得自己具有运动员的潜力。此种“行为决定态度”的看法,是新行为主义者的主张。基于此理论,于是乃有从改变行为入手以期达到改变态度的心理治疗方法的产生。此种方法亦即熟知的行为矫正(behavior modification)。按行为矫正法的构想,只要改变了心理异常者行为,就可以自然而然地改变了他的态度。见该条。

self-perseveration **自我保存** 指个体借某些行为来维持自身生命存在的现象。维持个体生命存在的行为有饮食、呼吸、排泄等。因为自我保存的能力多数不必学习,故而也称自存本能(self-perseveration instinct),或生之本能(life instinct)。

self-perseveration instinct **自存本能** 见自我保存(self-perseveration)。

S

self-perseveration motive **自存动机** 见自我本能(ego instinct)。

self-persuasion **自我说服** 指个体依据自己的行为表现改变自己态度的心理历程。例如,有人自视甚高,总以为自己的能力胜过别人,经过数度与别人较量(如下棋),不幸连连失败,他若是说服自己接受现实而改变对自己的看法,则可以获得心理上的平衡。

self-presentation **自我推介** 指在社会情境中个人力求展现自己以使别人对自己留下良好印象的行为。个人之所以自我推介,按情境不同在心理上有两类动机:(1)策略性自我推介(strategic selfpresentation),有的人试图借自我推介获得某种权利(如候选人的自我推介),有的人试图借自我推介影响别人的态度(如推销员向客户介绍自己是大学生)。(2)自我证明性自我推介(self-verified of selfpresentation),旨在使别人了解自己,并认识自己的身份,减少别人对自己的误会。有些人受到别人误会时常说"我以人格向你保证"或拿以往的表现来证明自己,即属此类。

self psychology **自我心理学** 属理论心理学领域内的一种心理学研究取向。自我心理学所研究的个体行为与个体的自我密切相关,也可以说是以自我为研究的核心问题。本辞典所列有关自我的复合词,如自我观念、自我意识、自我实现、自我归因等,均属自我心理学研究的问题。

self-rating **自我评定** **1.**指个体对自己性格、能力等各方面的评定。**2.**义同自我评价(selfevaluation)。见该条。

self-realization = **self-actualization** **自我实现**

self-regulation **自律,自动调节** **1.**自律是美国心理学家班杜拉社会学习理论中的术语。指个人根据自己的价值标准评判自己的行为,从而规范自己去做自己认为应该做的事,或避免自己认为不应该做的事。显然,培养学生行为自律是教育的主要目的之一。无论是消极地遵守学校订定的校规,或是积极地自动表现道德行为,都是先从培养学生自律行为做起。自律也是瑞士心理学家皮亚杰道德发展理论所指的道德发展第二个时期,即自律道德(autonomous morality)。见该条。**2.**自动调节是指身体随时因应环境变化的适应功能。天冷时汗腺封闭以保持体温,天热时汗腺开放以发散热量,上山弯腰,下山挺直等现象,都是自动调节。

self-reinforcement **自我强化** 指个体对自己适当行为给予奖赏的做法。见自理强化(self-managed reinforcement)。

self-report inventory **自陈量表** 属于问卷式的一种量表。填答者就题目中所述适合于自己情形者选答。自陈量表中的题目,其所陈述者均属行为,例如,在面对陌生人讲话时你会感到拘束吗?此种题目可用是非作答,也可用等级评定(从来不会……常常会……)。与本词近似但不相同者是自我量表(self-inventory),该种量表的题目是描述人格特质,而非行为。见该条。

self-respect = **self-esteem** **自尊**

self-schema **自我基模** 指个体对自己的一种认知结构。自我基模中包括个体对自己所知的一切,如一位教师自己知道他是什么样的教师,一位母亲自己知道她是什么样的母亲。见基模(schema)。

S

self-schemata(复数) = **self-schema**(单数) **自我基模**

self-selected group design **自选团体设计** 指进行某种研究时,单独从某一特定地区居民中抽取一部分人作为研究对象的一种设计。此种设计的基本构想是,虽然研究对象不是从总体中随机抽样抽取的样本,但该特定地区所有居民在属性上本来已经是自身选择的,从该地区内选取任何一组人参与研究,所得结果都具有相当代表性。像偏僻乡村的民众,其行为性格相似,可视为自选团体。

self-selected sample **自选样本** 从事一项实验研究时,为方便起见,不从总体中抽样,而让自愿者参加。如此构成的研究对象,称为自选样本。

self-selection of diet = **food self-selection** **饮食自律**

self-sentiment = **ego complex** **自我情结**

self-serving bias **自利偏差** 指解释与自己有关事项时有失客观中立的心理现象。以学生对考试结果公平性为例,如果学生考试后成绩优良,他会说考试是公平的,他得到的成绩正代表他的实力。如果学生考试后成绩低下,他会说考试有欠公平,他得到的成绩不能代表他的实力。

self-spaced learning **自定步调学习** 指在编序教学(programmed instruction)情形下学生的学习。见该条。

self-suggestion = **autosuggestion** **自我暗示**

self-system **自我体系** 美国新弗洛伊德主义心理学家沙利文(Sullivan, Harry Stack)人格理论中的术语。见其传记条。

self theory **自我论** 美国人本心理学家罗杰斯(Rogers, Carl Ransom)1961年所提出的人格理论。见其传记条。

self-transcendence **自我超越** 德国出生的美籍心理学家弗兰克理论的术语。意指个人要想在生活中达到身心健康和精神快乐的境界,最必要的做法是超越自己先入为主的偏见,全心贯注于利人利世的工作。见弗兰克(Frankl, Victor)传记条。

self-understanding = **self-awareness** **自我觉察**

self-verified of self-presentation **自我证明性自我推介** 指自我推介(self-presentation)行为的动机之一。见该条。

self-worth **自我价值** 指个人经自我反省和自我评价后对自己产生肯定态度的心理历程。自我价值与自尊有密切关系。自我价值感较高的人,其自尊心也较高。根据美国心理学家史密斯(S. C. Smith)1976年提出的理论,个人自我价值心理的养成,有赖于三个基本条件。三个条件所指者，是三方面心理需求的满足；三方面需求满足之后，个人的自我价值感或自尊心才会建立。三个条件分别是：(1)重要感(sense of significance)，指个人觉得他的所作所为是有意义的，是受别人肯定与支持的；(2)成就感(sense of competence)，指个人觉得在具有挑战性的工作中表现出成就，而且能达到自己的预期目标；(3)有力感(sense of power)，指个人感觉到自己具有处理事务与适应困境的能力。

semantic aphasia 语义型失语症 属失语症之一。此种失语症的特征是，患者丧失对语义的理解力，无法听懂别人说的话，也无法看懂整句的文字。见失语症(aphasia)。

semantic approach 语义法 属语义教学的方法之一。此法强调整句的语义，而不太重视讲解文法的形式。

semantic code 语义码，义码 现代认知心理学术语。指一个物体或一个符号，经输入编码时，将该物体或符号的外形转化为意义，以便储存在长期记忆中留待以后随时检索使用。由此可知，语义码所代表者不是物体或符号本身外显的特征，而是代表该物体或符号所具有的功能或性质。以面对一张桌子为例，由视觉所得的知觉形象(桌子的外形)留在记忆中，这叫形码；根据视知觉看到面对的物体以及对该物体性质功能的认知而称它为“桌子”，此时“桌子”一词代表了原来物体的语义，故而称为语义码。见译码(coding)。

semantic conditioning 语义条件作用 指在条件作用的过程中，不靠刺激的外形限制而靠刺激隐含的语义为中介所形成的条件作用。例如，街口红绿灯的作用，对过街的人来说，即属语义条件作用；红灯代表两种意义，一是“危险”，二是“停止”。

semantic counseling 语义咨商 属咨商方法之一。语义咨商乃是基于一种假设，认为某些人之所以适应困难，乃是由于与人沟通时不能了解别人语义，或是不能适当以语言表达自己的意思所致。因此，语义咨商的重点是，帮助受辅者增进与人沟通的语言技巧。

semantic differential 语义差别 美国心理学家奥斯谷(C. E. Osgood, 1919～1991)1952年编制的用以分析语义的一种评定量表。该量表是在主题词之下由多个相对的形容词所构成，每一相对形容词之间均分为七个等级，受试者就主题词意义自行联想，凭主观感受在七级量表上标出位置(从负3到正3)。语义差别法所测量者，并非形容词的表面意义，而是借该形容词引起的联想去分析主题词字面意义背后的内涵意义。以下是用婚姻为主题的例子：

婚姻

良好								恶劣
轻松								紧张
活泼								呆板
坚强								柔弱
主动								被动

受试者评定后，经过因素分析，即可获知一般人给予该主题词的内涵意义。以主题词“护士”为例，一般人的评定是“良好”“活泼”“柔弱”；对“警察”一词，一般人的评定是“良好”“活泼”“坚强”。

semantic differential technique 语义差别法 义同语意差别(semantic differential)。见该条。

semantic generalization 语义类化 属于刺激类化的一种形式。唯构成类化的条件，不是刺激的表面特征，而是刺激所含的语义。用文字做刺激引起反应时，其所产生的类化有两种：一为字形类化，如同为木部的字，易于产生类化。一为词义类化，例如，英文“nice”与“good”两词间的类化，即属语义类化。语义能类化，乃是由于两词间的共同语义所产生的中介作用所致。见刺激类化(stimulus generalization)、中介类化(mediated generalization)。

semantic generalization test 语义类化测验 在语文学习历程中，本有类化现象。类似的字形(如同部首字)与类似的字音(如同音字)，以及词义之同义词、反义词等均易引起类化的反应。此外，更有一种语义类化现象可用条件作用来解释。例如，受过枪击的人，枪声成为条件刺激，以后单独听到枪声，也会害怕。除枪声之外，如以后听到别人说“枪”字或看到“枪”字也会害怕，那就是语义类化。语义类化测验，就是根据条件作用原理所编制的测验。

semantic image 语义心象 指由具体刺激所引起的抽象的、带有另外意义的心象。例如，有一苹果图片，如观察者联想到的是树上的苹果，那是具体心象。如观察者联想到的是水果之一种，那就是语义心象。因为“水果”是语文表达的概念，而非苹果的本身。再如，用红色代表危险标志，就是因为红色刺激被赋予了“危险”的语义所致，见红色即引起“危险”的心象。

semantic memory 语义记忆 指我们对事物的记忆，所记者并非事物本身的表面特征，而是该事物所蕴涵的意义。例如，雨天空中传来巨响，就会记起那是雷声。雷声所代表的意义长期存在意识中,以后每遇类似声音即可供作参考比照,故而语义记忆又称参照记忆(reference memory)。

semantic network **语义网络** 指长期记忆中有关语义的知识有如网络的方式组织排列。如需要提取其中之一,就会牵动整个网络活动。见激活扩散论(spreading activation theory)条及附图。

semantics **语义学** 属语言学研究的三大主题之一(另二主题为语音学与语法学)。语义学主要研究语言符号意义化的历程。

semantic space **语义空间** 对长期记忆中语义记忆的一种假设性的理论解释。认知心理学家认为,长期记忆中的语义记忆是经过组织之后储存起来的。语义记忆究竟在长期记忆中如何组织?这问题有两种理论:其一为层次网络模型(hierarchical network model),其二为激活扩散论(spreading activation theory)。这两种理论有一共同点,那就是任何语义都不是孤立储存的,都是与其他语义具有空间上的联结关系。见该等条。

semantic therapy **语义治疗** 属心理治疗的一种取向,而非一种特殊的治疗方法。语义治疗的基本假设是,有些人得心理困扰,可能是由于对语文中某些字句的意义不甚了解所致。例如,某男生被人批评缺少男子气而感到困扰痛苦,他可能因不了解"男子气"的语义而产生心理冲突。语义治疗的目的就是帮助受辅者澄清有关生活中语义上的困惑问题。见语义咨商(semantic counseling)。

semasiology=**semantics** **语义学**

semicircular canal **半规管** 半规管是内耳中与前庭相连的三个环状管,此三个环状管彼此互相垂直。每一个半规管皆由外围的骨性半规管与其中央的膜性半规管组合而成,每一个半规管基部的膨大部分称为壶腹(ampulla),壶腹和前庭中的椭圆囊相通。见该条及附图。膜性半规管和骨性半规管的管壁间充满外淋巴液,膜性半规管、壶腹和椭圆囊中充满内淋巴液。因为三个半规管分别位于三个不同的平面上,故不论头部向任何方向转动,至少有一个半规管内的淋巴液会振动。有关的构造将淋巴液的振动转变成神经冲动,经听神经传到大脑皮质,引起头部转动及位置的感觉,且产生反射性的肌肉运动以维持身体的平衡,故半规管与运动平衡觉有关。人类习惯于平面活动,假若身体上下移动,例如在颠簸的海上航行时,半规管受到不寻常的刺激,便会有眩晕的感觉。见听觉系统(auditory system)条及附图。

semi-structured interview **半结构式访谈** 指访谈内容事先不完全决定者。访谈的主题事先决定,唯内容细节可容许采访者视情形而作弹性处理。与本词相对者为结构式访谈(structured interview)。见该条。

senescence **衰老** 指个体身体方面随年龄增长逐渐老化的过程。见老化(aging)。

senile delirium **老年性谵妄** 属老年期精神病的常见症状之一,常因感染、外伤或手术而诱发。症状表现为意识混浊、幻觉、失眠、坐立不安、到处游走等。病情有时是阵发性,有时是连续性。如不及时处理,容易导致衰竭。

senile dementia **老年痴呆症** 属痴呆症之一。此种痴呆与老年人的身心机能衰退有关,故名。老年痴呆之主要症状为智能衰退、记忆力丧失、动作迟钝等。见痴呆症(dementia)。

senile psychosis **老年性精神病** 属精神病症之一,其成因与老年的身心状况有关。老年精神病的主要症状是认知与记忆减退、对环境冷漠、对生活缺乏兴趣、退缩、不与人交往、反应迟钝、手脚不灵活、判断力遽减、情绪不稳定、抑郁沮丧等。本词亦称老年痴呆症(senile dementia)。

senility **衰老,老年** 因年龄老迈而显示的体能衰退与心智迟钝等现象。衰老与年龄有关,但两者并无绝对的关系,有些人60岁即老态龙钟,但也有些人年过70仍然精力旺盛。

sensation **感觉** 指靠身体感觉器官(耳、目、口、鼻、皮肤等)与环境中的刺激接触时所收集到的信息,进而辨别出该刺激特征的心理历程。感觉器官的运作虽以客观的生理变化为基础,但由感觉器官引起的感觉转化成的知觉却是主观的经验。

sensationalism=**sensationism** **感觉主义**

sensational type **感觉型** 根据瑞士心理学家荣格的理论,感觉型为其所列多种人格类型之一。感觉型的人凭感官接受的刺激去衡量世界,重现实,少理性。见功能型(functional type)。

sensationism **感觉主义** **1.**主张所有经验均来自感觉器官。**2.**主张所有知识均系由感觉经验转化而来。准此二义,本词义同经验主义(empiricism)。

sensation threshold **感觉阈限** 义同绝对阈限(absolute threshold)。见该条。

sensation type=**sensational type** **感觉型**

sense **感官,感觉** **1.**指接受刺激而产生感觉经验的所有感觉器官,诸如耳、目、口、鼻、皮肤等均属之。**2.**由各种感官所获得的不同感觉,诸如视觉、听觉、味觉、嗅觉、动觉、温觉、触觉、痛觉以及前庭感觉等均属之。

sense experience **感觉经验** 指个体觉察到由感

S

受器收受来的信息。亦即外在客观刺激引起个体的感受器活动，从而引起个体的感觉经验。

sense illusion＝illusion 错觉

sense limen 感觉阈限 义同绝对阈限(absolute threshold)。见该条。

sense modality 感觉类型，感觉通道 指个体应付外在世界所依赖的感觉通道。同类感觉经验得自同一感觉通道。人类的主要感觉通道有视、听、味、嗅、压、温、动觉等，分别来自眼、耳、口、鼻、皮肤等不同感觉器官。各类感觉器官各有其生理上的神经系统和大脑的分区功能。

sense of cold 冷觉 见温觉(temperature sense)。

sense of competence 成就感 属个人形成自我价值(self-worth)的条件之一。见该条。

sense of duty 义务感 指个体在对社会规范的认知之下对自己所承担责任的一种情感体验。义务感是在后天环境中经社会化和教育历程逐渐形成的。义务感是一种对自己责任的积极态度，其内涵包括认知和情感两种成分。见态度(attitude)。

sense of equilibrium 平衡感 指个体靠内耳中半规管(semicircular canal)的功能所获知的身体平衡感觉。见该条。

sense of guilt 愧疚感，罪疚感 指个人自觉在行为上违犯社会道德、宗教规范，或未能实践对人许下的承诺时所产生的一种自责心态。根据精神分析论的解释，愧疚感乃是因个体的自我与超我之间冲突所导致。

sense of identity 本体感，统合感 **1.**指个体自觉他是一个独立的个体。人类本体感始自婴儿期后(两岁左右)，当婴儿自觉他可离开母亲自由行动，甚至可操弄周围的环境时，他开始有了他是一个独立个体的感觉。**2.**统合感。见统合(identity)。

sense of obligation 责任感 指在社会文化传统之下养成的一种对人或对事的观念，在此观念下，自觉对应做的事应该负起应负的角色责任。如为父母者自觉对子女应负起抚养与教育的责任，否则，在良心上会有愧疚感(sense of guilt)。

sense of power 有力感 属个人养成自我价值(self-worth)的条件之一。见该条。

sense of powerlessness 无力感 指个人面对困难情境时感到无能为力的心理状态。无力感心态的形成，主要是由于多次失败经验所致。

sense of pressure＝pressure sensation 压觉

sense of significance 重要感 属个人养成自我价值(self-worth)的条件之一。见该条。

sense of touch 触觉 义同压觉 (pressure sensation)。见该条。

sense of warm 热觉 见温度觉(temperature sense)。

sense organ 感觉器官 义同感受器(receptor)。见该条。

sensibility 感受性，敏感性 **1.**指个体易于接受刺激的能力。**2.** 指个体在感情或情绪上易于引起反应的程度。**3.**指个体的人格特质之一，感受性高者易于体会到别人的感情，故而感受性是同情心的基础。**4.**义同敏感性(sensitivity)。见该条。

sensitive period 敏感期 **1.** 指在个体发展的某一段时间内，对某种刺激的感受特别敏锐，故而在生理与心理上最易接受该种刺激，并因而建立与该种刺激联结的行为(形成经验或知识)。准此解释，幼儿期即为一切环境刺激的敏感期。**2.**义同关键期(critical period)。见该条。

sensitive zone 敏感区 指人体上对某种刺激特别敏感的部位。如腋下、腰间、脚心、手心等部位对痒的刺激特别敏感，但敏感区不同于性感区(erogenous zone)。见该条。

sensitivity 敏感性 **1.**指个体对某刺激特别容易感受到的特质。意谓极轻微的刺激即可引起个体强烈反应。**2.** 指个体只凭极少的线索即可感觉到刺激存在的能力。**3.**指个体感情脆弱甚易受到伤害的情形。**4.**义同感受性(sensibility)。见该条。

sensitivity training 敏感训练 经由小团体的人际交感互动与意见沟通，使团体中成员能学习到认识自己，了解别人，从而发挥个人的潜能的训练活动。敏感训练是由美国心理学家勒温与罗杰斯等人在20世纪40年代所创用的，其进行方式是在一位受过专业训练的人领导之下自由交谈。唯领导者并非主控者，而是以参与者和催化员的角色引导大家进行交谈。交谈的题目虽不予限制，但在进行方式上着重三点：(1)强调此时此地大家对交谈问题的感受；(2)重视过程，不重视结果(不必一定有结论)；(3)强调真实的人际关系，尊重别人的感情。敏感训练的团体成员一般由5～15人组成；集合时间每周一次或数次，每次一小时左右。由于敏感训练是采团体方式进行，故也称敏感训练团体 (sensitivity training group)，又简称T团体(T-group)。

sensitivity training group 敏感训练团体 义同敏感训练(sensitivity training)。见该条。

sensitization 敏感化 指个体对某一刺激由平常反应变为敏感反应的过程。敏感化的主要现象是，选择性地对某些轻微的刺激立即予以强烈的反应。见敏感性(sensitivity)。

sensorimotor intelligence = **sensory-motor intelligence** **感觉动作智力**

sensorimotor level **感觉运动水平** 义同感觉运动期(sensorimotor stage)。见该条。

sensorimotor period = **sensorimotor stage** **感觉运动期**

sensorimotor process **感觉运动历程** 指经由感觉神经接受刺激,中枢神经产生联结,而后由运动神经发出动作,三者连成一气,是为感觉运动历程。此一历程是学习技能的生理基础。

sensorimotor stage **感觉运动期,感觉运动阶段** 指瑞士心理学家皮亚杰认知发展理论中四个分期中的第一个时期。此时期约为自出生至两周岁。这一时期,智能方面的发展,最主要的是婴儿可以知道自己的身体和外界物体是分开的,由身体动作去探索并认识周围的世界,逐渐有了物体永存概念,即使物体不在眼前(如被另一物体遮住),他也知道仍然存在。一岁前后,开始学习语言。见认知发展阶段论(stage theory of cognitive development)。

sensorineural deafness **感觉神经性聋** 指由于内耳病变导致耳聋的现象。见听觉系统(auditory system)条及附图。

sensorium=**sensory area** **感觉区,感觉中枢**

sensory acuity **感觉敏度** 指感觉器官对刺激辨别时的敏锐程度。如视力检查时,在一定距离内单眼辨别检视表上字体大小不同的E字的缺口方向,个人所能辨别到的最小字母,即代表其视觉敏度。

sensory adaptation **感觉适应** **1.** 指感受器的敏感性因刺激时间延长而改变的现象。刺激时间短暂时敏感性高,刺激时间延长时敏感性降低。"入芝兰之室,久而不闻其香"正是此种感觉适应。**2.**指感受器的敏感性因刺激强度改变而改变的现象。刺激由低升高时敏感性降低,刺激由高降低时敏感性升高。初吃辣椒时,一点辣椒就会觉得很辣,吃久了非放很多不能满足的情形,就是此种感觉适应。

sensory aphasia **感觉型失语症** 义同感受型失语症(receptive aphasia)。见该条。

sensory area **感觉区,感觉中枢** 指大脑皮质部的各个神经分区,如视觉区、听觉区、运动区等均属之。见大脑半球(cerebral hemisphere)条及附图。

sensory conditioning **感觉条件作用** 属经典条件作用实验的一种特殊设计。以典型的经典条件作用中狗闻铃声而分泌唾液的实验为例,实验中,铃声为条件刺激,食物为无条件刺激,唾液分泌对食物而言是无条件反应,对铃声而言则是条件反应。假如在实验之前,将另一刺激灯光与铃声相伴出现,而不呈现食物。多次之后,再以铃声为条件刺激与食物伴随,等铃声取代食物引起唾液分泌(条件作用已形成)后,再以灯光取代铃声。如灯光也能引起个体同样反应,即表示已产生了感觉条件作用。显然,此种条件作用只是视觉(灯光)与听觉(铃声)间交替作用,与无条件刺激(食物)无关,故称感觉条件作用。因此种条件作用是在正式条件作用之前形成的,故而也称感觉前置条件作用(sensory preconditioning)。

sensory conformance **感觉合宜性** 属环境心理学用语。指环境中建筑物的设计上,在声光等方面的设计是否与使用者的感觉器官(眼耳等)的需要相配合,配合适当者,即表示合宜性高。见合宜性(conformance)。

sensory cortex **感觉皮层** 义同感觉区(sensory area)。见该条。

sensory decision theory **感觉决定论** 义同信号检测论(signal detection theory)。见该条。

sensory deprivation **感觉剥夺** 指自然的变化或人为的安排使感觉器官输入信息减少的情形。例如,天黑了即减少视觉信息的输入,离开菜市场即减少听觉信息的输入。有时候,适度的感觉剥夺会使人产生轻松感。但长期性的感觉剥夺,如多日留在暗室,或长期隔绝声音,将会对人的心理造成不良的影响(如产生幻觉等)。有心理学家认为,具依赖性格者,多与其幼年生活中遭遇过较多感觉剥夺有关。

sensory discrimination **感觉辨别** 指个体对不同的感觉资料或刺激,能即刻表现出不同的反应。感觉辨别在语文上表现最为明显,也最为复杂,稍有不慎即难免造成误会,影响沟通。因此,在语义治疗上常以语文数据所引起的感觉辨别反应,作为判断当事者的心理困扰的根据。

sensory drive **感觉驱力** 指个体内在缺乏某种物质时所形成的一种内在驱力。例如,有时特别渴望甜食,即显示由于甜味觉驱力所致。

sensory feedback **感觉回馈** 义同生理回馈(biofeedback)。见该条。

sensory field **感觉域** **1.**指在某一时间与空间内所有影响个体感受器的刺激总和。如身在市场,市场内的一切能影响个体感官的刺激,总括起来构成个体的感觉域。**2.**指某一时间与空间内个体经由感官所得经验的总和。感觉域亦称知觉场(perceptual field)。

sensory illusion = illusion 错觉

sensory-information store (SIS) 感觉信息储存 义同感觉记忆(sensory memory)。见该条。

sensory limen 感觉阈限 义同绝对阈限(absolute threshold)。见该条。

sensory memory 感觉记忆,感官记忆 指感官接受刺激后极短暂时间的记忆。感觉记忆只发生在感官层面,如不特别注意,转瞬即会消失。感觉记忆多表现在视觉与听觉两方面,表现在视觉上的感觉记忆是映象记忆(iconic memory),意指此种记忆只留在视物影象阶段;表现在听觉上的感觉记忆是声象记忆(echoic memory),意指此种记忆只留在余音阶段。乘车通过街道,对街边景物与声音,看后或听后,瞬即遗忘,即为感觉记忆。感觉记忆时间极短,以视觉实验为例,刺激物在受试者面前只出现5毫秒,刺激消失后留下大约半秒钟的记忆,是为视觉记忆。听觉记忆保留时间较长,声音的刺激消失后,可保留记忆约两秒钟的时间。感觉记忆要想保留下来,须经注意以获得知觉上物形辨识(pattern recognition)并输入短期记忆(short-term memory)。见该等条。

sensory modality = sense modality 感觉类型,感觉通道

sensory-motor intelligence 感觉运动智力 指婴儿阶段(初生到两岁)感觉运动期(sensorimotor stage),经由感觉与运动了解环境的认知能力。见该条。

sensory nerve 感觉神经 指将刺激引起的神经冲动传入中枢神经系统的一切神经的总称。

sensory neuron 感觉神经元 神经元若依照神经冲动传导功能来分类时,将神经冲动传到脑或脊髓的神经元,称为感觉神经元。人体在体表、皮肤、黏膜、骨骼肌、肌腱、关节、内脏和血管壁上都有感受器,感受器将刺激转变成神经冲动后,即经由感觉神经元将之传入中枢神经系统。感觉神经元又称传入神经元(afferent neuron)。见神经元(neuron)条及附图。

sensory preconditioning 感觉前置条件作用 义同感觉条件作用(sensory conditioning)。见该条。

sensory process 感觉历程 **1.**指感受器因刺激引起的神经冲动传导至中枢的历程。**2.**指个体觉知某种刺激存在的历程。

sensory projection area 感觉投射区 义同感觉区(sensory area)。

sensory psychophysiology 感觉心理生理学 属生理学的一个分支学科,专门研究感觉系统的生理组织与心理功能。

sensory-reaction type 感觉反应型 见反应类型(reaction type)。

sensory register 感觉收录 义同感觉记忆(sensory memory)。见该条。

sensory storage 感觉储存 义同感觉记忆(sensory memory)。见该条。

sensory system 感觉系统 指司职感觉的整个生理结构,其中包括感觉器官(耳、目、口、鼻、皮肤等)、传入神经以及大脑皮质的不同感觉区。

sensory test 感官测验 指测试感觉敏度的各种测验。检查身体时所做的视力、听力、色盲等测验,均属感官测验。

sensory threshold 感觉阈限 义同阈限(threshold)。见该条。

sensuality 感性 与理性(reason)相对的概念。见该条。

sentence-completion method 语句完成法 义同语句完成测验(sentence-completion test)。见该条。

sentence-completion test (SCT) 语句完成测验 **1.**属于一种语文能力测验。此种测验内包括一些漏缺单词或词组的句子,受试者按语义填充起来,成为完整的句子。例如,好学生不但聪明______用功。此种填充式的语句完成测验,可作为学校内语文成就测验的题目,也可作智力测验中的题目。**2.**属于一种投射测验。语句完成测验作为投射测验时,受试者的填答不受限制。例如,我常想到______。我常为______而忧虑。如此设计的目的是,让受试者在自由表达中将内心问题投射出来。见投射测验(projective test)。

sentence span 语句广度 指只听过(或读过)一遍即能记得语句的最长限度。谈话(或书写)时,应考虑到听者(或读者)的语文能力,如果所说的(或写的)语句超过一般人的语句广度,就会形成听者(或读者)的困难。

sentiment 情操 指个人对人、事及社会所持的一种以感情为基础,带有理性、价值观,且合乎社会道德规范的态度。因此,情操是一种复杂心态,其内涵远较态度复杂。

separate-store model 分期记忆模型 指将记忆历程分为感觉记忆、短期记忆和长期记忆三阶段的理论。见信息处理(information processing)。

separation anxiety 分离焦虑 指一般婴儿在母亲(或保姆)离开时所表现的痛苦不安情绪。一般婴儿在出生后六个月左右开始表现分离焦虑,到一岁半会走路时达到高峰。此时母亲如欲留下他一人而离去,他会跟在身后紧缠不放,甚至大哭。分离焦虑现象的产生,乃是由于婴儿和母亲(或

保姆)之间形成了依附(attachment)关系之故。见该条。

septum 中隔 属于前脑的一块神经组织,其功能与个体的愤怒与恐惧等情绪变化有关。见脑(brain)条及附图。

sequence completion 序列完成 义同填数测验(number-completion test)。见该条。

sequence effect 序列效应 在实验过程中,如实验者安排有数种不同工作,而不同工作又必须在连续时间内完成。如此,受试者在工作上的表现,将难免受到序列先后的影响。如前后两种工作在性质上有关,练习的影响就会产生;如前后两种工作在性质上无关,疲劳的影响就会产生。像此种因序列关系影响个体行为的现象,称为序列效应。序列效应也称延续效应(carry-over effect)。

sequence-of-use principle 使用顺序原则 指人机系统中使用顺序固定的组件,应按使用顺序安排其位置的原则。见人机合一系统(man-machine system)。

sequence preference 顺序偏好 指个体在有顺序活动中所表现的偏好倾向。例如,白鼠在迷津路径中遇到连续岔路时,有的偏好第一岔路右转,第二岔路左转,形成先右后左的倾向,即属顺序偏好。与本词意义相近者为方位因素(position factor)。见该条。

sequence related variable 程序关联变项 指自变项中凡因出现时间的先后而影响到实验之结果(依变项)的一切因素。见变项混淆(confounding of variable)。

sequential dependence 序列依存 指教材组织的一种先后和逻辑关系。在某些教材中,前面的知识是后面知识的必要基础,前者未先学好,后者便不能学习。这种教材称序列依存教材。如小学数学中的加、减、乘、除运算法则即属此类。某些教材中每个单元自成体系,乙单元的学习并不以甲单元的学习为先决条件。这类教材称序列独立(sequential independence)的教材。如语文课中的议论文与抒情文即属之。

sequential design 连续设计 义同同侪—连续研究(cohort-sequential study)。见该条。

sequential independence 序列独立 见序列依存(sequential dependence)。

sequential marriage 连续再婚制 属于一种变相的一夫多妻或一妻多夫制。此种制度的特点是,当事人不能同时有多个配偶,而是配偶常常变换。本词也称序列一夫一妻制(serial monogamy)。

sequential memory = **serial memory** 序列记忆

sequential method 连续法 义同同侪—连续研究(cohort-sequential study)。见该条。

sequential processing = **serial processing** 依序处理

serial-anticipation method 序列预期法 属于一种系列学习的实验方式。把包括多个项目的学习数据编列成顺序,让受试者看过之后作连续性记忆。实施时,先将全部项目按序呈现一遍,然后再呈现第一个项目,此时让受试者预期第二个将呈现的项目为何。接着呈现第二项目,再让受试者据以预期第三个项目。如此,每次呈现的项目可视为刺激,受试者预期的下一个项目可视为反应,而在系列关系中每一项目既是刺激,也是反应。整个系列学完,即表示学到了多重刺激与反应的连锁关系。见连锁化(chaining)。

serial association 序列联想 指对一连串事物名称能按其顺序予以记忆的心理历程。见序列学习(serial learning)。

serial behavior 序列行为 指行为组型中各部分之间按顺序排列者。例如,语言即属序列行为。因语句中的单词必须按顺序排列组合成句,而且语句排列也有先后顺序,否则语无伦次,即无从表达语意。

serial correlation 序列相关 对同组受试者在不同时间内连续施行同一测验,然后计算前后测得分数之间的相关,称为序列相关。序列相关的目的在于,可循此发现个体行为随时间(或年龄)而改变的情形,以供预测未来之用。序列相关也称自身相关(autocorrelation)。

serial learning 序列学习 指按一定顺序学得一连串反应的学习。语文学习即序列学习,因语句中各词间是有一定顺序的。动作技能也有些是序列学习,因为技能的组合就是由适当空间与时间配合适当动作的系列所构成。像舞蹈、运动、工具运用等均须如此。见序列预期法(serial-anticipation method)。

serial memory 序列记忆 指对以往序列学习经验能按其原来顺序所作的记忆。序列所指者可为等级(如榜单名次),可为时间先后(某年某月到某年某月),也可为空间关系(左、右、前、后等)。

serial method 序列法 指序列学习(serial learning)时所采用的方法。见该条。另见连锁化(chaining)。

serial model 依序模式 义同依序处理(serial processing)。见该条。

serial monogamy 序列一夫一妻制 义同连续再婚制(sequential marriage)。

S

serial-order learning = serial learning 序列学习

serial position curve 序位曲线 在序位效应(serial position effect)情形下所形成的记忆曲线。见该条。

serial position effect 序位效应 在包括多项目而且项目间又有序列关系的学习时,各项目在整个序列中的位置,显然是影响学习效果的因素之一。如看完榜单后,榜首易记,榜尾也易记,中间人姓名的记忆就不容易,这是受前后项目的干扰所致。如按照不同序位上记忆次数的多寡,绘成一条坐标曲线,即称为序位曲线(serial position curve)。一般序位曲线均呈两端上扬中间下坠的弓形。见首因效应(primary effect)、近因效应(recency effect)。

serial processing 依序处理 本词是现代认知心理学借用通信理论的概念,解释个体经由认知历程处理信息(从输入到输出)时,在单一时间内只处理一种信息者,称为依序处理。以多数人谈话的情境为例,单一时间内只能明确地收录一个人所讲的话,就是依序处理。要想收录数人不同的意见,只能随时转移注意力,撷取不同谈话者所说的要点,而不能同时收录数人谈话的全部内容。见两耳分听(dichotic listening)的实验。本词也称间断处理(intermittent processing)。依序处理是解释信息处理(information processing)的理论之一。见该条。与本词相对者为平行处理(parallel processing)。见该条。

serial processing model 依序处理模型 义同依序处理(serial processing)。见该条。

serial recall 依序回忆 研究记忆的一种实验设计。此设计分两个阶段:第一阶段向受试者提供有序列性的材料,要他们依序学习。第二阶段要求受试者根据以前学习的材料,依序回忆出来。与本词相对者为自由回忆(free recall)。

serial reinforcement 序列强化 在包括多重刺激反应联结的序列学习过程中,个体序列性活动本身所形成的强化作用,称为序列强化。例如,白鼠在迷津中学习正确路径时,它必须学到的是在每一岔路的正确反应(如第一岔路须向右转),依序表现出数个正确反应才使它达到目的地,获得食物。在这连串的反应中,每后一正确反应均系由前面正确反应而来,故而每一反应的正确后果,均强化了该反应(下一次)再出现的可能性。如此前后连贯即形成序列强化作用。

serial reproduction 序列复制 义同连锁复制(chain reproduction)。见该条。

serial response 序列反应 指在反应连锁化形成之后的任何单一反应。序列反应的特征是,对前一反应而言,它是反应,对后一反应而言,它是刺激;由于它的反应才引出下一个反应。

seriation 序列,排序 瑞士心理学家皮亚杰认知发展理论中的术语。序列是一种概念,意指按事物某种属性(如长短、大小、轻重等)予以按顺序安排的认知能力。例如,将10根火柴剪成不同的长度,要儿童按最长到最短的顺序排列,认知发展到前运思期(2～7岁)的儿童,才会正确地做序列安排,也才会处理序列中个别事物之间前后的关系。只要他知道第一棵树比第二棵树高,第二棵树又比第三棵树高,他就会推理知道第三棵树比第一棵树低。皮亚杰称此种简单推理思维方式为转换推理(transductive reasoning)。

SES = socioeconomic status 社经地位

set 心向,定势,集合 **1.**在心理学上,本词一般译为心向或定势,指在某种情境下个体的心理上或行为上准备启动的倾向。心向一词常与其他词结合,形成很多复合词,表示在不同情境下个体心理上或行为上准备启动的状态,如学习心向(learning set)、知觉心向(perceptual set)及反应心向(response set)等。见该等条。 **2.**在统计学上,指集合,即由同类元素构成的群体,群体所指者可能是一群人、一类物体、一类事件。

set point 定点 义同定点论(set point theory)。见该条。

set point theory 定点论 **1.**解释人体机能倾向维持一定状态的一种理论,如一般人的体温经常维持在36℃至37℃之间即属之。 **2.**解释成年人体重个别差异的一种理论。此理论的要义是,人到成年后,其体重的变化随体质的差异大致保持在一定的范围之内;重者经常保持重,轻者经常保持轻。根据此理论推论,通过节食或运动减轻体重的效果是有限的,即使短期有效,过后原来的体重仍将恢复原来的定点。

set to learn = learning set 学习心向

seven-cleverness board puzzle = seven-piece puzzle 七巧板

seven-piece puzzle 七巧板 一种中国传统拼图智力玩具。如附图所示,将一片正方形的木板裁成七块,其中五块是等腰三角形,一块是正方形,一块是平行四边形。使用时将板块打乱,让儿童重新组合成原来的正方形,或其他的图形。七巧板的功用是测量儿童的空间知觉组织能力。相传七巧板始自宋代,清朝后曾一度更名为益智图,20世纪初传入西方,迄今仍为许多国家用作儿童益智玩具。中国传统益智玩具另有九连环(nine-connected circles)。见该条及附图。

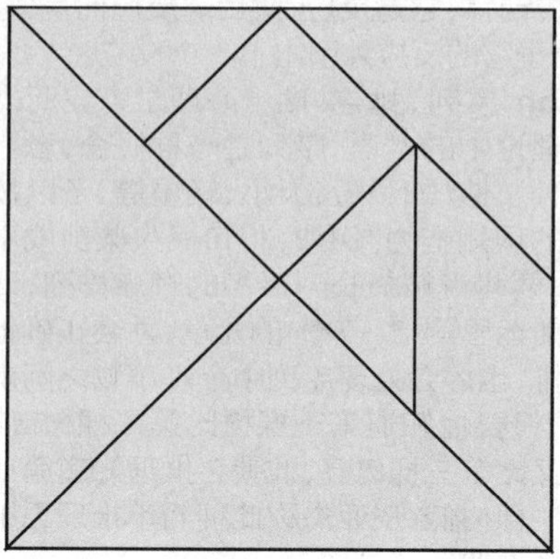

七巧板

seven plus or minus two 七加减二 义同神秘数字七(magical number seven)。见该条。

severe mental retardation 重度智能不足 属美国智能不足协会所列智能不足的一种类型。重度智能不足者,其智商(IQ)约在20至34之间,在智能不足者总人口中,约占7%。属于此类心智不足之儿童,无法接受教育和训练。见智能不足(mental retardation)。

sex aim 性目的 指个体经由性活动以纾解因性驱力引起的紧张状态。本词与性对象(sex object)不同。见该条。

sex anomaly 性器官异常 指个体生理发育上性器官缺陷或异常。注意本词与性行为异常(sexual anomaly)不同。见该条。

sex cell 性细胞 义同生殖细胞(gamete)。见该条。

sex-change surgery 变性手术 指专为变性症(transsexualism)患者施行的变性手术。见该条。

sex characteristics 性别特征,性征 指用以区分两性差异的明显特征。狭义言之,性别特征只限于个别的生理结构。广义言之,性别特征也包括人格特质在内。性别的狭义特征分两大类,一类为第一性征(primary sex characteristics),一类为第二性征(secondary sex characteristics)。见该等条。

sex chromosome 性染色体 指人体细胞核内决定后代男女性别的第23对染色体。性染色体是决定性别的遗传物质,其形状大小男女不同,女性为XX,男性则为XY。见染色体(chromosome)条及附图。

sex counseling=**sexual counseling** 性咨商

sex determinant of fetus 胎儿性别的决定 指人类胎儿男女性别在受孕时决定的历程。附图所示即受孕时胎儿性别的决定。以往民间存有一种迷信思想,认为婚后不能生育男孩是妻子的责任。事实上,受孕时胎儿是男是女的概率,妻子毫无责任,百分之百是由丈夫一方决定的。表面看来生男生女的概率各占一半,唯按概率计算,每一配合所形成的新个体,在身心特征上的遗传全不

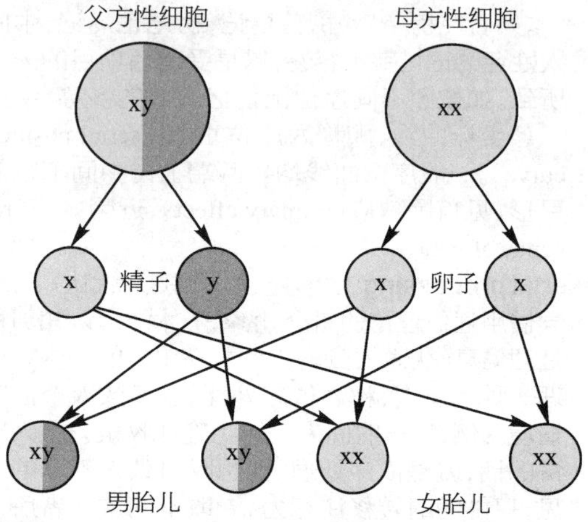

胎儿性别的决定

相同。按数学组合原理,受精卵中的23对染色体有8,388,608×8,388,608种不同的组合。不同组合的结果,所产生的胎儿有70,368,744,177,665种不同的可能。由此天文数字来看,即可了解,除同卵孪生子之外,世界上没有遗传完全相同的人。由此可见,自生命开始,个体间即存在着个别差异。见受孕(fertilization)及染色体(chromosome)条及附图。

sex difference 性别差异 指两性间身心各方面的显著差异。在身体方面的性别差异主要显示在第一性征和第二性征上。在心理方面的差异则是指显示在能力、性向、态度、兴趣等方面的差异。根据美国心理学家麦科比(E. E. Maccoby)1974年综合分析1600项有关研究所得结论,男女两性在心理上的差异,主要显现在三方面:(1)在数理能力方面,一般男性优于女性;(2)在语文能力方面,一般女性优于男性;(3)在空间关系(方位和方向)判断方面,一般男性优于女性。至于其他方面,诸如态度、兴趣、个性等,则显示个别差异大于两性差异。

sex differentiation 性别分化 在生理因素与社会文化因素两者交互作用之下,两性间随年龄之发展,在心理上益趋男性化或女性化的历程,称为性别分化。

sex discrimination 性别歧视 指在某些社会中女性受到的不平等待遇。女性所受到的性别歧视主要包含以下几方面:(1)教育机会方面(如有些大学或学科限制女生入学);(2)就业机会方面(如有些职业对女性有限制);(3)待遇方面(如女性薪水较低);(4)社会地位方面(如女性不易升迁和担任主管)。

sex distribution 性别分布 义同性别比率(sex ratio)。见该条。

sex drive 性驱力 **1.**属于一种原始性的动机,是促动性行为的内在力量,俗称性冲动。**2.**按弗洛伊德的精神分析论,义同欲力(libido)。见该条。

sex education 性教育 狭义言之,性教育是指有关性生理方面知识的传授,包括性器官的构造、生育原理以及卫生常识等。广义言之,除上述生理学知识之外,也包括性别角色的心理发展、对两性关系的正确观念、与异性交往的能力以及对婚姻家庭的认识等。

sex gland = gonad 性腺

sex hormone 性激素 指内分泌系统中垂体腺(pituitary gland)所分泌的一种激素。见该条。

sex hygiene 性卫生 指研究人类生殖系统,进而在性生理与性心理方面实际推行保健工作的一种科学。

sex identity 性别认同 指个体对自己所属性别的感受、接纳及态度的选择。个体的性别认同与其身体的性别特征未必完全一致,多数男性(或女性)认同与自己同性别的性别角色及性行为标准,但也有少数男性(或女性)认同与自己异性别的性别角色与性行为标准。唯其如此,社会上两性间的感情关系才有异性恋 (heterosexuality)与同性恋(homosexuality)之分。见该等条。

sex identity disorder = gender identity disorder 性别认同障碍

sexism 性别歧视 **1.**指在对人的态度上持有性别的偏见,认为男(或女)性优于女(或男)性。 **2.**指男性对女性的偏见(如传统上男尊女卑的看法)。见偏见(prejudice)。

sex latency = sexual latency 性潜伏期

sex-limited character = sex-linked character 性连特征

sex-linked character 性连特征 指特别与性别有关的特征,此类特征主要在单一性别出现。例如,秃顶和红绿色盲是遗传的特征,但在遗传予子女时,只显现在子女中的男性。

sex object 性对象 指个体所追求的对象,在追求的过程中个体能获得性需求的满足。性对象除了指对象本人之外,也可能是其与性有关的物品(如异性之衣物)。

sexology 性学 指专门研究人类性生理、性心理、男女两性关系与生育等问题的一门科学。

sex perversion 性违常 指与性别有关的行为违常现象。诸如暴露症、恋物症等均属性违常现象。

sex ratio 性别比率 指人类出生的性别比率。单就出生婴儿计算,男女新生婴儿的比率,大约是106比100。唯以生产时男性存活率较低,故而就社会上整体人口计算,男女两性的人数大致相等。

sex rivalry 同性敌对 按精神分析论,幼儿期因渴求父母中与自己性别相异者(子对母,女对父)的爱,因而在心理上与父母中与自己性别相同者(子对父,女对母)敌对。此种现象称为同性敌对。见恋母情结(Oedipus complex)。

sex role 性别角色 在某一社会文化传统中,众所公认的男性或女性特有的行为,称为性别角色。因此性别角色乃是经由行为组型来界定,而行为组型中包括内在的态度、观念,以及外显的言行、服装等。显然,性别角色随时代而变迁,所谓男女有别,现社会中差别的程度已不如往昔明显了。

sex-role inversion 性别角色反转 指性别角色认同错乱现象,男性认同女性角色,女性认同男性角色的反常现象。性别角色反转者,未必由于生理因素,而往往是由于幼年生长环境中缺乏性别认同对象所导致。女性性别反转者,可能是幼年缺乏母亲作为性别认同楷模,而无从学到适当的女性态度和行为。男性性别角色反转者,则可能是幼年缺乏父亲作为性别认同楷模,而无从学到适当的男性态度和行为所致。

sex-role norm 性别角色规范 指同一社会文化环境下众所认可的两性角色行为标准。

sex-role socialization 性别角色社会化 见性别角色(sex role)。

sex-role stereotype 性别角色刻板印象 指一般对男女两性行为刻板区分的心理倾向。一般人总是不约而同地认为,在某些性格上,男性应该如何,女性应该如何;男性应刚,女性宜柔;独立果断是男子气概,依赖顺从是女性气质。由于性别角色刻板印象的存在,社会传统中才会有对男女行为不同要求的双重标准(double standard),以及往昔重男轻女的偏见发生。见该条。

sex therapy 性治疗 属心理治疗的一种取向,而非心理治疗的一种方法。性治疗有很多不同方法,其选择端视性心理异常的性质与严重程度而定。性心理异常表现各异,有的是对性的态度观念错误(如认为性行为是不洁的),有的是性功能异常

（如男子的阳痿与女子的性冷感），有的是性关系异常，也有的是性行为表现怪异（如性虐待狂或扮异性癖）。在实际治疗时，性治疗可能包括所有不同学派的方法，有的采精神分析法，有的采行为治疗法，也有的采认知行为治疗法。方法虽有不同，而目的则一致，均为试图协助患者的性心理恢复正常。

sex typing 性别特色形成 指个体在成长过程中，经由社会化逐渐学习到与自己性别相符合的行为规范的历程。基于此义，性别特色形成并非指生理的发展，而是只限于在心理发展历程中，经社会学习而养成了符合社会规范的男性或女性应有的态度与行为。在性别特色形成历程中，在婴幼儿阶段是没有差别的，到幼儿阶段后期，在游戏方式和玩具选择上则开始显现带有男性或女性色彩的偏好。这种现象与传统男性社会文化有关。稍长，由于父母的刻意安排（如服装、玩具和对话等方面都不相同），才使儿童慢慢在态度、兴趣、语言表达方式等多方面表现出男女有别的特色。

sexual aggression 性攻击 雄性动物之间为争雌性对象而表现的攻击行为。见动物攻击（animal aggression）。

sexual anesthesia 性麻木 义同性冷感（frigidity）。见该条。

sexual anomaly 性行为异常 指个体性行为表现上有异常现象，唯其严重性尚未达到病态的程度。注意本词与性器官异常（sex anomaly）不同。见该条。

sexual apathy 性冷漠 泛指对异性以及两性关系缺乏兴趣的心理倾向。

sexual behavior 性行为 **1.**狭义言之，指人或动物两性之间的求偶、性交以至种族繁衍等行为。**2.**广义言之，指人或动物因性别而显现的不同行为，一切行为上所表现的性别差异，都属性行为的范围。

S

sexual conservatism 性保守主义 指对两性间关系所持的保守态度，如强烈反对婚前性行为即是。与本词相对者为性自由主义（sexual liberalism）。见该条。

sexual counseling 性咨商 受过专业训练的咨商人员对已婚或未婚青年男女所实施的一种咨商。性咨商的内容以两性之间与性有关的问题为主，主要包括性器官的生理功能、性生理卫生、怀孕、避孕、不孕、生育计划、阳痿、性冷感以及婚后两性生活之协调等。

sexual deviation 性变态 指个体性欲的产生与满足方式不循常规的病态现象。按精神医学上的分类，性变态者多表现在：（1）非以人类为对象者，如恋物症；（2）性活动中加诸他人痛苦以获取性满足者，如性虐待狂；（3）从非实际的性活动中获取性满足者，如窥视症。

sexual dimorphism 双性形态 义同双性人（bisexuality）。见该条。

sexual disorder 性障碍 **1.**广义言之，指因生理因素或心理因素所导致的性行为障碍。性障碍者不能表现正常性行为，也不能生育子女。**2.**狭义言之，指性功能障碍，亦即心理因素导致的性障碍。诸如阳痿、性冷感等，均属性障碍。

sexual identity＝sex identity 性别认同

sexual infantilism 性发育不全 **1.** 指成年后性器官缺陷的现象。 **2.**成年后仍表现孩童时幼稚型性活动的退化现象。

sexual instinct 性本能 **1.**指同一种属的个体表现在对异性求偶与交配的行为倾向。此种行为倾向多系不学而能，而且在表现方式上极为类似。**2.**指精神分析论中所谓的欲力（libido），欲力生自本我，具有性本能冲动的倾向。见该条。

sexual inversion 性逆转 **1.** 指个体身体上带有异性的特征。**2.**指个体宁愿扮演异性角色的异常现象，如扮异性癖。**3.**指同性恋中扮演异于自己性别的角色者。**4.**指个体对异性冷淡反而受同性吸引的倾向。

sexualism＝pansexualism 泛性论

sexual latency 性潜伏期 根据弗洛伊德的性心理发展理论，儿童6岁至青春期（约12岁）的一段时期为性潜伏期。在此时期之内，原来活跃的幼稚型性活动，反而趋于沉寂；沉寂的原因，可能是受社会规范的压抑，也可能是由于同性别同侪团体的影响（此时期两性儿童各自结群）。见性心理期发展论（psychosexual stage theory of development）。

sexual liberalism 性自由主义 指对两性间关系持开放的态度，如不反对婚前性行为的主张即是。与本词相对者为性保守主义（sexual conservatism）。见该条。

sexual masochism 性被虐待狂 属性变态之一。患者喜欢在性交时受到对方虐待，从对方加诸自己的痛苦中，获得性的满足。此种性心理变态可能与幼时父母管教方式不当有关。

sexual maturity 性成熟 指个体的生殖器官已发展到能够生育新个体的状态。

sexual object＝sex object 性对象

sexual sadism 性虐待狂 义同性施虐狂（sadism）。见该条。

sexual therapy = sex therapy 性治疗

S factor = space factor 空间因素

S factor S因素 指特殊因素(specific factor)的简称。见斯皮尔曼(Spearman, Charles Edward)传记条。

shadow 暗影 瑞士精神分析心理学家荣格(Jung, Carl Gustav)理论中所指的原型之一,指人类的原始性格。见其传记条。

shadowing 复述 认知心理学的术语。在从事注意实验时,要求受试者听到口语信息时立即重述一遍,称为复述。复述的目的旨在确知受试者在短暂时间内已接受了信息。

shaking palsy 摇摆性麻痹 帕金森病(Parkinson's disease)的旧名称。见该条。

shame 羞耻 指在众人面前行为失误后,个人自觉的一种不安痛苦的情绪状态。

shame aversion therapy 羞恶治疗法 属于行为治疗法之一。羞恶治疗法主要以性行为异常者为对象。将异常行为的影片展示在包括患者在内的一般人面前,由一般人的嘲笑反应形成对患者羞恶的负强化作用。只有个体自己觉悟改变自己的异常行为,才能减缓别人给予他的羞恶压力。见负强化(negative reinforcement)。

shame culture 面子文化 属社会控制的一种方式。在某些社会或团体中,个人的行为标准靠别人的评价来维持,所以往往以取悦别人来维持自己的情面。

shape constancy 形状常性 知觉常性之一。环境中熟悉的物体, 即使在视网膜上的映象改变形状,但所得的知觉经验仍维持不变。例如,不同角度看一扇门时,即使形状有所改变,但仍知其为长方形。见知觉常性(perceptual constancy)。

shaping 塑造 指经由操作条件作用原理以连续渐进法(successive approximation method)建立个体新行为的历程。见该条。

sharpening 尖锐化,敏锐型 **1.**属于一种知觉现象。对知觉对象(如一幅图画)中的某一部分特征格外重视,因而扩大个人知觉上的差异。**2.**属于一种记忆现象,将所记的部分内容特予锐化、强化,甚至超越事实真相。谣言传播时,常有此种心理现象。与本词相对者为平抑化(leveling)。见该条。**3.**义同敏锐型(sharpening style)。见认知风格(cognitive styles)。

sharpening style 敏锐型 属认知风格之一。敏锐型指个体应付环境时所表现出来的一种习惯性的反应倾向。敏锐型的人,遇到问题时对问题的性质感应敏锐,喜欢钻研探究,重视细节,思考深入。敏锐型的人敢于创新,不适于守成。与本词相对者为平稳型(leveling style)。见该条。见认知风格(cognitive styles)。

Sheldon's constitutional theory 谢尔顿体质论 美国心理学家谢尔顿(W. Sheldon, 1898～1970),在1942年经由对一般人的身体特征与性格气质观察分析结果,提出按体型或体质区分人格类型的理论。该理论按体型差异分类,每类各具不同人格特质:(1)肥胖型(内胚层体型)(endomorphy),属此体型者在人格上为内脏型(viscerotonia),性情随和,好饮食,喜睡眠,易与人相处;(2)健壮型(中胚层体型)(mesomorphy),属此体型者其人格上是筋骨型(somatotonia),精力充沛,好运动,喜冒险,富有朝气;(3)瘦长型(外胚层体型)(ectomorphy),属此体型者其人格上是头脑型(cerebrotonia),情绪紧张,善思考,喜独处,多愁善感。谢尔顿体质理论盛行于20世纪50～60年代。当前,人格理论偏重社会文化因素,体质论的影响已趋式微。

Sheldon's constitutional theory of personality 谢尔顿人格体质论 义同谢尔顿体质论(Sheldon's constitutional theory)。见该条。

Sheldon's type theory 谢尔顿类型论 义同谢尔顿体质论(Sheldon's constitutional theory)。见该条。

Sherrington disk 谢灵顿盘 指为研究影响临界闪光融合频率对知觉影响而设计的一种仪器。如附图所示,圆盘上有一圆环,环上黑色与白色的比例,与圆盘上黑白二色的比例相同。当圆盘以较高速率旋转时,圆盘上环内环外两部分就会融合,闪烁现象开始消失,但圆盘上的圆环部分却仍然出现闪烁现象。这是由于强烈的对比,使圆环上的黑色和白色加强,从而提高了它的临界闪光融合频率(critical flicker fusion frequency)所致。见该条。谢灵顿盘为英国生理学家谢灵顿(C.

谢灵顿盘

S

Sherrington, 1861～1952)1897年所设计,故名。

shift of work 轮班制 指现代工业生产24小时全日无休体制之下工作人员的轮班制度。一般轮班制度多为三班制,上午8时至下午4时为日班,下午4时至午夜12时为小夜班,午夜12时至翌晨8时为大夜班。三班人员不能固定不变,必须轮流,否则长期值大夜班者往往因身体时钟调适困难,导致睡眠不足而影响工作效率。因此,如何改进轮班制度就成了工业心理学研究的重要问题。根据工业心理学家研究,延后轮班制(later-shift of work)是最为可行的制度。该制度的特点是将传统的三班制顺延,首轮值日班者,下周改值小夜班,再过一周改值大夜班。如此使大家日夜班机会均等,即可避免固定轮班制的缺点。见身体时钟(body clock)。

shock phase 震撼期 指一般适应症候群(general adaptation syndrome)中第一阶段第一期的适应现象。见该条。

shock therapy 休克治疗法 属心理治疗法之一类。休克治疗法的特点是,运用电流或药物使病人产生休克状态,借休克的效果以减缓病情。唯休克治疗法只能用于较为严重的患者(如精神分裂症或癫痫症等),不宜用于一般轻微心理异常的人。休克治疗时主要采用两种方法:(1)胰岛素休克治疗法(insulin-shock therapy)。为精神病患者注射胰岛素,使体内血糖降低进入昏迷状态,两小时后再灌以糖水使之清醒。此法之目的在借体内糖量变化以促进大脑新陈代谢。因此法带有危险性,现已很少使用。(2)电休克治疗法(electroshock therapy),或称电痉挛治疗法(electroconvulsive therapy)。对精神病患者脑部施以微弱电流刺激,借以引起痉挛反应,从而治疗其精神分裂症。

S

shock treatment = shock therapy 休克治疗法

shoe anesthesia 鞋型麻木 属转化症之一。患者脚部感觉丧失,呈麻木状态,足踝以上一切正常。此症无神经生理上的原因,属功能性异常,由心理障碍导致。见转化症(conversion disorder)。

short-answer test 简答式测验 指测验题只需简要回答的测验。此种测验多采填充题的方式。

short-sample technique 短时距样本法 指从事观察研究时,所采取的一种有计划的时间抽样。每次观察记录所用时间较短,集多次观察记录,最后经整理提出报告。此种多次短时间观察,较之仅作一次的长时间观察之所见,更具代表性。见时间抽样(time sampling)。

short-term memory (STM) 短期记忆,短时记忆 按解释记忆与遗忘现象的信息处理论,人类的记忆有短期与长期之分。个体学习(接受刺激)后记忆保留的期间,只能按秒数计算者(20～30秒),是为短期记忆。所谓走马看花,随看随忘,几秒钟之后即行遗忘。坐在汽车内看街边商店招牌,就是如此。短期记忆容量有限,一般人只能在看一遍(听一遍)的情况之下,记得7±2个(即5～9)项目。短期记忆是长期记忆的基础,如在短期记忆的短时间内对所记忆者在心理上加以思维运作,即可变为长期记忆。此时的短期记忆即称为工作记忆(working memory)。见长期记忆(long-term memory)、信息处理(information processing)。

short-term store (STS) 短期储存 义同短期记忆(short-term memory)。见该条。

short-term therapy 短期治疗 短期治疗并非一种心理治疗方法或心理治疗理论,而只是各种治疗方法的特征,用以说明短期内治疗的功效。传统的精神分析治疗是长期性的,是经年累月的,原因是此种治疗多以严重的病人为对象,而且在治疗过程中,患者是被动的。现今心理治疗的对象未必是严重的病人,很多人求助的原因是由于生活适应上的问题,而且求助的目的也非被动治疗,而是学习适应技能后自行解决问题。因此,近年来很多可以短期生效的治疗法即应运而生。诸如家族治疗法、完形治疗法、冲突化解治疗法、心理剧、现实治疗法、理情治疗法、沟通分析等,均可用做短期治疗。所谓"短期",通常是指治疗不超过六次或在时间上不超过六个月。

shut-in personality 封闭人格 指个性极度沉闷、冷漠、退缩的人。封闭人格常是精神分裂症(schizophrenia)的预兆。见该条。

shuttle box 梭箱 用于动物实验的一种设计。箱分两部分,中间有隔板。实验时将动物置于其中,只有学会越过隔板始能得到食物。

shyness 羞怯 指在众人面前,或被人注意时感觉很不自在的心理状态。

Siamese twins 暹罗连体孪生子,连体孪生子 指同卵孪生子出生时身体某部分连结在一起的现象。连体婴是暹罗(今之泰国)1811年首先发现的,故名。该连体婴出生时胸肌相连,当时尚无分割手术,两人活到1874年(63岁)去世。

sibling 同胞兄弟姊妹 指同一父母有数个子女彼此间的关系。

sibling jealousy 同胞相嫉 义同同胞争宠(sibling rivalry)。见该条。

sibling rivalry 同胞争宠 指同一家庭当中,兄弟姊妹们为了争取父母的注意或关爱,彼此间相互竞争的情形。

sibship **同胞** 指同一父母所生的兄弟姊妹。

SIDS＝sudden infant death syndrome **婴儿猝死症候群**

sight line **视线** 义同视轴(visual axis)。见该条。

sight method **视觉法** 义同全字法(whole-word method)。见该条。

sight vocabulary **认识词汇** 指个人认识但不会书写的词汇总数。

sigma score＝standard score **标准分数**

sigma score＝z-score **z分数**

sigma value＝standard score **标准分数**

signal anxiety **信号焦虑** 精神分析心理学的术语。信号焦虑是指警示性焦虑，是个体意识到的焦虑。信号焦虑之于心理，就像身体发烧之于生理一样，对个体安全具有警示与保护作用，提示个体适时注意自我是否已失去均衡。见焦虑(anxiety)。

signal detection **信号检测** 见信号检测论(signal detection theory)。

signal detection analysis **信号检测分析** 义同信号检测论(signal detection theory)。见该条。

signal detection theory (SDT) **信号检测论** 属补充传统心理物理学中研究感觉阈限不足的一种新理论。传统心理物理学对感觉阈限的研究有两个结论：其一，根据受试者判断某一刺激引起感觉经验时所需的最低强度称为绝对阈限；其二，根据受试者判断，两个强度不同刺激引起感觉差别经验所需的两刺激强度最低差异量，称为差别阈限。显然，这两个结论同样将感觉经验的产生视为“非有即无”的心理历程。后经心理学家研究发现，感觉经验的产生并非如此简单，除刺激强度之外，刺激的背景因素和受试者心理因素都可能影响受试者对感觉经验的判断。唯其如此，心理学上乃有信号检测的研究和信号检测理论的提出。信号检测研究最早起于第二次世界大战(1939～1945)期间，美国空军经由雷达侦察敌机活动的研究。战后美国心理学家坦纳(W. P. Tanner)和斯韦茨(J. A. Swets)经由实验室研究后，于1954年提出了信号检测的系统理论。信号检测论的基本要义是，受试者面对某一刺激情境判断某一刺激信号有否出现(如雷达侦察员判断敌机有否出现)，并非决定于刺激强度单一因素，刺激强度之外，刺激的性质(刺激是在什么情境下出现的)和受试者的心理(动机和期盼)，也是影响其判断的重要因素。基于此要义，试假设以噪声为背景检测另一声音信号有否出现为例，信号检测论可采以下两维度的实验设计以验证之：

信号 \ 受试者判断	有信号	无信号
有信号	正确肯定	错误否定
无信号	错误肯定	正确否定

按两维度实验设计，实验后根据受试者的判断，可区分为四种结果：(1)正确肯定(有信号时判断有信号)；(2)错误肯定(无信号时判断有信号)；(3)错误否定(有信号时判断无信号)；(4)正确否定(无信号时判断无信号)。显然，四种判断中只有(1)与(4)两种是正确的。另外两种错误的发生，将随受试者的动机与对判断后果的期待而改变。如主试者和受试者事前约定，每次正确肯定时可得报酬50元，正确否定时可得报酬10元，其他两种错误判断时则罚金10元。在此种情况下，因受试者求奖的动机远大于避罚的动机，故而期待信号出现，结果就会导致错误肯定的可能性提高。反之，如主试者与受试者约定，每次正确否定时报酬50元，正确肯定时报酬10元，其他两种错误判断时则罚金10元。在此种情形下，也是因受试者求奖动机大于避罚动机，故而期待信号不出现，结果就会导致错误否定的可能性提高。由以上实验结果看，个体凭感官对环境中物理性刺激输入信息的判断，其正确与否与心理因素有密切关系。见绝对阈限(absolute threshold)、差别阈限(difference threshold)。

signal learning **信号学习** 指经由经典条件作用学到的一些简单的条件反应。例如在十字路口学到红灯停止绿灯前进的反应即属之。见学习阶层(learning hierarchy)。

sign-expectation theory **符号期待论** 义同期待论(expectancy theory)。见该条。

sign-Gestalt theory **符号完形论** 指美国新行为主义心理学家托尔曼解释迷津学习的理论。见认知图(cognitive map)。

significance **重要性，显著性** **1.**指重要性，谓某些人、事、物对个体而言，具有特殊的意义或特殊的价值。见重要他人(significant other)。**2.**指显著性，谓两个(或多个)事件之间的差异不是偶然的，不是概率性的，而是的确有真正差异存在的。见统计显著性(statistical significance)。

significance level＝level of significance **显著水平，显著性水平**

significance test of difference **差异显著性检验**

S

采用统计方法检验两个样本统计数之间的差异是否达到显著水平的程度，称为差异显著性检验。差异显著检验常在分组实验时使用；实验设计时一般分实验组与控制组，前者加入实验变项，后者则否。如实验结果发现两组之间有显著差异（如$P<0.05$），即可判断两组的差异确是由于实验变项使然，而非由于抽样误差使然。见显著水平（level of significance）。

significant difference 显著差异 指两统计数之间的差异已达到显著水平。意谓两者间的差异是显著的，不是偶然的，不是概率性的。见该条。见统计显著性（statistical significance）。

significant other 重要他人 指在个体生活环境中对他影响最大的人。对儿童而言，父母就是重要他人。

sign learning 符号学习 美国新行为主义心理学家托尔曼理论中的术语。指个体在较复杂的刺激情境中，他所学到的是刺激与刺激之间的关系；各刺激分别代表某种符号，个体学到的乃是符号之间的关系。白鼠学会走迷津找到食物，人在巷道中找到目的地，都是因为从路途中学到标志性符号之间的关系。见认知图（cognitive map）。

sign learning theory 符号学习论 指美国新行为主义心理学家托尔曼解释迷津学习的理论。见认知图（cognitive map）、期待论（expectancy theory）。

sign stimulus 符号刺激 指引发先天性行为释放出来的某种特殊刺激。见先天释放机制（innate releasing mechanism）。

sign test 符号检验 指采用代数上正负号作为检验组间差异的一种简便方法。符号检验适用于两个彼此相依样本构成的两组（如配对组）间的差异检验。两组中可以找出两两相对的组员分数，每对分数之差异先用正负号表示出来，然后检查这符号的分配情形是否纯属概率。如两组间无显著差异，则所得正负号应大致相等，或各占一半。如所得正负号数量相差悬殊，则表示两组间有差异存在。

S

similarities test 相似测验 **1.**指测验时要受试者说出两种物体或两种观念的相似之处。**2.**指测验时要受试者将相似物体（如积木）按相似的特征分类处理。

similarity 相似性 **1.**属人际吸引（interpersonal attraction）的因素之一。见该条。**2.**义同完形组织法则中的相似法则（law of similarity）。见该条。

similarity paradox 相似性矛盾 先后学习两种材料时，两种材料间的相似程度，将会影响后者学习后的记忆效果。唯经实验研究发现，两种材料的相似程度，由全异到全同的变化过程中，对后者学后记忆的影响，产生矛盾现象：两者相似程度愈高时，因彼此干扰所产生的负面影响愈大（即记忆效果差）；但两者相似程度达到全同时，其所产生的效果却变成正面的（即记忆效果佳）。因相似性矛盾现象系由美国心理学家斯卡根（E. B. Skaggs, 1892 ～1970）与鲁宾逊（E. S. Robinson, 1893～1937）两人先后在1920年与1925年提出，故也称斯卡根—鲁宾逊现象（Skaggs-Robinson phenomenon）。

Simon, Herbert Alexander（**1916～2001**）西蒙 西蒙是20世纪美国兼具多方面学术权威的学者，是1978年诺贝尔经济学奖得主，是以信息处理论为基础的现代认知心理学的先驱，也是以电脑模拟人脑而创始人工智能的科学家。

西蒙1916年6月15日出身于美国威斯康星州密尔瓦基市的一个犹太家庭，父为德国移民电机工程师。西蒙自幼聪颖过人，小学阶段连续跳级提前毕业，唯中学毕业时适逢经济大恐慌，家庭无力供其升学，幸因中学成绩优异获芝加哥大学奖学金得以入学。在大学期间主修政治科学和经济学，1936年与1943年先后获学士与政治科学哲学博士学位，之后，到国际商业机器公司（即IBM）工作，开始对电脑在行为科学上的应用颇感兴趣。经十余年研究，终在电脑科学上获得巨大成就。1949年起担任卡耐基米伦大学教授，1967年荣任美国国家科学院院士，1969年获美国心理学会杰出科学奖，1978年获诺贝尔经济学奖，1986年获国家科学奖章，可谓兼具多方面学术权威的学者。西蒙在心理学上的贡献，主要在于以下两方面：

1.对假相关与因果性问题的解释 自从19世纪末科学心理学兴起以来，心理学即仿照自然科学，采取了根据观察到的现象探求现象背后的真相的研究取向。由于现象背后的真相无法直接观察测量，故而改采统计学上相关的原理来推论解释。唯经统计处理后发现两个(或多个)变项之间具有相关关系时，却无法肯定变项间究竟是否存有因果关系。此即西蒙1954年提出的假相关与因果性的问题。所谓假相关(spurious correlation)，是指两变项之间的相关是表面的，不代表两变项间具有真的因果性(causality)。他举例说明假相关可能在两种情形下产生：一种情形是，两变项间本无关系，只因第三变项存在而造成两变项的假相关。例如，小学生的平均身高虽与其平均书写词汇间有相关关系，事实上两者间彼此无关，造成其相关的是第三个变项(年龄或年级)。第二种情形是，两变项之间的相关不是直接的，而是由于两变项间所存有的第三个中介变项使然。例如，某公司调查发现已婚员工平均子女数与其定期内平均请假缺席时数具有正相关关系。按西蒙的解释，此种情形不是假相关，而是间接相关。原因是构成员工缺席的原因与他们子女多需要照顾有关。在心理学上通常采净相关(partial correlation)统计方法剔除假相关因素，从而了解变项之间的相关关系。

2.创始计算机模拟与人工智能研究　西蒙在心理学上最大的贡献是他自1958年开始采计算机模拟(computer simulation)方法，尝试将信息处理时的思维历程写成程序，输入计算机，借计算机的运作表现出类似人脑对信息记忆、储存、运用及解决问题的能力。他在计算机模拟时采用发声思维(think aloud)方法，让受试面对问题时一边思维一边说出内心的想法，作为他撰写计算机程序的根据。1972年西蒙发表其研究结果，称此种借计算机运作代替人脑思维的成果为人工智能(artificial intelligence)。

采电脑模拟方式开发的人工智能，对以后的科学研究、经济发展及行政管理等多方面，提供了巨大的帮助。凡是按一定程序处理的数据信息，使用电脑一定可以达到既迅速又正确的目的。唯从认知心理学旨在研究人类如何吸收知识、储存知识及运用知识的观点看，不宜将电脑人工智能的机械运作历程，视同人类认知思维的心理历程。人类认知思维历程中不但有动机、情绪、灵感等因素，而且有年龄长幼和智力高低的个别差异。这些因素都是认知心理学需要研究的，单靠电脑则达不到这方面研究的目的。

西蒙的主要专著有：*Administrative behavior* (1947)；*Human problem solving* (1972)；*Models of thought* (1979)；*The science of the artificial* (2nd ed.) (1981)；*Protocol analysis* (1984)；*Models of my life* (1991)等。

simple correlation 简单相关 属相关中之最简单者。简单相关亦即双变项相关(bivariate correlation)。见该条。见相关(correlation)。

simple phobia 单纯恐惧症 指引起个体恐惧反应者只是单纯的刺激情境，如有人怕蛇，有人怕狗，有人怕昆虫，均属单纯恐惧症。

simple random sampling 简单随机抽样 当总体是已知数时，编号抽签以决定代表性样本的办法，就是简单随机抽样法。设有小学二年级学生1500人，需要从中抽出100人测试其语文能力。要想使这100人真正具有代表性，可将每个学生的学号代表每一个学生。然后混合均匀，在机会均等的情形下，抽出100个，这100个学生，在理论上最具代表性。

simple reaction time (SRT) 简单反应时间 指反应时间实验的一种简单设计。在反应时间的实验时，受试者只需按预先指定的反应方式，对预定的刺激出现时尽快做出反应即可。见反应时间(reaction time)。

simple regression analysis 简单回归分析 简单回归分析是以一个自变项预测一个依变项的回归分析方法。见回归分析(regression analysis)。

simulation 模拟 指在比照实际情境所设计的一种类似情境下所做的活动。在心理治疗时所采用角色扮演(role-playing)，就是一种模拟。见该条。

simultaneous brightness contrast = simultaneous lightness contrast 同时明度对比

simultaneous classical conditioning 同时经典条件作用 见同时条件作用(simultaneous conditioning)。

simultaneous color contrast 同时颜色对比 知觉对比现象之一。对某一物体颜色的知觉，因另一种颜色同时出现而有所改变时，称为同时颜色对比。例如，将一张灰色的纸片放置在另一张较大的蓝色纸上，就会觉得原来灰色纸片呈现浅黄色。如果将原来的灰色纸片置于另外一张较大的黄色纸上，就会觉得原来灰色纸片呈现浅蓝色。

simultaneous conditioning 同时条件作用 属经典条件作用历程之一。此种条件作用历程的特点是，条件刺激稍前(或同时)与无条件刺激出现，相伴过一段时间再一同停止。然后再单独出现条件刺激以测试是否已形成条件作用。此为经典条件作用实验的一般形式，也是最容易形成条件反应的一种方式。

simultaneous contrast 同时对比 指两种刺激同时呈现时,所产生的一种异于分别单独呈现时的感觉经验。例如,放置一黄色纸片于绿色背景之上,黄色纸片看起来较前更黄,绿色纸看起来较前更绿。见颜色对比(color contrast)。

simultaneous lightness contrast 同时明度对比 同时明度对比属知觉现象之一。如附图所示,左右两个图形中小方块的颜色相同,均属中灰色,由于两者的背景不同,产生了同时对比效应:右边浅灰背景的小方块看起来颜色较深,左边黑色背景的小方块看起来颜色较浅。见对比(contrast)。见本纳里效应(Benary effect)。

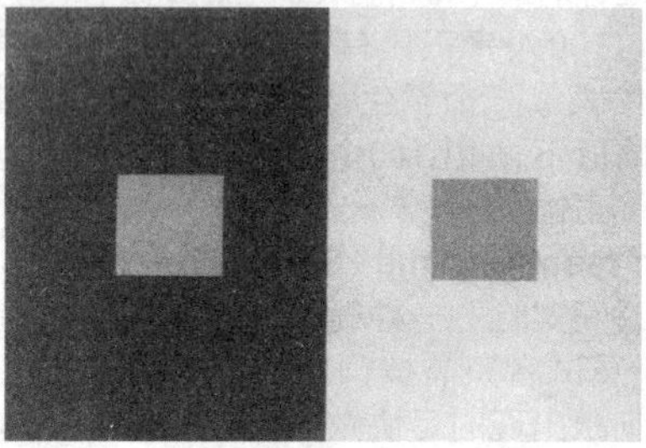

同时明度对比

simultaneous masking 同时掩蔽 见掩蔽(masking)。

simultaneous regression analysis 同时回归分析 指一次就将研究中所有自变项全部代入回归方程式中加以分析的方法。同时回归分析的目的,旨在检验自变项对依变项的全部效果。见回归分析(regression analysis)。

single blind 简单保密 义同单保密实验(single-blind experiment)。见该条。

single-blind experiment 单保密实验,单盲实验 在心理学实验时,为了避免安慰剂效应所采用的一种实验处理方法,亦即不告知受试者实验的性质与目的。由于只有受试者单方面不知晓实验内容,故称单保密实验。与本词相对者为双重保密实验(double-blind experiment)。见该条。见安慰剂效应(placebo effect)。

S

single-blind study 单保密研究 义同单保密实验(single-blind experiment)。见该条。

single-case experimental design 单受试者实验设计 义同单受试者研究(single-subject research)。见该条。

single-stimulus method 单刺激法 属研究婴儿感觉与知觉的方法之一。在婴儿面前出现单一种刺激(属视觉或听觉者均可),并观察记录婴儿对该刺激的反应方式;继而将该刺激停止,再观察记录婴儿在反应上产生的变化。然后将该刺激出现,再观察记录婴儿反应上的变化。如此,采A(出现)→B(停止)→A(再出现)实验方式,重复实验数次后,如发现婴儿的反应随A→B→A的变化而变化,即可确定婴儿的感觉与知觉的发展是正常的。见偏好法(preference method)、习惯化法(habituation method)。

single-subject design 单受试者设计 义同单受试者研究(single-subject research)。见该条。

single-subject research 单受试者研究 指只采用单一个体(人或动物)为研究对象,从而探求心理学原理原则的研究。在实验室中所从事的条件作用的学习研究,即为典型的单受试者研究。

single-system hypothesis 单系统假说 解释双重语言的一种尚待证实的理论。持此理论者认为,人类能学到两种(或两种以上)语言,并非是由于人脑中具有处理不同语言的不同系统。换言之,学习不同语言时仍然是脑中的同一系统。与本词相对者为双系统假说(dual-system hypothesis)。见该条。

single-variable principle 单变项原则 指实验研究时所遵守的一项基本原则。单变项原则的要义是,设法对可能影响到依变项的一切因素加以控制,使之保持不变,单独操纵一个自变项,使之有系统的改变,从而观察依变项的变化,借以了解自变项和依变项之间的因果关系。以"室内照明对阅读速度的影响"实验研究为例,室内照明是自变项(可操纵烛光数),阅读速度为依变项。除照明因素外,影响阅读速度者尚有其他因素(如阅读材料、室内安静程度、室内温度、实验时间等)。此等因素必须加以控制,使之保持不变,然后单独操纵照明变化,并观察记录阅读速度,方能够确定两者间的因果关系。

single-word stage 单词年龄 指婴儿期周岁前后初学语言时,用单一个词表示整个意义的阶段。唯此时期的单词多以叠词形式出现。如"狗狗""糖糖"等,即属常见的现象。

sinistrality 左偏性 指个人惯于使用左侧躯体活动的倾向。左偏性高的人,喜欢用左手操作工具,如写字、拿筷子都用左手。俗称"左撇子"的人就是左偏性。与本词相对者为右偏性(dextrality)。见该条。见左利手(left-handedness)。

SIS = **sensory-information store** 感觉信息储存

SIT = **social identification theory** 社会认同论

sitophobia = **cibophobia** 惧食物症

situational analysis 情境分析 **1.**指经由分析研究

的方法探讨个体行为特征(如学生逃学)与其生活情境特征(学校与家庭)的关系。**2.**义同自然观察(naturalistic observation)。见该条。

situational anxiety 情境性焦虑 指因情境因素引起的焦虑。情境性焦虑随情境而变化,只有在某种情境之下(如考试)才会产生焦虑,时过境迁之后,就会自然消失。与本词相对者为特质性焦虑(trait anxiety)。见该条。见焦虑(anxiety)。

situational attribution 情境归因 属解释行为产生原因的一种心理倾向。情境归因时特别重视外在情境,认为外在的情境条件乃是决定个体行为的主要因素。本词也称外在归因(external attribution)。与本词相对者为性格归因(dispositional attribution)。见该条。见归因论(attribution theory)。

situational crisis 情境性危机 义同意外危机(accidental crisis)。见该条。

situational ethics 情境性道德 指个体在现实情境下的道德行为表现。所谓"临财毋苟得"的抗拒诱惑行为,就是情境性道德。

situational homosexuality 情境性同性恋 义同偶然性同性恋(accidental homosexuality)。见该条。

situational insomnia 情境性失眠 属失眠(insomnia)现象之一。见该条。

situationalism 情境主义 研究个体行为时,特别强调现实情境因素的影响,而不重视个体自主性的理论取向。在现代心理学重要理论体系中,早期的行为主义即采用情境主义。

situational motivation 情境性动机 美国心理学家斯莱文(R.E.Slavin)1991年提出的对动机性质的理论解释。斯莱文将动机分为两类:一类为情境性动机,指个体只在特殊情境之下(如饥饿)产生活动,从而追求目标(食物)以求满足其动机。此类动机是暂时性的,非普遍性的,不能视之为个体的性格特征。另一类为性格性动机(personality motivation),指个体所追求者不限于特定目标,凡是他所爱好者,不因情境改变而有所差异。有的人热爱读书,可视为他的求知动机。真正热爱读书者,其求知动机不会随情境而改变,如为考试要读书,不考试也手不释卷。所谓"为读书而读书"者,即说明求知已成为他的性格性动机。

situational psychosis 境遇性精神病 义同反应性精神病(reactive psychosis)。见该条。

situational sampling 情境抽样 在实际生活情境中,观察某人在某方面的行为表现,从而推断其性格的做法,称为情境抽样。所谓"见其行事知其为人",以及"麻将桌上看性格"的说法,都是情境抽样的例子。

situational stress test 情境压力测验 义同压力测验(stress test)。见该条。

situational test 情境测验 在经设计的特别情境中,给予受试者某一待决的问题,从而观察受试者如何认识情境、适应情境并利用情境中的条件将问题解决。技能学习中的模拟训练与军事训练中的沙盘推演,均属情境测验性质。

situational theory of leadership 领导情境论 指团体领袖对情境掌握程度的高低是影响领导绩效的重要因素。见领导权变论(contingency theory of leadership)。

situational therapy 情境治疗法 义同环境治疗(milieu therapy)。见该条。

situational variable 情境变项 指影响个体行为的一切外在因素。凡是情境中影响个体行为的因素,诸如声音、光线、温度等物理情境,以及环境中有关人的社会情境(如市场内或运动场上),均属情境变项。本词也称环境变项(environmental variable)。

situationism = situationalism 情境主义

situation set 情境心向 **1.**在某种情境下,引起个体投入并易于适应该情境的心理倾向。**2.**指新情境易于引起个体好感的现象。

situation test = situational test 情境测验

six match problem 六根火柴问题 问题索解实验用题目之一。如附图所示,有六根火柴,受试者的任务是,以火柴棒作为三角形的边长,构成彼

问题

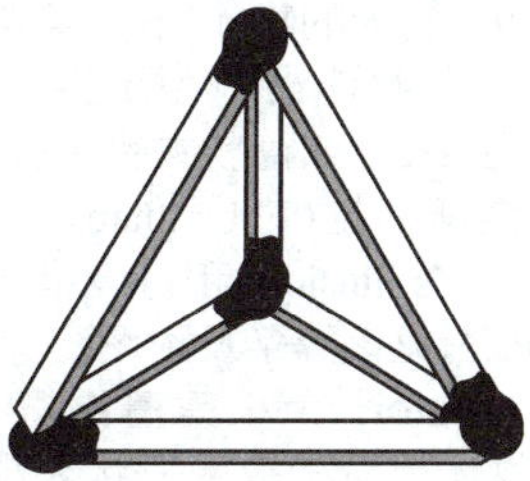

答案

六根火柴问题

此连接的四个三角形。此问题解决不易，问题关键在于受试者能否突破平面知觉的框架，朝立体方向去思考。

Sixteen Personality Factor Questionnaire（16PF） **十六种人格因素问卷** 属团体人格测验之一。该问卷系由美国心理学家卡特尔（R. B. Cattell）1956年所编制。可测量十六种人格特质，其内容包括：乐群、聪慧、稳定、坚强、兴奋、有恒、敢为、敏感、怀疑、幻想、世故、忧郁、实验、独立、自律、紧张。卡氏十六种人格因素问卷，经学者刘永和、梅吉瑞二人修订为中文，并经标准化，于1976年出版。该测验适用对象为高中以上学生及成人，记分方式采标准十分，已建立常模，在各年级组均以标准十分表示之。

sixth sense **第六感** 指心灵学所研究的超感知觉（extrasensory perception）。见该条。所谓第六感，是指在视、听、味、嗅、触五感之外超越感觉器官而获得感觉。第六感是一种不合于科学的说法，事实上，五感之外另有动感、平衡感、温度感、痛感等，都是具体存在的。见心灵学（parapsychology）。

size constancy **大小常性** 属知觉常性现象之一。指个体对熟知物体的大小知觉，不因其所处环境或位置的不同而有所改变的心理现象。如所见者为一幼儿与一成人，幼儿站在面前，而成人站在远处地方，虽然视网膜上的映象大人远比幼儿为小，但经知觉判断，仍然可以断定大人比幼儿高大。此种不根据视网膜映象大小而靠知觉经验来判断物体大小的心理现象，称为大小常性。见知觉常性（perceptual constancy）。

size cue **大小线索** 属深度知觉单眼线索之一，指物体在视网膜上映象线索所形成的深度知觉。在目视同类物体时（如两个茶杯）视网膜上的映象较大者，即判断其位置较近。见单眼线索（monocular cue）。

size illusion **大小错觉** 属错觉之一类。凡是因对比或环境因素影响所导致的大小知觉错误，均可称为大小错觉。大小错觉的特点是，同样大小的物体，在一些比它大的物体当中，看起来显得小；在一些比它小的物体当中，看起来则显得大。大小错觉种类很多，诸如德勃夫错觉（Delboeuf illusion）、艾宾浩斯错觉（Ebbinghaus illusion）、贾斯措错觉（Jastrow's illusion）和月亮错觉（moon illusion）等均属之。见该等条及附图。

size-weight illusion **大小重量错觉** 属错觉现象之一。当两物体重量相等而形状大小不等时，一般受试者倾向判断体积大者较重。此种错觉系由法国医师沙蓬特（A.Charpentier，1852～1916）于1891年发现，故而也称沙蓬特错觉（Charpentier illusion）。见错觉（illusion）。

S

Skaggs-Robinson phenomenon **斯卡根—鲁宾逊现象** 义同相似性矛盾（similarity paradox）。见该条。

skeletal age **骨骼年龄** 指以儿童的腕骨、掌骨、指骨等的骨化程度作为骨骼发展的指标，从而评定出儿童生长发展的年龄。骨化的速率和硬化程度决定了儿童的骨骼年龄。将儿童的X光照片与各年龄儿童的骨骼成熟的X光照片相比较，可以确定该儿童的骨骼年龄。

skew correlation **弧线相关** 义同曲线相关（curvilinear correlation）。见该条。

skewed distribution ＝ skewness of distribution **偏态分布**

skewness **偏态** 见偏态分布（skewness of distribution）。

skewness of distribution **偏态分布** 指次数分布曲线不呈对称的钟形而其峰顶偏向一侧的形态。峰顶左偏者称正偏态（positive skewness），正偏态者平均数大于中数与众数；峰顶右偏者称负偏态（negative skewness），负偏态者平均数小于中数与众数。见该等条。见常态分布（normal distribution）。

skill acquisition **技能获得** 义同动作技能学习（motor skill learning）。见该条。

skill learning **技能学习** 指以获得某种技能为目的的学习活动。在教育理念上，技能学习不再像以前那样被视为纯属动作技能的学习，而是认为技能学习应包括动作技能学习和心智技能学习两方面：一方面是学习有关技能的理论知识，为动作学习做好定向指导。如学习驾驶技能必须学习有关驾驶的理论知识，了解车辆的结构和性能等。另一方面是动作学习，主要靠练习。通过反复练习使各个局部动作联合成为一个完整的动作技能，并逐步发展为技巧性技能。

skill subject **技能学科** 指学校中以技能为主的学科。诸如计算机打字、缝纫、机械制造、机器修理等均属之。与技能学科相对的是知识学科。

skimming **略读** 略读是阅读的一种方法，其目的是在较短的时间内迅速了解全篇的大意。略读的要领是重掌握文意的要点，遇到生字难词时，可予以省略，尝试从整句的文意脉络和上下文去推知其意义。在日常生活中，略读有时比精读还重要。在以下两种情况下最适于略读：（1）精读之前先行略读，可以对全文先有个概略认识和心理准备，如略读时发现资料性质与自己的目的不符，略读后不需精读，以免浪费时间；(2)因工作忙碌无暇精读时，略读也可达到求知的目的，如清晨看报时的略读，就是如此。

skin conductive response ＝ electrodermal response 肤电反应

Skinner box 斯金纳箱 指美国新行为主义心理学家斯金纳在1938年为研究操作条件反应实验用的自动记录装置。如附图所示，箱之一边壁上有横置压板，板下置有食盘。按动压板时，食物将由一管口送出。实验对象以白鼠为主，实验目的在观察饥饿的动物如何学到主动去压下压板，获得食物。斯金纳学习理论中的操作条件作用理论，就是以斯金纳箱为实验情境所得结果而建构的。见操作条件作用(operant conditioning)。

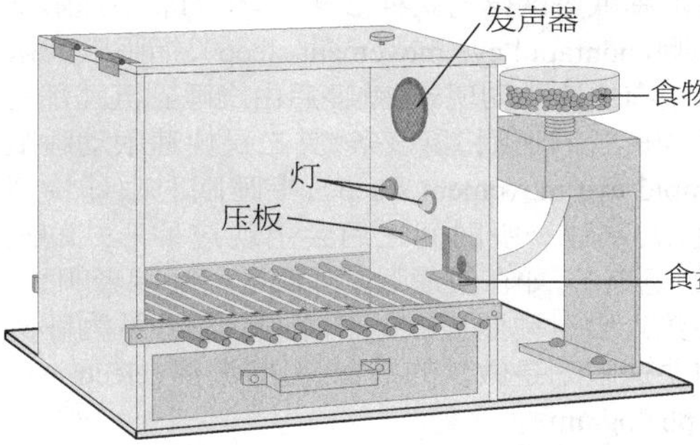

斯金纳箱

Skinner, Burrhus Frederick(1904～1990) 斯金纳 斯金纳是20世纪美国心理学家，是新行为主义中极端行为主义的代表，是操作条件作用学习理论建构者，也是力图将心理科学在实际生活中推展应用，因而独领风骚30年的心理学家。

斯金纳1904年出生于宾夕法尼亚州萨肯汉那，幼时家庭环境良好，爱好读书，中学以第一名成绩毕业。斯金纳青少年时期喜爱动物，在一次乡村博览会上看到鸽子表演，因而奠定兹后动物学习实验的兴趣。进纽约哈密尔顿学院主修文学，但发现自己缺乏文学创作才能，曾一度陷入情绪沮丧。后来他有机会读到巴甫洛夫和华生的心理学著作，乃决心放弃文学改学心理学。1928年进哈佛大学，1931年获博士学位，此后数年时间留在哈佛大学从事研究工作。第二次世界大战期间，斯金纳曾参与美军秘密作战计划，采操作条件作用原理训练鸽子，用以控制飞弹和鱼雷。1945年出任印第安纳大学心理学系主任，1948年转任哈佛大学教授，此后40多年一直留在哈佛大学。在此期间，他不但设计了著名的斯金纳箱从事动物实验，建构了新的系统学习理论，而且将他的学习理论大力推广到学校教学和心理治疗等方面实际应用。他在心理学理论和应用两方面的贡献，使他成为20世纪60年代世界著名的人物。此外，斯金纳还将心理学理念普及化，他在1948年与1971年，《桃源二村》与《自由与尊严之外》两本著作分别出版，成为全美畅销书。斯金纳对心理学的发展具有高度的热忱和使命感。他不但坚信心理学必须遵循严格的自然科学取向，只研究外显行为，不研究内在心理活动，而且也坚信行为科学可以改造社会。1970年退休后仍继续研究，1989年医师诊断他罹患白血病，只剩下2个月寿命，但他仍奋力不懈从事写作。虽然当时认知心理学思想取代行为主义的局势不可挽回，但斯金纳仍然继续为文，大力抨击认知心理学的不是之处。在他去世的前一天晚上，仍勉力撰成《心理学能成为一门研究心的科学吗?》一文，为他的思想辩护。1990年8月18日，斯金纳病逝于波士顿，享年86岁。

斯金纳在世期间获得的荣誉，在心理学界举世无双。1958年获美国心理学会杰出科学贡献奖；1968年获美国国家科学奖章；1971年获美国心理学基金会金质奖章，并成为当年《时代》杂志的封面人物；1990年获美国心理学会心理学终身贡献奖。在1950年至1959年的十年间，斯金纳一直被评为美国十大心理学家第一名。斯金纳在心理学上的贡献，主要在于以下两方面：

1.对心身关系问题的解释 斯金纳是唯物论中的一元论者，他否定精神作用的存在。在其1953年出版的《科学与人类行为》一书中，他主张人类是肉身的机器，其活动和机器一样是受自然法则支配的。人类的行为既然遵循自然法则，那么研究行为的心理学，自应像其他自然科学一样，可以对个体的行为进行预测和控制。基于此义，可知斯金纳的心理学思想和华生的激进行为主义一样，同属物质决定论。

2.建构操作条件作用学习理论　解释个体行为时，斯金纳一方面采取巴甫洛夫和华生二人的经典条件作用原理，另一方面受桑代克效果律的启发，将一切行为解释为学得的反应。不过他对学得的反应提出了异于前人的解释：他称巴甫洛夫和华生所研究的条件反应是反应性反应（respondent response），本质上是原来无条件刺激引起的反应。他认为单是研究反应性反应是不够的，因此他提出操作性反应的概念。操作反应（operant response）是指个体在环境中的自发性反应。如在设计的情境下对个体的自发性反应予以强化，即可控制其继续表现操作性反应，从而建立想要他学习的行为。斯金纳的此种改进式条件作用学习理论，称为操作条件作用（operant conditioning）。斯金纳操作条件作用学习原理中有一个重要机制——个体自发性反应之后的强化将加强其继续反应。他称此机制为后效强化（contingent reinforcement），即反应后的强化效果加强了该反应。斯金纳将操作条件作用和后效强化原理推广至多方面应用：举凡在学校教学上，20世纪50年代设计的编序教学（programmed instruction）和后来发展成的计算机辅助教学（computer-assisted instruction），以及在心理治疗方面，20世纪60年代流行的行为矫正（behavior modification）等，无论在设计和运用上都是以斯金纳的操作条件作用和后效强化原理为基础的。见该等条。

斯金纳的主要专著有：*The behavior of organism*：*An experimental analysis*（1938）；*Walden two*（1948）；*Science and human behavior*（1953）；*Schedules of reinforcement*（1957）；*Verbal behavior*（1957）；*The technology of teaching*（1968）；*Contingencies of reinforcement*：*A theoretical analysis*（1969）；*Beyond freedom and dignity*（1971）；*About behaviorism*（1974）；*Particulars of my life*（1976）；*Reflections on behaviorism and society*（1978）；*The shaping of a behaviorist*（1979）；*A matter of consequences*（1983）；*Upon further reflection*（1987）等。

Skinnerian **斯金纳主义** 指在心理学理论取向上以斯金纳的操作条件作用理论为标榜的心理学思想。斯金纳是美国20世纪30～60年代影响最大的心理学家，他的心理学思想被称为激进行为主义。就心理学理论取向看，斯金纳的思想有三大特征：（1）对心理学的本质而言，斯金纳主张心理学是自然科学之一，因而他强调心理学的研究必须和自然科学一样，只能遵循实证主义的研究方向；（2）对知识来源问题的争议，斯金纳承传经验主义，认为知识来自学习，而学习的产生则是刺激与反应间关系的建立；（3）对自由意志与决定论的争议，斯金纳强调人的行为决定于环境，不相信人有自由意志。

Skinnerian conditioning **斯金纳条件作用** 义同操作条件作用（operant conditioning）。见该条。

skipping = grade-skipping **跳级**

sleep **睡眠** 指个体的身心活动由意识转入无意识的精神状态。一般人在每天24小时的周期性活动中，平均有8小时睡眠时间。睡眠时呼吸、心跳、新陈代谢等生理作用均较缓慢，各种感官的敏锐度均大为降低，对平常的外界刺激不表现反应。根据心理学家对睡眠期间脑电波的研究发现，一般人的睡眠可区分为两种形式：其一为非快速眼动睡眠（nonrapid eye movement sleep），指睡眠时眼球没有快速跳动现象，就寝后由浅睡到沉睡都是此种形式的睡眠。见该条。其二是快速眼动睡眠（rapid eye movement sleep），指睡眠时眼球快速跳动，熟睡一段时间之后会出现这种形式的睡眠。见该条。如在快速眼动睡眠时将睡眠者叫醒，多数人会自称他正在做梦。因此，一般认为睡眠时快速眼动是做梦的指标。见脑波图（electroencephalogram）。

sleep apnea **窒息性失眠** 属失眠（insomnia）的类型之一。见该条。

sleep center **睡眠中枢** 指中枢神经系统中司职睡眠的部位。早期的生理心理学家们认为下丘脑为睡眠中枢。有研究发现，脑干和前脑的神经组织也与睡眠有关。

sleep deprivation **睡眠剥夺** 采用强制手段阻止个体睡眠的做法，称为睡眠剥夺。睡眠剥夺有时用来从事心理实验，有时用来作为惩罚手段。根据心理学家实验研究发现，要求受试者（自愿参加）保持24小时不睡眠时，对其身心功能无明显影响，如强制保持清醒60小时，则其身心功能大为降低。

sleep disorder **睡眠障碍** 睡眠障碍包括两种现象：其一为睡眠不足，称为失眠。失眠的现象是该睡或想睡时不能入睡；入睡后无法进入沉睡阶段，且极易醒来，醒来后很难再行入睡。其二是睡眠过度（hypersomnia）。睡眠过度是指在不该睡或不宜睡时个体无法维持自己的清醒意识状态，而突然入睡。在医学上称睡眠过度为猝发性睡眠症（narcolepsy），其主要症状是清醒中情绪强烈时身心猝然松懈而陷入昏睡状态。见失眠（insomnia）。

sleep learning **睡眠学习** 指在睡眠状态下有计划的学习。按睡眠学习的研究，睡眠能否学习端视对两个先决问题如何界定：(1)在睡眠的何种状态之下能够学习？根据实验研究，沉睡时不能学习，只有在浅睡或半睡状态时始能学习。(2)何种教材适于睡眠学习？根据实验研究，视觉的与动觉的（如技能）教材无法学习，只有听觉的教材能学习。至于睡眠学习的效果究竟如何，这问题在心理学上仍不能解释。任何学习活动都是多种感官的配合，睡眠时只靠听觉在意识不清的状态下练习，其学习纵然有效，其效果也是事倍功半的。

sleep spindle **睡纺锤** 睡纺锤是指轻度到中度睡眠状态时出现于脑波中的猝发波。当睡纺锤刚开始时，波幅渐增，然后渐减，这种先变大再变小的波幅改变，使脑波呈纺锤形，故称为睡纺锤。它是一种在低频率背景下产生的较高频率的波，这种波的频率约8～14 赫兹，且出现较高的振幅，波型类似α波，且每一个睡纺锤约可持续1～2秒。当由轻度和中度睡眠进入更深的睡眠状态时，睡纺锤的出现也愈频繁，如再进入更深的睡眠状态，睡纺锤会消失，取而代之的是高波幅、低频率的δ波。参见脑波图（electroencephalogram）。

sleep talking **梦呓** 指睡眠中不自觉地说话的现象。根据观察研究，梦呓的出现多半在沉睡的时间内。据此推理，梦呓或俗称说梦话的说法不合事实。因为，人一般只在浅睡时做梦，而梦呓在沉睡时出现，所以两者间并无必然关系。见快速眼动睡眠（rapid eye movement sleep）。

sleep treatment **睡眠治疗法** 属心理治疗方法之一。睡眠治疗是古老的治疗法之一，据传始自三千多年前的埃及。睡眠治疗法乃是使用药物让患者长期（8～10天）睡眠，借以消除躁郁型精神病及过度焦虑者的病情。此法现已极少采用。

sleep-wake schedule disorder **睡一醒时间失序** 因生活程序错乱，不能按照平常起居习惯导致睡眠障碍的现象。

sleep walking = **somnambulism** **梦游**

slip **失误** 指当事人不自觉地说错话或做错事的现象。见口误（slip of the tongue）、笔误（slip of the pen）。

slip of the pen **笔误** 在书写时无意中写出不适当的、不相干的，甚至错误的字句的现象称为笔误。按精神分析论的解释，当事人笔误下的字句，正是被当事人压抑在潜意识中意欲表达的真正意思。因此，笔误常被精神分析师视为当事人心理问题的线索。

slip of the tongue **口误** 在谈话时当事者无意中说出不适当的、不相干的，甚至错误的语句称为口误。按精神分析论的解释，当事人口误的语言，正是被当事人压抑在潜意识中意欲表达的真正意思。因此，口误常被精神分析师视为当事人心理问题的线索。

slope **斜率** 以X变项预测Y变项时，需画一条最适合线通过各个点的附近，使各个点到此一最适合线的距离之平方和变得最小，这条线的斜度即为斜率。

slow learner **学习迟缓者** 指学校中学习能力表现低于同年龄（年级）一般学童的学生。学习迟缓现象的原因，主要是智能不足。按美国智能不足学会的标准，智商（IQ）在70至85之间者，称为学习迟缓者。本词也称临界智能不足。除智力因素外，家庭文化环境贫乏，使得儿童在学校教育所要求的基础文化水平上预备不足，也是原因之一。见智能不足（mental retardation）。

slow-wave sleep（SWS） **慢波睡眠** 指深睡时在脑波图上呈现出高振幅、低频率的状况。此时呈现之脑波是一种δ波，其频率低至1～3赫兹，故慢波睡眠又称为δ波睡眠。大脑皮质的神经元同步或同时性的放电会导致低频率、高振幅的脑波节奏，故慢波睡眠属于同时性脑波的睡眠。一个人处于慢波睡眠时，其眼球跳动缓慢且无梦，以别于快速眼动睡眠。见脑波图（electroencephalogram）。

SM = **secondary memory** **二期记忆**

small group **小团体** 指十人以下的团体。小团体的主要特征是，团体成员均可以从事面对面的接触与活动。在咨商与心理实验时，有时以小团体为对象。

small sample **小样本** 指样本内少于30个个体的样本。一般而言，样本愈小，样本对总体的代表性愈低，所产生的抽样误差也就愈大。

small sample research **小样本研究** 指只选取少数人为受试者，甚至以单一受试者为对象所做的实验研究。此类研究乃借由精细而周密的仪器与控制的实验设计，通过多次的重复实验建立其信度与效度。心理学上十分著名的经典条件作用、操作条件作用以及很多有关感觉与知觉的实验，多半采小样本研究。见单受试者研究（single-subject research）。

small sample technique = **small sample research** **小样本研究**

small-sample theory **小样本理论** 解释采用小样本作为研究对象的理论。此种理论的要义是，从总体中抽取少数个体（小样本）为研究对象时，只要采用适当的统计方法分析处理所得资料，其结果仍可作为推论解释总体的根据。

smell = olfaction 嗅觉

smoothed curve 修匀曲线 指经由调整使斜率不规则的曲线改为均匀弯曲的曲线。修匀曲线最常采用的方法是最小平方法（method of least square）。见该条。根据修匀曲线即可容易看出自变项（X）与依变项（Y）的函数关系。

smooth muscle 平滑肌 指人体内见于消化器官、血管或其他内部器官的肌肉。平滑肌的作用是由自律神经系统控制，其肌细胞在外观上无横纹。心肌及骨骼肌的肌细胞可见横纹，称为横纹肌（striated muscle）。见该条。

snake phobia = ophidiophobia 惧蛇症

Snellen chart 斯乃林视力表 见视敏度（visual acuity）。

snow = cocaine 可卡因，古柯碱

snowball sampling 雪球式抽样 属于一种非概率抽样法。雪球式抽样有时用于实地研究。先访问具有代表性的某人，然后由被访者推荐，再访问第二人。如此继续进行，像滚雪球一样，逐渐增加受访者人数，从而达到访问研究的目的。见抽样（sampling）。

snowball effect 雪球效应 指团体中一旦出现反对意见，反对意见就会快速传播，而在意见性质与内容方面，将随传播而改变，结果影响范围就像滚雪球一般，越滚越大。

snow blindness 雪盲 指眼睛注视亮光过久，然后将视线转移到别处时所产生的视觉变异现象。雪盲的现象是，视线一旦从极亮的雪地转移到其他物体时，会看到有的物体变为黑色，还有些物体变为红色。电焊工人注视电火良久，一旦转头他视，也会出现雪盲现象。

S

SO = subjective organization 主观组织

sociability 社交性 指个体在群体活动时乐与他人相处、对人表现友好和主动进行交往的合群倾向。

social accommodation 社会调适 **1.**指个体能在团体中顺应社会规范，并与其他团体成员保持和谐人际关系的适应历程。**2.**指社会上不同团体间彼此竞争合作，和平共存，从而维持整体社会功能的历程。

social action 社会行动 **1.**由一群人所共同推动的行动，亦即集体行动。**2.**与社会改造或政治改革含义近似，即意图改变社会习俗、社会制度或人群关系的有组织之行动。

social adaptation 社会适应 指个体接受社会规范，在行为表现上能符合社会要求，而且能与别人和睦相处的生活状态。本词与social adjustment同义，唯后者主动意味较重。

social adaptiveness 社会适应性 指个体所具备的与别人和谐相处的行为特征。此类特征包括兴趣广泛、性格外向、具社交技巧、有语言才能、擅长计划与处事能力等。

social adjustment 社会适应 指个体不断地学习或修正各种社会行为组型与生活方式，以求符合该社会的标准与规范，而与社会环境维持一种和谐的关系。本词与social adaptation同义，唯主动意味较重。

social age 社会年龄 以社会行为成熟的程度来代表年龄者，称为社会年龄。社会年龄的评定是以年龄当量（age equivalent）的观念为基础，按通过某种程度的社会能力测验为标准而定。见该条。

social-age clock 社会年龄时钟 指个人根据其所处社会习俗的流变中形成的对自己年龄的看法。在往昔传统社会中，年长者是受人尊重的，因而一般中年以上的人不觉得年老的压力，而且在某些工作或活动上，年长的人也较少受到社会的压力。当前的情形则有所不同，青年人特别受到重视，中老年人在某些方面则难免感到有心理压力；有些社会活动（如摇滚乐或男女情爱交往），中老年人在无形中受到社会期待的限制。心理学家的观察研究发现，此种社会年龄时钟所标志的老年人为过时之人的观念已在逐渐淡化中。

social anchoring 社会参订 指个人社会态度的形成或解决问题策略的订定，并非取决于个人自己的认知，而主要是受社会上他人影响并参照社会团体规范而决定的。

social anthropology 社会人类学 义同文化人类学（cultural anthropology）。见该条。

social anxiety 社会焦虑 指个体在社会化过程中，由于自己在社会角色与社会行为上，无法满足预定的社会期待时所产生的焦虑。社会心理学家研究发现，中产阶级家庭的青少年，其社会焦虑较高，原因是家庭给他们的压力较重。

social approval 社会认可 指社会对个体的社会行为的肯定性反应。社会认可表现形式包括舆论的肯定和支持，团体的赞许和表彰，他人的夸奖和仿效，以及各种表示支持和赞许的表情、姿态、语气等。社会认可在个体的社会化过程中具有重要的引导作用。

social assimilation 社会同化 社会同化是社会互动的过程。在互动中，让不同文化、不同次文化或不同文化背景的个人，逐渐融合于一个较具支

配性的同质文化之中。促进社会同化的主要因素是异族通婚以及普及教育。见文化同化(culture assimilation)。

social atmosphere = social climate 社会气氛

social attitude 社会态度 **1.**指个体对人或与人有关的社会事物所持有的一种具有持久性与一致性的行为倾向。**2.**指社会大众对某事件所持的颇为一致的意见。社会态度多受文化传统、社会规范、风俗习惯等社会因素所影响。

social authority 社会权威 指团体中或社会上所存在的一些影响人的力量，此等力量的来源，可能是众所公认的社会规范(如公德)，也可能是强制性的规定(如定期缴税)。

social behavior 社会行为 **1.**受他人或团体的影响而表现的行为。**2.** 意图影响他人或团体所表现的行为。**3.**义同团体行为(group behavior)。见该条。

social breakdown syndrome 社会崩溃症候群 指长期被关押或长期住院的精神病人，多数在精神上趋于极度消极、悲观，对社会事务漠不关心综合症状。

social case work 社会个案工作 义同个案工作(case work)。见该条。

social character 社会性格 美国心理学家弗罗姆理论中的术语。根据弗罗姆的理论，人的性格乃系由社会环境所塑造，现代的社会环境塑造了以下五种不同类型的社会性格：(1)依赖性格(receptive character)；(2)掠夺性格(exploitative character)；(3)寄生性格(boarding character)；(4)市场性格(marketing character)；(5)生产性格(productive character)。见该等条。见弗罗姆(Fromm, Erich)传记条。

social class 社会阶层 指根据某种标准所划分成的不同社会群体。划分的标准包括职业类别、社经地位、宗教信仰、教育程度、居住小区、生活习惯、阶级意识等。同一社会阶层的成员具有类似的生活方式与态度观念。社会阶层并非固定不变，常因教育及职业的改变而流动。见社会流动(social mobility)。

social climate 社会气氛 指社会或团体生活中存在的一种对个体有影响力的气氛。

social climbing 社会攀升 指个人或团体从较低的社会阶层向较高阶层移动的过程。本词与社会流动中的垂直社会流动(vertical social mobility)同义。见该条。

social clock 社会时钟 当个体发展到成年后，在心理上会产生一种社会知觉，知觉到按照自己的年龄他应该做的事。例如，一般人到30岁左右，就会考虑结婚成家的问题；到40岁以后会考虑生活安定的问题；到60岁以后会考虑未来退休后的生活保障问题。

social code 社会礼法 指社会传统中，为众所认可，而又对个体行为具有约束力的行为规范。

social cognition 社会认知 指个体根据其对人获得的知觉，当作信息来处理，将之分类、储存，必要时检索出来，作为对人判断之用。社会认知是个体在社会情境中认识并了解别人的能力。了解别人对人对事的想法、情感、意向、行动之后，才会在和人交往上有所依据。

social cohesion 社会凝聚力 使一个团体能凝聚在一起而不瓦解的力量。团体遭遇困难时，成员们宁愿留在团体内而不愿离散的综合心态，称为社会凝聚力。

social communication 社会沟通 指以姿势、语言、文字以及艺术等各种象征符号为媒介，将信息、知识、情感、意见等精神内容相互传递，从而达成人与人或人与团体之间的交往和互动的过程，称为社会沟通。

social-comparison theory 社会比较论 美国心理学家费斯廷格1954年提出的一种解释人际影响的社会心理学理论。此理论的基本要义是：(1)一般人在心理上都存有评价自己的动机；(2)在缺少客观评价标准时，个人倾向以别人对自己的反应作为标准来评价自己。

social conformity 社会从众，社会从众性 **1.**由于社会规范、角色任务、道德标准以及团体中多数意见等社会因素的影响，个人行为或态度显示与社会要求趋于一致的倾向，称为社会从众，或简称从众。**2.**指个人的一种易于感受社会影响而放弃己见的随和性格。此种人格特质称为社会从众性。

social consciousness 社会意识 **1.**指在个人意识中常常想到有别人或团体的存在。每当做一件事情时，常记得是否影响别人或团体的利益。**2.**检讨个人成败经验时，会意识到对别人应负的责任。成功时记得别人的协助，失败后想到别人的关怀。**3.**指个人对社会具有的感应性。了解社会上不同阶层的人的需要与疾苦，关心社会上的重要争议问题与公众利益。**4.** 义同集体意识(collective consciousness)。见该条。

social constructivism 社会结构论 指同一社会文化环境中的人对其环境如何获得认识的理论。社会结构论的要义是，同一文化传统中的社会成员，对其环境事物的认识具有共同性。而此种共识性认知，乃是他们在适应环境时通过主动的心理运作建构起来的。见结构论(constructivism)。

social-contract-legalistic orientation 社会法制取向 美国心理学家柯尔伯格道德发展理论中的术语。社会法制取向是该理论所指后习俗道德期中第五阶段的道德心理特征。见柯尔伯格道德发展阶段论(Kohlberg's stage theory of moral development)。

social control 社会控制 指社会或团体对其成员行为的约束。约束方式可能是成文的(如法律)，也可能是不成文的(如风俗习惯)。最有效的社会控制是社会成员对控制的规范认同，而且公认控制的目的是为了大众的利益。例如，所有的交通标志对车辆行人的行为约束就是社会控制。

social convention 社会习俗 义同习俗(convention)。见该条。

social Darwinism 社会达尔文主义 英国社会学家斯宾塞采用生物学家达尔文进化论的思想解释人类社会适应的一种理念。此理念认为，人类的社会功能，基本上是经由竞争和冲突来实现的，只有在竞争和冲突过程中经得起考验者，才会生存下去，否则就会遭到淘汰。

social decrement 社会性退步 指因有别人存在的影响，而使个人行为表现退步的现象。例如，学生应考时如监考人员站在他旁边，会影响他的成绩。与本词相对者为社会性进步(social increment)。见该条。

social deprivation 社会剥夺 指因自幼父母过分保护，或因自幼生活环境过分孤立，致使个体无从参与社会性活动，无法获得社会经验与能力，最终影响其人格发展，谓之社会剥夺。

social desirability (SD) 社会愿望，社会期许 指符合社会大众意愿的事，或属于大众认可的价值标准。个人所做的事，很多是为了符合社会愿望而隐藏了个人的意愿，因而影响其行为表现的真实性。从事社会调查访问时，如问卷或问题中的题目涉及当事人的道德判断(如问他是否孝敬父母)时，极可能受社会愿望的影响，得不到真实的答案。像此种因受社会愿望影响而使个人用不实之意愿代替其真正意愿的心理倾向，称为社会愿望偏颇(social-desirability bias)。

social-desirability bias 社会愿望偏颇 见社会愿望(social desirability)。

social determinism 社会决定论 义同文化决定论(cultural determinism)。见该条。

social development 社会发展 指个体自出生后到青年期(或成年期)的一段时间内，其社会行为随年龄与学得经验的增加而改变的历程。个体的社会行为，指其与人的关系，对社会规范的认识与遵循，对人对己的态度，对人对事的价值判断，以及作为一个社会成员所具备的社会能力等。在发展心理学上有关社会发展的重要理论有二：一为埃里克森的心理社会期发展论(psychosocial stage theory of development)，另一为柯尔伯格道德发展论(Kohlberg's theory of moral development)。见该等条。

social differentiation 社会分化 指从一个比较单纯的社会结构逐渐演变成包括不同阶层、不同行业、不同团体以及不同角色的社会的过程。

social disorder 社会异常，社会行为异常 指个体与他人间社会关系的异常现象。社会异常是心理异常之一类，其中包括性心理异常(psychosexual disorder)与人格异常(personality disorder)两类。见该等条。

social dissonance 社会失调 义同文化失调(cultural lag)。见该条。

social distance 社会距离 个人之间或团体之间，因社会角色、社会地位、宗教信仰、文化差异以及种族差异等因素，所形成的彼此亲近或接纳的程度，称为社会距离。社会距离有不同的类型。属于同一社会阶层的社会成员之间者(如同班同学间)，称为水平社会距离(horizontal social distance)。属于不同社会阶层的社会成员之间者(如政治上或经济上的不同阶级)，称为垂直社会距离(vertical social distance)。见该等条。

Social Distance Scale 社会距离量表 属于一种计量人际、种族间心理距离的态度量表。该量表系由美国心理学家波加杜斯(E. S. Bogardus, 1882～1973)1925年所编制，故而又称波加杜斯社会距离量表(Bogardus Social Distance Scale)。量表内容把人际关系的亲疏程度，分为七个等级：(1)婚姻关系；(2)社团关系；(3)邻居关系；(4)同事(同学)关系；(5)同乡关系；(6)过客关系；(7)排拒关系。

social distance zone 社交区 属人类学家霍尔(E. Hall)所列四种人际距离(interpersonal distance)之一。见该条。

social drive 社会性驱力 指个体需要与人接近，希望从与人建立的人际关系中寻求满足的一种内在驱力。人类有社会性驱力，其他群居动物亦然。见社会性动机(social motive)。

social dyad 社会基组 义同基组(dyad)。见该条。

social dynamics 社会动力，社会动力学 **1.**泛指形成社会变迁的一切背后动力。 **2.**社会动力

S

学是社会学的一个分支,其研究目的旨在探讨社会文化变迁的历程与事实。

social ecology 社会生态学 泛指以人与其环境(社会的与自然的)交互作用为研究主题的科学。

social exchange theory 社会交换论 美国社会心理学家霍曼斯(G. C. Homans,1910~1989)1950年提出的一种维持社会结构的理论。社会交换论的基本要义是,一般人的社会行为表现,乃是基于一种利益交换原则,个人为对方有了付出,总期待对方有相当的回报。如此利益互惠,进而建立人际的交互关系。

social exchange theory of aging 老年社会交换论 是从心理学和社会学观点探讨老年人应如何调理自己生活的理论之一。老年社会交换论的基本要义是,人到老年(65岁)以后,要想享受健康、安适而又愉悦的晚年生活,最基本的原则从社会交换的观点,在未到老年之前先对社会付出,从而获得社会报酬,而后才能在经济安全保障下安享余年。个人参与社会从事职业性活动时,个人和社会之间建立了"付出"(包括智慧和劳力)和"报酬"(包括物质的和精神的)的关系,付出去的愈多,得到的报酬也愈多。社会对个人报酬的方式,最主要的是薪水和保险。长期工作薪水的储蓄和预付保险金而后获得的退休金和医保,是保障老年生活安定的条件。基于此义,要探讨老年人如何调理自己的生活问题,势不能单从个人进入老年后单方面着眼。如果个人一生未对社会付出,未获社会报酬,老年后自然就无法具备自行设计或调理自己生活的条件。因此,老年问题宜从教育着手,使青壮年时期的人了解到先行付出而后才有回报的道理,以免将来老年时缺乏自主安排生活的能力。此观念对生长在已失却"养儿防老"传统的老龄社会中的年轻人而言,尤具重要性。

social facilitation 社会助长 指因社会性刺激(指人或与人有关的事件)出现而加强了个体的动机性行为。例如,有人旁观或啦啦队呼喊时,将会影响运动员的表现,让他们缔造更好的成绩。不仅人类如此,连动物也有社会助长现象。如一群鸡在一起争食时,其食量要比单独喂食者为多。唯根据心理学家研究发现,社会助长作用有其限制,只有在较为简单或已有经验的工作情境之下,才会产生正面作用。否则,工作时有人在场反而会产生不良影响,降低工作成绩。见脑力激荡法(brainstorming)、社会浪费(social loafing)。

social factor 社会因素 指影响个体行为的一切属于人的因素。所谓"人的因素",可能是指另外一个人(父或母),也可能是指由多人组成的团体(班级或学校);可能是指现在的人,也可能是指历史人物。

social feedback 社会回馈 指个体行为反应后获得别人的响应。社会回馈多显示在人际沟通中。例如,学生在上课时表现良好,教师给予夸奖,是社会回馈;在众人面前说段笑话获得掌声,也是社会回馈。见回馈(feedback)。

social group 社会团体 由两个以上的个体所形成的团体,成员间彼此交互影响,具有某些共同的特征,也为共同的目标而努力,这种团体称为社会团体。

social identification theory (SIT) = **social identity theory** 社会认同论

social identity theory 社会认同论 指波兰心理学家塔杰弗尔(H. Tajfel, 1919~1982)1978年提出的一种解释个体与团体关系的理论。此理论的基本要义是:(1)团体中的个体,在心理上常把团体中的成员分类,并评估自己属于哪一类组;(2)认定自己的类组之后,个体在心理与行为上将寻求同类组成员的认可与接纳,如能获得认可与接纳,个体的自尊心就会提高,个体的自尊心提高之后,他就会认同并爱护其团体;(3)由于认同自己团体而提高了自尊心,所以对非属自己团体的成员就难免会有歧视态度。

social incentive 社会诱因 凡是引起社会动机而又有可能使该动机获得满足的人、事、物等,均称为社会诱因。通常所说的"名"与"利",就是最具吸引力的社会诱因。

social increment 社会性进步 指因有别人存在而使个体行为表现进步的现象。例如,团体赛跑会提升个人的成绩。与本词相对者为社会性退步(social decrement)。见该条。

social inhibition 社会抑制 指社会因素对个体行为所产生的抑制作用。社会因素甚为繁多,诸如风俗、习惯、团体规范、校规、法律等,均属具抑制作用的社会因素。社会因素限制了人的行动,使人不能为所欲为。例如,成年人不得随地便溺,就是社会抑制。

social integration 社会整合 **1.**指个体被团体同化而成为团体成员的历程。**2.**指不同个体接纳并认同团体规范而成为该团体成员之一的历程。

social intelligence 社会智力 **1.**指个体与人相处或在社会团体中领导别人的能力。**2.**义同情绪智力(emotional intelligence)。见该条。

social interaction 社会交互作用 指人与人之间一种交互往来彼此影响的作用,其中第一人的行为可作第二人的刺激而引起他的反应,第二人的反应又可成为第一人的刺激引起其反应。此种刺激与反应的交互循环,互为因果,使人与人之间在言行举止、态度、观念等各方面产生相互的作用与影响。

social isolate 社会孤立 在社会情境中个体缺乏人际关系的处境。社会孤立的形成,可能是当事人本身的因素,也可能是受到别人的排斥。

socialization 社会化 **1.**指个体从完全无知无助的初生婴儿起,经由与他人交往而受到别人行为的影响,使其逐渐学到符合社会要求的语言、知识、态度、规范、价值观念以及谋生技能的历程。**2.**指个体在一生中随时代改变、社会需要而随时学习以改变自己的历程。

socialized anxiety 社会化焦虑 根据社会学家戴维斯(A.Davis)的解释,儿童在社会化的过程中,唯恐自己行为与社会规范不符而遭到惩罚所生的焦虑,称为社会化焦虑。学校内有些学生常有此种焦虑。

socialized drive 社会化驱力 属于习得驱力,指个体经由社会化的历程,学习到取悦别人而希望别人接纳自己的一种内在驱力。本词与社会性驱力(social drive)不同。见该条。

socialized instruction 社会化教学 指教学活动中特别重视学生之间交互作用的教学方法。在社会化教学历程中,教师引导学生讨论,彼此交流互动,相互激荡求知,教师只处于辅导者地位,不做教室内的管制者。

socialized power motive 社会化权力动机 见权力动机(power motivation)。

social lag 社会失调 义同文化失调(cultural lag)。见该条。

social learning 社会学习 指个体以别人行为为楷模,经观察和模仿从而学到新行为的历程。见社会学习论(social learning theory)。

social learning theory 社会学习论 指在社会情境中个体学习到某种行为的理论解释。社会学习论有多种不同主张。其中以美国新行为主义心理学家班杜拉20世纪70年代所提社会学习论影响最大。班杜拉社会学习论的基本要义有二:(1)个体在社会情境中所学到的行为,主要是经由观察学习的历程习得。观察学习指个体只是以旁观者的身份观察别人的行为表现(不必实际参与活动),即可学到该种行为。观察学习并不只限于个体观察别人的行为表现, 从而学到该种行为,也可以进一步从别人行为的后果(行为之后得到奖励或惩罚),学到间接的经验。幼儿如果看到其他幼儿因打针而恐惧啼哭时,他只凭在旁观察就可能会学到对打针一事的恐惧反应。像此种只从观察别人的行为经验即可获得新经验的学习方式,班杜拉称之为替代学习(vicarious learning)。唯其如此,班杜拉的社会学习论也称观察学习(observational learning)。(2)社会学习论中的另一概念是模仿,模仿(modeling)是指个体在观察学习时直接仿照别人的行为来表现自己的行为。根据班杜拉的研究发现,儿童在观察或模仿别人的行为时,只要是他喜欢的,即使观察模仿之后得不到强化(未获奖励),照样可以学到新的行为。由此可见,班杜拉的思想有异于其他新行为主义者,他不将强化视为构成学习的必要条件。班杜拉的社会学习论深具教育意义,此理论对教育上素来重视“身教重于言教”以及一般认为电视暴力镜头有害儿童的看法,提供了理论根据。

social loafing 社会浪费,社会惰化 指多人合作作业的效果反而不如个人分别作业效果为佳的现象。正如“三个和尚没水吃”的比喻,恰是如此。曾有心理学家以大学生尽力喊叫为作业, 以比较团体作业与个人单独作业效果的差异。结果发现团体人数愈多,团体中个人所发出的音量反而愈低。再如,由众人推动一辆卡车时,众人集成的合力,一般小于个人分力之总和。对社会浪费现象的解释,一般认为在团体作业时,团体中的个人可能受到责任分散(diffusion of responsibility)的影响。见该条。

social maladjustment 社会适应不良 个体在能力上或个性上,无法适度调整以符合社会环境要求,因而无法从与人的交往关系中获得满足的情形,称为社会适应不良。此类社会适应不良,多半是当事者主观条件不足,缺乏社交技能或不具悦人的性格所致。有时候客观的社会环境,也会造成社会适应不良。例如,团体中性别比例过分悬殊(如全班只有一个男生),或团体中教育文化水平过分悬殊时,就会使个人适应困难。

social maturity 社会成熟 **1.**指个体在社会化的历程中,其社会行为(指社交技能与情绪控制等)表现,已达到了一般成人所应有的成熟地步。 **2.**指在不同年龄的发展阶段,个体学习到该年龄组一般应有的社会行为。例如,8岁孩子的社会行为表现,正像一般正常8岁的孩子。显然,第一种说法是按成人社会的固定标准,第二种说法的标准是相对的,依年龄发展而递升的。

social mind 社会精神 **1.**义同团体精神(group mind)。**2.**指社会中的主流意识。

social mindedness 社会关怀 指对社会事务及

社会问题敏感而期望社会进步的一种复杂心态。

social mobility 社会流动 指个体(或多数人)在社会中由原属的阶层移至另一阶层,或从原属的社会团体移至另一个社会团体的流动现象。例如,个人由务农转为工厂工人,由基层职员晋升为高级官员等均属之。社会流动主要有两种明显趋向:一为水平社会流动(horizontal social mobility),另一为垂直社会流动(vertical social mobility)。见该等条。

social motive 社会动机 指在社会文化环境中学得的动机。社会动机与原始动机是相对的概念:原始动机是促动与生存有关系行为的内在动力,社会动机是促动与生存无直接关系的社会行为的内在动力。在心理学上,社会动机的研究,主要在于三方面:(1)亲和动机(affiliation motivation);(2)成就动机(achievement motivation);(3)权力动机(power motivation)。见该等条。

social need 社会需求 义同社会动机(social motive)。见该条。

social norm 社会规范 **1.**指为社会大众所认可并接受的行为标准。**2.**指在某一社会环境中,用作对个人行为是非判断的参照架构(frame of reference)。见该条。

social organization 社会组织 基于某种关系(如共同兴趣或共同利益),由多数人组成的团体,团体中有其特定为全体认同的规范,也有属于团体共同追求的目标,团体中的所有成员都愿为实现共同目标而努力。像这样的社会团体,称为社会组织。

social perception 社会知觉 **1.**指个体察觉到别人的动机与态度(如察言观色),从而表现出自己的对应行为(如态度语言)的心理历程。**2.**指个体觉察到社会性事物的存在及其含义的心理历程。

social phobia 社会恐惧症 属恐惧症之一。指个人在社会情境中受到别人注意时,在心理上所感到的极度不安或恐惧的现象。诸如参加考试学生受到监考人员注意时、在大庭广众面前说话时、在别人面前吃饭时,一般人都会感到不自然。像此等场合感到不自然是正常现象。但如不自然的程度过分到不能忍受的地步时(如不敢在众人面前说话),则被视为社会恐惧症。见恐惧症(phobia)。

social pressure 社会压力 指多数人形成的一种影响个人行为的精神压力。此种压力并非来自规范性或法律性的强制力,而是由于当事人在从众心理驱使下不得不接受别人的影响所致。例如,学生参加考试时,其成就动机愈强,或患得患失心愈重,其所感到的社会压力也就愈大。

social problem 社会问题 指社会上由部分成员之不良行为所造成的影响社会秩序的问题。例如,娼妓问题、青少年犯罪问题、药物滥用问题、家庭暴力问题等均属之。

social psychiatry 社会精神病学 指特别重视社会因素的精神病学。社会精神病学在研究上探求造成心理异常的社会原因,在治疗上也采取改善社会环境以利病人适应的取向。

social psychology 社会心理学 属理论心理学的一个分支。社会心理学的特征是,以科学的方法研究个体与团体在社会环境中的行为。社会心理学的研究目的,主要在了解社会情境对行为的影响,以及个人与个人、个人与团体、团体与团体之间的关系,从而提供服务、解决问题,并进而建立系统的理论。

social pyramid 社会金字塔 指由不同阶层所组成的社会结构。在一般社会中,属于社经地位较低的人口占绝大多数,属于中产阶层的人口位居中间,属于高阶层的精英人口居少数,形成金字塔的形状。

social quotient (SQ) 社会商数 指用以表示个人社会行为发展达到何种成熟程度的一个数值。社会商数的计算法,是以社会年龄为分子,以实足年龄为分母,计算所得的商数。计算公式如下:

$$SQ=\frac{SA}{CA}\times 100$$

公式中,SQ为社会商数;SA为社会年龄;CA为实足年龄。

social reality 社会现实 指社会上已存在且被公认影响社会现象的事实。如大都市交通拥堵,以及流行时尚与寻求高学历等心态使人不得不遵从者,都是社会现实。

social reinforcement 社会强化 指经由社会性刺激以加强个体的反应或反应倾向的历程。例如,小学生发问前先举手(反应,表示有话要说),得到教师点头表示接纳之后(社会性刺激),于是该生举手发问的行为即获得强化。以后再遇同样情境时,该生更倾向于表现同样的行为。

social role 社会角色 指个人在社会团体中,按社会对自身所属角色的期待所发挥的功能。个人的社会角色并非只有一个,依其所隶属社会团体而有所变换。一个青年在父母面前是子女角色,在学校师长面前是学生角色。不同角色有其不同的责任,各具社会期待的功能,个人必须学到在适当环境中扮演适当的社会角色。

social sanction **社会认可** 指个人行为符合社会规范因而获得大众认可的情形。

social scale **社会量表** 按某种标准(如每月总收入多寡),将社会分为数个阶层,然后将个人按标准编列归属于各阶层之中。此一具有阶层的量表,称为社会量表。

social sciences **社会科学** 对人类社会现象的科学研究。社会科学一词有狭义与广义两种解释:狭义言之,社会科学包括社会学、社会人类学以及心理学;广义言之,除此之外也包括政治学、经济学、教育学、新闻学及精神病学等。唯其如此,本词中的sciences系用复数表示之。与本词相近者为行为科学(behavioral science)。见该条。

social selection **社会选择** 义同社会选择论(social selection theory)。见该条。

social selection theory **社会选择论** **1.**指采取19世纪英国生物学家达尔文进化论中"物竞天择,适者生存"的法则解释人类社会现象的一种理论。谓社会中的个人或团体,在彼此竞争激烈的社会活动中(包括人际情感、经济利益或政治权力等),只有符合社会现实需要者,始能得以生存发展,否则即难免遭到淘汰。见社会达尔文主义(social Darwinism)。**2.**在精神病学上,社会选择论是解释病因的一种理论。持此理论观点者认为,社会经济地位较低的社会,整个人口中的精神病患者比例较大。在低层社会中的人,他们是社会选择的淘汰者,在生活适应能力上远较高层社会者为低。缺乏生活适应能力是形成精神病的主要原因。

social self **社会自我** **1.**指受社会影响而决定的自我认定(如美丑因与别人相比而来)。**2.**指在人际关系中所表现的个人行为特征(如社交能力)。**3.**指个人所了解在社会情境中别人对自己的看法(别人是自己的镜子)。

S

social sensitivity **社会敏感性** 指个人具有善于察言观色能力者,即表示具有社会敏感性。

social situation **社会情境** **1.**指社会中能对个人直接或间接产生刺激作用的环境。**2.**指包括别人在内的一切影响个人行为的情境。

social-skill training (SST) **社会技能训练** 义同信心训练(assertion training)。见该条。

social space **社会空间** 指个人人际关系所扩展到的范围。社交广阔者,其社会空间大;生活圈子狭小者,其社会空间小。

social status **社会地位** **1.**指个人在社会团体中的地位及其所能发挥的功能。个人在团体中的地位,是由团体成员认可并接纳的,而非由团体外的力量指派的。**2.**义同社经地位(socioeconomic status)。见该条。

social stimulus **社会刺激** 指带有社会意义的刺激。本词有广狭二义:狭义言之,社会刺激是指人或由人组成的团体对个人产生的影响力。广义言之,除了人之外,与人有关的事物也可成为社会刺激。例如,对离家的游子而言,家中的人固然是社会刺激,父母寄来的家书,在性质上也是社会刺激。因此,本词含义可以引申为:凡是引起社会性反应的刺激,均可视为社会刺激。

social stratification **社会阶层化** 按某种标准将社会划分为数个阶层的过程,称为社会阶层化。例如,所谓中产阶层、白领阶层、劳工阶层等名称,就是社会阶层化的产物。

social structure **社会结构** 指社会团体中成员彼此间较具稳定性的关系。此关系中又有纵的关系、横的关系,有接近的关系、疏远的关系。由此等关系形成组织,此组织可能是有形的,也可能是无形的。

social studies **社会学科** 指中小学的社会学科,诸如历史、地理、道德与法治等,都是社会学科。先学习综合性的社会学科,以后再研究专门性的社会科学。

social work **社会工作** **1.**指公私机构,为协助社会上需要帮助者解决困难,所推行的有组织的活动。**2.**指经由专业人员协助,社会上需要帮助者发挥潜力改善生活的专业服务。总之,社会工作是一种服务社会的工作, 其目的在促进社会进步,发挥社会福利之功能。

sociobiology **社会生物学** 从遗传与进化的观点研究个体(包括人类和动物)社会行为的一门科学。

sociocenter **社会中心人物** 指在团体中最得人缘的人物。此类人物在社会关系测验时,被团体成员推举的机会最多。见社会测量(sociometry)条及附图。

sociocentrism **社群中心主义** 是一种以自己所属社会团体为标准的社会态度;属于自己团体的是最好的,非属于自己团体者一概排斥。从心理学的观点言,社群中心主义实乃自我中心(egocentrism)的延伸。社群中心主义如再扩而大之,即成为本族中心主义(ethnocentrism)。见该条。

sociocultural historical school **社会文化历史学派** 指20世纪30年代心理学家维果茨基(Vygotsky, Lev Semenovich)所领导的一派心理学思想。见其传记条。

sociocultural theory **社会文化论** 义同认知发

展社会文化论(sociocultural theory of cognitive development)。见该条。

sociocultural theory of cognitive development **认知发展社会文化论** 指心理学家维果茨基的认知发展理论。该理论的基本要义是:(1)人类的认知发展异于动物,人类具有两个层级的心理功能,一是人与动物共有的基本心理功能(elementary mental function),此种心理功能是靠个体的种族遗传与其对自然环境的适应而发展的,发展的结果能使个体具有觅食、求偶、逃生、御敌等生存能力;二是人类独有的高级心理功能(higher mental function),此种心理功能的发展有赖于社会文化的熏陶,发展的结果能使个体具有认知、思维、判断及解决困难的能力。见该等条。(2)在社会文化影响认知发展历程中,语言学习具有促进高级心理功能发展的作用,因为语言既有助于人际关系的建立,更有助于借语言吸收知识。(3)适当的教育可促进认知发展,理想的教学历程是,根据儿童已发展出的认知能力,设法帮助他进一步发展出尚未发展的认知潜力。儿童的认知潜力可视为有待开发的认知区域,此即维果茨基提出的最近发展区(zone of proximal development)概念。见该条。(4)视认知发展为外铄历程(outside-in process),故而主张以社会文化促进儿童的智力发展。见该条。

sociodrama **社会剧** 属心理剧形式(psychodrama forms)之一,唯剧情偏重社会角色的扮演。见该条。

socioeconomic-free test = class-free test **免社会阶层影响测验**

socioeconomic status (SES) **社经地位** 指以经济、财富、职业等为标准而区分的社会地位。在心理学上,常用来作为调查研究或个案研究的基本资料。此等基本数据中,一般包括研究对象的家庭背景、本人及其父母的职业、教育程度、薪水等事项。

sociogram **社会关系图** 见社会测量(sociometry)条及附图。

sociological determinism **社会决定论** 义同文化决定论(cultural determinism)。见该条。

sociological variable **社会性变项** 指个体的属性变项,是个体在其成长的社会环境中被赋予的一些事实性特征。诸如家庭背景、教育程度、职业类别、宗教信仰等,均属社会性变项。见属性变项(attribute variable)。

sociology **社会学** 属社会科学或行为科学的学科之一。社会学研究的范畴是人的团体生活与社会组织。此点与研究社会情境中个体行为和团体行为的社会心理学(social psychology)不同。见该条。

sociometric cleavage **社会分离** 采用社会测量测量团体中社会关系时,如结果发现团体成员间彼此很少互动,则表示该团体有社会分离现象。如一班初入学学生,在彼此互不相识的情形下,就会呈现社会分离现象。见社会测量(sociometry)。

sociometric clique **社会朋党** 采用社会测量测量团体中成员间的社会关系时,如结果发现团体成员间有些小团体,小团体之内成员彼此互动密切,小团体之间成员不相来往,这表示该团体内存有社会朋党。见社会测量(sociometry)条及附图。

sociometric method **社会测量法** 见社会测量(sociometry)。

sociometric technique **社会测量法** 见社会测量(sociometry)。

sociometric test **社会计量测验** 见社会测量(sociometry)。

sociometry **社会测量** 采用计量的方式,研究团体心理结构,从而分析了解团体成员间人际关系的一种方法,称为社会测量。社会测量系由美国心理学家莫瑞诺1934年所创始,其特点乃是用数量来表示团体中人际间相互吸引或排拒的社会关系。实际研究时,先设计一种实验情境,如声称让全班学生表达自己的愿望,可自由选择座位,问他愿选(或不愿选)和哪些同学坐在一起,可选两人,一为第一选(用实线箭头表示),另为第二选(用虚线箭头表示)。最后统计票数,可发现三种情形:(1)明星人物,多票集于一身;(2)小团体,数人彼此互选(用双箭头表示);(3)孤独者,

S

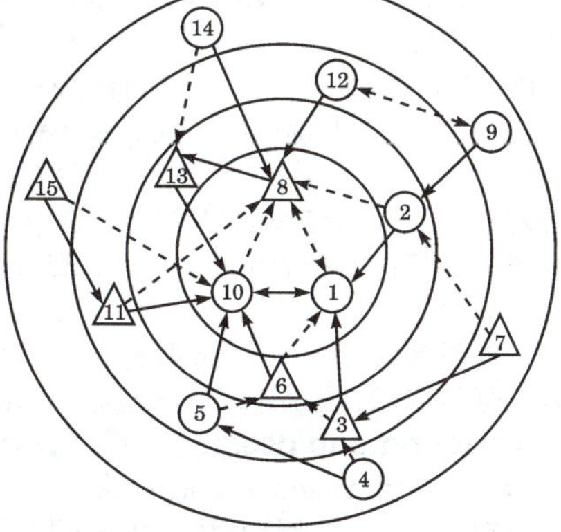

社会测量

得不到别人支持。将全班学生所有选票相互投向用图解表示出来，即为社会关系图（sociogram）。社会关系图是用四个同心圆（视受测人数多少，主题性质可以增减为三个或五六个）所组成，获选票数最多者置于内圈，最少者置于外圈，其他依票数多少分别依次置入中间各圈内。设计实验情境，提供团体名单并规定选择程序等，称为社会计量测验（sociometric test）。附图是15个学生的选择分析，△代表男生，○代表女生，数字代表学生编号。

sociopathic personality **社会病态人格** 泛指社会适应不良者所具有的反常性格倾向。所谓社会适应不良者，诸如缺乏遵循文化传统或道德规范能力者属之，不肯遵守伦理规范而反抗社会者属之，参与社会竞争失败后就一直逃避社会者属之，与人相处时不能在亲情、友情、爱情等方面建立和谐关系者亦属之。

soft data **软性资料** 指心理学研究时经主观手续搜集到的资料。诸如经由访谈与投射测验等所得的数据，均可视为软性数据。与本词相对者为硬性资料（hard data）。见该条。

soft psychology **柔性心理学** 指心理学领域内不采用严格实验控制研究取向的心理学科，在题材性质上接近社会科学的心理学。诸如人格心理学、变态心理学、发展心理学、社会心理学等，均可视为柔性心理学。柔性心理学所研究的资料，多系从受试者主观的反应获得（如调查访问与投射测验等）。与本词相对者为刚性心理学（hard psychology）。见该条。

software **软件，软体** 指计算机的运作部分，包括程序、流程图以及程序编写方法等。

SOI＝structure-of-intellect theory **智力结构论**

solitary play **独自游戏** 属幼儿游戏类型之一。独自游戏的特征是，游戏时自得其乐，不理别人。见游戏类型（types of play）。

solitude **孤独** 指个人主观自觉与社会隔离的孤立心理状态。当个人感到任何人际关系都满足不了自己的社会期望时，往往会产生孤独感。孤独可分为主动的孤独与被动的孤独两种。主动孤独是为了满足某种精神需求，特意追求的心理隔离状态，此种孤独多和宗教皈依相结合。被动孤独是被迫或不情愿地与他人隔离，他们有渴望接近他人的强烈需求，但社会因素使他们无法满足。

Solomon four-group design **所罗门四等组设计** 属因素设计（factorial design）的一种实验设计。见该条。因此种设计方法系由美国心理学家所罗门（R.Solomon）1949年所创用，故名。此种设计法的主要特征是，它综合了等组前测设计以及等组后测设计的特点，可采用2（前测有无）×2（实验处理有无）＝4的变异数分析方法，考验实验效果（A，C组对B，D组）是否受前测有无的影响（A，B组对C，D组）。所罗门四等组设计模式如下：

组别		前测	实验处理	后测
随机抽样并随机分派	A	✓	✓	✓
	B	✓		✓
	C		✓	✓
	D			✓
结果比较				✓

solution learning **解困学习** **1.**指个体经由操作条件作用（operant conditioning）学到解决问题达到目的获得满足的历程。 **2.**义同尝试错误学习（trial-and-error learning）历程。见该等条。

soma **细胞体，躯体** **1.**指神经元之细胞体部分，见神经元（neuron）条及附图。 **2.**指整个生物个体中，除了生殖细胞外的其他部分。 **3.**指生物个体之中轴部位，包括头、颈、躯干部。

somatic delusion **躯体妄想** 属妄想症的一种类型。患者中有的妄想自己体型太胖（事实并非如此），有的妄想自己身体缺少某一部分，或体内某一器官已经损坏。见妄想（delusion）。

somatic nervous system **躯体神经系统** 为外周神经系统的一部分，是管躯体活动的神经系统，它遍布于头、面、躯干及四肢的肌肉之内。由躯体神经系统控制的肌肉，均属骨骼肌。骨骼肌均附着在骨骼之上，其最大特征是随个体意志而活动，故而一般称之为随意肌。随意肌之所以能随个体之意志而活动，系因受躯体神经系统支配使然。见神经系统（nervous system）条及附图。

somatization disorder **体化症，身体转化症** 患者自称身体有病，但经医学检查结果并无异常现象。体化症纯属心因性疾病，其主要症状是：（1）神经系统症状，如视听觉障碍、晕眩、痉挛、麻痹、小便困难等；（2）肠胃症状，如腹痛、恶心、腹泻等；（3）心因性症状，如性欲减退、性交疼痛等；（4）心肺症状，如呼吸困难、心跳、心痛等；（5）痛症状，如腰酸背痛、关节痛、手脚痛、生殖器官痛等。

somatization reaction ＝ somatization disorder **体化症，身体转化症**

somatoform disorder **体表症** 体表症是指患者自觉甚至医师诊断身体外表有某种异常症状，但事实上在身体器官机能方面却找不到任何病因的心理疾病的现象。因此，此类心理异常一向被称为心因性疾病。在体表症一类心因性疾病中，主要包括：(1)体化症(somatization disorder)；(2)疑病症(hypochondriasis)；(3)转化症(conversion disorder)；(4)精神性痛(psychic pain)。见该等条。

somatogenic need 躯体需求 指由于身体内生理变化而引起的需求(如饥而求食、渴而求饮等)。

somatosensory area 体觉区 义同主体觉区(primary somatosensory area)。见该条。

somatotonia 筋骨型，健壮型 见谢尔顿体质论(Sheldon's constitutional theory)。

somatotrophic hormone 躯体激素 义同生长激素(growth hormone)。见该条。

somatotype = **body type** 体型

somatotypology = **body type theory** 体型论

somesthesia 体觉 指由身体各部位所获得的感觉，包括皮肤、肌肉、关节等部位的感觉，诸如触觉、压觉、温觉、痛觉等均属之。

somnambulism 梦游 指个体睡眠中不自觉地起床走动现象。根据研究发现，梦游与做梦并无必然关系，做梦是在浅睡阶段，梦游则在沉睡时发生，梦境可能记忆，而梦游中的动作，清醒后则一无所知。梦游现象在心理学上尚无肯定解释，一般认为与焦虑有关，此种焦虑也许在入睡前发生，也许在睡前预感可能发生。总之梦游是睡眠前心理不安所引起。梦游现象有时不可思议，梦游者当时虽非在意识状态，但他行动自如，能躲障碍物，甚至会操作复杂动作、爬高，不会失误或受伤，梦游过后不需带领，能自己回到床上。

somniloquy = **sleep talking** 梦呓

somnium dream 深层梦 指梦之成因与当事人身心状况无直接关系者。深层梦多带有象征性，当事人多不了解梦的原因与意义。精神分析论者所做的梦的解析，即指深层梦而言。与本词相对者为浅层梦(insomnium dream)。见该条。

sophism 诡辩癖 属于一种精神分裂症患者的思维障碍。患者常就一些完全不值得注意的事，或想入非非的事，发表长篇议论。虽然语言合于文法结构，但内容空泛，没有任何意义。

SORC 行为四大定因 指决定个体行为的四大因素。SORC系四大因素的简称：(1)情境的因素(situational determinant, S因素)；(2)机体内在变项(organismic variable, O因素)；(3)外显反应(overt response, R因素)；(4)后效强化(contingent reinforcement, C因素)。见各该条。

S-O-R theory S-O-R 理论 除外在刺激之外，也将个体内在活动(生理的或心理的)视为决定行为因素的理论，均称S-O-R理论(S=stimulus；O=organism；R=response)。与本词相对者为S-R理论(S-R theory)。见该条。

sorting test 分类测验 属于测量概念之用的一种测验。提供受试者一些不同类别的物体，让他按照自己的意思予以分类，从而推知其概念的发展。例如，将不同颜色、体积、形状的积木让幼儿分类，即属分类测验。

soul 灵魂 古人将人的精神或心称为灵魂，在古老的哲学心理学时代，曾一度将心理学界定为研究灵魂之学。谓灵魂和肉体相对，后者随死亡而消灭，而前者则永远存在。现代心理学的术语中，已不再有灵魂一词。

soul kiss 灵魂吻 义同法式接吻(French kiss)。见该条。

sound localization 声源定向 指个体凭感觉器官能判断声音来源的正确方向。

source memory 来源记忆 指对信息来源的记忆能力。如记忆起“这句话是谁说的”或“某种资料系出自哪一本书”等都是。无论是日常生活，或是从事专业工作，来源记忆都是十分重要的。

source monitoring 来源监控 指对记忆中所储存的信息，能够凭回忆追溯其来源的一种认知能力。无论是日常生活，或是从事专业，来源监控的能力都是十分重要的。诸如“某本书是谁写的？”“医生说这个药怎么吃法？”以及“某事件是在何时何地发生的？”等问题的回答，都需要来源监控的能力。见来源记忆(source memory)。

source trait 根源特质 指卡特尔人格因素论(Cattell's factor theory of personality)中，对人格测验结果予以因素分析后，再进一步归纳推理而获得的假设性的心理结构中的特质。见该条。与本词相对者为表面特质(surface trait)。见该条。

sour-grapes mechanism 酸葡萄机制，酸葡萄作用 指防卫机制中属于合理化的防卫方式之一。当个体追求目标受阻，或因自己某方面条件不足而不能获得需求的满足时，既不面对挫折去奋力克服困难，也不反省检讨，反而以“自圆其说”的方式，解释自己的作为是合理的，表示他之所以放弃对某事物之追求，乃是因为该事物没有价值。正如《伊索寓言》中的狐狸，因为吃不到葡萄，就说葡萄是酸的，表示它本来就不想吃。见合理化(rationalization)、防卫机制(defense mechanism)。

space bias = **space error** 空间误差

space concept 空间概念 指个体在心理上对空间关系间接而概括的反映。空间是物质存在的基本形式之一，就整个物质世界来说，空间是无限的；就具体的个别事物来说，空间又是有限的。空间同物质运动是不可分离的。空间具有三维性的特性，即物体延伸的长、宽、高。空间概念也就是对物体的立体状态及三维空间的位置关系的反映。空间概念主要涉及物体在空间内存在的形状、大小、远近等特征。空间概念与空间知觉（space perception）不同。空间知觉是对空间特性的直接的具体的反映，具有直观性和个别性；空间概念则是对空间关系间接的概括的反映，具有抽象性和普遍性。空间知觉是空间概念的基础，而空间概念是空间知觉的抽象与概括，是在空间知觉的基础上通过思维和想象并凭借言辞来间接反映的。

spaced learning 分散学习 义同分散练习（spaced practice）。见该条。

spaced practice ＝ **distributed practice** 分散练习

spaced repetition ＝ **distributed practice** 分散练习

space error 空间误差 指个体对空间中不同方位的刺激进行判断时所产生的误差现象。如左右两方同样距离放置两个同样大小的物体，有人判断左方者较大，称为正误差（positive error）；有人判断右方者较大，称为负误差（negative error）。

space factor 空间因素 指构成智力的因素之一。见基本心理能力（primary mental abilities）。

space life 空间生活 义同生活空间（life space）。见该条。

space orientation ＝ **spatial orientation** 空间定向

S

space perception 空间知觉 指以感觉为基础，对空间物体关系综合了解的心理历程。空间知觉能使个体了解空间中自己与物体位置间的关系，以及对位置、方向、距离等各种构成空间关系要件的正确判断。

space psychology 太空心理学 属心理学领域内的一门新兴学科。太空心理学乃是运用心理学的原理与方法，专门研究人类或动物在太空中的心理适应，从而发展出航天员甄选及训练的方法。

space-time illusion 时空错觉 指时间与空间两种因素交互影响而形成的错觉。见K效应（kappa effect）与T效应（tau effect）。

spacing effect 间隔效应 指学习时间间隔对记忆的影响。在学习一连串彼此间无逻辑关系的事件（如人名）时，如在各事件之间留一点时间空当，以后记忆的效果较之接连学习的效果为优。此种现象，称为间隔效应。

span of apprehension ＝ **apprehension span** 知觉广度

span of attention ＝ **attention span** 注意广度

span of consciousness 意识广度 义同短期记忆（short-term memory）。见该条。

span of interest 兴趣广度 指一个人兴趣的广泛性与多样性的程度。

span of memory 记忆广度 义同短期记忆（short-term memory）。见该条。

span of perception 知觉广度 指瞬间一瞥所能知觉到事物的多寡。义同注意广度（attention span）。见该条。

span of short-term memory 短期记忆广度，短时记忆广度 指信息处理中短时记忆的容量。在只读（或看）一遍的瞬间，一般人对非连贯性的信息（如电话号码）只能记得7个项目。见神秘数字七（magical number seven）。

spasmophemia ＝ **stuttering** 口吃

spatial ability 空间能力 指单凭心理运作即能判断空间关系的能力。见心理旋转（mental rotation）。

spatial agnosia 空间失认症 指丧失对周围客体方位及对客体之间空间关系的判断能力的病态现象。空间失认症包括多方面的临床症状，如不能找到回家的路、错将被子横盖、不会使用地图定位、不能分辨左右等等。这些障碍包含视觉或空间定位及定位记忆等复杂功能。

spatial conformance 空间合宜性 属环境心理学的用语。指环境中建筑物的设计，在空间与方位的条件上与建筑物使用目的适当配合的程度。见合宜性（conformance）。

spatial discrimination 空间辨别 义同两点阈（two-point threshold）。见该条。

spatial disorder 空间知觉障碍 指对空间中物体距离和方位丧失正确判断能力的病态现象。空间知觉障碍患者的主要症状是，不是低估了远距离的物体，就是高估了近距离的物体。此类知觉障碍的病因，可能与大脑枕叶病变有关。

spatial intelligence 空间智力 属美国心理学家加德纳的智力多元论（theory of multiple intelligence）中的智力之一。见该条。

spatial orientation 空间定向 **1.**指辨识方向的一种能力。善于空间定向者，能在空间中迅速辨识空间内事物的方向。根据研究发现，属于认知风格中场独立性(field independency)型的人,有较高的空间定向能力。见该条。**2.**指个体觉知自己身在何处的能力。

spatial-reversal learning **空间变换学习** 属于一种操作条件作用学习方式。此种学习的特点是,个体在学习情境中必须学到随刺激的变换而做出适当反应。例如,白鼠在T形迷津中第一次向左转获得食物,第二次必须改变向右转方可获得食物。连续多次试验之后,白鼠就会学到"前后两次反应必须变换"的原则,即第一次向左反应,第二次必须向右反应。

spatial threshold **空间阈限** 义同两点阈(two-point threshold)。见该条。

spaying **卵巢切除术** 指为控制生育将雌性动物卵巢切除的手术。

Spearman-Brown formula **斯皮尔曼—布朗公式** 义同斯皮尔曼—布朗预测公式(Spearman-Brown prophecy formula)。见折半信度(split-half reliability)。

Spearman-Brown prophecy formula **斯皮尔曼—布朗预测公式** 义同斯皮尔曼—布朗公式(Spearman-Brown formula)。见该条。

Spearman, Charles Edward(1863～1945) **斯皮尔曼** 斯皮尔曼是20世纪英国心理学家,是智力理论上二因论的创始者,也是最早采用统计学原理编制智力测验的人。

斯皮尔曼于1863年9月10日出身于伦敦的世家,少年有志从军,但入伍后15年间并不得志,34岁时以少校军衔退役,从此潜心学术研究,先是研究哲学,后来转向心理学,最后在德国莱比锡大学冯特的指导下于1905年获得博士学位。40岁时返回伦敦,经麦独孤的推荐成为伦敦大学的心理学讲师。升任教授后一直在该校任教,直到1931年退休,历时25年之久。退休前曾于1923至1926年间担任英国心理学会主席。1945年9月17日逝世于伦敦,享年82岁。

斯皮尔曼在心理学上的贡献主要在于智力与智力测验的理论与方法。1904年斯皮尔曼以研究生身份,在美国《美国心理学期刊》上发表论文《客观测定普通智力》,引起心理学界重视,并被当时美国著名心理学家桑代克誉为人类能力测量史上的里程碑。当时欧美各国的心理学家虽早已开始研究智力测验,并且公认根据智力测验可以鉴别智力的个别差异,但对于"智力测验究竟测量什么"的基本问题,却没有一致的共识。斯皮尔曼发明了等级相关法,从多种智力测验结果中按因素分析的原理,分析出所有测验共同测到的普通能力。他称此一普通能力代表构成智力的普通因素(G因素)。普通因素代表个体的一般能力,是一切心智活动的主体。个体之间智力的高低即决定于他的普通能力。构成智力的另一因素是特殊因素(S因素),特殊因素代表个体在某一方面的特殊能力,它只在某种特殊情境下才表现出来。因此,在斯皮尔曼来看,代表个人智力高低者即普通因素,而智力测验所要测量者,也就是普通因素。此即斯皮尔曼的智力二因论(two-factor theory of intelligence)。见该条。智力二因论影响深远,20世纪50年代瑟斯顿的基本心理能力测验(Primary Mental Abilities Test)与70年代吉尔福德的智力结构论 (structureof-intellect theory),都是采用斯皮尔曼的因素分析法建构的。见该等条。

斯皮尔曼主要著作中的心理学专著有:*The nature of intelligence and principles of cognition*(1923);*The ability of man : The nature and measurement*(1927);*Creative mind*(1930);*Human ability*(1950)等。

Spearman rank correlation **斯皮尔曼等级相关** 义同等级相关(rank-order correlation)。见该条。

Spearman rank-order correlation **斯皮尔曼等级相关** 义同等级相关(rank-order correlation)。见该条。

Spearman rho correlation **斯皮尔曼ρ相关** 义同等级相关(rank-order correlation)。见该条。

Spearman's two-factor theory **斯皮尔曼二因论** 义同智力二因论(two-factor theory of intelligence)。见该条。

special ability **特殊能力** 指与普通能力(指智力)相对的偏于某一方面的能力。例如,有学生在语言、绘画、音乐、体育等某方面有特殊喜好与表现者,即表示他具有这些方面的特殊能力。特殊能力通常被视为特殊性向(special aptitude)。见该条。

special aptitude 特殊性向 指个体具有某一方面特殊才能的潜力。见性向(aptitude)。

special aptitude test 特殊性向测验 属心理测验之一。指用以测量特殊性向的测验。见性向测验(aptitude test)。

special child = exceptional child 特殊儿童

special class 特殊班级 义同特殊教育(special education)。见该条。

special education 特殊教育 指在普通教育之外,专为某些人所设的教育。特殊教育分理论与实务两个层面,前者在理论上研究特殊儿童(包括智能不足、身体残障、资赋优异等)的身心特征及其所需要的教育;后者在实际教学上配合特殊儿童的需要,给予适当的教育。

special factor = specific factor 特殊因素

special gifted child 特殊资优儿童 指在某一特殊领域(如音乐、绘画、数学、文艺创作、机械技巧以及社会领导等方面)内表现优异的儿童。特殊资优儿童在某种能力上是优秀的,但一般智力未必卓越。儿童在特殊方面的才能可通过特殊能力测验鉴定出来。见资优儿童(gifted child)。

special group norm 特殊团体常模 属测验常模之一。此种常模专供解释特殊性测验结果之用。例如,用于心理异常的诊断性测验,或是用于某特殊职业的性向测验,均需具备该特殊团体的常模,供作为个别测验结果比较的根据。

specialist leader 专家领袖 指团体领袖之具有专家条件者。见领袖(leader)。

specialization of functions in cerebral cortex 大脑皮质分区功能 在大脑皮质的左右两半球上,因区域的不同而有不同的功能。除语言区只在左半球之外, 两半球的分区功能大致相同。大脑左半球分为六个区,分别是:(1)主运动区(primary motor area),在额叶后的中央裂之前,其功能司职全身随意肌的活动;(2)主体觉区(primary somatosensory area),在中央裂之后的顶叶,其功能司职冷、热、痛等各种感觉;(3)主视觉区(primary visual area),位于枕叶,其功能司职视觉反应;(4)主听觉区(primary auditory area),位于颞叶,其功能司职听觉反应;(5)联合区(association area),位于额叶,其功能与思维能力有关;(6)语言区(speech area),只在左半球皮质上,有两个,一在侧裂之前称为布罗卡区,一在侧裂之后称为韦尼克区,分别司职语言的不同功能。详见各该条。此外,大脑皮质上有四个脑叶:(1)额叶(frontal lobe),位在半球前部中央裂之前,其功能与学习、记忆、思维等高级心理活动有关;(2)颞叶(temporal lobe),位于半球侧裂下方,其功能与听觉、语言、情绪等心理作用有关;(3)顶叶(parietal lobe),位于半球后部的中央裂之后,其功能与控制躯体感觉有关;(4)枕叶(occipital lobe),位于半球后下部,其功能主要司职视觉反应。见大脑半球(cerebral hemisphere)条及附图。

species-specific behavior 物种特有行为 比较心理学术语,指某一物种生而具有的特殊本能性行为。凡是属于同一种属者,其行为表现是一样的。如蜘蛛吐丝结网捕食等行为,即为蜘蛛类的特有行为。

species-specific behavior pattern 物种特有行为模式 义同物种特有行为(species-specific behavior)。见该条。

species-typical behavior 物种典型行为 指同一物种内所有个体共有的行为模式。例如,鸭子浮水、蚯蚓钻地、候鸟迁徙等行为,均为该物种的典型行为。见物种特有行为(species-specific behavior)。

specific action potential = reaction potential ($_sE_R$) 反应潜势

specific-assignment sampling 特定抽样 在从事民意调查时,调查员被特别指定只限于调查某种对象者,称为特定抽样。例如,欲了解贫民生活状况,只从户籍资料中被列为贫困户者中抽样访问即是。

specific energies doctrine 特殊能量论 义同特殊神经能量论(doctrine of specific nerve energies)。见该条。

specific factor (S) 特殊因素 指英国心理学家斯皮尔曼所倡智力二因论中所指的智力活动的两种因素之一(另一为普通因素)。特殊因素代表个人某种或某些特殊能力,只有在某种特殊情况下(特殊工作或特殊活动)才会表现出来。见智力二因论(two-factor theory of intelligence)。

specific hunger 特种饥饿 指个体对某种食物特别感到需求的现象,或某种食物对个体成为特殊的诱因,能引起个体强烈的驱力而寻求之。形成特种饥饿现象的原因有二:一为生理上缺乏某种养分,二为习惯养成的偏好。

specific motivation to learn 偏重型学习动机 见普遍型学习动机(general motivation to learn)。

specific nerve energies 特殊神经能量 见特殊神经能量论(doctrine of specific nerve energies)。

specific neuron code hypothesis 特殊神经元密码假说 指对神经元不同功能的理论性解释,此种假说的基本要义是,感觉系统中包含多种不

S

同类型的神经元，每一种神经元只能针对特殊形式的刺激发生反应，并造成特定的感觉。在特定感觉发生的过程中，感觉系统较低层次的部位，能先将刺激之信息加以过滤，以便在较高层次的部位形成特殊的感觉、意象或概念。换句话说，我们的感觉系统受到刺激后，呈现在脑海中的知觉情况是由特殊形式刺激而引发的密码信息所造成。见感觉历程（sensory process）。

specific transfer 特定迁移 指对学习迁移现象的一种理论解释。假设在学习迁移实验中，受试者学习的活动，都属于刺激反应联结（S-R）的性质。先学A-B型联结，以后再学习A-C型联结。如此形成两次学习的刺激相同而反应相异的情况，正如多音字的学习情形。根据实验研究发现，此种前学习对后学习的影响有两种：一是负迁移（negative transfer），前学习对后学习有不利影响；一是正迁移（positive transfer），前学习有助于后学习。对负迁移现象的解释是，因同一刺激与两种不同反应联结，故而在后学习时两种反应同时出现相互竞争而发生干扰，结果影响了后学习的成绩。此种说法认定迁移是刺激反应间一对一的特定关系，故而称为特定迁移。对正迁移现象的解释是，受试者前后两次学习所学到者，并非只是刺激反应间一对一的关系，而是由于产生了学会学习（learning to learn）或预备期（warm-up period）所致。此种说法不认为刺激反应间是一对一的特定关系，故而称为非特定迁移（nonspecific transfer）。显然，非特定迁移乃是一种能力（或方法）迁移。

spectator therapy 旁观治疗法 属心理治疗法之一。旁观治疗法乃是采用观察学习的原理，让受辅者在接受治疗之前先观察团体中别人的行为，也观察别人接受治疗的经过。心理异常者常是昧于自知又昧于知人，旁观治疗的目的就是让当事人从增进自知与知人开始，从而加强治疗的效果。见观察学习（observational learning）。

spectrophobia = catotrophobia 惧镜子症

speculation 思辨，思索 属于一种超越现实经验（不必根据事实）的推理性思维历程。

speech area 语言区 语言区是管制语言理解与表达的神经中枢，唯语言区与其他各区不同；语言区并不分布在两半球，只有左半球上才有语言区。根据医学与生理学家的研究发现，人类大脑左半球上有两个语言区：（1）布罗卡区（Broca's area），为法国神经科医师布罗卡（P. Broca, 1824～1880）1861年所发现，故名；（2）韦尼克区（Wernicke'sarea），为德国医师韦尼克（C. Wernicke, 1848～1905）1874年发现，故名。大脑在左半球的两个语言区，在部位上不相同，在功能上也不一样。布罗卡区接近运动区，其功能主要在语言发音活动与记忆；韦尼克区介于听觉区与视觉区之间，其功能除语音收听之外，另具有对语言中字形和字义的理解功能，亦即具有将字形与字义联合在一起而产生意义的功能。见大脑半球（cerebral hemisphere）条及附图。

speech block 语言阻碍 指暂时语言受阻不能畅所欲言的现象。语言阻碍多非生理因素，主要系因心理焦虑与情绪紧张所致。口吃即语言阻碍的形式之一。

speech center 语言中枢 义同语言区（speech area）。见该条。

speech therapy 说话治疗法 泛指对语言障碍者所做的一切心理治疗方法。

speed ball 快速球 药物滥用者的隐语。意指可卡因和安非他命之类的精神药物。

speed reading 速读 指增加阅读速度的方法。阅读速度有很大的个别差异，就成人的阅读速度而言，一般人每分钟能阅读的字数约100～300字。经过速读训练后，每分钟可能阅读500字。事实上，能速读的人，不是逐字阅读而是略读。阅读速度的相关因素很多，其中最主要者有：（1）阅读能力与经验；（2）阅读资料的性质；（3）阅读的目的。一般心理学家建议，尝试以下方法改变阅读习惯，即可适度提高阅读速度：（1）改掉口诵唇动的阅读习惯，以默读的方式代替之；（2）精神专注于书页，尝试只读一遍即知内容要义，如此单向直进，避免回旋式阅读；（3）了解作者心理，掌握每段文前缀句与末句的要义；（4）勤读多读，借以增进知识与语文能力。

speed score = rate score 速度分数

speed test 速度测验 能力测验的一种形式。速度测验的特征是，根据单位时间内完成的题目作为计分标准。与本词相对者为难度测验（power test）。见该条。

Spencer, Herbert（1820～1903） 斯宾塞 斯宾塞是19世纪英国哲学和社会学家，是功能主义心理学的先驱，是实用主义教育思想的创始者，也是一位未曾受过正规学校教育而自学成才的传奇人物。

斯宾塞1820年4月27日出生于英格兰中部的德贝，父亲为校长，但斯宾塞却自幼未受传统学校教育，先由父亲亲自教导读书，后靠自己进修。18岁开始在铁路公司工作，1848年赴伦敦，曾任杂志社编辑。一生成就主要得以自修读书和写作。他爱好独自沉思，经常戴副耳套以避免外界声音

干扰，更借此与外界隔离。在社会态度上他特立独行，不肯接受传统教育，不尊重宗教思想，时值维多利亚时代，斯宾塞无疑是一位大胆的社会改革者。他终身未婚，晚年留下遗言，死后火葬，1903年12月8日病逝于萨西克斯，享年83岁。斯宾塞的心理学思想可简述为以下三点：

1.从生物进化历程解释心理学　虽然斯宾塞比达尔文出生晚了11年，但进化论的基本理念却是最先由他提出来的。而且适者生存(survival of the fittest)一词，最早也是由斯宾塞提出的。只是达尔文用适者生存概念解释动物的生理特征，而斯宾塞则用其来解释人的行为。斯宾塞认为人的身体与心理都是经由整体到分化，由简单到复杂的进化过程。人的心理活动由神经系统支配，神经系统就是逐渐进化才成为今天的形式。有了复杂的神经系统，才会使人对环境中的事物产生联想，因联想而又形成智能。换言之，人的一切精神作用乃是由于生理进化使然。不仅如此，他还认为进化也可以遗传，上一代适应环境所获的能力，也可遗传给下一代。斯宾塞的此种思想影响到20世纪发展心理学中遗传与环境关系的研究。

S

2.提倡社会达尔文主义　达尔文在1859年出版《物种起源》一书之后，进化论的思想即广为流传。但达尔文的进化论并未对人类社会之进化作出解释，而斯宾塞则将达尔文的进化论用来解释人类的社会现象。他认为，人类和其他动物一样，都是在生存竞争和适者生存的自然法则下不断进化的。既然如此，人类的社会就不应违反此一自然法则。因此他主张理想的社会应该是，对个人思想而言，应尊重其自由意志，对社会经济而言，应采放任政策。如此，在自由竞争下，优胜劣败，适者生存，最后完美的理想社会才会出现。斯宾塞的此种思想称为社会达尔文主义(social Darwinism)。斯宾塞的社会达尔文主义思想，对美国资本主义社会的发展产生了极大的影响，因此他的著作在美大为畅销。1882年他应美国钢铁业巨子卡内基之邀访美时，在纽约受到了英雄式的欢迎。

3.提倡实用主义教育思想　在1855年，斯宾塞发表《什么知识最有价值》一文，列举五种知识是最有价值的知识：(1)与生存直接有关的卫生保健方面的知识；(2)与生存间接有关的谋生方面的知识；(3)与延续人类生命有关的生儿育女方面的知识；(4)与群体生活有关的人际关系和公民权利义务方面的知识；(5)与生活质量有关的休闲娱乐方面的知识。斯宾塞的实用主义教育思想一直影响至今。

斯宾塞著作丰富，与心理学有关的专著有：*The native and reality of religion* (1885)；*First principles*(1862)；*The principles of biology, 2 vols.*(1864～1867)；*The principles of psychology* (1855)；*The principles of sociology, 3 vols.* (1876～1896)；*The principles of ethics, 2 vols.*(1892～1893)等。

Sperling's partial report procedure 斯珀林部分报告法 义同部分报告法(partial report method)。见该条。

sperm 精子 指成熟男性睾丸(testis)内产生的生殖细胞。见该条。另见性腺(gonad)及受孕(fertilization)条及附图。

Sperry, Roger Wolcott (1913～1994) 斯佩里 斯佩里是20世纪美国生理心理学家，因裂脑实验研究荣获1981年诺贝尔生理学或医学奖。

斯佩里1913年出生于美国康涅狄格州的哈特福特，高中毕业后获奥达林学院奖学金，于1935年与1937年先后获得该校心理学学士与硕士学位。之后，进芝加哥大学专攻生理学，于1941年获生物学博士学位。1941年至1946年担任哈佛大学耶基思动物实验室研究员，1946年至1953年任哈佛大学教职，1953年任芝加哥大学副教授，1954年任加州理工学院教授，1960年膺选为美国科学院院士，1969年获实验心理学会华伦奖章，1971年获美国心理学会科学杰出贡献奖，1981年获诺贝尔生理学或医学奖。1994年病逝于加州帕沙第纳，享年81岁。斯佩里在心理学上的贡献主要在于他的裂脑实验研究及其对相关问题的解释两方面：

1.首创脑半球偏侧性的裂脑实验研究　自19世纪中叶起，人类对大脑两半球分区专司的功能已大致了解。两半球上的神经组织呈左右对称形式，而在功能上则靠两半球之间胼胝体所发生的连接作用。20世纪60年代，医学界采用胼胝体切割法治疗癫痫症的手术已成功。癫痫（epilepsy）是一种脑神经病变，严重时会由大脑的一半球经由胼胝体蔓延到另一半球，使病情恶化。此种胼胝体切割手术，等于是将大脑分裂为两半，故而称之为裂脑手术（split-brain operation），经裂脑手术病人的大脑称为裂脑（split brain）。斯佩里的贡献即在于他对裂脑的实验研究。斯佩里的实验采对照组方式进行，即参与实验组的裂脑患者受试者与对照组都是右利手的正常人，借以确定他的语言区一定在大脑左半球。斯佩里实验研究的目的，旨在探讨大脑一分为二之后是否仍然具有统整意识，而受试者的语言与操作表现，就可用以鉴定有无统一意识的根据。斯佩里要求受试者端坐在桌前，目不转睛地注视面前荧光幕中间一点，两手从荧光幕下伸到桌面上，可以摸到（但看不到）幕后桌面上的东西（如剪刀、铅笔、橡皮等）。此时如荧光幕右侧出现“请拿起剪刀并说这是剪刀”字样时，裂脑病患受试都能反应正确，拿起剪刀并说“这是剪刀”。但如荧光幕左侧出现相同字样时，裂脑病患受试者则只能表现动作，不能用口语反应。原因是裂脑受试者左视野刺激引起的视网膜神经活动只能传至右半球的视觉区，不能经胼胝体传至左半球。只有左半球才有司职语言表达的语言区。斯佩里裂脑实验得到的结论是：裂脑后病患的意识失去统整功能。

2.对心身关系问题的科学验证　1860年，德国心理物理学创始人费希纳曾预言，将来如果医学手术将大脑两半球切割开来，手术后的人将会变成“一个头两个心”。稍后，美国心理学家麦独孤持反对态度，他认为即使大脑两半球分割成功，手术后的人仍然只有“一个心”。换言之，脑可分，心不可分。而且他还宣称，愿自告奋勇做实验品，供医学界验证。20世纪裂脑手术成功后，斯佩里的实验结果发现：裂脑患者在智力和人格测验上的表现与手术前无显著差异，唯手术后知觉、动作、语言三者形成的意识活动失去统整性。斯佩里的研究倾向支持百年前费希纳的预言，但也有心理学家支持麦独孤的论点。因此裂脑研究后又重新掀起历来哲学心理学家所争议的心身关系问题。

此次心身问题争议的焦点是：究竟“心”是什么？17世纪法国哲学心理学家笛卡尔倡二元论，认为心属精神，而非物质实体；脑属于身，是物质实体，两者在松果体交会后由心支配身。此外倡一元论的哲学心理学家多主张心与脑二者均属物质实体，故而相信心的存在决定于脑的生理功能。斯佩里的研究倾向支持心生于脑的一元论看法，而加拿大著名神经生理学家彭菲尔德（W. Penfield, 1891～1976）（最早采神经外科手术研究癫痫症的人）则支持笛卡尔的二元论。他相信心与脑是二元分立的，人的心并非因脑的生理作用而存在，而且举出人死时心与脑不在同一时间死亡的经验性实例来支持他的论点。到目前为止，心身关系问题仍然争议未决，即使斯佩里的裂脑实验显示了脑分为二之后，有些心理功能也出现各自独立行事的现象，但这也很难断定脑分为二后心也分为二。因为斯佩里研究也发现，经过裂脑手术的病患，在智力及人格等属于高级的心理活动并无显著影响。此等高级心理活动，是由大脑两半球统合运作的，不是属于左半球或右半球单独的生理功能。

斯佩里的主要专著有：*Mental unity follow-ing surgical disconnection of the cerebral hemi-spheres*（1968）。

spider fantasy **蜘蛛幻想**　指由蜘蛛所引起的恐惧感、梦境和奇怪幻想。精神分析心理学家早就发现，很多患者曾经受到蜘蛛幻想的困扰。他们认为，蜘蛛之所以对人的心理产生重要影响，可能是因为蜘蛛代表男女两性的特殊象征性意义：（1）蜘蛛网象征阴毛，使人产生性欲联想；（2）有的雌性蜘蛛与雄性交配后即将之杀死，因而使怀有恋母情结的男性产生一种幻想性恐惧，如跟母亲发生性关系的乱伦行为，即可能被母亲杀死。

spider phobia = arachnephobia **惧蜘蛛症**

spinal cord **脊髓**　脊髓是神经系统中属于中枢神经系统的一部分，是由无数神经细胞聚集而成的柱状组织，其位置在脊椎骨连成的脊柱管内。在神经传导上，脊髓有两种功能：其一是提供躯体与脑部之间神经双向传导的通路，其二是作为脊髓反射的反射中枢。就第一种功能言，感受器接受外界刺激产生神经冲动后，先传导至脊髓，而后经脊髓传至大脑，最后再由大脑传回经由效应器表示出反应。如此，脊髓就发挥了神经传导双向通路的功能。就脊髓的第二种功能言，神经冲动传至脊髓后可能不继续传至大脑，直接回传由效应器表现出反应。此种不经过大脑的神经传导方式，称为反射(reflex)。检查身体时医师用钝器轻击膝盖下腱部，小腿部会出现不能自控的动作，就是反射。此种反射称为膝反射(knee-jerk reflex)。医师检查膝反射的目的，是借此简单检查了解病人神经系统的健康状况。在日常生活中常会经验到反射现象，如不经心手指触及电热器时，不需经由大脑的支配，手指就会立即自动缩回以免灼伤。由此可见脊髓的反射功能对人体具有应急的保护作用。见神经系统(nervous system)条及附图。

spinal nerve 脊神经 从脊髓发出的神经称为脊神经，它是周围神经系统的一部分。人体的脊神经共有31对，其末梢分布于躯干和四肢；所有的脊神经皆为混合神经，含有感觉和运动两种神经纤维。脊神经的功能是将躯干和四肢各部感受器的神经冲动传递到脊髓，也将中枢神经系统的神经冲动传达到躯干和四肢的效应器。31对脊神经中，许多对有自律神经系统的神经纤维伴随发出。见神经系统(nervous system)条及附图。

spinal reflex 脊髓反射 肌肉或腺体活动的最简单形式。脊髓反射不需要涉及脑的任何部位。一切都发生在脊柱内。见脊髓(spinal cord)。

spinal root 脊根 脊髓两侧的腹根(ventral root)与背根(dorsal root)二者合称为脊根。每一条脊神经并非直接附着在脊髓上，而是间接地经由两条较短的神经与脊髓联络，其中位于腹侧的一条称为腹根，位于背侧的一条称为背根。背根上有一个膨大部位称为背根神经节(dorsal root ganglion)，传入脊髓的感觉神经元的细胞体即位于背根神经节。故背根含有感觉神经元的树突、轴突，其轴突最后传入脊髓灰质之背角。运动神经元的轴突自脊髓灰质的腹角传出后，随即进入腹根。腹根与背根在脊髓附近相联合而成脊神经。腹根、背根和脊神经外面皆有结缔组织包被。

spindle activity 纺锤形兴奋 义同睡纺锤(sleep spindle)。见该条。

Spinoza, Baruch(1632～1677) 斯宾诺莎 斯宾诺莎是17世纪荷兰哲学心理学家，是理性主义哲学心理学中心身一元论的倡导者，也是一位“贫贱不能移”的典型学者。

斯宾诺莎1632年11月24日出身于荷兰首都阿姆斯特丹一个犹太富商家庭，6岁时母亲患肺结核病去世，病菌传染给斯宾诺莎，故而其命运和笛卡尔颇为相似，一生身体羸弱。斯宾诺莎自幼接受犹太教会神学教育，22岁时父亲去世，其姐为争家产而兴讼，最后法庭判决财产归他继承，但他却宣布除保留一张床之外，将所有家产全部让予其姐；并宣称他最爱的是哲学和真情，而非金钱财富。斯宾诺莎博览群书，思想独立，但因宣传泛神论，被犹太教会及市政当局驱逐出境。此后曾至莱因斯堡及海牙流浪，以为人磨制玻璃镜片为生。1660年开始写作，1670年移居海牙，住在一间小阁楼上，贫病交迫。1673年德国海德堡大学拟聘他为哲学教授，条件是除讲授哲学理论之外，不得批评宗教，结果为他所拒绝。1676年，德国著名哲学家莱布尼兹曾专程前来探访，此时他已患肺病多年，加之长年磨玻璃吸入过量灰尘，病情已甚为严重。1677年2月20日，斯宾诺莎病逝于海牙，年仅45岁。他的著作是死后友人协助出版的。斯宾诺莎“贫贱不能移”的风范，留给后人无限怀念。在哲学心理学领域内，斯宾诺莎的思想有两点独特之处：

1.对心身关系问题的解释 斯宾诺莎主张一元论，唯他所指的一元论不是单纯重视身体的唯物论或单纯重视心灵的唯心论，而是心身合一的双边论(double-aspect theory)。双边论的要义是，心灵与身体并非两个独立实体，而是统一实体的两个属性，两个属性的功能是统合的；接受环境中物理性刺激而生感觉反应是身体属性的功能，由感觉而生知觉、而形成记忆，则是心灵属性的功能。因此心身两面的功能是连续的。至于知觉与推理等心理活动，他认为那不是身体属性的功能，而是心灵本身的抽象作用。根据斯宾诺莎的解释，心身合一系统的维持乃是人类的一种自求

S

生存的能力。因此，他用自求生存能力观念解释人的行为：凡遇有利于自求生存的情境，就会使人快乐，故而表现出喜爱的行为；凡遭威胁自求生存的情境，就会使人痛苦，因而表现出厌恶的行为；若遇到的是利害兼具的情境，就会使人左右为难，他称之为“心灵的犹豫”，亦即现代心理学家所指的心理冲突。

2.对知识来源问题的解释　斯宾诺莎将知识分为三类：第一类为经验知识，指靠感觉经验获得的知识；第二类为推理知识，指由原因推理而致结果，或由结果分析原因而得到的知识；第三类为直观知识，指不靠感觉经验只凭直观而获得的知识。直观知识亦即前文所指心灵本身的抽象作用。斯宾诺莎认为直观知识才是最具有普遍性、必然性、完善性和真实性的知识。至于直观知识如何获得，他认为那是人类的天赋能力。不过，他在解释天赋能力时，不像其他理性主义哲学家强调上帝的观念，而是解释为大自然的力量。斯宾诺莎的心身合一心理哲学思想和不特别强调上帝的观念，对以后科学心理学的发展产生了积极的影响。

斯宾诺莎著作中译为英文的专著有：*Ethics*（1894）；*A theological-political treatise*（1909）；*Treatise on correction of understanding*（1910）；*Short treatise on God, man, and his well-being*（1910）；*Principles of Cartesian philosophy*（1916）等。

spiral aftereffect **螺旋后效** 见扩缩螺旋（expanding and contracting spiral）条及附图。

spiral curriculum **螺旋式课程** 美国心理学家布鲁纳教学理论中的术语。螺旋式课程的特点是，教师在教学时，课程内容反复地回到基本概念与基本原理上，每次反复都比原有基础提高一步，如螺旋一样由概括到精细，逐渐上升。这样，学生即可在已学会的基本知识基础上，不断掌握更复杂、更精细的知识。随着教学的不断向前推进，课程的基本内容不断在新的水平上发展，使学科的基本知识在先备知识的基础上不断得到充实和深化。

spiral ganglion **螺旋神经节** 见耳蜗神经（cochlear nerve）。

spiral omnibus test **螺旋式多类题测验** 指在包括多种类题的测验中，试题按难度循序排列的一种方式。见多类题测验（omnibus test）。

spiral test **螺旋式测验** 义同螺旋式多类题测验（spiral omnibus test）。见该条。见多类题测验（omnibus test）。

spiritism＝spiritualism **唯灵论**

spiritualism **唯灵论** 是一种极端的唯心论理论。唯灵论者认为，灵魂或精神是唯一的实体，而物质、肉体只是灵魂的外显产物。从现代科学心理学的观点言，唯灵论虽然不能被视为是一种心理学思想，但从一般民众的多数人仍然相信灵魂的现象看，不能不承认唯灵论对人类心理的影响。直到现在，仍然有很多人相信人死后灵魂存在，而且经由某种媒介，活人即可与往生者的灵魂沟通。从这一点看，唯灵论虽不是现代科学心理学研究的主题，但如从心理学研究人性为目的观点言，不能不承认唯灵倾向是人性之一。

split brain **裂脑** 指经过裂脑手术（split-brain operation）的人。见该条。

split-brain operation **裂脑手术** 指因为疾病（如癫痫）或受到伤害需要将大脑胼胝体从中央切开的手术。经过裂脑手术之后，左右大脑半球皮质间的联系完全中断。见斯佩里（Sperry, Roger Wolcott）传记条。

split-brain technique **裂脑术** 义同裂脑手术（split-brain operation）。见该条。

split-half correlation **折半相关** 指同一测验中一半题目的分数与另一半题目分数之间的相关。折半信度（split-half reliability）就是按折半相关的方法求得的。见该条。

split-half method **折半法** 见折半信度（split-half reliability）。

split-half reliability **折半信度** 检验测验信度的方法之一。在心理测验缺少复本只能实施一次的情况下，通常采用折半法（split-half method）以评估测验的信度。折半法使用时，将测验结果按题目单双号分为两半，分别计分，然后根据两半测验的分数求出相关系数，即得折半相关。由折半相关得到的信度系数，并非得自两个复本，也非得自两次施测，只是根据一次施测而分析题目之间的关系。故折半相关系数也称内部一致性系数（coefficient of internal consistency）。由于折半法是将整个测验分为两半，并求出两半间的相关系数作为整个测验信度系数的代表，所以尚须加以校正。校正的方法有数种，最常用的方法是以下斯皮尔曼—布朗公式（Spearman-Brown formula）：

$$r=\frac{2r^{1/2\,1/2}}{1+r^{1/2\,1/2}}$$

公式中，r为整个测验的信度系数；$r^{1/2\,1/2}$为折半相关系数。

split personality **分裂人格** **1.**指患精神分裂症（schizophrenia）患者所表现的情感与思想不能调

S

和的人格特征。见该条。**2.**义同多重人格(multiple personality)。见该条。

SPM = Raven's Standard Progressive Matrices 瑞文标准渐进推理测验

spoken language 口头语言 指个人凭其发音器官发出声音所表达的语言。与本词相对者为书写语言(written language)。

spontaneity 自发性 指个体的行为反应中,有些行为表现很难确定是由何种刺激所引起的,这种现象即称为自发性。见自发性行为(spontaneous behavior)与自发性反应(emitted response)。

spontaneity test 自发性测验 美国心理学家莫瑞诺设计的一种社会关系测验。采用心理剧的方式,将受试者置于设计的生活情境中,让他们各凭爱好自由评判其他的人。自发性测验与社会测量(sociometry)不同,前者重自发性,后者受条件限制。见该条。

spontaneity therapy 自发性治疗法 美国心理学家莫瑞诺创用的一种心理治疗方法。自发性治疗法的特点是,采用心理剧及自发训练等方式,使当事人在角色扮演时调整自己的情绪,从而自行化解其心理上的问题。通常是设计一些当事人原来就感到困扰的假想情境(如夫妻感情不和),使他们模拟演出解决之道,从中去发觉问题的症结所在,进而找出调适的新方法。见心理剧(psychodrama),自发性训练(spontaneity training)。

spontaneity training 自发性训练 美国心理学家莫瑞诺设计的一种带有心理剧性质的小组训练。自发性训练的特点是,在假想的社会情境中,鼓励接受训练者(通常是接受心理治疗的人)做出某类行为,并允许他自由地表现自己的情感和意见。例如,让接受训练的人设法先使自己激动的情绪稳定下来,然后尝试用语言表达出他对某人某事关切的情感等。见心理剧(psychodrama)。

S

spontaneous abortion 自然流产 见流产(abortion)条第一义。

spontaneous behavior 自发性行为 个体的行为反应中,有些行为表现很难确定是由何种刺激所引起的,这种行为即称为自发性行为。自发性行为可能是由于新陈代谢作用所引起,但也可能是由某种不明的刺激所引致。见自发性反应(emitted response)。

spontaneous recovery 自然恢复 在条件作用学习的过程中,消弱现象发生后,如果让受试者有一段休息时间,然后再单独出现条件刺激,此时本已停止的条件反应,可能又恢复出现。这种未曾再予强化而条件反应自动重现的现象,即称为自然恢复。见消弱(extinction)。

spontaneous regression 自发性退化 指在催眠状态下,被催眠者可能表现出极为幼稚的行为的现象。此现象出现时,成年的受试者会说些儿童的话语和表现儿童的动作。

spontaneous remission 自然复原,自发性病情减轻 指心理疾病患者未经治疗而病情减轻或径自复原的现象。

spontaneous thought 自发性思想 指未经意识支配的胡思乱想,即白日梦(daydreaming)意识状态下的思想。

sports psychology 运动心理学 属心理学领域内的一个新兴学科。运动心理学系运用心理学的理论与方法,研究各类运动、比赛、休闲活动等心理层面的问题,从而发展改进方法,借以增进运动人员的身心效益,同时提升观众的欢乐气氛。

spouse abuse 配偶虐待 指配偶中的一方对另一方在身体上或精神上施予虐待的情形。在配偶虐待的案例中,丈夫虐待妻子者较多。

Spranger's personality type 斯普兰格人格类型 德国哲学家斯普兰格(E.Spranger, 1882～1963)在1914年出版的《人格类型》一书中,根据一般人在生物性存在的生活目的与价值的追求,将人格分为六种类型:(1)理论型,以探求事物本质为人的存在最大价值。这种人客观冷静地观察事物,力求掌握事物的本质,追求各种观念和理想,不太注意现实问题。(2)宗教型,以信仰宗教为生活最大价值。这种人探究宇宙的本质,总是感到圣主的拯救和恩典,肯定有永存、绝对的生命。(3)社会型,以善与人交往、帮助别人为最大价值,对增进社会福利最感兴趣。(4)权力型,以控管别人、掌握权力为最高价值。这种人竭尽所能获得权力,有强烈的支配和命令别人的欲望,任何事情总是自己决定。(5)经济型,以谋求利益为最大价值。这种人得失心重,对一切事物都从经济观点出发,以利益为重,他们的生活目的就是为了获得财产致富,实业家大都属于这种类型。(6)审美型,以感受事物的美为人生最高价值。这种人对实际生活不大关心,以如何表现所获得的感觉印象,如何使自我实现,如何使自我获得满足为人生根本目的,一般艺术家多属于这种类型。从现代科学心理学的观点看,斯普兰格的人格类型理论虽然缺乏验证性,但其人格类型的理念引发了以后心理学家的研究,故而一般认为该理论仍然具有历史性的贡献。

spreading activation 激活扩散 见激活扩散论

(spreading activation theory)及附图。

spreading activation model 激活扩散模型 义同激活扩散论(spreading activation theory)。见该条。

spreading activation theory 激活扩散论 美国心理学家柯林斯(A.M.Collins)与洛夫特斯(E. F. Loftus)1975年提出的一种解释长期记忆中语义信息储存的理论。解释语义信息储存,激活扩散论提出一种语义网络(semantic network)的说法,认为每一语义概念,均可视为网络上的一个结节,很多结节联结就形成一个大的网络。结节之间连线的长短,代表概念之间的关系,连线愈短,表示关系愈密切。激活扩散论所强调者是语义的激活扩散作用。激活扩散的意思,可以拿投石子入水池的例子来说明。水池平静时,可以比作心理平静未从事任何记忆活动。如将一块石子投向水面,就会立即激起涟漪,而且向外扩散,激起周围水面的波动。长期记忆的活动也是如此,一旦针对需要而检索某一语义概念时,其他周围的相关概念也会相应被激起活动。如附图所示,为"红色"概念所引起的激活扩散的例子。"红色"概念一旦出现时,周围的相关概念即被激活,并向四面八方去扩散。由图中圆圈与直线所示,概念的激活与扩散包括原语义概念的多种特征。由"红色"所激活的"火光""苹果""消防车""樱桃"等概念,都是基于类似颜色概念的特征;由"红色"所激活的"绿色""黄色"与"橙色"等概念,则非由于红色所引起的联想,而是基于不同颜色类别语义

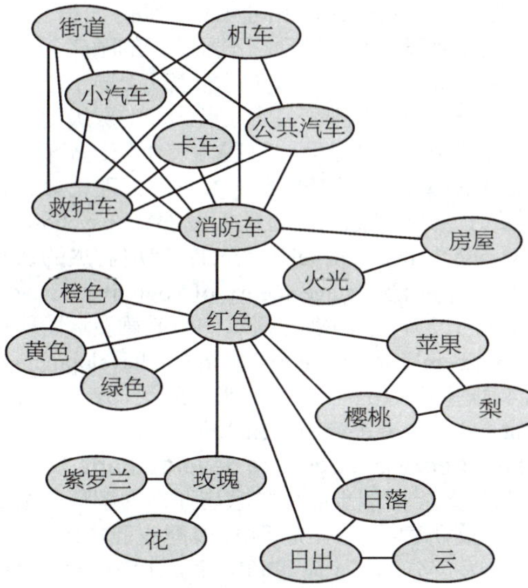

激活扩散论

的联想。同理,在网络周围的"街道"是由"救护车"辗转激活的;"梨"则是由红色"樱桃"联想到的水果类而激活的。总之,激活扩散论试图说明的是,长期记忆中储存的信息不是个别孤立的,而是成为网络形态而有组织的。网络形态的构成与运作,则是每个结节上语义概念所发生的激活扩散作用。

spread of effect 效果扩散 美国心理学家桑代克以其提出的效果律为基础,将刺激类化现象解释为效果扩散。指个体在某刺激情境下表现反应获得满意(或痛苦)效果时,此效果将随以后情境之类似程度而扩大之。见刺激类化(stimulus generalization)。

spurious correlation 假相关 指非由直接有关变项所造成的相关。有时候两变项之间从表面上看具有高度的相关,但并不代表两者间存在着共变的关系。因其相关是一种假象,不能按其中变项之一去推估另一变项。例如,以小学儿童(不分年级)为对象,可以发现儿童们鞋子的大小(变项之一)与其识字的多少(变项之二),两者间有正相关。显然,这是假相关。年级(或年龄)与识字量之间的相关才是真相关。

SQ = social quotient 社会商数

SQ3R method 查、问、读、记、温五段读书法 指美国心理学家罗宾逊(F.P.Robinson)所设计的一种颇为流行的读书方法。此读书方法的特点是,阅读一篇论文或一本书的内容时,要想提高阅读效果,宜采取以下五个步骤:(1)查(Survey),即浏览,在阅读一本书之前,先泛读序言、目录,了解书的性质和内容概要,判断其是否符合自己需要;(2)问(Question),即质疑、提问,在初读之后,记下种种疑问,以便进行思考,使阅读变得具有目的性;(3)读(Read),即精读,仔细阅读全书,要求记住书中阐述的论点和论据,并与自己的论点进行比较,最好能联系实际,以加深理解;(4)记(Recite),即复述和记忆,概括出段落大意,然后根据这一梗概进行复述,并检查自己领悟和回忆的程度;(5)温(Review),即进一步巩固所读材料,在温习中加深理解。采五个英文单词的第一个字母,即为SQ3R。

square illusion 正方形错觉 义同舒曼正方形(Schumann square)。见该条及附图。

S-R law S-R法则 属心理基本法则之一。S-R法则所指者是刺激与反应间之关系的法则。如某一刺激出现,就会引起个体某种反应,或是该刺激变化时,个体的反应也跟着变化,S-R法则即告成立。S-R法则可以说明刺激与反应的因果关系,遵

循此法则，即可根据刺激（或操纵刺激）去预测反应。刺激与反应之间的因果关系，有的是本能性的（如食物进口引起唾液分泌），有的是习得性的（如婴儿见到母亲时喊妈妈）。采用实验法研究心理现象时，基本上都是遵循S-R法则的。

S-R learning = **stimulus-response learning** 刺激一反应学习

S-R psychology = **stimulus-response psychology** 刺激一反应心理学

SRT = **simple reaction time** 简单反应时间

S-R theory S-R理论 凡是将外在刺激视为决定个体行为变化的理论，均称为S-R理论。本词义同刺激一反应心理学（S-R psychology）。见该条。与本词相对者为S-O-R理论（S-O-R theory）。见该条。

SS = **standard score** 标准分数

S-shaped acceleration S形加速 属学习曲线的一种变化形式。S形加速曲线的特征是，在练习初期出现正加速，继续练习时出现负加速，最后接近完成时又呈正加速，因而形成的学习曲线呈S形，称为S形曲线（S-shaped curve）。见学习曲线（learning curve）。

S-shaped curve S形曲线 见S形加速（S-shaped accelation）。

S-S learning = **stimulus-stimulus learning** 刺激一刺激学习

SST = **social-skill training** 社会技能训练

St = **standard stimulus** 标准刺激

stability 稳定性 **1.**在身体的体能方面，稳定性指身体动作能维持精密稳定的状态。 **2.**在生物学方面，稳定性指种族代代相传，其遗传特征未有改变的现象。 **3.**在心理学上，稳定性指人格特征前后一致，不因心境的改变而有所不同；或指情绪、态度方面不因环境变化而有太大的起伏。 **4.**在测验或实验方面，稳定性是指测验或实验的信度而言。见统计稳定性（statistical stability）。

STAD = **student teams-achievement divisions** 学生团体成就分组合作学习

stage fright 怯场 因各种原因造成的情绪紧张，致使原已学得的熟练动作、熟记的材料临时产生不能重新回忆、再现或再做的现象。在初次参加重大比赛、演出或重要考试等场合，怯场是常见的心理异常现象。

stage of autonomous morality = **autonomous morality stage** 自律道德期

stage of concrete operation = **concrete operational stage** 具体运思期，具体运算阶段

stage of denial = **negative stage** 反抗期

stage of exhaustion = **exhaustion stage** 衰竭阶段

stage of formal operation = **formal operational stage** 形式运思期，形式运算阶段

stage of iconic representation 形象表象期 义同形象表象（iconic representation）。见该条。

stage of illumination = **illumination** 豁朗期

stage of incubation = **incubation** 孕育期

stage of moral realism = **moral realism stage** 道德现实期

stage of moral relativism = **moral relativism stage** 道德相对期

stage of preparation = **preparation** 准备期

stage of resistance = **resistance stage** 抗拒阶段

stage of symbolic representation 符号表象期 义同符号表象（symbolic representation）。见该条。

stage of verification = **verification** 验证期

stages of man 人生必经阶段 指美国心理学家埃里克森发展理论中所指的人生八个阶段。见心理社会期发展论（psychosocial stage theory of development）。

stage theory 阶段论 泛指心理学上采用阶段或分期的理念解释个体心理发展的理论。阶段论对个体心理发展的分期解释，主要是以个体成熟程度为基础的；而个体的成熟程度，不是决定于生理因素，就是决定于生理因素和学习经验两者的交互作用。发展心理学上的阶段论，无论在内容上着重解释哪一方面的心理发展，在理论上均具备四点科学特征：（1）不同阶段之间的个体行为具有明显差异；（2）从低到高不同阶段的顺序不能改变；（3）每一阶段内个体在行为表现上显示出共同的特征；（4）从低到高各阶段所形成的层级是有连接关系的，先有低层的阶段才有上层的阶段。现代发展心理学上的阶段论中，以四大理论最为著名：（1）弗洛伊德的性心理期发展论（psychosexual stage theory of development）；（2）皮亚杰的认知发展阶段论（stage theory of cognitive development）；（3）柯尔伯格的柯尔伯格道德发展阶段论（Kohlberg's stage theory of moral development）；（4）埃里克森的心理社会期发展论（psychosocial stage theory of development）。见该等条。

stage theory of cognitive development 认知发展阶段论 指瑞士心理学家皮亚杰为解释儿童认知发展所建构的系统理论。根据皮亚杰的理论，认知发展分为四个阶段循序发展：（1）感觉运动期（sensorimotor stage），自出生到两岁，靠身体动作

S

和感官去了解周围的世界。对婴儿而言，只有身体感官接触到的事物才是存在的。(2)前运思期(preoperational stage)，2～7岁的儿童，开始运用语言图形等符号从事思维活动。此时期幼儿能辨别颜色、形状、大小等物性的特征，但尚不能做周密逻辑推理。(3)具体运思期(concrete operational stage)，7～11岁开始按具体事例做逻辑推理，多数能对事物做分类比较以了解其间关系。(4)形式运思期(formal operational stage)，11岁以上，能运用概念的、抽象的、合乎逻辑的方法进行思维推理，此时可以学习代数几何等抽象知识。皮亚杰的认知发展阶段论，在理论上有两点特征：(1)将儿童的认知发展视同智力发展，而儿童的智力发展是以其先天禀赋与后天环境交互作用形成的成长历程。故而皮亚杰的认知发展阶段论既不属于天赋论，也不属于环境论，而是独具特征的发生认识论(genetic epistemology)。见该条。(2)持生物科学观解释儿童智力发展是自发性的成熟历程。在此历程中，儿童智力的成长循不可逆的顺序进行，构成前述的四个阶段。由此可见，皮亚杰将智力发展视为内发历程(inside-out process)。唯其如此，皮亚杰不支持借外在教育力量促进儿童智力发展的构想。见皮亚杰(Piaget, Jean)传记条。

staircase illusion 楼梯错觉 义同施罗德错觉(Schro- eder illusion)。见该条及附图。

staircase method 阶梯法 义同升降法(up-and-down method)。见该条。

stammering = stuttering 口吃

stance reflex 站立反射 指身体失去平衡时自动恢复站立姿势的反射动作。

standard deviation (S, SD) 标准差 属变异量数之一。以集中量数中的平均数为标准，拿全部量数中每一个别分数与此平均数相比较，将所得之差平方并求其平方和，继之除以总量数后再求其平方根，结果即为标准差。标准差的计算公式为：

$$SD=\sqrt{\frac{\Sigma(X-\bar{X})^2}{N}}$$

公式中，SD为标准差；X为平均数；$\bar{X}$为个别分数；N为总量数。

standard difference 标准差异 两个平均数之差与该平均数标准误的比值，称为标准差异。本词亦称临界比(critical ratio)。见该条。注意本词与标准差(standard deviation)不同，勿混为一谈。见该条。

standard error(SE) 标准误 **1.**指抽样分布的标准差。**2.**是抽样误差的估计数，标准误愈小，即表示抽样误差愈小。样本的标准差是根据实际资料计算出来的，标准误则是根据标准差推算出来的。见抽样分布(sampling distribution)。

standard error of estimate 估计标准误 假设X变项与Y变项都是常态分布，利用X变项预测Y变项时，可求得一条回归线，但是Y变项的某一实得分数与回归在线所显示的预测分数可能不完全吻合，而且可能形成常态分布，此时表示实得分数的常态分配之分散情形的量数即为估计标准误。例如，智商100(X变项)的小学四年级学童300人为预测变项，预测该等学童的汉语能力(Y变项)，得到汉语能力测验成绩的分数为80分。事实上，300个学童的汉语测验实得分数并不全为80分，故假定其分配为常态分布的情形下，实得分数落入预测分数上下一个估计标准误的机会有68.26%，实得分数落入预测分数上下两个估计标准误的机会有95.44%。

standard error of the mean 平均数标准误 指根据无限个样本的平均数构成的抽样分布中的标准误(standard error)。见该条。见抽样分布(sampling distribution)。

standardization 标准化 **1.**指订定某种标准并要求大众在行动上与之配合的历程，如度、量、衡的制造以及厂商产品检验合格的程序等均属之。**2.**指心理测验编制与使用的应循程序。一个心理测验在编制时，按照标准化的程序建立常模、效度、信度，并确定施测程序及记分方法。经过此种程序编制的测验，称为标准化测验(standardized test)。

standardization group 标准化组 义同标准化样本(standardization sample)。见该条。

standardization sample 标准化样本 为了建立测验的常模，必须从该测验将来适用对象的总体中抽取一个具有代表性的样本先行试测。以这个样本中每个受试者所得到的测验分数作为编制常模的依据，这种样本就称为标准化样本。通常标准化样本除具有总体的代表性之外，在人数上也须达到足以产生稳定的得分分布情形。见常模(norm)。

standardized test 标准化测验 指经过标准化程序所编制的心理测验。亦即已经具备常模、信度、效度、施测程序以及记分方法等基本条件的心理测验。见测验标准化(test standardization)。

standard measure 标准量数 义同标准分数(standard score)。见该条。

standard nine = stanine 标准九

standard ratio 标准比 义同标准偏差异（standard difference）。见该条。

standard score（SS）标准分数 标准分数是以标准差为单位，用以表示个人分数与团体平均数的距离，借以显示个人得分在团体中相对地位的量数。最为典型的标准分数是z分数（z-score）与T分数（T-score）。见该等条。

standard stimulus（St）标准刺激 在测定差别阈限的心理物理法实验中，常设计两种刺激，一种刺激是固定的，其强度大小不变，称为标准刺激，另外一种刺激的强度则按由小而大或由大而小的顺序排列，逐一与标准刺激相比较，借以区分两种刺激所得反应之间的差异，称为比较刺激（comparison stimulus）。见差别阈限（difference threshold）。

standard test 标准测验 义同标准化测验（standardized test）。见该条。

Stanford-Binet Intelligence Scale（S-B）斯坦福—比奈智力量表，斯比量表 美国斯坦福大学心理学教授推孟，将法国比奈—西蒙智力量表1911年修订版译为英文。推孟结合美国社会文化因素，将原来的51个试题增加为90个，并采用德国心理学家斯特恩（W.Stern，1860～1955）的建议，改用智力商数，作为智力高低的指标，于1916年出版，是为著名的斯坦福—比奈智力量表，简称为斯比量表。斯比量表不仅是英语国家第一个正式个别智力测验，而且出版后不久，即迅速成为全世界个别智力测验的典范。斯比量表是首先经由标准化程序建立的智力测验。推孟曾以1,000个儿童和400个成人作为标准化样本，并对施测程序及记分方式都作了明确规定。施测结果按受试者通过测验题数目换算成月龄表示，每通过一题得2个月，如此，90题全部通过，换算成月数即为180个月，适用范围为3～15岁。施测后受试者所得月龄之和即为心理年龄（mental age），心理年龄与实足年龄（chronological age）的比值即其智力商数（intelligence quotient），简称智商（IQ），其计算方式为：

$$IQ=\frac{MA}{CA}\times 100$$

公式中，IQ为智商；MA为心理年龄；CA为实足年龄。

现行的斯坦福—比奈智力量表已不采原来的比率智商，而改用标准分数计算，称为离差智商（deviation IQ），原因是比率智商计算法不适用成人（成人心理年龄停止而实足年龄继续增加），现行量表包括15个分测验，旨在分别测量四类能力：（1）语文推理能力；（2）抽象/视觉推理能力；（3）数目推理能力；（4）短期记忆能力。

Stanford-Binet Scale 斯坦福—比奈量表 义同斯坦福—比奈智力量表（Stanford-Binet Intelligence Scale）。见该条。

Stanford-Binet Test 斯坦福—比奈测验 义同斯坦福—比奈智力量表（Stanford-Binet Intelligence Scale）。见该条。

Stanford Hypnotic Susceptibility Scale 斯坦福催眠感受性量表 美国斯坦福大学心理学教授希尔加德，1965年设计用以测量受试者催眠感受性的一种心理量表。该量表包括12个项目，每一项目包括三个事项：（1）催眠师的暗示语；（2）受试者按暗示语配合动作；（3）通过标准者记一分。以第10个项目为例，三个事项分别是：（1）你无法支配你的眼睛（暗示语）；（2）眼睛紧闭（配合动作）；（3）10秒钟内睁不开眼睛（通过标准）。斯坦福催眠感受性量表的记分方法是，每通过一个项目获得一分，共计12分。受试者在该量表上得分之高低，代表他如接受催眠时，可能进入催眠状态的深度。只有得分在5至12之间者，始有可能进入催眠状态，得分在8至12之间者，始有可能进入深度催眠状态。根据量表设计者以533个大学生为对象的研究结果，具有催眠感受性的人约占25%；能进入深度催眠状态者约占10%；大约有10%的人根本就无法施予催眠。由此可见，催眠术并非对所有人普遍有效。

stanine 标准九 也称为标准九量表（stanine scale），是美国空军在第二次世界大战（1939～1945）期间研发出来的一种心理测验记分方式。标准九系以半个标准差为单位，将常态分布曲线下的横轴平均分为9段，最高的一段为9分（代表最高水平），最低的一段为1分（代表最低水平），中间的一段为5分（代表平均水平），余类推。九点量表广泛用于能力和成就测验。如某人的能力测验在九点量表上为8分，从下表即可看出，有89%的人不如他，有4%的人比他强。标准九与常态曲线面积的关系及其与平均数之距离（按标准差计算）如附表：

标准九	1	2	3	4	5	6	7	8	9
本段面积	4%	7%	12%	17%	20%	17%	12%	7%	4%
标准差数	2.0	1.5	1.0	0.5	0.0	0.5	1.0	1.5	2.0

S

stanine scale 标准九量表 义同标准九(stanine)。见该条。

stanine score 标准九分数 根据标准九(stanine)得到的分数。见该条。

stapes 镫骨 中耳的三块听骨之一。见听觉系统(auditory system)条及附图。

star illusion 星状错觉 属视错觉现象之一。如附图所示,中央是一个黑色六角星形,周围有六个菱形。星形与各菱形之间距离相等,各菱形之间距离相等,而且,各菱形到中央星形的距离与菱形本身的长度也相等。但看起来却使人觉得,白色空间的距离要比黑色星形的长度为大。换言之,黑白相等的两个空间,看起来会觉得白色的空间较大。此一错觉现象与明度错觉(irradiation illusion)相似,都说明白色物体显得较大。见该条及附图。见错觉(illusion)。

星状错觉

startle reaction = **startle response** 惊悸反应

startle reflex 惊悸反射 义同惊悸反应(startle response)。见该条。

startle response 惊悸反应 指个体突然身临恐怖情境时所产生的不自主的强烈身心反应。惊悸反应的一般现象是,目光痴呆、嘴巴张大、心跳加速、汗液增多、身体僵硬以及颤抖等。所谓"目瞪口呆"现象,即指惊悸反应。惊悸反应被认为是与生俱来的最原始的保全反应。

stasibasiphobia = **stasiphobia** 站立恐惧症

stasiphobia 站立恐惧症 属恐惧症之一。患者对站立的动作适应困难,每当身体笔直站立时,即感到莫名的恐惧。见恐惧症(phobia)。

state anxiety 情境性焦虑 指在某种精神压力情境之下所产生的暂时性焦虑。在竞争性比赛或考场的情境中产生的焦虑,即属情境性焦虑。情境如有改变,焦虑也随之消失。见测试焦虑(test anxiety)。

state-dependent learning 状态依赖学习,情境依赖学习 **1.**某种学习活动,如果是在某种特定的生理或心理状态下进行的(如用了某种药物后的状态),以后只有在相同的状态中进行测验时,才会有较好的记忆。换言之,状态依赖学习的结果是不会产生学习迁移的。因此,状态依赖学习又称孤立学习(dissociated learning)。 **2.**指学习的产生和记忆的保存与当初学习时的情境有关;在个体习惯性的情境下较易学习,在个体习惯性的情境下也较易记忆。有时被忘却的事件,回到原先学习的情境时,可能重新记起往事。

state-dependent memory 情境依赖记忆 在某种情境下学习到的经验,回到该情境时将会产生较好的记忆。此一现象称为情境依赖记忆。原来的情境之所以能增进记忆的原因,乃是原情境提供了记忆的线索。

state of consciousness = **conscious state** 意识状态

states of awareness 觉知状态 义同意识状态(conscious state)。见该条。

static reflex 平衡反射 指维持身体平衡的不自觉的反射动作。如上山时弯腰,下山时挺直的动作就是平衡反射。

static response 平衡反应 义同平衡反射(static reflex)。见该条。

static sense = **sense of equilibrium** 平衡感

station illusion 月台错觉 坐于停在车站的列车上观看外边另一列刚从车站开出的火车时,往往感觉到月台在向后移动,而移动的列车反而是静止的。这种现象称为月台错觉。月台错觉的产生,乃是由于缺乏足够运动知觉参考物的情况下,只有两个对象的空间相对关系的改变而引起的错觉性运动效应。如在此时转眼看旁边其他物体,此种错觉就会消失。

statistic 统计数,统计值 根据样本数据计算而得,用来描述样本性质的数值,称为统计数。样本系由总体抽取而来,在理论上也有描述总体性质的统计数,唯名称不同,习惯上称描述总体性质的统计数为参数或母数。例如,某地区小学六年级男生约有40万,要想了解他们的身高,40万个身高数字就是总体。如从总体中随机抽样,抽取1000人为样本,分别量其身高,得到的平均数与标准差等实际数值,就是统计数。因此,统计数有两种用途:(1)代表样本的性质,平均数描述集中情形,标准差描述分散程度;(2)用来推估总体的性质,按上例,根据样本1000人身高的平均数,即可推估40万人的身高。因此,根据样本求得的统计数,也称为估计数。统计数与参数是相对的,唯统计学上使用符号不同;前者用英文字母,后者用希腊字母。以平均数为例,前者用M表示,后者用μ表示。见参数(parameter)。

statistical constant 统计常数 指根据样本所得的统计数。该统计数一方面可用以描述样本的特征(如集中或分散情形),另一方面可用以推估总体的特征。最常用的统计常数有平均数、标准差、相关系数等。见统计数(statistic)。

statistical control 统计控制 统计控制是减少实验误差的一种方法。采用统计分析的方法,将可能干扰实验结果的外扰变项的影响排除,然后考虑经实验处理,各组之间的依变项之间是否有显著性差异。通常,实验者对外扰变项的影响,采两种方法予以控制:其一,采共变数分析(analysis of covariance)做统计控制;其二,采实验控制(experimental control),例如随机抽样与随机分派即是。见该等条。

statistical dependence 统计性关联 指两个(或两个以上)变项之间在表面上虽然存有统计上的互涉关系,但实际上未必是变项之间存有因果关系,称为统计性关联。见假相关(spurious correlation)。

statistical error 统计误差 指运用统计技术处理抽样、记分、分析研究数据过程中所产生的误差。

statistical hypothesis 统计假设 指将研究假设改用统计学的术语陈述的假设。统计假设的陈述方式又有虚无假设与对立假设之分。设有A与B两所小学,分属大都市与小乡镇两行政区,研究者观察发现,A校儿童在智力上似有高于B校的现象,于是计划抽样测验该两校的儿童,从而比较其智商间有无差别。研究者可将统计假设陈述为虚无假设的形式如:H_0:A=B,H_0表示A与B之间的差异为零,亦即假设两校儿童的平均智商间无差异。显然,这是一个与预期结果(研究假设)相反的假设,故而称为虚无假设(null hypothesis)。立下虚无假设,然后按研究所得实际资料,采用统计的方法去推翻此一假设,最后所得结论,就等于支持了研究者研究动机中预想的都市儿童智商较高的研究假设。对上述问题,研究者也可将统计假设陈述为另一种形式,即H_a:A>B,如此则表示假设A校儿童平均智商高于B校,这是与前述虚无假设不同的对立假设(alternative hypothesis)。对立假设不必直接验证,只要前述虚无假设被拒绝了,或被推翻了,自然就支持对立假设。换言之,只要所得测验结果不支持A=B的假设,所剩的可能就只有A<B了。见假设(hypothesis)。

statistical inference 统计推理 指根据样本数据推估总体某项特质的历程,亦即由局部推估全体,由已知推估未知的历程。根据样本平均数就可推估总体平均数,如根据某产科医院一年内婴儿出生时的平均体重(由样本已知),即可以之推估全国婴儿(总体未知)出生时的平均体重。统计推理不是武断的,它有两方面的理论依据:一是数学上的概率(probability)原理,另一是抽样分布(sampling distribution)原理。见该等条。

statistical interaction 统计交互作用 见交互作用(interaction)条第二义。

statistical significance 统计显著性 从统计学概率的观点,判断从样本获得的统计数(如平均数),其数值的大小不是概率性的,而是由某种原因造成的。例如,A与B两种饲料养同类鸡种各1,000只,三个月后每种抽样50只,分别计算其体重,结果发现A饲料组的平均重量比B饲料组多500克。此差异是概率性的还是不同饲料使然?如果是概率性的,另外再各抽50只,两组平均重量就未必有差异。如果是饲料使然,再抽几次的结果,也应与第一次结果类似。为了考验两者间差异是否为概率性,于是乃有统计显著性考验之必要。考验时先设置显著性水平,通常以0.05或0.01为显著水平。以0.01显著水平说明上例,如按同样方式连续抽样100次,所得结果中B组平均重量大于A组的次数不超过一次,即可肯定第一次发现两组间500克的差异,是具有统计显著性的;而其差异的程度,已达到百分之一的显著水平。由此也可肯定不同饲料是造成两组鸡只重量差异的原因。见显著水平(level of significance)。

statistical stability 统计稳定性 指所得统计数值的可靠性。如实验所得结果是A>B,要想肯定此结果不是偶然的,即可多次重复实验或测量。如多次都会得到A>B的相似结果,即可称其为稳定。唯在实际实验研究时,像此种A>B的差异稳定关系,通常采用统计显著性(statistical significance)来说明。见该条。

statistical test 统计检验 根据样本数据从事显著性检验的统计推理方法。统计检验分为两种,一为参数统计检验(parametric statistical test),另一为非参数统计检验(nonparametric statistical test)。见该等条。

statistical validity 统计效度 **1.**指经由统计过程所建立的效度。见效标关联效度(criterion-related validity)。**2.**义同实证效度(empirical validity)。见该条。

statistic table 统计表 指将统计资料按其中存在的关系编排为横直两栏的表格,统计表通常可用

S

以表示两个或三个变项的关系。以在校学生人数统计为例,统计表的直栏可编排不同年级,横栏可编排性别或年龄。横直两栏构成的中间方格,可登记统计所得的人数。

status 地位,身份 指个人在具有层级观念的社会团体中所居的社会地位。而“有地位”一词含有两种意义:(1)指某人在团体中比其他人具有较多权力和较高声望,意指他有较高的社会地位;(2)指某人负有团体中众所期望的角色任务,言其地位重要性。

status grouping 身份分组 指按社会上不同身份为标准所进行的分组。

status leader 威望领袖,地位领袖 指团体中最得人缘而又对团体影响最大的人。威望领袖是头质的领袖。与本词相对者为职位领袖(positional leader)。见该条。见领袖(leader)。

status need 地位需求,身份需求 属于社会动机之一。指个人在团体中企盼别人的接纳、尊重,因而努力表现以获取支持,进而争取地位以期成为领导者的心理需求。

status validity 身份效度 指测验上所得分数与受试者当时职务身份符合一致的程度。例如,有一份领袖才能测验,其所测定的人格特质与实际担任领袖人物所需一致时,即代表该测验具有身份效度。在性质上,身份效度属于同时效度(concurrent validity)。见该条。

stem 题干 指多重选择题的问题主题说明部分,题干通常由一个问句或不完全的叙述句构成。

step interval 阶距 义同组距(class interval)。见该条。

step-parents 继父母 指双亲中之一人不是自己的生父或生母。

stepping reflex 移步反射 指初生儿的一种动作反射。当初生两周的婴儿脚掌接触地面(或床面)时,会表现出移步向前的动作。此种反射性动作,称为移步反射。

stepwise regression 逐步回归 逐步回归是选取最佳回归方程式的方法之一,其过程是先将与依变项相关程度最高的自变项找出来,计算其回归方程式,接着计算排除已纳入回归方程式的自变项后,其余自变项与依变项的相关程度,找出相关最高的自变项,将它加入回归分析过程之中,同时考验由于新加入一个自变项之后,两个自变项分别对预测依变项是否有帮助及有帮助的程度,而淘汰没有帮助的自变项。如此逐次加入自变项,同时检验所有自变项对预测依变项的作用,直到淘汰所有未达到显著水平的自变项,留下重要的自变项,组合成一个预测依变项的最佳回归方程式。见回归分析(regression analysis)。

stepwise regression analysis 逐步回归分析 义同逐步回归(stepwise regression)。见该条。

stereopsis 立体知觉 义同深度知觉(depth perception)。见该条。

stereoscope 实体镜 是一种研究深度知觉与双眼视象融合的仪器(如附图)。实体镜的主要作用是,按两眼视线角度不同而形成两个映象的原理,拍制两张内容近似的照片,然后置于透镜前的适当距离,两眼经过透镜的折光作用,即可看到两图合而为一的现象。像此种视网膜出现两个映象而在知觉上却是单一完整物体的现象,称为双眼视象融合(binocular fusion)。见该条。立体电影就是根据双眼视象融合原理制作的。

实体镜

stereoscopic motion picture 立体电影 指根据双眼视象融合(binocular fusion)原理及实体镜(stereoscope)设计所拍制的电影。见该等条。

stereoscopic perception 立体知觉 义同深度知觉(depth perception)。见该条。

stereoscopic vision 立体视觉 **1.** 指根据物体本身特征或双眼线索,对物体观察时所获得的立体视觉经验。根据立体视觉,能对物体的三面维度及其远近距离做适当的判断。 **2.** 指透过实体镜(stereoscope)对平面图形所得的立体知觉经验。见该条及附图。见深度知觉(depth perception)。

stereotype 刻板印象 指对人或事所持的观念或态度中,有着像木刻板一样僵固不变的倾向。刻板印象的特征是,不以亲身经验为根据,不以事实资料为基础,单凭一些人云亦云的间接数据,或只凭一己偏见,即对某事、某人、某团体做武断的评定。刻板印象是形成偏见的主要原因。

stereotyped behavior 刻板行为 指僵化性的行

S

为,在类似情境下个体总是表现一成不变的习惯性行为。此类刻板行为可能表现在举止言谈、待人接物以及生活中衣食习惯等各方面。见刻板印象(stereotype)。

stereotyped idea 刻板观念 义同刻板印象(stereotype)。见该条。

stereotyped movement 刻板动作 指无目的、无意义、个体不能自制的、呆板的、重复不停的动作、手势或语言。刻板动作是一种反常的甚至是病态的现象。精神病患者常表现刻板动作。

stereotyped reaction = stereotyped response 刻板反应

stereotyped response 刻板反应 义同刻板行为(stereotyped behavior)。见该条。

Sternberg, Robert J.(1949～) 斯腾伯格 斯腾伯格是20世纪美国心理学家和认知心理学家,是智力三维论的建构者,也是首倡人类爱情三元论的心理学家。

斯腾伯格1949年出生于美国新泽西州枫林镇,自小学起常因智力测验得低分感到困惑,故而进耶鲁大学后矢志研究智力测验。1972年获文学学士后进入斯坦福大学,1975年获心理学博士学位,1982年开始任教于耶鲁大学,1986年晋升正教授。在当今心理学家中斯腾伯格虽属后起者,但在学术上已卓然有成。1981年获美国心理学会青年组杰出成就奖,1982年获美国心理学会麦坎道格拉斯青年科学纪念奖章,1982年获多变项实验心理学会卡特尔纪念奖。除从事心理学教学研究外,斯腾伯格还担任多种心理学学术期刊编辑,活跃于美国和国际心理学界。斯腾伯格在心理学上的贡献,主要在于以下两方面:

1.首创智力三元论 斯腾伯格认为,一般标准答案式的智力测验,只能测量受试者既有的认知能力,不能测量受试者解决问题时随机应变的实践能力与创造能力,故所测得IQ未必真正代表其智力。基于此一认识,斯腾伯格采取了认知心理学信息处理论的观点,在其1985年出版的《IQ不等于智力》一书中,提出了他的智力三元论。智力三元论(triarchic theory of intelligence)的基本要义是,人类的智力结构中,应该包括三种能力:(1)传统智力测验所测量的认知思维分析能力(analytical ability);(2)在日常生活中随机应变解决问题的实践能力(practical ability);(3)运用既有经验处理新问题的创造能力(creative ability)。

2.首创爱情三元论 一般认为幸福的人生决定于两大因素;一为事业成功,二为爱情婚姻成功。事业成功要靠个人的智力,爱情婚姻成功除智力外还要靠个人处理两性间感情的能力。以往心理学家讨论爱情婚姻问题者,多从情欲和动机两方面着眼,斯腾伯格于1986年提出的爱情三元论(triangular theory of love)中,增加了认知因素。爱情三元论的基本要义是,完美的爱情包括情欲、动机和认知三个元素。所谓完美的爱情,是指持久不变的爱情,是指由友而爱,由爱而婚而性,长相厮守而终生不渝的爱情。情欲元素指男女在体貌及性格上彼此吸引的魅力;动机元素指男女双方均有彼此接近相聚的心理需求;认知元素指双方彼此相知相谅并各自理解其责任的能力。追求爱情婚姻幸福,而又担心唯恐会陷入烦恼者,不妨参考斯腾伯格的爱情理论去追寻理想中的爱侣。

斯腾伯格的主要专著有:*Intelligence, information processing and analogical reasoning: The componential analysis of human abilities*(1977);*Beyond IQ: A triarchic theory of human intelligence*(1985);*Intelligence applied: Understanding and increasing your intellectual skills*(1986);*The triangle of love*(1986);*The triarchic mind*(1988);*Wisdom: Its nature, origins, and development*(1990);*Love the way you want it*(1991);*The psychology of gender*(1993);*Cognitive psychology*(1996);*Pathway to psychology*(1997);*Educational psychology*(2002)等。

Sternberg's triarchic theory of intelligence 斯腾伯格智力三元论 义同智力三元论(triarchic theory of intelligence)。见该条。

Stilling test 斯蒂林色盲测验 指用来测试色盲的彩色图片。该图片由很多不同色彩、不同饱和度以及不同深浅的彩色圆点所构成。图中用彩色圆点排成数字,视觉正常者可清楚辨认;色弱或色盲者辨识起来就有困难。见色盲(color blindness)。

stim = stimulus 刺激

stimulant 兴奋剂 属精神药物之一类。兴奋剂的主要特征是刺激神经使人产生精神兴奋。兴奋剂类药物中最主要者是安非他命(amphetamine)和可卡因(cocaine)。见该等条。

stimulation 刺激作用,兴奋作用 **1.**指任何能量变化时影响到个体的感受器,从而引起神经活动的历程。**2.**指个体内在的或外在的刺激促发其表现反应的历程。

stimulus (S) 刺激 本词在心理学上含有多种意义,其中最主要者有以下七种: **1.**指影响个体感官生理变化的一切外在的因素(包括物理的与化学的变化)。此类刺激一般称为物理刺激。**2.**指引起个体反应的一切符号或抽象的事象(包括符号所代表的意义)。此类刺激一般称为符号刺激。**3.**指个体内在变化(如内分泌或疾病等)。此类刺激一般称为内在刺激。**4.**指个体的感觉对象,该对象可能是人,也可能是与人有关的事物。此类刺激一般称为社会刺激。**5.**指个体刻意寻求的目标,此类刺激一般又称为诱因。**6.**指个体本身的某一内在心理活动(如记忆),而足以导致另一心理活动(如思维)者,称为抽象刺激。**7.**指引起个体反应的综合性的现象(包括自然的或社会的),此类刺激非指一事或一物,而是包括环境中所有的东西,称为刺激情境。在心理学的实验研究上,刺激是最主要的自变项。

stimulus as coded (SAC) 刺激如代码 指凡是引起个体反应的刺激都具有代码的功能,即使刺激本身是中性的,不具任何意义,而个体也会主观地赋予一种意义。例如,MIF三个字母,表面看来是一个无意义音节,但要个体去记忆解释时,他可能联想到my intimate friend三个词, 这三个词是他以前经过编码后储存在长期记忆中的。见功能性刺激(functional stimulus)。

stimulus attitude 刺激心态 **1.**在反应时间实验时,受试者在心理上准备某刺激出现并向之反应的心理倾向。与本词相对者为反应心态(response attitude)。见该条。**2.**义同刺激心向(stimulus set)。见该条。

stimulus continuum 刺激连续 指任何同性质的刺激(如声、光、色等各类刺激),按其强度逐渐变化所形成的系列。如由深灰而中灰而浅灰的排列,即为刺激连续。连续刺激间彼此相似,多半彼此取代时可引起同类反应而形成刺激类化(stimulus generalization)现象。见该条。

stimulus control 刺激控制 指外在刺激对个体影响的程度,或个体行为随刺激变化而变化的程度。个体行为是否受刺激的控制,在理论上有两种解释:行为主义认为刺激控制行为,由刺激可以预测行为。认知论者认为刺激不能完全控制行为,个体在刺激情境之下经由心理历程(认知)之后才决定行为的表现方式。

stimulus differentiation 刺激分化 **1.**是一种知觉现象,初看(或听)时觉得是单一刺激物,再看(或听)或细看时可能觉得是由不同刺激组成的。像此种先见林后见树的知觉现象, 称为刺激分化。**2.**在辨别学习的历程中,受试者逐渐学到对不同刺激或大同小异的各种刺激表现不同反应的历程,也称刺激分化。

stimulus dimension 刺激维度 指刺激物可以被感觉到的特性,每一种特性可视为一个维度。例如,一个视觉刺激物可包含颜色、形状、大小等维度,一个声音可包含响度、音高和音色等维度。只在一个维度上发生变化的刺激,称为单维刺激,如一个频率不变而响度变化的声音刺激,或一个只在色调上变化的颜色刺激,都是单维刺激。具有两个以上维度的刺激称为多维刺激,以声刺激为例,如声音的变化包括响度、音高、音色三维度者,即为多维刺激。多维刺激包含的信息量比单维刺激多,它具有较为复杂的意义。

stimulus discrimination 刺激辨别 **1.**狭义指条件作用学习历程中,个体学到只对引出强化物的刺激反应,对其他刺激则不反应的现象。**2.**广义指对不同刺激表现不同反应的现象。与本词相对者为刺激类化(stimulus generalization)。见该条。

stimulus equivalence 刺激等效 指某一刺激可以取代另一刺激而引起同样反应的现象。亦即不同刺激可以引起同样反应的情形。刺激等效现象的形成,可能有两种原因:一是条件作用(conditioning),另一是学习迁移(transfer of learning)。见该等条。

S

stimulus error 刺激误差 美国结构主义心理学家铁钦纳理论中的术语。指在采内省法研究意识时,受试者对刺激反应时以间接经验替代直接经验的现象。例如,主试呈现一朵红色玫瑰花,只问受试者是何种颜色,如受试者回答"红色",即属正确;如受试者回答"红色玫瑰花",即属错答,原因是他以间接经验替代了直接经验。见内省(introspection)。

stimulus field 刺激场 指在某一时间与空间内,影响个体的所有刺激的总和。

stimulus generalization 刺激类化,刺激泛化 属条件作用学习中类化现象之一。指个体学习到向某一特定的条件刺激做固定反应之后，与该刺激类似的其他刺激，不需要经过另外的条件作用，也可引起类似的反应。而且，先后两刺激的性质的相似度愈高，其类化现象也愈明显。见类化（generalization）。与本词相对者为刺激辨别（stimulus discrimination）。见该条。

stimulus-induced maturation **刺激诱导成熟** 指刺激对个体心理发展的促发功能。个体发展到某种程度时，环境中的刺激或环境中的要求，可引发个体出现某种行为，从而促动其心理发展臻于适当的成熟地步。如当时环境中所需的刺激缺乏，个体在成熟程度上将会迟缓落后。幼儿语言的发展就是如此，缺乏语言刺激，幼儿将不易发展其语言能力。

stimulus object **刺激物** 泛指具有引起个体反应功能的东西。刺激物可能是物体，可能是人，也可能是情境。

stimulus-overload theory **刺激超负荷论** 指美国社会心理学家米尔格兰姆（S.Milgram，1933～）1970年提出的解释都市生活的一种理论。一般认为，生活在大都市的人较少对别人关心，在生活上彼此互助的行为远较乡镇居民为少。米尔格兰姆认为，那是由于都市人在日常生活中承受过多刺激所致。

stimulus pattern **刺激组型** 指由很多刺激组合而成的一个刺激整体，在整体中各个刺激间彼此存在着一种和谐的关系。例如各种声音组成一支乐曲，或各种颜色合成一幅图画，都可视为刺激组型。

stimulus-response learning **刺激—反应学习** 指某单一刺激与某单一反应之间的联结学习。条件作用学习中条件刺激与条件反应之间的联结，即属刺激反应学习。幼儿初学认字，一字一音的联结，即为刺激—反应学习。

stimulus-response psychology **刺激—反应心理学** 指心理学中的一种研究取向，亦即行为主义者的研究取向。行为主义者强调，心理学所研究的主要课题，只限于如何去了解并设法建立某一刺激与个体某种反应之间的关系。基本学习历程中的条件作用（包括经典条件作用和操作条件作用），就是刺激反应心理学用来解释刺激与反应间关系建立的最基本历程。

stimulus-response theory **刺激—反应论** 泛指主张学习乃是刺激与反应间联结历程的理论。刺激—反应理论最早由美国心理学家桑代克在1898年提出。他用动物学习实验证明动物经由尝试错误的历程学到向某一特定刺激做固定反应。此后巴甫洛夫的经典条件作用和行为主义心理学家在学习理论上的主张，也都是采用了刺激—反应论的基本观点。见刺激—反应学习（stimulus-response learning），刺激—反应心理学（stimulus-response psychology）。

stimulus set **刺激心向** 指易于感受到某种刺激存在的心理倾向。设有A与B两个（或多个）刺激同时出现，而受试者先感觉到其中之一的出现，且随即对之产生反应，此种对多个刺激的差别反应的现象，即刺激心向使然。

stimulus situation **刺激情境** 指影响个体行为的复杂刺激组型。刺激情境由很多刺激所组成，引起个体反应者，不只是其中某一刺激，而是由多数刺激合成的刺激组型所产生的整体作用。例如，一支乐曲，一幅图画，电视上出现的一则广告，都是刺激情境。

stimulus-stimulus learning **刺激—刺激学习** 指个体在情境中所学到的是刺激与刺激之间的关系，而非刺激与反应之间的联结。这是认知论者对学习历程的解释。像方位学习即属刺激间关系学习。见关系学习（relational learning）。

stimulus structure **刺激结构** 指由多个简单刺激组合成一个复杂的刺激结构。语文、图画、音乐等刺激均属之。

stimulus substitution **刺激代替** 义同刺激代替学习（stimulus substitution learning）。见该条。

stimulus substitution learning **刺激代替学习** 指对经典条件作用学习历程的解释。行为主义心理学家认为，在经典条件作用学习历程中，条件刺激（如铃声）和无条件刺激（如食物）引起的反应相同（像狗的唾液分泌反应），即在学习历程中条件刺激替代了无条件刺激，引起原来由无条件刺激所引起的反应。

stimulus suffix effect **刺激附加效应** 义同附加效应（suffix effect）。见该条。

stimulus threshold **刺激阈限** 义同绝对阈限（absolute threshold）。见该条。

stimulus trace **刺激遗迹** 美国心理学家赫尔理论中的术语。指刺激消失后在神经系统中所遗留下的后效作用。刺激遗迹发生于两种情况： **1.**刺激遗迹是一种感觉现象。当个体注意灯泡良久，然后转头注视别处，短时间内眼前仍留存灯泡的影像，这叫作后像（afterimage）。见该条。 **2.**刺激遗迹是一种记忆，一旦刺激引起反应，而且经过多次练习，即变为长期记忆。当个体见过苹果、吃过苹果多次之后，即使多年未再见过，然每逢想到苹果时，苹果之形状、颜色、香味等刺激全会在记忆中浮现，这叫作心象(mental image)。见该条。

stimulus value 刺激值 指刺激经量化之后所换算成的数值。如亮度、温度、重量等均属之。

stimulus variable 刺激变项，刺激变量 刺激是心理学研究的主要变项之一。在基本研究取向上，心理学的研究，主要是探讨刺激变项、个体变项(有关个体本身的变化，如性别、年龄、能力等)以及反应变项(各种反应方式)三者间的关系。刺激变项是指刺激的性质与强度等变化。在实验研究时，刺激变项常被用来当作自变项(independent variable)。见该条。

stimulus word 刺激词 在语词联想测验中，提供作为联想依据的语词，称为刺激词。相对而言，根据刺激词所联想到的词，即为反应词(response word)。

STM = short-term memory 短期记忆

stocking anesthesia 袜型麻木 属转化症之一。患者脚与足踝部感觉丧失，呈麻木现象，其他部位一切正常。此症无神经生理上的原因，属功能性失常，由心理障碍所致。见转化症(conversion disorder)。

storage 储存 是信息处理论解释记忆历程时所指的三阶段之一。按该理论解释，记忆的三阶段是：(1)编码，感受器接受刺激，经能量转换输入中枢神经系统；(2)储存，中枢神经系统中有关中枢部位将输入之信息分类储存，储存亦即记忆，记忆又分感觉记忆、短期记忆和长期记忆三种；(3)检索，在需要的情形下，由外在刺激线索可引起适当的反应。见信息处理(information processing)。

storage capacity 储存容量 从计算机科学中借用的概念，指记忆中所能储存信息的上限。记忆中究竟能够储存多少信息？如单就长期记忆的功能而言，此一问题没有答案(人脑与计算机不同，计算机容量有限，人脑容量无法测量)。因此，所谓储存容量一词系指短期记忆而言。一般人的短期记忆容量约为7个项目左右。见神秘数字七(magical number seven)。

storm-and-stress period 狂飙期，狂风怒涛期 指青春期个体情绪特别不稳定的一段时期。美国心理学家霍尔在1904年出版的《青年期》一书中指出，个人一生中的青年期，正像人类从野蛮到文明的进化过程一样，是一个不稳定的过渡期。因此，霍尔采用文化发展史上狂飙期的观念来描述青年期的心理特征。霍尔认为，青春期开始后，由于性器官的成熟导致身体变化，使身心失衡，因而情绪不稳，适应困难。并从生物学的观点推论，认为情绪不稳是个体发展期中的必然现象，也是人类的普遍现象。新近学者则认为，青春期生理变化虽是事实，但情绪不稳定现象却未必与生理变化有必然关系。他们认为，青春期情绪不稳定，主要是由于社会文化的禁忌，使新成熟个体的性欲需求受到压抑所致。经观察发现，青春期情绪不稳定现象有很大的个别差异，不同文化间也不相同，所以并非人类的普遍现象。显然，早期的解释偏重生物科学观，现在的解释偏重社会文化观。

story-recall test 故事记忆测验 是测量理解与记忆力的一种测验。阅读或听完一则故事之后，受试者回忆故事中所有情节，从而计算分数以评定其理解力与记忆力的高低。

strangeness fear = neophobia 惧新奇症

stranger anxiety 陌生焦虑 指出生后6至8个月期间出现的一种最简单的社会行为。婴儿4个月大时能辨别生人与熟人的面孔，6至8个月大时对陌生人有排斥反应，每当陌生人出现时，即表现退缩恐惧反应。婴儿见陌生人的恐惧退缩行为，称为陌生焦虑。陌生焦虑也称八个月焦虑(eight-month anxiety)。因婴儿八个月大时通常会出现此种反应。

stranger on a train effect 同车陌路效应 义同陌路效应(passing stranger effect)。见该条。

strange situation 陌生情境法 是用来研究婴幼儿依附(attachment)行为的一种方法。见该条。陌生情境法的设计是，母亲将婴幼儿交付一个陌生人(只对于婴幼儿陌生)，请他照顾婴幼儿数分钟，然后母亲再回到婴幼儿身边，并观察记录婴儿对母亲的依附反应。

strategic compliance 策略性服从 指一种表面服从而内心未必服从的心态。策略性服从是在外部压力或利诱的情况下，个体的行为表现与群体的多数成员一致，而内心态度却并未真正改变的从众现象。外部压力包括社会规范或群体规范、正式或非正式群体中多数成员意见一致的压力，也可能是预见到的惩罚、威胁等。利诱因素包括从众可给个体带来利益或保全个体现实利益等。这些情况如不复存在，策略性服从就随之消失。

strategic self-presentation 策略性自我推介 指自我推介(self-presentation)行为的动机之一。见该条。

strategy 策略 指个人或团体为解决问题或达成预定目标所采取的方法和行动。

stratified random sampling 分层随机抽样 在分层抽样(stratified sampling)时，如分别以各层为总体采取随机原则抽取的样本，即称为分层随机抽样。见该条。

stratified sample 分层样本 指经分层抽样(stratified sampling)取得的样本。以分层样本作为研究者实际研究的对象。见该条。

stratified sampling 分层抽样 当研究者已知总体中个体特质呈异质现象时,想从中抽取一个具有代表性的样本,就必须作分类或分层的考虑。例如,大学内的学生可视为一个总体,但其在接受教育年限上,就有不同的阶层:有本科一、二、三、四年级,也有硕士与博士学生;他们知识水平不同,而在人数分配上也不相等。因此,如果想抽样研究大学生的态度,就不能混合一起抽样,而必须改以受业年限分为数层,按各年级人数比例抽取部分样本(如每年级各抽10%),最后集为整个样本以代表大学内的学生。像此种按层级比例抽样的方法,也称比例抽样(proportional sampling)。

streaming 分流 教育心理学术语。指根据学童能力(一般指智力)分班教学,从而达到因材施教的目的。见能力分班(ability grouping)。

stream of consciousness 意识流 为美国心理学家詹姆斯(James, William)在1890年出版的《心理学原理》一书中提出的概念。认为意识并非像结构主义者所说包括静止的元素,而强调意识是连续不断的思维活动。见其传记条。本词亦称思想流(stream of thought)。

stream of thought 思想流 义同意识流 (stream of consciousness)。见该条。

street illusion 街道错觉 义同艾伦斯坦错觉(Ehrenstein illusion)。见该条及附图。

strephosymbolia 视象颠倒症 是一种视觉异常现象,因大脑左半球语言区异常,致使视网膜上所得的映象往往与实物不符,左右恰好相反,如患者可能将gril看成girl,将ri看成ir。患视象颠倒症者,除阅读困难外,也常有书写困难。

stress 压力,紧张 指个体生理或心理上感受到威胁时的一种精神状态。此种紧张状态,使人在情绪上产生不愉快甚至痛苦的感受。压力的来源可能是由于动机挫折,可能是由于面临失败的威胁,也可能是由于内心的冲突。压力有时具有示警的功能,可使人面对压力的来源而设法排除之。

stress test 压力测验 属心理测验之一。该测验的测验情境(如限时完成)与测验题目(如难度极高)两种因素,会对受试者在精神上造成很大的压力。压力测验旨在测试受试者应付压力的能力。压力测验又称情境压力测验(situational stress test)。

stress tolerance 压力忍受性 指个体身处精神压力情境下,不向压力屈服的人格特征。

striated muscle 横纹肌 义同随意肌(voluntary muscle)。见该条。

striving for superiority 追求卓越 奥地利精神病学家阿德勒个体心理学理论的中心理念之一。追求卓越的基本要义是,人类生而具有一种内在动机,此种内在动机促使个体在生活中奋力向上,力求完美,从而达到自我实现。

stroboscope 动景器 比利时物理学家普莱托(J. A.Plateau,1801～1883)在1833年发明的一种动画仪器。在心理学上研究似动(apparent motion)时,常用来作为实验仪器之用。见该条。见动景效果(stroboscopic effect)。

stroboscopic effect 动景效果 运用似动现象的错觉原理,将连续拍摄的多幅影片以等速的方式连续呈现,即形成连续的活动景象,这叫动景效果。电影就是按动景效果制作的。动景效果也称动景错觉(stroboscopic illusion)。见似动(apparent motion)。

stroboscopic illusion 动景错觉 义同动景效果(stroboscopic effect)。见该条。

stroboscopic motion 动景运动 见似动(apparent motion)条第二义。

Strong-Campbell Interest Inventory(SCII) 斯特朗—坎贝尔职业兴趣测验 见斯特朗职业兴趣量表(Strong Vocational Interest Blank)。

strong color 强色 指饱和度高的颜色,亦即纯度高的颜色。见颜色饱和度(color saturation),颜色纯度(color purity)。

strong law effect 强势法则效应 指斯金纳的强化原则增补了桑代克的效果律,而成为解释学习产生的唯一条件。见操作条件作用(operant conditioning)。

Strong Vocational Interest Blank(SVIB) 斯特朗职业兴趣量表 是一种团体兴趣测验。该调查表原系美国心理学家斯特朗(E. K. Strong)1946年所编制,1974年修订后改名为斯特朗—坎贝尔职业兴趣测验(Strong-Campbell Interest Inventory)。其内容包括下列八部分:职业名称、学校课程、各种娱乐和嗜好、普通职业活动、对各种人的喜欢与否、强迫选择喜欢与不喜欢的、强迫选择二选一、个人特质。该测验的1946年版及1966年版,经学者张肖松、路君约修订为中文,尚无标准化之信度、效度数据,于1969年出版。该测验适用对象为大学阶段学生及成人,计分方式采答案卡计分,已建立男性之医生、律师、工程师及女性之数理教员、护士、秘书六种职业兴趣量表常模。

Stroop effect **斯特鲁普效应** 指字义和颜色不一致时所形成的认知干扰效应。设有四张卡片，每张卡片上印有不同颜色的单字，分别是：(1)用红色印的"红"字(颜色和字义一致)；(2)用绿色印的"红"字(颜色和字义不一致)；(3)用绿色印的"绿"字(颜色和字义一致)；(4)用红色印的"绿"字(颜色和字义不一致)。实验时，受试者的任务是，看到卡片立刻回答卡片上字的颜色。实验结果发现，1与3两种卡片(颜色和字义一致者)所需反应时间较短，2与4两种卡片(颜色和字义不一致者)所需反应时间较长。此种因颜色和字义不一致而干扰认知历程的现象，系由美国心理学家斯特鲁普(J. R. Stroop)1935年发现，故名。

Stroop test **斯特鲁普测验** 指斯特鲁普效应(Stroop effect)实验的程序。见该条。

structural ambiguity **结构性暧昧** 指单从语句表面不能确定其意义的情形。例如，"They are reading books."这句话可能有两种意义：其一指"他们正在读书。"其二指"那些书是读本。"一句话之所以可能显示两种意义，是因为语句结构暧昧的关系。

structural approach **结构取向** 义同精神结构(psychic apparatus)。见该条。

structural hypothesis **结构假说** 义同精神结构(psychic apparatus)。见该条。

structuralism **结构主义，构造主义** 指19世纪末20世纪初由德国心理学家冯特及其弟子铁钦纳提出的解释意识内容的理论。结构主义的基本要义是：(1)冯特1879年在莱比锡大学设置心理实验室，采实验法研究意识，目的在由意识的研究可了解心之构成；(2)采用内省法研究受试者的直接经验，从而分析意识的构成元素；(3)经由对意识的分析，发现其中包括感觉、意象与感情三个元素。冯特的弟子铁钦纳继承了冯特的思想，1898年之后在美国大力提倡，正式成立学派，宣扬结构主义思想。只因结构主义过分狭窄，遭受强力反弹，在1927年铁钦纳逝世后日渐式微。

structural model **结构模式** 义同精神结构(psychic apparatus)。见该条。

structural model of pattern recognition **物形辨识结构模型** 义同结构论(structural theory)。见该条。

structural psychology **结构心理学，构造心理学** 义同结构主义(structuralism)。见该条。

structural theory **结构论** 认知心理学上解释物形辨识的理论之一。结构论的基本要义是，在短暂的感觉记忆阶段，个体之所以能够辨识他所看到(或听到)的是什么东西，乃是因为他看出该物形整体结构的缘故。所谓整体结构是指该物形各重要特征之间具有某种关系。只要物形重要特征及其间关系存在，其他部分即使隐而不显，也可辨识出它是什么东西。完形心理学上的知觉组织现象正符合结构论的原理。主观轮廓(subjective contour)就是最明显的例子。见该条。与本词相关者有模板论(template theory)、特征论(feature theory)。见该等条。另见物形辨识(pattern recognition)。注意本词与结构主义(structuralism)不同。见该条。

structural theory of pattern recognition **物形辨识结构论** 义同结构论(structural theory)。见该条。

structured interview **结构式访谈** 在访谈之前，对访谈内容与进行程序，均经预先备妥者，称为结构式访谈。结构式访谈通常会在事先设计好要问的一系列问题，访问时逐题进行，受访者口语回答，访问者笔记答案。与本词相对者为非结构式访谈(unstructured interview)。见该条。

structured stimulus **结构性刺激** 刺激本身特征能使人获得清楚知觉经验者，称为结构性刺激，如三角形、圆形等属之。反之，如刺激本身特征不能使人获得清楚知觉经验者，称为非结构性刺激(unstructured stimulus)，如罗夏墨迹测验中的图形。不过，刺激本身特征是否具有结构性与个人知觉经验有关，同样一种刺激，对某些人能引起清楚知觉经验，但对另一些人则不能。因此，结构性是相对的，不是绝对的。

structure-of-intellect model = **structure-of-intellect theory** **智力结构论**

structure-of-intellect theory (SOI) **智力结构论** 智力结构论系由美国心理学家吉尔福德1959年提出，后经1977年修改的一种智力理论。按智力结构论的解释，人类的智力乃是复杂思维的表现。在思维的整体心理活动中，包括三大要素：(1)引起思维的材料所决定的思维内容；(2)思维活动时所产生的思维运作；(3)经由思维运作所获致的思维产物。思维活动中的三大要素，可视为立体结构的三个维度。附图所示即代表吉尔福德的智力结构理论。构成智力理论的三大要素内，每个大要素又各自包括多种次级要素。如此在整个立体智力结构中，在理论上就可按三大要素的乘积，得150种不同的能力，即5(不同内容)×5(不同运作方式)×6(各种思维产物)=150。在思维内容维度上，引起思维的材料或信息(即刺激)，包括五类：(1)视觉(信息)，指经视觉器官(眼睛)直接观察可见的具体形象；(2)听觉(信息)，指经由听觉器官（耳朵）直接听到的声音；(3)符号（信息），指带有含义的文字、数字、图案等符号；(4)语义（信息），指由语文传达的观念；(5)行为（信息），指对别人外显行为的主观解释（属社会性智力）。在思维运作的维度上，包括五类不同思维运作方式：(1)认知（cognition），指对引起思维信息的认识与理解；(2)记忆（memory），指对需要思维的信息立即予以收录并储存；(3)发散思维（divergent thinking），指思路广阔，从不同角度思考并进一步提出创意的超常思维方式；(4)辐合思维（convergent thinking），指根据已有经验循逻辑途径寻求固定答案的思考方式；(5)评价（evaluation），指在对各种信息进行处理时，对信息的性质及其适切度之选择与取舍过程。在思维产物的维度上，包括六类不同思维结果：(1)单元，指思维结果是可以采用单位计算的（如多少单词）；(2)类别，指经思维后按事物特征分类，得到类别的认知（即概念）；(3)关系，指经思维之后了解到事物之间的关系（如一定体积的水比同体积的冰重）；(4)系统，指经思维后了解到复杂事物的系统结构（如自来水从何处来）；(5)转换，指经思维后能将某种事物转换成另一种形式（如水遇热转化为蒸汽）；(6)含义，指经思维后能从现实事物的表象得到启示，并用作对同类事物的解释与预测的依据。吉尔福德的智力结构论有三点重要意义：(1)智力并非单一能力，而是由多种能力交互作用形成的复杂结构；(2)智力不是静态的知识运用能力，而是适应环境的动态思维历程；(3)智力不只是知的能力，而是包括了知识之上的创造能力。

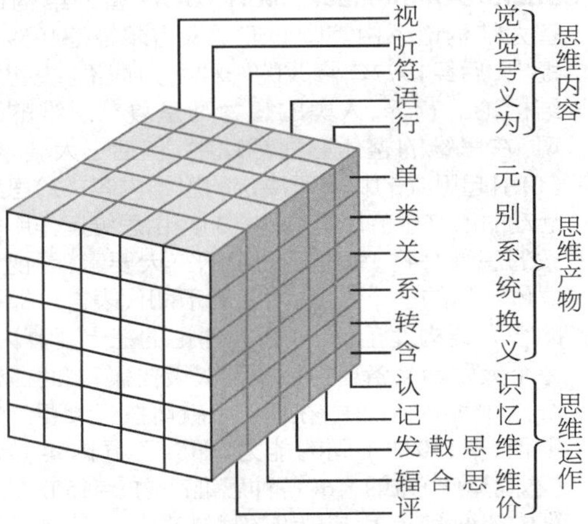

智力结构论

structure psychology＝structural psychology 结构心理学，构造心理学

structure word 结构词　义同语法词（function word）。见该条。

STS＝short-term store 短期储存

student-based instruction 学生本位教学　义同学生中心教学（student-centered instruction）。见该条。

student-centered approach 学生中心取向　义同学生中心教学（student-centered instructon）。见该条。

student-centered instruction 学生中心教学　指近年来流行的一种教育改革思想，此种思想主要是以瑞士心理学家皮亚杰的认知发展理论为根据的。皮亚杰认为，儿童在适应环境事物变化或人际互动时，会自行调整其认知结构，从而学到解决问题的新知识。换言之，儿童在问题情境中获得的新知识是他自己建构的，不是人教的。故而皮亚杰的论点称为建构主义（constructivism）。现代教育心理学家取其精义，用以改进学校中一向采教师教学生学的教学传统；主张教师与学生的角色转变，教师由传统的主导，转变为辅导，学生由传统的被动受教，转变为主动求知。学生中心教学实施方式有多种，最主要的有发现学习（discovery learning）与合作学习（cooperative learning）。与本词相对者为教师中心教学（teacher-centered instruction）。见该等条。

student-centered teaching＝student-centered instruction 学生中心教学

Student's test＝t-test t检验

student teams-achievement divisions（STAD） 学生团体成就分组合作学习　指实施学生中心教学时所采用的一种分组学习方式。此种方式的特点是，全班学生分为多个小组，每组3～5人，包括不同能力、性别和家庭背景的学生。进行时由教师命题，学生合作解答，直到全组学生彻底理解解题过程。事后举行测试，测试结果分个人与团体两种成绩；前者为个人实得分数，后者为全组分数之和。几次测试后个人成绩进步者给予奖励，团体成绩优异者发给奖状，并在班讯上公布以资表扬。见学生中心教学（student-centered instrucation）、合作学习（cooperative learning）。

Stumpf, Carl（1848～1936） 斯图姆夫　斯图姆夫是德国哲学家和心理学家，是反结构主义运动的心理学家之一，是现象学和完形心理学的先驱，也是心理学史上著名的音乐心理学家。

斯图姆夫1848年4月21日出身于德国南部巴伐利亚的一个富裕家庭，自幼爱好音乐，7岁开始学提琴，10岁能作曲，成年后精通五种乐器。1865年进匹兹堡大学，受该校著名教授布伦塔诺影响开始研习哲学和科学。稍后，他接受布伦塔诺建议转学至哥廷根大学，于1868年获哲学博士学位后回匹兹堡跟布伦塔诺研究。嗣后，他曾任哥廷根、匹兹堡、慕尼黑等大学教授，1894年开始担任柏林大学教授并兼任实验心理学研究所主任，直到1921年退休。1936年12月25日，斯图姆夫病逝于柏林，享年88岁。斯图姆夫在心理学上的贡献，主要在于以下两方面：

1.开现象心理学研究的先河　斯图姆夫的心理学理念，基本上和他老师布伦塔诺的意动心理学颇为相似，对结构主义思想也同样持反对态度。斯图姆夫认为，心理学所研究者应该是个人在某种情境下产生的完整性心理事件，故而不宜用分解的方法来处理心理事件。换言之，他反对当时结构学派实验心理学将意识加以分析从而寻找意识元素的做法。他主张，心理学研究的主题应为心理现象，而非意识元素。他认为结构学派意识经验分析做法的缺点是将意识经验人工化并抽象化，使原来的意识经验丧失了它的自然性。斯图姆夫的思想由其弟子胡塞尔发扬光大，后来成为现象学。因此，斯图姆夫被视为现象学的先驱。

2.首创音乐心理研究　斯图姆夫在心理学史上的特殊贡献是对音乐心理学的研究。从1975年开始，斯图姆夫采取生理心理学的观点，将音乐视为一门科学来进行实验研究。8年后，1883年出版了《音乐心理学》上卷，1890年出版下卷，这两本书被视为心理学领域内空前的著作。斯图姆夫经实验研究后提出他的音乐心理学理论，其中最主要的是他的乐音谐和理论。该理论的要义是，音与音之间的谐和是形成乐音的基础；数音同时发声时是否谐和，决定于音与音之间的融合程度，融合程度愈高，听起来就愈谐和，融合程度愈低，则听起来愈不谐和。谐和的数个音使人在心理上形成一个统一体（是单一音，而非分离的数音之和）。斯图姆夫认为人类对乐音谐和的辨别不是经验的，而是先验的，是高级神经的特殊能力。

斯图姆夫的另一贡献是他的学生中有多人后来成为著名心理学家，除现象学创始人胡塞尔之外，完形心理学的三位创始人柯勒、考夫卡及勒温都是他的及门弟子。1913年柯勒去南非坦那瑞非岛担任人猿研究站主任，就是斯图姆夫推荐的。斯图姆夫的心理学思想对以后完形心理学的发展影响甚深，完形心理学“整体不等于部分之和”的中心思想，正是斯图姆夫乐音谐和理论的余绪。

斯图姆夫著作中译为英文的专著有：*Psychology of tone*, 2 *vols*.（1883, 1890）。

stuttering 口吃　口吃是一种语言障碍，说话时不能畅所欲言，而只以断续、重复、缓慢的方式表达个人的意见。因为口吃是与人交谈时显露出来的个人缺点，所以口吃者说话时难免带有心跳气促的紧张情绪。口吃者男多于女，在人数上呈四比一的悬殊差异。对口吃的原因，目前有三种解释：（1）遗传因素，经调查发现口吃家庭（父母中有口吃者）中的孩子，九倍于非口吃家庭的孩子，唯其中不无后天学习模仿因素。（2）生理因素，此类口吃，主要系由脑伤造成或大脑左半球优势功能异常所致。一般认为大脑左半球优势较强，故而右手较便利，生而左利者，可能其优势不在左半球，如强迫左利儿童改用右手，就可能形成口吃。（3）心理因素，由于幼儿语言发展期间缺少父母关爱，致使其未能适时学到与人沟通的语言能力。

style of life 生活格调　奥地利心理学家阿德勒之个体心理学中的术语。生活格调系指个人适应环境与满足需求时所表现的一种独有的特征，其中包括他的动机、情绪、态度、观念以及一切所作所为累积的经验。个人的生活格调具有独特性，世间绝无两人完全相同。个人以其独有的生活格调去待人处世及从事一切生活活动。

stylistic test 格调测验　是从某些制式动作中观察个体差异的一种测验。此种测验乃是基于一种假设，认为个人在类似活动中表现出类似的行为。例如，写字就是一种制式的动作（每字均须按一定笔顺），可是每人书写方式大不相同，有的字体工整，有的龙飞凤舞。根据书法判断性格就是格调测验的观念。一般认为字体工整者做事较细心。

stylus maze 铁笔迷津　属迷津设计之一。在板面上刻有凹下的复杂路线，受试者可以用眼睛或不用眼睛视导，用尖笔尝试从入口找到目的地。铁笔

S

迷津旨在检查受试者的空间能力。大脑右半球病变者，此种能力丧失。见迷津(maze)。

Su = unconditioned stimulus 无条件刺激

subception 半知觉 在刺激强度太微弱或刺激出现时间太短的情况下所得到的知觉，称为半知觉。

subconscious 下意识 属意识的不同状态之一。下意识指个体对其内外环境中一切刺激情境不完全了解的一种精神状态。在心理学上，对下意识一词有两种不同解释：(1)指个体当时对内外环境中刺激带来的信息未加注意，因而对其所感、所知、所记的一切，均未达到清晰了解的地步，如稍加注意，就很容易提升到意识状态。有些工作达到纯熟地步，常在下意识状态下操作进行(如在平坦笔直而车少的路上开车)。此种不经意识的动作，在现代认知心理学上称为自动化处理(automatic processing)。见该条。(2)根据弗洛伊德的解释，下意识一词与前意识同义，是个体所感、所知与所记的一切，在尚未达到意识层面的一种意识状态。见意识状态(conscious state)。

subconscious personality 下意识人格 指多重人格者的人格结构中的非主体人格。多重人格者的人格特征是，在不同时间内出现不同的主体人格。当主体人格出现时，隐而不显的非主体人格，即称为下意识人格(因当时不能清楚地意识到其存在)。见多重人格(multiple personality)。

subconscious process 下意识历程，半意识历程 **1.**义同下意识(subconscious)。见该条。**2.**属注意层(attention level)之一。见该条。

subculture 次文化，亚文化 指在某一主流文化之内，因受地理条件与生活环境等因素的影响，逐渐分化而成的多个次层文化。次文化与主文化之间的关系是同中有异，各个次文化之间的关系则是异中有同。因此，次文化并非主文化之外的另一文化，只是主文化之内因不同地区、不同职业、不同宗教、不同年龄等因素，造成在习惯、态度、价值观念以及生活方式等方面不同而已。例如，在快速变迁的现代社会中，青年人在服装穿着、两性态度、价值观念等方面，与代表传统的中老年人相比，存有相当大的代间差异。是故在社会心理学上乃有青年次文化(youth subculture)的研究。见该条。

subgoal 次目标 指在终极目标之下列为分期或分段达成的阶段目标。例如，要想作环球旅行(主目标)，先筹划旅费并搜集参考数据以及计划旅行路线等，都是次目标。

subgoal analysis 次目标分析 见手段—目的分析(means-end analysis)。

subgroup norm 子群常模 属测验常模之一。指常模之下分化出来的次团体常模。以智力测验为例，除全国性常模之外，某地区或某都市均可建立其地区常模。为了进一步了解各年龄组的智力分配，甚至想比较同年级男女生的智力差异情形，可在地区常模之下再分化为年龄常模、男生组常模、女生组常模等。此等分化出来的常模，都称为子群常模。见常模(norm)。

subject (S) 受试者，被试，学科，主题 **1.**指在心理实验或心理测验中接受观察或测验的个体(包括人或动物)，亦即实验或测验研究的对象。**2.**指学校中开设的教学科目，如语文、英语、数学等。**3.**指谈话或文章的中心论点。

subjective attribute 主观属性 指刺激引起个人知觉印象的主观倾向。谓个体对某物体所得的知觉印象，并非全由物体本身的物理特征或物理属性所决定，而是受到个体主观经验的影响。

subjective color 主观颜色 指客观刺激本属无彩色的物体，而在主观上觉得带有某种颜色的心理现象。如附图所示，本来是纯为黑白相间线条构成的图形，但看起来总会觉得波纹中间部分带有黄色。这是一种错觉或幻觉现象，在20世纪60年代兴起于欧美的欧普艺术(op art)，即采取此种幻觉现象从事创作。附图即其作品之一。

主观颜色

subjective contour 主观轮廓 是德国心理学家舒曼(F. Schuman，1887～1932)在1904年首先描述的一种错觉现象。指观察者仅凭个人认知，对轮廓不明确的刺激情境赋予一种轮廓完整的知觉。以附图为例，虽然图形轮廓并不确定，但观察者都会由之获得颇为固定的轮廓知觉。像此种物理刺激不完整而心理反应完整的现象，正符合完形组织法则(Gestalt laws of organization)中的闭合法则(law of closure)。见该条。主观轮廓又称变则轮廓(anomalous contour)和错觉轮廓(illusory contour)。见坎尼萨三角形(Kanizsa triangle)条及附图。

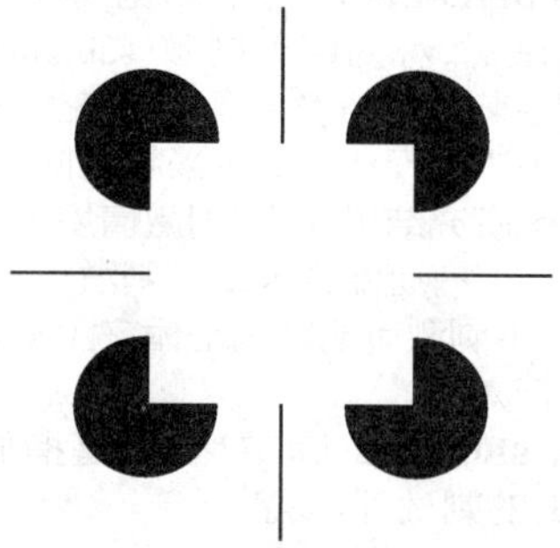

主观轮廓

subjective error 主观误差 属于常误之一种。指在观察行为现象或整理统计资料时，由于研究者本人有意无意地在态度上造成的误差。研究者个人的兴趣、爱好与偏见等，均为形成主观误差的原因。见常误（constant error）。

subjective examination 主观考试 指受试者对试题可凭其主观自由发挥的考试。见论述式考试（essay examination）。

subjective expected value 主观预期价值 见预期价值（expected value）。

subjective frequency 主观频率 义同主观概率（subjective probability）。见该条。

subjective idealism 主观唯心论 指18世纪英国哲学心理学家柏克莱（Berkeley, George）对知识来源问题的主张。见其传记条。

subjective judgement 主观判断 **1.**指根据个人主观直觉或经验对是非对错所做的判断。**2.**义同主观道德判断（subjective moral judgement）。见该条。

subjective moral judgement 主观道德判断 瑞士心理学家皮亚杰在1948年出版的《儿童道德发展》一书中，所提出的儿童道德发展特征之一。皮亚杰观察发现，七八岁以后的儿童们对行为对错进行判断时，不再像较年幼儿童那样只根据行为后果的客观事实去考虑，而倾向于兼顾当事人行为表现时的意向或动机，从而做出主观的判断。例如，打破三个杯子者和打破一个杯子者相比，如前者是无意的，后者是有意的，则前者的过失不一定就比后者重。与本词相对者为客观道德判断（objective moral judgement）。见该条。

subjective organization（SO） 主观组织 指面对多种彼此不相类属的事物时，个人仍将之加以主观组织以便记忆的心理倾向。例如，用20个彼此毫无关联的单词为材料，让受试者只看一遍，然后默写。第二遍变换单词顺序，只看一遍后再默写，依此进行，直到受试者20个单词全写对为止。研究者发现，无论每次练习时单词顺序如何改变，受试者倾向于有他自己的主观组织顺序，他会将自己认为词义相近的单词组合在一起。主观组织是以个人主观经验为基础的。

subjective orientation 主观取向 义同主观道德判断（subjective moral judgement）。见该条。

subjective probability 主观概率 指不按数学上的概率原理，单凭主观判断去预测事件发生的可能性。例如，一枚骰子每次丢下去六点向上的概率均为六分之一，前后各次所丢结果，不发生任何连带关系。但在连丢三次均为六点向上情形下，如赌徒预测第四次无论如何都不会再发生六点向上的情形，就是主观概率。这现象称为赌徒谬误（gambler's fallacy）。见该条。

subjective psychology 主观心理学 指心理学的一种研究取向。凡采用内省法来搜集资料（受试者的主观反应）以研究心理现象者，均称为主观心理学。

subjective scoring 主观评分 指不按预定的客观标准，只凭阅卷者主观判断的评分方式。一般论文式考试，都采用主观评分。与本词相对者为客观评分（objective scoring）。见该条。

subjective sensation 主观感觉 指非由外界具体刺激所引起的感觉经验，如耳鸣和幻觉等现象均属之。

subjective test 主观测验 指按主观评分的测验。此类测验没有预定的客观评分标准。如论文式考试即属之。与本词相对者为客观测验（objective test）。见该条。

subjective type 主观型 属于人格的一种类型。具有主观型人格特质者，在对人、事、物等有关问题进行判断时，多倾向于以其个人的需求与主观的价值为基础。与本词相对者为客观型（objective type）。见该条。

subjective-utility theory 主观功利论 解释决策的一种理论。此理论的基本要义是，面对缺乏固定答案的问题情境需要作出选择判断时，每个人根据他对问题性质的认识与理解，权衡利弊得失，最后作出他主观认为有利无弊或利多弊少的判断。换言之，人的决策行为多半是主观的，不是客观的，同一种股票，有人卖出，有人买进，正是此种情形。

subjectivism 主观主义，主体主义 **1.**指个人在判断事理时只凭自己主观经验的心理倾向。例如，某市的人口有10万，某甲认为它是大都市，因为他自幼生长在乡村；某乙则说它是小城镇，因为他是在百万人口的大都市长大的。**2.**指“人是一切事物之标准”的哲学观点。持此种观点者强调，个人的经验是鉴定世事万物真、善、美的标准。与本词相对者为客观主义（objectivism）。见该条。

subjectivity 主观性 指不根据客观事实或客观原则，只根据个人主观经验对事物所作解释，或主观判断时所指出的事物特征。与本词相对者为客观性（objectivity）。见该条。

subject mortality effect 受试者流失效应 参与连续性实验的受试者如需逐年接受实验，实验时间拖延较久时，受试者之中难免有因死亡、疾病、迁徙或其他原因而无法持续参与实验的全程。在此种情形下完成的实验，自然会因受试者流失的效应，无法达到预期的结果。

subject psychology 学科心理学 应用心理学领域内专门研究各门学科教学时学生心理活动规律的学科。学科心理学研究目的旨在了解学生学习过程的心理特点和掌握知识、形成技能的心理规律；其范围包括语文教学心理学、数学教学心理学、自然科学教学心理学、外语教学心理学、社会科学教学心理学、体育教学心理学、艺术教学心理学等。

subject variable 受试者变项 指受试者本身所具有的条件或属性，诸如受试者的性别、年龄、能力、性向、身体状况等均属之。在实验过程中，受试者变项是研究者不能操纵的变项，不能像一般自变项那样来处理，只能事先根据实验研究的目的选择所需要的受试者。

sublimation 升华 本词原为物理学的概念，指物质由固态不经过液态直接变为气态的现象。精神分析论取其截然改变之意，将之列为防卫机制之一。指个体将不为社会认可的原始性冲动或欲念，不直接表达出来，而改以符合社会标准的行为表现之。例如，性欲冲动因受社会伦理限制无法满足时，转向以求知、体育竞技、绘画、文学创作等形式抒发感情，使原有的动机冲动得到宣泄，以消除因动机受挫而产生的焦虑、不安，进而从个人成功的体验中达到心理的平衡与满足。在精神分析论所列的防卫机制中，升华是比较合于心理健康的。见防卫机制（defense mechanism）。

subliminal consciousness 阈下意识 义同阈下知觉（subliminal perception）。见该条。

subliminal learning 阈下学习 指在个体不经心不注意情况下的学习。此类学习，个体多半不能记忆，因而无法靠传统的回忆法测试其结果。测量阈下学习效果是否产生，只能采用再学习（relearning）。见该条。

subliminal perception 阈下知觉 刺激的强度低于绝对阈限时，称为阈下刺激（subliminal stimulus）。在阈下刺激的情境下会不会产生阈下知觉？这是多年来广告设计者最感兴趣的问题。根据心理学家实验研究结果，阈下刺激情境下不会产生阈下知觉，但有可能会因阈下刺激影响到行为。换言之，阈下刺激可能影响个体产生某种程度的不自知的行为。

subliminal stimulus 阈下刺激 是指低于阈限（threshold）的刺激。见该条。

submission 顺从 指个体在行为上，易于听从别人支配，接受别人领导的现象。

submissiveness 顺从性 指个体在人格特质上具有认同别人意见，接受别人支配的心理倾向。

submissive personality 顺从性人格 属人格表现的一种特征。此种人在性格上柔顺而不强霸、被动而非主动，自我评价偏低，愿居中游，满足现状，待人温和谦虚，容易受别人的影响和支配。

subnormal child 低常儿童 泛指智能发展在常态分布中居于平均数以下的儿童。见智能不足（mental retardation）。

subordinate concept 附属概念 见要领概念（superordinate concept）。

substance abuse = drug abuse 药物滥用

substance conservation = conservation of mass 体积守恒

substance dependence = drug dependence 药物依赖

substance-induced delusion 药物引发妄想 指服用药物后所引发的妄想。见妄想（delusion）与药物效应（drug influence）。

substantiveness 实质性 美国心理学家奥苏贝尔理论中的术语。实质性是指教材在本质上所具有的意义。教材的本质意义不因文字表达方式的改变而改变。有意义的学习就是要学生掌握实质性的意义。奥苏贝尔认为，在一切有意义学习中，学习材料要符合实质性标准。如“凡是三边相等的三角形，都是等角三角形”和“凡是三个角相等的三角形，都是等边三角形”，文字表达不同，但表达的内容相同，是符合实质性标准。学生的学习也要符合这一标准。如知道从家到学校步行30分钟，须知道从学校到家步行也要30分钟，才符合这一标准。见意义学习（meaningful learning）。

substitute stimulus 代替刺激 义同条件刺激（conditioned stimulus）。见该条。

substitute valence 代替引拒值 个体对第一目标

追求不成改而追求第二目标时，第二目标所具备之吸引个体的特征，称为代替引拒值。见引拒值（valence）。

substitution 替代，替代作用 **1.**当个体的动机性行为朝向某个目标进行时，因目标受阻而改为追求另一目标，此种改变称为替代。**2.**在防卫机制中，补偿与升华均是以动机代替动机或以活动代替活动的方式来减轻焦虑，维护自尊，两者均属替代作用。见防卫机制（defense mechanism）。

substitution hypothesis 替代假说 指采心理动力学观点对心理治疗效果的一种理论性解释。持此假说论点者认为，如果不从精神异常者内在的、深层的原因去彻底治疗，只谋从表面施予矫正（如行为治疗法），即使暂时有效，但因病根未除，最后仍将以其他转化症状来代替。此种转化现象，称为症状替代（symptom substitution）。见转化症（conversion disorder）。

subtest 分测验 在测验组合或综合考试中所包含的数个测验，称为分测验。分测验应有其本身的实施程序和常模，阅卷者可根据分测验的测验结果绘制侧面图。例如，区分性向测验（Differential Aptitude Test）即包括语文推理、数算能力、抽象推理、文书速度和确度、机械推理、空间关系、语文运用Ⅰ（错字）、语文运用Ⅱ（文法）八个分测验，即为分测验。见该条。

subtractive bilingualism 相减双重语言 指先学会一种语言，继而又学习另一种语言，最后只用后者而前者逐渐丧失的情形。例如，幼年随父母旅居海外多年之后将汉语完全忘却，就是相减双重语言的现象。

subtractive color mixture 减色混合 指颜料或油漆混合时所产生的颜色混合效果。如将红、黄、蓝三片彩色玻璃部分重叠时，黄与蓝重叠部分会有绿色感，红与蓝重叠部分会有紫色感，红与黄重叠部分会有橙色感。而三种颜色重叠的部分则有黑色感。颜色混合之所以会产生减色效果，乃是由于光波波长被吸收而不全部反射出来的缘故。与本词相对者为加色混合（additive color mixture）。见该条。

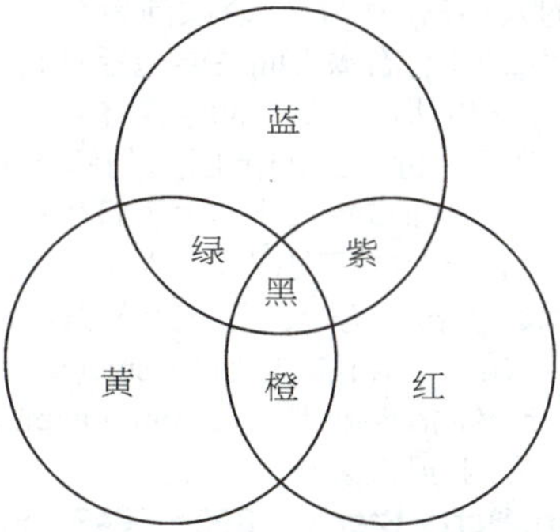

减色混合

subtractive mixture＝**subtractive color mixture** 减色混合

subvocalization 默读 指不出声音的阅读。默读时只是表面不出声音，事实上读者的口唇、喉头及口腔肌肉仍有轻微动作。

successful intelligence 连续性智力 指人类在实际生活环境中解决问题时所表现的连续性思维能力。连续性智力是包括三种能力相继运作的思维历程：先是面对问题情境分析选择，继而针对选定的焦点深入探究，最后将思维心得付诸行动。由此观之，连续性智力是动态的能力，此种动态能力中除包括既有知识之运用外，更包括动态的知识灵活运用及创造能力。传统智力测验所测到的IQ，只能算是连续性智力中的第一种能力，可称之为心理测量性智力（psychometric intelligence）。连续性智力的概念出自美国认知心理学家斯腾伯格的智力三元论（triarchic theory of intelligence）。见该条。

successive approximation method 连续渐进法 指运用操作条件作用学习中强化、消弱、刺激辨别等原理建立某种新行为的方法。动物心理学家常采用此法训练海豚投球或鸽子弹琴等技能。此法将所欲训练行为的各个细节进行详细分析，并排定步骤，然后经由差别强化的方式，对个体出现的适切行为及时予以强化，对无关的行为则使之消弱，连续渐进，最后形成一连串的复杂的行为反应。这种连续渐进建立新行为的方法又称为塑造（shaping）或渐进条件作用（approximation conditioning）。见该等条。

successive approximation procedure ＝ **successive approximation method** 连续渐进法

successive color contrast 连续颜色对比 知觉对比现象之一。对某一物体的颜色知觉，因另一种颜色提前出现而使知觉有所改变时，称为连续颜色对比。例如，在注视一张白纸之前先注视一张蓝纸，白纸就会变得略微带有黄色。

successive contrast 连续对比 属对比现象之一。见对比（contrast）、颜色对比（color contrast）。

successive-practice method 连续练习法 指一种用以验证学习迁移的方法。在学习迁移实验时，平常均设实验组与控制组。实验组先学习材料A，并计算其所需练习遍数或练习所需时间。然后再学习材料B，同样计算其所需练习遍数或所

S

需时间。控制组只学习材料B，不学习材料A，学习时也计算其所需练习遍数或所需时间。最后，比较两组在B材料学习上所需的练习遍数或时间。如发现实验组所需遍数或时间较控制组为少，即表示该组因学习A时的练习效果，对以后学习B产生了连续练习效用。见学习迁移（transfer of learning）。

succorance need 援助需求 是美国心理学家默瑞理论中所列28种人类需求之一。援助需求指人在心理上都存有希望得到别人支持、引导和帮助的需求。

sucking reflex 吸吮反射 婴儿与生俱来的基本反射动作。用乳头或手指触及婴儿口唇时，婴儿即表现吸吮反射动作。吸吮反射是人类和其他哺乳动物共有的生存本能。精神分析论创始人弗洛伊德将婴儿的吸吮反射解释为性心理发展的第一阶段口唇期（oral stage）的开始。见该条。

sudden infant death syndrome（SIDS） 婴儿猝死症候群 指新生儿出生不久无明显原因突然死亡的现象。此种现象一般发生在出生后2周到满1岁之间。婴儿猝死死亡率占同阶段婴儿死亡总人数的30%，且以2至4个月期间为最多。婴儿猝死的原因不明，可能与早产和怀孕期间母亲吸烟和吸食药物等有关。

suffering-hero daydream 受难英雄式白日梦 白日梦的一种，个人所幻想的内容是，把自己想象成受难的英雄，虽追求的目的失败，但仍然获得别人的同情。所谓："天亡我也，非战之罪也。"即此种心态。

suffix effect 附加效应 从事学后记忆研究时，如在所要学习材料（如联结配对字表）之后，附加一种与将来要记忆材料不相干之另一刺激时，纵使受试者明知该刺激与所学无关，不需记忆，但仍将对原学习材料产生不良影响。像此种附加刺激的干扰现象，即称为附加效应。附加效应也称刺激附加效应（stimulus suffix effect）。研究短期记忆时，附加效应现象尤为显著。

suggestibility 暗示感受性 **1.**易于接受别人暗示的心理状态。暗示感受性的高低，因个人的性格而有所不同，性格依赖者有较高的暗示感受性。 **2.**易于无条件接受别人意见，或听从别人差使的心理状态。见暗示（suggestion）。

suggestion 建议，暗示 **1.**本词的一般用法是指对别人对某事的做法所提供的意见。 **2.**本词的特殊用法是指催眠师对受试者实施催眠诱导（hypnotic induction）时所做的暗示。见该条。

suggestion therapy 暗示治疗法 属心理治疗方法之一。暗示治疗法的基本假设是，有些暂时性身心异常的人，他们的问题并非出于其人格结构，而只是由于生活适应上遭遇困难所致。对这种人来说，只要给予适当的暗示，诱导他改变自我观念，重建信心，其心理困扰可能不治而愈。暗示治疗法在实施时，一方面给予情绪上和精神上的支持，另一方面举出曾有类似病情的人所做到的事为例，或估计案主能做到的事并暗示之，然后鼓励其勇于尝试以克服自己的难题。

suicide 自杀 自杀是人类死亡原因中最特殊的一项，其他所有死亡原因都是外在的（疾病或伤害），唯有自杀是个人有意地结束自己的生命。自杀已成为重要社会问题之一，而且社会愈繁荣，自杀率愈高。法国社会学家涂尔淦（E.Durkheim，1858～1917）最早从事自杀行为的调查与分析，他按动机不同，将自杀分为三种类型：（1）利他型自杀（altruistic suicide），自杀之原因乃是为了有利于他人，凡是杀身成仁者，均属此类；（2）失范型自杀（anomic suicide），自杀的原因乃是由于所作所为与社会规范脱节，长期失败之后无助无望，自觉生活毫无意义，人在极端痛苦时，因自感生不如死，终而走向自杀之路；（3）自责型自杀（egoistic suicide），指由于情感脆弱，缺乏信心，遇有挫折即自愧自责、钻牛角尖，从而导致自杀（单身未婚者较多）。涂尔淦的自杀分类不足以用来解释现在社会的自杀现象。现代社会的自杀大致可分为三种类型：（1）失败类，包括学业、事业、感情、婚姻等各方面的失败，因失败绝望而自杀；（2）贫病类，包括贫穷潦倒、债务逼身，因走投无路、罹患绝症生存无望而自杀；（3）手段类，原本是以自杀为要挟别人的手段，结果弄假成真而自杀。

suicide prevention 自杀预防 指防止自杀的一切措施。防止自杀的措施，应从治标与治本两方面着眼。治标方面主要包括：（1）对自杀未遂者实施心理治疗与生活辅导，避免其再度自杀；（2）提醒周边的人平常注意有自杀倾向者在言行上的征兆并严加防范。治本方面主要包括：（1）加强生活教育，让学生认识现实生活中存在不可避免的困难，并学习应付挫折的抗压力与解决问题的能力；（2）推行生命教育，让学生了解生命的意义与价值，并进而养成乐观积极的人生观。

suicidology 自杀学 专门研究人类自杀原因及自杀方式的一门科学。见自杀（suicide）。

sulcus 脑沟 指大脑半球（cerebral hemisphere）上的几条裂沟。见该条及附图。

Sullivan, Harry Stack（1892～1949） 沙利文 沙利文是20世纪美国心理学家和精神病学家，是新弗洛伊德主义的代表之一，是人际关系论的创始人，他以人际关系的理念解释人格发展，也以人际关系的理念从事心理治疗。

沙利文1892年2月21日出生于纽约州的诺威克，1917年获芝加哥大学医学博士学位。第一次世界大战期间曾应召入伍担任军医，退伍后任职华盛顿圣伊丽莎白医院，随当时著名精神病学家怀特（W. A. White, 1870～1937）进行研究，并完成精神分析方面的训练，成为当时在美国推动精神分析运动的主要领导人之一。1923年以后在马里兰大学医学院任教，并从事精神分裂症研究。到20世纪30年代中期，沙利文提出了人际关系论。1949年1月14日在法国巴黎出席世界健康联盟会议期间病逝于巴黎，享年57岁。在新弗洛伊德主义中，沙利文心理学思想最大的特点是特别重视人格发展的社会因素。沙利文在心理学上的贡献，主要在于以下四方面：

1.首倡人际关系论　沙利文不像正统精神分析那样用抽象的理念分析人性，而是主张在社会情境中，从人际关系层面观察人的行为，从而解释人性。因此，沙利文的人格理论称为人际关系论（interpersonal theory）。见该条。

2.提出自我动力与自我体系概念　在沙利文的人际关系论中，他用自我动力作为人格研究的最基本单元，所谓自我动力（self-dynamism），是指个人在社会情境中影响自己与人互动行为的动机。

3.人格发展系于认知经验　沙利文将认知经验视为人格发展的重要因素。此点与弗洛伊德的性心理发展观大不相同。沙利文将个体成长的认知经验分为三类：（1）原始经验，指婴儿仅凭感觉和知觉所获知的简单人际关系，但不了解其中意义；（2）零碎经验，指儿童期所认知的人际关系，但不能了解社会事件中的逻辑关系；（3）社会经验，指青年期以后对人际关系的意义有所理解，从而形成自己的态度和价值观。

4.创用参与观察式的心理治疗　沙利文一生从事精神病医师专业，但他采用精神分析理念从事治疗时，不采正统精神分析者惯用的方法，而采用晤谈的方式进行，让患者参与一个小组讨论，心理师以参与者身份参与。如此形成一个情境，让患者在社会情境中与他人自由交谈，根据患者在人际关系中显现的人格特质，进而设法予以矫治。

沙利文的主要专著有：*Conceptions of modern psychiatry*（1940）；*The interpersonal theory of psychiatry*（1953）；*The psychiatric interview*（1954）；*Clinical studies in psychiatry*（1956）；*Schizophrenia as a human process*（1962）；*The fusion of psychiatry and social science*（1964）；*Personal psychopathology：Early formulations*（1972）；*Concepts of personality development and psychiatric illness*（1980）等。

summative evaluation 总结性评量 从学校实施教学评量的时机而言，有形成性评量与总结性评量之分。所谓总结性评量，是指用于教学结束后的评量；在性质上相当于现在中小学所举行的期末考试。总结性评量有两个目的：其一是在教学目标之下，检查学生一学期来的学业及人格成长达到了什么程度，从而判断教学效果的得失。其二是根据总结性评量的结果，评定学生的学业成就，并将评定结果通知学生家长，让家长了解他们子女在校学习情形。总结性评量时所采用的方法，除使用成就测验之外，也须靠教师平时的观察记录。见形成性评量（formative evaluation）。

summative test 总结性测验 指在总结性评量（summative evaluation）时所用的测验，亦即完成某一单元教学或课程结束后所实施的测验。见该条。与本词相对者为形成性测验（formative test）。

Summerhill school 夏山学校 一所以人本主义教育思想为基础的实验学校。夏山学校创始于1921年，校址在英格兰东部萨佛郡的里斯敦，离伦敦约有一百英里。夏山学校之所以名闻遐迩，是因为该校所采取的教育方式，是极端人本主义教育的典型。在一般学校教育中所重视的知识教学、品德培养、技能训练以及课程、年级等基本要件，在夏山学校全不采用。夏山学校的教育宗旨是，学校只求适应学生的需求，而不要求学生适应学校，故而一切让学生自然发展，不刻意给予任何方式的教导。夏山的创始人尼尔（A. S. Neill, 1883～1973），原为英国公立学校教师。因感于传统学校教育的不合理，乃自行创办风格特异的夏山学校，以期实现其教育理想。夏山创校初期，并未引人注意，直到20世纪40年代之后，尼尔出版了《夏山：一种特异的教育方式》一书，一时洛阳纸贵，夏山名声大噪。夏山学校的教育方式，有以下四点特征：(1)入学年龄不限制，一般入学多在5～15岁之间；(2)不采一般年龄编班方式，采混合编班制，小班5～7岁，中班8～10岁，大班11～15岁；(3)学校虽设有课程，但只为教师而设，学生上课与否不加限制，学校不进行任何成绩考查，更无所谓及不及格的问题；(4)学生人数未超百人，全部住校，每周的前五天学习活动完全自由，周六举行生活讨论会，凡事公决，师生遵守。对夏山学校教育效益的评价，大致可归纳为两点：(1)在校学生的人际关系与兴趣发展方面，较一般学校学生为优；(2)因学校不重视知识技能教学，因而毕业后升学就业较一般学校毕业生困难。

Sunday neurosis **星期天神经症** 指每逢星期天或周末神经症症状突发的现象。本词并非指一种病名，而是指大都市生活中的一种社会现象：平常工作时一切正常，一到周末就病情加重。心理学家的解释是：(1)平常因工作忙碌与生活规律，情绪性的冲动被压抑，周末生活失序时，被压抑的冲动浮出而不能自持；(2)家庭中人际关系本欠和谐者，周末在家彼此冲突机会增多，因而导致情绪困扰。此现象也称周末神经症(weekend neurosis)。见假日症候群(holiday syndrome)。

superego **超我** 根据弗洛伊德的精神分析理论，在个体的人格结构中，居于上层而对以下两层的自我与本我负有监督功能者，称为超我。超我的形成是幼儿发展期中父母管教与社会化的结果。超我中有两部分：一部分为自我理想，按其认同之对象而建立自我形象，另一部分为道德良知，经社会规范的内化而形成自我管制的力量。见弗洛伊德(Freud, Sigmund)传记条第二义(人格结构)。

S

superego anxiety **超我焦虑** 指个人因潜意识中超我活动而引起焦虑不安的心理状态。超我焦虑的特征是，在现实生活中并没有引起焦虑的事故，只是自己觉得良心上有些愧疚。

superego resistance **超我抗拒** 精神分析论的术语。指患者因对超我的愧疚感而拒绝接受治疗的现象。超我抗拒时多附带出现自我虐待的行为。

superfemale **超女性** 指先天性染色体异常现象，个体细胞核中的染色体，比一般女性多一个X，正常女性是XX，超女性者则是XXX，在遗传学上称为三染色体(trisomy)。见该条。超女性者多表现记忆力薄弱，语文表达常有障碍。见染色体(chromosome)条及附图。

superior intelligence **高智力** 指在总人口中居于前15％者的智力。在智力测验上，高智力相当于IQ等于或高于120的人。

superiority complex **优越情结** 指个人对自己的容貌或能力、财富等，喜欢在别人面前过分地夸张。此种人之所以过分强调自己优越，可能是由于内心深处的自卑情结（inferiority complex)使然。见该条。

superiority feeling **优越感** 指个人自觉在某些方面优于别人(如相貌、学历、财富、社会地位等)，借以贬低别人，从而提升自己的心理倾向。其实，怀有优越感的人，其自觉的优越条件未必是客观真实的。自身未具有真正优越条件而怀有优越感者，从心理学的观点看，此种人可能是由于内心空虚而表现的一种防卫机制。换言之，此种人之所以表示优越感，可能是用以掩饰自己的缺点。此种心理称为优越情结(superiority complex)。与本词相对者为自卑感(inferiority feeling)，自卑情结(inferiority complex)。见该等条。

supermale **超男性** 指三染色体(trisomy)患者的先天性异常。见该条。此种人的性染色体中比一般男性多一个Y，正常男性是XY，超男性则是XYY。超男性者易生巨人症。见染色体(chromosome)条及附图。

superordinate concept **要领概念，纲领概念** 美国心理学家奥苏贝尔学习理论中的术语。奥苏贝尔将概念视为一个层次性的结构。居于结构上层者，称为要领概念，代表个人对事物的整体认识。居下层者，称为附属概念(subordinate concept)，代表个人对事物特征的细部记忆。要领概念可持久不忘，附属概念则多为短暂性的。大学生虽不复记忆小学时所学算术课本中曾演算过的题目(附属概念)，但在小学时学得的四则运算的概念(要领概念)，则长久保持不忘。按奥苏贝尔的解释，要领概念就是个人的先备知识。先备知识就是个人吸收新知识的基础，在意义上，也就是一般认知心理学家所指的认知结构。见讲解式教学(expository teaching)。

superordinate goal **超个人目标** 指超乎个人能力所能达成的目标。此种目标的达成，必须有赖于团体成员的合作。如维护社会秩序达到社会安宁，就是超个人目标。见团体目标(group goal)。

superposition **重叠，遮挡** 指深度知觉中供做单眼线索的条件之一。当两种物体在同一水平面上，而其中之一的部分为另一物体所遮挡时，即形成重叠现象。在重叠现象下，有一部分被遮盖的物体使人产生较远的知觉。

superstition **迷信** 指个体对毫无事实根据的传

说深信不疑,或对不相干的事件之间,确信其有因果关系,这种心理倾向是为迷信。迷信心理,古今中外皆有之。人为何迷信?对此问题,自古以来论者虽多,美国心理学家斯金纳的说法较合于心理学的解释。他认为,个体之所以相信两件事之间有因果关系,主要是由于两种原因:(1)他有期待的动机,期望第一件事发生后第二件跟着发生(或不要发生);(2)期待性动机是经由偶然后效强化的学习历程形成的。意谓前后两件事本来毫无关系,两者连续出现纯属偶然或机遇;只因后者出现恰好符合个体期待,使偶然变为应然,结果形成了假的因果关系。某球队穿黄色球衣赢过几次球,球员们可能迷信黄色球衣是制胜的原因。见后效强化(contingent reinforcement)。

superstitious behavior 迷信行为 指不以合理思维为根据而纯以迷信为基础的行为表现。诸如拜山、拜水、拜火、拜树等行为均属之。见迷信(superstition)。

support group 支持团体 义同自助团体(self-help group)。见该条。

supportive therapy 支持治疗法 属心理治疗法之一。此法在实施时,系采用行为矫正的原理,只要案主表现出正常的、可取的或较前稍有进步的行为,即加以赞赏鼓励。支持治疗法重视当事人自身行为表现。此法只从表面看个体行为是否进步,不从内在去探究心理深处的原因。故而也称表面治疗(surface therapy)。见行为矫正(behavior modification)。

suppositional criminal 虞犯 指未有实际犯罪而在生活表现上有犯罪之虞的人。

suppression 抑制 精神分析论用语,指个体将某些痛苦经验或不合理的思想、欲念、冲动等有意地排除于意识之外以免由之引起不愉快的心理历程。本词与压抑(repression)不同,压抑是潜意识历程。而本词则是意识历程。见该条。

suprarenal gland = **adrenal gland** 肾上腺

surdity = **deafness** 聋,失聪

surface structure 表层结构 属语言结构之一。指语言中单是由字音、字形、字序等元素形成的语法性的结构。与本词相对者为深层结构(deep structure)。见该条。

surface therapy 表面治疗 属心理治疗的一种取向,表面治疗是指只就患者当时的、表面的、意识到的问题,给予指导、鼓励、安慰,以期化解其情绪困扰。对患者问题的内在成因则不予深入探讨。本词也称支持治疗法(supportive therapy)。与本词相对者是深层治疗(depth therapy)。见该条。

surface trait 表面特质 指卡特尔人格因素论(Cattell's factor theory of personality)中,根据人格测验结果的相关因素观察所见的行为特质。见该条。与本词相对者为根源特质(source trait)。见该条。

surface validity 表面效度 单从一个测验的表面看即认为该测验具有效度者,称为表面效度。例如,一个测验包括很多数学题,就可能被视为是一个具有测量数学能力效度的测验。表面效度只是测验编制时考虑的一个参考条件,而非真正的测验效度。见效度(validity)。

surrogate father = **father figure** 父职人物

surrogate mother = **mother figure** 母职人物

surrogate therapy 代替治疗 属性心理治疗的一种罕用的方法。代替治疗的对象多为性心理失调者。其实施过程是由心理师(或其他代替人)和患者从事性交行为,从而矫正患者以往性经验的偏差。

survey method 调查法 调查法是以众所了解或众皆关心的事项为范围,预先拟就问题,让受调查者自由反映出他的态度或意见的一种方法。调查法可采两种不同方式进行:一种是问卷调查(questionnaire survey),也称问卷法(questionnaire method);另一种是访问调查(interview survey)。见该等条。从科学研究分级目的看,调查法只能达到描述和解释的目的,在此目的之下,调查法的最大优点是可以同时调查很多人,不像观察法与个案法那样受时空限制。唯受财力人力影响,调查对象一般只能从理想对象群体中抽取一部分人为代表进行调查。理想对象群称为总体,抽取的部分代表称为样本。针对样本调查结果去推估总体,才是调查法的真正目的。因此,一般调查也称为抽样调查法(sampling survey method)。见该条。见科学研究目的(goals of scientific research)。

survey Q3R method = **SQ3R** 查、问、读、记、温五段读书法

survey research = **survey method** 调查法

survival of the fittest 适者生存 19世纪英国生物学家达尔文进化论中自然选择(natural selection)说的中心理念。见该条。

survival value 生存价值 在个体的身体特征或行为能力中,凡是有益于个体生存者,即表示具有生存价值。

survivor guilt 生还者内疚 遭遇一场大灾难(如火灾、地震、战争等)之后生还的人,虽然自己大难不死得以保住生命,但想到自己亲人的死亡时,内心感到的愧疚,称为生还者内疚。见生还者

症候群(survivor syndrome)。

survivor syndrome **生还者症候群** 遭遇一场大灾难(如火灾、地震、战争等)后之生还者,在心理与行为上所表现的一种复杂症状。根据美国心理学家利夫顿(R. J. Lifton)1976年调查发现,大难之后生还者经常表现长期焦虑、做噩梦、摆脱不掉死亡的阴影、抑郁不乐、退缩、丧失生活情趣、吸烟、酗酒以及生还者内疚(survivor guilt)等。见该条。

S-variable = stimulus variable **刺激变项,刺激变量**

SVIB = Strong Vocational Interest Blank **斯特朗职业兴趣量表**

sweet-lemon mechanism **甜柠檬机制** 属于精神分析论所列防卫机制中合理化防卫方式之一。当个体遇到困难,或因行为不慎做了错事时,个体不面对现实去承担自己的责任,也不反省检讨以后改进的方法,反而以自欺欺人的方式,解释自己的作为是正当的、合理的。甚至表示他之所以如此做是有价值的。正如寓言故事中所说的,狐狸误吃了酸柠檬,却偏说柠檬是甜的,正是他所喜欢的。见合理化(rationalization)、防卫机制(defense mechanism)。

swimming reflex **游泳反射** 新生婴儿本能性反射之一。六个月以前的健康婴儿,如将之俯卧在水中,他会用四肢做出状似游泳的动作。六个月以后,此种反射动作反而消失。

SWS = slow-wave sleep **慢波睡眠**

syllogism **三段论法** 三段论法是逻辑推理中典型的演绎推理形式。三段论法的基本特征是,根据一个普遍原则(或公认的事实)为前提,推演到某一特殊事例,从而得到一个肯定结论的推理方式。此种推理方式之所以称为"三段",是因为推理过程中包括三个阶段:(1)确定普遍原则;(2)举出特殊事例;(3)做出肯定结论。兹举例说明三段论法之应用,并附带说明有关的几个名词。

凡鸟皆为卵生的;
乌鸦是鸟;
故乌鸦为卵生的。

以上推理中包括三个语句,三个语句均属陈述句,分别表述一件事理,在逻辑上,这三个语句称为三个命题。所谓命题(proposition),是指含有主语与宾语的一句完整语句。这三个命题因为在推理中出现的顺序不同,而分为:(1)表述普遍原则的第一个命题称为大前提(major premise);(2)表述特殊事例的第二个命题称为小前提(minor premise);(3)表述结论的第三个命题称为结论(conclusion)。三个命题连在一起所形成的推理陈述,称为论证(argument)。按照此等逻辑术语,前例即可写为:

大前提:凡鸟皆为卵生的;
小前提:乌鸦是鸟;
结　论:故乌鸦为卵生的。

基于以上举例说明,可知此种演绎推理思维方式,有两个基本要件:(1)三段论法推论之结论,必须根据两个前提推演而来,而且小前提之主语在概念上不超出大前提主语概念的范围;(2)只有大小两前提所述事实为真时,推理所得结论才会为真。像此种前提为真而结论亦为真的推理方式,称为有效论证(valid argument)。

symbol **象征,符号** 象征和符号二词是有连带关系的。美国哲学家皮尔斯(C.Peirce,1839~1914)有言:"象征是由符号来表达的,而符号之所以成为符号,乃是由于大家了解它的意义。"基于此义,可知"象征"乃是"符号"的深一层意义。对人类而言,"符号"的含义很广,它可能是文字,可能是数字,可能是图形,可能是颜色,也可能是动作(口语和手势)。由此可知,由符号转变成象征时,其含义就更为复杂。例如,"火"字是代表自然现象的一个符号,但在心理上它代表一种情结,某些民族甚至将火视为生命的象征。在心理学上,凡是人类对所有具有符号意义的人、事、物、活动等,除认识其表面意义,还进而领会其内涵意义时,即等于理解其象征意义。同理,在人类所表达的各种复杂行为中,除观察其外显行为(包括语文、文字、动作等),尚须理解其行为背后象征性的含义。根据精神分析论,象征一词有多种解释:(1)指在梦中出现的各种人、事、物,这些都是被压抑了的愿望或冲动,以另外一种掩饰或伪装的象征出现;(2)指代表潜意识愿望的各种外显行为,例如口误或笔误等;(3)指各种精神疾病的症候。综合精神分析学的看法,外显的症候乃是被压抑在潜意识中的欲望的象征。

symbol-digit test **符号数字测验** 义同代码测验(code test)。见该条。

symbolic masturbation **象征性自慰** 见手淫(masturbation)。

symbolic play **象征性游戏** 瑞士心理学家皮亚杰理论中的术语。儿童的认知发展进入前运思期(2~7岁),就会采用象征的方式进行游戏;年满两岁的女孩会将洋娃娃抱在怀里模拟母亲的动作，6岁左右的儿童就会模拟大人生活，分别扮演不同角色，从事象征性的复杂游戏（如过家家）。

symbolic process **符号历程** **1.**指运用抽象符号作为信息传递或意见沟通的一切活动。**2.**指运用抽象符号作为思维、推理、解释问题以至创造发明等心理活动历程。所谓抽象符号系指语文、数字、图形等。

symbolic representation **符号表象** 指美国心理学家布鲁纳认知发展理论中的第三个时期。儿童到六七岁开始在小学接受正式教育以后，能够运用抽象的符号吸取知识，也可以运用文字、数字、图形等符号，作为思考的工具。布鲁纳所指的符号表象期，相当于皮亚杰的前运思期与具体运思期。在布鲁纳理论中另外第一与第二个时期分别是：操作表象（enactive representation）与形象表象（iconic representation）。见该等条。见布鲁纳（Bruner, Jerome Seymour）传记条。

symbolic representation mode **符号表象方式** 指美国心理学家布鲁纳认知发展理论中，儿童运用学得的符号以获取知识的一种方式。亦即认知发展的第三个时期，称为符号表象（symbolic representation）。见该条。

symbolic representative stage **符号表象期** 参见符号表象（symbolic representation）。见布鲁纳（Bruner, Jerome Seymour）传记条。

symbolic stage **象征期** 义同前运思期（preoperational stage）。见该条。

symbolic thinking **象征思维** 义同符号历程（symbolic process）。见该条。

symbolization **象征化，符号化** **1.**广义言之，指学习或使用抽象符号的历程。**2.**狭义言之，指精神分析论所解释的潜意识历程。个体隐存于潜意识中不为社会认可的欲念，经转化为象征性的形式在行为上，从而获得间接性的满足。

symbol-substitution test **符号替代测验** 义同代码测验（code test）。见该条。

sympathetic division **交感部** 义同交感神经系统（sympathetic nervous system）。见该条。

sympathetic nervous system **交感神经系统** 属于自主神经系统（autonomic nervous system）的一部分。见该条及附图。

sympathy **同情** 指能主观地体验到别人内心的感情。同情一词的本意乃是体验到别人的痛苦与快乐：别人痛苦，自己也感到痛苦；别人快乐，自己也感到快乐。唯实际使用时用于表达同情别人痛苦的情况较多，而且通常也伴以行动（如给予人力、物力的支持）。本词与同理心（empathy）不同，本词含义重在“感人之所感”，以“情”为主；同理心的含义则是除了“情”之外，另带有“知人之所感”的“认知”成分。见该条。

symptom **症状，症候** **1.**狭义言之，指生理或心理疾病未发作之前所显示的症状。例如，疲倦、精神不振、胃口不佳等，可能就是内在疾病的外显症状。**2.**广义言之，指某事件未发生之前，先发生有关联性的另一件事件。例如，通货膨胀往往是经济萧条的症候。

symptomatic epilepsy **症状性癫痫** 义同病因不明癫痫（idiopathic epilepsy）。见癫痫症（epilepsy）。

symptom complex = **syndrome** **症候群，综合征**

symptom substitution **症状替代** 见症状替代假说（symptom-substitution hypothesis）。

symptom substitution hypothesis **症状替代假说** 指精神分析论者对行为治疗进行批评时所持的一种理念。他们认为，行为治疗只针对患者的外显行为加以矫正（如系统脱敏法、厌恶条件作用等），其效果只是表面的，真正的病因并未根除。纵使以后类似的行为异常不再发作，但因内在病因作祟，可能改换另外一种症状出现。因此，精神分析论者主张深度治疗，在患者的内心深处（潜意识）将病根挖掘出来，使患者从了解其以往思想和行为的错误，进而领悟人生，改变自己。见深层治疗（depth therapy）。

symptom-symbol hypothesis **症状—象征假说** 精神分析论者对一切心理疾病所持的一种基本观点。他们认为，一切心理疾病患者在心理或行为上所显示的症状，都是象征性的，症状背后都隐藏着一些可能连患者本人也不了解的真正原因，像癔症（hysteria）就是最明显的例子。见该条。见转化症（conversion disorder）。

synapse **突触** 指一个神经元的突起与另一个神经元或细胞发生的接触并传递信息的部位。见突触传递（synaptic transmission）条及附图。

synaptic nervous system **突触神经系统** 指所有具有突触联系为特征的高级神经系统。在此神经系统中，神经细胞具有特定的传导方向，即只按一个方向传导。见突触传递（synaptic transmission）条及附图。

synaptic transmission **突触传递** 神经元具有两个最主要的特性，即兴奋性与传导性。前一特性是，由感受器或另一神经元传来神经冲动之后，立即引起神经元的兴奋；后一特性是，将神经冲动迅速传至相邻的另一神经元，以完成其神经传递功能。神经元之间的传递功能，在性质上有点

S

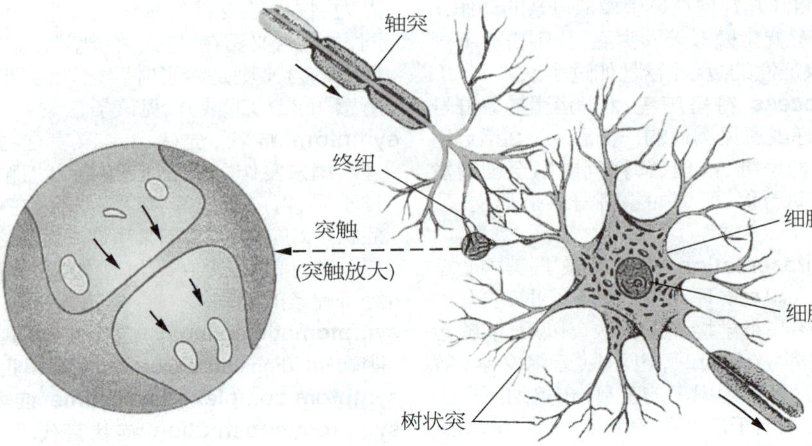

突触传递

像电流的传导,但其间所发生的作用与电流不同。电流靠接触传导,而相邻两神经元之间,事实上并不连接,其间有一小小的空隙(见附图),称为突触。在神经冲动的传递上,突触的功能是极为重要的。神经元的细胞体与轴突,在传导神经冲动时,只能将之传送至终纽,而终纽与另一神经元的传导,则是靠突触部分所发生的极为复杂的生物化学作用。对突触的特殊功能最简单的解释是:突触介于终纽与另一神经元细胞的树状突之间的一个小空间(图左为突触的放大)。终纽内的细胞质中含有极复杂的化学物质。当神经冲动传递到终纽时, 细胞质中的化学物质即产生变化,导致终纽的外膜移动,最后使其表面的小泡破裂,而将神经传导的化学物质,注入突触的空隙中,引起一种放电作用,从而激动另一神经元的兴奋,立即将神经冲动传入另一神经元。

S

syncope 晕厥 指因身体内血液循环暂时失调而在心理上突然丧失意识的现象。

syndrome 症候群,综合征 1.指身因性或心因性交互作用形成的复杂症候。 2.指表面看似单一症状,而事实上是由多种病因交互作用形成的包含多种症状的生理或心理疾病。例如,感冒时所显示的喉头发炎、发烧、咳嗽、肌肉酸痛、食欲减退等多种并存现象,就是症候群。症候群也称综合征。

synesthesia 联觉 指感觉串联的现象,即在某种刺激情境下,个体除获得该刺激的感觉经验之外,同时产生了另外一种感觉经验。例如,常听说:“天气看起来有点冷。”这句话内带有联觉意义,原因是冷是温觉,而非视觉。再如,蓝色看起来较冷,红色看起来较暖,也是联觉。有些人联觉特强,可能与经验有关。服用迷幻药后,会使人产生联觉经验;某些药物服用后会使人产生看到声音与听到颜色的奇幻感觉。

synonym-antonym test 同义词—反义词测验 语文测验的一种特殊形式。此种测验的主要特征是,每一题目均为配对的两个单词,受试者的任务是,指出哪些配对是同义词,哪些配对是反义词。

syntactical aphasia = acataphasia 造句型失语症

syntactic aphasia 语法型失语症 属失语症之一。此种失语症的特征是,患者丧失原有语法的能力,不能把适当的单词连接起来,用以表达一个完整的意义。见失语症(aphasia)。

syntax 语法学 属语言学研究的三大主题之一(另二主题为语音学和语义学)。语法学主要研究语句的文法构造。

synthesis 综合 指将分散的因素或不同的意见融在一起成为一个整体观念的心理历程。

synthesized modeling 综合模仿 属学习方式之一。综合模仿是一种复杂模仿,学习者经多次模仿历程而学得的行为,且未必直接得自楷模一人,而是综合多次所见而形成自己的行为。例如,某儿童先是观察到电工踩在高凳上修电灯,后来又看到母亲踩在高凳上擦窗户,他可能就综合所见,学到踩在高凳上取下放置在书架顶层的故事书。见模仿(modeling)。

synthesizing style 综合型 指对复杂问题的一种习惯思考方式。综合型思考的人喜欢从整体情境看问题。见分析型(analytical style)。

synthetic validity **综合效度** 属测验效度的建立方式之一。指一种或数种测验的综合功能，能否测定某种人员所需的多方面能力与特质的程度。这是工业心理学上，因甄选员工需要而发展出来的一种新的职业性向测验编制方法。综合效度建立的方式是，先对某类工作内涵做系统分析并选定各方面具有代表性的工作，然后转化为测定行为特质的题目，编为数个性向测验或一个性向测验的数个分测验。最后求取所编测验与实际工作成绩之间的相关，建立其效度。如此求得的相关系数，称为职业系数(job-coefficient)。

system **系统，理论** 在心理学上本词有两种含义：**1.**指身体的组织系统，如神经系统。**2.**指对心理现象的系统解释，亦即"理论体系"。心理学中著名的结构主义、功能主义和行为主义等，都是理论体系。

systematic desensitization **系统脱敏法** 属行为治疗法中的一种治疗技术。系统脱敏法的目的是，帮助患者减低对某些刺激情境的敏感反应，从而免除焦虑的痛苦，以恢复正常的生活。系统脱敏法多用于治疗恐惧症。在实施时，系统脱敏法主要包括两个要点：(1)确定焦虑产生情境，在开始治疗之前先确定患者在什么情境下对何种刺激会产生反常的恐惧，然后将刺激情境由轻而重安排成层级，先由最轻微的刺激情境开始，等习惯之后再逐步加重刺激情境，直至患者习惯，不再表现敏感反应为止。(2)学习肌肉放松训练，由心理师指导患者练习注意力集中于身体肌肉活动并保持心境平静的放松训练(relaxation training)。放松训练的目的是让患者学到在引起焦虑的情境中随时拿来应用。将注意力集中于身心放松，以转移对情境的注意力，从而避免焦虑反应的产生。

systematic distortion **系统扭曲** 指对长期记忆中的事件随时间延长而逐渐变相的历程。经过系统扭曲的记忆，在内容上有些部分减少，但也有些部分增加。见平抑化(leveling)第二义，另见尖锐化(sharpening)第二义。

systematic error **系统误差** **1.**指经常性的或重复性的误差。因为此种误差的性质永远是有系统地偏向一边的，故而称为系统误差。**2.**义同常误(constant error)。见该条。

systematic random sample **系统随机抽样** 随机抽样的一种简化的抽样方法。以从电话簿中抽样访问200人为例，先根据随机抽样原则抽出200页，然后预先规定每页上第一个电话的用户作为受访者(当然也可预先规定每页上的第10个用户)。由于此种抽样方法既符合随机原则，也符合系统策略，故名。见随机抽样(random sampling)。

systematic sampling **系统抽样** 指从总体中有系统地按预定计划抽取个体以组成样本的方法。如将某地区小学二年级学生5万人视为总体，从中抽出1000人为样本以测试其近视眼的罹患率，可按学生名单排列，每隔50人抽出一人，如此抽出1000人为样本，此方法即称为系统抽样。见等距抽样(interval sampling)。

systematic variance **系统变异** 指X和Y两个变项之间呈系统变异的情形：X发生改变时，相对应的Y也随之改变。两变项之间的函数关系，都是在系统变异之下形成的。

systematization **系统性** 属科学研究基本条件之一。指科学研究必须遵守一定程序进行。科学研究的另两个基本条件是客观性(objectivity)与验证性(verification)。见该等条。

systems approach model for design instruction **教学设计系统模型** 美国心理学家笛克(W. Dick)1985年提出的教学理论体系。在该教学理论体系中，笛克建议有效的教学应按以下九个步骤进行：(1)确定教学目标；(2)检查学生起点行为；(3)提出教学策略；(4)选定教学内容；(5)进行教学活动；(6)订定作业目标；(7)拟定测验题目；(8)进行形成性评量；(9)进行总结性评量。见教学目标(instructional objective)、教学分析(instructional analysis)、起点行为(entry behavior)、作业目标(performance objective)、形成性评量(formative evaluation)和总结性评量(summative evaluation)。

Szondi test **索恩迪投射测验** 属投射测验之一。该测验系由匈牙利心理学家索恩迪(L. Szondi, 1893～1977)1944年编制，故名。其内容包括48张不同精神异常者的照片，按受试者病情不同分为六组。实施时，让受试者按自己的意见将照片分为两组；一组是他喜欢的，另一组是他不喜欢的。该测验的目的在于借投射测验的功能，分析了解受试者内心的需求与冲突。见投射法(projective technique)。

T

TA = transactional analysis 交往分析，沟通分析

table 表格 指将研究数据经统计分析后，归纳分类以利说明而列成的表格。

table of random number = random number table 乱数表

taboo 禁忌 属严格限制某些言行的社会传统规范。禁忌的来源不一，有的是传统习俗，有的是宗教信仰，有的是政治意识，也有的纯属迷信。

tabula rasa 白板 17世纪英国经验主义哲学心理学家洛克教育理论中的术语。谓人类初生时的心理状态有如一块纯洁的白板，此后的一切知识全都是经由感官的经验学得的。因此洛克反对当时欧洲流行的知识来自先天观念的说法。见经验主义(empiricism)。

tabula rasa concept 白板观 义同白板(tabula rasa)。见该条。

tach = tachistoscope 速示器

tachistoscope (T-scope, tach) 速示器 一种快速呈现视觉数据的仪器。经由时间的精密控制(有如照相机之快门)，将图片、文字、符号等视觉刺激数据短暂呈现，借以测量受试者对刺激的辨识能力。

tacit knowledge 潜在知识 指个人不自知或不必解说而能使用的知识，亦即行而不知的知识。例如，一般日常生活中不加思索冲口而出的话语，大都合乎文法。文法是一种知识，但说话的人使用文法知识而不自知。

tactile agnosia 触觉失认症 指患者虽有触觉的动作能力，但无法辨识所接触者是何种物体的异常现象。见失认症(agnosia)。

tactile circle 触觉圈 指皮肤表面对刺激能引起同样感觉经验的区域。触觉圈散布在身体表面各个部位，唯各部位敏感度不同，舌尖、口唇、指尖等部位的触觉敏锐，但范围甚小，而肩、背、臀等部位的触觉迟钝，但此等部位范围较大。

tactile illusion 触错觉 指皮肤接触物体所产生的错觉。亚里士多德错觉(Aristotle's illusion)就是触错觉之一。见该条及附图。

Tadoma method 塔杜马法 教盲聋人学习语言的一种方法。此法使用时，让盲聋者用手触摸说话者口唇、喉头和腮部，凭他手指的感觉去学习自己如何发音。

TAG = talented and gifted 天资优异

tag question 句尾附问 指谈话时在陈述句之尾附加的问句。例如："He's not here, is he?"中文也常如此说，例如："你没有遇见他，是不是？"

tail 尾 指次数分布曲线(frequency distribution curve)之两端。见该条。在统计学上有单尾检验(one-tailed test)与双尾检验(two-tailed test)。见该等条。

talent 天资，才能，天才 指高层次的能力，或指超过一般常人的能力。例如，说某生有艺术或音乐方面的天资，意指他在这些方面的表现，超过一般学生。通常说某人有艺术天才，"天才"所指即天资之意。此种说法倾向把天资的原因归结为遗传因素。见能力(ability)。

talented and gifted (TAG) 天资优异 义同资优儿童(gifted child)。见该条。

talking books 录音书籍 将书本制作成磁盘供儿童或盲人学习用的书籍。

talking it out = talking out 倾诉

talking out 倾诉 指将内心想要说的话，在无拘无束的情境之下尽情地说给对方听的过程。倾诉有宣泄情绪并消解心理郁结的效用，故而常被用于心理治疗。

talking typewriter 有声打字机 指为盲人特别设计的一种打字机。此种打字机的特点是，当手指按到字母或数字、符号的键时，即会自动发出该字母或数字的读音。

tapping test 敲击测验 属机械性向测验之一。受试者使用自动记录器(或用铅笔)，在规定时间内尽量重复敲击动作，同时计算次数，以测定其手腕灵活的程度。见打点测验(dotting test)。

tarantism 舞蹈症 指不能自由控制身体活动的病态现象。患者的动作有如舞蹈，唯动作方式不能

自制。舞蹈症患者多为中年人，女性较男性为多。患者生理上显现的症状是，肢体动作不能协调，反射机能亢进；心理上则显现焦躁、激动、情绪混乱的症状。本词系由意大利医师巴格里维（G. Baglivi, 1669～1707）根据一种有毒蜘蛛tarantula的名字而定的病名。相传舞蹈症乃是被该种毒蜘蛛的毒液侵袭了以后所患的怪病。

target behavior 标的行为 采用行为矫正术从事行为治疗时，预期要改变的行为必须明确界定，明确界定的行为即为标的行为。例如，将要改变之不良习惯界定为"酗酒"，则"戒酒"就是标的行为。

target response 标的反应 义同标的行为（target behavior）。见该条。

target sociogram 标靶式社会关系图 用以表示社会关系测量结果的图形。图形呈标靶式，由数个同心圆环所构成。经社会关系测量（如学生各自选自己喜欢的人为邻桌），人缘最佳最受人爱戴者，其位置列在内环，人际关系甚差不被人选为朋友者，则置于外环。彼此间单方选择或双方互选则分别用单箭头或双箭头表示之。如此绘成的图形，即可显示团体中成员间的社会关系。见社会测量（sociometry）条及附图。

target stimulus 标的刺激 指用以引起个体反应的刺激。例如，预期教儿童学习某一单字，该单字的字形与字音都是标的刺激。

task analysis 作业分析，任务分析 为了易于达成教学（或训练）目标，事先对预定学习的作业详加分析，称为作业分析。作业分析包括两个要项：（1）将整体作业区分成许多细目，并找出前后逻辑关系，先学习哪些，后学习哪些；（2）确定正式学习之前，必得先具备哪些先备知识与技能，并检查学习者是否已经具备此等进入作业学习的条件。

task demand 工作需要 指学习某项工作所需要的条件。例如，学习电器修理者必先具备电学的基本知识。

task-involvement 工作投入 见工作投入论（task-involvement theory）。

task-involvement theory 工作投入论 美国心理学家尼科尔（J. G. Nickolls）1984年提出的一项解释工作动机的理论。工作投入论的基本要义是，个人对工作是否尽力而为，取决于他当时所持的是何种心态。面对工作时，一般人不外两种心态：（1）工作投入（task-involvement），指个人全心投入工作，志在发挥个人能力，而不太计较结果的成败。所谓"为工作而工作"即属此种心态；（2）自我投入（ego involvement），指个人之所以工作，旨在从与别人竞争中获得成就，借以炫耀自己的能力。按尼科尔的说法，持工作投入心态的学生，学习动机较强，是一种"为读书而读书"者；持自我投入心态的学生，则是时时考虑到成败得失，对求知活动倾向于避难趋易。

task leader 任务领袖 团体中领袖的角色。如果只限于领导成员们完成某种工作任务者，称为任务领袖。除工作之外，任务领袖与成员间没有社会性的感情关系。像修路工人中的工头，在性质上就是任务领袖。见领袖（leader）。

task-mastery goal 工作精熟目标 指学习动机强的学生自己追求的学习目标。在此目标引导之下，学生不但要把工作学会，而且精益求精，努力把工作做到尽善尽美的地步。

task-oriented 工作取向 是一种个人的工作态度。个人努力工作所寻求者，只是工作本身成就后的满足，既非为了取悦他人，也非以工作为手段从而达到另外的目的（如获得金钱报酬）。所谓"为工作而工作"，即属工作取向的态度。

task-oriented group 任务取向团体 指为参与同一工作，解决共同问题，从而达成共同目标的人所组成的团体。例如，在同一架飞机上的工作人员，即属工作取向团体。

task-set 工作心向 指当事者只重视工作中的活动，而不考虑工作的目的为何的一种心态。

taste 味觉 味觉是以舌面的不同部位对溶化的物质予以辨别，从而获得感觉的历程。司职味觉的感受器是味蕾（taste bud）。味蕾是一种球状感觉神经细胞，多数集中在舌尖、舌面、舌侧，少数分布在口腔内部。引起味觉的刺激为液体物，如刺激本身非属液体，也必须经唾液使之液化后，始能产生味觉。食物有酸、甜、苦、咸等特征，相对的，舌面的不同部位分别具有辨别此等特征的功能。如附图所示，甜的辨别在舌尖正面，咸的辨别在舌前部两侧，酸的辨别在舌中部两侧，苦的辨别在舌根最后的部位。

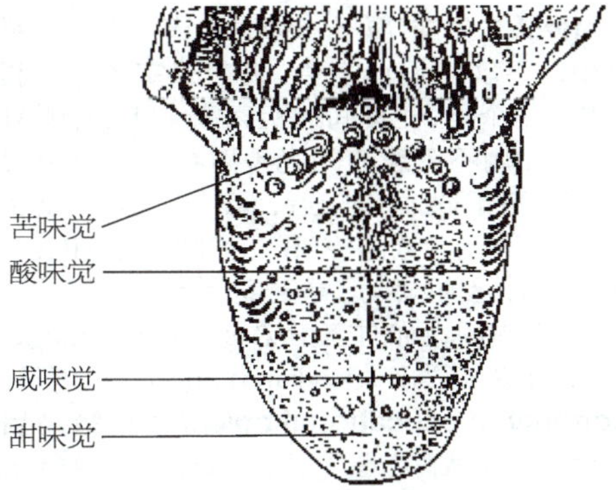

舌面味觉分布

taste absolute threshold **味觉绝对阈限** 指能引起味觉的物质的最小刺激强度。味觉绝对阈限以对不同浓度的溶液的感受性来表示。舌的各个部位对各种味觉刺激的感受性是不同的：舌尖对甜味最敏感，舌根对苦味最敏感，舌的中部两侧对酸味最敏感，舌的前部两侧对咸味最敏感。味觉绝对阈限大致如下：食盐是0.01当量溶液，盐酸是0.000,7当量溶液，奎宁是0.000,000,1当量溶液，糖是0.01当量溶液。味觉绝对阈限受食物的温度影响，并与个体的需要状态有关。见绝对阈限（absolute threshold）。

taste adaptation **味觉适应** 指舌面味觉感受器（味蕾）接受刺激的时间延长时，其敏感度减低而使其绝对阈限升高的现象。见适应（adaptation）。

taste aversion **味觉嫌恶** 指学得的一种味觉反应，对某些食物的味道特别厌恶。

taste blindness **味盲** 指缺乏味觉食不知味的异常现象。

taste bud **味蕾** 属味觉的感受器。是一种球状细胞，分布于舌尖、舌面、舌边及舌根各部位，其主要功能是辨别入口食物或饮料的酸、甜、苦、咸的特征。人类味蕾的发育较迟，幼儿只有24个，成人约有10,000个左右。见味觉（taste）。

taste illusion **味错觉** 属错觉现象之一。指先后吃不同的食物时，后吃食物所得味觉会因前种食物而有改变的现象。见错觉（illusion）。

taste receptor **味觉感受器** 义同味蕾（taste bud）。见该条。

taste sensation = **taste** **味觉**

taste tetrahedron **味觉四面体** 意指味觉是由四个面形成的整体。人类的四种味觉，酸、甜、苦、咸即分别代表四个面。见亨宁四面体（Henning's tetrahedron）。

TAT = **Thematic Apperception Test** **主题统觉测验**

T

tau effect **T效应** 属于一种时空错觉现象。T效应可由以下实验设计产生。先在暗室的墙上设定A、B、C三个点，使其间的距离完全相等，即AB＝BC。然后用不等速的闪光投射在三个点上，使A与B之间的闪光间隔较近，而B与C之间闪光间隔较远。此时就会觉得，A、B之间的距离较B、C之间的距离为远。显然，这是时间因素影响了空间知觉，故而本词也称时空错觉（space-time illusion）。与本词相对者为K效应（kappa effect）。见该条。

taxonomy of educational objectives **教育目标分类** 指美国教育心理学家布卢姆的教育目标分类。布卢姆将学校中的教育目标分为三大领域：（1）认知领域（cognitive domain），此领域包括知识、理解、应用、分析、综合、评鉴六个层次；（2）情意领域（affective domain），此领域包括接纳、反应、价值、组织、品格形成五个层次；（3）心理技能领域（psychomotor domain），此领域包括知觉、准备状况、引导反应、习惯化、精确作业、适应、创造七个层次。见该等条及布卢姆（Bloom, Benjamin R.）传记条。

taxonomy of play **游戏分类** 指近年来新发展的游戏理论中，按游戏动机所做的分类。根据此一分类原则，游戏可分为以下五大类：（1）探索性游戏（exploratory play），指对不明确事物或环境，以游戏的方式进行探索，从而满足好奇性动机；（2）创造性游戏（creative play），指改造自己既有经验处理新的问题，从超越中获得喜悦与满足；（3）娱乐性游戏（divertive play），指在生活单调或感到寂寞时所寻求的一种解闷消遣式的游戏；（4）仿真性游戏（mimetic play），属模仿性、结构性、象征性的游戏，此类游戏的目的不在游戏本身的活动，而在从游戏中获得能力以增进成长；（5）宣泄性游戏（cathartic play），指借游戏以发泄积压的内在郁结与心理冲突。宣泄性游戏具有心理治疗功能，让心理异常患者在游戏情境中发泄他内在的冲突，从而纾解情绪，减缓病情。除以上以游戏动机为标准之分类外，另有按儿童游戏方式为分类者。见游戏类型（types of play）。

T-data **T资料** 指根据标准化测验结果所得到的资料。如学生的智力商数等都属于T资料。T代表test。与本词相对者为L资料（L-data）与Q资料（Q-data）。见该等条。

teachability **可教性** 指个体具有学习某种知识或技术的能力。义同可塑性（plasticity）、可教育性（educability）。见该等条。

teacher aptitude test **教师性向测验** 属性向测验之一。使用教师性向测验，旨在评量受试者是否具备将来从事教师工作的潜力。诸如口语清晰、文笔流畅、普通常识丰富、喜欢接近儿童、做事有耐心等，均可视为教师的性向。

teacher-based instruction **教师本位教学** 义同教师中心教学（teacher-centered instruction）。见该条。

teacher-centered approach **教师中心取向** 义同教师中心教学（teacher-centered instruction）。见该条。

teacher-centered instruction **教师中心教学** 属于一种以教师为中心的教学取向，而非指一种教学方法。教师中心教学的特点是，学校的教学任务完全由任课教师负责，举凡教学设计、教学目标拟订、教学活动规划、教室秩序维持、学生奖惩执行、课后作业分派以及学业成绩评定等事项，完全由教师负责执行。传统的学校教学都是采教师中心取向。中国一向将教师角色定为传道、授业、解惑，在性质上就是采教师中心取向。在教师中心取向下有多种教学方法，其中主要者有讲解式教学（expository instruction）与直接教学（direct instruction）。见该等条。与本词相对者为学生中心教学（student-centered instruction）。两种教学取向各有利弊，其成效端视学科性质、学生条件及教师素养等因素而定。见该条。

teacher-centered teaching = teacher-centered instruction 教师中心教学

teacher-centric method 教师中心教学法 义同教师中心教学（teacher-centered instruction）。见该条。

teacher counselor 导师 指教师中除教课外兼任辅导学生课业及生活等多重角色的教师。

teacher-directed instruction 教师直接教学 义同直接教学（direct instruction）。见该条。

teacher effectiveness 教师效能 指在教学历程中教师所表现的一切有助于学生学习的行为。教师所表现的行为是否对学生学习有所帮助，端看教师行为与学生学习成就的关系。教师的行为能使学生成就提升者，即显示具有教师效能。

teacher effectiveness training（TET） 教师效能训练 教师效能训练旨在使教师了解当其与学生之间有问题存在而须进行沟通时，为教师者应如何进行沟通的技巧。此技巧是根据人本主义学生中心教育原理所设计的一种教室管理与处理学生行为问题的方法。教师效能训练是美国教育心理学家戈登（T. Gordon）在1974年首先提出的。在其所著《教师效能训练》一书中，戈登建议训练教师处理教室管理问题时，宜掌握三个要点：（1）具备积极聆听学生倾诉心声的技巧；（2）使学生了解问题的性质并愿意负起责任；（3）用双赢策略（保持教师威信也使学生信服）处理师生间的问题。

teacher in charge = head teacher 科主任，系主任

teacher-made test 教师自编测验 指教师自行编制考查学生进步情形的测验。此种测验虽未经标准化，但在实际教学上甚为有用。与本词相对者为标准化测验（standardized test）。见该条。

teacher psychology 教师心理学 属教育心理学的一个分支学科。教师心理学研究的目的旨在有计划地培育优良教师，而优良教师应需具备三方面的专业素养：（1）任教学科专业素养，学什么学科始能承担什么学科教学，这是对教师的基本要求；（2）教学专业素养，包括学习心理、心理发展、心理测验及心理辅导方面的知识与技能；（3）教育素养，包括教育理念、教育政策、学校行政以及课程、教材中教法等方面的知识。除以上三方面的基本素养外，理想的教师尚需具备教育精神方面的素养。诸如爱心、耐心、恒心以及学不厌、教不倦等精神，即属这方面的素养。

teacher-pupil planning 师生规划教学 在教学时，教师与学生共同设计学习活动，共同决定学习进程，共同检讨学习效果。此种教学方式称为师生规划教学。

teacher pupil ratio 师生比 **1.**指每一班级内教师与所教学生人数的比值。**2.**指全校教师人数与全校学生人数之间的比值。由师生比可以看出学校教育的大概情形，教师负责教导的学生人数愈少，学校教育质量往往愈高。

teacher rating scale 教师评定量表 指评定教师教学成效的量表。此种量表包括有关教师本人表现及有关学生行为表现的题目。使用时可做教师之间的比较，也可与预设的标准做比较。

teacher's bonus 教师福利 指教师薪俸以外获得的待遇。福利给付的方式有多种，可提供进修，可提供旅行，也可付给金钱。

teacher tenure 教师任期保障 **1.** 指教师在任教期内受法律保障，规定学校不得随意停聘或解聘教师。**2.**指教师任教达若干年者，即可获得永久任教的权利。如美国大学教师分教授、副教授、助理教授三级，一般升到副教授者，即可获得永久任教的权利。此种任期保障，也称无限任期保障（indefinite tenure），又称永久任期保障（permanent tenure）。

teaching effectiveness 教学效能 指教学之后学生在身心变化上所反映的符合教学目标的程度。亦即教学之后学生是否学到了教师希望他们学到的东西，包括知识、技能、态度、观念等。

teaching machine 教学机 教学机为美国俄亥俄州立大学教授普雷西（S.L. Pressey）1926年所发明，后经哈佛大学教授斯金纳根据其操作条件作用学习原理予以改良，成为实际教学的工具。教学机的主要构造是一个箱形的设计。箱内装置卷筒形的编序教材与答案纸。箱面中央部位有一窗口，其大小适合出现一个题目。右边有上下两个窗口，在下者出现答案纸供学生作答，在上者出现答案供学生自行核对。实际使用时，先按一电钮（或转钮），使题目与相对题号的答案纸同时出现。填答

后，再按另一电钮，正确答案即在上面窗口出现，学生可自行核对是否正确。教学机后来演变成了电脑辅助教学(computer-assisted instruction)。见该条。见编序教学(programmed instruction)。

teaching model 教学模式 指教学历程的整体设计。教学活动千变万化，并无一成不变之模式。但从基本观念而言，任何教学总不出以下五大要素：(1)预订教学目标；(2)分析诊断学生已具备的经验或起点行为；(3)设计教学进程；(4)评量学习效果；(5)对学习困难学生实施补救教学。

teacup illusion 茶杯错觉 属视错觉之一。如附图所示，一把茶匙横放在茶杯前方，匙柄上刻有1、2、3、4数字，表示从左端起的距离。如在茶匙未放入茶杯之前，请客人估计茶匙放入后与杯口等高的是哪个数字，多数客人的估计是错误的(多估计为2)，正确答案是1。茶杯错觉的原理与横竖错觉(horizontal-vertical illusion)相似。见该条。见错觉(illusion)。

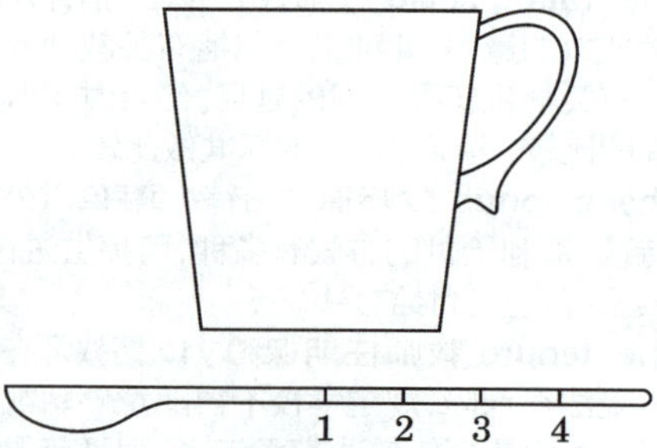

茶杯错觉

team work 团队工作 指由数人组成团队所从事的工作。团队工作的基本要件是分工合作，追求共同目标。

technical knowledge 专门知识 指属于专门学科的知识，诸如数学、物理、化学、外国语等，均属专门知识。与本词相对者为自然知识(natural knowledge)。见该条。

technological illiteracy 科技盲 广义指在现今科技时代，因缺乏基本科技知识与能力而导致适应困难的人。狭义指电脑盲(computer illiteracy)。见该条。

technological unemployment 科技性失业 在生产自动化过程中，精密的机器(如机器人)取代了人工，使得过剩的劳工失去工作机会。因此类失业是科学技术高度发展的后果，故称为科技性失业。

technology of teaching 教学工艺学 指美国新行为主义心理学家斯金纳，在20世纪70年代所提倡的将操作条件作用学习原理有系统地用于学校知识教学。

technopsychology 科技心理学 义同心理科技学(psychotechnology)。见该条。

T effect = **tau effect** T效应

teleceptor = **distance receptor** 远距感受器

telegnosis 灵觉，千里通 属超感知觉现象之一。是一种不经视听觉器官即可觉知远处事物的特异功能。见超感知觉(extrasensory perception)。

telegraphese = **telegraphic speech** 电报式语言

telegraphic speech 电报式语言 指幼儿期语言表达的一种特殊形式。电报式语言的特征是省字、简略，只说出句中主要的名词与动词，完整语句中应有的冠词、助词、介词、副词等，均被省去。

telekinesis = **psychokinesis (PK)** 心灵致动

telencephalon = **cerebrum** 大脑

teleological psychology = **hormic psychology** 目的心理学

teleology 目的论 属哲学上的宇宙论之一。目的论者认为宇宙间一切变化，有一大目的，宇宙万物皆循此目的运转。目的论始自古希腊哲学家亚里士多德，现代心理学家麦独孤的策动心理学(hormic psychology)与托尔曼的目的心理学(purposive psychology)，在思想渊源上都可说是出自亚里士多德的目的论。见该等条。与本词相对的是机械论(mechanism)。见该条。

telepathic dream 感应梦 指受同室睡眠者做梦的影响，也跟着做相似的梦的奇异现象。根据心灵学家的说法，此种现象乃由于睡眠者二人之间彼此心电感应(telepathy)的缘故。见该条。至于有所谓“同床异梦”者，自然不会有感应梦出现。见心灵学(parapsychology)。

telepathy 心电感应，传心术 指不经由任何通信工具即可与不见面的人沟通信息的灵奇现象。心电感应属超感知觉(extrasensory perception)现象之一。见该条。

telephone counseling 电话咨商 属于咨商的一种特殊形式。电话咨商是在紧急情况下求助的一种咨商方式：通过电话请求帮助，借以解决生活中遇到的难题。此种咨商方式起源于20世纪50年代美国的预防自杀运动，此后世界各地仿效设置电话“生命线”的做法，就属于电话咨商的性质。

telephone theory 电话论 义同频率论(frequency theory)。见该条。

temperament 气质，脾气，性情 指个人在一般情境下所表现的相当持久性的情绪倾向。气质一词常用来描述一个人的脾气或性情。一个人的气质虽与学习修养有关，但主要还是与先天遗传的体质因素有密切关系。因为婴儿出生不久，即对周围刺激变化（如强光、大声、移动等），在情绪反应上表现出很大的个别差异。一个人的气质虽都认为与其生理为基础的体质有关，但气质究竟由何种生理因素形成，则缺乏共识。有人认为气质与血型有关，有人认为气质与体型有关，也有人认为气质与内分泌有关，众说纷纭，莫衷一是。在心理学史上，最早提出生理气质理论者是希腊医师希波克拉特（Hippocrates, 460～377 BC）。该理论认为人的气质不同，乃由于体液分配不同使然。体液分配有四种类型：（1）多血质，此种人乐天知命；（2）黏液质，此种人沉默寡言；（3）胆汁质，此种人情绪冲动；（4）抑郁质，此种人多愁善感。在哲学心理学时代，气质体液论相传两千多年，直到科学心理学兴起后，才因科学证据不足而逐渐式微。今人以气质一词评价个人时，常着重其学习修养的结果，并以“有气质”“无气质”品评其人。

temperature adaptation **温度适应** 属感觉适应现象之一。温度适应的特点是，当在某种温度情境中停留时间稍久后，人体对温度的敏感度将逐渐减弱，甚至在某一温度范围内，即使温度有所变化，人体也感觉不到。像此种温度变化而感觉不到的情形，称为温度完全适应。根据美国心理学家肯沙洛（D. R. Kenshalo）1971年的研究发现，人体在温度32℃时，手臂皮肤温度完全适应的范围是29℃到39℃之间（即在此之间的温度变化感觉不到），超过此范围时，才会感觉到温度变化。附图所示是手部温度适应的实验，左右手分别置于热水与冷水中，几分钟后，两手抽出，停留约3分钟后再同时置于中间的温水中。此时就会感觉左手有冷感，右手有热感。原因是左右手产生了不同的温度适应所致。此现象为17世纪英国哲学家洛克（J. Locke, 1632～1704）所发现。

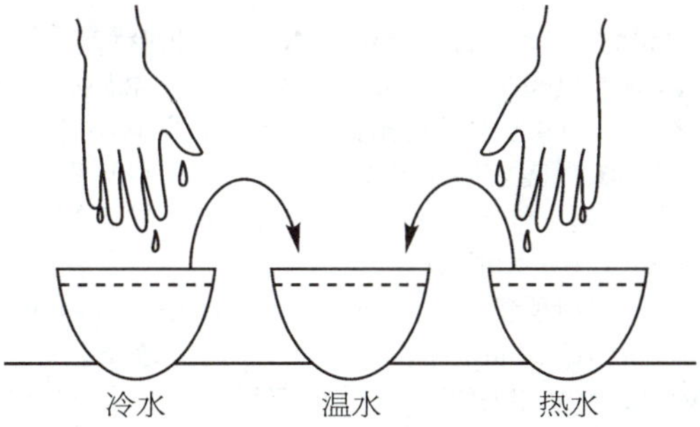

温度适应

temperature sense **温觉，温度觉** 温觉是皮肤表面对温度变化时所产生的一种感觉。温觉包括热觉（sense of warm）与冷觉（sense of cold）两种。见该等条。热觉与冷觉只能在外界温度高于或低于皮肤温度时，才会产生。人体表面的温度，一般在32℃左右；若外在温度高于皮肤温度0.4℃时，即产生热觉；外界温度低于皮肤温度0.15℃时，即产生冷觉。唯温觉有适应性，在一定限度内，在高于（或低于）皮肤温度的情境中停留时间较久，热觉（或冷觉）的敏感性将逐渐减低。因此，在一般的情形下，外界温度高于温觉适应的上限时，始产生热觉；外界温度低于温觉适应的下限时，始产生冷觉。见温度适应（temperature adaptation）条及附图。

temperature spot **温冷点** 指皮肤上对冷热具有特殊感觉的部位，包括冷点和温点两类，只有在这些点上才会有冷或热的感觉。对于温冷点的生理作用，迄今尚未十分了解。一般认为温度变化时，皮肤下的毛细血管随之扩张或收缩，可能因此而使皮肤下之自主末梢神经产生感应所致。见温点（warm spot）与冷点（cold spot）。

template-matching＝template-matching model **模板比对模型**

template-matching approach **模板比对法** 感觉记忆阶段辨认物形的方法之一。见模板论（template theory）。

template-matching model **模板比对模型** 义同模板论（template theory）。见该条。

template theory **模板论** 是认知心理学解释物形辨识的理论之一。模板论的基本要义是，在短暂的感觉记忆阶段，个体之所以能够辨识出他所看到的（或听到的）是什么东西，乃是因为他在看到物形时，不经分析即将之与长期记忆中的既有经验比对，如比对相符，即可知道那是什么东西，长期记忆中既有经验就发生模板作用。此种心理现象与银行业务员的作业程序相似：银行提款时业务员辨认图章或签字，都是找出原存款时的图章或签字作为模板来比对的。与本词相关者有特征论（feature theory）、结构论（structural theory）。见该等条。另见物形辨识（pattern recognition）。

template theory of pattern recognition **物形辨识模板论** 义同模板论（template theory）。见该条。

temporal classical conditioning **定时经典条件作用** 义同定时条件作用（temporal conditioning）。见该条。

temporal conditioning **定时条件作用** 属条件作用的一种异常现象。在定时条件作用历程中，没有明确的条件刺激，只是将无条件刺激定时出现，久之，时间本身就变成为条件刺激。只要时间一到，纵使无条件刺激不出现，也会自动出现它原来引起的反应(即条件反应)。所谓身体时钟(如定时起床、定时进食等)就是经由定时条件作用养成的习惯。在经典条件作用(classical conditioning)和操作条件作用(operant conditioning)实验时，都可能出现定时条件作用。见该等条。

temporal lobe **颞叶** 为大脑皮质中的四个脑叶之一，其位置在侧裂下方的部分。颞叶的主要功能与听觉、语言、情绪等有关。见大脑半球(cerebral hemisphere)条及附图。

temporal maze **时间迷津** 指迷津学习的实验设计，而非指迷津的形状。时间迷津设计的特点是，如训练白鼠走T形迷津，食物放置两终点的安排可采"左左一右右"的方式。即需先学习到向左转两次，而后再学习向右转两次才能得到食物。因为在迷津中动物所学到的是时间上的顺序，而非迷津中其他线索，故而称为时间迷津。

temporal orientation **时间定向** 指一般健康人对时间判断的能力：在不需依赖参考资料的情况下，能指出当时是什么时间和日期。

temporal summation **时间累积效应** 指某种阈限下刺激连续作用于同一感受器所产生的强度累积现象。若单个阈限下刺激不能引起反应，使该刺激不间断地作用于感觉器官而产生累积效果，则能达到阈限强度，使机体产生反应。时间累积效应是广告设计者的理论根据之一。他们认为，如广告连续出现，即使未能引起消费者反应，久而久之，终会对消费者产生影响。见阈限(threshold)。

temporal validity **时间效度** 指测验或实验的结果不但当时是有效的，而且过一段时间(几个月或几年)后仍然是有效的。在心理学上的知觉实验结果(如错觉)一般都具有时间效度。见效度(validity)。

T

temporary threshold shift **暂时阈限改变** 指因环境中引起感觉的刺激强度不稳定，或受其他刺激干扰时感觉阈限暂时改变的现象。例如，接听电话时忽然窗外有修路工程机械声干扰，必须让对方提高声音始能听得清楚。

temptation **诱惑** 具有吸引力的目标物引起个人欲望或行动，而当时个人的欲望或活动，与社会一般人所秉持的价值观并不符合。引起个人此种矛盾心理的目标物，即称为诱惑。金钱与美色一向就是最具诱惑力的目标物。

ten circle problem **十个圆圈问题** 问题索解实验用的题目之一。如附图所示，有十个圆圈排成一个金字塔形式。受试者的任务是，移动其中三个，使整个图形改变为倒立的金字塔形式。

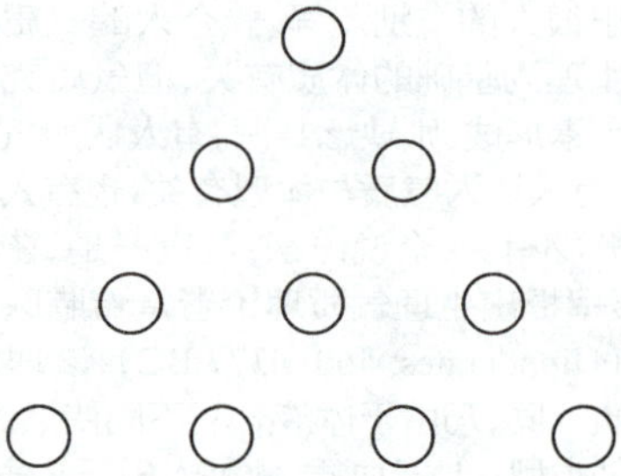

十个圆圈问题

tendency **意向，趋势** **1.**个体在进行某些行为或活动之前的心向或准备状态，它使个体以特定的方式去表现反应。**2.**在统计学上所显示的大部分数字偏于某一方向的现象，如集中趋势(central tendency)。

tender-minded **和善型** 美国早期功能主义创始人詹姆斯将人格分为两大类型：一类为和善型，另一类为倔强型。和善型的人格特质是尚理想、趋乐观、重理性。与本词相对者为倔强型(tough-minded)。见该条。

tendon reflex **肌腱反射** 指突然拉紧肌腱时所引起的反射。膝反射(knee-jerk reflex)就是此类反射现象之一。见该条。

Tennessee Self Concept Scale **田纳西自我概念量表** 是一种团体人格测验。该量表原系美国学者费茨(W. H. Fitts)编制，内容包括十个变项：生理自我、道德伦理自我、心理自我、家庭自我、社会自我、自我认同、自我满意、自我行动、自我总分和自我批评。田纳西自我概念量表，经学者林邦杰修订为中文，并经标准化，于1982年出版。该量表适用对象为12岁以上人员，记分方式采百分等级及T分数，已建立常模，以百分位数和T分数表示之。

tension **紧张，紧张状态** **1.**属动觉的状态，当身体运动肌肉拉紧时，即产生紧张感觉。**2.**属心理状态，当个体焦虑、不安时所感受到的身心不舒畅状态。**3.**当需求或动机持续存在而得不到满足时(如久渴不能得水)，所引起的内在不安状态。

tension-relaxation **紧张到轻松** 此为结构主义创始人冯特所提出的情感三维论(three-dimensional theory of feeling)中情绪维度之一。见该条。

teratology **畸形学** 专门研究身体发育异常状态的一门学科。举凡巨人症、侏儒症、一手六指等身体异常现象的成因与矫治等问题，均属畸形学研究的范畴。

term＝gestation period **妊娠期**

Terman, Lewis Madison（1877～1956） **推孟** 推孟是20世纪美国心理学家，是功能主义延伸到应用心理学思想的代表人物之一，是对智力测验发展有重大贡献的心理学家，也是心理学史上首先采用纵贯法研究天才儿童发展的心理学家。

推孟于1877年1月15日出身于印第安纳州约克逊的一个农民家庭，12岁在乡村受完公立学校教育后进师范学校，17岁毕业后任小学教师7年。24岁进印第安纳大学修习教育学和心理学，三年之内完成了学士和硕士学位。1903年进克拉克大学专攻心理学，在当时身兼校长的霍尔教授指导下，于1905年获心理学哲学博士学位。其后，先在加州洛杉矶师范学院（现改为加州大学洛杉矶分校）教授心理学，1910年进斯坦福大学担任教育学助理教授，1916年升任正教授，1922年起担任该校心理学教授兼系主任，1923年当选美国心理学会主席，1942年退休，1956年12月21日病逝于加州帕洛奥图，享年79岁。推孟在心理学上的贡献，主要在于以下两方面：

1. 修订比奈—西蒙量表为斯坦福—比奈量表 推孟将原为法文的比奈—西蒙智力量表译为英文，并修改题目内容，以适用于美国环境，且改善了原量表各年龄组题目难易不均的缺点，1916年出版，定名为斯坦福—比奈智力量表（Stanford-Binet Intelligence Scale）。从此不但确定了智力测验的形式，而且斯坦福—比奈智力量表也成了世界上权威的智力测验。见该条。

2.天才儿童智力发展的纵贯研究 在20世纪之初的美国社会，尚存在着一些很不科学的观念，一般人相信天才多夭折，所谓“早开的花早凋谢”。为纠正这一不科学的观念，推孟开创了一项史无前例的研究。该项研究开始于1921年，推孟从250,000个3～18岁样本中，选出智商在135以上者1,521人（男850人、女671人）为研究对象，其平均年龄是11岁，平均IQ是151。除智力外，也调查了这些儿童的兴趣、人格特质、健康状况、家庭环境以及家长教育程度等。推孟采用的是追踪式的纵贯研究，以同一组受试对象，在不同年龄阶段重复测量他们的智力，并观察记录他们的行为表现，其目的在研究天才儿童以后会变成什么样的成人。推孟的天才儿童研究第一次报告是1926年发表的，该报告指出：（1）天才儿童多数出自父母从事专业工作而经济富裕的家庭，这说明智力高低与遗传和环境有关；（2）天才儿童的身心发展较一般儿童为优，他们自幼学步及开始说话的时间较早；（3）天才儿童的学校成绩较一般儿童为优；（4）天才儿童的社会能力较一般儿童为强，多为团体领袖，且情绪也较稳定；（5）天才儿童的身体较一般儿童健康。推孟的这项研究显示了两点意义：其一是智力测验的确有预测功能，其二是以往天才多夭折的观念是不正确的。1940年推孟再发表研究报告（当时受试者的平均年龄已是29岁）指出：（1）受试者的智商仍然高居全人口中1％的位置；（2）他们的学业成绩绝大多数杰出；（3）他们当中有70％的男生和67％的女生完成大学教育，且其中有56％的男生和33％的女生获得高级学位。推孟研究的最后阶段是1950～1952年，结果发现这些高智商者成年后多数表现出超乎一般人的成就。

推孟的主要专著有：*The measurement of intelligence*（1916）；*The intelligence of school children*（1919）；*Sex and personality*（1936）；*Measuring intelligence*（1937）；*Psychologi-cal factor in marital happiness*（1938）；*The gifted gr-oup at mid-life：Thirty-five year's follow-up of the superior child*（1959）等。

terminal behavior **终点行为** **1.**指在操作条件作用实验时预期塑造的某种行为。**2.**指教学目标达成后学生所能具体表现出来的行为。在教学之前，教师先按学生已有的起点行为设立教学目标。教学目标采用学生行为来表示者，称为行为目标。行为目标中所列的具体行为，即为终点行为。见起点行为（entry behavior），行为目标（behavioral objective）。

terminal bulb＝terminal button **终纽**

terminal button **终纽** 指轴突末端的突起部分。见神经元（neuron）条及附图。

terminal knob＝terminal button **终纽**

terminal reinforcement **终点强化** 在个体达到所设定的目标时予以强化，这种强化称为终点强化。例如训练白鼠走迷津时，食物（强化物）置于设定

T

的迷津终点,白鼠在连续的活动中,只有达到终点时始能获得食物,从而得到强化,此即终点强化。

terminal sensitivity 最大感受度 指个体所能感受到某种刺激的最高强度。如人类听觉的最高感受度为20,000赫兹,超过此数,即无听觉产生。

terminal stimulus 极限刺激 引起个体反应的刺激的最高强度,称为极限刺激。超过此一刺激强度即不再引起反应。例如,对人类而言,音波的振动频率若在20赫兹到20,000赫兹之间,个体均能经验到不同的音调;而当频率超过20,000赫兹时,声音的感觉即行消失,所以20,000赫兹是听觉刺激的极限。见阈限(threshold)。

terminal threshold 最高阈限 能够产生感觉的最高刺激强度,称为最高阈限。见极限刺激(terminal stimulus)及阈限(threshold)。

terminology 专门术语 指某一学科或某种专业在陈述某一特殊概念时所使用的专门名词,或表示特殊意义的语词。

term paper 学期报告 指大学生或研究生对修习科目所做的专题报告。因一般科目的成绩均按学期计算,报告视为科目成绩的一部分,必须在学期终了之前提交,故而称为学期报告。

territorial aggression 守卫性攻击 指个体为防守保卫自己的生存领域,而排拒入侵者所表现的攻击性行为。

territoriality 领域,地盘 指个体为生存而占有的空间区域。此种领域倾向,人与动物大致相同:即在生活活动中,对自身周围的空间持续表现占有、维持、防卫三种行为。根据心理学家研究,个体的领域分为两类:(1)主领域(primary territory),指永久性领域,如家之所在地;(2)次领域(secondary territory),指暂时性的占有,如专用办公室,甚至购票所得的座位等。领域需求原属本能性行为,以后受环境影响而变得复杂。

T

tertiary circular reaction = third circular reaction 三期循环反应

test 测验,验证,检验 **1.**测验指评量某种心理特质(如智力、人格等)的科学工具。此类工具多系由问题或类似问题的刺激所组成,且经过标准化而建立常模、信度与效度者。使用测验的目的旨在测量个体行为表现,并与常模比较,以评定其在团体中与别人差异的情形。按此义,本词是心理测验之简称。 **2.**指在科学研究上对假设的验证工作。 **3.**在统计学上,对研究结果数据进行分析比较,称为检验,如统计显著性检验(test of statistical significance)与卡方检验(chi-square test)等,即属此义。见该等条。

test age 测验年龄 指受试者在年龄量表上所得的年龄分数,此分数未必与受试者实际年龄相等。见年龄当量量表(age equivalent scale)。

test anxiety 测试焦虑 指在面临测验或考试的心理压力情境下,所产生的暂时性焦虑。测试焦虑有认知与情绪两种意涵,前者是一种对考试成败的关切,后者是考试中对个人能力评鉴的压力所造成情绪与生理的反应。测试焦虑过高时会影响个人的成绩表现。见焦虑(anxiety)。

test battery 测验组合,成套测验 **1.**将数个测验合并使用,得一总分以表示个人在各方面的能力或人格特质。像此种组合起来的测验总名称,即为测验组合。测验组合的目的在使个别测验的误差彼此抵消,从而增加测验的效度。 **2.**以数种相关的测验同时施测于同一受试者时,这些测验也称为测验组合。

test bias 测验偏向 指测验的编制或施测时对某些受试者有欠公平的倾向。以智力测验为例,凡是用文字编制的智力测验,对社经地位较低而语文能力较差的受试者,都会形成不利影响。因为智力测验的目的在于评鉴受试者的智力,而非评鉴受试者的语文能力。如单凭受试者在语文方面的表现来判断其智力的高低,对受教育较少语文能力较低者而言,显然是有失公平的。职是之故,乃有文化公平测验(culture-fair test)的编制。见瑞文渐进推理测验(Raven's Progressive Matrices)条及附图。

test blank 测验卷 指印有测验题的试卷。在测验卷上,一般包括三部分:(1)指导语,说明如何作答;(2)例题,练习如何作答;(3)测验题,包括测验的全部题目。对例题与正式测验题的答案,多半不在测验卷上作答,而在另一答案纸上作答,如此可保留测验卷重复使用。

test character 品格测验 属人格测验之一。品格测验的目的是评量个体在各种情境中是非价值的判断,从而测定其道德行为。

test chart 视力检查表 指用图形或字母做成的用以检查视力的图表。

test difficulty 测验难度 指受测者通过测验的比例。一个测验的难度,一般是以"通过人数÷受测者人数×100%"的结果表示之。一个测验的难度是由该测验中包括的题目决定的。测验中的题目有难有易,在编制上都是由易到难依次排列。最容易的题目可让全部受测者都有可能通过,此题的难度即为100%; 最困难的题目可能全部受测者无人能够通过,此题的难度即为0。将所有题目的难度合并计算,较为理想的测验难度应在70%

左右，亦即有70%的受测者通过。

testee **受测者** 指施测对象亦即接受测验的人。

tester of two-point limen = two-point threshold aesthesiometer **两点阈测量器**

testes **睾丸(复数)** 见睾丸(单数)(testis)。

test for significance **显著性检验** 义同统计显著性检验(test of statistical significance)。参见该条。

testing **测量** 指运用心理测验的工作过程。

testing of hypothesis = hypothesis testing **假设验证**

testis **睾丸** 指男性的性腺，睾丸的主要功能有二：其一是产生生殖细胞精子，其二是分泌雄性激素。见性腺(gonad)。

test item **测验题** 指测验卷中的题目。

test method **测验法** 测验法或称心理测验法，指以心理测验为主要工具，测量个体的能力或人格方面的特征，从而分析与其他变项之间的关系的方法。例如，研究小学生自我概念与年级、性别的关系时，自我概念可由人格测验测量，年级与性别则为比较分析之用的两个属性变项。

test norm **测验常模** 义同常模(norm)。见该条。

test of balance **平衡测验** 属体能测验之一，平衡测验旨在测量身体动作保持平衡的能力。

test of divergent thinking **发散思维测验** 义同创造力测验(creativity test)。见该条。

Test of English as a Foreign Language(TOEFL) **托福考试** 是美国教育测验服务社(ETS)编制的重要语文测验之一。托福考试是非英语国家学生赴美留学必须接受的语文测验。该测验内容分为三大部分：(1)听力理解；(2)结构写作；(3)阅读与词汇。

test of homogeneity **同构型检验** 属假设验证方式之一。假设总体与由其中抽取之样本之间，或由总体所抽取之数个样本之间，在某一特征上不会有真正的差异。这是一种假设，此种假设称为同质假设(homogeneity assumption)。见该条。检验此一假设时所用的方法，即称为同构型检验。

test of hypothesis = hypothesis testing **假设验证**

test of independence **独立性检验** 独立性检验是利用卡方检验探讨两个自变项之间是否各自独立无关的统计方法。例如，某一班男女儿童47人对童话故事《白雪公主》的喜欢程度如下：

性别	喜　欢	不喜欢
男	3	20
女	22	2

就独立性检验而言，研究者所关心的是，儿童对故事的喜欢或不喜欢是否因性别不同而有所差异。见卡方检验(chi-square test)。

test of significance **显著性检验** 义同统计显著性检验(test of statistical significance)。参见该条。

test of statistical significance **统计显著性检验** 指采用推理统计的技术，对根据样本资料所得的统计数予以检验，从而确定所得结果是否纯系概率使然。亦即，经统计显著性检验之后，研究者始可肯定统计数之间(相差或相关)的变异关系，是否已达预定的显著水准。统计显著性检验的方法很多，最常用者有t检验(t test)、F检验(F test)、卡方检验(chi-square test)等。见该等条。见统计显著性(statistical significance)。

test-operate-test-exit (TOTE) **测试—操作—测试—结束四段法** 指运用生理回馈原理控制工作环境的一种方法。以浴池内放热水洗澡为例，先用手测试水温，如太凉即操作热水龙头调升热水，稍后再测试，如满意，即结束放水，进池洗澡。

testosterone **睾固酮** 由睾丸分泌的一种最重要的雄性激素(androgen)见该条。

test profile **测验剖析图** **1.**将同一个体或同一团体(如班级)在数种测验上的得分，用图表的方式表示出来，从而分析比较个人或团体各方面能力或其他心理特质。**2.**将同一个体或同一团体在数种测验上的得分，用图表的方式表示出来，从而与该等测验常模分析比较，以观察个体或团体在欲测之心理特质上的变异情形。在以上两种情形下所绘制的图表，均称为测验剖析图。

test-retest coefficient **重测系数** 使用同一测验，对同一群受试者前后施测两次，根据两次分数计算求得的相关系数，即为重测系数。重测系数是检定测验信度的方法之一。见重测信度(test-retest reliability)。

test-retest method **重测法** 义同重测信度(test-retest reliability)。见该条。

test-retest reliability **重测信度，再测信度** 属计算测验信度的方法之一。用同一测验，对同一群受试者前后施测两次，根据两次分数计算而得的相关系数，称为重测信度系数，此系数所表示者，即系重测信度。因为重测信度系数反映两次测验结果的稳定性，故而也称为稳定系数。见信度(reliability)。

test-retest reliability coefficient **重测信度系数，再测信度系数** 义同稳定系数(coefficient of stability)。见该条。

test score **测验分数** 指受试者在测验上答对题

数所得到的分数。测验分数也称原始分数。单凭测验分数的高低,尚不能了解其真正意义,必须参照该测验常模,始可推断受试者在团体中所居的位置或等第。

test sophistication = **test-wise** 测验通

test standardization 测验标准化 指按科学方法编制心理测验与使用心理测验的整个历程。在编制心理测验时,标准化工作包括下列五项:(1)选取具有代表性题材拟定题目编成测验(试题);(2)选取具有代表性受试予以施测(样本),从而得到一组具有代表性的分数(结果);(3)按测得分数统计分析求出常模;(4)按既定程序建立信度;(5)按既定程序考验其效度。编制完成后使用时的标准化工作包括:(1)对施测程序定出明确的规定与说明;(2)详细规定计分方法。

test tube baby 试管婴儿 指将精子与卵子在体外试管内受精发育成胚胎后,再移植到母亲子宫内发育的婴儿。英国医师布朗(L. Brown)1978年最早实验试管婴儿成功。

test-wise 测验通 指受试者从多次经验中学到如何应付测验,甚至精于测验题的选答技巧,而稳定可以获得较高分数。对此等受试者施测,测验效度将降低。

testwiseness = **test-wise** 测验通

TET = **teacher effectiveness training** 教师效能训练

tetrachoric correlation 四分相关,四项相关 属双变项相关方法之一。此种相关法适用于以下情形:两个变项均经人为的方法一分为二,构成四分(2×2)的形式,然后求两变项之间的相关。例如,有智力测验所得智商与学业成绩分数两变项,前者选出高智力组(如IQ在120以上)与低智力组(如IQ在90以下);后者分为甲等(80分以上)与不及格(60分以下)两组。在此情形下,即可使用四分相关法,按统计分析法分析智力与学业成绩的相互关系。表示四分相关的数值,称为四分相关系数(tetrachoric correlation coefficient)。

tetrachoric correlation coefficient (r_t) 四分相关系数 见四分相关(tetrachoric correlation)。

tetrachromatic theory of color vision 色觉四色论 义同色觉相对历程论(opponent-process theory of color vision)。见该条。

tetrachromatism = **tetrachromatic theory of color vision** 色觉四色论

texture gradient = **gradient of texture** 纹路梯度,结构级差

T-group = **training group** 学习团体,T团体

thalamus 丘脑,视丘 丘脑是两个卵形的神经组织,其位置在胼胝体的下方,具有转运站的功能。从脊髓、后脑与中脑传来的神经冲动,都先终止于丘脑,然后由丘脑分别传送至大脑皮质的相关区域。如丘脑受到伤害,将使感觉扭曲,无法正确了解周围的世界。见脑(brain)条及附图。

thalassophobia 惧海洋症 属恐惧症之一。患者对海洋特别敏感,每次见到海面的壮阔与海浪的翻腾,即产生无端的恐惧情绪。惧海洋症患者不敢乘船,无法从事渔业或海员工作。见恐惧症(phobia)。

thanatophobia 惧死亡症 属恐惧症之一。患者对死亡一事特别敏感,不但深感人生无常,而且对死亡一事产生超乎常人的恐惧反应。患惧死亡症的人,不敢谈论死亡的事,不敢参加亲友的葬礼,对死亡这一自然现象看得过分严重,经常抹不掉心理上对死亡的阴影,惴惴终日,难免影响生活。见恐惧症(phobia)。

Thanatos 死神 原为希腊神话中死神的名字,后来精神分析创始人弗洛伊德用来表示死之本能(death instinct)。见该条。与本词相对者为爱神(Eros)。见该条。

that's-not-all approach 决不退让法 社会心理学术语。在讨价还价的过程中,希望对方接受自己的要求时常使用的一种"施小惠得大利"的技巧。以顾客向店主购买冰箱为例,冰箱实价24,000元,店主却把定价标为30,000元,但八五折出售,而顾客希望打八折成交。经过双方讨价还价之后,店主表示为酬谢顾客的诚意,愿意送给他一台价值500元的电子时钟作为赠品,并说明八五折是公司规定,决不能退让。结果,顾客觉得讨价还价半天总算有些代价,于是按售价25,500元买下了冰箱。在此交易背后,事实上店主是赢家。店主付出500元的小惠,结果却反赚了1,000元。与本词相关者为低球策略(low-ball strategy)。见该条。

theme 主题 指美国心理学家默瑞(Murray, Henry Alexander)人格理论中,将因某种需求产生压力之后又引起行为的过程称为主题。见其传记条。

Thematic Apperception Test (TAT) 主题统觉测验 属于投射测验之一。由美国心理学家莫瑞(H. A. Murray)与摩尔根(C. D. Morgan)二人于1935年编制。全套测验包括30张卡片,按实施对象不同分为四种组合,每组均有20张卡片,其中19张是题意暧昧的图片(如附图),另有一张为空白卡片。采用此类图片作为人格测验,其方式与儿童看图说故事的情形类似。实施时,对受试者反应的内容不加限制,但须符合以下四点要求:

(1)说明图中所显示者是何情境;(2)说明图中情境的发生是何原因;(3)预测将来演变下去可能的结果;(4)表达个人对此情境的感想。见投射测验(projective test)。

主题统觉测验图片

theophobia 惧神症 属恐惧症之一。患者不但相信“举头三尺有神灵”的传说,而且惧怕神无时无刻不在监视着自己。见恐惧症(phobia)。

theorem 定理 指可根据逻辑法则证明的命题。

theoretical eclecticism 理论折中主义 在心理学上,对同一心理或行为现象作解释时(如动机、学习、智力、人格等),经常是多种理论并存。理论折中主义者的看法是,对某一问题的解释,不必囿于一家之言,而视情形与目的选择自认为最适当的理论作为学理的根据。

theoretical frequency 理论次数 义同预期次数(expected frequency)。见该条。

theories of aging 老化理论 指对人在中年后身心功能随年龄增加逐渐衰弱现象的理论解释。老化理论有很多种,一般心理学家将老化理论分为两大类:其一为老化生物学理论(biological theories of aging),主要从生物的观点解释老化的原因。在此观点下又有多种理论。见该条。其二为心理—社会老化理论(psycho-sociological theories of aging),主要从社会学和心理学的观点探讨如何减缓老化现象的理论。此类理论中又包括老年持续活动论(activity theory of aging)和老年减少参与论(disengagement theory of aging)。见该等条。

theories of emotion 情绪理论 指对情绪之产生与变化的理论性与系统性的解释。因为情绪之产生与变化乃是极为复杂的历程,故而在理论解释上迄今尚无定论。情绪解释之所以难有定论,原因有二:其一,情绪虽只是一种因刺激引起的身心状态,而状态背后关连着身体内极为复杂的生理历程。其二,情绪状态涉及生理与心理两种历程,究竟何者为主,尚无法确定。到目前为止,情绪理论中最主要者有下列三种理论:(1)詹姆斯—郎格情绪论(James-Lange theory of emotion);(2)坎农—巴德情绪论(Canno-Bard theory of emotion);(3)沙克特—辛格情绪论(Schachter-Singer theory of emotion)。见该等条。

theories of illusion 错觉理论 解释错觉现象的理论。现代心理学上解释错觉心理现象者主要有七种理论:(1)错觉常性误用论(misapplied constancy theory of illusion)(解释庞邹错觉);(2)错觉眼动论(eye movement theory of illusion)(解释缪勒—莱尔错觉与横竖错觉);(3)错觉不当比较论(incorrect comparison theory of illusion)(解释缪勒—莱尔错觉);(4)错觉对比论(contrast theory of illusion)(解释艾宾浩斯错觉);(5)错觉同化论(assimilation theory of illusion)(解释桑德平行四边形错觉);(6)相对体积假说(relative size hypothesis)(解释月亮错觉);(7)表面差距假说(apparent distance hypothesis)(解释月亮错觉)。见该等条。

theories of intelligence 智力理论 指对人类智力内涵的理论性与系统性解释。一般认为智力属综合性能力,综合之内涵究何所指,各家理论不一。大体言之,历来对智力理论之建立,在方法上不外两大取向:第一种取向是,采用统计分析的方法,从智力测验题目的相关分析或因素分析结果中,求取构成智力的因素。在这方面的重要智力理论有三种:(1)智力二因论(two-factor theory of intelligence),英国心理学家斯皮尔曼1904年提出,谓智力之内涵系由普通因素与特殊因素二者所构成。见该条。(2)基本心理能力(primary mental abilities),美国心理学家瑟斯顿1938年提出,谓智力之内涵系由语文、算术、推理等七种基本能力所构成。见该条。(3)智力结构论(structure-of-intellect theory),美国心理学家吉尔福德1977年提出,谓智力之内涵相当于一个三维空间的立体结构,在此结构中包括150种不同的因素。除以上三种理论之外,美国心理学家卡特尔1965年经由因素分析结果提出流动智力(fluid intelligence)及固定智力(crystallized intelligence)理论。见该等条。智力理论建立的第二种取向是从认知心理学的观点,提出智力内涵的理论。这是一种新的取向,其中目前最具代表性的有两种理论:(1)智力三元论(triarchic theory of intelligence),谓智力内涵系由分析能力、创造能力以及实践能力三大因素所构成。智力三元论系由美国心理学家斯腾伯格1985年提出。见该条。(2)智力多元论(theory of

T

multiple intelligence)，谓人类智力内涵应包括与生活有关的八种能力。智力多元论由美国心理学家加德纳1993年提出。见该条。

theories of learning **学习理论** 指心理学家对学习历程的理论性与系统性的解释。因为学习历程甚为复杂，所以在心理学上解释学习的理论有很多。综观不同学习理论，大致可以将之归纳为两大类：**1.** 联想学习论（association theory of learning)。属于此类中最主要的又有两种理论，一为经典条件作用(classical conditioning)，另一为操作条件作用(operant conditioning)。见该等条。**2.**认知学习论(cognitive learning theory)。属于此类的重要学习理论有认知图(cognitive map)、符号完形论(sign-Gestalt theory)、发现学习(discovery learning)与信息处理模型(information processing model)等。见该等条。

theories of motivation **动机理论** 行为是个体表现于外的活动，动机是促使个体表现行为的内在历程。对此内在历程的理论性、系统性的解释，就是动机理论。在心理学上有很多不同的动机理论，概括言之，所有动机理论大致可以归纳为以下四大类：**1.**精神分析论。按精神分析论的解释，促动个体行为的内在历程是欲力(libido)、生之本能(life instinct)、死之本能(death instinct)以及本我(id)、自我(ego)、超我(superego)三者间的互动作用。见该等条。**2.**行为论。按行为论的解释，促动个体行为的力量主要是以生理为基础的驱力(如饥、渴、性等)及学得的经验。学得经验受两种因素影响，一为差别强化(differential reinforcement)，一为后效强化(contingent reinforcement)。见该等条。**3.**人本论。按人本论的解释，动机是人性的潜在力量，代表性的理论是马斯洛的需求层次论(need hierarchy theory)。见该条。**4.**认知论。按认知论的解释，影响个体行为者主要是当事者对情境的认知，在这方面的代表性理论是归因论(attribution theory)与认知失调论(cognitive dissonance theory)。见该等条。

T

theories of personality **人格理论** 指对人格的定义、结构、发展、测量等重要概念所作的系统性的理论解释。心理学家对人格这一概念提出了多种不同的解释，形成了不同的人格理论，其中最主要者有以下五大理论：**1.**类型论(type theory)。按身体特质区分为不同的人格类型，其中以谢尔顿的体质论(constitutional theory)为代表。见该条。**2.**特质论(trait theory)。按心理特质的不同解释人格的差异，其中以奥尔波特的人格特质论(personality-trait theory)与卡特尔的人格因素论(factor theory of personality)为代表。见该等条。**3.**弗洛伊德的精神分析论(psychoanalysis)。见该条。**4.**班杜拉的社会学习论(social learning theory)。见该条。**5.**马斯洛的自我实现(self-actualization)论。见该条。

theories of personality development **人格发展理论** 指心理学家对个体人格发展所作的理论性与系统性的解释。对个体人格发展的解释，在发展心理学上有三种最为重要的理论：**1.**霍尔的复演论(recapitulation theory)。**2.**弗洛伊德的性心理期发展论(psychosexual stage theory of development)。**3.**埃里克森的心理社会期发展论(psychosocial stage theory of development)。见该等条。

theory of cognitive attribution **认知归因论** 见归因论(attribution theory)与成败归因论(attribution theory of success or failure)。

theory of cognitive dissonance＝**cognitive dissonance theory** **认知失调论**

theory of color＝**color theory** **色觉理论**

theory of color vision＝**color theory** **色觉理论**

theory of culture conflict **文化冲突论** 指犯罪学家赛林(T.Selling)与塔福特(D.R.Taft)二氏所提出的犯罪理论。文化冲突论的要义是，犯罪与文化冲突有关，个体在文化环境中无法适应时，文化中的道德规范与价值标准对个体的行为，将丧失约束作用。适应困难达到某种程度时，个体就可能违反社会规范而陷入犯罪。文化冲突有两种情形，一为新移民者不能适应当地文化，一为因社会变迁或社会流动导致的文化差距，使人无所适从。

theory of development of representational thought **表象思维发展论** 美国认知心理学家布鲁纳(Bruner, Jerome Seymour)1964年提出的一种解释儿童认知发展的理论。见其传记条。

theory of eye movement **眼动论** 义同错觉眼动论(eye movement theory of illusion)。见该条。

theory of formal discipline＝**doctrine of formal discipline** **形式训练论**

theory of hearing＝**hearing theories** **听觉理论**

theory of identical elements＝**identical elements theory** **同元素论**

theory of knowledge＝**epistemology** **知识论，认识论**

theory of misapplied constancy **常性误用论** 解释物体大小或线条长短错觉的理论之一。常性指知觉常性，知觉常性的心理现象是个体的知觉经验不因知觉对象所处环境不同而有所改变(如斜看一排楼房窗口时,远处窗口虽在视网膜上形成的映象较小,但在知觉上仍判断其与近处窗口大小相等)。采用此一心理原则,当受试者判断庞邹错觉两条横线是否等长时,他可能将知觉常性原则反过来推理:远近两条横线在视网膜上的映象相等,而在画面上因受透视的影响,位居上面的横线看着显得较远。远处的东西与近处的东西等长,在知觉判断上自然就会觉得远处的较长。见知觉常性(perceptual constancy)、庞邹错觉(Ponzo illusion)条及附图。

theory of multiple intelligences 智力多元论 指美国心理学家加德纳在1993年所提出的包括八种智力的智力理论:(1)语文智力(linguistic intelligence),指学习语文与使用语文的能力,(2)数理智力(logical-mathematical intelligence),指数学运算与逻辑推理的抽象思维能力;(3)空间智力(spatial intelligence),指辨识方位判断距离远近的能力;(4)音乐智力(musical intelligence),指音律欣赏及表达的能力;(5)体能智力(bodily-kinesthetic intelligence),指支配肢体以完成精密作业的能力;(6)社交智力(interpersonal intelligence),指了解别人并与别人建立合作及亲密关系的能力;(7)自知智力(intrapersonal intelligence),指了解自己的优缺点及动机、兴趣、欲望等,从而选定合于自己的目标并努力追求实现的能力;(8)自然智力(naturalist intelligence),指理解大自然现象并适应自然环境的能力。

theory of omnipotence 万能论 对幼儿世界观的一种假说。谓两三岁幼儿自以为他是万能的,在他周围的一切,都应该受他的支配和管制。见思想万能(omnipotence of thought)。

theory of representative development 表象发展论 美国心理学家布鲁纳(Bruner, Jerome Seymour)在20世纪70年代提出的儿童心理发展理论。见其传记条。

theory of signal detection = signal detection theory (SDT) 信号检测论

theory of tabula rasa 白板说 义同白板(tabula rasa)。见该条。

the other = significant other 重要他人

therapeutic abortion 治疗性流产 经由孕后检查确定胎儿异常而由合法医师施行的人工流产(artificial abortion)。见该条。

therapeutic counseling 治疗性咨商 经由咨商的过程,帮助心理困扰者减缓精神痛苦,并进而自行面对困难解决问题的心理治疗方法之一。所谓"治疗性"并非"医疗"之意,而是不靠药物的"心理治疗"(psychotherapy)。见该条。

therapeutic group analysis 治疗性团体分析 义同团体分析治疗法(group-analytic psychotherapy)。见该条。

therapeutic index 疗效指数 见疗效比率(therapeutic ratio)。

therapeutic psychology 治疗心理学 义同心理治疗(psychotherapy)。见该条。

therapeutic ratio 疗效比率 指在考虑安全因素的前提下,某种药物治疗效果的比率。疗效比率的概念与计算方法是由德国细菌学家艾尔利克(P. Ehrlich, 1854～1915)提出的,其计算公式是:

$$疗效比率=\frac{LD-50}{ED-50}$$

公式中,LD为致死剂量50;ED为疗效剂量50。

按上列公式计算得到疗效比率数值,称为疗效指数(therapeutic index)。在考虑安全因素的前提下,疗效指数最低不得少于10。

therapeutics 治疗学 泛指对身心疾病进行检查、诊断与治疗的医药科学。

theraplay = play therapy 游戏治疗

therapy 治疗,治疗法 **1.**广义言之,本词泛指一切医疗专业人员,对身心两方面疾病患者所给予的处理与照顾,从而减低患者病痛并恢复健康的一切措施。**2.**狭义言之,本词指精神科医师、心理师、咨商员、辅导员等专业人员,对心理异常或生活适应困难者所给予的一切帮助。按此狭义解释,在心理学上,治疗一词事实上与心理治疗(psychotherapy)是同义词。在习惯上,治疗加注形容词而说明某种治疗法时,其所代表的意义,只是某种心理治疗法的简称而已。准此而言,完形心理治疗法(Gestalt psychotherapy),义同完形治疗法(Gestalt therapy);团体心理治疗(group psychotherapy),义同团体治疗(group therapy)。本辞典内除少数沿用习惯用法之外,原则上都是采用简写的名称。见心理治疗(psychotherapy)。

therapy puppet 治疗玩偶 指游戏治疗法(play therapy)实施时供患者操弄的玩偶。见该条。

thermal adaptation = temperature adaptation 温度适应

thermalgesia 热痛觉 指较高温度(45℃以上)刺激所引起的痛觉。

thermal sense = temperature sense 温度觉

thermanesthesia = temperature sense 温度觉

thermic sense = temperature sense 温度觉

thermophobia 惧热症 属恐惧症之一。患者对热的感觉不能忍受，每遇到温度高的情境，即产生恐惧的情绪。见恐惧症（phobia）。

theta wave θ波 为脑波的一种类型，其频率约为4～7赫兹，振幅也低。θ波发生于睡意开始时，故θ波又称为欲睡波（drowsy wave）。见脑波图（electroencephalogram）条及附图。

they-group 他人团体 义同外团体（out-group）。

think aloud 发声思维 指面对问题情境时一边思维一边发声说出思维过程的活动。

think-aloud protocol 自语式思维法 研究意识或思维活动的一种方法。自语式思维法的特点是，当受试者对问题情境进行思维从而获得答案的过程中，要求他以“自言自语”的方式，说出他从头到尾所想到的一切。事后分析录音内容，大致可以了解受试者当时内在的心理活动历程。

thinking 思维，思考 思维是内在的心理认知历程，在此历程中，个体将心理上所认知的事件，经表象过程予以抽象化，以便在心理上运作处理，从而对事件的性质进行理解并获知其意义。此一定义包括以下三个要点：（1）思维只是内在心理活动，而非外显的行为表现；（2）思维系由认知的事件所引起，引起思维的认知事件很多，可能是面对的困难问题情境，可能是对往事的检讨，可能是对未来的计划，也可能是对世事的忧虑；（3）思维是心理运作的历程，而在心理上所运作者，不是认知事件的本身，而是经表象过程予以抽象化的心理活动。

thinking styles 思维风格 义同认知风格（cognitive styles）。见该条。

thinking type 思维型 属于瑞士心理学家荣格所列人格类型之一。属思维型的人，爱思考，好求知，时时留心环境中的事物及其自身问题并寻求答案。见功能型（functional type）。

third circular reaction 三期循环反应 瑞士心理学家皮亚杰认知发展理论的术语。指12至18个月期间婴儿重复结合不同基模，从而达成其活动目的的感觉动作配合阶段。此一阶段的婴儿，一般都能够自由活动，且手眼协调良好。他会将身体藏在一个纸箱内，然后探出头来跟别人喊话，多次重复不停。此时期的婴儿，对解决问题已略具手段与目的关系的概念。见循环反应（circular reaction）。

third ear 第三只耳朵 指真正的名医不全靠科学仪器看病，他有时不需靠听诊器，只凭直觉即可判断病人的病情。

third force 第三势力 狭义言之，第三势力属心理学派之一。在传统上，行为主义被称为第一势力，精神分析被称为第二势力，兴起于20世纪60年代的人本心理学称为第三势力。见人本心理学（humanistic psychology）。广义言之，第三势力指17～18世纪欧洲哲学心理学思想中，除理性主义与经验主义之外，浪漫主义（romanticism）也被视为第三势力。见该条。

third-force psychology 第三势力心理学 见第三势力（third force）条的狭义解释。

third-force therapy 第三势力治疗法 指以人本心理学原理为基础的心理治疗法。见人本治疗（humanistic therapy）。

third sex 第三性别 指除男女两性之外，在性行为上属于同性恋（homosexuality）的人。见该条。

third-variable problem 第三变项问题 指在实验研究时，因对自变项与依变项之外的第三变项未加控制，致使实验结果变质，无法达成研究目的的问题。见外扰变项（extraneous variable）。

third Viennese school 第三维也纳学派 指美国心理学家和精神病学家弗兰克（Frankl, Victor）的心理治疗思想。见其传记条。

Thorndike, Edward Lee（1874～1949） 桑代克 桑代克是20世纪美国心理学家，是行为主义心理学的先驱，是联结主义学习理论的建构者，是动物心理学的创始人，也是被誉为现代教育心理学之父的心理学家。

桑代克1874年8月31日出身于马萨诸塞州威廉斯堡的一个牧师家庭，中学毕业后先进威斯廉大学，主修英文，1895年毕业。桑代克研习心理学的兴趣是在大学毕业前一年，因读到功能学派创始人詹姆斯1890年出版的《心理学原理》所起的。1895年进哈佛大学，成为詹姆斯的弟子，并得到詹姆斯的指导与支持，开始了一连串的动物学习实验。1897年得硕士学位后，获得哥伦比亚大学研究生奖学金，进该校攻读博士学位，1898年获博士学位。他的指导教授就是当时功能学派创始人之一的卡特尔。桑代克的博士论文为《动物的

T

智能》,系根据猫学习开启迷笼实验之结果。该论文先在1898年《心理学评论》期刊上发表,继而又在美国心理学会年会上报告,引起心理学界极度重视,成为心理学史上重要文献之一。1899年起担任哥伦比亚大学师范学院教职,因学校重视教育问题研究,桑代克的兴趣转而趋向教育心理学。1912年当选美国心理学会主席,1917年当选美国科学院院士,1925年荣获哥伦比亚大学巴特勒金质奖章。1940年退休,又回哈佛大学担任詹姆斯讲座。1949年8月9日病逝于纽约,享年75岁。

桑代克的成名较之行为主义领导人华生的崛起早了15年,所以只能视桑代克是行为学派的先驱,不能将他视为行为学派的成员,理由是桑代克的动物学习理论和巴甫洛夫的条件反射理论,对以后行为学派的思想同具影响。而桑代克之不强调生理而强调心理的学习历程的解释,尤甚于巴甫洛夫对行为学派思想的影响。桑代克在心理学上的贡献,主要在于以下两方面:

1.根据动物实验建构系统学习理论　桑代克是根据动物实验建构系统学习理论的第一人。他的成名作《动物的智能》博士论文完成的时间(1898)比巴甫洛夫的条件反射实验研究(1901)早了三年。桑代克的学习理论,主要是在他攻读博士学位时观察猫学到打开迷箱(puzzle box)获取食物的过程。实验结果,桑代克建构了系统的尝试错误学习(trial-and-error learning)理论,并以刺激与反应的联结来解释新学习的构成,故而桑代克的学习理论称为联结主义(connectionism)。桑代克的联结主义思想,改变了多年来联想主义思想的传统。传统的联想主义所指的是观念间的联想,桑代克的联结主义所指的是刺激与反应间的联结。后来华生行为学派所主张的刺激—反应心理学,就是以桑代克的联结主义为蓝本的。此外,桑代克的效果律对新行为主义者斯金纳的思想影响甚深,斯金纳的操作条件作用就是以他的效果律理念为基础的。

2.对教育心理学的贡献　除根据动物实验建构系统学习理论从而奠定其理论心理学地位之外,桑代克在应用心理学方面也有重大贡献。他力倡教育心理学研究科学化,其1913～1914年出版的《教育心理学》一书,被视为现代科学教育心理学的里程碑,使他赢得"现代教育心理学之父"的美誉。20世纪30年代美国兴起的科学教育运动,即系由桑代克领导。不过从桑代克教育心理学思想对以后的学校教育的实际影响看,他直接将动物学习原理用之于学校教学的尝试,并未成功。

桑代克著作等身,其中最主要的心理学专著有:*Animal intelligence*(1911);*Introduction to the theory of mental and social measurement* (1904);*The elements of psychology*(1905);*The psychology of learning* (1913);*Educational psychology*, 3 vols.(1913～1914);*The measurement of intelligence* (1927);*The human learning*(1931);*The fundamental of learning*(1932);*Human nature and social order*(1940)等。

Thorndike-Lorge list **桑代克—洛奇常用词表** 指美国心理学家桑代克(E. L. Thorndike)与其弟子洛奇(I. Lorge)1944年合编的英文常用词表。该常用词表编制程序是:(1)搜集当时儿童读物、流行小说与通俗杂志等出版物,并整理统计其所使用的全部单词;(2)以所有出版物的字数为总体,凡是在100万个单词中出现过100次以上的单词称为AA,列为最常用词;100万个中出现50～100次的单词,称为A,列为常用词。在此原则之下所收集到的30,000个英文单词,即成为当时美国教育界普遍使用的常用词。

Thorndike puzzle box **桑代克迷箱** 义同迷箱(puzzle box)。见该条。

Thorndike's trial-and-error learning **桑代克尝试错误学习** 义同尝试错误学习(trial-and-error learning)。见该条。

thought **思想** **1.**指思维时的心理活动历程。见思维(thinking)。**2.**指个体运用象征性符号及抽象概念,经过思维后所得到的观念,或汇集思维所得概念而建构系统理论。

thought-disorder **思想障碍** 系精神病患者主要症状之一。患者思想活动脱离现实,推理不合逻辑,说话语无伦次。

thought-disturbance = thought-disorder **思想障碍**

thought impulse **思想冲动** 按精神分析论的解释,思想冲动是导致做梦的原因之一。所谓"日有所思,夜有所梦",正是此意。由于日间所思考的问题,未得解决,使意识中留下紧张的状态,形成做梦行为的冲动。

thought-stoping **思维停顿** 在心理治疗上属于行为疗法的一种技术。即训练患者每次想到痛苦的往事而感到痛苦时,即告诉自己:"停止去想那些不愉快的事。"久而久之,养成习惯后就会减轻重复思维的痛苦。

three-color theory = trichromatic theory **三色论**

three component theory **三元素论** 指解释色觉现象的一种理论。谓所有不同颜色感觉,均系由红、绿、蓝三色不同比例混合而得。见扬—赫尔姆霍茨色觉论(Young-Helmholtz theory of color vision)。

three-cornered therapy 三角治疗 见会诊式治疗(multiple therapy)。

three-dimensional theory of emotion = three-dimensional theory of feeling 情感三维论

three-dimensional theory of feeling 情感三维论 德国心理学家冯特提出的情感理论,谓人类的情感是由三个维度构成的立体:(1)兴奋到平静(excitement-calm);(2)愉快到厌恶(pleasantness-unpleasantness);(3)紧张到轻松(tension-relaxation)。人类的所有情感变化,都可以纳入这三维度之内予以解释。见该等条。

three-mountain experiment 三山实验 义同三山问题(three-mountain problem)。见该条。

three-mountain problem 三山问题 指瑞士心理学家皮亚杰在1948年为研究儿童概念发展所设计的一种情境测验。三山问题的情境是,用一个包括不同高度三座山峰的模型,让不同年龄儿童观察,从而了解儿童空间概念的发展。据研究者观察发现,如果问题只限于让儿童从自己的观点去判断,七岁以下(前运思期)的儿童,就会从不同角度指出模型的全貌以及三座山峰间彼此的关系(如高山在矮山的后面)。但如将一布偶娃娃置于模型的另一边,其位置或与儿童相对,或在模型的左右侧,然后让儿童凭自己的想象,说出娃娃眼中所见的三山之间的关系时,结果发现,儿童必须在七岁以上才能"设身处地"以别人观点去看清问题(娃娃会觉得高山在矮山的后面)。七岁以下儿童之所以不能摆脱主观立场看问题,乃是由于受到自我中心思维倾向的影响。见前运思期(preoperational stage)。

three primaries law 三原色法则 属色觉的基本法则之一,指将红、绿、蓝三种色光混合时,可以产生各种色觉。

three R's 三艺,**3R** 指西方传统上所重视的基础教育。所谓3R者是指Reading(读)、Writing(写)、Arithmetic(算)而言。

T

three-store memory model 三阶段储存记忆模型 指信息处理历程中的三阶段记忆:(1)感觉记忆(sensory memory);(2)短期记忆(short-term memory);(3)长期记忆(long-term memory)。见信息处理(information processing)。

three-track plan 三轨设计 在能力分班教学时,如按同年级学生能力分为高、中、低三种班别者,称为三轨设计。见双轨设计(two-track plan)。

threshold 阈限 **1.**指引起个体感觉经验所需的最低限度的刺激强度,低于此一强度时,感觉经验即无从产生,声音太低无法听见的情形即属之。**2.**从生理学的观点而言,引起神经冲动而产生感觉的最低刺激强度,称为感觉阈限。阈限的另一名称,叫绝对阈限(absolute threshold),意指单纯看某一刺激强度是否引起感觉反应而言。**3.**阈限的另一意义是比较两种刺激之间的差异。如两刺激的强度之差恰能使人辨别时,其差异量即称为差别阈限(difference threshold)。见该条。见韦伯定律(Weber's law)。

threshold of consciousness = limen of consciousness 意识阈

thumb-sucking 吮拇指 指一般婴幼儿在3岁之前吮拇指的习惯性现象。对吮拇指现象的解释,一般的看法是婴幼儿在无意中学到的一种自得其乐或减缓恐惧紧张的习惯方式。这是一种操作条件作用与后效强化的看法。持此看法者认为,婴幼儿吮拇指未必是普遍性现象。另一种看法是精神分析论者的口欲驱力的解释。持此理论者认为,婴幼儿吮拇指是口唇期(oral stage)的普遍现象。见该条。无论采用何种解释,一般都认为4岁前吮拇指的习惯,不宜视为异常行为,稍长就会自动消失。

Thurstone, Louis Leon(1887~1955) 瑟斯顿 瑟斯顿是20世纪美国心理学家,是心理测量学的先驱,也是因素分析法的创始人。

瑟斯顿于1887年5月29日出生于芝加哥,童年在瑞典度过,返美后进康奈尔大学学电机,1912年毕业。在大学期间,他曾发明将声音录入胶卷的方法和电影放映机,获得专利,引起大发明家爱迪生(T. A. Edison,1847~1931)的注意,并聘他为研究助理。瑟斯顿在爱迪生实验室工作期间,对声学及感觉测量发生兴起,因而工作一段时间后又进芝加哥大学改读心理学,成为功能学派领导人之一安吉尔的学生。1917年获博士学位后担任卡内基理工学院心理学助理教授,1924年回芝加哥大学担任心理学教授,1952年担任北卡罗来纳大学教授兼心理测量实验室主任。该实验室后来改以瑟斯顿之名命之，用以纪念他的贡献。1932年当选美国心理学会主席，1936年创立心理测量学会并担任第一届主席，1955年9月29日病逝于北卡罗来纳，享年68岁。

瑟斯顿虽处身于心理学学派对立的时代，而且又出自芝加哥功能学派的门下，但他的心理学思想却不属于任何流派。他的研究集中于心理测量学。心理测量学（psychometrics）是以数理统计为测量方法，以能力与人格测验之编制与使用为主题的科学研究。瑟斯顿在心理学上的贡献，主要在以下三方面：

1.智力量化表述方式的改革　智力本来属于人性中质的层面，自20世纪初（1905）法国心理学家比奈编制的比奈—西蒙量表，首次以心理年龄来表述智力的高低。心理年龄系由受试者通过测验题目多寡所得分数来决定，故而一般认为比奈采用的心理年龄是智力量化的开始。后来美国心理学家推孟于1916年将比奈的智力量表修订为斯坦福—比奈智力量表后，正式采用比率智商的概念，并用IQ＝MA/CA×100的公式，将智力予以精确量化，从此IQ数字的多寡代表智力高低的说法，就成了大众的共识。大体言之，对15岁以前的学童而言，此种说法尚属合理，原因是此时期学童的实足年龄和他的心理年龄是同时成长的。然而将比率智商推广用于成人，就极不相宜（因成人心理年龄停止而实足年龄续增）。瑟斯顿是最早指出比率智商缺点的人，并首先建议放弃比率智商，主张根据个人得分之多寡，在同年龄层受试者得分形成的常态分布中，定出他的相对等级，从而评定他智力的高低。因此，他建议采用百分等级或标准分数代替比率智商，从而使抽象的智力达到具体量化的目的。后来美国智力测验学家韦克斯勒编制的多种智力测验，就采用了瑟斯顿的建议，改用离差智商（deviation IQ）代替。见该条。

2.创用因素分析编制基本能力测验　编制智力测验时首先要考虑两个问题：一是智力是由哪些因素构成的？二是每一因素中选用哪些足以代表该因素的题目？只有这两个问题得到答案，据以编成的测验，施测结果才可能代表受试者的智力。在瑟斯顿之前，此二问题并无共识，直到1929年他创用因素分析统计技术之后，才解答了此一问题。因素分析（factor analysis）是一种同时处理多个变项交互相关关系的统计方法，其目的旨在采代数学上矩阵方式，分析出各变项中交互相关而且有集丛趋势者，从而找出隐含的共同基本因素。根据因素分析找出的共同因素，即可作为新编测验的基本因素。1938年瑟斯顿采因素分析法将50多个不同的智力测验分析后，找出七个基本因素代表七种基本心理能力，并于1941年出版了基本心理能力测验（Primary Mental Abilities Test）。见该条。

3.首创态度量表编制方法　在社会心理学上，态度的研究是重要主题之一。1929年瑟斯顿所创始的一种态度量表，使态度的量化研究向前迈进一大步，而且该量表的编制方法，也成了以后同类量表的范式。详见瑟斯顿式态度量表（Thurstone-type attitude scale）。

瑟斯顿的主要专著有：*The measurement of attitude*（1929）；*Primary mental abilities*（1938）；*A factorial study of perception*（1944）；*An analy-tical method for simple culture*（1954）；*The measurement of values*（1959）等。

Thurstone scale **瑟斯顿量表**　见瑟斯顿式态度量表（Thurstone-type attitude scale）。

Thurstone scaling **瑟斯顿量表法**　见瑟斯顿式态度量表（Thurstone-type attitude scale）。

Thurstone's primary mental abilities **瑟斯顿基本心理能力**　义同基本心理能力（primary mental abilities）。见该条。

Thurstone Temperament Schedule **瑟斯顿气质量表**　是一种团体人格测验。该测验系由美国心理学家瑟斯顿于1953年编制，其内容包括七大因素：（1）活动性；（2）健壮性；（3）激动性；（4）支配性；（5）稳定性；（6）社会性；（7）深思性。此气质量表经学者程法泌、高莲云二人修订为中文，并经标准化，于1972年出版。该测验适用对象为初三至高三学生，记分方式采百分等级，已建立常模，在各年龄组均以百分位数表示之。

Thurstone-type attitude scale **瑟斯顿式态度量表**　指美国心理学家瑟斯顿为使对态度的测量客观量化，在1929年所创用的一种态度量表编制方法。瑟斯顿式态度量表的编制大致采以下程序：（1）确定主题，确定一个构成态度问题的主题，如安乐死、死刑、堕胎等；（2）搜集意见，以一般人对安乐死的态度为例，搜集各种不同意见，每一意见写于一卡片上；（3）意见分类，请多位评判（100人以上）将代表各种意见的卡片，按“极同意”到“极反对”的程度分为十一等级，并逐项计算其累积次数；（4）定量表值，按累积次数为标准，查看50%的累积次数正好落在十一类级的位置，该位置即代表一般人对此问题所持态度的量表值。以对安乐死的态度为例，如累积次数的

50%落在第九与第十等级之间,态度量表值即为9.5,表示一般人对安乐死一事的态度接近“极反对”的一端。瑟斯顿态度量表编制方法发表后,成为社会调查问卷编制的典型方法之一。

thyroid gland 甲状腺 甲状腺位于喉头下端与气管的前上方,分为左右两叶,形如肩甲,故名。甲状腺分泌之激素称为甲状腺激素(thyroid hormone)。甲状腺激素是一种碘化物,其功能为促进全身细胞的氧化作用,帮助调节体内脂肪及糖类的新陈代谢,以维持身体正常生长及骨骼发育。甲状腺机能亢进,激素分泌过多时,患者常感闷热、身体虚弱,显现突目症状,此外还有神经紧张、心跳加速、手足颤抖、情绪敏感等现象。反之,如甲状腺功能不足时,在成年人会有水肿现象,患者的新陈代谢速率减低,因而导致身体能量不足、体温下降、无气力、怕寒冷、身体肥胖(因代谢作用不良)、反应迟缓、性欲减退等。如儿童甲状腺功能不足则易导致智能不足,甚至因发育不良而成为侏儒症。甲状腺的功能是受垂体腺管制的,垂体腺所分泌的促甲状腺激素,其功能即在控制甲状腺的分泌。见内分泌系统(endocrine system)条及附图。

thyroid hormone 甲状腺激素 见甲状腺(thyroid gland)。

thyroid stimulating hormone 促甲状腺激素 一种由垂体腺所分泌的激素,能控制甲状腺分泌甲状腺激素。见甲状腺(thyroid gland)。

tilt after effect 倾斜后效 属视错觉现象之一。如附图所示,右图的垂直黑线是平行的,左图的黑直线从中间倾斜。如将视线投射在左图中线上,并同时将图小幅度左右来回晃动半分钟,然后将视线瞬即移至右图中线上,将会发现右图上的平行黑直线有倾斜现象,而倾斜的方向恰与左图相反。见错觉(illusion)。

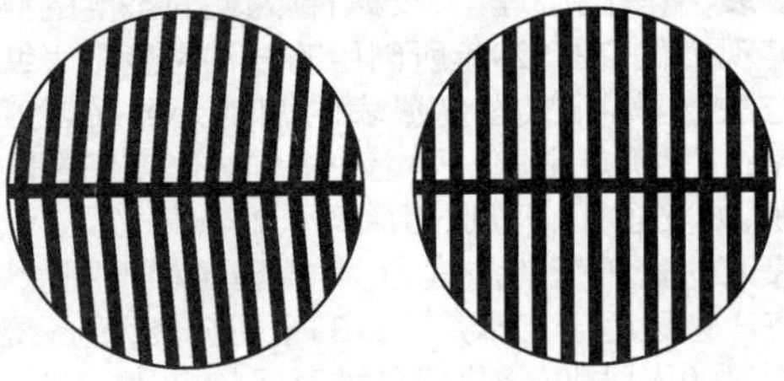

倾斜后效

time-and-motion study 时动研究 工业操作时,分析观察每一工作单元所需的时间及必要动作,此种研究称为时动研究。时动研究的目的,主要是基于经济与安全的观点,希望将人体功能与工作需要密切配合,以适当的时间配合适当的动作,改善工作方法,从而获得更高的生产绩效。见工效学(ergonomics)。

time disorientation 时间定向障碍 属精神病的主要症状之一。患者丧失时间知觉,不能判断身处何日何时;对生活中的活动,也无法了解经过了多长的时间。见定向障碍(disorientation)。

timed test 限时测验 以速度为主要条件的一种测验。限时方式有二:其一,每题均限时,时间一到即刻停止,然后立即开始做下一题。其二,只限制施测的总时间,受试者可自由调度使用,得分以总时间内答对题数计算。第二种方式又称为时限法(time-limit procedure)。限时测验也称速度测验(speed test)。见该条。

time error 时间误差 设有A与B体积相等的两个物体,在时间上先后出现,并让受试者比较判断其大小。如受试者判定两者不相等,其误差构成原因,显然与时间先后有关,故而称为时间误差。唯时间误差仍有分别。如判定的是A大于B,称为正时间误差(positive time error);如判定的是B大于A,则称为负时间误差(negative time error)。

time-lag design 时差设计 属发展心理学研究方法之一。时差设计法的主要特征是,以不同年代出生但处于相同年龄层的受试为对象,比较他们对同一问题的反应,从而探讨社会文化变迁对心理的影响。以大学生对婚前同居一事的态度为例,如果在30年前曾有心理学家对当时20岁的男女大学生做过问卷调查,即可在30年后的今天再以同样的问卷调查现在20岁男女大学生。两次调查结果的比较,将可发现因社会文化变迁的影响,现在大学生对两性间关系的态度与30年前不同。

time-limit procedure 时限法 实施心理测验的一种方法。施测时严格限制时间,得分按规定时间内答对题数计算。凡速度测验(speed test)均采用此法。

time-motion study = time-and-motion study 时动研究

time-out 暂停 义同暂停强化(time-out from reinforcement)。见该条。

time-out from reinforcement 暂停强化 是一种行为矫正方法。此种行为矫正法的特点是,通过暂停强化来抑制不良行为。如要求破坏纪律的学生暂时停止参与团体活动(如停止参加球赛),或暂时离开教室,让他进入一无趣的空房间内独处5至10分钟,都是暂停强化的做法。

time perception 时间知觉 指不用定时器,单凭知觉对时间长短的判断。时间知觉的准确度,受个人生活经验及注意程度的影响甚大。在某方面有工作经验的人，按工作进度即可做时间判断。在集中注意等候盼望时（如等车），觉得时间较长；在不专心注意（或无所期盼）时，时间过得较短。

time sampling **时间抽样** 指在行为抽样的观察研究中，以时间单位为依据的抽样方式，称为时间抽样。此法使用时，首先明确界定所要观察的行为，在不同的时间内，对同一类的行为作多次重复观察。时间的选择，可采取有系统的方式，也可以采用随机的方式。例如，观察幼儿园儿童在团体游戏时的攻击行为，可每次在30分钟的游戏时间观察3分钟，每天观察三次，连续观察两周，即为一种有系统的方式。如果以随机方式抽取六个3分钟的观察时间，然后记录这些时间内的行为表现，即为随机的时间抽样方式。见行为抽样（behavior sampling）。

time score **时间分数** 按速度评分时所得的分数，称为时间分数。运动项目中跑步与游泳等比赛成绩，均按时间分数计算。

time sense **时间感** 义同时间知觉（time perception）。见该条。

time-space illusion = **space-time illusion** **时空错觉**

times theory **时代论** 解释领袖人物之所以产生的一种理论。按时代论的解释，领袖系由环境因素所造成，所谓“时势造英雄”，即系此义。与本词相对者为伟人论（great-man theory）。见该条。

time study **时间研究** 在工业心理学上从事人与机器之间关系的研究时，同时记录操作机器所需的时间，借以分析探求如何以最经济的时间达到最安全、最有效的目的。像此类研究，即称为时间研究。见时动研究（time-and-motion study）。

timidity **胆怯** 指对无危险情境的畏惧与退缩心理倾向。胆怯与羞怯不同，羞怯（shyness）只限于对人的情境。见该条。

tip-of-the-tongue phenomenon（TOT） **舌尖现象** 美国心理学家布朗（R.Brown）和麦克内尔（D. McNeill）二人1966年提出的解释长期记忆理论中的术语。舌尖现象指话到口边记不起的情形：个人确信自己记得的某人某事，只是临时无法用话语把记忆说出来而已。遇到熟人而临时忘却其姓名的尴尬情况，就是舌尖现象。

tip-of-the-tongue state = **tip-of-the-tongue phenomenon** **舌尖现象**

tissue need **组织需求** 指身体内部因生理组织运作而产生的需求。

Titchener circles **铁钦纳圆圈** 义同艾宾浩斯错觉（Ebbinghaus illusion）。见该条及附图。

Titchener, Edward Bradford（1867～1927） **铁钦纳** 铁钦纳是20世纪美国心理学家，是科学心理学创始人冯特的嫡系弟子，是结构学派的实际建立者，也是心理学史上因学术思想不获共识而招致众多反对的一位心理学家。

铁钦纳于1867年1月11日出身于英格兰柴契斯特的一个旧式家庭，父亲早逝，靠奖学金求学，先进马尔维恩学院，18岁入牛津大学修习哲学与古典文学，在校四年成绩杰出。他在大学时即对冯特实验心理学深感兴趣，将冯特所著《生理心理学原理》译为英文。1890年赴德，在冯特指导下于1892年获得心理学博士学位。本要回牛津大学任教，因向学校申请设置心理学实验室未果，乃决定赴美进康奈尔大学任教。兹后，留在该校长达35年之久。1927年8月3日因脑瘤病逝，享年60岁。

从心理学思想流变的观点来看，铁钦纳对20世纪初科学心理学的发展有其贡献，也有其负面影响。前者是他继承了冯特的思想，在美国大力推行科学心理学，培养了很多心理学人才。后者是他的性格和作风无法融入美国心理学界，结果使他成为结构主义心理学的终结者。兹以下述两点表明此义：

1.保持学派领袖的独特风格　在20世纪初五大心理学派中，铁钦纳所领导的结构学派最为特殊。在学术立场上，他排斥其他心理学思想，反对功能学派应用心理学取向。他反对动物心理、儿童心理、个别差异、变态心理及心理测验等方面的研究。他强调心理学是基础科学，不是应用科学。因此，他不但批评功能学派是不成熟的心理学，而且拒绝参与美国心理学界的一切活动。即使美国心理学会年会在他任教的康奈尔大学举行，他也不出席会议。在教学方面，铁钦纳更是特立独行。他上课始终保留牛津大学传统，身着礼服。他门下培养的56位博士生，论文题目完全由他指定，绝不能超出结构主义主张意识分析的范围。他在美居留35年，一直保持英国国籍，不肯做美国公民。铁钦纳的特立独行作风，在开放的美国不合时宜，纵使他的实验室学术地位崇高，也抵不住潮流的冲击。他逝世后，他所领导的结构学派也就无疾而终。

2.铁钦纳的结构主义心理学思想要义　铁钦纳继承了冯特以研究直接经验为心理学研究目的的理念。他界定意识为某一时间立即经验的总和，而心则是一生经验的累积。他的研究试图用内省法探讨三个基本问题：一是将意识经验分析为最基本的元素；二是找出基本元素结合为复杂经验的心理法则；三是找出与心理历程相对应的神经生理历程来解释心理历程。在第一个目的下，铁钦纳把意识经验分析为三种基本元素：感觉、意象及感情。他认为感觉是知觉的基本元素，是个体对环境中声、光、气味等物理刺激所引起的立即经验；意象是观念的基本元素，是由经验的回忆中获得；感情是情绪的基本元素，是在爱、恨、悲伤等经验中产生的。对冯特的情感三维论，铁钦纳提出了修正，他认为情感并不包含三个维度，而只有愉快—不愉快两者间的区别而已。在第二个目的下，他不采用冯特统觉和创造性综合的看法，他认为复杂经验纯粹是由联想形成的。在第三个目的下，对于神经历程、联想和心理历程的关系，铁钦纳支持心身平行论的看法。他认为，虽神经历程总是产生在心理历程之前，是形成心理历程的条件，但两者间并非必然的因果关系。由此可知，铁钦纳的结构主义思想比较接近经验主义，这是他与冯特最大的差异。

铁钦纳的主要专著有：*An outline of psy-chology*（1897）；*Primer of psychology*（1898）；*Experimental psychology, 4 vols.*（1901）；*Lectures on the experimental psychology of feeling and attention*（1908）；*Lectures on theexperimental psychology of tho ught process*（1908）；*A beginner's psychology*（1915）；*A textbook of psychology*（1910）；*Systematic psychology: Prolegomena*（1929）等。

Titchener illusion 铁钦纳错觉　义同艾宾浩斯错觉（Ebbinghaus illusion）。见该条及附图。

TM＝transcendental meditation 超觉静坐，超觉冥思

T-maze T形迷津　指一种动物学习实验用的仪器。迷津内的通路呈T形，左右两通路中只有一条通往目的箱（内放食物）。实验的目的在观察动物（以白鼠为主）如何学到正确选择通路以获得食物。见迷津（maze）条及附图。

TMR＝trainable mentally retarded 可训练性智能不足

TOEFL＝Test of English as a Foreign Language 托福考试

toilet training 大小便训练　对一岁半以后幼儿大小便习惯养成所实施的训练。大小便训练是育儿方式的一个重要课题，精神分析论者认为，如对幼儿大小便训练过分严格，将来会影响到他的人格发展。唯此种说法未经证实，不过，以鼓励赞赏的态度养成幼儿大小便习惯，确是必要的。

token economy 代币奖励法　运用次强化原理以改变或形成某种行为的方法。此法常用于心理治疗，如患者能主动改变不良反应，即可获得一种代币物（如交换券或票据），患者积存数个代币物，即可换取某种他自己喜欢的物品（如食品）或活动机会（如看电视）。代币奖励法乃是根据操作条件作用学习的原理，利用个体自发性活动，配合外在强化控制，以期在逐步渐进中，以正当的行为取代不当的行为。见操作条件作用（operant conditioning）、次强化（secondary reinforcement）。

token reinforcement system 代币强化制　义同代币奖励法（token economy）。见该条。

token reward 代币酬赏　指以象征物取代实际酬赏物。如以卡片取代金钱即是。见代币奖励法（token economy）。

token system 代币制　义同代币奖励法（token economy）。见该条。

tolerance 宽容，坚忍，耐药性　**1.**对他人不同意见的宽容态度。**2.**对艰难处境的承受能力。**3.**义同耐药性（drug tolerance）。见该条。

tolerance for ambiguity 暧昧容忍力　对暧昧不明的情境，继续探索，并且尝试把纠结不清的事理弄清楚的心理倾向，称为暧昧容忍力。

tolerance for frustration＝frustration tolerance 挫折忍受力

tolerance level 容许度　指医师对病患用药的最大限度，超过容许度将形成对病患的伤害。容许度因人而异，不同年龄、不同体质、不同病情，各有不同容许度。

tolerance limit＝confidence limit 置信限

tolerance of ambiguity＝ambiguity tolerance 暧昧容忍力

tolerance of anxiety＝anxiety tolerance 焦虑容忍力

tolerance of incongruity 异议包容力　指包涵容纳别人不同意见的能力。见宽容型（tolerance style）。

tolerance style **宽容型** 属认知风格之一。宽容型指个体应付环境时所表现的一种习惯性的性格特征。属于宽容型的人，对于新观念与新知识较易接受，在讨论或争辩问题时，也较能容忍别人的不同意见。属宽容型的人，其心胸较为开放，较易适应新的环境。与本词相对者为偏执型（intolerance style）。见该条。另见认知风格（cognitive styles）。

Tolman, Edward Chase（1886～1959） **托尔曼** 托尔曼是20世纪美国心理学家，是新行为主义的主要代表，是目的行为主义的创始人，是认知心理学的先驱，也是认知图理论的建构者。

托尔曼1886年4月14日出身于美国马萨诸塞州纽顿的一个企业家家庭，父亲是一家公司的董事长，也是麻省理工学院校友，并曾担任该校董事会主席。父亲希望他将来经营企业，但他进麻省理工学院后，却选择修读化学。1911年毕业，旋入哈佛大学改习哲学，后来受该校著名心理学家詹姆斯的影响，改而专攻心理学，1915年获哲学博士学位。毕业后，先到西北大学任心理学讲师三年，然后于1918年去加州大学任教，讲授比较心理学，并于1919年在该校设置老鼠实验室，连续从事教学与研究达30年之久。1937年当选美国心理学会主席，1954年退休，1957年获美国心理学会杰出科学贡献奖，1959年11月19日病逝于加州，享年73岁。

托尔曼的思想代表行为主义的转变。在整体取向上，他继承华生心理学科学化的传统，反对内省法，而且只以动物为实验研究对象，不研究人的行为，从而确保研究结果的客观性和验证性。除此之外，托尔曼的心理学思想有以下两点与华生大不相同，这两点既代表20世纪30年代新行为主义的开始，也代表托尔曼在心理学思想流变过程中所扮演的承先启后的角色和贡献。托尔曼对心理学的贡献，主要在于以下两方面：

1.目的行为主义思想　托尔曼的新行为主义被称为目的行为主义（purposive behaviorism），原因是他在1932年所出版的《人与动物的目的性行为》一书中明确主张，除少数物理刺激引起的生理性反应（如声光引起听觉与视觉反应等）外，个体的所有行为都是有目的的。由此可见，托尔曼所指的学习行为不同于华生所指经典条件作用情境下条件刺激所引起的条件反应。因为此类条件反应只能视为反射性、孤立性和习惯性的局部行为（molecular behavior）。托尔曼所观察研究的行为则是整体行为（molar behavior），像白鼠在迷津的活动，人类走路、说话、吃饭、写字等等，都是有目的的整体性行为。

2.中介变项是决定行为的内在因素　托尔曼不认同一切反应决定于刺激的看法。他虽支持实验科学上自变项与依变项的观念，但他认为心理实验与物理科学不同，不能单凭观察这两个变项间的函数关系，就可断定自变项和依变项之间的因果关系。他认为，研究心理现象时必须考虑介于自变项和依变项二者之间不能观察到却对行为产生决定作用的中介变项（intervening variable）。由于托尔曼的心理学思想涉及内在心理作用，故而一般认为他所走的新行为主义路线在方法上属行为主义，而实质上则属心理主义（mentalism）。就在中介变项理念之下，托尔曼完成了多项著名的白鼠迷津学习研究。他对白鼠究竟如何学到迷津路径的问题，1948年提出认知图（cognitive map）理论予以解释。他认为白鼠之所以能学到迷津中通往食物的正确路径，并非只学到对一连串刺激所做的一连串反应（如向左转再向右转等），而是在迷津中游走周遍之后，对迷津中整个方位和食物地点的关系，产生了全面的认知（认知即托尔曼所指中介变项）。换言之，在白鼠的记忆中已经形成了一张地图。

托尔曼的主要专著有：*Purposive behavior*（1932）；*Purposive behavior in animals and men*（1932）；*Drives toward war*（1942）等。

Tolmanism **托尔曼主义** 指美国新行为主义心理学家托尔曼的心理学思想。托尔曼的心理学思想，可综合为以下四点要义：（1）在基本立场上，他的思想属于行为主义，因为他主张心理学研究的主题是个体的行为，而且他的研究对象多为动物；（2）在解释个体行为产生的原因时，他的论点与华生不同，他认为影响个体行为反应者，不只是外在刺激，在刺激反应之间的中介变项也发生作用；（3）人和动物的行为都不是在刺激的影响下产生的机械式反应，任何反应都是有目的的，故而他的理论被称为目的行为论;(4)托尔曼的理论中,除带有行为主义的色彩外,兼具认知论的含义,对白鼠迷津的学习,他采用认知图的概念来解释,即其一例。职是之故,一般称托尔曼的心理学思想为新行为主义。

tonal range 音域 指人所能听到的声音频率的范围。正常人的音域是20～20,000赫兹。

tone deafness 声调聋 指听觉阈限可能正常但不能辨别声调高低的听觉失常现象。

tongue kiss 舌吻 义同法式接吻(French kiss)。见该条。

toot = cocaine 可卡因,古柯碱

top-down processing 自上而下处理,自上而下加工 指认知心理学中信息处理论对信息处理过程的一种解释。自上而下处理的要义是,当个体面对信息加以处理,从而产生学习获得知识时,如果他根据长期记忆中已有的知识或概念来处理新信息,那就是自上而下处理。如在阅读时如果在整句中只有一个单词不认识,读者可能根据对整句意义的理解去猜测该单词的意义。此种做法就是自上而下处理的例子。本词亦称概念支配处理(conceptually-driven processing)。与本词相对者为由下而上处理(bottom-up processing)。见该条。

top hat illusion 高顶礼帽错觉 属于视错觉现象之一。如附图所示,礼帽的高度与帽檐的宽度是相等的,但看起来总觉得高度大于宽度。高顶礼帽错觉现象与横竖错觉 (horizontal vertical illusion)相同。见该条及附图。

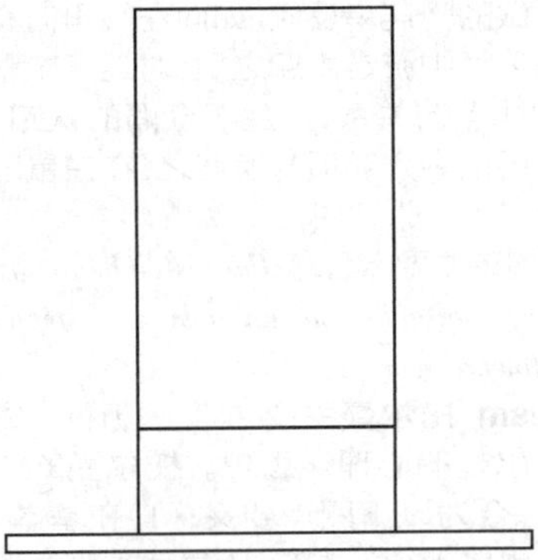

高顶礼帽错觉

topical flight = flight of ideas 思想紊乱,语无伦次

topographical psychology 图式心理学 将心划分为几部分(像地图一样),分述各部分功能及其间关系的心理学理论,称为图式心理学。精神分析学派创始人弗洛伊德将人格分为本我、自我、超我三部分的理论,在性质上即属图式心理学。

topological psychology 位相心理学,拓扑心理学 属心理学上对个人与其环境关系的一种理论性的解释。位相心理学起于美国心理学家勒温的场域论,而场域论又源于完形心理学。位相本属几何学名词,原系只讨论位置而不涉及形状、距离或大小的一种抽象概念。因此,位相只有相内与相外之分的边缘,没有固定的形式。勒温以位相的概念来描述个人的生活空间,并采用向量等概念来建立他的场域论(field theory)。见该条。见勒温(Lewin,Kurt)传记条。

Torrance, Ellis Paul (1915～2003) 托兰斯 托兰斯是20世纪美国教育心理学家,也是因研究创造力而闻名的心理学家。

托兰斯1915年出生于美国佐治亚州米尔奇威尔。1940年获麦西尔大学学士学位,1951年获密歇根大学心理学哲学博士学位,此后即任教于佐治亚大学。曾荣获佐治亚大学校友基金会杰出教授奖,1973年获文化教育委员会杰出贡献奖。

托兰斯在心理学上的贡献,主要在于他对创造力的研究。关于托兰斯在创造力方面的研究,大致可归纳为以下五点:(1)从1950年开始经过多次修订的托兰斯创造思维测验(Torrance Test of Creative Thinking)广为研究创造力的学者所应用。见该条。(2)托兰斯发现创造力和智力不同,一般以语文、数学、空间知觉三要素为主的逻辑推理式的智力测验,无法测量出受试的创造力。(3)学校使用智力测验鉴别资优儿童做法并不适当;单凭智力测验选择资优儿童时,可能有70%具有创造力的儿童被埋没。(4)如按创造力为标准鉴别资优儿童,即使他们的智商未达标准(如IQ在130以上),将来成人后,他们在某方面的成就可能超过以智商为标准的资优儿童。(5)情绪困扰儿童的创造力有些较一般儿童为高,此点多为学校所忽略。

托兰斯的主要著作有:*Guiding creative talent*

(1962); *Education and the creative potential* (1963); *Constructive behavior: Stress, personality and mental health* (1965); *Tests of creative thinking* (1966); *Creative learning and teaching* (1970); *Encouraging creativity in the classroom* (1970); *Mentor relationships* (1984)等。

Torrance Test of Creative Thinking (TTCT) 托兰斯创造思维测验 是美国心理学家托兰斯根据吉尔福德智力结构论中发散思维的理念，于1974年编制的，是应用较广的创造能力测验。该测验包括语文与图形两类题目。语文部分由七种不同作业组成：(1)发问；(2)猜测原因；(3)猜测结果；(4)产品改造；(5)不寻常用途；(6)不寻常疑问；(7)试作假想。测验结果的评分标准乃是以吉尔福德研究创造思维时发现的四项特征为根据：(1)流畅性(fluency)，心智灵活顺畅，能在短时间内表达多个不同的观念，能使用较多的文字，能形成较多的联想；(2)变通性(flexibility)，思维方式变化多端，能举一反三，触类旁通，能随机应变，不墨守成规；(3)独创性(originality)，思想表现高超卓越，对事物处理能提出创新办法，对疑难问题能提出独特见解；(4)精密性(elaboration)，惯于深思熟虑，遇事精密分析，力求完美周延。托兰斯创造思维测验在国内已有数种中文修订版。刘英茂修订的测验内容包括七项作业：(1)发问；(2)猜测原因；(3)猜测结果；(4)产品改进；(5)不平凡的用途；(6)不平凡的疑问；(7)尝试假想。根据七项作业成绩可得流畅性、变通性和独创性三项创造能力指标。1973年出版，使用对象为小学生至大学生，尚无标准化。吴静吉修订的内容包括三项作业：(1)建构图画；(2)完成图画；(3)并行线条。根据三项作业成绩，可得变通力、流畅力、独创力和精密力四项创造能力的指标。已经标准化，于1981年出版。该测验适用对象为小学至大学学生，记分方式有其一套系统化且简捷的评分标准，已建立常模，以T分数表示之。

TOT＝tip-of-the-tongue phenomenon 舌尖现象

total color blindness＝achromatism 全色盲

total correlation 总相关 指两变项间全体分数都计算在内所求出来的相关。例如，要想了解全班40个学生中文与英文两科分数间的相关，40个学生中每人的两科成绩均须列入计算(缺一不可)。如此，按40个人所得的40对分数求得的相关，就是总相关。事实上，总相关也就是双变项相关(bivariate correlation)。见该条。

total deaf 全聋 音觉完全丧失，两耳之听力损失在90分贝以上者，是为全聋。

total-point system 总分制 是学生学业成绩的一种记分方式。总分制的特点是，将学生一学期的各科成绩用一个总分数表示之。

total-push therapy 全面配合治疗法 属心理治疗的一种取向，而非指特定的某一种治疗方法。按全面配合治疗法的构想，对长期性的精神病患者，最适宜由其周围的人合作，形成一个全面配合的环境，让病人所接触到的一切都是积极性的、支持性的、令人喜悦的刺激。在这样的环境中，鼓励病人参与一般常人的日常的工作、休闲与娱乐活动，借以恢复其正常生活能力。按此意，全面配合治疗法，事实上也就是环境治疗(milieu therapy)。见该条。

total-time hypothesis 全部时间假说 解释学习结果与时间关系的假说。此假说的基本要义是，你能学到多少东西决定于你花费了多少时间。以花10分钟学习10个英文单词为例，你可用每分钟学一个单字练习一遍，也可用半分钟学一个单字练习两遍。因为所学总时间相同，所以结果是一样的。

TOTE＝test-operate-test-exit 测试—操作—测试—结束四段法

totem 图腾 原始社会中假借一种自然物(植物或动物)为象征，以代表该一团体或氏族之血统，并尊为神明而崇拜之者，称为图腾。

touch adaptation 触觉适应 引起皮肤触觉的刺激，如在皮肤的同一位置重复多次之后，皮肤对该刺激的敏锐度就会逐渐减低。此种现象，称为触觉适应。

touch method 接触法，触读法 **1.**指英文打字或计算机操作的一种练习方法。认识键盘上字母的相关位置后，不用视觉，单凭手指去接触按键，使各手指方位成为习惯后，自然就不会出错误。**2.**义同触读法(touch reading method)，是盲人学习阅读的一种方法。见该条。

touch perception 触知觉 指经由身体(以手为主)与物体接触时所获得的知觉。触觉有主动触觉(active touch)和被动触觉(passive touch)两种，见该等条。

touch reading method 触读法 对盲生教学的方法之一。即利用触觉以代替视觉的读书方法。以浮凸图与点字为教材的指读法，即为触读法。

tough-minded 倔强型 美国早期功能主义创始人詹姆斯将人格分为两大类型：一为倔强型，一为和善型(tender-minded)。见该条。倔强型的特征是尚经验、重现实，态度偏于悲观，少宗教意识，具现实主义倾向。

tower of Hanoi 河内塔 问题索解实验时常用以代表定程法难题情境之一。如附图所示是河内塔问题的简单形式。有A、B、C三支立柱，在A柱上套有一叠按直径大小排定的三个圆环(上图)。求解的问题是,将A柱上的三个圆环全部移至C柱上(下图)。移动时可以借用B柱之助,但必须遵守两点限制:其一是每次只能移动一个圆环;其二,任何两个圆环接触时,必须保持小者在上大者在下的顺序。在此限制之下移动三个圆环需经7个步骤,四个圆环时,需要15个步骤,五个圆环则需要31个步骤。相传河内塔难题系由越南首都河内附近佛寺内一位老和尚发明。原先的河内塔有64层,老和尚预言,一旦有人解得此题,就是世界末日到来。法国数学家卢卡斯(E. Lucas, 1842～1891)1883年发现此河内塔,将之介绍到西方,并根据数学原理推演出一个求解公式为2^n-1,n代表圆环数。n＝64时, 移动的次数将多达180亿的天文数字,事实上是无法做到的。见定程法(algorithm)。

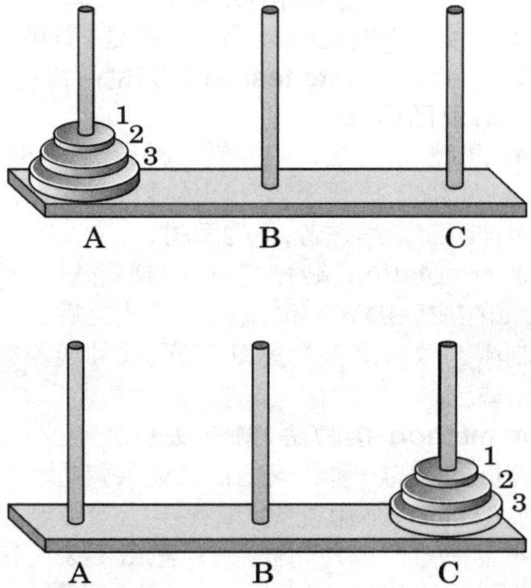

河内塔

tower of Hanoi problem **河内塔难题** 义同河内塔(tower of Hanoi)。见该条。

tower of Hanoi puzzle **河内塔难题** 义同河内塔(tower of Hanoi)。见该条。

toxicophobia＝iophobia **惧毒物症**

toxic psychosis **中毒性精神病** 指因毒物伤及中枢神经而导致大脑功能异常的一类精神病(psychosis)。见该条。

toy test **玩具测验** 指用玩具为材料的心理测验。玩具测验的实施对象为儿童,测验的目的旨在观察儿童在操弄玩具时的行为表现,据以推理解释其心理上的问题。因此,玩具测验乃是一种投射测验(projective test)。见该条。

trace **痕迹** 指接受刺激后在神经系统中留下的痕迹。见记忆痕迹(memory trace)。

trace classical conditioning **痕迹经典条件作用** 义同痕迹条件作用(trace conditioning)。见该条。

trace conditioning **痕迹条件作用** 属经典条件作用的一种特殊形式。痕迹条件作用的形成,是先出现条件刺激,然后停止,继而出现无条件刺激。两种刺激的出现不在同时,不能产生替代性的条件作用。其所以产生条件作用者,可能是条件刺激消失后的痕迹发生作用,故名。痕迹条件作用也称痕迹经典条件作用(trace classical conditioning)。

trace-dependent forgetting **痕迹性遗忘** 对遗忘现象的一种假设性解释。谓遗忘之所以产生,乃是由于学得行为不再练习而使记忆痕迹(memory trace)消失所致。见该条。

trace theory **痕迹论** 解释记忆的一种理论。谓个体经过学习活动后,在其神经系统中留下一种痕迹,称为记忆痕迹。只要记忆痕迹存在,所学事物即不致遗忘。根据痕迹论的说法,遗忘一旦产生,记忆就永远消失。与本词相对者为干扰论(interference theory)。见该条。

trade description **行业描述** 义同工作描述(job description)。见该条。

trade test **行业测验** 指专门用来评定某行业所需技艺熟练程度的一类测验。此类测验的内容,主要以各行业实务工作为根据。

traditional authority **传统权威** 指传统文化中留传下来的影响人(甚至控制人)的一切风俗、习惯以及价值观念等。

traditional marriage **传统婚姻** 指一般遵循传统习俗与传统规范的婚姻。传统婚姻具有几项特征,结婚之前一般须经双方家长同意,结婚时举行公开仪式,结婚后夫妻各守本分。

tradition-directed **传统导向型** 指个体行为、习惯、态度观念以及价值判断等各方面,均倾向于遵守主流文化中的社会规范。见内在导向型(inner-directed)。

trainability **可训练性** 指个体本身具有经由训练而改变的可能性。义同可塑性(plasticity)、可教性(teachability)、可教育性(educability)。见该等条。

trainable mentally retarded (TMR) **可训练性智能不足** 指智能不足者之尚可接受简单生活能力训练者。此类学童的智商约在35至49之间,无法接受正常小学教育,只能给予最简单、最基本的生活能力训练,俾能照顾自己。见智能不足(mental retardation)。

training group **学习团体,训练团体,T团体** 学习团体简称T团体(T-group),系由美国心理学家勒温在1946年所创始。T团体的特征是，采用敏感训练的方式，使团体成员学习到成长、发展与改变。实施时，将8至14人组成一个小团体，每周或数日聚会一次，聚会时由心理师一或二人担任催化员，负责引导并鼓励大家毫无保留地表露自己，说出自己的生活经验与感受，并接受别人的批评与建议。经由团体成员的沟通互助，T团体试图达到四项目的：(1)个人的自知；(2)人际的了解；(3)沟通技巧；(4)接纳别人。因为T团体的活动是供成员从实验中自动自发去学到认识自己和了解别人，故而也称实验室训练(laboratory training)。见敏感训练(sensitivity training)。

trait **特质** **1.**广义言之，凡是作为分辨人与人之间个别差异根据的身心特征，均可视为特质。**2.**狭义言之，本词含义有二：其一，在遗传学上指个体生而具有的特征，如肤色、发色、体型等均属之。其二，在心理学上指个体在行为上所表现的持久性的人格特征，平常用来描述某人独特之处的个性一词，即此之谓。按最后的解释，本词义同人格特质(personality trait)。见该条。

trait anxiety **特质性焦虑** 指焦虑成为个人的人格特质之一。特质性焦虑可能是幼年生活环境不良(如得不到父母关爱)而逐渐养成的。如此解释，本词义同基本焦虑(basic anxiety)。见该条。与本词相对者为情境性焦虑(situational anxiety)。见该条。见焦虑(anxiety)。

trait continuity **特质持续性** 指人格特质具有相当的持续性。俗语所谓"江山易改，本性难移"，就是指人格特质的持续性。见人格持续性(personality continuity)。

trait profile **特质剖析图** 指采用剖析图来表示个人多方面特质强、弱、多、寡的相对概势；同时也由之与常模比较，借以了解个人在团体中有哪些特质高于别人，有哪些特质低于别人。见剖析图(profile chart)。

trait psychology **特质心理学** 以个体人格特质为研究主题的系统心理学理论。美国心理学家奥尔波特人格特质论(Allport's personality-trait theory)，就是特质心理学的代表。见该条。

trait theory **特质论** **1.**狭义言之，本词义同奥尔波特人格特质论(Allport's personality-trait theory)。见该条。**2.**广义言之，本词义同特质心理学(trait psychology)。见该条。

trait validity **特质效度** 属构念效度(construct validity)之一。指从心理特质的观点看，某一测验的内容确实包括了预期测量的特质。见该条。

trance **昏迷，恍惚** **1.**指昏睡状态。在此状态下个体对周围环境中的刺激丧失辨别力。沉睡、重病或药物效应等都可能使人陷入昏迷状态。**2.**义同催眠恍惚状态(hypnotic trance)。见该条。

tranquilizer **镇静剂** 属于一种和缓的精神药物，服用后可使肌肉放松、紧张情绪降低。

transaction **交互作用** **1.**指个体的行为表现，均系生活环境中与人、事、物交互作用的结果。**2.**指两个(或数个)变项间彼此相关以致影响个体行为的现象。

transactional analysis (TA) **交往分析，沟通分析** 加拿大出生的美国心理学家柏恩在20世纪60年代创立的一种人格理论及心理治疗方法。柏恩早年虽接受过完整的精神分析训练，但他不同意弗洛伊德精神决定论的观念。柏恩采折中主义取向，兼容并蓄精神分析、认知心理学及行为主义的要义，从而建构他的人格理论，并以之为基础提出交往分析心理治疗方法。他改变弗洛伊德人格理论中超我、自我、本我的说法，将人格结构分为三个层次，并分别称之为三种不同的自我状态(ego state)：(1)父母(parent, P)。代表个人自幼向父母学到的一些家长型人格特质，诸如待人接物时所表现的支配、教诲、纠正、关怀等均属之。(2)成人(adult, A)。代表个人心智成熟的人格特质，诸如与人相处时所表现的客观、现实、理性、体谅等均属之。(3)儿童(child, C)。代表自幼保留下来的一些不成熟的人格特质，诸如与人互动时所表现的幼稚、任性、冲动、依赖等均属之。此三种不同的自我状态，对个人自己来说，相当于弗洛伊德所指的本我、自我、超我间的互动关系，如PAC三者互动时A不能发挥平衡作用，就难免导致心理适应困难。对社会关系中与人交往来说，如个人的PAC不能适当的配合别人的PAC去交感互动(如总是以父母心态支配别人或总是以儿童心态依赖别人)，就难免因人际沟通不良而导致人际冲突。交往分析的目的，就是协助当事人分析自己的自我状态，并学习因时、因地、因事随时调整自己，以期做到适应良好的地步。

transactional theory **交互作用论** 义同知觉交互作用论(transactional theory of perception)。见该条。

transactional theory of perception **知觉交互作用论** 属解释知觉现象的一种理论。按此理论，人对物体之知觉，乃系个人学得的一种反应；此种反应的建立，则受个人与环境交互作用的影响。我们在旧情境中学得的知觉经验，遇到新情境时，常以旧经验去预期同样知觉对象将会产生。

transcendence need = **need for transcendence** **超越需求**

transcendentalism **先验主义，超验论** 属哲学上唯心论的心理学思想。先验主义的基本要义是，精神是唯一的实在，世界万物乃其现象。主张超越经验，直观一切，而与天然合为一体。先验主义为19世纪美国哲学家埃默森（R. W. Emerson, 1803～1882）所提倡，其思想背景源于18世纪德国哲学家康德。

transcendental knowledge **先验知识** 指不靠后天经验而靠天赋观念获得的知识。与本词相对者为经验知识（empirical knowledge）。见该条。

transcendental meditation（TM） **超觉静坐，超觉冥思** 属印度瑜伽术的一种静坐方式。由印度教士马哈瑞希（M.Y.Maharish）1959年传入美国，并设立学校大力推行。此种静坐的特点是，静坐者必先由教师传授一种特别的咒语，称为mantra。静坐时必须心无旁骛，专注于重复咒语，超越其他感觉、知觉与意识，将自己身心带入一种沉静的境界。此种境界有如中国气功里的“坐忘”。

在沉静的境界中，心理上的紧张可得以消除，生理上的疲劳可得以恢复。因此，超觉静坐可用作自助式的心理治疗。

transductive logic **转换逻辑** 义同转换推理（transductive reasoning）。见该条。

transductive reasoning **转换推理** 指介于演绎推理与归纳推理之间的第三种推理方式。演绎推理是根据普遍原则推及特殊事例，归纳推理是根据多个相同的特殊事例，推理归结为普遍原则。转换推理则是根据一个特殊事例，推理到另一特殊事例。根据瑞士心理学家皮亚杰的认知发展理论，在前运思期（2～7岁）的儿童，常作转换推理。例如，天上下雨地上有水（特殊事例），地上有水是因为天上下雨（特殊事例）。显然，此种推理是不周延的。

transductive thinking **转换式思维** 根据单一特殊事例的推理思维方式。见转换推理（transductive reasoning）。

T

transfer **迁移** **1.**指学过的或已有的经验对新学习活动产生影响的现象。若所产生影响是正面的（旧经验有助于新学习），称为正迁移。如所产生影响是负面的（旧经验有碍于新学习），则称为负迁移。按此义，本词义同学习迁移（transfer of learning）。见该条。**2.**指人或事物转换其归属的过程，如户籍迁移与学生转学等均属之。

transfer by generalization **类化迁移** 义同原则迁移（transfer of principle）。见该条。

transference **移情** **1.**指个体将原来对某人某物的情感，转移到对另一人或另一物的心理历程。如寡妇将对丈夫的爱情转移到对子女的亲情即是。**2.**指精神分析论对分析师与患者间情感关系的解释。患者有时将他潜意识中压抑的情感问题转移，而把分析师当作他的情感对象。如患者把隐藏在心中对别人的爱意转移在分析师身上，称为正移情（positive transference）；如患者将隐藏在心中对别人的恨意转移到分析师身上，称为负移情（negative transference）。此种移情作用也可能产生在分析师本人身上，经过与患者相处，有的分析师将自己隐藏在心中对别人的情感转移到患者身上，此种现象称反移情（countertransference）。见该等条。见移情分析（analysis of transference）。

transference cure **症状消失** 义同假装病愈（flight into health）。见该条。

transference-love **移情之爱** 精神分析论中的术语。指患者将以往对别人（如父母）的爱，转移到分析师身上的现象。移情之爱是替代性的，是幼稚的，不是真实的。见移情（transference）。

transference neurosis **移情神经症** 属神经症之一。按精神分析论的看法，患者潜意识中本我的冲动得不到适当纾解时，将转移方向，以另外一种危害自己的方式表现，焦虑性歇斯底里症即其中之一。见转化症（conversion disorder）。

transference remission **症状转轻** 义同假装病愈（flight into health）。见该条。

transference resistance **移情抗拒** 在精神分析治疗时产生移情的过程中，有时患者会试图去维持某种被压抑的情感或冲动，不用移情的方式表现出来。像此种患者试图自我压抑而不将感情转移于分析师身上的现象，称为移情抗拒。见移情（transference）。

transfer of affect **情感迁移** 社会心理学上的术语。指在某种情况下对态度改变的一种理论解释：对某一事物有好感时，可能对该事物出现时相伴出现的其他事物，也产生好感。例如，电视上的洗发水广告，都是请漂亮的长发女郎做展示，其目的就是想改变消费者的态度，希望一般观众将喜欢长发女郎的情感，不知不觉地迁移到洗发水的品牌上去。

transfer of general principle = transfer of principle **原则迁移**

transfer of habit **习惯迁移** 指在某一学习活动中养成的习惯，有助于（或有害于）学习另一新的学习活动的现象。此现象尤以技能学习所养成的习惯为常见。见学习迁移（transfer of learning）。

transfer of learning **学习迁移** 指学习结果扩展

或类化的现象。学习迁移在性质上包括正迁移(positive transfer)与负迁移(negative transfer)两类。前者指旧的学习结果有助于新的学习,后者指旧的学习结果妨碍或抑制了新的学习。在学习上所重视的是加强正迁移而避免负迁移。其中正迁移又有两种形式:其一为水平迁移(lateral transfer),其二为垂直迁移(vertical transfer)。水平迁移是指个人将所学的经验,推广应用到其他类似且难度相同的情境去。例如学生在课堂上学会新字新词后,可以应用到课外书籍的阅读上,使学得的知识范围扩大。垂直迁移是指个人能把学得的经验,在遇到新的情境时加以重新组合,形成比旧经验更高一层次的学习。例如,儿童最初以具体的事物学习算术的加减运算,而后经过垂直迁移就能以抽象的概念求解包括四则运算的应用题。此种学习迁移的方式能使学习者的能力升高,学到运用已有的旧知识去求取更高一层的新知识。本词也称训练迁移(transfer of training)。

transfer of principle **原则迁移** 指以前学习活动中学到的原理原则,有助于学习另一新的学习活动的现象。

transfer of response **反应迁移** 义同反应类化(response generalization)。见该条。

transfer of set **心向迁移** 指在旧学习活动中形成的习惯性心向,有助于另一新的学习活动的现象。见心向(set)、学习迁移(transfer of learning)等条。

transfer of skill **技能迁移** 属训练迁移的一种形式。指学会一种技能之后,获得的经验有助于学习另一种技能。例如,学会骑脚踏车有助于学习骑摩托车。见训练迁移(tansfer of training)。

transfer of training **训练迁移** 义同学习迁移(transfer of learning)。见该条。

transformation **转化,转换** **1.**属精神分析论中的术语,指个体对于自己所厌恶的而压抑在潜意识中的冲动或感情,经由转化与伪装的过程,使之变成为意识所接受的形式。转化后的形式,可能和原有的冲动或感情完全相反,可能由恨转化为爱,由嫉妒转化为接纳。 **2.**在统计学上本词称为转换,转换是指根据某个公式,将数据予以换算,换算后的新数值,与原数值仍保持一种对应的关系。转换的目的在使原有的分数符合特殊评价所要求的数学性质。例如将原始分数转换为标准分数(standard score)即是。见该条。

transformed score=**transmuted score** **转换分数**

transformism **转变论** 义同进化论(evolutionism)。见该条。

transient situational personality disorder **暂时情境性人格异常** 对人格异常现象的一种简单看法。认为人格异常只是个体对生活情境不能适应的暂时困扰。换言之,造成人格异常者只是情境因素,而非如精神分析论者所指属于人格结构的内在原因。

transituational reinforcer **跨情境强化物** 指在多种不同情境中强化个体多种反应的刺激物。对动物而言,食物就是跨情境强化物;对人而言,金钱也是跨情境强化物。

transmutation of measures **量数转换** 将测验后得到的原始分数,经某种换算手续,将之转换为另种量数表示,此种手续即称量数转换。如将原始分数改用标准分数表示者即属之。见转换(transformation)。

transmuted score **转换分数** 指经由量数转换(transmutation of measures)手续所求得的形式不同而实质未变的分数(如标准分数)。见该条。

transpersonal psychology **超个人心理学** 20世纪70年代,由美国人本主义心理学衍生出来的一种新的心理学思想和研究取向。科学心理学领域内各学派(如行为主义、精神分析及人本主义等)的研究,虽思想不同,但均离不开以个人身心状态为研究基础的现实层次。超个人心理学的研究,则是旨在探讨超越个人现实自我意识层次的满足与快乐,追求人生意义、价值及幸福的更高层次。超个人心理学采用的方法有多种,诸如静修、默念、坐禅、瑜伽等均可采用。超个人心理学源于20世纪60年代兴起的人本主义心理学思想,而正式成为一个心理学思想流派,则是在1971年成立超个人心理学会之后。在人本主义心理学家思想中,最可代表超个人心理学思想者是弗兰克(Frankl, Victor)。见其传记条。

transposition of affect **情感置换** 将原来对某人或某事物的感情,置换到对另外的人或事物上去的心理现象,称为情感置换。情感置换也称情感移置(displacement of affect)。

transposition theory **转换论** **1.**是解释学习迁移现象的理论之一。按转换论的解释,学习能否迁移,端视学习者是否从旧学习情境中对手段与目标的关系获得认识。有了认识,个体就可将之转换到新学习情境中来应用。以几何学习为例,学得的定理能否应用,端视学生对习题中各条件(点、线、面等)之间关系的认识而定。因此,转换论又称关系论(relationship theory)。见学习迁移(transfer of learning)。 **2.**指完形心理学家柯勒(Kö hler, Wolfgang)在20世纪初根据小鸡啄米实验提出的理论。见其传记条。

transsexualism **变性症，易性癖** 属性心理异常中性别认同障碍型的心理疾病。此症主要特征是，对自己的生理性别极度不满，有强烈的欲望要改换自己为异性。患者生理上并无异样，有的男性结婚生子后仍愿变为女性。变性症患者的一般症状是，在性别角色上有严重的心理冲突，不甘愿扮演其生理性别所属的角色，不愿意穿着适于其性别的服装。在两性吸引方面，变性症患者会希望与其同生理性别者接近，而有逃避与异性交往的倾向。因此，变性症患者有时会被人误认是同性恋者。因为变性症患者的问题是自幼年开始而到成年才出现的，经过长期的心理不安与焦虑，达到非求助医师施以变性手术不可地步时，已是相当严重。医学界因适应此等病患的需要而有了变性手术，最早的变性手术(sex-change surgery)始于20世纪中叶的欧洲。1952年，丹麦首都哥本哈根的一家医院，将一名青年男子以外科手术的方式，切除男性生殖器官，改装人工女性生殖器官，并施以性激素治疗，彻底变成了一名女性，此后变性手术传遍世界。变性手术主要在外形上改造性器官，甚至也可经由注射性激素使第二性征显现(男变女后皮肤身形也随之改变，女变男后也长出胡须)，但第一性征的功能则永远不能发挥：男变女后不可能有月经，更不可能怀孕生育；女变男后也不可能有射精的行为。

transvestism **扮异性癖** 属性变态之一。患者喜欢穿着异性服装，展现异性仪态，从而获得性的兴奋与满足。患者多为男性，其成因与幼时对母亲的依赖性认同(anaclitic identification)期间发展不良有关，属于一种发展迟滞现象。见该条。

transvestitism＝transvestism **扮异性癖**

trauma **创伤** 泛指个体遭受到身体伤害或精神打击而久久不能恢复的身心状态。

traumata＝trauma **创伤(复数)**

T

traumatic aphasia **脑伤性失语症** 属失语症之一。此种失语症的特征是，患者丧失原有的语言能力乃是因脑部受伤所致。见失语症(aphasia)。

traumatic neurosis **外伤性神经症** 指因身体伤害(如车祸)导致情绪障碍因而形成的神经症。见神经症(neurosis)。

traumatophobia **惧伤害症** 属恐惧症之一。患者对可能受到伤害一事过分担心，终日战战兢兢，每逢见到别人受到伤害的情境时，就表现出过度的惊恐。患惧伤害症者不宜从事救护工作。见恐惧症(phobia)。

treatment **治疗，处理，处遇** **1.**在心理治疗上对患者所采取的一切减消病情的做法，称为治疗。**2.**对研究资料予以统计分析并加以解释的历程，或在实验设计中对自变项与控制变项所做的一切安排，称为处理。**3.**指依法判处徒刑送往监所服刑的犯人，按法律规定所受到的处置和待遇，称为处遇。

treatment interview **治疗性晤谈** 指心理师对案主的情况，经晤谈了解之后，进入咨商阶段。协助案主认识自己，改变自己去面对现实解决生活中的问题，属治疗性晤谈。

treatment variable **处理变项** 指在控制实验中，实验者一方面有系统地改变或处理自变项，另一方面观察记录依变项是否随之发生变化的情形。在此一探求因果关系的实验过程中，因自变项是被实验者处理的，故而亦称处理变项。见实验设计(experimental design)。

trend analysis **趋势分析** 指对同一变项，连续在不同时间重复测量，然后加以统计分析，从而观察其是否有循一定方向改变的趋向。如研究者考虑受试者的行为表现，是否随时间或练习次数等因素的影响而产生先升后降，先降后升，或先升高再降低复又升高等改变的情形时，在实验处理的各水平之间，安排间隔相等的等距变量或比率变量，以观察实验结果是否具有某种趋向，此种做法称为趋势分析。例如，若想知道小学一至六年级学生的数学焦虑是否具有直线上升的趋向，可分别以数学焦虑测验测量一至六年级的学生，或以二、四、六各年级代表一至六年级的数学焦虑，然后再进行趋势分析。与本词有关的名词有直线趋势(linear trend)、二次趋向(quadratic trend)、三次趋向(cubic trend)等。见该等条。

trend study **趋势研究** 是一种发展性的研究。趋势研究主要研究伴随时间发展而发生的变化趋势。趋势研究是描述性研究的一种，类似纵贯研究。但研究对象不限于个体的生理、心理等发展规律，而是更广泛地研究群体、组织等社会、经济、政治因素的变化趋势，并借以作出预测。

triadic reciprocal determinism **三元交互决定论** 美国心理学家班杜拉人格理论中的重要概念。谓人格的形成与表现并非决定于某单一因素，而是由个人的认知、行为和环境三种因素交互作用而决定的。本词简称交互决定论(reciprocal determinism)。见班杜拉(Bandura, Albert)传记条。

triadic therapy **三边治疗法** 义同联合治疗法(conjoint therapy)。见该条。

trial-and-error learning **尝试错误学习** **1.**指学习的一种方式。在学习之初，个体对学习情境缺乏适当反应，只是以无目的的反应应付新的情境。经多次活动后，有的反应有效，获满意结果而保留，有的反应无效果（错误）而放弃。如此，继续练习多次之后，正确有效之反应逐渐增加，错误无效之反应逐渐减少，最后达到只有正确反应而无错误反应的地步。本词也称探索与成功（fumble-and-success）、渐进与校正（approximation-and-correction）、尝试学习（trial learning）。**2.**指美国心理学家桑代克观察猫开笼取食的学习历程。桑代克将饥饿的猫关在迷箱内，箱外放置食物，箱门的开关由一杠杆的机关控制，只要猫在活动中碰到杠杆，箱门就会自动开启，从而得到食物。桑代克发现，从猫初进迷箱的紊乱反应到最后学到开箱门取食的正确反应，经过了尝试与错误的历程。即正确反应随练习次数的增加而增加，错误反应随练习次数的增加而减少，最后终于学到一进箱内即刻表现出正确反应。桑代克称此过程为尝试错误学习。桑代克也发现，影响动物学习的主要法则有二：一为反应之后带来正面效果（取得食物），二为重复实验的练习次数；他分别称此二法则为效果律（law of effect）与练习律（law of exercise）。见该等条。

trial-and-error theory 试误说 义同尝试错误学习（trial-and-error learning）。见该条。

trial identification 尝试认同 系精神病学家弗利斯（R.Fliess）理论中的术语。指进行精神分析治疗时，如分析师能设身处地，尝试从患者的立场看问题，并认同当事人的感受，就会对患者的陈述多一层了解。与本词相近者为同理心（empathy）。见该条。

trial learning 尝试学习 义同尝试错误学习（trial-and-error learning）。见该条。

trial marriage 试婚 指经男女双方同意，只过同居生活而不正式结婚的两性关系。试婚的积极目的是避免贸然结婚而发现彼此不和时离婚的困扰，因此先同居试验一段时间，如双方满意，然后再补行婚礼。试婚的消极目的是逃避传统婚姻的责任，只希望借试婚之名而获得性与爱的婚姻之实。试婚也称实验婚（experimental marriage），实验婚并非新潮产物，在公元10世纪时英国曾一度流行实验婚，而且法律允许可实验7年。古时实验婚的目的之一是检验结婚者两人能否生育子女。如不能生育，即可结束实验。

triangles of thinking 思维三角 美国心理学家斯腾伯格智力理论中的概念。意指智力的内涵应包括三个方面的能力：（1）分析能力；（2）创造能力；（3）实践能力。见智力三元论（triarchic theory of intelligence）。

triangular theory of love 爱情三元论 美国心理学家斯腾伯格在1991年出版的《你所希望的爱情》一书中所提出的一种爱情理论。斯腾伯格认为，两性间爱情的持久，需以三种交互作用的心理因素为基础：（1）要有深厚的感情；（2）要有纯正的动机；（3）彼此间在理性基础上相互理解与信任。

triangular therapy = triadic therapy 三边治疗法

triarchic theory 三元论 义同智力三元论（triarchic theory of intelligence）。见该条。

triarchic theory of human intelligence 人类智力三元论 义同智力三元论（triarchic theory of intelligence）。见该条。

triarchic theory of intelligence 智力三元论 属解释人类智力的理论之一。智力三元论是美国心理学家斯腾伯格以认知心理学中信息处理论为理论基础，在1985年提出的一种智力理论。此理论的要义是，人类智力之内涵系由三种智力所构成：（1）组合性智力（componential intelligence），指面对问题时，个体能对问题情境中相关因素进行认知、比较，从而获得答案的分析能力（analytical ability）；（2）经验性智力（experiential intelligence），指个体善于运用经验，对问题性质重新思维，重新分析相关因素，从而获得新答案的创造能力（creative ability）；（3）肆应性智力（contextual intelligence），指个体与环境互动时，所表现的改变环境适合自己，或改变自己适应环境的实践能力（practical ability）。智力三元论是对智力结构的分析解释，人类运用智力解决问题时，实际上是将智力中的分析、创造、实践三种能力连续运用的。故而斯腾伯格称其理论为连续性智力（successful intelligence）。见该条。智力三元论是突破传统智力测验观念的创新构想，传统智力测验所测到的IQ，只能算是智力三元论中的第一类分析能力，不能测出受试者的创造能力与实践能力。

triarchic theory of successful intelligence 连续智力三元论 义同智力三元论（triarchic theory of intelligence）。见该条。

tri-bar illusion 三叉错觉 义同魔鬼叉（devil's pitchfork）。见该条及附图。

trichopathophobia 惧毛发症 属恐惧症之一。患者对毛发之类的东西特别敏感，每一见及即产生过度恐惧反应。纵使明知不致受到任何伤害，但仍无法克制由之引起的惶恐情绪。见恐惧症（phobia）。

trichophobia = trichopathophobia 惧毛发症

trichotillomania = hair-pulling 抓头发癖

trichromatic theory 三色论 义同扬—赫尔姆霍茨色觉论(Young-Helmholtz theory of color vision)。见该条。

trichromatic theory of color vision = **trichromatic theory** 三色论

trichromatism 三色视觉 指根据三色论所解释的正常视觉。即所有视觉,均系由红、绿、蓝三种原色混合而得。见扬—赫尔姆霍茨色觉论(Young-Helmholtz theory of color vision)。

tridimensional theory of feeling = **three-dimensional theory of feeling** 情感三维论

tripartite grouping 三等级分组法 属教学上能力分组教学时的编班方式之一。按学生能力分为上、中、下三等,然后按不同能力分别教学。有学校实施阶梯式分班,把学生分为前、中、后三段,就是三等级分组法。

triplets 三胞胎 见孪生子(twins)。

triple-X condition = **triple-X syndrome** 3X症候群,3X综合征

triple-X syndrome 3X症候群,3X综合征 指女性的性染色体中多出一个X染色体的变异情形。过去曾一度认为此种情形乃是导致女性心智不足的主要原因,现今则只视为导致心智不足原因之一。见超女性(superfemale)、染色体(chromosome)条及附图。

trisomy 三染色体 指性染色体较常人多出一条的异常现象。三染色体有两种情形:一种是男性的XYY(常人是XY),另一种是女性的XXX(常人是XX)。见超男性(supermale)、超女性(superfemale)。

tritanopia 蓝色盲,丙型色盲 属色盲症之一。患者不能辨认蓝色,只能看到红色和绿色。见色盲(color blindness)。

trophic hormone 促内分泌腺激素,活化激素 垂体腺前叶所分泌的多种激素中,凡是能够促进其他内分泌腺分泌激素者,均称为促内分泌腺激素。这类激素包括下列几种:(1)促肾上腺皮质激素;(2)促甲状腺激素;(3)促副甲状腺激素;(4)促生殖腺激素。

T

truancy 逃学,旷课 指学生未经请假而不出席学校活动的情形。

true anxiety 真实焦虑 为精神分析论创始人弗洛伊德理论中的术语。指由于具体而明确原因(如考试)所引起的焦虑。与本词相对者为游离性焦虑(free-floating anxiety)。见该条。

true dichotomous variable 纯二分变项 指变项中的变化只包括两种可能者,如性别变项非男即女,就是纯二分变项。再如测验题中属是非形式者,其变化也只有两种可能。

true experimental method 真实验法,纯实验法 指完全符合实验原则的实验方法。所谓完全符合实验原则,是指:(1)作为研究对象的样本是从总体中以随机抽样的方式抽取的;(2)实验组与控制组的受试者,是经由随机分派的方式决定的;(3)实验变项(自变项)的处理,确能操纵到有系统变化的地步;(4)实验变项以外,可能影响实验结果之其他变项,均予以适当控制;(5)对依变项变化的观察测量,能够做到精确的地步。见实验法(experimental method)。与本词相对者为准实验法(quasi-experimental method)。见该条。

true experimental research 真实验研究,纯实验研究 指合于真实验法(true experimental method)的实验研究。亦即完全符合实验原则的研究。见该条。

true-false item 是非题 指要求学生对一则陈述的命题,给予是非判断的一种试题形式。是非题的特征是,题目本身所陈述的事实,只有是与非两种可能的答案。是非题命题时,宜遵守以下原则:(1)在题目数量上,使属于“非”的题目稍多于属于“是”的题目。原因是是非题本身无法避免学生的猜测,在学生猜测时,从心理上倾向于选“是”的机会较多。(2)题目的陈述必须清楚明确,不得含糊其辞。(3)题目的文字避免直接抄录教材的内容,否则很可能会发生学生答对了题目而并不知题义的情事。

true-false test 是非题测验 指用是非题(true-false item)编制的测验。见该条。

true mean 真平均数 对同一组受试者的某项特征(如儿童的智力),采用同一工具做无限次重复测量,然后求取各平均数的总平均数,如此得到的平均数,即可视为真平均数。见真分数(true score)。

true measure 真量数 义同真分数(true score)。见该条。

true population 真总体 指某一时间和某一空间内客观存在的人、事、物总数。以心理学研究的对象为人口为例,某时某地客观存在的人口总数(根据户籍资料),即称为真总体。

true score 真分数 代表事实真相的数值。真分数的意思是它与事实真相之间没有丝毫误差。实际上,真分数只是一种假设,无法获得。例如,某9岁儿童的智力究竟有多少,无法肯定,用智力测验所测得的智商(IQ)只能视为推测智力的依据,智商与其真实智力(真分数)之间一定存有误差。因此,根据测量理论,某受试者在某种测验上所显示的实得分数,事实上其中包括着真分数与误差

分数在内。用公式表示之，即为

$$X_o = X_t \pm X_e$$

公式中，X_o为实得分数；X_t为真分数；X_e为误差分数(可正可负)。

true self **真实自我** 本词与real self含义相同，但两者出处不同：real self出自美国心理学家霍妮的理论，而本词则出自美国心理学家弗罗姆的理论，都是指个人所具有的发展潜力。见该条。

true value **真值** 指代表事实真相的数值。真值与事象特征之间毫无误差。见真分数(true score)。

true variance **真变异数** 指个体之间的真实差异。不同个体在同一测验上分数的高低，确能代表个体特质者，称为真变异数。显然，只有在测验的效度极高时，才能肯定真变异数。从理论上讲，只有总体的变异数才是真变异数。

true zero **真零点** 义同绝对零点(absolute zero)。见该条。

truncated distribution **缺极端分布** 指在次数分布中缺单侧或双侧极端量数时所构成的分布。例如，研究者以抽样调查方式分析城市人口一年收入情况，如只从公职人员中抽取样本，得到的结果势将缺两侧极端量数的分布。因为公职人员一般只代表中产阶层，极贫与极富的两极端未包括在样本之内。再如，研究者想了解青少年的智力分布情形，如只从高中学生中抽样调查，所得结果势将形成缺左侧极端量数的分布。因为高中入学须经考试，智力极低的青少年不可能进入高中。

trust versus mistrust **信任对不信任** 美国新弗洛伊德主义心理学家埃里克森在心理社会期发展论(psychosocial stage theory of development)中所列的人格发展八阶段之一。见该条。

T-scope＝**tachistoscope** **速示器**

T-score **T分数** 属标准分数之一。原理上与z分数(z-score)相同，都是用标准差为单位来表示原始分数在平均数以上或以下的距离。为避免z分数中小数点和负值的情况，故常使用T分数。两者不同之点是，T分数中采用的平均数为50，标准差为10。因此，T分数是可以根据z分数来换算的，换算公式为：

$$\begin{aligned} T &= 10z + 50 \\ &= 10\left(\frac{X-M}{SD}\right) + 50 \end{aligned}$$

公式中，T为T分数；z为z分数；X为任一原始分数；M为平均数；SD为标准差。

TSD＝**theory of signal detection** **信号检测论**

TTCT＝**Torrance Test of Creative Thinking** **托兰斯创造思维测验**

t-test **t检验，t检定** 属统计上的检验方法之一。从同一总体抽取的两个小样本作为研究对象时(如实验组与控制组)，要想了解代表研究结果的两样本平均分数之间的差异是否达到显著水平，一般采用t检验。

tube fertilization **试管受精** 指试管婴儿(human embryos in the laboratory)研究的第一个阶段。见该条。

tunnel vision **隧道视觉** **1.**指视野范围极小的异常现象。隧道视觉患者的视觉功能有缺陷，视物不能顾及全面。其视网膜上的细胞，除中央部分外，周围部分功能异常。 **2.**本词引申指眼光狭窄的人。

Turner's syndrome **特纳症候群，特纳综合征，先天性发育不全** 指女性因染色体异常所导致的先天性发育不全现象。正常女性的性染色体为XX，而特纳症候群患者则只有一个X。故其染色体总数只有45个(不是23对)，患者的主要症状是外生殖器为女性，但无卵巢、不孕、乳房不发达、乳头偏在胸侧，身材矮小，智力偏低，必须接受性激素才能发育到进入青春期。见染色体(chromsome)条及附图。

twin control **孪生子控制** 义同孪生子控制法(cotwin control method)。见该条。

twins **孪生子，双生子** 指一次受孕同时形成两个(或数个)胎儿的现象。如两个胎儿是由一个受精卵变异分裂发育而成者，称为同卵孪生子(identical twins)。如两个胎儿是因两个受精卵分别发育而成者，称为异卵孪生子(fraternal twins)。同卵孪生子的遗传因子完全相同，出生后在行为表现上的差异，系由于后天环境因素使然。异卵孪生子的遗传因子不尽相同，其情形与一般同父母的兄弟姊妹一样；唯出生前后在成长环境上比较类似。同卵孪生者必定同性别，而异卵孪生则不一定。因为两类孪生子有在遗传上的差异，所以心理学家常以之为对象，研究遗传与环境因素对行为的不同影响。除孪生子外，还有较罕见的三胞胎(triplets)与四胞胎(quadruplets)。见该等条。

twin studies **孪生子研究** 义同孪生子控制法(cotwin control method)。见该条。

twisted cord illusion **拧绳错觉** 属视错觉现象之一。如附图所示，TILT四个字母的笔画本来是垂直与水平的，但因为受到交叉线条背景的影响，看起来像是由两股拧成的绳子，而且四个字母的笔画也变得倾斜。此错觉现象系由英国心理学家弗雷泽(J. Fraser，1863～1936)1908年发现，故而也称弗雷泽螺旋错觉(Fraser's spiral illusion)。见该条及附图。

拧绳错觉

two-alternative force choice 二可强迫选择 是一种研究记忆的实验方法。二可强迫选择实验的设计是:(1)向受试者提供两种刺激(文字或实物),其中一种是受试者以前学过的,另一种是未学过的;(2)受试者必须就其所知,选出他曾学过的作答。此种方法在性质上是测量记忆的再认法(recognition method)。见该条。

two-aspect theory 双面论 对心身关系问题的一种理论性解释。双面论的要义是,从某一方面看,心就是身;从另一方面看,身也是心。

two-component theory of emotion = two-factor theory of emotion 情绪二因论

two-egg twins = fraternal twins 异卵孪生子,二卵孪生子

two-factor design 二因子设计 属实验设计的一种简单形式。二因子设计的特征是,在实验中只包括两个自变项。例如,要想比较两种教学法的效果,教学法自然是首先考虑的第一个自变项,如实验者考虑到学生智力的高低,也可能影响教学法的成效,将学生智力纳入实验设计时,智力就是第二个自变项。如实验者选取智力高者(如IQ在120以上)与智力低者(如IQ在90以下)两组,然后分别使用两种教学法,于是就可能得到2×2=4的四种实验结果。见多因子设计(factorial design)。

T

two-factor theory of avoidance learning 回避学习二因论 指解释回避学习的一种理论。按此理论,回避学习历程中包括两种条件作用:一是经典条件作用,另一是操作条件作用。见回避学习(avoidance learning)。

two-factor theory of emotion 情绪二因论 属解释情绪的理论之一。情绪二因论中所指的二因,是指个体喜、怒、哀、惧等情绪的产生,乃是由于两个彼此有关但又各自独立的认知因素使然。情绪二因论将情绪历程分为两段,前一段是个体对刺激引起其生理变化的认知,后一段是生理变化之后个体对导致其生理变化之刺激情境的认知;前一个认知是情绪性质的起始因素,后一个认知是情绪内涵的决定因素。例如,一行路人突然见一强盗拔枪射击,一妇人应声倒地。此刺激情境引起路人惊恐反应(第一个认知),继而仔细观察,始知那是演戏(第二个认知),结果,最后表现出来的并非恐惧情绪。情绪二因论系由沙克特(S.Schachter)与辛格(J. Singer)二人在1962年提出的,故而又称沙克特—辛格情绪论(Schachter-Singer theory of emotion)。见情绪理论(theory of emotion)。

two-factor theory of intelligence 智力二因论 解释智力构成的理论之一。此理论系英国心理学家斯皮尔曼于1904年提出,认为心智活动包括普通与特殊两种因素。普通因素(general factor)代表一般能力,是一切心智活动的主体;特殊因素(specific factor)代表个人的特别能力,只与少数活动有关。一般智力测验所测量者,即为普通因素,故而一般称智力为普通能力。

two-hands coordination apparatus 双手协调器 属于一种研究注意力分配的仪器。仪器的主件由一块金属板构成, 板上有一个形状不定的槽沟,有一根金属针可以沿这个沟槽移动,这根针由双手调节器的两个转轮柄来推动。转动其中的一个轮柄,针就会往前或往后移动;转动另一个轮柄,针就会向左或向右移动。同时转动两个轮柄,针就会形成前后左右二维移动。受试者的任务是把注意力分配到转动两个轮柄的两种动作上,尽可能很快地移动这根金属针,使它到达尽头,但又要使它不碰到沟槽的边缘,否则,电流就会接通,记下一次错误。

two-point discrimination 两点辨别 义同两点阈(two-point threshold)。见该条。

two-point limen = two-point threshold 两点阈

two-point threshold 两点阈 指在皮肤上两个点同时予以触压时,能辨别其为两个点之间所需的最短距离。两点阈代表皮肤感觉的敏锐度。两点阈的大小,因身体部位而异,指尖与臀部即大不相同。在两点阈之外,两点间距离愈远,距离的感觉愈清楚。在两点阈之内,两点之间的距离就无法判断。测量两点阈的仪器为两点阈测量器(two-point threshold aesthesiometer)。见该条及附图。

two-point threshold aesthesiometer 两点阈测量器 测定皮肤上两点阈的一种简单仪器。如附图所示,使用两点阈测量器时,必须上下垂直地压下,并使两个尖点的重力均匀地接触皮肤,接触时间不超过两秒钟。如同时刺激非常邻近的两个皮肤点,受试者往往只能感觉到一个点,然后逐渐加大两个刺激点之间的距离,直至受试者能

感受到两个点时为止，此时这两个点的距离就是该皮肤区域的两点阈值。

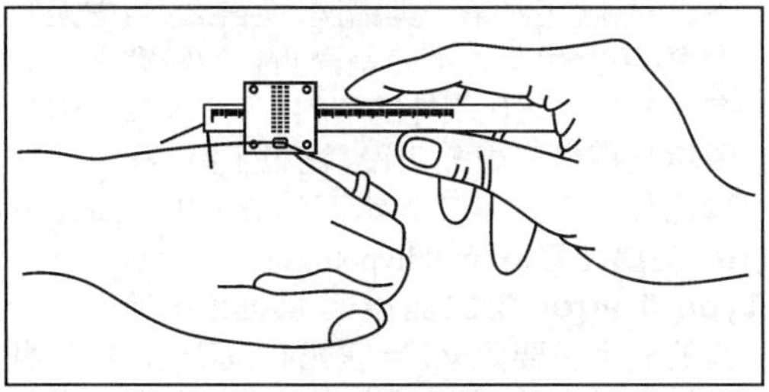

两点阈测量器

two-process learning theory 二历程学习论 指兼采两种条件作用解释学习历程的理论。条件作用有两种：一为经典条件作用，是由条件刺激与无条件刺激之间的替代作用而建立了条件反应，称第一型条件作用。另一种为操作条件作用，是靠个体自发的反应带来的后果而定，称为第二型条件作用。在经典条件作用历程中，因为反应是独立的，不受反应的后果限制，故而也称为独立反应学习。反之，操作条件作用则称为反应学习。见条件作用(conditioning)。

two-sided argument 双面论证 属沟通意见时提供数据的一种方式。如所提数据包括正反两面，除利于自己立场者外，也包括不利于己的反面数据，即称为双面论证。见双面沟通(two-sided communication)。

two-sided communication 双面沟通 属沟通意见时提供数据的一种方式。沟通者欲凭所提数据或证据，用以说服对方或听(观)众时，如所提数据包括两方面，除利于本身立场者外，也包括不利于己的反面数据，此种沟通方式，称之为双面沟通。反之，如沟通时只提利于己方的单面数据或证据，则称为单面沟通。在一般情形下，双面沟通的说服力大于单面沟通。见单面沟通(one-sided communication)。本词与双向沟通(two-way communication)含义不同。见该条。

two-sided message 双面说辞 义同双面论证(two-sided argument)。见该条。

two-sided test = two-tailed test 双尾检验

two-stage memory theory 二阶段记忆论 指对记忆历程的一种假设性解释。持二阶段记忆论观点者认为，感官收受外在信息后，先后要经过两个阶段才将信息处理完毕，留待以后应用。此理论所指的“二阶段”在名称上并不一致，有称之为短期记忆(short-term memory)与长期记忆(long-term memory)者，有称之为初期记忆(primary memory)与二期记忆(secondary memory)者，也有称之为瞬时记忆(immediate memory)与长期记忆(permanent memory)者。见该等条。

two-stage sampling 两段抽样 指采用两段方式达到抽样目的的措施。例如，计划从某城市十个行政区内抽取9所小学，调查研究小学生罹患沙眼的情形。第一段先以随机抽样的方式，从十个区中抽出三个区作为区域的代表。第二段再以随机抽样的方式，从三个区内各自所属的小学中，分别抽出3所小学。然后以最后抽得的9所小学的全体学童为对象，进行调查研究。如此抽样研究的结果，大致可以代表该市小学生罹患沙眼的情形。见随机抽样(random sampling)。

two-step flow of communication 二段传播 报纸、杂志以及广播电视等大众传播媒介，其所传播消息对收受者的影响，并非是直接的，而是分为两个阶段的。第一阶段先影响到社会上或团体中的意见领袖(知道较多的人)，第二阶段是经由意见领袖们的传播(或忠实解释或蓄意夸大)，影响到社会上的一般人。

two-step memory theory = two-stage memory theory 二阶段记忆论

two-store theory 二重储存论 义同二阶段记忆论(two-stage memory theory)。见该条。

two-string problem 两绳问题 问题索解实验用题目之一。两绳问题实验系由美国心理学家伯奇(H.G. Birch)等人1951年所设计。实验研究的目的，旨在探讨旧有经验在新问题情境下对思维的不利影响，亦即对功能固着心理现象的验证。实验情境如附图所示，在一个空房间内，由天花板上垂下A与B两条绳子，受试者的任务是，设法将两条绳子连接在一起。问题是两绳之间距离太远，受试者无法用两手同时抓到两条绳子。唯一可行

两绳问题

T

的办法是先使A绳来回摆动，此时以一手抓住B绳，待A绳摆到近距离时，用另一手即刻抓住，即可达到将两绳连接的目的。至于如何使B绳摆动，则留待受试者去思考（房间内地面上放着一把老虎钳）。实验者观察发现，这个问题看似简单，其实很不容易，虽然受试者都是大学生，但多数需要一点暗示性引导（如实验者走过绳边时用手摆动一下），始能将问题解决。受试者之所以感到问题困难，主要是他们在思想上不易摆脱“钳子的功能是拔钉用的”，而想不到钳子可作为绳子摆动之用。见功能固着（functional fixedness）。

two-tailed test 双尾检验 指推论统计上，用以检验统计稳定性或统计显著性的一种做法。双尾检验乃是基于一种假设：假设A与B两个统计值之间存有差异，但不能肯定两者间孰大孰小的方向关系。如以A为准，B的数值落在A的两侧均有可能，可能是B＞A也可能是B＜A。教育中男女生智力的比较，可能就是如此。如果假设只有A＞B，那就采单尾检验（one-tailed test）。见该条。

two-track plan 双轨设计 在能力分班教学时，如只按能力高低分为两种班别者，称为双轨设计。见三轨设计（three-track plan）。

two-way communication 双向沟通 **1.**指两人面对面交换意见的方式。**2.**指民主式领导者接受团体中成员的意见，从而改进其领导方式的过程。**3.**指采用讨论法教学时师生间交流意见的历程。本词与双面沟通（two-sided communication）含义不同。见该条。

two-way specification table 两维细目表 义同两维次数表（double-frequency table）。见该条。

two-way table 两维度表 义同两维次数表（double-frequency table）。见该条。

two-word sentence 两词语 见双词语期（two-word stage）。

two-word stage 双词语期 在幼儿18至20个月期间，喜欢只用两个单词表示一句话的整个意思。例如，“狗，来！”“妈，糖！”等，都是双词语。据心理学家研究发现，幼儿双词语期是各种族幼儿的普遍现象。

tympanic membrane＝eardrum membrane 鼓膜

Type Ⅰ conditioning 第一型条件作用 义同经典条件作用（classical conditioning）。见该条。

Type Ⅱ conditioning 第二型条件作用 义同操作条件作用（operant conditioning）。见该条。

Type Ⅰ error 第一类错误 属推论统计上假设检验的一个重要概念。当虚无假设所陈述者，事实上是正确的（如假设男女生智力无差异），而研究的结果却使研究者获得否定结果而误以为假设不真时，就犯了第一类错误。换言之，当虚无假设为真（男女生智力本无差异）时，如研究者只根据有限的且缺乏代表性的资料（可能因抽样偏颇），贸然地拒绝了虚无假设，就犯了第一类错误。与本词相对者为第二类错误（Type Ⅱ error）。见该条。见虚无假设（null hypothesis）。

Type Ⅱ error 第二类错误 属推论统计上假设检验的一个重要概念。当虚无假设所陈述者，事实上是错误的（如假设男女大学生间在身高上无差异），而研究结果却使研究者接受它且信以为真，就犯了第二类错误。换言之，当虚无假设为假（男女大学生身高本不相等）时，如研究者只根据有限的且缺乏代表性的资料（可能因抽样偏颇），贸然地接受了虚无假设，就犯了第二类错误。与本词相对者为第一类错误（Type Ⅰ error）。见该条。见虚无假设（null hypothesis）。

type A behavior A型行为 指属于A型性格（Type A personality）者所表现出的行为特征。见该条。

type A behavior pattern ＝ type A personality A型性格

type A personality A型性格 根据美国心脏病学家弗雷德曼（M. Friedman）1974年的研究报告，按日常生活中行为方式作为分类标准，人有两种类型，A型性格与B型性格。此二性格，在心脏病罹患率上有显著的差别。属于A型性格的人，个性急躁，求成心切，有野心，好冒险，在社会中属创业型人物。属于B型性格（type B personality）的人，个性温和，随遇而安，生活比较悠闲。根据弗雷德曼的研究，A型性格者在高血压与心脏病的罹患率上，远超过B型性格者。

type B behavior B型行为 属于B型性格（Type B personality）者所表现的行为特征。见该条。

type B behavior pattern ＝ type B personality B型性格

type B personality B型性格 见A型性格（Type A personality）。

type fallacy 类型谬误 指在连续特质上单独将居于极端者标出，武断地视之为不同类型的一种谬误。例如，在心理学上讨论人格特质时，有内向（introversion）与外向（extraversion）之说。见该等条。事实上人格特质是连续的，不是截然划分的，而且在连续维度上多数人居于内向与外向之间。因此，将全部人武断地分为内向与外向两类的看法是错误的。

Type-R conditioning R型条件作用，反应型条件

作用 义同操作条件作用(operant conditioning)。见该条。

Type-S conditioning S型条件作用,刺激型条件作用 义同经典条件作用(classical conditioning)。见该条。

types of cognition=cognitive styles 认知风格

types of play 游戏类型 按儿童心理学家帕滕(M.Parten)1932年观察研究, 幼儿期2至4岁半之间,游戏的方式随年龄而改变,相继出现五种类型:(1)独自游戏(solitary play),指游戏者自得其乐,不理别人;(2)旁观游戏(onlooker play),指以旁观者态度看别人游戏,但不参与活动;(3)并行游戏(parallel play),指数人游戏,但各玩各的,彼此互不关心;(4)分享游戏(associated play),指数人一起玩耍,彼此分享快乐;(5)合作游戏(cooperative play),指数人参与有结构的游戏,每人分担角色,按规则进行。帕滕的游戏分类,乃是按儿童的游戏方式为标准的,另按游戏动机为标准的分类的解释,见游戏分类(taxonomy of play)。

type theory 类型论 指以心理或身体特质作为分类根据的人格理论。在心理学上有多种不同的类型论理论,谢尔顿体质论(Sheldon's constitutional theory),以及艾森克的人格类型论(personality-type theory)等均属之。见该等条。

typical performance evaluation 典型表现评量 从学校教学评量实施目的观点而言,有最佳表现评量与典型表现评量之分。所谓典型表现评量,是指教学评量的目的不只是评量学生能力的高低,还评量学生是否已具备了某种(或某些)典型行为。换言之,典型表现评量所关心者不是学生对其课业能不能做好的问题,而是要看他在某些行为方面愿不愿意表现的问题。亦即,典型表现评量的结果,是不能以数量来表达的,而是要用质量的描述来表达的。在教学目标中属于情意类的行为目标,宜于采用典型表现评量,不宜采用最佳表现评量。以情意类教学目标中的兴趣与态度为例,凡是有经验的教师都会发现,学生学科能力的高低与其对学科的兴趣之间,未必存有必然的关系。有的学生具有相当好的语文能力,但他未必对文学有浓厚兴趣。对某件事有能力而缺乏兴趣,他将不会对此事表现积极的态度。因此,教学上除在认知教学时注意学生的能力之发挥外,也应在情意教学上注意培养学生的兴趣与态度。有效的认知教学,可使学生随教学进程而获得心智成长。同理,有效的情意教学,可使学生随教学进程而获得人格的成长。典型表现评量的目的,即在借助评量了解学生人格成长的情形。唯有认知与情意两方面同时评量,才会了解学校教育在"教书"与"育人"两方面是否兼顾。见最佳表现评量(maximum performance evaluation)。

typology 类型学 **1.**广义指研究分类的科学。**2.**狭义指根据某种心理特质将个体分类解释的心理学理论。诸如人格类型论(personality-type theory)、游戏类型(types of play)等均属之。见该等条。

U

UCR = unconditioned response 无条件反应

UCS = unconditioned stimulus 无条件刺激

U curve = U-shaped curve U形曲线

UFO = unidentified flying object 不明飞行物，飞碟，幽浮

ulcer personality 溃疡性格 指易于罹患胃溃疡的一种性格。美国精神分析学家亚历山大(F. Alexander, 1891～1964)研究发现，罹患胃溃疡的病人，在性格上的共同特征是情绪紧张，好吹毛求疵，外表坚强而内心脆弱，生活上遭遇到不顺遂的事，久久不能释怀。长此以往，终于因消化不良而引起胃溃疡。

umbilical cord 脐带 指胎儿与胎盘之间的连接体。见胎儿期(fetal period)条及附图。

unanticipated crisis 不期危机 义同意外危机(accidental crisis)。见该条。

unaware-need 莫名需求 指当事者自己无法陈述的需求。在个别咨商的情境下，受辅者只觉得自己有困难，感到紧张、焦虑，但不清楚自己究竟需要什么。

unbiased error 不偏误差 义同机误(chance error)。见该条。

unbiased estimate 不偏估计 指采用具有代表性样本的统计数(如样本的平均数)以推估总体相应参数(如总体平均数)的做法。见不偏估计数(unbiased estimator)。

unbiased estimator 不偏估计数 采用样本的统计数来推估总体的相应参数时，如已知总体为常态分布时，样本的平均数、中数、众数均可视为不偏估计数。如多次以同样方式抽样无数次，无数个样本平均数的平均数，将接近(或等于)总体的平均数。如若对总体的分布形式不得而知时，样本的变异数(variance)则可视为不偏估计数。见该条。

unbiased sample 不偏样本 义同代表性样本(representative sample)。见该条。

unconditional positive regard 无条件积极关注 美国人本心理学家罗杰斯在20世纪60年代提出的当事人中心治疗中的概念，认为无条件积极关注是心理师对案主应有的态度。无条件积极关注的要义是：(1)对案主所表现的一切(无论是合作的或是反抗的)，均予以无条件的接纳，使案主感到心理治疗一开始即在温暖气氛之下进行；(2)对案主所陈述的一切(包括他的生活经验及痛苦心情等)，均细心倾听，并表示出关怀、理解与同情的态度，无论他的陈述是否合情合理，只是倾听，不作批评。罗杰斯相信，任何人都具有自我成长的潜力，只要无条件接纳而又获得精神支持的情境，每个人都会经自我反省而恢复自我成长的功能。除心理治疗外，罗杰斯也将无条件积极关注视为儿童人格发展的重要因素。他建议为父母者在教养子女时，配合孩子人格成长的需求给予关注时，是没有任何条件的。无论孩子的表现是成功还是失败，无论孩子的行为表现是否符合社会规范，父母对他们的关爱、接纳、支持等，均不附带任何条件。只有在这种无条件积极关注的社会气氛下，孩子的人格才能得到健康发展，从而使他得以自我实现。不过，对罗杰斯的无条件积极关注理论不能产生误解，不能将之误解为对孩子溺爱或放任。罗杰斯所指“无条件”的真正意义是对孩子的人格而言。为父母者对孩子的错误行为当然应该纠正，只是在纠正孩子的错误行为时，只可就事论事，不要附带任何条件(如不能要求孩子得考到前10名才给他过生日)。

unconditional reflex 无条件反射 生理学家巴甫洛夫理论中的用语。现代一般心理学书籍中，本词已普遍改称无条件反应(unconditioned response)。见该条。

unconditional response = unconditioned response 无条件反应

unconditional stimulus = unconditioned stimulus 无条件刺激

unconditioned response(UCR, UR) 无条件反应 在条件作用学习实验中，个体不需学习即对无条件刺激表现的反应，称为无条件反应。无条件反应未必是本能性的，也包括已学得的反应。

见条件作用(conditioning)。

unconditioned stimulus (UCS, US, Su) 无条件刺激 在条件作用学习实验中,一开始即可引发个体某种反应的刺激,称为无条件刺激(如食物入口引起唾液分泌)。见条件作用(conditioning)。

unconformity 反从众 当众人皆同意某种观念或行为时,有人独排众议倡言相反论调者,是为反从众。反从众者可能有两种心态:一为标新立异,旨在炫耀自己;另一为维护正义而直言不讳。如《史记·商君列传》中所说的"千人之诺诺,不如一士之谔谔"者,就是指第二种反从众。

unconscious 潜意识,无意识 **1.**本词译为潜意识时,是精神分析论的专门术语。按弗洛伊德的说法,人的心分为三个层次:居上层者为意识,居中层者为前意识,居下层者为潜意识。潜意识的意思是指潜隐在内心深处不为个体所自知的意识;不为个体自己所知,并不代表就是"无有"或"不存在"。弗洛伊德认为,潜意识中存在着很多欲望、冲动、痛苦记忆等。潜意识中的一切,之所以不为当事人所自知,主要是由于个体刻意压抑使之无法浮至意识层次的缘故。在个人意识层次的控制力减少时(如在梦中),潜意识即可能浮现。潜意识中所存在的一切,有些是因为社会规范的不许可而被压抑下去,有些是原始性的本能自始就留存其中的。潜意识虽不为个体所自知,但却影响个体的行为。按精神分析论的解释,精神异常的主要原因就是个体的意识与潜意识之间失去平衡所致。 **2.**本词译为无意识时,指个体对其身心环境毫无所知的心理状态(如沉睡时)。按此义,此种译法与另词nonconscious同义。见该条。需注意的是,本词译为无意识时多作形容词用,但如使用本词说明弗洛伊德观念时,则为名词。

unconscious cerebration 无意识思维 指个人不自觉的或非出自意识的思维活动。在创造思维过程中的孕育期(incubation),即属无意识思维活动。见该条。

unconscious cognitive process 无意识认知历程 义同无意识推理(unconscious inference)。见该条。

unconscious conflict 潜意识冲突 按精神分析论,潜意识冲突是形成神经型焦虑的内在原因。在潜意识中,带有性冲动与攻击性冲动的本我,受到超我的压抑而有冲突,因而导致个体紧张不安,终而形成莫名所以的焦虑(anxiety)。见该条。

unconscious drive 潜意识驱力 **1.**指出自潜意识境界中由本我需求所产生的内在驱力。 **2.**义同潜意识动机(unconscious motivation)。见该条。

unconscious fantasy 潜意识幻想 义同原始幻想(primal fantasy)。见该条。

unconscious homosexuality 潜意识同性恋 见潜隐型同性恋(latent homosexuality)。

unconscious impulse 潜意识冲动 按精神分析论的解释,指被压抑在潜意识层面不能获得满足的原始性冲突。见潜意识(unconscious)。

unconscious inference 无意识推理 指推理判断不须经由意识的心理历程。德国物理学家赫尔姆霍茨1855年首次使用无意识推理概念来解释某些知觉现象。例如,设有A与B两个物体出现在面前,如A被B遮挡了一半,观察者即可不加思索地推理判断A和B的距离不等,即A在B的后面。月亮错觉也是在无意识推理的心理之下产生的:接近地平面的月亮,不自觉地推理其面积比在当空时为大。此外,知觉常性心理现象,也可采用无意识推理来解释:远处的山和近处的树,虽然在视网膜上形成的映象一样高,但观察者不自觉地就知觉到山比树高。见知觉常性(perceptual constancy)。

unconscious memory 潜意识记忆 精神分析论中的术语。指个人对痛苦的或不愿回忆的经验,不自觉地将之排除于意识之外。唯排除的结果,只能发生压抑作用,是由意识层面压入了潜意识层面,未必使之消逝。潜意识记忆即指被压抑在潜意识层面中的经验。潜意识记忆有时会在睡梦中或催眠状态之下复现。

unconscious motivation 潜意识动机 指个体本身不自知的动机。虽有明确的行为活动,但不自知其行为产生的原因。例如,忘记一个重要约会,这是一件事实。对此事实有两种解释:一种解释是纯为简单的遗忘现象,临时或因其他事故的干扰而将约会忘记。另一种解释则强调当事人的爽约是有意的,此一爽约行为是有动机的,是因为他不愿赴约才"有意"将之忘记,只是此种动机隐伏在潜意识层面而不自觉而已。精神分析论者持此论点,见动机性遗忘(motivated forgetting)。

unconsciousness 无意识状态,潜意识状态,潜意识 **1.**指没有意识经验的心理状态,如沉睡和昏迷等状态均属之。此义与精神分析论者所指的潜意识有别。见注意层(attention level)。 **2.**精神分析论中的用语,指潜藏在意识之下不为个体自觉的心理状态。见潜意识(unconscious)条第一义。

unconscious process 无意识历程,潜意识历程 **1.**当学习活动达到纯熟自动化程度之后,学得行为的表现常在个体不自知的情况下发生(如打字、弹琴、开车以及许多熟练动作等)。像此种无须注意的现象称为无意识历程。 **2.**根据精神分析论,本词意指两种潜意识作用：其一，指个体对不愿接纳的意识，经压抑使之进入潜意识层面的心理历程。其二，指原被压抑在潜意识层面的欲念冲动等，经转化而以象征性的形式表达于外的心理历程。诸如压抑（repression）、抑制（suppression）、防卫机制（defense mechanism）以及各种转化症（conversion disorder）等，隐藏于个体行为背后者，均属潜意识历程。见潜意识（unconscious）。

unconscious resistance **潜意识抗拒** 指精神分析治疗时患者的一种抗拒心理。根据精神分析论者解释，患者之所以抗拒，乃是由于分析师试图引导患者将压抑在潜意识中的痛苦浮出于意识层面，因患者不肯面对现实而由自我加以阻止，使痛苦经验仍然留在潜意识层面之内。

unconscious sense of guilt **潜意识罪恶感** 精神分析论中的术语。指个体潜意识中隐藏着一种被惩罚的需求。潜意识罪恶感乃是超我管制自我的结果。

uncontrolled observation **非控制观察** 义同自然观察（naturalistic observation）。见该条。

uncorrelated reinforcement **无关强化** 在条件作用学习的实验中，如将强化物安排得与个体的反应不发生关系，即不管个体是否表现正确反应，实验者随机提供强化刺激，此种情形称为无关强化。

undecidable figure **不确定图形** 义同暧昧图形（ambiguous figure）。见该条及附图。

underachievement **低成就** 个人在学业或工作上的实际表现未能达到其能力所及的应有地步，这现象称为低成就。例如，某生智商在120以上，按学习能力而言，在班级中应属上乘，然其成绩表现低劣，名次总是居于全班中下。像此种学生成绩与能力不相匹配的现象，即属学业的低成就。基于此义，可知"低成就"乃是一个相对概念。某生的表现是否为低成就，不能单靠他的考试分数来决定，而要根据他的能力和成绩两者对照来判断。例如，甲乙二生数学考试同样得75分，甲生智商120，乙生智商90，在此情形之下，甲生的表现是低成就，而乙生则是高成就。在教育心理学上对低成就的界定，一般是指学生成绩低于其应有成绩30%而言。对于此种低成就行为表现的个人，则称之为低成就者（underachiever）。此处所指"能力"，系指根据智力测验的结果而定。与本词相对者为高成就（overachievement）。见该条。

underachiever **低成就者** 指在学业或工作上的实际表现未能达到其能力所应达到的地步的人。换言之，能力高而成就低的人，称为低成就者。低成就者的心理特征很复杂，其中最主要者是缺乏成就动机和工作经验。唯此处所指的能力，系根据智力测验结果而定。与本词相对者为高成就者（overachiever）。见该条。

understanding **理解，谅解** **1.**指对事理的内涵及变化知晓的历程。**2.**指了解别人的感受而给予同情的历程。

understanding psychology **内识心理学** 属心理学研究的一种理论取向，而非心理学领域的一个独立学科。内识心理学为德国心理学家迪尔泰（W. Dilthey, 1833～1911）所倡议。内识心理学主张：（1）心理学有别于自然科学，自然科学重在对自然界外显客观事象的解释，而心理学则必须考虑对当事人内在主观感受的了解；（2）自然科学可以采取片段事象作为分析研究的题材，而心理学则必须对个体整个心灵及其生活经验做全面认识；（3）心理学是一切人类活动的基础科学，欲了解人类的政治、经济、社会、宗教、文化等所有活动，必须先研究心理学，而后才能了解这些活动的意义。

undifferentiated schizophrenia **未分类型精神分裂症** 属精神分裂症之一。在症状上具有精神分裂症的所有特征，诸如幻觉、妄想、语无伦次、行动怪异等现象，都会出现，只是症状不定，不能归于固定类型。见精神分裂症（schizophrenia）。

undifferentiated type **未分类型** 义同未分类型精神分裂症（undifferentiated schizophrenia）。

undoing **解脱** 属精神分析论所列防卫机制之一。指个人做完某事引起愧疚时所表现的赎罪补过式的行为。在这样的历程中，个人潜意识地希望借着另一种活动来冲淡内心深处的不安。如强迫洗手的人（无理由的重复洗手），可能就是此种情形。见强迫症（obsessive-compulsive disorder）。

undoing mechanism **解脱机制** 义同解脱（undoing）。见该条。

ungrouped scores **未分组分数** 统计分数只按大小排列而不做分组处理者，称为未分组分数。如按名次公布的学生成绩，每一人有一分数，即为未分组分数。

UNICEF = United Nations International Children's Emergency Fund **联合国国际儿童急救基金会**

unidentified flying object（UFO） **不明飞行物，飞碟，幽浮** 泛指观测者当时不能确切识别的任何空中飞行的物体，一般称之为飞碟。1948年美国空军开始将有关飞碟的报道收集存档，成立了"蓝皮书计划"，到1969年止共积累了12618个有关飞碟的事件。世界各地的报纸、杂志对飞碟也有大量的记载。据称这些不明飞行物有的是人们在日间或夜间看到的，有的是从雷达探测的回波中发现的。甚至传说有人驾驶汽车遇到了飞碟，汽车发动机、车灯和无线电在瞬间完全失灵，怀疑是由不明飞行物产生的强磁场影响汽车的电气组件所造成的。美国政府曾分别于1952年7月和1966年2月两次成立科学家小组，对不明飞行物进行专门研究。两次的结论相似，都认为不明飞行物中约有90%被证明是天文、气象现象，或者是飞机、飞鸟、气球、探照灯、热气体和其他地球上的现象，但也有一部分不明飞行物尚无法解释。20世纪60年代中期，少数科学家和工程师认为，在最可靠的不明飞行物报告中有一小部分是天外来客。这种耸人听闻的假说立即受到许多科学家的反对。无休止的争论促使美国空军在1968年倡议，在科罗拉多大学进行研究，研究工作由著名物理学家康登(E. U. Condon)领导，由37名科学家参加撰写的报告《不明飞行物的科学研究》，经国家科学院的一个特别委员会审查，于1969年公开发表。报告对59起不明飞行物事件进行了详细研究，分析了民意测验的意见，并检查了雷达和照相机的性能。报告的结论坚决摒弃天外来客的说法，并建议无须再从事进一步的研究。美国空军根据此报告，于1969年12月终止了“蓝皮书计划”。从心理学的观点看，不明飞行物现象的可能原因有二：其一是“海市蜃楼”现象。远方不能观察可见的物体，因光的折射和反射而现于眼前。其二可能是由于错觉(illusion)或幻觉(hallucination)使然。见该等条。

unidextrality **单手性** 指习惯上偏于用单一只手(左或右)从事必要活动的人。平常说“左撇子”只是单手性的情形之一，习惯上单用右手者，也是单手性，只因多数人惯用右手，右撇子被视为常态而已。

unidimensional scale **单维量表** 指测量单一行为层面的量表。量表中的题目，表面上虽不相同，而实质上是测量同类心理特质者(如语文能力)。施测后全量表得一总分，然后以之分析与各题的相关程度，高相关者保留，低相关者删除。最后由剩余题目构成的测验，在性质上即称为单维量表。

uniform distribution **无变异分布** 指统计资料中，各个量数出现的次数相等或接近相等的分布情形。例如，有800名学生，其数学成绩自21分至100分不等。唯按分组统计，每距5分算一组，结果发现在16个组中恰好人数相等，每组都是50人。如此绘成的次数分布图，不呈钟形常态，而呈矩形；各组之间无变异，故称无变异分布。无变异分布也称矩形分布(rectangular distribution)。

unimodel distribution **单峰分布** 指统计资料绘成次数分布曲线后，只有一个高峰者，亦即其中只有一个量数(或一组量数)的次数是特别多的。此一量数常用来代表该次数分布的集中趋势(central tendency)。见该条。

uniovular twins = **identical twins** **同卵孪生子**

unipolar affective disorder **单极性情感症** 属情感性精神病之一。情绪表现偏于严重抑郁的一端，不像躁郁性精神病那样出现情绪两极化的症状。与本词相对者为两极型情感症(bipolar affective disorder)。见该条。

unipolar cell **单极细胞** 义同单极神经元(unipolar neuron)。见该条。

unipolar neuron **单极神经元** 指细胞体仅具单一突起的神经元。单极神经元的细胞体本身不具树突，只短短的单一突起将细胞体连接于一条长长的神经纤维。此神经纤维本身属于轴突，其一端具有树突，另一端为轴突末端且具有突触结。

unique hue **单一色调** 义同原色(primary color)。见该条。

uniqueness **唯一性** 同时对几个变项进行因素分析时，可获知各个变项的总变异量之中，因误差因素及该变项的特殊因素所造成(与其他变项无关)的部分，即称之为唯一性。与本词相对者为共同性(communality)。见该条。

unique trait **独有特质** **1.** 单是在某一人身上发现的人格特质，称为独有特质。例如，称赞某人独具慧眼时，即指其见解卓绝的独有特质。**2.**在多个特质的相关分析中，与其他特质相关系数接近零的特质，称为独有特质。独有特质也称个人特质(individual trait)。与本词相对者为共同特质(common trait)。见该等条。见奥尔波特人格特质论(Allport's personality-trait theory)。

unitary psychology **一元心理学** 对心理学研究取向的一种哲学观点。持一元心理学观点者认为，心理学的研究，应该采整体取向探讨心的内容和功能，不能像传统科学心理学那样将心分割研究(如分割为智力、人格、动机、情绪等)。根据分割研究的结果，不能了解心的真相。与本词相对者为组合心理学(modular psychology)。见该条。

unitary type **单一型** 个人对同一知觉对象所得之后像、遗觉象、忆象等若彼此相似时，则称之为单一型。

United Nations Children's Fund (UNICEF) **联合国儿童基金会** 见联合国国际儿童急救基金会(United Nations International Children's Emergency Fund)。

U

United Nations Declaration on the Right of Mentally Retarded Persons 联合国心智不足者人权宣言 指联合国在1971年发表的有关智能不足者的宣言。该宣言强调，心智不足者应享有与常人平等机会的教育权、工作权、治疗权、与家人共同生活权以及经济生活安全权等。

United Nations International Children's Emergency Fund（UNICEF）联合国国际儿童急救基金会 第二次世界大战（1939～1945）结束后，联合国为救济受难儿童而成立的基金会。1953年经联合国决议改名为联合国儿童基金会（United Nations Children's Fund，但缩写仍沿用UNICEF）。该基金会宗旨为帮助发展中国家改善儿童的生活状况，在儿童保健、营养、教育和职业训练、家庭和儿童福利等方面提供援助，并在救灾方面提供紧急援助。援助的对象主要是儿童和年轻的母亲。儿童基金会的总部设在纽约。

univariate multiple regression analysis 单变项复回归分析 单变项复回归分析是以多个自变项预测一个依变项的回归分析方法。例如，根据智力、创造力、学习态度三种测验分数预测科学思维能力时，自变项共有三个，依变项则只有一个，在这种情形之下所做的回归分析，就是单变项复回归分析。

univariate statistics 单变项统计 在描述统计或推论统计中，凡是分析的资料中只有一个依变项者（如只有考试成绩一项），均称为单变项统计。与本词相对者为多变项统计（multivariate statistics）。见该条。

universal complex 普遍情结 指人类共有的或本能性的情结。普遍情结所指者为弗洛伊德精神分析论中所指的恋母情结（Oedipus complex）。见该条。与本词相对者为特殊情结（particular complex）。见该条。

universal ethical principle orientation 普遍伦理取向 指美国心理学家柯尔伯格在20世纪70年代提出的柯尔伯格道德发展阶段论（Kohlberg's stage theory of moral development）中第六个成人道德阶段道德心理取向。见该条。

universalism 普遍论 在社会学与社会心理学中解释个人与团体关系的一种理论。持普遍论观点者认为，个人的行为必须以团体规范与社会道德为标准，在团体之下不考虑个人。与本词相对者为特殊论（particularism）。见该条。

universal symbol 普遍性象征 按精神分析论的说法，人类所表现的象征性行为中，有些象征物具有普遍性意义。例如，梦中所见长形尖状物体，不分种族文化，都将之视为男性生殖器的象征。与本词相对者为个别性象征（individual symbol）。见该条。

unlearned behavior 非学得行为 指非经特别训练或学习历程而形成的行为。此类行为多指个体因生长成熟而自动出现者（如婴儿先会坐而后会爬等）。唯本词所指并不包括个体生而具有的基本行为（如呼吸、排泄等）。

unlearned motive 非学得动机 指生理性动机或原始性动机而言。盖因此类动机非由学习得来，而是凡属生存的个体所共同具有者。诸如饥、渴、性甚至恐惧等，均属非学得动机。

unlearning 反学习 **1.**指学得的行为在不继续重复练习时逐渐消失的历程。按此义，本词与消弱（extinction）相近。见该条。**2.**在学习一种与旧习惯有关的新事物时，个体在反应上必须排除旧习惯的干扰，暂时抑制旧习惯的出现，只对新事物反应。在这一旧新两种习惯消长的历程中，对旧习惯而言，就是反学习。按此义，本词与反条件作用（counterconditioning）相近。见该条。以上两种解释，只说明个体学得的行为在限定情境之下不表现出来。行为不表现出来未必就是遗忘。

unobtrusive measure 无干扰测量 指采用无干扰法（unobtrusive procedure）对受试者行为所进行的测量（如从学校档案中抄录学生的成绩）。见该条。

unobtrusive procedure 无干扰法 指收集研究资料时不使受试者受到干扰的方法。采用无干扰法时，可以使用的技术很多，诸如记录性数据（如学生的学业成绩记录和家庭背景数据等）、隐藏录像、隐藏录音以及单向视幕（one-way screen）等，均属之。见该条。

unsocial behavior 非社会行为 指不尽合于社会标准，但亦无害于人的社会行为。不善交际或不易与人亲近者，其独来独往与人无涉的行为，可视为非社会行为。本词不宜译为反社会行为，反社会行为往往违反社会规范，其行为常带有破坏性，其结果常为别人带来痛苦。

unspaced learning = massed practice 集中练习

unspecified mental retardation 不确定型智能不足 属美国智能不足协会所列智能不足之一种类型。唯归属此一类型者，其智能水平无法确定。原因是对此类受试者实施智力测验时，他们不能听从指导（或不肯合作），无法对之施测，故而无从确定其智力低落到何种程度。见智能不足（mental retardation）。

unstructured interview 非结构式访谈 指事先未拟妥详细问题的访谈。此种访谈的内容不全由访问者决定，而是由被访问者参与对谈的内容决定。与本词相对者为结构式访谈（structured interview）。见该条。

unstructured stimulus 非结构性刺激 指刺激本身的特征不能使人获得清楚知觉经验者。例如，罗夏墨迹测验（Rorschach Inkblot Test）中的墨迹图形，即属非结构刺激。见该条及附图。与本词相对者为结构性刺激（structured stimulus）。见该条。

up-and-down method 升降法 指在心理物理实验时，一种决定绝对阈限与差别阈限的方法。绝对阈限或差别阈限测定时，最常采用极限法。极限法的特点是用一固定不变的标准刺激为根据，而有系统地改变（由大到小或由小到大）比较刺激，最后测出受试者的绝对阈限与差别阈限。因为比较刺激的改变可升可降，故而本词也称阶梯法（staircase method）。见极限法（method of limits）。

upper absolute threshold 上绝对阈限 见绝对阈限（absolute threshold）。

upper difference threshold 上差别阈限 义同最小可觉差（just noticeable difference）。见该条。

upper quartile（UQ） 上四分位数 指整个系列分数分布中的前四分点以上的数值。见四分位数（quartile）。

upper threshold 上阈限 指某种感官所能接受刺激的最高强度。例如，健康的耳朵只能够接受约 20,000赫兹的音强，20,000赫兹就是人类听觉的上阈限。

upward mobility 趋上流动 属社会流动的一种趋势。指原居较下层社会的个人或团体，因经济状况或教育程度的改变，使之进入较高层社会的过程。与本词相对者为趋下流动（downward mobility）。见该条。见社会流动（social mobility）。

UQ = upper quartile 上四分位数

UR = unconditioned response 无条件反应

uranism 男同性恋 指两人同为男性而彼此产生性的吸引甚至发生性行为的现象。见同性恋（homosexuality）。

urethral anxiety 内急焦虑 指因大小便无处排泄而引起的身心不安状态。

US = unconditioned stimulus 无条件刺激

use law = law of use 使用律

U-shaped curve（U curve） U形曲线 指在统计分布上形成U字形的曲线。在次数分布中，属于低分数者与属于高分数者两端，均出现较多的次数，而居于中等分数者，反而次数较少。如此形成的次数分布曲线，即为U形曲线。此种曲线在形状与意义上都与钟形的常态分布曲线（normal distribution curve）相反。见该条。

uterine fantasy 子宫幻想 精神分析论的术语，谓生活不如意者在潜意识中存有返回母亲子宫去的幻想。因为子宫是世界上最温暖最安全的地方。

uterine theory 子宫论 指古时对癔症病因的一种臆说。谓此症只有女性患者，原因是该症病因起于子宫异常。根据现代精神病学的科学研究，子宫论完全与事实不符。见癔症（hysteria）。

utilitarianism 功利主义 属于哲学与伦理学上的一种概念。谓事物之价值或行为之是非善恶的判断，端视事物本身或行为结果能否增加人的快乐或减少人的痛苦而定。换言之，凡是能使人增加快乐减少痛苦者（包括人、事、物），都是好的，都是善的。这是一种泛功利主义的看法。除此之外，功利主义分为两派：(1)利己功利主义，以增进自身幸福为一切价值判断标准者；(2)利他功利主义，以增进他人幸福为一切价值判断标准者。

utility-maximization theory 获利最大论 解释决策的一种理论。此理论的基本要义是，面对不确定问题情境需要做出选择判断时，一般倾向权衡利弊得失，最后做出主观认为利面最大而弊面最小的判断。唯对利弊的看法并无单一客观标准。

utopia 乌托邦 指纯属虚构的一种理想社会制度。本词始自英国作家摩尔（T. More, 1478～1535）1516年出版的以《乌托邦》为名的小说。书中描述乌托邦为一理想中的岛国，实行社会主义，举凡社会上和政治上各种设施，无不尽善尽美。后世多以“乌托邦”一词表示空想主义。在心理学上，美国行为主义心理学家斯金纳在1948年出版的小说《桃源二村》，在性质上也属于乌托邦。见该条。

V

V = variable **变项，变量**

V = verbal comprehension **语文理解**

V = volume **卷册，音量**

vacillation **犹疑** 指个体面对趋避冲突（approach-avoidance conflict）情境时，对所欲追求之对象既好之又恶之，欲趋之又避之的迟迟不决的矛盾心态。见该条。

vacuum activity = vacuum response **真空反应，无刺激反应**

vacuum response **真空反应，无刺激反应** 指只见个体反应，而无法确定引起反应者究系何种刺激的现象。对此种现象的解释，多归因于个体内在动机使然。

valence **引拒值，诱力，效价** 指环境中刺激的特征对个体心理上所形成的吸引或排拒作用。环境中的刺激对个体构成影响时，该刺激即成为个体心理上的目的物。此等目的物可能是人，可能是物，可能是事件，也可能是场所。根据美国心理学家勒温场域论的解释，个体场域中的目的物，因其所具特征的不同，对个体心理上也将构成不同的影响。有些目的物的特征是符合个体需求或爱好的，因而该目的物就会吸引个体向之趋近，勒温称此类目的物具有正引拒值（positive valence）。有些目的物的特征是不符合个体需求或是个体所厌恶的，因而该目的物就会排拒个体或使之逃避，勒温称此类目的物具有负引拒值（negative valence）。某一目的物的正或负引拒值，不是绝对的，是相对的；同一目的物，有人趋近追求，有人远离逃避，端视目的物是否符合个人需求而定。见场域论（field theory）。

valid argument **有效论证** 按逻辑推理历程获得肯定结论者称为有效论证。见三段论法（syllogism）。

validation **效度法** 指在测验编制时，编制者采用各种方法建立测验效度（validity）的过程。见该条。

valid exclusion **正确排除** 义同正确否定（validnegative）。见该条。

valid inclusion **正确录取** 义同正确肯定（valid positive）。见该条。

validity **效度** **1.**指某事物（包括文字记载与工具性能等）之有效程度，亦即事物运作所表现的过程与结果，能够接近事实真相的程度。在医疗上如确能做到“对症下药，药到病除”，那就可以肯定诊断与治疗具有效度。 **2.**指某种测验实施结果所能达到测验目的的程度。换言之，某种测验在使用时确能达成其测量目的者，方为有效。准此而论，智力测验所测定者必须代表受试者的智力（而非知识），人格测验所测定者必须代表受试者的性格，否则，该等测验就缺乏效度。 **3.**在逻辑论证上，合于推理法则并获得肯定结论者，谓之有效论证。在心理学上，第二义应用最广，因为任何心理测验的编制与使用，效度问题总是首先要考虑的。基本上，测验的效度归属三大类别：(1)内容效度（content validity），指从对测验本身题目去分析比较（指题目的一致性或题目的代表性）而建立的效度；(2)经验效度（empirical validity），指与另一外在标准（效标）比较，求取相关程度而建立的效度；(3)构念效度（construct validity），指以心理学的理论为依据而建立的效度。见该等条。

validity coefficient **效度系数** 用一个相关系数来表示测验效度高低程度者，称为效度系数。效度系数亦即新编测验与效标（validity criterion）之间求得的相关系数。见该条。

validity criterion **效标，效度准则** 指据以作为测验效度建立的标准。此标准通常是测验分数之外的另一组量数，亦即测验所计划测量的某些行为，或代表这些行为的量数。例如，编制学业性向测验时可用学业成绩为效标，编制机械性向测验时可用熟练机工的作业表现为效标。此种效标是测验本身以外的标准，故而亦称外在效标（external criterion）；又因其为独立于测验之外的一组分数，将此组分数作为效标之用，故而在名称上叫作效标量数（criterion measure）。根据外在效标所建立的测验效度，称为效标关联效度（criterion-related validity）。见该等条。

valid negative **正确否定** 指根据某种测量工具

所得分数高低，以决定录取标准时，淘汰了应该淘汰的人。亦即分数低而未录取者，其能力肯定要比高分录取者为低（测量工具确实有效）。与本词相对者为正确肯定（valid positive）。见该条。

valid positive **正确肯定** 指根据某种测量工具所得分数高低，以决定录取标准时，录取了应该录取的人，亦即分数高而录取者，其能力肯定要比低分淘汰者为优秀（测量工具确实有效）。与本词相对者为正确否定（valid negative）。见该条。

value **值，价值** **1.**指用数值表示的量或分数。**2.**指任何事物美好的程度。**3.**指社会公认值得追求的事物所具备的条件。**4.**指个人凭主观判断，认为事物中与己有关而且具有重要性与意义性者即有价值。

value clarification **价值澄清，价值辨析** 属道德教育教学方法之一。此法以学生为主，不强调理想道德教条的灌输，而重视现实生活中个人价值观念的澄清。在实际教学时，教师只提供学生一些需要选择与判断的问题，要学生思考抉择，然后解释理由。如此做法，旨在帮助学生了解自己的行为与其所持价值观念之间的关系，从而建立其价值标准，培养学生价值判断的能力。

value clarification program **价值澄清课程** 义同价值澄清（value clarification）。见该条。

value education **价值教育** 指教导学生明是非、辨善恶的教育。准此义，价值教育亦即道德教育。

value judgment **价值判断** 根据个人的价值标准对人、事、物所做的判断，称为价值判断。价值判断时，个人所根据者多属个人的主观标准，而非限于判断对象所具有的客观事实。事实的陈述不能称为价值判断。譬如说杜先生家财万贯，有多少动产，有多少不动产，这是事实陈述，不是价值判断。假如有人根据"为富不仁"的观点，指责杜先生缺乏道德，那就是价值判断。

value scale **价值量表** 属于态度量表之一。此种量表的特点是，对问题的选答带有价值的判断，数种答案并列，其中无对错之分，填答者只需按个人的价值标准（value standard）给予主观的评价。见该条。

value standard **价值标准** 指据以作为价值判断的标准。价值标准一般分为两种：（1）是非标准。指对关心问题之有对错答案者，答案即为是非标准。此答案未必像数学题目的答案一样刻板，制定的校规、法律的条文，甚至众所认同的风俗习惯等，均可作为是非判断的标准。例如，一般公认，成年人随地便溺是不对的。（2）善恶标准。指对道德行为判断时个人所持的标准。唯善恶标准代表个人的态度，态度中含有客观认知与主观情感两种成分，与是非标准相比，善恶标准难免主观而缺少通用性的答案。因此，在是非标准下作判断时，可能会意见一致，但在善恶标准下作判断时，则可能见仁见智。

value system **价值体系，价值观** 指个人或某一社会中的一般人用以明是非、别善恶从而决定取舍时所秉持的一种综合性的价值架构。价值体系主要表现在对道德、社会、宗教、金钱等各方面的批评与判断。

vanishing point **消失点** 属直线透视现象。循两条并行线一直向远处看时，就会发现并行线延伸愈远，两线之间的距离愈接近，最后至极远处两线交于一点，然后消失不见，此即消失点。向一条直行的铁路远望，就会发现此种现象。见直线透视（linear perspective）。

variability **变异性** 指一组量数的变异程度，或指一组量数中每一分数与平均数的差距。通常用来表示变异性大小的单一数值是标准差。此外，平均差与全距等也具类似功能。在统计学上一般用常态分布曲线（normal distribution curve）表示一组量数的变异性。见该条。

variability coefficient = **variation coefficient** **变异系数**

variable（V） **变项，变量** 指可以辨认而有变化的因素、特征或情境。在心理学上有三类基本变项：（1）机体变项（organic variable），如性别、年龄等均属之；（2）刺激变项（stimulus variable），如刺激之类别、强度等均属之；（3）反应变项（response variable），如反应之有无、强弱以及个别差异等均属之。在实验研究上，常把变项分为两类处理，一为自变项（independent variable），一为依变项（dependent variable）。见该等条。见实验法（experimental method）。

variable error **变异误差，变量误差** 指观察测量所得的分数与真分数之间的差异。如以同一智力测验对同一个体测量数次（或对同一个体施以不同智力测验），所测结果未必相同。在理论上该个体的"真智力"只有一个分数，而测得者却有数个分数。数个测得分数与真分数之间的差异，即为变异误差。变异误差是无法完全消除的，以物理测量现象为例，要求10人使用同一钢尺测量同一黑板长度，如要求的精确度以毫米为标准，其所得结果绝难完全相同。此类无法控制的误差，也称机误（chance error）、偶然误差（accidental error）、随机误差（random error）、不偏误差（unbiased error）和互补误差（compensation error）等。在心理学研究上，变异误差是无法避免的，讲求实验效度与测验效度者，只能减少变异误差的程度。见真分数(true score)。

variable-interval reinforcement (VI) 变动时距强化 属强化程序之一。在操作条件作用实验时，不按固定时间实施强化者，谓之变动时距强化。如白鼠第一次压杆后得食物，可能过半分钟对其另一正确反应强化一次，可能过一分钟才对另一正确反应强化一次。如此，不定时强化，使个体无从预测何时获得酬赏。见强化程序(schedule of reinforcement)。

variable ratio = variable-ratio reinforcement 变动比率强化

variable-ratio reinforcement (VR) 变动比率强化 属部分强化方式之一。指比率不定，每隔几次(三次或五次不定)正确反应之后对个体正确反应给予酬赏一次的方式。见强化程式(schedule of reinforcement)。

variable stimulus 变异刺激 指在以恒定刺激法(constant stimulus method)测量知觉辨别时，用以与恒定刺激相比较的刺激。见该条。

variance 变异数，方差 用以表示一组量数彼此间差异或变异情形的一个数值，称为变异数。通常采用标准差的平方表示之。此外还有均方差(mean-square deviation)、均方误(mean-square error)也可用以表示变异情形。见该等条。

variation 变异 **1.**指在同一刺激情境下产生不同反应的情形。**2.**指个体之内或个体之间的差异情形。**3.**指统计上各数值与平均数之间的差异情形。见离中趋势(dispersion)。

variation coefficient = coefficient of variation 变异系数

vascular theory 脉管论 为一种解释身体温冷觉的假说。该假说认为，身体表面之所以有温、冷的感觉，乃是由于血管膨胀或收缩的缘故：膨胀时产生温感，收缩时产生冷感，而血管胀缩的原因，则系由于温度变化使然。

vector 向量 **1.**在数学与物理学上，指量或力之有方向者称为向量。向量常用一条带箭头的线来表示。**2.**在心理学上，美国心理学家勒温在场域论中用向量一词来表示个体的心理动力(动机)，促动个体朝向目的物活动的趋势。见引拒值(valence)、场域论(field theory)。

V

vector psychology 向量心理学 指采用物理学上向量的意涵来解释心理动力的一种心理学理论。向量心理学并非心理学领域中的一个独立学科，也非心理学中的一个学派，只是对个体行为的一种解释。向量表示“有方向的力量”，而此种力量促使个体趋向(或避开)一个目标。见场域论(field theory)、引拒值(valence)等条。

vegetative motivation 生存动机，生长动机 指个体维持生存或生长的基本动机，亦即最原始性的动机。诸如饥、渴、性等原始性需求，均属之。

vegetative nervous system 植物性神经系统 是自主神经系统(autonomic nervous system)的旧名称。现已废弃不用。

ventral root 腹根 见脊根(spinal root)。

verbal ability 语文能力 狭义言之，指口语表达的能力；广义言之，包括口语及文字表达的能力。

verbal aphasia 发音型失语症 属失语症之一。患者丧失阅读时发音的能力。见失语症(aphasia)。

verbal association 语文联结 指将各个单词联结成语句以表达完整意义的历程。

verbal comprehension (V) 语文理解 指理解语言文字的含义的能力。见基本心理能力(primary mental abilities)。

verbal conditioning 语文条件作用 指按条件作用学习原理，将已学得的文字当作无条件刺激(如苹果)与条件刺激(apple)相伴出现，并引起受试者的无条件反应(认识苹果)。多次练习之后再单独出现条件刺激(apple)，如此时也能引起受试者同样的反应概念，即表示条件作用已经形成。见条件作用(conditioning)。

verbal discrimination 语文辨别 指对不同语文(单词、数字或符号等)刺激而有不同反应的现象。例如，“未”与“末”二字形状相似，但语音与语义不相同，而小学生却都能辨识无误。语文辨别是经由辨别学习(discrimination learning)的历程学得的。见该条。

verbal factor 语文因素 指语文能力是构成智力的因素之一。

verbal feedback 口头回馈 指教师对学生学习行为表现的回馈方式之一。在教学时，教师使用最多的是口头回馈。所谓口头回馈是指学生在提出问题或回答问题之后，教师对他的表现给予口头上的赞许或批评。从回馈有效运用的观点而言，教师在给予学生回馈时，宜遵守以下两个原则：其一，当学生向教师提出问题时，无论问题的性质如何，或是否合理，教师均宜先予以接受。然后将他的问题向大家重复一遍，以表示对他的重视。如果问题是合理的，除了给予解答之外，并赞许他所提的问题很有价值。如果所提问题不合理，可先允许他做补充说明，然后由教师予以解释。如此做法。旨在使回馈产生正面的意义，避免因教师对学生问题的拒绝，导致他以后不敢再提问题。教师对学生口头回馈的第二个原则是，当学生回答问题时，无论他回答得正确或错误，原则上对他敢于回答的行为，先表示接纳和肯定。如果他回答正确，自然给予赞许；如果他回答错误，教师宜改用更浅显的口语降低问题的难度，以便学生能够回答。如此做法，可以避免学生的失败感，而使教师的回馈仍能对学生的回答问题行为产生正面的意义。与本词相对者为文字回馈（written feedback）。见该条。

verbal fluence **语文流畅** 代表个人使用语文（包括口语和书写）的能力。语文流畅一向被视为智力与创造力的基本因素之一。

verbal generalization **语文论断，语义类化** **1.**指用语文陈述的论断。见论断（generalization）。**2.**指条件作用学习中用做条件刺激的单词，与另一外形不同而语义相似的单词间（如ill与sick）所产生的类化现象。亦即语义类化（semantic generalization）。见该条。

verbal image **语文心象** 指感觉信息储存（sensory-information store）阶段，字形或字音刺激消失后瞬间留下的心象。

verbal information **语文知识** 指借由口语或文字所表达的知识。学校中的教学一向是以语文知识为主的，师生间的知识传授靠语文，学生必须获得相当的语文知识，才能继续成功地接受教育。

verbal intelligence **语文智力** **1.**广义言之，指使用语文的能力，举凡语文学习与语文表达（读、写、说）的能力均属之。**2.**狭义言之，指智力测验中文字测验部分所测到的智力。

verbal IQ（V IQ） **语文智商** 指只是根据智力测验中有关语文部分的题目作答结果，单独计算而得的智商。见韦克斯勒儿童智力量表（Wechsler Intelligence Scale for Children）。

verbalized attitude **言语态度** 指经由口头言语所表达出来的态度。

verbal learning **语文学习** 指对语文材料的学习。语文并非只限于文字，文字之外的数字与各类象征符号的学习，也被视为语文学习。在学习实验上，单词联想、联对学习、系列学习等，或用单词，或用数字，或用无意义音节，都是语文学习。

verbal memory **语文记忆** 泛指对学过的语文材料的记忆。语文记忆包括学过的口语与文字。

verbal reinforcement **语文强化** 用语言、文字、手势、表情动作等作为强化物以加强行为的一切安排，统称为语文强化。显然，语文强化有助于人际情境中的社会学习。小学生有疑问举手向教师请教，教师的口头允许是语文强化，教师的点头微笑也是语文强化。因为教师的表现可以成为强化物，加强了学童以后同样情境下举手发问的行为。见口头回馈（verbal feedback）。

verbal scale **语文量表** 智力测验的题目（部分或全部）用语文形式表现，而同时又要求受试者用语文作答者，称为语文量表。见文字测验（verbal test）。

verbal test **文字测验** 属心理测验的一类形式。凡测验卷用文字印制，试题用文字表达，受试者用文字作答者，均称为文字测验。文字测验也称纸笔测验（paper-pencil test）。与本词相对者为作业测验（performance test）。见该条。

verbatim recall **逐字回忆** 义同机械式记忆（rote memory）。见该条。

verbigeration = cataphasia **重语症**

verification **验证，验证性，验证期** **1.**指采用客观标准或现实情境，对理论或假设予以考验证明的历程。**2.**属科学研究的基本条件之一，称为验证性，意谓科学的原理原则是可以验证的。科学研究的其他基本条件尚有客观性（objectivity）与系统性（systematization）。见该等条。**3.**指创造性思维（creative thinkging）历程的最后完成阶段。见该条。

verificationism **验证主义** 指科学哲学的一种观点，验证主义强调，凡是科学理论都必须以实际验证为基础。与本词相对者为反证主义（falsificationism）。见该条。

verification time **验证时间** 指刺激出现到反应表出之间个体的思维时间。在此短暂时间内，个体必须对刺激的性质了解之后才表现出反应。下棋时，从对方落子到我方举手之间的时间，就是验证时间。见复杂反应时间（complex reaction time）。

vertical center line illusion **垂直中线错觉** 义同横竖错觉（horizontal-vertical illusion）。见该条及附图。

vertical communication **垂直沟通** 见水平沟通（horizontal communication）。

vertical group **垂直团体** 指团体中的成员系来自不同社会阶层者。与本词相对者为水平团体（horizontal group）。见该条。

vertical growth **垂直成长** 指教学上容许资赋优异学童超越单一水平知识与技能的课程的设计。同年级儿童在学习时，可按儿童能力上的个别差异，让他们学习不同难度的知识与技能，借以加速其垂直方向的成长。加强垂直成长，是资赋优异教育的方式之一。与本词相对者为水平成长（horizontal growth）。见该条。

vertical inventory **垂直式量表** 属于一种评鉴个体发展状态的量表。量表中所采用的代表个体行为特质的题目，不限于发展历程中的单一横向层面，而是包括纵向的多个层面。一般智力测验中，通常包括多个年龄组的题目，可以适用不同年龄，如斯坦福—比奈量表的适用年龄自幼儿到成人，在性质上就是垂直量表。与本词相对者为水平式量表（horizontal inventory）。见该条。

vertical mobility **纵向流动** 义同垂直社会流动（vertical social mobility）。见该条。

vertical sampling **垂直抽样** 属抽样方法之一。垂直抽样的特点是，作为抽样的总体，不限于某一层次，而是在包括不同社会经济水平、不同社会阶层或不同年级学生的总体中，抽取一个（或数个）样本，作为研究的对象。如以学生为总体（包括小学到大学16个年级）的抽样，就是标准的垂直抽样。与本词相对者是水平抽样（horizontal sampling）。见该条。见抽样（sampling）。

vertical social distance **垂直社会距离** 指社会上不同阶层（政治上或经济上的）之间的人，在行为上彼此接近的程度。一般的情形是，属于同阶层者社会距离较近，不同阶层者社会距离较远。与本词相对者为水平社会距离（horizontal social distance）。见该条。见社会距离（social distance）。

vertical social mobility **垂直社会流动** 指社会流动的一种现象。社会上人口流动时，不限于同一行业或同一社会阶层内的横向流动，而是趋向在高低阶层之间流动。纵向社会流动的现象，主要是由于社会变迁与教育机会所促成。见社会流动（social mobility）。与本词相对者为水平社会流动（horizontal social mobility）。见该条。

vertical transfer **垂直迁移** 属学习迁移方式之一。垂直迁移是指个人将学得的经验，在遇到新的情境时加以重新组合，形成比旧经验更高一层次的新学习经验。换言之，垂直迁移是个人学到知识之外也学到能力。见学习迁移（transfer of learning）。与本词相对者为水平迁移（lateral transfer）。见该条。

vestibular apparatus **前庭器官** 义同前庭系统（vestibular system）。见该条。

V

vestibular organ **前庭器官** 义同前庭系统（vestibular system）。见该条。

vestibular sac **前庭囊** 中耳内充满液体的囊状器官，其功能为头部运动感觉与身体平衡。见前庭系统（vestibular system）。

vestibular sense **前庭感觉** 指由前庭系统所产生的身体平衡感觉。见平衡觉（sense of equilibrium）。

vestibular system **前庭系统** 中耳内司职身体平衡的器官。前庭系统主要包括半规管（semicircular canal）与前庭囊（vestibular sac）两部分。见该等条。

VI = variable-interval reinforcement **变动时距强化**

VIB = vocational interest blank **职业兴趣测验**

vicarious conditioning **替代性条件作用** 美国心理学家班杜拉理论中提出的一种学习类型。替代性条件作用的要义是，个体单凭观察别人经由条件作用学到条件反应，自己不需经历同样历程，也会学得同样的条件反应。换言之，个人不须直接表现反应，也不必直接受到强化，只因别人行为受到强化而产生学习的结果，即可间接学到同样的行为。此种现象称为替代性条件作用。例如，王生因成绩不及格，受到教师当众责备，李生是旁观者，很可能李生自己考不及格时，虽未经教师惩罚，也会学到退缩反应。见观察学习（observational learning）。

vicarious functioning **替代作用** 指刺激与刺激间或反应与反应间彼此替代的情形。替代作用可能在两种情形下发生：（1）乙刺激可以替代甲刺激引起个体同样的反应。（2）乙反应可以替代甲反应使个体达到同样的目的。

vicarious learning **替代学习** 美国心理学家班杜拉理论中的术语。替代学习属模仿性的学习。当事人不直接参与学习活动，只凭对参与学习活动者的行为加以观察，也学习到类似的行为。此种学习形同别人代替自己学习，故名。替代学习的事例很多。例如，甲童拔牙时对口腔科的座椅产生恐惧，在旁观察的乙童，可能只从甲童的痛苦表情，也学到对该座椅之恐惧反应。替代学习也称观察学习（observational learning）。见该条。

vicarious living **替代性生活** 指某些人的生活方式。替代性生活的特征是，个人自己虽有理想，但不努力去追求实践，只靠他心目中偶像的成就获取生活的满足。

vicarious pleasure **替代性快乐** **1.**广义指看到别人快乐时自己也觉得快乐。**2.**狭义指窥视别人性行为从而获得快乐。窥视症（voyeurism）患者属第二种情形。见该条。

vicarious punishment **替代性惩罚** 美国心理学家班杜拉提出的观察学习之一。如被观察之对象因表现某种违规行为而受到惩罚时，观察者以后犯同类过失行为的可能性将因而减低。在传统教育上采用公开惩罚方式，其目的即在“惩一儆百”，从而达到替代性惩罚的效果。见观察学习（observational learning）。

vicarious reinforcement **替代性强化** 属间接强

化作用。指个人眼见别人因某种行为表现而获得强化时,他自己的同样行为也将获得强化的效果。在教育上经常采用此一心理原则,对部分学生奖励(获得强化),其他学生"见贤思齐",也由此得到鼓励(替代性强化)。见观察学习(observational learning)。

vicarious satisfaction 替代性满足 **1.** 泛指经观察别人成功后满足的情境,自己也感到满足的心态。观看运动比赛时对胜利者所展现的兴奋表情,即属替代性满足。**2.** 指父母在子女表现成功时所感到的满足,特别是父母年轻时壮志未酬而子女们实现了自己的愿望时,尤其感到替代性满足。

vicarious trial-and-error(VTE) 替代性尝试错误 在问题索解的情境中,个体常以内隐性想象的心理活动历程,替代外显性的尝试错误式动作。表面看起来个体没有反应,而事实上他在继续思维;思维而未获得答案,也属尝试错误性质。像此种以内隐思考替代外显活动的解决问题的历程,称为替代性尝试错误。见尝试错误学习(trial-and-error learning)。

vicissitudes of libido 欲力转变 按精神分析论的解释,当个体本能性的欲力不能随冲动获得直接满足时,将会转变形式,从两种方式去寻求出路,借以获得间接的满足:(1)压抑,将冲动压抑在潜意识中,嗣后可能转换成其他行为出现,也可能在梦中发泄;(2)升华,改以社会认可之行为替代,因而得以发抒隐藏之冲动。

Vienna school 维也纳学派 20世纪初,在奥地利首都维也纳由几位精神分析学家所成立的一个学派。维也纳学派的学术取向,主要是探讨弗洛伊德的精神分析思想以及其在精神病学上的应用。维也纳学派的重要成员,除弗洛伊德本人之外,另有阿德勒和荣格等。见周三晚间学社(Wednesday Evening Society)。

Viennese school = Vienna school 维也纳学派

Vierordt's law 威洛特定律 解释两点阈与身体部位关系的定律:身体上活动愈多的部位(如手指),其两点阈愈小。此定律主要就是说明活动愈多的部位皮肤的感觉愈敏锐。见两点阈(two-point threshold)。

Vigotsky, Lev Semionovich = Vygotsky, Lev Semenovich 维果茨基

Vigotsky, Lev Semyonovich = Vygotsky, Lev Semenovich 维果茨基

Vigotsky test = Vygotsky test 维果茨基测验 见维果茨基积木(Vygotsky blocks)。

Vincent curve 文森特曲线 是一种团体学习曲线,其用途在于比较团体中个人达到预计学习水平所需的练习次数。此种学习曲线的绘制方法是把每个受试者达到连续三次不出现错误(即学会)所需的学习次数作为100%,再把它分成相等的10等份,以此作横坐标,初始的尝试作第零次。以初始分数为零,求出各受试者在相同等份内学习效果的平均值为纵坐标。这样就能如实地反映出所有受试者在各个学习阶段的相对学习效果和平均的学习效果。此种学习曲线系文森特(S. Vincent)所设计,故名。

Vincent method 文森特法 义同文森特曲线(Vincent curve)。见该条。

V IQ = verbal IQ 语文智商

viraginity 男性化 指生理上虽属女性,而在心理上与行为上却似男性的现象。具有此种心理倾向者,自认应该成为男性。见变性症(transsexualism)。

virilism 男子气 指女子的身体发育带有男性特征者。唯所指限于第二性征(secordary sex characteristics)。见该条。

virtue 德行 指个人出于自愿地认同并实践合乎社会规范的行为。

VIS = visual information store 视觉信息储存

visceral drive 内脏驱力 指由于生理需要而产生的原始性动机,如饥饿。见驱力(drive)。

visceral learning 内脏学习 指采用生理回馈(biofeedback)原理学习自行控制内脏活动的历程。见该条。

viscerogenic motivation 内脏动机 义同内脏驱力(visceral drive)。见该条。

viscerotonia 内脏型,肥胖型 指按体质分类的一种人格类型。所谓内脏型的人,在性格上喜好饮食,性情随和,容易与人相处。见谢尔顿人格体质论(Sheldon's constitutional theory of personality)。

visible light = visible spectrum 可见光谱

visible spectrum 可见光谱 指在不同电磁波长形成的整个光谱中肉眼能够看到的一部分色光。因电磁波的波长有很多长短不同的变化,人眼能够看到的光,只限于电磁波长的一个小范围。电磁波波长的单位用纳米(nm,nanometer的缩写)表示。人类眼睛所能感受到的电磁波,其波长介于400纳米至700纳米之间。界于400纳米与700纳米波长之间的光,又因波长的不同而使视觉细胞受到刺激时产生不同颜色的感觉经验,例如400纳米的光波会引起紫色感,480纳米的光波会引起蓝色感,520纳米的光波会引起绿色感,570纳米的光波会引起黄色感,700纳米的光波会引起红色感。400纳米以下以及700纳米以上的光波,人的肉眼是看不见的。因此,像波长短于400

纳米的紫外线、X光射线，及波长大于700纳米的红外线、雷达波等，虽各有其电磁波存在，均不能凭肉眼所见。在400纳米到700纳米之间按波长及其引起颜色感觉排成的光谱称为可见光谱，可见光谱只是整个光谱的1/70。

visile = visual type **视觉型**

vision **视觉** 视觉是个体凭眼睛看见物体存在的生理与心理经历。在此一视觉历程中，大致分为两个阶段：(1)凭眼睛的感光功能而产生视感觉(visual sensation)，亦即物理事件引起生理事件而后转化为心理事件的前半段。因此，视感觉是一个"由感而视"的简单心理历程。(2)以视感觉为基础进一步形成的视知觉(visual perception)，亦即由生理事件转化为心理事件的后半段。先有视感觉而后始有视知觉，因此，视知觉是一个"由觉而知"的复杂心理历程。见视觉系统(visual system)条及附图。

visual accommodation **视觉调适** 见调适(accommodation)条第一义。

visual acuity **视敏度** 指眼睛视物时能清晰辨别物体细部的能力，亦即通常所说的"视力"。医院检查视力时一般常用的荷兰眼科医师斯乃林(H. Snellen, 1834～1908)所设计的斯乃林视力表(Snellen chart)，表上印有字体大小不同而又方向各异的英文字母E字。按大小顺序将E字排为12行，愈往下字体愈小。施测时受试者只用一只眼睛注视各行E字，并用一只手指出其缺口的朝向，直到不能辨识为止，从而根据其所能看到的最小而又正确的反应判断其视敏度。

visual adaptation **视觉适应** 在光刺激持续存在或光刺激情境改变时，视网膜上视觉细胞敏锐度改变的现象，称为视觉适应。视觉适应有三种：(1)暗适应(dark adaptation)；(2)亮适应(brightness adaptation)；(3)色调适应(chromatic adaptation)。见该等条。

visual afterimage **视觉后像** 义同后像(afterimage)。见该条。

visual agnosia **视觉失认症** 患者虽有视觉能力，但不能辨识所见的人或物究竟为何人何物的病态现象。见失认症(agnosia)。

V

visual angle **视角** 指从角膜到所观察物体高低二点之间联机所构成的张角。如附图所示，n为角膜接光点，h为所观察物体的高度，d为接光点至物体的距离，α角即为视角。物体的折光经由瞳孔投射在视网膜上形成倒立的映象，视角愈大，映象也愈大。见眼的构造(eye structure)条及附图。

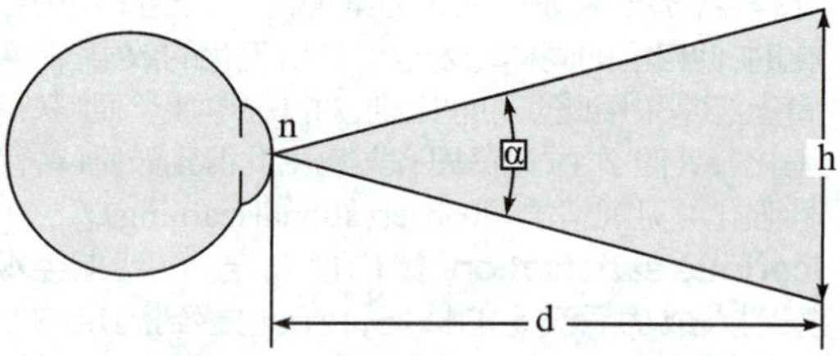

视角

visual aphasia **认字型失语症** 属失语症之一。此种失语症的特征是，患者丧失其认识与理解视觉数据的语文认知能力。见失语症(aphasia)。

visual area **视觉区** 义同主视觉区(primary visual area)。见该条。

visual axis **视轴** 指从眼睛的注视点经过瞳孔到视网膜上中央凹的一条直线。见眼的构造(eye structure)条及附图。

visual cliff **视崖** 美国心理学家吉布森与沃克(R. D. Walk)1960年为观察婴儿深度知觉所设计的实验装置。此装置是四周围起，中间平放一片厚玻璃，作为供婴儿爬行的平台。玻璃下面衬以黑白相间的方格布料，自平台一端使布料与玻璃紧紧贴合，至中央线，使布料转而向下垂悬。玻璃平台之另一端下面则空无一物，自中央线看去，甚似悬崖。实验时将6个月刚会爬行的婴儿放置平台上有布料垫衬的一端，让它母亲站在平台的外侧向婴儿召唤。实验结果发现，如母亲站在玻璃与布料紧贴部分(看起来是平的)的外侧，婴儿就会一直爬行到母亲面前；如母亲站在玻璃与布料分离部分的外侧(看起来像悬崖)，婴儿爬到悬崖边即停止不前。这现象显示，6个月婴儿就会进行深度知觉判断。由此可以推论人类的深度知觉是与生俱来的，不是后天习得的。见深度知觉(depth perception)。

视崖

visual constancy 视觉常性 属知觉常性(perceptual constancy)最常见的例子。见该条。视觉常性心理现象表现在很多方面,最常经验到的有物体的大小常性(size constancy)、形状常性(shape constancy)和明度常性(brightness constancy)等。见该等条。

visual disparity 视差 义同双眼视差(binocular disparity)。见该条。

visual dominance 视觉优势 将一视觉刺激(物体)和另一听觉刺激(声音)同时对受试者呈现时,受试者最先感觉到的是视觉刺激。此种现象称为视觉优势。

visual field 视野 **1.**在头不摇动,两眼注视正前方一定点的情形之下,在一定距离内所能看到的左右最大限度,称为视野。 **2.**在头不摇动,两眼注视正前方一定点的情形之下,两眼视线所及的三维空间,称为视野。在实验心理学上采第二义。第二义因包括三维空间,故而也称视空间(visual space)。如附图所示,两眼视线所及的空间呈一个不规则的椭圆形状,这表示左右两眼分别看到的空间是稍有不同的。见视觉系统(visual system)条及附图。

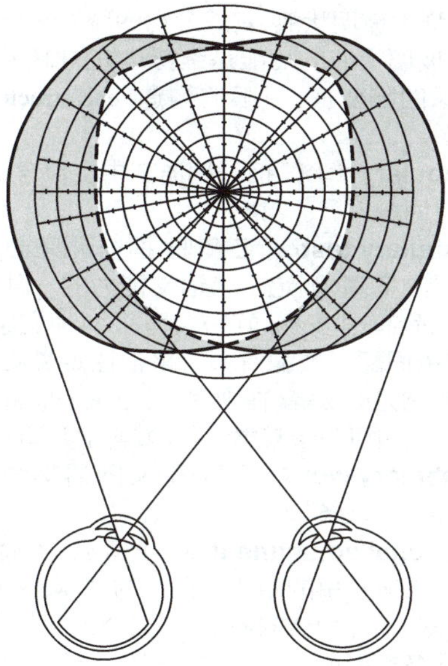

视野

visual fixation 注视 系保持眼球不动,让所视物体的折光透过瞳孔投射到视网膜上,从而获得视觉的历程。

visual hallucination 视幻觉 现实情境中并无客观的视觉刺激,而个体却产生主观的视觉经验的反常现象,称为视幻觉。视幻觉为精神分裂症(schizophrenia)患者的主要症状之一。见该条。见幻觉(hallucination)。

visual hearing 以视代听 指只凭视觉,完全不依赖听觉,即可与人沟通的情形。哑者即以此种方式与人沟通。见唇读法(speech reading)。

visual illusion 视错觉 指视觉经验与引起视觉刺激的客观特征极不符合的心理现象。心理学所研究的错觉,绝大多数为视错觉。诸如马赫书(Mach book)、横竖错觉(horizontal-vertical illusion)和艾宾浩斯错觉(Ebbinghaus illusion)等均属之。见该等条。见错觉(illusion)。

visual illusion in flight 飞行员视错觉 指飞机驾驶员在飞行中,因缺少视觉参照物而发生错误认识因而引起的视觉性错觉。例如,驾驶员在夜航时,可能会将地面散落的灯光误认为天上的星光而产生倒飞错觉。又飞机沿着斜坡状云层飞行时,因看不到地表参照物时所引起的倾斜错觉,以及飞行中注视远处固定光点时,也可能产生诱动错觉(induced-motion illusion)。见该条。

visual image 视觉心象 指视觉刺激消失后留在记忆中的影象。

visual induction 视觉诱导 指对某刺激物的视觉经验,因受该物体邻近刺激物的影响而有所改变的现象。例如,将一小片黄纸置于一张灰色大纸之上时,黄纸的周围将会呈现一圈蓝色即是。

visual information store (VIS) 视觉信息储存 义同映象记忆(iconic memory)。见该条。

visual limen 视觉阈限 指恰能引起光感觉的视觉刺激强度。见阈限(threshold)。

visual memory = iconic memory 映象记忆,视觉记忆

visual motor Gestalt test 视动完形测验 义同班达完形测验(Bender Gestalt Test)。见该条。

visual organization 视觉组织 按完形心理学的原理,视觉所见的物体,即使其本身漫无组织,仍可因个体主观需求与经验,赋予该物体某种特殊意义。换言之,现实情境中刺激的本身虽无组织,而感受到刺激的人将赋予其某种知觉组织。见完形组织法则(Gestalt laws of organization)。

visual perception 视知觉 见视觉(vision)。

visual purple = rhodopsin 视紫

visual sensation 视感觉 见视觉(vision)。

visual space 视空间 见视野(visual field)条第二义及附图。

visual spectrum = visible spectrum 可见光谱

visual system 视觉系统 指大脑两半球的视觉区与两只眼睛的神经系统连接与运作的功能。视

觉区位于两个半球的枕叶,其功能为交叉管制左右两只眼睛。两视觉区与两眼之间的管制关系,与运动区和体觉区的功能不同;不是左右交叉,而是左右两半球的视觉区,同时负责管制左右两只眼睛。这是视觉系统的特点。如附图所示,即视觉系统的构造与功能。下部呈蝴蝶状的深色部分,为左右两个视觉区。两个视觉区与两只眼睛之间连接的关系是:(1)每只眼球视网膜的信息,均经由视神经分别传送至左右两个视觉区;(2)两眼注视正前方时,两眼球视网膜在视空间内所能收到信息的范围,称为视野,视野分为左视野与右视野两部分;(3)左视野的信息经由视神经传入右视觉区(虚线部分),右视野的信息经由视神经传入左视野区(实线部分);(4)在两视野的信息分别传入左右两视觉区之前,先在视交叉交会,交会之后再分别经神经通路传入左右视觉区。由以上关系可知,左视觉区管制右视野,右视觉区管制左视野。因此,如左半球的视觉区受到伤害或病变,左右两眼之左半边视网膜变为半盲;如右半球的视觉区受到伤害或病变,左右两眼之右半边视网膜将变为半盲;左右两半球的视觉区同时受到伤害或病变,左右两眼将变为全盲。见眼的构造(eye structure)条及附图。

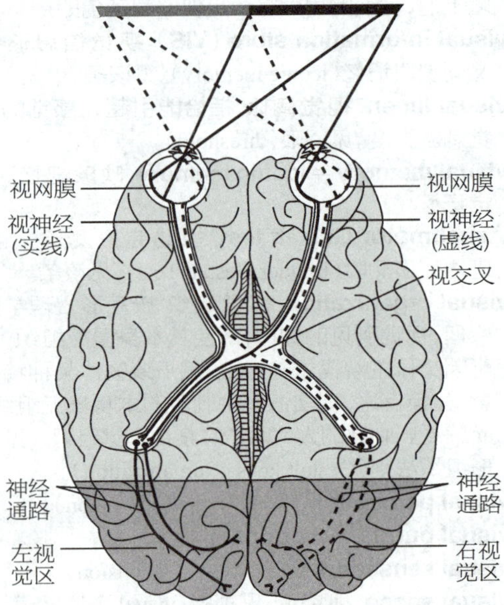

视觉系统

visual type 视觉型 指容易形成视觉心象的人。视觉型的人,学习事物主要靠视觉。有艺术性向及读书时善于默读者多属视觉型。

vital capacity 肺活量 指尽量吸气时肺内所能容下的空气体积。

vital energy 生命力 见生机论(vitalism)。

vitalism 生机论,活力论 德国生物学家德赖施(H.Driesch,1867~1941)提出的一种解释生命的理论。此理论的要义是,有些人之所以精力充沛,乃是由于身体自身内部存在一种特殊的生命力(vital energy)。此种生命力并非发自身体的生理器官,而是独立于器官之外的一种自主性和目的性的精神力量。生命力是个体生长发展以至健康长寿的决定因素。此种看法有点类似中国气功上所说的"气"。生机论源于古希腊哲学中的目的论(teleology)。见该条。

vital sign 生命迹象 指个体生命存在的迹象,检查生命迹象的最简单方法是检查呼吸、脉搏及瞳孔等。

vital statistics 生命统计 指有关人口年度出生率与死亡率的统计资料。出生率与死亡率均按千分比计算。见出生率(birth rate)与死亡率(mortality rate)。

vitreous humor 玻璃状液 眼球不是一个实心的球体,内部有个很大的空腔,空腔内充满透明液体,称为玻璃状液,其成分约99%为水分,状似软胶。玻璃状液的功能是维持足够的眼压,以防止眼球凹陷变形。见眼的构造(eye structure)条及附图。

vocabulary 词汇 指一种语言中所包含不同词类的总词量。

vocabulary test 词汇测验 指按认识或书写单词数量的多寡,测定个人语文能力的一种测验。词汇测验有很多不同形式,可采两种文字对照法(如按词翻译或配对),可采批注定义法,可采语句填充完成法等。在内容上,可采一般词汇(不限学科),也可限于某类学科(如科学名词)。

vocabulary word 词汇词 义同语义词(content word)。见该条。

vocational adjustment 职业适应 **1.**消极言之,指个人所从事的职业与自己的兴趣、能力、需求、愿望等条件配合的情形。如果个人所从事职业与上述各方面所有条件或大部分条件配合,即表示职业适应良好。**2.**积极言之,指个人自愿配合职业上的限制或要求,肯主动学习从而加强能力,培养兴趣,经由克服困难臻于佳境,从职业活动中获得满足,最后达成自己愿望的适应历程。对职业能力尚未完全形成与职业兴趣尚未定型的青年人而言,职业适应的积极观念尤为重要。

vocational appraisal 职业评估 指受过专业训

练的辅导人员，对受辅者个人将来从事某种职业适当性的评估。职业评估要根据两方面条件的了解：一方面要了解职业市场的供需状况，具备职业专长的人能否找到就业的机会。另一方面要了解个人的能力、性向、兴趣、经验等条件，然后建议受辅者宜于接受何种职业训练。

vocational aptitude **职业性向** 指未经训练而先在某种职业方面具有的潜力。如手眼协调特别灵巧的人，即具有学习技艺的性向。

vocational aptitude test **职业性向测验** 属性向测验之一。此种测验的设计是，根据某种职业上所需要的基本能力，编制为测验试题，用以测量个人，从所得结果分析其性向（即是否具备所需基本能力），进而分析个人是否适合学习与从事该种职业。职业性向测验是对在校学生进行职业辅导的重要工具之一，目前国内使用较多的有机械性向测验、文书性向测验等。

vocational blind **职业盲** 因职业意外伤害导致眼盲而不能继续工作者，称为职业盲。

vocational counseling **职业咨商** 属于咨商类别之一。指由咨商员对任职人员或谋职人员所做的咨商。在职者可能对所从事职业适应困难，谋职者可能需要协助去认识各种职业性质，了解各种职业所需能力，以及获取所期望职业的可能途径。这些都是职业咨商的主要内容。职业咨商与职业辅导（vocational guidance）意义相似，但稍有区别：职业咨商重在协助当事人解决眼前问题，职业辅导则偏于一般的职业预备。见该条。

vocational guidance **职业辅导** 属于辅导业务之一。职业辅导指对学生或谋职者，以团体或个别方式，帮助他们了解自己的能力、性向、兴趣（可根据心理测验结果），提供职业信息，协助他们获取有关职业的必要知识，并引导他们选择适当职业的途径。职业辅导与职业咨商（vocational counseling）稍异，前者偏重一般准备，后者偏于协助解决眼前的困难。见该条。

vocational interest blank (VIB) **职业兴趣测验** 见斯特朗职业兴趣量表（Strong Vocational Interest Blank）。

vocational maladjustment **职业适应不良** 指个人与其所从事的职业之间不调和的现象。职业适应不良表现在个人与职业两方面。从个人方面言，个人对其所从事的职业缺乏兴趣，不能发挥自己的专长，做事不能得心应手，不能从职业中获得心理上的满足，因而对职业产生厌恶感，甚至有逃避职业的倾向。从职业本身方面言，从业员的条件不能配合职业上的要求，或是能力不够，或是态度不佳，结果使人与事失调，工作绩效低。

vocational rehabilitation **职业复健** 指对身体伤残或心理异常者给予适当的职业训练，借以达到以下目的：(1)学到一技之长，从而独立谋生；(2)在工作学习与表现中，发挥个人能力从而恢复信心，并重建其自我价值；(3)在工作与职业活动中，增进人际关系，从而建立正常的社会生活。

vocational selection **职业选择** **1.**从求职的观点言，本词指选择适合于自己能力兴趣的职业的历程。**2.**从求才的观点言，本词指选择最适当的人承担某种职业的历程。

Vol. **卷册** 见卷册（volume）条第一义。

volition **意志** **1.**指不受外在因素影响而决定自己行动的心理历程。**2.** 指个体自主性行动的内在动力。

volley principle **排发法则** 义同排发论（volley theory）。见该条。

volley theory **排发论** 解释听觉现象的理论之一。排发论的基本要义是，虽然感觉神经元每秒钟之内只能产生1000个神经冲动，但声波超过1000赫兹以上时，神经元不受此限，仍然能传递神经冲动。原因是不同神经元的神经纤维可以分排合作，相继发生神经冲动。如此就可大大增加单位时间内神经冲动的数量，从而解决高频率声波传导的问题。排发论系由美国生理心理学家韦弗（E. G. Wever, 1902～1986）在1949年提出。排发论填补了早先频率论（frequency theory）的不足。见该条。

volley theory of hearing **听觉排发论** 义同排发论（volley theory）。见该条。

volume **卷册，音量** **1.**指书刊编排的次第。例如，有的书分上下卷、上下册或第几卷、第几册，定期出版刊物则编排为第几卷第几期。 **2.**指声音的高低。

volumetric receptor **容量感受器** 现代生理学上对口渴感觉的一种理论性解释。指能够因应血液或体液之容积量改变的一种感受器。此种感受器所发生的作用可以调节人体对水分的摄取。例如，肾脏产生的肾活素即可视为一种容量感受器。当肾脏内的血流量减少时，肾脏内的某些细胞即产生肾活素，肾活素可使血浆中的血管紧张素原转变成血管紧张素。血管紧张素除了促使血管收缩、升高血压之外，它还作用于下丘脑的某些细胞，使人产生口渴的感觉。

volumetric thirst **容积性渴** 是从生理学的原理解释口渴的原因。容积性渴是指体内细胞外液体不足时，将会引起渴感。体内缺盐分时即会产生这种渴。某些长期不能吃或少吃含钠盐食物的病人所感到的渴，也是容积性渴。因为缺盐时细胞外液体钠离子减少，渗透压下降，细胞外液体中的水分要向细胞内转移，使得细胞外液体减少。这种渴感用饮淡水的办法不能解除，要饮用盐水才能解渴。行军时水壶中放一点食盐，就是这个道理。

voluntarism **意志论** 始自哲学心理学时代的解释人性特质的理论之一。意志论是与决定论相对的概念，持此理论观点者认为，人的一切作为乃是出自他的自由意志（free will）。见该条。另见决定论（determinism）。

voluntary activity **自发性活动** 义同自主性反应（voluntary response）。见该条。

voluntary behavior **自主行为** 义同自主性反应（voluntary response）。见该条。

voluntary muscle **随意肌** 指身体肌肉之随意志控制支配的部分。本词也称横纹肌（striated muscle）。

voluntary parenthood **自愿亲职** 指实施生育计划的父母。自愿亲职者会按自己的计划去控制生育，也会按计划去负责教养子女。

voluntary response **自主性反应** 指个体主动的、自愿的或有目的的反应。如学生按题作答的反应即是。

volunteer bias **志愿者偏向** 从事一项心理学研究时，如被选为研究的对象是以志愿的方式参与，而非经由抽样的方式从总体中抽取的具有代表性的样本为受试时，在设计上，此种研究存在着一种缺失，称为志愿者偏向。意思是指志愿参加研究的人与一般人相比，在心理上具有较强的动机。在较强动机影响下，势将影响其行为。见需要特征（demand characteristics）。

von Restorff effect **冯雷斯托夫效应** 义同雷斯托夫效应（Restorff effect）。见该条。

vowel **元音** 音素区分为元音与辅音两大类，元音是指发音时气流不受阻，可自成音，英文字母A、E、I、O、U都是元音。见辅音（consonant）。

voyeurism **窥视症** 属性变态之一。患者喜欢窥视别人的性行为，从而满足自己的性冲动。患窥视症者，有的窥视别人之后，凭回忆而手淫以发泄性欲。此种性变态与个人自幼未能养成与异性相处的能力有关。见性变态（paraphilia）。

V

VR＝variable-ratio reinforcement **变动比率强化**

VTE＝vicarious trial-and-error **替代性尝试错误**

Vygotsky blocks **维果茨基积木** 由32块长短、颜色、形状、宽窄不同的木质积木构成的一套研究儿童概念发展的心理测验。全套积木按长短和宽窄两个标准分为四组：第一组包括所有长而宽的积木；第二组包括所有短而宽的积木；第三组包括所有长而窄的积木；第四组包括所有短而窄的积木。积木的颜色和形状不在分类标准之内。该积木测验主要是用来作为研究儿童概念形成和思维方式之用。维果茨基积木是由苏联心理学家维果茨基（Vygotsky, Lev Semenovich）所设计，故名。见其传记条。

Vygotsky, Lev Semenovich（1896～1934） **维果茨基** 维果茨基是20世纪心理学家和教育家，是被誉为发展心理学领域内地位仅次于皮亚杰的心理学家，也是发展心理学思想中社会文化历史学派的创始人。

维果茨基1896年11月5日出身于白俄罗斯东部戈梅尔市一个富裕的犹太家庭，18岁进大学前对艺术和黑格尔哲学极感兴趣，在大学修习法律并博览群书，除阅读美国詹姆斯和奥地利弗洛伊德的心理学著作之外，也广泛涉猎苏联和欧洲的文学名著。1917年大学毕业后返回戈梅尔，在一所师范学院任教，此期间曾自行设置心理实验室，并自编心理学讲义供中学教师参考。1924年，参加在列宁格勒举行的第二届精神神经学会议，提交了三篇心理学论文。论文内容偏于意识心理学方面的研究，与当时所流行的巴甫洛夫的条件反射思想颇不一致。会后他接受莫斯科实验心理研究所之邀，参与该所研究工作。1925年，凭学位论文《艺术心理学》获得该研究所博士学位。之后，其兴趣转向社会文化对儿童认知发展影响的研究。他的研究卓然有成，并出版多部重要著作。不幸的是，维果茨基罹患肺结核，于1934年6月11日病逝于莫斯科，年仅38岁。维果茨基重视社会文化历史的认知发展心理学思想，不仅生前获得诸多年轻心理学家的认同和支持，在他死后，其支持者仍遵循他的遗志继续研究。后人称维果茨基及其追随者的认知心理学思想为社会文化历史学派(sociocultural historical school)。

维果茨基与皮亚杰同年出生,两人的认知发展研究均始自20世纪30年代,皮亚杰的思想到60年代已在世界心理学界广为流传,而维果茨基的思想则因政治原因与俄文关系,直到70年代以后始得传入西方国家的心理学界。唯就近年来智力发展理论对遗传与环境并重的趋势看,维果茨基所持之认知发展社会文化观研究取向,较之皮亚杰的生物科学观研究取向,更具说服力。因此,20世纪80年代以后,维果茨基的思想颇有后来居上的趋势。维果茨基在心理学上的贡献,主要在于以下三方面:

1.认知发展的社会文化历史观　在心理学思想上,维果茨基的思想与西方心理学家不同之处,主要在于他在《心智与社会:高级心理功能的发展》一书中,采用了社会文化历史的观点解释人类的认知发展。他将人类的心理功能分为基本心理功能(elementary mental function)和高级心理功能(higher mental function)两类,前者为人类与动物所共有,主要包括感觉、知觉、辨别、记忆、求偶、求食、逃生、御敌等;后者为人类所独有,主要包括语言、思维、逻辑推理、解决问题、工具制作与使用等。个体基本心理功能之获得,是生物进化的结果,而人类高级心理功能的形成,则是社会文化历史发展的结果。因此他认为,认知发展就是从基本心理功能转化到高级心理功能的过程。研究儿童认知发展问题时,不能忽略两点认识:其一是人类社会文化随历史发展而演变,在不同时代成长的儿童,其认知发展将不尽相同。其二是人类的社会文化有很大的个别差异,在同时代而不同文化形态下成长的儿童,其认知发展历程亦将有所差异。

2.确认语言的认知发展功能　维果茨基在《思想与语言》一书中指出,语言对认知发展具有两大功能:其一是在文化承传中,成人将生活经验和思维解决问题的方法,经由语言传递给儿童;其二是儿童以学得的语言为工具,用于适应环境和解决问题,从而促进以后的认知发展。基于此义,维果茨基认为,语言与思维的关系是前者为因,后者为果,即语言具有促进儿童认知发展的功能。对儿童语言的发展,维果茨基不同意皮亚杰解释运思前期时所倡自我中心言语(egocentric speech)观点。根据皮亚杰的说法,学前儿童的自我中心言语只是代表儿童对事物认知思维的一种表达方式,与其认知发展并无必然关系;等他发展到具体运思期之后,自我中心言语即自行消失。维果茨基则认为,学前儿童的自我中心言语,是调和其思想与行动从而促进其认知发展的重要因素。他曾设计一项实验,情境是故意使儿童在绘画时遭遇困难(如缺少足够的纸笔材料),借以观察儿童的反应。他发现儿童在有目的的活动中遭遇困难时,其自言自语式的反应就会增加。这现象显示的意义是,儿童借其自我中心言语帮助自己思维,以谋解决困难。因此,维果茨基认为儿童的自我中心言语,事实上并非完全是"自我中心",而是具有"自己对自己沟通"的意义。

3.提出最近发展区理论　在教育心理学方面,维果茨基思想影响最大的是他在《心智与社会》一书中提出的最近发展区观念。所谓最近发展区(zone of proximal development),是指儿童实际认知发展水平(实际能力)到他可能认知发展水平(潜在能力)之间的差距。见该条。因此他主张学校教育应将"协助学生在学得实际能力之上去发展他的潜在能力"视为教学的目的。由此观之,如果从心理学理论的实践性来看,维果茨基的认知发展理论,较诸皮亚杰的理论,显然具有更积极的教育意义。

维果茨基的著作译为英文的有:*Thought and language*(1934/1962);*Psychology of art*(1971);*Mind and society: The development of higher psychological process*(1978);*Historical meaning of the crisis in psychology*(1982);*The problem of consciousness*(1982)等。

Vygotsky test **维果茨基测验** 义同维果茨基积木(Vygotsky blocks)。见该条。

W

W = coefficient of concordance 和谐系数

W = Weber's fraction 韦伯分数

wagon wheel illusion 车轮错觉 属视错觉现象之一。车轮错觉的现象是,注视转动中的车轮时,车轮看起来好像是时而正向旋转,时而反向旋转。注视转动中的电扇,也会发现此种现象。车轮错觉形成的原因,可能与车轮转动时辐条转动闪光有关。见错觉(illusion)。

WAIS = Wechsler Adult Intelligence Scale 韦克斯勒成人智力量表

wait time 等候时间 属教师教学的一种技巧。指教师问学生问题时,在指定学生回答问题之前应留一点时间,让全体学生了解问题的性质和思考问题的答案。在一名学生回答问题之后,也应留一点等候时间,以便其他学生有机会参与思考同一答案。

waking center 觉醒中枢 指中枢神经系统内专司睡眠与觉醒的部位。觉醒中枢属网状结构(reticular formation)的一部分,其确切功能如何,生理心理学家尚在研究之中。见该条。

waking state 清醒状态 指个体意识最清楚的状态。见入梦状态(dream-state)。

Walden Two 桃源二村 是一本小说的书名,作者即美国新行为主义心理学家斯金纳。该书在1948年出版,作者在书中,采用其本人所提倡的操作条件作用的操作原理,以小说创作的笔法,描绘了一个人类在完全设计控制环境下生活的乌托邦。见操作条件作用(operant conditioning)。

wall illusion 墙壁错觉 义同闵斯特伯格错觉(Münsterberg illusion)。见该条及附图。

wandering-impulse 流浪冲动 是一种极欲离家出走的异常心理。患者不安于现状,极欲改变自己的生活环境,但又缺乏追求的目的与方向。

warm color 暖色 属于一种颜色感应现象。对某些颜色会有温暖的感觉,如红色与黄色即属暖色。与本词相对者为冷色(cool color)。见该条。见颜色感应(color reaction)。

warming-up period = warm-up period 预备期,热身期

warm sensation = warmth 温觉

warm spot 温点 指皮肤表面对温觉刺激特别敏感的部位。

warmth 温觉 感觉之一。当温度高于正常皮肤的温度(约32℃)时即生温觉。不过,当皮肤对某种温度适应后,温觉就会随之改变。如将一只手置于35℃的热水中数分钟,然后放入33℃的温水中,会觉得水是冷的而不是温的。

warmth contrast 温觉对比 温觉刺激改变时所产生的温觉对比现象。例如,先接受较冷刺激一分钟(如28℃),然后接受平常温度刺激(如32℃),此时将会觉得很热。先热后冷的情形亦然。

warm-up period 预备期,热身期 **1.**指在学习复杂事物或从事复杂工作的初期,身心活动尚未进入完全协调一致,工作表现尚难得心应手的一段时间。经过此段时间后,工作效率即进入正常。**2.**指正式运动比赛前的热身活动阶段。

war neurosis 战争神经症 一种因战争引起的神经症,其主要症状为浑身发抖、失声、失明、意识模糊、紧张、焦虑、瘫痪等。见神经症(neurosis)。

warning behavior 警示行为 指某些动物受到骚扰或面临攻击时,发出威胁信号,以促使来犯者离去的一种行为。

Wason card problem 华森卡片问题 义同四卡问题(four card problem)。见该条。

Wason four card problem 华森四卡问题 义同四卡问题(four card problem)。见该条。

Wason selection task 华森选择作业 义同四卡问题(four card problem)。见该条。

wastebasket diagnosis 废纸篓诊断 指对身心异常者只给予"头痛医头,脚痛医脚"而不循按病理的不当诊断。

watch test 表声测验 一种简单测量听觉能力的方法。以弹簧式手表置于闭目受试者前后左右适度的距离,让受试者按听到的声音判断表声方位与距离,从而评定其听觉能力。

waterfall effect 瀑布效应 义同瀑布错觉(waterfall illusion)。见该条。

waterfall illusion 瀑布错觉 属视错觉现象之一。注视瀑布一段时间，然后转头注视附近的悬崖时，会发现悬崖上的草木有从下向上（与瀑布水流相反方向）的移动现象。此现象称为瀑布错觉。瀑布错觉效果可在实验室内由人工设计形成。如附图所示，如转动把手，使条形屏的中间部分由上向下移动，数秒钟后突然停止，此时屏周围部分的横条，就会看似向上移动。瀑布错觉是运动后效（movement aftereffect）之一。见该条。见错觉（illusion）。

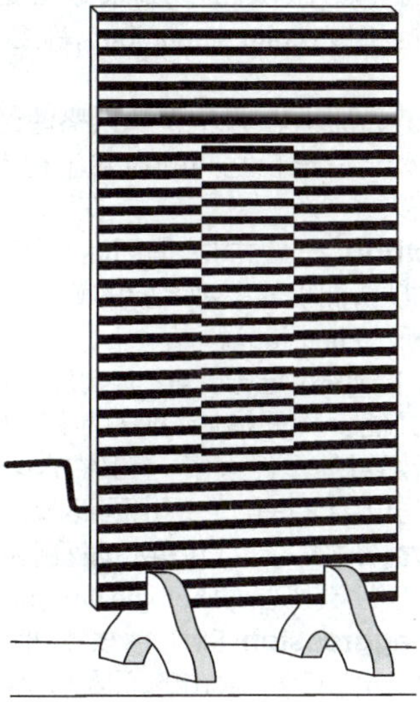

瀑布错觉实验装置

water jar problem 瓶量水问题 问题索解实验用题目之一。瓶量水问题是由美国心理学家卢钦斯（A.S. Luchins）于1942年设计的。实验目的旨在验证在问题索解情境中，由于受试者的心向作用所形成的功能固着心理现象。用瓶量水问题实验的主要情境是：让受试者凭想象用不同容量的A、B、C三个水瓶量出所需要的水量（以D表示）。附表各栏分别代表水瓶容量和所求水量（按品脱计）。受试者在纸上作业解答问题时，第1题可以采用B－A－2C的方式得到所求水量（即127－21－2×3＝100）。接下去，他会发现，同样可用B－A－2C的方式求得第2和第3两题的答案。三次成功之后，B－A－2C就成了他解决同类问题的公式。于是继续用来解答第4和第5题问题。实验者发现，参与实验的大学生受试者，全部采用B－A－2C的公式解答了第4题，而有三分之二的受试者却因该公式不能用于第5题而放弃。此实验结果显示了两点意义：其一，第4和第5题另有更好方法（A－C），受试者却没有发现。此现象说明了前面三题成功的经验，形成了受试者解决同类问题的心向（mental set）。心向形成后对思维产生了功能固着（functional fixedness）作用。见该等条。其二，学校教学时，教学生背公式的传统将不利于学生思维能力的培养。

瓶量水问题

题　号	水　瓶　容　量			所求水量 D
	A	B	C	
1	21	127	3	100
2	14	163	25	99
3	18	43	10	5
4	23	49	3	20
5	28	76	3	25

water jug problem 壶量水问题 义同瓶量水问题（water jar problem）。见该条。

water phobia＝hydrophobia 惧水症

water taste 水味觉 纯水是无色无味的物质，水味觉一词并非指纯水本身所产生的味觉，而是指在饮水之前对另一产生味觉的物质适应之后饮水时所产生的味觉。例如，饮水前先吃了酸东西，味觉已对酸味有了适应，接下去饮清水时，就会觉得清水带甜味。先喝加糖的咖啡，后喝清水，也会觉得清水带有甜味。水味觉是一种交叉适应（cross-adaptation）现象。见该条。

Watsonian 华生主义 指美国行为主义创始人华生所领导的心理学思想。见华生（Watson, John Broadus）传记条。

Watson, John Broadus（1878～1958） 华生 华生是20世纪初的美国心理学家，也是行为学派的创始人。

W

华生1878年1月9日出生于美国南卡罗来纳州的格林威尔，父亲酗酒不务正业，致使其自幼未能受到良好家庭教育。华生13岁时成为不良少年，15岁进当地福尔曼大学后改过自新，在该校半工半读。大学期间读到冯特和詹姆斯的心理学著作，是接触心理学之始。大学延长一年毕业，又于1900年获得硕士学位。而后进入芝加哥大学求学，在此期间曾做过功能学派创始人杜威和安吉尔两人的学生，但他始终未成为功能学派的一员。华生的心理学兴趣是他从做工读生，替心理实验室管理白鼠时，观察动物学习行为培养出来的。日后其博士论文题目就是《动物的教育》。1903年获博士学位后受聘为芝加哥大学助理教授。

华生的动物学习研究，在理论与方法上是根据巴甫洛夫的条件反射实验。由于华生所从事的动物心理实验研究既新鲜又科学，到1907年左右，已成为全美国知名人物，因而1908年受聘为约翰·霍普金斯大学教授。此时华生已有创建行为学派的雄心，先后在耶鲁大学和哥伦比亚大学作了一系列演讲，宣传行为主义（behaviorism）。1913年在《心理学评论》期刊发表《行为主义者对心理学的看法》一文，是为行为学派的正式开始。在该文中，华生提出了行为主义的五大主张：（1）心理学研究的主题是个体行为，而非意识；（2）心理学研究的方法是客观观察与测量，而非主观内省，因而主张采用巴甫洛夫的经典条件作用作为基本方法；（3）心理学的目的在于预测行为与控制行为；（4）环境是影响行为的主要因素，控制环境因素即可改造动物行为；（5）研究动物行为所得原理原则，即可用以解释人的行为。显然，华生的思想是将心理学当自然科学来研究。将人性的变化视同物性的变化来处理。由于华生的此种主张正符合当时科学高于一切的世界潮流，故而采严格科学走向的行为主义，迅速获得美国心理学者的支持，终而成为此后心理学界的第一大势力，且形成了所谓的行为革命（behavioral revolution）。1915年，华生当选美国心理学会主席发表就职演说时，他再度强调其行为主义观点，从此，华生的声望达到高峰。华生的学术生涯维持至1920年，此后离开了学术界，转入商界谋生。华生经营广告公司，但仍著书立说，宣扬行为主义。1958年9月25日，华生病逝于纽约市，享年80岁。

华生的主要专著有：*Animal education*（1903）；*Behavior：An introduction to comparative psychology*（1914）；*Psychology from the standpoint of a behaviorist*（1919）；*Behaviorism*（1925）；*The way of behaviorism*（1928）；*Psychological care of the infant and child*（1928）等。

W-A-Y technique W-A-Y法 属投射测验的一种最简单形式。实施时只需要求受试者对“你是谁？”这个问题，随意写出三个答案，从而分析受试者的自我观念。W-A-Y乃是“Who are you？”这一句话中三个单字的第一个字母。见投射测验（projective test）。

WB Scale ＝ Wechsler-Bellevue Intelligence Scale 韦克斯勒—拜洛沃智力量表

weak color 弱色 指饱和度低的颜色，亦即指颜色中含有非彩色（灰色）成分或是纯度低的颜色。见颜色饱和度（color saturation），颜色纯度（color purity）。

weak ego 弱势自我 弗洛伊德人格理论中的概念。指夹在本我与超我之间的自我不能发生调和作用的情形。

weak method 柔性方法 指问题索解时不遵循客观逻辑推理，而仅靠主观经验的解决问题方法。见直观推断法（heuritic）。

weaning 断奶 对吃母乳婴儿，到周岁左右断绝母乳改喂其他食物的措施，称为断奶。对婴儿本身而言，断奶对他是件大事，不仅饮食习惯要改变，而且他与母亲之间的关系也因而改变。精神分析论者认为，断奶一事对儿童心理发展有很大的影响。见心理性断奶（psychological weaning）。

weaning aggression 断奶性攻击 指父母对幼儿的一种攻击性行为。攻击的原因乃是由于幼儿不接受断奶，或过分依赖父母致使父母感到厌恶不耐烦所引起。

weaning trauma 断奶创伤 指婴幼儿因断奶所引起的情绪困扰，此种困扰可能影响其人格发展。见心理性断奶（psychological weaning）。

weapon effect 武器效应 指现场有武器时可能会有助长人际冲突严重性的效应。例如，两人因冲突而打斗时，如现场有枪、刀之类武器，就可能使两人的冲突更严重，甚至造成伤亡的事件。

wear-and-tear theory ＝ wear-and-tear theory of aging 老化损耗论

wear-and-tear theory of aging 老化损耗论 从生物学观点探讨老化原因的理论之一。老化损耗论的要义是，人体像机器一样，身体老化是因生活劳苦，体能过度损耗所致。如生活调理适当，避免过度劳累，减缓新陈代谢速度，将可延迟老化的出现。生活在较低温地区的冷血动物，其寿命较之生长在高温地区的一般动物为长。冷血动物活动量小，体能损耗较慢是主要原因。见老化理论（theories of aging）。

Weber, Ernst Heinrich（1795～1878） **韦伯** 韦伯是19世纪德国著名生理学家，是心理物理学的先驱，是韦伯定律发明人，也是将心理现象进行量化实验研究的第一人。

韦伯1795年6月24日出生于德国东部萨克森的维腾博格，1815年获莱比锡大学博士学位，1817年返校担任生理学和解剖学助理教授，1818年升正教授，1871年退休，连续任教长达54年之久。1878年1月26日病逝于莱比锡，享年83岁。韦伯在现代心理学上的贡献，主要在于以下两方面：

1.创始感觉阈研究　韦伯的生理学研究对以后感觉心理学的发展具有极大的贡献。1834年他用拉丁文撰写的《触觉：解剖学与生理学的解释》，是对触觉系统研究最早的文献。韦伯将皮肤上接受的触觉分为温觉、压觉、触觉、痛觉、肌觉、位置觉等多种。在压觉方面韦伯设计了一种类似两脚规的仪器，用以测量皮肤上不同部位，因而发现了两点阈（two-point threshold），即皮肤能感觉到两点分离的最小距离。两点阈代表皮肤感觉的敏锐度，两点阈的大小因身体部位而异。他发现两点阈最小的部位是舌尖，在舌尖上两点之间距离在1毫米左右，一般人就能分辨出来。两点阈最大的部位是背部腰间，两点之间距离要宽到60毫米左右，一般人才会辨别出来。不同部位两点阈之所以不同，乃是由于不同部位的感觉神经元分布密度不同。从心理科学研究看，韦伯的两点阈研究可以说代表心身关系问题实验研究的开始。皮肤接受刺激是身体的生理作用，受试者辨别出刺激物是一点或两点，则是心理现象。因此，一般认为韦伯的两点阈研究是心理物理学的开端。

2.发现最小可觉差　除了两点阈实验研究之外，韦伯更重要的实验研究是动觉。所谓动觉（kinesthesis），是指由身体各部位的肌腱紧缩和松弛所产生的感觉。用手提物所生的重量感，就是动觉。韦伯研究动觉的目的，也是试图了解人类如何判断物体重量的差异。两个不同重量的差异度数，是否也像两点阈一样，有一个最小的限度？这是韦伯试图研究的问题。他令受试者先取一物并估计其重量，随即再另取一物也估计其重量，然后令受试者报告后者是否较重。韦伯称前物为标准刺激（standard stimulus），称后物为比较刺激（comparison stimulus）。韦伯发现，比较刺激的重量稍重于标准刺激的判断，必须是两者之间的差异达到某种程度。他称此一差异程度为最小可觉差（just-noticeable difference，简称j.n.d）。韦伯经过多次实验发现，最小可觉差与标准刺激强度之比是一个固定不变的常数。亦即，标准刺激的强度增加时，比较刺激的强度必须呈比例增加，才能维持两者间的常数关系。此即韦伯定律（Weber's law）。见该条。

Weber-Fechner law **韦伯—费希纳定律** 见费希纳定律（Fechner's law）。

Weber function **韦伯函数** 见韦伯定律（Weber's law）。

Weber ratio **韦伯比例** 见韦伯定律（Weber's law）。

Weber's constant **韦伯常数** 指韦伯定律（Weber's law）中的常数K。见该条。

Weber's fraction（W） **韦伯分数** 义同韦伯定律（Weber's law），因韦伯定律是以一个分数来代表，故亦称韦伯分数。见该条。

Weber's law **韦伯定律** 解释感觉现象的一种基本法则。感觉变化中，虽然差异觉阈常因刺激类别与感觉类别而异，但其差异觉阈与作为比较刺激的标准刺激之间，仍保持一种定比的比例关系。此种定比关系是由德国生理学家韦伯在1834年所发现，故名。韦伯定律的公式是：

$$\frac{\Delta I}{I}=K$$

公式中ΔI代表两刺激间强度的差异（即j.n.d.）；I代表标准刺激强度；K代表常数。

例如，标准刺激是50克，加1克即能辨出较重时，最小可觉差就是1克；如标准刺激是500克，加10克始能辨出差异时，最小可觉差就是10克。1克对50克等于10克对500克，都是2%。

Wechsler Adult Intelligence Scale（WAIS） **韦克斯勒成人智力量表** 属智力测验之一。因该测验系由美国心理学家韦克斯勒编制，故名。该测验属个别测验，内容分语文与作业两类题目，构成两个量表。语文量表内又包括常识、理解、算术、相似、记忆、词汇六个分测验，共48题。作业量表又包括符号代替、图画完成、图系排列、方块设计、物形配置五个分测验，共44题。测验结果以离差智商表示，也可分别计算语文智商、作业智商、全量表智商三种智商，借以分析比较受试者各方面的能力。适用年龄为16岁以上成人。此测验已经中国学者修订为中文使用。

Wechsler-Bellevue Intelligence Scale 韦克斯勒—拜洛沃智力量表 属智力测验之一。该量表系由美国心理学家韦克斯勒在纽约拜洛沃精神医院（Bellevue Psychiatric Hospital）任职时所编制，故名。该量表属个别智力测验，内容分语文与作业两类题目，评分后可得语文智商与作业智商，也可由总分得全量表智商。该测验适用于成人。

Wechsler-Bellevue Test ＝ Wechsler-Bellevue Intelligence Scale 韦克斯勒—拜洛沃智力量表

Wechsler, David（1896～1981）韦克斯勒 韦克斯勒是在罗马尼亚出生的美国心理学家，是现代临床心理学创始人之一，是继法国比奈之后对智力测验研究贡献最大的人，也是成人智力测验编制的首创者。韦克斯勒所编的多种智力量表，是当今全世界应用最广的智力测验。

韦克斯勒于1896年1月12日出生在罗马尼亚，6岁随父母移民美国，先入纽约市立学院，继而进哥伦比亚大学，成为当时心理学家伍德沃斯的学生，1917年完成硕士学位。第一次世界大战期间（1914～1918）应召入伍，分到纽约长岛的美军心理测验研究中心，在哈佛大学著名心理学家波林指导下编制《军用甲种智力测验》。此后又被派遣至佐治亚与得克萨斯两州，从事军中测验工作。从实际对军人施测的经验中，韦克斯勒发现，比奈以儿童为对象以语文为内容的智力测验，不足以预测成人的能力，此种测验可能预测学业成败，但不能预测军人任务的优劣。此即韦克斯勒以后决心编制成人智力测验的起源。1919年初，韦克斯勒赴欧洲，在英国遇到斯皮尔曼与皮尔逊二人，在智力理论与统计学方面获益甚多。同年秋除军籍，得巴黎大学奖学金入学研究两年，得识西蒙与让内二人，前者曾与比奈合作编制比西量表，后者为精神病学家，擅长催眠术。1922年返国后，再进哥伦比亚大学，1925年获哲学博士学位。此后曾在多处工作，一直努力发展智力测验。其中最主要者是他在纽约拜洛沃精神疗养院任职期间所编制的数种智力测验。韦克斯勒在测验上的贡献是，他将智力视为人格的一部分，主张智力测验所测量者，应是个体应付环境的全部能力之总和。因此在他的测验里，除语文量表之外，另加作业量表。而且打破智商单一分数的观念，除测验总分之外，又区分出数个分测验，用以区别个体的不同性向。此外，韦克斯勒1939年创用离差智商（deviation IQ）表示测验结果，也是一大贡献。见该条。

韦克斯勒的重要著作与其所编重要测验有：*The range of human capacities*（1971/1935）；*The measurement and appraisal of adult intelligence*（1939）；*Wechsler Intelligence Scale for Children*（*WISC*）（1949）；*WISC manual*（1949）；*Wechsler Preschool and Primary Scale of Intelligence*（1967）；*Manual for the Wechsler Intelligence Scale for Children, rev. ed.*（1974）；*Manual for the Wechsler Adult Intelligence Scale*（1981/1974）等。

Wechsler Intelligence Scale for Children（WISC）韦克斯勒儿童智力量表 属智力测验之一。系由美国心理学家韦克斯勒所编制，故名。该测验属个别测验，内容分语文与作业两类题目，构成两个量表。语文量表包括五个分测验：常识、类同、算术、词汇、理解，以及另一测量记忆广度的交替测验。作业量表包括五个分测验：图画补充、图系配置、积木设计、物形配置、符号代替另一个迷津找路的交替测验。测验结果以离差智商表示，也可分别计算语文智商、作业智商、全量表智商三种智商，借以分析比较受试者各方面的能力。该测验适用年龄为6岁至16岁。此测验经中国学者修订为中文。原量表出版于1949年，1974年修订后，改称韦克斯勒儿童智力量表修订版（Wechsler Intelligence Scale for Children-Revised, WISC-R）。见该条。

Wechsler Intelligence Scale for Children-Revised（WISC-R）韦克斯勒儿童智力量表修订版 是一种个别智力测验。该量表前身系美国心理学家韦克斯勒1949年所编制之韦克斯勒儿童智力量表（Wechsler Intelligence Scale for Children），后

W

于1974年修订，成为现今的形式。其内容包括语文与作业两类不同的分测验。语文量表的五个分测验是：(1)常识测验；(2)类同测验；(3)算术测验；(4)词汇测验；(5)理解(或记忆广度)测验。作业量表的五个分测验是：(1)图形补充测验；(2)连环图系测验；(3)图形设计测验；(4)物形配置测验；(5)符号替代(或迷津)测验。

Wechsler Preschool and Primary Scale of Intelligence (WPPSI) 韦克斯勒学前智力量表 属智力测验之一。系由美国心理学家韦克斯勒所编制，故名。该测验系个别测验，内容分语文与作业两类题目，构成两个量表。语文量表包括常识、词汇、算术、相似、理解、语句六个分测验。作业量表包括动物房屋、图画补充、迷津找路、几何设计、方块设计五个分测验。测验结果以离差智商表示，也可分别计算语文智商、作业智商、全量表智商三种智商，借以分析比较受试者各方面的能力。该测验适用于4岁至6岁半的儿童。

Wednesday Evening Society 周三晚间学社 指1902年由奥地利精神分析创始人弗洛伊德在维也纳成立的一个非正式的学术性团体。当时服膺弗洛伊德思想的学者，每星期三晚间聚在一起，聆听弗洛伊德讲学。后来学社规模逐渐扩大，1910年正式成立为社团，定名为维也纳精神分析学社。也就是以后广为人知的维也纳学派(Vienna school)。

weekend neurosis 周末神经症 义同星期天神经症(Sunday neurosis)。见该条。

weekend parents 周末家长 夫妻双就业的家庭，平常都将孩子托人照顾，只有周末才将孩子接回家亲子团聚。像此种只在周末始能负起教养孩子责任的家长，称为周末家长。

we-group 本团体，我团体 指团体内成员均认同团体目标，自觉有团体隶属感的团体。义同内团体(in-group)。

weight 重量，体重，加权 **1.**重量指物体的重量。**2.**体重指身体的重量。**3.**义同加权(weighting)。见该条。

weight age 体重年龄 指以身体的重量作为标准所表示的年龄。每一年龄组男女生的平均体重，分别代表该年龄组的体重年龄。

weighted arithmetic mean 加权算术平均数 义同加权平均数(weighted mean)。见该条。

weighted mean 加权平均数 指经过加权处理的平均数。加权平均数的目的，旨在使平均数代表成绩的原意更为合理。设学校每学期举行两次段考，一次期末考，某生两次段考的平均成绩是62分，期末考的成绩是70分。如学校认为期末考与段考的重要性不同，因而分别予以不同的加权处理，使期末考成绩占60%，段考成绩占40%。该生学期成绩的计分方式即为：

$$加权平均数=\frac{(62\times40)+(70\times60)}{100}=66.8$$

weighted score 加权分数 指经过加权(weighting)手续处理过的分数。见该条。

weighting 加权 当多个因素同时发生作用时，因其重要性不同而给予相对差别待遇的处理方式，称为加权。学生的各科成绩构成总分时，常用加权方式来表示各科目具有不同的重要性。单以语、英、数三科为例，如这三科目每周的课时数分别是5、4、3节，在计算成绩时三科成绩分别乘以5、4、3即得三科的加权分数。三科给予不同加权，即显示三科的重要性不同。

weight-lifting experiment 辨重实验 一种简单的心理实验。令受试者纯用手测方式以区别比较各种不同重量的小物体，从而辨别受试者判断能力的精确度。

weight-size illusion 形重错觉 属错觉现象之一。形重错觉的特点是，对物体重量进行判断时，常因物体形状大小因素影响而产生的错觉。

Weiner, Bernard (1935～) 韦纳 韦纳是美国教育心理学家，是人格与社会心理学家，也是从认知和情绪观点建立成败归因理论的心理学家。

韦纳1935年出生于芝加哥，1955年获芝加哥大学学士学位，1958年获密歇根大学哲学博士学位。1965年起任教于加州大学洛杉矶分校。韦纳在心理学上的贡献，主要是他在20世纪80年代提出的成败归因理论。所谓成败归因(attribution of success or failure)，是指个人从事一项工作后对其成功或失败的结果所做的解释。根据韦纳的成败归因理论，认为个人成败之后的归因心理包括两方面：其一是影响个人解释其成败原因者有下列三个客观因素：(1)成败的因素可能是外在的(环境的)，也可能是内在的(个人的)；(2)成败的因素可能是稳定的，也可能是不稳定的；(3)成败的因素可能是个人能控制的，也可能是个人不能控制的。一般人对自己成败的经验主要有四种主观解释：(1)能力；(2)努力；(3)工作难度；(4)运气。以上三种客观因素与四种主观解释分别组合，就可形成四种情形：(1)能力是内在的、稳定的，而又不能控制的；(2)努力是内在的、不稳定的，但可以控制的；(3)工作难度是外在的、稳定的，而又不能控制的；(4)运气是外在的、不稳定的，而又不能控制的。成败归因理论深具教育意义，个人归因方式将影响以后的成败。由以上四种情形看，显然，归因于努力因素者以后成功机会较大，因为努力因素是属于个人的、不稳定的，而且是可以自己控制的因素。

韦纳的主要专著有：*Theories of motivation*(1972)；*Achievement motivation and attribution theory*(1974)；*Cognitive views of human motivation*(1974)；*Human motivation*(1980)；*Personality*(1982)；*An attributional theory of motivation and emotion*(1986)；*Human motivation : Metaphors, theory and emotion*(1992)；*Judgments of responsibility : A fundation for a theory of social conduct*(1995)等。

well being **安宁，幸福** 指个人自觉身心安和舒适且具有活力的状态。

well-defined problem **明确界定问题** 指性质和条件均明确的问题情境。所谓“明确界定”，是指对问题的起始状态、目的状态以及条件限制等，均有明确说明。面对明确界定问题时，所思维分析者，主要在寻求方法突破条件限制，达到目的。学校中课本上的问题，多半属明确界定的问题。与本词相对者为无明确界定问题(ill-defined problem)。见该条。见问题空间(problem space)。

well-structured problem **结构良好问题** 属问题的一类型式。结构良好问题的特征是，问题的解决有一定的程序，只要按程序进行，最后总会求得答案。唯结构良好问题并不表示问题容易，学校教科书上采用的问题(如数学)均属此类。与本词相对者为结构不良问题(ill-structured problem)。见该条。

weltanschauung **世界观，人生哲学** 指个人对世界或人生的整体看法。

weltschmerz **忧世，悲观** 对世事变化十分关心，但是多持悲观消极的态度。

Wernicke's aphasia **韦尼克失语症** 属失语症之一类。此类失语症的共同特征是，患者虽有发音能力，但所说的话不是空洞，就是语无伦次。此类失语症与韦尼克区(Wernicke's area)的功能失常有关，故名。见该条。属于此类的失语症又有感觉型失语症(sensory aphasia)、空洞型失语症(fluent aphasia)等。见该等条。

Wernicke's area **韦尼克区** 指中枢神经系统内专司语言理解的部位。该部位居于左脑半球的颞叶，为德国神经学家韦尼克1874年首先发现，故名。见大脑皮质分区功能(specialization of functions in cerebral cortex)。

Wertheimer, Max (1880～1943) **韦特海默** 韦特海默是20世纪德裔美籍心理学家，是完形心理学派的创始人，也是发现现代电影原理的心理学家。

韦特海默1880年4月15日出身于捷克首都布拉格的一个富裕犹太家庭，自幼爱好文学、数学、哲学，尤具音乐天赋，精于钢琴和小提琴演奏。及长，进布拉格查尔斯大学，先习法律，后改习哲学，其后又转习心理学。1901～1903年在柏林大学时，曾为斯图姆夫的学生，后又转学到符兹堡大学，1904年获博士学位，他的指导教授是屈尔佩。1904～1910年，韦特海默往返于布拉格大学、维也纳大学及柏林大学之间，从事单词联想研究工作。1910年应聘为法兰克福大学教授，第一次世界大战(1914～1918)初期应召入伍，任德军陆军上尉，在军中从事声源定向研究，此研究后来发展成为海军探测潜艇的声呐。1916～1929年，韦特海默任柏林大学教授。此期间他与考夫卡和柯勒三人合作，使完形心理学的发展达到了高峰。1929年出任法兰克福大学教授。1933年，韦特海默为逃避种族迫害移居美国，执教于纽约市社会研究新学院。1943年10月12日因心脏病逝于纽约州，享年63岁。韦特海默在心理学思想上的贡献，主要在以下三方面的研究：

1.首创似动现象研究 韦特海默的完形心理学

研究，是从一个偶然的机会开始的。1910年，他在从维也纳到莱茵兰的火车上突然想到引起运动知觉的刺激和运动知觉心理现象的问题。他当时心中的疑点是：心理上的运动知觉，是否完全由运动的刺激所引起？因急于想验证这一问题，便在法兰克福下车，购了一个动景器，立即在客栈里进行研究。待回到法兰克福大学后，找到柯勒和考夫卡两人充当受试者，正式进行实验。结果发现：运动是一种知觉心理现象，此种知觉现象的特征是，知觉是整体经验，而非感觉的组合。因此，他称此种知觉现象为似动（apparent motion）。韦特海默用速示器将两条光线先后投射在黑色背景上，两光线之间相隔一段距离，实验时变化两条光线先后出现的时间。结果发现：如相隔时间长达200毫秒以上，受试者答称看见的是先后出现的两条静止光线；如果时间在60毫秒左右，受试者回答看见的是一条直线来回移动。韦特海默的似动现象研究在心理学上具有重要意义。他的发现推翻了结构主义者所持的知觉是感觉之组合的观点。

2.提出完形组织法则理论　1923年，韦特海默根据研究发现，从完形心理的观点提出了多项知觉组织法则，称为完形组织法则（Gestalt laws of organization）。韦特海默强调，知觉不是个别感觉的总和，以感觉为基础形成知觉时，是要经过一番心理组织的。有组织的知觉，绝不等于感觉之和。按韦特海默的解释，知觉组织有多种心理法则，其中最主要者有：（1）接近法则（law of proximity）；（2）相似法则（law of similarity）；（3）连续法则（law of continuation）；（4）闭合法则（law of closure）。见该等条及附图。

3.开创造思维心理学研究先河　韦特海默去世两年后出版的《创造性思维》一书，被视为他一生最重要的著作。在该书中，他将完形心理学的原理用于人类学习、思维与问题索解等高级心理历程的研究。该书的出版使一般人认为完形心理学只研究知觉的误解得以澄清。该书是他以个案的方式撰写的，所选用的个案包括儿童解决问题，也包括著名科学家创造发明的心理历程。韦特海默认为，创造性思维的基本原则是从问题整体着眼，必须先对问题整体情况有所理解，再从局部着手，问题才有解决的可能。因此，韦特海默对当时桑代克的尝试错误学习理论持反对态度。他采用以下简单算术的例子，说明完形思维的重要性。如要求受试者解答1＋2＋3＋4＋5＋6＋7＋8＋9＋10＝？的问题，他发现一般人都采用“从局部到整体”的连加方式，花费较长的时间，得到答案55。但有少数人采“从整体到局部”的方式，只消将两端数字相加，其和等于11，而后再将11乘以5等于55。第二种方式省时又省力。韦特海默的完形心理和创造性思维理论，不仅成为20世纪60年代认知心理学思想的基础，而且对现代学校的科学教学也产生了积极影响。

韦特海默的主要专著有：*Productive thinking*（1945）；*A brief history of pschology*（1970）；*Confrontation: Psychology and the problems of today*（*Ed.*）（1970）；*Fundamental issues in psychology*（1972）等。

wet dream 梦遗 指男性在睡梦中射精的现象。

W factor ＝ word fluency 语词流畅

white collar class 白领阶级 社会心理学术语，泛指从事案头工作者（指劳心职业）而言。

white lying 白色谎言 指为了掩护自己或别人免于受到伤害时所说的不实言辞。

white matter 白质 中枢神经系统的脑和脊髓在构造上皆可分为白质和灰质两部分。白质的颜色呈白色，主要由神经纤维组成，其颜色是来自轴突的髓鞘。大脑的髓质即由白质构成，脊髓的白质中也含有多种上行及下行的神经径。

whiteness constancy ＝ brightness constancy 明度常性

white propaganda 明宣传 见宣传（propaganda）。

Whitten effect 魏顿效应 指在一群同类动物（如鼠、牛、羊等）中，其中雄性者只有一只，则其他雌性动物的发情期在时间上呈趋于一致的现象。此一现象可能是由于外在刺激引起的生理效应。本词也称雄鼠效应（male mouse effect）。此现象为澳洲动物心理学家魏顿（W. K. Whitten, 1918～2010）1959年发现，故名。

WHO ＝ World Health Organization 世界卫生组织

whole learning ＝ whole method of learning 整体学习法，全部学习法

whole learning method ＝ whole method of learning 整体学习法，全部学习法

whole meaning 整体意义 **1.**指一篇文章或书中一章所陈述的主要概念。**2.**指由文字或语言所传达的中心思想。

whole-meaning test 理解测验 属成就测验之一。此种测验的目的在测量受试者的阅读能力。让受试者在限定时间内阅读一篇未曾读过的文字，然后回答预先拟订的问题，从而评定其是否能够掌握文字中所传达的整体意义（whole meaning）。见该条。

whole method of learning 整体学习法，全部学

习法 将学习材料视为一整体，而在练习时不分段落的学习方法，谓之整体学习法。整体学习法可用于阅读一篇文章，也可用于练习一种技能活动（如舞蹈）。其使用原则在于每次练习都从头到尾一气连贯，不采分段进行的方式。与此法相对者为部分学习法（part method of learning），而是将学习材料分为数段，依次练习，前一段学习熟练之后再进行后一段，如此逐步渐进，最后学完全部。整体与部分学习法各有利弊，须视学习材料性质与学生能力经验等因素而定。

whole object 整体对象 精神分析论者认为个人情感投注的对象，有整体对象与局部对象之分。所谓整体对象，系指个体情感的投注对象是一整个的人，或整件的事。如所爱者是对方整个的人，而非他的眼睛或鼻子，更非他所拥有的财富或地位。与本词相对者是局部对象（part object），意指个体情感投注的对象只是人的一部分。按精神分析论者的说法，婴儿爱母亲，可能只爱母亲的乳头，而非爱他母亲整个的人。而后渐长，个体对母亲的情感投注，也逐渐由局部扩展至整体，由爱母亲身体的部分，改变为爱母亲整个的人。如果局部对象不能转换扩大向整体对象去发展，个体成人后难免留下情感固着（affective fixation）的后遗症。见该条。

whole practice 整体练习 义同整体学习（whole learning）。见整体学习法（whole method of learning）。

whole-report method 全部报告法 见部分报告法（partial report method）。

whole-report procedure＝whole-report method 全部报告法

whole-word method 全字法 指学习认识英文单词的一种方法。此法将每一单词视为一个整体，按全字发音，不采用字母拼音的办法。

whole-word reading＝whole-word method 全字法

wholism＝holism 整体论

Whorfian hypothesis＝Whorf's hypothesis 沃尔夫假说

Whorf's hypothesis 沃尔夫假说 指美国语言学家沃尔夫（B. L. Whorf, 1897～1943）所提出的解释人类语言类型与思想特征关系的理论。按此假说，语言类型不同，将影响人的知觉及思想；人类有多种不同类型的语言，不同语言者会有不同的思想、文化以及人生观与世界观。如英语中“雪”（snow）只有一个名词，爱斯基摩人的语言中，有关雪的名词却有二十多个。原因是他们对雪的感受不同。由于沃尔夫的观念得自乃师萨皮尔（E. Sapir），故而本词也称萨皮尔—沃尔夫假说（Sapir-Whorf hypothesis）。见语言相对论（linguistic relativity）。

wife/mother-in-law figure 妻子抑岳母图形 义同少妇抑老妇图形（young lady/old woman picture）。见该条及附图。

Wiggle-Block Test 波形积木测验 属动作技能测验之一。该测验是由九块波浪形极不规则的木块凑成的立方体。实施时将积木拆散，要求受试者按木块间波浪弯曲度的彼此配合恢复原状。测验成绩按受试者拼积木所用时间计算。

Wilcoxon matched-pairs signed ranks test 威尔克森配对组带符号等级检验 是一种非参数统计检验。在处理两套相关样本的数据时，先依每对分数差异的绝对值大小排序，再将等级的原始分数所带的正负号恢复，形成带正负号的等级。此时若组间无显著差异，则带正号的等级之和与带负号的等级之和应大约相等，否则，便可拒绝无显著差异的假设，而接受组间有显著差异的假设。此种检验方法常用于相依样本，当人数超过50人时，渐渐接近常态分布。

will 意志 **1.**指个体趋向目标追求时的自主意识，即个体自知他的所作所为是出于自己的意愿。**2.**按官能心理学，意志与智力不同，智力只能使人知，意志则除知之外也使人行，故而又称意动（conation）。**3.**义同自由意志（free will），谓个人自行决定自己的行为方式。见该条。

will power 意志力，毅力 **1.**指个人为达成预定目标或克服面对之困难而自愿付出的努力。**2.**指个人面对威胁或利诱情境时，在心理和行动上所表现的抗拒力。

will psychotherapy 意志心理治疗法 义同意志治疗法（will therapy）。见该条。

will therapy 意志治疗法 属心理治疗方法之一。意志治疗法系由奥地利精神分析学家兰克（Otto Rank, 1884～1939）提出的一种心理治疗方法。按兰克的解释，个体在出生时，离开子宫到母体以外的世界上来，在出生时所经过的一段生命挣扎历程是痛苦的。这段痛苦的出生创伤，可能是影响个体以后在心理上形成神经质焦虑的主要原因。基于这样的推论，意志治疗法特别强调，治疗的历程主要在鼓励个体肯定自我，培养其独立自主的意志。本词又称兰克治疗法（Rankian therapy）。见出生创伤（birth trauma）。

will to live＝will to survive 求生意志

will to meaning 意义意志 系意义治疗法创始人

弗兰克理论中的术语。指人的存在其基本上是追求有目的有意义的生活。所谓有意义的生活，是指有价值的精神生活。弗兰克强调，现代人生活中缺乏意义感，乃是造成心理失常的主要原因。他提出追求意义意志的观念，旨在弥补弗洛伊德所谓唯乐意志（will to pleasure）与阿德勒所谓权力意志（will to power）等观念的不足。见该等条。见弗兰克（Frankl, Victor）传记条。

will to pleasure **唯乐意志** 义同唯乐原则（pleasure principle）。见该条。

will to power **权力意志，求权意志** 指个体力求超越自己胜于他人，从而支配他人以获得满足的心理倾向。本词出自德国哲学家尼采的超人论。见尼采（Nietzsche, Friedrich Wilhelm）传记条。奥地利精神病学家阿德勒则从行为动机的观点来解释权力意志，他认为人之所以有追求权力的意志，乃是由于自幼感到缺少安全感或有自卑感，因而努力追求卓越以胜过别人。见阿德勒（Adler, Alfred）传记条。

will to survive **求生意志** 指一般人纵然遭遇重大灾难而陷入饥饿、疾病等极端痛苦的情境时，仍然奋力追求活下去的心理和行动。在一般医学和精神病学上早已发现无数事例，求生意志强烈的病人，经治疗后容易复原；同样病情的人，求生意志强烈者，其存活时间也较长。

windmill illusion **风车错觉** 属视错觉现象之一。注视风车扇叶转动时，虽明知其只循单一方向旋转，但在知觉上却看到时而反向旋转的现象。风车错觉的原因，可能与轮中辐条转动时反光闪动有关。见车轮错觉（wagon wheel illusion）、错觉（illusion）。

win-shift lose-stay strategy **赢变输守策略** 狭义言之，指赌博者对输赢之后如何再下赌注的一种策略。第一次若赢了，接下去的赌注就改变策略，不再采第一次的下注方式。反之，若是第一次输了，接下去就不改变策略，仍采第一次的下注方式。广义言之，本词引申于心理实验时受试者的反应。受试者面对的是对与错的选择情境时，第一次要是选对了，接下去遇到类似情境时，他就改变策略，不再采第一次的选择方式；反之，若第一次选错了，接下去遇到类似情境时，仍将采用第一次的策略。与本词相对者为赢守输变策略（win-stay lose-shift strategy）。见该条。

win-stay lose-shift strategy **赢守输变策略** 狭义言之，本词指赌徒对输赢后如何再下赌注的一种策略。第一次要是赢了，接下去的赌注策略不变，仍采第一次的下注方式。反之，若是第一次输了，接下去就改变策略，不再采第一次的下注方式。广义言之，本词引申于心理实验时受试者的反应。受试者面对的是对与错的选择情境时，第一次要是选对了，接下去遇到类似情境时，他将采用与第一次同样的反应作答。反之，若是第一次选错了，他将改变策略，不再采用与第一次同样的反应作答。与本词相对者为赢变输守策略（win-shift lose-stay strategy）。见该条。

WISC = Wechsler Intelligence Scale for Children **韦克斯勒儿童智力量表**

WISC-R = Wechsler Intelligence Scale for Children-Revised **韦克斯勒儿童智力量表修订版**

wise idiot = idiot savant **白痴天才**

wish fulfillment **愿望满足** **1.**指在心理上，而非事实上，暂时摆脱精神压力获得满足的历程。**2.**按弗洛伊德的理论，潜性梦境（latent content）中的象征性活动，就代表个体本我之冲动性欲望的实现或满足。见该条。

wishful thinking **愿望思维** 指以愿望为中心的思维历程。愿望思维多围绕个人隐私中的愿望打转，缺乏外在的目标导向，既不循逻辑规范去客观推理求证，也不是为了要解决具体问题。

withdrawal **退缩，戒断** **1.**个体遭遇困难感到挫折、失望或恐惧时，放弃追求目标的心理和行动，称为退缩。退缩是一种消极心态，个体从日常生活情境中退缩时，伴随着放弃自己的责任和不与别人合作的心理。因此，退缩被视为不健康的心理。**2.**酗酒或吸食药物成瘾者自动或被迫停止饮酒或停止使用药物，称为戒断。见戒断症状（withdrawal symptom）。

withdrawal behavior **退缩行为** 指在退缩（withdrawal）心态之下表现的行为。见该条。

withdrawal delirium **戒断谵妄** 指吸食药物成瘾者一旦戒除所引起的精神恍惚现象。

withdrawal symptom **戒断症状** 因长期吸食精神药物成瘾后，生理上和心理上对药物产生依赖性，此时如一旦戒断药物，就会引起一系列的身心症状。戒断症状包括全身不舒服、流鼻涕、流眼泪、失眠、出汗、心慌、腹泻甚至四肢抽搐等。见药物依赖（drug dependence）。

within-class ability grouping **班级内能力分组** 属能力编班教学的方式之一。班级内能力分组的特点是，原则上保持同质编班的形式，而在同一班级内再按学生语文或数学能力的不同分为两组或三组，调整教材教法和教学进度，以适应不同能力学生的需求。其他科目则仍保持原班级教学形式。像此种以团体教学为主、小组教学为辅的班级内能力分组，在理论上是较理想的编班方式。因为只有如此才能符合有教无类与因材施教的原则。只是实践不易，只有在班级人数少而教师负担轻的情形之下才有可能实行。与本词相对者为班级间能力编班（between-class ability grouping）。见该条。

within-class grouping **班级内分组** 义同班级内能力分组（within-class ability grouping）。见该条。

within-group norm **团体内常模** 属测验常模之一类，是根据团体分数计算出来的常模。将个人分数与常模对照时，可以了解个人在团体中的相对位置。准此而论，百分位数常模（percentile norm）与标准分数（standard score）等，均属团体内常模。见该等条。另见常模（norm）。

within-group variance **组内变异，组内方差** 从事实验研究时，常把受试者分为两组，一为实验组，一为控制组，前者加入实验变项，而后者则否。对实验结果进行解释时，必须分析两种数据，从两种差异量的大小判定实验变项的效果：一种差异是存在于两组之间的，若两组间的差异大到某种程度，即可判定实验变项产生了预期效果。另一种差异是存在于两组之内的，是组员之间的个别差异，与实验变项之有无并无关系。本词所指者即属第二种差异，故而称为组内变异。分析实验结果时，必须将组间变异中减去组内变异之后，才能确定是否为实验变项所产生的差异。与本词相对者为组间变异（between-group variance）。见该条。

within-Ss design = within-subjects design **受试者内设计**

within-subjects design **受试者内设计** 指参与实验的同一组受试者每人都接受各种实验处理，使受试者的差异减至最小的实验设计。此种设计的功用是，能控制实验的误差，增加实验处理的效果。拉丁方实验（Latin square experiment）即采此种设计。见该条。

withitness **洞悉力** 美国教育心理学家康宁（J. S. Kounin）1970年提出的一般优良教师所具备的一种特殊能力。具有洞悉能力的教师，在教学时不需要特别对班上学生行为进行管制，但他的言行举止，就会让全班学生觉知到，他们的一举一动教师都洞悉无遗。例如，当教师面向黑板演算例题时，有的学生不用心听讲，与别人交头接耳，教师可停下来看他们一眼，他们就会了解教师知道他们做的错事。根据康宁的观察研究，凡是具有洞悉力的教师，其班级中的学生不但较少违规，而且成绩较优。

W

Witmer, Lightner（1867～1956） **魏特默** 魏特默是20世纪美国心理学家，是功能主义心理学代表之一，是学校辅导与特殊教育的先驱，也是被誉为“临床心理学之父”的心理学家。

魏特默1867年6月28日出生于美国宾夕法尼亚州的费城，1888年毕业于宾夕法尼亚大学文学院，之后在同校修习法律，而后又改修心理学。继之赴德国莱比锡大学跟随冯特研究，与屈尔佩、铁钦纳等人为同班同学。1892年，在冯特指导下获得哲学博士学位后，立即返回美国。回国后与很多冯特弟子一样，脱离冯特的结构主义思想。魏特默一直在宾夕法尼亚大学任教，1937年退休。1956年7月19日病逝于费城，享年89岁。魏特默在心理学上的贡献，主要在于以下两方面：

1.首倡心理学在教育上的应用 魏特默自德返美后，一方面由于对冯特的实验心理学不满，另一方面由于美国本土功能主义心理学思想的激荡，使他觉得心理学家应该走出实验室，面对社会大众，了解他们并帮助他们解决问题。在此理念下，他首先考虑到的是学校教育。20世纪之初，正是美国中小学教育普及运动盛行时期，中小学教育普及后，附带产生了两方面的问题：其一是学童个别差异加大，学校教学上遇到更多因材施教的困扰；其二是公立学校增多，急切需要更多合格教师。因此，各州纷纷设立师范学校，各大学纷纷设立教育学系，以培育中小学师资，而心理学是师资训练的主修科目之一。魏特默在宾州大学任教期间，首先为在职中小学教师开设心理学课程，并指导他们将心理学原理用于了解学生学习困难问题，是为现代中小学学业辅导之始。

2.开启临床心理学先河 1896年，魏特默在宾夕法尼亚大学创设第一个心理诊所。唯在性质上与现在的心理诊所不同，他创设诊所的目的是协助教师解决学童心理问题，其功能与现在的辅导咨商相似。同年，他在《小儿科》杂志上发表了《心理学的要务》一文，首次使用临床心理学（clinical psychology)和临床法(clinic method)等名词。1907年创办《心理临床》杂志,1920年再创设魏特默学校,专门培育特殊教育师资。他一生奉献于临床心理学,使临床心理学成为现代心理学领域内最大的学科。1990年后美国各大学培养的心理学人才,单是临床心理学就占45%左右。如果再加上咨商辅导、精神病学与特殊教育等相关学科的人数,将超过心理学总人数的70%。100年前他单枪匹马开辟临床心理学学科时,有人讥笑他是"自负的侏儒"。现在看来,魏特默是真正具有卓识的人。他被后人誉为临床心理学之父,实乃当之无愧矣。

魏特默的主要著作有:*Analytical psychology: A practical manual for colleges and normal schools* (1902); *Clinical psychology* (1907)等。

wolf child 狼童,狼孩 指出生后曾在狼窝里成长的儿童。1920年,印度加尔各答东北山地的狼窝里发现了两个女童。当时大的约8岁,小的约18个月。她们被送到孤儿院养育,根据孤儿院记录,两女童初入院时行动和狼一样,四肢行走,昼伏夜行。小女童因病于一年后死去,大女童活到17岁。经过九年在人类社会生活,改掉了一些狼的习性,并逐渐学会适应人的社会生活,学会了穿衣、直立行走,知道了一些简单数字概念,学会了50个词汇,能讲一些简单话语。但从人类智力发展看,该女童虽在人类文化社会中生活了九年,但智商只相当于正常4岁儿童的水平。此发现的心理学含义是,婴幼儿期所丧失的社会文化环境影响,以后是很难弥补的。

womb envy 子宫妒羡 指男性性别角色认同的错乱现象。虽生为男儿身却一心向往做女性,因而常有变性的诉求。与本词相对者为阳具妒羡(penis envy)。见该条。

womb fantasy 子宫幻想 指返回子宫重做胎儿的幻想。唯此种幻想个人并不自觉,只是潜意识历程中以象征性行为表现之。按精神分析论的说法,喜欢泡在温暖的水里,或喜欢独自躲在暗处,就是子宫幻想的潜意识倾向。

Woodworth, Robert Sessions (1869～1962) 伍德沃斯 伍德沃斯是20世纪美国心理学家,是功能学派中哥伦比亚学派的代表之一,是动力心理学理论的倡导者,也是被美国心理学界誉为博学通儒型的心理学家。

伍德沃斯1869年10月17日生于马萨诸塞州的贝尔彻敦,父亲为公理会牧师。1891年从阿默斯特学院毕业,在校主修的是哲学和心理学。毕业后曾任中学教师,在此期间,聆听过约翰·霍普金斯大学心理学教授霍尔的演讲,且读过当时哈佛

大学教授詹姆斯1890年出版的《心理学原理》,深受影响,乃决心进哈佛大学跟随詹姆斯专攻心理学;适巧与另一后来著名心理学家桑代克成为同学,且于1897年两人同时获硕士学位。其后,伍德沃斯在哈佛大学医学院研究了一年生理学,复又改进哥伦比亚大学,1899年在功能学派领导人之一卡特尔的指导下完成心理学哲学博士学位。此后一直任教于哥伦比亚大学,直到1958年退休。伍德沃斯曾于1915年膺选美国心理学会主席,1956年获美国心理学基金会金质奖章。1962年7月4日病逝于纽约市,享年93岁。伍德沃斯在心理学上的贡献,主要在于以下两方面:

1.在心理学研究上倡折中取向　在心理学研究取向上,伍德沃斯采折中主义,既不完全否认结构主义,也不完全排除行为主义。而认为,心理学研究的主题应该是意识和行为。因此他主张心理学在方法上可以兼采结构主义的内省法和行为主义纯客观的实验法。伍德沃斯不同意行为主义将所有人类的复杂行为一律纳入S-R的模式来解释。虽然刺激情境是引起心理事件的原因,但由物理事件转变为行为事件表现出反应之间,必须另有一种内在运作发生作用才会表现出反应。伍德沃斯称此种内在作用为有机体(organism),用O表示之。因而主张以S-O-R代替S-R。此一理念不仅成了后来新行为主义者托尔曼所倡中介变项理论的基础,而且对20世纪60年代心理学新定义"心理学是研究行为与心理历程的科学"之确立,也产生了先导性影响。

2.提倡动力心理学理论　伍德沃斯在1958年提出了机制与驱力二者交互作用产生行为的理论。机制(mechanism)是行为运作方式,驱力(drive)是内在促动行为的原因。一辆汽车的机械构造是机制,能使汽车发动上路者则是驱力。驱力所指者也就是动机。因此,伍德沃斯自称他的心理学

是动力心理学(dynamic psychology)。后来伍德沃斯又提出了补充解释,认为机制本身也可能变成驱力。以商人工作赚钱维生为例,起初商人努力工作,工作的性质相当于机制,促动商人努力工作的原因是生存所需,在性质上就是驱力。到后来,商人赚钱超过生活所需,不需工作也可享受安适生活,可是他仍然努力不懈。在此情形之下,就不能再用生存驱力来解释,因为工作本身即变成了驱力。伍德沃斯的解释,成为以后奥尔波特解释动机时所持功能独立(functional autonomy)理论的基础。见该条。

伍德沃斯的主要专著有:*Dynamic psychology*(1918);*Psychology*(1921);*Experimental psychology*(1938);*Contemporary schools of psychology*(1931);*Dynamics of behavior*(1958)等。

word-and-sentence method 单词整句法 用于英语教学的一种方法。此法强调教学生记住单词的意义之外,应特别注意整句话的意义。

word-apprehension effect 语词理解效应 本词在意义上和词优效应(word superiority effect)相似。见该条。唯在心理学上,本词较早出现。1886年,美国心理学家卡特尔(Cattell, James McKeen),以10毫秒时间向受试者随机呈现很多英文字母,结果发现受试者平均记得4～5个。如在同一时限内向受试者呈现很多有意义的英文单词,结果发现受试者平均记得3～4个。但如按单词中包含的字母总数计算,后一实验中受试者所能记忆字母的量,可能超过前一实验的3～5倍以上。

word-association test 语词联想测验 是一种简单的投射测验。语词联想测验实施的方式是,主试者向受试者呈现一个单词作为刺激,受试者立即以最先想到的单词做出反应。主试记录受试的反应、反应时间和所有的行为特点,并以此来诊断受试的情绪问题。英国心理学家高尔顿在1879年最先使用这种方法来研究人的个别差异。1892年德国精神病学家克雷佩林(E. Kraepelin, 1856～1926)把这一方法运用到临床诊断中,并研究疲劳、饥饿和药物对联想的影响。1910年瑞士心理学家荣格把该测验编制成临床诊断用的测验量表。他选择了100个与情绪有关的单词(如生气、害怕、死亡等),并将之列成表格,作为刺激。然后以下列三个方面作为受试者反应不正常的指标:(1)反应内容不正确;(2)反应时间过长;(3)受试者的行为不正常。

W

word blindness 文字盲 义同失读症(alexia)。见该条。

word-building test 组词测验 属语文能力测验之一。此种测验的性质是要受试者按限定的字母去组成所有可能的单词。例如,e,f,i,w四个字母,就可以采用不同的组合方法,分别组成if,we,few,wife四个单词。此种测验可用以测量受试者的语文能力。

word deafness = **auditory aphasia** 听觉型失语症

word dumbness = **expressive aphasia** 表达型失语症

word fluency 语词流畅 指在限定条件下个人所能列出相关语词的数量,所列数量愈多,即表示他的语词流畅度愈高。所谓"限定条件",可能是某一字母开头的英文单词,也可能是某一部首的中文字。语词流畅是美国心理学家瑟斯顿1938年提出的基本心理能力(primary mental abilities)之一。见该条。

word hash = **word salad** 语言色拉

word-letter phenomenon 单词—字母现象 指属于有意义单词中的字母,较之孤立的个别字母容易使人认知并记忆。见词优效应(word superiority effect)。

word method 全词法 指初学英文(或其他拼音文字)时采用的一种方法。此法强调让学生认识整个单词的轮廓,不要一开始就分析单词的音节或重视构成单词各字母的写法。

word salad 语言沙拉 指心理异常者所表现的语无伦次的现象。精神分裂症(schizophrenia)患者常有的症状。见该条。

word superiority effect (WSE) 词优效应 认知心理上的术语。指在极短的感觉记忆阶段(约1/4秒左右),受试者辨识某一熟知单词中某一位置之字母时,在速度与精度上,较之辨识非熟知单词(并非单词,只是字母的组合)中同一位置字母的成绩为优,甚至也较辨识单一字母的成绩为优。词优效应的实验设计按以下三步骤进行:(1)在极短时间内向受试者呈现一个熟知的单词,如WORD(时间短到受试者不可能仔细分析组成单词的各个字母),然后紧接着要他回答所看到单词中最后字母是D还是K,并记录受试者反应的速度和精度。(2)同样的程序向受试者呈现一个非单词ORWD(只是四个字母组合),然后紧接着要他回答刚才看到单字中最后字母是D还是K,并同样记录其反应速度和精度。(3)同样的程序向受试者呈现单一个字母D,紧接着要他回答刚才看到的字母是D还是K,并同时记录其反应速度和精度。实验结果发现,受试者对熟知单词中字母辨识的成绩,远较其他两种情境下的结果为优。见感觉记忆(sensory memory)。

work addiction 工作迷 指专注于工作,摒弃工作以外一切活动,只求从工作中获得满足与自我价值的人。

work ethics 职业伦理 强调职业神圣,重视工作在人生中的价值,从而尊重职业规范,尽力做好工作的有关道德观念。

work evaluation 工作评鉴 指对工作人员成绩的个别评鉴。评鉴的标准通常按生产量、差错频率、安全运作、特殊技能表现以及自修进步等多方面考虑。

working backward 倒推法 解决问题时的思维方式之一。倒推法的特点是,根据问题情境的起始状态与目的状态之间的关系,从目的状态开始,反方向进行思维推理,以期回到起始状态,从而达到问题求解目的的一种方法。查阅地图时,先找到目的地,然后找出从目的地到所在地之间所经路线的办法,就是倒推法。一般问题索解都采用由原因找结果的顺进方式,倒推法则是从问题反面去思维,由结果回头去找原因。见问题空间(problem space)。与本词相对者为前进法(working forward)。见该条。

working forward 前进法 解决问题时的思维方式之一。前进法的特点是,在着手解决问题之前,先把问题的起始状态(问题情境的已知条件)与目的状态(问题解决后的状态)弄清楚,然后回头从起始点开始逐步前进。以查阅地点为例,先找到出发点和目的地,再回头从出发点开始,循最短的快捷方式到达目的地。前进法是解决问题时最常用的思维方式。见问题空间(problem space)。与本词相对者为倒推法(working backward)。见该条。

working hypothesis 工作假设 指根据问题现实情况所提出的暂时性假设。根据工作假设,先寻求所需数据,等数据较为齐全,对问题性质有较多认识之后,再进一步提出正式假设。

working mean 运作平均数 义同假定平均数(assumed mean)。见该条。

working memory 运作记忆,工作记忆 **1.**指短期记忆(short-term memory)的功能。见该条。短期记忆只表示时间短暂,运作记忆则指在短时间内所作的思维活动。 **2.**指新收入之信息与记忆中之旧信息初次结合而形成记忆的历程。

working through 消解 精神分析治疗法用语。指经过精神分析治疗之后,病人逐渐克服自己内心冲突,而将潜意识中压抑的感情释放出来,从而消解其精神痛苦。见精神分析治疗(psychoanalytic therapy)。

working vocabulary = **active vocabulary** 主动词汇

work limit test 工作限制测验 属职业性向测验之一。此种测验的特征是,以特定的工作方式与工作量为标准,受试者必须做完规定的工作。按受试者所用的时间多寡评判其工作能力的高低。

workload 工作负荷 指单位时间内工作者所能承担的工作量,超过了工作负荷量,工作效率就会降低。工作负荷并非单纯靠客观标准订定,工作负荷量的大小与工作性质(劳心工作或劳力工作)、个人能力以及身心状况有关。

work-place design 工作场地设计 工业心理学用语,指为了便于完成某种工作应考虑的工作场地、设备以及与人力配合等问题。工作场地设计通常考虑以下原则:(1)以人为中心妥善规划场地整体布置与局部布置的关系,(2)考虑到场地安全及意外事故发生时的危机处理问题;(3)考虑到影响工作效率的照明、噪声、温度、湿度、通风等问题;(4)考虑到人与工具以及人与人之间运作时的经济原则。见工效学(ergonomics)。

work psychology 工作心理学 欧洲心理学家惯用的名词,义同美国的工业组织心理学(industrial/organizational psychology)。见该条。

work sample 工作样本 指某种技能中具有代表性的动作,此类动作既可作为技能训练时的标准,也可用于编制职业性向测验时作为选题的效标。见职业性向测验(vocational aptitude test)与效标(criterion)。

work sample test 工作样本测验 工业心理学中的术语。在甄选某方面工作员工时,根据该项工作的性质编制成一种足以代表该项工作知识和技能的测验,用以鉴别应征者是否具备从事该项工作的能力。由于此种测验内的题目系由该项工作所需知识技能的样本编制而成,故名。

work-space design 工作空间设计 指合于心理原则的工作空间设计。良好的工作空间设计宜包括:(1)座位舒适;(2)工具放置使用方便;(3)活动空间适当;(4)与别人联系方便;(5)光线充足,通风良好等。

work therapy 工作治疗法 属心理治疗方法之一。安排工作情境,使患者从工作活动中排除心理困扰上的问题。此法在理论上有三个假设:(1)工作活动可使人精神专注,从而减少个人胡思乱想;(2)工作成绩可以显示个人价值,从而提升自己的信心;(3)在团体性工作活动中,工作可当作媒介与人沟通,从而增进人际关系。此三项效益是工作对平常人的心理价值,也是对心理异常者的治疗价值。

work-up 诊断检查 指尽可能运用一切器材设备,

对病人做彻底检查，以期明了病痛的真正原因，从而达到正确诊断的目的。

world-design 世界设计 指个人在他存在的世界中如何建立他的人生观。瑞士存在主义哲学家宾斯万格(Binswanger, Ludwig)理论中的用语。见其传记条。

World Health Organization (WHO) 世界卫生组织 联合国为促进世界卫生事业发展，于1948年设置的一个附属机构。该组织的总部设于瑞士日内瓦。

world view = weltanschauung 世界观

WPPSI = Wechsler Preschool and Primary Scale of Intelligence 韦克斯勒学前智力量表

written feedback 文字回馈 指教师对学生学习行为表现后的回馈方式之一。所谓文字回馈是指教师在批改学生作业时写在作业上的文字。教师批改学生作业时，不宜只对作业的正确或错误做出标示，宜在学生的作业上写数句简单话语，作为回馈。所有学生都曾有过这种经验：领到教师批改过的作业时，首先翻阅一下看教师在上面写了什么。针对学生希望得到教师回馈的心理，教师在学生作业上做文字回馈时，宜遵守两个原则：其一，对作业表现优异的学生，以称赞的方式给予肯定，借以维持其学习动机。其二，对作业表现较差的学生，避免只写消极的评语，而应写积极的话以鼓励之。

written language 书写语言 指用文字所传达的语言。与本词相对者为口头语言(spoken language)。见该条。

WSE = word superiority effect 词优效应

W-state = waking state 清醒状态

Wundt's area illusion 冯特面积错觉 属视错觉之一。如附图所示，虽然上下两图形的面积和形状完全相同，但看起来总觉得上图大于下图。这是由于两图相邻之边长度不等而形成对比所致。此错觉图形系由德国心理学家冯特(W. M. Wundt)1896年发现，故名。见错觉(illusion)。

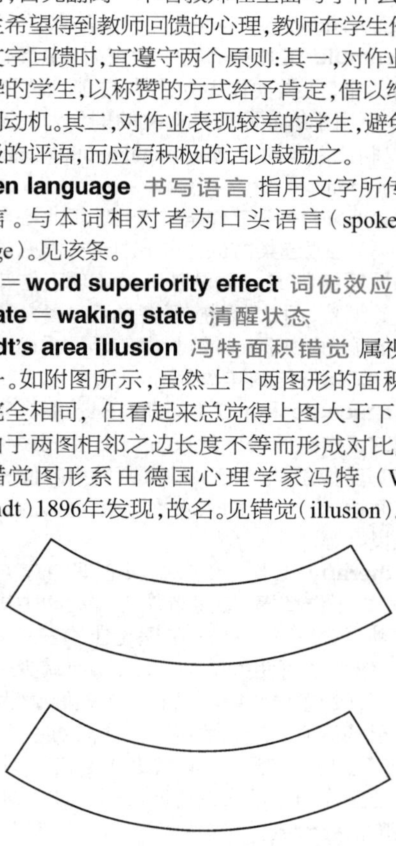

冯特面积错觉

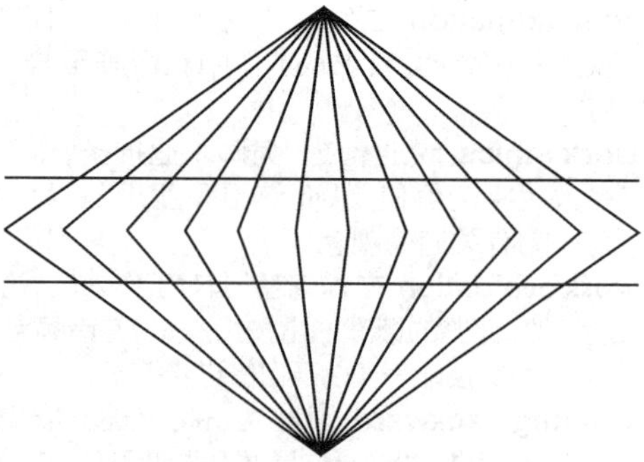

冯特错觉

Wundt's curve 冯特曲线 义同冯特错觉(Wundt's illusion)。见该条。

Wundt's figure 冯特图形 义同冯特错觉(Wundt's illusion)。见该条。

Wundt's illusion 冯特错觉 属视错觉现象之一。如附图所示，两平行线为多方向直线所截时，看起来失去了原来平行的特征。此错觉系由德国心理学家冯特(W. M. Wundt)1896年发现，故名。因冯特错觉形如扇面，故又称扇形错觉(fan illusion)。

Wundt's tridimensional theory of feeling 冯特情感三维论 义同情感三维论(tridimensional theory of feeling)。见该条。

Wundt, Wilhelm Maximilian (1832～1920) 冯特 冯特是19世纪末、20世纪初德国生理学家和心理学家，是实验心理学之父，是心理学学派中结构主义思想的创始人，也是使心理学脱离哲学范畴而成为一门独立科学的最大功臣。

冯特1832年8月16日生于德国海德堡附近的巴顿，家族史上名人辈出，单是担任海德堡大学校长者就有两人。冯特1852年进杜平根大学学习医学与哲学，后转海德堡大学就读。1855年获医学博士学位后，一直在海德堡大学从事教学与研究工作，并于1858年受聘担任著名生理心理学家赫尔姆霍茨的研究助理。1864年应聘为该校生理学助理教授，1874年升任正教授。冯特的《生理心理学原理》出版，被心理学界誉为科学心理学史上最伟大的著作。1875年到莱比锡大学任教，此后一直留在该校长达45年之久。冯特是有史以来学术生命最长的心理学家，也是学术著作生产量最大的心理学家。在1855年至1920年的65年之间，他出版著作的总页数是53，735页(平均每天2.2页)。冯特晚年兴趣转变，最后20年完成10卷巨著《民族心理学》。1920年8月31日病逝于莱比锡，享年88岁。冯特在心理学上的贡献，主要在于以下三方面：

1.开启现代心理学的新纪元　冯特的最大贡献，

是他摆脱了相沿两千多年的哲学心理学，开创了现代科学心理学的新纪元。他1879年在莱比锡大学设立第一座心理实验室，首创科学实验方法研究心理现象。此后二三十年间，数以百计的世界各地的心理学者，云集于此向他学习，使该实验室成为世界心理学研究的中心。在此训练出来的心理学人才，分散世界各地，形成20世纪初期推行科学心理学的巨大动力。在冯特的弟子中，纵使有些人后来不承袭其结构主义衣钵，但无不肯定其心理学研究科学化的主张。

2.确定心理学是研究意识的科学　在漫长的哲学心理学时代，心理学研究的主题，不是“灵魂”，就是“心灵”。冯特认为二者意涵均偏于形而上学，于是乃决定采“意识”作为科学心理学的主题。从此以后，“心理学是研究意识的科学”，就成了一般公认的心理学定义。此定义，虽在20世纪初美国行为学派兴起后一度改变，但从20世纪60年代起，意识的研究又复受到重视。在冯特的心理学定义中，“科学”与“意识”是两个重要概念。他认为所有科学研究均以人的经验为基础，唯心理学所研究的经验与其他科学研究有所不同：其他科学研究的是间接经验，而心理学研究的则是直接经验。间接经验（mediate experience）是靠过去经验（或靠工具测量）对物理现象获得的知识经验；直接经验（immediate experience）则是不靠旧经验解释而立即得到的最简单经验。冯特所采用观察受试者直接经验的方法，称为内省。内省（introspection）是面对刺激情境时，受试对自己内心状态的观察。实验进行时，他严格规定受试只能报告其立即的直接经验，不能对刺激性质赋予任何带有意义的解释。冯特要研究的是最基本的意识元素。他认为意识的基本元素是感觉，不是知觉。而且知觉是以感觉为基础的，必须先研究了解感觉，才能进一步研究由感觉组合成知觉的心理历程。因此，冯特的实验法只限于研究基本心理历程的感觉。他认为高级心理历程不能用实验法，只能用观察法（此点被后人批评是错误的）。

3.建构意识结构的系统理论　冯特的实验心理学有两个目的：其一是发现构成意识的基本元素。冯特发现，意识的两个基本元素是感觉和感情。感觉是感官接受刺激后，神经冲动传至大脑的初步心理反应；感情是随感觉伴生的直接意识经验。他根据自己内省结果，提出了情感三维论（tridimensional theory of feeling），谓情感经验元素可分为愉快—不愉快、兴奋—沉静、紧张—松弛三个维度，每个维度代表两种情感元素沿相反两极的不同程度变化。其二是探求由基本意识元素合成复杂意识经验的心理法则。冯特观察发现，感觉是意识的基本元素，但在日常生活中人们很少经验到孤立的感觉，多半是经验到由数个感觉元素合成的知觉。他认为，知觉是由刺激情境、感官生理结构及个体经验三个因素交互作用形成的一种被动性的心理历程。个体对刺激情境之所以得到知觉，自然是因为他注意到刺激之故。至于个体为何对刺激注意，冯特采赫尔巴特的统觉理念来解释。统觉是主动的，是受个体意志支配的。当个体注意感觉对象从而得到统觉时，他就会对他所注意的物体得到认知。像此种由被动性的基本意识元素，经由主动性的统觉而组合成较高级意识经验的心理历程，冯特称之为创造性综合（creative synthesis）。

冯特的著作中译为英文的专著有：*Contributions to the theory on sensory perception*（1862）；*Principles of physiological psychology*（1873～1874）；*Outline of psychology*（1897）；*Principles of psychology*（1897）；*Folk psychology, 10 vols.*（1900～1920）；*The language of gesture*（1973）等。

Würzburg school 符兹堡学派　指19世纪末德国心理学家屈尔佩1894年至1915年间在德国符兹堡大学成立的一个心理学派。屈尔佩虽出自冯特门下，但他的心理学思想却异于乃师。符兹堡学派的重要主张是：（1）反对冯特只研究意识基本元素构成分析的取向，而强调意识基本元素之上的注意与思维等高级心理历程的研究；（2）提出兼顾心理内容与心理历程的二重心理学（dual psychology）主张；（3）提出无意象思维（imageless thought）的主张。见该等条。

W

X

X 分数 代表原始分数中个别分数。
$\bar{X}$ 平均数 代表一组原始分数的算术平均分数。
xanthocyanopsia 红绿色盲 属色盲之一。患者不能辨认红绿颜色，只能看到黄色与蓝色。见色盲(color blindness)。
xanthopsia = yellow-sightedness 视黄症
X axis = abscissa 横坐标
X chromosome X染色体 为性染色体的一种。人类女性的两个性染色体皆为X染色体，男性则一个为X染色体，另一个为Y染色体。与本词相对者为Y染色体(Y chromosome)。见该条。见染色体(chromosome)条及附图。
xenophobia 陌生恐惧症 属恐惧症之一。患者对陌生的人或陌生的地方产生莫名的恐惧情绪。见恐惧症(phobia)。
XO syndrome = Turner's syndrome 特纳症候群
X-O test 对错测验 实施心理测验时的一种答题方式。如受试者认为题意是对的(或适合自己情形的)，即用"○"表示之；反之，如受试者认为是错的(或不合于自己情形的)，即用"×"表示之。义同是非题测验(true-false test)。见该条。
XXX syndrome = triple-X syndrome 三X症候群
XXY male XXY男性 义同科林夫特症候群(Klinefelter's syndrome)。见该条。
XXY syndrome = Klinefelter's syndrome 科林夫特症候群
XYY syndrome XYY症候群 为一种男性性染色体异常所引起的综合病症。正常男性的细胞，性染色体为XY，而XYY症候群的男性细胞则多一个Y染色体。一般认为XYY症候群的患者在个性及行为上具有异常的攻击性，也有些学者认为此说尚无定论。见超男性(supermale)。
XYZ grouping = tripartite grouping 三等级分组法

Y

Y axis = ordinate 纵坐标

Y chromosome Y染色体 为性染色体的一种。在人类，仅男性才具有Y染色体。与本词相对者为X染色体（X chromosome）。见该条。见染色体（chromosome）条及附图。

year scaling 年龄量表法 测验结果不以分数表示，而以年龄（心理年龄）单位（几岁几个月）来表示的方法，称为年龄量表法。见年龄当量量表（age equivalent scale）。

yellow-sightedness 视黄症 指对黄色过度敏感的视觉病态现象。

yellow spot = macula lutea 黄斑

Yerkes-Dodson law 耶基思—多德森定律 指解释个体的激发状态（心理上的紧张程度）与其工作效率间之关系的定律。在一定限度内，随心理紧张度的提高，工作效率也随之提高，但超过这个限度时工作效率又将随之降低。如将心理紧张度和工作效率当作两个变项绘成一条曲线，此曲线将呈现抛物线的形式。最佳工作效率的心理紧张度为中等，但因工作复杂的程度而略有差异。简单易做的工作，其最佳效率的中等心理紧张度偏高；反之，复杂艰巨的工作，最佳心理紧张度偏低；中等复杂程度的工作，心理紧张度介于两者之间。适度的心理紧张度，易于维持个人对工作的兴趣与警觉，同时减少焦虑对工作的不利影响。此一定律系由美国心理学家耶基思和多德森（J. D. Dodson 1879～1955）二人在1908年发现，故名。见激发（arousal）。

Yerkes, Robert Mearns（1876～1956） 耶基思 耶基思是20世纪初期美国动物心理学家，是比较心理学的创始人，是心理测验的先驱，是耶基思—多德森定律的发现者，也是被誉为神经心理学之父的人。

耶基思1876年5月26日出生于宾夕法尼亚州费城附近的农村，1892年进乌尔辛学院。1897年毕业获得学士学位后，获奖学金进哈佛大学进修，主修生物学，一年后获得另一学士学位，并获得研究所入学许可，于是决定留在哈佛大学继续求学。他在哈佛大学的学术方向是将动物学和心理学合在一起研究，在心理学领域内开创了一个新的学科，即比较心理学（comparative psychology）。耶基思1902年获得哲学博士学位后，任讲师、助理教授，因所学属冷门学科，18年仍未能升职。因此，他在1917年当选美国心理学会主席时，仍然只是助理教授身份。自1924年起转任耶鲁大学教授，直到1944年退休。在耶鲁大学任教期间，创立耶鲁灵长类动物实验室（他退休后改称耶基思实验室）。1956年2月3日病逝，享年80岁。

耶基思的学术生涯与桑代克颇为相似，研究兴趣以动物学习为主。他本身不属行为学派，但他与行为学派创始人华生为好友。在1910年以前，他和华生携手为争取动物心理学地位出过不少力。1909年，耶基思最早将巴甫洛夫的条件反射研究介绍到美国。因此，一般将他视为影响行为主义心理学思想的先驱。耶基思在心理学上的贡献主要在于以下三方面：

1.开创比较心理学研究 耶基思曾以猩猩为对象，研究动物的辨别和记忆行为。他将数个不同的盒子（最多9个）置于猩猩面前，有的盒子开口，有的盒子封口，有的盒子内有食物，有的盒子内无食物。研究目的旨在观察猩猩的记忆和辨别能力。结果发现，猩猩不但具有记忆力和辨别力，而且具有模仿的能力。耶基思根据不同动物的比较研究，肯定认为动物的复杂行为是学习来的，连猫捉老鼠的行为，也是后天习得的，不是本能性的。

2.心理测验的先驱　耶基思担任美国心理学会主席期间，正值第一次世界大战。耶基思领导一群心理学家参与美军人员甄选和训练工作，因工作需要而发展了数种心理测验，当时受测的军人多达170多万人。陆军甲种量表（Army Alpha Scale）（文字测验）和陆军乙种量表（Army Beta Scale）（非文字测验）都是当时所编制的，是为团体智力测验之始。战后这两种测验经过修订后在民间使用了很多年。

3.发现耶基思—多德森定律　耶基思和另一位心理学家多德森（J.D. Dodson 1879～1955）二人在1908年对反应激发水平（心理上的紧张程度）和工作效率之间的关系，提出了一个定律，称为耶基思—多德森定律（Yerkes-Dodson law）。该定律的要义是，如将心理紧张度和工作效率当作两个变项绘成一条曲线，此曲线将呈现抛物线的形式：心理紧张度过高或过低时，工作效率均低，心理紧张度适中时工作效率最高。

耶基思的主要著作有：*The mental life of monkeys and apes*（1916）；*The mind of gorilla*（1927）；*Almost human*（1927）；*Chimpanzees：A laboratory colony*（1943）等。

yes-no method **是非法** 指采用是非题（yes-no question）测试学生能力的方法。见该条。

yes-no question **是非题** 属试题的形式之一。是非题的特征是，答题时不要求受试者陈述答案，只要求他针对题意作是或非的判断。

yes-no test **是非题测验** 指采用是非题（yes-no question）形式编制的测验。见该条。

yes reaction＝confirming reaction **符合反应**

Y-maze **Y形迷津** 指形状像英文字母Y的迷津：一个入口，两条通路，其中一条通路的终点放置食物，另一通路终点则无。此种迷津设计主要用来做动物学习（二通路中选一）的实验。见迷津（maze）。

yoga **瑜伽** 印度宗教哲学之一派。信奉瑜伽者，主张通过参禅打坐，使心神安定，全身松弛，心身统一，由此即可从凡世中解脱出来，达到顿然醒悟的地步。参禅时强调调身（静坐）、调息（调整呼吸）和调心（冥想）。瑜伽有多种流派，有的以修身养性为主，有的以锻炼身体为目的。医学上的瑜伽疗法是采用坐禅各式体位、调整呼吸或集中冥想等方法，使身心安定，紧张解除，体内潜能恢复，从而达到自然复元的目的。

yoked control **双轭控制** 属实验设计方法之一。双轭控制实验的特征是，实验对象只有两个受试者，一为实验受试，另一为控制受试（相当于实验组与控制组）。实验进行时，要求受试者对某刺激做出反应，然后对受试者的反应做如下之不同处理：（1）对实验受试者，按后效强化原理处理，即只有在正确反应时施予强化；（2）对控制受试者，不按后效强化原理处理，即无论其反应正确与否，只要实验受试者获得强化，即给予控制受试者同样之强化。双轭控制法的目的，旨在研究强化物的安排与操作条件作用历程的关系。见后效强化（contingent reinforcement）。

Young-Helmholtz theory ＝ Young-Helmholtz theory of color vision **扬—赫尔姆霍茨色觉论**

Young-Helmholtz theory of color vision **扬—赫尔姆霍茨色觉论** 指解释色感现象的一种理论。此理论以混色的物理现象中红、绿、蓝三色可按不同量的混合而得到所有不同颜色的事实，推论解释视觉神经中有三种感受颜色刺激的感受器，分别负责感受红、绿、蓝三种光波。如单一色光刺激出现时，即产生该色光的色感；若三色中有两种色光刺激同时出现，即产生混色现象，结果得到两色相混后的另一种色感，如红、绿二色光相混即得黄色感。此理论1802年由英国物理学家扬（T. Young, 1773～1829）首创，五十多年后，经德国生理学家赫尔姆霍茨1857年提出补充，成为著名的色觉理论。因为此理论主张色觉系由三色元素组成，故而也称三色论（trichromatic theory）或三元素论（three component theory）。此色觉论的最大缺点是不能合理解释色盲、后像与对比等视觉现象。见海林色觉论（Hering theory of color vision）。另见颜色混合（color mixture）。

Young-Helmholtz trichromatic theory **扬—赫尔姆霍茨三色论** 义同扬—赫尔姆霍茨色觉论（Young-Helmholtz theory of color vision）。见该条。

young lady/old woman picture **少妇抑老妪图形** 属视错觉中暧昧图形之一。如附图所示，图形虽完整，但图意暧昧，乍看起来像是少妇，再看则像老妪。此图最早在1888年出现在德国邮票上。1915年美国艺术家希尔（W.E. Hill, 1887～1962）以《我的妻子与岳母》为题在杂志上介绍此图。此后这张图形即成为实验心理学的实验材料之一。本图之所以被看成两可图形，乃是由于观察者采取了不同的着眼点所致。见暧昧图形（ambiguous figure）条及附图。

少妇抑老妪图形

youth culture 青年文化 指青年人同辈间流行的一种生活方式。青年文化主要表现在青年人的服装、音乐、休闲活动、两性关系、人生态度以及价值观念等各方面。青年文化一词，只能说现代青年人在生活方式上有异于前辈之处，不像前辈人那样传统保守，而事实上现代青年人所受教育以及将来所处的社会，仍然受传统主流文化的影响。所谓“青年文化”，并非主流文化之外的另一种文化，而只是主流文化之内的暂时性的一种次文化。因此，在名称上宜称之为青年次文化（youth subculture）。

youth psychology = **psychology of adolescence** 青年心理学

youth subculture 青年次文化 指主流文化内青年人独有的一种生活方式。见青年文化（youth culture）。

Y-teens 女青少年联谊会 指美国中学女生与女青年会的联谊组织，参加者为12～18岁的女性青少年。

Z

Z = Z-transformation Z转换
z = z-score Z分数
Zanforline illusion 赞弗林错觉 属视错觉中固定图形错觉之一。如附图所示，上下两条横线等长，但因两线之两端与圆圈接触方式不同，看起来上边的横线较短，下边的横线较长。此错觉现象系由意大利心理学家赞弗林(M.Zanforline)1967年所发现，故名。见错觉(illusion)。

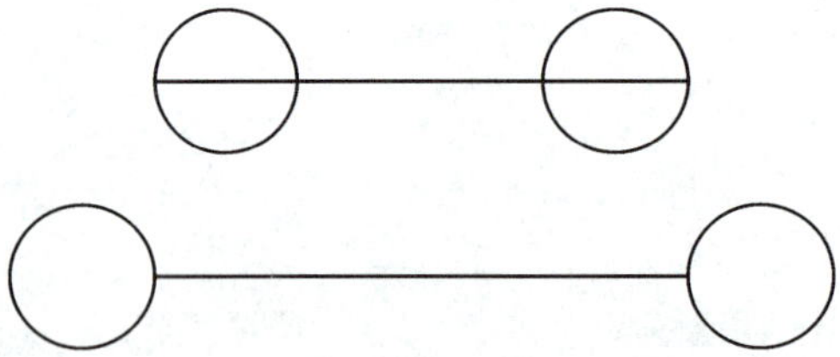

赞弗林错觉

Zeigarnik effect 蔡加尼克效应 指对中断而未完成的工作不易遗忘的现象。此现象系由心理学家蔡加尼克(B. Zeigarnik, 1900～1988)在1927年经实验研究发现，故名。未完成的工作容易留在人的记忆中，从而促使个人在心理上产生将之完成的动机。唯经研究发现，只有在压力不太大的平常工作情境之下，蔡加尼克效应才会产生。如工作承受很大压力，心情紧张，蔡加尼克效应不但不会产生，反而会产生反效应(即易忘)。
Zeigarnik phenomenon 蔡加尼克现象 义同蔡加尼克效应(Zeigarnik effect)。见该条。
Zeitgeist 时代精神，时代思潮 指划时代的学术思想或领袖人物之所以产生，乃是由于时代演变、政治趋势、经济发展以及社会变迁等多种因素综合影响所形成的结果，而非单靠个人的独特条件所造成。换言之，某一时代的重要思想或重要人物的出现，乃是由于时势需要应运而生的。所谓“时势造英雄”就是如此。此种说法，在社会心理学上称为时代论(time theory)。基于此义，20世纪20年代在美国兴起且影响心理学达40年之久的行为主义，实乃第二次世界大战后科学思想备受重视，从而影响心理学研究采自然科学取向的结果，而实际并非华生具有超人魅力所致。与本词相对者为伟人论(great-man theory)。见该条。
Zeitgeist theory 时代精神论 义同时代论(time theory)。见时代精神(Zeitgeist)。
Zen Buddhism 禅宗 属佛教宗派之一。禅宗主张澄心悟道，创智内修，借内生的无形力量，解决人生的烦恼问题。禅宗的理念已被用于心理治疗之用，称为禅理治疗(Zen therapy)。见该条。
Zener cards 吉纳纸牌，吉纳卡 超感知觉实验时，测试受试者是否真正能够表现超感知觉反应用的卡片，称为吉纳卡。如附图所示，有5组图形不同的卡片，每组同图形者各5张，合计25张卡片。实验时，让受试者之一以随机方式抽出一张卡片，并注视片刻。然后将5张卡片同时放在另一受试者面前，要他指出前一位受试者所抽卡片是哪一图形。如多次实验结果，第二位受试回答正确的概率超过1/5，即显示他可能有超感知觉能力。本词亦称超感知觉实验卡(ESP cards)。吉纳纸牌系由美国心理学家吉纳(K.E. Zener)1930年所设计，故名。见超感知觉(extrasensory perception)。

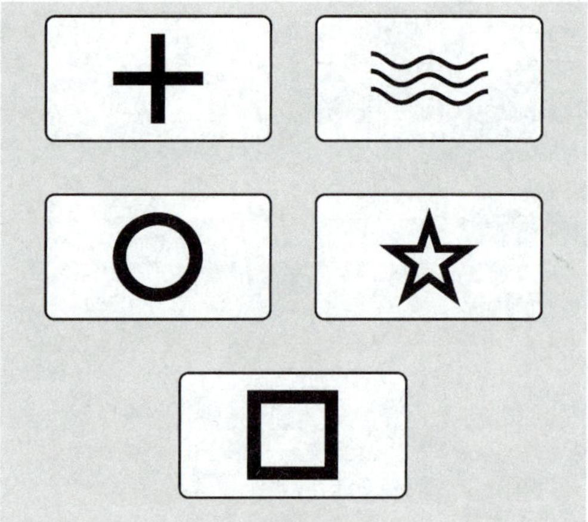

吉纳卡

Zen therapy 禅理治疗 属心理治疗方法之一。禅理治疗法与一般心理治疗不同，治疗目的不求消除患者外显症状，而是旨在采用佛教禅宗所重视的澄心悟道内修功夫，使当事人领悟生命的意义，从而解除心理的困扰。见禅宗（Zen Buddhism）。

zero acceleration 零加速 指学习曲线变化的一种形式。零加速曲线的特征是，在练习期间进步的情形，自始至终保持不变。因此，零加速曲线应是一条直线。见学习曲线（learning curve）。

zero correlation 零相关 **1.**指两个变项之间毫无关系的情形。**2.**指两变项之间的相关系数等于零或接近零的情形。见相关系数（correlation coefficient）。与本词相对者为全相关（perfect correlation）。见该条。另见相关（correlation）。

zero-group technique 零组法 属实验设计的一种方法。在分组实验时，为了提高实验效度，在实验组与控制组之外，另加第三组，称之为"零组"。零组的意思是让它自然进行，不给予任何实验处理。在此种设计之下，控制组并非完全控制，而是除了实验变项不与此组发生关系之外，另外加入一种与实验组不同的变项。例如，要研究室内照明与阅读速度的关系。除阅读材料相同之外，三组的区别是：（1）实验组的照明度有系统的改变（按烛光计算）；（2）零组按平常的照明；（3）控制组的照明也不改变，但另加其他变项（如改变室内安静程度）。如此，零组才是真正控制组，而控制组事实上成为比较组。

zero-order correlation 零级相关 在多变项统计中，仅计算任何两个变项间的简单相关，而未排除或控制其他有关变项的影响时，称为零级相关。本词含义并非是说该两变项的相关系数为零（或接近零），零级相关系数可能在＋1与－1之间的任何数值。见净相关（partial correlation）与相关系数（correlation coefficient）。

zero population growth（ZPG） 人口零增长 指在同段时期内出生人口数与死亡人口数接近相等的情形。

zero reject 零拒绝 指认为社会上心智不足或肢体残障儿童，应持有接受教育权利的态度。在特殊教育尚未发展之前，一般认为此类儿童是无可救药的，因而一般学校拒绝给予他们任何方式的教育。特殊教育发达后，有些国家立法保障智能不足与残障者受教育的权利，因而在态度上由往昔的拒绝，转变为现代的接纳。接纳即表示不拒绝，而完全接纳即代表零拒绝。见联合国心智不足者人权宣言（United Nations Declaration on the Right of Mentally Retarded Persons）。

zero-sum game 零和游戏 见零和论（zero-sum theory）。

zero-sum theory 零和论 指解释赌博的一种理论。按零和论的说法，如从全体赌博者以及长期赌博的后果来计算，赢钱加上输钱之总和将等于零。亦即，从概率的观点而言，长期赌博的结果，赢的机会和输的机会是相等的（正负之和等于零）。社会学家引申此义，谓社会竞争有得有失，争来争去，得者与失者之总和将等于零。以客观概率原理为基础的零和论，很难用于解释人类"明知故犯"的赌博行为，原因是赌徒们在心理上有他的主观预期价值（subjective expected value）。见该条。与本词相对者为非零和论（non-zero-sum theory）。见该条。

zero transfer 零迁移 指前后学习两种教材后，前者对后者不产生任何影响的情形。例如，学过数学之后再学音乐，就可能产生零迁移。见学习迁移（transfer of learning）。

Zöllner illusion 松奈错觉 属视错觉现象之一。如附图所示，当数条并行线各自被不同方向直线所截时，看起来即产生两种错觉：其一是并行线失去了原来的平行；其二是不同方向截线的黑色深度看起来不尽相同。此错觉系由德国物理学家松奈（J. F. Zöllner，1834～1882）1860年发现，故名。见错觉（illusion）。

松奈错觉

zone of potential development 潜能发展区 义同最近发展区（zone of proximal development）。见该条。

zone of proximal development（ZPD） 最近发展区，可能发展区 心理学家维果茨基认知发展理论中的术语。所谓最近发展区，是指儿童凭自己实力所能达到的水平（如学业成就），和经别人给予协助后所可能达到的水平之间的一段差距。亦即儿童实际能力与其潜在能力之间的距离。儿童的潜在能力，只有在成人（父母或教师）协助之

Z

下才会显现。而在此种情形下成人所给予儿童的协助，即称为鹰架（scaffolding），言其类似搭鹰架帮助建筑工人升高做工的作用。亦即儿童的认知能力可借由成人的协助向上提升。维果茨基强调，从教育的观点而言，了解儿童能力的可能发展水平与其实际发展水平是同样重要的，因为教育的本质就是启发儿童心智发展。见维果茨基（Vygotsky, Lev Semenovich）传记条。

zone of proximal growth（ZPG） **最近成长区** 义同最近发展区（zone of proximal development）。见该条。

zoophilia **恋兽症** 属性变态之一。患者常在想象中，或在实际行动上与兽类发生性交关系，从而代替从人类身上所得到的性爱满足。在病理上分析，此类疾患多系幼年时期性心理发展障碍所致。见性变态（paraphilia）。

zoophobia **动物恐惧症** 属恐惧症之一。患者对动物特别敏感，与动物接近时，即产生异于常人的恐惧反应。纵使明知不致受到任何伤害，但仍然无法克制由之引起的惶恐情绪。见恐惧症（phobia）。

ZPD＝zone of proximal development **最近发展区**

ZPG＝zero population growth **人口零增长**

ZPG＝zone of proximal growth **最近成长区**

z-score（z） **z分数** 是一种标准分数。将个人在测验上所得原始分数，用标准差做单位来表示，从而观察该原始分数是在平均数之上或之下几个标准差，借以了解个人在团体形成的常态分布中所居位置的高低。z分数的计算公式是：

$$z=\frac{X-M}{SD}$$

公式中，X为个人的原始分数；M为团体平均分数；SD为标准差。

如李生在算术测验上得80分，同年级学生团体分数的平均数是70分，标准差是10。按公式求得z分数是1.0，这表示李生的成绩居于平均数之上一个标准差的位置。此位置说明李生的成绩胜过同年级84.13%的人。显然，z分数可正可负，也可能为零，当原始分数小于平均数时，z分数即为负值。如王生在算术测验上得60分，按公式求得的z分数是－1，这表示他的成绩居于全体平均数之下一个标准差。此位置说明王生的成绩只胜过同年级15.17%的人。为了避免负值，发展了其他的标准分数计算方法。见标准分数（standard score）。见常态分布（normal distribution）。

z-test **z检验** 当一常态分布的总体为已知（如某小学全体学童3583人的智商），而且也已知总体分布中的平均数（如IQ＝105）时，如研究者从总体抽取一个样本，并得到样本的平均数（如100个学童的平均智商），研究者想了解样本平均数是否真正代表总体平均数时，即可采用z检验。z检验的计算公式如下：

$$z=\frac{M-\mu}{\sigma_{\bar{x}}}$$

公式中，z代表z值；M为样本平均数；μ为总体平均数；$\sigma_{\bar{x}}$为样本标准误。

根据公式得到Z值之后，研究者再以之与原来设定之虚无假设（null hypothesis）中的临界区（critical region）比较。见该等条。如Z值在临界区之内，虚无假设即被拒绝，亦即据以推论样本平均数与总体之平均数不同。见标准误（standard error）。

Z-transformation（Z） **Z转换** 根据皮尔逊积差相关推论抽样分布时，由于皮尔逊积差相关的连续样本所构成的抽样分布并不呈常态分布的形式（尤以r值偏高时为然）。因此，在进行两个相关系数之间的差异显著性检验时，便不能直接进行统计检验。为解决此问题，乃采Z转换，使得相关系数值的分布变为常态的形式，然后进行有效的统计检验。相关系数r值的转换对照表，一般统计书上均可查到。见积差相关（product-moment correlation）。

Z-transformation of a correlation coefficient **相关系数的Z转换** 义同Z转换（Z-transformation）。见该条。

Zürich school **苏黎世学派** 指瑞士心理学家荣格与弗洛伊德因意见不合分裂后，荣格在瑞士苏黎世另行成立的一个以分析心理学（analytical psychology）思想为研究取向的心理学派。见该条。

zygote **受精卵，合子** 指来自母亲的卵细胞和来自父亲的精细胞共用合成的一个新细胞。受精卵是一个新生命的开始，其中染色体的数量又由卵细胞和精细胞中各自23条变为23对（46条）。见受孕（fertilization）与染色体（chromosome）条及附图。

参考文献

阿瑟·S.(2003). 心理学辞典(李伯黍等译). 台北:五南图书出版公司.
车文博(主编). (1991). 心理咨询百科全书. 长春:吉林人民出版社.
顾明远(主编). (1990). 教育大辞典(第5卷教育心理学). 上海:上海教育出版社.
"国立编译馆"(主编). (2000). 教育大辞典(十二卷). 台北:文景书局.
黄希庭(主编).(2004). 简明心理学辞典. 合肥:安徽人民出版社.
荆其诚(主编).(1991). 简明心理学百科全书. 长沙:湖南教育出版社.
李维(主编).(1995). 心理学百科全书(三卷). 杭州:浙江教育出版社.
林传鼎(主编).(1986). 心理学辞典. 南昌:江西科学技术出版社.
宋书文(主编).(1984). 心理学辞典. 桂林:广西人民出版社.
王云五(主编).(1973). 社会科学大辞典(心理学卷). 台北:台湾商务印书馆.
温世颂.(2006). 心理学辞典. 台北:三民书局.
心理学名词审定委员会(主编).(2001). 心理学名词. 北京:科学出版社.
杨清(主编).(1985). 简明心理学辞典. 长春:吉林人民出版社.
张春兴.(1991). 张氏心理学辞典(初版). 台北:东华书局.
张厚粲,孙晔,石绍华(主编).(2000). 现代英汉心理学词汇. 北京:中国轻工业出版社.
张人骏,朱永新(主编).(1985). 心理学人物辞典. 天津:天津人民出版社.
朱智贤(主编).(1989). 心理学大辞典. 北京:北京师范大学出版社.
朱作仁(主编).(1987). 教育辞典. 南昌:江西教育出版社.

Beaumont, J. G., Kenealy, P. M., & Rogers, M. J. C. (Eds.). (1996). *The Blackwell dictionary of neuropsychology*. Oxford: Blackwell.
Biographical Dictionary of Parapsychology. (1996). New York: Garrett.
Bowman, W. C., Bowman, A., & Bowman, A. (1986). *Dictionary of pharmacology*. Oxford: Blackwell.
Campbell, R. J. (1996). *Psychiatric dictionary* (7th ed.). New York: Oxford University Press.
Colman, A. M. (Ed.). (1995). *Controversies in psychology*. London and New York: Longman.
Colman, A. M. (2001). *Dictionary of psychology*. New York: Oxford University Press.
Corsini, R. J. (Ed.). (1984). *Encyclopedia of psychology* (4 vols.). New York: John Wiley.
Corsini, R. J., & Auerbach, A. J. (Eds.). (1996). *Concise encyclopedia of psychology* (2nd ed.). New York: Wiley.
English, H. B., & English, A. C. (1958). *A comprehensive dictionary of psychological and psychoanalytical terms: A guide to usage*. New York: David McKay.
Eysenck, H. J., Wurzberg, W. A., & Berne, R. M. (Eds.). (1982). *Encyclopedia of psychology*. New York: Continuum.
Eysenck, M. W. (Ed.). (1990). *The Blackwell dictionary of cognitive psychology*. Oxford: Blackwell.
Feltham, C., & Dryden, W. (1993). *Dictionary of counselling*. London: Whurr.
Flew, A. (Ed.). (1979). *A dictionary of philosophy* (3rd ed.). London: Pan.
Freund, J. E., & Williams, F. J. (1966). *Dictionary/outline of basic statistics*. New York: McGrawHill.
Goldenson, R. M. (Ed.) (1970). *The encyclopedia of human behavior* (2 vols.). New York: Doubleday.

Grosser, G. S., & Spafford, C. S. (1995). *Physiological psychology dictionary: A reference guide for students and professionals*. New York: McGraw-Hill.

Kendall, M. G., & Buckland, W. R. (1982). *A dictionary of statistical terms* (4th ed.). London: Longman.

Kurian, G. T. (Ed.). (1988). *World educational encyclopedia* (3 vols.). New York: Facts on File Publications.

Moore, B. E., & Fine, B. D. (Eds.). (1990). *Psychoanalytic terms and concepts*. New Haven, CT: The American Psychoanalytic Association and Yale University Press.

Reber, A. S. (2001). *The Penguin dictionary of psychology* (3rd ed.). Harmondsworth: Penguin.

Reynolds, C. R., & Qutkin, T. B. (Eds.). (1982). *The handbook of school psychology*. New York: John Wiley.

Sheehy, N., Chapman, A. J., & Conroy, W. A. (Eds.). (1997). *Biographical dictionary of psychology*. London: Routledge.

Stuart-Hamilton, I. (1995). *Dictionary of cognitive psychology*. London: Jessica Kingsley.

Stuart-Hamilton, I. (1995). *Dictionary of developmental psychology*. London: Jessica Kingsley.

Sutherland, S. (1995). *The Macmillan dictionary of psychology* (2nd ed.). London: Macmillan.

Vogt, W. P. (1993). *Dictionary of statistics and methodology: A nontechnical guide for the social sciences*. Newbury Park, CA: Sage.

Wolman, B. B. (Ed.). (1977). *International encyclopedia of psychiatry, psychology, psychoanalysis, and neurology* (9 vols.). New York: Van Nostrand Reinhold.

Zusne, L. (Ed.). (1984). *Biographical dictionary of psychology*. Westport, Connecticut: Greenwood Press.

索引

说明：
1. 本索引以汉语拼音首字母为序
2. 非中文起头的名词排在最后
3. 每一名词之后所列数字为该名词出现之页码

A

B

C

D

E

F

G

H

J

K

L

M

N

O

P

Q

S

T

W

X

Y

Z

非中文起头的名词

出版后记

论及辞书，常常用到“海”这个字，大抵因为二者都有聚纳百川、浩浩茫茫的特点。辞书编纂，举众人之力，尚且坎坷，而张春兴先生仅受助于夫人周慧强教授，即写就皇皇心理学辞典，其中的艰难困厄如何为外人道？

他以“愚者千虑，必有一得”排遣独行路上的愁虑，纯白之质令人感叹。十年钩沉抉微，一朝付梓，完全可以藏之名山。不过对于辞书而言，大概没有能毕其功于一役的。先生砥砺，大不自多，又潜心十年增删琢磨，使得此版辞典内容的准确与完备为世所罕见。近二十年焚膏继晷，他对心理学的深厚情感早已熔铸在本书之中。先生虽已辞世，但他的精神如辰星高悬。

此书能以全新的面貌问世，张先生的治学精神得以彰明，是出版社师友同仁的同声相求。大家伏案阅读，埋首刊改，有序推进编辑校对工作。因辞书以词语为收录单位，条目之间又多有牵连，编校者面对众多词条，如孤悬于由语词构成的浩然大海之中，进退失据，无际无尽。为保证辞书的准确，对某一词条进行改动的同时需要关涉多方，辞书之校对实需编校者通力合作方能完成。辞书结束于“zygote”一词，寓意“一个新生命的开始”，这仿佛是一种应和，以铸就新生收束正文，而辞书的新生正是我们所希求的本愿。

回首编校经历，有诸多感谢要表达。感谢周慧强教授、张修然女士，全赖二位的支持与信任，才使辞书顺利付梓。感谢刘威德教授，倾力为辞书撰序，字里行间，尽显张先生遗风。感谢周俊、莫晓虹、金燕峰、池清老师，对于我们提出的繁杂细碎的疑问，不厌其烦地悉心指导，若暂时无法定夺，老师们也多方查考反复探讨，慎而又慎，唯不愿背离本心。还要特别感谢协力编校的同学们，他们是陈何熙娴、王可鉴、黄晨榕、陈悦琪、毛漂漂、陈阿倩、张可靓、许婧、邓钰冰、姚璐、王晨儿，诸友多闻直谅，珠玉在侧，对辞书心怀热忱，从不懈怠，由不同角度对文字细节进行琢磨，使得辞书臻于完善。做书之余，大家谈笑风生，其乐融融，这是不可磨灭的美好记忆，在此一并致以深深的谢意。

“微斯人，吾谁与归？”感于岿然独立、以有涯随无涯如张先生者零落，故录辞书编辑始末，以慰存亡。

江　雷　王凤珠　吴颖华

2019 年 9 月